ČESKÝ
ETYMOLOGICKÝ SLOVNÍK

LEDA

T MOPSLÍK DIŠPUTÁT
BARBITURÁT AZALKA
NDA VTIP ZRŮDA
ACINA ZRZAVÝ OPLZLÝ
STRYCHNIN ŽIVOŘIT
OMEOPATIE BREČKA DELFÍ
ARNÍ ŽIRAFA AZIMUT
NA

ČESKÝ ETYMOLOGICKÝ SLOVNÍK

JIŘÍ REJZEK

LEDA 2001

Připravujeme vydání elektronické verze slovníku na CD-ROM.

PUBLIKACE BYLA VYDÁNA
ZA PŘISPĚNÍ SPOLEČNOSTI
ČEZ, a.s.

Odborná recenze: PhDr. Eva Havlová, CSc.
Odborná jazyková spolupráce: PhDr. Sáva Heřman, CSc.,
         prof. PhDr. Helena Kurzová, DrSc.,
         doc. PhDr. Olga Schulzová, CSc.
Obálka a grafická úprava: Marek Jodas
Sazba: AMD, v.o.s., Návrší Svobody 26, 623 00 Brno
       PAGE DTP, Jana Růžičky 1, 148 00 Praha 4
Tisk a vazba: Vytiskla Těšínská tiskárna, a. s., Štefánikova 2, 737 01 Český Těšín

Vydalo nakladatelství Leda, spol. s r. o., 263 01 Voznice 64
http://www.leda.cz
Odpovědná redaktorka: PhDr. Svatava Matoušková
Vydání první, 2001
752 stran

© PhDr. Jiří Rejzek, 2001
© LEDA, spol. s r. o., 2001

ISBN 80-85927-85-3

Obsah

Předmluva 7
Přehled jazyků 9
K jazykovým změnám 21
Zkratky, vysvětlivky a značky 32
Základní literatura 38
Slovník 41

PŘEDMLUVA

Asi žádná jazykovědná disciplína se u širší veřejnosti netěší většímu zájmu než nauka o původu slov, etymologie. Hledání odpovědi na otázku, odkud se berou slova, které můžeme sledovat v dějinách lidského myšlení už od Platónova dialogu Kratylos, má v sobě něco fascinujícího, vždyť je to hledání kořenů naší řeči, našeho myšlení. Na druhé straně nelze popřít, že etymologie často pracuje s nedoloženým, rekonstruovaným materiálem, s některými nepravidelnými a těžko uchopitelnými procesy, a je tedy jako vědecká disciplína málo exaktní. Výhrady všech racionálních skeptiků pěkně vystihuje Voltairův bonmot, že „etymologie je věda, ve které samohláska neznamená nic a souhláska jen o trochu víc" (míří sice na soudobou etymologii předvědeckou, ale nezasvěcený čtenář by jej jistě mohl vztáhnout i na etymologii dnešní). Neznamená to však, že by etymologie byla vědou neseriózní. Její věrohodnost je dána jen tím, do jaké míry je ono vzrušující dobrodružství hledání a rozplétání prediva lexikálních vztahů podloženo ověřenými jazykovými fakty a regulováno kritickým úsudkem.

Souhrnné poučení o původu slov podávají etymologické slovníky. Česká jazykověda má v tomto ohledu dobrou tradici a může se pochlubit hned několika etymologickými slovníky ve své době kladně přijatými a dodnes více či méně dostupnými. Možná se nabízí otázka, zda je tedy vůbec potřeba nový český etymologický slovník vydávat. Důvody pro to jsou hned tři: Žádný z dosavadních slovníků nezabíral slovní zásobu v celé její šíři – buď zahrnoval starou domácí slovní zásobu a opomíjel slova cizí (Machek, Holub – Kopečný), nebo se naopak zaměřil na slova cizí a při výkladu slov domácích byl příliš stručný a povrchní (Holub – Lyer). Dále, nový etymologický slovník zde nevyšel již více než 30 let a to je dlouhá doba i pro etymologii. Některé starší výklady je třeba korigovat, některé jsou dnes již neudržitelné. S tím nakonec souvisí i potřeba modernizace vykládané slovní zásoby a zařazení lexikálních jednotek, které se ve slovní zásobě češtiny zabydlely teprve v posledních desetiletích nebo byly v předchozích slovnících z různých důvodů vypuštěny.

Výběr slovní zásoby každého slovníku je samozřejmě klíčovým problémem a nikdy nemůže vyhovět všem čtenářům. Náš etymologický slovník je určen především širší veřejnosti. Proto se snaží postihnout zvláště běžnou slovní zásobu češtiny, včetně slov nespisovných a nově přejatých, ale uvádí i některá slova řidší, nářeční a zastaralá, pokud jsou v obecném povědomí (např. *ogar*, *hambalek* či *lajntuch*). Ve shodě s praxí většiny etymologických slovníků se nezabývá původem vlastních jmen (výjimkou jsou etnonyma *Čech* a *Slovan*).

Vzhledem k zaměření slovníku neuvádíme odkazy na jiné, pro běžného čtenáře obvykle těžko dostupné etymologické slovníky a jiné odborné práce (jejich základní přehled je v seznamu literatury). Činíme tak pouze u několika nejdůležitějších českých slovníků, pokud se na ně výslovně odvoláváme. Vedle toho jsou v heslech odkazy na slova etymologicky, případně i významově či slovotvorně související. Třetím typem odkazů jsou odkazy na úvodní textovou část, kde se pokoušíme o stručný přehled nejdůležitějších hláskoslovných a jiných změn, který má alespoň částečně usnadnit čtenáři porozumění srovnávanému jazykovému materiálu. Ze stejného důvodu je do úvodního oddílu zařazen i přehled jazyků světa se stručnou historií jazyků pro srovnávací indoevropskou jazykovědu nejdůležitějších.

Protože zpracování slovníkových hesel vyžaduje hutnost a úspornost, bude snad pro uživatele slovníku užitečné výstavbu hesla osvětlit:

Pokud není slovo stylově neutrální, uvádíme jeho stylovou charakteristiku (obecně české, slangové, zastaralé, vulgární, expresivní ap.). U neplnovýznamových slovních druhů a příslovcí se označuje také slovnědruhová příslušnost. U slov méně známých či významově nejednoznačných se dále stručně objasňuje základní význam, po něm následuje soupis odvozenin (pokud již souvislost není zřejmá, uvádí se i odvozenina jako samostatné heslo).

Vlastní etymologický výklad začíná uvedením případných odlišných podob či významů slova ve starší češtině. U starých domácích slov se pak udávají ekvivalenty v jiných slovanských jazycích (základními zástupci jednotlivých slovanských areálů jsou polština, ruština, chorvatština či srbština a – je-li doložena – staroslověnština). Následuje rekonstruovaná praslovanská podoba a její srovnání s jinými indoevropskými jazyky a konečně rekonstrukce výchozího indoevropského kořene. V případě potřeby rekonstruujeme i vývoj významu, případně uvádíme některé další doplňující kulturně-historické informace.

U slov přejatých se uvádí cesta přejetí, v různé míře pak objasňujeme původ slova ve výchozím jazyce.

Nakonec ještě poznámku k časté nejednoznačnosti výkladů. Je známo, že uživatelé jazyka od jazykovědců vyžadují – v pravopise, tvarosloví ap. – jednoznačná řešení. Věříme, že v případě etymologického slovníku budou čtenáři shovívavější. Souvisí to s tím, co bylo řečeno v samotném úvodu. Etymologie často pracuje s jazykovou prehistorií, s nedoloženými tvary i významy. (Nemusí to však být jen tento případ – někdy se vzpírá výkladu i slovo staré jen desítky let, osudy slov jsou zkrátka nevyzpytatelné.) U některých slov musíme i dnes konstatovat původ nejasný, u mnoha jiných se nabízí více možností výkladu. V každém případě nám upozornění na nejednoznačné řešení připadá vůči čtenáři korektnější než předložení jediného výkladu, který by pak mohl být bez jakýchkoli pochyb považován za jistý. Subjektivnímu pohledu se ovšem v etymologii stejně vyhnout nelze.

Závěrem se sluší poděkovat všem, kdo jakoukoli radou či připomínkou přispěli ke zdaru tohoto díla či se zasloužili o jeho vydání. Jmenovitý dík patří především recenzentce Evě Havlové za pečlivé pročtení rukopisu a řadu cenných připomínek a korekcí, dále Heleně Kurzové za důkladnou revizi klasickofilologickou, Sávovi Heřmanovi za připomínky týkající se slovanských i jiných jazyků, Olze Schulzové za revizi citací ze slovenštiny, Václavu Blažkovi za připomínky k úvodnímu přehledu jazyků, lublaňským etymologům Marku Snojovi, Alence Šivic-Dularové a Metce Furlanové za dlouhodobou spolupráci a inspirativní podněty, odpovědné redaktorce Svatavě Matouškové a korektorům Jiřímu Pecharovi a Martině Husákové za pečlivost, s níž zachytili řadu formálních i věcných chyb a nedůsledností, Evě Kočendové, která se podílela na technickém zpracování textu, a v neposlední řadě i mé ženě Miladě za trpělivost, s níž snášela mou tříletou intenzivní práci na tomto slovníku.

Jiří Rejzek

PŘEHLED JAZYKŮ SVĚTA

Na celém světě existuje několik tisíc jazyků (podle různých způsobů počítání se uvádí 3000–7000). Hlavním problémem je rozlišení jazyka a dialektu (nářečí), často tu rozhodují i politická hlediska. Tak např. vzájemně nesrozumitelné čínské či arabské dialekty jsou považovány za jediný jazyk, zatímco např. chorvatština a srbština, které jsou si velmi blízké, jsou dnes dva různé jazyky.

Jazyky se obvykle třídí z hlediska své rodové příbuznosti, tj. příslušnosti k jazykovým rodinám vzniklým z jednoho společného základu. Tato příbuznost je dobře prozkoumána např. u indoevropských či semito-hamitských jazyků, naproti tomu např. u indiánských, australských, ale i kavkazských jazyků se často bere v úvahu spíš hledisko geografické a příbuznost je těžko prokazatelná.

Indoevropské jazyky

Slovanské jazyky

Slovanské jazyky se tradičně dělí na tři skupiny – západní, východní a jižní.

Západoslovanské jazyky jsou *čeština, slovenština* (tvoří podskupinu československou), *horní* a *dolní lužická srbština* (podskupina lužická), *polština, kašubština* a vymřelá *polabština* (podskupina lechická).

První souvislejší české texty jsou z 13. st., velký rozmach písemnictví pak nastává ve 14. st. Toto období vývoje českého jazyka (až do konce 15. st.) nazýváme *staročeštinou*. Následující období, nazývané *střední češtinou*, vrcholí na přelomu 16. a 17. st. (tzv. zlatý věk české literatury). Jazyk této doby byl později vzat J. Dobrovským za základ spisovného jazyka a tento návrat k normě staré přes 200 let vlastně způsobil dnešní napětí mezi češtinou spisovnou a obecnou. Střední čeština pak pokračuje i v době pobělohorské, od počátků národního obrození (konec 18. st.) mluvíme o *novočeštině*.

V českém jazyce rozeznáváme čtyři hlavní skupiny nářečí (dialektů) – česká nářečí v užším smyslu (celá oblast Čech), středomoravská (hanácká), moravskoslovenská a lašská.

Nejstarší památky psané *slovenským jazykem* jsou z 15. st. Spisovný jazyk se formuje počátkem 19. st. na základě středoslovenských nářečí, do té doby byla spisovným jazykem čeština. Blízkost obou jazyků vedla v období první republiky k politicky motivované představě jednotného jazyka československého, podle níž jsou čeština a slovenština pouze dvě různá znění jednoho jazyka.

Lužičtí Srbové jsou zbytkem rozsáhlého slovanského osídlení na území mezi Nisou a Labem. Mají dva spisovné jazyky – *hornolužický* (v oblasti kolem Budyšína/Bautzenu), který je bližší češtině, a *dolnolužický* (v okolí Chotěbuzi/Cottbusu), který je bližší polštině. Nejstarší památky jsou z konce 15. st.

Polština má nejstarší písemné doklady ze 13. st., rozmach literatury nastává v 15. st.

Kašubština, kterou se mluví v okolí Gdańsku, je někdy považována za nářečí polského jazyka. Je to vlastně zbytek jazyka, kterým mluvili pobaltští Slované

(Pomořané). Na nejzápadnějším okraji jejich území se vyčleňuje ještě *pomořanská slovinština*, jazyk dnes prakticky mrtvý.

Polabští Slované žili na území mezi dolním tokem Labe a Odry, kde po nich zůstala četná zeměpisná jména. Jejich jazyk, vystavený silné germanizaci, zanikl do konce 18. st. Dnes známe kolem 2500 polabských slov.

Východoslovanské jazyky jsou *ruština, ukrajinština, běloruština*. V poslední době se projevují i snahy ustavit spisovnou *rusínštinu*.

Staroruský jazyk je jazyk písemnictví východních Slovanů od 11. do 14. st., který se užívá vedle církevní slovanštiny (viz níže). Po tomto období se již výrazněji projevují osobité rysy tří různých jazyků – pozdější *ruštiny, ukrajinštiny a běloruštiny*. Ukrajinský a běloruský národ se formují již koncem 16. st., svobodnější rozvoj jejich jazyků však nastává až v 19. st.

V poslední době se někdy vyčleňuje jazyk Rusínů – obyvatel Podkarpatské Rusi a přilehlých území Polska a Slovenska. Strukturně jejich jazyk vychází z ukrajinštiny, k jejímž nářečím také obvykle bývá řazen.

Jihoslovanské jazyky jsou *slovinština, chorvatština, srbština* (západní podskupina), *makedonština, bulharština* (východní podskupina). Jihoslovanské základy má i nejstarší dochovaný slovanský jazyk – *staroslověnština*.

Slovinština je pokračováním jazyka alpských Slovanů, kteří kdysi sídlili i na území dnešního Rakouska a v okolí Terstu. Nejstarší písemnou památkou jsou latinkou psané Frízinské zlomky z přelomu 10. a 11. st., další texty se objevují až od 16. st.

Chorvati a Srbové používali dlouho jako spisovný jazyk církevní slovanštinu (viz níže). Písemné památky v národním jazyce vznikají až v 16. st. u Chorvatů a v 18. st. u Srbů (i když někdy se za ně považují již některé chorvatské památky z konce 11. st. a srbské památky ze 14. st.). V 19. st. se spisovné standardy obou jazyků sbližují a ustavuje se jednotná *srbochorvatština*, lišící se v obou variantách jen nečetnými hláskoslovnými a lexikálními jevy (a ovšem písmem – chorvatština se píše latinkou, srbština cyrilicí). Jednotný jazyk vzal za své až při rozpadu Jugoslávie počátkem 90. let 20. st., od té doby je patrná snaha po výrazné diferenciaci (někdy i násilné) obou jazyků. Jisté odlišnosti mají i bosenská a černohorská varianta srbochorvatštiny, v případě *bosenštiny* se dnes již také dá hovořit o samostatném jazyce.

Makedonština je nejmladší ze slovanských spisovných jazyků. Ustavuje se až ve 20. st., památky v národním jazyce jsou o století starší. Do té doby se jako spisovný jazyk užívala církevní slovanština.

Také *bulharština* používala dlouho jako spisovný jazyk církevní slovanštinu (silný vliv na jazyk měla i řečtina a turečtina). Novobulharské písemnictví se rozvíjí od 18. st. pod silným vlivem ruským.

Z jazyka balkánských Slovanů vychází i nejstarší psaný slovanský jazyk – *staroslověnština*. Konstantin (Cyril), povolaný spolu s Metodějem zavést slovanskou liturgii na Velké Moravě, vzal za jeho základ bulharsko-makedonské nářečí okolí Soluně, které znal, a sestavil pro něj i vlastní písmo – hlaholici. Později – asi na přelomu 9. a 10. st. – ji vystřídala mladší cyrilice, která se stala základem azbuky. Nejstarší staroslověnské texty nejsou zachovány, dochované památky jsou z 10.–11. st. Od 12. st. se ve staroslověnštině objevuje stále více národních prvků, mluví se o redakcích staroslověnského jazyka (české, ruské, chorvatské ap.) a jazyk se obvykle nazývá *církevní slovanštinou*. V pravoslavných zemích ovlivňovala církevní slovanština jako bohoslužebný jazyk písemnictví obzvlášť silně (viz výše).

Baltské jazyky

Baltské jazyky se dělí na větev východní (*litevština, lotyština*) a západní (vymřelá *stará pruština*).

Litevština je doložena od 16. st., odedávna budí zájem lingvistů svou archaičností, především v hláskosloví. Od 16. st. má písemné památky i *lotyština*.

Starší jazykové památky má *stará pruština*, kterou známe ze slovníku a několika textů ze 14.–16. st. Prusové byli postupně poněmčeni a jejich jazyk zanikl v 17. st. (zbyl po nich název území).

Řada shodných rysů baltských a slovanských jazyků vedla k domněnce o původní baltoslovanské jazykové jednotě. Druhý tábor jazykovědců však tyto shody vysvětluje druhotným sblížením dvou původně samostatných jazykových větví.

Germánské jazyky

Germánské jazyky se dělí na východní, severní a západní.

Nejstaršími germánskými písemnými památkami jsou runové nápisy z 2.–6. st. (tzv. *severozápadní germánština*).

Východní větev je zastoupena především *gótštinou*, nejstarším germánským literárním jazykem (překlad bible ze 4. st.). Ve 2. st. po Kr. se Gótové objevují na severním pobřeží Černého moře, kam přešli od ústí Visly (a tam z jižní Skandinávie). Jejich říše pak zaujímala značnou část východní Evropy, než byla koncem 4. st. rozvrácena Huny. Na Krymu jsou pozůstatky jejich jazyka doloženy ze 16. st., jinak jazyk Gótů, kteří se následně přesunuli do Itálie a Španělska, zanikl kolem r. 700.

Severogermánské jazyky jsou *staroislandština* (užívá se též termínu *staronordický* či *staroseverský jazyk*), dále *islandština, norština, švédština, dánština, faerština*.

Staroseverský jazyk neboli *staroislandština* je jazykem řady literárních památek 9.–14. st. Před koncem tohoto období se již jasně vyčleňují jednotlivé skandinávské jazyky – *norština, dánština, švédština*, které jsou si dost blízké, archaická *islandština* a jí blízká *faerština*.

Západogermánské jazyky jsou *horní* a *dolní němčina, nizozemština, frízština, angličtina*.

Německý jazyk se formoval v 5.–11. st. z různých dialektů, z nichž nejdůležitější byl *franský*, dále např. *alemanský, bavorský*. Patří k nim asi i jazyk Langobardů, kteří v 6. st. přešli do severní Itálie. Nejstarší německé písemné památky jsou z 8. st., až do 11. st. pak mluvíme o *staré horní němčině*. *Středohornoněmecké* období trvá od pol. 11. st. do pol. 14. st. *Hornoněmecké* (tj. jižní) dialekty jsou základem dnešní spisovné němčiny.

Dolnoněmecké (tj. severní) dialekty mají nejstaršího předka ve *staré saštině* (památky z 9.–12. st.). Od 13. do 15. st. mluvíme o *středodolnoněmeckém* jazyce. V dnešní době dolnoněmecké dialekty pod tlakem spisovného jazyka mizí.

Zvláštními variantami německého jazyka jsou *rakouská* a *švýcarská němčina*, na základě německého dialektu je postavena i *lucemburština*.

Osobitým jazykem je *jidiš* – jazyk židovského obyvatelstva, který vznikl ve středověku z německého základu s příměsí slovanských a hebrejských prvků a rozšířil se především ve střední a východní Evropě (Polsko, Litva, Ukrajina, Balkán).

Nizozemština (neoficiálně *holandština*) je blízce příbuzná s dolní němčinou. Nejstarší památky jsou z 12. st. (střední nizozemština). Variantou téhož jazyka je *vlámština*, jíž se mluví v Belgii, ze stejného základu pak v Jižní Africe vznikala od 17. st. tzv. *afrikánština* (s příměsí anglických a domorodých prvků).

Frízština je samostatný jazyk, jímž se mluví v severní části Nizozemí (památky od 13.–14. st.).

Stará angličtina (anglosaština) vycházela ze stejného základu jako dolní němčina a frízština (příchod Jutů, Sasů a Anglů na britské ostrovy v 5.–7. st.). Nejstarší památky jsou již ze 7. st. Na další podobu angličtiny působil vliv skandinávský a především – po dobytí Anglie Normany r. 1066 – francouzský, který vedl k romanizaci většiny slovní zásoby i značným změnám v gramatice. Dnes se rozeznávají dvě základní varianty angličtiny – britská a americká, lišící se poněkud ve výslovnosti i slovní zásobě.

V koloniální éře se stala angličtina ve zkomolené a zjednodušené podobě pomocným dorozumívacím jazykem v řadě oblastí (tzv. *pidžin*).

Keltské jazyky

Doložené keltské jazyky se dělí na podskupinu goidelskou (*irština, gaelština, manština*) a britanskou (*velština, kornština, bretonština*).

Nejlépe dochovaným keltským jazykem je *irština* se starými památkami již ze 7.–10. st. (krátké zápisy jsou již z 5.–6. st.), množství literárních památek pak je ze středoirského období (10.–15. st.). Ze stejného základu vycházejí dva později doložené jazyky – skotská *gaelština* a *manština* na ostrově Man, která zanikla až ve 20. st.

Britanská větev je zastoupena především *velštinou* (nazývá se též *kymerština* podle svého keltského jména) a *bretonštinou* (mluví se jí ve francouzské Bretani) – oba jazyky mají nejstarší památky z 9. st. Méně doložená *kornština* (užívaná na poloostrově Cornwall) zanikla kolem r. 1800.

Britanské podskupině byly blízké i jazyky kontinentálních Keltů, kteří však nezanechali žádné souvislejší písemné památky. Nejvýznamnější z nich jsou Galové, po nichž zůstala řada místních a osobních jmen, krátké zápisy a glosy. V širším slova smyslu k nim můžeme řadit i jazyk kmene Bójů, žijícího na našem území. Zmínku si zaslouží i jazyk *keltiberský* na Pyrenejském poloostrově, který měl naopak blíže k podskupině goidelské.

Italické jazyky

Tato skupina se obvykle dělí na dvě větve – oskicko-umberskou a latinsko-faliskou.

Oskičtina a *umberština* zanechaly poměrně značné množství kratších textů z posledních staletí před Kristem, než byly jako další jazyky Apeninského poloostrova pohlceny latinou.

Latinsky se mluvilo původně jen na malém území okolo Říma (tzv. Latium). Nejstarší zápisy jsou ze 7.–5. st. př. Kr. Období od 3.–1. st. př. Kr. je obdobím *staré latiny*, jazyk období od 1. st. př. Kr. do 1. st. po Kr. nazýváme *klasickou latinou*. V následujících stoletích mluvíme o *pozdní latině* a od počátku středověku o *střední* či *středověké latině*. Vedle spisovné latiny se formovala lidová varianta – tzv. *vulgární latina*, která se stala základem románských jazyků, jež se začínají utvářet ve 2. pol. 1. tisíciletí.

Románské jazyky se obvykle dělí na západní a východní.

Italština má nejstarší písemné památky z 10. st., *španělština*, *portugalština* a *katalánština* z 12. st. Za samostatný jazyk se považuje i *galicijština*, jíž se mluví na severozápadě Španělska.

Nejstarší románský text vůbec pochází z pol. 9. st. a je psán *starou francouzštinou*. Období staré francouzštiny s bohatou literaturou trvá až do 15. st., od 15. do 17. st. mluvíme o *střední francouzštině*.

Důležitým středověkým jazykem je *stará provensálština* (*okcitánština*) s doklady již od 10. st. Dnes je *provensálština* prakticky jen mluveným dialektem francouzštiny.

Ve východním Švýcarsku a severovýchodní Itálii se drží *rétorománština*, která zahrnuje několik dialektů (např. *ladinský, furlanský*) s různě dlouhou tradicí písemných památek.

Zvláštní postavení mezi románskými jazyky se přisuzuje *sardštině* na Sardinii (doklady od 11. st.), která zachovává některé archaické rysy. Dnes je omezena prakticky jen na mluvený dialekt.

Východní či balkánskorománské jazyky zahrnují vymřelou *dalmatštinu*, která se až do 19. st. udržovala na pobřeží dnešního Chorvatska, a *rumunštinu*, která stejně jako její varianta *moldavština* vykrystalizovala z jazykově smíšené a nepřehledné oblasti Balkánu (texty od 16. st.).

Albánský jazyk

Nejstarší albánský text pochází až z konce 15. st., což značně ztěžuje určení původu tohoto svébytného indoevropského jazyka, který prošel značnými změnami. Jeho slovní zásoba je silně romanizována, je v něm i řada řeckých a slovanských prvků. Všeobecně se soudí, že *albánština* je – alespoň částečně – pokračováním *ilyrštiny*, některé lexikální zvláštnosti ukazují na spojitost s *tráčtinou*, resp. *dáčtinou* (viz *reliktní jazyky*).

Řecký jazyk

Nejstarší řecké písemné památky pocházejí z Kréty a z Mykén z 15.–12. st. př. Kr. a jsou psány na hliněných tabulkách slabičným, tzv. lineárním písmem A a B. Pro srovnávací filologii však má větší význam až jazyk homérských eposů z 8. st. př. Kr., zachycující i jazyk starších období. Ze tří hlavních řeckých dialektů – *aiolského, dórského* a *iónsko-atického* – vzešel ve 4. st. př. Kr. společný jazyk, tzv. *koiné*, který trvá až do konce starořeckého období (6. st.). Středořecká (byzantská) éra trvá od 6. do 15. st., z ní pak vyrůstá dnešní *novořečtina*.

Arménský jazyk

Nejstarší památky ve *staroarménském jazyce* jsou z počátku 5. st., toto období trvá až do 11. st., kdy začíná období *střední arménštiny* (do 16. st.). Od počátku působil na arménštinu silný vliv perštiny i některých neindoevropských jazyků. Soudí se, že arménština má blízko k *tráčtině* a zvláště *frýžštině* (viz *reliktní jazyky*).

Indoíránské jazyky

Tato větev se člení na dvě hlavní skupiny – indickou a íránskou.

Staroindickým jazykem rozumíme védštinu a sanskrt. *Védština* je jazykem bráhmanských náboženských textů, tzv. *Véd*, z doby okolo 1000 př. Kr. Mladším spisovným jazykem je *sanskrt*, jehož klasická forma je popsána v gramatice Pániniho již kolem r. 400 př. Kr. V 5.–12. st. byl sanskrt jazykem bohaté literatury, jako spisovný jazyk se používal i později (jeho funkci lze přirovnat k funkci latiny v Evropě).

Lidové dialekty, jež se vyvíjely vedle sanskrtu od pol. 1. tisíciletí př. Kr., se nazývají *prákrty*. Nejvýznamnější místo mezi nimi má jazyk *páli*. Prákrty lze označit jako *středoindické jazyky*. Z nich se na přelomu 1. a 2. tisíciletí vyvíjejí moderní indické jazyky, z nichž nejdůležitější jsou *hindština* a *urdština* (jde o týž jazyk lišící se v obou variantách jen kulturními souvislostmi – prvním se mluví v Indii, druhým v Pákistánu), dále např. *bengálština, pandžábština, marátština, gudžarátština, sindhština, radžanstánština, bihárština, nepálština, sinhálština* na Srí Lance a také *romština*.

Romové odešli z Indie v několika vlnách v 1. tisíciletí př. Kr., nějaký čas žili v Íránu a v 11. st. došli na Balkánský poloostrov. Odtud se ve 13.–15. st. rozšířili dále po Evropě.

Staroíránské jazyky jsou dochovány ve východní a západní variantě. Východní představuje tzv. *avesta*, jazyk sbírky posvátných knih, z nichž část je připisována Zarathuštrovi (snad již okolo 1000 př. Kr.). Západní variantou je *stará perština*, kterou známe z textů 6.–4. st. př. Kr. Mezi staroíránské jazyky patří i jazyk Skytů, kteří zřejmě žili kolem 6. st. př. Kr. v těsném sousedství protoslovanských kmenů, nezanechali však žádné písemné památky.

Středoíránskými jazyky jsou např. *střední perština* (texty ze 3.–8. st.), *sogdijština, alanština, partština,* z moderních íránských jazyků patří mezi nejdůležitější *nová perština, pašto (afgánština), kurdština, osetština, balúdžština*.

Zvláštní postavení mezi indickými a íránskými jazyky zaujímají *dardské* a *nuristánské jazyky*, z nichž nejdůležitější je *kašmírština* v severozápadní Indii.

Tocharský jazyk

Tocharština je známa z textů ze 6.–8. st., nalezených ve východním Turkestánu v podhůří Pamíru. Jsou známy dvě varianty jazyka, které se označují A a B.

Anatolské jazyky

Anatolské (též *chetoluvijské*) *jazyky*, jimiž se mluvilo v Malé Asii a severní Sýrii, jsou nejstaršími doloženými indoevropskými jazyky. Nejdůležitější z nich je *chetitština*, známá z řady klínopisných textů archivu v Boghazköy v Malé Asii, pocházejících z 16.–13. st. př. Kr. Významný podíl na rozluštění jazyka a prokázání jeho indoevropského charakteru měl český badatel B. Hrozný.

Z téhož archivu je známo i několik textů v *luvijštině* a *palajštině*.

Vedle klínopisných textů existují i o něco mladší památky psané hieroglyfickým písmem – jejich jazyk se nazývá *hieroglyfická luvijština*.

Mladší vrstvu anatolských jazyků představují především *lykijština* (texty z 6.–4. st. př. Kr.), považovaná za pokračování hieroglyfické luvijštiny, a *lýdština* (texty ze 7.–5. st. př. Kr.), považovaná dnes za svébytnou větev anatolských jazyků.

Reliktní jazyky

Některé jazyky se dochovaly pouze v ojedinělých zbytcích, většinou zápisech jednotlivých slov a jmen, což neumožňuje zjistit jejich přesné místo v rámci indoevropských jazyků. Takové jazyky nazýváme reliktními.

Významné místo mezi nimi mají staré jazyky Balkánu (tzv. *paleobalkánské jazyky*) – *frýžština (frygičtina), tráčtina, dáčtina, ilyrština, stará makedonština, pelasgičtina*. Sídla Frygů a Tráků (a jejich pozdější větve Dáků) původně zaujímala větší část Balkánského poloostrova (historická sídla Frygů jsou však v Malé Asii). Lépe je dochována *tráčtina*, po níž zůstalo několik nápisů a řada glos u antických i byzantských lexikografů.

Ilyrové obývali západní část Balkánského poloostrova, severně od Řecka. Za pokračování jejich jazyka se obvykle považuje albánština. *Ilyrština* je doložena v glosách a vlastních jménech.

Starou makedonštinu a *pelasgičtinu* známe pouze z několika slov zapsaných u řeckých autorů. I z nich je však vidět, že šlo o jazyky dost odlišné od řečtiny, nelze s jistotou potvrdit ani jejich indoevropský původ.

Na Apeninském poloostrově je nejvýznamnějším reliktním jazykem *venetština*, kterou známe z krátkých textů 5.–1. st. př. Kr. ze severovýchodní Itálie. Nejblíže má k italickým jazykům.

Z krátkých nápisů je zachována *mesapština*, jíž se mluvilo v jižní Itálii a jež se obvykle považuje za blízkou ilyrštině.

Semitohamitské (afroasijské) jazyky

Semitské jazyky se dělí na několik skupin.

Severovýchodní skupinu tvoří *akkadský (staroakkadský) jazyk,* jehož nejstarší památky, psané klínovým písmem, jsou již z 25.–22. st. př. Kr. Jeho mladší stadia jsou *babylonský jazyk* (20.–8. st. př. Kr.) a o něco mladší *asyrština.*

V severozápadní skupině jsou staré jazyky – *eblajština, kanaánština, amoritština, ugaritština* aj. – s doklady již z počátku 2. tisíciletí př. Kr., *féničtina* (14.–7. st. př. Kr.), dále *starohebrejština* (nejstarší biblické památky od 13. st. př. Kr.), která v posledních staletích př. Kr. ustoupila *aramejštině* (nejstarší památky z 10. st. př. Kr., biblické památky z 5.–2. st. př. Kr.). *Hebrejština* se dále užívala jen jako jazyk židovského náboženství, v 19. st. byla obnovena v moderní podobě zvané *ivrit.*

Středojižní skupinu tvoří *arabské jazyky.* Nejstarší předarabské nápisy jsou z 5. st. př. Kr., období klasické arabštiny se vymezuje zhruba 4.–9. st. po Kr. (nejdůležitější posvátná kniha Korán ze 7. st.). Moderní spisovná arabština s řadou variant existuje od 19. st.

Jižní skupinu tvoří *etiopské jazyky,* z nichž je nejdůležitější *amharština.* Vymřelý staroetiopský jazyk *(geez)* s texty z 1.–11. st. je dodnes jazykem etiopské církve.

Ostatní semitohamitské jazyky spadají do *hamitské* větve.

Jsou to *bersersko-lybijské jazyky* (např. *tuaregské), egyptština* s bohatou historií, začínající *staroegyptským jazykem* již ve 32.–22. st. př. Kr. a končící *koptským jazykem* (3.–16. st. po Kr., dnes liturgický jazyk koptské církve), dále *kušitské jazyky* ve východní Africe (zvláště *somálština* a *oromo* v Etiopii a Keni) a konečně *čadské jazyky,* z nichž je nejdůležitější *hausa* v severní Nigérii (co do počtu mluvčích třetí nejdůležitější africký jazyk po arabštině a svahilštině).

Kartvelské jazyky

Malá jazyková rodina, do níž patří část kavkazských jazyků – *gruzínština* (nejstarší texty z 9.–10. st.), dále *svanština, megrelština,* jimiž se mluví také v Gruzii, a *čanština,* jíž se mluví v sousedním Turecku. Srov. však i dále *severokavkazské jazyky.*

Uralské jazyky

Dělí se na větev *ugrofinskou* a *samojedskou,* ugrofinská se dále dělí na *finskou* a *ugrickou.*

Ve finské skupině se vyčleňuje podskupina přibaltská (především *finština* a *estonština* s texty ze 16. st., dále např. *karelština, livonština, vepština),* dále volžská *(mordvinština, marijština),* saamská *(saamština* neboli *laponština)* a permská *(udmurtština* a jazyk *komi).*

Ugrická skupina je zastoupena především *maďarštinou,* jež je doložena jednotlivými slovy již od 9. st., kdy se Maďaři usídlovali v Panonské nížině (jejich původní sídla byla v oblasti Uralu), první text je z 12. st. Dále se do této skupiny řadí i *mansijština (vogulština)* a *chantyjština (osťačtina)*, jimiž se mluví okolo řeky Ob na západní Sibiři.

Samojedskými jazyky se mluví v oblasti Archangelska a západní Sibiře, patří mezi ně jazyky *něnecký, enecký, nganasan* aj.

Drávidské jazyky

Jsou to původní jazyky oblasti Indického poloostrova, které byly částečně vytlačeny indoevropskými (indickými) jazyky. Nejvýznamější z nich je *tamilština,* jíž se mluví v severní části Srí Lanky, na jihu Indie, v jihovýchodní Asii, ale i v jižní Africe a na Fidži (nejstarší texty z počátku naší éry), dále jazyky *telugu, kanada* či *malajalam,* jimiž se mluví v jižní Indii. Původní sídla Drávidů může naznačovat jazyk *brahui* na pomezí Pákistánu, Íránu a Afghánistánu.

Altajské jazyky

Dělí se na jazyky *turkické (turkotatarské), mongolské* a *tunguzsko-mandžuské.*

Turkické (turkotatarské) jazyky mají nejstarší památky v *staroturkickém* a *staroujgurském jazyce* (2. pol. 1. tisíciletí po Kr.), v 15.–16. st. kvete písemnictví v *čagatštině,* která také bývá nazývána *starouzbeckým jazykem.*

Nejdůležitějšími současnými jazyky jsou *turečtina* (zvaná také *osmanština,* protože její moderní dějiny začínají s Osmanskou říší založenou na přelomu 13. a 14. st.), dále *ázerbajdžánština, tatarština, uzbečtina, kazaština, turkmenština, kyrgyzština, ujgurština, baškirština, jakutština, čuvaština* aj.

Mezi mongolské jazyky patří *mongolština* (nejstarší text ze 13. st.), *burjatština, kalmyčtina,* mezi tunguzsko-mandžuské např. *mandžuština, evenština.*

Do této jazykové rodiny patřila i řada kočovných kmenů, které výrazně ovlivňovaly dění ve střední a východní Evropě v 1. tisíciletí po Kr. – Hunové (i když jejich turkicko-mongolský původ není plně prokázán), Avaři, Protobulhaři (asimilováni Slovany, kteří přejali jejich jméno), Chazaři, Kumáni aj.

Poznámka:
Výše uvedené jazykové rodiny bývají spojovány do tzv. *nostratické prarodiny,* u níž se předpokládá společný původ (viz oddíl K jazykovým změnám). Někteří jazykovědci se snaží tuto prarodinu rozšířit o další jazykové rodiny (především asijské). Vůbec v další klasifikaci jazyků a určování příbuznosti bývají mezi jednotlivými autory značné rozdíly.

Vymřelé jazyky Středomoří a Blízkého východu

Zájem badatelů poutá především tajemná *etruština,* z níž se dochovaly ne plně rozluštěné kratší texty a nápisy ze 7.–1. st. př. Kr. Hledají se souvislosti s jazyky indoevropskými, semitskými i kavkazskými, ale přesvědčivě ji s žádnou známou jazykovou rodinou nelze spojit.

Významným jazykem je i *sumerština*, nejstarší psaný jazyk na světě (památky od počátku 3. tisíciletí př. Kr.). Živým jazykem přestala být počátkem 2. tisíciletí př. Kr., ale nadále se užívala v kultu a vědě.

Mezi další jazyky této oblasti patří *iberština, ligurština* (snad jazyk indoevropský?), *minojština, chatijština, churitština, urartština* (poslední tři jazyky někteří badatelé sbližují se severokavkazskými jazyky), *elamština*.

Baskičtina

Baskičtina představuje pozoruhodný relikt jazyka předindoevropského obyvatelstva Evropy. Nelze ji spojit s žádným známým světovým jazykem, podobnosti se nejčastěji hledají v kavkazských jazycích.

Severokavkazské jazyky

Patří sem jazyky *abcházsko-adygské* (*abcházština, adygejština, čerkezština, abazština*), *dagestánské* (*avarština, lezginština, darginština, lakština*) a *nachské* (*čečenština, inguština*). Někdy se tyto jazyky spojují s výše uvedenými kartvelskými jazyky a označují se prostě jako *kavkazské*.

Paleoasijské jazyky

Do této skupiny se řadí *eskymácko-aleutské jazyky* (*eskymáčtina* se čtyřmi skupinami – grónskou, aljašskou, kanadskou a asijskou – a *aleutština*), *čukotsko-kamčatské jazyky* (*čukotština, korjáčtina*), *nivchština* (na Sachalinu a okolo řeky Amur) i téměř zaniklé *jenisejské jazyky*, někdy i *jukagirština* v Jakutsku.

Izolované asijské jazyky

Do této skupiny izolovaných, navzájem nepříbuzných jazyků lze zařadit *korejštinu* a *japonštinu* (i když někteří badatelé je řadí k altajským jazykům) s nejstaršími památkami z 8. st., dále menší jazyky *ainú* v Japonsku, *burušaski* v severní Indii aj.

Tibetočínské (sinotibetské) jazyky

Patří sem především *čínština* se svými dialekty. Severní dialekty, jimiž mluví většina Číňanů, jsou si vzájemně srozumitelné, archaičtější jižní, mezi něž patří *yüe* (*kantonština*), *wu* (*šanghajština*), *xiang, min* aj., jsou vzájemně odlišnější. Nejstarší čínské písemné památky jsou z konce 2. tisíciletí př. Kr.

Druhou podskupinu tvoří *tibeto-barmské jazyky*, zvláště *tibetština, barmština, karenština*.

Thajské jazyky

Nejdůležitější jsou *thajština* a *laoština*, dále jazyky *čuang, li, mjaojao* (ten se někdy řadí k austroasijským jazykům).

Austroasijské jazyky

Rozeznává se skupina *monsko-khmérská* (*khmerština, monština*), *viet-muongská* (*vietnamština*), *mundská* (*santali, mundari* ve východní Indii), *nikobarská* a některé menší skupiny.

Austronéské jazyky

Dělí se na západní (indonéské), kam patří *malajština, indonéština, javánština, sundština, balijština, malgaština* či *tagalog* na Filipínách, a východní (oceánské), kam patří *fidžijština, samojština, maorština, havajština* či *motu* na Nové Guineji.

Papuánské jazyky

Okolo 700 malých jazyků, jejichž příbuznost je těžko prokazatelná.

Australské jazyky

Zbytky jazyků původního obyvatelstva, jimiž dnes mluví méně než 50 tisíc mluvčích.

Africké jazyky

Dělí se obvykle na tři skupiny: *kongo-kordofánskou, nilo-saharskou* a *khoisánskou*.

Mezi *nigero-konžskými jazyky*, které představují dominující složku kongo--kordofánských jazyků, je nejdůležitější *benue-konžská* podskupina, do níž patří jazyk *tiv* v Nigérii a *bantuské jazyky*, především *svahilština* ve střední a východní Africe (co do počtu mluvčích největší africký jazyk jižně od Sahary), dále jazyky *kongo, ngala* (Angola), *zulu* a *xhosa* (Jižní Afrika), *šona* (Mosambik, Zimbabwe). Další podskupiny jsou *kwa* (jazyky *joruba, ibo, ewe* aj. v Nigérii a okolí), *západoatlantská* (jazyky *volof, ful* v západní Africe), *mande* (jazyky *maninka, bambara* aj. v západní Africe), *gur* (jazyk *mosi* v Burkina Fasu a okolí).

Nilo-saharské jazyky se dělí na řadu menších podskupin (*songhai, saharská, mabanská, fur*). Patří k nim i starobylý *nubijský jazyk* v Súdánu a jižním Egyptě s písemnými památkami od 6. st.

Khoisánskými jazyky se mluví na jihozápadě Afriky i v Tanzánii. Patří k nim jazyk *nama* (hanlivě *hotentotština*) a další menší jazyky.

Americké indiánské jazyky

Čistě geograficky se dělí na *severoamerické, středoamerické* a *jihoamerické*.

Severoamerické jazyky zahrnují řadu skupin – *algonkinské jazyky* (*krí, odžibvejština, čejenština,* vymřelá *mohykánština* aj.), *na-dene* (*navaho, apačské jazyky, tlingit* na Aljašce), *siouxské* (*dakota, crow*), *irokézské* (*cherokee, seneka*), *penutijské, hokaské* aj.

Mezi středoamerickými jazyky jsou nejdůležitější *jazyky aztécké* (zvláště *nahuatl* v Mexiku, ale patří sem např. i *šošonština* a *komančtina* na jihu USA), dále *mayské jazyky* (*mam, quiche, yucatec*) a skupina *otomange* (*mixtec, otomi, zapotec*) a dále *karibské jazyky.*

Mezi jihoamerickými jazyky vynikají počtem mluvčích jazyky *kečua* (Peru a okolní země), *guaraní* (Paraguay a okolní země), *aymara* (Bolívie, Peru), dále sem patří např. *arawacké jazyky* ve Venezuele a Brazílii (původně se jimi mluvilo v karibské oblasti), *tupi* v Paraguayi a Brazílii či *araukánské jazyky* v Chile.

K JAZYKOVÝM ZMĚNÁM

Jazyky lidstva podléhají neustálým změnám, které vycházejí jednak zevnitř jazykového systému, jednak jsou způsobovány kontaktem s jinými jazyky. Jazykové změny můžeme nejlépe pozorovat v oblasti hláskosloví. Porovnáváme-li některá slova dvou či více příbuzných jazyků, zjistíme jistá pravidla, podle nichž si hlásky v těchto jazycích odpovídají. Na základě těchto pravidel pak můžeme jednak rekonstruovat hlásky výchozího prajazyka, jednak odhalovat hláskové změny, jimiž jazyk na cestě ke své současné podobě prošel. Tak pro češtinu, polštinu, ruštinu a ostatní slovanské jazyky můžeme celkem snadno rekonstruovat společný základ, nedochovanou praslovanštinu, a popsat změny, kterými současné slovanské jazyky od období praslovanské jednoty prošly. Pro jazyky slovanské, baltské, germánské, latinu, řečtinu atd. zase – již s většími obtížemi – rekonstruujeme prajazyk indoevropský. V posledních desetiletích se objevily pokusy jít ještě dále do minulosti a byla formulována tzv. nostratická hypotéza, která na základě několika desítek zjištěných společných kořenů uvažuje o širším jazykovém společenství (jazyky indoevropské, uralské, semito-hamitské, kartvelské, altajské a drávidské).

Při etymologických výkladech domácích slov není třeba jít za hranice indoevropského společenství. V následujícím stručném přehledu se seznámíme s nejdůležitějšími hláskoslovnými změnami, jimiž slovanské jazyky (a okrajově i jazyky další) od rozrůznění indoevropského prajazyka prošly a na něž se při etymologických výkladech jednotlivých slov odvoláváme. Je ovšem třeba si uvědomit, že vedle pravidelných změn se v jazyce objevuje i řada změn nepravidelných, k nimž je nutno přihlížet případ od případu (v závěrečném oddíle D jsou uvedeny alespoň některé často se opakující změny psychologické povahy), a že svá úskalí má i samo určení příbuznosti slova: u některých slov imitativní, zvukomalebné (onomatopoické) povahy mluvíme pouze o elementární, nikoli genetické (rodové) příbuznosti a v některých případech zase je obtížné určit, zda podobná slova jsou geneticky příbuzná, či zda jde o přejetí z jednoho jazyka do druhého.

A. Od indoevropštiny k praslovanštině

Hypotetický ie. prajazyk si dnes představujeme jako dynamický, nářečně rozrůzněný útvar. Díky migracím ie. obyvatelstva docházelo k neustálému míšení, sbližování a zase rozrůzňování dialektů. Pravlast Indoevropanů není přesně známa – obvykle se klade do širokého pásu mezi Balkánem a Kavkazem, nejčastěji do oblasti severně od Černého moře. Rovněž začátek rozrůzňování ie. dialektů se klade do různé doby – obvykle do 3. tisíciletí př. Kr. Zde uvádíme nejdůležitější hláskové změny a jevy přechodu od indoevropštiny k praslovanštině.

A1. Jazyky kentum – satem

Při porovnávání některých příbuzných slov ie. jazyků zjistíme, že si v nich odpovídají tyto hlásky:

slov.	lit.	germ.	lat.	ř.	sti.
s	š	h	c (=k)	k	ś
z	ž	k	g	g	j (=dž)
z	ž	g	h	ch	h

Příklady: a) stsl. *desętь*, lit. *dešimt*, gót. *tehun*, lat. *decem*, ř. *deka*, sti. *daśa* (dále srov. *sto, srdce, osm*), b) stsl. *znati*, lit. *žinoti*, něm. *kennen*, lat. *nōscō* (původně *gnōscō*) 'znám', ř. *gignōskō*, sti. *jānāmi* tv. (dále srov. *zrno, bříza, mlezivo*), c) stsl. *vezti*, lit. *vežti*, něm. *Wagen* 'vůz', lat. *vehere*, ř. *ochos* 'vůz', sti. *vahāmi* 'vezu' (dále srov. *zima, země, lízat*).

Na základě těchto responzí se rekonstruují ie. tzv. palatalizované veláry (změkčené zadopatrové souhlásky) *k̂, ĝ* a *ĝh*, které v jedné skupině jazyků ztvrdly a splynuly s obyčejnými velárami (jazyky *kentumové* podle klasické výslovnosti lat. *centum* 'sto'), ve druhé se změnily v sykavky (jazyky *satemové* podle stírán. *satəm* 'sto'). V 19. st. byl tomuto rozdělení přikládán značný význam (rozčlenění ie. areálu na oblast západní a východní), ale objevení nových kentumových ie. jazyků tocharštiny a chetitštiny na východě tyto představy narušilo.

A2. Přídechové souhlásky

Střídnice v některých ie. jazycích ukazují na existenci speciální řady přídechových (aspirovaných) souhlásek:

slov.	lit.	germ.	lat.	ř.	sti.
b	b	b	b, f	f	bh
d	d	d	d, b, f	th	dh
g	g	g	h	ch	gh

Příklady: a) stsl. *bratrъ*, lit. *brolis*, něm. *Bruder*, lat. *frāter*, ř. *frātōr*, sti. *bhrātar-* (dále srov. *brát, nebe*), b) stsl. *děti* 'udělat', lit. *dėti* 'položit', angl. *deed* 'čin', lat. *fēcī* 'udělal jsem', ř. *tithēmi* 'kladu', sti. *dadhāmi* tv. (dále srov. *rudý, dcera, dým*), c) stsl. *mъgla* 'mlha', lit. *migla*, ř. *omichlē*, sti. *megha-* 'mrak' (dále srov. *stihnout, host*).

Na základě těchto responzí se rekonstruuje řada ie. znělých aspirovaných souhlásek *bh, dh, gh*, které v bsl. již někdy v 2. tisíciletí př. Kr. splynuly s normálním *b, d, g*. Srov. však poznámku v A3.

A3. Labioveláry

U některých příbuzných ie. slov najdeme tyto responze:

slov.	lit.	germ.	lat.	ř.	sti.
k	k	hw	qu	p, t, k	k
g	g	q	g(u), v	b, d, g	g
g	g	w, g	f, v, g, u	f, th, ch	gh

Příklady: a) stsl. *kъto*, lit. *kas*, sthn. *hwas*, lat. *quod*, ř. *tis*, sti. *ka-* (dále srov. *kolo, cena, péci*), b) stsl. *živъ* (viz *B1*), lit. *gyvas*, gót. *qius*, lat. *vīvus*, ř. *bios* 'život', sti.

jīva- (dále srov. *žena, hovado, žrát*), c) stsl. *sněgъ,* lit. *sniegas,* gót. *snaiws,* lat. *nix* (gen. *nivis), ninguit* 'sněží', ř. *nifa* (ak.) (dále srov. *hnát, hořet).*

Tyto responze ukazují, že zadopatrovým souhláskám v slov., balt., sti. někdy odpovídají retné souhlásky v germ., lat., ř. Proto se rekonstruují ie. labioveláry k^u, g^u, $g^u h$, které si představujeme jako zadopatrové souhlásky (veláry) s vedlejší retnou (labiální) artikulací.

Poznámka: Z výše uvedených přehledů vyplývá, že systém ražených souhlásek byl v ie. značně bohatý a složitý. Byly tu tři řady ražených – znělá, neznělá, znělá přídechová a navíc tři řady zadopatrových souhlásek – normální, změkčená a labializovaná. Takto rekonstruovaný systém často budí pochybnosti – uvedené tři řady ražených jsou v konkrétních jazycích velmi neobvyklé, ze tří řad zadopatrových souhlásek jsou v jednotlivých ie. jazycích doloženy vždy nejvýše dvě atd. Rekonstruované ie. hlásky tak musíme brát spíš jako grafické symboly, jejichž přesnou fonetickou realizaci neznáme.

V této souvislosti se zmíníme ještě o tzv. laryngálách (označují se *H*). Jde o jakési hrdelní hlásky, které se mohly realizovat buď jako souhlásky, či jako samohlásky. Jejich existenci v ie. plně uznává až jazykověda 2. pol. 20. století, ohledně počtu laryngál i jejich postavení v hláskoslovném systému ie. však nepanuje jednota. Pozůstatky laryngál jsou nejlépe patrny v chetitštině (srov. het. *paḫḫur* – ř. *pyr* 'oheň'). V našich ie. rekonstrukcích s laryngálami nepracujeme.

A4. Germánské posouvání souhlásek

Někdy v 1. tisíciletí př. Kr. došlo v germ. k posunutí ie. souhláskového systému. V první pol. 1. tisíciletí po Kr. pak došlo k dalšímu obdobnému posunu v hornoněmeckých (jižních a středních) nářečích, které jsou základem spisovné němčiny:

a) ie. *bh, dh, gh* dalo (jako v slov. a balt.) *b, d, g,* v horní něm. dále *d* dalo *t.* Příklady: ie. **bheugh-* 'ohýbat', angl. *bow*, něm. *biegen*; ie. **dhē-* 'položit', angl. *deed* 'skutek', něm. *tat* tv.;

b) ie. *b, d, g* dalo v germ. *p, t, k,* v horní něm. dále *f(pf), tz, s, (z), ch (k)* (hlásky v závorkách na počátku slova). Příklady: psl. **slabъ*, angl. *sleep* 'spát', něm. *schlaff* 'ochablý', psl. **do*, angl. *to*, něm. *zu*; lat. *edere*, angl. *eat*, něm. *essen*; psl. **seděti*, angl. *sit*, něm. *sitzen*; lat. *mulgēre* 'dojit', angl. *milk*, něm. *Milch*; psl. **govędo*, angl. *cow*, něm. *Kuh*;

c) ie. *p, t, k* dalo v germ. *f, th, h,* v závislosti na přízvuku však někdy docházelo k dalším změnám. Příklady: lat. *pater*, angl. *father*, něm. *Vater*; psl. **bratrъ*, angl. *brother*, něm. *Bruder*; lat. *septem*, germ. **sifún*, ale do gót. *sibun*, něm. *sieben*; lat. *capere* 'uchopit', angl. *have*, něm. *haben*.

A5. Ie. s

Sykavka *s* byla jedinou třenou souhláskou v ie. souhláskovém systému, s čímž zřejmě souvisí její náchylnost k různým změnám.

a) Některé ie. kořeny mají na začátku tzv. pohyblivé *s-* (*s*-mobile), které se vyskytuje vždy jen v některých tvarech a některých jazycích. Příklady: psl. **sněgъ*, angl.

snow, lat. *nix*, ř. *nifa*; psl. **kora* i **skora* (viz *kůra*), lat. *cortex*; stir. *camb* 'křivý', ř. *skambos* tv.

b) Souhláska *s* se v ř., írán., arm. a části kelt. jazyků oslabuje na začátku slova a mezi samohláskami v *h*, v lat. a částečně v germ. se mezi samohláskami mění v *-r-* (srov. lat. *esse, posse* – *laudāre, audīre*, angl. *was* – *were*).

c) Ke změně *s* v *ch* ve slov. viz *A8*.

d) Do tohoto oddílu zařazujeme i jednu změnu, při níž *s* naopak vzniká – disimilací z ie. *-dt-, -tt-*. Příklady: *vést, číst, past*. Tato změna proběhla i v balt., ř. a írán., ale spíš než o starý nářeční jev jde asi o paralelní vývoj v jednotlivých jazycích.

A6. Ie. ablaut

Ablautem (méně frekventované české termíny jsou *střída* a *kmenostup*) rozumíme střídání samohlásek uvnitř kořene slova. Příčinou tohoto jevu asi bylo působení volného a pohyblivého přízvuku. Rozeznáváme tyto ablautové stupně: plný *e*-ový (základní) a plný *o*-ový, dále oslabený (redukovaný, nulový), s úplnou absencí vokálu nebo jeho redukcí, a méně častý stupeň zdloužený, s $\bar{e}$ či $\bar{o}$. Příklady:

e	0	o	$\bar{e}, \bar{o}$
ř. *petomai* 'poletuji' psl. **rekti*	*eptomēn* 'poletoval jsem' **rъkǫ*	*poteomai* 'poletuji' **rokъ* (viz *říci*)	*pōtaomai* 'létám'
ei ř. *leipō* 'zanechávám' stsl. *cvisti*	*i* *elipon* 'zanechával jsem' *cvьtǫ*	*oi* *leloipa* 'zanechal jsem' (perf.) *cvětъ* (viz *kvést*)	$\bar{e}(i), \bar{o}(i)$
eu gót. *giutan* 'lít' stsl. *bljudǫ* 'dbám, dávám pozor'	*u* *gutum* 'lili jsme' *bъděti*	*ou* *gaut* 'lil jsem' *buditi* (viz *bdít*)	$\bar{e}(u), \bar{o}(u)$
er ř. *derkomai* 'dívám se' psl. **merti*	*r* *edrakon* 'díval jsem se' **sъmьrtь*	*or* *dedorka* 'podíval jsem se' (perf.) **morъ* (viz *mřít*)	$\bar{e}r, \bar{o}r$
en ř. *penthos* 'žal' stsl. *pęti*	*n* *epathon* (srov. *A7*) 'truchlil jsem' (impf.) *pьnǫ*	*on* *pepontha* 'truchlil jsem' (perf.) *pǫto* (viz *pnout*)	$\bar{e}n, \bar{o}n$

Poznámka: Hláskové změny i různé analogické procesy vedly ve slov. jazycích (a v různé míře i jinde) ke značnému přetvoření původních ie. ablautových alternací (srov. zvláště oddíly *B2, B6, B7, B8*).

A7. Slabičné sonanty

Pro ie. likvidy *r, l* a nosovky *m, n* někdy najdeme tyto responze:

psl.	lit.	germ.	lat.	ř.	sti.
ьr, ъr	ir, ur	ur	or, ur	ra, ar	r̥
ьl, ъl	il, ul	ul	ol, ul	la, al	r̥
ę	im	um	em, en	a	a
ę	in	un	en	a	a

Příklady: a) psl. **sьrdьce*, lit. *širdis*, lat. *cor*, ř. *kardiā*, b) psl. **vьlkъ*, lit. *vilkas*, gót. *wulfs*, sti. *vr̥ka-*, c) stsl. *desętь*, lit. *dešimt*, gót. *taíhun*, lat. *decem*, ř. *deka*, sti. *daśa*, d) stsl. *pamętь*, lit. *atmintis* 'vzpomínka', gót. *gamunþs* 'památka', lat. *mēns* 'mysl', sti. *mati-* tv. Srov. i *hrdlo, červ, plný, devět, sedm*.

Tyto responze vedou k rekonstrukci slabičných sonant *r̥, l̥, m̥, n̥*, které se realizovaly asi podobně jako naše slabikotvorné *r, l* (mohlo to však být i na začátku slova). Do jednotlivých slov. jazyků se psl. *ьr, ъr* a *ьl, ъl* vyvíjelo různě (srov. i B8). V č. máme ve většině případů slabikotvorné *r, l*, jen po *č, ž* je *er* (srov. *červený, žerď*) a *ъl* se změnilo v *lu (lú)* (srov. *slunce, dlouhý*). K *ę* viz B7.

A8. Slov. ch

a) Slov. *ch* vzniklo z ie. *s*, pokud předcházely hlásky *i, u, r, k* a nenásledovala souhláska. Vzhledem k tomu, že za velmi podobných podmínek došlo ke změně *s > š* v indoíránských jazycích a částečně i lit., soudí se, že *š* bylo vývojovým mezistupněm i v slov. a že změna začala zřejmě pod írán. vlivem zhruba okolo 7.– 6. st. př. Kr.

b) Výše zmíněné pravidlo nemůže objasnit většinu případů slov. *ch-* na počátku slova. Proto se počítá i s různými nepravidelnými, snad expresivními změnami, např. *ch-* ze *sk-* (přes *ks-*?) (viz *chvojí, chrabrý*) či z *k, g* (*chlad, chřtán*) aj.

A9. Zánik souhlásek

Koncové souhlásky často zanikají, souhláskové skupiny uvnitř slova se zjednodušují.

a) Ve slov. (a také západogerm. jazycích) všechny koncové souhlásky zanikly (srov. stsl. *vlъkъ* proti lit. *vilkas*), v řečtině se zachovalo jen *-s, -n, -r*, ve sti. se koncové *-s* často oslabilo na *-ḥ* ap.

b) od počátku psl. období se uplatňuje tzv. zákon otevřených slabik, tedy zjednodušují se všechny souhláskové skupiny kromě těch, které jsou obvyklé i na začátku slova. Příklady: psl. **sъnъ* z ie. **supno-* (viz *sen*), psl. **vymę* z ie. **ūdhmen-* (viz *vemeno*), psl. **potъ* z ie. **pok*ᵘ*to-* (viz *pot*).

c) K zjednodušování souhláskových skupin dochází i v pozdějších obdobích, srov. *selka* ze stč. *sedlka, šedesát* ze *šestdesát*.

B. Od praslovanštiny do rozpadu slovanské jednoty

Klasickou praslovanštinou rozumíme poměrně krátké období zhruba od 4. do 8. st., kdy došlo k řadě změn, které výrazně změnily slov. hláskoslovný systém i strukturu slova. Je to zároveň období expanze Slovanů, kteří se náhle vynořili na scéně evropských dějin. Vznik slovanského etnika je obestřen tajemstvím – většinou se dnes přijímá představa, že vykrystalizovalo na jihozápadním okraji protobaltského areálu (tedy oblasti, kde žili předchůdci baltských kmenů) a na jeho genezi se podílely i jiné etnické složky – italická, íránská, trácká ap. Pravlast Slovanů – tedy místo, odkud začala v pol. 1. tisíciletí po Kr. jejich expanze – se klade obvykle severně od Karpat.

B1. Psl. palatalizace

Výraznými změnami, které zásadně změnily slov. souhláskový systém, byly tzv. palatalizace (změna zadopatrové souhlásky v předopatrovou, změkčení). Rozeznáváme tři:

a) 1. palatalizace proběhla před samohláskami *e* a *i* s těmito výsledky: $k > č$, $g > dž > ž$, $ch > š$. Příklady: stsl. *četyre* – lit. *keturi*, stsl. *živъ* – lit. *gyvas*, stsl. *ucho* – *uši*. Po takto vzniklých tupých sykavkách a po *j* se měnilo *ē* v *a*, srov. psl. **žarъ* z **gēr-*, **šatъ* z germ. **hētaz* ap.

b) 2. palatalizace proběhla před samohláskami *ě* a *i* vzniklými z dvojhlásek *ai*, *oi* (viz B2) s těmito výsledky: $k > c$, $g > dz (> z)$, $ch >s$ (v zsl. *š* jako u 1. palatalizace). Příklady: stsl. *cěna* – lit. *kaina*, stsl. *vlъci* – lit. *vilkai*, r. *seryj*, č. *šerý*. Ve vsl. a jsl. došlo k palatalizaci i ve skupinách *gv-*, *kv-*, srov. č. *květ*, r. *cvet*, č. *hvězda*, r. *zvezda*.

c) 3. palatalizace proběhla po *ę*, *i*, *ъ* především v příponách, v kořeni se s ní setkáváme výjimečně. Podrobnosti tohoto procesu i jeho časové zařazení jsou dodnes sporné. Příklady: stsl. *kъnędzь* – germ. **kuningaz* (viz *kněz*), stsl. *ovьca* – sti. *avikā-* (viz *ovce*).

B2. Monoftongizace diftongů

Ie. diftongy (dvojhlásky) se v psl. monoftongizovaly s těmito výsledky:

ai, oi $>$ *ě* (v koncovkách také *i*)

ei $>$ *i*

au, ou $>$ *u*

eu $>$ *'u*

Příklady: stsl. *cěna* – lit. *kaina*, stsl. *iti* – lit. *eiti*, stsl. *rudъ* – lit. *raudas*, stsl. *ljudъje* – ř. *eleutheros* 'svobodný' (viz *lidé*).

K monoftongizaci diftongů v psl. muselo dojít po provedení 1. a před začátkem 2. palatalizace.

B3. Psl. souhláska +j

K palatalizaci zadopatrových souhlásek nedocházelo pouze působením předních samohlásek (B1), ale i působením neslabičného *i̯* (*j*) – např. stsl. *lože* < **log-i̯o*, stsl. *plačǫ* < **plak-i̯om*. Také skupiny *si̯*, *zi̯* daly *š*, *ž*.

Po retnicích *b*, *p*, *m*, *v* se ve vsl. a částečně jsl. vytvořilo tzv. epentetické *l*, v zsl. dochází jen ke změkčení souhlásky: č. *země* – r. *zemlja*, č. *koupím* – r. *kuplju*, č. *Boleslav* (místní jméno) – r. *Jaroslavl'*.

Nejsložitější byl vývoj u skupin *ti̯* (stejný vývoj mají i skupiny *kt*, *gt* před *i*), *di̯*, kde jsou ve slov. jazycích různé střídnice:

psl.	zsl.	vsl.	sln.	s./ch.	mak.	b., stsl.
ti̯	c	č	č	ć	ḱ	št
di̯	dz(z)	ž	j	đ	ǵ	žd

Příklady: *svíce, noc, moci, mez*.

B4. Proteze (předsouvání hlásky)

V psl. se vytvořily dvě protetické hlásky – *j* a *v*.

Protetické *j*- předstupovalo před *e*, *i*, *ę*, mladší je proteze před *a*. Příklady: lat. *est* – stsl. *jestъ*, lat. *īre* – č. *jít*, lit. *imti* – stsl. *jęti* (viz *jmout*), lat. *agnus* – stsl. *jagnę* (viz *jehně*), lit. *obuolys* – č. *jablko*.

Protetické *v*- předstupovalo před *ū*, *u* (tedy pozdější *y*, *ъ*, viz **B5**). Příklady: lit. *ūdra* – č. *vydra*, av. *ufyate* – stsl. *vъpiti* (viz *úpět*). Uvažuje se i o některých případech psl. proteze před *o* (viz *vůně*).

Pozn. V obecné češtině dnes máme protetické *v*- před *o* (*vokno*, *vodejít*). Tento jev se vyvíjel již od konce 14. st., do spisovného jazyka však nepronikl.

B5. Změny psl. samohláskového systému

Ie. samohláskový systém prošel do konce psl. období těmito změnami:

ie. *a*, *o* splynulo v psl. *o*, srov. lit. *ragas* – č. *roh*

ie. *i* > psl. *ь*, srov. lat. *vidua* – stsl. *vьdova* (viz *vdova*)

ie. *u* > psl. *ъ*, srov. lit. *musai* – stsl. *mъchъ* (viz *mech*)

ie. *ā*, *ō* splynulo v psl. *a*, srov. lit. *duoti* – stsl. *dati*

ie. *ē* > *ě*, srov. lat. *mēnsis* – stsl. *měsęcь* (viz *měsíc*)

ie. *ī* > *i*, srov. lat. *vīvus* – č. *živý*

ie. *ū* > *y*, srov. lit. *sūnus* – č. *syn*

Již na začátku psl. období došlo k některým změnám v samohláskové kvalitě, pokud předcházela palatalizovaná souhláska nebo *j* (*i̯*) (tzv. psl. přehlásky):

'*o* > *e*, srov. ie. **mari̯o-* – stsl. *morje* (viz *moře*) 'ū > ī > i, srov. lit. siūti – č. šít

'u > i > ь, srov. lat. jugum – stsl. jьgo (viz jho)

B6. Jery

Ke konci psl. období se z krátkého ie. *i, u* vytvořily tzv. jery, polosamohlásky, jejichž výslovnost si představujeme jako velmi krátké *i, u* (viz B5). V dalším vývoji (10.–12. st.) na většině slov. území jery ve slabé pozici (tj. liché v řadě počítáno od konce a ve slabikách, po nichž následovala slabika s plným vokálem) zanikly, v silné pozici (všechny ostatní) se vokalizovaly – v č. oba jery daly *e*. Příklady:

stsl. šьvьcь – č. *švec*, gen. šьvьca – č. *ševce*

stsl. *mъnogъ* – č. *mnohý*, s./ch. *mnog*

stsl. *dьnь* – č. *den*, p. *dzień*, r. *den'*, s./ch. *dan*

stsl. *sъnъ* – č. *sen*, p. *sen*, r. *son*, s./ch. *san*

B7. Nosovky

V psl. období se z ie. skupin *en, em* a *on, om* a ie. *ņ, ṃ* (A7) vytvořily nosové samohlásky, označované *ę, ǫ*. Příklady: ř. *pente* – stsl. *pętь* (viz *pět*), lit. *ranka* – stsl. *rǫka* (viz *ruka*), sti. *jambha-* – stsl. *zǫbъ* (viz *zub*), dále srov. *deset, pamět'*. V dalším vývoji po rozpadu psl. jednoty byly ve všech spis. slov. jazycích kromě ř. nosovky nahrazeny ústními samohláskami (na většině slov. území do konce 10. st.). V č. *ę > ä*, které se dále vyvíjelo jako *a* (viz C1), *ǫ > u*.
Příklady:

stsl. *svętъ*, č. *svatý*, p. *święty*, r. *svjatyj*, s./ch. *svet*

stsl. *pętь*, č. *pět*, p. *pęć*, r. *pjat'*, s./ch. *pet*

stsl. *rǫka*, č., r., s./ch. *ruka*, p. *ręka*, sln. *roka*, b. *răka*

B8. Metateze (přesmyk) likvid

Ke konci psl. období došlo k výrazným změnám ve skupinách *CorC, ColC, CerC, CelC, orC, olC* (*C* značí jakoukoli souhlásku).
Příklady:

psl. **korva* – č. *kráva*, s./ch. *krava*, p. *krowa*, r. *korova*

psl. **golva* – č. *hlava*, s./ch. *glava*, p. *głowa*, r. *golova*

psl. **bergъ* – č. *břeh*, s. *breg*, p. *brzeg*, r. *bereg*

psl. **melko* – č. *mléko*, s. *mleko*, p. *mleko*, r. *moloko*

psl. **ordlo* – č. *rádlo*, s./ch. *ralo*, p. *radło*, r. *ralo* (slovo mělo starou raženou intonaci, tzv. akut)

psl. **orvьnъ* – č. *rovný*, s./ch. *ravan*, p. *równy*, r. *rovnyj* (slovo mělo starou taženou intonaci, tzv. cirkumflex) psl. *olkomъ – č. lakomý, s./ch. lakom, p. łakomy, r. lakomyj (akut)

psl. *olkъtь – č. loket, s./ch. lakat, p. łokieć, r. lokot' (cirkumflex)

B9. Stahování

Stahování (kontrakce) je již psl. jev, který se však výrazně projevil až po rozpadu psl. jednoty (10. st., před změnami jerů). Centrum změny bylo na západě slov. území (nejvíce se projevuje v č.), postupně na východ jí ubývá (v r. je zastoupena nejméně). Stahování podléhaly skupiny VjV (V značí samohlásku), pokud si nebyly samohlásky artikulačně příliš vzdáleny. Výsledná kvalita bývala určována druhou samohláskou.

Příklady:

psl. *grějati – č. hřát, r. grejat'

psl. *pojasъ – č. pás, r. pojas

psl. *mojego – č. mého, r. mojego

psl. *stryjьcь – č. strýc, stp. stryjec

C. Od rozpadu psl. k češtině

V 9. a 10. st. již existovala řada hláskoslovných, tvaroslovných i lexikálních jevů, které oddělovaly jazyk našich předků, sídlících na území dnešních Čech a Moravy, od ostatních jazyků zsl. oblasti. Tomuto jazyku, který nemá až do 13. st. souvislejší písemné památky, říkáme pračeština, se vznikem písemných památek pak mluvíme o staročeštině (viz i pasáž v Přehledu jazyků).

C1. Staročeské přehlásky

Změny, které výrazně odlišily č. od ostatních slov. jazyků, jsou stč. přehlásky. Tyto změny vesměs proběhly jen na českém území v užším slova smyslu, nezasáhly ani moravská nářečí. Rozlišujeme tyto stč. přehlásky:

'a > ě (pokud předcházela měkká a nenásledovala tvrdá souhláska, 12.–13. st.). Příklady: psl. *čaša – stč. čiešě

'u > i (pokud předcházela měkká, 14. st.). Příklady: stsl., p., slk. jutro – č. jitro

'o > ě (pokud předcházela měkká, 14. st.; tato změna však posléze ustoupila a zůstala jen výjimečně, např. stč. koniem vedle koňóm)

C2. Změny v souhláskovém systému

g > h (12.–13. st.)

měkké r' > ř (13. st.)

Ve 14. st. se v souhláskovém systému objevuje f (do té doby nahrazované b či p, srov. biřmovat, biskup), zřejmě následkem toho se mění obouretné v v dnešní zuboretné.

Do 15. st. zaniká párová měkkost souhlásek, která se vytvořila už koncem psl. období podle toho, zda následovala samohláska přední (*e, ę, ě, i, ь*, souhláska se pak měkčila), či zadní (souhláska se neměkčila).

C3. Změny v souhláskových skupinách

Některé souhlásky v kontaktu s jinými souhláskami podléhají nahodilým asimilačním změnám, srov. stč. *sde* (*viz zde*), stč. *dchoř* (*viz tchoř*), dochází i k zjednodušování souhláskových skupin, srov. stč. *sedlka, šestdesát*. U některých souhláskových skupin však jde o pravidelné změny:

čř>tř či *stř* (13. st.), srov. slk. *črevo* – č. *střevo*, slk. *črieslo* – č. *tříslo*

šč>šť (14.–15. st.), srov. r. *ščuka* – č. *štika*, r. *eščë* – č. *ještě*

C4. Ztráta jotace a splynutí i–y

Ztrátou jotace se rozumí změna *ě>e*. Po *l* došlo k této změně již v prehistorické době (tj. před vznikem písemných památek), srov. stsl. *mlěko* – stč. *mléko*, stč. *oni valé* vedle *oni prosie*. Koncem 14. st. došlo ke ztrátě jotace po sykavkách, *ř* a *j*, srov. stč. *sě, cěna, dušě, řěka, řújě, ě* zůstalo v písmu zachováno po retných souhláskách (*b, p, m, v, f*) a *d, t, n*, ale nejde tu už o původní dvojhlásku *ě* – *bě* se vyslovuje [*bje*], *dě* [*ďe*].

Počátkem 15. st. splynula výslovnost *i* a *y*, rozdíl zůstal jen v písmu.

Obě tyto změny souvisejí se zánikem párové měkkosti (viz *C2*).

C5. Změny v samohláskovém systému ve 14.–16. st.

Od konce 14. do začátku 16. st. dochází k výrazným změnám v subsystému dlouhých samohlásek. Tyto změny jsou opět omezeny na české území v užším slova smyslu, jiný průběh mají ve středomoravských nářečích a moravskoslovenská a lašská nářečí nezasahují vůbec.

ó>uo>ů

ú>(au)>ou

ý>(aj)>ej (nepronikla do spisovného jazyka)

é>í (pronikla do spisovného jazyka jen částečně)

ie>í

Ve stejné době probíhá i změna *aj>ej* v těžeslabičné pozici, srov. stč. *vajce*, nč. *vejce*, ale *vajec*.

D. Změny psychologické povahy

Do této skupiny řadíme některé důležité slovní změny, které nevycházejí přímo z jazykového systému, ale jsou způsobeny různými myšlenkovými pochody mluvčích.

D1. Analogie

V jazykovědě se tento termín obvykle zužuje na morfologickou analogii, tj. na vzájemné působení tvarů jednoho slova. Projevuje se ve dvou základních podobách – vyrovnávání tvarů (srov. *peču, pečou* místo *peku, pekou* podle ostatních tvarů, nom. pl. *přátelé* místo stč. *přietelé* podle ostatních tvarů v pl.) a takzvané čtyřčlenné analogii (např. k inf. *kovati* se vytvořil nový prézens *kovám*, k původnímu prézentu *kuju* se vytvořil nový inf. *kouti*).

Analogii lze pozorovat i ve slovotvorbě – např. nadbytečné *ne-* u slov jako *nesvár, neplecha, nevrlý, nehorázný*, která již bez této předpony vyjadřovala záporný význam.

D2. Lidová etymologie

Lidová etymologie spočívá v mylné etymologicky významové interpretaci slova – mluvčí slovo, které je pro něj neprůhledné, spojí s nějakým jemu známým 'silným', ve skutečnosti však nepříbuzným kořenem. Tato asociace může být nahodilá (viz např. *heřmánek*), častěji však jde i o souvislost významovou (viz *hřbitov, rozhřešit*). Někdy se při tomto procesu nemění ani podoba slova (viz *peklo*), takové případy, odehrávající se vlastně jen v rovině jazykového povědomí, jsou však obvykle obtížně prokazatelné.

D3. Kontaminace

Kontaminace spočívá ve zkřížení dvou významově si blízkých slov, přičemž vzniká slovo nové. Formální blízkost obou slov tu není podmínkou (viz *bujarý, krumpáč*), ale proces často usnadňuje (viz *blouznit*).

D4. Tabu

Tabu v jazyce vychází z primitivních představ o sepětí slova s podstatou věci samé – vyslovení 'pravého' jména obávaného zvířete, nemoci ap. mohlo podle této představy nepříjemnou skutečnost přivolat či způsobit její mstu. V sakrální oblasti zase zbytečné užívání posvátných názvů působí znevažujícím dojmem (srov. i v křesťanské tradici *Nevezmeš jméno Boží nadarmo*). Proto jsou 'pravá' jména obávaných či posvátných věcí nahrazována různými 'zastřenými' pojmenováními. To se může dít různými jazykovými mechanismy:

a) hláskovými obměnami a přeskupeními – viz např. *blecha, hnida, čerchmant*, srov. dále i upravené kletby typu *herdek, hernajs, heršvec, safra* ap.

b) popisným pojmenováním (tabuová nápověď) – viz *medvěd, zmije, ježek, čert*, srov. i *zubatá* 'smrt' ap.

c) zmírňujícími názvy (eufemismy), vycházejícími ze snahy oslabit nepříjemnou skutečnost, ošálit zlé síly – viz *lasice*, srov. *boží posel* 'blesk', starší č. *hostec* 'revma'; někdy to vede až k užití slova zcela opačného významu (tabuová antifráze), viz *bolet*, srov. i *zlom vaz*, kde je naopak negativním způsobem vyjádřeno přání úspěchu ('aby se nezakřiklo').

ZKRATKY, VYSVĚTLIVKY A ZNAČKY

Zkratky jazyků a dialektů

afgán.	afgánský	ión.	iónský
akkad.	akkadský	ir.	irský
alb.	albánský	írán.	íránský
am.-angl.	americko-anglický	isl.	islandský
angl.	anglický	it.	italský
ar.	arabský	jap.	japonský
aram.	aramejský	jihoam.	jihoamerický
arm.	arménský	jihočín.	jihočínský
asyr.	asyrský	jihoit.	jihoitalský
av.	avestský	jsl.	jihoslovanský
ázerb.	ázerbájdžánský	kašub.	kašubský
b.	bulharský	kat.	katalánský
balt.	baltský	kelt.	keltský
bask.	baskický	korn.	kornský (kornvalský)
bav.	bavorský	krym.-tat.	krymskotatarský
br.	běloruský	kurd.	kurdský
bret.	bretonský	kyrgyz.	kyrgyzský
bsl.	baltoslovanský	langob.	langobardský
csl.	církevněslovanský	laš.	lašský
č.	český	lat.	latinský
čín.	čínský	lit.	litevský
dán.	dánský	lot.	lotyšský
dl.	dolnolužický	luž.	lužický
dněm.	dolnoněmecký	maď.	maďarský
dór.	dórský	mak.	makedonský
egypt.	egyptský	malaj.	malajský
evr.	evropský	mong.	mongolský
fin.	finský	mor.	moravský
fr.	francouzský	msl.	moravskoslovenský
fríz.	frízský	nč.	novočeský
frk.	franský	neie.	neindoevropský
galorom.	galorománský	něm.	německý
germ.	germánský	nhn.	novohornoněmecký
gót.	gótský	niz.	nizozemský
gruz.	gruzínský	nlat.	novolatinský
han.	hanácký	nor.	norský
hebr.	hebrejský	nper.	novoperský
hl.	hornolužický	nř.	novořecký
hněm.	hornoněmecký	oset.	osetský
ch.	chorvatský	osk.	oskický
chet.	chetitský	p.	polský
ie.	indoevropský	pč.	pračeský
ií.	indoíránský	per.	perský
ilyr.	ilyrský	pgerm.	pragermánský

polab.	polabský	stp.	staropolský
port.	portugalský	stper.	staroperský
pozdnělat.	pozdnělatinský	stport.	staroportugalský
prov.	provensálský	stpr.	staropruský
předie.	předindoevropský	stprov.	staroprovensálský
předrom.	předrománský	str.	staroruský
předsl.	předslovanský	střangl.	středoanglický
psl.	praslovanský	střbret.	středobretonský
r.	ruský	střdn.	středodolnoněmecký
rak.	rakouský	střfr.	středofrancouzský
rétorom.	rétorománský	střhn.	středohornoněmecký
román.	románský	střind.	středoindický
rum.	rumunský	střir.	středoirský
ř.	řecký	střlat.	středolatinský
s.	srbský	střniz.	středonizozemský
semit.	semitský	střper.	středoperský
severoam.	severoamerický	střř.	středořecký
severofr.	severofrancouzský	střtur.	středoturecký
severogerm.	severogermánský	střwal.	středowaleský/ středovelšský
severoit.	severoitalský	stsas.	starosaský
skand.	skandinávský	stsl.	staroslověnský
skot.	skotský	stsrb.	starosrbský
slk.	slovenský	stšvéd.	starošvédský
sln.	slovinský	svahil.	svahilský
slov.	slovanský	šp.	španělský
stangl.	staroanglický	švéd.	švédský
stbret.	starobretonský	švýc.	švýcarský
stbav.	starobavorský	tat.	tatarský
stč.	staročeský	toch.	tocharský (A či B)
stfr.	starofrancouzský	ttat.	turkotatarský
stfríz.	starofrízský	tur.	turecký
sthn.	starohornoněmecký	ukr.	ukrajinský
sti.	staroindický	umb.	umberský
stir.	staroirský	ural.	uralský
stírán.	staroíránský	uzb.	uzbecký
stisl.	staroislandský	val.	valašský
stit.	staroitalský	vlat.	vulgárnělatinský
stkorn.	starokornský	vsl.	východoslovanský
stlat.	starolatinský	všeevr.	všeevropský
stlit.	starolitevský	všesl.	všeslovanský
stlot.	starolotyšský	wal.	waleský/velšský
stluž.	starolužický	zsl.	západoslovanský

Pozn.: zkratky mohou vedle adj. označovat i příd. či subst., tedy *český, česky* i *čeština*.

Jiné zkratky

abl.	ablativ
adj.	adjektivum (přídavné jméno)
ak.	akuzativ (4. pád)
aor.	aorist
arg.	argot
citosl.	citoslovce
část.	částice
d.	dialektní, nářeční
dat.	dativ (3. pád)
dok.	dokonavý
expr.	expresivní
gen.	genitiv (2. pád)
hanl.	hanlivý
hov.	hovorový
imp.	imperativ (rozkazovací způsob)
impf.	imperfektum
inf.	infinitiv
instr.	instrumentál (7. pád)
již.	jižní
kniž.	knižní
lid.	lidový
lid. etym.	lidová etymologie
lok.	lokál (6. pád)
m.r.	mužský rod
nár.	národní
nář.	nářeční
nom.	nominativ (1. pád)
ob.	obecněčeský
odb.	odborný
onom.	onomatopoický
os.	osoba
1.os.přít.	tvar 1. osoby jednotného čísla přítomného času
perf.	perfektum
pl.	plurál (množné číslo)
po Kr.	po Kristu
pomn.	pomnožné podstatné jméno
prét.	préteritum
předl.	předložka
předp.	předpona
přech. přít.	přechodník přítomný
příč. trp.	příčestí trpné
příp.	přípona
přísl.	příslovce
přít.	přítomný čas
př. Kr.	před Kristem
resp.	respektive
sev.	severní

sg.	singulár (jednotné číslo)
slang.	slangový
sp.	spojka
spis.	spisovný
srov.	srovnej
st.	starší; století
stř.r.	střední rod
subst.	substantivum (podstatné jméno)
tv.	téhož významu
vých.	východní
zač.	začátkem
zájm.	zájmeno
záp.	západní
zast.	zastaralý
žert.	žertovný
ž.r.	ženský rod

Vysvětlení některých termínů

ablativ – pád v některých jazycích vyjadřující východisko či odluku

aorist – jednoduchý minulý čas užívaný pro jednorázový děj

asimilace – artikulační přizpůsobení hlásky či skupiny hlásek jiné předcházející či následující hlásce

disimilace – rozrůznění stejných či podobných hlásek (opak *asimilace*)

expresivní – citově zabarvený, vyjadřující vedle základního významu i emocionální vztah

gerundium – v některých jazycích podstatné jméno slovesné významem blízké infinitivu

imperfektum – jednoduchý minulý čas užívaný pro neukončený či opakovaný děj

intenzivum – sloveso, které zesiluje děj vyjádřený základním slovesem

kalk – slovo utvořené přesně podle cizí předlohy, doslovný překlad

kauzativum – sloveso, jehož děj způsobuje děj vyjádřený základním slovesem (např. *trápit – trpět, budit – bdít*)

kolektivum – podstatné jméno vyjadřující jednotným číslem skupinu jedinců téhož druhu (např. *kamení*)

konjunktiv – slovesný způsob v některých jazycích vyjadřující vztah závislosti nebo děj, který mluvčí pojímá subjektivně

nazalizace – výslovnost původně ústní hlásky jako nosové hlásky (např. slov. *voda* – lit. *vanduo*)

onomatopoický – zvukomalebný, napodobující svou zvukovou stránkou přírodní zvuky (např. *žbluňk, chrochtat*)

perfektum – slovesný čas vyjadřující výsledek minulého děje (např. české *spadl jsem* původně znamenalo 'jsem spadlý', dnes vyjadřuje prostou minulost)

préteritum – prostý minulý čas

substrát – jazykové prvky, které pronikly z jazyka původního obyvatelstva do jazyka obyvatelstva nově příchozího a převládnuvšího

Význam některých značek a výslovnost méně obvyklých znaků

* není doloženo, rekonstruuje se pomocí historicko-srovnávací metody u heslového slova znamená, že se vyskytuje pouze v ustálených spojeních (*zblo, holičky* ap.)

< vyvinulo se z

> dalo

´ ` ˝ ˆ ˜ různé typy přízvuků

¯ délka

ᶜ (v semit.) hrdelní hltanová souhláska, (v arm.) přídech

ă (v b., rum.) jako neurčitá hláska ə

ä (v toch.) jako neurčitá hláska ə

ą, ę, į (v lit.) původně nosovky, dnes dlouhé samohlásky

ć (v p., s./ch.) velmi měkké č

ḍ, ṭ, ṇ (v sti.) cerebrální výslovnost (se špičkou jazyka proti patru)

ď (v s./ch.) velmi měkké *dž*

ð (v germ. jazycích) jako angl. *th* ve slově *father*

δ (v av.) jako angl. *th* ve slově *father*

ė (v lit.) dlouhé úzké *e*

ë (v alb.) jako neurčitá hláska ə nebo jako otevřené *e*

ə (v ie., av.) neurčitá hláska, která v č. zazní např. při vyslovení souhlásek *b, d, p, t* ap.

ğ (v ar.) jako *dž,* (v tur.) jako slabé *g*

ḫ (v chet.) laryngální (hrtanová) hláska, (v semit.) podobně jako *ch*

i̯, u̯ (v ie.) jako neslabičné *i, u*

j (v arm.) jako *dz*

ǰ (v sti., av., arm.) jako *dž*

k^u, g^u (v ie.) viz oddíl K jazykovým změnám (A3)

ḱ, ĺ, ŕ (v lot.) jako *ć, lj, rj*

ś (v p., sti.) velmi měkké *š*

þ (v germ.) jako *th* v angl. *think*
ð (v av.) jako *th* v angl. *think*
x (v av.) podobně jako *ch*
χ (v ttat.) podobně jako *ch*
γ (v av.) třené *g*
y (v lit.) dlouhé *i*, (v sti., av.) *j*

ZÁKLADNÍ LITERATURA

Battisti, C. – Alessio, G.: Dizionario etimologico italiano I–V. Firenze 1968.

Bělič, J. – Kamiš, A. – Kučera, K.: Malý staročeský slovník. Praha 1978.

Bezlaj, F.: Etimološki slovar slovenskega jezika I–. Ljubljana 1977– (dosud neukončeno).

Berneker, E.: Slavisches etymologisches Wörterbuch I–II. Heidelberg 1908–1913.

Brückner, A.: Słownik etymologiczny języka polskiego. Warszawa 1957.

Corominas, J.: Breve diccionario etimológico de la lengua castellana. Tercera edición. Madrid 1987.

Cortelazzo, M. – Zolli, P.: Dizionario etimologico della lingua italiana I–V. Bologna 1978–1985.

Dubois, J. – Mitterand, H. – Dauzat, A.: Dictionnaire étymologique et historique du francais. Paris 1994.

Erhart, A.: Indoevropské jazyky. Praha 1982.

Erhart, A. – Večerka, R.: Úvod do etymologie. Praha 1981.

Etimologičeskij slovar' slavjanskich jazykov. Praslavjanskij leksičeskij fond I–. Pod redakciej O.N. Trubačeva. Moskva 1974– (dosud neukončeno).

Etymologický slovník jazyka staroslověnského I–. Praha 1989– (dosud neukončeno).

Etymologisches Wörterbuch des Deutschen. 2. Auflage. Berlin 1993.

Fasmer, M.: Etimologičeskij slovar' russkogo jazyka I–IV. Perevod s nemeckogo i dopolnenija O.N. Trubačeva. Moskva 1964.

Frisk, Hj.: Griechisches etymologisches Wörterbuch. 2. Auflage. Heidelberg 1973.

Fraenkel, E.: Litauisches etymologisches Wörterbuch. Heidelberg 1955–1965.

Gluhak, A.: Hrvatski etimološki rječnik. Zagreb 1993.

(HK) Holub, J. – Kopečný, F.: Etymologický slovník jazyka českého. Praha 1952.

(HL) Holub, J. – Lyer, S.: Stručný etymologický slovník jazyka českého. 2. vyd. Praha 1968.

(Jg) Jungmann, J.: Slovník česko-německý I–V. Praha 1834–1839.

(Jgd) Dodatky a opravy k předešlému slovníku (v V. dílu).

Kluge, F.: Etymologisches Wörterbuch der deutschen Sprache. 22. Auflage bearbeitet von E. Seebold. Berlin – New York 1989.

Kopečný, F.: Etymologický slovník slovanských jazyků. Slova gramatická a zájmena I. Praha 1973. II. Praha 1980.

Kopečný, F. a kol.: Základní všeslovanská slovní zásoba. Praha 1981.

van Leeuwen-Turnovcová, J.: Historisches Argot und neuer Gefängnisslang in Böhmen. Teil I: Wörterbuch. Berlin 1993.

(Ma[1]) Machek, V.: Etymologický slovník jazyka českého a slovenského. 1. vyd. Praha 1957.

(Ma[2]) Machek, V.: Etymologický slovník jazyka českého. 2., opravené a doplněné vydání. Praha 1968.

Miklosich, F.: Etymologisches Wörterbuch der slavischen Sprachen. Wien 1886.

Pokorny, J.: Indogermanisches etymologisches Wörterbuch. Bern 1959–1969.

Schuster-Šewc, H.: Historisch-etymologisches Wörterbuch der ober- und niedersorbischen Sprache. Bautzen 1978–1989.

Skeat, W.: The Concise Dictionary of English Etymology. Wordsworth Editions Ltd. Ware 1993.

Skok, P.: Etimologijski rječnik hrvatskoga ili srpskoga jezika. Zagreb 1971–1974.

Sławski, F.: Słownik etymologiczny języka polskiego. Kraków 1952– (dosud neukončeno).

Słownik prasłowiański (red. F. Sławski). Wrocław – Warszawa – Kraków – Gdańsk 1974– (dosud neukončeno).

Snoj, M.: Slovenski etimološki slovar. Ljubljana 1997.

(SSJČ) Slovník spisovného jazyka českého I–VIII. 2. vyd. Praha 1989.

Walde, A. – Hoffmann, J.B.: Lateinisches etymologisches Wörterbuch. Fünfte, unveränderte Auflage. Heidelberg 1982.

Webster's Encyclopedic Unabridged Dictionary of the English Language. Deluxe edition revised and updated. New York 1996.

Weekley, E.: An Etymological Dictionary of Modern English. In two volumes. New York 1967.

SLOVNÍK

A

a sp., část. Všesl. Spojuje se s lit. *õ* tv. a sti. *at* 'potom, i tak, dále'. Vykládá se většinou z ie. *ōd, ablativního tvaru zájmenného kořene **e/o* s významem asi 'od toho (pak) dále' (Ma[2]). Nevylučuje se však ani citoslovečný původ (HK). Srov. ↓*ač*, ↓*ale*, ↓*ani*, ↓*ano*, ↓*asi*.

a-[1] předp. Viz *ad-*.

a-[2] předp. Z ř. *a-* (před samohláskou *an-*), označujícího zápor. Stejně jako lat. *in-* a něm. *un-* pochází z ie. **n̥-*; plná střída je ve slov. *ne-* (↓*ne*) (A7, A6). Viz např. ↓*atom*, ↓*amorfní*, ↓*asociální*, ↓*analfabet*, ↓*anonym*.

ab- předp. Z lat. *ab* 'od'. Souvisí s něm. *ab* a ř. *apó* a také slov. *po* – vše z ie. **apo-* 'od, pryč'. Viz např. ↓*absolutní*, ↓*abiturient*, ↓*ablativ*. Někdy v podobě *abs-* (↓*abstraktní*, ↓*abstinent*).

abatyše 'představená ženského kláštera'. Ze střlat. *abbatissa* od *abbas* 'otec' z ř. *ábbas* a to z aram. *abba* tv. Srov. ↓*abbé*, ↓*opat*, ↓*jeptiška*.

abbé 'katolický duchovní bez kněžského úřadu'. Z fr. *abbé* a to z lat. *abbas* 'otec' (viz ↑*abatyše*). Srov. ↓*opat*, ↓*jeptiška* a co do významu ↓*pater*.

abdikace 'zřeknutí se úřadu (obvykle hlavy státu)', *abdikovat*. Z lat. *abdicātiō* k *abdicāre*, které je z ↑*ab-* a *dicāre* 'ohlašovat' od *dīcere* 'říci'. Srov. ↓*dedikovat*, ↓*indikovat*.

abeceda, *abecední*. Utvořeno (již ve stč.) podle prvních čtyř písmen lat. abecedy. Srov. ↓*alfabeta*, ↓*azbuka*.

abiturient 'student střední školy krátce před maturitou a po ní', *abiturientský*. Z něm. *Abiturient* a to k nlat. *abiturire* 'chtít, chystat se odejít' utvořeného od lat. *abitūrus* 'mající, chtějící odejít' k *abīre* 'odejít' z ↑*ab-* a *īre* 'jít'.

ablativ 'pád (např. v lat.) vyjadřující obvykle odluku či východisko', *ablativní*. Z lat. *(cāsus) ablātīvus* '(pád) odnímací' k *ablātus* 'odňatý, odnesený' z ↑*ab-* a *lātus*, což je příč. trp. od *ferre* 'nést'.

ablaut 'střída', *ablautový*. Z něm. *Ablaut*, složeného z *ab-* (srov. ↑*ab-*) a *Laut* 'hláska, zvuk' v přibližném významu 'obměna hlásky'.

abnormální. Přes něm. *abnormal*, *abnorm* z lat. *abnormis* tv. (viz ↑*ab-* a ↓*norma*).

abonent 'předplatitel'. Z něm. *Abonnent*, které je z fr. *abonner* 'předplatit', původně 'ohraničit (sumu)', k stfr. *bon(n)e*, *borne*, *bosne* 'hranice' asi keltského původu.

abrahámoviny 'padesáté narozeniny'. Podle starozákonního patriarchy Abraháma, který se dožil vysokého věku.

abrakadabra. Slovo užívané v mnoha jazycích jako zaklínadlo (v lat. již od 3. st.). O jeho původu lze jen spekulovat, někteří spojují s ř. *Abraxas*, pozdně antickým označením božstva.

abreviace 'zkratka, zkrácení'. Z lat. *abbreviātiō* 'zkrácení' od *abbreviāre* 'krátit' z ↓*ad-* a *brevis* 'krátký'. Srov. ↓*breviář*.

abrupce 'odtržení'. Z lat. *abruptiō* od *abruptus*, což je příč. trp. od *abrumpere* z ↑*ab-* a *rumpere* 'trhat, rozbíjet'. Srov. ↓*korupce*.

absces 'vřed, ložisko hnisu'. Ze střlat. *abscessus* 'odchod (hnisu)' od *abscēdere* z ↑*ab-* a *cēdere* 'ustupovat, odcházet'. Srov. ↓*proces*.

absence, *absentér*, *absentovat*. Z lat. *absentia* od *absēns* 'nepřítomný' od *abesse* 'být nepřítomen' z ↑*ab-* a *esse* 'být'. Srov. ↓*esence*.

absint 'pelyňkový likér'. Přes fr. *absinthe* z lat. *absinthium* a to z ř. *apsínthion* 'pelyněk'.

absolutní, *absolutismus*. Z lat. *absolūtus* 'úplný, naprostý' (vlastně 'oproštěný od všeho'), což je příčestí trpné od *absolvere* 'zprostit' z ↑*ab-* a *solvere* tv. Srov. ↓*absolvovat*, ↓*solventní*, ↓*rezoluce*.

absolvovat 'vystudovat, odbý(va)t si', *absolvent, absolutorium*. Z lat. *absolvere* 'zprostit (povinností)' z ↑*ab-* a *solvere* 'zprostit, uvolnit'. Srov. ↑*absolutní*, ↓*solventní*, ↓*rezoluce*.

absorbovat 'vstřebat', *absorpce*. Z lat. *absorbēre* z ↑*ab-* a *sorbēre* 'vstřebat'.

abstence 'zdržení se, zdrženlivost'. Přes angl. *abstention*, fr. *abstention* od *abstenir* 'zdržovat (se)' z lat. *abstinēre* tv. Dále viz ↓*abstinent*.

abstinent, *abstinence, abstinovat*. Z lat. *abstinēns* 'zdržující (se)' od *abstinēre* 'zdržovat (se)' z ↑*ab-* a *tenēre* 'držet'. Srov. ↑*abstence*.

abstraktní 'pomyslný, pojmový, nezobrazující', *abstrakce, abstrahovat*. Přes něm. *abstrakt* ze střlat. *abstractus* tv., vlastně 'odtažený', od lat. *abstrahere* 'odtahovat' z ↑*ab-* a *trahere* 'táhnout'. Srov. ↓*atrakce*, ↓*kontrakt*, ↓*trakt*.

absurdní 'nesmyslný', *absurdita*. Z lat. *absurdus* 'nesmyslný', původně vlastně 'neharmonický, sluchu nepříjemný', z ↑*ab-* a *surdus* 'hluchý, tupě znějící'.

aby sp. P. *aby*, str. *aby* tv., stsl. *a by* 'kdyby', chybí v jsl. jazycích. Z ↑*a* a *by* (viz ↓*bych*).

aceton 'organické rozpouštědlo', *acetát, acetylen*. Novější, od lat. *acētum* 'ocet' od *acidus* 'kyselý' a to od *ācer* 'ostrý'. Srov. ↓*ocet*, ↓*acidofilní* i ↓*ostrý*.

acidofilní 'snadno kysající'. Novější složenina z lat. *acidus* 'kyselý' a ř. základu *-fil* 'milující', tedy doslova 'milující kyselost'. Viz ↑*aceton*, ↓*-fil*.

acylpyrin. Utvořeno uměle z *acyl* (od lat. *acētum* 'ocet') a *pyrin* (od ř. *pýr* 'oheň, žár'). Srov. ↑*aceton*, ↑*acidofilní*, ↓*pyro-*.

ač, ačkoli sp. Jen č., slk. a pol. *acz(kolwiek)*, nepříliš jasné. Stč. *ač*, *ače* znamenalo i 'jestliže', stejně jako sln. *če*, str. *ače*. Vykládá se z ↑*a* a psl. **če*, které zřejmě souvisí s lat. *-que*, ř. *te*, sti. *ča*, vše ve významu 'a' (jako příklonka) z ie. **k^{u}e* (Ma²), případně jako varianta k **ako* z ↑*a* a část. **ko*.

ad- předp. Z lat. *ad* 'k, při'. Často se asimilovalo k následující souhlásce a splynulo s ní (srov. ↓*akumulovat*, ↓*asimilovat*, ↓*aglomerace*, ↓*aparát*, ↓*atrakce* aj.).

adamita 'příslušník sekty tzv. naháčů'. Podle biblického Adama. *Adamovo jablko* 'ohryzek v krku' (střlat. *pomum Adami*) je podle pověsti, že Adamovi v krku uvízl zbytek zapovězeného ovoce.

adaptovat 'přizpůsobit', *adaptace, adaptér* (přes fr.). Z lat. *adaptāre* tv. z ↑*ad-* a odvozeniny od *aptus* 'vhodný'.

adekvátní. Z lat. *adaequātus* 'přiměřený, vyrovnaný', což je původem příč. trp. od *adaequāre* 'vyrovnávat' z ↑*ad* a *aequus* 'rovný'. Srov. ↓*ekvivalent*.

adept 'uchazeč'. Z lat. *adeptus* 'nabytý, dosažený', tedy 'ten, kdo dosáhl určitých znalostí', původem příč. trp. od *adipīscī* 'dosáhnout' z ↑*ad* a *apīscī* 'uchopit, osvojit si'.

adheze 'přilnavost'. Z lat. *adhaesiō* 'přilnutí' od *adhaerēre* 'lpět' z ↑*ad*

adié

a *haerēre* 'lpět, vězet'. Srov.
↓*koherence*.

adié 'sbohem'. Z fr. *adieu* z *a-* (z lat.
↑*ad-*) a *dieu* 'bůh' (z lat. *deus*). Srov.
šp. *adiós* tv.

adjektivum 'přídavné jméno',
adjektivní. Z pozdnělat. *(nōmen)
adiectīvum* '(jméno) přídavné' od lat.
adiectus 'přidaný', příč. trp. od *adicere*
'přidat' z ↑*ad-* a *iacere* 'házet'. Srov.
↓*objekt*, ↓*projekt*, ↓*trajekt*.

adjustovat 'uspořádat', *adjustace*.
Z lat. *adiūstāre* tv. z ↑*ad-* a odvozeniny
od *iūstus* 'náležitý, správný'. Srov.
↓*justice*.

administrace 'řízení', *administrativa*,
administrativní. Z lat. *administrātiō* od
administrāre 'řídit, spravovat' z ↑*ad-*
a *ministrāre* 'sloužit' od lat. *minister*
'služebník'. Viz ↓*ministr*, ↓*ministrant*.

admirál, *admiralita*. Z něm.
Admiral (přikloněním k lat. *admīrāre*
'obdivovat') a fr. *amiral* a to z ar.
amir 'velitel', po němž ve složeninách
následuje člen *al-* (ar. *amīr-al-mā*
'velitel loďstva', *amīr-al-bahr* 'velitel
vod' ap.). Srov. ↓*emír*.

adolescence 'dospívání', *adolescent*,
adolescentní. Z lat. *adolēscentia* od
adolēscere 'dospívat' z ↑*ad-* a *alēscere*
'dorůstat, prospívat' od *alere* 'živit'.
Srov. ↓*alimenty*, ↓*koalice*.

adonis 'krasavec'. Podle *Adonise*,
mladíka, kterého řecká bohyně Afrodita
milovala pro jeho krásu (do ř.
z fénického *adōn* 'pán').

adoptovat 'přijmout za vlastní,
osvojit si', *adopce*, *adoptivní*. Z lat.
adoptāre tv. z ↑*ad-* a *optāre* 'volit'.
Srov. ↓*opce*, ↓*kooptovat*.

adorace 'zbožné uctívání'. Z lat.
adōrātiō od *adōrāre* 'zbožňovat,
vzývat' z ↑*ad* a *ōrāre* 'modlit se'. Srov.
↓*oratorium*, ↓*orální*.

45

aerodynamický

adrenalin 'hormon z nadledvinek'.
Uměle z lat. *ad* (↑*ad-*) a *rēnālis*
'ledvinový' od *rēn* 'ledvina'.

adresa, *adresát*, *adresovat*. Z fr.
adresse od *adresser* z vlat. **addīrectiāre*
'směrovat, posílat správným směrem'
z lat. *ad* (↑*ad-*) a *dīrectiō* 'směr' od
dīrigere 'řídit, směřovat (činnost)'
z ↓*dis-* a *regere* 'řídit, vést'. Srov.
↓*dres*, ↓*dirigent*, ↓*region*, ↓*regulovat*,
↓*korekce*, ↓*arogance*.

advent 'předvánoční doba', *adventní*.
Z lat. *adventus* 'příchod' od *advenīre*
z ↑*ad-* a *venīre* 'přicházet'. V č. již od
14. st. vedle stč. *příštie* (='příchod')
Páně. Srov. ↓*konvence*, ↓*prevence*,
↓*eventuální*.

adverbium 'příslovce'. Z lat. ↑*ad-*
a odvozeniny od *verbum* 'sloveso', tedy
'to, co patří ke slovesu'. Srov. ↓*verbální*.

advokát 'obhájce', *advokátní*,
advokacie. Z lat. *advocātus* 'přivolaný'
od *advocāre* 'přivolat' z ↑*ad* a *vocāre*
'volat'. Srov. ↓*provokace*, ↓*vokativ*,
↓*vokál*.

aero-[1] (ve složeninách) 'vzdušný,
týkající se vzduchu'. Přes lat. *āēr*
z ř. *aḗr* 'vzduch'. Viz ↓*aerobic*,
↓*aerodynamický*, ↓*aeroplán*, ↓*aerosol*.

aero-[2] (ve složeninách) 'letecký,
týkající se letadel'. Z ↓*aeroplán*. Srov.
aerolinie (viz ↓*linie*), *aerodrom* (viz
↓*-drom*).

aerobik 'druh rytmického cvičení'.
Z angl. *aerobics* tv. k *aerobic* 'aerobní
(dýchání)' od angl. *aerobe* (č. *aerob*)
'organismus potřebující k životu kyslík'
z ř. *aḗr* (srov. ↑*aero-*[1]) a *bíos* 'život'
(srov. ↓*bio-*).

aerodynamický 'snadno překonávající odpor vzduchu', *aerodynamika*
'nauka o pohybu plynů a tělesech v nich'.
Uměle z ↑*aero-*[1] a ř. *dýnamis* 'síla'.
Srov. ↓*dynamický*, ↓*dynamo*, ↓*dynastie*.

aeroplán 'letadlo'. Z ↑*aero-*¹ a ř. *plános* 'bloudící'. Srov. ↓*planeta*.

aerosol 'kapalina či tuhá látka rozptýlená ve formě malých částic v plynu', *aerosolový*. Z angl. *aerosol* a to z ↑*aero-*¹ a *solution* 'rozpouštění, roztok'.

afázie 'ztráta řeči'. Novější, podle ř. *afasía* 'němota' z ↑*a-*² a odvozeniny od *fēmí* 'mluvím'. Srov. ↓*eufemismus*, ↓*fáma*, ↓*infantilní*.

afekt 'prudké pohnutí mysli', *afektovaný* 'strojený'. Z lat. *affectus* od *afficere* 'působit, účinkovat' z ↑*ad-* a *facere* 'dělat'. Srov. ↓*fakt*, ↓*defekt*, ↓*satisfakce*, ↓*-fikace*.

aféra. Z fr. *affaire* 'záležitost, aféra, nepříjemná věc' z *(avoir) à faire* '(mít) co dělat (s něčím)' z *à* z lat. *ad* (↑*ad-*) a *faire* 'dělat' z lat. *facere* tv. Srov. ↑*afekt*, ↓*fakt*.

afix 'předpona či přípona'. Z lat. *affīxus* 'připojený, připevněný' od *affīgere* 'připevňovat' z ↑*ad* a *fīgere* 'upevňovat, přitloukat'. Srov. ↓*prefix*, ↓*krucifix*.

aforismus 'stručná a vtipná průpovídka'. Ze střlat. *aphorismus*, a to z ř. *aforismós*, vlastně 'vymezení', od *aforízō* 'vymezuji, zmenšuji' z ↓*apo-* a *horízō* 'ohraničuji, vymezuji'. Srov. ↓*horizont*, ↓*aorist*.

afrikáta 'polosykavka'. Z lat. *(cōnsonāns) affricāta* 'třená (souhláska)' od *affricāre* 'třít' z ↑*ad* a *fricāre* tv. Srov. ↓*frikativa*, ↓*frikce*.

afrodiziakum 'prostředek povzbuzující pohlavní pud'. Ze střlat. *aphrodisiacum* od ř. *afrodīsiakós* 'patřící k požitku lásky' k *afrodīsiázō* 'oddávám se lásce', *afrodísios* 'milostný' (jako subst. 'požitek lásky'), odvozeného od jména řecké bohyně lásky *Afrodíty*, které je asi, navzdory mýtu o zrození z mořské pěny (ř. *afrós*), ze semitských jazyků.

afta 'vřídek na ústní sliznici'. Přes lat. *apht(h)a* z ř. *áftha*, dále nejasné, možná od *háptomai* 'dotýkám se, zaněcuji se'.

agáve 'druh cizokrajné rostliny'. Z nlat. *agave* a to z ř. *agauḗ* 'vznešená, nádherná' od *agauós* 'vznešený, nádherný'.

agenda 'souhrn administrativních prací'. Z lat. *agenda* 'co má být děláno, projednáváno' od lat. *agere* 'jednat, vést, dělat', původně 'hnát'. Srov. ↓*agent*, ↓*agitovat*, ↓*akce*, ↓*pedagog*.

agent 'jednatel, zástupce; špión', *agentura, agenturní*. Přes něm. *Agent* z lat. *agēns* 'jednající' od *agere* (viz ↑*agenda*).

agilní 'činorodý'. Z lat. *agilis* od *agere* (viz ↑*agenda*).

agitovat 'horlivě přesvědčovat, získávat pro nějakou myšlenku', *agitace, agitátor*. Z lat. *agitāre* 'pohánět' od *agere* 'hnát, vést'. Srov. ↑*agenda*, ↓*aktivní*.

aglomerace 'seskupení'. Z lat. *agglomerātiō* od *agglomerāre* 'tlačit k sobě' z ↑*ad-* a *glomerāre* 'motat do klubka' od *glomus* 'klubko'. Srov. ↓*konglomerát*, ↓*globus*.

agnosticismus 'názor, že nelze poznat podstatu věcí', *agnostik*. Z ř. *ágnōstos* 'neznámý, nepoznaný' z ↑*a-*² a ř. *gignṓskō* 'znám, poznávám'. Srov. ↓*diagnóza*, ↓*gnóma*, ↓*ignorovat*.

agonie 'chorobné bezvědomí před smrtí', *agonický*. Přes lat. *agōnia* z ř. *agōníā* 'zápasení, úzkost' od *agṓn* 'zápas, úsilí' k ř. *ágō* 'vedu, ženu'. Srov. ↓*antagonismus*, ↓*pedagog*.

agrární 'zemědělský'. Z lat. *agrārius* 'polní' od *ager* 'pole'. Srov. ↓*agro-*, ↓*akr*.

agregát 'seskupení, souprava strojů'. Z lat. *aggregātus*, což je původně příč. trp. od *aggregāre* 'hromadit' z ↑*ad-*

a *gregāre* 'houfovat' od lat. *grex* 'stádo, houf'. Srov. ↓*kongregace*.

agrese 'útok', *agresivní, agresor*. Z lat. *aggressiō* od *aggredī* 'napadat' z ↑*ad-* a lat. *gradī* 'kráčet, postupovat'. Srov. ↓*kongres*, ↓*progresivní*, ↓*degradovat*, ↓*ingredience*.

agro- (ve složeninách) 'zemědělský'. Z ř. *agrós* 'pole, venkov' (lat. *ager*). Souvisí asi s ř. *ágō*, lat. *agō* 'ženu' ('místo, kam se vyháněl dobytek'). Srov. ↑*agrární*, ↓*akr*.

agronom 'zemědělský odborník'. Přes něm. a fr. z ř. *agronómos* 'dozorce nad městskými pozemky'. Viz ↑*agro-* a ↓*-nom*.

aha citosl. Ze stč. *haha, hahá* tv. onom. původu (Ma²).

ahoj citosl. Původně námořnický pozdrav, asi z angl. *a hoy* 'loďka, člun' (angl. *hoy* však znamená i 'hej, hola'). U nás rozšířeno trampingem (podle Ma² z dolní něm.).

ach citosl. Onom. Srov. *achich, ech, och*.

achát 'polodrahokam chalcedon'. Již ve střední češtině. Přes něm. *Achat* z lat. *achātēs* z ř. *achátēs*, jehož další původ není zřejmý. Souvislost se stejnojmenným názvem řeky na Sicílii není jasná.

airbag 'bezpečnostní vzduchový polštář (v autě)'. Z angl. *airbag* tv. z *air* 'vzduch' a *bag* 'pytel, vak'.

aj citosl. Z *a* + *jej(e)*. Srov. *ej*, ↓*ejhle, oj*.

ajnclík ob. 'místnost pro jednu osobu'. Z něm. *Einzel(zimmer)* tv. od *einzeln* 'jednotlivý', odvozeného od *ein* 'jeden' (viz ↓*jeden*, ↓*jiný*).

ajznboňák ob. 'železničář'. Od něm. *Eisenbahn* 'železnice' z *Eisen* 'železo', sthn. *īsa(r)n* (asi z kelt. či ilyr.), a *Bahn* 'cesta', původně asi 'lesní průsek', od ie. **bhen-* 'bít'.

akademie 'vzdělávací zařízení; nejvyšší vědecká instituce', *akademik, akademický*. Z lat. *Acadēmīa* a to z ř. *Akadēmeía*, původně háj poblíž Atén, v němž učil Platón. Nazván podle hrdiny, poloboha *Akadéma*, jemuž byl zasvěcen.

akát 'trnovník'. Z lat. *acacia* a to z ř. *akakía*, možná egyptského původu. Původně znamenalo rostlinu mimózu, u nás pak přenášeno na jiné druhy stromů, nakonec na dnešní akát, přenesený z Ameriky (Ma²).

akce, *akční*. Z lat. *āctiō* 'činnost, jednání' od *agere* 'dělat, vést, jednat'. Srov. ↑*agenda*, ↓*akt*, ↓*aktuální*.

akcelerace 'zrychlení'. Z lat. *accelerātiō* od *accelerāre* 'urychlit' z ↑*ad-* a odvozeniny od *celer* 'rychlý'.

akcent 'přízvuk, důraz', *akcentovat, akcentuace*. Z lat. *accentus* tv. od *accinere* 'přizpěvovat, přizvukovat' z ↑*ad-* a *canere* 'zpívat'. Kalk z ř. *prosō₁día* (↓*prozódie*). Srov. ↓*kantor*, ↓*kantáta*, ↓*šanson*.

akceptovat 'souhlasně přijímat'. Z lat. *acceptāre* od *accipere* 'přijímat' z ↓*ad-* a *capere* 'brát, pojímat'. Srov. ↓*koncepce*, ↓*recept*, ↓*kapacita*, ↓*emancipace*, ↓*princip*.

akcie 'cenný papír představující podíl na majetku', *akciový, akcionář*. Z něm. *Aktie* a to z hol. *aktie* (od 17. st.) z lat. *āctiō* 'činnost, ujednání, právní nárok' od *agere* 'dělat, jednat'. Srov. ↑*akce*, ↓*akt*.

aklamace 'veřejný projev souhlasu'. Z lat. *acclāmātiō* '(hlasitý) projev souhlasu' od *acclāmāre* 'volat, hlasitě projevovat souhlas' z ↑*ad-* a *clāmāre* 'volat'. Srov. ↓*reklamovat*, ↓*deklamovat*.

aklimatizovat (se) 'přizpůsobovat (se) klimatu', *aklimatizace*. Přes něm. *akkli-*

matisieren ze střlat. *acclimatare* z ↑*ad-* a odvozeniny od *clīma* (viz ↓*klima*).

akné 'trudovitost pleti'. Z něm. *Akne* a to nejspíš z ř. *akmḗ* 'hrot, vyvrcholení, zralost' se záměnou *n* za *m*. Významový přechod je však trochu problematický.

akomodace 'přizpůsobení', *akomodační*. Z lat. *accommodātiō* od *accommodāre* 'přizpůsobit' z ↑*ad-* a *commodus* 'příhodný, pohodlný' z lat. *com-* (↓*kom-*) a *modus* 'způsob'. Srov. ↓*komoda,* ↓*modifikace,* ↓*moderní.*

akorát přísl. Z něm. *akkurat* 'zrovna, právě, přesně', původně adj. 'přesný' z lat. *accūrātus* tv. od *accūrāre* 'pečlivě se starat' z ↑*ad-* a *cūrāre* 'starat se' od lat. *cūra* 'starost, péče'. Srov. ↓*akurátní,* ↓*kúra,* ↓*kurýrovat,* ↓*prokurátor.*

akord 'souzvuk'. Z fr. *accord* 'souhlas, dohoda' (obměna významu asi pod vlivem fr. *corde* 'struna' z lat. *chorda* z ř. *chordḗ* tv.) od *accorder* 'dohodnout se' ze střlat. *accordare* z ↑*ad-* a odvozeniny od *cor* (gen. *cordis*) 'srdce'. Srov. ↓*akordeon,* ↓*konkordát,* ↓*rekord,* ↓*kuráž.*

akordeon 'tahací harmonika'. Z fr. podoby (*accordéon*) původního něm. názvu *Akkordion* utvořeného z něm. *Akkord* (↑*akord*) podle *Orchestrion*. Vynalezen ve Vídni ve 20. letech 19. st.

akr 'polní plošná míra'. Z angl. *acre* ze stangl. *cer* 'pole', příbuzného s něm. *Acker*, lat. *ager*, ř. *agrós* tv. Srov. ↑*agro-*.

akreditovat 'pověřit, zmocnit'. Z fr. *accréditer* z *ac-* (viz ↑*ad-*) a *crédit* 'důvěra, úvěr' a to z lat. *crēditum* od *crēdere* 'věřit'. Srov. ↓*kredit,* ↓*kredenc.*

akribie 'vědecká přesnost'. Z něm. *Akribie* a to v 19. st. z pozdnělat. *acrībīa* 'pečlivost, přesnost, přísnost' z ř. *akrībeia* od *akrībḗs* 'přesný, pečlivý'.

akrobat, *akrobatický*, *akrobacie*. Přes fr. *acrobate* (původně jen 'provazolezec') z ř. *akróbatos* 'na špičkách jdoucí' z *ákros* 'vrcholný, vysoký, krajní' a odvozeniny od *baínō* 'jdu, kráčím'. Srov. ↓*akronym(um),* ↓*ostrý,* ↓*báze,* ↓*hať.*

akronym(um) 'iniciálové zkratkové slovo'. Z ř. *ákros* 'krajní, vysoký' a odvozeniny od *ónoma* 'jméno'. Srov. ↑*akrobat,* ↓*anonym.*

aksamit 'hedvábný samet', *aksamitový*. Již stč. Ze střlat. *examitum* z ř. *hexámitos* z *héx* 'šest' a *mítos* 'nit', tedy 'tkanina utkaná ze šesti nití' (Ma[2]). Srov. ↓*samet.*

akt 'čin, jednání', *akta* 'spisy', *aktovka*. Z lat. *āctus* 'čin, jednání', pl. *ācta* 'úřední spisy' (do č. již od 15. st.) z lat. *agere* 'činit, jednat, vést'. Jako malířský termín asi přes něm., kde je od 18. st. Srov. ↑*agenda,* ↓*aktuální.*

aktér 'účastník'. Z fr. *acteur* a to z lat. *āctor* 'ten, kdo jedná' od *agere* (viz ↑*akt*).

aktivní, *aktivita, aktivovat, aktivista, aktivum*. Z lat. *āctīvus* 'činný' od lat. *agere* (příč. trp. *actus*) 'činit, jednat'. Srov. ↑*agilní,* ↑*agenda,* ↑*akt.*

aktuální, *aktualita, aktualizovat*. Z pozdnělat. *āctuālis* 'činný, účinný, skutečný' od *āctus* 'čin' od *agere* (viz ↑*aktivní*). Dále srov. ↑*akt,* ↑*agenda.*

akumulovat 'hromadit', *akumulace, akumulátor*. Z lat. *accumulāre* z ↑*ad* a *cumulāre* od *cumulus* 'hromada'.

akurátní 'přesný'. Z lat. *accurātus* přes něm. *akkurat* tv. (dále viz ↑*akorát*).

akustika 'nauka o zvuku; zvukové vlastnosti prostoru', *akustický*. Z ř. *akoustikḗ (téchnē)* tv. od *akoustikós* 'týkající se slyšení' od ř. *akoúō* 'slyším'.

akutní 'naléhavý, prudký'. Z lat. *acūtus* 'ostrý, špičatý' od *acuere* 'ostřit'. Srov. ↓*ostrý*, ↑*akrobat*, ↓*ocet*.

akuzativ '4. pád'. Ze střlat. *(casus) accusativus* '(pád) obviňovací' od lat. *accūsāre* 'obviňovat, žalovat' z ↑*ad-* a *causa* 'příčina, důvod, soudní pře'. Srov. ↓*kauzalita*.

akvabela slang. 'závodnice v synchronizovaném plavání. Jen č., slang. výtvor vycházející z lat. *aqua* či it. *acqua* 'voda' a lat. či it. *bella* 'krásná', tedy něco jako 'vodní kráska'.

akvadukt 'vodovod'. Přes něm. *Aquädukt* z lat. *aquaeductus* z *aqua* 'voda' a *ductus* 'vedení' od *dūcere* 'vést'. Srov. ↓*viadukt*, ↓*redukce*.

akvalung 'potapěčský dýchací přístroj'. Z angl. *aqualung*, což je původem obchodní název z lat. *aqua* 'voda' (srov. ↑*akvadukt*, ↓*akvárium*) a angl. *lung* '(jedna) plíce'.

akvamarín 'světle modrý beryl'. Z lat. *aqua marīna* 'mořská voda' k *aqua* 'voda' a *mare* 'moře'. Srov. ↓*marína*.

akvarel 'obraz malovaný vodovými barvami'. Z it. *acquerella* (fr. *aquarelle*), což je asi mazlivá zdrobnělina k it. *acqua* 'voda' z lat. *aqua*. Srov. ↓*akvárium*.

akvárium, *akvarijní*. V nynějším významu nové (přes angl.), k lat. *aquārium* 'vodní nádrž' od *aquārius* 'vodní' od *aqua* 'voda'. Srov. ↑*akvadukt*, ↑*akvamarín*, ↑*akvarel*.

akvizice 'získaná věc či osoba'. Přes něm. *Aquisition* z lat. *acquisītiō* od *acquīrere* 'získat' z ↑*ad-* a *quaerere* 'hledat'. Srov. ↓*inkvizice*, ↓*rekvizita*.

alabastr 'bílý sádrovec'. Již stč. Z lat. *alabastrum* a to z ř. *alábastros*, původu snad egyptského.

alarm, *zalarmovat*. Přes něm. *Alarm* z it. *all'arme* 'do zbraně' k it. *arma* 'zbraň' z lat. *arma* tv. Srov. ↓*armáda*.

albatros 'velký mořský pták'. Z angl. *albatross*, což je zkomolenina ze šp. či port. *alcatraz* (pod vlivem lat. *albus* 'bílý'). Slovo, označující původně druh pelikána, je jistě z ar., jeho výklad však není jednoznačný.

albín 'jedinec s nedostatkem pigmentu', *albinismus*. Ze šp. či port. *albino* 'bělavý' k lat. *albus* 'bílý'. Původně užíváno pro africké černochy světlé pleti. Srov. ↓*album*.

album. Přes něm. *Album* z lat. *album* 'bílá deska oznamující důležité informace' a to od lat. *albus* 'bílý' (HK). Srov. ↑*albín*.

aldehyd. Zkratkové slovo z nlat. *alcohol dehydrogenatus* (viz ↓*alkohol*, ↓*de-*, ↓*hydro-*) – vzniká totiž z alkoholu odnětím vodíku (nlat. *hydrogenium*).

ale sp., část. Pouze zsl. Z ↑*a* a částice *-le* (viz ↓*leč*, ↓*leda*, ↓*alespoň*).

alegorie 'jinotaj'. Z lat. *allēgoria* z ř. *allēgoría* a to z ř. *állos* 'jiný' a *agoreúō* 'mluvím (veřejně)' od *agorá* 'trh, prostranství'. Srov. ↓*alergie*, ↓*kategorie*.

alej. Přes něm. *Allée* z fr. *allée* a to k fr. *aller* 'jít' z lat. *ambulāre* 'procházet se, cestovat'. Srov. ↓*alou*, ↓*ambulance*.

aleluja 'jásavý chvalozpěv (na vzkříšení Krista)'. Přes střlat. *halleluia* z hebr. *hallelu-jah* 'chvalte Hospodina' (hebr. *Jahve* 'Hospodin', doslova 'jsoucí').

alergie, *alergický*. Vytvořeno začátkem 20. st. z ř. *állos* 'jiný, cizí' a *érgon* 'působení, práce' podle ↓*energie*. Původně tedy 'reakce organismu na cizí látky v těle (např. po očkování)'. Srov. ↑*alegorie*.

alespoň část. Složeno z ↑*ale* a částic ↓*-si* a ↓*poně-* (k významu viz ↓*aspoň*). Srov. i ↓*poněvadž*, ↓*poněkud*, ↓*asi*.

alexandrin 'druh šestistopého verše'. Ze stfr. *(vers) alexandrin* (tento verš

alfa byl použit ve stfr. eposu o Alexandru Velikém).

alfa 'první písmeno řecké abecedy'. Z ř. *álfa* tv. a to z hebr. *ᶜalef* 'první písmeno hebr. abecedy' a také 'býk' (písmeno znázorňuje hlavu býka). Ve starých jazycích měla často písmena své významy, srov. ↓*azbuka*.

alfabeta 'řecká abeceda'. Podle prvních dvou písmen abecedy. Srov. ↑*abeceda*, ↓*azbuka*, ↓*analfabet*.

algebra 'nauka o řešení rovnic', *algebraický*. Ze střlat. *algebra* a to z ar. *al-ǧabr*, doslova 'znovuspojení oddělených částí' z ar. *gabara* 'znovu spojovat'. Poprvé užito ar. matematiky v 9. st. (srov. ↓*algoritmus*).

algoritmus 'účelně volený postup výpočtu'. Ze střlat. *algorismus* (s přikloněním k ř. *arithmós* 'číslo, počet') a to od jména ar. matematika *Al-Hvarizmiho* (9. st.).

alchymie, *alchymista*. Ze střlat. *alchimia* a to přes šp. *alquimia* z ar. *al-kīmiyā* 'kámen mudrců'. Ar. slovo je asi z ř. *chymeía* 'míšení, zpracování kovů' (viz ↓*chemie*).

aliance 'spojenectví, spolek'. Z fr. *alliance* od *allier* 'spojovat' z lat. *alligāre* 'svazovat' z ↑*ad-* a *ligāre* 'vázat'. Srov. ↓*liga*.

alias 'jinak (řečený)'. Z lat. *aliās* 'jinak' k *alius* 'jiný'. Srov. ↓*alibi*, ↓*alternativa*.

alibi 'důkaz, že podezřelý nebyl na místě činu'. Z lat. *alibī* 'jinde' od *alius* 'jiný' a *ibi* 'tam'. Srov. ↑*alias*, ↓*alternativa*.

aligátor 'americký druh krokodýla'. Z angl. *alligator* a to ze šp. *el lagarto* 'ještěrka', kde *el* je člen (z lat. *ille* 'onen') a *lagarto* z lat. *lacerta* tv. Formálně se přiklonilo k lat. *alligātor*

'kdo přivazuje vinnou révu' od *alligāre* (viz ↑*aliance*, ↓*liga*).

alimenty 'výživné na dítě', *alimentační*. Z lat. *alimenta*, pl. od *alimentum* 'výživa' k lat. *alere* 'živit'. Srov. ↑*adolescence*, ↓*koalice*.

aliterace 'opakování stejných hlásek na začátku slov'. Z nlat. *alliteratio* k lat. ↑*ad-* a *littera* 'písmeno'. Srov. ↓*litera*, ↓*literatura*.

alka 'druh mořského ptáka'. Z nor. *alka* tv.

alkalický 'zásaditý', *alkaloid*. Č. *alkálie* 'zásada' je ze střlat. *alcalia* 'potaš' a to z ar. *al-qalī*, doslova 'vylouhovaný' od *qalā* 'vařit v hrnci'. Srov. ↓*cyankáli*.

alkohol, *alkoholik*, *alkoholický*, *alkoholismus*. Ze střlat. *alcohol* a to z ar. *al-kuhl* (šp.-ar. varianta *al-kuḥul*). Původní význam byl 'antimon', 'jemný antimonový prášek sloužící k černění očí', později (v alchymii) 'jakákoli látka získaná destilací či sublimací'. V 16. st. je doložen termín *alcohol vini* 'vinný extrakt', odtud dnešní rozšířený význam.

alkovna 'přístěnek bez oken'. Přes něm. *Alkoven* z fr. *alcôve* a to přes šp. *alcoba* z ar. *al-qubba* 'přístěnek, klenutá místnost'.

almanach 'ročenka'. Přes něm. *Almanach* ze střlat. *almanachus* a to asi ze šp.-ar. *al-manāḫ* 'druh kalendáře'. Dále se hledá souvislost s pozdně ř. izolovaným *almenichiaká* 'kalendáře (pl.)', souvisejícím s ř. *mén* 'měsíc', ale celkově je etymologie slova nepříliš jasná.

almara. Ze střlat. *almaria, armaria*, což je pl. tvar od lat. *armarium* k *arma* 'zbraň', tedy 'skříň na zbraně'.

almužna. Již stč., pouze v zsl. a sln. Ze střhn. *almuosen* a to z vlat. **al(i)mos(i)na* z ř. *elēmosýne* 'soucit, milodar' k *eleéō* 'mám soucit' (srov. *Kyrie eleison* 'Pane, smiluj se'), možná s přikloněním k lat. *alimonia* 'obživa' (srov. ↑*alimenty*).

alobal. Uměle z *al-* (↓*aluminium*) a *obal* (↓*balit*).

aloe 'cizokrajná bylina'. Přes lat. *aloē* z ř. *alóē* a tam z některého jazyka Blízkého východu.

alotria 'nezbednosti (pl.)'. Z ř. *allótria* od *allótrios* 'cizí, nepříslušný' k *allos* 'jiný'. Srov. ↑*alegorie*, ↑*alergie*.

alou citosl. Asi z fr. *allons* 'pojďme' od *aller* 'jít' (Ma²). Srov. ↑*alej*.

alpaka 'umělé stříbro'. Z něm. *Alpakka* (vynalezena ve Vídni r. 1825), snad podle šp.-amer. *el paco* 'stříbro'.

alt, *altistka*. Z it. *alto* a to ze střlat. *(vox) alta* 'vysoký (hlas)' k lat. *altus* 'vysoký'. Původně 'vysoký mužský hlas', až s nástupem ženských sólistek 'hluboký ženský hlas'. Srov. ↓*altán*, ↓*oltář*.

altán, *altánek*. Přes něm. *Altan* z it. *altana* k it. *alto* 'vysoký' z lat. *altus*. Z původního významu 'vrchní část domu, střešní terasa' se vyvinul význam 'zahradní besídka'. Srov. ↑*alt*, ↓*oltář*.

alternativa 'volba ze dvou možností', *alternativní*. Z fr. *alternative* od lat. *alternāre* (viz ↑*alternovat*).

alternovat 'střídat se', *alternace*. Z lat. *alternāre* od *alternus* 'střídavý' k *alter* 'jiný, druhý' a to k lat. *alius* 'jiný'. Srov. ↓*alternativa*, ↓*altruismus*, ↑*alibi*.

altruismus 'nesobeckost'. Z fr. *altruisme* (poprvé užil fr. filozof Comte r. 1830 jako opak *egoismu*) a to k fr. *autrui* 'jiný, druhý' z lat. *alter* tv. Srov. ↑*alternovat*, ↑*alibi*.

aluminium 'hliník', *aluminiový*. Utvořeno na začátku 19. st. angl. chemikem Davym podle lat. *alūmen* 'kamenec'.

amalgám 'slitina kovu s rtutí', *amalgámový*. Ze střlat. *amalgama*, jehož další souvislosti nejsou jasné. Původ se hledá především v ar., předloha však není jistá (*al-mulğam*, prý tv., *amal al-ğamāʿa* 'provedení sloučení'?), případně i v ř. *málagma* 'změkčující prostředek' od *malássō* 'změkčuji'.

amant 'milenec'. Z fr. *amant* z lat. *amāns* 'milující' od *amāre* 'milovat'. Srov. ↓*amor(ek)*, ↓*amatér*.

amatér, *amatérský*. Z fr. *amateur* 'milovník' z lat. *amātor* od *amāre* 'milovat'. Srov. ↑*amant* a co do významu ↓*diletant*.

amazonka 'mužatka'. Přes lat. *Amazonis* z ř. *Amazónes* 'mýtický kmen bojovných žen sídlící v Malé Asii'. Původ nejasný, výklad z ↑*a-*² a ř. *mazós* 'prs, prsní bradavka' (tedy '(ženy) bez prsou') je jen lid. etym. *(D2)*. Na řeku *Amazonku* přeneseno šp. dobyvateli podle indiánských bojovnic vyskytujících se v oblasti.

ambasáda 'velvyslanectví'. Z fr. *ambassade*, jehož kořeny se hledají v střlat. *ambactia* 'pověření, služba'. To asi stejně jako gót. *andbahti*, sthn. *ambahti* tv. vychází z kelt. **ambactos* 'vazal, služebník', jehož první část souvisí s lat. *amb(i)* 'kolem, z obou stran'. Srov. ↓*ambice*.

ambice 'ctižádost', *ambiciózní*. Z lat. *ambitiō* 'obcházení (s žádostí ap.)' od *ambīre* 'obcházet' z *amb(i)-* 'kolem, ob-' a *īre* 'jít'. Srov. ↓*ambit*, ↓*ambulance*, ↓*ob*.

ambit 'chrámový ochoz'. Z lat. *ambitus* 'obcházení' od *ambīre* (viz ↑*ambice*).

ambivalentní 'mající dvojí platnost'. Utvořeno začátkem 20. st. z lat. *amb(i)-* 'kolem, z obou stran' a *valēns* 'mocný, platný'. Srov. ↓*ekvivalentní*, ↑*ambice*, ↓*valuta*.

ambrózie 'pokrm bohů'. Z ř. *ambrosía* od *ámbrotos* 'nesmrtelný' z ↑*a-*² a **mrotos* 'smrtelný'. Srov. ↓*mřít*.

ambulance 'ordinace pro docházející pacienty; sanitka', *ambulantní*. Z fr. *ambulance*, původně 'polní nemocnice' od lat. *ambulāns* 'objíždějící' od *ambulāre* 'objíždět' a to od lat. *amb(i)-* 'kolem, ob-'. Srov. ↑*ambice*, ↑*alej*, ↓*ob*.

améba 'měňavka'. Ze střlat. *amoeba* z ř. *amoibé* 'změna' od *ameíbō* 'měním se'.

amen citosl. Přes lat. *āmēn* a ř. *āmḗn* z hebr. *ᶜāmēn* 'tak se staň, opravdu' (slovo stvrzuje, co bylo řečeno předtím) (HK).

ametyst 'druh polodrahokamu'. Z lat. *amethystus* z ř. *améthystos* 'působící proti opilosti' z ↑*a-*² a *methýō* 'jsem opilý' k ř. *méthy* 'víno, medovina' (věřilo se, že působí proti opilosti). Srov. ↓*med*.

amfiteátr 'divadlo s hledištěm do půlkruhu'. Přes lat. *amphiteātrum* z ř. *amfithéātron* z *amfí-* 'kolem, z obou stran' (srov. ↓*ob*, ↑*ambivalentní*) a *théātron* 'divadlo' (viz ↓*teatrální*).

amfora 'starověká dvojuchá nádoba'. Z lat. *amphora* a to z ř. *amforeús* tv. od *amfí-* 'kolem, z obou stran' a odvozeniny od *férō* 'nesu'. Srov. ↑*amfiteátr*, ↓*fosfor*, ↓*metafora*.

amin 'chemická sloučenina', *aminokyselina*. K střlat. *amilon* (srov. *amid*, *amyl*) a to z ř. *ámylōn* 'nemletá mouka, škrob' z ↑*a-*² a *mylṓn* 'mlýnice'. Srov. ↓*mlýn*.

amnestie 'prominutí trestu', *amnestovat*. Přes lat. *amnēstia* z ř. *amnēstíā* 'zapomenutí (provinění ap.)' od *amnēstéō* 'upadám v zapomenutí' z ↑*a-*² a *mnḗstis* 'vzpomínka' od *mimnḗskō* 'vzpomínám si'. Srov. ↓*anamnéza*, ↓*mnít*.

amok 'šílenství'. Přes angl. *amok* z malajského *amok* 'zuřivý, šílený' (původně o kuřácích opia, kteří ve stavu šílenství ohrožovali okolí).

amoleta. Přetvořeno z ↓*omeleta*.

amoniak 'čpavek'. Ze střlat. *(sal) ammoniacus* 'ammonská (sůl)' podle egyptské oázy zasvěcené bohu Ammonovi, kde byla naleziště této soli.

amorální 'nemravný'. Viz ↑*a-*² a ↓*morální*.

amor(ek). Z lat. *amor* 'láska' od *amāre* 'milovat'. Srov. ↑*amant*.

amorfní 'beztvarý'. Z ř. *ámorfos* z ↑*a-*² a *morfḗ* 'tvar'. Srov. ↓*morfologie*.

amortizovat 'odepisovat (dluh)', *amortizace*. Přes něm. či fr. ze střlat. *a(d)mortizare* 'umořovat (dluh)' z ↑*ad-* a lat. *mors* (gen. *mortis*) 'smrt'. Srov. ↓*mortalita*, ↓*mřít*.

ampér 'jednotka elektrického proudu'. Podle fr. fyzika A. M. Ampèra (1775–1836).

amplion. Od angl. *ample* 'hojný, rozsáhlý' (srov. *amplifier* 'zesilovač') k lat. *amplus* 'rozsáhlý'. Zakončení snad podle ↓*lampion*. Srov. ↓*amplituda*.

amplituda 'největší výchylka při kmitání'. Z lat. *amplitūdō* 'rozsáhlost, velikost' z *amplus* 'rozsáhlý'. Srov. ↑*amplion*.

ampule 'baňka'. Z lat. *ampulla*, což je zdrobnělina od *ampora* (varianta k ↑*amfora*).

amputovat 'chirugicky odejmout (část těla)'. Z lat. *amputāre* z *amb(i)-* 'kolem, ob-' a *putāre* 'čistit, ořezávat'. Srov. ↑*ambulance*, ↑*ambice*.

amulet 'ozdobný malý předmět nošený pro štěstí'. Z lat. *amulētum*, jehož další původ není jasný. Spojení s lat. *āmōlīrī* 'odstranit, odvracet' (HK) se zdá být lid. etym. *(D2)*.

an- předp. Viz ↑*a*-². Srov. ↓*analfabet,* ↓*anarchie,* ↓*anonym.*

ana- předp. Z ř. předl. a adv. *aná* 'na, po, nahoru, opět'. Souvisí s č. ↓*na*. Srov. ↓*analogie,* ↓*anatomie,* ↓*anoda*.

anabáze 'dlouhé obtížné tažení'. Z ř. *anábasis* 'výstup, cesta do vnitrozemí' z *aná* (↑*ana-*) a *básis* (viz ↓*báze*). Srov. ↑*akrobat*.

anabolika 'látky podporující vytváření složitějších látek v organismu'. K ř. *anabállō* 'pozvedám, vyhazuji' z *aná* (↑*an(a)-*) a *bállō* 'házím, ženu'. Srov. ↓*metabolismus,* ↓*balistika,* ↓*parabola*.

anagram 'slovo vzniklé přeskupením hlásek jiného slova'. Utvořeno k ř. *aná* (↑*ana-*) a *grámma* (↓*gram*).

anachronismus 'co nepatří do dané doby'. Z nlat. *anachronismus* a to z ř. *anachronismós* tv. z *aná* (↑*ana-*) a odvozeniny od *chrónos* 'čas'. Srov. ↓*kronika*.

anakolut 'vyšinutí z větné konstrukce'. Z ř. *anakólouthos* 'nesouvislý' z ↑*an-* a *akólouthos* 'souvislý, příslušný'.

anakonda 'hroznýšovitý had'. Původně označení jistého ceylonského hada, snad ze sinhálského *henakandayā*, doslova 'bleskový stvol'.

analfabet 'negramot'. Viz ↑*an-* a ↑*alfabeta*.

analgetikum 'lék tišící bolest'. K ř. *análgētos* 'bezbolestný' z ↑*an-* a *álgos* 'bolest'. Srov. ↓*neuralgie*.

analogie 'obdoba', *analogický*. Z ř. *analogía* 'podobnost, pravidelnost' od *análogos* 'podobný, přiměřený' z *aná* (↑*ana-*) a *lógos*, ze 'poměr, počet, platnost'. Srov. ↓*logika,* ↓*logaritmus*.

anály 'letopisy'. Z lat. (*librī*) *annālēs* 'roční (knihy)' k *annālis* 'roční' od *annus* 'rok'. Srov. ↓*bienále,* ↓*milénium*.

analýza 'rozbor', *analyzovat, analytický, analytik*. Z ř. *análysis* od *analýō* 'rozlučuji' z *aná* (↑*ana-*) a *lýō* 'uvolňuji, rozvazuji'. Srov. ↓*katalyzátor,* ↓*paralýza*.

anamnéza 'obraz zdravotního stavu pacienta před chorobou'. Z ř. *anámnēsis* 'vzpomínání, přiznání' z *aná* (↑*ana-*) a *mnēsis* 'pamatování'. Srov. ↑*amnestie,* ↓*mnít*.

ananas. Z port. *ananás* a to z domorodého názvu jihoamerických Indiánů (*anana*).

anarchie 'bezvládí', *anarchismus, anarchista*. Přes střlat. *anarchia* z ř. *anarchía* 'bezvládí, neposlušnost' od *ánarchos* 'bez vůdce' z ↑*an-* a *archós* 'vůdce, předák' od *árchō* 'vládnu, velím'. Jako politický směr od Velké fr. revoluce. Srov. ↓*monarchie,* ↓*archi-,* ↓*archiv*.

anatomie 'věda o stavbě organismů', *anatomický*. Ze střlat. *anatomia* z ř. *anatomē* 'rozříznutí' od *anatémnō* 'rozřezávám' z *aná* (↑*ana-*) a *témnō* 'řežu'. Srov. ↓*dichotomie,* ↓*atom,* ↓*tít*.

ančovička 'sardel obecná'. Z něm. *Anchovis* a to asi niz. či angl. prostřednictvím z fr. *anchois*, šp. *anchoa*, původu asi baskického.

anděl, *andělský, andílek, andělíček, andělíčkářka*. Stč. také *anjel*. Všesl., evr. kulturní slovo. Z lat. *angelus* a to z ř. *ángelos* tv., původně 'posel, zvěstovatel', jehož původ je dále nejasný. Srov. ↓*evangelium*.

android 'umělý člověk'. Uměle z ř. *anēr* (gen. *andrós*) 'muž' a ↓*-oid*.

andulka. Lid. etym. (*D2*) z lat. názvu (*Mellopsittacus*) *undulatus* '(papoušek) vlnkovaný'. Srov. ↓*ondulace*.

anekdota. Asi přes fr. *anecdote* z ř. *anékdota*, pl. od *anékdotos* 'nevydaný' z ↑*an-* a *ékdotos* od *ekdídōmi* 'vydávám'

anektovat 54 **anotace**

z *ek-* (viz ↓*ex*) a *dídōmi* (srov. ↓*dát*). Byzantský historik Prokopius (7. st.) tak nazval sbírku historek z císařského dvora. Srov. ↓*edice*.

anektovat 'zabírat cizí území'. Z lat. *annectere* z ↑*ad-* a *nectere* 'plést, vázat'. Srov. ↓*konexe*.

anémie 'chudokrevnost'. Z nlat. *anaemia* a to z ř. *anaimía* k *anaímos* 'bezkrevný' z ↑*an-* a *(h)aīma* 'krev'. Srov. ↓*hemo-*.

anestézie 'znecitlivění', *anestetikum*. Z ř. *anaisthēsíā* 'necitelnost' z ↑*an-* a *aísthēsis* 'pocit, vjem'. Srov. ↓*estetika*.

anexe 'zábor cizího území'. Z lat. *annexiō* od *annectere* (viz ↑*anektovat*).

angažmá 'zaměstnání v uměleckém souboru', *angažovat*, *angažovaný*. Z fr. *engagement* 'závazek' od *engager* 'zavazovat (si), najímat za plat' z *en* (↓*in-*[1]) a odvozeniny od *gage* 'zástava, plat' germánského původu (viz ↓*gáže*).

angína, *angínový*. Ze střlat. *angina* od *angere* 'dusit, svírat', jež je příbuzné s č. ↓*úzký*.

angora 'jemná vlna ze srsti angorských koz a králíků'. Podle jména tureckého hlavního města *Angora* (dnes *Ankara*).

angrešt. Stč. *agrest* (od 15. st.) 'víno z nezralých hroznů, nezralé hrozny'. Slk. *egreš* (přes maď.), p. *agrest*, s. *ogrozd*. Z it. *agresto* tv. z vlat. *acrestis 'kyselý' k lat. *ācer* 'ostrý'. Srov. ↓*ocet*.

ani sp., část. Z ↑*a* a ↓*ni*.

anilin 'bezbarvá kapalina k výrobě barev, léků ap.'. Uměle kolem r. 1840 od port. *anil* 'indigovník' (získával se destilací z indiga) z ar. *an-nīl* (z *al-nīl*) a to přes per. ze sti. *nīla-* 'tmavě modrý'.

animální 'zvířecí'. Z lat. *animālis* od *animal* 'živočich' k *animus* 'dech, duch'. Srov. ↓*animovat*.

animovat 'snímat jednotlivé rozfázované obrázky', *animovaný*, *animace*, *animátor*. Přes fr. *animer* z lat. *animāre* 'oživovat' od *animus* 'dech, duch'.

animozita 'zaujatost, nepřátelství'. Z lat. *animōsitās* tv. od *animōsus* 'prudký, hrdý' k *animāre* 'oživovat'. Srov. ↑*animální* a co do významu ↓*rozčílený*.

anion(t) 'atom se záporným nábojem'. Viz ↑*an-* a ↓*ion(t)*.

anketa. Z fr. *enquête* 'výslech, vyšetřování' z vlat. *inquaesitus, jemuž odpovídá lat. *inquīsītus*, což je původem příč. trp. od *inquīrere* 'vyhledávat, pátrat' z ↓*in-*[1] a *quaerere* 'hledat, vyšetřovat'. Srov. ↓*inkvizice*.

ano část. V č. doloženo od 15. st. Z navazovacího ↑*a* a přitakávací část. ↓*no* (Ma[2]). Často se však vykládá i z *a* + *ono* (↓*on*) (HK).

anoda 'kladná elektroda'. Utvořeno podle *elektroda* z ↑*ana-* a ř. *(h)odós* 'cesta'.

anomálie 'nepravidelnost', *anomální*. Přes střlat. *anomalia* z ř. *anōmalíā* od *anōmalos* 'nerovný' z ↑*an-* a *homalós* 'rovný, hladký'. Srov. ↓*homo-*.

anonce 'reklamní oznámení', *anoncovat*. Z fr. *annonce* od *annoncer* 'oznamovat' a to z lat. *annuntiāre* tv. z ↑*ad-* a *nuntiāre* 'dávat zprávu, hlásit' od *nuntius* 'posel'. Srov. ↓*nuncius*, ↓*denuncovat*.

anonym 'nepodepsaný původce', *anonymita*, *anonymní*. Ze střlat. *anonymus* a to z ř. *anṓnymos* 'bezejmenný, neznámý' z ↑*an-* a *ónoma*, *ónyma* 'jméno'. Srov. ↓*pseudonym*, ↓*metonymie*, ↓*onomastika*.

anorganický. Z ↑*an-* a ↓*organický*.

anotace 'připojení poznámek; stručná charakteristika textu'. Z lat. *adnotātiō* 'poznámka' od *adnotāre* 'poznámkovat' z ↑*ad-* a *nota* 'poznámka'. Srov. ↓*nota*, ↓*notes*, ↓*notorický*.

ansámbl 'soubor', *ansámblový*. Z fr. *ensemble* tv., původně adv. 'dohromady' z vlat. *insimul* 'zároveň' z lat. ↓*in-*[1] a *simul* tv. k *similis* 'podobný'. Srov. ↓*simultánní*, ↓*asimilovat*.

anšovička, anšovka. Viz ↑*ančovička*.

antagonismus 'protichůdnost, protiklad', *antagonistický*. Nově utvořeno k ř. *antagōnízomai* 'bojuji proti někomu, soupeřím s někým' z ↑*anti-* a *agōnízomai* 'bojovat, závodit' od *agṓn* 'zápas, boj, úsilí' k *ágō* 'vedu, ženu'. Srov. ↓*protagonista*, ↓*agónie*.

ante- předp. Z lat. *ante* 'před, dříve'. Srov. ↓*antedatovat*, ↓*antika*, ↓*anti-*.

antedatovat 'opatřit dřívějším datem'. Viz ↑*ante-* a ↓*datum*.

anténa. Ze střlat. *antenna* (lat. *antemna*), původně 'ráhno', pak 'tykadlo (hmyzu)', v dnešním významu od konce 19. st. (Marconi). Dále nejasné.

anti- předp. Z ř. *antí* 'proti', jež souvisí s lat. ↑*ante-*. Srov. ↑*antagonismus*, ↓*antipatie*, ↓*antonymum*.

antibiotikum. Nově utvořeno k ↑*anti-* a ř. *biōtikós* 'životaschopný, životný' od ř. *bíos* 'život'. Tedy 'lék proti choroboplodným zárodkům'.

anticipovat 'předjímat, předvídat', *anticipace*. Z lat. *anticipāre* 'brát napřed' z ↑*ante-* a *capere* 'brát'. Srov. ↓*participovat*, ↓*koncepce*.

antika, *antický*. Z lat. *antīquus* 'starý, dřívější, předešlý' (pozdější forma *antīcus*) k ↑*ante-*. Srov. ↓*antikvariát*.

antikoncepce 'ochrana proti početí', *antikoncepční*. Nově utvořeno z ↑*anti-* a lat. *conceptiō* 'pojetí, početí'. Viz ↓*koncepce*.

antikvariát 'obchod se starými knihami, tisky ap.', *antikvární, antikvář*.

K lat. *antīquārius* 'starožitník' od *antīquus* (viz ↑*antika*).

antilopa. Přes fr. *antilope* a angl. *antelope* ze střlat. *ant(h)olopus* z pozdně ř. *anthólops* (jméno bájného zvířete), jež se vykládá z ř. *ánthos* 'květ' a *óps* 'oko' (tedy 'krásnooký'), což je však možná lid. etym. *(D2)*.

antimon 'druh křehkého kovu'. Ze střlat. *antimonium* a to nejspíš z nějakého arabského základu s členem *al-*. Srov. ↑*amalgám*, ↑*alkohol*.

antipasta 'výrobek z marinovaných drobných ryb a zeleniny'. Z it. *antipasto* 'předkrm' (s přikloněním k ↓*pasta*) z *anti-* (viz ↑*ante-*) a *pasto* 'jídlo' z lat. *pāstus* 'pastva, krmení, potrava'. Srov. ↓*pastor*.

antipatie 'odpor, averze'. Přes lat. *antipathīa* z ř. *antipátheia* k ↑*anti-* a *páthos* 'pocit, vášeň'. Srov. ↓*sympatie*, ↓*patos*.

antologie 'výbor z literárních děl'. Ze střlat. *anthologia* a to z ř. *ánthos* 'květ' a *logía* 'sbírka' od *légō* 'vybírám, sbírám', jinak též 'mluvím, říkám atd.'. Srov. ↓*-logie*, ↑*analogie*, ↓*chryzantéma*.

anton ob. 'policejní uzavřený vůz'. Snad podle berlínského vězení na *Antonstrasse* (Ma[2]), či z údajné přezdívky pražského kata (HL).

antonymum 'slovo opačného významu'. Z ↑*anti-* a ř. *ónoma, ónyma* 'jméno'. Srov. ↑*anonym*, ↓*synonymum*.

antoušek 'pohodný, ras'. Údajně podle pražského pohodného Antona Schecka (Ma[2]).

antracit 'nejstarší a nejvýhřevnější černé uhlí'. Přes lat. *anthracītis* z ř. *ánthrax* 'žhavý uhlík'.

antropo- (ve složeninách) 'týkající se člověka'. Z ř. *ánthrōpos* 'člověk', jež je dále nejasné. Srov. ↓*antropologie*, ↓*filantrop*.

antropologie 'nauka o vývoji a tělesných vlastnostech člověka'. Viz ↑*antropo-* a ↓*-logie.*

antuka 'povrch hřiště z cihlové moučky', *antukový*. Z fr. *en tout cas* 'v každém případě' (tedy 'povrch pro každé počasí').

anulovat 'zrušit'. Z lat. *annūllāre* z ↑*ad-* a *nūllus* 'žádný'. Srov. ↓*nula.*

anýz 'aromatická bylina'. Přes střhn. *anīz*, *anīs* z pozdnělat. *anīsum*, *anēsum* a to z ř. *ánīson* neznámého původu.

aorist 'jednoduchý minulý čas'. Z ř. *aóristos* 'neohraničený, neurčitý' z ↑*a-*[2] a *(h)orízō* 'ohraničuji'. Srov. ↓*horizont.*

aorta 'srdeční tepna'. Z lat. *aorta* z ř. *aortḗ* tv. od *aeírō* 'zavěšuji, zvedám', tedy původně 'co je zavěšeno'. Srov. ↓*meteor.*

apanáž 'pravidelný bezpracný příjem'. Z fr. *apanage* od *apaner* 'živit' a to ze střlat. *appanare* 'zaopatřovat (chlebem)' k lat. ↑*ad-* a *pānis* 'chléb'. Srov. ↓*kumpán*, ↓*marcipán.*

aparát, *aparátní*, *aparatura.* Z lat. *apparātus* 'náčiní, vybavení; výbava, příprava' od *apparāre* 'připravit, opatřit' z ↑*ad-* a *parāre* 'připravovat, zařizovat'. Srov. ↓*komparace*, ↓*preparát.*

apartheid 'oddělování ras'. Z niz. *apartheid*, doslova 'oddělenost'. Utvořeno příp. *-heid* (srov. něm. *-heit*) od niz. *apart* 'oddělený, zvláštní' z fr. *à part* 'stranou, zvlášť' z lat. *ad* (↑*ad-*) a *partem* (ak. od *pars* 'strana, část'). Srov. ↓*apartmá*, ↓*apartní.*

apartmá 'vícepokojový byt (v hotelu)'. Z fr. *appartement* z it. *appartamento*, doslova 'oddělení', k it. *appartare* 'oddělit' od *a parte* 'stranou, zvlášť' z lat. ↑*ad-* a *partem* (ak. od *pars* 'strana, část'). Srov. ↑*apartheid*, ↓*apartní*, ↓*partaj.*

apartní 'slušivý, zvláštně elegantní'. Z něm. *apart* tv. a to z fr. *à part* 'stranou, zvlášť' z lat. ↑*ad* a *partem* od *pars* 'strana, část'. Srov. ↑*apartmá*, ↑*apartheid.*

apatie 'netečnost', *apatický.* Přes lat. *apathīa* z ř. *apátheia* z ↑*a-*[2] a *páthos* 'pocit, vášeň'. Srov. ↓*sympatie*, ↓*patologie.*

apatyka zast. 'lékárna'. Přes něm. *Apotheke* ze střlat. *apotheca* tv., lat. *apothēca* 'skladiště' a to z ř. *apothḗkē* tv. z ↓*apo-* a *thḗkē* 'schránka, skříňka'. Srov. ↓*putyka*, ↓*butik*, ↓*kartotéka.*

apel 'výzva', *apelovat.* Z fr. *appel* od *appeler* 'volat, vyzývat' z lat. *appellāre* 'volat, oslovovat' snad z ↑*ad-* a *pellere* 'dotýkat se, vrážet'. Srov. ↓*interpelace.*

apendix 'přívěsek (slepého střeva)'. Z lat. *appendix* 'přívěsek' od *appendere* 'přivěsit' z ↑*ad-* a *pendere* 'věšet'. Srov. ↓*pendlovky*, ↓*suspendovat.*

aperitiv. Z fr. *apéritif* 'otvírající' ze střlat. *aperitivus* tv. k lat. *aperīre* 'otvírat'. Původně v lékařství 'prostředek odvádějící z těla nečistoty', dnešní význam 'nápoj k povzbuzení chuti' asi od 19. st. Srov. ↓*ouvertura.*

apetyt, apetýt ob. 'chuť'. Přes něm. *Appetit* z fr. *appétit* tv. z lat. *appetītus* 'žádost' (střlat. 'chuť') od *appetere* 'žádat' z ↑*ad-* a *petere* tv. Srov. ↓*petice*, ↓*kompetence.*

aplaudovat 'tleskat', *aplaus.* Z lat. *applaudere* (příč. trp. *applausus*) z ↑*ad-* a *plaudere* 'tleskat'. Srov. ↓*exploze.*

aplikovat 'použít', *aplikace*, *aplikační.* Z lat. *applicāre* 'připojovat, připínat' z ↑*ad-* a *plicāre* 'vinout' k *plectere* 'plést'. Srov. ↓*komplikovat*, ↓*replika*, ↓*duplikát.*

apo- předp. Z ř. *apó* 'od, pryč, z'. Souvisí s lat. *ab* (↑*ab-*), něm. *ab* i č. ↓*po.* Srov. ↓*apostrof*, ↓*apokryf*, ↓*apoštol.*

apokalypsa 'zjevení sv. Jana o hrůzách konce světa', *apokalyptický*. Z ř. *apokálypsis* 'zjevení, odhalení' od *apokalýptō* 'odhaluji' z ↑*apo-* a *kalýptō* 'zahaluji, skrývám'. Srov. ↓*eukalypt*.

apokryf 'nepravý, podvržený spis'. Ze střlat. *apocryphus* a to z ř. *apókryfos* 'tajný' od *apokrýptō* 'zatajuji, skrývám' z ↑*apo-* a *krýptō* 'ukrývám, utajuji'. Srov. ↓*krypta*, ↓*krýt*.

apologie 'slovní obrana', *apologeta*, *apologetický*. Přes lat. *apologia* z ř. *apología* od *apologoūmai* 'omlouvám se, hájím se' k ↑*apo-* a *lógos* 'řeč, slovo ap.'. Srov. ↓*-logie*.

aportovat 'přinášet (o psu)', *aport*. Od citosl. *aport* z fr. imp. *apporte!* 'přines!' a to od fr. *apporter* 'přinést' z lat. *apportāre* z ↑*ad-* a *portare* 'nést'. Srov. ↓*export*, ↓*portmonka*.

apostrof 'odsuvník'. Z lat. *apostrophus* z ř. *apóstrofos* 'odvrácený' k *apostréfō* 'obracím, otáčím' z ↑*apo-* a *stréfō* tv. Srov. ↓*strofa*, ↓*katastrofa*.

apoštol, *apoštolský*. Z lat. *apostolus* z ř. *apóstolos* 'vyslanec' od *apostéllō* 'odesílám, propouštím' z ↑*apo-* a *stéllō* 'vypravuji, vysílám atd.' (apoštolové byli šiřiteli Kristova učení). Srov. ↓*epištola*.

apozice 'přístavek (ve větě)'. Z lat. *appositiō* k *apponere* 'přikládat' z ↑*ad-* a *ponere* 'klást'.

apríl, *aprílový*. Z lat. *Aprīlis (mensis)*, což byl původně 2. měsíc lat. kalendáře. Původ není jistý, uvažuje se o souvislosti s lat. *aperīre* 'otvírat (zemi, přírodu)' či s ↑*ab-* ('druhý, následující měsíc'). Rčení *vyvést aprílem* asi podle něm. *in April schicken*, původ zvyku neznámý.

aprobace 'způsobilost (k vyučování)'. Z lat. *approbātiō* 'schválení, souhlas' od *approbāre* 'schvalovat' z ↑*ad-* a *probāre* 'zkoušet, uznávat'. Srov. ↓*reprobace*, ↓*prubnout*.

apsida 'polokruhovitý výstupek pro oltář'. Ze střlat. *absis, apsis* (gen. *apsidis*) tv. z ř. *(h)apsís* 'oblouk, kolo'.

ar 'jednotka plochy'. Z fr. *are* (vytvořeno za Velké fr. revoluce) a to podle lat. *ārea* 'prostranství'. Srov. ↓*hektar*, ↓*areál*.

arabeska '(arabský) ornament; krátká povídka'. Přes něm. *Arabeske*, fr. *arabesque* z it. *arabesco* 'arabský' (šlo o složité ornamenty ze stylizovaných rostlin ap.).

arak 'lihovina z rýže'. Přes fr. *arac* z ar. *araq* 'šťáva z datlí, lihový nápoj'. Srov. ↓*rakije*.

aranžmá 'úprava'. Z fr. *arrangement* od *arranger* (viz ↓*aranžovat*).

aranžovat 'upravovat, pořádat, připravovat', *aranžér(ka)*, *naaranžovat*, *zaranžovat*. Z fr. *arranger* tv. z *a-* (↑*ad-*) a *ranger* 'řadit, sestavovat' k *rang* 'řada' germ. původu. Srov. ↓*rank*, ↓*rynk*.

arašíd 'burský oříšek', *arašídový*. Z fr. *arachide* z nlat. *arachidna*, jež bylo v 18. st. utvořeno na základě ř. *aráchidna* 'druh luštěniny' od *árakos* 'hrachor'. Srov. angl. *peanut*, doslova 'hrachový ořech'.

arbitr 'rozhodčí sporu', *arbitrární/ arbitrérní* 'libovolný', *arbitráž* (přes fr.). Z lat. *arbiter* 'rozhodčí, svědek', dále nejisté.

arci část. 'ovšem'. Z ↑*a* a rozkazovacího *rci* (viz ↓*říci*); vývoj tohoto spojení k dnešnímu významu však není příliš zřejmý (Ma²).

arci- 'vele-'. Ze střlat. *arci-* z lat.-ř. *archi-* (viz ↓*archi-*). Srov. *arcibiskup* (již stč.), *arcidílo*.

areál 'zastavěný pozemek; oblast výskytu'. Ze střlat. *arealis*, což je adj. k lat. *ārea* 'prostranství'. Srov. ↑*ar*, ↓*árie*.

aréna 'prostor pro zápasy, představení ap.'. Přes něm. *Arena* tv. z lat. *arēna*, původně 'písek' (zápasiště bylo posypáno pískem).

arest zast. ob. 'vězení', *arestovat*. Z něm. *Arrest* ze střlat. *arrestum* 'zabavení, zadržení' od *arestāre* a to z lat. ↑*ad-* a *restāre* 'zůstat' z ↓*re-* a *stāre* 'stát'. Srov. ↓*rest*.

argon 'druh atmosférického plynu'. Utvořeno uměle (konec 19. st.) z ř. *argós* 'nečinný' k ↑*a-*[2] a *érgon* 'dílo'. Srov. ↓*energie*, ↓*orgie*.

argot 'hantýrka kriminálních živlů'. Z fr. *argot*, jehož další původ je diskutabilní.

argument 'důvod, důkaz', *argumentovat*. Z lat. *argūmentum*, doslova 'co slouží k objasnění, dokázání' od *arguere* 'objasňovat, dokazovat', vlastně 'dělat jasným', jež souvisí s lat. *argentum* 'stříbro' (z toho *Argentina*).

arch '(dvou)list papíru', *aršík*. Nejspíš přes niz. *ark* (tak i ve starší č.) z lat. *arcus* 'oblouk, luk' (podle toho, že se vyrobený papír přehýbal do oblouku). Srov. ↓*arkáda*.

archa 'biblická Noemova loď; posvátná schránka s deskami Desatera'. Přes něm. *Arche* z lat. *arca* 'skříň' od *arcēre* 'zavírat'. Omezeno na biblická spojení 'archa Noemova' a 'archa úmluvy'. Srov. ↓*rakev*.

archaismus 'zastaralý jev', *archaický*, *archaizovat*. Přes něm. *Archaismus*, střlat. *archaismus* z ř. *archaismós* od *archaízō* 'zastarávám' k *archaîos* 'starý, prapůvodní' od *arché* 'začátek, původ'. Srov. ↓*archiv*, ↓*archeologie*.

archanděl. Ze střlat. *archangelus*, viz ↓*archi-* a ↑*anděl*.

archeologie 'věda zkoumající pozůstatky minulosti', *archeolog*, *archeologický*. Přes něm. *Archäologie* z ř. *archaiología* 'vypravování starých dějin' od *archaîos* 'starý' (viz ↑*archaismus* a ↓*-logie*).

archi- (ve složeninách) 'hlavní, vedoucí'. Od ř. *árchō* 'jsem první, velím'. Srov. ↑*arci*, ↑*archanděl*, ↓*architekt*, ↑*archaismus*, ↓*patriarcha*.

architekt 'navrhovatel staveb', *architektonický*, *architektura*. Přes něm. *Architekt* z lat. *architectus* a to z ř. *architéktōn* 'stavitel' z ↑*archi-* a *téktōn* 'řemeslník, umělec'. Srov. ↓*technika*, ↓*tesat*.

archiv 'sbírka písemností dokumentární povahy', *archivní*, *archivovat*, *archivář*, *archivnictví*. Ze střlat. *archivum* 'místo pro uložení dokumentů', což je varianta k lat. *archium* z ř. *archeîon* 'vládní budova, úřad' od *árchō* 'vládnu, jsem první'. Srov. ↑*archaismus*, ↑*archi-*.

árie '(operní) sólová skladba pro zpěv s doprovodem'. Z it. *aria* 'píseň, melodie', dříve 'umění' (stfr. *aire*), jež souvisí s lat. *āēr* 'vzduch' (tedy 'umění přenášené vzduchem'). Srov. i angl. *air* 'vzduch' i 'árie'.

árijec 'příslušník indoevropské rasy', *árijský*. Podle vlastního označení sti. obyvatelstva *árya-* od *arí-* 'cizinec' (snad 'pohostinní k cizincům', srov. i sti. *aryá-* 'pán' a naše ↓*Hospodin*). Název zneužit nacistickou ideologií.

aristokracie 'šlechta; vláda šlechty', *aristokrat*, *aristokratický*. Z ř. *aristokratía* 'vláda nejlepších' z *áristos* 'nejlepší' a *kratõ* 'vládnu'. Srov. ↓*demokracie*, ↓*byrokracie*.

aritmetika 'obor matematiky zkoumající vztahy čísel'. Přes lat. *arithmētica* z ř. *arithmētiké (téchnē)* 'počtářské umění' od *arithmētikós* 'vhodný k počítání' od *arithmõ* 'počítám' k *arithmós* 'číslo'. Srov. ↓*logaritmus*.

arkáda 'podloubí'. Z fr. *arcade* z it. *arcata* od *arco* z lat. *arcus* 'oblouk, luk'. Srov. ↑*arch*.

arkebuza 'hákovnice'. Z něm. *Arkebuse* z fr. *arquebuse* a to z germ. jazyků (něm. *Hakenbüchse*, niz. *haakbus* 'puška s hákem'), lid. etym. *(D2)* k fr. *arc* 'oblouk'.

arkýř 'krytý výstupek s okny'. Stč. *arkéř, alkéř* (z toho p. *alkierz*). Ze střhn. *ärker* a to ze stfr. *arquiere* 'střílna' k lat. *arcus* 'oblouk'. Srov. ↑*arch*, ↑*arkáda*.

armáda, *armádní*. Ze šp. *armada* a to z lat. *armāta* 'ozbrojená (skupina lidí)' od *armāre* 'ozbrojovat' k *arma* 'zbraně'. Srov. ↑*almara*, ↑*alarm*.

armatura 'kovové součásti'. Z lat. *armātūra* 'výzbroj, výstroj' od *armātus* 'vyzbrojený' od *armāre* (viz ↑*armáda*).

arogance 'povýšenost', *arogantní*. Z lat. *arrogantia* od *arrogāns* 'povýšený', což je původem přech. přít. od *arrogāre* 'osobovat si' z ↑*ad-* a *rogāre* 'žádat', jež souvisí s *regere* 'řídit'. Srov. ↓*regulace*, ↓*dirigovat*.

aroma '(silná) vůně', *aromatický, aromatizovat*. Přes lat. *arōma* z ř. *árōma*, jehož další původ je nejasný.

artefakt 'umělecký výtvor'. Novější, uměle z lat. *ars* (abl. *arte*) 'umění' a *factum* 'čin, skutečnost'. Srov. ↓*artista*, ↓*fakt*.

artérie 'tepna'. Z lat. *artēria* a to z ř. *artēríā* tv. k *aeírō* 'zvedám, zavěšuji'. Srov. ↑*aorta*.

artikl 'zboží'. Z něm. *Artikel* z lat. *articulus* 'článek, kloub', zdrobněliny od *artus* 'kloub, úd'. Srov. ↓*artikulovat*, ↓*artróza* i ↓*artista*.

artikulovat 'vyslovovat, článkovat', *artikulace*. Z lat. *articulāre* od *articulus* (viz ↑*artikl*).

artilerie zast. 'dělostřelectvo'. Z něm. *Artillerie* z fr. *artillerie* od stfr. *artillier* 'vyzbrojit' a to ze stfr. *atillier* tv. (s přikloněním k stfr. *art* z lat. *ars* 'umění'), jehož další původ není jistý. Srov. ↑*adaptovat*.

artista 'cirkusový umělec', *artistický*. Z fr. *artiste* a to ze střlat. *artista* 'umělec' od lat. *ars* (gen. *artis*) 'umění', jež asi souvisí s *artus* 'kloub, úd'. Srov. ↑*artefakt*, ↑*artikl*.

artróza 'degenerativní onemocnění kloubu'. Z lat. *árthrōsis* k ř. *árthron* 'kloub, úd'. Srov. ↑*artikl*, ↓*neuróza*.

artyčok 'druh zeleniny'. Ze severoit. *articiocco* a to asi přes starší šp. *alcarchofa* z ar. *al-haršufa*.

arytmie 'porucha rytmu', *arytmický*. Viz ↑*a-*[2] a ↓*rytmus*.

arzén 'jedovatý chemický prvek'. Ze staršího *arsenik* z lat. *arsenicum* a to z ř. *arsēnikón* k *arsēnikós* 'mužný, silný', to pak lid. etym. *(D2)* přes syrské *zarnika* ze střper. **zarnīk* tv., původně 'zlatý' (barvou se podobá zlatu).

arzenál 'zbrojnice, sklad'. Přes něm. *Arsenal* z it. *arsenale* a to z ar. *dar as-sina[c]a* 'loděnice, továrna' z *dar* 'dům' a *sina[c]a* 'řemeslo, profese'.

asanovat 'upravovat zdravotně závadný prostor'. Přes něm. *assanieren* z lat. *assanāre* z ↑*ad-* a *sanāre* 'léčit, napravovat'.

asertivita 'aktivní, pevné, ale klidné projevení vlastního názoru', *asertivní*. Na základě angl. *assertiveness* tv. od *assertive* 'pozitivní; příliš sebevědomý, troufalý' od *(to) assert* 'trvat na něčem, prohlašovat, uplatňovat nárok' a to z lat. *asserere* (příč. trp. *assertus*) 'prohlašovat, osobovat si, tvrdit' z ↑*ad-* a *serere* 'řadit, připojovat'. Srov. ↓*disertace*, ↓*inzerát*.

asfalt, *asfaltovat, asfaltka*. Ze střlat. *asphaltus* a to z ř. *ásphaltos* 'zemní pryskyřice', jež je možné vyvodit z ↑*a-²* a *sfállō* 'kácím, srážím, viklám' (užívalo se ho jako pojicího materiálu při stavbě zdí). Řada autorů však předpokládá východní původ slova (HK).

asi část. Stč. *asi, as, asa* znamenalo totéž co ↓*aspoň*, dnešní význam od 16. st. Vykládá se z ↑*a* a část. ↓*-si* (Ma²).

asimilovat 'připodobňovat, přizpůsobovat', *asimilace*. Z lat. *assimilāre* z ↑*ad-* a *similāre* (*simulāre*) 'dělat podobným' k *similis* 'podobný'. Srov. ↓*disimilace*, ↓*simulovat*, ↑*ansámbl*.

asistent, *asistence, asistovat*. Nově z lat. *assistēns*, což je přech. přít. od *assistere* 'pomáhat' z ↑*ad-* a *sistere* 'stavět, postavit (se)'. Srov. ↓*existovat*, ↓*rezistence*.

asketa 'člověk žijící zdrženlivě a odříkavě', *asketický, askeze*. Z ř. *askētés* 'atlet, vycvičený člověk' od *askō* 'cvičím, usiluji'.

asociace 'sdružení, spojení', *asociovat*. Z lat. *associātiō* od *associāre* z ↑*ad-* a *sociāre* 'sdružovat' od *socius* 'druh', jež souvisí se *sequī* 'následovat'. Srov. ↓*sociální*, ↓*sekvence*.

asociální, *asociál*. Viz ↑*a-²* a ↓*sociální*.

asonance 'zvuková shoda posledních samohlásek ve verši'. Ze střlat. *assonantia* od *assonare* 'přizvukovat' z lat. ↑*ad-* a *sonāre* 'znít'. Srov. ↓*konsonant*, ↓*rezonovat*.

asparágus 'chřest'. Z lat. *asparagus* a to z ř. *aspáragos*, původu asi íránského.

aspekt 'hledisko'. Z lat. *aspectus* 'ohled, vzhled' od *aspicere* z ↑*ad-* a *specere* 'dívat se, pozorovat'. Srov. ↓*respekt*, ↓*inspekce*, ↓*spektrum*.

aspik 'rosol'. Z fr. *aspic* tv., jehož původ není jasný. Spojuje se s homonymním fr. *aspic* 'zmije' z lat. *aspis* z ř. *aspís* tv., ale významové souvislosti nejsou přesvědčivě vysvětleny.

aspirin 'lék proti teplotě a bolesti'. Z něm. *Aspirin*, což má být zkratkové slovo z *acetylspirsalicacidin* (tedy 'lék z kyseliny acetosalicylové', získávané z květů tavolníku – lat. *Spiraea*). Využito formální podobnosti s ↓*aspirovat*.

aspiráta 'přídechová souhláska', *aspirace, aspirovaný*. Z lat. (*cōnsonāns*) *aspirāta* 'přidechnutá (souhláska)' od *aspirāre* (viz ↓*aspirovat*).

aspirovat 'ucházet se, dělat si nárok', *aspirant, aspirace*. Z lat. *aspirāre* 'snažit se přiblížit', doslova 'přidechovat' z ↑*ad-* a *spirāre* 'dýchat'. Srov. ↓*konspirace*, ↓*špiritus*.

aspoň část. Stč. též *asa, asponě* (srov. ↑*asi*). Složeno z ↑*a*, ↓*-si* a ↓*poně-*, snad s původním významem 'a budiž po to (= do té míry)' (Ma²). Srov. ↑*alespoň*, ↓*poněkud*, ↓*poněvadž*.

asteroid 'planetka'. Uměle z ř. *astér* (viz ↓*astro-*) a ↓*-oid*.

astma 'záducha'. Přes lat. z ř. *ásthma* tv., jež etymologicky patří k ie. **an*- 'dýchat' (srov. ř. *ánemos* 'vítr, dech', lat. *animus* 'dech, duch'); původně tedy snad **ánsthma*. Srov. ↑*animovat*.

astra 'zahradní květina'. K lat. *astrum* od ř. *astér* 'hvězda' (viz ↓*astro-*).

astrální 'hvězdný'. Ze střlat. *astralis* k lat. *astrum* 'hvězda'. Srov ↓*astro-*, ↑*astra*, ↓*konstelace*.

astro- (ve složeninách) 'týkající se hvězd'. Srov. *astrofyzika*, ↓*astrologie*, ↓*astronomie*, ↓*astronaut*. K ř. *astér* 'hvězda', jež souvisí s lat. *stella*, něm. *Stern*, angl. *star* tv. Dále srov. ↑*asteroid*, ↑*astra*, ↑*astrální*.

astrologie 'hvězdopravectví', *astrolog, astrologický.* Viz ↑*astro-* a ↓*-logie* a ↓*astronomie.*

astronaut 'kosmonaut', *astronautika.* Z ↑*astro-* a ř. *naútēs* 'plavec' z *náō* 'plavu, plynu' (srov. ↓*navigace*). Používáno spíš v angloam. prostředí k odlišení od ↓*kosmonaut.*

astronomie 'věda o vesmíru', *astronom, astronomický.* Viz ↑*astro-* a ↓*-nomie.* V 17. st. v souvislosti s pokrokem ve hvězdářství významově odlišeno od ↑*astrologie.*

asymetrie 'nesouměrnost', *asymetrický.* Viz ↑*a-²* a ↓*symetrie.*

ať část. Dnes pouze č. Z ↑*a* a **ti*, jež asi souvisí s lit. *te-* v tzv. permisivu (srov. lit. *tegyvúoja* 'ať žije') (Ma²). Možná však je -ť stejné jako v ↓*byť*, ↓*vždyť* ap.; původ snad je v dat. zájm. pro 2. osobu *ti* (viz ↓*ty*).

atakovat 'napadat', *atak.* Z fr. *attaquer* z it. *attacare* s původním významem 'připevnit, připojit' (srov. ↓*ataše*). Pozdější význam z it. konstrukcí jako 'připojit se k bitvě' ap. Vykládá se z ↑*ad-* a germ. základu (gót. **stakka*, angl. *stake* 'kůl'), tedy původně 'připevnit ke kůlu'.

ataman 'náčelník kozáků'. Z ukr. *atáman,* r. *atamán* nejistého, snad tur. původu.

ataše 'diplomatický přidělenec'. Z fr. *attaché,* což je příč. trp. k *attacher* 'připevňovat, připojovat' ze stejného kořene jako it. *attacare* (viz ↑*atakovat*).

atavismus 'dědičné znaky po vzdálených předcích', *atavistický.* Z fr. *atavisme,* utvořeného koncem 19. st. od lat. *atavus* 'prapředek' k *avus* 'děd, předek', jež souvisí s ↓*ujec.*

ateismus 'bezvěrectví', *ateistický.* V 16. st. utvořeno k ř. *átheos* 'bezbožný' z ↑*a-²* a *theós* 'bůh'. Srov. ↓*teologie.*

ateliér 'umělecká dílna'. Z fr. *atelier,* stfr. *astelier* od *astele* 'tříska, dřevěný odštěpek' z lat. *astula,* což je zdrobnělina k *asser* 'kůl, žerď'. Původně tedy 'místo s množstvím třísek', z toho pak 'truhlářská dílna' a dnešní význam.

atentát, *atentátník.* Přes něm. *Attentat* z fr. *attentat* a to ze střlat. *attentatum* 'zločin, pokus o zločin' od lat. *attentāre* 'pokoušet se' z *ad-* a *tentāre* (vedle *temptāre*) 'zkoušet, pokoušet se'. Srov. ↓*ostentativní.*

atestace 'osvědčení'. Z lat. *attestātiō* od *attestārī* 'osvědčovat' z ↑*ad-* a *testārī* 'svědčit' od *testis* 'svědek'. Srov. ↓*test,* ↓*testament,* ↓*protest.*

atlas¹ 'soubor map, vyobrazení ap.' Podle známého souboru map flanderského zeměpisce Mercatora (1595) s titulním vyobrazením bájného obra *Atlanta* (nom. *Atlas*) držícího na ramenou zeměkouli. Staří Řekové nazvali podle *Atlanta* pohoří v sev. Africe a pak i oceán rozprostírající se za tímto pohořím.

atlas² 'hladká látka z hedvábné příze'. Přes něm. *Atlas* z ar. *aṭlas* 'hladký'.

atlet, *atletika.* Přes lat. *āthlēta* z ř. *āthlētēs* od *athlõ* (*āthleúō*) 'namáhat se, zápasit' k *āthlon* 'námaha, zápas, cena'. Srov. ↓*triatlon.*

atmosféra 'ovzduší'. Nově utvořeno v 17. st. k ř. *atmós* (*atmís*) 'pára, výpar' a *sfaīra* 'koule'. Srov. ↓*sféra.*

atol 'korálový ostrov s lagunou'. Z angl. *atoll* a tam z domorodého označení takovýchto ostrovů na Maledivách v Indickém oceáně.

atom 'nejmenší, nedělitelná část prvku', *atomový, atomizovat, atomizace.* Přes lat. *atomus* z ř. *átomos* 'nedělitelný, neřezatelný' z ↑*a-²* a *témnō* 'řežu' (užíváno již v antické materialistické filozofii). Srov. ↑*anatomie.*

atrakce 'něco přitažlivého', *atraktivní*. Z lat. *attractiō* 'přitahování' od *attrahere* 'přitahovat' z ↑*ad*- a *trahere* 'táhnout'. Srov. ↑*abstrakce*, ↓*kontrakt*, ↓*traktor*.

atrapa 'napodobenina zboží'. Z fr. *attrape* 'past' od *attraper* 'chytit' z fr. *a*- (srov. ↑*ad*-) a *trappe* 'past', jež je z germ. (srov. angl. *trap*).

atribut 'přívlastek'. Z lat. *attribūtum* od *attribuere* 'přidělovat' z ↑*ad*- a *tribuere* tv. Srov. ↓*tribut*, ↓*tribuna*, ↓*distribuce*.

atrium 'ústřední nekrytá část (římského) domu'. Z lat. *ātrium*, snad etruského původu. Vyloučena není ani souvislost s lat. *āter* 'tmavý, stinný'.

atrofie 'zakrňování, hynutí'. Z ř. *atrofía* od *átrofos* 'špatně živený' z ↑*a*-2 a *tréfō* 'živím'. Srov. ↓*hypertrofie*.

aťsi část. Z ↑*ať* a ↓-*si*.

audience 'slyšení'. Z lat. *audientia* od *audīre* 'slyšet'. Srov. ↓*audio*-, ↓*auditorium*, ↓*audit*.

audio- (ve složeninách) 'týkající se sluchu'. Srov. *audiovizuální* (viz ↓*vizuální*) a dále ↑*audience*, ↓*audit*, ↓*auditorium*.

audit 'revize účtů', *auditor*. Z angl. *audit* tv. a to nově (od 70. let 20. st.) od lat. *audītus* 'slyšení' od *audīre* 'slyšet'. Srov. ↑*audience*, ↓*auditorium*.

auditorium 'posluchačstvo'. Z lat. *audītōrium* tv. od *audītor* 'posluchač' od *audīre* 'slyšet'. Srov. ↑*audit*, ↑*audience*.

augmentace 'zvětšování, rozhojňování'. Z lat. *augmentātiō* od *augmentāre* 'zvětšovat' od *augmentum* 'zvětšení' k *augēre* 'zvětšit' (viz ↓*aukce*).

aukce 'dražba', *aukční*. Přes něm. *Auktion* z lat. *auctiō* tv. od *augēre* (příč. trp. *auctus*) 'zvětšovat' (při aukci se zvětšuje cena vydražovaného předmětu). Srov. ↑*augmentace*, ↓*autor*.

aula '(univerzitní) slavnostní síň'. Z lat. *aula* 'hala, atrium, palác' a to z ř. *aulḗ* 'dvůr, obydlí'.

aureola 'svatozář'. Z lat. *aureola* od *aureolus* 'zlatý' k *aurum* 'zlato' (původně zlatý kruh okolo hlavy, s nímž byli zobrazováni svatí).

aušus ob. 'zmetek'. Z něm. *Ausschuss* tv. od *ausschiessen* 'vyřadit, vystřelit' z *aus* (srov. ↓*vy*-) a *schiessen* 'střílet, odpalovat'. Srov. ↓*šuspajtl*, ↓*aut*.

aut 'zámezí', *autový*. Z angl. *out* 'ven, vy-', jež souvisí s něm. *aus* a č. ↓*vy*-. Srov. ↓*outsider*, ↓*knokaut*, ↑*aušus*.

autentický 'hodnověrný', *autenticita*. Ze střlat. *authenticus* z ř. *authentikós* od *authéntēs* 'původce, pán' (do tur. dalo *efendi* 'pán'), jehož první část má stejný původ jako ↓*auto*-2, druhá část je nejasná.

auto. Zkráceno z ↓*automobil*.

auto-[1] 'týkající se aut'. Viz ↓*automobil*. Srov. *autoškola*, *autoopravna*, ↓*autobus*, ↓*autokar*, ↓*autodrom*, ↓*autostop*, ↓*autostráda*.

auto-[2] 'samo-'. Z ř. *autós* 'sám, svůj, vlastní'. Srov. *autoportrét, autosugesce, autobiografie,* ↓*autogram*, ↓*autogen*, ↓*automat*.

autobus. Z ↑*auto*-[1] a angl. ↓*bus*. Srov. ↓*mikrobus*, ↓*trolejbus*.

autodafé 'pálení kacířů'. Z port. *auto da fé* 'skutek víry' z vlat. *acto de fide* k lat. *āctus* 'čin, jednání' a *fidēs* 'víra'. Srov. ↑*akt*, ↓*konfident*.

autodrom 'závodní dráha pro motorová vozidla'. Z ↑*auto*-[1] a ↓-*drom*.

autogen 'svářecí přístroj', *autogenní*. Novější, k ř. *autogenḗs* 'ze sebe vznikající, přirozený' z ↑*auto*-[2] a *génos*

'rod, pokolení, původ'. Srov. ↓*geneze,*
↓*patogenní.*

autogram 'vlastnoruční podpis'.
Z ↑*auto-*² a ↓*-gram.*

autochtonní 'vzešlý z vlastní země, praobyvatelský'. Z ř. *autóchthonos* tv. z ↑*auto-*² a *chthṓn* 'země, krajina'.

autokar 'komfortní zájezdový autobus'. Z am.-angl. *autocar* 'auto' z ↑*auto-*¹ a *car* 'auto'. Srov. ↓*kára.*

automat 'samočinně fungující zařízení', *automatický, automatizovat, automatizace.* Přes lat. *automatus* z ř. *autómatos* 'sám ze sebe vycházející, samočinný' z ↑*auto-* a přechodníkového tvaru kořene **men-* 'myslet', tedy vlastně 'samomyslící'. Srov. ↓*matematika,* ↓*mánie,* ↓*memento,* ↓*pamatovat.*

automobil, *automobilový, automobilista.* Z fr. *automobile* (1890) a to z ↑*auto-*² a lat. *mobilis* 'pohyblivý'. Srov. ↓*mobilní,* ↓*mobilizace.*

autonomie 'samospráva, nezávislost'. Z ř. *autonomía* tv. z ↑*auto-*² a odvozeniny od *nómos* 'zákon, zvyk, právo'. Srov. ↓*-nomie.*

autor, *autorský, autorství, autorizovat.* Z lat. *autor, auctor* 'původce, tvůrce', původně vlastně 'rozmnožovatel', z lat. *augēre* (příč. trp. *auctus*) 'zvětšovat, množit'. Srov. ↓*autorita,* ↑*aukce.*

autorita 'vážnost, vliv; uznávaná osobnost', *autoritativní, autoritářský*. Z lat. *au(c)tōritās* 'platnost, hodnověrnost' od *auctor* (viz ↑*autor*).

autostop. Z ↑*auto-*¹ a ↓*stop.* Snad podle něm. *Autostopp.*

autostráda 'dálnice'. Z it. *autostrada* z ↑*auto-*¹ a it. *strada* 'silnice' z lat. *(via) strāta* 'dlážděná (cesta)'. Srov. angl. *street,* něm. *Strasse* a dále ↓*stratifikace,* ↓*estráda,* ↓*substrát.*

avantgarda 'předvoj'. Z fr. *avantgarde* tv. z *avant* 'vpředu, přední' a *garde* 'stráž'. Srov. ↓*garda,* ↓*garderoba.*

avantýra '(milostné) dobrodružství'. Z fr. *aventure* tv. z vlat. *adventūra 'příhoda, událost' k lat. *adventūrus* 'co má přijít' od *advenīre* z ↑*ad-* a *venīre* 'přijít'. Srov. ↑*advent.*

averze 'odpor, nechuť'. Z lat. *āversiō* 'odvrácení' od *āvertere* 'odvrátit' z ↑*ab-* a *vertere* 'obracet'. Srov. ↓*konverze,* ↓*kontroverze,* ↓*diverze* i ↓*verze.*

aviatik zast. 'letec', *aviatika, aviatický.* Z fr. *aviateur* od *avion* 'letadlo' (utvořeno r. 1875 k lat. *avis* 'pták').

aviváž 'zlepšení vzhledu a vlastností látky namáčením ve speciálním přípravku', *avivážní.* Z fr. *avivage* 'oživení (barev)' od *aviver* 'oživit, osvěžit, vyleštit' z vlat. *advīvāre z lat. ↑*ad-* a *vīvere* 'žít' od *vīvus* 'živý' (viz ↓*živý*).

avízo 'návěští, oznámení', *avizovat.* Z něm. *Aviso, Avis* a to asi z fr. *à vis,* vlastně 'k vidění' z lat. *ad* (↑*ad-*) a *vīsum,* což je příč. trp. od *vidēre* 'vidět'. Srov. ↓*vízum,* ↓*vizuální.*

avokádo 'druh tropického ovoce'. Ze šp. *avocado* a to z indiánského *ahuacatl* (v jazyce nahuatl).

avšak sp. Z ↑*a* a ↓*však.*

axiom 'zásadní poučka, tvrzení'. Přes lat. *axiōma* z ř. *axíōma* od *axióō* 'oceňuji, uznávám' od *áxios* 'platný, hodný, oprávněný'.

azalka 'druh okrasného keříku'. Z lat. *Azalea,* jež utvořil botanik Linné k ř. *azaléos* 'suchý, vyprahlý' (daří se jí v suché půdě).

azbest 'vláknitý nehořlavý nerost', *azbestový.* Z ř. *ásbestos* 'neuhasitelný, nepomíjející' z ↑*a-*² a odvozeniny od slovesa *sbénnymi* 'hasím, dusím'.

azbuka. Podle ↑*alfabeta* z prvních dvou písmen cyrilské abecedy *azъ* (znamená 'já') a *buky* ('písmeno'). K etym. souvislostem názvů písmen srov. ↓*já*, ↓*buk*.

azimut 'směrový úhel počítaný od severu'. Z fr. *azimut* a to z ar. *as-sumūt* (varianta *as-simūt*), což je plurál od *samt* 'cesta'. Srov. ↓*zenit*.

azur 'modř', *azurový*. Z fr. *azur* ze střlat. *azurum* a to zkomolením z ar. *lāzaward, lāzuward* 'lazurový kámen, lazurit, ultramarín'.

azyl 'útočiště', *azylový*. Přes něm. *Asyl* z lat. *asȳlum* a to z ř. *ásȳlon* od *ásȳlos* 'bezpečný, nevyloupitelný' z ↑*a-*[2] a *sȳ̄lon, sȳ̄lē* 'lup, kořist, zabavení (lodi)'.

až. Z ↑*a* a zesilovací příklonky *-že* (viz ↓*že*) (Ma[2]).

B

ba část. Staré přisvědčovací slovo. P., ukr. *ba*. Psl. **ba* má obdobu v lit. *ba*, sti. *bā*. Souvisí s *-bo* v ↓*nebo*.

bába, *baba, babí, babský, babka, babička*, expr. *babizna*. Všesl. – p. *baba*, r. *bába*, s./ch. *bȁba*, stsl. *baba*. Psl. **baba* odpovídá lit. *bóba* tv. *(B5)*, dále srov. něm. *Bube* 'hoch', angl. *baby* 'nemluvně' (slk. *bábätko* tv.), it. *babbo* 'otec', tur. *baba* tv. Jde o dětské žvatlavé slovo, jemuž vlastně přisuzují význam dospělí. Srov. ↓*máma*, ↓*táta* a dále ↓*babka*, ↓*babočka*, ↓*bábovka*, ↓*babyka*.

babka 'druh houby; chroust aj.'. Přeneseně od *babka* (↑*bába*) (hnědá barva, rozpraskaný klobouk, resp. zvrásněné krovky ap.). Rčení *koupit za babku*, *mít peněz jako babek* prý podle jakési drobné uherské mince, u nás neplatné (Ma², HK). Srov. ↓*babyka*.

babočka 'druh motýla'. Přejato Preslem z r. *bábočka* tv., kde je to zdrobnělina k *bába* (↑*baba*). Asi slovo tabuové *(D4)*, věřilo se, že v motýlech sídlí duše zemřelých (podle jiného výkladu čarodějnice, ale to se asi týkalo spíš motýlů nočních) (Ma², HK).

bábovka 'druh pečiva'. Stč. *bába* (v č. od 15. st.), srov. ob. *semlbába*, stč. *bába žemlová*. P. *babka*, r. *bába* 'velikonoční beránek'. Výraz *bábovka* je vlastně původně 'pekáč, forma na bábu' (Jg). Vzhledem k staršímu č. *pápa* 'kaše' (Jg) je možné hledat původ v dětské řeči s přikloněním k ↑*bába* (srov. ↑*babka*) (Ma², HK).

babrat (se), *zbabrat, babravý*. P. *babrać się*, ukr. *bábraty* tv. Psl. **babrati (sę)* je slovo onom. původu, srov. podobné útvary ↓*piplat*, ↓*patlat* i ↓*brblat*.

babyka 'druh javoru'. Stč. *babka* pro své pokroucené dřevo (srov. ↑*babka*).

Zakončení *-yka* snad podle ↓*osika* (dříve psáno *osyka*) (HK, Ma²).

bacat, *bác, nabacat, bacit*. R. *bácat'* 'plácat', s./ch. *bàcati* 'vrhat'. Psl. **bacati* nemá příliš jasné souvislosti. Otázkou je, zda je prvotní citosl. *bác* (HK) či naopak sloveso – pak by se dalo uvažovat o elementární souvislosti s fr. *battre*, it. *battere* 'bít' (Ma²). Srov. i ↓*batoh*.

bacil, *bacilonosič*. Pojmenováno koncem 19. st. podle pozdnělat. *bacillus*, *bacillum* 'hůlka' (má tyčinkovitý tvar), což je zdrobnělina k lat. *baculum* 'hůl'. Srov. ↓*bakterie*.

baculatý. Varianta k ↓*buclatý*.

bača 'vrchní ovčák'. Slovo karpatské pastýřské kultury (p. *bacza*, maď. *bacsa*, rum. *baciu* ap.), dále nejasné. Srov. ↓*brynza*, ↓*fujara* ap.

bačkora, *bačkorka, bačkorový*. Z maď. *bocskor* 'střevíc' (Ma²).

bádat, *bádání, badatel, badatelský, bádavý, probádat, vybádat*. Převzato Jungmannem z p. *badać*, jež se obvykle vykládá z **ob-adati*, mylným rozložením předpony z něho vzniklo **o-badati* (srov. podobně ↓*balit*). Základové sloveso je doloženo v stč. *jadati* 'bádat, zkoumat'. Psl. **adati (B4)* se dále spojuje s lit. *úosti* 'čichat', lat. *odor* 'čich, pach, vůně', ř. *ózō* 'čichám', vše z ie. **od-* 'čichat' (Ma²). Vývoj významu byl 'vnímat čichem' → 'vnímat, zjišťovat' → 'zkoumat'.

-bádat *(nabádat, pobádat)*. Zdloužené iterativum (opětovací sloveso) od ↓*bodat*.

badminton 'hra s opeřeným míčkem odráženým raketou', *badmintonový, badmintonista*. Z angl. *badminton* tv. a to podle místního jména *Badminton*,

badyán 66 **bachyně**

sídla vévody z Beaufortu v již. Anglii, kde tato hra vznikla.

badyán 'druh koření'. Z fr. *badiane* a to z per. *bādiān* 'anýz'.

bafat, *bafnout*, *vybafnout*. Onom. původu, od citosl. *baf!*. Podobné je něm. *blaffen*, dán. *bjeffe* 'štěkat'. Srov. ↓*paf*.

bafuňář slang. 'sportovní činovník'. Slovo dost mladé (od 40. let), nepříliš jasné. Snad od angl. *buffoon* 'šašek, kašpar' (Ma[2]) – mohli tak být sportovci nazýváni rádoby činovníci, kteří jen parazitovali na sportovních zájezdech a jiných akcích.

bagán zast. expr. 'primitivní venkovan'. Asi z *bagoun* 'uherský vepř' a to nejspíš přes slk. *bagún* ze střlat. *baco, baconus* 'vepř na výkrm, šunka' (odtud přes stfr. do angl. *bacon* 'slanina'), které je z germ. (viz ↓*bachyně*).

baganče 'těžká okovaná šněrovací bota'. Přes slk. *baganča* z maď. *bakancs* tv. (Ma[2]).

bagatelizovat 'podceňovat, zlehčovat', *bagatelizace*. Od staršího č. *bagatela* 'bezvýznamná věc, maličkost' a to přes fr. *bagatelle* z it. *bagatella* 'drobnost', což je asi zdrobnělina k lat. *bāca* 'bobule, zrnko vína'. Srov. ↓*pakatel*.

bagáž 'zavazadla'. Z fr. *bagage* tv., což je hromadné jméno k stfr. *bague* 'zavazadlo, ranec', jehož další původ není jasný. Srov. ↓*pakáž*.

bageta 'francouzský bílý chléb úzkého a protáhlého tvaru'. Z fr. *baguette* tv. z it. *bachetta*, což je zdrobnělina k *bacchio* 'hůl' z lat. *baculum* tv. Srov. ↑*bacil*.

bágl ob. 'batoh'. Snad kontaminací *(D3)* z ↓*batoh* a ↓*pingl*.

bago 'žvanec tabáku; zbytek doutníku; hra, při níž se hráč v kruhu snaží zasáhnout míč, který si přihrávají ostatní'. Nepříliš jasné. První dva

významy prý z maď. *bagó* tv., původně 'sova' (podrobně Ma[2]), poslední význam buď nějakým přenesením, či možná z fr. lid. *bagot* 'zavazadlo' (hráč uprostřed vlastně 'překáží').

bagr, *bagrovat*, *vybagrovat*. Z niz. *bagger(machine)* 'stroj na odstraňování bahna' od *bagger* 'bahno' (viz i ↓*bahno*).

bahnice 'březí ovce'. Od slovesa *bahnit se*, které vzniklo mylným rozkladem **ob-agniti se*, 'stát se březí (o ovci)' (viz ↓*jehně*). Srov. podobně ↑*bádat*.

bahno, *bahýnko, bahenní, bahnitý, zabahnit, odbahnit, rozbahnit, rozbahněný*. P. *bagno*, r.d. *bagnó*, chybí v jsl. Psl. **bagno* nemá zcela jasný původ. Nejspíš souvisí s něm. *Bach* 'potok', stangl. *becc* tv., angl. *beach* 'pláž', východiskem by bylo ie. **bhag-/*bhāg- (A4)*. Srov. ale i niz. *bagger* 'bahno', které by ukazovalo na ie. **bhagh-/*bhāgh-*.

*bach *(dávat bacha)* 'dávat pozor', *bachař* ob. 'dozorce'. Z něm. *Obacht (geben)* '(dávat) pozor', odvozeného od *Acht* 'pozor'.

bachor 'část žaludku přežvýkavců; zhrub. břicho'. Stč. *bachoř* 'tlusté střevo', jinak jen b. *báchur* tv., s./ch. *bȁhor* 'břicho'. Psl. **bachorъ* je asi expr. útvar od **bachati* onom. původu. Srov. ↓*buchta*.

báchorka 'smyšlenka, pohádka'. Dříve též *báchora*. R.d. *bachóra* 'šprýmař, chvastoun', s./ch. *bȁhoriti* 'čarovat, zaříkávat'. Psl. **bachora, *bachoriti* jsou expresivní útvary od základu **ba-*, viz ↓*bájit*, ↓*báseň* (HK).

bachratý. Jen č., od ↑*bachor*.

bachyně 'samice vepře divokého'. Z něm. *Bache* tv. (s produktivní příp. *-yně*) a to přeneseně ze sthn. *bahho* 'hřbet, šunka, slanina', jež je příbuzné s angl. *back* 'záda' (viz ↓*bek*). Přes

bájit střlat. *baco* a stfr. *bacon* přešlo do angl. jako *bacon* 'slanina' (srov. ↑*bagán*).

bájit, *báj(e)*, *bajka*, *bajkář*, *bájný*, *báječný*, *vybájit (si)*. Stč. *báti, baju* (z **bajati, B9*), dnešní infinitiv je novější. Všesl. – p. *bajać*, r.d. *bájat'* 'mluvit', s./ch. *bàjati* 'čarovat, zaříkávat'. Psl. **bajati* souvisí se sthn. *ban* 'příkaz, zákaz', něm. *bannen* 'vyobcovat, očarovat', lat. *fārī* 'mluvit', ř. *fēmí* tv., *fōné* 'hlas', arm. *ban* 'slovo', sti. *bhánati* 'mluví', vše od ie. **bhā-* 'mluvit' *(A2)*. Srov. ↑*báchorka*, ↓*báseň*, ↓*fáma* aj.

bajonet 'bodák'. Přes něm. *Bajonett* z fr. *bayonette* podle města *Bayonne* ve Francii, kde se bodáky začaly vyrábět.

bakalář 'nejnižší univerzitní hodnost', *bakalářský*. Ze střlat. *bac(c)alarius* tv., jež dále není příliš jasné. Podoby *bacalaureus* a *bacalaureatus* jsou pozdější, a proto oblíbený výklad z lat. *bāca* 'bobule' a *laureātus* 'ozdobený vavřínem' (viz ↓*laureát*), vlastně tedy 'ověnčený vavřínem s bobulí' (HK, HL), bude nejspíš žertovnou lid. etym. *(D2)*. Stfr. *bachelor* znamenalo 'mladý aspirant rytířství', bylo i střlat. *baccalaria* 'venkovský statek'. Všechny další pokusy o přesvědčivý výklad troskotají.

bakelit 'umělá pryskyřice', *bakelitový*. Podle vynálezce, belgického chemika *Baekelanda* (zač. 20. st.).

baklažán 'lilek velkoplodý'. Z r. *baklažán* a to přes tur. *patlydžan* z arab.-per. *bādinjān*.

bakšiš 'spropitné'. Do evropských jazyků přes tur. a ar. z per. *baḫšīš* 'dar' od *baḫšīden* 'dávat'.

bakterie, *bakteriální*, *bakteriologie*. Původně *bacterium* (1838) podle ř. *baktérion*, což je zdrobnělina k *báktron* 'hůl' (podle tvaru mikroorganismu). Viz i ↑*bacil*.

bál hov. 'ples'. Z něm. *Ball* a to z fr., stfr. *bal* od stfr. *baler* 'tancovat' z pozdnělat. *ballāre* tv., jež souvisí s ř. *bállō* 'hážu, vrhám'. Srov. ↓*balet*, ↓*balada*, ↓*balistika*.

balada 'kratší báseň či píseň pochmurného obsahu', *baladický*. Přes něm. *Ballade* z fr. *ballade*, původně 'taneční píseň' a to ze stprov. *balada* od *balar* 'tancovat' z pozdnělat. *ballāre* tv. (viz ↑*bál*).

balalajka 'strunný nástroj'. Z r. *balalájka* nejasného, asi onom. původu. V *bala-* je možno vidět stejný základ jako v ↓*balamutit*, ↓*blábolit*, srov. i r. *balagúr* 'šprýmař'.

balamutit, *balamucení*. P.d. *bałamącić*, r.d. *balamútit'*, chybí v jsl. Psl. **balamǫtiti* je nejspíš pozoruhodná stará složenina z onom. **bala-* (srov. ↑*balalajka*, ↓*blábolit*) a **mǫtiti* 'kalit, míchat' (srov. ↓*rmoutit*), vlastně tedy asi '(neustálým) povídáním kalit, mást mysl' (trochu jinak Ma²). Starší domněnka o výpůjčce z mong. *balamut* 'svévolný' (HK) není přesvědčivá.

balanc 'rovnováha', *balancovat*, *zabalancovat*. Z fr. *balance* '(rovno)váha, bilance' a to přes vlat. **bilancia* z pozdnělat. *bilanx* (viz ↓*bilance*). Počáteční *ba-* asi vlivem stfr. *baler* 'tancovat' (viz ↑*bál*).

balast 'zátěž, přítěž'. Z něm. *Ballast*, původem slovo dněm. (námořní termín), kde je považováno za výpůjčku z niz. či skand. Zatímco druhá část se všeobecně ztotožňuje s něm. *Last*, niz. *last* ap. 'náklad, zátěž', první část není zcela jasná. Snad je původní tvar dochován ve švéd. *barlast*, pak by šlo spojit s něm. *bar* 'pouhý, holý', vlastně tedy 'pouhá, čistá přítěž'.

baldachýn 'ozdobná látková střecha'. Přes něm. *Baldachin* z it. *baldacchino*, doslova '(látka) z Bagdádu' od *Baldacco*, což byl stit. název tohoto blízkovýchodního města, odkud byla tato látka dovážena. Srov. podobně ↓*damašek*.

baldrián 'kozlík lékařský'. Z něm. *Baldrian* a to ze střlat. *valeriana* tv., nejistého původu.

balet, *baletní, baletka, balerína*. Přes něm. *Ballett* z it. *balletto*, což je zdrobnělina k *ballo* 'tanec', později 'bál', od *ballare* 'tančit' z pozdnělat. *ballāre* tv. Srov. ↑*bál*, ↑*balada*.

balík[1], *balíček, balíkový*. U Jg *bal, balík*. Zřejmě z něm. *Ballen* tv. (základ stejný jako u ↓*balon*, ↓*balotáž*), viz však i ↓*balit*.

balík[2] 'hlupák, společensky neobratný člověk'. Snad z maď. *balek* 'prostý člověk, hlupák' (Ma[2]), srov. i podobné ↓*bulík*.

balistika 'nauka o pohybu vržených těles', *balistický, balistik*. Novotvar 19. st. k lat. *ballista* 'vrhač kamení, obléhací stroj' z ř. *ballistés* tv. a to od ř. *ballízō* 'vrhám, metám' od *bállō* tv. Srov. ↓*diskobolos*, ↓*parabola*, ↓*ďábel*.

balit, *balicí, balírna, sbalit, obalit, obal, nabalit, přibalit, přebalit, zabalit, zábal, ubalit, vybalit, zaobalit*. Jen č. Vykládá se mylným rozložením stč. *ob-valiti* 'obalit' (místo toho *o-b(v)aliti*) (Ma[2]). Vzhledem k tomu, že Jg toto sloveso nezná, je třeba přičíst jeho rozšíření působení něm. *ballen* tv. (viz i ↑*balík*[1]) (HK).

balkon, *balkonový*. Přes něm. *Balkon* z fr. *balcon* z it. *balcone* a to zase z germ., asi z langob. **balko*, které odpovídá něm. *Balken* 'trám, nosník'. Srov. ↓*hambalek*.

-ball. Druhá část názvů míčových her, z angl. *ball* 'míč' (srov. ↓*fotbal*, ↓*basketbal*, ↓*baseball*, ↓*softbal* ap.). Angl. *ball* je pokračováním germ. **balla-* (něm. *Ball*, stisl. *bǫlr*), které je příbuzné s lat. *follis* 'měch, míč', ř. *fallós* 'penis' od ie. **bhel-* 'nafouknout se, být pružný' (A2).

balon, *balonek, balonový*. Přes něm. *Ballon* a fr. *ballon* z it. *ballone, pallone*, což je zveličující jméno k *balla, palla* 'koule, míč' a to z germ. (viz ↑-*ball*).

baloňák hov. 'druh lehkého pláště'. Od ↑*balon*, vyrábí se z hedvábné látky, které se užívá k výrobě balonů.

balustráda 'sloupkové zábradlí'. Z fr. *balustrade* z it. *balaustrata* od *balaust(r)a* 'květ granátového jablka' a to přes lat. *balaustium* z ř. *balaústion* tv. Podle jeho protáhlého, ztluštělého tvaru, s nímž byly sloupky srovnávány.

balvan, *balvanovitý*. Všesl. (kromě luž.) – p. *bałwan* 'balvan, kláda; pohanský bůžek, ťulpas', r. *bolván* 'hlupák, pařez', s./ch. *bàlvan* 'kláda, trám', b. *balván* 'balvan, trám'. Psl. asi **bal(ъ)vanъ* i **bъlvanъ*, slovo velmi nejasné. Vzhledem k struktuře slova se všeobecně soudí na přejímku z Východu, zdroj i původní význam však zůstávají sporné. V úvahu přichází např. ttat. *balbal* 'náhrobní kámen' či per. *pählivān* 'hrdina, bojovník' (do kazaštiny *palvan, balvan*), o vývoji významu však lze jen spekulovat.

balza 'lehké dřevo jistého jihoamerického stromu'. Ze šp. *balsa* 'vor, člun' zřejmě předrom. původu. Přeneseno na toto dřevo proto, že se jeho lehkosti a izolačních schopností využívalo ke stavbě člunů, plováků ap.

balzám 'vonná mast získávaná z rostlin', *balzamovat*. Z lat. *balsamum* z ř. *bálsamon* 'balzámový keř' a to ze semitských jazyků (srov. hebr. *bāsām*, ar. *bašām* tv.).

bambitka 'krátká ručnice'. Expr. obměnou ze staršího *banditka, panditka* (viz ↓*bandita*), podle častých uživatelů této zbraně (Ma[2]).

bambula 'hlupák'. Prý od maď. *bamba* 'hloupý' (Ma²), možná ale i domácí expr. útvar srovnatelný s ↓*bambule*.

bambule '(látková) koule'. Jen č., podobné však je dl. *bombolica* 'oteklina', r.d. *bambul'ka* 'kulatá náušnice'. Expr. útvary označující něco kulatého, které je možné srovnat s ↓*bublina*, ↓*boubel* (Ma²).

bambus 'tropická rostlina s dřevnatými stébly', *bambusový*. Přes něm. *Bambus* z niz. *bamboes*, což je pl. tvar od *bamboe* z malaj. *bambu, mambu* tv.

báň 'kupole; slang. vězení', *baňka, baňatý, báňský, baník* (ze slk.). Všesl. – slk. *baňa* 'důl, něco baňatého', p. *bania* 'kupole, baňatá nádoba', r. *bánja* '(parní) lázeň', s./ch. *bȁnja* 'lázeň', stsl. *banja* tv. Psl. **ban'a* se vykládá z vlat. **ba(n)nia, *ba(n)nea*, což je tvar pl. od lat. *bal(i)neum* 'lázně' z ř. *balaneîon* tv. Původně šlo o kamennou lázeň zapuštěnou do země, odtud přeneseno u záp. Slovanů na 'důl' a konečně na základě typického oválného tvaru i na 'vyduté předměty'. Význam 'vězení' se vykládá ze stejného základu, ale přes it. *bagno* tv., údajně podle těžkého vězení z bývalých lázní v Cařihradu (Ma²).

banální 'všední, triviální', *banalita*. Přes něm. *banal* z fr. *banal* a to od stfr. *ban* 'veřejná vyhláška, klatba' původu germ. (srov. ↓*bandita*, ↑*bájit*). Původní význam fr. slova tedy byl 'daný k obecnému užívání'.

banán, *banánek, banánový, banánovník*. Přes něm. *Banane* ze šp. či port. *banana*, další původ není jistý – uvažuje se o domorodých jazycích v oblasti rovníkové Afriky (Guinea, Kongo), ale i karibské oblasti. Zarážející je i podobnost ar. *banān* 'prst', *banāna* 'prsty' (srov. ↓*datle*).

bančit ob. expr. 'bít, tlouci', *nabančit, zbančit*. Asi onom. původu. Srov. mor. *baňa* 'rána, pohlavek'.

banda. Přes něm. *Bande* z fr. *bande* 'vojenský oddíl' a to přes stprov. *banda* z germ. (srov. gót. *bandwō* 'znamení'). Původně tedy 'tlupa, oddíl pod jedním znamením (praporem)'.

bandaska. Nejasné. Nář. i *banda*. Snad od *baňatý* (↑*báň*), ale slovotvorná struktura je nejasná.

bandáž 'pevný ochranný obvaz', *bandážovat, zabandážovat*. Z fr. *bandage* tv. od *bander* 'vázat' germ. původu (srov. něm. *Band* 'obvaz').

bandita, *banditský*. Z it. *bandito* 'postavený mimo zákon', což je původem příč. trp. od *bandire* 'postavit mimo zákon', původně *bannire* z germ. **banna-* (srov. něm. *bannen* 'vyobcovat', stfr. *ban* 'klatba, veřejné vyhlášení'). Srov. ↑*banální*, ↑*bájit*.

*bandurská (*spustit, zahrát bandurskou* 'hubovat, láteřit'). Původně 'hlučná, řízná hudba' od *bandur, pandur* 'pěší voják, úředník, dráb (v Uhrách a Slavonii)' maď. původu.

banjo. Viz ↓*bendžo*.

banka, *bankovní, bank, bankéř, bankéřský*. Původ tohoto internacionalismu je v it. *banco, banca* 'lavice (penězoměnců)', což je staré přejetí z germ. **bankiz* 'lavice' (něm. *Bank*, angl. *bench* tv.). Srov. ↓*bankrot*, ↓*bankovka*, ↓*vabank*, ↓*banket* i ↓*panchart*.

baňka. Od ↑*báň*.

banket 'slavnostní hostina'. Z fr. *banquet* z it. *banchetto* tv., původně 'stolek, lavička', od *banco* 'lavice' (viz ↑*banka*). Původně asi označení pro servírovací stolky. Srov. ↓*pankejt*.

bankovka, *bankovkový*. Původně 'papírový peníz vydávaný cedulovou (emisní) bankou', srov. starší *bankocetle* z něm. *Bankzettel*. Jinak viz ↑*banka*.

bankrot 'finanční krach', *(z)bankrotovat, bankrotář*. Přes něm. *Bankrott* z it.

banca rotta, doslova 'zlomená lavice' (viz ↑*banka*). It. *rotto* je z lat. *ruptus,* což je příč. trp. od *rumpere* 'rozbít, zlomit'.

bantam slang. 'bantamová váha (v boxu do 54 kg ap.)'. Podle provincie *Bantam* (Bandung) na Jávě, kde se chovali kohouti k zápasům.

baobab 'mohutný africký strom'. Z řeči afrických domorodců, podle jiných slovo ar. původu. Do Evropy se slovo dostalo asi z Egypta.

baptista 'novokřtěnec', *baptistický, baptismus.* Přes lat. *baptista* z ř. *baptistés* 'kdo křtí' od *baptízō* 'křtím' (protože přijímají křest až v dospělosti).

bar[1] 'nálevní pult; noční podnik', *barový, barman(ka).* Z angl. *bar* tv., původně 'přepážka, tyč, břevno', ze stfr. *barre* tv., nejistého, snad keltského původu (srov. stir. *barr* 'špička, hrot', bret. *barr* 'hrot, větev'). Srov. ↓*bariéra,* ↓*barikáda,* ↓*barák,* ↓*baráž,* ↓*embargo.*

bar[2] 'jednotka tlaku vzduchu'. Převzato z moderních evr. jazyků, tam uměle od ř. *báros* 'tíže'. Srov. ↓*barometr,* ↓*baryton.*

barabizna expr. 'staré sešlé stavení, chatrč'. Expr. útvar k ↓*barák,* příp. jako v *babizna* (viz ↑*bába*). Srov. však také starší č. *baraba* 'dělník na stavbě železnice, otrhanec' z it. *baraba* 'ničema' (podle biblického *Barabáše*), jež tu mohlo působit.

barák, *baráček, barákový, baráčník.* Přes něm. *Baracke* a fr. *baraque* ze šp. *barraca,* původně 'bouda pro vojáky, primitivní venkovský domek'. K nám se dostalo za třicetileté války. Dále se spojuje se šp. *barro* 'hlína, jíl', či *barra* 'tyč, závora' (viz ↑*bar*[1]), v obou případech nejistého, zřejmě předrom. původu.

baráž 'rozřaďovací zápas či turnaj (obvykle o postup či sestup)', *barážový.* Z fr. *(match de) barrage* 'rozřaďovací zápas' (původně v šermu při stejném počtu bodů) od *barrage* 'zábrana, překážka' a to od *barre* 'závora, tyč' (viz *bar*[1]).

barbar, *barbarský, barbarství.* Z lat. *barbarus* 'cizinec, barbar' i 'cizí, nevzdělaný, hrubý' z ř. *bárbaros* tv., onom. původu, vlastně 'mluvící nesrozumitelně, blábolící'.

barbiturát 'uspávací lék obsahující kyselinu barbiturovou'. It. chemik Grimaux (1789) tak nazval kyselinu vznikající kondenzací kyseliny malonové (vyrábí se z cukrovky, it. *barbabietola*) s močovinou (it. *urea,* srov. ↓*urologie*).

barborka 'druh květiny; třešňová větvička uříznutá na den sv. Barbory mající do Vánoc rozkvést'. Od vlastního jména *Barbora,* jež pochází z ř. *Bárbara,* vlastně 'cizinka' (viz ↑*barbar*).

bard 'básník jako mluvčí určité skupiny, lidový pěvec'. Přes něm. *Bard* a fr. *barde* z keltského *bard* 'lidový pěvec'.

barel 'železný sud'. Z angl. *barrel* tv., původně '(dřevěný) sud', ze stfr. *baril,* jehož další původ není jistý. Snad souvisí s *barre* 'tyč' (podle kovových výztuží). Viz ↑*bar*[1].

baret 'plochá čapka'. Z fr. *barrette* tv. a to přes it. *barretta* ze střlat. *ber(r)et(t)a* 'čepice', dále viz ↓*biret.*

barchet 'hrubá bavlněná látka'. Stč. *barchan, parchan.* Přejato z raně nhn. *Barche(n)t* (zatímco stč. podoby jsou z pozdně střhn. *barchan(t)*) a to přes střlat. *barrac(h)anus* (případně stfr. *barragan*) a dále asi šp. prostřednictvím z ar. *barrakān* 'látka z velbloudí srsti'.

bariéra 'ohrada, zábrana', *bezbariérový.* Z fr. *barrière* tv. od *barre* 'tyč, závora'. Viz ↑*bar*[1].

barikáda 'narychlo vybudovaný obranný zátaras', *barikádník,*

barikádovat, zabarikádovat *(se)*. Přes něm. *Barrikade* z fr. *barricade* (do širšího povědomí vešlo v revolučním roce 1848), původně 'zátaras ze sudů' od fr. *barrique* 'sud', ze stejného základu jako stfr. *baril* (viz ↑*barel*). Někteří to považují za lid. etym. *(D2)* a vycházejí z␣it. *barricata* od *barricare* 'zahradit' od *barra* 'závora' (viz ↑*bar*[1]).

bárka 'loďka'. Již stč. Asi přes střhn. *barke* z␣pozdnělat. *barca* a␣to z␣ř. *bāris* 'vor, člun' asi z␣koptského *bāri* tv.

barnabitka 'členka mnišského řádu'. Podle kostela sv. *Barnabáše*, průvodce sv. Pavla, v␣Miláně, kde byl řád v 16. st. založen.

barok(o) 'umělecký sloh 17.–18. st.', *barokní, barokizovat*. Všeevr. kulturní slovo (něm. *Barock*, fr. *baroque*), jež se vykládá z␣port. *barroco* 'nepravidelná perla', jehož původ není jasný. Zcela jasná není ani historie pojmenování uměleckého slohu, zdá se však, že to bylo původně hanlivé označení fr. klasicistů (18. st.) pro předchozí, stylově tolik odlišné období (srov. podobně ↓*gotika*).

barometr 'tlakoměr'. Viz ↑*bar*[2] a␣↓*-metr*.

baron 'šlechtický titul', *baronský, baronet, baronesa*. Přes něm. *Baron* z␣fr. *baron* (jako titul od 17. st.), stfr. 'vazal' z␣pozdnělat. *baro* (gen. *barōnis*) 'žoldnéř, vazal' z␣germ. *baro 'bojovník', asi ze stejného základu jako ↓*borec*.

bartrový 'směnný (obchod)'. Z␣angl. *barter* tv., jako sloveso i 'dohadovat se' ze stfr. *barater, bareter* 'klamat, podvádět' nejasného, zřejmě středozemního původu. Srov. i␣šp. *barato* 'laciný'.

barva, *barvička, barevný, barevnost, barvový, barvitý, barvírna, barvit, zbarvit (se), vybarvit (se), zabarvit, nabarvit, odbarvit, přebarvit, podbarvit, přibarvit, obarvit* aj. Stč. *barva, barba*.

Výpůjčka ze střhn. *varwe*, případně sthn. *far(a)wa* (dnes *Farbe*) (ve starých výpůjčkách *f*>*b*, *C2*). Slk. *farba* je tedy mladší přejetí.

barvínek 'druh rostliny, brčál'. Z␣něm. *Beerwinck* z␣lat. *pervinca*, lid. etym. *(D2)* k␣↑*barva* (je stále svěže zelený).

baryt 'druh nerostu'. Z␣fr. *baryte*, utvořeného (konec 18. st.) od ř. *barýs* 'těžký'. Srov. ↓*baryum*, ↓*baryton*, ↑*bar*[2].

baryton 'střední mužský hlas', *barytonový, barytonista*. Z␣it. *baritono*, původně adj., uměle k␣ř. *barýtonos* 'hluboce, těžce znějící' (ve srovnání s␣tenorem, který byl základním hlasem) z␣*barýs* 'těžký, hluboký' (srov. ↑*bar*[2], ↑*baryt*) a␣*tónos* 'zvuk, struna'.

baryum 'alkalický prvek obsažený v␣barytu'. Utvořeno angl. chemikem Davym (1808) od ř. *barýs* 'těžký'. Srov. ↑*baryt*, ↑*baryton*.

bařtipán 'nadutý, blahobytný člověk'. Nové (Jg nemá). Expr. útvar, snad v␣první části kontaminací ↓*baštit* a␣↓*buřt*.

bas 'hluboký mužský hlas, hluboký tón', *basový, basista*. Přes něm. *Bass* z␣it. *basso* tv., vlastně 'nízký', z␣pozdnělat. *bassus* tv. Srov. ↓*basa*.

basa 'hudební nástroj; přepravka na lahve ap.', ob. expr. 'vězení', *basový, basista*. Z␣něm. *Bass*, případně fr. *basse* tv., dále viz ↑*bas* a␣↓*kontrabas*. Význam 'vězení' asi podle fr. *au violon*, doslova 'v␣houslích', odtud snad přeneseně i␣'přeprava' (lahve jsou v␣ní 'uvězněny').

baseball 'druh pálkovací hry', *baseballový, baseballista*. Z␣am.-angl. *baseball* z␣*base* 'základna' (myslí se prostor vytyčený metami, které se obíhají) z␣fr. *base* (viz ↓*báze*) a␣↑*-ball*.

báseň, *básník, básnířka, básnický, básnictví, básnit, přebásnit*,

basketbal 72 **batolit**

vybásnit (si). Luž. *baseń* (z č.), r. *básnja* 'bajka, báchorka', s./ch. *bȁsna* 'bajka', stsl. *basnь* 'báje, smyšlený příběh'. Psl. **basnь* je odvozeno od **bati, *bajati* (viz ↑*bájit*), srov. podobně i ↓*píseň*.

basketbal 'košíková', *basketbalový, basketbalist(k)a, basketbalistický.* Z angl. *basketball* z *basket* 'koš(ík)' nejasného původu a ↑*-ball*.

basreliéf 'polovypouklá plastická výzdoba'. Z fr. *bas-relief* z *bas* 'nízký' (viz ↑*bas*) a *relief* (viz ↓*reliéf*).

basta citosl. ob. Z it. *basta!* 'dost, stačí' od *bastare* 'stačit' z vlat. *bastāre* tv. a to z ř. *bastázō* 'nesu, zvedám'.

bastard hanl. 'levoboček, kříženec, zrůda'. Z něm. *Bastard* (střhn. *basthart* aj.) ze stfr. *bastart* (vedle *fils de bast, fils* = 'syn'), původ základového slova však není jasný. Spojuje se se střlat. *bastum* 'sedlo' (asi germ. původu), význam by pak byl 'zplozený v (na) sedle', jsou však i jiné výklady. Zakončení *-art, -ard* je z germ. osobních jmen obsahujících původní *-hart* 'tvrdý' (*Richard, Reinhard, Bernard* ap.), ve fr. zobecnělo jako příp. osobních jmen (srov. *vieillard* 'stařík'). Srov. i ↓*parchant*.

bašta[1] 'věžovité hradební opevnění'. Z it. *bastia* tv. od it.st. *bastire* 'stavět' z germ. **bastjan*, doslova 'plést z lýka' (srov. něm. *Bast* 'lýko').

bašta[2] ob. expr. 'dobré jídlo, požitek', *baštit, zbaštit, nabaštit se*. Jen č., málo jasné. Snad z it. *pasto* 'jídlo, pokrm' (Ma[2]), srov. ↑*antipasta*.

bát se, *bojácný, bázlivý, bázeň*. Všesl. – p. *bać się*, r. *bojátʼsja*, s./ch. *bòjati se*. Psl. **bojati (sę) (B9)* je příbuzné s lit. *bijótis* tv., sti. *bháyate* 'bojí se', východiskem je ie. **bhei-* tv. Srov. ↓*běs*.

batalion zast. 'prapor (vojenská jednotka)'. Přes něm. *Bataillon* z fr. *bataillon* z it. *battaglione* od *battaglia* 'bitva', dříve i 'bitevní zástup', z

lat. *battuālia* 'šermířské cvičení' od *battuere* 'bít'. Srov. ↓*baterie,* ↓*debata*.

baterie 'dělostřelecká jednotka; skupina stejných předmětů (strojů ap.); suchý článek do elektrických spotřebičů', *bateriový, baterka*. Z fr. *batterie* 'dělostřelecká jednotka', stfr. *baterie* 'bití, tlučení' od *batre* (fr. *battre*) 'bít' z lat. *battuere* tv. Z významu 'řada děl v bojovém postavení' se pak vyvinul význam 2, koncem 18. st. pak i význam 'akumulátor' (přes angl. *battery*). Srov. ↑*batalion,* ↓*debata*.

batik 'ruční barvení látek s využitím vosku; látka takto obarvená', *batikový*. Přes niz. *batik* z malaj. *batik* 'kropenatý' (původně jihoasijské lidové umění).

batist 'jemná bavlněná či lněná látka', *batistový*. Z fr. *batiste* a to snad podle jména výrobce *Baptiste* (žil údajně ve 13. st. v Cambrai v sev. Francii).

batoh, *batožina*. Do č. ze slk. *batoh* tv. Odlišný význam má stč. *batoh* 'důtky', p. *batog* tv., r. *batóg* 'prut, hůl', s./ch. *bȁtog* 'sušená ryba' (podle sušení na tyčích?), stsl. *batogъ* 'bič, důtky'. Zdánlivě neslučitelné významy by se snad daly překlenout významem r.d. *badág* aj. 'váhy k nošení břemen', odtud 'břemeno, ranec (původně na tyči)'. Úvahy o přejetí č. slova z něm. (Ma[2], HK) neznějí věrohodně, nelze však přehlédnout maď. *batyu* 'ranec' (nabízí se i možnost jeho působení na význam původního slov. slova v slk.). Psl. **batogъ* 'důtky, hůl' nemá jednoznačný výklad, obvykle se odvozuje od **batati* 'bít' onom. původu (srov. ↑*bacat*), ale často se – s poukazem na formu příp. a množství variant především v r. dialektech – uvažuje i o výpůjčce z východu.

batolit se, *batole*. Jen č. a slk. Dříve i *batla, batle, batlička* (Jg). Expr. útvar, snad srovnatelný s ↓*matlat,* ↓*patlat* ap.

batyskaf 'podmořská laboratoř pro hlubinný výzkum'. Z fr. *bathyscaphe* (1946) a to z ř. *bathýs* 'hluboký' a *skáfos* 'loď, lodní dutina'.

bauxit 'hliníková ruda'. Podle fr. města *Les Baux*, kde byla objevena.

bavit (se), *pobavit (se), zbavit (se), vybavit (se), výbava, zabavit (se), zábava, zábavný*. Všesl. – p. *bawić (się)*, r.d. *bávit'sja* 'otálet', s./ch. *bàviti se* 'zabývat se'. Psl. **baviti (sę)* je formálně kauzativum k *byti (↓*být*), srov. podobně ↓*stavit* – ↓*stát*, ↓*unavit* – ↓*nýt*. Původní význam 'způsobovat bytí' je patrný v odvozeninách – např. *vybavit (si)* 'způsobit, že něco je', *zbavit se – zbýt se* ap. Prosté **baviti (sę)* v uvedených významech zřejmě není pokračováním starého kauzativa, ale vzniklo odloučením předpony ze **zabaviti (sę)*. Tvarem stojí nejblíže gót. *bauan* 'pobývat, bydlet' (něm. *bauen* 'stavět') a sti. *bhāváyati* 'přivádí na svět', ie. východisko je **bheu̯e-/*bhou̯e-*. Dále viz ↓*být*.

bavlna, *bavlnka, bavlněný, bavlník, bavlnářský, bavlnářství*. Přejímka (16. st.) z něm. *Baumwolle*, doslova 'stromová vlna'. První část zkomolena na *ba-*, druhá přeložena (tzv. polokalk, srov. ↓*vánoce*).

bazalka 'druh byliny'. V 16. st. v podobách *bazalika, bazalika* (Ma2). Přes střlat. *basilicum* z ř. *basilikón*, vlastně 'královská (rostlina)', od *basileús* 'král'. Srov. ↓*bazilika*, ↓*bazilišek*.

bazalt 'čedič'. Přes něm. *Basalt* z lat. *basaltēs* 'zkušební kámen', chybným psaním z *basanitēs*, jež vychází z ř. *básanos* tv., původu asi egyptského.

bazar 'orientální trh; obchod s použitým zbožím'. Asi přes něm. *Basar* (případně další evr. jazyky) z per. *bāzār* 'trh, tržiště'.

báze 'základna', *bazální*. Přes něm. *Basis* z lat. *basis*, ř. *básis* 'základ(na), stopa, chůze' od *baínō* 'kráčím'. Srov. ↑*anabáze*, ↑*akrobat*, ↑*baseball*.

bazén, *bazének, bazénový*. Z fr. *bassin* 'nádrž, miska, kotlina' z vlat. *baccīnum, odvozeniny od *bacca, *baccus 'nádoba na vodu', zřejmě kelt. původu.

bázeň. Stč. *bázn*. Psl. *bojaznь (B9) je odvozeno od **bojati (sę)* příp. *-znь* (dále viz ↑*bát se*).

bazilika 'typ křesťanského chrámu', *bazilikový*. Z pozdnělat. *basilica*, původně 'obchodní a soudní budova se sloupovím' a to z ř. *basilikē (stoá)* 'královské (obydlí se sloupovím)' od *basilikós* 'královský' od *basileús* 'král'. Srov. ↑*bazalka*, ↓*bazilišek*.

bazilišek 'bájný ještěr', *baziliščí*. Již stč. Z lat. *basiliscus* z ř. *basilískos*, což je zdrobnělina od *basileús* 'král'. Ve středověku tak byl zván bájný netvor se skvrnkou na hlavě připomínající korunku, jehož pohled byl osudný. Dnes zoologický název amerických tropických ještěrů bizarního vzhledu (Ma2).

bazírovat ob. 'přikládat něčemu zásadní význam'. Z něm. *basieren* 'zakládat se, opírat se' od *Basis* (viz ↑*báze*).

bažant, *bažantí, bažantnice*. Ze střhn. *fasant* (k hláskovým změnám srov. např. ↑*barva*, ↓*žok*) a to ze střlat. *fasianus* z ř. *fasianós* a to podle jména řeky *Fasis* na jižním úpatí Kavkazu, kde je domov bažantů (Ma2).

bažina, *bažinatý*. Jen č. Nejspíš odvozenina od kořene **bag-*, který je v ↑*bahno*. Zcela vyloučit nelze ani spojitost s dnes řídkým *bařina* tv. od psl. *bara (srov. např. s./ch. *bàra* 'louže') (Ma2).

bažit, *nabažit se*. Jen č., slk. a r.d. *báźit'*, ukr. *bažýty* tv. P.d. *zabagać się, zabażyć się* 'zachtít se' i ukr. *baháty*, *bažáty* 'přát' ukazují na pravděpodobnost rekonstrukce psl. **bagati, *bažiti (B1)*, jež se srovnává se sthn. *bahhan* (něm. *backen*) 'péci', ř. *fōgō* 'opékám, smažím' z ie. **bhōg-* tv. Ve slov. vývoj 'péci, žhnout' → 'horoucně toužit', srov. ↓*prahnout* – ↓*pražit*.

bdít, *bdělý, bdělost, probdít*. Dl.st. *bźeś*, str. *bъděti*, ch. *bdjèti*, stsl. *bъděti*. Psl. **bъděti* je stavové sloveso, k němuž je kauzativum **buditi*. Přesně mu odpovídá lit. *budėti* tv. *(B6)*, příbuzné je i sti. *budhyátē* 'procitá, poznává' (odtud *Buddha*, vlastně 'probuzený'), východiskem je ie. **bheudh-* 'bdít, dávat pozor'. Dále viz ↓*budit*, srov. ↓*bedlivý*, ↓*bodrý*.

beat. Viz ↓*bigbít*.

beatifikace 'prohlášení za blahoslaveného', *beatifikovat*. Ze střlat. *beatificatio* z lat. *beātus* 'blažený' a *-ficātio* (viz ↓*-fikace*).

bečet, *zabečet, bečivý*. P. *beczeć*, r.d. *becat'* tv., s./ch. *béčati* 'bučet, křičet'. Onom. původu, vlastně 'dělat *bé*'.

bečka. Dříve i *bečva*, odtud *bečvář* 'kdo dělá bečky'. Všesl. (kromě luž.) – p. *beczka*, r. *bóčka*, s./ch. *bàčva* (d. *bàčka* aj.). Psl. **bъčьka* je odvozenina od **bъči* (gen. **bъčьve*) (srov. csl. **bъčьvь*). Zřejmě stará výpůjčka buď z germ. (sthn. však doloženo jen *botahha*, jež je těžko zdrojem), či z román. (vlat. **buttia*, pozdnělat. *buttis* tv.), obojí jde k stř. *boūttis* tv. Hláskoslovně málo jasné (*ti*>*č* jen v části slov. jazyků *(B3)*). Srov. ↓*bedna*, ↓*putna*, ↓*butelka*.

běda přísl., citosl. Viz ↓*bída*.

bedekr 'knižní turistický průvodce'. Podle něm. vydavatelské rodiny *Baedekrů* (od 18. st.).

bedla 'druh jedlé houby'. Do č. zavedeno Preslem (z p. nebo z našich nářečí), doloženo jen v zsl. – hl. *bedło* 'hubka (na stromech)', p. *bdła* 'bedla'.

Psl. **bъdla/*bъdlo* se obvykle spojuje s lit. *budė* 'houba na stromech, troud'. Pochybné je spojení s lat. *bōlētus*, ř. *bōlítēs* 'hřib' (tak Ma[2], HK).

bedlivý. Dnes jen v č., psl. asi **bъdьlivъ(jь) (B6,B9)*. Dále viz ↑*bdít*.

bedna, *bedýnka, bednička, bednář, bednit, bednění, zabednit, obednit*. Všesl. (kromě luž.) – slk. *debna* (přesmyk), p.d. *bednia* 'káď', r.d. *bódnja*, s./ch. *bàdanj* 'káď, sud'. Psl. **bъdьna, *bъdьńa* aj. je výpůjčkou z germ. **budin-* (sthn. *butin(n)a* 'káď, sud', něm. *Bütte* 'putna, džber') a to přes střlat. *butina* (či vlat. **budina*) z ř. *pytínē, bytínē* 'dřevěná lahev'. Srov. ↓*putna*, ↓*butelka*, ↑*bečka*.

bedrník 'druh byliny'. P. *biedrzeniec*, r. *bedreneć*, s./ch. *bèdrinac*. Odvozeno od **bedro* (↓*bedro*), vykládá se jako 'bylina s magickými účinky na plodnost' (bedra byla považována za sídlo plodivé síly) (Ma[2], HK). Je však i ojedinělé stsl. *bedrъnъ* 'bohatý, hojný', jehož další souvislosti jsou problematické (srov. ↓*beruška*).

bedra, *bederní*. Všesl. – p. *biodra* 'boky, kyčle', r. *bedró* 'stehno', s./ch. *bèdro* 'stehno, bok' (v pl. i 'bedra'), stsl. *bedra* 'bedra, kyčle'. Psl. **bedro* nemá jasný původ. Obvykle se spojuje s lat. *femur* 'stehno', východiskem by snad mohlo být ie. **bhed-* (A2), ale hláskové nesrovnalosti lze jen těžko překonat. Spojení s arm. *port* 'pupek, břicho, střed' (z **bodro*) je hláskoslovně lepší, ale naráží na nedostatek dalších souvislostí.

beduín 'kočovný arabský pastevec', *beduínský*. Z fr. *bédouin* a to z ar. *badawījūn* (v lid. výslovnosti *bedewīn*), což je pl. k *badawī* 'obyvatel pouště' od *badw* 'poušť'.

begonie 'ozdobná květina'. Z nlat. *begonia* a to podle fr. guvernéra dnešního ostrova Haiti *M. Begona* (17. st.), který podporoval botaniku.

běhat. Viz ↓*běžet*.

bek slang. 'obránce (ve sportu)'. Z angl. *back* tv., vlastně 'zadní'. Srov. i ↑*bachyně*.

bekhend 'úder (v tenise, hokeji ap.) prováděný na opačné straně těla', **bekhendový**. Z angl. *backhand* z *back* 'zadní' (viz ↑*bek*) a *hand* 'ruka' (srov. ↓*handicap*, ↓*handl*), vlastně 'úder hřbetem ruky, zadní stranou rakety ap.'. Srov. ↓*forhend*.

bekyně 'členka středověké náboženské společnosti'. Z fr. *béguine* a to snad od střniz. *beggen 'povídat'. Údajný zakladatel společnosti *L. Begh* či *Bègue* (Lutych, 12. st.) se totiž zdá být výmyslem. Název motýla přeneseně podle šedých křídel s kresbami. Srov. ↓*pikart*.

bel, **decibel** 'jednotka síly zvuku'. Podle amer. fyziologa a fyzika *A. G. Bella* († 1922), vynálezce telefonu a mikrofonu.

***bela** *(stará bela* 'nic'*)*. Snad souvisí se str. *bela* 'peníze' (srov. dnešní *bélka* 'veverka', její kůže fungovala jako platidlo) (Ma²).

beletrie 'krásná literatura', *beletristický, beletrista*. Přes něm. (tam je však *Belletristik*) z fr. *belles-lettres* (17. st.) z *belles*, což je pl. ž. r. od *beau* 'krásný' z lat. *bellus* tv., a *lettres* 'písemnictví' od *lettre* 'písmeno, dopis'. Srov. ↓*belveder*, ↓*literatura*.

belhat (se), *belhavý, přibelhat (se), dobelhat (se), odbelhat (se)*. Jen č., nejasné. Vložené *-h-* asi jako v ↓*kulhat*, srov. nář. *belat* 'kolébat' (Ma²).

bělmo 'bílá zevní část oka'. Od psl. *bělo (↓*bílý*) vzácnou starou příp. *-mo* (*-ьmo*).

belveder 'letohrádek'. Z it. *belvedere* 'krásná vyhlídka' z *bello* 'krásný' (z lat. *bellus* tv.) a *vedere* 'vidět' (z lat. *vidēre* tv.). Srov. ↑*beletrie*, ↓*vidět*).

belzebub 'kníže ďáblů'. Původ ne zcela jasný. V Novém zákoně je *Beelzebub, Beelzebul* vrchní ďábel, s jehož pomocí podle farizejů vymítá Ježíš zlé duchy. Obvykle se ztotožňuje s *Baal-Zebúbem* (hebr. *Baᶜal zᵉwūw* 'pán much'), starozákonním božstvem z Ekronu. Vychází se však i z podoby *Beelzebul*, druhá část se pak spojuje s hebr. *zibbēl* 'hnojit' (tedy 'ďábel' = 'pán hnoje'), interpretuje se též jako *Baᶜal zᵉwūl* 'pán nebes'.

bendžo, *bendžový, bendžista*. Z am.-angl. *banjo*, což je asi černošské přetvoření angl.st. *bandore* či šp. *bandurria* z pozdnělat. *pandura* z ř. *pandoūra* 'hudební nástroj o třech strunách', asi východního původu. Srov. ↓*mandolína*. Jiný výklad předpokládá africký původ.

benediktin 'člen mnišského řádu'. Podle zakladatele, sv. *Benedikta* (6. st.). Od lat. *benedictus* 'blahořečený, požehnaný' z *bene* 'dobře' a *dictus* 'řečený' od *dīcere* 'říkat'.

benefice 'umělecké představení s výtěžkem na humanitární účely', *benefiční*. Z lat. *beneficium* 'dobrodiní, přátelská služba' z *bene* 'dobře' (srov. ↓*benevolence*), druhá část k *facere* 'činit' (srov. ↓*-fikace*).

benevolence 'shovívavost, blahovůle'. Z lat. *benevolentia* 'dobromyslnost, laskavost' z *bene* 'dobře' (srov. ↑*benefice*, ↓*benigní*) a *volentia* 'vůle' od *velle* (přech. prít. *volēns*) 'chtít' (srov. ↓*volit*).

bengál ob.expr. 'vřava'. Zkráceno z *bengálský oheň* (z angl. *Bengal light* 'bengálské světlo'), což je intenzivní, různě zbarvené osvětlení zapálenou hořlavou směsí, které Angličané poznali v Bengálsku.

benigní 'neškodný, nezhoubný (o nádoru)'. Z lat. *benignus* 'dobrotivý, vlídný' z *bene* 'dobře' (srov. ↑*benefice*, ↑*benevolence*) a odvozeniny od slovesa *gignere* 'rodit' (srov. ↓*gen*), tedy vlastně 'dobře rozený'. Srov. ↓*maligní*.

benjamínek 'nejmladší člen rodiny či skupiny'. Podle *Benjamina*, nejmladšího z 12 synů starozákonního patriarchy Jákoba.

benzin, *benzinový*, *benzen*, *benzol*. Od základu *benz-*, který se v 18. a 19. st. stal východiskem řady chemických názvů. Z lat. *benzoe* 'vonná tropická pryskyřice', což je polatinštělá podoba šp., kat. *benjuí* (15. st.) z ar. *lubān ǧāwī* 'vonná pryskyřice z Jávy' (*lu-* bylo v kat. přejato jako člen – tedy *lo benjuí*).

beran, *beránek*, *beránčí*, *beranice*. Takto jen č. (již stč.); jinak slk., p. *baran*, hl. *boran*, r. *barán*, s./ch. *bàran*. Psl. *baran nemá jednoznačný výklad. Často se poukazuje na podobné alb. *berr* 'ovce', fr.d. *berri*, it.d. *bero*, *bar* 'beran', bask. *barra* tv., ale sotva jde o 'praevropský' substrát (Ma², HK), případná souvislost je nanejvýš elementární (od vábicího citoslovce). Příp. *-an* by mohla signalizovat i výpůjčku z východu, srov. per. *barra* 'jehně', sti. *urana-* 'jehně, beran' z ie. **u̯ərеn-* 'beran, jehně'.

bérec, **bérce** 'holeň', *bércový*. Preslem přejato z r. *bërce*, *bërcó* tv. a to asi z psl. *bedrьce, což je zdrobnělina od *bedro (↑*bedro*) (srov. sln. *bédrce*, b. *bedărcé* 'stehýnko') (Ma²).

beri-beri 'onemocnění způsobené nedostatkem vitamínu B'. Ze sinhálského *beri* 'slabost'.

berla, *berlička*, *berlový*. Již stč. Přes sthn. *fer(a)la* z lat. *ferula*, původně 'prut, metla, hůl'.

bernardýn. Podle kláštera sv. Bernarda ve švýcarských Alpách, kde byli tito psi chováni pro záchranu zbloudilých poutníků.

berně zast. 'daň', *berní*, ob. *berňák*. Od ↓*brát*.

beruška, *berunka*. Č.st. *bedruňka*, p. *biedronka*, ukr.d. *bobrúnka*, *bédryk* aj., br. *babrunica*, *bedryk*. Původ nejasný, snad lze uvažovat o výchozím ie. **bhedh-* 'bodat' (viz ↓*bodat*) (podle charakteristických teček, bodů na krovkách), pokusy spojit s ↑*bedro* či ↑*bedrník* nejsou sémanticky přesvědčivé. V č. se přes *berunka* přiklonilo nakonec k *beruška*, vlastně 'ovečka' (od ↑*beran*), což byl původně název pro jiné druhy hmyzu a drobných korýšů, především svinku (Jg).

beryl 'druh drahokamu'. Z lat. *beryllus* z ř. *béryllos* asi východního původu (srov. ar.-per. *ballūr* 'křišťál'). Srov. ↓*brýle*, ↓*briliant*.

běs 'zlý duch, démon', *běsnit*, *běsnění*, *rozběsnit (se)*. P. *bies*, r. *bes*, ch. *bijês*, s. *bês*, stsl. *běsъ*. Psl. *běsъ se obvykle srovnává s lit. *baisùs* 'strašlivý' a lat. *foedus* 'ohavný', východiskem by bylo ie. **bhoid-s-* (B2,A7) (jinak by *s* po *i* dalo *ch* (A8)), pro něž svědčí i lit. *baidýti* 'strašit'. Souvisí s ↑*bát se* a snad i ↓*bída*.

beseda, *besídka*, *besední*, *besedovat*, *pobesedovat*. Všesl. – p. *biesiada*, r. *beséda*, ch. *bèsjeda*, stsl. *besěda* 'řeč, slovo, rozmluva'. Psl. *besěda se obvykle vykládá od kořene *sěd-* (viz ↓*sedět*), nejasná je však první část. Někteří v ní vidí částici *be-*, vyjadřující durativnost (trvání), ta je však ve slov. nedoložená (běžná je v balt.). Proto se častěji soudí na předp. **bez-* , a to v jejím původním příslovečném významu 'vně, venku' (↓*bez*) (Ma²), tedy 'posezení venku', problémem je však opět nedoloženost tohoto významu ve slov. Snad tedy nelze vyloučit ani interpretaci '(rozhovor) bez sezení' (HK).

besemerace 'způsob zkujňování surového železa', *besemerovat*. Podle angl. vynálezce *H. Bessemera* († 1898).

bestie 'dravé zvíře; krutý, zlý člověk', *bestiální, bestialita*. Z lat. *bēstia* 'zvíře, šelma'.

bestseller 'komerčně úspěšná kniha'. Z angl. *bestseller* z *best* 'nejlépe' a *sell* 'prodávat' (souvisí se ↓-*slát*).

bešamel 'druh omáčky', *bešamelový*. Z fr. *béchamel* podle markýze *L. de Béchamela*, gurmána při dvoře Ludvíka XIV. (konec 17. st.).

betel 'listy pepřovníku obsahující omamné látky'. Přes port. *betel* z tamilského *veṭṭilei*.

betl 'žebrák (v mariáši)'. Z něm. *Bettel* k *betteln* 'žebrat', jež souvisí s *bitten* 'prosit' a asi i ↓*bída*.

beton, *betonový, betonář, betonárna, betonárka, betonovat, vybetonovat, zabetonovat*. Z fr. *béton* ze stfr. *betun* 'asfalt, malta, suť' a to z lat. *bitūmen* 'zemní pryskyřice, asfalt'.

bez[1] 'vysoký keř', *bezový, bezinka, bezinkový*. Všesl., ale s různými obměnami – p. *bez*, r. *buziná* (str. *bozъ*), ch. *bàzga*, sln. *bezg̑*. Původně 'černý bez', v části slov. jazyků přeneseno i na 'šeřík'. Psl. *bъzъ (vedle *buzъ, *bъzgъ aj.) nemá přesvědčivou etymologii, je jen lit. *bēzdas* tv. Spojení s lat. *sambucus* tv. (Ma[2], HK, prý původu 'praev-ropského') je neúnosné hláskoslovně, spojení s ie. názvem buku (↓*buk*) zas významově (ale v lit. znamená *bùkas* 'buk' i 'bez'!). Vykládá se i z onom. základu, protože ze stvolu zbaveného charakteristické měkké dřeně se dělají trubičky, píšťalky ap.

bez[2] předl. Všesl. Psl. *bez odpovídá lit. *bè*, lot. *bez* tv., příbuzné je dále i sti. *bahíḥ* 'vně, venku', což byl asi původní význam (srov. možný pozůstatek v *být bez sebe* 'být mimo sebe') (Ma[2]).

Východiskem je asi ie. **b(h)e-ǵh-* *(A1,A2)*. Srov. ↑*beseda*, ↓*bezděky*.

bezděky přísl. Stč. *bez dieky* 'mimovolně, bezmyšlenkovitě'. Kalk ze střhn. *āne danc* tv., kde *danc* je ovšem ještě v původním významu od *denken* 'myslet' (Ma[2]). Viz i ↓*dík*.

bezprizorní 'opuštěný, jsoucí bez dohledu'. Dříve častěji *bezprizorný*. Z r. *besprizórnyj* tv. a to z *bez* (viz ↑*bez*) a *prizór* 'dozor' (viz ↓*zřít*).

běžet, *běhat, běh, běhavý, běhoun, běžný, běžec, běžecký, běženec, běženka, oběhnout, oběh, obeživo, oběžný, proběhnout, průběh, průběžný, přiběhnout, příběh, rozběhnout, rozběh, sběhnout (se), sběh, zběhnout, zběh, vyběhnout, výběh, ubíhat, uběžník, podběhnout, nadběhnout* aj. P. *biec, biegać*, r. *bežát'*, ch. *bjèžati*, stsl. *běžati*. Psl. *běžati, *běgati má nejblíže k lit. *bė́gti* tv. (vzhledem k p. *biec*, r.d. *beč'* se obvykle předpokládá výchozí psl. tvar také *běgti), dále se spojuje s ř. *fébomai* 'prchám', hind. *bhāg-* tv., s menší jistotou i s lat. *fugiō* tv. a něm. *biegen* 'ohýbat'. Východiskem je ie. *bheǵ[u̯]- 'běžet' *(A2,A3)*.

béžový. Z fr. *beige*, stfr. *bege*, původně o barvě surové vlny. Další původ nejasný.

bi- 'dvoj-'. Z lat. *bi-* ze stlat. *dvi-*, jemuž odpovídá ř. *di-* (↓*di-*[1]), av. *bi-*, sti. *dví-* tv., vše z ie. **du̯i-* (dále viz ↓*dva*). Srov. ↓*biceps*, ↓*bigamie*, ↓*bienále*, ↓*biskvit*.

bianko 'nevyplněný, prázdný'. Z it. *bianco* 'bílý, prázdný' z germ. **blanka-* 'bílý'. Příbuzné je něm. *blinken* 'svítit', srov. ↓*blanket*, ↓*blankvers*, ↓*plonk*.

biatlon 'kombinovaný závod v běhu na lyžích a střelbě', *biatlonový, biatlonista*. Uměle utvořeno (pol. 20. st.) z lat. *bi-* (↑*bi-*) 'dvoj-' a ř. *āthlon* 'závod, zápas'. Srov. ↓*triatlon*, ↑*atlet*.

bible, *biblický*. Stč. *biblí, biblé, biblijě*. Přes střlat. *biblia* z ř. *biblía*, což je pl. od *biblíon, byblíon* 'kniha, spis, papír', odvozeniny od *bíblos, býblos* tv. To byl původně název pro papyrus, který se dovážel z fénického přístavu *Byblos* (dnes Džebel severně od Bejrútu) (Ma²).

bibliofil 'milovník knih', *bibliofilský*. Viz ↑*bible* a ↓*-fil*.

bibliografie 'odborné zpracovávání publikovaných prací', *bibliografický, bibliograf*. Viz ↑*bible* a ↓*-grafie*.

bibliotéka 'knihovna'. Přes lat. *bibliothēca* z ř. *bibliothḗkē* z *biblíon* 'kniha' (viz ↑*bible*) a *thḗkē* 'schránka, skříňka' (srov. ↑*apatyka*).

bíbr zast. hov. 'bradka'. Z něm. *Biber* 'bobr' (snad že tento druh vousu připomíná bobra?).

biceps 'dvojhlavý sval'. Z lat. *biceps* 'dvojhlavý' z *bi-* (↑*bi-*) a odvozeniny od *caput* 'hlava'. Srov. ↓*kapitola*, ↓*kapitán*.

bicykl 'jízdní kolo'. Z fr. *bicycle*, doslova 'dvojkolo' z lat. *bi-* (↑*bi-*) a *cyclus* (viz ↓*cyklus*).

bič, *bičík, bičovat, zbičovat, vybičovat (se)*. Všesl. – p. *bicz*, r. *bič*, s./ch. *bȉč*, stsl. *bičь*. Psl. **bičь* je odvozeno od **biti* (↓*bít*). Z č. je něm. *Peitsche* tv.

bída, *bídný, bídník, bídák, bídácký, zbídačit, zbídačelý*. Všesl. – p. *bieda*, r. *bedá*, ch. *bijéda*, stsl. *běda* 'tíseň, nutnost, nebezpečí', *běditi* 'nutit, vybízet' (srov. i r. *pobéda* 'vítězství', vlastně 'přinucení, přemožení'). Psl. **běda*, **běditi* se obvykle spojuje s gót. *baidjan* 'nutit', *beidan* 'očekávat, spoléhat', lat. *fīdere* 'důvěřovat' (vlastně 'být přesvědčen'), ř. *peíthō* 'přemlouvám, přesvědčuji' z ie. **bheidh-* 'nutit'. Uvažuje se však i o spojení s sti. *baidyati* 'strašit' (viz ↑*běs*) či se sti. *bādhate* 'tlačí, nutí', něm. *bitten* 'prosit' z ie. **bhedh-*, **bhēdh-* 'tlačit, naléhat'. Srov. ↓*-bízet*.

bidet 'sedací umyvadlo'. Z fr. *bidet* tv. (od 18. st.), metaforou od původního významu 'koník, osel'. Od stfr. *bider* 'klusat' neznámého původu.

bidlo, *bidélko*. Již stč. Psl. **bidlo* od *biti* (↓*bít*). Původně 'to, čím se bije', pak 'dlouhá, tenká tyč'. O starobylosti tvoření svědčí podobné útvary v niz. *beitel* 'dláto', ř. *fītrós* 'břevno' (ie. **bhei-tro-?*).

-bídnout. Viz ↓*-bízet*.

biedermeier 'měšťácký umělecký styl (1.pol.19. st.)'. Zpětné hanlivé pojmenování (srov. ↓*gotika*, ↑*barok(o)*) ze spojení jmen *Biedermann* a *Bummelmeier*, dvou postaviček měšťáků z jistých německých novin z 50. let 19. st.

bienále 'dvouleté výročí'. Od lat. *biennium* 'dvouletí' z ↑*bi-* a *annus* 'rok' (srov. ↑*anály*).

biflovat (se) slang. 'učit se nazpaměť'. Z něm. *büffeln*, vlastně 'dřít se jako buvol', od *Büffel* 'buvol' (Ma²).

bifokální 's dvojím ohniskem'. Nově k lat. ↑*bi-* a *focus* 'ohnisko'.

biftek, *bifteček*. Z angl. *beefsteak* z *beef* 'hovězí' (ze stfr. *buef* z lat. *bōs*, gen. *bovis*, viz ↓*hovado*) a *steak* 'řízek' skandinávského původu, souvisí se *stick* 'hůl; napíchnout', původně 'maso pečené na rožni ap.'.

bigamie 'dvojženství', *bigamista*. Ze střlat. *bigamia* tv. od *bigamus* 'dvakrát ženatý' a to záměnou násloví z ř. *dígamos* tv. (viz ↑*bi-*) z ↓*di-*¹ a *gámos* 'svatba, manželství'.

bigbít 'směr populární hudby (od konce 50. let)', *bigbítový*. Z angl. *big beat* z *big* 'velký' a *beat* 'tep, bubnování, tempo, důraz'.

bigotní 'přehnaně zbožný'. Z fr. *bigot*, což bylo původně hanlivé označení Normanů (doloženo též jako jméno).

Další původ ne zcela jasný. Tradiční vysvětlení ze stangl. (či jiného germ.) zaklení *bī God* 'u Boha' sice zavání lid. etym., ale může být podpořeno stfr. *goddam* 'Angličan' (podle typické angl. kletby).

bikiny 'dvoudílné plavky'. Podle atolu *Bikini* v Tichomoří, kde Američané po válce zkoušeli jaderné výbuchy, snad využito shody první slabiky s lat. ↑*bi-* 'dvoj-' (srov. později dotvořené *monokiny*).

bilance 'přehled výsledků činnosti', *bilanční, bilancovat*. Přes něm. *Bilanz* z it. *bilancio* a to z pozdnělat. *bilanx* 'váha se dvěma miskami' z lat. ↑*bi-* a *lanx* 'miska'. Srov. ↑*balanc*.

bilaterální 'dvojstranný'. Z lat. *bilaterālis* tv. z ↑*bi-* a *laterālis* 'boční' od *latus* 'strana, bok'. Srov. ↓*latentní*.

biletář(ka) 'uvaděč(ka)'. Od fr. *billet* 'lístek', stfr. *billete* 'otisk pečeti, potvrzení, úřední zpráva' vedle *bullete* tv. (snad vlivem stfr. *bille* 'koule') od stfr. *bulle* 'pečeť, listina' ze střlat. *bulla* tv., původně 'bublina, hrbol'.

biliár 'kulečník', *biliárový*. Z fr. *billiard* tv., původně označení hole, s níž se hraje, z fr. *bille* 'kmen, dřevo' z vlat. **bīlia*, původu asi kelt. (srov. stir. *bile* 'kmen').

bilion, *bilionový*. Z fr. *billion*, uměle utvořeného z ↑*bi-* a *million* (↓*milion*) (má dvakrát tolik nul).

bilirubin 'důležité žlučové barvivo'. Uměle (2. pol. 19. st.) z lat. *bīlis* 'žluč' a *rubeus* 'rudý, červený' (srov. ↓*rubín*).

bílkovina, *bílkovinný*. Vytvořil Presl od *bílek* (viz ↓*bílý*).

billboard 'plakátovací plocha s reklamou'. Z am.-angl. *billboard* tv. z angl. *bill* 'plakát, oznámení aj.' a *board* 'deska, tabule'.

bílý, *bělost, bělostný, bělavý, běloba, bělit, bělicí, bělidlo, běloruš, běloch, běloška, bělošský, bělásek, bělice, bílek, bílit, vybílit, nabílit, obílit, zabílit*. Všesl. – p. *biały*, r. *bélyj*, ch. *bîjel*, stsl. *bělъ*. Psl. **bělъ* má formou nejblíže asi ke kelt. **belos* 'světlý, zářivý' (jméno boha *Belenos* aj.), dále je příbuzné angl.d. *ball* 'kůň se světlými skvrnami', ř. *falós* 'bílý, světlý', s rozšířením kořene pak lit. *báltas* 'bílý'. Východiskem je ie. **bhel-/*bhol-* 'zářit' *(A2)*. Srov. ↓*bláto*.

bimbat. Onom. původu (*bim bam* jako *tik tak, pif paf* ap.), srov. i něm. *bim bam* a *bimmeln* 'bimbat, zvonit' (Ma2).

binární 'dvojčlenný'. Z pozdnělat. *bīnārius* od lat. *bīnī* 'po dvou, dvojí'. Srov. ↑*bi-*.

binec ob. expr. 'nepořádek'. Zřejmě onom. původu, srov. *binknout* 'zarachotit, bouchnout', nář. *binovati* 'šlehat pomlázkou'.

bingo 'druh společenské hry'. Z angl. *bingo* onom. původu.

bio- 'týkající se života'. Z ř. *bíos* 'život' (viz ↓*žít*), srov. ↓*biograf*, ↓*biologie, biochemie, biofyzika*.

biograf 'kino; životopisec', *biografický*. Vlastně 'kdo zaznamenává život', viz ↑*bio-* a ↓*-graf*.

biologie 'věda o životě organismů', *biolog, biologický*. Viz ↑*bio-* a ↓*-logie*.

biret 'pokrývka hlavy jako odznak úřadu'. Ze střlat. *bir(r)etum, ber(r)et(t)a* 'čepice' (z druhého tvaru je ↑*baret*) z pozdnělat. *birrus* 'krátký přehoz s kapucí', asi kelt. původu (srov. stir. *berr*, stŕwal. *byrr* 'krátký').

biřic 'dráb, pochop'. Stč. i *birda*. Luž. *běric*, r.d. *biríč*, sln. *biřič*, csl. *birištь*. Psl. **birit'ъ* není zcela jasné. Nápadná je blízkost it. *birro* tv., nevysvětleno však zůstává zakončení slova (Ma2 pod *birda*, HK). Proto se uvažuje i o odvozenině z psl. *birъ 'daň' (r. *bir*, s./ch. *bîr* tv.), původ se hledá i v ttat. jazycích (tat. *böjörōwčy*, tur. *bujurudžu* 'náčelník, velitel').

biřmovat 'udělovat jednu ze svátostí', *biřmování, biřmovanec*. Přes střhn. *firmen* z lat. *firmāre* 'upevňovat, utvrzovat'. Srov. ↓*firma*.

biskup, *biskupský, biskupství*. Ze sthn. *biscof* (dnes *Bischof*, k nahrazení *f* viz C2) a to asi román. prostřednictvím (vlat. **biscopus?*) z pozdnělat. *episcopus* z ř. *epískopos* tv., doslova 'dohlížitel', viz ↓*epi-* a ↓*-skop*. Přenesení na 'zadní část pečené drůbeže' snad podle podoby s biskupskou mitrou (HL).

biskvit 'sušenka, piškot'. Z fr. *biscuit* tv., doslova 'dvakrát pečený' z *bis-* (z lat. *bis* 'dvakrát', srov. ↑*bi-*) a *cuit*, což je příč. trp. od *cuire* 'vařit, péci' z lat. *coquere* (příč. trp. *coctus*) tv. Srov. ↓*piškot*, ↓*kuchyně*.

bistro. Z fr. lid. *bistrot* 'hospoda', což je poměrně mladé slovo (19. st.) neznámého původu. Snad nějak souvisí s *bistouille* 'patok, špatná kořalka' z *bis-* 'dvakrát' (srov. ↑*biskvit*) a *touiller* 'přehrabovat, přetřásat'.

bit 'jednotka množství informace'. Zkratkové slovo z angl. *b(inary) (dig)it* 'číslo v dvojkové soustavě' (viz ↑*binární* a ↓*digitální*).

bít, *bitka, bitva, bitevní, bijec, zbít, nabít, nabíječ, přibít, přebít, ubít, zabít, zabiják, rozbít, rozbitný, rozbíječ, sbít, sbíječka, probít (se), vybít (se), odbíjet, odbíjená* aj. Všesl. – p. *bić*, r. *bit'*, s./ch. *bìti*, stsl. *biti*. Psl. **biti* má nejbližší příbuzné v kelt. (stir. *benim* 'biji', stbret. *bitat* 'štípe'), s různými rozšířeními kořene nám patří i něm. *Beil* 'sekyra', *beissen* 'kousat', angl. *bite* tv., lat. *findere* 'štípat', ř. *fītrós* 'kůl, kláda', arm. *bir* 'klacek', vše k ie. **bhei-* 'bít' (A2,B2). Srov. ↑*bič*, ↑*bidlo*, ↓*boj*.

bivak 'nouzový nocleh pod širým nebem', *bivakovat*. Přes něm. *Biwak* z fr. *bivouac* a to (v 17. st.) z germ. – buď z niz. *bijwacht*, či švýc.-něm. *bīwacht*, vlastně 'zvláštní, přidaná hlídka', srov. něm. *bei* 'při' a *Wacht* 'hlídka' od *wachen* 'bdít, hlídat'.

bizam 'kožešina z ondatry'. Z něm. *Bisam* tv., také 'pižmo' (viz ↓*pižmo*) ze střlat. *bisamum* 'vonná rostlina, vůně' a to z hebr. *bāsām* (srov. ↑*balzám*).

bizarní 'podivný', *bizarnost*. Z fr. *bizarre* tv. z it. *bizzarro* 'rozmarný, podivný, smělý' a to snad z it. *bizza* 'výbuch hněvu, zlost', původu asi onom.

-bízet *(nabízet, pobízet, vybízet, podbízet (se), podbízivý, nabídka, pobídka)*. Stč. *-biezěti*. Psl. **běd'ati (B3,C1)* je iterativum (opětovací sloveso) od **běditi* 'nutit' (viz ↑*bída*). V č. některé významy vlivem něm. *(an)bieten* 'nabízet'.

bizon, *bizoní*. Z am.-angl. *bison* z lat. *bison* z ř. *bísōn* a tam z germ. (srov. sthn. *wisunt*, něm. *Wisent* 'zubr'), srov. i stpr. *wisambrs* a s ním související ↓*zubr*.

bižuterie. Z fr. *bijouterie* od *bijou* 'šperk, klenot' a to z kelt. (bret. *bizou* 'prsten (s kamenem)' od *bīz* 'prst').

blábolit, *blábol*. Hl. *blobotać*, r. *balabólit'*. Psl. **bolboliti* je tvořeno zdvojením onom. základu **bol- (B8)*, srov. lit. *balbatuoti* tv., lat. *balbus* 'koktavý' i ř. *bárbaros* 'cizí' (viz ↑*barbar*) a co do tvoření ↓*hlahol*, ↓*chlácholit*. Srov. i ↓*blbý*, ↓*brblat*, ↓*blekotat*.

blaf 'žvást; nechutné jídlo', *blafat, blafovat, blafák* 'klička brankáři v hokeji', *oblafnout*. Zdá se, že tu formálně splynula dvě slovesa a jejich odvozeniny – jedno domácí ve významu 'hlat' (Jgd), pak i 'žvanit', zřejmě onom. původu (srov. něm. *blaffen* 'štěkat'), druhé s významem 'klamat, lživě předstírat (především v pokeru)'

blahovičník 81 **blažený**

z am.-angl. *bluff* tv., snad také onom. původu.

blahovičník. Preslův překlad ř. *eukalyptós* (viz ↓*eukalypt*).

bláhový, *bláhovost*. Jen č., těžko lze oddělit od ↓*blahý*. Významový posun 'šťastný' → 'pošetilý' je dobře možný, možná tu působilo i *bláznivý* (viz ↓*blázen*).

blahý, *blaho, blažit, blažený, oblažovat, blahobyt, blahořečit, blahoslavit* (kalky z lat. *benedīcere* či ř. *eulogeîn* tv.). P. *błogi*, s./ch. *blâg*, stsl. *blagъ* 'dobrý, milý', slabě doloženo ve vsl. Psl. *bolgъ nemá přesvědčivý výklad. Spojuje se s lot. *bal̃gans* 'bělavý', lat. *flagrāre* 'planout', sti. *bhárga-* 'záře' aj. z ie. **bhel-g-* 'zářit' (srov. ↑*bílý*) s předpokladem významového přechodu 'zářící' → 'milý, dobrý' (HK). Jiný výklad hledá příbuzenství v av. *bərəǰaya-* 'vítat', *bərəχδa* 'vítaný, milý' (ie. **bhelg-?*) (Ma²).

blamáž 'ostuda', *blamovat (se)*. Z něm. *Blamage* tv. a to ve studentském slangu od *blamieren* 'zostudit' z fr. *blâmer* 'kárat, tupit' (stfr. *blasmer*) z pozdnělat. *blasphēmāre* z ř. *blasfēméō* 'tupím, pomlouvám' (viz ↓*blasfemie*).

blána, *blanka, blánový, blanitý, blánovitý, odblanit*. P. *błona*, r. *boloná*, sln.st. *blána*. Psl. *bolna souvisí s lit. *balanà* 'mázdra mladých stromů' a asi i ř. *fellós* 'korek' z ie. **bhel-*, jež je asi totožné s **bhel-* 'zářit, bělat se' (viz ↑*bílý*, ↓*bláto*), čemuž nasvědčuje i č. *běl* 'mladší svrchní vrstva dřeva' (HK). Srov. i ↓*plena*.

blanket 'nevyplněný formulář'. Z něm. *Blankett* tv. a to asi ze střlat. *blanchetus* 'bílý, čistý' z germ. Srov. ↓*blankyt*, ↑*bianko*, ↓*blankvers*.

blankvers 'druh pětistopého verše'. Z angl.st. *blank verse* (16. st., Shakespeare aj.) z *blank* 'prázdný,

nerýmovaný' (viz ↑*blanket*, ↑*bianko*) a *verse* (viz ↓*verš*).

blankyt 'jasně modrá barva'. Již stč. Asi ze střlat. *blanchetus* 'bílá hmota, čistý', podrobnosti nejsou jasné. Srov. ↑*blanket*.

blasfemie 'rouhání, znevažování', *blasfemický*. Přes pozdnělat. *blasphēmia* z ř. *blasfēmía* 'pomluva, rouhání', jehož první část není jasná, druhá souvisí s *fḗmē* 'pověst, řeč, výrok', *fēmí* 'mluvím'. Srov. ↑*blamáž*, ↑*bájit*.

bláto, *blátivý, blatník, blata, blatouch, zablátit, rozbláceny*. Všesl. – p. *błoto*, r. *bolóto*, s./ch. *blȁto*, stsl. *blato*. Psl. *bolto je příbuzné s lit. *balà* 'bažina' i ilyr. *boltom, jež se rekonstruuje na základě alb. *baltë* tv., rum. *baltă*, severoit. *polta*, nř. *báltos* tv. Dále se obvykle spojuje s lit. *báltas* 'bílý' (z ie. **bhel-*, viz ↑*bílý*), významová paralela se vidí v p.d. *biel*, r.d. *bil'* 'bažina' (motivací může být lesklá vodní hladina, bílé rostliny či barva uschlého bláta) (Ma²). Pak ovšem těžko připojíme i sthn. *pfuol* (něm. *Pfuhl*) 'bažina', angl. *pool* 'kaluž, rybník' (HK), které ukazují spíš na ie. **bol-*.

blázen, *bláznek, bláznovský, bláznovství, bláznivý, bláznec, bláznit, zbláznit se, pobláznit, vybláznit se*. P. *błazen*, r.d. *blázen'*, sln. *blázen* 'bláznivý', stsl. *blaznъ* 'chyba, omyl, pokušení'. Psl. *blaznъ nemá přesvědčivý výklad. Jednou z možností je spojení s lot. *blazt* 'blyštět', *blazma* 'záře' od ie. **bhel-* 'zářit' (srov. ↑*blahý*, ↑*bílý* ap.). Výchozí význam by pak byl zřejmě 'bludné světélko', odtud pak 'svedení z cesty, omyl' a dále 'pošetilec'.

blazeovaný 'přesycený požitky, znuděný'. Z fr. *blasé* tv., původně 'zmožený alkoholem', od *blaser* 'ničit alkoholem', asi z niz. *blasen* 'foukat' (srov. něm. *blasen* tv.).

blažený. Viz ↑*blahý*.

blbý, *blbost, blb, blbec, blbeček, blbina, blbnout, zblbnout, oblbnout, vyblbnout se, přiblblý* aj. Jen č. (doloženo od Komenského). Od onom. **bъlb-*, srov. ↑*blábolit, blebtat* ap., tedy významový posun 'nesrozumitelně mluvící' → 'hloupý'. Srov. ještě sln. *bebáti* 'žvanit', *bébec* 'blbec'.

bledý, *bledost, bledule, blednout, zblednout, poblednout, vyblednout.* Všesl. – p. *blady*, r.d. *bledój*, ch. *blijêd*, stsl. *blědъ*. Psl. **blědъ* je příbuzné s lit. *blaĩvas* 'světlý (o obloze)', sthn. *bleizza* 'modřina', stangl. *blāt* 'bledý', východiskem je ie. **bhleid-/*bhloid-* 'bledý', což je rozšíření kořene **bhel-* 'zářit' (viz ↑*bílý*, ↓*blýskat (se)*, ↑*bláto*).

blecha, *bleška, bleší, odblešit, zablešený.* Všesl. – p. *pchła*, r. *blochá*, ch. *bùha*, s. *bùva.* Psl. **blъcha* přesně odpovídá lit. *blusà (A8,B6).* Další ie. paralely – sthn. *flōh*, stangl. *flēa(h)* (z **plouk-*), lat. *pūlex*, alb. *plesht*, ř. *psýlla*, arm. *lu*, sti. *plúši-* ukazují, že původní ie. slovo prošlo různými hláskovými obměnami a přestavbami (srov. i p.) tabuového původu *(D4).*

blejzr 'druh saka'. Z angl. *blazer* 'sako (v klubových barvách ap.)' od *blaze* 'zářit, stavět na odiv', příbuzného s ↑*bledý*, ↓*blýskat (se).*

blekotat, *blekotavý, zablekotat.* P. *blekotać*, r. *blekotát'*, s./ch. *bléknuti.* Onom. původu, od citosl. *ble.* Srov. i něm. *blöken* 'bečet, mečet', ř. *blēcháomai* tv. a ↑*blábolit.*

blesk, *bleskový, bleskat, zablesknout, problesknout.* P. *blask* 'lesk, třpyt', r. *blesk*, s. *blêsak* tv. Psl. **blěskъ* je odvozeno od **bliskati* (viz ↓*blýskat*).

blikat, *bliknout, zablikat, rozblikat se.* Stč. i *blíkat* 'mžourat'. Ze střhn. *blicken* 'hledět', původně 'lesknout se, být vidět', jež souvisí s ↓*blýskat (se).* Srov. i ↓*blinkr.*

blín 'prudce jedovatá bylina'. Stč. *blén*, r. *belená*, s. *bûn*, b. *bljan*. Psl. **belnъ* má paralely v stangl. *belene, beleone*, kelt. (galském) *belénion* tv., což svádí k domněnkám o 'praevropském' původu slova (Ma[2], HK). Možný je však i původ z ie. **bhel-* (viz ↑*bílý*) podle nažloutlých květů či šedozelených listů.

blinkat. Dětské slovo k ↓*blít*, srov. *spát* – *spinkat.*

blinkr. Z něm. *Blinker* tv. od *blinken* 'blikat, třpytit se', jež souvisí s *blicken* (↑*blikat*) i *blank* 'lesklý' (srov. ↑*blankyt*).

blít zhrub., *poblít (se), vyblít (se),* expr. *blivajz.* Stč. *blvati*, 1. os. přít. *bľuju* (k tomu pak přitvořen nový infinitiv). Všesl. – p. *blwać, bluć*, r. *blevát'*, s./ch. *bljùvati.* Psl. **bľьvati* je onom. původu, souvisí asi s lit. *bliáuti* 'mečet, řičet'. Srov. i ↓*plivat.*

blizard 'sněhová bouře'. Z am.-angl. *blizzard*, asi nář. původu (srov. něm., niz. *blasen* 'foukat') (užíváno od konce 19. st.).

blízký, *blízkost, bližní, blíženec, blížit se, přiblížit se, sblížit se.* Všesl. – p. *bliski*, r. *blízkij*, s./ch. *blȋzak*, stsl. *blizъkъ*. Psl. **blizъkъ* se nejpřesvědčivěji spojuje s lot. *blaizīt* 'tlačit', lat. *flīgere* 'bít' z ie. **bhleig-* 'bít'. Významová paralela je v lat. *pressus* 'tisknut' – it. *presso*, fr. *près* 'blízko' i ř. *ánchō* 'dávím, rdousím' – *ánchi* 'blízko' (HK). Srov. i ↓*ublížit* a ↓*blizna.*

blizna 'část rostlinného květu'. Převzato Preslem z p. *blizna* 'jizva' (podle něm. *Narbe*, které má oba zmíněné významy). Stejný původ jako ↑*blízký*, ovšem s uchováním původního významu 'co je způsobeno bitím'.

blok 'kus hmoty; seskupení předmětů; notes', *bloček, blokovat.* V původním významu 'kus hmoty' převzato z něm. *Block*, původně 'kláda, špalek', jež asi

blokáda 83 **bob**

souvisí s *Balken* (viz ↑*balkon*). Význam 'blok domů ap.' se prvně objevil v angl., jinak je těžké říci, zda ten který speciální význam přišel z něm., angl. či fr. (*bloc*).

blokáda 'násilné uzavření protivníkova prostoru (přístavů ap.)'. Z něm. *Blockade*, utvořeného román. příp. *-ade* k *blockieren* 'blokovat' z fr. *bloquer* tv. od *bloc* z niz. *bloc* (viz ↑*blok*).

blond, *blondýn, blondýn(k)a, blonďatý*. Z fr. *blond* z vlat. *blundus* tv. a tam germ. původu (barva typická pro vlasy Germánů). Snad je v kořeni opět ie. **bhel-* 'zářit', srov. ↑*bílý*, ↑*bledý*, ↑*blinkr*, ↓*blýskat (se)*.

bloudit, *bloud, blud, bludný, bludař, bludiště, bludička, zbloudit, zabloudit*. Všesl. – p. *błądzić*, r.d. *bludít'*, s./ch. *blúditi*, stsl. *blǫditi*. Psl. **blǫditi* je iterativum (opětovací sloveso) k **blęsti (A5)* (stsl. *blęsti* 'žvanit, smilnit', stč. *blésti* 'žvanit'), odtud je i *blǫdъ* (ve stsl. 'smilstvo, rozmařilost'), obecnějším posunem pak význam 'sejít z cesty, bloudit'. Psl. **blęsti* se obvykle spojuje s lit. *blęsti* 'kalit se, tmít se', lot. *blenst* 'špatně vidět, říkat nesmysly' i gót. *blandan (sik)* 'plést se' a rodinou germ. **blindaz* (gót. *blinds*, něm., angl. *blind*) 'slepý', vše snad lze vztáhnout k výchozímu ie. **bhlendh-* 'nezřetelně vnímat či mluvit'. Vývoj významu ve slov. (především 'smilnit') však není zcela jasný.

bloumat, *bluma* 'budižkničemu, váhavec'. Jen č., novější. Asi expr. obměna k ↑*bloudit*, srov. i nář. *bluncat*, *blýňať* 'toulat se' (Ma2).

blouznit, *blouznivý, blouznivec*. Jen č., slk. a p. (*bluźnić* 'rouhat se'), srov. i laš. *blužnič* 'mluvit necudně'. Asi expr. novotvary k stč. *blúditi* (↑*bloudit*) (srov. i ještě stč. *blúzenie* 'bloudění, poblouznění'), vzhledem k *-u-* by p. slovo muselo být z č. (Ma2).

blud. Viz ↑*bloudit*.

blues, *bluesový*. Z am.-angl. *blues* a to zkrácením z *blue devils*, doslova 'modří démoni', což je metaforický název pro depresi, melancholii.

bluf, blufovat. Viz ↑*blaf*.

bluma 'druh slívy'. Ze střdn. *plūme* 'slíva' (něm. *Pflaume*) a to přes vlat. **prūmum* z lat. *prūnum* tv. z ř. *proũmnon* tv.

blůza, *blůzka, blůzička*. Přes něm. *Bluse* z fr. *blouse* tv., původně (od 18. st.) '(modrá) dělnická halena'. Další původ sporný. Snad ze střlat. *pelusia* podle egypt. kraje *Pelusium*, kde vyráběli indigem obarvené tuniky, které si křižáci oblékali přes zbroj.

blýskat (se), *blýskavý, blýskavice, zablýsknout (se)*. P. *błyskać (się)*, r. *blistát'*, s./ch. *bl'ìskati*, stsl. *bliskati*. Psl. **bliskati* aj. (**blyskati* je zsl. inovací) souvisí s lit. *blizgéti* tv., střhn. *blīchen*, stangl. *blīcan* 'lesknout se', vše z ie. **bhlei-ǵ-* 'lesknout se' (A1) od **bhel-* 'zářit'. Srov. ↑*blesk*, ↓*blyštět se*, ↑*blikat*, ↑*bílý*.

blyštět se, *blyštivý*. Stč. *blyščěti sě (-ščě- < -skē-) (B1,C3)*, dále viz ↑*blýskat (se)*.

boa 'hroznýš; kožišina kolem krku'. Z lat. *boa* 'vodní had', jehož původ – zřejmě cizí – není znám.

bob[1] 'luštěnina', *bobek* 'plod vavřínu, něco malého, kulatého', *bobový, bobkový*. Všesl. – p. *bób*, r. *bob*, s./ch. *bȍb*. Psl. **bobъ* je příbuzné se stpr. *babo*, lat. *faba* tv., východiskem je ie. **bhabho-, *bhabhā*, což je zřejmě zdvojený expr. základ označující nabobtnalé, napuchlé plody (srov. ↓*bobule*, ↓*bobtnat*). Stejný základ je asi i v něm. *Bohne*, angl. *bean* 'fazole'.

bob[2] 'druh řiditelných sání', *bobový, bobovat*. Z angl. *bob-(sleigh)* tv. z *bob* 'trhaně, houpavě se pohybovat' a *sleigh* 'sáně'.

bobr, *bobří*. Všesl. – p. *bóbr*, r. *bobr* (str. *bebrъ*), s./ch. *dàbar* (rozrůzněním *b-b*>*d-b*). Psl. **bobrъ/*bebrъ/*bъbrъ* je příbuzné s lit. *bābras, bēbras*, něm. *Biber*, stangl. *beofor* (angl. *beaver*), korn. *befer*, lat. *fiber*, av. *bawra* tv. Ie. **bhebhr-/*bhobhr-* se dále srovnává se sti. *babhrú-* 'hnědý', což je zdvojení ie. **bher-* 'hnědý', které je např. i v germ. označení medvěda (↓*medvěd*).

bobtnat, *nabobtnat*. Původní je zřejmě varianta *botnat*, srov. r. st. *botét'* 'tloustnout, nabývat na objemu', snad onom. původu. Podoby s *bobt-* vlivem slov jako ↑*bob*[1], ↓*bobule*.

bobule, *bobulka, bobulovitý*. Podle Jg ze slk., asi příponové tvoření od ↑*bob*[1].

bod, *bodový, bodovat, zabodovat, obodovat*. Takto jen č. a slk. Od ↓*bodat*, snad kalk podle pozdnělat. *pūnctum* 'bod, tečka' z lat. *pungere* 'bodat'.

bodat, *bodnout, bodák, bodec, bodný, bodavý, bodlák, bodláčí, bodlina, bodlo, nabodnout, zabodnout, probodnout, zbodnout, vybodnout (se)*. Typ *bodati, bodnouti* nahradil stč. *bósti*, 1. os. přít. *bodu*, které je všesl. – p. *bóść*, str. *bosti*, s./ch. *bòsti*, stsl. *bosti*. Psl. *bosti (z **bodti (A5)*) je příbuzné s lit. *bèsti, badýti* 'píchat', lat. *fodere* 'bodat, kopat' a dále i něm. *Bett*, angl. *bed* 'postel', původně vlastně 'vyhloubené místo'. Východiskem je ie. **bhedh- (A2,A6)* 'bodat, kopat'. Srov. ↑*bod*, ↑*-bádat*.

bodejť, **bodejž** část., citosl. Ze stč. spojení *bóh daj* 'bůh dej' (stč. i *bódaj, bodaj*) a zesilovací část. *-ť*, resp. *-ž* (Ma[2]).

bodrý 'dobromyslný, veselý', *bodrost*. Převzato – asi díky Hankovi – z r. *bódryj* 'čilý, svěží' a to z psl. *bъdrъ, jež přesně odpovídá lit. *budrùs* 'bdělý' (viz ↑*bdít*, ↓*budit*). Změna významu v č. vlivem něm. *bieder* 'bodrý, rozšafný', možná i ↓*dobrý*.

bodyček 'zastavení soupeře tělem (v hokeji)', *bodyčekovat*. Z angl. *body-check* tv. z *body* 'tělo' a *check* 'napadat', jež je přeneseno z šachové hry (*check* = 'šach'). Srov. ↓*krosček*.

bohatý, *bohatství, boháč, bohatnout, zbohatnout, bohatlík, obohatit*. Všesl. – p. *bogaty*, r. *bogátyj*, s./ch. *bògat*, stsl. *bogatъ*. Psl. *bogatъ je odvozeno od *bogъ* (viz ↓*bůh*) v jeho původním významu 'podíl, štěstí, dostatek' (Ma[2], HK). Srov. i ↓*zboží*.

bohatýr, *bohatýrský*. Přejato z nár. obrození z r. *bogatýr'* a to přes mong. *bagatur*, ttat. *baγatur z per. *bahadur* 'udatný'.

bohém 'nespořádaně žijící člověk, především umělec', *bohémský*. Z fr. *bohème* tv. (v Paříži od 19. st.), původně 'cikán' a to od *Bohême* 'Čechy' – o Čechách se totiž soudilo, že jsou domovinou cikánů přišlých ve středověku do záp. Evropy. Srov. ↓*bohemista*.

bohemista 'odborník v českém jazyce', *bohemistický, bohemistika*. Z lat. názvu Čech *Bohemia* z dřívějšího *Boiohemia* – v první části je jméno kelt. kmene *Bojů* (u nás žijících v 3.–2. st. př. Kr.), v druhé germ. **haima-* 'domov, sídlo' (srov. něm. *Heim* tv.).

bochník, *bochníček, bochánek*. Stč. i *bochnec* ze střhn. *vochenz(e)* 'bílý, chléb, druh koláče' a to z lat. *focātia* od *focus* 'pec, krb'. Srov. ↓*fokus*.

boj, *bojový, bojůvka, bojiště, bojovat, bojovný, bojovník, zabojovat, vybojovat, probojovat se*. Všesl. Psl. *bojь je odvozeno od *biti (↑*bít*) (střídnice **bhei-/*bhoi- (A6, B2)*).

bojar 'ruský šlechtic'. Z r. *bojárin* nejistého, snad ttat. původu.

bóje 'výstražný plovák', *bójka*. Z něm. *Boje* a to ze střniz. *bo(e)ye* tv., také 'pouto', ze stfr. *boie, buie* 'pouto' asi kelt. původu.

bojínek 'druh pícniny'. Snad podle něm. *Timotheusgras,* č.lid. *timotejka* (podle prvního pěstitele *Timothea Hansena* v 18. st.) mylným spojením jména *Timotheus* s lat. *timeō* 'bojím se' místo s ř. *tīmáō (theón)* 'uctívám (boha)' (HL).

bojkot 'odmítání výrobků či styků s cílem izolovat protivníka', *bojkotovat.* Podle angl. statkáře *Ch. Boycotta,* proti němuž kvůli jeho tvrdosti takto poprvé postupovala irská zemská liga (1880).

bojler 'ohřívač vody'. Z angl. *boiler* od *boil* 'vařit' ze stfr. *bouiller* tv. z lat. *bullīre* 'vřít, bublat' od *bulla* 'bublina'. Srov. ↓*bujon,* ↓*bula.*

bok, *bůček, boční, bočnice, odbočit, vybočit, zabočit.* Všesl. – p., r. *bok,* s./ch. *bôk.* Psl. **bokъ* nemá jasné souvislosti. Spojení s angl. *back* 'záda' (Ma2) nevyhovuje zcela hláskoslovně *(A4)*, spojuje se i se stir. *bacc* 'hák', ř. *báktron* 'hůl' (HK), s původním významem 'něco zakřiveného'.

bolen 'kaprovitá ryba'. Již stč. Slk. *bolen,* p. *boleń,* sln. *bólen,* ch. *bolèn,* jinde chybí. Psl. **bolenъ* nemá jasný původ. Lze uvažovat o odvození z ie. **bhel-/*bhol-* 'bílý' (srov. p. *bielec,* něm. *Weisslachs* tv.) (Ma2) či od psl. **bol'ъjь* 'větší' (je větší než jiné kaprovité ryby). Vzhledem k této jeho charakteristice i k územnímu rozšíření názvu se objevila i myšlenka o přejetí z lat. *balaena* 'velryba'.

bolero 'španělský lidový tanec; krátká ženská vesta'. Ze šp. *bolero* tv., původně 'tanečník', nejistého původu. Snad souvisí se *bola* 'koule, míč' z lat. *bulla* 'bublina' (srov. ↓*bula*).

bolet, *bol, bolavý, bolák, bolest, bolestný, bolístka, zabolet, rozbolet, přebolet, pobolívat.* Všesl. – p. *boleć,* r. *bolét',* ch. *bòljeti,* stsl. *boléti.* Psl.

*boléti nemá přesvědčivý výklad. Tradičně se spojuje s gót. *balwjan* 'trápit', sthn. *balo* 'neštěstí, zlá událost', stkorn. *bal* 'nemoc', snad z ie. **bhel-/*bhol-.* Zajímavá je myšlenka vyjít z psl. **bol'ъjь* 'větší' (srov. sti. *bála-* 'síla', *bálīyan* 'silnější', ř. *beltīōn* 'lepší'), tedy z původního významu 'sílit' – šlo by pak o tabuovou náhražku k oklamání zlých sil *(D4)*.

bolševik 'komunista leninského typu', *bolševický, bolševismus, bolševizace.* Původně stoupenec většinového proudu (r. *ból'šij* 'větší') uvnitř ruské soc.-dem. strany (1903).

bolševník 'druh byliny'. Preslem převzato z r., tam je však jen řídké *borščevnik.* Snad nář. přiklonění k základu *bol'š-,* jde totiž o velmi hojnou bylinu vysokého vzrůstu. Dále viz ↓*boršč.*

boltec. Vytvořeno Preslem, neví se však přesně podle jaké předlohy. Snad od r. *boltát' ušámi* 'plandat ušima (o psu)' onom. původu (Ma2).

bomba, *bombička, bombový.* Přes něm. *Bombe,* fr. *bombe* z it. *bomba* tv. a to z lat. *bombus* 'dunění, hukot, šum' z ř. *bómbos* tv., onom. původu. Srov. ↑*bimbat,* ↓*boom,* ↓*bum.*

bombardon 'basový dechový nástroj'. Z fr. *bombardon,* původně *bombarde* (viz ↓*bombardovat*).

bombardovat, *bombardér.* Z fr. *bombarder* tv. od *bombarde* 'kanón, vrhač bomb' od *bombe* (viz ↑*bomba*).

bombastický 'okázalý, přepjatý'. Přes něm. *Bombast* z angl. *bombast* (dříve *bombace*) 'slohová nabubřelost', původně 'vata, vycpávka', a to ze střlat. *bombax, bombyx, bambax* 'bavlna' z ř. *bámbax, bambákion* ze střper. *pambak* tv.

bon 'poukázka'. Přes něm. *Bon* z fr. *bon* tv., substantivizovaného adj. 'dobrý' z lat. *bonus* tv. Tedy vlastně 'co má člověk k dobru, dobropis'. Srov. ↓*bonbon,* ↓*bonmot,* ↓*bonita,* ↓*bonviván,* ↓*bonton.*

bonbon, bonbonek, bonboniéra. Přes něm. *Bonbon* z fr. *bonbon*, což je z dětské řeči, z expr. zdvojení adj. *bon* 'dobrý'. Srov. *ňamňam* a ↑*bon*.

bonifikace 'připsání k dobru, zvýhodnění'. Ze střlat. *bonificatio,* viz ↑*bon* a ↓*-fikace.*

bonita 'jakost půdy'. Z lat. *bonitās* 'dobrota' od *bonus* 'dobrý' (srov. ↑*bon,* ↑*bonbon,* ↑*bonifikace*).

bonmot 'vtipná průpovídka'. Přes něm. *Bonmot* z fr. *bon mot* 'vtip', doslova 'dobré slovo', z *bon* 'dobrý' (srov. ↑*bon*) a *mot* 'slovo' (viz ↓*motto*).

bonsaj 'vypěstovaný zakrnělý stromek'. Z jap. *bonsai* z *bon* 'miska, hrnec' a *sai* 'pěstovat', tedy '(stromek) pěstovaný v hrnci'.

bonton 'společensky dobré chování'. Z fr. *bon ton* z *bon* 'dobrý' (viz ↑*bon*) a *ton* 'tón, hlas, odstín' (viz ↓*tón*).

bonviván 'požitkář'. Z fr. *bon vivant,* doslova 'dobře si žijící', z *bon* 'dobrý' (srov. ↑*bon*) a *vivant* 'žijící' od *vivre* 'žít' z lat. *vīvere* tv. (viz ↓*živý*).

bonzovat slang. 'donášet', *bonzák.* Původně zřejmě argotické slovo vycházející z hanl. *bonz* '(na prospěch hledící) politický předák, placený funkcionář ap.' z něm. *Bonze* tv., dříve (19. st.) prostě hanl. označení představeného, hodnostáře, a to přes fr. *bonze* a port. *bonzo* z jap. *bonsō* 'buddhistický mnich'.

bookmaker 'osoba vypisující a přijímající sázky'. Z angl. *bookmaker* z *book* 'zapsat, zaknihovat' (viz ↓*buk*) a *maker*, což je činitelské jméno od *make* 'dělat' (srov. ↓*machr*).

boom 'rozmach'. Módní slovo z am.-angl. *boom* tv. (tam kolem r. 1900), angl. také 'dunění, třesk' onom. původu. Srov. ↓*bum,* ↑*bomba.*

bor 'borový les', borový, borovice, borovička, borovicový. Č.nář. 'borovice'. Všesl. – p. *bór* 'jehličnatý les', r. *bor* tv., s./ch. *bôr* 'borovice'. Psl. **borъ* má paralely v germ. – stangl. *bearu* 'les', stisl. *bǫrr* 'strom', dále však nejisté. V slk.d. a p.d. znamená též 'močál', proto se někdy spojuje s psl. **bara* tv. (Ma²). Spíše však k ie. **bhar-* 'hrot, štětina', původně tedy 'jehličnatý strom'. Srov. ↓*borůvka,* ↓*brada.*

bór 'nekovový prvek'. Z něm. *Bor,* což je zkráceno z *Borax* (↓*borax*).

borax 'tetraboritan sodný'. Přes něm. *Borax* ze střlat. *borax* a to z ar. *būraq* z per. *būrah* tv.

bordel vulg. 'nevěstinec'; expr. 'nepořádek', *bordelář, bordelářský*. Z něm. *Bordell* tv. ze stfr. *bordel,* původně 'bouda z prken', což je zdrobnělina od *borde* tv. z vlat. **bordum* (pl. **borda*) 'prkno' germ. původu (srov. ↓*bort,* ↓*snowboard*).

bordó 'rudý'. Podle známého vína z fr. města *Bordeaux.*

borec. Převzato z r. *boréc* (Hanka?) od *borót'sja* 'bojovat', srov. i slk.d. *boriť sa* tv. (v č. dochováno v osobních jménech *Bořivoj, Ctibor, Dalibor* ap.). Psl. **borti (sę)* souvisí s lit. *bàrti* 'nadávat', sthn. *berjan* 'bít', lat. *ferīre* tv., ř. *fáros* 'pluh', sti. *bhṛṇāti* 'vyhrožuje, spílá', vše od ie. **bher-* 'bít, řezat; ostrý'. Srov. ↓*brána,* ↓*bránit.*

borovice. Viz ↑*bor.*

borrelióza 'infekční onemocnění přenášené klíštětem'. Z nlat. *borreliosis* od názvu rodu bakterií *Borrelia* a to podle fr. lékaře A. *Borrela* († 1936).

boršč 'ruská polévka s masem a zeleninou'. Z r. *boršč,* původně název rostliny, z níž se polévka vařila (viz

↑*bolševník*), srov. i č.st. *bršť* 'bolševník', p. *barszcz* tv. Psl. *bъrščь asi souvisí s něm. *Borste* 'štětina', sti. *bhṛští*- 'ostří' (podle ostrých listů) k ie. *bher- 'ostrý'.

bort slang. 'bok lodi'. Z něm. *Bord, Bort* tv., také 'paluba', původně 'prkno' (srov. angl. *board* 'prkno, paluba' a dále ↑*bordel*). Východiskem je ie. *bher- 'řezat', slovotvorně se zdá být blízko ↓*brdo*.

bortit (se), *zbortit (se), zborcený*. Nejstarší doklady užití ukazují na souvislost s ↑*bort* 'postranice, okraj, příčné prkno', význam byl zřejmě 'křivit se, padat na stranu (o dřevě)' (Jg). Od začátku ovšem silně působil i význam ↓*bořit*.

borůvka, *borůvčí, borůvkový*. Ve stč. nedoloženo. Ve slov. jazycích značí různé lesní plody (p. *borówka* 'brusinka', sln. *borovníca* 'borůvka'). Odvozeno od ↑*bor*, podle místa výskytu.

bořit, *bořitel, zbořit, pobořit, rozbořit, probořit (se), zabořit (se)*. Jen č. (již stč.) a slk. Pč. *boriti vzniklo mylnou dekompozicí z *ob-oriti, dále viz ↓*obořit se*.

bosorka nář. 'čarodějnice'. Z maď. *boszorkány* tv., původně 'duch zemřelých', ttat. původu (Ma²).

boss 'šéf, vedoucí'. Z am.-angl. *boss* a to z niz. *baas* 'patron, šéf', původně 'strýc' (srov. střhn. *base* 'teta') nejistého původu.

bosý, *bos*. Všesl. – p. *bosy*, r. *bos/bosój*, s./ch. *bôs*, stsl. *bosъ*. Psl. *bosъ odpovídá lit. *bāsas* tv., germ. *baza- 'holý' (něm. *barfuss*, angl. *barefoot* 'bosý'), s jinou příp. sem patří arm. *bok* 'bosý'. Východiskem je ie. *bhoso-, původně asi 'holý, nezakrytý'.

bota, *botka, botička, botový, botník*. Přejato asi ve 14. st. z fr. *botte* či střlat. *bota* nejistého původu. Původní význam byl 'vysoká bota' (proti ↓*střevíc*, srov. podobně i angl. *boot* proti *shoe* 'bota').

Udělat botu je prý podle něm. *einen Stiefel reden* 'říci botu', kde *Stiefel* je prý příjmení jistého faráře (Ma²).

botanika 'nauka o rostlinách', *botanický, botanik*. Přes něm. *Botanik*, střlat. *botanica* k ř. *botaniké (téchnē)* tv. od *botanikós* 'týkající se rostlin' od *botánē* 'tráva, rostlina'.

botel 'hotel na kotvící lodi'. Z angl. *botel*, úmyslným zkřížením *boat* 'člun' s ↓*hotel*. Srov. ↓*motel*.

botulismus 'otrava potravinovým jedem'. Od lat. *botulus* 'klobása', podle první popsané otravy (konec 19. st.) způsobené právě klobásou.

boubel 'uher, výrůstek', *boubelatý* 'buclatý'. P. *bąbel* 'boubel, bublina, puchýř'. Od psl. onom. základu *bǫb- *(B7)*, který má paralely v lit. *bumbulas* 'bublina, uzel', ř. *bombulís* 'bublina'. Dále viz ↓*bublina*, srov. ↑*bambule*, ↑*bob¹*.

bouda, *budka, boudička, budník*. Jen slk. *búda*, luž. a p. *buda* (odtud do r. a ukr.). Vzhledem k tomuto výskytu, který je omezenější než u příbuzenstva něm. *Bude* (střhn. *buode*, stisl. *būð*, švéd. *bod*), je pravděpodobnější přejetí z něm. do slov. než naopak (tak Ma², HK). Z č. *bouda* však bude něm. *Baude* 'horská chata'. Souvisí s *bauen* 'stavět'. Význam 'léčka' je z argotu.

bouchat. Všesl., onom. od citosl. *buch*. Srov. i lot. *baugāt* 'klepat', dále ↓*bušit*.

boule, *bulka, boulička, boulovatý, vyboulit*. Takto jen č. P. *buła* 'hrouda, chuchvalec', sln. *búla* 'nádor, opuchlina'. Velmi blízko stojí něm. *Beule* tv. (sthn. *būl(l)a*), ale vývoj obou slov byl asi paralelní. Srov. i gót. *uf-báuljan* 'nadmout', lat. *bulla* 'bublina'. Všechno jsou to útvary od ie. *bheu- 'nadouvat se, růst'. Srov. ↓*bulva*, ↓*poulit*.

bourat, *bouračka, zbourat, nabourat, odbourat, pobourat, probourat, rozbourat*. Jen č. a slk., pravidelné iterativum (opětovací sloveso) k ↓*bouřit*.

bourec. Odvozeno od *boura*, což je 'zevní vrstva zámotku bource' z pozdnělat. *burra* 'hrubá vlna'.

bouřit, *bouře, bouřka, bouřlivý, bouřlivák, bouřňák, vzbouřit (se), pobouřit (se), vybouřit (se), rozbouřit (se), zabouřit*. Všesl. – p. *burzyć* 'bouřit, bourat, ničit', r.st. *buritisja* 'bouřit se (o moři)', s./ch. *búriti se* tv., stsl. *burja* 'bouře'. Psl. **buriti, *bur'a* nejspíš souvisí s lot. *baũruõt* 'bučet (o volech)', nor. *bura* tv. a možná i stir. *būre* 'zuřivost', lat. *furere* 'běsnit', základ je asi onom. (ie. **bheu-r-?*). Srov. ↑*bourat*, ↓*burácet*, ↓*burcovat*, ↓*buřinka*.

bovden 'ocelové lanko k přenášení síly a pohybu'. Podle angl. vynálezce *Fr. Bowdena* (pol. 20. st.).

bowle 'alkoholický nápoj s ovocem'. Z angl. *bowl* 'mísa, pohár' ze stangl. *bolle* tv., které bylo ovlivněno fr. *boule* (viz ↓*bowling*).

bowling 'americké kuželky'. Z am.-angl. *bowling* od *bowl* '(dřevěná) koule' z fr. *boule* tv. z lat. *bulla* 'bublina'. Srov. ↓*bulla*, ↑*biliár*.

box[1] 'oddělení'. Z angl. *box* 'krabice, bedna ap.', původně název dřeva i keře zimostrázu, z něhož se bedny vyráběly. Přes střlat. *buxis* z ř. *pyxís* 'zimostráz'. Srov. ↓*piksla*, ↓*busola*, ↓*puška*.

box[2] 'rohování', *boxovat, boxer, boxerský, boxerky*. Z angl. *box* nejistého, asi skand. původu. Základ je zřejmě onom. (srov. dán. *bask* 'plácnout' i naše *buch*).

brada, *bradka, bradatý*. Všesl. – p. *broda*, r. *borodá*, s./ch. *bráda*, stsl. *brada* 'vousy'. Psl. **borda (B8)* je příbuzné s lit. *barzdà* 'vousy', něm. *Bart*, angl. *beard*, lat. *barba* tv., vše z ie.

*bhardh- tv. *(A2)*, asi od **bhar-* 'hrot, štětina'. Srov. ↓*bradatice*, ↓*bradavice*, ↑*bor*.

bradatice, *bradatka* 'tesařská sekyra s širokou čepelí'. Nepochybně souvisí s ↑*brada*, není však jisté, zda jde o domácí tvoření, či vliv němčiny (srov. *Barte, Bartaxt* tv.). Je i stsl. *brady* (gen. *bradъve*) tv., které svým zakončením germ. původ naznačuje. Motivací je metaforické přenesení 'brada' → 'prodloužené ostří'. Srov. ↓*halapartna*.

bradavice, *bradavka, bradavičnatý*. P. *brodawka*, r.d. *borodavíca*, s./ch. *bradàvica*. Psl. **bordavica, *bordavъka* je odvozeno od **borda* (↑*brada*) v jeho původním významu 'vousy'. Původně tedy asi něco jako 'vousatice' (na bradavicích často rostou chlupy).

bradla 'tělocvičné nářadí'. Zavedl Tyrš podle stč. *bradlo* 'útes, hradba, zábradlí' (jen č. a slk.), které se vykládá z psl. **bordlo (B8)* od **borti* (viz ↑*borec*), původně tedy vlastně 'co slouží k obraně'. Srov. ↓*brána*.

bráhman 'příslušník kněžské kasty v Indii'. Přes angl. ze sti. *brāhmana* tv. od *brahman* 'modlitba'.

brach, *brácha*. Expr. k ↓*bratr* příp. *-ch*. Srov. *kmotr-kmoch, Petr-Pech*.

brajgl ob. expr. 'nepořádek, vřava'. Prý podle niz. malíře *P. Breughela*, který maloval rušné lidové scény (HK).

brak 'podřadné, nehodnotné zboží', *brakovat* 'drancovat, plenit'. Z něm. *Brack* tv., jež souvisí s ↓*vrak*. Sloveso *brakovati* původně znamenalo 'třídit, vyřazovat podřadné kusy', z toho expr. dnešní význam.

brambor(a), *brambůrek, bramborový, bramborák, bramboračka, bramboříště, bramborářský*. Jen č. Vykládá se jako 'plodina z Branibor' (srov. luž. *Brambor* 'Branibor'), pro což svědčí i č.nář. *branibor, brantbor*, rum.d.

brambořík | 89 | **brav**

brandraburca 'brambor', slk.d. *švábka* tv. (tedy 'plodina ze Švábska'). K nám se tedy brambory zřejmě dostaly přes sev. Německo (asi za třicetileté války). Něm. původu jsou i některé nářeční podoby – *erteple* (z něm. *Erdapfel* 'zemní jablko'), *krumpír, krumple* ap. (z něm. *Grundbirne* 'zemní hruška', *Grundapfel* 'zemní jablko'), podle nich i domácí *zemák* (Ma², HK).

brambořík 'druh okrasné byliny'. Od ↑*brambor*, asi podle hlízovitě rozšířeného oddenku.

brána, *branka, brankový, brankoviště, brankář, brankářský*. Ve významu 'vrata' jen č., slk. a sln.d. (*brána*). P. *brama* tv. (odtud do br. a ukr.) asi bude z č. Psl. *borna (B8) je odvozeno od *borniti (↓*bránit*), tedy původně 'to, co brání ve vstupu'. Srov. ↑*bradla*, ↓*brány*.

brandy 'pálenka podobná koňaku, vínovice'. Z angl. *brandy*, zkráceného z *brand(e)wine*, *brandy wine* 'pálené víno' z niz. *brandewijn* tv.

bránice, *bránicový*. Jen č., podobné je sln. *brána* (dříve i *bránica*) 'blána, bránice'. Nejpřirozenější je výklad od ↓*bránit*, tedy 'blána chránící vnitřní orgány' (HK, Jg). Souvislost s ř. *frēn* tv. (z ie. *bhrōn?) (Ma²) není pravděpodobná.

bránit, *branný, branec, ubránit, zabránit, zábrana, obrana, obranný, obránce*. Všesl. – p. *bronić*, r.st. *boronít'*, s./ch. *brániti*, stsl. *braniti*. Psl. *borniti (B8) je odvozeno od *bornь (srov. stč. *bran, braň* 'obrana, odpor, zbraň' a ↓*zbraň*) a to ypř. *-nь* od *borti (viz ↑*borec*). Stejně je tvořeno lit. *barnìs* 'spor'.

brány 'polní nářadí'. Všesl. – p. *brona*, r. *boroná*, s./ch. *brána*. Psl. *borna je odvozeno asi přímo od ie. *bher-* 'ostrý; řezat' (není tedy etymologicky totožné s ↑*brána*, ač s ním souvisí). Z příbuzných slov srov. především něm. *bohren* 'vrtat', lat. *forāre* tv., ř. *fáros* 'pluh' i ↓*brázda*. Další souvislosti u ↑*borec*.

branže 'obor'. Z fr. *branche* 'větev' a to z pozdnělat. *branca* 'tlapa', asi kelt. původu.

brašna, *brašnička*. Jen č., r.d. *borošnjá* a sln. *brášnja*. Nepříliš jasné. Asi od psl. *boršьno (r.d. *bórošnó* '(žitná) mouka', sln. *brášno* 'jídlo (na cestu)', stsl. *brašьno* 'pokrm'), jež souvisí s gót. *barizeins* 'ječný' (srov. angl. *barley* 'ječmen'), lat. *farīna* 'mouka', vše z ie. *bhar(e)s-* 'ječmen' (A2) od *bhar-* 'štětina, hrot' (srov. ↑*bor*, ↑*brada*). Vývoj významu by byl 'rozemletý ječmen jako jídlo na cestu' → 'jídlo na cestu' → 'schránka na jídlo' (HK). Na utváření významu mohla působit i slova ↓*mošna* a ↓*brát* ('co se bere na cestu').

brát, *sebrat, sbírat, sběr, sběrný, sborový, nabrat, obrat, odebrat (se), odběr, pobrat, podebrat, probrat (se), zabrat, záběr, rozebrat, rozbor, vybrat, výběr, výběrový, výbor* aj. Všesl. – p. *brać*, r. *brat'*, s./ch. *bŕati*, stsl. *bьrati*. Psl. *bьrati se všeobecně spojuje s gót. *baíran* 'nést, rodit', angl. *bear* tv., lat. *ferre* 'nést', ř. *férō*, arm. *berem*, av. *baraiti*, sti. *bhárati* tv., vše z ie. *bher-* 'nést'. Ve slov. posun 'nést, odnášet' → 'brát'. Srov. ↓*břímě*, ↓*březí*.

bratr, *bratříček, bratrský, bratrství, bratrstvo, bratranec, bratřit se, sbratřit se, pobratřit se*. Všesl. – p., r. *brat*, s./ch. *brȁt*, stsl. *bratrъ*. Psl. *brat(r)ъ je příbuzné s lit. *brólis* (ze zdrobnělého *broterēlis*), něm. *Bruder*, angl. *brother*, lat. *frāter*, stir. *bráth(a)ir*, ř. *frátēr* 'člen rodového příbuzenstva', arm. *elbair*, toch. A *pracar*, av. *brātar*, sti. *bhrātar-*, vše z ie. *bhrā-ter-* 'bratr' (A2), jež dále není průhledné (srov. ↓*matka* a ↓*otec*, ↓*dcera*).

brav 'menší dobytek (vepři, kozy, ovce)'. Všesl. – slk. *brav(ec)* '(kastrovaný) vepř', p.d. *browek*, r. *bórov* tv., s./ch. *brâv* 'dobytče, vepř, skopec', stsl. *bravъ* '(drobné) dobytče'. Psl. **borvъ* se obvykle spojuje s něm.d. *Barch, Borch* 'vykastrovaný vepř', angl. *barrow*, stisl. *bǫrgr* tv., vše z ie. **bhor-u̯-* 'kastrovaný vepř (či jiné domácí zvíře)' od **bher-* 'řezat'. Srov. ↑*borec*, ↑*brány*.

bravo citosl. 'výborně, znamenitě', *bravura, bravurní*. Z it. *bravo*, původně 'výborný, statečný' přes vlat. **brabus* z lat. *barbarus* 'divoký, krutý, cizozemský' (viz ↑*barbar*). Posun 'divoký, hrubý' → 'statečný'.

brázda, *brázdit, zbrázdit, rozbrázdit*. Všesl. – p. *bruzda*, r. *borozdá*, s./ch. *brázda*, stsl. *brazda*. Psl. **borzda (B8)* není zcela jasné především slovotvorně (příp. *-zda* či *-da?*), jinak má blízko k **borna* (viz ↑*brány*). Srov. ještě lit. *biržis* tv. (ukazovalo by na ie. **bher-ģ̑-(A1)*), ř. *faráō* 'orám', vše k ie. **bher-* 'ostrý; řezat'.

brblat hov. expr. Onom. původu, srov. ↓*breptat*, ↓*mrmlat*.

brčál 'polokeř se stále zelenými listy', *brčálový*. Do č. zavedl asi Presl z jsl., kde je sln. *brščêl* 'břečťan' (Ma²), s. *brčanova tráva* 'brčál', dále nejasné. Srov. ↓*brslen*, ↓*břečťan* i ↑*boršč*.

brčko. Zdrobnělina od *brko* (↓*brk*).

brdo 'hřeben tkalcovského stavu'. Dnes jen ve spojení *na jedno brdo* 'stejně'. Přeneseně 'hřbet hory' (srov. *Brdy*). Všesl. – p. *bardo*, r. *bërdo*, s./ch. *b̀rdo*. Podle Ma² původně 'dřevěný mečík vsouvaný mezi osnovné nitě'. Psl. **bъrdo* má nejblíže k lot. *birde* 'tkalcovský stav', slovotvorně odpovídá i něm. *Bort*, angl. *board* (viz ↑*bort*), vše nejspíš k ie. **bher-dh-* od **bher-* 'řezat; ostrý'.

brebentit. Onom. původu, srov. lot. *berbelēt* 'rychle, nesrozumitelně mluvit' i ↑*brblat*, ↓*breptat*.

breberka expr. 'veš či jiný podobný hmyz'. U Jg *bebelka* 'veš'. Snad z dětské řeči (Ma²).

bréca vulg. '(nepříjemná) žena'. Asi onom. původu, srov. ↓*brečet*.

brečet, *brek, obrečet, pobrečet si, vybrečet (se), zabrečet (si), rozbrečet (se), probrečet, ubrečený*. Stč. *břěčeti* 'zvučet, hlučet', p. *brzęczeć* tv., r.d. *brjačát'* 'křičet, hlasitě mluvit', sln.st. *bréčati* 'křičet, řvát, plakat'. Psl. **brečati* je onom. původu, souvisí s ↓*břinkat*.

brejk 'únik, rychlý protiútok'. Z angl. *break* 'rozbití, průlom ap.' od slovesa *(to) break* 'zlomit, rozbít' (něm. *brechen* tv.), jež souvisí s lat. *frangere* tv. (ie. **bhreĝ-* od **bher-* 'bít, řezat').

brejlovec 'druh kobry s kresbou podobnou brýlím'. Viz ↓*brýle*.

breptat, *brept, brepta, vybreptat*. Onom., srov. ↑*brblat*, ↑*brebentit*.

breviář 'modlitební kniha pro kněze'. Z lat. *breviārium*, původně 'výtah, sumář' od *brevis* 'krátký'. Srov. ↓*brífink*.

brhlík 'druh zpěvného ptáka'. Stč. *brhel, brhlec*. P. *bargiel*, r.d. *berglēz*, sln. *bȓglez* tv. Psl. **bъrgъlězъ* se obvykle vykládá z **bъrzъ* 'rychlý' (viz ↓*brzký*) a **lězti* (viz ↓*lézt*), tedy 'rychle lezoucí', pro jeho obratnost při šplhání po stromech. Hláskoslovným problémem je však *-g-* místo *-z-*.

bridž 'karetní hra'. Z angl. *bridge* a to – zřejmě přikloněním k *bridge* 'most' – ze staršího *biritch* (19. st.) neznámého, údajně ruského původu.

brífink 'informativní schůzka'. Z angl. *briefing* od *(to) brief* '(krátce) instruovat, informovat' od *brief* 'krátký' ze stfr. *brief, bref* z lat. *brevis* tv. Srov. ↑*breviář*.

brigáda 'vojenský či pracovní útvar; dobrovolná krátkodobá práce',

brigantina 91 **brojit**

brigádník, brigádnický. Přes něm. *Brigade*, fr. *brigade* z it. *brigata* 'tlupa, bojová skupina' od *briga* 'boj, potyčka'. Ve významu 'pracovní skupina' a 'dobrovolná veřejně prospěšná činnost' po válce z r.

brigantina 'druh plachetní lodi', *briga*. Z angl. *brigantine* (zkráceně *brig*) z it. *brigantino* 'lehká pirátská loď' od *brigante* 'lupič, loupežný voják' od *briga* 'boj, potyčka' (srov. ↑*brigáda*).

briketa 'cihla lisovaného uhelného prachu'. Z it. *briquette*, což je zdrobnělina od *brique* 'cihla' ze střniz. *bricke* (srov. angl. *brick* tv.), jež souvisí s něm. *brechen*, angl. *break* 'rozbít' (srov. ↑*brejk*).

brilantní 'skvělý, znamenitý'. Přes něm. *brillant* z fr. *brillant* (viz ↓*briliant*).

briliant, *briliantový*. Přes něm. *Brillant* z fr. *brillant* tv., doslova 'třpytící se', od *briller* 'třpytit se' z it. *brillare* tv., původně asi 'třpytící se jako beryl', viz ↓*brýle*, ↑*beryl*.

brioška 'druh jemného pečiva'. Z fr. *brioche* od *brier* (vedle *broyer*) 'drtit, mačkat' z germ. **brekan* (srov. něm. *brechen* 'rozbít, zlomit').

bríza 'teplý mořský vítr'. Z něm. *Brise* či angl. *breeze* (dříve *brize*) z fr. *brise*, nejasného původu.

brk 'tuhá osa ptačího pera, ptačí pero', *brko, brčko*. Takto jen č. a slk., jinak r.d. *bork* 'stéblo, stvol', sln., s./ch. *bŕk* 'knír'. Psl. **bъrkъ* nemá spolehlivé ie. paralely. Původní význam snad byl 'ostrý výrůstek (na těle)' od ie. **bher-* 'ostrý'. Srov. něm. *Borste* 'štětina' a ↑*boršč*.

brkat 'zakopávat', *brknout*. Stč. *brkati* 'létat, poletovat'. Hl. *borkać* 'bručet', r.d. *borkát'* 'házet', s./ch. *bŕkati* 'škrabat, tlouci, uvádět v nepořádek'. Psl. **bъrkati* má asi onom. původ, srovnává se s lit. *burkúoti* 'vrkat'.

brlení 'zábradlí'. U Jg též *brdlení*. Významově souhlasí s *bradlo* (↑*bradla*), ale hláskoslovně je vztah málo jasný.

brloh 'doupě'. P. *barłóg* 'postel ze slámy, doupě', r. *berlóga* 'zimní doupě medvěda', s./ch. *bŕlog* 'svinský pelech'. Psl. **bъrlogъ/*bъrloga* není příliš jasné. První část slova se spojuje s s./ch. *bŕljati* 'špinit', slk. *bŕľať sa* 'hrabat se' (psl. **bъrľati* onom. původu). Vzhledem k tomu, že příp. *-og-* je nezvyklá, je třeba připustit možnost zkrácení z **bъrlo-log-*, kde druhá část souvisí s ↓*lože* (Ma²). Blízkost něm. *Bärenloch* 'medvědí doupě' je zřejmě jen náhodná.

brnění 'kovový ochranný oděv'. Stč. *brň, brně*, slk. *broň*, r. *bronjá*, b. *brănja*, stsl. *brъnję*. Psl. **brъn'a* je výpůjčka z germ., nejspíš ze sthn. *brunja* tv. a tam asi z kelt. (srov. ir. *bruinne* 'prsa', šlo tedy původně asi o 'prsní pancíř'). Srov. ↓*obrnit*.

brnět, *brňavka, zabrnět*. Stč. *brněti* 'temně zvučet, řinčet', r.d. *brenít'*, sln. *brnêti* tv. V nové češtině pokleslo na pouhé 'trnout, chvět'. Psl. **brъněti* je onom. původu, srov. ↓*brnkat*, ↓*břinkat* ap.

brnkat, *brnkání, zabrnkat, vybrnkat*. Onom., srov. ↑*brnět*, ↓*břinkat*.

brod, *brodivý, brodit se, přebrodit*. Všesl. – p. *bród*, r. *brod*, s./ch. *brôd*. Psl. **brodъ* je odvozeno od **bresti*, 1.os.přít. **bredǫ*, (stč. *břísti, brdu* i *bředu* 'brodit se', r. *brestí* 'pomalu jít', sln. *brésti* 'brodit se'), kterému odpovídá lit. *brìsti*, 1.os.přít. *brendù* tv. Jiné ie. souvislosti nejisté. Staré sloveso bylo všude nahrazeno sekundárním **broditi (sę)*.

brojit 'horlivě vystupovat proti něčemu'. Takto jen č. a slk. Stč. *brojiti sě* 'hemžit se, rojit se' (snad přikloněním k *rojiti sě*), p. *broić* 'činit zle, vyvádět', r.d. *broít'* 'hýbat se', s./ch. *bròjiti* 'počítat', *brôj* 'číslo'. Východiskem je asi psl. *briti 'holit, řezat' (srov. r. brit' tv. a ↓břitva) z ie. *bhrei-, což je rozšíření kořene *bher- 'řezat' (viz např. ↑borec). Od *briti je *brojь (srov. ↓zbroj) (podobně ↑bít – ↑boj) a od toho *brojiti. Jsl. význam 'počítat' je přeneseně z 'dělat zářezy' (HK).

brojler 'jatečné kuře vhodné k pečení'. Z angl. broiler tv. od (to) broil 'péci, grilovat' ze stfr. brusler tv., nejistého původu.

brok, brokový, brokovnice. Z něm. Brocken 'drobek, úlomek, kousek', jež souvisí s brechen 'zlomit, rozbít' (germ. *brekan tv.). Srov. ↑brejk, ↑briketa.

brokát 'látka protkaná kovovými nitěmi', brokátový. Z něm. Brokat a to z it. broccato tv., což je vlastně příč. trp. od broccare 'prošívat (zlatem či stříbrem)' od galorom. *brocca 'jehlice'. Srov. ↓brož, ↓brožura, ↓brokolice.

brokolice 'druh zeleniny podobný květáku'. Z it. broccoli, což je pl. od broccolo tv. od brocco 'výhonek' galorom. původu (viz ↑brokát).

brom 'kapalný prvek', bromový. Z něm. Brom, fr. brome, utvořeného (1826) od ř. brõmos 'zápach' podle jeho charakteristické vlastnosti.

bronchitida 'zánět průdušek'. Z lat. bronchitis, což je moderní útvar od pozdnělat. bronchus 'průduška' z ř. brónchos 'hrdlo, průduška'.

brontosaurus. Uměle z ř. brontē 'hrom, bouře, ohromení' a saũros 'ještěr(ka)', tedy vlastně 'ohromný ještěr'.

bronz, bronzový. Přes něm. Bronze z it. bronzo tv. Dále nejisté, možná z per. piring, biring 'měď'.

broskev, broskvička, broskvový, broskvoň. Stč. břěskev (jako i sln. brêskev aj.) je přejato ze střlat. (prunus) pers(i)ca, vlastně 'perská (švestka)' (srov. něm. Pfirsich i mladší r. pérsik tv.). V č. se sblížilo s broskev 'zelí' z lat. brassica a potlačilo jeho původní význam, z forem břeskev/broskev (Jg) se pak prosadila ta druhá (Ma²).

brouk, brouček. Stč. brúk. Jen č. a luž. (bruk). Asi onom. původu od ↓broukat, ↓bručet (srov. stč. chrúst tv.) (HK), nápadná však je i blízkost střlat. brucus 'vývojové stadium sarančete', přejetí však je méně pravděpodobné.

broukat, zabroukat, pobrukovat. Onom. Psl. *brǫk- (B7) je o-ovou variantou k *bręk-, která je v ↑brečet, srov. i ↓bručet, ↑brouk.

brousit, brus, brousek, bruska, brusný, brusič, brusírna, zbrousit, nabrousit, přibrousit, vybrousit, obrousit, přebrousit. Všesl. – p. brusić, r.d. brusít' 'sbírat listí; blouznit aj.', s./ch. brúsiti. Psl. *brusiti, původně asi 'drhnout', nejspíš souvisí s lit. braũkti 'otírat' (ie. dvojtvar *brauk-/*brauk- (A1, B2)). Příbuzné je i psl. *brъsati (r. brosát' 'vrhat', srov. i lit. brùkti 'vrazit'). Jiné ie. souvislosti nejsou zřejmé. Srov. ↓brusinka, ↓brusle.

brouzdat (se), brouzdaliště. Jen č., asi novější (u Jg není). Zřejmě nějaké expr. přetvoření brodit (se) (viz ↑brod).

brovnink 'plochá automatická pistole'. Z angl. browning podle vynálezce J. M. Browninga (kolem r. 1900).

brož 'ozdobný špendlík na šaty'. Z fr. broche a to z vlat. (galorom.) *brocca 'jehlice'. Srov. ↓brožura, ↑brokát, ↑brokolice.

brožura 'sešitá či slepená knížka', brožovat, brožovaný. Z fr. brochure (přes něm. Broschüre) od brocher 'sešívat, stehovat' od broche (viz ↑brož).

brslen 'druh keře'. Stč. i brsněl. Slovo ve slov. jazycích formálně i významově různorodé – slk. bršleň, p. przmiel, ukr. bruslýna, r. beresklét aj., ale sln. bŕšljân, ch. bȑšljan znamená 'břečťan'. Nejasné,

brtník

původní souvislosti zcela zastřeny (jinak však Ma[2], HK). Srov. ↓*břečťan*, ↑*brčál*.

brtník 'medvěd hnědý'. Jen č. Od stč. *brt*, *brť* 'hnízdo divokých včel ve stromě' (p. *barć*, r. *borť*, v jsl. chybí). Psl. **bъrtь/*bъrtъ* není zcela jasné, obvykle se vykládá z ie. **bher-* 'ostrý; řezat', srov. lat. *forāre* 'vrtat', ↑*brázda* aj., tedy 'vyvrtaná dutina'.

bručet, *bručoun*, *bručivý*, *zabručet*. Onom., srov. ↑*broukat*, ↓*mručet*.

brukev 'kedlubna'. Přejato za nár. obrození z p. *brukiew* a to z dněm. *Wru(c)ke*, *Brucke* tv. nejistého původu (Ma[2]).

brumlat. Onom. původu, srov. něm. *brummen* 'bručet, bzučet' a dále ↑*bručet*, ↓*brundibár*, ↑*brblat*, ↓*mrmlat*, ↓*mumlat*.

brunátný 'tmavě rudý (o obličeji)', *(z)brunátnět*. Od stč. *brunát* 'sukno tmavé, červenohnědé barvy' a to ze střhn. *brūnāt* tv. od *brūn* (dnes *braun*) 'hnědý' z ie. **bher-* tv. Srov. ↓*brunet* i ↑*bobr*.

brundibár 'čmelák, bručoun'. Nář. i *brundibál*, *brumbár*. Nejspíš podle něm. *Brummbär* 'bručoun', první část onom. (srov. ↑*brumlat*, ↑*bručet*), v druhé je *Bär* 'medvěd'.

brunet, *brunet(k)a*. Z fr. *brunet* od *brun* 'hnědý' z germ. **brūn-* tv. (viz ↑*brunátný*).

brusinka, *brusinkový*. Dříve *brusnice*, místy znamená i 'borůvka' (Ma[2]). Všesl. – p. *brusznica*, r. *brusníka*, s./ch. *brùsnica* 'brusinka' i 'borůvka'. Psl. **brusьnica* se spojuje s lit. *brùkne*, lot. *bruklene* tv., tato paralela dále ukazuje na souvislost s psl. **brusiti* (↑*brousit*), resp. lit. *braūkti* 'odírat, drhnout' – podle toho, že plody se česou, odírají najednou ve větším množství (např. při česání hřebenem).

brusle, *bruslař(ka)*, *bruslařský*, *bruslit*, *bruslení*, *zabruslit si*, *vybruslit*, *přibruslit*, *nabruslit si*. Jen č. (slk. *korčuľa*, p. *łyżwa* atd.), běžné od Jg. Nejspíš od ↑*brousit* podle něm., kde *schleifen* znamená jednak 'brousit', jednak 'smýkat, bruslit' (Ma[2]).

brutální 'surový', *brutalita*. Ze střlat. *brutalis* 'zvířecí, nerozumný' k lat. *brūtus* 'těžký, hloupý'. Srov. ↓*brutto*.

brutto 'hrubý (příjem, váha ap.)'. Z it. *brutto*, vlastně 'nečistý, sprostý', od lat. *brūtus* (viz ↑*brutální*).

brva 'oční řasa'. P. *brew*, r. *brov'*, s./ch. *ȍbrva*, stsl. *brъvь*, vše 'obočí'. V č. slovo vyhynulo a do jazyka bylo opět uvedeno za nár. obrození Hankou, ujalo se však ve významu 'oční řasa' (Ma[2]). Psl. **bry* (gen. *brъve*) je příbuzné s lit. *bruvìs*, něm. *Braue*, angl. *brow*, ř. *ofrýs*, av. *brvat-*, sti. *bhrū-*, vše 'obočí' z ie. **bhrū-* tv. *(A2)*.

bryčka 'lehčí nekrytý povoz'. Z p. *bryczka* a to nejspíš přes něm.d. *Birutsche* z it. *biroccio* ze střlat. **birotium*, vlastně 'dvoukolák', z ↑*bi-* a lat. *rota* 'kolo'. Srov. ↓*rotace*.

brykule 'vrtochy'. Z fr. *bricole* 'uskočení, vzpínání se (koně)' od *bricoler* 'uskakovat, kutit aj.' nejistého původu.

brýle, *brejle*, *brejličky*, *brýlatý*, *obrýlený*. Z něm. *Brille*, střhn. *b(e)rille*, dále viz ↑*beryl*. Z tohoto polodrahokamu byla kolem r. 1300 v sev. Itálii zhotovena první oční skla. Srov. i ↑*briliant*.

bryndat, *brynda*, *bryndák*, *bryndáček*, *pobryndat*, *vybryndat*, *nabryndat*. Jen č., není jisté, zda prvotní je sloveso či subst., více starších dokladů je na subst. (Jg). Pak by mohlo jít o tvoření expr. příp. *-nda* (srov. ↓*sranda*, ↓*bžunda*) od něm. *Brühe* 'brynda, břečka, vývar' (HK).

brynza 'ovčí sýr'. Z rum. *brînzâ*. Staré karpatské pastýřské slovo (p. *bryndza*, *brędza*, ukr. *brýn(d)za*), srov. ↑*bača*.

bryskní 'příkrý, ostrý'. Z fr. *brusque* 'ostrý, trpký (o víně)' z it. *brusco* tv., asi kelt. původu.

brzda, *brzdový, brzdný, brzdit, zabrzdit, zbrzdit, ubrzdit, přibrzdit, odbrzdit*. Takto jen č. a slk., dále je sln. *brzda* 'uzda' a str. a stsl. *brъzda* 'část koňského postroje'. Do č. zavedeno Šafaříkem v pol. 19. st. jako ekvivalent něm. *Bremse* (Ma²). Psl. **brъzda* (pokud to není až stsl. novotvar!) souvisí s lit. *bruzdùklis* 'roubík, uzda'; další uváděné paralely, stisl. *broddr* 'ostří, kraj', stir. *brot* 'bodec', vše z ie. **bhr(u)zdh-* od **bher-* 'ostrý; řezat', nepřesvědčují příliš významově.

brzký, *brzy, brzičko, brzo*. Stč. i *brzý* 'rychlý'. Všesl. – stp. *barzy* tv. (p. *bardzo* 'velmi'), r.st. *bórzyj* 'rychlý', s./ch. *br̂z*, stsl. *brъzъ* tv. Psl. **bъrzъ* nemá jednoznačný výklad. Obvykle se spojuje s lit. *burzdùs* 'rychlý, živý', vyjít lze z ie. **bhṛs-* od **bhers-* 'spěchat' *(A6)*, k němuž se řadí i lat. *festīnāre* tv. *(A2)*. Jiný výklad spojuje s lat. *brevis* 'krátký' a ř. *brachýs* tv., východiskem by bylo ie. **bṛǵhu-* *(A1,A3,A7)*.

brzlík 'žláza s vniřní sekrecí uložená v hrudníku'. Zavedeno Preslem, asi pod vlivem něm. *Briesel* tv., vedle *Bries* tv., jež asi souvisí s *Brust* 'prsa'. Srov. však i slk. *brzica* 'vepřový lalok, podkrčí' a nepříliš jasné stč. *brzicě* (Klaret, 14. st.), jež mohl Presl znát (Ma², HK).

břečka. Hl. *brěčka*, p. *brzeczka*, sln. *brêča*, ch. *brèče* (ve vsl. a zbytku jsl. chybí) znamená 'sladká šťáva ze stromu (zvláště břízy), mladé pivo ap.'. Psl. **brěča/*brěčьka* není příliš jasné, ale asi má kelt. kořeny (srov. stir. *braich* 'slad', wal. *brag* tv., odtud pak i střlat. *braces* tv.).

břečťan, *břečťanový*. P.d. *brzeszczan*, ukr. *bročetan*, sln. *bršljân*, ch. *bȑšljan*. Psl. podobu nelze pro rozmanitost forem stanovit, překrývá se i s názvem pro ↑*brslen*. Nejasné. Srov. ještě ↑*brčál*.

-břednout (*zabřednout, vybřednout, rozbředlý*). Ve starší č. *břednouti*, *břednu* bylo totéž co *brodit* (↑*brod*), tedy *zabřednouti, zabřísti* znamenalo 'zajít hluboko do vody, bláta ap.'. Zpětným oddělením předp. pak asi i význam 'tát, řídnout'.

břeh, *pobřeží, pobřežní, břehule*. Stč. *břěh* také 'kopec, sráz'. Všesl. – p. *brzeg*, r. *béreg*, ch. *brijêg*, s. *brêg*, stsl. *brěgъ*. Psl. **bergъ (B8)* je příbuzné s něm. *Berg* 'hora', wal., bret. *bre* 'vyvýšenina', arm. *berj* 'vysoký', av. *bərəz-*, chet. *parkuš* tv., toch. AB *pärk-* 'tyčit se', vše z ie. **bherǵh-* 'vyvýšenina, tyčit se' *(A1,A3)*. Ve slov. je *g* místo očekávaného *z*, ale není třeba proto předpokládat přejetí z germ. (tak HK).

břemeno. Novotvar k ↓*břímě* (gen. *břemene*) *(D1)*.

břeskný 'pronikavě znějící'. Onom. původu, srov. ↓*třesknout*, ↓*vřískat* (dříve i *břískat*), ↓*břinkat*.

břevno. P. *bierwiono*, r. *brevnó*, s./ch. *br̂vno*, stsl. *brьvьno*. Psl. **brьvьno* je odvozeno od **brъvь* 'kláda, lávka (přes vodu)' (stč. *břev* tv.), které se spojuje se stisl. *brū* 'most', něm. *Brücke* i gal. *brīva* tv. Je možné, že východisko je nakonec stejné jako u ↑*brva* (ie. **bhrū-*) ('obočí' = 'můstek'), ač k rozdvojení obou slov by bylo muselo dojít už dávno.

březen, *březnový*. Odvozeno od ↓*bříza* (měsíc rašení bříz). Stsl. *brězьnъ* však znamená 'čvrtý měsíc'.

březí 'oplodněný (o samicích savců)'. R.d. *berëžaja*, sln. *bréja*, s./ch. *brȇđa*, csl. *brěžda*. Psl. **berd'a* je stará

břídil 95 **bublina**

odvozenina od ie. **bher-* 'nést' (ještě před slov. změnou významu v 'brát'). Srov. i lat. *forda* tv. od *ferre* 'nést'. Viz ↑*brát,* srov. ↓*břímě.*

břídil 'packal, neobratný neodborník'. Od řidšího slovesa *břídit* 'kazit, packat', u Jg *břiditi,* jež je asi od *břidký* 'ohavný, znečištěný' (viz ↓*břitký*) (Ma²).

břidlice, *břidlicový.* Jen č. a slk., novější (od Presla). Nepříliš jasné. Nář. a v starší č. i *břidla, skřidla, skřidlice.* Vzhledem k sln. *skrīl*, ch. *škrílja, škr̃ilevac* tv. je asi třeba vycházet z psl. **skridl-* od ie. **skreid-,* z něhož je i gót. *dis-skreitan* 'roztrhat', bav. *schritzen* tv. (srov. ↓*opuka*) od ie. **sker-* 'řezat, krájet'. Změna násloví v č. je asi podle č.st. *břidký* 'ostrý, drsný' (viz ↓*břitký,* ↓*břitva*) (HK).

břicho, *bříško, břichatý, břicháč, břichatět.* Stč. *břuch(o),* p. *brzuch(o),* r. *brjúcho,* chybí v jsl. Psl. **br'ucho* není zcela jasné. Srovnáváno se stir. *brū* tv. i něm. *Brust,* angl. *breast* 'prsa'. Východiskem by bylo ie. **bhreu-s- (A8,B2),* rozšíření kořene **bhreu-* 'nadýmat se'.

břímě, *břemeno.* Všesl. – p. *brzemię,* r.st. *berémja,* s./ch. *brȅme,* stsl. *brěmę.* Psl. **bermę (B8)* je pokračováním ie. **bher-men-,* odvozeného od **bher-* 'nést' (o starobylosti odvozeniny svědčí, že je tu zachován původní význam 'nést', viz ↑*brát*). Srovnatelné útvary jsou ř. *férma* 'plod (v lůně matky)' a sti. *bhárman-* 'péče, udržování' (HK).

břinkat, *zabřinkat, břinkavý.* Onom., srov. r. *brenčát',* sln. *brenčáti* tv., které jsou pokračováním psl. **brečati* (se sekundárním *-n-*). Srov. ↑*brečet* a dále ↑*brnkat,* ↓*řinčet.*

břit 'ostří'. Novější výtvor podle ↓*břitký,* ↓*břitva.*

břitký 'ostrý'. Stč. *břidký* 'ostrý, od- porný, ohavný', p. *brzydki* 'ošklivý', r.d. *bridkój* 'ostrý, studený', s./ch. *brȉdak*

'ostrý', stsl. *bridъkъ* 'ostrý, drsný'. Psl. **bridъkъ* se obvykle odvozuje od **briti* 'holit, řezat', vycházejícího z ie. **bher-* (viz ↓*břitva,* ↑*brojit*). Pro zsl. musíme předpokládat vývoj 'ostrý' → 'odporný, ošklivý' (asi nejprve o chuti ap.), proto někteří autoři (Ma², HK) vycházejí z přesmyknuté podoby **bidrъkъ* 'ostrý, hořký, odporné chuti', srovnatelné s něm., angl. *bitter* 'hořký'. V každém případě v nové češtině došlo ještě ke změně *břidký>břitký* vlivem ↓*břitva.*

břitva. Všesl. – p. *brzytwa,* r. *brítva,* s./ch. *brȉtva,* stsl. *britva.* Psl. **britva* je odvozeno příp. *-tva* od slovesa **briti* 'holit, řezat', které spolu se sti. *bhrīṇā́ti* 'zraňuje, poškozuje' a snad i tráckým *brílōn* 'holič' vychází z ie. **bhrei-,* což je rozšíření kořene **bher-* 'řezat; ostrý'. Srov. ↑*brojit,* ↑*břitký,* ↑*borec,* ↑*brány.*

bříza, *břízka, březový.* Všesl. – p. *brzoza,* r. *berëza,* s./ch. *brȅza.* P. **berza (B8)* je příbuzné s lit. *béržas,* stpr. *berse,* něm. *Birke,* angl. *birch* tv., sti. *bhūrjá-* 'druh břízy' a snad i lat. *fraxinus* 'jasan'. Východiskem je ie. **bherǵ-* 'bílý, světlý' (srov. sti. *bhrā́jate* 'svítí'), motivací je typická barva kůry (HK).

bubák. Od onom. *bubu,* jímž se straší malé děti (spojení retné souhlásky a temné samohlásky), srov. slk. *bobo,* r. *búka,* sln. *bavbáv,* něm. *Popanz, Bobo,* angl. *bugaboo,* maď. *mumus* ap. (Ma²).

buben, *bubínek, bubnový, bubínkový, bubeník, bubenický, bubnovat, zabubnovat, vybubnovat.* Všesl. – p. *bęben,* r. *búben,* s./ch. *búbanj.* Psl. **bǫbьnъ* je odvozeno od ie. onom. základu **bomb-,* který najdeme i v stisl. *bumla* tv. či lat. *bombus,* ř. *bómbos* 'dunění' (viz ↑*bomba*).

bublat, *zabublat, vybublat, bublanina.* Viz ↓*bublina.*

bublina, *bublinka, bublinový.* P. *bąbel,* s./ch. *bubùljica.* Od psl. **bǫb-*

onom. původu (srov. ↑*boubel,* ↑*bobule,* ↓*bubřet*), srov. i lit. *buřbulas,* angl. *bubble* tv. (Ma²).

bubřet, *nabubřet, nabubřelý.* Jen č., od stejného onom. základu **bǫb-* jako ↑*bublina.*

buclatý, *buclík.* U Jg i *bucatý,* p. *pucolowaty* tv. Asi od slabě dochovaného *bucat* (citosl. *buc*) 'bouchat', podobně jako ↓*ducatý,* tedy vlastně 'nabouchaný' (Ma²). Srov. i ↑*baculatý.*

bůček. Zdrobnělina od ↑*bok.*

bučet, *bučivý, zabučet.* Všesl., onom. od citosl. *bú.* Psl. **bučati* je variantou k **bukati* (srov. ↓*bukač* i ↓*býk*).

buď(to) sp. Původně rozkazovací způsob od ↓*budu.* Jen č., slk. a p. (*bądź*).

buddhismus, *buddhista, buddhistický.* Od sti. myslitele *Buddhy* (6.–5. st. př. Kr.) (viz ↑*bdít*).

budit, *budík, budíček, buditel, buditelský, buditelství.* Všesl. – p. *budzić,* r. *budiť',* s./ch. *búditi* tv. Psl. **buditi* je tzv. kauzativum (způsobovací sloveso) k **bъděti,* vlastně 'způsobovat, že někdo bdí' (viz ↑*bdít*). Srov. ještě lit. *bùdinti,* sti. *bodháyati* tv.

budoár 'dámský pokojík (zvláště v době rokoka)'. Z fr. *boudoir,* vlastně 'trucovna', od *bouder* 'trucovat'.

budovat, *budova, budovatel, budovatelský, vybudovat, přebudovat, zbudovat, zabudovat.* Stč. *budovati sě* 'stavět stany, tábořit', p. *budować* 'stavět, budovat'. Jen zsl., což ukazuje na souvislost s ↑*bouda,* ale vztah není zcela jasný.

budu, *budoucí, budoucnost.* Všesl. – p. *będzię,* r. *búdu,* s./ch. *bôm, bôdem,* stsl. **bǫdǫ.* Psl. **bǫdǫ* 'stanu se, budu' funguje jako budoucí čas slovesa **byti* (z ie. **bhū-,* viz ↓*být*). S ním bývá také nejčastěji spojováno, ale hláskové nesrovnalosti se vysvětlují různým způsobem. Srovnává se s lat. *-bundus* v útvarech jako *moribundus* 'kdo je na umření' od *morī* 'zemřít', srov. ↓*vagabund* (HK).

bufa ob. expr. 'velká, těžká bota'. Zřejmě nějak vychází z fr. *bouffer* 'nadouvat se', srov. p. *bufa* 'zvon u rukávu', r.d. *buf* 'velký záhyb (na zácloně ap.)'.

bufet, *bufetový, bufetářka.* Z fr. *buffet,* původně 'stolek (s vystaveným zbožím)', další původ nejasný.

bugr ob. expr. 'výtržnost, rámus'. Nejasné. Snad nějak souvisí s fr. *bougre* 'hrome, sakra', *bougrement* 'strašně' ze stfr. *bogre* 'kacíř, sodomita' stejného původu jako ↓*buzerant.*

bůh, *bůžek, boží, božský, božství, božstvo, zbožný, zbožnost, zbožňovat.* Všesl. – p. *bóg,* r. *bog,* s./ch. *bôg,* stsl. *bogъ.* Psl. **bogъ* znamenající jednak 'bohatství, štěstí, podíl' (viz ↑*bohatý,* ↓*zboží*), jednak 'bůh' odpovídá stavu v ií. jazycích, kde je sti. *bhaga-* 'bohatství, podíl, štěstí' i 'udělovatel, dárce' (sti. *bhájati* 'rozděluje'), stper. *baga-* 'bůh'. Názory na míru írán. vlivu na vývoj významu 'bůh' ve slov. se různí (Ma²). Východiskem slov. a ií. slov je ie. **bhag-* 'udělovat', které je ještě v ř. *fageīn* 'pojíst', toch. A *pāk* 'díl, část' (A2). Původní ie. název pro nejvyšší božstvo je zřejmě dochován v lit. *diēvas,* lat. *deus* (viz ↓*div*).

buchar 'strojní kladivo'. Z něm. *Pochhammer* z *pochen* 'bouchat' a *hammer* 'kladivo' s přikloněním k č. ↑*bouchat.*

buchta, *buchtička.* Takto z č. a p. Od základu *buch-/puch-* asi onom. původu. Srov. sln. *búhniti, búhtati* 'otéci, napuchnout' a dále ↓*puchnout,* ↑*buclatý.* Význam 'rána do zad' od ↑*bouchat* žertovným přichýlením k názvu 'pečiva' (Ma², HK).

**bujarý. Jen č. a slk., asi až od nár. obrození (Rukopisy). Vysvětluje se kontaminací *(D3)* ↓*bujný* a ↓*jarý*, stč. bylo *jarobujný* tv.

bujný, *bujnost, bujet, rozbujet se, přebujelý*. Všesl. – p. *bujny*, r. *bújnyj*, s./ch. *bûjan*. Psl. **bujьnъ* je odvozeno od **bujь* (str. *bui* 'smělý', stsl. *bui* 'pošetilý'). Východisko se hledá v ie. **bheu-* 'nabývat, růst', vývojový význam asi byl 'rychle rostoucí, nabývající na síle' → 'silný, smělý' → 'zpupný, nevázaný'. Přesné ie. paralely chybějí.

bujon 'hovězí vývar'. Z fr. *bouillon* tv. od *bouillir* 'vřít' z lat. *bullīre* 'vřít, bublat' od *bulla* 'bublina'. Srov. ↑*bojler*, ↓*bula*.

buk, *bouček, bukový, bukvice*. Všesl. – p., r. *buk*, s./ch. *bȕk*, stsl. *bukъ*. Psl. **bukъ* je nejspíš výpůjčkou z germ. **bōkō-* (něm. *Buche*, stangl. *bōk*, *bēce*, stisl. *bōk*, odtud pak i germ. slovo pro 'knihu', protože první runy byly asi psány na bukovou kůru, srov. ↑*bookmaker*). Příbuzné je lat. *fāgus* tv. a ř. *fēgós* 'dub', vše z ie. **bhāgo-* 'buk' *(A2)*. Slovem se často argumentovalo při určování slov. a ie. pravlasti – buk totiž neroste východně přibližně od spojnice vých. pobřeží Baltu a ústí Dunaje. Z neexistence původního slov. výrazu pro tento strom se tedy soudilo, že původní sídla Slovanů byla na východ od této hranice (Ma²). Podobné 'botanické' či 'zoologické' argumenty je však třeba brát opatrně.

bukač 'druh brodivého ptáka'. Od onom. *bukat* podle jeho hlasu, srov. lit. *būkas* tv. a dále ↑*bučet* a ↓*býk*.

bukanýr 'pirát'. Přes něm. *Bukanier* z fr. *boucanier* tv., původně 'lovec, dobrodruh (na Karibských ostrovech)' od *boucan* 'dřevěný rošt na opékání masa' domorodého, karibského původu.

buket 'vůně vína'. Z fr. *bouquet* tv., přeneseně z významu 'kytice' (viz ↓*puget*), srov. i ↓*buš*.

buklé 'koberec s hrubším plastickým povrchem'. Z fr. *bouclé* 'kadeřavý' od *boucle* 'přezka, smyčka, klička, kadeř' a to přeneseně z lat. *buccula*, což je zdrobnělina od *bucca* 'tvář'.

bukolický 'pastýřský'. Z lat. *būcolicos* z ř. *boukolikós* tv. od *boukólos* 'pastýř' z *boũs* 'dobytek' a *kéllō* 'ženu, strkám'.

bula '(papežská) listina s kovovou pečetí'. Z lat. *bulla* 'bublina', přeneseně 'vypouklá pečeť' a ve střlat. 'listina s pečetí'. Srov. ↓*bulletin*, ↑*biletář(ka)* i ↑*bujon*, ↑*bojler*, ↑*boule*.

buldok, *buldočí*. Z angl. *bulldog*, doslova 'býčí pes', z *bull* 'býk' (srov. ↓*buldozer*, ↓*buly*) a *dog* 'pes' (srov. ↓*doga*).

buldozer, *buldozerista*. Z am.-angl. *bulldozer* od *bulldoze*, jež je v 19. st. známo v slang. významu 'silou zastrašovat (původně černochy)'. Interpretuje se jako 'dát býčí dávku' z *bull* 'býk' a *dose* 'dávka', ale to může být lid. etym. *(D2)*. Ve 20. st. přeneseno na název stroje.

bulík 'hlupák', *bulíkovat, nabulíkovat*. Původně 'mladý vůl' z něm. *Bulle* 'býk, vůl' (srov. ↑*buldok*).

bulimie 'chorobný hlad'. Přes lat. z ř. *boulīmíā* tv. od *boũs* 'býk' (srov. ↑*bukolický*) a *līmós* 'hlad', tedy vlastně 'býčí hlad'.

bulit 'brečet', *ubulený*. Onom. původu, od citosl. *bú*.

buližník 'druh křemene'. Z r. *bulýžnik* tv. od *bulýga* 'kámen, křemen, sukovitá hůl', jež souvisí s ↑*boule*.

bulka. Zdrobnělina od ↑*boule*.

bulletin 'věstník, (úřední) zpráva'. Z fr. *bulletin* tv. a to (podle it. *bolletino*, což je dvojnásobná zdrobnělina od *bolla* 'listina, pečeť') od stfr. *bulle* tv., obojí ze střlat. *bulla* tv. (viz ↑*bula*).

bulva 'oční koule; hlíza'. Přejato Jg z p. *bulwa* 'hlíza, brambořík' (odtud je i lit. *bùlvė* 'brambor'). V p. buď výpůjčka z lat. *bulbus* 'cibule, hlíza', nebo slovo domácí, příbuzné s ↑*boule* (srov. č.d. *buľavý* 'tlustý, nadutý', s./ch. *bùljav* 'vypoulený').

bulvár 'široká třída', *bulvární*. Z fr. *boulevard* tv., původně 'roubený val', ze střniz. *bollwerc* tv. (srov. něm. *Bollwerk* tv. z *Bohle* 'fošna' a *Werk* 'dílo, práce'), po demolicích pařížského opevnění v 18. a 19. st. přeneseno na promenády postavené na jeho místě.

buly 'vhazování při hokeji'. Z angl. *bully* tv. Původní význam byl 'brach, kamarád', pak 'rváč, tyran' (asi vlivem *bull* 'býk', srov. ↑*buldok*, ↑*buldozer*) a konečně 'rvačka, mela'.

bum citosl. Onom., srov. ↑*bomba*, ↑*buben*.

bumbat. Onom. původu, z dětské řeči. Srov. ↓*bumbrlíček*.

bumbrlíček. Utvořeno od citosl. *bumbu* a *brmbr* napodobujících pití (srov. ↑*bumbat*).

bumerang. Z angl. *boomerang* a to z jazyka australských domorodců (původní forma se uvádí různě, nejčastěji *womur-rang*).

bunda, *bundička, bundový*. Z maď. *bunda* 'druh kožichu', odkud se rozšířilo do všech okolních jazyků.

bungalov 'lehké obydlí (původně v tropech)'. Z angl. *bungalow* a to z hind. *banglā*, vlastně 'bengálský (domek)', srov. *Bangladéš*, doslova 'bengálská země'.

buničina. Viz ↓*buňka*.

buňka, *buněčný, buničina, buničitý*. Jen č. a slk. (*bunka*), původně pouze 'komůrka včelího plástu'. Ne zcela jasné. P.d. *buńka* 'hliněná nádoba', sln. *bûnka* 'opuchlina, úder', b.d. *búnka* 'hrudka' ukazují, že psl. **bunьka* (zdrobnělina od **bunʼa*) by mohlo vycházet z ie. **bheu-* 'růst, nabývat na objemu'. Srov. ↑*boule*, ↑*bujný*.

bunkr '(vojenská) pevnůstka'. Přes něm. *Bunker* z angl. *bunker* tv. (užívá se od 1. světové války). Předtím ve významu 'skladiště, zásobník uhlí' a 'umělá písečná jáma (na golfovém hřišti)'. Původ nejasný.

buntovat se. Viz ↓*pun(k)tovat (se)*.

bůr ob. 'pětikoruna'. Dříve též v podobách *bůra, burek, bora, borek*. Z argotu, nepříliš jasné. Vychází se z nejistého něm. arg. *bor* 'hotové peníze' z něm. *Bargeld* tv. z *bar* 'holý, obnažený' (srov. ↑*bosý*) a *Geld* 'peníze'.

burácet, *burácivý, zaburácet*. Až nč. expr. útvar od ↑*bouřit*, podle ↓*kymácet*, ↓*trmácet* (Ma²).

burák[1] hov. 'arašíd'. Univerbizací ze spojení *burský oříšek*, jenž je nazván po *Búrech*, potomcích holandských osadníků v již. Africe (souvisí s něm. *Bauer* 'sedlák', srov. ↓*buran*). V době tzv. búrské války (s Angličany) na přelomu století se k nám arašídy začaly ve větší míře dovážet.

burák[2] 'krmná řepa'. Přejato Preslem z p. *burak*, jež nemá přesvědčivý výklad.

buran ob. hanl. 'venkovan', *buranský*. Základem pojmenování je již stč. *búr* 'potupná přezdívka sedlákům' ze střhn. *būr(e)* 'soused, sedlák, hrubý člověk' (něm. *Bauer* 'sedlák'), jež souvisí s něm. *bauen* 'stavět' z ie. **bheu-* (viz ↓*být*). Srov. i ↑*burák*[1].

burcovat, *vyburcovat, zburcovat*. Stč. *burcovati* 'lomcovat, smýkat, srážet' je asi převzato ze střhn. *burzen* 'porazit, zřítit se'. V nč. dostává význam 'dělat hřmot' (Jg) vlivem ↑*bouřit* a ↑*burácet*.

burčák 'mladé, nevykvašené víno'. Asi od mor. *burkať* 'bouřit' (viz ↑*bouřit*, ↑*burcovat*) (Ma²).

burleska 'fraška', *burleskní*. Přes něm. *Burleske* od it. *burlesco* 'směšný' od *burla* 'vtip', jež se dále vykládá z pozdnělat. **bu(r)rula*, což je zdrobnělina od *burra* 'hrubá vlna' (srov. ↑*bourec*).

burnus 'beduínský plášť'. Přes něm. *Burnus* z fr. *burnous* z ar. *burnus* a to přes ř. *bírrhos* z lat. *birrus* (viz ↑*biret*).

burský. Viz ↑*burák*¹.

burza 'středisko obchodu s cennými papíry; místo směnného obchodu', *burzovní, burzián*. Východiskem je střlat. *bursa* '(kožený) váček (na peníze)' (srov. angl. *purse* 'peněženka') z ř. *býrsa* 'stažená kůže'. Základ dnešního významu se zrodil v belgických Bruggách v 16. st., kde bylo náměstí nazývané *beurs, borse* podle domu jisté kupecké rodiny, která měla ve znaku tři váčky (střniz. *borse*, niz. *beurs*) a u níž obchodovali benátští kupci. Ti pak přenesli název na obchodní středisko v Antverpách (1531).

buržoazie, *buržoazní*. Z fr. *bourgeoisie*, původně vlastně 'měšťanský stav (ve feudální společnosti)', od *bourgeois* 'měšťan' od *bourg* 'město' z germ. **burg-*, jež souvisí s *Berg* 'hora' (srov. ↑*břeh*, ↓*purkmistr*).

buřič, *buřičský, buřičství*. Od ↑*bouřit*.

buřinka 'pánský klobouk s vyztuženým dýnkem', řidčeji *bouřka*. Prý kalk z něm. slang. *Gewitter(tulpe)*, doslova 'bouřkový (tulipán)' (podle tvaru), protože poskytuje ochranu před deštěm (Ma²).

buřt, expr. *buřtík*. Z něm. *Wurst*, které vychází z ie. **u̯er-* 'kroutit, otáčet', srov. ↓*vrstva*, ↓*vrátit*.

bus 'autobus'. Z angl. *bus* tv., které vzniklo zkrácením z ↓*omnibus* a bylo dále využito k tvoření podobných slov (srov. ↑*autobus*, ↓*trolejbus*, ↓*mikrobus*).

busola 'druh kompasu'. Z it. *bussola*, vlastně 'krabička', od střlat. *buxida*, *buxis* 'krabice, schránka' z lat. *pyxis* tv. z ř. *pyxís* 'krabice (ze zimostrázu)' od *pýxos* 'zimostráz'. Srov. ↓*piksla*, ↓*puška*, ↑*box*¹.

busta. Viz ↓*bysta*.

buš 'tropický křovinatý porost'. Z angl. *bush* 'křoví' a to asi ze skand. (dán. *busk*, švéd. *buske*). Srov. ↓*puget*.

bušit, *zabušit, zbušit*. Onom. původu, srov. ↑*bouchat*.

butan 'druh uhlovodíku', *butanový*. Utvořeno od základu, který je v lat. *būtyrum* 'máslo' (butan je odvozen od kyseliny máselné) z ř. *boútyron* tv. z *boûs* 'dobytek, kráva' (srov. ↑*bulimie*, ↑*bukolický*) a *tyrós* 'sýr'.

butelka, **butylka** 'láhev'. Z fr. *bouteille* tv. (druhá podoba přes r. *butylka*) a to z pozdnělat. *but(t)icula*, což je zdrobnělina od *but(t)is* 'sud, bečka' (viz ↑*bečka*, ↓*putna*).

butik 'obchod s módním zbožím'. Z fr. *boutique* 'krám(ek), konfekční prodejna, dílna' a to přes prov. *botica* z ř. *apothḗkē* (stř. výslovnost s -*i*-) 'sklad', dále viz ↑*apatyka*, ↓*putyka*.

buton 'kulatá náušnice'. Z fr. *bouton* 'knoflík, tlačítko, pupen' od *bouter* 'tlačit, položit'.

buvol, *buvolí*. Stč. i *bubal, buval, byvol*. Z lat. *būbalus* z ř. *boúbalos* 'buvol, antilopa', zřejmě od *boûs* 'dobytek'. V č. druhá část slova přikloněna k stč. *vól* (↓*vůl*).

buzar 'strk o mantinel (v kulečníku)'. Z fr. *pousser* 'strkat' z lat. *pulsāre* 'tepat, pudit' (srov. ↓*puls*).

buzerant vulg. 'homosexuál', *buzerovat* ob. 'trápit nemístnými

bužírka — byť

požadavky', *buzerace*. Přes něm. *Buserant* tv. ze severoit. *buzarada* 'sodomita', jež je odvozeno od pozdnělat. *būgeru(m), bulgaru(m)* 'Bulhar, příslušník hnutí bogomilů' (náboženské hnutí rozšířené v 10.–15. st. mezi již. Slovany) na základě běžné představy 'kacíř' = 'smilník, sodomita'. Sloveso je pak zřejmě novější, u nás z vojenského slangu.

bužírka 'umělohmotný obal k izolaci vodičů'. Asi od *bužie* 'pryžová rourka k zavádění do trubicových ústrojí' a to z fr. *bougie* tv., původně (i dnes) 'svíčka', podle alžírského města *Bougie* (ar. *Bujāyah*), centra voskařského průmyslu.

bydlet, *bydliště, zabydlet, obydlet, obydlí*. Jen č. a slk. Odvozeno od stč. *bydlo* 'příbytek, obydlí, bydliště' a to příp. *-dlo* od psl. **byti* (↓*být*). Srov. ↓*byt*.

bych. Původně tvar aoristu slovesa *býti* (↓*být*), tedy 'byl jsem'. Tvarově odpovídá ř. *éfysa* (z **ebhū-s-ṃ*) *(A2,A8)*. Spojení s *l*-ovým příčestím (např. *dal bych*) mělo původně význam předminulého času ('byl jsem dal'), ale brzy začalo fungovat jako podmiňovací způsob, zatímco pro předminulý čas se ustálilo spojení *l*-ového příčestí s tvarem imperfekta slovesa *býti* (*biech dal*) (HK).

býk, *býčí, býček*, ob. *bejkovec, bejčit* 'vyvíjet velké fyzické nasazení'. Všesl. – p., r. *byk*, s./ch. *bîk*. Psl. *bykъ* slovotvorně odpovídá lit. *būkas* 'bukač' *(B5,A7)* (viz ↑*bukač*), obojí je tvořeno od onom. slovesa (psl. **bukati*, srov. ↑*bučet*). Tedy původně 'bučící (zvíře)'.

bylina, *bylinný, bylinka, bylinkový, býlí, býložravý*. Všesl. – p. *bylina*, r. *bylínka*, s./ch. *bîlјka*, stsl. *bylъ* tv. Psl. **byl-* je odvozeno *l*-ovou příp. od ie. **bhū-, *bheu-* 'růst, nabývat' *(B2,B5)*, podobně tvořeno je ř. *fýlon* 'plémě, rod', významově se bližší jiné ř. slovo od stejného základu – *fytón* 'rostlina'. Dále viz ↓*být*.

byrokracie 'vláda úřednického aparátu', *byrokrat, byrokratický*. Z fr. *bureaucratie* (od pol. 18. st.) z *bureau* 'úřad(ovna), psací stůl', původně 'hrubá látka (pokrývající stůl)' z lat. *burra* (viz ↑*bourec*, ↑*burleska*). Druhá část ř. *-kratía* 'vláda', srov. ↓*demokracie*.

bysta 'socha hlavy a části prsou'. Z fr. *buste* tv. z it. *busto* a to asi z lat. *bustum* 'hrob, žářoviště', přijmeme-li domněnku, že původně šlo o jakýsi figurální pomník na hrobě.

bystrý, *bystrost, bystřina, bystřit, zbystřit*. Všesl. – p. *bystry*, r. *býstryj*, s./ch. *bȉstar*, stsl. *bystrъ*. Psl. **bystrъ* se obvykle srovnává se stisl. *bysia* 'prudce vyrazit', dán. *buse* tv., fríz. *büsterig* 'bouřlivý' (HK) i sti. *bhūšati* 'je čilý' (Ma[2]) (z ie. **bhūs-*). Možné je však vyjít i z předsl. **būd-tro-* *(A5,B5)* 'bdělý, čilý', jež vychází z ie. **bheudh-* (viz ↑*bdít*, ↑*budit*).

byt, *bytový, bytná, obytný, ubytovat, ubytovna*. Od ↓*být*, původně abstraktní význam 'bytí, jsoucno', pak 'pobyt' a 'obydlí'.

být, *bytí, bytost, bytostný, bytelný, bývat, bývalý, nabývat, pobývat, pobyt, přebývat, přebytek, přibývat, příbytek, zbývat, zbytek, ubývat, úbytek, odbývat, dobývat, dobyvatel, obývat, obývací, zabývat se* aj. Všesl. – p. *byč, byt'*, s./ch. *bȉti*, stsl. *byti*. Psl. **byti* je příbuzné s lit. *búti*, angl. *be* tv., sthn. *buan* 'žít, bydlet, stir. *buath* 'být', lat. *fuī* 'byl jsem', ř. *fýomai* 'rostu, vznikám', sti. *bhávati* 'vzniká, stává se', *bhūti-* 'bytí', vše z ie. **bheu-* 'růst, vznikat' (ale významový posun k 'být' je společný všem ie. větvím). Srov. ↑*bych*, ↑*budu*, ↑*bavit*, ↑*bydlet*, ↑*byt*, ↓*dobytek*, ↑*bylina*.

byť sp. Z *by* (viz ↑*bych*) a zdůrazňovací částice *-t*̕.

bývalý. Od *bývat* (viz ↑*být*).

byznys 'obchod'. Z angl. *business* tv. od *busy* 'zaneprázdněný, pilný' nejistého původu.

bzdít nář. 'pšoukat'. Stč. *bzdieti, pzdieti*, p. *bździeć*, r. *bzdet'*, sln. *pezdéti*. Psl. **pьzděti, *bьzděti* má dále paralely v lit. *bezděti*, lat. *pēdere* 'prdět', ř. *bdéō* 'prdím', něm. *Fist* 'prd', vše z ie. **pezd-*, které bylo podle všeho 'tišší' variantou onom. **perd-* (viz ↓*prdět*) (Ma²).

bzikat, *bzikavka*. Stejné je p. *bzikać*, sln. *bzīkati* tv. Tvořeno od onom. *bz*, stejně jako ↓*bzučet*.

bzučet, *bzukot, bzučivý, bzučák*. Onom., od citosl. *bz*. Srov. ↑*bzikat* i ↑*bručet*, ↑*bučet*, ↓*vrčet* ap.

bžunda ob. expr. 'legrace'. Dříve (ještě SSJČ) 'nezdar, brynda', prý z hornictví, kde bylo takto označováno plané vyfouknutí nálože (onom. *bžun*!) (Ma², HL). Význam 'legrace' asi podle ↓*junda*, ↓*sranda*, ↓*švanda*.

C

cácorka nář. 'konipas', expr. 'drobná, svižná dívka'. Od expr. *cácat* 'houpat' (dnes jen ve slk.) příp. *-or(k)a* asi jako ↓*sýkor(k)a*. Podle charakteristického pohybu ocásku (srov. ↓*třasořitka*).

cachtat se. Expr. varianta k ↓*cákat*. Srov. i ↓*čvachtat*.

cajk 'pevná bavlněná látka', slang. 'náčiní, nářadí, cajkový. Z něm. *Zeug* 'veteš, látka, náčiní' asi od *ziehen* 'táhnout'. Srov. ↓*vercajk*.

cákat, *cáknout, cákanec*. Onom. původu (citosl. *cák*), jen č. Srov. ↑*cachtat se*, ↓*čvachtat*, ↓*camrat*, ↓*cancat*.

cálovat ob. 'platit'. Z něm. *zahlen* tv., jež souvisí s angl. *tell* 'vyprávět, říci' (srov. něm. *erzählen* tv.).

calvados 'pálenka z jablečného moštu'. Podle departementu *Calvados* v severozápadní Francii (okolo města Caen).

camping. Viz ↓*kempink*.

camrat expr. 'žvanit', *nacamrat se* expr. 'opít se'. Od stejného onom. *ca-*, které je v ↑*cákat*. Podobné je ↓*cancat*.

cancat expr. 'žvanit', *pocancat se* 'potřísnit se'. Viz ↑*camrat*.

cancour ob. 'útržek látky, cár'. Dříve též *cancor, kancour* (Jg), *cancár* (Ma[2]). Útvary nejasné. Snad je východiskem *cancár*, disimilací z **car-car* (viz ↓*cár*). Pozoruhodné jsou podobné útvary mimo slov. jazyky – dněm. *Zanzer*, lot. *kankars* tv., střř. *tsántsalon* 'hadr' (Ma[2]).

candát 'dravá sladkovodní ryba'. Stč. též *cendát*, p. *sandacz*, ukr., r. *sudák*. Nejasné. Něm. *Zander*, střdn. *sandāt* atd. jsou většinou považovány za výpůjčky ze slov. – domovem té ryby má být oblast Labe, Odry a Visly (Ma[2]). Uvažuje se o předie. substrátu.

capart hov. expr. 'malé dítě'. Dříve 'útržek, maličkost, nepatrná věc', stč. *capart, tapart, tabard* 'plášť s dlouhým pruhem vzadu' (ze střlat. *tabardum* 'akademický či vojenský plášť'), z toho pak 'chatrný žebrácký oděv'. Změna *t*>*c* i obměny významu možná vlivem *capit* 'trhat' (Jg), nový význam 'dítě' snad vlivem ↓*capat*.

capat 'jít drobnými krůčky', *capavý, cápota*, ob. expr. *cápek* 'nezkušený mladík'. Onom. původu (původně asi o chůzi v mokru), asi stejné *ca-* jako u ↑*cákat*. Srov. ↓*cupat*, ↓*ťapat*.

car, *carevna, carevič, carský, carismus*. Z r. *car* ze str. *cьsarь*, což je varianta psl. tvaru, z něhož vzniklo naše ↓*císař*.

cár. Snad ze střhn. *zar* 'roztržení, trhlina' od *zerren* '(roz)trhat', jež souvisí s ↓*drát*[1]. Méně pravděpodobné je zkrácení z *cancár* (Ma[2]) (viz ↑*cancour*). Srov. však i ↓*courat*.

causa. Viz ↓*kauza*.

causerie 'zábavná, duchaplná črta'. Z fr. *causerie* od *causer* 'povídat' z lat. *causārī* 'uvádět za příčinu, předstírat'. Srov. ↓*kauza*.

cavyky 'okolky'. Dříve 'hašteření, povyk' (Jg). Asi kontaminací *(D3)* z *cáry* 'hluky, okolky' (Jg) a ↓*povyk*.

cecek ob. 'struk', zhrub. 'prs'. Od staršího č. *cecati* 'sát' onom. původu, jež je variantou k ↓*cucat*.

cedit, *cedník, vycedit, ucedit, přecedit, scedit* aj. Všesl. – p. *cedzić*, r. *cedít'*, ch. *cijéditi*, s. *céditi*, stsl. *(is)cěditi*. Psl. **cěditi* má nejblíže k lit. *skáidyti* 'oddělovat, třídit', východiskem je ie. **skei-d-/*skoi-d-* 'oddělovat, odřezávat' *(B1,B2)*. Srov. ↓*čistý*, ↓*cesta*, ↓*cedule*.

cedr 103 **cement**

cedr 'vzácný jehličnatý strom rostoucí ve Středomoří'. Z lat. *cedrus* z ř. *kédros* tv., původně 'jalovec'.

cedule hov., *cedulka, cedulový*. Již ve střední č. Ze střlat. *cedula* z pozdnělat. *schedula*, což je zdrobnělina od lat. *scheda, scida* 'list, proužek (papíru)', asi z ř. *schídē, schíza* 'odřezek, tříska' od *schízō* 'štípám, odtrhávám'. Srov. ↓*schizma*, ↑*cedit*.

cech '(feudální) organizace mistrů a tovaryšů téhož řemesla', *cechovní*. Ze střhn. *zeche* tv. k sthn. *zehōn* 'vybavit, dát do pořádku'.

cejch 'úřední znamení, značka', *cejchovat*. Z něm. *Zeichen* tv. (souvisí s angl. *token* 'znamení, symbol').

cejcha ob. expr. 'velké břicho'. Metaforicky z ↓*cícha*.

cejn 'druh sladkovodní ryby'. Z něm. *Zinnfisch* tv., a to podle stříbřité barvy šupin (viz ↓*cín*).

ceknout 'hlesnout'. Stč. též *cknúti*. Onom. původu. Srov. ↓*štěkat*.

cela 'kobka'. Z lat. *cella* 'komora, kobka'. Souvisí s něm. *Halle*, angl. *hall* (viz ↓*hala*). Srov. i ↓*celofán*, ↓*celulóza*.

celebrovat 'sloužit mši', *celebrita* 'slavná osobnost'. Z lat. *celebrāre* 'oslavovat, hojně navštěvovat' od *celeber* 'slavný, hojně navštěvovaný.

celer, *celerový*. Z rak.-něm. *Zeller* (spisovně *Sellerie*) ze severoit. *selleri*, což je varianta k it. *selano* z lat. *selīnon* z ř. *selīnon* tv.

celibát 'bezženství (zvláště katolických kněží)'. Z lat. *caelibātus* od *caelebs* 'svobodný, neženatý'.

cello 'smyčcový hudební nástroj', *cellista*. Zkráceno v 19. st. z it. *violoncello*, což je zdrobnělina od *violone* 'velké basové housle', to naopak zveličující

slovo k ↓*viola*. Kuriózní je, že samotné *cello* je pouze zdrobňující přípona.

celní, celnice. Viz ↓*clo*.

celofán 'průhledná balicí hmota z celulózy', *celofánový*. Z fr. *cellophane* a to uměle z fr. *cellulose* (viz ↓*celulóza*) a ř. *(dia)fanés* 'průhledný, jasný' od *faínō* 'vyjevuji, ukazuji'. Srov. ↓*fenomén*.

celovat zast. 'líbat', *pocelovat*. Původně 'zdravit' (stsl. *cělovati* tv.). Dále viz ↓*celý*.

celta 'stanový dílec', *celtový, celtovina*. Z něm. *Zelt* 'stan', jehož další původ je nejistý.

celuloid 'lehká, pružná plastická hmota', *celuloidový*. Z am.-angl. *celluloid*, uměle utvořeného v 70. letech 19. st. Viz ↓*celulóza* a ↓*-oid*.

celulóza 'buničina', *celulózový*. Přes něm. z fr. *cellulose* od *cellule* 'klášterní cela', pak i 'buňka (v plástu)', z lat. *cellula*, což je zdrobnělina k *cella* (viz ↑*cela*). Srov. ↑*celofán*, ↑*celuloid*.

celý, *celek, celkový, celkem, zacelit, scelit*. Všesl. – p. *cały*, r. *célyj*, s./ch. *ci̇̀o, ci̇̀jel*, stsl. *cělъ*. Psl. **cělъ*, původně 'neporušený, zdravý' (srov. ↑*celovat, zacelit*), souvisí se stpr. *kailūstiskan* (ak.) 'zdraví', gót. *hails* 'zdravý', něm. *heil* tv. (srov. pozdrav *heil!*), angl. *whole* 'celý' a *heal* 'hojit (se), zacelit (se)' a asi i stir. *cēl* 'štastné znamení', vše k ie. **kailo-/*kailu-* 'zdravý, neporušený' (B1,B2,A4).

cembalo 'strunný hudební nástroj s klávesnicí', *cemballový*. Zkráceno z it. *clavicemballo* z lat. *clāvis* 'klíč' (viz ↓*klávesa*) a *cymbalum* (viz ↓*cimbál*).

cement, *cementový, cementárna, cementovat*. Přímo, či prostřednictvím něm. a stfr. z lat. *caementum* 'lámaný kámen' od *caedere* 'tlouci, tesat, lámat'. Cement se původně dělal z drceného kamene s přísadou vápna. Srov. ↓*cézura*.

cemr ob. 'hřbet, záda'. Z něm. *Ziemer* 'hřbet (zvěřiny)' nejasného původu.

cena, *cenový, cenný, cennost, cenina, ceník, cenit, ocenit, podcenit, přecenit, docenit* ap. Všesl. – p. *cena*, r. *cená*, ch. *cijèna*, stsl. *cěna*. Psl. **cěna* má blízké příbuzné v lit. *káina* tv., ř. *poinḗ* 'náhrada, pomsta, trest', av. *kaēnā* tv., vše z ie. **kʷoi-nā* 'pokuta, odplata' od **kʷei-* 'dbát, dávat pozor', druhotně i 'trestat ap.' *(A3,B1,B2)*. Původně tedy 'pokuta, náhrada (za zabití ap.)', pak 'cena, hodnota vůbec'. Srov. ↓*kát se*, ↓*číst*.

cenit *(zuby), vycenit, zacenit (se)*. Jen č., nepříliš jasné. Snad expr. varianta k stč. *cěřiti, ščěřiti* tv. asi k ie. **sker-* (Ma², HK). Srov. ↓*štěrbina*.

cent[1] 'váha 100 kg'. Ze staršího *centnéř* (něm. *Zentner*) z lat. *centēnārius* 'váha 100 liber' k *centum* 'sto'. Srov. ↓*cent*², ↓*centi-*, ↓*procento* i ↓*cetka*, ↓*sto*.

cent[2] 'setina amerického dolaru'. Zkráceno z lat. *centēsimus* 'stý (díl)', srov. fr. *centime* 'setina franku' a ↑*cent*[1], ↓*centi-*.

centi- (ve složeninách) 'stý díl' (srov. *centimetr, centilitr, centigram*). Z fr. *centi-*, které bylo koncem 18. st. utvořeno k lat. *centum* 'sto'. Srov. ↑*cent*[1], ↑*cent*[2] i ↓*deci-*.

centr slang. 'přihrávka z křídla před branku; střední útočník', *centrovat, odcentrovat, zacentrovat*. Z angl. *centre* tv. z lat. *centrum*, druhý význam zkrácením z *centre-forward*. Viz ↓*centrum* a ↓*forward*.

centrifuga 'odstředivka', *centrifugální*. Z fr. novotvaru *centrifuge* k lat. *centrum* (viz ↓*centrum*) a *fugere* 'prchat' (viz ↓*fuga*).

centrum, *centrální, centrála, centralizovat, centralizace, centralismus, centralistický*. Z lat. *centrum* z ř. *kéntron* 'bodec, osten, bod ve středu kruhu' od *kentéō* 'bodám'. Srov. ↓*koncentrace*, ↑*excentrický*.

cenzura 'kontrola tisku a jiných materiálů určených k zveřejnění', *cenzurní, cenzurovat, cenzor, cenzus*. Z lat. *cēnsūra* 'kontrola, posouzení' od *cēnsēre* 'cenit, odhadovat, posuzovat'. Srov. ↓*recenze*, ↓*činže*.

cep, *cepovat* hov. expr. 'přísně cvičit'. Všesl. – p., r. *cep*, ch. *cı̏jep*. Psl. **cěpъ* je od slovesa **cěpiti*, jež se vyvozuje z ie. *(s)koip-* *(B1,B2)*, varianty k **(s)kep-*, z něhož je ↓*štípat*.

cepenět 'hynout, tuhnout', *zcepenět*. R. *cepenét'* 'stávat se nehybným', sln. *cepenéti* 'tvrdnout'. Souvisí asi s ↓*chcípat, scípat*. Příbuznost se hledá v lit. *kaĩpti* 'chřadnout', *keĩpti* 'hynout' *(B1,B2)* (Ma²).

cepín 'horolezecká hůl'. Přes sln. *cepîn* z it. *zappone* od *zappa* 'motyka' ze střlat. *sappa* nejasného původu. Srov. ↓*sapér*.

cereálie 'obilniny, obilné vločky'. Z lat. *cereālia* 'obilná zrna' od jména římské bohyně úrody *Cerēs* (dnešní užívání přes angl. *cereals*).

cerebrální 'mozkový'. Z lat. *cerebrālis* od *cerebrum* 'mozek'. Souvisí s ř. *kárā* 'hlava'. Srov. ↓*koryfej*.

ceremoniál 'ustálený pořádek úkonů slavnostního obřadu', *ceremoniální, ceremonie, ceremoniář(ka)*. Z fr. *cérémonial* z pozdnělat. *caerimōniālis*, adj. od lat. *caerimōnia, caerimōnia* 'uctívání, slavnost' nejistého původu.

certifikát 'osvědčení', *certifikační, certifikovat*. Ze střlat. *certificatum* od *certificare* 'osvědčovat' z lat. *certus* 'jistý' od *cernere* 'rozlišovat, vnímat' a *-ficāre* (viz ↓*-fikace*).

cesium 'měkký alkalický kov'. Od lat. *caesius* 'modrošedý'.

cesmína 'keř s bodlinatými listy'. Ze s./ch. *čěsmina*, snad od kořene **kes-* (srov. ↓*česat*).

cesta, *cestovat, cestovní, cestovné, cestující, cestovatel(ka), cestovatelský, cestář, scestný, pocestný, rozcestí* ap. Jen p.d. *cesta*, sln. *césta*, s./ch. *cěsta* a csl. *cěsta*. Nejspíš od slovesa **cěstiti* 'čistit, klestit' (csl. *cěstiti* tv.). Výchozí psl. adj. *cěstъ* by přesně odpovídalo lit. *skáistas* 'jasný, čistý' z ie. **(s)kaid-t-* *(A5,B1,B2)*. Srov. ↓*čistý*.

-cet *(dvacet, třicet, čtyřicet)*. Z psl. **-desęti*, původem nom. pl. od **desętь* (viz ↑*deset*). Srov. např. **tri desęti* 'tři desítky', stč. *třidsěti, třidcěti*, jež se dále zkrátilo. Srov. ↓*-desát*, ↓*-náct*.

cetka 'levná ozdůbka'. P. *cętka* 'skvrnka, znamení', r.st. *cáta* 'ozdoba ikon', stsrb. *cěta* 'drobná mince', stsl. *cęta*. Psl. **cęta* 'peníz, mince' je stará, již psl. výpůjčka, jejíž původ je však sporný. Nejspíš z lat., buď prostřednictvím gót. *kintus* 'drobný peníz' (byl by to však jediný doklad 2. palatalizace před *-ę (B1)*), nebo přímo, lat. zdroj však není jistý – ani vlat. *quintus*, ani lat. **centus* (srov. ↑*cent*) nejsou přesvědčivými východisky.

céva, *cévka, cévní, cívka, cívkový*. Všesl. – p. *cewa*, r. *cévka*, ch. *cijêv*, s. *cêv*. Psl. **cěva*, původně 'dutý stvol', odtud významy 'cívka' a 'céva' (jen č., slk., sln.). Nejblíže mu stojí lit. *šeivà* (nář. *šaivà*) 'cívka, troubel', přestože je tu v násloví rozdíl původního slov. *k-* *(B1,B2)* proti balt. *k̃ (A1)*. Další ie. souvislosti nejsou jisté.

cézura 'přeryvka (ve verši)'. Z lat. *caesūra* od *caedere* 'řezat, bít'. Srov. ↑*cement*, ↓*genocida*.

cibetka 'pestře zbarvená kunovitá šelma'. Z it. *zibetto* k střlat. *zibethum* 'pižmo (z cibetky)' z ar. *zabād* 'pěna'.

cibule, *cibulka, cibulový, cibulovitý*. Ze střhn. *zibolle* (dnes *Zwiebel*) z pozdnělat. *cēpula*, zdrobněliny od *cēpa* tv.

cídit, *vycídit*. Stč. *cúditi* 'čistit' *(C1)*, p. *cudzić* 'čistit koně, cvičit, bít'. Nejasné. Výklady mylnou dekompozicí z **ot-juditi* (HK) či **ot-suditi* (Ma²) nemají zdaleka tak přesvědčivý základ jako u ↓*cítit*, protože předpokládané **juditi* ani **suditi* nemá spolehlivé příbuzenstvo. Srov. ↓*cudný*.

cifra 'číslice', *ciferník*. Z něm. *Ziffer* a to přes střlat. *cifra* z ar. *ṣifr* 'nula', původně 'prázdný' (nula byla zavedena až s ar. číselným systémem). Srov. ↓*šifra*.

cigareta, *cigaretový*. Přes něm. *Zigarette* z fr. *cigarette*, což je zdrobnělina k *cigare* ze šp. *cigarro*. To buď z indiánštiny, nebo metaforou (podle tvaru) ze šp. *cigarra* 'cikáda' (viz ↓*cikáda*).

cihla, *cihlový, cihelna, cihlář*. Ze střhn. *ziegel* z lat. *tēgula* (přímo z lat. je slk. *tehla*) a to od *tegere* 'krýt'. Srov. ↓*tóga*.

cícha 'povlak na peřinu'. Ze střhn. *ziech(e)* a to ze střlat. *theca* 'pokryvka' z ř. *thḗkē* 'schránka, skříňka'. Srov. ↓*hypotéka*.

cikáda 'blanokřídlý hmyz, známý pronikavým cvrkotem samečků'. Přes něm. *Zikade* z lat. *cicāda*. Asi onom. původu.

cikán, *cikánka, cikánský, cikánština*. V Evropě rozšířeno, původ však nejasný. Poprvé se objevuje v Byzanci jako *(a)tsínganoi*, což připomíná jméno jakési heretické sekty *Athínganoi*; spojení však není jisté (Ma²). Jde o jméno dané zvenčí, sami Cikáni se označují jménem *Rom*.

cikcak. Z něm. *zickzack*, asi od *Zacke(n)* 'zub, zářez'. Srov. podobné útvary ↓*mišmaš*, ↓*cimprcampr*, *tiktak* (↓*tikat*).

cikorka 'přísada do kávy'. Z něm. *Zichorie* a to ze střlat. *cichorea*, lat. *cichōrium* z ř. *kichórion* 'čekanka'. Srov. ↓*čekanka*.

cíl, *cílový, cílit, docílit, cílevědomý*. Stejně jako p. *cel* (odtud r. *cel'*), sln., ch. *cîlj* přejato ze střhn. *zil* tv. Souvisí s angl. *till* '(až) do'.

cimbál, *cimbálový, cimbálista*. Z lat. *cymbalum* a to z ř. *kýmbalon*, původně cosi jako činely. Srov. ↑*cemballo*.

cimbuří 'zubovité zakončení hradních věží ap.'. Asi přesmykem z něm. *Burgzinne* z *Burg* 'hrad' (srov. ↓*purkrabí*) a *Zinne* 'cimbuří', jež souvisí s *Zahn* 'zub' (srov. ↓*dáseň*) (Ma²).

cimprcampr ob. expr. (*na cimprcampr* 'na kousíčky'). Expr. tvoření zdvojením a obměnou základu (srov. ↓*mišmaš*). Snad souvisí s ↓*cimprlich*.

cimprlich ob. expr. 'choulostivý, nedůtklivý'. Z něm. *zimperlich* tv., dříve nář. i *zimper, zimpfer* 'zdobený, jemný ap.'. Dále nejasné.

cimra ob. 'místnost'. Z něm. *Zimmer* tv. ze sthn. *zimbar* 'stavební dříví, stavení, místnost', jež asi souvisí s ↓*dům* (A4).

cín, *cínový*. Stč. i *cajn*. Stejně jako p. *cyna*, sln. *cîn*, s./ch. *cъn* přejato ze střhn. *zin* (dnes *Zinn*, angl. *tin*). Další původ nejistý.

cingrlátko ob. '(cinkavá) ozdůbka'. Novější, nejasné. Souvislost s ↓*cinkat* může být až druhotná.

cínie 'druh zahradní byliny'. Podle něm. botanika *Zinna*.

cink slang. 'znamení (na kartách)', *cinknutý* 'poznačený'. Asi z něm. *Zinke* 'zub, vroubek'. Srov. ↓*zinek*.

cinkat, *cinkot, cinkavý, zacinkat*. Onom. původu (citosl. *cink*). Srov. ↓*klinkat*, ↑*břinkat*.

cintat, *pocintat se, cintáček*. Asi expr. varianta k ↓*slintat*.

cíp, *cípek*. Ze střhn. *zipf* (dnes *Zipfel*) tv. Souvisí s angl. *tip* 'špička' (srov. ↓*tiptop*) a asi i ↓*cop*.

ciráty ob. expr. 'okolky'. Dříve též 'ozdoba' z něm. *Zierat, Zier* tv.

cirka 'asi, přibližně'. Z lat. *circā* 'kolem'. Srov. ↓*cirkus*.

církev, *církevní*. Stč. *crkev, cierkev*. Všesl. – p. *cerkiew*, r. *cérkov'*, s./ch. *cŕkva*, stsl. *crъky* i *cirъky*. Pozdně psl. **cъrky* je výpůjčkou z ř. *kȳri(a)kón* 'dům páně, chrám' (od *kȳrios* 'pán'), názory na detaily přejetí se však různí. Většinou se předpokládá germ. prostřednictví – gót. **kirikō* či **kirkō*, sthn. *kirihha* aj. (B2) (srov. něm. *Kirche*, angl. *church*). Uvažuje se i o regionálně a časově různých přejetích ze dvou různých zdrojů.

cirkulovat 'kroužit', *cirkulace, cirkulář, cirkulárka*. Z lat. *circulāre* 'tvořit kruh' od *circulus*, zdrobněliny od *circus* tv. (viz ↓*cirkus*).

cirkumflex 'tažený přízvuk', *cirkumflexový*. Z pozdnělat. *circumflexus* 'otočený, zahnutý' z *circum* 'kolem' (srov. ↓*cirkus*) a *flexus* od *flectere* 'ohýbat' (srov. ↓*flexe*).

cirkus, *cirkusový*, ob. *cirkusák, cirkusácký*. Přes něm. *Zirkus* z lat. *circus* 'kruh, závodní dráha do kruhu' a to z ř. *kírkos* (vedle staršího *kríkos*) 'kruh, obruč, náramek'.

cirok. Viz ↓*čirok*.

ciróza 'svraštění (jater)'. Z nlat. *cirhosis* k ř. *kirrhós* 'žlutý' (podle žluté barvy jaterní tkáně při této chorobě).

císař, *císařovna, císařský, císařství*. Stč. *ciesař*. Všesl. – p. *cesarz*, r. *cézar'* (jen o římském císaři), s./ch. *cèsar, cèzar*. Z lat. jména *Caesar*, nejspíš prostřednictvím gót. *kaisar* (B1,B2)

podle jiných z lat. adj. *caesarius* (Ma²). Srov. ↑*car* i ↓*král*.

cisterciák 'člen mnišského řádu'. Podle fr. kláštera *Cîteaux* (lat. *Cistercium*), kde byl řád založen (1098).

cisterna, *cisternový*. Z lat. *cisterna* 'nádržka na dešťovou vodu' od *cista* 'schránka' z ř. *kíste* 'skříň, truhlice'. Srov. ↓*kysna*.

citadela 'tvrz uvnitř města či opevněného místa'. Přes něm. *Zitadelle*, fr. *citadelle* z it. *cittadella*, což je zdrobnělina od stit. *cittade* (dnes *città*) 'město' z lat. *cīvitās* (gen. *cīvitātis*) 'město, obec, stát, občanství' od *cīvis* 'občan'. Srov. angl. *city* '(velko)město' a ↓*civilní*.

citera 'drnkací strunný nástroj'. Přes něm. *Zither* z lat. *cithara*, ř. *kithára*. Srov. ↓*kytara*.

cítit, *cit, citový, citlivý, citlivost, citelný, pocítit, pocit, procítit, vycítit, soucit, necita* ap. Stč. *cútiti*. Všesl. – p. *cucić* 'budit', r. *očutít'sja* 'ocitnout se', *oščutít'* 'pocítit', s./ch. *ćútjeti* 'cítit', stsl. *oštutiti* tv. Vykládá se mylnou dekompozicí z psl. **ot-jutiti* (do pč. **ocútiti (B3)*, *o-* odpojeno jako předpona). Samotné psl. **jutiti* nemáme doloženo, dobrá paralela je však v lit. *at-jaũsti* 'cítit', *jautrùs* 'citlivý'. Od tohoto základu je i psl. **jutro* (viz ↓*jitro*), vlastně 'doba procitnutí'. K blízkosti významů 'cítit' a 'bdít' srov. i stč. *pobdieti* 'pocítit' (Ma², HK).

citovat 'doslovně uvádět cizí výrok', *citace, citát, citátový*. Z lat. *citāre* (příč. trp. *citātum*) 'dávat do pohybu, vyvolávat, oživovat' od *ciēre* 'oživovat, povzbuzovat'. Srov. ↓*excitace*, ↓*recitace*.

citron, *citronový, citronáda, citroník, citrus*. Z něm. *Zitrone* z it. *citrone* od lat. *citrus* 'citroník', jež souvisí

s ř. *kédros* 'cedr' (obojí asi přejato z nějakého předie. jazyka). Srov. ↑*cedr*.

civět. Jen č. (doloženo od 17. st., u Jg též *ceveněti*), slk. *civieť* 'tupě hledět, chřadnout', p.d. *cywic, cewiec* 'hubnout, hynout'. Původně asi **cěvěti*, jež souvisí s lit. *káivinti* 'vysilovat, vyčerpávat' *(B1,B2)* (Ma²). V č. významový přechod 'ztrácet sílu' → 'tupě zírat'.

civilní 'občanský; nevojenský', *civil, civilista, civilizovat, civilizace, civilizační*. Přes něm. *zivil*, fr. *civil* z lat. *cīvīlis* 'občanský' od *cīvis* 'občan'. Srov. ↑*citadela*.

cívka. Viz ↑*céva*.

cizelovat 'umělecky zdobit kov tepáním; tříbit', *cizelér*. Z fr. *ciseler* od stfr. *cisel* 'dláto, sekáček' a to přes vlat. k lat. *caedere* (příč. trp. *caesum*) 'tesat, tlouci'. Srov. ↑*cement*, ↑*cézura*.

cizí, *cizák, cizácký, cizina, cizinec, cizinka, cizinecký, cizota, odcizit, zcizit* aj. Stč. *cuzí (C1)*. Všesl. – p. *cudzy*, r. *čužój*, s./ch. *tûđ*, stsl. *štužd*ь, *tužd*ь. Psl. **ťud*ь, **tud*ь *(B3)* se spojuje s lit. *tautà* 'národ, gót. *þiuda* tv. (sem patří i něm. adj. *deutsch* ze sthn. *diutisk*, vlastně 'patřící k národu'), stir. *túath* tv., osk. *touto* 'obec', vše z ie. **teutā*, **toutā* 'národ, země'. Kvůli slov. *d* místo očekávaného *t* se někdy uvažuje o výpůjčce z germ. s tím, že psl. slovo označovalo nejdřív jen lid germánský (HK). Pro posun 'obecní, národní' → 'cizí' (v protikladu k 'rodinný') jsou dobré doklady v p. *obcy*, sln.d. *ljûdski* a br.d. *ljudski* ve významu 'cizí' (Ma²).

cizrna 'druh luštěniny', *cizrnový*. Z něm. (řídkého) *Zisern* z lat. *cicer* 'hrách' (od toho vlastní jméno *Cicero*). Srov. ↓*čičorka*.

clavichord 'dřívější klávesový nástroj'. Z lat. *clāvis* 'klíč' a *chorda* 'struna' z ř. *chordē* tv. Srov. ↓*klávesa*, ↑*cembalo*, ↑*akord*.

clearing 'způsob vyúčtování pohledávek', *clearingový*. Z angl. *clearing* 'vyrovnání, zaplacení', vlastně 'vyjasnění', od *clear* 'jasný, čistý' a to přes stfr. z lat. *clārus* tv. Srov. ↓*deklarace*.

clo, *celní, celník, celnice, clít, proclít*. Jen v zsl. Ze střhn. *zol* (dnes *Zoll*) a to z vlat. *tolōnēum*, lat. *telōnēum*, ř. *telónion* od *télos* 'dávka, daň, lhůta, konec, účel'. Srov. ↓*teleologie*.

clonit, *clona, záclona, zaclánět, odclonit* aj. Stč. i *(za)sloniti*. Všesl. – p. *(za)słonić*, r. *(pri)slonit'*, s./ch. *slòniti*. Psl. **sloniti* původně znamenalo 'naklánět, opírat', z toho pak 'zakrývat' (stč. c- se vykládá mylnou dekompozicí z *ot-sloniti*, srov. ↑*cítit*) (Ma²). Souvisí s lit. *šliẽti* 'opřít (se), naklonit (se)', stangl. *hleonian* (angl. *lean*, něm. *lehnen*) tv., lat. *clīnāre* 'klonit (se)', ř. *klī́nō* tv., sti. *śráyati* 'opírá (se), pokládá (se)' z ie. **klei-n-* 'klonit, opírat' *(A1)*. Variantou je asi ↓*klonit*. Srov. i ↓*slon*.

cloumat, *zacloumat*. Jen č., málo jasné. Doloženo od Jg, kde je i zřejmě původní význam 'mlaskat'(významový přechod není příliš jasný). Snad expr. varianta k ↓*cumlat*.

cmrndat ob. expr. 'bryndat'. Onom.- -expr.

cmunda nář. 'bramborák'. Expr. k staršímu *smouditi* 'kouřit, dýmat'. Srov. ↓*čmoudit*, ↓*čoudit*.

co zájm. Stč. *čso* (ke změně *čs*>*c* srov. ↓*čest*). Stejně jako slk. *čo*, p., dl. *co*, polab. *cü* je pokračováním psl. **česo*, **čьso*, což je starý gen. od zájmena **čь* (rozšířením o zesilovací *-to* vznikly jiné slov. tvary jako r. *čto*, s./ch. *štȍ*, *štȁ*, stsl. *čьto*; samotné **čь* přežívá v ch.d. *čà* a ve spřežkách jako *proč, nač, zač, oč*). Psl. **čь* je pokračováním ie. **kʷid* 'co' *(A3,B1,A9)*, odpovídá mu stir. *cid*,

lat. *quid*, ř. *tí*, sti. *čid*, chet. *kuit*. Srov. ↓*kdo*, ↓*čí*.

coca-cola. Podle názvu rostlin *coca* (viz ↓*koka*, ↓*kokain*) a *cola* 'druh tropického ořechu s drogovými účinky'.

computer 'počítač', *computerový*. Z angl. *computer* od *compute* 'vypočítat', a to přes fr. z lat. *computāre* tv. z *com-* (↓*kom-*) a *putāre* 'počítat'. Srov. ↓*deputace*, ↑*amputovat*.

cop, *copánek, copatý*. Jen č. (od Jg). Z něm. *Zopf* 'cop; vršek (kmene)'. Souvisí s angl. *top* 'špička, vrchol'. Srov. ↑*cíp*, ↓*tiptop*.

copyright 'autorské právo'. Z angl. *copyright* tv. z *copy* (z lat. *cōpia*, viz ↓*kopie*) a *right* 'právo' (srov. ↓*rektor*, ↓*rychtář*).

coul 'palec (délková míra)', *coulový*. Zsl. přejetí z něm. *Zoll* tv., dříve též 'čep, špalík', jež asi souvisí s naším ↓*dlaha (A4,B8)*.

courat, *coura*, ob. *courák*. Ve starší češtině i *cárati* tv. (Jg). Původ onom., není vyloučena souvislost s ↑*cár*.

couvat, *couvnout, zacouvat, vycouvat*. Zsl. přejetí (srov. p. *cofać (się)* tv.) z něm. nář. (bav.) *zaufen* tv.

cpát, *nacpat, ucpat, zacpat, vecpat, procpat, přecpat* aj. Jen v luž. a p.d. (slk. *pchať*). Asi onom. původu (HK), srov. starší č. *capati* tv. (Jg) (vedle významu ↑*capat*). Podle jiného, méně pravděpodobného výkladu přesmykem *st*>*ts* ze **stipati*, jež by odpovídalo lat. *stīpāre* tv. (Ma²).

crčet, *crčivý*. Onom. Srov. ↓*čurat*.

ctít, *ctitel(ka), ctnost, ctnostný, poctít, uctít, pocta, úcta*. Ze stč. *čstíti* (*čs*>*c*) z psl. **čьstiti* (viz ↓*čest*).

cucat, *cucnout, cucavý*, ob. hanl. *cucák, nacucat se, ucucnout, vycucnout*, zhrub. *cucflek* aj. Onom. Srov. ↑*cecek*, ↓*cumlat*.

cucek, *cuckovat, cuckovitý*. Snad expr. výtvor od ↓*cuchat*, může však být i přes významové obtíže od ↑*cucat*.

cudný 'mravně čistý, stydlivý', *cudnost, necudný, necuda*. Ve stč. bylo *cudně, cidně* 'divně, podivuhodně, opatrně, tajně' a *cúdný* 'pěkný, hezký'. Spolu s p. *cudny* 'divukrásný, znamenitý' lze vyjít z psl. *čudo, *čudъ 'div', které je všesl. kromě č. (srov. slk. *čudný* 'divný'); počáteční *c-* je snad vlivem p. (tzv. 'mazuření'). Vývoj významu v č. by byl: 'podivuhodný' → 'krásný' → 'mravně čistý'. *Cúdný* by mohlo být i od *cúditi* (↑*cídit*). Obě slova by pak zřejmě splývala (u Jg *cudný* 'hezký, stydlivý', *coudný* 'čistý').

cuchat, *pocuchat, rozcuchat, cuchta* aj. Expr. útvar, jehož východisko však není zřejmé. Snad lze pomýšlet na *culiti* (viz ↓*culík*).

cukat, *cuknout, cuknutí, zacukat, ucuknout* aj. Z něm. *zucken* tv., jež souvisí s *ziehen* 'táhnout'. Srov. ↑*cajk*.

cukerín 'umělé sladidlo'. Od ↓*cukr* podle ↓*sacharin*.

cuketa, cukina 'druh tykve'. Z it. *zuccheta, zucchina*, což jsou zdrobněliny od it. *zucca* 'tykev'. Další původ nejistý, myslí se na přejetí z nějakého neznámého středomořského jazyka. Viz i ↓*tykev*.

cukr, *cukrový, cukrář(ka), cukrářský, cukrářství, cukrárna, cukřenka, cukroví, cukrovinka, cukrovka, cukernatý, cukernatět, cukrovat, cukrovar* aj. Ze střhn. *zucker* z it. *zucchero*, tam z ar. *sukkar*, to pak ze střind. (pálí) *sakkharā* tv. (srov. sti. *śarkarā* 'pískový cukr', původně 'štěrk, písek, krupice'). Z ar. je i fr. *sucre*, z toho angl. *sugar*, zatímco r. *sáchar* šlo přes ř. *sákcharon* (srov. ↓*sacharin*).

cukrkandl zast. 'krystalovaný cukr'. Z něm. *Zuckerkandel* ze střlat. *succurcandi*. Viz ↑*cukr* a ↓*kandovaný*.

cukrovat (o hrdličce), ob. expr. *cukrouš*. Od citosl. *kukrú* přikloněním k ↑*cukr* (hrdlička jako symbol sladké něhy).

culík hov. 'pramen vlasů stažený gumičkou či stužkou'. Asi od staršího *culiti* 'zaplétat, žmolit' (Jg), další souvislosti nejisté.

culit se hov. expr. 'usmívat se', *uculovat se, zaculit se*. Snad expr. varianta k ↓*tulit se* (Ma²).

cumlat 'cucat', *cumel*. Expr. útvar k ↑*cucat*, srov. i ↓*dumlat*.

cupat, *cupitat*. Onom. původu, srov. ↑*capat*, ↓*dupat*.

cupovat 'třepit na nitě', *cupanina, rozcupovat*. Z něm. *zupfen* tv., snad souvisí s ↑*cop*.

curaçao 'likér modré barvy ze slupek plodů citroníku'. Podle ostrova *Curaçao* u venezuelského pobřeží.

cvakat, *cvaknout, zacvaknout, procvaknout*. Onom. původu (citosl. *cvak*). Srov. něm. *zwacken* tv. i ↓*cvok*, ↓*cvikr*.

cválat, *cval*. Jen č. a p. Původně přechodné (*cválat koně*). Z něm. nář. (bav.) *zwalen* 'trýznit, zbít' (Ma²).

cvalík expr. 'tloušťík'. Z něm. *Zwalch* 'nemluvně, malé dítě'.

cvičit, *cvik, cvičný, cvičitel, cvičiště, cvičební, cvičebnice, cvičenec, cvičky, rozcvička, výcvik, nácvik, procvičit, zacvičit* aj. V č. až od konce 15. st., kdy se vyvinulo nejspíš ze *svykati* 'osvojovat si, cvičit se', *svyčenie* 'osvojení si' (viz ↓*zvyk*). Něm. *zwicken* 'štípnout', nář. i 'prásknout bičem, zkrotit', s nímž také bývá spojováno (Ma²), se mohlo podílet na změně podoby slova, významový rozdíl a množství odvozenin však svědčí proti výpůjčce z něm.

cvik 'karetní hra'. Z něm. *Zwick* od *zwicken* 'štípat'. Srov. ↑*cvakat,* ↓*cvok,* ↓*cvikr.*

cvikr 'skřipec'. Z něm. *Zwicker,* původně *Nasenzwicker,* překladem z fr. *pince-nez* 'co svírá nos' k *zwicken* 'štípat'. Srov. ↑*cvik.*

cvok 'krátký hřebík se širší hlavičkou; blázen', *cvoček, zcvoknout se.* Stč. i *cvek.* Ze střhn. *zweck* 'hřebík', od toho je *zwicken* (srov. ↑*cvik*). Význam 'blázen' ze rčení *mít cvek v hlavě* 'být potrhlý' (Jg).

cvrček[1] 'druh hmyzu', *cvrčet, cvrkat, cvrkot.* Onom. podle vydávaného zvuku (srov. ↑*crčet,* ↓*cvrlikat*).

cvrček[2] expr. 'dítě, drobný člověk'. Z něm. *Zwerg* 'trpaslík' s formálním přikloněním k ↑*cvrček*[1] (Ma[2]). Odtud i ↓*scvrknout se.*

cvrlikat. Onom. Srov. ↑*cvrček*[1].

cvrnkat, *cvrnknout.* Onom. od citosl. *cvrnk.* Srov. ↓*frnknout.*

cyankáli 'kyanid draselný'. Z lat. *cyan-* z ř. *kýanos* (viz ↓*kyanid*) a střlat. *calium* 'draslík' z ar. *qali* 'draslo'. Srov. ↑*alkalický.*

cyklista, *cyklistika, cyklistický.* Z fr. *cycliste* od *cycle* 'kolo, kruh' z lat. *cyclus* tv. (viz ↓*cyklus*).

cyklokros 'terénní cyklistický závod'. Viz ↑*cyklista* a ↓*kros.*

cyklon 'větrná smršť'. Z angl. *cyclone,* jež bylo utvořeno v 19. st. k ř. *kyklṓ* 'kroužím, pohybuji se v kruhu'. Srov. ↓*cyklus.*

cyklostyl 'přístroj na rozmnožování písemností', *cyklostylovat.* Viz ↓*cyklus* a ↓*styl.*

cyklus 'soubor na sebe navazujících jednotek, oběh', *cyklický.* Z lat. *cyclus* z ř. *kýklos* 'kruh, kolo, oběh'. Srov. ↓*encyklika,* ↓*kyklop,* ↓*recyklovat.*

cylindr 'válec, skleněný kryt lampy, tvrdý pánský klobouk'. Přes něm. *Zylinder* z lat. *cylindrus* 'válec' a to z ř. *kýlindros* od *kylíndō* 'válím (se), zmítám'.

cynik 'otrlý, necitlivý člověk', *cynický, cynismus.* Přes lat. *cynicus* z ř. *kynikós* 'psí' od *kýōn* 'pes' (srov. ↓*kynologie*). Původně filozofická škola (4. st. př. Kr.) odmítající morálku doby (z toho dnešní význam) i uspokojování svých potřeb.

cypřiš 'jižní jehličnatý strom', *cypřišový.* Z lat. *cypressus, cyparissus* z ř. *kypárissos* a to z neznámého jazyka oblasti Středomoří.

cyrilice 'slovanské písmo vytvořené z řeckých velkých písmen'. Podle věrozvěsta *Cyrila,* jemuž bylo připisováno.

cysta 'váček, chorobná dutina v tkáni'. Přes lat. z ř. *kýstis* 'měchýř'.

cyto- 'týkající se buňky'. Přes lat. k ř. *kýtos* 'dutina'. Srov. *cytoplazma* (viz ↓*plazma*), ↓*cytostatikum.*

cytostatikum 'látka tlumící růst buněk (hlavně nádorových)'. Novější, viz ↑*cyto-* a ↓*statický.*

Č

-č (*nač, proč, zač* ap.). Viz ↑*co*.

čabajka 'druh klobásy'. Z maď. *csabai* 'čabajský' podle města *Csaba* (dnes *Békéscsaba*), kde se vyráběla.

čabraka 'ozdobná pokrývka na koně'. Dříve též *čaprak* (Jg). Z maď. *csábrág, csáprág* z tur. *čaprak* tv.

čacký kniž. 'statečný'. Stč. i *čadský*, od *čád, čad* 'dítě (chlapec)' a to z psl. **čędo* 'dítě' (b. *čédo*, r.st. *čádo*), které se vykládá z psl. -**čęti* (↓-*čít*) 'začínat', případně (zvláště dříve) jako stará výpůjčka z germ. **kinþa* (srov. něm. *Kind* tv.) (*B1,B7*). K posunu významu srov. stč. *dětečský* 'statečný' ('mladý' = 'hrdinný') (Ma², HK).

čača 'společenský tanec kubánského původu'. Ze šp. *cha-cha* onom. původu.

čadit, *očadit, začadit*. Všesl. – p. *czadzić*, r. *čadít'*, sln. *čadíti*. Souvisí s **kaditi* (viz ↓*kadidlo*); nejspíš to bude jeho expresivní varianta (*ča-* < *kja-*) (*B3*) (Ma²). Srov. ↓*čoudit*.

čahoun, *čahounský*. Dříve též *čahán, sahán* (Jg). Útvar od expr. *čahati* 'sahat'. Srov. i ↓*čouhat*.

čachrovat 'nepoctivě, pokoutně obchodovat či jednat', *čachry*. Z něm. *schachern* 'obchodovat, smlouvat' z jiddiš *sachern, sochern* z hebr. *sāḥar* tv.

čaj, *čajíček, čajový, čajovna, čajovník, čajník, čajovat*. V č. od 20. let 19. st. Z r. *čaj* a to – asi přes ttat. jazyky, perštinu a mong. – ze severočín. *čhā*, zatímco v záp. Evropě (něm. *Tee*, angl. *tea*, fr. *thé*) zdomácnělo jihočín. znění názvu této rostliny *tē*.

čajznout ob. expr. 'ukrást'. Asi expr. přetvoření *čísnout* (viz ↓*rozčísnout* 'rozštípnout'). K významu srov. *štípnout* 'ukrást' (Ma² pod *česnúť*)

čáka 'naděje'. Od ↓*čekat* (stč. i *čakati*).

čakan 'okovaná hůl se sekyrkou'. Dříve i *čekan*. Všesl. přejetí z tur. *čakan* 'bojová sekyra', možná maď. prostřednictvím.

čalamáda 'zeleninová směs naložená v octě'. Z maď. *csalamádé* tv.

čaloun 'dekorační tkanina k pokrývání stěn či nábytku', *čalouník, čalounický, čalounictví, čalounit, čalounění, čalouněný*. Stč. *čalún* je ze střhn. *schalūne* podle fr. města *Châlons sur Marne*, kde se tato tkanina vyráběla. Dnes jen č.

čamara 'kabát zapínaný na šňůrky'. V 19. st. přejato z p. *czamara* a to ze šp. *zamarra* 'krátký ovčí kožich', asi bask. původu.

čamrda 'otáčivý knoflík s hřídelkou uprostřed, káča'. Stč. *šamrha*. Slovo jistě expr., proto také málo průhledné. Pozdější změna podoby asi přikloněním k *mrdati* 'vrtět' (↓*mrdat*).

čáp, *čápovitý*. Jen č. (srov. slk. *bocian*), jinde a ve stč. jsou podobné názvy pro 'volavku' – stč. *čěpě*, p. *czapla*, r. *cáplja*, s./ch. *čȁplja* z psl. **capja*. Spojuje se většinou se starším a nář. *čápat* 'neohrabaně chodit' (srov. ↑*capat*) či *čapati* 'chytat' (viz ↓*čapnout*).

čapka. P. *czapka*, r. *šápka*. Přes střhn. *(t)schapel* ze stfr. *chape(l)* (srov. fr. *chapeau* 'klobouk') a to z pozdnělat. *cappa* 'druh pokrývky hlavy' nejistého původu. Srov. ↓*čepice*, ↓*kápě*, ↓*kapuce*.

čapnout, *načapat*. R. *čápat'* 'chytat', sln. *čápati* tv., ale často i s významy jiné. Asi sem patří i *čapnout*, přičapnout 'dřepnout si' a nář. *čápat* (viz ↑*čáp*). Srov. i ↑*capat*, ↓*chápat*. Všechno je to z expr. a onom. základů.

čára, *čárka, čárat, čárkovat, vyčárkovat, začárkovat.* Omezeno na č., slk. a luž. Lákavé je spojení s *čáry,* ↓*čarovat* – dřívější význam byl 'hraniční linie', mohlo jít tedy např. i o linii vymezující tzv. čarodějný kruh (Ma²). Blízkým se však jeví i ie. kořen **ker-* 'řezat' (viz ↓*čŕta*); konečně, není vyloučeno již staré splývání obou kořenů – 'dělat čáry (tj. linie)' = 'čarovat'.

čardáš, *čardášový*. Z mađ. *csárdás* od *csarda* 'krčma'.

čarovat, *čáry (máry), čarovný, čaro-, začarovat, odčarovat, přičarovat, rozčarovat, očarovat, učarovat.* Všesl. – p. *czarować,* ukr. *čaruváty,* s./ch., sln. *čárati.* Psl. **čarovati, *čarati* má nejblíže k lit. *keŕti* 'očarovat'*(B1),* dále souvisí s av. *čārā-* '(pomocný) prostředek', sti. *karóti* 'dělá', vše z ie. **kᵘer-* 'dělat' *(A3,B1).* Srov. i ↑*čára.*

čas, *časový, časný, časovat, načasovat, vyčasovat, vyčasit se, nadčasový, přesčas, dočasný, včas.* Všesl. – p. *czas,* r. *čas,* s./ch. *čȁs,* stsl. *časъ.* Psl. **časъ* se spojuje se stpr. *kīsman* (ak.) a alb. *kohë* (< **kēsā*) tv. *(B1),* v hledání ie. východiska však vládne značná nejednota.

časopis, *časopisecký.* Kalk podle něm. *Zeitschrift* tv. z *Zeit* 'čas' a *Schrift* 'písmo, spis'.

část, *částka, částečka, částice, částečný, účast.* Všesl. – p. *część,* r. *čast',* s./ch. *čêst,* stsl. *čęstь.* Psl. **čęstь* nemá jednoznačnou etymologii. Nejspíš lze přijmout jako východisko ie. **kn̥dtis* 'kus, něco ukousnutého'*(A5,A7,B1,B7);* pak souvisí s lit. *kándu* 'kousám' (inf. *kásti*) a psl. **kǫsъ* (viz ↓*kus*), rozdíl je v příponě a stupni ablautu *(A6).* Srov. ↓*štěstí.*

častovat 'hostit, zahrnovat', *počastovat.* Převzato ze stp. *czestować* 'hostit', vlastně 'vzdávat čest' (viz ↓*čest*), asi kontaminací s ↓*častý, často.*

častý, *často, častokrát.* Všesl. – p. *częsty,* r. *částyj,* s./ch. *čêst,* psl. *čęstъ.* Psl. **čęstъ* znamenalo původně 'hustý' (tak i ve stč. a dnes v jsl., vsl., k významu srov. č. *zhusta,* sln. *pogósto* 'často'). Spojuje se s lit. *kim̃štas* 'namačkaný, nacpaný' *(B1,B7),* k možnému významovému posunu srov. ↓*frekvence.* Další ie. souvislosti jsou problematické.

čatni 'ostrá směs z ovoce, koření a bylinek'. Přes angl. *chutnee, chutney* z hind. *chatnī.*

čau citosl. Z it. *ciao* a to z benátského *sc(h)iao* z it. *schiavo* 'sluha, služebník'. Srov. ↓*servus* a starší č. *služebník* jako pozdrav.

čečetka 'drobný zpěvný pták'. P. *czeczotka,* r. *čečétka.* Onom. název podle zvuku, který vydává.

čedar 'tvrdý sýr výrazné chuti'. Podle vesnice *Cheddar* v hrabství Somerset v jihozápadní Anglii.

čedič 'tmavá vyvřelá hornina', *čedičový.* Původně nář. slovo pro 'černý, tvrdý kámen', v národním obrození přijato jako termín za *bazalt* (Jg, Ma²). Asi k ↑*čadit* (u Jg *čaditi* i *čediti*), tedy kámen jakoby 'očazený'.

čehý citosl. 'vlevo (jako pokyn pro tažná zvířata)'. Staré, těžko lze dále etymologizovat. Srov. ↓*hot.*

Čech, *český, Česko, českost, češství, čeština, češtinář.* Toto staré etnonymum, označující původně pouze jeden kmen sídlící v centru dnešních Čech, se pokouší objasnit množství výkladů. Za nejpřijatelnější považujeme výklad ze základu **čel-,* který je v ↓*čeled',* ↓*člověk,* s expresivní obměnou *l* → *ch* (srov. ↓*hoch*) (příslušníci kmene sami sebe často nazývají 'lidé', srov. i *Deutsch* u ↑*cizí*), další dobrá možnost je odvození od **čechati, *česati* 'česat, drhnout', ale i 'bít', pak by *Čech* znamenalo 'bojovník'. Nejasný je vztah k sln. *čȅh*

čechrat / **čepec**

'pastevec, chlapec', významově je však lze spojit s oběma výklady.

čechrat, *načechrat, čechratka*. P. *czochrać*, s./ch. *česrati*. Expr. varianta k ↓*česat*. Srov. ↑*cuchat*.

čejka. Stejného významu je p. *czajka*, ukr. *čájka (C1)*, zatímco slk. *čajka* a r. *čájka* znamená 'racek' (to byl asi význam původní). Zřejmě onom. původu, podobně jako třeba ↓*kavka*.

čekanka 'rostlina, z jejíhož kořene se vyrábí cikorka', *čekankový*. Z lat. *cichorium* přikloněním k ↓*čekat*, snad proto, že roste na okrajích cest (srov. i něm. *Wegwarte*). Dále viz ↑*cikorka*.

čekat, *čekací, čekárna, čekatel, čekaná, načekat se, počkat, dočkat (se), přečkat, vyčkat, posečkat*. Stč. i *čakati*. Všesl. (kromě r.) – p. *czekać*, hl. *čakać*, ukr. *čekáty*, s./ch. *čèkati*, b. *čákam*, stsl. *čekati*. Psl. **čekati, *čakati* má asi stejný základ jako **čajati* tv. (s./ch. *čȁjati*, r. *čájatʼ*), jež se obyčejně spojuje se sti. *cā́yati* 'pozoruje, obává se' z ie. **kʷēi- (A3,B1)*. Varianta **čekati* se pak vysvětluje disimilací (rozrůzněním) dvou stejných samohlásek. Srov. ↑*čáka*.

čeleď, *čeládka, čeledín*. Všesl. – p. *czeladź*, r. *čéljad'*, s./ch. *čȅljâd*, stsl. *čeljadь*. Psl. **čelʼadь* s původním významem 'členové rodu se služebnictvem' se obvykle interpretuje jako odvozené příponou *-jadь* od základu, který je i v ↓*člověk*. Dále sporné. Spojovalo se se sti. *kula-* 'zástup, rod' a ř. *télos* 'vojenský oddíl' (z ie. **kʷel-* 'rod' *(A3)*), dnes se však pro obě slova hledají etymologie jiné. O něco nadějnější je spojení s lit. *kiltìs* 'původ, rod', jež ovšem zase těžko oddělíme od *kélti(s)* 'zvedat (se)'. Srov. ↑*Čech*, ↓*čelo*.

čelist, *čelistní, čelisťový*. Všesl. – p. *czeluść*, r. *čéljust'*, s./ch. *čȅljûst*, stsl. *čeljustь*. Psl. **čelʼustь* nemá jednoznačný výklad. První část se spojuje nejčastěji s ↓*čelo*, druhá pak s ↓*ústa* nebo se v ní vidí přípona; první část je však možno vykládat i jinak (viz např. HK).

čelo, *čelní, čelný, čelit, čelenka, náčelník, průčelí*. Všesl. – p. *czoło*, r. *čeló*, s./ch. *čèlo*, stsl. *čelo*. Psl. **čelo* se obvykle spojuje s lit. *kélti* 'zvedat', lat. *-cellere* tv., *celsus* 'vysoký', angl. *hill* 'pahorek' aj., vše k ie. **kel-* 'čnít, zvedat se'. Méně pravděpodobné je spojení s germ. slovy označujícími 'holou hlavu, lebku', např. stisl. *skalli*, angl. *scull* (Ma[2]). Srov. ↓*účel*, ↑*čelist*.

čemeřice 'jedovatá bylina s velkými bílými květy'. Všesl. – p. *czemierzyca*, r. *čemeríca*, s./ch. *čèmèrika*, vše od psl. **čemerъ* tv., odtud pak i další přenesené významy (srov. č.st. 'nechutenství, uherská nemoc' (Jg)). Příbuzné je sthn. *hemera* tv. a lit. *kēmeras* 'konopáč', asi tedy balto-slovansko-germánská izoglosa (Ma[2]).

čenichat, *čenich, vyčenichat, začenichat, pročenichat, očenichat*. Jen č. Stč. *čeňuchati (C1)* se skládá ze zesilovací předpony *če-* (srov. ↓*ko-*) a *ňuchati* (p. *niuchać*, r. *njúchat'*, sln. *njúhati*). Psl. **n'uchati* 'čichat, vdechovat' je asi onom. původu. Srov. ↓*čmuchat*.

čep, *čepovat, načepovat, dočepovat, výčep, výčepní*. Všesl. – slk. *čap*, p. *czop*, r.d. *čop*, s./ch. *čȅp*, *čȁp*. Psl. **čepъ*, **čapъ* 'zátka sudu' je asi onom. původu, stejně jako něm. *Zapfen* tv. (srov. ↓*tampon*), s nímž bývalo dříve spojováno (zvláště jako výpůjčka), elementárně asi souvisí i s ↑*čapnout*. Význam slovesa je původně 'opatřit čepem'; význam 'točit, nalévat' je jen č., novější (snad přikloněním k *čerpat*?). *Čepobití*, dříve 'vojenská večerka', je vlastně 'zatloukání čepu do sudu', tj. 'konec večerního pití' (HK, Ma[2]). Srov. ↓*čípek*.

čepec, *čepeček*. Všesl. – p. *czepiec*, r. *čepéc*, s./ch. *čȅpac*. Psl. **čepьcь* se

čepel 114 **čert**

často (leč ne zcela přesvědčivě) spojuje s lit. *kepùrė* 'čepice' a ř. *sképē* 'kryt, ochranná přikrývka' (Ma², HK). Kvůli *-e-* uvnitř slova se odděluje od ↑*čapka*, ↓*čepice*, významová a formální blízkost slov je však zarážející. Zcela není vyloučena ani souvislost s ↑*čep*, ačkoli to přináší těžkosti významové.

čepel, *čepelka*. V jiných slov. jazycích doloženo řídce (např. ukr. *čepél'* 'nůž s ulomeným koncem'). Nepříliš jasné. Snad odvozeno od onom. základu **čep-*, k němuž patří i ↑*čep*.

čepice, *čepička*, *čepičář*. Stč. *čěpicě*, slk. *čapica (C1)*. Stejné jako ↑*čapka*, rozdíl je jen v příponě.

čepýřit (se), *načepýřit (se), rozčepýřit (se)*. Slk. *čeperiť (sa)*, p. *czapierzyć (się)*, sln. *čepériti (se), čepíriti (se)*. Od psl. **pyriti sę* (viz ↓*pýří*) zesilovací předp. **če-* (srov. ↑*čenichat*) (Ma²).

čerchmant ob. 'čert; filuta'. Expr. (tabuistická *(D4)*) obměna slova ↓*čert* podle něm. *Schwarzmann* 'černý muž, čert'.

čerchovaný 'skládající se střídavě z čárek a teček', *vyčerchovat*. Od *čerchovat*, dříve *čerchat*, *čerkat* 'čmárat' k stč. *črcha, čerka* 'čára' od stejného základu, který je v ↓*črta* a snad i ↑*čára*.

čermák 'rehek zahradní'. Jen č. a slk. Od psl. **čьrmьnъ* 'červený' (č.st. *čermný*, Jg), jež souvisí s ↓*červený* a tedy s ↓*červ*. Psl. **čьrmь* asi bylo variantou k častějšímu **čьrvь*, srov. lit. *kirmìs* 'červ' (Ma²).

černobýl 'druh pelyňku'. Viz ↓*černý* a ↑*býlí*. Není tu však asi myšlena barva, ale jeho magické účinky. Srov. ↓*černokněžník*.

černokněžník. Jen č., slk., p. Druhá část nesouvisí s *kněz*, nýbrž s *kniha*. Starší č. *černokniha* (Jg) bylo ekvivalentem k něm. *Schwarzkunst* (doslova 'černé umění') a střlat. *nigromantia*,

jehož přiklonění k *niger* 'černý' je ovšem lid. etym. *(D2)*, původně bylo *necromantia* z ř. *nekromanteía* 'věštění z mrtvol' (HL, Jg).

černý, *čerň*, *černidlo*, *černoch*, *černošský*, *černat*, *zčernat*, *černit*, *očernit*, *načernit*, *začernit*. Stč. *črný*. Všesl. – p. *czarny*, r. *čërnyj*, s./ch. *cȓn*, stsl. *črъnъ*. Psl. **čьrnъ* se spojuje se stpr. *kirsnan* a sti. *kṛṣṇa-* tv. (ie. **kṛsno-) (A7,B1)*; další analýza nejistá, někteří rekonstruují jako základ ie. **ker-* 'tmavý'. Přenesené významy 'nelegální, tajný' (*černý trh, fond, pasažér* ap.) mají základ v tom, že podobné aktivity se prováděly hlavně v noci (Ma²).

čerpat, *čerpací*, *čerpadlo*, *čerpadlový*, *načerpat*, *vyčerpat*, *přečerpat*, *odčerpat*. Všesl. – p. *czerpać*, r. *čérpat'*, s./ch. *cȑpati*, stsl. *črъpati*. Psl. **čьrpati* (od původnějšího **čerpti*, z něhož je stč. *čřieti*, slk. *čriet'*) se spojuje s psl. **čerpъ* 'střep, hliněná nádoba', lit. *kiřpti* 'řezat, stříhat', lat. *carpere* 'trhat', stisl. *hrífa* 'uchopit', vše z ie. **(s)kerp-* 'řezat, sekat'. Ve slov. došlo k inovaci významu, původně asi 'nabírat nádobou (střepem)' (viz ↓*střep*).

čerstvý, *zčerstva*, *občerstvit*, *občerstvení*. Všesl. – p. *czerstwy* 'čilý, hbitý; tvrdý (o pečivu)', r. *čërstvyj* 'tvrdý, okoralý', s./ch. *čvȓst* 'pevný, hutný', stsl. *črъstvъ* 'pevný'. Významová rozrůzněnost, jež někde vede až k opozici významů (č. 'právě upečený' proti p., ukr., r. 'tvrdý, okoralý') se dá vyložit ze základu 'pevný, silný'. Psl. **čьrstvъ* však nemá přesvědčivou etymologii, i když tradičně se spojuje se sti. *kṛtsna-* 'plný, úplný' i lat. *crātis* 'pletivo, proutí', něm. *Hürde* 'proutěná ohrada' aj., vše z ie. **kert-* 'plést, kroutit'.

čert, *čertovský*, *čertovina*, *čertit se*, *rozčertit se*. Stč. *črt*, p. *czart*, r. *čërt*, chybí v jsl. Nejasné. V křesťanství tabuistická náhražka *(D4)* slova

červ

dábel, ale zřejmě je to výtvor již předkřesťanský (psl. **čьrtъ*).

červ, *červík, červíček, červivý/červavý, červivět/červavět*. Všesl. – p. *czerw*, r. *červ'*, s./ch. *cȓv*, stsl. *črъvь*. Psl. **čьrvь* vytlačilo asi původnější **čьrmь* (viz ↑*čermák*), jež je příbuzné s lit. *kirmìs*, stir. *cruim*, per. *kirm*, sti. *kŕ̥mi-* z ie. **kʷr̥mi- (A3,A7,B1)*; s jiným náslovím sem potom patří i něm. *Wurm*, angl. *worm*, lat. *vermis* z ie. **u̯r̥mi-*, vše ve významu 'červ'. Srov. ↓*červený*.

červen, červenec, *červnový, červencový*. Motivace názvů těchto měsíců není zcela jistá; někteří je spojují s červy v ovoci či se sběrem červce, z něhož se získávalo barvivo, přece jen se však zdá být nejpřijatelnější spojení s barvou, která je v té době pro přírodu (dozrávající plody) typická (Ma²). Viz ↓*červený*.

červený, *červeň, červenka, červánky, červenat, zčervenat, začervenat se*. Stč. *črvený*. Všesl. – p. *czerwony*, r.st. *červljěnyj*, s./ch. *cȓven*, stsl. *črъvljenъ*. Psl. **čьrv(j)enъ* je původem příč. trp. od **čьrviti* 'barvit červcem' – červené (purpurové) barvivo se totiž běžně získávalo ze speciálního druhu červů. Z významu 'obarvený na červeno' pak bylo přeneseno na červenou barvu vůbec. Srov. ↑*červ*, ↑*červen*.

čeřen 'rybářská síť na tyči'. Tento význam je jen v č., slk. a dl. Starší a nář. č. (Jg) má i další významy: 'horní část pece', 'vrchní plocha hory' a 'část vinařského lisu' (v ostatních slov. jazycích slovo označuje nejčastěji různá místa nad ohništěm či přímo ohniště). Obtížné pokusy rekonstruovat společné sémantické východisko vedou k významu 'mříž nad ohništěm' (Ma²), pak ovšem lze přijmout časté spojení psl. **čerěnъ* s něm. *Herd* 'krb, ohniště' z ie. **ker-* 'pálit'. Nejasné.

čeřit, *zčeřit, rozčeřit*. Dříve též 'čechrat, ježit', také v podobě *čečeřiti*. Ta bývá považována za prvotní (Ma²) a spojována s lot. *cecers* 'kučeravý' i slovy jako ↓*kokořík*, ↓*kučera*. Slovo je však pouze č. a slk. a jeho psl. stáří je pochybné. Může to být i pozdější expr. inovace, možná onom. původu.

česat, *česáč, česačka, učesat, účes, očesat, sčesat, rozčesat, pročesat, vyčesat, načesat, pačesy, rozčísnout* aj. Všesl. – p. *czesać*, r. *česát'*, s./ch. *čèsati*, stsl. *česati*. Psl. **česati* mělo asi původní význam 'škrábat, třít'. Příbuzné je lit. *kàsti* 'rýt', *kasýti* 'škrábat', dále něm. *Hede* 'koudel', ř. *késkeon* tv., ř. *ksaíno* 'češu' i chet. *kišša-* tv. aj., vše ze široce zastoupeného ie. **kes-* 'škrábat aj.' *(B1)*. Srov. ↑*čechrat*, ↓*česnek*, ↓*kosmatý*, ↓*kosa*, ↑*čajznout* i ↑*Čech*.

česnek, *česnekový, česnečka*. Všesl. – slk. *cesnak*, p. *czosnek*, r. *česnók*, s./ch. *čèsan*. Psl. **česnъkъ* je odvozeno od **česnь* a to od **česti*, **česati* (↑*česat*). Podle toho, že hlavička česneku je 'rozčísnutá' na stroužky.

česno 'vstupní otvor do úlu'. Též *česlo*. Asi souvisí s ↑*česat* stejným způsobem jako ↑*česnek*, jde o něco 'rozčísnutého'.

čest, *čestný, počestný, ctný, ctnost, ctít, poctít, pocta, poctivý, uctít, úcta*. Stč. *čest*, gen. *čsti* (ke změně *čs>c* srov. ↑*co*). Všesl. – p. *cześć*, r. *čest'*, s./ch. *čȃst*, stsl. *čьstь*. Psl. **čьstь* je stejně jako ↓*číst* odvozeno od ie. základu **kʷei-t-* 'hledět na něco, mít zřetel *(A3,A6,B1)*. Formou mu odpovídá sti. *cítti* 'myšlení, chápání', av. *čisti-* tv. *(A5)*. Srov. ↑*častovat*.

čéška 'pohyblivá kost v přední části kolena'. Jen č. Stč. *čieška, čěška* znamená vedle toho i 'malou číši' (viz ↓*číše*). Myslí se tedy na metaforické přenesení podle vyhloubené podoby (HK). Existuje však i stč. *čěcha, čiecha*, jež by pak muselo být zpětně utvořeno

četa 116 **činit**

od *čěška, čieška*. Hledají se i souvislosti mimo slov. jazyky – podobné je zvláště lit. *kiškà* 'stehno, kyčel' (Ma²).

četa, *četař, četařský, četník, četnický, četnictvo*. Přejato v době nár. obrození asi ze s./ch. *čěta* 'oddíl, (vojenská) skupina'. Pouze v jsl. a částečně vsl. jazycích. Psl. **četa* souvisí s ↓*číst, ↓počet* ap., původně tedy zřejmě 'skupina o určitém počtu lidí'. Srov. i stč. *čet* 'počet'.

četný, *četnost*. Stč. ve významu 'počtový, početní', v dnešním významu 'početný' použil poprvé Hanka v rukopise Královédvorském (Ma²). Viz ↓*počet*, ↓*číst*, ↑*četa*.

čevapčiči 'opečené šišky ze sekaného masa'. Ze s./ch. *ćevapčić*, což je zdrobnělina od *ćevap* z tur. *kebap* tv., to pak z ar. *kabāb*, vlastně 'pečený'.

či sp. Všesl. Původně částice tázací. Příbuzné je stangl. *hwī* (angl. *why*) 'jak, proč', lat. *quī* tv., av. *čī* 'jak', vše z ie. **kʷī-* (A3,B1), což je nejspíš ustrnulý instrumentál od ie. zájmena **kʷo-/*kʷe-*, z něhož je naše ↑*co*.

čí zájm. Všesl. – p. *czyj*, r. *čej*, s./ch. *čìji*, stsl. *čii*. Psl. **čьjь* se vykládá buď z psl. **kъ* (viz ↓*kdo*) rozšířeného přivlastňovací příp. *-ьjь (B1,B9)* (srov. *vlk – vlčí*), nebo – pokud je už ie. stáří – z ie. **kʷei-i̯o-* (základem je lokál zájmena, z něhož je psl. **kъ*), slovotvorně se pak shoduje s lat. *cuius* tv.

čibuk 'kratší dýmka, lulka'. P. *cybuch*, r. *čubúk*, s./ch. *čìbuk*. Převzato z tur. *čybuk* tv., asi jsl. prostřednictvím.

čičorka 'druh luční květiny'. Z it. *cicerchia* z vlat. **cicercula*, což je zdrobnělina od lat. *cicer* 'hrách'. Srov. ↑*cizrna*.

čidlo. Novější. Viz ↓*číti*.

číhat, *počíhat si, vyčíhat, očíhnout, číhadlo, čížba*. Jen č. a slk. (*číhať*), z č.

do p. a odtud do ukr. Stč. *čúhati, číhati* (i *čužba, čižba* ap.) byly především ptáčnické termíny související s chytáním ptactva, starý je ale i význam 'okounět, lelkovat' (Ma²). Snad rozšířením od *čúti* (↓*číti*). Srov. ↓*čouhat*.

čich, *čichový, čichat, začichat, načichat se, očichat, přičichnout, vyčichnout* aj. V ob. češtině ↓*čuch, čuchat* ap. Stč. *čuch, čich* 'tělesný smysl', pak zúženo na 'smysl k vnímání vůně a zápachu'. Odvozeno od *čúti* (↓*čít*). Srov. ↓*čišet*.

čili. Viz ↑*či* a ↓*-li*.

čilimník 'keř či polokeř se žlutými listy'. Převzato Preslem údajně z ruštiny, ale pramen přejetí není znám (Ma²).

čilý, *čilost*. Slk. *čulý* tv., p. *czuły* 'citlivý' by svědčilo pro odvození od **čuti* (↓*čít*), avšak hl. *čiły* 'čilý, silný', s./ch. *čȉo, čȉl*, sln. *číl* tv. hovoří pro nedochované **čiti*, jež se spojuje většinou se základem, který je v ↓*odpočinout*. V slk., p. pak asi došlo ke křížení s **čuti*.

číman 'chytrák'. Nejasné.

činčila 'jihoamerický hlodavec'. Z am.-šp. *chinchilla*, což je zdrobnělina od *chinche* 'tchoř, původně 'štěnice', z lat. *cīmex* tv.

činely 'hudební nástroj ze dvou kovových poklic'. Z it. *cinelle* a to možná zkrácením z *bacinelle* 'okrouhlé misky' od *bacina* 'mísa, lavor' asi kelt. původu.

činit, *čin, činný, činnost, činitel, činitelský, činovník, činovnický, učinit, účinek, účinný, vyčinit, odčinit, přičinit (se), příčina, zapříčinit, přečin, náčiní* aj. Všesl. – p. *czynić*, r. *činít'*, s./ch. *činiti*, stsl. *činiti*. Psl. **činiti* je odvozeno od **činъ*, původní významy jsou – jak dokládá i stsl. – 'pořádat', resp. 'postavení, pořádek, způsob' (srov. i stč. *čin* 'skutek; způsob'). Spojuje se sti. *činóti* 'sbírá, skládá'

činka 117 **číše**

a ř. *poiéō* 'dělám' (srov. ↓*poezie*), vše z ie. *$k^u ei$- 'klást, pořádat' *(A3,B1,B2)*.

činka. Ve starší č. i *činek* 'laťka na tkalcovském stavu'. Přejato ze střhn. *schin* tv., dnes *Schiene* 'kolejnice, dlážka'. Počáteční *č*- možná podle ↑*činit*. Dnešní tělocvičný význam od Tyrše.

činže, *činžovní, činžák*. Stč. *činž(ě), cinž(ě)* 'daň, poplatek'. Ze sthn. nebo střhn. *zins* a to z lat. *cēnsus* od *cēnsēre* 'cenit, odhadovat'. Srov. ↑*cenzura*.

čip 'mikroprocesorová destička'. Z angl. *chip* tv., původně 'odštěpek, úlomek, lupínek, kousek', jež asi souvisí s *chop* 'řezat'.

čípek. Zdrobnělina od ↑*čep*.

čiperný, *čipera, čiperka.* Starší podoby též *čiprný, čeprný, čuprný* (Jg). P. *czupurny* 'urputný' a ukr. *čépurnyj* 'hezký, hrdý' ukazují na příbuznost s ↑*čepýřit (se)*. Obměny počátečního *če*- jsou asi expresivní, možná i odrážejí různost kořenné samohlásky v této skupině příbuzných, ale hláskově i významově variantních slov.

čírka 'druh kachny'. R. *čirók*. Onom., podle jejího hlasu, 'čirikání'.

čirok 'druh pícniny'. Též *cirok*. Z maď. *cirok* a to z jsl. (sln. *sírek*, s./ch. *sírak*), tam pak z lat. **syricum* (*grānum*) 'syrské (zrno)'.

čirůvka 'druh houby'. Spojuje se s r. *čírej* 'vřed, oteklina', s./ch. *čȋr* tv. z psl. základu **čir*-, pro nějž se nepřesvědčivě hledá příbuzenství v ř. *skīros* 'mozol, opuchlina' (Ma²). Spíše od stejného základu jako ↑*činit* s významem 'co se tvoří, nabírá'.

čirý, *čirost.* Ve stč. 'šírý, pouhý'. Jen č. a slk. (*číry*), dále je příbuzné p. *szczery* 'ryzí, pravý' (*szczere pole* 'rovné pole'), r. *ščíryj* tv. Psl. **ščirъ* souvisí s gót. *skeirs* 'jasný' (něm. *schier* 'čistý', angl.

sheer 'pouhý, čirý'), stir. *cír* 'čistý' z ie. **skeir- (B1,B2)*. Srov. ↓*široký*.

číslo, *číselný, číslice, číslicový, číslovka, číslovat, očíslovat, přečíslovat, vyčíslit, nesčíslný.* Stč. i 'počet', stejně jako v dalších slov. jazycích. Všesl. – stp. *czysło*, r. *čisló*, s./ch.st. *čislo*, stsl. *čislo*. Psl. **čislo* je odvozeno od základu **čit*- (viz ↓*číst*) nejspíš příp. -*slo* (srov. ↓*veslo*, ↓*máslo*).

číst, *čtivý, čtenář, čítanka, čítat, počítat, sčítat, odčítat, vyčítat, pročítat, předčítat, načítat, počet, součet, výčet* aj. Stč. *čísti* 'číst, počítat, považovat'. Stp. *czyść*, s./ch.st. *čísti*, stsl. *čisti*, jinak všesl. je **čitati*. Psl. **čisti* (z **čit-ti, A5*) je příbuzné s lit. *skaitýti* 'číst, počítat' a sti. *cétati* 'pozoruje, dbá' z ie. **(s)k^u ei-t-*, rozšířeného z **k^u ei*- 'pozorovat, hodnotit' *(A3,B1,B2)*. Původní význam psl. slova asi byl 'rozeznávat', z toho pak jednak 'považovat, vzdávat úctu' (srov. ↑*čest*), jednak 'počítat' a pak i 'číst'. Srov. ↑*číslo* a dále i ↑*cena,* ↓*kát se*.

čistý, *čistota, čistotný, čistírna, čistič, čistit, vyčistit, pročistit, znečistit, očistit, očistec, očistný, čistka* aj. Všesl. – p. *czysty*, r. *čístyj*, s./ch. *čȋst*, stsl. *čistъ*. Psl. **čistъ* souvisí se stpr. *skīstan* tv., lit. *skýstas* 'tekutý a vyvozuje se z ie. **(s)kīd-to*- 'ořezaný, oddělený' *(A5,B1)*, příč. trpného od **(s)kei-d*- 'řezat, oddělovat', k němuž patří i lit. *skíesti* 'oddělovat', lat. *scindere* 'štípat', ř. *schízō* tv., sti. *chinátti* 'řeže, štípe' a asi i něm. vulg. *scheissen* 'srát'. Srov. ↑*cesta,* ↑*cedit*.

číše, *číška, číšník.* Stč. *cieše*. Všesl. – p. *czasza*, r. *čáša*, s./ch. *čȁša*, stsl. *čaša*. Psl. **čaša (C1)* bývá vysvětlováno jako přejetí z írán., z nedochovaného slova, z něhož se vykládá i sti. *cášaka*- a arm. *čašak* tv. Někteří však věří v jeho domácí původ a spojují je s ↑*česat* (s významem 'něco vyřezaného'). Srov. ↑*češka*.

čišet. Souvisí s *čichat* (viz ↑*čich*), srov. podobný význam ve *vyčichnout, načichnout*.

čít zast. 'vnímat, větřit, tušit' (ob. *čuju, čul* ap.), *čidlo, čitelný* (významově přešlo k ↑*číst*). Stč. *čúti*. Všesl. – p. *czuć*, r. *čújat'*, s./ch. *čȕti* 'slyšet, cítit', stsl. *čuti*. Psl. **čuti* se vykládá z ie. **(s)keu-* 'vnímat smysly' *(B1,B2)*, k němuž patří i lat. *cavēre* 'mít se na pozoru', ř. *koéō* 'hledím', sti. *kaví-* 'jasnovidec', něm. *schauen* 'dívat se' *(A5)* a asi i naše ↓*zkoumat*. Srov. ↑*čich*, ↓*čiva*.

-čít (*začít, počít, načít*), *začínat, počínat, načínat, začátek, začátečník, počátek*. Všesl. – p. *-cząć*, r. *-čát'*, s./ch. *-čēti*, stsl. *-čęti*. Psl. **-čęti*, 1.os.přít. **-čьnǫ*, vychází z ie. **ken-* 'rodit se, začínat, sílit' *(B1,B7)*. Spojuje se se střir. *cinim* 'vznikám', lat. *re-cēns* 'nový, čerstvý', ř. *kainós* 'nový', sti. *kanína-* 'mladý', problematické je spojení s něm. *be-ginnen*, angl. *be-gin*. Srov. ↓*konec*, ↓*konat*, ↑*čacký*.

čítat. Viz ↑*číst*.

čiva kniž. 'nerv'. Jen č. a slk. (*čuv*). Novější, u Jg nedoloženo. Odvozeno od ↑*čít*.

čižba zast. 'chytání ptáků'. Viz ↑*číhat*.

čížek. Dříve též *číž*. Všesl. – p. *czyż*, r.st. *čižik, čiž*, s./ch. *čížak*. Psl. **čižь(kъ)* je slovo onom. původu, podle hlasu onoho ptáčka.

čižma nář. 'vysoká bota', *čižmář*. Přes maď. *csizma* z tur. *čizme* tv.

článek, *článkový, článkovat*. Asi stará zdrobnělina od ↓*člen*, některé detaily však nejsou jasné.

člen, *členský, členství, členstvo, členit, členitý, členovec, rozčlenit, vyčlenit, začlenit, včlenit*. P. *czlon*, s./ch. *člân*, stsl. *člěnъ*, ve vsl. doloženo jen okrajově. Psl. **čelnъ*, původně asi 'kloub, úd', není etymologicky příliš jasné. Obvykle se spojuje s ↓*koleno*, lit. *kēlis* tv., ř. *kōlon* 'kloub, člen' *(B1)*, jako východisko však připadá v úvahu několik ie. kořenů – **(s)kel-* 'ohýbat', **kᵘel-* 'otáčet' či **kel-* 'vypínat se'; často se však uvažuje o jejich kontaminaci.

člověk, *člověčí, člověčina, člověčenství*. Všesl. – p. *człowiek*, r. *čelovék*, s./ch. *čòvek*, stsl. *člověkъ*. Psl. **čelověkъ* (ztráta první slabiky v zsl. a jsl. asi rychlou a častou výslovností) se chápe jako stará složenina, jejíž první část **čelo-* je příbuzná s ↑*čeleď*, druhá pak s lit. *vaĩkas* 'dítě, chlapec', psl. *věkъ* (↓*věk*). Původní význam se pak vykládá jako 'dítě rodu' (s řadou i neie. paralel), ale – vzhledem k původnímu významu ie. **ųeik-* 'síla, bojovat' – též jako 'bojovník rodu'. Jsou však i výklady jiné. Srov. i ↑*Čech*.

člun, *člunek, člunový*. Všesl. – p.d. *czółn*, r. *čëln*, s./ch. *čûn*. Psl. **čьlnъ* byla původně 'loďka vydlabaná z jednoho kusu dřeva'. Za příbuzné je možné pokládat lit. *kélmas* 'kmen' (a také řídké *kelnas* 'rybářský člun') od *kélti* 'zvedat se' z ie. **kel-* tv.

čmárat, *čmáranice, načmárat, začmárat, počmárat, přečmárat*. Jen č. a slk. Expr. k ↑*čára*.

čmelák, *čmelík*. Stč. *čmel, ščmel*. P. *czmiel, trzmiel*, r. *šmel'*, sln. *čmŕlj*, na jihovýchodě slov. území chybí. Psl. **čьmelь* se vykládá z onom. základu **kem-/*kom-* *(B1)*, k němuž patří i ↓*komár*. Za příbuzné se považují lit. *kamānē* 'druh čmeláka', stpr. *camus* 'čmelák' a něm. *Hummel*, angl. *humble-bee* tv. *(A4)*. Zajímavá je podobnost s fin. *kimalainen* 'včela, čmelák'.

čmoudit, *čmoud*. Expr. obměna (asi podle ↑*čadit*) staršího *smouditi* 'kouřit, udit', jež je zastoupeno v zsl. a jsl. jako varianta k psl. **svǫditi*, k němuž viz ↓*udit*. Srov. ↓*čoudit*, ↑*cmunda*.

čmouha. Viz ↓*šmouha*.

čmuchat, *čmuchal, vyčmuchat*. Expr. k obecně č. *čuchat*, viz ↑*čich*, ↑*číti*.

čmýra zast. 'menstruace', Jen č., málo jasné. Snad od *čemer* 'nevolnost, nechutenství ap.' (Ma²). Dále viz ↑*čemeřice*.

čnět, *čnělka, vyčnívat, přečnívat*. Jen č. a slk., nejasné. Vzhledem k starší variantě *čměti* (Jg) a dochovanému (ovšem až po Jg) *třměti* nelze vyloučit komplikovaný vývoj ze synonymního *strměti* (viz ↓*strmý*) (Ma²).

čočka, *čočkový, čočkovitý, čočovice*. Stč. *sočěvicě, sočovicě*. Všesl. – slk. *šošovica*, hl. *sok*, p. *soczewica*, r. *čečevíca*, s./ch. sòčīvo, stsl. *sočivo*. Psl. **sočevica*, **sočivo* souvisí se *sokъ* 'šťáva' (z ie. **sok^{u}o-* tv., příbuzné je lit. *sakaĩ* 'pryskyřice', ř. *opós* 'šťáva' a asi i lat. *sūcus* tv.), významovým mezistupněm je nedochované **sokati* 'vařit' (vlastně 'způsobovat šťavnatost'), od něhož je sln.st., ch.st. *sokač* 'kuchař', r.st. *sokal* 'kuchyň'. Původní význam tedy asi 'to, co je určeno k vaření'. V č. došlo k asimilaci první slabiky a pak i zkrácení. *Čočka* v optice metaforicky podle podoby (podle záp. vzoru).

čokl ob. expr. 'pes'. Jako argotické slovo (též *žukl, čukl, džukel*) přešlo z romštiny (Ma²).

čokoláda, *čokoládový, čokoládovna*. V č. již od konce 17. st. Přes it. *cioccolata* ze šp. *chocolate* a tam z aztéckého *chocolatl* z *choco* 'kakao' a *latl* 'mléko'. Původně nápoj z kakaových bobů.

čolek 'drobný obojživelník'. Zavedeno Preslem z p.st. *czołg* 'had' od *czołgać się* 'plazit se'.

čoudit, *čoud, čoudivý*. Expr., asi křížením ↑*čadit* a ↑*čmoudit*.

čouhat. Ze stč. *čúhati*, z něhož je i ↑*číhat*. Podoba bez přehlásky *(C1)* byla expr., vývoj významu byl asi 'číhat' → 'lelkovat' → 'vyčnívat'. Srov. i ↓*čumět*.

čpavek. Viz ↓*čpět*.

čpět, *čpavý, vyčpět, načpět*. Stč. *ščpieti, čpieti* vychází ze stejného základu, který je v ↓*štípat* (stč. *ščípati*).

črta, *črtat, načrtnout, náčrtek*. Stč. ojediněle *črta*, obnoveno v 19. st. podle r. *čertá* (u Jg není); jinak v zsl. chybí, s./ch. cȑta, stsl. črъta. Psl. **čъrta* je odvozeno od **čersti* (str. čьrsti) 'dělat rýhu, brázdu ap.', jež je příbuzné s lit. *kiřsti* 'sekat', sti. *kártati* 'řeže' z ie. **ker-t-* 'řezat' *(B1)*. Srov. ↑*čerchovaný*, ↓*krátký*, ↓*tříslo*.

čtrnáct. Viz ↓*čtyři* (s oslabením samohlásek) a ↓*-náct*.

čtverák, *čtverácký, čtveráctví, čtveračit*. Ve starším jazyce s negativním významem (jmenováni ve spojitosti s *hráči, frejíři, licháři, kejklíři* ap.). Motivace není jasná. Myslí se na spojitost se *čtverem* karetních barev (Jg), podle jiných 'znalec čtvera umění' (HL, Ma²). Ještě jiný výklad vychází z toho, že udavači dostávali čtvrtinu konfiskovaného majetku (viz též doklad u Jg). Dále viz ↓*čtyři*.

čtverylka 'společenský tanec pro čtyři páry'. Podle fr. *quadrille* a to ze šp. *cuadrilla*, původně 'jízdní vojsko ve čtyřech skupinách' od *cuadro* 'čtverhran' z lat. *quadrus* 'čtyřhranný'. Srov. ↓*čtyři*, ↓*kvadrát*, ↓*kádr*.

čtvrtý, *čtvrt, čtvrť* (srov. ↓*kvartýr*), *čtvrtina, čtvrtek, čtvrtka, čtvrtit, rozčtvrtit*. Všesl. Psl. **četvъrtъ* vychází z ie. **k^{u}etur̥to (B1)*, v sl. i lit. *ketviřtas*, sthn. *fiordo*, lat. *quārtus*, ř. *tétartos*, sti. *čaturthá-* tv. Dále viz ↓*čtyři*.

čtyři, *čtyřka, čtyř-*. Všesl. – p. *czterzy*, r. *četýre*, sln. *štírje*, s./ch. *čètiri*, stsl. *četyre, četyri*. Psl. **četyre, četyri* (v zsl. došlo k redukci v první slabice) vychází z ie. **k^{u}etūr- (A3,B1,B5)*, zatímco původnější **k^{u}et*u*r-* má pokračování v psl. **četver-* (*čtvero, čtverec* ap.).

čuba

Příbuzné je lit. *keturì*, lot. *četri*, gót. *fidwōr* (něm. *vier*, angl. *four*), stir. *cethir*, lat. *quattuor*, alb. *katër*, ř. *téttares*, arm. *čork͑*, toch. A *śtwar*, sti. *čatvā́raḥ*.

čuba ob. 'fena', *čubka* 'děvka', *čubčí, čubička*. Ze střhn. *zūpe* (dnes *Zaupe*) 'fena' (Ma², Jg).

čubrnět ob. expr. Asi expr. varianta k ↓*čumět* (již u Jg).

čučet. Dříve i 'sedět (tiše, skrytě), dřepět', což významově odpovídá sln. *čúčati*, mak. *čuči* 'sedět na bobku', vedle sln. *kúčati*, stp. *kuczeć* tv. Příbuzné se zdá být lit. *kiūksóti*, něm. *hocken* tv., což ukazuje na ie. **keu-k-, *keu-g-* 'ohnutý' *(B1,B2)*.

čufty (mn.) 'opékané šišky z mletého masa v rajské omáčce'. Ze s./ch. *čufte* a to z tur. *köfte* z per. *kūfte* od *kūften* 'semlít, roztlouci'.

čuchat. Viz ↑*čich*.

čumět ob. expr., *čumák, čumil, očumovat, čumenda*. U Jg též 'vyčnívat, koukat ven', což připomíná *čměti* (↑*čnět*). Spojitost se sln.d. *čuméti* 'ležet, sedět na bobku' má zase obdobu u ↑*čučet*. V každém případě jde o nějaký expr. útvar. Srov. ↑*čubrnět*.

čundr ob. 'toulka, výlet do přírody', *čundrák, čundračka, čundrovat*. Z něm.d. *(t)schundern*, původně 'klouzat se', jež je příbuzné se *schünden* 'spěchat'.

čuně ob. (expr.), *čuník, čuňátko, čunče, čuňák*. U Jg též *čuna*, dále jen sln.d. *čúna* tv. Nejspíš z vábicího citoslovce *ču!* (je i v p.d., dl. a slk.) a nabízecího *na* (srov. *koza na*) (Ma²). S maď. *csunya* 'ošklivý' (HK) nebude mít nic společného.

čupr zast. ob. expr. 'hezký'. Módní slovo ze začátku 20. st. (*čupr holka* ap.), snad z nář. *čuprný* (viz ↑*čiperný*) (Ma²).

čupřina 'kadeř, chomáč vlasů'. Dříve *čupryna* (Jg). Přejato z p. *czupryna* či r. *čuprína*. Souvisí s nář. *čub* 'chochol', *čupek* 'drdol', srov. r. *čub* 'kštice, chochol', s./ch. *čȕpa* 'kadeř'. Srovnává se s něm. *Schopf* tv., *Schaub* 'snop slámy'. Asi slova expr., takže prošla nepravidelným hláskovým vývojem.

čurat, *čůrek, počurat se, vyčurat se, načurat*, vulg. *čurák*. Všesl. – p. *ciurkać* 'hlasitě téci', ukr. *čúrkati, čuríti* 'téci', s./ch. *cúriti* tv. Onom. původu, podobné je lit. *čiurénti* 'crčet' i švýc.-něm. *tschuren* tv. (Ma²). Srov. i sln.d. *cúra* 'penis', lit. *čiurkai* tv. Dále srov. ↑*crčet*, ↓*zurčet*.

čurbes ob. expr. 'nepořádek'. Nejasné.

čutat hov. 'hrát kopanou, kopat', *čutnout, načutnout, čutaná*. V dobách počátku kopané u nás převzato z angl. *shoot* 'střílet' (srov. *střílet góly*). Souvisí s něm. *schiessen* tv. a snad i naším ↓*kydat*.

čutora 'polní láhev'. Přišlo z Balkánu, cesta přejetí však není zcela jasná. Asi přes slk. z maď. *csutora* a to z rum. *ciutura* (Ma²), méně pravděpodobné je přejetí přes s./ch. *čùtura*. Ani další původ není jasný – uvažuje se o román., ř. i tur. zdroji.

čuvač 'druh psa'. Snad ze s./ch. a b. nář. *čuvati* 'hlídat' (Ma²).

čůza vulg. 'nepříjemná žena'. Z něm. arg. *Tschutsi* 'prsa, cecky' z romského *čúčin* tv.

čvachtat, *čvachtanice, čváchat*. Onom.-expr. Srov. ↑*cachtat*, ↑*cákat*.

D

ďábel, *ďábelský*. Z lat. *diabolus* z ř. *diábolos*, vlastně 'rozkolník, pomlouvač', od *diabállō* 'rozdvojuji, pomlouvám, klamu' z ↓*dia-* a *bállō* 'házím, střílím, zasazuji'. Srov. ↓*das*, ↓*diblík*, ↓*diabolka*, ↓*parabola*.

dabing 'přemluvení filmu do jiné řeči', *dabovat*. Z angl. *dubbing* tv. od *dub* a to asi slang. z *double* 'zdvojovat, střídat roli, zaskakovat' od *double* 'dvojitý' (viz ↓*debl*, ↓*dublovat*).

dacan ob. expr. 'nevychovanec, lump'. Údajně z příjmení jistého proslaveného darebáka (Ma²).

dada(ismus) 'umělecký směr vyznačující se rozbitím obsahu a formy', *dadaista*, *dadaistický*. Založen r. 1916 ve Švýcarsku. Od fr. *dada* 'koník' (v dětské řeči), pak i 'koníček, hobby'.

dáchnout si ob. expr. 'odpočinout si'. Expr. přetvoření k *oddechnout si* (viz ↓*dech*, ↓*dýchat*).

daktyl 'druh veršové stopy', *daktylský*. Přes lat. z ř. *dáktylos*, doslova 'prst'. Snad proto, že jeho tři slabiky připomínají články prstu. Srov. ↓*daktyloskopie*, ↓*datle*.

daktyloskopie 'zjišťování totožnosti podle otisku prstů', *daktyloskopický*. Z ř. *dáktylos* 'prst' a *skopō* 'pozoruji'. Srov. ↑*daktyl*, ↓*horoskop*.

dalajláma 'tibetský duchovní vůdce'. Z mong. *dalaj*, doslova 'oceán, moře' (jako symbol neomezené moci), a tibetského *lama* (viz ↓*láma*).

dalamánek 'menší pečivo z chlebového těsta'. Z fr. *(pain) d'Allemand* 'německý (chléb)' z *de* 'z' (srov. ↓*de-*) a *Allemand* 'Němec' (podle germ. kmene *Alamanů*). Již u Jg ve významu 'bílý chléb'.

daleký, *dálka*, *dálkový*, *dálný*, *dálnice*, *dálava*, *oddálit*, *vzdálit*, *vzdálenost*, *opodál*, *zpovzdálí*, *dalekohled*, *dálnopis* aj. Všesl. – p. *daleki*, r. *dalëkij*, s./ch. *dàlek*, stsl. *dalekъ*. Psl. *dal'ekъ je odvozeno od *dalь (č. *dál*) příp. *-okъ* (srov. ↓*hluboký*, ↓*široký*) (B5). Spojuje se s lit. *tolì* 'daleko' i ř. *tēle* tv. (i přes rozdíl znělosti *t/d*) (srov. ↓*tele-*), problematická je souvislost s ↓*délka*, protože předpokládané výchozí ie. **del-* 'dlouhý; roztahovat se' nemá dostatečnou materiálovou oporu. Srov. ještě ↓*další*, ↓*otálet*.

další. Vlastně komparativ od ↑*daleký*, tedy původně 'vzdálenější' (jako dnešní p. *dalszy*), pak 'následující'.

dáma¹ 'paní', *dámička*, *dámský*. Přes něm. *Dame* z fr. *dame* a to z lat. *domina* tv. k *dominus* 'pán' od *domus* 'dům'. Srov. ↓*madona*, ↓*doména*, ↓*dominovat*, ↓*dům*.

dáma² 'stolní hra'. Z něm. *Dame(spiel)* z fr. *jeu de dames* 'hra dam'. Snad v protikladu k šachům jako 'hře králů'. Asi tu však jde o lid. etym.: východiskem je šp. *ajedrez de la dama* 'dámské šachy', což je asi zkomolené ar. *aš-šitang attām* 'šachová hra'. Srov. ↑*dáma¹*.

damašek 'látka s vetkaným lesklým vzorem', *damaškový*. Asi přes it. *damasco* z lat. jména syrského města *Damascus* (ar. *Dimašq*).

daň, *daňový*, *zdanit*, *zdaňovat*. Všesl. – p. *dań*, r. *dan'*, s./ch.st. *dan*, stsl. *danь*. Psl. *danь je odvozeno příp. -*nь* od *dati* (viz ↓*dát*, ↓*dar*). Podobné útvary i jinde (lit. *duonìs*, lat. *dōnum* 'dar').

daněk 'druh jelena'. Stč. *daněl*, *daňhel*. Přejato z některého záp. jazyka (fr. *daim*, *daine*, it. *daino*, střhn. *dame*, *damme*, vše z lat. *damma* a tam asi z kelt.) a přichýleno k osobnímu jménu *Daniel* (domácky *Daněk*). P. též *daniel*.

dar, *dárek, dárkový, dárce, dárkyně, dárcovský, dárcovství, darovat, obdarovat, podarovat*. Všesl. Psl. **darъ* je stará odvozenina od slovesa (viz ↓*dát*), odpovídá mu ř. *dȭron* tv. Srov. ↓*darmo*.

darda slang. 'porážka, výprask'. Též název jisté karetní hry. Původ nejasný.

darebák, *dareba, darebácký, darebáctví*. Od *darebný* a to změnou *mn>bn* z *daremný* 'neužitečný, nicotný', pak 'ničemný' od ↓*darmo*.

darmo přísl., *zadarmo, nadarmo, daremný, zdarma, darmožrout* aj. Odvozeno od ↑*dar*, původně vlastně 'darem, za nic', pak 'marně, pro nic'. Srov. ↑*darebák*.

dařit se, *vydařit se, podařit se, zdařit se, zdar, nazdařbůh* aj. Jen č., slk. a p. Asi nesouvisí s psl. **dariti* od **darъ* (srov. *obdařit*), nýbrž s lit. *dórinti* 'činit zdárným', *derěti* 'dařit se' (Ma²).

ďas. Stč. též *děs*. Tabuová obměna *(D4)* k ↑*ďábel* (podle ↑*běs*).

dáseň, *dásňový*. Všesl. – p. *dziąsło*, r. *desná*, s./ch. *dêsna*. Psl. **dęsno, *dęsna* (případně **dęslo*) je odvozeno příp. *-sno/-sna* od **dent- (A9,B7)*, jež souvisí s lit. *dantìs*, gót. *tunþus* (něm. *Zahn*, angl. *tooth*), lat. *dēns*, ř. *odṓn*, sti. *dán*, vše 'zub' z ie. **(e)dent-, *(e)dont-* tv., jež se spojuje s kořenem **ed-* 'jíst' (srov. chet. *adant-* 'jedoucí'). Původní význam tedy byl 'zubní maso', srov. něm. *Zahnfleisch*, sln.d. *zobina* tv.

dát, *dávat, dávka, prodat, udat, vydat, nadat, vzdát, odevzdat, vdát se, vdavky, přidat, přídavek, dodat, dodatek, zadat, zdatný, vydatný, údaj, výdaj, výdej, prodej, nadání* aj. Všesl. – p. *dać*, r. *dat'*, s./ch. *dȁti*, stsl. *dati*. Psl. **dati* je příbuzné s lit. *dúoti*, lat. *dare*, ř. *dídōmi*, sti. *dādāmi* tv., vše z ie. **dō- (B5)*. Srov. také ↑*daň*, ↑*dar*.

datel. Všesl. – p. *dzięcioł*, r. *djátel*, ch. *djètao*, s. *dètao*. Psl. **dętelъ* (z **dętelь*?) je odvozeno činitelskou příp. *-telь*, slovesný základ však je sporný. Většinou se soudí, že **dę-* vzniklo z **delb-* (viz ↓*dloubat*, ↓*dlabat*) disimilací *l* (**deltel->*dentel- (A9,B7)*), uvažuje se i o spojitosti s lot. *dimt* 'drnčet, dunět'.

dativ '3. pád', *dativní*. Z lat. *(cāsus) datīvus* '(pád) dávající' od lat. *dare* (příč. trp. *datum*). Srov. ↓*datum*, ↑*dát*.

datle, *datlovník*. Z něm. *Dattel* a to přes pozdnělat. *dactylus* z ř. *dáktylos* tv., také 'prst' (srov. ↑*daktyloskopie*). Slovo je nejspíš semitského původu (ar. *daqal*); v ř. se přiklonilo k *dáktylos* 'prst' (podle tvaru plodů či listů datlovníku).

datum, *datovat, datace*. Z lat. *datum*, což je příč. trp. od *dare* 'dát'. Tedy 'dáno' (tj. toho a toho dne). Srov. ↑*dát*, ↑*dativ*.

dav, *davový*. Jen č. a slk. Stč. ve významu 'tlačení, nával, útisk', od střední doby 'hustý zástup'. Odvozeno od *dáviti* (↓*dávit*).

dávit, *dávivý, dávidlo, zadávit, udávit (se)*. Všesl. – p. *dławic*, r. *davít'*, s./ch. *dáviti*, stsl. *daviti*. Psl. **daviti* (z ie. **dhāu-* 'rdousit, tisknout') souvisí s gót. *dauþus* 'smrt' (angl. *death*, něm. *Tod* tv.) a asi i lat. *fūnus* 'pohřeb' (z ie. ** dheu-* 'slábnout, umírat') *(A2)*. Srov. ↑*dav*.

dávný, *dávno*. Všesl. – p. *dawny*, r. *dávnij*, s./ch. *dávan*. Psl. **davьnъ* je odvozeno od příst. **davě* 'před časem', to pak z předsl. **dōu-* k ie. **deu-, *dū- (A6)* 'vzdalovat se' i 'jistý časový úsek'. Souvisí s lat. *dūdum* 'už dlouho' a ř. *dén* tv.

dbát, *dbalý, nedbalky, zanedbat*. Jen zsl., ukr. a br. Stč. *tbáti* (*tba* 'starost, péče'), p. *dbać*, ukr. *dbáty*. Nejasné. Žádná z dosud uvažovaných souvislostí (mj. s ↓*doba*, či lat. *dubitāre* 'pochybovat' (Ma²)) není přesvědčivá. Zajímavé je stč. *tb-*.

dcera, *dcerka, dceruška, dceřiny*. Stč. *dci*, gen. *dceře*. Všesl. – p. *cór(k)a*, r. *doč'*, s./ch. *kćí*, stsl. *dъšti*. Psl. **dъkti*, gen. *dъktere (B3)* prošlo na cestě do jednotlivých slov. jazyků různými formálními změnami, v č. přešlo k typu *žena* (ale srov. dat. *dceři*). Příbuzné je lit. *duktė̃*, gót. *daúhtar* (něm. *Tochter*, angl. *daughter*), ř. *thygátēr*, arm. *dustr*, sti. *duhitar-*, toch. B *tkācer*, vše z ie. **dhug(h)ər* tv. *(A3)* (k příponě *-ter-* srov. ↑*bratr*, ↓*matka*, ↓*otec*, o významu základu lze pouze spekulovat).

de- předp. Z lat. *dē* 'od, z'. Srov. ↓*deficit*, ↓*degenerace*, ↓*dekadence*, ↓*delirium*, ↓*demonstrovat*, ↓*destilovat*. Často s významem opaku (*centralizace* – *decentralizace*, podobně *demilitarizovat*, *demobilizace* ap.). Z lat. je fr. *dé-* (↓*depeše*, ↓*debut*, ↓*debakl*).

dealer 'obchodní zprostředkovatel'. Z angl. *dealer* od *deal* 'jednat, obchodovat, rozdělovat, zabývat se', jež souvisí s něm. *Teil* 'díl' (viz ↓*díl*).

debakl 'naprostá porážka'. Z fr. *débâcle* tv., doslova 'prolomení (ledu)', od *débâcler* 'prolomit, uvolnit' z *dé-* (viz ↑*de-*) a *bâcler* 'zavřít, blokovat'; to asi z vlat. **baccŭlāre*, vlastně 'uzavřít závorou, holí' od lat. *baculum* 'hůl'. Srov. ↑*bacil*, ↓*imbecil*. Dnešní význam zejména díky Zolovu románu *La débâcle*.

debata, *debatní, debatovat, debatér*. Přes něm. *Debatte* z fr. *débat* od *débattre* 'diskutovat', doslova 'bít (se)' (tj. 'přebíjet se slovy'), z *dé-* (viz ↑*de-*) a *battre* od lat. *battuere* 'bít'. Srov. ↑*baterie*, ↑*batalion*.

debil, *debilní, debilita*. Z lat. *dēbilis* '(tělesně) slabý'. K první části viz ↑*de-*, druhá však nemá jednoznačný výklad. Někteří tu vidí **de-hibilis* od *habilis* 'schopný, aktivní' (srov. ↓*habilitovat se*), jiní spojují lat. *-bil-* s ie. **bel-* 'silný'.

debl 'čtyřhra (v tenise)', *deblový*, *deblista*. Z angl. *double* 'dvojitý, zdvojený' a to přes fr. z lat. *duplus* tv. Srov. také slang. *deblkanoe, deblkajak* a dále ↓*dubleta*, ↑*dabovat*.

debrecínka 'druh uzeniny', *debrecínský*. Podle maď. města *Debrecínu*.

debut 'první veřejné vystoupení', *debutovat, debutant*. Z fr. *début* od *débuter* 'začínat, mít první úder, hod ap.' od *but* 'cíl' (srov. angl. *butt* tv.), asi germ. původu.

debužírovat expr. 'dobře jíst a pít'. Z fr. *se débaucher* 'hýřit', *débauche* 'zhýralý život, obžerství'. Další původ nejistý.

decentní 'slušný', *decentnost*. Přes něm. *dezent*, fr. *décent* z lat. *decēns*, což je přech. přít. od *decēre* 'slušet (se)' k *decus* 'ozdoba, půvab'.

deci. Zkráceno z *decilitr* (viz ↓*deci-*).

deci- 'desetina' (srov. *decibel, decilitr, decimetr*). Z fr. *déci-* a to z lat. *decimus* 'desátý' od *decem* 'deset'. Viz ↓*deset*, srov. ↑*centi-*.

decimálka ob. Ze spojení *decimální váha* – zjištěná váha se zde násobí deseti. Od lat. *decimus* 'desátý'. Srov. ↓*decimovat*.

decimovat 'ničit, vyhlazovat', *decimace*. Z lat. *decimāre* 'popravit každého desátého' (užíváno především při vzpourách ve vojsku) od *decimus* 'desátý'. Srov. ↑*deci-*, ↑*decimálka*.

děcko. Spodobou z **dětsko*, což je původně jmenný tvar adj. (srov. *mužský* ve významu 'muž'). Ve starší č. bylo i adj. *děcký*. Dále viz ↓*dítě*.

děd, *děda, dědek, dědeček*. Všesl. – p. *dziad*, r. *ded*, ch. *djȅd*, stsl. *dědъ*, psl. **dědъ*. Řadí se k dětským žvatlavým slovům jako ↑*bába*, ↓*máma*, ↓*táta*, liší se

dědic 124 **dech**

však kvalitou samohlásky i neúplným zdvojením. Podobné je r. *djádja* 'strýc', lit. *dėdė* tv., ř. *téthe* 'babička', angl. *daddy* 'táta'. Od toho ↓*dědit,* ↓*dědic.*

dědic, *dědička, dědický, dědictví, dědičný, dědičnost.* Slk. *dedič,* p. *dziedzic,* sln. *dédič,* jinde se běžně neužívá. Utvořeno příp. *-itjь (B3)* od *dědъ* (↑*děd*) s významem 'nástupce děda' (jako vládce rodiny).

dědit, *zdědit, vydědit, podědit.* Od ↑*děd.* K rozšíření i významu viz ↑*dědic.* Sem patří i nář. *dědina,* vlastně 'rodová ves, jíž vládne děd'.

dedikace 'věnování', *dedikovat.* Z lat. *dēdicātiō* tv. od *dēdicāre* z *dē* (↑*de-*) a *dicāre* 'věnovat, ohlašovat' od *dīcere* 'říci'. Srov. ↑*abdikace,* ↓*indikovat.*

dedukovat 'vyvozovat', *dedukce, deduktivní.* Z lat. *dēdūcere* tv. z *dē-* (↑*de-*) a *dūcere* 'vést, táhnout'. Srov. ↓*indukce,* ↓*redukce.*

defekt 'porucha', *defektní.* Přes něm. *Defekt* tv. z lat. *dēfectus* 'vada, úbytek' k *dēficere* 'ubývat, chybět' z *dē-* (↑*de-*) a *facere* 'dělat'. Srov. ↓*deficit.*

defenestrace 'svržení z okna'. Ze střlat. *defenestratio* od *defenestrare* z ↑*de-* a lat. *fenestra* 'okno'.

defenziva 'obrana', *defenzivní.* Přes něm. ze střlat. *defensivus* od lat. *dēfendere* 'hájit, bránit' z *dē-* (↑*de-*) a **fendere* 'tlouci'. Srov. ↓*ofenziva.*

defétista 'poraženec', *defétismus, defétistický.* Z fr. *défaitiste* od *défaite* 'porážka' od *défaire* 'zničit, uvolnit' z *dé-* (viz ↑*de-*) a *faire* 'dělat' z lat. *facere.* Srov. ↑*defekt,* ↓*deficit.*

deficit 'schodek', *deficitní.* Z lat. *dēficit* 'chybí' od *dēficere* 'chybět' (viz ↑*defekt,* srov. ↑*defétista*). K zpodstatnění slovesného tvaru srov. např. ↓*referát.*

defilé 'slavnostní přehlídka', *defilovat.* Z fr. *défilé* od *défiler* 'jít v řadě' z *dé-* (viz ↑*de-*) a *file* 'řada' z lat. *fīlum* 'nit, vlákno'. Srov. ↓*filé.*

definice 'vymezení pojmu', *definovat, definitivní* 'konečný', *definitiva.* Z lat. *dēfīnītiō* 'vymezení, určení' od *dēfīnīre* z *dē-* (↑*de-*) a *fīnīre* 'omezit, určit, končit' od *fīnis* 'konec'. Srov. ↓*infinitiv,* ↓*finiš,* ↓*finále.*

deflorace 'zbavení panenství', *deflorovat.* Z pozdnělat. *dēflōrātiō* od *dēflōrāre,* doslova 'zbavit květu', z *dē-* (↑*de*) a lat. *flōs* (gen. *flōris*) 'květ'. Srov. ↓*floskule,* ↓*flóra.*

deformace, *deformovat, deformita.* Viz ↑*de-* a ↓*forma.*

defraudovat 'zpronevěřit', *defraudace, defraudant.* Z lat. *dēfraudāre* 'podvést, oklamat' z *dē-* (↑*de-*) a *fraudāre* tv. od *fraus* (gen. *fraudis*) 'podvod, klam'.

degenerovat 'upadat (ve vývoji)', *degenerace.* Z lat. *dēgenerāre* 'odrodit se, odchylovat se' z *dē-* (↑*de-*) a *generāre* 'plodit, rodit' od *genus* 'rod'. Srov. ↓*generace.*

degradovat 'snížit hodnost', *degradace.* Z pozdnělat. *dēgradāre* z *dē-* (↑*de-*) a *gradus* 'krok, stupeň'. Viz ↓*grád.*

degustace 'ochutnávání', *degustovat, degustér.* Novější. K lat. *dēgustāre* z *dē-* (↑*de-*) a *gustus* 'chuť'. Srov. ↓*gusto.*

dehet, *dehtový.* Stč. *dehet,* p. *dziegieć,* r. *dëgot',* chybí v jsl. Psl. **degъtъ* odpovídá lit. *degutas* tv. od *dègti* 'pálit', jinak se kořen **deg-* ve slov. asimiloval v **geg-* (srov. ↓*žhnout).* Původně se dehet pálil z březové kůry v milířích (Ma2).

dehydratace 'vysychání, zbavení se vody'. Uměle k ↑*de-* a ř. *hýdōr* 'voda' (srov. ↓*hydro-,* ↓*hydrant*).

dech, *dechový, nádech, výdech, vzdech, nadechnout, nadchnout, vy-*

dechnout, prodchnout, zdechlina aj. Psl. **dъchъ* (od **dъchnǫti*) má pokračování jen v č. (v slk. je *dych*) a jsl. – **dъch-* je oslabený kořen k **dych-* *(B5)*. Dále viz ↓*dýchat*, srov. ↓*duch*, ↓*duše*, ↓*tchoř*.

děj, *dějový, dějství, dějiště, dějiny, dějepis, zloděj*. Od psl. **dějati* 'činit'. Viz ↓*dít se*.

deka 'přikrývka', *dečka*, ob. *dekovat se* 'klidit se (skrytě)'. Z něm. *Decke* tv. od *decken* 'krýt', jež souvisí s ↓*tóga*. Dále srov. ↓*dekl*, ↓*došek*, ↑*cihla*.

dekáda 'období deseti dnů; desítka'. Z fr. *décade* a to přes lat. *decas* z ř. *dekás* (gen. *dekádos*) 'desítka'. Srov. ↓*dekagram*.

dekadence 'úpadek', *dekadentní*. Z fr. *décadence* a to ze střlat. *decadentia* tv. od lat. *dēcadere* z *dē-* (↑*de-*) a *cadere* 'padat'. Srov. ↓*kadence*, ↓*kaskáda*.

dekagram '10 gramů'. Přes fr. z ř. *déka* 'deset' a dále viz ↓*gram*. Srov. ↑*deci-*, ↓*deset*.

děkan 'hlava fakulty; církevní hodnostář', *děkanský, děkanát, děkanství*. Z lat. *decānus*, doslova 'zástupce deseti (mužů)', od lat. *decem* 'deset'. Srov. ↓*deset*.

dekl ob. 'poklop, víko'. Z něm. *Deckel* tv. od *decken* (viz ↑*deka*).

deklamovat '(procítěně) recitovat', *deklamace, deklamátor*. Z lat. *dēclāmāre* 'hlasitě řečnit, přednášet' z *dē-* (↑*de-*) a *clāmāre* 'volat'. Srov. ↓*proklamovat*, ↓*reklamovat*.

deklarovat 'vyhlásit', *deklarace*. Z lat. *dēclārāre* z *dē-* (↑*de-*) a *clārāre* 'učinit zřetelným' od *clārus* 'jasný, světlý'. Srov. ↓*klarinet*.

deklasovat 'vyloučit ze společnosti, snížit', *deklasovaný*. Z fr. *déclasser* z *dé-* (viz ↑*de-*) a *classe* 'třída'. Srov. ↓*klasický*.

deklinace 'skloňování', *deklinační, deklinovat*. Z lat. *dēclīnātiō* od *dēclīnāre* 'odklonit' z *dē-* (↑*de-*) a *clīnāre* 'klonit'. Srov. ↓*inklinovat*, ↓*klinika*.

deko hov. Zkráceno z ↑*dekagram*.

dekolt 'výstřih', *dekoltáž*. Z fr. *décolleté* od *décolleter* 'obnažovat krk' z *dé-* (viz ↑*de-*) a *collet* 'límec' od *col* 'krk' z lat. *collum* tv. Srov. ↓*kolárek*.

dekorovat 'zdobit', *dekorace, dekoratér, dekorativní*. Z lat. *decorāre* tv. od *decus* (gen. *decoris*) 'ozdoba, půvab'. Srov. ↑*decentní*.

děkovat, *děkovný*. Jen č., slk. *ďakovať* a p. *dziękować*. Odvozeno od ↓*dík*.

dekret 'rozhodnutí, výnos'. Přes něm. *Dekret* z lat. *dēcrētum* tv., což je původem příč. trp. od *dēcernere* 'rozhodnout' z *dē-* (↑*de-*) a *cernere* 'rozlišovat, vnímat, chápat'. Srov. ↓*diskrétní*, ↓*koncern*.

dělat, *dělník, dělnice, dělný, udělat, přidělat, vydělat, oddělat* aj. Všesl. (ale slk. *robiť*). Od psl. **dělo* (viz ↓*dílo*).

delegace 'skupina zmocněných zástupců', *delegovat, delegát*. Z lat. *dēlēgātiō* od *dēlēgāre* z *dē-* (↑*de-*) a *lēgāre* 'odkazovat, vysílat s poselstvím' od *lēx* (gen. *lēgis*) 'zákon'. Srov. ↓*legát*, ↓*kolega*.

delfín. Přes něm. *Delphin* z lat. *delphīnus* a to z ř. *delfís, delfín* od *delfýs* 'děloha'. Motivací tohoto pojmenování je, že jde o živočicha s dělohou (tedy nikoli o rybu), případně o 'živočicha tvarem podobného děloze'.

delikátní 'jemný, choulostivý', *delikatesa* 'lahůdka'. Z fr. *délicat* z lat. *dēlicātus* 'vábný, jemný' od *dēliciae* 'lákadlo, ozdobička'.

delikt 'provinění, přestupek', *delikvent*. Přes něm. *Delikt* z lat. *dēlictum* tv., původně příč. trp. od *dēlinquere*

delimitovat 'provinit se, chybovat' z *dē-* (↑*de-*) a *linquere* 'zanechat'. Srov. ↓*relikvie*.

delimitovat 'vymezit, určit', *delimitace*. Ze střlat. *delimitare* z ↑*de-* a lat. *līmitāre* tv. od *līmes* 'hranice'. Srov. ↓*limit*.

delirium 'blouznění (při horečce, otravě ap.)'. Přes něm. *Delirium* z lat. *dēlīrium* od *dēlīrāre* 'bláznit', doslova 'vyšinout se z brázdy', z *dē-* (↑*de-*) a *līra* 'brázda'. Srov. ↓*lícha*.

dělit, *dělba, dělitel, dělitelný, dělítko, podělit, rozdělit, oddělit, udělit, přidělit, příděl, předěl, nadělit, nadílka* aj. Všesl. Většinou se považuje za odvozené od **dělъ* (viz ↓*díl*). Příbuzné je lit. *dailýti*, gót. *dailjan* (něm. *teilen*) a dále ř. *daíomai* a sti. *dáyatē*, vše z ie. **dai-* 'dělit' (B2). Problémem je germ. *d-* místo očekávaného *t-* (A4), proto se někdy uvažuje o výpůjčce ze slov.

délka, *delší, podél, podélný, nadél, obdélník*. Odvozeno od stč. *dél, dle* tv. z psl. **dьl-* (srov. r. *dliná* tv.); slk. *dĺžka*, p. *długość*, sln. *dolgóst* jsou od rozšířeného **dьlg-*, **dъlg-* (viz ↓*dlouhý*). Srov. ještě ↓*podle*, ↓*vedle*, ↑*daleký*, ↓*dlít*.

dělo, *dělový, dělostřelec, dělostřelba*. Jen č., slk. a p. (*działo*). Z psl. **dělo* stejně jako ↓*dílo* (tam i etymologie). Rozlišení délky bylo využito k rozlišení významu. Původně 'stroj, nástroj (oblékací)', pak 'těžká střelná zbraň'.

děloha, *děložní*. Pouze č. Uvažuje se o psl. složenině **dě(to)-loga* (první část k ↓*dítě*, druhá k ↓*ležet*) (Ma², HK). Poprvé v Klaretových slovnících (14. st.) – možná tedy jde o jeho výtvor.

delta 'vidlicovité ústí řeky'. Z ř. *délta* '4. písmeno ř. abecedy', protože jeho tvar rozdvojené ústí připomínal (nejprve užíváno o ústí Nilu). Slovo je asi semitského původu.

demagog 'kdo působí na city lidí záměrným překrucováním skutečnosti', *demagogie, demagogický*. Přes něm. *Demagoge* z ř. *dēmagōgós*, původně 'vůdce lidu' z *dēmos* 'lid' a *ágō* 'vedu'. Srov. ↓*demokracie*, ↓*pedagog*.

démant. Varianta k staršímu ↓*diamant* (přes něm. a fr.).

demarkace 'vytyčení hranice', *demarkační*. Z fr. *démarcation*, šp. *demarcación* od *demarcar* 'vytyčit hranici' z *de-* (srov. ↑*de-*) a odvozeniny od germ. **markō* 'hranice'. Srov. ↓*marka*, ↓*markrabě*.

demarše 'diplomatický zákrok'. Z fr. *démarche* od *démarcher* 'zakročovat' z *dé-* (viz ↑*de-*) a *marcher* 'pochodovat, kráčet'. Srov. ↓*marš*.

demaskovat 'odhalit, zbavit masky'. Z fr. *démasquer* z *dé-* (viz ↑*de-*) a *masquer* 'maskovat' od *masque* 'maska'. Viz ↓*maska*.

demence 'slaboduchost', *dementní*, ob. hanl. *dement*. Z lat. *dēmentia* 'šílenství' od *dēmēns* 'šílený' z *dē-* (↑*de-*) a *mēns* 'mysl, duch'. Srov. ↓*dementi*, ↓*mentalita*.

dementi 'úřední popření', *dementovat*. Z fr. *démenti*, což je původem příč. trp. od *démentir* 'popírat (lež)' z *dé-* (viz ↑*de-*) a *mentir* 'lhát' z lat. *mentīrī* tv., vlastně 'vymýšlet', od *mēns* (gen. *mentis*) 'mysl'. Srov. ↑*demence*, ↓*mentalita*.

deminutivum 'zdrobnělina'. Z lat. (*nōmen*) *dēminūtīvum* '(slovo) zmenšovací' od *dēminuere* 'zmenšovat' z *dē-* (↑*de-*) a *minuere* tv. Srov. ↓*minus*, ↓*minorita*, ↓*menší*.

demise 'odstoupení (z úřadu)'. Z fr. *démission* tv. z lat. *dīmissiō* 'propuštění' od *dīmittere* 'propustit, rozpustit' z ↓*dis-* a *mittere* 'posílat'. Vedle toho je i lat. *dēmissiō* 'spuštění, seslání' od *dēmittere* (viz ↑*de-*).

demiurg 'tvůrce světa'. Přes střlat. z ř. *dēmiourgós* 'řemeslník, umělec,

demižon

tvůrce', doslova 'pracující pro lid'. Srov. ↑*demagog*, ↓*chirurg*.

demižon 'velká baňatá (opletená) láhev'. Z angl. *demijohn*, a to přetvořením z fr. *dame-jeanne*, doslova 'paní-Jana' (srov. it. *damigiana*, šp. *damajuana*). Buď žertovnou metaforou, či lid. etym. *(D2)* z ar. *damagān* 'druh nádoby'.

demografie 'věda zkoumající počet, složení ap. obyvatelstva', *demografický, demograf.* Viz ↓*demokracie*, ↓*-grafie*.

demokracie 'vláda lidu, princip vlády většiny nad menšinou', *demokratický, demokrat.* Z ř. *dēmokratíā* tv. z *dē̃mos* 'lid' a *kratéō* 'vládnu'. Srov. ↑*demagog*, ↑*demiurg*, ↑*demografie*, ↑*byrokracie*, ↑*aristokracie*.

demolovat 'ničit, bořit', *demolice, demoliční.* Podle něm. *demolieren* z lat. *dēmōlīrī* tv. z *dē-* (↑*de-*) a *mōlīrī* 'hýbat množstvím hmoty' od *mōlēs* 'ohromná hmota, masa'. Srov. ↓*molo*, ↓*molekula*.

démon 'zlý duch', *démonický, démonizovat.* Z lat. *daemōn* z ř. *daímōn* 'božstvo, zlý osud, duch, čert', zřejmě od *daíomai* 'dělím, přiděluji' (srov. ↑*dělit*). Motivace není příliš jasná – snad 'přidělovač osudu' (srov. ↑*bůh*).

demonstrovat 'veřejně a hromadně projevit smýšlení; názorně ukázat', *demonstrace, demonstrativní, demonstrant, demonstrátor.* Z lat. *dēmōnstrāre* 'ukazovat, dokazovat' z *dē-* (↑*de-*) a *mōnstrāre* 'ukazovat' od *mōnstrum* 'úkaz, (zlé) znamení' od *monēre* 'připomínat, napomínat'. Srov. ↓*monstrum*, ↓*monstrance*, ↓*mustr*.

den, *denní, deník, rozednít se.* Všesl. – p. *dzień*, r. *den'*, s./ch. *dân*, stsl. *dьnь (B6).* Psl. **dьnь* souvisí s lit. *dienà*, sti. *dína-* tv. i s druhou částí gót. *sinteins* 'každodenní', lat. *nūn-dinus* 'devítidenní', vše z **dei-n*, **din-*, rozšířeného ie. kořene **dei-* 'svítit, zářit' (srov. lat. *diēs* 'den'). Původně tedy jen 'světlá

deponovat

část dne'. Srov. ↓*dnes*, ↓*týden*, ↓*nádeník* ↓*všední* i ↓*div*, ↓*dieta*², ↓*žurnál*.

denár 'stříbrná mince'. Z lat. *dēnārius* od *dēnī* 'po deseti' od *decem* 'deset' (platil 10 asů). Srov. ↓*dinár*, ↓*deset*.

denaturovaný 'znehodnocený přísadami', *denaturovat, denaturace.* Od fr. *dénaturer* 'zbavit přírodních vlastností' z *dé-* (viz ↑*de-*) a *nature* 'příroda'. Srov. ↓*nátura*, ↓*natalita*.

dentální 'zubní', *dentista.* Z nlat. *dentalis* od lat. *dēns* 'zub'. Souvisí s ↑*dáseň*. Srov. ↓*paradentóza*.

denuncovat 'udávat, donášet', *denunciace, denunciant.* Podle něm. *denunzieren* tv. z lat. *dēnūntiāre* 'oznamovat, hlásit' z *dē-* (↑*de-*) a *nūntiāre* tv. od *nūntius* 'posel, prostředník' (srov. ↓*nuncius*). Hanlivý význam až od 19. st.

deodorant 'prostředek zbavující zápachu'. Z angl. *deodorant*, jež je uměle utvořeno od ↑*de-* a lat. *odōrāre* 'páchnout, vonět' od *odor* 'zápach, vůně'. Srov. ↓*odér*.

depeše 'rychlá písemná zpráva'. Z fr. *dépêche* tv. od *dépêcher* 'rychle poslat', vlastně 'zbavit překážek' (srov. ↓*dispečer*), jež je opakem (srov. ↓*dis-*) k *empêcher* 'překážet' z vlat. *impedicāre* z ↓*in-* a lat. *pedica* 'pouto na noze' od *pēs* 'noha'. Srov. ↓*expedice*.

depilace 'zbavení chlupů', *depilovat, depilátor.* Ze střlat. *depilatio* od lat. *dēpilāre*· 'zbavit chlupů' z *dē-* (↑*de-*) a *pilus* 'chlup'. Srov. ↓*pilulka*, ↓*plsť*.

depo 'místo pro údržbu a opravu vozidel; skladiště'. Z fr. *dépôt* tv. z lat. *dēpositum* 'to, co je uloženo', původem příč. trp. od *dēpōnere* (viz ↓*deponovat*).

deponovat 'uložit', *depozice, depozitní.* Z lat. *dēpōnere* (příč. trp. *dēpositus*) 'odložit, uschovat' z *dē-* (↑*de-*) a *pōnere* 'položit'. Srov. ↑*depo*, ↓*pozice*.

deportovat 'nuceně vystěhovat', *deportace*. Z lat. *dēportāre* 'odnést, odvézt' z *dē-* (↑*de-*) a *portāre* 'nést'. Srov. ↓*export*.

depozice. Viz ↑*deponovat*.

deprese 'sklíčenost', *depresivní*. Z lat. *dēpressiō* od *dēprimere* (příč. trp. *dēpressus*) 'stlačovat, stísňovat' z *dē-* (↑*de-*) a *premere* 'tisknout, tlačit'. Srov. ↓*expres*, ↓*kompresor*, ↓*pres*.

deprivace 'strádání z nedostatku podnětů (mateřské lásky ap.)', *deprivovat, deprivant*. Ze střlat. *deprivatio* od *deprivare* 'zbavit něčeho' z lat. *dē-* (↑*de-*) a *prīvāre* tv. od *prīvus* 'vlastní'. Srov. ↓*privát*.

deptat '(psychicky) ničit', *zdeptat*. Dříve 'šlapat, tisknout nohou', asi převzato z pol. *deptać* tv. Psl. **dъpъtati* by bylo variantou k **tъpъtati* (r. *toptáť* 'šlapat', sln. *teptáti*, hl. *deptać* tv.). Onom. původu. Srov. ↓*dupat*.

deputace 'vyslaní zástupci (k jednání)'. Ze střlat. *deputatio* tv. z lat. *dēputāre* 'odhadovat, určovat', v pozdní lat. 'určit někoho, pověřit' z *dē-* (↑*de-*) a *putāre* 'počítat, ořezávat'. Srov. ↑*computer*, ↑*amputace*.

deratizace 'hubení krys'. Z fr. *dératisation* z *dé-* (srov. ↑*de-*) a odvozeniny od *rat* 'krysa' (srov. angl. *rat*, něm. *Ratte*), jehož další původ není jistý.

derby 'velké dostihy; utkání tradičních místních soupeřů'. Podle zakladatele nejvýznačnějšího dostihu v Anglii (v Epsomu), lorda *Derbyho*.

derivace 'odvození, odchýlení', *derivační, derivovat, derivát*. Z lat. *dērīvātiō* od *dērīvāre* 'odvozovat', doslova 'odvádět vodní tok', z *dē-* (↑*de-*) a *rīvus* 'potok, kanál'. Srov. ↓*riviéra*.

dermatologie 'kožní lékařství', *dermatolog, dermatologický*. Z ř. *dérma* (gen. *dérmatos*) 'kůže (stažená)' od *dérō* 'dřu, stahuji kůži' a ↓*-logie*. Srov. ↓*dřít*.

derniéra 'poslední představení'. Z fr. *dernière* tv. od *dernier* 'poslední'. Srov. ↓*premiéra*.

děs. Viz ↓*děsit*.

-desát (*padesát, šedesát* atd.). Z psl. **-desętъ*, původem gen. pl. od **desętь* (viz ↓*deset*). Srov. např. **pętь desętъ* 'pět desítek', stč. *patdesát* (*B7,C1*). Dále srov. ↑*-cet*, ↓*-náct*.

deset, *desetník, desetina, desátý, desátek, desátník, desatero*. Všesl. – p. *dziesięć*, r. *désjat'*, s./ch. dȅsēt, stsl. *desętь*. Psl. **desętь* odpovídá lit. *děšimt*, dále je příbuzné gót. *taíhun* (něm. *zehn*, angl. *ten*), stir. *deich*, lat. *decem*, ř. *déka*, alb. *djetë*, arm. *tasn*, sti. *dáśa*, toch. A *śäk*, vše z ie. **dek̑m̥-* (*A1,A4,B7*). Srov. ↓*sto*.

design 'výtvarný návrh, vzhled (výrobku)', *designér*. Z angl. *design* tv. od slovesa *(to) design* 'navrhnout, určit' z fr. *désigner* z lat. *dēsignāre* 'stanovit, označit, načrtnout' z *dē-* (↑*de-*) a *signāre* 'označovat, pečetit' od *signum* 'značka, znamení'. Srov. ↓*insignie*, ↓*signál*.

designovat 'určit (jako kandidáta na funkci)', *designovaný, designace*. Z lat. *dēsignāre* (viz ↑*design*).

děsit, *děs, děsný, děsivý, vyděsit, zděsit se, poděsit*, ob. *poděs*. Jen č. (odtud do slk.). Souvisí s ↓*žasnout*. Ve stč. bylo též *žěsiti* 'lekat' (*C1*). Ve spojení s předp. *z-* došlo v násloví k těmto změnám: *zš-zdš-ždš-žď* (srov. ↓*ždímat*), z toho pak *zděsiti* a po odloučení předpony nové *děsiti*.

deska, *destička, deskový, deskovitý*. Všesl. – p. *deska*, r. *doská*, s./ch. *dàska*, stsl. *dъska*. Psl. **dъska* je nejspíš přejetím z lat. *discus* '(plochá) mísa' (z ř. *dískos* 'disk, kotouč'), možná germ. prostřednictvím (srov. něm. *Tisch* 'stůl', angl. *dish* 'mísa, jídlo'); má však ъ místo očekávaného ъ a ž. rod. Stč. *dska* (dnešní *e* je vkladné *(B6))*. Srov. ↓*disk*.

deskriptivní 'popisný', *deskriptiva, deskripce*. Přes něm. *deskriptiv* ze střlat. *descriptivus* od lat. *dēscrībere* (příč. trp. *dēscrīptus*) 'popisovat' z *dē-* (↑*de-*) a *scrībere* 'psát'. Srov. ↓*skripta*, ↓*transkripce*.

despekt 'pohrdání'. Z lat. *dēspectus* tv. od *dēspicere* (příč. trp. *dēspectus*) 'pohrdat', vlastně 'shlížet svrchu', z *dē-* (↑*de-*) a *specere* 'pozorovat, dívat se'. Srov. ↑*aspekt*, ↓*respekt*, ↓*inspekce*, ↓*konspekt*.

desperát 'zoufalec, psanec'. Z lat. *dēspērātus*, což je původně příč. trp. od *dēspērāre* 'zoufat, nemít naději' z *dē-* (↑*de-*) a *spērāre* 'doufat' od *spēs* 'naděje'.

despota 'tyran', *despotický, despotismus, despocie*. Z ř. *despótēs* 'pán, vládce', doslova asi 'pán domu' (srov. sti. *dámpati-* tv.). První část souvisí s ř. *dómos* (viz ↓*dům*), druhá je z ie. **poti-* 'pán' (srov. ↓*potence*, ↓*hospodář*). Dnešní negativní význam od pol. 18. st. (Francie).

destilovat 'čistit kapalinu odpařením a opětným zkapalněním', *destilace, destilační, destilát*. Z lat. *dēstīllāre* 'skapávat' z *dē-* (↑*de-*) a *stīllāre* 'kapat' od *stīlla* 'kapka'.

destinace 'určení'. Z lat. *dēstinātiō* od *dēstināre* 'upevňovat, určovat' z *dē-* (↑*de-*) a rozšířeného kořene *sta-n* od *stāre* 'stát' (srov. ↓*stanovit*).

destrukce 'rozvrat, rozklad', *destruktivní*. Z lat. *dēstrūctiō* od *dēstruere* (příč. trp. *dēstrūctus*) 'ničit, rozvracet' z *dē-* (↑*de-*) a *struere* 'skládat, stavět'. Srov. ↓*konstrukce*, ↓*struktura*, ↓*obstrukce*.

dešifrovat 'rozluštit'. Z fr. *déchiffrer* (viz ↑*de-* a ↓*šifra*).

déšť, *dešťový, deštivý, deštný, deštník, dešťovka*. Všesl. – slk. *dážď*, p. *deszcz*, r. *dožď*, s./ch. *dȁžd*, stsl. *dъždъ*. Psl. **dъždžь* nemá jednoznačnou etymologii. Nejčastěji se přijímá výklad z ie. složeniny **dus-dįu-* 'špatný den, nepohoda' (viz ↓*dys-* a ↑*den*, srov. ř. *eudía* 'jasné, klidné počasí, pohoda', viz ↓*eu-*), nadějné je i spojení s lit. *dūzgėti*, *dūzgénti* 'hučet, dunět, klepat' onom. původu *(B1)*. Ani některé jiné výklady nelze zcela odmítnout.

detail 'podrobnost', *detailní, detailista*. Z fr. *détail*, vlastně 'odřezek', od *détailler* 'odřezávat' z *dé-* (srov. ↑*de-*) a *tailler* 'řezat' z lat. *taliāre* 'štípat'. Srov. ↓*talíř*.

detašovaný 'oddělený, vyčleněný', *detašovat*. Z fr. *détacher* 'odpojovat, oddělovat' z *dé-* (srov. ↑*de-*) a kořene **tach-* germ. původu. Viz ↑*ataše* a ↑*atakovat*.

detektiv 'tajný policista provádějící pátrání', *detektivní, detektivka, detekce, detekční, detektor*. Z angl. *detective* tv. od *(to) detect* 'odhalovat' z lat. *dētēctus*, což je příč. trp. od *dētegere* tv. z *dē-* (↑*de-*) a *tegere* 'krýt'. Srov. ↓*protekce*, ↓*tóga*, ↑*cihla*.

determinovat 'vymezovat, určovat', *determinace, determinační, determinismus*. Z lat. *dētermināre* tv. z *dē-* (↑*de*) a *termināre* 'omezovat, končit' od *terminus* 'mezník, hranice, konec'. Srov. ↓*termín*.

děti, *dětský, dětství, dětina, dětinský, dětinství, dětinštět*. Základem je psl. kolektivum **dětь* 'děti, potomstvo', z toho pl. **děti* (p. *dzieci*, r. *déti*, stsl. *děti*, jinak v jsl. útvary jiné). Souvisí s ↓*dojit*, dále s lot. *dēt* 'sát', gót. *daddjan* 'kojit', lat. *fēlāre* 'sát', ř. *thēlḗ* 'prs', sti. *dháyati* 'saje', vše od ie. **dhē-* 'sát, kojit' *(A2)*. Původně tedy asi 'kojenectvo'. Srov. ↓*děva*, ↓*dítě*.

detonace 'výbuch', *detonační*. Z fr. *détonation* od *détoner* 'vybuchovat' z lat. *dētonāre* 'hřmít' z *dē-* (↑*de-*) a *tonāre* tv., onom. původu. Srov. něm. *donnern* tv., naše ↓*dunět*.

deuterium 'těžký vodík'. Od ř. *deúteros* 'druhý', tedy vlastně 'druhý vodík'.

děva, *děvče, děvečka, děvenka*. Všesl. (většinou však zast. a nář.) – p. *dziewa*, r. *déva*, ch. *djéva*, s. *déva*, stsl. *děva*. Psl. *děva je od ie. **dhē-* 'kojit, sát', tedy asi 'kojící, schopná kojit'. Srov. lat. *fēmina* 'žena' a *fēlāre* 'sát' (dále viz ↑*děti*). Srov. ↓*děvka*, ↓*dívka*.

devalvovat 'snížit hodnotu (peněz)', *devalvace*. Podle angl. *devaluate* (případně fr. *dévaluer*) a to z *de-* (↑*de-*) a angl. *value* 'cena, hodnota' z fr. *value*, což je příč. trp. ž.r. od *valoir* 'mít cenu' z lat. *valēre* 'být silný, platit'. Srov. ↓*valence*, ↓*validita*.

devastovat 'pustošit', *devastace, (z)devastovaný*. Z lat. *dēvastāre* tv. z *dē-* (↑*de-*) a *vastāre* tv. od *vastus* 'pustý'.

devět, *devátý, devatenáct, devadesát, devítina, devatero, devítka*. Všesl. – p. *dziewięć*, r. *dévjat'*, s./ch. *dȅvet*, stsl. *devętь*. Psl. *devętь* je příbuzné s lit. *devynì*, stpr. *newīnts*, něm. *neun*, angl. *nine*, stir. *nōi(n)*, lat. *novem*, ř. *ennéa*, alb. *nandë*, arm. *inn*, sti. *náva*, toch. *nu*, vše z ie. **neun-* tv. *(A7)*. Slov. a lit. *d-* se vykládá vlivem čísl. 'deset'.

devětsil 'druh léčivé byliny'. Podle léčivé moci této byliny (magické číslo '9'). Srov. něm. *Neunkraft* (*neun* 'devět', *Kraft* 'síla').

deviace 'úchylka', *deviant*. Z lat. *dēviātiō* 'vybočení (z cesty)' od *dēviāre* 'vybočit (z cesty)' z *dē-* (↑*de-*) a *via* 'cesta'. Srov. ↓*viadukt*.

deviza 'cizí měna', *devizový*. Význam přejat z něm., tam z fr. (zač. 20. st.), původně zřejmě 'příkaz (k platbě)'. Původ má stejný jako ↓*devíza*.

devíza 'heslo, zásada, hodnota'. Z fr. *devise*, původně 'oddělené pole erbu', pak 'heslo (ve znaku)' od *deviser* 'dělit, sdělovat, přikazovat' z vlat. *dēvisāre, *dīvisāre od lat. *dīvidere* (příč. trp. *dīvīsum*) 'dělit'. Srov. ↓*divize*, ↓*dividenda*.

děvka hanl., *děvkař, děvkařský*. Významově odlišeno (pomocí různé kvantity samohlásky) od ↓*dívka*.

devon 'čtvrtý útvar prvohor'. Podle angl. hrabství *Devon*, kde se hojně vyskytuje.

devótní 'přehnaně oddaný, podlízavý', *devótnost*. Přes něm. *devot* tv. z lat. *dēvōtus* 'zaslíbený (bohu), věrně oddaný', což je příč. trp. od *dēvovēre* 'věnovat (jako smírnou oběť), zaslíbit' z *dē-* (↑*de-*) a *vovēre* 'zaslíbit'. Srov. ↓*votivní*.

dezert 'zákusek', *dezertní*. Z fr. *dessert* od *desservir* 'sklízet ze stolu' (tedy 'poslední chod') z *des-* (viz ↓*dis-*) a *servir* z lat. *servīre* 'sloužit' od *servus* 'otrok, služebník'. Srov. ↓*servis*, ↓*rezervovat*.

dezertovat 'zběhnout', *dezerce, dezertér*. Z fr. *déserter* z pozdnělat. *dēsertāre* 'opouštět' od lat. *dēserere* (příč. trp. *dēsertum*) 'opouštět, vydávat všanc' z *dē-* (↑*de-*) a *serere* 'připojovat, řadit'. Srov. ↓*disertace*, ↓*série*.

deziluze 'rozčarování'. Z fr. *désillusion* z *dés-* (viz ↓*dis-*) a *illusion* (viz ↓*iluze*).

dezinfekce 'odstranění choroboplodných zárodků', *dezinfekční, dezinfikovat*. Z fr. *désinfection* (viz ↓*dis-* a ↓*infekce*).

dezinformace 'nesprávná informace'. Z fr. *désinformation* (viz ↓*dis-* a ↓*informovat*).

dezintegrace 'rozpad'. Z fr. *désintégrátion* (viz ↓*dis-* a ↓*integrace*).

dezodorant. Viz ↑*deodorant*. S využitím fr. předp. *dés-* (viz ↓*dis-*).

dezolátní 'žalostný, neutěšený'. Přes něm. *desolat* tv. z lat. *dēsōlātus* 'opuštěný, pustý', což je příč. trp. od *dēsōlāre* 'opustit' z *dē-* (↑*de-*) a *sōlus* 'sám, pouhý'. Srov. ↓*sólo*.

dezorientovat 'zbavit orientace, (z)mást', *dezorientovaný, dezorientace*. Z fr. *désorienter* (viz ↑*dis-* a ↓*orientovat (se)*).

di-[1] 'dvoj-' (ve složeninách ř. původu). Srov. ↓*diftong*, ↓*diglosie*, ↓*dilema*. Odpovídá lat. ↑*bi-*, sti. *dví-*, vše z ie. **du̯i-*. Srov. ↓*dva*.

di-[2]. Viz ↓*dis-*.

dia- předp. Z ř. předl. a adv. *diá* 'skrz, přes, na všechny strany'. Srov. ↓*dialog*, ↓*diagnóza*, ↓*diabetik*, ↑*dábel*. Srov. ↓*dis-*.

diabetik 'osoba trpící cukrovkou', *diabetický*. Z nlat. *diabetes (mellitus)* 'cukrovka' z ř. *diabḗtēs* 'močová úplavice' od *diabaínō* 'procházím skrz' (= moč) z ↑*dia-* a *baínō* 'jdu, kráčím'. Srov. ↑*akrobat*, ↑*báze*.

diabol(k)a 'náboj do vzduchovky'. Podle tvaru připomínajícího dřívější hračku *diabolo* (cosi jako ↓*káča* či ↑*čamrda*), doslova 'čert' (z it.). Viz ↑*dábel*.

diadém 'královská čelenka'. Přes lat. z ř. *diádēma* tv. od *diadéō* 'o(b)vazuji' z ↑*dia-* a *déō* 'vážu, poutám'.

diafilm. Viz ↓*diapozitiv* a ↓*film*.

diagnóza 'rozpoznání, určení choroby', *diagnostický*. Z ř. *diágnōsis* 'rozhodnutí, poznání' od *diagignṓskō* 'rozeznávám, rozhoduji' z ↑*dia-* a *gignṓskō* 'poznávám'. Srov. ↓*prognóza*, ↓*gnozeologie*.

diagonála 'úhlopříčka'. Přes něm. *Diagonale* ze střlat. *diagonalis* od ř. *diagṓnios* 'vedoucí od rohu do rohu' z ↑*dia-* a *gōnía* 'roh, úhel'. Srov. ↓*trigonometrie*.

diagram 'graf, nákres'. Přes něm. *Diagramm* z ř. *diágramma* 'kresba, obrazec' od *diagráfō* 'kreslím, přepisuji' z ↑*dia-* a *gráfō* 'píšu'. Srov. ↓*graf*, ↓*-gram*.

diachronní 'týkající se časového vývoje (jazyka)', *diachronie*. Uměle vytvořeno zač. 19. st. (jazykovědec de Saussure) k ↑*dia-* a ř. *chrónos* 'čas'. Srov. ↓*synchronní*.

diákon. Viz ↓*jáhen*.

diakritický 'rozlišovací'. Přes něm. *diakritisch* z ř. *diakritikós* od *diakŕ́nō* 'rozlišuji, posuzuji' z ↑*dia-* a *kŕ́nō* 'odděluji, třídím, posuzuji'. Srov. ↓*kritika*, ↓*krize*.

dialekt 'nářečí', *dialektický*. Přes něm. *Dialekt* tv. z ř. *diálektos* 'rozmluva, nářečí' od *dialégomai* 'rozmlouvám, projednávám' z ↑*dia-* a *légō* 'mluvím, čtu, počítám'. Srov. ↓*dialektika*, ↓*dialog*, ↓*idiolekt*, ↓*lekce*.

dialektika 'metoda zkoumání pojmů a vyhledávání definic', *dialektický, dialektik*. Přes něm. *Dialektik*, lat. *dialectica* z ř. *dialektikḗ (téchnē)* 'umění vést rozmluvu' od *diálektos* 'rozmluva' (dále viz ↑*dialekt*).

dialog 'rozhovor', *dialogický*. Přes lat. *dialogus* z ř. *diálogos* tv. od *dialégomai* 'rozmlouvám' (viz ↑*dialekt*). Srov. ↓*monolog*.

dialýza 'pročištění krve pomocí umělé ledviny', *dialyzační*. Přes moderní evr. jazyky z ř. *diálysis* 'rozpuštění, oddělení' od *dialýō* 'rozlučuji, dělím' z ↑*dia-* a *lýō* 'uvolňuji, rozvazuji'.

diamant, *diamantový*. Přes něm. ze stfr. *diamant* ze střlat. a pozdnělat. *diamas* (gen. *diamantis*), to pak přes lat. *adamās* z ř. *adámās* 'ocel, diamant', doslova 'nepřekonatelný' (pro svou tvrdost), z ↑*a-*[2] a *damáō, damázō* 'krotím, přemáhám' (srov. angl. *tame* tv.). Pozdější *dia-* je vlivem ř. *diafanḗs* 'průhledný, jasný'.

diametrální 'opačný, protilehlý'. Přes něm. *diametral* z pozdnělat. *diametrālis* od lat. *diametros, diametrus* 'průměr (kruhu)' z ř. *diámetros* tv. z *diá* (↑*dia-*) a *métron* 'míra'. Srov. ↓*metr*.

dianetika 'teorie o možnosti zvyšování duševního potenciálu na základě ovlivňování vlastního vědomí', *dianetický*. Z am.-angl. *dianetics* tv. a to podle ř. *dianoētikós* 'týkající se myšlení' od *diánoia* 'myšlení, rozum, duše' z ↑*dia-* a *noéō* 'pozoruji, myslím'. Srov. ↓*noetika*.

diapozitiv 'pozitivní obraz na průhledném podkladě'. Uměle vytvořeno (kolem r. 1900) z ↑*dia-* a *pozitiv*. Viz ↓*pozitivní*.

diář 'deník'. Z lat. *diārium* tv. od *diēs* 'den'. Srov. ↓*dieta*[2], ↓*žurnál*, ↑*den*.

diaspora 'rozptýlení (národa)'. Přes moderní evr. jazyky z ř. *diasporá* 'rozptýlení, vyhnanství' od *diaspeírō* 'rozptyluji (se)' z ↑*dia-* a *speírō* 'seji, sypu, trousím'. Srov. ↓*sperma*, ↓*sporadický*.

diastola 'roztažení srdečního svalu', *diastolický*. Přes moderní evr. jazyky z ř. *diastolé* 'oddělení, roztažení' od *diastéllō* 'rozděluji, roztahuji' z ↑*dia-* a *stéllō* 'strojím, pořádám'. Srov. ↓*systola*, ↑*apoštol*.

diatermie 'léčebné prohřívání'. Uměle k ↑*dia-* a ř. *thérmē* 'teplo, horko'. Srov. ↓*termo-*, ↓*termální*.

diblík expr. 'čipera, čertík (o dětech či dívkách)'. Dříve též *díblík* (Jg). Z nedoloženého **dieblík (B1)*, což je zdrobnělina k ↑*ďábel*.

didaktika 'obor pedagogiky zabývající se vyučováním', *didaktický, didaktik*. Přes něm. *Didaktik* z ř. *didaktiké (téchnē)* 'umění vyučování' od *didáskō* 'učím'. Souvisí s lat. *discere* 'učit se'. Srov. ↓*disciplína*.

diecéze 'biskupství'. Ze střlat. *dioecesis* z ř. *dioíkēsis* 'správa, zařízení' z ↑*dia-* a *oîkos* 'dům, příbytek, domácnost'. Srov. ↓*ekumenismus*, ↓*ekonomie*.

diesel 'naftový motor', *dieselový*. Podle něm. vynálezce *R. Diesela*.

dieta[1] 'léčebná výživa', *dietní, dietetika*. Přes něm. *Diät*, lat. *diaeta* z ř. *díaita* 'způsob života, strava, živobytí'.

dieta[2] 'náhrada výloh při služební cestě'. Ze střlat. *dieta*, původně 'denní mzda', od lat. *diēs* 'den'. Srov. ↑*diář*, ↑*den*.

diference 'rozdíl', *diferenční, diferencovat, diferenciace, diferenciál*. Z lat. *differentia* od *differre* 'lišit se, roznášet' z ↓*dis-* a *ferre* 'nést'. Srov. ↓*indiferentní*, ↓*konference*, ↓*referovat*.

diftong 'dvojhláska'. Přes lat. *diphthongus* z ř. *dífthongos*, vlastně 'dvojzvuk', z ↑*di-*[1] a *fthóngos* 'hlas, řeč, zvuk'.

difúze 'samovolné prolínání', *difúzní, difundovat*. Z lat. *diffūsiō* od *diffundere* (příč. trp. *diffūsus*) 'rozlévat, šířit (se)' z ↓*dis-* a *fundere* 'lít, vypouštět'. Srov. ↓*infúze*, ↓*transfúze*.

digestoř 'skříň k odsávání plynů'. Od lat. *dīgestus* 'strávený', což je původně příč. trp. od *dīgerere* 'rozvádět, trávit, zažívat' z ↓*dis-* a *gerere* 'nést, vést'. Srov. ↓*sugerovat*, ↓*gesto*.

digitální 'číslicový, číselný'. Z angl. *digital* tv. od *digit* 'číslice', a to z lat. *digitus* 'prst' (od počítání na prstech). Srov. ↑*bit*.

diglosie 'výskyt dvou jazyků v jedné oblasti'. Nově utvořeno z ↑*di-*[1] a ř. *glōssa* 'jazyk, řeč'. Srov. ↓*glosa*, ↓*izoglosa*.

digrese 'odbočení (od tématu)'. Z lat. *dīgressiō* od *dīgredī* (příč. trp. *dīgressus*) 'rozcházet se' z ↓*dis-* a *gradī*

dichotomie 133 **dioptrie**

'kráčet, jít'. Srov. ↑*agrese,* ↓*regrese,* ↓*kongres,* ↓*grád.*

dichotomie 'dělení na dvě části'. Novotvar k ř. *dichotoméō* 'dělím na dvě části' z *dícha* 've dví, rozdvojeně' (souvisí s ↑*di*-[1]) a *tómos* 'díl' od *témnō* 'řežu, dělím'. Srov. ↑*atom,* ↑*anatomie.*

dík. Stč. *diek.* Jen č., slk. a pol. (srov. ↑*děkovat*). Přejato ze sthn. *denke* 'díky' (něm. *Dank* 'dík') *(B7),* jež bezprostředně souvisí s něm. *denken* 'myslet'. Původně tedy 'myšlenka (na prokázané dobrodiní)', odtud 'vděčnost' (Ma[2]). Srov. i angl. *thank* 'dík', *think* 'myslet'. Původní význam je ještě dochován v ↑*bezděky,* ↓*mimoděk.*

dikce 'způsob vyjadřování'. Z lat. *dictiō* tv. od *dīcere* (příč. trp. *dictum*) 'říkat'. Srov. ↓*jurisdikce,* ↓*verdikt,* ↓*diktát,* ↓*indikovat.*

dikobraz 'hlodavec s dlouhými ostny'. Přejato Preslem z r. *dikobráz* z *dík(ij)* 'divoký' a *obráz* 'podoba'. Tedy '(tvor) divokého vzhledu'.

diktafon 'diktovací přístroj'. Z angl. *dictaphone* (viz ↓*diktát* a ↓*-fon*).

diktát, *diktovat, diktátor, diktátorský, diktatura.* Přes něm. *Diktat* z lat. *dictātum,* což je zpodstatnělé příč. trp. od *dictāre* 'předříkávat, nařizovat' od *dīcere* (příč. trp. *dictus*) 'říkat'. Srov. ↑*dikce,* ↓*verdikt.*

díl, *dílek, dílec, dílčí.* Stč. *diel.* Všesl. – p. *dział,* r.st. *del,* ch. *djȍ,* s. *dȅo,* stsl. *dělъ.* Psl. *dělъ odpovídá gót. *dails,* něm. *Teil* tv., další souvislosti u ↑*dělit.*

dilatace 'zvětšení, roztahování'. Z lat. *dīlātātiō* od *dīlātāre* 'rozšiřovat' z ↓*dis*- a *lātus* 'široký'.

dilema 'nutnost volby mezi dvěma možnostmi'. Přes lat. *dilēmma* z ř. *dílēmma* z ↑*di*-[1] a *lēmma* 'nabytí, prospěch' od *lambánō* 'beru, uchopuji'. Srov. ↓*epilepsie.*

diletant 'neodborník, nedouk', *diletantský, diletantství.* Přes něm. *Dilettant* z it. *dilettante* '(laický) milovník umění' od *dilettare* z lat. *dēlectāre* 'bavit, těšit' od *dēlicere* 'obveselovat' z *dē*- (↑*de*-) a *lacere* 'lákat, vábit'. Srov. ↑*delikátní,* ↓*laso.*

dílo. Stč. *dielo.* Všesl. – p. *dzieło,* r. *délo,* ch. *djèlo,* s. *dèlo,* stsl. *dělo.* Psl. *dělo je odvozeno od *děti z ie. *dhē*- (viz ↓*dít se*). Spojuje se i s lit. *dailė̃* 'umění, řemeslo, výrobek', stpr. *dīlas* 'práce, dílo' i stisl. *daell* 'snadný' (v balt. slovech však je nutno v kořeni vycházet z dvojhlásky). Srov. ↑*dělat,* ↑*dělo.*

diluvium 'starší období čtvrtohor', *diluviální.* Z lat. *dīluvium* 'potopa' (do té doby se klade 'potopa světa') od *dīluere* 'rozmočit, rozpustit' z ↓*dis*- a *luere* 'mýt'. Srov. ↓*lavor,* ↓*latrína.*

dimenze 'rozměr', *dimenzovat, předimenzovaný.* Z lat. *dīmēnsiō* tv. od *dīmētīrī* (příč. trp. *dīmēnsus*) 'rozměřit' z ↓*dis*- a *mētīrī* 'měřit'. Srov. ↓*měřit,* ↓*meditovat.*

dinár 'měnová jednotka některých států'. Původně zlatá mince islámských středověkých států. Z lat. *dēnārius* (viz ↑*denár*).

dingo 'divoký australský pes'. Z řeči australských domorodců.

dinosaurus 'vyhynulý veleještěr'. Polatinštělá podoba z ř. *deinós* 'hrozný, strašný, mocný' a *saûros* 'ještěr(ka)'. Srov. ↑*brontosaurus.*

dioda 'elektroda se dvěma elektronkami'. Uměle z ↑*di*-[1] a *(elektr)oda* (viz ↑*anoda*).

dioptrie 'jednotka pro optickou mohutnost čočky', *dioptrický.* Uměle k ř. *dióptra* 'optický přístroj' z ↑*dia*- a základu *op-, který souvisí s ↓*oko.* Srov. ↓*optika,* ↓*panoptikum.*

diplom 'písemné osvědčení', *diplomový, diplomní, diplomovaný*. Přes něm. *Diplom* z lat. *diplōma* z ř. *díplōma* 'doporučující, pověřující list', doslova 'dvojitý, nadvakrát složený' (důležité listiny se skládaly a pečetily), z *diplóos, diploūs* 'dvojitý'. Srov. lat. *duplex* tv. (od toho ↓*duplikát* a ↑*debl*) a dále ↑*di-*[1] a ↓*diplomat*.

diplomat 'pověřený zástupce svého státu; obratný vyjednavatel', *diplomatický, diplomacie*. Z fr. *diplomate* od adj. *diplomatique* 'týkající se (úředních) listin'. Dále viz ↑*diplom*.

diptych 'dvoudílný umělecký výtvor'. Ze střlat. *diptychon* z ř. *díptychos* 'dvojice, dvouvrstvý' z ↑*di-*[1] a *ptychḗ* 'záhyb, vrstva'. Srov. ↓*triptych*.

díra, *dírka, děravý, děrovat, děrný, proděravět*. Všesl., ale s různou kořennou samohláskou – stč. *diera*, hl. *džěra* (-ě-), br. *dzirá*, stsl. *dira* (-i-), p. *dziura*, ob. č. ↓*doura* (-'u-), r. *dyrá* (-y-). Stč. *diera* je od *-děrati* a to od **dьrati* (viz ↓*drát*[2], srov. např. stč. *prodierati – prodrati*). Srov. i ↓*dřít*.

direkt 'přímý úder (v boxu)'. Z angl. *direct* tv. z lat. *dīrēctus* 'přímý' od *dīrigere* (příč. trp. *dīrēctus*) (viz ↓*dirigent*).

direktiva 'směrnice, nařízení', *direktivní*. Z angl. či fr. *directive* tv. od fr. *directif* 'řídící' ze střlat. *directivus* tv. od *dīrigere* (viz ↑*direkt*, ↓*dirigent*).

direktor hov. expr. 'ředitel', *direktorský*. Přes něm. z pozdnělat. *dīrēctor*, což je činitelské jméno k *dīrigere* (viz ↓*dirigent*, ↑*direkt*).

dirigent, *dirigentský, dirigovat*. Přes něm. *Dirigent* z lat. *dīrigēns* (gen. -*entis*) 'vedoucí, řídící', což je přech. přít. od *dīrigere* 'řídit, zaměřovat k něčemu' z ↓*dis-* a *regere* 'řídit'. Srov. ↑*direktor*, ↓*regent*, ↓*rektor*, ↓*korigovat*.

dis-. Lat. předp., nejčastěji s významem 'roz-' (↓*dislokovat*, ↓*disident*,

↓*distribuce*, ↓*disponovat*), někdy s významem záporu (↓*disharmonie*, ↓*disproporce*) či zesílení (↑*dirigent*). Často se mění v *dī-* (↑*dimenze*, ↑*digrese*, ↑*dirigent*, ↓*diverze*), někdy splývá s následující souhláskou (↑*diference*). Odtud fr. *dés-* (↑*deziluze*, ↑*dezorientovat*). Stejně jako ↑*dia-* snad souvisí s číslovkou ↓*dva* (srov. ↑*di-*, ↑*bi-*) a označuje původně 'rozdvojení'.

disciplína 'kázeň; vědní či sportovní obor', *disciplinární*. Z lat. *disciplīna* 'výchova, vyučování, nauka, obor, kázeň' od *discipulus* 'žák' od *discere* 'učit se'.

disent 'opozice vůči režimu'. Z angl. *dissent* 'nesouhlas, rozdíl v názorech, nonkonformismus' a to z lat. *dissēnsus* tv., což je původně příč. trp. od *dissentīre* 'být rozdílného názoru' z ↑*dis-* a *sentīre* 'cítit, vnímat, myslet'. Srov. ↓*sentence*, ↓*senzace*.

disertace 'doktorská práce', *disertační*. Z lat. *dissertātiō* 'výklad, vědecké pojednání' od *dissertāre* 'vykládat, rozprávět, probírat' od *disserere* (příč. trp. *dissertus*) tv. z ↑*dis-* a *serere* 'řadit, spojovat'. Srov. ↑*dezertovat*, ↓*série*, ↓*inzerát*.

disgustovat 'znechucovat'. Viz ↑*dis-* a ↓*gusto*.

disharmonie 'nesoulad', *disharmonický*. Viz ↑*dis-* a ↓*harmonie*.

disident 'odpadlík, jinověrec', *disidentský*. Původně v náboženském, dnes především v politickém smyslu. Z lat. *dissidēns* tv., což je původně přech. přít. od *dissidēre* 'být odloučen, jinak smýšlet', doslova 'sedět rozděleně', z ↑*dis-* a *sedēre* 'sedět'. Srov. ↓*prezident*, ↓*rezident*, ↓*sedět*.

disimilace 'rozrůznění', *disimilační, disimilovat*. Z lat. *dissimilātiō* od *dissimilāre* od *dissimilis* 'nepodobný,

disjunkce 135 **dispečer**

odlišný' z ↑*dis-* a *similis* 'podobný'. Srov. ↑*asimilovat,* ↓*simulovat.*

disjunkce 'rozpojení, rozluka'. Z lat. *disiūnctiō* tv. od *disiungere* 'rozpojovat' z ↑*dis-* a *iungere* 'spojovat'. Srov. ↓*konjunkce.*

disk 'plochý kotouč (k házení)', *diskař, diskařský.* Z lat. *discus* z ř. *dískos* tv. Novější významy z angl. *disk, disc* 'kotouč, talíř, gramofonová deska'. Srov. ↑*deska,* ↓*disketa,* ↓*diskotéka,* ↓*diskžokej.*

diskant zast. 'vysoký chlapecký hlas'. Přes něm. ze střlat. *discantus,* vlastně 'protizpěv' z ↑*dis-* a *cantus* 'zpěv' od *canere* 'zpívat' (původně protihlas k tzv. *cantus firmus).* Srov. ↓*kantor,* ↓*kantáta.*

disketa 'magnetický kotouč k ukládání počítačových dat'. Z angl. *diskette* (vedle *floppy disk*), což je zdrobnělina od *disk* (viz ↑*disk*)

diskotéka 'sbírka gramofonových desek; taneční večer s jejich přehráváním'. Z angl. a fr. *discothèque,* což je novotvar z *disc* (viz ↑*disk*) a ř. *thḗkē* 'schránka, skříňka'. Srov. ↓*kartotéka,* ↓*hypotéka,* ↑*apatyka.*

diskreditovat 'připravit o důvěru', *diskreditace.* Z fr. *discréditer* tv. z ↑*dis-* a *créditer* 'důvěřovat' od *crédit* 'důvěra' (viz ↓*kredit*).

diskrepance 'neshoda, nepoměr'. Přes něm. *Diskrepanz* z lat. *discrepantia* tv. od *discrepāre* 'nesouhlasit, různě znít' z ↑*dis-* a *crepāre* '(hlučně) znít'.

diskrétní 'taktní, ohleduplný', *diskrétnost.* Z fr. *discret* tv. a to přes střlat. a pozdnělat. význam 'schopný rozlišovat' z lat. *discrētus* 'rozlišený', což je příč. trp. od *discernere* 'rozlišovat, rozeznávat' z ↑*dis-* a *cernere* 'vnímat, vidět, rozlišovat'. Srov. ↓*indiskrétní,* ↓*díško,* ↓*konkrétní.*

diskriminovat 'přiznávat méně práv či výhod, omezovat někoho', *diskriminace.* Z lat. *discrīmināre* 'oddělovat, rozlišovat' od *discrīmen* 'rozlišení' z ↑*dis-* a *crīmen* 'posouzení, obvinění, vina'. Souvisí s *discernere* (viz ↑*diskrétní*). Dále srov. ↓*inkriminovaný,* ↓*kriminál.*

diskurs 'rozhovor, rozmluva'. Z lat. *discursus,* což je příč. trp. od *discurrere* 'rozbíhat (se)', později 'sdělovat, přetřásat', z ↑*dis-* a *currere* 'běžet'. Srov. ↓*konkurs,* ↓*kurs.*

diskuse 'výměna názorů, rozprava', *diskusní, diskutovat, diskutér, diskutabilní.* Z lat. *discussiō* od *discutere* (příč. trp. *discussus*) 'rozbíjet, přetřásat', v pozdní lat. 'rozprávět, zkoumat' z ↑*dis-* a *quattere* 'třást, tlouci'.

diskvalifikovat 'vyřadit, prohlásit nezpůsobilým', *diskvalifikace.* Přes moderní evr. jazyky ze střlat. *disqualificare* tv. Viz ↑*dis-* a ↓*kvalifikovat.*

diskžokej 'konferenciér hudby z desek'. Z angl. *disc-jockey* (viz ↑*disk* a ↓*žokej*).

dislokovat 'rozmístit', *dislokace.* Ze střlat. *dislocare* z ↑*dis-* a lat. *locāre* 'umístit' od *locus* 'místo'. Srov. ↓*lokál.*

disonance 'nesouzvuk'. Ze střlat. *dissonantia* od lat. *dissonāre* 'nesouzvučet' z ↑*dis-* a *sonāre* 'zvučet' od *sonus* 'zvuk'. Srov. ↓*rezonance,* ↓*konsonant,* ↓*sonet.*

disparátní 'různorodý'. Z lat. *disparātus* tv. od *disparāre* 'rozdělovat, oddělovat' z ↑*dis-* a *parāre* 'dělat stejným' od *pār* 'stejný'. Srov. ↓*parita,* ↓*pár.*

dispečer 'pracovník řídící chod provozu', *dispečink.* Z angl. *dispatcher* tv. z *dispatch* 'odesílat, odbavovat' a to ze šp. *despachar* tv. asi stejného původu jako fr. *dépêcher* (viz ↑*depeše*).

dispens 'zproštění povinnosti'.
Ze střlat. *dispensa* 'osvobození od církevního zákona' od lat. *dispēnsāre* 'přísně zvažovat, přidělovat' od *dispendere* 'rozvažovat, odvažovat' z ↑*dis*- a *pendere* 'vážit'. Srov. ↓*kompenzovat*.

displej 'zařízení pro zobrazení nějaké hodnoty'. Z angl. *display* od slovesa *(to) display* 'vystavit, ukázat' ze stfr. *despleier* z lat. *displicāre* 'rozvinout' z ↑*dis*- a *plicāre* 'plést'. Srov. ↓*komplikovat*, ↓*explicitní*.

disponovat 'volně nakládat', *disponent, dispozice, dispoziční*. Z lat. *dispōnere* (příč. trp. *dispositus*) 'uspořádat, rozkládat, rozdělovat' z ↑*dis*- a *pōnere* 'klást'. Srov. ↑*deponovat*, ↓*komponovat*, ↓*oponovat*.

disproporce 'nepoměr', *disproporční*. Viz ↑*dis*- a ↓*proporce*.

disputace 'učená hádka, vědecká rozprava', *disputovat*. Z lat. *disputātiō* od *disputāre* 'uvažovat, debatovat', vlastně 'rozřezávat (problém)', z ↑*dis*- a *putāre* 'řezat, počítat'. Srov. ↑*amputovat*, ↑*deputace*, ↓*reputace*.

distance 'vzdálenost', *distancovat* 'zastavit někomu činnost', *distancovat se* 'zříci se'. Přes něm. *Distanz* z lat. *distantia* tv. od *distāre* 'být vzdálený, odlišovat se' z ↑*dis*- a *stāre* 'stát'. Srov. ↓*instance*, ↓*substance*, ↓*konstantní*.

distichon 'dvojverší'. Z lat. *distichon* tv. z ř. *dístichos* 'dvouveršový, dvouřadý' z ↑*di*-[1] a *stíchos* 'řada, řádka, verš'.

disting(v)ovaný 'uhlazený, jemný'. Z fr. *distingué* od *distinguer* 'vyznačovat se (mravy)' z lat. *distinguere* 'odlišovat, vyzdobovat' z ↑*dis*- a *tinguere* 'barvit'. Srov. ↓*distinkce*.

distinkce 'odznak hodnosti'. Z lat. *distīnctiō* 'rozlišení, vyzdobení' od *distinguere* (příč. trp. *distīnctus*) (viz ↑*disting(v)ovaný*).

distorze 'podvrtnutí, zkroucení'. Z lat. *distorsiō* od *distorquēre* (příč. trp. *distorsus* i *distortus*) 'točit, kroutit' z ↑*dis*- a *torquēre* tv. Srov. ↓*tortura*, ↓*dort*.

distribuce 'rozdělování', *distribuční, distribuovat*. Z lat. *distribūtiō* tv. od *distribuere* 'rozdělovat, třídit' z ↑*dis*- a *tribuere* 'udělovat, přidělovat'. Srov. ↓*tribut*, ↓*tribuna*, ↓*kontribuce*.

distrikt 'správní okrsek, obvod'. Ze střlat. *districtus* 'soudní okrsek', což je původem příč. trp. od lat. *distringere* 'rozprostírat, roztahovat' z ↑*dis*- a *stringere* 'stahovat, svírat'. Srov. ↓*striktní*.

díško, dýško ob. 'spropitné'. Z hov. *diškrece* z *diskrece* (viz ↑*diskrétní*). Původně tedy 'odměna za diskrétnost', případně z fr. *à discrétion* 'podle libosti'.

dišputát zast. ob. 'rozmluva'. Z lat. *disputātus* od *disputāre* (viz ↑*disputace*).

dít zast. 'říkat'. Stč. *dieti*, 1.os. přít. *děju* i *diem*. Ve slov. jazycích dnes v tomto významu řídké (hl. *dźeć*, sln. *dejáti*). Psl. **dě(ja)ti* vychází z ie. **dhē*- 'položit, stavět', pak 'dělat' a od toho 'říkat'. Starobylost tohoto významového posunu dosvědčuje chet. *te*- 'klást' i 'mluvit'. Dále viz ↓*dít se*, srov. ↓*přezdívka*.

dít se. Stč. *dieti*, 1.os. préz. *děju* 'dělat, pokládat'. Všesl. – p. *dziać się* 'dít se', r. *det'* 'strčit, založit', *dét'sja* 'podít se', ch. *djèti* 'klást', stsl. *děti, dějati* 'dělat, položit'. Psl. **děti, *dějati* souvisí s lit. *děti* 'klást aj.', něm. *tun*, angl. *do* 'dělat', lat. *fēcī* 'udělal jsem', ř. *títhēmi* 'kladu', sti. *dádhāmi* tv. – vše z ie. **dhē*- 'klást, stavět' *(A2)* (srov. ↑*dít*). Dále srov. ↑*děj*, ↑*dílo*, ↓*nadít se*, ↓*odít se*, ↓*podít se*, ↓*udát se*, ↓*zdát se*, ↓*soud*, ↓*úd* aj.

dítě. Stč. *dietě*. Všesl. – p. *dziecię*, r. *ditjá*, ch. *dijète*, s. *dète*. Psl. **dětę (B7)* je utvořeno příponou -ę (charakteristickou pro mláďata) nejspíš od kolektiva **dětь* (viz ↑*děti*).

div, *divný, divit se, podivit se, udivit*. P. *dziw*, r.d. *div*, stsl. *divъ*, chybí v jsl. (srov. však s./ch. *dîvan*, sln. *díven* 'nádherný'). Pro psl. *divъ lze vyjít z ie. **deiu̯os (B2)*, které je v lit. *diẽvas* 'bůh', lat. *dīvus* 'božský', sti. *dēvá-* 'bůh', od ie. **dei-* 'zářit' (srov. ↑*den*). Významový posun by byl 'bůh, božský'→ 'úžas(ný), zázrak'. Jsou však nejasnosti ve vztahu k ↓*dívat se* i ↓*divý*.

diva 'slavná filmová či jevištní umělkyně'. Z it. *diva* 'božská' z lat. *dīva* tv. od *dīvus* 'božský'. Srov. ↑*div*.

divan 'pohovka'. Přes fr. a tur. z per. *dīwān*, původně 'sbírka básní, dokumentů', pak 'úřední místnost', 'přijímací místnost (opatřená poduškami)' a konečně 'pohovka'.

dívat se, *divák, divácký, divadlo, divadelní, divadelnictví, podívat se, vynadívat se, zadívat se, podívaná*. Stč. *dívati sě* 'dívat se' i 'divit se'. Dále jen v slk. a luž. To by svědčilo pro zsl. inovaci – obměnu psl. *diviti sě (viz ↓*divit se*). Pro starobylost slova naopak hovoří spojení s lit.d. *deivóti* 'hledět', sti. *dhī-* 'pozorovat, myslet' z ie. **dhei-* 'vidět, hledět'.

divergence 'rozbíhání, odklon', *divergentní*. Z lat. *dīvergentia* od *dīvergere* 'rozbíhat se' z ↑*dis-* a *vergere* 'klonit se'. Srov. ↓*konvergence*.

diverze 'záškodnictví', *diverzní, diverzant*. Přes r. *divérsija* či přes něm. z pozdnělat. *dīversiō* 'odbočení, odvrácení' od lat. *dīvertere* (příč. trp. *dīversus*) 'rozcházet se, odchylovat se' z ↑*dis-* a *vertere* 'obracet, kroutit'. Srov. ↓*konverze*, ↑*averze*, ↓*traverza*, ↓*verš*.

dividenda 'podíl z čistého zisku akciových společností'. Z něm. *Dividende* a to (asi přes angl.) z lat. *dīvidendum* 'to, co má být rozděleno' od *dīvidere* 'rozdělit' z ↑*dis-* a kořenu **vid-*, který je zřejmě v ↓*vdova*. Srov. ↓*divize*, ↑*devíza*, ↓*individuum*.

divis 'spojovník'. Od lat. *dīvīsus* 'rozdělený' (viz ↓*divize*).

divize 'vyšší jednotka vojska; nižší mistrovská soutěž', *divizní*. Z fr. *division* z lat. *dīvīsiō* 'rozdělení' od *dīvidere* (příč. trp. *dīvīsus*) 'rozdělit' (viz ↑*dividenda*).

divizna 'vysoká bylina se žlutými květy'. Všesl., ale s formálními rozdíly – p. *dziewanna*, r.d. *divina, divena*, sln. *divîn*, s./ch. *divizma*, b. *divízna*. Slovo málo průhledné. Většinou se spojuje s ↑*div*, tedy 'divotvorná bylina', což by odpovídalo jejím léčebným účinkům.

dívka, *dívčí, dívčina*. Stč. *dievka*, *děvka* (s pozdějším rozlišením významu, viz ↑*děvka*). Zdrobnělina od ↑*děva*.

divý, *divoch, divoký, divokost, divočák, divočina, divočit, divoženka*. Všesl. – p. *dziwy*, r.d. *dívij*, s./ch. *dìvljī*, stsl. *divii*. Psl. *divъ 'divoký' lze těžko oddělit od *dikъ tv. (srov. p. *dziki*, r. *díkij*, ↑*dikobraz*), jež se spojuje s lit. *dỹkas* 'nečinný, prázdný'. Na druhé straně jsou i dobré důvody pro spojení s ↑*div* – významový posun by byl 'boží' → 'volně žijící' → 'divoký'. Argumentuje se především lot. *dievs* 'bůh', *dieva zuosis* 'divoké husy'.

dixieland 'klasický typ džezové hudby'. Původně 'zaslíbená země amerických černochů', původ slova *Dixie* nepříliš jasný, snad z vlastního jména.

díže 'nádoba na mísení těsta'. Stč. *dieže*. Všesl. – p. *dzieża*, r. *dežá*, s./ch. *díža*. Psl. *děža (< *děz-ja*) se vyvozuje z ie. **dhoiĝh-i̯a (A1,A2,B2,B3)* od **dheiĝh-* 'mísit, hníst'. Souvisí s něm. *Teig*, angl. *dough* 'těsto' i lat. *fīgūra* (vlastně 'výtvor vzniklý hnětením'). Srov. ↓*lady*, ↓*zeď*.

dlabat, *vydlabat, nadlábnout se*. Z psl. **dolbati (B8)*, které má pokračování jen v č., slk., b. a mak. Jinde tvary z psl. *dъlbati (viz ↓*dloubat*). Srov.

dlaha 138 **dno**

také ↓*dláto*, ↓*kadlub*. Není jisté, zda sem patří i zhrub. *dlabat* 'jíst' (podle Ma[2] od *lábati* 'pít velkými doušky').

dlaha 'dřevěná deska na zlomeninu'. Jen č., slk., s./ch.d. (*dlaga*) a b.d. (*dlága*). Psl. **dolga (B8)* asi souvisí se stir. *dluigim* 'štípu', něm. *Zelge* 'odříznutá větev', vše k ie. **del-* 'řezat'. Srov. ↓*dluh*, ↓*dláždit*, ↓*podlaha*.

dlaň, *dlaňový, dlanitý*. Všesl. – p. *dłoń*, r.d. *dolón'*, s./ch. *dlȁn*, stsl. *dlanь*. Psl. **dolnь (B8)* souvisí s lit. *délna(s)* tv. Další souvislosti nejisté. Uvažuje se o ř. *thénar*, sthn. *tenar* tv. (z ie. **dhen-* 'ploché místo') či psl. *dolъ (viz ↓*důl*) – pak by se vycházelo z významu 'miskovitě prohloubená část ruky'.

dlask 'zpěvný pták se silným zobákem'. Slk. *glezg*, p. *klęsk*, s./ch. *dlaska*. Onom. původu. Srov. ↓*mlaskat*, ↓*tleskat*.

dláto, *dlátko*. P. *dłuto*, r. *dolotó*, b. *dlató*. Z psl. **dolbto (A9,B8)*. Dále viz ↑*dlabat*, ↓*dloubat*.

dláždit, *dlážděný, dláždění, dlaždice, dlaždička, dlaždič, dlažba, vydláždit*. Stč. *dlažiti, dlážiti* (ještě u Jg rovnocenné s *dlážditi*). Jen č. a slk. (řídké doklady i v s./ch. a sln.). Psl. *dolžiti je odvozeno od *dolga (viz ↑*dlaha*).

dle. Souvisí s ↑*délka*. Srov. ↓*podle*, ↓*vedle*.

dlít, *prodlévat, prodlení*. Viz ↑*délka*.

dloubat, *dloubák, dloubanec, vydloubnout*. Všesl. – p. *dłubać*, r. *dolbít'*, sln.d. *dôlbati*, s./ch. *dúpsti*, vše ve významu 'dlabat'. Psl. *dьlbati, *dьlbiti, *dolbati (viz ↑*dlabat*) ap. souvisí s lit. *dálba* 'sochor', sthn. *bi-telban* 'zahrabávat', stangl. *delfan* 'kopat, hrabat' – vše z ie. **dhelbh-* 'hloubit, hrabat' *(A2,A4)*.

dlouhý, *dlouhán, dlouhatánský, dloužit, prodloužit, zdloužit, dlouho-*. Všesl. – p. *długi*, r. *dólgij*, s./ch. *dȕg*, stsl. *dlъgъ*. Psl. *dьlgъ (*dъlgъ) se vyvozuje z ie. *dḹghó, příbuzné je ř. *dolichós*, sti. *dīrghá-*, chet. *dalukia* s problematickým odsunutím *d-* snad i lit. *ilgas* tv., dále (rovněž bez *d-*) asi i něm. *lang*, angl. *long*, lat. *longus*. Komparativ *delší* je z nerozšířeného **dьl-* (viz ↑*délka*).

dluh, *dlužní, dlužník, dlužnický, dlužit, zadlužit, dluhopis*. Všesl. – p. *dług*, r. *dolg*, s./ch. *dȗg*, stsl. *dlъgъ*. Psl. *dьlgъ se považuje za příbuzné se stir. *dliged* 'povinnost', gót. *dulgs* 'dluh' (to je však pro svou izolovanost asi výpůjčka ze slov.). Přijatelný je výklad z ie. **del-* 'řezat, rubat' (srov. ↑*dlaha*) s posunem 'zářez, vrub' → 'dluh' (srov. *máš u mě vroubek*), méně pravděpodobná je spojitost s ↑*dlouhý* (*dluh* = 'lhůta, dlouhá doba čekání').

dmout (se), *dmutí, vzedmout (se), nadmout (se)*. Novotvar k *dúti* (↓*dout*) analogií podle prézentního *dmu*, *dmeš* atd. *(D1)*. Srov. ↓*dmýchat*.

dmýchat, *rozdmýchat, dmychadlo*. Č.st. i *dmuchati*, p. *dmuchać*. Expr. odvozenina od ↓*dout* (1.os.přít. *dmu*). Č. -ý- asi podle ↓*dýchat*.

dna 'onemocnění kloubů, artritida'. Stč. *dna* 'střevní kolika', podobné významy i v dalších slov. jazycích včetně stsl. Psl. *dъna nejspíš souvisí s *dъno (↓*dno*) 'spodní část něčeho', asi též 'vnitřnosti', jak svědčí např. str. *dna* 'děloha' i české nář. *dena* 'vepřový žaludek'.

dnes, *dnešní, dnešek*. Všesl. – p. *dziś*, str. *dnes* (nyní *segódnja*), s./ch. *dànas*. Psl. **dьnьsь (B6)* je z *dьnь (↑*den*) a zájmena *sь 'tento'. Srov. ↓*letos*, ↓*zde*.

dno. Všesl. – p., r. *dno*, s./ch. *dnȍ*, stsl. *dъno*. Psl. **dъ(b)no* se nejčastěji spojuje s lit. *dùgnas* (< *dubnas*), lot. *dubens* tv., jež souvisí s lit. *dubùs*, něm. *tief*, angl. *deep* 'hluboký' z ie. **dh(e)ub-* tv. *(A4)*. Jiný výklad počítá s přesmykem *bhudh->*dhubh-. Z ie. *bhudh- vychází něm. *Boden*, lat. *fundus* (srov ↓*fond*), ř. *pythmḗn*, arm. *bun*, sti. *budhná-* – vše 'dno, základ'. Srov. ↑*dna*, ↓*dýnko*.

do předl. Všesl. Psl. **do* je z ie. zájmenného kořene **do/dō/de* a souvisí s částicí *-da* (srov. ↓*leda*), něm. *zu*, angl. *to* 'k' *(A4)* i ř. *éndon* 'uvnitř' (viz ↓*endo-*).

doba, *dobový, období.* Všesl. – p. *doba*, r.d. *dóba*, s./ch. *dȍba*. Psl. **doba* vychází nejspíš z ie. **dhabh-* 'vhodný' a souvisí s lit. *dabà* 'povaha, vlastnost', *dabař* 'nyní', gót. *gadaban* 'hodit se'. Původně tedy asi 'vhodná doba', pak 'doba vůbec' (k tomu srov. ↓*hod*). Patří sem i odvozeniny ↓*podoba*, ↓*obdoba*, ↓*zdobit* aj., k nimž stojí významově blízko lit. *dabà* (viz výše) i *dabìnti* 'zdobit'. Srov. ↓*dobrý*.

ďobat, *poďobat, poďobaný, vyďobat.* Expr. Snad zkřížením ↓*zobat* a ↓*ďubat*.

dobrman 'plemeno psů'. Podle chovatele Němce *Dobermanna*, který plemeno vyvinul křížením pinče a ovčáckého psa.

dobrodiní, *dobrodinec.* K druhé části složeniny viz ↑*dít se*.

dobrodruh, *dobrodružný, dobrodružství.* Stč. *dobrodruh* 'statečný druh', *dobrodružstvie* 'hrdinství, dobrota', pozdějším přehodnocením významu se stává ekvivalentem fr. *aventure* (srov. ↑*avantýra*).

dobrý, *dobrák, dobračka, dobrácký, dobráctví, dobrota, dobrotivý, dobrotivost, udobřit (se).* Všesl. – p. *dobry*, r. *dóbryj*, s./ch. *dȍbar*, stsl. *dobrъ*. Psl. **dobrъ* je utvořeno příponou *-ro* od ie. **dhabh-* 'vhodný'. Nejblíže mu je lat. *faber* 'řemeslník, kovář', 'dovedný' (další souvislosti pod ↑*doba*). K posunu 'vhodný' → 'dobrý' srov. ↓*hodný*.

dobytek, *dobytče, dobytčí, dobytkářství.* Všesl. – p. *dobytek* 'dobytek, jmění', str. *dobytъkъ* 'majetek, jmění', s./ch. *dobítak* 'zisk, výhra', b. *dobítъk* 'dobytek'. Psl. **dobytъkъ* je odvozeno od **dobyti* 'získat, nabýt'. Původní význam byl zřejmě 'majetek, nabyté jmění' (je i ve stč.), z toho pak 'domácí skot' (dnes v č., slk., p., b., mak. a ukr.d.). Svědčí to o tom, že dobytek tvořil hlavní součást jmění (srov. i lat. *pecus* 'dobytek' – *pecūnia* 'peníze' a ↓*skot*).

docent 'titul vysokoškolského učitele', *docentský, docentura.* Z lat. *docēns* (gen. *docentis*) 'učící', původně přech. přít. od *docēre* 'učit'. Srov. ↓*doktor*, ↓*dokument*.

doga 'psí plemeno'. Z angl. *dog* 'pes', jehož další původ není jasný.

dogma 'základní teze nepřipouštějící námitky', *dogmatik, dogmatický, dogmatismus.* Přes lat. *dogma* z ř. *dógma* 'mínění, poučka, přikázání' od *dokéō* 'míním', jež souvisí s lat. *docēre* (viz ↑*docent*).

dohoda, *dohodnout (se).* Novější (u Jg není). Nejspíš od staršího *dohoditi* 'zprostředkovat, opatřit' (viz ↓*hodit*).

dojit, *dojení, dojička, dojný, dojnice, dojivost.* Všesl. – p. *doić*, r. *doít'*, s./ch. *dòjiti*, stsl. *doiti*. V s./ch., sln. a stsl. je dosud původní kauzativní význam 'nechat sát, kojit' (srov. i stč. *dojka* 'kojná'). Psl. **dojiti* souvisí s ie. kořenem *dhē(i)-* 'sát' *(A6)* (srov. např. ↓*hojit* – ↓*žít*). Viz ↑*děti*, ↑*děva*.

dok 'přístavní zařízení k stavbě a opravě lodí'. Z angl. *dock*, jež má paralely v germ. jazycích, avšak jeho další původ není jasný.

dokavad. Z *do-* (viz ↑*do*), *-ka-* (viz ↓*kdo*) a spojení částic *-va-* a *-de*. Srov. ↓*dokud*, ↓*poněvadž*.

dokonalý, *dokonalost.* Od *dokonati*; vlastně tedy 'dokončený, úplný', z toho 'bezvadný'.

dokořán. Expr. obměna stč. *do kořen* 'do základů, zcela'. Viz ↓*kořen*.

doktor, *doktorka, doktorský, doktorát, doktorand*. Z lat. *doctor* 'učitel' od *docēre* 'učit'. Srov. ↑*docent,* ↓*doktrína,* ↓*dokument,* ↑*dogma*.

doktrína 'soustava zásad; učení', *doktrinář*. Přes něm. z lat. *doctrīna* tv. od *docēre* 'učit'. Srov. ↑*doktor*.

dokud. Stč. i *dokad, dokž*. Viz ↑*dokavad*. Ve slov. jazycích různé podobné formy (srov. slk. *dokiaľ*).

dokument '(písemný) doklad, svědectví', *dokumentovat, dokumentace, dokumentační, dokumentární*. Z lat. *documentum* 'důkaz, svědectví', vlastně 'co slouží k poučení', od *docēre* 'učit'. Srov. ↑*doktor*.

dolar 'druh cizí měny', *dolarový*. Z angl. *dollar* a to z něm. *Taler* (viz ↓*tolar*).

-dolat *(odolat, udolat, zdolat, odolný, nezdolný, neodolatelný)*. Souvisí se stč. *dole* 'zdar, moc, síla' (srov. stsl. *odolěti* 'zvítězit'), jež se vyvozuje z psl. *doľa 'úděl, osud'. To je příbuzné s lit. *dalià* tv., sti. *dalam* 'díl, úděl', vše snad od ie. **del-* 'řezat, sekat'. Uvažuje se i o souvislosti s ↑*dělit*.

dole. Ustrnulý tvar lokálu psl. *dolě (viz ↓*důl*).

doličný 'dokazující spáchání trestného činu'. Od staršího č. (Jg) *dolíčiti* 'dokázat, dotvrdit'. Viz ↓*líčit*[1].

dolmen 'keltský náhrobní či obětní kámen'. Z bret. *tol* 'stůl' a *men* 'kámen'.

dolomit 'druh vápence'. Podle fr. geologa *D. G. de Dolomieaua* († 1801).

dolů. Stč. *dolóv* (viz ↓*důl*). Asi podle ↓*domů*.

dóm 'hlavní městský chrám'. Přes něm. *Dom,* fr. *dôme* z lat. *duomo* z lat. *domus* 'dům' (myslí se 'dům Boží', příp. 'dům biskupův'). Viz ↓*dům*.

doma, *domácí, domácnost, zdomácnět*. Starý ustrnulý pád, jehož určení však není jednoduché. Snad z ie. lokálu **domō(u)* (dále viz ↓*dům*).

doména 'hlavní obor působnosti'. Přes něm. *Domäne* z fr. *domaine,* a to z lat. *dominium* 'panství' od *dominus* 'pán' k *domus* 'dům'. Srov. ↓*dominovat,* ↓*domino,* ↑*dáma,* ↓*dům*.

domestikace 'zdomácnění, ochočení', *domestikovat*. Z angl. *domestication* od *domesticate* 'zdomácňovat' ze střlat. *domesticare* tv. od lat. *domesticus* 'patřící k domu' od *domus* 'dům'. Srov. ↓*dům,* ↓*dominovat*.

dominikán 'člen mnišského řádu'. Podle zakladatele sv. *Dominika* (13. st.). Jméno je z lat. *dominicus* 'patřící Pánu'. Srov. ↓*dominovat*.

domino 'hra s obdélníkovými kameny'. Asi z fr. Nejspíš souvisí s lat. *dominus* 'pán', ale podstata přenesení není jasná.

dominovat 'vévodit, vynikat', *dominanta, dominantní*. Z lat. *dominārī* 'vládnout' od *dominus* 'pán' od *domus* 'dům'. Srov. ↑*doména,* ↑*domino*.

domnívat se, *domněnka, domnělý*. Viz ↓*mníti*.

domov, *domovina, domovský, bezdomovec*. Zpodstatnělé krátké adj., pouze č. a slk. Srov. p. *domowy,* r. *domóvyj,* s./ch. *dómov,* psl. *domovъ – vše ve významu 'domovní'. Dále viz ↓*dům*.

domů. Stč. *domóv (C5),* r. *domój,* sln. *domóv,* stsl. *domovi* (ale např. p. *do domu*). Psl. *domovъ je se vší pravděpodobností ustrnulý dativ z původního *domovi (srov. stsl. tvar). Dále viz ↓*dům,* srov. ↑*doma*.

don 'španělský šlechtický titul'. Z lat. *dominus* 'pán'. Srov. ↑*dáma*.

donace 'veřejné darování', *donátor*. Z lat. *dōnātiō* 'darování' od *dōnāre* 'darovat' od *dōnum* 'dar'. Srov. ↓*dotace*, ↑*dar*, ↑*dát*.

donchuán 'záletník'. Podle legendární, umělecky mnohokrát zpracované postavy záletníka *Dona Juana* (srov. ↑*don*, šp. *Juan* = *Jan*).

donkichot 'pošetilý snílek usilující o nemožné', *donkichotský*. Podle *Dona Quijota*, hrdiny románu M. de Cervantese († 1616). Srov. ↑*don*.

dopovat 'užívat nedovolené povzbuzující prostředky (ve sportu)', *dopink(-g)*, *dopingový*. Z angl. *dope* 'podat drogu, omámit (se) drogou' asi z hol. *doopen* 'namočit, ponořit' (souvisí s angl. *dip* tv., něm. *taufen* 'křtít').

dorota zast. hanl. 'nepořádnice, běhna'. Z osobního jména *Dorota* (z ř. *Dōrothéa* 'bohyně darů', častěji však interpretováno jako 'dar boží'), častého u venkovských dívek přicházejících do města. Srov. ↓*důra*.

dort, *dortový*. V č. od 16. st., všude jinde s *t-* (slk. *torta*). Z něm. *Torte* a to (přes fr.) ze střlat. *torta* 'druh krouceného pečiva' od lat. *torquēre* (příč. trp. *tortus*) 'kroutit'. Někteří však kvůli dlouhému *-ō-* v pozdnělat. *tōrta* tuto etymologii zpochybňují. Srov. ↓*tortura*.

dorzální 'hřbetní'. Ze střlat. *dorsalis* tv. od lat. *dorsum* 'hřbet'.

dosavad, *dosavadní*. Viz ↑*dokavad*, *-s(a)-* je od starého ukazovacího zájmena **sь* 'tento'. Srov. ↑*dokud*, ↓*dosud*, ↓*kde*, ↓*zde* i ↑*dnes*.

dospělý, *dospělost*, *dospět*, *dospívat*. Jen č. Ve stč. 'dokonalý, hotový, zralý'. Dále viz ↓*spět*.

dostatek, *dostatečný* aj. Od *dostat* (viz ↓*stát*²), ale významem spojováno s nesouvisejícím ↓*dost(i)*.

dost(i). Všesl. – p. *dosyć*, r.d. *dosyt'*, s./ch. *dòsta* tv. ukazují na psl. **do syti*, **do syta* (srov. č. *dosyta*), s případným oslabením samohlásek (u příslovcí běžným). Dále viz ↑*do* a ↓*sytý*.

dosud. Srov. ↑*dokavad*, ↑*dosavad*, ↑*dokud*.

došek 'slaměná otýpka k pokrývání střechy', *doškový*, *doškář*. Stč. *doch*. Ze střhn. *dach* 'střecha, pokrytí', jež souvisí s lat. *tegere* 'krýt' (srov. ↓*tóga*, ↑*cihla*), ř. *(s)tégos* 'střecha' i naším ↓*stoh (A4, A5,A6)*. U nás došlo k metonymickému posunu části za celek jako v angl. *thatch* 'došek'.

dotace 'pravidelný příděl prostředků', *dotační*, *dotovat*. Z lat. *dōtātiō* od *dōtāre* 'vybavit darem (věnem)' od *dōs* (gen. *dōtis*) 'věno, dar' od *dare* 'dát'. Srov. ↑*donace*, ↑*dát*, ↓*doze*.

doubat. Expr. Snad k ↑*dobat* a ↑*dloubat*. Srov. i ↓*dubka*.

doubrava 'listnatý, zvláště dubový les'. Všesl. – p. *dąbrowa*, r. *dubráva*, s./ch. *dùbrava*, stsl. *dǫbrava* 'háj, listnatý les'. Psl. **dǫbrava* zřejmě souvisí s **dǫbъ* (↓*dub*), je však i dost odpůrců tohoto spojení (mj. Ma², HK), kteří vycházejí z toho, že původní význam byl 'háj, lesík' obecně. Lze pomýšlet i na kontaminaci *(D3)* psl. **dǫbъ* a **dьbrъ* 'rokle' od ie. **dh(e)ub-* 'hluboký' (srov. ↑*dno*).

doufat. Stč. *doufati* vzniklo z *do-* a *úfati* 'doufat, spoléhat se, důvěřovat' (p. *ufać*, sln. *úpati* tv.), to pak spodobou z pč. **upváti* z psl. **pъvati* '(pevně) důvěřovat' (viz ↓*pevný*). Srov. ↓*zoufat*.

doupě. Stč. *dúpě* ž.r. (jako *duše*). Všesl. – p. *dupa* 'zadnice', *dziupla* 'dutina ve stromě', r. *dupló*, s./ch. *dúplja* tv. Psl. **dupa*, **dup'a*, **dupľa* se vykládá z ie. **dheup-*, varianty k **dheub-* 'hluboký' (viz ↑*dno*, ↑*doubrava*). Souvislost se hledá v lot.

ďoura

dupis, duplis 'dřevěná nádoba', stangl. *dýfan* (angl. *dive*) 'ponořit, potopit (se)'.

ďoura. Expr. k ↑*díra*.

doušek. Vlastně zdrobnělina od ↓*duch*, v původním významu 'dech'. Tedy 'co se vypije na jedno nadechnutí'.

douška 'přípisek'. U Jg ještě není. Výklad ze spojení *do úška* (tedy 'důvěrný dodatek') (HL, Ma²) je asi lid. etym. *(D2)*; motivace bude asi podobná jako u ↑*doušek* (HK), je to vlastně zdrobnělina od ↓*duše*. Srov. ↓*mateřídouška*.

dout, *zadout, nadouvat (se), vzdouvat*. Stč. *dúti*, 1.os.přít. *dmu*, pak analogií *(D1)* nový prézens *duji* (srov. ↑*dmout*). Všesl. – p. *dąć*, r. *dut'*, s./ch. *dùti*, stsl. *dǫti*. Psl. *dǫti souvisí především s lit. *dùmti* 'foukat' a sti. *dhámati* 'fouká' z ie. **dhem-* tv. Zdá se však, že bylo i psl. *duti z ie. **dheu-* (viz ↓*duch*), s nímž se *dǫti křížilo. Srov. ↓*dutý*, ↑*dmýchat*, ↓*dým*, ↓*duřet*.

doutnat, *doutnák, doutník, doutníkovitý*. Jen č., ne zcela jasné. Dříve též 'tlít, trouchnivět'. Spojení s *doutnatý* (Jg), stč. *doupnatý* 'dutý' by ukazovalo na původní význam 'trouchnivět (v dutině stromu)' (viz ↑*doupě*), z toho pak 'trouchnivě hořet' (srov. HK, jinak Ma²).

doyen 'nejstarší člen sboru'. Z fr. *doyen* a to z lat. *decānus* (viz ↑*děkan*).

dóza 'ozdobná schránka s víčkem'. Z něm. *Dose*, a to z hol. *doos* 'krabička'. Další původ není zcela jistý, ale asi je stejný jako u ↓*doze* (metonymický posun 'dávka (léku ap.)' → 'schránka (na lék)').

doze 'dávka'. Přes střlat. *dosis* z ř. *dósis* 'dávka, dar' od *dídōmi* 'dávám'. Srov. ↑*dóza*, ↑*dát*, ↑*dotace*.

dóže 'hlava bývalé benátské a janovské republiky', *dóžecí*. Ze

142

drachma

severoit. *doge* z lat. *dux* (gen. *ducis*) 'vůdce' od *dūcere* 'vést'. Srov. ↓*dukát* a Mussoliniho titul *duce*.

dráb 'biřic'. Stč. '(najatý) voják'. Asi zkrácením z *drabant, trabant* 'pěší voják, člen osobní stráže' z něm.st. *drabant, trabant*, snad od něm. *traben* 'klusat'.

drabař 'velbloud dvouhrbý'. Z něm. *Traber* od *traben* 'klusat'. Srov. ↑*dráb*.

draft 'systém výběru hráčů do profesionálních týmů (v hokeji ap.)', *draftovat*. Z angl. *draft* tv., vlastně 'výběr, tah, zátah, odvod ap.', od *(to) draw* 'táhnout, nabrat, získat'.

dragoun 'jízdní voják', *dragounský*. Z fr. *dragon* z lat. *dracō* 'drak'. Fr. *dragon* přeneseně znamenalo i 'druh střelné zbraně' a 'vojenská standarta' – na to, který z těchto významů byl pro motivaci našeho slova rozhodující, se názory různí. Srov. ↓*drak*.

dráha, *drážka, dráhový, nádraží, nádražní*. Všesl. (kromě b., mak.) – p. *droga*, r. *doróga* tv., s./ch. *drȁga* 'údolí, soutěska'. Psl. **dorga (B8)* souvisí s ↓*drhnout* a spolu s ním s ↓*drát*². Původně 'cesta mezi poli, kudy se vyháněl dobytek' (tak i stč.), tedy 'vydrhnutá (dobytkem)'. V nové době použito pro 'železnici'.

drahný kniž. 'dlouhý, značný, velký'. Jen č. Nabízí se spojitost buď s ↑*dráha* či s ↓*drahý*, ale vývoj významu není jasný.

drahý, *drahota, drahoušek, draho-*. Všesl. – p. *drogi*, r. *dorogój*, s./ch. *drâg*, stsl. *dragъ*. Psl. **dorgъ (B8)* nemá spolehlivé ie. paralely kromě lot. *dārgs*, které se zdá být výpůjčkou ze slov. Snad psl. novotvar od kořene **dergh-*, který je v ↓*držet*, i když významová stránka není příliš jasná ('co stojí za držení'?).

drachma 'jednotka řecké měny'. Z ř. *drachmḗ*, původně 'hrst', od *drássomai* 'uchopuji, nabírám'.

drajv 'útočný úder (v tenise, stolním tenise)'. Z angl. *drive* 'hnát, odrážet' (srov. něm. *treiben* tv.). Souvisí s ↑*draft* a vzdáleněji asi i s naším ↓*droždí*.

drak, *drakovitý*. Z lat. *dracō* (gen. *dracōnis*) z ř. *drákōn* a to asi od *dérkomai* 'hledím', tedy snad 'tvor s hrozivým zrakem'. Srov. ↑*dragoun*.

drama, *dramatický, dramatičnost, dramatik, dramatizovat, dramatizace.* Přes něm. *Drama* ze střlat. *drama* z ř. *drãma* 'jednání, divadelní hra' od *dráō* 'jednám, konám'. Srov. ↓*drastický*.

dramaturg 'kdo vybírá a sestavuje repertoár', *dramaturgie, dramaturgický.* Viz ↑*drama* a k druhé části ↓*chirurg*.

drancovat, *vydrancovat, nadranc.* Jen č. Odvozuje se od *dranec* (HK) či *dranice* (Ma2) (od ↓*drát*2), ale je to tvoření značně neobvyklé.

drandit ob. expr. 'rychle jet (na něčem)'. Asi onom. Srov. ↓*drnčet*.

dranžírovat 'rozřezávat (na porce)', slang. *dranžírák* 'nůž na porcování'. Z něm. *tranchieren* z fr. *trancher* 'rozřezávat', další původ nejistý.

drápat, *dráp, drápek, drápanec, drapák, drápavý, rozdrápat, vydrápat (se).* Všesl. Psl. *drapati je starým rozšířením kořene, který je v ↓*drát*2. Souvisí asi s ř. *drépō* 'trhám, škubu'. Srov. ↓*drásat*.

draperie 'dekorativní závěs'. Z fr. *draperie* od *drap* 'sukno', původu asi germ.

drásat, *drásavý, rozdrásat.* Sln. *drásati* 'rozložit, oddělit', podobné je b. *drásna* 'škrábnout', pol. *drasnąć* tv. Asi z *drap-sati (Ma2) (viz ↑*drápat*).

draslo 'uhličitan draselný', *draslík, draselný.* Vytvořeno Preslem (pradlenám drásá ruce).

drastický 'krutý, tvrdý, silně působící'. Přes něm. *drastisch*, fr. *drastique* tv. z ř. *drastikós* 'účinný' od *dráō* 'jednám, konám'. Srov. ↑*drama*.

drát1, *drátek, drátový, bezdrátový, drátěný, drátěnka, dráteník, drátovat, zadrátovat, přidrátovat, drátkovat.* Slk. *drôt*. Z něm. *Draht* tv. (srov. angl. *thread* 'nit') od *drehen* 'točit, kroutit' (podle toho, že se navíjí).

drát2, *prodrat (se), rozedrat, odrat, prodírat (se), rozdírat* aj. (srov. ↓*dřít*). Všesl. – stp. *drać*, r. *drat'*, s./ch. *dràti*, stsl. *dьrati*. Psl. *dьrati je variantou k *derti (viz ↓*dřít*) a souvisí s lit.d. *dirti* tv., něm. *zerren*, angl. *tear* 'trhat', ř. *dérō*, arm. *teřem* 'dřu, stahuji kůži' z ie. **der-* tv. Srov. ↓*dravý*, ↑*drápat*, ↑*drancovat*, ↓*drhnout*, ↓*drbat*, ↓*nádor* aj.

dravý, *dravost, dravec.* Jen č. a slk. Od ↑*drát*2.

dráždit, *dráždivý, dráždivost, dráždidlo, podráždit, rozdráždit, vydráždit.* Stč. i *dráživi, drážniti.* Všesl. – p. *drażnić*, r. *draznít'*, sln. *dráżiti*, s./ch. *drázniti, dráżiti.* Psl. *dražiti a *drazniti se možná sblížily až druhotně. Prvnímu se zdá být blízké stangl. *dreccan* 'trápit, dráždit', sti. *drāghate* 'souží, trápí' od ie. **dhrāgh-* (A2), druhému spíš útvary od ↑*drát*2 (srov. ↑*drásat*).

dražé 'oblá, hladká pilulka či cukrovinka'. Z fr. *dragée* a to z ř. *tragēmata* 'pamlsky' od *trṓgō* 'pojídám'.

dražit, *dražba, dražební, zdražit, vydražit, podražit, prodražit se.* Od ↑*drahý*.

drbat, *drb, drbna, podrbat (se), vydrbat, zdrbat, prodrbat.* Jen č. a slk. (ojedinělé doklady v sln. a vsl. dialektech). Nepochybně útvar související s ↑*drát*2 (psl. *dьrbati); ie. paralely však jsou – i vzhledem k malému počtu slov. dokladů – pochybné.

D

drcat, *drcnout, drc.* Onom. původu. Srov. ↓*drkat,* ↓*trkat,* ↓*drnčet.*

drdol. Jen č. (doklady od 17. st.). Asi od staršího č. *drdati* 'škubat' a to od ↑*drát*² (srov. ↑*drbat*).

drek vulg. 'lejno'. Z něm. *Dreck* tv., jež souvisí s lat. *stercus,* ř. *sterganos* 'hnůj' *(A4,A5).* Srov. ↓*pendrek.*

drenáž 'odvodňování', *drén.* Přes fr. z angl. *drainage* od *drain* 'odvodnit, odčerpat' ze stangl. *dreahnian* 'sušit' (srov. angl. *dry* 'suchý').

dres 'sportovní úbor'. Z angl. *dress* 'oblečení, šaty', *(to) dress* 'obléci, upravit' z fr. *dresser* 'upravit, připravit, napřímit' z vlat. **dīrēctiāre* tv. od lat. *dīrēctus* (viz ↑*direkt*). Srov. ↓*dresink,* ↓*drezura.*

dresink 'ochucená majonéza do salátu'. Z angl. *dressing* od *dress* 'upravit, ozdobit, obléci' (viz ↑*dres*).

drezína 'služební železniční vozík'. Z něm. *Draisine* podle vynálezce *K. F. von Draise* (19. st.).

drezura 'přísný výcvik (zvířat)', *drezér.* Z něm. *Dressur* tv. a to od fr. *dresser* 'připravit, napřímit' z vlat. **dīrēctiāre* tv. od *dīrēctus* 'přímý' (viz ↑*direkt*). Srov. ↑*dres,* ↑*dresink.*

drhnout, *zadrhnout, zádrhel,* hanl. *odrhovačka.* Všesl. – p. *dziergać,* r. *dërgat',* sln.d. *drgniti.* Psl. **dъrgnǫti, *dъrgati* souvisí s **dъrati* (↑*drát*²). Příbuzné je lit. *dìrginti* 'drážit', stangl. *tergan* 'tahat, škubat', něm. *zergen* 'táhnout, mnout', což svědčí o stáří tohoto útvaru (ie. **dergh-*).

drchat zast. ob. 'cuchat, muchlat'. Expr. k ↑*drát*². Srov. ↑*drbat,* ↑*drhnout.*

driblovat 'individuálně postupovat s míčem', *driblink, driblér.* Z angl. *dribble* tv., původně 'odkapávat' od staršího *drib* tv. (souvisí s *drop* 'kapka', srov. ↓*drops*).

dril 'bezduché, mechanické cvičení', *drilovat.* Z něm. *Drill* tv. od *drillen* 'cepovat, vířit, kroutit', jež souvisí s *drehen* 'točit, kroutit'.

drink 'alkoholický nápoj'. Z angl. *drink* 'nápoj', *(to) drink* 'pít'. Srov. něm. *Trunk* (z toho ↓*truňk*) a *trinken* tv. Mimo germ. jazyky nemá jisté paralely.

drkotat, *drkotavý, zadrkotat, přidrkotat.* Odvozeno od *drkat* 'vrážet, šťouchat'. Asi onom. původu (srov. ↑*drcat,* ↓*drncat,* ↓*drnkat*); na druhé straně má poměrně blízko k ↑*drhnout,* ↑*drbat* ap.

drmolit, *drmolivý, oddrmolit, zadrmolit.* Dříve 'mačkat, drobit, drtit' (Jg). Odvozeno od nedoloženého **drmati* (slk. *drmať* 'tahat, škubat'). Nelze oddělit od významově i formálně blízkých slov jako ↑*drhnout,* ↑*drbat*; jde tedy o útvar od ↑*drát*².

drn, *drnový.* Všesl. – p. *darń,* r. *dërn,* sln. *drn,* s./ch. *drn* 'skála v moři'. Psl. **dьrnъ* je stará odvozenina od slovesného kořene **der-* (viz ↑*drát*², ↓*dřít*), tedy 'co je rozrušené dřením'.

drncat, *drncavý, zadrncat.* Zesílená varianta k ↑*drcat, drkat* (↑*drkotat*).

drnčet, *drnčivý, zadrnčet, rozdrnčet se.* Asi onom. původu, srov. ↓*drnkat.*

drndat 'žvanit', *drndavý, vydrndat.* Spíše onom. původu (expr. k ↑*drcat, drkat*) než expr. varianta k ↑*drbat* (tak HL). Srov. sln.d. *dŕndrati* tv.

drnkat, *drnkací, drnkavý, zadrnkat.* Onom. původu. Asi zesílená varianta k *drkat* (↑*drkotat*), ale významově souhlasí s ↑*brnkat.*

drobit, *drobek, drobeček, drobet, drobný, drobnost, podrobný, drobivý, drobení, drobenka, drobotina, nadrobit, rozdrobit.* Všesl. – p. *drobić,* r. *drobit',* s./ch. *dròbiti,* stsl. *drobiti.* Psl. **drobiti* se spojuje s gót. *gadraban* 'vysekávat, vyřezávat', stisl. *drafna* 'rozpadnout se' z ie. **dhrebh-*. Z balt. slov je asi příbuzné lit. *drebėzna* 'úlomek', zatímco spojení s lot. *drupt*, lit. *trupėti* 'drobit' (HK) či *drebėti* 'třást se' (Ma[2]) nevyhovují hláskově, resp. významově. Srov. ↓*drolit*, ↓*droby*, ↓*drůbež*.

droby 'vnitřnosti zabitých zvířat', *drůbky*. P. *dróbki*, sln., s./ch. *drôb*, chybí ve vsl. Souvisí s ↑*drobit* (HK); spojení s ↓*útroba* (Ma[2]) je málo přesvědčivé.

droga, *drogový*, *drogovat*. Přes něm. *Droge* z fr. *drogue* 'koření, lékárnické zboží, chemikálie' (srov. ↓*drogerie*) a tam asi ze střdn. či střniz. *droge* 'suchý' (koření ap. se sušilo). Méně pravděpodobný je ar. původ slova (HL).

drogerie, *drogista*, *drogistický*. Přes něm. *Drogerie* z fr. *droguerie* od *drogue* (viz ↑*droga*).

drolit, *drolivý*, *oddrolit (se)*, *rozdrolit (se)*, *vydrolit (se)*. Jen č. Dříve bylo (nář.) i *drlit* tv., *drlý* 'rychlý, čilý'. K ↑*drát*[2], ↓*dřít*, asi s významovým přikloněním k ↑*drobit*. Vedle *drolit – dřít* srov. i starší *troliti* tv. k ↓*třít* (Jg).

-drom. Viz ↑*autodrom*, ↓*kosmodrom*, ↓*velodrom*. Z ř. *drómos* 'závodní dráha, cvičiště'. Srov. ↓*dromedár*.

dromedár 'velbloud jednohrbý'. Z pozdnělat. *dromedārius* tv. od ř. *dromás* 'běžec, běžící'. Srov. ↓*drop*, ↓*velodrom*.

drop 'rychlý stepní pták'. Stč. *droptva*. Všesl. – p. *drop*, r. *drofá*, s./ch. *drȍplja*. Psl. *dropъty (gen. *dropъtъve) je starou složeninou, v jejíž první části je ie. **dr-*, **der-* 'běžet' (srov. ↑*dromedár*), ke druhé viz ↓*koroptev*.

drops 'tvrdý cucavý bonbon'. Z angl. *drops*, což je pl. od *drop* tv., vlastně 'kapka'. Souvisí s ↑*driblovat*.

drozd. Všesl. – p., r. *drozd*, s./ch. *drȏzd*. Psl. *drozdъ, asi z dřívějšího *trozdъ, má obdobu v stpr. *treste*, lit. *strāzdas*, něm. *Drossel*, angl. *throstle*, lat. *turdus*, střir. *truit*; ie. základ **(s)trozdos*, **tr̥zdos* se tradičně vykládá jako onom. (podle typického drozdího křiku). Existuje i zajímavý novější výklad slova jako staré složeniny (*(s)tro-zdo-*) s významem 'kdo sedí na trávě' (srov. ↓*hnízdo*).

droždí, *droždový*. Stč. *droždie*. Všesl. – p. *drożdże*, r. *dróžži*, sln. *drožî*, stsl. *droždiję*. Psl. podoba má více příponových variant vycházejících ze základu **drozg- (B1)*. Ten se spojuje se stpr. *dragios*, stisl. *dregg* tv., angl. *dregs* 'usazenina', dále i s ř. *trygía* 'nevykvašené víno, sedlina' (Ma[2]) a lat. *fracēs* (pl.) 'usazenina v oleji'. Ie. **dher-gh-* může být jako starý vinařský termín přejetím z neznámého jazyka.

drožka, *drožkář*, *drožkářský*. Do č. (19. st.) přes p.d. *drożka* z r. *dróžki* (pl.) 'lehký vozík', což je zdrobnělina od *drógi* 'pracovní vozík' (spojený jen osami kol a podélnými žerděmi) od *dróga* 'žerď spojující přední osu se zadní' nejasného původu.

drsný, ob. *drsňák*, *drsnět*, *zdrsňovat*. Jen č. a slk. Stč. *drstný*. Ne zcela jasné, ale asi patří k psl. **dьr-* (↑*drát*[2]). Srov. ↑*drásat*, ↓*dršťka*.

dršťka 'část žaludku přežvýkavců'. Jen č., nepříliš jasné. Asi od ↑*drsný*.

drtit, *drť*, *drcený*, *drtivý*, *drtič(ka)*, *rozdrtit*, *zdrtit*. Sloveso je novější, ve stč. jen subst. *drt* 'drť, zdrcení' (dále jen r. *dert'* 'produkt při hrubém mletí zrna'). Odvozeno od **dьr-* (↑*drát*[2]) podobně jako ↑*drn*; tedy 'co je rozedřeno'.

drůbež, *drůbeží*, *drůbežárna*, *drůbežářství*. Stč. *dróbež* 'drobné ryby', s./ch. *dróbež* 'drobnosti'. Původně tedy 'něco drobného'. Utvořeno příp. *-ežь* od *drobiti (↑*drobit*).

drůbky, *drůbkový*. Zdrobnělina od ↑*droby*.

druh[1] 'společník, přítel', *družka, družička, družba, družina, družice, družstvo, družstevní, družný, družit se, sdružení, přidružit se, podruh, soudruh*. Všesl. – stp., r. *drug*, s./ch. *drûg*, stsl. *drugъ*. Psl. **drugъ* přesně odpovídá lit. *draũgas*, dále je příbuzné gót. *ga-draúhts* 'spolubojovník', *driugan* 'táhnout do války', stisl. *draugr* 'muž', *drōtt* 'družina' a asi i ir. *drong* 'vojenská družina'. Ie. **dhrougho-* tedy asi znamenalo 'člen (vojenské) družiny', snad od **dher-* 'pevně držet'. Srov. ↓*druh*[2], ↓*druhý*, ↓*držet*.

druh[2] 'sorta', *druhový*. Jen č. Tento nový význam se vyvinul až ve střední době ze spojení jako *toho druh, ten nůž je mého druh* (= takový jako můj) (Jg, Ma[2]), tedy jistá věc je 'druhem' ostatním věcem podobným. Dále viz ↑*druh*[1].

druhý, *druhotný, podruhé, druhdy*. Všesl. – p. *drugi*, r. *drugój*, s./ch. *drùgi*, stsl. *drugъ*. Psl. adj. **drugъ* se vyvinulo ze subst. **drugъ* (↑*druh*[1]) díky konstrukcím jako *drugъ druga* 'jeden druhého'. Nejdřív tedy má význam 'jiný', pak vytlačuje i řadovou číslovku **vъtorъ* (srov. ↓*úterý*) 'druhý (v pořadí)' (dnes je tento význam základní v č., slk., p. a sln.).

druid 'keltský kněz'. Z lat. *druidēs* (pl.) a tam z nějakého kelt. jazyka (stir. *drūi* tv.). Vykládá se z **dru-u̯id*, kde první část odpovídá něm. *treu* 'věrný' či angl. *true* 'pravdivý' (viz ↓*dřevo*), k druhé viz ↓*vidět*, ↓*vědět*. Tedy něco jako 'jistě vědoucí, pravdivě vidící'.

drvoštěp. Stará složenina, viz ↓*dřevo* a ↓*štípat*. Dnes nář. *drvo* (stč. pl. *drva* 'dříví') je z oslabeného ie. kořene **dru(u̯)*.

dryáda 'lesní víla'. Z ř. *dryás* (gen. *dryádos*) tv. od *drỹs* 'dřevo' (srov. ↓*dřevo*, ↑*drvoštěp*).

dryák 'pochybný lék', *dryáčník, dryáčnice, dryáčnický, dryáčnictví*. Přes střlat. *tiriaca*, lat. *thēriaca* z ř. *thēriakós* 'lék (ze zvířecích jedů) podávaný jako protijed' od *thēr* 'zvíře'. Srov. ↓*zvíře*.

drzý, *drzost, drzoun, přidrzlý*. Všesl. – p. *dziarski*, r. *dérzkij*, s./ch. *dȑzak*, stsl. *drъzъ*. Psl. **dъrzъ* se spojuje se stpr. *dyrsos* 'zdatný', lit. *drąsùs* 'smělý', gót. *ga-daúrsan* 'odvážit se', ř. *thrasýs* 'smělý, drzý', sti. *dhr̥ṣṇú-* tv., vše z ie. **dhers-* 'smělý'.

držet, *držák, držadlo, držátko, držitel, država, dodržet, obdržet, podržet, vydržet, zadržet, zdržet, nádrž(ka), výdrž, zdrženlivý* aj. Všesl. – stp. *dzierżeć*, r. *deržáť*, s./ch. *dȑžati*, stsl. *drъžati*. Psl. **dъržati* má nejblíž k av. *dražaite* 'drží' (ie. oslabený kořen **dhr̥gh-* (A7,B1)). Příbuzné je i lit. *diržas* 'řemen', sti. *dŕ̥hyati* 'je pevný' (s koncovým *-gh*), dále lat. *firmus* 'pevný' aj. Základem je ie. **dher-* 'být pevný' (A2). Srov. ↑*druh*[1].

dřeň 'vnitřní hmota kostí, zubů, dužniny plodů ap.'. P. *(z)drzeń*, hl. *drjen*. Nepochybně ze stč. *střen, stržen* 'vnitřek stromu, nitro', i když změna *st->d-* je málo jasná (srov. i ↓*dřez*). R. *stéržen'*, sln. *stržên* tv. Psl. **strъženь* souvisí se stpr. *strigeno* 'mozek'. švéd. *streke* 'dřeň', další souvislosti nejisté.

dřepět, *dřep, podřep, podřepnout*. Jen č. a slk. (*drepieť*), asi expr., bez uspokojivé etymologie.

dřevní. Viz ↓*dříve*.

dřevo, *dřívko, dříví, dřevěný, dřevěnět, dřevnatý, dřevnatět, dřevina, dřevák, dřevař, dřevařský, dřevařina, dřevník, dřevce* aj. Všesl. – p. *drzewo*, r. *dérevo*, s. *drêvo*, stsl. *drěvo* 'dřevo, strom' (význam 'dřevo' převládá v zsl., 'strom' v jsl. a r.). Psl. *dervo souvisí s lit. dervà 'smůla', něm. Teer 'dehet', angl. tree 'strom', wal. derwen 'dub', ř. déndreon 'strom', sti. dā́ru- 'dřevo', chet. taru- tv., vše z ie. *deru-, *doru-, *dr(e)u- 'dřevo, strom'. Srov. ↓dříve, ↓zdravý, ↑drvoštěp.

dřez 'škopek (na mytí nádobí)'. Jen č., dříve též střez, zřez, třez (Jg). Východiskem bude asi střez (srov. ↑dřeň), dále málo jasné. Vychází se ze sřez (Jg, Ma²) (že vypadá, jako by vysoká nádoba byla sřezána na nízkou), ale to zavání lid. etym. (D2).

dřík kniž. 'hlavní část kmenu, sloupu ap.'. Jen č. a slk. (driek), jinak sln.d. drêk 'tučnost, plnost', s./ch.d. drêčan 'mocný, zdravý'. Spojuje se s lit. draĩkas 'urostlý, košatý', dále nejasné.

dřímat, dřímota, zdřímnout si, podřimovat. Všesl. – p. drzemać, r. dremát', ch. drijémati, s. drémati, stsl. drěmati. Psl. *drěmati se spojuje s lat. dormīre 'spát', sti. drā́ti tv. a vychází z ie. *drē-m tv. Nepatří sem však asi angl. dream (angl. d = ie. dh).

dřín 'keř se žlutými kvítky a jedlými plody'. Všesl. – stp. drzon, r. dëren, s./ch. drën. Psl. *dernъ (B8) nemá jasnou etymologii. Někteří spojují s *derti (↓dřít), nápadná je blízkost se sthn. tyrn, dirn tv., která se vysvětluje přejetím z nějakého předie. jazyka (Ma²).

dřišťál 'ostnitý keř se žlutými kvítky a červenými bobulemi'. Jen č., stč. dřistel, dřiščel. Vzhledem k nář. dráč je pravděpodobná souvislost s ↓dřít, bližší rozbor formální stránky je však obtížný.

dřít, dřina, dříč, sedřít, odřít, vydřít, nadřít (se), odřenina aj. P. drzeć, ch. drijéti, s. dréti. Psl. *derti je variantou k dъrati (viz ↑drát²).

dříve, dřívější, nejdříve, dřevní. Stč. dřéve, p. drzewiej, sln. drévi 'dnes večer', stsl. drevlje, jinde jen adj.: r.

drévnij 'dávný', s./ch. drevân tv. aj. Psl. *drevje nemá jednoznačnou etymologii. Často se spojuje s něm. treu 'věrný', lit. drútas 'silný', sti. dhruvá- 'pevný' od ie. *dreu- (viz ↑dřevo) (sti. tvar však předpokládá dh-) s vývojem významu 'dřevo' → 'silný, pevný' → 'starý, dávný' (srov. ↓zdravý i ↓starý). Jiný výklad spojuje s ie. *dreu- 'běžet' (sti. drávati 'běží') ('uběhlé' = 'dávné').

dštít kniž. Stsl. dъždíti 'pršet'. Dále viz ↑déšť (B6).

dtto 'totéž, rovněž'. Zkratka z it. detto 'řečeno', což je příč. trp. k dire 'říci' z lat. dīcere tv. Srov. ↑dikce, ↑diktát.

du-. Dlouhá varianta předpony do- (↑do), např. stč. dóvod (od dovoditi), dóvtip, dómyslný, dóchod (C5). Srov. ↓důstojný, ↓důtka.

duál 'dvojné číslo', duálový, dualismus, dualistický. Z lat. duālis 'dvojný' od duo 'dva'. Srov. ↓duel.

dub, dubový, duběnka, duben, dubina, (pod)dubák, doubí, dubisko. Všesl. – p. dąb, r. dub, s./ch. dûb, stsl. dǫbъ. Psl. *dǫbъ není uspokojivě vysvětleno. Jde o psl. inovaci, asi z důvodů tabu (D4) (dub byl posvátný). Starší výklady spojují s angl. timber 'stavební dříví', kmen, kláda', sthn. zimbar 'stavební dříví, budova, pokoj', ř. démō 'stavím' od ie. *dem- tv. (srov. ↓dům). Nověji se různé motivace pro tabuovou náhražku hledají v ie. *dheu-bh- 'tmavý', *dheu-b- 'hluboký' (srov. ↑doubrava) či *dhamb(h) 'bít'. Ještě jinak, jako praevropské, vykládají Ma² a HK.

duben, dubnový. Vlastně 'měsíc, kdy raší duby'. Viz ↑dub.

dubka ob. 'jamka' (dříve též dupka), dubkatý. Zřejmá je souvislost s ↑doubat, ale vzhledem k podobě s -p- je třeba myslet i na starší dupa (Jg) (viz ↑doupě). Snad zkřížení obou.

dubiózní 'pochybný'. Z lat. *dubiōsus* tv. od *dubius* 'pochybující' k lat. *duo* 'dva' (vlastně 'kolísající na dvě strany'). Srov. ↓*duel*.

dubleta 'dvojtvar'. Přes něm. *Dublette* z fr. *doublet* od *double* 'dvojitý' z lat. *duplus* tv. od *duo* 'dva'. Srov. ↑*debl*, ↓*dublovat*.

dublovat 'zastupovat herce'. Z angl. *double* 'zdvojovat'. Dále viz ↑*dabing* a ↑*debl*.

ducat, *duc, ducnout*. Onom. Srov. ↓*ducatý*.

ducatý, *naducaný*. Od ↑*ducat*, tedy vlastně 'nabouchaný'. Srov. ↑*buclatý*.

dudek. Stč. *dedek, vdedek*. P. *dudek*, hl. *hupak*, r. *udód*, sln. *vdab*. Všechno to jsou zvukomalebná slova napodobující dudkův hlas.

dudlík. Od slovesa *dudlat* 'sát', jež je onom.-expr. povahy (srov. ↓*dumlat*, ↑*cumlat*).

dudy, *dudák, dudat, zadudat*. Hl. *duda*, sln. *dúde*, r. *dudá* 'trubička, dětská píšťalka'. Staré zvukomalebné slovo (srov. lit. *daudýtė* 'píšťala'). Srov. však ↓*gajdy*, které ve významu 'dudy' na většině slov. území převládá.

duel 'souboj'. Přes fr. *duel* ze střlat. *duellum* tv. k *duo* 'dva'. Je to vlastně obnovení starého lat. *duellum 'válka', které se změnilo v *bellum*. Srov. ↑*bi-*, ↓*rebel*, ↑*duál*.

duet 'dvojzpěv'. Z it. *duetto*, což je vlastně zdrobnělina k *duo* tv., původně 'dva'. Viz ↓*duo*, srov. ↑*duel*, ↑*duál*.

*duh (*jít k duhu*). Jen č. Viz ↓*neduh*. Srov. ↓*duž(n)ina*.

duha, *duhový, duhovka*. Všesl. – p. *dęga*, r. *dugá*, s./ch. *dúga*, stsl. *dǫga*. Význam 'duha' je ve stsl., dnes však převládá jen v č., slk., s./ch., b. Jinde 'oblouk, část koňského postroje ve tvaru oblouku' (vsl.), 'část stěny sudu' (jsl., p., č.st., slk.) ap. Společný význam je 'oblouk, něco klenutého'. Psl. *dǫga se spojuje s lit. *dangùs* 'nebe', stpr. *dangus* tv. (též 'patro v ústech'), lit. *deñgti* 'pokrýt', další souvislosti nejsou jisté. Rčení *pije jako duha* prý podle lid. představy, že duha svými konci na zemi pije vodu (Ma²).

duch, *duchovní, duchovenstvo*, ob. *duchař, duchařina*. Všesl. – p., r. *duch*, s./ch. *dȕh*, stsl. *duchъ*. Původní význam 'dech, závan' je doložen ve vsl. a části jsl. (srov. ↓*vzduch*). Psl. *duchъ lze srovnat s lit. *daũsos* (pl.) 'vzduch', gót. *dius* 'živočich' (něm. *Tier* 'zvíře') a snad i ř. *theós* 'bůh', vše z ie. **dhouso-*, **dheuso-* (A8,B2) od **dheu-* 'vanout, dýchat'. Srov. ↓*duše*, ↓*dýchat*, ↑*dech*, ↓*tchoř*.

duchna 'velká, těžká peřina'. Jen č., slk. a p. Asi k ↑*duch* ve významu 'nadýchaná peřina'.

dukát. Z it. *ducato* ze střlat. *ducatus* 'vévodství' (toto slovo bylo obsaženo v nápisu na minci apulského vévody ve 12. st. a přeneseno na název mince), to od lat. *dux* 'vůdce' od *dūcere* 'vést'. Srov. ↑*dóže*.

důkladný. Novější. Asi 'dobře doložený', 'podepřený důkazy (či prostředky)', příp. 'nákladný', jak lze soudit z významů subst. *důklad* (Jg).

důl, *dolík, dolovat, dolní, údolí, údolní*. Stč. *dól*. Všesl. – p. *dół*, r. *dol*, ch. *dôl*, s. *dô*, stsl. *dolъ*. Psl. *dolъ má nejbližší (a jediné spolehlivé) příbuzné v gót. *dal* 'údolí', stisl. *dalr*, něm. *Tal*, wal. *dol* tv., vše z ie. **dholo-* tv.

důležitý, *důležitost*. Viz ↑*dů-* a ↓*ležet*, tedy vlastně 'co doléhá'. Srov. ↓*náležitý*, ↓*záležet*.

dům, *domek, domeček, domovní, domovník, podomní*. Stč. *dóm*. Všesl. – p., r. *dom*, s./ch. *dôm*, stsl. *domъ*.

Psl. *domъ přesně odpovídá lat. *domus* (z ie. *domu-), blízké je i ř. *dómos*, sti. *dáma-* a se změnou *d>n* i lit. *nāmas* (z ie. *domo-) tv., s příp. *-ro* sem patří něm. *Zimmer* 'místnost'; vše k ie. *dem- 'stavět'. Srov. ↑*doma,* ↑*domů,* ↑*domov,* ↑*dóm,* ↑*despota,* ↑*dub.*

dumat, *vydumat, zadumaný, zádumčivý, duma* (r.). Převzato z r. či p. (Jg). P.st. *dumać*, r. *dúmat'*, s./ch. *dùmati* (v jsl. i význam 'mluvit'). Málo jasné. Stará domněnka o výpůjčce z gót. *dōms* 'mínění, soud' (HK) je dnes na ústupu. Problematický je výklad pomocí přesmyku **dheum-* < **meudh-* (Ma²) (srov. ↓*myslet,* ↓*mýtus*). Ani pokusy spojovat slovo s ↑*duch,* ↑*dmout* ap. (srov. p. *duma* 'hrdost') nejsou příliš přesvědčivé.

dumdum 'druh trhavé střely'. Podle místního názvu *Damdama* (angl. *Dumdum*) poblíž Kalkaty, kde sídlilo velitelství bengálského dělostřelectva a kde se tato střela poprvé vyráběla.

dumlat. Onom.-expr. Srov. ↑*cumlat,* ↑*dudlík.*

dumping 'prodej zboží za nižší než výrobní cenu', *dumpingový*. Z angl. *dumping* tv. od *dump* 'shodit, (těžce) spadnout' onom. původu.

duna 'písečný přesyp', *dunový*. Snad z hol. *duin* tv., zatímco z něm. *Düne* je starší č. *dýna* (Jg). Původ germ. slov není jistý, často se spojuje s kelt. **dūno-* 'pahorek'.

dunět, *dunivý, zadunět*. P. *dudnieć*. Onom. původu., srov. lit. *dundėti* 'hučet, hřmít', lot. *dunēt* tv. Z obdobného onom. základu je i něm. *Donner* 'hrom', angl. *thunder* tv. či lat. *tonāre* 'hřmít' (srov. ↑*detonace*).

duo 'umělecká dvojice; skladba pro dvě osoby'. Z it. *duo* tv. z *duo* 'dva' z lat. *duo* tv. Srov. ↑*duet,* ↓*dva.*

dupat, *dupy dup, dupák, dupačky, zadupat, rozdupat, udupat, vydupat,* ob. *dupárna*. Onom. původu, podobné je sln. *dúpati* 'bít', s./ch. *dùpiti* 'udeřit'. Srov. ↓*dusat,* ↑*deptat,* ↑*ducat,* ↑*cupat.*

duplikát 'druhý exemplář, náhrada originálu'. Přes něm. *Duplikat* tv. z lat. *duplicātus* 'zdvojený' od *duplicāre* 'zdvojovat' k *duplex* 'dvojitý' od *duo* 'dva'; k druhé části srov. ↓*perplex,* ↓*komplex,* ↓*komplikovat,* ↑*aplikovat.* Dále srov. ↑*debl,* ↓*tuplovaný.*

dur 'tvrdá stupnice či tónina'. Z lat. *dūrus* 'tvrdý' (opak je ↓*moll* z lat. *mollis* 'měkký'). Tato metafora vychází asi ze zvyklostí notových zápisů raného středověku, kdy druhý celý tón *b* byl označován hranatým znaménkem (tzv. *b durum,* dnešní *h*), zatímco jeho půltónové snížení znaménkem zaobleným (*b molle,* dnešní *b*). Podle jiného výkladu podle toho, že mollová stupnice (s malou tercií) prostě působí 'měkčeji' než stupnice s velkou tercií.

důra 'protivná, hloupá žena'. Z osobního jména *Dora* (viz ↑*dorota*), srov. však i starší č. *dur* 'hlupák' (Jg) (viz ↓*durdit se,* ↓*duřet*).

dural 'slitina hliníku, mědi, manganu a hořčíku', *duralový*. Zkratkové slovo z lat. *dūrus* 'tvrdý' a *aluminium* 'hliník'. Srov. ↑*dur* a ↑*aluminium.*

durativní 'trvací (sloveso)'. Z nlat. *durativus* od *dūrāre* 'trvat'.

durdit se 'hněvat se', *rozdurdit se*. Jen č. Souvisí asi s ↓*duřet* se slk. *durný* 'hloupý, nadurděný', p. *durny* 'hloupý, pyšný', r. *durít'* 'dělat hlouposti', *durák* 'hlupák', sln. *dúr* 'plachý'. Příbuzné může být lat. *furere* 'zuřit, šílet', pokud je z **dhur-* (A2) (srov. ↓*furie,* ↓*furore*). Dále viz ↓*duřet.*

durch ob. 'skrz', slang. 'způsob hry v mariáši'. Z něm. *durch* 'skrz' (angl. *through*). Souvisí s ↓*trans-*.

durman 'druh jedovaté byliny'. Přejato Preslem z r. *durmán*. Asi r. novotvar k *dur'* 'hloupost, bláznovství' (po jeho požití člověk 'blázní'). Srov. i r. *durmánit'* 'opájet, zatemňovat'.

duřet 'opuchávat, otékat', *zduřet, zduřelý, naduřelý*. U Jg uvedený význam 'blázniti se' je z p.; stejné je r. *durét'*, sln.d. *duréti* 'tupě hledět' (srov. *durdit se*). Psl. **duřěti* se vykládá ze stejného základu (ie. **dheu-* 'vanout') jako ↑*duch*, ↑*dout* (pokud jde o význam 'nadutý' = 'hloupý'). Otázkou je stáří č. slova – ve stč. není doloženo a jeho význam je ve slov. jazycích izolovaný.

dusat, *udusat*. Jen č. Onom. původu, snad zesilovací k ↑*dupat*, tedy z **dup-sati*.

dusík, *dusičnan, dusičný, dusitý*. Zavedeno Preslem jako kalk z něm. *Stickstoff* tv. (protože tento plyn dusí plamen).

dusit, *dusítko, podusit, přidusit, udusit, zadusit*. Všesl. – p. *dusić*, r. *dušít'*, s./ch. *dúšiti*. Zsl. podoby se *-s-* jsou asi inovacemi k psl. **dušiti* (snad kvůli rozlišení od významu 'páchnout', který je i ve starším č. *dušiti* (Jg)). Souvisí s ↑*duch* a ↓*dýchat*; původní význam je vlastně 'způsobovat, že někdo těžce dýchá, lapá po dechu' (srov. *záducha*). Ve významu 'dusit maso ap.' kalk z něm. *dämpfen*. Srov. ↓*rdousit*.

důstojný, *důstojnost, důstojník, důstojnický, důstojnictvo*. Všesl. Psl. **dostojьnъ* je od **dostati*, srov. stč. *dostáti* 'vydržet, být hoden, zasloužit si'. Viz ↑*do* (↑*dů-*), ↓*stát²*.

duše, *dušička, duševní, oduševnělý, dušovat se, zádušní*. Všesl. – p. *dusza*, r. *dušá*, s./ch. *dúša*, stsl. *duša*. Psl. **duša* úzce souvisí s **duchъ* (↑*duch*) – buď je od něj odvozeno (psl. **duch-ja*), či – pokud je již ie. (**dhous-jā*) – obě jsou od stejného slovesa. Stejnou příponu, ale jiný stupeň kořene má lit. *dvasià* 'duch'.

*****dutat**. Viz ↓*nedutat*.

důtka, *důtklivý, nedůtklivý*. Od *dotknout se* (tedy 'káravé dotknutí se někoho slovy'), viz ↑*do* (↑*dů-*) a ↓*týkat se*. Srov. ↓*výtka*.

důtky 'karabáč z řemínků'. Jen č. Přestože existují i podoby *dutky, dudky* (Jg), sotva je lze považovat za starší a etymologicky oddělit toto slovo od ↑*důtka* (Ma²).

dutý, *dutina, dutinka*. P. *dęty*, r. *dútyj* 'dutý, nafouklý'. Původně trpné příčestí od ↑*dout* ('nafouklý' = 'uvnitř prázdný').

duž(n)ina, *dužnatý, dužnatět*. Jen č. Od staršího *duží, dužný* 'velký, silný, masitý' k *duh* (viz ↓*neduh*). Srov. p. *dużo* 'velmi, mnoho'.

dva, **dvě**, *dvojí, dvojka, dvojice, dvojitý, zdvojit, rozdvojit*. Všesl. – p. *dwa, dwie*, r. *dva, dve*, s./ch. *dvâ*, *dvê/dvìje*, stsl. *dъva, dъvě*. Psl. **dъva, *dъvě* odpovídá lit. *dù, dvì*, gót. *twai, twōs, twa* (něm. *zwei*, angl. *two*), stir. *dāu, dí, dā*, lat. *duo, duae*, ř. *dýō*, alb. *dy*, sti. *d(u)vā(u), d(u)ve* – vše z ie. **d(u)u̯ō, *d(u)u̯ai*.

dvanáct(er)ník 'první díl tenkého střeva'. Kalk ze střlat. *duodenum* a to podle ř. *dōdekadáktylos* 'dvanáctiprstník', jak jej nazval alexandrijský lékař Hérofilos (3. st. př. Kr.) (vlastně 'dvanáct prstů dlouhý').

dveře, *dveřní, dveřník*. Stč. *dveři, dřvi*. Všesl. – hl. *durje*, p. *drzwi*, r. *dver'*, *dvéri*, sln. *dúri*, s./ch. *dvéri* 'brána', stsl. *dvьri*. Psl. **dvьrь, *dvьri* je příbuzné s lit. *dùrys*, gót. *daúr*, něm. *Tür* 'dveře', *Tor* 'brána', angl. *door*, wal. *dor*, lat. *forēs*, ř. *thýra*, alb. *derë*, arm. *dur-k^c*, toch. B *twere*, sti. *dvā́raḥ* – vše z ie. **dhu̯r̥-, *dhu̯er-, *dhu̯or-* 'dveře' (A2,A6). Souvisí s ↓*dvůr*.

dvůr, *dvorec, dvorek, dvoreček, dvorní, dvorný, dvořan, dvořit se,* *zdvořilý, nezdvořák, dvorana* (ze s./ch.). Stč. *dvór.* Všesl. – p. *dwór,* r. *dvor,* s./ch. *dvôr,* stsl. *dvorъ.* Souvisí se slovy uvedenými pod ↑*dveře* a snad i s lat. *forum* 'dvůr, náměstí, tržiště'. Významovou souvislost *dveře – dvůr* je asi třeba hledat v 'uzavírání (prostranství)': *dveře* je 'to, čím se zavírá', *dvůr* 'to, co je uzavřeno'.

dyftýn 'silná bavlněná látka'. Z fr. *duvetine* od *duvet* 'lehké peří'.

dýha 'tenké prkýnko k obkládání', *dýhovat.* V č. až od konce 19. st., přesto původ málo jasný. Nějak asi souvisí s *duha, dužina* 'dřevěná deska tvořící část stěny sudu' (srov. ↑*duha*).

dýchat, *dýchání, dýchací, dýchánek, dýchavičný, nedýchatelný, zadýchat (se), nadýchat (se), vzdychat, vydýchat (se), neprodyšný* aj. Všesl. – p. *dychać,* ukr. *dýchaty,* s./ch. *díhati,* stsl. *dychati.* Psl. *dychati patří stejně jako ↑*duch,* ↑*duše,* ↑*dech* k odvozeninám od ie. kořene **dheu-* 'dýchat, vanout'; kromě souvislostí uvedených tam srov. ještě lit. *dúsauti* 'vzdychat' a *dvěsti* 'vydechnout (duši)', lot. *dvést* 'dýchat' *(A5).*

dychtit, *dychtivý, dychtivost, rozdychtěný.* V ostatních slov. jazycích doloženo slabě a s významem 'těžce dýchat' (tak i stč. *dychtěti).* Do nč. změnilo význam na 'silně žádat' (vzrušení, toužebné očekávání je doprovázeno těžkým, zrychleným dechem). Psl. *dychъtěti je odvozeno od *dychati expr. příponou *-ъtěti.*

dýka. Stč. *déka (C5).* Přejato ze střhn. *degen* z fr. *dague* tv., jehož původ není jasný.

dým, *dýmový, dýmat, dýmka, dýmkový, dýmovnice, dymník.* Všesl. – p., r. *dym,* s./ch. *dîm,* stsl. *dymъ.* Psl. *dymъ je příbuzné s lit. *dūmai* (pl.), lat. *fūmus,* sti. *dhūma-,* vše z ie. **dhūmo-* tv. *(A2)* od **dheu-* 'dýchat, vanout'. Srov. ↑*duch,* ↑*duše,* ↑*dýchat,* ↑*dech,* ↑*dout,* ↓*tymián.*

dýměj zast. 'otok mízních uzlin', *dýmějový.* Stč. *dým, dýmě,* p. *dymię,* sln. *dîmlje.* Psl. *dymę je odvozeno od *dymati 'dmout' (viz ↑*dmout),* srov. *nadýmat – nadmout).*

dymián. Viz ↓*tymián.*

dynamický 'projevující sílu, pohyb, vývoj', *dynamika, dynamičnost.* Podle něm. *dynamisch,* fr. *dynamique* z ř. *dynamikós* 'silný, účinný' od *dýnamis* 'síla, moc'. Srov. ↓*dynamit,* ↓*dynamo,* ↓*dynastie.*

dynamit, *dynamitový.* Utvořeno jeho švédským vynálezcem A. Nobelem (1867) od ř. *dýnamis* 'síla' pro jeho silný třaskavý účinek.

dynamo 'zařízení na výrobu elektřiny'. Z angl. *dynamo,* zkrácením něm. *dynamoelektrische Maschine,* případně *Dynamo-Maschine,* jak zařízení nazval jeho vynálezce Siemens (1867). Srov. ↑*dynamit,* ↑*dynamický.*

dynastie 'panovnický rod', *dynastický.* Přes něm. *Dynastie* z ř. *dynasteía* 'vladařská moc, vláda' od *dýnamai* 'jsem mocný, znamenám'. Srov. ↑*dynamický.*

dýně 'tykev', *dýňovitý.* Všesl. – p. *dynia,* r. *dýnja,* s./ch. *dînja.* Původ nepříliš jasný. Protože názvy všech podobných plodů jsou přejetí (srov. ↓*tykev,* ↓*kdoule,* ↓*meloun,* ↓*okurka),* výklad z psl. *dúti (↑*dout*) není příliš přesvědčivý (HK). Je možné, že *dýně* má stejné východisko jako ↓*kdoule* (psl. **dyn'a* < *dūnja < *kъdūnja < ř. *kydṓnia (mãla)* 'kydonská (jablka)').

dýnko. Zdrobnělina k ↑*dno.*

dys- předp. Z ř. *dys-* označujícího něco negativního, špatného (opak k ↓*eu-).* Srov. ↓*dysfemismus,* ↓*dysfunkce,* ↓*dysgrafie,* ↓*dyslexie,* ↓*dyspepsie* i ↑*déšť.*

dysfemismus 'použití hrubšího výrazu místo výrazu jemnějšího či neutrálního'. Viz ↑*dys-* a ↓*eufemismus.*

dysfunkce 'porušená funkce', *dysfunkční*. Viz ↑*dys-* a ↓*funkce*.

dysgrafie 'porucha schopnosti psát', *dysgrafik, dysgrafický*. Viz ↑*dys-* a ↓*-grafie*.

dyslexie 'porucha schopnosti číst', *dyslektik, dyslektický*. K ↑*dys-* a ř. *léxis* 'mluvení' od *légō* 'čtu, mluvím'. Srov. ↓*lexikon*.

dyspepsie 'porucha trávení'. Z ↑*dys-* a ř. *pépsis* 'trávení' od *péptō* (*péttō, péssō*) 'vařím, trávím'. Srov. ↓*pepsin*.

dýza slang. 'tryska'. Z něm. *Düse* tv. a to asi z it. *doccia* či *střlat. duza, duzza* 'roura' od *dūcere* 'vést'. Srov. ↑*dóže*, ↓*indukce*.

džajv 'rychlý moderní tanec', *džajvový*. Z angl. *jive* tv., také 'žargon, hantýrka', nejasného původu.

džbán, *džbánek, džbánovitý*. Stč. *čbán*. Všesl. (kromě sln. a luž.) – p. *dzban*, r. *žban*, s./ch. *žbȁn*, stsl. *čьvanъ*. Psl. **čьbanъ* je odvozeno příp. *-anъ* od stejného základu jako **čьbьrъ* (↓*džber*).

džber. Stč. *čber*, p. *ceber*, sln. *čebȅr*, s./ch. *čàbar*, chybí ve vsl. Psl. **čьbьrъ* souvisí s lit. *kibìras* 'vědro' *(B1,B6)* od *kìbti* 'uvíznout, zůstat viset', *kibėti* 'viset', tedy 'nádoba na zavěšení (s uchy)'. Ještě sem patří lot. *ciba* 'kulatá dřevěná nádoba'; další ie. souvislosti jsou nepřesvědčivé. Srov. ↑*džbán*.

džem, *džemový*. Z angl. *jam* tv. od slovesa *(to) jam* 'mačkat, tlačit', původem asi z námořnického slangu.

džentlmen, *džentlmenský*. Z angl. *gentleman* z *gentle* 'jemný, mírný' a *man* 'muž' (srov. ↓*muž*). Přes stfr. *gentil* 'urozený' z lat. *gentīlis* 'patřící

ke stejnému rodu' od *gēns* (gen. *gentis*) 'rod'. Srov. ↓*generace*.

džez. Viz ↓*jazz*.

džin¹ 'jalovcová'. Z angl. *gin*, zkrácením z *geneva*, jež je přetvořením fr. *genièvre* 'jalovec' a to z lat. *iūniperus* tv.

džin² 'duch v orientálních pohádkách'. Z ar. *jinn* tv.

džín(s)y, *džín(s)ový*. Z am.-angl. *(blue) jeans* '(modré) džíny' z angl. *jean* (dříve i *jenes, geanes*) 'druh bavlněné látky' a to podle přístavu Janova (z fr. podoby *Gênes*), odkud tato látka do Anglie přicházela.

džíp 'terénní vojenské osobní auto'. Z am.-angl. *jeep* ze zkratky *g.p.* [*džíˈpí*] za *general-purpose (truck)* 'univerzální (vozidlo)'. Rozšířeno během 2. světové války.

džiu-džitsu 'japonský způsob zápasu'. Z angl. *jiu-jitsu* z jap. *jūjutsu* 'umění být pružným'. Srov. ↓*judo*.

džob ob. '(příležitostná) práce, pracovní místo'. Z angl. *job* tv., dříve též psáno *gob* 'kus, kousek (práce)' keltského původu.

džudo. Viz ↓*judo*.

džungle. Z angl. *jungle* a to z hind. *jaṅgal* 'les, divoká země' ze sti. *jaṅgala* 'vyprahlý, pustý'.

džunka 'východoasijská lehká plachetnice'. Z angl. *junk* z malajského *djong* a to asi z jihočínských dialektů.

džus, *džusový*. Z angl. *juice* z fr. *jus* 'šťáva, vývar' a to z lat. *iūs* 'vývar, polévka'. Srov. ↓*jíška*.

džuveč 'balkánské jídlo z vepřového masa, rýže a zeleniny'. Ze s./ch. *đùveč* z tur. *güveç* 'hliněný pekáč'.

E

eben 'druh tvrdého černého dřeva', *ebenový*. Z lat. *ebenus* z ř. *ébenos* původu egyptského.

ebonit 'černý vulkanizovaný kaučuk', *ebonitový*. Od angl. *ebony* z lat. *ebenus* (viz ↑*eben*).

ecu 'evropská jednotka měny'. Zkratka z angl. *European currency unit*, ovšem s využitím názvu staré francouzské mince *écu*.

edém 'otok'. Ze střlat. *oedema* z ř. *oídēma* od *oidáō* 'otékám, bobtnám'.

eden 'ráj'. Podle jiných evr. jazyků (něm., angl. *Eden*) z hebr. ᶜ*ēdhen* 'blaženost, rozkoš'.

edice 'vydání díla'. Z lat. *ēditiō* od *ēdere* 'vydat' z ↓*ex-* a *dare* 'dát'. Srov. ↑*anekdota*, ↓*tradice*.

edikt 'úřední výnos'. Z lat. *ēdictum* od *ēdīcere* (příč. trp. *ēdictus*) 'oznámit, vyhlásit' z ↓*ex-* a *dīcere* 'říci'. Srov. ↓*verdikt*, ↓*interdikt*.

efekt 'účinek; působivý prostředek', *efektivní* 'účinný', *efektní* 'působivý'. Z lat. *effectus* 'provedení, účinek, výsledek', což je původně příč. trp. od *efficere* 'působit' z ↓*ex-* a *facere* (příč. trp. *factus*) 'dělat'. Srov. ↑*defekt*, ↑*afekt*, ↓*fakt*.

efemérní 'pomíjivý'. Přes něm. *ephemer* z ř. *efḗmeros* 'pomíjející, den trvající' (srov. *efēméra* 'jepice') z ↓*epi-* a *hēmérā* 'den, čas, život'.

efervescent 'šumivý nápoj'. Z lat. *effervēscēns* od *effervēscere* 'šumět, kypět' z ↓*ex-* a *fervēscere* od *fervēre* 'vřít'. Srov. ↓*ferment*.

egalizace 'vyrovnávání, nivelizace', *egalizovat*. Z fr. *égalisation* od *égaliser* 'vyrovnávat' od *égal* 'stejný' a to z lat. *aequālis* 'rovný' od *aequus* tv. Srov. ↓*ekvivalentní*, ↓*adekvátní*, ↓*ekvátor*.

egoismus 'sobectví', *egoista*. Z fr. *égoïsme* (od 18. st.) a to k lat. *ego* 'já'.

ech citosl. Srov. ↑*ach*, ↓*och*.

echo 'ozvěna'. Z lat. *ēchō* a to z ř. *ēchṓ* tv. k *ēchḗ* 'zvuk, hluk'.

eidam 'druh sýra'. Podle nizozemského města *Edam* (vyslov *ej-*), kde se vyrábí.

ejakulace 'vystříknutí'. Z lat. *ēiaculātiō* od *ēiaculārī* 'vyhazovat, vystřikovat' od *ēicere* 'vyhodit, vyhrnout se' z ↓*ex-* a *iacere* 'házet'. Srov. ↑*adjektivum*.

ejhle citosl. Složeno z *ej* a ↓*hle*.

eklektický 'názorově smíšený, bez rozmyslu převzatý', *eklektik*, *eklekti(ci)smus*. Přes něm. *eklektisch* (18. st.) z ř. *eklektikós* 'vybraný' od *eklégō* 'vybírám' z *ek-* (viz ↓*ex*) a *légō* 'sbírám, vybírám, mluvím aj.'. Srov. ↓*ekloga*, ↑*dialekt*.

ekliptika 'zdánlivá dráha Slunce kolem Země'. Ze střlat. *(linea) ecliptica* 'čára zatmění' z ř. *ekleiptikós* 'týkající se zatmění' od *ekleípō* 'opouštím, mizím, zatmívám se' z *ek-* (viz ↓*ex-*) a *leípō* 'nechávám, ustupuji'. Srov. ↓*elipsa*.

ekloga 'idylická skladba o pastýřském životě'. Přes lat. *ecloga* z ř. *eklogḗ* 'výběr, vypravování' od *eklégō* (viz ↑*eklektický*).

ekologie 'nauka o vztahu organismu k prostředí', *ekolog*, *ekologický*. V 19. st. utvořeno k ř. *oîkos* 'dům, obydlí, domácnost' a ↓*-logie*. Srov. ↓*ekonomie*.

ekonomie 'věda o zákonech výroby a hospodaření', *ekonom*, *ekonomika*, *ekonomický*. Přes moderní evr. jazyky (něm. *Ökonomie*, fr. *économie*, angl.

economy) z ř. *oikonomíā* 'hospodaření, správa, rozdělení' od *oikonómos* 'hospodář, správce' z *oîkos* 'dům, obydlí, domácnost' a *némō* 'mám v držení, řídím, spravuji'. Srov. ↓*-nomie,* ↑*ekologie,* ↓*ekumenismus.*

ekrazit 'druh trhaviny'. Od fr. *écraser* 'drtit' a to ze střangl. *crase* tv. (z toho dnes *craze,* přeneseně 'pobláznit') skand. původu (souvisí s angl. *crack, crash* tv.).

ekumenismus 'hnutí za jednotu křesťanů', *ekumenický.* Utvořeno od střlat. *oecūmenē* 'obydlená země' z ř. *oikouménē,* což je příč. trp. od *oikéō* 'obývám, bydlím'. Srov. ↑*ekonomie,* ↑*ekologie.*

ekvátor 'rovník'. Ze střlat. *aequator* k lat. *aequāre* 'vyrovnávat' k *aequus* 'rovný'. Z toho jméno země *Ekvádor* (přes šp.). Srov. ↓*ekvivalentní,* ↑*adekvátní.*

ekvilibristika 'artistické umění náročné na rovnováhu', *ekvilibrista, ekvilibristický.* Od fr. *équilibriste* 'ekvilibrista' od *équilibre* 'rovnováha' z lat. *aequilibrium* tv. z *aequus* 'rovný' a *libra* 'váha'. Srov. ↓*libra,* ↓*ekvivalentní.*

ekvivalentní 'rovnocenný', *ekvivalent, ekvivalentnost.* Z pozdnělat. *aequivalēns* z lat. *aequus* 'rovný' a *valēns* 'silný, platný' od *valēre* 'být silný, mít cenu'. Srov. ↑*ekvilibristika,* ↑*ambivalentní.*

ekzém 'lišej'. Přes něm. *Ekzem* z ř. *ékzema* 'vyrážka, opar' od *ekzéō* 'vyvřu, vzrušuji' z *ek-* (viz ↓*ex-*) a *zéō* 'kypím, vřu'.

elaborát 'vypracovaný úkol ap.'. Přes něm. *Elaborat* z lat. *ēlabōrātum* tv. od *ēlabōrāre* 'vypracovat' z ↓*ex-* a *labōrāre* 'pracovat'. Srov. ↓*laboratoř,* ↓*kolaborant.*

elán 'nadšení'. Z fr. *élan* od *élancer* 'vymrštit', složeného z *é-* (lat. ↓*ex-*) a *lancer* 'mrštit', jež je ze střlat. *lanceare* od *lancea* 'kopí', původu asi keltského.

elastický 'pružný'. Z nlat. *elasticus* k ř. *elastós* 'hybný, rozpínavý' od *elaúnō* 'poháním, vrážím aj.'.

eldorádo expr. 'báječná, zaslíbená země'. Ze šp. *el dorado (país)* 'zlatá (země)' z členu *el* (z lat. *illum*) a *dorado,* což je příč. trp. od *dorar* 'zlatit, pozlatit' z lat. *deaurāre* tv. k *aurum* 'zlato'. Srov. ↑*aureola.*

elegán 'švihák'. Z fr. *élégant* 'vkusný' z lat. *ēlegāns* 'vybraný' od *ēligere* 'vybírat' z ↓*ex-* a *legere* 'sbírat, číst' (souvisí s ř. *légō* tv.). Srov. ↓*elegance,* ↓*elita,* ↓*legie,* ↑*ekloga,* ↑*eklektický.*

elegance, *elegantní.* Z lat. *ēlegantia* 'vkus, vybranost' od *ēlegāns* (viz ↑*elegán*).

elegie 'žalozpěv', *elegik, elegický.* Z lat. *elegīa* a to z ř. *elegeía* od *élegos* 'žalozpěv'.

elektro- (ve složeninách) 'související s elektřinou'. Srov. *elektroměr, elektroléčba, elektroda* (viz ↑*anoda,* ↓*katoda), elektrifikace* (viz ↓*-fikace*). Dále viz ↓*elektřina.*

elektron 'část atomu s negativním nábojem', *elektronka, elektronika, elektronický.* Z angl. *electron,* což je novotvar k *electric* 'elektrický' podle ↓*ion(t),* ↑*anion(t)* ap. Viz ↓*elektřina.*

elektřina, *elektrika, elektrický, elektrizovat.* Ve starší podobě *električina* (Jg). Stejně jako další evr. názvy elektřiny odvozeno z ř. *élektron* 'jantar' (na něm byly elektrické jevy poprvé pozorovány).

element 'prvek, živel', *elementární.* Z lat. *elementum* 'základ', jehož další souvislosti nejsou zřejmé.

elév 'pracovník přijatý na zkušební lhůtu, začátečník'. Z fr. *élève* 'žák' od *élever* 'vychovávat, povznášet', v základním významu 'vyzdvihovat' z *é-* (z lat. ↓*ex-*) a *lever* 'zdvihat' z lat. *levāre* od *levis* 'lehký'. Srov. ↓*elevace,* ↓*irelevantní.*

elevace 'zdvihání'. Z lat. *ēlevātiō* od *ēlevāre* 'zdvihat' z ↓*ex-* a *levāre* 'zdvihat' (viz ↑*elév*).

elf 'skřítek'. Z angl. *elf* (do dalších jazyků se rozšířilo hlavně s překlady Shakespeara a Miltona) ze stangl. *ælf*, jehož původ nabízí více výkladů. Srov. jméno *Alfréd,* doslova 'elfova rada'.

eliminovat 'vylučovat'. Z lat. *ēlīmināre,* doslova 'vyhánět přes práh', z ↓*ex-* a *līmen* 'práh', jež souvisí s *līmes* 'hranice'. Srov. ↓*limit.*

elipsa 'druh kuželosečky; výpustka', *eliptický.* Ze střlat. *ellipsis* a to z ř. *élleipsis* 'nedostatek, vynechání' z ↓*en-* a *leípō* 'nechávám, opomíjím'. Srov. ↑*ekliptika.*

elita 'výkvět, vybraná společnost'. Z fr. *élite* od *élire* 'vybírat' z lat. *ēligere* z ↓*ex-* a *legere* 'sbírat, číst'. Srov. ↑*elegance,* ↓*selekce,* ↓*legie.*

elixír 'zázračný nápoj'. Ze střlat. *elixir* a to z ar. *al-iksīr* 'kámen mudrců, droga' z členu *al-* a ř. *xēríon* 'suchý prášek (jako lék)' od *xērós* 'suchý'.

elokvence 'výmluvnost'. Z lat. *ēloquentia* od *ēloquī* 'vyslovovat, přednášet' z ↓*ex-* a *loquī* 'mluvit'. Srov. ↓*kolokvium.*

email 'smalt, druh nátěrové hmoty'. Z fr. *émail* a to přes starší *esmail* z germ. **smalt* (viz ↓*smalt*).

emanace 'vyzařování'. Z lat. *ēmānātiō* z *ēmānāre* 'řinout se, vytryskovat' z ↓*ex-* a *mānāre* 'kapat, tryskat'.

emancipace 'vymanění, zrovnoprávnění', *emancipovat, emancipovaný.* Z lat. *ēmancipātiō* od *ēmancipāre* 'propustit, prohlásit svobodným', doslova 'dostat z područí', z ↓*ex-* a *mancipāre*
'dát do područí', jež je složeno z *manus* 'ruka' a *capere* 'chytat, brát, chopit se'. Srov. ↓*manuální,* ↑*anticipovat,* ↓*princip.*

embargo 'zákaz obchodování'. Přes něm. *Embargo* ze šp. *embargo* od *embargar* 'zabavit, přerušit, ochromit' z vlat. **imbarricāre* 'zataraseit' z ↓*in-*[1] a odvozeniny od vlat. **barra* 'zátaras, zábrana', původu asi keltského. Srov. ↑*bar*[1], ↑*barikáda.*

emblém 'znak'. Z fr. *emblème* a to z lat. *emblēma* z ř. *émblēma* 'vykládaná práce' z *embállō* 'vhazuji, vrhám, vkládám' z ↓*en-* a *bállō* 'házím, zasazuji aj.'. Srov. ↓*embolie,* ↓*symbol.*

embolie 'ucpání cévy vmetkem (krevní sraženinou ap.)'. Vytvořeno v 19. st. k ř. *embolé* 'vpád, vrhnutí, vmetnutí' z *embállō* (viz ↑*emblém*).

embryo 'zárodek'. Přes lat. *embryo* z ř. *émbryon* 'nezrozený plod' z ↓*en-* a *brýō* 'bujně rostu, raším'.

ementál 'druh sýra'. Podle švýcarského údolí *Emmental,* kde se především vyrábí.

emeritní 'vysloužilý'. Z lat. *ēmeritus* z *ēmerēre* 'vysloužit (si)' z ↓*ex-* a *merēre* 'zasluhovat'. Srov. ↓*meritum,* ↓*merenda.*

emfáze 'důraz, vzrušení (v řeči)', *emfatický.* Z lat. *emphasis* z ř. *émfasis,* doslova 'ukázání, zviditelnění', od *emfaínō* 'ukazuji, objevuji' z ↓*en-* a *faínō* 'dávám najevo, ukazuji'. Srov. ↓*fenomén,* ↓*fáze.*

emigrant 'vystěhovalec', *emigrantský, emigrovat, emigrace.* Přes něm. *Emigrant* z lat. *ēmigrāns,* což je přech. přít. od *ēmigrāre* 'vystěhovat (se)' z ↓*ex-* a *migrāre* 'stěhovat (se)'. Srov. ↓*migrace,* ↓*imigrace.*

Eminence 'titul kardinálů'. Z lat. *ēminentia* od *ēminēre* 'vynikat' z ↓*ex-* a *minae* (pl.) 'výčnělky', jež souvisí s lat. *mōns* 'hora'. Spojení *šedá eminence*

eminentní 'rozhodující osoba v pozadí' údajně podle rádce intrikánského kardinála Richelieua (17. st.), kapucínského mnicha P. Josefa. Srov. ↓*prominent*.

eminentní 'mimořádný, výrazný'. Od lat. *ēminēns*, což je přech. přít. k *ēminēre* (viz ↑*Eminence*).

emír 'arabský princ, kníže, velitel ap.', *emirát* 'knížectví'. Přes moderní evr. jazyky z ar. *amīr* 'velitel'. Srov. ↑*admirál*.

emisar '(tajný) vyslanec'. Z lat. *ēmissārius* 'vyslanec' od *ēmittere* (viz ↓*emise*).

emise 'vysílání, vydávání', *emisní*. Z lat. *ēmissiō* od *ēmittere* 'vysílat' z ↓*ex-* a *mittere* 'posílat'. Srov. ↑*emisar*, ↑*demise*, ↓*komise*, ↓*mise*, ↓*misie*.

emoce 'vzrušení', *emocionální* 'citově zabarvený', *emotivní* 'citově působivý'. Z fr. *émotion*, střfr. *esmotion* od stfr. *esmouvoir* 'pohnout, vzrušit' z lat. *exmovēre*, druhotvaru k častějšímu *ēmovēre* (příč. trp. *ēmōtus*) 'odstranit, otřást' z ↓*ex-* a *movēre* 'hýbat'. Srov. ↓*promoce*, ↓*motor*.

empír 'výtvarný sloh Napoleonovy doby'. Z fr. *empire* 'císařství' z lat. *imperium* (viz ↓*impérium*).

empirický 'založený na zkušenosti', *empirik, empirie, empirismus*. Přes něm. *empirisch*, lat. *empīricus* z ř. *empeirikós* 'zkušený' od *émpeiros* tv. z ↓*en-* a *peῖra* 'pokus, zkušenost'. Srov. ↓*pirát*, ↓*expert*.

emu 'australský pštrosovitý pták'. Přes moderní evr. jazyky z port. *ema* 'pštros', přeneseného na druh podobného vzhledu. Původem asi z jihovýchodní Asie.

emulze 'směs jemně rozptýlených kapalin'. Nově utvořeno k lat. *ēmulsum*, což je příč. trp. k *ēmulgēre* 'vydojit' z ↓*ex-* a *mulgēre* 'dojit' (podle mléčného vzhledu těchto směsí). Srov. ↓*mlezivo*.

en- předp. Z ř. *en* 'v, uvnitř', jež souvisí s lat. ↓*in-*[1], angl., něm. *in* i naším ↓*v*. Před *b, p* se mění v *em-*. Srov. ↓*energie*, ↓*enzym*, ↑*embolie*, ↑*empirický*.

encefalitida 'zánět mozku'. V polatinštělé podobě utvořeno od ř. *enkéfalos* 'mozek' z ↑*en-* a *kefalé* 'hlava'.

encián 'hořec'. Z něm. *Enzian* a to z lat. *gentiāna*, údajně podle illyrského krále jménem *Gentius*.

encyklika 'papežský oběžník'. Nově utvořeno k střlat. *encyklios* 'okružní' z ř. *enkýklios* 'okružní, všeobecný' z ↑*en-* a *kýklos* 'kruh, kolo'. Srov. ↑*cyklus*, ↓*encyklopedie*.

encyklopedie 'naučný slovník', *encyklopedický*. Z fr. *encyclopédie* z nlat. *encyclopaedia* z ř. *enkyklopaideía*, což je složenina z *enkýklios* 'okružní, všeobecný' (viz ↑*encyklika*) a *paideía* 'výchova, vzdělání' (srov. ↓*pedagog*).

endo- 'vnitro-'. Z ř. *éndon* 'uvnitř', jež souvisí s ↑*en-*. Srov. *endoprotéza*, ↓*endokrinologie* i ↓*exo-* a ↑*do*.

endokrinologie 'nauka o žlázách s vnitřní sekrecí', *endokrinní* 'vnitřně vyměšující'. Nově utvořeno z ř. základů ↑*endo-, krínō* 'odděluji, třídím, vybírám' a ↓*-logie*.

energetika 'obor zabývající se výrobou a využitím energie (zvláště elektrické)', *energetik, energetický*. Podle jiných evr. jazyků od ř. *energētikós* 'týkající se činnosti, síly' z *enérgeia* (viz ↓*energie*).

energie, *energický*. Přes fr. a lat. z ř. *enérgeia* 'síla, působnost' od *energḗs, energós* 'činný, pracující, výkonný' z ↑*en-* a *érgon* 'práce, dílo, čin'. Srov. ↑*alergie*, ↓*letargie*, ↓*orgie*, ↓*chirurg*.

enkláva 'uzavřené území v cizím prostředí'. Z fr. *enclave* od *enclaver* 'uzavřít, obklíčit' z vlat. **inclāvāre* z ↓*in-*[1] a *clāvis* 'klíč'. Srov. ↓*konkláve*, ↓*klávesa*, ↓*exkluzivní*.

enormní 'nesmírný, ohromný'. Přes něm. *enorm* tv. z lat. *ēnōrmis*, doslova 'přesahující normu, pravidlo' z ↓*ex-* a *nōrma* 'pravidlo'. Srov. ↓*norma*, ↑*abnormální*.

entita 'podstata věci, jsoucnost'. Ze střlat. *entitas* k *ēns* (gen. *entis*), což je pozdější přech. přít. k lat. *esse* 'být'. Srov. ↓*esence*, ↑*absence*.

entomologie 'nauka o hmyzu', *entomolog*. Z ř. *éntomon* 'hmyz' od *éntomos* 'zaříznutý, vříznutý' z ↑*en-* a *témnō* 'řežu' (podle toho, že hmyz má tělo členěné zářezy, srov. i lat. kalk *īnsectum*, z toho něm. *Insekt*, angl. *insect*, doslova 'co je vseknuté') a ↓*-logie*. Dále srov. ↑*anatomie*, ↑*atom*.

entropie 'míra neuspořádanosti systému'. Novější (19. st.), od ř. *entropé* 'obrácení' od *entrépō* 'obracím' z ↑*en-* a *trépō* tv.

entuziasmus 'nadšení', *entuziasta*, *entuziastický*. Přes něm. *Enthusiasmus* z ř. *enthousiasmós* 'nadšení, vzrušení' od *enthousiázō* 'jsem roznícen, vzrušen (bohem)' od *énthous* (vedle *éntheos*) 'bohem rozníceny' z ↑*en-* a *theós* 'bůh'. Srov. ↑*ateismus*, ↓*teologie*.

enumerace 'výčet'. Z lat. *ēnumerātiō* od *ēnumerāre* 'vypočítávat' z ↓*ex-* a *numerāre* 'počítat'. Srov. ↓*numero*.

enzym 'látka urychlující chemické pochody v těle'. Nově utvořeno z ↑*en-* a ř. *zýmē* 'kvas' od *zýō* 'kypím, vřu'. Srov. ↑*ekzém*.

epenteze 'vkládání hlásky', *epentetický*. Z ř. *epenthésis* od *epentíthēmi* 'vkládám' z ↓*epi-*, ↑*en-* a *títhēmi* 'kladu'. Srov. ↓*teze*, ↓*proteze*.

epi- předp. Z ř. *epí* 'nad, při, na'. Srov. ↓*epicentrum*, ↓*epidemie*, ↓*epizoda*, ↓*epocha*.

epicentrum 'místo na Zemi ležící nad (pod) ohniskem zemětřesení či jaderného výbuchu'. Z ↑*epi-* a ↑*centrum*.

epický. Viz ↓*epos*.

epidemie 'hromadné rozšíření nakažlivé nemoci', *epidemický*. Přes střlat. *epidemia* z ř. *epidēmía* od *epidémios* 'v kraji (lidu) rozšířený' z ↑*epi-* a *dēmos* 'lid, kraj'. Srov. ↓*pandemie*, ↑*demokracie*.

epifýza 'část mezimozku, šišinka'. Přes moderní evr. jazyky z ř. *epifýsis* 'přírůstek' od *epifýomai* 'dorůstám, vystupuji' z ↑*epi-* a *fýomai* 'rostu'. Srov. ↓*fyzika*.

epigon 'následovník, napodobitel'. Přes něm. *Epigon* z ř. *epígonos* 'později zrozený, potomek' z ↑*epi-* a *gónos* 'potomek, syn' od *génos* 'rod, plémě, potomek'. Srov. ↓*genocida*, ↓*geneze*.

epigram 'krátká satirická báseň'. Přes lat. z ř. *epígramma* 'nápis, nadpis' z ↑*epi-* a *grámma* 'písmeno, psaní' (viz ↓*-gram*).

epilepsie 'padoucnice', *epileptik*, *epileptický*. Přes lat. z ř. *epílēpsis* 'postižení, záchvat' od *epilambánō* 'zachvacuji, napadám' z ↑*epi-* a *lambánō* 'chytám, beru, uchvacuji'. Srov. ↓*dilema*.

epilog 'závěr, doslov'. Přes lat. *epilogus* z ř. *epílogos* 'závěr, uvážení' z ↑*epi-* a *lógos* 'řeč, slovo'. Srov. ↓*prolog*, ↓*-logie*.

episkopální 'biskupský'. Ze střlat. *episcopalis* od *episcopus* (viz ↑*biskup*).

epištola 'nabádavý list (apoštola k věřícím)'. Z lat. *epistola*, *epistula* z ř. *epistolé* 'poselství, dopis' od *epistéllō* 'posílám, oznamuji, nařizuji' z ↑*epi-* a *stéllō* 'vypravuji, vysílám, strojím'. Srov. ↑*apoštol*.

epitaf 'náhrobní nápis'. Přes střlat. *epitaphium* z ř. *epitáfios* 'pohřební' z ↑*epi-* a *táfos* 'pohřeb'.

epitel 'buněčná tkáň, výstelka'. Ze střlat. *epithelium*, vlastně 'pokožka prsu', z ↑*epi-* a *thēlḗ* 'prs' z ie. základu **dhe-*. Srov. ↑*dojit*, ↑*dítě*.

epiteton 'básnický přívlastek'. Z ř. *epítheton*, doslova 'co je připojeno', z *epitíthēmi* 'přikládám' z ↑*epi-* a *títhēmi* 'kladu'. Srov. ↓*teze*.

epizoda 'drobný vedlejší příběh'. Přes fr. *épisode* z ř. *epeisódion* 'dialog vložený mezi dva chóry', doslova 'co k něčemu vchází, vstupuje' z ↑*epi-* a *eísodos* 'vchod, přístup, uvedení' z *eis* (z **ens*, srov. ↑*en-*) 'do, v' a *(h)ódos* 'cesta, chůze'. Srov. ↓*metoda*, ↓*perioda*.

epocha 'významný časový úsek v dějinách; období', *epochální*. Přes něm. *Epoche* z ř. *epochḗ* 'pevný časový bod', doslova 'zastavení', od *epéchō* 'zastavuji, opírám, zadržuji' z ↑*epi-* a *échō* 'mám, držím'. Srov. ↓*eunuch*.

epoleta 'náramenik'. Z fr. *épaulette*, doslova 'ramínko', od *épaule* 'rameno' a to z lat. *spatula* 'lopatka', což je zase zdrobnělina k lat. *spatha* 'lopata, široký meč' z ř. *spáthē* tv. Srov. ↓*špachtle*.

epopej 'velká výpravná báseň'. Z ř. *epopoiíā* 'epika, výpravná báseň' z *épos* (viz ↓*epos*) a *poiéō* 'dělám, tvořím'. Srov. ↓*poezie*, ↓*onomatopoický*.

epos 'výpravná báseň', *epika, epik, epický*. Z ř. *épos* 'slovo, řeč, báseň, pověst'. Srov. ↑*epopej*.

éra 'období'. Ze střlat. *aera* tv., původně 'stanovená doba placení', z ještě dřívějšího významu 'jednotlivé položky sumy (účtu)', což je pl. k *aes* 'měď, kov, peníz'. Srov. ↓*erár*.

erár 'státní pokladna', *erární*. Z něm. *Ärar* z lat. *aerārium* tv. od *aes* 'měď, kov, peníz'. Srov. ↑*éra*.

erb '(rodový) znak'. Z něm. *Erbe* 'dědic, dědictví' z ie. **orbh-* 'sirotek', z něhož je i naše ↓*rab*, r. *rebënok* 'dítě'.

erekce 'ztopoření'. Z lat. *ērēctiō* 'vzpřímení' od *ērigere* 'vzpřímit, zdvihat' z ↓*ex-* a *regere* 'řídit, vést'. Srov. ↓*korigovat*, ↓*rekce*.

erg 'fyzikální jednotka práce'. Nově od ř. *érgon* 'čin, práce'. Srov. *ergometr* a dále ↑*energie*, ↓*orgie*.

eror slang. 'chyba'. Z angl. *error* z lat. *error* tv. od *errāre* 'chybovat, bloudit'. Srov. ↓*errata*.

erotický 'smyslný, sexuálně dráždivý', *erotika*. Přes fr. z ř. *erōtikós* 'milostný, žádostivý' od *érōs* (gen. *érōtos*) 'láska, chtíč'. Srov. ↓*erotománie*.

erotománie 'nadměrná pohlavní touha', *erotoman(ka)*. Viz ↑*erotický* a ↓*mánie*.

eroze 'vymílání, rozrušování zemského povrchu', *erodovat*. Z lat. *ērōsiō* od *ērōdere* 'vyhlodávat' z ↓*ex-* a *rōdere* 'hlodat'. Srov. ↓*koroze*.

errata 'soupis chyb'. Z lat. *errāta* 'chyby' (k *errātum* 'chyba, poklesek') z *errāre* 'chybovat, bloudit'. Srov. ↑*eror*.

erteple nář. 'brambory'. Z něm. *Erdäpfel* tv., doslova 'zemní jablka', podle fr. *pommes de terre* tv. (srov. *zemáky* tv.).

erudice 'vzdělání, zběhlost'. Z lat. *ērudītiō* od *ērudīre* 'vzdělávat, vychovávat' z ↓*ex-* a *rudis* 'hrubý, nevzdělaný', tedy vlastně 'vyvést z nevzdělanosti'. Srov. ↓*rudimentární*.

erupce 'výbuch', *erupční, eruptivní*. Z lat. *ēruptiō* od *ērumpere* 'vybuchnout, vypuknout' z ↓*ex-* a *rumpere* 'lámat, rozbíjet'. Srov. ↓*korupce*, ↓*interrupce*, ↑*bankrot*.

erytém 'chorobné zrudnutí'. Z ř. *erýthēma* 'červeň, stud' od *erythrós* 'červený, rudý'. Souvisí s ↓*rudý*.

esej 'umělecky zpracovaná úvaha o odborném tématu', *esejista, esejistický*. Z angl. *essay* ze stfr. *essai* 'pokus' a to z lat. *exāgium* 'vážení, zvažování' k *exigere* (příč. trp. *exāctus*) 'požadovat, posuzovat' z ↓*ex-* a *agere* 'jednat, konat'. V dnešním významu podle názvu díla fr. renesančního myslitele Montaigna (16. st.) *Essais*. Srov. ↓*exaktní*, ↓*examinátor*.

esence 'tresť'. Z lat. *essentia* 'podstata, bytí' (později jako alchymistický termín) od *esse* 'být'. Utvořeno podle ř. *ousía* tv. Srov. ↓*kvintesence*, ↑*entita*.

esesák 'příslušník nacistických oddílů SS', *esesácký*. Zkratka z něm. S*chutzstaffel* 'ochranný oddíl'.

eschatologie 'nauka o posledních věcech člověka'. Od ř. *éschatos* 'nejkrajnější, poslední' a ↓*-logie*.

eskadra 'bojový oddíl (lodí, letadel)'. Z fr. *escadre* ze šp. *esquadra* a to z vlat. *exquadra 'čtverhran (vojska)' z ↓*ex-* a *quattuor* 'čtyři'. Srov. ↓*eskadrona*.

eskadrona 'jezdecký oddíl'. Z fr. *escadron* z it. *squadrone*, což je zveličelé jméno od *squadra* z vlat. *exquadra (viz ↑*eskadra*).

eskalace 'stupňování (napětí, konfliktu ap.)'. Z angl. *escalation* od *escalate* 'stupňovat' a to podle *escalator* (viz ↓*eskalátor*) z dřívějšího *escalade* 'přelézat, zlézat (hradby)' z fr. *escalader* ze střlat. *scalare* tv. od lat. *scālae* 'žebřík'. Srov. ↓*škála*.

eskalátor 'pohyblivé schody'. Z am.-angl. *escalator*, utvořeného asi k *escalade* (viz ↑*eskalace*) podle *elevator* 'výtah'.

eskamotáž 'kejklířství, obratný kousek k oklamání diváků', *eskamotér*. Z fr. *escamotage* tv. od *escamoter* '(obratně) odstraňovat, zasunovat, zakrývat' a to ze stprov. *escamotar, *escamar 'odlupovat' od lat. *squāma* 'šupina'.

eskapáda 'nerozvážný kousek'. Z fr. *escapade* ze šp. *escapada* 'únik, odskočení' (či it. *scappata* tv.), nejspíš z vlat. *excappāre, doslova 'odhodit plášť (při útěku)', z ↓*ex-* a pozdnělat. *cappa* 'plášť s kapucí, kápě' (viz ↓*kápě*).

eskorta 'ozbrojený doprovod', *eskortovat*. Z fr. *escorte* a to z it. *scorta* tv. od *scorgere* 'doprovázet, pozorovat' z vlat. *excorrigere z ↓*ex-* a *corrigere* 'napravovat' z *con-* (viz ↓*kom-*) a *regere* 'řídit'. Srov. ↓*korigovat*.

eso. Ze střhn. *esse* 'jednička na hrací kostce' (stejný význam mělo i stč. *es, eš*) a to přes fr. z lat. *as, assis* 'čtverhranná mince nejnižší hodnoty'. Z hry v kostky záhy přeneseno na karetní hru 'jednička na kartě' a pak vůbec 'nejvyšší karta'). Dnes i další přenesené významy 'vynikající jedinec' či slang. 'bod přímo z podání v tenise'.

esoterický 'přístupný jen zasvěcencům'. Podle moderních evr. jazyků z ř. *esōterikós* 'vnitřní' od *eísō*, *ésō* 'uvnitř', jež souvisí s ↑*en-*.

esperanto 'umělý mezinárodní jazyk'. Utvořeno jeho zakladatelem L. Zamenhoffem (1900) v naději, že se všeobecně ujme (znamená to 'doufající', srov. šp. *esperando*, fr. *espérant* tv.). Srov. ↑*desperát*.

espreso 'přístroj na rychlé vaření kávy; káva v něm uvařená'. Z it. *espresso* z lat. *expressus*, což je příč. trp. od *exprimere* 'vytlačit' z ↓*ex-* a *premere* 'tisknout'. Srov. ↓*expres*, ↓*pres*.

esprit 'duchaplnost'. Z fr. *esprit* 'duch' z lat. *spīritus* tv. Srov. ↓*spiritismus*, ↓*špiritus*.

estakáda 'mostní konstrukce vedoucí komunikaci nad úrovní terénu'. Z fr. *estacade*, původně 'hráz z kůlů', z it. *steccata* tv. od *stecca* 'kůl' a to asi z langob. *stikka (srov. něm. *Stecken*, angl. *stick* tv.). Srov. ↑*atakovat*.

estét '(snobský) milovník krásy a umění', *estétský*. Z fr. *esthète* od *esthétique* (dále viz ↓*estetika*).

estetika 'věda o kráse', *estetický, estetik*. Utvořeno v 18. st. k ř. *aisthētikós, aisthētós* 'vnímatelný' od *aisthánomai* 'vnímám, cítím', jež asi souvisí s lat. *audīre* a naším ↓*ucho*. Srov. ↑*estét,* ↑*anestézie*.

estráda 'představení s pestrým zábavným programem', *estrádní*. Z fr. *estrade* 'vyvýšené pódium' ze šp. *estrado* tv. a to z lat. *strātus* 'rozprostřený, rozložený' od *sternere* 'prostírat'. Srov. ↑*autostráda*, ↓*stratifikace*.

estrogen 'ženský pohlavní hormon'. Uměle (pol. 20. st.) od střlat. *oestrus* z ř. *oīstros* 'střeček, bodec', přeneseně 'záchvat touhy, zuřivosti ap.'. K druhé části viz ↓*gen*.

ešus ob. 'jídelní miska'. Ze staršího *esšálek* tv. a to z něm. *Esschale* tv. od *essen* 'jíst' a *Schale* 'miska' (viz ↓*šálek*).

etamín 'tenká průhledná látka'. Z fr. *étamine*, stfr. *estamine* z lat. *stāmineus* 'vláknitý' od *stāmen* 'vlákno, osnova' od *stāre* 'stát'. Srov. ↓*stabilní*.

etan 'druh uhlovodíku'. Viz ↓*éter*.

etapa 'úsek, období, stupeň (vývoje)', *etapový*. Přes něm. z fr. *étape* a to ze střniz. *stapel* 'sklad'. Vývoj významu tohoto původně vojenského termínu byl 'sklad' → 'zásobovací stanice' → 'úsek mezi dvěma zásobovacími stanicemi'. Srov. ↓*štafl*, ↓*štafeta*, ↓*stopa*.

etáž 'podlaží', *etážový*. Z fr. *étage* a to asi z vlat. *staticum 'stanoviště, místo pobytu ap.' od *stāre* 'stát'. Srov. ↓*statický*, ↓*stáž*.

éter 'druh prchavého alkoholu; vesmírný prostor', *éterický* 'prchavý, nadzemský'. Přes lat. *aethēr* z ř. *aithḗr* 'nejvyšší vrstva vzduchu, obloha' od *aíthō* 'pálím, hořím' (podle představ, že tato vrstva je 'jasná, planoucí'). Jako chemický termín od 18. st. – od toho pak ↑*etan,* ↓*etyl, etylen* ap.

eternit 'azbestová střešní krytina', *eternitový*. Uměle od lat. *aeternus* 'věčný'.

etika 'mravnost; nauka o mravnosti', *etik, etický*. Přes něm. *Ethik,* lat. *ēthica* z ř. *ēthikḗ* od *ēthikós* 'mravní, mravný' od *ēthos* 'zvyk, mrav'.

etiketa 'nálepka; pravidla společenského chování'. Z fr. *étiquette* tv. ze stfr. *estiquette* od *estiquier, estequier* 'zastrčit, připíchnout' asi ze střniz. *stēken* tv. (srov. něm. *stechen* 'píchnout', *stecken* 'zastrčit'). Původní význam 'nálepka, štítek' se ve fr. již koncem středověku rozšířil na 'vývěska s pořadem dvorního ceremonielu', od 17. st. pak dnešní význam. Srov. ↓*tiket*.

etiologie 'nauka o původu a příčinách nemocí'. Z lat. *aetiologia* k ř. *aitíā* 'příčina, důvod' Viz též ↓*-logie*.

etnický 'národnostní, národní'. Z ř. *ethnikós* 'lidový, národní' od *éthnos* 'národ, kmen, zástup'. Srov. ↓*etno-*.

etno- (ve složeninách) 'vztahující se k lidu, národu'. Z ř. *éthnos* (viz ↑*etnický*). Srov. *etnologie, etnografie* 'národopis' (viz ↓*-logie,* ↓*-grafie*), *etnogeneze* (viz ↓*geneze*).

étos 'mravní základ'. Z ř. *éthos* 'zvyk, mrav'. Srov. ↑*etika*.

etuda 'cvičná hudební skladba'. Z fr. *étude* ze stfr. *estudié* z lat. *studium* (viz ↓*studium*).

etuje 'pouzdro'. Z fr. *étui* ze stfr. *estui* od *estuier, estoier* 'dávat do pouzdra, šetřit, ukrývat', jež se přes značné významové rozdíly dává do souvislosti s lat. ↓*studium.* Srov. ↑*etuda*.

etyl, **etylen** 'druhy uhlovodíků'. Utvořeno od ↑*éter* podle ↓*metyl*.

etymologie 'nauka o původu slov'. Přes lat. *etymologia* z ř. *etymología* od *étymos* 'správný, pravdivý' (viz též ↓*-logie*). Zavedeno starořeckými filozofy, kteří zkoumali, zda slova 'pravdivě' odpovídají označovaným věcem.

eu- (ve složeninách) 'dobrý, příznivý'. Z ř. *eu, eũ* tv. (srov. ↓*eufemismus,* ↓*euforie,* ↓*eutanazie,* ↓*evangelium*). Viz i ↓*s-*.

eufemismus 'použití jemnějšího výrazu místo výrazu hrubého či nepříjemného', *eufemistický*. Z ř. *eufēmismós* od ↑*eu-* a *fémē* 'výrok, řeč, hlas'. Srov. ↑*dysfemismus,* ↑*blasfemie,* ↓*fáma*.

eufonie 'libozvuk', *eufonický*. Z pozdnělat. *euphonia* z ↑*eu-* a ř. *fōnē* 'zvuk, hlas'. Srov. ↓*fonologie,* ↓*foném*.

euforie 'příjemné duševní rozpoložení'. Z ř. *euforía* od *eúforos* 'lehký, lehce (se) nesoucí' z ↑*eu-* a *férō* 'nesu' (srov. i ř. *eũ férō* 'daří se mi'). Dále srov. ↓*metafora,* ↓*fosfor*.

eugenika 'nauka o zlepšování dědičného základu a vývoje'. Od ř. *eugenés* 'vznešený, ušlechtilý' z ↑*eu-* a *génos* 'rod, plémě'. Srov. ↓*genetika*.

eucharistie 'svátost oltářní'. Přes lat. z ř. *eucharistía* 'vzdávání díků, vděčnost' z ↑*eu-* a *charízomai* 'zavděčuji se, prokazuji milost' od *cháris* 'milost, dík'. Srov. ↓*charisma,* ↓*charita*.

eukalypt 'blahovičník'. Utvořeno v 18. st. z ↑*eu-* a ř. *kalyptós* 'zahalený, obalený' od *kalýptō* 'zahaluji, zakrývám' asi podle toho, že okvětní lístky tohoto stromu zůstávají i po dobu květu zavřeny.

eunuch 'kleštěnec'. Přes lat. z ř. *eunoũchos* 'komorník, strážce ložnice' z *eunē* 'postel, manželské lože' a odvozeniny od *échō* 'držím, spravuji' (kleštěnci sloužili jako strážci harému). Srov. ↑*epocha*.

eutanazie 'usmrcení nevyléčitelně nemocného s jeho souhlasem'. Z ř. *euthanasía* 'lehká, dobrá smrt' z ↑*eu-* a *thánatos* 'smrt'. Srov. ↓*smrt*.

evakuovat 'vystěhovat (z ohrožené oblasti ap.)', *evakuace*. Z lat. *ēvacuāre* 'vyprázdnit' z ↓*ex-* a odvozeniny od *vacuus* 'prázdný'. Srov. ↓*vakuum*.

evangelium 'část bible líčící Kristův život a jeho skutky', *evangelista, evangelizace, evangelík, evangelický*. Ze střlat. *euangelium* z ř. *euangélion*, doslova 'dobré poselství', z ↑*eu-* a odvozeniny od *angéllō* 'zvěstuji, oznamuji'. Srov. ↑*anděl*.

eventualita 'možnost', *eventuální*. Z fr. *éventualité* od *éventuel* 'možný' k lat. *ēventus* '(možný) případ, událost' od *ēvenīre* 'nastávat, vycházet' z ↓*ex-* a *venīre* 'přicházet'. Srov. ↑*advent,* ↑*avantýra*.

evidence 'vedení záznamů, přehled', *evidentní, evidovat*. Z lat. *ēvidentia* z *ēvidēns* 'zřejmý, očividný', což je původem přech. přít. od *ēvidēre* z ↓*ex-* a *vidēre* 'vidět'. Srov. ↓*revidovat*.

evokovat 'vyvolávat', *evokace*. Z lat. *ēvocāre* tv. z ↓*ex-* a *vocāre* 'volat'. Srov. ↓*provokovat,* ↓*vokativ,* ↓*vokál*.

evoluce 'vývoj'. Z lat. *ēvolūtiō* od *ēvolvere* 'vyvíjet' z ↓*ex-* a *volvere* 'vinout'. Jako protiklad k ↓*revoluce* vešlo do užívání především v souvislosti s Darwinovou teorií.

ex přísl. 'na jeden doušek, do dna' (ve spojení *vypít (na) ex*). Z lat. *ex* (viz ↓*ex-*).

ex- předp. 'vy-, z(e)-'. Z lat. *ex* tv., jež odpovídá ř. *ek (ex)* tv. i našemu ↓*z* (r. *iz*). Srov. ↓*excelovat,* ↓*exhibice,* ↓*existence,* ↓*expedice*. Někdy bývá jen *e-* (↑*edice,* ↑*elaborát,* ↑*emigrant,* ↑*erupce*). Ve spojení s označením osob ve významu 'bývalý' (*exministr, exprezident*). Srov. ještě ↓*extra*.

exaktní '(vědecky) přesný'. Přes něm. *exakt* z lat. *exāctus*, což je příč. trp. od *exigere* 'vyžadovat, zvažovat, naplňovat' z ↑*ex-* a *agere* 'jednat, konat, vést'. Srov. ↑*esej*, ↓*examinátor*, ↑*agenda*.

exaltovaný 'přepjatý, vzrušený'. Z lat. *exaltātus*, což je příč. trp. od *exaltāre* 'vyvyšovat, zvyšovat' z ↑*ex-* a *altāre* od *altus* 'vysoký'. Srov. ↑*alt*, ↓*oltář*.

examinátor 'zkoušející'. Z lat. *exāminātor* od *exāmināre* 'zkoušet, zvažovat, zkoumat' od *exāmen* (z *exagmen*) 'zkouška', původně 'jazýček vah, vážení', k *exigere* 'zvažovat, vyžadovat' (dále viz ↑*exaktní* a ↑*esej*).

Excelence 'čestný titul, zvláště v diplomatickém styku'. Z lat. *excellentia* 'vznešenost' (dále viz ↓*excelentní*).

excelentní 'vynikající', *excelovat.* Přes něm. *exzellent* z lat. *excellēns* od *excellere* 'vynikat' z ↑*ex-* a lat. kořene z ie. **kel-*, z něhož vychází mj. i naše ↑*čelo* a angl. *hill* 'kopec'. Srov. také ↓*kulminovat*.

excentrický 'výstřední'. Ze střlat. *excentricus* z ↑*ex-* a lat. *centrum* 'střed'. Srov. ↑*centrum*, ↓*koncentrace*.

excerpovat 'vypisovat', *excerpce, excerpční.* Z lat. *excerpere* z ↑*ex-* a *carpere* 'trhat'.

exces 'výstřelek'. Přes něm. *Exzess* z lat. *excessus* od *excēdere* 'vystupovat, vybočovat' z ↑*ex-* a *cēdere* 'jít, ustupovat'. Srov. ↓*proces*, ↓*recese*.

excitace 'neklid, dráždivost'. Z lat. *excitātiō* od *excitāre* 'vyburcovat, vyvolat' z ↑*ex-* a *citāre* 'dělat živým'. Srov. ↑*citovat*.

exegeze 'výklad textu (zvláště biblického)'. Přes lat. z ř. *exégēsis* od *exēgéomai* 'vykládám, uvádím' z ř. *ex-* (srov. ↑*ex-*) a *hēgéomai* 'vedu'. Srov. ↓*hegemonie*.

exekuce 'výkon (soudního) rozhodnutí', *exekutor.* Z lat. *ex(s)ecūtiō* od *exsequī* 'vykonávat, pronásledovat' z ↑*ex-* a *sequī* 'sleduji'. Srov. ↓*exekutiva*, ↓*perzekuce*, ↓*sekvence*.

exekutiva 'výkonná moc'. Přes něm. z fr. *exécutif* 'výkonný' od *exécuter* 'vykonávat' od lat. *exsecūtus* (příč. trp. od *exsequī*). Viz ↑*exekuce*.

exemplář 'jeden kus z více stejnorodých předmětů', *exemplární* 'příkladný'. Přes něm. *Exemplar* tv. z lat. *exemplar* 'opis, vzor, příklad' od *exemplum* 'příklad' od *eximere* 'vyjímat' (příč. trp. *exemptus*) z ↑*ex-* a *emere* 'brát, kupovat'. Srov. ↓*promptní*, ↓*presumpce*.

exercicie (pl.) 'duchovní cvičení'. Z lat. *exercitium* 'cvičení' od *exercēre* 'cvičit, uvádět v pohyb, zaměstnávat' z ↑*ex-* a *arcēre* 'bránit v pohybu, omezovat'. Srov. ↑*archa*.

exhalace 'vypouštění průmyslových zplodin do ovzduší; tyto zplodiny', *exhalát.* Z lat. *exhālātiō* od *exhālāre* 'vydechovat' z ↑*ex-* a *hālāre* 'dýchat, vypařovat'. Srov. ↓*inhalace*.

exhibice 'nesoutěžní ukázka sportovního umění', *exhibiční, exhibicionismus* 'okázalé vystupování; sexuální úchylka projevující se obnažováním na veřejnosti', *exhibicionista, exhibovat.* Z lat. *exhibitiō* od *exhibēre* 'vystavovat (na odiv)' z ↑*ex-* a *habēre* 'mít'. Srov. ↓*prohibice*, ↓*hábit*.

exhumace 'vykopání mrtvoly z hrobu', *exhumovat.* Ze střlat. *exhumatio* od *exhumare* z ↑*ex-* a lat. *humus* 'země'. Srov. ↓*humus*, ↓*humanita*.

exil 'vyhnanství', *exilový.* Z lat. *ex(s)ilium* od *ex(s)ul* 'vyhnanec' z ↑*ex-* a asi odvozeniny od *solum* 'půda' (srov. však i ↓*konzul*, ↓*konzilium*). Dále srov. ↓*exulant*, ↓*žula*.

existovat, *existence, existenční, existencialismus, existenciální.* Z lat.

ex(s)istere, doslova 'vystupovat, vycházet najevo', z ↑*ex-* a *sistere* 'zastavit, stavět'. Srov. ↑*asistent,* ↓*rezistence,* ↓*tranzistor.*

exit(us) 'smrt'. Z lat. *exitus* 'odchod' od *exīre* 'odejít' z ↑*ex-* a *īre* 'jít'. Srov. ↓*tranzit,* ↓*iniciace* i ↓*jít.*

exkavátor 'rypadlo'. Nově od lat. *excavāre* 'vyhlubovat' z ↑*ex-* a *cavāre* 'hloubit' od *cavus* 'dutý, vyhloubený'. Srov. ↓*konkávní.*

exklamace '(básnické) zvolání'. Z lat. *exclāmātiō* od *exclāmāre* 'zvolat' z ↑*ex-* a *clāmāre* 'volat'. Srov. ↑*deklamovat,* ↓*reklamovat.*

exkluzivní 'výlučný', *exkluzivita*. Přes něm. *exklusiv*, angl. *exclusive* ze střlat. *exclusivus* od lat. *exclūdere* 'vylučovat, vydělovat' z ↑*ex-* a *claudere* 'zavírat'. Srov. ↓*klauzule,* ↓*okluziva.*

exkomunikovat 'vyobcovat (z církve)', *exkomunikace*. Z lat. *excommūnicāre* z ↑*ex-* a *commūnicāre* 'obcovat, spojovat'. Srov. ↓*komunikace.*

exkrement 'výkal'. Z lat. *excrēmentum* od *excernere* 'vylučovat' z ↑*ex-* a *cernere* 'třídit'. Srov. ↓*sekrece.*

exkurs 'odbočení od tématu'. Z lat. *excursus* od *excurrere* 'vyběhnout, vycestovat' z ↑*ex-* a *currere* 'běžet'. Srov. ↓*konkurs,* ↓*kurs.*

exkurze '(studijní) výlet'. Z lat. *excursiō* od *excurrere* (viz ↑*exkurs*).

exlibris 'umělecky provedená značka vlastníka knihy'. Zpodstatnělé lat. *ex librīs* 'z knih' (k *liber* 'kniha'). Srov. ↑*ex-* a ↓*libreto.*

exo- (ve složeninách) 'vně, mimo-'. Z ř. *éxō* tv. od *ex-, ek-* (srov. ↑*ex-*). Srov. i ↑*endo-.*

exodus 'hromadný odchod'. Přes lat. z ř. *éxodos* 'odchod' z *ex-* (viz ↑*ex-*) a *hodós* 'cesta, chůze'. Původně tak byl označen odchod Židů z Egypta (2. kniha Mojžíšova). Srov. ↓*metoda.*

exorcismus 'vymítání ďábla'. Ze střlat. *exorcismus* 'zaklínání, zaříkávání' z ř. *exorkismós* od *exorkízō* 'zapřísahám, zaklínám' z *ex-* (viz ↑*ex-*) a *hórkos* 'přísaha'.

exotický 'cizokrajný, neobvyklý', *exotika, exot*. Přes něm. *exotisch* tv. a střlat. *exoticus* z ř. *exōtikós* od *éxō* 'vně, mimo' (viz ↑*exo-*).

expanze 'rozpínání', *expanzivní, expandovat*. Z lat. *expānsiō* od *expandere* 'roztahovat' z ↑*ex-* a *pandere* tv., což je kauzativum k *patēre* 'prostírat se'.

expedice 'výprava', *expediční, expedovat*. Z lat. *expedītiō* od *expedīre* 'vypravovat, vyprošťovat', doslova 'zbavit pout (na nohou)', z ↑*ex-* a **pedis* (vedle *pedica*) 'pouto na noze' od *pēs* (gen. *pedis*) 'noha'. Srov. ↓*špeditér,* ↓*pedál.*

experiment 'pokus', *experimentovat, experimentální*. Z lat. *experīmentum* od *experīrī* 'zkoušet' z ↑*ex-* a *perīrī* tv. Srov. ↓*expert,* ↑*empirický.*

expert 'znalec', *expertiza* 'znalecký posudek'. Přes něm. *Expert* tv. z lat. *expertus* 'zkušený' od *experīrī* (viz ↑*experiment*).

explicitní 'výslovný, jasně řečený', *explicitnost*. Z lat. *explicitus*, což je příč. trp. (vedle *explicātus*) od *explicāre* 'vyložit, vysvětlit, rozvinout', doslova 'rozplétat', z ↑*ex-* a *plicāre* 'plést'. Srov. ↓*implicitní,* ↓*replika,* ↑*aplikovat,* ↓*komplex.*

explikace 'výklad'. Z lat. *explicātiō* od *explicāre* (viz ↑*explicitní*).

exploatace 'využívání, vykořisťování', *exploatovat*. Z fr. *exploitation* od *exploiter* a to z vlat. **explicitāre* '(silně) rozvinout' od lat. *explicāre* (viz ↑*explicitní*).

exploze 'výbuch', *explodovat, explozivní, explozíva*. Z lat. *explōsiō* od *explōdere* 'vybuchnout' z ↑*ex-* a *plōdere* (vedle *plaudere*) 'plácat, tlouci'. Srov. ↑*aplaus.*

exponát 'vystavovaný předmět'. Z něm. *Exponat*, což je novotvar k lat. *expōnere* 'vystavovat' z ↑*ex-* a *pōnere* 'klást'. Srov. ↓*expozice*, ↑*disponovat*, ↓*imponovat*, ↓*oponovat* ap.

exponent '(vlivný) představitel; mocnitel'. Jako matematický termín vytvořeno v 16. st. k lat. *expōnēns*, což je přech. přít. od *expōnere* (viz ↑*exponát*).

export 'vývoz', *exportovat*. Z angl. *export* a to od lat. *exportāre* 'vyvážet, odnášet' z ↑*ex-* a *portāre* 'nést, přepravovat'. Srov. ↓*import*, ↓*transport*, ↑*deportovat.*

expozé 'informativní výklad'. Z fr. *exposé* 'vyložený' od *exposer* 'vykládat' od lat. *expōnere* (příč. trp. *expositus*) (viz ↑*exponát*).

expozice 'soubor vystavovaných předmětů'. Z lat. *expositiō* od *expōnere* (viz ↑*exponát*).

expres 'spěšný vlak, dopis'; přísl. 'spěšně', *expresní*. Z fr. *exprès* a to z lat. *expressus* 'výrazný, vytlačený' od *exprimere* 'vyrazit, vytlačit' z ↑*ex-* a *premere* 'tisknout'. Srov. ↑*espreso*, ↓*pres.*

expresionismus 'umělecký směr zdůrazňující výrazovou stránku'. Od fr. *expression* 'výraz' z lat. *expressiō* od *exprimere* (viz ↑*expres*).

expresivní 'citově zabarvený', *expresivita*. Z fr. *expressif* od *expression* 'výraz' (viz ↑*expresionismus* a ↑*expres*).

extáze 'stav vypjatého vzrušení', *extatický*. Přes střlat. *extasis* z ř. *ékstasis* 'úžas, vytržení' od *exístēmi* 'odstupuji, pozbývám smyslů' z *ex-* (viz ↑*ex-*) a *hístēmi* 'stavím, kladu'. Srov. ↓*metastáza*, ↑*existence.*

extempore 'nečekaný, nepřipravený čin či projev'. Z lat. *ex tempore* 'hned, bez přípravy', doslova 'mimo čas', z *ex* (viz ↑*ex-*) a *tempus* 'čas'. Srov. ↓*tempo.*

extenzivní 'zaměřený na rozsah', *extenze, extenzita*. Z lat. *extēnsīvus* od *extendere* 'natahovat, šířit' z ↑*ex-* a *tendere* 'natahovat, napínat'. Srov. ↓*intenzivní*, ↓*tenze*, ↓*tendence.*

exteriér 'vnějšek, venkovní část'. Z fr. *extérieur* 'vnějšek' z lat. *exterior* 'vnější' od *extrā* (viz ↓*extra*).

externí 'vnější', *externista*. Z lat. *externus* od *exter* 'vnější' (srov. ↓*extra*).

extra přísl. 'mimo, zvlášť'; adj. 'zvláštní, mimořádný'. Z lat. *extrā*, což je původně lok. od *exterus, exter* 'vnější' od *ex* (viz ↑*ex-*).

extrakt 'výtažek', *extrahovat, extrakce*. Z lat. *extractum* od *extrahere* 'vytahovat' z ↑*ex-* a *trahere* 'táhnout'. Srov. ↓*kontrakce*, ↑*abstraktní.*

extravagantní 'výstřední', *extravagance*. Z fr. *extravagant* ze střlat. *extravagans* z *extrā* (viz ↑*extra*) a přech. přít. od lat. *vagārī* 'potulovat se' od *vagus* 'potulující se, nestálý'. Srov. ↓*vagabund.*

extrém 'krajnost', *extrémní, extremista, extremismus, extremistický*. Z něm. *Extrem*, fr. *extrême* a to z lat. *extrēmus*, což je 3. stupeň k *exter* (viz ↑*extra*).

extrovert 'osoba obracející se svými city, myšlenkami ap. k svému okolí', *extrovertní, extroverze*. Nově utvořeno k lat. *extrā* (viz ↑*extra*) a *vertere* 'obracet (se)'. Srov. ↓*introvert*, ↑*averze*, ↓*konverze.*

exulant 'vyhnanec'. Z lat. *ex(s)ulāns* 'odcházející z vlasti', přech. přít. od *ex(s)ulāre* 'být vyhnancem' od *ex(s)ul* 'vyhnanec' (viz ↑*exil*).

F

fábor 'stuha'. Pouze č. Ze stfr. *favor* 'přízeň', pak i 'stužka dávaná dámou rytíři na důkaz přízně', z lat. *favor* od *favēre* 'být přízniv', jež souvisí s naším ↓*hovět*. Srov. ↓*favorit*.

fabrika ob. 'továrna'. Přes něm. *Fabrik* tv. z lat. *fabrica* 'dílna' od *faber* 'řemeslník'. Srov. ↓*fabrikát*.

fabrikát '(továrenský) výrobek'. Z něm. *Fabrikat* z lat. *fabricātum* od *fabricāre* 'vyrábět' (viz ↑*fabrika*). Srov. ↓*prefabrikát*.

fabule 'dějová linie uměleckého díla', *fabulovat, fabulace*. Z lat. *fābula* 'vyprávění, bajka' od *fārī* 'mluvit'. Srov. ↓*fáma*.

facka hov., *fackovat*. Jen č. Asi z it. *fazza* 'tvář, obličej' z lat. *faciēs* tv. (HK). Mor. nář. slovesa *facnút, facit* by však mohla ukazovat na onom. původ.

fáč 'obvaz', *fačovat*. Asi ze střhn. *fasch* (něm. *Fasche*) a to z lat. *fascia* od *fascis* 'svazek'. Srov. ↓*fascikl*, ↓*fašismus*.

fádní 'nudný, nevýrazný', *fádnost*. Z fr. *fade*, které se vyvozuje z vlat. **fatidus* od lat. *fatuus* 'pošetilý, hloupý'.

fagocyt 'buňka schopná pohlcovat cizorodé částice'. Uměle k ř. *fageīn* 'jíst, požírat' (srov. *bakteriofág*, ↓*sarkofág*) a *-cyt* (viz ↑*cyto-*) z ř. *kýtos* 'dutina'.

fagot 'druh dřevěného hudebního nástroje'. Přes něm. *Fagott* z it. *fagotto*, jehož původ není jasný.

facha ob. 'práce', *fachčit*. Asi z něm. *Fach* 'obor' (viz ↓*fachman*).

fachman ob. 'odborník'. Z něm. *Fachmann* od *Fach* 'obor, oddíl' (viz i ↓*foch*), jež souvisí s lat. *pāgus* '(venkovský) okres' (viz ↓*pohan*) i naším ↓*pažení*, ↓*přepažit*.

fajáns 'druh keramiky'. Z fr. *faïence* podle it. města *Faenza*, proslulého touto keramikou.

fajfka ob. 'dýmka', *odfajfkovat* 'označit znaménkem ve tvaru fajfky'. Z něm. *Pfeife* a to z vlat. **pīpa* 'trubice, píšťala'. Srov. ↓*pípa*.

fajn adj. i přísl., ob., *fajnový, fajnovka* 'choulostivý, vybíravý člověk'. Z něm. *fein* 'jemný, hezký' ze stfr. *fin* 'jemný, výborný' od lat. *fīnis* 'konec, hranice' ('krajní' = 'nejvyšší kvality'). Srov. ↓*finesa*, ↓*rafinovaný*.

fajrovat ob. 'silně topit'. Z něm. *feuern* 'topit' od *Feuer* 'oheň', jež souvisí s ř. *pýr* tv. (srov. ↓*pyroman*) a naším ↓*pýřit se*.

fakan vulg. 'dítě'. Jen č. a slk., původ nejasný. Snad od staršího *fákati* 'kálet, špinit' (Jg, Ma²).

fakír 'indický asketa'. Z ar. *faqīr* 'chudák, chudý' (původně tak byli označováni mohamedánští žebraví mniši).

faksimile 'věrná napodobenina tiskem'. Z lat. *fac simile* 'udělej podobné' k *facere* 'dělat' a *similis* 'podobný'. Srov. ↓*fax*, ↓*fakt*, ↑*asimilovat*.

fakt 'skutečnost', část. 'opravdu', *faktický*. Z lat. *factum* 'čin', doslova 'udělané', původem příč. trp. od *facere* 'dělat'. Srov. ↓*faktor, faktura*, ↓*-fikace*.

faktor 'činitel'. Přes něm. *Faktor* z lat. *factor*, což je činitelské jméno k *facere* 'dělat'. Srov. ↑*fakt*, ↓*faktura*.

faktura 'účet', *fakturovat*. Přes něm. *Faktur, Faktura* ze střlat. *factura*, vlastně 'dělání, výroba', od *facere* 'dělat'. Srov. ↑*fakt*, ↑*faktor*.

fakule 'pochodeň'. Z lat. *facula*, což je zdrobnělina k *fax* (gen. *facis*) 'pochodeň, světlo'.

fakulta 'složka vysoké školy', *fakultativní* 'volitelný'. Ze střlat. *facultās* 'vědní obor', jež vychází z lat. *facultās* 'možnost, schopnost' (tedy vlastně 'možnost zvolit si obor'), jež souvisí s lat. *facilis* 'snadný, přístupný' od *facere* 'dělat'. Srov. ↑*fakt*.

falanga 'vojenský šik'. Z ř. *fálanx* (gen. *fálangos*) 'šik, oddíl, kmen (stromu)'.

fald 'záhyb (na látce)'. Ze střhn. *valde* (něm. *Falte*), jež asi souvisí s naším ↓*plést*.

faleš 'klam, přetvářka, nepoctivost', *falešný, falešník, falšovat*. Ze střhn. *vals(ch)* (nyní *falsch*) 'klamný, nepravý' a to přes stfr. *fals* z lat. *falsus* od *fallere* 'klamat'. Srov. ↓*falzum*, ↓*falzet*, ↓*falzifikát*.

falický 'týkající se penisu (jako symbolu plodivé síly)'. Přes moderní evr. jazyky z ř. *fallikós* od *fallós* 'kůl, penis'.

falírovat ob. zast. 'chybět, být v nepořádku'. Z it. *fallire* 'chybit, chybět' z lat. *fallere* 'klamat'. Srov. ↑*faleš*.

falzet 'hlavový hlas, fistule'. Z it. *falsetto* od *falso* 'falešný' z lat. *falsus* (viz ↑*faleš*). Jeho 'falešnost' spočívá v tom, že není přirozený jako prsní hlas; muži s ním mohou dosáhnout ženských výšek.

falzifikovat 'falšovat', *falzifikace, falzifikát*. Z lat. *falsificāre*, viz ↓*falzum* a ↓*-fikace*.

falzum 'padělek'. Z lat. *falsum*, doslova 'falešné, klamné', původem příč. trp. od *fallere* (viz ↑*faleš*).

fáma 'pochybná, ústně šířená zpráva'. Z lat. *fāma* 'pověst, povídání, sláva' od *fārī* 'mluvit'. Srov. ↓*famózní*, ↑*fabule*, ↑*eufemismus*.

famfárum. Viz ↓*fanfárón*.

familiární 'domácký, nenucený'. Přes něm. *familiär* z lat. *familiāris* 'příslušející domácnosti' od *familia* (viz ↓*famílie*).

famílie ob. expr. 'rodina'. Z lat. *familia* od *famulus* 'sluha'. Původně tedy 'služebnictvo', pak celé 'společenství jedné domácnosti' (tedy svobodní i otroci), pak v souvislosti se společenskými změnami dnešní význam.

famózní 'znamenitý, proslulý'. Přes něm. *famos* z lat. *fāmōsus* od *fāma* (viz ↑*fáma*).

fámulus zast. 'pomocník, sluha'. Z lat. *famulus* 'sluha'. Srov. ↑*famílie*.

fanatik 'slepě oddaný přívrženec (ideji ap.)', *fanatický, fanatismus*. Přes něm. *Fanatiker* tv. z lat. *fānāticus* 'nábožensky blouznivý', doslova 'příslušející kultu, svatyni', od *fānum* 'svatyně, bohu zasvěcené místo'. Srov. ↓*fanoušek*.

fanda. Expr. k ↓*fanoušek*.

fanfára 'slavnostní hudební motiv pro žesťové nástroje'. Z něm. *Fanfare* z fr. *fanfare*, které je asi onom. původu. Srov. ↓*fanfárón*.

fanfárón 'chvastoun, větroplach'. Z fr. *fanfaron* ze šp. *fanfarrón*. Asi stejného původu jako ↑*fanfára* – ar. *farfār* tv. by pak bylo útvarem nikoli východzím, nýbrž jen paralelním.

fangle ob. expr. 'prapor'. Z něm.d. *Fahndel*, což je zdrobnělina od *Fahne* 'prapor', jež souvisí s lat. *pānnus* 'sukno, kus látky'. Srov. ↓*fant*.

fanka slang. 'zednická lžíce'. Z něm. *Pfanne* 'pánev' a to z pozdnělat. *panna* z lat. *patina* 'mísa'. Srov. ↓*pánev*, ↓*paténa*.

fanoušek 'náruživý přívrženec (sportu, mužstva, zpěváka ap.)'. Expr. novotvar podle angl. *fan* tv. z *fanatic* (viz ↑*fanatik*) s žertovným přikloněním k domáckým podobám jména *František* (viz ↑*fanda,* ↓*fanynka*).

fant ob. 'zástava'. Ze střhn. *pfant* tv., jež může být z lat. *pānnus* (viz ↑*fangle*), jsou však i jiné možnosti výkladu.

fantaz ob. 'třeštění, blouznění'. Z ↓*fantazmagorie*.

fantazie 'obrazotvornost, představa', *fantastický, fantasta, fantazírovat* (přes něm.). Z lat. *phantasia* z ř. *fantasíā* tv. od *fantazómai* 'objevuji se, ukazuji se' k *faínomai* 'jsem viditelný, vystupuji'. Srov. ↓*fantazmagorie,* ↓*fenomén,* ↑*emfáze*.

fantazmagorie 'vidina, přelud'. Z fr. *fantasmagorie,* utvořeného počátkem 19. st. z ř. *fántasma* 'zjevení' od *fantazómai* (viz ↑*fantazie*) a *agoreúo* 'mluvím (veřejně)' od *agorá* 'náměstí'. Srov. ↓*magor,* ↑*alegorie,* ↓*fantom*.

fantom 'přízrak'. Z fr. *fantôme* ze stfr. *fantosme* a to nepříliš jasným hláskovým vývojem z ř. *fántasma* (viz ↑*fantazmagorie*).

fanynka. Viz ↑*fanoušek*.

fara 'bydliště a úřad duchovního', *farní, farnost, farář*. Již stč. Ze střhn. *pharre* (dnes *Pfarre*) a to z pozdnělat. *par(r)ochia* (ze staršího *paroecia*) z ř. *paroikíā* od *pároikos* 'soused, cizinec', doslova 'vedle bydlící', z ↓*para* a *oîkos* 'dům'. Srov. ↑*diecéze,* ↑*ekonomie*.

farad 'jednotka elektrické kapacity'. Podle angl. fyzika *M. Faradaye* († 1867).

farao, faraon 'egyptský panovník'. Přes něm. *Pharaon* z lat. *pharaō* (gen. *pharaōnis*) a to přes ř. *faraō* z hebr. *par͑ô* z egypt. *per͑o,* doslova 'velký dům'.

fárat 'sjíždět do dolu'. Z něm. *fahren* 'jet'. Srov. ↓*fáro,* ↓*fůra*.

farizej 'pokrytec; člen starožidovské strany', *farizejský*. Přes lat. z ř. *farisaîos* a to z aram. *p͑rīšajjā,* doslova 'stranící se, oddělení' (farizejové úzkostlivě – a někdy pokrytecky – lpěli na Mojžíšových zákonech a stranili se ostatních).

farma 'hospodářská usedlost', *farmář, farmářský*. Z angl. *farm* ze stfr. *ferme,* původně 'nájem, nájemní smlouva', od *fermer* 'stanovit, uzavřít smlouvu' z lat. *firmāre* 'upevnit, ujednat' od *firmus* 'pevný'. Srov. ↓*firma*.

farmacie 'lékárnictví', *farmaceut, farmaceutický*. Přes střlat. *pharmacia* z ř. *farmakeíā* 'léčitelství, lékařství, travičství' od *fármakon* 'léčivý prostředek, jed'. Srov. ↓*farmako-*.

farmako- 'týkající se léčiv'. Z ř. *fármakon* 'léčivý prostředek, jed'. Srov. ↑*farmacie, farmakolog* (viz ↓*-log*).

fáro ob. '(dobré) auto'. Nejspíš od něm. *fahren* 'jet'. Srov. ↓*forman,* ↓*fůra*.

faryngitida 'zánět hltanu'. Od ř. *fárynx* (gen. *fáryngos*) 'hltan'.

fasáda 'vnější stěna domu, průčelí'. Z něm. *Fassade* z fr. *façade* a to z it. *facciata* 'přední (obličejová) část' od *faccia* 'obličej' z lat. *faciēs* tv. od *facere* 'dělat'. Srov. ↑*facka,* ↓*faseta*.

fascikl 'svazek listin'. Z něm. *Faszikel* z lat. *fasciculus,* což je zdrobnělina k *fascis* 'svazek'. Srov. ↑*fáč,* ↓*fašismus*.

fascinovat 'uchvátit, plně zaujmout', *fascinace*. Z lat. *fascināre* 'okouzlit' od *fascinum* 'kouzlo, zaříkadlo'.

faseta 'broušená ploška'. Z fr. *facette,* což je zdrobnělina k *face* 'tvář' z lat. *faciēs* tv. Srov. ↑*fasáda,* ↑*facka*.

fasovat ob. 'dostávat jako příděl'. Z něm. *fassen* 'dostávat, pojmout, uchopit'. Srov. ↓*fasuněk*.

fasuněk, fasuňk ob. 'bedněná korba vozu'. Z něm. *Fassung* 'obruba, zarámování' od *fassen* 'uchopit, zarámovat'. Srov. ↑*fasovat.*

fašank, fašang nář. 'masopust'. Slk. *fašiang* tv. Ze střhn. *vaschanc*, v jehož první části je *vast* 'půst', v druhé buď *schanc* 'výčep' (tedy 'výčep nápojů před začátkem postu') či *-ganc, -gang* od *gangen* 'jít' (střdn. *vastgank* 'začátek postu'). Srov. ↓*půst,* ↓*šenk.*

fašírka 'sekaná (pečeně)'. Od něm. *faschieren* 'mlít strojkem na maso' a to přes fr. z lat. *farcīre* 'nadívat'. Srov. ↓*infarkt.*

fašismus 'ultrapravicová, šovinistická a rasistická ideologie', *fašista, fašistický.* Z it. *fascismo* od *fascio* 'svazek' z lat. *fascis* tv. Myslí se tím svazek prutů jako symbol starořímské státní moci, o jejímž obnovení zakladatel fašismu Mussolini snil. Srov. ↑*fascikl,* ↑*fáč.*

fatální 'osudný', *fatalista.* Přes něm. *fatal* z lat. *fātālis* od *fātum* 'osud', jež je od *fārī* 'mluvit'. Srov. ↓*preface,* ↑*fáma.*

fata morgána 'vzdušný přelud'. Z it. *fata morgana* z *fata Morgana* 'víla Morgana' (jméno kouzelnice z artušovských pověstí – it. *fata* je z lat. *fātum* – viz ↑*fatální*). Této víle byly přičítány atmosférické jevy pozorované nejprve v messinském průlivu, pak zvláště na poušti.

faul 'nedovolený zákrok', *faulovat.* Z angl. *foul* tv., původně 'nečistý, špatný'. Souvisí s něm. *faul* 'líný', lat. *putēre* 'páchnout', ř. *pýos* 'hnis'.

faun 'satyr; smyslný člověk'. Z lat. *Faunus* 'bůh plodivé síly a ochránce stád' (ř. *Pan*). Srov. ↓*fauna.*

fauna 'zvířena'. Utvořeno přírodovědcem *Linném* (18. st.) jako ženský protějšek k *Faunus* (viz ↑*faun*).

favorit 'oblíbenec; předpokládaný vítěz', *favorizovat.* Z fr. *favori, favorite* tv. z it. *favorito* 'oblíbený' od *favorire* 'projevovat přízeň' od *favore* 'přízeň' z lat. *favor* tv. Srov. ↑*fábor.*

fax 'přístroj na dálkový přenos dokumentů; takto poslaný dokument'. Z angl. *fax*, což je původem slang. výraz pro *facsimile* (viz ↑*faksimile*).

fáze 'časový úsek; stupeň vývoje', *fázový, fázovat.* Z něm. *Phase* a to z ř. *fásis* 'sdělení, ukázání (se)' od *faínomai* 'ukazuji se, jsem viditelný' (původně v astronomickém smyslu o jednotlivých stupních osvětlení Měsíce). Srov. ↓*fenomén,* ↑*emfáze,* ↑*fantazie.*

fazole, *fazolka, fazolový.* Z něm. *Fasole* a to z lat. *phaseolus* z ř. *fásēlos* tv., pravděpodobně předřeckého původu.

fazona 'náležitý tvar'. Z fr. *façon* a to z lat. *factiō* 'utváření, dělání' od *facere* 'dělat'. Srov. ↑*fakt,* ↑*fasáda.*

federace 'svaz; spojení více států s ústřední vládou', *federální, federativní, federalismus.* Z lat. *foederātio* od *foederāre* 'spojit smlouvou' od *foedus* 'smlouva', jež souvisí s *fīdere* 'důvěřovat'. Srov. ↓*konfederace,* ↓*konfident.*

fedrovat ob. zast. 'podporovat'. Z něm. *fördern* tv. od *vordere* 'přední' od *vor* 'před'. Srov. ↓*fortel,* ↓*fór.*

féerie 'pohádková hra'. Z fr. *féerie* od *fée* 'víla' z lat. *fāta* (*Fāta* 'bohyně osudu') od *fātum* 'osud'. Srov. ↑*fata morgána.*

fejeton 'vtipná novinová stať na pomezí žurnalistiky a beletrie', *fejetonista.* Z fr. *feuilleton*, což je zdrobnělina k *feuille* 'list' ze střlat. *folia* tv. Od r. 1800 pravidelná součást pařížského *Journal de Débats.* Srov. ↓*fólie.*

fekálie 'výkaly'. Z něm. *Fäkalien* z fr. *fécal* k lat. *faex* (gen. *faecis*) 'usazenina, kal'.

felčar ob. 'ranhojič, lékař'. Z něm. *Feldscher* (dříve *Feldscherer*) 'vojenský ranhojič' z *Feld* 'pole' a *scheren* 'stříhat (nůžkami)' (holiči dříve ve vojsku sloužili i jako ranhojiči).

femininum 'ženský rod'. Z lat. *(genus) fēminīnum* od *fēmina* 'žena'. Srov. ↓*feminismus,* ↓*fena.*

feminismus 'hnutí za zrovnoprávnění žen', *feministka, feministický, feminizace, feminizovat.* Z fr. *féminisme* (1. pol. 19. st.) od lat. *fēmina* 'žena'. Srov. ↑*femininum.*

fén 'teplý vítr z hor; vysoušeč vlasů'. Z něm. *Föhn* (z alpské oblasti) a to asi přes vlat. **faōnius* z lat. *(ventus) favōnius* 'vlahý západní vítr' asi od lat. *fovēre* 'oteplovat'.

fena 'psice'. Jen č. (od 17. st.). Asi z fr.d. *fenne* tv. a to z lat. *fēmina* 'žena' (Ma²).

fenik 'setina marky'. Z něm. *Pfennig,* jež souvisí s naším ↓*peníz.* Srov. i angl. *penny.*

fénix 'bájný pták vstávající z popela'. Ze střlat. *phoenix* z ř. *foĩnix* tv., vedle toho i 'nachově rudý' (ale je i *Foĩnix* 'Féničan' – souvislost všech tří významů nejasná).

fenol 'kyselina karbolová'. Z fr. *phénol* a to uměle od ř. *faínō* 'osvětluji, ukazuji'. Srov. ↓*fenomén.*

fenomén 'výjimečný člověk; jev', *fenomenální.* Z něm. *Phänomen* a to přes lat. *phaenomenon* z ř. *fainómenon* 'úkaz, jev' od *faínomai* 'ukazuji se, jsem viditelný'. Srov. ↑*fantazie,* ↑*fáze.*

fenykl 'aromatická bylina'. Z lat. *fēniculum* tv., což je zdrobnělina k *fēnum, faenum* 'seno'.

fenyl-. Od stejného základu jako ↑*fenol.*

fér adj. 'čestný, slušný' i přísl., *férový.* Z angl. *fair* tv., vlastně 'čistý, neposkvrněný' (viz opačný význam u ↑*faul),* původně 'krásný'.

ferbl 'barvička; druh hazardní karetní hry'. Z něm. lid. *Färbel,* což je zdrobnělina k *Farbe* 'barva'.

ferina expr. 'šibal, lišák'. Snad od lat. *ferīna* 'zvěř, zvěřina', *ferīnus* 'zvířecí, divoký'; vývoj významu je však nejasný. Srov. ↓*zvíře.*

ferment 'enzym'. Z lat. *fermentum* od *fervēre* 'vřít, kypět'. Srov. ↑*efervescent.*

fermež 'ochranná nátěrová látka', *fermežový.* Již stč. Ze střhn. *verniz, vernes* z fr. *vernis* a to asi ze střlat. *veronice* z ř. *beroníkē,* což byl název jisté pryskyřice, jíž se používalo k natírání, a to podle jména libyjského města *Berenīkē* (dnes Benghází). Srov. ↓*vernisáž.*

fernet 'hořký bylinný likér'. Původně firemní název (z it.), původ nejasný.

fero- (ve složeninách) 'železo-'. Z lat. *ferrum* 'železo'.

fertilita 'plodnost', *fertilní.* Z lat. *fertilitās* od *fertilis* 'plodný', vlastně 'nesoucí (plody, úrodu)', od *ferre* 'nést'. Srov. ↓*ofertorium,* ↓*konference.*

fěrtoch zast. a nář. 'zástěra'. Z pozdně střhn. *vortuoch* (nyní *Fürtuch)* tv. z *vor-* 'před' a *tuoch* (dnes *Tuch)* 'sukno; šátek'. Srov. ↓*lajntuch,* ↓*šnuptychl.*

fest přísl. ob. 'pevně, pořádně'. Z něm. *fest* 'pevný, stálý; pořádně' (srov. i angl. *fast* 'pevný, rychlý').

festival '(soutěžní) přehlídka uměleckých výkonů', *festivalový.* Z angl. *festival,* původně 'svátek, slavnost; slavnostní', ze stfr. *festival* od lat. *fēstīvus* 'slavnostní' k *fēstum* 'slavnost, svátek'.

fešný 'elegantní, pěkný', hov. expr. *fešák, fešanda.* Z něm. *fesch,* jež bylo v 19. st. přejato a zkráceno z angl. *fashionable* 'módní, elegantní' od *fashion* 'móda' z fr. *façon* (viz ↑*fazona).*

fetiš 'modla, zbožňovaná věc', *fetišismus, fetišista*. Z fr. *fétiche* z port. *feitiço* 'umělý výtvor, napodobenina' z lat. *factīcius* 'napodobující, uměle dělaný' od *facere* 'dělat'. Srov. ↑*fakt*.

fetovat hov. 'brát drogu', *zfetovat se, feťák, feťácký*. Rozšířeno od 60. let, z brněnského argotu. Odvozeno od *fet* 'drogy', původně 'alkohol', z něm. arg. *fett* 'opilý, namazaný', spis. 'mastný, tučný'.

feudalismus 'společenský řád spojený s obdobím středověku', *feudální, feudál*. Z něm. *Feudalismus* a tam od střlat. *feudum, feodum* 'lenní statek' od *fe(v)um* 'léno', v jehož základě je germ. **fehu* 'dobytek'. *Feudum, feodum* asi podle významově blízkého střlat. *alodum* 'svobodný statek'.

fez 'orientální pokrývka hlavy'. Podle marockého města *Fez* (dnes *Fás*), kde se původně vyráběly.

fiakr zast. 'nájemný kočár'. Z fr. *fiacre* a to údajně podle jisté pařížské budovy s obrazem sv. *Fiacria*, kde tyto kočáry stávaly.

fiala, fialka, *fialový*. Stč. *fiola*. Přes něm. z lat. *viola*, jež souvisí s ř. *íon* tv. Název barvy je podle květiny, ne naopak.

fiála 'štíhlá gotická věžička'. Z něm. *Fiale* 'sklenička s dlouhým, úzkým krkem' a to přes lat. z ř. *fiálē* 'miska'.

fiasko 'naprostý nezdar, neúspěch'. Z it. *(far) fiasco*, doslova '(udělat) láhev' (srov. ↓*flaška*). Zřejmě slang. původu, ovšem významová souvislost není jasná.

fičet. Onom. původu. Srov. ↓*fučet*.

fidlat 'vrzat (na housle)', *fidlátko* zast. 'obuvnické hladítko', z toho ob. 'nářadí, věci vůbec', *fidlovačka* 'staropražská jarní slavnost obuvnického cechu'. Z něm. *fiedeln* tv. od *Fiedel* 'housle'. Sthn. *fidula* zřejmě souvisí se střlat.

vitula 'strunný nástroj', ale vzájemný vztah je nejasný. Srov. ↓*viola*.

fiflena ob. 'fintivá žena'. Od staršího č. *fifliti, fiflovati se* 'parádit se, fintit se', což je expr. obměna k stč. *fiklovati sě* tv. jež asi souvisí s ↓*fígl*.

fifty fifty přísl. ob. 'nerozhodně, napolovic'. Z angl. *fifty fifty* 'padesát (na) padesát'.

fígl 'trik, úskok'. Ve starší č. též 'zábava, kratochvíle'. Výklady různé. Snad přes něm. a pol. z lat. *vigiliae* 'noční bdění při modlitbách', pak i 'rozpustilé noční průvody' (viz ↓*vigilie*); jiný možný výklad vychází ze zkomolení *figurovati* na **figlovati* 'dělat figury, obrazce (falešné), strojit něco' (srov. stč. *fiklovati* – viz ↑*fiflena*), od toho subst. *fígl*.

figura 'postava, napodobenina postavy; obrazec', *figurovat, figurální, figurant*. Z lat. *figūra* 'obraz, tvar, podoba' od *fingere* 'vytvářet, předstírat'. Srov. ↓*fikce*, ↓*fingovat*, ↓*finta*, ↑*díže*.

figurína. Z it. *figurina*, což je zdrobnělina k *figura* (viz ↑*figura*).

fík, fíkovník. Z lat. *fīcus*, zatímco slk., pol. *figa*, r. *fíga* atd. je přes něm. a it. Již v lat. též jako posměšné gesto (palec mezi ukazovákem a prostředníkem), jehož původní smysl není zřejmý.

-fikace. Ve složeninách značí 'provádění, dělání'. Z lat. *-ficātiō* od *-ficāre* a to od *facere* 'dělat'. Srov. ↓*kvalifikace*, ↓*modifikace*, ↓*identifikace*, ↓*klasifikace* ap., dále ↓*magnificence*, ↓*koeficient*.

fikaný ob. expr. 'prohnaný, vychytralý'. Nepříliš jasné. Srov. něm. *pfiffig* tv., ale i řadu našich slov na *fi-* souvisejících s 'prohnaností' (↑*fígl*, ↓*filip*, ↓*filištín*, ↓*filuta*, ↓*fiškus* ap.).

fikce 'smyšlenka, zdání', *fiktivní*. Z lat. *fictiō* od *fingere* (příč. trp. *fictus*)

fiknout 171 **filtr**

'vytvářet, předstírat'. Srov. ↓*fiktivní*, ↑*figura*, ↓*fingovat*.

fiknout hov. 'rychle říznout', u*fiknout, přefiknout*. Asi elementárně příbuzné s něm. *ficken*, původně 'třít, pohybovat se rychle sem tam', z toho vulg. 'souložit' (srov. stejný význam u *přefiknout*).

fíkus 'druh fíkovníku'. Z lat. *fīcus* (viz ↑*fík*).

-fil (ve složeninách) 'kdo něco (někoho) miluje'. Z ř. -*fílos* od *filéō* 'miluji'. Srov. ↓*pedofil*, ↑*acidofilní*, ↓*fil(o)-*.

filantrop 'lidumil'. Z ř. *filánthrōpos* 'lidumilný, lidu prospěšný' z ↓*fil(o)-* a *ánthrōpos* 'člověk'. Srov. ↑*antropo-*.

filatelie 'sbírání známek', *filatelista*. Z fr. *philatélie*, z ↓*fil(o)-* a ř. *atéleia* 'osvobození od poplatků', později 'známka', z ↑*a-*[2] a *télos* 'konec, účel; daň'. Srov. ↓*tele-*, ↓*teleologie*, ↑*clo*.

filc hov. 'plst', *filcový*. Z něm. *Filz*, jež souvisí s ř. *pîlos* tv. Dále viz ↓*plst*.

filcka ob. 'druh vši'. Z něm. *Filzlaus* z *Filz* (viz ↑*filc*) a *Laus* 'veš'.

filé 'plátek vykostěného rybího či jiného masa'. Z fr. *filet*, což je zdrobnělina k *fil* 'vlákno' od lat. *fīlum* tv. Srov. ↓*profil*, ↑*defilé*, ↓*filigránský*.

filek 'svršek (v kartách)'. Zkráceno z *pamfilek* (p. *pamfil*) k *Pamphilus*, postavě středověkých komedií.

filharmonie 'velký symfonický orchestr', *filharmonický, filharmonik*. Utvořeno v 19. st. k ↓*fil(o)-* a ř. *harmonía* (viz ↓*harmonie*).

filiálka 'pobočka', *filiální*. Přes něm. *Filiale* ze střlat. *filialis* k *fīlius* 'syn', *fīlia* 'dcera'.

-filie. Ve složeninách vyjadřuje oblibu něčeho, lásku k něčemu (viz ↑*-fil*).

filigránský 'jemně provedený'. Od *filigrán* 'jemný drátek z drahého kovu; ozdoba z tohoto drátku' z něm. *Filigran* a to z it. *filigrana* z *filo* 'vlákno' (z lat. *fīlum* tv.) a *grana* 'zrno, zrnitá struktura' (z lat. *grānum* 'zrno'). Srov. ↓*profil*, ↑*filé*, ↑*defilé*.

*****filip**, hov. expr. *mít filipa* 'být důvtipný'. Prý podle apoštola *Filipa*, který pohotově vysvětlil mouřenínovi text proroka Izaiáše (HL), srov. však i další slova na *fi-* vyjadřující chytrost a důvtip (↓*filištín*, ↓*filuta*, ↓*fiškus*, ↓*fištrón*).

filipika 'bojovná řeč'. Z ř. *filippiká*, což bylo označení plamenných řečí slavného ř. řečníka Démosthena proti Filipu Makedonskému († 336).

filištín expr. 'chytrák, filuta'. Ze jména biblických *Filištínů*, nepřátel Židů, zřejmě pouze na základě počátečního *fi-* (srov. ↓*filuta*, ↑*filip*, ↓*fiškus*).

film, *filmový, filmovat, filmař*. Z angl. *film*, původně 'blána', pak 'celuloidová páska s tenkou vrstvou citlivou na světlo'. Souvisí s lat. *pellis* 'kůže' a naším ↓*plena*.

fil(o)- (ve složeninách) 'kdo něco (někoho) miluje'. Srov. ↑*filantrop*, ↓*filozof*, ↑*filatelie*, ↓*filologie*. Dále viz ↑-*fil*.

filodendron 'druh pokojové popínavé rostliny'. Z ↑*fil(o)-* a ř. *déndron* 'strom'.

filologie 'věda zabývající se jazykem a literaturou', *filolog, filologický*. Z ř. *filologíā* 'láska k (učení) řeči, literatuře' z ↑*fil(o)-* a ř. *lógos* 'slovo, řeč'. Srov. ↓*-logie*.

filozofie, *filozof, filozofovat, filozofický*. Z ř. *filosofíā* 'láska k moudrosti (vědění)' z ↑*fil(o)-* a *sofíā* 'moudrost, vědění'. Srov. ↓*sofistika*.

filtr 'zařízení k zadržení určité látky ze směsi', *filtrovat, filtrace, filtrační*. Z něm. *Filter* ze střlat. *filtrum* 'cedidlo

filumenie 172 **fitink**

z plsti' z germ. **filt-* 'plst' (viz ↑*filc*). Srov. ↓*infiltrovat*.

filumenie 'sbírání nálepek od zápalek', *filumenista*. Uměle z ↑*fil(o)-* a lat. *lūmen* 'světlo'. Srov. ↓*iluminace*.

filuta 'šibal, chytrák'. Z fr. *filou* 'šejdíř, darebák' a to asi z angl. *fellow* 'druh, chlapík'.

fimóza 'zúžení předkožky'. Z ř. *fímōsis* 'ucpání, sevření' od *fīmō* 'ucpávám, umlčuji'.

finále 'závěr; závěrečný zápas vylučovací soutěže', *finalista, finální*. Z něm. *Finale*, it. *finale* a to z lat. *fīnālis* 'konečný, závěrečný' od *fīnis* 'konec'. Srov. ↓*finiš*, ↑*definice*, ↓*infinitiv*.

finance 'peněžní prostředky', *finanční, finančník, finančnictví, financovat*. Z něm. *Finanzen* z fr. *finances* tv. od stfr. *finer* 'dovést ke konci, vyřídit (placení)' k lat. *fīnis* 'konec, hranice'. Srov. ↓*finiš*, ↑*finále*, ↑*definice*.

fiňáry (pl.) zast. ob. 'chytráctví; peníze'. Expr. zkomolení z ↓*finesa*. Význam 'peníze' zkřížením s ↑*finance*.

finesa 'zchytralost; jemný detail'. Z fr. *finesse* (asi přes něm. *Finesse*) a to od *fin* 'jemný'. Dále viz ↑*fajn* a ↓*rafinovaný*.

fingovat 'předstírat'. Podle něm. *fingieren* tv. z lat. *fingere* 'tvořit, vymýšlet, předstírat'. Srov. ↑*fikce*, ↓*finta*, ↑*figura*.

finiš 'závěr závodu charakterizovaný maximálním úsilím závodníků', *finišovat, finišman*. Z angl. *finish* tv. (též 'konec, závěr') a to ze stfr. základu *finiss-* od *finir* 'končit' z lat. *fīnīre* 'končit, ohraničovat'. Srov. ↑*finále*, ↑*definice*, ↑*fajn*.

finta 'úskok, oklamání'. Z it. *finta* (asi přes něm. *Finte*) a to od *fingere* (příč. trp. *finto*) 'předstírat' z lat. *fingere* tv. Srov. ↑*fingovat*, ↑*fikce*, ↑*figura*.

fintit (se) expr. 'parádit (se), strojit (se)', *fintil*. Jen č. Asi od ↑*finta*.

firma 'podnik; vývěsní štít', *firemní*. Z it. *firma* 'podpis', vlastně 'stvrzení úmluvy podpisem', od *firmare* 'potvrdit, upevnit' z lat. *firmāre* tv. od *firmus* 'pevný'. Srov. ↓*konfirmace*, ↑*farma*, ↑*biřmovat*.

firn 'ztvrdlý, zledovatělý sníh'. Z jihoněm. *Firn* 'loňský sníh' z *firn* 'loňský', jež souvisí s lit. *pérnai* tv. a něm. *fern* 'vzdálený'.

fiskální 'týkající se státní pokladny'. Z lat. *fiscālis* od *fiscus* 'císařská pokladna', původně 'koš (na peníze)'. Srov. ↓*konfiskovat*.

fistule 'vysoký hlasový rejstřík, falzet'. Z lat. *fistula* 'píšťala'. Starší č. význam byl 'vřed, píštěl' (Jg). Srov. ↓*píšťala*.

fiší, fiží 'krajková ozdoba'. Z fr. *fichu*, doslova 'co je upevněno (pod krkem)', od *ficher* 'upevňovat' z lat. *fīgere* tv. Srov. ↓*fixovat*.

fiškus expr. 'chytrák, filuta'. Asi posunem významu z lat. *physicus* 'přírodovědec, lékař', snad pod vlivem silné skupiny slov na *fi-* označujících zchytralost (viz ↑*filištín*). Srov. však i stit. *fisicare* 'zchytrale mluvit' a něm. žertovné *Pfiffikus* (viz ↑*fikaný*).

fištrón ob. expr. 'důvtip', dříve 'rybí tuk'. Z něm. *Fischtran* 'rybí tuk'. Význam 'důvtip' snad podle jeho posilujících účinků, srov. však i ↑*fiškus*, ↑*filištín*.

fit 'svěží, v kondici' (ve spojení *být fit*), *fitnesscentrum*. Z angl. *fit* 'způsobilý, vhodný', jehož původ není zcela jasný – nejspíš jde přes fr. k lat. *factus* 'hotový, udělaný'. Srov. ↑*fakt*, ↓*profit*.

fitink 'spojka ocelových trubek'. Z angl. *fitting*, původně adj. 'hodící se, jdoucí k sobě', od *fit* 'hodit se, přizpůsobit, namontovat'. Srov. ↑*fit*.

fix citosl. Zkráceno z ↓*krucifix.*

fix(a) 'tužka s tušovou náplní'. Zkráceno z *fixační tužka* (viz ↓*fixovat*).

fixlovat ob. 'podvádět (v kartách)'. Z něm. *füchseln* tv. od *Fuchs* 'liška', tedy 'hrát jako liška, chytračit'.

fixovat 'upevňovat', *fixní, fixace, fixační*. Ze střlat. *fixare* od lat. *fīxus* 'pevný', což je původem příč. trp. od *fīgere* 'připevňovat, přibíjet'. Srov. ↑*fix(a)*, ↓*krucifix*, ↓*prefix*, ↑*fiší*.

fízl ob. 'tajný policista, konfident'. Z něm. nář. a arg. *Fiesel* 'penis, chlap, nesympatický člověk, pasák, zrádce ap.' ze střhn. *visel* 'penis'.

fiží. Viz ↑*fiší*.

fjord 'úzký dlouhý záliv'. Z nor. *fjord* tv., jež souvisí s něm. *fahren* 'jet', něm. *Furt*, angl. *ford* 'brod' i lat. *portus* 'přístav'.

fládr 'žilkování dřeva; jádrovité dřevo'. Z něm. *Flader*, jehož původ není jistý.

flagrantní 'do očí bijící'. Z lat. *flagrāns* 'oslňující, planoucí' od *flagrāre* 'planout, hořet', jež souvisí s lat. *flamma* (viz ↓*plamen*). Srov. *in flagrantī* 'při činu', doslova 'při (ještě) planoucím (činu)'.

flákat se ob. expr. 'vyhýbat se práci, ledabyle pracovat', *flákač, flákárna, proflákat, poflakovat se, odfláknout, vyfláknout se*. Asi z onom. *flákat*, ↓*fláknout*. Srov. ↓*flinkat se*.

fláknout ob. expr. 'uhodit, mrštit', *flák* 'velký kus', *naflákat, zflákat, zaflákat* 'ušpinit, zamazat'. Od citosl. *flák* onom. původu. Srov. ↑*flákat se*, ↓*flinkat se*.

flaksa 'šlachovité maso'. Z něm. *Flechse* 'šlacha', jehož původ není přesvědčivě vyložen.

flambovat 'upravovat jídlo tak, že se polije alkoholem a před podáváním zapálí', *flambovaný*. Z fr. *flamber* 'opalovat, ožehovat, plápolat' od stfr. *flamb(l)e* 'plamínek' z lat. *flammula* tv. od *flamma* 'plamen'.

flámovat 'hýřit, chodit za zábavou pozdě do noci', *flám, fláma, flamendr*. Východisko je v něm. *Flame, Flamänder* 'Vlám', od toho by bylo sloveso a zpětně pak subst. *flám* (srov. i *pije jako holendr*, tj. 'Holanďan'). Není zcela jasné, zda si toto jméno vysloužili spíš vlámští žoldnéři, či kupci.

flanděra ob. expr. 'láhev'. Přetvořeno z ↓*flaška*.

flanel 'druh teplé látky', *flanelový*. Přes něm. *Flanell* z angl. *flannel* a to nejspíš z kelt. (srov. wal. *gwlan* 'vlna'). Srov. i ↓*vlna*[1].

flastr ob. 'náplast'. Z něm. *Pflaster* ze střlat. *plastrum* tv. z lat. *emplastrum* z ř. *émplastron* 'náplast, nanášená mast' od *emplássō* 'vmazávám, vtlačuji' z ↑*en-* a *plássō* 'tvořím, hnětu'. Srov. ↓*plast* i ↓*náplast*.

flašinet 'hrací kolovrátek', *flašinetář*. Jen č. Z něm. *Flaschinett* (dnes nepoužívaného), jež je přetvořením fr. *flageolet* (viz ↓*flažolet*).

flaška ob. 'láhev'. Již stč. (*flaše*). Ze střhn. *vlasche* (dnes *Flasche*), jež se někdy spojuje s něm. *flechten* 'plést' (původně tedy 'pletená nádoba'); germ. původ slova však je dost sporný.

flauš 'druh vlněné látky', *flaušový*. Z něm. *Flaus(ch)* ze střdn. *vlūs(ch)* 'ovčí kůže', jež souvisí s lat. *plūma* 'peří'.

flauta zast. 'flétna'. Z it. *flauta* od lat. *flāre* (viz ↓*flétna*).

flažolet 'druh flétny; tón flétnového zabarvení. Z fr. *flageolet* a to asi od lat. *flāre* 'foukat'. Srov. ↑*flašinet*, ↓*flétna*, ↓*inflace*.

flegmatik 'klidný až nečený typ člověka', *flegmatický*. Z pozdnělat.

phlegmaticus z ř. *flegmatikós* 'hlenovitý' od *flégma* 'hlen, zánět, hnis, plamen' od *flégō* 'pálím, roznčcuji'. Staří Řekové věřili, že příčinou těžkopádnosti a netečnosti je pomalé proudění tělesných šťáv způsobené jejich hlenovitým charakterem. Srov. ↓*cholerik.*

flek ob. 'skvrna, místo; těstovinové jídlo (pl.); kontra v kartách', *flekatý, flíček.* Z něm. *Fleck* 'skvrna, místo, záplata, příštipek'. Název jídla snad metaforicky z významu 'příštipek' (srov. i něm. *Kuttelflecke* 'dršťky'), poslední význam nepříliš jasný. Srov. ↓*flikovat.*

flektivní 'ohebný'. Viz ↓*flexe.*

fleret 'lehká bodná sportovní zbraň, končíř'. Z fr. *fleuret,* což je zdrobnělina k *fleur* 'květ' (špička byla chráněna knoflíkem připomínajícím květ) a to z lat. *flōs* (gen. *flōris*) tv. Srov. ↓*flóra.*

flétna, *flétnist(k)a, flétnový.* Z něm. *Flöte* a to ze stfr. *fleute,* jež asi souvisí s lat. *flāre* 'foukat' onom. původu. Srov. ↑*flauta,* ↑*flažolet,* ↓*inflace.*

flexe 'ohýbání', *flektivní, flexibilní* 'pružný, přizpůsobivý'. Z lat. *flexiō* od *flectere* 'ohýbat'. Srov. ↓*reflex,* ↓*reflektor.*

flíghorna ob. 'křídlovka'. Z něm. *Flügelhorn* z *Flügel* 'křídlo' a *Horn* 'roh' (její signály řídily při honech křídelní řady honců).

flikovat ob. 'látat, neodborně opravovat'. Z něm. *flicken* 'spravovat, záplatovat' od *Fleck* 'záplata, místo, skvrna' (viz ↑*flek*).

flinkat se 'zahálet, vyhýbat se práci', *flink, odflinknout.* Lze předpokládat vývoj významu z onom. *flinknout* 'udeřit' (srov. ↑*fláknout –* ↑*flákat se,* ↓*plácat – plácat se*). Méně pravděpodobné ze švýc.-něm. *flinkǝ* tv. (Ma²).

flinta hov. 'puška'. Z něm. *Flinte* tv., jež je zkráceno z *Flintbüchse,* vlastně 'puška s křesadlem', z *Flint* 'pazourek' a *Büchse* 'puška'. Srov. ↓*puška,* ↓*piksla.*

flirt 'nezávazný milostný zájem', *flirtovat.* Z angl. *flirt* 'pohrávat si, poletovat, cuknout' onom.-expr. původu.

flísna slang. 'obkládačka'. Z něm. *Fliese* tv., bez evidentních paralel v jiných ie. větvích.

flitr 'třpytivý plíšek'. Z něm. *Flitter* tv. K něm. *flittern* 'třpytit se', jež souvisí s *flattern* 'třepetat se', obojí onom.-expr. původu.

flok 'dřevěný nýtek'. Z něm. *Pflock* tv., nejasného původu. Rčení *nemít ani floka* však asi vychází z názvu jakési drobné mince v 15. st. *flútek* (nč. *floutek*), příklonilo se k *flok.*

flór¹ 'průsvitná tkanina'. Z něm. *Flor* z niz. *floers* z fr. *velours* (viz ↓*velur*).

***flór**², hov. expr. *být ve flóru* 'být v oblibě, módě, rozkvětu'. Z lat. *in flōre* 'v květu' od *flōs* (gen. *flōris*) 'květ'. Srov. ↓*in-*¹, ↓*flóra.*

flóra 'květena'. Podle lat. *Flōra* 'bohyně rostlinstva' od *flōs* (gen. *flōris*) 'květ'. Srov. ↑*deflorace,* ↑*fleret,* ↓*floskule.*

floskule 'květnatá, ale prázdná fráze'. Z lat. *flōsculus,* což je zdrobnělina k *flōs* 'květ' (viz ↑*flóra*).

flotila 'oddíl lodí'. Přes něm. *Flotille* ze šp. *flotilla,* což je zdrobnělina k *flota* 'loďstvo', to pak je přes stfr. přejato z germ. jazyků (souvisí s něm. *fliessen* 'téci'). Srov. ↓*plout.*

floutek 'hejsek'. Asi z něm. *flott* 'bujný, veselý', původně 'plovoucí, lehký', jež souvisí s *fliessen* (viz ↑*flotila*). Změna významu je ze studentské mluvy.

fluidum 'domnělá neviditelná látka vyzařující energii'. Utvořeno k lat. *fluidus* 'plynný, tekutý' od *fluere* 'plynout'. Srov. ↓*fluktuace.*

fluktuace 'kolísání; častá změna zaměstnání', *fluktuovat, fluktuant, fluktuační*. Z lat. *fluctuātiō* od *fluctuāre* 'vlnit se, kolísat' od *fluctus* 'proud, vlnění' od *fluere* 'téci'. Srov. ↑*fluidum*, ↓*fluór*.

flundra 'běhna'. Dříve též *flandra* (Jg). Původně asi 'žena přišlá s flanderskými vojáky'. Srov. i starší č. *flandera* 'špatné vrchní roucho', něm. nář. *Flander, Flunder* 'cár', jež se také vyvozují ze stejného základu. Srov. i ↑*flámovat*.

fluor 'plynný prvek', *fluoreskovat* 'světélkovat', *fluorescence*. Z lat. *fluor* 'to, co plyne' (je silně těkavý) od *fluere* 'téci, plynout'. Srov. ↑*fluktuace*, ↑*fluidum*.

flusat 'plivat', *flus, flusanec*. K stč. *flus* 'výtok chorobných výměšků (hlenů, hnisu)' z něm. *Fluss* 'proud, tok' od *fliessen* 'téci, plynout'. Srov. ↑*flotila*, ↑*floutek*.

fňukat. Onom.-expr. Srov. ↓*kňučet*.

fobie 'chorobný strach'. Nově k ř. *fóbos* 'strach' od *fébomai* 'prchám (strachy)', jež souvisí s naším ↑*běžet*. Srov. ↓*klaustrofobie*, ↓*xenofobie*.

fofr ob. expr. 'spěch, shon', *fofrovat*. Ve starší č. *fofr, fochr* 'fukar, přístroj na vyfukování plev' ze staršího něm. *Focher, Föcher* (dnes *Fächer*) tv. z *fochen* 'rozfoukávat oheň' ze střlat. *focare* 'zapalovat, rozněcovat' od lat. *focus* 'ohniště'. Srov. ↓*fukar*, ↓*fokus*.

foch ob. 'přihrádka; obor' (druhý význam jen ve spojení *být od fochu*). Z něm. *Fach* tv. (viz ↑*fachman*).

fokus 'ohnisko', *fokální*. Z lat. *focus* 'ohniště'. Srov. ↑*fofr*, ↓*foyer*, ↑*bochník*.

foliant 'kniha velkého formátu'. Z něm. *Foliant* od *Folio* 'půlarchový formát', jež je zkráceno z lat. *in foliō* 'v (jednom) listě' od *folium* 'list' (srov. ↓*in-*). Dále srov. ↓*fólie*, ↑*fejeton*.

fólie 'tenký kovový či umělohmotný list'. Ze střlat. *folia* 'list', což je původně pl. k lat. *folium* tv. Srov. ↑*foliant*, ↑*fejeton*.

folk 'druh hudby napodobující hudbu lidovou', *folkový, folkař*. Z angl. *folk (music)* 'lidová (hudba)'. Srov. ↓*folklor*.

folklor 'lidová kultura', *folklorní, folklorista, folkloristický*. Z angl. *folklore* (od pol. 19. st.) z *folk* 'lid' a *lore* 'věda, nauka'. Srov. ↑*folk*, ↓*pluk*.

-fon (ve složeninách) 'týkající se reprodukce zvuku'. K ř. *fōnē* 'hlas, zvuk, tón', *fōnéō* 'vydávám hlas, mluvím'. Srov. ↓*telefon*, ↓*gramofon*, ↑*diktafon*, ↓*magnetofon* ap. a ↓*fonetika*, ↓*fonologie*.

fond 'soubor určitých prostředků, nadace'. Z něm. *Fond* z fr. *fond* a to z lat. *fundus* 'základ, půda'. Srov. ↓*fundovaný*, ↓*fundamentální*.

fondán 'směs cukru a sirupu do bonbonů', *fondánový*. Z fr. *fondant*, což je přech. příl. k *fondre* 'rozplývat se' a to z lat. *fundere* tv. Srov. ↓*fondue*, ↓*fúze*, ↓*transfuze*.

fondue 'horký pokrm z roztaveného sýra a bílého vína'. Z fr. *fondue* (jde o švýcarskou specialitu), což je příč. trp. ž.r. k *fondre* (viz ↑*fondán*).

foném 'základní jednotka fonologického systému'. Utvořeno ve 20. st. na základě ř. *fōnēma*, jež znamená totéž co *fōnē* (viz ↑*-fon*).

fonetika 'věda o zvukové stránce řeči', *fonetický*. Přes moderní evr. jazyky a tam na základě ř. *fōnētikós* 'týkající se tónů, zvuků' od *fōnē* (viz ↑*-fon*).

foniatrie 'nauka o léčení poruch hlasu'. Novodobá složenina z ř. *fōnē* 'hlas, zvuk' a *iātreía* 'léčení' k *iatrós* 'lékař'. Srov. ↑*-fon*, ↓*psychiatr*.

fonologie 'nauka o zvukových prostředcích jazyka'. Novodobá složenina

z ř. *fōnē* 'hlas, zvuk, tón' a ↓*-logie*.
Srov. ↑*-fon*, ↑*foném*, ↑*fonetika*.

fontána 'kašna s vodotryskem'. Podle něm. *Fontäne* tv. z pozdnělat. *fontāna*, což je původem adj. v ž.r. od lat. *fōns* (gen. *fontis*) 'pramen'.

fór ob. expr. 'vtip, trik; drahoty (pl.); náskok'. Většinou se vykládá z něm. sloves s předponou *vor-* 'před'. Jasné je to u *dát fóra* 'dát náskok' z něm. *vorgeben* (k *geben* 'dát'), podobně by bylo *dělat fóry* z *vormachen* 'předstírat, balamutit' (k *machen* 'dělat'), z toho snad i ostatní významy. Působilo tu samostatné postavení *vor* ve větách jako *machen Sie uns nichts vor* 'nic nám nepředstírejte, nenamlouvejte'. Srov. ↓*fórový*.

forbes 'hrací automat'. Podle jména výrobce.

forčeking 'aktivní napadání soupeře vysunutými hráči (zvláště v hokeji)', *forčekovat*. Z angl. *forechecking* od *forecheck* z *fore* 'vpředu' a *check* 'zastavit, zadržet'. Srov. ↑*bodyček*, ↓*krosček*, ↓*forhend*.

forhend 'úder přední stranou rakety (v tenise ap.)', *forhendový*. Z angl. *forehand* tv. z *fore* 'přední; vpředu' a *hand* 'ruka'. Srov. ↑*bekhend*, ↓*forhont*, ↑*forčeking*.

forhont slang. 'vynášení karty; ten, kdo vynáší'. Z něm. *Vorhand* 'přednost' z *vor* 'před' a *Hand* 'ruka'. Srov. ↑*forhend*, ↓*fortel*, ↑*fór*.

forint 'jednotka maďarské měny'. Z něm. *Florint* a to podle it. města *Florencie*, kde se razil známý florentský dukát.

forma 'vnější tvar, podoba, způsob', *formovat, formace, formální, formalismus, formalista*. Z lat. *forma* tv. Význam 'kondice, výkonnost' přes angl. Srov. ↓*formalita*, ↓*formát*, ↑*deformovat*, ↓*informovat*, ↓*reforma*.

formaldehyd 'plyn ostré vůně užívaný k výrobě umělých hmot'. První část je od lat. *formīca* 'mravenec' (je v něm kyselina mravenčí), dále viz ↑*aldehyd*.

formalin 'roztok formaldehydu'. Zkrácením z ↑*formaldehyd* + příp. *-in* (srov. ↑*anilin*).

formalita 'ustálená forma úředního či společenského aktu'. Ze střlat. *formalitas* od lat. *forma* (viz ↑*forma*).

forman zast. 'vozka'. Z něm. *Fuhrmann* z *Fuhre* 'povoz, náklad' a *Mann* 'muž'. Dále viz ↓*fůra*.

formát 'velikost, rozměr'. Z lat. *formātus*, což je příč. trp. od *formāre* 'tvořit, formovat' od *forma* (viz ↑*forma*).

formulář 'tiskopis k vyplnění různých údajů'. Z lat. *formulārius* 'týkající se (právních) formulí' (dále viz ↓*formule*).

formule 'ustálené znění, vzorec; jednosedadlový sportovní vůz', *formulovat, formulace*. Z lat. *formula* 'podoba, pravidlo, předpis, právnická formule', což je zdrobnělina k *forma* (viz ↑*forma* a ↑*formulář*).

forota ob. 'zásoba'. Z něm. *Vorrat* tv. z *vor* 'před' a *Rat* 'rada'. Srov. ↓*fortel*, ↓*rada*.

fórový ob. 'chatrný, nepevný'. Zřejmě od ↑*fór*, tedy vlastně 'předstírající (pevnost)'.

forsírovat ob. 'upřednostňovat, zdůrazňovat'. Z něm. *forcieren* a to z fr. *forcer* 'nutit' (stfr. *forcier*) k pozdnělat. *fortia* 'síla' od lat. *fortis* 'silný'. Srov. ↓*forte*.

foršus ob. 'záloha (na plat)'. Z něm. *Vorschuss* tv. z *vor* 'před, napřed' a *Schuss* 'rána, vymrštění' od *schiessen* 'střílet'. Srov. ↑*forota*, ↓*fortel*.

forte 'silně (v hudbě)', *fortissimo* (superlativ od *forte*). Z it. *forte* 'silný' z lat. *fortis* tv. Srov. ↓*piano*.

fortel ob. 'dovednost, zručnost', *fortelný* 'dobře udělaný, bytelný'. Stč. též 'lest, úskok'. Ze střhn. *vorteil* (dnes *Vorteil*) 'výhoda, zisk' z *vor* 'před' a *teil* 'část, díl' (souvisí s ↑*díl*). Srov. ↑*forhont*, ↑*forota*, ↑*foršus*.

fortifikace 'opevnění'. Z lat. *fortificātiō* z *fortis* 'silný' a *-ficātiō* (viz ↑*-fikace*). Srov. ↑*forte*, ↑*forsírovat*.

fortna zast. 'brána'. Z něm. *Pforte* a to z lat. *porta* 'brána, vrata'. Srov. ↓*portál*, ↓*portýr*.

fortuna 'štěstí'. Z lat. *fortūna* 'štěstí, náhoda, osud' od *fors* 'šťastná náhoda' k *ferre* 'nést, přinášet'.

fórum 'veřejnost, veřejné místo'. Z lat. *forum* 'tržiště'. Srov. ↑*dvůr*.

forvard slang. 'útočník, místo v útoku (ve sportu)'. Z angl. *forward* tv. z *fore* 'přední' a *ward* 'stráž'. Srov. ↑*forhend*, ↑*forčeking*, ↓*stevard*.

forzýtie 'zlatý déšť'. Podle angl. botanika W. *Forsytha* († 1804).

fořt zast. ob. 'lesník'. Z něm. *Forstmeister* k *Forst* 'les' (srov. i ↓*mistr*).

fosfát 'fosforečné hnojivo'. Z fr. *phosphate* (viz ↓*fosfor*).

fosfor 'světélkující nekovový prvek', *fosforeskovat*. Přes něm. z ř. *fōsfóros* 'světlonosný' z *fōs* 'světlo' a *-fóros* od *férō* 'nesu'. Srov. ↓*foto-*, ↓*semafor*, ↓*lucifer*.

fosgen 'druh jedovatého plynu'. Uměle z ř. *fōs* 'světlo' a základu *gen-* 'rodit (se)' (srov. ↓*gen*). Vzniká působením chlóru na kysličník uhelnatý za denního světla.

fosilie 'zkamenělina', *fosilní*. Od lat. *fossilis* 'vykopaný' od *fodere* (příč. trp. *fossum*) 'kopat'.

fošna 'silné prkno'. Z něm. *Pfosten* 'sloup, kůl, fošna' a to z lat. *postis* 'veřeje, sloup'.

fotbal, *fotbalový, fotbalista*. Z angl. *football* z *foot* 'noha' (srov. něm. *Fuss*) a *ball* 'míč' (srov. ↑*-bal*).

fotel ob. 'křeslo, lenoška'. Z fr. *fauteuil*, stfr. *faudestoel* a to z frk. *faldistōl, doslova 'skládací stolice' (srov. ↑*fald*, ↓*stůl*).

foto-[1] (ve složeninách) 'týkající se světla'. Z ř. *fōs* (gen. *fōtós*) 'světlo'. Srov. ↑*fosfor* a ↓*fotografie*, ↓*fotosyntéza*, ↓*fotobuňka*.

foto-[2] (ve složeninách) 'týkající se fotografie'. Zkráceno z ↓*fotografie*. Srov. *fotoaparát, fotokopie, fotomontáž*, ↓*fotogenický*.

fotobuňka 'článek měnící světelné podněty na elektrické'. Z ↑*foto-*[1] a ↑*buňka*.

fotogenický 'vhodný k fotografování'. Uměle z ↑*foto*[2] a základu *gen-* 'rodit (se)'. Srov. ↑*fosgen*.

fotografie, *fotografický, fotograf, fotografovat*, hov. *foto, fotka, fotit, focení*. Z ↑*foto-*[1] a ↓*-grafie*.

fotosyntéza 'přeměna kysličníku uhličitého v rostlinách v organické látky působením světla'. Z ↑*foto-*[1] a ↓*syntéza*.

fotr zhrub. 'otec'. Z něm. *Vater* tv. Srov. ↓*páter*.

foukat, *nafouknout, náfuka, sfouknout, vyfouknout*. Všesl., onom. původu. Srov. ↓*fuk*, ↓*fučet*, ↓*podfouknout*.

fouňa ob. expr. 'nadutec'. Od ↓*funět* onom. původu.

fous. Viz ↓*vous*.

foxteriér 'plemeno psa'. Z angl. *foxterrier* z *fox* 'liška' (něm. *Fuchs*) a *terrier* (viz ↓*teriér*) (byl využíván při lovu lišek). Srov. ↓*foxtrot*, ↑*fixlovat*.

foxtrot 'druh tance'. Z angl. *foxtrot*, doslova 'liščí klus', z *fox* 'liška' a *trot* 'klus, rychlý pohyb'. Srov. ↑*foxteriér,* ↓*trotl.*

foyer 'předsálí v divadle ap.'. Z fr. *foyer* tv., původně 'místnost s krbem sloužící k ohřátí', ze stfr. *foier* 'krb' z pozdnělat. *focārius* 'týkající se krbu, ohniště' od lat. *focus* 'ohniště'. Srov. ↑*fokus,* ↓*fukar,* ↑*fofr.*

fracek zhrub. '(drzé) dítě'. Z něm. *Fratz* tv., dříve též 'ošklivý, špatný člověk', jež je asi z it. *frasca* (viz ↓*fraška*).

fragment 'zlomek', *fragmentární.* Z lat. *fragmentum* od *frangere* 'lámat'. Srov. ↓*fraktura,* ↓*frakce.*

fraj přísl. zast. ob. 'volno, volně'. Z něm. *frei* 'volný, svobodný', jež souvisí s *Freund* 'přítel'. Dále srov. ↓*frajer.*

frajer ob. expr. 'milenec; vyzývavý mladík', *frajírek, frajeřit, frajeřina.* Z něm. *Freier* 'nápadník, záletník' (stč. *frejieř*) od *freien* 'chodit za dívkou', jež souvisí s naším ↓*přát,* ↓*přítel.* Srov. i ↑*fraj.*

frajle ob. hanl. 'slečna'. Z něm. *Fräulein* tv., což je zdrobnělina k *Frau* 'paní'.

frak 'slavnostní pánský oděv'. Z něm. *Frack* z angl. *frock,* původně 'kutna, sutana', ze stfr. *froc* tv. a to asi původu germ.

frakce 'skupina odštěpená od celku', *frakční.* Z lat. *frāctiō* 'odštěpení, odlomení' od *frangere* (příč. trp. *frāctus*) 'lámat'. Srov. ↓*fraktura,* ↑*fragment.*

fraktura 'zlomenina'. Z lat. *frāctūra* 'zlomení' od *frangere* (příč. trp. *frāctus*) 'lámat'. Srov. ↑*frakce,* ↑*fragment.*

francovka 'masážní přípravek z alkoholu, mentolu aj.'. Z něm. *Franzbranntwein* 'francouzská pálenka'.

frank 'peněžní jednotka'. Z fr. *franc* a to z původního nápisu na minci *Francōrum rēx* 'král Franků'; jméno germ. kmene, po němž je nazvána

Francie, značí 'volný, svobodný'. Srov. něm. *frank* tv.

franko přísl. 'vyplaceně', *(o)frankovat.* Z it. *franco (di porto)* 'osvobozeno (od poštovného)' z it. *franco* 'svobodný' a to z germ. Srov. ↑*frank.*

františek 'kuželík vonné pryskyřice vydávající vonný dým'. Z angl. *frankincense* 'kadidlo' ze stfr. *franc encens* 'čisté kadidlo' (srov. ↑*frank*) z lat. *incēnsum* 'to, co je zapálené' od *incendere* 'zapálit' z ↓*in-* a *candēre* 'být žhavý, zářit'. Zvuková podoba se v č. přiklonila k osobnímu jménu *František.* Srov. ↓*kandelábr,* ↓*kandidát,* ↓*františkán.*

františkán 'člen mnišského řádu', *františkánský.* Podle zakladatele, sv. *Františka z Assisi* (it. *Francesco,* doslova 'Francouzek', protože jeho matka byla Francouzka). Srov. ↑*frank.*

frapantní 'nápadný, do očí bijící'. Z fr. *frappant* 'bijící' od *frapper* 'bít'.

fraška 'obhroublá veselohra; expr. nedůstojné, tragikomické dění', *fraškovitý.* Z it. *frasche* 'suché větve, veteš, nicotné věci, šprýmy', což je pl. k *frasca* 'listnatá větev' (sloužící k označení výčepu)', pak též 'lehkomyslný člověk' (srov. ↑*fracek*). Dále nejasné. Jen ob. č. (a odtud do slk. a pol.).

fráter 'mnich bez kněžského svěcení'. Z lat. *frāter* 'bratr' (viz ↑*bratr*). Srov. ↓*páter.*

fráze 'ustálené spojení slov; otřelé vyjádření', *frázovitý, frázovat.* Přes něm. *Phrase* z lat. *phrasis* a to z ř. *frásis* 'výraz, mluvení' od *frázō* 'říkám, ukazuji, naznačuji'.

frazeologie 'nauka o ustálených slovních spojeních'. Viz ↑*fráze* a ↓*-logie.*

frc ob. 'zastavárna'. Z něm. spojení *in Versatz (geben)* '(dát) do zástavy' (v č. se užívá prakticky jen takto

s předl.); *ver-* souvisí s naším ↓*pře-*, *Satz* je od *setzen* 'posadit' (viz ↓*sedět*).

frčet. Onom. k citosl. *frr* vyjadřujícím prudký let. Srov. ↓*frčka*, ↓*frnknout*.

frčka slang. 'cvoček či hvězdička jako odznak vojenské hodnosti'. Původně 'knoflík', tedy asi něco jako ↑*čamrda* – knoflík, který se roztočí a 'frčí'. Srov. ↑*frčet*.

fregata 'druh válečné lodi', *fregatní*. Z it. *fregata* (snad přes něm. *Fregatte*) tv., jehož další původ je nejistý.

frekvence 'provoz; častost výskytu; kmitočet', *frekvenční, frekventovaný, frekventant*. Z lat. *frequentia* tv. od *frequēns* 'častý, hojně navštěvovaný', jež asi souvisí s *farcīre* 'cpát'.

frenetický 'bouřlivý, nadšený'. Z lat. *phrenēticus* z ř. *frenētikós* 'šílený' k *frén* 'bránice', ale i 'duše, rozum, rozvaha' (staří Řekové věřili, že pod srdcem sídlí duše, rozum atd.).

freska 'nástěnná malba do mokré omítky'. Z it. *(dipingere) a fresco* '(malovat) na čerstvou (omítku)'; *fresco* 'čerstvý' je z germ. **frisc* (srov. něm. *frisch*) tv.

fretka 'bílá forma tchoře'. Z něm. *Frett(chen)* a to přes fr. *furet* z vlat. **fūrittus* 'fretka, tchoř' k lat. *fūr* 'zloděj'.

fréza 'obráběcí stroj', *frézař, frézovat, frézka*. Přes něm. *Fräse* z fr. *fraise* tv. od *fraiser* 'frézovat', dříve 'vrásnit, zvětšovat otvor', asi z frk. **frisi* 'obruba, kadeření'.

frigidní 'chladný, sexuálně nevzrušivý', *frigidita*. Z lat. *frīgidus* 'chladný' od *frīgēre* 'být chladný, mrznout' k *frīgus* 'chlad, mráz'.

frikativa 'třená souhláska'. Z moderních evr. jazyků a tam ze stlat. *fricativus* od lat. *fricāre* 'třít'. Srov. ↑*afrikáta*, ↓*frikce*.

frikce 'tření'. Z lat. *frictiō* tv. od *fricāre* (příč. trp. *frictus, fricātus*) 'třít'. Srov. ↑*frikativa*, ↓*froté*.

fritovat 'smažit v rozpáleném tuku', *fritovací*. K fr. *frit*, což je příč. trp. od *frire* 'péci' z lat. *frīgere* tv. Srov. ↓*pomfrity*.

frivolní 'rozpustilý, nestydatý'. Z fr. *frivole* 'lehkovážný, nicotný' z lat. *frīvolus* 'nicotný, rozbitý, drobivý' od *friāre* 'roztírat, drobit' (souvisí s *fricāre* – viz ↑*frikce*).

frizúra ob. expr. 'účes'. Přes něm. *Frisur* z fr. *frisure* od *friser* 'kadeřit, kudrnatit', jehož další původ není jasný.

frkat. Onom. (vydávat zvuk *frr*). Srov. ↑*frčet*, ↓*frnknout*.

frmol hov. expr. 'shon, zmatek'. Asi expr. přetvoření (k slovům jako ↑*frčet*?) z *chrmol* (tak u Jg), což je ojedinělá varianta k *chomol* 'bouře, bouřlivý vítr' (viz též Jg), jež souvisí s ↓*chumel*.

frňák ob. zhrub. 'nos', *ofrňovat se*. Od *frnět*, což je obměna ↑*frkat*. Srov. také rýmové ↓*chrnět*.

frnknout expr. 'uletět'. Onom. od citosl. *frnk*. Srov. ↑*frčet*.

fronta 'bojiště; seskupení organizací či stran; řada čekajících lidí; rozhraní vzduchových vrstev', *frontový, frontální*. Přes něm. *Front(e)* z fr. *front* či it. *fronte* a to z lat. *frōns* (gen. *frontis*) 'čelo, přední strana'. Význam 'řada čekajících lidí' je – pokud víme – jen v č.

frontispis 'stránka tvořící protějšek titulního listu knihy'. Z fr. *frontispice* ze stlat. *frontispicium* 'průčelí (budovy)' z *frōns* 'čelo' (srov. ↑*fronta*) a *-spicere* k *specere* 'hledět' (srov. ↑*aspekt*, ↓*inspekce*).

froté 'bavlněná tkanina se smyčkovým povrchem'. Z fr. *frotté*, což je příč. trp. k *frotter* 'otírat (ručníkem)', jež se asi nepravidelně vyvinulo (přes stfr. *froter, freter*) z lat. *fricāre* 'tříť. Srov. ↑*frikce.*

frťan ob. expr. 'odlivka alkoholu'. Nejasné.

fruktóza 'ovocný cukr'. K lat. *frūctus* 'plod'.

frustrace 'rozčarování, nenaplnění očekávaného', *frustrovat.* Z lat. *frūstrātiō* od *frūstrāre* 'zklamat v očekávání' od přísl. *frūstrā* 'marně, zbytečně'. Souvisí s *fraudāre* 'klamat' (srov. ↑*defraudace*).

fuč přísl. ob. 'pryč'. Z něm. *futsch* tv., jež je nejspíš onom. původu. Srov. ↓*fušovat.*

fučet. Onom. Srov. ↑*foukat,* ↑*fičet.*

fuga 'skladba, v níž téma postupně přebírají různé nástroje či hlasy'. Z lat. *fuga* 'útěk' od *fugere* 'utíkat, prchat', jež souvisí s ↑*běžet* a ↑*fobie.*

fuchsie 'druh ozdobné květiny'. Podle něm. botanika L. *Fuchse* († 1566).

fuj citosl. Onom. vyjádření znechucení – podobné je něm. *pfui*, angl. *fie*, fr. *fi*, lat. *fū.*

fujara 'pastýřská píšťala'. P. *fujarka,* ukr. *fujára, flojára,* s./ch. *frůla,* dále rum. *fluer,* maď. *furulya,* alb. *flojere.* Slovo karpatské pastýřské kultury (srov. ↑*bača,* ↑*brynza* ap.), původu neznámého. Na č. podobu zřejmě působilo nář. *fujať* 'foukat'.

fujavice 'vánice'. Z nář. *fujať* onom. původu (citosl. *fu-*) stejně jako ↑*foukat,* ↑*fučet.* Srov. i ↑*fujara.*

fuk[1] 'fouknutí'. Od ↑*foukat.*

fuk[2] přísl. (ve spojeních *to je fuk, to máš fuk*) ob. expr. '(to je) jedno, lhostejno'. Expr. varianta k ↑*fík* s přikloněním k ↑*fuk*[1].

fukar 'stroj na provívání obilí, metání slámy ap.'. Příkloněním k ↑*foukat* ze staršího *fofr, fochr* z něm. *Focher, Föcher* (dále viz ↑*fofr*).

fukýř, fukéř expr. 'silný vítr'. K ↑*fučet,* ↑*foukat.*

fundamentální 'základní, podstatný', *fundamentalismus, fundamentalista.* Z pozdnělat. *fundāmentālis* (asi přes něm. *fundamental*) k lat. *fundāmentum* 'základ' od *fundāre* (viz ↓*fundovaný*).

fundovaný '(argumenty) podložený, podpořený'. Od *fundovat* 'podporovat, zajišťovat' z lat. *fundāre* 'zakládat, upevňovat' od *fundus* 'základ, půda'. Srov. ↑*fond,* ↑*fundamentální.*

funebrák ob. 'pohřební zřízenec'. Od lat. *fūnebris* 'pohřební' k *fūnus* (gen. *fūneris*) 'pohřeb' (srov. ↓*funus*).

funět. Onom. Srov. ↑*fučet,* ↑*fujavice* i ↑*fouňa.*

fungl(ový) ob. expr. 'zcela (nový)'. Z něm. *funkel(nagel)neu* tv., doslova 'nový jak třpytivý hřebík' k *funkeln* 'třpytit se'.

fungovat, *funkce, funkční, funkcionář, funkcionářský, funkcionalismus, funkcionalista.* Z lat. *fungī* (příč. trp. *fūnctus*) 'vykonávat, zastávat'.

funkl. Viz ↑*fungl(ový).*

funus ob. 'pohřeb'. Již od 16. st. šířeno přes kostelní latinu (z lat. *fūnus*). Srov. ↑*funebrák.*

fůra 'těžký náklad'; ob. expr. 'velké množství'. Z něm. *Fuhre* 'povoz, náklad na voze', jež souvisí s *fahren* 'jet' a *führen* 'vést, vézt'. Srov. ↑*forman,* ↑*fáro,* ↑*fárat.*

furiant expr. 'umíněný, pyšný člověk'. Z lat. *furiāns* (možná přes něm. *Furiant*), což je přech. přít. k *furiāre* 'uvádět v šílenost, rozzuřit (se)', tedy asi 'zuřící, řádící'. Srov. ↓*fúrie,* ↓*furóre.*

fúrie expr. 'zuřivá žena'. Z lat. *Furia* 'Lítice, bohyně pomsty' z *furia*

furóre 'zběsilost, zuřivost' od *furere* 'zuřit, běsnit'. Srov. ↑*furiant*, ↓*furóre*.

furóre hov. zast. 'rozruch'. Z it. *furore* 'pohnutí mysli, zuřivost' z lat. *furor* tv. k *furere* 'zuřit'. Srov. ↑*fúrie*, ↑*furiant*.

furt přísl. ob. 'pořád'. Z něm. *fort* 'dále, pryč' (*in einem fort* 'neustále') od *vor* 'před'. Srov. i naše ↓*před*.

furunkl 'nežit'. Z něm. *Furunkel* a to z lat. *fūrunculus* tv., což je asi zdrobnělina k *fūr* 'zloděj' (nežit jakoby 'krade' krev a tělní tekutiny). Srov. ↑*fretka*.

fusekle ob. 'ponožka'. Z něm. *Fußsöckel* z *Fuß* 'noha' a zdrobněliny od *Socke* 'ponožka' z lat. *soccus* 'nízký, lehký střevíc' a to z ř.

fušovat 'neodborně a špatně něco dělat', *fušer, fuška, fušeřina*. Z něm. *pfuschen* tv., jež se vykládá od citosl. *futsch*, oblastně též *pfu(t)sch*, vyjadřujícího splasknutí, zasyčení ap. Srov. ↑*fuč*.

futrál ob. 'pouzdro'. Z něm. *Futteral* ze střlat. *fotrale, fotrum*, jež je ovšem zase ze střhn. *vuoter* 'podšívka, pochva na meč'. Srov. ↓*futro*.

futro ob. 'dveřní rám'. Z něm. *Futter* 'podšívka; dveřní rám', dále viz ↑*futrál*.

futrovat (se) ob. 'krmit (se), cpát (se)'. Od něm. *Futter* 'krmivo', *füttern* 'krmit', jež asi souvisí s ↓*pást (se)*.

futurum 'budoucí čas', *futurismus* 'umělecký směr ze zač. 20. st.', *futuristický*. K lat. *futūrus* 'budoucí', stejný kořen je i v lat. perfektu *fuī* 'byl jsem', našem ↑*být* i ř. *fýsis* 'příroda', vše z ie. **bheu-*, **bhū-* 'růst'.

fúze 'splynutí', *fúzovat*. Z lat. *fūsiō* od *fundere* (příč. trp. *fūsus*) 'lít, rozpouštět'. Srov. ↓*transfuze*, ↑*fondán*, ↑*fondue*.

fyto- (ve složeninách) 'týkající se rostlin'. Z ř. *fytón* 'rostlina' a to od stejného základu jako ↓*fyzika*. Srov. *fytogeneze* 'vývoj rostlinstva' (viz ↓*geneze*).

fyzika 'věda o vlastnostech a pohybu hmoty', *fyzik, fyzický, fyzikální*. Z lat. *physica*, ř. *fysiké (téchnē)* 'nauka o přírodě' od *fysikós* 'týkající se přírody' k *fýsis* 'příroda', jež souvisí s naším ↑*být*. Srov. i ↑*fyto-*, ↑*fiškus*, ↑*futurum*.

fyziognomie 'výraz obličeje'. Přes něm. a lat. z ř. *fysiognōmía* 'určování povahy z rysů obličeje' k *fýsis* 'příroda, tělesná povaha' a *gnōmē* 'poznání, smýšlení'. Srov. ↑*fyzika*, ↓*gnóma*.

fyziologie 'nauka o dějích v organismu', *fyziolog, fyziologický*. Z ř. *fýsis* 'příroda' a ↓*-logie*.

G

gabardén 'druh tkaniny'. Přes něm. z fr. *gabardine* ze šp. *gabardina* a to asi zkřížením *gabán* 'svrchník, plášť s kapucí' (zřejmě z ar.) a *tabardina* od *tabardo* 'hazuka, selský kabátek'. Srov. ↑*capart*.

gábl(ík) ob. zast. 'přesnídávka, jídlo'. Z něm. *Gabel(frühstück)* '(snídaně) na vidličku' od *Gabel* 'vidlička' a to z keltštiny (srov. stir. *gabul* 'vidlice', bret. *gavl, gaol*).

gabro 'druh vyvřelé horniny'. Podle it. obce *Gabbro*.

gag 'komický nápad (ve filmu ap.)'. Z angl. *gag* tv. Asi ze slang. *gag* 'vymýšlet si', jež souvisí s něm. *Geck* 'floutek', dříve 'dvorní blázen'.

gajdy nář. 'dudy', *gajdoš*. Ve slov. jazycích (chybí v r., luž. i na západě č. území) výpůjčka z tur. *gajda* tv., původ je však nejspíš iberský (špan. *gaita* tv.). Další souvislost se hledá v gót. *gaits* 'koza' – z kůže tohoto zvířete se měchy k dudám dělaly.

gala hov. 'slavnostní vystrojení'; adj. 'slavnostní'. Přes něm. a fr. ze šp. *gala* a to asi ze stfr. *gale* 'potěšení, zábava' od *galer* 'bavit se, vést veselý život'. Další původ nejasný. Srov. ↓*galán*, ↓*galantní*, ↓*galanterie*.

galán nář. 'milenec', *galánka*. Přes něm. *Galan* ze šp. *galán* 'milovník, elegantní muž' ze stfr. *galant*, což je přech. přít. k *galer* (viz ↑*gala*).

galanterie 'drobné ozdobné zboží'. Přes něm. *Galanterie* z fr. *galanterie* 'dvornost', později 'drobné ozdobné dárky' od *galant* (viz ↓*galantní*).

galantní 'dvorný'. Přes něm. z fr. *galant* tv., stfr. 'živý, veselý' od *galer* 'bavit se' (viz ↑*gala*, ↑*galán*).

galaxie 'soustava miliard hvězd', *galaktický*. Ze střlat. *galaxia* 'Mléčná dráha' z lat. *galaxiās* a ř. *galaxías* od *gála* (gen. *gálaktos*) 'mléko'.

galeje (pomn.) 'nucené veslování na válečných lodích'; expr. 'dřina', *galejník*. Stč. *galejě, gallé* aj. (sg.) 'veslařská válečná loď' je ze střlat. *galea* ze stř. *galéa* z ř. *galéē*, jež označovalo lasičku, ale také jisté žralokovité ryby, s jejichž pohybem byl pohyb lodi srovnáván.

galéra 'veslová loď'. Z it. *galera* a to ze střlat. *galea* (viz ↑*galeje*).

galerie 'ochoz, chodba; sbírka umění'. Z it. *galleria* 'sloupová chodba' ze střlat. *galeria*, jehož původ není jistý. Snad ze střlat. *galilaea* 'předsálí kostela' – tak bylo metaforicky (podle jména biblické palestinské provincie) nazváno místo, kde se shromažďovaly zástupy laiků.

galimatyáš 'zmatenina'. Přes něm. *Galimathias* z fr. *galimatias*, jehož výklad většinou vychází z osobních jmen *Gallus* a *Mathias*, nebo z fiktivního místního jména – těžko rozlišit, co je skutečná a co jen lidová etymologie. V druhé části také může být ř. *-mathíā* 'vědění, učení' (srov. ↓*chrestomatie*).

galon 'anglická dutá míra'. Z angl. *gallon* ze stfr. *galon* 'velká nádoba'. Další původ nejistý.

galoše 'gumová přezůvka'. Přes něm. *Galosche* z fr. *galoche* 'přezůvka', dřevák' a to buď k ř. *kālópous* 'ševcovské kopyto, dřevák' z *kālon* 'dřevo' a *poús* 'noha', nebo z lat. *gallicula* 'sandálek' od *gallica* '(galský) sandál'. Jsou i výklady jiné.

galvanický 'přeměňující chemickou energii v elektrickou' (*g. proud, g. článek*), *galvanizovat, galvanizace*. Podle it. fyzika *L. Galvaniho* († 1798).

gamba 'druh violy'. Z it. *viola da gamba* (viz ↓*viola*) ke *gamba* 'noha' (hráč si nástroj přidržuje nohama) z pozdnělat. *gamba* tv. asi z ř. *kampē* 'ohyb, kloub'.

gambit 'zahájení šachové partie s obětí pěšce'. Ze šp. *gambito* z it. *gambitto, gambetto,* doslova 'nastavení nohy, stolička', od *gamba* 'noha' (viz ↑*gamba*).

game 'hra v tenise'. Z angl. *game* 'hra', ale i 'milostná hra, lovná zvěř ap.', původně 'radost, potěšení'. Jen v angl. a skand. jazycích.

gang 'zločinecká tlupa', *gangster.* Z angl. *gang* tv. Stangl. *gang* znamená 'chození, cesta', dnešní význam možná přes skand. jazyky. Souvisí s angl. *go* 'jít', něm. *gehen* tv.

ganglie 'nervová uzlina'. Přes lat. z ř. *ganglíon* 'nádor, uzlina'.

gangréna 'sněť'. Přes střlat. *gangraena* z ř. *gángraina* 'vřed, rakovina'.

gangster, *gangsterský.* Viz ↑*gang.*

garance 'záruka', *garantovat, garant.* Přes něm. *Garantie* z fr. *garantie* tv. od *garant* 'ručitel, ručící' ze stfr. *guarant, warant,* jež je převzato z germ. (srov. něm. *Gewähr* 'záruka', *wahren* 'opatrovat' ap.). Srov. ↓*garáž.*
↑*garance,* ↓*garda.*

garáž, *garážovat.* Z fr. *garage,* doslova 'odstavení, vybočení', od *garer* 'dát na bezpečné místo' ze stfr. *varer* 'chránit (se)' a to z germ. **war-* (srov. něm. *wahren* 'opatrovat'). Srov. ↑*garance,* ↓*garda.*

garda 'stráž, družina', *gardový, gardista.* Z fr. *garde* tv. od *garder* 'hlídat, opatrovat, uschovávat' a to z germ. **ward-* (srov. něm. *Warte* 'strážní věž', *warten* 'čekat'). Srov. i ↓*varta,* ↑*garáž.*

garde 'ohrožení dámy v šachu'. Z fr. *gardez-vous* 'dejte si pozor' (viz ↑*garda*).

garde(dáma) 'průvodkyně dívky'. Od fr. *garder* 'hlídat' (viz ↑*garda* a ↓*dáma*).

garden party 'zahradní slavnost'. Z angl. *garden* 'zahrada' (souvisí s ↓*hrad*) a *party* (viz ↓*party*).

garderoba 'šatstvo, šatna'. Z fr. *garde-robe* tv., doslova 'uschování šatstva' (viz ↑*garde* a ↓*róba*).

garnát 'mořský ráček'. Z něm. *Garnat* ze staršího niz. *gernaet.* Další původ nejasný.

garnitura 'souprava; skupina osob podobných profesionálních kvalit'. Přes něm. *Garnitur* z fr. *garniture* 'vybavení, sortiment' od *garnir* 'vybavit', stfr. též 'varovat, jistit' z germ. **warn-* (srov. něm. *warnen* 'varovat'). Srov. i ↑*garance,* ↑*garda.*

garsoniéra, hov. **garsonka** 'samostatná místnost s příslušenstvím'. Z fr. *garçonnière* od *garçon* 'chlapec, (starý) mládenec', původu nejasného.

gastronomie 'nauka o kuchařském umění', *gastronom, gastronomický.* Z fr. *gastronomie* k ř. *gastḗr* 'břicho, žaludek' a ↓*-nomie.*

gatě ob. 'kalhoty'. Všesl. – p. *gacie,* r. *gáči,* s./ch. *găće.* Stč. *hače, háče* 'krátké (spodní) kalhoty' zaniklo; nové slovo je výpůjčkou z mad'. *gatya* (tam ze slov.), případně z pol. Etymologie nejasná. Nejčastěji se spojuje s ie. **gā-* 'jít', tedy 'oděv na chození' (Ma[2] pod *hace*). Srov. ↓*hať,* ↑*gang.*

gauč 'spací pohovka'. Z angl. *couch* z fr. *couche* 'lehátko' od *coucher* 'lehat' z lat. *collocāre* 'ukládat' z *con-* (viz ↓*kon-*) a *locāre* 'umístit' od *locus* 'místo'. Srov. ↓*kuš,* ↑*dislokovat.*

gaučo 'jihoamerický pasák dobytka'. Z am.-šp. *gaucho* a to z arawackého *cachu* 'druh'.

gaudium hov. expr. 'veselí'. Z lat. *gaudium* od *gaudēre* 'veselit se'.

gauner ob. 'darebák, lump'. Z něm. *Gauner* a to ze staršího *Joner* 'falešný hráč'. Slovo je z argotu, původem asi z jidiš *jowen* 'Řek' (Řekům byla přisuzována zvláštní obratnost při falešné hře v karty).

gavota 'starý francouzský tanec'. Z fr. *gavotte* z prov. *gavoto* od *gavot* 'horal, hrubec' (původně tanec alpských horalů).

gáz 'řídká průsvitná tkanina', **gáza** 'jemný obvazový materiál'. Z fr. *gaze* a to buď podle palestinského místního jména *Gaza, Ghasa,* nebo přes šp. z ar. *qazz* 'surové hedvábí' z per. *käz*.

gazda nář. 'hospodář'. Z maď. *gazda,* což je zase přejetí ze slov. **gospoda* 'pán, hospodář'. Viz ↓*hospoda,* ↓*hospodář*.

gazela 'druh stepní antilopy'. Přes fr. *gazelle* a šp. *gacela* z ar. *gazāla* tv.

gáže 'služné'. Z fr. *gage* 'zástava', ze stfr. *gage, wage* tv. (srov. angl. *wage* 'mzda') z germ. **wadja-* tv. Srov. ↑*angažovat*.

gejša 'japonská tanečnice'. Z jap. *geiša* z *gei* 'tanec' a *ša* 'osoba'.

gejzír 'horký tryskající pramen'. Podle jména starého islandského zřídla *Geysir* z isl. *geysa* 'vyvěrat, prýštit' (souvisí s něm. *giessen* 'lít').

gel 'rosolovitá hmota'. Zkráceno z nlat. *gelatina* tv., což je novotvar k lat. *gelāre* 'zmrznout, ztuhnout, zmrazit' od *gelū* 'led, mráz'. Srov. ↓*želatina,* ↓*želé,* ↓*glazura,* ↓*chladný*.

geminace 'zdvojení'. Z lat. *gemināti*ō od *gemināre* 'zdvojovat' od *geminus* 'dvojitý'.

gen 'faktor dědičnosti uložený v buňce'. Nově utvořeno k ř. *génos* 'rod, pokolení'. Srov. ↓*genetika,* ↑*eugenika,* ↓*geneze*.

genealogie 'rodopis; věda zabývající se studiem rodokmenů'. Z ř. *génos* 'rod' a ↓*-logie*. Srov. ↑*gen,* ↓*geneze*.

generace 'pokolení'. Z lat. *generāti*ō 'plodivá síla', později 'potomstvo', z *generāre* 'plodit, rodit' od *genus* (gen. *generis*) 'rod, druh'. Srov. ↓*generátor,* ↑*degenerovat*.

generál, *generálský, generalita*. K lat. *generālis* 'všeobecný', doslova 'patřící všem druhům'. Ve vojenské oblasti nejprve ve fr. jako adj. *(capitain général,* 14. st.),* pak přes něm. Srov. ↓*generální*.

generální 'všeobecný, celkový, hlavní', *generalizovat*. Z lat. *generālis* 'všeobecný' od *genus* 'rod, druh'. Srov. ↑*generál,* ↑*generace,* ↓*génius*.

generátor 'zařízení přeměňující jednu energii v jinou', *generovat*. Z lat. *generātor* 'tvůrce, výrobce' od *generāre* (viz ↑*generace*).

genetika 'věda o zákonech dědičnosti', *genetický, genetik*. Nově utvořeno ve 20. st. k ř. *génesis* (viz ↓*geneze*).

geneze 'vznik, zrod'. Podle fr. *genèse* z lat. *genesis* z ř. *génesis* tv. od *gígnomai* 'rodím se, vznikám'. Srov. ↑*gen,* ↑*genealogie,* ↑*genetika*.

geniální. Viz ↓*génius*.

genitál, genitálie 'pohlavní ústrojí'. Z lat. *genitāle* (sg.), *genitālia* (pl.) od *genitālis* 'plodící' od *gignere* (příč. trp. *genitus*) 'rodit, plodit'. Srov. ↑*generace,* ↓*génius,* ↓*genitiv,* ↓*pregnantní*.

genitiv 'druhý pád'. Z lat. *(cāsus) genitīvus, genetīvus* '(pád) vyjadřující zrod, původ' k *gignere* (příč. trp. *genitus*) (viz ↑*genitál*).

génius 'člověk s neobyčejným tvůrčím nadáním', *geniální, genialita*. Z lat. *genius,* původně 'ochranné božstvo provázející člověka od jeho narození', pak 'síla, energie v člověku' a konečně

genocida   185   **girlanda**

pozdnělat. 'tvůrčí nadání'. Od *gignere* (viz ↑*genitál*).

genocida 'vyhlazení celé skupiny obyvatelstva, rasy či národa'. Utvořeno z lat. *genus* 'rod, druh' a *-cidere* (z *caedere*) 'zabíjet, vraždit'. Srov. ↑*generace*, ↓*pesticid*.

geo- (ve složeninách) 'země-'. Od ř. *gḗ* tv. Srov. ↓*geografie*, ↓*geologie*, ↓*geodézie*.

geodezie 'zeměměřičství', *geodet*, *geodetický*. Z fr. *géodésie* z ř. *geōdaisíā* z ↑*geo-* a *daíomai* 'dělím' (srov. ↑*díl*).

geografie 'zeměpis', *geograf*, *geografický*. Z ř. *geōgrafíā* 'popis země'. Viz ↑*geo-* a ↓*grafie*.

geologie 'nauka o složení země', *geolog*, *geologický*. Novější, z ↑*geo-* a ↓*-logie*.

geometrie 'obor matematiky zkoumající rovinné a prostorové útvary', *geometrický*. Z ř. *geōmetría* 'zeměměřičství' z ↑*geo-* a *metrṓ* 'měřím' (srov. ↓*metr*).

gepard 'druh kočkovité šelmy'. Přes něm. *Gepard*, fr. *guépard* z it. *gattopardo* z *gatto* 'kočka' (k pozdnělat. *cattus* tv.) a *pardo* 'pardál' (viz ↓*leopard*, ↓*pardál*).

gerila 'drobná záškodnická válka', *gerilový*. Ze šp. *guerilla*, což je zdrobnělina k *guerra* 'válka' z germ. **werra* (srov. i angl. *war* tv.).

germanismus 'německý jazykový prvek přejatý do jiného jazyka', *germanista*, *germanistika*, *germanizace*. Podle jména kmene *Germánů* (tak je označovali Římané a Keltové, nikoli oni sebe); v širším smyslu vztaženo na celou germ. jazykovou oblast, v užším pouze na Němce.

gerontologie 'nauka o stárnutí lidí'. Z ř. *gérōn* (gen. *gerontos*) 'stařec' a ↓*-logie*.

gestapo 'tajná policie v nacistickém Německu', *gestapák*. Zkratkové slovo z *Geheime Staatspolizei* 'tajná státní policie'. Srov. ↓*stát*[1], ↓*policie*.

gestikulovat 'posunkovat, pohybovat rukama při řeči'. Z lat. *gesticulārī* tv. od *gesticulus*, což je zdrobnělina k *gestus* (viz ↓*gesto*).

gesto 'posunek; (vnějškový) vstřícný projev'. Přes it. *gesto* z lat. *gestus* 'držení těla, posunek' od *gerere* (příč. trp. *gestus*) 'nést, vést, konat', ve zvratné podobě 'chovat se'. Srov. ↑*gestikulovat*.

ghetto 'uzavřená městská čtvrť (původně pro Židy)'. Ne zcela jasné. Z it. *ghetto*, které jistě souvisí se jménem ostrova *Get(t)o Nuovo* v Benátkách, kde byli Židé prvně separováni (od 16. st.) – to snad od it. *gettare* 'lít (kov) do formy', neboť na ostrově byly ve středověku slévárny. Lid. etym. *(D2)* pak asi spojeno s hebr. *gēṭ* 'odloučení'.

gibbon 'opice blízká lidoopům'. Prvně se objevuje ve fr. (pol. 18. st.), tam údajně z nějakého domorodého jazyka.

gigant 'obr', *gigantický*. Přes lat. z ř. *Gígās* (gen. *Gígantos*). V řecké mytologii se tak nazýval s bohy spřízněný rod obrovitých lidí.

gigolo 'muž nechávající se vydržovat od žen'. Z fr. *gigolo*, mužské formy k *gigole(tte)* 'profesionální tanečnice v tančírnách' k *giguer* 'hopsat' od *gigue* 'noha', ale také 'housle' (z germ., srov. něm. *Geige*). Snad tedy vývoj 'housle' → 'hopsat' a od toho zpětně 'noha'?

gilotina 'stínací popravčí nástroj'. Z fr. *guillotine* podle lékaře *J. Guillotina*, který ji doporučil k užívání za fr. revoluce (1789).

gin. Viz ↑*džin*[1].

girlanda 'obloukovitá výzdoba z květin ap.'. Z fr. *guirlande* či it. *ghirlanda* tv. Nejasné. První

glaciál část připomíná některá germ. slova (srov. angl. *wire* 'drát', sthn. *wiara* '(spirálovitá) zlatá ozdoba').

glaciál 'doba ledová', *glaciální*. K lat. *glaciālis* 'ledový' od *glaciēs* 'led'. Srov. ↓*glazé*, ↓*glazura*, ↑*gel*.

gladiátor 'starořímský zápasník', *gladiátorský*. Z lat. *gladiātor* od *gladius* 'meč'. Srov. ↓*gladiola*.

gladiola bot. 'mečík'. Z lat. *gladiolus*, což je zdrobnělina od *gladius* 'meč'. Srov. ↑*gladiátor*.

glajcha slang. 'dovedení stavby až pod střechu'. Z něm. *Gleiche* 'rovnost' od *gleich* 'rovný'.

glanc ob. 'lesk'. Z něm. *Glanz* tv. od *glänzen* 'lesknout se'. Srov. ↓*hledět*.

glazé adj. 'vyrobený z hlazené kůže'. Z fr. *glacé*, což je příč. trp. k *glacer* 'zmrazit, dát ledový vzhled' od *glace* 'led' z lat. *glaciēs* tv. Srov. ↑*glaciál*, ↑*gel*.

glazura 'sklovitý povlak keramických výrobků, poleva'. Z něm. *Glasur* od *Glas* 'sklo' – fr. *glaçure* je pak z něm. a ne od *glace* 'led' (viz ↑*glazé*). Někteří autoři však soudí naopak.

glejt 'ochranný průvodní list'. Z něm. *Geleit* 'doprovod' od *leiten* 'vést'. Srov. ↓*leitmotiv*, ↓*leader*.

globální 'souhrnný, celkový'. Z fr. *global* tv., dále viz ↓*glóbus*.

globulin 'druh bílkoviny'. Od lat. *globulus*, což je zdrobnělina k *globus* (viz ↓*glóbus*).

glóbus 'model zeměkoule'. Nový význam (od konce 15. st.) lat. *globus* 'koule, chumáč'. Srov. ↑*globální*, ↑*globulin*, ↓*konglomerát*.

glorifikace 'oslavování', *glorifikovat*. Z lat. *glōria* 'sláva' a ↑*-fikace*.

gloriola 'svatozář'. Z lat. *glōriola*, což je zdrobnělina k *glōria* 'sláva'. Vzniklo asi v malířství. Srov. ↑*glorifikace*.

glosa 'poznámka, vysvětlivka', *glosovat*, *glosátor*, *glosář*. Z lat. *glōssa* tv. z ř. *glō̃ssa* 'jazyk, řeč'. Srov. ↓*polyglot*, ↑*diglosie*.

glukóza 'hroznový cukr'. Přes něm. *Glukose* z fr. *glucose* k ř. *glykýs* 'sladký'. Srov. ↓*glycerin*, ↓*lékořice*.

glycerin 'olejovitý trojsytný alkohol'. Z fr. *glycérine* od ř. *glykerós* 'sladký' (vedle *glykýs* tv.). Srov. ↑*glukóza*.

glykemie 'hladina cukru v krvi'. Uměle z ř. *glykýs* 'sladký' a *(h)aīma* 'krev' (střlat. *haema*). Srov. ↑*glukóza*, ↑*anémie*.

gnóm 'skřítek'. Z nlat. novotvaru (16. st.) *gnomus*, snad z nedoloženého ř. **gēnómos* 'žijící v zemi' z *gē̃* 'země' a *nomós* 'obydlí, pobyt'. Srov. ↑*geo-*.

gnóma 'průpověď, sentence', *gnómický*. Z ř. *gnō̃ma* 'mínění, důkaz' od *gignṓskō* 'vím, znám'. Srov. ↑*fyziognomie*, ↓*gnozeologie*.

gnozeologie 'teorie poznání', *gnozeologický*. Uměle k ř. *gnō̃sis* 'poznání, náhled' a ↓*-logie*. Srov. ↑*gnóma*, ↓*prognóza*, ↑*diagnóza*.

gobelín 'nástěnný koberec'. Z fr. *gobelin* podle názvu továrny *(les) Gobelins* založené barvířem *Gobelinem* v 15. st.

gój 'Nežid'. Z hebr. *gōi* 'nevěřící, pohan'.

gól 'branka', *gólový*, *gólman*. Z angl. *goal* 'branka, cíl'. Další souvislosti nejisté.

golem 'umělý člověk vytvořený z hlíny'. Z pražské židovské hantýrky, původ nejasný.

golf[1] 'hra s míčkem odráženým holemi', *golfový*, *golfky*. Z angl. *golf* tv., souvisí s něm. *Kolben* 'palice', niz. *kolf* tv.

golf² 'široký mořský záliv', *golfský*. Přes něm. *Golf* z it. *golfo* a to přes pozdnělat. *colpus, colfus* z ř. *kólpos* tv.

goliáš expr. 'obr, hromotluk'. Podle biblického obra *Goliáše*.

gombík nář. 'knoflík'. Z maď. *gomb* a to snad z ř. *kómpos* tv. (Ma²).

gondola 'benátská loďka', *gondoliér*. Z it. *gondola*, jehož původ je sporný. Možná obměna z onom. *dondolare* 'houpat, kolébat', uvažuje se i o ř. *kóndy* 'nádoba' se zdrobňující it. příp. *-ola*.

gong 'kovový bicí nástroj kruhového tvaru'. Přes angl. *gong* z malajštiny, kde je asi onom. původu.

goniometrie 'nauka o funkcích úhlů', *goniometrický*. Z ř. *gōníā* 'úhel, roh' (souvisí s ř. *góny* 'koleno, klín') a *metréō* 'měřím'. Srov. ↑*geometrie*, ↑*diagonála*.

gordický (ve spojení *gordický uzel* 'spletitá, těžko řešitelná otázka'). Podle nerozvazatelného uzlu v městě *Gordion* v dnešním Turecku, který Alexandr Veliký 'rozvázal' tak, že jej rozťal mečem.

gorila 'největší lidoop'. Z ř. *Goríllai* (pl.), což je jméno jakýchsi divokých, chlupatých bytostí žijících v záp. Africe, o nichž zpravuje kartaginský mořeplavec Hanno (5. st. př. Kr.). V pol. 19. st. převzato am. biologem Savagem pro daný druh lidoopa.

gotes 'plátýnko (hazardní karetní hra)'. Z něm. *Gottessegen* 'Boží požehnání' z *Gott* 'Bůh' a *Segen* 'požehnání'. Srov. ↓*hergot*, ↓*žehnat*.

gotika 'středověký umělecký sloh', *gotický*. Východiskem je pozdnělat. adj. *gothicus* 'gótský' (týkající se germ. kmene *Gótů*) – z toho it. *gotico*, fr. *gotique*, angl. *gothic* atd. V renesanci se vyvinul pohrdlivý význam 'barbarský,

hrubý, středověce temný', kterým byl pak v 17. st. označen celý styl předchozí epochy (srov. podobně ↑*barok(o)*).

grácie 'půvab'; expr. 'půvabná dívka', *graciézní* (přes fr.), *graciózní*. Z lat. *grātia* 'půvab, milost, dík' od *grātus* 'půvabný, milý'.

grád ob. 'stupeň'. Přes něm. *Grad* z lat. *gradus* 'krok, schod, hodnost' k *gradī* 'kráčet'. Srov. ↓*gradace*, ↓*graduovat*, ↑*degradovat*, ↑*agrese*, ↓*retrográdní*.

gradace 'stupňování', *gradovat*. Z lat. *gradātiō* tv. od *gradus* (viz ↑*grád*).

graduovat 'získat akademickou hodnost', *graduovaný*. Ze střlat. *graduare* tv. od *gradus* 'hodnost, stupeň'. Srov. ↑*grád*.

graf 'kresba zobrazující určité údaje'. K ř. *grafé* 'obrys, malba, znak' od *gráfō* 'píšu, škrábu, kreslím'. Srov. ↓*-graf*, ↓*grafika*, ↓*gram*.

-graf (ve složeninách) '-pisec'. Z ř. *-gráfos*, což je ve složeninách činitelské jméno ke *gráfō* 'píšu, škrábu, kreslím'. Srov. ↓*telegraf*, ↑*biograf* i ↑*graf*, ↓*-grafie*.

grafém 'grafický znak, písmeno'. Uměle k ř. *gráfō* (viz ↑*graf*) podle ↑*foném*.

graffiti 'barevné obrazy či texty na zdech'. Z it. *graffiti*, což je příč. trp. (pl.) od *graffiare* 'škrabat'. Srov. ↑*graf*.

-grafie (ve složeninách) '-pis'. Z ř. *-grafíā*, což je dějové jméno ke *gráfō* (srov. ↑*-graf*). Srov. ↑*biografie*, ↑*geografie*, ↓*monografie*.

grafika, *grafik, grafický*. Novotvar podle ř. *grafikḗ (téchnē)* '(umění) psaní, kreslení' od *gráfō* (viz ↑*graf*).

grafit 'tuha'. Utvořeno koncem 18. st. k ř. *gráfō* (viz ↑*graf*).

grafo- (ve složeninách) 'týkající se písma, psaní'. Od ř. *gráfō* 'píšu, kreslím'. Srov. *grafologie* (viz ↓*-logie*), *grafoman* (viz ↓*-man*) i ↑*-graf.*

grál 'legendární zázračná miska s Kristovou krví'. Ze stfr. *grāl*, o jehož původu jsou různé domněnky.

gram 'váhová jednotka'. Utvořeno podle ř. *gramma* 'znaménko, písmeno', ale také 'váha 1/24 unce'. Jako normalizovaná jednotka od konce 19. st. Srov. ↓*-gram.*

-gram (ve složeninách) 'něco napsaného'. Srov. ↓*telegram,* ↓*monogram,* ↓*program,* ↑*autogram.* K ř. *grámma* 'písmeno, psaní, nápis, mluvnice' od *gráfō* 'píšu'. Srov. ↑*graf,* ↑*-graf,* ↓*gramatika.*

gramatika 'mluvnice', *gramatik, gramatický.* Z lat. *(ars) grammatica* z ř. *grammatiké (téchnē)* 'umění číst a psát', později 'nauka o jazyce'. Od ř. *grámma* 'písmeno, čtení a psaní ap.'. Srov. ↑*-gram,* ↓*negramotný.*

gramofon 'přístroj reprodukující zvuk zachycený na deskách', *gramofonový.* Uměle k ř. *grámma* 'psaní, nápis ap.' (srov. ↑*-gram*) a ↑*-fon.*

granát[1] 'tmavě červený drahokam', *granátový.* Přes stfrn. *grānāt* ze střlat. *granatus* 'zrnitý' k lat. *grānum* 'zrno'. Na drahokam přeneseno zřejmě z granátového jablka (lat. *mālum grānātum*) – spojuje je barva i zrnitost. Srov. ↓*granát*[2], *granit.*

granát[2] 'tříštivá střela', *granátový, granátník.* Utvořeno metaforicky podle granátového jablka, jemuž se podobá tvarem i strukturou (uvnitř připomíná zrna jaderníku). Srov. ↑*granát*[1].

grand hov.'velkorysý člověk'. Původně 'příslušník staré šp. šlechty' ze šp. *grande* 'velký' z lat. *grandis* tv. Srov. ↓*grandiózní.*

grandiózní 'velkolepý'. Z it. *grandioso* od *grande* (viz ↑*grand*).

granit 'žula', *granitový.* Z it. *granito,* vlastně 'zrnitý', od *granire* 'zrnit' od *grano* 'zrno' z lat. *grānum* tv. Srov. i střlat. *granitum marmor* 'zrnitý mramor'. Dále srov. ↑*granát*[1], ↓*granule.*

grant 'dotace na (vědecký) projekt', *grantový.* Z angl. *grant* tv. od slovesa *(to) grant* 'poskytnout, udělit' ze stfr. *grānter, graunter,* dříve *creanter* 'zajistit, zaručit' a to přes vlat. od *crēdēns* (gen. *crēdentis*), což je přech. přít. od lat. *crēdere* 'důvěřovat'. Srov. ↓*kredenc.*

granule 'přípravek ve tvaru zrna', *granulovat, granulovaný.* Z pozdnělat. *grānulum* 'zrnko' od lat. *grānum* 'zrno'. Srov. ↑*granit,* ↑*granát*[1].

grapefruit 'druh tropického ovoce', *grapefruitový.* Z angl. *grapefruit* z *grape* 'hrozen' (přes stfr. z germ., původní význam byl 'hák') a *fruit* 'ovoce' z lat. *frūctus* 'plod' (srov. ↑*fruktóza*). Název nejspíš podle hroznovitého květenství dřeviny.

gratis ob. 'zdarma'. Z lat. *grātīs* tv., což je ablativní tvar (pl.) od *grātia* 'přízeň, vděk' (tedy 'zdarma' = 'z přízně, za pouhý vděk'). Srov. ↑*grácie,* ↓*gratulovat.*

gratulovat 'blahopřát', *gratulace, gratulant.* Z lat. *grātulārī* od *grātus* 'milý'. Srov. ↑*grácie,* ↑*gratis.*

gravidita 'těhotenství', *gravidní.* Z lat. *graviditās* tv. od *gravidus* 'obtěžkaný' od *gravis* 'těžký'. Srov. ↓*gravitace.*

gravitace 'zemská přitažlivost', *gravitační.* Přes fr. a angl. *gravitation* (jako fyzikální termín od 17. st.) z lat. *gravitās* 'tíže' od *gravis* 'těžký'. Srov. ↑*gravidita.*

grázl ob. hanl. 'lump', *grázlovský.* Podle loupežného vraha *J. J. Grasla,* který byl počátkem 19. st. postrachem jižní Moravy.

gregoriánský. Od jména *Řehoř* (lat. *Gregorius*) – g. chorál podle papeže *Řehoře I.* († 604), g. kalendář podle papeže *Řehoře VIII.* († 1585).

grémium 'správní sbor'. Přes něm. *Gremium* z lat. *gremium* 'klín', později 'náruč, svazek'. Souvisí s lat. *grex* 'stádo'. Srov. ↓*kongregace*.

grenadina 'sodovka s ovocnou šťávou'. Z fr. *grenadine*, vlastně 'šťáva z granátových jablek', od *grenade* 'granátové jablko'. Srov. ↑*granát*[1].

grep. Zkráceno z ↑*grapefruit*.

grešle 'stará drobná mince'. Z něm. *Gröschel*, což je zdrobnělina od *Groschen* 'groš'. Viz ↓*groš*.

grif ob. 'hmat, obratný přístup'. Z něm. *Griff* 'hmat, držadlo, finta' od *greifen* 'chytit, sáhnout' (srov. angl. *grip* tv.).

gril 'rožeň', *grilovat*, *grilovaný*. Z angl. *grill* z fr. *grille* a to z lat. *crātīculum, crātīcula*, což je zdrobnělina ke *crātis* 'pletivo, mřížoví'.

griliáš 'pálený cukr s mandlemi a oříšky', *griliášový*. Ze staršího *griláž*, *griliáž* z fr. *grillage* 'pražení' od *griller* 'pražit, rožnit' (viz ↑*gril*).

grimasa 'škleb, stažení obličeje'. Přes něm. *Grimasse* z fr. *grimace* a to z germ. (srov. sthn. *grīmo* a stangl. *grīma* 'maska').

griotka 'višňový likér'. Z fr. *griotte* z prov. *agriota* k lat. *ācer* 'kyselý, ostrý'. Srov. ↓*ocet*, ↑*acetát*.

grizzly 'velký severoamerický medvěd'. Z am.-angl. *grizzly* od angl. *grizzle* 'šedý' ze střangl. *grisel* 'šedovlasý muž' od fr. *gris* 'šedý'. Srov. však i angl. *grisly* 'hrozný, strašlivý' a lat. název *Ursus horribilis*, doslova 'medvěd strašlivý'.

gró hov. 'většina, jádro'. Z fr. *gros* tv. z adj. *gros* 'tlustý, značný' z lat. *grossus* tv. Srov. ↓*groš*.

grobián hov. expr. 'hrubec', *grobiánský*. Z něm. *Grobian* tv. z *grob* 'hrubý' a lat. přípony -*iān(us)* (u jmen jako *Killian, Damian, Cyprian*). Srov. ↓*hrubián*.

gróf zast. nář. 'hrabě'. Z něm. *Graf* (viz ↓*hrabě*).

grog 'nápoj z rumu, horké vody a cukru'. Z angl. *grog* tv., původně přezdívka admirála Vernona, který vydal nařízení (1740), aby se námořníkům rum ředil vodou. Přezdívka je z angl. *grogram* 'těžká hrubovlnná látka' z fr. *gros grain* tv., doslova 'hrubé zrno' (srov. ↑*gró* a ↑*granule*) (admirál s oblibou nosil plášť z této látky).

groggy hov. expr. 'zcela vyčerpán'. Z angl. *groggy* 'nepevný, vrávoravý', dříve 'opilý'. Odvozeno od ↑*grog*.

groš 'starý stříbrný peníz'. Stč. též *kroš*. Ze střlat. *(denarius) grossus* 'tlustý (peníz)' (na rozdíl od dřívějších plíškových). U nás se razily kolem r. 1300 a měly dobrý zvuk – z č. je něm. *Groschen*. Srov. ↑*gró*, ↑*grešle*. Nesouvisí s něm. *gross* 'velký'.

groteska 'umělecký útvar se směšným a nelogickým dějem', *groteskní, grotesknost*. Z it. *(pittura) grottesca*, doslova 'jeskynní (obraz)', z *grotta* 'jeskyně' z lat. *crypta* 'podzemní klenba, hrobka'. V renesanci tak byly pojmenovány bizarní nástěnné malby objevené v podzemí starořímských paláců. Odtud se rozšířilo do jiných sfér umění. Srov. ↓*krypta*, ↓*krýt*.

grunt ob. 'základ, podstata', zast. 'statek', *gruntovat* 'důkladně uklízet'. Z něm. *Grund* 'základ, půda, pozemek', jež nemá jasné paralely mimo germ. jazyky.

grupa hov. 'skupina'. Z něm. *Gruppe* a to z fr. *groupe* z it. *gruppo* tv. Další

gubernátor původ nejistý – snad z germ. **kroppa-* (srov. stangl. *cropp* 'chomáč, poupě', něm. *Kropf* 'vole, boule').

gubernátor 'místodržící', *gubernie*. Z lat. *gubernātor* 'vůdce', doslova 'kormidelník', od *gubernāre* 'řídit, vést, kormidlovat', jež souvisí s ř. *kybernáō* tv. Srov. ↓*guvernér*, ↓*kybernetika*.

guláš, *gulášový*. Přes rak.-něm. *Gulasch* z maď. *gul(y)as (hús)*, doslova '(maso) pasáků hovězího dobytka' (=jimi připravované), z *gul(y)as* 'pasák hovězího dobytka' od *gulya, gula* 'hovězí dobytek'.

guma, *gumový, gumák, gumárna, gumárenský, gumovat, vygumovat*. Z lat. *gummi*, dříve *cummi*, z ř. *kómmi* a to nejspíš z egypt. Původně 'pryskyřice, lepkavá šťáva'.

gurmán 'labužník'. Z fr. *gourmand* nejistého původu. Bývá spojováno s fr. *gourmet* 'znalec vína, labužník' ze stfr. *gromet* 'chlapec, sluha' (srov. angl. *groom* tv.). Od zúženého významu 'pomocník obchodníka s vínem' přes 'koštér, obchodník s vínem' k významu dnešnímu.

gusto hov. 'chuť, vkus'. Z it. *gusto* z lat. *gustus* 'chutnání, chuť'. Srov. ↑*degustace*, ↓*koštovat*.

gutaperča 'druh pryskyřice podobný kaučuku'. Z angl. *gutta percha* z malajského *getah* 'guma' a *percha* 'gumovník'.

guturální 'hrdelní', *guturála*. Z nlat. *gutturalis* od lat. *guttur* 'hrdlo'.

guvernantka 'vychovatelka dětí'. Z fr. *gouvernante* od *gouvernant* 'řídící' od *gouverner* 'řídit' z lat. *gubernāre* (viz ↑*gubernátor*).

guvernér 'vysoký správní úředník', *guvernérský*. Z fr. *gouverneur* tv. z lat. *gubernātor* (viz ↑*gubernátor*).

gymnastika 'tělesné cvičení', *gymnast(k)a, gymnastický*. Z ř. *gymnastiké (téchnē)* '(umění) tělesného cvičení' od *gymnastés* 'cvičitel' od *gymnázō* 'cvičím (nahý)' k *gymnós* 'nahý'. Srov. ↓*gymnázium*.

gymnázium 'výběrová střední škola', *gymnazista, gymnaziální, gymnazijní*. Přes střlat. *gymnasium* z ř. *gymnásion* 'cvičiště, škola', původně otevřené prostranství, kde řečtí mladíci prováděli tělesná cvičení, od *gymnázō* (viz ↑*gymnastika*).

gynekologie 'ženské lékařství', *gynekolog, gynekologický*. Novotvar z ř. *gynē* (gen. *gynaikós*) 'žena' a ↓*-logie*. Srov. ↓*žena*.

gyps ob. 'sádra'. Již ve střední č. (kolem r. 1600). Přes něm. *Gips*, či přímo z lat. *gypsum* a to z ř. *gýpsos* tv., nejspíš semitského původu.

H

habaděj přísl. ob. 'mnoho, nadbytek'. Vykládá se ze spojení *hanba dieti* (viz ↓*hanba*, ↑*dít*). Srov. *má toho až hanba mluvit* (Ma²).

habán ob. expr. 'dlouhán'. Původně příslušníci sekty novokřtěnců něm. původu, kteří se usadili na jižní Moravě a zabývali se zejména hrnčířstvím. Jméno se proto vykládá z něm.d. *Habaner* 'hrnčíř' (něm. *Hafner*). Vynikali vysokou postavou, odtud dnešní význam (Ma², HL).

habilitovat se 'dosáhnout docentury', *habilitace, habilitační.* Ze střlat. *habilitare* 'dělat způsobilým' od lat. *habilis* 'vhodný, schopný' a to od *habēre* 'mít'. Srov. ↓*rehabilitovat*, ↓*hábit*.

hábit '(řeholní) šat', expr. '(dlouhé) šaty'. Z lat. *habitus* 'zevnějšek, oděv, tělesný vzhled, stav' od *habēre* 'mít'. Srov. ↑*habilitovat se*.

habr, *habrový*. Všesl. – slk. *hrab*, p., r. *grab*, s./ch. *grȁb, grȁbar*, b. *gábăr*. Psl. **grab(r)ъ*, v č. došlo k disimilačnímu zániku prvního *r* (dá se uvažovat i o přesmyku), jinde druhého (srov. ↑*bratr*). Spojuje se s lit. *skrōblas* a lat. *carpinus* tv. jako slovo 'praevropské' (Ma², HK), příbuznost kvůli velkým hláskovým rozdílům nepřipadá v úvahu. Jsou však i pokusy objasnit slovo jako domácí z psl. **grebti* 'hrabat' (viz ↓*hrabat*, ↓*pohřbít*): listí a výhonky byly česány jako krmivo dobytka, podobně by lat. *carpinus* bylo od *carpere* 'trhat'.

hacienda 'jihoamerický velkostatek'. Ze šp. *hacienda* a to z lat. *facienda* 'co má být uděláno' z *facere* 'dělat'. Srov. ↑*fakt*, ↑*faktura*.

hačat. Dětské slovo, jež nelze etymologizovat. Srov. ↓*hajat*.

háček. Zdrobnělina od ↓*hák*.

háčkovat. Podle něm. *häkeln* tv. od *Häkel(nadel)* 'háček (na háčkování)' od *Haken* 'hák'. Srov. ↓*hák*.

had, *hadí, hádátko, hadovitý, hadovka, hadice* (metaforické přenesení). Všesl. – p., r. *gad* 'plaz', s./ch. *gȁd* 'hnus, neřád, havěť', stsl. *gadъ* 'plaz, had, havěť'. Psl. **gadъ* je zřejmě tabuový název *(D4)* s původním významem 'něco odporného'. Spojuje se s lit. *gėda* 'hanba', něm. *Kot* 'bláto, výkaly', střhn. *quāt* 'zlý, odporný', stangl. *cwēad* 'hnůj', vše z ie. **gᵘōdh-/*gᵘēdh-* 'něco odporného, bláto, výkal'. Srov. i ↓*hyzdit*.

hádat, *hádanka, záhada, pohádka, uhádnout, odhadnout, dohad, hádka, hádat se, pohádat se, hádavý* (význam 'přít se' je jen č., snad i vlivem něm. *hadern* tv.). Všesl. – p. *gadać*, r. *gadát'*, sln.d. *gádati*, stsl. *gadati*. Psl. **gadati* nemá jednoznačný výklad. Často se spojuje se sti. *gádati* 'mluví' (srov. i č. nář. 'mluvit, žvanit' a ↓*pohádka*). Nadějné však je i spojení s angl. *guess* 'hádat', stisl. *gáta* 'hádanka' a dále angl. *get* 'dostat', gót. *bi-gitan* 'najít', lat. *prae-hendere* 'uchopovat', ř. *chandánō* tv. z ie. **ghe(n)d-* 'uchopit' s významovým posunem 'uchopovat (myslí)' → 'hádat' (srov. Ma², HK).

hadr, *hadřík, hadrový, hadrář, hadrník, hadrárna.* Z něm. *Hader* tv.; nář. a slk. *handra* se zesilovacím *-n-*.

hafan, *hafat*. Expr., onom.

hagiografie, *hagiograf* 'literatura o životě svatých'. Z ř. *hágios* 'svatý' a ↑*-grafie*.

háj. P. *gaj*, r.d. *gaj*, s./ch. *gâj*. Původně asi 'posvátný, chráněný les'. Dále viz ↓*hájit*, od něhož je odvozeno.

hajat, *hajinkat.* Dětské slovo, etymologie tedy nemožná. Je i v slk. a hl., srov. i lot. *aijāt* 'kolébat'.

hajdalák, *hajdalácký.* Z *hajdamák,* což byl původně ukrajinský povstalec proti polské šlechtě vzbouřené proti Rusku. Z tur. *hajdamak* 'lupič' (Ma[2]).

hajduk 'bývalý uherský žoldnéř'. U Jg též *hejduk.* Z maď. *hajdú* tv. (pl. *hajdúk*). Nabylo různých dalších významů: 'bojovník proti Turkům' (jsl.), 'lehký pěšák', 'ozbrojený osobní či úřední sluha' aj.

hajdy citosl. Slovo je rozšířeno na širokém území stř. a jihových. Evropy: p. *hajdy, hajda,* r. *(g)ajdá,* sln. *hàjdi,* s./ch. *hàjde,* tur., maď. *hajde,* rum. *(h)aida,* ale i něm. *heidi, heda.* Těžko soudit, zda je slovo všeobecným výrazem radosti, pobídky ap. pro uvedený areál (Ma[2]), či zda se rozšířilo z tur. (alespoň pro Balkán je pravděpodobnější druhá možnost).

hájit, *hajný, hájovna, hájemství, obhájit, obhájce, obhajoba, zahájit.* Všesl. (kromě b. a mak.) – p. *gaić* 'sázet les, krášlit zelení', str. *gajiti* 'ohrazovat, bránit', s./ch. *gájiti* 'chovat, pěstovat, pečovat'. Psl. **gajiti* se dá dobře vysvětlit odvozením od **gojiti* (↓*hojit*) (zdloužením kořenové samohlásky (B5)). Původní význam 'nechat žít' se změnil v 'pěstovat, chovat' a dále 'chránit'. Viz i ↑*háj,* ↓*zahájit.*

hajlovat 'zdravit fašistickým pozdravem'. Od něm. *heil!* 'sláva, zdar' (viz ↑*celý*), používaného něm. fašisty.

hajtra ob. zast. 'špatný, sešlý kůň'. Nejasné.

hajzl vulg. 'záchod; špatný člověk', *hajzlík.* Z něm. *Häusel,* což je zdrobnělina od *Haus* 'dům' ('záchod' = 'domeček'). Ohledně přeneseného významu srov. ↓*prevít.*

hák, *háček, hákový, hákovat, zahákovat, zaháknout, vyháknout.* Ze střhn. *hāke(n)* tv. (dnes *Haken,* srov. angl. *hook*). Srov. ↓*haše.*

háklivý, *háklivost.* Z rak.-něm. *haklich* tv. (něm. *heikel*).

hákovnice 'druh středověké střelné zbraně'. Podle něm. *Hakenbüchse,* vlastně 'puška s hákem' (připínala se hákem) (Ma[2]). Srov. ↑*arkebuza,* ↑*hák.*

haksna vulg. 'noha'. Z něm. *Hachse* tv. ze sthn. *hāhs(e)na,* jež asi souvisí s něm. *hängen* 'viset' a *Sehne* 'šlacha'.

hala, *halový.* Z něm. *Halle* (srov. angl. *hall*); fr. *halle* je z germ. Srovnává se s lat. *cella* (↑*cela*), vyvozuje se z ie. **kel-* 'zakrývat'.

halabala přísl. ob. Stč. *chalabala, chalybaly.* Spojení typu *čáry máry,* v němž je druhá část rýmovou ozvěnou prvního. Podobné je r.d. *chalabalá, chalachalá* 'uspěchaný, povrchní člověk', srov. i r.d. *chaloúmnyj* 'pošetilý'. Snad lze spojit i se s./ch. *hàla* 'nečistota, špína', b. *chála* 'obluda způsobující vítr, bouři ap.', ale etymologické východisko je temné. Č. a r. slova ukazují spíš na onom. tvoření. Srov. *halí belí* (v říkance), dále ↓*haraburdí,* ↓*halekat.*

halali 'lovecké fanfáry'. Přejato (asi přes něm.) z fr. *hallali* asi onom. původu (srov. ř. *alalá* 'válečný pokřik, výskání').

halama ob. expr. 'neotesaný člověk'. Asi expr. obměna k ↓*holomek.*

halapartna, *halapartník.* Z něm. *Hellebarde* ze střhn. *helmbarte* a to z *helm* 'rukojeť' a *barte* 'sekyra'. Srov. ↑*bradatice.*

halas, *halasit, halasný.* P. *hałas, hałasić* (výpůjčka z č. či naopak?). Asi expr. obměna k ↓*hlas,* srov. ↓*halekat,* ↓*harašit.*

halda 'hromada'. Z něm. *Halde,* jehož další původ je nejistý.

halekat, *halekání.* Slk.d. *helekať.* Od citosl. jako ↓*haló,* ↓*hola,* ↓*hele.* Srov. i ↓*hejkat.*

halena, *halenka.* Převzato asi ze s./ch. *hàljina* '(volný) oděv' od *hàlja* tv. a to asi z tur. *chali* 'koberec' (srov. i sln. *hálja* 'halena, plášť', b. *chalina* 'dlouhý svrchní oděv' (s./ch. a sln. *h = ch*). V č. a slk. se přiklonilo k ↓*halit,* původní význam byl 'lidový svrchní oděv z bílého hrubého sukna' (Ma²).

haléř, halíř, *haléřový.* Ze střhn. *haller, heller* (dnes *Heller*) podle něm. města *Schwäbisch-Hall,* kde se razil. Původně (od 13. st.) drobná stříbrná mince v ceně jednoho feniku, platila v různých oblastech až do 19. st. (v Rakousku do r. 1924), dnes jen v Česku a na Slovensku.

halit, *odhalit, zahalit, rozhalit, rozhalenka.* Samotné *halit* je nové, ve starší č. pouze s předponami. Tak obyčejně i jinde: sln. *zagáliti* 'zahalit', sln., s./ch. *razgáliti* 'odhalit', s./ch. *razgáliti se* 'rozjasnit se', r.d. *progálit'* 'očistit (od křoví)', ukr. *prohályna* 'světlé místo'. Nejspíš lze vyjít ze zdloužené varianty kořene **gol-,* který je v ↓*holý*; výchozí by pak byly tvary s předp. *raz-, od-* ap. s významem 'obnažit, učinit holým, nahým', z toho pak po odsunutí předp. nový, převrácený význam. Srov. ↓*haluz.*

halma 'druh společenské hry'. Z ř. *hálma* 'skákání, skok' (při hře se přeskakují figurky). Souvisí se ↓*salto.*

halo 'světelný kruh kolem slunce, měsíce ap.'. Z lat. *halōs* z ř. *hálōs, hálōn* tv. V astronomii od 16. st.

haló citosl. Asi z angl. *hallo, hello,* srov. fr. *holà,* šp. *hola,* sthn. *hala* s podobným užitím, dále ↓*hola* a ↑*halali,* vše od stejného citosl. základu.

halogen 'reaktivní prvek, snadno slučitelný s kovem', *halogenový.* Z ř. *háls* (gen. *halós*) 'sůl' a základu *gen-* 'rodit, tvořit' (viz ↑*gen,* srov. ↑*fosgen,* ↑*autogen,* ↑*estrogen*). Podle toho, že tyto prvky tvoří soli.

halt citosl. zast. 'stát'. Z něm. *halt!* 'stůj, zadrž' od *halten* 'držet' (angl. *hold*).

halucinace 'smyslový klam', *halucinační, halucinovat.* Z lat. *(h)allūcinātiō* 'blouznění' od *(h)allūcinārī* 'blouznit' od ř. *alýō* 'bloudím, jsem bez sebe'.

halušky 'druh jídel z těsta'. Užívá se hlavně na Moravě. Z pol. *gałuszka,* což je zdrobnělina k *gałka* 'kulička'.

haluz. P. *gałąź,* ukr. *halúza,* chybí v r. a jsl. Psl. **galǫza, *galǫzь* se nejčastěji odvozuje od psl. **galъ* (r.d. *gályj* 'holý, nezalesněný'), původní význam by byl 'holá větev'. Přípony *-ǫza, -ǫzь* jsou však dost nezvyklé. Dále srov. ↓*holý,* ↑*halit,* ↓*haluzna.*

haluzna zast. 'velká neútulná místnost či stavení'. Vyvozuje se od ↑*haluz* jako 'stavba z haluzí' (Ma²), nelze však vyloučit přejetí ze střhn. *hallhūs,* srov. ↑*hala* a něm. *Haus* 'dům'.

hambalek 'vodorovný trám ve střeše; hřada ap.'. Z něm. *Hahnenbalken* 'kohoutí hřada' z *Hahn* 'kohout' a *Balken* 'trám' (srov. v mor. lid. písni *jak ten holúbek po hambalkách*). Srov. ↓*hampejz,* ↑*balkon.*

hamburger 'žemle s karbanátkem z hovězího masa'. Z angl. *hamburger,* vlastně 'hamburský řízek' (podobně jako *frankfurter* 'párek' ap.). Později využito shody začátku slova s angl. *ham* 'šunka' a podle vzoru angl. *ham sandwich, cheese sandwich* ap. tvořeny 'složeniny' jako *cheeseburger* 'sýrový hamburger' aj.

hamižný, *hamižnost, hamižník.* Stč. *hamišný, hemišný* 'lstivý, zákeřný' ze střhn. *hemisch, hamisch* tv. U Jg *hamižný* 'hanebný'. Změna (úžení) významu v dnešní 'chamtivý' asi vlivem ↓*hamounit.*

hamounit, *hamoun.* Dříve *hamonit(i).* Ve slov. jazycích je nejbližší s./ch.d. *gaman* '(zisku)chtivý', *vgamniti* 'bažit'. Další souvislosti však málo jasné.

hampejz zast. 'nevěstinec, bordel'. Stč. *hampajs, hanpajz.* Vykládá se ze střhn. *han(en)biz* 'kohoutí kousnutí' (paralela je ve střlat. *gallimordium* tv.) podle toho, že na nevěstincích býval obraz kohouta na slepici (Ma²). Srov. něm. *Hahn* 'kohout' (srov. ↑*hambalek*) a *Biss* 'kousnutí' (srov. angl. *bit* 'kousek').

hamr 'těžké kladivo'; zast. (pl.) 'hutní závod'. Z něm. *Hammer* 'kladivo', jež souvisí s ↓*kámen*.

hana, hanba. Viz ↓*hanět.*

handicap 'nevýhoda, ztížení podmínek (zvláště ve sportu)', *handicapovat, handicapovaný.* Z angl. *handicap,* původně 'znevýhodnění silnějších koní v dostizích', ze spojení *hand in cap,* doslova 'ruka v čepici', jehož motivace není zcela jasná (snad odkaz na losování před dostihem). Původně prý název jisté loterijní hry.

handlovat ob. 'obchodovat, vyměňovat', *handl, handlíř, vyhandlovat.* Z něm. *handeln* tv. a to od *Hand* 'ruka', původně tedy 'brát do ruky'.

handrkovat se ob., *handrkování.* Dříve též *hadrkovati, hadrovati* (Jg). Z něm. *hadern* 'hádat se', srov. ↑*hádat se.*

hanět, hanit, *hana, pohana, hanba, hanebný, hanbit (se), zahanbit, zahanbující, ohanbí.* P. *ganić,* ukr. *hányty,* r.d. *gánit',* sln. *pogániti,* s./ch. *pògăniti* 'špinit, hanobit'. Psl. **ganiti* je sporné. Poukazuje se na blízkost stsl. *gaditi* 'tupit' od *gadъ* (↑*had*) (Ma¹), v souvislosti s jsl. slovy však má své oprávnění i domněnka o vzniku **ganiti* mylnou dekompozicí (oddělením domnělé předpony) z **poganiti* od **poganъ* (↓*pohan*) (srov. r. *pogányj* 'nečistý', s./ch. *pògan* tv.).

hangár 'hala pro letadla'. Z fr. *hangar,* původně 'přístřešek', nejspíš ze střlat. *angarium* 'kovárenská stáj (pro poštovní koně)' a to z ř. *ángaros* 'jízdní posel'.

hantýrka 'mluva určité společenské skupiny'. Od něm. *hantieren* 'provozovat obchod' a to z fr. *hanter* 'chodit sem a tam, často navštěvovat'.

hapat. Dětské slovo citosl. původu. Srov. ↓*hop.*

happening 'umělecká činnost využívající netradičních a provokujících prostředků'. Z angl. *happening* tv. od *happen* 'udát se, stát se'.

happy end 'šťastný konec (filmu ap.)'. Z angl. *happy* 'šťastný', jež souvisí s *happen* (viz ↑*happening*), a *end* 'konec' (souvisí s ↑*ante-* a ↑*anti-* z ie. **ant-* 'přední strana, konec'). Srov. ↓*víkend.*

haprovat ob. 'váznout, mít závadu'. Z něm. *hapern* a to asi ze střniz. *hāperen* 'zadrhávat, koktat' původu asi onom.

hapták zast. slang. 'postoj v pozoru'. Z něm. vojenského *habt Acht* 'pozor!', doslova 'mějte pozor'. Srov. ↑*bacha.*

haraburdí hov. Dříve i *haraburda* (Jg). Ukr. *halaburda* 'rámus, zmatek', podobné je i č.d. *charabura* 'slabý člověk'. Nepochybně expr. tvoření, první část je asi citosl. původu (srov. ↑*halabala,* ↑*halekat,* ↓*harašit*), druhá připomíná stč. *burda* 'břemeno; bouře, svár' (Ma²), ale ta podobnost může být u expr. slova náhodná. Srov. ↓*harampádí.*

harakiri 'sebevražda rozpáráním břicha (u Japonců)'. Z jap. *hara* 'břicho' a *kiri* 'řezat'.

harampádí. Dříve též *harampátí, harapátí, hamparátí* (Jg). Stejné jako ↑*haraburdí,* druhá část slova neprůhledná.

harant ob. zhrub. 'dítě'. Poprvé v Jgd ve významu 'těkavý člověk, chlapec'. Nepříliš jasné. Podle všeho

harašit 195 **hasit si**

bezprostředně nesouvisí se stč. osobním jménem *Harant* z něm. *Herrand*, bude spíš novější od *hárati* 'prudce, skokem jít či jet' (Jg). Není však vyloučeno, že formou bylo k zmíněnému jménu přikloněno.

harašit, *harašení*. Asi z citosl. základu (srov. stč. *hara* 'ach, ouvej'), který je i v ↑*haraburdí*, ↑*halabala*, ↓*hartusit* aj.

hárat kniž. 'planout, bouřlivě se projevovat', *rozháraný* 'neuspořádaný'. Jinak jen slk. *hárať* tv. a s./ch. *gárati* 'zapalovat oheň'. Psl. **garati* souvisí s **goręti* (↓*hořet*), jde o tzv. opětovací sloveso s prodlouženou kořenovou samohláskou *(B5)*. Srov. ↓*oharek*.

harcovat (se) 'potloukat se, putovat', *harcovník*. Stč. *harcovati* 'najíždět k útoku, dorážet' je od *harc* '(bojová) půtka, šarvátka' a to z maď. *harc* 'boj, bitva'.

hardware 'základní technické vybavení počítače', *hardwarový*. Z angl. *hardware* tv., v základním významu vlastně 'železářské zboží' z *hard* 'tvrdý' a *ware* 'zboží, výrobky'. Srov. ↓*software*.

harém. Přes tur. *harem* z ar. *ḥarām* 'zakázaný; zakázané místo'.

harfa, *harfeník, harfenice, harfenista, harfenistka*. Všesl. přejímka (r. *árfa*) z něm. *Harfe* (srov. angl. *harp*, stangl. *hearpe*), jež souvisí s lat. *corbis* 'koš', ř. *kárfos* 'suché stéblo, tříska', vše k ie. **(s)kerb(h)* 'kroutit, ohýbat', motivací je tedy zakřivený tvar nástroje. Srov. ↓*harpuna*.

harlekýn 'šašek ve staré it. komedii', *harlekýnský*. Z něm. *Harlekin* a to přes fr. z it. *arlecchino*, to pak ze stfr. *mesnie Hellequin* 'veselá čertova čeládka', jehož další původ není jistý. Snad ze strangl. *Herla king* 'král Herla'.

harmonie, *harmonický, harnonizovat*. Přes střlat. *harmonia* z ř. *harmoníā*

'spolek, soulad' od *harmózō* 'spojuji, slučuji'. Srov. ↓*harmonika*, ↓*harmonium*.

harmonika, *harmonikář, harmonikářský*. Z angl. *(h)armonica* (sestrojil B. Franklin r. 1762) od lat. *harmonicus* 'souladný' (viz ↑*harmonie*).

harmonium 'klávesový nástroj připomínající zvukem varhany'. Poprvé sestrojeno r. 1840 ve Francii, k motivaci pojmenování viz ↑*harmonie*, ↑*harmonika*.

harpuna 'oštěp na laně užívaný k lovu velryb', *harpunář, harpunářský*. Z něm. *Harpune* a to (stejně jako angl. *harpoon*) ze střniz. *harpoen* ze střfr. *harpon* 'železný hák' od *harpe* 'hák'. To je asi germ. původu, ze stejného kořene jako ↑*harfa*.

harpyje 'druh jihoamerického dravce'. Z ř. *hárpyia*, což byl název démonických bytostí, napůl žen a napůl ptáků, jež unášely lidi. Od *harpázō* 'uchvacuji, plením'.

hartusit, *hartusivý*. U Jg též *harušiti*, slk. *harusiť*. Asi citosl. původu jako ↑*harašit*.

hasák 'nástroj k šroubování, přidržení trubek ap.'. Původně 'páčidlo, zdvihadlo na klády' (Jg). Málo jasné. Snad z něm. *Haspe* 'zdvihák'.

hasit, *hasicí, hasič, hasičský, uhasit, hasnout, uhasnout, pohasnout, dohasnout, vyhasnout, zhasnout, zhášet*. Všesl. – p. *gasić, gasnąć*, r. *gasít', gásnut'*, s./ch. *gásiti, gàsnuti*. Psl. **gasiti, *gasnǫti* je příbuzné s lit. *gèsti* 'hasnout', *gesìnti* 'hasit, zhášet', ř. *sbénnȳmi* 'hasím' z ie. **(s)g^{u}es-/*g^{u}ōs-* tv. *(A3,A5)*. Srov. ↑*azbest*.

hasit si ob. expr. 'rychle jet'. Nepatří zřejmě k ↑*hasit*, ale k staršímu č. *hasati* 'rejdit' (Jg, Ma[2]), jehož původ není jasný.

hasnout. Viz ↑*hasit.*

hastrman ob. 'vodník'. Stč. *vastrman* 'jakýsi vodní tvor' ze střhn. *wazzerman,* doslova 'vodní muž' (srov. ↓*voda* a ↓*muž*). Počáteční *h-* možná podle ↓*hastroš* (HK), ale směr vzájemného působení mohl být i opačný.

hastroš. Původně 'strašák v poli'. Nepříliš jasné. Někteří soudí na expr. přetvoření něm. *Hasenschreck* 'plašidlo na zajíce' (z *Hase* 'zajíc' a *Schreck* 'strašák'). Stejný začátek jako ve slově ↑*hastrman* svědčí o vzájemném ovlivnění obou forem.

haše 'kašovitý pokrm z mletého masa'. Z fr. *haché* 'sekané (maso)' od *hacher* 'sekat, krájet' od *hache* 'sekera' (srov. angl. *hatchet* tv.), původu germ.

hašiš 'omamná látka z ind. konopí', *hašišový.* Z ar. *ḥašīš* 'suchá tráva', pak i 'indické konopí'.

hašlerka 'bonbon proti kašli'. Podle populárního kabaretního písničkáře Karla *Hašlera* (1879–1941).

haštěřit se, *haštěřivý.* Málo jasné. Snad z maď. *házsártos* 'haštěřivý' (Ma²).

hať 'stezka přes močál z větví ap.; svazek proutí k zpevňování břehů, svahů ap.', *hatit, zhatit.* Všesl. (kromě b., mak.) – p. *gać,* r. *gat'*, s./ch. *gât* 'hráz, jez'. Psl. **gatь/*gatъ* nejspíš souvisí s lit.d. *góti* 'jít', lit. *gātvė* 'ulice', sti. *gāti-, gātú-* 'cesta', *jígáti* 'jde' a dále i gót. *qiman* (něm. *kommen,* angl. *come*) 'přicházet', lat. *venīre* tv., ř. *baínō* 'kráčím', toch. A *käm* 'přicházet', vše z ie. **gʷā-, *gʷem-, *gʷen-* 'jít' *(A3).* Srov. např. ↑*advent,* ↑*báze. Hatit* znamenalo tedy 'přehrazovat (močál ap.)', z toho přeneseně 'přehrazovat, kazit (plány ap.)' (HK, trochu jinak Ma²).

hatmatilka 'nesrozumitelná řeč'. Z expr. *haťmať,* která je obdobné povahy jako např. *hatla patla* či ↑*halabala.*

hattrick 'vstřelení tří branek za sebou jedním hráčem'. Z angl. *hat-trick* tv., doslova 'kloboukový trik'. Srov. ↓*trik.*

haur *(dělat haura)* ob. expr. 'okázale rozhazovačný člověk'. Z něm. *Hauer* 'havíř', v arg. také 'zloděj, podomní obchodník'. V č. arg. 'udavač, pozér'. Viz ↓*havíř.*

háv kniž. 'šat'. Jen č. (poprvé u Klareta ve 14. st. ve významu 'rytířské odění, brnění'), nepříliš jasné. Uvažuje se o spojitosti se starším č. *háb(y)* 'šaty' (podle Ma² ar. původu, ale může být i z ↑*hábit*), či střhn. *habe* 'majetek' (HK).

havana 'druh doutníků'. Podle *Havany,* hlavního města Kuby.

havárie 'nehoda', *havarijní, havarovat.* Přes něm. *Havarie* z fr. *avarie* a to z it. *avaria.* Východiskem je asi ar. *ʿawārīya* 'zboží poškozené mořskou vodou' od *ʿawār* 'chyba, vada'. Rozšíření na různé druhy nehod až ve 20. st.

havelok 'druh pláště'. Z angl. *havelock* podle angl. generála *H. Havelocka* († 1857).

haveť. Dříve i *havěď* (Jg). Všesl. (kromě sln. a luž.) – p. *gawiedź* 'chátra, havěť', r.d. *gáveda, gáved'* 'haveť (zvláště hadi, žáby ap.)', s./ch. *gàvēd* 'divoká zvěř'. Psl. **gavědь, *gavědъ, *gavěda* se spojuje s ↓*ohavný,* nemá však prokazatelné ie. souvislosti. Významově by se dobře hodilo k ie. **gʷēd-* (viz ↑*had,* ↓*hyzdit*), ale hláskoslovně z něj nelze vyvodit.

havíř, *havířský.* Dříve i *havéř.* Ze staršího něm. *hawer* tv. (dnes *Hauer,* srov. ↑*haur*) od *hauen* (střhn. *houwen*) 'sekat, dobývat (uhlí)', jež je příbuzné s ↓*kovat.*

havran, *havraní.* Všesl. – p. *gawron,* r.d. *gájvoron,* s./ch. *gàvrân.* Psl. **gavornъ (B8)* je znělou variantou k **kavornъ* (asi z **kavo-vornъ*), jak o tom

hazard 197 hekat

svědčí sln. *kâvran*, s./ch. *kavran*, ukr. *kávoron* i příbuzné lit. *kóvarnis* tv. První část slova lze spojit s ↓*kavka*, druhou s ↓*vrána*, obě jsou zřejmě onom. původu. Zvukomalebný základ je i v stangl. *hraefn* (angl. *raven*), sthn. (*h*)*raban* (něm. *Rabe*), lat. *corvus* či ř. *kórax*.

hazard 'hra založená jen na náhodě, riskantní čin', *hazardní, hazardér, hazardovat, prohazardovat, zahazardovat si*. Stč. *hazart* 'druh hry v kostky'. Přes něm. ze stfr. *hasart* ze šp. *azar* a to z ar. *az-zahr* 'hra v kostky'. Nynější významy se vyvinuly ve starší fr. a přišly k nám opět přes něm.

házet, *házená, házenkář(ka), házenkářský, naházet, proházet, přeházet, vyhazovat, zahazovat* aj. Z psl. **gad-ja-ti (B3,C1)*, dále viz ↓*hodit*.

hazuka 'delší svrchní oděv'. Ze střhn. *husecke, hosecke* a to asi ze stfr. *housse* 'houně, pokrývka'.

hbitý, *hbitost*. Jen č. (p. *gibki*, r. *gíbkij* ap.). Z psl. **gъbitъ(jь) (B6,B9)* od *gъbnǫti (viz ↓*hnout*), tedy 'ohebný, pohyblivý'. Srov. ↓*hebký*, ↓*hýbat (se)*.

hebký, *hebkost, heboučký*. Ve staré č. 'ohebný, mrštný', pak 'poddajný, jemný na dotek'. Jen č., z psl. **gъbъkъ(jь) (B6,B9)* od *gъbnǫti (viz ↓*hnout*, srov. ↑*hbitý*, ↓*hýbat se*).

hecovat 'dráždit, vybuzovat', *hec, vyhecovat, nahecovat*. Z něm. *hetzen* 'štvát', jež souvisí s *hassen* 'nenávidět' (angl. *hate* tv.).

heč citosl. Vyjadřuje chlubení. Vykládá se obměnou z *hleď* či *hledž(e)* (Ma²), ale snad ani nemusí být takto motivováno.

hédonický 'požitkářský', *hédonik, hédonismus*. Od ř. *hēdonē* 'rozkoš, radost' od *hēdýs* 'sladký, chutný, příjemný'.

hedvábí, *hedvábný*. Slk. *hodváb*, p. *jedwab* asi budou z č. Vykládá se ze

sthn. *gota-webbi* 'drahocenná tkanina' (doslova 'boží tkanina', srov. něm. *Gott* 'bůh', *weben* 'tkát', možná spíš 'tkanina sloužící k bohoslužebným účelům'), na cestě z germ. do č. však musíme předpokládat nepravidelné hláskové změny.

hegemonie 'nadvláda', *hegemonický, hegemon*. Z ř. *hēgemoníā* 'velitelství, velení, vláda' od *hēgemōn* 'velitel, vládce' k *hēgéomai* 'jsem vůdcem, vedu'.

hej citosl. Zvolání, jež má obdoby v jiných evr. jazycích (něm. *he!*, angl. *hey!* aj.). Srov. i ↓*hoj*.

hejkat, *hejkání, hejkal, zahejkat*. Srov. ↑*hej* a ↓*hýkat*.

hejl, *hýl* 'zpěvný pták s červenou spodní částí těla'. P. *gil*, r.d. *gil'*. Psl. *gylъ by snad mohlo mít souvislost se s./ch.d. *gíljati* 'chodit po blátě, skákat na jedné noze' a r. *guljáť* 'procházet se' (srov. něm. *Gimpel* 'hýl' od střhn. *gumpen* 'skákat'). Domněnky o předie. původu slova (Ma², HK) nejsou přesvědčivé. *Hejl na nose* ve významu 'mrazem zrudlý nos' podle charakteristického zbarvení ptáka.

hejno. Jen č., slk. zast. *hajno*, p.d. *gajno* tv., r.d. *gajno (C5)* 'hnízdo, chlév'. Psl. *gajno je asi od *gajiti (↑*hájit*), tedy 'to, co je chráněno, chováno' (původně jen o domácím zvířectvu).

hejsek 'rozmařilý mladík'. Dříve též *hýsek, hések* (Jg). Od slovesa *hejsati* 'bujně si vést' (hl. *hejsać* tv.) asi od citosl. *hej(sa)* (srov. ↑*hej*). Bylo i stč. *hesovati* 'rozmařile žít'.

hejtman 'vojenský vůdce; správní úředník'. Stč. *hajtman, hautman, hauptman* aj. Z něm. *Hauptmann* (střhn. *houbetman*) 'velitel, náčelník' z *Haupt* 'hlava' (souvisí s angl. *head* a lat. *caput* tv., srov. ↓*kapuce*) a *Mann* 'muž' (srov. ↓*muž*).

hekat, *hekání, heknout*. Onom., vlastně 'říkat *he*'. Srov. ↑*hejkat*.

hekatomba 'hromadná oběť'. Z ř. *hekatómbē* 'oběť sta volů' z *hekatón* 'sto' (srov. ↓*sto*, ↓*hektar*) a *boũs* 'vůl, býk' (srov. ↓*hovado*).

hektar 'sto arů'. Z fr. *hectare* a to uměle z ř. *hekatón* 'sto' (srov. ↓*sto*, ↓*hektolitr*) a fr. *are* (viz ↑*ar*).

hektický 'horečný, vzrušený, kvapný'. Přes něm. *hektisch*, fr. *hectique* z ř. *hektikós* 'tuberkulózní, horečnatý', vlastně 'trvalý, nepřestávající', od *héxis* 'chování, stav, zvyk' od *échō* 'mám, držím, chovám se'.

hektolitr 'sto litrů'. Z *hekto-* (srov. ↑*hektar*, ↓*sto*) a ↓*litr*.

hele(ď). Asi od *hleď* (viz ↓*hledět*), pod vlivem citosl. útvarů, jež jsou v ↑*halekat*, ↓*hola*, ↑*harašit* ap. Srov. i ↑*halas*.

helikon 'basový žesťový nástroj', *helikonka* 'druh tahací harmoniky'. Od ř. *hélix* 'točitý, zakřivený' podle tvaru nástroje. Srov. ↓*helikoptéra*.

helikoptéra 'vrtulník'. Z fr. *hélicoptère* a to uměle z fr. *hélice* 'vrtule' z ř. *hélix* 'točitý' (srov. ↑*helikon*) a *pterón* 'péro, let, pták' (srov. ↓*pták*).

heliocentrismus 'názor, že Slunce je středem vesmíru', *heliocentrický*. Utvořeno z ř. *hḗlios* 'slunce' (viz ↓*slunce*, ↓*helium*) a lat. *centrum* (viz ↑*centrum*).

helium 'vzácný plyn', *heliový*. Polatinštělá podoba ř. *hḗlios* 'slunce, sluneční svit' (srov. ↓*slunce*, ↑*heliocentrismus*); plyn byl poprvé zjištěn ve slunečním spektru (1868), až pak na Zemi (1895).

helma 'přilba', *helmice*. Přejato ze sthn. *helm*, jež asi vzdáleně souvisí s ↑*hala* (od ie. **kel-* 'zakrývat').

helvet, helvít 'reformovaný evangelík'. Podle lat. názvu Švýcarska *Helvetia*, odkud pocházel zakladatel tohoto směru protestantství Kalvín.

hematologie 'lékařský obor zabývající se krví', *hematolog*, *hematologický*. Uměle k ř. *haĩma* (gen. *haímatos*, polatinštělá podoba *haema*) 'krev' a ↓*-logie*. Srov. ↓*hemo-*.

hemeroidy. Viz ↓*hemoroidy*.

hemisféra 'polokoule'. Z ř. *hēmi-* 'polo-' (srov. ↓*semi-*) a *sfaĩra* 'koule' (srov. ↓*sféra*).

hemo- (ve složeninách) 'týkající se krve'. Z ř. *haĩma* 'krev' (viz ↑*hematologie*). Srov. ↓*hemoglobin*, ↓*hemoroidy*.

hemoglobin 'červené krevní barvivo'. Z ↑*hemo-* a lat. *globus* 'koule' (↑*glóbus*).

hemoroidy 'chorobné rozšíření žil konečníku'. Přes lat. *haemorrhoidae* z ř. *haimorhoĩdes* (pl.) '(chorobné) krvácení' z *haĩma* 'krev' (srov. ↑*hemo-*) a *rhéō* 'teču' (srov. ↓*revma*, ↓*reostat*).

hemžit se, *hemžení*, *hemživý*, *zahemžit se*. Stč. *hemzati* 'hemžit se, lézt'. Všesl. – p. *giemzić* 'svědit, svrbět, zneklidňovat', str. *gomъzěti* 'hýbat se, zachvívat se', s./ch. *gàmziti* 'lézt, plazit se'. Psl. **gъmъziti (sę)* nemá jistý výklad. Nepochybně k témuž základu patří ↓*hmyz*, ale další souvislosti, např. s ↓*hmota*, či dokonce se slovy jiných ie. jazyků jsou značně problematické.

hena 'červené barvivo na vlasy'. Z fr. *henné* a to z ar. *hinnā* tv.

hepatitida 'zánět jater'. Přes nlat. *hepatitis* od ř. *hḗpar* (gen. *hḗpatos*) 'játra'.

hepta- (ve složeninách) 'sedmi-'. Z ř. *heptá* 'sedm'. Viz ↓*sedm*.

heraldika 'nauka o značích (erbech)', *heraldický*, *heraldik*. Z nlat. *(ars) heraldica*, vlastně 'umění heroldů', protože heroldi při turnajích ohlašovali své pány a kontrolovali erby. Dále viz ↓*herold*.

herbář 'sbírka sušených rostlin'. Ze střlat. *herbarium* od lat. *herba* 'bylina, rostlina'.

herberk ob. hanl. 'noclehárna, útulek, nepořádek'. Původně 'cechovní hospoda'. Z něm. *Herberge*, původně 'přístřešek pro vojsko', srov. něm. *Heer* 'vojsko' a *bergen* 'ukrývat'. Srov. ↓*herold*.

herbicid 'chemikálie ničící plevel'. Srov. ↑*herbář* a ↑*genocida*.

herda ob. expr. 'rána do zad'. Nejasné.

herdek citosl. Z maď. *ördög* 'čert' přikloněním k ↓*hergot* a jeho obměnám.

herec, *herečka, herecký, herectví*. Novější. Odvozeno málo obvyklým způsobem od *hra* (↓*hrát*).

heredita 'dědičnost'. Z lat. *hērēditās* 'dědictví' od *hērēs* 'dědic'.

hereze 'kacířství', *heretik, heretický*. Ze střlat. *haeresis* z ř. *haíresis* 'volba, sklon k něčemu, sekta, odchylné učení' od *hairéomai* 'volím, dávám přednost'. Souvisí s lat. *haerere* 'lpět', srov. ↑*adheze*, ↓*koherence*.

hergot citosl. Z něm. *Herr Gott* 'pane Bože'. Jako zaklení používající 'jména Božího' často podléhá tabuově motivovaným obměnám *(D4)*, srov. *heršvec, hernajs* i ↑*herdek*.

herka 'sešlý kůň'. V č. již od střední doby. Ze střhn. *gurre, gorre* tv., jehož další původ je nejistý.

herkules 'silák'. Podle mytického hrdiny *Herkula* (ř. *Hēraklēs*), proslulého silou. V první části je jméno bohyně *Héry*, ve druhé ř. *kléos* 'sláva'.

hermafrodit 'oboupohlavní tvor'. Z ř. *Hermafróditos*, což byl v řecké mytologii syn boha *Herma* a bohyně *Afrodity* navěky spojený s nymfou v jednu bytost – napůl muže, napůl ženu.

hermelín 'kožešina z hranostaje'. Z něm. *Hermelin* tv., také 'hranostaj', což je vlastně zdrobnělina k sthn. *harmo* tv. Příbuzné je lit. *šermuõ* a rétorom.

carmún tv., základem je ie. **ker-*, **ker-* 'šedivý, špinavý, bělavý ap.'. Srov. i ↓*hranostaj*.

hermeneutika 'výklad starých textů', *hermeneutický*. Od ř. *hermēneutés* 'vykladač, tlumočník' od *hermēneúō* 'vykládám, tlumočím'. Souvisí s lat. *sermō* 'rozhovor, rozprava'.

hermetický 'vzduchotěsný'. Od ř. *Hermēs Trismégistos*, doslova 'Hermes třikrát největší', což byl titul egypt. božstva Thóta, jakéhosi bájného zakladatele alchymie a okultních věd, který prý mj. dokázal zvláštní pečetí neprodyšně uzavřít skleněné nádoby.

heroický 'hrdinský', *heroismus*. Z lat. *hērōicus* z ř. *hērōikós* od *hérōs* 'hrdina'. Původně 'ochránce', souvisí s lat. *servus* 'sluha, otrok'. Srov. ↓*servus*, ↓*servis*.

heroin 'silná droga bílé barvy'. Uměle utvořeno (přelom 19. a 20. st.) příp. *-in* od základu, který je v ↑*heroický* (naznačení její velké síly).

herold 'středověký šlechtický obřadník'. Stč. *herolt*. Přejato přes střhn. *heralt* ze střfr. *heraut, hiraut*, to pak je z germ. (frk.) **heriwald*, doslova 'vládce vojska' (srov. něm. *Heer* 'vojsko' a *walten* 'vládnout'). Stejnou motivaci mají i jména *Harold, Harald*. Srov. ↑*heraldický*.

heryn(e)k 'slaneček'. Stč. *heryňk*. Ze střhn. *haerinc* (dnes *Hering*), jehož původ není jasný.

heřmánek, *heřmánkový*. Stejně jako slk. *harmanček, rumanček*, p. *rumianek*, r. *romáška* tv. pochází z lat. *chamaemellum romanum*, vlastně 'heřmánek římský' a to z ř. *chamaímelon*, doslova 'jablko na zemi' (*mēlon* 'jablko', *chamaí* 'na zemi'). Základem slov. slov se stala druhá část lat. podoby (srov. i ↓*rmen*), ovšem značně pozměňovaná lid. etym. *(D2)*. Asi tu působila i kontaminace *(D3)* s částí první – tak se alespoň soudí u něm. nář. podob *Hermel, Hermlan, Hermandel*, které zřejmě českou podobu ovlivnily. Výsledkem je slovo jakoby odvozené od osobního jména *Heřman*.

heslo, *heslový, heslář*. Již stč., jen č., odtud do pol. (*hasło*) a dále do ukr. a r. (*gáslo*). Málo jasné. Vzhledem k pol. *godło* tv. lze myslet na psl. **gъd-slo (A9,B6)*, v němž by **gъd-* bylo oslabenou variantou kořene **god-* (viz ↓*hodit se*), význam by byl 'to, co se hodí, co je dohodnuté' (HK). Méně pravděpodobné je spojení s ↓*hlesnout* a ojedinělým nář. *hesnouti* tv. s domnělými sti. paralelami (Ma²).

hetero- (ve složeninách) 'jino-'. Z ř. *héteros* 'jiný, rozdílný'. Srov. ↓*heterogenní*, ↓*heterosexuál* a s opačným významem ↓*homo-*.

heterogenní 'různorodý'. Viz ↑*hetero-* a ↑*gen*. Srov. ↓*homogenní*.

heterosexuál 'jedinec se sexuální orientací na opačné pohlaví', *heterosexuální, heterosexualita*. Viz ↑*hetero-* a ↓*sex*. Srov. ↓*homosexuál*.

heuristika 'postup nalézání nových vědeckých poznatků', *heuristický*. Od ř. *heurískō* 'nalézám'. Odtud i okřídlené *heúrēka* 'nalezl jsem' (perfektum), údajný výrok Archimeda, když objevil zákon o váze těles v kapalině.

hever 'zvedák'. Již u Jg. Z něm. *Heber* tv. od *heben* 'zvedat'.

hexa- (ve složeninách) 'šesti-'. Z ř. *héx* 'šest' (viz ↓*šest*). Srov. ↓*hexametr*.

hexametr 'šestistopý verš'. Viz ↑*hexa-* a ↓*metr*.

hex(e)nšus ob. 'bederní ústřel'. Z něm. *Hexenschuss* tv., doslova 'střela čarodějky' z *Hexe* 'čarodějnice' a *Schuss* 'střela'. Srov. podobně motivované angl. *elf-arrow* tv., doslova 'skřítkův šíp'.

hezký, *hezoučký, hezoun*. Jen č. Vykládá se z psl. **gъd-jь-kъ(jь)* (*B3,B6,B9*), tedy od oslabené varianty kořene **god-*, který je v ↓*hodit se* (srov. i ↑*heslo*). Původně tedy asi 'vhodný', srovnává se s r. *prigóžij* 'vhodný, hezký'.

hiát 'sousedství dvou samohlásek na rozhraní slov či slabik', *hiátový*. Z lat. *hiātus* 'zející otvor, rozsedlina' od *hiāre* 'zet'. Srov. ↓*zet*.

hic ob. 'horko'. Z něm. *Hitze* tv. od *heiss* 'horký'. Srov. ↓*hotdog*.

hierarchie 'posloupnost podle hodností, důležitosti; církevní hodnostáři', *hierarchický, hierarchizovat, hierarchizace*. Ze střlat. *hierarchia* 'posloupnost církevních hodností' z ř. *hierarchía* 'svatá vláda' z *hierós* 'svatý' a *árchō* 'vládnu'. Srov. ↓*hieroglyf*, ↓*patriarcha*.

hieroglyf 'znak obrázkového staroegyptského písma'. Z fr. *hiéroglyphe*, jež vychází z ř. *hieroglýfos* 'kdo vytesává (svaté) znaky' z *hierós* 'svatý, božský' a *glýfō* 'vytesávám, vydlabávám'. Srov. ↑*hierarchie*.

hihňat se, *hihňavý*. Onom. od citosl. *hihi*. Srov. ↓*huhňat*.

hiphip(hurá). Z angl. *hip-hip-hurrah* onom. původu, srov. ↓*hurá*.

hipodrom '(ve starověku) dráha pro závody spřežení, jízdárna'. Z ř. *hippódromos* 'dráha pro koňské závody' z *híppos* 'kůň' a *drómos* 'běh, závodní dráha' (↑*-drom*).

hippie 'příslušník únikového hnutí mládeže 60. a 70. let', ob. *hipík, hipízák*. Z am.-angl. *hippie* od *hip* 'jdoucí s dobou, moderní, zasvěcený', jehož původ není jasný.

histologie 'věda o tělesných tkáních', *histologický, histolog*. Z ř. *histós* 'tkanina, osnova, tkalcovský stav' a ↓*-logie*.

historie, *historický, historik, historička, historka*. Z lat. *historia* z ř. *historía* 'pátrání, poznání, věda' od *hístōr* 'znalec', jež je utvořeno příp. *-tōr*

hit 201 **hledět**

od základu **u̯id-* (*dt*>*st* jako ve slov. *(A5)*), což je oslabená varianta ie. **u̯eid-*'vědět'. Srov. ↓*polyhistor*, ↓*idea*, ↓*vědět*.

hit 'úspěšná píseň, něco úspěšného vůbec'. Z angl. *hit* 'trefa, úspěch, výhra' od slovesa *(to) hit* 'udeřit, zasáhnout' skand. původu.

hlad, *hladový, hladovec, hladovka, hladovět, vyhladovět, vyhládlý*. Všesl. – p. *głód*, r. *gólod*, s./ch. *glâd*, stsl. *gladъ*. Psl. **goldъ (B8)* souvisí s psl. *žьlděti* 'toužit po něčem', proto se tradičně spojuje se sti. *gŕ̥dhyati* 'je chtivý' (Ma²). Novější výklad vychází z původního významu 'bodavá, svíravá bolest' (srov. lit. *bãdas* 'hlad') a spojuje slovo s ie. **gᵘel-* 'píchat', lit. *gélti* 'píchat, působit bolest', dále viz ↓*žal*, ↓*želet*.

hladký, *hladkost, hladina, hladit, pohladit, vyhladit, uhladit, uhlazený*. Všesl. – p. *gładki*, r. *gládkij*, s./ch. *glȁdak*, stsl. *gladъkъ*. Psl. **gladъkъ* souvisí s lit. *glodùs* tv. (*glósti* 'hladit'), něm. *glatt* tv., angl. *glad* 'veselý', lat. *glaber* 'hladký', vše z ie. **ghlādh-*, **ghladh- (A2)*. Původně asi 'zářící', pak by souviselo s ↓*hledět*.

hladomor 'hromadné umírání hladem'. Viz ↑*hlad* a ↓*mor*.

hlahol, *hlaholit, zahlaholit*. Ve významu 'halas, veselá směsice hlasů' jen č., ve stč. 'hlas, jazyk'. Stsl. *glagolъ* 'slovo, řeč' bylo nověji přejato do r. a s./ch. ve významu 'sloveso', jinak doloženo jen v b. a mak. *glagol* 'hlas, slovo, řeč'. Psl. **golgol- (B8)* je zdvojením ie. onom. kořene **gal-* (srov. sti. *gargara-* 'jakýsi hudební nástroj'). Srov. ↓*hlaholice*, ↓*hlas*.

hlaholice 'nejstarší slovanské písmo'. Od stsl. *glagolъ* (viz ↑*hlahol*).

hlas, *hlasový, hlasitý, hláska, hláskový, hláskovat, hlasivka, hlasivkový, hlásat, hlasatel, hlásit, hlásič, rozhlásit, rozhlas, prohlásit, vyhlásit, vyhláška, ohlásit,* *ohlas, ohlášky, hlasovat* aj. Všesl. – p. *głos*, r. *gólos*, s./ch. *glâs*, stsl. *glasъ*. Psl. **golsъ (B8)* je příbuzné s lit. *gaĩsas* 'ozvěna' a zřejmě i angl. *call* 'volat', vše z ie. **gal-so-* od **gal-* onom. původu. Srov. ↑*hlahol*.

hlava, *hlávka, hlavička, hlavový, hlavní, úhlavní, hlavatý, hlavatka, ohlávka, pohlavek, záhlavec, podhlavník, nadhlavník* aj. Všesl. – p. *głowa*, r. *golová*, s./ch. *gláva*, stsl. *glava*. Psl. **golva (B8)* přesně odpovídá lit. *galvà*, dále ne zcela jasné. Obvykle se spojuje i se sthn. *calua* 'lysina', lat. *calva* 'lebka', *calvus* 'holý' (nezněla varianta kořene) a na základě této paralely s ↓*holý* (původně tedy 'holá hlava, lebka', možná z tabuových důvodů *(D4)*). Vylučuje se tím ovšem dost pravděpodobná příbuznost s arm. *glukh* 'hlava' (z ie. **ghōlu-*).

hlaveň 'roura střelné zbraně'. Dříve (i v podobě *hlavně*) též 'čepel nože, meče' i 'ohořelé či hořící poleno' (Jg). V posledním významu všesl. – p. *głownia*, r. *golovnjá*, s./ch. *glávnja*, stsl. *glavьnja*. Psl. **golvьn'a* je asi odvozeno od **golva* (↑*hlava*) s významem 'hlavová část (polena ap.)'. Jsou však i výklady jiné, snažící se spojit slovo s ie. výrazy pro 'hořet'.

hle citosl. Z imperativu *hleď!* od ↓*hledět*. Srov. ↑*ejhle*, ↑*hele* a také *tenhle, hnedle* ap.

hledat, *hledač, hledáček, vyhledat, dohledat, ohledat, prohledat, pohledat, pohledávka, shledat (se), na shledanou*. V tomto významu jen č., vlastně varianta k ↓*hledět* (ve stč. *hledati/hládati* i *hleděti* mohlo znamenat obojí, významová blízkost je zřejmá). Srov. i ↓*hlídat*.

hledět, *hledí, hlediště, hledisko, pohledět, zahledět se, dohlédnout, nahlédnout, ohlédnout se, ohled, pohlédnout, pohled, prohlédnout, prohlídka, průhledný, přehlédnout, přehled, přehlídka, vzhled,*

hledík

nevzhledný, úhledný, dohlížet, nahlížet aj. Všesl. – stp. *ględzieć*, r. *gljadét'*, s./ch. *glȅdati*, stsl. *ględati*. Psl. **ględati, *ględěti* je příbuzné se střhn. *glinzen* 'lesknout se, třpytit se', něm. *Glanz* 'lesk' (patří sem i angl. *glance* 'rychle pohlédnout, zatřpytit se', pokud není z fr.), ir. *inglennat* 'hledají', *glése* 'lesk, třpyt', vše k ie. **ghlend(h)-* 'lesknout se, třpytit se'. Srov. ↑*hledat*, ↓*hlídat* a pokud jde o význam ↓*záře* a ↓*zřít*.

hledík 'druh zahradní byliny'. Prý z původního *hled' (namne)* (tak na Valašsku), protože se nosila jako ochrana proti hadům (Ma²).

hlemýžď, *hlemýždí, hlemýžďovitý*. Ve stč. též 'želva', nář. *hlemejžd(ě)* 'dešťovka'. Útvar málo jasný (rekonstruuje se výchozí psl. **glěmyždžь, *glěmyščь*, ale i **glěmezdъ* aj.). Ve slov. jazycích nemá jednoznačné souvislosti (snad jen sln. *glemâv* 'ospalý', vlastně 'mající sliz v oku'), zato jsou příbuzná slova v balt. a ř.: lit. *glěmės, glěměžius* 'sliz', lot. *glěmezis* 'hlemýžď', ř. *(g)lémē* 'sliz (v oku)' ukazují na ie. **glēm-* 'sliz'. Souvisí asi i s ↓*hlen*, ↓*hlína*, ↓*hlíst*.

hlen, *hlenový, hlenovitý, zahlenit, zahleněný, odhlenit*. P. *glan, glon*, str. *glěnъ*, sln. *glên* (slabě doloženo ve vsl. a kromě sln. i jsl.). Psl. **glěnъ* je příbuzné s ↓*hlína* (střídání ie. *oi – ei (A6,B2)*), výchozí význam je 'něco mazlavého, slizkého'. Srov. i ↓*hlíst*, ↓*hlíva*.

hlesnout, *hles (bez hlesu)*. Jen č. Zřejmě od ↑*hlas*, i když *-e-* místo *-a-* není jasné. Jinak soudí Ma² (viz ↑*heslo*).

hlezno zast. 'kotník', *hlezenní*. Stč. *hlezen*, stp. *glozn*, ukr.st. *hlézna*, s./ch. *glȅžanj*, stsl. *glez(ь)na* (slabě doloženo ve vsl.). Psl. **glez(ь)na/-no/-nъ* snad souvisí s r. *glaz* 'oko'. Vyvozuje se z ie. **gle-ǵ(h)* od **gel-* 'kulatý, zaoblený' a srovnává se mj. s něm. *Klüngel* 'klubko', ř. *gélgis* 'hlavička česneku'

hlíza

i sti. *gláha-* 'hrací kostka (původně z hlezenní kosti)' (Ma²).

hlídat, *hlídač, hlídka, hlídkový, hlídkovat, ohlídat, pohlídat, uhlídat*. Stč. *hlédati, hledati* 'hledět, vidět, hlídat i hledat' (viz ↑*hledět*, ↑*hledat*). Pro různé podoby se pak ustálily rozdílné významy.

hlína, *hlinka, hliněný, hlinitý*. Všesl. – p. *glina*, r. *glína*, s./ch. *glína*. Psl. **glina* má nejblíže k ř. *glíně* 'klih' (srov. ↓*klih*), dále je příbuzné stisl. *klina* 'natírat', něm. *Klei* 'jíl', angl. *clay* tv., stir. *glenim* 'lepím', s jiným rozšířením kořene pak např. i něm. *kleben* 'lepit', lat. *glūten* 'lep, klíh', lit. *glítas* 'sliz', hlen', vše k ie. **glei-* 'mazat, lepit'. Srov. ↑*hlen*, ↓*hlíva*, ↓*hlíst*, ↑*hlemýžď*.

hliník, *hliníkový*. Utvořeno Preslem, podle toho, že se hojně nachází v hlíně (Ma²). Dále viz ↑*hlína*.

hlíst(a) 'cizopasný červ'. Všesl. – p. *glista*, r. *glist(á)*, s./ch. *glísta, glîst*. Psl. **glista, *glistъ* se spojuje s lit. *glitùs* 'lepkavý, kluzký', lat. *glittus* 'lepkavý', ř. *glítton* 'klih', východiskem by bylo ie. **gl(e)it-t-* 'slizký, lepkavý' *(A5,B2)*. Dále viz ↑*hlína*, srov. ↑*hlemýžď*.

hlíva 'druh houby rostoucí na kmenech stromů'. Dl. *gliwk* 'smůla (na stromě)', str. *gliva* 'sliz, jíl', r.d. *glíva* 'druh hrušek', ukr. *hlýva* 'druh houby', s./ch. *gljȉva* tv. Psl. **gliva* souvisí s lit. *gléivos* (pl.) 'sliz', lot. *glīve* 'zelený sliz na vodě'; stejný kořen je v ↑*hlína*, kde jsou i další souvislosti.

hlíza 'zdužnatělý kořen či oddenek; nádor', *hlízový, hlíznatý, hlízovitý*. Slk. *hľuza*, s./ch. *glíza* 'struma', sln. *glíža* 'žláza', b.d. *gljúza* 'hrudka těsta v chlebu, kaši ap.'. Stč. ojediněle i *hláza*. Psl. **gliza (-u-* se většinou považuje za sekundární) nejspíš souvisí se stsl. *žьly, žely* 'vřed', č.st. *žluna* 'koňský neduh', ř. *ganglíon* 'vřed, nádor' z ie. **gel-* 'chumel, něco kulatého'. Snad sem patří i ↓*žláza*. Spojení s lit. *gleižùs* 'slizký' (z ie. **glei-ģh-, A1,B2*) neodpovídá příliš významově, ale koneckonců i ie. **glei-* 'mazat, lepit' (srov. ↑*hlína*) se odvozuje ze zmíněného **gel-*.

hlodat, *hlodák, hlodavý, hlodavec, nahlodat, ohlodat, vyhlodat*. Všesl. – p.st. *głodać*, r. *glodát'*, s./ch. *glòdati*. Psl. **glodati* nemá přesvědčivou etymologii. Snad je základem onom. kořen **gel-* 'polykat, jíst', který je i v ↓*hltat*, ↓*žaludek*.

hloh, *hloží, hlohový*. Všesl. – p. *głóg*, r. *glog*, s./ch. *glȍg*. Psl. **glogъ* se obvykle spojuje s ř. *glōchís* 'hrot, ostří' (souvisí s *glō̄ssa, glō̄tta* 'jazyk') z ie. **glogh-*/**glōgh-* 'trn, hrot', věrohodnost této rekonstrukce však oslabuje nedostatek dalších spolehlivých paralel.

hlomozit. Viz ↓*lomozit*.

hloubat. Viz ↓*hluboký*.

hloupý, *hloupost, hlupák, hlupácký, hlupec, hloupnout, zhloupnout, prohloupit*. Všesl. – p. *głupi*, r. *glúpyj*, s./ch. *glûp*, stsl. *glupъ*. Psl. **glupъ* se často vyvozuje z ie. **ghleu-* 'veselit se, žertovat' (srov. stangl. *gléo* 'radost, veselí'), pak však lze sotva spojit s ↓*hluchý*, k němuž má významově velmi blízko (srov. sln.st. *glûp* 'hloupý' i 'hluchý', něm. *dumm* 'hloupý', angl. *dumb* 'němý' ap.; významový posun je 'nedoslýchavý' → 'nechápavý' → 'hloupý'), proto se spíš kloníme k názoru, že psl. **glupъ* je expresivní útvar odvozený od **gluchъ* (HK).

hltat, *hlt, hltan, hltavý, zhltnout, pohltit, zahltit*. Všesl. – p.d. *glutać*, r. *glotát'*, s./ch. *gùtati*. Psl. **glъtati* se srovnává především s lat. *glūtīre* 'pohlcovat, polykat', *gula* 'jícen, hrdlo', stir. *gelid* 'jí, žere', východiskem je ie. **gl̥-t-* od **gel-* 'polykat, požírat', asi onom. původu. Srov. ↓*žaludek*.

hluboký, *hlubina, hlubinný, hloubka, hloubkový, hloubit, prohloubit, vyhloubit, hloubat, hloubavý* aj. Všesl. – slk. *hlboký*, p. *głęboki*, r. *glubókij*, ukr. *hlybókij*, sln. *globòk*, stsl. *glǫbokъ* ukazují na psl. **glǫbokъ*, ale i **glъbokъ* (slk.) a **glybokъ* (ukr.). Výklad obtížný. Spojuje se s ř. *glýfō* 'vydlabávám, řežu', lat. *glūbere* 'loupat', sthn. *klioban* 'rozsekávat, štípat' z ie. **gleubh-* 'dlabat, řezat ap.' (původní význam by tedy byl 'vydlabaný'). Jiné výklady se pokoušejí spojit s ↓*žlab* (HK). V obou případech nutno počítat s vloženým nosovým prvkem u nejfrekventovanější psl. podoby (z **glumbh-?*). Druhý komponent *-okъ* (u adj. označujících prostorové vztahy, srov. ↓*vysoký*, ↓*široký*) asi souvisí s ↓*oko*, význam by byl 'vypadající, mající vzhled'.

hluchý, *hluchota, ohluchnout, nahluchlý, hluchavka, hlušina*. Všesl. – p. *głuchy*, r. *gluchój*, s./ch. *glûh*, stsl. *gluchъ*. Psl. **gluchъ* se obvykle spojuje s lit. *glùšas* 'hloupý', *glusnùs* 'poslušný', *klausýti* 'slyšet' a tedy i psl. **slyšati* (↓*slyšet*) (pro slov. to ovšem předpokládá záměnu g- a k-). Významová souvislost se objasní buď vývojem 'usilovně poslouchající' → 'nahluchlý, hluchý', nebo jako tzv. tabuová antifráze či eufemismus *(D4)*. Srov. ↑*hloupý*.

hluk, *hlouček, hlučný, hlučet, zahlučet, shluk, shlukovat se*. Stč. *hluk* 'hřmot' i 'shluk, zástup' (tento přenesený význam je jen č.). V současných slov. jazycích slaběji doloženo – stp. *giełk*, r.d. *golk*, b. *glắk*, stsl. *glъkъ*. Psl. **gъlkъ* je onom.-expr. původu, blízké je lit. *gùlkščioja* 'povídá se' i lot. *gulkstēt* 'křičet (o ptácích)'.

hmatat, *hmat, hmatový, hmatník, nahmatat, ohmatat, prohmatat, nahmátnout, přehmátnout, přehmat, vyhmátnout, nadhmat, podhmat*. Jen č. (již stč.), málo jasné. *H-* se někdy vykládá jako zesilovací (srov. ↓*chmatat*,

↓*šmatat*), spojuje se s ↓*makat* (Ma²).
Jiný výklad spojuje s ↓*hmota* (HK).
Srov. ↓*namátkou*.

hmitat, *hmit, hmitnout, zahmitat*. Jen č. Varianta ke ↓*kmitat* (Jg), význam později zúžen jen na pohyb paží.

hmota, *hmotný, hmotnost, zhmotnit se*. Stč. též *homota* 'látka, hmota', ale i 'vlhkost v těle'. Příbuzné je sln. *gomóta* 'hmota, masa', gomòt 'tlačenice, změť, zmatek' a asi i ukr.d. *hómot* 'šum, dunění'. Snad lze vyjít z kořene **gom-*, který je i v ↓*homole*. Srovnává se s ř. *gémō* 'jsem naplněn'.

hmoždíř. Původně ↓*moždíř*, začáteční *h-* vlivem ↓*hmoždit se (D2)*.

hmoždit se, *pohmoždit (si), pohmožděný, pohmožděnina, zhmožděnina, hmoždinka*. Nepříliš jasné. Spojuje se s r. *izmoždënnyj* 'vyčerpaný, unavený', sln. *izmôzgan* tv., *môzgati* 'lámat si hlavu, přemýšlet', které by mohlo ukazovat na souvislost s ↓*mozek*. Méně jasný je vztah k r. *možžít'* 'drtit, roztloukat' či csl. *mъžditi* 'oslabovat'. *H-* v č. je asi zesilovací. Další vývody problematické.

hmyz, *hmyzí, odhmyzovat, zahmyzený*. Stč. i *hmez, hemza* 'hmyz, hadi, štíři ap.'. S./ch. *gmâz* 'plaz', *gmîz* 'plazi', vši', sln.d. *gomâz* 'hmyz, červi, hadi', str. *g(ъ)myzь* 'hmyz', r.d. *gmýza, gomoz* 'množství'. Psl. **gъmyzъ, gъmъzъ* aj., původně 'to, co se hemží', dále viz ↑*hemžit se*.

hňáca, hňápa. Expr. útvary nejspíš od ↓*hnát*[1], *hňácat* však má blíže k ↓*hníst*. Srov. i ↓*chňapat*.

hnát[1] 'dlouhá kost'; zhrub. 'ruka, noha'. P. *gnat* 'kost', s./ch. *gnjât* 'holeň, kost'. Málo jasné. Sblížení s něm. *Knoten* 'uzel, uzlina' (Ma²) či lat. *genū*, ř. *góny* 'koleno' (HK) jsou pochybná, přesvědčivé není ani spojení s ↓*hníst* ('to, čím se hněte').

hnát[2], *hnací, dohnat, nahnat, předehnat, popohnat, ohnat se, vyhnat, vyhnanec, zahnat, rozehnat, sehnat, přehnat, přeháněť, přeháňka, shánět, sháňka, shon, oháňka, vyhánět, výhonek, pohánět, pohon* aj. Všesl. – p. *gnać*, r. *gnat'*, s./ch. *gnàti*, stsl. *gъnati*. Psl. **gъnati*, 1.os.přít. **ženǫ (B1)*, má nejblíže k lit. *giñti, genù* tv., dále je příbuzné stisl. *gunnr* 'boj', stir. *gonim* 'zabíjím', lat. *dē-fendere* 'bránit', ř. *theínō* 'biju', sti. *hánti* 'bije, zabíjí', chet. *ku-en-zi* 'zabíjí', vše k ie. **gʷʰen-* 'bít' *(A2,A3)*. Vývoj významu byl asi 'bít' → '(bitím) hnát zvířata'. Srov. ↓*honit*, ↓*žnout*.

hned. Mylnou dekompozicí z ↓*ihned* (jako *i + hned*).

hnědý, *hnědavý, (z)hnědnout, hnědák, hnědel*. P. *gniady*, r. *gnedój*, s./ch. *gnjêd* (asi z r., jinak v jsl. chybí), původně (též v stč.) označovalo jen barvu koně či krávy. Psl. **gnědъ* nemá přesvědčivou etymologii. Nabízí se souvislost se ↓*snědý* (Ma²), ale jejich vzájemný vztah je málo jasný. Snad lze vycházet z psl. **gnětiti* (↓*nítit*) 'zapalovat, zažíhat', *hnědý* by pak znamenalo 'mající barvu něčeho opáleného, ohořelého' (srov. *opálený, osmahlý*), *-d* se vysvětluje podle ↑*bledý*.

hněv, *hněvivý, hněvat (se), pohněvat (se), rozhněvat (se)*. Všesl. – p. *gniew*, r. *gnev*, ch. *gnjêv*, s. *gnêv*, stsl. *gněvъ*. Psl. **gněvъ* nemá jednoznačný výklad. Jednou z významově přijatelných možností je souvislost s psl. **gnětiti* (↓*nítit*) (tedy 'zapálení, roznícení mysli'), druhou pak s psl. **gniti* (↓*hnít*) (s posunem 'hnis, jed v těle' → 'hněv'), v obou případech tu však jsou problémy slovotvorné. Proto snad lze vyjít přímo od ie. **ghnēi-* 'třít, roztírat', z něhož se jak **gnětiti*, tak **gniti* vyvozují.

hnida 'vajíčko vši'; expr. 'něco malicherného', *hnidopich*. Všesl. – p. *gnida*, r. *gnída*, s./ch. *gnjìda*. Psl. **gnida*

hnilička

významově odpovídá lit. *glìnda*, lot. *gnīda*, stangl. *hnitu* (angl. *nit*), něm. *Niss*, ir. *sned*, lat. *lens* (pl. *lendēs*), ř. *konís* (pl. *konídes*). Tyto vzájemně podobné tvary, k nimž však nelze rekonstruovat jednotné ie. východisko, dokazují, jakým změnám podléhají slova označující nepříjemné všední skutečnosti (srov. ↑*blecha (D4)*). Alespoň pro bsl. a většinu germ. tvarů lze vyjít z ie. **ghnēid-* 'třít, roztírat', srov. ↓*hnít*.

hnilička 'přezrálá měkká hruška'. Viz ↓*hnít*.

hnípat zhrub. 'spát'. Podobné útvary jsou v stangl. *hnappian* (angl. *nap*) 'dřímat' či něm. *nippen* tv., vzhledem k zřejmému onom.-expr. původu těchto slov však jde asi jen o elementární příbuznost.

hnis, *hnisavý, (z)hnisat*. Jak ukazuje stč. *hnis, hňus, hnus (C1)*, jde o expr. změkčenou variantu k ↓*hnus*.

hníst 'mačkáním zpracovávat'. Všesl. – p. *gnieść*, r. *gnestí*, s./ch. *gnjèsti*, stsl. *gnesti*. Psl. *gnesti (z **gnet-t- (A5)*) má nejbližší příbuzné v germ. jazycích – něm. *kneten*, angl. *knead* tv. aj., dále sem patří stpr. *gnode* 'díže'. Východiskem je ie. **gnet-* (*A4*) od kořene **gen-* 'mačkat, stlačovat', doloženého hojně v germ. jazycích. Srov. ↓*knedlík*.

hnít, *hniloba, hnilička, shnít, shnilý, vyhnít, zahnívat, nahnilý, prohnilý*. Všesl. – p. *gnić*, r. *gnit'*, s./ch. *gnjȉti*, stsl. *gniti*. Psl. *gniti souvisí se stangl. *gnīdan* 'drobit, rozemílat', sthn. *gnītan* 'drtit' i ojedinělým ř. *chníei* 'rozpadá se na kousky' z ie. **ghnēi-* 'třít, roztírat' *(B2)*. Významový posun by byl 'třít' → 'rozpadat se (v prach)' → 'hnít'. Srov. ↓*hnus*, ↑*hnida*, ↑*hněv*, ↓*nítit*.

hnízdo, *hnízdečko, hnízdiště, hnízdit, uhnízdit (se), zahnízdit (se)*. Všesl. – p. *gniazdo*, r. *gnezdó*, ch. *gnijézdo*, s. *gnézdo*, stsl. *gnězdo*. Psl. *gnězdo souvisí s lit. *lìzdas*, něm. *Nest*, angl. *nest*, lat. *nīdus*, sti. *nīḍá*, vše z ie. **nizdo-* tv., jež se dále rozkládá na **ni-* 'dole' (srov. ↓*nízký*) a **-zd-* jako nulový stupeň od **sed-* (↓*sedět*). Psl. a balt. tvary jsou v násloví pozměněny – slov. *g-* se obvykle vysvětluje kontaminací *(D3)* s *gnesti (↑*hníst*) či *gnojь (↓*hnůj*).

hnout, *nahnout, ohnout, přehnout, uhnout, zahnout, sehnout (se), pohnout, pohnutka* aj. Vlastně dokonavý protějšek k ↓*hýbat* z psl. **gъbnǫti (A7,B6)*.

hnůj, *hnojit, hnojivo, hnojiště, zahnojit, pohnojit, přihnojit*. Stč. *hnój* 'hnůj, hnis'. Všesl. – p. *gnój*, r. *gnoj*, s./ch. *gnôj*, stsl. *gnoi*. Psl. *gnojь je odvozeno od *gniti (↑*hnít*), srov. i *bít* – *boj*, *pít* – *nápoj*.

hňup. V č. od konce 16. st. (*hňupec*), nejspíš silně expr. obměna kořene *hlup-* (viz ↑*hlupák*).

hnus, *hnusný, (z)hnusit se/si*, ob. expr. *hnusák*. Všesl. – p.st. *gnus* 'lenoch', r.d. *gnus* 'škodlivý hmyz', s./ch. *gnûs* 'špína, hnus', stsl. *gnǫsъ* 'špína, hnis', *gnusъnъ* 'hnusný, ošklivý'. Psl. *gnusъ, *gnǫsъ asi souvisí s ↑*hnít*, ale bližší podrobnosti vztahu nejsou jasné. Asi útvar expresivní, srov. i ↑*hnis*.

hobby 'záliba, koníček'. Z angl. *hobby* tv. z *hobby-horse* 'dětský koník, kůň na kolotoči', přeneseně 'oblíbené téma, utkvělá myšlenka'. Srov. i ↑*dadaismus*.

hoblík, *hoblina, hoblovat, ohoblovat, přihoblovat* aj. Z něm. *Hobel* tv. Odtud i *dát hobla*, vlastně 'smýkat někým jako hoblíkem'.

hoboj 'dřevěný dechový nástroj', *hobojový*. Přes něm. *Oboe* (dříve i *Hoboe*) z fr. *hautbois* z *haut* 'vysoký' z lat. *altus* (srov. ↑*alt*) a *bois* 'dřevo' (srov. ↑*buš*), tedy vlastně 'vysoko znějící dřevo'.

hod 'hlavní církevní svátek', *hody, hodovat, hodovník*. Všesl. – p. *gody* 'hody', r. *god* 'rok', s./ch. *gôd* 'svátek, rok, jmeniny', stsl. *godъ* 'vhodná, určitá doba', ojediněle i 'rok' a 'svátek'. Psl. *godъ je odvozeno od *goditi (sę) (či naopak), vývoj významu byl 'vhodná doba (k slavení ap.)' → 'velký svátek' → 'doba, jež uplyne mezi těmito svátky (= rok)'. Srov. ↓hodina, ↓hodit se.

hodina, *hodinka, hodinový, hodiny, hodinky, hodinář, hodinářský, hodinářství.* Všesl. – p. *godzina*, r. *godína* 'osudná chvíle', s./ch. *gȍdina* 'rok', stsl. *godina* 'určitá chvíle, hodina'. Psl. **godina* je odvozeno od **godъ* (↑*hod*), výchozí význam je 'určitá chvíle', srov. *těžká hodina, propustit na hodinu* ap., dále k významům srov. ↑*hod*.

hodit, *hod, dohodit, nahodit, náhoda, přihodit se, prohodit, obhodit, zahodit, přehodit, odhodit, vyhodit, uhodit, úhoz, prohoz, přehoz* aj. V tomto významu jen č. a p. (*ugodzić* 'uhodit'), etymologicky patří k ↓*hodit se*. Významový posun pochopíme ze stč. *hoditi* 'jednat vhod; mířit k něčemu; zasáhnout, trefit', starší význam je např. v *dohodit* 'obstarat'.

hodit se, *vhodný, příhodný, shodný, shodovat se, shoda, dohoda, dohodnout se, rozhodnout (se), výhoda, pohoda, pohodlí, pohodlný, nehoda* aj. Všesl. – p. *godzić się*, r. *godít'sja*, s./ch. *góditi* 'hovět', stsl. *goditi* tv. Psl. **goditi (sę)* je příbuzné s lot. *gadīt* 'zasahovat, získávat', *guoda* 'čest, hostina', střdn. *gaden* 'vyhovovat, líbit se', něm. *gut* a angl. *good* 'dobrý' i sti. *gā́dh-* 'pevně přidržet', vše se vyvozuje z ie. **ghedh-/*ghodh-* 'spojit, být spjat'. Srov. ↑*hodit*, ↑*hod*, ↓*hodlat*, ↑*hezký*, ↑*heslo*, ↓*ihned*.

hodlat, *odhodlat se, odhodlaný.* Jen č. Nepochybně souvisí s ↑*hodit*, ↑*hodit se* (srov. stč. *hoditi* 'mířit k něčemu'), ale *-l-* je nejasné.

hodný, *hodně, hodnota, hodnotný, hodnost, hodnostář, hodnostářský.* Stč. 'vhodný, způsobilý', což byl i původní význam (srov. stsl. *godьnъ* 'vhodný, příjemný'). Dále viz ↑*hodit se*.

hofmistr 'správce dvora'. Z něm. *Hofmeister* z *Hof* 'dvůr' a *Meister* (viz ↓*mistr*).

hoch, *hošík*, expr. *hošan, hošánek.* Původem domácké slovo od *holobrádek, holec,* ↓*holeček* ap. (viz ↓*holý*) s expr. příp. *-ch* (srov. ↑*brach*, ↑*Čech*). Srov. i ↓*holka*.

hochštapler 'podvodník s uhlazeným chováním', *hochštaplerský.* Z něm. *Hochstapler* tv. a to z *hoch* 'vysoký, vysoko' a jidiš *stapeln, stappeln* 'žebrat', tedy původem z argotu.

hoj citosl. Spojuje se s psl. **gojь* 'hojnost' (stč. *hoj* tv., srov. ↓*hojný*) (Ma², HK), ale spíš je to jen přirozený projev emocí jako v ↑*hej, oj* ap.

hojit (se), *hojivý, zhojit (se), zahojit (se), vyhojit (se).* Všesl. – p. *goić się*, str. *gojiti* 'živit', s./ch. *gòjiti (se)* 'krmit (se)'. Psl. **gojiti (sę)* je tzv. kauzativum k **žiti* (↓*žít*), což je dobře vidět na vsl. a jsl. významech. Z ie. **gʷoi-*, příbuzné je lit. *gajùs* 'veselý, živý' (ne však angl. *gay* tv.), av. *gaya-* 'život'. Srov. ↓*hojný*, jinak viz ↓*žít*.

hojný, *hojnost.* Stč. *hoj* 'hojnost' z psl. **gojь* tv. Dále viz ↑*hojit (se)* a ↓*žít*, srov. i ↓*záhy*.

hokej, *hokejový, hokejista, hokejka.* Z angl. *hockey*, jehož původ není zcela jasný. Zřejmě v nějakém vztahu k angl. *hook* 'hák' (srov. ↑*hák*), buď přes tvar *hookey* (adj.), či ze stfr. *hoquet* 'zahnutá hůl', jež k *hook* souvisí.

hokuspokus. Asi přes něm. *Hokuspokus* ze střlat. kejklířské formule, jejíž nejasný původ se nejčastěji hledá v rouhavém přetvoření mešní formule *hoc est corpus (meum)* 'toto je (moje) tělo' (Ma²). V češtině se významově přiklonilo k *pokus*.

hokynář 'drobný obchodník se smíšeným zbožím', *hokynářka, hokynářský, hokynářství*. Z střhn. *hockener, huckener* (něm. *Höker*), asi k něm. *Hucke* od *hocken* 'nosit náklad na zádech (u podomních obchodníků)'.

hola citosl. Srov. ↑*haló*, ↑*hele*, ↑*halali*.

holba zast. 'půl mázu (asi 0,7 l)'. Z něm. *halb* 'půl' (srov. angl. *half* tv.), jež souvisí s lat. *scalpere* 'škrábat, řezat' (srov. ↓*skalpel*). Původně tedy 'co je rozštěpeno' od ie. **(s)kel-* 'řezat, štěpit'.

hold 'projev úcty', *holdovat*. Stč. *hold* 'slib poddanosti, výkupné'. Ze střhn. *hulde* tv., srov. i *holde* 'sluha', *hold* 'ochotný, příznivý'.

holeček (jen ve vokativu *holečku, holenku*). Vlastně 'chlapec, holobrádek', viz ↓*holý*, ↑*hoch*.

holedbat se, *holedbavý*. Poprvé v Rukopise královédvorském, takže zřejmě Hankův novotvar. Snad podle r. *golyd'bá* 'chudá pýcha' (Ma², Jg), další spojení jsou silně spekulativní.

holeň, *holenní, holínka*. P. *goleń*, r. *gólen'*, s. *gòlen*, ch. *gòlijen*, stsl. *golěnь*. Psl. **golěnь* je asi odvozeno od **golъ* (↓*holý*), motivace se hledá buď ve významu 'holá kost (tj. nekrytá svalovinou)' či 'oděvem nezakrytá část nohy'.

holička (ve rčení *být (nechat, zůstat) na holičkách* 'být v koncích'). Výklady se různí: jedna možnost vychází ze staršího *holičky* 'nezralé ovoce (třešně, fíky ap.)' (Jg), tedy *zůstat na h.* = 'zůstat u nezralého ovoce', jiný výklad interpretuje *holičky* jako 'holou zadnici' (HK, HL), či snad jde o zdrobnělinu od '(žebrácká) hůl'? (Ma²).

holka, *holčička, holčina, holčičí, holkař*. Jen č. Ženský protějšek k *holec* (viz ↑*hoch*).

holocaust 'hromadné vraždění Židů za 2. světové války'. Z angl. *holocaust* 'naprosté zničení, masakr' a to přes stfr. z lat. *holocaustum* 'zápalná oběť' z ř. *holokaútōma* z *hólos* 'celý, úplný' a *kaíō* 'spaluji'. Srov. ↓*hologram*.

holocén 'nejmladší období čtvrtohor'. Uměle z ř. *hólos* 'celý, úplný' a *kainós* (v polatinštělé podobě *caen-*) 'nový, obnovený', protože v tomto období vzniklo zcela nové rostlinstvo (HL).

hologram 'plastické zobrazení dvourozměrného obrazu pomocí speciální techniky'. Viz ↑*holocén* a ↑*-gram*.

holomek expr. 'darebák, pacholek'. Stč. 'mladík, svobodný muž, sluha'. Nejspíš zkráceno z hanl. stč. *holomúdec*, vlastně 'kdo má holé (neochlupené) přirození' (viz ↓*holý*, ↓*moudí*), tedy 'nedospělý' (Ma²). Pozdější hanlivý význam snad přes 'katův pomocník'. Srov. ↑*hoch*.

holota hanl. 'sebranka'. Stč. 'psovod, chlapec opatrující psy', motivace je tu stejná jako u ↑*hoch, holec,* ↑*holomek*. Později chápáno jako 'holý, chudý člověk' a posléze kolektivum 'lůza, chátra'.

holport *(na holport)* zast. ob. 'na polovic'. Z něm. *halbpart* tv. z *halb* 'půl' a *Part* 'část' (srov. ↑*holba*, ↓*partaj*).

holt ob. 'tedy'. Z něm. *halt* 'inu, zrovna' ze střhn., sthn. *halt* 'víc, spíš', jehož původ není jasný.

holub, *holubí, holubice, holubičí, holubník, holubinka*. Všesl. – p. *gołąb*, r. *gólub'*, s./ch. *gòlub*, stsl. *golǫbь*. Psl. **golǫbъ* nemá přesvědčivý výklad. Nápadná je blízkost lat. *columbus, columba* tv., (pouze rozdíl znělosti v násloví a jiné zakončení *(B7)*); obě slova se proto někdy vykládají jako přejetí z předie. substrátu (Ma²). Názory o domácím původu slova vycházejí z ie. kořene **ghel-, *ghel-* (A6) označujícího různé barvy (srov. ↓*zelený*, ↓*žlutý*) (HK), okrajově též 'šedý, modrý'. Spojitost ptačích jmen s názvy barev je velmi častá, srov. i r. *golubój* 'modrý'.

holý, *holit, holicí, holič(ka), holičský, holičství, oholit, vyholit*. Všesl. – p. *goły*, r. *gólyj*, ch. *gôl*, s. *gô*, stsl. *golъ*. Psl. *golъ souvisí se sthn. *kalo* (něm. *kahl*) tv., stangl. *calu* (angl. *callow* 'neopeřený, holý'), lit. *gáldyti* 'dřít, drhnout' a asi i lat. *calvus* a sti. *kulva-* 'holý, lysý' (srov. ↑*hlava*). Ie. východisko pro bsl. a germ. je **gal-* (*B5*), příbuznost s lat. a sti. slovem předpokládá záměnu *g – k*. Srov. ↑*hoch*, ↑*holka*, ↑*holomek*, ↑*holota*, ↑*holička*, ↑*holeň*.

homeopatie 'léčení léky vyvolávajícími u zdravého člověka příznaky léčené choroby', *homeopatický, homeopat*. Koncem 18. st. utvořeno od ř. *hómoios* 'podobný, stejný' (srov. ↓*homo-*) a *páthos* 'bolest, nemoc, vášeň' (srov. ↑*apatie*).

homérský (*smích*). Podle *Homérovy Iliady*, kde se v 1. zpěvu líčí hlučný smích blažených bohů na Olympu.

homilie 'kázání', *homiletika, homiletický*. Ze střlat. *homilia* z ř. *homīlía* 'společnost, rozmlouvání, vyučování' od *homīléō* 'stýkám se, projednávám'.

homo- (ve složeninách) 'stejno-'. Z ř. *homós* 'stejný, rovný'. Srov. ↓*homogenní*, ↓*homonymum*, ↓*homosexuál* a s opačným významem ↑*hetero-*.

homogenní 'stejnorodý'. Viz ↑*homo-* a ↑*gen*, srov. ↑*heterogenní*.

homole 'kuželovitý útvar nahoře zaoblený', *homolka, homolovitý*. P. *gomoła* 'hrouda', str. *gomola*, s./ch. *gòmola* tv. Psl. *gomola má nejbližší příbuzné v lit. *gãmalas* 'hrouda, (sněhová) koule', *gomulỹs* 'hrouda, kousek'. Souvisí s ↑*hmota* a ↓*komolý*, za hranicemi bsl. se ne zcela přesvědčivě srovnává především s ř. *gémō* 'jsem naplněn' (Ma²) od ie. **gem-* 'mačkat' (srov. ↓*ždímat*). Přesvědčivě však nezní ani výklad o onom. původu bsl. kořene.

homonymum 'slovo stejné formy, ale jiného významu a původu', *homonymie, homonymní*. Z ↑*homo-* a ř. *ónoma, ónyma* 'jméno'. Srov. ↓*synonymum*, ↑*anonym*, ↓*onomastika*.

homosexuál 'jedinec s pohlavní náklonností k osobám téhož pohlaví', *homosexuální, homosexualita*. Viz ↑*homo-* a ↓*sex*, srov. ↑*heterosexuál*.

homunkulus 'uměle vyrobený člověk'. Z lat. *homunculus*, což je zdrobnělina k *homo* (gen. *hominis*) 'člověk' (podle představ alchymistů člověk, kterého je možné vyrobit v laboratoři). Srov. ↓*humanismus*.

honit, *honicí, hon, honák, honec, honba, honička, honitba, dohonit, uhonit, honem* aj. Všesl., staré iterativum (opětovací sloveso) k ↑*hnát*.

honorace 'panstvo'. Z něm. *Honoratioren* (pl.) 'vážení (obyvatelé)' z lat. *honōrātiōrēs* 'váženější' k *honōrātus* 'vážený, ctěný' od *honōrāre* 'ctít' od *honor, honōs* (gen. *honōris*) 'čest'. Srov. ↓*honorář*.

honorář 'odměna za práci uměleckého či intelektuálního rázu', *honorovat*. Z lat. *honōrārium* 'odměna, pocta za odvedenou práci' od *honor, honōs* 'čest, pocta'. Srov. ↑*honorace*.

honosit se, *honosný*. Jen č. Vykládá se z pč. *gorě-nositi 'nosit nahoře', tj. 'vyvyšovat, velebit' (ještě u Jg i bez zvratného *se* v tomto významu), druhá slabika později utracena při rychlé řeči (Ma²). Je i slk. *horenosný* 'pyšný'.

hop citosl., *hopsa(sa), hopsat, hopkat*. Všesl. a všeevr., srov. něm. *hopsen* 'poskakovat', angl. *hop* tv., šp. *upa!* 'hop!' ap.

hora, *hůrka, horní, horský, hornatý, horník, hornina, horal* (z p.), *pohoří, podhůří, pahorek, nahoru, vzhůru, shůry, horem*. Všesl. – p. *góra*, r. *gorá*, s./ch. *gòra*, stsl. *gora*. V jsl. a slk. dosud

horda   209   **hoře**

i ve významu 'les' (tehdejší 'hora' = 'zalesněná hora'). Psl. **gora* souvisí s lit. *girià* 'les', sti. *girí-* 'hora' a snad i alb. *gur* 'kámen', východiskem je ie. **gᵘer-* 'hora, les'.

horda 'skupina kočovných nájezdníků; tlupa'. Asi přes něm. *Horde* či p. *horda* z ttat. (nejspíš kumánského) *orda* 'vojenský tábor'. Slovo hojně rozšířené v ttat. jazycích pronikalo do evr. jazyků s nájezdy středověkých kočovníků.

horentní 'neobyčejně veliký, strašný'. Přes něm. *horrend* tv. z lat. *horrendus* 'strašný, děsivý' od *horrēre* 'děsit'. Srov. ↓*horor*.

horizont 'obzor', *horizontální*. Přes něm. *Horizont* z lat. *horizōn* z ř. *horízōn* (gen. *horízontos*) 'ohraničující' od *horízō* 'ohraničuji' od *hóros* 'hranice'. Srov. ↑*aforismus*, ↑*aorist*.

horký, *horko, horkost, horečka, horečný, horečnatý*. Jen č., jinde doloženo slabě jen v dialektech, protože formálně splývá s ↓*hořký*. Z psl. **gorъkъjь* (B6,B9). Dále viz ↓*hořet*.

horlit, *horlivý, horlivost, horlivec*. Jen zsl. – p. *gorlić*, hl. *gorliwić*. Výchozí je psl. adj. **gorьlivъ* 'horoucí, hořící' (srov. stč. *oběť horlivá* 'zápalná oběť'), z toho pak v zsl. sloveso a přenesení významu. Dále viz ↓*hořet*, srov. ↓*žárlit*.

hormon 'látka ovlivňující fyziologické pochody v organismu', *hormonální*. Z angl. *hormone*, uměle utvořeného (zač. 20. st.) z ř. *hormōn* 'pohánějící' od *hormáo* 'ženu, poháním'.

horna slang. 'lesní roh'. Z něm. *(Wald)horn* 'lesní roh' (srov. ↓*valdhorna*) k *Horn* 'roh', jež souvisí s lat. *cornū* tv. Srov. ↓*kornout*.

horník, *hornický, hornictví*. Od ↑*hora* ve významu 'důl' (podle významu něm. *Berg*). Srov. *Kutná Hora* a ↓*permoník*.

horor 'hrůzný příběh', *hororový*. Z angl. *horror* a to z lat. *horror* 'hrůza, děs' od *horrēre* 'děsit'. Srov. ↑*horentní*.

horoskop 'předpověď osudu podle postavení planet'. Ze střlat. *horoscopus* a to z ř. *hōroskópos* 'pozorovatel času' z *hōra* 'čas, hodina, období' a ↓*-skop*.

horovat 'projevovat pro něco nadšení'. U Jg *horovati* 'být nahoře, mít převahu' z pol. *górować* 'čnět, vynikat' (viz ↑*hora*), též *horování* 'vznášení se lyrické', přes podobné významy se pak přiklonilo k *horoucí*, ↑*horlit* ap.

horší, *hůř(e), zhoršit, zhoršovat, pohoršit, pohoršovat*. Stč. *hoří*. Všesl. – p. *gorszy*, str. *gorьšii*, s./ch. *gȍrī*, stsl. *gor'ii*. Psl. **gor'ьjь* se obvykle považuje za komparativ (2. stupeň) k **gorъkъ* (↓*hořký*) s významovým posunem 'horčejší, palčivější' → 'horší'. Méně pravděpodobné je sblížení s ř. *cheírōn* tv. z ie. **gher-* (Ma²).

hortenzie 'druh ozdobné rostliny'. Nazvána fr. botanikem Commersonem podle ženského křestního jména (snad jeho přítelkyně, či snad jen pro spojení s lat. *hortus* 'zahrada').

hořčice, *hořčičný*. Všesl. – p. *gorczyca*, r. *gorčíca* tv., s./ch. *gòrčica* 'druh hořce'. Od ↓*hořký*, podle chuti jejích semen.

hořčík 'lehký kovový prvek, magnezium', *hořčíkový*. Utvořeno Preslem, podle HL prý k ↓*hořet*, protože na vzduchu hoří jasným plamenem. Slovotvorně však spíš od ↓*hořký* (jeho soli mají hořkou chuť).

hoře kniž. 'bol, zármutek', *hořekovat, zahořekovat*. Stp. *gorze*, r. *góre*, sln. *gorjé*, stsl. *gorje* (chybí v ostatních jsl. jazycích a slk.). Psl. **gor'e* je utvořeno od stejného základu jako ↓*hořet*, významový posun 'hořet, pálit' → 'bol, zármutek' je běžný (srov. ↓*péci* a r. *pečál'* 'smutek, zármutek').

hořec 'horská bylina s modrým květem, encián'. S./ch.d. *górac* tv., b. *górec* 'chmel'. Od ↓*hořký*, srov. ↑*hořčice*.

hořet, *hořák, hořlavý, horoucí, shořet, ohořet, zahořet, vyhořet, rozhořet se, uhořet, přihořívat* aj. Všesl. – p. *gorzeć, goreć*, r. *gorét'*, s. *gòreti*, ch. *gòrjeti*, stsl. *goreti*. Psl. *goreti má nejblíže k lit.d. *garěti* tv., *gāras* 'dým, pára', dále je příbuzné něm., angl. *warm* 'teplý', stir. *guirim* 'ohřívat', lat. *formus* 'horký', ř. *thermós* tv., *théros* 'horko, letní žár', arm. *jer* 'teplo', sti. *háras* 'žár', gharmá- tv., vše z ie. **g^{u}her-* 'horký' (A3,A6). Srov. ↑*horký*, ↓*hořký*, ↑*horší*, ↑*hoře*, ↓*žár*, ↑*hárat*, ↓*hřát*, ↓*hrnec*, ↓*řeřavý*.

hořký, *hořkost, zhořknout, zahořknout, zahořklý, nahořklý*. Všesl. – slk. *horký*, p. *gorzki*, r. *gór'kij*, s./ch. *górak*, stsl. *gorьkъ*. Psl. *gorьkъ souvisí s ↑*hořet*, formálně srov. především ↑*horký*. Významový posun byl 'pálivý, palčivý' → 'hořký, štiplavé chuti'. Srov. ještě ↑*hoře*, ↑*hořec*.

hosana citosl. Vyjadřuje oslavu, velebení. Přes střlat. *hosanna, hosianna* a ř. *hōsanná* z hebr. *hōšī'a nnā*, v jehož první části je imperativ 'spas, pomoz', ve druhé prosicí částice.

hospic 'pečovatelský dům pro nevyléčitelně nemocné'. Dříve 'útulek pro pocestné'. Z něm. *Hospitz* 'útulek, (křesťanská) noclehárna ap.' a to z lat. *hospitium* 'pohostinství, přátelské přijetí, hostinec' od *hospes* (gen. *hospitis*) 'host'. Srov. ↓*hospitalizovat*, ↓*hotel*, ↓*hospitovat* i ↓*hospoda*.

hospitalizovat 'umístit do nemocnice', *hospitalizace*. Od něm. *Hospital* 'nemocnice' z pozdnělat. *hospitāle* tv. (dále viz ↓*špitál*).

hospitovat 'být přítomen při vyučování jako host', *hospitace*. Z lat. *hospitārī* 'být hostem' od *hospes* (gen. *hospitis*) 'host, hostitel'. Srov. ↓*Hospodin*, ↓*host*, ↓*hotel*.

hospoda, *hospůdka, hospodský*. Stč. *hospoda* 'pán, paní, panovník' i 'hostinec, pohostinství, útulek'. V dnešním významu jen zsl. Podnět k posunu významu asi vyšel z oslovení *hospodo!*, jímž hosté titulovali pána domu, to se pak přeneslo na celý dům a speciálně na domy poskytující pohostinství za peníze. Srov. ještě i dnešní řídké *hospodo, platím!* ap. (Ma²). Dále viz ↓*Hospodin*.

Hospodin, *hospodář, hospodyně, hospodářský, hospodářství, hospodařit, hospodárný*. Stč. *Hospodin* 'Pán (Bůh)' *hospod* 'pán'. Všesl. – p. *gospodzin*, r. *gospód', gospodín*, s./ch. *gòspōd, gospòdin*, stsl. *gospodь, gospodinъ*, všude ve významu 'pán' či 'Hospodin'. Psl. **gospodь/*gospodinъ* je starobylá složenina, v jejíž první části je ie. **ghosti-* (viz ↓*host*), ve druhé ie. **poti-* 'mocný', sti. *páti-* 'pán, manžel', ve složeninách lit. *viẽšpats* 'pán, vládce' a ↑*despota*). Nejblíže stojí lat. *hospes* (gen. *hospitis*) 'host, hostitel', tvořené ze stejných ie. základů. Původní význam se interpretuje jako 'pán hostů', tj. 'pán domu, hostitel'. Srov. ↑*hospoda*.

host, *hostina, hostinec, hostinský, hostit, pohostit, pohostinství, vyhostit, zhostit se, hostovat*. Všesl. – p. *gość*, r. *gost'*, s./ch. *gôst*, stsl. *gostь*. Psl. *gostь odpovídá germ. *gastiz (něm. *Gast*, angl. *guest*) tv. a lat. *hostis* 'cizinec, nepřítel' z ie. **ghosti-*. Rozdílný význam vysvětlíme rozdvojením z původního 'cizinec, příchozí' na 'vítaný příchozí (= host)' a 'nevítaný příchozí (= nepřítel)'. Srov. ↑*hospoda*, ↑*Hospodin*, ↓*hosteska*.

hosteska 'průvodkyně a informátorka na mezinárodních akcích ap.'. Z angl. *hostess* tv., vlastně 'hostitelka', od *host* 'hostitel' a to ze stfr. *(h)oste* z lat. *hospes* (gen. *hospitis*). Srov. ↓*hotel*, ↑*hospitovat*, ↑*Hospodin*.

hostie 'mešní chléb, oplatka'. Z lat. *hostia*, původně 'oběť, obětní zvíře' jako připomínka Kristovy oběti na kříži.

hot citosl. 'vpravo! (při volání na tažná zvířata)'. Hl. *hót*, něm. *hott*, fr. *hue*, maď. *hí* tv. svědčí o jisté elementární příbuznosti, méně pravděpodobný je praevr., předie. původ (HK). Srov. ↑*čehý*.

hotdog 'uzenka v housce'. Z am.-angl. *hot dog* tv., též jako adj. *hot-dog* 'vynikající, prima'. Typická ukázka metaforičnosti angl. (doslova 'horký pes', srov. ↑*doga*), ale motiv přenesení není znám.

hotel, *hotýlek*, *hotelový*, *hoteliér*. Přes něm. *Hotel* z fr. *hôtel*, stfr. *(h)ostel* a to ze střlat. *hospitale* 'místnost pro hosty' od lat. *hospitālis* 'pohostinný' od *hospes* (gen. *hospitis*) 'host'. Srov. ↓*špitál*, ↓*motel*, ↑*hospitovat*, ↑*Hospodin*.

hotentot expr. 'hloupě či nesrozumitelně mluvící člověk'. Podle afrického kmene, který byl holandskými Búry posměšně nazván *hot en tot* 'koktaví', onom. původu.

hotový, *hotovo*, *hotovost*, *hotovostní*, *pohotový*, *pohotovost*, *přihotovit*, *vyhotovit*, *zhotovit*, ob. *hotovka*. Všesl. – p. *gotowy*, r. *gotóvyj*, s./ch. *gòtov*, stsl. *gotovъ*. Psl. **gotovъ* není příliš jasné. Blízké je pouze alb. *gat* tv., pokud to není přejetí ze slov. Jinak lze vyjít z ie. **gᵘā-* 'jít' (je tu však rozdíl *ā – a*, viz ↑*hať*) a z významu 'připravený k chůzi', což má oporu v něm. *fertig* od *fahren* 'jet' a *bereit* od *reiten* 'jet (na koni ap.)', obojí dnes ve významu 'hotový, připravený'.

houba, *hubka*, *houbička*, *houbový*, *houbovitý*, *houbař*, *houbařský*. P. *huba* (asi z ukr.), r.d. *gubá*, s./ch. *gùba*, stsl. *gǫba*. Psl. **gǫba* má jistý protějšek v lit. *gumbas* 'výrůstek, nádor'. Hláskově obtížné, ale často přijímané (Ma2, HK) je spojení se sthn. *swamb* (něm. *Schwamm*), lat. *fungus*, ř. *spóngos*, *sfóngos* 'houba', jež někde předpokládá přesmyk souhlásek. Rekonstrukce výchozího ie. **(s)gᵘhombho- (A2,A3,A5)* je však značně nejistá. Srov. ↓*huba*.

houf, *houfný*, *houfovat se*. Stč. *húf*, *hauf*. Ze střhn. *hūfe* (dnes *Haufe(n)*), jež souvisí s ↓*kupa*. Srov. ↓*houfnice*.

houfnice 'dělo s kratší hlavní'. Stč. *haufnicě*. Původně 'válečný prak, jímž se houfně metalo kamení', pak 'druh děla' (Ma2). Do něm. dalo *Haubitze*.

houkat, *houkání*, *houkačka*, *zahoukat*, *odhoukat*. Onom. původu od citosl. *hú*, *hou*.

houně 'pokrývka z hrubého sukna'. Všesl. – slk. *huňa*, p. *gunia*, r.d. *gúnja*, s./ch. *gùnja*. Psl. **gun'a* a jeho ekvivalenty v řadě evr. jazyků ukazují na starobylé kulturní slovo neznámého původu. Srov. wal. *gwn* 'druh kabátu' (odtud či z lat. angl. *gown* 'róba, talár'), střlat. *gunna* 'plášť', stfr. *gún(n)a* tv., maď. *gunya* 'pokrývka' aj.

houpat, *houpavý*, *houpačka*, *zahoupat*, *rozhoupat*, *pohoupat*, *pohupovat*, *zhoupnout*, *vyhoupnout (se)*, *přehoupnout (se)*. Vychází z onom. základu. Srov. citosl. ↑*hop*, ↓*hup*, *hou*.

housenka, *housenkovitý*. Stč. *húsěnicě*, *húsenka*. Všesl. – p. *gąsienica*, r. *gúsenica* (str. *usěnica*, *jusenica*), s./ch. *gùsenica*, sln. *gosȇnica*, *vosênica*, stsl. *gǫsenica*. Psl. **gǫsěnica* není zcela jasné. Obvykle se vychází z **vǫsěnica* (viz ↓*vous*) podle nápadné chlupatosti některých druhů, ale počáteční *g-* činí potíže. Stejnou změnu však lze vidět v ↓*houžev* či ukr. *horobéc* 'vrabec'.

houser. P. *gąsior*, sln. *gosér*, zcela chybí ve vsl. Tvořeno starobylou příp. *-er* od *gǫsь* (↓*husa*) (srov. lat. *ānser* tv.). Význam 'bederní ústřel' snad podle bodavé bolesti (srov. *cítit v zádech housery*).

houska, *houstička*, *houskový*. Stč. a slk. *húska*. Vlastně zdrobnělina od

↓*husa*, protože podlouhlý tvar pečiva připomínal sedící husu (srov. i starší *houska vánoční* 'vánočka').

housle, *houslový, houslista, houslař, houslařský*. Všesl. – p. *gęśl*, r. *gúsli*, s./ch. *gȕsle*, stsl. *gǫsli* (ve většině slov. jazyků však označuje primitivnější strunný nástroj). Psl. **gǫslь, *gǫsli* je odvozeno od **gǫsti* 'hrát na strunný nástroj' (viz ↓*housti*, srov. ↓*hudba*). Původně tedy z **gǫd-sl-* či **gǫd-tl-* *(A9,B7)*.

housti zast. 'hrát (na hudební nástroj)', *hudec*. Stč. *hústi*, 1.os.přít. *hudu*. Stp. *gęść*, str. *gustí*, sln. *gósti*, stsl. *gǫsti* (jinak např. s. *gúdeti*, hl. *hudzić* tv.). Psl. **gǫsti* (z **gǫd-ti, (A5,B7)*) má nejblíže k lit. **gaũsti* 'temně znít' z onom. **gou-d-*, další souvislosti u ↓*hovor*.

houští. Stč. *húšč, húščě (C3,C5)*. Viz ↓*hustý*.

houžev 'zkroucený prut, kořen, větev ap., provaz', *houžvička, houževnatý*. Stč. *húže, húž, húžev*. Všesl. – p. *gążva*, r.d. *gúžvá*, s./ch. *gûžva*. Psl. **gǫžьva* je odvozeno od **gǫžь*, které se většinou spojuje s ↓*vázat* (střídání *(v)ǫz- – vęz-*, srov. ↓*uzel*). Počáteční *g-* je ovšem nepravidelné jako u ↑*housenka*.

hovado 'kus dobytka', *hovádko*. Hl. *howjado*, r.d. *govjádo*, s./ch. *gòvedo*, stsl. jen odvozenina *govęždo* (viz ↓*hovězí*). Tvoření psl. **govędo (B7)* není příliš jasné, základ **gov-* však odpovídá lot. *guovs*, něm. *Kuh*, angl. *cow*, stir. *bó*, lat. *bōs*, ř. *boũs*, arm. *kov*, sti. *gáu-*, toch. A *ko*, vše 'hovězí dobytek, kráva' z ie. **g*ʷ*ou- (A3)* původu asi onom. (napodobení bučení). Srov. ↓*humno*, ↓*hovno*. K významu 'ovád' viz ↓*ovád*.

hovět, *vyhovět, pohovět (si), pohovka, poshovět, shovívavý*. Hl. *gowić*, r. *govět'* 'připravovat se postem k přijetí svátosti', ch. *gòvjeti* 'zahrnovat úctou', stsl. *gověti* 'bohabojně žít'. Psl. **gověti* dokonale odpovídá lat. *favēre* 'hovět,

být nakloněn, zachovávat (mlčení), být zbožný' z ie. **g*ʷ*hou-*. Předpokládaný základní význam by byl 'zachovávat klid', zdá se, že jde o výlučnou slov.-lat. příbuznost.

hovězí, *hovězina*. Z psl. adj. **govęd'ь (B3,B7)*, viz ↑*hovado*.

hovno vulg., *hovínko*. Všesl. – p. *gówno*, r. *govnó*, s./ch. *góvno*. Psl. **govьno* se většinou vykládá jako odvozenina (původně adjektivní) od základu, který je v ↑*hovado*, tedy vlastně 'kraví (lejno)', zobecněním pak dnešní význam. Srov. ↓*humno*.

hovor, *hovorný, hovorový, hovorovost, hovořit, pohovořit, rozhovor*. Všesl. – p.d. *gowor*, r. *góvor*, s./ch. *gòvor*, stsl. *govorъ* 'povyk'. Psl. **govorъ* souvisí s lit. *gaũsti* 'zvučet', gót. *kaum* 'řev', ř. *gốs* 'nářek', sti. *gávate* 'zní', vše od onom. kořene **gou-*. Srov. i ↓*hudba*.

hra, *herní, herna, hrát, hravý, zahrát, prohrát, vyhrát, výhra, přihrát, odehrát (se), hráč(ka), hračka, hříčka, hřiště, hrátky* aj. Stč. též *jhra*. Všesl. – p. *gra*, r. *igrá*, s./ch. *ìgra*, stsl. *igra* 'tanec, hra, zábava'. Psl. **jьgra* nemá přesvědčivou etymologii, jasné je jen tvoření příp. *-ra*. Uvažuje se o příbuzenství se sti. *yájati* 'uctívá (obětí ap.)', ř. *hágios* 'svatý' (z ie. **įag-/*ig-*) s tím, že šlo o starý rituální termín (srov. str. *igry* 'pohanské rituální tance se zpěvy'), jiní spojují se sti. *ḗjati* 'hýbá se' (z ie. **aig-*) (HK) či sti. *íṅgati* tv. (Ma²).

hrabat, *hrabavý, hrábě, hrablo, hraboš, nahrabat, rozhrabat, uhrabat, odhrabat, prohrábnout, pohrabáč*. P. *grabać*, r.d. *grabat'*, s./ch.st. *grabati* 'rýt, kopat'. Psl. **grabati* je opětovací sloveso (iterativum) k **grebti* (srov. ↓*pohřbít*), příbuzné je lit. *grẽbti* 'hrabat', lot. *grebt* 'rýt, kopat', gót. *graban* (něm. *graben*) tv., sti. *gṛbhṇā́ti* 'uchopí', základem je ie. **ghrebh-* 'uchopit, shrábnout; škrabat, kopat'.

Významově se sem hodí i ř. *gráfō* 'škrabu, píšu', které však předpokládá počáteční *gr*-. Srov. ↓*hrob*, ↓*hřeben*.

hrabě, *hraběnka, hraběcí, hrabství*. Stč. *hrabie*. Ze sthn. *grāvo* (dnes *Graf*), jehož původ není jistý – snad je to z ř. *grafeús* 'písař' (přes střlat. *grafio, grauio* 'správce, daňový úředník' doložené z doby francké říše). Slk. *gróf* je z maď. *gróf* a to ze střhn.

hrábě. Všesl. – p. *grabie*, r. *grábli*, s./ch. *grȁblje*. Příbuzné je lit. *grėblỹs*, stisl. *gref* tv. Dále viz ↑*hrabat*.

hrabivý, *hrabivost*. Od slovesa *hrabiti* (v č. jen v dialektech), srov. p. *grabić*, r. *grábit'*, s./ch. *grȁbiti*, stsl. *grabiti*, vše ve významu 'uchvacovat, loupit'. Nepochybně od stejného základu jako ↑*hrabat*, ač někteří oddělují (Ma²).

hrad, *hrádek, hradní, hradiště, hradba, hradební, hradlo, hradit, hrazení, ohradit, ohrada, přehradit, přehrada, zahradit, zahrada, vyhradit, výhrada, nahradit, náhrada, náhradník, přihrádka* aj. Všesl. – p. *gród*, r. *górod*, s./ch. *grȃd*, stsl. *gradъ*. Psl. **gordъ* 'ohrazené sídliště', odtud 'hrad' v zsl., 'město' ve vsl.; v jsl. je obojí význam. Příbuzné je lit. *gar̃das* 'ohrada pro dobytek', gót. *gards* 'dům, dvůr' (něm. *Garten* 'zahrada', angl. *yard* 'dvůr'), alb. *garth* 'ohrada', sti. *gr̥há-* 'dům' a snad i chet. *gurta-* 'pevnost, hrad', vše k ie. **ghordho-* 'ohrazené místo' (A2), blízké je i lat. *hortus* 'zahrada', ř. *chórtos* 'ohrada, dvůr' (ie. **ghorto-*).

hradit 'platit'. Novější. Deprefixací (oddělením předpony) od *nahradit*, *uhradit* a to přeneseně od *hraditi* 'opevňovat, ohrazovat' (viz ↑*hrad*).

hrách, *hrášek, hrachový, hrachovina*. Všesl. – p. *groch*, r. *goróch*, s./ch. *grȁch*. Psl. **gorchъ (B8)* nemá jistou etymologii. Blízké se zdá být lit. *gaȓšas*, *garšvà*, lot. *gārsa*, sthn. *gers*, nhn. *Giersch (A8)* znamenající různé druhy polních trav. Vzhledem k tomu, že jde o název staré kulturní rostliny, je možný jeho původ z předie. substrátu (kořen *gar-* mají i některé román. názvy luštěnin, Ma²), méně pravděpodobná je genetická příbuznost se sti. *ghárṣati* 'tře'.

hrachor 'druh luční či zahradní byliny'. Převzato Preslem z jsl. jazyků, kde slovo většinou znamená různé druhy vikve. Dále viz ↑*hrách*.

hrana¹, *hranatý, hranol, hranit, zahranit, vyhranit (se), hranice, hraniční, zahraniční, pohraniční, pohraničník*. Všesl. – p. *grań*, r. *gran'* tv., s./ch. *grána* 'větev', stsl. jen odvozené *granica* tv. Psl. **granь*, **grana*, původně asi 'větev, výrůstek', se vykládá z ie. **ghrō-n-* od **ghrē-* 'vyrážet (o rostlině), vyčnívat', příbuzná slova jsou hlavně v germ. jazycích – něm. *Granne* 'osina', *grün* 'zelený', *Gras* 'tráva', angl. *grow* 'růst'. Z významu 'ostrý výčnělek, větev' jednak 'kupa dříví' (č. *hranice*, nář. *hraň*), jednak 'roh, hrana' a konečně 'mez, dělicí čára'. Pokusy etymologicky oddělit tyto významy (Ma² má dokonce pro každý uvedený význam jiný původ!) jsou nepřesvědčivé. Srov. ↓*hrozen*, ↓*hrot*.

hrana², **hrany** (pl.) 'vyzvánění za zemřelého'. Mimo č. a slk. jen v hl. *hrono* 'věta, pauza, tep', dl. *grono* 'rčení, řeč, pověst' a stsl. *granъ* 'verš'. Psl. **gornъ* je asi starý rituální termín, související s lit. *gìrti* 'chválit, oslavovat', sthn. *queran* 'vzdychat', sti. *gr̥ṇā́ti* 'vzývá, chválí, zpívá' a asi i lat. *grātēs, grātiās* 'díky' (srov. šp. *gracias*, it. *grazie* tv.) z ie. **gʷer-* 'chválit, velebit'. Srov. ↓*uhranout*.

hranostaj. P. *gronostaj*, r. *gornostáj* (str. *gornostal'*), sln. *gránoselj*, v ostatních jsl. jazycích a luž. chybí. Nejasné i pokud jde o rekonstrukci psl. tvaru (**gornostalь*, **gornostajь* ?). První část připomíná lit. *šarmuõ*, sthn. *harmo*, rétorom. *carmun* z ie. **kor-men-*

(viz ↑*hermelín*), ale jsou tu problémy hláskové, druhá část nejasná. Za úvahu stojí výklad ze stsas. **harmenes-tail-*, vlastně 'ocas hranostaje' (srov. angl. *tail* 'ocas'), slabinou je hlavně nedoloženost stsas. slova.

hrát. Viz ↑*hra*.

hráz. Všesl. – p. *grodza*, r.d. *goróža*, sln. *grája* 'ohrada', stsl. *graždъ* 'stáj'. Psl. **gord'ь/*gord'a (B3,B8)*, dále viz ↑*hrad*.

hrazda, *hrazdový*. Dříve *hrázda* 'bidlo, rovná tyč' (Jg), jen č. Odvozeno od staršího *hráz*, *hráze* 'tyč, lať, to, čím se zahrazuje' (viz ↑*hrad*, ↑*hráz*). Využito Tyršem jako název tělocvičného nářadí.

hrb, *hrbáč, hrbatý, hrbol, hrbolatý, hrbit se, nahrbit (se), shrbit (se), vyhrbit (se), pahrbek*. Všesl. – p. *garb*, r. *gorb*, s./ch. *gȑba*, stsl. *grъbъ*. Psl. **gъrbъ* bývá spojováno se stpr. *garbis* 'hora' (možná výpůjčka z p.), ir. *gerbach* 'svraštělý', isl. *korpa* 'vráska' z ie. **ger-b-* 'ohýbat se, vinout'. Srov. ↓*hřbet*.

hrčet. Onom. Srov. ↓*hrkat*.

hrdina. Jen č. a slk. Viz ↓*hrdý*.

hrdlička, *hrdličkovat se*. Stp. *gar(d)lica*, r. *górlica*, s./ch. *gȑlica*, stsl. *grъlica*. Evidentní souvislost s ↓*hrdlo* lze brát jako prvotní ('pták s hrdelním hlasem'), či jako druhotnou (vliv lid. etym., *(D2)*). Pro druhou možnost (psl. **gъrlica* z onom. **gur-*) svědčí sln. *grlíti*, *grúliti* 'vrkat' i lat. *turtur* 'hrdlička', něm. *Turteltaube*, angl. *turtle-dove* tv. z onom. **tur-*.

hrdlo, *hrdelní, hrdlořez*. Všesl. – p. *gardło*, r. *górlo*, s./ch. *gȑlo*. Psl. **gъrdlo* má nejblíže k lit. *gurklỹs* 'vole, ohryzek (v krku)', stpr. *gurcle* 'hrdlo', vše z ie. **gᵘr̥-tlo-*, podobný útvar je ř. *bárathron* 'propast, doupě' *(A3,A7)*. Východiskem je ie. **gᵘer-* 'požírat, pohlcovat', k němuž viz ↓*žrát*.

hrdý, *hrdost, hrdina, hrdinka, hrdinný, hrdinský, hrdinství, pohrdat, pohrdavý*. Všesl. – p.d. *gardy* 'vybíravý, hrdý', r. *górdyj* 'hrdý', s./ch. *gȓd* 'ošklivý, obrovský', stsl. *grъdъ* 'hrdý, hrozný'. Těžko slučitelné významy psl. **gъrdъ* činí potíže. Nejsnáz lze vyjít z ie. **gᵘer-d-* 'těžký' a spojit s lit. *gurdùs* 'unavený, malátný', lat. *gurdus* 'tupý, hloupý', ř. *bradýs* 'těžký, pomalý'. Vývoj významu od 'těžký, pomalý ap.' jednak k 'hrdý, pyšný', jednak přes 'obrovský, hrozný' k 'zlý, ošklivý' pak je přijatelný a má i paralely v jiných jazycích.

hrkat, *hrkot, hrknout, vyhrknout*. Onom. Srov. ↑*hrčet*.

hrma 'kožní vyklenutí před stydkou sponou u žen (Venušin pahorek)'. Jen č., málo jasné. Asi souvisí s nář. *hrmulec, grmol* 'boule', to pak se s./ch. *grȗm, grȗm* 'kousek, hrouda', r.d. *grum* 'hrouda' i lit. *grùmulas* 'chuchvalec, klk'.

hrnec, *hrnek, hrneček, hrnčíř, hrnčířství*. Všesl. – p. *garniec*, str. *gorneсь*, s./ch.d. *gȓnac*, stsl. jen odvozené *grъnьčarь*. Psl. **gъrnьсь* je vlastně zdrobnělina od **gъrnъ* 'pec', jemuž stojí nejblíže lat. *furnus, fornāx* tv., sti. *ghr̥ṇá-* 'žár' z ie. **gᵘhr̥-no-* *(A3,A7)* od **gᵘher-* 'hořet' (viz ↑*hořet*). Odvozeno od názvu pece proto, že obojí bylo z hlíny, hrnec mohl pec tvarově i funkčně (např. uchováváním žhavého dřevěného uhlí) připomínat (Ma²).

hrnout, *nahrnout, odhrnout, zahrnout, přihrnout, rozhrnout, ohrnovat, shrnovat, úhrn, souhrn* aj. P. *garnąć*, r.d. *gornúť*, s./ch. *gȓnuti*. Psl. **gъr(t)nǫti* z **gr̥t-* je rozšířením ie. **ger-* 'sbírat', příbuzné je lit. *žérti* 'hrabat', lat. *grex* 'stádo' (srov. ↑*agregát*), ř. *ageírō* 'sbírám' (srov. *agorá* 'shromáždění, tržiště'). Srov. ↓*hrst*, ↓*hromada*.

hrob, *hrobový, hrobka, náhrobní, náhrobek, hrobník, hrobař, hrobařík*. Všesl. – p. *gróbь*, r. *grob*, s./ch. *grȍb*,

hroch   215   **hrubý**

stsl. *grobъ*. Psl. **grobъ* je odvozeno od **grebti* (viz ↑*hrabat*, ↓*pohřbít*), stejné je něm. *Grab*, angl. *grave* tv. od něm. *graben*, angl. *(to) grave* 'kopat, rýt', srov. i ↓*rov* od ↓*rýt*.

hroch. Utvořeno Preslem, není však zcela jisté, zda od staršího *roch*, *hroch* 'válečný slon (věž) v šachu' (srov. ↓*rošáda*) (Ma²), či pouze z onom. *hrochati* 'bouchat, chrochtat' (HK).

hrom, *hromový*, *hromovat*. Od ↓*hřmít*.

hromada, *hromadný*, *hromadit*, *shromáždit*. Všesl. – p.d. *gromada*, r. *gromáda*, s./ch. *gròmada*, *gromáda*, stsl. *gramada*, *gromada*. Psl. **gramada/*gromada* nemá jasné tvoření. Nejblíže mu stojí lit. *grāmatas* tv., dále je příbuzné angl. *cram* 'cpát', sthn. *krimman* 'tisknout', lat. *gremium* 'správní sbor', původně 'klín, lůno', sti. *grā̀ma-* 'hromada, shromáždění', vše z ie. **gr-em-* od **ger-* 'sbírat'. Srov. ↑*hrnout*.

Hromnice 'katolický svátek slavený 2. února'. Světily se na něj svíce, které měly chránit proti hromu, tzv. *hromnice*.

hrot, *hrotový*, *hrotitý*. Jen slk. *hrot* tv. a p. *grot* 'hrot, kopí, úder'. Psl. **grotъ* má nejblíže k střhn. *grāt* (dnes *Gräte*) 'rybí kost, osina' z ie. **ghro-t-* od **ghrē-* 'vyrůstat, vyčnívat'. Srov. ↑*hrana*.

hrouda, *hrudka*. Všesl. – p. *gruda*, r. *grúda*, s./ch. *grùda*, stsl. *gruda*. Psl. **gruda* souvisí s lit. *grū́sti* 'roztloukat', *grū́das* 'zrno', něm. *Griess* 'drobný písek, štěrk', angl. *grit* 'kamínek, štěrk', něm. *Grütze*, angl. *grits* 'krupice' a snad i lat. *rūdus* 'štěrk', vše z ie. **ghreu-d-* 'rozemnout, rozdrolit'.

hroutit se, *zhroutit se*, *zhroucení*. Jen č., je však i sln. *zgrúditi se* tv. Lze spojit s lit. *griáuti* 'ničit, strhnout' a lat. *in-gruere* 'vrazit, vtrhnout'. Na druhé straně však je nápadná blízkost staršího č. *routiti (se)* 'bořit, řítit (se)'

(Jg), které souvisí s ↓*řítit se* jako např. ↓*pohroužit* s ↓*pohřížit*, h- v *hroutit se* se pak vysvětluje různě (Ma² pod *řítit se*, HK). Nejasné, snad míšení více různých kořenů.

hroužit (se). Viz ↓*pohroužit se*.

hrozen, *hroznový*, *hroznovitý*. Stč. *hrozn*, nář. *hrozno*, *hrozna*. Stp. *grozno*, r. *grozd'* (str. *groznъ* 'vinohrad'), s./ch. *grôzd*, stsl. *grozdъ*, *groznъ* i *greznъ*. Psl. **groznъ/*grozno*, **grozdъ/*grozdь* aj. 'vinný hrozen' nemá bezpečné příbuzenstvo; obvykle se spojuje s psl. **granь/*grana* 'větev' (viz ↑*hrana*¹), něm. *Gras*, angl. *grass* 'tráva' aj. (ie. **ghrō-* 'vyrážet, vyčnívat'), pro výklad i rekonstrukci přípony je několik možností.

hrozinka. Z původního ↓*rozinka* lid. etym. *(D2)* k ↑*hrozen*.

hrozit, *hrozný*, *hroznýš*. Viz ↓*hrůza*.

hrst, *hrstka*. Všesl. – p. *garść*, r. *gorst'*, s./ch.d. *gȓst*, stsl. *grъstь*. Psl. **gъrstь* (z **gъrt-t- (A5)*) je odvozeno od **gъrtati* od ie. **ger-* 'sbírat', tedy původně 'to, čím se sbírá, shrnuje'. Dále viz ↑*hrnout*.

hrtan, *hrtanový*. P. *krtań*, r. *gortán'*, sln.d. *grtàn* 'hrdlo', stsl. *grъtanь*, *grъtanъ* tv. Psl. **gъrtanь*, **gъrtanъ* není slovotvorně zcela jasné, jeho základem však je zřejmě je – stejně jako u ↑*hrdlo* – oslabený stupeň ie. kořene **gᵘer-* 'požírat, pohlcovat' (viz ↓*žrát*). Nepravidelnosti v některých slov. jazycích (p.) mohou být expresivního původu (srov. ↓*chřtán*).

hrubián, *hrubiánský*, *hrubiánství*. Podle něm. *Grobian* (srov. i č. *grobián*, *krobián*), jež je z humanistickým výtvorem k něm. *grob* 'hrubý'. I přes hláskovou blízkost není něm. *grob* s naším ↓*hrubý* příbuzné, souvisí však s ↓*krupice*.

hrubý, *hrubost*, *hrubec*, *zhrubět*, *zhrubělý*. Všesl. – p. *gruby* (p.d.

gręby), r. *grúbyj*, s./ch. *grûb*, stsl. *grǫbъ*. Psl. **grǫbъ, *grubъ (B7)* má nejbližší příbuzné v lit. *grùbti* (1.os. přít. *grumbù*) 'tuhnout, drsnět', lot. *grumbt* 'vráskovatět', u nichž je patrný vložený nosový element, který se předpokládá i u psl. slova. Vyvozuje se z ie. **ghreu-bh-* od **gher-* 'silně třít, rozdírat', původně tedy 'rozedřený, zdrsněný'. Srov. ↑*hrouda*, ↑*hrubián*.

hruď, *hrudní, hrudník, pohrudnice*. Všesl. – stp. *grędzi*, r. *grud'*, s./ch. *grûdi*. Psl. **grǫdь* je slov. inovací, proto nemá bezpečné příbuzenstvo. Snad lze spojit s lit. *grandà* 'hrubě přitesaný trám či prkno na podlahu', lat. *grunda* 'střecha, krov' z ie. **ghrondh-*, s jinou samohláskou pak stsl. *grind* 'rám, mřížka, ohrádka' (srov. ↓*hřada*). Snad tedy 'to, co kryje, orámovává srdce a jiné orgány'.

hruška, *hrušeň, hruškový, hruškovitý, hruškovice*. Všesl. – hl. *krušva*, p. *grusza*, r. *grúša*, s./ch. *krȕška*, sln. *hrúška* (čti *chr-*). Vzhledem ke kolísání počáteční souhlásky a k blízkosti lit. *kriáušė*, lot. *krausis* tv. se bsl. slova obvykle považují za výpůjčku z nějakého neznámého jazyka (Ma2, HK). Méně věrohodný je domácí původ od psl. **grušiti, *krušiti* 'rozrušovat, drobit' (podle měkké, krupičnaté struktury dužiny).

hrůza, *hrůzný, hrozný, hroznýš, hrozivý, hrozit, pohrozit, zahrozit, vyhrožovat, výhrůžka, ohrozit, ohrožení*, expr. *hrozitánský*. Všesl. – p. *groza*, r. *grozá* 'bouřka', s./ch. *gróza, grȍza*, stsl. *groza*. Psl. **groza* má blízko k lit. *gražóti* 'hrozit', lot. *gręzuōt* tv. i lit. *grasà* 'hrůza, hrozba', vztahy však nejsou zcela jasné. Dále se srovnává s ř. *gorgós* 'hrozný, strašný', stir. *garg* 'drsný, divoký' aj. Snad vše z ie. **gargó, *gorgó, *grogó (A1)* onom. původu (zvuk bouře ap.), pak by šlo o elementární příbuznost.

hryzat, *hryzení, hryzec, přehryzat, ohryzat, ohryzek*. Stč. *hrýzti*. Všesl. – p. *gryźć*, r. *gryzt'*, s./ch. *grȉsti, grízati*, stsl. *grysti, gryzati*. Psl. **gryzti, *gryzati* má nejbližší příbuzné v lit. *gráužti*, lot. *graûzt* tv., lit. *grū́žtis* 'bolest v břiše' a ř. *brýchō* 'skřípu zuby', východiskem je ie. **gʰrūgʰ-, *gʰʰreugʰ- (A1,A3,B5)*.

hřad(a) 'bidlo, kde nocuje drůbež', *hřadovat*. Dříve též 'trám, žerď' (Jg). Všesl. – p. *grzęda*, str. *gręda* (pl.), s./ch. *gréda*. Psl. **gręda, *grędъ (B7)* souvisí s lit. *grindà* 'prkno či trám na podlahu', *grĩsti* 'pokládat podlahu' (z ie. **ghrendh-*), další souvislosti u ↑*hruď.* Srov i ↓*hřídel.*

hřát, *hřejivý, nahřát, prohřát, zahřát, rozehřát, ohřát, ohřev, vyhřát, výhřevný* aj. Všesl. – p. *grzać*, r. *gret'*, s./ch. *grȉjati, grȉjati*, stsl. *grějati, gręti*. Psl. **grějati, *gręti* je pokračováním ie. **gʰʰr-ē-* (srov. lot. *grēmens* 'žáha'), což je nulový stupeň ie. **gʰʰher-* 'horký'. Dále viz ↑*hořet*.

hřbet, *hřbetní*. Stč. i *chřbet*. Všesl. – slk. *chrbát*, p. *grzbiet*, r. *chrebét*, s./ch. *hȑbat*, stsl. *chrьbьtъ*. Vztah mezi psl. **grьbьtъ* a **chrьbьtъ* je nejasný (jsou i zsl. nář. podoby s *k-* a dokonce *sk-*!). Vzhledem k potížím se slov. počátečním *ch- (A8)* je logičtějsí považovat za původní podobu s *g-* (srov. vztah *hrtan* – *chřtán*), i když je jen v č. a p., na druhé straně tam může jít o vliv slova ↑*hrb*. Další etymologie nejasná. Příbuznost s ↑*hrb* (Ma2) naráží na hláskoslovné obtíže, za úvahu stojí spojení s ↓*hřeben* (podoba kostry hřbetu i shoda v přenesených významech). Srov. ještě ↓*chřib*.

hřbitov, *hřbitovní*. Stč. *břitov, břítov*, což je výpůjčka ze sthn. *frīthof z frīten* 'hájit, skrývat' a *hof* 'dvůr', vlastně to byl původně prostor u kostela, kde platilo právo azylu. V č. lid. etym. *(D2)* přikloněno k *hřbít* (viz ↓*pohřbít*), v něm. zase k *Friede* 'mír, pokoj', tedy jakoby 'dvůr pokoje'.

hřeb. Viz ↓*hřebík.*

hřebec, *hřebeček, hřebčín.* Viz ↓*hříbě.*

hřebelec 'kovový kartáč na čištění srsti (koní ap.)', *hřebelcovat.* Stč. *hřbelce.* Odvozeno od psl. **grebti* 'hrabat, škrábat aj.' (viz ↑*hrabat*). Srov. i psl. (všesl.) **greblo* (č.st. *hřeblo* 'pohrabáč, hřebelec', stč. i 'hrábě') a ↓*hřeben.*

hřeben, *hřebínek, hřebenový, hřebenovitý.* Všesl. – p. *grzebień,* r. *grében',* s./ch. *grȅben.* Psl. **greby* (gen. **grebene*) je odvozeno od **grebti* 'hrabat, škrábat' (viz ↑*hrabat*). Srov. ↑*hřebelec,* ↑*hřbet.*

hřebíček 'druh koření', *hřebíčkový.* Již stč. pomn. *hřěbíčky,* podle podoby sušených poupat hřebíčkovce kořenného. Dále viz ↓*hřebík.*

hřebík, *hřeb, hřebíček, hřebíkový, hřebíkárna.* Stč. *hřěbí* 'hřebík, los' (ke změně formy srov. ↓*žebřík,* ↓*řepík,* ↓*klíh*). Ve významu 'hřebík' jen č. a sln.d. *žrébelj* (slk. *klinec,* p. *gwoźdź* ap.), jinak např. v slk. *žreb,* ukr. *žéreb,* sln. *žréb,* stsl. *žrěbьjь* 'los'. Psl. **žerbъ,* **žerbъjь* 'los' *(B8)* je příbuzné s něm. *kerben* 'dělat vroubky', ř. *gráfō* 'škrábu, píšu' z ie. **gerbh-* 'škrábat' (snad souvisí s **ghreb-,* viz ↑*hrabat*) – losy totiž byly původně hůlky, do nichž byly vryty značky osob podrobených losu (Ma²). Ke změně *žř->hř-* v č. srov. ↓*hříbě.*

hřešit. Viz ↓*hřích.*

hřib, *hříbek, hřibovitý.* P. *grzyb,* r. *grib,* sln. *gríb.* (v jsl. kromě sln. slabě doloženo). Psl. **gribъ* 'jedlá houba' není zcela jasné. Některé významy v r. dialektech ('hřeben země vzniklý při orání', 'vyvýšenina na cestě' ap.) ukazují na souvislost s ↑*hřeben,* ↑*hrabat* ap. Motivace pro 'houbu' ale není zcela jasná – snad 'vyvýšenina, kupka' či snad 'to, co se vyhrabává, vyrývá'? (srov. s./ch.d. *gribati* 'rýt, hrabat').

hříbě, *hříbátko, hříběcí, hřebec, hřebčín.* Všesl. – slk. *žriebä,* p. *žrebię,* r. *žerebënok,* s. *ždrébe,* ch. *ždrijébe,* stsl. *žrěbę.* Psl. **žerbę (B8,B7)* asi souvisí s ř. *bréfos* 'zárodek, mládě' a sti. *gárbha-* 'děloha, mládě' z ie. **gᵘerbh-* 'děloha, mládě' *(A3).* Č. počáteční *h-* vzniklo disimilací *žř-* na *hř-* (srov. ↑*hřebík*).

hřídel, *hřídelový.* Dříve 'osa, dřevo, na němž se něco točí' (Jg). P. *grządziel, grzędziel,* r. *grjádil',* s./ch. *grédelj* ukazují na původní význam 'hřídel u pluhu', tj. 'dřevo, které spojuje zadní část pluhu s přední'. Psl. *grędelь* se nápadně shoduje se sthn. *grintil, grindil* tv. Dříve se proto slov. slovo považovalo za výpůjčku z něm.; vzhledem k jeho prokazatelným domácím souvislostem (viz ↑*hřada*) je však pravděpodobnější opačné přejetí, případně genetická příbuznost obou slov.

hřích, *hříšek, hříšný, hříšník, hříšnice, hřešit, zhřešit, prohřešit (se), prohřešek.* Všesl. – p. *grzech,* r. *grech,* s. *grêh,* ch. *grijêh,* stsl. *grěchъ.* Psl. **grěchъ* je výraz již předkřesťanský, původní význam asi byl 'chyba, sejití (z cesty) ap.' (srov. ↓*pohřešit*). Nejpřijatelnější je spojení s lit. *graižùs* 'šikmý', lot. *greizs* 'křivý' z bsl. **groi-* rozšířeného ve slov. o *-so- (A8,B2)* či přímo expr. *-ch-.* Další ie. souvislosti jsou nepřesvědčivé.

hřímat. Iterativum (opětovací sloveso) k ↓*hrmít.*

hříva. Všesl. – p. *grzywa,* r. *gríva,* s./ch. *gríva.* Pro psl. **griva* 'dlouhá srst na krku zvířat' se předpokládá původní význam 'krk, šíje'. Příbuzné je sti. *grīvā* 'krk, šíje', av. *grīvā* tv., lot. *grīva* 'ústí řeky, delta', vše z ie. **gᵘrīu̯a* 'krk' utvořeného od oslabeného stupně kořene **gᵘer-* 'požírat, polykat' (srov. ↑*hrdlo,* ↓*žrát*). Srov. také ↓*hřivna.*

hřivna 'stará váhová a mincovní jednotka'. Všesl. – p. *grzywna,* r.d. *grívna,* s./ch. *grívna* 'náramek', stsl.

*griv**ь**na* 'náhrdelník, náramek'. Psl. **griv**ь**na* je odvozeno od **griva* (viz ↑*hříva*), původně tedy znamenalo 'náhrdelník'. Odtud pak jsl. 'náramek' a zsl., vsl. 'peněžní či váhová jednotka (stříbra, zlata)'. Přenesený význam 'talent' jen v č. a slk.

hřmět, hřmít, *hřmění, hřmot, zahřmít*. Všesl. – p. *grzmieć*, r. *gremét'*, s. *g̀rmeti*, stsl. *grьměti*. Psl. **grьměti* souvisí s lit. *gruménti, gruměti* 'temně dunět', lot. *gremt* 'mručet' i něm. *gram* 'zlý', angl. *grim* 'ponurý, hrozivý, vzteklý', av. *gram-* 'rozzlobit se' od ie. **ghrem-* 'temně znít, zlobit se'. Srov. ↓*ohromný*.

huba, *hubice, hubička, hubatý, hubovat, vyhubovat, náhubek*. Všesl. – p. *gęba*, r. *gubá*, s./ch. *gùbica*. Psl. **gǫba* 'ústa, tlama' se obvykle spojuje s homonymním **gǫba* (↑*houba*) (HK) na základě určitých shodných významových rysů ('něco měkkého, napuchlého ap.'). Řada jiných autorů (Ma[2]) však odděluje a spojuje s ř. *gamfaí* (pl.) 'čelisti' (z ie. **ghambh-*).

hubený, *hubnout, zhubnout, pohublý, vyhublý*, expr. *hubeňour*. Stč. *hubený* 'ubohý, chudý, bídný', z toho 'tenký, vyzáblý'. Jen č., od ↓*hubit*.

hubertus 'plášť z látky s dlouhým vlasem (původně myslivecký)'. Podle patrona myslivců, biskupa sv. *Huberta* († 728).

hubit, *hubení, hubitel, vyhubit, zahubit, záhuba*. Všesl. – p. *gubić*, r. *gubít'*, s./ch. *gùbiti*, stsl. *gubiti*. Psl. **gubiti* je tzv. kauzativum (srov. ↓*trápit*, ↑*bavit*) k **gybnǫti* (viz ↓*hynout*).

hučet, *hučení, hukot, hučivý, zahučet, prohučet, přihučet*. P. *huczeć*, str. *gučati*, sln. *gučáti*. Onom., srov. ↑*houkat*.

hučka ob. expr. 'klobouk'. Asi expr. přetvoření něm. *Hut* tv.

hudba, *hudební, hudebnost, hudebník, hudebnina*. Stč. *hudba*, původně jen 'smyčcová hudba, smyčcový nástroj'. Jen č. a slk. (sln. *gódba* je asi z č.). Od psl. **gǫsti* (viz ↑*housti*, 1.os. přít. *hudu*).

hudlařit zast. hanl. 'nepořádně něco dělat', *hudlař*. Z něm. *hudeln* tv. od *Hudel* 'hadr'.

hudrovat, *zahudrovat*. Z citosl. *hudry hudry* označujícího křik krocana, onom. původu.

hugenot 'francouzský kalvinista', *hugenotský*. Nejprve v podobách *aygenot* aj. z něm. (švýc.) *Eidgenosse* 'spříseženec' (něm. *Eid* 'přísaha', *Genosse* 'soudruh'), jak se nazývali přívrženci švýc. konfederace. V politickém smyslu poprvé užito o Ženevanech, kteří se ke konfederaci připojili (1518). Jméno se pak přiklonilo k fr. *Hugues* 'Hugo', snad podle jednoho z vůdců *Huguese Besançona*.

huhlat, huhňat. Zdvojení onom. základu *hu-*.

hukot. Viz ↑*hučet*.

hůl, *hůlka, hůlkový*. Stč. *hól*. Ve významu 'tyč s rukojetí' jen č. Sln. *gól* 'kmen mladého stromu bez větví', r.d. *gol'já* 'větev' ukazují na psl. **golb* související s **golь* (↑*holý*). Původně tedy 'holá větev, holý kmínek'.

hulákat. Onom. z citosl. *hulá*, varianty k *hola* ap., srov. i ↑*halekat*.

hulán hist. 'jízdní voják'. Přes p. *ułan* snad z mong. *ulan* 'červený' (mong. jízda měla červené kabáty) (Ma[2]).

hulit expr. 'kouřit', *nahulit, vyhulit, zahulit*. Jen č., nepříliš jasné. Snad z něm. *hüllen* 'zahalovat, zakrývat' (tedy 'zahalovat dýmem') (HK). U Jg *huliti, houliti* znamená naopak 'jasnit', *vyhoulit se* 'vyjasnit se' (k tomu Ma[2]), srov. i ↑*halit*.

hulvát 'sprosťák, hrubián', *hulvátský*. Jen č., nejasné. Jako příjmení doloženo již koncem 14. st. (Ma[2]). Výklad od

↑*hulákat* (HK) neuspojuje. Upozorňujeme i na střhn. *hulwen* 'pošpinit', i když případné přejetí naráží také na značné potíže, především slovotvorné.

humanismus 'evr. kulturní hnutí obracející pozornost k antice a k člověku (14.–16. st.)', *humanistický, humanista, humanita, humánní, humánnost*. K lat. *hūmānus* 'lidský', *hūmānitās* 'lidství' od *homō* 'člověk'. Srov. ↑*homunkulus*, ↓*humus*.

humbuk 'reklamní balamucení, podvod'. Z angl. *humbug* tv. a tam snad nějakou málo jasnou metaforou z *hum* 'bzučet' a *bug* 'brouk'.

humidita 'vlhkost'. Z lat. *hūmiditās* od *hūmidus* 'vlhký'. Srov. ↓*humor*.

humno 'pozemek za stodolou'. Všesl. – p. *gumno*, r. *gumnó* s./ch. *gúmno*, stsl. *gumьno*, vše ve významu 'upěchované místo k mlácení obilí' (též ve starší č.). Psl. **gumьno* je jen slov. a nepříliš průhledné. Obvykle se přijímá výklad, že je to složenina z ie. **gᵘou-* 'hovězí dobytek' (viz ↑*hovado*) a **men-* 'mačkat, šlapat' (viz ↓*mnout*); bylo to tedy místo, kde dobytek vyšlapával zrní z klasů, což je způsob mlácení obilí doložený u starých Slovanů (HK, Ma²).

humor, *humorný, humorista, humoristický, humoreska* (podle ↑*groteska* ap.). Přes něm. *Humor* z angl. *humour* 'humor, nálada, povaha; vlhkost, mok' a to přes fr. z lat. *hūmor* 'vlhkost, tekutina' (srov. ↑*humidita*. Ve starověku i středověku se věřilo, že temperament, nálada ap. jsou výsledkem proudění tělesných šťáv (srov. ↑*flegmatik*, ↓*cholerik* atd.).

humpolácký expr. 'neforemný, nemotorný'. Snad z něm. *Humpler* 'břídil' (přikloněním ke jménu města *Humpolce*) (Ma²).

humr 'velký mořský rak', *humrový, humří*. Z něm. *Hummer* a to ze stisl.

humarr tv. To asi nějak souvisí s ř. *kámmaros* tv., ale další určení souvislostí je obtížné.

humus 'úrodná prsť', *humusový, humusovitý*. Z lat. *humus* 'země, prsť', jež souvisí s ↓*země*. Srov. také příbuzné lat. *homō* 'člověk', vlastně 'pozemšťan' (srov. ↑*homunkulus*, ↑*humanismus*).

huňatý, *huňáč*. Jen č. a slk. Od ↑*houně*.

hunt (*být na huntě*) ob. 'být na mizině', (*z)huntovat* '(z)ničit'. Podle něm. *auf den Hund kommen* 'přijít na mizinu', doslova 'přijít na psa'. *Pes* je často využíván pro podobné negativní příměry – srov. *pod psa, ve psí, psí život* ap. K něm. *Hund* viz ↓*pes*.

hup citosl., *hup(s)nout*. Onom. původu, srov. ↑*hop*.

hurá citosl. Do č. i ostatních slov. jazyků (srov. r. *urá*) asi z něm. *hurra*, jež bývá vyvozováno z *hurren* 'rychle se pohybovat' (srov. angl. *hurry* 'spěchat'). Uvádí se však i tur. *urá* 'bij' (Ma², HK).

hurikán. Z angl. *hurrican* ze šp. *huracán* a tam z řeči karibských domorodců. Jinými cestami ze stejného základu vzešlo ↓*uragán*, ↓*orkán*.

huriska '(muslimská) milostnice'. Z per. *húrí* a ar. *hurí* 'černooký'.

hurónský (*řev*). Podle severoamerického indiánského kmene *Huronů*.

hurtem. Viz ↓*zhurta*.

hůř(e). Z psl. **gor-je* (C2,C5). Viz ↑*horší*.

husa, *husička, husí, house, housátko, husák*. Stč. *hus*. Všesl. – p. *gęś*, r. *gus'*, s./ch. *gùska*, stsl. *gǫsь* jen v přeneseném významu 'část lisu na ovoce'. Psl. **gǫsь* odpovídá lit. *žąsìs*, lot. *zuoss*, něm. *Gans*, angl. *goose*, lat. *ānser*, ř. *chén*, sti. *haṁsá-* vše z ie. **ghans-* (A1,A2), ve slov. je však *g-* místo očekávané střídnice za ǵ-. Původ asi onom., podle husího křiku *ga-ga*.

husar 'jízdní voják', *husarský*. Z maď. *huszár*, původně 'lehký jízdní voják v regionálním kroji' (2. pol. 15. st.). Další původ není jistý. Snad přes jsl. jazyky ze stř. *koursários* (střlat. *cursarius*) 'lupič, zbojník' (srov. ↓*korzár*).

huspenina. Stč. *uspenina, uspena*. Jen č. Vykládá se z něm. *Eisbein* 'ovarové kolínko', vlastně 'studené jídlo z vepřových nožiček' (z něm. *Eis* 'led' a *Bein* 'noha'), ale zvláště *u-* za *ei-* je divné (Ma²). Možná kontaminace s jinými slovními základy (HK).

hustý, *hustota, hustit, zahustit, nahustit, přehustit, hustilka, houstnout, zhoustnout, houští, houština*. Všesl.
– p. *gęsty*, r. *gustój*, s./ch. *gûst*, stsl. *gǫstъ*. Původ psl. *gǫstъ není jistý. Srovnání se stlit. *gánstus* 'bohatý, zámožný', lot. *guosts* 'množství, masa' příliš neuspokojuje významově, s ie. **gem-* 'mačkat' (viz ↓*ždímat*) zase slovotvorně. Řešení nenabízí ani často přijímané spojení s ↓*hutný* (Ma², HK).

huť, *hutní, hutník, hutnický, hutnictví*. Ze střhn. *hütte* 'domek, stan, budova pro tavení rudy' (dnes *Hütte* 'chata, huť'). Souvisí s ↓*kutat*.

hutný, *hutnost*. Jen č. a slk., r.d. *guť* 'houština'. Spojováno s ↑*hustý* (z psl. **gǫt-t-*, *A5,B7*) (HK, Ma²), adj. *hutný* by pak bylo starobylejší. Potíž je v tom, že je tak okrajově doloženo a první č. doklady jsou až u Jg. Další přesvědčivé příbuzenstvo beztak chybí.

hvězda, *hvězdička, hvězdný, hvězdnatý, hvězdář, hvězdářský, hvězdářství, hvězdárna, hvězdice*. Všesl.
– p. *gwiazda*, r. *zvezdá*, s. *zvézda*, ch. *zvijézda*. Psl. *gvězda prodělalo v jsl. a vsl. druhou palatalizaci *(B1)* (srov. i ↓*květ*, s nímž možná vzdáleně souvisí). Příbuzné je lit. *žvaigždě̃*, lot. *zvàigzne* tv., stpr. *swāigstan* 'záře, svit' a snad

i ř. *foĩbos* 'svítící' z ie. **ghu̯oig^u*- 'svítit, záře' *(A1,A3,B2)*. Ve slov. je ovšem g- místo očekávané střídnice za ǵ-. V druhé části bsl. slov se většinou hledá ie. **stā-* 'stát', dohromady tedy 'stojící záře' (na rozdíl od slunce či měsíce), stejný kořen je i v něm. *Stern*, angl. *star*, lat. *stēlla*, ř. *astḗr* aj. tv.

hvízdat, *hvízdnout, hvizd, hvízdavý, zahvízdat, pohvizdovat (si)*. Onom. původu, srov. ↓*svist*.

hvozd kniž. 'velký, hustý les'. Hl. *gózd*, stp. *gozd*, sln. *gòzd*, jinde chybí. Psl. *gvozdъ 'les' se obvykle spojuje s *gvozdь '(dřevěný) hřebík' (srov. ↓*hvozdík*), ač jejich původ ani výchozí význam nejsou zcela zřejmé. Snad lze vyjít z původního významu 'větev, špička stromu'. Příbuzné je asi střhn. *queste, quast* 'chomáč listí, koště' (dnes *Quaste* 'střapec'), východiskem je ie. **gu̯es-d-* s nejistým významem.

hvozdík 'druh květiny'. Přejato Preslem z p. *gwoździk*, vlastně 'hřebíček' (srov. p. *gwóźdź*, r. *gvozd'* 'hřebík'), protože připomíná květ hřebíčkovce (viz ↑*hřebíček*). Dále viz ↑*hvozd*.

hyacint 'druh zahradní či pokojové květiny'. Přes lat. *hyacinthus* z ř. *hyákinthos* neznámého původu.

hýbat (se), *hybný, shýbat (se), ohýbat, ohyb, uhýbat, úhybný, zahýbat, rozhýbat, vyhýbat (se), vyhýbavý, výhybka, pohybovat (se), pohyb, pohyblivý* aj. Všesl. – stp. *gibać*, r. *-gibát'*, s./ch. *gîbati*, stsl. *prěgybati*. Psl. *gybati a *gъbnǫti (viz ↑*hnout*) souvisí s lit. *gaũbti* 'klenout se', lot. *gubt* 'sklánět se', stangl. *geap* 'zahnutý' z ie. **gheub(h)-* 'ohýbat, pohybovat'. Srov. ↓*hynout*, ↑*hbitý*, ↑*hebký*.

hybrid 'kříženec', *hybridní, hybridizace*. Z lat. *hybrida* 'míšenec' a to nejspíš z ř. *hýbris* 'zpupnost, svévole' (tedy 'svévole vůči přírodě při křížení biologických druhů').

hýčkat, *zhýčkaný.* Má blízko k něm. *hätscheln* tv. a *hutschen* 'houpat', což jsou expr. slova nejasného původu. Snad jde stejně jako u ↑*hačat* o expr. slova z dětské řeči.

hydra 'mnohohlavá vodní saň'. Z ř. *hýdra* tv. k *hýdōr* 'voda' (viz ↓*voda*). Srov. ↓*hydrant,* ↓*hydro-.* Souvisí s ↓*vydra.*

hydrant 'zařízení pro odběr vody z potrubí'. Z angl. *hydrant,* uměle utvořeného k ř. *hýdōr* 'voda'. Srov. ↓*hydro-.*

hydrát 'sloučenina obsahující v molekule či krystalu molekuly vody'. Uměle utvořeno k ř. *hýdōr* 'voda'. Srov. ↓*hydro-.*

hydraulický 'využívající energie kapalin', *hydraulika.* Přes moderní evr. jazyky z ř. *hydraulikós* 'týkající se vodní píšťaly' od *hýdraulis* 'vodní píšťala' z *hýdōr* 'voda' a *aulós* 'píšťala, trubice'. Srov. ↓*hydro-.*

hydro- (ve složeninách) 'týkající se vody'. Z ř. *hýdōr* 'voda', jež souvisí s ↓*voda.* Srov. *hydrometeorologie, hydroelektrárna,* ↓*hydrolýza,* ↓*hydroplán,* ↓*hydroxid,* ↑*hydraulický,* ↑*hydra.*

hydrolýza 'rozklad sloučenin vodou'. Uměle z ↑*hydro-* a ř. *lýsis* 'odloučení, rozvázání' od *lýō* 'rozvazuji, uvolňuji'. Srov. ↑*analýza.*

hydroplán 'letadlo startující a přistávající na vodě'. Uměle z ↑*hydro-* a ř. *plános* 'bloudící' podle ↑*aeroplán.*

hydroxid 'sloučenina kysličníku kovu s vodou'. Viz ↑*hydro* a ↓*oxid.*

hyena, *hyenovitý.* Přes lat. *hyaena* z ř. *hýaina,* jež je utvořeno od *hỹs* 'svině' na základě jisté podobnosti obou zvířat. Srov. ↓*svině.*

hygiena 'obor zabývající se ochranou zdraví', *hygienický, hygienik, hygienička.* Přes něm. *Hygiene* z fr. *hygiène* a to z ř. *hygieinós* 'zdravý, léčivý' od *hygiés* 'zdravý, čerstvý'.

hygroskopický 'schopný zadržovat vlhkost'. Uměle z ř. *hygrós* 'vlhký, vlhkost' a *skopéō* 'pozoruji' (srov. ↓*-skop*).

hyje citosl. Staré, těžko etymologizovatelné. Srov. ↑*čehý.*

hýkat, *hýkání.* Onom., srov. ↑*hekat,* ↑*hejkal.*

hýl. Viz ↑*hejl.*

hymen 'panenská blána'. Z ř. *hymḗn* 'membrána, (panenská) blána', jež asi vychází z ie **si̯ū-* 'šít, vázat' (viz ↓*šít*). Srov. ↓*hymna.*

hymna, *hymnus, hymnický.* Přes lat. *hymnus* z ř. *hýmnos* 'zpěv, píseň, chvalozpěv'. Možná souvisí s ↑*hymen*; původní význam by pak byl 'píseň, jež spojuje (části obřadu)'.

hynout, *nehynoucí, zahynout, vyhynout, uhynout, úhyn.* Všesl. – p. *ginąć,* r. *gíbnut',* s./ch. *gȉnuti,* stsl. *gybnǫti.* Psl. **gybnǫti* bývá obvykle spojováno s **gybati, *gŏbnǫti* (↑*hýbat,* ↑*hnout*), předpokládá se vývoj významu 'uhýbat, ohýbat se stářím ap.)' → 'hynout' (HK). Je však i lit. *geĩbti* 'slábnout, chřadnout' a lot. *geibt* 'umřít'. Snad tedy jde o kontaminaci více kořenů. Srov. ↑*hubit,* ↓*zhebnout.*

hyper- předp. 'nad-, pře-'. Z ř. *hypér* 'nad, za, přes', jež souvisí s lat. *super* tv. (↓*super-*), něm. *über,* angl. *over* tv. Srov. *hypermoderní,* ↓*hyperbola,* ↓*hypermangan,* ↓*hypertenze,* ↓*hypertrofie.* Opak ↓*hypo-.*

hyperbola 'druh geometrické křivky; zveličení, nadsázka', *hyperbolický.* Z ř. *hyperbolḗ* 'přebytek, zveličení' od *hyperbállō* 'přehazuji, překypuji' (viz ↑*hyper-,* ↑*balistika*). Jako název jedné z kuželoseček vlastně opak ke slovu ↑*elipsa.* Srov. i ↓*parabola.*

hypermangan 'manganistan draselný (užívaný jako dezinfekční prostředek)'. Viz ↑*hyper* a ↓*mangan.*

hypertenze 'zvýšený krevní tlak'. Viz ↑*hyper* a ↓*tenze*.

hypertrofie 'nadměrné zvětšení'. Viz ↑*hyper* a ↑*atrofie*.

hypnóza 'stav podobný spánku vyvolaný jinou osobou', *hypnotický, hypnotizovat, hypnotizér, hypnotikum*. Od ř. *hýpnos* 'spánek, ospalost', jež souvisí se ↓*sen*, ↓*spát*.

hypo- předp. 'pod-'. Z ř. *hypó* 'pod, dole aj.', jež souvisí s lat. *sub* (↓*sub-*). Srov. ↓*hypotéka*, ↓*hypochondrie*, ↓*hypotéza*, ↓*hypofýza*. Opak ↑*hyper-*.

hypofýza 'podvěsek mozkový'. Z nlat. *hypophysis* a to k ↑*hypo-* (podle uložení na spodině mozku) a ř. *fýsis* 'vzrůst, přírodní síla ap.'. Vytváří hormony, které řídí činnost dalších žláz s vniřní sekrecí.

hypochondrie 'sklon zveličovat či sugerovat si nemoc', *hypochondr, hypochondrický*. Z ř. *hypochóndria* 'těžkomyslnost' z ↑*hypo-* a ř. *chóndros* '(prsní) chrupavka'. Podle představ antických lékařů vycházela sklíčenost z oblasti břicha, především ze sleziny. Srov. ↓*splín*, ↓*melancholie*.

hypokoristikon 'domácká podoba rodného jména', *hypokoristický*. Z ř. *hypokorízomai* 'zdrobňuji, chovám se dětsky' k ↑*hypo-* a ř. *kóros* 'hoch', *kórē* 'dívka'.

hypotaxe 'podřadnost (v souvětí)'. Z ř. *hypótaxis* 'podřízení' od *hypotássō* 'podřizuji, podrobuji' z ↑*hypo-* a *tássō* 'řadím'. Srov. ↓*parataxe*, ↓*taktika*.

hypotéka 'zástava nemovitosti'. Přes lat. z ř. *hypothḗkē* 'záruka' od *hypotíthēmi* 'podkládám, kladu pod něco' z ↑*hypo-* a *títhēmi* 'kladu'. Srov. ↑*apatyka*, ↑*diskotéka*, ↓*hypotéza*.

hypotéza 'domněnka, předpoklad', *hypotetický*. Z ř. *hypóthesis* tv. od *hypotíthēmi* 'předpokládám' (viz ↑*hypotéka*). Srov. ↓*teze*, ↓*protéza*.

hýřit, *hýřivý, hýřil, prohýřit*. Stč. *hýřiti* 'přestupovat přikázání, bloudit, hřešit', vedle toho bylo i *ohýrati* 'ztratit stud, zpustnout'. Jen č. Snad ze střhn. *irren* 'bloudit, mýlit se' s předsunutím h- před nezvyklé počáteční i- (HK, Ma²). Zúžení významu na 'utrácet, žít rozmařile' možná i vlivem slovesa *hýsati, hejsati* (viz ↑*hejsek*).

hysterie 'neuróza projevující se prudkými citovými reakcemi a sklonem k dramatizaci', *hysterický, hysterik, hysterka*. Přes lat. k ř. adj. *hysterikós* 'týkající se dělohy' od *hystéra* 'děloha'. Od antických dob až do 19. st. se lékaři domnívali, že příčinou duševních obtíží žen jsou chorobné změny na děloze.

hytlák slang. 'krytý nákladní vagon'. Z něm. *Hütte(wagon)* od *Hütte* 'bouda, chata' (viz ↑*huť*).

hyzdit, *zohyzdit, ohyzdný, ohyzda*. Stč. *hyzditi* 'hanět, zavrhovat', *ohyzditi* 'zošklivit, zhanobit'. P.d. *gyździć* 'špinit, hanobit', ale sln., s./ch. *gízdati* znamená 'zdobit, strojit' (snad ironie?, Ma²). Psl. **gyzditi* z **gyd-diti (A5)*. Příbuzné je mor. a slk. *hyd* 'drůbež, hmyz', *hydina* 'drůbež', r. *gídkij* 'hnusný' a zřejmě i str. a stsl. *guditi* 'tupit, hanět'. Jako výchozí ie. tvar se předpokládá **gūd-*, jež lze s jistými hláskovými obtížemi spojit s **gᵘ̯ōd-* (viz ↑*had*).

hýždě, *hýždový*. Stč. i *hýžě*, dl. *gižla* 'stehno', p.d. *giža* 'kýta, stehenní kloub'. Jen zsl., z psl. **gyz-ja*. Souvisí se s./ch. *gúza* 'zadnice', sln. *gúza, góza*, r.d. *guz* tv., příbuzné je lot. *gūža* 'kyčel, bedro', lit. *gūžis* 'hlávka (zelí)', stpr. *gunsix* 'boule', ř. *gongýlos* 'okrouhlý', vše asi k ie. **gong-*, **goug-* tv. *(A1)*.

chabrus hov. 'slabý, nemocný'. Původní význam slova byl 'spolčení pro obchodní či politické machinace', původem arg. slovo se k nám dostalo přes něm. z hebr. (Ma²). V současné češtině starý význam zanikl a slovo se významově přiklonilo k ↓*chabý*.

chabý, *ochabnout, ochablý*. Jako adj. jen č. a slk., dále sem patří sln. *habéti* 'slábnout', p. *chabanina* 'špatné maso', r. *pochábnyj* 'neslušný' aj. Psl. **chabъjь* a jeho odvozeniny jsou etymologicky nejasné *(A8)*, srov. ↓*chobot*.

chachar hanl. 'obyvatel Ostravska'. Původně právě v tamním nářečí 'ničema, trhan' (od konce 19. st.). Původ není jasný, uvažuje se o obměně jmen *Machar* či *Zachar* (Ma², HL) (srov. např. ↑*dacan*).

chajda. Expr. obměna ↓*chata*.

chalcedon 'druh polodrahokamu'. Přes lat. *chalcedonius* z ř. *chalkēdón* podle maloasijského města *Chalcedonu* (dnešní Kadiköy na východním pobřeží Bosporu).

chaluha 'mořská řasa'. Výpůjčka z jsl.: s./ch. *hàluga* 'naplavené proutí', sln. *halóga* 'vodní řasy', stsl. *chalǫga* 'živý plot'. Psl. **chalǫga* nemá žádný přesvědčivý výklad. Jednou z možností je spojení s ↑*haluz* (Ma¹, HL).

chalupa, *chaloupka, chalupář, chalupník*. Hl. *khalupa*, p. *chałupa*, v jsl. a vsl. doloženo jen okrajově. Psl. **chalupa* se podobá ř. *kalýbē* 'chýše, chatrč' (viz ↓*koliba*), předpokládá se přejetí prostřednictvím nějakého germ. jazyka *(A4)*.

chám¹ zast. hanl. 'sedlák, nevolník'. Podle biblického *Cháma*, zlořečeného syna Noemova, jehož syn Kenaan se měl stát 'nejbídnějším otrokem svých bratří'.

chám² 'sperma', *chámovod*. Nejspíš přenesením z ↑*chám¹*, údajně podle něm. slang. *kalter Bauer* 'sperma ejakulované při přerušované souloži', doslova 'studený sedlák', a to asi omylem či lid. etym. z nějakého neznámého základu (Ma²).

chameleon 'malý ještěr měnící barvu těla podle prostředí', *chameleonský*. Přes lat. z ř. *chamailéōn*, doslova 'pozemní lev' z *chamaí* 'na zemi' a *léōn* 'lev'. Srov. ↑*heřmánek*.

chamrad' 'bezcenné věci, chátra, haveť, plevel'. Stč. *chamrad, chomrad, chamradie, chamrdie* 'roští, chrastí, bodláčí'. Jen č. a slk., vedle toho je p. *chaberdzie* 'chrastí' i ukr.d. *chámorod'* 'stín, temné místo'. Slova zcela nejasná. Vše nasvědčuje tomu, že zde došlo k míšení různých základů.

chamtivý, *chamtivost, chamtivec*. Od méně častého *chamtit*, v mor. nářečích *chamat, chamtat* 'dychtivě brát, chtivě jíst', příbuzné je sln. *hâmati* 'jíst', b. *chámam* tv. Asi onom. původu, srov. ↓*chramstnout* a citosl. *ham*.

chán hist. 'mongolský či turecký kmenový vládce', *chanát*. Z tur. *khān* 'vládce, pán'.

chaos 'zmatek', *chaotický*. Z ř. *cháos* 'směsice, prázdný prostor'. Využito bruselským chemikem Van Helmontem (17. st.) při vytvoření termínu *gas* 'plyn', který přešel do většiny evr. jazyků.

chápat, *chápavý, chapadlo*. Viz ↓*chopit*.

charakter 'povaha', *charakterní, charakterový, charakteristika, charakteristický*. Přes něm. a lat. z ř. *charaktḗr* 'vryté znamení, vlastnost, rys' od *charássō* 'zahrocuji, ryji, škrábu'.

chargé d'affaires 'pověřený zástupce (vel)vyslance'. Složeno z fr. *chargé* 'naložený, pověřený' (viz ↓*šarže*), *de* (viz ↑*de-*) a *affaires* (pl.) (viz ↑*aféra*).

charisma 'silné kouzlo osobnosti', *charismatický*. Z ř. *chárisma* 'dar z milosti', v křesťanském pojetí 'zvláštní dar Ducha svatého'. Od *charízomai* 'prokazuji milost' od *cháris* 'radost, přízeň, milost'. Srov. ↓*charita*.

charita 'dobročinnost, křesťanská láska', *charitativní*. Z lat. *cāritās* 'láska, úcta' od *cārus* 'drahý, milý'. Počáteční *ch-* asi podle angl. *charity*, fr. *charité* a tam pravidelným vývojem z lat.

charleston 'společenský tanec amer. původu'. Podle města *Charleston* ve státě Jižní Karolina na východním pobřeží USA.

charta 'základní listina stanovující určitá práva, zásady ap.'. Z lat. *charta* 'list papíru, spis' z ř. *chártēs* tv. Srov. ↓*karta*.

chasa 'banda, vesnická mládež', *cháska, chasník*. Již stč., jen zsl. Asi ze sthn. *hansa* 'zástup, skupina', později 'středověký obchodní spolek severoněmeckých měst', nejistého původu.

chata, *chatka, chatička, chatový, chatař, chatařský, chatařit*. Novější přejímka z vsl. *cháta* (slovo se vyskytuje především v ukr. a br.) a tam z írán. *kata-* 'dům, sklep, jáma', zřejmě po změně *k-* > *ch-* v některých írán. jazycích. Srov. ↓*kotec*, ↓*chatrč*.

chátrat, *chátra, chatrný, zchátrat, zchátralý*. Stč. *chaterný, chatrný* 'chatrný, nuzný, nízký'. Jen č. a slk., nejasné. Srovnání s lit. *katěti* 'vadnout, chřadnout' či lit.d. *skototi* 'mít nedostatek' nepřesvědčuje.

chatrč. Stč. *katrče* (často pl.). Jen č. Jistě souvisí se slk. *kotŕčka* tv. (Jg), jež je od *koterec*, *kotrec* 'bouda, kotec'

a to od psl. *kotъ (viz ↓*kotec*). Těžko vysvětlitelné je však *ka-* místo *ko-*.

-cházet. Viz ↓*chodit*.

chcát vulg. 'močit', *chcanky, nachcat, pochcat, přechcat, vychcat (se), vychcaný, uchcávat*. Disimilací ze *scát*, jež odpovídá p. *szczać*, r.d. *scat'*, sln. *scáti*, stsl. *sьcati*. Psl. *sьcati souvisí s něm. *seichen* 'cedit', sti. *siñčáti* 'lije, polévá' z ie. **sik*ᵘ- 'trousit, cedit, vylévat'. Změna významu ve slov. možná z tabuových důvodů. Souvisí se ↓*sít*.

chcípat vulg. 'mřít', *chcípnout, chcípák, pochcípat, chcíplotina*. Ze *scípat* (jako ↑*chcát* ze *scát*), srov. s./ch.d. *scipati se* 'tuhnout mrazem'. Souvisí s ↑*cepenět*.

chechtat se, *chechtavý, chechtot, zachechtat se, rozchechtat se, uchechtnout se*. Onom., srov. r. *chochotát'*, lat. *cachināre*, ř. *kacházō* tv.

chemie, *chemický, chemik, chemikálie, chemo-*. Přes něm. *Chemie* ze střlat. *chemia, chymia* a to z ř. *chēmeía, chýmeía* 'míšení, zpracování kovů', jehož původ není jasný. Srov. ↑*alchymie*.

cherubín 'druh anděla'. Přes lat. *cherubin, cherubim* z ř. *cheroubím* z hebr. *kerūbim*, což je pl. k *kerūb* tv., jehož další původ není jasný.

chichotat se. Onom. Srov. ↑*chechtat se*.

chiliasmus 'blouznivá víra v příchod tisícileté říše Kristovy na zemi'. Od ř. *chīliás* 'tisícovka' od *chílioi* 'tisíc'.

chiméra 'vidina, iluze', *chimérický*. Přes něm. *Chimäre*, lat. *chimaera* z ř. *chimaíra*, původně 'koza', pak v mytologii 'nestvůra chrlící oheň, se lví hlavou, kozím tělem a hadím ocasem'.

chinin 'alkaloid obsažený v kůře chinovníku (lék proti malárii)'. Přes něm. *Chinin* a it. *china, chinina* ze šp. *quino* a to z kečuánštiny, jazyka peruánských Indiánů.

chiromantie 'hádání z ruky'. Z ř. *cheír* 'ruka' a *manteía* 'věštění'. Srov. ↓*chirurg*.

chirurg 'lékař operatér', *chiruržka, chirurgie, chirurgický*. Přes lat. *chirurgus* z ř. *cheirourgós* '(obratně) pracující rukama' z *cheír* 'ruka' a činitelského jména ke slovesům *ergázomai, érdō* 'dělám'. Srov. ↑*energie*, ↓*orgie* ap.

chitin 'organická látka zpevňující kryt těla členovců'. Z fr. *chitine* a to podle ř. *chitōn* 'kabátec, oděv, ochrana'.

chlad, *chladný, chladivý, chladit, chladicí, chladič, chladírna, chladnička, ochladit, nachladit se, nachlazení, prochladnout, zchladnout*. Všesl. – p. *chłód*, r. *chólod*, s./ch. *chlâd*, stsl. *chladъ*. Psl. **choldъ (B8)* má zřejmě nejblíže ke gót. *kalds* 'studený' (něm. *kalt*, angl. *cold* tv.) z ie. **gol-dho-* od **gel-* (patří sem i lat. *gelidus* tv.). Na druhé straně je lit. *šáltas* tv., které ukazuje na ie. **kol-to-* od **kel-* tv. (ie. **gel-* i **kel-* asi budou varianty téhož kořene). Pro slov. je pravděpodobnější vyložení *ch-* z *g-* (srov. ↑*hřbet*, ↓*chřtán*), i když příčiny změny jsou sporné *(A8)*.

chlácholit, *chlácholivý, uchlácholit*. Ve stč. i s významem 'lichotit'. Jen č. Expr. zdvojení kořene **chol-chol- (B8)*, který je v r. *chólit* 'pečlivě se starat'.

chlap expr., *chlapík, chlapec, chlapeček, chlapský, chlapecký, pochlapit se, chlápek, chlapák*. Stč. *chlap* 'neurozený člověk, poddaný, sedlák', p. *chłop* 'sedlák, vesničan', slk. *chólop* 'nevolník, sluha', s./ch.st. *hlȁp* 'sluha, otrok', stsl. *chlapъ* tv. Psl. **chołpъ (B8)* není příliš jasné. Možná je souvislost s ↓*pachole* (k významovému spojení 'sluha' – 'dítě' srov. ↓*otrok*, ↓*rab* – ↓*robě*) od psl. *choliti, málo obvyklá je však příp. *-pъ*.

chlastat zhrub., *prochlastat, vychlastat, zchlastat se, ochlasta*. Nářečně (mor.) i 'bít' a 'žvanit'. P. *chlastać* 'pleskat, tlouci, žvanit', sln. *hlastáti* 'chňapat, hltavě jíst', b. *chláskam* 'tlouci'. Expr. slovo onom. původu, srov. ↓*chramstnout*, ↓*chlemtat* ap.

chléb, *chlebíček, chlebový, chlebník, chlebovník*, zhrub. *chlebárna*. Všesl. – p., r. *chleb*, s. *hlȇb*, ch. *hljȅb*, stsl. *chlěbъ*. Psl. *chlěbъ je starou výpůjčkou z germ. **hlaiba-* tv. *(B2)*, z něhož vychází gót. *hlaifs* i něm. *Laib*, angl. *loaf* (dnes ve významu 'bochník'). Srov. i ↓*lord*.

chlemtat, chlemstat. Onom., srov. ↑*chlastat*.

chlév, *chlívek, chlévský*, ob. expr. *chlívák* 'nemravný člověk'. Všesl. – p. *chlew*, r. *chlev*, s. *hlȇv*, ch. *hlȉjev*, stsl. *chlěvъ*. Psl. *chlěvъ lze nejsnáze vyvodit z gót. *hlaiw* 'hrob' *(B2)* i přes určité významové problémy. Ty odpadají, rekonstruujeme-li původní význam germ. slova jako 'zemljanka, podzemní místnost'.

chlípný, *chlípnost, chlípník*. Jen č. Stč. je i *chlipniti* 'smilnit' a *chlípati* 'bujně, zpupně se chovat', příbuzné je ch.st. *hlipjeti* 'toužit', sln. *hlípati* 'těžce dýchat' (k významovému posunu srov. ↑*dychtit*), r.d. *chlípat* 'plakat, vzlykat', vše onom. původu, srov. i č.st. *chlápati* 'hltavě jíst či pít'.

chlopeň, *chlopňovitý*. Asi přejato ze slk. *chlopňa* 'poklop, příklopka' Preslem jako odborný termín. Původ slova je onom. (HK), srov. starší č. *chlopati* 'mlaskat', r. *chlópat* 'plácat, práskat', sln. *hlópati* 'chňapnout, udeřit'. Srov. i ↓*klopit*.

chlór 'dusivý plynný prvek', *chlórový, chlórovat, chlórovaný, chlorid*. Z ř. *chlōrós* 'žlutozelený, žlutavý, svěže zelený' (podle barvy).

chloroform 'bezbarvá látka užívaná k narkóze'. Z ↑*chlór* a ↑*formalin*.

chlorofyl 'zelené barvivo rostlin'. Z fr. *chlorophylle* a to k ř. *chlōrós* (viz ↑*chlór*) a ř. *fýllon* 'list'.

chlubit se, *chlouba, chlubivý, pochlubit se, vychloubat se, vychloubačný*. Jen č., slk. a p. *chełpić się, chlubić się* tv. Psl. *chъlbiti sę se srovnávalo s lit. *guĩbinti* 'chválit' (Ma²), ale vzhledem k existenci b.d. *chălbam* 'hltavě jíst, dout', s./ch. *húpiti* 'hltavě jíst', r.d. *cholpít'* 'tiše vanout' je pravděpodobnější onom. původ slova (srov. ↓*chvástat se* i *nadouvat se* od ↑*dout*).

chlum '(zalesněný) kopec'. Hl. *chołm*, r. *cholm*, s./ch. *hûm*, stsl. *chlъmъ*. Psl. *chъlmъ jistě nějak souvisí se stisl. *holmr* 'ostrov', *holmi* 'výšina', něm. *Holm* 'chlum, (polo)ostrov', angl. *holm* 'ostrůvek v řece'. Většinou se předpokládá přejetí z germ. **hulma-*, někteří však uvažují o příbuznosti slov. a germ. slov spolu s lat. *culmen* 'vrchol', *collis* 'pahorek', lit. *kálnas* tv., vše od ie. **kel-* 'čnít' (A4), problémem je jako vždy počáteční *ch-* (A8).

chlup, *chloupek, chlupatý, chlupáč, chlupatět, ochlupení*. Jen č., slk. *chłp* a p.d. *chłupy* (pl.) tv., dále srov. hl. *khołp* 'vrcholek, špička', r. *chłópok* 'bavlna'. Psl. *chłъpъ, *chъłpъ je nejasné. Jde zřejmě o slovo expresivní, ale s onom. nář. *chlupěti* 'padat' lze významově spojit těžko (podle Ma¹ označuje onom. *chlup-* 'náhlé nebo prudké vytrysknutí, stříknutí ap.', snad tedy jedině 'něco, co náhle vyrašilo'?). Spojení s lit. *plaũkas* tv. (Ma²) zase nutí uznat přesmyk souhlásek a expr. záměnu *ch* za *k*.

chmatat, *chmaták*. Expr. obměna k ↑*hmatat*.

chmel, *chmelový, chmelnice, chmelař, chmelařský, nachmelit se, ochmelka*. Všesl. – p. *chmiel*, r. *chmel'*, s./ch. *hmĕlj*. Psl. *chъmelь je přejetí z východu, ovšem cesta výrazu ani jeho zdroj nejsou jisté – srov. lat. *humulus*, nř. *chuméli*, stisl. *humli*, fin. *humala*, dále maď. *komló* a ttat. výrazy jako čuvašské χămla, tat. χomlak (Ma²). V poslední době se uvažuje o írán. původu slova.

chmura, *chmurný, pochmurný, zachmuřit se, zachmuřený*. P., hl. *chmura* 'mrak', r. *chmúryj* 'zachmuřený, ponurý'. Souvisí s ↓*pošmourný* a snad i ↓*mourovatý*, vzhledem k tomu se *ch-* vysvětluje jako expresivní, zesilovací (Ma², HK) k jakémusi původnímu **mur-*, jež by souviselo s ř. *amaurós* 'temný'.

chňapat, *chňapnout, chňapka*. Expr. obměna k *chápat* (↓*chopit*), snad i vlivem něm. *schnappen* tv. (HK). Srov. ↓*šnaps*.

chobot, *chobotnatec, chobotnice*. V dnešním významu převzato Preslem z r.; stp. *chobot*, str. *chobotъ* i stsl. *chobotъ* znamená 'ocas'. Psl. *chobotъ je nejasné, někteří srovnávají s lit. *kabéti* 'viset' (HK, Ma²) i s ↑*chabý*. Chobot by tedy byl 'visící, ochablá část těla'.

chodit, *chod, chodba, chodník, chodidlo, chodec, chodecký, vcházet, vchod, vycházet, východ, východní, přicházet, příchod, příchozí, obcházet, obchod, obchodní, obchodník, zacházet, záchod, procházka, uchazeč, ochoz, chůze, chůdy* aj. Všesl. – p. *chodzić*, r. *chodít'*, s./ch. *hòditi*, stsl. *choditi*. Psl. *choditi se obvykle spojuje s ř. *hodós* 'cesta' a sti. *ā-sad-* 'dojít, blížit se' z ie. **sed-* 'jít'. Počáteční *ch-* se vysvětluje z předponových spojení jako *pri-chod-*, *u-chod-*, kde bylo pravidelné *(A8)*, odtud analogií *(D1)* jinam (podpořit ji mohla i snaha odlišit výraz od homonymního **sed-* 'sedět').

chochol, *chocholka, chocholatý, chocholouš, chocholík*. P. *chochoł*, r. *chochól*, chybí v jsl. Psl. *chocholъ je nejasné, zřejmě expresivní. Snad lze vyjít z podob dochovaných v starším č. čechule 'květ jetele', r.d. čachól 'chochol' i lot. cekuls tv. (snad ze slov.), tedy z původního *čecholъ od *čechati, *česati (viz ↑česat), k tomu varianta *kocholъ (A6,B1), expresivně či asimilací pozměněné na *chocholъ.

cholera 'těžké střevní onemocnění'. Přes něm. Cholera a lat. cholera z ř. choléra, původně jakási 'žaludeční nemoc se zvracením a průjmy' od cholḗ 'žluč'. Začátkem 19. st. přeneseno na těžkou infekční nemoc šířící se z Asie. Srov. ↓cholerik.

cholerik 'prudký, vznětlivý typ člověka', cholerický. Od ř. cholḗ 'žluč, hněv, vztek' (antičtí lékaři věřili, že hněv je způsoben rozlitím žluči). Srov. ↓melancholik, ↑flegmatik, ↓sangvinik a ↑cholera.

cholesterol 'organická látka tukové povahy obsažená v tkáních a krvi'. Z ř. cholḗ 'žluč' a stereós 'pevný, tvrdý'.

chomáč, chomáček. Jen č. Asi expr. obměna psl. základu *kom-, který je v r. kom 'hrouda, chomáč'. Srov. ↓chumáč, ↓chumel, ↓chundelatý.

chomout 'část postroje navlékaná na šíji tažným zvířatům'. Všesl. – p. chomąto, r. chomút, s./ch. hòmût. Psl. *chomǫtъ snad souvisí s lit. kãmanas 'kožená uzdička', něm.d. Hamen 'chomout', hol. haam tv. z ie. *(s)kom- 'svírat, stahovat'. Nelze však pominout ani možnost přejetí z východu (srov. tat. komyt, mong. khom tv. aj.), odkud se chomout ke Slovanům dostal (Ma2).

chopit (se), pochopit, pochop, uchopit, úchop, vzchopit se, schopný. P.d. chopić, r.d. chópit', stsl. jen ochopiti (sę). Psl. *chopiti, *chapati vychází z onom. základu *chap-, což je expresivní varianta ke *kap-, které je např. v lit. kàpt! 'chňap!', lat. capere 'chytat', ř.

káptō 'chňapám, lapám' i něm. haben a angl. have 'mít'. Srov. ↑chňapat.

chór 'sbor zpěváků', chórový. Přes lat. chorus z ř. chorós 'sborový tanec, sbor pěvců a tanečníků'. Srov. ↓chorál, ↓choreograf.

chorál 'druh liturgického zpěvu; slavnostní sborová píseň', chorální. Ze střlat. choralis 'sborový' od chorus (viz ↑chór).

choreograf 'tvůrce tanečního či baletního vystoupení', choreografie, choreografický. Uměle k ř. choreía 'tanec' (srov. ↑chór) a ↑-graf.

choroba. Viz ↓chorý.

choroš 'tvrdá houba rostoucí na kmenech stromů'. Asi přejato z p. či r. (Jg), ale dále nejisté. P. varianta chroszcz vedle chorosz by ukazovala na příbuznost s ↓chrastí (Ma2), může ale být i od psl. *(s)kora 'kůra' (A8).

chorý, choroba, chorobný, ochořet. Stč. i chvorý 'hubený, churavý'. P. chory, r. chvóryj, v jsl. chybí. Psl. *chvorъjь se obvykle spojuje s něm. schwären 'hnisat, podebírat se', angl. sore 'bolavý, nemocný', av. xᵛara 'rána' z ie. *su̯er- 'hnisat, bolet', slov. záměna chv- za sv- se vysvětluje negativním významem slova. Ma2 však spojuje s toch. B kwär 'stárnout, být chorý' a lit. iš-gvérsti 'zeslábnout' z ie. *gu̯er- (A8).

choť. Stč. chot 'manžel, manželka, ženich, nevěsta', str., stsl. chotь 'touha, žádost, milenka, milenec', sln.st. hot 'souložnice'. Psl. *chotь je od *chotěti (viz ↓chtít), vlastně 'chtěná, žádaná osoba' (HK). Srov. ↓chuť.

choulit se, schoulit se, schoulený. Ve starší č. 'shýbat se, ostýchat se'. Slk. chúliť sa, s./ch.st., sln.st. huliti se 'ohýbat se'. Psl. *chuliti (sę) je variantou k *chyliti (sę) (viz ↓chýlit (se), srov. ↓choulostivý).

choulostivý, *choulostivost, choulostivět*. Stč. *chúlostivý, skúlostivý* 'ostýchavý, slabý, choulostivý' je od *chúlost* 'ostych' a to od *chúliti (se)* (viz ↑*choulit se*).

choutka. Viz ↓*chuť*.

chovat, *chování, chov, chovný, chovatel, chovatelský, chovatelství, chůva, vychovat, výchova, výchovný, zachovat, zachovalý, uchovat, dochovat, pochovat, přechovat, schovat*. P. *chować*, r.d. *chovát'* 'chránit, schovávat'. Psl. **chovati* nemá jistou etymologii. Obvykle se vyvozuje ze **skovati (A8)* s původním významem 'pozorně sledovat'. Příbuzné by bylo něm. *schauen* 'dívat se', angl. *show* 'ukazovat', lat. *cavēre* 'opatrovat, chránit (se)', ř. *koéō* 'hledím' z ie. **(s)keu- (A5)*. Srov. ↓*zkoumat* a ↑*čít*.

chrabrý, *chrabrost*. Do nové č. z r. *chrábryj* (tam ze stsl.). P. *chrobry*, r.d. *choróbryj*, s./ch. *hrábar*, stsl. *chrabrъ*. Psl. **chorbrъ* má různé výklady, nejspíš lze spojit s lot. *skarbs* 'ostrý, surový', stisl. *skarpr*, něm. *scharf*, angl. *sharp* tv. a snad i střir. *cerb* tv. z ie. **(s)korbh-* od **(s)ker-* 'řezat, krájet'. K významu srov. lat. *ācer* 'ostrý' i 'rázný, mocný, při síle ap.'.

chrám, *chrámový*. Dl. *chrom* 'dům, obydlí', str. *choromъ* tv., sln.d. *hràm* 'obydlí, hospodářská místnost ap.', s./ch. *hrâm* 'kostel, chrám', stsl. *chramъ* 'budova, obydlí'. Psl. **chormъ (B8)* nemá jednoznačný výklad. Bývá spojováno se sthn. *skirm, skerm* (něm. *Schirm*) 'štít, ochrana' i csl. *črěmъ* 'stan' z ie. **(s)kermo- (A8,A5,A6,B1)* (HK) od **(s)ker-* 'řezat' (původně 'sroubené stavení'?), dále se sti. *harmyá-* 'hrad, pevný dům, zásobárna', chet. *karimmi-* 'chrám, svatyně' (Ma²) (problémem je slov. *ch-* z ie. *gh-*), hláskoslovné problémy jsou i u výkladů dalších. Srov. ↓*krám*.

chramstnout, *schramstnout*. Onom., srov. ↑*chlastat*, ↑*chamtivý*.

chránit, *chránicí, chránič, chráněný, chráněnec, ochránit, ochrana, ochranný, zachránit, záchrana, záchranný, záchranář, uchránit, schraňovat, schránka*. P. *chronić*, r. *choronít'*, sln. *hrániti* 'šetřit, opatrovat, živit', s./ch. *hrániti* 'živit, krmit', stsl. *chraniti* 'chránit'. Psl. **chorniti (B8)* je nejspíš odvozeno od **chorna* 'strava, jídlo' (dnes v jsl. a p.d.), jež se nápadně podobá av. *xᵛarəna* tv. z ír. kořene *xᵛar-* 'jíst, krmit'. Jde tedy asi o výpůjčku z írán. Vývoj významu byl 'živit, krmit' → 'opatrovat' → 'chránit'.

chrápat, *chrapot, chraptět, chraptivý*. Všesl. onom. základ, jehož obměny jsou v ↓*chroptět*, ↓*chrupat*, ↓*chřipka*, ↓*křupat*, ↓*křápat* ap.

chrást 'listí zeleniny, řepy ap.', *chrastí* 'roští, klestí'. Všesl. – p. *chrust* 'chrastí, houští', r. *chvórost* 'chrastí', s./ch. *hrâst* 'dub'. Psl. **chvorstъ (B8)* je nejasné. Zdá se, že nějak souvisí se sthn. *hurst* 'křoví, houští' (dnes *Horst*), angl. *hurst* 'zalesněný vršek' a snad i wal. *prys* 'lesík, houští', ie. východiskem by bylo **ku̯r̥s-to-*, **ku̯ors-to-* 'houští, křoví'. Slov. *ch-* bychom vysvětlili vlivem onom. slov, srov. ↓*chrastit*, ↓*chřestit*.

chrastavec 'luční bylina s fialovým květenstvím'. Od stč. *chrast, krast* 'strupy, svrab' (květenství se podobá strupu) z psl. **korsta (B8)*. Příbuzné je asi ↓*kůra*.

chrastit, *chrastivý, chrastítko, zachrastit*. Z psl. onom. základu **chręst- (B7,C1)*. Srov. ↓*chřestit*, ↓*chroustat*.

chrčet, *chrčivý, zachrčet*. Onom., srov. ↓*chrchlat*.

chrestomatie 'výbor četby'. Přes lat. *chrestomathia* z ř. *chrēstomátheia* z *chrēstós* 'potřebný, užitečný' a *-mátheia* 'učení'. Srov. ↓*matematika*.

chrchlat, *chrchel, zachrchlat, odchrchlat*. Onom., srov. ↑*chrčet*.

chrlit, *chrlič, vychrlit*. Stč. *chrleti* 'házet, vrhat, metat'. Z psl. *chvъrliti, jak svědčí b. *chvărljam* tv. Onom.

chrnět ob. zhrub., *vychrnět se, prochrnět*. Expr. obměna onom. základů ↑*chrápat*, ↓*chrupat* ap.

chrobák 'černý brouk živící se trusem savců'. Slk. *chrobák* 'brouk', p. *robak* 'červ, hmyz'. Od psl. *chrobati onom. původu. K významu srov. ↑*brouk*, ↓*chroust*.

chrochtat, *chrochtavý, zachrochtat*. Onom. Srov. ↓*rochně*.

chrom 'stříbrobílý kovový prvek', *chromový, chromovat, chromovaný*. Od ř. *chrȭma* 'barva, pleť, líčidlo' k *chríō* 'natírám, barvím' (nazváno fr. chemikem Vauquelinem (1797) kvůli barevnosti jeho sloučenin). Srov. ↓*chromatika*, ↓*chromozom*.

chromatika 'půltónová stupnice; hov. půltónová foukací harmonika', *chromatický*. K ř. *chrȭmatikós* 'týkající se barev, odstínů' (přeneseno na hudbu). Dále viz ↑*chrom*.

chromozom 'část buněčného jádra obsahující geny', *chromozomový*. Uměle z ř. *chrȭma* 'barva' a *sȭma* 'tělo' podle toho, že se charakteristicky barví. Srov. ↑*chrom*, ↑*chromatika*.

chromý, *ochromit, zchromnout*, expr. *chromák, chromajzl*. Všesl. – p. *chromy*, r. *chromój*, s./ch. *hrȍm*, stsl. *chromъ*. Psl. *chromъ nemá jednoznačný výklad. Často se spojuje se sti. *srāmā-* tv. (potíže působí jako obvykle počáteční *ch-* (A8)), jiné výklady vycházejí z ie. **(s)kr-om-* od **(s)ker-* 'řezat' (srov. něm. *Schramme* 'šrám', p. *poskromić* 'zkrotit', původně 'podřezat křídla'?), či homonymního **(s)ker-* 'ohýbat, křivit'. Srov. ↓*pochroumat*, ↓*ochrnout*.

chronický 'vleklý, stálý'. Z lat. *chronicus* (původně o vleklých nemocích) z ř. *chronikós* od *chrónos* 'čas'. Srov. ↓*kronika*, ↓*chronometr*.

chronologie 'určování časové posloupnosti', *chronologický*. Z ř. *chrónos* 'čas' a ↓*-logie*. Srov. ↓*kronika*, ↑*chronický*.

chronometr 'časoměr'. Z ř. *chrónos* 'čas' a ↓*metr*.

chroptět, *chroptivý, zachroptět*. Onom., srov. ↑*chrápat*.

chroští. Zkřížením *chrastí* (↑*chrást*) a ↓*roští*.

chroupat, *chroupavý*. Onom., srov. ↓*chrupat*, ↓*křupat*.

chroust 'velký hnědý brouk pojídající listí'. Stč. *chrúst* 'brouk', r. *chrušč* 'chroust', s./ch. *hrȗšt* tv., stsl. *chrǫstъ* 'saranče'. Onom. původu, srov. ↑*chrastit*, ↓*chřestit* a co do významu ↑*brouk*, ↑*chrobák*.

chroustat. Onom., srov. ↑*chroust*, ↑*chroupat*, ↑*chrastit*.

chrpa, *chrpový*. Stč. a nář. i *charpa*. P. *chaber*, s./ch.st. *hrbut* tv. Původ i psl. východisko nejasné.

chrstnout, *vchrstnout, vychrstnout*. Onom., srov. ↑*chlastat*.

chrt, *chrtí, vychrtlý*. Všesl. – p. *chart*, r. *chort*, s./ch. *hȑt*. Psl. *chъrtъ je nejasné, uvádíme dvě z možností: souvislost s lit. *sartas* 'světle hnědý (o koni)' z ie. *ser-* 'červenavý' (k motivaci podle barvy srov. něm. *Rüde* 'ohař' od *rot* 'červený'), či přejetí z nedoloženého írán. slova od homonymního ie. **ser-* 'rychle se pohybovat' (ie. *s-* > ír. *x-*), srov. sti. *sárati* 'teče, honí, pronásleduje' (k motivaci srov. r. *borzája sobáka* 'chrt', doslova 'rychlý pes').

chrupat, *chrupavý, chrup, chrupavka, chrupka.* Onom., srov. ↑*chroupat,* ↓*křupat.*

chryzantéma 'zahradní rostlina s velkými květy'. Přes lat. z ř. *chrȳsánthemon* z *chrȳsós* 'zlato' a *ánthemon* 'květina' od *ánthos* 'květ' (podle barvy květů). Srov. ↑*antologie.*

chřadnout. Jen č. a slk. (*chradnúť*), příbuzné je r.d. *chrjadét'* tv. Psl. **chrędasi* souvisí s lit. *skręsti,* l.os.prét. *skrendaũ* 'tvrdnout, ošoupávat se', sthn. *scrintan* 'praskat, loupat se', nor.d. *skranta* 'hubnout' z ie. **skrend-* 'hubnout, schnout, okorávat' asi od **(s)ker-* 'ohýbat se' *(A8).*

chřástal 'bahenní pták vydávající nápadné volání'. Stč. *chřiestel, chřástel.* P. *chróściel,* r. *korostél',* sln. *krastir* tv. ukazují na psl. onom. **korst-, *chorst-,* č. podoby spíš na **chręst-.* Srov. ↑*chrastit,* ↓*chřestit* i ↑*chroust.*

chřest 'asparagus', *chřestový.* Stč. *chřěst,* původně asi *nechřěst.* Spolu s netřeskem (srov. ↓*netřesk*) a pelyňkem černobýlem byl nazýván 'hromové kořemí', tj. byl pokládán za bylinu chránící proti úderu blesku (Ma², HK).

chřestit, *chřestivý, chřestýš, zachřestit.* Srov. ↑*chrastit.*

chřípí. Stč. pomn. *chřiepě.* Souvisí se stč. *chřípěti* 'chraptět, sípat' i ↑*chrápat,* vše onom. původu. Srov. i ↓*chřipka.*

chřipka, *chřipkový.* Od stč. *chřípěti* 'chraptět, sípat' onom. původu. R. podoba téhož onom. základu (*chrip-*) byla přejata do něm. a fr. jako *grippe* 'chřipka' a odtud zpět do r. jako *gripp,* do p. *grypa* tv.

chřtán. Expr. obměna k ↑*hrtan.* Srov. p.st. *krztań* tv.

chtít, *chtěný, chtivý, chtíč, zachtít se.* Všesl. – p. *chcieć,* r. *chotét',* r.d. *chtet',* ch. *hòtjeti, htjěti,* stsl. *chotěti.* Psl.

*chotěti, *chъtěti nemá přesvědčivý výklad. Vysvětlení z původního **chvotěti,* příbuzného s ↓*chvátat* a ↓*chytat,* naráží na slabé doložení předpokládaného **chvot-* (jen r.d. *ochvota* 'chuť'), uspokojivé není ani spojení s lit. *ketěti* 'zamýšlet' či ř. *chatéō* 'žádám' (Ma², HK). Srov. ↑*choť,* ↓*chuť.*

chudý, *chudák, chuďas, chuděra, chudina, chudoba, chudobný, chudobka, chudnout, zchudnout.* Všesl. – p. *chudy* 'hubený, chudý', r. *chudój* 'hubený, špatný', s./ch. *hûd* 'špatný', stsl. *chudъ* 'nuzný, nepatrný'. Psl. **chudъ* nemá jednoznačný výklad. Spojuje se se sti. *kšudra-* 'malý, drobný', *kšódati* 'tluče, drtí' z ie. **kseud- (A8),* dále se sti. *kšódhuka-* 'hladový' (Ma²), či lit. *skaudùs* 'bolestivý, křehký' i *skurdùs* 'ubohý, nuzný' (z ie. **skoud-*). Hledají se i způsoby, jak tyto výklady spojit (např. přesmyk *ks->sk-* v lit.).

chůdy. Stč. *chódy* 'domácí střevíce' *(C5).* Viz ↑*chodit.*

chuchvalec, *chuchvalcovitý.* Dříve též *chuchval* a *chuchel.* Expr. útvar, asi od ↓*chumel.* Expr. zdvojení jako v ↑*cucek* tv.

chuj nář. vulg. 'hajzl, blbec'. Z p. *chuj* 'penis', dále nejisté. Snad souvisí s psl. **chvojь* 'větev (jehličnanu)' (viz ↓*chvojí*), příbuzné by bylo alb. *hu* 'kůl, penis'.

chuligán, *chuligánský.* Z r. *chuligán* a to z angl. *hooligan* tv., podle jména jisté londýnské problémové rodiny ir. původu.

chumáč. Viz ↑*chomáč,* srov. ↓*chumel,* ↑*chuchvalec,* ↓*chundelatý.*

chumel, *chumelit, chumelenice, chumlat, zachumlat se.* Expr., srov. ↑*chumáč,* ↑*chomáč,* ↑*chuchvalec,* ↓*chundelatý.*

chundel, *chundelatý, chundeláč.* Expr. slovo vycházející ze stejného základu jako ↑*chumel, chuchel*, možná zkřížení s ↓*koudel* (HL).

churavý, *churavost, churavět*. Jen č. Od staršího, slabě doloženého *churý*, jež je variantou k *chvorý* (viz ↑*chorý*).

chuť, *chuťový, chuťovka, chutný, nechutný, znechutit, chutnat, zachutnat, vychutnat, ochutnat, ochutnávka, pochutnat si, pochoutka, příchuť, pachuť*. Slk. *chuť*, p. *chęć* je z **chǫtь*, jinde bez nosovky – str. *chotь*, ukr. *chitʼ*, stsl. *chotь* 'touha, přání' (srov. ↑*choť*) od psl. **chotěti, *chъtěti* (viz ↑*chtít*).

chůva. Viz ↑*chovat*.

chvála, *chválit, pochválit, pochvala, pochvalný, vy(na)chválit, schválit, schválení, chvalitebný*. Všesl. – p. *chwała*, r. *chvalá*, s./ch., sln. *hvála*, stsl. *chvala*. Psl. **chvala* je málo jasné. Výklady spojující se slovy onom. původu jako sti. *svárati* 'zní, zvučí' (z ie. **su̯el-/*su̯er-*, ze stejného základu by pak mělo být i významově opačné **chula* 'pohana'), či se stsl. *skvala* 'volat' jsou málo přesvědčivé. Možné je přejetí z írán. *xᵛar-* (srov. av. *xᵛarənah-* 'sláva') se změnou *r>l* v jazyce Skytů či Alanů, jejichž prostřednictvím slovo do slov. jazyků přišlo (jako termín související s náboženskou úctou).

chvástat se, *chvástavý, chvastoun*. R. *chvástatʼ*, s./ch. *hvȁstati*, sln. *hvastáti* tv. Psl. **chvastati* je útvar onom. původu jako ↑*chlastat*, ↓*žvástat* ap., případně expr. obměna k *chvaliti* (viz ↑*chvála*).

chvátat, *chvat, chvatný, přichvátat, odchvátat*. Všesl. – p.st. *chvataċ*, r. *chvatátʼ*, s./ch. *hvȁtati*, stsl. *chvatati*. Význam 'spěchat' je jen v č., slk., luž. a r.d., jinde 'chytat, uchopovat' (dále viz ↓*-chvátit* a ↓*chytit*, kde je i o vývoji významu).

-chvátit, *chvat, schvátit, uchvátit, úchvatný, zachvátit, záchvat, obchvat*. Všesl. – p.st. *chwacić*, r. *chvatítʼ*, s./ch.

chvȁtiti, stsl. *izъchvatiti, pochvatiti*. Psl. **chvatiti, *chvatati* je úzce spojeno s **chytati, *chytiti* (střídání v kořeni je stejné jako např. u ↓*kvasiti* – ↓*kysati*). Další etymologické souvislosti jsou méně jasné, může jít o slova onom. původu jako u ↑*chopit, chápat* tv. Srov. i ↑*chtít*.

chvět se, *chvění, zachvět se, rozechvět, rozechvělý*. Hl. *chwieć*, p. *chwiać*, ukr. *chvíjatysja*. Psl. **chvějati (sę)* lze nejspíš spojit s angl. *sway* 'houpat se, kymácet se', střdn. *swājen* 'pohybovat se (větrem)', niz. *zwaaijen* 'třást se, kolísat' z ie. **su̯ēi-* 'houpat se, ohýbat se' (počáteční *ch-* by bylo expresivní *(A8))*.

chvíle, *chvilka, chvilkový, dochvilný*. Luž., p. *chwila* (jen zsl.). Přejato ze sthn. *hwīla* (dnes něm. *Weile*, angl. *while*), jež vychází z ie. **kᵘ̯ei-,*kᵘ̯ī-* 'odpočívat' *(A3)* (srov. ↓*odpočinout*, ↓*pokoj*, ↓*rekviem*). Ze stejného základu je psl. **čila*, stč. *čila, číla*, jež formálně i významově přesně odpovídá germ. slovům *(B1)*. Srov. ještě ↓*včil*.

chvojí 'ulámané větve jehličnatých stromů', *chvojka*. P. *choja* 'smrk', r. *chvója* 'jehličí', sln. *hôja* 'jedle', s./ch. *chvója* 'větev, sosna'. Psl. **chvojь, *chvoja* se obvykle spojuje s lit. *skujà* 'jehličí, větvička (borovice ap.)' z bsl. **sku̯(o)i- (A8)*. Další souvislosti méně jasné. Srov. ↑*chuj*.

chvost. P.d. *chwost*, r. *chvost*, sln.st. *hvôst* 'chvost' i '(obraný) hrozen vína'. Č. nář. *chvošť*, r., b. *chvošč* znamená 'přeslička'. Psl. **chvostъ* nemá jistý původ. Vzhledem ke sln. *hósta* 'les, houština' lze uvažovat o neznělé variantě k ↑*hvozd* (tím se vyřeší i vztah k podobnému něm. *Quast* 'střapec'). Lze však vyjít i ze slovesa **chvostati* (č.st. *chvostati* 'šlehat ocasem, metlou, bičem ap.', r. *chvostátʼ* tv.) onom. původu jako ↑*chlastat*, ↑*chvástat* či č. nář. *chvístat* 'hvízdat, stříkat', *chvost*

chyba

by pak asi původně znamenalo 'metla' (Ma²) (srov. ↓*koště*).

chyba, *chybička, chybný, chybět, chybit, chybovat, pochybovat, pochyba, pochybný, pochybovačný*. Stč. *chyba* 'pochybnost', p.st. *chyba* 'chyba', dnes 'snad, asi; ledaže', ukr. *chýba* 'nedostatek', r.d. *chíba* 'nerozhodný člověk', sln. *híba* 'chyba'. Psl. **chyba* je od **chybati* (stč. *chybati* 'pochybovat, kolísat', p. *chybać* 'houpat, kolébat' aj.), jež se obvykle spojuje se sti. *kšúbhyati* 'třese se, kolísá' z ie. **kseubh- (A8)* a za předpokladu přesmyku *ks->sk-* (či naopak) i s lit. *skubėti* 'spěchat', *skubùs* 'rychlý' (srov. p. *chybki* tv.). P. *szybki* tv. a r. *ošíbka* 'chyba' naznačují, že příbuzné je i č. nář. *šibati* 'švihat' (viz ↓*šibal*).

chýlit (se), *schýlit, nachýlit, náchylný, vychýlit, výchylka, uchýlit (se), úchylný, úchylka, odchýlit (se), odchylný, příchylný*. Všesl. – p. *chylić*, r. *chilít'*, sln. *híliti*. Psl. **chyliti (sę)* nemá přesvědčivý výklad. Nápadná je významová blízkost dalších sloves na *chy-*, např. ukr. *chybáti, chyljáti* i *chytáti* znamená 'houpat, kymácet' (srov. ↑*chyba*, ↓*chytat*). Že by tedy vše bylo od jednoho (onom.) základu?

chystat (se), *přichystat, nachystat, uchystat*. Ve významu 'připravovat (se)' jen č. a slk., jinak p.d. *chystać*, r.d. *chistat'*, br. *chystác'* 'houpat, kolébat'. Psl. **chystati* je patrně *-st-*ové intenzivum od **chybati* (viz ↑*chyba*), u č. slova lze uvažovat i o **chyliti* (↑*chýlit*). Významový posun u č. slova má paralelu v lit. *reñgtis* 'naklánět se' i 'chystat se'.

chýše. Všesl. – p.d. *chyża*, r.d. *chíža*, sln. *híša*, stsl. *chyzъ*. Psl. **chyzъ*, **chyša*, **chyža* aj. jsou výpůjčkou z germ. **hūs(a)-* 'dům' *(B5)* (srov. něm. *Haus*, angl. *house*), č. slovo je z **chys-ja (B3,C1)*.

chytat, *chytit, chyták, chytlavý, nachytat, pochytat, schytat, vychytat, podchytit, přichytit, zachytit, uchytit, úchyt*. Všesl. – hl. *chytać* 'házet', p. *chwytać* 'chytat', ukr. *chytáti* 'houpat', sln. *hítati* 'chytat, házet', s./ch. *hìtati* 'spěchat, chytat', b. *chýtam* 'spěchat'. Spojeno s ↑*chvátat*, ↑*-chvátit*. Význam lze vyložit ze základního 'dělat rychlý pohyb', vsl. formy s významem 'houpat' se obvykle vykládají jinak (z **chybati*, viz ↑*chyba*), ale i je lze přiřadit (srov. např. č. nář. *chybat'* 'házet' a jsou i jiné paralely). Vztahy velmi složité, snad je vše onom. původu (srov. ↑*chýlit*). Srov. i ↓*chytrý*.

chytrý, *chytrost, chyták, chytrácký, chytráctví, chytračit, vychytralý*. Všesl. – p. *chytry*, r. *chítrij*, s./ch. *hìtar*, stsl. *chytrъ*. Psl. **chytrъ* je odvozeno od **chytati* (↑*chytat*), původně 'rychlý v pohybu' (tak v slk., jsl. i jinde), z toho 'rychlý v chápání, chytrý'.

i sp. Všesl. Původ nejistý. Nejspíš z ie. *ei, což je lok. sg. zájmenného kořene *e/o (srov. ř. *ei* 'jestliže, třebas i', gót. *ei* 'aby'). Možný je i citoslovečný původ spojky (HK); uvažuje se i o souvislosti s lit. *iř*, lot. *ir* 'a' (Ma²). Srov. ↓*inu,* ↑*a*.

ibis 'tropický čápovitý pták'. Z ř. *ībis* a to z egyptštiny.

ibišek 'léčivý druh proskurníku'. Z lat. *(h)ibiscum, (h)ibiscus* z ř. *ibískos*. Další původ nejasný. Č. lid. *ajbiš* je z něm. *Eibisch*.

idea 'myšlenka, představa', *ideový*. Z lat. *idea* z ř. *idéa* 'pravzor, podoba, postava, mínění' od *ideīn* 'spatřit, poznat' (inf. aor.), jež souvisí s ↓*vědět*. Srov. ↓*ideál*, ↓*idol*, ↓*idyla* i ↑*historie*.

ideál 'vznešený cíl, vzor, předmět touhy', *ideální, idealismus, idealista, idealistický, idealizovat*. Z pozdnělat. *ideālis* 'odpovídající pravzoru' od lat. *idea* (viz ↑*idea*). Odráží původní význam slova, užívaný v platónské filozofii.

identifikace 'určení totožnosti', *identifikační, identifikovat*. Viz ↓*identita* a ↑*-fikace*.

identita 'totožnost', *identický*. Z pozdnělat. *identitās* od lat. *idem* 'totéž' ze zájmena *id* 'to' a zesilovacího *-em*.

ideologie 'soustava názorů vyjadřujících zájmy určité společenské vrstvy'. Utvořeno koncem 18. st. ve Francii. Viz ↑*idea* a ↓*-logie*.

idio- (ve složeninách) 'vlastní, zvláštní, sebe-'. Z ř. *ídios* 'vlastní, osobní, zvláštní'. Srov. ↓*idiolekt*, ↓*idiosynkrazie* i ↓*idiom*, ↓*idiot*.

idiolekt 'osobitý jazyk jedince'. Z angl. *idiolect* podle *dialect*. Viz ↑*idio-* a ↑*dialekt*.

idiom 'ustálené, zpravidla nepřeložitelné spojení slov určitého jazyka', *idiomatický*. Z ř. *idíōma* 'zvláštnost' z *ídios* 'zvláštní, vlastní'. Později v lat. a střlat. též 'jednotlivý jazyk, nářečí'. Srov. ↑*idio-*, ↓*idiot*.

idiosynkrazie 'pudový odpor; přecitlivělost'. Z ↑*idio-* a ř. *sýnkrāsis* 'smíšení' ze *sýn* 's-' (viz ↓*syn-*) a *krāsis* 'míšení' od *keránnymi* 'mísím'. Ř. význam byl tedy 'zvláštní míšení (tělesných šťáv)'. Srov. ↓*kráter* a co do významu ↑*humor*.

idiot 'slabomyslný člověk', zhrub. 'blbec', *idiotský, idiotismus*. Z lat. *idiōta, idiōtēs* 'nevědomec, laik' z ř. *idiōtēs* 'soukromá osoba, laik, nevědomec' od *ídios* 'zvláštní, osobní'. Význam 'slabomyslný' nejprve v angl., odtud do jiných jazyků. Srov. ↑*idio-*, ↑*idiom*.

ido 'umělý mezinárodní jazyk'. Z esperantské příp. *-ido*, značící 'potomek', neboť jazyk vznikl přepracováním esperanta.

idol 'modla, předmět zbožnění'. Z lat. *īdōlum* z ř. *eídōlon* 'obraz, podoba, přízrak, modla' k *ideīn* 'spatřit' (viz ↑*idea*).

idyla 'selanka, klidný spokojený život', *idylický*. Přes něm. *Idylle* z lat. *īdyllium* z ř. *eidýllion* 'obrázek, krátká báseň (z venkovského či pastýřského života)', zdrobněliny od *eîdos* 'podoba, tvářnost, obraz' od *ideīn* 'spatřit' (viz ↑*idea*).

igelit, *igelitový*, hov. *igelitka*. Uměle podle něm. chemického koncernu *IG-Farben* (HL).

iglú 'eskymácké obydlí ze sněhových kvádrů'. Přes angl. *igloo* z eskymáckého *iglu* tv.

ignorovat 'úmyslně opomíjet', *ignorance, ignorant, ignorantský*. Z lat.

ignōrāre 'neznat' od *ignārus* 'neznalý' (*ō* asi kontaminací s *ignōtus* tv.) z ↓*in-*² a *gnārus* 'znalý, zběhlý'. Souvisí s lat. *nōscere* 'poznávat' i ↓*znát.* Srov. ↓*nota,* ↑*agnosticismus.*

ihned přísl. Jen č. Přesmykem ze stč. *inhed* a to z **inъgъdъ,* což je nejspíš tvar složený z psl. **inъ* 'jeden' a oslabené varianty kořene **god-* 'čas' (viz ↓*jiný,* ↑*hod*), tedy doslova '(v) jeden čas (okamžik)'. Srov. ↑*hned.*

ichtyologie 'nauka o rybách'. Z ř. *ichthýs* 'ryba' a ↓*-logie.*

ikebana 'japonský způsob úpravy okrasných rostlin'. Z jap. *ike* 'živoucí' a *bana* 'květina'.

ikona 'obraz Krista či svatých (v pravoslavné církvi)'. Přes r. ze stsl. *ikona, ikuna* ze stř. *eikóna* z ř. *eikōn* 'obraz, podoba'.

ikonoklasmus 'obrazoborectví'. Z ↑*ikona* a ř. *klásis* 'zlomení, lámání' od *kláō* 'lámu'.

ikonostas 'stěna s ikonami před oltářem'. Z ↑*ikona* a ř. *stásis* 'postavení' od *hístēmi* 'stavím, kladu'. Srov. ↑*extáze,* ↓*metastáza.*

ilegální 'nezákonný', *ilegalita.* Ze střlat. *illegalis* z ↓*in-*² a lat. *lēgālis* (viz ↓*legální*).

iluminace 'osvětlení; barevná výzdoba ve středověkých rukopisech', *iluminační.* Z pozdnělat. *illūminātiō* od lat. *illūmināre* 'osvětlit' z ↑*in-*¹ a *lūmināre* od *lūmen* 'světlo'. Srov. ↓*lumen,* ↓*lux*¹, ↓*ilustrovat.*

ilustrovat 'doprovázet text obrázky; znázorňovat', *ilustrace, ilustrátor.* Z lat. *illūstrāre* z ↓*in-*¹ a *lūstrāre* 'vysvětlovat' k *lūx* 'světlo'. Srov. ↓*lustr,* ↑*iluminace.*

iluze 'klamná představa', *iluzorní, iluzivní, iluzionista.* Z lat. *illūsiō* 'posměch, ironie, klamání' od *illūdere*

(příč. trp. *illūsus*) z ↓*in-*¹ a *lūdere* 'hrát (si), klamat'. Srov. ↓*preludovat.*

image 'obraz člověka na veřejnosti'. Z angl. *image* tv. z fr. *image* z lat. *imāgō* 'obraz'. Srov. ↓*imaginace.*

imaginace 'představivost', *imaginační, imaginární.* Z lat. *imāginātiō* 'představa' od *imāginārī* 'představovat si' od *imāgō* 'obraz'. Srov. ↑*image,* ↓*imitovat.*

imám 'muslimský duchovní'. Z ar. *imām* 'vůdce'.

imanentní 'vyplývající z vlastní vnitřní podstaty'. Přes něm. *immanent* z pozdnělat. *immanēns,* přech. přít. od *immanēre* 'tkvět' z ↓*in-*¹ a *manēre* 'trvat, zůstávat'. Srov. ↓*permanentní.*

imatrikulace 'zápis do matriky', *imatrikulační, imatrikulovat.* Ze střlat. *immatriculatio* od *immatriculare* 'zapisovat do matriky' z ↓*in-*¹ a lat. *mātrīcula,* což je zdrobnělina od *mātrīx* (viz ↓*matrika*).

imbecil 'slabomyslný člověk', *imbecilní, imbecilita.* Z lat. *imbēcillus* 'slabý, bez síly, vratký'. Starý výklad z ↓*in-*² a *bacillus* 'hůl', tedy jakoby 'bez hole, postrádající oporu', vypadá jako lid. etym. *(D2),* pro nedostatek lepších výkladů je však mnoha autory přijímán. Srov. ↑*bacil.*

imigrace 'přistěhování'. Z lat. *immigrātiō* od *immigrāre* z ↓*in-*¹ a *migrāre* 'stěhovat se'. Srov. ↑*emigrant,* ↓*migrace.*

imitovat 'napodobovat', *imitace, imitační, imitátor.* Z lat. *imitārī* tv., souvisejícího s *imāgō* 'obraz'. Srov. ↑*imaginace.*

imortelka 'slaměnka'. Z fr. *immortelle* 'nesmrtelná' (usušená rostlina neuvadá) z ↓*in-*² a lat. *mortālis* 'smrtelný' (viz ↓*mortalita*).

imperativ 'rozkazovací způsob', *imperativní*. Z lat. *(modus) imperātīvus* '(způsob) rozkazovací' od *imperāre* 'rozkazovat' (viz ↓*impérium*).

imperfektum 'nedokonavý minulý čas'. Z lat. *imperfectum* z ↓*in-²* a *perfectum* (viz ↓*perfektum*).

impérium 'říše, císařství', *imperátor, imperiální, imperialismus, imperialistický*. Z lat. *imperium* 'vrchní velení, panství, říše' od *imperāre* 'rozkazovat' z ↓*in-¹* a *parāre* 'připravovat'. Srov. ↑*imperativ*, ↑*empír*.

impertinentní 'drzý, nevhodný', *impertinence*. Přes něm. *impertinent* z pozdnělat. *impertinēns* 'nepříslušející' od *impertinēre* z ↓*in-²* a *pertinēre* 'příslušet, vztahovat se' z ↓*per-* a *tenēre* 'držet, mít'. Srov. ↓*kontinent*, ↓*tenor*.

implantace 'vsazení (tkáně, orgánu ap.) do těla', *implantovat, implantát*. Nově k lat. *implantāre* 'vsadit' z ↓*in-¹* a *plantāre* 'sázet'. Srov. ↓*transplantace*, ↓*plantáž*.

implicitní 'v něčem obsažený, ale výslovně nevyjádřený'. Z lat. *implicitus*, doslova 'vpletený, nerozvinutý', od *implicāre* 'vplétat, ovíjet, uvádět ve zmatek' z ↓*in-¹* a *plicāre* 'plést'. Srov. ↑*explicitní*.

implikovat 'nést v sobě, zahrnovat', *implikace*. Z lat. *implicāre* (viz ↑*implicitní*). Srov. ↓*komplikovat*.

imponovat 'vzbuzovat obdiv'. Vlastně polatinštěním fr. *imposer* (viz ↓*impozantní*). Srov. ↑*expozice*, ↓*transponovat*.

import 'dovoz', *importovat, importér*. Z angl. *import* 'dovoz' i 'dovážet' z lat. *importāre* z ↓*in-¹* a *portāre* 'nést, přepravovat'. Srov. ↑*export*, ↓*transport*.

impotence 'nemohoucnost, neschopnost pohlavního styku', *impotentní, impotent*. Z lat. *impotentia*

tv. od *impotēns* z ↓*in-²* a *potēns* 'mocný, schopný' (viz ↓*potence*).

impozantní 'velkolepý'. Z fr. *imposant* od *imposer* 'působit (silným) dojmem', dříve 'uložit, vynutit (si)', a to nepravidelně z lat. *impōnere* (příč. trp. *impositus*) 'vložit' z ↓*in-¹* a *pōnere* 'klást'. Srov. ↑*imponovat*.

impregnovat 'napouštět ochrannou látkou', *impregnace*. Z pozdnělat. *impraegnāre* 'obtěžkat' z ↓*in-¹* a *praegnāns* 'těhotný' (viz ↓*pregnantní*). Z přeneseného významu 'napustit, nasytit' dnešní technický význam (konec 17. st.).

impresário 'divadelní či koncertní podnikatel'. Z it. *impresario* od *impresa* 'podnik' od *imprendere* 'podnikat' z ↓*in-* a *prendere* 'brát, uchopit' z lat. *prehendere* tv. Srov. ↓*repríza*, ↓*represálie*.

impresionismus 'umělecký směr zachycující okamžitý smyslový vjem', *impresionista, impresionistický*. Z fr. *impressionnisme* od *impression* 'dojem, vjem' z lat. *impressiō* od *imprimere* (příč. trp. *impressum*) z ↓*in-¹* a *premere* 'tisknout'. Srov. ↑*expresionismus*, ↑*deprese*, ↓*pres*.

imprimatur 'schválení k tisku'. Z lat. konjunktivu *imprimātur* 'ať je tištěno' od *imprimere* '(v)tisknout' (viz ↑*impresionismus*).

improvizovat 'tvořit bez přípravy', *improvizovaný, improvizace, improvizační*. Z it. *improvvisare* od *improvviso* 'nečekaný, nepředvídaný' z lat. *imprōvīsus* z ↓*in-²* a *prōvidēre* (příč. trp. *prōvīsus*) 'předvídat' z ↑*pro-* a *vidēre* 'vidět'. Srov. ↓*provize*.

impuls 'podnět, popud', *impulsivní*. Přes něm. *Impuls* z lat. *impulsus* tv., původně příč. trp. od *impellere* 'udeřit, podněcovat' z ↓*in-¹* a *pellere* 'pohánět,

imunita 236 **indukce**

vrážet'. Srov. ↓*puls,* ↓*interpelace,* ↑*apelovat.*

imunita 'odolnost; vynětí jistých osob z moci zákona', *imunní, imunitní.* Z lat. *immūnitās* 'osvobození od dávek, výhoda' od *immūnis* 'zbavený povinnosti, svobodný' z ↓*in-*[2] a *mūnus* 'povinnost, služba'. Význam 'odolnost proti nemocem' až v 19. st. Srov. ↓*komunita.*

in-[1] předp. Z lat. *in* 'v, do', jež souvisí s ř. *en* (viz ↑*en-*), něm., angl. *in* i naším ↓*v.* Srov. ↓*index,* ↓*informovat,* ↓*injekce,* ↓*inkvizice* atd. Někdy se asimiluje k následující souhlásce – úplně (např. ↑*ilustrovat,* ↑*imatrikulace*) či částečně (↑*import,* ↑*impuls*). Srov. ještě ↓*infra-,* ↓*inter-*.

in-[2] předp. Z lat. záporky *in-,* jež souvisí s něm. *un-,* ř. *a-* (viz ↑*a-*[2]) i naším ↓*ne.* Srov. ↓*incest,* ↓*indispozice,* ↓*integrace* atd. Asimiluje se podobně jako ↑*in-*[1] (např. ↑*ilegální,* ↑*imunita,* ↓*iracionální,* ↑*impertinentní*).

inaugurovat 'slavnostně uvádět do úřadu', *inaugurace, inaugurační.* Z lat. *inaugurāre* 'světit (kněze ap.)' z ↑*in-*[1] a *augurāre* od *augur* 'staořímský ptakopravec, věštec' asi od *avis* 'pták', druhá část není jasná.

incest 'pohlavní styk mezi blízkými příbuznými'. Z lat. *incestum* tv. od *incestus* 'nečistý' z *in-*[2] a *castus* 'čistý, bezúhonný'. Srov. ↓*kasta.*

incident 'rušivá příhoda, drobný konflikt ap.'. Přes něm. *Inzident* z lat. *incidēns,* což je přech. přít. od *incidere* 'vpadnout' z ↑*in-*[1] a *cadere* 'padat'. Srov. ↑*dekadence,* ↓*recidiva.*

index 'rejstřík, ukazatel; vysokoškolský doklad se záznamy o studiu'. Z lat. *index* (gen. *indicis*) od *indicāre* 'ukazovat' (viz ↓*indikovat*).

indiánek 'zákusek s čokoládovou polevou'. Asi podle barvy polevy (již od konce 19. st.).

indicie 'příznak, nasvědčující okolnost'. Z lat. *indicium* 'udání, důkaz, svědectví' od *indicāre* 'udávat, ukazovat' (viz ↓*indikovat*).

indiferentní 'lhostejný'. Přes něm. *indifferent,* fr. *indifférent* z lat. *indifferēns* 'nelišící se, lhostejný' z ↑*in-*[2] a *differēns,* přech. přít. od *differre* (viz ↑*diference*).

indigo 'modré barvivo', *indigový.* Ve starší č. *indych* (přes něm.). Z ř. *indikón* 'indické' (pochází z vých. Indie) přes lat. *indicum* a dále přes šp. či it. *indico, indigo.*

indikativ 'oznamovací způsob'. Z lat. *(modus) indicātīvus* od *indicāre* (viz ↓*indikovat*).

indikovat 'určovat, ukazovat', *indikace, indikátor.* Z lat. *indicāre* 'ukazovat, udávat' od *indīcere* 'oznamovat, ohlašovat' z ↑*in-*[1] a *dīcere* 'říkat'. Srov. ↑*index,* ↑*indicie,* ↑*abdikace,* ↑*diktát.*

indiskrétní 'porušující tajemství, netaktní', *indiskrece.* Z lat. *indiscrētus* 'nerozlišený', později 'nesoudný, nerozvážný', z ↑*in-*[2] a *discrētus* (viz ↑*diskrétní*).

indispozice 'dočasná neschopnost výkonu', *indisponovaný.* Z ↑*in-*[2] a lat. *dispositiō* od *dispōnere* (viz ↑*disponovat*).

individuum 'jedinec', často hanl. 'člověk', *individuální, individualita, individualismus, individualista, individualistický.* Z lat. *indīviduum* 'nejmenší část hmoty', doslova 'nedělitelné' (odpovídá ř. *átomos,* srov. ↑*atom*), pak ve střlat. 'jednotlivá věc', později 'jednotlivec'. Od lat. *indīviduus* 'nedělitelný' z ↑*in-*[2] a *dīvidere* 'dělit' (viz ↑*dividenda*).

indukce 'vyvození obecného z jednotlivostí', *induktivní, indukční.* Z lat. *inductiō* 'uvádění' z *indūcere* 'uvádět, zavádět' z ↑*in-*[1] a *dūcere* 'vést'. Srov. ↑*dedukce,* ↓*redukce.*

industriální 'průmyslový', *industrializovat, industrializace*. Z fr. *industriel* od *industrie* 'strojní výroba', původně 'pracovní píle', z lat. *industria* 'píle, pracovitost', asi z rozšířeného ↑*in-*¹ (srov. ↑*endo-*) a lat. *struere* 'strojit, stavět'. Dnešní souhrnný význam asi z angl. (19. st.). Srov. ↓*instrument*, ↓*konstrukce*, ↑*destrukce*.

infant 'španělský korunní princ'. Ze šp. *infante* z lat. *īnfāns* 'malé dítě', vlastně 'nemluvně' z ↑*in-*² a přech. přít. od *fārī* 'mluvit'. Srov. ↓*infanterie*, ↓*infantilní*, ↑*fáma*.

infanterie zast. 'pěchota'. Přes něm. z it. *infanteria* od *infante* 'pěšák' z původního 'chlapec' (viz ↑*infant*). K podobnému významovému posunu srov. ↓*otrok*.

infantilní 'dětinský', *infantilismus*. Přes něm. *infantil* z lat. *īnfantīlis* 'dětský, dětinský' od *īnfāns* (viz ↑*infant*).

infarkt 'odumření tkáně způsobené náhlým uzavřením tepny', *infarktový*. Přes něm. *Infarkt* z nlat. *infarctus* od lat. *īnfarcīre* 'ucpat' z ↑*in-*¹ a *farcīre* (příč. trp. *fartus*). Srov. ↑*fašírka*.

infekce 'nákaza', *infekční, infikovat*. Z lat. *īnfectiō* od *īnficere* (příč. trp. *īnfectus*) 'nakazit, napustit' z ↑*in-*¹ a *facere* 'dělat'. Srov. ↓*konfekce*, ↑*defekt*.

infiltrovat 'vnikat, prosakovat', *infiltrace*. Ze střlat. *infiltrare* z ↑*in-*¹ a lat. *filtrāre* (viz ↑*filtr*).

infinitiv 'neurčitý způsob', *infinitivní*. Z lat. *(modus) īnfīnītīvus* tv. od *īnfīnītus* 'neomezený, neurčený' z *in-*² a *fīnīre* 'určovat, ohraničovat' od *fīnis* 'konec, hranice'. Srov. ↑*finiš*.

inflace 'znehodnocování peněz zvyšováním jejich množství v oběhu', *inflační*. Z lat. *īnflātiō* 'nafouknutí se' z *īnflāre* 'nafouknout' z ↑*in-*¹ a *flāre* 'foukat'. Dnešní význam z am.-angl. *inflation* (19. st.). Srov. ↑*flétna*.

in flagranti. Viz ↑*flagrantní*.

informovat, *informovaný, informovanost, informace, informační, informativní, informátor, informatika*. Z lat. *īnformāre* 'zpravovat, utvářet (mysl)' z ↑*in-*¹ a *formāre* 'tvořit'. Srov. ↑*forma*, ↑*deformovat*.

infra- předp. Z lat. *īnfrā* 'pod, dole, vespod'. Srov. *infrastruktura, infračervený*. Souvisí s ↑*in-*¹.

infúze 'přívod tekutin do organismu', *infúzní*. Z lat. *īnfūsiō* 'nalévání, vstřikování' od *īnfundere* (příč. trp. *īnfusus*) 'nalévat' z ↑*in-*¹ a *fundere* 'lít, vypouštět'. Srov. ↓*transfúze*, ↑*fúze*.

ingot 'odlitek'. Z angl. *ingot* tv., původně 'forma, do níž se lije kov'. Asi ze stangl. *in* 'v' (srov. *in-*¹) a *gēotan* 'lít' (srov. něm. *Einguss* 'vlití').

ingredience 'přísada'. Z lat. *ingredientia* od *ingredī* 'vcházet, vstupovat' z ↑*in-*¹ a *gradī* 'kráčet, stoupat'. Srov. ↑*grád*, ↑*agrese*.

inhalovat 'vdechovat', *inhalace, inhalační, inhalátor*. Z lat. *inhālāre* tv. z ↑*in-*¹ a *hālāre* 'dýchat, vypařovat'. Srov. ↑*exhalace*.

inherentní 'v něčem obsažený', *inherence*. Přes něm. *inhärent* z lat. *inhaerēns*, což je příč. trp. od *inhaerēre* 'vězet' z ↑*in-*¹ a *haerēre* 'lpět, vězet'. Srov. ↑*adheze*, ↓*koherence*.

iniciála 'počáteční velké písmeno', *iniciální, iniciálový*. Z lat. *Initiale* od lat. *initiālis* 'začáteční' od *initium* 'začátek' od *inīre* (příč. trp. *initum*) 'vejít, začít' z ↑*in-*¹ a *īre* 'jít'. Srov. ↓*iniciativa*, ↓*iniciovat*, ↓*jít*, ↓*tranzit*.

iniciativa 'podnět k činnosti', *iniciativní, iniciátor, iniciovat, iniciace*. Z fr. *initiative* tv. z *initier* 'zasvětit, uvést, začít' a to z lat. *initiāre* tv. od *initium* 'začátek' (viz ↑*iniciála*).

injekce 'vstříknutí látky do těla', *injekční.* Z lat. *iniectiō,* doslova 'vhození', od *inicere* (příč. trp. *iniectus*) 'vhodit' z ↑*in-*¹ a *iacere* 'hodit'. Srov. ↓*projekt,* ↓*trajekt,* ↑*ejakulace.*

inkarnace 'vtělení', *inkarnovat.* Z lat. *incarnātiō* od *incarnāre* 'vtělit se' z ↑*in-*¹ a *caro* (gen. *carnis*) 'maso'. Srov. ↓*karneval.*

inkaso 'poplatky; vybírání peněz', *inkasovat.* Z it. *incasso* od *incassare* 'vybírat (do pokladny)' z *in-* (srov. *in-*¹) a *cassa* (viz ↓*kasa*).

inklinovat 'mít sklon k něčemu', *inklinace.* Z lat. *inclīnāre* 'klonit se' z ↑*in-*¹ a *clīnāre* tv. Srov. ↑*deklinace,* ↓*klinika.*

inkognito 'utajení vlastního jména'; přísl. 'pod cizím jménem'. Z it. *incognito* z lat. *incōgnitus* 'nepoznaný' z ↑*in-*² a *cōgnōscere* (příč. trp. *cōgnitus*) 'poznat' z *co-* (↓*ko-*) a (*g*)*nōscere* tv. Srov. ↓*rekognoskace,* ↓*kognitivní.*

inkoust, *inkoustový.* Ze střat. *incaustum* z ř. *énkaustos,* doslova 'vpalovaný', z ↑*en-* a *kaíō* (příč. trp. *kaustós*) 'pálím'. Původně zřejmě tmavě červený inkoust používaný římskými císaři a nanášený horkým nástrojem. Srov. angl. *ink.* Ze slov. jazyků jen v č.

inkriminovaný 'takový, pro nějž je někdo obviňován, vyslýchán ap.'. Od *inkriminovat* 'obvinit' ze střat. *incriminare* tv. z ↑*in-*¹ a odvozeniny od *crīmen* 'obvinění, provinění'. Srov. ↓*kriminální.*

inkubace 'doba mezi nákazou a propuknutím nemoci', *inkubační, inkubátor* 'zařízení pro nedonošené děti'. Nově přeneseně k lat. *incubātiō* 'sedění na vejcích' od *incubāre* 'sedět na vejcích', vlastně 'ležet na něčem' z ↑*in-*¹ a *cubāre* 'ležet'. Srov. ↓*konkubína.*

inkvizice 'středověká církevní instituce pro potírání kacířství', *inkviziční, inkvizitor.* Z lat. *inquīsītiō*

'vyhledávání, vyšetřování' od *inquīrere* (příč. trp. *inquīsitus*) 'vyhledávat, zkoumat' z ↑*in-*¹ a *quaerere* 'hledat'. Srov. ↑*akvizice,* ↓*rekvizita,* ↑*anketa.*

inovace 'zavedení něčeho nového; novinka', *inovační, inovovat.* Z lat. *innovātiō* od *innovāre* 'obnovit' z ↑*in-*¹ a *novus* 'nový'. Srov. ↓*novum,* ↓*novic.*

inscenovat 'uvést na scénu; zosnovat', *inscenace, inscenační.* Nové, viz ↑*in-*¹ a ↓*scéna.*

insekticid 'prostředek k hubení hmyzu'. Uměle k lat. *īnsectum* 'hmyz' (kalk z ř. *éntomon* – viz ↑*entomologie*) z *īnsecāre* (příč. trp. *īnsectus*) 'vřezávat' z ↑*in-*¹ a *secāre* 'sekat, řezat', druhá část k lat. *-cīdere* od *caedere* 'zabíjet'. Srov. ↓*sekce,* ↑*genocida.*

inseminace 'umělé oplodnění'. Z lat. *insēminātiō* od *insēmināre* 'zasévat' z ↑*in-*¹ a *sēmināre* 'sít' od *sēmen* 'semeno'. Srov. ↓*semeno,* ↓*seminář.*

insignie 'odznaky moci'. Z lat. *īnsignia* (pl.) od *īnsignis* '(odznaky) odlišený, vynikající' z ↑*in-*¹ a *signum* 'znak'. Srov. ↓*signál.*

inspekce 'úřední dozor, kontrola', *inspekční, inspektor, inspektorát.* Z lat. *īnspectiō* od *īnspicere* 'nahlížet dovnitř, zkoumat' z ↑*in-*¹ a *specere* 'hledět'. Srov. ↓*inspicient,* ↑*aspekt,* ↓*spektrum.*

inspicient 'pomocník režiséra'. Přes něm. *Inspizient* tv. z lat. *īnspiciēns* 'dohlížející', což je původně přech. přít. od *īnspicere* (viz ↑*inspekce*).

inspirovat 'podněcovat', *inspirace, inspirační, inspirátor.* Z lat. *īnspīrāre* 'vdechovat' z ↑*in-*¹ a *spīrāre* 'dýchat'. Srov. ↑*aspirovat,* ↓*spiritismus.*

instalovat 'umísťovat, zavádět, vestavět', *instalace, instalační, instalatér* (přes fr.), *instalatérský.* Zobecněním významu střat. *installare* 'dosazovat do úřadu' z ↑*in-*¹ a *stallum, stallus* 'stolice, křeslo' z germ. (srov. něm. *Stuhl* 'židle'). Srov. ↓*piedestal*, ↓*stůl*.

instance 'příslušný úřad; stupeň soudního řízení'. Z lat. *īnstantia* 'přítomnost, naléhavost' od *īnstāre* 'stát na něčem, naléhat' z ↑*in*-1 a *stāre* 'stát'. Srov. ↓*substance*, ↓*konstanta*.

instantní 'ihned použitelný, předvařený, práškový (o jídle či nápoji)'. Z angl. *instant* tv., vlastně 'okamžitý', a to přes fr. z lat. *īnstāns* 'přítomný, naléhavý' od *īnstāre* (viz ↑*instance*).

instinkt 'pud', *instinktivní*. Z lat. *īnstīnctus* 'podnět, popud' od *īnstinguere* 'podněcovat' z ↑*in*-1 a **stinguere* 'bodat'. Srov. ↓*stimul*, ↓*stigma*.

instituce 'zařízení, organizace', *institucionální*, *institut*. Z lat. *īnstitūtiō* 'zařízení, vyučování' od *īnstituere* 'zřídit, ustanovit, vzdělávat' z ↑*in*-1 a *statuere* 'stanovit' od *stāre* 'stát'. Srov. ↓*restituce*, ↓*prostituce*, ↓*statut*.

instrukce 'návod, směrnice', *instruovat, instruktor, instruktorský, instruktivní, instruktáž* (přes r.). Z lat. *īnstrūctiō* od *īnstruere* 'sestavit, poučit' z ↑*in*-1 a *struere* 'příč. trp. *structus*) 'skládat, stavět'. Srov. ↓*instrument*, ↓*konstrukce*, ↓*struktura*.

instrument 'nástroj', *instrumentální, instrumentář(ka), instrumentace*. Z lat. *īnstrūmentum* 'nářadí, nástroj, prostředek' od *īnstruere* (viz ↑*instrukce*).

instrumentál '7. pád', *instrumentálový*. Ze střlat. (*cāsus*) *instrumentālis* '(pád) nástrojový' (srov. *píšu perem*). Viz ↑*instrument*.

intarzie 'ozdobné vykládání dřevem'. Z it. *intarsio* od *intarsiare* 'vykládat dřevem' z *in*- (srov. *in*-1) a *tarsia* 'dřevěné vykládání' z ar. *tarsī*ᶜ 'vkládání, spára'.

integrovat 'sjednocovat, scelovat', *integrace, integrační, integrál, integrální, integrita*. Z lat. *integrāre*

'doplňovat, obnovovat' od *integer* 'neporušený, plný', doslova 'netknutý', z ↑*in*-2 a *tangere* 'dotýkat se'. Srov. ↓*tangens*, ↓*kontingent*.

intelekt 'rozumové schopnosti', *intelektuální, intelektuál(ka), intelektuálský*. Z lat. *intellēctus* 'rozum, pochopení' od *intellegere* 'rozumět, chápat', doslova 'vybírat si (mezi možnostmi)', z ↓*inter*- a *legere* 'sbírat, vybírat; číst'. Srov. ↓*inteligence*, ↓*selekce*, ↑*elita*.

inteligence 'rozumové nadání; vrstva duševně pracujících', *inteligenční, inteligent, inteligentní*. Z lat. *intelligentia* od *intellegere*, novější varianty k *intellegere* (viz ↑*intelekt*).

intence 'záměr'. Z lat. *intentiō* 'úsilí, záměr, pozornost' od *intendere* 'usilovat, napnout (pozornost)' z ↑*in*-1 a *tendere* 'napínat'. Srov. ↓*intendant*, ↓*intenzita*, ↓*pretendent*, ↓*tendence*.

intendant 'vrchní správce (v divadle ap.)', *intendance*. Přes něm. *Intendant* z fr. *intendant* z lat. *intendēns*, což je přech. příт. od *intendere* (viz ↑*intence*).

intenzita 'síla, stupeň síly', *intenzivní*. Z nlat. *intensitas* od lat. *intēnsus* (vedle *intentus*) 'silný, napjatý' od *intendere* (viz ↑*intence*).

inter-1 předp. 'mezi-'. Z lat. *inter* 'mezi' z ↑*in*-1 a -*ter* (srov. ↓*intro*-, ↑*extra*). Souvisí s něm. *unter* 'pod' i naším ↓*vnitřek*, ↓*játra*. Dále srov. ↓*interní*, ↓*interference*, ↓*interpretovat*, ↓*intervenovat*.

inter-2. Zkráceno z ↓*internacionální*. Srov. *interhotel, interliga, interbrigáda*.

interakce 'vzájemné působení'. Viz ↑*inter*-1 a ↑*akce*.

interdikt 'církevní zákaz bohoslužeb'. Z lat. *interdictum* 'zákaz' od *interdīcere* 'zapovědět' z ↑*inter*-1 a *dīcere* 'říci'. Srov. ↓*verdikt*.

interes hov. 'zájem', *interesovat, interesantní.* Přes fr. ze střlat. *interesse* 'náhrada škody', tedy z jedné strany 'placení, činže', z druhé 'zisk, užitek' z lat. *interesse* 'být mezi', neosobní *interest* 'je rozdíl, záleží na něčem', z ↑*inter-*[1] a *esse* 'být'. Význam 'zisk' dal do starší č. 'úrok' (Jg), přes fr. přišel rozšířený význam 'zájem'.

interference 'křížení (vlivů)'. Z angl. *interference* od *interfere* 'zasahovat, plést se', původně 'narážet kopyty o sebe (o koni při běhu)', ze stfr. *entreferir* z ↑*inter-*[1] a lat. *ferīre* 'bít, tlouci'.

interiér 'vnitřek (budovy, bytu)'. Z fr. *intérieur* a to z lat. *interior* 'vnitřní', vlastně komparativu (2. stupně) od *interus (k ↑*inter-*[1]) tv. Srov. ↑*exteriér*, ↓*interní*, ↓*intimní*.

interjekce 'citoslovce'. Z lat. *interiectiō*, vlastně 'vhození (mezi)', z *intericere* 'hodit mezi' z ↑*inter-*[1] a *iacere* 'hodit'. Srov. ↑*injekce,* ↑*adjektivum.*

intermezzo 'mezihra, (dějová) vsuvka'. Z it. *intermezzo* z *inter-* (z ↑*inter-*[1]) a *mezzo* 'prostředek' z lat. *medius* 'prostřední'. Srov. ↓*médium.*

interna hov. 'vnitřní lékařství', *internista.* Viz ↓*interní.*

internacionální 'mezinárodní', *internacionál, internacionála.* Z fr. *international* (viz ↑*inter-*[1] a ↓*nacionální*).

internát 'společné ubytovací, stravovací a výchovné zařízení pro mládež', *internátní.* Přes něm. *Internat* z fr. *internat* od *interne* 'vnitřní' z lat. *internus* tv. Viz ↓*interní.*

interní 'vnitřní'. Z lat. *internus* tv. od *inter* (viz ↑*inter-*[1]). Srov. ↑*externí,* ↑*interna,* ↑*internát,* ↓*internovat.*

internovat 'držet někoho na určitém místě s omezenou svobodou pohybu',*internace.* Z fr. *interner* tv. od *interne* 'vnitřní' z lat. *internus* (viz ↑*interní*).

interpelovat 'oficiálně se dotazovat ministra v parlamentě', *interpelace.* Z lat. *interpellāre* 'přerušovat', doslova 'vrážet (mezi)', z ↑*inter-*[1] a *pellāre od *pellere* 'hnát'. Srov. ↑*apel.*

interpretovat 'vykládat, podávat (umělecké dílo)', *interpret, interpretace.* Z lat. *interpretārī* tv. od *interpres* 'zprostředkovatel, vykladač, tlumočník'. Srov. ↑*inter-*[1], druhá část nejasná.

interpunkce 'psaní rozdělovacích znamének', *interpunkční.* Z lat. *interpūnctiō* od *interpungere* (příč. trp. *-pūnctus*) 'dávat tečku mezi slova' z ↑*inter-*[1] a *pungere* 'bodat'. Srov. slk. *bodka* 'tečka', dále ↓*punkce,* ↓*punc.*

interrupce 'přerušení (těhotenství)', *interrupční.* Z lat. *interruptiō* 'přerušení' od *interrumpere* (příč. trp. *-ruptus*) 'přerušit' z ↑*inter-*[1] a *rumpere* 'zlomit, rozbít'. Srov. ↓*korupce,* ↑*erupce.*

interval 'časový úsek, mezera'. Z lat. *intervallum* 'mezera, vzdálenost', původně 'mezera mezi opevňovacími body', z ↑*inter-*[1] a *vallum* 'val, násep'. Srov. ↓*val.*

intervence 'zásah v něčí prospěch, násilné vměšování do záležitostí jiného státu', *intervenovat, intervent.* Z lat. *interventiō* od *intervenīre* 'vstoupit mezi' z ↑*inter-*[1] a *venīre* 'přicházet'. Srov. ↓*prevence,* ↓*konvence.*

interview 'rozhovor se známou osobou pro veřejnost'. Z angl. *interview* tv. z fr. *entrevue* 'schůzka' od *entrevoir* z *entre-* (viz *inter-*[1]) a *voir* 'vidět' z lat. *vidēre* tv. Srov. ↓*revue.*

intimní 'důvěrný, soukromý', *intimnost.* Z lat. *intimus* 'nejvnitřnější', což je 3. stupeň k *interior* (viz ↑*interiér*)

intonovat 'nasazovat tón', *intonace.* Asi smíšení dvou kořenů: na jedné

intoxikace   241   **inzulin**

straně lat. *intonāre* 'zahřmít, zaznít' z ↑*in*-[1] a *tonāre* 'hřmít', na druhé lze sotva oddělit od *tonus* (viz ↓*tón*), jehož původ je jiný.

intoxikace 'otrava', *intoxikovat*. Ze střlat. *intoxicatio* od *intoxicare* z ↑*in*-[1] a lat. *toxicāre* 'otrávit' od *toxicum* 'jed' (viz ↓*toxický*).

intráda 'uvítací fanfára'. Přes něm. *Intrade* z it. *entrata* 'vstup' od *entrare* z lat. *intrāre* 'vniknout'. Srov. ↓*intro-*.

intrika 'pleticha', *intrikovat, intrikán, intrikánský*. Z fr. *intrigue* tv. od *intriguer* z it. *intrigare* z lat. *intrīcāre* 'zaplétat, mást' z ↑*in*-[1] a *tricae* (pl.) 'hlouposti, pletichy'. Srov. ↓*trik*, ↓*triko*.

intro- předp. 'vnitro-'. Z lat. *intrō* 'dovnitř'. Srov. ↓*introspekce*, ↓*introvert* i ↑*inter*-[1].

introspekce 'pozorování vlastních psychických jevů', *introspektivní*. K lat. *intrōspectiō* od *intrōspicere* 'nahlížet dovnitř' z ↑*intro-* a *specere* 'hledět'. Srov. ↓*retrospekce*.

introvert 'člověk pohroužený do sebe, svých pocitů', *introvertní, introverze*. Nově k ↑*intro-* a *vertere* 'obracet', tedy 'dovnitř obrácený'. Srov. ↑*extrovert*.

intuice 'poznání něčeho instinktem, bez logické úvahy', *intuitivní*. Ze střlat. *intuitio* 'bezprostřední poznání', lat. 'objevení obrazu v zrcadle' od lat. *intuērī* 'hledět, prohlížet' z ↑*in*-[1] a *tuērī* 'dívat se'.

inu část., citosl. Složeno z ↑*i* a ↓*nu*. Srov. ↓*nuže*.

invalida 'člověk nezpůsobilý k práci pro tělesnou vadu', *invalidní, invalidita*. Původně 'voják neschopný služby pro válečné zranění'. Přes fr. *invalide* tv. z lat. *invalidus* 'slabý, nemocný, neschopný' z ↑*in*-[2] a *validus* 'silný, mocný'. Srov. ↓*validita*, ↓*rekonvalescence*.

invaze 'vpád', *invazní*. Z pozdnělat. *invāsiō* od lat. *invādere* 'vpadnout, vniknout' z ↑*in*-[1] a *vādere* 'jít, směřovat'. Srov. ↓*vabank*.

invektiva 'slovní výpad'. Z fr. *invective* z pozdnělat. *invectīvus*, doslova 'navážející se', od lat. *invehī* (přič. trp. -*vectus*) 'vézt se, napadat (slovy)' z ↑*in*-[1] a *vehī* 'vézt se, jet'. Srov. ↓*vektor*, ↓*vehikl*.

invence 'vynalézavost', *invenční*. Z lat. *inventiō* 'vynález' od *invenīre* (přič. trp. *inventum*) 'vynalézt, přijít na něco' z ↑*in*-[1] a *venīre* 'přijít'. Srov. ↓*inventář*, ↓*inventura*, ↓*prevence*.

inventář 'soupis majetku', *inventární, inventarizovat, inventarizace, inventarizační*. Z lat. *inventārium* od *invenīre* 'přijít na něco, objevit' (viz ↑*invence*).

inventura 'zjišťování stavu hospodářských prostředků', *inventurní*. Ze střlat. *inventura* od lat. *invenīre* (viz ↑*invence*, ↑*inventář*).

inverze 'převrácení (teploty, slovosledu aj.)', *inverzní*. Z lat. *inversiō* tv. od *invertere* (přič. trp. *inversus*) z ↑*in*-[1] a *vertere* 'obracet'. Srov. ↓*konverze*, ↑*averze*, ↑*diverze*.

investovat 'vložit peníze do nějakého podniku', *investice, investiční, investor*. Původně lat. *investīre* 'obléci' z ↑*in*-[1] a *vestīre* od *vestis* 'oděv, šat', střlat. 'dosadit do úřadu (zvláště biskupa)' (z toho *investitura*). Dnešní význam se vyvinul v it. ve 14. st., odtud do angl. a přes ni zřejmě do dalších jazyků. Srov. ↓*vesta*.

inzerát 'placené oznámení v tisku', *inzerce, inzertní, inzerovat*. Z něm. *Inserat* a to asi z lat. konjunktivu *īnserātur* 'ať je vložen' od *īnserere* 'vkládat' z ↑*in*-[1] a *serere* 'připojovat, vázat'. Srov. ↑*dezertovat*, ↑*disertace*, ↓*série*.

inzulin 'lék proti cukrovce', *inzulinový*. Z fr. *insuline* od lat. *īnsula*

inzultovat 'ostrov' (je to hormon vyměšovaný Langerhansovými ostrůvky ve slinivce břišní). Srov. ↓*izolace*.

inzultovat 'napadnout, urazit', *inzultace*. Z lat. *īnsultāre* 'naskočit, skákat po něčem, posmívat se' z ↑*in-*[1] a *saltāre* 'skákat'. Srov. ↓*salto*.

inženýr, *inženýrský, inženýrství*. Z fr. *ingénieur*, původně 'stavitel válečných strojů', od stfr. *engin* 'přístroj, válečný stroj, vynalézavost' z lat. *ingenium* 'nadání, vrozené umění' (střlat. též 'válečný stroj') z ↑*in-*[1] a *gignere* 'rodit'. Srov. ↑*génius*, ↑*gen*.

ion(t) 'elektricky nabitá částice', *iontový, ionizovat, ionizace*. Převzato angl. fyzikem Faradayem (19. st.) z ř. *ión* (gen. *ióntos*) 'jdoucí' od *eīmi* (inf. *iénai*) 'jdu'. Srov. ↑*anion(t)*, ↓*jít*.

iracionální 'vymykající se rozumu', *iracionalita*. Z pozdnělat. *irratiōnālis* 'nerozumný' z ↑*in-*[2] a *ratiōnālis* (viz ↓*racionální*).

irelevantní. Viz ↑*in-*[2] a ↓*relevantní*.

iridium 'tvrdý a odolný kovový prvek'. Z lat. *īris* (gen. *īridis*) 'duha' z ř. *īris* tv. Podle jeho proměnlivé barvy.

iritovat 'rozčilovat, dráždit', *iritace*. Z lat. *irrītāre* z ↑*in-*[1] a *rītāre* 'rozčilovat'.

ironie 'posměch', *ironický, ironizovat, ironik*. Z lat. *īrōnīa* z ř. *eirōneía* 'předstírání, výsměch, vytáčka' od *eírōn* 'chytrák, pokrytec; potutelný' asi od *eírō* 'říkám, vypravuji'.

ischemie 'nedokrevnost tkáně', *ischemický*. Ze střlat. *ischemia* z ř. *íschō* 'zadržuji' a *(h)aīma* 'krev'. Srov. ↑*hemo-*, ↑*anémie*.

ischias 'bolest v kříži vystřelující do nohou'. Přes lat. *ischias* z ř. *ischiás* od *ischíon* 'kyčel, bok'.

islám 'muslimské náboženství'. Z ar. *islām* 'odevzdání se (Bohu)'. Souvisí s ↓*muslim*.

itinerář 'cestovní plán'. Z lat. *itinerārium* od *iter* (gen. *itineris*) 'cesta, pochod' od *īre* 'jít'. Srov. ↑*exit(us)*, ↓*jít*.

izo- (ve složeninách) 'stejno-'. Z ř. *ísos* 'stejný, rovný'. Srov. ↓*izobara*, ↓*izoglosa*, ↓*izotop*.

izobara 'čára spojující místa se stejným tlakem vzduchu'. Viz ↑*izo-* a ↑*bar*[2], ↑*barometr*.

izoglosa 'čára ohraničující území, v němž se vyskytuje jistý jazykový jev'. Viz ↑*izo-* a ↑*glosa*.

izolovat 'oddělit, odloučit', *izolace, izolační, izolátor, izolacionismus*. Z fr. *isoler* z it. *isolare*, doslova 'udělat ostrov', od *isola* 'ostrov' z lat. *īnsula* tv. Srov. ↑*inzulin*.

izomorfní 'mající stejný tvar'. Viz ↑*izo-* a ↓*morfologie*, ↑*amorfní*.

izoterma 'čára spojující místa stejné teploty'. Viz ↑*izo-* a ↓*termo-*.

izotop 'atom téhož prvku lišící se počtem neutronů'. Z ↑*izo-* a ř. *tópos* 'místo'. Srov. ↓*topografie*, ↓*utopie*.

já zájm. Stč. *jáz.* P., r. *ja*, sln. *jȁz*, s./ch. *jâ*, stsl. *azъ*. Psl. **azъ* souvisí s lit. *aš*, gót. *ik* (něm. *ich*, angl. *I*), lat. *ego*, ř. *egṓ*, arm. *es*, sti. *aham*, vše z ie. **eǵ(h)om*, **eǵō-* (A1,A4,B4), ve slov. je třeba počítat s náslovnou změnou *e-* > *a-*. Ztráta koncového *-z* ve většině moderních slov. jazyků je asi podle zájmena pro 2. os. *ty*.

jablko, *jablíčko, jablečný, jablkový, jabloň, jabloňový*. Všesl. – p. *jabłko*, r. *jábloko*, s./ch. *jȁbuka*. Psl. **ablъko (B4)* je tvořeno příp. *-ko* od základu, z něhož je název stromu (psl. **ablonь*) a který evidentně souvisí s lit. *obuolỹs* 'jablko', *obelìs* 'jabloň', něm. *Apfel*, angl. *appel* 'jablko' a stir. *aball*, *ubull* tv. Nelze rekonstruovat jednotnou ie. podobu (**abel-, *ābel-, *ābōl-* aj.), proto se většinou uvažuje o 'praevropském' původu slova. Zajímavé i tím, že je to jediný starý případ, kdy je název stromu odlišen od názvu ovoce (Ma²).

jádro, *jadérko, jádrový, jaderný, jadrný, jádřinec, vyjádřit(se), vyjádření*. Všesl. – p. *jądro*, r. *jadró*, s./ch. *jédro*. Psl. **jędro* nemá zcela jasné příbuzenské vztahy. Zdá se, že lze rozložit na **en-dr-*, kde *en-* znamená 'v, uvnitř', a spojit se slovy ↓*játra*, ↓*útroby*. Příbuzné je lot. *īdrs* tv.

jaguár 'jihoamerická kočkovitá šelma'. Přes západoevr. jazyky z port. *jaguara* a to z jihoam. jazyka tupi.

jáhen 'duchovní s nižším svěcením', *jáhenský, jáhenství*. Asi přes střhn. *diāken* z lat. *diāconus* z ř. *diā́konos* 'sluha, pomocník' (k č. změně *dj->j-* srov. ↓*jetel*). Jinou cestou z téhož zdroje ↓*žák*.

jáhla 'loupané zrno prosa', *jáhlový, jahelník*. P. *jagła*, str. *jaglъ*, s./ch. *jágla*. Psl. **jagla*, **jaglъ* je dosti temné. Na základě r.d. *jaglaja zemlja* 'úrodná zem, černozem' snad lze spojit s lit. *jėgà* 'síla', ř. *hḗbē* 'mladistvá síla' z ie. **i̯ēg^u-*. Jáhlová kaše bývala kdysi hlavní součástí jídelníčku, ekvivalentem pozdějšího chleba.

jahoda, *jahůdka, jahodový, jahodník*. Všesl. – p. *jagoda*, r. *jágoda*, s./ch. *jȁgoda*, stsl. *agoda*. Psl. **agoda (B4)*, původně 'bobule, lesní plod vůbec', je odvozeno od nedoloženého **aga*, jež přesně odpovídá lit. *úoga*, lot. *uoga* 'bobule, jahoda' z ie. **ōg-*. Další souvislosti méně jisté.

jachta 'sportovní či rekreační plachetnice', *jachtink, jachtař, jachtařský*. Z angl. *yacht* a to z niz. *jacht* z původního *jagtschip*, vlastně 'honicí loď', srov. něm. *jagen* 'honit, lovit'.

jak¹ přísl., *jako, jaksi, jakkoli, jakže*. Stč. *kak, kako*. Všesl. – slk. *ako*, p. *jak*, r. *kak*, s./ch. *kȁko*, stsl. *kako*. Stč. podoba vychází z psl. tázacích zájmen **kakъ* 'jaký', **kako* 'jak', v č., slk., p., br. a ukr. jejich funkci převzalo zájmeno vztažné (viz ↓*jaký*). Příbuzné je lit. *kóks* 'jaký', v první části slova je ie. **kᵘ̯o-* (srov. ↓*kdo*, ↓*který*), k druhé srov. ↓*jaký*, ↓*tak*.

jak² 'tibetský tur s dlouhou srstí'. Z tibetského *gyak* tv.

jakmile sp. Jen č., novější (až u Jg). Původně expr. zesílení ↑*jak¹* příslovcem *mile* (srov. *jaktěživ*).

jakobín 'člen revolučně demokratického klubu (za Velké fr. revoluce)', *jakobínský*. Podle sídla klubu ve zrušeném klášteře sv. Jakuba (fr. *Jacob*) v Paříži.

jaký zájm., *jakost, jakostní*. Slk. *aký*, p. *jaki*, r.d. *jakój*, stsl. *jakъ*, chybí v jsl. Psl. **jakъ* je původně jen zájmeno vztažné (viz ↑*jak¹*), odpovídá mu lit. *jóks* 'nějaký'. Základem je ie. **i̯o-*

jalovec 244 **jářku**

(srov. ↓*jenž*), v objasnění druhé části, která je stejná jako v ↑*jak*, ↓*tak*, se názory poněkud různí.

jalovec, *jalovcový, jalovcová.* P. *jałowiec,* r.d. *jálovec,* chybí v jsl. Psl. **(j)alovьcь* je odvozeno od **jalovъ* (↓*jalový*), jde totiž o dvoudomou rostlinu, která často zůstává bez plodů (srov. i lat. název *⃰iūniperus* od lat. *iūnix* 'jalovice'). Srov. ↑*džin*[1].

jalový, *jalovost, jalovice* 'neotelená kráva'. Všesl. – p. *jałowy,* r. *jálovyj,* s./ch. *jȁlov.* Psl. **(j)alovъ* nemá zcela jasné etym. souvislosti. Příbuzné je zřejmě lot. *ālava* 'jalovice' (bsl. **āl-, B4*), pokud to není výpůjčka ze slov. Druhou možností je spojení s lot. *jēls* 'syrový, nezralý', lit. *jėlas* 'neslaný, syrový' (bsl. **jēl-, B1*). Další ie. souvislosti velmi nejisté.

jáma, *jámový, jamka, jamkovitý.* Všesl. – p. *jama,* r. *jáma,* s./ch. *jȁma,* stsl. *jama.* Psl. **(j)ama* nemá přesvědčivý výklad. Obvykle se spojuje buď s ř. *ex-amáō* 'rozkopávám', *amárā* 'příkop, kanál' (z ie. **am-, *ām-*) (HK, Ma[2]), či se stir. *huam* 'dutina, doupě', případně ř. *eunḗ* 'lože, doupě, hrob', av. *unā-* 'díra' (z ie. **ōumā- (B5)*, ve slov. zánik *-u-*). Odvození významově blízkého *jímka* od ↓*jímat* nás nutí uvažovat i o spojení psl. **jama* s **jęti* (viz ↓*jmout*), způsob tvoření však je neobvyklý.

jamb 'druh veršové stopy', *jambický.* Přes lat. *iambus* z ř. *íambos* tv. (též 'hanlivá báseň'), asi od *iáptō* 'zasahuji, zraňuji, tupím' (užíval se zvláště v satirické poezii).

jančit. Viz ↓*janek*.

janek expr. 'zmatený, ztřeštěný, paličatý člověk', *jankovitý, jankovatět, jančit.* Zdrobnělina od *Jan,* nejobvyklejšího vesnického mužského jména. Srov. ↑*dorota,* ↓*káča,* ↓*kuba*[1].

janovec 'žlutě kvetoucí metlovitý keř'. Ve stč. řada forem (*janofít, janobít, janovít, janosít*), nář. i *zanovec.* P.d. *janowiec, sianowiec, zanowiec* aj., r.d. *zanovec, zanovat,* ch.d. *zanovijet* (Ma[2]). Zdá se, že slovo je ze střhn. *ganeister* (něm. *Ginster*) z lat. *genista* tv. (HK), s mnoha úpravami díky lid. etym. *(D2)* (u nás ke jménu *Jan,* formy se *z-* snad podle toho, že se měl sbírat 'za nového měsíce') (Ma[2]).

jantar 'zkamenělá pryskyřice třetihorních jehličnatých stromů', *jantarový.* Převzato Preslem z r. *jantár',* to pak z něj nějaké nář. podoby lit. *giñtaras* tv. Slovo je zřejmě původu ugrofinského, jak svědčí i maď. *gyánta* 'pryskyřice, jantar'.

jarmark ob. zast. 'výroční trh', *jarmareční.* Z něm. *Jahrmarkt* tv., složeného z *Jahr* 'rok' (srov. ↓*jaro*) a *Markt* 'trh' (srov. ↓*marketing*).

jaro, *jarní, jař, jařina, předjaří.* Slk. *jar,* p. *jar,* ukr. *jar',* str. *jara,* sln. jen adj. *jâr* 'na jaře zasetý, mladý'. Psl. **jaro, *jarъ, *jarь, *jara* souvisí s gót. *jēr* (něm. *Jahr,* angl. *year*) 'rok', lat. *hōra* 'určitá doba, hodina', ř. *hṓra* 'doba, rok, (teplé) roční období', av. *yār-* 'rok' z ie. **i̯ēro-, *i̯ōro-* 'rok, teplé roční období' (asi původně 'sluneční cyklus' od ie. *ei-* 'jít'). K významům srov. i ↑*hod,* ↓*vesna,* dále srov. ↓*jarý.*

jarý kniž. 'mladě svěží, bujný', *rozjařený.* P. zast. *jary* tv., r. *járyj* 'zuřivý, horlivý', s./ch.st. *jâr* 'prudký, divoký', s.d. *jȁri* 'svěží, čilý', stsl. *jarъ* 'prudký, prchlivý, přísný'. Psl. **jarъ* lze i přes jisté významové obtíže (negativní významy 'zuřivý, přísný ap.') jen těžko oddělit od ↑*jaro.* Významová pojítka vidíme např. v b.d. *jar* 'teplo, letní žár', s./ch. *jȕra* 'velký žár', r.d. *jȁr* 'žár, zápal'. Srov. ↑*bujarý.*

jářku přísl. Z ↑*já* a *řku* 'říkám' (viz ↓*říci*).

jařmo 'jho', *jařmový, ujařmit*. Všesl. – p. *jarzmo*, r. *jarmó*, s./ch. *járam*, stsl. *jarьmъ*. Psl. **arьmo, *arьmъ (B4)* se spojuje s lat. *arma* 'nářadí, zbraně', ř. *harmós* 'spojení, kloub', *hárma* 'vůz', spřežení', arm. *y-arem* 'spojuji', sti. *arpáyati* 'upevňuje', vše od ie. **ar-* 'připojovat'. Příbuzné je asi i ↓*rameno*.

jasan, *jasanový*. Všesl. – p. *jesion*, r. *jásen'*, s./ch. *jȁsên*. Psl. **asenъ/*asenь* má nejblíže k lat. *ornus* 'habr, jasan' (z ie. **ōseno-*), dále je příbuzné lit. *úosis* 'jasan', stpr. *woasis*, něm. *Esche*, angl. *ash(-tree)*, wal. *onnen* tv., alb. *ah* 'buk', vše k ie. *ōs-*, jež může být předie. původu.

jásat, *jásavý, jásot, zajásat, rozjásat*. Stč. *jasovati*, hl. *jaskać* tv., sln.d. *jâskati* 'hlasitě kokrhat, úpět'. Nejspíš onom. původu (Ma²), souvislost s ↓*jasný* (HK) je méně přesvědčivá.

jasmín, *jasmínový*. Asi z něm. *Jasmin* ze šp. *jazmín* a to z per. *yāsamīn*, původu údajně čínského.

jasný, *jasnost, jas, jasnět, projasnit, rozjasnit, vyjasnit, zjasnit*. Všesl. – p. *jasny*, r. *jásnyj*, s./ch. *jȁsan*, stsl. *jasnъ*. Obvykle přijímané příbuzenství s lit. *áiškus* 'jasný, zřetelný' vede k rekonstrukci psl. **ěsknъ* z ie. **aisk- (B2,A9)* 'jasný, světlý' (srov. i ↓*jiskra*). Další ie. souvislosti nejisté.

jaspis 'druh polodrahokamu', *jaspisový*. Přes lat. z ř. *íaspis* a tam asi z nějakého semitského jazyka (srov. hebr. *yāš°peh* tv.).

jaterník 'jarní hájová bylina, podléška'. Odvar z této byliny se používal při nemocech jater (viz ↓*játra*).

jatky, *jatka* (pomn.), *jateční*. Stč. *jatka* 'chaloupka, chatrč, jeskyně', p. *jatka* (sg.) 'jatka', sln.st. *jata* 'chýše, jeskyně'. Psl. **jata, *jatъka* je nejasné, nemá uspokojivý výklad. V č. vývoj významu 'chatrč, bouda' → 'krám, kde se prodává maso, vejce ap.' → 'místo, kde se poráží dobytek' (Jg).

játra, *jaterní, játrový, játrovka, jaternice*. Hl. *jatra*, str. *jatra* 'játra, vnitřnosti', s. *jêtra* (sg.), ch. *jȅtra* (pl.), stsl. jen odvozenina *jętrьce* 'nitro'. Psl. **ętro (B4,B7)* je příbuzné s ř. *énteron* 'střevo, vnitřnosti', sti. *antrám* 'vnitřnosti' z ie. **en-t(e)ro-* 'vnitřní, vnitřek'. Srov. ↑*inter-*, ↑*jádro*, ↓*útroby*, ↓*vnitřek* i ↓*ňadro*.

javor, *javorový*. Všesl. – p. *jawor*, r. *jávor*, s./ch. *jȁvōr*, stsl. jen adj. *avorovъ* 'platanový'. Psl. **avorъ (B4)* se podobá něm. *Ahorn* tv., proto se považuje za výpůjčku ze sthn. *āhorn* 'javor, jasan, platan', konkrétně ze stbav. *āhor (-v-* by bylo vsuvné podobně jako např. v ↓*pavouk*). To je asi příbuzné s lat. *ācer* a ř. *ákastos*, snad od ie. *ak – 'ostrý'* (podle tvaru listů) *(A1)*. Jinou možností (Ma²) je považovat všechna slova za 'praevropská', tedy přejatá z předie. substrátu.

jazyk, *jazykový, jazýček, jazýčkový, jazykovitý*. Všesl. – p. *język*, r. *jazýk*, s./ch. *jèzik*, stsl. *językъ*. Psl. **językъ* má nejblíže k stpr. *insuwis*, ie. východiska lze rekonstruovat jako **n̥-ghū- (A1,A7,B4,B5)*, první část se vykládá jako předpona. Druhý element, jehož význam není zcela jasný a i v dalších ie. jazycích – stlat. *dingua*, stir. *teng*, gót. *tuggo* (něm. *Zunge*, angl. *tongue*) (*d-* v náslovím se vykládá různě), lit. *liežùvis*, lat. *lingua*, arm. *lezu* (zde se počítá s vlivem kořene, který je v ↓*lízat*) i sti. *jihvā*, av. *hizū*, které se obvykle vysvětluje zdvojením zmíněného kořene. Změny v náslovím mohou být způsobeny i tabu *(D4)*.

jazz, *jazzový, jazzman*. Z am.-angl. *jazz* nejistého původu (druh hudby i slovo vznikly v New Orleansu zač. 20. st.). Jeden z výkladů počítá s kreolským přetvořením angl. *(to)*

jebat vulg. 'souložit; peskovat někoho; kašlat na něco, kazit něco ap.'. P. *jebać*, r. *jebát'*, s./ch. *jèbati*. Psl. **jebati* souvisí se sti. *yábhati* 'souložit', ř. *oífō* tv., z ie. **oibh-, i̯obh- (A2)*. Již ve stč. též jako vulgární náhražkové sloveso (např. *jebte se mi z řeky*) (Ma²) právě jako dnes např. ve vojenském slangu.

ječet, *jek, jekot*. Všesl. – p. *jęczeć*, str. *jačati*, s./ch. *ječati*. Psl. **ęčati* je onom., srov. ↓*jektat*, ↓*vyjeknout*, ↓*zajíkat se*.

ječmen, *ječmenový, ječný*. Všesl. – p. *jęczmień*, r. *jačmén'*, s./ch. *ječam*. Psl. **ęčьmy* (gen. *-mene*) je odvozeno příp. *-men-* od psl. kořene **ęk- (B1,B4,B7)*, který vychází z ie. **ank-* 'ohýbat' (srov. např. sthn. *angul* 'trn, rybářský háček' i ↓*pavouk*). Motivace pojmenování se vidí v tom, že ječmen má klasy nejprve vzpřímené, při dozrávání se však ohýbají k zemi (Ma²).

jed, *jedový, jedovatý*. Všesl. – p., r. *jad*, s./ch. *jȁd* 'zármutek, žal', stsl. *jadъ*. Psl. **ědъ* je nejspíš od **ěsti* (↓*jíst*) z ie. **ěd-* (tedy vlastně 'otrávené jídlo', srov. i ↓*tráva* a ↓*trávit*, fr. *poison* 'jed' a lat. *pōtiō* 'nápoj') (Ma¹, HK). Druhá možnost spojuje s něm. *Eiter* 'hnis', ř. *oĩdos* 'otok' z ie. **oid-* 'otékat, hnisat' (Ma², HK).

jeden, *jediný, jedinec, jednou, jednička, jedničkový, jedničkář, jednota, jednotný, sjednotit, jednotka, jednotlivý, jednotlivost, jednotlivec*. Všesl. – p. *jeden*, r. *odín*, s./ch. *jèdan*, stsl. *jedinъ*. Psl. **edinъ, *edьnъ (B4)* se skládá ze dvou částí – v **ed-* se obvykle vidí ukazovací zájmeno či zdůrazňovací částice, **ino* (z něhož dnes máme ↓*jiný*) pak odpovídá lit. *víenas* 'jeden' (rovněž s druhým elementem v násloví), gót. *ains* (něm. *ein*, angl. *one*), stir. *óen*, stlat. *oinos* (lat. *ūnus*) tv., ř. *oínē* 'jednička (na hrací kostce)', vše z ie. **einos/*oinos* 'jeden'. Srov. ↓*jednat*, ↓*jen(om)*.

jedle, *jedlička, jedlový*. Stč. i *jedl*. Všesl. – p. *jodła*, r. *jel'*, s./ch. *jéla*. Psl. **edla, *edlь (B4)* má nejbližší příbuzné v balt. jazycích – stpr. *addle*, lit. *ēglė*, lot. *egle* tv. Spojuje se i s lat. *ebulus* 'černý bez', vychází se z ie. **edh-l-* od **edh-* 'ostrý' *(A2)*.

jednat, *jednání, jednací, jednatel, projednat, objednat, objednávka, dojednat, ujednat, sjednat, vyjednat, zjednat*. P. *jednać* (jen zsl.). Původně vlastně 'snažit se najít jednotu (v názorech)' (viz ↑*jeden*), i když již ve stč. převládá význam 'konat, uskutečňovat' (Ma² u *jeden*).

jégrovky 'teplé spodní kalhoty'. Podle něm. lékaře a přírodovědce *G. Jägra* († 1916).

jehla, *jehlička, jehlový, jehlovitý, jehlice, jehličí, jehličnan, jehličnatý, jehlan*. Všesl. – slk. *ihla*, p. *igła*, r. *iglá*, s./ch. *ìgla*. Psl. **jьgla* je nejspíš odvozeno od **jьgo* (↓*jho*), jak o tom svědčí slk. *ihlica* 'část jha' i starší významy č. *jehla* 'kolík spojující jisté části žebřiňáku' či 'menší kůl' (Jg). Slovotvorně podobné je ř. *zeúglē* 'jho' od *zygón* tv. (podrobně viz Ma²).

jehně, *jehňátko, jehněčí*. Všesl. – p. *jagnię*, r. *jagnënok*, s./ch. *jȁnje*, stsl. *agnę*. Psl. **agnę (B4,B7,C1)* se spojuje se stangl. *ēanian* (angl. *yean*) 'vrhnout jehňata', stir. *ūan* 'jehně', lat. *agnus*, ř. *amnós* tv., vše z ie. **ag^u(h)no-* tv. (ve slov. zdloužení *a-* *(B5)*).

jehněda 'druh květenství s hustě přisedlými kvítky'. Vedle č. jen v s./ch. *jȁgnêd* 'černý topol' a sln. *jágned* tv. Spojitost s ↑*jehně* na základě oblého tvaru a hustých jemných chloupků je jasná, méně zcela jasné je tvoření slova.

jeho zájm. Původně gen. osobního zájmena (viz ↓*jenž*, srov. ↓*její*).

jektat. Onom., srov. ↑*ječet*, ↓*zajíkat se*, ↓*vyjeknout*.

její zájm. Stč. *jejie* (původně nesklonné). Z gen. osobního zájmena ž.r. *jie* (dnes *jí*), k němuž přistoupilo je- podle ↑*jeho* (viz ↓*jenž*, srov. ↓*jejich*).

jejich zájm. Stejný proces jako u ↑*její*.

jelen, *jelínek*, *jelení*, *jelenice*, *jelenicový*. Všesl. – p. *jeleń*, r. *olén'*, s./ch. *jèlen*, stsl. *jelenь*. Psl. **elenь* je příbuzné s lit. *élnis*, *álnis* tv., stir. *elit* 'srnec', wal. *elain* 'laň', ř. *élafos* 'jelen', arm. *ełn* 'laň', vše od ie. **el-n-*, **ol-n* (srov. ↓*laň*), jež se většinou spojuje s názvem barvy (ie. **el-* 'žlutohnědý aj.'). Příbuzné je i ↓*los*.

jelikož sp. Stč. i *jelik(ž)*, *jeliko* 'kolik, jak velice', potom 'pokud, jakožto' a z toho dnešní příčinný význam. Skládá se ze zájmenného základu **j-* (viz ↓*jenž*) a z částic *-li-ko-že*. Je ve vztahu k ↓*kolik*, ↓*tolik* podobně jako *jak* – *kak* (viz ↑*jak*) – ↓*tak*.

jelimánek expr. 'hlupák, naiva'. No- vější, ne zcela jasné. Asi od ↓*jelito* (srov. již u Jg *trefný jsi co jelito*) křížením s jiným slovem (snad *milánek* či snad *tatrman* a z toho nejprve *jeliman?*).

jelito, *jelítko*, *jelitový*. P. *jelito*, ukr. *jalytý* 'vnitřnosti', s./ch.d. *jelito* 'druh klobásy', *olito* 'střevo'. Psl. **elito* nemá přesvědčivý výklad. Vzhledem k r.d. *litócha* 'střevo', *litónja* 'část žaludku přežvýkavců' lze členit na **e-lito*, druhá část by mohla souviset se stpr. *laitian* 'klobása' a ř. *lītós* 'hladký' od ie. **lei-* 'slizký, hladký'.

-jem (*dojem, nájem, objem, průjem, zájem* ap.). Viz ↓*jmout*.

jémine citosl. Z lat. *Jesu Domine* 'Ježíši pane', též *jémináčku* (jakoby zdrobnělina) a *jéminkote* (kontaminací *(D3)* v něm. *mein Gott* 'můj Bože').

jemný, *jemnost*, *jemňoučký*, *zjemnit*. Stč. *jemný* 'jímavý, příjemný, milý', p.d. *jemny* 'měkký, příjemný', r.d. *ímnyj* 'ochočený, klidný', mak. *emen* 'krotký, tichý'. Od ↓*jmout*, původně 'co lze dobře a snadno jímat, brát' (srov. ↓*příjemný*).

jen(om) přísl. Ze stč. *jedno* tv. (srov. *jedině*) zánikem koncového *-o* (jako u ↓*tam* ap.) a zjednodušením skupiny *-dn-* v rychlé řeči. P., luž. *jeno* tv. Tvar *jenom* asi zkřížením se spojením *v jednom (kuse)* (Ma²).

jenž zájm. Stč. i *jen* (též ve významu 'on, ten'). Toto zájmeno (v dnešním významu jen č.) je pokračováním psl. **jь*, **ja*, **je* (rozšíření o *-n* jako např. v ↓*ten* a částici *-že*), které fungovalo jako všesl. zájmeno pro 3. osobu (dnes mimo 1. pád – *jeho, jemu* atd.). Samotný základ **jь* zůstal jen po předložkách se 4. p. *naň, proň, zaň* ap. (z **na-n- jь*, *n-* se rozšířilo od předložek **vъn*, **sъn* – viz ↓*v*, ↓*s* – i k předložkám ostatním). Stejný základ máme i ve složených adj. – např. *živý* z **živъjь (B9)*. V psl. **jь* splynula dvě ie. zájmena – ukazovací **is* (lit. *jìs*, gót. *is*, něm. *er*, lat. *is*) 'ten, on' *(B4)* a od něj odvozené vztažné **ios* (ř. *hós*, sti. *yás*). Srov. ↑*jeho*, ↑*jelikož*.

jepice, *jepičí*. Jen č. Poprvé u slovní- káře Klareta (14. st.), možná jde o jeho výtvor podle ř. *empís*, *eppís* 'komár'.

jeptiška, *jeptiššký*. Stč. i *jebtiška*, *jebtička*. Ze sthn. *abtissine (B4,C1)* a to ze střlat. *abbatisa* (viz ↑*abatyše*).

jer 'starobylá redukovaná slovanská hláska a písmeno (ь, ъ)'. Ze stsl. *jerъ*, *jerь* tv.

jeřáb¹ 'strom či keř s červenými bobulovitými plody', *jeřabina*, *jeřabinový*. P. *jarząb*, r. *rjabína*, sln. *jerebíka*. Psl. **erębъ* (podle některých **arębъ*) *(B4,B7)* nemá jasné souvislosti. Často se spojuje s r. *rjabój* 'pestrý', lit. *raíbas*, ir. *ríabach* tv. z ie. **roibh-* tv., málo jasné je *e-*, případně *a-* v násloví.

Příbuzné je asi něm. *Eber-esche* 'jeřáb' – přesmyk *r-b* vysvětlíme spíš lid. etym. *(D2)* k *Eber* 'kanec' (jakoby 'kančí jasan') než 'praevropským' původem slova (Ma²). Srov. ↓*jeřábek.*

jeřáb² 'velký pták s vysokýma nohama', přeneseně 'stroj ke zdvihání těžkých břemen', *jeřábník, jeřábnice, jeřábnický.* Stč. *řeřáb.* Všesl. – slk. *žeriav,* p. *zóraw,* r. *žurávľ',* s./ch. *ž̌erav,* stsl. *žeravь.* Psl. **žeravъ* je příbuzné s lit. *gérvė,* něm. *Kranich,* angl. *crane,* wal. *garan,* lat. *grūs,* ř. *géranos,* arm. *krunk* tv., vše z ie. **ger-, *gr-* onom. původu. Pč. změna *ž-* v *ř-* je stejná jako u ↓*řeřavý,* jeho náhrada hláskou *j-* vlivem ↑*jeřáb*¹ a zejména ↓*jeřábek* spadá do střední doby (asi 16. st.). Přenesení na 'stroj' je i v jiných evr. jazycích.

jeřábek 'lesní kurovitý pták'. P. *jarząbek,* r. *rjábčik,* s./ch. *jarèbica* 'koroptev'. Psl. **erębъ* či **arębъ* obvykle bývá etymologicky ztotožňováno s psl. východiskem pro ↑*jeřáb*¹. Příbuzné je lot. *irbe* 'koroptev', něm. *Reb-huhn* tv.

jeseň kniž. 'podzim'. Obrozenecké přejetí ze slk. *jeseň* či p. *jesień,* dále je r. *ósen',* s./ch. *ǰȅsēn,* stsl. *jesenь.* Psl. **esenь, *osenь* souvisí se stpr. *assanis* tv., gót. *asans* 'doba žní' (něm. *Ernte* 'žně') i arm. *ašun* 'podzim', vše z ie. **es-en-, *os-en-,* další etymologizace je sporná.

jeseter, *jeseteří.* Všesl. – p. *jesiotr,* r. *osëtr,* s./ch.d. *ǰèsetar.* Psl. **esetrъ* má blízko k lit. *erškė̃tras,* stpr. *esketres,* podobné je i něm. *Stör* tv., jež ovšem může být výpůjčkou ze slov. Stejně tak mohou být všechna tato slova přejata z jakéhosi neznámého jazyka kaspické oblasti. Na druhé straně se někdy spojuje s ↓*ostrý* (srov. p.d. *jesiora* 'rybí kost' ze stejného základu, či r.d. *šip,* ukr. *šyp* 'jeseter' – motivací by byl charakteristický ostrý tvar těla) (HK).

jeskyně, *jeskyňka, jeskynní, jeskyňář.* Pouze slk. *jaskyňa,* p. *jaskinia* a ukr.d. *jaskýnja* tv., vedle toho je i slk.st. *jask* 'tunel', sln.d. *jašek* 'jáma s vodou'. Psl. **ěsk-yni* či **ask-yni* je temné. Někteří spojují s ↓*jizva,* nadějnější ie. paralely zcela chybí.

jesle, *jesličky.* Všesl. – p. *jasła,* r. *jásli,* s. *jȁsli,* ch. *jȁsle,* stsl. *jasli.* Psl. **ě(d)sli* (pl.), **ě(d)slь, *ě(d)slo* (sg.) *(A9,B4)* je odvozeno od ie. kořene **ēd-* 'jíst' (viz ↓*jíst,* ke způsobu tvoření srov. ↑*housle*), tedy 'místo, kam se dává potrava pro zvířata'. Od stejného základu je i lit. *ėdžios* a gót. *uz-ēta* tv.

jestliže sp. Ze slovesného tvaru *jest* (viz ↓*jsem*) a částic ↓*li* a ↓*že.*

jestřáb, *jestřábí.* Všesl. – p. *jastrząb,* r. *jástreb,* s./ch. *jȁstrēb,* stsl. *jastrębъ.* Psl. **astrębъ (B4)* je málo průhledné. Počátek slova se obvykle vyvozuje z ie. **ōk̑- (A1,B5)* 'rychlý' (ř. *ōkýs* 'rychlý', lat. *ōcior* 'rychlejší'), v zakončení se vidí příp. *-ęb-* (podobná je i v ↑*jeřáb* a ↑*holub*), ale výklady jsou různé a málo přesvědčivé. Uvažuje se zvláště o příbuznosti s lat. formami *astur* a *accipiter* tv. Neprůhlednost slova lze asi přičíst působení tabu *(D4).*

ješitný, *ješitnost, ješita.* Stč. *ješutný* 'marný, marnivý, nicotný', *ješut* 'marnost atd.' *(C1).* Kromě č. je jen stsl. *ašutь* 'nadarmo, zbytečně' a ojedinělé b.d. *ašut* tv. *(B4).* Slovo se jednomyslně člení na *a-šutь,* druhá část je však sporná – spojuje se s nejasným r. *šútka* 'žert' či psl. **šutъ* 'bezrohý', případně s psl. **sujь* 'zbytečný, marný' z ie. **k̑ou-; *k̑u-t-* by bylo z **k̑eu- (A1,B2),* původně 'dutý, prázdný' (srov. ↓*konkávní*).

ještě přísl. Všesl. – p. *jeszcze,* r. *eščë,* s./ch. *ǰȍš,* stsl. *ješte.* Psl. **ešče (B4,C3)* lze nejspíš spojit se sti. *ā́cchā* '(až) k, (až) do', ř. *éste* 'až k, dokud a částečně i lat. *ūsque* 'pořád, až po' (srov. *quo usque tandem* 'jak dlouho ještě') z ie.

*es-kᵘe *(A3)*, kde *es-* by bylo z ie. předl.
*en 'v, k' +*s*, *kᵘe pak je ie. částice s významem 'a' (srov. ↑*ač*) (Ma²). Někteří vidí v první části ie. **et* (+*s*), rovněž s významem 'a, dále' (srov. lat. *et* tv.).

ještěr, *ještěří, ještěrka, ještěrčí.* P.d. *jaszczerz* 'drak', r.d. *jáščar,* s./ch.st. *jȁšter* 'ještěrka', stsl. *ašterъ* tv. Psl. **aščerъ (B4,C3)* je nejasné. Spojuje se buď s rovněž temným ↑*jeskyně* (tedy 'jeskynní živočich'), či ř. *skaírō, askarízō* 'skáču' z ie. **(s)ker-* tv. (srov. ↓*skoro*), konečně, uvažuje se i o výpůjčce z írán. jazyků (srov. per. *aždar(hā)* 'drak').

jet, *přijet, vjet, vyjet, projet, ujet, sjet, objet, zajet* aj. Vedle č. dnes jen v hl. *jěć* a dl. *jěš* tv., jinde odvozeniny s *-cha*-: p. *jechać,* r. *jéchat',* s./ch. *jȁhati,* stsl. *jachati.* Psl. **ja(cha)ti,* 1.os.přít. **jadǫ,* je příbuzné s lit. *jóti* tv., sti. *yāti* 'jde, jede', toch. A *yā-* 'jít' a dále i lat. *iānua* 'brána', východiskem je ie. **i̯ā-,* jež souvisí s **ei-* (viz ↓*jít*). Srov. ↓*jezdit.*

jetel, *jetelový, jetelina.* Stč. *dětel.* Všesl. – p. *dzięcelina,* r.d. *djátlévina,* s./ch. *djȅtelina.* Psl. východisko **dętelь (B7)* je stejné jako u ↑*datel,* proto jsou v ostatních slov. jazycích odvozeniny. V č. jsou oba tvary odlišeny přehláskou *(C1)*, navíc došlo ke změně *d-* v *j-* (srov. ↑*jáhen*). Psl. shoda je však asi náhodná, v první části našeho slova se vidí ie. **dhem-* 'dout' (viz ↑*dout*), dohromady tedy 'ten, co nadýmá' – mladý jetel totiž nebezpečně nadýmá dobytek (Ma²).

jevit (se), *jev, jevový, jeviště, jevištní, projevit, projev, zjevit, zjev, zjevný, zjevení, objevit, objev, objevitel, vyjevit, výjev, najevo.* Všesl. – p. *jawić,* r. *javít',* s./ch. *jáviti,* stsl. *aviti, javiti.* Psl. **aviti (sę) (B4)* se spojuje s lit.st. *ovytis* 'zjevovat se' (není však jasné, zda nejde o výpůjčku ze slov.), ř. *aíō* 'vnímám', sti., av. *āviš* 'zjevně' i lat. *audīre* 'slyšet' z ie. **au-* 'vnímat'.

jez, *jezový.* Všesl. – p. *jaz,* str. *ězъ,* s./ch. *jȃz.* Psl. **ězъ (B4)* je příbuzné s lit. *ežė̃* 'mez', lot. *eža,* stpr. *asy* tv. i arm. *ezr* 'břeh, kraj, hranice' z ie. **eg̑h-* 'mez, předěl' *(A1).* Srov. ↓*jezero.*

jezdit, *jízda, jízdní, jezdec, jezdkyně, jezdecký, jezdectví, projíždět, průjezd, objíždět, objížďka, zájezd, zájezdní, sjezd* aj. Psl. **jazditi* je iterativum (opětovací sloveso) k **jati* (↑*jet*), většinou se soudí, že je odvozeno od **jazda* z **ja-zda* (srov. ↑*brázda,* ↑*brzda*).

jezevec, *jezevčí, jezevčík.* P. *jaźwiec,* s./ch. *jȁzvac,* slaběji doloženo ve vsl. (r.d. *jazvéc*). Psl. **ězvьcь* se odvozuje od **ězva* (viz ↓*jizva*), tedy 'zvíře žijící v noře, dříve'.

jezero, *jezírko, jezerní, jezernatý.* Všesl. – p. *jezioro,* r. *ózero,* s./ch. *jȅzero,* stsl. *jezero.* Psl. **ezero* má nejblíže k lit. *ẽžeras,* lot. *ezers,* stpr. *assaran* tv., někdy se sem přiřazuje i ř. jméno řek (mj. řeky v podsvětí) *Achérōn* z ie. **eg̑h-ero-,* jež se vyvozuje z **eg̑h-* (↑*jez*), původně to tedy asi byla vodní plocha s hrází, nikoli přírodní.

jezinka 'zlá lesní žínka'. Odvozeno od stč. *jězě* 'čarodějnice, jezinka'. Všesl. – p. *jędza,* r. *(bába-)jagá,* sln. *jéza* 'hněv', s./ch. *jéza* 'hrůza', stsl. *je(d)za* 'nemoc'. Psl. **ędza,* **ęga* (první podoba vznikla z druhé asi 3. palatalizací *(B1,B4,B7)*) se spojuje s lit. *éngti* 'tísnit, trápit, dusit', lot. *īgt* 'chřadnout', stisl. *ekki* 'bolest, starost' i stangl. *inca* 'bolest, hádka' z ie. **ing-* *(A4)* 'bolest, nemoc', v zsl. a vsl. personifikováno jako 'zosobněné zlo'. Srov. ↓*ježibaba.*

jezuita 'člen řádu Tovaryšstva Ježíšova'. Podle lat. jména řádu *(Societas Jesu).* Srov. ↓*jezulátko,* ↓*ježíšek.*

jezulátko. Ze střlat. *Jesulus,* zdrobněliny k *Jesus* (srov. ↓*ježíšek*).

ježdík 'malá dravá rybka'. P. *jażdż.* Psl. **ěždžь* má paralely v lit. *ežgỹs* tv.

ježek

i stpr. *assegis* 'okoun' *(B1)*. Asi lze spojit s ↓*ježek* (ježdík je okounovitá ryba s trny na ploutvích).

ježek, *ježčí, ježatý, ježura, ježit (se), naježit (se), zježit (se), rozježený*. V nář. i *jež*. Všesl. – p. *jež*, r. *jëž*, s./ch. *jêž*. Psl. **ežь (B4)* souvisí s lit. *ežỹs*, sthn. *igil* (něm. *Igel*), ř. *echĩnos*, arm. *ozni* tv., vše se odvozuje od ie. **eǵhi- (A1,A2)* 'had, zmije' (srov. ř. *échis* 'zmije', varianta **ang^u(i)-* je v ↓*užovka*, ↓*úhoř*). Jde tedy zřejmě o tabuový název zvířete, které zabíjí hady.

ježibaba. Souvisí s r. *bába-jagá* a ↑*jezinka*, kde jsou další souvislosti. Podoby jako *jedubaba* ap. vlivem slova ↑*jed*.

ježíšek. Od jména *Ježíš* (stč. *Ježúš*) z lat. *Jesus* a to přes ř. z hebr. *Jəšua^c*, zkrácením z *Jəhōšūa* 'Bůh je spása'. Srov. ↑*jezulátko*.

ježto sp. Z původního **je-že-to*. Srov. ↑*jenž*.

jho 'část dobytčího postroje'. Všesl. – p. *jugo*, r. *ígo*, s./ch. *ȋgo, ígo*, stsl. *igo*. Psl. **jьgo* (z **jъgo (B5)*) je příbuzné s lit. *jùngas*, gót. *juk* (něm. *Joch*, angl. *yoke*), bret. *ieo*, lat. *iugum*, ř. *zygón*, sti. *yugá-*, chet. *iuga-*, vše z ie. **i̯u-g-óm* tv. od **i̯eu-g-* 'spojovat, zapřahat'.

jícen, *jícnový*. Jen č., vlastně 'to, co jí'. Souvisí s č. nář. *jícný* 'jedlý, chutný' z psl. **ěstьnъ* (v č. změna *-stn->-cn-*) od **ěsti* (viz ↓*jíst*).

jidáš 'zaprodanec; druh velikonočního pečiva'. Podle jména zrádného apoštola *Jidáše* (stč. *Judáš*), jež vychází z častého hebr. jména *J^ehūdā* 'bude veleben' (srov. ↓*žid* a ↓*jidiš*).

jidiš 'jazyk Židů především ve východní Evropě (něm. s hebr. a slov. prvky)'. Z něm. *jiddisch* a to zkomolením adj. *jüdisch* 'židovský' (dále viz ↓*žid*).

jih, *jižní, jižan, jihnout, zjihnout*. Všesl. – p.d. *jug* 'obleva', r. *jug*, s./ch. *jȕg*, stsl. *jugъ* 'jih, jižní vítr'. Psl. **jugъ* nemá přesvědčivou etymologii. Zdá se, že původní význam byl 'jižní vítr'.

jíkavec 'druh pěnkavy'. Onom. název podle jejího křiku *jik jik*.

jikra, *jikrový, jik(e)rnáč, jik(e)rnatý*. Všesl. – p. *ikra*, r. *ikrá*, s./ch. *ȉkra*. Psl. **jьkra* je příbuzné s ir. *iuchair* tv., dále snad lze spojit s lat. *iecur*, sti. *yákr̥t* ap. 'játra' z ie. **i̯ek^ur̥-* tv. Lit. *ikrai* je asi ze slov.

jíl, *jílový, jílovitý, jíloviště*. Všesl. – p. *ił*, r. *il*, s./ch. *ȋlovača*. Psl. **ilъ* se obvykle spojuje s ř. *īlýs* 'bahno, bláto' a lot. *īls* 'velmi tmavý' z ie. **īl-u-* 'bahno; špinavý, černý'.

jilec, jílec 'rukojeť (meče ap.)'. Ze střhn. *ge-hilze* (*ge- = je-*) tv., stažením pak *jílce*, původně zřejmě pomnožné (Ma2).

jilm, *jilmový*. Stp. *ilm(a)*, r. *il'm*, stsl. *ilьmъ*, jinak v jsl. chybí. Psl. **jьlьmъ* jistě nějak souvisí se sthn. *elm(o), ilme* aj., angl. *elm*, lat. *ulmus* a asi i wal. *llwyf* tv., ale příbuzenství s nimi naráží na hláskoslovné problémy (vychází se obvykle z ie. **el-, *ol-* 'žlutohnědý aj.', srov. i ↓*olše*). Proto se uvažuje i o přejetí ze sthn. *ilme*.

jímat, *jímka, zajímat, přijímat, objímat, výjimka* aj. Viz ↓*jmout*.

jinan 'nahosemenný strom (původem z Číny)'. Z jap. *ginkgo* a to údajně z čín. *jining*, doslova 'stříbrná meruňka' (do Evropy se dostal až v 18. st.). V č. asi přikloněno k ↓*jiný*, srov. slk. *ginkyo*.

jíní, *jinovatka, ojíněný*. Slk. *inovatka*, r. *ínej*, s./ch. *ȋnje*, stsl. *inii*. Psl. **inъjь* má protějšek v lit. *ýnis* tv. (může jít o přejetí ze slov.), jinak je izolované. Někdy se spojuje s něm. *Eis* 'led', angl. *ice* tv., av. *is-* 'ledový' z ie. **īs-*, východiskem

pro psl. by pak bylo asi **īsnijo* se ztrátou *-s-*, ale jsou to jen spekulace.

jinoch, *jinošský, jinošství*. Stč. *junoch*, jinak p. *junosza*, r. *júnoša*, s./ch. *jůnoša*, stsl. *junoša*. Všechny tyto podoby jsou odvozeny od psl. **junъ* 'mladý', jež přesně odpovídá lit. *jáunas* tv. z ie. **i̯ou-no-*, dále je příbuzné něm. *jung*, angl. *young*, lat. *iuvenis*, sti. *yúvan* tv. z ie. **i̯u̯u̯en-* tv. Srov. ↓*junák*.

jiný, *jinak, jinačí, jinam, jindy, jinudy, odjinud*. Všesl. – p. *inny*, r. *inój*, s./ch. zast. *ȋn, îni*, stsl. *inъ* 'jiný, některý'. Psl. **inъ* je pokračováním ie. výrazu pro 'jeden' (viz ↑*jeden*), jehož stopy jsou ještě v stsl. významu 'některý' či ↑*ihned*. Významový posun lze pochopit z takových spojení jako stsl. *inъ – inъ* 'jeden – druhý'.

jinovatka. Viz ↑*jíní*.

jircha 'jemně vyčiněná kůže', *jirchář*. Ze střhn. *irch* 'kozel, (kozí) kůže' a to z lat. *hircus, ircus* 'kozel'. K významu srov. ↓*kůže*.

jírovec '(koňský) kaštan'. Jen hl. *jěrowc*, dl. *jarow, jěrow, jerow*. Pro luž. slova lze vyjít z *jěry* (viz ↑*jarý*) s významem 'hořký' (Ma²), který v č. není, snad tedy výpůjčka z luž.

jiřička 'druh vlaštovky'. Onom. původu, podle jejího 'štiřikání', přikloněno ke jménu *Jiří*.

jiřina 'vysoká zahradní bylina s velkými květy', *jiřinka*. Počeštěná podoba něm. *Georgina* podle petrohradského botanika *Georgiho* (Ma²).

jiskra, *jiskřička, jiskrný, jiskřivý, jiskřit, zajiskřit*. Všesl. – p. *iskra*, r. *ískry*, s./ch. *ȉskra*, stsl. *iskra*. Psl. **jьskra* se většinou vykládá z oslabeného stupně (**isk-r-*) ie. kořene **aisk-* 'jasný, světlý, zářivý', příbuzné je tedy ↑*jasný*, lit. *áiškus* 'jasný, zřetelný', stsl. *eiskra* 'vzplanout vztekem'.

jíst, *jedlý, jedlík, jídlo, sníst, pojíst, najíst se, přejíst se, ujídat, vyjídat, zajídat (se)* aj. Všesl. – p. *jeść*, r. *jest'*, s./ch. *jȅsti*, stsl. *jasti*. Psl. **ěsti*, 1.os.přít. *ě(d)mь* (A5,A7) je příbuzné s lit. *ėsti*, něm. *essen*, angl. *eat*, lat. *edere*, ř. (homér.) *édmenai* tv., sti. *ádmi* 'jím', chet. *e-it-mi* tv., vše z ie. **ed-*, **ēd-* 'jíst'. Srov. ↓*oběd*, ↓*snídat*, ↓*medvěd*, ↑*jed*.

jistý, *jistota, jistina, jistit, jistič, zjistit, zajistit, pojistit, pojištění, pojišťovna, pojistný, ujistit, odjistit*. Všesl. – p. *istny*, r. *ístyj*, s./ch. *ȉstī*, stsl. *istъ* 'skutečný, jistý'. Psl. **istъ* má nejblíže k lot. *īsts, īstens* 'skutečný, pravý' (někteří považují za výpůjčku ze slov.), dále je více možností. Přijatelné je spojení s něm. *eigen* 'vlastní', angl. *own* tv., sti. *īše* '(on) vlastní, ovládá' z ie. **ēik-* 'vlastnit' (bsl. **īk̑-to-*, A1,A6) (k posunu 'vlastní' → 'skutečný' srov. *vlastně*). Jiný výklad spojuje s lit. *iščias, áiškus* 'jasný, zřetelný' z ie. **aisk-* (viz ↑*jasný*).

jíška, *jíškový*. Stč. *júška* 'omáčka' od *júcha* 'polévka, omáčka, šťáva'. P. *jucha*, r. *uchá* 'rybí polévka', s./ch. *júha* 'polévka'. Psl. **jucha* souvisí s lit. *júšė* 'rybí polévka', stpr. *iuse* 'masová polévka', lat. *iūs* 'polévka, omáčka' (srov. ↑*džus*), sti. *yūs-* tv. z ie. **i̯ou-s-*, **i̯ū-s-* (A8,B2), dále sem patří i wal. *iot* 'kaše', ř. *zōmós* 'omáčka' (srov. i ↑*enzym*), vše k **i̯eu-* 'míchat'.

jít, *přijít, vejít, vyjít, zajít, projít, přejít, ujít, obejít, sejít, dojít, pojít, najít*. Všesl. – slk. *ísť*, p. *iść*, r. *idtí*, s./ch. *íći*, stsl. *iti*. Psl. **iti* je příbuzné s lit. *eĩti*, lat. *īre*, wal. *wyf* 'jdu', ř. *eĩmi* tv., sti. *éti* 'jde', toch. B *yam* tv., chet. *pa-a-i-mi* 'odcházím' i gót. *iddja* 'šel jsem', vše z ie. **ei-* 'jít'. Ve slov. se doplňuje o kořenem **sed-* (viz ↑*chodit*, ↓*šel*), srov. i ↑*jet*.

jitrnice, *jaternice, jitrnička, jitrnicový, jaternicový*. Stč. *jietrnicě*. Od ↑*játra*, protože důležitou součástí jsou játra a jiné vnitřnosti. Srov. něm. *Leberwurst* tv. od něm. *Leber* 'játra'.

jitro[1] 'ráno', *jitřní, jitřenka*. Všesl. – p. *jutro*, r. *útro*, s./ch. *jùtro*, stsl. *utro*. Původ psl. **jutro* není zcela jasný. Podoby jako stsl. *za ustra* 'zítra' či stp. *justrzenka* 'jitřenka' dovolují spojit s lit. *aušrà* 'záře', sti. *usrá-* 'jitřní', dále něm. *Osten* 'východ', angl. *east* tv., lat. *aurora* 'jitřenka', ř. *eōs*, vše od ie. **au(e)s-* 'svítit, zářit' *(B2)*, obtíže však činí vysvětlení ztráty *-s-* ve slov. (Ma[2]). Jiný výklad spojuje s lit. *jaũsti* 'cítit', lot. *jautrs* 'čilý, svěží' (srov. ↑*cítit*), *jitro* by pak bylo 'doba procitnutí' (Ma[1]). Uvažuje se i o kontaminaci *(D3)* obou kořenů.

jitro[2] 'stará polní míra (asi 0,6 ha)'. P. *jutrzyna*, s./ch. *jùtro*. I přes pochyby některých badatelů (Ma[2]) asi kalk z něm. *Morgen* tv., tedy 'to, co oráč zorá za jitro, resp. od jitra do večera' (srov. i strlat. *dies* tv., původně 'den').

jitrocel, *jitrocelový*. Jen č. Asi 'rostlina, která hojí játra, vnitřnosti', viz ↑*játra*, ↓*jitřit* a ↑*celý*. Lid. etym. asi vztaženo k ↑*jitro*[1], srov. i slk. *skorocel* tv.

jitřit, *jitřivý*. Ze staršího *jítřiti*, jež odpovídá p. *jątrzyć*, ukr. *játryty*, s./ch.d. *jétriti*. Psl. **ętriti (B4,B7,C1,C5)* je od **ętro* (viz ↑*játra*), zde asi v širším významu 'vnitřnosti, vnitřek'. Roznícení, zapálení rány bylo chápáno jako projev vnitřního procesu.

jíva, *jívový*. Všesl. – p. *iwa*, r. *íva*, s./ch. *ȉva*. Psl. **iva* se obvykle spojuje s lit. *ievà* 'střemcha', sthn. *īwa* (něm. *Eibe*) 'tis', angl. *yew* tv., wal. *ywen* tv., ř. *oíē* 'jeřáb', vše z ie. **ei-u̯ā*, **ei-u̯o-* od **ei-* 'červenavý' (HK). Z významového hlediska však stojí za úvahu i výklad z ie. **u̯ei-* 'vít', k němuž patří něm. *Weide* 'vrba', ř. *ītéa* tv., ve slov. by došlo k zániku počátečního *u̯-* (Ma[2]).

jizba, *jizbička*, *jizbový*. Všesl. – p. *izba*, r. *izbá*, s./ch. *ȉzba*, stsl. *istъba*, *izba*. Psl. **jьstъba* či **istъba* je slovo přejaté.

Za zdroj se často považovalo sthn. *stuba* 'vytápěná místnost, lázeň' (srov. něm. *Stube* 'světnice', angl. *stove* 'kamna, pec') (HK), jež je přejato z román. Pro slov. je pravděpodobnější přejetí přímo z román., vzhledem k počátečnímu *jь-(i-)*, které může odrážet *e-* v některých román. jazycích – srov. it. *stufa*, stfr. *estuve*, a zvláště prov. *éstuba* 'parní lázeň, koupelna' (Ma[2]) asi z vlat. **extūpa* od **extūpāre* 'vypařovat se'.

jízda. Z psl. **jazda (C1,C5)*, viz ↑*jezdit*.

jízlivý, *jízlivost*. Jen č., původně 'jedovatý, zlý'. Ne zcela jasné. Spojuje se s ↑*jed* (psl. **jěd-jь-livъ, B3,C5*) (Ma[2]), méně pravděpodobné je spojení s ↑*jezinka* a původní význam 'bolestivý, zlý' (HK).

jizva, *jizvička*, *zjizvený*, *zajizvit (se)*. Stč. *jiezva*, slk. *jazva*, r. *jázva*, s./ch. *jȁzva*, stsl. *jazva*. Psl. **ězva* má nejblíže k stpr. *eyswo* 'rána', příbuzné je i lit. *áiža* 'trhlina', lot. *aiza* tv. a snad i chet. *igā(i)-* 'pukat, praskat', vše z ie. **aig̑-* 'pukat, praskat'. Srov. ↑*jezevec*.

již přísl. Stč. *juž(e) (C1)*. Všesl. – p. *już*, r. *užé*, s./ch.d. *jȕr(e)*, stsl. *juže*. Psl. **juže* je spojením příslovce **ju* a částice **že* (viz ↓*že*); **ju* je pokračováním ie. **i̯ou-* stejně jako lit. *jaũ*, lot. *jau* tv., z **i̯u-* je gót. a sthn. *ju* tv. Jde o rozšíření zájmenného kořene, který je v ↑*jenž* ap., srov. ještě něm. *ja* a lat. *iam* 'již'. Srov. ↓*už*.

jmelí. Stč. *jmelé*. Všesl. – p. *jemioła*, r. *omélá*, s./ch. *mèla*, *ìmela*. Pro psl. musíme počítat s více podobami – **emela*, **omela*, **imela* aj., č. tvar je asi **jemelьje* s redukcí v první slabice. Příbuzné lit. *āmalas*, *ēmalas* tv., vše je to od ie. slovesného základu **em-* 'brát, chytat' (viz ↓*jmout*), motivací může být parazitický způsob života rostliny či fakt, že z jejích bobulí se dělal lep na ptáky (HK).

jmění. Stč. *jměnie,* p. *imienie,* str. *imenije,* stsl. *iměnije.* Psl. **jьměnije* je podstatné jméno slovesné od *jьměti* (viz ↓*mít).*

jméno, *jmenný, jmenovitý, jmenovka, jmenovec, jmeniny, jmenovatel, jmenovat, pojmenovat, přejmenovat, vyjmenovat, zájmeno.* Stč. *jmě.* Všesl. – p. *imię,* r. *ímja,* s./ch. *ȉme,* stsl. *imę.* Psl. **jьmę,* gen. **jьmene,* se obvykle spojuje se stpr. *emmens, emnes,* něm. *Name,* angl. *name,* stir. *ainm,* lat. *nōmen,* ř. *ónoma,* alb. *emën,* arm. *anun,* sti. *nāma,* toch. A *ñom,* chet. *la-a-man* tv., nelze však rekonstruovat jednotný ie. tvar. Pro slov. se většinou vychází z **n̥men-,* které dalo **inmen,* a první *-n-* pak z výslovnostních důvodů zaniklo *(B4,B7)* (Ma²).

jmout, *dojmout, najmout, zajmout, obejmout, přijmout, pojmout, sejmout, odejmout, přejmout, vyjmout, dojem, pojem, zájem, objetí, pojetí, ponětí, zajímat, odnímat* aj. Stč. *jieti,* 1.os.přít. *jmu,* dnešní infinitiv je analogicky *(D1)* podle tvarů přít. času. Všesl. – p. *jąć,* str. *jati,* s./ch. *jéti,* stsl. *jęti.* Psl. **jęti,* 1.os.přít. **jьmǫ,* je příbuzné s lit. *iṁti* 'brát', lat. *emere* 'brát, kupovat' z ie. **em-* 'brát, chytat' *(B4,B7)* (Ma²). Srov. ↑*jemný,* ↑*jmelí,* ↓*mít,* ↓*vzít,* ↓*rukojeť* a pokud jde o podoby *-nětí, -nímat* ap. ↑*jenž.*

jo, jó část., citosl. V přitakávacím významu vlivem něm. *ja* 'ano', jinak onom.

jód 'nekovový prvek šedočerné barvy', *jódový, jodid.* Nazván fr. chemikem Gay-Lussakem (1812) podle ř. *ioeidés* 'fialkově zbarvený' (při zahřívání vydává modrofialovou páru).

jódlovat 'zpívat s rychlým střídáním hlasových poloh'. Z něm. *jodeln* od základní 'jódlovací' slabiky *jo,* možná s přikloněním k *dudeln* 'hrát na dudy'.

jóga, *jógový, jogistický, jogín.* Z hind. *yoga* a to ze sti. *yóga* 'zapřažení, sepětí, duševní soustředění' od ie. **i̯eu-* 'spojit, zapřáhnout'. Srov. ↑*jho.*

jogurt, *jogurtový.* Novější přejímka z tur. *yoğurt* 'zkvašené mléko' od *yoğun* 'hustý', přejato do většiny evr. jazyků.

jola 'lehká otevřená loďka'. Z něm. *Jolle,* střdn. *jolle* a tam snad z nor. *kjöll* 'loď, bárka'.

jonák. Varianta k ↓*junák.*

jota 'název písmene *i*'. Z ř. *iōta* a to z hebr. *jod.*

joule 'jednotka práce a energie'. Podle angl. fyzika *J. P. Joula* († 1889).

jsem, *jsi, je(st), jsoucno, jsoucnost.* Všesl. – slk. *som,* stp. *jeśm* (p. *jestem),* str. *jesmъ,* s./ch. *jèsam, sam,* stsl. *jesmъ.* Psl. tvary **esmь, *esi, *estь, *esmъ, *este, *sǫtь* odpovídají příslušným tvarům jiných ie. jazyků – srov. pro 1.os.sg. stlit. *esmì,* gót. *im,* angl., stir. *am,* lat. *sum,* ř. *eimí,* alb. *jam,* arm. *em,* sti. *ásmi,* toch. A *ṣem,* chet. *ešmi* z ie. **esmi,* pro 3.os.sg. stlit. *ēst(i),* něm. *ist,* angl., stir. *is,* lat. *est,* ř. *estí,* alb. *është,* arm. *ē,* sti. *ásti,* toch. B *ste,* chet. *ešzi* z ie. **esti* ap. Vše je z ie. **es-* 'být', které se v tomto významu ve slov. doplňuje se slovesy, z nichž je ↑*být* a ↑*budu.* Srov. ↓*není.*

jubileum 'význačné výročí', *jubilovat, jubilant.* Ze střlat. *iubilaeum* 'radostné výročí, oslava památného dne' v němž splynulo lat. *iūbilāre* 'jásat, plesat' (asi onom. původu) a ř. *iōbēlaîos* z hebr. *jōbēl* 'beran, beraní roh' – podle Mojžíšových zákonů byly jednou za 50 let promíjeny daně a tento rok se vyhlašoval troubením na beraní roh.

judikát 'soudní rozhodnutí', *judikatura.* Z lat. *iūdicātum* tv. od *iūdicāre* 'soudit' z *iūs* 'právo' a *dīcere* 'říkat'. Srov. ↓*jurisdikce.*

judo 'sportovní forma japonského zápasu džiu-džitsu', *judista, judistický*. Přes angl. z jap. *jūdō* z *jū* 'pružný' a *dō* 'cesta'.

juchat 'výskat'. Od citosl. *juch*.

juchta 'nepromokavá obuvnická useň'. Přes něm. *Juchten* z r. *jucht', juft'* tv., dále asi přes ttat. jazyky z írán., srov. per. *ǰuft* 'pár', av. *yuxta-* 'spřežení' (protože kůže se vydělávaly po dvou).

juka 'druh cizokrajné dřeviny', *jukový*. Ze šp. *yucca* (doloženo již koncem 15. st.) a to z domorodého jazyka z oblasti Haiti.

jukat expr. 'vykukovat', *juknout, vyjukaný*. Asi onom. původu od citosl. *juk*.

junák, *junácký, junáctví*. Převzato ze s./ch. *jùnāk*, dále viz ↑*jinoch*.

junda ob. expr. 'legrace'. Asi od něm. *Jux* 'žert' příponou *-nda* podle ↓*švanda*, srov. i ↑*bžunda*, ↓*sranda*.

junior 'mladší ze dvou osob téhož jména; sportovec mladší věkové kategorie'. Z lat. *iūnior* 'mladší' k *iuvenis* 'mladý'. Dále srov. ↑*jinoch*, lat. *iūnior* má k slov. slovům tvarově blíže než základové *iuvenis*.

junker 'příslušník pruské statkářské šlechty', *junkerský*. Z něm. *Junker* ze střhn. *junchēre* , doslova 'mladý pán' (= dnešní *junger Herr*). Srov. ↑*jinoch*, ↑*hergot*.

junta 'uchvatitelská vláda (zvláště v latinskoamerickém prostředí)'. Ze šp. *junta* 'shromáždění, výbor, rada' od *junto* 'spojený' z lat. *iunctus* tv. od *iungere* 'spojit'. Srov. ↑*jho*.

jura 'jeden z geologických útvarů druhohor', *jurský*. Podle pohoří Jura ve Švýcarsku a Německu.

jurisdikce 'úřední (soudní) pravomoc'. Z lat. *iūrisdictiō* tv. z *iūs* (gen. *iūris*) 'právo, pravomoc' a *dictiō* 'mluvení, obhajoba, výraz'. Srov. ↑*judikát*, ↑*dikce*.

jurta 'okrouhlý stan asijských kočovníků'. Z r. *júrta* a to z ttat. (srov. tur. *yurt* 'dům, sídlo, vlast').

jury 'sbor rozhodčích'. Z fr. *jury* z angl. *jury* 'porota', to pak ze stfr. *juree* 'přísahající, přísaha' od *jurer* 'přísahat' z lat. *iūrāre* tv. od *iūs* 'právo' (srov. ↑*jurisdikce*). Členové poroty v původním významu byli vlastně spíše svědkové obeznámení s prostředím ap.

just příslov. ob. expr. 'schválně, zrovna, právě'. Z něm. *just* tv. a to stejně jako angl. *just* 'právě' z fr. *juste* 'správný, spravedlivý' z lat. *iūstus* tv. od *iūs* 'právo'. Srov. ↑*jurisdikce,* ↑*jury,* ↓*justice*.

justice 'soudnictví, výkon soudní spravedlnosti', *justiční*. Z lat. *iūstitia* 'spravedlnost' od *iūstus* 'spravedlivý' (viz ↑*just*).

juta 'vlákna tropického stromu', *jutový*. Přes angl. *jute* z bengálského *jhōṭo, jhuṭo* tv.

juvenilie 'díla z autorova mládí'. Z lat. *iuvenīlia* tv. od *iuvenīlis* 'mladický' od *iuvenis* 'mladý'. Srov. ↑*junior*, ↑*jinoch*.

juxtapozice 'položení vedle sebe'. Z lat. *iuxtā* 'vedle, blízko' a ↓*pozice*.

K

k, ke, ku předl. Všesl. – p.st. *k, ku,* r. *k, ko,* s. *ka,* ch. *k, ka,* stsl. *kъ.* Psl. **kъ* nelze jednoznačně vyložit. Spojení se sti. *kám* (částice zesilující dativ) (Ma²) či lat. *cum, co-* 's' (HK), ir. *co* 'k' ani se zájmennými příslovci ↓*kde,* ↓*kam* nejsou dost přesvědčivá. Snad je to až nějaká slov. inovace.

kabala 'tajná židovská nauka'. Přes západoevr. jazyky (fr. *cabale,* něm. *Kabale*) z hebr. *qabbālāh,* doslova 'tradice, ústní podání'.

kabanos 'laciný točený salám'. Jen č., slk. a p., je však i rum. *cabanós* 'druh dlouhé tenké klobásy'. Původ nejasný. Souvislost s r., ukr. a br. *kabán* 'vepř' (z ttat. jazyků) je málo pravděpodobná.

kabaret 'zábavní podnik', *kabaretní, kabaretiér.* Z fr. *cabaret* tv., původně 'krčma, šenk'. Snad ze střniz. *cabret, cambret* a to z pikardského (oblast v sev. Francii) *camberete,* zdrobněliny od *camber* 'místnost' z lat. *camera* (srov. fr. *chambre,* něm. *Kammer* a ↓*komora*).

kabát, *kabátek, kabátec, kabátový, překabátit* 'přelstít'. P. *kabat,* r. *kabát* '(pracovní) blůza', s./ch. *kàbad* 'bohatý svrchní šat'. Asi z per. *kabā* 'plášť, kaftan' (jsl. tvary přes stř. *kabádion* tv.), perské slovo je asi z ar.

kabel, *kabelový, kabelovat.* Přes něm. *Kabel* ze střniz. *cabel* z fr. (původně severofr.) *câble* a to asi ze střlat. *capulum* 'lano, provaz' od lat. *capere* 'uchopit, brát'.

kabela, *kabelka.* Již stč. Hl. *kobjel,* p. *kobiel.* Ze střhn. *kobel,* srov. něm.d. *Kobel* 'kotec', *Kober* 'koš, taška' (Ma², HK). Srov. ↓*kobka.*

kabina, *kabinka, kabinový.* Původně 'kabina na lodi'. Z něm. *Kabine,* fr. *cabine* z angl. *cabin* ze střfr. *cabane* z pozdnělat. *cappana* 'chatka'. Srov. ↓*kabinet.*

kabinet 'menší místnost, pracovna; vláda', *kabinetní.* Z fr. *cabinet,* což je zdrobnělina k *cabine.*

kabonit (se) 'mračit (se)', *zakabonit (se).* Málo jasné. Snad souvisí se stč. *boniti* 'hrozit, strašit' (jen jednou v Dalimilově kronice), později i 'tropit, působit' (Jg), rovněž nejasného původu. Vzhledem k variantám *chabonit* (Ma² pod *kabelit se*) a *čabonit* (Jg) by šlo o přístavku *ka-,* srov. ↓*kadlub* či *kov* ↓*komíhat* ap.

kabriolet 'auto se skládací střechou'. Původně 'lehký dvoukolý povoz'. Z fr. *cabriolet* a to od *cabrioler* 'poskakovat' od it. *capriola* '(kozí) skok' od *capra* 'koza' z lat. *capra* tv.

kabrňák ob. expr. 'zdatný člověk, chlapík'. Původně označení velkých kaprů z kaberny, což je 'ohrazená výpust rybníka, prohlubeň u hráze ap.' (při výlovu se tam uchylovaly nejtěžší kusy). Snad z lat. *caverna* 'dutina, prohlubeň' od *cavus* 'dutý' (Ma¹, HK).

kácet, *pokácet, vykácet, skácet (se).* Stč. *káčeti.* Ve významu 'porážet (stromy ap.)' jen č. Iterativum (opětovací sloveso) ke ↓*-kotit.* Psl. **kat-ja-ti (B3,C1)* se zdlouženou kořennou samohláskou *(B5).*

kacíř, *kacířský, kacířství.* Stč. *kacieř* (odtud p. *kacerz*), hl. *kecar* ze střhn. *ketzer* a to asi it. prostřednictvím z pozdně ř. názvu sekty *Katharoí,* doslova 'čistí', od ř. *katharós* 'čistý, pravý' (srov. ↓*katarze*). Tato asketická sekta (ve Francii zvaná *albigenští*) se od 11. do 13. st. šířila v záp. Evropě; vycházela volně z tzv. manicheismu, který mj. popíral tělesnost Krista.

káča 'hračka ve tvaru obráceného kužele, která se šviháním roztáčí'. Od *káča* 'kachna' (↓*kačena*) podle kolébavého pohybu či od souzvučného častého ženského jména *Káča* od *Kateřina*.

kačena, *kačer* (přitvořeno podle *houser*). Z vábicího citosl. *kač, kač*, srov. ↓*kachna*.

kačka ob. 'koruna'. Ze zkratky *Kč* 'koruna česká'.

káď, *kádinka*. Všesl. – p. *kadź*, r. *kádka*, s./ch. *káda*. Psl. *kadь se obvykle považuje za výpůjčku z ř. *kádos, kádion* 'vědro, džbán, nádoba' (HK, Ma[1]) a tam z hebr. *kad* tv. Srov. i angl. *cade* 'sud na slanečky' přes lat. *cadus* z téhož zdroje.

kadence 'zakončení hudební myšlenky, rytmický spád'. Z it. *cadenza* z lat. *cadentia* od *cadere* 'padat'. Srov. ↑*dekadence*, ↓*kaskáda*.

kadeř, *kadeřavý, kadeřník, kadeřnice, kadeřnický, kadeřnictví, kadeřit (se), nakadeřit (se), kadeřávek*. Jen č. a slk. *kader*, jinde tvary, jež odpovídají našemu ↓*kudrna*, s nímž je příbuzné. Rozdíl *ka-* × *kǫ-* se však vykládá různě (srov. Ma[2]).

kadet 'důstojnický aspirant', *kadetní, kadetský*. Z fr. *cadet* tv. z gaskoňského *capdet*, varianty prov. *capdel* 'hlava, velitel' z lat. *capitellum*, což je zdrobnělina ke *caput* 'hlava'. Původně označení gaskoňských důstojníků u dvora, většinou druhorozených synů gaskoňských šlechticů – odtud i fr. význam 'mladý muž' a '(nej)mladší'.

kadit zhrub. 'vyměšovat výkaly', *pokadit (se), vykadit (se)*. Od základu *ka-*, který je v ↓*kakat* asi žertovným přikloněním ke *kaditi* 'vykuřovat, pálit kadidlo' (viz ↓*kadidlo*).

kadidlo 'ztuhlá tropická pryskyřice vydávající vonný dým', *kadidelnice*. Od slovesa *kaditi* 'vykuřovat (kadidlem)', jež je všesl. – p. *kadzić*, r. *kadít'*, s./ch.

káditi, stsl. *kaditi*. Psl. *kaditi souvisí s *čaditi (↑*čadit*), jde o expresivní změkčení či o rozdíl ablautu **kō-* – **kē-* (A5,B1,B5). Další souvislosti, např. se stpr. *accodis* 'kouřovod', jsou nejisté.

kadlub 'forma k odlévání; nádoba vydlabaná ze dřeva'. P. *kadłub*, r.d. *kádolb*, v jsl. chybí. Psl. *kadъlbъ je složené z přístavky *ka-* (srov. ↓*ko-*[1]) a kořenu slovesa *dъlbti, *dъlbati (srov. ↑*dlabat*) (Ma[2]).

kadmium 'stříbrolesklý kovový prvek'. Podle ř. *kadmeía*, což byla zinková ruda nalezená u starořeckých Théb – nazvána podle zakladatele města, bájného krále *Kadma* (ř. *Kádmos*).

kádr 'skupina osob tvořících základ celku', *kádrový, kádrovat*. Přes něm. *Kader* z fr. *cadre* 'sbor důstojníků velících určité jednotce', doslova 'rám, obruba', a it. *quadro* 'rám, čtyřhran' z lat. *quadrus* 'čtyřhranný'. Srov. ↓*kvádr*, ↑*čtyři*.

kafe hov. 'káva', *kafíčko, kafírna*. Z něm. *Kaffee* z fr. *café* a to prostřednictvím arm. obchodníků z tur. *kahve* z ar. *qahwa* (srov. ↓*káva*).

kafilerie 'závod na zpracování zdechlin'. Z něm. *Kafillerei* a to asi z hebr. (HL).

kafr 'aromatická látka z jistého tropického stromu', *kafrový, kafrovník*. Již stč. Ze střhn. *gaffer* a to přes střlat. *cafora*, ar. *kāfūr* z jihovýchodní Asie (sti. *karpūra*, malajské *kāpūr*).

kafrat zhrub. 'žvanit, tlachat'. Snad k něm. *Kaffer* 'hlupák' z jidiš *kafer* 'sedlák' z hebr. *kāfār* 'vesnice'.

kaftan 'orientální dlouhý plášť'. Z tur.-ar. *qaftān* z per. *chaftān* tv.

kahan 'zařízení k svícení nebo zahřívání'. P. *kaganiec*, r.d. *káganec*. Zcela nejasné. *Mít na kahánku* 'být blízko smrti' asi znamenalo 'mít málo paliva, dohořívat'.

kachel, *kachlík, kachlový, kachlíkový, kachlíkovat, vykachlíkovat.* Z něm. *Kachel* ze sthn. *kahhala* 'hliněný hrnec' z vlat. **caccalus,* varianty k lat. *caccabus* 'pánev na smažení' z ř. *kákkabos* tv. Srov. ↓*kakabus.*

kachna, *kachní, kachnička.* Jen č. Onom. podle kachního křiku *kach kach.* Psl. název **ǫty* (r. *útka*) příbuzný s lit. *ántis,* něm. *Ente,* lat. *anas* tv. se v č. nezachoval. *Novinářská kachna* podle fr. *canard* 'kachna' i 'falešná zpráva', způsob přenesení tam není zcela jasný.

kajak, *kajakový, kajakář.* Z eskymáckého *qajaq* 'jednomístný člun'.

kajícný, *kajícnost.* Viz ↓*kát se.*

kajman 'druh jihoamerického krokodýla'. Ze šp. *caiman* a to z řeči karibských domorodců.

kajuta 'malá místnost na lodi ap.', *kajutní, kajutový.* Z něm. *Kajüte* a to ze střniz. *kayhute* (dnes *kajuit*), jehož další původ není jistý.

kakabus 'mrzout, zamračený člověk'. Z lat. *cac(c)abus* 'pánev, hrnec' (viz ↑*kachel*), snad s významovým přikloněním ke ↑*kabonit (se).*

kakadu 'velký chocholatý papoušek'. Z něm. *Kakadu* z niz. *kakatoe* a to z malajského *kakatūwa* z onom. *kaka* 'papoušek' a *tūwa* 'starý'.

kakao, *kakaový, kakaovník.* Ze šp. *cacao* z mexického indiánského *cacauatl* 'kakaovník'. Srov. ↑*čokoláda.*

kakat, *pokakat (se), vykakat (se), nakakat.* Všesl. Dětské slovo zřejmě již ie. stáří, jak svědčí lit. *kakóti,* něm. *kacken,* lat. *cacāre,* ř. *kakkáō* tv., tvořené zdvojením zadopatrového *k* (snad naznačuje 'tlačení' u dětí) s nejjednodušší samohláskou *a.* Srov. ↓*papat,* ↓*máma.*

kakofonie 'nelibozvuk', *kakofonický.* Z ř. *kakofōníā* z *kakós* 'špatný, ošklivý' a *fōnḗ* 'zvuk' (srov. ↑*-fon*).

kakost 'bylina s nápadnými květy, čapí nůsek'. Zavedl Presl, který použil ojedinělého stč. slova nejistého významu (Ma2, Jg).

kaktus, *kaktusový.* Z lat. *cactus* z ř. *káktos* 'nějaká bodlinatá rostlina', jehož původ je nejasný.

kal, *kalný, kalit, kalič, zkalit, zakalit, kálet, pokálet, výkal, zákal.* Všesl. – p. *kał,* r. *kal,* s./ch. *kâl, kȁo,* stsl. *kalъ.* Psl. **kalъ* nemá spolehlivé ie. souvislosti. Lze vyjít buď z ie. **kāl-o-* (pak se hledá příbuzenství v sti. *kāla-* 'tmavomodrý, černý') (HK), nebo **kʷāl-o-* (pak se spojuje s nejasným ř. *pēlós* 'hlína, bláto' a lat. *squālidus* 'špinavý' (*A3,A5*)) (Ma2). Srov. ↓*kalina,* ↓*kalit,* ↓*kaluž.*

kalafuna 'čištěná pryskyřice'. Lid. název za původní *kolofonia* (Jg) z it. *colofonia* a to podle ř. města *Kolofónu* v Malé Asii, tedy místa svého původu.

kalamajka 'druh lidového kolového tance'. Přes p. *kołomejka* z ukr. *kolomyjka* podle města *Kolomyje* v Haliči.

kalamář 'nádobka na inkoust'. Z lat. *calamārium,* původně 'schránka na psací náčiní', od *calamus* 'stéblo rákosu, psací pero' (nejstarší pera byla z třtiny rákosu). Srov. ↓*kalumet.*

kalambúr 'slovní hříčka'. Z fr. *calembour,* ve fr. poprvé u Diderota, původ však nejasný.

kalamita 'pohroma'. Z lat. *calamitās* 'pohroma, neštěstí, záhuba', jehož další souvislosti nejsou zřejmé, příbuzné snad je *incolumitās* 'neporušenost, zachovalost, dobré zdraví' (viz *in-*2).

kalanetika 'druh tělesného cvičení založený na opakování malých pohybů'. Podle tvůrkyně metody, Američanky *Callan* Pinckneyové.

kalcium 'vápník'. Z lat. *calcium* od *calx* (gen. *calcis*) 'vápenec, vápno' z ř. *chálix* 'vápno, malta' a to dále z východu (srov. babylonské *kalakku* tv.).

kaleidoskop 'optická hračka, v níž se přesouvají obrazce z barevných sklíček', *kaleidoskopický*. Uměle z ř. *kalós* 'krásný' (srov. ↓*kaligrafie*) a *eĩdos* 'podoba' (srov. ↑*idea*) a ↓*-skop*.

kalendář, *kalendářní, kalendářový*. Převzato (asi v 16. st.) z něm. *Kalender* a to ze střlat. *calendarium* od lat. *calendae* 'první den v měsíci' (stč. *kalendy* tv.) a to asi od *calāre* 'svolávat, vyvolávat'. Srov. ↓*koleda*.

kálet. Viz ↑*kal*.

kalhoty, *kalhotky, kalhotový*. Ve staré č. i *kali(h)oty, galioty*. Jen č. Tento nový módní prvek k nám pronikl asi v 16. st. ze západu a nahradil dřívější typ kalhot zvaný *nohavice* či *hace*. Východisko se hledá v it. *caligotte* od lat. *caliga* 'bota' (asi z *calx* 'pata' a *ligāre* 'vázat'). Byly to tedy asi těsné kamaše vybíhající z vysokých bot (Ma²).

kalibr 'ráže, měrka'. Přes něm. *Kaliber*, fr. *calibre* a asi it. či střlat. prostřednictvím z ar. *qālib* 'forma, ševcovské kopyto' a to z ř. *kālopódion, kālópous* 'ševcovské kopyto', doslova 'dřevěná noha', z ř. *kālon* 'dřevo' a *poūs* (gen. *podós*) 'noha' (srov. ↓*pódium*).

kalif 'duchovní i světská hlava muslimů'. Z ar. *chalīfa* 'nástupce' (myslí se 'nástupce Mohamedův').

kaligrafie 'krasopis', *kaligrafický*. Z ř. *kalós* 'krásný' a ↑*-grafie*. Srov. ↑*kaleidoskop*.

kalich, *kalíšek, kalichovitý, kališní, kališník, kališnický, kališnictví*. Stč. ojediněle i *kelich*, p. *kielich*, sln. *kelih*. Ze střhn. *kelich* (dnes *Kelch*) a to z lat. *calix*, gen. *calicis* tv.

kaliko 'druh bavlněné tkaniny', *kalikový*. Z fr. *calicot* a to z angl. *calicut* (dnes *calico*) podle *Calicut*, angl. jména indické Kalkaty, odkud se látka dovážela.

kalina 'keř s bílými květy'. Všesl. Psl. *kalina je odvozeno od *kalъ (↑*kal*), původně snad název vlhkého, bažinatého místa, pak keře, který v těchto místech roste.

kalit. Viz ↑*kal*. Patří sem i starý metalurgický termín *kalit (kov)*, tj. ochladit ho ponořením do vody, do roztoku hlíny. Vymýšlet pro tento význam speciální etymologii (Ma²) není potřeba.

kalium 'draslík'. Uměle od ar. *qali* 'potaš', srov. ↑*alkalický*.

kalk 'slovo utvořené přímým napodobením cizí předlohy', *kalkovat*. Z fr. *calque* 'otisk, kopie' a to z lat. *calx* 'pata, otisk paty'.

kalkulovat 'počítat', *kalkulace, kalkulačka, kalkul, vykalkulovat, prokalkulovat*. Z pozdnělat. *calculāre* tv. od lat. *calculus* '(vápencový) kamínek, jímž se počítalo', což je zdrobnělina od *calx* 'vápenec, vápno' (srov. ↑*kalcium*).

kaloň 'létavý savec příbuzný netopýru'. Z angl. *kalong* z indonéského *kalong* tv.

kalorie 'jednotka tepelné energie', *kalorický*. Z fr. *calorie* (utvořeno v 19. st.) od lat. *calor* 'teplo'.

kaloun 'tkanice', *kalounek*. Z fr. *galon* 'prýmek' a to k fr. *gala* (viz ↑*gala*) – prýmky patřily k slavnostnímu vystrojení.

kalous 'druh sovy'. Jen č. Asi od ↑*kal*, i když motivace není zcela zřejmá. Snad proto, že byl pokládán za 'nečistého' ptáka, jehož hlas věštíval smrt (Ma², HK).

kalumet 'indiánská dýmka'. Ze severofr. *calumet* 'trubička' a to od lat.

calamus 'rákos, třtina' (srov. ↑*kalamář*). Přivezeno do sev. Ameriky fr. osadníky.

kalup ob. 'spěch'. Z něm. *Galopp* 'cval' z it. *galoppo* a to ze stfr. *galop*, *walop* od *galoper*, *waloper* 'cválat' z frk. *wala hlaupan, doslova 'dobře běžet' (srov. něm. *laufen* 'běžet').

kaluž, *kalužka, kalužina*. P. *kałuża*, r.d. *kaljúžá*, s./ch. *kàljuža, kàljuga*. Je i starší č. *kaluha* (Jg). Psl. *kaluža, *kaluga nemá zcela zřetelnou strukturu. Nejspíš je odvozeno od *kalъ (↑*kal*) příponami *-uga, -ug-ja (B3)*, méně pravděpodobný je předpoklad původního spojení *kalo-luža (viz ↓*louže*) (Ma², HK).

kalvárie 'velké utrpení'. Přeneseně podle lat. názvu vrchu u Jeruzaléma, na němž byl ukřižován Kristus. Lat. *Calvaria (calvāria, calva* = 'lebka') je kalkem (doslovným překladem) aramejského *Gulgathā* (v pořečtěné verzi *Golgota*), asi podle vzhledu pahorku.

kalvinismus 'jedno z učení evangelické reformace', *kalvinista, kalvínský*. Podle zakladatele, ženevského kněze *J. Calvina* († 1564).

kam přísl., *kampak, kamkoli*. Stp. *kam(o)*, str. *kamo, kamъ, kamu*, s./ch. *kàmo*, stsl. *kamo*. Psl. *kamo je odvozeno příponou *-mo* (srov. ↓*tam*, ↓*sem*) od základu, v němž se nejčastěji vidí pokračování ie. *kʷō, což je instr. tázacího zájmenného tvaru, jenž je i v ↓*kdo*, ↓*kolik*, ↓*který*.

kamarád, *kamarádka, kamarádský, kamarádství, (s)kamarádit se*. Asi přímo z fr. *camarade* (do něm. *Kamerad*) a to ze šp. *camarada*, původně 'skupina vojáků spících a stravujících se společně' od *cámara* 'komora, místnost' z lat. *camara, camera* (viz ↓*kamera*, ↓*komora*). K nám se dostalo možná už za třicetileté války (Ma²).

kamarila 'vlivná skupina osob'. Ze šp. *camarilla*, původně 'královská rada', vlastně zdrobnělina od *cámara* 'komora, sněmovna'. Srov. ↑*kamarád*.

kamaše 'pletené teplé kalhoty'. Dříve 'chrániče spodní části nohy proti zimě'. Z něm. *Gamasche* z fr. *gamache* 'kožené návleky na kotníky' a to ze šp. *guadameci* z ar. *(ǧild) ġadāmasī* '(kůže) z Ghadamesu', což je libyjské město, kde se tento artikl vyráběl.

kambala 'druh platýsa'. Přes r. z fin. *kampala* tv.

kamej 'drahý kámen s reliéfní řezbou'. Z fr. *camée* ze stfr. *camaheu*, dále nejasné, snad z ar.

kamélie 'druh cizokrajného keře'. Nazvána na počest brněnského botanika, jezuity *J. J. Kámela* (v polatinštělé podobě *Camel(li)us*, † 1706), který se zabýval východoasijskými rostlinami.

kamelot 'pouliční prodavač novin'. Z fr. *camelot* z argotického *coesmelot*, zdrobněliny od *coesme* 'kolportér, prodavač' nejasného původu.

kámen, *kamínek, kamenný, kamenitý, kameník, kamenický, kamenictví, kamenec, kamenina, kameninový, zkamenět, kamenovat, ukamenovat*. Všesl. – p. *kamień*, r. *kámen'*, s./ch. *kȁmen*, stsl. *kamy*. Psl. *kamy, gen. *kamene*, souvisí s lit. *akmuõ* tv., něm. *Hammer* 'kladivo', ř. *ákmōn* 'kovadlina', sti. *áśman-* 'kámen, skála' z ie. **ak-mōn/men*, případně *-mer*, jež se obvykle dále vyvozuje od **ak-* 'ostrý' (srov. ↓*ostrý*). Pro slov. by však byl očekávaný výsledek **osmen (A1,B5)*, musí se tedy počítat s výraznými změnami – jednak ztvrdnutí *k-* na *k-* (společné s balt.), jednak s přesmykem a prodloužením kořenné samohlásky *ak->kā-*.

kamera 'filmovací přístroj', *kamerový, kameraman(ka)*. Přes západoevr. jazyky (něm. *Kamera*, angl. *camera*) z lat. *camera (obscura)* '(temná) komora', odtud přeneseno na 'fotografický či filmový přístroj'. Lat. slovo je z ř. *kamára* 'klenutá místnost'. Srov. ↓*komora*.

kamikadze. Z jap. *kami* 'bůh' a *kaze* 'vítr', tedy 'božský vítr'. Označení japonských pilotů, kteří za 2. světové války podnikali sebevražedné nálety na am. válečné lodě.

kamion, *kamionový*. Z fr. *camion*, původně 'vůz', původu neznámého.

kamizola 'krátký kabát', *kamizolka*. Z fr. *camisole* a to z prov. *camisola* od pozdnělat. *camisia* 'košile'. Srov. ↓*komže*.

kamna, *kamínka, kamnový, kamnář*. Jen č. Asi přes it. *camino* 'krb' z lat. *camīnus* 'pec, krb' a to z ř. *kámīnos* 'pec, cihelna'. V č. nejprve totéž co 'pec', pak přeneseno na nové topicí zařízení. Srov. ↓*komín*, ↓*komnata*.

kamp. Viz ↓*kemp*.

kampaň 'veřejný boj za něco či proti něčemu'. Z fr. *campagne* 'pole, pláň', pak 'válečné tažení' (vojska byla 'v poli' vlastně celý rok kromě zimy) z pozdnělat. *campānia* 'pláň' od lat. *campus* 'pole'. Srov. ↓*šampion*, ↓*kemp*.

kampanila 'zvonice (v italském prostředí)'. Z it. *campanile* od *campana* 'zvon' z lat. *campāna* tv.

kampelička 'spořitelní venkovské družstvo'. Podle zakladatele, mor. lékaře F. C. *Kampelíka* († 1892).

kamrlík ob. 'komůrka, malá místnost'. Z něm. *Kämmerlein*, což je zdrobnělina ke *Kammer* 'komora' z lat. *camera* (srov. ↓*komora*).

kamuflovat 'maskovat, zastírat', *kamufláž*. Z fr. *camoufler* argotického původu, stejné je it. *camuffare* tv., nejasné.

kamzík, *kamzičí*. Stč. i *gemsík*. Ze střhn. *gamz, gemeze* (dnes *Gemse*) a to z pozdnělat. *camox* (srov. fr. *chamois*, it. *camozza*), což je staré alpské slovo.

kanady slang. '(vojenské) vysoké šněrovací boty'. Podle *Kanady*, kde se původně nosily.

kanafas 'druh hrubší bavlněné látky'. Přes něm. *Kanafas* z fr. *canevas* od stfr. *caneve* 'konopí' z lat. *cannabis* tv. Srov. ↓*kanava*, ↓*konopí*.

kanál, *kanálek, kanálový, kanalizace, kanalizovat*. Z lat. *canālis* 'trouba, stoka, žlab' od *canna* 'trubička, rákos, třtina' z ř. *kánna* 'roura' z asyrsko-babylonského *qanū* tv. ze sumersko-akkadského *gin* tv. Srov. ↓*kanon*, ↓*kánon*, ↓*kaňon*.

kanálie vulg. zast. 'mrcha, čubka'. Z fr. *canaille* z it. *canaglia* 'psí čeládka' od *cane* 'pes' z lat. *canis* tv.

kanape, *kanapíčko*. Přes něm. *Kanapee* z fr. *canapé* a to ze střlat. *canapeum* z ř. *kōnōpeīon* 'lůžko se sítí proti komárům', prý od ř. *kṓnōps* 'komár' (může to však být i lid. etym. *(D2)*, původ slova se někdy hledá v egyptštině).

kanár, *kanárek*. Ze šp. *canario*, vlastně 'pták z Kanárských ostrovů' (odtamtud je Španělé exportovali do Evropy). Samotný název ostrovů je odvozen od lat. *canis* 'pes' podle zvláštního druhu místních psů, na něž první výpravy narazily.

kanasta 'druh karetní hry'. Ze šp. *canasta*, doslova 'košík', z lat. *canistrum* tv. z ř. *kánastron* tv. Metaforický název podle toho, že ve hře se sbírají karty téže hodnoty.

kanava 'řídká tkanina k vyšívání'. Z fr. *canevas*, viz ↑*kanafas*.

kancelář, *kancelářský*. Ze střlat. *cancellarium* od lat. *cancellī* (mn.) 'mřížoví, přepážka', což je zdrobnělina od *cancer* z *carcer* 'ohrazení, žalář'. Srov. ↓*karcer*.

kancléř 'vysoký státní úředník'. Z něm. *Kanzler* a to z lat. *cancellārius* 'vedoucí kanceláře'. Dále viz ↑*kancelář*.

kancerogenní 'rakovinotvorný'. Od lat. *cancer* 'rak, rakovina' (srov. ↓*karcinom*). Srov. i ↑*gen*.

kancionál 'sborník církevních písní'. Ze střlat. *cantionalis* 'týkající se zpěvu' od *cantio* 'zpěv' od lat. *canere* 'zpívat'. Srov. ↓*kantáta*, ↓*kantiléna*.

kandelábr ob. 'stojan pouliční svítilny'. Z něm. *Kandelaber* z fr. *candélabre* a to z lat. *candēlābrum* 'svícen' od *candēla* 'svíčka' od *candēre* 'skvít se, být do běla rozpálený'. Srov. ↓*kandidát*.

kandidát 'uchazeč o funkci', *kandidátský, kandidátka, kandidovat, kandidatura*. Z lat. *candidātus* tv., doslova 'oděný v bílém' (starořímští uchazeči o funkci představovali v bílé tóze), od *candidus* 'bílý' od *candēre* 'skvít se' (srov. ↑*kandelábr*).

kandovaný 'konzervovaný cukrem'. Od slovesa *kandovat* a to přes it. z ar. *qand* 'třtinový cukr' ze sti. *khaṇḍaka* 'krystalizovaný cukr'. Srov. přes něm. i zast. ↑*cukrkandl*.

káně. Všesl. – p. *kania*, r.d. *kánjá* (r. *kanjúk*), s./ch. *kȁnja*. Psl. **kan'a* je asi onom. původu (srov. ↓*kavka*). Srovnání s podobnými útvary v jiných ie. jazycích – lat. *cicōnia* 'čáp' nejasného původu či gót. *hano* (něm. *Hahn*) 'kohout' (souvisí s lat. *canere* 'zpívat') nejsou přesvědčivá.

kanec, *kančí*. Jen č. a slk., ne zcela jasné. Někteří vycházejí z maď. *kan* 'samec' (HK), jiní hledají souvislost s r., ukr. *kabán*, přejatým z ttat. jazyků (Ma²). Srov. ↓*kňour*.

kanibal 'lidojed', *kanibalský, kanibalismus*. Ze šp. *caníbal* a to

podle obyvatel Karibských ostrovů, kteří se nazývali *caribe, cariba, caniba* 'silný, chytrý'. Slovo přivezl Kolumbus, který se s kanibalismem setkal na svých výpravách v karibské oblasti.

kanička. Viz ↓*tkanička*.

kanimůra expr. 'hlupák, nešika'. Prý podle jap. admirála *Kanimury* z rusko-japonské války 1904–1905.

kaňka, *kaňkat, pokaňkat, pokaňhat*. Expr. ke ↓*kanout*, ↓*kapat*.

kankán 'výstřední rychlý tanec fr. původu'. Z fr. *cancan*, což je asi zdvojení fr. *cane* 'kachna', původně jako dětské slovo, pak přeneseno na tanec vzniklý v Paříži kolem r. 1830 – snad podle kachního kolébání?

kanoe, *kanoista, kanoistika, kanoistický*. Z angl. *canoe* ze šp. *canoa* a to z řeči karibských domorodců (již od Kolumba).

kanon hov. 'dělo', *kanonáda, kanonýr*. Přes něm. *Kanone*, fr. *canon* z it. *cannone*, což je zveličelé jméno ke *canna* 'roura' z lat. *canna* 'třtina, rákos, trubička'. Srov. ↓*kánon*, ↑*kanál*, ↓*kaňon*.

kánon 'soubor zásad, pravidel; skladba, v níž hlasy s různými nástupy zpívají tutéž melodii', *kanonický, kanonizovat* 'prohlásit za svatého', *kanonizace*. Z lat. *canōn* 'pravidlo, řád, církevní zákon' z ř. *kanṓn* 'rovná hůlka, pravidlo, zákon', jež se většinou odvozuje od *kánna* 'rákosová hůlka, třtina, trubice'. Srov. ↓*kanovník*, ↑*kanál*, ↑*kanon*.

kaňon 'úzké hluboké údolí'. Ze šp. *cañon*, původně 'roura, trubice', od *caño* tv. z lat. *canna* 'rákos, trubice'. Srov. ↑*kanon*, ↑*kanál*.

kanout kniž. 'kapat, stékat', *skanout*. R. *kánut'*, s./ch. *kȁnuti*, stsl. *kanǫti*, vše 'kápnout'. Z psl. **kapnǫti (A7)* (viz ↓*ka-*

pat). V č. dostalo nedokonavý význam, ke *kapat* se utvořilo nové *kápnout*.

kanovník 'vyšší katolický duchovní (člen kapituly)', *kanovnický*. Počeštěním střlat. *canonicus* tv. od lat. *canōn* 'církevní zákon, pravidlo, řád'. Srov. ↑*kánon*, ↑*kanon*.

kantáta 'oslavná hudební skladba pro sbor, sóla a orchestr'. Z it. *cantata* od *cantare* 'zpívat' z lat. *cantāre* tv. od *canere* tv. Srov. ↓*kantiléna*, ↓*kantor*.

kantiléna 'zpěvná melodie'. Z it. *cantilena* z lat. *cantilēna* 'písnička' od *cantāre* 'zpívat'. Srov. ↑*kantáta*, ↓*kantor*.

kanton 'územní jednotka (ve Francii a Švýcarsku)'. Z fr. *canton* z it. *cantone*, což je zveličující odvozenina od *canto* 'kout, roh'. Srov. ↓*kantýna*.

kantor hov. 'učitel', *kantorka, kantorský, kantořina*. Z lat. *cantor* 'zpěvák' (dříve učitel zároveň řídil kostelní zpěv) od *cantāre* 'zpívat' od *canere* tv. Srov. ↑*kantáta*, ↑*kantiléna*, ↑*kancionál*.

kantýna hov. 'jídelna, výčep', *kantýnský, kantýnská*. Přes něm. z fr. *cantine* z it. *cantina* 'sklípek, výčep' a to snad od *canto* 'kout, roh'. Srov. ↑*kanton*.

kanystr 'nádoba na benzin ap. s uzávěrem'. Dnešní význam z angl. *canister*, tam asi asociací k *can* 'plechovka, kovová nádoba' z lat. *canistrum* 'košík' z ř. *kánastron* tv. Srov. ↑*kanasta*.

kaolin 'hlína pro keramický průmysl', *kaolínový*. Přes fr. *kaolin* z čín. *Kao-ling*, doslova 'vysoký kopec', podle místa, kde se původně těžil.

kapacita 'schopnost něco pojmout; vynikající odborník', *kapacitní*. Z lat. *capācitās* od *capāx* 'schopný (pojmout), chápavý' a to od *capere* 'jímat, brát, uchopit'. Srov. ↑*anticipovat*, ↑*akceptovat*, ↓*kapsa*.

kapary 'pochutina z poupat jistého středozemského keře'. Ze střlat. *capparis* a to z ř. *kápparis* neznámého původu.

kapat, *kapání, kapátko, kapačka, kapavka, kapka, kapkovitý, kapalný, kapalnět, zkapalnit, kapalina, kapalinový, kapánek, pokapat, nakapat, ukápnout, překapávaný* aj. Všesl. – slk. *kvapkať*, p. *kapać*, r. *kápat'*, s./ch. *kȁpati*, stsl. *kapati*. Psl. **kapati* je nejspíš onom. původu, srov. citosl. *kap kap*. Nejblíže mu stojí lit. *kapnóti* 'krápat', variantu s *kvap-* (slk.) lze srov. s něm. *schwappen* 'šplíchat'. Srov. i ↓*krápat*.

kápě 'kapuce, kukla'. Z pozdnělat. *cappa* tv. neznámého původu, snad v nějaké souvislosti s lat. *caput* 'hlava'. Odtud i angl. *cap* tv.

kapela 'sbor hudebníků', *kapelový, kapelník*. Z it. *capella* tv. z původního významu 'kaple' (viz ↓*kaple*). Původně skupina hudebníků hrajících v zámeckých kaplích.

kapie 'druh nepálivé papriky', *kapiový*. Z b. *kapija* tv. od *kapi* (mn.) 'papriky, lusky' a to z tur. *kap* 'obal, pouzdro'.

kapilára 'vlásečnice', *kapilárový*. Z něm. *Kapillare* tv. od adj. *kapillar* 'tenký jako vlas, vláskový' z lat. *capillāris* tv. od *capillus* 'vlas, vous' a to ke *caput* 'hlava'. Srov. ↓*kapitola*, ↓*kapitál*.

kapírovat zast. ob. 'chápat'. Z něm. *kapieren* tv. z lat. *capere* 'uchopit, brát'. Srov. ↑*kapacita*, ↑*chápat*.

kapitál 'nahromaděné jmění, množství peněz', *kapitálový, kapitalismus, kapitalista, kapitalistický*. Z něm. *Kapital* z it. *capitale* 'jmění, základní suma' z lat. *capitālis* 'hlavní' od *caput* 'hlava'. Srov. ↓*kapitola*, ↓*kapitula*, ↓*kapitán*.

kapitán, *kapitánský*. Stč. 'zástupce krále'. Ze střhn. *kapitān* ze střlat. *capitaneus* 'náčelník, hejtman' a to

kapitola   263   **kaput**

od lat. *caput* 'hlava'. Srov. ↑*kapitál*, ↓*kapitola*, ↓*kapitula*, ↓*káprál*.

kapitola 'oddíl knihy'. Z lat. *capitulum*, což je zdrobnělina od *caput* 'hlava' (srov. i č. *hlava* tv., *záhlaví* ap.). Rozlišení *kapitola* a ↓*kapitula* je až pozdější, ve stč. se obě formy používaly s oběma významy. Srov. ↓*kapitulovat*.

kapitula 'sbor kanovníků', *kapitulní*. Z lat. *capitulum*, zdrobněliny od *caput* 'hlava' (podle vysokého postavení členů tohoto sboru). Srov. ↑*kapitola*, ↑*kapitán*.

kapitulovat 'vzdát se', *kapitulace*, *kapitulační*, *kapitulant*. Přes fr. *capituler* ze střlat. *capitulare* 'sepsat smlouvu (podle jednotlivých bodů)' od *capitulum* 'kapitola, hlavička'. Srov. ↑*kapitola*.

kaple, *kaplička*, *kaplan*. Přes něm. *Kapelle* ze střlat. *capella*, což je vlastně zdrobnělina od *cappa* 'kapuce, plášť s kapucí'. Původně (kolem r. 660) se tak označovalo místo v Tours uchovávající jako relikvii plášť sv. Martina, u něhož franští králové zřídili menší modlitební místnost, odtud přeneseno na jiné podobné stavby. Srov. ↑*kapela*, ↑*kápě*.

kápo ob. 'vůdce'. Z it. *capo* 'hlava' z lat. *caput* tv. Srov. ↑*kapitán*, ↓*káprál*.

kapota 'kryt motoru'. Z fr. *capote* od *cape* 'plášť (s kapucí)' od lat. *cappa* 'kapuce, plášť s kapucí'. Srov. ↑*kápě*, ↑*kaple*.

kapoun 'vykleštěný kohout'. Stč. *kapún* ze střhn. *kappūn* ze stfr. *capon* a to z lat. *cāpo, cāpus* tv.

kapr, *kapřík*, *kapří*. Všesl. – p. *karp*, r. *karp* (r.d. *kórop*), s./ch. *krȁp*. Psl., ne zcela jisté **korpъ (B8)* dalo očekávané výsledky jen v jsl. a částečně vsl., zatímco jinde jde asi o výpůjčky z něm. *Karpfen*. V č. došlo k přesmyku souhlásek -*rp*>-*pr*. Z germ. je i střlat. *carpa*, odtud se pak slovo šířilo dále (angl. *carp*, fr. *carpe*). Slovo asi pochází z nějakého neznámého jazyka alpské a dunajské oblasti, kde je kapr domovem.

kapraď, *kapradí*, *kapradina*, *kapradinový*. Všesl. – slk. *paprad*, p. *paproć*, r.d. *páporot'*, s./ch. *pȁprāt*. Psl. **paportь (B8)* (v č. došlo k disimilaci *pap*->*kap*-) má nejblíže k lit. *papártis* tv., *pa*- je zřejmě předp. (viz ↓*pa*-). Dále je příbuzné ↓*pero*, něm. *Farn* 'kapradí', lit. *spařnas* 'křídlo', sti. *parṇá* 'list', vše od ie. *per- 'letět'. Jde tedy o rostlinu s křídlatými listy (HK).

káprál zast. 'desátník'. Z fr. *caporal* z it. *caporale* od *capo* 'hlava' z lat. *caput* tv. Srov. ↑*kápo*, ↑*kapitán*.

kapric hov. 'vrtoch'. Přes něm. *Kaprice* z fr. *caprice* a to z it. *capriccio* tv. asi ze staršího *caporiccio* 'přání, vůle' od *capo* 'hlava' z lat. *caput* tv. Srov. ↑*káprál*.

kapsa, *kapsička*, *kapesní*, *kapesník*, *kapsář*. Z lat. *capsa* 'pouzdro, schránka' od *capere* 'jímat, brát'. Srov. ↓*kapsle*, ↓*kasa*, ↑*kapacita*.

kapsle 'pouzdérko s výbušninou; obal na léčiva', *kapslík*, *kapslíkový*. Z něm. *Kapsel* a to z lat. *capsula*, což je zdrobnělina od *capsa* (viz ↑*kapsa*).

kapuce. Z něm. *Kapuze* z it. *cappuccio* ze střlat. *caputium*. Asi od lat. *cappa* tv. (viz ↑*kápě*), ale lid. etym. *(D2)* přikloněno k lat. *caput* 'hlava'.

kapusta, *kapustička*, *kapustový*. Asi přes střhn. *kappuz*, *kappūs* ze střlat. *caputia 'hlávka' od lat. *caput* 'hlava' (srov. ↑*kapuce*). Vzhledem k zakončení je pravděpodobná kontaminace *(D3)* se střlat. *compos(i)ta* 'kyselé zelí', vlastně 'něco složeného' (Ma[2], HK). Srov. ↓*kompot*, ↓*kompost*.

kaput ob. 'zničený'. Z něm. *kaputt* z fr. *capot*, což byl původně karetní výraz nejistého původu, snad od prov. *cap* 'hlava'. Ze spojení jako *être capot* 'nemít ani štych' či *faire capot* 'překotit, porazit' pak vzešel dnešní význam.

kar 'ledovcový kotel'. Z něm. *Kar* ze sthn. *kar* 'nádoba' z germ. **kaza-*. Další původ není jistý, srov. ↓*kastlík*.

kára. Stč. zpravidla *káry* (mn.). Ze střhn. *karre* 'kára, trakař' z lat. *carrus* 'vůz' původu keltského. Srov. z téhož zdroje i angl. *car* 'auto, vůz'.

karabáč. Slk. *korbáč*, p. *korbacz*, r.d. *karbáč*, sln. *korobáč*, b. *gắrbač*. Východiskem je tur. *kyrbač* tv., cesty přejetí a příčiny rozrůznění forem nejsou známy. Slk. a p. podoba jsou z maď. *korbács*.

karabina 'kulovnice s krátkou hlavní; očko k zavěšování', *karabinka, karabinový, karabiník*. Z fr. *carabine* tv., jehož další původ není jistý. Původně (kolem r. 1600) jméno vlámských jezdců (Ma²).

karafa 'široká lahev s úzkým hrdlem'. Z it. *caraffa* a to z ar. *garrāfa* tv. od *garafa* 'nabírat, čerpat'.

karafiát, *karafiátový*. Ve starší č. *karioffilat*. Z it. *gariofilata* a to z ř. *karyófyllon*, doslova 'ořechový list', z *káryon* 'ořech' a *fýllon* 'list', což však může být lid. etym. z nějakého slova přejatého z východu.

karambol 'náraz kulečníkové koule na dvě ostatní; srážka', *karambolový*. Přes fr. *carambole* ze šp. *carambola* 'červená koule v kulečníku' podle stejnojmenného stromu a jeho plodu podobného pomeranči, jehož název do šp. přišel přes port. z jihových. Asie.

karamel 'pálený cukr', *karamela, karamelový*. Z fr. *caramel* ze šp. *caramelo* tv. Východiskem jsou střlat. formy *canamella, calamella, canna mellis* aj. 'cukrová třtina', které ukazují na kontaminaci (*D3*) dvou základů – jeden vychází z lat. *calamus* (zdrobnělina *calamellus*) 'rákos, stéblo' (srov. ↑*kalamář*), druhý ze spojení lat. *canna* 'třtina' a *mel* 'med' (srov. ↑*kanál*, ↑*kanon*).

karanténa 'dočasná izolace (při infekční nemoci)', *karanténní*. Z fr. *quarantaine* 'čtyřicítka (dní)' od *quarante* 'čtyřicet'. Délka izolace byla stanovena původně na 40 dní (snad podle čtyřicetidenního pobytu Krista na poušti).

karas 'druh sladkovodní ryby'. Všesl. – p. *karaś*, r. *karás'*, s./ch. *kàrās*. Psl. **karasь* nemá jasný původ. Něm. *Karausche* tv. je ze slov., odtud dále nlat. *carassius*. Uvažuje se o 'praevropském' původu (Ma², HK), podobná slova však jsou v některých uralských (udmurtské *karaka*) i altajských jazycích (tat. *käräkä*).

karát 'jednotka ryzosti zlata'. Přes něm. *Karat*, fr. *carat* z it. *carato* a to z ar. *qīrāṭ* z ř. *kerátion* 'svatojánský chléb' od *kéras* 'roh'. Jader z luskovitých plodů stromu rohovníku (svatojánský chléb) se užívalo k jemnému odvažování zlata a jiných drahých kovů; strom je nazván podle rohovitého tvaru lusků.

kárat, *kárný, káravý, karatel, karatelský, pokárat*. Všesl. – p. *karać*, r. *karát'*, s./ch. *kárati*. Psl. **karati* je odvozeno od **koriti* (↓*kořit*) obvyklým zdloužením u kořeni (*B5*). Srov. např. ↑*hárat* – ↑*hořet*.

karate 'způsob sebeobrany užívající úderů a kopů', *karatist(k)a, karatistický*. Z jap. *karate* z *kara* 'prázdný' a *te* 'ruce'.

karavan 'obytný vůz, auto s obytným přívěsem'. Z angl. *caravan* tv. a to přeneseně z *caravan* 'karavana' (viz ↓*karavana*).

karavana 'výprava cestujících na poušti', *karavanový*. Přes it. *caravana* z per. *kārwān* tv., jež snad vychází ze sti. *karabháh* '(mladý) velbloud'.

karavela 'lehčí plachetnice bez vesel'. Z it. *caravela* ze šp. *carabela*, což je zdrobnělina p pozdnělat. *carabus* z ř. *kárabos* 'koráb'. Srov. ↓*koráb*.

karban 'náruživé hraní karet', *karbaník, karbanický, karbanit, prokarbanit*. Jen č. Ze střlat. *corbona, corbanum* 'schránka na chrámové peníze' asi z hebr. *korbān* 'obětní dar'. V 16. st. byla *korbona* 'nádoba na losy' při loteriích, které se pořádaly na tržištích – odtud se slovo stalo označením hazardní hry vůbec (Ma[2]).

karbanátek, *karbanátkový*. Z něm. nář. *Karbenatl, Karbonade* ap. z fr. *carbonnade* z it. *carbonata*, vlastně 'maso pečené na uhlí', od it. *carbone* 'uhlí' od lat. *carbō*. Srov. ↓*karbon*, ↓*karburátor*.

karbid 'sloučenina uhlíku s jiným prvkem'. Uměle k lat. *carbō* 'uhlí' (srov. ↓*karbon*, ↓*karbol*).

karbol 'roztok kyseliny karbolové', *karbolový*. Uměle k lat. *carbō* 'uhlí' (srov. ↑*karbid*, ↓*karbon*).

karbon 'útvar prvohor; usazenina z tuhých paliv'. Uměle od lat. *carbō* (gen. *carbōnis*) 'uhlí' (srov. ↑*karbol*, ↑*karbanátek*).

karborundum 'tvrdý karbid křemíku'. Spojením lat. *carbō* 'uhlí, uhel' (srov. ↑*karbon*) a *corundum* (viz ↓*korund*).

karburátor 'zařízení pro vytváření zápalné směsi ve spalovacích motorech'. Z fr. *carburateur* od *carbure* 'uhlovodík' a to k lat. *carbō* 'uhel, uhlí'. Srov. ↑*karbon*, ↑*karbanátek*.

karcer 'uzavření žáka ve škole jako trest (na dřívějších školách)'. Z lat. *carcer* 'vězení'. Srov. ↑*kancelář*.

karcinom 'zhoubný nádor'. Přes lat. z ř. *karkínōma* od *karkínos* 'rak, rakovina'. Srov. ↑*kancerogenní*.

kardan 'kloubové spojení hřídelů', *kardanový*. Podle vynálezce, it. přírodovědce *Cardana* († 1576).

kardiak 'osoba trpící srdeční chorobou'. Z lat. *cardiacus* tv. z ř. *kardiakós* od *kardía* 'srdce, útroby'. Srov. ↓*kardio-*.

kardinál 'člen sboru nejvyšších katolických duchovních', *kardinálský*. Z lat. *cardinālis* 'hlavní, základní (biskup)'. Viz ↓*kardinální*.

kardinální 'základní, stěžejní'. Z lat. *cardinālis* tv. od *cardō* 'čep u dveří, stěžej, osa'. Srov. ↑*kardinál*.

kardio- (ve složeninách) 'týkající se srdce'. Z ř. *kardía* 'srdce'. Srov. *kardiolog, kardiograf, kardiogram* (viz ↓*-log*, ↑*-graf*, ↑*-gram*).

karfiol 'květák', *karfiolový*. Přes něm. *Karfiol* z it. *cavolfiore* a to z *cavolo* 'zelí' (z lat. *caulis, caulus* tv. z ř. *kaulós* 'lodyha, košťál') a *fiore* 'květ' z lat. *flōs* (gen. *flōris*) tv. Srov. ↑*flóra*.

kargo 'lodní náklad'. Ze šp. *cargo* od *cargar* 'nakládat' z vlat. **carricare* od lat. *carrus* 'vůz', původu keltského. Srov. ↑*kára*.

kari 'indická směs mletého koření'. Z angl. *curry* a to z tamilského *kari* 'koření, přísada'.

kariéra, *kariérista, kariéristický*. Z fr. *carrière* z it. *carriera* 'dráha, cesta' ze střlat. *(via) carraria* '(cesta) pro vozy' od lat. *carrus* 'vůz'. Srov. ↑*kára*, ↑*kargo*.

karikatura 'zkratkovitá kresba', *karikaturista, karikovat, zkarikovat*. Z it. *caricatura*, doslova 'přehánění, přehnané nakládání', od *caricare* 'nakládat, přetěžovat' z vlat. **carricare* od lat. *carrus* 'vůz'. Srov. ↑*kargo*, ↑*kára*.

karkule 'čepec, pokrývka hlavy', *karkulka*. Jen č. Ze střlat. *caracalla* tv. (Ma[2], HK), v první části je ř. *kárā* 'hlava'.

karma 'průtokový ohřívač vody'. Zkratkové slovo podle výrobce *Karla Macháčka*.

karmelitán 'člen mnišského řádu', *karmelitka, karmelitánský*. Podle hory a pohoří *Karmel* v Palestině, kde byl vybudován již v 6. st. klášter.

karmín 'sytě červené barvivo', *karmínový*. Přes něm. *Karmin* z fr. *carmin* ze střlat. *carminium* a to kontaminací *(D3)* lat. *minium* 'rumělka' s ar. *qirmizī* 'temně červený' od *qirmiz* 'červec nopálový' a to ze sti. *kṛmi-* tv. Srov. ↑*červ*, ↑*červený*.

karneval 'masopustní slavnosti; maškarní ples'. Z it. *carnevale*, jež se obvykle vykládá ze staršího it. i střlat. *carnelevare* z lat. *carō* (gen. *carnis*) 'maso' a *levāre* 'odejmout' (srov. ↓*masopust*). Výklad z *carne vale* 'maso, sbohem' (srov. ↓*vale*) je jen lid. etym. *(D2)*.

káro 'kostka na látce; kosočtverce v kartách', *károvaný*. Přes něm. *Karo* z fr. *carreau* 'čtverec' a to přes vlat. **quadrellum* z lat. *quadrum* tv. Srov. ↑*kádr*.

karoserie 'svrchní část vozidla'. Z fr. *carrosserie* od *carrosse* 'přepychový vůz' z it. *carrozza* 'kočár' a to asi od lat. *carrus* 'vůz'. Srov. ↑*kára*.

karotka 'druh mrkve', *karotkový*. Přes něm. *Karotte* z fr. *carotte* z lat. *carōta* a to z ř. *karōtón*, asi ke *kárā* 'hlava'.

karta, *kartička, karetní, kartářka*. Již stč. Ke Slovanům přišlo z román. jazyků (fr. *carte*, it. *carta*) a tam z lat. *charta*, původně 'tuhý list papyru' (viz ↑*charta*). Hrací karty se objevily nejprve v Itálii (přišly z východu), odtud již ve 14. st. k nám (HK). Srov. ↓*karton*.

kartáč, *kartáček, kartáčový, kartáčovat, vykartáčovat, okartáčovat, překartáčovat*. Z něm. *Kardätsche* od *kardätschen* 'česat vlnu' z it. *cardeggiare* tv. od *cardo* 'soukenická štětka' z lat. *carduus* 'bodlák' (ke zdrsnění sukna se používal jistý druh bodláku).

kartel 'forma monopolu', *kartelový*. Z něm. *Kartell*, původně 'písemná dohoda (o podmínkách boje ap.)', a to přes fr. *cartel* z it. *cartella* 'vyhláška, výzva', což je zdrobnělina ke *carta* (viz ↑*karta*).

kartezián 'stoupenec fr. filozofa Descarta', *karteziánský*. Podle lat. podoby jeho jména *Cartesius*.

kartografie 'věda o zhotovování map', *kartograf, kartografický*. Viz ↑*karta* a ↑*-grafie*.

karton 'tuhý papír', *kartonový*. Přes něm. z fr. *carton* z it. *cartone*, což je zveličelé jméno ke *carta* (dále viz ↑*karta*).

kartotéka 'soubor lístků k systematické evidenci', *kartotékový, kartotéční*. Uměle utvořeno koncem 19. st., viz ↑*karta* a ↑*diskotéka*.

kartoun 'druh bavlněné látky', *kartounový*. Z něm. nář. *Kartun* (dnes *Kattun*) a to přes niz. *kattoen* z ar. *quṭún* 'bavlna' (srov. angl. *cotton* tv.).

kartuzián 'člen mnišského řádu', *kartuziánský*. Podle kláštera založeného ve fr. údolí Chartreuse (lat. *Cartusium*) severně od Grenoblu.

karusel zast. 'jezdecká slavnost, kolotoč', *karuselový*. Z fr. *carroussel* z it. *carosello* 'druh jisté jezdecké hry', jehož další původ není jistý.

karyatida 'ženská socha podpírající nějakou stavební konstrukci'. Od ř. *Karyátides* (mn.), vlastně 'karyjské', což byl přídomek kněžek bohyně Artemis v *Karyi* na Peloponésu. Protože prý straniły Peršanům, byly prodány do otroctví a znázorňovány jako podpěry ve stavitelství.

kasa ob. 'pokladna', *kasovní, kasař, kasírovat*. Přes něm. *Kasse* z it. *cassa* a to z lat. *capsa* 'schránka' (viz ↑*kapsa*, srov. ↑*inkaso*).

kasárna, kasárny, *kasárenský, kasárnický*. Přes něm. *Kaserne* z fr. *caserne*, původně 'strážní domek', ze stprov. *cazerna* 'místnost pro (čtyři) strážné' a to z vlat. **quaderna* 'čtveřice, skupina čtyř' od lat. *quater* 'čtyřikrát' od *quattuor* 'čtyři'. Srov. ↑*kádr*, ↑*čtyři*.

kasat (se) 'vyhrnovat', *vykasat (si), podkasat (si)*. P.st. *kasać*, r. *kasát'sja* 'dotýkat se', stsl. *kasati sę* tv. Psl. **kasati (sę)* 'dotýkat se' patří k ie. kořeni **kes*- 'škrábat, česat' *(A6)* (srov. ↑*česat*). Významový posun lze vysvětlit z protikladných předponových tvarů 'vetknout (oděv za pás)' – 'vykasat (oděv zpoza pasu)'.

kasematy, kasemata 'chodby a sklepení v hradbách pevnosti'. Přes něm. *Kasematte* a fr. *casemate* z it. *casamatta*, na jehož původ jsou různé názory.

kasino 'podnik provozující hazardní hry'. Původně 'hostinský podnik pro uzavřenou společnost' z it. *casino* 'společenský dům', což je zdrobnělina ke *casa* 'dům' z lat. *casa* tv.

kaskáda 'stupňovitý vodopád', *kaskádový, kaskádovitý*. Z fr. *cascade* z it. *cascata* 'vodopád' od *cascare* 'padat' z vlat. **cāsicāre* od lat. *cadere* (příč. trp. *casus*) tv. Srov. ↑*kadence*.

kaskadér, *kaskadérský*. Z fr. *cascadeur*, nejprve ve významu 'větroplach', pak 'skokan – akrobat' a dnešní význam. Dále viz ↑*kaskáda*.

kasta 'uzavřená společenská skupina', *kastovní, kastovnictví*. Přes něm. *Kaste*, fr. *caste* z port. *casta* '(čistá) rasa, rod' (portugalští mořeplavci tak v 16. st. označili skupiny v přísně rozdělené hinduistické společnosti) a to z lat. *castus* '(mravně) čistý, posvátný'.

kastaněty 'drobný rytmický nástroj'. Ze šp. *castañeta*, což je zdrobnělina ke *castaña* 'kaštan' (podle podoby). Dále viz ↓*kaštan*.

kastelán 'správce hradu', *kastelánský*. Ze střlat. *castellanus* tv., původně adj. 'patřící k hradu', od lat. *castellum* 'hrad, tvrz'. Srov. ↓*kostel*.

kastlík ob. 'skříňka, schránka (na dopisy)'. Z něm. *Kastel, Kästlein*, což je zdrobnělina od *Kasten* 'skříň'. Původ není zcela jasný, snad z germ. **kaza*- 'nádoba' (viz ↑*kar*). Srov. ↓*kašna*.

kastrace 'vykleštění', *kastrovat, kastrát*. Z lat. *castrātiō* tv. od *castrāre* 'vykleštit'.

kastrol 'nízká nádoba na vaření', *kastrolek/kastrůlek, kastrolový*. Z fr. *casserole*, což je zdrobnělina od *casse* 'mísa' z vlat. *cattia* tv. k lat. *catīnus* 'mísa, talíř'.

kaše, *kašička, kašovitý*. Všesl. – p. *kasza*, r. *káša*, s./ch. *kȁša*, stsl. doložena zdrobnělina *kašica*. Psl. **kaša* (z **kas-ja (B3)*) má více výkladů – bývá spojována s lit. *kóšti* 'cedit' (Ma²), s ↓*kvasit*, ↓*kysat*, či s rozšířeným ie. kořenem **kes*- 'sekat, tlouci, škrábat aj.' (srov. např. ↑*česat*, ↓*kosa*). Vzhledem k nejstaršímu způsobu přípravy tohoto pokrmu (drcení obilovin bez další úpravy) se zdá být nejpřesvědčivější výklad poslední.

kašel, *kašlat, zakašlat, odkašlat (si), prokašlat, vykašlat (se), nakašlat, pokašlávat*. P. *kaszel*, r. *kášel'*, s./ch. *kȁšalj*. Psl. **kašьlь* (z **kās-l-jo*-) souvisí s lit. *kósti* 'kašlat', *kosulỹs* 'kašel', sthn. *hwuosto* (něm. *Husten*) tv., alb. *kollë* i sti. *kāsa*- tv., vše z ie. **kᵘās- (A3)* onom. původu.

kašírovaný 'napodobený (z lepenky či jiné hmoty)'. Od *kašírovat* 'napodobovat, polepovat (lepenkou)' z něm. *kaschieren* 'tajit, schovávat' z fr. *cacher* tv. z vlat. **coācticare* 'stlačit' k lat. *cōgere* (příč. trp. *coāctus*) 'shromažďovat, tísnit' (viz ↓*ko*- a ↑*agenda*).

kašmír 'jemná vlněná látka', *kašmírový*. Podle *Kašmíru*, území v severní Indii, kde se chová zvláštní druh dlouhosrsté kozy.

kašna, *kašnový*. Ve starším jazyce též 'truhlice na obilí ap.' Z něm. *(Wasser)kasten*, vlastně 'vodní schránka, nádrž'. Dále viz ↑*kastlík*.

kašpárek, *kašpar, kašpárkovský, kašpařina*. Podle něm. *Kasper(le)*, což byla oblíbená komická figurka na vídeňských lidových divadlech, jméno podle jednoho ze Tří králů.

kaštan, *kaštánek, kaštanový*. Z lat. *castanea* a to z ř. *kástana* (pl.), jehož další původ je nejasný. Spojuje se s ř. místními jmény *Kastanís, Kastanéa*, ale tam jde nejspíš o pojmenování podle stromu.

kat, *katovský, katyně, rozkatit se*. Jen zsl. (slk., hl., p. *kat*), málo jasné. Nejčastěji se odvozuje od psl. **katati* (srov. r. *katát'* 'jezdit, válet, točit, dělat s vervou'), které je však dnes jen vsl. (srov. příbuzné ↑*kácet*, ↓*-kotit*). Významová paralela se hledá v lat. *torquēre* 'točit, kroutit, valit, mučit', *tortor* 'mučitel, kat'.

kát se, *pokání, kajícný, kajícník*. Všesl. – p. *kajać sę*, r. *kájat'sja*, s./ch. *kȁjati se*, stsl. *kajati sę*. Psl. **kajati (sę) (B9)* souvisí s av. *kāy-* 'splácet, pykat', sti. *čáyate* 'trestá, mstí' (dále srov. ↑*cena*) z ie. **kʷei-/*kʷoi-* 'pykat', jež je zřejmě totožné s týmž kořenem s významem 'dbát, pozorovat' (srov. ↑*číst*). Srov. i ↓*kázeň*.

kata- předp. Z ř. *katá* 'dolů, s(e), pod, proti, zcela'. Srov. ↓*katastrofa*, ↓*katalog*, ↓*katedra*, ↓*kategorie*.

katafalk 'podstavec na vystavení rakve'. Přes něm. *Katafalk* a fr. *catafalque* z it. *catafalco* a to z vlat. **catafalcum*, jehož původ je nejistý. Snad z ř. *katá* (↑*kata-*) a lat. *fala* '(vysoké) lešení'.

katakomby 'podzemní chodby, podzemní pohřebiště'. Z it. *catacombe*

z pozdnělat. *catacumbae* tv. a to snad z ř. *katá* (↑*kata-*) a *kýmbē* 'nádoba, vyhloubení'. Původně (kolem r. 400) se tak označoval jen hřbitov sv. Sebastiána na římské Via Appia.

katalog 'seznam', *katalogový, katalogizovat, katalogizace*. Přes lat. *catalogus* z ř. *katálogos* tv. z *katá* (↑*kata-*) a *légō* 'čtu, sbírám' (srov. ↓*-log*).

katalýza 'urychlení chemické reakce', *katalyzační, katalyzátor*. Z angl. *catalysis* a to podle ř. *katálysis* 'rozpuštění, zrušení, ukončení' z *katá* (↑*kata-*) a *lýō* 'uvolňuji'. Srov. ↑*analýza*.

katamaran 'plavidlo se dvěma trupy'. Z angl. *catamaran* a to z tamilského *katta* 'vázat' a *maram* 'kmen, dřevo'.

katan, *katanský*. Obvykle se odvozuje od ↑*kat* (HK), ale vzhledem k dochovanému nář. významu 'voják' není vyloučeno přejetí z maď. *katona* tv. (Ma²) a následné sblížení se slovem *kat*.

katapult 'vrhací stroj', *katapultovat (se)*. Z lat. *catapulta* z ř. *katapéltēs* tv. od *katapállō* 'metám' z *katá* (↑*kata-*) a *pállō* 'pohybuji, mávám, vrhám'.

katar 'zánět sliznice'. Z lat. *catarrhus* z ř. *katárrhous* 'rýma, odtékání' od *katarrhéō* 'odtékám' z *katá* (↑*kata-*) a *rhéō* 'teču'. Srov. ↓*rýma*.

katarze 'vnitřní duševní očista', *katarzní*. Z ř. *kátharsis* 'očištění, osvobození' od *kathaírō* 'očišťuji, zbavuji viny' od *katharós* 'čistý, zdravý, volný'.

katastr 'soupis pozemků', *katastrální*. Z něm. *Kataster* a to z it. *catasto* '(daňový) rejstřík', jež pochází nejspíš z byzantsko-ř. *katástichon* 'rejstřík, seznam'; srov. ↑*kata-* a ř. *stíchos* 'řádka'.

katastrofa, *katastrofický*. Z ř. *katastrofé* 'převrat, konec, pád, záhuba' z *katastréfō* 'převracím, strhávám' z *katá-* (↑*kata-*) a *stréfō* 'otáčím, obracím'. Srov. ↓*strofa*, ↑*apostrof*.

kaťata expr. Viz ↑*gatě*.

katedra 'učitelský stůl; základní pracoviště vysoké školy', *katedrový*. Z lat. *cathedra* z ř. *kathédrā* 'sedadlo, stolice' z *katá* (↑*kata-*) a *hédrā* 'sedadlo, místo' od *hézomai* 'sedím'. Srov. ↓*katedrála*, ↓*sedět*.

katedrála 'gotický chrám, hlavní biskupský kostel', *katedrální*. Ze střlat. *(ecclesia) cathedralis* '(kostel) sídelní' od lat. *cathedra* 'stolice, sídlo' (viz ↑*katedra*).

kategorie 'pojmová skupina, třída; základní pojem', *kategorizovat*, *kategoriální*, *kategorický* 'rozhodný'. Z lat. *catēgoria* z ř. *katēgoría* 'výpověď, obžaloba' (ve filozofickém významu zavedeno Aristotelem) od *katēgoréō* 'obviňuji, vypovídám' z *katá* (↑*kata-*) a *agoreúō* 'mluvím (veřejně)' od *agorá* 'náměstí, shromáždění' od *ageírō* 'shromažďuji'. Srov. ↑*alegorie*, ↑*fantazmagorie*.

katechismus 'základní učebnice náboženství', *katecheta, katecheze*. Ze střlat. *catechismus*, jež vychází z ř. *katēchízō* 'vyučuji' od *katēchéō* 'vyučuji, zním (kolem dokola)' z *katá* (↑*kata-*) a *ēchéō* 'zním'. Srov. ↑*echo*.

katétr 'cévka (k vyprazdňování měchýře ap.)'. Z ř. *kathetḗr* tv. od *kathíēmi* 'sesílám, odvádím' z *katá* (↑*kata-*) a *híēmi* 'posílám, vylévám'.

kation(t) 'ion(t) s kladným nábojem'. Viz ↑*kata-* a ↑*ion(t)*, srov. ↑*anion(t)*.

katoda 'záporná elektroda', *katodový*. Z angl. *cathode* (pojmenoval angl. fyzik Faraday r. 1834) podle ř. *káthodos* 'cesta zpátky' z *katá* (↑*kata-*) a *hodós* 'cesta'. Srov. ↑*anoda*, ↑*elektroda*, ↓*metoda*.

katolický, *katolík, katolictví, katolicismus, katolizovat, katolizace*. Z pozdnělat. *catholicus* '(vše)obecný' z ř. *katholikós* tv. od *kathólou* 'vcelku, vůbec, (vše)obecně' z *katá* (↑*kata-*) a *hólos* 'celý'. Srov. ↑*holocaust*, ↑*hologram*.

katr ob. 'mřížové dveře', slang. 'rámová pila; prohazovačka'. Z něm. *Gatter* 'mříž', jež asi vychází z ie. **ghedh-/*ghodh-* 'spojit' (srov. ↑*hodit se*).

kauce 'záruka', *kaučni*. Z lat. *cautiō* 'opatrnost, záruka' od *cavēre* (příč. trp. *cautus*) 'mít se na pozoru'. Srov. ↑*číti*.

kaučuk 'surovina k výrobě gumy', *kaučukový, kaučukovník*. Přes fr. *caoutchouc* a šp. *cauchuc* z řeči amerických Indiánů rovníkové oblasti (snad Peru).

kauza '(právní) případ', *kauzální* 'příčinný', *kauzalita*. Z lat. *causa* 'příčina, důvod, právní záležitost'.

káva, *kávový, kávovník, kávovina, kavárna, kavárenský, kavárník*. Z tur. *kahve* z ar. *qahwa*, snad podle habešského kraje *Kaffa*, kde kávovník divoce rostl. V nár. obrození se tato podoba (přejatá snad přes p. či s./ch.) prosadila, protože působila 'slovanštěji' než podoba s *-f-* (srov. ↑*kafe*) (Ma²).

kavalec 'prosté lůžko z prken'. Asi přes něm. *Kavallett* z it. *cavalletto* 'podstavec, (dřevěná) koza', což je zdrobnělina od *cavallo* 'kůň' z lat. *caballus* tv. Srov. ↓*kavalerie*.

kavalerie zast. 'jezdectvo'. Z fr. *cavalerie* z it. *cavaleria* tv. od *cavallo* 'kůň' z lat. *caballus* tv. Srov. ↓*kavalír*, ↓*kobyla*.

kavalír 'ušlechtilý a dvorný muž, rytíř'. Přes něm. *Kavalier* z fr. *cavalier* z it. *cavaliere* 'jezdec, rytíř' od *cavallo* 'kůň' (viz ↑*kavalerie*).

kaviár 'konzervované jeseteří jikry', *kaviárový*. Přes něm. a fr. z it. *caviario, caviale*, jež je asi přejato z tur. *hāvyar*. Do Evropy se kaviár dostal v pozdním středověku obchodními styky s Levantou.

kavka, *kavčí*. P. *kawka*, r.d. *kávka*, ch. *kâvka*. Psl. **kavъka* je onom. původu, srov. lit. *kóvas* 'havran' i *kiáukė* 'kavka', dále i ↑*havran* a ↑*káně*.

kazajka 'lehký krátký kabát'. Asi z něm. *Kasack* 'tříčtvrteční blůza nošená přes sukni' z fr. *casaque* 'druh blůzy' vedle *casaquin* tv., vše asi z per. *kazagand* tv.

kázat, *kázání, kazatel, kazatelský, kazatelna, ukázat, nakázat, dokázat, důkaz, zakázat, zákaz, rozkázat, rozkaz, přikázat, přikázání, poukázat, poukázka, výkaz, vzkaz* aj. Všesl. – p. *kazać*, r. *kazát'(sja)* 'ukazovat (se)', s./ch. *kázati* 'říci', stsl. *kazati* 'ukazovat, poučovat, přikazovat'. Psl. **kazati* není přesvědčivě vyloženo. Nejčastěji se spojuje se sti. *kā́śate* 'zjevuje se, svítí', av. *ākasat* 'uviděl' z ie. **kᵘek-* 'jevit se' *(A3,A1)*, nejasné je však *-z-* místo *-s-*. Vývoj významu by byl 'ukazovat' → 'hlásat, poroučet'. Srov. ↓*kázeň*.

kázeň, *kázeňský, káznice, ukáznit, ukázněný*. Stč. i *kazn, kazň, kázen*, též ve významu 'pokárání, trest', stp. *kaźń*, str. *kaznь*, sln. *kázen*, stsl. *kaznь* tv. Psl. **kaznь* se obvykle vykládá z **kazati* (viz ↑*kázat*, srov. r. *nakazát'* 'potrestat'), vývoj významu by byl 'ukazovat, poroučet' → 'napomínat, trestat'. Spojení s ↑*kát se* (příp. *-znь* jako v ↑*bázeň*) vyhovuje významově lépe, ale jsou tu problémy hláskoslovné *(B9)*.

kazeta '(ozdobná) skříňka, krabička'. Z it. *casetta*, což je zdrobnělina od *cassa* (viz ↑*kasa*).

kazit, *kaz, kazivý, pokazit, překazit, překážet, překážka, zkazit, zkáza, nakazit, nakažlivý, nákaza*. P. *kazić*, r.d. *kazít'*, sln. *kazíti*, stsl. *kaziti*. Psl. **kaziti* nemá přesvědčivé souvislosti. Spojuje se s psl. **čeznǫti* 'mizet, zanikat', příbuzná slova se hledají i v lit. *kežė́ti* 'kysnout' (Ma¹, HK) či *góžti*, *gožė́ti* 'kazit se (o pivu)' (Ma²).

každý zájm., *každičký*. P. *każdy*, r. *káždyj*, stsl. *kъžьdo*. Psl. **kъžьdo* se skládá ze zájmena **kъ* (viz ↓*kdo*), které se původně skloňovalo, a nesklonného *-žьdo*, které se obvykle vykládá ze spojení částic ↓*že* a *-de/-do* (viz ↓*kde*), ale také od psl. **žьdati* 'očekávat' (srov. lat. *quīlibet* 'kdokoli' z *quī libet*, vlastně 'kdo je libo') (Ma²). V novějších slov. jazycích se ohýbání přesunulo na konec slova, náslovné *ka-* je buď tvar ž.r., nebo analogie *(D1)* podle ↑*kam, kak* (↑*jak*).

kbelík, *kbelíček*. Stč. *kbel, kbelec*, p.st. *gbeł*, r.st. *kobel*, s./ch. *kàbao*. Psl. **kъbьlъ* je výpůjčkou ze sthn. **kubil* (doloženo ve formě *miluhkubilo* 'vědro na dojení') a to ze střlat. *cubellum, cupellum*, což je zdrobnělina od lat. *cūpa* 'sud, džber'. Srov. ↓*kýbl*, ↓*kupole*, ↓*koflík*.

kdákat, *kdákání, zakdákat*. Onom.

kde přísl. Všesl. – p. *gdzie*, r. *gde*, sln. *kje*, ch. *gdjȅ*, stsl. *kъde*. Psl. **kъde* vychází z ie. tázacího zájmenného kmene **kᵘu-* (srov. ↓*kdy*, ↓*kdo*) a místní částice **-d(h)e* (srov. ↓*zde*). Stejné tvoření je např. v av. *kudā*, lat. *ubi* tv. *(A2)*, s jiným rozšířením v lit. *kuř* tv.

kdo zájm. Všesl. – hl. *štó*, p., r. *kto*, s./ch. *tkò*, stsl. *kъto*. Psl. **kъto* je rozšířeno zdůrazňovací částicí *-to* (srov. ↑*co*) (v č. je *-do* podle ↑*kde*, ↓*kdy*). Původní nerozšířené **kъ* je vidět v pádových tvarech (*koho, komu* ap.). Východiskem je ie. tázací zájmenný kmen **kᵘo-* *(A3)*, který je např. i v lit. *kàs* 'kdo, co', gót. *hwas* 'kdo', lat. *quī* (ze stlat. *quoi*) 'který', sti. *káh* 'kdo'. Srov. i ↓*který*, ↓*kolik*, ↑*každý*, ↓*kéž*, ↓*kýženy*.

kdoule 'dýně'. Všesl. – slk. *dula*, p.d. *(g)dula*, str. *gdunja*, s./ch. *dùnja*. Psl. **kъdun'a* (se zsl. variantou **kъdul'a*) je výpůjčkou z ř. (viz ↑*dýně*).

kdy přísl., *když*. Všesl. – slk. *kedy*, p. *kiedy, gdy*, r. *kogdá*, sln. *kdáj*, s./ch. *kȁd*, káda, stsl. *kogda*. Psl. **kogda*,

*kъ(g)da, *kъ(g)dy má v první části stejné *kъ jako ↑kdo, ↑kde, k výkladu druhé části viz ↓tehdy. Příbuzné útvary jsou lit. kadà, sti. kadā tv.

kebule zhrub. 'hlava'. Slk. gebuľa. Snad z něm. arg. Köpel tv. od Kopf 'hlava'.

kecat, kec, kecal, kecnout, nakecat, pokecat (se), zakecat (se), ukecat, ukecaný, vykecat (se), prokecnout. Jen č. Snad z nář. kycati 'házet, upustit', jež je z *kyd-sati (viz ↓kydat) (Ma²).

kecky (mn.) 'plátěné šněrovací boty s gumovou podrážkou'. Podle am. firmy Keds, která je původně vyráběla.

kečup, kečupový. Z angl. ketchup a to z čín. kētsiap 'rybí omáčka', případně z indonéského ketjap 'sójová omáčka'.

kedluben, kedlubna, kedlubnový. Z něm. nář. Kellrüben z něm. Kohlrübe 'tuřín', Kohlrabi 'kedluben' (srov. slk. kaleráb přes maď.), obojí z it. cavolo rapa tv. z lat. caulus 'zelí' (viz ↑karfiol) a rāpa (viz ↓řepa).

kefír 'kysané mléko', kefírový. Z b. či r. kefír a tam přejato z nějakého jazyka kavkazské oblasti, přesný zdroj neznámý (srov. megrelské kipuri, oset. k′æpy tv.).

kejhat, ob. kejhák 'krk'. Onom., podle husího křiku.

kejklat hov. 'viklat'. Též v podobách kýklat (se), kynklat (se) ap. Stejně jako ↓kejkle asi přejetí z něm. gaukeln 'těkat, poletovat', lze však myslet i na kontaminaci (D3) domácích slov ↓kývat a ↓viklat.

kejkle 'kouzelnické kousky, triky', kejklíř, kejklířský, kejklířství. Stč. kajkléř, kaukléř. Z něm. gaukeln 'těkat, provádět kouzelnické kousky' nejasného původu. Srov. ↑kejklat.

keks 'sušenka'. Z angl. cakes, což je pl. od cake 'druh sladkého pečiva',

jež je příbuzné s něm. Kuchen 'koláč, zákusek'. Další etym. souvislosti nejsou zřejmé.

kel 'vyčnívající zub některých savců'. P. kieł, r. klyk, sln. kel, s./ch. kàljak. Psl. *kъlъ je odvozeno od *kolti (viz ↓kláti).

kelímek, kelímkový. Převzato Preslem z p. kielimka 'rendlík' (nejprve ve významu 'nádoba chemičná' (Jg)). Další stopy ukazují na polské přejetí z východu (tur.), ale výchozí slovo není jisté.

kemp 'tábořiště', kempink, kempovat. Z angl. camp 'tábor' a to z lat. campus 'pole'. Srov. ↑kampaň.

kentaur 'mytologická bytost, napůl člověk, napůl kůň'. Z ř. kéntauros tv., jehož další původ není jasný.

kepr 'druh tkaniny se zvláštní vazbou', keprový. Přes něm. z niz. keper 'křižování'.

keramika, keramický, keramik. Z fr. céramique a to z ř. keramikḗ (téchnḗ) 'hrnčířské (umění)' od keramikós 'hliněný, hrnčířský' od kéramos 'hrnčířská hlína, nádoba' a to od keránnymi 'mísím, slévám'.

keř, keřík, keříček, keřový, keřovitý, křoví, křovinatý, zákeřný. P. kierz, str. korь, kъrь. Psl. *kъrь souvisí s ↓kořen (*kor- se oslabilo v *kъr-), původní význam byl asi 'odnož, postranní výhonek' (Ma²).

keser 'malá rybářská síť'. Z dněm. Kesser a to zřejmě (přes dán. ketser) z angl. catcher tv. od catch 'chytat'.

keson 'potápěcí zvon'. Z fr. caisson od caisse 'bedna, schránka' z lat. capsa. Srov. ↑kapsa, ↑kasa.

kešú 'druh tropického oříšku'. Z angl. cashew, fr. cajou z port. acajou z jazyka brazilských Indiánů.

keťas zast. 'šmelinář'. Z něm. *Ketten(händler)* 'řetězový obchodník' od *Kette* 'řetěz' z lat. *catēna* tv.

kéž část. Složeno ze zájm. *ké* a část. ↓*že. Ké* je tvar stř. rodu zájm. *ký* 'který, jaký' z psl. *kъjь (srov. ↑*kdo*), který ustrnul nejprve v tázací přísl. s významem 'což(pak)' a pak dokonce v částici vyjadřující přání (podrobně Ma[2]). Srov. ↓*kýžený.*

khaki 'olivově zelený'. Z angl. *khaki*, jež bylo v 19. st. přejato z urdštiny, tam z per. *khākī* '(vypadající) jako prach, země' od *khāk* 'prach, země'.

kibic ob. 'kdo přihlíží a radí při hře v karty', *kibicovat.* Z něm. *Kiebitz* tv., původně 'čejka' (argotická metafora asi na základě varovného křiku, podle něhož je v něm. čejka pojmenována).

kiks ob. 'selhání, výpadek', *kiksnout.* Zdá se, že nejprve se objevilo v hudbě ve významu 'vydat nepodařený tón' z něm. *gicksen* 'vydat lehký výkřik', potom v kopané asociací s angl. *kick* 'kopnout' ve významu 'ukopnout se', odtud pak i do dalších oblastí.

kilo, *kilový, kilovka.* Zkráceno z *kilogram* (viz ↓*kilo*).

kilo- (ve složeninách) 'tisíc'. Z ř. *chílioi* tv., r. 1790 zavedeno do metrického systému. Srov. *kilogram, kilometr, kilohertz, kilowatt* ap.

kimono '(japonský) volný oděv se širokými rukávy', *kimonový.* Z jap. *kimono* 'oděv' z *ki-ru* 'obléci' a *mono* 'věc'.

kinematografie 'filmové umění', *kinematografický.* Od fr. *cinématographe* 'biograf', což je novotvar bratří Lumièrů z ř. *kínēma* (gen. *kīnḗmatos*) 'pohyb' od *kīnéō* 'pohybuji se' a *gráfō* 'píšu' (viz ↑*-graf*). Srov. ↓*kino*, ↓*kinetický.*

kinetický 'pohybový', *kinetika.* Z ř. *kīnētikós* 'pohyblivý' od *kīnéō* 'pohybuji se'. Srov. ↑*kinematografie.*

kino. Zkráceno z *kinematograf* (viz ↑*kinematografie*). Srov. něm. *Kino*, fr. *cinéma*, angl. *cinema*, šp. *cine.*

kinžál 'zakřivená dýka'. Z r. *kinžál* a to z ttat. jazyků (srov. tur. *xanžär*, tat. *kandžar*).

kiosk 'stánek', *kioskový.* Přes něm. *Kiosk* z fr. *kiosque* a to přes it. *chiosco* z tur. *kyöšk* 'zahradní pavilon' z per. *gōše* 'roh, kout'.

kisna. Viz ↓*kysna.*

kivi 'novozélandský nelétavý pták'. Z maorského *kiwi* onom. původu.

kiwi 'druh tropického ovoce'. Stejného původu jako ↑*kivi*, asi proto, že ovoce tvarem připomíná vejce uvedeného ptáka.

klábosit expr., *klábosení, poklábosit.* Jen č., ale asi staré (psl. **kolbositi, B8*), protože existují překvapivě blízká slova v lit. – *kalbéti* 'mluvit' a dokonce nář. *kalbāsyti* 'bavit se' (Ma[2]). Původ asi onom., srov. např. ↑*blábolit.*

klacek, *klacík, klacíček, klackovitý.* Z něm. *Klotz* 'špalek', přeneseně i 'nemehlo, neotesanec'.

kláda, *kládový, kladina.* Všesl. – p. *kłoda*, r. *kolóda*, s./ch. *klȁda*, stsl. *klada.* Psl. **kolda (B8)* je odvozeno od *kolti (viz ↓*kláti*), *d-*ové rozšíření mají i něm. *Holz* 'dřevo', stisl. *holt* 'lesík' *(A4)*, střir. *caill* 'les' (z *kald-), ř. *kládos* 'větev'.

kladivo, *kladívko, kladivový, kladívkový, kladivoun.* Slk., *kladivo* (jinak v zsl. i vsl. chybí), sln. *kládivo.* Psl. *kladivo (vyloučit nelze ani rekonstrukci *koldivo) není příliš jasné. Spojuje se jak s ↓*klást, kladu*, tak s ↓*klát* (srov. ↑*kláda*).

kladka, *kladkový*. Nejspíš od ↑*kláda*, původně to byla 'závora (u dveří, na voze ap.)' (Jg), pak i 'zdvihací stroj' (jako jednoduchá kladka asi nejprve sloužil ohlazený kmínek).

kladný, *klad*. Od ↓*klást*. Srov. ↓*pozitivní*.

klaka 'lidé najatí k organizovanému potlesku či vypískání'. Z fr. *claque* tv. od *claquer* 'klapat, tleskat' onom. původu (odtud i č. *klak* 'skládací cylindr'). Srov. ↓*klika*[2].

klakson 'houkačka'. Z angl. *klaxon* a to podle firmy *Klaxon* (os. jméno), která toto zařízení první vyráběla.

klamat, *klam, klamný, klamavý, zklamat, zklamání, oklamat*. P. *kłamać*, s./ch.d. *klàmati* 'klamat, houpat', sln. *klamáti* 'chodit jako omámený, zmateně mluvit', jinak v jsl. a vsl. chybí. Psl. *klamati se spojuje s ↓*klímat* a ↓*klonit* (s jiným rozšířením), významový posun 'naklánět' → 'houpat' → 'klamat, lhát' lze přijmout (srov. č. ob. expr. *houpat něhoho* 'balamutit').

klan 'rod, semknuté společenství'. Z angl. *clan* a to z kelt. (gaelského) *clann* 'potomek, dítě', jež souvisí s lat. *planta* 'sazenice, rostlina'.

klandr ob. 'zábradlí'. Z něm. *Geländer*, což je hromadné jméno k *Lander* 'tyčkový plot', asi od *Linde* 'lípa'.

klaněť se. Z psl. **klanʼati (sę)*, všesl. Iterativum (opětovací sloveso) od *kloniti (↓*klonit*).

klání 'utkání, turnaj'. Viz ↓*kláti*.

klapat, *klapot, klapnout, sklapnout, zaklapnout*. Všesl., onom. původu, srov. ↓*klepat* i něm. *klappern*, angl. *clap* tv.

klapka, *klapkový*. Jako technický termín přejato z něm. *Klappe*, které je ovšem ze stejného onom. základu jako ↑*klapat*.

klaret 'druh bílého vína'. Ze stfr. *claret* a to z lat. *clārus* 'jasný'.

klarinet, *klarinetový, klarinetista*. Z it. *clarinetto*, což je zdrobnělina od *clarino* 'sólová trubka', doslova 'jasně znějící', od *claro* 'jasný' z lat. *clārus* tv. Srov. ↑*klaret*, ↑*deklarace*.

klas, *klásek, klasový, poklasný*. Všesl. – p. *kłos*, r. *kólos*, s./ch. *klâs*, stsl. *klasъ*. Psl. **kolsъ (B8)* je příbuzné s alb. *kall* tv. i sthn. *huls* (něm. *Hulst*, angl. *holly*) 'cesmína' z ie. **kolso-* od **kel-* 'tlouci, bodat, řezat' (viz ↓*kláti*). Původní význam je asi 'to, co bodá, píchá' (srov. ↓*osina*), méně pravděpodobně 'to, co se mlátí' (HK).

klasa ob. zast. 'třída'. Z něm. *Klasse* (srov. ↓*klasický*).

klasicismus 'umělecký směr 18. a 19. st. vycházející z antiky', *klasicistický*. Viz ↓*klasický*.

klasický 'antický; mající trvalou hodnotu; osvědčený, typický', *klasik, klasika*. Podle něm. *klassisch*, fr. *classique* z lat. *classicus* 'patřící k římské třídě', přeneseně pak 'vzorový', od *classis* '(vojenská a občanská) třída'.

klasifikace '(u)třídění, (o)hodnocení', *klasifikovat*. Z fr. *classification*, dále viz ↑*klasický* a ↑*-fikace*.

klást, *nakládat, náklad, nákladný, zakládat, základ, základní, základna, dokládat, doklad, důkladný, vykládat, výklad, výkladový, přikládat, příklad, příkladný, skládat, sklad, skladovat, skladník, vkládat, vklad, ukládat, úklad, úkladný, podklad, pokládat, odkládat, překládat, rozklad* aj. Všesl. – p. *kłaść*, r. *klast'*, s./ch.st. *klâsti*, stsl. *klasti*. Psl. *klasti (z **klad-ti (B5)*) se spojuje s lit. *klõdas* 'vrstva', *klóti* 'rozkládat, rozprostírat' a gót. *hlaþan (A4)*, něm. *laden*, angl. *load* (stangl. *hladan*) 'nakládat', vše z ie. **klā-* 'rozkládat'.

klášter, *klášterní*. Ze střhn. *kloster* ze sthn. *klōster* a to z lat. *claustrum* tv., původně 'závora, zámek', od *claudere* 'zavírat, zamykat'. Srov. ↓*klaustrofobie*, ↓*klauzura*, ↓*klauzule*, ↓*klíč*.

klatba '(církevní) prokletí'. Stč. *klatva, klátva, kletva, klétva, kladba* aj. s pozdějším rozlišením významu 'církevní prokletí' a 'prokletí, zaklení' (↓*kletba*). Z psl. **klętva (B7)*, viz ↓*klít*.

kláti zast. 'bodat, zabíjet, štípat', *klání, sklát, skolit, proklát, rozeklát, rozeklaný, rozkol*. Všesl. – p. *kłuć*, r. *kolót'*, s./ch. *klȁti*, stsl. *klati*. Psl. **kolti (B8)* má nejblíže k lit. *kálti* 'bušit, kovat' *(B5)*, dále souvisí s lat. *clādēs* 'porážka', ř. *kláō* 'lámu', alb. *rë-kuall* 'bodlák', východiskem je ie. **kel-* 'tlouci, bodat'. Srov. ↑*kláda*, ↑*klas*, ↑*kel*, ↓*klíček*, ↓*kolmý*, ↓*úkol*, ↓*kolohnát*.

klátit (se), *klátivý, sklátit*. Všesl. – p. *klócić*, r. *kolotít'*, s./ch. *klátiti*, stsl. *klatiti*. Psl. **koltiti (B8)* nejspíš vychází z *koltъ 'useknutý kus dřeva' (srov. č. nář. *klát* 'kus dřeva zavěšovaný na krk dobytku, špalek') a to od *kolti (viz ↑*kláti*). Původně tedy asi 'pracovat s klátem' (srov. *klátit ořechy*), pak 'kývat se jako klát'.

klaun, *klaunovský, klauniáda*. Z angl. *clown*, jež dále není zcela jasné – spojuje se s isl. *klunny* 'křupan, neotesanec', švéd.d. *klunn* a dán. *klunt* 'kláda', ale také lat. *colōnus* 'sedlák'.

klaustrofobie 'strach z uzavřeného prostoru', *klaustrofobní*. Novější, z lat. *claustrum* 'uzavřený prostor, závora' (viz ↑*klášter*) a ↑*fobie*.

klauzule 'doložka v listině'. Z lat. *clausula* 'závěrečná formule, konec' od *claudere* (příč. trp. *clausus*) 'zavírat'. Srov. ↓*klauzura*.

klauzura 'uzavřené místo v klášteře; druh písemné zkoušky', *klauzurní*. Z pozdnělat. *clausūra* 'uzavření' od *claudere* (příč. trp. *clausus*) 'zavírat'. Srov. ↑*klauzule*, ↑*klášter*.

klávesa, *klávesový, klávesnice, klaviatura*. Z lat. *clāvēs* (pl.) od *clāvis* 'klíč', jež souvisí s *claudere* 'zavírat' (srov. ↑*klauzura*). Původně mechanismus k zavírání píšťal u varhan, pak i k vydání příslušného tónu (HK). Srov. ↓*klavír*.

klavichord 'starší klávesový hudební nástroj'. Z lat. *clāvis* (viz ↑*klávesa*) a *chorda* 'struna' (srov. ↑*akord*).

klavír, *klavírní, klavírista*. Z něm. *Klavier* z fr. *clavier* 'klávesnice' a to k lat. *clāvis* 'klíč' (viz ↑*klávesa*).

klec, *klícka, klecní, klecový*. Ze stč. *kletce*. Všesl. – slk. *klietka*, p. *klatka*, r. *klet'* 'komora', s. *klêt*, ch. *kl'ijet*, stsl. *klětъ* tv. Psl. *klětъ má nejblíže k lit. *klėtis* 'špýchar, komora', obojí se pak nejčastěji vykládá z ie. **klei-*/**klei-* 'sklánět, ohýbat' (srov. ↓*klonit*), k němuž se přiřazuje i gót. *hleiþra* 'chata, stan' (něm. *Leiter*, angl. *ladder* 'žebřík'), ř. *klisía* 'chýše, stan'. Původní význam by byl 'přístřešek z větví či latí' (HK).

kleč 'kosodřevina'. Ve starší č. je i výchozí význam 'křivé dřevo' (Jg), srov. p. *klęk* tv., sln. *klek* 'túje', s./ch. *klȅka* 'jalovec', b. *klek* 'kleč', dále ve v. slov. jazycích řada dalších odvozených významů (č. zast. *kleč* 'držadlo u pluhu'). Psl. *klęčь, *klęča, *klękъ, *klęka 'něco zkřiveného' souvisí s *klęčati, *klękati (viz ↓*klečet*).

klečet, *klekat, kleknout, klek, klekátko, pokleknout, přikleknout, zakleknout*. P. *klęczeć*, s./ch. *klȅčati*, stsl. *klęčati*, chybí ve vsl. Psl. **klęčati (B7)* je nejspíš příbuzné s lit. *klénkti* 'rychle jít', lot. *klencēt* 'kulhat', něm. *Gelenk* 'kloub', lat. *clingere* 'obklopit, uzavřít', vše z ie. **klenk-*, **kleng-* 'ohýbat, kroutit' ('klečet' = 'ohýbat kolena'). Vyloučena není ani příbuznost s ↓*klonit*. Srov. ↑*kleč*.

klekánice 'strašidelná bytost chytající venku děti po klekání'. Od *klekání* 'zvonění k večerní modlitbě', dále viz ↑*klečet*.

klematis 'zahradní rostlina s velkými květy'. Z ř. *klēmatís*, *klēma* 'výhonek, křoví'.

klempírovat ob. zast. 'postonávat'. Z něm. *krepieren* 'chcípat, praskat' z it. *crepare* tv. z lat. *crepāre* 'chřestit, praskat'.

klempíř, *klempířský*, *klempířství*. Z něm. *Klempner* od *klempern* 'tepat plech', jež souvisí s *Klammer* 'svorka, skoba'.

klen 'druh javoru'. Všesl. – p. *klon*, r. *klën*, s. *klȅn*. Psl. *klenъ je příbuzné s něm. *Lehne*, stangl. *hlyn* i lit. *klēvas* (s jinou příp.) tv. Další původ není zcela jasný, ale možná je souvislost s ie. **kel-* 'tlouci, bodat' (viz ↑*kláti*), nejspíš podle rozeklaných, ostře vyřezávaných listů (srov. ↑*klas*).

klencák slang. 'vojenský cvik leh – vztyk'. Z něm. *Gelenks(übungen)* 'cvičení kloubů' (srov. ↑*klečet*).

klenot, *klenotnice*, *klenotník*, *klenotnický*, *klenotnictví*. Stč. *klénot*, *klejnot*. Ze sthn. *kleinōt* (dnes *Kleinod*) tv. od sthn. *kleini* 'lesklý, čistý, půvabný, malý' (z toho dnes *klein* 'malý').

klenout, *klenutí*, *klenutý*, *klenba*, *klenbový*, *klenák*, *překlenout*. Takto jen č. Z psl. **kle(p)nǫti (A7)*, příbuzné je dále p. *sklepiać* tv. (srov. ↓*sklep*), r. *klepát'* 'nýtovat', sln. *skleníti* 'uzavřít, sepnout', *sklépati* 'uzavírat, spínat', stsl. *zaklenǫti* 'zavřít'. Asi souvisí s onom. ↓*klepat*, ↑*klapat*, jak svědčí něm. *klappen* 'klapat' – *zuklappen* 'sklopit, uzavřít'. Viz i ↓*klopit*.

klepat, *klepnout*, *klepání*, *klepna*, *zaklepat*, *poklepat*, *vyklepat*, *oklepat (se)*, *rozklepat (se)*. Všesl. Psl. **klepati* 'tlouci, klapat' je onom. původu,

elementárně příbuzné je lit. *klabėti*, něm. *klappern* tv., k přenesenému významu 'tlachat, pomlouvat' srov. např. angl. *clap* 'klepat, tleskat' i 'brebentit'. Srov. ↑*klapat*, ↓*klopit*.

klepeto, *klepítko*. Jen č. Nejspíš snad lze vysvětlit z psl. **kle(p)nǫti* 'uzavřít, sklapnout' (viz ↑*klenout*) (HK). Přípona jako v ↓*řešeto*.

kleptomanie 'chorobný sklon krást', *kleptoman(ka)*, *kleptomanský*. Novotvar (19. st.) z ř. *kléptō* 'kradu' a ↓*mánie*.

klérus 'duchovenstvo', *klerik*, *klerikál*, *klerikální*, *klerikalismus*, *klerika*. Z lat. *clērus* tv. a to z ř. *klḗros* 'úděl, los, podíl' (kněžské povoláňí je 'úděl od Boha').

klesat, *klesnout*, *klesavý*, *poklesnout*, *pokles*, *poklesek*, *poklesly*, *podklesávat*, *skleslý*, *zaklesnout*. Slk. *klesať*, p. *klęsnąć* tv., sln.st. *klésniti* 'klopýtnout', jinde chybí. Psl. **klęsati (B7)* je asi variantou ke **klękati* (viz ↑*klečet*).

klestí 'osekané větve, chrastí'. Od ↓*klestit*.

klestit 'osekávat, ořezávat, prorážet (cestu)', *proklestit*, *oklestit*, *kleštit* 'kastrovat', *vykleštit*, *kleštěnec*. P. *kleścić*, r.d. *klestít'* 'hníst, svírat', sln. *kléstiti* 'osekávat, tlouci', stsl. *(sъ)klěstiti* 'sevřít'. Psl. **klěstiti* se obvykle spojuje s lit. *klìšės* '(račí) klepeta', sti. *kliśnấti* 'svírá, trápí' z ie. **kleiḱ-* 'tisknout, mačkat' *(A1)*. Srov. ↓*kleště*, ↓*klíště*.

kleště, *kleštičky*, *klíšťky*. Všesl. – p. *kleszcze*, r. *kléšči*, s. *klȇšta*, ch. *klijẽšta*, stsl. *klěštę*. Psl. **klěšča* (mn. **klěščí*) je zřejmě odvozeno od **klěstiti* (↑*klestit*), i když detaily tohoto odvození (**klěst-ja?*) jsou sporné. Srov. ↓*klíště*.

kletba. Viz ↓*klít*, ↑*klatba*.

kleveta, *klevetit*. R. *klevetá*, s./ch. *klèveta*, stsl. *kleveta*. Psl. **kleveta* od **klevetati* není příliš jasné. Často se spojuje s ↓*klovat (-etati* je stejné jako

klíč

u ↓*třepetat*), podle jiných jde o expr. obměnu ↑*klepat* (tam viz i o posunu významu).

klíč, *klíček, klíčový, klíční, klíčník, sklíčit, obklíčit.* Stč. *kľúč* 'klíč, hák'. Všesl. – p. *klucz,* r. *ključ,* s./ch. *kljûč,* stsl. *ključь.* Psl. **kľučь* souvisí s lit. *kliūtìs* 'překážka', stir. *cló* 'hřeb', lat. *clāvis* 'klíč, závora', ř. *kleís* tv., vše z ie. **kleu-, *klāu-* 'hák; zavírat (hákem)', příbuzné je zřejmě i něm. *schliessen* 'zavírat, zamykat' (z ie. *(s)kleu-d- (A5,A4)*). Primitivní klíče měly tvar háku či kliky (podle této podoby též *klíční kost* – již ve staré ř.). Srov. ↓*klika,* ↓*sklíčit,* ↑*klášter.*

klíčit, *klíček, vyklíčit, naklíčit, vzklíčit.* Od stč. *klí* (později *klík, klíč,* k tomu srov. ↑*hřebík,* ↓*klih*) 'klíček, zárodek rostliny' z psl. **kъlьjь (B6,B9)* (tato odvozenina doložena jen v č.), základem je psl. **kъlъ* (srov. p. *kiełek,* sln. *kâl* tv.). Dále viz ↑*kel,* jehož původ je totožný. · *Klíček* je vlastně 'to, co se probíjí, prodírá ven (ze semene, ze země ap.)'.

klička, *kličkovat.* Od ↓*klika*[1] patří sem i přenesené významy 'něco stočeného, prudké uhnutí v běhu ap.'.

klid, *klidný, uklidnit, zklidnit, klidit (se), uklidit, úklid, úklidový, sklidit, sklízet, sklizeň, poklidit, vyklidit.* Stč. *kľud* tv., *kľuditi* 'pořádat, tišit; odklízet, čistit'. Hl. *kludźić* 'uklízet, čistit', r.d. *kljud* 'pořádek, slušnost', zcela chybí v jsl. Psl. **kľudъ, *kľuditi* má nejblíže ke germ. slovům – gót. *hlūtrs* 'čistý', sthn. *hlūttar* (něm. *lauter*) 'čistý, jasný' (z ie. **klūd-, *kleud- (A4,B2)*). Srov. ↓*kloudný.*

klient 'zákazník (advokáta, peněžního ústavu ap.)', *klientela.* Přes něm. *Klient* tv. z lat. *cliēns* (gen. *clientis*) 'svěřenec, chráněnec (římského patricije)', jehož další původ není jistý – někteří spojují s lat. *cluēre* 'poslouchat' (srov.

↓*slout*), jiní s *-clīnāre* 'klonit se'. Srov. ↑*deklinace,* ↓*klima.*

klih 'lepidlo živočišného původu', *klihový, klížit, klížka, přiklížit, rozklížit.* Stč. *klí* (pozdějším přetvořením *klíh,* *klih* podobně jako *klík* u ↑*klíčit,* ↓*žebřík*). P., r. *klej* tv., b. *klej* 'smůla'. Psl. **klьjь* je zřejmě variantou ke **glьjь* (p., r.d. *glej* 'jíl, hlinitá země', s./ch. *glêj* 'druh hlíny'), jež souvisí s něm. *Klei,* angl. *clay* 'jíl', ř. *glía* 'lep' z ie. **glēi-*. Srov. ↑*hlína,* ↑*hlíva.*

klika[1], *klička, klikový, klikatý, klikatit se.* Všesl. – p.d. *kluka,* r. *kljuká,* s./ch. *kljùka.* Psl. **kľuka* je utvořeno příp. *-ka* od ie. **kleu-* 'hák', dále viz ↑*klíč.*

klika[2] 'skupina vzájemně se podporujících lidí'. Z fr. *clique* onom. původu. Srov. ↑*klaka.*

klika[3] ob. 'štěstí', *klikař.* Z něm. *Glück* tv. nejasného původu (srov. i angl. *luck* tv.).

klikva 'keřík s červenými plody rostoucí na rašeliništích', *klikvový.* Přejato Preslem z r. *kljúkva,* jež asi souvisí s r. *ključevína* 'bláto', celkově však nejisté.

klima 'podnebí', *klimatický, klimatizace.* Přes něm. *Klima* a pozdnělat. *clīma* tv. z ř. *klíma* 'sklon Země (od rovníku k pólům), nebeská oblast, zóna' od *klínō* 'nakláním'. Srov. ↓*klimakterium,* ↓*klinika,* ↑*inklinovat.*

klimakterium 'přechod (u ženy)', *klimakterický.* Z ř. *klīmaktér* 'přechodný rok, nebezpečné období lidského života' (podle antických lékařů každý 7. rok života), doslova 'stupeň žebříku' od ř. *klímax* 'žebřík, stupňování' od *klínō* 'kloním se' (srov. ↑*klima*).

klímat, *poklimovat.* Kromě č. jen v jsl. – s./ch. *klìmati* 'pohupovat (hlavou)', b. *klímam* tv. Psl. **klimati* se spojuje s ie. kořenem **klem-/*klom-* od **kel-* 'sklánět, opírat' (srov. sti. *klām(y)ati*

klimpr 277 **kloaka**

'je unavený', ↑*klamat* a dále i ↓*klonit*, ↑*klima*, ↑*deklinace* aj.).

klimpr hov. expr. 'klavír'. Z něm. *Klimper(kasten)* tv. onom. původu.

klín, *klínek, klínový, vklínit, zaklínit*. Všesl. – p., r. *klin*, s./ch. *klȉn*, stsl. *klinъ*. Psl. **k(ъ)linъ* je nejspíš odvozeno od **kъlati* (viz ↑*kláti*), původní význam byl 'zašpičatělý plochý kus dřeva, kovu ap. sloužící k rozštípnutí', další významy – např. 'místo mezi dolní částí trupu a stehny sedící osoby' – vznikly na základě podobnosti.

klinč 'zaklínění soupeřů v boxu'. Z angl. *clinch* 'sevřít, držet', což je kauzativum (srov. ↓*trápit* – ↓*trpět*) ke *cling* 'lpět, držet se'.

klinika 'nemocnice při lékařské fakultě', *klinický*. Přes něm. *Klinik*, fr. *clinique* tv. z ř. *klīnikḗ (téchnē)* 'umění uzdravovat nemocné na lůžku' od *klī́nē* 'lůžko, lehátko' od *klī́nō* 'nakláním, pokládám'. Srov. ↑*klima*, ↑*deklinace*.

klinkat, *zaklinkat*. Onom. původu. Srov. hl. *klinkać*, něm. *klingen*, angl. *clink*. Srov. i ↑*cinkat*.

klip 'dramatický vizuální doprovod písně, reklamy ap.' Z angl. *clip* 'střih, výstřižek' a to ze skandinávských jazyků, původ asi onom.

klips(n)a 'ozdobná stiskací spona či náušnice; řemínek na pedálu kola k upevnění nohy'. Z angl. *clip* (pl. *clips*) 'svorka, spona, příchytka', původ asi stejný jako u ↑*klip*.

klisna 'kobyla', *klisnička*. Jen č., přitvořeno k stč. *kľúsě* 'hříbě, dobytče' *(C1)*. Stp. *klusię*, str. *kljusja* 'tažné zvíře', s./ch. *kljúse* 'sešlý kůň', stsl. *kljusę*, 'tažné zvíře'. Psl. **kľusę,* je odvozeno od **kľusati* (viz ↓*klusat*).

klišé 'ustálený slovní obrat'. Z fr. *cliché*, původně 'tisková deska určená ke knihtisku', vlastně příč. trp. od *clicher* 'odlévat tiskovou desku pomocí matrice' onom. původu (podle mlaskavého zvuku, který zařízení vydává). K významu srov. ↓*stereotyp*.

klíště, *klíšťový*. Č.st. *klíšť*, slk. *klieští*, p. *kleszcz*, r. *klešč*, sln. *klèšč*. Psl. **klěščь (C3, C5)* úzce souvisí s **klěšča* (viz ↑*kleště*).

klít, *kletba, proklínat, prokletý, proklétí, zaklínat, zakletý*. Všesl. – p. *klęć*, r. *kljast'*, s./ch. *kléti*, stsl. *klęti* 'proklínat', *klęti sę* 'přísahat'. Psl. **klęti (sę) (B7)* nemá jisté ie. paralely. Původ lze objasnit dvojím způsobem – jednak spojením s ↓*klonit* (člověk se při kletbě či přísaze skláněl, případně dotýkal země), jednak spojením se stangl. *hlynnan* 'zvučet, hlučet' *(A4)*, sti. *krándati* tv. z ie. **kel-* tv.; jako významovou paralelu lze uvést něm. *schwören* 'přísahat', angl. *swear*, gót. *swaran* tv. a sti. *svárati* 'zní, zvučí'.

klitoris 'poštěváček'. Z ř. *kleitorís*, doslova 'hrbolek', a to asi od *klī́nō* 'skláním', srov. *klītýs* 'kopec, svah'. Srov. ↑*klinika*.

klívie 'pokojová rostlina s oranžově růžovými květy'. Nazvána asi na počest Charlotte Florentie, rozené Clive, vévodkyně z Northumberlandu († 1866).

kližka 'klihovitá vrstva v mase'. Od ↑*klih*.

klk 'chuchvalec, sraženina'. P. *kłak* 'koudel, chundel', r. *klok* 'chomáč', sln. *kólke* (pl.) 'koudel, pazdeří'. Psl. **klъkъ* není příliš jasné, snad souvisí s lit. *pláukas* 'vlasy', něm. *Flocke* 'vločka, chuchvalec (viz ↓*vločka*), předpokládá to ale dálkovou asimilaci *p-k* na *k-k*.

klnout. Viz ↑*klít*. Stč. *kléti* mělo přít. čas *klnu, klneš* atd., k tomu se vytvořil analogií *(D1)* nový infinitiv. Srov. ↓*pnout*, ↑*jmout*.

kloaka 'společné ústí trávicí trubice, močových a pohlavních orgánů

klobása 278 **klopotit**

(u ptáků); stoka'. Z lat. *cloāca, cluāca* 'stoka, kanál' ze stlat. *cluere* 'čistit' ze stejného ie. kořene jako ↑*klid*.

klobása, *klobásový*. P. *kiełbasa*, r. *kolbasá*, sln. *klobása*, b. *kobasica*. Psl. *kъlbasa (různé nepravidelnosti ve slov. jazycích jsou asi druhotné) bylo většinou považováno za výpůjčku nejistého původu (Ma², HK), dnes se uvažuje i o domácím původu slova vzhledem k r.d. *kólbik* 'domácí klobása', *kel'búchi* 'střeva', ukr.d. *kovb, kóvbik* 'zvířecí žaludek', r.d. *kolbát'* 'neuměle šít', i když ani původ těchto slov není jasný.

klobouk, *klobouček, kloboukový, kloboučník, kloboučnictví*. Všesl. – p. *kłobuk*, r. *klobúk*, s./ch. *klòbuk*, stsl. *klobukъ* 'pokrývka hlavy'. Psl. *klobukъ je nejspíš přejetí z nějakého ttat. jazyka (srov. tur. *kalpak* 'druh čepice', jako východisko se však obvykle rekonstruuje nedoložené *kalbuk). Přesná doba přejetí ani okolnosti přesmyku *kalb->klob-* (nejde tu o změnu uvedenou v *B8!*) nejsou známy.

klofat, *klofnout, klofanec*. Expr. ke ↓*klovat*.

klohnit ob. expr. 'neuměle vařit'. Expr. obměna ke *klektat* 'míchat (něco tekutého)' (Jg). Srov. ↓*klokotat*.

klokan, *klokaní*. Asi Preslův výtvor podle *skokan*, počáteční *k-* se snad opírá o něm. *Känguruh*, jež je stejně jako většina ostatních evr. názvů klokana převzato z řeči australských domorodců.

klokoč 'keř s velkými tobolkami s kulovitými semeny', *klokočí*. P. *kłokoczka*, s./ch. *klȍkōč*. Psl. *klokočь je onom. původu (srov. ↓*klokotat*) – potřásáme-li zralou tobolkou, semena v ní chřestí (Ma²).

klokotat, *klokot, klokotavý*. R. *klokotát'*, s./ch. *klokòtati* 'bublat, chrastit', stsl. *klokotati* 'prudce vařit'. Onom. původu, podobné útvary jsou v lit. *klàkt!* 'buch!', isl. *hlakka* 'křičet'. Srov. ↓*kloktat*.

kloktat, *kloktadlo, vykloktat (si)*. R.d. *kloktát'*, s./ch. *klòktati*. Stč. bylo i *klektati* 'klepat, míchat, kvedlat'. Srov. ↑*klokotat*.

klon 'potomstvo vzniklé nepohlavní cestou z jednoho jedince', *klonový, klonovat, naklonovat*. Z angl. *clone* tv. a tam zač. 20. st. z ř. *klṓn* 'ratolest, výhonek'.

klonit (se), *sklonit (se), sklon, skloňovat, poklonit se, poklona, naklonit (se), náklon, přiklonit se, příklon, příklonka, předklonit (se), předklon, zaklonit (se), záklon, uklonit se, úklona, vyklonit (se), sklánět (se)* aj. Všesl. – p. *kłonić (się)*, r. *klonít'(sja)*, s./ch. *klòniti (se)*, stsl. *kloniti sę*. Psl. **kloniti (sę)* se vyvozuje z ie. **kl-on-* od ie. **ḱel-/*kel-* 'sklánět, opírat', k němuž patří např. lit. *šalìs* 'strana', stisl. *halla* 'sklánět', něm. *Halde* 'svah' aj. Očekávanou variantou (z převládajícího ie. **ḱel- (A1)*) je psl. *sloniti 'opírat'. Viz ↑*clonit*, kde jsou i další ie. souvislosti.

klopa 'přeložená část kabátu na prsou; záklopka přes otvor kapsy'. Od ↓*klopit*.

klopit, *klopený, sklopit, vyklopit, obklopit, překlopit, přiklopit, příklop, poklop, poklopec, záklopka*. Takto bohaté zastoupení odvozenin je jen v č. Psl. *klopiti je onom. původu (srov. ↑*klapat*, ↑*klepat*, ↓*klopotit se*), časem se však u něho z pouhé imitace zvuku vyvinuly významy 'obracet, zavírat ap.'. Srov. ↑*klenout*.

klopotit se, *klopotný, klopota*. Novější, stč. *klopotati* 'spěchat, řítit se'. P. *kłopotać* 'působit starost', str. *klopotati* 'šumět, hřmít, klepat', s./ch. *klopòtati* 'hřmít, klepat, tlouci', stsl. *klopotъ* 'rachot, hřmot'. Psl. *klopotati je onom. původu, srov. ↑*klopit*, ↑*klepat*, ↑*klapat* a mimo slov. jazyky lot. *klapstēt* 'klapat', lit. *klàpterėti* 'silně

klopýtat   279   **kluk**

plesknout, klepat' i něm. *klopfen* 'klepat'. K č. významu 'těžce pracovat' srov. ↑*rachotit* – *rachota*. Srov. ještě ↓*klopýtat,* ↓*lopotit se.*

klopýtat, *klopýtnout, klopýtavý.* Jen č., varianta k stč. *klopotati* (viz ↑*klopotit se*). Podobné útvary jsou lit. *klùpti* a lot. *klupt* tv., rovněž onom. původu. Srov. i ↓*klusat.*

klot 'druh bavlněné látky (na pracovní pláště ap.)', *klotový.* Z angl. *cloth* 'tkanina, sukno', další původ nejasný.

kloub, *kloubový, kloubní, kloubovitý, skloubit, vykloubit.* Jen č. a slk. (*kĺb*), jinak hl.st. *kłuba* 'bedro, ramenní kloub', p. *kłąb* 'kyčel, bedro, ohbí krku', ukr., br. *klub* 'bedro'. Psl. **klǫbъ, *klǫba* (slk. však ukazuje na **kъlbъ,* pro č. možno vyjít z obou kořenů) je totéž jako v ↓*klubko.*

kloudný 'pořádný'. Z nedoloženého stč. **klúdný*, v němž ztvrdlo původní měkké *l'*. Dále viz ↑*klid.*

klouzat, *klouzavý, klouzek, kluzký, kluziště, kluzák, sklouznout (se), skluz, skluznice, vyklouznout, vklouznout, uklouznout, podkluzovat.* Slk. *kĺzať,* p.st. *kiełzać,* r. *skolzíť*, sln. *sklízati,* s./ch. *klìzati se.* Zřejmě expr. slovo, u něhož je nutno vycházet z více psl. podob (**kъlz-, *skъlz-, *kliz-, *skliz-*), dále viz ↓*slizký.*

klovat, *klovnout, vyklovat, uklovat, proklovat (se), oklovat.* Stč. *klvati,* 1.os.přít. *kľuju.* Všesl. – p. *kluć,* r. *klevát',* s./ch. *kljùvati.* Psl. **klъvati* nemá příliš jasné ie. příbuzenstvo. Možné je spojení s lit. *kliúti* 'uváznout, zachytit (se)' a s ie. **klēu-* 'zaháknout ap.' (srov. ↑*klíč*).

klovatina 'druh lepidla'. Od adj. *klovatý* ze staršího *klejovatý, klijovatý* (Jg), jež je odvozeno od stč. *klí* (viz ↑*klih*).

klozet 'splachovací záchod', *klozetový*. Zkráceno z angl. *water-closet* (odtud *WC*) ze *water* 'voda' a *closet*

'komůrka, soukromá místnost' ze stfr. *closet* tv., což je zdrobnělina od *clos* 'uzavřené místo, obora' z lat. *clausus* 'uzavřený' od *claudere* 'zavírat'. Srov. ↑*klauzura,* ↑*klášter.*

klub, *klubový, klubovna, klubovka, klubismus.* Z angl. *club,* původně 'kyj, palice', zřejmě ze skand. (stisl. *klubba* tv.). Spojení významů 'spolek' a 'palice' se někdy vysvětluje klubovými rituály (posílání palice členům klubu, HL), ale pravděpodobnější je vyjít ze společného významu 'chumáč, masa (hmoty i lidí)', který je i v příbuzném angl. *clump.* Srov. ↓*klubko.*

klubat se, *vyklubat se.* Asi totéž co ↑*klovat* (HK, Jg), i když jiní považují sblížení obou slov za druhotné (Ma[2]).

klubko, *klubíčko.* P. *kłąb,* r. *klub, klubók,* s./ch. *klùpko,* stsl. *klǫbъkъ* 'kamenná hrací kostka'. Psl. **klǫbъ* (a jeho zdrobněliny) není zcela jasné. Nejspíš lze spojit s něm. *Klumpen* 'chomáč, hrouda', angl. *clump* tv., lat. *glomus* 'klubko' a *globus* 'koule, kotouč' z rozšířeného ie. kořene **gel-* 'balit, kupit; koule' (A4). Pro slov. je však třeba počítat s počáteční ztrátou znělosti ($g>k$), která je asi i v lot. *klambars* 'hrouda, chomáč'. Srov. ↑*kloub,* ↓*konglomerát,* ↑*klub.*

klůcek zast. 'hadřík, zbytek látky'. Zdrobnělina od staršího *kloc* z nějakého něm. nář. tvaru odpovídajícího střdn. *klatte* tv. (Ma[2]).

klučit zast. 'mýtit, kácet les a dobývat pařezy'. Z psl. **kъlčiti,* jež je asi variantou ke **kъrčiti,* srov. p. *karczować,* r. *korčeváť*, s./ch. *kŕčiti* tv. i stč. *krč* 'pařez'. Snad souvisí s ↓*krčit* i ↓*kořen.*

kluk, *klouček, klučina, klukovský, klukovina.* Stč. *kluk* znamenalo '(opeřený) šíp' (hl. *kłok,* dl. *kłek* tv.), ve střední č. pak spojení *kluk nepeřený* dostalo význam 'budižkničemu, lenoch', odtud pak ztrátou negativních konotací dnešní

klusat význam (Jg, Ma²). Stč. *kluk* dále není příliš jasné, nelze vyloučit onom. původ (srov. mak. *kluka* 'klepat, bít, bodat').

klusat, *klus, klusák, klusácký, přiklusat, odklusat, vyklusávat, poklus*. P.st. *kłusać*, r.d. *kljusát* 'jet oklikou', sln. *kljúsati* 'klopýtat'. Psl. **kľusati/*klusati* (z předpokládaného **kľup-sati, *klup-sati*) se spojuje s lit. *klùpti* 'klopýtat', něm. *laufen* 'běžet' (ze sthn. *(h)loufan (A4)*) z ie. **kleup-/*kloup-* (Ma²), jež bude asi onom. původu. Srov. i ř. *kálpē* 'klus' a ↑*klopýtat*.

klystýr 'nálev k vyprázdnění střev', *klystýrový*. Z něm. *Klistier* a to přes lat. *clystēr(ium)* z ř. *klystér* 'stříkačka' od *klýzō* 'vymývám'.

kmán zast. 'prostý člověk (zvláště voják)'. Z něm. *gemein* 'prostý, obyčejný', jež souvisí s lat. *commūnis* 'společný' (srov. ↓*komunismus*).

kmen, *kmínek, kmenový*. Jen č., slk. *kmeň* tv., dl. *kmjeń* 'větev, suk, stvol', vedle toho p.st. *kień* 'kmen'. Psl. **kъmenь* je asi z **kъn-men-*, kde *-men-* je příp. jako u ↓*plamen*, ↓*pramen*, první část pak je uchována v p. slově a je dobře srovnatelná s lit. *kūnas* 'tělo' *(B6)*.

kment 'jemné lněné plátno', *kmentový*. Asi ze střhn. *gewant* 'oděv, látka' a to od *wenden* 'točit, vinout', vlastně 'to, co je svinuté'.

kmet kniž. 'stařec'. Stč. též 'přední člen obyvatelstva, vladyka, sedlák'. Všesl. – p. *kmieć* 'sedlák, stařec', str. *kmet'* – 'zkušený voják, družiník', s./ch. *kmȅt* 'sedlák, starosta', stsl. **kъmetь* 'vesnický předák'. Psl. **kъmetь* je nejspíš přejetí z lat. *comes* (gen. *comitis*) 'průvodce, družiník, dvořan', význam 'vysoký úředník, vážený stařec' asi postupně poklesl na 'předák poddaných, sedlák'. Podrobně viz Ma². Srov. ↓*komtesa*.

kmihat, *kmih, předkmih, zákmih*. Novější (u Jg ještě není), asi až od Tyrše, kontaminací *(D3)* ↓*komíhat* a ↓*kmitat*.

kmín, *kmínový, kmínovat, pokmínovat*. Asi přímo z lat. *cumīnum, cymīnum* a to z ř. *kýmīnon*, původu semit. (ar. *kammūn*, hebr. *kammōn*).

kmitat, *kmitavý, kmit, zakmitat*. Jen č. Asi přesmykem ze stč. *mkytati sě* 'kmitat se, míhat se', *mketnúti sě* 'kmitnout se' z psl. oslabeného stupně **mьk-*, jinak srov. hl. *mikać* 'míhat se', sln. *mîkati* 'míhat' z psl. **mikati*. Příbuzné je lat. *micāre* tv. (z ie. **meik-*). Znělé zakončení je v ↓*míhat se*, ↓*mžít*.

kmotr, *kmotra, kmotřenec, kmotřenka, kmotrovský, kmotrovství, rozkmotřit se*. P., r.d. *kmotr*, stsl. jen *kъmotra*. Prvotní je psl. **kъmotra* z lat. *commāter*, doslova 'spolumatka' (viz ↓*kom-* a ↓*matka*), k němuž se záhy vytvořil mužský protějšek **kъmotrъ* (namísto lat. *compater*).

knajpa slang. 'krčma, hospůdka'. Z něm. *Kneipe* tv. a to asi od *kneipen, kneifen* 'štípat, mačkat (se)', příbuzného s angl. *knife* 'nůž'.

knajpovat 'otužovat se studenou vodou'. Podle vodoléčebné metody něm. kněze S. *Kneippa* († 1897).

knap přísl. zast. ob. 'těsně, taktak'. Z něm. *knapp* 'stěží; těsný, malý', jež asi souvisí s *kneipen* 'mačkat, štípat' (viz ↑*knajpa*).

knedlík, *knedlíček, knedlíkový, knedlíčkový*. Z pozdně střhn. *knödel*, což je zdrobnělina k střhn. *knote, knode* (viz ↓*knot*). Převzato namísto stč. *šiška* (což kritizoval Hus ve svém známém kázání) (Ma²).

kněz, *kněžský, kněžství, kněžka, kněžna*. Stč. *kněz* 'kníže, kněz'. Všesl. – p. *ksiądz*, r. *knjaz*, s. *knjâz*, ch. *knêz*, stsl. *kъnędzь*. Psl. **kъnędzь* je raná výpůjčka z germ. **kuningaz* 'vůdce rodu, král' (srov. něm. *König*, angl. *king* 'král')

kničet   281   **kobalt**

od **kunja-* 'rod, pokolení', jež souvisí s lat. *genus* tv. *(A4)* (srov. ↑*gen*). V zsl. jazycích došlo k významovému posunu 'světský hodnostář, kníže' → 'církevní hodnostář, kněz'. Srov. ↓*kníže*.

kničet. Onom., srov. ↓*kňučet*.

kniha, *knížka, knížečka, knižní, knižnice, knihař, knihovna, knihovní, knihovník, knihovnice, knihovnický, knihovnictví, (za)knihovat*. Všesl. – p. *księga*, r. *kníga*, s./ch. *knjîga*, stsl. *kъn'igy* (pomn.) 'kniha, učenost, listina, písmena'. Psl. *kъniga je staré kulturní slovo přejaté nejspíš z východu (ze stejného zdroje je zřejmě i maď. *könyv* tv.), přesné cesty přejetí ani poslední pramen však nejsou jisté. Jeden z možných výkladů vychází z asyrského *kunukku* 'pečeť' (přes arm. *knik^c* tv. a dále tur. prostřednictvím), druhý až z čín. *king*, jež by do slov. přišlo rovněž tur. či protobulharským prostřednictvím (Ma[2]).

knír, *knírek, kníratý, knírkatý, knírač*. Jen č., původu asi expr. (u Jg i *kňoury*), snad je tu souvislost s něm. *Schnurrbart* tv.

kníže, *knížecí, knížectví*. Stč. *kniežě*, vlastně 'knížecí syn', od *kněz* 'kníže' (viz ↑*kněz*). Když došlo v č. k přehodnocení významu slova *kněz* na 'duchovní', převzala odvozenina původní význam 'panovník'.

knoflík, *knoflíček, knoflíkový, knoflíkovitý*. Ze střhn. *knöpfel*, což je zdrobnělina od *knopf* 'knoflík, suk, poupě, něco kulatého'.

knokaut 'sražení soupeře k zemi (v boxu)', *knokautovat*. Z angl. *knock-out* z *knock* 'udeřit' onom. původu a *out* 'ven'. Srov. ↑*aut*.

knot, *knotový*. Ze střhn. *knote* 'svázání, ztluštění, uzel' (něm. *Knote* 'uzel'). Souvisí s ↑*knedlík* a ↓*knuta*.

kňour '(divoký) kanec'. Asi z p. či ukr. *knur* (s expr. změkčením), což je nejspíš zkrácení delší formy, která je v ukr. *knóroz*, p. *kiernoz*, hl. *kundroz* aj. Další původ je nejasný.

kňourat, *kňourání, kňouravý, kňoural*. Onom. původu, podobné je lit. *kniùrti* tv. a něm. *knurren* 'vrčet, bručet'. Srov. ↑*knír*, ↓*kňučet*.

kňučet, *kňučení*. Onom. původu, podobné útvary jsou v lit. *kniaũkti* 'mňoukat', něm.d. *kniautschen* (Ma[2]). Srov. ↑*kňourat*.

knuta 'karabáč'. Z r. *knut* a to nejspíš ze stsl. *knútr* 'uzel, suk' (srov. ↑*knot*). Původně tedy 'uzlovatý bič'.

ko-[1]. Expr. zesilovací předp., srov. ↓*kodrcat*, ↓*komíhat*, ↓*kolébat* aj. (její varianty jsou např. ve ↓*skomírat* a ↑*čenichat*), souvisí s lit., lot. *ka-* a snad i gót. *ga-*, něm. *ge-* (srov. ↑*druh*, ↑*kmán*) a lat. *co-* (viz ↓*ko-*[2]).

ko-[2]. Z lat. *co-* z původního *com-* (viz ↓*kom-*) před samohláskou (srov. ↓*koalice*, ↓*koeficient*, ↓*koordinace*).

koalice 'seskupení, spojenectví (politických stran ap.)', *koaliční, koalovat*. V tomto významu poprvé v 18. st. v angl.; střlat. *coalitio* znamenalo 'klášterní konvent' od lat. *coalēscere* (příč. trp. *coalitus*) 'srůstat, slučovat se, vzmáhat se' z *co-* (↑*ko-*[2]) a *alēscere* 'prospívat, vzrůstat' od *alere* 'živit, posilovat'. Srov. ↑*alimenty*, ↑*adolescence*.

kobalt 'kovový prvek podobný niklu', *kobaltový*. Z něm. *Kobalt*, což je saská varianta ke *Kobold* 'důlní či domovní skřítek' (podle představ horníků jim podstrkoval tuto rudu místo cennějšího stříbra). V první části slova je něm. *Koben* 'chlívek, kotec' (viz ↓*kobka*), v druhé buď *hold* 'nakloněný, příznivý' (srov. ↑*hold*), či *walten* 'vládnout'.

koberec, *kobereček, kobercový.* Stč. *kobeřec* (gen. *koberce*) tv. vedle *kober* 'lehký plášť', p. *kobierzec*, r. *kovër.* Nepříliš jasné. Nejspíš výpůjčka z nějakého román. tvaru, který vychází z lat. *cooperīre* 'pokrývat, přikrývat', (srov. prov. *cobert* 'přikrývka', fr. *couvert* 'prostírání, příbor', angl. *cover* 'pokrývat') z *co-* (↑*ko-*2) a *operīre* 'pokrývat' (Ma², HK).

kobka 'malá tmavá místnost'. Ze střhn. *kobe* 'chlívek, klec, dutina' (dnes *Koben* 'chlívek, bednění'). Příbuzné je asi ↓*župa.*

kobra 'druh jedovatého hada, brejlovec'. Z port. *cobra (de capelo)* 'had (s kapucí)' z vlat. **colobra* z lat. *colubra* 'had'.

kobyla, *kobylka, kobylí, kobylinec.* Všeslov. – p. *kobyła*, r. *kobýla*, s./ch. *kòbyla*, stsl. *kobyla.* Psl. **kobyla* není jasné. Obvykle se spojuje s lat. *caballus* 'kůň, kobyla' a ř. *kabállēs* 'tažný kůň', ale původní zdroj není znám. Nejčastěji se uvažuje o maloasijském původu slova, které by se do slov. dostalo tráckým, ilyrským či skytským prostřednictvím. Přenesené významy: *kobylka luční* – podle jisté podobnosti její hlavy s koňskou hlavou, *kobylka* (u houslí ap.) na stejném principu jako *koza* (na řezání dříví) (podrobněji Ma²).

kocábka expr. 'loďka'. V č. od Komenského, původ nejasný. Dříve též 'důlní vozík' (Jg). Vzhledem k slovům jako ↓*kodrcat*, ↓*kolébat* lze uvažovat o expr. ↑*ko-*¹), Jg uvádí i *cába* 'něco dutého, zvláště nádoba na házení kostek', ale to spojení je nejisté. Jméno *Kocába* (potok u Prahy) je až druhotné, z původního *Chocava.*

kocour, *kocourek, kocouří.* Zsl. – slk. *kocúr*, hl. *kocor*, p.d. *kocur.* Psl. **kotʼurъ/*kotʼerъ (B3)* je odvozeno od **kotъ* tv. (srov. č.nář., p., r. *kot*), jež souvisí s lit. *katė*, něm. *Kater* tv.,

Katze 'kočka', angl., stir. *cat* tv., stfř. *kátta.* Všechna tato evr. slova nejspíš vycházejí z pozdnělat. *cattus, catta,* které bývá považováno za výpůjčku z nubijského *kadīs* – kočka totiž byla ochočena v Egyptě a ze sev. Afriky se lat. či kelt. prostřednictvím dostala do Evropy. Srov. ↓*kočka*, ↓*kotě*, ↓*kocovina.*

kocovina 'stav po (alkoholickém) opojení'. Nejprve toto slovo znamenalo 'výtržnost' (žertovnou obměnou z *kočičina* podle mladoboleslavského hejtmana *Kotze*, proti němuž se konaly výtržnosti v revolučním roce 1848) (Ma², HK), dnešní význam slovo získalo ve 2. pol. 19. st. podle něm. *Kater* 'kocour' i 'kocovina' (ve studentském slangu snad narážkou na *Katarrh*, srov. ↑*katar*). Žertovné přiklonění ke 'kocour' mělo v něm. oporu ve starším *Katzenjammer* tv., doslova 'kočičí nářek'. K použití zvířecích jmen pro podobné stavy srov. *opice* 'opilost' (něm. *Affe* tv.).

kočár, *kočárek, kočárkárna.* Odvozeno od ↓*kočí*, způsob tvoření však není zcela jasný, **kočí**, *kočírovat.* Z maď. *kocsi*, adj. ke *Kocs*, což je jméno vesnice nedaleko Komárna, kde byla významná přepřahací stanice na cestě z Vídně do Pešti (již od 15. st.). V č. původně adj. *(koči vůz),* pak zpodstatnělo na 'vůz, kočár', jen v č. pak změna významu na 'vozka'. Z maď. se rozšířilo do většiny evr. jazyků – srov. p. *kocz*, s./ch. *kòčija*, něm. *Kutsche*, angl. *coach*, fr., šp. *coche*, vše 'kočár, vůz'.

kočka, *kočičí, kočička, kočkovitý, kočkovat se.* Hl. *kóčka*, dl. *kócka*, p. *kotka* (i *koczka*), r. *kóška*, v jsl. a slk. převládá *mačka* (srov. ↓*macek*), ale b. *kótka.* Psl. **kotъka* je odvozeno od **kotъ* (viz ↑*kocour*), výše uvedené slov. tvary s různými sykavkami namísto *-t-* však nemají uspokojivé vysvětlení. *Kočičky* 'jehnědy' podle hebkého povrchu připomínajícího kočičí srst. Srov. ↓*kotě*, ↓*kotva*.

kočkodan. Přejato Preslem z p. *koczkodan* a tam asi z rum. *coşcodan* 'svišť; opice' nejasného původu, přikloněním ke ↑*kočka* (Ma²).

kočovat, *kočovný*, *kočovník*, *kočovnický*. Přejato za obrození z p. *koczować* či r. *kočevát'*, tam z ttat. *köč* 'putování, přesídlení'.

kód 'systém znaků pro přenos informace, dešifrovací klíč', *kódový*, *kódovat*, *zakódovat*. Z angl. *code* z fr. *code* z lat. *cōdex* (viz ↓*kodex*).

kodein 'alkaloid opia'. Z fr. *codéine* a to uměle od ř. *kṓdeia* 'makovice'.

kodex 'zákoník; starobylá kniha rukopisů'. Z lat. *cōdex* 'spis, kniha, seznam', původně 'dřevěné desky na psaní, kmen (stromu)', od *cūdere* 'tlouci, bušit'. Srov. ↑*kód*, ↓*kodifikace*.

kodifikace 'uzákonění', *kodifikovat*, *kodifikační*. Viz ↑*kodex* a ↑*-fikace*.

kodrcat, *kodrcavý*, *přikodrcat*. Expr. z ↑*ko*-¹ a ↑*drcat*.

koedukace 'společná výchova chlapců a dívek', *koedukovaný*, *koedukační*. Ze střlat. *coeducatio* z *co-* (↑*ko*-²) a lat. *ēducātiō* 'výchova' od *ēducāre* z ↑*ex-* a *dūcere* 'vést'. Srov. ↑*dedukovat*.

koeficient 'součinitel'. Ze střlat. *coefficiens* (gen. *-entis*) 'spolupůsobící', což je původně přech. přít. od *coefficere* z *co-* (↑*ko*-²) a lat. *efficere* 'působit' (viz ↑*efekt*).

koexistence 'spolužití', *koexistovat*. Viz ↑*ko*-² a ↑*existovat*.

kofein 'alkaloid obsažený zvláště v kávě a čaji', *kofeinový*. Nejprve nazván něm. objevitelem Rungem *Caffein* (1821), na přelomu století pak změněno podle angl. vzoru na *Coffein*. Viz ↑*káva*, ↑*kafe*, srov. ↑*kodein*.

koflík 'šálek'. Ze střhn. *kopfel*, zdrobněliny od *kopf* 'pohár, nádoba na pití' (dnes přeneseně *Kopf* 'hlava') z pozdnělat. *cuppa* tv. (srov. angl. *cup* tv.) z lat. *cūpa* 'sud, džber'. Srov. ↑*kbelík*, ↓*kupole*.

kognitivní 'poznávací, sdělný'. Z angl. *cognitive* tv. od *cognition* 'pozná(vá)ní' z lat. *cōgnitiō* tv. od *cōgnōscere* (příč. trp. *cōgnitus*) 'poznávat' z *co-* (↑*ko*-²) a *(g)nōscere* 'poznávat, znát'. Srov. ↑*inkognito*.

koherence 'spojitost, soudržnost', *koherentní*, *koheze*. Z lat. *cohaerentia* tv. od *cohaerēre* (příč. trp. *cohaesus*) 'souviset, držet se' z *co-* (↑*ko*-²) a *haerēre* 'vězet, lpět'. Srov. ↑*adheze*.

kohout, *kohoutí*, *kohoutek*, *kohoutkový*, *kohoutový*, *kohoutit se*. Slk. *kohút*, p. *kogut*, r.d. *kógut*. Psl. **kogutъ* je odvozeno od onom. základu kostejně jako rozšířenější **kokotъ* (srov. ↓*kokot*) (asi je to jeho expr. obměna). Názvy kohouta se zdvojeným *k-k* jsou např. i v angl. *cock*, fr. *coq*, ř. *kikkós*, sti. *kukkuta-*.

kochat se, *pokochat se*, *rozkoš*, *rozkošný*. Stč. *kochati* 'obveselovat, laskat, milovat', p. *kochać* 'milovat', r.d. *kocháť* tv., chybí v jsl. i luž. Psl. **kochati* se nejčastěji vykládá jako expr. varianta nedoloženého **kos(a)ti*, jež souvisí s **kasati* (viz ↑*kasat (se)*), **kosnąti* (r. *kosnúť'sja* 'dotknout se') i ↑*česati* (HK). Původní význam by byl '(lehce) přejet rukou', z toho pak 'laskat, hladit' a 'milovat'.

koitus 'soulož'. Z lat. *coitus* tv. od *coīre* (příč. trp. *coitus*) 'sejít se, spojovat se' z *co-* (↑*ko*-²) a *īre* 'jít'. Srov. ↑*jít*.

kóje '(lodní) kabina'. Přes něm. *Koje* z niz. *kooi*, střniz. *cooye* a to z lat. *cavea* 'ohrada, klec'.

kojit (se), *kojná*, *kojenec*, *kojenecký*, *nakojit*, *odkojit*, *ukojit*, *ukájet (se)*.

Hl., p. *kojić* 'chlácholit, uklidňovat', ukr. *koïty* 'dělat, tvořit', s./ch.d. *kòjiti* 'vychovávat'. Psl. *kojiti znamenalo původně asi 'uklidňovat, ukládat', dále viz ↓*pokoj*.

kojot. Přes angl. *coyote* ze šp. *coyote* a to z mexického *coyotl*.

koka 'jihoamerický keř obsahující kokain'. Přes šp. *coca* z indiánského *coca, cuca*. Srov. ↓*kokain*, ↑*coca-cola*.

kokakola. Viz ↑*coca-cola*.

kokain 'alkaloid obsažený v rostlině koka', *kokainový*. Utvořeno od ↑*koka*, srov. např. ↑*kodein*, ↑*kofein*.

kokarda 'svinutá stužka jako ozdoba či odznak'. Přes něm. *Kokarde* z fr. *cocarde*, poprvé u Rabelaise ve spojení *(bonnet) à la cocarde* '(čepice) na způsob kohoutího hřebenu', ze stfr. *coc* 'kohout' z pozdnělat. *coccus* tv. Srov. ↑*kohout*, ↓*koketa*.

koketa, *koketní, koketovat, koketerie*. Z fr. *coquette* od *coquet* 'marnivý, koketní', vlastně 'chovající se jako kohout', od *coq* 'kohout'. Srov. ↑*kohout*, ↑*kokarda*.

kokila 'kovová odlévací forma'. Z fr. *coquille* tv. z vlat. *conchylia* (pl.) z ř. *konchýlion* 'lastura' křížením s fr. *coque* 'skořápka'.

kokon 'zámotek'. Z fr. *cocon* a to z lat. *coccum* 'červec nachový, jádro' z ř. *kókkos* tv. Odtud i fr. *coque* (srov. ↑*kokila*).

kokořík 'hájová bylina s bílými květy'. Vlastně 'kučeravá bylina' (podle bujných, vzhůru trčících listů), srov. s./ch.d. *kokòrav* 'kučeravý'. Srov. i ↓*kučera*.

kokos, *kokosový, kokoska*. Přes něm. *Kokos(nuss)* z port. *coco*, jež se spojuje s fr. *coque* 'skořápka' z lat. *coccum* (srov. ↑*kokon*). Podle jiného výkladu jde o dětské slovo označující 'ošklivou tvář' (ochlupená skořápka ořechu připomíná mužskou či opičí hlavu).

kokot vulg. slang. 'penis; nepříjemný člověk'. stč., luž., stp. *kokot*, r.d. *kókot*, s./ch. *kòkōt*, stsl. *kokotъ*, vše 'kohout' z psl. *kokotъ onom. původu (dále viz ↑*kohout*). Význam 'penis' je již stč., v novější době ze slk. (vojenský slang), stejný posun je např. u angl. *cock* 'kohout' i 'penis'.

kokpit 'sedadlový prostor závodního vozu, pilotní kabina'. Z angl. *cockpit* tv., původně 'prohlubeň pro kohoutí zápasy', z *cock* 'kohout' a *pit* 'jáma, dolík'. Srov. ↓*koktejl*, ↓*pitbul*.

kokrhat, *kokrháč, kokrhavý, zakokrhat*. P. *kokorykać*, r. *kukarékat'*, s. *kukurékati* ap. Onom. původu.

kokrhel 'druh byliny', hanl. 'ženský klobouk'. Ze střhn. *gügerel* 'ozdoba hlavy (u koní)' (asi souvisí s ↓*kukla*), s lid. přikloněním ke ↑*kokrhat*. Název rostliny podle zvláštního tvaru její koruny (Ma[2]).

kokršpaněl 'druh psa'. Z angl. *cocker spaniel*, doslova 'španělský slukař' (byl trénován pro lov sluk) od *(wood)-cock* 'sluka' a *spaniel* přes stfr. *espagneul* z lat. *Hispaniolus* (dnes angl. *Spanish*).

koks, *koksový, koksárna, koksárenský*. Z něm. *Koks* a to z angl. *cokes*, pl. od *coke* tv., což je nář. slovo nejistého původu.

koktat, *koktavý, kokta, zakoktat, vykoktat*. Onom., jen č., jinde slovesa od základu, který je v ↓*zajíkat se*.

koktejl, **koktajl** 'míchaný nápoj; odpolední společenská schůzka s občerstvením'. Z angl. *cocktail*, doslova 'kohoutí ocas', z *cock* 'kohout' a *tail* 'ocas'. Metafora však není příliš jasná, vysvětlení 'nápoj pestrý jako kohoutí ocas' (HL) asi není správné. V angl. to bylo i označení neplnokrevných koní s přistřiženým

kolaborovat — koleno

ocasem, odtud se tedy možná význam 'bastard, kříženec' přenesl na míchané nápoje (kolem r. 1800 v USA).

kolaborovat 'spolupracovat s nepřítelem', *kolaborace, kolaborant*. Z lat. *collabōrāre* 'spolupracovat' z *com-* (↓*kom-*) a *labōrāre* 'pracovat' (srov. ↓*laboratoř*). Dnešní význam ve fr. za 2. svět. války.

koláč, *koláček, koláčový*. Odvozeno od ↓*kolo* (podle tvaru).

kolaps 'náhlé selhání (orgánu ap.)', *(z)kolabovat*. Z lat. *collapsus* 'zhroucení' od *collābī* 'klesat, hroutit se' z *com-* (↓*kom-*) a *lābī* 'smekat se, upadat'. Srov. ↓*labilní*.

kolárek 'bílý kněžský límec'. Z lat. *collārium, collāre* 'límec' od *collum* 'krk'.

kolaudovat 'schvalovat (stavbu)', *kolaudace*. Z lat. *collaudāre* 'schválit' z *com-* (↓*kom-*) a *laudāre* 'chválit'.

koláž 'obraz vzniklý kombinací různých výstřižků'. Z fr. *collage* od *colle* 'lep' z vlat. **colla* z ř. *kólla* 'lep, klih'.

kolbiště kniž. 'zápasiště'. Od *kolba* 'rytířské klání' a to od ↑*kláti*.

kolčava 'druh lasičky'. Nář. i *končava*. Nejasné.

kolébat (se), *kolébavý, kolébka, ukolébat, ukolébavka, zakolébat (se), přikolébat (se), odkolébat (se)*. Všesl. – slk. *kolembať (sa)*, p.st. *kolebać (się)*, ukr. *kolyváty(sja)*, r. *kolebát'(sja)*, s. *kolěbati (se)*, stsl. *kolěbati*. Psl. **kolěbati* má řadu variant (srov. slk. a ukr. podobu a také ↓*kolísat*) a jeho výklad není jednoznačný. Většinou se člení na expr. předp. *ko-* (↑*ko-*[1]) a psl. **lěb-*, jež může být buď z ie. **loib-* (Ma[2]) (srovnává se s lit. *láibas* 'útlý, tenký', jež má blízko k významu 'nepevný, rozkolísaný'), nebo z ie. **lēb-* (srovnává se s lat. *labāre* 'viklat se, kolísat', srov. ↓*labilní*).

koleda, *kolední, koledovat (si), vykoledovat (si)*. Všesl. – p. *kolęda*, r. *koljadá*, s./ch. *kòleda*, stsl. *kolęda*. Psl. **kolęda* je přejetí z lat. *calendae* (pl.) 'první den v měsíci' (srov. ↑*kalendář*), u pohanských Slovanů byly tímto slovem označovány jakési slavnosti spojené se zimním slunovratem, v křesťanství pak byl termín přenesen na Vánoce a následující svátky (Ma[2]).

kolega, *kolegyně, kolegiální, kolegium*. Z lat. *collēga* 'druh v úřadě, spoluúředník' z *com-* (↓*kom-*) a *lēgāre* 'vysílat, pověřit' od *lēx* (gen. *lēgis*) 'ustanovení, zákon, právo'. Srov. ↓*legát*, ↓*kolej*[2].

kolej[1] 'stopa po kolech; kolejnice', *kolejový, kolejnice, kolejiště*. Odvozeno od ↓*kolo*.

kolej[2] 'ubytovací zařízení vysokoškolských studentů; středověká univerzita'. Z lat. *collēgium* 'sbor, spolek', viz ↑*kolega*.

kolek, *kolkový, kolkovné, kolkovaný, kolkovat, okolkovat*. Vlastně zdrobnělina od ↓*kůl* – primitivním razidlem byl dřevěný váleček s vyrytým vzorem.

kolekce 'soubor, sbírka'. Z lat. *collēctiō* tv. od *colligere* (příč. trp. *collēctus*) 'sbírat' z *com-* (↓*kom-*) a *legere* 'sbírat, číst'. Srov. ↓*kolektiv*, ↓*lekce*.

kolektiv, *kolektivní, kolektivismus, kolektivizovat, kolektivizace*. Z lat. *collēctīvus* 'sebraný' (dále viz ↑*kolekce*). Význam 'pracovní či zájmová skupina' se rozšířil z ruštiny po r. 1945.

kolem předl., přísl. Ustrnulý pád (instr.) subst. ↓*kolo*.

koleno, *kolínko, kolenní, podkolenka, nákolenka*. Všesl. – p. *kolano*, r. *koléno*, ch. *kòljeno*, s. *kolěno*. Psl. **kolěno* se spojuje s lit. *kelénas*, *kelỹs* tv. a ř. *kōlon* 'kloub, článek', další etymologické souvislosti však jsou nejisté (viz ↑*člen*). Význam 'pokolení, generace' (je i v jiných ie. jazycích) se vysvětluje různě, snad jde jen o metaforu (připodobnění sociální struktury k lidskému tělu je běžné), složitější výklad (zvyk pokládání novorozeněte otci na kolena) u Ma².

koleso 'velké kolo', *kolesový*. Za obrození odvozeno od ↓*kolo* s využitím starého psl. gen. *kolese* (srov. podobně ↓*sloveso*, ↓*těleso*). Původní *s*-kmen přetrval ve stč. *kolesa* (pl.) 'vozík' (srov. i ↓*nebe, nebesa*).

-koli. Zesilovací nebo zobecňovací částice, stč. samostatně i jako přísl. 'někdy, kdysi', srov. str., stsl. *koli* 'kdy'. Dále viz ↓*kolik*.

koliba 'dřevěná bouda pro pastevce'. Slovo karpatské pastýřské kultury (srov. ukr. *kolýba*, s./ch. *kòleba, kòliba*, maď. *kaliba*, rum. *colibă*), nejspíš přejetí z ř. *kalýbē* 'chýše, chatrč'. Srov. ↑*chalupa*.

kolibřík 'drobný americký ptáček', *kolibří*. Z fr. *colibri* a to asi z jazyka domorodců na francouzských Antilách.

kolidovat 'křížit se, střetat se', *kolize, kolizní*. Z lat. *collīdere* (příč. trp. *collīsus*) 'srážet (se)' z *com-* (↓*kom-*) a *laedere* 'narazit, poškodit'.

kolie 'druh psa (skotský ovčák)'. Z angl. *collie* a to asi ze skotského vlastního jména *Colin* (*Colle* jako jméno psa se objevuje v Chaucerových povídkách).

kolik přísl., *kolikátý, několik, kolikrát*. Všesl. – p. *kilka*, r. *skól'ko*, s./ch. *kòliko* aj., stsl. *koliko*. Psl. **koliko* je složeno ze zájm. základu *ko-* (z ie. **k^u̯o-*, viz ↑*kdo*) a částic *-li* a *-ko*. Srov. ↓*tolik*, ↑*-koli*, ↑*jelikož*. Podobné útvary jsou v lit. *kelì* tv., *kōl(ei)* 'jak dlouho', lat. *quālis* 'jaký'.

kolík, *kolíček*. Zdrobnělina od ↓*kůl*.

kolika 'křečovité bolesti', *kolikový*. Ze střlat. *colica* a to z ř. adj. *kōlikós*, odvozeného od *kō̃lon* 'úd, člen, střeva'.

kolísat, *kolísavý, zakolísat, rozkolísaný*. P. *kołysać*, r. *kolycháť*. Těžko oddělit od ↑*kolébat*. Podoby se *-s-* a *-ch-* se většinou vysvětlují jako tzv. intenziva, např. *kolísat* by bylo z **ko-lib-sati (A9)*. Příbuznost se hledá v lat. *lībrāre* 'vyvažovat, rozkývat' (Ma²).

kolize. Viz ↑*kolidovat*.

koljuška 'drobná ryba s ostny'. Z r. *kóljuška* od *koljúčij* 'ostnatý, trnitý' a to od *kolóť* 'bodat' (viz ↑*kláti*).

kolmo přísl., *kolmý, kolmice*. Od ↑*kláti* 'sekat, bodat'. Původně 'přímo dolů nebo vzhůru' (Jg), tedy vlastně 've směru, jak se seká dříví'.

kolna. Viz ↓*kůlna*.

kolo, *kolečko, kolový, kolář, kolářský, kolářství, kolovat, kolová, soukolí*. Všesl. – p. *koło*, r. *kolesó*, s./ch. *kòlo, kolèso*, stsl. *kolo*. Psl. **kolo* (gen. *kolese*) souvisí se stpr. *kelan* tv., angl. *wheel*, ř. *kýklos* (srov. ↑*cyklus*) 'kolo, kruh', vše k ie. **k^u̯el-* 'pohybovat se, otáčet se' *(A3)*. Srov. ↑*koleso*, ↑*kolej*¹, ↓*kolomaz*, ↓*vůkol*, ↓*kůlna*.

koloděj 'druh hřibu'. Původně 'kolář', viz ↑*kolo* a ↑*dít se* (srov. ↓*zloděj*). Na houbu přeneseno asi podle hnědého klobouku připomínajícího kolářskou koženou zástěru (HK).

kolohnát 'hromotluk'. Jen č. a slk. Expr. útvar, jehož první část není zcela jasná. Spojení s ↓*kolo* či ↓*kláti* nejsou významově ani slovotvorně dostatečně přesvědčivá.

kolokvium 'druh vysokoškolské ústní zkoušky; seminář'. Z lat. *colloquium* 'rozmluva, rozhovor' od *colloquī* 'rozmlouvat' z *com-* (↓*kom-*) a *loquī* 'mluvit'.

kolomaz. Stč. *kolomast,* p. *kolomaź,* r.d. *kólomaz',* s./ch. *kòlomāz.* Psl. **kolomaz(t)ь,* vlastně 'to, čím se mažou kola', viz ↑*kolo* a ↓*mazat.*

kolona 'řada, pochodový proud', *kolonka* 'sloupec'. Z fr. *colonne* a to z lat. *columna* 'sloup, řada'.

kolonáda 'otevřená chodba se sloupovím'. Z fr. *colonnade* a to od *colonne* podle it. *colonnato* (viz ↑*kolona*).

kolonie 'osada či území v cizím národním prostředí', *koloniální, kolonista, kolonizovat, kolonizační, kolonialismus.* Z lat. *colōnia* 'osada' od *colōnus* 'rolník, nájemce pole' od *colere* 'obdělávat, pěstovat, obývat'.

kolorit 'barvitost, charakter'. Z it. *colorito* od *colorire* (vedle *colorare*) 'barvit' (srov. ↓*kolorovat*).

kolorovat 'barvit'. Z lat. *colorāre* tv. od *color* 'barva'.

kolos 'obrovská stavba, věc', *kolosální.* Z lat. *colossus* z ř. *kolossós* 'ohromný sloup či socha', jehož původ není znám. Užíváno především v souvislosti s obří sochou zasvěcenou Apollónovi na ostrově Rhodos.

kolotat 'kroužit, vířit'. Od ↑*kolo,* asi se zesilujícím *-ot-,* jako je např. ↓*mihotat* od ↓*míhat,* původní sloveso nedoloženo (Ma²).

kolouch, *koloušek.* Jen č., málo jasné. Významově se hodí výklad z *komoluch od *komolъ 'bezrohý' (↓*komolý*), srov. r.d. *komlják* 'sobí mládě' (Ma²), je však třeba připustit vypuštění slabiky. Podle jiného výkladu od ↑*kláti* (HK).

kolovrat, *kolovrátek, kolovrátkový, kolovrátkář.* P. *kołowrót,* r. *kolovorót,* s./ch. *kòlovrāt.* Psl. složenina *kolovortъ (B⁸) znamenala různé přístroje užívající kola, k etymologii viz ↑*kolo* a ↓*vrtět,* ↓*vrátit.*

kolportovat 'roznášet tiskoviny', *kolportáž, kolportér.* Z fr. *colporter* ze staršího *comporter,* vlastně 'nosit s sebou', z lat. *comportāre* z *com-* (↓*kom-*) a *portāre* 'nosit'. Srov. ↓*reportáž,* ↑*export.*

kolt 'několikaranový revolver'. Podle amerického výrobce *S. Colta* (patent r. 1832).

kom- předp. Z lat. *com-,* jež vychází z předl. *cum* 's'. Podoba *com-* se drží před *b, p, m* (↓*kombinovat,* ↓*kompromis,* ↓*komisař*), před *r* a *l* dochází ke spodobě (↑*kolaborovat,* ↓*korigovat*), před samohláskou *-m* mizí (viz ↑*ko-*), všude jinde je *con-* (↓*koncepce,* ↓*kondenzovat,* ↓*konference,* ↓*kongres,* ↓*konvence* ap.).

kóma 'hluboké bezvědomí', *komatózní.* Z ř. *kōma* 'tvrdý spánek'.

komando 'bojůvka, malý oddíl se speciálními úkoly'. Z něm. *Kommando* tv., původně 'rozkaz, příkaz', z it. *comando* tv. (viz ↓*komandovat*).

komandovat hov. 'poroučet'. Z fr. *commander* z lat. *commandāre, commendāre* 'pověřit' z *com-* (↑*kom-*) a *mandāre* 'svěřit, odevzdat'. Srov. ↑*komando,* ↓*mandát.*

komár, *komáří.* Všesl. – p. *komar,* r. *komár,* s./ch. *kòmār.* Psl. *komarъ je tvořeno od ie. onom. kořene **kem-/***kom-* 'bzučet, bučet', od něhož je i stpr. *camus* 'čmelák', lit. *kamānė,* něm. *Hummel* tv., *hummen* 'bzučet' (viz i ↑*čmelák*) i sti. *čamara-* 'jak (horský tur)'.

kombajn, *kombajnový, kombajnista.* Přes r. *kombájn* z angl. *combine* tv., původně vlastně 'kombinace, spojení', ze slovesa *to combine* 'kombinovat, spojit' z lat. *combīnāre* (viz ↓*kombinovat*). *Kombajn* je vlastně kombinací žacího stroje a mláticky.

kombi, ob. *kombík.* Z něm. *Kombi(wagen),* což je zkráceno z *kombinierter Wagen* 'kombinovaný vůz' (myslí se vůz na přepravu osob i zboží) od *kombinieren* 'kombinovat' (dále viz ↓*kombinovat*).

kombinačky 'kombinované kleště'. Dále viz ↓*kombinovat*.

kombinát 'spojení závodů různých výrobních odvětví', *kombinátový*. Z ř. *kombinát* a to z lat. *combīnātus* 'spojený', což je příč. trp. od *combīnāre* (viz ↓*kombinovat*).

kombiné 'druh dámského spodního prádla'. Z fr. *combiné* 'kombinovaný', což je příč. trp. od *combiner* z lat. *combīnāre* (viz ↓*kombinovat*).

kombinéza 'pracovní či sportovní ochranný oblek v celku'. Z fr. *combinaison* tv. z lat. *combīnātiō* 'kombinace' (viz ↓*kombinovat*).

kombinovat, *kombinace, kombinační, kombinatorní*. Z lat. *combīnāre* tv. z *com-* (↑*kom-*) a *bīnī* 'po dvou, dvojí'. Srov. ↑*kombinačky*, ↑*kombi*, ↑*kombiné*, ↑*kombinát*, ↑*kombinéza*, ↑*kombajn*.

komedie, *komediální, komediant, komediantský, komediantství*. Z lat. *comoedia* z ř. *kōmōidía* tv. od *kōmō̦idós* 'komediální herec', původně 'pěvec při Dionýsových slavnostech' od *kȏmos* 'veselá píseň, veselý průvod, hostina (k poctě boha Dionýsa)' a *ō̦idós* 'zpěvák'. Srov. ↓*komický* a ↓*óda*.

komentovat 'slovně provázet, vykládat', *komentář, komentátor, komentátorský*. Z lat. *commentārī* 'přemýšlet, psát pojednání' z *com-* (↑*kom-*) a odvozeniny od *mens* (gen. *mentis*) 'mysl, rozum'. Srov. ↓*mentalita*.

komerce 'zaměření na obchod (zvláště ve sportu a kultuře)', *komerční, komercializovat, komercializace*. Z fr. *commerce* 'obchod' z lat. *commercium* tv. z *com-* (↑*kom-*) a odvozeniny od *merx* (gen. *mercis*) 'zboží'. Srov. ↓*markytánka*.

kometa, *kometový*. Z lat. *comēta* z ř. *komḗtēs* 'mající dlouhé vlasy' od *kómē* '(dlouhé) vlasy'.

komfort 'přepych, pohodlí', *komfortní*. Z angl. *comfort* tv. ze stfr. *confort* 'posílení' od *conforter* 'posílit' z lat. *confortāre* tv. z *con-* (↑*kom-*) a odvozeniny od *fortis* 'silný'. Srov. ↑*fortifikace*.

komický 'vzbuzující veselost', *komik, komika, komičnost*. Z lat. *cōmicus* z ř. *kōmikós* tv. od *kȏmos* (viz ↑*komedie*).

komíhat, *komíhavý*. Jen č. Z ↑*ko-*[1] a ↓*míhat*. Srov. i ↑*kmihat*.

komiks 'kreslený humoristický či akční seriál', *komiksový*. Z angl. *comics* (pl.) z *comic strips* tv., doslova 'žertovné kreslené seriály', z *comic* 'žertovný' a *strip* 'kreslený seriál', původně 'pruh, pás'.

komín, *komínek, komínový, komíník, komíníček, kominický, kominictví*. Stč. *komín* 'pec, otvor pro odvádění kouře' je přejato ze stejného zdroje jako ↑*kamna*, pouze cesta přejetí je jiná – asi přes střhn. *kamīn* 'krb, komín' z lat. *camīnus* 'pec, krb' z ř. *kámīnos* 'pec, cihelna'. Význam slova se postupně zúžil z 'pec' na 'dymník (otvor k odvádění kouře)' až na pozdější 'trouby k odvádění kouře' (Ma[2]).

komise, *komisní, komisionální, komisař, komisařský, komisařství, komisariát*. Z lat. *commissiō* 'spojení, zmocnění' od *committere* (příč. trp. *commissus*) 'spojovat, svěřit' z *com-* (↑*kom-*) a *mittere* 'posílat'. Srov. ↑*demise*, ↑*emise*.

komité(t) kniž. 'výbor'. Z fr. *comité* z angl. *committee* tv., původně vlastně 'pověřenec', od *commit* 'svěřit' a to z lat. *committere* tv. (viz ↑*komise*).

komnata. Stč. *komňata*. Převzato asi něm. prostřednictvím (střhn. *kem(e)nāte, kamenāte*) z it. či střlat.

komoda   289   **kompetence**

caminata '(místnost) opatřená krbem' od lat. *camīnus* 'pec, krb'. Srov. ↑*kamna*, ↑*komín*.

komoda 'nižší prádelník'. Z fr. *commode* (možná přes něm. *Kommode*) tv., doslova 'pohodlná (skříň)', od lat. *commodus* (viz ↓*komodita*).

komodita 'druh zboží, výrobky určitého oboru'. Z angl. *commodity* tv., vlastně 'to, co je užitečné, náležité', od lat. *commodus* 'přiměřený, náležitý, pohodlný' z *com-* (↑*kom-*) a *modus* 'míra, způsob'. Srov. ↑*komoda*.

komolit, *zkomolit, zkomolený*. Původně 'činit tupým, kusým' (viz ↓*komolý*), pak přeneseno na 'znetvořování' v intelektuální sféře, především v jazyce.

komolý 'tupý, bez špičky'. R. *komólyj* 'bezrohý', sln.d. *komôl* tv. Psl. *komolъ je asi odvozeno od *komъ 'hrouda, chomáč' (srov. ↑*chomáč*), znělá varianta je v ↑*homole*. Příbuzné bude i přes rozdíl znělosti lit. *gamulà* 'bezrohý skot' a snad i sthn. *hamal* 'zmrzačený' z ie. **kem-/*kom-* 'bezrohý' *(A4)*, problematičtější je spojení s lit. *šmùlas* 'bezrohý, komolý', sti. *śāma-* tv., které předpokládají ie. **k̑em- (A1)*.

komoň zast. 'kůň'. Stsl. *komonь*. Psl. *komonь je málo jasné. Často se spojuje s rovněž nejasným ↓*kůň*, případně i ↑*kobyla*, ale přesvědčivé důvody pro to nejsou (Ma²). Lepší je spojení s lit. *kāmanas* 'udidlo, uzda' z ie. **kem-* 'mačkat aj.', význam by pak byl 'svíraný uzdou'.

komora, *komůrka, komorní, komorový, komorná, komorník, komornický, komoří*. Staré přejetí *(B5)* z lat. *camara, camera* (snad přes sthn. *kamara*) 'komora, klenutá místnost' z ř. *kamára* tv. Srov. ↑*kamera*, ↑*kamarád*, ↑*kamrlík*, ↑*kamarila*.

kompaktáta 'úmluva (mezi českými kališníky a basilejským koncilem)'. Ze střlat. *compactata* (pl.) od *compactare* 'uzavírat smlouvu' od lat. *compacīscī* (příč. trp. *compactus*) tv. z *com-* (↑*kom-*) a *pacīscī* 'dohodnout se', jež souvisí s *pāx* (gen. *pācis*) 'mír'. Srov. ↓*pakt*.

kompaktní 'celistvý, pevný'. Z lat. *compāctus* tv., což je původem příč. trp. od *compingere* 'srážet, spojovat' z *com-* (↑*kom-*) a *pangere* 'zarážet, tlouci'.

kompanie zast. 'vojenská jednotka'. Z něm. *Kompanie* z fr. *compagnie* z vlat. *compānia, dále viz ↓*kumpán*.

komparace 'srovnávání', *komparativ* 'druhý stupeň přídavných jmen', *komparativní, komparatista, komparatistika*. Z lat. *comparātiō* 'srovnání' od *comparāre* 'srovnávat, stavět po dvou' z *com-* (↑*kom-*) a odvozeniny od *pār* 'dvojice; stejný'. Srov. ↓*pár*.

kompars 'sbor statistů'. Přes něm. *Komparse*, fr. *comparse* z it. *comparsa*, což je zpodstatnělé příč. trp. (ž.r.) od *comparire* 'objevit se, ukázat se' z lat. *compārēre* tv. z *com-* (↑*kom-*) a *pārēre* tv.

kompas, *kompasový*. Přes něm. *Kompass* z it. *compasso* tv. od *compassare* 'odměřovat, jít dokola' z vlat. *compassāre 'odměřovat kroky' z *com-* (↑*kom-*) a *passus* 'krok, dvojkrok (jako míra)'. Srov. ↓*pas¹*.

kompendium 'souhrn poznatků vědního oboru'. Z lat. *compendium* 'výtěžek, zkrácení (střlat. 'příručka, shrnutí') od řídce doloženého *compendere* z *com-* (↑*kom-*) a *pendere* 'vážit, posuzovat'. Srov. ↓*stipendium*.

kompenzovat 'vyvážit, vyrovnávat', *kompenzace, kompenzační*. Z lat. *compēnsāre* tv. z *com-* (↑*kom-*) a *pēnsāre* tv. od *pendere* (příč. trp. *pēnsus*) 'vážit, věšet'. Srov. ↑*kompendium*, ↓*penze*, ↓*suspendovat*.

kompetence 'pravomoc', *kompetentní, kompetenční*. Ze střlat. *competentia*

kompilace   290   **kompromis**

'příslušnost, náležitost' od lat. *competēns* 'vhodný, příslušný', což je původem přech. přít. od *competere* 'společně žádat, shodovat se, hodit se' z *com-* (↑*kom-*) a *petere* 'žádat, směřovat'. Srov. ↓*petice*.

kompilace 'odborná práce vzniklá sestavením různých cizích poznatků', *kompilát, kompilační*. Z lat. *compīlātiō* 'loupež, vykořistění' (střlat. 'literární dílo z cizích výňatků') od *compīlāre* 'oloupit' z *com-* (↑*kom-*) a *pīlāre* 'loupit' asi od *pīlum* 'kopí'.

komplementární 'doplňkový'. Z fr. *complémentaire* k lat. *complēmentum* 'doplněk' od *complēre* 'naplnit' z *com-* (↑*kom-*) a *plēre* 'plnit'. Srov. ↓*kompletní*, ↓*plénum*.

kompletní 'úplný', *komplet, kompletovat, kompletace*. Přes něm. *komplett* z fr. *complet* a to z lat. *complētus* 'úplný, naplněný', což je původem příč. trp. od *complēre* 'naplnit' (viz ↑*komplementární*).

komplex 'souborný celek; soubor znepokojivých pocitů a představ', *komplexní*. Z lat. *complexus* 'objetí, sepětí' (střlat. 'soubor'), což je původně příč. trp. od *complectī* 'oplétat, objímat, obsáhnout' z *com-* (↑*kom-*) a *plectere* 'plést', jež souvisí s *plicāre* 'svinovat, skládat'. Srov. ↓*komplikovat*, ↓*perplex*.

komplic 'spolupachatel'. Z něm. *Komplize, Komplice* z fr. *complice* a to ze střlat. *complex* tv., lat. *complex* (gen. *complicis*) 'spojený' od lat. *complectī* (viz ↑*komplex*).

komplikovat, *komplikovaný, komplikace*. Z lat. *complicāre* 'svinout, splétat' z *com-* (↑*kom-*) a *plicāre* 'svíjet, skládat'. Srov. ↑*komplex*, ↑*komplic*, ↑*implikovat*, ↓*replika*, ↑*duplikát*.

kompliment 'lichotka, poklona'. Přes něm. *Kompliment*, fr. *compliment* ze šp. *complimiento* (dnes *cumplimiento*),

vlastně 'naplnění (dvorních zvyklostí)', od *cumplir* 'naplnit' z lat. *complēre* tv. (viz ↑*komplementární*, srov. ↑*kompletní*).

komplot 'spiknutí'. Přes něm. *Komplott* z fr. *complot* tv., stfr. 'tlačenice, změť'. V první části je jistě pokračování lat. *com-* (↑*kom-*), druhá je snad odvozena od fr. *pelote* 'míč' od lat. *pila* tv., tedy vlastně 'změtení do klubka, do koule'.

komponent 'složka, součást'. Přes něm. *Komponente* z lat. *compōnēns*, což je přech. přít. od *compōnere* 'skládat' (viz ↓*komponovat*).

komponovat 'skládat', *kompozice, kompoziční, kompozitum, komponista*. Z lat. *compōnere* (příč. trp. *compositus*) tv. z *com-* (↑*kom-*) a *pōnere* 'pokládat'. Srov. ↓*kompost*, ↓*kompot*, ↑*disponovat*, ↓*oponovat*, ↓*pozice*.

kompost, *kompostový, kompostovat*. Přes něm. *Kompost*, fr. *compost* z angl. *compost* 'směs hnojiva', to pak je ze stfr. *compost* 'směs, složenina' z vlat. **compos(i)tus* 'složený', což je původně příč. trp. od lat. *compōnere* 'skládat' (viz ↑*komponovat*). Srov. ↓*kompot*, ↑*kapusta*.

kompot, *kompotový, kompotovat*. Přes něm. *Kompott* z fr. *compote*, stfr. *composte* z vlat. **compos(i)ta* (ž.r.) 'směs, složená (věc)', dále viz ↑*kompost*, ↑*komponovat*.

kompozice. Z lat. *compositiō* 'skládání' (viz ↑*komponovat*).

komprese 'stlačení', *kompresní, kompresor*. Z lat. *compressiō* tv. od *comprimere* 'stisknout, stlačit' z *com-* (↑*kom-*) a *premere* (příč. trp. *compressus*) 'tlačit'. Srov. ↑*deprese*, ↓*represe*.

kompromis 'dohoda se vzájemnými ústupky', *kompromisní*. Z lat. *comprōmissum* 'vzájemná dohoda' od *comprōmittere* (příč. trp. *-missus*)

kompromitovat   291   **koncept**

'vzájemně si slíbit' z *com-* (↑*kom-*) a *prōmittere* 'slibovat, pouštět vpřed' z *prō-* (↓*pro*) a *mittere* 'posílat'. Srov. ↓*kompromitovat*, ↑*komise*.

kompromitovat (se) 'uškodit (si) na dobré pověsti'. Zpětným polatinštěním fr. *compromettre* 'kompromitovat, ohrozit pověst', jež se vyvinulo ze střlat. právnického výrazu *compromittere* 'svěřit spor (někomu třetímu)' z lat. *comprōmittere* (viz ↑*kompromis*).

komtesa 'hraběcí dcera'. Z fr. *comtesse* 'hraběnka' od *comte* 'hrabě' z lat. *comēs* (gen. *comitis*) 'družiník, dvorní úředník'. Srov. ↑*kmet*.

komtur 'hodnostář rytířského řádu', *komturský*. Z něm. *Komtur* ze střhn. *kommentiur* ze stfr. *commendeor* z lat. *commendātor* 'doporučitel, přímluvce' od *commendāre* 'svěřovat, doporučovat' z *com-* (↑*kom-*) a *mandāre* 'svěřit, ukládat (za úkol)'. Srov. ↑*komandovat*.

komuna 'sdružení lidí se společným vlastnictvím'. Přes něm. *Kommune* z lat. *commūne* 'obec, obecná věc' od *commūnis* 'společný, obecný' z *com-* (↑*kom-*) a základu, který je v lat. *mūnus* '(veřejná) povinnost, úřad'. Srov. ↓*komunální*, ↓*komunikovat*, ↓*komunismus*, ↑*imunní*.

komunální 'obecní'. Přes něm. *kommunal* z lat. *commūnālis* tv. od *commūne* 'obec' (viz ↑*komuna*).

komunikace, *komunikovat*, *komunikační*, *komunikativní*. Z lat. *commūnicātiō* 'sdělení, sdílení' od *commūnicāre* 'sdílet, svěřovat, stýkat se' od *commūnis* 'společný, obecný' (viz ↑*komuna*). Význam rozšířen na různé druhy spojení (*dopravní komunikace* ap.).

komuniké 'úřední sdělení'. Z fr. *communiqué* tv., což je původně příč. trp. od *communiquer* 'sdělovat' z lat. *commūnicāre* (viz ↑*komunikace*).

komunismus, *komunista*, *komunistický*. Z něm. *Kommunismus* vytvořeného v 19. st. od lat. *commūnis* 'společný, obecný' (viz ↑*komuna*). Základní představou je beztřídní společnost se společným vlastnictvím výrobních prostředků.

komže 'ministrantský oděv'. Ze střlat. *camisia* 'košile, spodní lněný šat'. Srov. ↑*kamizola*.

kon- předp. Viz ↑*kom-*.

koňadra 'druh sýkory'. Vedle této podoby existuje řada nář. podob, souvisí se stč. *konědra* 'ras', vlastně 'kdo dere koně' (viz ↓*kůň*, ↑*drát*). Přeneseně prý podle dravosti této sýkory (Ma²).

koňak, *koňakový*. Podle fr. města *Cognac* v jihozápadní Francii (poblíž Bordeaux), kde se začal vyrábět.

konat, *dokonat*, *skonat*, *skon*, *překonat (se)*, *vykonat*, *výkon*, *výkonný*, *výkonnost*, *výkonnostní*, *příkon*, *úkon*. P. *konać* 'dokonávat, umírat', str. *konati* 'dovádět do konce', sln.st. *konáti* 'završovat', stsl. *konati* je odvozeno od **konъ* (stsl. *konъ* 'začátek, kraj', stč. *kon* 'konec'), to pak patří k *-čęti* z ie. **ken-* 'rodit se, začínat' (A6,B1) (viz ↑*-čít*). Psl. **konъ* znamenalo 'kraj z obou stran, začátek i konec', původní význam slovesa byl 'dovádět do konce', z toho pak č. 'jednat'. Srov. ↓*konec*, ↓*zákon*.

koncentrovat (se) 'soustředit (se)', *koncentrovaný*, *koncentrace*, *koncentrační*, *koncentrát*. Z fr. *concentrer* z *con-* a *centre* 'střed'. Viz ↑*kom-* a ↑*centrum*.

koncepce 'pojetí', *koncepční*, *koncipovat*. Z lat. *conceptiō* tv. od *concipere* (příč. trp. *conceptus*) 'sebrat, pojmout, vyjadřovat' z *con-* (↑*kom-*) a *capere* 'brát, chytat'. Srov. ↓*koncipient*, ↓*recepce*.

koncept 'náčrtek, předběžný plán', *koncepční*. Z lat. *conceptum* 'co je pojato, sepsáno', což je příč. trp. (stř.r.)

koncern

od *concipere* (viz ↑*koncepce*). Srov. ↓*recept*, ↑*akceptovat*.

koncern 'sdružení podniků', *koncernový*. Z angl. *concern* tv., původně 'vztah, účast, podíl' od slovesa *(to) concern* 'týkat se' z fr., stfr. *concerner* tv., z pozdnělat. *concernere* 'smíchávat' z lat. *con-* (↑*kom-*) a *cernere* 'rozlišovat, pozorovat'. Srov. ↑*diskrétní*.

koncert, *koncertní, koncertovat*. Přes něm. *Konzert* z it. *concerto* tv., původně 'úmluva, souzvuk', od *concertare* 'společně smluvit' z lat. *concertāre* 'utkat se, zápasit' z *con-* (↑*kom-*) a *certāre* tv.

koncese 'oprávnění k činnosti', *koncesionář, koncesionářský*. Z lat. *concessiō* 'dovolení, připuštění' od *concēdere* (příč. trp. *concessus*) 'ustupovat, povolit' z *con-* (↑*kom-*) a *cēdere* 'kráčet, ustupovat'. Srov. ↓*recese*, ↓*secese*, ↓*proces*.

koncil 'církevní sněm', *koncilní*. Z lat. *concilium* 'shromáždění, sněm' z *con-* (↑*kom-*) a odvozeniny od *calāre* 'svolávat, vyhlašovat'. Srov. ↑*kalendář*.

koncipient 'kandidát advokacie či notářství', *koncipientský*. Z lat. *concipiēns* (gen. *-entis*), což je přech. přít. od *concipere* 'pojmout, sebrat, navrhovat' (viz ↑*koncepce*).

koncizní 'stručný, zhuštěný'. Z lat. *concīsus* 'zkrácený, úsečný', což je původem příč. trp. od *concīdere* 'rozsekat, rozbít' z *con-* (↑*kom-*) a *caedere* 'bít, tlouci'. Srov. ↓*precizní*.

končetina, *končetinový*. Obrozenecký výtvor (Presl) od ↓*konec*, případně stč. *končatý* 'špičatý', srov. i ↓*končina*.

končina. Od ↓*konec, končit*. Původně 'konec něčeho' (např. *končiny těla*, srov. ↑*končetina*). Pak především '(odlehlá) krajina', k tomu srov. ↓*kraj*.

končíř 'fleret, lehká bodná sportovní zbraň'. P. *koncerz*, r. *končár*. Přejato

292

z ttat. jazyků (tur. *hančer*, tat. *kandžar* 'dlouhá dýka') a lid. etym. *(D2)* přikloněno ke ↓*konec*, srov. stč. *končitý* 'špičatý'.

kondenzovat 'zhušťovat', *kondenzace, kondenzační, kondenzátor*. Z lat. *condēnsāre* tv. z *con-* (↑*kom-*) a *dēnsāre* tv. od *dēnsus* 'hustý'.

kondice '(zdravotní) stav; soukromá hodina', *kondiční*. Z lat. *condiciō* 'podmínka, stav, úmluva' od *condīcere* 'smluvit' z *con-* (↑*kom-*) a *dīcere* 'říkat'. Srov. ↓*kondicionál*, ↑*dikce*.

kondicionál 'podmiňovací způsob', *kondicionální*. Z lat. *(modus) condiciōnālis* tv. od *condiciō* 'podmínka' (viz ↑*kondice*).

kondolovat 'projevovat soustrast', *kondolence, kondolenční*. Z lat. *condolēre* 'mít soustrast' z *con-* (↑*kom-*) a *dolēre* 'cítit bolest, litovat'.

kondom 'prezervativ'. Přes něm. *Kondom* z angl. *condom* původu nejistého. Snad podle jména angl. lékaře, který údajně tento prostředek v 18. st. vynalezl.

kondor 'velký jihoamerický dravec'. Ze šp. *condor* a to z peruánského jazyka kečua, kde se pták jmenuje *cuntur*.

konec, *koncový, koncovka, koncovkový, konečný, konečník, konečníkový, končit, dokončit, skončit, ukončit, zakončit, skoncovat, dokonce*. Všesl. – p. *koniec*, r. *konéc*, s./ch. *kònac*, stsl. *konьcь*. Psl. **konьcь* je odvozeno od **konъ* 'začátek, kraj, konec', v odvozenině se prosadil poslední význam. Dále viz ↑*konat*.

konejšit

konejšit, *konejšivý*. Jen č. Dříve i *konoušiti* (Jg), stč. *konúšěti* 'houpat, kolébat'. Složeno z ↑*ko-*[1] a nedoloženého **nýchati, *nýšati*, jež je dosvědčeno v sln. *níhati*, ch. *njíhati* 'kolébat se', mak. *niša* 'kolébá'. Východiskem je psl. **nychati*, intenzivní

konev   293   **kongres**

rozšíření (srov. ↓*máchat*) ie. kořene **neu-*, který je např. v ř. *neúō* 'hýbám, kývám', sti. *náuti* 'pohybuje se'.

konev, *konývka, konvička*. Stp. *konew*, str. *konovъ*, sln.st. *kônva*. Psl. **kony* (gen. **konъve*) je přejetí ze sthn. *channa* (dnes *Kanne*) a to asi z lat. *canna* 'roura' (viz ↑*kanál*, ↑*kanystr*).

konexe 'vlivná známost, spojení'. Z lat. *cōnexiō* 'spojení, vazba' z *cōnectere* (příč. trp. *cōnexus*) 'spojovat, splétat' z *con-* (↑*kom-*) a *nectere* 'plést, vázat'. Srov. ↑*anektovat*.

konfekce 'hromadné vyrábění oděvů; takto vyrobené oděvy', *konfekční*. Přes něm. *Konfektion* z fr. *confection* tv. a to z lat. *cōnfectiō* 'zhotovení, dokončení' od *cōnficere* (příč. trp. *cōnfectus*) 'dokončit, dodělat' z *con-* (↑*kom-*) a *facere* 'dělat'. Srov. ↑*infekce*, ↑*defekt*, ↓*konfety*.

konference 'porada', *konferenční, konferovat*. Ze střlat. *conferentia* 'zasedání, sněm', vlastně 'usnášení', od lat. *cōnferre* 'snášet dohromady, slučovat' z *con-* (↑*kom-*) a *ferre* 'nést'. Srov. ↑*diference*, ↓*preferovat*, ↓*referovat*.

konferenciér 'kdo uvádí jednotlivá čísla zábavního programu'. Z fr. *conférencier* 'přednášející, řečník' od *conférence* 'porada, přednáška' (viz ↑*konference*).

konfese 'vyznání', *konfesní*. Z lat. *cōnfessiō* tv. od *cōnfitērī* 'vyznat, přiznat' z *con-* (↑*kom-*) a *fatērī* tv. Srov. ↓*profese*.

konfety (mn.) 'pestrobarevné papírky rozhazované při slavnostech'. Z it. *confetti* (pl.) od *confetto* 'bonbon' a to z lat. *cōnfectus* 'dokončený, což je původně příč. trp. od *cōnficere* (viz ↑*konfekce*). Tyto '(dodělané) bonbony' byly při karnevalech házeny mezi lidi, později byly nahrazeny papírky.

konfident 'důvěrník policie, donašeč', *konfidentský*. Z lat. *cōnfīdēns* 'důvěřující', což je původem přech. přít. od *cōnfīdere* 'důvěřovat' z *con-* (↑*kom-*) a *fīdere* 'věřit, důvěřovat'.

konfigurace 'seskupení', *konfigurační*. Z lat. *cōnfigūrātiō* od *cōnfigūrāre*. Viz ↑*kon-* a ↑*figura*.

konfiskovat 'úředně zabavit', *konfiskace, konfiskát*. Z lat. *cōnfiscāre* z *con-* (↑*kom-*) a odvozeniny od *fiscus* '(státní) pokladna'. Srov. ↑*fiskální*.

konflikt 'rozpor, střetnutí', *konfliktní*. Z lat. *cōnflīctus* 'srážka' od *cōnflīgere* 'srazit se, narážet' z *con-* (↑*kom-*) a *flīgere* 'udeřit'. Srov. ↑*blízký*.

konformní 'přizpůsobený něčemu', *konformita, konformista*. Přes něm. *konform* z pozdnělat. *cōnformis* 'shodný, stejnorodý' z *con-* (↑*kom-*) a *forma* (viz ↑*forma*).

konfrontovat 'srovnávat (tváří v tvář)', *konfrontace, konfrontační*. Ze střlat. *confrontare* z lat. *con-* (↑*kom-*) a odvozeniny z *frōns* (gen. *frontis*) 'čelo, přední strana'. Srov. ↑*fronta*.

konfuzní 'zmatený', *konfuze*. Z lat. *cōnfūsus* tv., což je původně příč. trp. od *cōnfundere* 'slévat, směšovat' z *con-* (↑*kom*) a *fundere* 'lít'. Srov. ↑*fúze*, ↓*transfuze*.

konglomerát 'směs nesourodých prvků'. Nově utvořeno k lat. *conglomerātus*, což je příč. trp. od *conglomerāre* 'svinout, stěsnat' z *con-* (↑*kom-*) a *glomerāre* 'svinout do klubka' od *glomus* 'klubko'. Srov. ↑*aglomerace*, ↑*klubko*, ↑*glóbus*.

kongregace 'církevní sbor; druh řeholní instituce', *kongregační*. Z lat. *congregātiō* 'sdružování' od *congregāre* 'sdružovat' z *con-* (↑*kom-*) a odvozeniny od *grex* (gen. *gregis*) 'stádo, dav'. Srov. ↑*agregát*.

kongres 'sjezd', *kongresový*. Z lat. *congressus* 'setkání, schůze' od *con-*

gredī (příč. trp. *congressus*) 'setkat se, sejít se' z *con-* (↑*kom-*) a *gradī* 'kráčet, jít'. Srov. ↑*agrese*, ↓*regrese*, ↑*grád.*

kongruence '(gramatická) shoda'. Z lat. *congruentia* 'shoda, souměrnost' od *congruere* 'shodovat se' (viz ↑*kom-*, druhá část je nejasná).

kónický 'kuželovitý'. Z fr. *conique* od lat. *cōnus*, ř. *kõnos* 'kužel, šiška'.

koníček. Viz ↓*kůň*. Ve významu 'záliba' asi podle něm. *Steckenpferd* tv., vlastně 'koníček na holi (jako hračka)'. Viz i ↑*hobby.*

koniklec 'bylina s fialovými zvonkovitými květy'. Lid. etym. *(D2)* ze stč. *poniklec*, vlastně 'bylina s povislými květy', od *poniknúti* 'sklonit se, zeslábnout' od stejného základu, který je v *zanikat, unikat, vznikat* (viz ↓*-nikat*).

konipas, *konipásek*. Vlastně 'ten, kdo pase koně' – žertovný název podle toho, že se rád zdržuje v blízkosti stád (Ma²).

konjugace 'časování', *konjugační, konjugovat.* Z pozdnělat. *coniugātiō* tv., doslova 'spřažení, spojení' (myslí se asi sdružení více slovesných tvarů), od lat. *coniugāre* 'spojit (ve jho)' z *con-* (↑*kom-*) a *iugāre* 'spojit, svázat' od *iugum* 'jho'. Srov. ↑*jho*, ↓*konjunkce.*

konjunkce 'zdánlivé setkání dvou nebeských těles'. Z lat. *coniūnctiō* 'spojení, sloučení' od *coniungere* (příč. trp. *-iūnctus*) 'spojovat' z *con-* (↑*kom-*) a *iungere* tv., jež souvisí s *iugāre* tv. (viz ↑*konjugace*). Srov. ↓*konjunktura,* ↑*adjunkt.*

konjunktiv 'slovesný způsob vyjadřující závislost či subjektivně pojatý děj (v lat., šp. ap.)', *konjunktivní.* Z lat. *(modus) coniūnctīvus* '(způsob) spojovací' od *coniungere* (viz ↑*konjunkce*).

konjunktura 'příznivé podmínky (vývoje ap.)', *konjunkturální.* Přes

něm. *Konjunktur* ze střlat. *coniunctura* 'spojení', odvozeniny od lat. *coniūnctus*, příč. trp. od *coniungere* (viz ↑*konjunkce*). Původně astrologický termín pro 'konstelaci souhvězdí ve zvěrokruhu', odtud pak v 18. st. v řeči obchodníků 'příznivý stav obchodu' a dále až k dnešnímu významu.

konkávní 'vydutý'. Z lat. *concavus* tv. z *con-* (↑*kom-*) a *cavus* 'dutý, vyhloubený'.

konkláve 'shromáždění kardinálů k volbě papeže'. Ze střlat. *conclave* 'pokoj (na klíč)' z lat. *con-* (↑*kom-*) a *clāvis* 'klíč'. Kardinálové jsou při volbě papeže uzavřeni ve volební místnosti a téměř zcela odděleni od okolního světa. Srov. ↑*enkláva.*

konkordát 'úmluva o vztazích mezi státem a církví'. Ze střlat. *concordatum* tv., což je vlastně příč. trp. od lat. *concordāre* 'souhlasit, shodovat se' z *con-* (↑*kom-*) a odvozeniny od *cor* (gen. *cordis*) 'srdce'. Srov. ↑*akord.*

konkrétní 'určitý, skutečný', *konkretizovat, konkretizace.* Z lat. *concrētus* 'srostlý, zhuštěný', což je původem příč. trp. od *concrēscere* 'srůst, ztuhnout' z *con-* (↑*kom-*) a *crēscere* 'růst'. Ve středověké filozofii (12. st.) vzato jako protiklad k ↑*abstraktní* s významem 'smysly vnímatelný, skutečný'.

konkubína 'souložnice'. Z lat. *concubīna* tv. z *con-* (↑*kom-*) a odvozeniny od *cubāre* 'ležet, spát'. Srov. ↑*inkubace,* ↓*kuběna.*

konkurence 'soutěžení; soupeřící firma ap.', *konkurenční, konkurovat, konkurent.* Ze střlat. *concurrentia* 'setkání, soubeh' od lat. *concurrere* 'sbíhat se, utkat se' z *con-* (↑*kom-*) a *currere* 'běžet'. Srov. ↓*konkurs,* ↓*kurs,* ↓*koridor.*

konkurs 'soutěž o místo; exekuční likvidace dlužící firmy', *konkursní.*

konopí   295   konstrukce

Z lat. *concursus* 'souběh, srocení', což je původem příč. trp. od *concurrere* (viz ↑*konkurence*).

konopí, *konopný*. Všesl. – p. *konopie*, r. *konopljá*, s./ch. *kònoplja*. Psl. *konopьa je přejato stejně jako germ. *hanapa (něm. *Hanf*, angl. *hemp*, stisl. *hampr (A4)*), lat. *cannabis* a ř. *kánnabis* z neznámého východního zdroje, u Slovanů nejspíš tráckým či skytským prostřednictvím. Srov. ↑*kanafas*, ↑*kanava*.

konotace 'druhotné složky významu', *konotační*. Z angl. *connotation* od *connote* 'mít vedlejší význam, implikovat' ze střlat. *connotare* 'spoluoznačovat' z lat. *con-* (↑*kom-*) a *notāre* 'označovat'. Srov. ↓*nota*.

konsekvence 'důsledek, důslednost'. Z lat. *cōnsequentia* 'důsledek' z *cōnsequēns*, což je přech. přít. od *cōnsequī* 'následovat' z *con-* (↑*kom-*) a *sequī* 'sledovat'. Srov. ↓*sekvence*, ↓*persekuce*.

konsens(us) '(všeobecný) souhlas', *konsensuální*. Z lat. *cōnsēnsus* 'souhlas, jednomyslnost', což je původem příč. trp. od *cōnsentīre* 'souhlasit, shodovat se' z *con-* (↑*kom-*) a *sentīre* 'vnímat smysly, cítit'. Srov. ↓*nonsens*, ↓*sentence*, ↓*senzace*.

konsolidovat 'ustálit, upevnit', *konsolidace*, *konsolidační*. Z lat. *cōnsolidāre* 'zpevnit' z *con-* (↑*kom-*) a *solidāre* tv. od *solidus* 'pevný'. Srov. ↓*solidní*, ↓*solidární*.

konsonant 'souhláska', *konsonantický*, *konsonantismus*. Z lat. *cōnsonāns*, což je přech. přít. od *cōnsonāre* 'spoluzvučet' z *con-* (↑*kom-*) a *sonāre* 'zvučet, znít'. Srov. ↓*rezonovat*, ↓*sonáta*.

konsorcium 'sdružení (na společný účet)'. Z lat. *cōnsortium* 'společenství, účastenství' od *cōnsors* 'společník,

druh' z *con-* (↑*kom-*) a *sors* 'úděl, los'. Srov. ↓*sorta*.

konspekt 'stručný zhuštěný přehled'. Z lat. *cōnspectus* 'pohled, pozorování, úvaha', což je původem příč. trp. od *cōnspicere* 'pohlížet, dívat se' z *con-* (↑*kom-*) a *specere* tv. Srov. ↑*aspekt*, ↓*respekt*.

konspirace 'spiknutí', *konspirační*, *konspirativní*, *konspirovat*. Z lat. *cōnspīrātiō* 'spiknutí, jednota, souhlas' od *cōnspīrāre* 'být jedné mysli, jednat svorně' z *con-* (↑*kom-*) a *spīrāre* 'dýchat'. Srov. ↑*aspirovat*, ↓*spiritismus*.

konstantní 'stálý, neměnný', *konstanta*. Přes něm. *konstant* z lat. *cōnstāns* tv., což je původem přech. příť. od *cōnstāre* '(pevně) stát, trvat' z *con-* (↑*kom-*) a *stāre* 'stát'. Srov. ↓*konstatovat*, ↓*kontrast*, ↓*substance*.

konstatovat 'shled(áv)at', *konstatování*. Z fr. *constater* z lat. *cōnstat* 'je známo' (v tomto významu jen ve 3. os. sg.) od *cōnstāre* '(pevně) stát' (viz ↑*konstantní*).

konstelace 'postavení hvězd'. Z pozdnělat. *cōnstēllātiō* z lat. *con-* (↑*kom-*) a odvozeniny od *stēlla* 'hvězda', jež souvisí s něm. *Stern*, angl. *star*, ř. *astḗr* (srov. ↑*astro-*).

konsternovat 'zarazit, nepříjemně překvapit', *konsternace*. Z lat. *cōnsternāre* 'děsit, pobouřit' z *con-* (↑*kom-*) a *sternere* 'porazit, prostírat'. Srov. ↓*stratifikace*.

konstituce 'ústava; tělesná konstrukce', *konstituční*, *konstituovat*. Z lat. *cōnstitūtiō* 'postavení, ustanovení, stavba' od *cōnstituere* 'postavit, zřídit' z *con-* (↑*kom-*) a *statuere* tv. Srov. ↑*instituce*, ↓*restituce*, ↓*statut*.

konstrukce 'sestrojení, stavba', *konstrukční*, *konstruktivní*, *konstruovat*, *konstruktér*, *konstruktérský*. Z lat. *cōnstrūctiō* 'sestrojení, složení' od *cōnstruere* 'sestrojit, nakupit' z *con-* (↑*kom-*) a *struere* 'skládat, kupit'. Srov. ↑*destrukce*, ↑*instrukce*.

konšel 'radní (za feudalismu)', *konšelský*. Z román. základu (srov. střlat. *consul* tv., fr. *conseil* 'rada'), ale přesná cesta není známa (Ma[2]). Srov. ↓*konzul*, ↓*konzilium*.

kontakt 'styk', *kontaktní, kontaktovat*. Z lat. *contāctus* 'styk, dotyk, nákaza', což je původem příč. trp. od *contingere* 'dotýkat se' z *con-* (↑*kom-*) a *tangere* tv. Srov. ↓*kontingent*, ↓*kontaminace*, ↓*takt*.

kontaminovat 'znečišťovat, směšovat', *kontaminace, kontaminační*. Z lat. *contāmināre* 'poskvrnit, pokálet' z *con-* (↑*kom-*) a odvozeniny od nedoloženého **tāmen* z **tag-men*, jež souvisí s *tangere* (viz ↑*kontakt*). Srov. i lat. *contāgiō* 'nákaza, dotyk'.

kontejner 'přepravní skříň (pro zboží, odpadky ap.)'. Z angl. *container* tv. od *(to) contain* 'obsahovat' ze stfr. *contenir* tv. a to přes vlat. **contenire* z lat. *continēre* 'držet pohromadě, spojovat, obsahovat' z *con-* (↑*kom-*) a *tenēre* 'držet'. Srov. ↓*kontinent*, ↓*kontinuita*, ↓*tenor*.

kontemplovat 'rozjímat', *kontemplace, kontemplativní*. Z lat. *contemplārī* 'pozorovat, rozjímat' z *con-* (↑*kom-*) a odvozeniny od *templum* 'svatyně, chrám'. Srov. ↓*templář*.

kontext 'významová souvislost; soubor dějových souvislostí', *kontextový*. Z lat. *contextus* 'spojitost, souvislost', což je původem příč. trp. od *contexere* 'splétat, spojovat, pokračovat' z *con-* (↑*kom*) a *texere* 'plést, tesat, stavět'. Srov. ↓*text*, ↓*tesat*.

kontinent '(souvislá) pevnina, světadíl', *kontinentální*. Přes něm. *Kontinent* z lat. *(terra) continēns* 'souvislá (země)' od *continēre* 'držet pohromadě,

spojovat' z *con-* (↑*kom-*) a *tenere* 'držet'. Srov. ↓*kontinuita*, ↑*kontejner*.

kontingent 'pevně stanovené množství'. Přes něm. *Kontingent* z fr. *contingent* 'příslušný (díl)' z lat. *contingēns*, což je přech. přít. od *contingere* 'týkat se' z *con-* (↑*kom-*) a *tangere* tv. (srov. ↑*kontakt*).

kontinuita 'souvislost, nepřetržité trvání', *kontinuální, kontinuum, kontinuace*. Z lat. *continuitās* od *continuāre* 'spojovat, pokračovat', to pak od *continuus* 'spojitý, ustavičný' od *continēre* 'držet pohromadě, spojovat' (viz ↑*kontejner*, ↑*kontinent*).

konto 'účet'. Z it. *conto* tv. a to z pozdnělat. *computus* tv. od lat. *computāre* 'počítat' z *com-* (↑*kom-*) a *putāre* 'domnívat se, soudit'. Srov. ↑*computer*, ↑*amputovat*, ↓*reputace*.

kontra předl., předp. Z lat. *contrā* 'proti' a to z *con-* (↑*kom-*) a příp., která je i v ↑*extra*, ↓*ultra* a v obměněné podobě v ↑*inter*, ↓*retro*. Srov. ↓*kontradikce*, ↓*kontrast*, ↓*kontrapunkt*, ↓*kontroverze*.

kontraband 'pašované zboží'. Z it. *contrabbando* tv. z *contra* (↑*kontra*) a *bando* 'nařízení' germ. původu (viz ↑*banální*, ↑*bandita*). Vlastně tedy 'co je proti nařízení'.

kontrabas 'basa (největší smyčcový nástroj)', *kontrabasový*. Přes něm. *Kontrabass* z it. *contrabbasso* (viz ↑*kontra* a ↑*bas*).

kontradikce 'rozpor, protiklad'. Z lat. *contrādictiō* 'mluvení proti, odporování' od *contrādīcere* z *contrā* (↑*kontra*) a *dīcere* 'říkat, mluvit'. Srov. ↑*dikce*, ↑*kondice*.

kontrakce 'smrštění, zmenšení objemu', *kontrahovat*. Z lat. *contractiō* tv. od *contrahere* (příč. trp. *contractus*) 'stahovat, smršťovat' z *con-* (↑*kom-*) a *trahere* 'táhnout'. Srov. ↓*kontrakt*, ↑*atrakce*, ↓*trakt*.

kontrakt 'smlouva', *kontraktace*. Z pozdnělat. *contractus* 'smlouva, stažení', což je původně příč. trp. od *contrahere* 'stahovat, táhnout spolu' (viz ↑*kontrakce*).

kontrapunkt 'vedení několika samostatných hudebních linií', *kontrapunkt*. Ze střlat. *contrapunctum*, původně z *punctus contra punktum* 'nota proti notě' (viz ↑*kontra* a ↓*puntík*).

kontrast 'protiklad, opak', *kontrastní, kontrastovat*. Přes něm. *Kontrast* z it. *contrasto* od *contrastare* 'stát proti sobě' z lat. *contrā* (↑*kontra*) a *stāre* 'stát'. Srov. ↓*status*, ↑*konstatovat*.

kontribuce 'nucený příspěvek, daň', *kontribuční*. Z lat. *contribūtiō* od *contribuere* 'přispívat, připojit' z *con-* (↑*kom-*) a *tribuere* 'rozdělovat, prokazovat' od *tribus*, což byl původně 'jeden ze tří oddílů římského národa'. Dále viz ↓*tribut*, ↓*tribuna*.

kontrola, *kontrolní, kontrolovat, kontrolor(ka), zkontrolovat, překontrolovat*. Přes něm. *Kontrolle* z fr. *contrôle* ze střfr. *contrerôle*, vlastně 'protiseznam', z *contre-* z lat. *contrā-* (↑*kontra*) a *rôle* 'svitek, seznam' (viz ↓*role*[1]).

kontroverze 'spor', *kontroverzní*. Z lat. *contrōversia* tv. od *contrōversus* 'proti sobě otočený' z *contrō-* (jiný tvar od *contrā*, viz ↑*kontra*) a *versus*, což je původně příč. trp. od *vertere* 'otáčet, obracet'. Srov. ↑*averze*, ↑*diverze*, ↓*verš*.

kontryhel 'bylina s okrouhlými zubatými listy'. Asi z něm. *Gunderheil* 'popenec (druh poléhavé byliny)', z názvu této rostliny (Jg) pak přeneseno (asi Preslem) na jinou.

kontumace 'výsledek stanovený v neprospěch nedostavivší se strany (ve sportu)', *kontumační, kontumovat*. Z lat. *(iūdicāre) in contumāciam* '(odsoudit) v nepřítomnosti' (vlastně 've vzdoru') od *contumācia* 'zatvrzelost, vzdor'.

z *con-* (↑*kom-*) a odvozeniny od *tumēre* 'dmout se'.

kontura 'obrys'. Přes něm. *Kontur* z fr. *contour* od fr. *contourner* 'obehnat, zkroutit' vlivem it. *contorno* od *contornare* 'ohraničovat, dělat obrys' z vlat. **contornāre* z *con-* (↑*kom-*) a lat. *tornāre* 'točit, soustružit'.

kontušovka 'druh kořalky'. Z polštiny, srov. p. *kontuszowy* 'týkající se p. zvyků v 17. a 18. st.' od *kontusz* 'součást polského kroje', původně 'šlechtický kabát se šosy a rozstřiženými rukávy'.

konvalinka, *konvalinkový*. Ve starší č. *konva(l)lium*. Z lat. *(lilium) convallium* '(lilie) údolí' od *convallis* 'údolí, úval' z *con-* (↑*kom-*) a *vallis* tv.

konvence 'úmluva, zvyklost', *konvenční*. Z lat. *conventiō* 'dohoda, úmluva, schůze' od *convenīre* (příč. trp. *conventus*) 'scházet se, shodnout se, hodit se' z *con-* (↑*kom-*) a *venīre* 'přicházet'. Srov. ↓*konvent*, ↓*prevence*, ↑*invence*.

konvent 'sbor řeholníků'. Z lat. *conventus* 'schůze, shromáždění', což je původně příč. trp. od *convenīre* (viz ↑*konvence*).

konvergence 'sbíhání, sbližování', *konvergentní*. Z nlat. *convergentia* od pozdnělat. *convergere* 'směřovat k sobě' z *con-* (↓*kom-*) a lat. *vergere* 'chýlit se, směřovat'.

konvertovat 'změnit (např. víru, elektrický proud ap.)', *konverze, konvertita, konvertor*. Z lat. *convertere* 'obracet, změnit' z *con-* (↑*kom-*) a *vertere* 'obracet, točit'. Srov. ↑*kontroverze*, ↑*averze*.

konverzace 'rozmluva', *konverzovat, konverzační*. Přes fr. *conversation* z lat. *conversātiō* '(společenský) styk' od *conversārī* 'otáčet se, meškat' od *conversus*, což je příč. trp. od *convertere* (viz ↑*konvertovat*).

konvexní 'vypouklý'. Z lat. *convexus* 'klenutý, svedený dohromady' od *convehere* 'svážet' z *con-* (↑*kom-*) a *vehere* 'vézt'. Srov. ↓*vehihl*.

konvice. Viz ↑*konev*.

konvoj 'řada dopravních prostředků (s ozbrojeným doprovodem)'. Z fr., stfr. *convoi* ze stfr. *convoyer* z vlat. *conviāre z *con-* (↑*kom-*) a lat. *viāre* 'cestovat' od *via* 'cesta'. Srov. ↓*viadukt*.

konzerva. Viz ↓*konzervovat*.

konzervativní 'lpící na tom, co je vžité, staré', *konzervativec, konzervatismus*. V politickém smyslu přes něm. *konservativ* z angl. *conservative* a to ze střlat. *conservativus* 'ochraňující, udržující (staré zvyky)' od lat. *conservāre* (viz ↓*konzervovat*).

konzervatoř 'střední odborná hudební a taneční škola', *konzervatorní, konzervatorist(k)a*. Z it. *conservatorio* 'hudební škola', původně 'výchovný ústav, sirotčinec', od *conservare* 'uchovávat, chránit' (viz ↓*konzervovat*). První výchovná hudební zařízení totiž vznikala při sirotčincích ap. (16. st.).

konzervovat 'uchovávat, chránit (před zkázou)', *konzervace, konzervační, konzerva, konzervátor*. Z lat. *cōnservāre* 'zachovat, uchránit' z *con-* (↑*kom-*) a *servāre* 'hlídat, chránit'. Srov. ↓*rezervovat*, ↓*servis*.

konzilium 'poradní sbor (lékařů)'. Z lat. *cōnsilium* 'rada, porada' od *cōnsulere* 'radit se, rokovat' (viz ↓*konzul*).

konzistence 'soudržnost, pevnost', *konzistentní*. Z lat. *cōnsistentia* '(pevné) složení' od *cōnsistere* 'postavit se, zakládat se' z *con-* (↑*kom-*) a *sistere* 'stavět'. Srov. ↓*konzistoř*, ↓*rezistence*, ↑*asistovat*.

konzistoř 'církevní poradní sbor'. Ze střlat. *consistorium* tv. z lat. *cōnsistōrium* 'shromaždiště, císařská rada' od *cōnsistere* 'společně (se) stavět, postavit se' (viz ↑*konzistence*).

konzola, konzole 'nosník, podpěra záclonových tyčí', *konzolka*. Přes něm. *Konsole* z fr. *console* tv. a to snad zkrácením ze střfr. *consolateur* 'utěšitel, podpůrce', přeneseně 'podpůrný pilíř', od *consoler* 'těšit'. Z lat. *cōnsōlārī* tv. z *con-* (↑*kom-*) a *sōlārī* tv. Může to však být i lid. etym. (D2), snad spíš souvisí s fr. *sole* 'podkladní deska, pražec'.

konzul 'diplomatický úředník; jeden ze dvou nejvyšších úředníků volených ve starém Římě', *konzulát, konzulární*. Z lat. *cōnsul* od *cōnsulere* 'radit se, rokovat', původně 'shromáždit (senát)', z *con-* (↑*kom-*) a snad odvozeniny od ie. **sel-* 'vzít, uchopit'. Srov. však i lat. *exsul* 'vyhnanec' (↑*exil*). Dále srov. ↓*konzultovat*, ↑*konzilium*, ↑*konšel*.

konzultovat 'radit se (u odborníka)', *konzultace, konzultační, konzultant*. Z lat. *cōnsultāre* 'radit se, ptát se na radu' od *cōnsulere* (příč. trp. *consultus*) tv. (viz ↑*konzul*).

konzumovat 'spotřebovávat', *konzumace, konzumační, konzum, konzumní, konzument, konzumentský*. Z lat. *cōnsūmere* tv. z *con-* (↑*kom-*) a *sūmere* 'vzít, požít' ze ↓*sub-* a *emere* 'brát, kupovat'. Srov. ↓*presumpce*, ↓*resumé*, ↓*promptní*.

kooperovat 'spolupracovat', *kooperace, kooperační, kooperativní*. Viz ↑*ko-*[2] a ↓*operovat*.

kooptovat 'přibrat (dalšího člena do voleného sboru)', *kooptace*. Z lat. *cooptāre* 'volbou doplňovat' z *co-* (↑*ko-*[2]) a *optāre* 'vybrat si, vyvolit'. Srov. ↓*opce*, ↑*adoptovat*.

koordinovat 'uvádět v soulad', *koordinace, koordinační, koordinátor*. Ze střlat. *coordinare* 'seřazovat' z *co-* (↑*ko-*[2]) a *ordināre* 'řadit, pořádat' (viz ↓*ordinovat*).

kopa¹ 'šedesát kusů, hromada (sena ap.)'. Všesl. – p., str. *kopa* tv., s./ch. *kòpa* 'kupa (sena)'. Psl. *kopa je zřejmě odvozeno od *kopati (↓*kopat*), příbuzné je asi lit. *kopà* 'písečná duna, masa', *kāpas* 'mohyla'. Původní význam tedy byl asi 'hromada nakopané země', pak 'hromada, kupa vůbec' a odtud 'početní jednotka (60 kusů)' jako pozůstatek starého šedesátkového počítacího systému. Nejasný je vztah ke ↓*kupa* – i přes velkou blízkost jde asi až o druhotné sblížení. Srov. ↓*kopec*.

kopa² (*veselá kopa*) 'veselý člověk'. Asi ze střhn. *kompān* 'druh' žertovným přikloněním ke ↑*kopa*¹ (Ma² pod *kumpán*). Dále viz ↓*kumpán*.

kopat, *kopnout, kop, kopáč, kopanec, kopaná, kopačka, kopanina, kopanice, kopaničář, nakopat, rozkopat, zkopat, vykopat, výkop, zakopat, zákop, zákopový, okopat, okop, překopat, pokopat, prokopat, průkopník, příkop, odkopnout, odkop, ukopnout* aj. Všesl. – p. *kopać*, r. *kopáť*, s./ch. *kòpati*, stsl. *kopati*. Psl. *kopati je příbuzné s lit. *kapóti* 'sekat', stpr. *enkopts* 'zakopaný', ř. *skáptō* 'kopu, okopávám' i *kóptō* 'tluču, strkám' (srov. ↓*synkopa*), arm. *kopᶜem* 'tluču, sekám' z ie. *(*s*)*kop*- (a jeho variant) 'obdělávat ostrým nástrojem'. Ve slov. původně 'obdělávat půdu', v zsl. pak i 'tlouci nohou'. Vzhledem k řečtině (viz výše) mají někteří za to, že rozlišení těchto významů je již ie. (Ma²). Srov. ↓*kopí*, ↑*kopa*¹, ↓*štípat*.

kopec, *kopeček, kopcovitý*. Odvozenina od stč. *kop* 'hora', což je mužský tvar ke ↑*kopa*¹. Srov. ↓*skopčák*.

kopejka 'setina rublu'. Z r. *kopéjka* a to asi od *kop'jó* (viz ↓*kopí*), protože na ní byl původně vyobrazen car držící kopí (15. st.).

kopí, *kopinatý, kopiník*. Všesl. – p. *kopia*, r. *kop'jó*, s./ch. *kòplje*, stsl. *kopije*. Psl. *kopьje je odvozeno od *kopati (↑*kopat*), původně to byl asi 'ostrý (pracovní) nástroj', pak 'bodná zbraň'. Podobné útvary jsou v lit. *kaplȳs* 'sekyra', sthn. *heppa* aj. (dnes *Hippe*) 'zahnutá dýka', ř. *kopís* 'sekera, nůž, šavle'. Srov. ↓*oštěp*.

kopie 'napodobenina, další exemplář'. Ze střlat. *copia* 'opis' z lat. *cōpia* 'hojnost, zásoba, množství' z *co*- (↑*ko*-¹) a odvozeniny od *ops* 'moc, síla, bohatství'. Srov. ↓*kopírovat*, ↓*optimální*.

kopinatý 'připomínající tvarem kopí'. Viz ↑*kopí*.

kopírovat, *kopírovací, kopírka, okopírovat, překopírovat, zkopírovat*. Z něm. *kopieren* tv. a to ze střlat. *copiare* 'opisovat' (viz ↑*kopie*).

kopist 'dřevěný nástroj na mísení těsta'. P.d. *kopyść*, r.d. *kopýsť*, s./ch.d. *kòpīst* 'holeň'. Psl. *kopystь je asi odvozeno od *kopati (↑*kopat*), i když příp. -*ystь* je velmi nezvyklá. Snad i proto došlo v č. ke změně *y*>*i* (podle ↓*list*, ↓*kořist* ap.).

kopr, *koprový, koprovka*. Všesl. – p. *kopr*, str. *koprъ* (r. *ukróp*), s./ch. *kòpar*, stsl. *koprъ*. Psl. *koprъ není příliš jasné. Snad je lze vyvodit z ie. **ku̯opro*- odvozeného od **ku̯ēp*- 'vydávat vůni či zápach', od něhož je i lit. *kvėpti* 'vdechnout', *kvāpas* 'dech, vůně, aroma'. Pojmenování by odráželo aromatické vlastnosti rostliny. Srov. ↓*kopřiva*, ↓*koprnět*, ↓*kypět*.

kopra 'bílá hmota z jádra kokosových ořechů'. Z port. *copra* a to z malajského *kopparah* 'kokos'.

kopretina, *kopretinový*. U Jg *kopřetina*. Preslův výtvor, jeho motivaci však neznáme. Snad ke ↑*kopr*.

koprnět 'trnout, dřevěnět', *zkoprnělý*. Nář. i 'netrpělivě čekat'. Příbuzné je jen sln. *koprnéti* 'bažit, silně toužit' a asi i b.d. *kóprja se* 'chystat se'. Snad odvozeno od *koprъ (↑*kopr*) v původ-

koprodukce 300 **kordon**

ním významu 'pára, vůně, zápach', vývoj významu slovesa by mohl být 'vydechovat' → 'silně toužit' (srov. ↑*dychtit*) → 'dřevěnět (tužbou, úžasem ap.)', snad v č. i s vlivem slovesa ↑*brnět*.

koprodukce 'společná produkce', *koprodukční*. Z angl. *co-production* z *co-* označujícího 'sdílení něčeho' (srov. *co-pilot* 'druhý pilot', *co-holder* 'spoludržitel') z lat. *co-* (↑*ko-*[2]) (v lat. jen před samohláskou), dále viz ↓*produkce*.

kopřiva, *kopřivový, kopřivka*. Všesl. – p. *pokrzywa*, r. *krapíva*, s./ch. *kòpriva*. Psl. asi *kopriva, i když se rekonstruuje i *kropiva (Ma[2], HK) a spojuje se s ↓*kropit* v původním významu 'přelévat vroucí vodou', protože takto se kopřivy před upotřebením upravovaly (srov. ↓*oukrop*). Foneticky se však zdá věrohodnější přesmyk *kopr->krop-* (v p. *pokr-*) než naopak, slovo se pak dá dobře odvodit od *koprъ (i tam došlo ve vsl. k přesmyku, viz ↑*kopr*). Obě rostliny byly v kuchyni i léčitelství hojně užívány, ale přesná motivace jejich spojení není jistá.

koptit. Viz ↓*ukoptěný*.

kopulace 'pohlavní spojení', *kopulovat*. Z lat. *cōpulātiō* 'spojení, svazek' od *cōpulāre* 'spoutávat, spojovat' od *cōpula* 'pouto, pojítko' z *co-* (↑*ko-*[2]) a *apula od *apere 'připojovat', doloženého jen v příč. trp. *aptus* 'připojený, připevněný'. Srov. ↑*adaptovat*, ↓*kuplíř*.

kopule 'klenba ve tvaru polokoule', *kopulovitý*. Přesmykem samohlásek z *kupole* a to z it. *cupola* tv. z pozdnělat. *cūpola*, což je vlastně zdrobnělina od *cūpa* 'sud, bečka'. Srov. ↑*kbelík*, ↑*kofĺík*.

kopyto, *kopýtko, kopytník, kopytnatý*. Všesl. – p. *kopyto*, r. *kopýto*, s./ch. *kòpito*. Psl. *kopyto se vykládá buď od ↑*kopat* (HK), tedy 'to, čím se kope', nebo z ie. názvu kopyta **kop-*, který je v něm. *Huf*, angl. *hoof (A4)* a sti.

śaphá- (A1) (ve slov. by byla 'tvrdá' varianta s *k-*) (Ma[2]). V obou případech je třeba počítat rovněž s neobvyklou příp. *-yto* (stejná je snad v ↓*koryto*).

kor, kór přísl. zast. ob. 'obzvlášť'. Z něm. *gar* 'velice, docela, příliš' od adj. *gar* 'hotový, dovařený, dodělaný' z germ. *garwa 'hotový, připravený', jehož původ není jistý.

koráb, *korábový*. Všesl. (kromě sln.) – p. *korab*, r. *korábl'*, s./ch.st. *kȍrab*, stsl. *korabľь*. Psl. *korabъ/*korabъ je málo jasné. Snad jde o domácí útvar související s psl. *korbъ 'koš' (viz ↓*krabice*), srov. i č. nář. *koráb* 'vykotlaný kmen'. Původní význam snad lze rekonstruovat jako 'něco spleteného (ve tvaru koryta ap.)'. Genetické spojení s ř. *kárabos, karábion* 'loď' (Ma[2]) naráží na pozdní doložení a zjevnou sekundárnost tohoto významu v ř. (původní význam je 'langusta, rak'), lze však připustit možnost výpůjčky z ř.

korán 'základní náboženská kniha islámu'. Z ar. *qurʾān*, doslova 'čtení' od *qaraʾa* 'číst, recitovat'.

korba 'ohrazený vršek vozu'; ob. expr. 'urostlý, podsaditý člověk'. Z it. *corba* 'koš' (možná přes něm. *Korb* tv.) z lat. *corbis* tv. Přenesený expr. význam asi na základě představy 'hranatosti' (srov. *hrana* v témž významu). Srov. ↓*korveta*, ↓*korbel*, ↓*krabice*.

korbel 'dřevěná nádoba na pivo', *korbílek*. Ze střhn. *körbel*, což je zdrobnělina od *korp*, sthn. *korb* 'pletená nádoba' z lat. *corbis* (viz ↑*korba*). Původně asi 'opletená láhev (na víno)' (HK).

kord 'bodná zbraň'. P. *kord*, r. *kórda*, sln. *kordec*. Východiskem je per. *kārd* 'nůž', k nám asi přes maď. *kard* (Ma[2]).

kordon 'ochranný řetězec bezpečnostních složek'. Z fr. *cordon* 'šňůra, tkanice' od *corde* 'provaz' z lat.

chorda 'struna' z ř. *chordé* tv. Srov.
↑*klavichord*.

korec 'stará dutá a plošná míra'. Stč. *kořec* tv. i 'nádoba'. Všesl. – p. *korzec*, r.d. *koréc*, s./ch.d. *kòrac*, stsl. *korьcь*. Psl. *korьcь je nejspíš odvozeno od *kora (↓*kůra*), původně tedy asi '(větší) nádoba z kůry', odtud pak vymezení nádoby určité velikosti jako duté míry (kolem 100 litrů) a konečně i plošné míry (plocha osetá tímto množstvím obilí).

korek, *korkový*. Z něm. *Kork* ze šp.st. *alcorque* 'boty s korkovou podrážkou' z ar.-šp. *al-qurq* tv. (*al-* je člen) a to nejspíš z lat. *cortex* 'kůra, lýko, korek'. Srov. ↓*kůra*.

korekce 'oprava', *korektní* 'správný, slušný', *korektor(ka), korektorský, korektura, korigovat, zkorigovat*. Z lat. *corrēctiō* 'oprava, napravení' od *corrigere* (příč. trp. *corrēctus*) 'opravovat, rovnat' z *com-* (↑*kom-*) a *regere* 'řídit, spravovat'. Srov. ↑*dirigovat*, ↓*rekce*.

korelace 'souvztažnost', *korelační*. Z lat. *correlātiō* 'vzájemný vztah, souvislost' z *com-* (↑*kom-*) a *relātiō* 'vztah' (viz ↓*relace*).

korepetice 'nacvičování či opakování pěveckých a baletních úloh', *korepetitor, korepetovat*. Ze střlat. *correpetitio* od *correpetere* 'opakovat (s někým)' z lat. *com-* (↑*kom-*) a *repetere* 'znovu směřovat, opakovat' (viz ↓*repetice*).

korespondovat 'dopisovat si; být v souladu', *korespondence, korespondenční, korespondent(ka)*. Ze střlat. *correspondere* (možná přes fr. *correspondre*) z lat. *com-* (↑*kom-*) a *respondēre* 'odpovídat, vzájemně slíbit' z ↓*re-* a *spondēre* '(slavně) slíbit'. Srov. ↓*respondent*, ↓*sponzor*.

koriandr 'druh koření'. Z lat. *coriandrum* z ř. *koríannon* neznámého původu.

korida 'býčí zápasy'. Ze šp. *corrida (de toros)* 'běh, závod (býků)' od *correr* 'běžet' z lat. *currere* tv. (viz ↓*koridor*).

koridor 'chodba, průchod'. Přes něm. *Korridor* z it. *corridore* tv., původně 'běžec', od *correre* 'běžet' z lat. *currere* tv. Srov. ↑*korida*, ↑*exkurze*, ↑*konkurence*.

korigovat 'opravovat'. Viz ↑*korekce*.

kormidlo, *kormidelník, kormidelnický, kormidlovat, zakormidlovat*. Přejato za obrození z r. *kormílo* tv. odvozeného od *kormá* 'záď lodi' (s./ch. *kŕma*, stsl. *krъma* tv., v zsl. chybí). Psl. *kъrma je nejspíš příbuzné s ř. *kormós* 'osekaný kmen, tyč', východiskem je ie. **(s)ker-* 'řezat'. Původně tedy šlo asi o primitivní veslo, jímž se ze zádi lodi řídil směr plavby. Srov. ↓*kůra*.

kormorán 'velký vodní pták'. Z fr. *cormoran* a to z *corp* 'havran' z lat. *corvus* tv. a stfr. *marenc 'mořský' odvozeného od lat. *mare* germ. příp. *-ing*. Srov. stejně tvořené lat. *corvus marīnus* tv.

kormoutit, *zkormoucený*. Viz ↑*ko-*[1] a ↓*rmoutit*.

kornatět 'tvrdnout na povrchu (o cévách ap.)', *kornatění*. Od adj. *kornatý* 'ztvrdlý, jakoby pokrytý kůrou', viz ↓*kůra*.

kornet[1] 'nižší jezdecký důstojník (v 16.–18. st.)'. Z fr. *cornette* 'jezdecký praporec' od *corne* 'roh' (podle tvaru) z lat. *cornū* tv. Srov. ↓*kornet*[2].

kornet[2] 'druh žesťového nástroje'. Z it. *cornetto*, což je zdrobnělina od *corno* 'roh' z lat. *cornū* tv. Srov. ↑*horna*, ↑*kornet*[1], ↓*kornout*.

kornout, *kornoutek*. Stč. *kornút*. Asi z lat. *cornūtus* 'rohatý' od *cornū* 'roh'. Srov. i fr. *cornet* 'kornout'. Srov. ↑*kornet*[2].

korodovat. Viz ↓*koroze*.

koronární 'věnčitý (o tepně); zabývající se léčením akutních srdečních příhod'. Ze střlat. *coronarius* od lat. *corōna* 'věnec' z ř. *korónē* 'kruh (u dveří ap.)'. Viz ↓*koruna*.

koroptev, *koroptvička*. Stč. *kuroptva*, p. *kuropatwa*, r. *kuropátka*, s./ch.st. *kuroptva*. Psl. **kuropъty*, gen. *kuropъtъve*, je stará složenina, jejíž první část odpovídá našemu ↓*kur*, druhá pak je odvozena od stejného základu jako ↓*pták*. Spojení první části s lit. *kùrti* 'běžet', lat. *currere* tv. (Ma[2]) se obvykle nepřijímá, i když slovotvorná paralela je v ↑*drop*.

korouhev, *korouhvička*. Stč. *korúhev*, *korúhva*. Všesl. – p. *chorągiew*, r. *chorúgv'*, s./ch.st. *horugva*, stsl. *chorǫgy*. Psl. **chorǫgy* je výpůjčka, jejíž původ není jistý. Většina autorů dosud dávala přednost výkladu z mong. *oronyo* 'prapor', nadějnější se však (vzhledem k typickému zakončení na *-y*, srov. ↑*církev*, ↑*konev*) zdá přejetí z germ. **hrungō*, srov. gót. *hrugga* 'tyč'.

koroze, *koroz(iv)ní*, *korodovat*, *zkorodovat*. Z pozdnělat. *corrōsiō* od lat. *corrōdere* 'vyhlodat, rozežrat' z *com-* (↑*kom-*) a *rōdere* 'hlodat'. Srov. ↑*eroze*.

korporace 'sdružení, spolek', *korporační*. Ze střlat. *corporatio* od *corporare* 'sdružovat' od lat. *corpus* 'tělo'. Srov. ↓*korpulentní*.

korpulentní 'tělnatý', *korpulence*. Z lat. *corpulentus* tv. od *corpus* 'tělo'. Srov. ↑*korporace*, ↓*korpus*.

korpus 'hlavní část (dortu, hudebního nástroje ap.); ucelený soubor jevů', *korpusový*. Z lat. *corpus* 'tělo, těleso, soubor'. Srov. ↑*korporace*, ↑*korpulentní*, ↓*korzet*.

korumpovat. Viz ↓*korupce*.

koruna, *korunka*, *korunní*, *korunový*, *korunovat*, *korunovace*, *korunovační*. Z lat. *corōna* 'věnec, královská ozdoba

hlavy' z ř. *korónē* 'kruh (u dveří ap.)' od *korónos* 'zahnutý'. Původně věnec z ratolestí či květů jako ozdoba při slavnostech či cena vítězů, pak odznak moci. Význam 'peněžní jednotka' je ze starých rakouských mincí, na nichž byla panovnická koruna. Další přenesené významy 'vyvrcholení', 'rozvětvená část stromu' ap. jsou metafory.

korund 'tvrdý nerost'. Přes něm. *Korund* z angl. *corundum* a to z tamilského *kurandam* 'rubín'.

korupce 'úplatkářství', *korupční*, *korumpovat*, *zkorumpovaný*. Z lat. *corruptiō* 'zkažení, podplacení' od *corrumpere* (příč. trp. *corruptus*) 'zmařit, zkazit, uplácet' z *com-* (↑*kom-*) a *rumpere* 'zlomit, zrušit'. Srov. ↑*erupce*, ↑*bankrot*.

korveta 'menší válečná loď', *korvetní*. Přes něm. *Korvette* z fr. *corvette* a to buď z lat. *corbīta* 'nákladní loď' či střniz. *corver* 'rybářský člun'. V obou případech nakonec dojdeme k lat. *corbis* 'koš', šlo tedy původně o loď krytou košatinou (viz i ↑*korba*).

koryfej 'přední osobnost (vědy ap.)'. Z lat. *coryphaeus* 'přední osobnost, náčelník' z ř. *koryfaîos* 'vrchní; vůdce, hlava' od *koryfḗ* 'temeno, vrchol'.

korýš. Preslův výtvor podle nlat. *crustaceum* od lat. *crūsta* 'kůra, skořápka'. Srov. ↓*krusta*, ↓*kůra*.

koryto, *korýtko*. Všesl. – p. *koryto*, r. *korýto*, s./ch. *kòrito*, stsl. *koryto*. Psl. **koryto* nemá jednoznačný výklad. Spojuje se s psl. **kora*, **korьcь* (viz ↑*korec*, ↓*kůra*) (HK) či přímo s výchozím ie. **(s)ker-* 'řezat' – původní význam by pak byl 'předmět vydlabaný z neloupané klády (s kůrou)' (slovotvorně srov. ↑*kopyto*). Méně pravděpodobné je členění na *ko-ryto* z ↑*ko-*[1] a odvozeniny od **ryti* (↓*rýt*), s motivací 'to, co je vyryto, vydlabáno' (srov. podobně ↑*kadlub*).

korzár 'námořní lupič', *korzárský, korzárství*. Přes něm. *Korsar* z it. *corsaro* tv. a to ze střlat. *cursarius* od lat. *cursus* 'běh, jízda, plavba' od *currere* 'běžet'. Srov. ↓*korzo*, ↓*kurs*, ↓*kurýr*.

korzet 'šněrovačka'. Z fr. *corset*, což je zdrobnělina k stfr. *cors* (dnes *corps*) 'tělo' z lat. *corpus* tv. Srov. ↑*korpus*, ↑*korpulentní*, co do významu srov. i naše *živůtek*.

korzo 'promenáda', *korzovat*. Z it. *corso* 'široká městská třída', původně 'běh, jízda na koni', z lat. *cursus* tv. Srov. ↓*kurs*, ↑*korzár*.

kořalka, *kořalkový*, ob. hanl. *kořala*. Z p. *gorzałka* od *gorzeć* (viz ↑*hořet*) (Ma², HK).

kořen, *kořínek, kořenný, kořenový, kořenatý, kořenáč, kořenářka, kořenářský, kořenářství, kořenit, zakořenit, vykořenit*. Všesl. – p. *korzeń*, r. *kóren'*, ch. *kòrijen*, stsl. *korenь*. Psl. *korenь má zřejmě nejblíže k lit. *kēras* 'pařez, lodyha, stonek', *kerěti* 'rozrůstat se, větvit se', stpr. *kirno* 'keř' a ovšem i psl. *kъrъ (↑*keř*). Další souvislosti nejisté, dosud přehlížená je možnost spojení s ie. **(s)ker-* 'kroutit, ohýbat' (stejná motivace je u stč. *krč* 'pařez', srov. ↓*krčma*). Ob. expr. význam 'člověk, který za jiné platí' je prý kalk za něm. *Wurzen* tv. (Ma²). Srov. i ↓*koření*.

koření, *kořenit, kořeněný, okořenit*. Vlastně původně 'sušené kořínky', podobně je blízko něm. *Wurzel* 'kořen' a *Würze* 'koření'.

kořist, *kořistník, kořistnický, kořistnictví, kořistit, ukořistit, vykořisťovat, vykořisťovatel*. Všesl. (kromě luž.) – p. *korzyść*, r. *korýst'*, s./ch. *kòrīst*, stsl. *koristь*. Psl. *koristь má více výkladů, nejpřijatelnější se zdá vyjít od slovesa *ko-ristati z ↑*ko-*¹ a *ristati, srov. r.st. *ristát'* 'běžet', stsl. *ristati* 'obíhat'. Snad původně 'obíhat, shánět (dohromady)'.

kořit, *pokořit, pokořitel, pokora, pokorný*. Všesl. – p. *korzyć*, r. *korít'*, s./ch. *kòriti*, stsl. *koriti*. Psl. *koriti nejspíš souvisí s lot. *karināt* 'dráždit', sthn. *harawēn* 'vysmívat se', lat. *carināre* tv., ir. *caire* 'pohana' i ř. *kárnē* 'trest', vše od ie. **kar-* 'hanit, kárat' (viz i ↑*kárat*).

kos, *kosice*, expr. *kosák*. Všesl. – p., r.d. *kos*, s./ch. *kôs*. Psl. *kosъ se obvykle spojuje s ř. *kópsichos* tv. (bylo by tedy z **kop-s-*) (Ma², HK), základ obou slov možná bude onom. původu. Význam 'smělý, chytrý chlapík' podle jeho nebojácnosti.

kosa, *kosiště, kosit, pokosit, nakosit, skosit*. Všesl. – p. *kosa*, r. *kosá*, s./ch. *kòsa*, stsl. *kosa*. Psl. *kosa se obvykle spojuje s lat. *castrāre* 'klestit' (viz ↑*kastrovat*), střir. *cess* 'kopí', ř. *keázō* 'štípu, rozsekávám', sti. *śásati* 'řeže', vše z ie. **kes-* 'řezat' (ve slov. se ztvrdnutím počátečního *k̑-* (*A1*)) (Ma²), časté je však i spojování s ie. **kes-* 'škrábat aj.' (viz ↑*česat*) (HK). Srov. ↓*kosý*.

kosatec. Od ↑*kosa* (podle podoby jeho listů).

kosatka 'úzká trojúhelníková plachta; dravý kytovec'. Dřívější je zřejmě název kytovce (již u Jg). Slovotvorně vychází z č.st. *kosatý* 'podobající se kose' (viz ↑*kosa*), jde tu o podobu charakteristické hřbetní ploutve tohoto savce, stejná motivace je i u plachty.

kosinus. Uměle z ↑*ko-*² a ↓*sinus*.

kosman 'drobná jihoamerická opice'. Od č.st. *kosma* 'chomáč vlasů či chlupů' (podle prodloužených chvostků na boltcích). Viz ↓*kosmatý*.

kosmatý 'chlupatý, zarostlý'. Všesl. – p. *kosmaty*, r. *kosmátyj*, s./ch. *kòsmat*, stsl. *kosmatъ*. Psl. *kosmatъ je odvozeno od *kosmъ/*kosma 'vlasy, srst', jež souvisí s *kosa 'kštice' od ie. **kes-* (viz ↑*česat*).

kosmetika 'péče o vzhled pleti, vlasů ap.', *kosmetický, kosmetička*. Z fr. *cosmétique* a to z ř. *kosmētiké (téchnē)* '(umění) zdobení' od *kosméō* 'pořádám, zdobím'. Srov. ↓*kosmos*.

kosmo- 'týkající se vesmíru'. Srov. ↓*kosmologie*, ↓*kosmonaut*, ↓*kosmodrom*. Viz ↓*kosmos*.

kosmodrom 'základna pro start raket do vesmíru'. Viz ↑*kosmo-* a ↑*drom*.

kosmologie 'nauka o vesmíru'. Viz ↑*kosmo-* a ↓*-logie*.

kosmonaut, *kosmonautka, kosmonautický*. Z ↑*kosmo-* a ř. *naútēs* 'plavec' od *náō* 'plynu, teču'. Viz i ↑*astronaut*.

kosmopolitismus 'světoobčanství', *kosmopolita, kosmopolitický*. Z fr. *cosmopolite* 'světoobčanský, žijící v různých zemích' od ř. *kosmopolítēs*, doslova 'občan světa', z *kósmos* (↓*kosmos*) a *polítēs* 'občan' (viz ↓*politika*).

kosmos 'vesmír', *kosmický*. Z ř. *kósmos* 'řád, úprava, vesmír, svět'. Srov. ↑*kosmetika*, ↑*kosmopolitismus*, ↑*kosmo-*.

kosodřevina. Z p. *kosodrzewina*, *kosodrzew* a to asi podle něm. *Krummholz* tv. (z *krumm* 'křivý' a *Holz* 'dřevo') (Ma²). Srov. ↓*kosý*.

kost, *kůstka, kostička, kostní, kostěný, kostnatý, zkostnatělý, kostice, kosticový, kostnice, kostlivec, vykostit*. Všesl. – p. *kość*, r. *kosť*, s./ch. *kôst*, stsl. *kostь*. Psl. **kostь* se obvykle spojuje s lat. *os*, alb. *asht*, ř. *ostéon*, sti. *ásthi-*, chet. *haštāi-* tv., vše z ie. **ost(i)-* (Ma², HK), problematické i ovšem vysvětlení psl. *k-* (podobným příkladem je ↓*koza*). Nejspíš lze uvažovat o kontaminaci *(D4)* – v úvahu přichází ie. základ, z něhož vzešlo lat. *costa* 'žebro', či kořen **kes-* (viz ↑*česat*, ↑*kosa*). Srov. ↓*kostka*, ↓*kostrč*, ↓*kostival*, ↓*kostra*, ↓*košťál*, ↓*osten*.

kostel, *kostelík, kostelíček, kostelní, kostelník, kostelnice, kostelnický*. Z č. do slk. a pol. (*kościół*), odtud i do vsl. Přejato (snad přes sthn. *kastel*) z pozdnělat. *castellu(m)* 'pevnost, tvrz, hrad', což je zdrobnělina od lat. *castrum* tv. Kostel původně býval součástí hradního komplexu a také vzhledem (věž, ohrazení zdí) se hradu do jisté míry podobal. Srov. ↑*kastelán*.

kostival 'druh léčivé byliny'. Jen č., slk. a hl. Asi polokalk podle něm. *Beinwell* (*Bein* 'kost', druhá část se vysvětluje z *wallen* 'srůstat') (HK), podobný je ř. název byliny *sýmfyton*, doslova 'srůstání' (používalo se jí na zlomeniny i na otevřené rány). Vyloučeno není ani čistě domácí tvoření od slovesa *valiti* (↓*valit*) (Ma²).

kostka, *kostička, kostkový, kostkovaný, kostkovat*. Slk. *kocka* (s přesmykem *st-ts*), p. *kostka*, r. *igráľ naja) kost'*, s./ch. *kȍcka*. Psl. **kostъka* je zdrobnělina ke **kostь* (↑*kost*) – jako hrací kostky totiž původně sloužily hlezenní kosti (srov. ↑*hlezno*). Odtud pak přeneseno na kostku, krychli vůbec.

kostra, *kosterní, kostrový, kostroun*. Ve významu 'skelet' jen č. a slk., vytvořil Presl ke ↑*kost*. Významy v jiných slov. jazycích (r.d. 'druh trávy, druh ryby' i r. *kostër* 'hromada dřeva ap.') svědčí o jiné motivaci, nejspíš od kořene **kes-* 'česat, škrabat' (srov. ↑*kost*, ↓*kostrč*, ↓*kostrbatý*).

kostrbatý. Původně 'vlasatý, rozcuchaný' (Jg), srov. i č.st. a slk.st. *kostrba, kostruba* 'rozcuchanec', r.d. *kóstrub* tv. Psl. asi **kostrъba, *kostrъba* je odvozeno od **kostra* (↑*kostra*) s jasně převládající motivací od kořene **kes-* (srov. ↑*kost*, ↓*kostrč*, ↓*kotrba*, ↑*česat*).

kostrč 'poslední obratle páteře'. Stč. *kostřec*, slk. *kostrč* tv., r. *kostréc* 'spodní část křížové kosti', vedle toho však v r.d. i 'nesvázaný snop', 'druh trávy', 'žebro

koně' aj. Psl. **kostrьcь* je odvozeno od **kostra* (↑*kostra*), na významech je dobře vidět dvojí motivace útvarů od psl. **kostr-*: jednak od **kostь* (↑*kost*), jednak od kořene **kes-*. V č. a slk. je navíc pravděpodobná kontaminace *(D3)* s ↓*trčet* (viz i ↓*kotrč*).

kostým, *kostýmový*, *kostýmní*, *kostýmovaný*, *kostýmář(ka)*. Přes něm. *Kostüm* z fr. *costume* a to z it. *costume* '(dobový) oděv, kroj', původně 'zvyk, obyčej' od lat. *cōnsuētūdinem*, což je ak. od *cōnsuētūdō* tv. od *cōnsuēscere* 'zvykat si' z *con-* (↑*kom-*) a *suēscere* tv.

kosý, *koso-*, *úkos*. Všesl. – p. *kosy*, r. *kosój*, s./ch. *kȍs*, *kôs*. Psl. **kosъ* souvisí s **kosa* (↑*kosa*), původní význam je 'seříznutý, skosený'.

koš, *košík*, *košíček*, *košatý*, *košatět*, *košatina*. Všesl. – p. *kosz*, r.d. *koš*, s./ch. *kȍš*, stsl. *košь*. Psl. **košь* se tradičně vyvozuje z ie. **kᵘ̯as-i̯o-* *(A3,B3)*, z něhož je příp. *-(s)lo-* odvozeno i lat. *quālum* tv., zdrobněle *quasillum* (Ma², HK). Podle jiných výkladů od ie. **kes-* 'česat, škrabat ap.' (viz ↑*česat*) s významem 'pletená nádoba k česání plodů'.

košer adj. 'předpisově připravený, nezávadný (původně o mase u Židů)'. Z jidiš *koscher* a to z hebr. *kāšer* 'způsobilý, podle předpisů'. Širší význam 'jsoucí v pořádku, náležitý' ze studentské řeči.

košíková, *košíkář(ka)*, *košíkářský*. Podle angl. *basketball* (viz ↑*basketbal* a ↑*koš*).

košile, *košilka*, *košilový*, *košilatý*. Stč. *košule (C1)*. Všesl. – p. *koszula*, r.d. *košúlja*, s./ch. *kòšulja*. Psl. **košul'a* je výpůjčkou z lat. *casula* 'plášť s kapucí' (asi severoit. prostřednictvím), význam 'svrchní oděv' je doložen ještě v r.d.

košťál, *košťálový*. Jen č.; slk. *košťial'* znamená 'hrubá kost', což je význam původnější. Expr. tvoření příp. *-'ál* od ↑*kost* (Ma², HK).

koště, *košťátko*. Jen č. Zkrácením z *koštiště* ze stč. *koščišče, choščišče, chvoščišče, chvostišče* aj., odvozenin od ↑*chvost*.

koštovat zast. ob. 'ochutnávat', *okoštovat*, *koštýř*. Z něm. *kosten* tv., jež souvisí s lat. *gustāre* (viz ↑*gusto*) i naším ↓*-kusit*.

kóta 'nadmořská výška bodu (na mapě); označení hodnoty akcie na burze', *kótovaný*, *kótovat*. Z fr. *cote* a to z lat. *quota (pars)* 'kolikátá (část)' od *quotus* 'kolikátý'. Srov. ↓*kvóta*, ↓*kvocient*.

kotě, *koťátko*. P. *kocię*, r. *kotënok*, s./ch.st. *koče*. Psl. **kotę* je odvozeno od **kotъ* (viz ↑*kocour*, ↑*kočka*).

kotec 'menší chlívek ap.'. Stč. *kotec* 'budka, kupecký stánek', p. *kojec* (ze st. *kociec*), r.d. *kotéc*, s./ch. *kòtac*. Psl. **kotьcь* je zdrobnělina od **kotъ* (stč. *kot* 'bouda pro trhovce'), jehož další souvislosti nejsou zcela jasné. Asi příbuzné z av. *kata-* 'místnost, komora' (vykládá se i jako přejetí z írán.) (HK), nápadně blízká slova jsou i v germ. jazycích (angl. *cot* 'kůlna, stáj', *cote* 'kurník, kotec'), jejich vztah k slov. slovům však není jasný (Ma²). Někteří spojují i s lat. *casa* 'chatrč, bouda' a ir. *cathir* 'město' od ie. **kat-* 'plést'. Srov. ↑*chata*, ↑*chatrč*.

kotel, *kotlík*, *kotelní*, *kotelna*, *kotlář*, *kotlárna*, *kotlina*. Všesl. – p. *kocioł*, r. *kotël*, s./ch. *kòtao*, stsl. *kotьlъ*. Psl. **kotьlъ* je stará výpůjčka z germ., nejspíš z gót. **katils* (doložen gen. pl. *katilē*, srov. i něm. *Kessel*, angl. *kettle* tv.), což je zase přejetí z lat. *catillus*, zdrobněliny od *catīnus* 'mísa, talíř'.

-kotit *(překotit)*. Stč. *kotiti* 'kácet', p.d. *kocić*, r. *katít'* tv. Psl. **kotiti* nemá snadný výklad. Snad lze spojit s ir. *caithid* 'vrhá, metá', lat. *catēia* 'druh kopí', možná i ř. *katá* 'dolů' – vše by bylo od ie. **kat-* 'vrhat, rychle pohybovat (dolů)'. Mohlo by sem patřit i psl. **kotiti* 'vrhat mláďata' (v č. dnes jen o kočkách, ale dřív i o jiných mláďatech), vztah tohoto slova ke **kotъ* (↑*kocour*) však zůstává otázkou. Srov. ↑*kácet*, ↓*kotouč*, ↓*kotoul*, ↓*kutálet*.

kotník, *kotníkový, kotníčkový*. Ve starší č. i *kot, kotek, kůtek* (Jg). Málo jasné. Je i č. nář. *kostka, kustka* vedle p. *kostka*, r.d. *kostók* tv. To nás nutí uvažovat o vypadnutí *-s-* v č. (jako v ↓*kotrč*, ↓*kotrba*), které je však zde hůře vysvětlitelné. Snad jde tedy spíš o přejetí ze střdn. *kote* 'kost, kostka' (dnes *Köte* 'zadní část nohy koně či dobytka') (Ma²).

kotouč, *kotouček, kotoučový*. Jen č. a slk. (*kotúč*), úzce spojeno s ↓*kotoul*, přesný způsob tvoření však není jasný.

kotoul. Jen č. Od slovesa *kotouleti* (viz ↓*kutálet*). Dříve též ve stejném významu jako ↑*kotouč* (u Jg však ještě není). Srov. ↓*kotrmelec*.

kotrba ob. zhrub. 'hlava'. Z původního *kostrba* 'rozcuchaná hlava' (Ma²), viz ↑*kostrbatý*. Srov. i ↓*kotrč*.

kotrč 'druh houby'. Stč. *kotřec, kostřec*. Stejného původu jako ↑*kostrč*, srov. i nář. významy 'rozsocha', 'chrastí, trs', 'jednoduché kormidlo', které mají společný základ 'něco trčícího, roztřepeného' (Ma²), proto došlo ke kontaminaci s ↓*trčet*.

kotrmelec. Základ je jistě stejný jako v ↑*kotoul*, v další části došlo k různým expr. přetvořením a kontaminacím, srov. nář. *kotelec, kotrlec, kotrbelec* (ke ↑*kotrba*?) či dokonce *koprdelec* (k ↓*prdel*) (Ma²).

kotva, *kotevní, kotviště, kotvit, zakotvit*. P. *kotwa*, ukr. *kítva*, s./ch. *kȍtva*, stsl. *kotъka*. Psl. **koty* (gen. *kotъve*) je odvozeno od **kotъ* (↑*kocour*),

↑*kočka*) s metaforickým přenesením (na základě podobnosti s kočičími drápy). Otázkou je, zda tato metafora vznikla u Slovanů samostatně, či zda je to kalk z něm. (srov. něm. *Katz-anker* tv.).

kouč 'trenér (v některých kolektivních hrách)', *koučovat, koučování*. Z angl. *coach* tv., původně 'kočár, dostavník, autobus' (viz ↑*kočí*). Odtud ve studentském slangu 'soukromý učitel, doučovatel' a následně 'instruktor, trenér'.

koudel 'vyčesaná vlákna při zpracování lnu, konopí ap.', *koudelový, koudelník*. Všesl. – p. *kądziel*, r. *kudél'*, ch. *kùdjelja*, s. *kùdelja*. Psl. **kǫdelь*, **kǫdělъ* se obvykle spojuje s **kǫdrъ* aj. (viz ↓*kudrna*), podrobnosti však nejsou jasné. Mimo slov. nemá přesvědčivé souvislosti. Srov. i ↑*chundel*, ↑*kadeř*.

koukat, *kouknout, kukadla, kukátko, kukuč, rozkoukat se, zakoukat se, odkoukat, okoukat (se), okouknout, prokouknout, vykouknout, vykuk*. Jen v č., slk. a luž., nejspíš přejetí z něm. *gucken, kucken* nejasného, snad onom. původu. Srov. citosl. *kuk*.

koukol 'druh plevele'. Všesl. – p. *kąkol*, r. *kúkol'*, s./ch. *kúkolj*. Psl. **kǫkolь* je disimilovaná podoba zdvojeného onom. základu **kol-kol-*, který je např. v r. *kolokól* 'zvon' (rostlina má zvonkovité květy). Velmi blízká slova jsou lit. *kañkulis* tv., *kañkalas* 'zvon', u nichž však je podezření na přejetí ze slov.

koule, *kule, kulka, kulička, kuličkový, kulový, kulovnice, kulatý, kulatina, kulečník, koulař(ka), koulet, přikoulet, odkoulet, skoulet, kulit, vykulit, překulit (se), odkulit (se), přikulit (se), koulovat (se)* aj. Stč. *kule, kúle*, slk. *guľa*, p., luž. *kula* jsou výpůjčky ze střhn. *kūle* (v nestažené podobě *kugel(e)*, dnes *Kugel* tv.), to pak vychází z ie. **geu-* 'ohýbat, klenout'.

koumat, *koumák, zkoumat, vy(z)koumat, výzkum, pro(z)koumat, průzkum, přezkoumat.* Slk. *skúmať*, ukr. *skumaty.* Podobné útvary jsou lot. *gaumēt* 'pozorovat', gót. *gaumjan* tv., střhn. *goumen* 'dávat pozor' (Ma²), ale vztah k nim není jasný. Na druhé straně, jde-li o slovo staré (což není zcela jisté), lze vycházet z ie. **(s)keu-* 'vnímat smysly' (viz ↑*číti*). V každém případě se zdá, že původní podoba byla se *s-* (v č. zaměněno za *z-*), mylným odpojením domnělé předpony pak vzniklo *koumat* aj.

koupat (se), *koupací, koupaliště, koupel, koupelna, vykoupat (se), zkoupat.* Všesl. – p. *kąpać (się),* r. *kupáť(sja),* s./ch. *kúpati (se),* stsl. *pokǫpati sę.* Psl. **kǫpati* je málo jasné. Snad lze přijmout výklad spojující slovo s psl. názvem ↑*konopí* (Ma², HK). Podle této domněnky se v parní lázni konopí sušilo, případně se jeho semena sypala na rozpálená kamna, což mělo omamné účinky (doloženo u sousedních Skytů). Soudí se tedy, že tento termín neznamenal pouhé 'koupání ve vodě', ale že šlo o rituální očistu. Po ztrátě etymologických souvislostí došlo k redukci **konop->*konp->*kǫp-*.

koupit. Viz ↓*kupovat.*

kouřit, *kouření, kouř, kouřový, kuřák, kuřácký, kuřáctví, kuřárna, kuřivo, vykouřit, zakouřit si, pokuřovat, podkuřovat.* Všesl. – p. *kurzyć,* r. *kurít',* s./ch. *kúriti* 'topit' (tak i slk. *kúrit'*), stsl. *kuriti sę.* Psl. **kuriti* se obvykle spojuje s lit. *kùrti* 'topit, rozdělávat oheň', gót. *haúri* 'uhlí', stisl. *hyrr* 'oheň', rekonstrukce ie. kořene je však problematická (**kour-, *kur-, *kᵘer?*).

kousat, *kousavý, kousnout, zakousnout, prokousnout, ukousnout, překousnout, skousnout, skus, pokousat, vykousat, předkus, kusadlo, zákusek* aj. Všesl. – p. *kąsać,* r. *kusát',* s./ch. *kúsati.* Psl. **kǫsati* má nejblíže k lit.

kąsti (z **kand-ti,* 1. os. přít. *kandù*) tv. a vykládá se jako *s*-ové intenzivum z **kond-sati (A7,B5,B7)* (Ma², HK). Možná jde o bsl. inovaci, další příbuzenství (sti. *khā́dati* 'jí, žvýká') není jisté. Srov. ↓*kus,* ↓*kusý,* ↑*část.*

kout¹, *koutek, zákoutí, pokoutní.* Všesl. – p. *kąt,* r. *kut,* s./ch. *kût.* Psl. **kǫtъ* je nejspíš ze stejného základu jako lit. *kam̃pas* tv., ř. *kampḗ* 'ohyb, zakřivení' i lat. *campus* 'pole, prostranství', původně 'zátoka, záhyb', z ie. **kamp-to- (A9,B7)* od **kam-p-* 'ohýbat'. Jiný výklad spojuje s ř. *kanthós* 'oční koutek', což rovněž nelze vyloučit (HK, Ma²). Srov. ↑*kanton,* ↑*kantýna.*

kout². Analogicky *(D1)* vytvořený infinitiv ke *kuju, kuješ,* viz ↓*kovat.*

kouzlo, *kouzelný, kouzlit, kouzelník, kouzelnický, kouzelnictví, vykouzlit, okouzlit, okouzlující.* Stč., slk. *kúzlo,* hl. *kuzło,* těžko oddělit i p. *gusła* (mn.) 'kouzla'. Jen zsl., málo jasné. Snad totožné s r.d. *kúzló* 'kovářské řemeslo' souvisejícím s ↑*kovati* – možnost takového přenesení dosvědčuje stsl. *kovъ* 'zlé rozhodnutí, úklady, spiknutí' od téhož základu, srov. i č. *kout pikle.* Původně tedy jen ve významu negativním.

kovat, *kování, kovaný, kov, kovový, kovář, kovářský, kovářství, kovárna, kovadlina, okovat, okov, přikovat, ukovat, vykovat, podkova, kujný, okuje.* Všesl. – p. *kuć* (p.d. *kować*), r. *ková́t',* s./ch. *kòvati,* stsl. *kovati.* Psl. **kovati* (1. os. přít. **kujǫ*) je příbuzné s lit. *káuti* (1. os. přít. *káuju*) '(za)bít', sthn. *houwan* (něm. *hauen*) 'bít, kácet, sekat' (srov. ↑*havíř*), dále i lat. *cūdere* 'tlouci, kovat', ir. *cuad* 'bít', toch. B *kau-* 'zabíjet', vše od ie. **kou-, *kāu-* 'bít' *(B1)* (Ma², HK). Srov. ↑*kouzlo,* ↓*kyj.*

kovboj 'americký pasák dobytka', *kovbojský, kovbojka.* Z am.-angl.

cowboy z *cow* 'kráva' (viz ↑*hovado*) a *boy* 'chlapec' nejistého původu.

koza, *kozí, kozel, kozlí, kozlík, kůzle, kozinka*. Všesl. – p. *koza*, r. *kozá*, s./ch. *kòza*, stsl. *koza*. Obvykle se spojuje s lit. *ožŷs* 'kozel', *ožkà* 'koza', stper. *azak*, sti. *ajā-, ajikā-* tv. z ie. **aǵ-*, **āǵ-* tv. *(A1)*, problémy však dělá objasnění slov. náslovného *k-* (srov. podobný problém u ↑*kost*, Ma², HK). Proto se uvažuje o přejetí ie. slov z ttat. jazyků, kde se objevují formy jako *äčkü, käči, käzä* (formy s *k-* jsou druhotné, vzniklé přesmykem). Zeměpisné rozšíření zmíněných ie. slov této domněnce vyhovuje. Srov. ↓*kůže*, ↓*kozlík*.

kozák[1] 'druh houby'. Asi přenesením z *kozák* 'pasák koz', k označením hub podle lidských profesí srov. ↑*koloděj, kovář* ap.

kozák[2] 'člen jihoruských jízdních oddílů, jejich potomek; ostřílený člověk', *kozácký*. Z ukr. *kozák*, r. *kazák* a to z ttat. *kazak* 'svobodný, nezávislý člověk, dobrodruh' (odtud i jméno země *Kazachstán*) (Ma², HK). Sem patří i název tance *kozáček* a název vysokých bot *kozačky*.

kozelec 'poloha, při níž jsou dolní končetiny svázány s horními'. Obměna nář. podob *kotelec, kotrlec* (viz ↑*kotrmelec*) s přikloněním ke *kozel* (viz ↑*koza*).

kozlík 'druh léčivé byliny'. Přeneseně podle zápachu, který vydává (viz ↑*koza*). *Kozlík* na kočáře asi podle něm. *Kutscherbock* (*Kutsche* 'kočár', *Bock* 'kozel'), původně sedátko za vozem pro sloužící (HK).

kozoroh, kozorožec. Stará složenina (již csl. *kozorožьcь*), kalk za lat. *capricornus* tv. (*capra* 'koza' a *cornū* 'roh'). Viz ↑*koza* a ↓*roh*.

koželuh 'zpracovatel surových kůží', *koželužský*. Vlastně 'ten, kdo louhuje kůže', viz ↓*kůže* a ↓*louh*. K podobnému typu činitelských jmen srov. ↑*drvoštěp*, ↑*koloděj*.

kožich, *kožíšek, kožešník, kožešnictví, kožešina*. Všesl. – p. *kożuch*, r. *kožúch*, s./ch. *kòžuch*. Psl. *kožuchъ je odvozeno příp. *-uchъ* od *koža (viz ↓*kůže*).

kra. Ve stč. 'kus horniny'. P. *kra*, ukr. *ikra*, r.d. *ikrá*. Psl. asi *jъkra, totožné s ↑*jikra*, pč. *jkra se zánikem pobočné slabiky (srov. ↓*mít*). Původní společný význam by mohl být 'hrouda, chuchvalec'.

krab, *krabí*. Z něm. (původně dněm.) *Krabbe* tv., jež se nápadně podobá ř. *kárabos*, lat. *carabus* tv. (srov. ↑*karavela*, ↑*koráb*). Uvažuje se však i o domácím původu něm. slova z ie. **gerbh-* 'řezat, škrabat', srov. něm. *kerben* 'dělat vruby'. Příbuzné je jistě něm. *Krebs* 'rak'.

krabatý 'hrbolatý, vrásčitý', *krabatit*. Od č.st. a nář. *krabiti* 'vraštit, křivit', r. *koróbit'*, ukr. *koróbyty* tv. Psl. *korbiti 'křivit, ohýbat' je odvozeno od stejného základu jako ↓*krabice*.

krabice, *krabička, krabicový, krabicovitý*. Str. *korobica*, sln.st. *krabica*, stsl. *krabica* 'schránka, košík'. Psl. **korbica (B8)* je odvozeno od *korbъ, *korba 'koš', jež má velmi blízko k lat. *corbis* tv. Vykládá se buď jako přejetí z lat. (odtud je i něm. *Korb* tv.), nebo – vzhledem k příbuzným slovům ve slov. (viz ↑*krabatý*, ↓*škraboška*) – jako paralelní vývoj z ie. **(s)korbh-*, **(s)kerbh-* 'křivit, ohýbat'. Srov. i ↑*korba*.

kráčet. Iterativum (opětovací sloveso) ke *kročit* (viz ↓*krok*) s náležitým dloužením *(B5)*, srov. např. ↓*máčet* – ↓*močit*.

krádež. Viz ↓*krást*.

krahujec 'druh dravého ptáka'. P. *krogulec*, s./ch. *kràgūj*, stsl. *kragui* (chybí ve vsl.). Psl. *korgujь je zřejmě výpůjčka z ttat. jazyků, srov. střtur.

krach 309 **krápat**

qyrquj 'sokol vycvičený k lovu', kumánské *korguj* 'druh jestřába' aj.

krach 'úpadek, bankrot'. Z něm. *Krach* tv. od *krachen* 'praskat, třeskat' onom. původu.

kraj, *krajní, krajnost, krajový, krajský, krajan, krajánek, krajanský, okraj, okrajový, krajina, krajinný, krajinka, krajinář*. Vše sl. – p., r. *kraj*, s./ch. *krâj*, stsl. *krai*. Psl. **krajь* je odvozeno od **krojiti*, případně **krajati* (↓*-krojit*, ↓*krájet*), původní význam byl vlastně 'to, co se okrajuje, konec ukrojeného', z toho pak 'hranice, lem' a konečně i '(vzdálená) země, území' (k tomu srov. ↑*končina* či r. *straná* 'země') (Ma², HK). Dále srov. ↓*krajáč*, ↓*krajíc*, ↓*krajka*.

krajáč 'velký široký hrnec na mléko'. Podle nápadných širokých okrajů (aby se z něj dala dobře sbírat smetana) (Ma²). Viz ↑*kraj*.

krájet, *kráječ, nakrájet, pokrájet* aj. Iterativum (opětovací sloveso) od ↓*-krojit*.

krajíc, *krajíček*. Asi zdloužením z původního *krajec* (tak i v slk.) z **krajьcь (B6)*. Význam nejspíš 'z kraje uříznutý kus chleba' (Ma²).

krajina. Viz ↑*kraj*.

krajka, *kraječka, krajkový, krajkářka*. Od ↑*kraj*, vlastně 'ozdoba okraje šatů'.

krajta 'velký had škrtič'. Jen č., novější, nejasné.

krákat[1] 'vydávat zvuk krá ', *krákorat*. Všesl., onom., podobné útvary jsou i v jiných ie. jazycích – lit. *krõkti* 'chroptět', lat. *crōcāre, crōcīre* 'krákat' aj.

krákat[2] 'tahat za vlasy'. Původně *křákat* a to od *křák* 'keř, trs' (srov. u Jg *bujný křák vlasův*) od ↑*keř* (Ma²).

krakorec 'nosný dřevěný trám s ozdobným zakončením'. Dříve *krakolec, krakholec*. Z něm. *Kragholz* tv. z *Kragen* 'krk' a *Holz* 'dřevo' (vlastně nese ozdobnou hlavu trámu).

kraksna ob. 'starý opotřebovaný stroj ap.'. Z něm. nář. *Kraxe* 'nůše', přeneseně (asi pod vlivem onom. slov typu *krachen* 'praskat') i 'starý rozviklaný stroj', 'zchátralý dům', 'stará žena' ap. Něm. slovo je ze slov., viz ↓*krosna*.

král, *královský, království, královna, kralevic, kralovat*. Všesl. – p. *król*, r. *koról'*, s./ch. *krâlj*, stsl. *kralʼь*. Slov. **korlʼь* bylo přejato v samotném konci psl. období (přelom 8. a 9. st.) z franckého *Kar(a)l (B8)*, jména nejmocnějšího vladaře epochy *Karla Velikého*. Srov. podobně i ↑*císař*.

králíček 'druh ptáka'. Podle lat. *rēgulus*, což je zdrobnělina od *rēx* 'král' (viz ↑*král*) (má na hlavě jakousi korunku) (Ma²).

králík, *králíček, králíkárna, králičina*. Kalk podle střhn. *küniclīn* tv. (dnes něm. *Kaninchen*), jež bylo lid. etym. *(D2)* chápáno jako zdrobnělina od *künic* 'král' (dnes *König*, srov. ↑*kněz*), i když je to přejetí z lat. *cunīculus* 'králík' neznámého, možná neie. původu.

krám hov. 'obchod; stará bezcenná věc', *krámek, kramář, kramářský*. Ze střhn. *Kram* 'prodejní bouda, prodejní zboží, vystavené sukno', jež nemá jasný původ.

kramflek ob. 'podpatek'. Asi z něm. *Krampe* 'kovová skoba (ve tvaru U)' a *Fleck* 'záplata, příštipek, místo aj.'.

kramle ob. 'tesařská skoba'. Z něm. *Klammer* tv. od *klemmen* 'svírat'.

krápat. Iterativum (opětovací sloveso) od ↑*kropit* s náležitým zdloužením v kořeni. Srov. ↓*krapet*.

krapet subst., příd. Jen č., stč. *krapet* 'kapka'. Od psl. **krapati* (↑*krápat*).

krápník, *krápníkový*. Novější (Presl), od ↑*krápat* (vzniká odpařováním ze skapávající vody obsahující vápenec).

kras 'vápencové území s jeskyněmi, krápníky ap.', *krasový*. Z názvu jisté vápencové oblasti v dnešním Slovinsku (*Kras*), jenž je asi původu ilyrského. Něm. *Karst* je přes polatinštělé *carsus*.

krása, *krásný, kráska, krasavec, krasavice, kraslice, krášlit, zkrášlit, okrášlit, okrasa, okrasný, přikrášlit*. Stč. *krása* 'lesk, krása, červeň'. Všesl. – p. *krasa* 'krása, barva (zvláště červená)', r. *krasá* 'krása' (ale *krásnyj* 'červený'), s./ch. *krasòta*, stsl. *krasa* tv. Psl. **krasa* znamenalo původně asi 'lesk, červeň, barva ohně' a v tomto smyslu se dá nejspíš spojit s psl. **kresati* (↓*křesat*). Méně pravděpodobná je příbuznost s lat. *crassus* 'tlustý, silný' či lit. *grõžis* tv. (Ma², HK).

krást, *krádež, kradmý, ukrást, vykrást, nakrást, okrást, přikrást se, rozkrádat, vkrádat se* aj. Všesl. – p. *kraść*, r. *krast'*, s./ch. *krȁsti*, stsl. *krasti*. Psl. **krasti* (z **krad-ti (A5))* nemá jasné ie. souvislosti. Obvykle se spojuje s lot. *krāt* 'sbírat, hromadit', lit. *kráuti* 'hromadit, nakládat' z ie. **krā(u)-* 'pokládat na sebe, skrývat aj.' (srov. i ↓*krýt*) (HK).

krášlit. Viz ↑*krása*, ale *-l-* není příliš jasné. Stč. bylo *krásliti* i *krásiti* 'zdobit, krášlit' (srov. *kraslice* 'malované velikonoční vejce').

-krát (ve spojení s číslovkou) příd. P. *kroć*, s./ch.st. *krȃt*, stsl. *kratъ, kraty*. Psl. **kortъ (B8)* odpovídá lit. *kar̃tas* tv., blízce příbuzné je psl. **kortъkъ* (↓*krátký*). Výchozím ie. kořenem je **(s)ker-t-* 'sekat'. Původní význam 'něco odděleného, odříznutého' je stejný i v synonymním **razъ*, srov. slk. *dva razy*, r. *dva ráza* (viz ↓*ráz*, ↓*řezat*).

kráter 'jícen sopky; velká jáma'. Z lat. *crātēr* z ř. *krātḗr* tv., původně 'měsidlo, džbán' (podle podoby), od *kerȃnnȳmi* 'mísím'. Srov. ↑*keramika*.

krátký, *kratičký, krátkost, krátit, zkrátit, ukrátit, krátko-*. Všesl. – p. *krótki*, r. *koròtkij*, s./ch. *krátak*, stsl. *kratъkъ*. Psl. **kortъkъ (B8)* (doslova 'uříznutý') souvisí s lit. *kir̃sti* 'sekat, řezat', *kartùs* 'hořký (= řezavý)', lat. *curtus* 'krátký' (z toho něm. *kurz* tv.), ir. *cert* 'malý, drobný', vše z ie. **(s)ker-t-* 'řezat'. Srov. ↑*črta*, ↑*-krát*, ↓*kůra*.

kraul 'druh plaveckého stylu', *kraulovat, kraulař, kraulařský*. Z angl. *crawl* tv., původně 'plazit se, lézt', skandinávského původu (stisl. *krafla* tv.).

kráva, *kravička, kraví, kravský, kravín, kravinec, kravina*. Všesl. – p. *krowa*, r. *koróva*, s./ch. *krȁva*, stsl. jen adj. *kravii*. Psl. **korva* má nejblíže k lit. *kárvė* tv., dále je asi příbuzné stpr. *curwis* 'vůl', *sirwis* 'srnec', lat. *cervus* 'jelen', wal. *carw* tv., vzdáleněji i něm. *Hirsch* tv., ř. *keraós* 'rohatý' aj., vše od ie. **ker-* 'roh, výběžek na těle' (A1), původní význam tedy byl 'rohaté zvíře'. Psl. *k-* místo náležitého *s-* (k tomu srov. ↓*srna*) se vysvětluje keltským vlivem. Možné však je i spojení s ie. *čarvati* 'přežvykuje' (Ma²).

kravál ob. 'hluk, povyk'. Z něm. *Krawall* nejistého původu. Snad ze střlat. *charavallium* (vedle *chalvaricum, charavaria*) 'kočičina, nelibozvuká směsice zvuků' (srov. fr. *charivari* tv.) z pozdnělat. *caribaria* z ř. *karēbaría* 'těžkost, bolest hlavy' (označuje vlastně následek hluku) z *kárē* 'hlava' a *barýs* 'těžký' (srov. ↑*baryton*).

kravata, *kravatový*. Přes něm. *Kravatte* z fr. *cravate* a to podle fr. jména Chorvatů *Croate*, dříve *Cravate*. Chorvatští žoldnéři ve fr. službách nosili v 17. st. šátek uvázaný kolem krku, tuto

krb 311 kremrole

módu převzali fr. důstojníci a v 18. st. se kravata stala součástí pánského oděvu. Samotné jméno slovanského etnika (psl. *Chъrvatъ) je nejspíš íránského původu.

krb, *krbový*. Jen č., ale zřejmě staré (psl. *kъrbъ?). Obvykle se spojuje s lat. *carbō* 'uhlí', významově nejblíže je něm. *Herd* 'krb, ohniště', angl. *hearth* tv., vše od ie. *ker- 'hořet, pálit'. Srov. ↑*karbanátek*, ↓*křesat*.

krcálek expr. 'malá místnost'. Dříve v širším použití 'chatrný domek', 'malý, špatný mlýn', 'nevýnosný statek' ap. (Jg). Zdá se, že význam 'špatný mlýn' byl původní a že slovo je onom. původu, napodobující hrkání mlýnského kola (Ma[2]).

krčit, *pokrčit, přikrčit, skrčit, skrček, skrčenec*. P. *kurczyć*, r. *kórčit'*, sln. *kŕčiti*. Psl. *kъrčiti vychází z ie. *(s)ker-k- 'krčit, kroutit, ohýbat', kam patří i lat. *circus* 'kruh', ř. *kírkos* 'obruč, kroužící pták' (srov. ↑*cirkus*). Dále viz ↓*křeč*, ↓*krk*.

krčma. Všesl. – p. *karczma*, r.st. *korčmá*, s./ch. *kŕčma*, stsl. *krъčьmica*. Psl. *kъrčьma nemá jednoznačný výklad, snad lze odvodit od *kъrčiti 'klučit les' (srov. místní jméno *Krč*), to pak od *kъrčь 'pařez' stejného původu jako ↑*krčit*. Původní význam by pak byl 'stavba na vyklučeném místě'.

kreace 'výtvor, tvoření', *kreativní, kreativita*. Z lat. *creātiō* od *creāre* 'tvořit, rodit'. Srov. ↓*kreatura*.

kreatura hanl. 'stvůra, stvoření'. Ze střlat. *creātūra* tv. od lat. *creāre* 'tvořit, rodit' (srov. ↑*kreace*).

kredenc. Přes něm. *Kredenz* z it. *credenza* tv., původně 'ochutnávka jídla předem', vlastně 'důvěra', z vlat. *crēdentia* tv. od lat. *crēdere* 'věřit'. Původně tedy 'ochutnávka jídla na důkaz, že není otrávené' (srov. stč. *kredencovati* tv.), potom 'servírovací stolek' a konečně 'skříň na potraviny'. Srov. ↓*kredit*.

kredit 'úvěr', *kreditní*. Přes něm. *Kredit* z it. *credito* 'půjčka' z lat. *crēditum*, což je původně příč. trp. od *crēdere* 'důvěřovat, půjčovat'. Srov. ↑*kredenc*, ↓*krédo*, ↑*akreditovat*.

krédo 'přesvědčení, vyznání'. Přeneseně z *Krédo*, což je modlitba vyznání víry (Věřím v Boha) a část mše. Podle prvního slova modlitby *crēdō* 'věřím' od *crēdere* 'věřit'. Srov. ↑*kredenc*, ↑*kredit*.

krejcar. Z něm. *Kreuzer*, což je odvozenina od *Kreuz* 'kříž' (původně mince, na které byl vyražen kříž). Srov. ↓*kříž*.

krejčí, *krejčová, krejčovský, krejčovství*. Stč. *krajčí* od *krájěti* 'krájet, stříhat' (↑*krájet*), srov. i p. *krawiec*, s./ch. *kròjāč* tv. Původně šlo o obchodníky se suknem, kteří sukno stříhali, případně z něj i šili (Ma[2]).

krejzl, zast. ob. 'široký nabíraný límec', *krejzlík*. Z něm. *Kräusel*, což je zdrobnělina od *Krause* tv. od *kraus* 'kudrnatý, řasnatý' z ie. *greus- od *ger- 'kroutit, vinout'.

krém, *krémový, krémovat, nakrémovat*. Z fr. *crème* ze stfr. *cresme*, které vzniklo kontaminací (D3) dvou slov různého původu – vlat. *crāma* 'smetana' původu keltského a ř.-lat. *chrīsma* 'mast' (viz ↓*křižmo*).

kremace 'zpopelňování mrtvol, pohřeb žehem', *krematorium*. Z lat. *cremātiō* 'spálení' od *cremāre* 'spalovat' od ie. *ker- 'pálit', srov. ↑*krb*, ↓*křesat*.

krempa ob. 'okraj klobouku'. Z něm. *Krempe*, což je druhotvar ke *Krampe* 'skoba, hák', tedy vlastně 'zahnutý okraj klobouku'. Ve slově vězí týž ie. kořen *ger- jako u ↑*krejzl*.

kremrole 'trubička plněná šlehačkou'. Z něm. *Kremrolle z Krem* (viz ↑*krém*) a *Rolle* (viz ↓*role*[1]).

kreol 'potomek prvních šp. a port. přistěhovalců v Lat. Americe, starousedlý míšenec'. Přes fr. *créole* a šp. *criollo* z port. *crioulo* tv., původně 'otrok narozený v domě svého pána', od *criar* 'rodit' z lat. *creāre* 'rodit, tvořit' (srov. ↑*kreace*).

krep 'látka se zvlněným povrchem', *krepový*. Z fr. *crêpe* tv. a to přes stfr. *crespe* z lat. *crispus* 'kudrnatý'. Srov. ↓*krepdešín*, ↓*krepsilon*.

krepdešín 'velmi jemná hedvábná látka', *krepdešínový*. Z fr. *crêpe de Chine*, vlastně 'čínský krep', viz ↑*krep*.

krepsilon 'zvlněný (kadeřený) silon', *krepsilonový*. Viz ↑*krep* a ↓*silon*.

kreslit, *kreslený, kreslení, kreslicí, kreslič, kreslíř, kreslírna, kresba, nakreslit, nákres, vykreslit, výkres, prokreslit, zkreslit, zakreslit, pokreslit, obkreslit*. Přejato za obrození z p. *kreślić* tv. od *kresa* 'čára, črta' a to z něm. *Kreis* 'kružnice, obvod'.

kretén 'blbec', *kreténský, kreténismus*. Z fr. *crétin* tv., což je původem nář. pokračování (Savojsko a jiné alpské oblasti) stfr. *crestien* 'křesťan' (fr. *chrétien*) z lat. *chrīstiānus* tv. (viz ↓*křesťan*). Názory na významový posun se poněkud liší, ale nejspíš šlo nejprve o eufemistické označení slabomyslných ('nemocný, chudák' = 'křesťan, člověk'), které pak bylo negativně přehodnoceno (srov. např. i ↑*idiot*, ↓*kripl*, ↑*debil* ap.).

krev, *krevní, krevnatý, krvavý, krvinka, krvácet, krvácivý, vykrvácet, zakrvácený, prokrvit, odkrvit, překrvit, zkrvavit, zakrvavit*. Všesl. – slk. *krv*, p. *krew*, r. *krov'*, s./ch. *kȓv*, stsl. *krъvь*. Psl. **kry/*krъvь* souvisí s lit. *kraũjas*, stpr. *krawian* tv., střir. *crú*, lat. *cruor* tv., ř. *kréas* 'maso', av. *xrū-* 'syrové maso', sti. *kravíš-* tv., vše z ie. **krū-/*kreu-* 'krev, syrové maso'.

krevel 'červená železná ruda'. Preslův překlad lat. *haematitus* (viz ↑*hematologie*) (podle červené barvy).

kreveta 'drobný mořský korýš', *krevetový*. Z fr. *crevette*, což je severofr. obměna slova *chevrette*, doslova 'kozička', od *chèvre* 'koza' z lat. *capra* tv.

krhavý 'mokvající (o očích)'. Paralela je pouze v sln. *kŕgav* tv., nepříliš jasné.

krchov ob. 'hřbitov'. Z něm. *Kirchhof* tv., doslova 'kostelní dvůr', z *Kirche* 'kostel' a *Hof* 'dvůr'. Srov. ↑*hřbitov*, ↑*církev*.

kriket 'anglická pálkovací hra', *kriketový*. Z angl. *cricket* a to ze stfr. *criquet* 'kolík sloužící jako cíl nadhozů' z niz. *krick* 'hůl'. Podle jiného výkladu původně hra podobná hokeji a slovo odvozeno přímo ze stangl. *cricc* '(zahnutá) hůl'. Srov. ↓*kroket*.

kriminál, *kriminální, kriminálník, kriminalita, kriminalista, kriminalistický, kriminalistika, kriminálka, kriminalizovat*. Z něm. *Kriminal* tv. a to z lat. *crīminālis* 'trestní' od *crīmen* 'zločin', původně 'obvinění, žaloba', tvořeného příp. *-men-* od ie. **krī-*, **ker-* 'křičet' onom. původu.

krinolína 'široká vyztužená sukně'. Přes fr. *crinoline* z it. *crinolina* tv. z *crino* 'žíně, vlas' a *lino* 'len'. Původně název tkaniny zpevněné žíněmi.

kripl ob. 'mrzák, idiot', *kriplovský*. Z něm. *Krüppel* původu dněm. (srov. angl. *cripple* tv.), v základě vězí ie. kořen **ger-* 'kroutit, ohýbat'. Srov. ↑*krejzl*, ↑*krempa*.

kristiánka 'zatočení smykem při jízdě na lyžích'. Podle *Kristianie*, dřívějšího názvu norského města Oslo (Norsko je kolébkou lyžování).

kritérium 'měřítko, hledisko pro srovnávání'. Z lat. *critērium* z ř. *kritērion*

kritický 'rozlišovací znamení' od *krités* 'soudce, posuzovatel'. Srov. ↓*kritický*, ↓*krize*.

kritický 'přísně hodnotící; vážný, rozhodný', *kritika, kritik, kritizovat*. Přes něm. *kritisch* z pozdnělat. *criticus* z ř. *kritikós* 'schopný úsudku, rozhodný' od *krī́nō* 'třídím, volím, soudím'. Srov. ↓*krize*, ↑*kritérium*.

krize 'těžká situace; rozhodný, vážný okamžik', *krizový, kritický*. Přes něm. *Krise* ze střlat. *crisis* z ř. *crísis* 'rozhodnutí, spor, zápas' od *krī́nō* (viz ↑*kritický*).

krk, *krček, krční, krkavice, krkovice, krkovička*. P. *kark*, s./ch.d. *kȑk*. Psl. *kъrkъ souvisí se sti. *kŕ̥kāta-* tv. i galorom. *cricon* 'hrdlo', východiskem je ie. **kr̥ko-* 'krk' od **(s)ker-k-* 'točit, kroutit' (srov. i ↑*krčit*, ↓*křeč*). Podobná motivace je i u jiných ie. názvů krku – srov. s./ch., sln. *vrât* (srov. ↓*vrtět*) či něm. *Hals*, lat. *collum* z ie. **kᵘel-* 'točit, kroutit'.

krkat ob. 'říhat', *krknout (si)*. Všesl., onom. původu (srov. r. *kárkat'* 'krákat', stsl. *krъknǫti* 'hlesnout' i ↑*krákat*, ↓*krkavec*). V č. významově přikloněno ke ↑*krk*.

krkavec, *krkavčí*. Od onom. základu, viz ↑*krákat* a ↑*krkat*.

krmit, *krmení, krmě, krmný, krmič(ka), krmivo, krmítko, krmelec, nakrmit, vykrmit, překrmit, přikrmit, pokrm*. Všesl. – p. *karmić*, r. *kormít'*, s./ch. *kŕmiti*, stsl. *krъmiti*. Psl. *kъrmiti od *kъrma 'potrava, píce' nemá jednoznačný výklad. Snad z ie. **(s)ker-m-* od **(s)ker-* 'řezat' ve významu 'uříznutý kus jídla', případně 'posekaná píce'. Přesvědčivé ie. paralely však chybějí.

krnět, *zakrnět, zakrnělý*. R.d. *kornét'*, sln. *krnéti* tv., csl. *okrъniti* 'zohavit'. Psl. *kъrněti vychází z adj. *kъrnъ, jež je asi příbuzné s lot. *kuŕns* 'hluchý', sti. *kr̥ṇā́ti* 'zraňuje, zabíjí', vše z ie. **kr̥-no-* 'zmrzačený, pořezaný' od **(s)ker-* 'řezat'. Srov. ↑*chromý*.

krobián. Viz ↑*grobián*.

krocan. Jen č. (slk. *moriak*), formální vztah ke ↓*krůta* není zcela jasný, stejně tak ani vliv něm. *Truthahn* tv. (HK, Ma²). Ve starší č. *indyán*, protože jeho domovem je Amerika (= 'Západní Indie'). V Evropě znám od 16. st.

kročej kniž. 'krok'. Stč. *kročěj* od *kročiti* (viz ↓*krok*).

kroj, *krojový, krojovaný*. Stč. *kroj* 'střih (šatů ap.)' (viz ↓*-krojit*), potom 'šaty vůbec' a konečně 'charakteristický dobový či krajový oděv'. Srov. ↑*kostým*, kde byl vývoj víceméně opačný.

-krojit, *ukrojit, nakrojit, odkrojit, rozkrojit, překrojit, vykrojit, zakrojit*. Psl. *krojiti vychází z ie. **(s)krei-* 'řezat, oddělovat, třídit', k němuž patří i lit. *krìjas* 'síto', stangl. *hrīder* tv., něm. *rein* (sthn. *hreini*) 'čistý', lat. *cernere* 'rozlišovat, rozeznávat' (srov. ↑*diskrétní*), ř. *krī́nō* 'třídím, volím' (srov. ↑*kritický*), vše pak je od hojně rozšířeného ie. kořene **(s)ker-* 'řezat' (srov. ↑*kraj*, ↓*kůra*, ↑*koryto*, ↑*krmit*, ↑*krnět*, ↑*chromý* aj.)

krok, *krůček, krokovat, vkročit, vykročit, zakročit, zákrok, překročit, přikročit, rozkročit se, rozkrok, rozkročný, pokročit, pokrok, pokrokový, nakročit, ukročit, úkrok*. P. *krok*, r.d. *kórok* 'stehno, kýta', s./ch. *krâk* 'noha', *kòrāk* 'krok', nář. i *krôk* '(dlouhý) krok', csl. *krakъ* 'holeň'. Slov. tvary (zvláště jsl.!) ukazují, že množstvem počítat s psl. *korkъ (B8), *korakъ i *krokъ, toto rozrůznění snad lze přičíst expresivitě slova. Příbuzné je asi lit. *kárka* 'část prasečí nohy' a snad i alb. *krahë* 'ruka', vše nejspíš z ie. **(s)ker-* 'kroutit, ohýbat'. Význam vývoje ve slov. by tedy byl 'ohebná část těla' → 'noha' → 'krok'. Srov. ↑*krk*.

kroket 'hra, při níž se dřevěnou paličkou prohánějí koule mezi brankami'. Z angl. *crocket, croquet* a to asi ze stfr. *croquet,* zdrobněliny od *croc* 'hák' germ. původu. Srov. ↑*kriket*.

kroketa 'smažené tělísko z těsta ap.'. Z fr. *croquette* od *croquer* 'praskat, křupat' onom. původu.

krokev 'trám v krovu podpírající nosnou konstrukci krytiny'. P. *krokiew,* r.d. *krókva,* sln. *krôkva.* Psl. **kroky,* gen. **krokъve* se zdá být nejspíš příbuzné s ↑*krok* (HK) – trámy do písmene A připomínají rozkročené nohy.

krokodýl, *krokodýlí.* Přes lat. *crocodīlus* z ř. *krokódīlos* tv., jež se vykládá z *krókē* 'oblázek, písek' a *drīlos* 'červ', tedy vlastně 'písečný červ'. Původně asi 'ještěrka', později přeneseno na nilského krokodýla (srov. podobně i ↑*aligátor*).

krokus 'šafrán'. Z lat. *crocus* z ř. *krókos* tv., což je výpůjčka ze semitských jazyků (srov. ar. *kurkum,* hebr. *karkōm*), případně spolu s nimi převzala ř. toto slovo z nějakého maloasijského jazyka.

kromě přísl., předl. P.st. *krom, kromia,* r. *króme,* stsl. *kromě* 'daleko, mimo, bez', jinak v jsl. chybí. Psl. **kromě* se považuje za ustrnulý lokál sg. subst. **kroma* 'okraj, hrana' (srov. hl. *kroma,* r.d. *krómá* tv.). Příbuzné je lit. *krim̃sti* 'hryzat, kousat', střhn. *schramme* 'skalní puklina' (něm. *Schramme* 'šrám, jizva'), stiř. *screm* 'povrch, kůže', vše z ie. **(s)krem-/*(s)krom-* od **(s)ker-* 'řezat'. Srov. ↑*kraj*, ↓*soukromý*, ↑*chromý*.

kronika, *kronikář, kronikářský.* Z lat. *chronica* (pl.) z ř. *chroniká (biblía)* '(knihy) dějin' od adj. *chronikós* 'týkající se času' od *chrónos* 'čas'. Srov. ↑*chronický*.

kropenatý. Od ↓*kropit,* vlastně 'pokropený (skvrnami)'.

kropit, *kropicí, kropenka, pokropit, skropit, zkropit, vykropit.* Všesl. – p. *kropić,* r. *kropít'*, s./ch. *kròpiti,* stsl. *kropiti.* Psl. **kropiti* je nejspíš onom. původu (srov. ↑*kapat*), ze stejného základu (ie. **ker-p-*) je např. lat. *crepāre* 'chřestit, šumět', sti. *kŕ̥pate* 'běduje, naříká'. Kvůli csl. **kropъ* 'vodová polévka' (srov. i ↓*oukrop*) se někdy soudí, že původní význam byl 'polévat horkou vodou' (HK), argument to však není zcela přesvědčivý.

kros 'terénní závod', *krosový.* Z angl. *cross-(country)* 'přespolní závod (v běhu ap.)' z *cross* 'kříž, křížem' a *country* 'krajina'. Srov. ↑*cyklokros,* ↓*motokros*.

krosna 'vysoký batoh s kovovou konstrukcí; nůše'. Stč. *krósna, krósně* 'nůše'. Slk. *krošňa,* p. *krosna,* sln. *króšnja* tv., s./ch. *krõšnja* a r.d. *króšnjá* znamená 'koš'. Východní většinou tvarů je psl. **krosn'a*, č. podoba je však z původního **krosno* (pl. **krosna*), jež znamená ve slov. jazycích vesměs 'tkalcovský stav' či jeho část' (tak i č. nář. *krosna*). Další výklad závisí na rekonstrukci původního významu – je možné vyjít z **krod-sno* (srov. stsl. *krada* 'hranice dříví') a původního významu 'dřevěná konstrukce' či z **krot-sno* (ie. **kret-* 'kroutit, vázat') a významu 'navíječ osnovy (na stavu)' (tak např. v b., s./ch.d.). Souvisí asi s ↓*křeslo*.

krotit, *krotký, krotitel, krotitelský, zkrotit, zkrotnout.* Dl. *chrośiś* 'kastrovat', r.d. *krotít'*, s./ch. *kròtiti,* stsl. *krotiti.* Psl. **krotiti* se většinou významově spojuje s prvotním způsobem krocení zvířat – kastrováním. Další výklady se různí vzhledem k různým způsobům kastrace – buď od ie. **kret-* 'tlouci', či **sker-t-* 'řezat', případně **kret-* 'kroutit' (podvazování varlat).

krouhat 'krájet na (kruhovité) plátky', *nakrouhat, zkrouhnout.* Asi kontaminací (D3) *kroužit* (viz ↓*kruh*) a ↓*strouhat*.

kroupa (většinou v pl.) 'zrno zbavené slupky; kousek ledu jako forma srážek', *kroupový, krupka, krupice.* Všesl. – p. *krupa*, r. *krupá*, s./ch. *krúpa.* Psl. **krupa* je nejspíš příbuzné s lit. *kraupùs* 'hrubý, drsný', lat. *scrūpus* 'ostrý kámen', alb. *kripë, krypë* 'sůl', vše od ie. **krou-, *kru-* 'drtit, bít'. Viz i ↓*krušný.*

kroutit, *kroucený, kroutivý, zkroutit, zakroutit, vykroutit, výkrut, vykrucovat (se), odkroutit, překroutit, překrucovat, ukroutit* aj. P. *kręcić*, r. *krutít'*, s./ch. *krútiti* 'škrobit, dělat tvrdým'. Psl. **krǫtiti* nemá spolehlivé ie. protějšky. Jisté je jen, že souvisí s ↓*krutý* a pravidelným ablautovým střídáním *(A6)* s psl. **kręta ti* (csl. *kręta ti* 'ohýbat', č.st. *křátnout* 'vymknout, vyvrtnout' (Jg)). Prapůvodním východiskem asi bude ie. **(s)ker-* 'kroutit, ohýbat'. Srov. ↑*krotit,* ↑*krosna.*

kroužit. Viz ↓*kruh.*

krov, *příkrov, krovky, podkroví.* R.st. *krov*, s./ch. *krôv*, stsl. *krovъ*. Psl. **krovъ* z ie. **krou̯-* je střídáním hlásek spojeno s **kryti* (↓*krýti*) z ie. **krū- (B5)*, tedy 'to, co kryje'. Srov. ↓*rov –* ↓*rýt.*

krpál ob. '(strmý) kopec'. Původem slovo nář. od č.st. a nář. *krpěti* 'trčet, strmět', p. *karpić.* 'dřepět, vysedávat', r. *korpét'* tv. Ke stejnému základu snad patří i č.st. *krpatý* 'zakrslý', ie. souvislosti psl. **kъrp-* jsou však nejisté.

krtek, *krtina, krtonožka* 'druh hmyzu'. Stč. *krt.* Všesl. – p. *kret*, r. *krot*, s./ch. *kȓt.* Psl. **krъtъ* nejspíš souvisí s lit. *kertùs, kertùkas, kirstùkas* 'rejsek' a vychází z ie. **(s)ker-t-* 'řezat, dlabat ap.' (srov. psl. **čersti* 'sekat, dělat rýhy', viz ↑*črta*), tedy 'zvíře, které ryje v zemi', stejný základ je asi i v lit. *kùrmis* 'krtek'.

krucifix 'kříž se soškou ukřižovaného Krista'. Ze střlat. *crucifixus* tv. z pozdnělat. *crucifīxus* 'přibitý na kříž' z lat. *crux* (gen. *crucis*) 'kříž' a *fīgere* (příč. trp. *fīxus*) 'přibít, připevnit'. Jako zaklení podléhá tabuovým obměnám *(D4) – kruci, krucinál, krucipísek, krutibrko* ap. Srov. ↓*kříž* a ↑*fixovat.*

kručet, *zakručet.* Onom. původu, srov. ↓*škrundat,* ↑*krkat.*

kruh, *kruhový, kruhovitý, kroužek, kroužkový, kroužkovat, kružnice, kružítko, krouživý, kroužit, zakroužit, obkroužit, okruh.* Všesl. – p. *krąg*, r. *krug*, s./ch. *krûg*, stsl. *krǫgъ.* Psl. **krǫgъ* má nejblíže k sthn. *(h)ring* (něm. *Ring*), stisl. *hringr* tv., dále je příbuzné umberské *cring-atro* 'řemen', vše z ie. **krengh-/*krongh- (A4,A6,B7)* od **(s)ker-* 'točit, ohýbat' Srov. i ↑*krčit,* ↓*ring.*

kruchta 'kostelní kůr'. Ze střhn. *gruft, kruft* 'hrobka, krytá chodba, (podzemní) klenba' (něm. *Gruft*), jež splynuly, ač jsou rozdílného původu – první abstraktum od *graben* 'kopat', druhé z vlat. *crupta* (dále viz ↓*krypta*). V č. nejprve 'hrobka', pak 'krytý ochoz, loubí' (Jg) a konečně 'kůr' (HK, Ma²).

krumpáč. Asi kontaminací *(D3)* z něm. *Krummhacke* tv. (*krumm* 'křivý, zahnutý', *Hacke* 'motyka') a *kopáč* (viz ↑*kopat*).

krunýř. Stč. *kruněř.* Nějak asi vychází ze sthn. *brunna* 'prsní pancíř' (viz ↑*brnění*), ale *k-* je nejasné (Ma²).

krůpěj. Stč. *krópě, krópěje,* viz ↑*kropit.*

krupice, *krupicový, krupička, krupičný.* Zdrobnělina od ↑*kroupa, kroupy.*

krupiér 'zaměstnanec herny přijímající sázky'. Z fr. *croupier*, původně 'kdo se ke hře spojuje s jiným hráčem' a ještě původněji 'kdo sedí na koni vzadu', od *croupe* 'zadek, kříž koně' z germ. **kruppa* (srov. něm. *Kruppe* tv.).

krusta 'kůra, povlak'. Přes něm. *Kruste* z lat. *crūsta* tv., jež asi souvisí s lat. *cruor* '(sedlá) krev' (viz ↑*krev*).

krušný, *krušit, zkrušit*. Od *krušiti* 'trápit, sužovat', dříve 'drtit, rozmačkávat' z psl. *krušiti a to od (může to však být i opačně) psl. *kruchъ 'kousek, úlomek' (č.st. *kruch* tv., *kruchý* 'křehký', v sln. a s./ch. *krùh* je inovovaný význam 'chléb' – ten se lámal a drobil). Příbuzné je lit. *krùšti, kriaušýti* 'drtit, rozbíjet', ř. *kroúō* 'biju, tluču', vše z ie. **krou-s-*/**kru-s-* 'drtit, bít'. Srov. ↓*křehký*.

krůta, *krůtí*. Prý z něm. nář. *Grutte* tv. (Ma²), jež je od *Truthahn* 'krocan', *Truthenne* 'krůta' (*trut* se obvykle vysvětluje jako citosl., které krůta vydává, *Hahn* je 'kohout', *Henne* 'slepice'). Srov. ↑*krocan*.

krutý, *krutost, ukrutný, ukrutník*. Všesl. – p. *kręty* 'točitý, kroucený', r. *krutój* 'příkrý, krutý', s./ch. *krût* 'krutý, tuhý'. Psl. *krǫtъ od *krǫtiti (↑*kroutit*), původní význam byl 'zkroucený, kroucením ztvrdlý', z toho 'surový, krutý'.

krychle, *krychlička, krychlový*. Jen č., již stč. ve významu '(hrací) kostka'. Snad nějakou nahodilou změnou (*krza kn-*) ze střhn. *knüchlin* od *knuchel, knochel* 'kotník, kostka' (srov. ↑*kostka*) (Ma²).

krypta 'hrobka pod kostelem'. Z lat. *crypta* 'hrobka, klenutí, krytá chodba' z ř. *kryptḗ* tv. od *krýptō* 'kryji, tajím'. Srov. ↑*kruchta*, ↓*krýt*.

kryptogram 'text se skrytým údajem v některých písmenech'. Viz ↑*krypta* a ↑*-gram*.

krysa, *krysí, krysař*. Přejato za obrození (Jg) z r. *krýsa* tv. Původ nejistý. Obvykle se vykládá jako expr., neznělá varianta k psl. **gryz-*, které je v ↑*hryzat* (HK), ale přesvědčivé to není.

krystal, *krystalek, krystalický, krystalizovat, krystalizace*. Z lat. *crystallus*

z ř. *krýstallos* 'led, průhledný kámen' a to od *krýos* 'mráz, led'. Srov. ↓*křišťál*.

krýt, *krytí, kryt, krytý, krytina, krytka, skrýt, skrýš, ukrýt, úkryt, odkrýt, zakrýt, zákryt, pokrýt, pokrývač, překrýt, přikrýt, přikrývka, vykrýt* aj. Všesl. – p. *kryć*, r. *kryt'*, s./ch. *krȕti*, stsl. *kryti*. Psl. *kryti souvisí s lit. *kráuti* 'klást na sebe, hromadit', stir. *cráu, cró* 'chata, stáj, přepážka', ř. *krýptō* 'kryji, tajím', východiskem je ie. **krāu-*/**krū-* 'pokládat na sebe, přikrývat, skrývat'. Srov. ↑*krov*, ↑*krást*, ↑*krypta*, ↓*pokrytec*.

křáp, *křápat, křaplavý*. Onom. původu.

křeč, *křečový, křečovitý*. Všesl. – slk. *kŕč*, p. *karcz*, r. *kórči* (pl.), s./ch. *gȓč*. Psl. *kъrčь (v s./ch. s expr. změnou v *g-*) pro češtinu nevyhovuje, očekávali bychom z něho *krč* (tak v nář.). Snad křížení s kořenem **kręt-* 'kroutit, ohýbat' (*B7*), který je v č.st. *křátnout* (viz ↑*kroutit*), srov. i p. *kręcz* 'strnutí, závrať' (Ma²). Psl. *kъrčь vychází z ie. **kṛk-* od **(s)ker-k-* 'kroutit, ohýbat', dále viz ↑*krčit*, ↑*krk*.

křeček, *křečkovat*. Jen č. (stp. *krzeczek*). Onom. původu, podle jeho hlasu. Srov. i lat. název *Cricetus*.

křehký, *křehkost, křehnout, zkřehlý, prokřehlý, křehotinka*. P. *krewki* (p.st. *krechki*), ukr. *krychkýj*, s./ch. *kȓhak*, b. *kréchăk*. Je třeba vycházet z více psl. podob – **krъchъkъ, *krechъkъ* a pro č. *kregъkъ, ale spíš šlo v č. o nějakou sekundární změnu *ch>h* (asi podle *lehký, vlhký*, protože nemáme adj. na *-chký*). Výchozí psl. formou je jistě *krъchъkъ, které souvisí s *kruchъ 'kus, úlomek' (viz ↑*krušný*) – 'křehký' = 'lámavý'.

křemen, *křemínek, křemenec, křemeňák* (podle tvrdosti houby). Všesl. – p. *krzemień*, r. *kremén'*, s./ch. *krèmēn*, csl. *kremy*. Psl. *kremy má více výkladů. Jasné je, že jde o odvození ie. příp. *-men-*, kořen však lze interpretovat

křemík

dvojím způsobem: jako **ker-*, **kre-* 'hořet' (srov. ↑*kremace*, ↓*křesat*), či **(s)ker-*, **(s)kre-* 'řezat, sekat', souvisí s funkcí křemene jako křesadla a materiálu pro výrobu nástrojů.

křemík 'nekovový prvek', *křemičitý*, *křemičitan*. Presl přejal asi z p. *krzemyk* 'křemínek, pazourek', případně utvořil příp. *-ík* od ↑*křemen*.

křen, *křenový*, *křenit se*. Stč. *chřen*. Všesl. – p. *chrzan*, r. *chren*, s./ch. *hřěn*, csl. *chrěnъ*. Psl. **chrěnъ* je stará výpůjčka z neznámého jazyka, v této souvislosti se často uvádí ojedinělé ř. *keráïn* 'ředkev' rovněž neznámého původu. Uvažuje se i o přejetí z čuvaštiny (Ma²). Ze slov. pokračovalo dále – lit. *kriēnas*, něm. *Kren* ap. *Křenit se* asi znamenalo 'tvářit se, šklebit se jako při požití křenu (čichnutí ke křenu) ap.'. *Dělat křena* je zkráceno z *kořena* (viz ↑*kořen*).

křepčit. Viz ↓*křepký*.

křepelka. Všesl. – p. *przepiórka*, r. *pérepel*, s./ch. *prèpelica*. Psl. **perpelъ*, **perpelica* vychází z onom. základu **per-pel-* napodobujícího křepelčí volání (srov. lidové *pět peněz*). V č. došlo k disimilaci prvního *p-* na *k-* (srov. podobně ↑*kaprad*) a k obměně příp. Podobné onom. názvy jsou i jinde – např. lit. *pùtpelė*, sthn. *wahtala* (něm. *Wachtel*).

křepký 'čilý, svižný', *křepčit*. Všesl. (kromě luž.) – p. *krzepki*, r. *krépkij* 'pevný, silný', s./ch. *krȅpak*, stsl. *krěpъkъ*. Psl. **krěpъkъ* nemá bezpečné ie. příbuzenstvo, obvykle se spojuje se stisl. *hraefa* 'trpět, snést' a wal. *craff* 'silný' z ie. **krēp-* 'silný'. Vývoj významu 'silný' → 'čilý, svižný' je stejný jako u ↑*čerstvý*.

křesat, *křesadlo*, *vykřesat*. P. *krzosać*, r. *kresát'*, s./ch. *krèsati*. Psl. **kresati* nemá jednoznačný výklad. Přijmeme-li možnou souvislost s ↓*křísit* a ↑*krása*, je

křída

třeba vycházet z původního významu 'zapalovat, rozdělávat oheň', význam 'tlouci' (srov. č. *křísnout* 'udeřit') je pak druhotný. Pak je východiskem ie. **ker-s-* od **ker-* 'hořet' (srov. lit. *kárštas* 'horký'). Je však možné, že význam 'tlouci' je prvotní; pak je východiskem ie. **(s)ker-* 'řezat, sekat'. Srov. ↑*křemen*.

křeslo, *křesílko*. P. *krzesło*, r. *kréslo*, b. *kresló*. Psl. **kreslo* je asi z **kret-slo-*, kde **kret-* je z ie. **(s)ker-t-* 'kroutit, vázat', tedy 'něco upleteného, svázaného'. Srov. i č. nář. (laš.) *křeslo* 'čihadlo na ptáky' a slk. *kreslo* 'korba' (Ma²). Nejasný je vztah k lit. *krėslas*, *krāsė* 'křeslo, židle' (příbuznost či přejetí ze slov.?). Srov. dále ↑*krosna*, ↑*kroutit*.

křest, *křestní*. Všesl. – p. *chrzest*, r. *krest* 'kříž', ch. *kȓst*, stsl. *krьstъ* 'kříž'. Převzato asi ze sthn. jména Krista – *Krist*, *Crist*, *Christ*, to pak je přes lat. *Chrīstus* z ř. *Chrīstós*, původně 'pomazaný (o vládci)' (srov. ↓*mesiáš*). Zcela jasný není vztah ke slovesu (viz ↓*křtít*). Význam 'kříž' se drží v pravoslaví (vsl., s., mak., b.) a vychází asi z iniciálního ř. *X (Ch)* jako symbolu ukřižovaného Krista. Srov. ↓*křesťan*.

křesťan, *křesťanský*, *křesťanství*. Asi přes sthn. *christ(j)āni* z lat. *Chrīstiānus* 'křesťan, křesťanský', vlastně 'patřící Kristu', od *Chrīstus* (dále viz ↑*křest*, ↓*křtít*).

křičet, *křik*, *křiklavý*, *křikloun*, *zakřičet*, *překřičet*, *vykřiknout*, *okřiknout*, *pokřikovat* aj. Všesl. – p. *krzyczać*, r. *kričát'*, s./ch. *kríčati*, stsl. *kričati*. Psl. **kričati* je onom. původu, východiskem je asi již ie. onom. kořen **ker-*, **kr-*, který je např. i v ↑*krkat*, ↑*krákat*. Nejblíže stojí lit. *krykšti* 'vřeštět'.

křída, *křídový*, *křídovat*. Ze střhn. *krīde* a to přes vlat. **crēda* z lat. *crēta* tv. z *(terra) crēta* 'prosetá (země)' od *cernere* (příč. trp. *crētus*) 'rozlišovat, třídit'. Srov. ↑*diskrétní*, ↑*kritický*.

křídlo, *křidélko, křídelní, křídlový, křídlovka, křídlatý, křídlatka, okřídlený*. Všesl. – p. *skrzydło*, r. *kryló*, s./ch. *krílo*, stsl. *krilo*. Psl. **(s)kridlo* je nejspíš odvozeno od nedochovaného slovesa **(s)kriti* 'létat', jež má paralelu v lit. *skriẽsti* 'kroužit, létat'. Původní význam tedy byl 'to, čím se létá'. Dále sem patří i něm. *schreiten* (sthn. *scrīdan*) 'kráčet', vše z ie. **(s)krei-* od *(s)ker-* 'otáčet se, ohýbat se'. Srov. ↑*kruh*, ↓*křivý*, ↑*kroutit*.

křísit, *vzkřísit, vzkříšení*. Stp. *krzesić*, r. *voskrešát'*, s./ch. *uskrsáti*. Psl. **kresiti/*křěsiti* je asi příbuzné s **kresati* (↑*křesat*), význam lze vyložit přeneseně jako 'zapalovat v někom oheň (života), probouzet k životu'. Sem patří i odvozené *vykřesat se (z nemoci ap.)*.

krísnout 'udeřit'. Viz ↑*křesat*.

kříšť 'druh hřibu'. Zavedl Presl nejspíš na základě nějakého lidového názvu houby. Srov. stč. *chřúšč* 'jistá houba' *(C1,C3)*. Původ je onom., vlastně 'křupavá houba' (Ma²). Srov. ↑*chroustat*, ↓*křupat*.

křišťál, *křišťálový*. Již stč. Starší výpůjčka z lat. *crystallus* (dále viz ↑*krystal*).

křivý, *křivka, křivkový, křivice, křivule, křivítko, pokřivit, pokřivený, zkřivit, zakřivit, křivda, křivdit, ukřivdit*. Všesl. – p. *krzywy*, r. *krivój*, s./ch. *krîv*, stsl. *krivъ* 'křivý, špatný, nesprávný'. Psl. **krivъ* je nejblíže příbuzné s lit. *kreĩvas* tv., dále s lat. *curvus* 'zakřivený, zahnutý', ř. *kyrtós* 'křivý, klenutý', vše z ie. **(s)krei-/*(s)ker-* 'kroutit, ohýbat'. Srov. ↑*křídlo*, ↑*křeč*, ↑*kruh*.

kříž, *křížek, křížový, křížkový, křížovka, křížovat, křižovatka, ukřižovat, pokřižovat se, křížit, kříženec, zkřížit, překřížit*. P. *krzyż*, ch. *krîž*, stsl. *križь*. Předpokládá se, že slovo bylo přejato (asi v podobě **krūži (B5)*) do západních jsl. dialektů (sln., ch.) z nějakého severoit. pokračování vlat. *cruce(m)*, což je původem ak. lat. *crux* tv. Odtud se (asi po jsl. splynutí *i, y>i*) misiemi šířilo dále k sev. Slovanům. Lat. slovo původně znamenalo 'zakřivené břevno' (sloužící k ukřižování jako způsobu popravy) a je asi příbuzné s naším ↑*krk*, ↑*křivý* ap. Rčení *mít šest křížků* ap. podle římské číslice X '10'. Viz i ↓*křižák*, ↓*křižník* a také ↑*křest*.

křižák 'účastník křížových výprav', *křižácký*. Podle znaku kříže jako symbolu křesťanství, pod nímž křižáci bojovali proti pohanům a kacířům. Viz ↑*kříž*.

křížala 'kousek sušeného ovoce, zpravidla jablka'. Stč. i *křížěl, křížěla*, jen č. R.d. *čakrýžit* 'uřezávat', s./ch. *krížati* 'řezat, krájet'. Nejspíš od **križati*, ve kterém splynulo sloveso od ie. kořene **(s)krei-* (viz ↑*krájet*) se slovesem odvozeným od ↑*kříž* (HK, Ma²).

křížem krážem. Odvozeno od ↑*kříž* podle složenin typu *cikcak, cimprcampr* ap. Viz ↑*kříž*.

křižmo 'svěcený olej'. Ze sthn. *chrismo* a to přes lat. *c(h)risma* z ř. *chrísma* tv., původně 'olej, tuk', od *chríō* 'natírám, barvím'. Srov. ↑*křest*, ↑*chrom*.

křižník 'velká válečná loď'. Podle něm. *Kreuzer* tv., původně 'loď křižující pobřežní vody na ochranu před nepřítelem'. Viz ↑*kříž*.

křoupat. Onom. Srov. ↑*chroupat*, ↓*křupat*.

křoví, *křovisko, křovinatý*. Viz ↑*keř*.

křtít, *křtiny, křtěnec, křtitelnice, pokřtít, překřtít*. Stč. i *krstíti, křstíti*. Všesl. přejetí asi ze sthn. **kristjan* 'pokřtít, učinit křesťanem' (doloženo je až stř̌hn. *kristen(en)*) a to od sthn.

křupat 319 **kudlanka**

kristāni, christ(j)āni 'křesťan' z lat. *Chrīstiānus* tv. Viz ↑*křesťan*, ↑*křest*.

křupat, *křupavý, křupky, křupan, zakřupat*. Onom., srov. ↑*chroupat*, ↑*chrupat*, ↑*křoupat*.

ksicht ob. zhrub. 'obličej'. Z něm. *Gesicht* od *sehen* 'vidět' (srov. č.st. *vid* 'podoba, vzhled'.

ksindl ob. zhrub. 'sebranka, luza'. Z něm. *Gesindel* tv. od *Gesinde* 'čeleď, služebnictvo' a to k sthn. *sind* 'cesta, směr' (něm. *senden* 'posílat'). Původně tedy 'služebnictvo jako cestovní doprovod'.

kšaft zast. 'závěť'. Z něm. nář. *gschaft* tv. (spisovně *Geschäft*, viz ↓*kšeft*).

kšanda ob. Nejasné. Snad nějakým způsobem od ↓*kšíry* (expr. příp. *-anda*?).

kšeft ob. 'obchod', *kšeftík, kšeftovat, kšeftsman*. Z něm. *Geschäft* 'obchod, živnost, záležitost' od *schaffen* 'dělat, opatřit' (souvisí s angl. *shape* 'tvar, forma'). Srov. ↑*kšaft*.

kšilt ob. 'štítek čepice'. Z něm. *Geschild* od *Schild* 'štít, štítek', srov. ↓*štít*.

kšíry ob. 'popruhy'. Z něm. *Geschirr* '(koňský) postroj, ruční nářadí' od *scheren* 'stříhat', původně vlastně 'co je řádně nastříháno, nařezáno'.

kštice 'husté vlasy (zvlášť nad čelem)'. Stč. *kštice, kčice, kčtice, kšice* aj. Jen č. a slk. (*štica*). Výchozím tvarem je *kčice* z psl. **kъčica*, což je odvozenina od **kъka* (srov. sln.st. *kêka* tv.), varianty jsou **kuka* (viz ↓*kučera*), **kyka* (stsl. *kyka* 'vlas'), vše k ie. **keu-k-* 'ohýbat, křivit'.

který zájm. P. *który*, r. *kotóryj*, sln. *katéri*, stsl. *kotoryi, koteryi*. Psl. **kъterъjь, *koterъjь, *kotorъjь* aj. je příbuzné s lit. *katràs*, sthn. *hwedar* (z toho něm. *weder – noch* 'ani – ani'), ř. *póteros*, sti. *katará-*, vše ve významu 'který (ze dvou)' z ie. zájm. základu **kᵘo-* (viz ↑*kdo*) a příp. *-tero-/-toro-*.

kuba[1] 'hlupák'. Z osobního jména *Kuba* od *Jakub*, což bylo časté venkovské jméno. Srov. ↑*janek*, ↑*dorota*, ↓*matěj*.

kuba[2] 'jídlo z krup a sušených hub'. Vzhledem k nář. *hubník* snad od téhož základu přichýlením ke jménu *Kuba* (Ma[2]).

kubatura 'krychlový objem'. Z něm. *Kubatur* a to k lat. *cubus* (viz ↓*kubický*).

kuběna zast. 'souložnice'. Lidovým zkomolením lat. *concubīna* tv. (viz ↑*konkubína*).

kubický 'krychlový', *kubík*. Ze střlat. *cubicus* tv. od lat. *cubus* 'krychle' z ř. *kýbos* 'kostka'. Srov. ↑*kubatura*.

kubismus 'umělecký směr zač. 20. st. převádějící skutečnost do geometrických obrazců', *kubista, kubistický*. Uměle k lat. *cubus* (viz ↑*kubický*).

kuckat. Onom. z citosl. *kuc*.

kuča ob. hanl. 'malá primitivní chata'. Ze s./ch. *kùća* 'dům' a to z psl. **kǫt-ja* (viz ↑*kout*).

kučera, *kučeravý, kučeravět*. R.d. *kučerjá*. Psl. **kučera* je odvozeno od **kuka (B1)* (srov. i lit. *kaũkaras* 'vyvýšenina, vrcholek'), to pak s variantami **kyka, *kъka* od ie. **keu-k-/*kou-k-* 'ohýbat, zahnout'. Srov. ↑*kštice*.

-kud (*odkud, pokud, poněkud, dokud*). Viz ↓*kudy*.

kudla hov., *kudlat, okudlat*. Z fr. *coutelas* 'velký nůž, tesák' (vedle *couteau* 'nůž') z lat. *cultellus* 'nožík, nůž', což je zdrobnělina od *culter* 'nůž'.

kudlanka 'druh dravého hmyzu podobného kobylce'. Utvořil Presl, motivace však není zcela jasná. Snad pro podobnost předních noh hmyzu se zavíracím nožem (Ma[2]). Viz ↑*kudla*.

kudrna, *kudrnatý, kudrlinka, kudrnatět*. Od č.st. *kudra*, jež má obdobu v p. *kędzior*, r. *kúdri* (pl.), s./ch. *kùdra*, vše 'kadeř, lokna'. Psl. **kǫdrь/*kǫdra* nemá mimoslovanské paralely. Zřejmě souvisí s **kaderь* (↑*kadeř*) a snad i s **kǫdělь* (↑*koudel*), ale etymologie není jasná. Jeden z možných výkladů vidí v prvních dvou slovech zájmenný element ↑*ko-* (ve variantách *ka-* a *kǫ-*) a odvozeninu od **dьrati* (↑*drát*²).

kudy přísl. P. *kędy*, r. *kudá*, s./ch. *kȕd, kùdā*, stsl. *kǫdu*. Psl. **kǫd-* s různým zakončením 'kudy, kam' je tvořeno od tvaru (možná ak. sg. ž.r.) zájmenného základu **kъ* (viz ↑*kdo*) přidáním *d-*ové částice. Srov. stč. *kady*, slk. *kade* tv., dále pak ↑*kde*, ↑*kdy*, ↑*dokud*.

kufr, *kufřík, kufříkový*. Z něm.st. *Kuffer* (dnes *Koffer*) a to z fr. *coffre*, původně 'truhla, bedna', z lat. *cophinus* 'koš' z ř. *kófinos* tv.

kuchat, *vykuchat*. Ze stejného základu jako ↓*kuchyň*, srov. sln. *kúhati*, ch. *kùhati* 'vařit'. V č. asi úžení významu 'vařit' → 'připravovat k vaření' → 'nožem otvírat zvířata a vyjímat vnitřnosti'.

kuchyň, **kuchyně**, *kuchyňka, kuchyňský, kuchař(ka), kuchařský, kuchtit*. Přejato ze sthn. *kuhhina* a to přes vlat. *cucīna, cocīna* z lat. *coquīna* tv. od *coquere* 'vařit' (srov. ↓*péci*). Z tohoto názvu kuchyně asi bylo vyabstrahováno sloveso *kuchati* (↑*kuchat*), k tomu pak přitvořeno *kuchař* aj.

kujný. Viz ↑*kovat*.

kujón ob. expr. 'prohnaný chyrák', *kujónský*. Přes něm. *Kujon* z fr. *couillon* 'rošťák, hajzlík, zbabělec' z it. *coglione* tv., původně 'varle', z vlat. **cōleo* tv. a to k lat. *cōleus* 'šourek'.

kukačka, *kukat, zakukat, kukání*. Onom. původu (nápodoba hlasu). Srov. něm. *Kukuck*, lat. *cucūlus*, maď. *kakuk* aj.

kukaň 'umělé hnízdo pro kvočnu; malý oddělený prostor'. Původ nejasný.

kukla, *zakuklit (se), zakuklený, zakuklenec*. P. *kukla*, r. *kúkla* 'loutka, panenka' (ale zdrobnělina *kúkolka* i v našem významu). Staré přejetí ze střlat. *cuculla* 'kapuce' asi keltského původu.

kukuřice, *kukuřičný*. P. *kukurudza*, r. *kukurúza*, s./ch. *kukùruz*. Nepříliš jasné. Vzhledem k tomu, že tuto plodinu původem z Ameriky přinesli v 17. st. na Balkán Turci (srov. č. nář. *turkyně*, Ma²), zdá se být východiskem slov. forem tur. *kokoroz* tv. nejistého původu. Uvažuje se však i o domácím původu slova, srov. sln. *kukúrjav* 'kudrnatý' (Ma²).

kůl, *kolík, kolíček, kolíkovat, vykolíkovat*. Všesl. – p. *kół*, r. *kol*, ch.st. *kol*, stsl. *kolъ (C5)*. Psl. **kolъ* se spojuje s **kolti* (↑*kláti*) 'štípat, sekat', původně tedy asi 'osekaný kus dřeva'. Nejblíže mu stojí lit. *kuõlas* tv., dále je asi příbuzné ř. *kólos* 'bezrohý, komolý', alb. *hell* 'kopí', sti. *kalā-* 'kousek', vše od ie. **kel-* 'bít, sekat' (HK).

kulak 'bohatý sedlák', *kulacký*. Z r. *kulák* tv. Vedle toho i význam 'pěst' (metafora?). Slovo je jen vsl., snad výpůjčka z ttat. jazyků.

kulantní 'slušný, příjemný'. Z fr. *coulant* tv., doslova 'plynoucí, tekoucí', od *couler* 'téci, plynout' z lat. *cōlāre* 'cedit, prosívat' od *cōlum* 'sítko, cedník'. Srov. ↓*kuloár*, ↓*kulisa*.

kulatý. Viz ↑*koule*.

kulhat, *kulhavý, kulhavka*. P. *kuleć*, r.d. *kul'gát'*, s./ch.d. *kúlati* 'pomalu jít'. Psl. **kul'ati* (vložené *-h-*, respektive *-g-* je expr., srov. ↑*belhat*) je nejspíš příbuzné s ř. *kyllós* 'křivý, zmrzačený', východiskem je asi ie. **keu-l-* od **keu-* 'křivit, ohýbat'.

kuliferda 'čtverák'. Asi souvisí s val., slk. *kulifaj* s různými hanlivými významy (Ma²). Původ nejasný.

kulich 'zimní čepice', *kulíšek*. Asi přeneseně podle názvu sýčka *kulich*, to pak je onom. podle zvuku, který vydává (srov. slk. *kuvik*).

kulinární 'týkající se kuchařského umění'. Přes něm. *kulinarisch* z lat. *culīnārius* 'týkající se kuchyně' od *culīna* 'kuchyně, jídlo'.

kulisa, *kulisní, kulisák, zákulisí, zákulisní*. Z fr. *coulisse* tv., vlastně 'drážka, kolejnička, pojízdné sedátko ap.', od *couler* 'téci, plynout, sunout'. Dále viz ↑*kulantní*, ↓*kuloár*.

kulit. Viz ↑*koule*.

kulma 'želízko na kadeření vlasů', *kulmovat*. Dříve též 'pájka'. Z nějakého nář. tvaru něm. *Kolben* 'píst, pájka'.

kulminovat 'vrcholit', *kulminace, kulminační*. Z lat. *culmināre* tv. od *culmen* 'vrchol'. Srov. ↑*chlum*, ↑*excelentní*.

kůlna, *kůlnička*. Též *kolna*. Jen zsl. Odvozeno spíš od psl. *kolъ (↑*kůl*) (tedy 'stavení z kůlů', případně 'na kůlech') než od *kolo (↑*kolo*) s původním významem 'přístřeší pro kola' (takto Ma², HK).

kuloár 'poboční chodba reprezentačních budov', *kuloárový*. Z fr. *couloir* 'chodba' od *couler* 'plynout, téci'. Dále viz ↑*kulantní*, ↑*kulisa*.

kulomet, *kulometný, kulometník*. Podle r. *pulemët*, jinak viz ↑*koule* a ↓*metat*.

kult 'náboženské uctívání', *kultovní*. Z lat. *cultus* 'pěstování, péče, uctívání' od *colere* (příč. trp. *cultus*) 'vzdělávat (půdu), pěstovat, ctít'. Srov. ↑*kolonie*, ↓*kultura*, ↓*kultivovat*.

kultivovat 'pěstovat, zušlechťovat', *kultivovaný, kultivace, kultivační*. Ze střlat. *cultivare* tv. od předpokládaného pozdnělat. *cultīvus od lat. *colere* (příč. trp. *cultus*). Viz ↑*kult*, ↓*kultura*.

kultura, *kulturní, kulturistika, kulturista, kulturistický*. Z lat. *cultūra* 'pěstování, vzdělávání, zušlechťování' a to od *colere* (příč. trp. *cultus*), viz ↑*kult*. Dnešní základní význam slova se formoval ve filozofii konce 18. st. (Herder, Kant aj.).

kumbál hov. 'malá (nevzhledná) místnost'. U Jg *kumbálek*. Nejasné. Myslí se na přejetí z nějaké nář. podoby něm. *Kammer* (Ma²). Srov. ↑*kamrlík*.

kumpán hov. '(veselý) společník'. Z něm. *Kumpan* tv. a to z pozdnělat. *compānio* 'druh, spolustolovník'. Dále viz ↑*kompanie*.

kumšt hov. 'umění', *kumštýř* 'umělec', *kumštýřský*. Z něm. *Kunst* tv., jež souvisí s *können* 'umět' (viz i ↓*znát*).

kumulovat 'hromadit', *kumulace, kumulační, kumulativní, kumulus* 'kupovitý mrak'. Z lat. *cumulāre* tv. od *cumulus* 'hromada'. Srov. ↑*akumulovat*.

kůň, *koník, koníček, koňský, konina, konírna*. Všesl. – p. *koń*, r. *kon'*, s./ch. *kònj*, stsl. *konь*. Psl. *konь nemá jasnou etymologii. Často se spojuje s ↑*komoň*, případně i s ↑*kobyla*, ale původ toho není jasný (úvaha o přejetí z predie. substrátu je vždy jen východiskem z nouze) (Ma², HK). Zajímavý, i když zatím nejistý, je názor o přejetí z kelt. **konko-*/**kanko-* tv., rekonstruovaného jen na základě vlastních jmen, z ie. **ka(n)k-* 'skákat' (srov. i něm. *Hengst* 'hřebec') (A1). Slovo by bylo přejato v podobě *konъkъ a jako domnělá zdrobnělina upraveno na **kon'ь*. Je známo, že kult koně byl u Keltů velmi silný.

kuna, *kunovitý*. P. *kuna*, r. *kuníca*, s./ch. *kúna*. Psl. *kuna je blízce příbuzné s lit. *kiáunė*, lot. *caûna* tv., další původ však není jistý. Snad ie. adj. *kou-no- 'zlatavý, žlutavý', které se skrývá i v něm. *Honig* 'med'.

kunčoft zast. ob. 'zákazník'. Z něm. *Kundschaft* 'zákaznictvo' od *Kunde* 'zákazník', původně vlastně 'známý'. Souvisí s *können* 'umět', *kennen* 'znát'. Srov. ↑*kumšt*, ↓*znát*.

kunda vulg. 'ženské pohlavní ústrojí'. Asi přes střhn. *kunt* (srov. angl. *cunt* tv.) z lat. *cunnus* tv. Je i sln. *kúna*, *kûnda* a r.d. *kuná, kúnka* tv. (tam už je však lat. původ slova spornější).

kuňkat, *kuňka, kuňkavý*. Onom. (citosl. *kuň(k)*).

kupa, *kupka, kupovitý, kupit, nakupit, seskupit, seskupení, přeskupit, skupina, skupinový, skupenství*. P. *kupa*, r.d. *kúpa*, s./ch. *kúpa*. Psl. **kupa* je příbuzné s lit. *kaũpas*, sthn. *houf* (něm. *Haufe*) tv. (srov. ↑*houf*), stper. *kaufa-* 'hora', vše z ie. **kou-p-* 'kupa, hromada' od **keu-* 'ohýbat, klenout'. Příbuzné je i lat. *cūpa* 'sud' (srov. ↑*kopule*, ↑*kbelík*), sti. *kūpa* 'jáma'.

kupé. Z fr. *coupé*, původně 'uzavřený dvousedadlový vůz', od *couper* 'odříznout, oddělit' a to od *coup* 'rána, seknutí, říznutí' z lat. *colaphus* 'úder pěstí, políček' z ř. *kólafos* tv. Srov. ↓*kupon*.

kuplet 'kabaretní píseň'. Z fr. *couplet* 'písnička', vlastně 'dvojička (veršů)', od *couple* 'pár, dvojice' z lat. *cōpula* 'pouto, svazek'. Srov. ↑*kopulace*, ↓*kuplíř*.

kuplíř 'kdo zprostředkovává nemanželský pohlavní styk', *kuplířský, kuplířství*. Z něm. *Kuppler* tv. od *kuppeln* 'spojovat, dohazovat' ze stfr. *copler, coupler* z lat. *cōpulāre* 'spojovat, zasnubovat'. Srov. ↑*kopulace*, ↑*kuplet*.

kupole. Viz ↑*kopule*.

kupon 'ústřižek, poukázka', *kuponový*. Z fr. *coupon* tv. od *couper* 'odstřihávat, oddělit' (dále viz ↑*kupé*).

kupovat, *koupit, kupní, kupec, kupecký, koupě, nakupovat, nákup, nákupní, skupovat, vykupovat, vykupitel, přikupovat, odkoupit, překupník* aj. Všesl. – p. *kupić, kupować*, r. *kupít'*, *pokupát'*, s./ch. *kúpiti, kupòvati*, stsl. *kupiti, kupovati*. Psl. **kupiti* (od toho pak **kupovati*) je starou výpůjčkou z germ. **kaupjan* (něm. *kaufen*) 'obchodovat', které vychází z lat. *caupō* '(drobný) obchodník' nejistého původu. Ke Germánům se dostalo asi od římských vojáků na Rýně někdy kolem r. 100 po Kr.

kur 'druh drůbeže', *kuří, kurník, kurovitý*. Všesl. – p., r.d. *kur*, s./ch. *kȕr*, stsl. *kurъ* 'kohout'. Psl. **kurъ* je asi onom. původu (srov. např. ukr. *kukuríkaty* 'kokrhat'). Méně pravděpodobné je spojení s lit. *kùrti* 'běžet', lat. *currere* tv. (kurovití ptáci špatně létají) (Ma²).

kůr 'vyvýšený prostor v kostele pro varhany a zpěváky', *kůrový*. Stč. *kór*. Z lat. *chorus* 'sbor' a to z ř. *chorós* (viz ↑*chór*).

kúra 'soustavná léčba'. Z lat. *cūra* 'léčení, péče' ke *cūrāre* 'pečovat, léčit'. Srov. ↓*kurýrovat*, ↓*kurie*, ↓*kuratela*, ↓*kuriózní*, ↑*akorát*.

kůra, *kůrka, kůrový, kůrovec, okorat, okoralý*. Všesl. – p. *kora*, r. *korá*, s./ch. *kòra*, stsl. *kora*. Psl. **kora* souvisí se stsl. *horund* 'kůže, maso', lat. *corium* 'kůže', *cortex* 'kůra', alb. *kórė* 'kůra' (pokud není ze slov.), arm. *kʿorem* 'škrábu', vše z ie. **(s)kor-* od **(s)ker-* 'řezat, sekat aj.' (A5,A6). Srov. ↑*kornatět*, ↑*koryto*, ↓*skořice*, ↓*škára*.

kurare 'prudký rostlinný jed'. Z řeči domorodců karibské oblasti (Guyana).

kurát 'vojenský kněz'. Z něm. (rak.) *Kurat* tv. a to ze střlat. *curatus*

kuratela 323 **kus**

'pomocný duchovní' od *cūrāre* 'pečovat, léčit'. Srov. ↑*kúra*, ↓*kurátor*.

kuratela 'opatrovnictví'. Ze střlat. *curatela* tv. a to asi kontaminací *(D3)* lat. *cūrātiō* 'pečování, opatrování' (viz ↑*kúra*) a *tūtēla* 'opatrování, dohled' od *tūtārī* 'hlídat, opatrovat'.

kurátor 'správce, opatrovník'. Z lat. *cūrātor* tv. od *cūrāre* (viz ↑*kúra*).

kuráž hov. 'odvaha', *kurážný*. Z fr. *courage* tv. (stfr. *corage*), což je stará odvozenina od stfr. *cor* 'srdce' z lat. *cor* tv. (srov. *srdnatý*). Dále srov. ↑*akord*, ↑*konkordát*.

kurděje 'choroba z nedostatku vitamínu C'. Již v 15. st. o vřídku na jazyce koní (Ma²) (p.d. *kurdziej* tv.). Slovo dále nejasné. Snad od ↑*kur*, srov. *kuří oko* 'mozol (na prstech u nohy)'.

kurfiřt 'kníže oprávněný volit císaře (v něm. říši)'. Ze střhn. *kurvürste z kur* (dnes *Kür*) 'volba' a *vürste* (dnes *Fürst*) 'kníže', doslova 'nejpřednější', jež souvisí s angl. *first* 'první'.

kurie 'soubor vatikánských úřadů'. Z lat. *cūria* 'sdružení rodů, shromaždiště, rada, dvůr'. Od *cūra* (viz ↑*kúra*).

kurikulum 'životopis'. Z lat. *curriculum (vitae)* 'běh (života)' a to od *currere* 'běžet'. Srov. ↓*kurs*, ↑*konkurence*, ↑*koridor*.

kuriózní 'zvláštní, neobvyklý', *kuriozita*. Přes něm. *kurios* tv. z lat. *cūriōsus* 'pečlivý, horlivý, zvědavý' od *cūra* 'péče' (viz ↑*kúra*). Vývoj významu byl: 'horlivý' → 'zvědavý' → 'zvědavost vzbuzující' → 'neobvyklý'.

kurník. Od ↑*kur*. Zaklení *kurnik (šopa)* je z vých. Moravy, místo vulg. ↓*kurva (šopa* je nář. 'kůlna' z něm. nář. *Schoppen* tv.).

kuropění 'ranní kokrhání kohoutů'. Viz ↑*kur* a ↓*pět*².

kurs 'běh; směr; hodnota peněz a cenných papírů', *kursovní, kurzor*. Z lat. *cursus* 'běh, dráha' od *currere* 'běžet'. Srov. ↓*kurziva*, ↑*kurikulum*, ↑*kurýr*.

kurt 'tenisový dvorec'. Z angl. *court* 'dvorec' ze stfr. *court* tv. a to z lat. *cohors* (gen. *cohortis*) 'ohrazené místo'. Srov. ↓*kurtizána*.

kurtizána 'milostnice, nevěstka (vyšších vrstev)'. Z fr. *courtisane* a to podle it. *cortigiana* 'dvořanka' od *corte* 'dvůr' (viz ↑*kurt*).

kurva vulg. 'prostitutka', *kurevský, kurevník, kurvit, zkurvený*. Všesl. – p. *kurwa*, r. *kúrva*, s./ch. *kûrva*. Psl. asi **kury* (gen. *kurъve*), souvisí nepochybně s **kurъ* (↑*kur*). K přeneseným významům v této sféře srov. s./ch. *kùrac* 'penis', dále ↑*kokot*, ↑*koketa*.

kurýr 'spěšný posel', *kurýrní*. Přes něm. *Kurier* ze stfr. *courier* (fr. *courrier*) od *courir* 'běžet' z lat. *currere* 'běžet'. Srov. ↑*kurs*, ↑*koridor*, ↑*korzo*.

kurýrovat ob. 'léčit'. Z něm. *kurieren* a to z lat. *cūrāre* 'léčit, pečovat'. Srov. ↑*kúra*, ↑*kuratela*.

kurziva 'tiskové ležaté písmo', *kurzivní*. Ze střlat. *(scriptura) cursiva* 'běžné (písmo)' od *cursivus* 'běžný' od lat. *currere* (příč. trp. *cursus*) 'běžet'. Srov. ↑*kurs*, ↑*exkurze*.

kuře, *kuřátko, kuřecí*. Z psl. **kurę*, které je odvozeno od **kurъ* (↑*kur*) charakteristickou příp. pro mláďata. P. *kurczątko*, ale r. *cyplënok*, s./ch. *p̀ile* tv. mají původ onom.

kus, *kousek, kousíček, kusý, kusový, kusanec, kouskovat, rozkouskovat*. Všesl. – p. *kęs*, r. *kus(ók)*, s./ch. *kûs*. Psl. **kǫsъ* je odvozeno od **kǫsati* (↑*kousat*), původně tedy vlastně 'ukousnutý díl'. Srov. i angl. *bit* 'kousek' od *bite* 'kousat'.

-kusit *(okusit, zkusit, zakusit, pokusit se)*, **-koušet**. Všesl. (kromě luž.), většinou pouze s předp. Psl. **kusiti, *kušati* se všeobecně vykládá jako staré přejetí z gót. *kausjan* 'zkoušet, ochutnávat' *(B2,B3)*. Srov. ↓*zkusit,* ↓*pokusit se* a dále ↑*koštovat.*

kustod 'správce'. Z lat. *custōs* (gen. *custōdis*) 'strážce, hlídač, ochránce'.

kuš citosl. 'ticho!', *kušovat*. Přes něm. *kusch* z fr. *couche* 'lehni' (původně myslivecký povel pro psa) od *coucher* 'ležet' (srov. ↑*gauč*).

kuše 'středověký samostříl'. Jen č., slk. *(kuša)* a p. *(kusza)*, původ nejasný.

kušna ob. 'huba', *kušnit*. Z něm.d. *Gusche* tv. (Ma[2]).

kutálet. Ze staršího *kotáleti* (asi podle *kuliti*, viz ↑*koule*), to pak s dalšími podobnými útvary (srov. č.nář. *kotouleti*, slk. *kotúľať*, sln. *kotalīti*, ch. *kotùrati* ap.) od psl. **kotiti* (viz ↑*-kotit*), srov. ↑*kotoul,* ↑*kotouč.*

kutálka hov. 'pochodující dechová kapela'. Snad od něm. *Gut heil!* 'nazdar!' (doslova 'dobré zdraví'), pozdravu něm. turnerů (HL).

kutat, *vykutat, prokutat, rozkutat.* Jen č. a slk. Souvisí s ↓*kutit*, význam 'dobývat ze země' je vlivem něm. *kutten* tv.

kutě *(jít na kutě)*. Nejasné, podle Ma[2] souvisí s ↑*kout*[1].

kutit, *kutil, ukutit.* Hl. *kućić* 'dělat', r. *kutít'* 'hýřit', sln.d. *kútiti se* 'skrývat se', csl. *kutiti* 'strojit, chystat'. Psl. **kutiti* není příliš jasné, především vzhledem k rozrůzněnosti významu. Snad z ie. **keu-t-* od **keu-* 'ohýbat'. Srov. ↑*kutat,* ↓*skutek,* ↓*pokuta.*

kutloch ob. 'brloh, pelech'. Asi z původního *kutlof* 'jatka, místo, kde se zabíjí dobytek' (Jg) z něm. *Kuttelhof* (*Kutteln* 'vnitřnosti, dršťky', *Hof* 'dvůr'). To se pak přiklonilo k něm. *Loch* 'díra' (srov. ↑*brloh*) formou i významem.

kutna 'mnišský oděv'. Z něm. *Kutte* a to ze střlat. *cotta* tv., jež je původu germ.

kutr 'druh plachetního člunu'. Přes něm. *Kutter* z angl. *cutter* tv. od *cut* 'řezat' (řeže vlny). Podle jiných však z port. *catur*, což je název jistého domorodého plavidla v jihových. Asii.

kůzle, *kůzlátko.* Stč. *kózle.* Všesl., psl. **kozblę.* Viz ↑*koza.*

kůže, *kožka, kůžička, kožený.* Všesl. – p. *koža*, r. *kóža*, s./ch. *kòža*, stsl. *koža.* Psl. **koža* je **koz-ja*, původně vlastně adj. 'kozí (kůže)', které se substantivizovalo a rozšířilo význam. Viz ↑*koza.*

kužel, *kuželový, kuželovitý, kuželka, kuželkář, kuželkářský, kuželník.* Význam 'geometrické těleso' jen v č., slk. a b.d., jinde znamená 'hlava přeslice' (č.st. *kužel*, p. *krężel*, sln. *kožêlj* aj.) či 'svazek vláken, koudel ap.' (s./ch.d. *kùželj*, r.d. *kužel'* aj.). Málo jasné. Původní význam byl asi '(kuželovitá) hlava přeslice'. Psl. podoba vychází **kǫžel'ь/*kǫžьl'ь*, p. *kręż-* asi bude druhotné (srov. ↑*kruh*), v jiných jazycích je patrné matení s **kǫdelь* (↑*koudel*). Přejetí z něm. (Ma[2], HK) je málo pravděpodobné.

kvačit 'spěchat', *přikvačit.* Původně 'připínat hákem' od č.st. *kvaka* 'hák' (srov. hl. *kwaka* 'hák, klika (u dveří)', s./ch. *kvȁka* tv.) z psl. **kvaka*, jež vychází z ie. **ku̯ō-k-*, což je varianta kořene **keu-k-* z ie. **keu-* 'ohýbat, křivit' (srov. ↑*kučera,* ↑*kštice*). V č. se nejprve obměnil význam odvozeného *přikvačiti* na 'přikvapit, přepadnout' (vlivem ↓*kvapit*), odpojením předp. pak vzniklo nové *kvačit.*

kvádr 'druh čtverhranu', *kvádrový.* Z něm. *Quader* tv. z lat. *quadrus* 'čtyřhranný' od *quattuor* 'čtyři'. Srov. ↓*kvadrát,* ↑*kádr.*

kvadrant 'čtvrtina kruhu'. Z lat. *quadrāns*, což je zpodstatnělý přech. přít. od *quadrāre* (viz ↓*kvadrát*).

kvadrát 'čtverec; druhá mocnina', **kvadratický**, **kvadratura**. Z lat. *quadrātus* 'čtyřhranný, čtvercový' od *quadrāre* 'dělat čtyřhranným, čtvercovým' od *quattuor* 'čtyři'. Srov. ↑*kvádr*, ↑*kvadrant*.

kvádro ob. 'pánský oblek'. Asi zkomolením fr. *garde-robe* 'šatník, šatstvo' (viz ↑*garderóba*), z divadelního slangu? (Ma²).

kvákat. Všesl., onom. původu.

kvalifikovat 'činit způsobilým; (odborně) posuzovat', *kvalifikovaný*, *kvalifikace*, *kvalifikační*. Ze střlat. *qualificare* 'blíže určovat' z lat. *quālis* 'jaký' a *facere* 'činit' (viz ↑*-fikace*). Srov. ↓*kvalita*.

kvalita 'jakost', *kvalitní, kvalitativní, zkvalitnit*. Z lat. *quālitās* tv. od *quālis* 'jaký' (viz ↑*-koli*, srov. ↑*kvalifikovat*).

kvalt ob. 'spěch', *kvaltovat*. Stč. 'násilí, výtržnost'. Z něm. *Gewalt* 'násilí, moc' od *walten* 'vládnout' (viz ↓*vláda*). Novočeský význam snad vlivem ↑*kvačit*, ↓*kvapit*.

kvantita 'množství', *kvantitativní, kvantum, kvantový*. Z lat. *quantitās* tv. od *quantus* 'jak veliký, jak mnohý', *quantum* 'jak mnoho, kolik'. K základu *qua-* srov. ↑*kvalita*, ↑*kolik*, ↑*kdo* ap.

kvapit, *kvapný, nakvap, ukvapit se, ukvapený*. P. *kwapić się*, ukr. *kvápyty*, sln.d. *kvapiti* 'kapat'. Psl. *kvapiti je střídáním v kořeni (ie. **ku̯ōp-*) spojeno s *kypěti (↓*kypět*), srov. lit. *kvāpas* 'duch, zápach' (k podobnému střídání srov. ↓*kvas* – ↓*kyselý* i ↑*kvačit*). Významový posun byl 'kypět' → 'rychle téci, rychle se pohybovat'.

kvarta 'čtvrtá třída osmiletého gymnázia; čtvrtý tón v stupnici',

kvartový. Z lat. *quārta*, což je ž.r. od *quārtus* 'čtvrtý' od *quattuor* 'čtyři'. Srov. ↓*kvartál*, ↓*kvartýr*, ↓*kvarteto*.

kvartál 'čtvrtletí', *kvartální*. Ze střlat. *quartale* tv., vlastně 'čtvrtina', od lat. *quārtus* 'čtvrtý' (srov. ↑*kvarta*, ↓*kvarteto*).

kvartet 'skladba pro čtyři nástroje či hlasy', **kvarteto** 'soubor čtyř (hudebníků ap.)'. Z it. *quartetto* od *quarto* 'čtvrtý' z lat. *quārtus* (viz ↑*kvarta*).

kvartýr ob. 'byt', *nakvartýrovat se*. Přes něm. *Quartier* tv. z fr. *quartier* 'čtvrtka, čtvrť, ubytování' ze střlat. *quarterium* 'čtvrtina, (městská) čtvrť' od lat. *quārtus* 'čtvrtý' (viz ↑*kvarta*).

kvas, *kvásek, kvasinka, kvasnice, kvasit, vykvasit, zkvasit*. Všesl. – p. *kwas*, r. *kvas*, s./ch. *kvȃs*, stsl. *kvasъ*. Psl. *kvasъ (z ie. **ku̯āt-so-*) souvisí s gót. *hwaþo* 'pěna', lat. *cāseus* (odtud něm. *Käse*, angl. *cheese*), sti. *kváthati* 'vařit', vše vychází z ie. **ku̯at-/*ku̯āt-* 'kvasit, kysat'. Střídáním v kořeni spojeno s *kysati (viz ↓*kyselý*), srov. podobné střídání u ↑*kvapit*, ↓*kypět*.

kvaš 'druh krycí vodové barvy'. Z fr. *gouache* tv. z it.d. *guazzo* 'vodová barva' z pozdnělat. *aquātiō* 'zalévání, zavlažování' od lat. *aqua* 'voda'. Srov. ↑*akvarel*.

kvazar 'druh nebeského tělesa'. Z angl. *quasar* zkrácením z *quasi-stellar* tv. (viz ↓*kvazi-*) k *stellar* 'hvězdný' od lat. *stēlla* 'hvězda' (srov. ↑*astro-*).

kvazi-. První část složenin s významem 'zdánlivý, jakoby' (např. *kvazi-struktura*), z lat. *quasi* 'jakoby, jako, asi' a to z *quam* 'jako' a *sī* 'kdyby, jestliže'. Srov. ↑*kvazar*.

kvedlat, *kvedlačka*. Disimilací z původnějšího *kverlat* z něm. *quirlen*, *querlen* 'míchat, kvedlat'.

kvelb zast. ob. '(klenutá) komora, spižírna'. Z něm. *Gewölbe* 'klenba, klenutí' od *wölben* 'klenout'.

kvér zast. ob. 'puška'. Z něm. *Gewehr* tv. od *Wehr* 'ochrana, obrana, zbraň', *wehren* 'bránit', jež souvisí s ↓-*vřít*.

kverulant 'kdo si stále stěžuje, vyhledává malicherné spory'. Z něm. *Querulant* tv. z pozdnělat. *querulāns*, což je přech. přít. od *querulāre* 'naříkat, bědovat' od lat. *querī* tv., *querulus* 'naříkavý'.

kvést, *květ, kvítek, kvítko, květovaný, květnatý, květina, květináč, květinářka, květinářství, květena, květenství, květen, vykvést, odkvést, rozkvést, rozkvět, vzkvétat* aj. Stp. *kwiść* (p. *kwitnąć*), r. *cvestí*, s./ch. *cvàsti*, stsl. *cvisti*. Psl. **kvisti* (o podobách s *cv-* viz ↑*hvězda*) se spojuje se **svьtěti, *světъ* (↓*svítit, ↓svět*), východiskem je ie. **ku̯ei̯-t-* 'zářit' *(A1,B2)* (počítá se buď s ie. variantou na **k-*, nebo se ztvrdnutím počátečního *k̂-*). Příbuzné je lot. *kvitēt* 'lesknout se, zářit', germ. **hwīta* (něm. *weiss*, angl. *white*) 'bílý' *(A4)*, ve slov. došlo k významovému posunu 'zářit' → 'kvést'.

kvestor 'vedoucí správní úředník vysoké školy', *kvestura*. Z lat. *quaestor* 'finanční či soudní úředník' od *quaerere* (příč. trp. *quaestus*) 'hledat, zkoumat'. Srov. ↑*inkvizice, ↓kviz, ↓rekvizita*.

květák, *květákový*. Podle ↑*karfiol*, jí se jeho zdužnatělé květenství. Viz ↑*kvést*.

kvičet, *kvikat, kvikot, kviknout, vykviknout, zakvičet*. Onom. původu.

kvílet, *kvílení, kvílivý, zakvílet*. P. *kwilić*, str. *cviliti*, s./ch. *cvíleti*. Psl. **kviliti* (o podobách s *cv-* viz ↑*hvězda*) je onom. původu.

kvinde zast. ob. 'odmítnutí'. Asi z něm. *Gewinde*, původně 'vinutí (šroubu)' od *winden* 'vinout', pak 'věneček, kytice' jako symbol odmítnutí nápadníka (srov. *dostat košem*) (Ma²).

kvinta 'pátá třída osmiletého gymnázia; pátý tón v stupnici', *kvintový*. Z lat. *quīnta*, což je ž.r. od *quīntus* 'pátý' od *quīnque* 'pět'. Viz ↓*pět*, srov. ↓*kvintesence, ↓kvintet*.

kvintesence 'tresť, zhuštěná podstata něčeho'. Ze střlat. *quinta essentia*, doslova 'pátá podstata' (viz ↑*kvinta,* ↑*esence*). Původně se tak nazýval éter (pátý živel vedle země, vzduchu, vody a ohně), pak domnělá 'substance nebeských těles', jejíž získání destilací bylo jedním z cílů středověké alchymie. Z toho přenesením dnešní význam.

kvintet 'skladba pro pět nástrojů či hlasů', **kvinteto** 'soubor pěti (hráčů ap.)'. Z it. *quintetto* tv. od *quinto* 'pátý' od lat. *quīntus* (viz ↑*kvinta*).

kvit *(být si kvit)* přísl. hov. 'vyrovnán'. Z něm. *quitt* tv. z fr. *quitte* 'prostý, zbavený (dluhů)' z lat. *quiētus* 'klidný, pokojný' od *quiēs* 'klid, pokoj, odpočinek'. Srov. ↓*rekviem, ↓pokoj*.

kvitance 'potvrzení o přijetí (peněz ap.)'. Z fr. *quittance* tv. od *quitte* (viz ↑*kvit*).

kvitovat 'brát na vědomí, přijímat; potvrdit příjem'. Přes něm. *quittieren* tv. z fr. *quitter* 'opouštět, zanechat, odpouštět' z *quitte* (viz ↑*kvit*). Přijetím peněz se dluh 'opouští'.

kviz 'hra otázek a odpovědí'. Z am.-angl. *quiz* tv., původně 'vtip, šprým', další původ nejistý.

kvocient 'poměr dvou hodnot jako ukazatel nějakého jevu'. Z lat. *quotiēs, quotiēns* 'kolikrát' z *quot* 'kolik'. Srov. ↓*kvóta*.

kvočna, kvokat. Onom. původu.

kvóta 'poměrný díl, počet'. Ze střlat. *quota (pars)* 'kolikátá (část)' od *quotus* 'kolikátý' od *quot* 'kolik'. Srov. ↑*kvocient*, ↑*kóta*.

ký zájm. zast. 'který'. V č. i některých jiných zsl. a vsl. jazycích dnes v ustálených expr. obratech (č. *kýho výra*). P.st. *ki*, r. *koj*, s./ch. *kòji*, stsl. *kyi*. Psl. **kъjь (B9)*. Od zájmenného základu **kъ* (viz ↑*kdo*, srov. ↑*kéž*, ↓*kýženy*).

kyanid 'druh jedu'. Od ř. *kýanos* 'modrý kámen, modré barvivo'. Srov. ↑*cyankáli*.

kybernetika 'věda zabývající se řízením a přenosem informací', *kybernetický, kybernetik*. Z angl. *cybernetics* utvořeného v pol. 20. st. od ř. *kybernētikós* 'týkající se kormidla, řízení' od *kybernáō* 'kormidluji, řídím'.

kýbl ob., *kyblík, kyblíček*. Z něm. *Kübel* ze sthn. *kubilo* (dále viz starší přejetí ↑*kbelík*).

kýč 'líbivý, umělecky bezcenný výtvor', *kýčovitý*. Z něm. *Kitsch* tv., další původ nejistý. Asi půjde o expr. tvoření onom. původu, srov. něm. *klatschen, klitschen* 'plácat, pleskat',

kyčel, *kyčelní*. Jen č. P. *giczał, giczeł* 'holeň', hl. *gižla* tv., ukr. *hyčál* 'stéblo, tlusté žebro listu'. Tvary s počátečním *g-* (srov. i č. nář. *hyča* 'stehenní kost') a zvláště hl. *gižla* ukazují na příbuznost s ↑*hýžde*. Různost tvarů je možná dána expr. charakterem výrazu.

kydat, *kydnout, nakydat, vykydat, rozkydat*. Všesl. – p.d. *kidać*, r. *kidát'*, s./ch. *kìdati*. Psl. **kydati* vychází z ie. **kūd- (B5)* od **(s)keud-* 'vrhat, střílet', příbuzné je sthn. *skiozan* (něm. *schiessen*) 'střílet', sti. *skúndate* 'skáče, spěchá'.

kýchat, *kýchnout, kýchací, kýchavý, rozkýchat se*. Všesl. – p. *kichać*, r.d. *kíchat'* 'silně se smát', s./ch. *kíchati*. Psl. **kychati* je onom. původu.

kyj, *kyjovitý, kyjovka*. Všesl. – p., r.d. *kij*, s./ch.st. *kij*. Psl. **kyjь* souvisí s **kovati* (↑*kovat*) (střídání **kū- (B5)* a **kou-* v kořeni). Původně tedy 'kovaná tyč' (HK). Nejblíže příbuzné je lit. *kūjis* 'kovářské kladivo'.

kýl 'osová výztuž ve dně plavidla', *kýlový*. Z něm. *Kiel* tv., jehož další původ není jistý.

kýla, *kýlní*. Všesl. – p. *kiła*, r. *kilá*, s./ch. *kìla*. Psl. **kyla* odpovídá lit. *kūla* 'výrůstek, boule, nádor'*(B5)*, *kūlas* 'druh kýly', dále se srovnává se sthn. *hōla (A4)*, ř. *kḗlē* tv., výchozí ie. podoba však není jistá.

kymácet **(se)**, *kymácivý, zakymácet (se), rozkymácet (se)*. Jen č., novější (doklady až od konce 19. st.). Asi expr. varianta ke ↓*kývat*, srov. č.d. *kýmat se na berlách*, s./ch. *kìmati* 'houpat se, kývat' (Ma²).

kynologie 'nauka o psech', *kynolog, kynologický*. Od ř. *kýōn*, gen. *kynós* 'pes', dále viz ↓*-logie*.

kynout¹ 'nabývat na objemu'. Z psl. **kypnǫti (A9,B7)*, dále viz ↓*kypět*. Srov. i ↓*kynout*².

kynout² 'dávat znamení rukou či hlavou'. Z psl. **kyvnǫti* (ke stejnému formálnímu vývoji srov. ↑*kynout*¹, ↑*kanout*), dále viz ↓*kývat*.

kypět, *vzkypět, vykypět, překypovat, nákyp*. Všesl. – p. *kipieć*, r. *kipét'*, ch. *kìpjeti*, stsl. *kypěti*. Psl. **kypěti* souvisí s lit. *kūpėti* 'vřít, přetéci, překypovat', lat. *cupere* 'žádat, toužit', sti. *kúpyati* 'dostává se do varu, zlobí se', chet. *kappilahh-* 'zuřit', vše z ie. **kūp-/*keup-* 'vřít, vařit, kouřit'. Srov. ↓*kyprý*, ↑*kynout*¹.

kyprý, *kypřit, kypřící, kypřivý, nakypřit*. Stč. 'čilý, snaživý'. Hl. *kipry* 'slabý, choulostivý', r.-csl. *kypryj* 'dírkovaný', b. *kípǎr* 'krásný'. Psl. **kyprъ* je stará odvozenina od **kypěti* (↑*kypět*) se

kyrys značně rozrůzněným vývojem významu v jednotlivých jazycích.

kyrys 'plátové ochranné odění', *kyrysník, kyrysar*. Z něm.st. *Küriss* (dnes jen *Kürass*) tv. ze stfr. *curasse* a to z vlat. **cor(i)ācea* 'kožené brnění' od lat. *corium* 'kůže'.

kyselý, *kyselka, kyselina, kysat, zkysat, zakysat, okyselit, přikyselit, překyselit*. Všesl. – p.st. *kisły*, r. *kíslyj*, s./ch. *kı̏seo*, stsl. *kyselъ*. Psl. **kyselъ, *kysati* ap. jsou z ie. **kūt-s-*, což je varianta kořene, o němž viz ↑*kvas*. Srov. ↓*kyslík*.

kyslík, *kyslíkový, kysličník, okysličit*. Podle lat. názvu *oxygenium* vycházejícího z ř. *oxýs* 'kyselý, ostrý, hořký' (srov. ↓*oxid*).

kysna ob. 'bedna'. Z něm. *Kiste* tv. a to z lat. *cista* 'skříňka, schránka'. Srov. ↑*cisterna*.

kyt 'tmel', *kytovat, zakytovat*. Z něm. *Kitt* tv., jež asi souvisí s lat. *bitūmen* 'zemní pryskyřice' (srov. ↑*beton*) z ie. **gᵘet-*.

kýta. Stč. *kyta* 'hrozen, svazek, kytice', p., str. *kita* 'chumáč, svazek', s./ch. *kı̏ta* tv. Psl. **kyta* se vykládá z původního významu 'co se houpe, kývá' (v č. speciální význam 'stehno zadní končetiny u zvířat'), to by pak bylo od psl. **kyti*, doloženého jen v rozšířené podobě **kyvati* (↓*kývat*). Srov. ↓*kytice*.

kytara, *kytarový, kytarista*. Z ř. *kithárā* 'loutna, lyra, kytara'. Srov. ↑*citera*.

kytice, *kytička, kytka*. Od stč. *kyta* (viz ↑*kýta*).

kytlice zast. 'prostý hrubý oděv'. Z něm. *Kittel* tv. a to asi z ar. *quṭun* 'bavlna'.

kytovec. Od staršího názvu velryby *kyt* (Jg), přejatého Preslem z r. *kit* tv. z ř. *kẽtos* 'mořská obluda, velryba'.

kývat, *kývavý, kývnout, kyvadlo, kyvadlový, odkývat, zakývat, rozkývat, přikyvovat, výkyv* aj. P. *kiwać*, r. *kivát'*, b. *kývam'*. Nepříliš jasné. Pokud je psl. **kyvati* opravdu odvozeno od **kyti* (viz ↑*kýta*, srov. ↓*mávat*), může být východiskem ie. **kū-*, varianta ke **keu-* 'ohýbat' (významový vztah 'ohýbat' – 'houpat, kývat' je velmi úzký). Srov. ↑*kynout*², ↑*kymácet*, ↑*kutit*.

kyz 'sirník kovového vzhledu'. Z něm. *Kies* 'hrubý písek', jehož další původ není jistý.

kýžený 'vytoužený, žádoucí'. Novější (u Jg není), od *kýž*, což je lidová varianta ke ↑*kéž*.

L

labiální 'retný'. Z nlat. *labialis* přitvořeného k lat. *labium* 'ret'.

labilní 'nepevný, vratký', *labilita*. Z pozdnělat. *lābilis* 'lehce klouzající, padající' od lat. *lābī* 'sunout se, klouzat, padat'. Srov. ↑*kolaps*, ↓*lapsus*.

laboratoř, *laboratorní, laborant(ka), laborantský*. Ze střlat. *laboratorium* tv. od lat. *labōrāre* 'pracovat, namáhat se' od *labor* 'práce'. Srov. ↓*laborovat*, ↑*kolaborovat*, ↑*elaborát*.

laborovat 'potýkat se s něčím (zdravotně)'. Z lat. *labōrāre* 'pracovat, namáhat se, soužit se, strádat, stonat' (srov. ↑*laboratoř*).

labuť, *labutí*. Všesl. – p. *łabędź*, r. *lébed'*, s./ch. *lȁbūd*. Psl. **olbǫdь*, **elbǫdь (B7,B8)* má nejblíže k sthn. *albiz, elbiz*, stisl. *elptr*, *ǫlpt* tv., východiskem je ie. **albh-* 'bílý', které je ještě např. v lat. *albus* tv. (srov. ↑*albatros*, ↑*album*) i v názvu řeky *Labe*.

labužník, *labužnický, labužnictví*. Od stč. *labužiti* 'kochat se, žít v nadbytku', jež souvisí s r. *lebezít'* 'lísat se', stsl. *lobъzati* 'líbat'. Vše vychází z onom.-expr. kořene **lab-* (srov. č. nář. *lábati* 'pít velkými doušky'), podobné útvary mimo slov. jsou v stangl. *lapian* 'pít, hltat', sthn. *laffan* 'lízat', lat. *lambere* tv.

labyrint 'bludiště'. Z lat. *labyrinthus* z ř. *labýrinthos*. Původně název známého sídla krále Minoa na Krétě. Asi v nějaké spojitosti s ř. *lábrys* 'dvojbřitá sekyra' (dochováno na stěnách jako královské znamení). Obě slova jsou zřejmě přejata z nějakého předřeckého středomořského jazyka.

laciný, *láce*. Již stč. vedle *lacný* 'lehký', dále je p. *łacny* tv., r.d. *láča* 'úspěch'. Psl. **latьnъjь (B3,B9)* není

příliš jasné. Příbuzné se zdá být lot. *lēts* 'laciný, lehký' (Ma², HK), možná by pak byla i souvislost s ↓*letět*. V č. (a v lot.) by pak došlo k významovému vývoji 'schopný létat' → 'lehký' → 'lehce získatelný, levný'.

lacl zast. ob. 'náprsní část zástěry', *laclový*. Z něm. *Latzel*, což je zdrobnělina od *Latz* tv. ze stfr. *laz* 'tkanička, pouto' z vlat. **laceus* od lat. *laqueus* 'smyčka'. Srov. ↓*laso*.

láčkovec 'bezobratlý měkký živočich'. Od *láčka* 'vakovitá tělní dutina' od stč. *láka* 'soudek, nádoba' ze sthn. *lāge* (viz ↓*láhev*).

lačný, *lačnit*. R.d. *álčnyj*, sln. *láčen*, csl. *lačьnъ*. Psl. **olčьnъ (B8)* je od **olkati* 'lačnit', dále viz ↓*lakomý*.

ladit, *lad, ladný, ladič, ladička, naladit, nálada, sladit, soulad, vyladit, rozladit, přeladit*. P.d. *ladzić*, str. *laditi*. Psl. **laditi* nemá spolehlivou etymologii. Často se poukazuje na blízké **lagoditi* (↓*lahodit*). Jeden z výkladů uvažuje o zkrácení **laditi* z **lagoditi* (Ma²), jiný vychází z rekonstrukce **ladъ* < **lā-dho-* ze zájmenného elementu **la-* a redukované podoby ie. kořene **dhē-* 'klást, stavět' (srov. ↓*úd*, ↓*příd'*, ↓*soud*).

lado (*ležet ladem*) 'neobdělaná půda'. Hl. *lado*, str. *ljado*, s./ch. *lèdina*, b. *ljadína*. Psl. **lędo, *lęda* souvisí se stpr. *lindan* (ak.) 'dolina', něm. *Land* 'země', stisl. *lundr* 'les', stir. *land* 'volné místo', bret. *lann* 'pustina, step', vše z ie. **lendh-* 'neobdělaná země'.

ládovat 'cpát (do kamen, do pusy), nabíjet', *naládovat (se)*. Z něm. *laden* 'nakládat, nabíjet'. Srov. ↑*klást*.

lady 'dáma'. Z angl. *lady* a to přes střangl. *levedy* ze stangl. *hlǣfdīge* 'hospodyně', doslova 'která hněte chléb', z *hlāf* 'chléb' (viz ↑*chléb*) a slovesného základu **dig-* (viz ↑*díže*). Srov. ↓*lord*.

lafeta 'podstavec děla'. Z něm. *Lafette* a to z fr. *l'affût* tv. (*l'* je člen), složeného z *af-* (viz ↑*ad-*) a *fût* 'kmen, stojan, pažba' z lat. *fūstis* 'kyj, klacek'.

lágr ob. '(koncentrační) tábor'. Z něm. *Lager* 'tábor, ležení' od *liegen* 'ležet' (viz ↓*ležet*, srov. ↓*lógr*).

laguna 'mělká pobřežní zátoka'. Z it. *laguna* a to z lat. *lacūna* 'močál, louže, prohlubeň' od *lacus* 'jezero'.

láhev, *lahvička, lahvový, lahvovat*. Stč. *lahvicě, láhvicě*. P. *łagiew* 'dřevěný pohár', r.d. *lagev* 'soudek, malá kád', s./ch.d. *làgav* tv. Psl. **lagy* (gen. **lagъve*) je starou výpůjčkou ze sthn. *lāge* 'nádoba'. Srov. ↑*láčkovec*.

lahodit, *lahoda, lahůdka, lahodný, zalahodit*. P. *łagodzić* 'mírnit, uklidňovat', str. *lagoditi* 'milovat, projevovat měkkost', s./ch. *làgoditi* 'vyhovovat, projevovat něžnost'. Psl. **lagoditi* lze vyložit ze zájmenného elementu **la-* (srov. ↑*ladit*) a slovesa **goditi* (↑*hodit*), k němuž má významově blízko. Jinou možností je spojení s lot. *lāga* 'pořádek, vrstva', *lāgs* 'pořádný, vhodný', jež zřejmě souvisí s **ložiti* (viz ↓*ležet*), nezvyklá je ovšem příp. *-od-* (Ma²).

lachtan. U Jg v podobě *lachták*. Preslovo přejetí z r.d. *lachták, lafták, lavták* 'velký tuleň; tulení kůže', jehož původ se hledá v jazycích severovýchodního cípu Sibiře, předloha je však neznámá.

laik 'neodborník; nekněz', *laický*. Ze střlat. *laicus* 'lidový' z ř. *lāïkós* tv. od *lāós* 'lid, zástup'.

lajdat ob., *lajdák, lajdácký, lajdáctví*. Expr. výraz (Jg nezná), asi od *landat* 'toulat se', *landák* od něm. *Landstreicher* 'tulák' (HK).

lajna hov. 'čára (na hřišti)', *lajnovat, lajnovačka, nalajnovat*. Z angl. *line* tv. z lat. *līnea* (viz ↓*linie*).

lajntuch zast. ob. 'prostěradlo'. Z něm. *Leintuch*, složeného z *Lein* 'len' (viz ↓*len*) a *Tuch* 'sukno' (srov. ↑*fěrtoch*).

lajsna ob. 'lať'. Z něm. *Leiste* (viz ↓*lišta*).

lajs(t)nout si ob. 'dovolit si (udělat)'. Z něm. *leisten* 'vykonat', *leisten sich* 'dopřát si'.

lajtnant zast. ob. 'poručík'. Z něm. *Leutnant* z fr. *lieutenant*, doslova 'zastupující, místodržící', z *lieu* 'místo' (z lat. *locus* tv., srov. ↓*lokální*) a *tenant* 'držící' (přech. přít. od *tenir* z lat. *tenēre* 'držet', srov. ↓*tenor*).

lak, *lakový, lakovat*, ↓*lakýrník, lakýrnický, lakýrnictví, lakýrky, nalakovat, přelakovat*. Z něm. *Lack* z it. *lacca* a to přes ar. *lakk*, per. *lāk* ze střind. (pálí) *lākhā*, jež se vyvinulo ze sti. *lākšā* tv. Srov. ↓*lakmus*.

lák 'konzervační roztok'. Z něm. *Lake* tv. dněm. původu (rozšířilo se v souvislosti s konzervováním slanečků). Souvisí s něm. *Lache* 'louže', jež je možná přejato z lat. *lacus* 'jezero' (srov. angl. *lake* tv. a ↑*laguna*).

lákat, *lákavý, lákadlo, nalákat, přilákat, odlákat, zlákat, vylákat, vlákat*. Stč. *lákati* 'činit nástrahy', hl. *łakać* 'číhat', vedle toho stsl. *lajati* tv. Psl. **lakati* vedle **lajati* připomíná dvojici **čakati, *čajati* (viz ↑*čekat*) podobného významu, původ však není jistý. Obvykle se spojuje s lat. *latēre* 'být skryt' z ie. **lā-* tv. Jiný výklad spojuje s lit. *lāginti* 'vábit', něm. *locken* 'lákat, vábit', lat. *lacere* tv. (Ma²). A konečně, oddělíme-li naše slovo od stsl. *lajati*, lze dobře vyjít od kořene **lęk-* (viz ↓*líčit²*) (HK).

lakmus 'barvivo z lišejníků', *lakmusový*. Z něm. *Lackmus* ze střniz.

lakomý   331   **langusta**

le(e)cmoes tv. (pod vlivem něm. *Lack*, viz ↑*lak*), složeného asi ze střniz. *lecken* 'kapat, stékat' a *moes* 'kaše' (barvivo se získávalo z lišejníků rozdrcených na kaši).

lakomý, *lakomec*, *lakota*, *lakotný*, *lakotit*. Všesl. – p. *łakomy*, r. *lákomyj*, s./ch. *làkom*, stsl. *lakomъ*. Psl. **olkomъ (B8)* je odvozeno od slovesa *olkati 'lačnět, hladovět' (srov. ↑*lačný*). Spolehlivé příbuzenstvo je jen v balt. jazycích – lit. *álkti*, lot. *alkt* 'hladovět, dychtit', stpr. *alkins* 'střízlivý', tedy bsl. **alk- (B5)*.

lakonický 'velmi stručný'. Z lat. *lacōnicus* z ř. *lakōnikós* 'lakónský'. Obyvatelé *Lakónie* (Sparťané) byli známi svou stručností a málomluvností.

laktace 'vyměšování mléka'. Z lat. *lactātiō* tv. od *lactāre* 'kojit, sát mléko' od *lac* (gen. *lactis*) 'mléko'.

lakýrník, *lakýrnický*, *lakýrnictví*. Z něm. *Lackierer* tv. (viz ↑*lak*).

lalok, *lalůček*, *laločnatý*. P. *łałok*, str. *laloky* (pl.) 'dáseň, patro', s./ch.d. *làloka* 'čelist', stsl. *laloka* 'měkké patro, ústa'. Psl. **lalokъ/*laloka* se obvykle spojuje s ↓*lokat*, *la-* se vysvětluje buď jako expr. předp., nebo jako reduplikace (zdvojení) kořene (Ma², HK).

lama 'jihoamerický přežvýkavec'. Ze šp. *llama* a to z jazyka peruánských Indiánů (kečua).

láma 'tibetský mnich', *lámaismus*. Přes záp. jazyky z tibetského *(b)lama* 'učitel, vůdce'.

lámat. Viz ↓*lomit*.

lamela 'destička či plátek jako technická součástka', *lamelový*. Z fr. *lamelle* a to z lat. *lāmella*, což je zdrobnělina od *lāmina* 'tenký plátek kovu, plíšek'. Srov. ↓*laminát*, ↓*omeleta*.

lamentovat hov. expr. 'bědovat, hubovat', *lamentace*. Z lat. *lamentārī* 'naříkat, bědovat' a to od onom. ie. kořene **la-* (srov. ↓*lát*).

laminát 'vrstvená plastická hmota zpevněná vlákny', *laminátový*, *laminovat*, *laminovaný*. Od lat. *lāmina* (viz ↑*lamela*).

lampa, *lampička*, *lampový*, *lampář*. Přes něm. *Lampe* z fr. *lampe* a to z lat. *lampas* 'svítilna, světlo' z ř. *lampás* tv. od *lámpō* 'svítím, zářím'. Srov. ↓*lampion*, ↓*laterna*.

lampas 'široký pruh na švu kalhot uniformy', slang. *lampasák* 'vyšší důstojník'. Přes něm. *Lampas* z fr. *lampas* 'orientální hedvábná tkanina' nejasného původu.

lampion 'barevná papírová svítilna'. Přes něm. *Lampion* a fr. *lampion* z it. *lampione*, což je vlastně zveličelá odvozenina od *lampa* (↑*lampa*) (původně slovo označovalo různé druhy svítilen, nejen papírové).

lán. Z něm.d. *lein* ze střhn. *lēhen*, *lēn*, původně 'propůjčená země' (viz ↓*léno*), pak jen 'plošná výměra pozemků' (Ma²).

laň, *laňka*. Stč. *laní*, p. *łania*, r. *lan'*, stsl. *lanii*, jinak v jsl. chybí. Psl. *olni, **olnьji (B8)* je odvozeno starobylou přechylovací příp. -*ii* od kořene **oln-*, **eln-* (dále viz ↑*jelen*).

lanceta 'dvojbřitý chirurgický nožík'. Z fr. *lancette*, což je zdrobnělina od *lance* 'kopí' z lat. *lancea* 'kopí'.

lančmít 'mleté kořeněné maso v konzervě'. Z angl. *lunch(eon) meat*, složeného z *lunch(eon)* 'oběd' a *meat* 'maso'.

langoš 'druh slaného pečiva'. Z maď. *lángos* od *láng* 'plamen', srov. něm. *Flammenkuchen* tv.

langusta 'velký mořský korýš'. Přes něm. *Languste* z fr. *langouste* ze stprov. *langosta* a to – s přidáním nosového

lano   332   **laskomina**

elementu – z lat. *lōcusta* 'kobylka' i 'mořský krab'.

lano, *lanko, lanový, lankový, lanovka, lanovkový*. Asi ze střhn. *lanne* 'řetěz', dále nejasné.

lanolin 'tuk z ovčí vlny', *lanolinový*. Uměle z lat. *lāna* '(ovčí) vlna' a *oleum* 'olej'.

lanýž 'druh aromatické houby'. Původně asi *lanýš*. Jen č. Asi odvozeno od *laň*, pro což by hovořil jiný název této houby *jelenka* (snad proto, že ji jelení zvěř vyhrabává ze země) (Ma²).

lapálie 'bezvýznamná maličkost' (významově se však často směšuje s ↓*patálie*). Z něm. *Lappalie*, což je hybridní slovo ze studentského slangu z *Lappen* 'hadr, onuce' a lat. příp. (pl.) *-ālia*.

laparoskop 'přístroj k vyšetření břišní dutiny', *laparoskopie, laparoskopický*. Od ř. *lapárē* 'slabina, bok' a ↓*-skop*.

lapat, *lapit, lapač, lapačka, lapka, zalapat, polapit*, ob. *lapák* 'vězení'. Všesl. – p. *łapać*, r. *lápat'*, s./ch.d. *lápati*. Psl. *lapati je expr. sloveso onom. původu, srov. ↑*chňapat,* ↑*capat* ap.

lapidárium 'sbírka kamenné plastiky a stavebních fragmentů'. Z pozdnělat. *lapidārium* od lat. *lapis* (gen. *lapidis*) 'kámen'. Srov. ↓*lapidární*.

lapidární 'úsečný, ale výstižný'. Z lat. *(stilus) lapidārius*, doslova '(styl) kamenných náhrobků' (vyznačoval se věcností a úsečností) od *lapis* 'kámen' (srov. ↑*lapidárium*).

lapsus 'omyl, pochybení'. Z lat. *lāpsus* 'smeknutí, pochybení' od *lābī* 'smekat se, padat'. Srov. ↑*labilní*.

largo přísl. '(v hudbě) široce, pomalu'. Z it. *largo* 'široký, štědrý' z lat. *largus* 'hojný, štědrý'.

larva, *larvička, larvální*. Převzato (asi přes něm. *Larve* tv.) z lat. *lārva*, původně 'duch zemřelého, strašidlo' (souvisí s lat. *Lār* 'ochranné domácí božstvo'), pak 'škraboška, maska' (duchové a démoni byli na divadle představováni maskami). Přenesený zoologický význam pochází z 18. st. (švéd. zoolog Linné) – larva je vlastně zakuklený, maskovaný hmyz (Ma²).

láryfáry citosl. Z něm. *Larifari*, označujícího plané, nesmyslné mluvení. Asi podle solmizačních slabik *la re fa re*.

laryngální 'hrtanový', *laryngála, laryngitida*. Z lat. *laryngālis* tv. od *larynx* (gen. *laryngis*) 'hrtan, hrdlo' z ř. *lárynx* 'hrdlo, jícen'.

lascivní 'oplzlý', *lascivita, lascivnost*. Z lat. *lascīvus* 'bujný, rozpustilý, nevázaný'.

laser, *laserový*. Z angl. *laser*, což je zkratkové slovo (pol. 20. st.) z *Light Amplification by Stimulated Emission of Radiation* 'světelné zesílení stimulovanou emisí záření'. Srov. ↓*radar*.

lasice, *lasička*. Č. nář. i *laska*. Všesl. – p. *łasica*, r.d. *lasica* (r. *láska*), s./ch. *làsica*. Psl. *laska, *lasica nemá jednoznačný výklad. Tradičně se spojuje s lot. *luõss* 'žlutavý' (HK), pozornost však zasloužil i výklad ztotožňující etymologicky toto slovo s ↓*láska* – šlo by pak o tabuový název *(D4)* pro tuto krvežíznivou a obávanou šelmu.

láska, *laskat, laskavý, laskavost, polaskat*. Všesl. – p. *łaska*, r. *láska*, s./ch. *làska*, stsl. *laskati* 'lichotit'. Psl. *laska, *laskati je nejspíš příbuzné s lit. *lókšnas* 'něžný*, stir. *lainn* 'žádostivý', lat. *lascīvus* 'nevázaný, chlípný', ř. *lilaíomai* 'toužím, dychtím', sti. *lašati* 'žádá si', vše z ie. **las-* 'být žádostivý, chlípný'.

laskomina (obvykle v pl. *laskominy*). Stč. i *loskomina, luskomina*. P.

(o)skom(in)a, r. *oskómina* 'trnutí zubů', ch. *skòmina* 'chuť (k jídlu)'. Původní význam nejspíš byl 'trnutí zubů, sbíhání slin' (stč. *zubi laskominy jměli*). Vycházet musíme asi z psl. **skom(in)a* od **skomati* 'svírat' (srov. r. *ščemít'* tv.) od ie. **(s)kem-* tv. V č. (možná již v psl.) pak došlo k druhotnému sblížení se základem **lask-* (viz ↑*láska*), je možné uvažovat i o expr. předp. *la-* (srov. ↑*lahodit*).

laso. Přes něm. *Lasso* ze šp. *lazo* či port. *laço* a to přes vlat. **laceus* z lat. *laqueus* 'smyčka'. Srov. ↑*lacl*.

lastura 'skořápka mlžů, mušle'. Preslovo přejetí ze s./ch. *ljuštùra* tv., jež souvisí s ↓*lusk* (srov. ještě s./ch. *ljúščiti* 'loupat (kůru), zbavovat kůže, skořápky ap.'). Hlásková obměna při přejetí se vysvětluje přepsáním (Ma²), možná ale jde o úmysl (naše domněnka: disimilace *u-u* v *a-u*, případně – třeba i bezděčná – asociace s *lazur* 'blankyt').

laškovat, *laškovný, zalaškovat si*. Jen č. a slk. Snad nějak souvisí s ↑*láska* (-*š-* je však nejasné). Srov. č.st. *laskovati* 'milovat, lísat se' (Jg), p. *laszyć* 'hladit, mazlit se'.

lát 'spílat, hubovat'. Všesl. – p. *łajać*, r. *lájat'* 'štěkat', s./ch. *là̀jati* 'štěkat, křičet', stsl. *lajati* 'lát, štěkat'. Psl. **lajati* (B9) vychází z ie. onom. základu **lā-*, který najdeme i v lit. *lóti* tv., stisl. *lómr* 'křik, nářek', lat. *lātrāre* 'štěkat, lát' (srov. i ↑*lamentovat*), ř. *lērḗō* 'tlachám', arm. *lam* 'pláču', sti. *rā́yati* 'štěká'.

lať, *laťka, laťový, laťkový*. Z něm. *Latte* (sthn. *latta*) tv., další původ neznámý.

lata 'druh květenství'. Stč. *vlať* 'klas', p. *włoć* 'druh polní rostliny', r. *vólot'* 'klas', sln. *lât*, s./ch. *vlât* tv. Psl. **volt*ъ (B8) odpovídá dobře lit. *váltis* '(ovesný) klas', další souvislosti méně zřejmé. V č. (i v slk., sln.) počáteční *v-* odpadlo.

látat, *látací, zalátat, slátat, slátanina*. P. *łatać*, r. *latát'*. Psl. **latati* není zcela jasné. Snad z původního **lap-tati (A7)*, jež by souviselo s lit. *lópyti* tv., *lōpas* 'hadr, záplata' (Ma²). Srov. ↓*látka*, ↓*záplata*.

latén 'období doby železné'. Podle naleziště *La Tène* ve Švýcarsku.

latentní 'skrytý'. Přejato (možná přes něm. *latent*) z lat. *latēns* tv., což je původem přech. přít. od *latēre* 'být skryt, tajit se'.

laterální 'boční, postranní'. Z lat. *laterālis* tv. od *latus* (gen. *lateris*) 'bok'.

laterna 'svítilna' (obvykle ve spojení *laterna magica* 'kouzelná svítilna'). Z lat. *lāterna, lanterna* tv. a to z ř. *lamptḗr* 'svícen, světlo, lampa' od *lámpō* 'svítím' (srov. ↑*lampa*).

láteřit, *láteřivý*. Od č.st. *látro* 'sáh (dříví)' (Jg) ze střhn. *klāfter* tv. Z toho byla zaklení *látro hromů* a *tisíc láter*, z čehož pak vzniklo naše sloveso (jistě i vlivem ↑*lát*) (Ma²).

latex 'emulze syntetické pryskyřice k výrobě nátěrových hmot', *latexový*. Z lat. *latex* 'tekutina, mok'.

latifundie (pl.) 'velký komplex pozemků', *latifundista, latifundistický*. Z lat. *lātifundium* 'velkostatek', což je složenina z *lātus* 'rozsáhlý, prostranný' a *fundus* 'půda, pozemek, statek'. Srov. ↑*fond*.

látka, *látkový*. P. *łatka* 'záplata', r. *látka* tv. Psl. **latъka* je zdrobnělina od **lata* tv. (je i ve starší č., srov. Jg), zobecnělý význam 'tkanina' a pak i 'materiál, hmota' je jen č. (od střední doby) (Ma²). Dále viz ↑*látat*.

latrína 'primitivní záchod'. Přes něm. *Latrine* z lat. *lātrīna* ze staršího *lavātrīna*, vlastně 'umývárna', od *lavāre* 'mýt se'. Po zatemnění etymologické souvislosti přeneseno na 'záchod'.

lauf ob. 'hlaveň; běh, (rychlý) chod' (ve spojení *dostat se do laufu* ap.). Z něm. *Lauf* tv. od *laufen* 'běžet' ze sthn. *(h)louf* od *(h)loufan* tv. Souvisí s angl. *leap* 'skákat'.

laureát 'umělec či vědec poctěný cenou', *laureátka, laureátský*. Z lat. *laureātus* 'ověnčený vavřínem' (na znamení uznání) od *laurea* '(vítězný) vavřín, vítězství' od *laurus* 'vavřín'. Srov. ↓*vavřín*.

láva, *lávový*. Přes něm. *lava* z it. *lava* a to z lat. *lābēs* 'pád, zřícení, zkáza' od *lābī* 'sunout se, padat'. Srov. ↓*lavina*, ↑*labilní*, ↑*kolaps*.

lavice, *lávka, lavička*. P. *ławica*, r. *lávka*, b. *lávica*. Psl. **lavica, *lavьka* jsou zdrobněliny od **lava* (srov. csl. i č. nář. *lava* 'lavice'). Příbuzné je lit. *lóva* 'postel, pryčna', lot. *lāva* 'pryčna (v lázni)', další příbuzenstvo nejisté. Snad od ie. **leu-* 'odřezávat'. Rčení *chyba lávky* znamená 'minutí lávky', tedy 'sejití z cesty, omyl' (Ma² pod *chyba*).

lavina, *lavinový, lavinovitý*. Z něm. *Lawine*, jež bylo přejato v alpské oblasti románským prostřednictvím z pozdnělat. *lābīna* 'sesuv země, zřícení kamení ap.' od lat. *lābī* 'sunout se, padat'. Srov. ↑*láva*, ↑*labilní*, ↑*kolaps*.

lavírovat 'manévrovat, kolísat'. Z něm. *lavieren* tv. ze střdn. *lavēren* 'křižovat lodí proti větru' a to přes střniz. ze střfr. *lovier* tv. od střfr. (normanského) *lof* 'větrná strana', jež je zase přejato z niz. (srov. i něm. *Luv* tv.).

lávka. Viz ↑*lavice*.

lavor ob. 'umyvadlo'. Přes jihoněm. *Lavo(i)r* tv. z fr. *lavoir* 'prádelna, prací nádrž' od *laver* 'mýt' z lat. *lavāre* tv. Srov. ↑*latrína*, ↓*levandule*.

laxní 'nedbající povinností, uvolněný, vlažný', *laxnost*. Přes něm. *lax* z lat. *laxus* 'volný, roztažený, nevázaný'.

lazar 'nemocný, zubožený člověk'. Podle dvou novozákonních *Lazarů* – obecně se spojuje s *Lazarem*, kterého Kristus vzkřísil po čtyřech dnech z mrtvých (Jan 11), ale jde spíš o žebráka vystupujícího v podobenství o chudákovi a boháči (Lukáš 16, 20).

lazaret 'polní vojenská nemocnice'. Přes něm. *Lazarett* z it. *lazzaretto* 'nemocnice (zvláště pro malomocné)' z benátského *lazareto, nazareto*. To je podle karanténní nemocnice na benátském ostrůvku *Santa Maria di Nazaret* s přichýlením k it. podobě jména Lazar *Lazzaro* – biblický Lazar (viz ↑*lazar*) byl patronem malomocných.

lazebník zast. 'lázeňský zřízenec (s funkcí holiče, ranhojiče ap.)'. Od staršího adj. *lazební, lazebný* od ↓*lázeň*.

lázeň, *lázeňský*. Stč. i *lázn, lázna, lázně*, p. *łaźnia*, str. *laznja*, v jsl. chybí. Psl. **laznь, *lazьn'a* se obvykle spojuje se slovesem **laziti* (srov. č. nář. *lazit* 'lézt', jinak viz ↓*lézt*), což se vysvětluje buď jako 'zařízení, do kterého se leze' (primitivní parní lázeň byla zřejmě v zemljance), případně 'zařízení, po němž se leze (do vody)', srov. význam v r.d. 'stupeň žebříku, stupátko' (HK).

lážo (plážo) ob. expr. přísl. 'nedbale, lenošivě'. Asi od něm. *lasch* 'chabý, mdlý' a podobného (ale nepříbuzného!) fr. *lâche* 'volný, nenapjatý, mdlý' (souvisí s ↑*laxní*). Druhá část sousloví je rýmovou ozvěnou prvého (s asociací na ↓*pláž*) (Ma²).

leasing 'nájem jisté věci s možností její pozdější koupě'. Z angl. *leasing* tv. od *lease* 'pronajmout' ze stfr. *laisser* 'nechat, zůstavit' z vlat. **laxiare* od lat. *laxāre* 'uvolňovat' od *laxus* 'volný, otevřený'. Srov. ↑*laxní*.

lebeda 'rumištní bylina'. Všesl. – p. *lebioda*, r. *lebedá*, s./ch. *lobòda*. Psl. **lebeda, *loboda* nemá přesvědčivou

lebedit 335 **legenda**

etymologii. Vzhledem k lit. *balánda* tv., které se spojuje s *báltas* 'bílý' (podle typických šedavých listů), vyvozuje se i slov. slovo někdy z ie. **elbh-*, **albh-* 'bílý' (srov. ↑*labuť*). Někteří ho mají za 'praevropské' a připojují k bsl. slovům i něm. *Melde* tv. (HK, Ma²).

lebedit si hov. expr., *ulebedit se*. Jen č., u Jg jen *lebedit* 'jasnit'. Málo jasné. Zdá se, že souvisí s *labužit* (viz ↑*labužník*, srov. tam uvedené r. *lebezít*'), ale *-d-* je nejasné. Snad přikloněním k ↑*lebeda* (HK), ale v tom případě je to příklonění čistě mechanické, bez jakýchkoli významových spojitostí.

lebka, *lebeční, lebečnatý*. Stč. *leb*, p. *łeb*, r. *lob* 'čelo', sln.st. *leb* (obvykle *lobánja*), ch. *lùbanja*, stsl. *lъbъnъ* (adj.). Psl. *lъbъ* 'lebka' (B6) není etymologicky příliš jasné. Vzhledem k některým jsl. podobám se spojuje s **lubъ* 'kůra, nádoba z kůry' (viz ↓*lub*) (k podobným metaforám srov. např. *makovice*, fr. *tête* 'hlava' z lat. *testa* 'střep') (Ma², HK), ale může jít i o druhotné sblížení. Srovnání s ř. *lófos* 'zátylek, krk, chochol' i toch. A *lap* 'lebka, hlava' však také hláskoslovně nepřesvědčují.

lec-. První část složených zájmen s významem zdůrazněné neurčitosti (*leckdo, lecjaký* ap.). Jen č. Stč. *leci-*. Snad z ↓*leč* a ↓*-si* (HK).

leč sp. 'ale, ledaže'. Stč. *leč* 'ledaže, jestliže aj.', p. *lecz* 'ale'. Ze spojení částic **le-* (srov. ↑*ale*, ↓*leda*) a *-č* z **če* (viz ↑*ač*) (Ma²).

leč 'způsob lovu'. Viz ↓*léčka*, ↓*líčit*².

léčit. Viz ↓*lék*.

léčka. Viz ↓*líčit*².

lečo 'jídlo z dušených rajčat, paprik aj.'. Z maď. *lecsó* tv.

led, *lední, ledový, ledovec, leden, lednice, lednička, ledovatý, ledovatět, zledovatělý, ledovat, ledoborec*. Všesl.

– p. *lód*, r. *lëd*, s./ch. *lêd*, stsl. *ledъ*. Psl. **ledъ* má blízké příbuzné jen v balt. jazycích – lit. *lẽdas, ledùs*, lot. *ledus*, stpr. *ladis*, další souvislosti nejisté.

leda sp. Také první část složených zájmen s významem neurčitosti (*ledajaký, ledacos* ap.). Z částic **le* (srov. ↑*lec-*, ↑*leč*, ↑*ale*) a **da* (srov. ↓*zda* a také ↑*kde*, r. *da* 'ano' aj.).

ledabylý, *ledabylost*. Viz ↑*leda* a ↑*být*.

ledek 'dusíkaté hnojivo'. Zdrobnělina od ↑*led* (podle podoby povrchu). Dříve 'kamenec', dnešní význam od Jg.

ledňáček. Podle něm. *Eisvogel*, vlastně 'lední pták', což je však jen lid. etym. (asi podle toho, že klade vejce již brzy na jaře). Původní sthn. název je *īsa(r)nfogal*, doslova 'železný pták' (podle kovového lesku jeho křídel) (Ma²).

ledvina, *ledvinka, ledvinový*. Jen č., slk. a luž., odvozeno od psl. **lędvьje/ *lędvьja*, z něhož je stč. *ledvie* 'bedra, ledviny, vnitřnosti', p. *lędźwie* 'bedra', r.st. *ljádveja* tv., s./ch. *léđa* 'záda', stsl. *lędvję* 'ledviny, nitro'. Příbuzné je něm. *Lende* 'bedro', stisl. *lend*, lat. *lumbus* tv., vše z ie. **lendh-u-*, **londh-u-* 'bedro, ledvina'.

legální 'zákonný', *legalita, legalizovat*. Z lat. *lēgālis* tv. od *lēx* (gen. *lēgis*) 'zákon, právo'. Srov. ↓*legitimní*, ↓*legislativa*, ↑*ilegální*.

legát 'zplnomocněný vyslanec papeže'. Z lat. *lēgātus* 'vyslanec, posel' od *lēgāre* 'odkázat, vysílat s poselstvím' od *lēx* 'zákon, právo'. Srov. ↑*delegace*, ↑*kolega*, ↑*legální*.

legato '(v hudbě) vázaně'. Z it. *legato* od *legare* 'vázat' z lat. *ligāre* tv. Srov. ↓*liga*.

legenda 'vyprávění o životě svatých; pověst; vysvětlující text', *legendární, legendista*. Ze střlat. *legenda*, což je

legie

vlastně pl. od *legendum* 'co je k čtení' od lat. *legere* 'číst, sbírat'. Srov. ↓*lekce*, ↓*legie*.

legie 'římská vojenská jednotka; dobrovolný vojenský útvar', *legionář, legionářský*. Z lat. *legiō* 'legie, vojsko, výběr' od *legere* 'sbírat, vybírat'. Srov. ↑*intelekt,* ↑*kolekce*.

legislativa 'zákonodárství', *legislativní*. V záp. jazycích odvozeno od pozdnělat. *lēgislātiō* 'navržení zákona', střlat. *legislator* 'navrhovatel zákona' a podobných složenin, které vycházejí z lat. *lēgem ferre* 'navrhnout zákon' z *lēx* (ak. *lēgem*) 'zákon' a *ferre* (příč. trp. *lātus*) 'nést'. Srov. ↑*legální,* ↑*konference*.

legitimace 'průkaz, oprávnění', *legitimovat, legitimní*. Ze střlat. *legitimatio* (přes něm. a fr.) tv. od *legitimare* 'opravňovat' od lat. *lēgitimus* 'zákonný, právní' od *lēx* (gen. *lēgis*) 'zákon, právo'. Srov. ↑*legální,* ↑*legislativa*.

legovat 'přidávat příměsi do tavených kovů', *legovaný*. Z it. *legare* 'spojovat' z lat. *ligāre* tv. Srov. ↑*legato*, ↓*liga*.

legrace, *legrácky, legrační*. Disimilací (rozrůzněním) ze staršího č. *rekrací* z lat. *recreātiō* (viz ↓*rekreace*), což byl mj. oficiální název školní přestávky (Ma², HK).

leguán 'druh ještěra'. Z něm. *Leguan* a to ze šp. *(la) iguana* (*la* je člen), jež odráží karibský domorodý název *iwana*.

lehnout (si). Viz ↓*ležet*.

lehký, *lehkost, zlehčovat, nadlehčovat, odlehčovat, vylehčit, ulehčit, polehčující* aj. Všesl. – slk. *ľahký*, p. *lekki*, r. *lëgkij*, s./ch. *lȁk*, stsl. *lьgъkъ*. Psl. **lьgъkъ* je příbuzné s lit. *leñgvas*, něm. *leicht*, angl. *light*, lat. *levis* tv., ř. *elachýs* 'malý', sti. *laghú-* 'lehký, rychlý', východiskem je ie. **legᵘh-* 'lehký, malý' *(A2,A3)*.

336

lék

lech 'vladyka'. Na základě jediné stč. zmínky tohoto slova u Dalimila (*v téj zemi bieše lech, jemužto jmě bieše Čech*). Všude jinde jen ve významu Polák – p. *Lach* (z r.), r. *ljach*, s./ch. *Lȅh*, stsl. *Lęchъ*. Psl. **lęchъ* se vykládá jako odvozené expr. příponou *-chъ* (srov. ↑*Čech*) od **lędo* (viz ↑*lado*).

lechtat, *lechtivý*. Jen č. a p. (*lechtać*), jinak p. i *łaskotać*, r.d. *loskotát'*. Jednotnou psl. podobu nelze stanovit, na vině je jistě i expr. povaha slova (srov. i č. variantu *lochtat*). Podoby s *-ch-* by mohly být ze *-sk-* *(A8)*, srov. p.d. *lesktać*. Dále nejasné, možná onom. (HK).

lei 'rumunské platidlo'. Pl. od rum. *leu* 'lev' z lat. *leo* tv. Srov. ↓*leva,* ↓*lev*.

leitmotiv 'vůdčí motiv'. Z něm. *Leitmotiv* tv. (utvořil skladatel R. Wagner) od *leiten* 'vést' (srov. ↓*lídr*) a *Motiv* (viz ↓*motiv*).

lejno. P. *łajno*, str. *lajno*, sln.st. *lájno*. Psl. **lajьno* se spojuje se stpr. *laydis* 'hlína', něm. *Leim* 'lepidlo, klih', lat. *linō* 'natírám, mažu', sti. *láyate* 'tisknout se', vše ve ie. **lei-* 'mazlavý' (HK), podle jiného výkladu od ie. **lei-,* **lēi-* 'lít' (viz ↓*lít,* ↓*lůj*) (Ma²), je však pravděpodobné, že oba ie. kořeny jsou etymologicky totožné.

lejsek 'drobný hmyzožravý pták'. Prý podle bílé 'lysinky' na hlavě (Ma²), ale tu pták lejsek (*Muscicapa*) nemá. Nejspíš tedy tento název původně označoval rehka zahradního, čermáka (Jg) (který má výraznou bílou skvrnu na přední části hlavy), pak přeneseno na rod *Muscicapa*.

lejstro hov. 'listina'. Ze střlat. *registrum* 'seznam, soupis' (disimilace *r-r>l-r,* srov. ↑*legrace*), k vývoji *-gi->-j-* srov. ↓*rejstřík,* ↓*orloj,* ↑*kolej*².

lék, *lékař, lékařský, lékařství, lékárna, lékárenský, lékárník, lékárnický, léčit, léčivý, léčivo, léčitel, léčitelný, léčitel-*

ství, léčba, léčebna, léčebný, vyléčit aj. Všesl. – p., r.d. *lek*, ch. *l'ijek*, stsl. *lěkъ*. Psl. **lěkъ* se většinou považuje za výpůjčku z germ., kde však jsou pouze odvozeniny od předpokládaného **lēka-* 'lék' (gót. *lēkinōn* 'léčit', *lēkeis* 'lékař', sthn. *lahhi* tv.), germ. slova jsou pak asi z kelt. (srov. střir. *líaig* 'lékař') (HK).

lekat[1] 'strašit', *leknout se, lekavý, polekat, vylekat, zaleknout se, uleknout se, úlek*. P. *lękać (się)*, r.d. *ljakát'sja*, s./ch. *lécati se*, stsl. *lęcati* 'klást léčky'. Psl. **lękati* (tvary s *-c-* jsou výsledkem 3. palatalizace *(B1)*) prošlo ve většině slov. jazyků změnou významu 'klást léčky'>'lekat, strašit', či vzhledem k původnímu významu možná spíš 'hnout (se)' → 'leknout (se)', dále viz ↓*líčit*.

lekat[2] 'hynout (o rybách)', *leknout, leklý*. Jen č., málo jasné. Stč. *leklý* 'ohromený', p. *lękły* 'lekavý' patří k ↑*lekat*[1], ale specifický význam našeho slova nás nutí uvažovat spíš o příbuznosti se *zalknout (se)* ap. (viz ↓*lkát*) (Jg). Srov. však i málo jasné stč. *usleknúti* 'zahynout, pojít'.

lekce, *lekcionář*. Z lat. *lēctiō* 'četba, přednáška; výběr' od *legere* (příč. trp. *lēctus*) 'číst, sbírat'. Srov. ↓*lektor*, ↑*legenda*.

leklý. Viz ↑*lekat*[2].

leknín, *leknínový*. Stč. a slk. *lekno* tv. Psl. asi **lъkno*, blízko mu stojí lit. *luknė* 'stulík'. Další původ nejistý. Lit. slovo se spojuje s lot. *lukns* 'ohebný' od ie. **lenk-* 'ohýbat' (Ma[2]), na druhé straně se hledá souvislost se sln. *lókvanj*, s./ch. *lòkvanj* tv., které je bezesporu odvozeno od *lòkva*, resp. *lòkva* 'kaluž, vodní nádrž' (psl. **loky*), jež souvisí s lat. *lacus* 'jezero', ir. *loch* tv. (HK).

lékořice, *lékořicový*. Z pozdnělat. *liquiritia* (lid. etym. *(D2)* k ↑*lék* a ↑*kořen*) a to – rovněž nejspíš lid. etym. k lat. *liquor* 'mok, šťáva', *liquidus* 'tekutý' –

z ř. *glykýrrhiza*, doslova 'sladký kořen', z *glykýs* 'sladký' a *rhíza* 'kořen'.

lektor '(vysokoškolský) učitel cizích jazyků; posuzovatel psaných děl'. Z lat. *lēctor* 'čtenář, předčitatel' od *legere* (příč. trp. *lēctus*) 'číst, sbírat'. Srov. ↑*lekce*, ↑*legenda*.

lektvar. Stč. *lektvař, letkvař, lekvař* 'léčivá kašovitá směs s medem ap.'. Ze střlat. *electuarium*, doslova 'výběr (léčivých látek)', od lat. *ēlēctus* 'vybraný' (viz ↑*elita*, ↓*selekce*). Lid. etym. *(D2)* spojeno s ↑*lék* a ↓*vařit*. Srov. sthn. *latwārje*, stfr. *lectuaire* tv. (HK, Ma[2]).

lelek 'noční pták se širokým zobákem', *lelkovat* 'okounět'. P. *lelek*, str. *lelekъ* tv. Psl. **lelьkъ* má blízko k lit. *lėlỹs* tv., základ je jistě onom., jen není jisté, zda je to podle vrčivého hlasu (srov. s./ch. *lelekati* 'naříkat') či houpavého letu (srov. str. *lelějati* 'houpat').

lem, *lemovat, lemovaný*. Jen č., málo jasné. Pokud je slovo staré, lze podle našeho názoru psl. **lěmъ* spojit s lat. *līmes* 'mez, hranice', stisl. *limr* 'tenká větev', vše od ie. **lei-m-* od **lei-* 'ohýbat'. Vzhledem k omezenému výskytu však je přijatelnější hledat příbuzenství jen na slov. půdě – zde přichází v úvahu hl. *lemić* 'lámat', *lemjenje* 'lámání, zlom' (jinak viz ↓*lomit*). K významové stránce srov. ↑*kraj* a ↑*krájet*. Srov. i ↓*límec*.

lempl ob. hanl. 'nešika, mamlas'. Snad z nějaké nářeční podoby něm. *Lümmel* 'klacek, hulvát, mamlas' (k disimilaci *mm* → *mp* srov. ↑*kumbál*).

lemur 'druh poloopice'. Z lat. *lemurēs* (jen v pl.) 'duchové zemřelých' podle jejich bizarního vzhledu a nočního způsobu života.

len, *lněný*. Všesl. – p. *len*, r. *lën*, s./ch. *lȁn*, stsl. *lьnъ*. Psl. **lьnъ* souvisí s lit. *lìnai* (pl.), lat. *līnum* (z toho ze sthn. *līn*, něm. *Lein* ap.), ř. *línon*, vše z ie. **lino-*, **līno-* 'len', možná předie. původu.

léno 'pozemky, výsady ap. propůjčované vlastníkem za určitých podmínek', *lenní, leník*. Ze střhn. *lēhen, lēn*, jež souvisí s něm. *leihen* 'půjčit' (srov. i angl. *lend* tv.). Srov. ↑*lán*.

lenoch[1] 'líný člověk'. Viz ↓*líný*.

lenoch[2] 'opěradlo u židle', *lenoška*. Z něm. *Lehne* tv. (žertovným přikloněním k ↑*lenoch*[1]) ze sthn. *(h)lina* od *(h)linēn* 'opírat', jež souvisí s ↑*klonit*.

lenochod 'jihoamerický stromový savec pomalých pohybů'. Viz ↓*líný* a ↑*chodit*.

lenora ob. expr. 'lenost'. Žertovným přikloněním k domáckému osobnímu jménu *Lenora* (od *Eleonora*).

lento '(v hudbě) zvolna'. Z it. *lento* tv. z lat. *lentus* 'klidný, pohodlný', původně 'ohebný'.

leopard. Z lat. *leōpardus* z *leō* 'lev' a *pardus* 'levhart'. Srov. ↓*levhart*, ↓*pardál*, ↓*lev*, ↑*gepard*.

lepit, *lep, lepidlo, lepicí, lepenka, lepivý, lepkavý, lepič, lepička, slepit, slepenec, nalepit, nálepka, polepit, vylepit, zalepit, přilepit, přelepit, odlepit, podlepit, vlepit, rozlepit* aj. Všesl. – p. *lepić*, r. *lepít'*, ch. *lijépiti*, s. *lépiti*, stsl. *(pri)lěpiti*. Psl. **lěpiti* má formálně nejblíže k sti. *lēpayati* 'maže' a něm. *bleiben* (ze sthn. *bilīban*) 'zůstávat', angl. *leave* 'zanechat' (s posunem 'lepit (se)' → 'zůstávat'), vše z ie. **leip-/*loip-* 'pomazat tukem, lepit' (B2,A4) od **lei-* 'mazlavý'. Další souvislosti u ↓*lpět*, srov. i ↓*lnout*, ↑*lejno*.

leporelo 'rozkládací obrázková knížka'. Podle *Leporella*, sluhy Dona Juana, který opatroval album pánových milenek.

lepra 'malomocenství'. Z lat. *lepra* tv. z ř. *léprā* 'vyrážka'.

lepší, *lepšit (se), zlepšit (se), zlepšovatel, zlepšovatelský, polepšit (se), polepšovna, vylepšit (se), přilepšit (si)*. Komparativ (2. stupeň) k psl. **lěpъ* (viz ↓*lepý*), který však v zsl. a většinou i vsl. (kromě spis. r.) slouží jako komparativ k ↑*dobrý*.

leptat 'rozrušovat (povrchovou vrstvu ap.)', *lept, rozleptat, vyleptat*. Jen č. Původně 'žrát, vyžírat, chlemtat' (Jg), srov. p.d. *leptać* tv., r. *lepetát'* 'nejasně mluvit', s./ch. *lèptati* 'vydávat šum (o křídlech)', vše z psl. **lepъtati/*lepetati* onom. původu.

lepý kniž., *lepost*. Hl. *lepy*, r.d. *lépyj*, ch. *lȉjep*, s. *lêp*, stsl. *lěpъ*. V zsl. a vsl. doloženo okrajově, žije tam však komparativ (viz ↑*lepší*). Psl. **lěpъ* se obvykle spojuje se **lěpiti* (↑*lepit*), významový posun se však vykládá různě. Snad tedy 'přilepený, přiléhající' → 'vhodný, pěkný' (HK). Méně pravděpodobné je spojení s lat. *lepōs* 'jemnost, půvab' (Ma[2]).

les, *lesík, lesní, lesník, lesnický, lesnictví, lesák, lesnatý, zalesnit*. Všesl. – p. *las*, r. *les* 'les, dříví', ch. *lȉjes*, s. *lês* tv., stsl. *lěsъ* 'les'. Psl. **lěsъ* nemá jednoznačný výklad. Nejčastěji bývá spojováno se stangl. *læs* 'pastvina, louka', stsas. *laes* 'údolí' (Ma[1]). Obě možné rekonstrukce – ie. **lēs-* i **lois-* (B2,B5) – však narážejí na fonetické potíže – první ohledně přízvuku, druhá ohledně zachování *s* po *i* (A8). Jiné výklady však nejsou přesvědčivější. Srov. ↓*lešení*, ↓*líska*[1].

lesbický 'homosexuální (u žen)', ob. *lesba*. Podle řeckého ostrova *Lésbos*, kde žila básnířka Sapfó (kolem r. 600 př. Kr.), která ve svých básních vášnivě opěvovala krásu členek dívčího kroužku, jehož úkolem bylo uctívat Múzy a bohyni Afroditu.

lesk, *lesklý, lesknout se, zaslesknout se, odlesk*. Stč. *lesk, lsknúti sě, lščieti sě*, r. *losk*, sln. *lȅsk*. Psl. **lъskъ* se asi vyvinulo z ie. **luk-sko-* (A9,B6), v jehož

základě je ie. *leuk- 'svítit' (Ma²).
Podoby ve slov. jazycích byly ovlivněny
kontaminací (D3) s blesk, ↑blýskat se.
Viz ↓luna, ↓louč, ↓leukémie.

lest, lstivý, lstivost, přelstít, obelstít,
bezelstný. Všesl. – stp. leść, r. lest'
'lichocení', s./ch.st. lâst, stsl. lьstь. Psl.
*lьstь je staré přejetí z germ. (nejspíš
z gót. lists tv., srov. něm. List tv.),
původní význam byl 'vědění, chytrost',
srov. gót. lais 'vím', příbuzné je i něm.
lehren 'učit'.

lešení, lešenář, lešenářský. Původem
vlastně podst. jm. slovesné od
nedoloženého slovesa *lesit (srov.
nosit-nošení) od ↑les, zde ve stč.
významu '(stavební) dříví' (Ma²). Tedy
'to, co je postaveno z dříví'.

leštit, leštidlo, leštič, leštička, vyleštit,
naleštit, přeleštit. Nč. tvoření k ↑lesk.

leták, letáček. Nápodobou am.-angl.
flyer či něm. Flugblatt tv. – letáky se
obvykle hromadně rozhazují. Dále viz
↓letět.

letargie 'spavost, lhostejnost,
otupělost'. Přes pozdnělat. lēthargia
z ř. lēthargíā 'spavost' od lēthargos
'zapomnětlivý, spavý', což je složenina
z lēthē 'zapomnění' a argós 'nečinný'
z ↑a-² a érgon 'dílo, čin'. Srov. ↑energie.

letět, létat, let, letový, letec, letecký,
letectví, letiště, letištní, letadlo,
letadlový, leták, letáček, letka, letoun,
letmý, letenka, letuška, létavice, odletět,
odlet, přiletět, přílet, vletět, rozletět se,
nálet, úlet, slet aj. Všesl. – p. lecieć,
r. letét', ch. lètjeti, stsl. letěti. Psl.
*letěti souvisí s lit. lěkti tv., lot. lēkt
'poskakovat', dále asi i se sthn. lecken
'vyhazovat, vyskakovat', ř. laktízō
'kopu' aj., vše od ie. *lek- 'skákat,
(o)hýbat se'. Vzhledem k vývoji kt>t
(A9) je asi prvotní opětovací sloveso
(iterativum) *lěk-tati (> lětati), k tomu
pak přitvořeno *letěti (Ma²).

léto, letní, letovisko, letnice; letitý,
zletilý, letorost, letopis. Všesl. – p.
lato, r. léto, ch. ljèto, stsl. lěto. Psl.
*lěto je slov. inovace, která nemá
přesvědčivou etymologii. Uvádíme
alespoň dva z možných výkladů: spojení
s lit. lḗtas 'mírný, klidný' (tedy 'mírné
roční období' v protikladu k zimě)
a spojení se stir. laithe 'den', případně
švéd.d. låding 'jaro' z ie. *lēto- 'teplé
období' (HK, jinak Ma²). Významový
posun 'léto' → 'rok' je ve většině slov.
jazyků, srov. i ↑jaro.

letora 'povaha'. Výtvor slovníkáře
Klareta (14. st.), který se vykládá jako
neumělý překlad lat. temperāmentum
(viz ↓temperament) jakoby od tempus
'čas, období', tedy i 'léto' (Ma²).

letos, letošní. P. latoś, r. létos', s.
lètōs. Psl. *lěto se je spojením *lěto
(↑léto) a ukazovacího zájmena *sь (ve
stř. r. *se) 'tento'. Srov. ↑dnes, ↓zde.

letovat 'pájet'. Z něm. löten tv. od
sthn. lōt 'olovo, odlévatelný kov'
(srov. angl. lead 'olovo'), jež souvisí se
stir. luaide tv.

leukémie 'zhoubné onemocnění krve
s nadměrnou tvorbou bílých krvinek'.
V 19. st. vytvořeno z ř. leukós 'bílý,
světlý, jasný' a haîma 'krev'. Srov.
↓luna, ↑hemo-.

leukocyt 'bílá krvinka'. Utvořeno
v 19. st. z ř. leukós 'bílý' (viz ↑leukémie)
a kýtos 'dutina' (viz ↑cyto-).

leukoplast 'lepivá náplast (vespod
bílá)'. Z něm. Leukoplast a to utvořeno
kolem r. 1900 z ř. leukós (viz ↑leukémie)
a émplaston 'náplast, nanesená mast'
(viz ↑flastr).

lev, lví, lvice, lvíče, lvíček. Všesl. – p.
lew, r. lev, s./ch. làv, stsl. lьvъ. Psl. *lьvъ
je převzato z germ. (nejspíš ze sthn.
lewo), tam pak přes lat. leō z ř. léōn,
což je asi z nějakého semitského jazyka
(srov. hebr. lābīʾ, egypt. labu tv.).

leva 'jednotka bulharské měny'. Viz ↑*lev*, srov. ↑*lei*.

levandule 'jihoevropský vonný polokeř'. Přesmykem samohlásek ze střlat. *lavendula* a to od lat. *lavāre* 'mýt' (přidávala se jako vonná přísada do koupele). Srov. ↑*lavor*.

levhart. Ze střhn. *lewehart* a to z lat. *leopardus* (*-hart* asi podle složených mužských jmen jako *Leonhart, Rīchart, Bernhart* ve významu 'tvrdý, silný'). Dále viz ↑*leopard*.

-levit (*polevit, ulevit, úleva, slevit, sleva, levný, zlevněný, obleva*). Dobře doloženo jen v č., jinak jen ukr.d. *livýty* 'povolovat, slábnout', s.d. *lēviti* 'lenošit'. Psl. **lěviti* asi souvisí s lit. *liáuti(s)* 'přestávat', lot. *laūt(ies)* 'dovolovat, nechat se', gót. *lēwjan* 'vydat, prozradit', stangl. *lǣwan* tv., vše z ie. **lēu-* 'povolit, nechat' (Ma²).

levitovat 'vznášet se', *levitace*. Z lat. *levitāre* tv. od *levāre* 'nadnášet, pozvedávat' od *levis* 'lehký' (viz ↑*lehký*).

levity (*číst levity* 'kárat'). Podle něm. *die Leviten lesen* tv. a to podle příslušníků židovského kmene *Levi*, kterému bylo původně svěřeno kněžství, později tak byli zváni pomocní kněží a strážci chrámu. Levité měli pravidelně čítat v 3. knize Mojžíšově (Leviticus), obsahující kultovní předpisy a příkazy a tresty přestupníkům.

levný. Původně 'lehký, mírný' (Jg), dále viz ↑*-levit*.

levý, *levák, levačka, levice, levička, levičák, levičácký, levičáctví, vlevo, doleva, zleva*. Všesl. – p. *lewy*, r. *lévyj*, ch. *lȉjevi*, stsl. *lěvъ*. Psl. **lěvъ* odpovídá lat. *laevus* a ř. *laiós* tv., východiskem je asi ie. **lei-/*lēi-* 'ohýbat' (srov. i lit. *išlaivóti* 'křivit') – význam 'levý' totiž často odpovídá významu 'křivý', zatímco 'pravý' = 'přímý, rovný' (srov. ↓*pravý*)

lexikální 'týkající se slovní zásoby'. Ze střlat. *lexicalis* tv. a to od pozdně ř. *lexikón* 'slovník' od ř. *léxis* 'mluva, sloh' a to od *légō* 'mluvím, čtu'. Srov. ↓*lexikon*, ↓*-logie*.

lexikografie 'slovníkářství', *lexikograf, lexikografický*. Viz ↑*lexikální* a ↑*-grafie*.

lexikologie 'nauka o slovní zásobě', *lexikologický, lexikolog*. Viz ↑*lexikální* a ↓*-logie*.

lexikon '(naučný) slovník'. Viz ↑*lexikální*.

lézt, *lezavý, -lezec, -lezecký, -lezectví, vylézt, prolézt, přilézt, vlézt, podlézt, podlézat, podlézavý, přelézt, slézt, zlézt, rozlézt se, olezlý*, ↓*nalézt*. Všesl. – p. *leźć*, r. *lezt'*, s.st. *lěsti*. Psl. **lězti* souvisí s lit. *lėkštas* 'plochý, rovný', lot. *lēzens* tv., stpr. *līse* 'leze' i stisl. *lágr* 'nízký', angl. *low* tv., vše z ie. **lēgh-* 'nízký; lézt', který je asi variantou kořene **legh-* 'ležet' (viz ↓*ležet*).

lež, *lživý*. Z psl. **lъžь* od **lъgati* (B1,B6), dále viz ↓*lhát*.

ležérní 'nenucený, nedbalý', *ležérnost*. Přes něm. *leger* tv. z fr. *léger* 'lehký, lehkomyslný' a to z vlat. **leviārius*, jež vychází z lat. *levis* 'lehký' (srov. ↑*lehký*).

ležet, *ležení, ležatý, ležák, lehnout (si), leh, lehátko, lehátkový, přeležet, uležet (se), odležet, proležet, proleženina, vyležet, rozležet se, nalehnout, zalehnout, slehnout, přilehnout, přiléhat, přilehlý, přiléhavý, rozlehlý, naléhat, doléhat* aj. Všesl. – p. *leżeć*, r. *ležát'*, s./ch. *lèžati*, stsl. *ležati*. Psl. **ležati*, **legti* je příbuzné s gót. *ligan*, sthn. *liggen* (něm. *liegen*), angl. *lie* tv., stir. *lige* 'postel', lat. *lectus* 'lože, lehátko', ř. *léchos* tv., *léchomai* 'uléhám', toch. B *leke* 'tábor, ležení', chet. *lagari* 'leží' aj., vše z ie. **legh-* (A2,B1) 'ležet'. Dále viz i ↓*-ložit*,

↓*spolehnout se,* ↓*líhnout se,* ↓*záležet,* ↓*náležet,* ↑*důležitý,* ↓*lože,* ↑*lézt.*

lhát, *lhář(ka), zalhat, vylhat (se), obelhat, nalhat, selhat, prolhaný*. Všesl. (kromě ukr.) – p. *łgać*, r. *lgat'*, s./ch. *làgati*, stsl. *lъgati*. Psl. **lъgati* má nejbližší příbuzné v germ. – gót. *liugan*, sthn. *liogan* (něm. *lügen*), stangl. *lēogan* (angl. *lie*) tv., patří sem asi i lot. *lūgt* 'prosit'. Východiskem je ie. **leugh-* 'lhát'.

lhostejný, *lhostejnost*. Stč. *lhostajný* též ve významu 'lehkomyslný, bezstarostný'. Jen č. a slk. (*l'ahostajný*). Z psl. **lьgo-* (viz ↑*lehký*) a **stajьnъ* (viz ↓*stát²*, ↓*stejný*), dohromady tedy 'lehce stojící', 'mající lehké bytí' (Ma²).

lhůta. Stč. *lhota, lhóta* 'ulehčení, výsada, osvobození od poplatků' (odtud časté místní jméno *Lhota* pro osady s těmito výsadami), slk. *lehota*. Přes význam 'poshovění s placením na určitou dobu' pak dnešní význam 'termín, doba stanovená ke splnění jisté povinnosti'. Od stejného základu jako ↑*lehký*, srov. i ↑*lhostejný* (Ma²).

-li sp. Všesl. – p., r., s./ch., stsl. *li*. Psl. **li* není jasné, obyčejně se spojuje s psl. **lě/*le* (viz ↑*ale*, ↑*leda*, ↑*leč*). Za příbuznou se považuje lit. zesilovací část. *-li* v *nùli, nùle* 'teď' a lot. *-lei* v *nulei, nu* tv. (Ma², HK). Srov. ↑*jestliže*, ↑*jelikož*, ↓*libo*.

liána 'tropická popínavá rostlina'. Z fr. *liane* (dříve *lienne*), které přišlo z Antil. Zdrojem je asi fr.d. *lien(n)e* 'divoké víno, svlačec ap.', které jde přes stfr. *lien, loien* 'svazek, pouto, provaz' k lat. *ligāmen* tv. od *ligāre* 'vázat'. Srov. ↓*liga*, ↑*aliance*.

líbat, *líbánky, zlíbat, slíbat, zulíbat, olíbat, políbit, polibek*. Jen č. Souvisí s psl. *l'ubiti* (r. *ljubít'* 'milovat', viz ↓*líbit se*), podobný posun je v ř. *filéō* 'miluji' i 'líbám'. Dále viz ↓*libý*.

libeček 'léčivá bylina (též jako koření)'. Ze sthn. *lubisteck*, případně střhn. *lübestecke* (dnes *Liebstöckel*) a to přes střlat. *lubisticum, livisticum* z lat. *ligusticum*, vlastně 'ligurská rostlina'. Lid. etym. *(D2)* přikloněno k ↓*libý* (Ma²).

libela 'vodováha'. Z lat. *lībella* tv., což je vlastně zdrobnělina od *lībra* 'váha'. Srov. ↓*libra*, ↑*ekvilibristika*.

liberální 'svobodomyslný, snášenlivý', *liberál, liberalismus, liberalistický*. Z lat. *līberālis* 'týkající se svobodného člověka, šlechetný, štědrý' od *līber* 'svobodný, volný'. Viz i ↓*lid*.

líbezný. Viz ↓*libý*.

libido 'pohlavní pud'. Z něm. *Libido*, jež Freud převzal z lat. *libīdo* 'chuť, touha, chtíč'. Souvisí s lat. *libet* (viz ↓*libý*).

líbit se, *líbivý, líbivost, zalíbit se, oblíbit si*. Všesl. – slk. *l'úbiť*, p. *lubić*, r. *ljubít'*, s./ch. *ljúbiti*, stsl. *ljubiti*, vše 'milovat', v č. specifický význam a zvratnost. Dále viz ↓*libý*, srov. ↓*slíbit*.

libo *(jak je libo), libovolný, libozvučný* ap. Viz ↓*libý*.

libový. P.d. *lebawy, libowy*, r.d. *ljubávyj, ljubóvyj* (kontaminací s kořenem, který je v ↓*libý*), s./ch. *lìbiv* 'masitý', stsl. *liběviti* 'dělat hubeným, oslabovat'. Původní význam adj. byl 'netučný (o mase)', východiskem všech odvozenin je psl. **libъ* 'slabý, hubený', jež stejně jako lit. *láibas* 'hubený', *liebas* 'slabý, tenký', stangl. *lēf* 'slabý' vychází z ie. **leibho-* 'slabý'.

libra 'váhová a měnová jednotka', *librový*. Z lat. *lībra* 'váha, jednotka váhy (původně okolo 300 g)'. Srov. ↓*litr*, ↓*lira*, ↑*libela*.

libreto 'text pro hudební či jiné dílo', *libretista*. Z it. *libretto*, vlastně 'knížečka', což je zdrobnělina od *libro* 'kniha' z lat. *liber* 'kniha, svitek'. Srov. ↑*exlibris*.

libý kniž. 'milý, příjemný', *libost, libovat si, líbezný*. P. *luby*, r.d. *ljúbyj*, ch. *ljûb*, stsl. *ljubъ*. Psl. **l'ubъ* přesně odpovídá germ. protějškům – gót. *liufs*, stangl. *lēof*, sthn. *liob* (něm. *lieb*), dále je příbuzné lat. *libet* (stlat. *lubet*) 'líbí se, je libo', sti. *lubhyate* 'je dychtivý, žádostivý', vše z ie. **leubh- (B2,A2)*. Srov. ↑*líbat*, ↑*líbit se*, ↑*libido*.

líc 'opak rubu', *lícový, lícovat*. Ze stejného základu jako ↓*líc(e)*.

líc(e) 'tvář', *líčko, lícní, lícit, zalícit*. Všesl. – p. *lico*, r. *licó*, s./ch. *líce*, stsl. *lice*. Psl. **lice* se obvykle považuje za odvozeninu z **liko*, **likъ* (3. palatalizace *(B1)*), jehož další příbuznost není jasná. Spojuje se se stpr. *laygnan* 'tvář', stir. *lecco* tv. (Ma²), dále s ř. *alínkios* 'podobný', nápadná je i blízkost germ. slov (gót. *leik* 'tělo', sthn. *līh* 'tělo', vnější vzhled', angl. *like* 'podobný'), jež ovšem musí být z **līg- (A4)*. Všechna tato slova dohromady spojit nelze (tak HK). Je možné i spojení s ↓*lít*, význam by byl vlastně 'odlitek (podoby)', srov. lit. *lytis* 'podoba, vzhled' či ↓*tvář* od ↓*tvořit*. Srov. ještě ↓*obličej*, ↓*líčit*, ↓*licoměrný*, ↓*sličný*, ↓*políček*.

licence 'oprávnění', *licenční*. Z lat. *licentia* 'volnost, vůle' od *licet* 'je dovoleno', což je zvláštní význam 3. os. sg. od *licēre* 'být na prodej' (viz ↓*licitovat*).

licitovat 'vydražovat', *licitace, licitátor*. Z lat. *licitārī* 'podávat (při dražbě), nabízet' od *licēre* 'být na prodej' (srov. ↑*licence*).

licoměrný, *licoměrník*. R. *licemér*, ch. *licemjer*, s. *licèmer*, stsl. *licemĕrъ*, vše 'licoměrník'. Motivace složeniny (o níž se někdy soudí, že je to výtvor věrozvěsta Cyrila) není příliš jasná. Řada autorů se domnívá, že původně bylo **lice-měnъ* 'kdo mění obličej'

(viz ↓*měnit*), přesný protějšek je v lit. *veid-mainỹs* tv. (Ma²), jiní se pokoušejí vyložit jako 'kdo měří (upravuje) obličej' (HK), 'kdo měří (soudí) podle obličeje' ap. Dále viz ↑*líc(e)* a ↓*měřit*.

licousy. Novější (u Jg nedoloženo), podle něm. *Backenbart* (*Backe* 'líce, tvář' a *Bart* 'vousy'). Asi tzv. haplologií, tj. vynecháním skupiny hlásek, z **licovousy* – skupina *-ovou-* je k takovémuto zkrácení v rychlejší řeči přímo předurčena.

líčit[1] 'upravovat obličej; popisovat', *líčení, líčidlo, nalíčit, odlíčit, vylíčit, přelíčení*. Viz ↑*líce*. Přenesený význam je starý; původně vlastně 'dávat tvářnost něčemu' (Ma² pod *líce*). Srov. ↑*doličný*.

líčit[2] 'klást léčky', *políčit, nalíčit, léčka*. Stč. *lécěti*, ještě u Jg jen *líceti, léceti*, již od stč. však existoval i préz. *léču, léčeš*, odtud zřejmě *-č-* i do inf. Dl.st. *lěcaś* tv., str. *lęcati* 'rozhazovat sítě', stsl. *lęcati* 'klást léčky'. Psl. **lękati* (viz i ↑*lekat*) souvisí s lit. *leňkti* 'ohýbat', *lankùs* 'ohebný' z ie. **lenk-* 'ohýbat' ('klást léčky' = 'ohýbat větvičky, natahovat oka ap.'). Viz i ↓*luk*.

líčko. Viz ↑*líc(e)*.

lid, *lidé, lidičky, lidský, zlidštit, odlidštit, polidštěný, lidstvo, lidství, lidový, lidovost, zlidovět, lidnatý, zalidnit, vylidnit, přelidněný* aj. Všesl. – p. *lud, ludzie*, r. *ljud, ljúdi*, s./ch. *ljûdi*, stsl. *ljudije*. Psl. **l'udъ, l'udьje* (**l'udъ* je asi až druhotné) má přesné protějšky v lit. *liáudis*, sthn. *liut* (něm. *Leute* 'lidé'), stangl. *lēod*, stisl. *ljódr*. Další srovnání s lat. *līber* 'svobodný', ř. *eleútheros* tv. ukazuje, že ie. **leudh- (A2,B2)* znamenalo '(svobodní) lidé' (v protikladu k otrokům). O dalších významových souvislostech tohoto důležitého sociálního termínu se jen spekuluje.

lido 'pobřežní hráz'. Z it. *lido* tv. z lat. *lītus* '(mořský) břeh, pobřeží'.

lídr 'vůdčí osobnost; klub či závodník ve vedoucím postavení'. Z angl. *leader* tv. od *lead* 'vést'.

lifrovat ob. expr. 'dopravovat, expedovat'. Z něm. *liefern* 'dodávat (zboží)' z fr. *livrer* tv. (srov. ↓*livrej*) a to přes střlat. význam 'posílat (pryč)' z lat. *līberāre* 'uvolňovat, zprošťovat', viz ↑*liberální* a ↑*lid*.

liga 'spolek; sezonní sportovní soutěž', *ligový, ligista*. Přes něm. *Liga* asi ze šp. *liga* od *ligar* 'svázat, spojit' z lat. *ligāre* 'vázat'. Srov. ↓*ligatura*, ↑*liána*, ↑*aliance*.

ligatura 'spojení dvou not stejné výšky; spřežka písmen'. Z lat. *ligātūra* tv. od *ligāre* 'vázat'. Srov. ↑*liga*.

lignit 'podřadné hnědé uhlí'. Uměle od lat. *lignum* 'dřevo' (struktura dřeva je na něm ještě patrná).

líh, *lihový. lihovina, lihovinový*. Vlastně 'pospisovnělé' *lejh* z něm.d. (zvláště dněm.) tvarů *Läuge, Laiche, Leich*, což jsou varianty spis. *Lauge* 'louh' (viz ↓*louh*) (Ma², HK). Významový posun není zcela jasný.

líhnout se, *líheň, vylíhnout se*. Jen zsl. – hl. *lahnyć (so)*, p.d. *lęgnąć się*. Psl. **lęgnǫti (sę)* je odvozeno od **lęgti (sę)* (ch.d. *léći*, sln. *léči* 'sedět na vejcích'), to pak je inovace psl. **legti* (viz ↑*ležet*) ve speciálním významu 'rodit (se) (z vajec)' (HK).

lichometník 'lichotník, podlézavec', *lichometný*. Nepříliš jasný útvar, asi kontaminací *(D3)* z *lichotník* a *lichoměrný* 'pochlebný, neupřímný' (Jg). To má velice blízko k ↑*licoměrný*, ale další podrobnosti nejasné. Jinak viz ↓*lichý*, ↓*lichotit*.

lichotit, *lichotka, lichotivý, lichotný, lichotník, zalichotit, polichotit, vlichotit se*. Takto jen č. (stp. *lichocić* 'přivádět na mizinu', r.d. *lichótít'* 'být špatně, nevolno'). Odvozeno od stč.

lichota 'klam, faleš, úskok', jež patří k ↓*lichý* (HK).

lichva 'půjčování peněz za nepřiměřený úrok', *lichvář(ka), lichvářský, lichvářství*. Všesl. – p. *lichwa*, r. *lichvá*, ch.d. *ľîhva*, stsl. *lichva*. Psl. **lichva* má dva dobře možné výklady – přejetí z gót. **leihwa*, které se rekonstruuje na základě slovesa *leihwan* 'půjčovat' (něm. *leihen* tv.) (HK), nebo domácí odvozenina od psl. **lichъ* 'přílišný, nadměrný' (Ma²) (viz ↓*lichý*).

lichý, *lichoběžník, lichokopytník*. Stč. *lichý* 'podvodný, zlý, prázdný' (viz i ↑*lichotit*). Všesl. – p. *lichy* 'špatný, ničemný', str. *lichoj* 'přílišný, zlý', r. *lichój* 'smělý, obratný', ch. *lîh* 'nepárový', stsl. *lichъ* 'nadměrný, hojný'. Psl. **lichъ* se obvykle vyvozuje z ie. **leik^u-so-* 'nadměrný, zbývající' *(A3,A8,B2)* a spojuje se s lit. *likti* 'nechávat, zbývat', gót. *leihwan* 'půjčovat' (něm. *leihen* tv.), lat. *linquere* 'zanechat', ř. *leípō* 'nechávám', vše z ie. **leik^u-* 'nechávat, zbývat'. Velký významový rozptyl ve slov. jazycích vede některé autory k úvahám o homonymním **lichъ*² 'zlý, špatný' souvisejícím s lit. *líesas* 'hubený' (Ma²), HK). Tento předpoklad není nutný – přebytečnost, lichost byla vždy považována za něco podivného, špatného, srov. angl. *odd* 'lichý' i 'divný'. Srov. ↓*lišit (se)*, ↓*příliš*.

liják. Viz ↓*lít*.

likér 'slazená lihovina s přísadami', *likérový*. Přes něm. *Likör* z fr. *liqueur*, původně vlastně 'tekutina, (vinný) mok', z lat. *liquor* tv. od *liquēre* 'být čistý, průhledný'. Srov. ↓*likvidovat*.

liknavý, *liknavost*. Stč. *liknovati sě* 'zdráhat se, váhat, štítit se, vyhýbat se'. Jen č., málo jasné. Snad může jít o starý útvar z ie. **leik^u-* (viz ↑*lichý*) (HK).

likvidovat 'vyřizovat, odstraňovat', *likvidace, likvidační, likvidátor*. Z it.

liquidare 'dát do pořádku, objasnit' z pozdnělat. *liquidāre* 'zkapalnit, zprůhlednit' od lat. *liquidus* 'tekutý, plynný, jasný, čistý'. Srov. ↑*likér.*

lila 'fialový'. Přes něm. *lila* z fr. *lilas* (dříve *lilac*) 'šeřík, šeříkový' z ar. *līlāk* tv. a to přes per. ze sti. *nīla-* '(tmavě) modrý'. Srov. ↑*anilin.*

lilek 'bylina příbuzná bramboru'. Stč. *l'ulek.* Přes střhn. *lullich, lulch* z lat. *lōlium,* jež označovalo různé užitkové, ale i jedovaté byliny (viz i ↓*rulík*) (Ma²).

lilie, *liliový.* Z lat. *līlium* (pl. *līlia*) a to z ř. *leírion* tv., jež pochází z egypt. či jiného starého jazyka té oblasti.

lilipután 'trpaslík', *liliputánský.* Z angl. *Lilliput,* což je jméno země trpaslíků ve slavném románu angl. spisovatele J. Swifta *Gulliverovy cesty* (18. st.).

límec, *límeček, límcový.* Stč. *lémec* od ↑*lem.*

limit 'stanovená hranice, mez výkonu', *limita, limitní, limitovat.* Z fr. *limite* (ve sportovním významu z angl. *limit*) z lat. *līmes* (gen. *līmitis*) 'mez, hranice'. Srov. ↑*eliminovat.*

limonáda, *limonádový.* Přes něm. *Limonade* z fr. *limonade* tv. od *limon* 'citron' z it. *limone* a to asi ar. prostřednictvím z per. *līmūn* tv.

limuzína 'větší čtyřdveřové osobní auto'. Z fr. *limousine* tv., původně 'velký kabát z hrubé vlny', podle fr. kraje *Limousin* (okolo města Limoges). Pojmenování tohoto kabátu, který nosili povozníci, přeneseno na uzavřený vůz.

lín 'druh ryby podobné kapru'. R. *lin'*, s./ch. *lȉnj, lȋnj.* Psl. **linъ* souvisí s **lin'ati* (↓*línat*) – podle sliznatých buněk na povrchu této ryby, které se na suchu odlupují (Ma²).

línat 'ztrácet srst'. P. *linieć,* r. *linját',* s./ch. *lȉnjati se.* Psl. **lin'ati (sę)* asi souvisí s lat. *linere* 'mazat, potírat', ř. *alínō* tv., sti. *līyati* 'tiskne se, přiléhá' z ie. **lei-* 'slizký; hladit, mazat' – při línání jako by se srst hladce stírala. Srov. ↑*lín.*

lingvistika 'jazykověda', *lingvistický, lingvista.* Utvořeno v 18. st. od lat. *lingua* 'jazyk' (viz ↑*jazyk*).

linie 'čára, směr', *lineární.* Přes něm. *Linie* z lat. *līnea* 'čára, provázek, lněná nit' od *līnum* 'len, nit'. Srov. ↑*lajna,* ↓*linka,* ↑*len.*

linka, *linkovat, nalinkovat.* Odvozeno od ↑*linie,* s některými speciálními významy – 'spoj, vedení' a 'zařízení uspořádané podle sledu pracovního postupu' (*kuchyňská, montážní linka*).

lino(leum), *linoleový.* Utvořeno Angličanem Waltonem (1863) z lat. *līnum* 'len' a *oleum* 'olej' (viz ↑*len,* ↓*olej*), protože se napouštělo lněným olejem.

linout se. P.st. *linąć* '(vy)chrstnout, vylít se', r.d. *línut'* 'vylít', s./ch. *línuti* '(jednou) nalít, vlít ap.'. Psl. **linǫti* je stará odvozenina od **liti* (viz ↓*lít*).

líný, *lenost, lenivý, lenivět, zlenivět, lenoch, lenošit.* Stč. *léný, lení,* p. *leniwy,* r. *lenívyj* (r.d. *lennój*), ch. *lijên,* s. *lên,* stsl. *lěnъ.* Psl. **lěnъ* se spojuje především s lit. *lė́nas* 'klidný, pomalý', lat. *lēnis* 'pomalý, mírný' z ie. **lē-no-* 'pomalý, klidný', s jiným rozšířením sem patří lit. *lė́tas* 'mírný, krotký', *léisti* 'nechávat', gót. *lētan* tv. (něm. *lassen,* angl. *let* tv.), *lats* 'líný', lat. *lassus* 'ochablý, unavený', ř. *lēdéō* 'jsem unavený, líný', vše k ie. **lē(i)-* 'polevovat, nechávat'.

lípa, *lipový.* Všesl. – p. *lipa,* r. *lípa,* s./ch. *lȉpa.* Psl. **lipa* má jasné protějšky jen v balt. – lit. *líepa,* lot. *liẽpa,* stpr. *lipe.* Dále se spojuje s ie. **leip-* (viz ↑*lepit*) – motivací by mohlo být lepkavé lýko, které se využívalo při výrobě obuvi, mošen ap.

lipan 'druh ryby'. P. *lipień*, r.d. *lipen'*, s. *l'ìpen*. Psl. **lipanъ/*lipenь/*lipenъ* aj. není etymologicky příliš jasné. Možná od **lipa* (↑*lípa*), je však pravda, že lípa voní dost jinak než mateřídouška, s níž bývá vůně čerstvého lipana srovnávána – srov. stč. *květovoň* i lat. název *Thymallus*, který vychází z lat. pojmenování mateřídoušky (srov. ↓*tymián*) (Ma²).

lípat, *lípnout, přilípnout, odlípnout, nalípat*. Viz ↑*lepit*.

lipidy 'skupina látek odvozená od vyšších mastných kyselin'. Uměle od ř. *lípos* 'tuk, olej'.

lira 'italská peněžní jednotka'. It. *lira* z lat. *lībra* (viz ↑*libra*).

lis, *lisovat, lisovací, slisovat, prolisovat, vylisovat, výlisek*. Stč. i *lisice*. Totožné se stp. *lis, lisica*, r. *lisíca*, stsl. *lisъ*, vše 'liška' (viz ↓*liška*), přeneseno na základě představy, že přístroj tiskne, tlačí něco jako liška kořist. Jen č.

lísat se, *lísavý, úlisný*. Jen č. Vzhledem k r.d. *lisít'*, sln. *lísiti* 'lichotit, lstivě jednat' asi vše odvozeno od psl. **lisъ, *lisa* (viz ↓*liška*), vlastně 'chovat se jako liška' (liška byla již odedávna symbolem prohnanosti a lstivosti) (HK).

líska¹ 'vysoký keř dávající oříšky', *lískový, lískovka*. Stč. *léska*, p. *leszczyna*, r. *leščína*, ch. *lijéska*, s. *léska*. Psl. **lěska* nemá jednoznačný výklad. Často se spojuje s **lěsъ* (↑*les*) s možným výkladem '(užitkový) keř rostoucí v lese' (někteří však naopak vyvozují název lesa od názvu keře, HK). Jiný výklad spojuje s ir. *flesc* 'prut', sti. *bleška-* 'lovecké oko' a vychází z ie. **ụlois-k-* od **ụel-* 'kroutit, vinout'. Srov. ↓*líska²*, ↓*podléška*.

líska² 'nízká bedýnka z latí'. Zdrobnělina ze stč. *lésa* 'deska z proutí nebo latí s okrajem ap.', stp. *lasa*, str. *lěsa*, s./ch. *ljèsa* tv. Psl. **lěsa* asi souvisí s **lěska* (↑*líska¹*) (k pletení podobných věcí se používalo lískového proutí).

list, *lístek, lísteček, listový, listovní, lístkový, listnatý, listnáč, listina, listinný*. Všesl. – p., r. *list*, s./ch. *lîst*, stsl. *listъ*. Psl. **listъ* zřejmě nějak souvisí s lit. *laĩškas* tv., i když jednotnou výchozí podobu nelze stanovit. Asi tvořeno různými formanty od ie. *lei-* 'klíčit, vyhánět listy'.

lišaj 'druh nočního motýla'. Převzato Jungmannem ze slk. Etymologicky totožné s ↓*lišej*, obojí od **lichъ* 'špatný, zlý' (viz ↑*lichý*) – noční motýli (zvláště *lišaj smrtihlav*) působili jako zlověstná znamení (Ma²).

lišej 'zánětlivé onemocnění kůže', *lišejník*. P. *liszaj*, r. *lišáj*, s./ch. *l'ìšāj*. Psl. **lišajь (C1)* je nejspíš odvozeno od **lichъ* 'špatný, zlý' (↑*lichý*), i když často se poukazuje i na podobné ř. *leichén* 'lišej' (Ma², HK). Název *lišejník* podle podoby s kožním lišejem.

lišit (se), *odlišit, odlišný, rozlišit*. Dříve i 'zbavovat, činit lichým ap.'. Od **lichъ* (↑*lichý*), v č. s významovým posunem 'stát se lichým' → 'být jiný, rozdílný' (nezvratné *lišit* by pak bylo druhotné).

liška, *lištička, liščí, lišák*. Takto jen zsl. (slk. *líška*, luž. *liška*, p.st. *liszka*), způsob odvození od psl. **lisa*, **lisъ* se vykládá různě (možná tabuové přiklonění k **lichъ*, viz ↑*lichý*, ↑*lišaj*). P. *lis*, r. *lis, lisá, lisíca*, s./ch. *lìsica*, stsl. *lisъ*. Psl. **lisъ* aj. nemá jistou etymologii. Obvykle se spojuje s lit. *lãpė*, lot. *lapsa*, ir. *lois(e)*, lat. *vulpēs*, ř. *alópēx*, arm. *aluēs* tv., sti. *lopāśa-* 'druh šakala'. Dále nejasné, všeobecně se uznává, že značná rozkolísanost ie. názvů lišky byla způsobena tabu *(D4)*. Název houby je podle barvy. Viz i ↑*lis*.

lišta, *lištový, lištovat, olištovat*. Ze střhn. *līste* (něm. *Leiste*), mimo germ. bez spolehlivých paralel.

lít, *liják, lijavec, polít, polévat, polévka, nalít, nálev, odlít, odlitek, odliv, odlivka, zalít, záliv, zálivka, přilít, příliv, přelít, přeliv, slít, slitina, slévač, slévárna, slivky, vylít, výlevka, rozlít, prolít* aj. Všesl. – p. *lać*, r. *lit'*, s./ch. *lȉti*, stsl. *lijati*. Psl. **liti, *lьjati* má nejblíže k lit. *líeti* tv., *lýti* 'pršet', dále je asi příbuzné sthn. *līth* 'ovocné víno', wal. *lli* 'záplava, moře', lat. *lītus* 'břeh', sti. *vi-lināti* 'roztéká se', vše z ie. **lei-* 'lít, téci'. Srov. ↑*linout se*, ↓*litina*, ↓*lívanec*.

litanie 'druh modlitby'. Z pozdnělat. *litanīa* a to z ř. *litaneía* 'prosba' od *litaneúō* '(úpěnlivě) prosím'.

litera 'písmeno'. Viz ↓*literatura*.

literatura, *literární, literát, litera*. Z lat. *litterātūra* 'písemnictví' od *littera* 'písmeno'. Srov. ↑*aliterace*, ↑*beletrie*.

lítice. Viz ↓*lítý*.

litina 'slitina železa s uhlíkem, vhodná k lití do formy'. Od ↑*lít*.

líto. Viz ↓*litovat*.

litografie 'technika tisku z kamene, kamenotisk', *litografický*. Uměle (kolem r. 1800) z ř. *líthos* 'kámen' a ↑*-grafie*.

litovat, *lítost, lítostivý, líto, slitovat se, slitovný, zalitovat, politovat*. V tomto významu jen zsl. (slk. *ľutovať*, p. *litować, lutować*), r. *ljutovát'* naopak znamená 'být lítý, dělat zvěrstva', stsl. *ljutostь* 'krutost, drsnost' (viz ↓*lítý*). Přechod k opačnému významu není zcela jasný – snad tabuová antifráze *(D4)*, nebo možná spíš přes konstrukce typu *je mi líto*, původně asi 'je mi krutě, bolestně'.

litr, *litrový*. Přes něm. *Liter* z fr. *litre* a to z ř. *lítra* 'libra' (srov. ↑*libra*). Jako jednotka duté míry od konce 18. st. (Francie).

liturgie 'bohoslužba', *liturgický*. Z církevně lat. *lītūrgia* a to z ř. *leitourgía* tv., vlastně 'služba lidu (obci)', z ř. *leitós* 'prostý, lidový' od *leós, lāós* 'lid' a odvozeniny od *érgon* 'práce'. Srov. ↑*chirurg*, ↑*demiurg*, ↑*energie*, ↓*orgie*.

lítý, *lítice, rozlítit se, rozlícený*. P.st. *luty*, r. *ljútyj*, s./ch. *ljût*, stsl. *ljutъ*. Psl. **ljutъ* nemá přesvědčivou etymologii. Starší výklady je spojovaly s wal. *llid* 'hněv', dnes někteří hledají východisko v ie. **leu-* 'odřezávat, oddělovat' (srov. ř. *lýō* 'odlučuji', *laîon* 'srp') s předpokládaným významovým posunem 'ostrý, příkrý' > 'divoký, zlý'.

lívanec, *lívaneček, lívanečník*. Od ↑*lít*, vlastně 'moučník z litého těsta'.

livrej 'stejnokroj šlechtických sluhů, hotelového personálu ap.'. Přes něm. *Livree* (dříve i *Livrei, Liverei*) z fr. *livrée* tv., vlastně 'oděv dodaný od pána', od *livrer* 'dodávat' (viz ↑*lifrovat*).

lízat, *líznout (si), lízátko, liz, vylízat, olízat, olíznout (se), slíznout*. Všesl. – p. *lizać*, r. *lizát'*, s./ch. *lízati*, stsl. *lizati*. Psl. **lizati* je příbuzné s lit. *liežti*, sthn. *lecchōn* (něm. *lecken*), stangl. *liccian* (angl. *lick*) tv., stir. *ligim* 'lížu', lat. *lingere* 'lízat', ř. *leíchō* 'lížu', arm. *lizum* tv., sti. *lédhi, lihati* 'líže', vše z ie. **leigh-* tv. *(A1,A2,A4,B2)*. Srov. ↓*polízanice*.

lkát kniž., *lkavý, zalkat*. Jen č., asi onom. původu. Psl. **lъkati*, zdloužený kořen *-lyk- (B5)* je v ↓*polykat*, ↓*vzlykat*, ↓*zalykat se*. Souvisí asi i s ↓*lokat*. Podobné útvary jsou v něm. *schluchzen* 'vzlykat, štkát', *schlucken* 'polykat, škytat', ř. *lýzō* 'vzlykám' (Ma², HK).

lnout, *přilnout, přilnavý, prolnout, prolínat, vzlínat*. R. *ľnut'* tv. Psl. **lьnǫti* se vysvětluje z **lьpnǫti (A9)*, jež souvisí s **lěpiti* (↑*lepit*), srov. i ↓*lpět (A6)*.

loajální 'oddaný vládě, respektující zájmy nadřízených institucí ap.', *loajalita*. Z fr. *loyal* 'zákonný' od *loi*

'zákon' z lat. *lēx* (gen. *lēgis*) tv. Srov.
↑*legální,* ↑*legislativa.*

lob 'zahrání míče obloukem přes soupeře (v tenise, odbíjené ap.)'. Z angl. *lob* tv., asi onom. původu.

lobby 'nátlaková skupina prosazující zákulisními machinacemi své zájmy', *lobbovat, lobbismus.* Z angl. *lobby,* původně 'předsíň, chodba, kuloáry', a to ze střlat. *lobium, lobia* 'přístřešek před vchodem' z germ. *laubjō tv. (viz ↓*loubí*). Dnešní význam se vyvinul v am.-angl. Srov. ↓*lóže,* ↓*lodžie.*

loď, *loďka, lodička, loďstvo, lodní, lodník, lodnický, loďař, loděnice.* Stč. *lodí, lodie.* Všesl. – p. *łódź,* r.d. *lad'já,* s./ch. *lâdja,* stsl. *ladii, aldii.* Psl. **oldьji/*oldьja* (*B8,B9*) je příbuzné s lit. *aldijà, eldijà* 'člun (vydlabaný z kmene)', dán. *olde* 'velké necky vydlabané z jednoho kmene', stangl. *aldot, aldaht* 'necky', *ealdoþ* 'koryto' a snad i s toch. B *olyi* 'loď', vše z ie. **oldh-* 'nádoba vydlabaná z jednoho kmene', odtud pak bsl. 'loď, člun' (Ma[2]).

lodyha 'nedřevnatý listnatý stonek bylin', *lodyhový, lodyžní.* Přejato (Presl) z p. *łodyga* tv.; r. *lodýga* i ukr. *lodýha* znamená 'kotník'. Málo jasné, někdy se spojuje s ↑*loď,* jediným spojujícím rysem by ovšem byla 'dutost' (Ma[2]).

lodžie 'krytý nevyčnívající balkon; síň se sloupovím přiléhající k budově'. Z it. *loggia* a to z germ. *laubjō 'přístřešek porostlý listovím ap.' (viz ↓*loubí*). Srov. ↓*lóže,* ↑*lobby.*

-log (ve složeninách) 'vědec (v příslušném oboru)'. Z ř. *-lógos,* což je ve složeninách činitelské jméno k *légō* 'sbírám, čtu, mluvím'. Srov. ↓*-logie* i ↓*logika,* ↓*logopedie,* ↑*dialog,* ↓*prolog* aj.

logaritmus 'exponent, jímž je nutno umocnit základ, abychom dostali dané číslo', *logaritmický, logaritmovat.* Utvořeno skotským matematikem Napierem (1614) z ř. *lógos* 'počet, slovo' a *arithmós* 'číslo, počet', vlastně tedy 'číslo počtu'.

-logie (ve složeninách) 'věda'. Z ř. *-logía,* jež ve složeninách znamená dějové jméno k *légō* (viz ↑*-log*). Srov. ↑*biologie,* ↑*etymologie,* ↑*astrologie* ap., dále i ↑*analogie,* ↓*trilogie.*

logika 'věda o zákonech správného usuzování', *logický, logičnost, logik.* Přes lat. *logica* z ř. *logiké (téchnē)* tv. od *logikós* 'rozumový, rozumný, logický' od *lógos* 'rozum, slovo, mysl, počet aj.'. Srov. ↑*-log,* ↑*-logie,* ↓*logopedie.*

logo 'emblém firmy'. Z angl. *logo,* což je zkráceno z *logotype* tv., původně 'slitek dvou písmen', z *logo-* od ř. *lógos* 'slovo, výraz aj.' (srov. ↓*logopedie,* ↑*logika,* ↑*-log*) a *type* (viz ↓*typ*).

logopedie 'náprava vad řeči a výslovnosti', *logoped, logopedický.* Uměle z ř. *lógos* 'slovo, řeč, výraz aj.' (srov. ↑*logika,* ↑*logo,* ↑*-log*) a *paideía* 'výchova, vyučování' (srov. ↓*pedagog,* ↓*pediatr*).

lógr 'kávová sedlina'. Z něm. *Lager* 'ležení, ložisko' (či *Ablagerung* 'sedlina, usazenina') od *liegen* 'ležet' (viz ↑*ležet,* srov. ↑*lágr*).

loch slang. 'vězení'. Z něm. *Loch* 'díra, doupě', již od sthn. i ve významu 'vězení'. Souvisí s angl. *lock* 'zámek, uzávěr'. Srov. ↓*lokna.*

lochtat. Viz ↑*lechtat.*

lokace 'umístění'. Z lat. *locātiō* od *locāre* 'umístit' od *locus* 'místo'. Srov. ↓*lokální,* ↑*dislokace.*

lokaj 'sluha, přisluhovač', *lokajský.* Přes něm. *Lakai* a fr. *laquais* tv. a to asi přes šp. (*a*)*lacayo* ze střř. *oulákēs* z tur. *ulak* 'pěší posel'.

lokál[1] 'hostinská místnost'. Z něm. *Lokal* tv. a to z fr. *local* 'místnost', což je zpodstatnělé adj. *local* 'místní' (viz ↓*lokální*).

lokál[2] 'šestý pád', *lokálový.* Z něm. *Lokal, Lokalis,* jež bylo utvořeno něm. gramatiky 19. st. k lat. *(cāsus) locālis* 'místní (pád)' (viz ↓*lokální*). Vedle toho též *lokativ* podle ostatních názvů pádů (srov. ↑*genitiv,* ↑*dativ* ap.).

lokální 'místní', *lokálka, lokalizovat, lokalizace, lokalita.* Přes něm. *lokal* a fr. *local* z lat. *locālis* tv. od *locus* 'místo'. Srov. ↑*lokace,* ↑*lokál*[1], ↑*lokál*[2].

lokat, *loknout si, lok, nalokat se.* Slk. *lokať, logať,* r. *lakát', s./ch. lòkati.* Psl. **lokati* souvisí s lit. *làkti* 'lízat, chlemtat', arm. *lakem* 'lížu', východiskem je ie. onom. základ **lak-*. Možná souvisí i s ↑*lkát,* ↓*polykat* ap.

loket, *loketní.* Všesl. – p. *łokieć,* r. *lókot', s./ch. lâkat,* stsl. *lakъtь.* Psl. **olkъtь (B8,B6)* má nejbližší příbuzné v lit. *úolektis,* lot. *uōlekts,* stpr. *woaltis* tv., stejný základ, ie. *ol-(e)k-,* je i v arm. *olok*[c] 'holeň'. Dále je příbuzné gót. *aleina* 'loket', něm. *Elle,* wal. *elin,* lat. *ulna,* ř. *ōlénē* tv., vše od ie. **el-, *ol- (A6)* 'ohýbat' (srov. i lot. *elks* 'ohbí, úhel', stir. *uilenn* 'úhel' aj.).

lokna 'pramen vlasů na konci stočený'. Z něm. *Locke* tv. a to z ie. **leug-* 'ohýbat'. Souvisí s ↑*loch.*

lokomotiva, *lokomotivní.* Z angl. *locomotive (steam engine)* 'z místa se pohybující (parní stroj)', jež vychází z nlat. *locomotivus* utvořeného z lat. *locus* 'místo' (srov. ↑*lokální*) a pozdnělat. *mōtīvus* 'hybný' (viz ↓*motiv*). Srov. i pozdnělat. *locō mōtīva* 'pohybující se z místa na místo'.

loktuše zast. 'velký šátek, plachetka'. Již stč. *loktuše,* původně však zřejmě **loktuch.* Přejato z něm., asi ze střhn. **lachentuch* z *lachen* 'plachta, prostěradlo' a *tuch* 'látka, tkanina' (Ma[2], HK). Srov. ↑*lajntuch.*

lomcovat, *zalomcovat.* Odvozeno od ↓*lomit,* které mělo ve stč. i význam 'třást něčím'.

lomikámen 'luční bylina s bílými květy'. Kalk (doslovný překlad) lat. *Saxifraga* ze *saxum* 'kámen, balvan' a *frangere* 'lámat' (srov. i něm. *Steinbrech* tv.). Nazvána tak nikoli proto, že roste na skále (HL), ale proto, že jejích cibulek bylo v lidovém lékařství užíváno k rozpouštění močových kamenů.

lomit, *lomený, lom, lomenice, lomítko, lomivý, lomný, zlomit, zlom, zlomek, zlomkový, ulomit, úlomek, přelomit, přelom, prolomit, průlom, nalomit, odlomit, rozlomit, podlomit.* Všesl. – p. *łomić,* r. *lomít', s./ch. lòmiti,* stsl. *lomiti.* Psl. **lomiti* se spojuje s lit. *lìmti* 'lámat se', stpr. *limtwey* 'lámat', stisl. *lemia* 'rozbíjet', stangl. *lemian* 'ochromit, zkrotit', něm. *lahm* 'chromý' z ie. **lem-* 'lámat (se)' *(A6).* Srov. ↑*lámat,* ↑*lomcovat,* ↓*lomozit,* ↑*lem,* ↑*lomikámen.*

lomozit, *lomoz.* Stč. *lomoziti* 'lomcovat, lámat, trhat, trápit'. Odvozeno od ↑*lomit.* Na stč. a pozdějších dokladech (Jg) lze sledovat vývoj významu 'lámat, lomcovat' → 'vydávat lámavý zvuk, potýkat se' → 'hlučet, hřmotit'. Expr. přistavení *h- (hlomozit)* snad podle uvedených synonymních slov, srov. i ↑*hmoždit se.*

loni, *loňský.* Všesl. – p.d. *łoni,* r.d. *lóní, laní* aj., ch. *láni,* s. *láne,* stsl. *lani.* Psl. **olni (B8)* se vyvozuje z ie. **ol-nei,* lok. od **ol-no-,* které se hledá i v stlat. *ollī* 'tehdy', *ollus* 'onen' (z toho je změnou lat. *ille* a z toho členy v románských jazycích). Základem je ie. zájmenný kořen **al-/*ol-* ukazující na něco časově či prostorově vzdálenějšího.

looping 'letecký přemet'. Z angl. *looping* tv. od slovesa *(to) loop* 'udělat smyčku, kroužit' od *loop* 'smyčka, klička, zákrut'.

lopata, *lopatka, lopatička, lopatový, lopatkový*. Všesl. – p. *łopata*, r. *lopáta*, s./ch. *lòpata*, stsl. *lopata*. Psl. **lopata* má nejblíže k lit. *lópeta* tv., stpr. *lopto* 'rýč'. Je to asi odvozenina od nedoloženého **lopъ*, jež odpovídá lit. *lāpas* 'list', tedy vlastně 'nástroj podobný listu'. Východiskem je ie. **lēp-, *lōp-, *ləp-* 'něco plochého', s nímž lze spojit i r. *lápa* 'tlapa', lit. *lópa* (pokud nejsou onom. původu, srov. ↑*lapat*), gót. *lofa* 'dlaň', sthn. *lappo* 'dlaň, lopatka vesla' (HK).

lopotit (se) 'těžce, namáhavě pracovat', *lopota, lopotný*. Takto jen č. a slk., jinak ukr. *lopotíty* 'plácat, mluvit nejasně', r.d. *lop(o)tít'sja* 'rvát se, těžce se někam dostávat', s./ch. *lòptiti* 'tryskat, kapat', stsl. *lopotivъ* 'mumlavý'. Psl. **lopotiti* je sloveso onom. původu (srov. ↑*leptat*), označující různé pleskavé zvuky. V č. došlo k splývání s podobným onom. základem *klop-* (viz ↑*klopotit se*) a k vytvoření zvláštního významu.

lopuch 'bylina s velkými listy', *lopuchový*. Všesl. – p. *łopuch*, r. *lopúch*, s./ch. *lòpuch*. Psl. **lopuchъ* je asi odvozenina od nedoloženého psl. **lopъ*, jež odpovídá lit. *lāpas* 'list' (dále viz ↑*lopata*).

lord 'příslušník angl. šlechty'. Z angl. *lord* tv. a to ze stangl. *hlāford, hlāfweard* 'hospodář', doslova 'strážce chleba', z *hlāf* 'chléb' (viz ↑*chléb* a ↑*lady*) a *-weard* 'strážce' (srov. ↓*stevard*).

lori[1] 'druh indické poloopice'. Přes fr. z niz. *loer*, původně 'klaun' (pro její směšný vzhled).

lori[2] 'druh australského papouška'. Z angl. *lori* a to z malajského *nori*.

lorňon 'brýle s rukojetí'. Z fr. *lorgnon* od *lorgner* 'pošilhávat, dívat se po očku' z frk. **lurni* 'číhat'.

los[1] 'savec příbuzný jelenu', *losí*. Všesl. (kromě luž.) – p. *łoś*, r. *los'*, s./ch. *lôs* (jsl. tvary jsou asi z r.). Psl. **olsь (B8)* souvisí s něm. *Elch*, angl. *elk*, lat. *alcēs* (možná z germ.) tv., sti. *ŕ́ṣa-* 'samec antilopy', vše z ie. **el-k̂-, *ol-k̂-* *(A1,A6)*, stejný kořen je i v ↑*jelen* a ↑*laň*.

los[2] 'prostředek k náhodnému rozhodnutí něčeho; poukázka loterie', *losovat, slosovat, vylosovat, rozlosovat*. Z něm. *Los* tv. (gót. *hlauts*, angl. *lot* tv.), jehož další původ není zcela jasný. Srov. ↓*loterie*.

losos, *lososí, lososový*. P. *łosoś*, r. *losós*, s./ch. *lòsos* (z r., losos se totiž vyskytuje jen v sev. mořích a řekách do nich ústících). Psl. **lososь* je příbuzné s lit. *lãšis*, lot. *lasis*, něm. *Lachs*, stisl. *lax* tv. i toch. B *laks* 'ryba' (z toho se někdy usuzuje, že původní sídla Tocharů sousedila s kmeny bsl. a germ.), příbuzné však je asi i oset. *læsæg* tv. Východiskem je ie. **laks-* 'losos' *(A1)*, jehož další výklad je sporný.

loterie, *loterijní*. Z něm. *Lotterie* a to asi z niz. *loterij* (16. st.) od *lot* (viz ↑*los*[2]) (Ma[2]).

loto, *lotynka*. Přes něm. *Lotto* z it. *lotto* a to od stfr. *lot* z frk. **(h)lot* (viz ↑*los*[2], srov. ↑*loterie*).

lotos 'tropický druh lekínu', *lotosový*. Z ř. *lōtós*, což je středomořské slovo nejistého původu.

lotr, *lotrovský, lotrovina, zlotřilý, zlotřilec*. Z něm. *Lotter(bube)* tv. ze sthn. *lot(t)er* 'nevázaný chlapík, budižkničemu' od *loter* 'lehkomyslný, nevázaný' (k *Bube* viz ↑*bába*).

loubí 'zahradní stavba porostlá rostlinami, besídka', *podloubí*. Ze sthn. *loube* (dnes *Laube*) tv., také 'podloubí', původně 'přístřešek tvořený větvemi a listovím', od sthn. *loub* 'listoví' (srov. něm. *Laub* tv., angl. *leaf* 'list'). Srov. i ↑*lobby*.

louč 'pochodeň'. Stč. *lúč* tv., slk. *lúč* 'paprsek' r. *luč*, s./ch. *lûča* tv., *lûč* 'louč', stsl. *luča* 'paprsek'. Psl. **lučь/*luča* je odvozeno *-i*-ovou příp. od ie. kořene **leuk-/*louk-* 'svítit, zářit' *(B1,B2,A6)*, který je dále v stpr. *luckis* 'poleno', něm. *Licht* 'světlo', angl. *light*, lat. *lūx* tv., *lūcēre* 'svítit', stir. *lóch* 'světlý', ř. *leukós* 'bílý', sti. *ročate* 'svítí'. Srov. ↓*luna*, ↓*lucerna*, ↑*leukémie*.

loučit (se), *loučení, sloučit, vyloučit, výluka, odloučit, odluka, rozloučit, rozlučka*. Vsěsl. – p. *łączyć (się)*, r.d. *lučít'(sja)*, s./ch. *lúčiti (se)*, stsl. *lǫčiti (sę)*. Psl. **lǫčiti (sę)* znamenalo asi původně 'ohýbat (se)' (Jg), spojením s předponami pak vznikly významy 'spojovat' a 'oddělovat', které pak pronikly i k slovesu bez předp. Příbuzné je lit. *lankóti* 'ohýbat' i *lankýti* 'navštěvovat', vlastně 'zahýbat k někomu' (Ma2), od ie. **lenk-* 'ohýbat' *(A6,B1,B7)*. Srov. ↓*luk*, ↑*líčit*.

loudat se, *louda, loudavý, přiloudat se*. Jen č., málo jasné. Vzhledem k msl. *lundat se* a han. *londat se* tv. (Ma2) by snad mohlo jít o expr. obměnu *landat (se)* 'toulat se, loudat se' z něm. *landern* 'toulat se' (srov. i významy u Jg).

loudit, *loudil, loudivý, odloudit, vyloudit, vloudit se, obluzovat, podloudný, přelud*. Stč. *lúditi* i 'klamat, mámit', p. *łudzić*, r.d. *ludít'* tv., s./ch. *lúditi se* 'bláznit'. Psl. **luditi* se spojuje s lit. *liũdnas* 'smutný', gót. *liuts* 'pokrytecký', *liutai* (pl.) 'kejklíři', stangl. *lot* 'podvod', vše od ie. **leud-* snad s původním významem 'hrbit se'. Lákavé spojení s lat. *lūdere* 'hrát si, žertovat, klamat' neobstojí hláskoslovně – lat. *ū* je zřejmě z *oi* (stlat. *loidos* 'hra').

louh, *louhovitý, louhovat, vylouhovat*. Stč. *lúh*. Ze sthn. *louga* či střhn. *louge* tv., jež souvisí s lat. *lavāre* 'mýt'. Srov. ↑*líh*.

louka, *luka, luční, lučina, lučinatý*. Vsěsl. – p. *łąka*, r. *luká* 'záhyb (řeky)', s./ch. *lúka* 'přístav, travnatá plocha u řeky', stsl. *lǫka* 'záliv, bažina'. Psl. **lǫka* vychází stejně jako lit. *lankà* 'niva, údolí řeky' z ie. **lenk-* 'ohýbat' *(A6,B7)*. Vývoj významu byl 'ohyb (řeky)' → 'travnaté místo v ohybu řeky' → 'travnaté místo vůbec'. Srov. ↓*proláklina*, ↓*luk* i ↓*luh*.

loukoť 'část dřevěného kola vozu'. Stč. a slk. *lúkoť*. Psl. **lǫkotь* je odvozeno od ie. **lenk-* 'ohýbat' (je to zahnuté dřevo). Dále viz ↓*luk*, ↓*oblouk*.

loupat, *loupák, loupavý, oloupat, sloupnout, slupka, odloupnout, rozloupnout, vyloupnout, výlupek*. Vsěsl. – p. *łupać, łupić*, r. *lupíť*, s./ch. *lúpiti*. Psl. **lupati*, **lupiti* má nejblíže k lit. *lùpti* tv. (z ie. **leu-p-*), s jiným rozšířením kořene sem patří asi něm. *Laub* 'listoví', angl. *leaf* 'list', lat. *liber* 'lýko', alb. *labë* 'kůra', vše od ie. **leu-* 'oddělovat'. Viz i ↓*loupit*, ↓*lub*, ↓*louskat*, ale i ↓*lupat*.

loupit, *loupež, loupežník, loupežnický, loupeživý, lup, lupič, lupičský, oloupit, vyloupit, uloupit*. P. *łupić* tv. Psl. **lupiti* je totožné s předchozím slovesem (↑*loupat*), k podobnému přenesení významu došlo i v lot. *laupīt* tv., sti. *lumpáti* 'rozbíjí, poškozuje, plení'.

louskat, *louskáček, rozlousknout, zálusk*. P. *luskać*, r. *lúzgat'*, jinak viz ↓*lusk*. Psl. **luskati* lze těžko oddělit od ↑*loupat* (*sk*-ové intenzivum *lup-skati*, Ma2) od ie. **leu-* 'oddělovat, odstraňovat' (srov. ř. *lýō* 'odstraňuji, uvolňuji', sti. *lunắti* 'řeže, odstraňuje'), na druhé straně nelze nevidět onom. charakter blízkého ↓*luskat* (HK), k tomu srov. i ↑*loupat* – ↓*lupat*. V tomto ohledu nejasné.

loutka, *loutkový, loutkář(ka), loutkářství*. P.st. *łątka*, s./ch. *lùtka* tv. Psl. **lǫtъka* je odvozeno od **lǫtъ* '(lipové) lýko' (r. *lut* tv.), loutky se totiž původně vyráběly z lýka. Příbuzné

loutna 351 **luh**

je lit. *lentà* 'deska', něm. *Linde* 'lípa', něm.d. *Lind* 'lýko', lat. *lentus* 'ohebný, pružný', vše z ie. **lent-* tv.

loutna, *loutnový*. Stč. *lútna*. Ze střhn. *lūte* (dnes *Laute*) a to asi přes šp. *(a)laúd* z ar. *al-ʿúd* tv., kde *al-* je člen a *ʿúd* znamená 'dřevo', tedy 'dřevěný (hudební nástroj)'.

louže, *loužička*. Stč. *lúžě*, luž. *łuža*, r. *lúža*, s./ch. *lȕža*. Psl. **luža* se srovnává s lit. *liũg(n)as* 'louže, bažina' a ilyr. **luga(s)* 'bažina' (alb. *ligátë* 'bažinatá louka') z ie. **leug-* 'bažina, louže'.

lovit, *lov, lovec, lovecký, lovectví, loviště, ulovit, úlovek, vylovit, výlov, zalovit*. Všesl. – p. *łowić*, r. *lovít'*, s./ch. *lòviti*, stsl. *loviti*. Psl. **loviti* asi souvisí s lit. *lavùs* 'dovedný, obratný' (srov. r. *lóvkij* tv.), gót. *láun* 'mzda, odměna', něm. *Lohn*, stir. *lóg* tv., lat. *lucrum* 'zisk', ř. *leíā* 'kořist', sti. *lóta-* tv., vše od ie. **lāu-* 'získat, ukořistit'.

lože, *lůžko, ložní, ložnice, ložnicový*. Všesl. – p. *łoże*, r. *lóže*, s./ch. *lóža*, stsl. *lože*. Psl. **lože* z předsl. **log-i̯o- (B1,B5)* je odvozeno od ie. **legh-* 'ležet' (viz ↑*ležet*). Srov. ↓*lůno*.

lóže. Přes něm. *Loge* z fr. *loge* tv., ve stfr. 'tribuna, strážní budka ap.' z germ. z frk. **laubja* (viz ↑*loubí*, srov. ↑*lodžie*).

-ložit, *položit, uložit, složit, vyložit, naložit, přiložit, proložit, založit, podložit, podložka, předložit, předložka* aj. Vlastně kauzativum k ↑*ležet*.

lpět, *ulpět*. Csl. *lьpěti, lьpnǫti*. Oslabený stupeň ie. kořene **leip- (A6)*, který je i v lit. *lìpti* tv., ř. *lípos* 'tuk', sti. *limpáti* 'maže'. Další souvislosti u ↑*lepit*.

lstivý. Viz ↑*lest*.

lub 'tenké dřevo k výrobě hudebních nástrojů, nábytku ap.'. Všesl. – p. *łub*, r. *lub*, s./ch. *lûb*, vše 'kůra, lýko'. Psl. **lubъ* souvisí s lit. *luõbas* tv., lat. *liber* 'lýko', alb. *labë* 'kůra' z ie. **leubh-*, dále viz ↑*loupat*. Ve starší č. též 'dřevěný kryt mlýnských kamenů', odtud prý rčení *mít za lubem* (schováno trochu mouky do zásoby) (Ma²).

lucerna, *lucernička*. Z lat. *lucerna* 'svítilna, lampa' (možná přes něm. *Luzerne*) a to od *lūcēre* 'svítit'. Viz ↑*louč*, ↓*luna*.

lucifer 'ďábel, satan'. Z lat. *lūcifer*, doslova 'světlonoš', 'z *lūx* (gen. *lūcis*) 'světlo' a *ferre* 'nést', což je kalk ř. *fōsfóros*. V ř. tak byla nazývána jitřenka, ve středověku lat. jméno přeneseno na vůdce padlých andělů.

lučavka 'roztok k rozpouštění kovů'. Od *loučiti* ve významu 'rozpojovat, oddělovat' (viz ↑*loučit*). Srov. i starší č. *lučba* 'chemie'.

lučina. Viz ↑*louka*.

lues 'syfilis'. Z lat. *luēs* 'nákaza, pohroma' od *luere* 'zbavit, vytrpět', původně 'uvolnit' (srov. ř. *lýō* tv.). Srov. ↓*luxace*.

luft ob. 'vzduch', *luftovat* 'větrat', *lufťák* 'letní host'. Z něm. *Luft* tv., jehož další původ není jistý.

luh kniž. 'louka (podél řeky)', *lužní*. Stč. *luh* 'les, háj'. Všesl. – p. *ląg, łęg* 'bahnité pole či louka, porost na takové louce', r. *lug* 'louka, palouk', s./ch. *lûg* 'háj, bažina', stsl. *lǫgъ* 'háj, les'. Významy v jednotlivých slov. jazycích ukazují podobný vývoj jako u slova ↑*louka*: '(bažinaté) místo v ohybu řeky' → '(podmáčená) louka u řeky' → 'les, háj na takové louce'. Psl. **lǫgъ* pak lze vyvodit z bsl. **leng- (A6,B7)* (srov. ještě r.d. *ljága* 'močál', lit. *léngė* 'dolinka mezi pahorky'), které by bylo znělou variantou k **lenk-* (viz ↑*louka*) (Ma²). Je možné uvažovat i o kontaminaci *(D3)* s kořenem **leug-* 'bažina' (viz ↑*louže*), pro niž by svědčilo p.d. *ług* bez nosovky.

L

lůj, *lojový.* Všesl. – p. *loj,* s./ch. *lôj,* stsl. *loi.* Psl. **lojь* je nejspíš *o*-stupňová odvozenina od ie. kořene **lei-/*lēi-* (A6,B2), který je v ↑*lít,* tedy 'to, co se lije' (lily se z něj mj. svíce) (Ma[1]).

luk, *lukový, lučiště, lučištník, lukostřelec.* Všesl. (kromě luž.) – p. *łęk,* r. *luk,* s./ch. *lûk,* stsl. *lǫkъ.* Psl. **lǫkъ,* totožné s lit. *lañkas* '(dřevěná) obruč, oblouk', je odvozeno od ie. **lenk-* 'ohýbat' (A6,B7), k němuž viz i ↑*líčit,* ↓*oblouk,* ↑*louka.* Srov. i něm. *Bogen* 'luk, oblouk' a *biegen* 'ohýbat'.

lukrativní 'výnosný', *lukrativnost.* Z lat. *lucrātīvus* tv. od *lucrum* 'zisk' (viz ↑*lovit*).

lukulský 'bohatý (o jídle)'. Podle římského boháče *Lūculla* (1. st. př. Kr.).

lulat. Dětské slovo onom. původu, vlastně 'dělat lu lu'. Srov. něm. *lullen* tv. Srov. ↑*kakat.*

lulka 'krátká dýmka', *lulkový.* P. *lulka,* r.d. *ljuľka.* Z tur. *lülä* 'trubka, troubel' a to snad z per.

lumek 'druh blanokřídlého hmyzu', *lumčík.* Preslův výtvor podle nejasných pramenů (Ma[2]).

lumen hov. expr. 'výjimečně inteligentní člověk'. Přeneseně z lat. *lūmen* 'světlo, lesk, okrasa', jež vychází z ie. **leuk-* 'svítit' (viz ↓*luna,* ↑*louč,* ↓*lux*[2]), srov. ↓*luminiscence.*

lumík 'druh severských hlodavců'. Převzato Preslem přes něm. *Lemming* z laponského *luomek* tv.

luminiscence 'světelné záření látek, světélkování', *luminiscenční.* Ze střlat. *luminescentia* od lat. *lūmen* (viz ↑*lumen*).

lump, *lumpárna.* Z něm. *Lump* tv., původně 'otrhanec', což je vlastně zkrácení z *Lumpen* 'hadry, cáry'.

luna 'měsíc (na nebi)'. Všesl. (kromě luž.) – p. *łuna* 'záře, světlo', r. *luná* 'měsíc', s./ch. *lúna,* stsl. *luna* tv. Psl. **luna* má nejblíže k lat. *lūna* tv. Nejde o přejetí, ale o shodný hláskový (i významový) vývoj (A9) z ie. **louk-(s)nā/*louk-(s)no-* 'svítící (těleso)', k němuž patří i stpr. *lauxnos* 'souhvězdí', střir. *lúan* 'světlo, luna', ř. *lýchnos* 'svítilna, světlo', av. *raoxšna* 'osvětlující'. Základem je ie. **leuk-* 'svítit' (k tomu viz ↑*louč,* ↑*lesknout se,* ↑*lumen* aj.). Srov. ↓*lunární,* ↓*luňák.*

luňák 'druh dravých ptáků'. Slk. *luniak,* r. *lun',* s./ch. *lûnj, lùnja.* Psl. **lun'ь* nemá jasný původ. Jeden z možných výkladů vychází z ie. **louk-(s)ni-* 'svítící' (viz ↑*luna*) podle bílošedého zbarvení hlavy a krku.

lunární 'měsíční'. Z lat. *lūnāris* tv. od *lūna* 'měsíc' (viz ↑*luna,* srov. ↓*luneta*).

luneta 'výseč v klenbě v podobě půlměsíce'. Z fr. *lunette,* což je zdrobnělina od *lune* z lat. *lūna* (viz ↑*luna*).

lůno kniž. 'vnitřní rodidla, klín, nitro'. Stč. *lóno* (C5), p. *łono,* r.st. *lóno,* s./ch.st. *lóno, lôno,* stsl. *lono.* Psl. **lono* má nápadně blízko k stsl. *ložesno* tv. z psl. **ložesno* z ie. **logh-es-no-* (B1); **lono* by pak mohlo být jeho variantou **logh-s-no-* s následným zjednodušením souhlásek jako u ↑*luna.* Jsou to útvary od ie. **legh-* 'ležet' (A6), viz ↑*ležet,* ↑*lože.*

lunt (*hubený jak lunt*) zast. 'doutnák'. Z něm. *Lunte* tv., nejasného původu.

lup 'šupinka odlupující se pokožky ve vlasech'. Od ↑*loupat.*

lupa 'zvětšovací sklo'. Přes něm. *Lupe* z fr. *loupe* tv., původně 'kruhová podlitina', jehož další původ není jistý.

lupat, *lupnout, slupnout, zalupat.* Onom. původu, otázkou je vztah k ↑*loupat,* srov. ↑*louskat* – ↓*luskat.*

lupen '(velký) rostlinný list; tenký plátek', *lupení, lupínek, lupenatý*. Jen č. Souvisí s ↑*loupat*, srov. něm. *Laub* 'list'.

lupenka 'tenké prkénko k vyřezávání; velmi jemná pilka; kožní nemoc, při níž se odlupují šupiny kůže', *lupenkový*. Viz ↑*lupen*, ↑*loupat*.

lupina 'vlčí bob'. Přes něm. *Lupine* z lat. *(faba) lupīna* 'vlčí (bob)' od *lupus* 'vlk' (je to divoce rostoucí plodina, srov. *vlčí mák*) (Ma²).

lupnout. Viz ↑*lupat*.

lusk. P. *łuska* 'šupina, skořápka', r.d. *luská* 'šupina, pleva', sln. *lúska* tv. Psl. *luska/*luskъ souvisí s lit. *luskà* 'stará veteš', *lusnà* 'šupina', dále viz ↑*louskat*, které je asi prvotní. Srov. ↓*luštěnina*, ↓*luštit*.

luskat. Zjevně onom. původu, srov. ↑*lupat*, ale viz i ↑*louskat*.

lustr 'stropní svítidlo', *lustrový*. Z rak.-něm. *Luster* a to z fr. *lustre* 'lesk, lesklý povlak, lustr' z it. *lustro* 'lesk' od *lustrare* 'osvětlovat, osvěcovat' z lat. *lūstrāre* 'osvěcovat, očišťovat, zkoumat'. Srov. ↓*lustrace*.

lustrace 'prověření zaměstnance, že nebyl veden jako spolupracovník Státní bezpečnosti', *lustrační, lustrovat*. Z lat. *lūstrātiō* 'očišťování, kontrola, prohlídka' od *lūstrāre* 'očišťovat, zkoumat' od *lūstrum* 'očišťování, výpis (ze seznamu)'.

luštěnina, *luštěninový*. Novější (v Jgd *luskovina*). Srov. stč. *luščina, luština* 'slupka lusku' od ↑*lusk (B1,C3)*.

luštit, *luštitel, rozluštit, vyluštit*. U Jg *louštiti* 'louskat, vybírat hrách ap.' z lusků'. P. *łuszczyć*, r. *luščít'*, s./ch. *ljúštiti*. Psl. *luščiti je odvozeno od *luskъ/**luska (B1,C3)*. V č. nověji (u Jg ještě není) přenesený význam 'snažit se dobrat něčeho nejasného', srov. *rozlousknout (záhadu ap.)*.

luterán 'člen jedné z protestantských církví', *luteránský, luteránství*. Podle něm. náboženského reformátora *M. Luthera* († 1546).

lux[1] 'vysavač', *luxovat, vyluxovat*. Zkratka firemní značky prvních vysavačů *Electrolux*, srov. ↓*lux*².

lux[2] 'jednotka osvětlení'. Z lat. *lūx* 'světlo'. Viz ↑*louč*.

luxace 'vykloubení, vymknutí'. Z lat. *luxātiō* tv. od *luxus* 'uvolněný, vymknutý' od *luere* 'uvolnit' (srov. ↑*lues*). Souvisí s ↓*luxus*.

luxus 'přepych', *luxusní*. Přes něm. *Luxus* z lat. *luxus* 'bujnost, rozmařilost, přepych', původně vlastně 'nevázanost' (viz ↑*luxace*).

lůza, luza 'spodina, chátra'. U Jg i podoby *louza, hlůza, hluza*. Nepříliš jasné. Snad přejetí ze stř́hn. *lōs* 'volný, holý, zbavený všeho, svévolný' *(C5)*, jež vychází z ie. *leu- 'oddělit, uvolnit' (srov. ↑*luxace*, ↑*analýza* i ↑*loupat*).

luzný kniž. 'vnadný, krásný'. Stč. doloženo *luznost* 'vábnost', obnoveno Hankou. Souvisí s ↑*loudit*, původně tedy asi 'mámivý, klamný' (srov. *obloudit, obluzovat*).

lůžko. Viz ↑*lože*.

lvoun 'druh lachtana'. Od ↑*lev*, podle krátké hřívy na šíji.

lyceum 'druh střední školy'. Dříve 'vyšší dívčí škola', v humanistické latině znamenalo *Lyceum* i univerzitu. Lat. *Lycēum* je z ř. *Lýkeion*, což byl název gymnasia, na němž učil Aristoteles. Nazván podle nedalekého chrámu *Apóllōna Lýkeia*. Apollonův přívlastek *Lýkeios* se vykládá buď od *lýkos* 'vlk' či od města *Lykía*.

lýko 'pletivo pod kůrou stromů', *lýčí, lýčený, lýkový, lýkožrout*. Všesl. – p. *łyko*, r. *lýko*, s./ch. *lȉko*. Psl. *lyko má příbuzenství jen v balt. – lit. *lùnkas*, lot.

lūks, stpr. *lunkan*. Východiskem je ie. **leu-k-* od **leu-* 'oddělovat, odlučovat'. Srov. ↑*lub*, ↑*loupat* i ↑*lůza*.

lymfa 'míza', *lymfatický*. Z lat. *lympha* 'tkáňový mok, čistá voda, vodní víla' a to rozrůzněním z *nympha* 'vodní víla' (viz ↓*nymfa*).

lynč 'nezákonné ztýrání či usmrcení domnělého viníka davem', *lynčovat, lynčování*. Z am.-angl. *lynch*, u něhož je jasné jen to, že pochází z nějakého vlastního jména *Lynch*. Spojení s konkrétní osobou jsou pouhé domněnky, dokonce se uvažuje i o místním jméně *Lynch's Creek*, kde se příznivci podobných metod scházeli. Jisté je, že termín vznikl na jihu dnešních USA (Virginie, J. Karolina) někdy v 18. st.

lyra 'starověký strunný nástroj', *lyrický, lyrika, lyrik*. Z lat. *lyra* 'lyra, lyrická báseň' z ř. *lýrā* 'lyra'.

lysý, *lysina, lyska, lysec*. Všesl. – p. *łysy*, r. *lýsyj*, s./ch. *lîsa* 'lysina'. Psl. *lysъ se vykládá z ie. **leuk-* 'svítit' *(A1,B2,B5)*, což by byl druhotvar k **leuk-* tv. (viz ↑*louč*, srov. ↑*luňák*). Tato varianta kořene je např. v sti. *rūšant-* 'světlý, bílý', významově zase výborně odpovídá lit. *laũkas* 'mající bílou skvrnu na čele' (to je ovšem z **leuk-*). Vývoj významu tedy byl: 'světlý, svítící' → 'mající světlou skvrnu (na hlavě)' → 'holý'. Srov. ještě ↓*rys*.

lýtko, *lýtkový*. P. *łydka, łyda, łytka*, r. *lýtka*, sln.d. *lîtka*, s./ch. *lîst* tv. Nemá přesvědčivou etymologii, problémem je i rekonstrukce psl. podoby (či podob).

lyzol 'silný dezinfekční prostředek'. Uměle z ř. *lýsis* 'roztok' (od *lýō* 'rozpouštím', srov. ↑*analýza*, ↑*lues*) a lat. *oleum* 'olej' (viz ↓*olej*).

lyže, *lyžař, lyžařský, lyžovat, lyžování, zalyžovat si*. Přejato koncem 19. st. z r. *lýža* tv. a to asi z r.d. *lýzgat'* 'klouzat', jehož další souvislosti nejsou jasné.

lze příslov. P.st. *(nie)lza*, r. *nel'zjá*, stsl. *lbzě*. Psl. *lbga (díky 3. palatalizaci *(B1)* *lbdza*) je původem subst. tvořené od stejného kořene jako *lbgъkъ (↑*lehký*) (stsl. *lbzě* je asi ustrnulý dat. či lok., v č. to může být i nom. *(C1)*). Vývoj pochopíme ze stč. dokladů jako *skrýti sě bude nelzě* 'skrýt se bude nelehko, nemožno', *u boha všecko lzě jest* 'u boha všechno je možno' (vlastně 'všechno je lehkost, snadnost') (Ma², HK).

lžíce, *lžička, lžícový, lžícovitý*. Všesl. – slk. *lyžica*, p. *łyżka*, r. *lóžka*, ch. *žlîca*, s. *làžica*. Psl. *lbžica nemá jednoznačný výklad. Nejblíže mu stojí asi alb. *lugë* tv. Jako ie. východisko přichází v úvahu **leug-* 'ohýbat, křivit'.

M

macarát 'druh mloka'. Převzato Preslem ze sln. *močerǎd* 'mlok', které se dále etymologizuje jako 'ten, kdo má rád vlhkost'. Presl přejal – zřejmě nějakým omylem – v podobě *macarad*, u Jg *macarád*, později změněno na *macarát* (Ma²).

macatý vulg. 'tělnatý'. Jen č., již u Jg cíťeno jako 'nízké'. K stč. *máčěti*, *mácati* 'ohmatávat, omakávat' (u Jg *maceti*), snad i významová kontaminace s *masitý*. Srov. ↓*macek*².

macecha 'nevlastní matka'. Všesl. – p. *macocha*, r. *máčecha*, s./ch. *màćeha*, stsl. *maštecha*. Psl. **mat'echa (B3)* je odvozeno od *mati (↓*matka*) příp. *-echa* (vedle toho i *-ocha, -icha, -ucha*), původně asi s hanlivým přídechem (Ma²).

macek¹ 'kocour'. Slk. *máčik*, sln. *máček*, s./ch. *máčak* tv. Souvisí se slk. *mačka* 'kočka', které je i v jsl. jazycích. Vykládá se z vábicího citosl. *mac*, které je doloženo v s./ch. a mak., srov. také něm.d. *Matz* 'kočka', ↓*míca* a také ↓*pes*.

macek² expr. 'velké ulovené zvíře, ryba ap.'. Asi od staršího *maceti* (viz ↑*macatý*), jistě na ně působil i ↑*macek*¹ (některé slovníky je ani nepovažují za homonyma, viz SSJČ) a asi i jméno *Macek*, což je starší domácká podoba jména *Matěj* (srov. ↓*machna*).

macerovat 'máčet', *macerace*, *macerát*. Z lat. *macerāre* 'měkčit, máčet, vyluhovat', které souvisí s *máčet*, ↓*močit*.

maces 'židovský velikonoční chléb'. Z hebr. *mazzāh* tv.

maceška 'druh květiny'. Zdrobnělina od ↑*macecha*, asi podle vzoru něm. *Stiefmütterchen* tv. Podobné je p. *maciejka*, sln. *máčeha*, it. *matrigne*, *madrigne* tv.. Významová motivace nejasná, snad v nějakém vztahu k slk. *sirôtka*, dl. *syrotka*, protože kvete na podzim osaměle na polích (Ma²).

mač slang. 'zápas, utkání'. Z angl. *match* tv. od slovesa *(to) match* 'porovnat, změřit, dát dohromady (do dvojice)', jež asi souvisí s *make* 'dělat' (srov. ↑*bookmaker*, ↓*machr*).

máčet. Viz ↓*močit*.

mačeta 'dlouhý šavlovitý nůž'. Ze šp. *machete*, původně asi 'sekyra', odvozeného od *macho* 'kovářské kladivo, hák' nejistého původu.

mačkat, *mačkavý*, *pomačkat*, *rozmačkat*, *zmačkat*, *vymačkat*, *promáčknout*, *přimáčknout*. R.d. *mjáčkat'* 'hníst, mnout', sln. *mečkáti* tv., b. *máčkam* 'mnu'. Ne zcela jasné. Naše slovo může být jak z psl. *męčьkati (na to ukazují r. a sln. tvary *(B7)*) od *mękъ (↓*měkký*), tedy vlastně 'měkčit', tak i z *mačkati (odpovídá mu b. paralela), jež souvisí s ↓*makat* a starším *maceti* (viz ↑*macatý*) (HK). Možné je i míšení kořenů (Ma²).

mačky 'horolezecká železa'. Ze slk. *mačky* a tam přeneseně od *mačka* 'kočka' (viz ↑*macek*¹). Srov. podobně ↑*kotva*.

madam 'paní'. Z fr. *madame*, složeného z *ma* 'má, moje' z lat. *mea* (viz ↓*můj*) a *dame* 'paní' (viz ↑*dáma*). Srov. ↓*madona*.

***maděra** ob. (*na maděru* 'napadrť, na kousky'). Nejasné. *Maděra* znamenalo dříve i 'jistý lidový tanec' a 'druh čepice', obojí od *Maďar* (vlastně 'uherský tanec' a 'uherská čepice'), srov. ↓*polka*.

madlo 'držadlo'. Psl. *jьmadlo je odvozeno příp. *-dlo* od slovesa *jьmati (viz ↓*mít* a ↑*jmout*) (Ma²).

madona 'socha či obraz Panny Marie', *madonka*. Z it. *madonna z m(i)a donna* 'moje paní'. Srov. fr. *Notre Dame* 'naše paní' rovněž ve významu 'Panna Maria' a dále ↑*madam*.

madrigal 'porenesanční vícehlasá skladba světského obsahu', *madrigalový, madrigalista*. Z it. *madrigale*, původně 'krátká milostná báseň', jež nemá jednoznačný výklad. Vyvozuje se z pozdnělat. *māteriālis* 'materiální, hmotný' (viz ↓*materiál*), protože se v něm zpívá o světských věcech, či *mātrīcālis* 'týkající se matky' s různými výklady (srov. ↓*matka*, ↓*matrice*). Etym. základ je koneckonců týž.

maestro 'mistr (v oblasti hudby)'. Z it. *maestro z* lat. *magister* (viz ↓*magistr*, ↓*mistr*).

mafie 'tajné zločinné sdružení', *mafián, mafiánský*. Z it. *mafia*, což je původem sicilské slovo označující tajné opoziční sdružení bojující od počátku 19. st. do 60. let téhož století proti nadvládě Bourbonů. Původní význam byl 'ctnost, chrabrost', původ však je nejasný.

mág 'čaroděj', *magie, magický*. Z lat. *magus* z ř. *mágos* tv. a to ze stper., kde jméno označuje příslušníka jakési kněžské kasty.

magazín 'obrázkový časopis'. Zast. též *magacín* 'obchod, skladiště' z něm. *Magazin* z it. *magazzino* 'zásobárna, skladiště' a to z ar. *maḫzan* (pl. *maḫazin*) tv. Význam 'obrázkový časopis' se vyvinul v angl. na základě představy časopisu jako 'sběrny, zásobárny' zajímavostí.

maggi 'polévkové koření'. Podle švýc. firmy *Maggi* (podle osobního jména majitele *J. Maggiho*).

magistr 'jedna z akademických hodností', *magistra, magisterský*. Ze střlat. *magister* tv. z lat. *magister* 'představený, správce, vůdce, učitel' od *magis* 'více' (2. stupeň od *magnus* 'velký') (srov. ↓*ministr*), tedy vlastně 'kdo je větší (postavením či vědomostmi)'. Srov. i ↓*magistrát*, ↓*magistrála*, ↓*mistr*, ↓*mistrál*, ↓*magnát*.

magistrála 'hlavní dopravní tepna'. Přes něm. *Magistrale* tv. ze střlat. *magistralis (via)* 'hlavní (cesta)' od lat. *magister* (↑*magistr*).

magistrát 'městský úřad'. Ze střlat. *magistratus* tv. z lat. *magistrātus* 'úřad, představenstvo' od *magister* (viz ↑*magistr*).

maglajz ob. 'zmatek, míchanice'. Podle bosenského města *Maglaj*, kde byly při obsazování Bosny rakouským vojskem r. 1878 krvavé boje (Ma[2]).

magma 'žhavá tekutá hmota v zemském nitru'. Přes něm. *Magma* a lat. *magma* z ř. *mágma* 'usazenina, uhnětená masa' a to od ie. **mag-* 'mazat, hníst' (viz ↓*mazat*).

magnát 'velmož', *magnátský*. Přes něm. *Magnat* ze střlat. *magnas* (pl. *magnates*) tv. od *magnus* 'velký'. Srov. ↓*Magnificence*, ↓*major*, ↓*mistr*.

magnet, *magnetický, magnetismus, magnetizovat, zmagnetizovat*. Přes něm. *Magnet* z lat. *Magnētis (lapis)* a ř. *Magnḗtis (líthos)* 'magnetický (kámen)' a to podle krajiny *Magnēsía* v Thesálii v severových. Řecku, kde byla naleziště rud s přírodním magnetismem. Srov. ↓*magnezium*.

magnetofon, *magnetofonový*. Z fr. *magnétophone*, vlastně 'přístroj pro magnetický záznam a reprodukci zvuku'. Dále viz ↑*magnet* a ↑-*fon*.

magnezium 'hořčík'. Z nlat. *magnesium*, jež vychází z názvu ř. oblasti (*Magnēsía*) bohaté rudami. Viz ↑*magnet*.

Magnificence 'titul rektora vysoké školy'. Ze střlat. *Magnificentia* tv. z lat. *magnificentia* 'vznešenost, nádhera' od *magnificus* 'velkolepý, nádherný' z *magnus* 'velký' (srov. ↑*magnát*) a odvozeniny od *facere* 'dělat' (srov. ↑*-fikace*).

magnolie 'cizokrajný ozdobný keř či strom'. Z nlat. *magnolia* podle fr. botanika *P. Magnola*.

magor ob. 'blázen', *magořit, zmagořit, magořina*. Jen č. Mylným rozkladem slova ↑*fantazmagorie*, srov. i ↑*fantaz*.

mahagon 'cenné tropické hnědočervené dřevo'. Z něm. *Mahagoni* z angl. *mahogany*, původně (17. st.) *mohogeney*, z jakéhosi neznámého karibského slova.

mahárádža 'indický vládce'. Z angl. *maharaja* z hind. *mahārāja* a to ze sti. *mahārāja-* 'velký král' z *mahā-* 'velký' (srov. ↓*mohutný*) a *rāja-* 'král' (souvisí s lat. *rēx* tv., viz ↓*roajalista*).

máchat, *zmáchat, vymáchat, promáchnout, přemáchnout, rozmáchnout se, rozmach*. Všesl. – p. *machać*, r. *machát'*, s./ch. *máhati*. Psl. **machati* 'kývat, mávat' je útvar od základu **ma-*, který je i v ↓*mávat*. Za předpokladu, že *-ch-* je ze *-s-* (analogií jako po *i, u (A8)* nebo expresivní obměnou) mu odpovídá lit. *mosúoti* tv. Někteří oddělují č. a slk. význam 'pohybovat něčím ponořeným' a vycházejí pro něj z obměny slovesa **mákat*, příbuzného s *máčet*, ↓*močit* (Ma², HK), ale spíš tu jde o specifikaci původního významu.

machinace 'podvodné jednání, pletichy'. Ze střlat. *machinatio* tv. od lat. *māchinārī* 'strojit, osnovat' od *māchina* 'stroj, lest' (srov. ↓*mašina*).

machna ob. 'tlustá žena'. Z osobního jména *Machna*, což je jedna ze starších domáckých podob jména *Magdalena*. Podobně i *Manda* a *manda* tv. (srov.

↓*panimanda*). Dále srov. i ↑*macek*², ↑*dúra*.

machorka 'hrubý ruský tabák'. Vykládá se ze jména niz. města *Amersfoortu* (odkud se tabák dovážel), které se lid. etym. *(D3)* přiklonilo k r. *mochór* 'třáseň, cár' od *moch* 'mech'.

machr ob. 'odborník, šikovný člověk'. Z něm. *Macher* 'šikovný chlapík, taškář' od *machen* 'dělat'. Srov. ↑*bookmaker*.

máj, *májový, májka*. Z lat. *(mēnsis) Māius*, což je měsíc zasvěcený římské bohyni země a růstu *(Maia)* (Ma²). Jméno se dále spojuje se sti. *mahí* 'Země', vlastně 'velká' (srov. ↑*mahárádža*).

maják, *majáček*. Přejato Preslem z r. *maják* tv. od *májat'* 'kývat' (viz ↑*máchat*, ↓*mávat*), původně tedy asi jakýsi ukazatel, znamení, kývající se ve větru (Ma²).

majáles 'jarní studentská slavnost'. Z lat. *Maiales* 'májové (slavnosti)' k *Maiālis* 'májový' od *Māia, Māius* (viz ↑*máj*).

majestát 'vznešenost, panovnická moc, Veličenstvo', *majestátní*. Z lat. *maiestās* (gen. *maiestātis*) tv. od *maius*, což je tvar stř.r. od *maior*, 2. stupně adj. *magnus* 'velký'. Srov. ↑*Magnificence*, ↓*major*.

majetek, *majetný, majetnický*. Od kmene přech. přít. **jьmajęt-* slovesa **jьměti* (↓*mít*). Srov. i ↓*majitel*.

majitel, *majitelský*. Stč. *jměitel, jmětel*. Přehláska *(C1)* byla zrušena analogií *(D1)* podle jiných tvarů od kmene přít., zůstal pouze delší tvar. Jinak viz ↓*mít* a srov. ↑*majetek*.

majlant ob. expr. 'množství peněz, bohatství'. Ze staršího českého názvu it. města Milána *Majland, Majlant* z něm. *Mailand*. S bohatstvím a blahobytem ho ztotožnili č. vojáci za rakousko-italských válek v 19. století.

majolika 'jemná keramika s barevnou glazurou'. Z it. *maiolica*, původně *maiorica*, podle jména baleárského ostrova *Mallorca*, kde se vyráběla (kořeny této keramiky však jsou arabské) (Ma²).

majonéza, *majonézový*. Z fr. *mayonnaise*, původně *mahonnaise*, vlastně 'mahonská (omáčka)', podle města *Mahón* na ostrově Menorca na Baleárách.

major 'vyšší důstojník', *majorka*, *majorský*. Přes něm. *Major* ze šp. *mayor* tv. a to z lat. *maior* 'větší', 2. stupně od *magnus* 'velký'. Srov. ↓*majordomus*, ↓*majorita*, ↑*majestát*, ↑*magnát*.

majoránka 'drobná aromatická bylina užívaná jako koření', *majoránkový*. Asi přes něm. *Majoran* ze střlat. *maiorana*, to pak asi přikloněním k *maior* (viz ↑*major*) z lat. *amāracus* z ř. *amárakos* tv. Slovo pochází jistě z nějakého neznámého vých. zdroje (srov. i sti. *maruva(ka)*- tv.) (Ma²).

majordomus 'správce (velkého) domu; někdejší dvorský hodnostář'. Ze střlat. *maiordomus* z lat. *maior domūs*, vlastně '(nej)vyšší v domě', dále viz ↑*major*, ↑*dům*.

majorita 'většina', *majoritní*. Z lat. *maioritās* tv. od *maior* 'větší' (viz ↑*major*).

majuskule 'velké písmeno'. Z lat. *maiuscula (littera)* tv., což je vlastně zdrobnělina od *maius*, *maior* 'větší', viz ↑*majestát*, ↑*major* a ↓*minuskule*.

majzlík hov. 'sekáč'. Z něm. *Meissel* 'sekáč, dláto', jež souvisí s gót. *maitan* 'sekat, řezat' z ie. **mai-* tv. Srov. ↓*majznout*.

majznout ob. Snad expr. obměna *máznout* (↓*mazat*), jistě však i vlivem něm. *meisseln* 'otesávat' (viz ↑*majzlík*).

mák, *makový, makovice, makovička*. Všesl. – p., r. *mak*, s./ch. *màk*. Psl. **makъ* souvisí se sthn. *māho* (dnes *Mohn*) a ř. *mḗkōn* tv. Doložení starého pěstování máku (Sumerové) a nejisté další ie. souvislosti mluví pro ie. přejetí slova z nějakého jazyka středomořské oblasti (Ma²).

makadam 'štěrkovina užívaná jako podklad vozovky'. Z angl. *macadam* podle jména skotského inženýra *J. L. McAdama* († 1836).

makak 'druh opice'. Z port. *macaco* a to z domorodého názvu z oblasti Konga.

makarony 'druh těstovin'. Z it.d. *maccaroni* (spis. a v sg. *maccherone*) 'druh nudlí'. Slovo původně jihoit., vykládá se z pozdně ř. *makaría* 'ječná polévka (podávaná při pohřbech)' z ř. *makaría* 'blaženost' od *makários* 'blažený'.

makat 'sahat, hmatat; ob. pracovat, vyvíjet úsilí', *máknout (si), omakat, omak, vymakat, namakat (se), namakaný, domáknout se, zmáknout*. Jen zsl. (stč. *makati*, hl., p.d. *makać*). Psl. **makati* jistě souvisí s **macati* tv. (viz ↑*macatý*), jejich vztah však není zcela jasný. Vzhledem k tomu, že **macati* je rozšířenější (je i ve vsl.), je možné, že je prvotní (z **mat-s-ati*, srov. ↑*hmatat*) (Ma²). Význam 'pracovat ap.' se v č. vyvinul vlivem něm. *machen* 'dělat'.

maketa 'model'. Z fr. *maquette* tv. z it. *macchietta* 'náčrtek, obrázek', doslova 'skvrnka', od *macchia* 'skvrna' z lat. *macula* tv. Srov. ↓*makulatura*.

make-up 'líčidlo; kosmetická úprava obličeje líčidlem'. Z angl. *make-up* tv. (pol. 20. st.) od slovesa *(to) make up* 'nalíčit', původně 'upravit, připravit aj.' z *make* 'dělat' a adverbiální částice *up*, původně 'nahoru' (srov. něm. *auf* 'na').

makléř 'obchodní zprostředkovatel', *makléřský*. Z něm. *Makler* a to ze střniz.

mākelāre tv. od *makelen* 'zprostředkovávat', jež asi souvisí s něm. *machen* 'dělat' (niz. *maken* tv.). Srov. ↑*machr.*

makrela 'druh mořské ryby'. Z něm. *Makrelle* ze střniz. *makerēl, macrēl*, jehož původ není jistý. Zajímavé však je, že stfr. *maquerel* znamená 'makrela' i 'dohazovač, kuplíř', přičemž druhý význam je ze střniz. *mākelāre* (viz ↑*makléř*). Z toho se někdy usuzuje na přenesení tohoto významu na zmíněnou rybu na základě lid. představy, že makrela doprovází hejna sleďů a zprostředkovává styk samečků a samiček.

makro- 'velko-, vele-'. Z ř. *makrós* 'velký, dlouhý', jež souvisí s něm. *mager* 'hubený', lat. *macer* tv. Původně tedy 'dlouhý a tenký' (ie. **mak-*). Dále viz ↓*makrobiotika*, ↓*makroekonomika*, ↓*makrokosmos*, srov. ↓*mikro-*.

makrobiotika 'nauka o prodloužení života', *makrobiotický*. Od ř. *makróbios* 'dlouhožijící, dlouhověký', dále viz ↑*makro-* a ↑*bio-*.

makroekonomika 'jevy a vztahy v rámci celé národní ekonomiky', *makroekonomický*. Viz ↑*makro-* a ↑*ekonomie*.

makrokosmos 'vesmír, svět jako celek'. Viz ↑*makro-* a ↑*kosmos*.

makulatura 'odpadový popsaný či potištěný papír'. Z něm. *Makulatur* z nlat. *maculatura* tv. (od 16. st.) k lat. *maculāre* 'poskvrnit, zhanobit' od *macula* 'skvrna'. Srov. ↑*maketa*.

malachit 'zelený nerost', *malachitový*. Uměle od ř. *maláchē* 'sléz', podle shodné barvy.

malárie 'bahenní zimnice', *malarický*. Z it. *malaria* z *mala aria*, doslova 'špatný vzduch' (myslí se vzduch tropických bažinatých oblastí, který byl považován za příčinu nemoci). Srov. ↓*malér*, ↓*malátný*, ↓*maligní* a ↑*aero-*.

malátný, *malátnost*. Stč. *malátný* 'malomocný'. Ze střhn. *malāt* 'malomocný' z it. *malato* 'nemocný' (srov. fr. *malade* tv.) a to z lat. *male habitus*, doslova 'špatně živený, ve špatném stavu' z *male* 'špatně' (srov. ↑*malárie*, ↓*maligní*) a *habitus* 'živený; vzhled, stav' (srov. ↑*hábit*). Srov. i ↓*malomocný*.

málem přísl. Viz ↓*malý*.

malér hov. 'nepříjemnost, nehoda'. Z fr. *malheur* tv. z *mal* 'špatný' (z lat. *malus* tv., srov. ↑*malárie*, ↓*maligní*) a *heur* 'štěstí' (ze stfr. *eür* tv. z vlat. **agurium* z lat. *augurium* 'věštba, znamení').

maligní 'zhoubný'. Z lat. *malignus* 'zlý, zhoubný' z *male* 'špatně, zle' (srov. ↑*malátný*) a odvozeniny od *gignere* 'rodit', tedy doslova 'špatně zrozený'. Viz i ↑*benigní*.

malicherný, *malichernost*. Stč. *malicherný*, *malichný* byly expr. odvozeniny od ↓*malý* s významem 'maličký' (srov. u Jg i *maličkerný*). Později se vyvinul zvláštní význam 'ulpívající na maličkostech'.

malina, *maliní, maliník, malinový, malinovka*. Všesl. – p. *malina*, r. *malína*, s./ch. *màlina*. Psl. **malina* se obvykle spojuje s lit. *mė́lynas* 'modrý', lot. *mḕlš* 'fialový', sthn. *māl* 'skvrna', lat. *mulleus* 'purpurový', ř. *mélas* 'černý', sti. *maliná-* 'umazaný, černý', vše z ie. **mel-* 'tmavý, černý', tedy původně 'plod tmavé barvy'. Z hláskoslovných důvodů je nepřesvědčivé spojení s lat. *mōrum* 'moruše, ostružina', ř. *móron* 'moruše', něm. *Maulbeere* tv. (tak Ma[2], HK), srov. ↓*moruše*.

malomocný 'nemocný leprou', *malomocenství*. Jen č., stsl. *malomoštь* znamená 'nemocný'. Význam v č. asi pod vlivem slova ↑*malátný*, s nímž vlastně došlo k výměně významů (Ma[2]).

malovat, *malíř, malířský, malířství*, *malba, malebný, malůvka, namalovat*, *pomalovat, zmalovat, vymalovat, přimalovat, přemalovat, zamalovat, omalovat, omalovánky*. Z něm. *malen*, jež vychází ze sthn. *māl* 'skvrna, znamení' (srov. i gót. *mēljan* 'psát') a to k ie. **mel-*, o němž viz ↑*malina*.

malta, *maltový*. Z it. *malta* tv. a to přes lat. *maltha* z ř. *málthē* 'směs vosku a smůly užívaná při vyplňování spár v lodi', jež souvisí s *malthakós, malakós* 'měkký'.

maltézský (*řád maltézských rytířů, maltézský kříž*). Z it. *maltese* 'maltský', podle ostrova *Malty*, pozdějšího (od 16. st.) sídla řádu.

malvaz 'silné sladké víno; silné pivo'. Z it. *malvasia* podle it. názvu města na jihu Peloponésu (dnes *Monemvasia*), odkud toto víno pocházelo.

malvice 'dužnatý plod s jádřincem (jablko, hruška ap.)'. Presl převzal z jakéhosi starého lékařského rukopisu, v jiných exemplářích jsou podoby *makvice, mrkvice*, takže asi jde o písařskou chybu (Jg, Ma²).

malý, *malost, maličký, maličkost, málo, málem, malík, malíček*. Všesl. – p. *mały*, r. *mályj*, s./ch. *mào*, stsl. *malъ*. Psl. *malъ se spojuje s gót. *smals*, angl. *small* tv. (Ma²), dále i s lat. *malus* 'špatný', ř. *mēlon* 'drobný dobytek', stir. *míl* tv., vše z ie. *(*s)mēlo-* 'malý'. Přijatelné je však i spojení s psl. *melti (↓*mlít*), snad lze oba výklady spojit (HK). Srov. ↑*malicherný,* ↑*malomocný*.

máma, *maminka, mamina*. Všesl. Psl. *mama souvisí s lit. *mamà*, angl. *mum, mummy*, wal., bret. *mam*, lat. *mamma*, ř. *mámma*, alb. *mëmë*, nper. *māmā*. Výchozí ie. *māmā, *mamā je dětské žvatlavé slovo vzniklé zdvojením jedné ze základních slabik dětské řeči. Srov. i ř. *mā̃* a sti. *mā* tv. bez tohoto zdvojení (viz i ↓*matka*), dále gruz. *mama* 'otec' i ↑*bába*, ↓*táta,* ↑*děd* ap.

mameluk expr. 'hlupák, mamlas'. Původně 'člen egyptských vojenských oddílů' z fr. *mamelouk* z ar. *mamlūk* '(bílý) otrok'. V č. se významově přiklonilo k ↓*mamlas* (Ma²).

mámit, *mámení, mámivý, omámit, omamný, zmámit, vymámit*. P. *mamić*, s./ch. *mámiti*, chybí ve vsl. Psl. *mamiti se považuje za odvozeninu od *mamъ, což je asi útvar od kořene **ma-* (psl. *mati?) 'kývat, dávat znamení' (srov. lit. *móti*, lot. *māt* tv.), odtud pak význam 'dávat falešné znamení, klamat'. Spojuje se i s ř. *mĩmos* 'herec, napodobitel', původně 'iluze' (HK). Viz i ↓*mávat,* ↓*maně,* ↑*máchat,* ↑*maják*.

mamlas ob. expr. 'hlupák, nešika'. Od staršího slovesa *mamlati* 'cucat, žmoulat, žvýkat' onom. původu. Srov. p. *mamlać* 'nesrozumitelně mluvit' a ↓*mumlat* (Ma²).

mamograf 'přístroj k vyšetřování ženského prsu'. Z lat. *mamma* 'prs' (souvisí s ↑*máma*) a ↑*-graf*.

mamon 'bohatství, majetek', *mamonář, mamonářský, mamonářství*. Přes něm. *Mammon* a pozdnělat. *mam(m)ōna* z ř. *mamōnãs* a to z aram. *māmōnā* 'jmění, majetek'.

mamut, *mamutí*. Z něm. *Mammut* a to z r. *mámont* (dříve i *mámut, mámmut*). Přesná předloha r. slova není známa, vzhledem k prvním nálezům mamuta na Sibiři se však původ hledá v místních jazycích (jakutštině, tunguzštině). Snad tedy od jakutského *mamma* 'země' (věřili, že mamut žije pod zemí) (Ma²).

mamzel zast. 'slečna'. Z fr. *mademoiselle* tv. z *ma* 'má' (srov. ↑*madam*) a *demoiselle* z vlat. *dominicella, což je zdrobnělina od lat. *domina* 'paní' (srov. ↑*dominovat*).

man 'vazal', *manský, podmanit, podmanivý, vymanit*. Ze střhn. *man* 'muž, válečník, sluha, vazal' (něm.

Mann 'muž, manžel' i 'vazal'), srov. i stč. *člověk* 'člověk, poddaný, nevolník'. Dále viz ↓*muž*.

mana 'pokrm seslaný Bohem Izraelcům na poušti'. Přes něm. *Manna* a pozdnělat. *manna* z ř. *mánna* a to z hebr. *man.* To je asi stará výpůjčka z aram., původní význam však není jistý, snad 'dar'.

maňásek 'loutka navlečená na ruku; úzká, vratká loďka', *maňáskový*. Stč. *maňas* 'panák, figura, socha, modla'. Původ nejistý, zdá se však možné vyjít z domáckého jména *Máňa,* jež bylo za husitství pejorativně přeneseno na sošku P. Marie a dále pak s příp. *-as* dostalo zmíněný význam (HK). Podobný vývoj je i u fr. *marionette* (↓*marioneta*). Význam 'loďka' není příliš jasný.

manažer 'obchodní ředitel, vedoucí', *manažerský*. Z angl. *manager* od *(to) manage* 'řídit, vést, zvládnout' a to z it. *maneggiare* 'zacházet, ovládat' od *mano* 'ruka'. Původně o koních (srov. ↓*manéž*). Pozdější význam byl ovlivněn stfr. *menage* 'směr, řízení' od *mener* 'vést, řídit'.

mančaft slang. 'mužstvo'. Z něm. *Mannschaft* 'mužstvo, družstvo, posádka' od *Mann* 'muž' (viz ↓*muž,* srov. ↓*maník*).

mandant 'příkazce, kdo někoho pověřil'. Přes něm. *Mandant,* fr. *mandant* z lat. *mandāns* (gen. *mandantis*), což je přech. přít. od *mandāre* 'svěřit, ukládat, nařizovat'. Srov. ↓*mandát.*

mandarín 'feudální čínský hodnostář', *mandarínský*. Přes něm. *Mandarin* z port. *mandarim,* jež vychází z malajského *mantari,* sti. *mantrín-* 'rádce, ministr' od sti. *mántra-* 'řeč, myšlenka, rada' s přikloněním k port. *mandar* 'přikazovat' (z lat. *mandāre* tv., srov. ↑*mandant*). Srov. ↓*mandarinka*.

mandarinka, *mandarinkový*. Z něm. *Mandarine,* dále srov. angl. *mandarine orange,* šp. *naranja mandarina,* doslova 'mandarínský pomeranč' (viz ↑*mandarín*). Mandarinka pochází z jihových. Asie, motivací pojmenování může být i barva shodná s oranžovými rouchy mandarínů.

mandát 'pověření'. Přes něm. *Mandat* z lat. *mandātum* tv. od *mandāre* (viz ↑*mandant*).

mandelinka 'druh brouka (škůdce)'. Utvořil Presl asi od *mandel* 'patnáct kusů (zvláště snopů)' z něm. *Mandel* tv. nejistého původu. Srov. název ptáka *mandelík* podle toho, že sedává na mandelích snopů. Nejznámější druh tohoto hmyzu, mandelinka bramborová, se u nás objevil až v r. 1945.

mandl 'stroj k uhlazování tkanin', *mandlovat*. Z něm. *Mangel* tv. (ve starší č. i *mangl*) a to ze střlat. *manga, mangana* '(vrhací) stroj' z ř. *mánganon* 'válec v kladkostroji, svorník'.

mandle, *mandlička, mandlový, mandloň*. Z něm. *Mandel* a to z pozdnělat. *amandula* z ř. *amygdálē,* což je v ř. výpůjčka neznámého původu. Na lymfatickou tkáň (*krční mandle* ap.) přeneseno pro její tvar (Ma²).

mandolína 'strunný trsací nástroj'. Přes něm. *Mandoline,* fr. *mandoline* z it. *mandolino* tv., což je zdrobnělina od *mandola,* to pak jde přes *mandora* a střlat. *mandura* k lat. *pandūra* z ř. *pandoūra* 'hudební nástroj o třech strunách' (srov. ↑*bendžo*).

mandragora 'jihoevropská bylina'. Z lat. *mandragoras* z ř. *mandragorás*. Další původ není jasný, podobné je (možná jde o původ ze společného neznámého základu) per. *merdum gijā* tv., doslova 'lidská rostlina', podle toho, že její kořen připomíná scvrklé lidské tělo. Proto také byla ve středověku považována za čarovnou (Ma², HK).

mandril 'druh opice'. Z angl. *mandrill* z *man* 'člověk' a *drill* 'druh opice', druhá část je asi afrického původu.

maně přísl. kniž. 'bezděky, mimovolně'. Jen č., stč. též *maní*. Asi ustrnulý pád od subst. *manъ (v č. nedoloženého), které souvisí s p.d. *man* 'pomatení smyslů', r. *obmán* 'klam, iluze' ap. a je tvarovou obměnou psl. *mamъ (viz ↑*mámit*). Původní význam tedy asi byl 'v (náhlém) mámení smyslů, mylně' (HK). Srov. ↓*zamanout si*, ↓*namanout se*.

manekýn, *manekýnka*. Přes něm. *Mannequin* z fr. *mannequin*, původně 'figura, krejčovská panna', a to ze střniz. *mannekīn*, což je zdrobnělina od *man* 'člověk, muž'. Srov. ↑*man*, ↓*muž*.

manévr 'taktický postup či úkon; větší vojenské cvičení', *manévrovat*, *manévrovací*, *vymanévrovat*, *vmanévrovat*. Přes něm. *Manöver* z fr. *manœuvre* a to z vlat. či střlat. *manuopera* 'práce rukou' z lat. *manus* 'ruka' a *opera* 'dílo'. Srov. ↓*manuskript* a ↓*opera*.

manéž 'kruhovité místo pro cirkusové produkce', *manéžní*. Z fr. *manège* 'jízdárna, výcvik koní' z it. *maneggio* tv., původně 'zacházení, ovládání', od *maneggiare* 'zacházet, ovládat, užívat' od *mano* 'ruka' z lat. *manus* tv. Srov. ↑*manažer*, ↓*manipulace*.

mangan 'kovový prvek', *manganový*, *manganistý*, *manganistan*. Z něm. *Mangan* z it. *manganese* a to asi zkomolením základu, který je v ↑*magnet*, ↑*magnezium*.

mango 'tropické ovoce'. Přes něm. *Mango* z port. *manga* z indonéského *mangga* a to z tamilského *mangay* tv.

mánie 'chorobná vášeň k něčemu', *maniak*, *maniacký*. Z lat. *mania* z ř. *maníā* 'šílenost, zuřivost, nadšení' od *maínomai* 'šílím, zuřím, jsem roznícen'. Srov. ↑*kleptomanie*, ↑*erotomanie*.

manifest 'veřejné slavnostní programové prohlášení', *manifestovat*, *manifestace*, *manifestační*, *manifestant*. Přes něm. *Manifest* ze střlat. *manifestum* tv. od lat. *manifestus* 'zjevný, patrný; dokázaný, usvědčený', v jehož první části je lat. *manus* 'ruka', druhá není uspokojivě vysvětlena. Srov. ↓*manuskript*.

maník ob. 'muž, chlapík; řadový vojín'. Od něm. *Mann* 'muž, člověk', srov. ↑*man*, ↑*manekýn*.

manikúra 'pěstění rukou'. Z fr. *manicure*, *manucure*, což je novotvar (konec 19. st.) k staršímu *pédicure* (↓*pedikúra*) z lat. *manus* 'ruka' a *cūra* 'péče'. Srov. ↓*manipulovat*, ↑*manifest*, ↑*kúra*.

maniok 'škrob z hlízy tropické rostliny manihot'. Přes fr. *manioc* ze šp. *manioca* a to z domorodého brazilského jazyka tupi.

manipulovat 'zacházet s něčím, ovlivňovat', *manipulace*, *manipulační*, *manipulant*, *zmanipulovat*. Z fr. *manipuler* tv. od střfr. *manipule* 'hrst, sevřená ruka' z lat. *manipulus* 'hrst, náruč, otýpka' z *manus* 'ruka' a odvozeniny od *plēre* 'plnit, naplnit'. Srov. ↑*manikúra* a ↓*plénum*.

manko 'schodek; co schází oproti předpokládanému stavu'. Z it. *manco* tv. od *mancare* 'chybět' od lat. *mancus* 'slabý, neúplný'.

manometr 'přístroj k měření tlaku plynů'. Z fr. *manomètre* a to uměle (zač. 18. st.) z ř. *mānós* 'řídký, volný' a *métron* (viz ↓*-metr*).

mansarda 'podkrovní místnost'. Z fr. *mansarde* a to podle fr. stavitele *Fr. Mansarta* († 1666).

manšaft. Viz ↑*mančaft*.

manšestr 'vroubkovaná tkanina'. Podle angl. města *Manchester*, v angl.

mantinel   363   **marcipán**

samotné ovšem *corduroy* nejistého původu.

mantinel 'zvýšený okraj hřiště'. Z it. *mantinello*, další původ nejistý.

mantisa 'desetinná část logaritmu'. Z lat. *mantissa* 'dovažek, protiváha', snad etruského původu.

manuál 'příručka; ruční klávesnice varhan'. První význam přes angl. *manual* z lat. *manuāle* tv., druhý přes něm. *Manual* a to osamostatněním lat. adj. *manuālis* 'ruční' (srov. podobně ↓*pedál*) od *manus* 'ruka'.

manuální 'ruční'. Z lat. *manuālis* 'ruční' od *manus* 'ruka'. Srov. ↑*manuál*, ↓*manufaktura*, ↓*manuskript*.

manufaktura 'velká řemeslnická dílna', *manufakturní*. Přes něm. *Manufaktur* (fr., angl. *manufacture*) ze střlat. *manufactura* 'ruční výroba' z lat. *manus* 'ruka' a *factūra* 'výroba, dílo' od *facere* 'dělat'. Srov. ↑*manuální*, ↑*faktura*.

manuskript 'rukopis'. Ze střlat. *manuscriptum* z lat. *manū scrīptus* 'rukou psaný' z *manus* 'ruka' a *scrīptus* (příč. trp. od *scrībere* 'psát'). Srov. ↑*manufaktura*, ↑*manuální*, ↓*skripta*.

manýra 'ustálený způsob tvorby; chování', *manýrismus*. Z něm. *Manier* a to ze stfr. *maniere* (fr. *manière*) 'druh, způsob, chování' od adj. *manier* 'udělaný ručně, zručný, způsobilý' z lat. *manuārius* 'týkající se rukou' od *manus* 'ruka'. Srov. ↑*manuální*, ↑*manufaktura*.

manžel, *manželka, manželský, manželství*. Přesmykem ze stč. *malžen, malženka*, dnes žije jen v zsl. (slk. *manžel*, hl. *mandźel*, p. *małżonek*). Psl. *malъžena (csl. *malъžena*) byl duálový tvar znamenající 'muž a žena' (podobně jako stsl. *bratrъsestra* 'bratr a sestra'), v jednotlivých slov. jazycích však dalo význam pouze 'manželka' (podle ↓*žena*), k tomu pak zpětně přitvořen mužský protějšek. Výklad je nesnadný.

Tradičně se objasňuje jako polokalk ze sthn. složeniny *mālwīp* s ponecháním *māl-* (srov. něm. *Gemahl* 'manžel') a přeložením *-wīp* (něm. *Weib* 'žena') (HK, Ma[1]). Výklady hledající v první části psl. *mǫžь, germ. *man-* či něco jiného (Ma[2]) nejsou přesvědčivé.

manžeta 'zakončení rukávu', *manžetový*. Přes něm. *Manschette* z fr. *manchette* tv., což je zdrobnělina od *manche* 'rukáv' a to z lat. *manica* tv. od *manus* 'ruka'. Srov. ↑*manuální*, ↑*manýra*.

mapa, *mapka, mapový, mapovat, zmapovat*. Z něm. *Mappe* a to ze střlat. *mappa mundi* 'mapa světa' přeneseně z lat. *mappa* 'látka k utírání, ubrousek'. Původně tedy 'na látce nakreslená mapa světa'.

marabu 'africký druh čápa'. Z fr. *marabout* a to přeneseně z ar. *murābit* 'poustevník' podle jeho jisté vznešenosti i osamělého způsobu života.

marakuja 'druh tropického ovoce'. Z port. *maracujá* a to z nějakého indiánského jazyka.

marasmus 'sešlost, zchátralost'. Původně lékařský termín (fr. *marasme*, 16. st.) z ř. *marasmós* tv. od *maraínomai* 'chátrám, chřadnu'.

marast 'bahno'. Z něm. *Morast*, které je ze střdn. *mōras* či střniz. *maras*, *marasch*, to pak ze stfr. *marais*, stfr. *mareis* 'bažina, močál', jež vychází z germ. (frk.) **marisk-* tv. (srov. něm. *Marsch* 'pobřežní půda', angl. *marsh* 'močál').

maraton 'závod v běhu na 42,195 km', *maratonský, maratonec*. Podle ř. města *Marathonu* (od ř. *márathon* 'fenykl'), odkud běžel posel se zprávou o vítězství nad Peršany (490 př. Kr.); po předání zprávy vysílením zemřel.

marcipán 'jemný perník; mandlová hmota', *marcipánový*. Z něm. *Marzipan*

margarin 364 **markytánka**

z it. *marzapane* (druhá část lid. etym. spojena s lat. *pānis* 'chléb'). Další původ se hledá v ar., ale výklady jsou různé a předpokládají složitý vývoj významu.

margarin 'ztužený rostlinný tuk', *margarinový*. Z fr. *margarine* tv. od *(acide) margarique* '(kyselina) margarinová' a to od ř. *márgaron* 'perla' podle charakteristického zabarvení kyseliny. Od stejného základu je jméno *Margareta* (č. *Markéta*).

marginální 'okrajový', *marginálie*. Z lat. *marginālis* tv. od *margō* (gen. *marginis*) 'okraj'. Srov. ↓*marka*.

mariáš 'druh karetní hry', *mariášový*, *mariášník*. Z fr. *mariage* 'manželství, sňatek', protože dvojice král – dáma (v našich, tj. původem něm. kartách, dvojice král – svršek) má zvláštní hodnotu (Ma[2]). Fr. slovo je od *marier* 'ženit, vdávat' z lat. *marītāre* tv. od *marītus* 'manžel' od *mās* (gen. *maris*) 'muž, samec'.

marihuana 'druh omamné látky', *marihuanový*. Z am.-angl. *marihuana*, *marijuana* a to ze šp. *marijuana*, *mariguana*, snad podle jména bahamského ostrova *Mariguana*.

marína 'námořnictvo'. Z něm. *Marine* z fr. *marine* tv., což je zpodstatnělé adj. (ž.r.) *marin* 'mořský, námořní' z lat. *marīnus* 'týkající se moře' od *mare* 'moře' (viz ↓*moře*).

marináda 'kořeněný nálev k nakládání ryb a masa', *marinovat, marinovaný*. Z fr. *marinade* tv. od *mariner* 'naložit (maso)', vlastně 'naložit do mořské vody', od *marine* 'mořská voda', dále viz ↑*marína*.

maringotka 'obytný vůz pro sezonní pracovníky'. Z fr. *maringote* neznámého původu, snad z nějakého vlastního jména.

marioneta 'loutka'. Přes něm. *Marionette* z fr. *marionnette* od *Marion*, což je domácká varianta jména *Marie*. Původní význam fr. slova byl 'soška či obrázek P. Marie'. Přechod k dnešnímu významu lze nejspíš vidět v hrách pozdního středověku, v nichž se používaly figurky P. Marie. Z nich se pak asi vyvinuly loutky v dnešním slova smyslu. Srov. ↑*maňásek*.

marka 'měnová jednotka; středověké pohraniční území', *markový*. Z něm. *Mark* tv., původně '(hraniční) znamení', odtud jednak 'pohraniční území', jednak 'znamení vyražené na zlatých a stříbrných prutech' a z toho 'platidlo'. Spojuje se s lat. *margō* 'okraj' (srov. ↑*marginální* a dále ↓*markantní*, ↓*markovat*, ↓*markýrovat*).

markantní 'výrazný, nápadný'. Přes něm. *markant* z fr. *marquant*, přech. přít. od *marquer* 'označovat, vyznačovat', původu germ. (asi skand.). Srov. ↑*marka*, ↓*markovat*, ↓*markýrovat*.

marketing 'výzkum trhu pro potřeby výroby a obchodu', *marketingový*. Z angl. *marketing* tv. od slovesa *(to) market* 'dát na trh' od *market* 'trh' z vlat. **marcātus* z lat. *mercātus* 'obchod, trh' od *merx* 'zboží'. Srov. ↑*komerce*, ↓*markytánka*, ↑*jarmark*.

markovat hov. 'dělat záznam o prodaném zboží', *namarkovat*. Z fr. *marquer* 'zaznamenat, označit' (viz ↑*markantní*).

markrabě 'zástupce panovníka v marce', *markrabský, markrabství*. Ze střhn. *marcgrāve*, dále viz ↑*marka* a ↑*hrabě*.

markýrovat ob. 'předstírat, naznačovat'. Z něm. *markieren* tv., původně 'značkovat', z fr. *marquer* (viz ↑*markovat*, ↑*markantní*).

markytánka 'někdejší prodavačka zboží ve vojsku', *markytán*. Z něm. *Marketender* z it. *mercatante* od *mercato* 'obchod, trh' z lat. *mercātus* tv. od *merx* 'zboží' (Ma²). Srov. ↑*marketing*, ↑*komerce*, ↑*jarmark*.

markýz 'příslušník vyšší šlechty', *markýza*. Z fr. *marquis* a to od *marche* z germ. *markō (viz ↑*marka*). Původně tedy 'šlechtic v marce'. Srov. ↑*markrabě*.

marmeláda, *marmeládový*. Přes něm. *Marmelade* a fr. *marmelade* z port. *marmelada*, vlastně 'kaše z kdoule', od *marmelo* 'kdoule' a to z lat. *melimēlum* z ř. *melímēlon* tv., doslova 'medové jablko', z *méli* 'med' a *mēlon* 'jablko'. Srov. ↓*meloun*.

márnice 'místnost pro ukládání mrtvol'. Původně 'místnost na hřbitově, kde se ukládaly máry' (viz ↓*máry*).

marný, *marnost, marnit, marnivý, promarnit*. Jen zsl. (luž., p. *marny*) a sln.st. *máren* 'nicotný'. Psl. *marьnъ je nejspíš odvozeno od *mara (p. *mara*, r. *mará* 'přízrak, vidění'), původní význam by tedy byl 'klamný, neskutečný'. Dále viz ↓*mařit*.

marod hov. 'nemocný', *marodka, marodit, omarodit, promarodit*. Z rak.-něm. *marod* tv. (vedle něm. *marode* 'vysílený, unavený') a to za třicetileté války z fr. *maraud* 'darebák' (srov. i *maraude* 'plenění', *maraudeur* 'záškodník, polní zloděj') nejistého původu. Nemocní a unavení vojáci totiž zaostávali za svou jednotkou a pak se živili pleněním a krádežemi.

marokánka 'placička z kandovaného ovoce máčená v čokoládě'. Podle staršího *Marokánka* 'obyvatelka Maroka'. Srov. ↑*indiánek*.

marš zast. ob. 'pochod'; citosl. 'pryč, alou'. Přes něm. *Marsch, marsch!* z fr. *marche, marche!* tv. od *marcher* 'kráčet' a to nejspíš z germ. (příbuzné ↑*marka*, ↑*markovat*), vlastně tedy 'zanechávat stopy, značit'. Viz i ↓*mašírovat*.

maršál 'nejvyšší vojenská hodnost', *maršálek, maršálský*. Z něm. *Marschall* ze střhn. *marschalc* (odtud *maršálek* 'titul vysokého dvorského úředníka') ze sthn. *marahscalc* 'podkoní' z *marah* 'kůň' (srov. ↓*mrcha*, ↓*maštal*) a *scalc* 'sluha, pacholek'. Postupně se stává titulem vyšším.

martyrium 'utrpení, mučednictví'. Ze střlat. *martyrium* tv. z ř. *martýrion* 'svědectví, důkaz', vlastně tedy 'důkaz věrnosti Kristovu učení', od *mártys, mártyros* 'svědek, mučedník', jež možná souvisí s lat. *memor* 'mající na paměti' (srov. ↓*memento*, ↓*memorovat*).

máry 'pohřební nosítka'. Stč. *páry* z něm. *Bahre* tv. (souvisí s ↑*brát*). V novější č. přikloněno k ↓*mřít*. Srov. ↑*márnice*.

marže 'rozdíl mezi nákupní a prodejní cenou, zisk'. Z fr. *marge* tv., vlastně 'manévrovací prostor, rozmezí', původně 'okraj, horní hranice' z lat. *margō* 'okraj'. Srov. ↑*marginální*, ↑*marka*.

mařit, *zmařit, zmar*. Ve významu 'kazit (plány ap.)' i nář. 'usmrcovat' jen č. P. *marzyć* 'snít', ukr. *máryty* tv. je od psl. *mara 'vidění, přízrak' (srov. ↑*marný*), které se většinou vykládá ze stejného **ma-*, které je v ↑*mámit*, ↑*maně*. Spojit č. *mařit* s touto skupinou je možné (HK), významově bližší je však spojení s ↓*mořit* (Ma²). Vzhledem k izolovanosti č. významu nelze vyloučit ani vliv sthn. *marrjan*, střhn. *marren, merren* 'překážet, bránit'.

masa 'hmota; množství lidí', *masový*. Přes něm. *Masse* z lat. *massa* 'tvárná hmota, těsto, množství lidí' z ř. *máza* 'ječná kaše, ječný chléb', jež souvisí s *mássō* 'hnětu, mísím'. Srov. ↓*masiv*, ↓*mazat*.

masák 'jedlý druh muchomůrky'. Podle barvy připomínající maso (viz ↓*maso*).

masakr 'hromadné krveprolití', *masakrovat, zmasakrovat.* Přes něm. *Massaker* z fr. *massacre* tv., stfr. *macecre* od *macecrer* 'zabíjet, porážet (dobytek)', jež dále není příliš jasné (snad z *mace-col 'tlouci do krku'?).

masáž, *masážní, masér, masérka, masérský, masírovat, namasírovat, promasírovat, rozmasírovat.* Přes něm. *Massage* z fr. *massage* od *masser* 'masírovat' (do něm. *massieren*) a to nejspíš z ar. *massa* 'dotýkat se' (do Evropy přišly tyto praktiky z Asie), i když se uvažuje i o spojitosti s lat. *massa* a ř. *mássō* 'hnětu' (viz ↑*masa*).

masiv 'mohutný celek', *masivní.* Přes něm. *Massiv* z fr. *massif* 'nosné zdivo, horstvo, pilíř', což je zpodstatnělé adj. *massif* 'mohutný, těžký, důkladný' od *masse* 'hmota, množství' z lat. *massa* (viz ↑*masa*).

maska, *maskér, maskérka, maskérna, maskovat, namaskovat, odmaskovat, zamaskovat.* Přes něm. *Maske* z fr. *masque* tv. a to asi z it. *maschera*, jehož výklad není jistý. Snad z ar. *mashara* 'žert, maškaráda'. Viz i ↓*maškara*.

maskot 'talisman'. Z fr. *mascotte* z prov. *mascoto* 'čarodějnictví; co nosí štěstí' od *masco* 'čarodějka', jež asi souvisí s ↑*maska*.

maskulinum 'podstatné jméno mužského rodu'. Z lat. *masculīnum (genus)* 'mužský (rod)' od *masculus*, což je zdrobnělina k *mās* 'muž, samec'. Srov. ↓*masturbace*, ↑*mariáš*.

máslo, *máslový, máselný, máslovka, máselnice, podmáslí.* Všesl. – p. *maslo*, r. *máslo* 'máslo, olej, tuk', s./ch. *màslo*, stsl. *maslo* 'olej'. Psl. *maslo je odvozeno od *mazati (nejspíš z *maz-slo, i když proti podobě příp. jsou výhrady), vlastně tedy 'to, co slouží k mazání'. Srov. ↓*mast*, ↓*mazat*.

masmédia 'hromadné sdělovací prostředky'. Z angl. *mass media*, dále viz ↑*masa* a ↓*médium*.

maso, *masový, masný, masařka.* Všesl. – p. *mięso*, r. *mjáso*, s./ch. *mêso*, stsl. *męso*. Psl. *męso je nejblíže příbuzné s gót. *mimz*, arm. *mis*, sti. *māṁsá-* tv. (z ie. **mēmso-*), dále je příbuzné lot. *mìesa* (lit. *mėsà* je asi výpůjčka ze slov.), stpr. *mensā*, alb. *mish*, toch. B *misa* a vzdáleněji i střir. *mír* 'sousto, kousek', lat. *membrum* 'člen, úd', ř. *mērós* 'kýta, stehno' (Ma²). Viz i ↑*masák*, ↓*masopust*, ↓*mázdra*, ↓*membrána*.

masochismus 'pohlavní úchylka projevující se potřebou být trýzněn', *masochistický, masochist(k)a.* Podle rak. spisovatele *L. von Sachera-Masocha* († 1895), který ve svých románech podobné projevy popisuje.

masopust, *masopustní.* Všesl. – p. *mięsopust*, r. *mjasopúst*, s./ch. *mȅsopust*, csl. *męsopustъ.* Slovo má ve slov. jazycích různé významové nuance, původní význam asi byl 'večer před začátkem postní doby'. Lid. etym. *(D2)* se spojuje s ↓*půst*, ale csl. podoba ukazuje na souvislost s ↓*pustit* (srov. u Jg 'den, kdy se maso pouští'). Je to nejspíš kalk z rom. jazyků (srov. it. *carnevale* z *carne leva*, doslova 'maso odlož', viz ↑*karneval*).

mast, *mastička, mastičkář, mastný, mastnota, mastit, omastit, omastek, zamastit, namastit, odmastit, přimastit, promastit.* Všesl. – p. *maść, mazć*, r. *mast'* 'barva srsti', s./ch. *mâst* 'omastek' (stejný význam i u slk. *masť*). Psl. **mastь (maztь)* je odvozeno příp. *-tь* od *mazati (↓*mazat*). Srov. ↑*máslo*.

mást, *zmást, zmatený, zmatek, změť, pomást se, pomatený.* Slk. *miasť*, r.d. *mjastí*, s./ch. *mésti* 'míchat, tlouci (máslo)', stsl. *męsti*. Psl. *męsti (1.os.přít. *mętǫ*) *(A5)* souvisí s lit. *mėsti* 'míchat', sti. *mánthati* 'míchá' z ie.

*ment- 'míchat, kroužive pohybovat'.
Viz i ↓*motat,* ↓*matný,* ↓*mést,* ↓*smetana,*
↓*smutný,* ↓*rmoutit.*

mastek 'měkký mastný nerost'.
Původně (u Presla) *mastnek,* podle toho,
že je na dotek měkký, jakoby mastný
(Ma²).

mastitida 'zánět prsu'. Z nlat. *mastitis*
a to od ř. *mastós* 'prsa, prsní bradavka'.
Srov. ↓*mastodont.*

mastodont 'vymřelý savec podobný
slonu'. Z fr. *mastodonte,* jež utvořil zač.
19. st. fr. zoolog Cuvier z ř. *mastós*
'prsní bradavka' a *odoús* (gen. *odóntos)*
'zub' – měl totiž zvláštní výrůstky
podobné bradavkám na stoličkách.
Srov. ↑*mastitida.*

masturbovat 'onanovat', *masturbace.*
Z lat. *māsturbāre,* jehož druhá část
obsahuje *turbāre* 'vzrušovat, pobuřovat,
porušovat', v první části se hledá lat.
manus 'ruka' ('rukou vzrušovat') či *mās*
'muž, samec', tedy vlastně 'vzrušovat
(či porušovat) mužství' (HL), ale
tvarově ani jedno neodpovídá.

mašina, *mašinka, mašinérie.* Přes
něm. *Maschine* z fr. *machine* z lat.
māchina 'stroj' a to z ř. (dór.) *māchaná*
'prostředek, stroj, umělé zařízení' vedle
ř. (ión.) *mēchanḗ* tv., od něhož je
↓*mechanický.* Srov. i ↑*machinace.*

mašírovat zast. ob. 'pochodovat'.
Z něm. *marschieren* tv. z fr. *marcher*
(dále viz ↑*marš*).

maškara 'směšně přestrojená osoba',
maškarní, maškaráda. Ze severoit.
mascara (it. *maschera)* 'žert, maska'
(dále viz ↑*maska*).

mašle, *mašlička.* Z něm. *Maschel,* což
je zdrobnělina k *Masche* 'stuha, očko'.

mašlovačka 'peroutka na potírání
pečiva vejcem či omastkem'. Od slovesa
mašlovat, které je zřejmě od staršího

másliti (Jg) podobně jako *přemýšlovati*
– *mysliti* ap. Dále viz ↑*máslo.*

maštal 'stáj, konírna'. Stč. *marštal(e)*
ze střhn. *marstal* z *mar* 'kůň' a *stal*
'stáj'. Srov. ↑*maršál* a ↓*stáj.*

mat 'konec šachové hry', *matový.* Přes
něm. *Matt* a it. *matto* tv. z per. *šāh māt,*
doslova 'král (je) mrtev' (viz i ↓*šach*).

máta 'léčivá bylina', *mátový.* Všesl.
– p. *mięta,* r. *mjáta,* s./ch. *mĕta,* stsl.
męta. Psl. **męta* je převzato z lat.
mentha, které je stejně jako ř. *mínthē*
převzato z neznámého středomořského
jazyka. Srov. ↓*mentol,* ↓*peprmint.*

matador expr. 'ostřílený borec'.
Původně 'zápasník s býky (který je
nakonec zabíjí)' ze šp. *matador* tv.,
vlastně 'zabiják, zabíječ', od *matar* 'zabíjet' z lat. *mactāre* 'zabíjet, obětovat'.

maté 'jihoamerický čaj'. Ze šp. *maté*
indiánského původu.

matěj ob. expr. 'popleta'. Podle častého
venkovského jména (snad i vlivem
↑*mást, mate*). Srov. ↑*kuba,* ↑*janek.*

matematika, *matematický, matematik,*
matematička. Ze střlat. *(ars)*
mathematica z ř. *mathēmatikḗ (téchnē)*
'matematická (věda)' od *máthēma*
'učení, poznání, nauka' od *manthánō*
'vštěpuji si v paměť, rozumím,
poznávám'. Srov. ↑*automat.*

materiál, *materiálový, materiální,*
materialismus, materialista, materialistický, materializovat, materializace.
Přes něm. *Material* tv. z pozdnělat. *māteriālis* 'hmotný' od lat. *māteria* 'látka,
hmota', původně 'stavební dříví; kmen
a výhonky ovocných stromů', a to od
māter 'matka' (strom je tu metaforicky
brán jako 'matka', protože rodí ovoce).
Srov. ↓*matka,* ↓*matrice,* ↓*matrika.*

mateřídouška 'vonná luční bylina'.
Stč. *mateřie dúška,* podobné útvary
jsou i v jiných slov. jazycích (r.st.

mátkina dúška ap.). Vzniklo na základě lidové pověsti (srov. Erbenova Kytice) o převtělení předčasně zesnulé matky do tohoto kvítku (viz ↓*matka* a ↑*douška*). O starobylosti pověsti by mohlo svědčit i doložené střlat. (7. st.) *matris animula*, jež slov. jménům takřka přesně odpovídá (Ma²).

matice 'matka (šroubu); soustava čísel (prvků); kulturní organizace'. Vše přeneseně od **mati* (viz ↓*matka*), první význam pod vlivem něm. *Schraubenmutter.*

matiné 'dopolední slavnost'. Z fr. *matinée* od *matin* 'ráno, dopoledne' z lat. *mātūtīnum (tempus)* 'ranní (čas)', jež souvisí s *mātūrus* 'zralý, vyspělý' (srov. ↓*maturita*).

matjes 'nasolený mladý sleď'. Z niz. *maatjes(haring)* ze střniz. *mēdykens hēring*, doslova 'panenský sleď', tj. 'mladý, nezkažený' (souvisí s něm. *Mädchen* 'dívka').

matka, *máti, matička, mateřský, mateřství, mateřština*. Vlastně zdrobnělina od stč. *máti* (gen. *mateře*), které je všesl. – stp. *mać*, r. *mat'*, s./ch. *mȁti*, stsl. *mati*. Psl. **mati* (gen. *matere*) odpovídá lot. *māte*, něm. *Mutter*, angl. *mother*, stir. *māthir*, lat. *māter*, ř. *mētēr*, arm. *mayr*, sti. *mātár-* tv., vedle toho i lit. *motė̃* 'manželka', alb. *motër* 'sestra', vše z ie. **māter-* 'matka', to pak zřejmě z **ma-* téhož původu jako v ↑*máma* a příp. -*ter-* (srov. ↑*bratr*, ↑*dcera*, ↓*otec*). Dále srov. ↑*matice*, ↓*matrice*, ↑*materiál*, ↓*matrona*, ↓*metro*).

matlat expr., *matlanina, zamatlat, namatlat, umatlat*. Expr. útvar (srov. ↓*patlat*), snad v etymologické souvislosti s ↑*mást* (Ma²).

matný, *matnice, matový*. Stč. *matný* 'chatrný, špatný, hloupý' ze střhn. *mat* 'chabý, mdlý' (něm. *matt* dostalo i význam 'bez lesku', odtud dnešní č. význam) ze stfr. *mat* tv. a to z lat.

mattus 'sklíčený, plačtivý', což je vlastně zredukované **maditus*, příč. trp. od *madēre* 'být vlhký, mokrý, opilý'.

mátoha 'přízrak, zeslábý člověk', *mátožný*. Je i p., sln. *matoga* 'jakési strašidlo', tedy asi již psl. **matoga* od **matati*, které je v č. nář. *mátat* 'mást, strašit', p. *matać* 'zamotávat, klamat'. Základem bude asi stejné **ma-* jako v ↑*mámit*, ↑*maně* (Ma²), snad tu působil i vliv slovesa ↓*motat*.

matrace. Z něm. *Matratze* 'žíněnka, spací podložka' z it.st. *materazzo* a to z ar. *maṭraḥ* 'koberec (na spaní)'.

matriarchát 'rodové zřízení, v němž má vedoucí úlohu matka', *matriarchální*. Utvořeno v 19. st. z lat. *māter* 'matka' a ř. *árchō* 'vládnu' podle staršího ↓*patriarchát*.

matrice 'forma, tiskařský negativ'. Z něm. *Matrize* z fr. *matrice* z lat. *mātrīx* '(zvířecí) matka, děloha' od *māter* (viz ↑*matka*).

matrika 'úřední kniha zaznamenávající narození, sňatky, úmrtí ap.'. Z lat. *mātrīcula* 'soupis, seznam', což je zdrobnělina od *mātrīx* (viz ↑*matrice*).

matrona expr. 'starší žena silnější postavy'. Z lat. *mātrōna* '(důstojná) paní, manželka' od *māter* (viz ↑*matka*).

maturita, *maturitní, maturant(ka), maturovat, odmaturovat*. Z něm. *Maturitätsexamen* podle střlat. *examen maturitatis* 'zkouška dospělosti' od lat. *mātūritās* 'zralost, dospělost' od *mātūrus* 'zralý, včasný, dospělý'. Srov. ↑*matiné*.

mauzoleum 'monumentální hrobka'. Z lat. *mausōlēum* z ř. *Mausóleion*, jak se nazývala hrobka krále *Mausola* v Halikarnassu v Malé Asii (4. st. př. Kr.), považovaná v antice za jeden ze sedmi divů světa.

mávat, *mávnout, mávátko, zamávat.*
Dl. *mawaś*, r.d. *mavat'* tv., csl. *pomavati* 'kývat na někoho', jinak slov. jazyky dávají přednost formám z psl. *majati, *machati (viz ↑*maják*, ↑*máchat*). Všechno jsou to rozšíření psl. *mati, které má protějšek jen v balt. – lit. *móti*, 1.os.přít. *móju* 'mávat, kynout', lot. *māt, māju* tv. Srov. i ↑*mámit*, ↑*mátoha*.

maxi- (ve složeninách) 'velký, maximální'. Srov. *maxisukně* a s opačným významem ↓*mini-*. Jinak viz ↓*maximum*.

maximum 'nejvyšší míra možného', *maximální, maximalismus, maximalista, maximalistický*. Z lat. *maximum*, což je zpodstatnělé adj. (stř.r.) *maximus* 'největší', 3. stupeň adj. *magnus* 'velký'. Srov. ↑*magnát*, ↑*major*, ↓*minimum*.

máz 'stará objemová míra (asi 1,4 l)'. Z pozdně střhn. (bav.-rak.) *māz* tv. (něm. *Mass* 'míra'). Srov. i něm. *messen* 'měřit' (viz ↓*míra*).

mazat, *mazání, mazaný, maz, mazlavý, mazadlo, mazanec, mazanice, mazal, namazat, umazat, smazat, zamazat, přemazat, vymazat, zmazat, rozmazat, podmazat, odmazat* aj. Všesl. – p. *mazać*, r. *mázat'*, s./ch. *màzati*, stsl. *mazati*. Psl. *mazati souvisí s něm. *machen*, angl. *make* 'dělat' (původně asi 'lepit z hlíny'), bret. *meza* 'hníst', ř. *mássō* 'hnětu, zadělávám (těsto)', *mágma* 'uhnětená masa', vše od ie. **maǵ-* 'hníst, lepit' *(A1)*. Srov. ↑*mast*, ↑*máslo*, ↑*magma*.

mázdra 'blána, tenký povlak (na mase)'. Všesl. – p. *miazdra*, r. *mezdrá*, s. *mézdra*, csl. *męzdra*. Psl. *męzdra je pokračováním ie. **mēms-rā (B7)*, odvozeného od **mēmso-* (viz ↑*maso*). Nejblíže mu stojí lat. *membrum* 'úd' (vlastně 'masitá část (těla)') a významově blízké *membrāna* (viz ↓*membrána*) (Ma²). Co do tvoření srov. ↓*nozdra*.

mazlit se, *mazlivý, mazlíček, mazel, pomazlit se, rozmazlit, rozmazlený*. Jen č. a slk. Od staršího *mazati se* tv. (srov. *mazánek*), dále viz ↑*mazat*.

mazurka 'druh tance'. Z p. *mazurek*, vlastně 'mazurský tanec', podle kmene v severových. Polsku. Srov. ↓*polka*.

mazut 'odpad při destilaci nafty', *mazutový*. Z r. *mazút* a to prý přes ttat. jazyky z ar. *makhzulat* 'odpadky'.

mdlý, *mdloba, omdlít, umdlévat, zemdlévat, zemdlený*. P. *mdły*, sln. *médel*, csl. *mъdlъ* tv., patří sem i r. *médlennyj* 'pomalý'. Psl. *mъdlъ nemá jednoznačný výklad. Lze vyjít od slovesa *mъděti (csl. *izmъděti* 'slábnout', r.d. *modét'* 'tlít'), které však nemá spolehlivé protějšky – snad je příbuzné lot. *mudēt* 'plesnivět' či lit. *maũsti* 'tupě bolet'. Východiskem by mohlo být ie. **mau-* 'slabý, matný' (srov. ř. *(a)maurós* 'tmavý, slabý').

mě zájm. Gen., ak. zájm. *já*. Všesl. – p. *mię*, str. *mja*, s./ch. *me*, stsl. *mę*. Psl. *mę odpovídá stpr. *mien*, alb. *mua* i sti. *mām*, vše z ie. ak. *mēm (z varianty bez koncovky *-m* pak jsou lat. *mē*, ř. *emé*, sti. *mā*). Druhý č. tvar gen., ak. tohoto zájmena *mne* je z psl. *mene a to disimilací z ie. gen. *meme, z něhož je i lit. *manè*, av. *mana*, sti. *máma*. Z tohoto tvaru se *-n-* šířilo i do dalších pádů (psl. dat. *mene, instr. *menoją). Viz i ↓*mi*, ↓*můj*.

meandr 'zákrut (řeky)'. Z fr. *méandre* z lat. *maeander* a to z ř. *Maíandros*, jména jedné klikaté řeky v Malé Asii.

mecenáš 'podporovatel umění a věd', *mecenášský*. Podle římského boháče *Maecenata* (nom. *Maecenas*, † 8 př. Kr.), který podporoval družinu básníků.

meč, *mečík, mečový, mečoun, mečíř*. Všesl. – p. *miecz*, r. *meč*, s./ch. *mȁč*, stsl. *mečь, mьčь*. Psl. **mečь, mьčь* je v nějakém vztahu s gót. *mēki*,

mečbol

stsas. *māki*, stangl. *mēce* tv. Vzhledem k rozdílnému vokalismu však zřejmě nejde o vzájemné přejetí, ale o výpůjčku z nějakého jiného jazyka. Původ se většinou hledá na východě (kavkazské *mača* 'šavle' aj., Ma², HK), ale vzhledem ke kulturním souvislostem doby železné nelze vyloučit jako zdroj kelt. *mecc- 'svítit, blýskat se'.

mečbol 'rozhodující podání zápasu (v tenise, volejbale ap.)'. Z angl. *match ball*, doslova 'míč zápasu' (dnes spíše *match point* 'bod zápasu') z *match* (viz ↑*mač*) a *ball* (viz ↑*-ball*). Srov. ↓*setbol*.

mečet, *mečivý, zamečet.* Hl. *mječeć*, s./ch. *méčati*. Psl. *mečati je od *mekati (↓*mekat*) onom. původu.

med, *medový, medovina, medovinový.* Všesl. – p. *miód*, r. *měd*, s./ch. *mêd*, stsl. *medъ*. Psl. *medъ přesně odpovídá lit. *medùs* tv., sthn. *metu*, stir. *mid*, ř. *méthy*, sti. *mádhu-* však znamená 'medovina, opojný nápoj', vše je z ie. **medhu-* 'med, medovina'. Problematická je příbuznost lat. *mel*, ř. *méli* 'med'. Podobné názvy jsou i mimo ie. jazyky – fin. *mete*, maď. *méz* (asi převzato z ie.), čín. *mi* (Ma², HK).

měď, *měděný, měděnka, pomědit.* Všesl. – p. *miedź*, r. *med'*, ch. *mjȅd*, s. *mȅd*, stsl. *měděnka*. Psl. *mědь nemá žádné ie. paralely, jeho výklad je nejistý. Nejvíce podpory má domněnka o spojitosti se jménem starověké země *Médie*, k jejímuž území patřila nejdůležitější starověká naleziště mědi v Zakavkazí (od 7. st. př. Kr.). Podobně lat. název mědi *cuprum* je od ostrova Kypru (Ma²).

medaile, *medailový, medailon, medailonek.* Přes něm. *Medaille* z fr. *médaille* z it. *medaglia* a to nejspíš z vlat. **metallia (monēta)* 'kovová (mince)' od lat. *metallum* 'kov' (srov. ↓*metál*).

mediální. Viz ↓*médium*.

370

mega-

medicína, *medik, medický.* Z lat. *medicīna* 'lékařství, lék' od *medicus* 'lékař' a to od *medērī* 'léčit, hojit'. Srov. ↓*medikament*.

medikament 'lék'. Přes něm. *Medikament* z lat. *medicāmentum* 'lék, kouzelný prostředek' od *medicārī* 'léčit' od *medicus* (viz ↑*medicína*).

meditovat 'rozjímat', *meditace, meditativní.* Z lat. *meditārī* 'přemýšlet, cvičit se', jež asi souvisí s *medērī* (viz ↑*medicína*) a vzdáleně snad i ↓*měřit*.

médium 'prostředník (při spiritistické seanci ap.); sdělovací prostředek'. Přes něm. *Medium* (u druhého významu přes angl. *medium*) z lat. *medium* 'prostředek, střed, veřejnost', jež souvisí s ↓*mez*, ↓*mezi*. Srov. i ↑*masmédia*.

medle přísl. zast. Stč. *mnedle, medle* 'tedy, pak' z *mne dle*, tedy asi 'pokud jde o mne, podle mne' (Ma²).

meduňka 'druh silně aromatické byliny'. Kalk podle lat. *Melissa* z ř. *melissófyllon*, doslova 'včelí rostlina', od *mélissa* 'včela' od ř. *méli* 'med' (viz ↑*med*).

medúza 'mořský láčkovec'. Z it. *medusa* či fr. *méduse* tv. a to podle mytologické nestvůry *Medusy* (ř. *Médousa*), která měla hady místo vlasů.

medvěd, *medvědice, medvídek, medvědí.* Všesl. – p. *niedźwiedź*, r. *medvéd'*, ch. *mèdvjed*, s. *mȅdved*. Psl. *medvědь (z **medu-ēd-*, doslova 'jedlík medu', viz ↑*med* a ↑*jíst*) je tabuová náhražka *(D4)* za původní ie. slovo dochované v lat. *ursus*, ř. *árktos*, sti. *ŕ̥kša-* aj. tv. Tabuový opis je také v germ. (něm. *Bär*, angl. *bear*, vlastně 'hnědý', srov. ↑*bobr*) i balt. (lit. *lokỹs*, které má více výkladů).

mega- 'velko-; milion'. K prvnímu významu viz ↓*megalomanie*, ↓*megafon*, k druhému *megawatt*, *megabit* (označuje jednotku milionkrát větší). Z ř. *mégas* (ž.r. *megálē*) 'velký, mocný', jež souvisí s lat. *magnus* tv., *magis* 'více' (srov. ↑*magnát*, ↑*magistr*).

megafon 'zesilovač zvuku'. Viz ↑*mega-* a ↑*-fon*.

megalomanie 'velikášství', *megalomanský*, *megaloman(ka)*. Viz ↑*mega-* a ↑*mánie*.

megera 'zuřivá, zlá žena'. Z lat. *megaera* z ř. *Megaíra*, což bylo jméno jedné z Erinyí, bohyň pomsty.

mech, *mechový*. Všesl. – slk. *mach*, p. *mech*, r. *moch*, s./ch. *màch*. Psl. *mъchъ (B6) je příbuzné s lit. *mùsos, mūsaĩ* (pl.) 'plíseň', něm. *Moos* 'mech', angl. *moss*, lat. *muscus* tv., vše z ie. **meus-*, **mus-* tv. (A8) od **meu-* 'vlhký, mokrý'. Srov. ↓*omšelý*, ↓*mýt*.

měch 'zařízení na vhánění vzduchu; vak', *měchýř*, *měchýřek*, *měchuřina*, *měšec*. Všesl. – p. *miech*, r. *mech*, ch. *mijêh*, s. *mêh*, stsl. *měchъ*. Psl. *měchъ má odpovídající protějšky v balt. – lit. *maĩšas*, lot. *máiss*, stpr. *moasis* tv., dále se spojuje se stisl. *meiss* 'torba, nůše' a sti. *mēšá-* 'beran', *mēšī́-* 'ovce, ovčí kůže', vše z ie. **moiso-* či **maiso-* 'ovce, ovčí kůže' (A8,B2).

měchačka. Viz ↓*míchat*.

mechanika 'nauka o rovnováze a pohybu těles', *mechanický*, *mechanik*, *mechanismus*, *mechanizovat*, *mechanizace*, *mechanizační*. Z pozdnělat. *mēchanica* z ř. *mēchaniké (téchnē)* tv. od *mēchanikós* 'týkající se strojů, zařízení' (pak i 'vynalézavý, chytrý') a to od *mēchanḗ* 'umělé zařízení, stroj, prostředek, pomoc' od *mḗchos* 'pomoc, ochrana'. Srov. ↑*mašina*, ↑*machinace*.

mejdan hov. 'družná, většinou v bytě pořádaná zábava'. Ze s./ch. *mèjdān* 'trh', což je turcismus (ar.-tur. *maidan*, *mejdan* tv.) per. původu.

mekat, *meknout*. P.d. *miekać*, r. *mékat'*, s./ch. *mékat'*. Psl. *mekati je onom. původu, od citosl. *me*. Obdobné útvary jsou i jinde – lit. *mekénti*, ř. *mēkáomai* tv.

měkký, *měkoučký*, *měkkost*, *měkkota*, *měkkýš*, *měkčit*, *měkčení*, *změkčit*, *obměkčit*, *měknout*, *měknutí*, *změknout*, *rozměknout*. Všesl. – p. *miękki*, r. *mjágkij*, sln. *méhek*, s./ch. *mȅk*, stsl. *mękъkъ*. Psl. *mękъkъ souvisí s lit. *mìnkštas* tv., *mìnkyti* 'hníst (těsto)', něm. *mengen* 'mísit', sti. *máčate*, *mañčate* 'drobí, tlačí', vše k ie. **menk-* 'hníst, mačkat', asi od **men-* tv. Srov. ↓*mnout*, ↑*mačkat*, ↓*míč*, ↓*mouka*.

mektat, *mektavý*, *zamektat*. Onom. Od ↑*mekat*.

mela hov. 'zmatek, rvačka'. Od ↓*mlít*.

melancholie 'trudnomyslnost, zádumčivost', *melancholický*, *melancholik*. Přes lat. *melancholia* z ř. *melancholía* tv. od *melánchólos* 'mající černou žluč' a to z *mélās* 'černý' a *cholḗ* 'žluč'. Ve starověku se věřilo, že trudnomyslnost je způsobena černou žlučí, srov. ↑*cholerik*, ↑*flegmatik*, ↓*sangvinik*, ↑*humor*.

melasa 'cukerný sirup'. Z fr. *mélasse* z pozdnělat. *mellācium* 'vařením zhoustlý mošt' a to od *mel* 'med' (viz ↑*med*).

meliorace 'zlepšování (půdy)', *meliorační*, *meliorovat*. Z pozdnělat. *meliōrātiō* 'zlepšování' od *melior* 'lepší', což je 2. stupeň k *bonus* 'dobrý' (srov. ↑*bonita*).

melírovaný 'různobarevný, kropenatý', *melír*. Z něm. *meliert* 'smíchaný, kropenatý' z fr. *mêlé* tv. od *mêler* 'smíchat', stfr. *mesler* ze střlat. *misculare* od lat. *miscēre* tv. (viz ↓*mísit*). Srov. i ↓*pelmel*.

mělký, *mělkost*, *mělčina*. P. *miałki*, r. *mélkij*, s.st. *mioki*. Psl. *mělъkъ je odvozeno nejspíš od *mělъ (č.st. *měl* 'pobřežní písčina; něco rozmělněného', r. *mel* 'křída', sln. *mêl* 'drobný písek'), které se spojuje s lit. *smėlỹs* 'písek', sthn. *melm* 'prach, písek' z ie. **mel-* 'drobit, mlít' (viz ↓*mlít*) (Ma²). Srov. ↓*mělnit*.

mělnit, *rozmělnit*. Od *měl* a k tomu viz ↑*mělký*.

melodie, *melodika, melodický, melodičnost*. Z pozdnělat. *melōdia* z ř. *melōidía* 'nápěv' z *mélos* 'nápěv, píseň' a odvozeniny od *ōidé* 'zpěv, báseň'. Srov. ↓*óda*, ↓*melodram*, ↓*parodie*.

melodram '(dramatická) báseň přednášená za doprovodu hudby', *melodramatický*. Uměle (18. st.) z ř. *mélos* (viz ↑*melodie*) a *drãma* (viz ↑*drama*).

melouch hov. 'pokoutní práce', *melouchář, melouchařit*. Z něm. arg. *Melouche* a to z jidiš *melōche, melocho* tv.

meloun, *melounový*. Stč. *melún*, *melaun* ukazuje nejspíš na přejetí přes střdn. *melūne, melaune*, střniz. *meloen*, fr. *melon* z it. *mel(l)one* (z toho je přímo sln. *melôna*, něm. *Melone*, z toho p. *melon* ap.). It. slovo vychází z pozdnělat. *mēlo* (ak. *mēlōnem*), což je zkrácení ř. *mēlopépōn* tv., doslova 'zralé (měkké) jablko', z *mēlon* 'jablko' a *pépōn* 'zralý, měkký'. Srov. ↑*marmeláda*.

melta 'náhražka kávy'. Výrobní značka utvořená asi pod vlivem ↓*mlít*, *melu*.

meluzína 'skučivý vítr'. Podle pověsti jméno jisté víly, která venku opuštěná lká (k nám pověst přišla asi přes Německo z Francie – fr. *Mélusine*).

membrána 'pružná tenká blána'. Z lat. *membrāna* 'blána', o němž viz dále u ↑*mázdra*.

memento 'připomínka, varování'. Z lat. *mementō* 'pamatuj, buď pamětliv' od *meminī* 'pamatuji'. Srov. ↓*memorovat*, ↓*reminiscence* i ↓*paměť*.

memoáry '(literární) paměti'. Z fr. *mémoires* (pl.) od *mémoire* 'paměť,

vzpomínka' z lat. *memoria* tv. od *memor* 'pamětlivý' od *meminī* 'jsem pamětliv'. Srov. ↑*memento*, ↓*memoriál*.

memorandum 'pamětní spis, listina, diplomatické prohlášení'. Z lat. *memorandum*, což je původem tzv. gerundivum od *memorāre* 'připomínat, vykládat', tedy vlastně 'co má být připomínáno, vykládáno'. Srov. ↓*memorovat*, ↑*memoáry*.

memoriál 'závod či turnaj na památku význačné osobnosti'. Přes angl. *memorial* 'památník' ze střlat. *memorialis* 'pamětní' (viz ↑*memoáry*).

memorovat 'učit se nazpaměť'. Podle něm. *memorieren* tv., které je buď z lat. *memorāre* 'připomínat', či – vzhledem k významu – utvořeno k lat. *memor* 'mající na paměti, pamatující se'. Srov. ↑*memoáry*.

měna, *měnový, měňavý, měňavka, měnič, měnit, změnit, změna, obměnit, obměna, vyměnit, výměna, zaměnit, záměna, směnit, směna, směnka, proměnit, proměna, přeměnit, přeměna, odměnit, odměna, rozměnit* aj. Všesl. – p. *(vy)miana*, r. *ména*, ch. *mijéna*, s. *ména*, stsl. *měna*, vše 'výměna', význam 'peněžní soustava' je jen č. a slk. Psl. **měna* má nejblíže k lit. *maīnas* 'výměna', *mainýti* 'měnit', dále je příbuzné gót. *gamains* 'společný', něm. *gemein*, lat. *commūnis* tv. i *mūnus* 'povinnost, služba, dar', stir. *móin, máin* 'drahocennost' (stejný význam je i ve stč!), vše z ie. **moi-n-* od **mei-* 'měnit', odtud pak další významy – 'společný' (vlastně 'vzájemně zaměnitelný', odtud i '(vzájemná) služba, povinnost'), 'drahocennost' ('co se dobře směňuje'), srov. i *odměna* 'co se dává výměnou za práci, službu ap.' (Ma²). Srov. ↑*imunní*, ↑*komuna*.

menáž 'vojenská strava'. Z fr. *ménage* 'hospodářství, domácnost, byt' od stfr. *maneir* 'bydlet' z lat. *manēre* tv.

mendík 'středověký žebravý student'. Z lat. *mendīcus*, původně 'mrzák', od *mendum* 'tělesná vada'.

méně. Viz ↓*menší*.

menhir 'prehistorický vztyčený balvan'. Přes fr. z bret. *men* 'kámen' a *hir* 'dlouhý'.

meningitida 'zánět mozkových blan'. Z nlat. *meningitis* od ř. *mēninx* '(mozková) blána'.

meniskus 'chrupavčitá destička kolenního kloubu'. Z nlat. *meniscus* z ř. *mēnískos* 'měsíček' (podle tvaru), což je zdrobnělina od *mén* 'měsíc' (viz ↓*měsíc*).

měnit. Viz ↑*měna*.

menopauza 'zánik menstruace, klimakterium'. Novotvar přejatý z moderních evr. jazyků (něm. *Menopause* ap.), utvořený z ř. *mēn* 'měsíc' a ↓*pauza*.

menstruace 'měsíční ženské krvácení, měsíčky', *menstruační*, *menstruovat*. Z pozdnělat. *mēnstruātiō* od *mēnstruāre* 'mít měsíční krvácení' od lat. *mēnstruus* 'měsíční' od *mēnsis* 'měsíc'.

menší, menšina, menšinový, menšitel, menšenec, zmenšit, zmenšený, pomenší. Všesl. – p. *mniejszy*, r. *mén'šij*, s./ch. *mànji*, stsl. *mьnii*. Psl. **mьn'bjь*, **mьn'bši* je příbuzné s gót. *minniza*, sthn. *minniro* (něm. *minder*) tv., lat. *minor* 'menší', *minus* 'méně', *minuō* 'zmenšuji', ř. *minýthō* tv., sti. *minóti* 'zmenšuje', vše z ie. **min-* od **mei-* 'zmenšovat' (Ma²). Srov. ↓*minus*, ↓*minimum*, ↓*ministr*, ↓*mindrák*.

mentalita 'způsob myšlení', *mentální*. Přes něm. *Mentalität* a fr. *mentalité* z angl. *mentality* tv. od *mental* 'myšlenkový, rozumový' z lat. *mentālis* tv. od *mēns* (gen. *mentis*) 'mysl, duše, rozum'. Srov. ↑*demence*, ↑*komentovat*.

mentol 'silice z máty peprné', *mentolový*. Z něm. *Menthol* a to uměle

(19. st.) z lat. *mentha* 'máta' (viz ↑*máta*) a *ol(eum)* 'olej' (viz ↓*olej*).

mentor 'mravokárce', *mentorský*, *mentorovat*. Z ř. *Méntōr*, což je v Homérově Odyseji jméno Odyseova věrného přítele, v jehož podobě bohyně Aténa doprovází Odyseova syna Telemacha. Význam 'duchovní vůdce' se rozvinul koncem 17. st. ve fr. na základě jistého románu o Telemachových dobrodružstvích.

menu 'jídelní lístek; pevně stanovený sled pokrmů'. Z fr. *menu* 'drobný, tenký, malý', tedy vlastně 'podrobný (výčet jídel)', a to z lat. *minūtus* 'zmenšený, nepatrný' od *minuere* 'zmenšit'. Srov. ↓*menuet*, ↓*minuta*, ↑*menší*.

menuet 'druh tance'. Z fr. *menuet*, vlastně 'tanec drobnými kroky', od adj. *menuet*, zdrobněliny k *menu* (viz ↑*menu*).

menza 'studentská jídelna'. Z lat. *mēnsa* 'stůl, jídelna'. Srov. ↓*mísa*.

merčit ob. 'pozorovat', *zmerčit*. Z něm. *merken* '(z)pozorovat', původně (sthn.) 'označovat, ohraničovat' (viz ↑*marka*).

merenda zast. 'veselice'. Z it. *merenda* 'svačina v přírodě' z pozdnělat. *merenda* tv., původně asi 'výslužka', od lat. *merēre* 'zasluhovat' (Ma²). Srov. ↓*meritum*.

mergle zast. ob. 'peníze'. Z něm. *Märkel*, což je zdrobnělina od *Mark* (viz ↑*marka*).

meridián 'poledník'. Z lat. *merīdiānus* 'poledník' od *merīdiēs* 'poledne' a to (s disimilací *d-d>r-d*) z *medius* 'střední, jsoucí uprostřed' (srov. ↑*médium*) a *diēs* 'den' (viz ↑*den*).

meritum 'podstata, jádro', *meritorní*. Z lat. *meritum*, vlastně 'zásluha; co zasluhuje pozornost', od *merēre* 'zasluhovat'. Srov. ↑*merenda*.

mermo(mocí) příd. 'všemožně, za každou cenu'. Od ↓*mřít*, jako je např. *letmo* od *letět*, tedy vlastně 'úsilím až na umření'.

meruňka, *meruňkový*. Zkomolením z lat. *(prūnus) armeniaca*, doslova 'arménská (švestka)' (srov. podobně ↑*broskev*). Jiné zsl. podoby (slk. *marhuľa*, p. *morela*, luž. *marhla*) i sln. *marêlica* jsou z něm. nář. *Marelle, Marille* a to přes it. ze stejného zdroje jako *meruňka*. Zast. expr. *meruna* 'kopací míč' vzniklo ve slangu podle podoby.

měřit. Viz ↓*míra*.

mesianismus 'víra ve vlastní vykupitelské poslání', *mesianistický*. Od střlat. *Messias* 'mesiáš', tj. Kristus, a to z aram. *m^ešīhā* 'pomazaný'. Srov. ↑*křižmo*.

měsíc, *měsíček, měsíční, měsíčník, měsíčný, náměsíčný, náměsíčník*. Všesl. – p. *miesiąc*, r. *mésjac*, ch. *mjȅsēc*, s. *mȅsēc*, stsl. *měsęcь*. Psl. *měsęcь* souvisí s lit. *měnuo* 'luna', *měnesis* 'měsíc (kalendářní)', sthn. *māno* (něm. *Mond*), angl. *moon* 'luna', sthn. *manōd* (něm. *Monat*), angl. *month* 'měsíc', stir. *mí*, lat. *mēnsis*, alb. *muai*, ř. *mén* (vedle toho i *meís*, *měs*), arm. *amis*, toch. A *mañ*, sti. *mā́s* tv., vše z ie. **mēn-, *mēs-* (je i možné, že **mēs-* je z *mens-*), nejspíš od **mē-* 'měřit' (měsíční cykly sloužily k měření času). Struktura psl. slova je asi **mēs-en-ko-*, je to tedy zdrobnělina stejně jako ↓*slunce*. Srov. ↑*meniskus*, ↑*menstruace*, ↑*měřit*.

mést, *zamést, zametat, vymetat, smést, smetí, smeták, ometat, vymetat, umetat, namést* aj. Všesl. – p. *mieść*, r. *mestí*, s./ch. *mèsti*, stsl. *mesti*. Psl. **mesti* (z **met-ti (A5)*) má spolehlivé paralely jen v balt. – lit. *mèsti*, 1. os. příst. *metù* 'vrhat, házet', lot. *mest, metu* tv. Výchozí ie. **met-* 'krouživě pohybovat, vířit' je asi variantou k **ment-* (viz ↑*mást*). Srov. i ↓*metat*, ↓*metla*, ↓*omítka*, ↓*zmetek*.

mestic 'míšenec bělocha s indiánem'. Ze šp. *mestizo* a to z pozdnělat. **mixtīcius* 'smíšený' od lat. *mixtus* tv. od *miscēre* 'míchat'. Srov. ↓*mísit*, ↑*melírovaný*.

město, *městečko, městský, měšťan, měšťanský, měšťanstvo, měšťák, měšťácký, měšťáctví, předměstí, předměstský, náměstí*. V tomto významu dnes jen zsl. (slk. *mesto*, p. *miasto*), sln. *mésto*, jinak r. *górod*, s./ch. *grȃd*, b. *grad*. Z psl. **město* (viz ↓*místo*), v č. rozlišení významu pomocí délky samohlásky (srov. ↑*dívka* – ↑*děvka*, ↑*dílo* – ↑*dělo*). Význam se zřejmě specifikoval nějakým adj. ('trhové místo' ap.), které pak bylo vypouštěno (Ma² pod *místo*). Srov. ↓*městys*.

městys 'obec větší než vesnice a menší než město'. U Jg i *městis*, původně nesklonné (*v každém městys*). Nejspíš z *městice, městce*, což je zdrobnělina od ↑*město*, redukcí koncovky (*městic*) a záměnou *c-s*.

měšec. Stará zdrobnělina od ↑*měch*.

mešita 'muslimská modlitebna'. Asi přes nějakou raně nhn. podobu (*Meschit, Mesquita* v 16. st.) ze šp. *mezquita* či stit. *meschita* a to v době křížových výprav z ar. *masğid* 'modlitebna'.

meškat, *promeškat, zmeškat, zameškat, omeškat se*. Stč. *meškati* 'otálet, zanedbávat', p. *mieszkać* 'bydlet', str. *měšьkati* tv., r. *méškat'* 'otálet, váhat', chybí v jsl. Psl. **měšьkati, *mešьkati* není příliš jasné. Asi jde o rozšíření slovesa **měšati* 'míchat, plést, překážet' (srov. s./ch. *mèškati* 'vrtět se'), z toho pak 'zdržovat se na jednom místě, otálet'. Jinak viz ↓*míchat*, ↓*mísit*.

mešní. Viz ↓*mše*.

mešuge, *mišuge* expr. 'potrhlý (člověk)'. Přes něm. *meschugge* z jidiš *meschuggo* (hebr. *m^ešuggaʿ*) tv.

meta 'cíl, značka'. Novější (Jg), z lat. *mēta* 'cíl, hranice' (asi i vzhledem k p. *meta* 'cíl'), jež souvisí s *mētīrī* 'měřit' (viz ↓*míra*).

meta- předp. Z ř. *metá* 'za, po, mezi, s, přes aj.', jež asi souvisí s něm. *mit* 's'. Před samohláskou a *-h* jen *met-*. Srov. ↓*metafora*, ↓*metateze*, ↓*meteor*, ↓*metoda*, ↓*metonymie*.

metabolismus 'látková přeměna', *metabolický*. Utvořeno v 19. st. od ř. *metabolé* 'výměna, změna, převrat' z *metá* (↑*meta-*) a *bolé* 'vrh' od *bállō* 'házet, vrhat se'. Srov. ↓*parabola*, ↑*balistika*.

metafora 'přenesení pojmenování na základě podobnosti', *metaforický*, *metaforika*. Z ř. *metaforá* tv., původně 'přenesení', z *metá* (↑*meta-*) a *forá* 'nesení' od *férō* 'nesu'. Srov. ↓*semafor*, ↓*periferie*.

metafyzika 'nauka o podstatě věcí nedostupné smyslovému vnímání', *metafyzický*, *metafyzik*. Ze střlat. *metaphysica* a to z ř. *tá metá tá fysiká*, doslova 'to po fyzice' (viz ↑*meta-* a ↑*fyzika*). Pod tímto označením byly v 1. st. př. Kr. shrnuty Aristotelovy spisy o prvotních příčinách bytí (následovaly po jeho poznatcích o přírodních vědách).

metál hov. 'vyznamenání'. Z fr. *médaille* či it. *medaglia* (viz ↑*medaile*) s přikloněním k něm. *Metall* 'kov'.

metalurgie 'hutnictví, zpracování kovů'. Nověji utvořeno z ř. *métallon* 'důl, lom', později 'kov', nejistého původu a odvozeniny od *érgon* 'dílo, práce'. Srov. ↑*chirurg*.

metamorfóza 'proměna, přetvoření'. Z ř. *metamórfōsis* tv. od *metamorfō* 'přetvořuji (se)' z *metá* (↑*meta-*) a *morfáō* 'tvořím, beru podobu' od *morfé* 'tvar'. Srov. ↓*morfologie*, ↑*amorfní*.

metan 'druh plynu, nejjednodušší uhlovodík'. Utvořeno v nové době od ↓*metyl* stejnou příp. jako ↑*etan*, ↑*butan* ap.

metastáza 'rakovinný nádor vzniklý rozšířením z prvotního ložiska do jiného orgánu'. Přes soudobé evr. jazyky (něm. *Metastase* ap.) z ř. *metástasis* 'přestavení, přestěhování' z *metá* (↑*meta-*) a *stásis* 'postavení, poloha'. Srov. ↑*extáze*, ↓*stát*².

metat, *rozmetat, přemet, podmet*. Všesl. – p. *miotać*, r. *metát'*, s./ch. *mètati*, stsl. *metati*. Úzce souvisí s ↑*mést*, kde jsou další podrobnosti.

metateze 'přesmyk hlásek'. V moderní jazykovědě zavedeno na základě ř. *metáthesis* 'přestavění, změna' z *metá* (↑*meta-*) a *thésis* 'uložení, poloha' (viz ↓*teze*).

metelit 'spěchat, uhánět', *metelice* 'vánice'. Od ↑*mést*, ↑*metat*.

meteor 'kosmické tělísko, které shoří při vniknutí do atmosféry', *meteorit*. Přes něm. *Meteor* ze střlat. *meteorum* (pl. *meteora*) z ř. *metéōra* 'nebeské jevy' od *metéōros* 'jsoucí vysoko ve vzduchu, na nebi ap.' z *metá* (↑*meta-*) a *aér* (gen. *aéros*) 'vzduch, oblak, povětří'. Srov. ↓*meteorologie*, ↑*aero-*.

meteorologie 'věda o počasí a zemské atmosféře'. Z ř. *meteōrología* 'nauka o nebeských úkazech', viz ↑*meteor* a ↑*-logie*.

metér 'sazeč lámající sloupce sazby do stránek'. Z fr. *metteur* od *mettre* 'pokládat, sázet, stavět' z lat. *mittere* 'posílat, metat'. Srov. ↓*mise*.

metla, *metlička, pometlo*. Všesl. – hl. *mjetło*, p. *miotła*, r. *metlá*, s. *mètla*, csl. *metla, metъla*. Od *mesti (↑*mést*), poněkud problematická je rekonstrukce příp. (*-ъla, -la, -ьlo, -lo*?).

metoda 'vědecký postup', *metodický, metodik, metodologie* (viz ↑*-logie*). Přes něm. *Methode* a lat. *methodus* z ř.

méthodos 'postup zkoumání' z *metá* (↑*meta-*) a *hodós* 'cesta'. Srov. ↑*katoda*, ↑*chodit*.

metonymie 'přenesení pojmenování na základě věcné souvislosti', *metonymický*. Přes moderní evr. jazyky a pozdnělat. *metōnymia* z ř. *metōnymía* 'přejmenování' z *metá* (↑*meta-*) a *ónoma* 'jméno, slovo'. Srov. ↑*anonym*, ↓*onomastika*.

metr 'délková míra', *metrový, metráž, metrický*. Z fr. *mètre* (zavedeno r. 1790 jako základní délková jednotka) a to z ř. *métron* 'míra, měřidlo'. Srov. ↓*-metr* i ↓*míra*.

-metr '-měřicí přístroj'. Srov. ↑*barometr*, ↓*tachometr* i ↑*geometrie*. Z moderních evr. jazyků (něm., angl. *-meter*, fr. *mètre*) a tam od ř. *métron* 'míra, měřidlo' (viz ↑*metr*).

metrnice expr. 'přísná, zlá žena'. Asi z fr. *maîtresse* 'paní, velitelka, rázná žena' s přikloněním ke jménu obávaného rakouského ministra *Metternicha* (kancléř 1821–1848).

metro. Z fr. *métro*, zkrácením z *métropolitain* 'týkající se hlavního města' (konec 19. st.), přesněji z *chemin de fer métropolitain* 'železnice hlavního města' od *métropole* (viz ↓*metropole*).

metronom 'přístroj k stanovení tempa hudby, taktoměr'. Z fr. *métronome* (místo staršího *métromètre*) a to z ř. *métron* 'míra' (viz ↑*metr*) a odvozeniny od *némō* 'řídím, mám v držení' (srov. ↑*ekonomie*, ↓*-nomie*).

metropole 'hlavní město', *metropolita* 'arcibiskup v hlavním městě církevní provincie', *metropolitní*. Přes něm. *Metropole* z lat. *mētropolis* z ř. *mētrópolis* tv., doslova 'mateřské město', z *métēr* 'matka' (viz ↑*matka*) a *pólis* 'město' (srov. ↓*poliklinika*, ↓*policie*).

metrum 'veršový rozměr', *metrický, metrika*. Z lat. *metrum* z ř. *métron* 'míra' (viz ↑*metr*).

metyl 'jednomocná skupina odvozená od metanu', *metylén*. Přes něm. *Methyl*, fr. *méthyle* a to uměle z ř. *méthy* 'opojný nápoj' (viz ↑*med*) a *hýlē* 'dřevo' (metylalkohol totiž snadno získáme z dřeva). Srov. ↑*metan*, ↑*etyl*.

mez, *mezní, mezník, pomezí, pomezní, zámezí, zamezit, omezit, vymezit*. Všesl. – p. *miedza*, r. *mežá*, sln. *méja*, s./ch. *mèđa*, stsl. *mežda*. Psl. **med'a* souvisí s gót. *midjis*, angl. *mid*, lat. *medius*, ř. *més(s)os*, sti. *mádhya-*, vše z ie. adj. **medhi̯o-* 'střední'. Ve slov. toto adj. zpodstatnělo ve významu 'mez, hranice', srov. i posun v lit. *mēdis* 'strom, dřevo', stpr. *median* 'les' (stromy a lesíky byly přirozenými mezníky) (Ma[2], HK). Srov. ↓*mezi*, ↓*mezera*.

mezanin 'mezipatro'. Přes fr. *mezzanine* z it. *mezzanino*, což je zdrobnělina od *mezzano* tv. od *mezzo* 'střední' z lat. *medius* (viz ↑*mez*).

mezek, *mezkovitý*. Stč. *mezh, mezk*, str. *mъskъ*, doloženo hlavně v jsl. – sln. *mezĕg*, s./ch. *màzag, màzga*, b.d. *mǎská*. Psl. **mъzgъ, *mъskъ* je dost nejasné. Rozkolísanost forem i silný výskyt v jsl. by mohly hovořit pro výpůjčku z ilyrštiny (na základě alb. *mushkë*, rum.st. *muşcoiu* tv.), podle jiného výkladu vycházejí alb. i slov. slova spolu s ř. *mychlós* 'plemenný osel' z ie. **musko-*, jehož varianta **muksloje* pak v lat. *mūlus, mūla* (viz ↓*mul*).

mezera, *mezírka, mezerník*. Od ↑*mez*. Jen č. a slk., ale vzhledem k příp. *-era* zřejmě dost starobylé.

mezi předl. Všesl., odvozeno od ↑*mez*. V č. ustrnulý lok. sg. (stejně jako p. *między*, str. *meži*), jinde lok. duálu (r. *méždu*, s./ch. *medu*, stsl. *meždu*) (HK). Snad příbuzné i něm. *mit* 's'.

mezulán 'hlupák', *mezulánský*. Ze staršího *mezulán* 'druh laciné bavlněné tkaniny' z něm. *Mesulan* z it. *mezzolana*, doslova 'polovlna' (srov. ↓*mezzosoprán*, ↓*vlna*), s významovým přikloněním k ↑*mezek*.

mezzosoprán 'střední ženský hlas'. Z it. *mezzosoprano* z *mezzo* 'střední' z lat. *medius* (srov. ↑*mezanin*) a *soprano* (viz ↓*soprán*).

mha. Zjednodušením původně jednoslabičného ↓*mlha*.

mhouřit, *přimhouřit, zamhouřit*. Stč. *mhúrati* 'mžourat'. Jen č. Stejně jako expr. varianta ↓*mžourat* odvozeno příp. *-ur-* od psl. kořene **mьg-*, k němuž viz ↓*mžít*, ↓*míhat*.

mi zájm. Dat. zájm. ↑*já*. P., s./ch., stsl. *mi*, v r. jen delší tvar *mne*. Psl. **mi* je pokračováním ie. **moi*, z něhož je i lit. st. *-mi*, stlat. *mī* (lat. *mihī*), ř. *(e)moí*, sti. *mē*. Srov. ↑*mě*, ↓*můj*.

míca expr. 'kočka'. Z vábicího citosl. *mic*, srov. ↑*macek*[1] (Ma[2]).

míč, *míček, míčový, míčovna*, expr. *mičuda*. Stč. *mieč*, dnes pouze č. a vsl. (r. *mjač*), jinak srov. slk. *lopta*, p. *piłka*, sln. *žôga* tv. Psl. **měčь* je odvozeno od **męk-* (viz ↑*měkký*), původně tedy 'měkká hadrová koule sloužící ke hře'.

migrace 'změna sídliště, stěhování', *migrační, migrovat*. Z lat. *migrātiō* tv. od *migrāre* 'stěhovat se', jež souvisí s ↓*minout*, ↓*mimo* (ie. **mei-*). Srov. ↑*emigrant*, ↑*imigrace*.

migréna 'prudké bolesti hlavy'. Přes něm. *Migräne* z fr. *migraine* a to z pozdnělat. *hēmicrānia* a ř. *hēmikrānía* 'bolest v půlce hlavy' z *hēmi-* 'půl' (srov. ↑*hemisféra*) a *krāníon* 'lebka'.

míhat (se), *mihnout se, míhavý, mihotat se, mihotavý, mihule*. Všesl. – p. *migać*, r. *migát'*, s./ch. *mı̏gati*. Psl. **migati (sę)* souvisí s lit. *miegóti* 'spát'

(pokud jde o význam, srov. ↑*mhouřit*, ↓*mžourat*, ↓*mžitky*), východiskem je ie. **meigh-*. Variantní kořen **meik-* je v lat. *micāre* 'míhat, škubat' i v č. nář. *mikat se* 'míhat se'. Původní význam byl 'kmitat, rychle se pohybovat', odtud pak i 'mít mžitky před očima, zavírat oči'. Srov. ↑*komíhat*, ↓*mžik*, ↓*mizet*, ↓*mžít*, ↓*mlha*.

mícha, *míšní*. Stč. *miecha* i *micha*, u Jg *micha*. Jen č. a slk., nejasné. Snad mylným čtením stč. *miezha* (viz ↓*míza*) (HL), jiný případ mylného čtení předpokládá Ma[2].

míchat, *míchaný, míchačka, míchanice, zamíchat, namíchat, smíchat, pomíchat, přimíchat, promíchat, rozmíchat, vmíchat*. Stč. *miechati*, r.d. *mechát'*, sln.d. *méhati*. Expr. přetvoření slovesa **měšati*, které je v ostatních slov. jazycích. Viz ↓*mísit*.

míjet, *pomíjet, pomíjivý, promíjet*. Jen č. a p. (*mijać*), jinde tvary od *min-* (srov. stč. *minovati*, r. *minovát'*). Dále viz ↓*minout*.

mikádo 'krátce střižené ženské vlasy'. Podle titulu jap. císaře *mikado*, doslova 'vznešené dveře', z *mi* 'vznešený' a *kado* 'dveře' (nosil podobný účes).

mikina. Původně (od konce 50. let) 'blůza z počesaného polyamidového vlákna', utvořeno od obchodního označení jisté takové blůzy či pulovru *MIKI* (asi od jména *Michael*).

mikro- 'malo-, drobno-'. Z ř. *mīkrós* 'malý, krátký'. Srov. ↓*mikrob*, ↓*mikrofon*, ↓*mikroskop*, ↓*mikrobus*, *mikroorganismus, mikroprocesor, mikrosvět* i ↑*makro-*.

mikrob 'nejmenší organismus', *mikrobiální*. Z fr. *microbe*, které bylo utvořeno koncem 19. st. od ř. *mīkrós* 'malý' a *bíos* 'život'.

mikrobus 'malý autobus'. Viz ↑*mikro-* a ↑*bus*.

mikrofiš 'okénko mikrofilmu'. Z fr. *microfiche* a to v 60. letech 20. st. z *micro-* (↑*mikro-*) a *fiche* 'karta, lístek' od *ficher* 'zaznamenávat (na lístek), zatloukat, zarážet' z lat. *fīgere* 'upevňovat, přibíjet'. Srov. ↑*fixovat*.

mikrofon, *mikrofonní, mikrofonový*. Viz ↑*mikro-* a ↓*-fon*.

mikroskop 'drobnohled', *mikroskopický*. Viz ↑*mikro* a ↓*-skop*.

míle, *mílový, milník*. Ze střhn. *mīl(e)* tv. a to z lat. *mīlia passuum*, což je pl. k *mīlle passuum* 'tisíc (dvoj)kroků' (římská délková míra).

milénium 'tisíciletí, tisící výročí'. Z lat. *mīllēnium* a to z *mīlle* 'tisíc' a *annus* (pl. *annī*) 'rok'. Srov. ↑*bienále*, ↑*anály*.

mili- 'tisícina'. Z fr. *milli-* a to od lat. *mīlle* 'tisíc' podobně jako ↑*centi-*, ↑*deci-*. Srov. *milimetr, miligram, milibar*.

miliarda 'tisíc milionů'. Přes něm. *Milliarde* z fr. *milliard* a to nejspíš záměnou přípony od *million* (viz ↓*milion*).

milice 'bezpečnostní sbor', *milicionář, milicionářský*. Přes něm. *Miliz* z lat. *mīlitia* 'vojsko, vojenská služba' k lat. *mīles* 'voják'. Srov. ↓*militarismus*.

milion, *milionový, milionář, milionářský*. Přes něm. *Million* a fr. *million* z it. *millione*, jež je odvozeno zveličující příp. *-one* od lat. *mīlle* 'tisíc', tedy vlastně 'velký tisíc'. Srov. ↑*miliarda*, ↑*bilion*.

miliskovat se. Ze staršího *militkovati se* od *militký* 'miloučký' od ↓*milý*.

militarismus 'nadměrné zdůrazňování vojenství v státní soustavě', *militarista, militaristický, militarizovat, militarizace*. Z něm. *Militarismus*, fr. *militarisme* od *militaire* 'vojenský, týkající se vojska' od lat. *mīlitāris* tv. od *mīles* 'voják'. Srov. ↑*milice*.

mílius expr. 'úlisný člověk'. Expr. útvar od ↓*milý*, utvořený latinizující příp. *-us* (srov. *vědátor*).

milník. Od ↑*míle*.

milost, *milostný, milostivý, omilostnit, milostpán, milostpaní*. Od ↓*milý* s menším významovým posunem 'láska' (srov. p. *miłość* tv.) → 'přízeň, slitování'.

milý, *milený, milenec, milenka, miláček, roz(to)milý, milovat, milovník, zamilovat (se), pomilovat, promilovat, smilovat se, smilování*. Všesl. – p. *miły*, r. *mílyj*, s./ch. *mȉo*, stsl. *milъ*. Psl. **milъ* má blízké paralely v balt. – lit. *miélas*, lot. *mīļš* tv., lit. *myléti* 'milovat', východiskem je ie. **mei-l-* od **mei-* 'milý, příjemný'. Příbuzné je sti. *máyas-* 'radost, veselí' a s jinou příp. asi i lat. *mītis* 'vlídný, mírný' a ↓*mír*. Srov. ↑*milost*, ↑*jakmile*.

mim 'herec (v pantomimě)', *mimika, mimický*. Přes lat. *mīmus* z ř. *mîmos* 'herec, napodobitel'. Srov. ↓*pantomima*, ↓*mimikry*, ↓*mimóza*, ↑*mámit*.

mimikry 'ochranné zbarvení živočichů'. Přes něm. *Mimikry* z angl. *mimicry*, vlastně 'napodobení', od *mimic* 'napodobující, předstíraný' z lat. *mīmicus* (viz ↑*mim*).

miminko. Expr. útvar od *mimi*, dětského slova tvořeného zdvojením jedné ze základních slabik dětské řeči. Viz i ↑*máma*, ↑*baba*.

mimo přísl., předl. Všesl. Utvořeno příp. *-mo* (srov. ↑*mermo, letmo*) od základu *mi-*, který je v ↓*minout*, ↑*míjet*.

mimóza 'druh tropického keře, citlivka'. Z nlat. *Mimosa*, které je utvořeno od lat. *mīmus*, ř. *mîmos* (viz ↑*mim*), asi podle toho, že rostlina výrazně reaguje na dotyk (jako herec – mim).

mina 'výbušná nálož', *minový, minomet, podminovat, odminovat,* *zaminovat*. Z něm. *Mine* tv., původně 'důl, podkop', z fr., stfr. *mine* tv. a to asi z kelt. (srov. stir. *mian*, wal. *mwyn* 'ruda'). Srov. ↓*minerál*.

minaret 'věž mešity'. Přes něm. *Minarett* z fr. *minaret* a to z tur. *mināre* z ar. *manāra* tv., vlastně 'maják', od *nār* 'oheň'.

mince, *mincovní, mincovna, mincovnictví*. Z něm. *Münze* a to přes sthn. *munizza* z lat. *monēta* ze spojení *Monētae officīna* 'Junonina dílna' (*Monēta* bylo jedno z přízvisek římské bohyně Juno, v jejímž chrámu byla starořímská mincovna).

mincíř 'závěsné zařízení k vážení'. Přes slk. *mincier* z maď. *mincér* tv. a to asi z něm. (zřejmě souvisí s ↑*mince*) (HK, Ma[2]).

mindrák hov. 'komplex méněcennosti', *zamindrákovaný*. Z něm. *Minderwertigkeitskomplex* tv. od *minder* 'menší' (viz ↑*menší*).

minerál 'nerost', *minerální, minerálka*. Přes něm. *Mineral* ze střlat. (*aes*) *minerale* tv., doslova 'nerostná (ruda)', a to od střlat. *minarium* 'důl' kelt. původu (srov. ↑*mina*).

mini- (ve složeninách) 'malý, minimální'. Srov. *minigolf, minisukně*, ↓*minimax*, ↓*ministr* i ↑*maxi*-. Jinak viz ↓*minimum*.

miniatura 'drobnomalba, zmenšenina', *miniaturní*. Z it. *miniatura* (asi přes něm. *Miniatur*) ze střlat. *miniātus*) 'obarvovat suříkem' od *minium* (viz ↓*minium*). Původně užíváno o iniciálkách starých rukopisů, které byly takto obarvovány, pak přeneseno na 'umělecké dílo malých rozměrů' vlivem lat. *minor* 'menší', *minimus* 'nejmenší' (srov. ↑*mini*-, ↑*menší*).

minimax hov. 'ruční hasicí přístroj'. Z firemního názvu *Minimax*, který se objevuje již ve 20. letech v Německu (chce asi vyjádřit 'malý hasicí přístroj s velkým výkonem', viz ↓*minimum*, ↑*maximum*).

minimum 'nejmenší (možné) množství', *minimální, minimalizovat, minimalizace*. Z lat. *minimum*, což je zpodstatnělý tvar stř.r. adj. *minimus* 'nejmenší', 3. stupně adj. *parvus* 'malý'. Srov. ↓*minus*, ↑*mini*-, ↓*ministr*, ↑*menší*.

ministr 'člen vlády', *ministryně, ministerský, ministerstvo*. Přes něm. *Minister*, fr. *ministre* tv. z lat. *minister* 'pomocník, sluha' a to od lat. *minus* 'méně' (viz ↓*minus* a ↑*magistr*). Přes význam 'správce, pomocník vladaře' až k dnešnímu významu.

ministrant 'přisluhující při bohoslužbě'. Přes něm. *Ministrant* z lat. *ministrāns* (gen. *ministrantis*), což je přech. přít. od *ministrāre* 'přisluhovat'. Viz ↑*ministr*, ↑*administrace*.

mínit, *mínění, zmínit (se), zmínka, vymínit si, umínit si, podmínit, podmíněný, podmínka, podmínkový*. Všesl. – p. *mienić*, str. *měniti*, ch. *mijéniti*, s. *méniti*, stsl. *měniti*. Psl. *měniti* má nejblíže k něm. *meinen*, angl. *mean* tv., dále sem patří stir. *mían* 'přání', vše z ie. **meino-, *moino-* 'mínění, přání'. Významově i formálně blízké je ie. **men-* (↓*mníti*), ale rozdíl v samohláskové složce kořene obou slov je těžko vysvětlitelný (Ma[2], HK).

minium 'suřík'. Z lat. *minium* neznámého původu. Srov. ↑*miniatura*.

miňonka 'druh oplatky v čokoládě'. Od fr. *mignon* 'roztomilý, hezounký' asi onom. původu.

minorita[1] 'menšina', *minoritní*. Podle něm. *Minorität*, fr. *minorité*, angl. *minority* ap. ze střlat. *minoritas* od lat. *minor* 'menší', 2. stupně od *parvus* 'malý'. Srov. ↓*minus*, ↑*minimum*, ↑*majorita*.

minorita² 'františkán, člen řádu menších bratří', *minoritský*. Od lat. *frātrēs minōrēs* 'menší bratří' (jedna ze tří větví františkánského řádu) od *minor* 'menší, skromnější, nepatrnější' (viz ↑*minorita*¹).

minout, *minulý, minulost, prominout, pominout, pominutý*. Všesl. – p. *minąć*, r. *minút'*, s./ch. *mínuti*, stsl. *minǫti*. Psl. *minǫti je odvozeno slovotvornou příp. *-nǫ-* od ie. **mei-* 'jít, putovat' (srov. ↑*míjet*, ↑*mimo*), od něhož je i strwal. *mynet* 'chodit', lat. *meāre* tv. a s rozšířením lat. *migrāre* (viz ↑*migrace*). Výchozí ie. kořen je možná totožný s kořenem **mei-* 'měnit' ('chodit, putovat' = 'měnit sídla') (Ma², HK).

minuciózní kniž. 'velmi podrobný'. Z nlat. *minutiosus* od lat. *minūtus* 'malý, nepatrný' (viz ↓*minuta*).

minus přísl. 'méně; označení záporné veličiny'; subst. hov. 'znaménko pro odčítání; nedostatek, chyba'. Z lat. *minus* 'méně', což je 2. stupeň adv. *parum* 'málo'. Srov. ↓*minuskule*, ↑*ministr*, ↑*minimum*.

minuskule 'malé písmeno'. Z lat. *(littera) minuscula* tv. od *minusculus* 'maličký', což je vlastně zdrobnělina od *minus* (viz ↑*minus* a ↑*majuskule*).

minuta, *minutka, minutový*. Přes něm. *Minute* z pozdnělat. *(pars) minūta (prima)*, doslova '(první) zmenšený (díl)' (srov. ↓*sekunda* jako druhá zmenšená jednotka) od *minūtus*, což je příč. trp. od *minuere* 'zmenšovat'. Srov. ↑*minus*, ↑*minuciózní*, ↑*menší*.

mír, *mírový, mírný, mírnit, zmírnit, umírnit (se), (u)smířit (se), smír, smírný, příměří*. Všesl. – stp., r. *mir*, s./ch. *mîr*, stsl. *mirъ*. Psl. *mirъ je nejspíš odvozeno příp. *-ro-* od ie. **mei-* (viz ↑*milý*), stejná příp. je v alb. *mirë* 'dobrý'; stlit. *mieras* a lot. *miers* tv. jsou asi ze slov. Původně asi 'přátelské soužití', z toho pak v r. i význam 'občina, svět' (srov. ↓*vesmír*).

míra, *měrný, měrový, měřice, měřit, měřicí, měřidlo, měřič, měřičský, měřičství, změřit, nezměrný, poměřit, poměr, poměrný, vyměřit, výměr, rozměr, rozměrný, odměřit, odměrka, přeměřit, proměřit, průměr, průměrný, úměra, úměrný, naměřit, zaměřit*. Všesl. – p. *miara*, r. *méra*, ch. *mjèra*, s. *mèra*, stsl. *měra*. Psl. *měra je odvozeno od ie. **mē-* 'měřit', které je i v lat. *mētīrī* tv., ř. *métron* 'míra' (viz ↑*metr*), sti. *māti* 'měří', toch. A *me-* tv., dále je příbuzné lit. *mētas* 'čas', matúoti 'měřit', něm. *messen* tv., gót. *mēl* 'doba' (sem patří i něm. *ein-mal* 'jednou', *Mahl* 'jídlo', angl. *meal* tv.), lat. *meditārī* 'přemítat', chet. *mēḫur* 'čas' aj. Srov. i ↓*mířit*, ↓*téměř*, ↑*měsíc*.

mirabelka 'drobná žlutá slíva'. Přes něm. *Mirabelle*, fr. *mirabelle*, z it. *mirabella*, přetvořeného z *mirabolano* z ř. *myrobálanos* tv., doslova 'vonný žalud', z *mýron* 'vonný olej' a *bálanos* 'žalud, datle'.

mirakulum 'středověká náboženská hra (zvláště o zázracích světců)'. Z lat. *mīrāculum* 'zázrak, div' od *mīrārī* 'divit se'.

-mírat *(umírat, zmírat, vymírat)*. Viz ↓*mřít*.

mírný. Viz ↑*mír*.

mířit, *miřidlo, zamířit, záměr, namířit, náměr, směr, (na)směrovat, směřovat, směrnice, usměrňovat*. Jen č., slk. a p. *(mierzyć)*. Druhotvar k ↑*měřit* (viz ↑*míra*), podobně jako ↓*místo* – ↑*město*, ↓*dílo* – ↑*dělo*. Významová souvislost je dobře vidět např. v *zaměřit* – *zamířit*.

mísa, *miska*. P. *misa*, r. *míska*, stsl. *misa*. Z vlat. *mēsa z lat. *mēnsa* 'stůl, jídlo'. Srov. ↑*menza*.

misál 'mešní kniha'. Ze střlat. *(liber) missalis* 'mešní (kniha)' od lat. *missa* 'mše' (viz ↓*mše*).

mise 'poslání, poselstvo'. Z lat. *missiō* tv. od *mittere* 'poslat'. Srov. ↓*misie*, ↑*emise*, ↑*komise*, ↑*demise*, ↓*mše*.

misie 'hlásání křesťanství mezi pohany', *misionář, misionářský, misionářství*. Ze střlat. *missio* tv., téhož původu jako ↑*mise*.

mísit (se), *mísič, míšenec, smísit, smíšený, směs, směsice, promísit, přimísit, příměs, vmísit (se), vyměšovat, rozmíška* aj. Všesl. – p. *miesić*, r. *mesít'*, ch. *mijésiti*, s. *mésiti*, stsl. *měsiti*. Psl. **měsiti (sę)* je příbuzné s lit. *maišýti*, lot. *maisīt* tv., sti. *mekšāyati* 'mísí', lat. *miscēre* 'mísit' (odtud něm. *mischen*, angl. *mix* tv.), ř. *mígnȳmi* 'mísím', vše od ie. **meik-* tv. Srov. ↑*míchat*.

miss 'titul královny krásy; slečna'. Z angl. *miss*, jež je zkráceno z *mistress* 'paní', to pak je ze stfr. *maistresse* tv. od *maistre* 'pán' z lat. *magister*. Viz ↑*magister*, ↓*mistr*, ↑*metrnice*.

místo, *místečko, místní, nemístný, umístit, přemístit, rozmístit, náměstek*. Všesl. – p. *miasto*, r. *město*, ch. *mjěsto*, s. *město*, stsl. *město*. Psl. **město* nemá jednoznačný výklad. Jednou možností je vyjít z ie. **moit-to-* 'vykolíkované místo' od **moit-* 'kůl' doloženého v lit. *miẽtas*, lot. *miets* tv., arm. *moit^c* 'sloup' a snad i lat. *mēta* 'kuželovitý sloup', pak i 'cíl' (↑*meta*) (HK), jiný výklad dává přednost spojení s lit. *maĩstas* 'obživa', lot. *mist* 'bydlet', av. *maēϑanəm* 'bydliště, dům' (Ma²). Viz i ↑*město*.

mistr, *mistryně, mistrný, mistrovský, mistrovství*. Z lat. *magister* (viz ↑*magister*) redukcí v 1. slabice (časté u titulů, srov. ↓*slečna*). Slk. *majster* přes něm. *Meister*.

mistral 'severní vítr v jižní Francii'. Z fr. *mistral* ze stprov. *maestral* a to z lat. (*ventus*) *magistrālis* 'hlavní (vítr)' od lat. *magister* 'nadřízený, učitel ap.'. Viz ↑*magistr*, ↑*magistrála*.

míšeň 'míšeňský porcelán'. Podle něm. města *Míšeň* (něm. *Meissen*, nedaleko Drážďan), kde se vyráběl.

míšenec, *míšenka, míšenecký*. Od ↑*mísit*.

mišmaš hov. expr. 'směsice'. Z něm. *Mischmasch*, což je expr. útvar od *mischen* 'mísit' (viz ↑*mísit*). K tvoření srov. ↑*křížem krážem, cikcak*.

mišpule 'strom či keř příbuzný hrušce'. Stč. *mišpule, nyšpule* z lat. *mespilus* z ř. *méspilon* tv., neznámého původu.

mišuge. Viz ↑*mešuge*.

mišuňk zast. hov. 'míchanice'. Z něm. *Mischung* od *mischen* 'míchat, mísit'. Viz ↑*mísit*, srov. ↑*mišmaš*.

mít, *mívat*. Stč. *jmieti*. Všesl. – p. *mieć*, r. *imét'*, s./ch. *ìmati*, stsl. *iměti*. Psl. **jьměti* (1. os. přít. *jьmamь*) je stará odvozenina od ie. slovesa, jež dalo psl. **jęti* (↑*jmout*), asi od tvaru perfekta ('vzal jsem' = 'mám') (HK, Ma²). Srov. ↑*jmění*, ↑*majetek*, ↓*přimět*.

-mítat (*namítat, odmítat, omítat, promítat, přemítat, vymítat, zmítat, zamítat*). Viz ↑*mést*, ↑*metat*.

mítink 'veřejné shromáždění; (lehkoatletické) závody'. Z angl. *meeting* tv., vlastně 'setkání', od *meet* 'potkat, setkat se', jež nemá mimo germ. spolehlivé příbuzenství.

mitra 'vysoká biskupská čepice'. Přes lat. *mitra* z ř. *mítra* '(vinutá) pokrývka hlavy, turban' od *mítos* 'klička, nit'. Dnešní význam je z nejstaršího řeckého překladu Starého zákona, kde je slova použito k označení čepice židovských velekněží.

mix 'směs', slang. 'druh lyžařského vosku; smíšená čtyřhra', *mixovat, mixér*. Z angl. *mix* 'směs' (případně *mixed* 'smíšený') a to z lat. *miscēre* (příč. trp. *mixtus*) 'míchat' (viz ↑*mísit*).

míza, *mízní.* Stč. *miezha,* slk., p. *miazga,* r. *mezgá,* s./ch. *mézga.* Psl. **mězga* se spojuje s ie. **meigh-* 'pouštět vodu, močit' *(A1,A2,B2)* (srov. sln. *mezéti* 'kapat, téci úzkým pramínkem'), k němuž dále patří s./ch. *mìžati,* lot. *mizt,* stangl. *mīgan,* lat. *mingere,* ř. *omīchéō,* arm. *mizem,* sti. *méhati,* vše ve významu 'močit' (HK).

mizantrop 'člověk, který nemá rád lidi', *mizantropický.* Z fr. *misanthrope* (do povědomí vešlo v 17. st. zásluhou stejnojmenné Moliérovy komedie) a to z ř. *mīsánthrōpos* 'nenávidějící lidi' z *mīséō* 'nenávidím' a *ánthrōpos* 'člověk'. Srov. ↑*filantrop.*

mizera hov. hanl. 'bídák, darebák', *mizerný, mizérie.* Již stč. Od lat. *miser* 'bídný, ubohý' i 'ubožák, chudák', k posunu významu srov. *bídák* od ↑*bída.*

mizet, *zmizet, vymizet, mizivý.* Stč. *mizěti* i *mizati.* Jen č. a slk., spojuje se s ↑*míhat* ('zmizet' = 'mihnout se a nebýt') (Ma², HK); pokud je **mizati* z **migati,* muselo by jít nejspíš o progresivní palatalizaci *(B1).* Srov. ↓*mizina.*

*mizina (ve spojeních *přijít na mizinu, přivést na mizinu, být na mizině).* U Jg 'bída, zkáza', asi souvisí s ↑*mizet* ('stav, kdy zmizí majetek ap.'), těžko lze přijmout spojení s *mizérie* (tak Ma², viz ↑*mizera),* nanejvýš jde o druhotné působení na význam slova.

-mknout *(odemknout, zamknout, vymknout, semknout, přimknout).* Viz ↓*mykat.*

mladý, *mladičký, mladost, mládí, mládě, mládátko, mladík, mladice, mladický, mládeří, mládežník, mládežnický, mládek, mladina, mládnout, omládnout, omladit, omladina.* Všesl. – p. *młody,* r. *molodój,* s./ch. *mlâd,* stsl. *mladъ.* Psl. **moldъ (B8)* souvisí se stpr. *maldai* 'děti', *maldian* (ak.) 'hříbě', dále se stangl. *meltan* (angl. *melt*)

'tát, měknout', wal. *blydd* 'měkký, něžný', lat. *mollis* 'měkký', ř. *méldomai* 'rozpouštím', sti. *mr̥dú-* 'měkký, něžný', vše z ie. **meld-* 'měkký, něžný, slabý' od **mel-* 'tát, drobit, mlít' (viz ↓*mlít*). K významovému posunu 'slabý' → 'mladý' srov. ↓*starý.* Původní psl. slovo pro 'mladý' bylo **junъ* (viz ↑*junák*).

mláka nář. 'kaluž'. Slk. *mláka,* br.d. *móloka,* s./ch. *mlàka,* b. *mláka.* Psl. **molka* asi souvisí s lit. *mal̃kas* 'doušek', lot. *màlks* 'pití', gót. *milhma* 'mrak', ř. *mélkion* 'pramen, vřídlo' z ie. **melk-* 'vláha, mokrost'. Sem patří asi i starší č. *mlklý* 'vlhkostí zkažený' (Jg).

mlaskat, *mlasknout, mlaskavý, zamlaskat, pomlaskávat.* P. *mlaskać,* s./ch. *mlàskati,* chybí ve vsl. Od onom. základu **mlas-,* který snad je i v stir. *mlas* 'chuť' (Ma²). Srov. ↓*mlsat,* ↑*mamlas.*

mlat 'část stodoly k mlácení obilí', *mlátit, mlátička, zmlátit, namlátit, umlátit, vymlátit, pomlátit, omlátit, rozmlátit.* Všesl. – p. *młot,* r. *mólot,* s./ch. *mlât,* stsl. *mlatъ,* vše 'kladivo' (č. význam je druhotný). Psl. **moltъ* se obvykle spojuje se stisl. *mjǫllnir* 'kladivo boha Thora', wal. *mellt* 'blesk' (srov. r. *mólnija* tv.), lat. *malleus* 'kladivo', vše od ie. **mel-* 'drobit, mlít' (viz ↓*mlít*).

mláto 'zbytek pivovarského sladu užívaný jako krmivo'. P.st. *młoto,* ukr. *mólot,* sln. *mláto.* Psl. **molto* je nejspíš přejetím z germ. **malta-* 'slad' (něm. *Malz,* angl. *malt* tv.), které se spojuje s **melt-* 'tát, měkčit, rozpouštět' z ie. **meld-* (viz ↑*mladý*).

mlází 'mladý lesní porost'. Od ↑*mladý.*

mlčet, *mlčenlivý, mlčenlivost, umlčet, zamlčet, zámlka, pomlčet, pomlka, promlčet, odmlčet se, odmlka.* Všesl. – p. *milczeć,* r. *molčát'-* s./ch. *múčati,* stsl. *mlьčati.* Psl. **mьlčati* se obvykle spojuje se lit. *mùlkis* 'hlupák', ir. *malcaim*

mléko 383 **mne**

'hniji, trouchnivím', ř. *malakós* 'měkký, slabý', arm. *mełk* 'slabý', východiskem by bylo ie. **melk-* 'slabý, měkký' od **mel-* 'drobit, mlít' (viz ↓*mlít*). Původní význam slovesa by tedy byl 'být slabý, hloupý, neumět či nesmět mluvit'.

mléko, *mléčný, mlékař(ka), mlékárna, mlékárenský*. Všesl. – p. *mleko*, r. *molokó*, ch. *mlijéko*, s. *mléko*, stsl. *mlěko*. Psl. **melko* se tradičně vysvětlovalo jako výpůjčka z germ. **meluk, *miluk* (něm. *Milch*, angl. *milk*), což přináší jisté hláskové obtíže (Ma[2]). Souvislost je nesporná, může však jít i o variantu ie. kořene – **melk-* (pro slov.) vedle **melǵ-*, z něhož je germ. slovo *(A4)* (viz i ↓*mlezivo*). V jiných ie. jazycích jsou názvy různé – lit. *píenas*, lat. *lac*, ř. *gála* atd. Srov. ↓*mlíčí*.

mlezivo 'první mateřské mléko'. P. *młodziwo*, r. *molózivo*, sln. *mlézivo*. Psl. **melzivo* je odvozeno od slovesa **melzti* (srov. stč. *mlzati* 'sát'), které souvisí s lit. *mélžti* 'dojit', sthn. *melkan*, střir. *bligim* (z **mligim*), lat. *mulgēre*, ř. *amélgō* tv., vše z ie. **melǵ-* tv., jehož další etymologické souvislosti nejsou jisté. Viz i ↑*mléko*.

mlha, *mlžný, mlhový, mlhavý, mlhovky, mlhovina, mlžit, zamlžit*. Stč. *mhla* (do nové č. přesmyk). Všesl. – slk. *hmla*, p. *mgła*, r. *mgla*, s./ch. *màgla*, stsl. *mьgla*. Psl. **mьgla* odpovídá lit. *miglà*, lot. *migla* tv. *(B6)*, dále je příbuzné niz. *miggelen* 'mžít', alb. *mjegull* 'mlha', ř. *omíchlē* tv., arm. *meg* 'mrak', sti. *mēghá-* tv., *míh-* 'mlha', vše z ie. **mighlā, *meigho-* 'mlha, mrak' z ie. **meigh-* 'míhat se, mžít, močit'. Srov. ↓*mžít*, ↑*míza*, ↑*míhat*.

mlíčí 'rybí sperma; rostlina roníci mléčně bílou šťávu', *mlíčňák*. Odvozeno od ↑*mléko* (podle podoby).

mlít, *mlecí, mletý, semlít, umlít, podemlít, rozemlít, omílat, vymílat*. Všesl. – p. *mleć*, r. *molót'*, ch. *mljèti*, s. *mlȅti*, stsl. *mlěti*. Psl. **melti (B8)* je příbuzné s lit. *málti*, sthn. *malan* (něm. *mahlen*), stir. *melim*, lat. *molere* tv., ř. *mýllō* 'drtím', arm. *malem* tv., chet. *mallai* 'rozemele', vše z ie. **mel-* 'drtit, mlít, drobit'. Srov. ↓*mlýn*, ↓*námel*, ↓*výmol*, ↑*mlat*, ↑*mladý*, ↑*mlčet*.

mlok. Vytvořil Presl podle něm. *Molch* tv. nejistého původu (Ma[2]).

mlsat, *mlsný, mls, pamlsek, mlsoun, namlsat se, smlsnout si, zmlsaný*. Jen č. a slk., jinde není bezpečně doloženo. Vzhledem k r.d. *molsát'* 'sát' by mohlo jít o variantu k stč. *mlzati* tv. (psl. **mъlsati* vedle **mъlzati*), dále viz ↑*mlezivo*. Vyloučen není ani onom. původ (srov. ↑*mlaskat*) (HK).

mluvit, *mluvení, mluvicí, mluvný, mluvní, mluva, mluvka, mluvčí, mluvnice, mluvnický, mluvidla, mluvítko, domluvit (se), omluvit (se), omluva, smluvit (se), smlouva, přemluvit, promluvit, přimluvit se, přímluva, přímluvce, zamluvit, namluvit si, odmlouvat, vymlouvat se, pomlouvat, pomluva, pomlouvačný* aj. P. *mówić*, r.st. *mólvit'*, sln. *mólviti* 'vrkat', b. *mǎlvja*, stsl. *mlъviti* 'šumět, hlučet', *mlъva* 'povyk, hádka'. Původní význam je dochován v stsl., původ je zřejmě onom., srov. ↓*mumlat*, ↓*mrmlat*, ↓*mručet*. V zsl. a částečně vsl. se pak vytvořil význam 'hovořit'.

mlýn, *mlýnek, mlýnský, mlynář(ka), mlynářský*. P. *młyn*, r.d. *mlin*, s./ch. *mlȋn*. Psl. **mъlinъ* je přejato přes sthn. *mulīn* z pozdnělat. *molīna, molīnum* tv. od lat. *molere* 'mlít' (viz ↑*mlít*). Mlýny na vodu a na vítr k nám přišly z románské oblasti, předtím byly v sev. Evropě známy jen ruční mlýnky (viz ↓*žernov*). Slovo se přiklonilo k ↑*mlít*, -y- v zsl. není jasné.

mlž 'druh měkkýše'. Presl převzal z p. *małż* 'slimák', další původ není jasný.

mne, mně, mnou. Viz ↑*mě*.

mnemotechnický 'podporující paměť pomocnými představami'. Novější, uměle z ř. *mněmē* 'paměť' (srov. ↓*paměť*) a *technický* (↓*technika*).

mnich, *mnišský*. P., r.d. *mnich*, sln. *menȋh*. Ze sthn. *munih* (něm. *Mönch*) a to ze střlat. *monicus* z lat. *monachus* z ř. *monachós* 'poustevník', doslova 'jediný, samotný', od *mónos* 'sám, jediný' (srov. ↓*-mono*).

mník 'druh ryby'. Hl. *mjeńk*, r.d. *menëk*, sln. *menĕk*. Psl. *mьnьkъ je odvozeno od *mьnь (stč. *meň*, s./ch. *mȁnj*), původ není zcela jasný. Spojuje se s lit. *ménkė* 'druh mořské tresky' (mník je sladkovodní treskovitá ryba), dále i se sthn. *muniwa*, angl. *minnow* 'střevle' i ř. *maínē* 'jistá ryba'. Některá z těchto slov lze vyložit z ie. *minu- či *men-* 'malý'. Vzhledem k podobným slovům v ugrofin. jazycích (fin. *monni* 'sumec', maď. *meny-hal* 'mník') se uvažuje i o ugrofin. původu slova (Ma²).

mniška 'noční motýl (lesní škůdce)'. Od ↑*mnich* podle šedého zabarvení křídel (srov. ↑*bekyně*).

mníti zast. 'mínit, myslet', *pomnít*, *domnívat se*, *domněnka*, *domnělý*. Stp. *mnieć*, r.st. *mnit'*, sln.st. *mnéti*, s./ch. *mnȉti*, stsl. *mьněti*. Psl. *mьněti odpovídá lit. *minéti* 'zmínit, pamatovat si', dále je příbuzné lat. *meminisse* 'pamatovat si', ř. *mémona* 'míním', sti. *mányate* 'myslí', vše z ie. *men-* 'myslet'. Srov. ↓*pomník*, ↓*paměť*, ↓*zapomínat*, ↑*mínit*.

mnohý, *mnohost*, *množný*, *množství*, *množstevní*, *množina*, *množit (se)*, *namnožit*, *rozmnožit(se)*, *přemnožit(se)*. P.st. *mnogi*, r. *mnógije* (pl.), s./ch. *mnȍg*, stsl. *mъnogъ*. Psl. *mъnogъ je příbuzné s gót. *manags* 'mnoho' (angl. *many* tv., něm. *Menge* 'množství'), stir. *menicc* 'častý, početný' z ie. *monogho-* 'mnohý'.

mňoukat, *zamňoukat*. P. *miauczeć*, r. *mjaúkat'*, s./ch. *maùkati* tv. (k č. *mň-* srov. výslovnost *město*). Podobné útvary i jinde – něm. *miauen*, fr. *miauler*, vše onom. od citosl. vyjadřujícího mňoukání (Ma²).

mnout, *promnout*, *zamnout*, *rozemnout*. Stč. *mieti*, *mnu* (nový infinitiv analogií (*D1*) podle tvarů přít. času, srov. ↑*jmout*, ↓*pnout*), p. *miąć*, r. *mjat'*, sln. *méti*. Psl. *męti (B7) odpovídá lit. *mìnti* 'udupávat, šlapat', dále je příbuzné střir. *men* 'mouka, prach', sti. *čarma-mnā-* 'koželuh', vše od ie. *men-* 'mnout, tlouci, šlapat'. Srov. ↑*měkký*, ↓*mouka*, ↑*humno*.

mobilizovat 'uvádět do (válečné) pohotovosti', *mobilizace*, *mobilizační*. Z fr. *mobiliser* (v tomto významu od 30. let 19. st.) a to od fr. *mobile* z lat. *mōbilis* 'pohyblivý, nestálý'. Srov. ↓*mobilní*.

mobilní 'pohyblivý, přenosný'. Přes něm. *mobil*, fr. *mobile* z lat. *mōbilis* 'pohyblivý, nestálý' z *movibilis* od *movēre* 'hýbat se'. Srov. ↑*mobilizovat*, ↑*automobil*, ↓*motiv*, ↓*movitý*.

moc subst., příl., *mocný*, *mocnost*, *mocnář*, *mocnářství*, *mocnina*, *odmocnina*, *mocněnec*, *mocnitel*. Všesl. – p. *moc*, r. *moč'*, s./ch. *mȏć*, stsl. *moštь*. Psl. *mogtь (B3) má přesné protějšky v germ. – gót. *machts*, něm. *Macht*, angl. *might* tv., vše z ie. *maghti-*, abstrakta od *magh-* 'moci' (viz ↓*moci*). Poklesnutí na příl. (*moc lidí*) je jen č. a p. Srov. ↓*nemoc*.

moci, *přemoci*, *pomoci*, *pomoc*, *pomocný*, *vzmoci se*, *zmoci*. Všesl. – p. *móc*, r. *moč'*, s./ch. *mòći*, stsl. *mošti*. Psl. *mogti (B3) vychází z ie. *magh-* 'moci, být schopný', které je i v gót. *magan* tv., něm. *mögen* 'moci, chtít', angl. *may* 'smět', sti. *maghá-* 'moc, síla, bohatství' a snad i lit. *mãgulas* 'početný, mnohý' a ř. *mēchos* 'prostředek, pomoc' (viz i ↑*mechanika*, ↑*mašina*). Srov. ↑*moc*, ↓*velmož*, ↓*mohutný*.

močál, *močálovitý*. Takto jen č., jinak slk. *močiar*, p. *moczar(a)*, sln. *močvírje*, s./ch. *mòčvār* tv., vše od psl. **moč-*, k němuž viz ↓*močit,* ↓*mokrý*.

močit, *moč, močový, močovina, močůvka, namočit, promočit, smočit, pomočit, odmočit, vymočit, rozmočit, omočit, zmáčet*. Všesl. – p. *moczyć*, r. *močít'*, s./ch. *mòčiti*, stsl. *močiti*. Psl. **močiti* 'močit, namáčet' souvisí s lit. *makonė* 'louže', alb. *makë* 'blána na tekutinu', lat. *macerāre* 'měkčit, namáčet', arm. *mōr* 'bahno, kal', vše z ie. **mak-, *māk-* 'mokrý; vlhčit'. Srov. ↓*mokrý,* ↓*mokvat,* ↑*močál,* ↓*omáčka*.

móda, *módní*. Přes něm. *Mode* z fr. *mode* tv., vlastně 'způsob (oblékání)', a to z lat. *modus* 'míra, způsob'. Srov. ↓*modální,* ↓*moderní,* ↓*model*.

modální 'způsobový', *modalita*. Ze střlat. *modalis* tv. od lat. *modus* 'způsob'. Srov. ↑*móda,* ↓*model*.

model 'vzor, předloha; zmenšenina', *modelový, modelka, modelář, modelářský, modelářství*. Přes něm. *Modell* z fr. *modèle* z it. *modello* z vlat. **modellus*, což je zdrobnělina k lat. *modus* 'míra, způsob'. Srov. ↑*móda,* ↓*moderní*.

modem 'zařízení na přenos údajů po telefonní síti'. Z angl. *modem* tv. a to z *mo(dulator)* 'přístroj na přenášení informací o malém kmitočtu na vyšší kmitočet' a *dem(odulator)* 'přístroj, který odděluje elektrické kmity vysokého kmitočtu od nízkého (aby mohly být normálně slyšeny)'. Srov. ↓*modulace*.

moderátor 'kdo řídí diskusi', *moderovat*. Přes něm. *Moderator* z lat. *moderātor* 'řidič, usměrňovatel' od *moderārī* 'mírnit, řídit, krotit' od *modus* '(pravá) míra, mez, způsob'. Srov. ↓*moderní,* ↑*móda*.

moderní, *modernost, moderna, modernizovat, modernizace, modernizační*. Přes moderní evr. jazyky (něm., angl. *modern*, fr. *moderne*)

z pozdnělat. *modernus* 'nový, dnešní' od lat. *modo* 'pouze, nedávno, právě teď, hned', což je původem ablativ lat. *modus* 'míra, mez, způsob'. Srov. ↑*móda,* ↑*moderátor,* ↑*model*.

modifikovat 'obměnit, přizpůsobit', *modifikace, modifikační*. Z lat. *modificāre* z *modus* 'míra, způsob' (srov. ↑*móda,* ↑*model*) a odvozeniny od *facere* 'dělat' (viz ↓*-fikace*).

modla 'podoba pohanského boha; předmět zbožňování'. Stará odvozenina od **modliti* (↓*modlit se*), srov. p. *modły* (pl.) 'modlitba' i stpr. *maddla* tv. (pokud není z p.).

modlit se, *modlitba, modlitební, modlitebna, pomodlit se, vymodlit si*. Všesl. – p. *modlić (się)*, r. *molít'(sja)*, s./ch. *mòliti (se)*, stsl. *moliti (sę)*, vše 'prosit' (bez zvratné část.) i 'modlit se' (zvratné). Psl. **modliti (sę)* je přesmykem z **molditi*, které odpovídá lit. *maldýti* tv., což je opětovací sloveso od *melsti* tv. Příbuzné je ještě něm. *melden* 'hlásit', arm. *malth'em* 'prosím', chet. *maltai* 'prosí', vše od ie. **meldh-*, asi ve významu 'obracet se hlasem (k bohu)'.

modrý, *modravý, modř, modřina, modřenec, modrat, zmodrat*. Hl. *módry*, s./ch. *mòdar*, chybí ve vsl. Psl. **modrъ* nemá jistý výklad. Spojuje se s lat. *madēre* 'být mokrý', ř. *madáō* 'pouštím vláhu, taji', sti. *máda-* 'opojný nápoj' z ie. **mad-* 'mokrý; stékat' – slov. slovo odvozené příp. *-ro-* (srov. ↓*mokrý*) by pak znamenalo asi 'mající barvu vody' (trochu jinak HK). Za úvahu stojí i spojení s lot. *madara*, sthn. *matara*, angl. *madder* 'mořena barvířská', což je název rostliny, z níž se získává barvivo (i když červené). Srov. ↓*modřín*.

modřín, *modřínový*. Od ↑*modrý* podle nafialovělého jádra dřeva.

modulace 'obměňování, odstiňování (hlasu ap.); přechod do jiné tóniny ap.', *modulovat*. Přes moderní jazyky

mohamedán z pozdnělat. *modulātiō* 'rytmus, harmonie, hraní' od lat. *modulārī* 'odměřovat podle taktu, hrát, vyluzovat' od *modulus* 'měřítko, takt', zdrobněliny od *modus* 'míra, způsob'. Srov. ↑*model*, ↑*modem*.

mohamedán 'muslim'. Podle něm. *Mohammedaner* od jména proroka *Mohameda* (6.–7. st. po Kr.), zakladatele islámu.

mohér 'tkanina ze srsti angorských koz', *mohérový*. Z angl. *mohair* z ar. *muḫayar* tv. (s přikloněním k angl. *hair* 'vlasy'), doslova 'výběr' od *ḫayara* 'vybírat'.

mohutný, *mohutnost*, *(z)mohutnět*. Od základu přech. přít. (**mog-ǫt-*) slovesa *mogti (↑*moci*), který je i v r. *mogúčij*, sln. *mogóčen* tv., vlastně 'mohoucí, mající moc'.

mohykán 'poslední pozůstalý'. Podle Cooperova románu *Poslední Mohykán* (*Mohykáni* byli indiánský kmen sídlící na kanadsko-amer. pomezí).

mohyla, *mohylový*. Všesl. – p. *mogiła*, r. *mogíla*, s./ch. *gòmila* (přesmykem souhlásek), csl. *mogyla*. Psl. *mogyla není uspokojivě objasněno. Zřejmě souvisí s alb. *magulë* 'pahorek', rum. *măgură* tv. Vzhledem k těmto souvislostem i k charakteru slova je pravděpodobná výpůjčka z jakéhosi předslov. (možná i předie.) substrátového jazyka (Ma²).

mochna 'druh byliny'. Preslovo přejetí z ukr. *mochna*, kde odvozeno od *moch* 'mech' podle plstnatých listů (Ma²).

mok 'tekutina, nápoj'. Viz ↑*močit*, ↓*mokrý*.

moka 'silná černá káva'. Z něm. *Mokka* tv. podle ar. města *Mokka* (ar. *Muhā*) na břehu Rudého moře.

mokasín 'druh střevíce'. Z angl. *moccasin* a to z jazyka severoamer. indiánů, kde slovo *mockasin* označovalo 'lehký kožený střevíc'.

moknout, *zmoknout*, *promoknout*. P. *moknąć*, r. *móknut'*. Psl. *moknǫti je odvozeno od kořene **mok-* (viz ↓*mokrý*, ↑*močit*).

mokrý, *mokro*, *mokřina*, *mokřit*, *umokřit*, *zamokřit*, *namokřit*. Všesl. – p. *mokry*, r. *mókryj*, s./ch. *mòkar*, stsl. *mokrъ*. Psl. *mokrъ je odvozeno starou příp. *-r-* od ie. **mak-* (viz ↑*močit*), možná, že útvar **makro-* je již ie. (vychází z něj asi i arm. *mōr* 'bláto, kal').

mokvat, *mokvavý*. Asi od *mokva, doloženého v slk.d. *mokva* 'tekutina', p.d. *mokwa* 'mokrost', r.d. *mókva* tv. a to od téhož základu jako ↑*mokrý*, ↑*močit* (Ma², HK).

mol[1] 'drobný škodlivý motýlek'. Všesl. – p. *mól*, r. *mol'*, s./ch. *mòljac*, stsl. *mol'ь*. Psl. **mol'ь* je nejspíš odvozeno od ie. **mel-* 'drobit, mlít' (↑*mlít*) (vlastně 'ten, kdo rozrušuje, drolí věci'), k němuž patří i gót. *malō*, švéd. *mal*, něm. *Milbe* tv. i sti. *malūka-* 'druh červa'.

*mol[2] (*být namol*). Ve starší č. *molek* 'opilec'. Ne zcela jasné. Snad přeneseně z *molek* 'malý mol' ve spojení *vinný molek*, *pivní molek* (Jg) (srov. *knihomol*). Podle jiného výkladu z něm. arg. *Molum* 'opilost', *molum* 'opilý' z jidiš *mole* 'plný' (hebr. *mālē*[c] tv.).

mol[3] 'grammolekula'. Zkráceno z ↓*molekula*.

*moldánky (*natahovat moldánky* 'nabírat k pláči'). Původně 'primitivní pastýřská píšťala' (u Jg i slk. *mulitánky*), odvozeno od rumunské provincie *Multany*, rum. *Moldova* (dnes *Moldavsko*).

molekula 'nejmenší částice látky', *molekulový*, *molekulární*. Z fr. *molécule* a to uměle (17. st.) od lat. *mōlēs* 'hmota, masa' zdrobňující příp. (srov. ↑*minuskule*).

moll 'měkká tónina či stupnice', *mollový*. Z lat. *molle* od *mollis* 'měkký', dále viz ↑*dur*.

molo 'přístavní hráz'. Z it. *molo* tv. a to z lat. *mōlēs* 'hmota, hráz'. Srov. ↑*molekula*.

moloch 'obrovitý netvor (často symbol mašinérie ničící člověka)'. Z pozdnělat. *Moloch* z ř. *Molóch* a to z hebr. *mōlek* od *melek* 'král'. Jméno semitského boha, jehož modle byly přinášeny lidské (dětské) oběti.

molybden 'kovový prvek', *molybdenový*. Z fr. *molybdène* a to z lat. *molybdaena* 'stříbrná žíla v olovu' z ř. *molýbdaina* 'olovnice' od *mólybdos* 'olovo'.

moment 'okamžik', *momentální, momentka*. Přes něm. *Moment* z lat. *mōmentum* 'hybná síla, pohnutka, okamžik' z *movimentum od *movēre* 'hýbat, pohánět'. Srov. ↑*mobilní*, ↓*motiv*.

monarchie, *monarcha, monarchista, monarchistický*. Přes něm. *Monarchie*, pozdnělat. *monarchia* z ř. *monarchía* 'samovláda' z *mónos* 'sám' (viz ↓*mono-*) a *árchō* 'vládnu' (srov. ↓*oligarchie*, ↑*anarchie*).

mondénní 'světácký'. Z fr. *mondain* od *monde* 'svět' z lat. *mundus* tv.

monetární 'mincovní, peněžní'. Přes moderní evr. jazyky z lat. *monētārius* tv. od *monēta* 'mince' (viz ↑*mince*).

monitor 'zařízení ke kontrole vysílaných signálů', *monitorovat*. Z angl. *monitor (screen)* tv. a to z lat. *monitor* 'připomínatel, usměrňovatel' od *monēre* 'upomínat, připomínat'. Srov. ↓*monument*.

mono- (ve složeninách) 'jedno-'. Z ř. *mónos* 'jediný, sám'. Srov. *monočlánek*, ↓*monolog*, ↓*monogram*, ↓*monopol*, ↓*mononukleóza*, ↓*monopost*, ↓*monotónní*, ↑*monarchie*, ↑*mnich*.

monoftong 'jednoduchá samohláska', *monoftongizace*. Novější, viz ↑*mono-* a ↑*diftong*.

monogamie 'jednoženství', *monogamní*. Z lat. *monogamia*, dále viz ↑*mono-* a ↑*bigamie*.

monografie 'vědecká práce věnovaná jednomu tématu', *monografický*. Novější, viz ↑*mono-* a ↑*-grafie*.

monogram 'zkratka osobního jména začátečními písmeny'. Z pozdnělat. *monogramma, monogrammum* tv., vlastně 'spojení více písmen v jeden celek', dále viz ↑*mono-* a ↑*-gram*.

monokl 'sklíčko na jedno oko'. Přes něm. *Monokel* z fr. *monocle* a to z pozdnělat. *monoculus* 'jednooký' z ↑*mono-* a lat. *oculus* 'oko'. Srov. ↓*okulár*.

monokultura 'delší pěstování jedné rostliny na jednom místě'. Viz ↑*mono-* a ↑*kultura*.

monolit 'monumentální sloup z jednoho kusu kamene'. Z lat. *monolithus* 'z jednoho kusu kamene' z ↑*mono-* a ř. *líthos* 'kámen'. Srov. ↑*litografie*.

monolog 'promluva jednoho mluvčího, samomluva'. Z moderních evr. jazyků (něm. *Monolog*, fr., angl. *monologue*), kde bylo utvořeno podle vzoru ř. *diálogos* (viz ↑*mono-* a ↑*dialog*).

mononukleóza 'druh infekčního onemocnění'. Viz ↑*mono-* a ↓*nukleus*. Nemoc se totiž projevuje abnormálním množstvím mononukleárních (tj. majících jedno buněčné jádro) bílých krvinek v krvi.

monopol 'výhradní právo na výrobu a prodej něčeho; typ sdružení podniků', *monopolní, monopolizace, monopolizovat*. Přes moderní evr. jazyky (něm. *Monopol*, fr. *monopole*) z lat. *monopōlium*, ř. *monopōlion*

monopost 'výhradní právo na obchod' a to z ↑*mono*- a *pōléō* 'prodávám'.

monopost 'jednomístný závodní vůz'. Z angl. *monopost* tv. z ↑*mono*- a *post* 'stanoviště, (přikázané) místo' (viz ↓*post*).

monotónní 'jednotvárný'. Přes něm. *monoton*, fr. *monotone* z pozdnělat. *monotonus* z ř. *monótonos* 'mající jeden tón'. Viz ↑*mono*- a ↓*tón*.

monsignore 'čestný titul katolických duchovních'. Z it. *monsignore*, doslova 'můj pán', a to ze stit. *mon* 'můj' z lat. *meus* tv. a *signore* 'pán' z lat. *senior* 'starší'. Srov. ↑*madam*, ↑*madona*, ↓*sir*.

monstr- (ve složeninách) '(okázale) ohromný'. Srov. *monstrproces, monstrpodnik*. Z fr. *monstre* 'ohromný, nestvůrný' od *monstre* 'monstrum, nestvůra' (viz ↓*monstrum*).

monstrance 'zdobená schránka na vystavování hostie'. Ze střlat. *monstrantia* od lat. *mōnstrāre* 'ukazovat'. Srov. ↑*demonstrovat*, ↓*monstrum*.

monstrózní 'ohromný, obludný'. Z lat. *mōnstruōsus, mōnstrōsus* 'nestvůrný, obludný' od *mōnstrum* (viz ↓*monstrum*).

monstrum 'něco nestvůrně neobvyklého velikostí či tvarem'. Přes něm. *Monstrum* tv. z lat. *mōnstrum* 'nadpřirozený úkaz, zjev, obluda, nestvůra' od *mōnstrāre* 'ukazovat'. Srov. ↑*monstrance*.

montovat 'sestavovat, mechanicky připojovat', *montovaný, montáž, montér, montérky*. Podle něm. *montieren* tv. z fr. *monter* 'stoupat, vytáhnout, dopravit nahoru, sestavit, uspořádat' (dnešní význam tedy z původního 'stavět do výšky, umisťovat nahoře') a to z vlat. *montāre 'stoupat' od lat. *mōns* (gen. *montis*) 'hora'.

monument 'velký pomník', *monumentální*. Z lat. *monumentum* (vedle *monimentum*) 'památka, pomník' od *monēre* 'připomínat, upomínat'. Srov. ↑*monitor*.

monzun 'občasný vítr vanoucí v jihových. Asii', *monzunový*. Přes něm. *Monsun*, případně angl. *monsoon*, it. *monsone* z port. *monção* (dříve *moução*) a to z ar. *mausim* 'roční doba', z toho 'pravidelný vítr příznivý pro cestu do Indie' (monzun vane od května do září od jihozápadu, zbytek roku naopak).

mop 'smeták s třásněmi napuštěnými olejem'. Z angl. *mop*, dříve *mapp(e)* tv. Původem námořnické slovo ne zcela jasného původu, souvisí se střangl. *moppe* 'hadrová panenka'. Snad z lat. *mappa* 'látka k utírání' (viz ↑*mapa*).

moped 'lehké motorové kolo'. V 50. letech v něm. prostředí vzniklé zkratkové slovo, viz ↓*motor* a ↓*velociped*, ↓*pedál*.

mopslík 'druh malého psa'. Z něm. *Mops* a to z niz. *mops, mop* od *moppen* 'být mrzutý, bručet' podle dojmu, který dělá výraz jeho tváře.

mor, *morový*. Všesl. – p. *mór*, r. *mor*, s./ch. *môr*, stsl. *morъ*. Psl. *morъ je stará odvozenina od ie. *mer- (viz ↓*mřít*, ↓*mořit*[1]) *(A6)*.

morální 'mravní, mravný', *morálka, moralista, moralizovat*. Z lat. *mōrālis* (eventuálně přes něm. *moralisch*) a to od *mōs* (gen. *mōris*) 'mrav, zvyk'. Srov. ↓*moresy*, ↓*morous*.

moratorium 'odklad, zastavení, zmrazení něčeho'. Od střlat. právního termínu *moratorius* 'prodlužující, oddalující' od lat. *morārī* 'prodlévat, zdržet, zadržet' od *mora* 'prodlení, zdržení, překážka'.

morbidní 'chorobný, úpadkově nezdravý'. Z fr. *morbide* z lat. *morbidus* 'nemocný, chorobný' od *morbus* 'nemoc, choroba'.

morče. U Jg i *morka*. Nejspíš od *moře, mořský* podle něm. *Meerschwein(chen)* tv., doslova '(zá)mořské prasátko' (přišlo z jižní Ameriky a kviká jako sele) (Ma², HK).

mord zast. ob. 'vražda', *mordovat (se), zamordovat*. Z něm. *Mord* tv., jež vychází ze stejného kořene jako ↓*mrtvý*.

morda 'čumák'. Převzato Preslem z p. *morda* či vsl. *mórda* nejistého původu, snad z írán. (srov. av. *ka-mərəða* 'hlava'). Uvažuje se i o spojení s ↓*mrdat*, vlastně 'to, čím se vrtí, kývá'.

mordi(j)e, mordyjé citosl. Z fr. *mon Dieu* 'můj bože' (srov. ↑*hergot*) z *mon* 'můj' a *Dieu* 'bůh' z lat. *deus* tv. Srov. ↑*monsignore,* ↑*madam*.

morek 'hmota vyplňující duté kosti', *morkový*. Převzato z něm. *Mark* tv., jež souvisí s ↓*mozek*.

moréna 'nános vytvořený ledovcem', *morénový*. Přes něm. *Moräne* z fr. *moraine* tv., původně nářeční slovo ze savojské oblasti asi předrom. původu.

moresy hov. expr. 'mravy'. Z lat. *mōrēs* tv., pl. od *mōs* (gen. *mōris*) 'mrav'. Srov. ↑*morální*, ↓*morous*.

morfém 'nejmenší, mluvnicky nedělitelná část slova', *morfémový, morfematický*. Od ř. *morfē̌* 'tvar, podoba', systémové zakončení podle ↑*foném*. Srov. ↓*morfologie,* ↑*amorfní*.

morfium 'alkaloid opia užívaný jako utišující a omamný prostředek', *morfiový*. Podle ř. boha spánku *Morfea* (zakončení podle ↓*opium*), jehož jméno souvisí s ř. *morfē̌* 'tvar, (krásná) podoba' (podle toho, že prý vytváří snové postavy). Srov. ↑*morfém,* ↓*morfologie*.

morfologie 'tvarosloví; nauka o tvarech vůbec', *morfologický, morfolog*. Viz ↑*morfém* a ↑*-logie*.

mormon 'příslušník americké náboženské sekty', *mormonský, mormonství*. Podle domnělého proroka *Mormona* (4. st. po Kr.), jehož 'zjevení' sepsal zakladatel sekty J. Smith († 1844).

morous 'mrzout, nevrlý člověk', *morouský*. Počešťující příp. *-ous* z lat. *mōrōsus* 'mající zvláštní zvyky; mrzutý' od *mōrēs* 'zvyky', *mōs* 'zvyk'. Srov. ↑*moresy*, ↑*morální*.

morseovka 'telegrafická abeceda'. Podle vynálezce, am. malíře a fyzika S. F. B. *Morsea* († 1872).

mortadela 'druh salámu'. Z it. *mortadella* 'salám s myrtovými bobulemi' z vlat. **murtatēla* od lat. *murtātum (farcīmen)* 'myrtová (nádivka)' od *murtum* 'plod myrty' (viz ↓*myrta*).

mortalita 'úmrtnost'. Z lat. *mortālitās* 'smrtelnost, smrt' od *mortālis* 'smrtelný' od *mors* (gen. *mortis*) 'smrt' od *morī* 'zemřít'. Srov. ↓*mřít*, ↑*mor*, ↑*mord*.

moruše 'plod podobný ostružině', *morušovník*. Již ve střední č. Z lat. *mōrus* 'morušovník', *mōrum* 'moruše, ostružina' z ř. *móron* tv. asi předie. původu.

morytát 'jarmareční písnička o vraždě'. Z něm. *Moritat* ne zcela jasného původu. Asi z *Mordtat* 'vražedný skutek' z *Mord* 'vražda' (viz ↑*mord*) a *Tat* 'čin, skutek', ale v úvahu přichází i střlat. *moritas* (gen. *moritatis*) 'kázání o morálce' (viz ↑*morálka*, ↑*moresy*).

moře, *mořský, námořní, námořník, námořnický, zámoří, zámořský, přímořský, nadmořský, podmořský*. Všesl. – p. *morze,* r. *móre,* s./ch. *môre,* stsl. *morje*. Psl. **mor'e* (z **morjo-*) je rozšířením ie. **mori-, *mōri-* 'moře, jezero', které je v lit. *mãrė* 'moře, (Kurský) záliv', gót. *marei* 'moře', stangl. *mere* 'moře, jezero, močál', něm. *Moor* 'močál', *Meer* 'moře', stir. *muir*, lat. *mare* tv., další ie. paralely chybí, jsou však zřejmě i paralely neie. – fin. *meri* 'moře' (možná z ie.), kavkazské (megrelské)

mořit 390 **motiv**

mere 'jezero', mong. *möre* '(velká) řeka', tedy asi slovo nostratického stáří (HK, Ma²). Srov. ↑*morče*, ↑*marína*.

mořit¹ 'hubit, trápit', *umořit, úmor, úmorný, zamořit*. Všesl. – p. *morzyć*, r. *morít'*, s./ch. *mòriti*. Psl. *moriti je kauzativum k *merti (viz ↓*mřít*), má tedy význam 'způsobovat mření, umírání', ke střídě samohlásky srov. ↑*mor*. Podobné útvary jsou lit. *marìnti* tv. a sti. *māráyati* 'moří'. Dále viz ↓*smrt*, ↑*mařit*, ↓*můra*.

mořit² 'napouštět něco speciální látkou', *mořený, mořidlo, namořit*. Jen slk. *moriť*, r. *morít'* tv. Psl. *moriti souvisí střídáním samohlásek *(A6)* s *marati 'špinit' (p. *marać*, r. *marát'* tv.), příbuzné je asi ř. *moryssō* 'špiním, černím' a snad i lit. *moraī* (pl.) 'plíseň' z ie. **mer-*/**mor-* černit, špinit; špinavá skvrna'. Srov. i ↓*mourovatý*.

mosaz, *mosazný*. Jen zsl. – slk. *mosadz*, hl. *mosaz*, p. *mosiądz*. Tyto formy ukazují na již psl. *mosędzь, asi ze sthn. *massing tv. *(B7,B1,* srov. ↑*kněz)*, doloženého až od sthn. *messinc, möschinc* aj. (nejstarším germ. dokladem je stangl. *mæstling* tv). Původ ne zcela jasný. Vyvozuje se ze jména maloasijského kmene *Mosynoiků* (ř. *Mossýnoikoi)*, odkud měla tato slitina ke Germánům přijít (Ma²), podle jiných je východiskem lat. *massa* '(tvárná) hmota' (HK).

moskyt 'tropický komár', *moskytiéra*. Přes něm. *Moskito* ze šp. *mosquito* tv., což je zdrobnělina od *mosca* 'moucha' z lat. *musca* tv. Dále viz ↓*moucha*, srov. ↓*mušketa*.

most, *můstek, mostní, mostový, přemostit, předmostí*. Všesl. – p., r. *most*, s./ch. *môst*, stsl. *mostъ*. Psl. *mostъ se spojuje s něm. *Mast* 'sloup, stožár', střir. *maide* 'hůl', lat. *mālus* 'stěžeň, pilíř' z ie. **mazdo-* 'tyč', slov. slovo se vykládá z **mazd-to-*,

vlastně 'udělaný z tyčí' (primitivní lávka byla několik rovnoběžných klád) (HK). Zavrhnout nelze ani výklad z **mot-to-* *(A5,A6)* od *mesti 'hodit' (↑*metat*, ↑*mést*), význam by byl 'co je (pře)hozeno' (opět se tu myslí primitivní můstek z několika klád) (Ma²).

mošna 'brašna, kabela', *mošnička*. Všesl. – p. *moszna*, r. *mošná*, s./ch. *mòšnja*, stsl. *mošьna*. Psl. *mošьna není zcela jasné. Obvykle se vychází z předsl. **mak-s-inā (A8,B1,B5)* od ie. **mak-* '(kožený) měšec', k němuž se řadí i lit. *mãkas* 'měšec na peníze či tabák', lot. *maks* 'peněženka, váček', něm. *Magen* 'žaludek', wal. *megin* 'měch' (HK).

mošt, *moštový, moštárna*. Z něm. *Most* tv. a to z lat. *mustum (vīnum)* 'mladé víno, mošt' od *mustus* 'mladý, čerstvý'.

motat, *motanice, moták, zamotat, zámotek, rozmotat, namotat, smotat, smotek, vymotat, přimotat, omotat, obmotat, odmotat, pomotat*. Všesl. – p. *motać*, r. *motát'*, s./ch. *mòtati*. Psl. *motati odpovídá lit. *matóti* 'motat, kroutit' a dále je příbuzné s *mesti (viz ↑*mést*), výchozí význam je 'krouživě pohybovat'. Srov. i významově blízké ↑*mást* a dále ↓*motouz*, ↓*motovidlo*, ↓*motýl*.

motel 'hotel pro motoristy'. Z am.-angl. *motel* (od 50. let) a to uměle z ↑*hotel* s přikloněním k základu, který je v ↓*motor* ap. Srov. podobně i ↑*botel*.

moteto 'několikahlasá drobná skladba'. Z it. *mottetto*, což je zdrobnělina k *motto* (viz ↓*moto*).

motiv 'pohnutka; tematický prvek', *motivovat, motivace, motivační*. Přes něm. *Motiv* ze stlat. *motivus* 'pohnutka' z lat. *mōtīvus* 'hybný, hýbající' z *mōtus* 'pohyb, hnutí', původem příč. trp. od *movēre* 'hýbat'. Srov. ↓*motor*, ↑*moment*, ↑*mobilní*, ↓*movitý*.

moto 'heslo, citát vztahující se k základní myšlence díla'. Z it. *motto* tv. a to – možná s vlivem fr. *mot* 'slovo' – z pozdnělat. *muttum* 'mumlání' od lat. *muttīre* 'mumlat, polohlasně mluvit'.

moto- (ve složeninách) 'motorový, motocyklový; motoristický'. Srov. ↓*motocykl,* ↓*motorest,* ↓*motokros,* ↓*motokára, motostřelecký.* Zkráceno z ↓*motor.*

motocykl, *motocyklový, motocyklista, motocyklistický.* Z fr. *motocycle* (od zač. 20. st.), dále viz ↑*moto-* a ↑*cyklista.*

motokára 'závodní motorové vozítko'. Původem ze slangu, z ↑*moto-* a ↑*kára.*

motokros 'terénní motocyklový závod', *motokrosový.* Z angl. *moto-cross,* viz ↑*moto-* a ↑*kros.*

motolice 'nemoc ovcí ap. způsobená cizopasným červem; závrať'. Ve starší č. i *motýlice.* Dále viz ↑*motat* a ↓*motýl* – věřilo se, že tato nemoc je způsobena duchy či čarodějnicemi proměněnými v motýly.

motor, *motorek, motorový, motorák, motorický, motorismus, motorista, motoristický, motorizovat, motorizovaný.* Přes něm. *Motor* z lat. *mōtor* 'hybatel' od *mōtus* 'pohyb, hnutí', původem příč. trp. od *movēre* 'hýbat'. Srov. ↑*motiv,* ↑*moto-,* ↑*moment,* ↑*mobilní.*

motorest 'motoristická restaurace s parkovištěm, umývárnami ap.'. Jen č., utvořeno nejspíš z ↑*moto-* a ↓*restaurace,* srov. však i angl. *rest* 'místo pro odpočinek, hostinec, motel'.

motouz. P. *motowąz,* r.d. *motovjáz, motoúz,* sln. *motvôz.* Psl. *motovǫzъ je složenina ze dvou základů – první je odvozen od *motati (↑*motat*), druhý od **vęsti,* *vęzati (viz ↓*vázat,* ↓*uzel*). Původně tedy snad 'co je smotáno a určeno k vázání'.

motovidlo ob. expr. 'nemotora, nešika'. Původně 'část kolovratu na navíjení příze'. Všesl. – p. *motowidlo,* r.d. *motovílo,* s./ch. *motòvilo.* Psl. *motovidlo je odvozeno příp. *-dlo* od *motoviti 'navíjet přízi' (r.d. *motovít'* tv.), k první části viz ↑*motat,* ↑*motouz,* k druhé ↓*vít,* ↓*vidle.*

motyka, *motyčka.* Všesl. – p. *motyka,* r. *motýga,* s./ch. *mòtika,* stsl. *motyka.* Psl. *motyka je odvozeno příp. *-yka* (srov. ↓*vladyka*) od ie. **mat-* tv., které je i v sthn. *madela* 'pluh', lat. *mateola* 'nástroj ke kopání' (z vlat. *mattiuca je angl. *mattock* 'krumpáč', rum. *măciucă* 'kyj, obušek', fr. *massue* tv.), sti. *matyá-* 'brány', jde tedy o starý nástroj k překopávání půdy, předchůdce pluhu.

motýl, *motýlek, motýlovitý.* Všesl. – p. *motyl,* r. *motylëk,* sln. *metúlj,* s./ch. *mètilj* 'motolice'. Psl. **motylъ,* **metylъ,* *metulъ jsou zřejmě odvozeniny od **mesti,* *motati (↑*mést,* ↑*motat*) 'krouživě (se) pohybovat', motivací pojmenování je třepotavý let motýla.

moudí zast. 'šourek s varlaty'. Stč. *múdie,* hl. *mud,* r.d. *mudó,* s./ch. *múdo,* csl. *mǫdo.* Psl. *mǫdo nemá jasné etymologické souvislosti. Srovnání s lat. *mentulus* 'mužský úd' či ř. *médea* 'varlata' (Ma²) nepřesvědčují.

moudrý, *moudrost, zmoudřet, přemoudřelý.* Všesl. – p. *mądry,* r. *múdryj,* s./ch. *múdar,* stsl. **mǫdrъ.* Psl. *mǫdrъ odpovídá lit. *mañdras, mandrùs* 'čilý, živý, vychytralý' a něm. *munter* 'čilý, probuzený' (z **mondh-ro-* 'přemýšlivý, duševně čilý', jež je odvozeno od **mendh-,* doslova 'položit mysl', k němuž patří gót. *mundan* 'snažit se', ř. *manthánō* 'učím se' (srov. ↑*matematika*), sti. *mandhātar-* 'myslivý, zbožný', z **men-* 'myslet' (srov. ↑*mnít,* ↓*paměť*) a *dhē-* 'klást' (srov. ↑*dít se*). Srov. ještě ↓*mudrc.*

moucha, *muška, muší*. Všesl. – p. *mucha*, r. *múcha*, ch. *mùha*, s. *mùva*, stsl. *mucha*. Psl. **mucha* je pokračováním ie. **mousā (A8,B2)*, příbuzné je lit. *musė̃*, lot. *mūsa, muša* tv., stisl. *mȳ* 'komár', něm. *Mücke* tv., lat. *musca* 'moucha', alb. *mizë*, ř. *myĩa* tv., arm. *mun* 'ovád'. Srov. ↓*mšice*, ↑*moskyt*.

mouka, *moučka, moučný, moučník, moučníkový, moučnatý*. P. *męka*, r. *muká*, sln. *móka*, stsl. *mǫka*. Psl. **mǫka* je odvozeno od ie. **menk-* 'hníst, tlouci, tlačit', které je v lit. *mìnkyti* 'hníst', něm. *mengen* tv., ř. *mássō* 'tlačím, hnětu', sti. *máčate* 'drobí, tlačí', viz i ↑*měkký*. Původně 'rozdrcené, rozemleté (obilí)'. Srov. ↓*muka*.

moula ob. 'hlupák'. Asi z něm. *Maul* 'mul, mezek' (viz ↓*mul*), případně z homonymního *Maul* 'tlama, huba', srov. např. *Maulaffe* 'člověk zírající s otevřenou pusou' (Ma²).

mour 'uhelný prach'. Jen slk. *múr* tv., dále asi r.d. *mur* 'plíseň'. Psl. **murъ* odpovídá lit. *máuras* 'kal, usazenina' *(B2)*, dále sem patří lit. *mùras* 'špína, nečistota', stfir. *mūr* 'kal', arm. *mōr* 'špína, bahno', východiskem je ie. **meu-r-* 'nečistota, usazenina'. Stejný základ **meu-* je asi i v ↓*mýt*, ↑*mech*. Srov. i ↓*mourovatý*.

mourovatý 'zbarvený do černa či s černými pruhy a skvrnami', *mourek*. Dříve též *morovatý, moratý*. S jinou příp. sem patří p. *morąg* 'tmavý pruh, žíhané zvíře', r. *murúgij* 'skvrnitý, (tmavě) pruhovaný', sln. *maróga* 'skvrna, pruh'. Souvisí s ↑*mořit*², kde jsou další souvislosti. Č. *mourovatý* vzniklo přikloněním *(D2)* k ↑*mour*.

mouřenín zast. '(africký) černoch'. Stč. *múřenín, muřín*. Z lat. *Maurus* 'Maur, severoafrický černoch', případně přes střhn. *mōr(e)* či it. *moro* tv. Sem patří i *pracovat, platit jak mourovatý* – snad s žertovným smíšením obou slov (viz význam ↑*mourovatý*).

movitý 'zámožný; přemístitelný, mobilní', *movitost*. Z psl. **jьmovitъ* od **jьměti* (↑*mít*), původně 'mající jmění, zámožný', mísí se s *mohovitý* tv. od základu, který je v ↑*moci*, ↑*mohutný*. Již od 15. st. též jako právnický termín pro přemístitelný majetek, snad pod vlivem lat. *movēre* 'hýbat', *mōbilis* 'pohyblivý'.

mozaika 'plošná výzdoba z barevných střípků, kamínků ap.', *mozaikový, mozaikovitý*. Přes něm. *Mosaik*, fr. *mosaïque* a it. *mosaico* ze střlat. *musaicum* tv. a to od pozdnělat. *(opus) mūsēum* tv., doslova '(dílo) věnované Múzám', dále viz ↓*muzeum*.

mozek, *mozeček, mozkový, mozečkový*. Stč. *mozk, mozg* 'mozek, morek, mícha'. Všesl. – p., r. *mozg*, s./ch. *mȍzak*, csl. *mozgъ*. Psl. **mozgъ* je příbuzné se stpr. *muzgeno* 'morek', něm. *Mark* tv. (ze sthn. *marg* z germ. **mazga-*), av. *mazga-* 'morek, mozek', vše z ie. **mozg(h)o-* tv. Srov. ↑*morek*.

mozol, *mozolnatý*. Všesl. – p. *mozół*, r. *mozól'*, s./ch. *mȍzolj* 'vřídek, pupínek'. Psl. **mozolь* nemá dostatečně přesvědčivý výklad. Spojuje se se sthn. *masar, masur* 'sukovitý výrůstek na stromě' (něm. *Maser* 'žilka, jizva (na stromě)') a vzhledem k r.d. *mozgól'* 'mozol' i s lit. *māzgas* 'hrbolek na stromě, uzel'.

moždíř, **hmoždíř** 'kovová nádoba na roztloukání koření ap.'. Ze střhn. *morsre, morsel* (něm. *Mörser*) tv. a to z lat. *mortārium* tv. od ie. **mer-* 'třít, dřít'. V č. lid. etym. *(D2)* přikloněno k ↑*hmoždit se*.

možný. Od ↑*moci*.

mrak, *mráček, mračný, mračno, mrákota, soumrak, smrákat se, mračit se, zamračit se, omráčit, podmračený*. Všesl. – p. *mrok* 'soumrak', r.d. *mórok* 'tma, mrak', s./ch. *mrâk*, stsl. *mrakъ* 'tma'. Psl. **morkъ* (B8) 'setmění, mrak' je příbuzné s lit. *mérkti* 'zavírat oči, mrkat' (viz ↓*mrkat*), gót. *maúrgins* 'ráno', něm. *Morgen*, angl. *morning* tv., vše od ie. **merk-* 'míhat se, zatmívat se' od **mer-* 'míhat se, blikat'. Srov. i ↓*mrholit*.

mrakodrap. Kalk podle am.-angl. *skyscraper* tv. ze *sky* 'obloha, nebe' a *scraper* 'škrabač' od *scrape* 'škrabat, dřít'.

mramor, *mramorový*. Z lat. *marmor* (možná ještě přes něm. *Marmor*) z ř. *mármaros* '(bílý) kámen, kamenný blok' a to asi od ie. **mer-* 'drobit, třít'. Srov. ↑*moždíř*.

mrav, *mravný, mravnost, nemravný, nemravnost, nemrava*. Stč. i *nrav*, p.d. *narów* 'zlozvyk (u koně)', r.d. *nórov* 'zvyk, umíněnost', s./ch. *nárav* 'povaha, příroda', stsl. *nravъ* 'povaha, obyčej, zvyk'. Psl. **norvъ* (B8) (změny v násloví v různých slov. jazycích vyvolány nezvyklou počáteční skupinou *nr-*) asi souvisí s lit. *nóras* 'vůle' a *norėti* 'chtít', obojí se dále vyvozuje z ie. **ner-* 'životní síla, mužnost, muž', k němuž patří i wal. *nerth* 'síla, moc', alb. *njerí* 'muž', ř. *anḗr*, sti. *nár-* tv. (HK).

mravenec, *mraveneček, mravenčí, mravenečník, mravenčení*. Všesl., ale různé odvozeniny – slk. *mravec*, p. *mrówka*, r. *muravéj*, sln. *mrávlja*, s./ch. *mrâv*, stsl. *mravii*. Psl. základ **morv-* je příbuzný se stisl. *maurr*, střir. *moirb*, lat. *formīca*, ř. *mýrmēx*, av. *maorī-*, sti. *vamrī́-, vamrá-* tv., východiskem je ie. **moru̯o-, *moru̯i*, často však s přesmykem hlásek asi tabuového původu *(D4)*.

mráz, *mrazový, mrazit, mrazicí, mrazení, mražený, mrazivý, mraznička, mrazírna, zmrazit, odmrazit, přimrazit, rozmrazit, zamrazit*. Všesl. – p. *mróz*, r. *moróz*, s./ch. *mrȁz*, stsl. *mrazъ*. Psl. **morzъ* je nejspíš příbuzné se sthn. *murc* 'zpráchnivělý', stir. *meirc* 'rez', alb.

mardhë 'mráz', vše z ie. **merǵ-, *morǵ-* 'trouchnivět, rozpadat se (mrazem)' od **mer-* 'drobit, třít'. Srov. ↓*mrznout*, ↓*mrva*.

mrdat vulg. 'souložit', *zamrdat si, promrdat, zmrd*. Vulg. specifikace významu staršího č. a stč. *mrdati* 'hýbat, kývat, vrtět' (Jg). Sln. *mŕdati* 'vrtět tlamou nebo zadkem', s./ch. *m̀rdati* 'míhat, pohybovat', asi sem patří i str. *mordati* 'dělat grimasy', r. *mórda* (viz ↑*morda*). Psl. **mъrdati* 'míhat, vrtět, pohybovat' vychází z ie. **merdh-* (A6) od **mer-* 'míhat se, blikat'. Srov. ↑*mrak*, ↓*mrholit*.

mrhat 'plýtvat, marnit', *promrhat*. Již stč., do p. *marhać*. Jen č., nepříliš jasné. Formálně se zdá souviset se slovy uvedenými u ↓*mrholit*, ale významová souvislost je těžko přijatelná.

mrholit, *mrholení*. Stejně jako sln. *mrgoléti* 'hemžit se, mihotat se' je to expr. odvozenina od psl. **mъrgati* 'mihotat se' (r. *morgát'* 'mrkat'), které dále souvisí s lit. *mirgėti* 'mihotat se, blýskat se', lot. *mirdzēt* tv., stisl. *myrkr* 'mračný' z ie. **merǵʰ-* od **mer-* 'míhat se, blikat'. Srov. ↑*mrak*, ↓*mrkat*.

mrcha 'zdechlina', *mršina, mrchožrout*, ob. *zmršit*. Ve stč. i 'mrtvola', jako nadávka již ve střední č. Stp. *marcha*, stluž. *morcha*, sln. *mŕha*. Asi expr. příponou *-cha* ke kořenu **mъr-*, viz ↓*mřít* (Ma²).

mrkat, *mrknout, mrknutí, mrkací, zamrkat, pomrkávat, omrknout*. Takto jen č. a slk., jinak např. r. *mérknut'* 'zhasínat', s./ch. *mŕknuti* 'setmít se' (psl. **mъrkati, *mъrknǫti*). K dalším souvislostem viz ↑*mrak*, srov. zvláště lit. *mérkti* 'zavírat oči, mrkat'.

mrkev, *mrkvový, mrkvovitý*. Všesl. – p. *marchew*, r. *morkóv'*, s./ch. *mŕkva*. Psl. **mъrky* je příbuzné se sthn. *mor(a)ha* (něm. *Möhre*), stangl. *moru, more* (uvažuje se i o starém přejetí germ. slov ze sluv.) a snad i lot. *burkāns* tv.

mrmlat

a ř. *brákana* 'divoce rostoucí zelenina', vše asi z ie. **mŗk-/*bŗk-* '(jedlý) kořen'.

mrmlat. Onom. původu, srov. ↓*mumlat*, ↑*brumlat*.

mrně expr., *mrňavý, mrňous*. Nejspíš od staršího *mrněti* 'vrnět, mrmlat' onom. původu (HK).

mrož, *mroží*. Za nár. obrození přejato z r. *morž* a to z laponského *morša* (fin. *mursu*) onom. původu (napodobuje mroží hlas) (Ma²). Ze stejného zdroje je i fr. a angl. *morse* tv.

mrskat, *mrsknout, vymrskat, zamrskat (se), smrsknout se*. Hl. *morskać*. Psl. **mъrskati* je iterativum (opětovací sloveso) k **mъrščiti* (viz ↓*mrštit*).

mršina. Viz ↑*mrcha*.

mrštit, *mrštný, mrštnost, vymrštit (se), odmrštit, smrštit (se), přemrštěný*. Význam jen č. a slk., jinak všesl. – p. *marszczyć*, r. *morščít'*, s./ch. *mŕštiti (se)*, vše 'vraštit, chmuřit'. Psl. **mъrščiti* je od **mъrskati*, což bude asi odvozenina (*sk*-ové intenzivum) od ie. **mer-* 'míhat, blikat', odkud lze pochopit jak význam 'prudce hodit', tak 'vraštit (obličej)', srov. ↑*mrdat*, ↑*mrkat* i ↑*mrholit*.

mrť 'odumřelé tlející listí a jehličí'. Z psl. **mъrtь* od **merti* (↓*mřít*). Spojení *do mrtě* znamená vlastně 'do poslední nejmenší částečky' (Ma²).

mrtvý, *mrtvice, mrtvičný, mrtvola, mrtvolný, umrtvit, zmrtvět*. Všesl. – p. *martwy*, r. *mërtvyj*, s./ch. *mŕtav*, stsl. *mrъtvъ*. Psl. **mъrtvъ* odpovídá lat. *mortuus* tv., obojí z ie. **mŗtu̯o-* (*-u̯-* je tu asi vlivem adj. opačného významu, o němž viz ↓*živý*), dále sem patří něm. *Mord* 'vražda', ř. *brotós* 'smrtelný', arm. *mard* 'člověk', sti. *mŗtá-* 'mrtvý' z ie. **mŗto-* (A7), což je z vlastně příč. trp. od **mer-* 'mřít' (viz ↓*mřít*).

mručet, *mručení, mručivý*. Onom. původu, srov. ↑*bručet*.

mrva 'hnůj', *mrvit* zhrub. 'kazit'. Všesl. – p. *mierzwa*, r.d. *mervá* 'zbytky při zpracovávání lnu, pazdeří', sln. *mŕva* 'seno, smetí', s./ch. *mŕva* 'drobek' (srov. i slk. *omrvinka* tv.). Psl. **mъrva* je odvozeno od ie. **mer-* 'drobit, tříť', původní význam slov. slova tedy byl asi 'rozdrobené zbytky slámy'.

mrzák, *mrzačit, zmrzačit*. Vlastně 'ošklivý, odporný člověk', srov. stč. *mrzatý* 'ošklivý', dále viz ↓*mrzet*.

mrzet, *mrzký, mrzutý, mrzutost, mrzout, zamrzet, omrzet, rozmrzelý*. Stč. *mrzěti* 'hnusit se, být protivný, nemilý'. Všesl. – p. *mierzyć*, r. *merzít'*, s./ch. *mŕziti* 'nenávidět, nemít rád', stsl. *mrъzěti*. Psl. **mъrziti/*mъrzěti* nejspíš přeneseně souvisí s ↓*mrznout*, ↑*mráz* – původní význam asi byl 'mrazit' = 'být protivný, nepříjemný', podobný významový přechod vidíme v ↓*stud* a ↓*studený*.

mrznout, *zmrznout, zmrzlina, zmrzlinový, zamrznout, namrznout, námraza, omrznout, omrzlina, pomrznout, promrznout, přimrznout, rozmrznout, vymrznout*. Všesl. – p. *marznąć*, r. *mërznut'*, s./ch. *mŕznuti*. Psl. **mъrznǫti* je tvořeno od stejného základu jako **morzъ* (↑*mráz*), srov. i ↑*mrzet*.

mrzutý. Viz ↑*mrzet*.

mřenka 'druh ryby'. V jiných slov. jazycích (slk. *mrena*, p. *brzona*, ukr.d. *meréna*, sln. *mréna*) slovo označuje parmu i jiné příbuzné druhy. Psl. **merna* (B8) nemá jistý původ. Je možné je vyvodit z ie. **mer-* 'tmavý; špinavá skvrna' (srov. ↑*mourovatý*), nelze vyloučit ani souvislost s ↓*muréna*, zvláště když s./ch. *mrěna* má i tento význam.

mřít, *zemřít, umřít, úmrtí, úmrtní, odumřít, pomřít, vymírat*. Všesl. – p. *mrzeć*, r. *merét'*, ch. *mrijéti*, s. *mréti*, stsl. *mrěti*. Psl. **merti* je příbuzné s lit. *mirti*, lat. *morī* tv., arm. *meranim* 'umírám', sti. *márate* 'umírá', chet.

mříž 395 **mul**

mirzi tv., vše od ie. **mer-* tv., jež je asi totožné s **mer-* 'drobit, rozrušovat' (srov. ↑*mrva*). Srov. ↑*mořit*¹, ↑*mor*, ↑*mrtvý*, ↓*smrt*, ↑*mrcha*, ↓*můra*, ↑*mord*.

mříž, *mřížka*, *mřížoví*, *mřížový*, *mřížkovaný*, *zamřížovat*. Stč. *mřiežě*, slk. *mreža*, p.d. *mrzeża*, r.d. *merëža*, s./ch. *mrȅža*, stsl. *mrěža*. Psl. **merža (B8)* je asi příbuzné s lot. *merga* 'zábradlí', stir. *braig* 'řetěz', ř. *bróchos* 'provaz, smyčka' z ie. **mergh-* od **(s)mer-* 'vázat'. Původní význam ve slov. je tedy 'síť' (tak i dnes v jsl. a vsl.).

msta, *mstít (se)*, *mstivý*, *mstitel*, *pomstít (se)*, *pomsta*, *vymstít se*. P. *pomsta*, *zemsta*, r. *mestʼ*, b. *măst*. Psl. *mьsta/*mьstь se vykládá z ie. **mit-t- (A5,B6)* 'vzájemná odplata', příbuzné je stsl. *mitъ* 'střídavě', lot. *mīt* 'měnit', gót. *missō* 'navzájem', lat. *mūtuus* 'vzájemný', sti. *mithá-* 'vzájemně se střídající' z ie. **meit-* 'střídat' (Ma², HK). Snad souvisí i s ↓*mzda*, srov. mak. *odmazda* 'msta'.

mše, *mešní*. Slk. *omša*, p. *msza*, r.d. *mša*, sln. *máša*, ch.d. *mȁša* (neužívá se v pravoslaví). Slov. *mьša je přejato (asi přes sthn. *missa*) z lat. *missa* tv. a to z poslední knězovy věty bohoslužby *īte*, *missa est*, doslova 'jděte, rozpuštěna (poslána, propuštěna) je' (k čemu se vztahuje tato věta však není zcela jisté, nejspíš ke shromáždění, ale možná i k posvěcenému chlebu a vínu, které se v raných dobách křesťanství posílaly k sousedním křesťanským společenstvím). *Missa* je tvar příč. trp. od *mittere* 'poslat, propustit, rozpustit'. Srov. ↑*mise*, ↑*misie*.

mšice. Stč. *mšicě* 'komár', p. *mszyca*. Psl. *mъšica je zdrobnělina od *mъcha, s redukovanou podobou kořenné samohlásky, jaká je i v lit. *musẽ* 'moucha'. Jinak viz ↑*moucha*.

mučit, *mučení*, *mučivý*, *mučedník*, *mučednický*, *mučitel*, *umučit*, *zmučit*.

Všesl. – p. *męczyć*, r. *múčitʼ*, s./ch. *mùčiti*, stsl. *mǫčiti*. Psl. **mǫčiti (B7)* je od *mǫka* (viz ↓*muka*).

mudrc. Stč. *mudřec* (gen. *mudrce*, dat. *mudrci* atd., odtud pak i do nom.). Od téhož základu s jakoby lat. příp. *mudrlant*. Dále viz ↑*moudrý*.

muflon 'druh divoké ovce'. Z fr. *mouflon* z it.d. *muflone* (korsické *muffolo*) z pozdnělat. *mufrō*. Původem předie. substrátové slovo (mufloni původně žili jen na Korsice a Sardinii).

muchlat hov., *zmuchlat*, *pomuchlat*, *muchlovat*. Asi přesmykem z *chumlat* (viz ↑*chumel*) (Ma², HK).

muchomůrka. U Jg i *muchomor*, *muchomorka*. Vlastně 'co moří mouchy', viz ↑*moucha*, ↑*mořit*.

můj, *moje*. Stč. *mój*, *mojě*, *moje*. Všesl. – p. *mój*, r. *moj*, s./ch. *môj*, stsl. *mojь*. Psl. *mojь, *moja*, *moje* má nejblíže k stpr. *mais* tv. (ie. **moi̯o-*), dále sem patří lat. *meus* (z **mei̯o-*), něm. *mein*, angl. *my* (z **mei-no-*). Základem je asi původně tvar gen. osobního zájmena **me-*, který je v sti. *ma* 'můj', původně 'mě (gen.)'. Ke vzniku přivlastňovacích zájmen z gen. tvaru zájmen osobních srov. ↑*její*, ↑*jeho*.

muka. Všesl. (kromě luž.) – p. *męka*, r. *múka*, s./ch. *mùka*, stsl. *mǫka*. Psl. *mǫka je vlastně etymologicky totožné s *mǫka (↑*mouka*). Původní význam asi byl 'drcení, mačkání', z toho přeneseně 'trápení'. Srov. lit. *mánkyti* 'mačkat, muchlat, k dalším souvislostem viz ↑*mouka*, ↑*měkký* a ↑*mučit*.

muknout, *mukat*. Od citosl. *muk*, z onom. základu **mu-*, možná z něm. Srov. něm. *mucksen* tv., vedle *mucken* 'mluvit s pootevřenou pusou, mumlat' (HK, Ma²). Srov. ↑*ceknout*.

mul¹ 'kříženec osla a kobyly'. Z it. *mulo* či přímo z lat. *mūlus* (z **mukslo-*?), jež možná souvisí s ↑*mezek*. Srov. ↓*mulat*, ↑*moula*.

mul² 'řídká tkanina, gáza'. Z něm. *Mull* z angl. *mull* a to z hind. *malmal* (v angl. psaní *mulmull*) 'druh mušelínu', doslova 'velmi měkký'.

mulat 'míšenec bílé a černé rasy'. Přes něm. *Mulatte* ze šp. *mulato* a to nejspíš od *mulo* (viz ↑*mul*). Původně označovalo míšence vůbec, zřejmě označení hanlivé.

mulda hov. 'terénní prohlubeň'. Z něm. *Mulde* 'koryto; kotlina' a to z lat. *mulctra* 'nádoba na dojení' od *mulgēre* 'dojit'. Srov. ↑*mlezivo*.

multi- (ve složeninách) 'mnoho-'. Srov. *multimilionář, multimediální, multilaterální* 'mnohostranný' (viz ↑*laterální*). Z lat. *multi-* od *multus* 'mnohý'.

mumie, *mumifikace* (viz ↑*-fikace*). Přes něm. *Mumie*, it. *mumia* ze střlat. *mummia* a to z ar.-per. *mūmiyā* od per. *mūm* 'vosk (na balzamování mrtvol)'.

mumlat, *mumlání, zamumlat*. Onom. původu, podobné je hl. *mumlić*, r.d. *múmlit'*, s. *mùmlati* i něm. *mumme(l)n* tv. (Ma²). Srov. ↑*mrmlat*, ↑*brumlat*.

mumraj 'shon, ruch, maškarní rej'. Z něm. *Mummerei* z fr. *momerie* 'maškaráda' od střfr. *mome* 'maska' ze šp. *momo* (asi původně dětské slovo).

mundúr ob. '(vojenská) uniforma'. Z něm. *Montur* tv. a to z fr. *monture* 'výstroj, výbava' od *monter* 'nasednout (na koně), vystoupit ap.', viz ↑*montovat*.

munice 'střelivo', *muniční*. Z něm. *Munition* tv. a to přes střfr. *munition* 'vojenské potřeby (zbraně, střelivo, proviant ap.)' z lat. *mūnītiō* 'opevnění, hradba' od *mūnīre* 'opevňovat'.

můra, *můří, muří*. Hl. *murawa*, p.d. *mora*, r. *kikímora*, sln. *móra*, s./ch. *mòra*. Význam 'noční motýl' je i v sln., jinde původní význam 'noční strašidlo,

noční můra', v původních představách 'zlá bytost, jejíž duše za noci obchází a tlačí spící na prsou' (ke spojení motýlů a zlých duchů, čarodějnic srov. i ↑*motolice*, ↑*lišaj*, ↑*babočka*). Psl. *mora je příbuzné se sthn. *mara* (něm. *Mahr*), angl. *nightmare* tv. i stir. *mor(r)ígain* 'královna duchů'. Východiskem je nejspíš ie. **mer-* 'tlačit, drobit, tříť', přeneseně i 'umříť' (Ma², HK). Srov. ↑*mřít*, ↑*mrva*, ↑*mořit*¹ aj.

muréna 'druh mořské úhořovité ryby'. Z lat. *muraena* a to z ř. *(s)mýraina*. Srov. ↑*mřenka*.

muset, **musit**, ob. *mus*. Jen zsl. (hl. *musyć*, p. *musieć*), sln. *môrati* tv. je od *móre* 'může', inf. *móči* (podobně ch. *mórati*), v r. konstrukce *dólžen byt'*. Převzato ze sthn. *muozan* 'moci, smět' (dnes *müssen* 'museť', srov. i angl. *must*), které asi vychází z ie. **med-* 'měřiť' *(A4)* (srov. ↑*měřit*).

muskulární 'svalový', *muskulatura*. Ze střlat. *muscularis* od lat. *mūsculus* 'sval', doslova 'myška', což je zdrobnělina od *mūs* 'myš' (viz ↓*myš*). Na základě srovnání napínaného svalu s běžící myškou (nejprve asi u svalů paží). Srov. ↓*mušle*.

muslim, *muslimský*. Z ar. *muslim*, doslova 'předaný (bohu)', což je vlastně příč. trp. od *aslama* 'předat se (bohu)'. Srov. ↑*islám*.

mustang 'americký divoký kůň'. Z am.-angl. *mustang* ze šp.st. *mestengo*, *mostrenco*, původně 'zbloudilý kůň šp. dobyvatelů', jehož původ není jistý.

mustr ob. 'vzor'. Z něm. *Muster* tv. a to z it. *mostra* 'ukázka, značka' z vlat. *mōstra* od lat. *mōnstrāre* 'ukazovat'. Srov. ↑*demonstrovat*, ↑*monstrum*.

mušelín 'druh jemné látky', *mušelínový*. Z něm. *Musselin* z fr. *mousseline* z it. *mussolina, mussolino* a to od jména

muškát

dnešního íráckého města *Mausilu* (it. st. *Mussolo*), kde se látka vyráběla.

muškát 'druh koření', *muškátový*. Z něm. *Muskat* (či střhn. *muscāt*) a to – snad přes fr. – ze střlat. *(nux) muscata* 'muškátový ořech', doslova 'ořech zavánějící pižmem' od pozdnělat. *mūscus* 'pižmo, mošus' a to přes ř. *móschos* z per. *mošk* tv.

mušketa 'stará, zepředu nabíjená puška', *mušketýr, mušketýrský*. Přes něm. *Muskete* a fr. *mousquet* z it. *moschetto* tv., dříve 'samostříl', což je zdrobnělina od *mosca* 'moucha' z lat. *musca* tv. (viz ↑*moucha*). Pojmenování na základě srovnání střely a rychle letící, bzučící mouchy.

mušle, *mušlička*. Z něm. *Muschel* ze sthn. *muscula* a to z vlat. **muscula* z lat. *mūsculus*, což je zdrobnělina od *mūs* 'myš' (viz ↓*myš*). Srovnání asi na základě oválného tvaru, srov. i ↑*muskulární*.

mutace 'obměna, změna (hlasu v dospívání, vlastností organismu aj.)', *mutační, mutovat*. Z lat. *mūtātiō* 'změna, přeměna' od *mūtāre* 'měnit, změnit'. Srov. ↑*msta*.

múza 'umělecká inspirace, schopnost', *múzický*. Převzato – možná přes něm. *Muse* – z lat. *Mūsa*, ř. *Moũsa* 'bohyně umění', jehož původ není jistý. Srov. ↓*muzeum*, ↓*muzika*, ↑*mozaika*.

muzeum, *muzejní, muzeální*. Přes něm. *Museum* z lat. *mūsēum* 'místo zasvěcené múzám, škola hudby a umění' z ř. *mouseĩon* tv. od *Moũsa* (viz ↑*múza*).

muzika hov., *muzikální, muzikant(ka), muzikantský*. Přes něm. *Musik* z lat. *mūsica* tv. z ř. *mousiké (téchnē)* 'hudba a básnictví', vlastně 'múzické umění', od *mousikós* 'týkající se múz' od *Moũsa* (viz ↑*múza*).

muzikál 'hudební hra', *muzikálový*. Z am.-angl. *musical* za angl. *musical*

comedy 'hudební komedie', dále viz ↑*muzika*.

muž, *mužík, mužíček, mužský, mužství, mužstvo, mužný, mužnost, mužatka, mužnět, zmužnět, vzmužit se*. Všesl. – p. *mąż*, r. *muž* 'manžel' (jinak spíš *mužčína*), s./ch. *mûž*, stsl. *mǫžь*. Psl. **mǫžь* je pokračováním ie. **mangi̯o- (B1,B7)*, jež je odvozeninou příbuznou s **manu-*, které je v gót. *manna*, něm. *Mann*, angl. *man* i sti. *mánu-* 'muž, člověk'. Další etymologizace ne zcela jistá, obvykle se spojuje s **men-* 'myslet', tedy 'myslící bytost'.

my zájm. Všesl. – p., r. *my*, s./ch. *mî*, stsl. *my*. Psl. **my* asi vychází z ie. **mes*, z něhož je i lit. *mẽs*, stpr. *mes*, arm. *mekʿ*, zakončení je však ve slov. změněno (asi podle ↓*vy*). Alternativní kořen **u̯e(i)s* je v germ. (gót. *weis*, angl. *we*) a čes. *weš*. Tvary ostatních pádů (gen. *nasъ*, dat. *namъ*, ak. *ny*, srov. píseň *Hospodine, pomiluj ny*, atd.) jsou od dalšího kořene, který se uplatňuje např. v lat. *nōs* (ak., odtud i do nom.), alb. *na*, sti. *nah*, chet. *-naš* (vše ak.) a v stpr. *nouson* (gen. odpovídající našemu *nasъ*). Je třeba tu počítat s vyrovnáváním tvarů a jinými analogickými změnami *(D1)* (Ma²). Srov. ↓*náš*.

mýdlo, *mýdlový, mydlit, mydlinka, mydlárna, namydlit, zmydlit*. Psl. **mydlo* je tvořeno příp. *-dlo* od **myti*, viz ↓*mýt*.

mykat 'urovnávat vlákna prediva', *mykaný, odmykat, zamykat, přimykat (se), vymykat (se), výmyk, smýkat, smyk, nedomykat, nedomykavý*. Stč. *mykati* 'pohybovat, dávat znamení', slk. *mykať* 'trhat, škubat', p. *(za)mykać* 'zamykat' jsou z **mykati*, zdloužené podoby psl. kořene **mъk-* označujícího rychlý pohyb, který je v ↑*-mknout*, p. *mknąć* 'rychle se pohybovat, utíkat', sln. *makníti* 'pohnout (se)', s./ch. *màknuti*, csl. *mъknǫti* tv. Příbuzné je lit. *mùkti* 'utíkat', něm. *schmiegen* 'přivinout se', stangl. *smūgan* 'klouzat', sti. *mu(ň)čáti*

mykologie 'pouští, nechává jít', vše z ie. *(s)meuk-* 'udělat rychlý pohyb' (Ma²).

mykologie 'nauka o houbách'. Z ř. *mýkēs* 'hřib' a ↑*-logie*.

mýlit (se), *mylný, mýlka, zmýlit se, pomýlit (se), omyl, omylný*. Dl. *moliś se*, p. *mylić*, r. *mýlit'*, chybí v jsl. Psl. **myliti (sę)* není příliš jasné. Spojuje se s lit. *melúoti* 'lhát', lot. *meluot* tv., ale -*y*- je nejasné (snad vliv **chybiti*) (Ma², HK). Dále by bylo příbuzné střir. *mell* 'omyl, chyba', ř. *méleos* 'bezstarostný, pošetilý, nešťastný', arm. *mel* 'hřích', av. *mayria-* 'podvodnický, padoušský', vše od ie. **mel-* 'chybovat, klamat'.

myokard 'srdeční sval'. Novější, z ř. *mȳs* (gen. *myós*) 'sval' (původně 'myš', viz ↑*muskulární*) a *kardíā* 'srdce' (viz ↓*srdce*).

myrha 'vonná tropická pryskyřice'. Stč. *myrra, myrha*. Převzato přes lat. *myrrha* z ř. *mýrrha* a tam z nějakého semitského jazyka (srov. aram. *mūrā*, hebr. *mōr*, ar. *murr* tv.).

myriáda 'nesčíslné množství'. Obvykle v pl., přes něm. *Myriaden*, angl. *myriads* tv. z ř. *mȳriás* (gen. *mȳriádos*) 'deset tisíc'.

myrta 'středomořský stále zelený keř', *myrtový*. Přes něm. *Myrte* z lat. *myrtus, murtus* z ř. *mýrtos* tv. a to nejspíš z nějaké semitské předlohy.

mys. Jungmannem převzato z r. *mys* tv., srov. i br. *mys* 'roh (stolu)', původ nejasný.

mysl, *myslet, myslitel, myslitelský, myšlenka, myšlenkový, pomyslet, vymyslet, výmysl, promyslet, zamyslet se, rozmyslet si, usmyslet si, přimyslet si, odmyslet si, domyslet si, důmyslný, přemýšlet, přemýšlivý, domýšlivý, smýšlet, smysl* aj. Všesl. – p. *myśl*, r. *mysl'*, s./ch. *mîsao*, stsl. *myslь*, všude 'myšlenka'. Psl. **myslь* se vyvinulo z ie. **mūdh-sl-* (A9,B5), odvozeniny od ie. **meudh-* 'myslet, dbát', které je i v lit. *maũsti* 'dychtit, toužit', gót. *maudjan* 'pamatovat si', ř. *mȳthos* 'slovo, řeč, vypravování, myšlenka'. Srov. ↓*myslivec*, ↓*průmysl*, ↓*mýtus*.

myslivec, *myslivecký, myslivost*. Jen č. a p. *myśliwiec* tv. Od adj. *myslivý*, srov. stč. *v loviech ...mysliv bieše*, doslova 'v lovech byl důmyslný, přemýšlivý', vztahuje se jistě na staré způsoby lovu lesní zvěře, tedy kladení důmyslných pastí, ok, návnad ap. (Ma²).

mystérium 'hluboké tajemství'. Přes lat. *mystērium* z ř. *mystérion* 'tajemství' od *mýstēs* 'zasvěcenec' od *myō* 'zavírám se'. Srov. ↓*mystika*.

mystifikace 'úmyslné oklamání zdánlivě pravdivou zprávou', *mystifikovat*. Novější, z ř. základu, který je v ↓*mystika*, ↑*mystérium* a ↑*-fikace*.

mystika 'náboženský směr poznání usilující o splynutí s Bohem, pocit bezprostředního poznání Boha', *mystický, mystik*. Ze střlat. *mystica* tv. od *mysticus* 'týkající se mystérií, tajemný' z ř. *mystikós* tv. Dále viz ↑*mystérium*.

myš, *myška, myší, myšina*. Všesl. – p. *mysz*, r. *myš'*, s./ch. *mȉš*, stsl. *myšь*. Psl. **myšь* odpovídá sthn. *mūs* (něm. *Maus*), angl. *mouse*, lat. *mūs*, alb. *mi*, ř. *mȳs*, sti. *mūš-*, vše z ie. **mūs-* tv., které se dále spojuje s **meus-* 'rychle se pohybovat, krást'.

mýt, *mycí, mytí, mýdlo, myčka, umýt, umyvadlo, umývárna, smýt, omýt, obmývat, vymývat*. Všesl. – p. *myć*, r. *myt'*, s./ch. *mȉti*, stsl. *myti*. Psl. **myti* souvisí s lot. *maūt* 'potopit se, plavat', lit. *máudyti* 'koupat (se)', sthn. *muzzan* 'čistit', ř.d. *mylásamai* 'myji si', vše od ie. **meu-* 'mokrý; mýt' i 'špinavá tekutina'. Srov. ↑*mour*, ↑*mech*.

mýtina, *mýtit, vymýtit*. U Jg i *mejt, mejť, mýť, myť*. Jen č., nepříliš jasné. Snad souvisí s r., ukr. *myt'* 'obměna

mýto

kůže, línání' (společným významovým prvkem je 'odstranění něčeho'), které je považováno za výpůjčku z germ. (střdn. *mūt*, dán. *mute* tv.) či vlat. *mūta tv. (Ma²). Ještě méně přesvědčivý je výklad od ↓*mýto* (HK).

mýto 'poplatek za používání cest', *mýtné*. Stč. i 'mzda, odměna'. Všesl. – p. *myto*, r. *mýto*, s./ch. *míto*, stsl. *myto*. Slov. *myto je výpůjčkou z germ., nejspíš ze sthn. *mūta* 'clo' (z toho dnes bav.-rak. *Maut* tv.), které bylo zase přejato – údajně kolem 6. st. v horním Podunají – z gót. *mōta* tv. (pozdně gót. **mūta?*) od *mitan* 'měřit' (viz ↑*míra*). Původně tedy 'vyměřený poplatek' (HK).

mýtus 'smyšlené vyprávění ideologického rázu, báje', *mytický*, *mytologie*, *mytologický* (srov. ↑*-logie*). Přes lat. *mȳthus* z ř. *mȳthos* 'řeč, vypravování, myšlenka, dějiny'. Dále viz ↑*mysl*.

mýval 'druh amerického medvídka'. Nazváno Preslem podle něm. *Waschbär* (*waschen* 'mýt', *Bär* 'medvěd') a to podle jeho zvyku namáčet potravu do vody a jakoby ji umývat (Ma²).

mzda, *mzdový*, *námezdní*. Hl. *mzda*, r.st. *mzdá*, s./ch. *màzda*, stsl. *mьzda*. Psl. **mьzda (B6)* je příbuzné s gót. *mizdō* tv., něm. *Miete* 'nájem, činže', ř. *misthós* 'mzda, nájem, odplata', av. *mižda-* 'mzda', sti. *mīḍhá-* 'cena za vítězství v závodě', vše z ie. **mizdho-*, **mizdhā-* 'mzda'.

mžik, *mžikat*, *mžiknout*, *mžiknutí*, *zamžikat*. Sln. *mežīk*, *mežīkati* tv. Psl. *mьžikъ je odvozeno od *mьžiti (viz ↓*mžít*). Srov. ↓*mžitka*.

mžít 'drobně pršet'. P. *mżyć*, r.st. *mžit'* 'mhouřit oči', sln.d. *mežáti* tv. Psl. *mьžiti, *mьžati (z **mig-ē-, B1,B5*) úzce souvisí s *migati (viz ↑*míhat*). K těsnému vztahu mezi kmitáním víček a míháním se před očima (drobného deště ap.) srov. ještě ↓*mžitka*, ↑*mžik*, ↑*mlha*, ↓*mžourat*.

mžitka 'světelná skvrna kmitající před očima'. Od ↑*mžít*.

mžourat, *mžouravý*, *zamžourat*. Expr. varianta k staršímu *mhourati*, viz ↑*mhouřit*.

N

-ň (*naň, proň, oň, zaň*). Viz ↑*jenž*.

na[1] předl. Všesl. – p., r., s./ch., stsl. *na*. Psl. *na odpovídá stpr. *no, na* tv., lit. *nuõ* 'od' z ie. *nō, což je varianta k ie. *anō, *an, které je v gót. *ana* 'na, nad(to)', něm. *an*, angl. *on* 'na', ř. *aná* 'na, nahoru' (srov. ↑*ana-*), av. *ana* 'přes'. Srov. ↓*nad*.

na[2] citosl. (vybízí adresáta k převzetí něčeho). K tomu přitvořeno *nate* (jakoby 2.os.pl.imp.). Všesl. Psl. *na souvisí s lit. *nà* tv., lat. a ř. *nē* 'ano, zajisté', původ je asi zájmenný (srov. ↓*on*). Souvisí i s ↓*no*, ↓*nu*.

nabádat, *nabádavý*. Viz ↑*-bádat*.

nabíledni přísl. zast. 'očividné, samozřejmé'. Složeno z *na bíle dni*, doslova 'na bílém dni' se jmenným tvarem adj. *bílý*.

nabízet, *nabídnout, nabídka, nabídkový*. Viz ↑*-bízet*.

nabob '(pyšný) boháč'. Z angl.st. *nabob* tv., zvláště 'Evropan, který získal jmění v Indii', původně 'správce provincie v Indii' z hind. *nabab* a to z ar. *nawwāb* (pl.) 'místodržící, zástupce'.

náboj 'střed kola'. Jen č., vzhledem k tomu spíš přejetí z něm. *Nabe* tv. než s ním příbuzné. Něm. slovu odpovídá i stpr. *nabis*, sti. *nābhi-* tv. V č. přikloněno k *náboj* od *nabít*, viz ↑*bít*.

nábor, *náborový*. Od *nabrat, nabírat*, viz ↑*brát*.

nábytek, *nábytkový, nábytkář, nábytkářský*. Stč. *nábytek* '(movitý) majetek', p. *nabytek* 'získaná věc'. Původně 'to, co bylo nabyto' od *nabýti* (viz ↑*být*). Nč. zúžení významu snad vlivem ↑*byt*. Srov. i ↑*dobytek*.

nácek hov. hanl. 'nacista', zast. ob. expr. 'břicho, žaludek' (*naprat si nácka* ap.). Východiskem je asi v obou případech domácká podoba jména *Ignác*. Význam 'nacista' slovní hříčkou (viz ↓*nacismus*), přenesení na břicho nepříliš jasné (Ma[2]).

nacionále 'osobní údaje, listina s osobními údaji'. Od lat. *nātiō* (gen. *nātiōnis*) 'narození, rod' a to od *nāscī* (příč. trp. *nātus*) 'narodit se'. Srov. ↓*nacionální*, ↓*nacismus*.

nacionální 'národní', *nacionalismus* 'ideologie zdůrazňující jednostranně význam národa', *nacionalista, nacionalistický*. Podle něm. *national*, fr. *national* od lat. *nātiō* (gen. *nātiōnis*) 'rod, národ, kmen' (viz ↑*nacionále*).

nacismus 'nacionální socialismus (něm. forma fašismu)', *nacista, nacistický*. Z něm. *Nazismus*, jež je zkráceno z *Nationalsozialismus* 'národní socialismus', dále viz ↑*národní* a ↓*socialismus*.

-nácт. Stč. *-nádsěte, -nádcěte, -nádste, -nádcte, -nácte* aj. Všesl. – p. *-naść*, r. *-nadcat'*, s./ch. *-naest*. Psl. *na desęte (viz ↑*na*[1] a ↑*deset*) s postupnou redukcí samohlásek při rychlé řeči.

náčelník, *náčelnice, náčelnický, náčelnictví*. Přejato za obrození asi z p. *naczełnik*, vlastně 'kdo je na čele'. Viz ↑*čelo*.

náčiní. Jen č. a p. *naczynie*. Od ↑*činiti*, *čin* (srov. stč. *čin* 'způsob' a k tomu i ↓*nádoba*, ↓*nářadí*).

načít, *načínat*. Viz ↑*-čít*.

nad předl. Všesl. – p., r., s./ch. *nad*, stsl. *nadъ*. Psl. *nadъ je utvořeno z *na (↑*na*[1]), v druhé části je možná odvozenina od ie. **dhē-* 'položit' (viz ↑*dít se*). Srov. ↓*pod*, ↓*před*, ↓*záda* i ↓*soud*, ↓*úd*.

nadace 'majetek věnovaný na nějaký obecně užitečný účel', *nadační*. Stč.

nadávat   401   **nachomýtnout**

nadánie tv. (viz ↑*dát*), asi zkříženo s ↑*donace* (Ma²).

nadávat, *nadávka*. Jen č., již stč. Vlastně 'dávat (hanlivá jména)'.

naděje, *nadějný*. Od ↓*nadít se.*

nádeník, *nádenický*. Vlastně 'kdo je najímán na den, za denní mzdu', srov. něm. *Taglöhner* z *Tag* 'den' a *Lohn* 'mzda'.

nádhera, *nádherný*. Polokalk ze střhn. *über-hēre* 'zpupnost, pýcha', první část byla přeložena, druhá převzata (Ma²). Srov. ↓*Vánoce.*

nadchnout, *nadšený, nadšení*. Viz ↑*dech.*

nadir 'bod v nebeské sféře kolmo pod pozorovatelem'. Z ar. *nadir (ez-zemt)* 'protilehlý (k zenitu)' Srov. ↓*zenit.*

nadít se. Od ↑*dít se*, srov. ↑*naděje.*

nadívat, *nádivka, nádivkový*. Od *nadít* 'nacpat', stč. *nadieti* od *dieti* 'dělat, činit'. Viz ↑*dít se.*

nádoba, *nádobka, nádobí, nádobíčko*. Jen č. Původně asi 'co je vhodné (k použití)' (srov. podobně i ↓*nářadí,* ↑*náčiní*). K dalším souvislostem viz ↑*doba*, srov. i odvozené ↓*podoba,* ↓*zdobit* a stč. *nádobný* 'pěkný, krásný' (Ma²).

nádor, *nádorový*. Již stč. Odvozeno od *nadrati* či *nadříti* (viz ↑*drát²,* ↑*dřít*), jako např. *nábor* od *nabrat* či *nápor* od *napřít.*

nádraží, *nádražní*. Viz ↑*na* a ↑*dráha.*

ňadro, *záňadří*. Stč. *nadro*. Všesl. – p.st. *nadra* (pl.), r. *nédra* (pl.) 'lůno, hlubiny', ch. *njȅdra*, s. *nȅdra*, stsl. *nědra* (pl.). Snad již psl. *nědra (kolektivum od *nědro) vzniklo nejspíš mylnou dekompozicí z předl. spojení *vъn ědra* 'v ňadra'>*vъ nědra* (k tomu srov. ↑*jenž* a ↓*vъ*). Psl. *ědra (srov. i stsl. *jadra* 'prsa') asi vychází z ie. **oid-*

'nadouvat se, napuchnout' *(B2)*, z něhož je i něm. *Eiter* 'vřed', ř. *oidáō* 'bobtnám, opuchnu'. Sporná je souvislost s ↑*jádro.*

nadšení. Viz ↑*nadchnout.*

nadýmat se. Viz ↑*dmout se.*

ňafat expr. Onom.-expr. původu, srov. ↑*hafat.*

nafta, *naftový, naftař, naftařský, naftalín*. Přes něm. *Naphta* z lat. *naphtha* z ř. *náftha* tv. a to z per. *naft* 'zemní olej'.

náhlý, *unáhlit se, znenáhla*. Všesl. – p. *nagły*, r. *náglyj* 'drzý, opovážlivý', s./ch. *nágao*, stsl. *naglъ*. Psl. *naglъ nemá přesvědčivý výklad. Snad lze spojit s lot. *naguot* 'spěchat, rychle jít' (Ma²), případně i lit. *nogėtis* 'chtít, snažit se' a naším ↓*snaha.*

náhoda, *náhodný, nahodilý, nahodilost*. Od *nahodit se*, viz ↑*hodit se.*

náhrada, *náhradní, náhradník, náhražka*. P. *nagroda* 'cena', r. *nagráda*, s./ch. *nȁgrada* tv. Od *nahradit*, dále viz ↑*hradit.*

nahý, *nahota, nahotinka, obnažit*. P. *nagi*, r. *nagój*, s./ch. *nâg*, stsl. *nagъ*. Psl. *nagъ odpovídá lit. *núogas*, lot. *nuōgs*, dále je příbuzné gót. *naqaþs* (něm. *nackt*, angl. *naked*), stir. *nocht*, lat. *nūdus*, sti. *nagná-*, chet. *nekumant-* a s přesmykem asi i ř. *gymnós* tv., východiskem je ie. **nogᵘo-*/**nōgᵘo-* tv. *(A3)*. Srov. ↓*nažka.*

nach kniž. 'purpur, šarlat', *nachový, znachovět*. Jen č., málo jasné. Snad metonymií ze střlat. *naccus, nachus* '(šarlatová) přikrývka na koně' (Ma²).

nachomýtnout se. U Jg *nakomítnout se, nachomítnout se, nachomejtnout se* (od poslední podoby pak zpětně -ý- jako např. *mejto – mýto*). Utvořeno od ↑*mést,* ↑*metat* se zesilovací předp. *ko-* (*cho-*), tedy 'připlést se někam' = 'být někam vmeten'. Srov. i ↓*vymítat.*

naivní 'prostoduchý, dětinský', *naivita, naivka*. Přes něm. *naiv* z fr. *naif* tv., původně 'přirozený, opravdový', z lat. *nātīvus* 'přirozený' od *nātus*, což je příč. trp. od *nāscī* 'rodit se'. Srov. ↑*nacionále*.

najáda 'vodní víla (u pramene řeky)'. Z fr. *naïade* a to z ř. *nāiás* (gen. *nāiádos*) tv., jež souvisí s *náō* 'plynu, teču'. Srov. ↑*astronaut*.

nájem, *nájemný, nájemní, nájemník*. Staré, již csl. *naimъ*. Viz ↑*jmout*.

najít. Všesl. – p. *najść*, r. *najtí*, s./ch. *náći*, stsl. *naiti*. Vlastně '(při)jít na něco', srov. lat. *invenīre* tv. z ↑*in-*[1] a *venīre* 'přijít', jinak viz ↑*jít*.

námaha, *namáhavý*. Od *namáhat (se)*, viz ↑*na*[1] a ↑*moci*, srov. ↓*pomáhat*.

námel 'načernalý útvar vzniklý na obilí působením cizopasné houby'. Od *namlít* (viz ↑*mlít*), protože námelová zrna jsou větší než zdravá a namele se z nich víc mouky (Ma[2]).

náměstek. Vlastně 'kdo zastupuje na místě někoho', viz ↑*místo*.

náměstí. Jen č. (srov. p. *rynek*, r. *plóščaď*, s./ch. *tŕg*). Z předložkového spojení *na městě* (střed města byl ztotožňován s celým městem, srov. i dnešní *jdu do města* a ↓*náves*).

námět, *námětový*. Od ↓*namítat*, asi kalk podle něm. *Anwurf, Aufwurf* 'návrh, námět' (*an, auf* 'na', *werfen* 'vrhat, metat'). Srov. i ↓*podmět*, ↓*předmět*.

namítat, *namítnout, námitka, námitkový*. U Jg i ve významu 'navrhovat' (srov. ↑*námět*), dnešní význam podle něm. *einwerfen* (dnes spíš *einwenden*) tv., doslova 'vhodit' (*ein-* 'v-' a *werfen* 'vrhat, metat'), v č. ↑*na*[1] a ↑*metat*.

namol. Viz ↑*mol*[2].

nandat. Viz ↓*-ndat*.

nandu 'jihoamerický druh pštrosa'. Z jazyka jihoam. Indiánů (guaraní *nandu*).

nanuk, *nanukový*. Obchodní název podle jména Eskymáka v jistém známém filmu, původní význam je 'lední medvěd'.

napalm 'druh bojového zápalného prostředku', *napalmový*. Z am.-angl. *napalm* a to nejspíš z *naphthene (acid)* '(kyselina) naftenová' a *palmit (acid)* '(kyselina) palmitová' – jde o směs hliníkových solí některých organických kyselin s benzinem.

naparovat se. Jen č. Od ↓*pára*, vlastně 'nadechovat se', srov. ↑*nadýmat se*.

napařit expr. 'postihnout něčím nepříjemným'. Prý původně 'nabít napařenou metlou' (Ma[2] pod *pára*).

náplast. Přetvoření lat. *emplastrum* tv. (viz ↑*flastr*) asi s částečným překladem ř.-lat. předp. *em-* (viz ↑*en-*), druhá část víceméně ponechána, snad přikloněno k ↓*plást* (Ma[2]).

napojit, *nápoj, nápojový*. Kauzativum k ↓*pít*, srov. podobnou dvojici ↑*hojit* – ↓*žít*, pro *pít* – *nápoj* srov. např. *bít* – *náboj*, *vít* – *závoj*.

napomínat, *napomenout*. Viz ↓*-pomínat*.

nápor. Od *napřít*, viz ↓*přít se*.

napospas (*vydat, nechat napospas* 'vystavit nebezpečí, obětovat'). Z it. *postpasto* 'zákusek' (srov. ↑*antipasta*). V dnešní podobě poprvé u Kollára (...*když se dokonaly kvasy, ...předložil hlavy našich knížat na pospasy*), odtud do spisovného jazyka, ale s interpretačním posunem 'předložil hlavy knížat nechaných bez pomoci (obětovaných) ap.', snad i vlivem ↓*spasit* (Ma[2]).

narafičit ob. 'nastražit'. Již u Jg. Snad od zast. *rafika* (zdrobnělina *rafička*) 'ručička u hodin, pisátko, hůlka', což je varianta k ↓*rafije*. Motivace ale není příliš jasná.

náramek, *náramkový*. Ve stč. totéž co *námeník*, pro pochopení dnešního významu je třeba si uvědomit, že stč. *rámě* neznamenalo jen 'rameno', ale i 'paži' (srov. ↓*rámě*).

náramný 'velký, nesmírný, znamenitý'. P. *naremny*, r.st. *ramjányj*, sln.st. *rámen* tv. Psl. *raměnъ (či *orměnъ (B8)) nemá příliš jistý původ. Spojuje se jednak se stisl. *ram(m)r* 'silný, ostrý' (Ma²), ř. *rhōmē* 'síla, mužnost, moc', jednak s lit. *eřmas* 'obluda, hrůza', sthn. *irmin (deot)* 'silný', alb. *jerm* 'přelud', ř. *órmenos* 'vzmáhající se', arm. *arman* 'div'. Snad souvisí i s ↓*rámě*.

narativní 'vyprávěcí'. Z lat. *narrātīvus* tv. od lat. *narrāre* 'vyprávět', jež souvisí s *nōscere* 'vědět'.

narcis 'ozdobná zahradní květina'. Přes něm. *Narzisse* z lat. *narcissus* a to z ř. *nárkissos*, ne zcela jistého původu. Viz i ↓*narcis(is)mus*.

narcis(is)mus 'zamilování (muže) do sebe samého, do svého vzhledu'. Do psychologie zavedl Freud. Podle mladíka *Narkissa*, který se podle řecké báje zamiloval do vlastního obrazu na vodní hladině, utrápil se a proměnil ve stejnojmennou květinu (jméno květiny je prvotní, viz ↑*narcis*).

narkomanie 'závislost na omamných látkách', *narkoman(ka)*, *narkomanský*. Novější, viz ↓*narkóza* a ↑*mánie*.

narkóza 'umělé uspání pomocí omamných látek', *narkotikum*, *narkotický*, *narkotizovat*. Přes moderní evr. jazyky (něm. *Narkose*, fr. *narcose*) z ř. *nárkōsis* 'strnutí, zdřevěnění' od *narkáō* 'trnu, dřevěním'. Srov. ↑*narkomanie*.

národ, *národní*, *národnost*, *národnostní*. Původně 'vše, co se narodilo, urodilo' (ještě ve stč.). Zúžení významu jako v lat. *nātiō* 'narození, rod, národ' (Ma²). Jinak viz ↓*rod*.

nárok, *náročný*, *nárokovat (si)*. Od ↓*říci*, srov. ↓*výrok*, ↓*rok*.

nárt, *nártový*. Hl. *narć*, sln. *nârt*. Stč. i *nártie*. Psl. *narъtъ, *narъtьje (B6,B9) je zřejmě starý obuvnický výraz, odvozený od psl. *rъtъ* (↓*ret*), jež původně znamenalo 'špička, vršek (nohy)', tedy 'část na vrchu nohy (obuvi)'.

náruživý 'vášnivý, silně zaujatý', *náruživost*. Jen č. Souvisí s č.st. *oruží* 'zbroj, zbraň, náčiní' (všesl.). Psl. kořen **rǫg-* (B1,B7) nejspíš souvisí s lit. *įrangùs* 'prudký' (HK), *rángtis* 'spěchat', *reñgtis* 'chystat se', *rangà* 'přístroj, nástroj', dále asi se sthn. *ranc* 'rychlý, vířivý pohyb', něm. *renken* 'pohybovat se kroužive sem tam', angl. *wrench* 'trhnout, vykroutit', vše by to bylo od ie. **ųreng-* 'kroutit, ohýbat' a vzdáleně příbuzné by bylo ↓*vrhat*.

narval 'druh kytovce'. Přes něm. *Narwal* ze švéd. *narval* či dán. *narhval* tv., jehož druhá část souvisí s něm. *Wal*, angl. *whale* 'velryba' (srov. i ↓*velryba*), první není zcela jasná.

nářadí, *nářadový*. P. *narzędzie*. Od ↓*řád*, vlastně 'řádná výstroj, řádné vybavení', srov. podobnou motivaci u ↑*náčiní*, *nádobí* (↑*nádoba*).

nářečí, *nářeční*. Převzal Dobrovský z r. *naréčije*, jinak viz ↓*řeč*.

naschvál. Stč. *navzchvále*, *nazchvále*, *naschvále* i *vzchvále* tv., původně vlastně 'pro chválu, kvůli chvále', z toho již v starší č. 'úmyslně' a v nč. pak i 'navzdory'.

násobit, *-násob*, *-násobný*, *násobek*, *násobilka*, *násobitel*, *násobenec*, *vynásobit*, *znásobit*. Stč. *násob* 'krát, násobeno' z původního *na sobě*; *trojnásobný* je vlastně 'trojí na sobě' (Ma²).

nastražit, *nástraha*. Souvisí se ↓*stráž* a ↓*střežit*, vlastně 'střežit, co je políčeno'.

nasupit se, *nasupený*. Zřejmě od ↓*sup* (vypadá, jako by měl stažené čelo), srov. ↓*posupný*, ale také ↓*supět* (dříve i *supiti*).

náš zájm. Všesl. Psl. *našь je utvořeno od tvaru gen. zájm. pro 1.os.pl. *nasъ* příp. -*i̯o*-, která je i v ↑*můj*, ↓*tvůj* i ↓*váš*. Srov. lat. *noster* tv., stpr. *nusa* 'naše', jinak viz ↑*my*. K těsnému vztahu zájm. přivlastňovacích a gen. osobních zájm. srov. ještě ↑*jeho*, ↑*jejich*.

nať, *naťový*. P. *nać*, r.d. *natína*, sln. *nât*. Psl. *natь či *nati nemá jistý výklad. Spojuje se s lit. *nõterė* 'kopřiva', stpr. *noatis* tv., něm. *Nessel*, nor. *nata* tv., vše z ie. *ned-, *net- 'vázat', jiný výklad vychází z **nākti (A9)* a spojuje s lit. *nókti* 'zrát'.

natalita 'porodnost'. Od lat. *nātālis* 'týkající se narození' od *nātus* 'narozený', což je původem příč. trp. od *nāscī* 'narodit se'. Srov. ↑*nacionále*, ↑*naivní*.

natož přísl. Z ↑*na*¹, zájm. *to* (viz ↓*ten*) a ↓*že*.

natrium 'sodík'. Z nlat. *natrium* a to od fr. *natron* 'hydroxid sodný' z ar. *(a)natrún* z egypt. *ntr(j)* tv. Srov. ↓*nitro*-.

nátura hov. 'povaha'. Přes něm. *Natur* 'příroda, přirozenost, povaha' či přímo z lat. *nātūra* 'narození, přirozená povaha' od *nātus*, což je původem příč. trp. od *nāscī* 'narodit se'. Srov. ↑*natalita*, ↑*nacionále*, ↓*naturálie*, ↓*naturel*.

naturálie 'zemědělské plodiny a jiné věci (poskytované jako část mzdy)', *naturální*. Z lat. *nātūrālia*, což je zpodstatnělý pl. stř. rodu adj. *nātūrālis* 'přirozený, přírodní' od *nātūra* (viz ↑*nátura*).

naturalismus 'umělecký směr zachycující dokumentárně drsnou skutečnost', *naturalista, naturalistický*. Z fr. *naturalisme* od lat. *nātūra* (viz ↑*nátura*).

naturalizovat 'udělit státní občanství cizinci', *naturalizovaný*. Z fr. *naturaliser* tv., vlastně 'přizpůsobit prostředí', od *naturel* 'přirozený, přírodní' od *nature* 'příroda, přirozenost' z lat. *nātūra* (viz ↑*nátura*).

naturel 'přirozená povaha'. Z fr. *naturel* tv. od *nature* 'přirozenost, příroda' (viz ↑*naturalizovat*, ↑*nátura*).

náves 'prostranství uprostřed vsi'. Srov. ↑*náměstí*.

návěští 'znamení, signál'. Dříve i *návěstí*. Utvořeno k psl. *věstь 'zpráva' z **věd-t- (A5)* (srov. ↓*pověst*, ↓*zvěst*, ↓*vědět*), tedy 'co se dává na vědomí'. Srov. ještě ↓*navštívit*.

navigace 'vedení lodí, letadel i vozidel po určené dráze; upravený břeh řeky', *navigační, navigovat, navigátor*. Z lat. *nāvigātiō* 'plavba' od *nāvigāre* 'plout' a to z *navis* 'loď' (souvisí s ř. *naũs* tv., srov. ↑*astronaut*, ↑*najáda*) a *agere* 'hnát, vést' (srov. ↑*agenda*, ↑*akt*).

navinulý 'nakyslý'. Stč. *navinúti sě* 'zkysnout'. U Jg i *navilý*. Zřejmě od ↓*vinout (se)*, srov. stč. *vyvinúti sě* 'odbočit, uchýlit se', tedy snad 'odchýlený (od původní chuti)'. Lid. etym. spojováno se ↓*víno* (Ma²).

návladní 'státní zástupce (u soudu)'. Kalk z něm. *(Rechts)anwalt* tv., z *an* 'na' (↑*na*¹) a odvozeniny od *walten* 'vládnout', původně vlastně 'kdo má nad někým moc'.

navštívit, *návštěva, návštěvní, návštěvnost, návštěvník, návštěvnický, návštívenka*. Jen č., stč. *navščieviti*. Jistě souvisí s r. *naveščát* 'navštěvovat', vlastně 'ohlašovat, dávat znamení (příchodu)' (viz ↑*návěští*), ale tvoření v č. není příliš jasné (Ma¹).

nazála 'nosovka', *nazální, nazalizovat, nazalizace*. Přes něm. *Nasal* z nlat. *nasalis* 'nosový' od lat. *nāsus* 'nos' (viz ↓*nos*).

nazdar citosl. Novější, asi až od Tyrše. Z ↑*na*[1] a *zdar* (↓*zdařit se*). Srov. se stejnou předl. *na zdraví*, srov. i ↓*nazdařbůh*.

nazdařbůh přísl. 'bez cíle, náhodně'. Vyjadřuje, že zdar věci je ponechán Bohu, náhodě. Srov. i pozdrav *zdař Bůh*, vlastně 'Bůh dopřej zdar' (Ma[2]).

názor, *názorový, názorný, názornost*. Od *nazřít, nazírat* (viz ↓*zírat*).

nažka 'suchý nepukavý plod'. Od ↑*nahý*, vlastně 'obnažený plod'.

-ndat (*nandat, vyndat, sundat, zandat, přendat, odendat*). Asi od zástupného slovesa *ondat* (srov. ↓*uondat*), které nahrazovalo náležité plnovýznamové sloveso. To by pak bylo od zájm. ↓*on*, ale tvoření není úplně jasné, myslí se na *ono dieti* 'ono dělati' a kontaminaci s *dát* podobně jako ↓*zdát se*, ↓*udát se* (Ma[2] pod *on*), ale jsou i možnosti jiné.

ne část. Všesl. – p. *nie*, r., s./ch., stsl. *ne*. Psl. *ne odpovídá lit. *ne*, sthn., gót. *ni*, lat. *ne-*, ř. *ne-*, sti. *ná*, vše z ie. *ne tv. Původnější ie. **n̥* je v něm. *un-*, lat. *in-* (↑*in-*[2]) a ř. *a-* (viz ↑*a-*[2]) (A7). Viz i ↓*ně-*, ↓*ni*, ↓*než*.

ně- (*někdo, něco, někde, nějaký* ap.) předp. Všesl. – p. *nie-*, r., s./ch. *ne-*, stsl. *ně-*. Psl. **ně-* se obvykle vykládá z ie. *nē, což je zdloužená varianta záporky *ne (↑*ne*), známá ještě z lat. *nē-* 'ne', gót. *nē*, sti. *nā* tv. (HK). Posun 'žádný (člověk) ap.' → 'jakýsi, nějaký (člověk) ap.' budí z významového hlediska trochu rozpaky, ale podobný posun je doložen i v lit. Jiný výklad z **ne vě(dě) (kdo)* ap., tedy 'neví(m) (kdo)' (Ma[2]) je nevěrohodný z hláskoslovného hlediska.

neandrtálec 'pravěký člověk'. Podle *Neandertalu* u Düsseldorfu v Německu, kde byly v pol. 19. st. nalezeny části kostry pravěkého člověka.

nebe, *nebeský, nebešťan, podnebí, podnební*. Všesl. – p. *niebo*, r. *nébo*, s./ch. *nèbo*, stsl. *nebo*. Psl. *nebo (gen. *nebese*, pl. *nebesa*) je starobylý *-s-* kmen (odtud ještě dnes pl. *nebesa*, v č. v sg. přešlo k typu *moře*, v jiných jazycích zůstalo *-o*). Příbuzné je lot. *debess* tv., lit. *debesìs* 'mrak', ř. *néfos* 'mračné nebe', sti. *nábhas* 'mlha, vlhko' a chet. *nepiš* 'nebe', vše z ie. *nebhos 'mrak, mlha' od **nebh-* 'mokrý, vlhký', k němuž patří i něm. *Nebel* 'mlha', lat. *nebula* tv. Zajímavá je různá motivace ie. názvů nebe: zatímco v slov., lot. i chet. je to od 'mračné oblohy', u lat. *caelum* i sti. *svargá-* se vychází z původního 'jasný, svítící' (rozdíly v klimatických podmínkách?), lit. *dangùs* (srov. ↑*duha*) a něm. *Himmel*, angl. *heaven* znamená původně asi 'klenba, příkrov', ř. *ouranós* 'vyvýšené místo'.

nebo sp. Jen č. (slk. *lebo*, luž. *abo*, p. *albo* tv.). Nejspíš z ↑*ne* a *bo*, které je v stč., p., r., stsl. *bo* 'neboť a souvisí s ↑*ba*. K dalším spojkám se *ne-* srov. ↓*než*, ↓*nýbrž*.

nebohý, *nebožák, nebožačka, nebožtík, nebožka*. P. *niebogi*, sln.st. *nebôg*, stsl. *nebogъ*. Původní význam je 'ten kdo nemá podíl, bohatství' (viz ↑*bůh*, ↑*bohatý*), ve stč. a slk. pak i 'zesnulý'. Srov. ↓*ubohý*.

neboť sp. Z ↑*nebo* a částice *-ť*.

nebozez 'vrták na dřevo', *nebozízek*. Hl. *njeboz*, sln. *nabôzec*. Přejato z germ., forma by ukazovala až na germ. *naba-gaiza před změnou *-z->-r-* (A5,B1), která už je provedena v sthn. *nabagēr* (něm. *Näber* tv.). První část germ. slova odpovídá něm. *Nabe* (viz ↑*náboj*), druhá něm.st. *Ger* z gót. **gaiza-* 'něco špičatého'.

nebožtík. Viz ↑*nebohý*.

necesér 'pouzdro s toaletními potřebami'. Z fr. *nécessaire* tv., vlastně 'nezbytná, potřebná věc', z lat. *necessārius* 'nezbytný, potřebný' z *ne-* (srov. ↑*ne*) a odvozeniny od *cēdere* (příč. trp. *cessus*) 'ustupovat, odcházet, ztrácet se'. Srov. ↓*recese*, ↓*proces*.

necky. Všesl. (kromě slk., br.) – p. *niecka*, r.d. *nóčva*, s./ch. *nȁćve*, csl. *nъštvi*. Psl. podoba není jasná. Očekávali bychom jakési výchozí **nъ(k)t'* - *(B3, B6)*, ale častěji se rekonstruuje **nъ(k)tva* ap. (Ma², HK), aby se dalo spojit se stir. *nigid* 'pere', ř. *nízō* 'umývám', sti. *nénekti* 'pere' z ie. **neig^u̯-* 'prát', tedy původně 'kád' na praní'. Vzhledem k výše zmíněným okolnostem sporné.

neděle, *nedělní*. Všesl. – p. *niedziela*, r. *nedélja* 'týden', ch. *nèdjelja*, stsl. *nedělja*. Slov. **neděl'a* je křesťanský název pro sedmý, nepracovní den (viz ↑*ne* a ↑*dílo*). Ve většině slov. jazyků (zvláště v pravoslaví) i ve významu 'týden'.

nedomrlý 'neduživý'. Původně vlastně 'ne zcela mrtvý', srov. stč. *mrlý* 'mrtvý, zemřelý'. Jinak viz ↑*mřít*.

neduh, *neduživý*. R. *nedúg*, b. *nedǎg*, stsl. *nedǫgъ* tv. Psl. **nedǫgъ* je od **dǫgъ* (csl. *dǫgъ* 'tuhý, pevný', srov. ↑*duh*), které souvisí s p. *dużo* 'velmi, mnoho', r.d. *dúžij* 'silný' a dále i lit. *daug* 'mnoho', něm. *tüchtig* 'zdatný, pořádný, důkladný', *taugen* 'hodit se', vše z ie. **dheugh-* 'hodit se, být zdatný'.

nedutat. Vlastně 'neříci ani *du(t)*' od onom. základu, srov. ↑*dudek*.

negace 'popření', *negovat, negativ, negativní*. Z lat. *negātio* od *negāre* 'popírat' utvořeného od záporky *ne-* (viz ↑*ne*) zesílené částicí **g(i)* (srov. ↓*že*).

negližé 'nedbalky, noční domácí oděv'. Z fr. *négligé* tv., což je původem příč. trp. od *négliger* 'zanedbat, nestarat se' z lat. *negligere, neglegere* tv. z *nec* '(a) ne' a *legere* 'sbírat, shromažďovat, vybírat si'.

negr hanl. 'černoch'. Přes něm. *Neger*, fr. *nègre*, ze šp., port. *negro* tv., vlastně 'černý', z lat. *niger* tv. Původně označení černých otroků z Afriky.

negramotný, *negramotnost, negramot*. Z r. *negrámotnyj* tv. od *grámota* 'znalost čtení a psaní; úřední listina' z ř. *grámmata*, což je pl. od *grámma* 'písmeno, čtení a psaní, písemnictví'. Srov. ↑*-gram*, ↑*gramatika*.

něha, *něžný, něžnost*. Přejato v obrození z r. *néga*, odtud asi i ch. *njȅga*, s. *nȅga*, b. *nega*. Psl. **něga* nemá jistý výklad. Spojuje se s lot. *naigāt* 'toužit, přát si', méně přesvědčivá je příbuznost se sti. *sníhyati* 'je vlhký', *snēha-* 'přilnavost, hladkost' *(A5)* (Ma², HK) či odvození od ie. kořene **nei-* 'být živý, rozčilený'.

nehet, *nehtík*. Stč. i *nohet*. Všesl. – p.st. *nogieć*, r. *nógot'*, sln. *nôht*, s./ch. *nȍkat*, stsl. *nogъtь*. Psl. **nogъtь* odpovídá lit. *nagùtis* (stpr. *nagutis*) 'nehet na ruce', což je zdrobnělina od lit. *nāgas* 'nehet, pazneht'. Dále je příbuzné něm. *Nagel* 'nehet', stir. *ingen*, lat. *unguis*, ř. *ónyx*, sti. *nakhá-* tv., vše z ie. **nogh-, *ongh-, *ngh-* 'nehet, pazour'. Srov. ↓*noha*, ↓*pazneht*.

nehoda, *nehodový, nehodovost*. Od ↑*hodit se*, významovou souvislost dobře pochopíme z některých stč. významů jako 'něco nevhodného, nenáležitost, nepravost, nepříjemnost, zlá příhoda ap.'.

nehorázný 'nadmíru velký, neslýchaný, nevhodný', *nehoráznost*. V č. doloženo až pozdě (Jgd). Zřejmě souvisí s r. *gorázdo* 'silně', *gorázd(yj)* 'šikovný, zkušený', což je stará výpůjčka z gót. *ga-razds* 'výmluvný, rozumný' (srov. stangl. *reord* 'hlas, jazyk'). Č. *ne-* se vykládá jako nadbytečný zápor, který nemění význam slova (srov. ↓*nesvár*, ↓*nestvůra*).

nechat, *ponechat, zanechat, vynechat, přenechat.* P. *niechać* 'nechat, dovolit', ukr. *necháty* 'zanechávat', sln. *nêhati* 'přestat, skončit', b. *nechája* 'nestarám se'. Psl. *nechati se vykládá jako záporné sloveso, jehož základ se obvykle ztotožňuje se s./ch. *hàjati* 'starat se', b. *chája* tv. (tedy *nechati by bylo z *nechajati 'nestarat se'). Další příbuzenství se hledá v ir. *scíth* 'unavený', ř. *askéō* 'usiluji, zdobím', toch. B *skai-* 'snažit se' z ie. **skēi-* 'snažit se, usilovat' *(A8).* Srov. ↓*nechť*.

nechť část. Z *nech* (imp. od ↑*nechat*) a zesilující částice -*ť* (srov. ↑*ať*). Viz i ↓*nešť*.

nej- předp. Všesl. − p., r., s./ch. *naj-*, stsl. *nai-*. Psl. **naj-* se skládá z **na-*, které je etymologicky totožné s předl. ↑*na*[1] (srov. stč. *náviece* 'nejvíc') a částice *i (↑*i*). Významově se blíží předp. *nad-* (↑*nad*): 'největší' je vlastně 'nadvětší' (Ma[2], HK). V jiných ie. jazycích se k tvoření superlativu (3. stupně) využívá přípon.

nejapný 'hloupý, nevhodný', *nejapnost*. Stč. *nejápný* 'nepochopitelný, netušený, neschopný' od *japati, jápati* 'pozorovat, hledat, zkoumat', dále srov. stč. *z nedojiepie* 'znenadání', hl. *nezjapki* 'nečekaně', r.d. *vnezápno* tv., csl. *zajapъ* 'domněnka'. I přes slabší doložení je základ **jap-* psl., srovnává se s lat. *in-opīnātus* 'netušený, nečekaný' i *opīnārī* 'domnívat se', východiskem by bylo ie. **op-* 'tušit, domnívat se' *(B4)* (Ma[2]).

nekalý 'nepoctivý, špatný', *nekalost*. Vykládá se ze stč. *nekajilý*, původně 'nekajícný' od ↑*kát se* (Ma[2], HK). Srov. od stejného základu stč. *nekáný* 'nepolepšitelný, zlý'.

nekňuba 'budižkničemu'. Expr. útvar s typickou expr. skupinou *kň-* (srov.

↑*kňourat,* ↑*kňučet*). Není třeba hledat jakési výchozí sloveso *kňoubat* (Ma[2]), v č. nedoložené, spíš je možné, že ve slově zní ozvěna lid. *kuba* 'hlupák' (HK).

nekro- (ve složeninách) 'týkající se mrtvol'. Z ř. *nekrós* 'mrtvý, zemřelý', jež souvisí s lat. *necāre* 'zabíjet'. Srov. ↓*nekrofilie,* ↓*nekrolog,* ↓*nekropole*.

nekrofilie 'sexuální úchylka projevující se erotickou náklonností k mrtvolám'. Viz ↑*nekro-* a ↑*-filie*.

nekrolog 'článek či ústní projev hodnotící zesnulého'. Viz ↑*nekro-* a ↑*-log*.

nekropole 'velké starověké pohřebiště'. Vlastně 'město mrtvých', z ↑*nekro-* a ř. *pólis* 'město' (srov. ↑*metropole*).

nektar 'lahodný nápoj (řeckých bohů); šťáva v některých květech', *nektarinka*. Přes lat. *nectar* z ř. *néktar* 'nápoj bohů', jehož další původ není jasný.

nelzon 'zápasnický chvat'. Podle am. zápasníka *Nelsona*.

nemehlo. Nejspíš od stč. *mehnúti* 'pohnout, mihnout' od kořene **mьg-* (viz ↑*míhat,* ↑*mžít*). Tvoření od *l*-ového příčestí jako např. *táhlo* od *táhnout*. Vlastně tedy asi 'člověk nepohybující se rychle, obratně'.

nemoc, *nemocný, nemocnost, nemocenský, nemocnice, nemocniční, onemocnět.* P. *niemoc*, ve vsl. a jsl. v tomto významu odvozeniny od ↑*bolet*. Původně 'nemohoucnost, slabost' (tak i v stč.).

nemotorný, *nemotora*. U Jg i *motorný* 'obratný, příhodný'. R.d., ukr. *motórnyj* 'obratný, hbitý'. Srovnat lze lit. *matarúoti* 'hýbat, klinkat (se)', základem asi bude kořen **met-,* **mot-*, který je v ↑*motat,* ↑*metat,* ↑*mést*.

nemovitost 'pozemek či stavba (trvalého charakteru)'. Viz ↑*movitý*.

němý, *němota, oněmět.* Všesl. – p. *niemy,* r. *nemój,* ch. *nijêm,* s. *nêm,* stsl. *němъ.* Psl. **němъ* vzniklo nejspíš disimilací *m-m>n-m* z **mēmo-,* které je v lot. *mēms* tv. Kořen **mem-* je onom., napodobující neartikulované lidské zvuky (srov. ↑*mumlat*). Odtud s největší pravděpodobností *Němec* (všesl.), vlastně 'ten, kdo vydává nesrozumitelné zvuky', ve slov. jazycích tak byli označeni cizinci, s nimiž Slované nejčastěji přicházeli do styku (Ma², HK).

nenadále přísl. Od adj. *nenadálý* od *l-*ového příčestí slovesa ↑*nadít se.*

nenávidět, *nenáviděný, nenávist, nenávistný.* Stč. i *náviděti* 'mít rád', ale také 'žárlit' a 'nevražit, závidět', do nč. přešlo jen v záporné podobě. P. *nienawidzieć,* r. *nenavídet',* s. *nenávideti,* stsl. *nenavistь* (z **nenavid-tь,* A5). Původní význam kladného slovesa je dobře vidět na p.st. *nawidzieć,* csl. *naviděti* 's radostí se dívat', kde předp. *na-* vyjadřuje vstřícný vztah k předmětu. Srov. ↓*závist,* jinak viz ↓*vidět.*

není. Stč. *nenie* a to přitvořením nového, zřetelnějšího záporu k pč. **nie,* které vzniklo stažením z **neje (B9).* Srov. p. *nie jest,* s./ch. *níje,* csl. *něstъ.* Dále viz ↑*ne* a ↑*jsem.*

neo- (ve složeninách) 'novo-'. Z ř. *néos* 'nový, mladý' (viz ↓*nový*). Srov. ↓*neolit,* ↓*neologismus, neofašismus.*

neohrabaný. Od ↑*hrabat,* ale motivace není zcela jasná. Srov. *neotesaný.*

neolit 'mladší doba kamenná', *neolitický.* Utvořeno v 19. st. z ↑*neo-* a ř. *líthos* 'kámen'. Srov. ↓*paleolit,* ↑*monolit,* ↑*litografie.*

neologismus 'nově utvořené slovo'. V 18. st. utvořeno k ↑*neo-* a ř. *lógos* 'slovo, řeč'. Srov. ↑*-logie.*

neomalený 'netaktní, hrubý'. Výchozí vazbou je nejspíš 'ne o málo žádající' (Ma², HK), dále viz ↑*malý.*

neon 'vzácný plyn; osvětlení tímto plynem', *neonový.* Z angl. *neon* a to od ř. *néos* 'nový', tedy vlastně 'nově objevený plyn' (r. 1897). Srov. ↑*neo-.*

neplecha. Od adj. *neplechý* 'nečistý, nepěkný, špatný' (Jg). Vyjít je třeba asi z **neplochý* (asimilace *e-o>e-e*) s nadbytečným záporem (srov. ↑*nehorázný,* ↓*nesvár*), základ pak odpovídá r. *plochój* 'špatný', p. *płochy* 'neklidný, lehkomyslný', jež je totožné s ↓*plochý.*

nepotismus 'zneužívání vysokého postavení k protežování příbuzných a známých'. Převzato přes soudobé evr. jazyky z it. *nepotismo* (poprvé v souvislosti s praktikami některých papežů 15. a 16. st.) a to z it.st. *nepote* 'vnuk, synovec' z lat. *nepōs* 'vnuk, potomek'. Viz ↓*neteř.*

nepříčetný, *nepříčetnost.* Novější (u Jg chybí). Zřejmě '(stav), kdy nelze člověku přičítat vinu' (Ma²). Pak přeneseno i na označení člověka.

nerost, *nerostný.* Jen č., utvořil Presl k ↓*růst.*

nerudný 'hrubý, mrzutý'. Ze stč. *nerodný, neródný* 'svévolný, zarputilý, vzpurný' (u Jg *nerůdný* 'nepodařený, zvrhlý' snad vlivem *zrůdný*) a to od *neroditi* 'nechtít, nedbat'. Příbuzné je hl. *rodźić* 'chtít, toužit', sln. *rodíti* 'starat se', stsl. *neroditi* 'nestarat se, pohrdat'. Souvisí dále se s./ch. *ráditi* 'dělat' a zřejmě i ↓*rád.*

nerv, *nervový, nervní, nervstvo,* ob. *nervák, nervovat (se), vynervovat.* Přes něm. *Nerv* tv. z lat. *nervus* 'sval, nerv, struna, tětiva', jež souvisí s ř. *neũron* 'šlacha, tětiva, šňůra' (srov. ↓*neurologie* a ↓*nervózní*).

nervózní, *nervozita.* Přes něm. *nervös,* fr. *nerveux* z lat. *nervōsus* 'silný, svalnatý' (viz ↑*nerv*). Dnešní význam v evr. jazycích asi od

neřád 409 **neteř**

18. st., v souvislosti s terminologickou specifikací lat. *nervus*.

neřád. Opak od ↓*řád*, metonymií přeneseno z věcí i na označení lidí.

neřest, *neřestný*. Ve starší č. i ve významech 'soužení, neštěstí, bída', 'obtížný hmyz', 'trní a bodláčí', 'neduh, vyrážka' (Jg). Stč. *neřest* však znamená 'tření ryb', odpovídá mu r. *nérest*, ukr. *nérest'* tv., dále i p. *mrzost* 'jikry', sln. *drêst*, ch. *mrijêst* tv., vše z psl. **nerstъ/*nerstь* (B8) (změny v násloví zsl. a jsl. jazyků vyvolány počátečním **nr-*). Příbuzné je lit. *neřšti* 'klást jikry', lot. *nārsts* 'jikry'. Spojení významů je obtížné, ale možné: 'tření ryb' → 'něco nepěkného, slizkého' (vlivem mylného vydělení záporky *ne*-) → 'nemravnost, něco nepříjemného vůbec' (HK). Svou logiku však má i spojení druhé skupiny významů s ↑*neřád* (vzhledem k val. *neřasť* 'roští, chrastí') a vyjití z psl. *neręd-tь (A5,B7) (Ma[2]). K nč. významu 'nízká vášeň' srov. p. *nierząd* 'nepořádek, prostituce'.

nesmírný. Stč. *nesmierný* i ve významech 'neumírněný, svévolný, nestřídmý'. Tyto významy vycházejí od stč. *smiera* '(pravá) míra, umírněnost', dnešní význam 'nezměřitelný' od stč. *směřiti* 'změřit' (k obojímu viz ↑*míra*).

nést, *přinést, přinášet, přínos, přínosný, odnést, odnášet, unést, unášet, únos, únosce, vynést, vynášet, výnos, výnosný, donést, donášet, nanést, nanášet, nános, vnést, vnášet, vznést (se), vznášet (se), přednést, přednášet, přednes, přednáška, snést, snášet, přenést, poponést, roznést, zanést, pronést, nadnášet, obnášet* aj. Všesl. – p. *nieść*, r. *nestí*, s./ch. *nèsti*, stsl. *nestí*. Psl. *nesti má odpovídající protějšek v lit. *nèšti*, lot. *nest* tv., příbuzné je dále něm. *genug*, angl. *enough* 'dost', lat. *nancīscī* 'nabýt, dosáhnout', ř. *énenkon* 'přinesl jsem' (aorist k *férō* 'nesu'), sti. *nāśati* 'dosahuje', vše z ie. **(e)nek-*,

**enk-* 'dosahovat, nést' (A1). Srov. ↓*nosit*, ↓*nůše*.

nestor 'stařešina, nejstarší osoba v nějaké společnosti'. Podle krále *Nestora* (ř. *Néstōr*), který byl v Homérově Iliadě nejstarším a nejmoudřejším z ř. hrdinů.

nestvůra, *nestvůrný*. Nadbytečným záporem od ↓*stvůra*, které již samo má záporný význam (srov. ↓*nesvár*, dále i ↑*neplecha*, ↑*nehorázný*).

nesvár. Od ↓*svár* s nadbytečným záporem (asi vlivem *nesvorný*), srov. ↑*nestvůra*.

nešpory 'odpolední či podvečerní pobožnost'. Z lat. *vesperae* tv. od *vesper, vespera* 'večer' (srov. ↓*večer*). Stč. i *mešpory* (záměna *v-m* možná vlivem lid. etym. k ↓*mše, mešní*, další změnou *m>n*, srov. nář. *nešpuľa* 'mišpule', *nedvěd*). Srov. ještě stč. *nešpor, mešpor* 'doba uprostřed mezi polednem a večerem'.

nešť část. Nejspíš z *nech-ž-ť se dvěma zesilujícími částicemi (dále viz ↑*necht'*).

neštovice, *neštovička, neštovicový*. Jen č. Od ↓*nežit*, srov. csl. *nežitovica* tv., v č. vypadlo -*i*- a -*ži*- dalo spodobou -*št*-.

nešvar. Viz ↓*švarný*.

netečný, *netečnost*. Vlastně 'koho se nic netkne', viz ↓*týkat se*.

neteř. Hankův výtvor *neti* (gen. *neteře* jako *máti, mateře*) inspirovaný csl. *netii* 'synovec' z psl. *netьjь, jež bylo zřejmě přitvořeno k původnějšímu *neti 'neteř' (odtud pak s./ch. *nèčāk* 'synovec', *nèčaka* 'neteř'). Příbuzné je stlit. *neptě* 'vnučka, neteř', stangl. *nift* 'neteř', něm. *Nichte*, wal. *nith* tv., lat. *neptis* 'vnučka' (vlat. *neptia 'neteř', z toho přes fr. angl. *niece* tv.), sti. *naptī-* 'vnučka', vše z ie. **neptī-* 'vnučka, neteř' (A7) tv., což je přechýlený tvar od **nepot-* 'vnuk, potomek', jež se interpretuje jako **ne-pot-*, vlastně 'kdo

N

netopýr

nemá moc', nebo naopak **neu̯o-pot-'nový pán'* (Ma²) (k druhé části srov. ↑*Hospodin*). Srov. ↑*nepotismus.*

netopýr, *netopýří*. Všesl. – p. *nietoperz*, r.d. *netopýr'*, ch. *nètopīr*, množství nář. podob ve slov. jazycích (č. *nedopejr, latopyř, letopeř* aj.) je způsobeno lid. etym. *(D2)* a snad i tabu *(D4)*. Psl. **netopyrь* se někdy pokládá též za výsledek těchto vlivů a přetvoření původního **lepetyrь* od onom. **lepetati* 'nepravidelně poletovat' (Ma², HK), ale vzhledem k motivaci např. ř. *nyktóptero*s tv., doslova 'noční letoun', či lat. *vespertīliō* 'večerní letoun' se přikláníme spíš k výkladu slova **netopyr'* jako staré složeniny, v jejíž první části je ie. slovo pro 'noc' (k podobě s *-e-* viz ↓*noc*), v druhé pak asi stejný základ jako v ↓*pero*; slov. slovo by pak slovotvorně i etymologicky odpovídalo ř. ekvivalentu.

netřesk 'druh byliny'. Podle staré pověry, že tam kde roste, neuhodí hrom (rostl často na doškových střechách). Dále viz ↓*třesk.*

netto 'čistá váha'. Z it. *netto* 'čistý' a to z lat. *nitidus* 'lesklý, čistý' od *nitēre* 'lesknout se, zářit'.

netýkavka 'druh byliny'. Podle toho, že její plod na dotek puká a vymršťuje semena (viz ↓*týkat se*). Přeneseně i o nedůtklivém člověku (srov. ↑*důtklivý*).

neuralgie 'prudká bolest nervového původu', *neuralgický*. Viz ↓*neuro-* a ↓*nostalgie.*

neurastenie 'nervová slabost'. Z ↓*neuro-* a ř. *asthéneia* 'slabost' z ↑*a-²* a *sthénos* 'síla'.

neuro- (ve složeninách) 'týkající se nervů, nervové soustavy'. Z ř. *neūron* 'šňůra, šlacha, nerv' (srov. ↑*nerv*). Viz i ↓*neurologie,* ↑*neuralgie,* ↑*neurastenie.*

neurologie 'obor zabývající se chorobami nervového systému', *neurologický*, *neurolog*. Viz ↑*neuro-* a ↑*-logie.*

neuróza 'porucha vyšší nervové činnosti', *neurotický, neurotik*. Z nlat. *neurosis*, uměle utvořeného k ↑*neuro-* pomocí příp. *-osis* ř. původu. Srov. ↑*nervózní,* ↓*psychóza.*

neurvalý 'surový, hrubý'. Původně *urvalý* (nadbytečný zápor jako v ↓*nevrlý,* ↑*neplecha,* ↑*nehorázný* ap.), jež se vysvětluje jako 'ten, kdo se urval od šibenice' (HK, Jg), případně od *urvat se* ve významu 'osopit se' (Ma²).

neutrální 'nestranný', *neutralita, neutralizovat, neutralizace, neutralizační, neutrál*. Ze střlat. *neutralis* tv. od lat. *neuter* 'žádný z obou' z *ne-* (viz ↑*ne*) a *uter* 'jeden ze dvou'. Srov. ↓*utrakvista.*

neutron 'částice atomového jádra bez elektrického náboje', *neutronový*. Od lat. *neuter* (viz ↓*neutrum,* ↑*neutrální*) podle ↑*elektron.*

neutrum 'střední rod; jméno ve středním rodě'. Z lat. *neutrum*, což je stř.r. k *neuter* 'žádný z obou' (viz ↑*neutrální*).

nevalný 'malý, špatný'. Od stč. *valný* 'silný, mnohý' (srov. i *valem* 'houfně, hromadně') a to od *valiti (sě)* (↓*valit (se)*).

nevěsta, *nevěstka, nevěstinec*. Stč. i 'snacha, švagrová (bratrova manželka)'. Všesl. – p. *niewiasta* 'ženská', r. *nevésta* 'nevěsta', *nevéstka* 'snacha, švagrová', ch. *nèvjesta* tv., stsl. *nevěsta* 'nevěsta'. Psl. **nevěsta* není jednoznačně vyloženo. Starý, dodnes uváděný výklad vychází z **ne-u̯oid-tā (A5,B2)*, vlastně 'neznámá (pro rodinu ženicha)' (viz ↓*vědět*). Přesvědčivěji vypadá výklad z **neu̯(o)-u̯ēd-tā (A5, B5)*, vlastně '(žena) nově přivedená' (viz ↓*nový* a ↓*vést*) (HK). Odtud snadno pochopíme modifikaci významu 'žena bratra či syna' i zobecnění 'žena' (srov.

nevod 411 **-nikat**

sti. *vadhū́* tv., vlastně '(od)vedená'). Jsou i jiné výklady, většinou různě obměňující ty výše uvedené. 'Krycí' označení nevěsty se vysvětluje tabuovými důvody *(D4)*. Hanlivé *nevěstka* se objevuje od střední češtiny, k podobnému posunu srov. ↑*děvka*.

nevod 'tažná rybářská síť'. P. *niewód*, r. *névod*, stsl. *nevodъ*. Psl. **(ne)vodъ* nějak souvisí s lit. *vãdas*, lot. *vads*, něm. *Wate*, stangl. *wadu* tv., vzájemný vztah a další původ však nejsou jisté. Vzhledem k fin. *nuotta*, est. *nōt* tv. může jít i o starou výpůjčku z neznámého substrátu (Ma²). Soudí se, že *ne-* ve slov. by mohlo být tabuovou negací *(D4)* k oklamání ryb, případně vodních duchů ap.

nevole, *nevolky*. Od ↓*vůle*.

nevražit, *nevraživý, nevraživost*. Ne zcela jasné. Stč. *vražiti* znamenalo 'kouzlit, čarovat', ale význam jde spíš k *vrah* 'nepřítel, vrah' (obě slova jsou nejspíš stejného původu). Přidán nadbytečný zápor podobně jako v ↑*neurvalý*, ↓*nevrlý*, ↑*neplecha*, ↑*nesvár*.

nevrlý, *nevrlost*. Od ↓*vřít* (srov. *umřít – umrlý*) s nadbytečným záporem jako ↑*nevražit*, ↑*nesvár* ap. Srov. ↓*zanevřít*.

newton 'jednotka síly'. Podle angl. fyzika *I. Newtona* († 1727).

nezbedný, *nezbednost, nezbeda*. Stč. *nesbed(l)ný* 'nezkrotný, svévolný, dotěrný', *sbedný* 'poslušný, hodný'. Asi z psl. **sъbъdьnъ(jь) (B6, B9)* ze **sъ-* 'dobře, úplně' (↓*s-*) a základu **bъd-*, který je v ↑*bdít*, ↑*bedlivý* (srov. csl. *sъbъdьnъ* 'velmi bdělý') (HK). V č. tedy asi 'dobře pozorný' → 'poslušný' a dále negací záporný význam, který se stal používanějším.

než(li) sp. Spojením částic a spojek ↑*ne*, ↓*že*, případně ↑*-li*. Srov. použití při srovnání – např. *je větší než já* vlastně znamená 'je větší, ne (že) já' (HK).

nežit 'vřed, vřídek'. Formálně od ↓*žít*, ale významově spíš ke kauzativu ↑*hojit* (střídání **gei – *goi (B1,B2)*), tedy 'co se nehojí'. Srov. i nář. *nehojed* (Ma²). Ob. *nežid* přikloněním k *Žid*.

ni část. Všesl. – p., r., s./ch., stsl. *ni*. Psl. **ni* je z ie. **nei-* 'nikoli, ani' *(B2)* z **ne* (↑*ne*) a zesilovací částice *ī*. Shodné je lat. *nī*, osk. *nei* i av. *naev naēčiš* 'nikdo'.

nic, *nicotný, nanic, nanicovatý*. Viz ↑*ni* a ↑*co*. Všesl. – p. *nic*, r. *ničtó*, s./ch. *nȉšta*, stsl. *ničьto*. Srov. ↓*ničit*, ↓*ničemný*.

ničemný, *ničemnost, ničema*. Vlastně 'kdo (co) je k ničemu'.

ničit, *ničitel, ničitelský, zničit, poničit*. Od ↑*nic*, srov. – p. *niszczyć, nicestwić*, r. *uničtožát'*, s./ch. *nȉštiti*.

nihilismus 'neuznávání jakýchkoli hodnot mravních, společenských ap.', *nihilistický, nihilista*. Od lat. *nihil* 'nic', srov. ↑*ni*.

nika 'výklenek ve zdi (pro sochy)'. Z it. *nicchia* tv. od *nicchio* 'mušle'.

-nikat *(zanikat, vznikat, vynikat, unikat, podnikat, pronikat)*. Všesl. – p. *wynikać* 'vznikat', *niknąć* 'mizet, ztrácet se', r. *nȋknut'* 'sklánět (hlavu)', s./ch. *nȉknuti* 'vyrůst, vzklíčit', *pòniknuti* 'vystoupit; sklopit (oči), sklonit (hlavu)', stsl. *poniknǫti* 'sklonit, sklopit'. Psl. **-nikati, *-niknǫti* je významově tak rozrůzněno, že se často uvažuje o splynutí dvou různých základů. Slovesa *ponikati* (viz ↑*koniklec*), *zanikati* jeví zřejmou souvislost se stč. *nic(í)* 'skloněný hlavou k zemi, skleslý, pokořený'; výchozí **nīk-* se vykládá z ie. **ni-* 'dole, dolů' (srov. ↓*nízký*) a nulového stupně ie. **okᵘ-* 'oko', tedy 'očima obrácený dolů' (srov. sti. *nīčā* 'dolů' i ↓*znak*² a ↓*opak*). K slovesům typu *zaniknout* pak bylo asi přitvořeno *vzniknout* (**vъzniknǫti*) opačného

nikl významu (HK) a pak snad i další odvozeniny, kde *-nikati*, *-niknǫti* nabralo význam blízký '-stupovat, -stoupit'. Jiní autoři oddělují a slovesa typu *pronikat* spojují s lit. *apnìkti* 'napadnout', ř. *neikéō* 'přu se, urážím' z ie. **neik-* 'napadnout' (Ma²).

nikl 'stříbrobílý kovový prvek', *niklový, niklák*. Přes něm. *Nickel* ze švéd. *nickel*. V r. 1754 tak nazval tento kov jeho objevitel, švédský mineralog A. F. Cronstedt zkrácením z *kopparnickel*, něm. *Kupfernickel*, což byl hornický název načervenalé rudy, která vypadala jako měděná, měď však neobsahovala (nikl ano). V první části je švéd. *koppar*, něm. *Kupfer* 'měď', druhá část označuje 'skřítka, čertíka' (z osobního jména *Nikolaus*). Málo cenné rudy byly označovány podobnými jmény, protože hornící věřili, že jim je podstrkují důlní skřítci (srov. ↑*kobalt*).

nikoli část. Viz ↑*ni* a ↑*-koli*.

nikotin 'alkaloid obsažený v tabáku', *nikotinový*. Přes něm. *Nikotin* z fr. *nicotine*, jež bylo v 19. st. utvořeno od fr. st. *nicotiane* 'tabák' a to podle fr. vyslance v Portugalsku *J. Nicota*, jehož prostřednictvím se v 16. st. Francie s touto rostlinou seznámila.

nimbus knjž. 'svatozář; sláva'. Z pozdnělat. *nimbus* tv., původně 'mračno, mrak, déšť', souvisí s ↑*nebe*.

nimrat se expr. 'váhavě se v něčem šťourat', *nimravý*. Asi disimilací z původního *mimrat se* (Jg), expr. útvar podobný jako ↓*piplat*.

nimrod 'lovec', *nimrodský*. Podle biblického *Nimroda*, pravnuka Noemova a bájného zakladatele Babylonu, o němž se praví, že byl bohatýrským lovcem před Hospodinem (Genesis, 10, 8–12).

niněra zast. 'druh strunného hudebního nástroje'. Asi od onom. základu.

nirvána '(v buddhismu) stav blaženosti a poznání pravdy po vyhasnutí vlastního vědomí'. Přes moderní evr. jazyky ze sti. *nirvāna-* 'zhasnutí' od *nirváti* 'hasne' z nih- 'pryč, od' a *váti* 'vane'.

nístěj 'otvor do pece; spodní část průmyslové pece'. Stč. *niestějě*. Jinak jen hl. *něsč*, dl. *jesće(je), jěsćije*, sln. *istéje, ostéje, vestéje* aj., tedy psl. dialektismus omezený na samý západ slov. území. Psl. asi **(j)ěstěja*, různé násloví je nejspíš mylnou dekompozicí z předl. pádů (**vъn ěstěje → *vъ něstěje*, srov. ↑*ňadra*). Původ málo jasný, většinou se myslí na základ **aid-t-* (A5,B2) z ie. **aidh-* 'hořet' (HK), lákavé – ač málo pravděpodobné – je i spojení s ř. *estía* 'krb, dům' (Ma²).

nit, *nitka, niťový, nitěný, nitkovitý*. Všesl. – p. *nić*, r. *nit'*, s./ch. *nît*. Psl. **nitь* stojí nejblíže lit. *nýtis* 'hřeben tkalcovského stavu', východiskem je ie. **nīti-* 'co je spředeno' od **(s)nei-* 'příst, šít', od něhož je i něm. *nähen* 'šít', *Nadel* 'jehla', angl. *needle* tv., lat. *nēre* 'příst', ř. *nēthō* 'předu', sti. *snāyati* 'omotá', srov. i příbuzné ↓*snovat*.

nítit, *vznítit (se), vznětlivý, roznítit, podnítit, podnět, podnětný, zanítit (se), zánět, zánětlivý*. P. *niecić*, r.d. *gnetít'*, sln. *nétiti*, csl. *gnětiti*. Psl. **(g)nětiti* není zcela jasné, snad souvisí se sthn. *gnītan* 'tříť', stangl. *gnīdan* tv. (stará technika rozněcování ohně třením) z ie. **ghnei-* od **ghen-* 'tříť' (Ma²). Pak je příbuzné i ↑*hnít*, srov. i ↓*sněť*.

nitro 'vnitřek, duše', *niterný, nitrolebeční, nitrožilní* ap. (jiné u ↓*nitro-*). Zavedeno Jungmannem podle r. *nutró* tv., jinak viz ↓*vnitřek*.

nitro- (ve složeninách) 'vztahující k dusíku'. Z něm. *Nitro-* tv. a to jako chemický termín z lat. *nitrum* 'soda' z ř. *nítron* tv. a to z egypt. *ntr(j)* tv. (stejný původ má i ↑*natrium*). Srov. *nitrát* 'dusičnan', *nitroglycerin* (↑*glycerin*), *nitrolak* (↑*lak*), odlišuj od *nitrožilní* ap. (viz ↑*nitro*).

niva kniž. 'louka, pole'. Všesl. – p. *niwa*, r. *níva*, s./ch. *nj̏iva*, stsl. *niva*. Psl. *niva (z ie. **nēi-u̯ā (B2)*) má nejblíže k ř. *neiós* 'pole, niva, úhor', dále je příbuzné lot. *nievāt* 'ponižovat, přezírat', stangl. *neowol* 'nahnutý', vše z ie. **nēi-u̯o-* od **nei-*, **ni-* 'dole, dolů'. Původně tedy '(úrodné) pole v nížině' (HK). Srov. ↓*nízký*, ↑*-nikat*.

nivelizovat 'vyrovnávat rozdíly (směrem dolů)', *nivelizace, nivelizační*. Podle něm. *nivellieren* z fr. *niveler* tv. od střfr. *nyvial, nevel, niveau* 'úroveň', to disimilací ze stfr. *livel* a to z vlat. *libellus z lat. *lībella* 'vodováha' (viz ↑*libela*).

nivó kniž. 'úroveň'. Z fr. *niveau* tv., dále viz ↑*nivelizovat*.

nízký, *nizoučký, nízkost, níže, nížina, nížinný, snížit, ponížit, ponížení*. Všesl. – p. *nizki*, r. *nízkij*, s./ch. *n̏izak*, stsl. *nizъkъ*. Psl. *nizъkъ je odvozeno od přísl. *nizъ 'dole, nízko', což je odvozenina od ie. **nei-*, **ni-* tv., které je i v sti. *nī* 'dolů', arm. *ni-* 'dole' i něm. *nieder* 'nízký'. Srov. i ↑*niva*, ↑*-nikat*, ↑*hnízdo*.

no část., citosl. Všesl. Psl. *no odpovídá lit. *na* 'no, nuže', něm. *na* tv. Blízké je ↓*nu* i ↑*na²*, původ je asi v nějakém starém ukazovacím zájmeně (**eno-*, **ono-*, **no-*), srov. ↓*on*.

noblesa 'uhlazenost, vznešenost', *noblesní*. Z fr. *noblesse* tv. od *noble* 'urozený, vznešený' z lat. *nōbilis* 'známý, slavný, vznešený', jež souvisí s *nōscere* 'poznávat'. Srov. ↓*nota*, ↑*ignorovat*.

noc, *noční, nočník, nocovat, přenocovat, ponocovat, ponocný, nocleh, noclehárna*. Všesl. – p. *noc*, r. *noč'*, s./ch. *nôć*, stsl. *noštь*. Psl. *noktь (B3) odpovídá lit. *naktìs*, lot. *nakts*, gót. *nahts*, něm. *Nacht*, angl. *night*, bret. *noz*, lat. *nox*, alb. *natë*, ř. *nýks*, sti. *nák(t)* tv. i chet. *nekuz mēḫur* 'večer', doslova 'čas noci', vše z ie. **nok^uts* 'noc', gen. asi **nek^uts*. Srov. ↑*netopýr*, ↓*nokturno*.

noetika 'nauka o podstatě poznání', *noetický*. Novější, od ř. *noētós* 'poznaný, poznatelný' od *noéō* 'poznávám'.

noha, *nožka, nožička, nožní, nohatý, nohavice, unožit, přinožit, snožit, přednožit, roznožit, roznožka, zanožit*. Všesl. – p. *noga*, r. *nogá*, s./ch. *nòga*, stsl. *noga*. Psl. *noga odpovídá lit. *nagà* 'kopyto', příbuzné je i stpr. *nage* 'noha'. Původ stejný jako u ↑*nehet*, jde zřejmě o zhrubělý název nohy, který vytlačil původní ie. výraz, o němž viz ↓*pěší*. K jiným podobným názvům srov. ↓*ruka*, ↑*hlava*.

nohejbal, *nohejbalový*. Specificky český název vytvořený někdy ve 20. letech 20. st. kontaminací ↑*noha* a ↓*volejbal* (jde o hru, při níž se míč zahrává nohou přes sníženou síť podle pravidel podobných volejbalovým).

nok 'knedlíček do polévky'. Z něm. *Nocke* tv., jež souvisí s *Nuss* 'ořech', společným základem je ie. **kneu-* od **ken-* 'stlačit, chumlat'.

nokturno 'skladba vyjadřující klidnou noční náladu'. Z it. *nocturno* a to poitalštěním lat. *nocturnus* 'noční' od *nox* (gen. *noctis*) 'noc' (viz ↑*noc*).

-nom (ve složeninách) 'kdo něco ovládá, odborník'. Z ř. *-nómos*, což je činitelské jméno k *némō* 'uděluji, ovládám, řídím' (viz ↓*-nomie*). Srov. ↑*agronom*, ale i ↑*metronom*.

nomád 'kočovník', *nomádský*. Z lat. *Nomades*, ř. *nomádes* (pl.) 'kočovníci' od lat. *nomas*, ř. *nomás* 'pasoucí se, kočující' a to od ř. *nomé* či *nomós* 'pastva, pastvina' od *némō* 'přiděluji, obývám, spravuji', *némomai* 'užívám, spásám'. Srov. ↓*-nomie*.

nomenklatura '(závazný) soubor názvů, jmen', *nomenklaturní*. Z pozdnělat. *nōmenclātūra* 'seznam jmen, názvosloví' z *nōmen* 'jméno' a odvozeniny od *calāre* (příč. trp. *calātus*) 'vyvolávat, svolávat'.

-nomie (ve složeninách) 'vědní obor'. Z ř. *-nomía* tv. od *némō* 'přiděluji, spravuji, ovládám'. Na rozdíl od *-logía* (↑*-logie*) se nestalo produktivní. Srov. ↑*astronomie*, ↑*ekonomie*.

nominální 'jmenovitý, vyjádřený jménem'. Přes fr. *nominal* tv. z lat. *nōminālis* 'týkající se jmen' od *nōmen* 'jméno'. Srov. ↓*nominativ*, ↑*nomenklatura*, ↓*nominovat*, ↑*jméno*.

nominativ '1. pád', *nominativní*. Z lat. (*cāsus*) *nōminātīvus* '(pád) jmenovací' od *nōmināre* 'jmenovat' (viz ↓*nominovat*).

nominovat 'jmenovat (do reprezentačního týmu ap.)', *nominace*, *nominační*. Z lat. *nōmināre* 'jmenovat, uvádět jménem' od *nōmen* 'jméno'. Srov. ↑*nominální*, ↑*nomenklatura*.

non- předp. Z lat. *nōn* 'ne, nikoli' (z **ne-ūnum*, vlastně 'ani jeden') a odtud jako předp. i do fr. a angl. Srov. ↓*nonšalantní*, ↓*nonsens*, ↓*nonstop*, ↓*nonkonformismus*.

noneto 'soubor devíti hudebníků'. Z it. *nonetto* od *nono* 'devátý' z lat. *nōnus* 'devátý'.

nonius 'stupnice (u posuvného měřítka)', *noniový, noniusový*. Podle port. matematika *Nonia* († 1577).

nonkonformismus 'nepřizpůsobivost (tradici, zvyklostem ap.)', *nonkonformista, nonkonformní*. Od angl. *nonconformist* 'nespokojenec', původně 'člen některé církve odštěpené v 17. st. od státní anglikánské církve'. Viz ↑*non-* a ↑*konformní*.

nonsens kniž. 'nesmysl'. Z angl. *nonsense* z fr. *non-sens* tv. z ↑*non-* a *sens* 'smysl' z lat. *sensus* tv. Srov. ↓*senzitivní*, ↓*senzace*.

nonstop adj., přísl. i subst. Z angl. *nonstop* 'nepřetržitý; nepřetržitě' z ↑*non-* a ↓*stop*.

nonšalantní 'nedbale povznesený', *nonšalance*. Z fr. *nonchalant* tv., což je přech. příč. od fr.st. *nonchaloir* z ↑*non-* a *chaloir* 'starat se, mít zájem' (srov. *chaleur* 'horko, zápal, nadšení') z lat. *calēre* 'být horký, planout'.

nopál 'druh kaktusu'. Ze šp. *nopal* a to z aztéckého *nopalli*.

nora. P. *nora*, r. *norá*, chybí v jsl. Viz ↓*nořit (se)*.

nordický 'severský'. Z něm. *nordisch* tv. od *Nord* 'sever'.

norek 'hnědá vodní šelma', *norkový*. P. *nurka*, r. *nórka*. Od ↑*nora*, protože samice vrhá mláďata v noře vyhrabané na břehu potoka, ale možná je i motivace od ↓*nořit (se)*, srov. lit. *nerìs* 'bobr'.

norma 'závazné pravidlo', *noremní, normovat, normativní*. Z lat. *norma* 'měřítko, pravítko, pravidlo' a to možná z ř. *gnōmōn* 'ručička (slunečních hodin); znalec' od *gignōskō* 'poznávám'. Srov. ↑*gnóma*.

normální, *normál, normalizovat, normalizace, normalizační*. Přes něm. *Norma* z pozdnělat. *normālis* 'pravidelný' od lat. *norma* (viz ↑*norma*).

nořit (se), *ponořit (se), ponor, ponorný, ponorka, vynořit (se), vnořit (se), zanořit (se)*. Všesl. – p. *nurzyć (się)*, r. *nyrjáť*, s./ch. *nòriti (se)*. Psl. **noriti (sę)* i tvary s **nur-* a **nyr-* (zdloužením z **nŏr- (A6)*) jsou druhotné, původně bylo asi **nerti*, odpovídající lit. *nérti* 'potápět se, nořit se; unikat', původně asi 'mizet (pod hladinu či pod zem)'. Další souvislosti nejisté, ale patří asi k ie. *ner- 'spodní', od něhož je ř. nérteros 'dolejší, podzemní' a asi i něm. *Nord*, angl. *north* 'sever'. Srov. ↑*norek*, ↑*nora*, ↓*ponurý*, ↓*ponrava*.

nos, *nosík, nosánek, nosní, nosatý, nosatec*. Všesl. – p., r. *nos*, s./ch. *nôs*, stsl. *nosъ*. Psl. *nosъ je příbuzné s lit. *nósis*, něm. *Nase*, angl. *nose*, lat. *nāsus*, sti. *nā́sā* tv., vše z ie. **nas-* tv. Srov. ↓*nozdra*, ↓*nosorožec*.

nosit, *nosný, nosnost, nosník, nosič, nositel(ka), nosítka*. Všesl. – p. *nosić*, r. *nosít'*, s./ch. *nòsiti*, stsl. *nositi*. Psl. *nositi je opětovací sloveso od *nesti (↑*nést*). Srov. ↓*nůše*.

nosorožec. Kalk podle něm. *Nashorn* tv. (*Nase* 'nos', *Horn* 'roh') a to podle lat. *rhīnocerōs* z ř. *rhīnókerōs* z *rhīs* (gen. *rhīnós*) 'nos' a *kéras* 'roh'. Jinak viz ↑*nos*, ↓*roh*.

nostalgie 'stesk (po něčem minulém)', *nostalgický*. Z nlat. *nostalgia*, jež bylo v 17. st. utvořeno z ř. *nóstos* 'návrat' a *álgos* 'bolest, hoře' (srov. ↑*neuralgie*) jako lékařský termín pro 'chorobný stesk po domově' podle něm. *Heimweh* tv. (*Heim* 'domov', *Weh* 'bolest').

nostrifikace 'uznání platnosti oprávnění (vysvědčení ap.) získaného v zahraničí', *nostrifikovat*. Z lat. *noster* 'náš' a ↑*-fikace*.

nota 'hudební značka', *notový, notovat (si), zanotovat (si)*. Z lat. *nota* '(hudební) značka, znamení, poznámka', jež souvisí s *nōscere* 'poznávat'. Srov. ↓*notný*, ↓*notes*, ↓*noticka*, ↓*nóta*, ↓*notář*, ↓*notorický* i ↑*noblesa* a ↓*znát*.

nóta 'písemné (diplomatické) sdělení'. Z angl. či fr. *note* tv. z lat. *nota* 'poznámka, sdělení, značka' (viz ↑*nota*).

notabene přísl. hov. 'a k tomu navíc, mimoto, dokonce'. Z lat. *notā bene* 'dobře si poznamenej, dobře si pamatuj' (užíváno jako doušky v dopisech,

odtud dnešní význam) od *notāre* 'poznamenávat, pozorovat' (viz ↑*nota*).

notář 'právník oprávněný sepisovat a ověřovat určité listiny ap.', *notářský, notářství*. Přes něm. *Notar* tv. z pozdnělat. *notārius* 'městský písař, kancléř', původně 'písař, rychlopisec', od *notāre* 'poznamenávat, zapisovat' (viz ↑*nota*).

notes 'zápisník', *notýsek*. Obecné přejetí z fr. či angl. *notes*, což je pl. od *note* 'poznámka' (viz ↑*nota*).

noticka 'drobná zpráva v novinách'. Od něm. *Notiz* a to přes fr. *notice* tv. z lat. *nōtitia* 'známost, představa' (asi vlivem *notātiō* 'poznámka') od *nōtus*, což je příč. trp. od *nōscere* 'poznávat' (srov. ↑*nota*).

notný 'vydatný, pořádný'. Původ je zřejmě ve spojení *notně zpívat* 'zpívat podle not', tedy 'pořádně, náležitě', odtud přeneseno jinam (viz ↑*nota*) (Ma²).

notorický 'pověstný', *notoricky, notorik*. Z něm. *notorisch* tv. a to z pozdnělat. *nōtōrius* 'všeobecně známý' od lat. *nōtus* 'známý, poznaný' od *nōscere* 'poznávat' (srov. ↑*nota*). Používáno hlavně v záporném smyslu, v č. často o nenapravitelném alkoholikovi.

ňouma ob. expr. U Jg i sloveso *ňoumati se* 'zdlouhavě činit'. Expr. útvar podobně jako ↑*ďoubat (se)* ap., srov. i ↑*nimrat se*.

nouze *nouzový, nuzný, nuzota, nuzák*. Stč. *núzě* (*C1,C4,C5*). Všesl. – p. *nędza*, r.d. *nužá*, sln. *núja*, stsl. *nužda, nǫžda* (odtud r. *nuždá* a s./ch. *nùžda*). Psl. **nud'a* (*B3*) je odvozeno od *nuditi (viz ↓*nudit*).

novátor, *novátorský*. Z lat. *novātor* 'obnovitel' (s posunem k významu 'kdo zavádí něco nového') od *novus* 'nový' (viz ↓*nový*).

novela¹ 'drobný prozaický útvar', *novelista*. Z it. *novella* tv., vlastně 'nové

novela (vyprávění)', což je zpodstatnělý tvar ž.r. adj. *novello* 'nový' z lat. *novellus*, což je zdrobnělina od *novus* tv. (viz ↓*nový*).

novela[2] 'nová právní norma', *novelizovat, novelizace*. Podle pozdnělat. *Novellae (cōnstitutiōnes)*, což byl název nové sbírky nařízení císaře Justiniána (6. st.) a jeho nástupců, vydaných až po císařově Codexu. Od lat. *novellus* 'nový' (viz ↑*novela*[1]).

novic 'čekatel řeholního stavu; nováček', *novicka, noviciát*. Z církevně lat. *novīcius* tv. (lat. *novīcius* 'nováček'), odvozeného od *novus* 'nový'. Srov. ↑*novela*[1], ↑*novátor*, ↓*nový*.

novum 'něco nového'. Z lat. *novum* tv., zpodstatnělého tvaru stř.r. od *novus* 'nový' (viz ↓*nový*).

nový, *novost, novota, novina, novinka, noviny, novinář, novinářský, novinářství, nováček, nováčkovský, obnovit, obnovitel*. Všesl. – p. *nowy*, r. *nóvyj*, s./ch. *nȍv*, stsl. *novъ*. Psl. **novъ* odpovídá stlit. *navas* (dnes *naũjas*), lat. *novus*, ř. *néos*, sti. *náva*-, vše z ie. **neu̯o-* tv., s dalšími formanty sem patří i gót. *niujis*, něm. *neu*, angl. *new*, wal. *newydd*, bret. *neuez*, arm. *nor*, toch. A *ñu*, chet. *neu̯a*-. Srov. ↓*nyní* i ↑*devět*.

nozdra. Všesl. – p. *nozdrze*, r. *nozdrjá*, s./ch. *nȍzdrva*, *nȍzdra*, stsl. *nozdri* (pl.). Psl. **nozdra* (z ie. **nasrā* s vkladným *-d-*) je příbuzné s lit. *nasraĩ* 'huba, tlama', podobné tvoření je i v něm. *Nüster* 'nozdra' (z germ. **nusr-*). Odvozeno od ie. **nas-* (viz ↑*nos*), k tvoření srov. ↑*mázdra*.

nu citosl., část. Všesl. Stejné je lit. *nù* tv., souvisí s ↑*no* a ↑*na*[2], s nimiž je spojuje vybízecí funkce a zřejmě zájmenný původ.

nuance 'odstín, jemný rozdíl'. Z fr. *nuance* tv. z *nuer* 'odstiňovat' od *nue* 'oblak, mrak' a to přes vlat. **nūba* z lat. *nūbēs* 'mrak'.

nudismus 'kult nahoty', *nudista, nudistka, nudistický*. Utvořeno ve 20. st. od lat. *nūdus* 'nahý' (viz ↑*nahý*).

nudit (se), *nuda, nudný, unudit (se), znuděný*. P. *nudzić (się)*, str. *nuditi* 'nutit', s./ch. *nu̇diti* 'nabízet', stsl. *nuditi, nǫditi* 'nutit'. V č. poměrně nové (od Jg), podle všeho z r. (r. *núdnyj* 'nudný, otravný', r.d. *nudá* 'donucení, špatné žití'). Psl. **nuditi* 'nutit, přinucovat' (jemuž v zsl. odpovídá **nutiti*, viz ↓*nutit*) je *d*-ové rozšíření ie. **nau-* 'mučit, nutit'. Viz i ↑*nouze*, dále ↓*nýt*[2] a ↓*unavit*.

nudle, *nudlička, nudlový*. Z něm. *Nudel* tv. (pouze do č., srov. slk. *rezanec*), další původ nejasný. Snad souvisí s *Knödel* (viz ↑*knedlík*).

nugát 'hmota z oříšků, mandlí, cukru a tuku', *nugátový*. Z fr. *nougat* z prov. *nougat* 'koláček z oříšků a medu' a to z vlat. **nucātum* 'výrobek z oříšků' od lat. *nux* (gen. *nucis*) 'ořech'. Srov. ↓*nukleus*.

nukleus 'buněčné jádro', *nukleární* 'jaderný'. Z angl. *nucleus* tv. (19. st.) a to podle lat. *nucleus* 'jádro, ořech' od *nux* (gen. *nucis*) 'ořech'. Srov. ↑*nugát*, ↑*mononukleóza*.

nula, *nulový, nultý, vynulovat*, slang. *nulák*. Z lat. *nūlla*, což je ženský tvar adj. *nūllus* 'žádný', to pak je z lat. *ne-* a *ūlus* 'nějaký, některý'.

numero hov. expr. 'číslo', *numerický*. Z it. *numero* a to z lat. *numerus* tv.

numizmatika 'nauka o mincích', *numizmatik, numizmatický*. Přes něm. *Numismatik* ze střlat. *numismatica* tv. od *numisma* 'mince, peníz', původně lat. *nomisma* z ř. *nómisma* 'peníz', původně 'zvyk, zařízení', od *nómos* 'způsob, mrav, zákon'. Viz ↑*-nomie*, ↑*nomád*.

nuncius 'papežský vyslanec'. Ze střlat. *nuntius* tv., původně 'posel, zpráva', k *nūntiāre* 'oznamovat'.

nůsek. Viz ↑*nos*.

nůše. Stč. *nóšě*, r. *nóša* 'břemeno', sln. *nóša* 'kroj, oděv'. Psl. **nos-ja (B3)* od *nositi (↑*nosit*, ↑*nést*).

nutit, *nutný, nutnost, donutit, vynutit, přinutit, vnutit*. Jen zsl. – hl. *nucić*, p. *nucić* i *nęcić*, jinde podoby s -*d*- (viz ↑*nudit*). Psl. *nutiti je příbuzné se stpr. *nautins* (ak.pl.) 'nouze' a gót. *nauþs* 'nouze, tíseň', něm. *Not* tv., angl. *need* 'potřeba', vše z ie. **nau-t- (A4,B2)* od **nau-* 'mučit, tísnit'. Podle jiného výkladu vzniklo zsl. *nutiti z *nuditi vlivem germ. slov s -*t*- (sthn. *nōtagōn* 'nutit') (Ma[2], HK), ale vzhledem ke stpr. dokladu je existence již psl. *nutiti vedle *nuditi pravděpodobnější. Srov. ↓*nýt* a ↓*unavit*.

nutkat, *nutkání, nutkavý*. Jen č., od ↑*nutit* se zesilujícím -*k*-.

nutrie 'druh vodního hlodavce', *nutriový*. Ze šp. *nutria* tv. z vlat. *nutria 'vydra' a to z lat. *lutra* tv. (asi zkřížením s ř. *enydrís* tv.). Dále viz ↓*vydra*.

nuzný. Viz ↑*nouze*.

nůž, *nožík, nůžky, nožíř, nožířský, nožířství*. Stč. *nóž*. Všesl. – p. *nóż*, r. *nož*, s./ch. *nôž*, stsl. *nožь* 'meč'. Psl. *nožь je odvozeno od slovesa, které je dochováno v stč. *venznúti* 'vsadit, zasadit', r. *vonzít'* 'vbodnout, zabodnout', stsl. *vъnьznǫti* tv., příbuzné je střir. *ness* 'rána' a snad i ř. *nýssō* 'bodám, vrážím', východiskem je asi ie. **neg̑h-* 'bodat, vrážet' *(A1)*.

nuže část., citosl. Z ↑*nu* a ↓*že*.

nýbrž sp. Stč. i *nébrž(e), niebrž*. Z ↑*ne* a *brž(e)*, což je 2. stupeň od ↑*brzo, brzy*, vlastně 'spíš'. Ve stč. i po kladné větě, např. *blázen jest, nébrž vzteklý* (vlastně 'ne, spíše vzteklý') (HK, Ma[2]).

nylon 'druh umělého vlákna', *nylonový*. Am. obchodní název ze 30. let 20. st. V jeho první části se hledá angl. *(vi)nyl* (↓*vinyl*) či iniciály města New York, ale možné je, že žádný význam nemá. Srov. ↓*silon*.

nymfa 'víla'. Přes lat. *nympha* z ř. *nýmfē* 'víla, dívka, nevěsta'. Srov. ↓*nymfomanie*, ↑*lymfa*.

nymfomanie 'chorobná touha žen po mužích', *nymfomanka*. Viz ↑*nymfa* a ↑*mánie*.

nyní přísl., *nynější, nynějšek*. P. *ninie*, r. *nýne*, stsl. *nýně, nýnja*. Psl. **nyn-* je pokračováním ie. **nū-* tv., často rozšířeného o další -*n*-, srov. lit. *nūnaĩ*, lot. *nu*, něm. *nun*, angl. *now*, lat. *nunc*, alb. *ni*, ř. *ný(n), nȳn*, sti. *nū́, nūnám* tv. Souvisí zřejmě s **neu̯o-* 'nový' (↑*nový*) *(A6)*, vlastně 'nově, právě teď'.

nýt[1] 'součástka ke spojování kovových částí napevno', *nýtek, nýtový, nýtovat*. Z něm. *Niet(e)* tv., asi od sthn. *bi(h)niotan* 'bít, připevňovat'.

nýt[2] 'roztouženě tesknit', *nyvý, unylý*. R. *nyt'* 'tupě bolet; naříkat', stsl. *unyti* 'být malátný'. Psl. *nyti vychází z ie. **nau-* 'mučit, tísnit', viz ↓*unavit*, což je kauzativum k *nýt* (srov. stejný vztah u ↑*bavit* – ↑*být*). Srov. i ↑*nudit*, ↑*nutit*.

O

o předl. Všesl. Psl. **o* souvisí s ↓*ob*, otázkou je jen, zda je pokračováním jen ie. **op(i)*, či vzniklo kontaminací dvou zdrojů *(D3)*, jako se předpokládá u ↓*ob*. Pak je možné, že vzniklo z **ob* v pozici před souhláskou (Ma², HK).

ó citosl. Všesl., stejný elementární prvek vyjadřující údiv ap. je i v něm., angl. *oh*, lat. *o, oh*, ř. *õ, ó*. Rozšířením vzniklo *oh, och* ap.

oáza 'místo v poušti s vodou a vegetací'. Přes něm. *Oase* z lat. *oasis*, ř. *óasis* a to nejspíš původu egypt., srov. koptské *ouahe* 'obývané místo'.

ob předl., častěji předp. Všesl. (kromě slk., mak., b.) – p., r. *ob*, s./ch. jen předp. *ob-*, stsl. *obъ, obъ*. Psl. **obъ* vzniklo asi splynutím dvou ie. předložek – ie. **obhi*, z něhož je sti. *abhí* 'k, přes', lat. *ob-* (viz ↓*ob-*), sthn. *bī* (něm. *bei*), angl. *by* 'u, při' (z oslabené varianty **bhi*), s nazalizací sem patří sthn. *umbi* 'o' (něm. *um* tv.), stir. *imb-* 'okolo', lat. *amb(i)* 'ob-' (srov. ↑*amputovat*, ↑*ambulance*), ř. *amfí* 'kolem, při, u' (srov. ↑*amfiteátr*) a ie. **opi*, **epi*, z něhož je lit. *ap-* 'o-, ob-', *apiẽ* 'o', ř. **epí* 'na, při, k aj.' (viz ↑*epi-*), sti. *api* 'ještě' (HK). Srov. ↓*oba*, ↓*obec*, ↓*oblak*.

ob- předp. Z lat. *ob-* 'ob-, proti-, za- ap.'. Někdy s přechodovým *-s-* (viz ↓*obscénní*, ↓*oscilovat*), někdy splývá s následující souhláskou (viz ↓*ofenziva*, ↓*okupovat*, ↓*oponovat*). K původu viz ↑*ob*.

oba čísl., *obojí*. Všesl. – p. *obaj, oba*, r. *óba*, s./ch. *òba*, stsl. *oba*. Psl. **oba* odpovídá lit. *abù* tv. (z ie. **abho-*), dále je příbuzné gót. *bai*, něm. *beide*, angl. *both* (s ukazovacím zájmenem, vlastně 'oba ti'), lat. *ambō*, ř. *ámfō*, sti. *ubhau*, východiskem je asi ie. **ambho-*. Zjevně souvisí s východiskem předl. ↑*ob* – 'ob, okolo' = 'z obou stran'. Srov. ↑*amfora*.

obalit, *obal, obálka, obaleč*. Ze stč. *obvaliti*, viz ↑*ob* a ↓*valit* a dále ↑*balit*.

obapolný 'oboustranný, vzájemný'. Viz ↑*oba* a ↓*půl*.

obávat se, *obávaný, obava*. Viz ↑*bát se*.

občan, *občanka, občanský, občanství*. Od ↓*obec*.

obdélník, *obdélníkový*. Novější (Jg), od staršího *obdélný* a to z ↑*ob* a odvozeniny od č.st. *dél(e)* (viz ↑*délka*).

obec, *obecní, obecný, obecenstvo, obcovat, občina*. Jinde jen adj. – p. *obcy* 'cizí' (tj. vlastně 'obecní, nepatřící k mé rodině'), r. *óbščij* (z csl.) 'společný', ch. *ȍpći*, stsl. *obъštь* tv. Psl. **obъtь* je odvozeno od ie. předl. **obhi* (↑*ob*). Původní význam byl 'to, co je okolo', pak 'co je společné' (Ma²). Srov. ↑*občan*, ↓*vůbec*.

oběd, *obědvat, poobědvat, naobědvat se*. Všesl. – p. *obiad*, r. *obéd*, ch. *òbjed*, s. *òbed*, stsl. *obědъ*. Psl. **obědъ* je složeno z **ob-* (↑*ob*) a odvozeniny od **ěsti* (↑*jíst*). Původní význam snad byl 'společné jídlo'? (HK). Srov. ↑*obec*.

obelisk 'vysoký čtyřboký kamenný sloup'. Přes něm. *Obelisk* a lat. *obeliscus* z ř. *obelískos*, což je zdrobnělina od *obelós* tv., původně 'rožeň'. Řekové tak nazvali štíhlé egyptské kamenné monumenty, které se do výšky zužovaly.

oběsit, *oběšenec*. P. *obwiesić się*, sln. *obésiti (se)*, stsl. *obesiti (sę)*. Z ↑*ob* a ↓*-věsit*.

oběť, *obětní, obětavý, obětavost, obětavec, obětovat*. V našem významu jen č. a slk., vlastně 'věc slíbená (bohům ap.)'. R. *obét* 'slib', sln. *obèt*, stsl. *obětъ* tv. Psl. *obětъ od *obětiti 'slíbit' je tvořeno z *ob- (↑ob) a *větiti 'hovořit'. Viz ↓odvětit, srov. ↓věta, ↓závěť.

obezita '(chorobná) otylost', *obézní*. Z lat. *obēsitās* tv. od *obēsus* 'vypasený, otylý', vlastně 'obežraný' (srov. ↓obžerství), z ↑ob- a *ēsus*, což je příč. trp. od *edere* 'jíst' (viz ↑jíst).

obezřetný, *obezřetnost*. Viz ↑ob a ↓zřít.

obchod, *obchodní, obchodník, obchodnický, obchodovat*. Jen č. (již stč.) a slk. (srov. p. *obchód* 'obchůzka, procesí, oslava'). Původně označovalo výdělečnou činnost, při níž se obcházely domácnosti či vsi, tedy cosi jako podomní obchodování (Ma[2]). Srov. i stč. *žebráním se obchodieše* 'živil se žebráním'.

obilí, *obilní, obilný, obilka, obilnina, obilnářský, obilnářství*. V našem významu jen č. a slk., jinak r. *obílije* 'hojnost', s./ch. ȍbilje, stsl. *obilije* tv. Psl. *obilьje* je nejspíš odvozeno od psl. *ob(v)ilъ* 'vydatný, silný' z *ob- (↑ob) a odvozeniny od ie. *u̯ei- 'být silný' (srov. ↓voj[1] i lat. *vīs* 'síla'). Slov. jména pro 'obilí' jsou často přenesená, vyjadřují, že jde o základní, nezbytný zdroj obživy – srov. p. *zboże*, r. *chleb*, s./ch. *žito* (viz ↓zboží, ↑chléb, ↓žito).

obinadlo. Viz ↑ob a ↓vinout.

objekt 'předmět', *objektový, objektivní* 'shodný se skutečností; nestranný', *objektivita, objektiv* 'soustava čoček optického přístroje'. Ze střlat. *obiectum* tv., vlastně 'co je předhozeno (smyslům)', od lat. *obicere* 'předhodit, nastavit' z ↑ob- a *iacere* 'hodit'. Srov. ↓subjekt a také ↓předmět.

objem, *objemný, objemový*. Viz ↑ob a ↑jmout.

obklíčit, *obklíčení*. Stč. *obkľúčiti* 'obstoupit, ohradit, ovinout, obestřít ap.', dále viz ↑klíč, srov. ↓sklíčit.

oblak, *obláček, oblačný, oblačnost*. Všesl. – p. *obłok*, r.d. *óboloko* (r. óblako je ovlivněno csl.), s./ch. ȍblāk, stsl. *oblakъ*. Psl. *ob(v)olkъ (B8)* je odvozeno od *obvelkti* 'obléci, povléci' (viz ↑ob a ↓vléci), tedy 'to, čím se povléká obloha'. Shoda s něm. *Wolke* 'mrak' bude asi náhodná (viz ↓vláha). Srov. i ↓obléci *(se)*.

oblast, *oblastní*. R. *óblast'* (z csl.), s./ch. ȍblāst, stsl. *oblastь*. Psl. *ob(v)olstь (B8)*, vlastně 'území ovládané jedním vladařem', od *ob(v)olsti* 'ovládat' z *ob- (↑ob) a *volsti* (viz ↓vlast).

oblázek 'malý oblý kámen'. Dříve i *oblásek*, stč. *oblátek* 'kámen, křemen'. Nejspíš od ↓oblý.

obléci *(se)*, *obléknout (se), oblečení, oblek, obleček*. Sln. *obléči (se)*, s./ch. *obúći (se)*, stsl. *oblěšti (sę)*. Psl. *ob(v)ьlkti (sę)*, *ob(v)elkti (sę)* je utvořeno z *ob- (↑ob) a *vьlkti (↓vléci) (B3). O starobylosti útvaru svědčí lit. *apvilkti*, av. *aipivaraČa₁nti* tv. Srov. ještě něm. *anziehen* tv. z *an* 'na' a *ziehen* 'vléci'. Srov. i ↑oblak.

obleva. Viz ↑ob a ↑-levit.

obličej, *obličejový*. P. *oblicze*, sln. *oblȋčje* tv., stsl. *obličije* 'podoba' (srov. i r. *óblik* 'vzhled, zevnějšek'). Psl. *ob(ь)ličьje* je utvořeno z *ob(ь) (↑ob) a odvozeniny od *lice (↑líce).

obligace 'dluhopis', *obligátní* 'obvyklý, závazný, obligatorní 'povinný'. Z lat. *obligātiō* 'závazek, dlužní úpis' od *obligāre* 'zavázat, obvázat' z ↑ob- a *ligāre* 'vázat'. Srov. ↑liga, ↑ligatura.

obloha. Stč. *obloha, obloh* 'klenba, obloha, sféra, náklad'. Vlastně 'to, čím jsme obloženi', viz ↑ob a ↑ležet.

oblouk, *obloučet, obloukový, obloukovitý*. Všesl. – p. *obłąk*, r.d. *óbluk*, s./ch. ȍbluk. Psl. *oblǫkъ (B7)* je odvozeno od *oblękti* 'ohnout' (srov.

lit. *apleňkti* tv.) z **ob-* (↑*ob*) a *lękti z ie. **lenk-* 'ohýbat'. Srov. ↑*luk,* ↑*líčit.*

obluda, *obludný.* Jen č., vlastně 'přízrak, šálivý zjev'. Stč. *oblud, obluda* 'klam, mámení, přízrak, nestvůra' od *oblúditi* 'obloudit, oklamat', viz ↑*ob* a ↑*loudit.*

oblý, *oblina.* Všesl. – p. *obły,* r.d. *óblyj,* s./ch. *ȍbao,* csl. *obьlъ.* Psl. **ob(v)ьlъ* je utvořeno z **ob-* (↑*ob*) a odvozeniny od ie. **ųel-* 'válet, vinout, kroutit', původně tedy asi 'oválený' = 'okrouhlý' (Ma²). Podobný vývoj významu je i u lit. *apvalùs* 'oblý, okrouhlý' a stisl. *valr* tv. od téhož kořene. Srov. ↓*valit,* ↓*vlna².*

obočí. Jen č., viz ↑*ob* a ↓*oko.*

obojek. Slk. *obojok,* p.d. *obójek.* Psl. (nář.) **ob(v)ojьkъ* je tvořeno z **ob-* (↑*ob*) a odvozeniny od *viti (↓*vít*) 'vinout', vlastně 'co je ovinuto okolo krku'. Srov. ↓*závoj.*

obojetný, *obojetník.* P. *obojętny.* Vlastně 'kdo (co) může být pojímán(o) oběma způsoby', viz ↑*oba* a ↑*jmout.*

obojí, *obojaký.* Od ↑*oba.*

obol(us) '(starořecký) drobný peníz'. Přes lat. *obolus* z ř. *obolós,* asi z původního *obelós* 'rožeň' (viz ↑*obelisk*). Zřejmě připomínka doby, kdy se místo mincemi platilo kovovými pruty.

obor, *oborový.* Od *obírat se (něčím),* viz ↑*o* a ↑*brát,* srov. ↓*odbor* ap.

obora. Stč. *obora* 'ohrada, obora, celek'. Všesl. – p. *obora* 'stáj, chlév', r. *obóra* 'ohrada, plot', sln. *obôra* 'obora' (z č.), s./ch. *ȍbor* 'vepřinec', b. *obór* 'chlév'. Psl. **ob(v)ora/***ob(v)orъ* je odvozeno od **ob(v)erti* 'ohradit', viz ↑*ob* a ↓*-vřít,* srov. ↓*závora.*

obořit se. Stč. *obořiti* 'rozbořit, povalit, vrhnout se', *obořiti sě* 'skácet se, vrhnout se, obořit se'. R.st. *obořít'* 'rozbořit', s./ch. *obòriti,* stsl. *oboriti* tv. Psl. *oboriti je utvořeno

z **ob-* (↑*ob*) a *oriti 'bořit' (srov. stsl. *oriti* 'bořit, strhnout'). Příbuzné je lit. *ìrti* 'rozpadat se', další souvislosti nejisté. Východiskem je ie. **er-* 'jít od sebe, rozrušit'. Mylnou dekompozicí přitvořeno ↑*bořit.*

obout, *obutí, obuv, obuvník, obuvnický, obuvnictví.* Všesl. – p. *obuć,* r. *obút',* s./ch. *òbuti,* stsl. *obuti.* Psl. **obuti,* *jьzuti 'obout, zout' odpovídá lit. *apaūti, išaūti* tv. (vedle toho je i prosté *aūti* 'obout'), lat. *induere* 'obléci', *exuere* 'svléknout'. Po oddělení předpon (srov. ↑*ob,* ↓*z,* ↑*in-¹,* ↑*ex-*) dostaneme ie. **eu-* 'obléci, obout' *(B2).* Srov. i ↓*zout,* ↓*onuce.*

obr, *obří, obrovský, obrovitý.* Slk. *obor,* hl. *hobr,* p. *olbrzym* (stp. *obrzym*), sln. *óber.* Původ ne zcela jasný. Obvykle se spojuje se jménem kočovného kmene *Avarů,* který v 6.–8. st. obsadil střední Podunají (srov. sln. *Ober,* csl. *ob(ъ)rinъ* 'Avar'). Pro to by hovořil i fakt, že se slova užívá u záp. Slovanů, kteří s Avary byli nejdéle ve styku, naopak nejčastější námitkou je, že nic nenasvědčuje tomu, že by Avaři byli mohutnějšího vzrůstu (zmínka o tom je až ve staroruském letopise z 12. st.). Nejasný je vztah ke gót. *abrs* 'silný, mocný', málo přesvědčivé je spojení s ř. *óbrimos* 'silný, násilný' (Ma²).

obratel, *obratlovec.* Novější, asi od Jungmanna. Dále viz ↓*obrátit.*

obrátit, *obracet, obrátka, obratný, obratnost, obratník.* Všesl. Viz ↑*ob* a ↓*vrátit,* srov. ↑*obratel,* ↓*obrtlík.*

obraz, *obrázek, obrazový, obrázkový, obrazný, obraznost, obrazovka, obrazárna.* Všesl. – p. *obraz* tv., r. *óbraz* 'podoba, obraz, ikona', s./ch. *ȍbraz* 'obličej, tvář', stsl. *obrazъ* 'obraz, podoba, postava'. Psl. *obrazъ je odvozeno od **obraziti,* původní význam byl 'vyřezaná podoba'. Viz ↑*ob* a ↓*ráz,* ↓*řezat.*

obrna. Od řidšího *obrněti* 'strnout, ztuhnout' (SSJČ) z ↑*o* a ↑*brnět*.

obrnit, *obrněný, obrněnec.* Viz ↑*o* a ↑*brnění*.

obrok 'krmivo pro koně', *obročí* 'důchod z (církevního) úřadu'. Stč. *obrok* 'dávka požitků určená úmluvou, plat, naturální dávka odevzdávaná vrchnosti, píce' ukazuje vývoj významu – původně to byl 'smluvený důchod (plat) (často v naturáliích)', nakonec úžením 'denní dávka krmení pro koně'. Odvozeno od nedoloženého **obřéci* 'smluvit, určit' (r. *obréč'* 'odsoudit'), viz ↑*ob* a ↓*říci*, srov. ↓*úrok*.

obrtlík 'otočná uzavírací součástka'. Z ↑*ob* a odvozeniny od ↓*vrtět* (srov. ↑*obrátit*).

obruč, *obroučka.* Všesl. – p. *obręcz*, r. *óbruč*, s./ch. *ȍbrūč*. Psl. **obrǫčь* je utvořeno z **ob-* (↑*ob*) a odvozeniny od **rǫka* (↓*ruka*), tedy 'to, co je okolo ruky' (srov. ukr. *óbručka* 'náramek', lit. *āprankis* 'manžeta'), pak přeneseno na dnešní význam.

obřad, *obřadní, obřadný, obřadnost.* Všesl. – p. *obrzęd*, r. *obrjád*, s./ch. *ȍbrēd*. Psl. **obrędъ* je odvozeno od **obręditi* 'dáti do řady, seřadit', původně tedy asi 'úkony prováděné v určitém pořadí'. Viz ↑*ob* a ↓*řád*.

obscénní 'oplzlý, neslušný', *obscénnost.* Z lat. *obscēnus, obscaenus* tv. z ↑*ob-* a lat. *caenum* 'kal, bahno'.

observatoř 'stanice pro pozorování přírodních jevů'. Ze střlat. *observatorium* tv. od lat. *observāre* 'pozorovat' z ↑*ob-* a *servāre* 'hlídat, pozorovat, chránit'. Srov. ↑*konzervatoř*, ↓*rezerva*.

obskurní 'podezřele nejasný, pochybný, mající špatnou pověst'. Přes něm. *obskur* lat. *obscūrus* 'temný, nejasný, záhadný' z ↑*ob-* a odvozeniny od ie. **skeu-* 'pokrýt, skrýt'.

obstarožní 'dost starý, mající léta'. Dříve *obstarožný*, nejspíš z *obstarožitný* (Jg), viz ↑*ob* a ↓*starožitný*.

obstrukce 'záměrné maření jednání', *obstrukční.* Z lat. *obstructiō* 'zamezení, zastavení, zmaření (soudního) rozhodnutí' od *obstruere* (příč. trp. *obstructus*) 'stavět do cesty, zatarasit' z ↑*ob-* a *struere* 'strojit, stavět'. Srov. ↑*konstrukce*, ↑*destrukce*, ↑*instrukce*.

obušek. Dříve 'kyj, klacek', nezdrobnělé *obuch* znamenalo 'malá sekerka s dlouhým topůrkem'. Slk. *obuch* tv., p. *obuch* 'obušek, násada', r. *óbuch* 'tupá část sekery'. Původní význam psl. **obuchъ* se vysvětluje různě – jako 'část sekery kolem ucha (tj. otvoru pro topůrko)' (viz ↑*ob* a ↓*ucho*) (HK), jako 'dvouuchá (=dvojbřitá) sekerka' (viz ↑*oba*) (Ma²) i ve spojitosti s ↑*bouchat* jako 'nástroj, kterým se buší'.

obuv. Od stč. *obúvati*, viz ↑*obout*.

obvod, *obvodový, obvodní.* Z ↑*ob* a odvozeniny od ↓*vést*.

obvyklý. Viz ↑*ob* a ↓*-vykat*. Stč. i *obyklý*, viz i ↓*obyčej*.

obyčej 'zvyk, ustálený způsob', *obyčejný.* Všesl. – p. *obyczaj*, r. *obýčaj*, s./ch. *ȍbičāj*, stsl. *obyčai*. Psl. **ob(v)yčajь* je odvozeno od **ob(v)yknǫti* 'navyknout si', dále viz ↓*-vykat*.

obzor. Z ↑*ob* a odvozeniny od ↓*zřít*. Srov. ↑*názor*, ↓*vzor*.

obžerství. Od stč. *obžierati sě* 'přežírat se', viz ↑*ob* a ↓*žrát*. Srov. ↓*ožrat se*.

ocas, *ocásek, ocasní.* P.d. *ocas, oczas*, s./ch.d. *oćas*, csl. *očesъ*. Nejasné. Pro č. se uvažuje o spojení s nář. *cásati* 'trhat, škubat, tahat' (Jg, Ma²) (slovotvorně srov. ↓*lohon* či csl. *ošibъ* tv. od *šibati*), ale pro jiné slov. jazyky je to těžko přijatelné. Naproti tomu spojení s ↑*česati* vyhovuje zase jen pro csl. Snad tedy kontaminace dvou různých

oceán

slovesných základů, či lid. etym. *(D2, D3)*? Zcela marný není ani pokus vyložit slovo z psl. **ot-jasъ (B3)*, jehož základ je stejný jako v **po-jasъ* (viz ↓*pás*), tedy 'to, co visí od pasu' (HK).

oceán, *oceánský, zaoceánský*. Přes něm. *Ozean* z lat. *Ōceanus* z ř. *Ōkeanós*, původně 'mytická řeka obtékající Zemi', od dějepisce Hérodota (5. st. př. Kr.) dnešní význam.

ocel, *ocílka, ocelový, ocelek, ocelárna, ocelář, ocelářský*. Hl. *wocel*, ukr. *ocil* 'křesadlo', s./ch. *òcilo* tv., *àcāl*, csl. *ocelь*. Slov. **ocelь, *ocělь* aj. je převzato z nějakého starého severoit. nářečí (srov. stit. *acciale*, benátské *asal*, rétorom. *atšel* tv.), východiskem je vlat. **aciāle, *aciārium* od lat. *aciēs* 'ostří, hrot' od *ācer* 'ostrý' (Ma²). Srov. ↑*akutní*, ↓*ocet*.

ocelot 'menší šelma podobná jaguáru'. Z fr. *ocelot* a to z mexického *ocelotl* 'jaguár'.

ocet, *octový, octan, octárna, octovatět*. P. *ocet*, ch. *òcat*, stsl. *ocьtъ*. Slov. **ocьtъ* je přejetí z nějaké románské předlohy, která se vyvinula z lat. *acētum* tv., jež souvisí s *acidus* 'kyselý' a zřejmě i *ācer* 'ostrý, břitký'. Srov. ↑*aceton*, ↑*acidofilní*.

oc(i)tnout se, *ocitat se*. Původně asi 'probudit se, procitnout' (srov. r. *očnút'sja* tv.), dále viz ↑*cítit*.

ocún 'podzimní bylina s fialovými květy'. Slk. *ocún*, sln. *očûn*. Zřejmě z psl. **ot-junъ (B3)*, vlastně 'znovu mladý' (srov. lit. *atjaunéti* 'stát se znovu mladým'), viz ↓*od* a ↑*junák* (Ma²). Asi podle toho, že je vlastně podzimní obdobou krokusu, který se objevuje na jaře.

očistec. Utvořeno podle pozdnělat. *pūrgātōrium* tv. od lat. *pūrgāre* '(o)čistit'.

odezva

očkovat, *očkování, očkovací, naočkovat, přeočkovat*. Od staršího *očko* 'poupě, zárodek' (srov. u Jg *očko ve vejci, očko na stromě*), sloveso pak znamenalo 'štěpovat (stromy)' a posléze i 'vpravovat ochranné látky' (v souvislosti s neštovicemi již u Jg). Jinak viz ↓*oko*.

od předl. Stč. *ot, od*. Všesl. – p. *od*, r. *ot*, s./ch. *od*, stsl. *otъ*. Psl. **otъ* (podoby s *-d* jsou novější, podle *nad, pod, před*) souvisí s lit. *at-, ati-, ata-* 'k, pryč, znovu, zpět', lot. *at-* 'od' a asi i gót. *aþ-þan* 'ale, přece', stir. *aith-, ad-* 'znovu, roz-, od-', lat. *at* 'ale, však, naproti tomu', sti. *áti* 'nadto, přes', vše z ie. **ato, *ati*, které asi označovalo směr '(přes něco) pryč', ale i 'k' (z pohledu druhého mluvčího), z toho pak 'znovu' a další významy. Možná tu splynulo i více různých předložek (srov. ↑*ob*). Srov. ↓*otava*, ↓*otrok*.

óda 'oslavná báseň'. Přes něm. *Ode* z lat. *ōdē* z ř. *ō̗idḗ, aoidḗ* 'zpěv, píseň, pověst' od *aeídō, á̗idō* 'zpívám'. Srov. ↑*komedie*, ↓*tragédie*, ↑*melodie*.

odbor, *odborný, odborník, odbornický, odborář, odbořský*. Novější, u Jg jen jako logický termín s významem 'lemma, pomocná věta'. Snad kontaminací z ↑*obor* a *oddíl*.

oddenek 'podzemní část stonku'. Jako botanický termín od Presla, ale v jazyce už dříve. Viz ↑*od* a ↑*dno*.

odemknout, *odemykat*. Viz ↑*od* a ↑*mykat*.

odér kniž. 'vůně'. Z fr. *odeur* z lat. *odor*, jež souvisí s *olēre* 'páchnout' (*-l-* druhotné). Srov. ↑*deodorant*, ↓*olej*, ↓*ozon*.

oděv, *oděvní*. Od stč. *odievati*, viz ↓*odít (se)*.

odezva. Viz ↑*od* a ↓*zvát*.

odchlípnout (se), *odchlíplý*. Asi od onom.-expr. kořene *chlíp-*, srov. ↓*schlíplý*.

odít (se), *odívat, odění, odívání, oděv, oděvní*. Stč. *odieti (sě)*, vlastně 'obložit se (tkaninami ap.)', viz ↑*o* a ↑*dít se*.

odkráglovat vulg. 'odpravit, zlikvidovat'. Z něm. *abkrageln* 'odpravit, zardousit' z *ab-* 'od-' a *krageln* od *Kragen* 'límec', hov. 'krk, hrdlo'.

odkud přísl. Viz ↑*od* a ↑*kudy*, srov. ↓*odsud*, ↓*odtud*.

odolat. Viz ↑*o* a ↑*-dolat*.

odpočinout si, *odpočívat, odpočinutí, odpočinek, odpočatý*. P. *odpocząć*, r. *počít'*, s./ch. *pòčinuti*, stsl. *počiti* tv. Psl. *počiti (v zsl. ještě s ↑*od*) se skládá z **po-* (↓*po*) a *čiti 'odpočívat' z ie. **kʷei-* tv. *(B1,B2)*. Příbuzné je především lat. *quiēs* 'klid, pokoj, odpočinek' (srov. ↓*rekviem*), dále i gót. *hveila* 'čas, chvíle', něm. *Weile* 'chvíle', angl. *while* tv. *(A4)*. Srov. ↓*spočinout*, ↓*pokoj*, ↑*čilý*, ↑*chvíle*.

odpor, *odporný, odporovat*. Viz ↑*od* a ↓*přít se*.

odpustit, *odpuštění, odpustky*. Viz ↑*od* a ↓*pustit*, vlastně 'pustit od sebe (něčí provinění)'.

odročit. Viz ↑*od* a ↓*rokovat*.

odrůda. Utvořeno Preslem z ↑*od* a ↓*rod*, *rodit*. Srov. ↓*zrůda*.

odsud přísl. Tvořeno stejně jako ↑*odkud*, ↓*odtud*, ale od zájmene *sь, které poukazuje na věci nejblíže mluvčímu, srov. ↓*zde*, ↑*dnes*.

odtud přísl. Viz ↑*od* a ↓*tudy*, srov. ↑*odkud*, ↑*odsud*.

odtušit kníž. 'odpovědět'. Původně asi 'dát odpovědí naději, útěchu' (HK), jak napovídá stč. *odtušiti* 'dát naději, utěšit, odpovědět'. Dále viz ↓*tušit*.

odulý. Viz ↑*o* a ↑*dout*.

odvaha, *odvážný, odvážit se, odvážlivec*. Jako subst. asi novější (snad z p. *odwaga* tv.), ale již stč. bylo *otvážiti (čeho)* 'nedbat, dát v sázku, riskovat', vlastně 'zvážit, odvážit nebezpečí'. Stejné je něm. *wagen* 'odvážit se, riskovat', související s *Waage* 'váha', viz ↓*váha*.

odveta, *odvetný*. Dříve *odvet* (Jg), nejspíš z p. Ve starší č. bylo *veta za vetu* 'odplata, odveta', stč. *být s kým vet* 'vyrovnat se s někým'. Přejato z něm. (srov. *wett sein* 'být si kvit'), dále viz ↓*veta*.

odvětit. R. *otvétit'* tv. (srov. *privét* 'pozdrav', *sovét* 'rada, sněm'), sln. *otvêtnik* 'obhájce'. Psl. *otъvětiti je utvořeno z ↑*otъ* (↑*od*) a *větiti 'hovořit' (stsl. *věštati* tv. z **vět'ati (B3)*). Příbuzné je stpr. *waitiāt* tv., lit.d. *vaitėnti* 'soudit, dokládat', další ie. souvislosti nejisté. Srov. ↓*věta*, ↓*přívětivý*, ↓*vece*, ↑*oběť*, ↓*závěť*.

odysea 'bludné putování'. Podle Homérova hrdinského eposu *Odysseia*, líčícího deset let trvající návrat ithackého krále *Odyssea* z trojské války domů.

ofenziva 'rozsáhlá útočná akce', *ofenzivní*. Přes něm. *Offensive* z fr. *offensive* a to analogicky podle *défensive* (↑*defenziva*) od stfr. *offendre* 'narazit, urazit' z lat. *offendere* tv. z ↑*ob-* a *fendere 'bít, tlouci'. Viz ↑*hnát*.

oficiální 'mající úřední ráz', *oficialita*. Přes moderní evr. jazyky (něm. *offiziell*, fr. *officiel*, angl. *official*) z pozdnělat. *officiālis* 'úřední, služební' z lat. *officium* 'služba, práce, úsluha, úřad' a to z ↑*ob-* a odvozeniny od *facere* 'dělat, konat'. Srov. ↑*deficit*, ↑*benefice*.

oficír zast. ob. 'důstojník'. Z něm. *Offizier* tv. z fr. *officier* 'vysoký úředník, důstojník' a to ze střlat. *officiarius* 'úředník, služebník' od lat. *officium* 'služba, úřad' (viz ↑*oficiální*).

ofina 'vlasy do čela rovně zastřižené'. Jen č., nejasné. Vzhledem k doloženému mor. nář. *afina* se uvažuje o románském původu (srov. fr. *affiner* 'rafinovat, čistit, tříbit', it. *affinare* tv., jinak viz ↓*rafinovat*), tedy snad 'rafinovaný, vytříbený účes'? (Ma²).

ofsajd 'postavení mimo hru', *ofsajdový*. Z angl. *off-side* (původně přísl.) z *off* 'pryč, mimo' a *side* 'strana'. Srov. ↓*sajdkára*.

ofset 'způsob tisku', *ofsetový*. Z angl. *offset* z *off* 'pryč, mimo' a *set* 'klást, stavět, umisťovat'. Srov. ↑*ofsajd*.

ogar nář. 'kluk, chlapec'. Málo jasné. Poukazuje se na nř. *agórion* tv. či na tur. *ogul* 'syn', ale cesty a doba přejetí jsou nejasné (Ma²).

oh citosl. Srov. ↑*ó*, ↑*ach*, ↑*aha* ap.

ohanbí zast. 'zevní pohlavní orgány s okolím'. Z ↑*o* a *hanba* (viz ↑*hanět*), ve starším významu 'pohlavní orgán'.

oháňka. Od *ohánět (se)*, viz ↑*o* a ↑*honit*. Srov. ↓*ohon*.

oharek. Viz ↑*o* a ↑*hořet*, ↑*hárat*.

ohař. P. *ogar*, sln.st. *ogar, oger*, sem snad i metaforické str. *ogarъ* 'druh člunu'. Nepochybně cizí, ale málo jasné. Maď. *agár*, ujgur. *ägär*, kyrgyz. *igār*, oset. *yegar* tv. by ukazovalo na přejetí odněkud z východu. Blízko však stojí i s./ch. *zagàr*, b. *zagár* tv., které evidentně souvisí s alb. *zagár*, tur. *zagar*, stř. *dzágaron* tv. a zřejmě i it.d. (korsickým) *γakaru* 'pastýřský pes' a bask. *zakur, txakur* 'pes'. To by pak svědčilo pro přejetí z nějakého předie. substrátu.

ohavný, *ohavnost, ohava, zohavit*. Sln. *ogáben* (také *ogáven, ogáden*), jinak p. *ogydny*, r. *gádkij*, s./ch. *gàdan*. Málo jasné, zřejmá je pouze souvislost s ↑*havěť*. Tvary s -d- jsou výsledkem kontaminace s kořenem **gad-* (srov. ↑*had*), který však sotva může být příbuzný.

ohebný, *ohebnost, ohbí*. Z **ogъbъnъ(jь) (B6,B9)*, viz ↑*hnout*, ↑*hýbat*, srov. i ↑*hebký* a ↑*hbitý*.

oheň, *ohníček, ohnivý, ohniště, ohnisko, ohnice*. Všesl. – p. *ogień*, r. *ogón'*, s., ch. *òganj*, stsl. *ognь*. Psl. **ognь* je příbuzné s lit. *ugnìs*, lat. *ignis*, sti. *agnítv.*, vše z ie. **ognis*, gen. asi **egnis*, čímž se částečně vysvětlí různé násloví (srov. podobně ↑*noc*). Srov. ↓*výheň*.

ohon. Od *ohánět (se)*, viz ↑*o* a ↑*hnát*, ↑*honit*. Srov. ↑*oháňka*.

ohromný. Od *ohromit* a to z ↑*o* a ↑*hrom*. Asi tedy 'působící tak, že je člověk jakoby zasažen bleskem (hromem)', případně 'působící (chůzí ap.) hluk, hřmot', srov. *hřmotný*.

ochechule 'druh mořského savce', hanl. 'protivná žena'. Stč. *ochechule*, *ochochule* 'bájná chocholatá a okřídlená obluda žijící ve vodě; siréna; svůdnice'. Ve stč. překladu bible ekvivalent za lat. *Siren*. Od ↑*chochol* (Ma²).

ochočit. Viz ↓*ochota*.

ochomýtat se. Viz ↑*nachomýtnout se*.

ochota, *ochotný, ochotník, ochotnický*. P. *ochota* 'ochota, chuť, veselost', r. *ochóta* 'chuť' i 'lov' (asi tabuový název *(D4)*). Psl. **ochota* je nejspíš od **chotěti* (↑*chtít*), srov. i ↑*chuť* (v č. posun 'chuť' → 'dobrá vůle, úslužnost'). Méně jasná je str. a r.d. varianta *ochvota* a také stč. *ochviti* 'rozněcovat, povzbuzovat', které významově odpovídá p. *ochocić*.

ochrnout, *ochrnutý*. Jen č., asi z původního **ochromnúti* redukcí při rychlé řeči. Dále viz ↑*chromý*.

-oid (ve složeninách) 'vypadající jako'. Poprvé zřejmě v am.-angl. *celluloid* (patentováno 1871), přípona vzata od ř.

eīdos 'podoba, tvářnost, postava' (srov. ↑*idol,* ↑*idea*), *-o-* je vlastně spojovací morfém. Srov. ↑*celuloid,* ↑*asteroid,* ↓*steroid.*

oj 'tyč na předku vozu řídící směr jízdy'. Hl. *wojo,* p.d. *oje,* ukr. *voje,* s./ch. *óje.* Psl. *oje (gen. *ojese) souvisí s ř. *oiệïon* 'kormidelní veslo', sti. *īšā́* 'oj', chet. *ḫišša-* tv. (o tom, že bylo i balt. **aisā,* svědčí fin. výpůjčka *aisa* tv.), východiskem je ie. **oi̯-es-* a jeho varianty (chet. ukazuje na počáteční laryngálu *(A3* pozn.)).

oj(oj) citosl. Srov. ↑*aj,* ↑*oh, joj* ap.

o.k. slang. 'v pořádku, dobře'. Z am.-angl. *o.k., O. K., OK* tv. a to údajně *z orl korrect* (slangově za *all correct* 'vše správné'). Obecně rozšířeno od r. 1840, kdy tyto iniciály ve spojení *O. K. Club* využil při prezidentské kampani v USA M. Van Buren v narážce na svou přezdívku *Old Kinderhook* (podle svého rodiště).

okap, *okapový.* Viz ↑*o* a ↑*kapat.*

okapi 'africký savec příbuzný žirafě'. Z nějakého domorodého jazyka střední Afriky (objeven kolem r. 1900).

okarína 'flétnový hudební nástroj vejčitého tvaru'. Z it. *ocarina* tv. od *oca* 'husa' (podle tvaru) a to z pozdnělat. *auca* tv.

okázalý, *okázalost.* Viz ↑*o* a ↑*kázat.*

okazionální 'příležitostný'. Ze střlat. *occasionalis* od lat. *occāsio* 'příležitost' od *occidere* (příč. trp. *occāsus*) 'padat, zapadat' z ↑*ob-* a *cadere* 'padat'. Srov. ↑*kaskáda,* ↑*incident.*

oklika. Stč. *okľuk* 'oklika, nepřímá cesta'. Viz ↑*o* a ↑*klika*[1] (tvar kliky symbolizuje křivolakost), srov. ↑*obklíčit.*

okluze 'uzavření; (v meteorologii) uzavření sektoru teplého vzduchu při setkání s rychlejším studeným vzduchem', *okluzní.* Z lat. *occlūsiō* 'uzavření' od *occlūdere* (příč. trp. *occlūsus*) z ↑*ob-* a *claudere* 'zavřít'. Srov. ↓*okluziva,* ↑*exkluzivní.*

okluziva 'závěrová souhláska'. Z nlat. *occlusiva* od lat. *occlūsiō* (viz ↑*okluze*), podobně jako ↑*frikativa* ap.

okno, *okénko, okenní, okenice.* Všesl. – p. *okno,* ukr. *viknó,* r. *oknó,* s./ch. *òkno,* b.d. *oknó* (spis. *prozórec*). Psl. *okъno je odvozeno od *oko (↓*oko*) na základě jednoduché metafory 'okno' = 'oko (domu)'. Srov. stangl. *ēagduru* tv., doslova 'oko-dveře' i angl. *window* tv. ze stisl. *wind-auge* 'oko větru'. Ze slov. přejato do ugrofin. jazyků (fin. *akkuna,* est. *aken*) (Ma[2]).

oko, *očko, očičko, oční, očnice, očitý, okatý, okáč.* Všesl. – p. *oko,* r.zast. *óko* (jinak *glaz*), s./ch. *òko,* stsl. *oko.* Psl. *oko (gen. *očese*) je příbuzné s lit. *akìs,* lot. *acs,* gót. *augō,* něm. *Auge,* angl. *eye,* lat. *oculus* (zdrobnělina), alb. *sy,* ř. *ṓps,* arm. *akn,* sti. *ákši,* toch. A *ak,* vše z ie. **ok^u̯-* 'oko' *(A3).* Srov. ↓*okoun,* ↑*oboči,* ↑*okno,* ↓*vůči,* ↑*-nikat,* ↓*znak*[2].

okolo přísl., *okolí, okolní.* Viz ↑*o* a ↑*kolo.*

okoralý. Viz ↑*o* a ↑*kůra.*

okoun. Všesl. – p. *okoń,* r. *ókun',* s./ch. *òkūn.* Odvozeno od ↑*oko,* ale motivace není zcela jistá. Snad podle toho, že je-li vytažen z větší hloubky, náhlou změnou tlaku vyboulí oči, tělo se nadme a plynový měchýř praskne (Ma[2]).

okounět. Stč. *okúněti* 'zevlovat, lenošit, zdráhat se, být slabý', u Jg *okouněti se* i ve významu 'stydět se'. Stp. *okunić sięę,* 'lelkovat', ukr. *kunjáty* 'být ospalý, otálet', r.d. *kunját'* 'dřímat', s./ch. *kúnjati* tv. Blízká paralela (zvláště vzhledem k českým významům) je v lot. *(ap)kaunēties* '(za)stydět se', ale jinak málo jasné. Spojení s lat. *cunctārī* 'váhat, otálet' (Ma[2]) je málo přesvědčivé. Posun významu v č. a stp.

okov 426 oleandr

způsoben lid. etymologickým spojením *(D2)* s ↑*oko,* ↑*okoun.*

okov 'nádoba k vytahování vody ze studny', *okovy* 'pouta'. Viz ↑*o* a ↑*kovat.*

okr 'žlutohnědá barva', *okrový.* Z něm. *Ocker* tv. a to přes lat. *ōchra* z ř. *óchra* 'žlutá hlinka' od *ōchrós* 'bledý, žlutavý'.

okres, *okresní.* Přejato za obrození z p. *okres* 'hranice, mez, oblast', *kres* 'konec, hraniční čára' a to asi z něm. *Kreis* 'kružnice, obvod, kraj'. Viz i ↓*okrsek,* srov. ↑*kreslit.*

okrsek, *okrskový,* hov. *okrskář.* Stč. *okrslek, okršlek* i *okrsl, okršl, okržel* 'okrsek, oblast, kruh, obvod', sln.st. *okrešelj* ne zcela jasného, ale evidentně podobného významu, oddělit asi nelze ani r. *okréstnost'* 'okolí', stsl. *okrъstь* 'kolem', polab. *vuokárst* 'kruh'. Nepříliš jasné. Č. výrazy lze těžko etymologicky oddělit od ↑*okres* (HK), na druhé straně jsou pokusy spojit r. *okrést* 'okolo' s *krest* 'kříž' (významově nepřesvědčivé) a upozorňuje se i na lit. *apskritìs* 'okres, obvod' od *apskríeti* 'opisovat kruh' od *skríeti* 'kroužit, letět' (Ma²) (srov. ↑*křídlo*).

okřát, *okřívat, pookřát.* Hl. *wokřewić* tv., ukr. *krijáty* 'uzdravit se, zesílit', sln. *(o)krévati* 'okřát, uzdravit se', csl. *krěvati* 'odpočívat'. Nepříliš jasné. Možná stejného původu jako ↑*křísit,* tedy od ie. **ker-* 'hořet'.

okřín zast. 'mělká dřevěná mísa'. Hl. *křina* 'koryto', p. *krzynów,* r.d. *krinka* 'hrnec', sln. *krínja* 'nádoba na mouku', csl. *krinъ, krina, okrinъ* 'měrka (na obilí)'. Nejspíš od ie. **(s)ker-* 'řezat', příbuzné je i lat. *scrīnium* 'krabice, skříň' (viz ↓*skříň*).

oktan ↑'nasycený uhlovodík řady mastné', *oktanový.* Uměle od lat. *octō* 'osm' (obsahuje osm uhlíků'). Srov. ↓*oktáva,* ↓*okteto.*

oktáva 'osmá třída gymnázia; osmý tón v stupnici'. Z lat. *octāva* 'osmá' od *octō* 'osm' (viz ↓*osm*). Srov. ↑*oktan,* ↓*okteto.*

okteto 'soubor osmi hudebníků; skladba pro osm hudebníků'. Z polatinštělé podoby it. *ottetto* tv. od *otto* 'osm' z lat. *octō* tv. Srov. ↑*oktan,* ↑*oktáva.*

oktrojovat kniž. 'bez souhlasu (parlamentu ap.) vnucovat'. Z něm. *oktroyieren* tv. z fr. *octroyer* 'udělovat, poskytovat' a to ze střlat. *auctorizare* 'potvrdit, dát souhlas' (dále viz ↑*autor*).

okuje 'šupiny odlétající při zpracovávání žhavého kovu'. Viz ↑*o* a ↑*kout,* ↑*kovat.*

okulár 'oku bližší strana optické soustavy přístroje'. Z něm. *Okular* a to od pozdnělat. *oculāris* 'oční' od *oculus* 'oko' (viz ↑*oko*).

okultní 'tajný, tajemný, týkající se tajemných sil a jevů', *okultismus.* Z lat. *occultus* 'skrytý, tajný' od *occulere* 'skrývat, tajit' z ↑*ob-* a *cēlāre* tv.

okupovat 'obsadit', *okupace, okupační, okupant, okupantský.* Z lat. *occupāre* 'obsadit, uchvátit, napadnout' z ↑*ob-* a *capere* 'brát, dobýt, uchopit'. Srov. ↑*kapacita,* ↑*emancipace.*

okurka, *okurkový.* Slk. *uhorka,* p. *ogórek,* r. *oguréc,* ch.d. *ùgorak.* Slov. podoby ukazují na výchozí **ǫgur-* (B7) i **ogur-.* Zdrojem prvního je stř. *ángouron* tv., druhé je asi přímo ze stř. *ágouros* s původním významem 'zelený, nezralý' z ř. *áōros* 'nezralý, předčasný' (okurka se jí nezralá).

olbřím kniž. 'obr', *olbřímí.* Za obrození z p. *olbrzym,* dříve *obrzym,* dále viz ↑*obr.*

oleandr 'cizokrajný okrasný keř'. Přes něm. *Oleander* a it. *oleandro* z pozdnělat. *lorandrum* (vlivem lat. *olea* 'olivovník') a to asi zkomolením ř. *rhododéndron* (↓*rododendron*), tentokrát asi vlivem lat. *laurus* 'vavřín'.

olej, *olejový, olejný, olejnatý, olejovitý, olejovka, olejnice, olejnička, olejovat, naolejovat*. P. *olej*, r.d. *oléj*, s./ch. *ûlje*, stsl. *olějь*. Z lat. *oleum*, prostřednictvím buď románským, či něm. (sthn. *olei*). Lat. slovo je z ř. *élaion*, starší podoba *élai̯on*, a to z nějakého neznámého středomořského jazyka.

oligarchie 'vláda skupiny lidí'. Z ř. *oligarchía* tv. z *olígos* 'několik, malý, nepatrný' a odvozeniny od *árchō* 'vládnu, jsem první'. Srov. ↑*monarchie*, ↑*anarchie*, ↑*archanděl*.

oligofrenie 'slabomyslnost', *oligofrenní*. Novější, utvořeno z ř. *olígos* 'malý, nepatrný, slabý' a *frén* 'bránice, srdce, duše, mysl'. Srov. ↑*oligarchie* a ↑*frenetický*.

oliva, *olivový, olivovník*. Přes něm. *Olive* z lat. *olīva* a to z ř. **elaíu̯a*, což je starší forma ř. *elaía* 'oliva'. Odvozeno od ř. *élai(u̯)on* 'olej' (viz ↑*olej*) (olej se lisoval z oliv).

olovo, *olověný, olovnatý, olovnice*. Všesl. – p. *ołów*, r. *ólovo* 'cín', s./ch. *ȍlovo*, stsl. *olovo*. Psl. **olovo* je nejasné. Blízko stojí jen lit. *álvas*, lot. *alvs*, stpr. *alvis*, ale to mohou být výpůjčky ze slov. Hledá se souvislost s názvy barev (sthn. *ëlo* 'žlutý', lat. *albus* 'bílý', ř. *alfós* tv.) (HK), jiní věří v předie., 'praevropský' původ (Ma²).

olše, *olšový*. Všesl. – slk. *jelša*, p. *olcha, olsza*, r. *ol'chá*, sln. *jélša*, s./ch. *jóha*, b. *elšá*, stsl. *jelьcha*. Psl. **elьcha/*olьcha* souvisí s lit. *alksnis*, sthn. *elira* (něm. *Erle*), lat. *alnus* tv. Ie. východisko **elis-, *alis-* (A8) se obvykle vykládá z ie. **el-* 'žlutohnědý, načervenalý', které je asi i v názvech ↑*jilm* a ↑*jelen* (označuje barvu dřeva).

oltář, *oltářní*. Všesl. přejetí z pozdnělat. *altāre* (asi přes sthn. *altāri*) a to z lat. *altāria* tv. od *altus* 'vysoký', tedy původně 'vyvýšené místo'.

olympiáda, *olympijský, olympionik, olympionička*. Zavedeno koncem 19. st. obnovením ř. *olympiás* (gen. *olympiádos*) 'olympijské hry', odvozeného z ř. místního jména *Olympia*, kde se od r. 776 do r. 394 př. Kr. konaly každé čtyři roky antické hry. Slovo *olympionik* je z ř. *olympioníkēs* 'vítěz olympijských her' (od *níkē* 'vítězství').

omáčka. Viz ↑*o* a ↑*máčet*, původně asi 'to, v čem se jídlo máčí'.

ombudsman 'osoba pověřená hájit práva občanů při sporu se státními institucemi'. Ze švéd. *ombudsman* tv. z *ombud* 'zástupce, zastánce' a *man* 'muž'.

omdlít. Viz ↑*o* a ↑*mdlý*.

omega 'poslední písmeno řecké abecedy'. Z ř. *ō̂ méga*, doslova 'velké, dlouhé *o*'. Srov. ↑*mega-*

oměj 'vysoká jedovatá bylina'. Stp. *omięg*, r. *ómeg* 'bolehlav', sln. *omej*, csl. *oměgъ*. Psl. **oměgъ* není zcela jasné, shoda panuje jen v tom, že *o-* je předp. Spojuje se se stč. *omiežditi* 'omámit, očarovat' (Ma²), s psl. **migati* (↑*míhat*) i se základem, který je v ↑*mámit* (HK).

omeleta, *omeletový*. Z fr. *omelette*, které je výsledkem řady nepravidelných formálních změn. Východiskem je stfr. *lemelle, lumelle* 'tenký plech, čepel ap.' z lat. *lāmella* tv. (viz ↑*lamela*). To se pak změnilo na *alumelle* a ve 14. st. tak byl metaforicky nazván tenký vaječný svítek pečený na pánvi. Obměnou přípony pak vzniklo *alumette* a přesmykem *amelette, amolette* (16. st., snad s lid. etym. oporou ve fr. *mol* 'měkký') (srov. ↑*amoleta*) a konečně *omelette* (16. st., opět s lid. etym. vlivem fr. *œf* 'vejce'), srv. doložené stfr. *œfmolette*).

omítka. Od *omítat*, viz ↑*o* a ↑*mést*, ↑*metat*, srov. ↓*vymítat*, ↑*namítat*.

omnibus 'povoz pro hromadnou přepravu osob'. Z fr. *(voiture) omnibus* (30. léta 19. st.), doslova '(vůz) všem, pro všechny', kde lat. *omnibus* je dat. pl. od *omnis* 'všechen'. Osamostatněním části koncovky vzniklo v angl. *bus* a odtud pak ↑*autobus*, ↓*trolejbus* ap.

omráčit. Viz ↑*o* a ↑*mrak*, srov. *být v mrákotách*.

omšelý. Od ↑*mech*, vlastně 'obrostlý mechem'.

on zájm. Všesl. – luž. *wón*, p., r. *on*, ukr. *vin*, s./ch. *ôn*, stsl. *onъ*. Psl. **onъ*, **ona*, **ono*, původně zájmeno ukazující na vzdálenější předmět (srov. ↓*onen*), nahradilo v nom. osobního zájmena pro 3. osobu nevýrazné **jь*, **ja*, **je*, od něhož jsou tvořeny ostatní pády (viz ↑*jeho*, ↑*jenž*). Shoduje se s lit. *anàs* 'onen', dále je příbuzné av. *ana-* 'ten', chet. *anni-* 'onen', ř. *énē* 'pozítří' (vlastně 'onoho dne') a snad i lat. *enim* 'totiž, věru' a něm. *jener* 'onen'. Východiskem je ie. zájmenný základ označující vzdálenější předměty a osoby **eno-*, **ono-*, **no-*. Srov. ↓*onikat*, ↑*na*², ↑*no*, ↑*-ndat*.

onanie 'sebeukájení', *onanovat*. Podle biblického *Ónana*, který kdykoli vcházel k ženě svého zemřelého bezdětného bratra, vypouštěl semeno na zem, protože nechtěl bratrovi zplodit potomstvo (Genesis, 38, 9). Tato praktika byla v 17. st. mylně označena za masturbaci, ačkoli jde zjevně o přerušovanou soulož.

ondatra 'vodní hlodavec s jemnou srstí', *ondatří*. Z jazyka domorodých Huronů v sev. Americe (Ma²). U nás byly první ondatry vypuštěny až v r. 1905 na Dobříšsku, dnes jsou díky velké množivosti běžné téměř po celé Evropě.

ondulace 'umělé zvlnění vlasů', *ondulovat, naondulovat*. Z fr. *ondulation* 'zvlnění, vlnitost' od pozdnělat. *undula*, což je zdrobnělina k lat. *unda* 'vlna, voda, vlnění', jež do fr. dalo *onde* tv.

onehdy. Viz ↑*on* a ↓*tehdy*.

onen zájm. Rozšíření zájmena **onъ* (↑*on*) v jeho původním významu. Rozšíření je stejné jako u ↓*ten*, srov. i další odvozeniny *onam, onde, onehdy, onak* ap., které strukturou odpovídají podobám ↑*kam*, ↓*tam*, ↑*kde*, ↓*tehdy*, ↓*tak* ap. Srov. ↓*zaonačit*.

onikat. Vlastně 'říkat *oni*'. Srov. ↓*tykat*, ↓*vykat* a ↑*on*.

onkologie 'lékařský obor zabývající se nádory', *onkologický, onkolog*. Nové, z ř. *ónkos* 'hromada, objem, nadutost' a ↑*-logie*.

onomastika 'nauka o vlastních jménech', *onomastický, onomastik*. Novější odvozenina od ř. *onomastikós* 'týkající se jmen' od *ónoma* 'jméno'. Srov. ↓*onomatopoický*, ↑*anonym*, ↓*synonymum*.

onomatopoický 'zvukomalebný'. Od vlat. *onomatopoeia*, vlastně 'tvoření jmen', z ř. *ónoma* (gen. *ónomatos*) 'jméno' a *poiéō* 'dělám, tvořím'. Srov. ↑*onomastika*, ↓*poezie*.

ontogeneze 'vývoj jedince od zárodku až do zániku'. Viz ↓*ontologie* a ↑*geneze*.

ontologie 'nauka o jsoucnu', *ontologický*. Od ř. *ōn* (gen. *óntos*) 'jsoucí' (přech. přít. od *eĩnai* 'být') a ↑*-logie*.

onuce 'kus látky k ovinutí chodidla'. P. *onuca*, r., sln. *onúča*, stsl. *onušta* 'sandál'. Psl. **onut'a* se člení na **on-u-t'a*, kde **on-* je starobylé pokračování buď ie. předl. **an(a)* 'na' (viz ↑*na*¹), či – pravděpodobněji – ie. **on* 'v' (viz ↓*v*), další část pak skrývá ie. kořen **eu-* 'obout, obléci' (viz ↑*obout*) a odvozovací příp. Příbuzné je lit. *aũtas* tv. Jde vlastně o nejstarší druh obutí.

onyx 'druh polodrahokamu'. Přes lat. *onyx* z ř. *ónyx* tv., původně 'nehet, dráp' (přeneseno na základě průhledného zabarvení nerostu).

opak, *naopak, opačný, opáčit, opakovat, opakování, opakovací, opakovačka*. Stč. adv. *opak* 'obráceně, dozadu, na zádech', p. *na opak*, r.d. *ópak(o)*, s./ch.st. *ȍpāk* 'opačný', dnes 'zlý, zvrhlý', stsl. *opaky* 'zpět, obráceně'. Psl. **opakъ* je příbuzné se sthn. *abuh* 'obrácený', sti. *ápāka-* 'vzdálený, vzadu', *ápaňč-* 'obráceně' a s jistými hláskoslovnými ústupky i s lit. *apačià* 'spodek'. Východiskem je nejspíš ie. **apo* 'od, stranou, dozadu' (srov. ↑*apo-*, ↓*po*) a **ok^u-* 'oko', tedy vlastně 'očima obrácený stranou, dozadu' (viz i ↑*-nikat*, ↓*znak²*). Srov. ↓*pak*, ↓*páčit*, ↓*rozpaky*, ↓*zpěčovat se*.

opál 'duhově zářící polodrahokam', *opálový, opalizovat*. Z lat. *opalus* (případně přes něm. *Opal*) z ř. *opállios* tv. a to ze sti. *úpala-* 'kámen'.

opánek 'lehká obuv s řemínky přes nárt'. Do č. asi ze slk. *opánky* (ž.r.), tam přes maď. (srov. ↓*topánky*) ze s./ch. *ȍpanak* tv., což je pokračování psl. **opьnъkъ* od **opęti* (1.os.přít. **opьnǫ*) 'obepnout' (viz ↓*pnout*).

opar. Od *opařit (se)*, viz ↓*pára*.

opat 'představený kláštera', *opatský*. Ze sthn. *abbāt* (ve stbav. variantě **appāt*, dnes něm. *Abt*) a tam z lat. *abbās* (gen. *abbātis*) tv. z ř. *abbẫ, ábbas* 'otec', převzatého z aram. *abbā* tv., což je původem dětské slovo. Srov. ↑*abbé*, ↑*abatyše* a také ↓*papá*, ↑*bába* ap.

opatrný. Viz ↓*patřit*.

opce 'možnost volby, výběr', *opční*. Z lat. *optiō* 'volba, svobodný výběr' k *optāre* 'vybrat si, vyvolit'. Srov. ↑*kooptovat*, ↑*adoptovat*, ↓*optativ*.

opera, *operní*. Z it. *opera* tv. (17. st.), zúžením významu lat. *opera* 'dílo, činnost' a to od *opus* (gen. *operis*) tv. Srov. ↓*opereta*, ↓*opus*, ↓*operovat*.

opereta 'hra se zpěvy a tanci', *operetní*. Z it. *operetta*, což je zdrobnělina k *opera* (↑*opera*).

operovat 'provádět chirurgický zákrok; provádět (bojovou) činnost; manipulovat', *operace, operační, operatér, operátor, operativní*. Z něm. *operieren* tv. (v lékařském významu od zač. 18. st.) a tam z lat. *operārī* 'pracovat, zaměstnávat se' od *opus*, případně *opera* (viz ↓*opus*, ↑*opera*).

opět, *opětný, opětovat, opětovný, opětovaný*. P.st. *opięć*, r. *opját'*, s./ch. *ȍpēt*. Psl. **opętь* je příbuzné s lit.d. *apént*, stlit. *atpent* tv. Obvykle se vykládá od základu **pęt-*, který je v ↓*pata* (B7), význam předp. **o-* (↑*o*) (HK) však zde příliš nesedí. Vzhledem k stlit. podobě se zdá lepší rekonstruovat původní **ot(ъ)pętь* (viz ↑*od*), původní význam by pak byl 'od paty (zpět)'. Srov. ↓*zpět*.

opice, *opičí, opička, opičák, opičárna, op, opičit se*. P.d. *opica*, sln. *ȏpica*, csl. *opica*. Psl. **opica* je odvozeno příp. *-ica* od **opъ*, které zjevně souvisí se sthn. *affo* (něm. *Affe*), angl. *ape*, stisl. *api*, není však jasné, zda jde o vzájemnou výpůjčku (z germ. do slov., či naopak), nebo o nezávislé přejetí z nějakého neznámého jazyka. Jako o prvotním zdroji se uvažuje o sti. *kapí-* i o per. *abuzine* tv. (odtud je r. *obez'jána*), ale to je velmi nejisté. Ob. *opice* 'opilost' zjevně využívá hláskové podobnosti s *opít se*, *opilost*, ale stejná metafora je i v román. jazycích (šp. *mona* 'opice' i 'opilost'), takže jde zřejmě o souvislost hlubší (Ma²).

opium 'omamná látka', *opiový, opiát*. Z lat. *opium* tv., původně 'maková šťáva', z ř. *ópion* tv. od *opós* '(bílá fíková) šťáva' (opium se získává ze sušené bílé šťávy z nezralých makovic).

oplatka, *oplatek, oplatkový*. Stsl. *oplatъ(kъ)* v Kyjevských listech je

oplzlý

bohemismus, ze stsl. je i r.st. *oplatok* 'hostie'. Do č. přes stbav. *opláta z pozdnělat. *obláta* 'hostie', vlastně 'nabízená, obětovaná', od lat. *offerre* 'nabízet, nést vstříc' z ↑*ob-* a *ferre* (příč. trp. *lātus*) 'nést'. Ve střední č. rozšířeno z úzkého církevního významu na druh pečiva (jakýsi tenký koláč, srov. Jg), v moderní době pak další posun.

oplzlý, *oplzlost*. Stč. i *plzký*. Odvozeno od stč. *oplzati sě* 'chovat se necudně' a to od *plzati* 'plazit se, lézt' (viz ↓*plazit se*).

opona. Viz ↑*o* a ↓*pnout*, srov. ↓*předpona*, ↓*spona*.

oponovat 'stavět se proti nějakému názoru', *oponent(ka), oponentský, oponentura*. Z lat. *oppōnere* 'stavět proti' z ↑*ob-* a *pōnere* 'klást, stavět'. Viz i ↓*opozice*, srov. ↑*imponovat*, ↑*exponát*, ↓*propozice*.

oportunismus 'bezzásadové přizpůsobování se daným poměrům', *oportunistický, oportunista*. Z fr. *opportunisme* (jako politický termín od 19. st.) a to od lat. *opportūnus* 'příhodný, vhodný', původně 'příhodný k plavbě (o větru)' z ↑*ob-* a odvozeniny od *portus* 'přístav'.

opozice 'nesouhlas s vládnoucím názorem; část instituce (parlamentu ap.) stojící v odporu k druhé, vládnoucí části'. Z lat. *oppositiō* 'protiklad' od *oppōnere* (příč. trp. *oppositus*) (viz ↑*oponovat*).

opovážit se, *opovážlivý, opovážlivost, opovážlivec*. Viz ↓*vážit* a ↑*odvaha*.

opovrhovat, *opovržení*. Viz ↑*o*, ↓*po* a ↓*vrhat*.

oppidum 'mohutné opevněné keltské sídliště'. Z lat. *oppidum* 'opevněné místo, pevnost, městečko' z ↑*ob-* a odvozeniny od *pēs* (gen. *pedis*) 'noha', vlastně 'ochoz; co lze obejít pěšky'.

oprať, *oprátka*. Mimo č. jen slk. *oprata* a sln.d. *oprati* (pl.), dříve *opřta*, *opřt*. Nepříliš jasné. Sln. slovo by ukazovalo na souvislost s jsl. *prtiti 'přivázat (náklad na hřbet)', srov. i s./ch.d. *prăća* 'provaz na přivázání nákladu, třmen'. To se dále vykládá z ie. **(s)per-* 'vinout, plést' (srov. stlit. *spartas* 'druh popruhu'). Souvislost s r.d. *óbrót'* 'uzda' (Ma²) nelze z hláskoslovných důvodů přijmout.

oprudit se, *opruzený, opruzenina*. Od staršího *pruditi* 'pálit, nítit' (srov. p. *prędanie* 'hoření', r. *prudít'sja* 'hřát se'). Psl. **prǫditi (sę)* asi souvisí s ↓*proud*, ↓*prudký*, i když významový posun není zcela jasný (snad 'teple proudit' → 'hřát, pálit').

optativ 'přací slovesný způsob'. Od lat. *optāre* 'vybírat si, přát si'. Srov. ↑*opce*.

optika 'obor fyziky zabývající se světlem', *optický, optik*. Přes střlat. *optica* tv. z ř. *optiké (téchnē)* 'nauka o vidění' od *optikós* 'týkající se vidění' od *óps* 'oko, zrak'. Viz ↑*oko*, srov. ↑*dioptrie*, ↓*panoptikum*.

optimální 'relativně nejlepší, nejpříhodnější'. Přes něm. *optimal* z nlat. *optimālis*, utvořeného od lat. *optimus* 'nejlepší' (3. stupeň k *bonus* 'dobrý'), které souvisí s *ops* 'moc, síla, bohatství'. Srov. ↓*optimismus*.

optimismus 'sklon vidět skutečnosti, vyhlídky ap. z lepší stránky', *optimistický, optimista, optimistka*. Přes něm. *Optimismus* z fr. *optimisme*, jež bylo v 18. st. utvořeno od lat. *optimus* (viz ↑*optimální*). Původně označení názoru něm. filozofa Leibnize († 1710), který považoval tento svět za 'nejlepší ze všech světů'. Srov. ↓*pesimismus*.

opuka 'světlá pukající hornina', *opukový*. Od ↓*pukat*.

opulentní kniž. 'hojný, oplývající bohatstvím'. Z lat. *opulēns* (gen. *opulentis*) 'bohatý, hojný' od *ops* (gen. *opis*) 'moc, bohatství'. Srov. ↑*optimální*.

opus 'dílo'. Z lat. *opus* tv. Srov. ↑*opera*, ↑*operovat*.

orální 'ústní'. Přes moderní evr. jazyky (angl., fr. *oral*) z pozdnělat. *ōrālis* tv. od lat. *ōs* (gen. *ōris*) 'ústa'. Srov. ↓*oratorium*, ↑*adorace*.

orangutan 'velký zrzavý lidoop'. Přes moderní evr. jazyky z malaj. *orangutan* tv., vlastně 'lesní muž', z *orang* 'muž, člověk' a *hutan* 'les'.

oranžový, *oranžáda*. Přejato (případně přes něm. *orange*) z fr. *orangé* tv., vlastně 'pomerančové barvy', od *orange* 'pomeranč' a to asi přes prov. *arange*, it. *arancia*, *arancio* a ar. *nāranǧ(a)* z per. *nāranǧ* tv. (srov. šp. *naranja* tv.) Srov. i ↓*pomeranč*.

orat, *orný*, *ornice*, *oráč*, *orba*, *vyorat*, *zaorat*, *rozorat*, *zorat*, *přeorat*. Všesl. – p. *orać*, r.d. *orát'*, s./ch. *òrati*, stsl. *orati*. Psl. *orati je příbuzné s lit. *árti*, gót. *arjan*, sthn. *erran*, lat. *arāre* tv., stir. *airim* 'ořu', ř. *aróō* tv., arm. *araur* 'pluh', toch. AB *āre* tv., vše z ie. **ar-* 'orat'. Srov. ↓*radlice*, ↓*rolník*, ↓*ratejna*.

oratorium 'rozsáhlá vokální skladba na náboženské motivy'. Z nlat. *oratorium* (it. *oratorio*) tv., které vychází z pozdnělat. *ōrātōrium* 'modlitebna, kaple' (odtud také do č. *oratoř* tv.) od lat. *ōrāre* 'mluvit, modlit se' od *ōs* (gen. *ōris*) 'ústa'. Srov. ↑*orální*, ↑*adorace*.

orbitální 'jsoucí na oběžné dráze'. Z moderních evr. jazyků (angl. *orbital*, r. *orbítal'nyj*), kde utvořeno od lat. *orbita* 'dráha, kolej' od *orbis* 'kruh, kolo, země'.

ordinace 'místnost k lékařskému vyšetření', *ordinační*, *ordinovat*, *naordinovat*. Z lat. *ordinātiō* 'vyšetření nemocného', původně 'uspořádání, pořadí, řada', od *ordināre* 'pořádat, určovat' od *ordō* (gen. *ordinis*) 'řád, řada'. Srov. ↓*ordinérní*, ↓*ordinář*.

ordinář 'představený kraje církevní jurisdikce, diecézní biskup'. Z pozdnělat. *ordinārius* tv., dále viz ↓*ordinérní*, ↑*ordinace*.

ordinérní hov. 'všední, nízký, sprostý'. Přes něm. *ordinär* z fr. *ordinaire* tv. z lat. *ordinārius* 'řádný, pravidelný' od *ordō* (gen. *ordinis*) 'řada, řád'. Srov. ↑*ordinář*, ↑*ordinace*, ↓*řád*.

orel, *orlí*, *orlice*. Všesl. – p. *orzeł*, r. *orël*, s./ch. *òrao*, stsl. *orьlъ*. Psl. *orьlъ je příbuzné s lit. *erēlis*, gót. *ara*, něm. *Aar* (běžnější *Adler* je ze střhn. *Adel-ar* 'vznešený orel'), stir. *irar* tv., ř. *órnis* 'pták', arm. *oror* 'racek, luňák', chet. *hara-* 'orel', vše z ie. **or-* 'velký pták, orel'.

orgán 'část živočišného těla s určitou funkcí; složka řídícího aparátu', *organický*, *organismus*. Přes něm. *Organ* tv. z pozdnělat. *organum* 'nástroj, smyslové ústrojí, orgán' z ř. *órganon* 'nástroj, nářadí, dílo' od *érgon* 'dílo, práce'. Srov. ↓*organizovat*, ↑*energie*, ↓*varhany*.

organizovat '(účelně) pořádat', *organizovaný*, *organizace*, *organizační*, *organizátor*, *organizátorský*. Z něm. *organisieren*, fr. *organiser* tv. od *organe* 'orgán' z pozdnělat. *organum* (viz ↑*orgán*).

orgasmus 'vrcholné pohlavní vzrušení', *orgastický*. Přes moderní evr. jazyky (angl. *orgasm*, něm. *Orgasmus* tv.) z ř. *orgasmós* 'prudké vzrušení' od *orgáō* 'kypím, vášnivě žádám' a to od *orgē* 'pud, sklon, náruživost'.

orgie 'bezuzdné hýření'. Přes něm. *Orgie* tv. z lat. *orgia* 'tajný noční obřad na počest boha Bakcha' z ř. *órgia* tv., pl. od *órgion*, původně 'obřad, bohoslužba'. Souvisí nejspíš s ř. *érgon* 'dílo, práce', srov. ↑*orgán*.

orchestr, *orchestrální, orchestrion*. Přes něm. *Orchester* z fr. *orchestre* tv. z lat. *orchēstra* 'část divadla se sedadly pro senátory' z ř. *orchḗstrā* 'místo pro tanec, pro divadelní sbor' od *orchéomai* 'tančím'.

orchidej. Z fr. *orchidée* (případně přes něm. *Orchidee* tv.), což je moderní odvozenina (18. st.) od lat. *orchis* 'varle' z ř. *órchis* tv. (nazváno podle podoby hlízy).

orientální 'východní', *orientalistika, orientalista*. Přes moderní evr. jazyky z lat. *orientālis* tv. od *oriēns* (gen. *orientis*) 'východ', vlastně 'vycházející', původně přech. přít. od *orīrī* 'povstávat, vznikat'. Srov. ↓*orientovat (se)*, *originál*.

orientovat (se) 'určovat (svou) polohu, zaměřovat (se)', *orientace, orientační*. Z fr. *orienter* (případně ještě přes něm. *orientieren* tv.), vlastně 'určovat východ', od fr. *orient* 'východ'. Srov. ↑*orientální*.

originál 'původní exemplář', *originální, originalita*. Přes něm. *Original* tv. z lat. *orīginālis* 'původní' od *orīgō* (gen. *orīginis*) 'původ, počátek' a to od *orīrī* 'povstat, vzniknout'. Srov. ↑*orientální*.

orkán 'větrná smršť'. Přes něm. *Orkan* z niz. *orkaan* a to přes šp. *huracán* z karibského jazyka taino (*huracan*). Jinými cestami přišlo ↑*hurikán* a ↓*uragán*.

orloj. Přejato (případně přes střhn. *ōrlei*) z lat. *hōrologium* '(sluneční či vodní) hodiny' z ř. *hōrológion* tv. z *hṓra* 'doba, čas, období' a odvozeniny od *légō* 'říkám, oznamuji'. Srov. ↑*horoskop*, ↑*-logie*.

ornament 'ozdobný stylizovaný prvek', *ornamentální*. Z lat. *ornāmentum* 'ozdoba, okrasa, výstroj' od *ornāre* 'vystrojit, vyzbrojit, ozdobit' a to z **ord(i)nāre* 'uspořádat' (viz ↑*ordinace*).

ornát 'mešní roucho'. Z pozdnělat. *ornātus* tv., původně 'výstroj, šat, ozdoba', od *ornāre* 'vystrojit, ozdobit' (viz ↑*ornament*).

ornitologie 'obor zoologie zabývající se ptactvem'. Uměle utvořeno z ř. *órnis* (gen. *órnithos*) 'pták' a ↑*-logie*.

oro- (ve složeninách) 'týkající se hor'. Z ř. *óros* 'hora, pohoří'. Srov. *oronymum* (↑*homonymum*), *orografie* (↑*-grafie*).

orobinec 'vysoká bahenní bylina s hnědými doutníkovými palicemi kvítků'. Převzato Preslem z r.d. *orobínec* tv., jehož další původ není jasný. Poukazuje se na lat. *orobus*, ř. *órobos* 'druh hrachu'.

orodovat 'prosit, přimlouvat se za někoho', *orodovník, orodovnice*. Stč. *orodovati* i *orudovati*, p. *orędować* tv. Původně asi 'činit, zacházet s něčím', jak svědčí r. *orúdovat'* 'zacházet, vládnout'. Sloveso je odvozeno od subst., které je doloženo v stč. *orodie, orudie* 'nástroj, nářadí, vybavení', r. *orúdije*, sln. *orôdje*, csl. *orǫdije* tv. Psl. *orǫdьje se obvykle spojuje s *rędъ (↓*řád*), i když podrobnosti nejsou zcela jasné. Změna významu slovesa v č. a p. vlivem lat. slovesa *orāre* 'modlit se, prosit' (v litaniích se za lat. *ora pro nobis* říká *oroduj za nás*) (Ma²).

orsej 'jarní hájová bylina se žlutými kvítky'. Doloženo již ve střední č., odtud převzato Jg. Původ nejasný.

ortel 'rozsudek'. Převzato ze střhn. *urtel, urteil* (dnes *Urteil* tv.), jež je odvozeno od slovesa *erteilen* 'rozsuzovat, dávat příkaz', vlastně 'udílet (příkaz ap.)' z předp. *er-* a *teilen* 'dělit' (srov. ↑*díl*).

orto- (ve složeninách) 'přímo-, pravo-'. Z ř. *orthós* 'přímý, jistý, pravý, zdárný'. Srov. ↓*ortodoxní*, ↓*ortografie*, ↓*ortopedie*, ↓*ortoepie*.

ortodoxní 'pravověrný'. Z pozdnělat. *orthodoxus* 'pravověrný', ve střlat. i 'pravoslavný', z ř. *orthós* (↑*orto-*) a *dóxa* 'zdání, mínění, sláva'. Srov. ↓*paradox*.

ortoepie 'nauka o správné výslovnosti'. Uměle utvořeno (19. st.) z ř. *orthós* (↑*orto-*) a odvozeniny od ř. *épos* 'slovo, řeč, výmluvnost'. Srov. ↑*epos*.

ortografie 'pravopis'. Z lat. *orthografia* a tam z ř. (viz ↑*orto-* a ↑*grafie*).

ortopedie 'obor zabývající se chorobami pohybového ústrojí', *ortopedický, ortoped*. Uměle utvořeno (18. st.) z ř. *orthós* (↑*orto-*) a odvozeniny od ř. *paĩs* (gen. *paidós*) 'dítě' (srov. ↓*pedagog*), později vztaženo k lat. *pēs* (gen. *pedis*) 'noha' (srov. ↓*pedikúra*) jako by 'lékařský obor napravující nohy'.

oř zast. 'kůň'. Stp. *orz*, r.d. *or'*, csl. *orь*. V češtině lze mít za přejetí ze střhn. *ors, ros* tv. (něm. *Ross*, angl. *horse*) (Ma[2], HK) (ke změně *rs*>*ř* srov. např. *třtina* < *trstina*), ale to neplatí hláskoslovně ani časově pro tvary r. a csl. Uvažuje se tedy i o zpětném tvoření k slovesu **orati* (↑*orat*) (srov. lit. *arklỹs* 'kůň' s touž motivací) i o možnostech jiných.

ořech, *oříšek, ořechový, oříškový, ořešák, ořeší*. Všesl. – p. *orzech*, r. *oréch*, s./ch. *òrah*, csl. *orěchъ*. Psl. **orěchъ* je příbuzné s lit. *ríešutas* (za starší *ríešas*), lot. *rieksts* tv., společný bsl. pratvar lze rekonstruovat jako **(a)rōiso-* (A8, B2). Nerozšířený kořen **ar-* by pak byl v alb. *arrë* 'ořech', ř. *árya* 'ořechy'.

osa, *osička*. Všesl. – p. *oś*, r. *os'*, s./ch. *ôs*, csl. *osь*. Psl. **osь* je příbuzné s lit. *ašìs*, sthn. *ahsa* (něm. *Achse*), střir. *ais*, lat. *axis*, ř. *áxōn*, sti. *ákṣa-* tv., východiskem je nejspíš ie. **aǵs-*, **aks-* tv., možná od **aǵ-* 'hnát' (srov. ↑*agenda*).

osada, *osádka, osadník, osazenstvo*. Původně 'osídlení okolo kostela' od

osaditi 'osídlit, zaujmout místo', dále viz ↓*sadit*, ↓*sedět*.

oscilovat 'kmitat, kolísat', *oscilace, oscilační, oscilátor*. Z lat. *oscillāre* 'kolísat, houpat se' od *oscillum* 'houpačka'.

osel, *oslí, oslík, oslice, oslátko*. Všesl. – p. *osioł*, r. *osël*, s./ch. *òsao*, stsl. *osьlъ*. Psl. **osьlъ* je převzato z gót. *asilus* či západogerm. **asila-* (z toho něm. *Esel*) (B5,B6), to pak je z lat. *asinus* tv. a to spolu s ř. *ónos* a arm. *ēš* převzato z nějakého neznámého jazyka Přední Asie či Středomoří (Ma[2]).

osidlo 'nástraha, léčka'. P. *sidło*, r. *siló*, stsl. *silo*, srov. i stč. *sídliti* 'chytat do osidel'. Psl. **sidlo* je tvořeno příp. *-dlo* (nástroj) od stejného základu, který je v ↓*síť*, slovotvorná paralela je v lot. *saiklis* 'tkanička', srov. ještě stč. *sietky* 'osidla'.

osika. Všesl. – p. *osika*, r. *osína*, s./ch. *jàsika*. Psl. **osika*, je odvozeno od **osa* (z **opsa (A9)*), které souvisí s lit.d. *apušě*, lot. *apse*, sthn. *apsa* (něm. *Espe*), ie. východisko je **apsā*. Podobné názvy stromu jsou i v některých ttat. jazycích (tur. *apsak* aj.), soudí se, že jsou to výpůjčky z ie. jazyků, ale vykládá se i jako 'praevropské' (Ma[2]).

osina 'dlouhý tuhý výrůstek v klasu'. Sln. *osína* tv. Psl. **osina* je odvozeno od ie. **aḱi-* 'něco ostrého', od něhož je např. i něm. *Ecke* 'roh', lat. *aciēs* 'ostří, hrot', ř. *akís* 'bodec, žihadlo', arm. *aseɫn* 'jehla'. Viz i ↓*ostrý*, ↓*osten*.

oslnit, *oslnivý*. Nověji přitvořené kauzativum k stč. *oslnúti* 'oslepnout' z psl. **oslьpnǫti (A9)* se zúženým významem 'dočasně oslepit prudkým světlem; uchvátit', zatímco pro základní význam byla přitvořena dvojice *oslepit – oslepnout*. Srov. podobně např. ↑*kynout*[2], ↑*kanout*.

osm, *osmý, osma, osmička, osmina, osminka, osminový*. Všesl. – p. *osiem*,

r. *vósem'*, s./ch. òsam, stsl. *osmь*. Psl. **osmь* je příbuzné s lit. *aštuonì*, gót. *ahtau*, něm. *acht*, angl. *eight*, stir. *ocht*, lat. *octō*, alb. *tetë*, ř. *oktṓ*, arm. *ut^c*, sti. *aṣṭā́*, *aṣṭā́u*, toch. A *okt*, vše z ie. **oktō-* tv. (*-mь* ve slov. je podle řadové čísl. *osmъ*, srov. lit. *āšmas* tv., jistě působil i vliv čísl. ↓*sedm*). Zakončení ie. podoby ukazuje na starý duál, proto se tato číslovka někdy interpretuje jako 'dvě čtyřky' (snad z primitivního počítání na prstech bez palce) (podrobněji Ma[2]). Srov. i ↑*devět*.

osmahlý. Viz ↓*smahnout*.

osmium 'kovový prvek'. Utvořeno zač. 19. st. od ř. *osmḗ* 'zápach, vůně' (jeho kysličník vydává zvláštní vůni).

osmóza 'prolínání kapalin', *osmotický*. Převzato z moderních evr. jazyků, utvořeno v 19. st. od ř. *ōsmós* 'tlak', odvozeného od slovesa *ōthéō* 'tisknu, tlačím'.

osnova. Viz ↓*snovat*.

osoba, *osůbka*, *osobní*, *osobnost*, *osobnostní*, *osobitý*, *osobovat si*. Všesl. – p. *osoba*, r. *osóba*, s./ch. òsoba tv. Z předložkového spojení *o sobě*, vlastně 'kdo je sám o sobě, jednotlivec' (srov. stč. *osobě* 'osobně, zvlášť', *osobný* 'osamělý', stsl. *osobъ* 'odloučeně, samostatně'). Srov. ↓*se*.

osopit se. Viz ↓*sápat se*.

ostatní, *ostatně*, *ostatek*. Od slovesa *ostati*, odvozeného od *státi* (1.os.přít. *stanu*), viz ↓*stát se*.

osten, *ostnatý*. P. *oścień* 'hůl s bodcem k pohánění dobytka; vidlice k lovu ryb', r.st. *ostén* 'trn, bodec', sln.st. *ósten* 'hůl s bodcem k pohánění dobytka', stsl. *ostьnъ* 'bodec'. Psl. **ostьnъ* vedle **ostь* (č.st. *ost*, *osť* 'něco špičatého, osina, rybí kost', p. *ość* 'rybí kost', r. *ost'* 'osina' ap.) je odvozeno od ie. **akstì-* a to od **ak-* 'ostrý'. Příbuzné je lit. *akstìs* 'rožeň, hůl s bodcem', *ãkstinas* 'bodec, žihadlo'.

ostentativní 'okázalý, nápadný', *ostentativnost*. Z něm. *ostentativ*, utvořeného až kolem r. 1900 k staršímu *Ostentation* 'okázalost, stavění na odiv' z lat. *ostentātiō* tv. od *ostentāre* 'ukazovat, stavět na odiv' z ↑*ob-* a *tendere* 'napínat, natahovat'.

osteo- (ve složeninách) 'týkající se kostí'. Z ř. *ostéon* 'kost'. Srov. ↓*osteoporóza*.

osteoporóza 'řídnutí kostí'. Z ↑*osteo-* a ř. *pṓrōsis* 'ztvrdnutí, necitelnost' od *pōróō* 'tvrdnu, stávám se tupým' od *pōros* 'vápenec'.

ostouzet, *ostuda*, *ostudný*. Viz ↓*stud*.

ostrakismus 'starořecké střepinové hlasování lidu o vypovězení nebezpečné osoby'. Z ř. *ostrakismós* od *óstrakon* 'hliněná střepina' (jméno toho, kdo měl být vyhoštěn, se psalo na hliněné střepiny).

ostroh 'příkrý skalní výběžek'. P. *ostróg* 'palisáda z naostřených kůlů', ukr. *ostríh* 'pletený plot se střechou', r. *ostróg* 'pevnost, vězení', sln. *ostròg* 'palisádou opevněné místo', stsl. *ostrogъ* 'kůl, palisáda'. Psl. **ostrogъ* znamenalo původně nejspíš '(naostřený) kůl', odvozeno od **ostrъ* (↓*ostrý*). Nynější č. význam je asi dost mladý (u Jg je jen význam 'kůly ohrazené místo'). Srov. ↓*ostruha*.

ostrov, *ostrůvek*, *ostrovní*, *ostrovan*. P.st. *ostrów*, r. *óstrov*, s. òstrvo, stsl. *ostrovъ*. Psl. **ostrovъ* je tvořeno z **o(b)-* a odvozeniny od ie. **sreu-* 'téci' (ve slov. vkladné *-t-*), srov. r. *strujá* 'proud' a dále lit. *sravà* 'tok', sti. *srávati* 'teče'. Původně tedy 'co je obtékáno' (soudí se, že tedy původně šlo o ostrovy říční), co do tvoření srov. ch. òtok tv. Srov. také ↓*strouha*.

ostruha. Stč. *ostroha* (dnešní tvar asi disimilací dvou *o*), p. *ostroga*, r. *ostrogá* 'harpuna', s./ch. ȍstruga. Psl. *ostroga je tvořeno příp. *-oga* od *ostrъ (↓*ostrý*), srov. ↑*ostroh*.

ostružina, *ostružinový, ostružiní, ostružiník*. P. *ostręga*, sln. *ostrôžnica*, s./ch. ȍstruga. Psl. *ostrǫga je odvozeno od *ostrъ (má trny), k tvoření srov. i ↑*ostruha*, ↑*ostroh*.

ostrý, *ostrost, ostří, ostřice, ostřit, naostřit, vyostřit, zaostřit*. Všesl. – p. *ostry*, r. *óstryj*, s./ch. ȍštar, stsl. *ostrъ*. Psl. *ostrъ je příbuzné s lit. *aštrùs*, lat. *ācer* tv., ř. *ákros* 'vysoký, strmý, krajní', sti. *áśri-* 'roh, kraj, ostří', výchozí ie. **akro-*, **akri- (A1)* (ve slov. a balt. vkladné *t*) je odvozeno od **ak-* 'ostrý'. Srov. ↑*ostroh*, ↑*ostruha*, ↑*ostružina*, ↓*ostříž*, ↑*osina*, ↑*osten* i ↑*jeseter*, ↑*akrobat*, ↑*akutní*.

ostříž, *ostříží*. Od ↑*ostrý* ('pták s ostrým zrakem'). Stejná odvozenina je i v sln. *ostríž*, kde je to ovšem název jistých ryb s trny na hřbetní ploutvi.

ostýchat se, *ostych, ostýchavý, ostýchavost*. Expr. obměnou ze stč. *ostýdati sě* tv., jinak viz ↓*stydět se*. K expr. tvoření pomocí -*ch* srov. ↑*máchat*, ↑*míchat*, ↑*brach* aj.

osud, *osudný, osudový, osudovost*. Od stč. *osúditi* 'přisoudit, odsoudit', tedy 'co je člověku přisouzeno'. Srov. r. *sud'bá* tv., dále viz ↓*soud*.

osudí 'otáčivý buben či jiná nádoba k losování'. Stč. *osudie* 'nádoba (sud, džbán ap.), nářadí' naznačuje, že slovo etymologicky patří k ↓*sud* (Ma² pod *sud*), posun významu je způsoben lid. etym. spojením s ↑*osud (D2)*.

osvojit si, *osvojení, osvojitel*. Od ↓*svůj*.

ošatka. Stč. *ošitka*. Podle toho, že byla obšitá lýkem (viz ↓*šít*) (Ma²). Změna formy vlivem slova *košatka* (↑*koš*) podobného významu (Jg).

ošemetný, *ošemetnost*. Stč. *ošemet, ošemetnost* 'faleš, licoměrnost, klam'. Lze srovnat s r.d. *šemetát* 'zahálet' a také s naším ↑*ochomýtat se*. Stejně jako v těchto případech jde nejspíš o útvar ze základu **met-* (viz ↑*mést*, ↑*metat*, ↑*motat*), *še-* je expr. předp., další předp. *o-* má stejný význam jako např. v ↓*ošidný*, *ošálit* (↓*šálit*) ap.

ošidný. Od *ošidit* (↓*šidit*).

ošívat se. Spojuje se se stč. *ošiti líce* 'zpolíčkovat, udeřit do tváře', csl. *ošiti se*, 'odbíjet od sebe', odvozenými od psl. **ši(b)ti (A7)*, variantě k *šibati 'vrhat, bít' (k tomu viz ↓*šibal*, ↓*šibenice*). V č. záhy splynulo s ↓*šít* (Ma² pod *šibati*).

ošklivý, *ošklivost, ošklivec, ošklivit si*. Původně zřejmě 'odporný, vzbuzující nevolnost' (srov. stč. *pokrmu tělestného nakrmí se do ošklivosti*). Východiskem č. slova bude asi *o-tъsklivъ (bez předp. mu odpovídá p. *ckliwy* 'nechutný, odporný') s poněkud nepravidelným hláskovým vývojem (ztráta *t* a změna *sk*>*šk*). Dále viz ↓*teskný*. K významové souvislosti 'stesk' – 'nevolnost' srov. např. p. *nudno mi* 'je mi nevolno; nudím se, stýská se mi'. Výklady u Ma¹, Ma² a HK jsou nepřesvědčivé.

ošlejch 'druh česneku'. Z něm. *Aschlauch* tv. a to ze střlat. *ascalonium* podle palestinského města *Askalonu*, odkud ho přivezli křižáci.

oštěp, *oštěpař*. Stč. *oščep, oščiep (C3)*, p. *oszczep*, r.st. *oskép* tv. Viz ↑*o* a ↓*štípat*, vlastně 'osekaný kus dřeva'.

ošulit ob. expr. 'podvést, obalamutit'. Viz ↓*žulit*.

ošuntělý ob. expr. 'obnošený, opotřebovaný'. Asi expr. obměna řidšího *ošumělý* tv. (s přikloněním k ↓*šunt*), dále ne zcela jasné. Snad nějakou metaforou od ↓*šumět*, podle jiného názoru obměnou od ↓*šoupat* (Ma²).

otálet, *otálení*. Jen č., ne zcela jasné. Nejspíš z pč. **otdáľati (C1)* (viz ↑*od* a ↑*dálka*), srov. r. *otdaljáť* 'oddalovat, odkládat'.

otava 'tráva narostlá po prvním kosení'. Všesl. – p.d. *otawa*, r. *otáva*, s./ch. *òtava*. Psl. **otava* má více výkladů. Nejspíš lze vyjít ze slovesa **otaviti (sę)* 'zotavit se, vzmoci se' (viz ↓*zotavit se*), tedy 'tráva, která se zotavuje' (Ma²), možná je ovšem i rekonstrukce slovesa **ot-aviti* z předl. **otъ* ve starém významu 'znovu' (viz ↑*od*, ↑*ocún*) a **aviti* (↑*jevit*), tedy 'tráva, která se znovu objevuje' (Ma¹, HK).

otčím. P. *ojczym*, r. *ótčim*, csl. *otъčimъ*. Psl. **otъčimъ* je odvozeno od **otъčiti* 'učinit otcem' od **otьcь* (↓*otec*), podobně jako s./ch. *pòbratim* 'důvěrný přítel (jako bratr)' od **pobratiti* (viz ↑*bratr*).

otec, *otcovský, otcovství, otčina*. Všesl. – p. *ojciec*, r. *otéc*, s./ch. *òtac*, stsl. *otьcь*. Psl. **otьcь* je zdrobnělina od **otъ*, což je původem dětské žvatlavé slovo (srov. ↓*táta*) odpovídající gót. *atta* (srov. germ. jméno hunského válečníka *Attila*, doslova 'tatíček'), lat. *atta*, ř. *átta*, chet. *atta-* tv., ale i tur. *ata*, maď. *atya*, bask. *aita* tv. Toto dětské slovo nahradilo původní ie. výraz pro otce, o němž viz ↓*páter*.

otep 'svazek slámy, roští ap.', *otýpka*. Od slovesa ↓*tepat*, vlastně 'svazek vymlácené slámy'.

otevřít, *otevřený, otvor*. Z psl. **otъverti (B8)*, předp. *ot-* (↑*od*) se zde udržela v původní podobě. Dále viz ↓*-vřít*.

otěž 'řemen na řízení tažného či jízdního zvířete'. Stč. *ottěže*, luž. *wotěžka*. Od ↓*táhnout*, kůň se jimi řídí ('odtahuje') na tu či onu stranu (Ma²).

otka 'náčiní na odstraňování hlíny z pluhu'. Z **o(t)-tъka* od **o(t)tъknǫti*

'odetknout, odstranit'. Viz ↓*týkat se*, srov. ↓*zátka*, ↑*důtka*.

otoman 'pohovka bez opěradla na jedné straně vyvýšená'. Z fr. *ottomane* (od 18. st.), vlastně 'osmanská (turecká) pohovka' od ar. *Othmān* (v tur. výslovnosti *Osman*), jména zakladatele osmanské říše zač. 14. st.

otorinolaryngologie 'obor lékařství zkoumající choroby ušní, nosní a krční'. Uměle z ř. *oũs* (gen. *ōtós*) 'ucho' (srov. ↓*ucho*), *rhī́s* (gen. *rhīnós*) 'nos' a *lárynx* 'hrdlo, jícen' (viz ↑*laryngitida*) a ↑*-logie*.

otrapa 'pobuda'. Stč. jen ve významu 'útrapa, omráčení' (viz ↓*trápit*). Posun k významu 'kdo trápí jiné' má obdobu např. v *otrava* 'otravný člověk', srov. i *ochlasta* ap.

otrlý, *otrlost*. Vlastně 'otřelý, protřelý' od *otřít* (↓*třít*) podobně jako je ↑*nevrlý* od *(ne)vřít*, *umrlý* od *umřít*.

otrok, *otrocký, otroctví, otrokář, otrokářský, otrokářství, otročit, zotročit*. Hl. *wotročk* 'pacholek', r.st. *ótrok* 'chlapec', sln. *òtrok* 'dítě', stsl. *otrokъ* 'dítě, chlapec, sluha'. Psl. **otrokъ* se obvykle vykládá z *ot-* (↑*od*) a odvozeniny od slovesa **rekti* (↓*říci*), tedy 'kdo je mimo mluvení', ať už proto, že mluvit neumí (dítě), či nesmí (otrok). Podobně je motivováno lat. *īnfāns* 'dítě', původně 'nemluvící, neumějící mluvit' (viz ↑*infant*) (Ma², HK). Srov. i ↓*prorok*.

otruby 'odpad při mletí obilí'. P. *otręby*, r. *ótrubi*, sln. *otrôbi*, csl. *otrǫbi*. Psl. **otrǫbi/*otrǫby* je odvozeno od **otrǫbiti* 'odsekat, odtlouci' z **ot-* (↑*od*) a **rǫbiti* (viz ↓*rubat*).

otrušík zast. 'arzenik'. Asi od ↓*utrejch* tv. (srov. slk.d. *otruch*), možná s přikloněním k stč. *otrúsiti* 'otrávit'.

otvírat. Viz ↑*otevřít*, ↓*-vřít*.

otylý, *otylost*. Viz ↓*týt*.

ouha citosl. Z citoslovcí *ou* a *ha*. Srov. ↓*ouvej*.

ouklej 'stříbřitá povrchová rybka'. P. *ukleja*, r. *ukléjka*, s./ch. *ùklija*. Psl. *uklěja je příbuzné s lit. *aukšlẽ* tv., jinak jsou obě slova nejasná.

oukrop 'vodová polévka s česnekem'. Stč. *úkrop*, slk. *úkrop* 'polévka s ovčím sýrem', hl. *krop*, p. *ukrop* 'vroucí voda', r. *ukróp*, stsl. *ukropъ* tv. Odvozeno od *kropiti (↑*kropit*).

outsider 'závodník, s nímž se nepočítá na vítězství'. Z angl. *outsider* tv. od *outside* 'vně, mimo' z *out* 'venku' (↑*aut*) a *side* 'strana'. Původně o koních, kteří byli mimo okruh favoritů.

ouvej citosl. Z *ou* a *vej*, porovnává se se střhn. *ouwē*, *ōwē* tv. (dnes *weh*, z toho subst. *Weh* 'bolest, žal') i s lat. *vae* 'ach, běda', sti. *uvé* tv. Může jít o staré, již ie. citosl.

ouvertura 'předehra'. Z fr. *ouverture*, vlastně 'otevření', a to přes vlat. *opertūra z lat. *apertūra* od *aperīre* (příč. trp. *apertus*) 'otevřít' a to z ↑*ab-* a ie. kořene **ver-*, který je i v ↓*-vřít*. Srov. ↑*aperitiv*.

ovace 'veřejná nadšená pocta'. Z lat. *ovātiō* 'malý triumf, slavnost', což byla římská slavnost, při níž vítězný vojevůdce vcházel či vjížděl na koni do města. Od *ovāre* 'jásat, slavit' asi onom. původu. Srov. ↓*triumf*.

ovád. P. *owad*, r. *óvod*, s./ch. *òbād*. Psl. *ovadъ či **ob(v)adъ* nemá jednoznačný výklad. Pokud vyjdeme z první podoby, lze vyložit jako starou složeninu ze ie. **ou̯(i)-* 'ovce' a **ōdo-*, odvozeniny od ie. **ēd-* 'jíst' (A6), tedy 'ten, kdo hryže ovce'. Od stejného kořene je asi i lit. *úodas* 'komár'. Proti se někdy namítá, že *ovád* obtěžuje především hovězí dobytek (srov. i lid. názvy *hovado*, *hovád* ap.). Snad by se dalo vyjít i z **ob-ōd-* (↑*ob*), tedy 'kdo ožírá (dobytek)'. Jiný výklad vyděluje

předp. **ob-* a kořen slova spojuje se sti. *vadhati* 'bije' či ↓*vadit* (HK), tedy 'kdo vadí (dobytku)'.

ovál 'uzavřená vejčitá křivka', *oválný*. Přes něm. *oval* z pozdnělat. *ōvālis* tv. a to od *ōvum* 'vejce'. Srov. ↓*ovulace* a ↓*vejce*.

ovar. Od *ovařit*, viz ↓*vařit*.

ovce, *ovečka*, *ovčí*, *ovčák*, *ovčácký*, *ovčín*. Všesl. – p. *owca*, r. *ovcá*, s./ch. *óvca*, stsl. *ovьca*. Psl. *ovьca je z ie. **ou̯ikā* (srov. sti. *aviká* tv.), což je zdrobnělina od **ou̯i-* 'ovce', dochovaného v lit. *avìs*, sthn. *ouwi*, stir. *ói*, lat. *ovis*, ř. *óis*, sti. *ávi-* tv.

overal '(ochranná) kombinéza'. Z angl. *overall(s)* tv. z *over* 'přes' (srov. ↑*hyper-*) a *all* 'všechno', tedy 'co se navléká přes všechno ostatní'. Srov. ↓*pulovr*.

oves, *ovesný*. Všesl. – p. *owies*, r. *ovës*, s./ch. *òvas*, csl. *ovьsъ*. Psl. *ovьsъ je příbuzné s lit. *āvižos*, lot. *auzas*, lat. *avēna* (snad z *avigna), východiskem je ie. **au̯ig-* tv. (A1), ve slov. by pak došlo ke ztrátě znělosti.

ovívat. Viz ↓*vát*.

ovoce, *ovocný*, *ovocnář*, *ovocnářský*, *ovocnářství*. P. *owoc* 'plod', *owoce*, r. *óvošči* 'zelenina' (vzhledem k -šč- asi z csl.), s./ch. *vòće* 'ovoce', stsl. *ovoštь*, *ovoštije* 'ovoce, plody'. Psl. **(o)vot'e* je asi z **ou̯og-ti-* (B3) od ie. kořene **au̯eg-*, **u̯ōg-*, **aug-* 'zvětšovat (se), růst', od něhož je např. lit. *áugti* 'růst', lot. *augt*, něm. *wachsen* tv., lat. *augēre* 'zvětšovat'. Původní význam tedy asi 'co roste (srov. lot. *auglis* 'plod, ovoce' od téhož základu) (Ma²). Podobnost s něm. *Obst*, střdn. *ōvest*, sthn. *obaz* tv. je asi náhodná, něm. slova se vysvětlují z *uba-ētaz 'co je k jídlu' (k druhé části srov. ↑*jíst*).

ovšem část. Stč. *ovšem* 'zcela, vůbec, jako celek, obzvlášť, vždy a všude, samozřejmě, natožpak ap.'. Z ↑*o* a *všem* (viz ↓*všechen*).

ovulace 'periodické uvolňování zralého vajíčka z vaječníku', *ovulační*. Z nlat. *ovulatio*, utvořeného nově od lat. *ōvulum* 'vajíčko', zdrobněliny od *ōvum* 'vejce'. Srov. ↑*ovál*, ↓*vejce*.

oxid 'kysličník', *oxidovat, oxidace*. Přes něm. *Oxid* z fr. *oxyde*, kde bylo utvořeno v 18. st. od ř. *oxýs* 'ostrý, trpký, kyselý, prudký'. Srov. ↓*oxymoron*.

oxymoron 'přívlastek, který je ve zdánlivém rozporu s významem podstatného jména'. V 18. st. utvořeno z ř. *oxýs* 'ostrý, prudký' (srov. ↑*oxid*) a *mōrós* 'bláznivý, hloupý, ztřeštěný'.

ozon 'vzduch zvláštní vůně, bohatý kyslíkem'. Převzato z moderních evr. jazyků (něm. *Ozon*, fr., angl. *ozone*), kde v 20. st. zavedeno na základě ř. *ózōn* 'vydávající vůni' od *ózō* 'voním, páchnu'.

ožrat se zhrub. 'opít se', *ožralý, ožrala, ožralost*. Viz ↓*žrát*; ukazuje se zde původní význam 'hltat, polykat' (je jedno, zda jídlo, či pití).

P

pa- předp. Všesl. – p. *pa-*, r. *pá-*, s./ch. *pä*, stsl. *pa-* (skutečně produktivní ale jen v č. a sln.). Psl. **pa-* dávající základnímu slovu význam 'nepravý, podřadný, menší ap.' je vlastně varianta k **po-* (↓*po*) vzniklá dloužením z **pō-* (B5) (srov. dvojice *pořezat* – ↓*pařez, posekat* – ↓*paseka*). Nový význam se vytvořil z původních místních a časových významů předp. **po-* ('pryč, od, později' ap.) a předpona se osamostatnila. Srov. ↓*paběrek*, ↓*paklíč*, ↓*paroh*, ↓*pastorek*, ↓*pahorek*, ↓*palouk* i *pavěda, pablb* ap.

paběrek 'co zbude na poli po sklizni', *paběrkovat*. Sln. *páberek*, b. *báberki*. Psl. **paběrъkъ* je odvozeno od **pobьrati* ve významu 'sbírat později (po hlavní sklizni)' (viz ↑*pa* a ↑*brát*).

pac 'podání tlapky, dětské ruky ap.', *packa, pacička, pacinka*. Obdobná slova jsou v něm. *Patsch(hand)* 'podání ruky, pac', fr. *patte* 'tlapa', vše je onom. původu a příbuznost asi jen elementární, i když vliv něm. slova lze připustit. Srov. ↑*bacat*.

***pác** (ob. *mít něco v pácu* 'zamýšlet něco, mít něco vyhlédnutého'). Starší č. význam je 'mořidlo' z něm. *Beize* tv. Původně tedy koželužské rčení 'mít něco v mořidle' (Ma²). Srov. ↓*pajcovat*.

pacient, *pacientka, pacientský*. Z lat. *patiēns* (gen. *patientis*), původně 'snášející, trpící, trpělivý', vlastně přech. přít. od *patī* 'snášet, trpět'. Srov. ↓*pasiáns*, ↓*pasivní*, ↓*pašije*.

pacifikace 'zjednání míru, uklidnění', *pacifikovat*. Z lat. *pācificātiō* tv. od *pācificāre* 'zjednávat mír, uklidňovat' z *pāx* (gen. *pācis*) 'mír' a *-ficāre* (viz ↑*-fikace*).

pacifismus 'směr hlásající zachování míru za každou cenu', *pacifista*, *pacifistický*. Přes něm. *Pazifismus* z fr. *pacifisme*, utvořeného (19. st.) na základě lat. *pācificus* 'mír činící, mírumilovný'. Dále viz ↑*pacifikace*, srov. i ↓*pakt*.

packa. Viz ↑*pac*.

packat ob. expr. 'kazit, babrat'. Souvisí se slk. *packať* 'hudlařit', r. *páčkat'* 'mazat', sln. *pác(k)ati* tv., vše je onom. původu od citosl. *pac* (srov. ↑*pac*). Č. význam pod vlivem něm. *patzen* 'břídit, packat'.

pačesy hov. '(neupravené, rozcuchané) vlasy'. Původně 'odpadky lnu po druhém pročesání' od **počesati* (viz ↑*pa-* a ↑*česat*), motivace stejná jako u ↑*paběrek*.

páčit, *páčidlo, vypáčit*. P. *paczyć* tv. i 'překrucovat', sln., s./ch. *páčiti* 'komolit, překrucovat, kazit'. Psl. **pačiti* vzniklo asi mylnou deprefixací (oddělením domnělé předp.) z původního **opačiti* od **opakъ* (↑*opak*) (Ma²). Původně tedy asi něco jako 'obracet, působit proti ap.'. Dále srov. i ↓*páka*, ↓*pak*, ↓*zpěčovat se*, ↓*rozpaky*.

padat, *padnout, padací, pád, pádný, padák, padavka, zapadat, západ, západní, odpadat, odpad, odpadní, napadat, nápad, propadat, propad, připadat, případ, případný, spadat, spad, spád, rozpadat se, rozpad, upadat, úpadek, vypadat, vypadnout, výpad, přepadnout, přepadení, vpadnout, vpád* aj. Místo *padnout* bylo stč. *pásti*, 1.os.přít. *padu*, podobné tvary i v jiných slov. jazycích. Všesl. – p. *padać*, r. *pádat'*, s./ch. *pȁdati*, stsl. *padati*. Psl. **padati* a **pasti* (z **pad-ti* (A5)) je příbuzné se sthn. *gi-fezzan* tv. a sti. *pádyatē* 'padá, hroutí se' od ie. **ped-* 'padat', které je možná totožné s **ped-* 'noha' (viz ↓*pěší*). Slov. tvar je možná i výsledkem

kontaminace *(D3)* s ie. kořenem **pōl-* tv., který je v lit. *pùlti* a něm. *fallen* tv. (Ma²). Srov. ↓*past,* ↓*padouch,* ↓*padoucnice,* ↓*propast,* ↓*pádit.*

padělat, *padělaný, padělek, padělatel, padělatelský.* Viz ↑*pa-* a ↑*dělat.*

padesát. Viz ↓*pět* a ↑*-desát.*

padišáh 'nejvyšší titul někdejších muslimských vládců persko-indické oblasti'. Z per. *pādšāh* z *pād* 'ochránce' a *šāh* 'král'. Srov. ↓*šach,* ↓*šejk,* ↓*paša.*

pádit. Jen č. Asi od ↑*padat* (srov. tak *já padám, běžím, letím ap.*).

pádlo, *pádlovat.* Přes něm. *Paddel* z angl. *paddle* tv. a tam asi z fr. *pale* 'lopatka, list (pádla, vrtule ap.)' z lat. *pāla* 'lopata'.

padoucnice 'epilepsie'. Od ↑*padat* (stč. *padúcí nemoc*), protože postižený při záchvatu padá na zem.

padouch, *padoušský.* Stč. *padúch* 'padouch, lotr, lupič'. Zjevně od ↑*padat*, ale motivace není zcela jistá. Snad prostě 'kdo mravně padl' či 'kdo odpadl od šibenice', srov. ↑*neurvalý.*

paďour hov. hanl. 'maloměšťák, pohodlný víkendový turista'. Asi expr. přetvoření od *padavka*, původ bude v trempském slangu.

*padrť *(na padrť* 'na drobné kousíčky, úplně'). Viz ↑*pa-* a ↑*drtit.*

paf citosl., adj. Z něm. *paff* v obou významech (srov. něm. *paff sein* 'zůstat paf, být zaražen').

paginace 'označování stránek'. Z moderních evr. jazyků (něm. *Pagination*, fr., angl. *pagination*) a tam od lat. *pāgina* 'stránka'.

pagoda 'orientální věžovitá chrámová stavba'. Přes něm. *Pagode*, fr. *pagode* z port. *pagode*, přejatého z nějakého jazyka indické oblasti, přesný zdroj je však sporný.

pahorek, *pahorkatý, pahorkatina.* Viz ↑*pa-* a ↑*hora.*

pahýl, *pahýlovitý.* Jen č. (až od Jg, kde je v podobě *pahejl*), nejasné.

páchat, *pachatel(ka), spáchat, napáchat.* P.st. *pachać* tv., r. *pachát'* 'orat'. Psl. **pachati* snad znamenalo původně 'konat těžkou práci', původ by mohl být onom. od citosl. základu **pach-* 'těžce oddychovat' (HK). V tom případě je asi etymologicky totožné s ↓*páchnout.* Srov. ještě ↓*pachtit se,* ↓*prostopášný.*

páchnout, *pach, zapáchat, zápach.* P. *pachnąć* 'vonět', r. *páchnut'* tv. Psl. **pachnǫti* 'vydávat vůni či zápach' je asi onom. původu (srov. i sln. *páhati* 'vát, foukat'), původní význam asi 'vydechovat' (srov. ↑*páchat*). Poměrně blízko stojí i útvary na **pych-, *puch-* (srov. ↓*puch,* ↓*pýcha,* ↓*pýchavka,* ↓*puchnout* ap.), které však mají širší příbuzenstvo.

pachole, *pacholátko, pacholík, pacholek.* P. *pacholę*, r. *pácholok.* Utvořeno nejspíš z **pa-* (↑*pa-*) a základu **chol-*, který je v r. *chólit'* 'pečlivě se starat', jehož další původ není jistý (srov. ↑*chlácholit*). K významovému vztahu 'dítě' – 'sluha' srov. ↓*rab,* ↑*otrok.*

pacht zast. 'nájem pozemku k hospodářské činnosti', *pachtovné, propachtovat.* Z něm. *Pacht* tv. a to z lat. *pactum* 'smlouva, ujednání' (viz ↓*pakt*).

pachtit se. Stč. *pachtiti* 'hýbat, házet (rukama ap.)'. Jen č. Přitvořeno k ↑*páchat* podobně jako ↑*dychtit* k ↑*dýchat* (HK).

pajdat ob. expr., *pajda, pajdavý, upajdaný.* Expr. útvar rýmující se se ↓*šmajdat,* ↓*trajdat,* výchozí slovo – je-li nějaké – lze těžko určit (podle HK ↑*padat?*).

pájet 'letovat', *pájecí, páječka, pájka.* Výpůjčka z r. *pajat'* tv., což je pravidelný zdloužený tvar od *pojiti (viz ↓pojit) (B5).

pajšl ob. zhrub. 'plíce, žaludek'. Z něm.d. (bav.-rak.) *Beuschel* 'plíčky, jídlo ze zvířecích vnitřností', jež asi souvisí s něm. *Bauch* 'břicho'.

pajzl ob. hanl. 'krčma, putyka'. Z rak.-něm. *Beis(e)l* tv., což je zdrobnělina jidiš *bajis* 'dům' z hebr. *bajit, bēt* tv.

pak přísl., *pakliže*. Hl. *pak* 'však, zase', r.d. *páki* 'opět, ještě', s./ch. *pa, pȁk, pȃk* 'ale, vždyť, pak', stsl. *paky* 'zase, zpět, pak'. Psl. **pakъ, *paky* vzniklo mylnou deprefixací z **opakъ, *opaky* (↑*opak*) (k tomu srov. ↑*páčit*). Vývoj významu byl asi 'zpět' → 'znovu, zase' → 'později, potom' (Ma[2]). Viz také ↓*pakostnice*, srov. ↓*pako*.

páka, *páčka, pákový*. Jen č., přitvořeno k ↑*páčit*, srov. i ↑*pak*.

pakatel hov. 'nepatrná finanční částka'. Něm. výslovností z fr. *bagatelle* 'maličkost, hloupost' (viz ↑*bagatelizovat*).

pakáž hanl. 'sebranka'. Přes něm. *Bagage* tv. (asi kontaminací s *Pack* tv.), původně 'zavazadlo', z fr. *bagage* (viz ↑*bagáž*). Hanlivý význam je z vojenského slangu – bojové jednotky tak nazývaly mužstvo zabezpečující přepravu zavazadel, proviantu ap.

pakl ob. 'balík, balíček (karet ap.)', *paklík*. Z něm. *Packel*, což je zdrobnělina od *Pack* 'balík'. Srov. ↓*pakovat*.

paklíč. Viz ↑*pa-* a ↑*klíč*.

pako ob. hanl. 'hlupák, blázen', *pakárna* 'ubíjející práce; blázinec'. Snad od něm. *Pack* 'sebranka, holota' (viz ↑*pakáž*), jiný výklad spojuje se starším *pakost* 'škoda, neduh, zlo', původně vlastně 'co je naopak' (viz ↓*pakostnice*).

pakostnice zast. 'vleklé kloubní onemocnění (dna, revmatismus)'. Od stč. *pakost* 'neduh, zlo, svízel' a to

od přísl. ↑*pak* (vlastně 'co je opačné, protivné'). Lid. etym. spojováno s ↑*kost*.

pakovat 'balit'. Z něm. *packen* tv. od *Pack* 'balík, ranec'. Srov. ↑*pakl*.

pakt 'smlouva', *paktovat se*. Z lat. *pactum* (případně přes něm. *Pakt*) tv., což je původně příč. trp. od *pacīscī* 'ujednat, smluvit' a to od ie. **pak-* 'upevnit, přizpůsobit se'. Od stejného kořene je lat. *pāx* '(smluvený) mír', srov. ↑*pacifikace* i ↑*pacht*.

palác, *palácový*. Z it. *palazzo* tv. a to z lat. *palātium* 'císařský dvůr, palác' podle jména jednoho z římských pahorků *Palātium*, kde sídlili římští císaři.

palačinka. Přes slk. z maď. *palacsinta* 'palačinka, lívanec' a to nejspíš přes rum. *plăcintă* z lat. *placenta* 'koláč' (viz ↓*placenta*).

palanda 'jednoduché (poschoďové) lůžko'. V lid. řeči od nář. *palác* 'palanda, vyvýšená dřevěná plošina pod stropem', přeneseně od ↑*palác*. Podobné je r. *poláti* (pl.) tv., to pak je od *poláta, paláta* 'komora, pokoj' (srov. *palátka* 'přístřešek, stan') a to nejspíš přes stsl. *polata* 'palác, pokoj, přístřešek' ze stř. *palátion* opět z lat. *palātium* (viz ↑*palác*).

palaš 'těžký jezdecký meč'. Stejně jako p. *pałasz* či r. *paláš* přejato z maď. *pallos* tv. a tam možná z tur. *pala* 'meč'.

palatála 'měkká, předopatrová souhláska', *palatální, palatalizovat, palatalizace*. Utvořeno v moderní době od lat. *palātum* '(přední) patro, klenba'.

palcát. Přejato husity z maď., kde ovšem *pálcat* je tvar ak. sg. od *pálca* 'hůl' převzatého ze slk. *palica* tv. (viz ↓*palice*).

palčivý. Od ↓*pálit*.

palec, *paleček, palcový, palčák*. Všesl. – p. *palec* 'prst' (*palec wielki* 'palec'), r. *pálec* tv., s./ch. *pȁlac* 'palec'. Psl.

*palьcь má nejblíže k lat. *pollex* 'palec'. Dále se spojuje s lat. *pollēre* 'být silný, mohutný' (Ma[2]) či b.st. *pálam* 'hledám', sthn. *fuolen* (něm. *fühlen*) 'cítit', per. *pālidan* 'hledat, stopovat' (výchozí význam asi 'ohmatávat') (HK). Výchozím ie. tvarem je v obou případech *põlo-/*polo- (B5), ale základní významy 'tlustý, mohutný' a 'ohmatávat, hledat' lze těžko spojit.

paleo- (ve složeninách) 'starodávný'. Z ř. *palaiós* 'dávný, starobylý'. Srov. ↓*paleografie,* ↓*paleolit,* ↓*paleontologie.*

paleografie 'nauka o starých písmech'. Viz ↑*paleo* a ↑*-grafie.*

paleolit 'starší doba kamenná', *paleolitický*. Z ↑*paleo-* a ř. *líthos* 'kámen'. Srov. ↑*neolit,* ↑*monolit,* ↑*litografie.*

paleontologie 'věda o organismech v minulých geologických dobách'. Viz ↑*paleo-* a ↑*ontologie.*

paleta[1] 'malířská deska k roztírání a míchání barev; police (obvykle na kolečkách) k skladování a přemisťování zboží'. Z fr. *palette* či it. *paletta* (případně přes něm. *Palette*) tv., což jsou zdrobněliny od fr. *pale,* resp. it. *pala* 'lopatka, list (vrtule)' z lat. *pāla* 'rýč, lopata'. Srov. ↑*pádlo.*

paleta[2] hov. 'vysoký účet'. Dříve 'úřední potvrzení, lístek'. Z it. *boletta* 'potvrzenka o zaplacení daně', což je zdrobnělina od *bolla* 'listina' z lat. *bulla* (viz ↑*bula*).

paleto 'polodlouhý dámský plášť'. Přes něm. *Paletot* 'tříčtvrteční pánský plášť' z fr. *paletot* tv. (do módy přišel kolem r. 1840) a tam ze střfr. *palletoc, paltoc* 'druh krátkého pláště', jehož původ je nejistý. Souvislost s lat. *palla* 'říza', *pallium* 'plášť' je sporná.

palice, *palička, paličkovat, paličatý, paličatost, paličák*. Všesl. – p. *palica* 'velká hůl, kyj', r.st. *pálica* 'hůl, klacek', s./ch. *pàlica* 'hůl', stsl. *palica*

tv. Psl. *palica* nemá jednoznačný výklad. Přijmeme-li starobylost slovesa uvedeného pod ↓*pálit*[2], zdá se tato souvislost nejpřirozenější (srov. ↓*pálka*). Podle jiných souvisí s ↓*pálit*[1] – hole bývaly opalovány nad ohněm, aby získaly pěknou barvu i trvanlivost (Ma[2], HK). Byl-li původní význam 'tlustá hůl, kyj', lze vyjít i z *palъ,* jež by bylo pokračováním ie. *põlo-* 'tlustý, mohutný' (srov. ↑*palec*). Metaforický zhrub. význam 'hlava' je jen č. (na základě významu 'hůl s hlavicí', který jinde není), odtud *paličatý* ap.

palisáda 'hradba z kůlů'. Přes něm. *Palisade* z fr. *palissade,* stprov. *palissada,* což je kolektivum od *palissa* tv. od *pal* '(hradební) kůl' z lat. *pālus* 'kůl'.

palisandr 'druh tropického dřeva', *palisandrový*. Z fr. *palissandre* z niz. *palissander* a to z nějakého jazyka jihoamerické Guyany.

pálit[1] 'žhnout', *pálený, pálenka, pálivý, palčivý, palič, paličský, palba, palební, palebný, spálit, spáleniště, spála, spalničky, opálit se, zapálit, vypálit, připálit, upálit, úpal, připálit, podpálit, napálit, dopálit, popálit se, propálit, přepálit* aj. Všesl. – p. *palić,* r. *palítʹ',* s./ch. *páliti,* stsl. *paliti.* Psl. **paliti* je vlastně kauzativum k slovesu dochovanému v stsl. *polěti* 'hořet', tedy původně 'způsobovat, že něco hoří'. Ie. kořen **pel-/*pol-* je ve významu 'pálit, hořet' dochován jen v slov., k dalšímu příbuzenstvu viz ↓*plamen,* ↓*plát*[2], ↓*popel,* ↓*poleno.* Význam 'střílet' je ze starého způsobu střelby zapálením doutnáku, roznětky ap., jiné je asi 'odbíjet míč' (viz ↓*pálit*[2], *pálka*). Metaforické přenesení je i v *dopálit* či *napálit* 'obelstít'.

pálit[2] 'odbíjet míč ap.'. Novější, zřejmě deprefixací z běžnějšího *napálit* 'udeřit', *odpálit* 'odrazit', *vpálit* 'vrazit' ap. Někdy se vykládá přeneseně od významu 'střílet' (viz ↑*pálit*[1]), ale nářeční doklady v br. *otpalíc', zapalíc'* 'udeřit', r. *zapalít'*, sln. a ch. *opáliti* tv. svědčí spíš pro starobylost významu a souvislost psl. **paliti* s lat. *pellere* 'odhánět, porážet, tlouci' a snad i se sti. *sphāláyati* 'naráží, tluče', východiskem by bylo ie. **(s)pel-* 'tlouci' (Ma[2]) *(A5,A6)*. Ve slov. zřejmě splynulo se slovesem ↑*pálit*[1], ale zcela vyloučit nelze ani společný původ obou slov – *pálit*[1] by pak odráželo primitivní způsob rozdělávání ohně tlučením (křesáním) či třením dřev ap. (HK). Srov. ↑*palice*, ↓*pálka*.

pálka. Novější, od ↑*pálit*[2], srov. i r. *pálka* 'palice' (viz ↑*palice*).

palma, *palmový*. Z lat. *palma* tv., původně 'dlaň' (podle tvaru listů, které připomínají prsty rozevřené ruky). Srov. ↓*palmáre*.

palmáre 'odměna advokátovi'. Ze střlat. *palmaris, palmarium* tv. 'odměna advokátovi za vyhraný proces' odvozeného od lat. *palma* (viz ↑*palma*), přeneseně 'vítězství' (palmové listy symbolizují vítězství).

palouk, *paloučeк*. Viz ↑*pa-* a ↑*louka*.

paluba, *palubní, palubový, palubka*. Převzato z r. *páluba* 'střecha lodi či vozu' (srov. i p. *pałuba* 'krytý vůz') a to od slovesa **polubiti* 'pokrýt tenkým dřevem' (viz ↑*pa-* a ↑*lub*). Odtud také *palubka* 'úzké prkno na podlahu'.

pamatovat (si), *zapamatovat (si), upamatovat (se), vzpamatovat (se)*. Viz ↓*paměť*.

paměť, *pamětní, pamětník, pamětový, pamětlivý, památný, památník, památka, památkový, památkář, památkářský*. Všesl. – p. *pamięć* 'paměť, vzpomínka', r. *pámjat'* tv., s./ch. *pằmēt* 'rozum, mysl', stsl. *pamętь* 'paměť, památka'. Psl. **pamętь* je utvořeno z **pa-*, zde nejspíš ve významu 'pozdější, vzdálenější' (↑*pa-*) a **mętь* (B7), které

odpovídá lit. *mintìs* 'myšlenka', lat. *mēns* (gen. *mentis*) 'mysl, rozum, myšlenka', sti. *matí-* 'mysl, myšlenka', vše z ie. **menti-, *mn̥ti-* 'myšlenka' *(A7)* od **men-* 'myslet'. Původní význam psl. **pamętь* tedy nejspíš byl 'pozdější myšlenka' (= 'vzpomínka, památka'). Srov. ↑*mníti*, ↓*pomník*.

pamflet 'hanopis'. Z angl. *pamphlet* (nynější význam asi od 18. st.) z (anglo)střlat. *panfletus* (14. st.) 'spisek, sešitek' a to ze stfr. *Pamphilet*, zkráceného názvu oblíbeného střlat. milostného románku *Pamphilus seu de amore* (12. st.).

pamlsek. Viz ↑*pa-* a ↑*mlsat*.

pampa 'jihoamerická step'. Ze šp. *pampa* a to z jazyka kečua, kde slovo znamená 'rovina'.

pampeliška, *pampeliškový*. Jen č., ne zcela jasné. Dříve a nář. také *pampeluška, pampuliška, pampliška, pamprléška* aj., je jasné, že slovo podléhalo různým nepravidelným změnám. Zřejmá je souvislost s něm.d. podobami *Pampelblume, Pompelblume*, což jsou varianty dněm. *Pappenblume, Pappenstiel*, hněm. *Pfaffenplatte, Pfaffenstiel* aj., kde v první části je hněm. *Pfaffe*, dněm. *Pappe* 'kněz' (srov. ↓*papež*, ↓*pop*). Může to být lid. etym. (srov. totiž lat. *pappus* 'chmýří'), na druhou stranu je nesporná řada lid. názvů srovnávající holé okvětí po opadání chmýří s hlavou duchovních s vyholenou tonzurou (srov. střlat. *caput monachi* 'mnichova hlava', něm. *Mönchskopf*, p. *popowa głόwka* i naše *pléška*) (Ma[2]). Celkově slovo budí dojem, jako kdyby došlo ke křížení něm. nář. podob právě s domácím *pléška*.

pan 'označení muže ve spojení se jménem, titulem, povoláním ap.'. Zkrácením z ↓*pán* při rychlém mluvení a časté frekvenci, srov. např. ↓*slečna*.

pan- (ve složeninách) 'vše'. Z ř. *pās* (ve složeninách *pan-*, gen. *pantós*)

'všechen, úplný'. Srov. ↓*pansofie*,
↓*panoráma*, ↓*panteon*, ↓*panoptikum*,
↓*pandemie* i panamerický,
panslavismus. Viz i ↓*panto-*.

pán, *paní, panský, panstvo, panic,
panictví, panna, panenka, panenský,
panenství, panák, panáček, panáčkovat,
panovník, panovat, opanovat, panoš.*
Stč. i *hpán, luž.*, p. *pan*, v jsl. a vsl. jsou
ekvivalenty jiné (viz ↑*Hospodin*). Zsl.
*gъpanъ (či *panъ) nemá jistý původ.
Klíčovou otázkou pro rekonstrukci
slova je, zda stč. *h-* je etymologické,
či pouze protetické *(B4)*. Podoby stč.
předložek ve spojeních *se (h)pánem, ode
(h)pána* svědčí spíš pro *gъpanъ, jež se
obvykle vykládá jako oslabená varianta
k *županъ (↓*župa*) (**gup-* × **geup-*
(B1,B2,B6)). Nepříliš pravděpodobný
je výklad považující za prvotní psl.
*panъji 'paní', domněle příbuzné s ř.
pótnia, sti. *pátnī* tv., k tomu by pak
bylo přitvořeno *panъ (Ma²).

paňáca. Asi přes něm. *Bajazzo*
'šprýmař' z it.d. *pajazzo*, it. *pagliaccio*
'pierot, šašek', doslova 'slaměná figura',
od *paglia* 'sláma', přikloněno k *panák*
(viz ↑*pán*). Srov. p. *pajac*, sln. *pajâc*.

pancíř, *pancéřový, pancéřovka*. Stč.
pancieř. Ze střhn. *panzier, panzer*
'brnění chránící trup' ze stfr. *pancier(e)*
tv. od *pance* 'břicho' z lat. *pantex* tv.
Srov. ↓*panděro*.

pančovat 'ředit vodou, slévat (pivo,
víno ap.)'. Z rak.-něm. *pantschen*
tv. onom. původu (původně 'pleskat,
plácat').

panda 'asijský medvídek'. Z angl.
panda a to z nějakého nepálského
jazyka.

pandán 'doplňující protějšek (uměleckého díla)'. Z fr. *pendant* 'přívěsek,
protějšek, doplněk', původem vlastně
přech. přít. od *pendre* 'věšet, viset, být
nerozhodnutý' z lat. *pendere* 'věšet,
vážit'. Srov. ↓*penze*, ↓*stipendium*.

pandemie 'obrovské rozšíření
nakažlivé choroby'. Přitvořeno v 18. st.
k ↑*epidemie*, viz ↑*pan-*.

panděro expr. 'břicho'. Dříve
i *pandero*. Původ ne zcela jasný.
Uvažuje se o přímém přejetí ze šp.
pandero 'buben' českými vojáky v rak.
armádě za válek o španělské dědictví
v 17., 18. st. (v román. jazycích jsou
i poměrně podobná slova pro 'břicho'
– šp. *pancho*, it. *pancia* z lat. *pantex*).
Je však i ukr. *bendjúch* 'břicho', r.
péntjuch 'tlusťoch', maď. *bendö* 'břicho'
aj. (Ma²).

panel, *panelový, panelárna, panelák.*
Z něm. *Paneel* tv. a to ze střdn.
pan(n)ēl 'sedlová poduška, dřevěné
obložení' ze stfr. *panel* 'kus látky,
destička, obroubená plocha', což je
vlastně zdrobnělina z *pan* z lat. *pannus*
'kus látky'. *Panelová diskuse* ap. je
z angl., kde *panel* znamená také 'porota'
(původně seznam porotců na destičce).

pánev, *pánvička, pánevní*. Stejně jako
p. *panew*, sln. *pónev* přejato ze sthn.
pfanna tv. a to z vlat. *panna* (z *patna)
z lat. *patina* 'mísa, pánev' z ř. *patánē*
tv. Srov. ↓*patina*, ↓*paténa*.

pangejt ob. 'příkop'. Dříve i *panket,
banket*, původně 'okrajový pás silnice'.
Z fr. *banquette* 'ochranný násep, lavička', což je zdrobnělina od *banc* 'lavice'
(viz ↑*banka*, ↑*banket*, srov. ↓*panchart*).

panchart zhrub. 'dítě'. Ze střhn. *banchart* 'nemanželské dítě', vlastně 'dítě
zplozené na lavici (nikoli v manželské
posteli)', od střhn. *banc* 'lavice' (srov.
↑*banka*). Druhá část je posměšně vzata
z něm. osobních jmen jako *Reinhart,
Gerhard, Bernhard*, kde *-hart, -hard*
znamená 'tvrdý, silný'. Srov. i ↑*bastard*.

paní, *panička*. Tak i stč. Z pč. *panъji
(B9) vedle staršího *panъja, dále viz
↑*pán*.

panika 'nepřiměřené zděšení působící zmatek', *panický*. Z něm. *Panik*, fr. *panique* tv. a to od ř. *deīma panikón* 'panický strach, strach z Pana' od jména řeckého boha plodnosti a stád *Pana*, protože se věřilo, že iracionální hromadný strach (zvláště u vojáků či zvířat) je způsoben jeho nenadálým objevením (býval zobrazován s kozlími rohy a paznehty).

panímanda zast. expr. 'zadnice'. Ze žertovného spojení *paní Manda* (jedno z domáckých jmen *Magdaleny*) užívaného o tlusté ženě (srov. ↑*machna*).

pank 'hudební a životní styl části mládeže, vznikající po r. 1975', *pankový, pankáč*. Z angl. *punk* 'mladý povaleč, výtržník, pitomec'.

pankreas 'slinivka břišní'. Z ř. *pankréas* tv., doslova 'celé maso', z ↑*pan-* a ř. *kréas* '(syrové) maso'. Srov. ↑*krev*.

panoptikum 'sbírka různých zvláštních předmětů (např. voskových figur) k pobavení diváků', *panoptikální*. Přes něm. *Panoptikum* z angl. *panopticon*, jež bylo vytvořeno v 18. st. z ↑*pan-* a ř. *optikós* 'týkající se vidění' (viz ↑*optika*). Původně název pro ideální kruhové vězení, v němž by byli vězni stále na očích.

panoráma 'široký celkový pohled', *panoramatický*. Přes něm. *Panorama* z angl. *panorama*, utvořeného a patentovaného koncem 18. st. Irem Bakerem pro kruhový obraz krajiny. Z ↑*pan-* a ř. *hórāma* 'podívaná, pohled' od *horáō* 'vidím, hledím', tedy 'veškerá, celková podívaná'.

panoš zast. Odvozeno od ↑*pán*.

pansofie 'souhrn všeho vědění, vševěda'. Utvořeno z ↑*pan-* a ř. *sofía* 'moudrost, vědomost' (srov. ↑*filozofie*). Srov. i ř. *pánsofos* 'velmi moudrý'.

pant hov. 'dveřní či okenní závěs'. Z něm. *Band* tv., vedle toho i 'páska,

tkanice, vaz', od *binden* 'vázat' z ie. **bhendh-* tv. Srov. ↑*bandáž*, ↓*pentle*.

panteismus 'filozofický výklad světa ztotožňující boha s přírodou, se světem', *panteistický, panteista*. Viz ↑*pan-* a ↓*teismus*, srov. ↓*panteon*.

panteon 'antický chrám zasvěcený všem bohům; místo k posmrtnému uctívání slavných příslušníků národa'. Z ř. *pántheion* z ↑*pan-* a odvozeniny od *theós* 'bůh'. Srov. ↑*panteismus*.

panter 'levhart'. Přes něm. *Panther* z lat. *panthēr(a)* z ř. *pánthēr* a to z nějaké neznámé východní předlohy. Ze stejného zdroje je asi i sti. *puṇḍarīka-* 'tygr'.

panto- (ve složeninách). Z ř. *pantós*, gen. od *pās* 'všechen' (viz ↑*pan-*). Srov. ↓*pantomima, ↓pantofel, ↓pantograf*.

pantofel, *pantoflíček*. Z něm. *Pantoffel* a to z it. *pantofola* tv., jehož původ není jistý. Starý populární výklad z nedoloženého stř. **pantófellos*, doslova 'celý z korku' (srov. ↑*panto-* a ř. *fellós* 'korek'), zavání lid. etym. *(D2)* (takové boty v jižnějších oblastech však opravdu často mívaly korkovou podrážku).

pantograf 'sběrač elektrického proudu u elektrických vozidel'. Přeneseně podle podoby z původního významu 'přístroj k překreslování plánů ap.' z ↑*panto-* a ↑*-graf*.

pantomima, *pantomimický*. Přes něm. *Pantomime* tv. z lat. *pantomīmus* 'mim' z ř. *pantómīmos* tv. (viz ↑*panto-* a ↑*mim*), vlastně 'kdo vše napodobuje'.

panychida 'smuteční slavnost, tryzna'. Z ř. *pannychís* '(celo)noční slavnost' z ↑*pan-* a odvozeniny od *nýchios* 'noční' od *nýx* 'noc' (viz ↑*noc*).

papá zast. 'tatínek', *papínek*. Z fr. *papa* (případně přes něm. *Papa*). Srov. i r. *pápa* tv. Dětské žvatlavé slovo jako ↑*máma*, ↓*táta* i ↓*papat*.

papacha 'vysoká čepice'. Z r. *papácha* a tam z ttat. jazyků (snad ázerb. *papaχ* tv).

papat, *papání, spapat, napapat se*. Dětské žvatlavé slovo založené na jedné ze základních slabik dětské řeči. Podobně i jinde – např. sln. *pāpati*, lat. *pappāre* tv., něm. *Pappe* 'dětská kaše', nř. *pappa* 'nějaké jídlo'. Odtud ↓*papula*, srov. i ↑*bábovka*.

pápěří 'prachové peří, chmýří', *pápěrka*. Dříve v podobě *pápeří*. Z ↑*pa-* a *peří* (↓*pero*), původně asi 'odpadky peří po draní' podobně jako ↑*pačesy*, ↑*paběrek*.

papež, *papežský*. Stejně jako sln. *pâpež*, stsl. *papežь* přejato ze sthn. *bābes* tv. (dnes *Papst*) a to ze stfr. varianty *papes* (vedle běžnějšího *pape*) z lat. *pāpa* 'otec', později 'biskup' a 'papež', z ř. *páppas* 'otec, tatíček'. Původem dětské žvatlavé slovo, srov. ↑*papá*, ↑*máma*, ↓*táta*. Ze stejného zdroje i ↓*pop*.

papila 'bradavka'. Z lat. *papilla* 'prsní bradavka, prs'. Původem asi dětské slovo, srov. ↑*papat*.

papír, *papírek, papírový, papírna, papírenský, papírenství, papírnictví,* hov. *papírovat, papírování*. Stč. *papier*. Ze střhn. *papier* a to přes stfr. *papier* z lat. *papȳrus, papȳrum* 'papyrus' z ř. *pápȳros* tv. Původ slova je asi egypt., protože z Egypta pochází i tento keř, jehož listy se upravovaly k psaní. Ve středověku pak bylo jméno přeneseno i na papír dnešní výroby.

papoušek, *papouščí, papouškovat*. Stč. i *papúch*. Starší přejetí z nějakého evr. jazyka (pozdně střhn. *papagey*, stfr. *papegai*, šp. *papagayo*) s úpravou koncovky. Novější přejetí z něm. jsou např. v slk. *papagáj*, sln. *papagâj*, ze 16. st. je r. *popugáj*. Do evr. jazyků se dostalo asi ar. *babbaḡā͡ᶜ*, další původ nejasný.

páprda ob. hanl. 'starý, pohodlný člověk'. Novější expr. útvar, asi utvořeno podle *pápěr(k)a* 'slabý, neduživý člověk' přikloněním k ↓*prdět*.

paprika, *paprikový, paprikovat*. Převzato přes slovenské trhovce z maď. *paprika* a to ze s./ch. *pàprika* tv. od *pàpar* 'pepř' (Ma²). Papriku přivezli do Evropy z Ameriky Španělé, k souvislosti s názvem již dříve známého pepře srov. šp. *pimentón* 'paprika', *pimiento* 'pepř' a také ↑*feferonka*.

paprsek, *paprskovitý*. Stč. *paprslek*, *papršlek*, *poprslek*. Jen č. Zřejmě od *poprskati (viz ↑pa-* a ↓*prskat*), lze snad interpretovat jako 'to, co je vidět po prsknutí ohně' (např. když kovář buší do rozžhaveného železa), pak další přenášení (Ma²).

papuče. Asi prostřednictvím maď. *papucs* z tur. *papuč* 'střevíc' (srov. i p. *papuć*, s./ch. *pàpuča* tv.) a to z per. *pāpūš*, vlastně 'pokrývka nohou', z *pā* 'noha' a *pūšīdän* 'pokrývat'.

papula ob. expr. 'pusa'. Nejspíš od stejného základu jako ↑*papat*, srov. však i lat. *papula* 'puchýř' a podobnou motivaci u ↑*huba*.

papundekl ob. 'tuhý lepený a lisovaný papír'. Z něm. *Pappendeckel* tv. z *Pappe* 'kaše' (nář. *Papp* 'škrobový maz') a *Deckel* 'desky (knihy), víko' (srov. ↑*dekl*).

papyrus. Viz ↑*papír*.

pár, *párek, páreček, párový, párovat, spárovat*. Z něm. *Paar* tv. a to z lat. *pār* 'stejný, rovný; partner, dvojice'. Srov. ↓*parita*, ↓*pářit se*.

para 'druh ořechu'. Podle brazilského státu *Pará*, odkud pochází.

pára, *parný, parník, pařit (se), pařák, pařeniště, opařit (se), opar, vypařit (se), výpar, odpařit (se), rozpařit (se), napařit (se), spařit (se)*. Všesl. – p. *para*,

r. *par*, s./ch. *pāra*. Psl. **para/*parъ* je odvozeno od **pariti* 'pařit, pálit', jež souvisí s p. *przeć* 'zapařovat se', r. *pret'* 'potit se, zahnívat'. Dále je asi příbuzné ř. *préthō* 'foukám, zapaluji, srším', chet. *parāi-* 'foukat, supět', východiskem je ie. **per-*, **prē-* 'foukat, sršet, prskat'.

para- (ve složeninách) 'podle, vedle, při aj.'. Z ř. *pará* tv., jež souvisí s ↓*při*. Srov. ↓*parabola*, ↓*paradox*, ↓*paragraf*, ↓*paralela*, ↓*parametr*, ↓*parazit*, ↓*parodie*.

parabola 'druh kuželosečky; podobenství'. Z ř. *parabolé* 'odbočení z cesty; srovnání, podobenství' od *parabállō* 'přihazuji, stavím stranou, srovnávám' z *pará* (↑*para-*) a *bállō* 'házím'. Srov. ↑*hyperbola*, ↑*balistika*.

paráda hov. 'nádhera, okrasa', *parádní, parádnice, parádit (se), naparádit (se), vyparádit (se)*. Přes něm. *Parade* 'paráda, okázalost, slavnostní přehlídka' z fr. *parade* '(slavnostní) přehlídka' (srov. *de parade* 'parádní, okázalý, sváteční') ze šp. *parada* 'zastavení, přestávka, přehlídka' od *parar* 'zastavit (se)' z lat. *parāre* 'připravovat'. Posun významu ve fr. vlivem slovesa *parer* 'zdobit, připravovat' ze stejného lat. zdroje.

paradentóza, **parodontóza** 'chronické nezánětlivé onemocnění tkání v okolí zubu'. Nová složenina z ↑*para-* a odvozeniny od lat. *dēns* (gen. *dentis*) 'zub' resp. ř. *odoús* (gen. *odóntos*) tv.

paradesantní 'výsadkový'. Z r. *paradesántnyj*, v jehož první části je r. *parašjút(nyj)* (viz ↓*parašutista*), druhá je z fr. *descente* 'sestup, seskok, spuštění' od *descendre* 'sestoupit' z lat. *dēscendere* tv. (srov. ↓*transcendentní*).

paradigma 'soubor tvarů slova, vzor'. Ze střlat. *paradigma* a to z ř. *parádeigma* 'vzor, nákres, příklad' od *paradeíknymi* 'ukazuji (vedle sebe)' z *pará* (↑*para-*) a *deíknymi* 'ukazuji'.

paradox '(zdánlivě) protismyslné tvrzení, nelogický jev', *paradoxní*. Přes lat. *paradoxus* tv. z ř. *parádoxos* 'nepodobný, podivný, neočekávaný' z *pará* (↑*para-*, zde ve významu 'proti') a *dóxa* 'mínění'. Srov. ↑*ortodoxní*, ↑*dogma*.

parafa 'podpisová značka', *parafovat*. Přes něm. *Paraphe* z fr. *paraphe* tv. a to ze střlat. *paraphus* 'znaménko za odstavcem', zkrácením z *paragraphus* (viz ↓*paragraf*).

parafín 'druh vosku', *parafínový*. Z něm. *Paraffin* a to uměle (r. 1830) z lat. *parum* 'málo' a *affīnis* 'pomezní, příbuzný', tedy vlastně 'málo příbuzný (jiným druhům vosku)'.

parafráze 'vyjádření téhož obsahu jiným způsobem', *parafrázovat*. Přes střlat. *paraphrasis* z ř. *paráfrasis* 'vysvětlivka' z *pará* (↑*para-*) a *frásis* 'výraz, mluvení' (viz ↑*fráze*).

paragon 'pokladní blok'. Podle jména německého výrobce.

paragraf. Z pozdnělat. *paragraphus* 'znaménko označující odstavec' z ř. *parágrafos* 'připsaný' (viz ↑*para-* a ↑*-graf*). Srov. ↑*parafa*.

paralela 'obdoba', *paralelní, paralelismus*. Přes pozdnělat. *parallēla* 'rovnoběžka, příměr', *parallēlus* 'rovnoběžný, úměrný' z ř. *parállēlos* 'souběžný, vedle sebe položený, přirovnaný' z *pará* (↑*para-*) a odvozeniny od *allélōn* 'navzájem, vespolek'.

paralýza 'ochrnutí', *paralyzovat*. Přes lat. *paralýsis* z ř. *parálysis* tv. od *paralýō* 'odnímám, oslabuji, ochromuji' z *pará* (↑*para-*) a *lýō* 'uvolňuji, zbavuji, ochabuji' (srov. ↑*analýza*).

parametr 'veličina charakterizující nějakou základní vlastnost (mechanismu ap.)'. Nové, viz ↑*para-* a ↑*-metr*.

paranoia 'psychóza vyznačující se zejména vztahovačností, žárlivostí či

parapet

velikášstvím', *paranoik, paranoický.* Zavedeno v 19. st. (něm. lékař Vogel) na základě ř. *paránoia* 'šílenství' od *paránous* 'šílený' z *pará* (↑*para-*) a *noũs, nóos* 'mysl, rozum' (srov. ↑*noetika*).

parapet 'deska kryjící podokenní zeď'. Dříve i 'přední násep (ve vojenství)'. Z fr. *parapet* 'předprseň' z it. *parapetto* tv., vlastně 'co chrání prsa', z *parare* 'chránit' z lat. *parāre* 'připravovat' (srov. ↓*paraple,* ↓*paraván*) a *petto* 'prsa' z lat. *pectus* tv.

paraple hov. 'deštník'. Z fr. *parapluie* tv., vlastně 'co chrání proti dešti' (od *pluie* 'déšť' z lat. *pluvius* tv.), podle fr. *parasol* 'slunečník' z it. *parasole* tv. z *parare* 'chránit, bránit' a *sole* 'slunce' z lat. *sōl* (srov. ↑*parapet,* ↓*paraván,* ↓*solární*).

paraplegie 'oboustranné ochrnutí (dolních) končetin', *paraplegik.* Z moderních evr. jazyků, utvořeno v 16. st. z ↑*para-* a ř. *plēgē* 'úder, zranění, bití'.

parašutista, *parašutistický.* Z fr. *parachutiste* od *parachute* 'padák', jež bylo vytvořeno v 18. st. z *para-* 'chránící, zastavující' (viz ↑*paraple,* ↑*parapet*) a *chute* 'pád, dopad' od *choir* 'padat' z lat. *cadere* 'padat' (srov. ↑*kadence*). Srov. ↑*paradesantní.*

párat, *párátko, rozpárat, rozparek, odpárat, vypárat.* Sln. *pârati*, s./ch. *párati* tv. Psl. **parati* je iterativum (opětovací sloveso) od **porti,* doloženého v p. *pruć,* r. *porót'* tv. Ie. souvislosti nejsou jisté – lze uvažovat o stisl. *spiǫrr* 'hadr, odtržený kus', ř. *sparássō* 'trhám', arm. p^cert^c 'odtržený kus' z ie. **(s)p(h)er-* 'trhat'. Expr. přenesením *párat se* 'piplat se' (srov. i ↓*párátko*).

parataxe 'souřadnost', *parataktický.* Zavedeno na přelomu 19. a 20. st. na základě ř. *parátaxis* 'postavení, bitevní šik' od *paratássō* 'řadit vedle sebe' z *pará-* (↑*para-*) a *tássō* 'řadím'. Srov. ↑*hypotaxe.*

448

párátko. Od ↑*párat,* ve starší č. totiž mělo i význam 'drápat, drbat' (Jg).

paraván 'zástěna, plenta'. Z fr. *paravent* tv. z it. *paravento,* vlastně 'co chrání před větrem', z it. *parare* 'chránit, bránit' (srov. ↑*paraple,* ↑*parapet,* ↑*parašutista*) a *vento* 'vítr' z lat. *ventus* tv. (srov. ↓*ventil*).

parazit 'cizopasník, příživník'. Přes moderní evr. jazyky z lat. *parasītus* z ř. *parásītos* 'spolustolovník', vlastně 'vedle někoho stolující', z *pará* (↑*para-*) a odvozeniny od *sitéomai* 'jím, stoluji'.

parcela 'vymezený pozemek (většinou ke stavbě)', *parcelovat, parcelace.* Z fr. *parcelle* tv., vlastně 'částečka, díl(ek)', z vlat. **particella* a to z lat. *particula,* což je zdrobnělina od *pars* (gen. *partis*) 'část'. Srov. ↓*parciální,* ↓*part,* ↓*partie.*

parciální 'částečný'. Přes něm., fr. *partial* z pozdnělat. *partiālis* tv. od *pars* 'část'. Srov. ↑*parcela,* ↓*part.*

pardál 'levhart'. Přes lat. *pardalis* z ř. *párdalis,* stč. *pard(us)* asi přímo z ř. *párdos* tv. Podobné je per. *pārs* tv., obojí je výpůjčka z nějakého neznámého blízkovýchodního jazyka. Srov. ↑*leopard.*

pardon, *pardonovat.* Z fr. *pardon* od *pardonner* 'promíjet' z pozdnělat. *perdōnāre* 'prokázat, poskytnout' z lat. ↓*per-* a *dōnāre* 'dávat'.

párek. Od ↑*pár* (prodávají se spojené po dvou).

parenteze 'vsuvka'. Ze střlat. *parenthesis* z ř. *parénthesis,* vlastně 'co je vloženo vedle', viz ↑*para-,* ↑*en-* a ↓*teze*).

parfém 'voňavka', *parfémovat.* Z fr. *parfum* od *parfumer* 'napouštět voňavkou' z vlat. **perfūmāre* z lat. ↓*per-* a *fūmāre* 'kouřit' (srov. ↑*dým*), tedy původně 'nakuřovat (vonným dýmem)'.

parfumerie. Z fr. *parfumerie,* dále viz ↑*parfém.*

parchant. Přesmykem z ↑*panchart*.

parita 'rovnost', *paritní*. Z pozdnělat. *paritās* tv. od *pār* 'stejný, rovný' (viz ↑*pár*).

park, *parčík, parkový*. Z fr. *parc* (případně přes něm. *Park*) tv., původně 'obora, ohraničený prostor', nejspíš z pozdnělat. *parricus* 'ohrada', jež se považuje za odvozeninu z předrom., iberského *parra, doloženého ve šp. *parra* 'révoví, loubí', prov. *parran* 'zahrada'. Srov. ↓*parkovat*, ↓*parket*.

parkán 'hradební příkop, prostor mezi vnitřním a vnějším opevněním'. Ze střhn. *parchān, parkan*, střlat. *parcanus* stejného původu jako ↑*park*.

parket 'plocha určená pro tanec'. Z fr. *parquet* tv., vlastně 'ohrazený prostor', zdrobnělina od *parc* (viz ↑*park*).

parketa, *parketový*. Z fr. *parquet* 'parketa, parketová podlaha', etymologicky totožné s ↑*parket*.

parkovat, *parkování, parkoviště, zaparkovat*. Z am.-angl. *(to) park* tv. (20. léta 20. st.), původně v angl. 'seřadit, uložit (zásoby, vojenskou techniku)' od *park* 'shromaždiště, seřadiště (zásob, techniky)' vedle 'park, obora' z fr. *parc* (viz ↑*park*).

parkúr 'jezdecká dráha s překážkami pro soutěž ve skocích', *parkúrový*. Z fr. *parcours* 'projížďka, trať, dráha' od *parcourir* 'projíždět, probíhat' z *par* (viz ↓*per-*) a *courir* 'běžet, jet, závodit'. Srov. ↑*kurs*.

parlament, *parlamentní*. Z fr. *parlement* (případně přes něm. *Parlament*) tv., stfr. 'soudní dvůr, rozmluva, rada' od *parler, paroler* 'mluvit' z vlat. *paraulare, pozdnělat. *parabolāre* tv., odvozeného od pozdnělat. *parabola* 'vyprávění, podobenství' (viz ↑*parabola*). V moderním významu poprvé užíváno v angl. (13. st.), kde je také z fr.

parma 'druh ryby'. Z něm. *Barme, Barbe* z lat. *barbus* tv. od *barba* 'vous' (podle charakteristických vousků).

parmezán 'druh sýra'. Z fr. *parmesan* 'parmský' podle severoit. města *Parma*, kde se vyráběl.

parodie 'posměšné napodobení', *parodický, parodovat*. Přes něm. *Parodie*, fr. *parodie* a lat. *parōdia* z ř. *parō̦día* tv., doslova 'vedlejší zpěv', viz ↑*para-* a ↑*óda*, ↑*melodie*.

paroh, *parůžek, paroží, parohatý, paroháč*. Viz ↑*pa-* a ↓*roh*.

part 'notový zápis jednoho hlasu skladby'. Přes něm. *Part* tv. z fr. *part* 'část, strana' a to z lat. *pars* (gen. *partis*) tv. Srov. ↓*partitura*, ↓*partes*, ↓*parta*, ↓*partaj*, ↑*parcela*.

parta '(zájmová) skupina'. Slang. přejetí z něm. *Partei* (viz ↓*partaj*).

partaj ob. zast. '(politická) strana; nájemník'. Z něm. *Partei* tv. z fr. *partie* '(právnická) strana; díl: partie' (viz ↓*partie*).

parte 'úmrtní oznámení'. Z rak.-něm. *Parte* tv. a to z it. *(far) parte* '(písemně) oznámit', doslova 'udělat účast', od *parte* 'část, strana' (viz ↑*part*, ↓*partie*).

parter 'přízemí (divadla)'. Z fr. *parterre* tv. z *par* (viz ↓*per-*) a *terre* 'země' z lat. *terra* tv. (srov. ↓*terén*).

*partes (*jako z partesu* 'bezchybně, výborně'). Starší č. *partes* (častěji pl. *partesy*) znamenalo totéž co ↑*part*, východiskem je lat. *partēs*, pl. od *pars* 'část, díl'. K podobnému přejetí pl. srov. ↑*móresy*, ↑*notes*.

participium 'příčestí'. Z lat. *participium* tv. od *particeps* 'účastný' (podle toho, že vyjadřuje účast osoby či věci na slovesném ději) a to z *pars* 'část' a odvozeniny od *capere* 'brát'. (viz i ↓*participovat*).

participovat 'účastnit se', *participace*. Z lat. *participāre* 'mít účast, sdílet', jež je utvořeno z příslušného tvaru subst. *pars* (gen. *partis*) 'část' a slovesa *capere* 'brát, jímat'. Srov. ↑*anticipovat*.

partie 'část (knihy, těla ap.); jedna hra v karty, šachy ap.; výhodný sňatek'. Přes něm. *Partie* tv. z fr. *partie* 'část, hra, úloha ap.', což je původem příč. trp. ž.r. od střfr., stfr. *partir* 'dělit' z lat. *partīrī* tv. od *pars* (gen. *partis*) 'část'. Srov. ↑*part*, ↑*partaj*, ↑*participovat*.

partikulární 'částečný'. Přes něm. *particular* z pozdnělat. *particulāris* tv. od *particula* (viz ↓*partikule*).

partikule 'částice'. Z lat. *particula*, což je zdrobnělina k *pars* (gen. *partis*) 'část'. Srov. ↑*part*, ↑*partie*, ↑*participovat*.

partiový 'vadný, podřadný'. Od *partie* v odborném významu 'stanovené množství výrobků stejného druhu', jinak viz ↑*partie*.

partitura 'notový zápis vícehlasé skladby'. Z it. *partitura* tv. od *partire* 'dělit' z lat. *partīre, partīrī* tv. od *pars* 'část, strana'. Srov. ↑*part*, ↑*partes*, ↑*partie*.

partner, *partnerka, partnerský, partnerství*. Z angl. *partner* tv. a to vlivem angl. *part* 'část' ze střangl. *parcener* '*účastník*' ze stfr. *parcener, parçonier* ze střlat. *partionarius* 'společník, účastník' od lat. *partītiō* 'dělení, rozdělení' od *partīre, partīrī* 'dělit' od *pars* 'část'. Srov. ↑*participovat*, ↑*part*, ↑*partie*.

party 'večírek, dýchánek'. Z angl. *party* tv. a to z fr. *partie*, mj. i 'zábava, výlet' (viz ↑*partie*).

partyzán 'člen bojové organizace působící na území obsazeném nepřítelem', *partyzánský*. V novém smyslu od 2. svět. války, zřejmě přes r. *partizán*, to pak z fr. *partisan* 'člen malého, samostatně působícího vojenského oddílu', původně 'přívrženec, straník', z it. *partigiano* tv. od *parte* 'strana, část' z lat. *pars* tv. Srov. ↑*partaj*, ↑*partie*, ↑*partner*.

paruka. Z it. *parrucca, perruca*, jehož původ není jistý (srov. i fr. *perruque* a z něj něm. *Perücke* tv.).

pařát 'dráp'. Jen č., málo jasné. Asi souvisí se ↓*spár*.

pařez. Stč. *pařěz*, jen č., ale staré. Viz ↑*pa-* a ↓*řezat*, vlastně 'co zbude po řezání'. Staré zdloužení *po->*pō->pa- (B5) je stejné jako např. v ↓*paseka*, ↓*pažit*.

pařit (se). Viz ↑*pára*.

pářit se. Od ↑*pár*.

pas[1] 'cestovní doklad', *pasový*. Z něm. *Pass*, jež je zkráceno z raně nhn. *passport* ze střfr. *passe-port* tv. z *passe*, tvaru imper. od *passer* 'projít, přejít' a *port* 'přístav', stfr. i '(horský) průsmyk, hranice' z lat. *portus* 'přístav, vjezd'. Srov. ↓*pas*[2], ↓*pas*[3].

pas[2] 'dlouhá přihrávka vpřed ve fotbale nebo v ledním hokeji'. Z angl. *pass* tv. od slovesa *(to) pass* 'projít, přejít, podat, přihrát' z fr. *passer* 'projít, přejít' z vlat. **passare* od *passus* 'krok'. Srov. ↑*pas*[1], ↓*pas*[3], ↓*pasáž*.

pas[3] přísl. 'neúčastním se hry (v kartách)'. Z fr. *(je) passe* tv., vlastně 'procházím, míjím', od *passer* 'projít, přejít, pominout' (viz ↑*pas*[2]).

pás, *pásek, pásový, pásovec, opásat, opasek, přepásat*. Všesl. – p. *pas*, r. *pójas*, sln. *pâs*, s./ch. *pòjās*, stsl. *pojasъ*. Psl. **pojasъ (B9)* je odvozeno od slovesa **pojasati* 'přepásat, převázat' z **po-* (↓*po*) a **jasati* odpovídajícího lit. *júosti* 'opásat', dále je příbuzné i ř. *zṓnnȳmi* 'opásám' (srov. ↓*zóna*) a sti. *yāh-* 'pás', vše je od ie. **i̯ōs-* 'opásat'. Původní význam subst. tedy byl 'to, čím se přepásává', z toho pak jednak

pasát

'část lidského těla nad boky', jednak přeneseně 'pruh'. Srov. ↓*pasovat*¹.

pasát 'pravidelný (sub)tropický vítr'. Přes něm. *Passat* z niz. *passaat(wind)*, jehož původ není zcela jasný. Starší psaní *passade (wind)* by mohlo ukazovat na šp. *pasada* 'průchod, projití' od *pasar* 'projít, minout' z vlat. *passare od lat. *passus* 'krok', tedy 'vítr umožňující plavbu, proplutí'. Srov. ↑*pas*².

pasáž 'průchod; úsek (uměleckého díla ap.)'. Z fr. *passage* tv. od *passer* 'projít, ubíhat, přecházet' (viz ↑*pas*²).

pasažér 'cestující', *pasažérský*. Z fr. *passager* tv. od *passage* 'přechod, přejezd, cesta aj.' (viz ↑*pasáž*).

pasé hov. 'minulý, odbytý'. Z fr. *passé* tv., původně příč. trp. od *passer* '(pro)jít, uplynout, pominout'. Srov. ↑*pas*², ↑*pasáž*.

pásek. Viz ↑*pás*.

paseka. Viz ↑*pa*- a ↓*sekat*, k podobným útvarům viz ↑*pařez*, ↓*pažit*.

pasiáns 'karetní hra pro jednu osobu'. Z fr. *patience* tv., vlastně 'trpělivost, vytrvalost', z lat. *patientia* tv. (viz ↑*pacient*).

pasionál 'sbírka životopisů svatých mučedníků'. Ze střlat. *passionalis (liber)* '(kniha) o utrpení' od pozdnělat. *passiō* 'utrpení, mučení' od lat. *patī* (příč. trp. *passus sum*) 'trpět, snášet'. Srov. ↓*pasivní*, ↑*pacient*.

pasírovat 'protlačovat (strojkem ap.)'. Z něm. *passieren* tv., vedle 'projít, přihodit se', z fr. *passer* (viz ↑*pas*², ↑*pasáž*).

pasíř 'kdo vyrábí ozdobné kovové předměty'. Od ↑*pás*, původně 'kdo vyrábí (ozdobné) pásy'.

pasivní 'trpný, nečinný', *pasivita*. Přes něm. *passiv*, fr. *passif* z lat. *passīvus* tv.

451

od lat. *patī* (příč. trp. *passus sum*) 'trpět, snášet'. Srov. ↑*pacient*, ↑*pasionál*.

pasivum 'trpný slovesný rod'. Z lat. *passīvum* tv., viz ↑*pasivní*.

paskvil 'nepodařená věc; výsměch'. Ze stit. *pasquillo* podle zmrzačené antické sochy v Římě zvané *Pasquino*, *Pasquillo*, na niž se asi od 15. st. připevňovaly pamflety a satirické skládánky. Jméno je údajně od jistého posměváčka *Pasquina* bydlícího nedaleko.

pásmo, *pásmový*. Ve starší č. 'jistý počet nití na motovidle'. Všesl. – p. *pasmo*, r. *pásmo* 'smotek příze', s./ch. *pàsmo* 'přadeno'. Psl. *pasmo asi souvisí s lot. *puosms* 'špetka lnu; oddělení plotu mezi dvěma kůly' a sthn. *fasa*, *faso* 'vlákno', něm. *Faser* tv., snad z ie. *pes-, *pēs- 'vlát, vanout'. V č. posun významu vlivem ↑*pás*.

pasovat¹ 'přijímat mezi rytíře'. Vlastně 'obdarovat rytířským pásem', viz ↑*pás*.

pasovat² 'padnout, hodit se'. Z něm. *passen* tv. a to přes střniz. *passen* z fr. *passer* 'jít, procházet aj.' (viz ↑*pas*², ↑*pasáž*).

pasovat se zast. 'zápasit'. Vlastně 'držet se za pás', srov. ↓*zápas*.

pasparta 'lepenková obruba obrazu'. Z fr. *passe-partout* tv., doslova 'co jde ke všemu', z tvaru slovesa *passer* 'jít' a *partout* 'všude' z *par* 'skrz, pro' (viz ↓*per*-) a *tout* 'vše' z lat. *tōtus* 'celý, všechen'.

past, *pastička*. P. *paść*, r.d. *past'*, sln. *pâst*. Psl. *pastь je stará odvozenina od *pasti 'padnout' (viz ↑*padat*) *(A5)*. Původní význam tedy byl 'vykopaná jáma, do níž má spadnout lovená zvěř'.

pást, *pastýř*, *pastýřský*, *pasák*, *pasáček*, *pastva*, *pastvina*, *pastevec*, *pastouška*, *napást se*, *popást se*, *spást*, *vypást*. Stč. *pásti* 'hlídat, živit'. Všesl. – p. *paść*, r. *pastí*, s./ch. *pásti*. Psl.

pást

*pasti je příbuzné s lat. *pāscere* tv., *pāstor* 'pastýř', toch. A *pās-* 'opatrovat, chránit' z ie. **pā-s-* 'chránit, pást'. S jinou příp. (ie. **pā-t-*) sem patří gót. *fōdjan* 'živit', angl. *food* 'jídlo' i ř. *patéomai* 'jím a piju'.

pasta 'polotuhá těstovitá hmota', *pastový, pastovat, napastovat*. Přes něm. *Paste* tv. z it. *pasta* 'těsto' a to přes pozdnělat. *pasta* 'těsto, kaše' z ř. *pástē* tv. (srov. i *pastá* 'ječná kaše') a to od *pássō* 'sypu'. Asi to odráží nejstarší způsob přípravy obilných kaší (viz ↑*kaše*). Srov. ↓*pastel,* ↓*pastilka,* ↓*paštika*.

pastel 'barevná malířská křída; obraz vytvořený touto technikou', *pastelový, pastelka*. Přes něm. *Pastell* a fr. *pastel* z it. *pastello* 'malířská tužka z křídy, hlíny, barviv a pojiva' od *pasta* 'těsto' (viz ↑*pasta*).

pasterizovat 'konzervovat mléko ap. krátkodobým zahřátím pod bod varu', *pasterizace*. Podle fr. bakteriologa L. *Pasteura* († 1895).

pastilka 'tabletka'. Přes něm. *Pastille* a fr. *pastille* z lat. *pāstillus* 'chlebíček, koláček, tabletka', což je zdrobnělina k *pānis* 'chléb' (z *past-nis).

pastor 'evangelický duchovní', *pastorace*. Z lat. *pāstor* 'pastýř' od *pāscere* 'pást' (↑*pást*). Na základě novozákonního obrazu Krista jako dobrého pastýře.

pastorální 'mající pastýřské motivy'. Z lat. *pāstorālis* 'pastýřský' od *pāstor* 'pastýř' (viz ↑*pastor,* ↑*pást*).

pastorek zast. 'nevlastní dítě', *pastorkyně*. Sln. *pástorek*, s./ch. *pȁstorak*, csl. *pastorъkъ, pastorъka*. Z dvojice psl. slov **pastorъkъ,* *pastorъka je asi prvotní subst. ženského rodu, které se dá vyložit z *pa-dъktor-ъka, kde **pa-* označuje něco nevlastního, nepravého (viz ↑*pa-*) a **dъktor-* je ve složeninách

náležitá podoba slova, z něhož máme ↑*dcera,* tedy 'nevlastní dcera'. Skupina *-dъkt-* se zjednodušila na *-dt-*, dále došlo k disimilaci na *-st-* (A5) (Ma²). Oporou pro tento výklad jsou útvary jako r.d. *pádočka* tv. (z *pa-* a *dóčka* 'dcera'), lit. *pódukra, pódukté* tv. (k *duktẽ* 'dcera'). Subst. mužského rodu je až druhotné podobně jako u ↑*kmotr,* ↑*manžel*. Pastorek znamená i 'ozubené převodní kolečko s menším počtem zubů', motivace přenesení není jistá.

pastouška. Původně 'obydlí obecního pastýře nebo sluhy', viz ↑*pást*.

paša 'vysoký turecký hodnostář'. Z tur. *paša* a to z per. *pādišāh* (viz ↑*padišáh*).

pašák expr. Původ ne zcela jistý. Snad se dá vyjít z ↓*pašovat,* ↓*pašerák,* tato činnost byla dříve spíše obdivovaná než zavrhovaná.

pašerák, *pašerácký, pašeráctví*. Dříve i *pašer*. Z něm. *Pascher* tv. od *paschen* 'pašovat'. Zřejmě slovo z jihoněm. argotu, kde je od 18. st. doloženo *passen, bāschen* 'kupovat'. Původ ne zcela jasný, uvažuje se o romském *pāš* 'díl', původně tedy vlastně 'dělit (zboží)'. Srov. ↑*pašák*.

pašije 'čtená či zhudebněná část evangelia o Kristově umučení', *pašijový*. Z pozdnělat. *passiō* 'utrpení' od *patī* (příč. trp. *passus*) 'trpět, snášet'. Srov. ↑*pasionál,* ↑*pacient*.

pašík 'čuník'. Od vábicího citosl. *paš, paš* (Ma²), srov. ↑*čuně*.

paškál 'velká velikonoční svíce'. Ze střlat. *paschalis* 'velikonoční' od *pascha* 'Velikonoce' z ř. *páscha* tv. a to z hebr. *pēsah* 'přechod, přejití', židovská jarní slavnost připomínající přechod Rudého moře a vysvobození z egyptského otroctví. V křesťanství dostal svátek nový obsah – připomíná se Kristova smrt a vzkříšení. Hov. *vzít si někoho na paškál* 'domluvit někomu, pokárat někoho' prý podle toho, že k této svíci byli lidé voděni k přísaze (Ma²).

pašovat, *propašovat, vpašovat*. Viz ↑*pašerák*.

paštika. Dříve i *paštyka*, mor. *paštéka*. Nejspíš úpravou z něm. *Pastete*, střhn. *pastēde, pastēte*, to pak asi ze střlat. **pastatum, *pastata* (srov. i fr. *pâté* tv.) od lat. *pasta* 'těsto' (viz ↑*pasta*). Původně 'pečivo z těsta plněné jemným masem aj.'.

pat 'nerozhodné zakončení šachové hry, kdy hráč nemůže táhnout žádnou figurou a jeho král přitom není v šachu', *patový*. Přes něm. *Patt*, fr. *pat* z it. *patta* 'remíza' ve spojeních jako *essere patta* 'být kvit, být nerozhodný (ve hře)' a to od *patto* 'smlouva, smír, narovnání' z lat. *pactum* 'smlouva' (viz ↑*pakt*).

pata, *patní, podpatek, úpatí*. Všesl. – p. *pięta*, r. *pjatá*, s./ch. *péta*, stsl. *pęta*. Psl. **pęta* je příbuzné s lit. *péntis* 'tupá část sekery či kosy, pata', afgán. *pūnda* 'pata', východiskem je buď ie. **pent-* 'jít' (viz ↓*pouť*), nebo **(s)pen-* 'napínat' (viz ↓*pnout*), významová paralela by byla v něm. *Spann* 'nárt', *spannen* 'napínat', tedy 'napínaná část nohy'. Dále srov. ↑*opět*, ↓*zpět*, ↓*vzápětí*.

patálie expr. 'potíž, nesnáz'. Dříve 'vojna, bitva' z it. *battaglia* 'bitva' z pozdnělat. *battuālia* 'šermování' od *battuere* 'bít'. Srov. ↑*batalion*, ↑*baterie*.

pátek, *páteční*. Od *pátý*, viz ↓*pět*.

paténa 'miska na hostie'. Ze střlat. *patena*, varianty k lat. *patina* 'mísa, pánev' z ř. *patánē* 'mísa'.

patent 'výlučné právo k využití vynálezu; právní norma vydaná panovníkem', *patentový, patentní, patentka, patentovat*. Z něm. *Patent* tv. a to přes fr. *(lettre) patente* ze střlat. *littera patens* 'panovníkův výnos udělující nějaké právo, privilegium ap.', doslova 'otevřený dopis, dopis přístupný všem'

z *littera* 'dopis, psaní' (viz ↑*litera*) a lat. *patēns* 'otevřený, přístupný, jasný' od *patēre* 'být otevřený'.

páter 'katolický kněz'. Z lat. *pater* 'otec', jež je stejně jako něm. *Vater*, angl. *father*, stir. *athir*, ř. *patḗr*, toch. A *pācar*, sti. *pitár-* pokračováním starého ie. názvu pro otce **pətḗr*. Srov. ↓*patron*, ↓*paternita*, ↓*patriot*, ↓*páteř*, ale i ↑*otec* a ↑*abbé*.

paternita 'otcovství'. Z pozdnělat. *paternitās* tv. od *pater* (↑*páter*).

páternoster 'výtah s nepřetržitým pohybem, oběžný výtah'. Z něm. *Paternoster(aufzug)* tv. od *Paternoster* 'růženec' (kabinky výtahu jdou dokola jedna za druhou jako kuličky růžence) a to podle prvních slov lat. verze modlitby *Otčenáš (Pater noster)*. Srov. ↓*páteř*.

páteř, *páteřní, bezpáteřný*. Ve stč. znamenalo 'otčenáš, modlitba vůbec, růženec' od lat. *pater noster* (viz ↑*páternoster*). Poté přeneseno na další věci, které se podobají spojeným kuličkám růžence (perly na niti, řada vůbec ap.), především pak na hřbetní část kostry složenou z obratlů.

patetický. Viz ↓*patos*.

patina 'jemný povlak na kovu působící dojmem starobylosti'. Z it. *patina* tv., původně '(ochranný) nátěr', a to metonymií z lat. *patina* 'mísa, pánev' (na starých mísách byl povlak dobře patrný). Dále viz ↑*paténa*, ↑*pánev*.

patison 'druh tykve'. Z fr. *pâtisson* od *pâtisser* 'péci, vypracovat (těsto)' od *pâte* 'těsto, kaše, hmota' z lat. *pasta* 'těsto' (↑*pasta*).

patka¹ 'skrojek chleba'. Metaforicky od ↑*pata*.

patka² 'vlasy sčesané do čela'. Nejasné, snad přeneseně od ↓*patka*³ (zakrývá čelo).

patka³ 'klopa, kousek látky zakrývající kapsu'. Přes něm. *Patte* z fr. *patte* tv., vlastně 'tlapa, nožička, sponka aj.' onom. původu. Srov. ↑*pac*.

patlat, *patlavý, zapatlat, rozpatlat, vypatlat, upatlat*. Expr. útvar na retnici a *r/l* jako matlat, piplat, babrat (Ma²).

patnáct. Viz ↓*pět* a ↑*-náct*.

patník. Od ↑*pata*, srov. u Jg i *patka* 'násypek u domu'.

patoky hanl. 'zvětralé pivo či jiný špatný nápoj'. R. *pátoka* 'melasa, sirup', sln. *pátoka* 'špatné pivo, víno', b. *pátoka* 'poslední odvar při pálení rakije'. Z ↑*pa-* a *téci*, původní význam je asi 'dodatečný (poslední) produkt při výrobě alkoholického nápoje', srov. podobně ↑*paběrek*, ↑*pačesy*.

patologie 'nauka o chorobných procesech v organismu', *patologický, patolog*. Viz ↓*patos* a ↑*-logie*.

patos 'vzrušení, vzletné nadšení', *patetický, patetik*. Přes něm. *Pathos* tv. z ř. *páthos* 'útrapa, nemoc, vášeň, duševní stav', od toho adj. *pathētikós* 'vnímavý k utrpení, vášnivý, trpící'. Srov. ↑*patologie*.

pátrat, *pátrací, pátravý, pátrač, vypátrat, propátrat*. Viz ↓*patřit*, k významu srov. ↑*hledět* – ↑*hledat*.

patriarcha 'nejstarší člen rodu, kmet; hlava pravoslavné církve', *patriarchální, patriarchát* 'rodové zřízení, v němž má vládnoucí postavení muž'. Přes pozdnělat. *patriarcha* 'praotec' z ř. *patriárchēs* tv. z *patriá* 'otcovský původ, rod' od *patḗr* 'otec, praotec' a *árchō* 'jsem první, vládnu, začínám'. Srov. ↑*páter*, ↑*matriarchát*, ↑*anarchie*.

patricij 'bohatý měšťan', *patricijský, patriciát*. Z lat. *patricius* 'římský šlechtic', původně adj. značící 'urozený, šlechtický', vlastně 'mající urozeného otce' od *pater* 'otec' (viz ↑*páter*).

patriot 'vlastenec', *patriotka, patriotský, patriotismus*. Přes něm. *Patriot* a fr. *patriote* z pozdnělat. *patriōta* tv. z ř. *patriṓtēs* 'rodák, krajan' od *pátrios* 'rodný, rodový, po otci zděděný' od *patḗr* 'otec'. Srov. ↑*páter*, ↑*patriarchát*.

patrný. Od ↓*patřit*.

patro, *patrový*. P. *piętro*, r.d. *pjatró*, sln.d. *pétro* 'strop (z trámů)', csl. *pętro* tv. Psl. **pętro*, původně asi 'stropní trám, strop z trámů', nemá jasný původ. Obvykle se spojuje s ie. **pent-* 'jít' (co do významu srov. lat. *pōns* 'most', viz ↓*pouť*), či **(s)pen-* 'pnout' (viz ↓*pnout*).

patrola 'hlídka', *patrolovat*. Z něm. *Patrolle, Patrol* vedle *Patrouille* z fr. *patrouille* tv. od *patrouiller* 'být na obhlídce, brouzdat se', mladší varianty fr. *patouiller* 'brouzdat se, čvachtat' od *patte* 'tlapa, noha' onom. původu. Srov. ↑*patka*³, ↑*pac*.

patron 'ochránce', *patronka, patronace, patronát*. Přes něm. *Patron* z lat. *patrōnus* 'ochránce, obhájce' od *pater* 'otec'. Srov. ↓*patrona*, ↑*patricij*.

patrona 'náboj střelné zbraně'. Z něm. *Patrone* 'nábojnice' z fr. *patron* 'šablona, forma, model' a to metaforicky z významu 'patron' (dále viz ↑*patron*). K významu srov. ↑*matrice*.

patřit, *patrný, patřičný, spatřit, popatřit, opatřit, opatrovat, opatrný, zaopatřit, nedopatření*. Jen č., slk. a p. (*patrzyć*), dále ukr. *pátraty* 'šetřit' (srov. ↑*pátrat*). Psl.d. **patriti, *patrati* nemá jasný původ. Snad by mohlo jít o starou odvozeninu od ie. **pā-tro-* 'potrava, krmení' (srov. sthn. *fuotar*, něm. *Futter* tv., arm. *hauran* 'stádo') od **pā-*, k němuž patří i ↑*pást*. K posunu významu 'živit, chovat' → 'dbát, opatrovat' → 'hledět' (či opačně) srov. např. ↑*chovat*, ↓*šetřit*. Další význam 'příslušet, náležet' se dá vysvětlit z 'hledět k něčemu' či možná spíš

paušál

'ležet v dohledu', srov. podobný posun u *příslušet* (viz ↓*slušet*).

paušál 'předem stanovená částka k úhradě výloh', *paušální, paušalizovat* '(povrchně) zevšeobecňovat'. Z něm. *Pauschale* a to z nlat. (rak.-něm.) *pauschalis* 'úhrnný, nediferencovaný' od něm. spojení *im Bausch* (oblastně i *Pausch*) *und Bogen* 'úhrnem, se vším všudy', které není etymologicky uspokojivě vyloženo.

pauza 'přestávka', ob. *pauzírovat*. Přes něm. *Pause* z lat. *pausa* a to z ř. *paũsis* tv. od *paúō* 'zastavuji, zadržuji, přestávám'.

pauzovat 'rozmnožovat obkreslením na průsvitný papír', *pauzovací, pauzák*. Z něm. *pausen* (vedle *bausen, pauschen, bauschen*) a to asi kontaminací *(D3)* fr. *ébaucher* 'načrtávat, tvarovat' a *poncer* 'vyhladit pemzou' od *ponce* 'pemza' z vlat. *pōmex* (viz ↓*pemza*).

páv, *paví, pávice*. Ze střhn. *phāwe* či z nějaké neznámé román. předlohy, obojí pak z lat. *pāvō* tv., jež je asi stejně jako ř. *taós* tv. převzato z nějakého neznámého východního jazyka.

pavéza 'druh štítu'. Z it. *pavese*, vlastně 'pavijský (štít)' podle severoit. města *Pavia*, kde se tyto štíty vyráběly.

pavián 'velká africká opice s protáhlými čelistmi'. Z něm. *Pavian* z niz. *baviān* a to obměnou koncovky z fr., střfr. *babouin* tv. od onom. základu *bab-* (srov. fr. *babiller* 'žvanit').

pavilon 'budova ke speciálnímu účelu'. Přes něm. *Pavillon* z fr. *pavillon* 'besídka, pavilon', stfr. *paveillon* 'stan' z lat. *pāpiliō* 'motýl', v pozdní lat. i 'stan' (snad metaforicky podle vchodu do stanu, kde vyhrnuté konce mohou připomínat motýla).

pavlač 'venkovní chodba v poschodí', *pavlačový*. Jen č. a slk., z č. je p. *pawlacz*. Ve starší č. i *pavlaka*, jinak

pazour

stč. *pavlač, pavlaka, pavlak* znamená 'rouška, přikrývka', srov. i p. *powłoka*, r. *pávoloka* tv., stsl. *pavlaka* 'střecha, kryt'. Vše je to od psl. **povelkti* 'povléci' *(B8)* (viz ↑*pa-* a ↓*vléci*), dnešní význam (v č. od Komenského) asi metaforou (pavlač jakoby povléká zdi domu). Srov. ↓*povlak*, ↑*oblak*.

pavouk, *pavouček, pavoučí, pavučina*. Všesl. – p. *pająk*, r. *paúk*, s./ch. *pȁūk*. Psl. **paǫkъ (B7)* (v č. mezi dvěma samohláskami vzniklo tzv. hiátové *v*) se skládá z předpony **pa-* (↑*pa-*) a odvozeniny od ie. kořene **ank-*, **onk-* 'ohýbat', který je např. v lit.d. *anka* 'smyčka, oko, osidlo', sthn. *ango* 'trn, háček', lat. *uncus* 'hákovitý, zakřivený', ř. *ónkos* 'zakřivení, háček', sti. *aňčati* 'ohýbá, křiví'. Významová motivace není zcela jasná – myslí se na nápadně dlouhé a zakřivené nohy pavouka (Ma², HK), vzhledem k lit. významu lze uvažovat i o významu 'kdo chytá do osidel, do sítě' a vyjdeme-li od základního významu 'roh, kout' (srov. ř. *ónkē* tv. a ↓*úhel*, kde je zněla varianta kořene **ang-*), pak i o významu 'kdo žije v koutech' (srov. č.st. *koutník* 'pavouk').

pazdeří 'dřevnaté úlomky stonku lnu, které se při tření odstraňují'. Všesl. – p. *paździerze*, r.d. *pázder*, s./ch. *pòzder*, csl. *pazderьje*. Psl. **pazderьje* je kolektivum od **pazderъ* a to pak z **paz-* (srov. ↓*pazneht*, ↓*pozdě*) a odvozeniny od **derti* (↑*dřít*). Původní význam tedy je 'co zbude při tření lnu', srov. podobně ↑*pačesy* s předp. ↑*pa-*.

pazneht 'kopyto sudokopytníků'. P. *paznogieć*, r.d. *páznogt'*, stsl. *paznogъtь*, *paznegъtь*. Psl. **paznogъtь*, **paznegъtь* je tvořeno z **paz-* (srov. ↑*pazdeří*, ↓*pozdě*) a **nogъtь*, **negъtь* (↑*nehet*), původní význam je asi 'to, co je pod nehtem, za nehtem'.

pazour, zhrub. *pazoura, pazourek*. P. *pazur*, r. *pazúr*. Nepříliš jasné, snad

pažba 456 **pečeť**

je psl. **pazurъ* expr. obměnou psl.
*paznogъtь (↑*pazneht*).

pažba. Původně totéž co ↓*pažení*,
vlastně 'dřevěné obložení', pak 'dřevěná
část ručních palných zbraní'.

paže, *pažní, podpaž(d)í, podpažní,
upažit, vzpažit, předpažit, rozpažit,
zapažit, připažit*. Jen č. a slk., luž. *paža*,
nejasné. Vzhledem k rozšíření slova
lze nejspíš uvažovat o psl.d. **paz-ja*
(B3) utvořeném obměnou příp. z všesl.
*paz-ucha 'podpaží' (stsl. *pazucha*
tv. atd.), které však také nemá jasné
souvislosti. Vzhledem k podobě sln.
pâzduha, ch.d. *pȁzduha* a především lot.
paduse tv. se obvykle vychází z **paz-*
(srov. ↑*pazneht*, ↓*pozdě*) a **-duch-*,
které je pokračováním ie. **dous-* 'paže',
doloženého v stir. *doë* a sti. *dóš* tv. (tedy
'co je pod paží'). Nejasný je ale vztah
k dalším tvarově i významově nápadně
blízkým slovům jako hl. *podpacha*
'podpaží', p. *pacha*, r. *pach* tv., lit.
pažastis tv. (zde se základ jednoznačně
spojuje se sti. *hásta-*, av. *zasta* 'ruka')
a koneckonců i ↑*pazour*.

páže 'mladý šlechtic konající drobné
služby u dvora', *pážecí*. Z fr. *page*
(srov. it. *paggio*, střlat. *pagius*), jehož
původ je nejasný. Snad přes vlat.
ze zkomoleného ř. *paidíon*, což je
zdrobnělina od *païs* (gen. *paidós*) 'dítě,
chlapec' (srov. ↓*pedagog*).

pažení 'přepážka; dřevěné obložení'.
Od slovesa *pažiti* 'přepažovat', srov. r.
pazít' 'dělat žlábek do desky', sln. *pážiti*
'přepažovat'. Východiskem je psl. **pazъ*
'žlábek, drážka' (č.st., r. *paz*, sln.d.
pâz tv.) z ie. **paǵ-*, **pak-* 'připevnit',
z něhož je např. i něm. *Fach* 'přihrádka'
(viz ↑*foch*) a *Fuge* 'drážka, mezera',
lat. *pangere* 'připevnit, přitlouci', srov.
i ↑*pakt*, ↓*propaganda*.

pažit 'trávník', *pažitka, pažitkový*. R.
pážit', stsl. *pažitь* 'lučina, pastvina'.
Psl. **pažitъ* je asi odvozeno od **požiti*
(viz ↑*pa-* a ↓*žít*, srov. i ↓*žito*), tedy
původně snad 'pastvina po spasení
dobytkem, s ještě nedorostlou trávou'.
Srov. i ↑*paběrek*, ↑*paseka*, ↑*pařez*.

pecen. Ze spojení *pecen chléb*, jehož
první část je jmenným tvarem adj.
pecný 'pečený v peci', dále viz ↓*péci*.

péci, *pečený, pec, pekáč, pekař,
pekařka, pekařský, pekařství, pekárna,
pečivo, pečivárna, pečeně, pečínka,
upéci, opéci, rozpéci, zapéci, připéci,
propéci, spéci, vypéci, výpečky* aj.
Všesl. – p. *piec*, r. *peč'*, s./ch. *pèći*, stsl.
pešti. Psl. **pekti (B3)* je příbuzné s lit.
kèpti (přesmyk souhlásek), lat. *coquere*
(srov. ↑*kuchyň*) tv., alb. *pjek* 'peču', ř.
péssō tv., sti. *páčati* 'peče, vaří', vše
z ie. **pekʷ-* 'péci' *(A3)*. Srov. ↑*pecen*,
↓*péče*, ↓*pečeť*, ↓*pečárka*.

pecka, *pecička, peckový, peckovitý,
peckovice*. P. *pestka* (*-st-* přesmykem
z *-ts-* = *-c-*), ukr.d. *pócka*, sln. *pečkà*, csl.
pъštьka 'kamínek'. Psl. **pъt'ьka (B3,
B6)*, původně asi 'vejce, jádro ap.', je
zdrobnělina od **pъt'ь*, jež vychází z ie.
*put-i̯o-, které je příbuzné s lit. *paũtas*
'vejce, varle' (na základě podobného
tvaru, dále i ir. *uth* 'vemeno' (srov.
i příbuzné br. *potka* 'penis'). Základem
je ie. **pū-* 'puchnout, nadouvat se',
které je i v ↓*puchnout*, ↓*pýcha*, ↓*pysk* ap.

pečárka 'žampion'. P. *pieczarka*,
r. *pečeríca, pečúra*, s./ch. *pèčūrka*.
Nejspíš od **pekti* (↑*péci*), tedy 'houba,
která se jí pečená'.

péče, *pečovat, pečovatel(ka),
pečovatelský, pečlivý, pečlivost, bezpečí,
nebezpečí*. P. *piecza*, r.d. *péča* tv.,
sln. *péča* 'starost, trápení', vedle toho
srov. r. *pečál'* 'smutek, zármutek', stsl.
pečalь 'zármutek, starost, útrapa'. Psl.
*peča (z *pek-ja (B3)) 'starost, trápení'
je od **pekti* (↑*péci*), k podobnému
posunu srov. ↑*hoře*.

pečeť, *pečetní, pečetit, pečetidlo,
zapečetit, rozpečetit, zpečetit*. Všesl. –

pedagog 457 **pěkný**

p. *pieczęć*, r. *pečát'*, s./ch. *pèčat*, stsl. *pečatь*. Psl. **pečatь* je nejspíš odvozeno od **pekti* (↑*péci*), původně se totiž pečetilo rozžhaveným kovem. Dost neobvyklá je však příp., srov. i nejasnou nosovku v p. Podle jiného výkladu z východu, odkud pečetění pochází (srov. gruz. *bečedi* 'pečeť') (Ma[2]). Něm. *Petschaft* tv. je staré přejetí z č. nebo sln.

pedagog, *pedagogika, pedagogický*. Z lat. *paedagōgus* z ř. *paidagōgós* 'vychovatel, opatrovník dětí' z *paĩs* (gen. *paidós*) 'dítě' a odvozeniny od *ágō* 'vedu'. Srov. ↓*pedofil*, ↓*pedant*, ↑*demagog*.

pedál, *pedálový*. Přes něm. *Pedal* z it. *pedale* tv. (původně jen u hudebních nástrojů) a to substantivizací z lat. *pedālis* 'nožní' od *pēs* (gen. *pedis*) 'noha'. Srov. ↓*pedikúra*, ↑*moped*.

pedant 'puntičkář', *pedantský*. Přes něm. *Pedant*, fr. *pédant*, it. *pedante* asi ze střlat. **paedans* (gen. **paedantis*), přech. přít. od **paedare* 'vychovávat', což by bylo polatinštělé ř. *paideúō* 'vychovávám, poučuji' od *paĩs* (gen. *paidós*) 'dítě'. Srov. ↑*pedagog*.

pedel 'zaměstnanec vysoké školy doprovázející s insigniemi rektora při slavnostních příležitostech', *pedelský*. Ze střlat. *pedellus, bedellus* 'univerzitní školník' a to z germ. základu, který je v sthn. *bitil*, stangl. *bidul* 'kdo přednáší výzvy, prosby ap., mluvčí' od slovesa, které je dnes v něm. *bitten* 'prosit'.

pederast 'homosexuální pedofil'. Přes moderní evr. jazyky z ř. *paiderastés* 'milovník chlapců' z *paĩs* (gen. *paidós*) 'dítě, chlapec' a *erastés* 'milenec, ctitel' od *eráō* 'miluji, toužím'. Srov. ↓*pedofil*, ↑*erotika*.

pediatr 'dětský lékař', *pediatrie, pediatrický*. Z něm. *Pädiater* a to uměle z ř. *paĩs* (gen. *paidós*) 'dítě' a *iātér, iātrós* 'lékař'. Srov. ↑*pedagog*, ↓*psychiatr*.

pedikúra 'odborné ošetření nohou'. Přes něm. *Pediküre* z fr. *pédicure*, což je novotvar z lat. *pēs* (gen. *pedis*) 'noha' a *cūra* 'péče'. Srov. ↑*manikúra*, ↑*pedál*.

pedofil 'osoba trpící chorobnou sexuální náklonností k dětem', *pedofilie, pedofilní*. Novější, viz ↑*pederast*, ↑*pedagog* a ↑*-fil*.

pedologie 'půdoznalství'. Z ř. *pédon* 'půda, země' a ↑*-logie*.

pech ob. 'smůla'. Z něm. *Pech* tv., dále viz ↓*peklo* a ↓*smůla*.

pěchota. Příp *-ota* od ↓*pěší*. U Jg i ve významu 'pěší chůze'.

pěchovat, *napěchovat, upěchovat*. Asi od ↓*píchat*, srov. slk. *pchat'* 'cpát' (z oslabeného **pьchati*) a dále i ↓*píst*.

pejorativní 'hanlivý'. Jako odborný termín kolem r. 1900 na základě pozdnělat. *peiōrāre* 'zhoršovat' od lat. *peior* 'horší', 2. stupně k lat. *malus* 'špatný, zlý'.

pejzy 'dlouhé vlasy na skráních (u židů)'. Z hebr. *peies* 'skráně, spánky' (podle starozákonních příkazů se vlasy kolem hlavy neměly stříhat).

peklo, *pekelný, pekelník*. Všesl. – p. *piekło*, r. *péklo*, s./ch. *pàkao* tv., stsl. *pьkъlъ* 'smůla, dehet'. Psl. **pьkъlъ/*pьkъlo* 'smůla, dehet' souvisí s lat. *pix* 'smůla' (z toho sthn. *peh* tv., srov. ↑*pech*), ř. *píssa* tv., vše z ie. **pik-* tv., není však zcela jasné, zda jde o genetickou příbuznost, či nějakou výpůjčku. Význam 'peklo' se po vzoru střhn. *pech* 'smůla' i 'peklo' vytvořil na základě představy, že hříšníci v pekle trpí ve vroucí smůle. Lid. etym. *(D2)* dnes spojuje s ↑*péci*.

pěkný. Slk. *pekný*, p. *piękny*, jinde chybí. Nejasné. Uznáme-li starobylost slova (což je pro omezený výskyt sporné), lze spojit se sthn. *fēhen* 'krášlit, zdobit', *fēh* 'pestrý', ř. *poikílos* 'pestrý, pestře zdobený, skvostný' z ie. *peik-, *poik- 'pestrý, barevný' (B2) (nosovka v p. by byla druhotná). Srov. i stsl. *pěgъ* 'pestrý' ze znělé varianty *poig- a dále ↓psát, ↓pestrý.

pektin 'rosolotvorná látka rostlinného původu'. Novotvar (19. st.) k ř. *pēktós* 'pevný, pevně složený' od *pégnȳmi* 'upevňuji, dělám tvrdým'.

pektorální 'prsní, hrudní'. Z lat. *pectorālis* tv. od *pectus* (gen. *pectoris*) 'prsa, hruď'. Srov. ↑*parapet*.

pelargonie 'druh okrasné rostliny'. Z nlat. *pelargonium* (případně přes něm. *Pelargonie*) a to od ř. *pelārgós* 'čáp'. Plody té rostliny totiž připomínají ptačí hlavu s dlouhým zobákem, srov. i lid. název *čapí nůsek* pro rostlinu kakost (↑*kakost*).

pelášit. Novější, zřejmě expr. útvar (doloženo až u Jgd) od ↓*pelech*, možná na základě zvratného *pelešit se* 'běhat se' (= 'projevovat pud k páření' (u samic)').

pelech, *pelíšek*, *pelešit se*. Stč. *pelúch*, *peluše* 'pelech', *peleš(ě)* 'jeskyňka, doupě, komůrka'. Jen zsl. – p. *pielesz* (přeneseně i 'rodinný dům'), stluž. *peleš*, nejasné. Příp. ukazuje na expr. tvoření.

pelerína 'pláštěnka s prostřiženými otvory pro ruce'. Z fr. *pèlerine* 'poutnický plášť' od *pèlerin* 'poutník' z pozdnělat. *pelegrīnus* tv. z lat. *peregrīnus* 'přespolní, cizí' a to z *per-* (↓*per-*) a odvozeniny od *ager* 'pole, pozemek'.

pelest 'čelní či postranní prkno postele'. Slk. *peľasť*. Snad z něm. *Bettleiste* tv. z *Bett* 'postel' a *Leiste* (viz ↑*lišta*) (HK).

pelichat, *vypelichaný*. Jen č. Souvisí se sln. *pelíha* 'piha, červená skvrna na tváři' a dále p.d. *pielasy*, r. *pelësyj* 'skvrnitý', stsl. *pelěsъ* 'potřísněný'. Psl. základ **pel-* 'skvrna' je příbuzný s lit. *pelēsiai* 'plíseň' (viz ↓*plíseň*)

něm. *fahl* 'bledý', ř. *poliós*, *pelitnós* 'šedý', vše od ie. *pel- 'šedý, bledý, strakatý'. K souvislosti 'skvrna' – 'lysina, vypelichané místo' srov. ↑*lysý*.

pelikán. Přes něm. *Pelikan* ze střlat. *pelicanus* a to z ř. *pelekán* tv. od *pélekys* 'sekyra' (podle podoby zobáku).

pel-mel 'nesourodá směsice'. Z fr. *pêle-mêle* tv., stfr. *pesle-mesle*, varianta k *mesle-mesle*, což je zdvojená podoba stfr. *mesler* 'míchat' (dnes *mêler*) z vlat. *misculāre od lat. *miscēre* tv. Srov. ↑*mišmaš*, ↑*mísit*.

peloton 'hlavní skupina pohromadě jedoucích cyklistických závodníků'. Z fr. *peloton* 'skupina, hlouček, klubíčko, četa', což je zdrobnělina od *pelote* 'klubko, koule' a to z vlat. *pilotta od lat. *pila* 'míč'.

pelyněk, *pelyňkový*. Nář. *pelyň*, *peluň*, *polynek* aj. P. *piołun*, r. *polýn'*, s./ch. *pèlin*, csl. *pelynь*, *pelynъ*. Psl. *pelynь, *pelynъ je nejspíš od **pel-*, **pol-*, které je v ↑*pálit*, ↓*plamen* ap. Motivací pojmenování je asi výrazně hořká chuť, k vztahu 'pálivý' – 'hořký' viz ↑*hořký* (jinak Ma²).

pemza 'lehká sopečná vyvřelina'. Z něm. *Bims*, případně již střhn. *pumz*, *bimz* či střdn. *pemesse*, to pak z lat. *pūmex* (gen. *pūmicis*) tv., jež souvisí s lat. *spūma* 'pěna' (viz ↓*pěna*). Srov. i ↑*pauzovat*.

peň kniž. 'kmen'. Všesl. – p. *pień*, r. *pen'*, s./ch.st. *pânj*, csl. *pьnь*. Psl. *pьnь (B6) je příbuzné se střdn. *vīne* 'hromada dřeva', ř. *pínax* 'deska', sti. *pīnāka-* 'palice, kyj' z ie. *pin- 'kus dřeva'.

pěna, *pěnový*, *pěnivý*, *pěnit*, *vypěnit*, *napěnit*, *zpěnit*. Všesl. – p. *piana*, r. *péna*, ch. *pjëna*, s. *pèna*, stsl. *pěna*. Psl. *pěna je příbuzné s lit. *spáinė* 'pěna na mořských vlnách', stpr. *spoayno* 'pěna na vařeném pivu', něm. *Feim* 'pěna', angl. *foam*, lat. *spūma*, sti. *phéna-* tv., vše z ie. variant *(s)poi-n- a *(s)poi-m- (A5,B2).

penál 'pouzdro na psací potřeby'. Z něm. *Pennal* ze střlat. *pennale* tv. a to substantivizací tvaru stř.r. adj. *pennalis* 'týkající se pera' od lat. *penna* 'pero'.

penále 'pokuta za nedodržení smlouvy', *penalizovat*. Z fr. *pénal* (ž.r. *pénale*) 'trestní' z lat. *poenālis* tv. od *poena* 'pokuta, trest' (viz ↑*cena*, srov. ↓*penalta*).

penalta 'pokutový kop (ve fotbale)', *penaltový*. Z angl. *penalty (kick)* tv. od *penalty* 'pokuta, trest' a to přes fr. *pénalité* tv. k lat. *poenālis* 'trestní' (viz ↑*penále*).

pence 'drobná britská mince'. Nepravidelný pl. od *penny*, stangl. *pennig*, jemuž odpovídá něm. *Pfennig*. Dále viz ↓*peníz*.

pendlovat ob. 'chodit, jezdit sem a tam', *pendlovky*. Z něm. *pendeln* tv. od *Pendel* 'kyvadlo' z lat. *pendulum* 'kyvadlo, závaží' od *pendēre* 'viset'. Srov. ↑*apendix*, ↑*pandán*.

pendrek 'obušek; cukrářský výrobek z lékořice'. Z rak.-něm. *Bärendreck*, doslova 'medvědí lejno', z něm. *Bär* 'medvěd' a *Dreck* 'lejno, hovno'. Původní je tedy žertovný název lékořicového výrobku, odtud pak v č. další přenesení na černý gumový policejní obušek.

pěnice 'druh ptáka'. R. *pénka* 'králíček (pták)', sln. *pénica* 'pěnice'. Nejspíš stejný původ jako ↓*pěnkava*, možná ale také od ↓*pět²*.

penicilin 'základní antibiotikum získávané z některých plísní', *penicilinový*. Z něm. *Penicillin*, angl. *penicillin* od lat. názvu plísně *Penicillium notatum*, z níž se lék získává. Název vychází z lat. *pēnicillus* 'štětec' (podle podoby výtrusnice), to je vlastně zdrobnělina

od *pēniculus* 'ocásek', což je další zdrobnělina od *pēnis* (viz ↓*penis*).

penis 'mužský pohlavní úd'. Z lat. *pēnis* tv. (z **pesnis*), jež je příbuzné se sthn. *fasel*, stŕhn. *visel* (srov. ↑*fízl*), ř. *péos*, sti. *pásas-* tv., vše z ie. **pes-* tv. Srov. ↑*penicilin*.

peníz, *penízek, peněžní, peněžník, peněžnický, peněžnictví, peněžitý, peněženka*. Všesl. – p. *pieniądz*, str. *penjazь*, ch.st. *pjěněz*, stsl. *pěnędzь*. Psl. **pěnędzь (B7,B1)* je stará výpůjčka z germ., nejspíš ze sthn. *phenning* 'druh mince' (z toho dnes *Pfennig*, srov. i ↑*pence*). Původ není jasný. Vzhledem k nejstaršímu sthn. dokladu *phendi(n)g* se uvažuje o výpůjčce z lat. *pondus* 'váha' (odtud např. angl. *pound* 'libra'), *pendere* 'vážit (kov), platit'.

pěnkava, *pěnkavovitý*. Nář. *pinkava*, slk. *pinka, penkava*, sln. *pinóža* tv. Původ je v onom. **pink-* (napodobení hlasu pěnkavy), který je i v něm. *Fink*, it. *pincione*, ř. *spíngos*, bret. *pint* či maď. *pinty* tv. Srov. ↑*pěnice*.

penta- (ve složeninách) 'pěti-'. Z ř. *penta-* (ve složeninách) od *pénte* 'pět'. Srov. ↓*pentalogie* a také zast. *pentagon* 'pětiúhelník' (odtud *Pentagon* 'ministerstvo obrany USA' podle půdorysu jeho budovy, k druhé části viz ↑*goniometrie*).

pentalogie 'umělecké dílo o pěti samostatných částech'. Viz ↑*penta-* a ↑*-logie*, srov. ↓*trilogie*, ↓*tetralogie*.

pentle 'stužka', *pentlička*. Z něm. *Bändel*, což je zdrobnělina k *Band* 'stuha, pásek' od *binden* 'vázat'. Srov. ↑*pant*, ↓*pingl*, ↑*bandáž*.

penze 'důchod; denní poplatek za stravu v hotelu', *penzijní, penzist(k)a, penzionovat*. Přes něm. *Pension* tv. z fr. *pension* 'penze, penzion, roční důchod' z lat. *pēnsiō* 'splátka, plat' od *pendere* (příč. trp. *pēnsus*) 'vážit,

platit', původně 'věšet'. Srov. ↓*penzion,* ↓*penzum,* ↑*pendlovat.*

penzion 'druh pohostinského zařízení', *penzionát.* Z fr. *pension* 'penzion' i 'denní poplatek za ubytování a stravu', dále viz ↑*penze.*

penzum 'stanovené množství (práce)'. Z lat. *pēnsum* 'denní úkol, práce', vlastně 'co je odvážené', od *pendere* 'vážit'. Srov. ↑*penze.*

peon 'zemědělský dělník v Lat. Americe'. Ze šp. *peón* 'nádeník, chodec, pěšec', původ stejný jako ↓*pion.*

pepita 'drobně kostkovaná tkanina'. Ze šp. *pepita* podle jména šp. tanečnice *Pepita del Ortega.*

peprmint 'mentol', *peprmintový.* Z angl. *peppermint* 'máta peprná, mentol' z *pepper* 'pepř' a *mint* 'máta' (viz ↓*pepř* a ↑*máta*).

pepř, *peprný, pepřenka, pepřit, opepřit, připepřit.* P. *pieprz,* r. *pérec,* s./ch. *pàpar,* csl. *pьpьrъ.* Psl. **pьpьrъ* je převzato z lat. *piper* a to přes ř. *péperi* ze sti. *pippalī* tv. nejistého, možná neie. původu. Srov. ↑*paprika,* ↑*peprmint,* ↓*perník.*

pepsin 'enzym obsažený v žaludeční šťávě'. Novotvar k ř. *pépsis* 'trávení' od *péssō, péptō* 'vařím, trávím' (srov. ↑*dyspepsie*).

per- předp. Z lat. *per* 'skrz, přes, po', které je příbuzné s ↓*pře-,* ↓*přes* i ↓*peri-.* Srov. ↓*percepce,* ↓*perfektní,* ↓*permanentní,* ↓*persona,* ↓*perzekuce.*

percepce 'vnímání'. Z lat. *perceptiō* 'vnímání, chápání' od *percipere* 'uchopit, chytit, sklízet' z ↑*per-* a *capere* 'brát, uchopit'. Srov. ↓*recepce,* ↑*koncepce,* ↑*akceptovat.*

perena 'trvalka'. Od lat. *perennis* 'celoroční, trvalý' z ↑*per-* a odvozeniny od *annus* 'rok'.

perfektní 'dokonalý'. Přes něm. *perfekt* z lat. *perfectus* 'hotový, dokonalý', což je původem příč. trp. od *perficere* 'udělat, dokončit' z ↑*per-* a *facere* 'dělat'. Srov. ↓*perfektum,* ↑*afekt,* ↑*defekt.*

perfektum 'minulý čas s významem výsledku děje', *perfektivní.* Z lat. *perfectum* tv. od *perfectus* (viz ↑*perfektní*).

perforovat 'dírkovat, propichovat', *perforovaný, perforace.* Z lat. *perforāre* 'provrtat, prorazit' z ↑*per-* a *forāre* 'vrtat'. Srov. ↑*brány.*

pergamen 'zvířecí kůže upravená k psaní'. Ze střlat. *pergamenum* z pozdnělat. *(charta) pergamēna,* doslova 'pergamský (papír)', podle maloasijského města *Pergamon,* kde jeho výrobu ve 2. st. př. Kr. vyvinuli jako náhražku papyru.

pergola 'lehké zahradní loubí'. Z it. *pergola* z lat. *pergula* tv., snad od *pergere* 'pokračovat v cestě, spěchat', srov. však i ↓*práh.*

peri- předp. Z ř. *perí* 'kolem, o, ob', jež souvisí s naším ↓*pře-.* Srov. ↓*periferie,* ↓*perioda,* ↓*peripetie,* ↓*periskop.*

periferie 'okrajová část, okraj', *periferní.* Přes něm. *Peripherie* tv. z lat. *peripheria* 'kružnice, obvod' z ř. *periféreia* 'oběh, okruh' od *periférō* 'nosit kolem, otáčet se, obíhat' z *perí* (↑*peri-*) a *férō* 'nesu'. Srov. ↓*semafor,* ↑*metafora.*

perifráze 'opis', *perifrastický.* Přes lat. *periphrasis* z ř. *perífrasis.* Viz ↑*peri-* a ↑*fráze.*

perioda 'období, opakující se časový úsek', *periodický, periodizovat, periodizace, periodikum.* Přes moderní evr. jazyky (něm. *Period,* fr. *periode,* angl. *period*) z ř. *períodos* 'obcházení, oběh, návrat, obvod' z *perí* (↑*peri-*) a *hodós* 'cesta'. Srov. ↑*metoda,* ↑*epizoda* i ↑*chodit.*

peripetie 'náhlý zvrat (v událostech)'. Přes fr. *péripétie* 'náhlý obrat, rozuzlení' z ř. *peripéteia* 'nečekaný obrat (v dramatu)' z *perí* (↑*peri-*) a odvozeniny od *pétomai* 'letím, padám, pádím' (srov. *peripetés* 'upadlý, převrácený').

periskop 'optický přístroj umožňující pozorování s vertikálně posunutou osou pohledu'. Novější, viz ↑*peri-* a ↓*-skop*.

perkelt 'maďarský vepřový guláš'. Z maď. *pörkölt* tv., doslova 'pražený', od *pörkölni* 'pražit'.

perkuse 'poklep; rytmické nástroje', *perkusní*. Z lat. *percussiō* 'úder, uhození' (druhý význam přes angl. *percussion* 'bicí nástroje') od *percutere* (příč. trp. *percussus*) 'udeřit, prorazit, dotknout se' z ↑*per-* a *quatere* 'třást, bít'. Srov. ↑*diskuse*.

perla, *perlička, perlový, perlivý, perlit (se), zaperlit (se), perleť, perleťový*. Z něm. *Perle*, sthn. *perula*, *perala* a to přes vlat. zřejmě z lat. *perna* 'stehno, kýta', přeneseně podle tvaru i 'mušle'. Vlat. podoba není jasná – snad obměněné *perla či *perula (asimilace -rn->-rl- ?) či zdrobnělé *pernula*.

perlík 'kovářské kladivo'. V č. od 16. st., p.d. *perlik, pyrlik* 'hornické kladivo', hl. *pyrla* 'perlík'. Podle Ma[2] z něm.st. *perel* tv.

perlustrace 'úřední prohlídka'. Z lat. *perlūstrātiō* 'prohlídka', viz ↑*per-* a ↑*lustrace*.

perm 'nejmladší útvar prvohor'. Podle ruského města *Permu* nedaleko Uralu, kde se útvar hojně vyskytuje.

permanentní 'trvalý, stálý', *permanence, permanentka*. Přes něm. *permanent*, fr. *permanent* z lat. *permanēns* (gen. *permanentis*), což je přech. přít. od *permanēre* 'vytrvat, vydržet' z ↑*per-* a *manēre* 'trvat'. Srov. ↑*imanentní*.

permoník 'důlní skřítek'. Zdrobnělina od *permon* z něm. *Bergmann*, vlastně 'důlní muž', z *Berg* 'hora, důl' a *Mann* 'muž'.

permutace 'obměna pořadí prvků v matematické množině'. Z lat. *permūtātiō* 'proměna, výměna', viz ↑*per-* a ↑*mutace*.

perník, *perníček, perníkový*. Zjednodušením souhláskové skupiny (A9) z původního *peprník* (viz ↑*pepř*), šlo o pečivo z mouky, medu a pepře (Ma[2], Jg). Srov. ↓*perný*.

perný 'krušný, těžký'. U Jg ve významu 'čpavý, štiplavý, ostrý, pepřený', vedle toho má i spojení *perná práce, perná zima* odpovídající dnešnímu významu. Z *peprný* (viz ↑*pepř*), na změně významu se mohla podílet i asociace s ↓*prát (se), peru (se)*.

pero, **péro**, *pérko, pírko, pérový, pernatý, peří, opeřený, opeřenec, péřový, peřina, peřinka, pérovat, pérování, zapérovat, odpérovat, vypérovat*. Všesl. – p. *pióro*, r. *peró*, s./ch. *pèro*, stsl. *pero*. Psl. **pero* lze nejsnáze spojit s lit. *spařnas* 'křídlo', něm. *Farn* 'kapraď' (srov. ↑*kapraď*), sti. *parná-* 'křídlo, pero, list', toch. B *parwa* 'pera (pl.)' od ie. **per-* 'letět'. Nejasný je vztah k ie. **pet-* tv., k němuž dále patří něm. *Feder* 'pero', lat. *penna*, ř. *pterón*, sti. *páttra-* tv. Vývoj významu 'brk' → 'psací náčiní' je jasný, význam 'pružina' asi podle pružnosti a elastičnosti ptačího pera (Jg). Srov. ↓*peruť*.

peron hov. '(železniční) nástupiště'. Přes rak.-něm.st. *Perron* z fr. *perron* 'vnější schodiště; podjezd (před dveřmi)' ze stfr. *perron* 'velký kus kamene' od *pierre* 'kámen' z lat. *petra* 'skála, kámen' z ř. *pétrā* tv. Srov. ↓*petrolej*.

peroxid 'kysličník s vyšším obsahem kyslíku'. Viz ↑*per-* a ↑*oxid*.

perpetuum mobile 'utopický stroj pohybující se neustále bez dodávání energie'. Ze střlat. *perpetuum mobile,* doslova 'ustavičně pohyblivé', z lat. *perpetuus* 'ustavičný, věčný' z ↑*per-* a odvozeniny od *petere* 'směřovat, hnát se' a tvaru stř. rodu lat. *mōbilis* 'pohyblivý, nestálý'. Srov. ↓*petice,* ↑*mobilní.*

perplex hov. 'zmatený, popletený'. Přes něm. *perplex* z fr. *perplexe* či přímo lat. *perplexus* tv. z ↑*per-* a lat. *plectere* (příč. trp. *plexus*) 'plést'. Srov. ↑*komplex.*

persona zast. ob. 'osoba, osobnost, postava'. Z lat. *persōna* 'osoba', původně 'škraboška, divadelní postava', původu snad etruského, i když jsou i pokusy vyložit slovo jako lat.

personál 'zaměstnanci (jako celek)', *personální* 'osobní', *personálie* 'osobní data'. Přes něm. *Personal* ze střlat. *personale* 'k sobě patřící osoby stejného postavení, služebnictvo' od *personalis* 'osobní', ale i 'služebný' (střlat. *persona* znamená i 'služebník'), pozdnělat. *personālis* 'osobní' od *persōna* 'osoba' (↑*persona*).

personifikace 'druh metafory založený na zosobnění neživého', *personifikovat.* Viz ↑*persona* a ↑*-fikace.*

perspektiva 'zorný úhel; výhled (do budoucna)', *perspektivní.* Přes něm. *Perspektive,* fr. *perspective* ze střlat. *(ars) perspectiva* '(nauka) o lámání světla', doslova '(umění) dívat se skrz', z pozdnělat. *perspectīvus* 'dívající se skrz' od lat. *perspectus,* což je příč. trp. od *perspicere* 'prohlížet, prozkoumávat' z ↑*per-* a *specere* 'dívat se, pozorovat'. Srov. ↑*konspekt,* ↓*prospekt.*

perspirace 'kožní dýchání'. Z lat. *perspīrātiō* od *perspīrāre,* doslova 'dýchat skrz', z ↑*per-* a *spīrāre* 'vanout, dýchat'. Srov. ↑*aspirovat,* ↑*konspirace,* ↓*spiritismus.*

persvazivní 'přesvědčující, přesvědčivý'. Přes moderní evr. jazyky (angl. *persuasive,* fr. *persuasif*) z pozdnělat. *persuāsīvus* tv. od lat. *persuāsiō* 'přesvědčení' od *persuādēre* (příč. trp. *persuāsus*) 'přemlouvat, přesvědčovat' z ↑*per-* a *suādēre* 'radit, vybízet'.

peruť kniž. 'ptačí křídlo'. Psl. **perǫtь,* starou příp. **-ǫtь* od **pero* (↑*pero*).

perverze 'zvrácenost', *perverzní, perverznost, perverzita.* Přes moderní evr. jazyky (něm. *Perversion,* fr. *perversion*) z lat. *perversiō* tv. od *perversus* 'zvrácený, křivý', což je původem příč. trp. od *pervertere* 'převrátit, zvrátit, zahubit' z ↑*per-* a *vertere* 'obracet, točit'. Srov. ↑*diverze,* ↑*averze,* ↑*konverze,* ↓*verze.*

perzekuce '(politické ap.) pronásledování', *perzekvovat.* Z lat. *persecūtiō* 'pronásledování, stíhání' od *persequī* 'pronásledovat, stíhat' z ↑*per-* a *sequī* 'následovat'. Srov. ↑*exekuce,* ↓*sekvence.*

perzián 'kožešina z jehňat karakulské ovce', *perziánový.* Z něm. *Persianer* tv. a to podle *Persie,* dnešního Íránu, odkud se kožešina vyvážela.

perzifláž 'posměšné napodobení'. Z fr. *persiflage* tv. od *persifler* 'zesměšňovat' z *per-* (↑*per-*) a *siffler* 'pískat, syčet' z vlat. **sīfilāre* 'pískat' z lat. *sībilāre* tv.

perzistence kniž. 'vytrvalost, stálost'. Z lat. *persistentia* tv. od *persistere* 'vytrvávat' z ↑*per-* a *sistere* 'stavět, zastavit'. Srov. ↓*rezistence,* ↑*asistent.*

peřej. Jen č. (odtud slk. *perej*) a p. *pierzeja.* Nejspíš příbuzné s ↑*párat* (srov. i ↓*pramen*), pokud jde o tvoření, srov. ↓*veřej.*

peří. Viz ↑*pero.*

pes, *psí, psík, pejsek, psisko, psovský, psovitý.* Všesl. – p. *pies,* r.st. *pës,* s./ch. *pȁs,* stsl. *pьsъ.* Psl. **pьsъ* je slov. inovace za ie. název psa **kuon-,* dochovaný např. v lit. *šuõ*, něm. *Hund*, lat. *canis*, ř. *kýōn*. Vykládá se různě, nejpřijatelnější se zdá vyjít od vábicího citoslovce *ps!*, doloženého i v č. nářečích (Ma²). Stejný původ má rum. *pisică* 'kočka', od podobného citosl. *prr* se vykládá šp. *perro* 'pes', dále srov. i ↑*macek*¹ a ↑*pašík*. Jiné výklady, spojující slovo např. s ↓*pestrý* či s lat. *pecus* 'dobytek', jsou méně věrohodné. Srov. ↓*psota*, ↓*peskovat*.

pesar 'ochranné (antikoncepční) tělísko'. Ze střlat. *pessarium* 'vložka' z ř. *pessós* 'kostka, kamínek'.

peseta 'španělská měnová jednotka'. Ze šp. *peseta*, což je zdrobnělina k *pesa*, *peso* 'váha' od *pesar* 'vážit' z lat. *pēnsāre* 'odvažovat, platit'. Srov. ↑*penze*.

pesimismus 'škarohlídství'. Z něm. *Pessimismus*, fr. *pessimisme* od lat. *pessimus* 'nejhorší', 3. stupně od *malus* 'špatný'. Vytvořeno zhruba v pol. 18. st. jako protiklad k ↑*optimismus*.

peskovat 'kárat, stíhat výtkami'. Od staršího č. *peský* 'psí, bídný, mrzký', viz ↑*pes*, srov. ↓*psota*.

pěst, *pěstička*, *pěstní*, *zápěstí*, *zápěstní*. Všesl. – p. *pięść*, r. *pjast'*, s./ch. *pêst*, stsl. *pęstь*. Psl. **pęstь (B7)* se srovnává se sthn. *fūst* (něm. *Faust*), angl. *fist* tv., s přesmykem se sem řadí i lit. *kùmstė* tv., východisko se vidí v ie. **pn̥ku̯sti-* tv. *(A7)*, jež lze vyložit z ie. **penku̯e* 'pět' (↓*pět*¹) a odvozeniny od kořene **stā-* 'stát' (↓*stát*), původní význam by tedy byl 'stav pěti (prstů dohromady)' (HK). Germ. slova (na rozdíl od slov.) však lze spojit i s lat. *pūgnus*, ř. *pygmḗ* 'pěst', takže celý výklad není příliš jistý.

pesticid 'látka používaná k hubení škodlivých organismů (v zemědělství ap.)'. Uměle utvořeno z lat. *pestis* 'nákaza, mor, zhouba' a odvozeniny od *caedere* 'zabít'. Srov. ↑*genocida*.

pestík. Presl převzal z r. *péstik*, což je zdrobnělina od *pest* (viz ↓*píst*).

pěstovat, *pěstit*, *pěstěný*, *pěstitel*, *pěstitelský*, *pěstitelství*, *pěstoun*, *pěstounka*, *pěstounský*, *vypěstovat*. Stč. *pěstovati* 'nosit v rukou, hýčkat', p. *piastować* 'chovat (dítě na rukou), starat se o něco', r.d. *péstovat'* 'chovat, opatrovat', sln. *péstovati* 'nosit na rukou'. Psl. **pěstovati, *pěstiti (srov. p. *pieścić* 'laskat, mazlit se') se obvykle spojuje s **pitati (viz ↓*píce*, ↓*pitomý*), což však slovotvorně ani významově není zcela přesvědčivé. Lze spojit i s lit. *páisyti* 'dávat pozor' *(B2)*, ale ani to není jednoznačná paralela.

pestrý, *pestrost*, *pestřec*. P. *pstry*, r. *pëstryj*, sln. *péster*, csl. *pьstrъ*. Psl. **pьstrъ* je zřejmě pokračováním ie. **pikro- (A1,B5)* od kořene **pik-*, který je i v ↓*psát* (srov. sln. *písan* 'pestrý'). Příbuzné je lit. *paĩšas* 'skvrna (od sazí)', sthn. *fēh* 'pestrý, rozličný', ř. *poikílos* 'pestrý, zdobený', av. *paēsa* 'barva, podoba', východiskem je ie. **peig-*, **peik-*, **peiḱ-* 'pestrý' *(A6)*. Srov. ↓*pstruh*, ↓*psát*, ↑*pěkný*, ↓*piha*.

pěší, *pěšky*, *pěšec*, *pěšák*, *pěšácký*, *pěšina*, *pěšinka*. Všesl. – p. *pieszy*, r. *péšij*, ch.d. *pjěše* (příslov.), stsl. *pěšь*. Psl. **pěšь* odpovídá lit. *pėsčias* tv., východiskem je ie. **pēdsi̯o-*, asi odvozenina od lok. pl. *pēd-si* 'na nohách, po nohách'. Ie. **pēd-* 'noha', doložené např. v něm. *Fuss*, angl. *foot*, lat. *pēs* (gen. *pedis*), ř. *poús* (gen. *podós*), sti. *pad-* tv., jinak bylo v slov. i balt. vytlačeno jinými názvy. Srov. ↑*pěchota*, ↑*pedál*.

pešunk zast. ob. 'násep, svah železniční trati či silnice'. Z něm. *Böschung* tv., původně 'zdi opevnění porostlé travou a křovinami', od *Bösch*, *Bosch*, oblastních variant něm. *Busch* 'keř, křoví'. Srov. ↑*buš*.

pět¹, *pětka*, *pětkař*, *pětice*, *pětník*, *pátý*, *patero*. Všesl. – p. *pięć*, r. *pjat'*, s./ch.

pêt, stsl. *pętь*. Psl. **pętь* má základní tvar podle řadové číslovky **pętъ (B7, C1)*, srov. lit. *peñktas*, sthn. *fimfto*, lat. *quīntus* 'pátý', vše z ie. **penk^u to-* tv. Základní ie. podoba číslovky je **penk^u e (A3,A4)*, z toho je lit. *penkì*, gót., sthn. *fimf* (druhé *f* podle prvního), bret. *pemp*, lat. *quīnque* (první *qu-* asimilací k druhému), alb. *pesë*, ř. *pénte*, arm. *hing*, sti. *páňča* tv. Srov. ↑*pěst*, ↓*punč*.

pět[2] kniž. 'zpívat', *pění, pěvec, pěvecký, nápěv, zpěv, popěvek, opěvovat*. Všesl. – p. *piać*, r. *pet'*, ch. *pjèvati*, s. *pȅvati*, stsl. *pěti*. Psl. **pěti* nemá spolehlivé příbuzenstvo. Srovnává se s ř. *paián* 'slavnostní sborová píseň; zachránce, lékař', které však je odvozeno od ř. *paíō* 'biju, tluču'. Nepochybně jde o starý rituální termín – v této souvislosti stojí za pozornost výklad spojující slovo s ↓*pít*. Zpěv při pohanských obřadech byl totiž doprovázen obětním poléváním ohně, slovo **pěti* pak lze vyložit jako 'napájeti (oheň)'. Srov. ↓*zpívat*, ↓*píseň*, ↑*pěnice*.

petarda 'malá ruční bomba, dělbuch'. Přes rak.-něm. *Petarde* z fr. *pétard* tv. od *péter* 'prdět, praskat' z lat. *pēdere* 'prdět' (viz ↑*bzdít*).

-pětí (*napětí, vypětí, rozpětí, vzepětí* ap.). Viz ↓*pnout*.

petice 'mnoha podpisy opatřená žádost k veřejným orgánům', *petiční*. Přes něm. *Petition* z lat. *petītiō* 'žádost, písemná prosba; útok' od *petere* 'směřovat, napadat, žádat'. Srov. ↓*repetice*, ↑*kompetentní*.

petit 'drobnější tiskové písmo'. Z fr. *petit* 'malý' z vlat. **pittittus*, původu asi expr. Srov. ↓*pikola*.

petlice. Všesl. – p. *pętla, pętlica*, r. *pétlja* 'smyčka, oprátka, pant', *petlíca* 'poutko, knoflíková dírka', s./ch. *pȅtlja* 'smyčka, klička'. Psl. **petьl'a* či **pętьl'a* nemá jednoznačný výklad. Zásadní otázkou je, zda nosovka v p. je původní nebo druhotná. V prvním případě lze přijmout odvození od **pęti* (viz ↓*pnout*), ve druhém by byla pravděpodobnější domněnka o přejetí z germ. **fetil-* (srov. sthn. *fezzil* 'provaz, pouta', stangl. *fetil* 'pás'). Původně šlo o jednoduchou smyčku z provazu či řemenu na dveřích, která se přehodila přes vedlejší sloupek (Ma[2]).

petrklíč. V č. od J. V. Pohla (18. st.), kalk podle střlat. *clavis sancti Petri* 'klíč sv. Petra' (srov. i něm. *Petersschlüssel* tv.) (Ma[2]).

petrografie 'obor geologie zabývající se horninami'. Z ř. *pétros* 'kámen, skála' a ↑*-grafie*.

petrochemie 'průmysl zpracovávající ropu a zemní plyn'. Viz ↓*petrolej* a ↑*chemie*.

petrolej, *petrolejový, petrolejka*. Z něm. *Petroleum*, vlastně 'zemní, skalní olej', uměle z ř. *pétra, pétros* 'skála, kámen' (srov. ↑*petrochemie*, ↑*petrografie*) a lat. *oleum* (viz ↑*olej*).

petržel, *petrželka, petrželový*. Přes střhn. *petersil* ze střlat. *petrosilium* z ř. *petrosélīnon*, doslova 'skalní celer', z *pétra, pétros* 'skála, kámen' (srov. ↑*petrolej*) a *sélīnon* 'celer' (srov. ↑*celer*).

petting 'sexuální dráždění (bez přímého pohlavního styku)'. Z am.-angl. *petting*, doslova 'laskání, mazlení', od angl. *(to) pet* 'mazlit se, muckat se', jehož původ není jistý.

petúnie 'okrasná rostlina příbuzná tabáku'. Z nlat. *petunia* a to podle domorodého jihoam. názvu (jazyk tupi) *petyma, petyn* 'tabáková (rostlina)'.

pevný, *pevnost, pevnostní, pevnůstka, pevnina, pevninský, upevnit, zpevnit, připevnit, opevnit (se)*. Jen č., slk. a p. (*pewny*), jinde jen sloveso – r.st. *upovát'*, sln. *ûpati*, s./ch. *ȕfati*, stsl. *upъvati*, vše 'doufat' (viz ↑*doufat*). Psl.

(u)pъvati nemá přesvědčivý výklad, žádné z dosavadních srovnání (např. s lit. *púti* (1.os.přít. *pūvù*) 'hnít, upadat' či sti. *pávatē* 'očišťuje') není věrohodné.

piano, *pianino, pianista, pianistka*. Přes něm. *Piano*, fr. *piano* z it. *piano* tv., původně *pianoforte*, vlastně 'nástroj, na který se dá hrát tiše i hlasitě' (na rozdíl od jeho předchůdců), z it. *piano* 'potichu, pomalu' z lat. *plānus* 'rovný, plochý, zřetelný' a *forte* (viz ↑*forte*).

piarista 'člen školského duchovního řádu', *piaristický*. Od střlat. *ordo piarum scholarum* 'řád zbožných škol' k lat. *pius* 'zbožný'. Srov. ↓*pieta*.

piastr 'turecká a egyptská peněžní jednotka'. Přes fr. *piastre* z it. *piastra* 'destička (kovu)' ze střlat. *plastrum* 'náplast' (viz ↑*flastr*).

píce, *pícnina*. P. *pica*, r. *píšča* 'pokrm, strava', s./ch. *píća* 'píce', stsl. *pišta* 'jídlo'. Psl. **pit'a (B3)* je odvozeno od **pitati* 'krmit', které souvisí s lit. *piētūs* 'oběd, jih', stir. *ith* 'obilí', sti. *pitú-* 'jídlo, pití', vše z ie. **pei-tu-*, **pī-tu-* 'strava, pití' od **pei-* 'být tučný, plný'. Srov. ↓*pitomý*, ↑*pěstovat*.

píča vulg. 'zevní ženské pohlavní ústrojí'. P. *piczka*, s./ch. *pička*, b. *pička*, chybí ve vsl. Vedle toho je sln. *pícek* 'penis', podobné tvoření je i v lot. *pincis* 'penis', něm. *pinken* 'čurat', angl. *pizzle* 'zvířecí penis', jihoit. *pizza* 'penis' (srov. i dětské *pipina* 'vulva', *pindík*, ↓*pindour* 'penis'). Zdá se tedy, že jde o jakýsi onom. základ **pi-* napodobující močení a označující i pohlavní orgány. Srov. ↓*pizda*.

píď 'stará délková míra (asi 20 cm)', *pidimužík*. Všesl. – p. *piędź*, r. *pjad'*, s./ch. *pêd*, stsl. *pędь*. Psl. **pędь* je z ie. **(s)pen-d-* 'napínat' (jde o vzdálenost mezi napnutým palcem a ukazovákem), odtud i něm. *Spanne* tv., s formantem -*d-* srov. ještě stlit. *spándyti* 'napínat',

lat. *pendere* 'věšet'. Dále srov. ↓*pnout*, ↑*pata*.

píďalka 'housenka drobného motýla'. Podle jejího pohybu, který připomíná měření roztaženými prsty (roztažení, přisunutí atd.), viz ↑*píď*.

pídit se 'usilovně pátrat'. Nejspíš od ↑*píď*, vlastně 'pátrat píď za pídí'.

piedestal 'podstavec (pod sochu)'. Přes fr. *piédestal* z it. *piedestallo* tv. a to z *piede* 'noha' (z lat. *pēs*, gen. *pedis* tv.) a *stallo* 'stojan, podstavec' z germ. základu. Srov. ↑*pěší*, ↑*instalovat*.

pierot 'šašek ve fr. divadle'. Z fr. *pierrot*, což je zdrobnělina od *Pierre* 'Petr' podle vzoru it. komedií, kde vystupoval šašek *Pedrolino*.

pieta 'zbožná úcta', *pietní*. Z lat. *pietās* 'mravnost, zbožnost, oddanost' od *pius* 'spravedlivý, zbožný, oddaný'. Srov. ↑*piarista*.

*pifka (*mít pifku na někoho* 'mít na někoho spadeno'). Nepříliš jasné. Již u Jgd, kde je i varianta *pivka-*, která jinak znamená 'podnapilost'. Snad od onom. *pif*, označujícího výstřel? (HK)

piglovat zast. ob. 'žehlit'. Z něm. *bügeln* tv. od *Bug* 'záhyb' (srov. ↓*puk*) a to od *biegen* 'ohýbat'.

pigment 'barvivo živočišného těla', *pigmentový*. Přes něm. *Pigment* z lat. *pigmentum* 'barvivo, barva' od *pingere* 'malovat, obarvovat'. Srov. ↓*piha*.

piha, *pih(ov)atý*. Stč. *pieha*, p. *piega*, sln. *péga*, ch. *pjěga* tv., stsl. adj. *pěgъ* 'strakatý, skvrnitý'. Psl. **pěga* vychází z ie. kořene **peig-* 'malovat, barvit' (*A6,B2*), od něhož je lat. *pingere* tv. (srov. ↑*pigment*). toch. A *pik-* 'psát, malovat'. Od variantního kořene **peik-* je ↑*pestrý* a ↓*psát*.

píchat, *píchnout, pichlavý, popíchat, opíchat, vypíchnout, zapíchnout, napíchnout, spíchnout* aj. Na jedné straně stojí blízko č.st. *píkati*, sln. *pīkati*, ch. *pĭkati* tv. (srov. ↓*píka*), na druhé straně p. *pchać* 'cpát, strkat', r. *pichát'*, sln. *pháti*, stsl. *pьchati* tv. z psl. *pьchati, *pichati, příbuzného s lit. *paisýti* 'mlátit (obilí)', lat. *pīnsere* 'tlouci, drobit', ř. *ptíssō* 'tluču, melu', sti. *pināšti* 'tluče, mele' od ie. **peis-* 'tlouci, drtit' *(A8)*. Srov. ↓*píst*, ↑*pěchovat*, ↓*pšenice*.

pijavice. Viz ↓*pít*.

píka 'stará bodná zbraň s dlouhou násadou'. Přes něm. *Pike* z fr. *pique* od *piquer* 'bodat, píchat' od starého onom. základu **pik-*. Srov. ↓*pikantní*, ↓*piky*, ↑*píchat*.

pikantní 'chuťově výrazný, dráždivý'. Přes něm. *pikant* z fr. *piquant* tv., vlastně 'bodavý, pichlavý', od *piquer* 'bodat' (viz ↑*píka*).

pikart 'člen středověké laické náboženské společnosti ve Francii; kacíř'. Stč. *pikhart, bekhart, begart* tv. Z fr. *bégard* z niz. *beggaert* 'žebravý mnich' (dále viz ↑*bekyně*). Spojení se severofr. oblastí *Picardie* je zřejmě lid. etym.

pikat (se) 'zaříkávat se (v dětských hrách)'. Zřejmě onom. původu (citosl. *pik* 'ťuk, pích ap.'), srov. *piky piky na hlavu* atd.

pikle (pl.) 'pletichy, úklady'. Ve starší č. i sg. *pikel*. Jen č., málo jasné. Snad souvisí s ↑*fígl*. Srov. ↓*spiknout se*.

piknik 'svačina v přírodě', *piknikovat*. Přejato (případně přes něm. *Picknick*) z angl. *picnic* z fr. *pique-nique*, původně (17. st.) 'společné jídlo, při němž každý přinese jídlo pro sebe', z *piquer* (viz ↑*píka*), zde ve významu 'ďobat, klovat' a *nique* 'nic, bezcenná věc' (dohromady užito jistě kvůli rýmu).

pikola 'malá flétna'. Z it. *piccolo* tv., doslova 'malý', zřejmě onom.-expr. původu. Srov. ↓*pikolík*.

pikolík 'číšnický učeň'. Dříve i *pikolo*, z it. *piccolo* 'malý' (viz ↑*pikola*).

piksla ob. '(kovová) krabička'. Z něm.d. (bav.) *Püchsel* 'konzerva', což je zdrobnělina od *Püchse*, něm. *Büchse* 'krabice, plechovka, konzerva' a to ze střlat. *buxis* 'krabice', lat. *pyxis* tv. z ř. *pyxís* 'krabice (ze zimostrázu)' od *pýxos* 'zimostráz'. Srov. ↑*box*[1], ↑*busola*, ↓*puška*.

piktogram 'obrázkový znak'. Z lat. *pictus* 'namalovaný', což je původem příč. trp. od *pingere* (viz ↑*piha*) a ↑*-gram*.

piky (pl.) 'barva v kartách'. Přes něm. *Pik* z fr. *pique* (dále viz ↑*píka*) – barva totiž představuje stylizovaný hrot píky.

pila, *pilka, pilový, pilník, pilníček, pilina, pilinový, piloun, pilovat, přepilovat, upilovat, vypilovat*. Všesl. – p. *piła*, r. *pilá*, s./ch. *píla*, stsl. *pila*. Psl. *pila je nejspíš stará výpůjčka ze sthn. *fīla* (něm. *Feile*, angl. *file* 'pilník'), jehož původ není jistý. Vzhledem k tomu i vzhledem k blízkému lit. *peĩlis* 'nůž' je lákavý pokus rekonstruovat balt.-slov.-germ. **pei-l-* *(A4,B2)*, obvykle se však tento výklad odmítá. Srov. ↓*pilous*, ↓*pitva*.

pilaf 'dušené skopové s rýží'. Z tur. *pilāv* a to z per. *pilāw* tv.

pilíř. Z fr. *pilier* či it. *piliere* tv. z vlat. *pīlāre (odtud i něm. *Pfeiler* tv.) od lat. *pīla* 'sloup, pilíř'. Srov. ↓*pilot*[2].

pilný, *píle, pílit* zast. '(horlivě) spěchat'. Luž., p. *pilny*, r.d. *píl'nyj* 'horlivý, snaživý'. Nejasné.

pilot[1] 'řidič letadla, kosmické lodi, závodního automobilu ap.', *pilotní, pilotovat*. Přes něm. *Pilot*, fr. *pilote* z it. *piloto, pilota*, původně 'kormidelník', ve starší it. i *pedotta, pedot(t)o* ze stř. *pēdótēs tv. od ř. *pēdón* 'veslo, veslová lopatka' od *poús* (gen. *podós*) 'noha' (srov. ↑*pěší*).

pilot² 'zpevňovací kůl zarážený do země'. Přes něm. *Pilote* z fr. *pilot* tv. od *pile* 'mostní pilíř' z lat. *pīla* 'sloup'. Srov. ↑*pilíř*.

pilous 'drobný brouček škodící v uskladněném obilí'. Stč. *pilvús*. Složeno z *pilo-* (viz ↑*pila*) a *(v)ús* (viz ↓*vous*) – jeho protáhlý rypáček totiž připomíná pilu.

pilulka. Přes něm. *Pillule* ze střlat. *pillula*, lat. *pilula* 'pilulka, kulička', vlastně zdrobnělina od *pila* 'koule, míč'.

pimprle zast. 'loutka', *pimprlový*. Z rak.-něm. *Pümpernickel*, něm. *Pumpernickel*, původně žertovné označení pro druh černého chleba, pak i hanlivá přezdívka hrubého člověka ap. V první části je asi regionální výraz pro 'prd', ve druhé domácká podoba jména *Nikolaus* (srov. ↑*nikl*), dohromady tedy asi něco jako 'prďoch, prďola'.

pinč(l) 'plemeno malých psů'. Z něm. *Pinscher, Pintscher*, jehož původ není zcela jasný. Obvykle se vykládá z angl. *pinch* '(u)štípnout', protože těmto psům se uštipovala část ocasu a uší. Potíž je v tom, že v samotné angl. je název plemena jiný (*terrier*).

pinďour ob. expr. 'penis', *pindík, pinďa* 'malý člověk'. Expr. útvar připomínající něm. *Pimmel* 'penis' (souvisí s *bimmeln* 'bimbat', srov. i č. *bimbas*), srov. však i onom. **pi-* napodobující močení v něm. *Pipi machen* 'čurat' a také v ↑*píča*.

ping-pong, *pingpongový*. Z angl. *ping-pong*, což je onom. zdvojení typu *bim bam, pif paf* od angl. *ping* 'zabzučet, plesknout'. K nám přišlo po 1. světové válce.

pingl ob. 'ranec', hanl. 'číšník'. Z něm. *Bündel* 'svazek, ranec', což je zdrobnělina od *Bund* 'svazek, otep' od *binden* 'vázat'. Význam 'číšník' nejasný. Srov. ↑*pant*, ↑*pentle*, ↑*bandáž*.

pinie 'druh borovice'. Z nlat. *pinea*, což je zpodstatnělý tvar ž.r. od lat. adj. *pīneus* 'borový' od *pīnus* 'borovice', jehož základ souvisí s lat. *pix* 'smůla' (viz ↑*peklo*).

pinkat 'volně hrát volejbal, stolní tenis ap.'. Onom., od citosl. *pink*. Srov. ↑*ping-pong*.

pinta 'stará dutá míra'. Přes něm.d. (bav.) *Pinte* z fr. *pinte* a to snad z vlat. *pincta 'namalovaná (značka)' od *pingere* 'malovat'. Srov. ↑*piktogram*, ↑*piha*.

pinzeta 'jemné pružné klíšťky'. Přes něm. *Pinzette* z fr. *pincette* od *pincer* 'štípat' z vlat. *pinctiāre, vzniklého asi křížením *punctiāre od lat. *pūnctum* 'bodnutí' a *pīccāre 'píchat' (srov. ↑*píka*).

pion slang. 'pěšec (v šachu)'. Z fr. *pion*, stfr. *peon* z vlat. *pedone* 'pěšec' z lat. *pedō* (gen. *pedōnis*) tv. od *pēs* (gen. *pedis*) 'noha'. Srov. ↓*pionýr*, ↑*peon*, ↑*pěší*.

pionýr 'průkopník', *pionýrský*. Přes něm. *Pionier* z fr. *pionnier* tv., stfr. *peonier* 'pěšák' od *peon* (viz ↑*pion*).

pípa. Přes něm.d. (bav.) *Pipe* tv. z it. *pipa* 'pípa, dýmka, píšťala' z vlat. *pīpa 'trubička, píšťala', původu zřejmě onom. Srov. ↑*fajfka*.

pípat, *pípnout, pípání, pípavý, zapípat*. Onom., od zdvojeného *pi-pi* napodobujícího hlas ptáků. Srov. něm. *piepen*, lat. *pīp(i)āre* tv., ř. *pīpos* 'ptáče'.

piplat (se) expr., *piplavý, vypiplat*. P. *pyplać* 'pomalu dělat', r.d. *pýplit'* tv., sln. *pípati* 'drápat, párat, dotýkat se', csl. *pipati* 'dotýkat se'. Expr. útvary ze zdvojeného kořene **pi-p-* onom. původu. Srov. podobně ↑*babrat (se)*, ↑*nimrat (se)*.

piraňa 'jihoamerická dravá říční ryba'. Z port. *piranha* a to z *piraya*

pirát 468 **piškot**

tv. (v jihoamer. jazyce tupi), doslova 'klepeto', podle tvaru její tlamy.

pirát, *pirátský, pirátství*. Přes něm. *Pirat* z it. *pirata*, případně stfr. *pirate*, to pak z lat. *pīrāta* z ř. *peiratés* tv. od *peiráō* 'zkouším, podnikám, napadám', to dále od *peĩra* 'pokus, odvážný podnik, přepadení'. Srov. ↑*empirie*.

-pírat (*opírat, zapírat, vzpírat, popírat, odpírat* aj.). Viz ↓*-přít*.

piroh 'pečivo se slanou (někdy i sladkou) náplní', *pirožek*. Z r. *piróg* tv., které má více výkladů. Nejspíš od str. *pirъ* 'hostina' a to od psl. *piti (↓*pít*). Původně tedy asi 'pečivo, které se jí na hostinách'.

pirueta 'rychlé otáčení na špičce nohy'. Z fr. *pirouette*, střfr. *pirouelle* 'káča, vlk', snad kontaminací *(D3)* galorom. kořenu **pir-* 'kolík, nýtek' (srov. fr.d. *piron* 'pant') a fr. *rouelle*, což je zdrobnělina od *roue* 'kolo'.

písek, *pískový, písečný, písčitý, písčina, pískovna, pískoviště, pískovec, pískovcový*. Všesl. – p. *piasek*, r. *pesók*, ch. *pijésak*, stsl. *pěsъkъ*. Psl. *pěsъkъ má spolehlivé příbuzenstvo jen v sti. *pāṃsú-, pāṃsuká-* 'písek, prach', av. *pąsnu-* tv., východiskem je ie. **pēs-*, **pēns-* tv.

píseň, *písňový, písnička, písničkář*. Všesl. – p. *pieśń*, r. *pésnja*, ch. *pjȅsma*, stsl. *pěsnь*. Psl. *pěsnь je odvozeno od *pěti (↑*pět*²), srov. ↑*báseň*.

pískat, *písknout, pískání, pískot, pisklavý, pískle, zapískat, odpískat, vypískat*. Všesl. – p. *piskać*, r. *pískat'*, ch. *pȉskati*, stsl. *piskati*. Psl. *piskati je zřejmě *sk*-ové rozšíření onom. kořene **pi-*, který je v ↑*pípat*, podobné je lot. *pīkstēt* tv. Srov. ↓*pištět*, ↓*píšťala*.

piskoř 'druh ryby'. P. *piskorz*, r. *peskár'*, sln. *piškúr*. Psl. **piskor'ь* je odvozeno od *piskati (↑*pískat*), podle

schopnosti této ryby vydávat pisklavé tóny.

písmeno, *písmenko, písmenný*. Stsl. *pismę* 'psaní, písmo'. Z psl. *pismę (gen. *pismene) od *pisati, *pьsati (↓*psát*), srov. ↓*písmo*.

písmo, *písemný, písemnost, písmák*. Všesl. – p. *pismo*, r. *pis'mó* 'dopis', s./ch. *písmo*. Psl. *pisьmo je stará odvozenina od *pisati (viz ↓*psát*, srov. ↑*písmeno*).

pisoár 'pánský veřejný záchodek'. Z fr. *pissoir* tv. od vulg. lid. *pisser* 'močit, chcát', původu onom.

píst, *pístový*. P. *piasta*, r. *pest*, sln. *pésta*. Psl. *pěstъ, *pěsta 'tlukadlo' je příbuzné s lit. *piestà* 'stoupa', dále i lat. *pistus* 'rozemletý, rozdrcený' (příč. trp. od *pinsere*), sti. *piṣṭá-* tv., vše od ie. **peis-* 'tlouci, drtit' *(A6,B2)*. Viz i ↑*píchat*, srov. ↑*pestík*, ↑*pěchovat*.

pistácie 'zelené olejnaté semeno jistého středomořského stromu', *pistáciový*. Z lat. *pistacium* z ř. *pistákion* tv. a to z nějakého neznámého východního jazyka (odtud i nper. *pista* tv.).

pistole, *pistolka, pistolník, pistolnický*. Přes něm. *Pistole* z fr. *pistole* tv. (k nám od konce 16. st.), tam naopak přes něm. ze stč. *píščala, píšťala* – husité tak nazývali jistý druh lehčí zbraně s tenkou hlavní a vydávající jasnější zvuk; od nich se název rozšířil do záp. Evropy, kde byla zbraň zdokonalena do nám známé podoby.

pišingr 'oplatkový dort, řez'. Z rak.-něm. *Pischinger(torte)* podle jména původního rakouského výrobce.

pišišvor expr. 'malý, komický, nešikovný člověk'. Nejasné, zřejmě expr. výtvor bez etymologie.

piškot, *piškotový*. Z rak.-něm. *Piskotte* z it. *biscotto* tv. a to z lat. *biscoctus*,

píšťala 469 pižlat

doslova 'dvakrát pečený'. Dále viz ↑*biskvit*.

píšťala, *píšťalka, píšťalový*. Stč. *píščala (C3)* z psl. *piščala (*-*šča*- z předsl. *-*skē*- (*B1*)) od *piskati (↑*pískat*).

píštěl 'kanálek, jímž ústí chorobné ložisko na povrch'. Podle něm. *Fistel* z lat. *fistula* tv., původně 'píšťala, rourka', onom. původu.

pištět, *pištivý, zapištět*. P. *piszczeć*, r. *piščát'*, ch. *píštati*. Psl. **piščati (C1,C3)* je od *piskati (↑*pískat*). Srov. ↑*píšťala*.

pít, *pití, pitný, pitka, pítko, piják, pijan, pijácký, pijáctví, pijavice, napít se, nápoj, nápojový, vypít, upít, připít, přípitek, popít, propít, opít (se), opilý, opilost, opilec, zpít (se)*. Všesl. – p. *pić*, r. *pit'*, s./ch. *pȉti*, stsl. *piti*. Psl. *piti je příbuzné se stpr. *poutwei* tv., stir. *ibid* 'pije', lat. *bibere* 'pít' (z *pibere), *pōtus* 'nápoj', alb. *pi* 'piju', ř. *pínō* tv., sti. *pắti, píbati* 'pije', vše od ie. **pō(i)*-, *pī- (se zdvojením *pi-bō-) 'pít'. Srov. ↑*nápoj*, ↓-*pojit*, ↓*pivo*, ↑*piroh*.

pitbul 'plemeno psa'. Zkráceno z am.-angl. *pit bull terrier*, což je americký druh bulteriéra vyšlechtěný původně pro zápasy. Z angl. *pit* 'jáma, aréna pro zvířecí zápasy' a *bull-terrier* 'kříženec buldoka a teriéra' (viz ↑*buldok* a ↓*teriér*).

pitomý, *pitomost, pitomec, pitomina*. Stč. *pitomý* 'krotký, ochočený, krmený' od psl. *pitati 'krmit' (viz ↑*píce*), přeneseně pak 'tupý, hloupý'.

pitoreskní 'barvitý, malebný'. Z fr. *pittoresque* z it. *pittoresco* tv. od *pittore* 'malíř' z lat. *pictor* tv. od *pingere* (příč. trp. *pictus*) 'malovat'. Srov. ↑*piktogram*, ↓*psát*, ↑*piha*.

pitvat, *pitva, pitevní, pitevna, rozpitvat*. Původně 'kuchat (zvláště rybu)'. Jen zsl., p. *pitwać* 'nemotorně krájet'. Nejasné, šlo by odvodit od sporného ie. *pei- 'řezat' (viz ↑*pila*) (Ma²), pak by

psl. *pitva bylo odvozeno jako *bitva* od ↑*bít* a sloveso by bylo druhotné.

pitvořit se 'dělat směšné grimasy', *pitvorný, pitvornost, pitvořit se*. Zřejmě disimilací z **pri-tvoriti (sę)* (ztráta prvního ze dvou *r*), vlastně 'připodobňovat se' (srov. slk.d. *pritvoriť sa* 'dělat se něčím', r. *pritvorját'sja* 'přetvařovat se'), viz ↓*tvořit*. Srov. ↓*potvora*.

pivo, *pivní, pivnice, pivovar, pivovarnický, pivovarnictví*. Všesl. Psl. *pivo je odvozeno od *piti (↑*pít*), původně vlastně 'co slouží k pití' (jako *krmivo, topivo* ap.), pak zúžení významu.

pivoňka. Asi přes fr. *pivoine* ze střlat. *pionia* z lat. *paeōnia* a to z ř. *paiōnía*, doslova 'léčivá', od *paián, paiōn* 'lékař, zachránce' (srov. ↑*pět²*).

pivot(man) 'střední útočník v košíkové či házené'. Z angl. *pivot* tv., doslova 'čep, obrtlík, střed, člověk, kolem něhož se vše točí', z fr. *pivot* tv. ne zcela jasného původu.

pizda vulg. 'ošklivá, nepříjemná žena'. Stč. *pizda* 'řiť'. Všesl. – p. *pizda* 'vulva', r. *pizdá*, s./ch. *pízda* tv. Psl. *pizda je příbuzné se stpr. *peisda* 'řiť', alb. *pidh* 'vulva', další výklady se různí. Zdá se, že kořen *pi- by mohl být stejný jako u ↑*píča*, -*zda* by pak byla příp. jako např. u ↑*brázda*, ↑*brzda*.

pizdit ob. expr. 'hyzdit, znetvořovat'. Od ↑*pizda*, zřejmě s významovým přikloněním k ↑*hyzdit*.

pizza, *pizzový, pizzerie*. Z it. *pizza*, které v nářečích označuje různé druhy slaných koláčů. Další původ není jistý, uvažuje se o přejetí z langob. či sthn. *bizzo, pizzo* 'sousto, kus (koláče), druh chleba', jež souvisí s něm. *beissen*, angl. *bite* 'kousat'.

pižlat hov. expr. 'neuměle řezat'. Expr. útvar srovnatelný s ↑*piplat (se)*, ↑*patlat*, ↓*žužlat* ap., možná expr. obměna ↑*pitvat*.

pižmo 'páchnoucí výměšek žláz některých živočichů'. Ze sthn. *bisamo* tv. ze střlat. *bisamum* 'vůně, vonná rostlina' (z pižma se vyráběla voňavka) a to z hebr. *bāsām* 'balzám, vonný keř'. Srov. ↑*balzám*, ↑*bizam*.

plac ob. 'místo'. Z něm. *Platz* a to přes stfr. *place* 'místo, (otevřený) prostor, náměstí' z lat. *platēa* '(široká) ulice, silnice' z ř. *plateīa* tv. od *platýs* 'plochý, rovný, široký'. Srov. ↓*platýs*, ↓*platforma*.

plácat, *plácnout, plácnutí, plácačka, poplácat, oplácat, naplácat, vyplácat, splácat, přeplácat, zaplácat, uplácat, rozplácnout.* Jen č. a slk. Onom. varianta k ↓*pleskat* (asi s vlivem něm. *platzen* 'praskat'), srov. citosl. *plác* jako *bác*. Srov. ještě ↓*plandat* a ↓*placatý*, ↓*placka*.

placatý. Jen č., k významové souvislosti ↑*plácat* – *placatý* srov. ↓*pleskat* – ↓*ploský*, ↓*plochý*. Srov. i ↓*placka*.

placenta 'plodový koláč'. Z lat. *placenta* tv., původně '(obětní) koláč'. Srov. ↑*palačinka*.

placírka slang. 'vnitřní plochá část nohy; kop touto částí nohy'. Od něm. *plazieren* 'umístit (míč ap.)' od *Platz* (viz ↑*plac*).

placka, *placička*. Jen zsl. (p. *placek* 'placka, koláč, buchta'). Nejspíš z něm.d. *Platz, Plätzchen* tv., i když vyloučit nelze ani opačný směr výpůjčky. Něm. slovo se vykládá z onom. *platzen* (viz ↑*plácat*) nebo modifikací významu *Platz* 'rovná, otevřená plocha' (viz ↑*plac*). U č. slova však lze vyjít i od ↑*plácat* (srov. ↑*placatý*) (Ma²).

pláč. Viz ↓*plakat*.

plagiát 'literární krádež, nepřiznané napodobení či doslovné přejetí díla', *plagiátor, plagiátorský, plagiátorství.* Z něm. *Plagiat*, fr. *plagiat* a to přeneseně k lat. *plagiārius*, pozdnělat. *plagiātor* 'kdo krade lidi (a prodává do otroctví)' a to asi od lat. *plaga* '(lovecká) síť', vedle toho i 'krajina, končina' (srov. ↓*pláž*). Podle jiných od ř. *plágios* 'šikmý, příčný'.

plahočit se. Slk.d. *plahočiť sa*, *pluhačiť sa* ukazuje na pravděpodobné expr. přetvoření základu, který je v č. ↓*plouhat (se)*.

pláchnout, *upláchnout*. Jen č., snad od ↓*plachý*, ↓*plašit*.

-pláchnout (*spláchnout, vypláchnout, opláchnout, propláchnout*). Ve starší č. i *-pláknout, plákat*. P. *płokać*, r. *poloskát'* 'máchat, oplachovat', ch. *-pláknuti* (ch.d. i *-pláhnuti*), stsl. *plakati* 'prát'. Psl. **pol(s)knǫti, *polkati (A8, B8)* je nejspíš odvozeno od **polti* 'šplíchat, třást, čistit' (sln. *pláti* 'vlnit se, tepat, hl. *płóć* 'čistit obilí od plev', srov. i odvozené č.st. *pálati* tv.) od ie. **pel-* 'lít, téci, třást aj.'. Příbuzné je lit. *pìlti* 'lít, tlouci', ř. *pállō* 'mávám, třesu', arm. *hełum* 'vylévám'. Pochybná je souvislost s ↓*plakat*.

plachta, *plachetka, plachtoví, plachetní, plachetnice, plachtit, plachtění, plachtař, plachtařský.* Všesl. (kromě mak., b.) – p. *plachta*, r. *pláchta* 'plátěný pytel, šátek', s./ch. *plȁhta* 'ubrus, plachta'. Psl. **plachъta* 'široký kus látky' je nejspíš odvozeno od **placha* 'něco plochého a širokého', jež souvisí s **plochъ, *ploskъ* (↓*plochý*, ↓*ploský*). Méně pravděpodobná je domněnka, že jde o přejetí ze sthn. *blaha* 'hrubé plátno (na krytí vozů)' (Ma², HK). Srov. i ↓*plášť*.

plachý, *plachost*. P. *płochy*, sln. *plȃh*, mak. *plach* (jinak viz ↓*plašit*). Psl. **polchъ (B8)* je asi tvořeno příp. *-chъ* (srov. ↓*strach*) od ie. základu **pol-* 'strach, zneklidnění' od **pel-* 'zneklidňovat, vyrušovat', k němuž patří stisl. *fæla* 'vylekat', gót. *us-filma* 'vylekaný'. Snad je příbuzné i lat. *pellere* 'hnát, odhánět',

plakat, *pláč, plačtivý, plačtivost, oplakat, zaplakat, proplakat, poplakat (si), rozplakat (se), vyplakat, zplakat, uplakaný*. Všesl. – p. *płakać*, r. *plákat'(sja)*, s./ch. *plȁkati*, stsl. *plakati sę*. Psl. **plakati sę* znamenalo původně 'bít se (v prsa na znamení zármutku)', stejný vývoj je v příbuzném lat. *plangere* 'tepat, bít se v prsa, naříkat', dále je příbuzné lit. *plàkti* 'tlouci', angl. *flaw* 'roztrhnout, rozštípnout', *flay* 'zbít', ř. *pléssō* 'tluču', vše z ie. **plāk-* 'tlouci'.

plakát, *plakátovat*. Z něm. *Plakat* a to přes střniz. *plackae(r)t* ze střfr. *placard* 'listina, veřejně vyvěšené oznámení' od *plaquer* 'nalepit, připevnit' a to ze střniz. *placken* 'lepit, mazat, dělat kaňky' nejspíš onom. původu. Srov. ↓*plaketa*.

plaketa 'pamětní kovová destička s reliéfem'. Přes něm. *Plakette* z fr. *plaquette*, což je zdrobnělina od *plaque* '(kovová) destička' od *plaquer* (viz ↑*plakát*).

plamen, *plamínek, plamenný*. Všesl. – p. *płomień*, r. *plámja*, s./ch. *plȁmēn*, stsl. *plamy* (gen. *plamene*). Psl. **polmy* (gen. **polmene*) je odvozeno od **polti* (viz ↓*plát*²). Srov. ↓*poleno*, ↓*plápolat*, ↑*pálit*.

plameňák 'druh růžového tropického ptáka'. Kalk podle něm. *Flamingo* ze šp. *flamenco* tv. jakoby od lat. *flamma* 'plamen'. Slovo však je asi z niz. *flaming* 'vlámský' a ve šp. označovalo původně člověka se zarudlou pletí (jejich prototypem byli Vlámové). Odtud zřejmě přeneseno na vysokého růžového ptáka a přes vývoj významu 'růžolící, půvabný' → 'provokativního vzhledu, cikánský' i na druh písně.

plán, *plánek, plánovat, plánování, plánovitý, naplánovat, rozplánovat*. Přes něm. *Plan* z fr. *plan* 'náčrt' (v 15. st. psáno *plant*) a to pod vlivem it. *pianta* 'půdorys, obsazené místo, podpatek' (z lat. *planta* 'podpatek') a kontaminací s *plan* 'plochý, plošný' od *planter* 'sázet, stavět' z lat. *plantāre* 'sázet'. Srov. ↓*plantáž*.

-plán (ve složeninách) 'letoun'. Podle ↑*aeroplán*, odtud pak novější *hydroplán, deltaplán* ap. Srov. i ↓*planeta*.

pláň, *planina*. Stč. i *pláně*, sln. *plánja*, jinak p.d. *płonina*, ukr. *polonýna*, s./ch. *planìna* 'pohoří, hora'. Psl. **poln'a*, **polnina (B8)* jsou odvozeniny od psl. **polnъ* 'rovný, neporostlý stromy' (srov. sln. *plân* tv.) z ie. **pol-no-*, **plā-no-*, z něhož je i lit. *plónas* 'tenký', lat. *plānus* 'plochý, rovný', od ie. **pel-*, **plā-* 'plochý, široký'. Srov. ↓*pole*, ↓*planý* i ↓*plást*. Někteří myslí u č. *pláň* na výpůjčku ze střhn. *plan(e)* 'volné místo, rovina, luh' (Ma²) (přes fr. k výše zmíněnému lat. *plānus*), ale domácí původ slova je pravděpodobnější.

plandat hov., *plandavý*. Asi expr. útvar od ↑*plácat*, ↓*pleskat*.

planeta, *planetka, planetární, planetárium*. Podle něm. *Planet*, fr. *planète* z pozdnělat. *planēta* tv. a to z ř. *plánēs* (gen. *plánētos*) 'kolem bloudící, obíhající' od *planáomai* 'bloudím, kolísám'. Srov. ↑*aeroplán*.

planimetrie 'geometrie rovinných útvarů', *planimetrický*. Z lat. *plānus* 'rovný, plochý' a ↑*-metrie*.

plaňka 'lať, tyčka plotu'. Z něm. *Planke* či střhn. *planke* 'tlusté prkno' a to z pozdnělat. *planca* tv. a to asi přes vlat. **palanca* z lat. *phalanga* 'kmen, kláda' z ř. *fálanx* (gen. *fálangos*) tv.

plankton 'drobounké rostliny a živočichové vznášející se ve vodě'. Z něm. *Plankton*, vytvořeného koncem 19. st. podle ř. *planktón* 'bloudící, zmatený', což je původem stř.r. slovesného adj. od *plázomai* 'bloudím'.

planout, *planoucí*. P. *płonąć*, csl. *planǫti*. Psl. **polnǫti (B8)* je odvozeno od **polti* (viz ↓*plát*).

plantáž 'velká plocha osázená užitkovou rostlinou', *plantážový*, *plantážník*, *plantážnický*. Z fr. *plantage* od *planter* 'sázet' z lat. *plantāre* tv. Srov. ↓*transplantace*.

planý, *planost*, *zplanět*. Takto jen č., slk. a p. (*płonny*). Z psl. *polnъ 'rovný, neporostlý stromy' (viz ↑*pláň*). Vývoj významu k 'neúrodný, nešlechtěný' lze vysvětlit tak, že původně šlo o rovnou, bezlesou, nevzdělanou zemi (Ma[2]).

planýrovat hov. 'urovnávat (půdu)'. Z něm. *planieren* a to z fr., stfr. *planer*, nebo přímo z lat. *plānāre* tv. od *plānus* 'rovný, plochý'. Srov. ↑*pláň*.

plápolat, *plápolavý*. Sln. *plapoláti*, csl. *plapolati*. Psl. **polpolati (B8)* vzniklo zdvojením kořene **pol-*, který je v základním slovese *polti (↓*plát*[2]). Srov. podobně ↑*chlácholit*, ↑*hlahol*, ↑*blábolit*.

plast 'umělá hmota'. Moderní novotvar (něm. *Plast*, angl. *plast*) podle ř. *plastós* 'vytvořený, vymyšlený' (dále viz ↓*plastický*).

plást, **plástev** 'tenká vrstva; spojené vrstvy voskových buněk (v úlu)'. Hl.st. *płast*, r. *plast*, s./ch. *plâst*. Psl. *plastъ, původně asi 'něco širokého a tenkého', je nejspíš pokračováním ie. **plāt-to- (A5)* od **plāt-* 'plochý, široký', od něhož je i lit. *plótas* 'plocha', *platùs* 'široký', něm. *Fladen* 'druh tenkého plochého pečiva', ř. *platýs* 'plochý, rovný', sti. *pṛthú-* 'široký, prostranný'. Srov. ↑*plac*, ↓*platýs* i ↑*pláň*, ↓*plochý* ap. (ie. **plāt-* je rozšířením **pel-*, **plā-* tv.).

plastelína 'hmota k modelování'. Z něm. *Plastilin*, což je od konce 19. st. obchodní název modelovací hmoty ze zinku, hlíny, kaolinu, vosku a oleje. Dále viz ↓*plastický*.

plastický 'provedený prostorově; názorný; tvárný, poddajný', *plastičnost*, *plastika*. Přes něm. *plastisch*, fr. *plastique* a lat. *plasticus* z ř. *plastikós* 'týkající se výtvarného umění, vhodný k výtvarnému napodobování ap.' (k *plastiké* 'výtvarné umění') od *plastós* (srov. ↑*plast*), což je původem příč. trp. od *plássō* 'tvořím, vymýšlím, přetvářím'. Srov. ↓*plazma*, ↑*flastr*.

plašit, *splašit*, *vyplašit*, *zaplašit*, *poplašit*, *poplach*, *poplachový*, *poplašný*. Všesl. – p. *płoszyć*, r. *pološít'*, s./ch. *plàšiti*. Psl. *polšiti je odvozeno od *polchъ, viz ↑*plachý*.

plášť, *plášťový*, *pláštík*, *pláštěnka*. Všesl. – p. *płaszcz*, r. *plašč*, s./ch. *plâšt*, stsl. *plaštь*. Psl. *plaščь není etymologicky příliš jasné. Snad lze vyjít z **plask-jo- (B3)*, jež má nejblíž k našemu ↓*ploský* (srov. p. *płaski* tv.). Motivace by byla podobná jako u ↑*plachta* – šlo by o plochý, volný, ne těsně přiléhavý druh oděvu.

plát[1] 'kovová deska; souvislá tenčí vrstva něčeho', *plátek*, *plátkový*. P. *blat* 'plát, deska, tabule'. Z něm. *Platte* 'deska, kotouč', případně ze střhn. *platte*, *blatte* tv. ze střlat. *platta* tv. a to od vlat. *plattus 'plochý, rovný', přejatého z ř. *platýs* tv. Srov. ↓*plotna*, ↑*plást*, ↑*plac*.

plát[2] 'planout'. Sln.d. *pláti*, jinak např. stsl. *polěti* 'hořet'. Psl. *polti, **polěti (B8)* je odvozeno od ie. **pel-*, **pol-* 'hořet, být teplý', které je doloženo ještě asi v lit. *pelenaī* 'popel' a stisl. *flōr* 'teplý'. Dále srov. ↑*pálit*, ↑*plápolat*, ↓*popel*, ↓*poleno*.

platan 'mohutný cizokrajný strom', *platanový*. Přes něm. *Platane* a lat. *platanus* z ř. *plátanos* tv., jehož další původ není jistý. Může jít o odvozeninu od ř. *platýs* 'široký, plochý, rovný' (pro jeho rozložitou korunu?), nebo o výpůjčku z nějakého neznámého východního jazyka.

plátek hanl. 'špatný časopis'. Od něm. *Blatt* 'list, noviny', přeneseně od 'list (rostliny)', jež je příbuzné s lat. *folium* (srov. ↑*fólie*), ř. *fýllon* tv. (ie. **bhel-*).

platforma '(názorová) základna'. Přes něm. *Plattform* z fr. *plate-forme* 'základna, plošina' z *plat* 'plochý' (z vlat. **plattus* tv., viz ↑*plát*¹) a *forme* (viz ↑*forma*). Srov. ↓*plató*.

platina, *platinový*. Ze šp. *platina*, *platino*, což je vlastně zdrobnělina od *plata* 'stříbro' z vlat. **platta* '(kovová) destička' (viz ↑*plát*¹). První název vzácného bělavého kovu, objeveného v písku peruánské řeky Pinto, totiž byl 'platina del Pinto', doslova 'malé stříbro z Pinta'.

platit, *placený, plat, platový, platný, platnost, platba, platební, plátce, platidlo, zaplatit, splatit, splátka, vyplatit, výplata, výplatní, uplatit, úplatek, úplata, proplatit, připlatit, příplatek, odplatit, odplata, oplatit, podplatit, předplatit, předplatné, poplatek, doplatek, přeplatek* aj. Všesl. – p. *płacić*, r. *platít'*, s./ch. *plátiti*, stsl. *platiti*. Psl. **platiti* je asi odvozeno od psl. **platъ* 'kus látky' (srov. p. *płat*, r. *plat* tv., stsl. *platъ* 'hadr, halena' i ↓*záplata*); to, že staří Slované používali látky jako platidla, je známo. Další původ nejistý. Obvykle se spojuje s ↓*plátno*, ale to přináší značné hláskoslovné obtíže (psl. **poltьno*) (B8), přitom právě plátna se jako platidla užívalo nejvíc. Snad jsou **pol-* a **plā-* jen dvě varianty téhož ie. kořene, srov. podobně ↑*pláň* a ↑*plást*. Jiné vysvětlení u Ma².

plátno, *plátnový, plátěný, plátěnka*. Všesl. – p. *płótno*, r. *polotnó*, s./ch. *plátno*, stsl. *platьno*. Psl. **poltьno (B8)* je odvozeno od ie. **polto-*, doloženého ještě v sti. *paṭa-* 'látka, ubrus'. Výchozím ie. kořenem je **pel-* 'obléci, pokrýt'; kůže, oblek', které je v něm. *Fell* 'srst, kůže', lat. *pellis* tv., ř. *péllās* (ak. pl.) 'kůže'. Srov. ↓*plena*, ↑*platit*.

plató '(náhorní) plošina; podnos'. Z fr. *plateau* tv. od *plat* 'rovný, plochý' (viz ↑*platforma*, ↑*plát*¹).

platonický 'prostý smyslnosti, netělesný; formální, neúčinný'. Od ř. filozofa *Platóna* (4. st. př. Kr.), podle jehož učení existují nehmotné, smysly nepoznatelné a věčné ideje. Původně a nejčastěji ve spojení *platonická láska* (od renesance, nejprve asi v 17. st. v Anglii).

platýs, platejs 'druh ploché mořské ryby'. Z něm. *Platteise* a to přes román. jazyky ze střlat. *platessa* od vlat. **plattus* 'plochý, široký'. Srov. ↑*plát*¹.

plavat, *plavání, plavec, plavecký, plavčík, plavky, plavný, plavba, plavební, odplavat, zaplavat (si), vyplavat, uplavat, připlavat, podplavat, proplavat, rozplavba, plavit, vyplavit, přeplavit (se), splav, průplav* aj. R. *plávat'*, sln. *plâvati*, stsl. *plavati*. Psl. infinitiv **plavati* vedle **plovati* (↓*plovat*) vznikl analogií *(D1)* podle tvarů přít. času **plovǫ*, **plovešь* atd., původní infinitiv byl **pluti* (viz ↓*plout*). Srov. podobně ↑*kovat* – ↑*kout*².

plavý, *plavovlasý*. Všesl. – p. *płowy*, r. *polóvyj* (jen o koních), s./ch. *plâv*, stsl. **plavъ*. Psl. **polvъ (B8)* je příbuzné s lit. *paĺvas* 'bledý', sthn. *falo* (něm. *fahl*) 'plavý, bledý', vše je z ie. **polu̯o-* tv. a to od **pel-* 'bledý, sivý', od něhož je i lat. *pallidus* 'bledý', ř. *peliós* 'popelavý, tmavý'. Srov. ↓*plíseň*, ↓*plch*.

playback 'zvuk z předem pořízeného záznamu doprovázející aktuální obraz nebo živé vystoupení umělce'. Z angl. *playback* z *play* 'hrát' a *back* 'zpět'. Srov. ↓*plejboj*, ↑*bek*.

plazit se, *plazivý, plaz, plazí, připlazit se, odplazit se, proplazit se*. P. *pełzać*, r. *pólzat'*, *polztí*, s./ch. *plàziti se*, *púziti*. Psl. **polziti (sę), *pelz(a)ti, *pъlzti (B8)* jsou asi odvozeniny od ie. **pel-ĝ(h) (A1)* od **pel-* 'pohybovat se (sem a tam), téci, plavat aj.' (srov. i sln.

peljáti 'vézt'). Významově nejblíže je ř. *pélō* 'pohybuji se', *pelázomai* 'přibližuji se'. S jinými formanty sem asi patří ↓*plout*, ↑*plachý*. Srov. ↓*plž*, ↑*oplzlý*, ↓*plouhat (se)*.

plazma 'tekutá složka krve; základní hmota buňky'. V 19. st. utvořeno na základě pozdnělat. *plasma*, ř. *plásma* 'tvoření, obraz, výtvor' od *plássō* 'tvořím, vymýšlím' (srov. ↑*plastický*). Původně ve spojení *Plasmacellula*, tedy doslova 'buněčný obraz, buněčné dílo'.

pláž, *plážový*. Z fr. *plage* tv. z it. *piaggia* 'úbočí, břeh' z pozdnělat. *plagia* tv. a to asi z ř. *plágios* 'příčný, šikmý'. Srov. ↑*plagiát*.

plebejec 'příslušník lidových vrstev', *plebejský*. Přes něm. *Plebejer* z lat. *plēbēius* tv., původně adj. 'lidový', od *plēbs* 'lid, dav, množství', jež souvisí s ř. *plēthos* tv. a vzdáleněji i s naším ↓*plný*. Srov. ↓*plebiscit*.

plebiscit 'hlasování lidu'. Převzato (případně přes něm. *Plebiszit*) z lat. *plēbiscītum* 'usnesení plebejského shromáždění', což je složenina z *plēbs* (gen. *plēbis*) 'lid, dav' (viz ↑*plebejec*) a *scītum* 'usnesení, rozhodnutí', což je původem příč. trp. od *scīscere* 'usnášet se; rozhodovat se'.

plec 'část zad nad lopatkou', *plecko*. Všesl. – p. *plece*, r. *plečó*, s./ch. *plèće*, stsl. *pleště*. Psl. **plet'e (B3)* je příbuzné s lot. *plecs* tv., střir. *leithe* 'rameno, lopatka' a snad i chet. *paltana-* 'plec obětního zvířete', východiskem je nejspíš ie. **plet-* 'plochý a široký' od ie. **pel-* tv. Srov. ↑*plást*, ↑*pláň* aj.

pléd 'velký vlněný šátek'. Z angl. *plaid* tv. ze skot. *plaide* (srov. ir. *ploid* 'přikrývka, oděv') a to od ie. **pel-* 'obléci, přikrýt', o němž viz ↑*plátno*.

plédovat kniž. 'přimlouvat se za něco, obhajovat'. Z fr. *plaider* 'obhajovat (u soudu)' od stfr. *plaid* 'úmluva,

smlouva' z lat. *placitum* 'zásada, úřední výnos' od *placēre* 'líbit se, být vhodné'.

plech, *plíšek*, *plechový*, *plechovka*, *plechovkový*, *plecháč*. Stejně jako p. *blach(a)*, sln. *pleh* přejato ze střhn. *blech* tv., původně 'to, co se leskne', příbuzné je střhn. *blicken* (viz ↑*blikat*).

plejáda 'skupina významných osob (umělců, sportovců ap.)'. Podle souhvězdí *Plejády*, nesoucího jméno sedmi dcer obra Atlanta (ř. *Pleíades*), které byly podle ř. mytologie proměněny v holubice a pak ve hvězdy.

plejboj 'světák, muž žijící jen pro zábavu'. Z angl. *playboy* tv. z *play* 'hrát' (souvisí s něm. *pflegen* 'zabývat se něčím, opatrovat') a *boy* 'chlapec' nejistého původu. Srov. ↑*playback*, ↑*kovboj*.

plejtvák 'druh velryby'. Obrozenecký výtvor (Presl) od staršího č. *plýtva*, *plejtva* 'ploutev' podle výrazné hřbetní ploutve. Viz ↓*ploutev*.

plemeno, **plémě**, *plemenný*, *plemeník*, *plemenářský*, *plemenářství*, *plemenit (se)*. Všesl. (kromě luž.) – p. *plemię*, r. *plémja*, s./ch. *plème*, stsl. *plemę*. Psl. **plemę* (gen. **plemene*) se obvykle vykládá z **pled-men- (A9)*, jehož základ souvisí s ↓*plod*, tedy 'to, co se plodí'. Jsou však možné i výklady jiné.

plen, *plenění*, *plenit*, *vyplenit*, *poplenit*. Všesl. – p. *plon* 'sklizeň, úroda', r. *plen* (z csl., domácí je zast. *polón*) 'zajetí', pol. *plijeń* 'kořist', stsl. *plěnъ* tv. Psl. **pelnъ (B8)* má nejbližší příbuzné v lit. *pel̃nas* 'mzda, výdělek', lot. *pelna* 'výdělek, výtěžek', ve slov. došlo ve většině jazyků k posunu 'výnos, výtěžek' → '(válečná) kořist'. Východiskem je ie. **pel-* 'vysloužit si, prodat', k němuž patří i sthn. *fāli* (něm. *feil*) 'prodejný', ř. *pōléō* 'prodávám' a snad i sti. *paṇa* 'ujednaná mzda'.

plena, *plenka*. R. *plënka* 'tenký povlak, blanka', *pelená* 'pokrývka, závoj',

plenární

sln. *pleníca* (sln.d. *pléna*) 'plena', s./ch. *pělena*, stsl. *pelena* tv. (srov. ještě p. *pielucha* tv.). Psl. *plěna, *pelena, původně 'tenká kůžička, tenká tkanina', má nejblíže k lit. *plěně* 'kůžička, blanka', stpr. *pleynis* 'mozková blána', dále je příbuzné něm. *Fell* 'kůže, srst', lat. *pellis* tv., vše od ie. **pel-* 'obléci, pokrýt; kůže'. Srov. ↑*plátno*, ↑*pléd*.

plenární. Viz ↓*plénum*.

plenér 'volná příroda (v malířství)'. Z fr. *plein air*, doslova 'plný vzduch' (srov. ↓*plénum* a ↑*aero-*).

plenta 'zástěna'. Z něm. *Blende* 'clona, zástěna', jež souvisí s *blind* 'slepý' (srov. i ↑*bloudit*).

plénum 'valné shromáždění', *plenární*. Z lat. *plēnum (cōnsilium)*, doslova 'úplná (porada)', od *plēnus* 'plný' (viz ↓*plný*). Srov. ↑*plenér*, ↑*kompletní*.

pleonasmus 'hromadění souznačných slov'. Přes lat. *pleonasmus* z ř. *pleonasmós* od *pleonázō* 'zvětšuji, přeháním, mám nadbytek' od *pléon* 'více', *pléos* 'plný, hojný'.

plesat kniž. 'radovat se, jásat', *plesání*, *ples*, *plesový*, *zaplesat*. Ve starší č. 'tančit, křepčit'. P.st. *pląsać*, r. *pljasát*', s./ch. *plésati*, stsl. *plęsati*. Psl. *plęsati 'tančit' je příbuzné s lit.d. *plęšti* tv. (stlit. *plenšti*), další souvislosti nejasné.

pleskat, *plesknout*, *pleskot*, *pleskavý*. Všesl. – p. *plaskać*, r. *pleskát*', s./ch. *pljĕskati*, stsl. *pleskati*. Psl. *pleskati má blízko k lit. *pleškěti* 'praskat, luskat', *plaskúoti* 'tleskat'. Svým charakterem jde zjevně o slovo onom. (srov. ↓*tleskat*, ↓*praskat*), na druhé straně nelze přehlédnout vztah k slovům jako ↓*ploský*, ↓*plochý*, srov. především p. *płaski* 'plochý', *płaskać* 'padat naplocho'. K podobnému problému srov. ↑*louskat*, dále srov. i ↑*plácat*, ↑*placatý*.

plesnivý. Viz ↓*plíseň*.

pleso 'horské jezírko'. Převzato ze slk., jinak nář. 'tůň, hluboké místo v potoce ap.'. Ukr. *pléso*, r. *plëso* 'rozšířené místo řeky'. Psl. *pleso nemá jasný původ. Snad lze pomýšlet na ie. **plet-* 'široký, plochý' od **pel-* tv. Srov. ↑*plec*, ↑*plást*.

plést, *pletení*, *pletací*, *pletenec*, *pletenina*, *pletivo*, *pletka*, *splést (se)*, *spleť*, *poplést*, *popleta*, *zaplést (se)*, *proplést*, *propletenec*, *uplést*, *úplet*, *připlést se*, *rozplést*, *vplést*. Všesl. – p. *pleść*, r. *plestí*, s./ch. *plèsti*, stsl. *plesti*. Psl. *plesti je pokračováním ie. **plekt- (A1)*, od něhož je i sthn. *flehtan* (něm. *flechten*), lat. *plectere* tv., z nerozšířeného **plek-* je lat. *plicāre* 'svíjet, skládat' (srov. ↑*komplikovat*) a ř. *plékō* 'pletu, motám'. Srov. ↓*pleticha*, ↓*plot*.

pleš, *plešatý*, *plešatost*, *plešatět*. Všesl. – p. *plesz*, r. *pleš*', ch.st. *pljěša*, csl. *plěšь*. Psl. *plěšь je odvozeno příp. *-jo (B3)* od *plěchъ (oslabený stupeň je ve stč. *oplchat* 'olysat'), to je pokračováním ie. **ploiks- (A8,B2)*. Příbuzné je lit. *pleĩke* 'pleš', *plìkas* 'plešatý', nor.d. *flein* 'holý'. Východiskem je ie. **plē-* 'holý'.

pleť, *pleťový*. Všesl. – p. *płeć*, r. *plot'* 'tělo', s./ch. *pùt*, stsl. *plъtь* 'maso, tělo'. Psl. *plъtь je příbuzné s lit. *plutà* 'kůrka', lot. *pluta* 'maso, kůžička', dále ne zcela jisté. Asi od ie. **pel-* 'kůže; obléci, pokrýt', k němuž viz ↑*plena*, ↑*plátno*.

pleticha, *pletichář*, *pletichařit*. Expr. útvar od ↑*plést*.

pleva 'odpad při čištění obilí'. Všesl. – p. *plewa*, r. *polóva*, ch. *pljèva*, stsl. *plěva*. Psl. **pelva (B8)* je příbuzné se stpr. *pelwo*, lit. *pēlūs* (pl.), lat. *palea*, sti. *palāvas* (pl.) tv., vše jsou to odvozeniny od ie. **pel-* 'prach, mouka', z něhož je např. i ř. *pálē* 'prach, mouka', sti. *pálala-* 'rozdrcená zrna, kaše, špína'. Srov. i ↓*popel*.

plevel, *plevelný*, *zaplevelený*. Str. *polovelъ*, stsl. *plěvelъ*. Psl. *pelvelъ

plexisklo — plivník

(B8) je odvozenina od **pelti* (1.os.přít. **pelvǫ*) 'plít' (viz ↓*plít*).

plexisklo 'umělé netříštivé sklo'. Podle něm. *Plexiglass* a to od lat. *plexus* 'pletený' (na základě struktury molekul) od *plectere* 'plést' (viz ↑*plést*).

plezír hov. 'radost, zábava'. Přes něm. *Pläsier* z fr. *plaisir* tv., což je substantivizovaný inf. stfr. *plaisir* 'líbit se' z lat. *placēre* tv. Srov. ↑*plédovat*.

plch 'druh hlodavce'. P. *pilch*, s./ch. *pŭh*, csl. *plъchъ* (příbuzné je ještě r. *polčók*). Psl. **pьlchъ* je příbuzné s lit. *pelẽ* 'myš', lot. *pele* tv., formálně blízko je i lit. *plìkas* 'šedý'. Východiskem je ie. **pel-* 'sivý, bledý', dále viz ↑*plavý*, ↓*plíseň*. Něm. *Bilch(maus)* 'plch' je přejato ze slov., nikoli naopak.

plíce, *plíčky, plicník.* P. *płuca*, str. *pljuče*, s./ch. *plúća*, stsl. *pl(j)ušta.* Psl. **pľut'a (B3,C1)* je příbuzné s lit. *plaūčiai*, stpr. *plauti* tv., vše je z ie. **pleu-tio-*. Jinou příp. od téhož základu je tvořeno lat. *pulmō*, ř. *pleúmōn (pneúmōn)* tv. (ie. **pleu-mon-*). Společný základ **pleu-* je tentýž co v ↑*plout* (k tomu srov. významově r. *lëgkie*, angl. *lights* tv. od kořene, který je v ↑*lehký*).

plihnout, *zplihnout, zplihlý.* Od *plíhat*, což je změkčená varianta k ↓*plouhat*. Srov. i ↓*plížit se*.

plichta 'nerozhodný výsledek', *plichtit* ob. expr. 'dávat pracně dohromady', *zplichtit.* Asi ze střhn. *phliht(e)* 'péče, spojení, účast', *phlihten* 'účastnit se, spojovat, zavazovat, pečovat' (možná prostřednictvím jidiš), jež souvisí s *pflegen* 'opatrovat, zabývat se'.

plíseň, *plísňový, plesnivý, plesnivina, plesnivět, zplesnivět.* Všesl. – p. *pleśń*, r. *plésen'*, ch. *plijêsan*, csl. *plěsnь.* Psl. **plěs(ь)nь* souvisí s lit. *pelẽsiai* (pl.) tv., *pelḗti* 'plesnivět', východiskem je ie. **pel-* 'sivý, bledý', od něhož je např. i lat. *pallēre* 'blednout', ř. *peliós* 'tmavý,

popelavý', sti. *palitá-* 'stařecky šedý', dále viz i ↑*plavý,* ↑*plch,* ↑*pelichat.*

plískanice 'déšť se sněhem za větrného počasí'. Od slovesa *plískat*, které odpovídá p. *pluskać,* br. *pljuščéc'*, s./ch. *pljúskati,* vše vesměs o pleskání deště ap. Psl. **pľuskati* má blízko k lit. *pliauškė́ti* 'tlachat, tleskat', srov. i lat. *plaudere* 'tleskat'. Původ zřejmě onom., srov. ↑*pleskat.*

plísnit 'kárat, hubovat'. U Jg doložen i význam 'kálet'. Jen č., nepříliš jasné. Snad souvisí s *plískati* 'stříkat, tlachat' (viz ↑*plískanice*).

plisovaný 'mající natrvalo sežehlené pravidelné záhyby (o tkanině)'. Od fr. *plissé* 'zřásněný, skládaný' od *plisser* 'řasnit, dělat záhyby' od *plier* 'skládat, vrásnit' a to z lat. *plicāre* 'skládat, svíjet'. Srov. ↑*plést,* ↑*komplikovat.*

plít 'odstraňovat plevel', *pletí, plečka, vyplít/vyplet.* Stč. *pléti* (1.os.přít. *plevu*). Všesl. – p. *pleć,* r. *polót',* ch. *plijéviti,* stsl. *plěti.* Psl. **pelti* (1.os.přít. **pelvǫ*) *(B8)* je asi příbuzné s lit. *plė́šti* 'trhat, škubat', lot. *spaľva* 'peří, srst', něm. *spalten* 'štěpit', sti. *sphaṭati* 'trhá', *phálati* 'pučí, klíčí', východiskem je ie. **(s)p(h)el-* 'štěpit, odtrhávat'. Srov. ↑*plevel,* ↓*půl.*

plivat, *plivnout, plivátko, plivanec, poplivat, naplivat, zaplivat, odplivnout si, uplivnout si, vyplivnout.* Všesl. – p. *pluć,* r. *plevát',* s./ch. *pljȕvati,* stsl. *pľьvati.* Psl. **pľьvati* (1.os.přít. **pľujǫ*) souvisí s lit. *spiáuti,* lot. *spļaut,* gót. *speiwan,* něm. *speien,* lat. *spuere* tv., ř. *ptýō* 'plivu', sti. *ṣṭhī́vati* 'plive', ie. kořen by byl **(s)pi̯ēu-*, nepochybně onom. původu. Vložené *-l-* se vysvětluje jako tzv. epentetické (srov. ↓*země (B3)*), ale vzhledem k tomu, že by to byl v zsl. ojedinělý případ, lze uvažovat o vlivu blízkého **bľьvati* (↑*blít*) (Ma²).

plivník 'domácí skřítek dávající hojnost'. Asi od nář. (mor.) *plivný* 'hojný, vydatný', variantě k *plenný* tv. To je odvozeno od ↑*plen*, ovšem zachovává původní význam slova.

plížit se, *plížení, plíživý, připlížit se, proplížit se, odplížit se, vplížit se*. Měkká varianta k ↓*ploužit se* (stč. *plúžiti se* 'plazit se, vinout se' *(C1,C5)*), dále viz ↓*plouhat (se)*.

plný, *plnost, plnit, plnicí, plněný, naplnit, náplň, splnit, vyplnit, zaplnit, přeplnit*. Všesl. – p. *pełny*, r. *pólnyj*, s./ch. *pùn*, stsl. *plьnъ*. Psl. **pьlnъ* je příbuzné s lit. *pìlnas*, něm. *voll*, angl. *full*, stir. *lán*, lat. *plēnus*, sti. *pūrṇá-*, vše od ie. **pḹno-*, **plēno-*, což je původem příč. trp. od slovesa doloženého např. v lit. *pìlti* 'lít', lat. *plēre* 'plnit' (tedy vlastně 'nalitý, naplněný'). Základem je ie. **pel-* 'lít, téci, plnit, plout aj.' Srov. ↓*plout*, ↑-*pláchnout*.

plod, *plůdek, plodový, plodný, plodivý, plodina, plodnice, plodit, zplodit, zplodina, vyplodit, výplod, oplodnit, oplodnění*. Všesl. – p. *płód*, r. *plod*, s./ch. *plôd*, stsl. *plodъ*. Psl. **plodъ* nemá spolehlivé ie. příbuzenstvo. Srovnává se se stir. *loth* 'hříbě', wal. *llwdn* 'mládě'. Vyloučeno není odvození od ie. **pel-* 'lít, plnit' – tedy 'to, co se zráním plní, nalévá'. Srov. ↑*pléme*.

plochý, *plocha, ploška, plošný, plošina*. I přes poměrně pozdní doložení v č. (konec 16. st.) není pravděpodobné, že jde o výpůjčku z něm. *flach* tv. (takto Ma[2]). Sln.d. *plòh* tv., hl. *płocha* 'plocha, rovina' a snad i r. *plochój* 'špatný' ukazují na starý domácí původ. Psl. **plochъ* je asi stará varianta k **ploskъ* tv. (ie. **plok-s- (A8)*), viz ↓*ploský*.

plomba 'ochranná kovová pečeť; zubní vložka', *plombovat, zaplombovat*. Z něm. *Plombe* tv. a to od *plombieren* 'plombovat' z fr. *plomber* tv., vlastně 'zalévat olovem', od *plomb* 'olovo' z lat. *plumbum* tv.

plonk ob. 'bez peněz', *plonkovej* 'samotný, přebývající'. Z něm. hov. *blank sein* 'být bez peněz' od *blank* 'holý, čirý, lesklý' a to od *blinken* 'svítit, lesknout se'. Srov. ↑*blinkr*, ↑*blanket*.

ploský, *ploska, zploštit*. Všesl. – p. *płaski*, r. *plóskij*, s./ch. *plòsan*, stsl. *ploskъ*. Psl. **ploskъ* se zdá mít nejblíže k lit. *plókščias* tv., struktura obou slov však není příliš zřejmá. Pro slov. slovo lze vycházet z **plak-sko- (A9)*, pak je příbuzné lot. *plakans*, lat. *placidus* tv., ř. *pláx* 'plocha, deska', zněla varianta **plag-* je v něm. *flach* 'plochý'; vyloučena není ani rekonstrukce **plat-sko-* a přiřazení k příbuzenstvu, k němuž viz ↑*plást*. Srov. ↑*plochý*, ↑*pleskat*, ↑*pláň*, ↑*plachta*, ↓*splasknout*.

ploštice 'druh hmyzu'. Od ↑*ploský*, podle zploštělého tvaru (srov. r. *ploščíca* 'veš').

plot, *plůtek, plotní, oplotit, oplocení*. Všesl. – p. *płot*, r. *plot*, s./ch. *plôt*, stsl. *plotъ*. Psl. **plotъ* je odvozeno od **plesti* (↑*plést*), tedy 'co je spleteno' (původně šlo o ploty z proutí).

plotice 'druh ryby'. P. *płocica*, r. *plotvá, plot(v)íca*. Asi od psl. základu **plot-*, který odpovídá lit. *platùs* 'široký', ř. *platýs* 'plochý, široký', tedy 'ryba se zploštělým tělem'. Srov. ↑*platýs*. Ze zsl. je něm. *Plötze* tv.

plotna, *plotýnka, plotnový*. Z něm. *Platte* 'deska', viz ↑*plát*[1].

plouhat (se) zast. 'vláčet (se)'. Sloveso jen č., jinak slk. *pl'uhavý* 'špatný, mizerný', p. *plugawy* 'špinavý, mrzký', r. *pljugávyj* tv., původně tedy asi 'vláčet (se) blátem, špínou'. Psl. **pl'ugati* (v č. ztráta měkkosti, zřejmě expr., srov. ↑*čouhat*) asi vychází z ie. **pleu-g(h)- (B2)*, příbuzné je ↑*plazit se* (stojí nejblíže významově, srov. i ↑*oplzlý*) a ↓*plout* (stojí nejblíže formálně). Srov. ↑*plížit se*, ↑*plihnout*, ↓*ploužit se*, ↑*plahočit se*.

plout, *obeplout, připlouvat, odplouvat, vplouvat, vyplouvat, proplouvat.* Dl. *plěš,* r. *plyt',* sln. *plúti,* stsl. *pluti.* Psl. **pluti,* 1.os.přít. *plovǫ* (k tomu nový inf. **plovati, *plavati*), sekundárně **plujǫ,* je příbuzné s lit. *pláuti* 'omývat, prát', angl. *flow* 'téci', lat. *pluere* 'pršet', ř. *pléō* 'plavu, pluju', sti. *plávate* 'plave', vše od ie. **pleu-* 'plout, téci' a to od **pel-* 'téci, lít, pohybovat se'. Srov. ↑*plavat,* ↓*plovat,* ↓*plynout,* ↓*plytký,* ↓*-plývat,* ↑*plíce,* ↑*plouhat se,* ↑*plazit se,* ↓*plť.*

ploutev, *ploutevní.* Stč. *plútva, plýtva,* viz ↓*plout.*

ploužit (se), *odploužit se, připloužit se.* Viz ↑*plouhat se,* ↑*plížit se.*

plovat, *plovací, plovoucí, plovárna, plovák.* Z psl. **plovati,* původnější varianty k **plavati* (↑*plavat*), obojí sekundárně k **pluti* (↑*plout*).

plsť 'netkaná slisovaná látka z vlasů, srsti, vlny ap.', *plstěný, plstnatý.* Všesl. – p. *pilść,* r. *polst',* ch. *pȕst.* Psl. **pьlstь* je příbuzné s něm. *Filz,* angl. *felt* tv., lat. *pīlleus* '(plstěný) klobouk', ř. *pílos* 'plsť', vše asi z ie. **piles-, *pilo-* 'vlas, chlup' *(A4,B5)* (srov. lat. *pilus* tv.).

plť zast. 'vor'. Stč. *plet* (gen. *plti*), p. *plet,* r. *plot.* Psl. **plъtь, *plъtъ* je příbuzné s lot. *pluts,* něm. *Floss* tv., výchozí ie. **plu-t-* je odvozenina od oslabeného stupně ie. **pleu- (A6)* (viz ↑*plout*).

plůdek. Zdrobnělina od ↑*plod.*

pluh, *pluhový, plužit, zaplužit, připlužit (si).* Všesl. – p. *płu̇g,* r. *plug,* s./ch. *plȕg.* Psl. **plugъ* je v nejistém vztahu k pgerm. **plōgaz,* ze kterého je něm. *Pflug,* angl. *plough,* stsl. *plōgr.* Obě slova nemohou být příbuzná *(A4),* jde tedy o výpůjčku z germ. do slov., či naopak. Dříve se upřednostňovala první možnost, dnes se vzhledem k izolovanosti germ. slova uvažuje o starém přejetí ze slov., kde by slovo mohlo souviset s ↑*plouhat (se),* ↑*ploužit (se),* srov. podobnou motivaci u slova *vlačiha* 'dřevěný smyk užívaný k dopravě pluhu' od *vláčet* (Ma[2], HK).

plucha 'listový útvar zahalující kvítek trav'. R. *pljuská* 'kalich květiny, číška žaludu, skořápka', b. *pljúska* 'bublina, puchýř', csl. *pljuska* 'slupka'. Psl. **pľuska, *plucha (A8)* se srovnává s lit. *plauskà* 'tříska, louč', lot. *plaūksta* 'dlaň', další původ nejistý. Význam slov. slov by mohl ukazovat na ie. **pel-, *plē-* 'pokrývat, zahalovat; kůže' (ie. **plēu-sk-*), od něhož je i ↑*plena* či sln. *pléva* 'oční víčko', pak by ovšem neplatila příbuznost s balt. slovy.

pluk, *plukovní, plukovník, podplukovník, plukovnický.* Stč. *pluk* 'zástup, sbor, vojenský oddíl, rod'. Všesl. – p. *pułk,* r. *polk,* s./ch. *pûk* 'lid, zástup, pluk', stsl. *plъkъ* 'vojsko, bitevní šik'. Psl. **pъlkъ* je přejetí z germ. **fulkaz* 'množství lidu, vojsko', z něhož je sthn. *folc* 'lid, zástup, vojsko' (něm. *Volk* 'národ, lid'), angl. *folk* 'lid'. To vychází z ie. **pel-* 'plnit, lít' (viz ↑*plný*), podobný významový posun je i u lat. *plēbs* (↑*plebejec*).

plundrovat expr. 'plenit, ničit', *zplundrovat.* Z něm. *plündern,* jež je z dněm. a niz. nářečí. Původ nejasný.

plurál 'množné číslo', *plurálový, pluralita, pluralitní.* Z lat. *plūrālis (numerus)* tv., kde *plūrālis* 'množný' je odvozenina od *plūs* (gen. *plūris*) 'více' (viz ↓*plus*).

plus přísl., subst., *plusový.* Z lat. *plūs* 'více', vlastně 2. stupeň k *multum* 'mnoho'. Východiskem je ie. **pel-* 'plnit, lít', k němuž viz ↑*plný.* Srov. ↑*plurál,* ↑*pleonasmus,* ↑*pluk.*

plusquamperfektum 'předminulý čas'. Z lat. *plūsquamperfectum* tv., doslova 'více než perfektum', viz ↑*plus,* ↑*perfektum.*

plutokracie 'vláda nejbohatší vrstvy'. Z ř. *ploutokratíā* tv. z *ploûtos* 'bohatství, blahobyt' a odvozeniny od *kratéō* 'vládnu'. Srov. ↑*aristokracie*, ↑*byrokracie*, ↑*demokracie*.

plutonium 'radioaktivní prvek'. Podle antického boha podsvětí *Plútóna* (vyroben uměle v r. 1940). Srov. ↓*uran*.

pluviál 'kněžský obřadní plášť'. Z lat. *pluviālis* 'deštivý' (tedy vlastně 'plášť do deště') od *pluvia* 'déšť' od *pluere* 'pršet' (viz ↑*plout*).

plyn, *plynný, plynový, plynatý, plynatost, plynárna, plynárenský, zplynovat, zaplynovat, odplynovat, odplynit.* Novější, Preslovo přejetí z p. *płyn* 'tekutina, kapalina'. Sln. a s./ch. *plîn* je z č. Dále viz ↓*plynout*.

plynout, *plynulý, plynulost, plynný, vyplynout, splynout, uplynout, rozplynout (se), odplynout.* P. *płynąć*, s./ch. *plínuti* 'zalít'. Psl. **plynǫti* je odvozeno od **plyti*, které je např. v r. *plyt'*, s./ch. *plȉti* 'plout'. Psl. **ply-* vzniklo asi zdloužením oslabeného stupně **plŭ-*, který je v ↑*plť*, plný stupeň je v ↑*plout* (A6). Srov. ↑*plyn*, ↓*plytký*, ↓-*plývat*.

plyš 'tkanina s delším vlasem', *plyšový.* Z něm. *Plüsch* a to z fr. *peluche* tv. od stfr. *pelucher* 'škrabat, obírat' z pozdnělat. **pilū(c)cāre* od lat. *pilāre* 'zbavovat chlupů' od *pilus* 'vlas, chlup'. Srov. ↑*plsť*.

plytký 'povrchní, jalový', *plytkost.* U Jg 'mělký' (tak i dnes nář.), 'tenký a plochý'. P. *płytki* 'mělký, povrchní', sln. *plítek*, s./ch. *plȉtak* tv. Psl. **plytъkъ* je odvozeno od **plyti* (viz ↑*plynout*, ↑*plout*), původní význam byl asi 'plynoucí', z toho pak 'lehký, plovoucí na povrchu' a konečně 'mělký, povrchní'. Srov. ↓*plýtvat*.

plýtvat, *plýtvání, vyplýtvat.* Jen č. Ve starší č. ve významu 'téci, plynout' (Jg), z toho pak asi přeneseně 'nechat plynout, marnit'. Asi od pč. **plýtva* (ve stč. doloženo jen ve významu 'ploutev'), což by bylo dějové jméno od **plyti* 'téci, plout' (srov. např. *bít – bitva*). Dále viz ↑*plynout*, ↑*plout*, ↑*plytký*.

-plývat (*vyplývat, oplývat, splývat, rozplývat se*). Od psl. **plyti*, 1.os.přít. *plyvǫ*, dále viz ↑*plynout* a ↑*plout* – ↑*plovat*.

plž 'druh měkkýše'. Sln. *pólž*, s./ch. *pûž*. Souvisí se stč. *plzěti* 'být slizký, mokvat', *plzký* 'slizký', k tomu pak viz ↑*plazit se*, ↑*oplzlý*.

pneumatický 'vzduchový', *pneumatika.* Přes moderní evr. jazyky z lat. *pneumaticus* z ř. *pneumatikós* tv. od *pneûma* 'vání, vítr, dech' a to od *pnéō* 'dýchám, vanu'. Srov. ↓*pneumotorax*.

pneumotorax 'přítomnost vzduchu v pohrudniční dutině'. Z ř. *pneûma* 'vání, vítr, dech' (viz ↑*pneumatický*) a *thôrāx* 'brnění, trup, hruď'.

pnout (se), *pnutí, napnout, napínavý, napětí, obepnout, odepnout, popínavý, propnout, přepnout, připnout, rozepnout, rozpětí, sepnout, sepětí, spínač, upnout (se), vypnout, vypětí, vypínač, zapnout* aj. Stč. *pieti*, 1.os.přít. *pnu* (odtud analogií *(D1)* nový inf. *pnouti*). Všesl. – p. *piąć się*, r. *pnut'*, s./ch. -*pēti*. Psl. **pęti* (1.os.přít. **pьnǫ*) *(B7,A6)* je příbuzné s lit. *pìnti* 'plést', něm. *spinnen* 'příst', angl. *spin* tv., ř. *pénomai* 'namáhám se', arm. *hanum* 'tkám', vše od ie. **(s)pen-* 'napínat, příst'. Srov. ↑*opona*, ↓*spona*, ↓*pouto*, ↓*pudit*, ↑*píď*, ↑*patro*, ↑*petlice*.

po předl. Všesl., množství významů. V psl. **po* asi splynulo více ie. základů. Nejbližší významy jsou v balt. jazycích – lit. *põ* odpovídá většině slov. významů *(po obědě, po ulici, po pěti* i jako předp. např. v *poradit*), podobně lot. *pa*. Obvykle se dále vychází z ie. **(a)po* 'od, pryč' (viz ↑*apo*-, ↑*ab*-, ↑*opak*), případně i z **upo*- 'pod, přes' (viz ↑*hypo*-, ↓*sub*-).

pobízet   480   **podloudný**

Část významů se vyvozuje z ie. **pos* 'k, za' (snad nějaký pádový tvar původně zájmenného základu **apo-*), z něhož je i lit. *pàs* 'u, k, při', lat. *post* 'po', alb. *pas* 'po, za', sti. *paścā́* 'dozadu, později' (srov. ↓*pozdě*) . Přesné určení dnes už nemožné. Srov. ↑*pa-*, ↓*pod*.

pobízet. Viz ↑*-bízet*.

pobožný. Viz ↑*bůh*.

pobuda 'tulák, otrapa'. Asi z *nepobuda* 'kdo nikde nepobude' (tak u Jg), podobně jako *neposeda*. Viz ↑*být*, ↑*budu*.

poctivý, *poctivost*. Stč. i *počstivý* 'počestný, ctěný, poctivý'. Příp. *-ivý* ukazuje na odvození od slovesa *poctíti*, *počstiti* (dále viz ↑*čest*). Vývoj významu byl asi 'prokazující poctu' → 'mající poctu, počestný' → 'řádný, svědomitý' (Ma²).

počasí. Stč. *počěsie, počasie* znamenalo i 'vhodná doba, příležitost', k tomu srov. r. *pogóda* 'počasí' a ↑*hodit se*. Jinak viz ↑*čas*.

počátek, *počáteční*. Od *počít* (viz ↑*čít*).

počet, *početný, početní, početnice*. Od *počítat* a to od *čísti*, ve stč. 'číst' i 'počítat'. Viz ↑*čísti*.

počitek. Od ↑*čít*.

počkat. Ze staršího *počekati, počakati* (tak ve stč.), viz ↑*čekat*.

pod předl. Všesl. Psl. **podъ* je tvořeno z **po-* (viz ↑*po*) a zřejmě odvozeniny od ie. **dhē-* 'položit' (k tomu viz ↑*dít se*, srov. ↑*nad*, ↓*před*, ↓*půda*, ↓*soud*). Nejblíže stojí lit. *põ* tv., jinak se významově zdá být nejblíže ie. **upo* 'pod' (srov. ↑*hypo-*, ↓*sub-*), ale viz ↑*po*. Srov. ještě ↓*spodní*.

podagra 'dna'. Přes lat. *podagra* tv. z ř. *podágra*, doslova 'smyčka, pouto na nohách', z *poús* (gen. *podós*) 'noha' a *ágra* 'lov, kořist'.

podběl 'druh byliny'. Všesl. – p. *podbiał*, r. *podbél*, ch. *pòdbijel*. Psl. **pod(ъ)bělъ*, vlastně 'mající bílý spodek', podle listů, které jsou zespodu bělavě plstnaté. Viz ↑*pod* a ↑*bílý*.

podél předl., *podélný*. Viz ↑*po* a ↑*délka*.

podešev. Ve starší č. i *podšev*, p. *podeszwa*, r. *podóšva*. Psl. **podъšьvъ (B6)*, tedy 'to, co je podšito', viz ↑*pod* a ↓*šít*, ↓*šev*.

podezřelý. P. *podejrzany*, r. *podozrítel'nyj*. Viz ↑*pod* a ↓*zřít*. Vypadá jako kalk lat. *suspectus* tv. od *suspicere* 'podezírat' ze *sub-* (↓*sub-*) a *specere* 'dívat se, pohlížet', vlastně tedy 'prohlížet někoho zespodu'.

pódium 'vyvýšené místo pro veřejné vystoupení', *pódiový*. Přes něm. *Podium* z lat. *podium* tv. a to z ř. *pódion*, což je vlastně zdrobnělina od *poús* (gen. *podós*) 'noha'. Srov. ↑*podagra*.

podlaha, *podlážka, podlahový, podlahovina, podlaží, podlažní*. P. *podłoga* tv., sln. *podlâga* 'podklad, podložka, základ'. Výklad je možný dvojí (HK): p. tvar hovoří pro psl. **podolga* (viz ↑*po* a ↑*dlaha*), tedy 'co je pokryto dlahami' (Ma² pod *dláha*). Věrohodnější se však zdá výklad z **podlaga* od **podlagati* 'podkládat', což je opětovací sloveso k **podložiti* (viz ↑*pod* a ↑*-ložit*). Srov. ↓*půda*.

podle předl. Stč. *podlé*, stp. *podla* tv., p. *podle* 'vedle', r. *pódle* tv. Viz ↑*po* a ↑*délka*. Původně 'po délce, vedle podél', pak přeneseně 'v souladu s'. Srov. ↓*vedle*, ↑*podél*, ↓*podlý*.

podléška 'druh květiny'. U Jg i *podlíska, podléska, podleštka*. Ukazuje to na nedoložené stč. **podléska*, zdrobnělina **podléščka*, '(bylina) rostoucí pod lískou' (viz ↑*pod*, ↑*líska*).

podloudný 'nekalý, pašerácký', *podloudník, podloudnický, podloudnictví*. Viz ↑*pod* a ↑*loudit*.

podlý, *podlost.* P. *podły,* r. *pódlyj,* sln. *pódel* (z r. či zsl.). V č. novější, za obrození přejato z p. či r. Slovotvorně ne zcela jasné. Obvykle se spojuje s ↑*podle,* původní význam by pak byl 'vedlejší, méně hodnotný' (Ma², HK). Významově se hodí spíš výklad od psl. *podъ 'dno, podklad', pak by byl původní význam 'nízký', slovotvorně je však tento výklad problematičtější.

podmanit, *podmanivý.* Již stč. Viz ↑*pod* a ↑*man.* Srov. ↓*vymanit.*

podmět, *podmětný, podmětový.* Obrozenecký kalk podle lat. *subiectum* tv. (viz ↓*subjekt*). Viz ↑*pod* a ↑*metat,* ↑*mést,* srov. ↓*předmět.*

podmínka, *podmínkový, podmínečný.* Jen č., obrozenecký výtvor (u Jg ještě není). Viz ↑*pod* a ↑*mínit.*

podnebí, *podnebný.* Stč. *podnebie* 'prostor pod nebem, atmosféra'. Dnešní význam od obrození. Viz ↑*pod,* ↑*nebe.*

podnět, *podnětný, podněcovatel.* Viz ↑*pod* a ↑*nítit.*

podnikat, *podnikání, podnik, podnikavý, podnikatel, podnikatelský, podnikavec.* Ve stč. významové odstíny: *podnikati* 'podléhat, být podroben' (má blízko k slovesům jako *zanikat, ponikati,* viz ↑*-nikat*), vedle toho *podniknúti* 'podstoupit, vzít na sebe' (významově patří k slovesům jako *pronikat, vynikat,* viz také ↑*-nikat*). Novější vývoj významu: 'podstupovat' → 'uskutečňovat, konat' → 'provozovat (hospodářskou) činnost'.

podoba, *podobný, podobenka, podobizna, podobenství, podobat se, napodobit, připodobnit, zpodobnit, vypodobnit.* Původně asi 'vhodnost, náležitost', jak svědčí stč. *podobati sě* 'hodit se, slušet', *podobný* 'náležitý, vhodný, hezký'. K tomu viz ↑*doba,* srov. ↑*nádoba,* ↓*zdobit,* s předp. *po-* (↑*po*) i ↓*pohoda,* ↑*počasí.*

podolek 'dolní část košile'. Viz ↑*po* a ↑*dole,* ↑*důl.*

podomek 'domovní sluha, přisluhovač'. Viz ↑*po* a ↑*dům.*

podpora, *podpůrný, podporovat, podporovatel.* Viz ↑*pod* a ↓*-přít.*

podrážka. Od *podrazit,* viz ↑*pod* a ↓*razit.*

podrobit. Již stč. Z ↑*pod* a staršího č. *rob* 'otrok, nevolník' (viz ↓*rab,* ↓*robit,* ↓*robota*). Srov. podobně ↑*podmanit* a také ↓*poroba.*

podrobný, *podrobnost.* Z ↑*po* a *drobný* (↑*drobit*).

podroušený. Podle *podnapilý* od něm. *Rausch* 'opilost', *berauscht* 'opilý', původu onom. (něm. *rauschen* 'šumět, hučet').

podružný, *podružnost.* Ještě u Jg jen ve významu 'jsoucí v podruží', tj. 'bydlící v (pod)nájmu u svého zaměstnavatele, závislý, poddaný' (srov. starší č. *podruh*). Dnes 'vedlejší, méně důležitý', dále viz ↑*druhý.*

podsebití 'krytý obranný ochoz na vnější zdi pod střechou'. Nejspíš podle toho, že odtud obránci 'bili pod sebe'.

podstata, *podstatný.* Starý, již stč. kalk z lat. *substantia* tv. (viz ↓*substance*), jinak viz ↑*pod* a ↓*stát².*

poduška 'menší polštář pod hlavu'. P. *poduszka,* r. *podúška.* Psl. *podъšьka se vykládá jako 'to, co se dává pod ucho' (viz ↑*pod* a ↓*ucho*). Podle jiných je tento výklad jen lid. etym. *(D2)* a slovo je třeba členit **po-duš*ь*ka* (souvisí s ↑*duchna*).

podvádět, *podvést, podvod, podvodný, podvodník, podvodnice.* Viz ↑*pod* a ↓*vést,* předp. *pod-* tu vyjadřuje něco nízkého, nekalého, srov. např. *podfouknout, podplatit, podloudný.* Již stč., možná kalk z lat. *subdūcere* tv.

podzim, *podzimní.* Viz ↑*pod* a ↓*zima.* Jen č. (k slov. ekvivalentům viz ↑*jeseň*). Stč. *podzimie,* srov. i *podletie* 'jaro'.

poema 'rozsáhlejší báseň'. Z lat. *poēma* z ř. *poíēma* 'báseň, dílo, výtvor' od *poiéō* 'dělám, tvořím, skládám'. Srov. ↓*poezie,* ↓*poeta.*

poeta 'básník', *poetický, poetika, poetizovat, poetizace, poetismus.* Z lat. *poēta* tv. z ř. *poiētés* 'tvůrce, básník' od *poiéō* 'dělám, tvořím, skládám'. Srov. ↑*poema,* ↓*poezie.*

poezie 'básnictví'. Přes něm. *Poesie* z fr. *poésie* a to z lat. *poēsis* tv. z ř. *poíēsis* 'konání, tvoření, básnění' od *poiéō* 'dělám, tvořím, skládám'. Srov. ↑*poema,* ↑*poeta* a také ↑*činit.*

pofidérní ob. 'podivný, podezřelý'. Zdá se, že se rozšířilo z laš. *pofiděrny* (Ma²), původ nejasný.

pogrom 'hromadná násilná akce proti skupině obyvatelstva'. Z r. *pogróm* tv., vlastně 'rozbíjení, pustošení', od *pogromít'* 'pustošit, rozbíjet' a to od *grom* 'hrom, hřmot'. Objevilo se na přelomu 19. a 20. st. v souvislosti s akcemi carské vlády proti Židům. Viz ↑*hřmět,* ↓*pohroma.*

pohádka, *pohádkový, pohádkář.* Ve stč. ve významu 'hádanka, podobenství; hádka, spor; smyšlenka, nepravda'. Dnešní význam od obrození, asi vlivem p. (Jg uvádí p. *pogadka* 'povídání'). Viz ↑*hádat.*

pohan, *pohan, pohanský, pohanství.* P. *poganin,* sln. *pogân,* s./ch. *pòganin,* stsl. *poganinъ, poganъ.* Převzato z vlat. *pagānus tv. z lat. *pāgānus* 'venkovan, sedlák', původně adj. od lat. *pāgus* 'župa, kraj, vesnice' (křesťanství se šířilo na venkově pomaleji než ve městech).

pohanka 'bylina se srdčitými listy pěstovaná pro plody', *pohankový.* Od ↑*pohan,* protože k nám byla rozšířena v 15. st. pohanskými Tatary. Srov.

nář. *tatarka* a něm. *Heidekorn* (*Heide* 'pohan', *Korn* 'zrní').

pohár, *pohárek, pohárový.* Ze slk. *pohár* (ještě u Jg doklady jen ze slk. prostředí) z maď. *pohár* tv., to pak nejspíš přes sthn. *behhari* (srov. něm. *Becher* tv.) z vlat. *bicārium tv., jež dále ukazuje na ř. *bīkos* 'nádoba, džbán' (asi přes stř. zdrobnělinu *bīkárion).

pohlavár 'náčelník rodu; vedoucí činitel'. Převzato za obrození (Hanka) ze s. *poglàvār* tv. od *gláva* (↑*hlava*).

pohlaví, *pohlavní, bezpohlavní.* Stč. *pohlavie* 'jednotlivec, osoba, hlava' (viz ↑*hlava*), pak 'rod, pohlaví' (vlastně 'rozlišení osoby podle rodu'), nověji přeneseno i na 'vnější pohlavní ústrojí'.

pohoda, *pohodový, pohodlný, pohodlnost, pohodlnět.* Stč. *pohoda* 'pohodlí', *pohodlé* 'vhodná věc, dobro, prospěch, pohodlí'. Viz ↑*hodit se,* slovotvorně a významově srov. i ↑*podoba,* ↑*počasí.*

pohodný '(dříve) osoba odstraňující zdechlá a nemocná zvířata'. Motivace slova není zcela jasná. V 17. a 18. st. je doloženo i *pohodlný* tv.. Ve stč. i střední č. je *pohodlný* 'vhodný, příhodný, užitečný' (slovo se vyslovovalo tříslabičně), snad tedy eufemistické označení pohodného jako 'užitečný, vhodný (člověk)'.

pohovka. Od *pohovět(si)* (viz ↑*hovět*).

pohroma. Stč. *pohrom, pohroma* 'neštěstí, dopuštění; hřmot; napadení'. Viz ↑*pogrom,* ↑*hřmět.*

pohroužit se 'ponořit se, zahloubat se'. Stč. *pohrúziti (sě)* 'ponořit, potopit (se)' (-ž- je od příč. trp. *pohrúžen*), p. *pogrążyć (się),* r. *pogruzít'(sja)* tv., *grjáznut'* 'zabřednout', s./ch. *grèznuti* 'potápět', csl. *pogręznǫti* 'potopit'. Psl. **gręznǫti,* *grǫziti je příbuzné s lit. *grimzti* 'zabřednout, potápět se', lot. *grimt* tv. a asi i gót. *qrammiþa* 'vláha', alb. *kreth* 'utápím', východiskem je ie.

*grem- 'být vlhký, potápět se'. Srov. ↓*pohřížit se*.

pohřbít, *pohřeb, pohřební, pohřebné*. Stč. *pohřbieti*, sekundárně za původní *pohřésti* (1.os.přít. *pohřebu*) od *hřésti, hřebu* 'pohřbívat', kterému odpovídá r. *grestí* 'hrabat', sln. *grébsti* 'rýt, hrabat', csl. *greti* tv. Psl. **grebti*, dále viz ↑*hrabat*, ↑*hrob*.

pohřešovat 'pociťovat ztrátu, nepřítomnost', *pohřešovaný*. Viz ↑*hřích*, původně 'opomenutí, pochybení'. Snad se lze k dnešnímu významu propracovat přes stč. přísl. (brzy pokleslé v pouhou část.) *pohřiechu* 'bohužel, naneštěstí, běda', tedy 'zjišťovat, že pohříchu něco chybí' (Ma[2] pod *hřích*).

pohřížit se. Viz ↑*pohroužit se*. Ve stč. byly totiž i varianty *pohřúziti sě, pohřieziti sě (C1,C5)*.

pohůnek hanl. 'popoháněč, přisluhovač'. Původně 'mladší čeledín (vodící koňský potah)' od *pohaněti*, viz ↑*po-* a ↑*hnát*[2].

pochlebovat 'snažit se získat přízeň neupřímnými lichotkami', *pochlebník*. Již stč. Nejpřirozenější výklad je od ↑*chléb*, asi tedy něco jako 'jít (úlisně) za chlebem, za prospěchem' (HK), srov. i stč. *chlebiti* 'žít na něčí náklady, na něčím chlebě'.

pochodeň. Od ↑*chodit*, vlastně 'pochodní světlo' (užívalo se při nočních pochůzkách).

pochroumat, *pochroumaný*. Expr. k **pochromiti*, viz ↑*chromý*.

pochva, *poševní*. Dříve i *pošva* (ve starší době převládalo). P. *pochwa, poszwa*, ukr. *póchva, píchva* tv., vedle toho je i č. *pochvy* 'podocasní řemen (u koně)', r. *pachvá*, sln. *pohvine* tv. (všude zast.). Nejasné. Lze vyložit z původního **pošьva*, pak by to znamenalo '(kožené) obšití pouzdra pro čepel zbraně', srov. kašub. *poszwa* 'povlak na peřiny', r.d. *óšva* 'prkenné obložení', vše od ↓*šít* (srov. ještě ↑*podešev*). Ale převahu podob s *-ch-* lze těžko vysvětlit (uvažuje se o vlivu např. *(s)chovati*, ale příliš věrohodné to není) (Ma[2]).

pointa 'hlavní, překvapivá myšlenka v závěru anekdoty, básně ap.', *vypointovat*. Z fr. *pointe* tv., vlastně 'špička, vyostření, nápad', z pozdnělat. *puncta* 'bodnutí, píchnutí' od lat. *pungere* 'bodat, píchat'.

pojit, *pojivý, pojivo, pojítko, napojit, odpojit, propojit, přepojit, připojit, přípojka, rozpojit, spojit, spojení, spoj, spojka, vypojit, zapojit*. Jinde většinou jen s předp. – p. *(s)poić*, s./ch. *spòjiti*, csl. *sъpojiti*, v r. jen *spaját'* 'svařit, sletovat' (viz ↑*pájet*). Zdá se, že dnešní význam je přenesen právě z původního významu 'svařovat, pájet kov' (technika známá již v antice). Psl. **(sъ)pojiti* je pak totožné s **pojiti* 'napájet', kauzativem k **piti* (viz ↑*pít*), obrazně se tím myslí 'napájení kovu jiným roztaveným kovem'. Významová paralela je v ugrofin. jazycích – např. fin. *juoda* 'pít', k tomu kauzativum *juottā* 'pájet'.

pokání. Od ↑*kát se*.

pokavad sp., přísl. Viz ↑*dokavad*, ↓*pokud*.

poker 'hazardní karetní hra', *pokerový*. Z am.-angl. *poker* nejistého původu. Snad nějak souvisí s angl. *poke* 'šťouchnout, strčit, šťourat'.

poklad, *pokladna, pokladní, pokladník, pokladnice*. V tomto významu jen č., původně 'co je položeno, uloženo'. Srov. i sln. *zaklàd* tv.

poklice, *poklička*. Původně *puklice* 'něco vypouklého ze dřeva či z kovu' (Jg), srov. stč. *pukla* 'vypouklá ozdoba' (dále viz ↓*pukat*). Dnešní podoba kontaminací se slovy na *po-* (*pokrýti, poklopiti* ap.), srov. p. *pokrywka*, r. *pokrýška*, s./ch. *pòklopac* tv.

pokoj, *pokojík, pokojný, pokojový, pokojská*. Všesl. – p. *pokój*, r. *pokój* 'klid, pokoj', s./ch. *pòkōj*, stsl. *pokoi* tv. Psl. *pokojь 'klid, odpočinek' je odvozeno od *počiti 'odpočinout' *(A6,B2,B1)* (dále viz ↑*odpočinout*), ke střídání *-oj- a -i-* srov. např. ↑*boj* – ↑*bít*. Význam 'místnost, komnata' (jen č., p., br. a ukr.) je metonymický, vlastně '(oddělená) klidná místnost (k odpočinutí)'.

pokolení 'generace; rod'. Všesl. – p. *pokolenie*, r. *koléno*, ch. *pokoljénje*. Nelze oddělovat od ↑*koleno*, prý podle pradávného zvyku, kdy stařešina rodu bral novorozeně na kolena a tím je uznal za příslušníka rodu (Ma²). V ie. jsou si skutečně názvy pro 'koleno' a 'rod, rodit' velmi podobné (srov. lat. *genus* 'rod', *genū* 'koleno'), ale oba kořeny se obvykle považují za homonymní.

pokora, *pokorný*. Od *pokořit (se)*, viz ↑*kořit (se)*.

pokoutní 'tajný, nedovolený'. Z ↑*po* a ↑*kout*.

pokrytec, *pokrytecký, pokrytectví*. Vlivem bible z lat. *hypocrita* z ř. *hypokritḗs* 'herec, pokrytec' od *hypokrīnomai* 'odpovídám, hraju, přetvařuji se' z *hypó* (↑*hypo-*) a *krīnō* 'třídím, zkoumám, pokládám, věřím'; lid. etym. *(D2)* přikloněno k *pokrýt* ('kdo se pokrývá přetvářkou').

pokud přísl., sp. Viz ↑*po* a ↑*kudy*, srov. ↑*odkud*, ↑*dokud*, ↓*posud*.

pokusit se, *pokus, pokusný*. Viz ↑*-kusiti*.

pokuta, *pokutový, pokutovat*. Stč. i 'trest, potrestání', jen zsl. Asi souvisí s ↑*kutit*, srov. ↓*skutek*. Celá slovní čeleď však málo jasná.

pól, *polární, polárník, polarita, polarizovat, polarizace*. Přes něm. *Pol* z lat. *polus* 'pól, nebeská klenba' z ř. *pólos* tv. a to od *pélō* 'pohybuji se, stávám se'. V 18. a 19. st. přeneseno do fyziky na magnetické, resp. elektrické jevy. Srov. ↓*polárka*.

polárka 'zmrazený mléčný krém', *polárkový*. Obchodní název podle hvězdy *Polárky (Severky)* označující na nebi přibližně sever, z lat. *stēlla polāris* 'polární hvězda' (dále viz ↑*pól*).

pole, *políčko, polní, polnost, přespolní*. Všesl. – p. *pole*, r. *póle*, s./ch. *pòlje*, stsl. *polje*. Psl. **pol'e* z ie. **pol-i̯o-* je odvozenina od ie. kořene **pel-*, **plā-* 'plochý, rovný, široký', z něhož je např. stsvéd. *fala* 'rovina', arm. *hoł* 'země, půda'. S jinými příp. sem patří ↑*pláň* a také něm. *Feld*, angl. *field* 'pole' *(A4)*.

poledne, *polední, poledník, polednice*. Všesl. – p. *południe*, r. *pólden'*, s./ch. *pódne*, stsl. *poludьne*. Psl. *polъdьne *(B6)*, doslova 'polovina dne', viz ↓*půl* a ↑*den*.

polemika 'útočně vyhrocený názorový spor', *polemický, polemik, polemizovat*. Přes něm. *Polemik* z fr. *polémique* tv., což je zpodstatnělé adj. *polémique* 'polemický' z ř. *polemikós* 'válečný, bojovný' od *pólemos* 'válka, boj, spor'.

poleno, *polínko*. P. *polano*, r. *poléno*, sln. *poléno*, csl. *poléno*. Psl. *poléno je původem asi zpodstatnělé příč. trp. slovesa *polěti 'hořet' (stsl. *polěti* tv.), tedy 'co hoří, je páleno'. Dále viz ↑*pálit*, ↑*plát*². Jiný možný výklad spojuje s ↓*půl*, původní význam by pak byl 'rozštípnutý kus dřeva'.

polévka, *polévkový*. Od stč. *polévati* 'polévat, zalévat'. Asi původně ten druh polévky, kdy se přísady připravené na talíři zalijí vřelou vodou, vývarem ap.

polevit. Viz ↑*-levit*.

policajt ob. Od něm. *Polizei* 'policie', ke koncovému *-t* srov. ↓*sajrajt*, ↓*prejt*. Jinak viz ↓*policie*.

police, *polička, policový*. Všesl. – p.d. *polica* (spis. *połka*), r.d. *políca* (spis.

pólka), s./ch. *pòlica*, csl. *polica*. Psl. **polica* je odvozeno od **polъ* 'deska' (srov. r. *pol* tv.). Významově je blízko stisl. *fjǫl* 'prkno', sti. *phálaka-* 'deska, prkno', vše od ie. **(s)p(h)el-* 'štípat, oddělit' *(A5,A4)*, původně tedy 'odštěpený kus dřeva'. Srov. ↑*poleno*, ↓*půl*.

policie, *policejní, policista, policistka*. Převzato (případně přes něm. *Polizei*) ze střlat. *politia, policia* 'státní správa, úřad' a to přes pozdnělat. *polītīa* z ř. *polīteíā* 'občanství, správa, stát' od *pólis* 'město, obec, stát'. Srov. ↓*politika*, ↓*poliklinika*.

políček, *zpolíčkovat*. Vlastně 'rána po líci', viz ↑*po* a ↑*líce*.

poliklinika 'městské zdravotnické zařízení s odbornými odděleními'. Převzato z moderních evr. jazyků (něm. *Poliklinik*, fr. *policlinique*), kde je to novodobá slovenina z ř. *pólis* 'město, obec, stát' (srov. ↑*policie*, ↓*politika*), k druhé části viz ↑*klinika*.

polír zast. 'dozorce na stavbě'. Z něm. *Polier* tv. z raně nhn. *parlier* ze stfr. *parlier* 'mluvčí' od *parler* 'mluvit' (srov. ↑*parlament*). Do stč. *parléř* 'stavbyvedoucí, stavitel' (odtud Petr Parléř, stavitel Karla IV.).

politika, *politik, politický, politizovat, politizace*. Přes něm. *Politik*, fr. *politique* ze střlat. *politica (scientia)* z ř. *polītīké (téchnē)* '(věda) o státních a občanských záležitostech' od adj. *polītīkós* 'občanský, státní, veřejný' od *polítēs* 'občan, krajan', *pólis* 'město, obec, stát'. Srov. ↑*policie*, ↑*poliklinika*.

politura 'hladká lesklá vrstva bezbarvého laku'. Přes něm. *Politur* tv. z lat. *polītūra* od *polīre* 'hladit, leštit'. Srov. ↓*pulírovat*.

polízanice ob. expr. 'něco nepříjemného, malér'. Dříve i *polízaná, polízačka*. Asi v souvislosti se zvykem zví- řat lízat si rány, srov. *vylízat se (ze zranění, z maléru ap.)*.

polka 'druh tance', *polkový*. Český lidový tanec vzniklý v 1. pol. 19. st., v r. 1831 poprvé tančen v Praze a pojmenován na počest Poláků, jejichž potlačené povstání proti carské nadvládě (1830–31) mělo značný ohlas. Z češtiny přešlo do jiných evropských jazyků. Srov. i ↓*polonéza*.

polknout. Viz ↓*polykat*.

polnice 'vojenská trubka'. Od ↑*pole* ve významu 'vojenské pole'.

pólo 'míčová hra na koních', *pólista*. Z angl. *polo* tv. z kašmírského jazyka *balti*, v němž *polo* znamená 'míč' (srov. tibetské *pulu* tv.). Hra má svůj původ v Indii. Později přeneseno na *vodní pólo*.

polonéza 'slavnostní tanec v tříčtvrtečním taktu'. Z fr. *(danse) polonaise*, vlastně 'polský (tanec)' (srov. fr. *Pologne*, lat. *Polonia* 'Polsko'). O tom, že jde o původní polský lidový tanec, se někdy pochybuje. Srov. i ↑*polka*.

polonium 'chemický radioaktivní prvek'. Jeho objevitelé Marie a Pierre Curieovi (1898) jej nazvali na počest Mariiny vlasti, Polska (lat. *Polonia*).

polovina. Viz ↓*půl*.

polstrovat 'vycpávat (čalouněné části nábytku, vozidel ap.)'. Z něm. *polstern*, vlastně 'polštářovat', viz ↓*polštář*.

polštář, *polštářek, polštářovat, polštářovaný, vypolštářovat*. Ze střhn. *polster, bolster* tv. (srov. angl. *bolster* 'podhlavník'), jež souvisí s ↑*balon*, ↑*-ball*.

poluce 'samovolný výron mužského semene'. Ze střlat. *pollutio*, vlastně 'znečištění, pokálení', od lat. *polluere* 'pokálet, znečistit, zhanobit', jehož druhá část asi souvisí s lat. *lutum* 'bláto, bahno', *lustrum* 'močál'.

poly- (ve složeninách) 'mnoho-'. Z ř. *poly-* od *polýs* 'mnohý, četný, hojný', jež souvisí s ř. *pléos* 'plný, hojný' (viz ↑*pleonasmus*), lat. *plūs* 'více' (↑*plus*) a vzdáleněji i s naším ↑*plný*. Srov. ↓*polyester*, ↓*polygamie*, ↓*polyglot*, ↓*polymer*, ↓*polysémie*, ↓*polystyren*.

polyester 'plastická hmota k výrobě syntetických vláken a laků', *polyesterový*. Z ↑*poly-* (viz ↓*polymer*) a *ester*, což je název látky vytvořený v 19. st. v něm. z původního *Essigäther*, vlastně 'éter octový'.

polyetylen 'plastická hmota častá v obalové technice', *polyetylenový*. Viz ↑*poly-*, ↓*polymer* a ↑*etyl, etylen*.

polyfonie 'mnohohlasost', *polyfonní*. Viz ↑*poly-* a ↑*-fon*.

polygamie 'mnohoženství', *polygamní*. K ř. *polýgamos* 'mnohokrát ženatý' z ↑*poly-* a ř. *gámos* 'sňatek, manželství'. Srov. ↑*bigamie*, ↑*monogamie*.

polyglot 'znalec mnoha jazyků'. Z ↑*poly-* a ř. *glõtta* 'jazyk, řeč' (vedle *glõssa*, viz ↑*glosa*).

polygrafie 'tiskárenský průmysl', *polygrafický*. Viz ↑*poly-* a ↑*-grafie*.

polyhistor 'znalec mnoha vědních oborů'. Z ř. *polyístōr* 'mnoho znající' z ↑*poly-* a *(h)ístōr* 'znalec' (viz ↑*historie*).

polykat, *polykací*. Jen č. a p. *polykać*. Z ↑*po-* a *-lykati*, což je zdloužená podoba kořene, který je v **lъkati* (dále viz ↑*lkát*).

polymer 'makromolekulární látka', *polymer(iz)ace*. Nově k ř. *polymerēs* 'mnohodílný' z ↑*poly-* a *méros* 'díl, část, počet'.

polyp 'nezhoubný novotvar na sliznici; druh láčkovce či hlavonožce'. Z ř. *polýpous*, vlastně 'mnohonohý', z ↑*poly-* a ř. *poús* 'noha'. Ze jména živočicha přeneseno (již v antickém lékařství) na stopkaté výrůstky především na nosní sliznici.

polysémie 'mnohoznačnost', *polysémický*. Utvořeno koncem 19. st. k ↑*poly-* a ř. *sēma* 'znamení, heslo' (srov. ↓*sémantika*, ↓*semafor*).

polystyren 'plastická hmota užívaná k izolování ap.', *polystyrenový*. Z ↑*poly-* (viz ↑*polymer*) a *styren* 'druh nenasyceného uhlovodíku' od ř. *stýrax* 'keř s vonnou pryskyřicí'.

polytechnický 'související s různými technickými obory'. Viz ↑*poly-* a ↓*technika*.

pomáda 'mast na vlasy'. Z něm. *Pomade* a to přes fr. *pommade* z it. *pomata* tv. od *pomo* 'jablko' z lat. *pōmum* 'jablko, ovoce'. Při přípravě této masti se původně používala jablka.

pomáhat. Všesl. – p. *pomagać*, r. *pomogát'*, s./ch. *pomagáti*, stsl. *pomagati*. Psl. **pomagati* je nedokonavý protějšek k **pomogti* (viz ↑*po* a ↑*moci*). Původní význam je vlastně 'přispět někomu, aby něco mohl'.

pomatený. Viz ↑*po* a ↑*mást*.

-pomenout. Stč. *-pomanúti* z psl. **pomęnqti (B7)*. Viz ↓*-pomínat*.

pomeranč, *pomerančový*. Dříve i *pomoranč, pomaranč*. Posledním zdrojem je asi rak.-něm. (vídeňské) *Pomerantsche* (spisovně je *Pomeranze*) (Ma²). Druhé tvary jsou asi ze střlat. *pomorancium*, případně it. *pomarancia*, které je i pramenem něm. slova. It. *pomarancia* se skládá z *pomo* 'jablko, ovoce' a *arancia* 'pomeranč' a to přes ar. z per. (k tomu viz ↑*oranžový*). Srov. i ↑*pomáda*, ↓*pomologie*.

pomět se. Viz ↑*po* a ↑*mít se*.

pomfrity 'smažené brambory, hranolky'. Z fr. *pommes frites* tv. V první části je fr. *pommes de terre* 'brambory', doslova 'zemní jablka' (srov. ↑*brambor*), od *pomme* 'jablko' z lat. *pōmum* 'ovoce' (srov. ↓*pomologie*, ↑*pomeranč*), ve druhé části je pl. od *frit* 'smažený', což je původem příč. trp. od *frire* 'smažit' (srov. ↑*fritovat*).

-pomínat (*zapomínat, vzpomínat, upomínat, napomínat, připomínat*). Všesl. – p. *-pominać*, r. *-pominát'*, s./ch. *-pòminjati*. Psl. **pominati* (srov. r.st. *pominát'* 'vzpomínat') tvoří nedokonavý protějšek k **pomęnǫti* (srov. r.st. *pomjanúť* 'vzpomenout si', ↑-*pomenout*), dále je příbuzné **potьněti, *potьniti* (č.st. *pomníti* 'pamatovat, vzpomenout si'). Viz ↑*po* a ↑*mnít*, původní význam je asi 'pomyslit, později mít na mysli', k tomu viz i ↑*paměť*.

pominutý 'šílený'. Od *pominout se*, viz ↑*minout*.

pomlázka. Od ↑*mladý*. Pošlehání má magicky přenést jarní sílu na lidi, má je pomladit, omladit. Nejprve zřejmě název zvyku, pak nástroje a konečně vykoledované odměny (Ma[2]).

pomněnka 'menší rostlina s drobnými modrými kvítky', *pomněnkový*. Od *pomníti* 'pamatovat, vzpomenout si' (viz ↑-*pomínat*). Preslův výtvor podle r. *nezabúdka* či něm. *Vergissmeinnicht*, srov. dále fr. *ne m'oubliez pas*, angl. *forget-me-not*, p. *niezapominajka*, slk. *nezabúdka*. Odedávna symbol lásky dávaný na památku.

pomník, *pomníček*. Od *pomníti* 'pamatovat si, vzpomenout si'. Viz ↑-*pomínat*, ↑*paměť*.

pomoc, *pomůcka, pomocný, pomocník, pomocnice*. Všesl. – p. *pomoc*, r. *pómošč*, s./ch. *pòmōč*, stsl. *pomoštь*. Psl. **pomogtь* je odvozeno od slovesa **pomogti* 'pomoci' (B3). Dále viz ↑*pomáhat*, ↑*moci*, ↑*moc*.

pomologie 'nauka o ovocných druzích a odrůdách', *pomolog, pomologický*. Z lat. *pōmum* 'plod, ovoce' (srov. ↑*pomeranč*, ↑*pomáda*) a ↑-*logie*.

pompa 'okázalost, honosná nádhera', *pompézní*. Z lat. *pompa* 'slavnostní průvod, nádhera, obřadnost' (asi přes fr. *pompe* a něm. *Pomp*) a to z ř. *pompḗ* 'výprava, slavnostní průvod' od *pémpō* 'vyslat, vypravit průvod'.

pončo '(jihoamerický) přehoz bez rukávů'. Ze šp. *poncho* a to z jihoam. jazyka skupiny arawak, kde slovo znamená 'vlněná tkanina'.

pondělí, *pondělní, pondělek*. Všesl. – p. *poniedziałek*, r. *ponedél'nik*, ch. *ponèdjeljak*, stsl. *ponedělьnikъ*. Č. tvar je z původního **ponedělьje* (B9,C5), *-e-* v dlouhém slově vypadlo. Motivace je všude stejná – 'den po neděli'.

poněkud přísl. Ze stč. *poně* 'asi, snad, zdali' a *-kud*, které je v ↑*dokud*, ↑*kudy*. *Poně* se vykládá z ↑*po* a tvaru akuz. sg. stř. r. osobního zájmena pro 3. osobu, tedy *je*, po předložce *ně*, význam by byl '(až) po to, po určitou míru'. Srov. ↓*poněvadž*, ↑*aspoň*.

ponětí 'základní představa, vědomost'. Asi za obrození z r. *ponjátie* 'pojem, představa' od *ponját'* 'pochopit, porozumět', jinak odpovídá našemu *pojetí* od *pojmout*, viz ↑*jmout*.

poněvadž sp. R.st., b. *ponéže* tv., srov. i stsl. *zaneže* tv. Psl. **pon'e, *zan'e* se tu interpretuje jako *proto* (srov. r. *potomú*, s./ch. *zàtō* tv., jinak viz ↑*poněkud*). V č. je navíc *-vad-* jako v ↑*dokavad*, ↑*pokavad*, srov. i str. *poneva* 'od té doby' (k významu srov. angl. *since* 'od té doby' i 'protože').

poník 'krátkonohý kůň'. Z angl. *pony* ze skot. *pown(e)y*, jehož další původ není jistý.

ponoukat 'podněcovat'. Stč. *ponúkati* tv., slk. *ponúkať* 'nabízet', p. *nukać* 'pobízet', r. *ponukát'*, s./ch. *nùkati*

ponrava 'larva chrousta'. P.st. *pandrowie* 'hmyz, červi', str. *ponorovъ* 'zemní červ'. Psl. **ponorv- (B8)* souvisí s ↑*nořit (se)*, srov. i csl. *pon(d)rěti* 'ponořit', příbuzné je asi lit. *narvà* 'buňka ve včelím plástu'. Původně označení pro hmyzí larvy ap., které žijí pod zemí, v dutinách ap.

pontifikát 'úřad papeže a doba jeho trvání', *pontifikální*. Z pozdnělat. *pontificātus* tv. od *pontifex* 'nejvyšší kněz, papež'. Ve starém Římě se tak původně nazývali členové kněžského kolegia spravujícího všechen kult, původně strážci mostu přes řeku Tiberu obětující bohu řeky. Odtud i jméno – z lat. *pōns* (gen. *pontis*) 'most' (srov. ↓*ponton*, ↓*pouť*) a odvozeniny od *facere* 'dělat' (srov. ↑*-fikace*).

ponton 'ploché plavidlo k převážení vojska a stavění mostů', *pontonový*. Přes něm. *Ponton* z fr. *ponton* a to z lat. *pontō* (gen. *pontōnis*) 'lodní most, přívoz' od *pōns* (gen. *pontis*) 'most'. Viz ↓*pouť*.

ponurý, *ponurost*. Převzato za obrození z p. *ponury*, srov. i r. *ponúryj* tv. Souvisí s ↑*nořit (se)*, vlastně 'ponořený (do tmy, do sebe ap.)'.

pop 'pravoslavný kněz'. Všesl. – p., r. *pop*, s./ch. *pȍp*, stsl. *popъ*. Převzato germ. prostřednictvím (nejspíš přes sthn. *pfaffo* 'kněz') ze stř. *páp(p)as* 'nižší duchovní', což je původem dětské slovo pro otce (srov. r. *pápa* 'táta'). Jinou cestou ze stejného zdroje ↑*papež*.

pop(-music) 'druh hudby'. Z angl. *pop-music* z *pop(ular) music*, viz ↓*populární* a ↑*muzika*.

popel, *popelavý, popelník, popelnice, popelář, popelářský, popelec, popeleční, popelit se*. Všesl. – p. *popiół*, r. *pépel*, s./ch. *pȅpeo*, stsl. *popelъ, pepelъ*. Psl. **popelъ, *pepelъ* je příbuzné se stpr.

pelanne, lit. *pelenaĩ* tv. Výklad je dvojí: jednak se vychází z ie. **pel-* 'hořet' (viz ↑*pálit*, ↑*plát²*, ↑*poleno*), s předp. ↑*po-* by pak význam byl 'to, co zbude po hoření'; druhý výklad spojuje dále s lat. *pollen* 'prach, mouka', ř. *pálē* tv., sti. *pálala-* 'kaše, prach, špína' z ie. **pel-* 'prach, mouka'. Srov. ↑*pleva*.

popelín 'jemná hustá látka', *popelínový*. Přes něm. *Popeline* z fr. *popeline* a to nejspíš přes angl. *poplin* ze jména vlámského města *Poperinge*, kde se tato látka vyráběla.

popkorn 'mírně pražená kukuřice', *popkornový*. Z am.-angl. *popcorn* tv. z angl. *pop* 'praskat, mírně explodovat' a am.-angl. *corn* 'kukuřice' (při pražení totiž kukuřice puká).

popouzet. Viz ↓*pudit*.

popravit, *poprava, popravní, popravčí, popraviště*. Zúžením významu ze stč. *popraviti* 'napravit, učinit po právu, ztrestat', dále viz ↓*právo*. Podobně tvořeno je něm. *hinrichten* tv. od *richten* 'rovnat, soudit' od *Recht* 'právo'.

popruh. Jen č. a p. (*popręg*), viz ↓*pruh* a ↓*-práhnout*.

populace 'obyvatelstvo', *populační*. Přes moderní evr. jazyky (něm. *Population*, fr., angl. *population*) z pozdnělat. *populātiō* tv. od *populus* 'lid, lidstvo'. Srov. ↓*populární*, ↓*publikum*.

populární 've veřejnosti oblíbený; obecně srozumitelný', *popularita, popularizovat, popularizace, popularizační, popularizátor(ka)*. Přes moderní evr. jazyky z lat. *populāris* 'lidový, lidu milý' od *populus* 'lid'. Srov. ↑*populace*, ↑*pop(-music)*.

pór¹ 'druh zeleniny', *pórek, pórkový*. Přes střhn. *porre, phorre* z lat. *porrum* tv., jež souvisí s ř. *práson* tv. Dále nejasné.

pór² 'drobný průduch (na povrchu těla ap.)', *pórovitý, porézní*. Přes něm. *Pore* z lat. *porus* tv. a to z ř. *póros* 'cesta, průchod, brod' od *peráō* 'pronikám, přecházím, procházím'. Srov. ↓*prám*.

porce 'dávka', *porcovat, porcovaný, naporcovat*. Přes něm. *Portion* z lat. *portiō* 'díl, podíl, poměr', jež souvisí s lat. *pars* 'část, díl'. Srov. i ↓*proporce*.

porcelán, *porcelánový, porcelánka*. Přes něm. *Porzellan* z it. *porcellana* tv., původně 'druh plže' (jeho lastura připomíná porcelán), to pak další metaforou z it.st. *porcellana*, *porcella* 'vulva', původně vlastně (další metafora!) 'prasnička, sviňka', zdrobnělina od *porco* 'prase', *porca* 'prasnice' (viz ↓*prase*). Porcelán je v Evropě znám od 13. st., kdy ho z Číny přivezl Marco Polo.

porfyr 'druh vyvřelé horniny', *porfyrický*. Ze střlat. *porphyrium* a to k ř. *porfyrítēs* od *porfýra* 'purpur, nachová barva' (ve starověku byl znám v hnědavé či narudlé podobě).

pornografie 'literární, fotografické nebo výtvarné dílo zdůrazňující sex vybočující z konvenční morálky', *pornografický, pornograf*. Z fr. *pornographie* od *pornographe* 'autor obscénních článků', doslova 'kdo píše o prostitutkách' (18. st.), z ř. *pórnē* 'nevěstka' a ↑-*graf*.

poroba, *porobit, porobený*. Od staršího č. *rob* 'otrok, nevolník', srov. ↑*podrobit*, ↓*rab*.

porota, *porotní, porotce, porotkyně*. Psl. **porota* 'sbor soudců zavázaných přísahou' je odvozeno od **rota* 'přísaha' (stč. *rota*, r. *rotá*, sln.st. *róta* tv., stsl. *rotiti sę* 'zaklínat se'). Příbuzné je nejspíš ř. *rhētós* 'vyřčený, smluvený' (srov. ↓*rétorika*), sti. *vratá-* 'příkaz, slib' z ie. **u̯rotā-*, což je vlastně příč. trp. slovesa od ie. kořene **u̯er-* '(slavnostně) říkat'.

porouchat, *porucha, poruchový, poruchovost*. Od *porušit*, viz ↓*rušit*.

portál 'architektonické nebo plastické orámování dveří nebo vrat'. Přes něm. *Portal* ze střlat. *portale*, zpodstatnělého adj. *portalis* 'vchodový, dveřní' od lat. *porta* 'brána, vchod'. Srov. ↑*fortna*, ↓*portýr*.

portfej 'obor působnosti ministra'. Z fr. *portefeuille* 'ministerské křeslo' a to přenesením z původního významu 'aktovka, taška na listiny' z tvaru slovesa *porter* 'nést' a *feuille* 'listina, list' z lat. *folium* 'list'. Srov. ↓*portfolio*, ↓*portmonka*, ↑*fólie*.

portfolio 'zásoba cenných papírů (v majetku společnosti)'. Z angl. *portfolio* tv., původně 'desky na listiny, složka', dříve *porto folio* z it. *portafoglio*, které přesně odpovídá fr. *portefeuille* (viz ↑*portfej*).

portiéra kniž. 'závěs na dveřích'. Z fr. *portière* tv. od *porte* 'dveře, brána' z lat. *porta* tv. Srov. ↑*portál*.

portmonka zast. ob. 'peněženka'. Z fr. *porte-monnaie* tv. z tvaru slovesa *porter* 'nést' a *monnaie* 'peníz, mince' z lat. *monēta* 'mince'. Srov. ↑*portfej*.

porto 'poštovné'. Z it. *porto* 'poplatek za donesení', doslova '(do)nesení', od *portare* 'nést' z lat. *portāre* tv. Srov. ↓*portýr*.

portrét, *portrétní, portrétista, portrétovat*. Přes něm. *Porträt* z fr. *portrait* tv., což je původem příč. trp. stfr. slovesa *portraire* 'vypodobnit' z lat. *prōtrahere* 'přivést na světlo, odkrýt', doslova 'vytáhnout (před)', z *prō-* 'před' a *trahere* 'táhnout'.

portýr zast. ob. 'vrátný'. Přes něm. *Portier* z fr. *portier* tv. a to z pozdnělat. *portārius* 'dveřník, strážce dveří' od lat. *porta* 'brána, vchod'. Srov. ↑*portál*, ↑*portiéra*.

poručík, *poručice, poručický, nadporučík, podporučík*. Z r. *porúčik* a to přes p. *porucznik* tv. z č. *poručník* 'zástupce, zmocněnec', což je vlastně kalk fr. *lieutenant*, doslova 'místodržící', z pozdnělat. *locumtenēns* tv. z *locus* 'místo' a přech. přít. od *tenēre* 'držet'. Dále viz ↓*poručit*.

poručit, *poroučet, poručník, poručnický*. Viz ↑*po* a ↓*ručit*. Stč. význam byl 'přenechat, odkázat, odevzdat, dát do ochrany', z významů 'vzkázat, odkázat' se pak vyvinulo silnější 'rozkázat'. Viz i ↑*poručík*.

pořád přísl. Viz ↑*po* a ↓*řád*. Stč. význam byl 'po sobě, po pořádku, jeden po druhém', z toho pak 'neustále'.

posel, *poslíček, poselství*. Psl. *posъlъ od **posъlati (B6)*, viz ↑*po* a ↓*-slat*.

posesivní 'přivlastňovací'. Z lat. *possessīvus* tv. od *possidēre* (příč. trp. *possessus*) 'mít v držení, vlastnit' z **pot-* 'moc' (srov. ↓*potence*, ↑*Hospodin*) a *sedēre* 'sedět' (srov. ↓*sedět*).

poschodí, *poschodový*. Viz ↑*po* a ↓*schod*. Vlastně 'kam se chodí po schodech'.

poslat, *poslání, poslanec, poslankyně, poslanecký*. Viz ↑*po* a ↓*-slat*.

poslední, *naposledy*. P. *pośledni* 'zadní, horší, všední', r. *poslédnij*, ch. *pòsljednjī*, stsl. *poslědьnь*. Psl. *poslědьnь je odvozeno od spojení *po slědě 'na konci', původně 'po řadě', viz ↑*po* a ↓*sledovat*, srov. i stč. *sled* 'stopa, pořádek, postup věcí' a ↓*posléze*.

posléze přísl. 'potom, konečně, nakonec'. Stč. i *poslé, posled, poslez*. Viz ↑*poslední*.

poslouchat, *poslušný, poslušnost, posluchač, posluchačský, posluchárna, poslech, poslechový*. Viz ↑*po* a ↓*slyšet*.

posloupnost. Jen č., nepříliš jasné. Stč. *poslúpnost* 'dědické právo'. Vzhledem k stč. *postúpenství* i p. *postępstwo* tv. se myslí na původní *postúpnost, ale záměna *t-l* není jasná.

posouvat, *posuvný, posuv*. Viz ↑*po* a ↓*sunout*.

pospas. Viz ↑*napospas*.

pospolitý, *pospolitost*. Od *pospolu*, viz ↑*po* a ↓*spolu*.

post 'místo, funkce, postavení'. Z it. *posto* či fr. *poste* 'místo, postavení' (případně přes něm. *Posten* 'stanoviště stráže, hlídkující voják', tentýž význam je ve starší č.) a to z lat. *positus* 'místo, postavení', od *pōnere* (příč. trp. *positus*) 'položit, postavit'. Srov. ↓*pozice*.

post- předp. 'po-'. Z lat. *post* 'po' (viz ↑*po-*, ↓*pozdě*). Srov. ↓*postgraduální*, ↓*posthumní*, ↓*postila*.

postava, *postavička*. Viz ↑*po* a ↓*stavit*, význam 'vzrůst, tělesná konstituce' je již psl.

poste restante 'způsob posílání zásilek, při němž si příjemce zásilku vyzvedá na poště'. Z fr. *poste restante* z *poste* (viz ↓*pošta*) a *restante* 'zůstávající', slovesného adj. od *rester* 'zůstat' z lat. *restāre* tv. (viz ↓*rest*).

postel, *postýlka, postelový*. Všesl. – p. *pościel*, r. *postél'*, ch. *pòstelja*, stsl. *postelja*. Psl. **postel'ь*, **postel'a* jsou odvozeniny od *postьlati (viz ↑*po* a ↓*stlát*). Původní význam byl 'to, čím je lože postláno (sláma, houně, peřiny ap.)', pak metonymií celá konstrukce.

postgraduální 'následující po absolvování vysoké školy', *postgraduál, postgraduant*. Z ↑*post-* a odvozeniny od ↑*graduovat*.

posthumní 'vydaný posmrtně'. Z lat. *postumus* 'poslední, nejmladší, po smrti narozený', což je vlastně 3. stupeň k *posterus* 'následující, příští' od *post* 'po' (↑*post-*). Podoba *posthumus* se objevuje v pozdní lat. lidovou etym. *(D2)* k lat. *humus* 'země', *humāre* 'pohřbít'.

postila 'sbírka kázání na texty Nového zákona'. Z lat. spojení *post illa (verba)*, doslova 'po oněch (slovech)' (tj. po čtení či evangeliu), k *post* viz ↑*post-*, k *ille* 'onen' srov. ↑*loni*.

postit se. Viz ↓*půst*.

postskriptum 'dodatek v dopise'. Z pozdnělat. *postscrīptum* tv., viz ↑*post-* a ↓*skripta*.

postulát 'požadavek', *postulovat*. Z lat. *postulātum* tv., což je vlastně příč. trp. od *postulāre* 'žádat, vyžadovat' a to od *poscere* 'žádat, dožadovat se'.

posud přísl. Viz ↑*pokud*, ↑*dosud*.

posunek, *posunkový*. Viz ↑*po* a ↓*sunout*.

posupný 'nevlídný, pohrdlivý'. Nejspíš od ↓*sup*, srov. p. *sęp* tv. a *sępny* 'pochmurný, posupný', r. *nasúpit' sja* 'zachmuřit se' (viz ↑*nasupit se*).

posvícení 'tradiční výroční slavnost'. Stč. *posviecenie* i *posvěcenie*, původně 'výroční slavnost s hody na památku posvěcení místního kostela'. K rozlišení významu pomocí délky srov. ↑*město* – ↑*místo*, ↑*děvka* – ↑*dívka* ap.

pošetilý, *pošetilost*. Jen č., nejasné. Snad souvisí s ↑*ješitný* a r. *šut* 'šašek', *šútka* 'žert'.

pošmourný. Expr. varianta k *pochmurný*, viz ↑*chmura*.

pošramotit expr. 'poškodit, pokazit'. Původně *pošramovat* 'nadělat šrámů', pak asi expr. obměna slova podle onom. ↓*šramotit* (Jg).

pošta, *poštovní*, *pošťák*, *pošťačka*, *pošťácký*. Přes něm. *Post* z it. *posta* tv., vlastně 'určená, umístěná (zastávka)', z lat. *posita* tv., což je příč. trp. v ž.r. od *pōnere* 'klást, umístit, určovat'. Slovo tedy původně označovalo místo,

kde se v začátcích jízdní pošty (v Itálii od 16. st.) měnili koně a kurýři. Srov. ↑*post*, ↓*pozice*.

poštěváček 'topořivá část ženského pohlavního ústrojí'. U Jg *poštiváček* tv., vedle původního významu 'kdo poštívá, dráždí', od *poštívat*, viz ↑*po* a ↓*štvát*.

poštolka. Ve starší č. i *postolka*. P. *pustułka*, r. *pustel' gá*, sln. *postóvka*, s./ch. *pòstōlka*. Výchozí psl. podoba nejistá, nejspíš **postolьka*. To pak by mohlo být od **postojati* (viz ↑*po* a ↓*stát²*) podle toho, že poštolka při lovu visí ve vzduchu, ale tvoření je dost podivné.

pošuk ob. expr. 'potřeštěný člověk'. Od ↓*šukat* ve starším významu 'těkat, běhat sem a tam'.

pošušňat si ob. expr. 'pochutnat si', *pošušňáníčko*. Zřejmě expr. útvar od *pochutnat si* s expr. skupinou *-šuš-*, srov. např. i fr. *chouchou* 'zlatíčko' a ↓*žužu*, ↓*žúžo*.

pot, *potní*, *potítko*, *potit se*, *zpotit se*, *zpocený*, *propotit*, *vypotit (se)*, *zapotit se*. Všesl. – p., r. *pot*, s./ch. *pôt*, stsl. *potъ*. Psl. **potъ* je z ie. **pok*ᵘ*to- (A6,A9)*, což je odvozenina od kořene **pek*ᵘ*-* 'péci' (↑*péci*). Původně tedy asi něco jako 'co je vypečeno, co vzniká horkem'.

potácet se, *potácivý*. Souvisí s ↓*téci*, ↓*točit*, asi expr. Srov. i slk.st. *potákati se* tv. (Jg), p. *taczać się* 'otáčet se, vrávorat'.

potaš 'draselná sůl k výrobě mýdla, skla ap.'. Z něm. *Pottasche* a to ze strniz. *potasch* (dnes niz. *potas*), v první části je (stř)niz. *pot* 'hrnec' (srov. i něm.d. *Pott*, fr., angl. *pot*) neznámého, asi substrátového původu, ve druhé strniz. *asch* 'popel' (srov. něm. *Asche*). Tato sůl se totiž získávala z dřevěného popela pařením v hrnci.

potence 'schopnost (plodit), síla, moc', *potentní*. Z lat. *potentia* 'moc, síla,

potenciální   492   **pouhý**

vláda' od *potēns* (gen. *potentis*) 'mocný, schopný', což je původem přech. přít. od nedoloženého *potēre 'moci, být schopen' (místo toho je lat. *posse* tv.). Srov. ↓*potenciál,* ↓*potentát,* ↑*posesivní.*

potenciální 'možný', *potenciál* 'souhrn schopností a možností k určitému výkonu'. Podle něm. *potentiell,* fr. *potentiel* z lat. *potentiālis* tv., dále viz ↑*potence.*

potentát hov. expr. 'vysoký hodnostář'. Přes něm. *Potentat* 'vladař' z fr. *potentat* tv., původně 'svrchovanost, nejvyšší moc', ze střlat. *potentatus* tv. od lat. *potēns* (viz ↑*potence*).

potěr 'právě vylíhlé ryby či obojživelníci'. Viz ↑*po* a ↓*třít,* vlastně 'co vznikne po tření ryb ap.'. Přeneseně i 'drobotina, mládež'.

potkan. Jen č. a slk. *potkan,* sln. *podgána.* Do č. nověji přes slk. (ještě Jg uvádí jen jako mor. a slk.) z maď. *patkány* a to (přes sln.?) ze severoit. *pantegàna, pategàna, pantegàn,* jež nejspíš vychází z lat. *Ponticus* 'pontský'. *Pont(us)* bylo historické území při jižním pobřeží Černého moře, odkud tito hlodavci po lodích dostali do sev. Itálie a dále do Evropy.

potkat (se). Viz ↑*po* a ↓*-tkat.*

potlach hov. expr. 'družná zábava, popovídání (při táboráku)'. Z angl. *potla(t)ch* 'slavnost severoam. Indiánů (rozdílení darů)' a to z indiánštiny (v jazyce chinook *potlatš* znamená 'dar'). V č. žertovné přiklonění k ↓*tlachat* a obměna významu.

potměchuť 'popínavý polokeř s červenými jedovatými bobulemi'. Původně nářeční jméno, jehož motivace není zcela jasná; jisté je tu však spojitost s chutí bobulí, které nejprve chutnají hořce a pak sladce (srov. slk. *ľulok sladkohorký,* něm. *Bittersüß,* lat. *dulcamara*). Spojitost s tmou, nocí je

i v jiném něm. jménu *Nachtschatten,* doslova 'noční stín' (viz i ↓*potměšilý*). Vycházet ze spojení *po chuti nechuť* (Ma[2], HK) se nezdá věrohodné.

potměšilý, *potměšilost.* Z přezdívkového *potměšil* 'kdo tajně, potmě na někoho něco chystá, šije' (srov. např. *všudybyl*). Podobné útvary jsou slk. *potmehúd,* vlastně 'kdo potmě hude, hraje', a nepříliš jasné mor. nář. *potmělúch.* Srov. i ↑*potměchuť.*

potok, *potůček, potoční.* Viz ↑*po* a ↓*téci.*

potomek, *potomstvo.* Všesl. – p. *potomek,* r. *potómok,* s./ch. *potómak.* Odvozeno od spojení *po tomь (viz ↑*po* a ↓*ten*), vlastně 'kdo přijde po tom(to) (pokolení)'.

poťouchlý, *poťouchlost.* U Jg *potouchlý* (expr. změkčení). Podobné je sln. *potúhnjen* tv. od *potúhniti* 'přetvařovat se' a to od *potúha* 'zatajování, zpronevěra'. Základ je stejný jako v ↓*tuchnout,* vývoj původního významu 'hasnout, tišit se' však v tomto případě není zcela jasný, snad '(naoko) utišený, pohaslý' → 'přetvařující se, potměšilý'. Srov. významově blízké ↓*potutelný.*

potrava, *potraviny, potravinový.* Viz ↓*trávit,* ↓*tráva.*

potřeba, *potřebný, potřebovat, opotřebovat, spotřebovat, spotřebitel, spotřebitelský, upotřebit.* Viz ↑*po*- a ↓*třeba.*

potud. Viz ↑*dotud,* ↑*pokud.*

potutelný. Od ↓*tutlat,* vlastně 'kdo něco tutlá, zatajuje', srov. ↑*poťouchlý.*

potvora, *potvůrka, potvorný, zpotvořit.* Viz ↑*po* a ↓*tvořit,* srov. ↓*stvůra.*

pouhý, *pouze.* Stč. *púhý, púhlý* 'pouhý, prostý, čistý, zjevný'. Jen č., málo jasné. Vzhledem k izolovanosti č. slova nelze vyloučit pč. přesmyk *hlúpý*

→ *púhlý* (Ma², HK), ale nelze brát jako spolehlivé.

poulit, *vypoulit*. Neznělá varianta k *boulit* (viz ↑*boule*).

poupě, *poupátko*. Viz ↓*pupen*.

poustevník, *poustevnický, poustevna*. Stč. *pústenník, pústevník*, vlastně 'kdo žije na pustém místě' (viz ↓*pustý*).

poušť, *pouštní*. Stč. *púšč(ě)*, p. *puszcza*, jinak r. *pustýnja*, s./ch. *pústinja*, vše od psl. *pustъ (↓*pustý*).

pouštět. Z psl. **pust-ja-ti (C3)*, viz ↓*pustit*, ↓*pustý*.

pouť, *poutní, poutník, poutnický, putovat, putování, putovní*. Všesl. – p.d. *pąć*, r. *put'*, s./ch. *pût*, stsl. *pǫtь*. Psl. **pǫtь (B7)* je příbuzné se stpr. *pintis* tv., lat. *pōns* 'most' (původně asi 'hať'), ř. *pátos* 'stezka', *póntos* 'moře' (původně asi 'mořská cesta'), arm. *hun* 'přechod, cesta', sti. *pánthā-* 'cesta', vše z ie. **pont-*, **pn̥t-* 'cesta, přechod' *(A6,A7)* od **pent-* 'jít, přejít'. Srov. ↑*pata*, ↑*ponton*.

pouto, *poutko, poutat, poutač, upoutat, spoutat, připoutat, odpoutat, rozpoutat*. Všesl. – p. *pęta* (pl.), r. *púty* (pl.), s./ch. *pùto*, stsl. *pǫto*. Psl. *pǫto je odvozeno od slovesa *pęti 'pnout' (viz ↑*pnout*) *(A6,B7)*.

pouzdro, *zapouzdřit*. Stč. *púzdro*, p. *puzdro* 'pouzdro, břichatá nádoba'. Dále nelze oddělit od r.d. *púzdró* 'část břicha pod pupkem', s./ch.d. *pùzdra* 'zvířecí penis' a také r. *púzo* 'břicho', *puzýr'* 'bublina, puchýř'. Výchozím významem je 'něco napuchlého', srov. ↓*puchnout*, ↓*puchýř*, ↓*pyj* od ie. **peu-*, **pū-* 'nadouvat'. Vzhledem k takto rozšířenému příbuzenstvu lze sotva přijmout výklad č. slova z germ. **fōdra-* 'pouzdro' (viz ↑*futro*) (Ma²), i když význam dobře souhlasí.

povaha, *povahový*. Jen č. Od ↓*váha*, stč. *váha* může znamenat i 'rozvaha, povaha', povaha člověka se vlastně jeví v tom, jak zváží určitou situaci. Srov. i ↑*odvaha*.

pověst, *pověstný*. P. *powieść* 'vyprávění, román', r. *póvest'* tv., ch. *pòvijēst* 'historie', stsl. *pověstь* 'pověst, historie'. Psl. **pověstь (A5)* je odvozeno od *povědati či *pověděti (viz ↓*povídat*).

povídat, *povídavý, povídka, povídkový, vypovídat, výpověď, zpovídat (se), zpověď, popovídat si, rozpovídat se, upovídaný*. Stč. *poviedati (C5)*, slk. *povedať* (dok.), p. *powiadzać*, sln. *povédati* (dok.), stsl. *povědati* (vedle toho *povědět*, p. *powiedzieć*, stsl. *pověděti*). Psl. *povědati, *pověděti je z **po-* (↑*po*) a *věděti (↓*vědět*), původní význam je 'říkat, co jsem se dověděl', případně 'dát někomu vědět, způsobit, že ví'.

povidla, *povidlový*. Jen č., do p. *powidła*, do něm. nář. *Powid(e)l*. Nejspíš od ↓*vít*, ve významu 'točit, plést, míchat', tedy vlastně 'co vzniká mícháním vařené ovocné šťávy'. K příp. srov. ↑*motovidlo*, ↓*vidle*.

povinný, *povinnost*. P. *powinny*. Význam lze vyložit na základě stč. *poviniti* 'uznat vinným', *být povinen* je pak 'být uznán vinným, být nucen něco udělat (jako trest) atd.'.

povít kniž. 'porodit'. Vlastně 'ovinout (novorozeně plenkami)', viz ↓*vít*.

póvl ob. hanl. 'nehodnotná věc, nehodnotný člověk'. Z rak.-něm. *Pofel* 'nehodnotná věc', což je varianta k něm. *Bafel* z hebr. (talmudského) *babel, bafel* tv.

povlak. Od *povléci*, viz ↑*po* a ↓*vléci*.

povlovný 'pozvolný, mírný'. Stč. *povlovný* 'mírný, příjemný, vlídný', *být povloven* 'být po vůli, být srozuměn'. Jen č. Značná významová blízkost slova *povolný* (viz ↓*povolit*) nutí k úvaze o přetvoření tohoto slova.

povolit, *povolení, povolný, povolnost.* Vlastně 'být po vůli někomu', viz ↓*vůle.* Srov. i ↑*povlovný.*

povříslo 'svazek slámy k vázání snopů'. Všesl. – p. *powrósło,* r. *perevjáslo,* ch. *povrijèslo,* csl. *povrěslo.* Psl. **poverslo (B8)* je odvozeno od *poverzti 'vázat' (doloženo v stsl. *povrěsti* tv.). R. podoba se přiklonila k *vjazát',* k tomu srov. ↓*provaz.* Příbuzné je lit. *veřžti* 'utahovat, zužovat', *viržěti* 'vázat', stisl. *virgill* 'provaz', vše od ie. **u̯er-ǵh-* 'obtáčet, zužovat, vázat' od **u̯er-* 'otáčet, kroutit'.

povyk, *povykovat.* Od psl. *vykati 'křičet, výskat' (srov. sln. *vīkati* tv.), viz ↓*vý́t,* ↓*vý́skat.*

póza 'postoj', *pózovat, zapózovat, pozér.* Přes něm. *Pose* z fr. *pose* tv. od *poser* 'postavit, položit' a to z pozdnělat. *pausāre* 'zastavit se, odpočívat' od lat. *pausa* (viz ↑*pauza*).

pozdě, *pozdější, pozdní, zpozdit se, zpozdilý, opozdit se, opozdilec.* Všesl. – p. *póżno,* r. *pózdno,* s./ch. *pòzno,* stsl. *pozdě.* Psl. *pozdě (sekundárně *pozdьno) má v první části pokračování ie. *pos 'za, po' (viz ↑*po*), ve druhé pak nejspíš odvozeninu od ie. **dhē-* 'položit' (srov. ↓*soud,* ↓*záda,* ↓*před* ap.). Původní význam tedy je asi 'v položení po (určitém čase)'.

pozice 'postavení', *poziční.* Z lat. *positiō* tv. od *pōnere* (příč. trp. *positus*) 'postavit, položit'. Srov. ↓*pozitivní,* ↑*pošta,* ↑*opozice,* ↑*expozice.*

pozitivní 'kladný; bezpečně zjištěný, jistý', *pozitiv, pozitivismus.* Přes něm. *positiv* tv. z pozdnělat. *positīvus* 'daný, postavený' od lat. *positus* tv. (viz ↑*pozice*).

pozitron 'elementární částice s kladným nábojem'. Umělý výtvor, viz ↑*pozitivní* a ↑*elektron,* ↑*neutron.*

pozor, *pozorný, pozornost, pozorovat, pozorování, pozorovatel(ka), pozorovatelský, pozorovatelna, zpozorovat, vypozorovat, odpozorovat.* Z ↑*po* a ↓*zřít.*

pozoun 'druh žesťového nástroje'. Z něm. *Posaune* tv. ze střhn. *busūne* a to přes stfr. *bu(i)sine* z lat. *būcina* '(pastýřský) roh; polnice', jež je složeno z *bōs* 'býk, vůl' a odvozeniny od *canere* 'zpívat'. Srov. ↑*bukolický.*

pozřít, *požírat.* Stč. i *požřieti, požřieti,* skupina *žř* se disimilovala na *zř,* srov. ↓*zřídlo.* Souvisí s ↓*žrát* jako ↑*dřít* s ↑*drát²,* ↓*-přít* s ↓*prát.*

požár, *požární, požárník, požárnický.* Všesl. – p. *pożar,* r. *požár,* s./ch. *pòžār,* csl. *požarъ.* Psl. *požarъ je odvozeno od *požariti 'způsobit, že je žár', dále viz ↑*po* a ↓*žár.*

pra- předp. Všesl. Původní význam je 'před-' ve významu časovém (srov. *praděd, pradávný*), jemuž odpovídá lat. *prō-* např. ve slově *prōavus* 'praděd, předek' (srov. ↓*pro-*) či ř. *prō-* v *próēn* 'nedávno, předevčírem'. Odtud pak význam prostě zesilující, srov. *prapodivný, pranic,* lidovým matením s *prach* potom *prachsprostý* ap. Vlastně zdloužená varianta k ↓*pro*; je mezi nimi stejný vztah jako mezi ↑*pa-* a ↑*po.*

pracant hov. expr. Již u Jg. Vykládá se z it. *bracciante* 'dělník, nádeník' (od *braccio* 'rameno, ruka'), které se lid. etym. přiklonilo k ↓*práce* (HK), ale možná jde prostě jen o hybridní složeninu z *práce* a cizí příp. *-ant.*

práce, *pracný, pracovat, pracující, pracovní, pracovník, pracovnice, pracovitý, pracovna, pracoviště, dopracovat (se), opracovat, odpracovat, propracovat, přepracovaný, rozpracovat, vypracovat, zapracovat,* *zpracovat*. Stč. *práče* 'námaha, těžkost; zaměstnání, služba'. Jen zsl. (stp. *proca*, ale dnešní *praca* je z č.), nemá jednoznačný výklad. Psl. **port'a (B3, B8)* je nejspíš odvozeno od *portiti, z něhož je sln. *prátiti* 'provázet', nář. i 'dělat', s./ch. *prătiti* 'provázet, posílat', b. *prátja* 'poslat'. Významový vztah 'poslat' – 'služba, práce' je dobře vidět na s./ch. *pòsao* 'práce, dílo' a do jisté míry i na č. *poslání*. Psl. (jsl.) *portiti 'poslat' se vykládá jako kauzativum k slovesům (ve slov. nedoloženým) od ie. **per-* 'pronikat, jít, přenášet' (vlastně 'způsobit, že cestuje'), srov. něm. *fahren* 'jet', lat. *portāre* 'nést'. Viz i ↓*prám*, ↑*pór*².

pracka. Přes něm. *Pratze* tv. z it. *braccio* 'paže, rameno' z lat. *bra(c)chium* tv. Srov. ↓*preclík*.

prádlo, *prádélko, prádelní, prádelník, prádelna, pradlena*. Jen č. Od ↓*prát (se)*, vlastně 'co se pere'.

pragmatický 'dbající užitečnosti', *pragmatik, pragmatika, pragmatismus*. Podle moderních evropských jazyků (něm. *pragmatisch*, fr. *pragmatique*) z lat. *prāgmaticus* z ř. *prāgmatikós* 'účelný, zdatný, zkušený ve státnických záležitostech' od *prāgma* (gen. *prāgmatos*) 'jednání, zaměstnání, záležitost, úspěch' od *prāssō* 'konám, prosazuji, dosahuji'. Srov. ↓*praktický*, ↓*praxe*.

práh, *pražec, zápraží*. Všesl. – p. *próg*, r. *poróg*, s./ch. *prăg*, stsl. *pragъ*. Psl. **porgъ (B8)* se spojuje s lit. *pérgas* 'rybářský člun (z jednoho kmene)', stisl. *forkr* 'kůl, hůl' a s pochybnostmi i s lat. *pergula* 'loubí, přístavek, výstupek ve zdi' (srov. ↑*pergola*), vše asi z ie. **perg-* '(otesaný) kmen, kůl'.

prahnout, *vyprahlý*. Stč. *prahnúti* 'schnout, trpět žízní', přeneseně pak 'dychtit, toužit', jinak jen p. *pragnąć* 'žíznit, toužit'. Původně vlastně 'být vystaven pražení', viz ↓*pražit*.

prach, *prášek, prachový, prachovka, prašný, práškový, práškovat, prášit, oprášit, poprášit, rozprášit, vyprášit, zaprášit (se)*. Všesl. – p. *proch*, r. *póroch*, s./ch. *prâh*, stsl. *prachъ*. Psl. *porchъ je pokračováním ie. **porso-(A8,B8)*, což je odvozenina od **pers-* 'prášit, pršet, stříkat'. Z ie. příbuzenstva je nejblíže lot. *pārsla* 'vločka (sněhu, popela ap.)', jinak viz ↓*pršet*, ↓*prskat*, ↓*prsť*, srov. ↓*práchnivý* i ↓*prašivý*. Ob. *prachy* 'peníze', *prachatý, pracháč* je původně z argotu, stejná metafora je u něm. *Staub* 'prach' i 'peníze'.

práchnivý, *práchnivět, zpráchnivělý*. Od stč. *práchno, práchně* 'něco práchnivého, troud', vlastně 'co je rozpadlé na prach' (viz ↑*prach*).

prak. Luž. *prok*, str. *porokъ* 'obléhací stroj'. Psl. *porkъ (vedle **port'a*, z něhož je p. *proca*, ch. *prăća*, stsl. *prašta* tv.) *(B8)* je nejspíš odvozeno od *perti (viz ↓*-přít*, ↓*prát (se)*), vlastně 'to čím se bije, proráží'.

praktický, *praktičnost, praktik, praktika, praktikovat, praktikant(ka), prakticismus*. Podle moderních evropských jazyků (něm. *praktisch* ap.) převzato z pozdnělat. *prācticus* z ř. *prāktikós* 'schopný, činný, zběhlý' a to od *prāssō* 'činím, obstarávám, prosazuji'. Srov. ↓*praxe*, ↑*pragmatický*.

pralinka 'druh bonbonů'. Přes něm. *Praline* z fr. *praline* a to podle fr. maršála *du Plessis-Praslina* (17. st.), jehož kuchař s tímto druhem bonbonů přišel.

prám, *pramice, pramička*. P. *prom*, r. *paróm, poróm*, s./ch. *prăm*. Psl. **pormъ (B8)* odpovídá sthn. *farm* 'člun', stisl. *farmr* '(lodní) náklad', východiskem je ie. **pormo-*, což je odvozenina od **per-* 'převážet, přejít, pronikat', od něhož je např. i něm. *fahren* 'jet', ř. *peráō* 'pronikám'. Srov. ↑*práce*.

pramen, *pramínek, pramenit, pramenitý*. Stč. *pramen* 'potůček, zdroj, odnož,

provazec', p. *promień* 'paprsek, pramen (vlasů)', s./ch. *prŭmēn* 'pramen (vlasů, vláken)', stsl. *pramenь* 'nit'. Psl. **pormy* (gen. **pormene) (B8)* je asi odvozeno od **porti* 'trhat, párat', o němž viz ↑*párat*. Uvedené slov. významy totiž ukazují na původní význam 'něco odtrženého, proužek (vlasů, vláken ap.)', odtud pak metaforicky 'proužek vody', 'voda vyvěrající na povrch', což je význam pouze č. a slk. Dalším přenesením pak 'zdroj vůbec'.

pranostika 'lidová průpovídka týkající se předpovědi počasí'. Ze střlat. *prognostica* 'předpověď' od lat. *prognōsis* z ř. *prógnōsis* 'předurčení, předpověď' (viz ↓*prognóza*).

pranýř 'místo, kde byli provinilci vystavováni veřejné potupě', *pranýřovat*. Stč. *praneř* ze střhn. *pranger* tv. (hlásková podoba je však střdn.), to pak od slovesa doloženého v střhn. *phrengen*, střdn. *prangen* 'tisknout, vázat'.

prapor, *praporek, praporečník, praporčík* (přes r.), *praporčice*. P. *proporzec*, r.st. *prápor* (z csl.), s./ch. *prŭporac* 'rolnička', csl. *praporъ*. Psl. **porporъ* '(vojenský) prapor' *(B8)* je tvořeno zdvojením kořene **por-*, což je *o*-ový stupeň ie. kořene **per-* 'letět' *(A6)*, který je v ↑*pero*. Tedy 'to, co vlaje, létá ve vzduchu'.

prase, *prasátko, prasečí, prasnice*, expr. *prasák, prasečinka, prasečkář, prasit, zprasit, zaprasit*. Všesl. – p. *prosię*, r. *porosënok*, s./ch. *prâse*, csl. *prasę*. Psl. **porsę*, původně 'mladé prase, sele' *(B8)* je, zřejmě odvozenina od nedoloženého **porsъ*, jež odpovídá lit. *paršas* '(mladé) prase, vykleštěný vepř', sthn. *far(a)h* 'mladé prase', střir. *orc* tv., lat. *porcus* 'prase', kurd. *purs* tv., vše z ie. **porko-* 'prase' *(A1)*.

praskat, *prasknout, praskot, praskavý, prasklina, popraskat, rozpraskat*. Onom. útvar se zesilující příp. *-sk-*, srov. ↑*pleskat*, ↓*prskat*, ↑*luskat* ap.

práskat, *prásknout, prásknutí, napráskat, vypráskat, zpráskat*. ob. expr. *práskač*. Jen č., slk., hl. Asi stejného onom. původu jako ↑*praskat*, vykládá se však také jako *sk*-ové intenzivum k ↓*prát (se)*, srov. ↓*třískat* (Ma²).

prášek. Viz ↑*prach*. V medicinském významu původně 'lék v prášku', pak i 'tableta, pilulka'.

prašivý, *prašivost, prašivina, prašivka*. P. *parsziwy*, r. *paršívyj* (asi z p.), b. *păršív*. Č. podoba ukazuje na psl. **poršivъ* (jinde **pъrš-*) *(B8)*; jsou to odvozeniny od **porchъ*, **pъrchъ* 'svrab, prašivina' (srov. p. *parchy*, br. *póršy* tv. i r. *pérchot'* 'lupy'). Další souvislosti u ↑*prach* a ↓*pršet*, srov. ještě stč. *pršěti* 'vypadávat (o zubech ap.)'.

praštět. Varianta k ↑*praskat*, rozdíl je jen v kmenotvorné příp. *– sk-a- × sk-ē- (B1,C3)*.

praštit, *praštěný*. Varianta k ↑*práskat*, srov. ↑*praštět*.

prát (se), *praní, prací, pračka, pranice, oprat, proprat, přeprat, seprat, vyprat, zaprat, naprat se, poprat se*. Všesl. – p. *prać*, r.d. *prat'*, s./ch. *prâti*, stsl. *pьrati*. Psl. **pьrati* (1.os.přít. *perǫ*) 'prát, bít' (význam 'čistit prádlo' vychází ze starého způsobu praní, kdy se do prádla ve vodě bušilo plácačkami) je příbuzné s lit. *peřti* 'šlehat (při koupeli); bít', lat. *premere* 'tlačit', alb. *pres* 'řežu, sekám', sti. *pṛt-* 'boj', vše od ie. **per- 'bít'*. Od stejného kořene je původnější psl. **perti* (viz ↓*přít (se)*), vztah je stejný jako mezi ↑*drát*² a ↑*dřít*. Srov. i ↑*prádlo*.

pravda, *pravdivý, pravdivost*. Od ↓*pravý* jako *křivda* od ↑*křivý*. Původně asi 'spravedlnost, správný postup'.

pravit kniž. 'říci', *rozprávět, rozprava, rozprávka, vyprávět, vyprávění*. P. *prawić*, r.st. *právit'sja* 'klít, přísahat', sln. *práviti*, csl. *praviti*. Psl. *praviti je odvozeno od *pravъ (↓*pravý*) ve významu 'říkat pravdu, uvádět na pravou míru'. Srov. ↓*-pravit*.

-pravit (*dopravit, doprava, dopravní, dopravce, napravit, náprava, nápravný, opravit, oprava, opravný, odpravit, přepravit, přeprava, připravit, příprava, přípravný, spravit, správa, správní, správce, upravit, úprava, úpravný, vypravit, výprava, výpravný, výpravčí, zpravit, zpráva, průprava, souprava* aj.). Všesl. Psl. *praviti 'spravovat, řídit', vlastně 'dělat správně, vést správným směrem', je odvozeno od *pravъ (↓*pravý*). Srov. ↑*pravit*, ↑*poprava*.

právo, *právní, právník, právnička, právnický, bezpráví, svéprávný*. Od ↓*pravý* (vlastně ustrnulý jmenný tvar adj. ve stř.r.), srov. podobně něm. *Recht* a *recht*, angl. *right* a *right*, fr. *droit* a *droit* ap., vše 'právo' a 'pravý'.

pravoslavný, *pravoslaví*. Přes r. či s. z csl. *pravoslavьnъ*, což je kalk nř. *orthódoxos* od *orthodoxía*, jež může znamenat 'pravá víra' i 'pravá oslava (Boha)' (viz ↑*ortodoxní*).

pravý, *pravice, pravička, pravicový, pravičák, pravák, pravidlo, pravidelný, pravítko*. Všesl. – p. *prawy*, r. *právyj*, s./ch. *prâvi*, stsl. *pravъ*. Psl. *pravъ je nejspíš z ie. **prō-u̯o-*, kde **prō-* je etymologicky totožné s předp. ↑*pra-*, *pro-* (↓*pro*). Původní význam je asi 'vpředu (dopředu) jdoucí' (srov. ↓*prvý*), tedy 'přímý' (tento význam dodnes v jsl., viz i ↓*přímý*), odtud pak v mravním smyslu 'správný, spravedlivý' a konečně 'opačný než levý' (v jsl. chybí) podle toho, že většina lidí používá pravou ruku k hlavním činnostem, tato strana je tedy 'správná'. Srov. ↑*-pravit*, ↑*pravit*, ↑*pravda*, ↑*právo*.

praxe. Přes něm. *Praxis*, lat. *prāxis* z ř. *prāxis* 'konání, jednání, zběhlost ap.' od *prássō* 'činím, dosahuji'. Srov. ↑*praktický*, ↑*pragmatický*.

prázdný, *prázdno, prázdnota, prázdniny, prázdninový, vyprázdnit*. Všesl. – p. *próżny*, r. *poróžnij*, s./ch. *prázan*, stsl. *prazdьnъ*. Psl. *porzdьnъ je etymologicky nejasné. Vyjít je třeba zřejmě z *porzdъ (*B8*), jak ukazuje csl. *neprazda* 'březí'. To pak lze spojit s hl. *prózdnik* 'mládě, tele', str. *porozъ* 'kozel, beran', csl. *prazъ* 'beran' z psl. *porzъ '(mladé) domácí zvíře', jež se stejně jako něm. *Färse* 'jalovice', *Farre*, stisl. *farri* 'býček' vyvozuje od ie. **per-* 'rodit' (srov. i ↓*záprtek*). Psl. *porzda by tedy znamenalo 'mající mládě (= 'ne už březí', tedy 'prázdná'). Komplikované, ale jiné výklady jsou ještě méně přesvědčivé.

pražec. Viz ↑*práh*.

pražit, *pražený, pražírna, upražit, zpražit*. Všesl. – p. *pražić*, r. *prjážit'*, s./ch. *pràžiti*. Psl. *pražiti má nejblíže k lit. *spragéti* 'pukat (horkem či zimou)', *spìrginti* 'smažit', východiskem je ie. onom. základ **(s)p(h)erəg-*, **(s)p(h)rēg-* aj. 'prasket', od něhož je např. i ř. *sfaragéomai* 'praskám, kypím', sti. *sphū́rjati* 'praská'. a asi i něm. *sprechen* 'mluvit'. Srov. ↑*prahnout*.

prcat vulg. 'souložit; peskovat někoho', *proprcat, zprcat, zaprcat si*. U Jg jen *prcati se* 'jít drobným krokem' (hodnoceno jako nízké), *prc* 'prd'. Expr. slovo onom. původu, srov. ↓*prča*.

prcek hov. expr. U Jg ještě nedoloženo, snad od *prcati (se)* ve významu 'jít drobným krokem'.

prča ob. expr. 'legrace'. Původem z Moravy, od slovesa *prčiti se* 'pářit se (o kozách)' (srov. *zprčit (robu)* 'pobláznit (dívku)') (Ma[2]). Příbuzné je p. *parkocić się*, ukr. *pérčytysja*, s./ch. *pr̀cati se* tv. Psl. asi *pьrkati sę, nejspíš onom. původu, s různými expr. obměnami. Srov. ↑*prcat*.

prdět vulg., *prdnout si, prd, prdel, prdelka, prdelatý, proprdět, uprdnout se, zaprdět, vyprdět se, sprdnout, naprdnout, vyprdnout se.* Všesl. – p. *pierdzieć*, r. *perdét'*, ch. *pŕdjeti*. Psl. **pьrděti* je příbuzné s lit. *pérdžiu* 'prdím', *pirdis* 'prd', sthn. *ferzan* 'prdět', angl. *fart* tv., wal. *rhech* 'prd', alb. *pjerth* 'prdím', ř. *pérdomai* tv., sti. *párdatē* 'prdí', vše z ie. onom. kořene **perd-* 'prdět'. Viz i ↑*bzdít*.

pre- předp. Z lat. *prae* 'před, pro', které je blízce příbuzné s naším ↓*při*. Srov. ↓*preference,* ↓*prémie,* ↓*preparát,* ↓*prepozice,* ↓*prevence,* ↓*prezervativ,* ↓*prezident*.

*pré *(mít pré* 'mít volnost, zvůli'). Z něm. *(ein) Prä haben* 'mít přednost' (původně výraz z karetního slangu) asi z fr. *avoir (la) préférence* tv. (viz ↓*preferovat*), substantivizací lat. předp. *prae-* 'před-'. K tomu srov. podobně ↑*fór*.

preambule 'úvodní zásadní část nějakého dokumentu'. Z lat. *praeambulus* 'předcházející' z *prae-* (↑*pre-*) a odvozeniny od *ambulāre* 'chodit, procházet se' (viz ↑*ambulance*).

prebenda 'výnosný úřad, hmotná výhoda'. Ze střlat. *praebenda* 'obročí (důchod z církevního úřadu)', doslova 'co má být poskytnuto', od lat. *praebēre* 'poskytovat, nastavovat' z *prae-* (↑*pre-*) a *habēre* 'mít, držet'. Srov. ↓*proviant*.

precedens 'předchozí případ (podle kterého se řídí další)'. Z lat. *praecēdēns*, což je přech. přít. od lat. *praecēdere* 'kráčet napřed, předcházet' z *prae-* (↑*pre-*) a *cēdere* 'kráčet, stoupat' (srov. ↓*proces,* ↓*procedura*). Jako právní termín vzniklo asi v angl. (15. st.).

precizní 'přesný', *preciznost*. Přes něm. *präzis* a fr. *précis* z lat. *praecīsus* tv., přeneseně z 'vpředu useknutý, strmý, příkrý', což je příč. trp. od *praecīdere* 'zpředu useknout' z *prae-* (↑*pre-*) a *caedere* 'bít, řezat' (srov. ↑*koncizní,* ↑*cézura*).

preclík, *preclíkový*. Stč. přejetí ze střhn. *prēzel, brēzel* a to z román. jazyků, z nějaké zdrobněliny od lat. *bra(c)chia* 'paže, ruce (pl.)' (srov. it. *bracciatello* 'preclík'). Pečivo je tak nazváno proto, že připomíná propletené paže.

predestinace 'předurčení'. Z lat. *praedēstinātiō* tv., viz ↑*pre-* a ↑*destinace*.

predikát 'přísudek; šlechtický přídomek', *predikace*. Z lat. *praedicātum* tv., což je původem příč. trp. od *praedicāre* 'vypovídat, prohlašovat' z *prae-* (↑*pre-*) a *dicāre* '(slavnostně) ohlásit, přikázat' (srov. ↑*abdikace,* ↑*dedikace*).

prefabrikát 'předem vyráběný stavební díl', *prefabrikace, prefabrikovaný*. Novější, viz ↑*pre-* a ↑*fabrikát*.

preface 'úvodní část eucharistické modlitby (při mši)'. Z lat. *praefātiō* 'úvodní slova, předmluva, proslov' od *praefārī* 'napřed pronášet, předříkávat' z *prae-* (↑*pre-*) a *fārī* 'mluvit, říci' (srov. ↑*fáma,* ↑*fatální*).

prefekt 'přednosta správního úřadu (ve Francii); vysoký římský úředník', *prefektura*. Z lat. *praefectus* 'představený, správce, velitel' od *praeficere* 'postavit v čelo, ustanovit velitelem' z *prae-* (↑*pre-*) a *facere* 'dělat' (srov. ↑*efekt,* ↑*defekt,* ↑*afekt*).

preferovat 'dávat přednost', *preference, preferenční*. Přes moderní evr. jazyky (fr. *préférer*, angl. *prefer*) z lat. *praeferre* 'dávat přednost, napřed nést, jevit' z *prae-* (↑*pre-*) a *ferre* 'nést'.

prefix 'předpona'. Z lat. *praefixum* tv., což je původem příč. trp. od *praefīgere* 'vpředu připevnit' z *prae-* (↑*pre-*) a *fīgere* 'upevňovat' (srov. ↓*sufix,* ↑*afix,* ↑*krucifix*).

pregnantní 'výstižný, hutný'. Přes něm. *prägnant* a fr. *prégnant* tv.

z pozdnělat. *praegnā(n)s* 'přeplněný, plný', lat. 'těhotný, březí', a to z *prae-* (↑*pre-*) a **gnā-*, což je odvozenina od ie. kořene **ǵen-* 'rodit' (srov. ↑*gen*, ↑*geneze* i ↑*nacionále*, ↑*natalita* ap. s odpadnutím počátečního *g-*). Dále srov. ↑*impregnovat*.

prehistorie 'pravěk, období před vznikem písemných pramenů', *prehistorický*. Viz ↑*pre-* a ↑*historie*.

prejt 'náplň do jitrnic a jelit'. Z něm. *Brei* 'kaše' (původně asi 'várka, co je uvařeno', souvisí s *brühen* 'spařit' a *Brot* 'chléb'), přidání -*t* jako v ↑*policajt*, ↓*sajrajt*.

prejz 'oblá (vypouklá nebo vydutá) taška na střechu', *prejzový*. Z něm. nář. (bav.) *preis, breis* (Ma[2]).

prekérní 'nepříjemný, choulostivý'. Přes něm. *prekär* tv. z fr. *précaire* 'nejistý, nestálý; zrušitelný' a to z lat. *precārius* 'nejistý; vyprošený' od *precārī* 'prosit, modlit se' (viz ↓*prosit*).

prelát 'církevní hodnostář'. Již stč. Ze střlat. *praelatus* tv. z lat. *praelātus* 'představený', což je původem příč. trp. od *praeferre* 'dávat přednost; napřed nést' (viz ↑*preferovat*, srov. ↑*ablativ*, ↓*relace*).

preludovat 'improvizovat (na klávesovém nástroji)', *preludium* 'menší skladba pro klávesové nástroje'. Z lat. *praelūdere* 'předem hrát' z *prae-* (↑*pre-*) a *lūdere* 'hrát'.

premiant 'vynikající žák', *premiantka, premiantský*. Z lat. *praemiāns*, což je přech. přít. od *praemiāre* 'odměnit' od *praemium* (viz ↓*prémie*). Nejlepší žáci byli dříve odměňováni knihami ap.

prémie '(mimořádná) odměna', *prémiový*. Převzato (případně přes něm. *Prämie*) z lat. *praemia*, což je pl. od *praemium* 'kořist, odměna, vyzname-nání' z *prae-* (↑*pre-*) a odvozeniny od *emere* 'brát, kupovat' (srov. ↑*premiant*).

premiér 'předseda vlády', *premiérský*. Z fr. *premier (ministre)* 'první, nejpřednější (ministr)' z lat. *prīmārius* od *prīmus* 'první, nejpřednější'. Srov. ↓*primář*, ↓*primas*, ↓*primátor*.

premiéra 'první představení'. Z fr. *première* (případně přes něm. *Premiere*), což je tvar ž. r. fr. *premier* 'první' (viz ↑*premiér*).

premisa 'předpoklad, tvrzení, z kterého něco vyvozujeme'. Ze střlat. *praemissa (sententia)* 'předem vyslovený (soud)', což je původem ž. r. příč. trp. od lat. *praemittere* 'předesílat' z *prae-* (↑*pre-*) a *mittere* 'posílat' (srov. ↑*mise*, ↑*mše*, ↑*emise*).

premonstrát 'člen jednoho z katolických řeholních řádů', *premonstrátský*. Z *Praemonstratum*, což je polatinštělý název městečka *Prémontré* v severových. Francii, kde měl řád původní sídlo.

prenatální 'týkající se doby před narozením'. Novější, uměle z ↑*pre-* a lat. *nātālis* 'týkající se narození' (srov. ↑*natalita*). Srov. i ↑*pregnantní*.

preparát 'přípravek; preparovaný předmět'. Přes něm. *Präparat* tv. z lat. *praeparātum*, vlastně 'co je (předem) připraveno', původem příč. trp. od *praeparāre* 'předem připravit' (viz ↓*preparovat*).

preparovat 'konzervovat (pro vědecké účely)', *preparace, preparační, vypreparovat, odpreparovat*. Přes něm. *präparieren* tv. z lat. *praeparāre* 'předem připravit' z *prae-* (↑*pre-*) a *parāre* 'připravovat, chystat' (srov. ↑*aparát*, ↓*separovat*).

prepozice 'předložka'. Z lat. *praepositiō* tv. od *praepōnere* (příč. trp. *praepositus*) 'klást napřed' z *prae-*

prérie

(↑*pre-*) a *pōnere* 'klást' (srov. ↑*pozice,* ↑*expozice,* ↑*opozice*).

prérie 'severoamerická step', *prérijní*. Přes něm. *Prärie* z am.-angl. *prairie* tv. a to prostřednictvím fr. přistěhovalců z fr. *prairie* 'louka' od fr., stfr. *pré* z lat. *prātum* tv.

pres ob. 'tlak; lis', *presovat, napresovat*. Z něm. *Presse* a to (případně přes fr. *presse*) ze střlat. *pressa* '(vinný) lis' od lat. *premere* (příč. trp. *pressus*) 'tlačit, tisknout' (srov. ↑*komprese,* ↑*deprese*).

presbytář 'kněžiště, prostor u hlavního oltáře'. Ze střlat. *presbyterium* tv. od pozdnělat. *presbyter* 'starší; kněz' z ř. *présbys, presbýtēs* 'stařec', *presbýteroi* 'starší, představení, soudcové', jehož první část souvisí s ř. *páros* 'před, dříve, dávno'.

prestiž 'vážnost, význam, vliv', *prestižní*. Z fr. *prestige* 'kouzlo, sláva, vliv' a to z pozdnělat. *praestīgium, praestīgia* 'mámení, klam' a to asi disimilací od *praestringere* (příč. trp. *praestrictus*) 'vpředu zavázat, oslepit, otupit' z *prae-* (↑*pre-*) a *stringere* 'svírat, stahovat' (srov. ↓*striktní,* ↓*restrikce*).

presumpce 'předpoklad, domněnka'. Z lat. *praesūmptiō* 'předběžné mínění, domněnka' od *praesūmere* 'napřed brát, předem posuzovat' z *prae-* (↑*pre-*) a *sūmere* 'brát, vybrat si, vynaložit' a to ze ↓*sub-* a *emere* 'brát, kupovat' (srov. ↓*resumé,* ↑*konzum,* ↑*prémie*).

pretendent kníž. 'uchazeč'. Z lat. *praetendēns,* což je přech. přít. od *praetendere* 'dopředu napínat, napřahovat' z *prae-* (↑*pre-*) a *tendere* 'napínat, vztahovat'.

préteritum 'slovesný čas minulý'. Z lat. *praeteritum (tempus)* tv. od *praeterīre* 'minout, jít mimo, přejít' z *praeter* 'mimo, vedle' od *prae* (↑*pre-*) (srov. podobně ↑*inter-*) a *īre* 'jít' (srov. ↑*ambit,* ↑*exit(us)*).

prevence 'předcházení něčemu, ochrana před něčím', *preventivní, prevenční*. Ze střlat. *praeventio* od lat. *praevenīre* 'předejít, zabránit' z *prae-* (↑*pre-*) a *venīre* 'přicházet' (srov. ↑*konvence,* ↓*subvence*).

prevít hov. 'neřád'. Stč. *prevét* 'záchod' (srov. podobný významový posun u ↑*hajzl*) z román. jazyků (fr. *privé,* it. *privato* tv.) a to k lat. *prīvātus (locus)* 'soukromé (místo)' (viz ↓*privátní*).

prezence 'přítomnost, účast', *prezenční*. Z lat. *praesentia* tv. od *praesēns* 'přítomný' (viz ↓*prézens*).

prézens 'slovesný čas přítomný', *prézentní*. Z lat. *praesēns (tempus)* tv. od *praesēns* 'přítomný, současný, nynější', což je původem přech. přít. od *praeesse* 'být vpředu, být přítomen' z *prae-* (↑*pre-*) a *esse* 'být' (srov. ↓*reprezentovat,* ↑*absence,* ↑*esence*).

prezentovat 'předkládat, ukazovat', *prezentace,* zast. ob. *prezent* 'dárek'. Z pozdnělat. *praesentāre* 'odevzdat, poskytovat, ukazovat' od lat. *praesēns* 'přítomný, nynější' (viz ↑*prézens*).

prezervativ '(mužský) antikoncepční prostředek'. Z fr. *préservatif* tv., což je zpodstatnělé adj. *préservatif* 'ochranný' od *préserver* 'chránit' z pozdnělat. *praeservāre* tv. z *prae-* (↑*pre-*) a lat. *servāre* 'hlídat, pozorovat, chránit' (srov. ↑*konzerva,* ↑*observatoř*).

prezident, *prezidentka, prezidentský, prezidentství, prezidium*. Přes moderní evr. jazyky (něm. *Präsident,* fr. *président*) z lat. *praesidēns* 'předseda', což je původem přech. přít. od *praesidēre* 'sedět vpředu, velet' z *prae-* (↑*pre-*) a *sedēre* 'sedět' (viz ↓*sedět*).

prha 'podhorská bylina se žlutými kvítky'. Asi Preslovo libovolné přejetí ze stč. *prha* 'mouka z nedozrálých klasů, šrotovaná mouka' (srov. str. *perga* 'pražená zrna obilí', sln. *pŕga* 'mouka z praženého zrní'), jež souvisí s ↑*pražit* (Ma²).

prchat, *prchnout, prchavý, prchlivý, prchlivost, uprchnout, uprchlík, rozprchnout se, vyprchat.* Všesl. – p. *pierzchać*, r. *porchát* 'poletovat', s./ch. *pŕhati* 'třepetat (se)'. Psl. *pьrchati lze vysvětlit několika způsoby: jako etymologicky totožné s **pьrch-*, které je v ↓*pršet*, jako *-s-*ové intenzivum k *pьrati 'letět' (srov. r. *perét'*, csl. *pьrati* tv. a také ↑*pero,* ↑*prám*) a konečně i jako výraz onom. povahy. Není vyloučeno ani splynutí dvou z těchto základů.

prim 'první housle; vedoucí úloha'. Přes něm. *Prim, Prima* tv. z it. *(viola) prima* tv. od lat. *prīmus* 'nejpřednější, první', což je 3. stupeň k *prior* 'přední, přednější' (2. stupeň). Základem je ie. kořen **per-*, od něhož je i ↑*pre-,* ↓*první,* ↓*před* aj. Srov. i ↓*prima,* ↓*primáš,* ↓*priorita*.

prima¹ 'první třída osmiletého gymnázia; první stupeň v hudební stupnici'. Z lat. *prīma* 'první' (ž.r.) (viz ↑*prim*).

prima² 'dobrý, výborný'. Přes něm. *prima* tv. z it. *prima* 'první' (ve spojeních jako *prima sorte* 'první třída', *prima qualità*) od *primo* 'první' (m.r.) z lat. *prīmus* tv. (viz ↑*prim*).

primadona 'první pěvkyně operního souboru; nafoukaný umělec či sportovec'. Z it. *prima donna*, doslova 'první dáma', z *prima* 'první' (viz ↑*prima*², ↑*prim*) a *donna* 'dáma' z lat. *domina* 'paní' (srov. ↑*dáma*¹, ↑*madona*).

primární 'prvotní, základní, původní', *primárnost, primárky*. Podle něm. *primär*, fr. *primaire* tv. z lat. *prīmārius* od *prīmus* 'první, nejpřednější' (viz ↑*prim*, srov. ↓*primář*).

primář 'přednosta odborného oddělení ve zdravotnickém zařízení', *primářka, primářský, primariát*. Z lat. *prīmārius* 'jeden z prvních, výborný, přední' od *prīmus* 'první, nejpřednější' (viz ↑*prim*, srov. ↑*premiér,* ↑*primární,* ↓*primas*).

primas 'první (hlavní) arcibiskup země'. Ze střlat. *primas* tv., pozdnělat. *prīmās* 'předák, první po králi (knížeti)' od *prīmus* 'první, nejpřednější' (viz ↑*prim*, srov. ↓*primáš,* ↑*primář,* ↑*premiér,* ↓*princ*).

primáš 'první houslista lidové kapely'. Z maď. *prímás* a to asi odvozeno od něm. *Prim, Prime* či it. *(viola) prima* 'první housle' (viz ↑*prim*, srov. ↑*primas,* ↑*primář*).

primát¹ 'savec, který je na nejvyšším stupni ve vývojové řadě živočichů'. Z nlat. *Primates* (Linné, 18. st.) od lat. *prīmātus* 'první místo, přednost' od *prīmās* 'předák' (viz ↑*primas*).

primát² 'prvenství'. Z lat. *prīmātus* 'první místo' (viz ↑*primát*¹).

primátor 'starosta velkého města', *primátorka, primátorský*. Ze střlat. *primator* 'první z konšelů, starosta' od lat. *prīmās* 'předák' (viz ↑*primas*).

primice 'první mše vysvěceného kněze'. Z lat. *prīmitiae* 'prvotiny' od *prīmus* 'první' (viz ↑*prim*).

primitivní 'jsoucí na nejnižší úrovni, jednoduchý', *primitivnost, primitiv, primitivismus*. Přes něm. *primitiv*, fr. *primitif* tv. z lat. *prīmitīvus* 'prvotní, první svého druhu' od *prīmus* 'první' (viz ↑*prim*).

primus 'nejlepší žák ve třídě'. Z lat. *prīmus* 'první' (viz ↑*prim*, srov. ↑*primas,* ↑*primář*).

princ. Přes něm. *Prinz* z fr., stfr. *prince* tv. a to z lat. *prīnceps* 'předák, náčelník, panovník' z původního **prīmo-caps,* vlastně 'zaujímající první místo', z lat. *prīmus* 'první' (viz ↑*prim*) a odvozeniny od *capere* 'brát, jímat, uchopit' (viz ↑*chopit*). Srov. ↓*princip*, ↑*participovat*.

princezna. Přes něm. *Prinzessin* z fr. *princesse*, což je přechýlený tvar od *prince* (viz ↑*princ*).

princip 'obecný zákon; základní zásada, způsob', *principiální*. Převzato (případně přes něm. *Prinzip*) z lat. *prīncipium* 'počátek, původ; zásada, pravidlo' z *prīmo-capiom, vlastně 'co zaujímá první místo, co je hlavní', viz ↑*princ*.

principál 'majitel kočovného divadla či cirkusu'. Přes něm. *Prinzipal* tv. z lat. *prīncipālis* 'první, hlavní, přední' od *prīnceps* tv. (viz ↑*princ* a ↑*princip*).

priorita '(časová) přednost, přednostní nárok', *prioritní*. Ze střlat. *prioritas* (případně přes něm. a fr.) a to od lat. *prior* 'přednější, přední, význačnější', což je vlastně 2. stupeň k stlat. *prī* 'vpředu' (3. stupeň v *prīmus*, viz ↑*prim*). Srov. ↓*převor*.

privátní 'soukromý', *privát*, *privatizovat*, *privatizace*, *privatizační*. Přes něm. *privat* z lat. *prīvātus* tv., původně 'zbavený (moci, úřadu ap.)', což je původem příč. trp. od *prīvāre* 'zbavovat, zprostit' od *prīvus* 'sám o sobě stojící, zvláštní'. Srov. ↓*privilegium*.

privilegium 'výsada', *privilegovat*, *privilegovaný*. Z lat. *prīvilēgium* tv., vlastně 'zvláštní zákon', z *prīvus* 'zvláštní' (viz ↑*privátní*) a odvozeniny od *lēx* (gen. *lēgis*) 'zákon' (srov. ↑*legální*).

prizma 'hranol (rozkládající světelné paprsky)'. Přes něm. *Prisma*, pozdnělat. *prisma* z ř. *prīsma* 'trojhran, tříhranný sloup', původně 'co je odřezáno', od *prīō* 'řežu'.

prkno, *prkýnko*, *prkenný*. Jen č., nejasné. Stč. *prknový*, *prknář*. Lid. expr. *prkenice* 'peněženka' znamenalo původně asi 'dřevěné desky na písemnosti' (Ma[2]).

prkotina ob. expr. 'nepodstatná věc, hloupá maličkost'. Dříve 'plané mluvení, žvást'. Nejspíš od mor. nář. *prk* 'kozí zápach' (viz ↑*prča*), srov. podobně *volovina*, *kravina*.

pro předl. Slk. *pre*, hl. *přě*, r. *pro*, v jsl. a p. jen jako předp. Psl. *pro (v zsl. kromě č. míšení s *per, viz ↓*pře-*) odpovídá lit. *pra-* 'pro-', gót. *fra-* 'pro-, z-, pryč', stir. *ro-* 'mnoho, pře-', lat. *pro*, *prō* 'před, pro', ř. *pró* 'před, proti, za' (viz ↓*pro-*), sti. *pra* 'dále, velmi', vše z ie. **pro-*, *prō-* 'vpřed, před', což je nějaký tvar ie. kořene **per-* 'přenést, přejít', od něhož je i ↓*pře-*, ↓*při* a dále jmenné odvozeniny jako ↑*prám*, ↓*prvý*, ↑*pravý* aj. Příbuzné je mj. i angl. *for* 'pro', něm. *für* tv., *vor* 'před', srov. i ↑*pra-*.

pro-[1] 'před-, pro-'. Z lat. *prō* 'před, pro, za' či ř. *pró* 'před, proti, za' (dále viz ↑*pro*). Srov. ↓*problém*, ↓*proces*, ↓*produkce*, ↓*profese*, ↓*program*, ↓*proklamovat*, ↓*promoce*, ↓*propaganda*, ↓*protekce*.

pro-[2] 'místo-'. Z lat. *pro* 'za, pro' (viz ↑*pro*, ↑*pro-*[1]) ve spojeních jako *prō cōnsule* 'v zastoupení konzula, za konzula', odtud *prōcōnsul*. Srov. *prorektor*, *proděkan*, ↓*prokurátor*.

probendit ob. expr. 'prohýřit'. Nejasné, poprvé u Jgd.

problém, *problémový*, *problematický*, *problematika*. Přes něm. *Problem* a lat. *problēma* z ř. *próblēma* 'sporná věc, záhada, překážka', doslova 'co je hozeno před někoho', od *probállō* 'házím vpřed, předkládám' z *pró* 'před, proti' (↑*pro-*[1]) a *bállō* 'házím, zasazuji' (srov. ↑*emblém*, ↑*balistika*).

probošt 'představený kapituly'. Přes sthn. *probost* (dnes *Propst*) ze střlat. *propositus*, *praepositus* tv. z lat.

praepositus 'představený, velitel', což je zpodstatnělé příč. trp. od *praepōnere* 'klást napřed, dávat přednost' (vedle *prōpōnere* 'klást vpřed'). Srov. ↑*prepozice*, ↓*propozice*.

procedura '(složitější) postup', *procedurální*. Přes něm. *Prozedur* z fr. *procédure* tv. od fr. *procéder*, stfr. *proceder* z lat. *prōcēdere* 'postupovat, táhnout vpřed' (viz ↓*proces*).

procento 'setina celku', *procentuální*. Podle něm. *Prozent*, it. *percento* z nlat. *pro cento* (16. st.) 'na sto, pro sto' z lat. *prō* (viz ↑*pro-¹*) a *centum* 'sto' (viz ↓*sto*).

proces 'soudní řízení; postup, vývoj'. Přes něm. *Prozess* z lat. *prōcessus* tv. od *prōcēdere* 'postupovat, táhnout vpřed' z *prō-* (↑*pro-¹*) a *cēdere* 'kráčet, stoupat' (srov. ↑*precedens*, ↑*exces*). Viz i ↑*procedura*, ↓*procesí*.

procesí '(prosebný) průvod'. Již stč. *proces(s)í*, *proces(s)ie* je přejato ze střlat. *processio* 'průvod', lat. *prōcessiō* 'postup, průběh (soudu)' od *prōcēdere* 'postupovat' (viz ↑*proces*).

proč přísl. Ze spojení **pro čь* (viz ↑*pro* a ↑*co*). Srov. p. *dlaczego*, r. *počemú*, s./ch. *zàšto* i třeba fr. *pourquoi*, vše vlastně 'pro co'. *Pročež* je z **pročьžь* (srov. *což*, *jakož*).

prodat, *prodávat*, *prodavač(ka)*, *prodej*, *prodejní*, *prodejný*, *prodejna*, *prodejce*. Všesl. – p. *przedać*, r. *prodát'*, s./ch. *pròdati*, stsl. *prodati*. Psl. *prodati* znamenalo vlastně 'dát za (něco)' (viz ↑*pro* a ↑*dát*).

prodlévat. Jen č. Viz ↑*pro* a ↑*dlít*.

produkce 'výroba, vytváření; předvádění uměleckých výkonů', *produkovat*, *produkční*, *producent*, *produkt*, *produktivní*, *produktivita*, *vyprodukovat*. Podle něm. *Produktion*, fr. *production* z lat. *prōductiō* 'předvedení, prodloužení' od *prōdūcere*

'předvádět, vyvádět, prodlužovat' z *prō-* (↑*pro-¹*) a *dūcere* 'vést' (srov. ↓*redukce*, ↑*indukce*).

profanovat 'znesvěcovat, znevažovat', *profanace*, *zprofanovaný*. Z lat. *prōfānāre* tv. od *prōfānus* 'světský, znesvěcený, nečistý', vlastně 'jsoucí před svatyní, mimo posvátné místo', z *prō-* (↑*pro-¹*) a *fānum* 'posvátné místo, svatyně' (srov. ↑*fanatik*).

profese 'povolání', *profesní*, *profesionál(ka)*, *profesionální*, *profesionalita*. Z lat. *professiō* 'živnost, zaměstnání' vedle původnějšího '(veřejné) prohlášení' (vlastně 'přihlášení se k živnosti') od *profitērī* (příč. trp. *professus sum*) '(veřejně) vyznávat, prohlašovat, vyznávat' od *fārī* 'mluvit'. Srov. ↓*profesor*, ↑*konfese* i ↑*bájit*.

profesor, *profesorka*, *profesorský*, *profesura*. Přes něm. *Professor* z lat. *professor* '(veřejný) učitel' od *profitērī* '(veřejně) prohlašovat, vyznávat' (viz ↑*profese*). Jako titul vysokoškolského učitele se šířilo od 16. st.

profil 'boční obrys obličeje; obrys příčného řezu (terénem ap.); typ, charakter'. Přes něm. *Profil*, fr. *profil* z it. *profilo* tv. od *profilare* 'nakreslit obrys', původně vlastně 'obšít', z *pro-* (↑*pro-¹*) a odvozeniny od *filo* 'nit' z lat. *filum* tv. (srov. ↑*defilovat*, ↑*filé*).

profit 'zisk, prospěch', *profitovat*. Přes něm. *Profit* a střniz. *profijt* z fr., stfr. *profit* tv. z lat. *prōfectus* 'prospěch, pokrok, zdar' od *prōficere* 'dostat se kupředu, mít úspěch, zisk' z *prō-* (↑*pro¹*) a *facere* 'dělat'. Srov. ↑*benefice*, ↑*fit*, ↑*efekt*, ↑*defekt*.

profylaxe 'předběžná ochrana proti nemoci', *profylaktický*. Neoklasický výtvor k ř. *profylássō* 'jsem na (přední) stráži', *profylássomai* 'chráním se, dělám opatření' z ř. *pró* (↑*pro-¹*) a *fylássō* 'hlídám, chráním' k *fýlax* 'stráž'.

prognóza 'odhad vývoje, předpověď', *prognostika, prognostik, prognostický*. Přes něm. *Prognose* z ř. *prógnōsis* 'předběžné poznání, předurčení' od *progignōskō* 'předem poznávám' z *pró* (↑*pro-*¹) a *gignōskō* 'poznávám' od ie. **ǵnō-* (viz ↓*znát*). Srov. ↑*pranostika*, ↑*diagnóza*.

program, *programový, programátor, programátorský, programovat, naprogramovat*. Přes něm. *Programm* a lat. *programma* z ř. *prógramma* 'vyhláška, denní pořad', doslova 'co je předem napsáno', od *prográfō* 'předem píšu, (písemně) předvolávám' (viz ↑*pro-*¹ a ↑*-gram*).

progresivní 'pokrokový, vzestupný', *progresivita*. Přes něm. *progressiv*, fr. *progressif* tv. z pozdnělat. *prōgressīvus* 'postupný, pokročilý' od lat. *prōgressus* 'postup, pokrok', což je zpodstatnělé příč. trp. od *prōgredī* 'kráčet kupředu, postupovat' z *prō-* (↑*pro-*¹) a *gradī* 'kráčet, jít' (srov. ↑*agrese*, ↓*regrese*, ↑*grád*).

prohibice 'zákaz výroby, dovozu a prodeje alkoholu ap.', *prohibiční*. Přes moderní evr. jazyky z lat. *prohibitiō* 'zabránění, zákaz' od *prohibēre* 'zdržovat, zabraňovat, zakazovat' z ↑*pro-*¹ a *habēre* 'mít, držet' (srov. ↑*exhibice*, ↑*prebenda*).

prohnaný expr. 'mazaný, vychytralý', *prohnanost*. Kalk podle něm. *durchtrieben* tv. z *durch* 'skrz' a *treiben* 'hnát', jehož příč. trp. znamenalo ve střhn. i 'zručný, zkušený'. Jinak viz ↑*pro* a ↑*hnát*².

projekt 'návrh, plán', *projektový, projekce, projekční, projektor, projektant(ka), projektovat*. Z něm. *Projekt* a to podle fr. *projet* tv. od lat. *prōicere* (příč. trp. *prōiectus*) 'předhodit' z *prō-* (↑*pro-*¹) a *iacere* 'házet, vrhat' (srov. ↓*projektil*, ↑*objekt*, ↓*subjekt*).

projektil 'střela'. Přes něm. *Projektil*, fr. *projectile* z nlat. *proiectilis* tv. od lat. *prōicere* 'předhodit, mrštit, střelit' (viz ↑*projekt*).

proklamovat '(veřejně) prohlašovat, vyhlašovat', *proklamace*. Podle něm. *proklamieren*, fr. *proclamer* tv. z lat. *prōclāmāre* 'hlasitě volat, prohlašovat' z *prō-* (↑*pro-*¹) a *clāmāre* 'volat' (srov. ↑*deklamovat*, ↓*reklamovat*).

proklatý. Náležitý tvar k *proklít* (viz ↑*pro-* a ↑*klít*) *(B7,C1)*, vedle toho i analogií vzniklý tvar *prokletý (D1)*.

prokurátor 'státní zástupce v soudním řízení', *prokurátorka, prokuratura*. Přes něm. *Prokurator* tv. z lat. *prōcūrātor* 'správce, místodržitel', pak 'zplnomocněný zástupce žalující či žalované strany', ve střlat. 'právní zástupce církevních institucí'. Od lat. *prōcūrāre* 'spravovat, být místodržitelem' (viz ↑*pro-*² a ↑*kurátor*).

prokurista 'úředník pověřený plnou mocí při provozování podniku', *prokuristka*. Z něm. *Prokurist* tv. od *Prokura* 'plná moc' z it. *procura* tv. od *procurare* 'obstarávat, spravovat' z lat. *prōcūrāre* tv. (viz ↑*prokurátor*).

proláklina. Od *prolákly*, *prolaknout se* od **prolęknǫti (sę) (B7,C1)* od **lękati (sę)* 'ohýbat se' (viz ↑*líčit*²), tedy něco jako 'prohnuté místo'.

proletář 'příslušník nejnižší společenské třídy, chudák', *proletářka, proletářský, proletariát*. V 19. st. převzato jako politický termín něm. *Proletarier*, fr. *prolétaire*) z lat. *prōlētārius* 'občan nemající pozemky, člen nejnižší společenské třídy' od *prōlēs* 'potomstvo' (vlastně je užitečný jen svým potomstvem, nikoli majetkem) a to z ↑*prō-* (↑*pro-*¹) a odvozeniny od *alere* 'živit, vychovávat' (srov. ↑*alimenty*).

prolínat. Viz ↑*pro* a ↑*lnout*.

prolog 'úvod, předmluva'. Převzato (případně přes něm. *Prolog*) z lat. *prologus* z ř. *prólogos* 'proslov, úvod dramatu' od *prolégō* 'předem říkám, veřejně oznamuji' z *pró* (↑*pro*-¹) a *légō* 'mluvím, říkám' (srov. ↑-*log*, ↑*dialog*, ↑*epilog*).

prolongovat 'prodloužit', *prolongace*. Z pozdnělat. *prōlongāre* tv. z *prō*- (↑*pro*-¹) a odvozeniny od lat. *longus* 'dlouhý' (viz ↑*dlouhý*).

proluka. Stč. *proluka* 'průchod, štěrbina (kterou prochází světlo)', *proluky* 'souhvězdí Orion'. Dále viz ↑*pro* a ↑*louč*.

promenáda 'hromadné procházení se; místo pro ně určené', *promenádní*. Přes něm. *Promenade* z fr. *promenade* tv. od *(se) promener* 'procházet (se)' ze stfr. *pormener* 'provádět' z *por* (dnes *pour*) 'pro-' a *mener* 'vodit' z pozdnělat. *mināre* 'pohánět (dobytek)' od lat. *minārī* 'hrozit, vyčnívat' od *minae* (pl.) 'hrozby, pohrůžky'. Srov. ↓*prominent*.

promile 'tisícina celku'. Podle něm. *Promille*, it. *promille* z lat. *prō mīlle* 'na tisíc, pro tisíc'. Srov. ↑*procento*, ↑*míle*.

prominent 'čelný činitel', *prominentní*. Přes něm. *prominent* 'vynikající, význačný' z angl. *prominent* tv. a to na základě lat. *prōminēns* 'vyčnívající, trčící', přech. přít. od *prōmināre* 'vyčnívat, strmět' z *prō*- (↑*pro*-¹) a *mināre 'vyčnívat', jež souvisí s *mōns* 'hora' (srov. ↑*eminentní*, ↑*promenáda*).

promiskuita 'časté střídání sexuálních partnerů', *promiskuitní*. Z fr. *promiscuité* (Rousseau, 18. st.) od lat. *prōmiscuus* 'smíšený, společný' z *prō*- (↑*pro*-¹) a *miscēre* 'míchat, spojovat' (viz ↑*mísit*).

promítat, *promítací*, *promítačka*, *promítač*. Viz ↑*pro* a ↑-*mítat*.

promoce 'slavnostní udílení akademické nebo vědecké hodnosti', *promoční*, *promovat*, *promotor*. Přes něm. *Promotion* tv. z pozdnělat. *prōmōtiō* 'povýšení' od lat. *prōmovēre* (příč. trp. *prōmōtus*) 'povyšovat, pohybovat kupředu' z *prō*- (↑*pro*-¹) a *movēre* 'hýbat, pohybovat' (srov. ↑*emoce*, ↑*motor*).

promptní 'pohotový, okamžitý'. Přes něm. a fr. *prompt* tv. z lat. *prōmptus* 'zjevný, pohotový, přichystaný', což je původem příč. trp. od *prōmere* 'vyjímat, vyndavat (na světlo)' z *prō*- (↑*pro*-) a *emere* 'brát' (srov. ↑*presumpce*, ↑*exemplář*).

pronikat, *pronikavý*, *průnik*. Viz ↑*pro* a ↑-*nikat*.

propaganda 'veřejné šíření názorů s cílem získat masy', *propagandistický*, *propagovat*, *propagace*, *propagační*, *propagátor*. Přes něm. *Propaganda*, fr. *propagande* z lat. *prōpāganda* 'šíření', což je původem gerundium slovesa *prōpāgāre* 'rozšiřovat, rozmnožovat (původně o rostlinách)' od *prōpāgō* 'sazenice, výhonek'. Slovo se rozšířilo v 18. st. z názvu protireformační organizace *Congregatio de propaganda fide* 'Kongregace pro šíření víry', založené papežem Klementem VIII. koncem 16. st.

propan 'druh nasyceného uhlovodíku'. Uměle utvořeno v 19. st. z ř. *pró* (↑*pro*-¹) a *píōn* 'tučný, žírný, bohatý', zakončení podle ↑*metan* ap., srov. i ↑*butan*.

propast, *propastný*. P. *przepaść*, r. *própast'*, s./ch. *prȍpast*, stsl. *propastь*. Psl. *propastь je od *propasti 'propadnout', viz ↑*padat*, srov. ↑*past*.

propást 'promeškat'. Historie slova není příliš jasná. Nejspíš lze vyjít od stč. *pásti* 'hlídat' (srov. *pást po něčem*, ↑*pást*) (Ma² pod *pásti*), nynější význam slova se však asi utvořil vlivem něm. *verpassen* 'propást, zmeškat' (srov. ↑*pas*¹) (HK), ještě u Jg je totiž jen význam 'pasením ztratit' (*propásti ovci*).

propedeutický 'průpravný, poskytující úvod do studia nějaké vědy', *propedeutika.* Z nř. *propaideutikós* utvořeného v 19. st. z ř. *pró* (↑*pro-*¹) a odvozeniny od *paideúō* 'vychovávám, poučuji' (srov. ↑*pedagog*).

proporce 'rozměry', *proporcionální.* Převzato (případně přes něm. *Proportion*) z lat. *prōportiō* 'úměrnost, poměr' a to z předložkového spojení *prō portione* 'na (odměřený) díl' z *prō* (↑*pro-*¹) a *portiō* 'díl, podíl' (srov. ↑*porce*).

propozice 'rozvrh, plán, soutěžní řád'. Z lat. *prōpositiō* 'představa, téma' od *prōpōnere* 'předkládat, vyhlašovat' z *prō-* (↑*pro-*¹) a *pōnere* 'klást' (srov. ↑*prepozice,* ↑*pozice*).

propriety 'drobné osobní potřeby'. Přes fr. *propriété* 'vlastnictví, vlastnické právo, majetek' z pozdnělat. *proprietās* tv., původně 'zvláštnost', od lat. *proprius* 'vlastní, zvláštní, výhradní', jež souvisí s *prīvus* 'zvláštní, jednotlivý' (viz ↑*privátní*).

prorok, *prorokyně, prorocký, proroctví, prorokovat.* Viz ↑*pro-* a ↓*říci,* srov. ↓*rokovat.* Všesl. kalk za ř. *profḗtēs*, pozdnělat. *prophēta* z ř. *pró* (↑*pro-*¹) a odvozeniny od *fēmí* 'říkat, mluvit' (srov. ↑*blasfemie,* ↑*eufemismus*).

prosektura 'pitevní oddělení nemocnice', *prosektor.* Přitvořeno k střalat. *prosector* 'lékař provádějící pitvy' od lat. *prōsecāre* 'odřezávat, prořezávat' z *prō-* (↑*pro-*¹) a *secāre* 'sekat, řezat' (viz ↓*sekat,* srov. ↓*sektor,* ↓*vivisekce*).

prosinec, *prosincový.* R.st. *prósinec* 'leden', tak i sln. *prosȋnec,* ch.st. *pròsinac* (dnes jako u nás 'prosinec'), stsl. *prosinьcь.* Psl. *prosinьcь nemá jednoznačný výklad. Nejpřijatelnější se zdá vycházet od slovesa *prosinǫti 'problesknout' od **sinǫti,* *sijati 'svítit, zářit, blýskat se' podle toho, že slunce probleskuje mezi mraky. Jiní autoři myslí na souvislost se *siný* 'modravý, šedivý' (Ma², HK), které ovšem má stejný původ jako **sinǫti,* *sijati (viz ↓*sinat*); vzhledem k významu předp. *pro-* je první výklad lepší. Spojení s ↓*prosit* či dokonce ↑*prase* (stč. i *prasinec,* jde o čas zabíjaček) je nutno brát jako lid. etym. *(D2).*

prosit, *prosba, prosebný, prosebník, prosebnice, vyprosit, poprosit, zaprosit, uprosit, odprosit, doprošovat se.* Všesl. – p. *prosić,* r. *prosít'*, s./ch. *pròsiti* 'žebrat, žádat o ruku', stsl. *prositi* 'žádat, prosit'. Psl. *prositi je příbuzné s lit. *prašýti,* lot. *prasȋt* tv., gót. *fraíhnan* 'ptát se', něm. *fragen* tv., lat. *precārī* 'prosit', sti. *pṛččháti* 'ptá se', vše od ie. **prek-,* **prok-* 'prosit, ptát se' *(A1).* Srov. ↑*prekérní.*

proskurník 'druh byliny s velkými květy'. Preslovo přejetí z r.d. *proskurnik* od *proskurá* 'pravoslavná hostie' (podle tvaru plodů) za spis. *prosforá* z ř. *prosforá* tv. od *prosférō* 'přináším (oběť), nabízím' z *prós* 'k, pro, skrz' (srov. ↑*pro-*¹) a *férō* 'nesu' (srov. ↑*metafora,* ↑*amfora*).

proso 'druh obilniny', *prosný.* Všesl. – p. *proso,* r. *próso,* s./ch. *pròso,* csl. *proso.* Psl. *proso nemá jasný původ. Vzhledem k etymologii slova ↓*pšenice* snad lze uvažovat o výchozím ie. **per-* 'tlouci' (viz ↑*prát (se)*), v rozšířené podobě **pres-* (srov. lat. *premere* 'tlačit', příč. trp. *pressus*), šlo by tedy o rozdrcená zrna této obilniny. Problémy však činí formální stránka slova.

prospěch, *prospěchový, prospěšný, prospěšnost, prospěchář(ka), prospěchářský, prospěchářství.* Od *prospět,* vlastně 'pokročit kupředu', viz ↑*pro* a ↓*spět.*

prospekt 'informační a propagační tiskovina'. Přes něm. *Prospekt* tv. z lat. *prōspectus* 'výhled, vyhlídka, rozhled' od *prōspicere* 'vyhlížet, hledět vpřed' z *prō-* (↑*pro-*[1]) a *specere* 'dívat se, pozorovat' (srov. ↓*respekt,* ↑*aspekt,* ↑*konspekt*).

prosperovat 'hospodářsky vzkvétat', *prosperita.* Z lat. *prōsperāre* 'zdárně se vyvíjet' od *prōsper(us)* 'zdárný, šťastný, příznivý', v jehož první části je předp. *prō-* (↑*pro-*[1]), druhá část je příbuzná s lat. *spērāre* 'doufat' i stsl. *sporъ* 'hojný, bohatý' (viz ↓*sporý*).

prostata 'předstojná žláza'. Přes něm. *Prostata* z fr. *prostate* a to v 16. st. převzato z ř. *prostátēs* 'představený, ochránce', vlastně 'kdo stojí vpředu', od *prohístēmi* 'stavím dopředu' z *pró* (↑*pro-*[1]) a *hístēmi* 'stavím, kladu' (srov. ↓*statistika,* ↑*cytostatikum*).

prostěradlo. Od *prostírat,* viz ↑*pro* a ↓-*střít.*

prostituce 'poskytování pohlavního styku za úplatu', *prostitutka, prostitut.* Přes moderní evr. jazyky z lat. *prōstitūtiō* tv. od *prōstituere* 'veřejně vystavovat, zaprodávat (se)' z *prō-* (↑*pro-*[1]) a *statuere* 'postavit, vystavět' (srov. ↑*instituce,* ↓*statut*).

prostopášný. Slovo nepříliš jasné. Dnešní vztahování k ↓*prostý* a ↑*páchat* je zřejmě výsledkem lid. etym. *(D2).* U Jg je i *roztopášný* (srov. ↓*roztomilý*), také druhá část není zcela jasná (podobné tvoření od sloves typu *páchat* není obvyklé). Ma[2] myslí na stč. *rozpasený* 'vypasený' (u Husa je *rozpasený v rozkoši*).

prostor, *prostorný, prostorový.* Všesl. Psl. *prostorъ je odvozeno od *prosterti 'prostřít' *(A6)* (viz ↓-*střít,* srov. ↓*prostranný*).

prostranný, *prostranství.* Z psl. **prostornъ (B8),* jež je odvozeno od *prosterti 'prostřít' (viz ↓-*střít,* srov. ↑*prostor*).

prostý, *prostota, prosťáček, prostná, oprostit, vyprostit, zprostit,* *prostoduchý, prostovlasý, prostořeký.* Stč. *prostý* 'jednoduchý, přímý, volný, pouhý'. Všesl. – p. *prosty* 'přímý, prostý', r. *prostój,* s./ch. *pròst,* stsl. *prostъ.* Psl. *prostъ nemá jednoznačný výklad. Většinou se vykládá z **pro-* (↑*pro*) a odvozeniny od ie. **stā-* (viz ↓*stát*[2]) (srov. lit. *atstùs* 'vzdálený', sti. *prastha-* 'horská rovina' a také ↑*prostata*), původní význam by pak byl 'vpředu stojící', ale vývoj významu není zcela jasný (snad podobně jako u ↓*přímý*). Jiný výklad spojuje s lit. *pràsti* 'zvykat si, být zvyklý', výchozí význam slov. slova by pak byl 'obvyklý, obyčejný' (Ma[2]). Srov. ↓*sprostý,* ↑*prostopášný.*

prošustrovat ob. 'nehospodárně utratit'. Podle něm. *verschustern* tv., doslova 'proševcovat', z *ver-* 'pro-' a *schustern* od *Schuster* 'švec'.

protagonista 'přední postava, vedoucí osobnost'. Z ř. *prōtagōnistḗs* 'první (přední) herec', doslova 'přední zápasník', z *prõtos* 'první, přední (viz ↓*proto-*) a *agōnistḗs* 'závodník, zápasník' od *agōnízomai* 'závodím, bojuji' od *agṓn* 'závod, boj' (srov. ↑*agonie*).

protein 'jednoduchá bílkovina', *proteinový.* Uměle utvořeno k ř. *prõtos* 'první, nejdřívější' (viz ↓*proto-*).

protekce, *protekční, protektor, protektorát, protektorátní.* Přes moderní evr. jazyky z pozdnělat. *prōtēctiō* 'pokrytí, ochrana' od lat. *prōtegere* 'krýt, chránit' z *prō-* (↑*pro-*[1]) a *tegere* 'pokrývat, chránit'. Srov. ↓*protežovat,* ↑*detektor.*

protest, *protestní, protestovat, zaprotestovat.* Přes něm. *Protest* z it. *protesto* tv. od *protestare* 'protestovat' z pozdnělat. *prōtestāre* od lat. *prōtestārī* '(veřejně) dosvědčovat, tvrdit' z *prō-* (↑*pro-*[1]) a *testārī* 'brát za svědka, dosvědčovat' (srov. ↓*test*).

protestant 'příslušník některé z evangelických církví', *protestantský,*

protéza   508   **proviant**

protestantství, protestantismus. Od střlat. *protestans* 'protestující' (viz ↑*protest*). Podle protestu něm. luteránských stavů (1529) proti pokusu Karla V. zakázat provádění reformace na jejich panstvích.

protéza 'umělá náhrada končetin, zubů ap.'. Přes něm. *Prothese*, fr. *pro(s)thèse* tv. z ř. *prósthesis* 'přiložení, přistavení' od *prostíthēmi* 'přikládám, připojuji' z *prós* 'k, při' (srov. ↑*pro*-¹) a *títhēmi* 'kladu, stavím' (srov. ↓*teze*, ↑*hypotéza*).

protěž 'druh byliny'. Jen č., nejasné.

protežovat, protěžovat 'prosazovat, chránit'. Druhá podoba mylnou asociací se slovy jako *obtěžovat, stěžovat (D2)* z původního *protežovat* z fr. *protéger* tv. z lat. *prōtegere* 'krýt, chránit' (viz ↑*protekce*).

proti předl., přísl., *protivný, protiva, protivit se, zprotivit se*. Stč. i *protiv, protiva*. Všesl. – p. *przeciw*, r. *prótiv*, s./ch. *pròti(v)*, stsl. *protivъ*. Psl. *protivъ* je asi odvozenina od **protь*, jež je příbuzné s lot. *pret* tv., ř. *protí* (vedle *prós*, srov. ↑*protéza*) 'proti, k, při', sti. *práti* 'proti' a také lat. *pretium* 'cena' (vlastně 'co se dává proti zboží'), vše z ie. **proti, preti* 'proti' a to od stejného kořene jako ↑*pro*.

proto sp., přísl. Viz ↑*pro* a ↓*ten*.

proto- (ve složeninách) 'prvo-'. Z ř. *prōtos* 'první, přední, nejdřívější', jež je tvořeno jinou příponou od stejného kořene jako psl. **pьrvъ* (↓*prvý*). Srov. ↓*protokol,* ↓*prototyp,* ↑*protagonista,* ↓*proton*.

protokol 'zápis z úředního jednání; soubor pravidel pro styk státníků a diplomatů', *protokolární, zaprotokolovat*. Přes něm. *Protokoll* ze střlat. *protocollum* 'zápisník (o jednáních)' z pozdně ř. *prōtókollon* 'list přilepený k papyrovému svitku a uvádějící údaje o jeho původu', doslova 'vpředu přilepený', z *prōtos* (viz ↑*proto*-) a odvozeniny od *kollāō* 'lepit, spojovat' od *kólla* 'lep, klih'.

proton 'částice atomového jádra s kladným nábojem', *protonový*. Z angl. *proton* a to uměle od ř. *prōtos* (viz ↑*proto*-), zakončení jako v ↑*elektron* ap.

protoplazma 'základní živá hmota'. Umělý novotvar, viz ↑*proto*- a ↑*plazma*.

prototyp 'prvotní typ, model'. Umělý novotvar, viz ↑*proto*- a ↓*typ*.

proud, *proudový, proudit, proudění*. P. *prąd*, r. *prud* 'rybník', s./ch. *(s)prûd* 'písčitá mělčina'. Psl. **prǫdъ* je stejně jako sthn. *spranz* 'trhlina' pokračováním ie. **(s)prondo- (A4,B7)* od slovesného kořene **(s)prend-* 'skákat, cukat, prudce se pohybovat *(A6)*', od něhož je i r. *prjádat'* 'skákat, střhn. *sprenzen* 'kropit, stříkat'. Psl. **prǫdъ* asi původně znamenalo '(mělčí) místo s rychlým tokem vody', opačný význam v r. nejspíš vychází od slovesa *zaprudít'* 'zahradit (proud)' (Ma²). Srov. ↓*prudký*.

provaz, *provázek, provazový, provazec, provazník, provaznický*. Stč. *povraz* (lid. etym. *(D2)* přikloněno k ↓*vázat*). P. *powróz*, r.d. *pávoroz* 'šňůrka pytlíku na tabák', s./ch. *pòvrāz* 'provaz, popruh'. Psl. **povorzъ (B8)* je odvozeno od slovesa **poverzti* 'vázat' (viz ↑*povříslo*).

provenience 'původ'. Z něm. *Provenienz* a to v 19. st. k lat. *prōvenīre* (přech. přít. *prōveniēns*) 'přicházet vpřed, předstupovat' z *prō-* (↑*pro*-¹) a *venīre* 'přicházet' (srov. ↑*konvence,* ↑*prevence*).

proviant 'potraviny (pro vojsko, na cestu ap.)', *proviantní*. Z něm. *Proviant* tv. a to přes stfr. *provende* či it. *provianda* z pozdnělat. *praebenda* tv., vlastně 'co má být poskytnuto' (viz ↑*prebenda*). Záměna předpon *prae-*

a *pro-* asi vlivem blízkého lat. *prōvidēre* 'obstarávat' (viz ↓*provize*).

provincie 'správní jednotka v některých zemích; podrobené a přičleněné území (ve starém Římě)', *provinciální, provinční* 'venkovský, maloměstský', *provinciál* 'představený správní jednotky církevního řádu'. Z lat. *prōvincia* 'obor působnosti, správa', jehož další původ není jistý.

provize 'odměna za zprostředkování obchodu, služby ap.'. Přes něm. *Provision* a it. *provvisione, provviggione* tv. z lat. *prōvisiō* 'starost, předvídavost' od *prōvidēre* 'předvídat, pečovat, obstarávat' z *prō-* (↑*pro-*¹) a *vidēre* 'vidět' (srov. ↓*revize,* ↓*vize*). Viz i ↓*provizorní*.

provizorní 'dočasný, prozatímní', *provizorium*. Z něm. *provisorisch*, fr. *provisoire* tv. (vlastně 'dočasně se starající o něco') a to asi přes střlat. *provisorius* od lat. *prōvīsus*, což je příč. trp. k *prōvidēre* 'předvídat, pečovat, obstarávat' (viz ↑*provize*).

provokovat, *provokace, provokační, provokativní, provokatér, provokatérský*. Z lat. *prōvocāre* 'vyzývat, podněcovat' z *prō-* (↑*pro-*¹) a *vocāre* 'volat' (srov. ↑*evokovat,* ↑*advokát*).

próza 'neveršovaná literární tvorba', *prozaik, prozaický*. Přes něm. *Prosa* z lat. *(ōrātiō) prōsa*, doslova '(řeč) přímá, rovná, vpřed (plynoucí)', z lat. *prōrsus* 'vpřed, přímo, naprosto' ze staršího **prōvorsus*, doslova 'vpřed obrácený', z *prō-* (↑*pro-*¹) a odvozeniny od *vertere* 'obracet' (srov. ↓*versus,* ↑*konvertovat*).

prozódie 'nauka o zvukové výstavbě verše', *prozodický*. Přes lat. *prosōdia* z ř. *prosōidíā* 'přízvučnost, kladení přízvuku, správná výslovnost' z *prós* 'proti, k, při' a odvozeniny od *ō̦idḗ* 'zpěv, píseň, báseň' (srov. ↑*óda*).

prs, *prsa, prsíčka, prsní, prsatý, náprsní, náprsenka, poprsí, podprsenka, předprseň*. Stč. *prsi* (pl. novotvar *prsa*, k tomu v ob. č. sg. *prso*), p. *piersi*, r. *pérsi*, s./ch. *pȑsi*, stsl. *prъsi*. Psl. **pьrsi* je duál od **pьrsь* (*i*-kmen), příbuzné je lit.d. *pìršys* 'koňská prsa', av. *parəsu-* 'žebro', sti. *párśu-* tv., vše z ie. **perk-* 'žebro'.

prskat, *prskavý, prskavka, naprskat, poprskat, vyprsknout*. Všesl. – p. *parskać*, r. *pórskat'*, s./ch. *pŕskati*. Psl. **pъrskati* 'stříkat, prskat' souvisí s lit. *puřkšti*, lot. *purkstēt* tv., východiskem je asi ie. **pers-* 'pršet, prášit, stříkat' (viz ↓*pršet,* ↑*prach,* ↑*prchat*), i když blízko jsou i některé útvary onom. jako ↑*praskat*. Srov. ještě ↓*prýskat,* ↓*prýštit* a ↑*paprsek*.

prst, *prstík, prstíček, prstový, záprstní, náprstek*. Hl. *porst*, r.st. *perst*, s./ch. *pȑst*, stsl. *prъstъ* (ve vsl. a částečně zsl. vytlačováno slovem pro ↑*palec*). Psl. **pьrstъ* odpovídá lit. *piřštas*, lot. *pìrksts* tv., dále sem snad patří i něm. *First* 'hřeben střechy, ostří', sti. *pr̥ṣṭhá-* 'hřbet, vrch', vše se vykládá z ie. **pr̥-sto-*, vlastně 'vpředu stojící, čnějící' z **pr̥-* (viz ↑*pro,* ↓*pře-*) a odvozeniny od **stā-* 'stát' (↓*stát*²) (srov. i ↑*prostý*). Problematické, i když ne zcela vyloučené je spojení s ↑*prs* (srov. sti. *pr̥ští-* 'žebro') – ať už na základě podobnosti prstů s žebry (Ma²), či na základě zvyku podávat novorozeněti nejprve prst místo prsu (HK).

prsť 'země, hlína'. P.st. *pierść*, r.st. *pérst'*, sln. *pȓst*, stsl. *prъstь*. Psl. **pьrstь* má nejblíže k lot. *pìrkstis* 'žhavé jiskry v popelu'; bsl. **pr̥sti-* 'prach, suchá země' je pak odvozenina od ie. **pers-* 'pršet, prášit'. Viz i ↑*prach,* ↓*pršet,* ↑*prskat*.

prsten, *prstýnek, prsteník, prstenec*. Všesl. – p. *pierścień*, r.st. *pérsten'*, s./ch. *pȑstēn*, stsl. *prъstenь*. Psl. **pьrstenь* je stará odvozenina od **pьrstъ* (viz ↑*prst*).

pršet, *napršet, zapršet, vypršet, propršet, rozpršet se, sprška, přeprška, sprcha, sprchový, sprchovat se, poprchávat*. P. *pierzszycz*, sln. *pršéti*, s./ch. *pŕšiti*. Psl. **pъršati, *pъršiti* je odvozeno od **pъrchъ* 'prach, částečka něčeho rozprášeného', jež je příbuzné s lit. *puršlai* (pl.) 'sprška, kapky', stisl. *fors* 'vodopád', sti. *pŕ̥šat-* 'kapka', toch. AB *pärs-* 'kropit', chet. *papparš-* tv., vše od ie. **pers-* 'pršet, prášit, stříkat'. Srov. ↑*prach*, ↑*prchat*, ↑*prskat*, ↑*prsť*.

průba ob. 'zkouška', *prubnout, prubovat, prubířský*. Z něm. *Probe* tv. z pozdnělat. *proba* od lat. *probāre* 'zkoušet, schvalovat' od *probus* 'řádný, poctivý'. Srov. ↑*aprobace*.

průčelí. Viz ↑*pro* a ↑*čelo*.

pruderie 'přepjatý, často falešný stud', *pruderní*. Z fr. *pruderie* tv. od *prude* 'přepjatě cudný', stfr. 'ctnostný', z pozdnělat. *prōdis* 'užitečný, schopný' od *prōde* 'užitek' z *prōde est* a to z lat. *prōdest*, což je 3.os.sg.přít. od *prodesse* 'být užitečný'.

prudit ob. expr. 'otravovat, dráždit'. Zřejmě obnovení staršího *pruditi* 'pálit, jitřit' (jinak viz ↑*oprudit (se)*).

prudký, *prudkost*. P. *prędki* 'rychlý, bystrý, prudký', ukr. *prudkýj* tv., sln.d. *pródek* 'bystrý, živý (o vodě ap.)'. Psl. **prǫdъkъ* je stejně jako **prǫdъ* odvozeno od slovesného kořene **pręd-* (A6), viz ↑*proud*.

pruh, *proužek, pruhovaný, proužkovaný*. P. *pręga*, ukr. *pruh* tv., sln. *próga* 'trať, dráha', s./ch. *prúga* 'pruh, trať. Psl. **prǫgъ, *prǫga* jsou odvozeniny od slovesa **pręgti* (1.os.přít. **pręgǫ*) (viz ↓*-přáhnout*). Původní význam byl 'popruh, řemen (na zapřahání)', odtud metaforicky jednak 'pruh, pás', jednak 'trať, dráha'.

pruch ob. zast. 'kýla'. Z něm. *Bruch* tv., vlastně 'zlom, průtrž', od *brechen* 'lámat, rozbíjet'.

průjem, *průjmový*. Srov. již stč. *projieti* 'způsobit průjem', vlastně 'vzít skrz' (viz ↑*pro* a ↑*jmout*).

průmysl, *průmyslový, průmyslník, průmyslnický, průmyslovka*. Převzato za obrození z r. *prómysel* 'řemeslo, drobná výroba' (vedle toho *promýšlennost'* 'průmysl'). Vlastně 'promýšlené využití lidské práce', viz ↑*pro* a ↑*mysl*.

prut, *proutek, proutí, proutěný, proutkař*. Všesl. – p. *pręt*, r. *prut*, s./ch. *prût*, stsl. *prǫtъ*. Psl. **prǫtъ* není etymologicky příliš jasné. Podobná slova jsou v germ. – něm. *Spross* 'prut, ratolest', angl. *sprout* 'výhonek, klíček', stisl. *sproti* 'ratolest, hůlka', ale spojení je obtížné – slov. tvar ukazuje na ie. **pronto-* (B7), germ. tvary na **spreudo-* (A4,A5), přesto snad lze obojí svést k výchozímu ie. **(s)per-* 'stříkat, sršet, rašit'.

pružit, *pružný, pružnost, pružina, pružinový, napružit, zapružit, vzpružit, odpružit*. P. *prężyć*, r.d. *prúžit'* 'napínat', s./ch. *prȕžiti (se)* 'natahovat (se), nabízet (se)'. Psl. **prǫžiti* je kauzativum k **pręgti, *pręgnǫti* (viz ↓*-přáhnout*), původní význam tedy byl 'činit něco napjatým, napřaženým'. Srov. i ↑*pruh*.

prvok. Stejně jako *prvek* utvořeno Preslem od ↓*prvý*.

prvosenka 'petrklíč'. Preslovo přejetí z p. *pierwiosnek* k p. *pierwo-* 'prvo-' (viz ↓*prvý*) a *wiosna* 'jaro' (viz ↓*vesna*) – jde o jednu z prvních jarních květin.

prvý, *první, prvotní, prvotina, prvenství, prvo-*. Všesl. – p. *pierwszy* (přísl. *pierw*), r. *pérvyj*, s./ch. *pȓvī*, stsl. *prъvъ*. Psl. **pьrvъ* je pokračováním ie. **pr̥uo-*, od něhož je i sti. *pū́rva-* 'přední, první', alb. *parë* 'prvý', s jinou příp. sem patří i lit. *pìrmas* tv., lat. *prīmus* a ř. prõtos tv., stejný základ je i v angl. first tv., něm. Fürst 'kníže' (původně 3. stupeň, vlastně 'nejpřednější'), vše je to od ie. *per-, pr̥- 'převést, přepravit', viz dále i ↑pro, ↓pře-, ↓při, ↑pravý, ↑prst, ↑prostý. Srov. i ↑prvok.

prý část. Stč. *praj* redukcí z *(on) praví* (viz ↑*pravit*), z toho pak pravidelně *prej (C5)* (dnes v ob. češtině) a odtud zvratnou analogií *(D1)* jakoby spisovné *prý*.

pryč přísl. Stč. i *preč, přěč, přič*, slk. *preč*, p. *precz*, r. *proč'*, sln. *pròč, prěč*, stsl. *pročь* 'dále'. Psl. *pročь a asi *pročь (nč. podoba s -y- ovšem není příliš jasná) je odvozeno od adj. *prokъ 'vzdálený, stojící mimo' (srov. stsl. *prokъ* 'zbývající', stč. *prokní* 'každý, všeliký'), jež stejně jako lat. *procul* 'daleko, opodál' a ř. *próka* 'hned' vychází z ie. *pro-ko- '(dále) vpředu jsoucí' od ie. *pro 'vpředu' (viz ↑*pro*). Vývoj významu se stč. *prokní* 'každý' si lze představit takto: 'stojící vpředu (mimo)' → 'zbývající' → 'všechen ostatní' → 'všechen' (Ma²). Srov. ↓*reciproční*.

pryčna 'lůžko sbité z prken'. Z něm. *Pritsche*, jež vychází ze sthn. *britissa* 'tenké prkno, lať', což je odvozenina od sthn. *bret* (něm. *Brett*) 'prkno'.

prýmek 'točená plochá šňůra (na uniformě ap.)'. Stč. *prém* 'lem, obruba, prýmek' *(C5)* ze střhn. *brēm* tv. (srov. angl. *brim* 'okraj, hranice'), východiskem je ie. *bher- 'ostrý'.

prýskat zast. 'prudce odletovat, stříkat', *opryskaný*, ob. *vodprejsknout*. Souvisí s ↑*prskat* a dalšími onom. kořeny jako ↑*praskat* či r. *bryzgat'* 'stříkat'. Viz i ↓*prýštit*, ↓*pryskyřice*.

pryskyřice, *pryskyřičný*. Odvozeno od staršího a nář. *pryskýř* 'puchýř, vřed' a to od *prýskati* 'prudce odletovat, stříkat', ale i 'praskat, řinouti se' ap. Motivací je skutečnost, že pryskyřice vytéká z poraněné kůry stromů.

pryskyřník 'druh jedovaté byliny'. Podle toho, že dělá puchýře na kůži (viz ↑*pryskyřice*).

prýštit 'vytékat menším proudem, tryskat', *vyprýštit*. Původ stejný jako ↑*prýskat*, k střídání -*sk*-, -*št*'- srov. ↑*louskat* – ↑*luštit*, ↑*práskat* – ↑*praštit* ap. *(B1,C3)*.

pryž 'vulkanizovaný kaučuk, guma', *pryžový*. Utvořeno v 19. st. k *pružný*, ↑*pružit*.

prznit 'hanobit, kazit', *zprznit*. Stč. *prznditi* 'špinit, hanobit, poskvrňovat'. Jen č., souvisí se slk.d. *brzniť* 'bryndat, hudlařit' (Ma²), základ je zřejmě expr.-onom., srov. r. *brýzgat'* 'stříkat, cákat' i ↑*prýskat*.

-přáhnout (*zapřáhnout, vypřáhnout, rozpřáhnout, napřáhnout, přepřáhnout, spřáhnout (se), spřežení*). Všesl. – p. *-prząc*, r. *-prjáč'*, s./ch. *-préći*, stsl. *-pręšti*. Psl. **pręgti* (1.os.přít. **pręgǫ*, odtud nový inf. **pręgnǫti*) *(B3,B7)* je příbuzné s lit. *spreñgti* 'napnout (strunu), tlačit', lot. *sprangāt* 'zavázat', ř. *spargáō* 'dmu se, vzdouvám se', východiskem je asi ie. **(s)preng-*, **spereg-* od **sper-* 'kroutit, vinout'. Srov. ↑*pruh*, ↑*pružit*, ↓*přezka*.

přát, *přací, přání, přející, popřát, dopřát*. P. *sprzyjać* 'přát, být nakloněn', r.st. *prijat'* 'chovat se shovívavě, schvalovat', s./ch. *prijati* 'být vhod, chutnat', csl. *prьjati*, stsl. *prijati* 'být nakloněn'. Psl. **prьjati*, *prijati (B9)* je příbuzné s gót. *frijōn* 'mít rád', něm. *freien* 'ucházet se (o dívku)' (srov. ↑*frajer*), sti. *priyāyáte* 'je příznivý, milý', východiskem je ie. **prīo-* 'milý' od **prāi-*, **prī-* 'mít rád'. Srov. ↓*přítel*, ↓*přízeň*.

pře 'spor, hádka'. Viz ↓*přít (se)*.

pře- předp. Všesl. – p. *prze-*, r. *pere-*, s./ch. *pre-*, stsl. *prě-*. Psl. **per-* *(B8)* odpovídá lit. *peř* 'skrz, přes, k', něm.

přebor 512 **přesný**

ver- 'pro-', lat. *per* 'skrz, přes' (↑*per*-), ř. *per* 'přes, více než'. Vše je z ie. *per, původně lokálového tvaru kořene *per-, jehož výchozí slovesný význam je 'převést, přejít'. Srov. i ↑*pro*-, ↓*při*, ↓*přes*, ↓*před*, ↑*pryč*.

přebor, *přeborník, přebornice*. Novější, utvořeno asi k ↑*borec*, r. *pereborót'* 'přemoci, překonat', ale možná je i interpretace od *perebrát'* 'přebrat, roztřídit'. U Jg pouze vlastní jméno *Přebor* (srov. *Dalibor*) od kořene, který je v *borec*.

přece sp., část. Stč. *předče, předsě* ukazuje na původní význam 'před sebe' (viz ↓*před* a ↓*se*), tedy 'dále, kupředu' (srov. podobně ↓*zase*). Dnešní pokleslý význam asi z vět jako *ač mu bránili, šel před sě* ('dále' → 'přesto') (Ma²).

před předl., *přední, přednost, předek*. Všesl. – p. *przed*, r. *péred*, s./ch. *pred*, stsl. *prědъ*. Psl. *perdъ je odvozeno od *per (viz ↑*pře*-) jako ↑*nad*, ↑*pod* od ↑*na*, ↑*po*. V koncovém -*dъ* se obvykle hledá odvozenina od ie. *dhē- 'klást' (srov. ještě ↓*záda*, ↓*soud*).

předčit. Odvozeno od *předek* 'přední strana', viz ↑*před*.

předmět, *předmětový, předmětný*. Kalk podle střlat. *obiectum* (viz ↑*objekt*), jinak viz ↑*podmět*.

přednáška, *přednáškový, přednášející*. Viz ↑*před* a ↑*nést*, kalk podle něm. *Vortrag* tv. z *vor* 'před' a *tragen* 'nést'.

předpona. Viz ↑*před* a ↑*pnout*, srov. i ↑*prefix* a ↓*přípona*.

předseda, *předsedkyně, předsednický, předsednictví, předsednictvo*. Viz ↑*před* a ↓*sedět*, podle něm. *Vorsitzer* a lat. *praesidēns* (viz ↑*prezident*).

předsevzetí. Viz ↑*před*, ↓*se* a ↓*vzít*.

představit, *představení, představený, představenstvo, představitel, představa, představivost*. Původní význam je 'postavit před', dnešní *představit se* a *představit si* je podle něm. *sich vorstellen* tv.

přehršle. Podobné útvary i jinde – p. *przygarść*, r. *prígoršnja*, sln. *prgíšče*, s./ch. *prȅgršt*, csl. *prěgrъšta*, původní význam je 'množství, které se nabere do obou hrstí'. Vše je odvozeno od psl. *gъrstь (↑*hrst*), předp. je *per- (↑*pře*-) nebo *pri- (↓*při*), zakončení různé.

překotný, *překot*. Viz ↑*pře*- a ↑-*kotit*.

překvapit, *překvapení, překvapivý*. Stč. *překvapiti* 'ukvapit se, unáhlit se', v dnešním významu asi podle něm. *überraschen* tv. z *über*- 'pře-' a odvozeniny od *rasch* 'unáhlený, zbrklý'.

přemítat, *přemítavý*. Vlastně 'přehazovat myšlenky', viz ↑*pře*- a -*mítat*.

přepážka. Viz ↑*pře*- a ↑*pažení*.

přepona. Viz ↑*pře*- a ↑*pnout*. Obrozenecký výtvor, dříve též *podpona* podle ř. *hypoteínousa* tv. od *hypoteínō* 'pod něčím táhnout, přepnout' (srov. ↑*hypo*- a ↓*táhnout*).

přepych, *přepychový*. Viz ↑*pře*- a ↓*pýcha*, srov. stč. *přěpýchati* 'vyvýšit se, z pýchy někoho předčit (bohatstvím)'.

přes předl. Stč. *přěs*, slk.d. *prez*, p. *przez*, r.d. *perez*, b. *prez*. Psl. **perz(ъ) (B8)* je utvořeno od *per- (↑*pře*-) zřejmě pod vlivem předložek jako *bez, *iz, *čerzъ (viz ↓*skrz*) (opačný vliv je vidět u sln. *brez* 'bez'), samotné *per- zůstalo jen jako předp. Neznělé zakončení jen v č., ale srov. výslovnost [*přeze*].

přeslice 'součást kolovratu', *přeslička*. Z psl. *pręslica z *prend-sl- (dále viz ↓*příst*). Na rostlinu přeneseno podle podoby, metaforicky i *vymřít po přeslici* 'vymřít z ženské strany' (předení je tu bráno jako charakteristická ženská činnost, srov. naopak *vymřít po meči*).

přesný, *přesnost, zpřesnit, upřesnit*. Všesl. (kromě luž.) – p. *przaśny* 'ne-

kvašený (o chlebu)', r. *présnyj* 'neslaný, mdlý', ch. *prijésan* 'syrový, nekvašený, čerstvý', stsl. *prěsnъ* 'čerstvý, mladý'. Psl. **prěsnъ* 'nekvašený, čerstvý' je z **prěsknъ*, jež je příbuzné s lit. *prěskas* 'nekvašený, svěží' a snad i se sthn. *frisk*, něm. *frisch*, angl. *fresh* 'svěží, nový' (srov. stangl. *fersc* 'neslaný', jež se významově shoduje s r. *présnyj*). Další ie. souvislosti nejasné. V č. výrazný vývoj významu: 'nekvašený, čerstvý' → 'čistý, nezkažený' a dále ze spojení jako *v šestinedělstvie manželé mají býti přesní v zdrženlivosti* nebo *čistou a přesnou kázeň* (Jg) dnešní význam 'správný, souhlasící se skutečností ap.' (u Jg ještě není), možná i přiklonění k ↓*přísný*.

převor 'představený římskokatolického kláštera'. Slk. *prior*, p. *przeor*. Staré přejetí z lat. *prior* tv., vlastně 'přednější' (viz ↑*priorita*), v č. tzv. hiátové *v* mezi dvěma samohláskami (srov. ↑*pavouk*).

přezdívat, *přezdívka*. Ze stč. *převzdievati* z *pře-* (↑*pře-*) a *vzdievati* 'nazývat, pojmenovávat', viz ↓*vz-* a ↑*dít*.

přezka, *přezkový*. P. *sprzączka*, r. *prjážka*, sln. *préga* tv. Od základu **pręg-* (viz ↑*-přáhnout*), i když po formální stránce nejsou zsl. tvary zcela jasné.

přezůvka. Od *přezout*, viz ↑*pře-* a ↑*obout*.

při předl. Všesl. Psl. **pri* odpovídá lit. *priẽ* tv., stlat. *prī* 'před', vše z ie. **prei*, jež se vykládá jako dativ od kořene **per-* (viz ↑*pře-*). Tvar dativu je zřejmě i v lat. *prae-* (↑*pre-*), ř. *paraí* (↑*para-*), sthn. *furi* (něm. *für*) 'pro' (ie. varianta **p(e)rai-*). Dále srov. ↓*přímý*, ↑*pro*, ↑*před*, ↑*prvý*, ↑*pravý*.

příbor, *příborník*. Z r. *pribór* tv. od *pribrát'* 'poklidit, uklidit' (viz ↑*brát*).

přiboudlý 'připálený', *přiboudlina*. Novější (Jg), nepříliš jasné. Jg má i *bouditi* 'kutit; čadit', první se zdá být od ↑*bouda*, druhé k tomu snad vlivem ↑*čoudit*?

příbuzný, *příbuznost*, *příbuzenský*, *příbuzenství*, *příbuzenstvo*. Stč. *přívuzný*, jen č. Z psl. **privǫzьnъ* 'připojený, přivázaný', kde *-vǫz-* je od **vęzati* (viz ↓*vázat*, ↑*motouz*). Z toho se zdá, že původně šlo o příbuzenstvo získané sňatkem (Ma[2]), nikoli o příbuzenstvo pokrevní.

příbytek. Stč. *přiebytek* od *přěbývati* (viz ↑*pře-* a ↑*být*).

příčestí. Obrozenecké přejetí z r. *pričástije*, což je částečný kalk lat. *participium* tv. od *participāre* 'mít účast' (srov. i Rosův výtvor *oučastonec*).

příčetný. Od *přičítat* (viz ↑*číst*), vlastně 'komu lze přičítat vinu'.

příčina, *příčinný*, *příčinnost*. P. *przyczyna*, r. *pričína* tv. Vývoj významu je vidět ve stč.: původně 'co bylo připojeno, přičiněno, přídavek', pak 'vlastnost, okolnost, prostředek' a 'věc, záležitost' a konečně 'důvod, příčina'.

příčit se, *příčný*, *příčka*, *příčel*, *napříč*, *vzpříčit se*. P. *przecyć* 'odporovat někomu', r. *peréčit'* tv., ch. *prijéčiti* 'hatit, překážet'. Psl. **perčiti (sę)* je odvozeno od **perkъ* 'napříč, příčně, navzdory' (srov. stč. *přěk* tv., sln. *prêko* 'přes', csl. *prěkъ* 'proti') a to od **per-* (↑*pře-*) stejným způsobem jako **prokъ* (viz ↑*pryč*) od **pro* (↑*pro*).

příď, *přídový*. Jen č., zřejmě až od obrození (u Jg ve tvaru *přída*). Tvořeno od ↑*před* jako ↓*zád*, ↓*záda* od stč. *zad* 'zadek'.

přídomek 'přídavek k šlechtickému rodinnému jménu'. Z p. *przydomek*, viz ↑*při* a ↑*dům*.

přifařit (se) ob. 'připojit, přičlenit (se)'. Původně 'církevně připojit obec bez fary k obci s farou' (viz ↑*fara*).

příjemný. Vlastně 'co lze přijmout' (srov. r. *prijátnyj* i něm. *angenehm* tv. od *nehmen* 'brát'), viz ↑*jmout*.

příjice 'syfilis'. Obrozenecký výtvor od fiktivního jména bohyně lásky *Příje*, utvořeného Hankou podle germ. *Freia* (viz ↑*přát*). Srov. i ↓*venerický*.

příkoří. Viz ↑*při* a ↑*kořit se*.

příkrý, *příkrost*. Stč. *příkrý* 'ostrý, krutý, tuhý', p. *przykry* 'nemilý, bolestný', r.d. *príkryj* 'protivný, trpký, obtížný', v jsl. chybí. Psl. *prikrъ není etymologicky jasné. Spojení s ř. *pikrós* 'ostrý, trpký, odporný, bolestný, krutý' od ie. *peik – 'zlý, nepřátelský' (Ma², HK) sice odpovídá významově, nutí však připustit nepravidelné hláskové změny. Vývoj významu v č. byl od 'krutý, nepříjemný, nemilý' k 'strmý, srázný' (cesta po takovém svahu byla nepříjemná, protivná).

přilba. Stč. *přielbicě*, pak *přílbice (C5)*, tvar *přílba* (ještě dnes jako druhotvar) až od obrození. Zřejmě 'co se dává přes hlavu' (viz ↑*přes*, ↑*pře-* a ↑*lebka*), první část slova se však ztotožňuje i s ↑*před* (Ma²) či ↑*při* (HK).

příležitost, *příležitostný*. Od stč. *příležěti* 'ležet u něčeho, náležet, souviset' (viz ↑*při* a ↑*ležet*). Dnešní význam se vyvinul asi vlivem něm. *Gelegenheit* tv. od *gelegen* 'ležící, položený; příhodný, vhodný' (tedy vlastně 'vhodně položený') od *liegen* 'ležet'.

příliš přísl., *přílišný*. Stč. *přieliš*, jen č. Odvozeno od psl. **per-* (↑*pře-*) a *lichъ 'přebývající, nadbytečný' (↑*lichý*). Srov. i ↑*lišit (se)*.

přimět. Viz ↑*při* a ↑*mít*, vlastně 'mít někoho k něčemu'. V nč. nové tvary prít. času (srov. podobně *pomět se*, *poměju se*).

přímý, *přímost*, *přímka*, *napřímit (se)*, *vzpřímit (se)*, *vzpřímený*, *přímočarý*. Slk. *priamy*, r. *prjamój*, sln. *prém*, stsl. *prěmь*. Psl. *prěmь je asi utvořeno od ie. **prai (B2)* (srov. ↑*pre-*, ↑*při*), což je dativ od **per-* (viz ↑*pře-*), původní význam psl. slova by byl 'vpřed směřující'. Podobně, ale od příbuzného ie. *pro (↑*pro*) je tvořeno gót., stangl. *fram* 'vpřed, dále' (srov. angl. *from* 'od, z'), ř. *prómos* 'přední bojovník, vůdce'. Srov. ↓*upřímný*, ↑*prostý*.

přípona. Viz ↑*při* a ↑*pnout*, srov. ↑*předpona*, ↑*přepona*.

příroda, *přírodní*, *přirozený*, *přirozenost*. Stč. *příroda*, *přirozenie* (v obou dnes rozdílných významech), obnoveno za obrození asi podle r. *priróda*. Psl. *priroda je odvozeno od *priroditi se, 'rodit se, rozmnožovat se' (původně se tedy tímto slovem rozuměla jen živá příroda), dále viz ↓*rod*.

přísaha, *přísežný*, *přísahat*, *odpřisáhnout*, *zapřísahat se*. P. *przysięga*, r. *prisjága*, sln. *priséga*, stsl. *prisęga*. Psl. *prisęga je odvozeno od slovesa **prisęgti (B3,B7)* '(od)přisáhnout', vlastně 'sáhnout na něco' (při přísaze se vkládá ruka na něco posvátného). Viz ↑*při* a ↓*sahat*.

příslovce. Viz ↑*při* a ↓*slovo*. Kalk podle lat. *adverbium* tv. (viz ↑*adverbium*).

přísný, *přísnost*, *zpřísnit*, *přísnět*. Stč. *přísný* i *přiesný* 'příkrý, tvrdý', *přiesně* 'přísně, tvrdě, správně, opravdově'. Nepříliš jasné.

příst, *předivo*, *přadeno*, *přadlena*, *příze*, *přástky*, *spřádat*, *rozpřádat*, *zapřádat*, *opředený*. Všesl. – p. *prząść*, r. *prjast'*, s./ch. *prěsti*, stsl. *pręsti*. Psl. *pręsti (1.os.přít. *prędǫ) *(B7,A5)* je příbuzné s lit. *sprę̃sti* 'rozepnout, napnout', stangl. *sprindel* 'oko na ptáky', vše z ie. **(s)prend-* 'táhnout, napínat'. K významovému posunu srov.

přísudek 515 psárka

něm. *spinnen* 'příst' vedle *spannen* 'napínat' (viz ↑*pnout*). Srov. i ↑*přeslice*.

přísudek, *přísudkový*. Od *přisouditi*, vlastně 'co se přisuzuje podmětu' (v dnešním významu od obrození), dále viz ↓*soud*.

příšera, *příšerný, příšernost*. Jen č. Ve starší č. ve významu 'noční obluda', viz ↑*při* a ↓*šerý*.

příští. Jen č. Vlastně 'přicházející, příchozí' od stč. subst. *příštie* 'příchod' (p. *przyjście* tv.) nejspíš z psl. **prišьstьje (B6,B9)* od starého příč. trp. *prišьstъ z **pri-šьd-tъ (A5)*, dále viz ↓*šel*.

příštipek 'kousek kůže připevněný na botu jako záplata', *příštipkář*. Vlastně 'uštípnutý kousek kůže' (srov. ↓*ždibec*), viz ↓*štípat*.

přít (se), *pře, napřít, nápor, opřít, opora, opěrný, odepřít, odpor, odporný, podepřít, podpěra, podpora, rozepře, rozpor, rozporný, spor, sporný, upřít, úporný, vzepřít, vzpor, vzpírání, zapřít, zápor, záporný* aj. Všesl. – p. *przeć* 'tlačit', r. *perét'* 'valit se, táhnout', ch. -*prijeti*, stsl. -*pręti*. Psl. *perti 'tisknout, tlačit' *(B8)* je odvozeno od ie. **per-* 'bít, tlačit' (srov. lat. *premere* 'tisknout, tlačit', další příbuzenstvo u blízce příbuzného ↑*prát (se)*).

přitakat 'přisvědčit', vlastně 'říkat tak' (srov. p. *tak* 'ano'), viz ↓*tak*.

přítel, *přátelský, přátelství, nepřítel, nepřátelský, nepřátelství, přátelit se, spřátelit se, znepřátelit se*. Všesl. – p. *przyjaciel*, r. *prijátel'*, s./ch. *prȉjatelj*, stsl. *prijatelь*. Psl. **prijatel'ь*, **prьjatel'ь* je odvozeno činitelskou příp. -*telь* od slovesa *prijati, *prьjati (viz ↑*přát*), tedy původně 'kdo přeje dobro, kdo má rád'. Pč. **pr'át'el'* potom v různých tvarech buď podléhalo přehlásce '*a>ě (C1)*, či nikoli (záleželo na povaze *l* – tvrdé *l* způsobilo ztvrdnutí *t'* a neprovedení přehlásky), nakonec se

sg. vyrovnal ve prospěch převládajících přehlasovaných tvarů, v pl. tomu bylo naopak *(D1)*.

přítomný, *přítomnost, duchapřítomný*. P. *przytomny* 'přítomný; jsoucí při plném vědomí, duchapřítomný', srov. i stč. *přítomně* 'osobně'. Od předložkového spojení *pri tomъ, viz ↑*při* a ↓*ten*.

*přítrž (*učinit přítrž* 'zamezit'). Stč. *přietrž* 'přetržení', viz ↑*pře-* a ↓*trhat*.

přívětivý, *přívětivost*. Stč. i *přívětný*, srov. r. *privétlivyj* tv., *privét* 'pozdrav'. Od slovesa **privětiti (sę)*, původně 'vlídně k někomu promlouvat' od *větiti 'mluvit'. Viz ↑*odvětit*, srov. ↓*věta*, ↑*oběť*.

přívlastek, *přívlastkový*. Vlastně 'co se přivlastňuje substantivu', novější (u Jg není). Viz ↓*vlastní*.

přívrženec. Od staršího *přivrci se, přivrhnouti se* 'přidat se', tedy 'kdo se k někomu přidal'. Viz ↓*vrhat*.

příze. Z psl. **pręďa (B3,B7)*, dále viz ↑*příst*.

přízeň, *příznivý, příznivec, spřízněný*. P. *przyjaźń*, r. *prijázn'*, s./ch. *prȉjāzan*, stsl. *prijaznь*. Psl. *prijaznь, **prьjaznь (B9,C1,C5)* je odvozeno od *prijati, *prьjati (viz ↑*přát*), k příp. srov. ↑*bázeň*, ↑*kázeň*.

přízrak, *přízračný*. Asi od psl. **prizračiti (sę)* od *zračiti (sę)* 'vyjevit (se), ukázat (se)' (srov. ↓*zázrak*), dále viz ↓*zrak*, ↓*zřít*.

psanec 'člověk vyhoštěný ze společnosti, postavený mimo zákon'. Podle lat. *prōscrīptus*, vlastně 'veřejně psaný' (jména hledaných zločinců byla veřejně vypsána).

psárka 'druh luční trávy'. Od ↑*pes*, původně lidový název označující různé méně hodnotné druhy rostlin.

psát, *psaní, psací, písař(ka), písanka, písmo, písemný, písemnictví, dopis, dopisní, napsat, nápis, nadepsat, nadpis, opsat, opis, odepsat, odpis, popsat, popis, podepsat, podpis, podpisový, popisný, propisovací, přepsat, přepis, předepsat, předpis, předpisový, připsat, přípis, rozepsat, rozpis, sepsat, spis, spisovný, spisovatel(ka), spisovatelský, upsat, úpis, vypsat, výpis, zapsat, zápis* aj. Všesl. – p. *pisać*, r. *pisát'*, s./ch. *písati*, stsl. *pьsati*. Psl. **pьsati* (1.os.přít. *pišǫ*), původně 'malovat, črtat' (Praslované písmo neznali), je příbuzné s lit. *piẽšti* 'kreslit, črtat (uhlem)', lat. *pingere* 'malovat', sti. *piṅkte* 'maluje, barví', toch. A *pek-* 'malovat, psát', vše z ie. **peik-, peiǵ-* 'malovat, barvit; pestrý' *(A1,B2)*. Viz i ↑*pestrý*, srov. ↑*piha*, ↑*pitoreskní*.

pseudo- (ve složeninách) 'falešný, nepravý'. Z ř. *pseúdos* 'lež, nepravda, klam', které nemá spolehlivé ie. příbuzenstvo. Srov. ↓*pseudonym, pseudoproblém, pseudogotika*.

pseudonym 'krycí (umělecké) jméno'. Přes něm. *Pseudonym* tv. od ř. *pseudónymos* 'lživě pojmenovaný', viz ↑*pseudo-* a ↑*anonym*.

psota 'nečas, nepohoda; nesnáze'. Od ↑*pes* – takto utvořená slova často označují něco špatného, nepříjemného, podřadného. Srov. ↓*psotník*, ↑*psárka*, spojení *psí život, pod psa* ap.

psotník 'křeč kojenců'. Označení špatné, nepříjemné věci, viz ↑*psota*.

pstruh, *pstruhový, pstruží*. P. *strąg*, sln.d. *pestrúga*, s jiným zakončením r.d. *pestrúcha*, sln. *postŕv*, s./ch. *pàstrva*. Psl. **pьstrǫgъ* (na jihu **pьstry*), gen. **pьstrъve*) *(B6, B7)* je odvozeno od **pьstrъ* 'pestrý' (viz ↑*pestrý*).

psychiatr 'lékař zabývající se duševními chorobami', *psychiatrie, psychiatrický*. Z moderních evr. jazyků, kde jde o novou složeninu (19. st.) z ř. *psȳchḗ* 'duše' (viz ↓*psycho-*) a *iātrós* 'doktor' (srov. ↑*pediatr*).

psycho- (ve složeninách) 'týkající se duše'. Neoklasické výtvory od ř. *psȳchḗ* 'duše, duch, srdce, rozum', srov. ↓*psychologie*, ↓*psychopat*, ↑*psychiatr, psychoanalýza*.

psychologie 'věda zabývající se duševní stránkou lidské osobnosti', *psycholog, psycholožka, psychologický*. Viz ↑*psycho-* a ↑*-logie*.

psychopat 'člověk s poruchou osobnosti', *psychopatický*. Neoklasická složenina z ř. *psȳchḗ* 'duše' (srov. ↑*psycho-*) a *páthos* 'utrpení, bolest, vášeň' (srov. ↑*apatie*, ↑*patologie*, ↑*patos*).

psychóza 'duševní choroba; duševní nerovnováha většího počtu lidí'. Moderní odvozenina (srov. něm. *Psychose*, angl. *psychosis*) od ř. *psȳchḗ* 'duše' (srov. ↑*psycho-* a ↑*neuróza*).

pšenice, *pšeničný*. Všesl. – p. *pszenica*, r. *pšeníca*, s./ch. *pšènica*, stsl. *pьšenica*. Psl. **pьšenica* je odvozeno od **pьšeno* (č.st. *pšeno* 'jáhly', r. *pšenó* 'kaše', ch. *pšèno* 'zrní', csl. *pьšeno* '(ječmenná) mouka'), původně asi 'očištěné, roztlučené obilné zrno', od **pьchati* 'tlouci, tlačit' (viz ↑*píchat*, ↑*pěchovat*).

pšoukat, *pšouk*. Onom. původu, srov. ↑*bzdít*.

pštros, *pštrosí*. Stč. *štros, štrus, stros, strus*, ještě u Jg je základní podoba *pstros* (*p-* přidáno ve střední době asi lid. etym. k *pstrý, pestrý*). Ze sthn. či střhn. *strūz* (dnes *Strauss*) tv. a to z pozdnělat. *strūthiō* z ř. *strouthíōn, strouthós* tv.

pták, *ptáček, ptáče, ptáčátko, ptačí, ptactvo, ptáčník, ptačinec*, ob. expr. *ptákovina*. Všesl. – p. *ptak*, r. *ptíca*, s./ch. *pȉca, pȋč*, stsl. *pъtica, pъtištь*. Psl. **pъtica*, **pъtitʼь*, **pъtakъ* jsou odvozeniny od **pъta* (srov. ↑*koroptev*), jež je příbuzné s lot. *putns* tv., lit. *pùtė* 'slepička, kuře, pták vůbec (obvykle v dětské řeči)' (srov. však i ↓*putička*), s jinou příp. sem patří lit. *paūkštis* 'pták'. Dále se většinou vykládá od ie. **pōu-*, **pū-*, **pu-* 'malý; mládě, malé zvíře', k němuž patří mj. angl. *few* 'málo', lat. *paucus* 'nepočetný', *paulus* 'malý', *puer* 'chlapec', ř. *paīs* 'dítě', gót. *fula* 'hříbě' a snad i germ. **fugla-* (něm. *Vogel*) 'pták'.

ptát se, *optat se, poptat se, přeptat se, vyptávat se, zeptat se*. Všesl., všude jinde však zdloužený kořen – slk. *pýtať (sa)*, p. *pytać (się)*, r. *pytát'(sja)*, s./ch. *pítati*. Psl. **pъtati (sę)*, **pytati (sę)* nemá jasné ie. souvislosti. Obvykle se uvádí lat. *putāre* 'domnívat se, rozvažovat, pokládat', toch. AB *putk-* 'dělit, rozlišovat' od ie. **peu-* 'vyhledávat, rozvažovat'. Srov. ↓*zpytovat*.

pterodaktyl 'vymřelý létavý ještěr'. Uměle z ř. *pterón* 'péro, křídlo, věštný pták' a *dáktylos* 'prst'.

puberta 'pohlavní dospívání', *pubertální, pubescent*. Z lat. *pūbertās* 'dospělost, mužný věk' od *pūbēs* 'dospělý, mužný; dospělá mládež', jež asi nějak souvisí s *puer* 'chlapec' (srov. ↑*pták*).

publikovat 'uveřejňovat (tiskem)', *publikace, publikační, publicista, publicistický*. Podle něm. *publizieren*, fr. *publier* ap. z lat. *pūblicāre* 'uveřejnit, učinit přístupným' od *pūblicus* 'obecní, veřejný' (viz ↓*publikum*).

publikum 'obecenstvo, veřejnost'. Přes něm. *Publikum* z lat. *pūblicum* 'obec, veřejnost, obecní jmění' od *pūblicus* 'obecní, veřejný', jež souvisí s *populus* 'lid, lidstvo'. Srov. ↓*republika*, ↑*populární*.

pucovat ob. zast. 'čistit', *puc, vypucovat, zpucovat*. Z něm. *putzen* tv., jehož další původ není jistý.

puč 'spiknutí, politický převrat', *pučista, pučistický*. Z něm. *Putsch*

tv., což je původem švýc.-něm. slovo znamenající 'úder, bouchnutí' (zřejmě onom. původu). Do něm. se dostalo ve 40. letech 19. st., kdy jím byla označena náhlá lidová povstání na různých místech německy mluvící části Švýcarska.

pučet, *vypučet, rozpučet se, rozpuk*. Varianta k ↓*pukat* (se zúžením významu na 'rašit'), srov. *syčet – sykat, mlčet – umlkat* ap. *(B1)*.

půda, *půdní, půdorys*. Stč. *póda (C5)*, hl. *póda*, r. *pod*, s./ch. *pòd*. Psl. **podъ*, **poda* je příbuzné s lit. *pādas* 'spodní část (nohy ap.), podrážka', jde o složeninu z ie. **po* (↑*po*) a odvozeniny od kořene **dhē-* 'klást' (viz ↑*dít se*). Slovo tak etymologicky úzce souvisí s předl. ↑*pod*, k dalším podobným útvarům viz ↓*záda*, ↑*příd*, ↓*soud*, ↓*úd*. Význam 'prostor pod střechou' je v č. (a také sln.) asi vlivem podobného, ale nepříbuzného něm. *Boden* 'půda, země' i 'půda, podkroví'.

pudink, *pudinkový*. Z angl. *pudding* tv., původně 'klobása' (srov. *black pudding* 'jelito, tlačenka'), z fr. *boudin* 'jelito' z vlat. **botellinus*, což je odvozenina od lat. *botulus* 'klobása, střevo' (srov. ↑*botulin*).

pudit, *pud, pudový, odpudit, odpudivý, popudit, popud, popudlivý, vypudit, zapudit*. Všesl. – p. *pędzić*, r.d. *pudít'*, ch. *púditi*. Psl. **pǫditi (B7)* je příbuzné s lit. *spándyti* 'klást léčky, natahovat (oka)', lat. *pendere* 'věšet, vážit', východiskem je ie. **(s)pend-* 'táhnout, napínat', ve slov. posun 'táhnout' → 'hnát'. Srov. ↓*vzpouzet se*, ↑*pnout*.

pudl 'druh psa'. Z něm. *Pudel* ze staršího *Pudelhund* a to od něm.d. *pudeln* 'šplouchat, plácat se ve vodě'. Název odráží náklonnost této psí rasy k vodě (srov. i něm. *Wasserhund*).

pudr, *pudrový, pudrovat, pudřenka*. Přes něm. *Puder* z fr. *poudre* 'prach,

prášek' ze stfr. *puldre* a to z lat. *pulvis* (ak. *pulverem*) tv.

pugét ob. 'kytice'. Z něm. *Bukett* z fr. *bouquet* tv. a to ze stfr. *boscet* 'keřík', což je zdrobnělina od stfr. *bosc* 'strom, les' (fr. *bois* 'dřevo, les'), nejspíš germ. původu. Srov. ↑*buket*, ↑*buš*.

puch. Ve stejném významu jen p. *puch*. Souvisí s ↓*puchnout*, kde jsou další souvislosti. K posunu 'foukat, vanout' → 'zapáchat' srov. ↑*páchnout* i ↓*vonět*.

puchnout, *opuchnout, opuchlý, opuchlina, napuchnout*. Všesl. – p. *puchnąć*, r. *púchnut'*, s./ch. *púhnuti* 'fouknout, zavanout, zafunět'. Psl. *puchnǫti je odvozeno od ie. onom. kořene **peus-* 'foukat, vanout' (A8, B2), k němuž patří i lit. *pūsti* 'foukat', *pūstis* 'puchnout, bobtnat' a asi i ř. *fȳsáō* 'foukám, nadouvám'. Srov. ↑*puch*, ↓*puchýř*, ↓*puchřet*, ↓*pýcha*, ↑*buchta*.

puchřet, *zpuchřelý*. Jen č., úzce souvisí s ↑*puchnout*. Srov. starší č. *pucher, puchr, puchřec* 'něco napuchlého, oteklého' (viz i ↓*puchýř*). Sloveso tedy zřejmě původně znamenalo 'bobtnat', posunem významu pak 'trouchnivět' (trouchniví dřevo nabobtnalé, nasáklé vodou).

puchýř. Od ↑*puchnout* (srov. i ↑*puchřet*), k tvoření srov. ↑*měchýř*.

půjčit, *půjčka, půjčovna, půjčovné, propůjčit (se), rozpůjčovat, vypůjčit (si), výpůjční, výpůjčka, zapůjčit*. Stč. *pójčiti, pózčiti, požičiti*, na čemž je vidět vývoj formy – původní *požičiti* se zredukovalo o *-i-*, následkem toho se zdloužila předchozí samohláska a dále *-žč-* se disimilovalo na *-jč-*. Jen zsl. – slk. *požičať*, p. *pożyczyć* tv. Výchozím útvarem je nejspíš *požitъčiti od *požitъkъ (stč. *požitek* 'zisk, užitek, obživa', viz ↓*žít*), tedy vlastně 'dát někomu k požívání, k užitku'.

puk[1] 'přehyb (na kalhotech)'. Z něm. *Bug* tv. od *biegen* 'ohýbat'.

puk[2] 'hokejový kotouč'. Z angl. *puck*, jež přišlo z Kanady kolem r. 1900. Původ nejasný – snad k angl. *poke* 'šťouchnout, strčit (holí)', či snad žertovně podle homonymního *puck* 'čertík, skřítek, šotek'?

pukat, *puknout, puklý, puklina, vypuknout, propuknout*. Všesl. – p. *pękać* tv., *pukać* 'klepat, praskat', r.d. *púkať* 'pukat, prdět', s./ch. *pȕcati* 'pukat, střílet' (dok. *pȕknuti*). Psl. *pukati, *pǫkati je onom. původu, srov. ↑*pučet*, ↑*puchnout*, r.st. *búkat'* 'hlasitě tlouci', ↑*bouchat* ap.

pukrle ob. zast. '(někdejší) způsob ženského pozdravu, poděkování, vyjádřený úklonou a pokrčením kolen'. Přes nějakou rak.-něm. formu (zdrobňující příp. *-le*) z něm. *Buckel* 'hrb, hřbet'.

půl, *půlový, půle, půlka, polovina, poloviční, půlit, rozpůlit*. Stč. *pól* (C5). Všesl. – p. *pół*, r. *pol*, ch. *pôl*, s. *pô*, stsl. *polъ*. Psl. *polъ vychází z ie. **(s)p(h)el-* 'štípat, oddělovat' (A5,A6), příbuzné je lat. *spolium* 'odřezaná zvířecí kůže', alb. *palë* 'strana, část', sti. *phálati* 'puká (na dva kusy)'. Srov. ↑*poledne*, ↓*spolek*, ↓*rozpoltit*, ↑*poleno*, ↑*pleva*.

pulec 'larva žáby'. Jen č., ale nář. *palohlavec, panohlavec, parohlavec* má obdobu v p. *pałgłowiec, pałgowiec*, sln. *páglavec*, ch.d. *pulòglavac, puljèglavac*, s.d. *pȕnoglavac* tv., srov. i něm. *Kaulkopf, Dickkopf*. Všechny tyto názvy jsou motivovány nápadnou kulovitou hlavou pulce. Pro vznik č. *pulec* z nějaké podobné složeniny by bylo třeba předpokládat drastické hláskové změny. Vzhledem k tomu, že poprvé se slovo objevuje u Klareta, není vyloučeno, že jde o svévolnou úpravu autora, snad podle lat. *pullus* 'mládě, kuře'.

pulírovat ob. 'leštit', *vypulírovat*. Z něm. *polieren* z fr. *polir* tv. a to z lat. *polīre* 'leštit, hladit, tříbit'. Srov. ↑*politura*.

pulovr 'svetr oblékaný přes hlavu'. Z angl. *pullover* tv. a to substantivizací z *pull over* 'přetáhnout (přes hlavu)' z *pull* 'táhnout' a *over* 'přes'. Srov. ↑*overal*.

pulpit 'stojan na noty, stolek se sešikmenou deskou'. Viz ↓*pult*.

puls 'tep'. Přes něm. *Puls* z lat. *pulsus* 'tlukot, tep, náraz' od *pellere* (příč. trp. *pulsus*) 'pudit, hnát, tlouci'. Srov. ↑*impuls*, ↑*interpelace*.

pult, *pultík, podpultový*. Z něm. *pult* tv. a to z lat. *pulpitum* 'dřevěný stojan, katedra, kazatelna', jehož další původ není jasný. Srov. ↑*pulpit*.

puma[1] 'americká kočkovitá šelma'. Z indiánského jazyka kečua (oblast Peru).

puma[2] 'bomba', *pumový*. U Jg i *půma*. Asi z nějaké nář. podoby něm. *Bombe* (↑*bomba*), srov. i onom. *bum*.

pumpa, *pumpička, pumpovat, zapumpovat, napumpovat, rozpumpovat*. Z něm. *Pumpe* a to ze střdn., stříniz. *pompe*. Jde o starý námořnický výraz (původně 'pumpa na lodi') zjevně onom. původu, jehož šíření je těžké přesně mapovat. Zdá se, že nejstarší doklad slova je ve střangl. *pump* (15. st.).

pumpky 'pánské sportovní kalhoty podkasané pod koleny'. Z něm. *Pumphose* tv. od dněm. *pump* 'nádhera, okázalost' (něm. *Pomp*, viz ↑*pompa*).

punc 'značka pravosti', *puncovní, puncovat*. Z něm. *Punz, Punzen* a to z it. *punzone* 'razítko, vražení' z lat. *pūnctiō* 'bodnutí' (viz ↓*punkce*).

punč 'horký aromatický nápoj'. Přes něm. *Punsch* z angl. *punch* a to z hind. *pānč* 'pět' (viz ↑*pět*), protože se tento nápoj připravoval z pěti ingrediencí:

araku (případně rumu), citronové šťávy, cukru, koření a vody (čaje).

punčocha, *punčoška, punčochový, punčocháče*. Ze střhn. *buntschuoch* (dnes *Bundschuh*), což byl druh selské šněrovací boty, která se připevňovala řemínky k noze (od střhn. *binden* 'vázat' a *schuoch* 'bota'). V č. přeneseno na hrubou pletenou punčochu, která se také připevňovala k noze tkanicemi. Srov. ↓*punktovat (se)*.

punk. Viz ↑*pank*.

punkce 'nabodnutí tělní dutiny k léčebným účelům'. Z lat. *pūnctiō* 'bodnutí, píchnutí' od *pungere* (příč. trp. *pūnctus*) 'bodat, píchat'. Srov. ↑*punc*, ↓*puntík*, ↑*pointa*.

punktovat (se) 'tajně smlouvat, spolčovat se', *spunktovat*. Dříve *puntovat, buntovat*. Od něm. *Bund* 'spolek' od *binden* 'vázat', srov. ↑*punčocha* a *Bundesrepublik Deutschland*.

puntík, *puntíček, puntíkový, puntíkovaný, puntičkář(ka), puntičkářský, puntičkářství*. Dříve i *punktík, punkt, puňkt* (Jg). Přes střhn. *pun(k)t* z lat. *pūnctum* 'bod', což je zpodstatnělé příč. trp. od *pungere* 'bodnout, píchnout'. Srov. ↑*punkce*, ↑*punc*, ↑*pointa*.

pupek, *pupík, pupeční*. Všesl. – p. *pępek*, r. *pupók*, s./ch. *pȕpak*. Psl. **popъkъ* souvisí s lit. *pampti* 'nadouvat se', *pámpa* 'boule, oteklina', lat. *pampinus* 'výhonek (révy)', vše z ie. onom. kořene **pamp-* 'nadouvat se; něco naběhlého'. Znělá varianta **bamb-* je v lit. *bámba* 'pupek', srov. i ↑*bublina* a také ↓*pupen*.

pupen, *pupínek, poupě, poupátko*. Téhož původu jako ↑*pupek*, srov. ukr. *pupók*, sln. *pópek*, s./ch. *púp(ak)*, vše 'pupen'.

pupila 'panenka, zřítelnice'. Z lat. *pūpilla* 'panenka, děvčátko, zřítelnice', což je zdrobnělina od *pūpa* 'děvčátko, (hrací) panenka', původem asi z dětské řeči (srov. ↑*papat* ap.).

purismus 'snaha o udržení čistoty jazyka', *purista, puristický*. Novotvar od lat. *pūrus* 'čistý', jako jazykovědný termín nejprve ve fr. (*purisme*, 18. st.). Srov. ↓*puritán*, ↓*pyré*.

puritán 'člověk přísných mravů, někdy jen formálně dodržovaných', *puritánka, puritánský, puritánství*. Z angl. *puritan*, což byl název stoupence náboženského reformačního směru, který za vlády Alžběty I. požadoval větší přísnost učení i mravů. Od angl. *purity* 'čistota' od *pure* 'čistý' a to přes fr. *pur* z lat. *pūrus* tv. Srov. ↑*purismus*.

purkmistr '(dříve) starosta města'. Ze střhn. *burge(r)meister* tv. z *burger* 'obyvatel města' od *burc* 'město, hrad' (něm. *Burg* 'hrad') a *meister* 'mistr' z lat. *magister* (viz ↑*magistr*, ↑*mistr*). Srov. i ↓*purkrabí*.

purkrabí '(dříve) správce hradu', *purkrabství*. Ze střhn. *burcgrāve* tv. z *burc* 'hrad, město' a *grāve* 'hrabě' (viz ↑*hrabě*). Srov. ↑*purkmistr*.

purpur 'sytě rudá barva', *purpurový*. Přes něm. *Purpur* z lat. *purpura* tv. z ř. *porfýrā* tv., vedle toho i 'tmavě červené roucho' a 'mořský plž, z něhož se tmavě červené barvivo získává', to je zřejmě přejato z nějakého neznámého středomořského jazyka.

purpura 'směs kadidla a vonných rozdrcených dřev, která při zapálení voní'. Z fr. *pot-pourri* 'směs' se přikloněním k ↑*purpur*), doslova 'shnilý hrnec', z *pot* 'hrnec' neznámého původu (srov. ↑*potaš*) a *pourri* od *pourrir* 'hnít' z vlat. *putrīre* odpovídajícího lat. *putrēscere* tv.

pusa, *pusinka, pusinkovat*. Novější (u Jg ještě není), z něm.d. *Buss* tv. (srov. i angl.st. *buss* tv.), původ je asi onom., srov. i slk. *bozkať* 'líbat' (Ma²).

působit, *působnost, působivý, působiště, způsobit, zapůsobit*. Stč. *pósobiti* 'vytvářet, působit, připravovat, řadit (šiky), dělat' vychází z psl. spojení **po sobě* (viz ↑*po* a ↓*se*), tedy původně 'sestavovat, řadit za sebou'. R. *posobít'* 'pomáhat', *posóbije* 'pomůcka', stsl. *posobъ* 'jeden za druhým', *posobije* 'vojenské spojenectví'. Srov. ↓*způsob*, ↑*osoba*.

půst, *postní, postit se*. Stč. *póst* (C5), p., r. *post*, s./ch. *pôst, pȍst*, stsl. *postъ*. Všesl. přejímka ze sthn. *fasta* tv. (dnes *Fasten*) od *fastēn* 'postit se', jež souvisí se sthn. *fasto* 'pevný, jistý, úplný' (dnes přísl. *fast* 'skoro, málem') i *festi* 'pevný, tvrdý' (viz ↑*fest*). Původní význam slovesa tedy byl 'být pevný (v odříkání)'.

pustošit, *pustošivý, zpustošit*. R. *pustošít'*, ch. *pustòšiti* od r. *pústoš'*, resp. ch. *pústoš* 'pustina' (vzhledem k tomu, že v č. základové slovo není, jde možná o přejetí z r.). Psl. **pustošь* je odvozeno od **pustъ* (viz ↓*pustý*).

pustit, *pouštět, dopustit, dopuštění, napustit, opustit, odpustit, odpuštění, propustit, propusť, propustka, přepustit, připustit, přípustka, přípustkový, rozpustit, rozpouštědlo, spustit, spoušť, upustit, vpustit, vypustit, výpusť, výpustka, zapustit*. Všesl. – p. *puścić*, r. *pustít'*, s./ch. *pùstiti*, stsl. *pustiti*. Psl. **pustiti* je zřejmě odvozeno od **pustъ* (↓*pustý*), původní význam tedy byl 'opustit, učinit pustým', z toho pak 'nechat' a dále 'dovolit, uvolnit'.

pustý, *pustina, pustota, pustnout, zpustnout*. Všesl. – p. *pusty*, r. *pustój*. s./ch. *pȕst*, stsl. *pustъ*. Psl. **pustъ* odpovídá stpr. *pausto-* 'divoký' v složenině *pausto-catto* 'divoká kočka', dále je příbuzné stpr. *paustre* 'pustina'. Východiskem je asi ie. **paus-* 'nechat, pustit', od něhož je i ř. *paúomai* 'přestávám, upouštím, jsem zbaven

puška

(srov. i ↑*pauza*). Srov. ↑*pustit,* ↑*pustošit,* ↑*pouští,* ↑*poustevník.*

puška, *puškař, puškařský.* Stč. *puška* 'válcovitá) nádoba, schránka; dělo'. Ze střhn. *buhse* tv. a to ze střlat. *buxis* 'krabice', lat. *pyxis* tv. z ř. *pyxís* 'krabice (ze zimostrázu)' od *pýxos* 'zimostráz' (srov. ↑*piksla,* ↑*box*[1], ↑*buzola*). Přenesení na dělo a později ručnici asi podle válcovitého tvaru hlavně.

puškvorec 'druh vodní byliny'. Jen č. Zkomolením z něm. *Brustwurz* tv., doslova 'prsní kořen', z *Brust* 'prsa' a *Wurz(el)* 'kořen'.

puštík 'druh sovy'. Přejato z p. *puszczyk* tv. a to stejně jako p. *pójdźka, pućka* 'sýček' odvozeno od onom. základu napodobujícího hlas těchto sov.

putička expr. 'tichý, zakřiknutý člověk (zvláště žena)', *puťka.* Zdrobnělina k nář. *puta, puťa* 'slepice' od vábicího citosl. *put, puť, puta.*

půtka. Od *potýkat se,* viz ↓*týkat se.*

putna, *putýnka.* Má stejný původ jako ↑*bedna,* ale je novější. Bezprostředním zdrojem přejetí je asi něm.d. (bav.) *putten* (něm. *Bütte*) 'putna, káď, džber'.

putovat, *putování, putovní.* Viz ↑*pouť.*

putyka ob. 'hospoda, kořalna'. Přes něm.d. *Budike* 'malý krám, hospůdka' z román. jazyků (it. *bottega,* it.d. i *botiga, buttiga, puteka,* fr. *boutique,* šp. *bodega* 'vinný sklep') a to přes lat. *apothēca* 'sklad, spižírna' z ř. *apothḗkē* tv. (viz ↑*apatyka*). Srov. ↑*butik.*

půvab, *půvabný.* Od *povábiti,* viz ↓*vábit.*

původ, *původní.* Stč. *póvod* 'vedení, soudní řízení, popud, původce' od *pověsti* 'učinit, udělat, začít vést', dnešní význam 'příčina, počátek' možná i vlivem p. *powód* 'žalobce, vedení, příčina'.

pylon

puzzle 'skládačka (rozřezaný obrázek)'. Z angl. *puzzle* tv., vlastně 'zmatení, záhada, hádanka', jehož další původ není jistý.

pych 'krádež (polního, lesního, vodního) majetku'. Původně 'zpupné porušení cizího majetku' (např. svévolná jízda cizím lesem ap.), dále viz ↓*pýcha.*

pýcha, *pyšný.* Stč. *pýcha, pych* 'pýcha, zpupný čin, okázalost'. V tomto významu jen zsl. (p. *pycha*). Přeneseně od psl. *pychati 'dout, nadouvat (se), kypět' (r. *pýchat'* 'sálat, kypět', sln. *píhati* 'dout, foukat'), jež souvisí s ↑*puchnout* (ke vztahu *u – ý* viz B5). Srov. ↑*pych,* ↓*pýchavka,* ↓*pyj.*

pýchavka 'druh houby'. Od *pýchati* ještě v původním významu 'dout, foukat' (zralé plodnice při zmáčknutí vyfouknou výtrusný prach) (Ma[2]).

pyj 'samčí pohlavní orgán'. Jen č. Psl. *pyjь je zřejmě odvozeno od ie. **pū-* 'nadouvat se, puchnout', od stejného základu je r.d. *pýska* (v dětské řeči), lat. *pūtos tv. v *praepūtium* 'předkožka'. Srov. ↑*puchnout,* ↑*pýcha,* ↓*pysk.*

pykat, *odpykat (si).* Stč. *pykati* (1.os.přít. *pyču*) 'želet, litovat, mrzet se'. Jen č., nejasné. R.d. *pýkat'* znamená 'zadrhávat, otálet' a vykládá se jako onom.-expr. (srov. naše ↑*piplat*).

pyknik 'robustní typ člověka se sklonem k tloustnutí', *pyknický.* Uměle k ř. *pyknós* 'pevný, mohutný, statný'.

pyl, *pylový, opylovat.* Presl převzal z r. *pyl'* 'prach, pyl' či p. *pył* 'prach', *pyłek* 'pyl'. Psl. *pylъ 'prach' je asi odvozeno od ie. **pū-* 'dout, vanout' (viz ↑*puchnout,* k významu srov. ↑*pýchavka,* ↓*pýřt*). Druhá možnost je, že souvisí s lit. *piaũlas* 'shnilý strom', sthn. *fūl* 'shnilý, ztrouchnivělý' (něm. *faul* 'shnilý, líný') z ie. **pūl-* od **pū-* 'hnít'.

pylon 'věžová nástavba mostního pilíře; věžovitá stavba tvaru komolého

P

jehlanu'. Z ř. *pylṓn* 'hlavní brána, předsíň, atrium' od *pýlos*, *pýlē* 'brána'.

pýr 'druh traviny (plevel)'. Všesl. – p. *perz*, r. *pyréj*, ch. *pȉr* 'špalda (druh pšenice)'. Psl. *pyrъ má protějšek v lit. *pūras* 'pšeničné zrno', *pūraī̃* (pl.) '(ozimá) pšenice', stangl. *fyrs* 'pýr', ř. *pȳrós* 'pšenice, pšeničné zrno' a snad i sti. *pūra-* 'koláč', vše z ie. **pūro-*, které asi označuje nejstaršího předchůdce dnešní pšenice.

pyramida, *pyramidový*. Přes něm. *Pyramide* z lat. *pȳramis* z ř. *pȳramís* tv., původně i 'druh pečiva z pečených pšeničných zrn a medu' od ř. *pȳrós* 'pšenice' (viz ↑*pýr*). Předpokládá se, že přenesení na egyptské pyramidy mohlo nastat metaforou podle podobného tvaru pečiva, podle jiných je sblížení obou slov až druhotné a název pro pyramidu vychází z egyptštiny.

pyré 'kaše'. Z fr. *purée*, stfr. *puree* '(hrachová) kaše; víno' od stfr. *purer* 'lisováním vytlačovat dužinu, víno ap.', vlastně 'čistit, prosívat', z vlat. *pūrāre* tv. od *pūrus* 'čistý'. Srov. ↑*puritán*.

pyrit 'sirná železná ruda'. Přes moderní evr. jazyky z ř. *pyrítēs*, vlastně 'ohnivý (kámen)', od *pȳr* 'oheň' (viz ↓*pyro-*, ↓*pýřit se*).

pyro- (ve složeninách) 'týkající se ohně'. Z ř. *pȳr* 'oheň' (viz ↓*pýřit se*). Srov. ↓*pyroman*, ↓*pyrotechnik*, ↑*pyrit*.

pyroman 'člověk s chorobnou zálibou v ohni', *pyromanský*, *pyromanie*. Viz ↑*pyro-* a ↑*mánie*, srov. ↑*erotoman*.

pyrotechnik 'odborník na používání a zneškodňování výbušnin', *pyrotechnický*, *pyrotechnika*. Viz ↑*pyro-* a ↓*technika*.

pýří 'chmýří'. Stč. *pýřie* 'chmýří, prach', p. *perz* 'prach'. Psl. **pyrь(je)* je asi odvozeno od ie. **pū-* 'dout, vanout' (viz ↑*puchnout*, ↑*pýcha*, k významu srov. ↑*pýchavka*, ↑*pyl*). Stejnou příp. má i stč. *púřiti sě* 'pyšnět, nadouvat se' (srov. ↓*vzpoura*, ↑*čepýřit se*). Zdá se, že ve slov. docházelo k vzájemnému ovlivňování s podobně znějícími slovy (viz ↑*pýr*, ↓*pýřit se*).

pýřit se, *zapýřit se*. Příbuzné je stč. *pýř* '(žhavý) popel' (srov. však i ↑*pýří*), hl. *pyrić* 'topit', r.d. *pýrej* 'žhavý popel v kamnech', sln. *zapíriti se* 'zčervenat', *pírh* 'kraslice', vše od nedoloženého psl. *pyrъ 'oheň', jež odpovídá sthn. *fiur* (něm. *Feuer*), angl. *fire*, umbr. *pir*, ř. *pȳr*, arm. *hur*, toch. A *por*, chet. *pahhur* tv., vše z ie. **peu̯ōr*, *pūr 'oheň'.

pysk, *pyskatý*, expr. *pyskovat*. Stč. *pysk* 'pysk, zobák, rypák, chobot', luž., p. *pysk* 'tlama, čumák', r.d. *pysk* tv. Psl. *pyskъ je nejspíš odvozeno od ie. **pū-* 'nadouvat se, puchnout' (viz ↑*puchnout*, srov. ↑*pyj*). Příbuzné je asi lit. *pùskas* 'puchýř, uher'.

pyšný. Viz ↑*pýcha*.

pytel, *pytlík*, *pytlíček*, *pytlový*, *pytlovina*, *pytlák*, *pytlácký*, *pytláctví*. Ze střhn. *biutel* (dnes *Beutel*) tv., jež souvisí s angl. *bud* 'poupě', obojí od ie. **bheu-* 'nadouvat (se)'. Srov. i ↑*boule*. *Pytlák* podle toho, že ulovenou kořist odnáší v pytli.

pyžamo, *pyžamový*. Dříve psáno *pyžama*, *pyjama*. Přes něm. *Pyjama* z angl. *pyjamas* (pl.) tv. a to přes hind. z urdského *pāy jāmā* '(volné) kalhoty', doslova 'nožní oblek', z *pāy* 'noha' a *jāma* '(volný) oblek'.

R

rab kniž. 'otrok, nevolník', *rabský*. Přejato možná z csl. *rabъ* (používáno ve významu 'služebník boží'), vzhledem k pozdním dokladům (Jg) však možná až ze slk. či r. *rab*. V č. mu odpovídá starší *rob* tv. z psl. *orbъ tv. *(B8)*, jež je příbuzné s gót. *arbja* 'dědic', něm. *Arbeit* 'práce', stir. *orbe* 'dědic', ř. *orfanós* 'sirotek', arm. *orb* tv., sti. *árbha-* 'malý, slabý; dítě', vše z ie. **orbh-* 'sirotek, dětský otrok či sluha' *(B3)*. Srov. ↓*robě*, ↓*robit*, ↓*robota*, ↑*poroba*.

rabat 'srážka z obchodní ceny poskytovaná dodavatelem obchodníkovi'. Přes něm. *Rabatt* z it.st. *rabatto* tv. od *rabattere* 'srazit (cenu)', doslova 'znovu odbít', z vlat. *re-abbattere z ↓*re-* a vlat. *abbattere 'odbít' z ↑*ab-* a *battere 'bít, tlouci' z lat. *battuere* tv. Srov. ↑*baterie*, ↑*batalion*.

rabiák, rabiát hanl. 'neurvalec, surovec', *rabiácký, rabiátský*. Z něm. *rabiat* 'zuřivý, neurvalý' a to ze střlat. *rabiatus* tv., což je příč. trp. od pozdnělat. *rabiāre* 'zuřit, vztekat se' (lat. *rabere* tv.), srov. *rabiēs* 'zuřivost, vzteklost, běsnění'. Srov. ↓*ráže*².

rabín 'židovský duchovní', *rabínský*. Ze střlat. *rabbinus* tv., což je vlastně zpodstatnělé adj. od *rabbi* z hebr. *rabbī* tv., což doslova znamená 'můj učiteli, můj pane' (oslovení duchovních).

rabovat, *rabování, vyrabovat*. P. *rabować*. Z něm. *rauben* 'loupit', jež souvisí s ↓*rvát*; asi i vliv *hrabiti* tv. (viz ↑*hrabivý*). Srov. ↓*raubíř*.

racek. Jen č. U Jg i *racka*. Preslovo zdrobnělé přejetí nejspíš ze sln. *ráca* či ch.d. *ràca* 'kachna'. To je zřejmě přejetí z furlanského *ratse*, z něhož je i něm.d. *Rätsch*, maď. *réce*, alb. *ráse* tv. Původ furlanského slova není jistý.

racionální 'založený na rozumu, rozumový; účelný, hospodárný', *racionalita, racionalismus, racionalista, racionalistický, racionalizovat, racionalizace, racionalizační*. Z lat. *ratiōnālis* 'početní, rozumový, rozumný, účelný' od *ratiō* 'počet, přehled, rozum, důkaz' od *ratus* 'vypočítaný, pevný, jistý', což je původem příč. trp. od *rērī* 'počítat, soudit, domnívat se'. Srov. ↓*ratifikace*.

ráčit, *uráčit se*. P. *raczyć*, r.d. *ráčit'* 'chtít, usilovat', s./ch. *ráčiti se* 'mít chuť', stsl. *račiti* 'mít chuť, chtít'. Psl. *račiti nejspíš souvisí s *rekti 'říci' od ie. **rek-* 'uspořádat, počítat, říci' (viz ↓*říci*, srov. podobně ↓*vléci*, ↓*vláčet*). Podobná slova jsou v germ. – něm. *geruhen* 'ráčit' (sthn. *ruohhen* 'brát ohled'), *rechnen* 'počítat' (sthn. *rehhanōn* 'pořádat, počítat'), angl. *reck* 'dbát, brát v úvahu', která se ovšem vyvozují z ie. **reǵ-* 'řídit, rovnat' (snad jde o dvě varianty téhož kořene?). V obou případech lze zaznamenat vývoj významu 'pořádat' → 'počítat, brát ohled' → 'chtít' → 'ráčit'.

ráčkovat 'vyslovovat čípkové *r*'. Novější, onom., s přikloněním k *ráček* od ↓*rak*.

rád, *radost, radostný, rozradostněný, radovat se, radovánky, zaradovat se*. Všesl. – p., r. *rad*, ch. *rȁd*, stsl. *radъ*. Příbuzné je stč. *roditi* 'chtít'. Psl. *radъ nemá zcela jasné ie. souvislosti. Obvykle se spojuje s lit. *rōds* 'ochotný' a stangl. *rōt* 'radostný', *ā-rētan* 'rozveselit', což odpovídá výchozímu ie. **rēd-* 'rozveselit, radostný'.

rada, *radit, rádce, radní, radnice, radniční, odradit, poradit, porada, poradní, poradce, poradna, poradenský, poradenství, uradit se*. Jen č. a p. *rada* (odtud do ukr.). V tomto významu výpůjčka ze sthn. *rāt* tv. (něm. *Rat* tv.), srov. i angl. *read* 'číst', původně 'vykládat, hádat'. Germ. slova jsou příbuzná se stsl. *raditi* 'starat se', *radi* 'kvůli', dále pak s av. *rādiy* tv., sti. *rấdhyati* 'řádně dělá, uspokojuje', vše z ie. **rēdh-* od **rē-*, z něhož je např. lat. *rērī* 'počítat, domnívat se' (srov. ↑*racionální*). Vzhledem k významu není vyloučeno, že jiné rozšíření stejného kořene je u slov uvedených pod ↑*ráčit* i ↑*rád*.

radar 'radiolokátor'. Z angl. *radar*, což je zkratkové slovo z *ra(dio) d(etection) a(nd) r(anging)* 'radiové zjišťování a zaměřování'.

radiace 'záření', *radiační, radiátor*. Přes moderní evr. jazyky z lat. *radiātiō* tv. od *radiāre* 'zářit' od *radius* 'paprsek, hůlka; poloměr kruhu'. Srov. ↓*radiální*, ↓*rádius*, ↓*rádio*.

radiální 'jdoucí ve směru poloměru'. Přes moderní evr. jazyky ze střlat. *radialis* od lat. *radius* 'poloměr; paprsek' (viz ↓*rádius*).

radikální 'usilující o důkladné a rychlé změny od základu', *radikál, radikálnost, radikalismus, radikalizovat se, radikalizace*. Z něm. *radikal*, fr. *radical* ze střlat. *radicalis* 'jdoucí ke kořenům, zásadní' od lat. *rādīx* 'kořen'. Srov. ↓*ředkev*.

rádio 'rozhlas', *rádiový, radista* 'kdo obsluhuje rádiovou stanici', *radistický*. Přes něm. *Radio* z am.-angl. *radio*, což je zkrácení z *radiotelegraphy*, vlastně 'přenášení zpráv elektromagnetickým zářením', jehož první část vychází z lat. *radius* 'paprsek'. Srov. ↑*radiace*, ↓*rádius*.

radio- (ve složeninách) 'týkající se rádia; týkající se (radioaktivního) záření'. K prvnímu viz ↑*rádio* (srov. *radiostanice, radioamatér, radiopřijímač* ap.), k druhému viz ↑*radiace*, ↓*radium* (srov. ↓*radioaktivní, radioizotop*).

radioaktivní 'schopný vysílat záření při rozpadu (u některých prvků)', *radioaktivita*. Přes něm. *radioaktiv* z fr. *radioactif*. Poprvé užila M. Curie při objevu radia (viz ↓*radium*), prvního radioaktivního prvku. Od lat. *radius* 'paprsek', viz ↓*rádius*, ↑*radiace*.

rádiovka 'kulatá plochá čepice bez štítku'. Snad proto, že se objevila v době šíření rádia a stopka uprostřed připomíná anténu.

radium 'radioaktivní prvek'. Utvořeno jeho objeviteli manželi Curieovými od lat. *radius* 'paprsek', *radiāre* 'zářit'. Srov. ↑*radioaktivní*, ↑*radiace*, ↓*rádius*.

rádius 'poloměr; dosah působnosti'. Z lat. *radius* 'poloměr; paprsek, hůlka', jež asi souvisí s lat. *rādīx* 'kořen', ř. *rhádix* 'větev, hůl' (srov. ↑*radikální*). Srov. dále ↑*radiace*, ↑*radium*, ↑*rádio*.

radlice 'zaostřená část nářadí ke kypření půdy'. Od *rádlo* 'staré nářadí k orání'. Všesl. Z psl. **ordlo (B8)* odvozeného příp. *-dlo* od **orati* (↑*orat*).

radon 'plynný prvek vznikající při rozpadu radia'. Uměle od ↑*radium*, srov. ↑*neon*.

radost. Viz ↑*rád*.

rádža 'indický panovník'. Viz ↑*mahárádža*.

rafat expr. 'chňapat, štěkat', *porafat (se)*. Z něm. *raffen* 'popadnout, chňapnout', jehož další původ není zcela jistý. Souvisí asi s ↓*rašple*.

ráfek 'obvodová část kola pro nasazení pneumatiky'. Z něm. *Reif* tv. z germ. **raipa-* 'obruč, pás, lano', jež nemá spolehlivé ie. příbuzenstvo.

rafije zast. 'ručička u hodin', *rafička*. Stč. *rafijě* 'ukazovátko při čtení; písátko'. Z lat. *graphium* 'písátko, rydlo' z ř. *grafeîon* tv. od *gráfō* 'píšu, škrábu, ryji'. Srov. ↑*narafičit*, ↑*graf*.

rafinovaný 'vychytralý, prohnaný'. Přeneseně od *rafinovaný* 'vytříbený, vyčištěný', stejný význam již ve fr. *raffiné* (viz ↓*rafinovat*).

rafinovat 'podrobovat čisticímu procesu', *rafinace, rafinační.* Z fr. *raffiner* tv. z *re-* (viz ↓*re-*) a *affiner* 'čistit, tříbit', stfr. *afiner* tv. od *fin* 'jemný, čistý, ryzí, chytrý'. Srov. ↓*rafinovaný*, ↑*fajn*, ↑*finesa*.

raft 'sportovní plavidlo ke sjíždění řek', *rafting.* Z angl. *raft* 'vor' skand. původu (stisl. *raptr* 'kmen').

ragby 'druh míčové hry', *ragbyový, ragbista.* Z angl. *rugby* podle školy ve městě *Rugby* ve střední Anglii, kde hra ve 30. letech 19. st. vznikla.

raglán 'druh svrchníku'. Z angl. *raglan* podle lorda *Raglana* († 1855), anglického velitele v krymské válce, který takový svrchník nosil.

ragtime 'způsob klavírní hry s hojnými synkopami'. Z am.-angl. *ragtime* z angl. *rag* 'cár, hadr' a *time* 'čas', doslova 'roztrhaný čas'.

ragú 'pokrm z kostek masa aj. s jemnou pikantní bílou omáčkou'. Z fr. *ragoût* tv., vlastně 'pokrm povzbuzující chuť', od *ragoûter* 'vzbuzovat chuť' z ↓*re-*, ↑*a-*[1] a odvozeniny od *goût* 'chuť' z lat. *gustus* tv. Srov. ↑*gusto*, ↑*degustace*.

ráhno 'tyč na lodním stožáru pro plachtu', *ráhnový, ráhnoví.* Z něm. *Rahe* tv. (zakončení asi podle ↑*břevno*), jež souvisí s něm. *Reck* 'hrazda', angl. *rack* 'stojan, mřížka, regál'.

ráchat se ob. expr. 'máchat se, koupat se', *vyráchat se.* Nepochybně expr. útvar onom. původu, u Jg jen *rachati* 'kvákat (o žábách) ap.'. Srov. ↓*rachot*, ↓*rašit*.

rachejtle ob. 'rakety (na ohňostroj)'. Expr. přetvoření z ↓*raketa*[1]. Již u Jg v podobách *raketle, rachetle* i *rachejtle*, podle zakončení lze soudit na rak.-něm. zdrobňující příp. *-le*.

rachitida 'křivice', *rachitický.* Z nlat. *rachitis* utvořeného od ř. *rháchis* 'hřbet, páteř'.

rachotit, *rachot, rachtat*, expr. *rachotina,* ob. expr. *rachota* 'práce'. Onom. původu, srov. ↓*řachnout* a starší č. *(h)rochati* 'bouchat, třeskat, chrochtat'.

ráj, *rajský.* Všesl. – p. *raj,* r. *raj,* s./ch. *râj,* stsl. *rai.* Psl. *rajь* je slovo již předkřesťanské, jeho původní význam a původ vůbec však nejsou jisté. Spojuje se s av. *rāy-* 'bohatství, štěstí' (mohlo by jít o vliv írán. v náboženské oblasti podobně jako u ↑*bůh* aj.), sti. *rai-* 'majetek, bohatství' (příbuzné je i lat. *rēs* 'věc', srov. ↓*republika*) (Ma[2]). Jiný výklad počítá s domácím tvořením a spojuje s **rojь* (viz ↓*roj*), původně 'vodní proud' (HK). Původní význam by pak byl 'sídlo mrtvých' – Praslované totiž věřili, že svět mrtvých se nachází pod vodou. Srov. ↓*rajče*, ↓*rajka*.

rajcovat ob. 'dráždit', *rajcovní, rozrajcovat.* Z něm. *reizen,* jež souvisí s *reissen* 'trhat, škubat', *ritzen* 'škrábat' i angl. *write* 'psát' (srov. ↓*rys*[2]).

rajče, *rajčatový.* Lid. název ze sousloví *rajské jablko* (u Jg ještě označení pro více různých plodů) a to podle něm. *Paradiesapfel* tv. (srov. slk. *paradajka*) z *Paradies* 'ráj' z pozdnělat. *paradīsus* 'zahrada, ráj' z ř. *parádeisos* tv. a *Apfel* 'jablko' (viz ↑*jablko*). Srov. ↓*rajka*.

rajda hanl. 'běhna, coura'. Snad podle *trajda* (↓*trajdat*) a dalších podobných slov (*chajda, pajda*) od ↑*rajcovat* či ↓*rajtovat*?

rajka 'druh exotického ptáka'. Preslův kalk za lat. *paradīsea (avis),* něm. *Paradiesvogel* 'rajský pták', viz ↑*ráj* a ↑*rajče*.

rajon 'místo něčí působnosti', *rajonový*. Z fr. *rayon* 'okruh, obvod; poloměr, paprsek' za starší *rai(s)* tv. z lat. *radius* (viz ↑*rádius*).

rajtovat ob. 'skotačit, dovádět', *zarajtovat si, rajtky* 'jezdecké kalhoty'. Z něm. *reiten* 'jezdit na koni', jež souvisí s angl. *road* 'cesta' (z ie. **reidh-* 'jet, být v pohybu'). Srov. ↓*rytíř*, ↓*rejtar*.

rak, *ráček*. Všesl. – p., r. *rak*, s./ch. *rȁk*. Psl. **rakъ* nemá jasný původ. Zdá se, že souvisí s lat. *cancer*, ř. *karkínos*, sti. *karkaṭa-* tv., wal. *crach* 'strup, kůrka', sti. *karkara-* 'tvrdý', vše od ie. **kar(kar)-* 'tvrdý', ale hláskoslovné obtíže jsou velké (přesmyk souhlásek, ztráta iniciálního *k-*?). Srov. ↓*rakovina*.

raketa[1] 'pyrotechnický náboj způsobující světelný a zvukový efekt; odpalované létací zařízení', *raketový, raketomet, raketoplán*. Z něm. *Rakete* tv. a to z it. *rocchetta*, což je zdrobnělina od *rocca* 'přeslice (u kolovratu)', původu asi germ. Přeneseno na základě podoby (srov. fr. *fusée* 'vřeteno' i 'raketa').

raketa[2] 'pálka s pružným výpletem'. Přes něm. *Rakett* z fr. *raquette*, it. *racchetta* tv. a to z ar. *rāḥet* 'dlaň', hov. varianty k *rāḥa* tv.

rakev, *rakvička*. R. *ráka* 'rakev s ostatky světce', sln. *rákev* (asi z č.), stsl. *raka* 'hrob'. Historie slova není příliš jasná. Psl. asi **orka* i **orky*, první podoba přímo z lat. *arca* 'rakev, truhla, skříň', druhá zřejmě germ. prostřednictvím. Srov. ↑*archa*.

rakije 'balkánská kořalka'. Ze s./ch. *ràkija* z tur. *raki* a to z ar. *ʿarraq* 'kořalka', původně 'šťáva'. Srov. ↑*arak*.

rákos, *rákosí, rákosový, rákoska*. Stč. i *rokosie*. Takto jen č., jinak p. *rogozie*, r. *rogóz*, s./ch. *ròg̀oz* (srov. ↓*rohož*). Psl. **rogozъ* není zcela jasné. Obvykle se odvozuje od **rogъ* (viz ↓*roh*) v původním významu 'trčící, čnějící', méně jasná je druhá část, v níž někteří vidí ie. **ozdo-* 'větev' (něm. *Ast*, ř. *ózos*, arm. *ost* tv.). Nepravidelné změny na cestě z psl. do č. také nejsou jasné, k záměně *k* za *g* došlo zjevně před změnou *g>h (C2)*.

rakovina, *rakovinný, rakovinový*. Nověji odvozeno od ↑*rak* (ve starší č. a v jiných slov. jazycích týž název pro živočicha i nemoc stejně jako v něm. *Krebs*, lat. *cancer*), metaforické přenesení již v ř. (srov. ↑*karcinom*). Na základě představy, že rak v těle užírá postiženou část.

rallye '(automobilový) hvězdicový či dálkový závod s rychlostními zkouškami ap.'. Z angl. *rallye* tv. od *rally* '(znovu) se shromáždit, sebrat se' z fr. *rallier* 'shromažďovat, sjednocovat' z *re-* (viz ↓*re-*) a *allier* 'spojovat, slučovat' (viz ↑*aliance*).

rám, *rámec, ráměček, rámový, rámovat, zarámovat, orámovat*. Ze střhn. *ram(e)* tv. (dnes *Rahmen*) nejistého původu (snad souvisí s něm. *Rand* 'okraj').

rámě, **rameno**, *ramínko, ramenní, ramenatý, náramenik, náramek*. Všesl. – p. *ramię*, r.st. *rámo*, s./ch. *rȁme*, stsl. *ramo*. Psl. **ormę, *ormo* je příbuzné se stpr. *irmo* tv., gót. *arms* 'ruka', něm. *Arm* tv., lat. *armus* 'rameno, plece', sti. *īrmā-* tv., av. *arəma* 'ruka, rameno', vše z ie. **arəmo-* 'ruka, rameno'.

rampa 'vyvýšená plošina s různým účelem'. Přes něm. *Rampe* z fr. *rampe* 'rampa, svah, nakloněná plošina' od *ramper* 'plazit se, být nakloněný' a to z frk. **hrampon* 'drápat se, lézt'.

rampouch. Stč. *ropúch*, jen č., málo jasné. Odvozuje se od *ropěti* 'kapat, téci', ale toto slovo zná pouze Kottův slovník z konce 19. st. (Ma[2]). Expr. příp. *-úch* jako např. v ↓*sopouch*. Formálně se *ropouch* připodobnilo

rámus 527 **rapsodie**

k rovněž nejasnému *rampouch* 'klenutí' (Jg) asi něm. původu. Expr. je i slk. název pro rampouch *cencúľ*. Srov. ↓*ropa*, ↓*ropucha*.

rámus, *rámusit*. U Jg i ve významu 'shrábnutí, odnětí' a 'nepořádek, škoda'. Nejblíže stojí sln. *ramúš, ramôvš* 'hluk, rámus, lomoz', p.d. *ramot* tv., srov. i starší č. *romoniti* 'šumně hučet'. Základem bude onom. kořen **rā-* (srov. i ↑*rachot*, ↓*rarach*), ale tvoření č. (a také podobných sln. slov) je nejasné.

rána, *ranit, raněný, poranit, zranit, zranění, ranhojič*. Všesl. – p. *rana*, r. *rána*, s./ch. *rȁna*, stsl. *rana*, vše 'poranění' (význam 'úder, zvuk úderu' je jen č. a slk.). Psl. *rana z ie. **u̯rōnā* je příbuzné s alb. *varrë* a sti. *vraṇá-* tv. (srov. i starší č. *vrana* 'otvor na sudu'), vše jsou to odvozeniny od ie. **u̯er-* 'roztrhnout, škrábnout'. Srov. i ↓*vřed*.

ranč '(americká) dobytkářská farma'. Z am.-angl. *ranch* ze šp. *rancho* tv., původně 'vojenský tábor, chalupa, jakékoli provizorní obydlí', a to nejspíš od slovesa *ranch(e)arse* 'ubytovat se, umístit se' z fr. *se ranger* 'usadit se, řadit se' a to z germ. (srov. frk. *hring 'kruh'). Srov. ↓*rynek*, ↓*ring*.

randál ob. expr. 'hluk, rámus'. Z něm. *Randal* tv. a to asi ve studentské řeči kontaminací *(D3)* něm.d. *Rand, Rant* '(hlasitý) žert, povyk' a *Skandal* (viz ↓*skandál*).

rande hov. '(milostná) schůzka'. Přes něm. *Rendezvous* z fr. *rendez-vous* tv., což je vlastně zpodstatnělý imperativ 2.os.pl. slovesa *se rendre* 'dostavit se' (tedy 'dostavte se'), v nezvratné podobě *rendre* 'dopravit, posílat zpět, vracet' z lat. *reddere* 'vracet, dávat zpět' z ↓*re-* a *dare* 'dát'. Srov. ↓*renta*.

ranec, *raneček*. Z něm.st. *Rantz* (16. st.), dnes *Ranzen*, jehož původ je temný.

ráno, *ranní*. Jako zpodstatnělé přísl. jen v zsl. (p. *rano*, hl. *ranjo, ranje*), jinde ve významu 'brzy'. Psl. přísl. *rano je utvořeno od adj. *ranъ* (viz ↓*raný*).

rantl ob. 'okraj'. Zřejmě z nějaké něm. nář. podoby odpovídající spis. něm. *Rändel*, což je zdrobnělina od *Rand* tv.

raný 'časný'. Všesl. – p. *ranny*, r. *ránnyj*, s./ch. *rân*, stsl. *ranъ* 'ranní'. Psl. *ranъ nemá jednoznačný výklad. Lze vyjít z předsl. **u̯rōdno- (A9)* od ie. **u̯erdh-, u̯redh-* 'růst, stoupat', od něhož je i ř. *órthros* '(časné) ráno, úsvit'. Viz i ↓*rod*.

rap 'druh černošské hudby založený na neměnném vtíravém rytmu a rychlé, téměř mluvené intonaci', *rapový, raper*. Z am.-angl. *rap (music)* od slang. *rap* 'kecat, diskutovat', původně 'zaklepat, poklepat; vyštěknout' onom. původu. Srov. ↓*rapl*.

rapidní 'rychlý, překotný'. Přes něm. *rapid* z fr. *rapide* z lat. *rapidus* 'prudký, rychlý, dravý' od *rapere* '(rychle) uchopit, hnát'. Srov. ↓*uzurpovat*.

rapír 'druh bodné a sečné zbraně, končíř'. Přes něm. *Rapier* tv. *rapière* tv. a to od *râper* 'strouhat, pilovat' (srovnání s pilníkem snad na základě proděravělé rukojeti) z vlat. *raspāre 'shrnovat, sbírat' germ. původu. Srov. ↓*rašple*.

rapl ob. expr. 'potřeštěnec', *raplovský*. Z něm. *Rappel(kopf)* od *rappeln* 'chrastit, třeštit', jež souvisí s angl. *rap* 'klepat' (srov. ↑*rap*).

raport zast. 'hlášení'. Přes něm. *Rapport* z fr. *rapport* tv. od *rapporter* 'ohlašovat, podávat zprávu' z *re-* (↓*re-*) a *apporter* 'přinášet' (srov. ↑*aportovat*) z lat. *apportāre* tv. z ↑*ad-* a *portāre* 'nést'.

rapsodie 'starořecká hrdinská báseň; dramatická instrumentální skladba'. Přes lat. *rhapsōdia* z ř. *rhapsōi̯día* '(hrdinská)

báseň' od *rhapsōjdós* 'zpěvák (hrdinských) písní', vlastně 'kdo připravuje písně', z *rháptō* 'spojuji, připravuji' a *ōjdé* 'píseň, zpěv'. Srov. ↑*óda*.

rarach 'čert, ďas', *rarášek*. Asi expr. obměna slova ↓*raroh*, které v p. a ukr. znamená i 'obluda, démon'.

rarita 'vzácnost, zvláštnost'. Z lat. *rāritās* 'řídkost, vzácnost' od *rārus* 'řídký, vzácný, ojedinělý'.

raroh 'druh dravého ptáka'. P. *rarόg*, ukr. *rárih*. Psl. **rarogъ* je tvořeno příp. *-ogъ* (srov. ↑*piroh*, ↑*ostroh*) od **rarъ* 'šum' (csl. *rarъ* 'zvuk, šum'), nejspíš od onom. **rā-* 'řvát, hlučet' (srov. r.d. *rájat'* 'hučet' i ↑*rámus*). Stejnou příp. jako **rarъ* má i sthn. *rēren* 'řvát', angl. *roar* tv.

ras 'pohodný'; hov. expr. 'člověk bezohledný k sobě i jiným'. Jen č., ne zcela jasné. V něm. je *Wasenmeister* tv. od *Wasen* 'trávník, mrchoviště'. Vedle toho je i něm. *Rasen* 'trávník, drn' (obě slova se někdy etymologicky spojují, ale původ není jasný) a od toho se č. slovo vykládá (HK). Podle jiného výkladu přetvořením něm. *Racker* 'kat, pohodný' (srov. podobné zakončení u ↑*ďas*) (Ma²).

rasa, *rasový, rasismus, rasista, rasistický*. Přes něm. *Rasse* z fr. *race*, it. *razza* tv., jehož další původ se obvykle hledá buď v lat. *ratiō* 'rozum, řád, soustava' (viz ↑*racionální*), nebo v ar. *ra's* 'hlava, původ'.

rastr 'mřížka; linkovaný papír s vyznačenými sloupci'. Z něm. *Raster* tv. z lat. *rāstrum* 'motyka, kopáč' od *rādere* 'škrabat, drásat'. Srov. ↓*razantní*.

rašelina, *rašelinový, rašeliniště*. Jen č. (od obrození), nejasné. Jg uvádí s poznámkou, že dobré české jméno pro rašelinu nemáme, zřejmě jde o Preslův výtvor podle nějaké neznámé cizí předlohy. Lze uvažovat o sln. *ráhel* 'kyprý, sypký, měkký', *ráșiti* 'kypřit, hrabat'.

rašit, *vyrašit*. Jen č. Souvisí asi se sln. *rášiti* 'kypřit, hrabat, šťouchat', ch. *narašiti* 'kypřit (podušku)'. Významovou souvislost lze vidět na sln. *prâskati* 'škrabat' a našem ↑*praskat*, ↑*pukat*, ↑*pučet*, původ je tedy onom. (*rašit* = 'pukat'), srov. i ↑*ráchat se*, ↑*rachot*, ↑*rašelina*.

rašple, *rašplovat*. Z něm. *Raspel* tv. od *raspeln* 'strouhat' a to ze sthn. *raspōn* 'sbírat, shrnovat, trhat', jehož další původ není jasný. Srov. ↑*rapír*.

ratan 'lehké pružné dřevo užívané k výrobě nábytku ap.'. Z angl. *rattan* a to z malaj. *rotan* tv. a to asi od *rout* 'odškrabat'.

ratejna ob. expr. 'velká neútulná místnost'. Původně 'čeledník' od staršího č. *rataj* 'oráč, čeledín' z psl. **ortajь* (*B8*) od **orati* (viz ↑*orat*), srov. i ↑*radlice*.

ratifikace 'konečné schválení (mezinárodní smlouvy)', *ratifikovat*. Ze střlat. *ratificatio* od *ratificare* 'potvrdit' z *ratus* 'pevný, jistý, určitý' (viz ↑*racionální*) a *facere* 'udělat' (viz ↑*-fikace*).

ratlík 'druh psa'. Z něm. *Rattler*, vlastně 'krysař' od *Ratte* 'krysa'. Původ tohoto slova společného většině germ. a román. jazyků (angl. niz., fr. *rat*, it. *ratto*, šp., port. *rata*) není jistý.

ratolest '(mladá) listnatá větvička'. Stč. *ratolast, ratorasl, ratoresl, letorast, letorasl, letorostl*. Etymologicky totéž co *letorost*, vlastně 'co vyroste za rok'. Vzhledem k přesmyku slabik a dalšímu komolení slova a také vzhledem k důslednému *ra-* na začátku, jde podle Ma² o přejetí z csl. *lětoraslь*. Viz ↑*léto* a ↓*růst*.

raubíř hov. expr. 'darebák, uličník'. Z něm. *Räuber* 'loupežník, lupič' od *rauben* 'loupit' (viz ↑*rabovat*).

raut 'společenský večer vybrané společnosti'. Z angl. *rout* tv., původně 'srocení, houf, sebranka', ze stfr. *route* 'zlomek, oddělená skupina ap.' a to z lat. *rupta (pars)* 'zlomená, roztržená (část ap.)' od *rumpere* 'zlomit, roztrhnout'. Srov. ↓*rota,* ↑*bankrot.*

ráz 'souhrn příznačných znaků; rychlý, prudký pohyb', *rázný, razit, ražení, razítko, razítkovat, ražba, ráže, dorazit, důraz, důrazný, narazit, náraz, narážka, orazit, odrazit, odraz, odrážka, porazit, porážka, podrazit, podraz, podrážka, prorazit, průrazný, přerazit, přirazit, přirážka, rozrazit, srazit, sraz, srážka, urazit, úraz, urážka, vrazit, vyrazit, výraz, vyrážka, zarazit, zarážka,* aj. Všesl. – p. *raz* 'jednotlivý případ, úder', r. *raz* '-krát, jednou, když', s./ch. *râz* 'lopatka na měření obilí'. Psl. *razъ je od slovesa *raziti 'tlouci, sekat', což je opětovací sloveso k *řezati (↓*řezat*). Srov. i ↑*obraz.* Posun k významu 'charakter, souhrn příznaků' v č. si představíme z původního 'úder, prudký pohyb' přes 'vyražený znak' (srov. *ražba mincí*).

razantní 'prudký, průbojný', *razance.* Přes něm. *rasant* tv., vlastně 'plochý, přízemní (o dráze střely)', z fr. *rasant* tv. od *raser* 'holit', přeneseně 'jet, jít, letět těsně u něčeho', z vlat. *rāsāre od *rādere* (příč. trp. *rāsus*) 'škrábat, drásat'. Srov. ↑*rastr.*

razie 'náhlý vpád, zásah bezpečnostních orgánů'. Přes něm. *Razzia* z fr. *razzia* tv. a to z ar. *ġāziya* 'loupeživý výpad (jednoho kmene proti druhému)'.

ráže[1] 'kalibr'. Viz ↑*ráz.*

***ráže**[2] (*dostat se do ráže, být v ráži* 'rozohnit se'). Z fr. *rage* 'vztek, zuřivost, vášeň' z vlat. *rabia odpovídajícího lat. *rabiēs* 'zuřivost, šílenství, běsnění'. Srov. ↑*rabiák.*

rdesno 'druh byliny s klasy růžových kvítků'. P. *rdes(t), derdes* aj., ukr. *deres, drjasen,* sln. *dresen, r(e)desen* aj., s./ch. *dresen, rdesen, hrdeselj* aj. Slovo prošlo řadou formálních obměn (č. *rd-* snad vlivem ↓*rdít se*), jako výchozí podoba se uvádí *nerstьnъ či **nerstьno (B8)* od **nerstъ,* *nerstь 'jikry, rybí potěr' (viz ↑*neřest*). Pod vodními rdesny totiž ryby rády ukládají jikry (srov. i něm. *Laichkraut* 'rdesno' z *Laich* 'rybí potěr' a *Kraut* 'zelí, nať') (Ma[2]).

rdít se, *zardívat se, uzardělý, zarděnky.* R. *rdet'*, sln. *rdéti,* csl. *rъděti sę.* Psl. **rъděti (sę)* odpovídá lit. *rudéti,* sthn. *rotēn,* lat. *rubēre,* vše z ie. **rudhē-* 'stávat se červeným, rudnout'. Dále viz ↓*rudý,* srov. ↓*rez,* ↓*ruměný,* ↓*ryšavý,* ↓*rusý.*

rdousit, *zardousit.* Č.st. i *hrdousiti,* slk. *hrdúsiť,* p. *krztusić.* V druhé části je ↑*dusit,* první jistě souvisí s ↑*hrdlo,* ↑*hrtan,* ale celkově slovotvorně ne zcela jasné.

re- předp. Z lat. *re-* (před samohláskami většinou *red-*) 'znovu, opět', jež nemá jistý původ. Srov. ↓*reagovat,* ↓*recepce,* ↓*redigovat,* ↓*referát,* ↓*regrese,* ↓*rekreace,* ↓*relativní,* ↓*renesance,* ↓*represe,* ↓*respekt,* ↓*revoluce* aj.

reagovat 'odpovídat na vnější popud', *zareagovat, odreagovat se.* Podle vzoru něm. *reagieren,* fr. *réagir* přejato jako chemický termín z pozdnělat. *reagere* 'hnát zpět', střlat. 'působit proti něčemu', z ↑*re-* a *agere* 'hnát, konat, jednat'. Srov. ↓*reakce,* ↑*agenda.*

reakce 'odezva na vnější popud; odpor proti pokroku', *reakční, reakcionář(ka), reaktivní, reaktivita.* Přes něm. *Reaktion,* fr. *réaction* ze střlat. *reactio* 'zpětná činnost, odvetné jednání' od *reagere* (viz ↑*reagovat*). V politickém významu od fr. *revoluce.* Srov. ↓*reaktor.*

reaktor 'zařízení na štěpení atomových jader'. Z am.-angl. *reactor* od angl. *react* 'působit (zpětně), reagovat' (viz ↑*reagovat*).

reálie 'poznatky o životě a kultuře určitého národa v určité době'. Z lat.

reálný 530 **redakce**

reālia 'skutečnosti', což je zpodstatnělé adj. *reālis* 'skutečný' v pl. stř. rodu. Viz ↓*reálný*.

reálný 'skutečný, věcný', *realita, realismus, realista, realistický, realizovat, realizace, realizační*. Přes něm. *real* z pozdnělat. *reālis* tv. od lat. *rēs* 'věc'. Srov. ↑*reálie*, ↓*republika*, ↓*rébus*.

rebarbora 'reveň'. Dříve též *rabarbara, rebarbara* (Jg). Podoba s re- nejspíš z raně nhn. *reubarbar* (dnes *Rhabarber*) z pozdnělat. *reubarbarum*, lat. *rhabarbarum* a to z ř. *rhā bárbaron* tv. První část je asi přejetí z per. *rāwend*, přikloněné k ř. názvu řeky Volhy *Rhā* (z té oblasti reveň do Řecka přišla), druhá část signalizuje cizí původ (viz ↑*barbar*). Srov. ↓*reveň*.

rebel 'buřič', *rebelant, rebelský, rebelie*. Přes něm. *Rebell* z lat. *rebellis* 'odbojník, vzbouřenec', vlastně 'kdo obnovuje válku', z ↑*re-* a *bellum* 'válka'.

rébus 'hádanka naznačující slovo či větu obrázky a písmeny'. Přes něm. *Rebus* z fr. *rébus* a to z lat. *(dē) rēbus (quae gerentur)* 'o věcech, které se stávají', což byl název žertovných kreseb v podobě rébusů, kterými studenti v Pikardii (oblast v severových. Francii) komentovali soudobé dění (15. st.). Tvar *rēbus* je tedy ablativ pl. lat. subst. *rēs* 'věc'. Srov. ↑*reálný*, ↓*republika*.

recenze 'posudek, kritika', *recenzovat, recenzní, recenzent*. Z něm. *Rezension* tv. a to nově k lat. *recēnsiō* 'prohlídka' od *recēnsēre* 'přehlížet, posuzovat' z ↑*re-* a *cēnsēre* 'hodnotit, počítat'. Srov. ↑*cenzura*.

recepce 'oficiální přijetí hostů s pohoštěním; přijímací místnost', *recepční*. Přes něm. *Rezeption* z lat. *receptiō* 'přijetí, převzetí' od *recipere* 'přijímat, převzít' z ↑*re-* a *capere* 'brát, jímat'. Srov. ↓*recept*, ↑*koncepce*, ↑*akceptovat*.

recepis zast. ob. 'recept, stvrzenka'. Z lat. *recēpisse (testātur)* '(potvrzuje se), že přijal', což je vlastně minulý inf. od *recipere* 'přijmout' (viz ↓*recept*). Přikloněno k slovům jako *předpis, úpis*.

recept 'předpis'. Přes něm. *Rezept* ze střlat. *receptum* tv., což je zpodstatnělé příč. trp. od *recipere* 'přijmout' (viz ↑*recepce*), tedy 'přijato'. Tímto slovem lékárník potvrdil, že připravil lék podle lékařského předpisu. Význam 'kuchyňský předpis' se vyvinul druhotně.

recese 'zpomalení hospodářského vývoje; výstřední žerty'. Z lat. *recessiō* 'ústup' od *recēdere* 'ustoupit, odejít, oddělit se' z ↑*re-* a *cēdere* 'kráčet, jít'. Význam 'výstřední žerty' je asi z pozdějšího významu 'přerušení, přestávka' (srov. ↑*legrace*). Srov. ↑*koncese*, ↑*proces*.

recidiva 'návrat, opakování (choroby, trestné činnosti ap.)', *recidivista*. Od lat. *recidīvus* 'zpět se vracející, obnovený' (již v lat. vesměs o trestném činu či chorobě) od *recidere* 'padnout zpět' z ↑*re-* a *cadere* 'padat'.

reciproční 'vzájemný', *reciprocita*. Ze střlat. *reciprocus* tv. z lat. *reciprocus* 'pohybující se sem a tam', vlastně 'pohybující se dozadu a dopředu', z **recus* a **procus*, což jsou odvozeniny od ↑*re-* a ↑*pro-*, k druhé viz i ↑*pryč*.

recitovat, *recitace, recitační, recitátor, recitativ, recitál*. Podle něm. *rezitieren* z lat. *recitāre* tv. z ↑*re-* a *citāre* 'vyvolávat, předvolávat, uvést' (viz ↑*citovat*). *Recitativ* je z it. *recitativo* a *recitál* z angl. *recital*.

recyklovat 'dát zpět do oběhu (o odpadních hmotách)'. Nové slovo, viz ↑*re-* a ↑*cyklus*.

redakce 'zpracovávání textu pro publikování; kolektiv pracovníků vykonávajících tuto činnost', *redakční, redaktor(ka)*. Přes něm. *Redaction*

redigovat   531   **refundovat**

z fr. *rédaction* tv. od *rédiger* (viz ↓*redigovat*).

redigovat 'zpracovávat text pro publikování'. Podle něm. *redigieren* z fr. *rédiger* 'spisovat, sepsat, upravovat text' z lat. *redigere* (příč. trp. *redāctus*) 'přivádět zpět, uvádět do (správného) stavu' z *red-* (↑*re-*) a *agere* 'hnát, konat, jednat'. Srov. ↑*reagovat*, ↑*agenda*.

redukce 'omezení, snížení'. Podle něm. *Reduction* z lat. *reductiō* 'stažení, snížení' od *redūcere* 'vést zpět, odtahovat' z ↑*re-* a *dūcere* 'vést'. Srov. ↑*indukce*, ↑*dedukovat*, ↑*produkce*.

redundantní 'nadbytečný', *redundance*. Z lat. *redundāns*, což je přech. přít. od *redundāre* 'být v nadbytku, přetékat, vylévat se' z *red-* (↑*re-*) a *undāre* 'vlnit se, dmout se' od *unda* 'vlna, voda'.

reduplikace 'zdvojení'. Z pozdnělat. *reduplicātiō* tv. od *reduplicāre* '(opětně) zdvojit' z ↑*re-* a lat. *duplicāre* 'zdvojit' od *duplex* 'dvojitý' z *duo* 'dva, dvě' a odvozeniny od *plectere* 'plést'. Srov. ↑*duplikát*, ↑*komplex*, ↑*perplex*.

refektář 'klášterní jídelna'. Ze střlat. *refectorium* tv. od lat. *reficere* (příč. trp. *refectus*) 'znovu činit, obnovit, osvěžit' z ↑*re-* a *facere* 'dělat'. Srov. ↑*defekt*, ↑*perfektní*.

referát '(hodnotící) zpráva; odbor, úsek působnosti', *referovat*, *referent(ka)*. Z něm. *Referat* tv. a to zpodstatněním lat. slovesného tvaru *referat* 'ať podá zprávu' (obvyklá kancelářská poznámka), což je 3.os.sg. konjunktivu od *referre* 'nést zpět, oznamovat, zpravovat' z ↑*re-* a *ferre* 'nést'. Srov. ↓*referendum*, ↓*relace*.

reference 'posudek, dobrozdání, doporučení'. Přes něm. *Referenz* z fr. *référence* 'doporučení' od *référer* 'podat zprávu' z lat. *referre* tv. (viz ↑*referát*).

referendum 'přímé hlasování občanů o zákonných opatřeních'. Z lat. *referendum* 'o čem má být podána zpráva' od *referre* 'podat zprávu' (viz ↑*referát*).

reflektor 'světlomet'. Z něm. *Reflektor* tv., původně 'zařízení odrážející paprsky určitým směrem', od *reflektieren* 'odrážet (světlo)' z lat. *reflectere* (viz ↓*reflektovat*).

reflektovat 'mít zájem, ucházet se; odrážet'. Podle něm. *reflektieren* tv. z lat. *reflectere* 'obracet, otáčet zpět' z ↑*re-* a *flectere* 'ohýbat, namířit'. Srov. ↓*reflex*, ↑*flexe*.

reflex 'reakce organismu na zevní podnět', *reflexivní*. Z něm. *Reflex*, fr. *réflexe* tv. V 19. st. přejato ze střlat. *reflexus* 'zakřivení; bezděčný pohyb', v pozdní lat. 'otočení zpět' od lat. *reflectere* (viz ↑*reflektovat*).

reflexe 'rozjímání, úvaha', *reflexivní*. Podle něm. *Reflektion*, fr. *réflection*, angl. *reflection* tv. přeneseně z pozdnělat. *reflectiō* 'otočení zpět' od *reflectere* (viz ↑*reflektovat*).

reflexivum 'zvratné zájmeno; zvratné sloveso'. Z lat. *(prōnōmen) reflexīvum* 'zvratné (zájmeno)' od *reflectere* 'ohýbat zpět, obracet' (viz ↑*reflektovat*).

reforma 'změna, úprava směřující ke zlepšení nějakého stavu', *reformní*, *reformovat*, *reformace*, *reformační*, *reformátor*, *reformátorský*. Z fr. *réforme* tv. (případně přes něm. *Reform* tv.) a to od *réformer* 'přetvořit, zlepšit' z lat. *reformāre* tv. z ↑*re-* a *formāre* 'tvořit' (viz ↑*forma*).

refrén 'pravidelně se opakující část písně či básně'. Z fr. *refrain* tv., stfr. *refrait*, což je příč. trp. od stfr. *refraindre*, doslova '(znovu) rozbít', z vlat. **refrangere* tv. z ↑*re-* a lat. *frangere* 'rozbít'. Srov. ↑*fragment*.

refundovat 'nahradit (peněžní částku)', *refundace*. Přes moderní evr.

jazyky (angl. *refund* tv.) z lat. *refundere* 'lít zpět, proudit zpět', v pozdní lat. i 'oplatit, vynahradit', z ↑*re-* a *fundere* 'lít, vylévat'. Srov. ↑*fúze*, ↓*transfúze*.

refýž 'nástupní ostrůvek městské dopravy'. Z fr. *refuge* tv., vlastně 'útočiště, útulek', z lat. *refugium* tv. od *refugere* 'utíkat (zpět), prchat (do bezpečí)' z ↑*re-* a *fugere* 'utíkat, prchat'. Srov. ↑*fuga*.

regál 'police s přihrádkami; přihrádka'. Z něm. *Regal* tv. (v něm. od 17. st.), jehož původ není jasný. Uvažuje se o it. *riga* 'řada, pravítko, linka' germ. původu (srov. ↓*rýha*, ↓*rigol*) i lat. *regula* 'pravítko, měřítko, lať' (srov. ↓*regulovat*).

regata 'veslařské či plachetnicové závody'. Z it. *regata* tv. od *regatare* 'závodit (na lodích)' a to snad z vlat. *recaptāre 'honit se, pachtit se' z ↑*re-* a lat. *captāre* 'chytat, honit se, pachtit se'. Srov. ↑*kapsa*, ↑*kapacita*.

regenerace 'obrození, obnovení', *regenerační, regenerovat (se)*. Z lat. *regenerātiō* 'obrození, nové zrození' od *regenerāre* 'obrodit, znovu zrodit' z ↑*re-* a *generāre* 'rodit'. Srov. ↑*generace*, ↑*degenerovat*.

regenschori 'ředitel kůru'. Ze střlat. *regens chori* 'řídící kůru'; první část sousloví je zpodstatnělý přech. přít. od lat. *regere* 'řídit, vést' (srov. ↓*regent*, ↓*region*, ↓*regulovat*), k druhé části viz ↑*kůr*, ↑*chór*.

regent 'dočasný zástupce panovníka'. Přes něm. *Regent* z lat. *regēns* (gen. *regentis*) 'vladař, místodržitel, správce', což je zpodstatnělý přech. přít. od *regere* 'řídit, vést, ovládat'. Srov. ↑*regenschori*.

regiment zast. 'pluk'. Přes něm. *Regiment* z fr. *régiment* tv., původně 'velení', z lat. *regimentum* tv. od *regere* 'řídit, vést, ovládat'. Srov. ↑*regent*, ↓*region*.

region 'kraj', *regionální, regionalismus*. Přes něm. *Region* z lat. *regiō* (gen. *regiōnis*) 'směr, hranice, kraj, země' od *regere* 'řídit, spravovat, ovládat'. Srov. ↑*regent*, ↓*regulovat* a pokud jde o význam ↑*oblast*.

registrovat 'zapisovat (do evidence), zaznamenávat', *registrace, registrační, registratura*. Ze střlat. *registrare* tv. od *registrum* 'seznam, soupis' a to obměnou příp. z lat. *regesta* 'záznamy, soupisy', což je zpodstatnělý pl. od *regestum*, příč. trp. od *regerere* 'nést zpět, zanášet' z ↑*re-* a *gerere* 'nést'. Srov. ↓*rejstřík*, ↑*lejstro*.

regrese 'ústup', *regresivní* 'zpětný'. Z lat. *regressiō* tv. od *regredī* (příč. trp. *regressus*) 'ustupovat, vracet se' z ↑*re-* a *gradī* 'kráčet, jít'.

regulérní 'pravidelný, odpovídající pravidlům'. Z něm. *regulär* tv. z lat. *rēgulāris* 'pravidelný' od *rēgula* 'pravidlo' (viz ↓*regulovat*).

regulovat 'usměrňovat, řídit', *regulace, regulační, regulátor*. Z lat. *rēgulāre* tv. od *rēgula* 'pravidlo, měřítko', jež souvisí s *regere* 'řídit, vést'. Srov. ↑*regulérní*, ↓*řehole*, ↑*regent*.

rehabilitace 'navrácení cti, práv, společenského postavení ap.; léčebná metoda zaměřená k navrácení schopností ztracených úrazem ap.', *rehabilitační, rehabilitovat (se)*. Ze střlat. *rehabilitatio* 'uvedení do původního stavu, navrácení dřívějších práv' od *rehabilitare* 'obnovit něčí bezúhonnost' z ↑*re-* a střlat. *habilitare* 'dělat způsobilým' (dále viz ↑*habilitovat se*). Lékařský význam je až od 20. st.

rehek 'druh zpěvného ptáka'. Vzhledem k podobným názvům *řehák, řeháček* pro jiné druhy zpěvných ptáků (Jg), jde nejspíš o původ onom. Srov. ↓*řehtat*.

recht ob. 'pravda'. Z něm. *Recht* tv., což je zpodstatnělé adj. *recht* 'pravý, správný, pravdivý'. To je stejně jako např. lat. *rēctus*, ř. *orektós* tv. příč. trp. od ie. kořene **reǵ-* 'řídit, vést'. Srov. ↓*rekce*, ↑*regent*, ↑*regulovat*.

rej 'rychlé víření'. Ze střhn. *rei(e)* (dnes *Reigen*) 'druh kolového tance' a to nejspíš ze stfr. *raie*, původně 'pruh, brázda', kelt. původu. Srov. ↓*rejdit*.

rejda 'vnější část přístavu', *rejdař* 'loďař'. Z něm. *Reede* tv., což je slovo dněm. původu (srov. i niz. *rede*, angl. *roads* tv.). Označuje místo, kde jsou lodě připraveny k vyplutí, příbuzné je něm. *bereit* 'připravený' i *reiten* 'jet (na koni)', vše od ie. **reidh-* 'jet, pohybovat se' *(A4)*. Srov. ↓*rejdovat*, ↑*rajtovat*.

rejdit, *rejdy*, *rejdiště*. Asi stejného původu jako ↓*rejdovat* s významovým přikloněním k ↑*rej*.

rejdovat 'řídit směr vozidla (ze strany na stranu)', *rejd*, *zarejdovat*. Východiskem je subst. *rejd* (původně 'otočení vozu vychýlením oje') ze střhn. *reide* 'otočení, obrat', jež zřejmě souvisí se sthn. *rītan* 'jet (na koni), pohybovat se' (viz ↑*rajtovat*), srov. i stisl. *ríða* 'pohybovat se sem a tam, kývat se, jet (na koni)'. Srov. i ↑*rejdit*, ↑*rejda*.

rejnok 'druh paryby'. V č. již od 16. st., ne zcela jasné. Nejspíš přetvoření staršího č. *nejnok* 'mihule říční' z něm. *Neunauge*, doslova 'devítiočka' (za hlavou má sedm okrouhlých žaberních otvorů). Při přenesení na rejnoka se první část slova přetvořila podle lat. *rāia* tv. neznámého původu (odtud luž., p. *raja*), původně tedy *rajnok (C5)*.

rejsek 'druh drobného hmyzožravce'. Vykládá se jako žertovná zdrobnělina od ↓*rys* (Ma², HK), ale důvody přenesení (žravost, barva) nejsou přesvědčivé. Na základě slov. ekvivalentů (p. *ryjówka*, r. *zemlerójka*, sln. *rôvka* od *rováti* 'rýt') se spíš zdá, že souvisí s ↓*rýt*, ↓*rýpat*. Snad až Preslův výtvor.

rejstřík. Dříve i *rejistřík*, ze střlat. *registrum* (střlat. *gi* se vyslovuje *ji*). Srov. i p. *rejestr* a ↑*lejstro*, dále viz ↑*registrovat*.

rejtar zast. 'jízdní voják'. Z něm. *Reiter* 'jezdec' od *reiten* 'jet (na koni)' (viz ↑*rajtovat*). Srov. ↓*rytíř*.

rejžák. Vlastně 'kartáč z rýžové slámy', dále viz ↓*rýže*.

rek kniž. 'hrdina'. Z něm. *Recke* (obnoveno v 18. st. v tomto významu, střhn. *recke* znamenalo i 'potulný bojovník, psanec'). Příbuzné je angl. *wretch*, u něhož se vyvinul záporný význam 'lump, darebák, ubožák'.

rekapitulovat 'stručně opakovat, shrnout'. Z pozdnělat. *recapitulāre* tv., vlastně 'zopakovat v hlavních bodech', z ↑*re-* a odvozeniny od lat. *capitulum* 'hlavička, kapitola' (viz ↑*kapitola*).

rekce 'řízenost (v jazyce)'. Z lat. *rēctiō* tv. od *regere* (příč. trp. *rēctus*) 'řídit, vést'. Srov. ↓*rektor*, ↑*korekce*, ↑*regent*.

reklama, *reklamní*, *reklamovat*, *reklamace*, *reklamační*. Z něm. *Reklame* tv. z fr. *réclame* '(písemná) reklama, inzerát', původně 'upoutávka na spodním okraji stránky', od *réclamer* 'žádat, reklamovat, vymáhat' z lat. *reclāmāre* 'hlasitě odporovat' z ↑*re-* a *clāmāre* 'volat, křičet'. Srov. ↑*aklamace*, ↑*deklamovat*.

rekognoskace 'průzkum, prohlídka (terénu ap.)'. Od lat. *recōgnōscere* '(znovu) poznat, zkoumat' z ↑*re-* a *cōgnōscere* 'poznávat, shledat' z *cō-* (viz ↑*ko-²*) a **gnōscere* (lat. *nōscere* s odpadlým *g-*) 'znát'. Srov. ↑*kognitivní*, ↑*inkognito*.

rekomando 'doporučená zásilka'. Z it. *recommando*, což je příč. trp. od *recommandare* 'doporučit' z vlat. **recommandāre* z ↑*re-* a *commandāre* tv. odpovídajícího lat. *commendāre* 'svěřit, doporučit' z *com-* (↑*kom-*)

rekonstrukce a *mandāre* 'odevzdat, svěřit'. Srov. ↑*komando*, ↑*mandát*.

rekonstrukce 'přestavba, uvedení do původního stavu', *rekonstruovat*. Viz ↑*re-* a ↑*konstrukce*.

rekonvalescence 'zotavování (po přestálé chorobě, úrazu)', *rekonvalescent*. Z něm. *Rekonvaleszenz* a to v 17. st. k pozdnělat. *reconvalēscere* '(znovu) uzdravit se' z ↑*re-* a *convalēscere* 'vzmáhat se, uzdravovat se' z *con-* (↑*kon-*) a *valēscere* 'sílit' od *valēre* 'být silný'. Srov. ↓*valence*, ↓*valorizovat*, ↑*devalvace*.

rekord '(uznaný) nejlepší výkon', *rekordní, rekordman(ka)*. Z angl. *record* tv., vlastně 'záznam, zápis, upomínka', od slovesa *(to) record* 'zapsat, zaznamenat' ze stfr. *recorder* 'upamatovat se' z lat. *recordārī* 'upamatovat se, znovu si vzpomenout', vlastně 'znovu dostat do srdce', z ↑*re-* a odvozeniny od *cor* (gen. *cordis*) 'srdce'. Srov. ↑*akord*, ↓*srdce*.

rekreace, *rekreační, rekreovat se, rekreant*. Z lat. *recreātiō* 'zotavení, osvěžení' od *recreāre* 'obnovit, zotavit', doslova 'znovu stvořit', z ↑*re-* a *creāre* 'tvořit'. Srov. ↑*kreace*, ↑*legrace*.

rekrut zast. 'odvedenec', *rekrutovat se* 'pocházet'. Přes něm. *Rekrut* ze stfr. *recrute, recrue*, původně 'přírůstek', od stfr. *recroistre* 'nově narůst' z lat. *recrēscere* tv. z ↑*re-* a *crēscere* 'růst'.

rektor 'kdo stojí v čele vysoké školy', *rektorský, rektorát, rektorátní*. Ze střlat. *rector* n., lat. *rēctor* 'řidič, vládce, ředitel' od *regere* (příč. trp. *rēctus*) 'řídit, vést'. Srov. ↑*rekce*, ↑*direktor*, ↑*regent*.

rekviem 'zádušní mše'. Podle prvního slova lat. modlitby za zemřelé *Requiem aeternam dona eis, Domine* 'odpočinutí věčné dej jim, Pane'. Lat. *requiem* je akuz. od *requiēs* 'klid, odpočinek' z ↑*re-* a *quiēs* tv. Srov. ↑*pokoj*.

religiózní

rekvizita 'pomůcka, náčiní', *rekvizitář(ka)*. Z lat. *requīsīta* 'potřeby', což je pl. od *requīsītum*, zpodstatnělého příč. trp. od slovesa *requīrere* 'hledat, shánět' z ↑*re-* a *quaerere* 'hledat, zkoumat, dobývat'. Srov. ↑*inkvizice*, ↑*akvizice*, ↑*kvestor*.

relace 'vztah, poměr; pořad, vysílání', *relační*. Přes moderní evr. jazyky z lat. *relātiō* 'odnášení; zpráva; vztah, poměr' od *referre* (příč. trp. *relātus*) 'odnášet, oznamovat, vypravovat'. Srov. ↓*relativní*, ↑*referát*, ↑*reference*.

relativní 'poměrný, podmíněný', *relativita*. Přes něm. *relativ*, fr. *relatif* z pozdnělat. *relātīvus* 'poměrný' od *relātiō* (viz ↑*relace*).

relaxovat 'uvolňovat napětí', *relaxace, relaxační*. Přes moderní evr. jazyky z lat. *relaxāre* 'uvolnit, zotavit, ulevit' z ↑*re-* a *laxāre* 'uvolňovat, otvírat' od *laxus* 'volný, otevřený, nevázaný'. Srov. ↑*laxní*, ↓*relé*.

relé 'druh elektromagnetického spínače'. Z fr. *relais* tv., původně 'přípřež, přepřahací stanice', od stfr. *relaisser* (vedle *relaier*) 'zanechat (k zotavení), pustit' z lat. *relaxāre* 'uvolnit, zotavit' (viz ↑*relaxovat*).

relevantní 'důležitý, závažný', *relevance*. Z lat. *relevāns* (gen. *relevantis*), což je přech. příč. od *relevāre* '(znovu) vyzdvihnout, ulehčit' z ↑*re-* a *levāre* 'nadlehčovat, zmírňovat, zvedat' od *levis* 'lehký'. Srov. ↑*lehký*, ↑*levitace*, ↑*elevace*, ↓*reliéf*.

reliéf 'plastika vystupující z plochy', *reliéfní*. Přes něm. *Relief* z fr. *relief* tv., vlastně 'co je zvednuto, zdůrazněno', od *relever* 'zvedat, vztyčovat, zdůraznit' z lat. *relevāre* (viz ↑*relevantní*).

religiózní 'náboženský', *religiozita, religionistika*. Z lat. *religiōsus* 'zbožný, posvátný' od *religiō* 'náboženství', vedle toho i 'ohled, dbalost, svědomitost', a to nejspíš od *relegere* 'znovu sebrat, znovu pročítat, promýšlet' z ↑*re-* a *legere* 'sbírat, číst'.

relikt kniž. 'pozůstatek', *reliktní*. Z lat. *relictum*, což je zpodstatnělé příč. trp. od *relinquere* 'zanechat, opustit' z ↑*re-* a *linquere* tv. Srov. ↓*relikvie*, ↑*delikt*.

relikvie 'ostatky svatých; vzácná památka'. Z lat. *reliquiae* 'zbytky, ostatky' od *reliquus* 'zbylý' od *relinquere* (1.os.perf. *relīquī*) 'zanechat, opustit' (viz ↑*relikt*).

rely. Viz ↑*rallye*.

remcat ob. expr. Expr. obměna staršího *reptati* (1.os.přít. *repcu*), viz ↓*reptat*.

reminiscence 'vzpomínka'. Přes něm. *Reminiszenz* (případně i fr. *réminiscence*) z pozdnělat. *reminīscentia* od lat. *reminīscī* 'vzpomenout si, rozpomenout se' z ↑*re-* a základu, který je v lat. *meminisse* 'pamatovat'. Srov. ↑*memento*, ↑*mentální*.

remíz 'křovinatý lesík v poli, sloužící k úkrytu zvěře', *remízek*. Z fr. *remise* tv., vlastně 'uložení', od *remettre* '(znovu) položit, ukládat, odevzdávat' z lat. *remittere* 'poslat zpět, vydat' z ↑*re-* a *mittere* 'poslat'. Srov. ↓*remíza*, ↑*demise*, ↑*emise*.

remíza 'nerozhodný výsledek', *remizovat*. Přes něm. *remis* 'nerozhodný (zvláště o šachové partii)' z fr. *remis* tv., vlastně 'odložený', což je původem příč. trp. od *remettre* (viz ↑*remíz*). Odtud i význam 'vozovna'.

remorkér 'motorová vlečná loď'. Z fr. *remorqueur* tv. od *remorquer* 'vléci, táhnout' a to (pod vlivem it. *rimorchiare* tv.) z pozdnělat. *remulcāre* tv. od lat. *remulcum* 'vlečné lano' a to od ř. *rhýmoulkéō* 'vleču (na laně)' z *rhýmós* 'lano, oj' a *helkéō* 'vleču'.

remplovat 'vrážet do protihráče (při kopané ap.)'. Z něm. *rempeln* tv., jehož další původ není znám.

remuláda 'druh pikantní majonézové omáčky'. Přes něm. *Remoulade* z fr. *rémoulade* a to nejspíš z různých krajových názvů pro 'křen' (*rémola, ramolas, ra(i)molat*), které jsou přejaty z it. *ramolaccio* tv. z lat. *armoracia* tv.

rendlík 'menší kastrol'. Již stč. *rendlík, renlík*. Z něm. *Rändel* tv. od *Rand* 'okraj'; sloveso *rändeln* znamenalo 'lisováním vytvořit na kusu kovu hrubý okraj'. Co do významu srov. ↑*krajáč*.

renegát 'odpadlík, odrodilec'. Přes něm. *Renegat* z fr. *renégat* a to podle it. *rinnegato* 'kdo zapřel svoje náboženství' od *rinnegare* 'zapřít' z vlat. *renegāre 'zapřít, odříci se' z ↑*re-* a lat. *negāre* 'popírat'. Srov. ↑*negace*.

renesance, *renesanční*. Z fr. *renaissance*, doslova 'znovuzrození', od *renaître*, stfr. *renaistre* 'znovu se narodit' z vlat. *renāscere (lat. *renāscī*) tv. z ↑*re-* a lat. *nāscī* 'narodit se'. Srov. ↑*natalita*, ↑*nacionále*.

reneta 'druh jablek'. Přes něm. *Renette* z fr. *reinette* a to metaforou z *rainette* 'rosnička' (slupka tohoto druhu jablek připomíná žabí kůži), což je zdrobnělina od stfr. *raine* z lat. *rana* 'žába'.

renomé 'dobré jméno, věhlas', *renomovaný*. Z fr. *renommée* tv. od *renommer* 'znovu jmenovat' (ve starším jazyce i 'dělat slavným') z ↑*re-* a *nommer* 'jmenovat' z lat. *nōmināre* tv. od *nōmen* 'jméno'. Srov. ↑*jméno*, ↑*nominovat*.

renonc ob. 'chyba, opominutí'. Původně 'nepřiznání barvy v kartách' z fr. *renonce* tv. od *renoncer* 'nepřiznávat barvu, odříkat, zapírat' z lat. *renuntiāre* 'ohlašovat, odříci, vypovědět' z ↑*re-* a *nuntiāre* 'oznamovat, ohlašovat'. Srov. ↑*anonce*, ↑*denuncovat*.

renovovat 'uvádět do nového stavu, obnovovat'. Z lat. *renovāre* 'obnovit' z ↑*re-* a odvozeniny od *novus* 'nový'. Srov. ↑*inovace*, ↑*nový*.

renta 'pravidelný bezpracný důchod', *rentiér*. Přes něm. *Rente* z fr. *rente* tv. a to z vlat. *rendita, vlastně 'co je dáváno zpět, vydáváno', od *rendere (srov. fr. *rendre* 'vracet, vydávat, poskytovat aj.') z lat. *reddere* 'vracet, vydávat, předkládat' z ↑*re-* a *dare* 'dát'. Srov. ↓*rentovat se*, ↑*edice*.

rentgen 'prosvěcovací přístroj', *rentgenový*, *rentgenovat*. Podle něm. fyzika W. C. *Röntgena* (1845–1923), který sám objevené záření pojmenoval *x-paprsky* (srov. angl. *x-rays*), protože nevěděl, o jaké záření jde.

rentovat se hov. 'vyplatit se', *rentabilní*. Podle něm. (*sich*) *rentieren* tv. z dřívějšího *renten* 'přinášet zisk' ze sthn. *rentōn* 'odpovídat (se)' z román. základu (dále viz ↑*renta*).

reorganizace 'nové uspořádání'. Viz ↑*re-* a ↑*organizace*.

reostat 'přístroj regulující elektrický proud měněním odporu'. Novotvar z ř. *rhéō* 'teču, proudím' a *statós* 'stojící' od *hístēmi* 'stavím'. Srov. ↓*termostat*, ↑*prostata*, ↓*statistika*.

reparace 'náhrada válečných škod', *reparační*. Přes moderní evr. jazyky (něm. *Reparation* tv.) z pozdnělat. *reparātiō* 'obnovení, náhrada' od lat. *reparāre* 'znovu získat, nahradit, obnovit' z ↑*re-* a *parāre* 'připravovat, nabývat'. Srov. ↓*reparát*, ↑*aparát*, ↑*preparovat*.

reparát 'opravná zkouška'. Z lat. *reparātus*, což je zpodstatnělé příč. trp. od *reparāre* 'znovu připravit, opravit, nahradit' (viz ↑*reparace*).

repatriovat 'vrátit zpět do vlasti', *repatriace*. Novotvar z ↑*re-* a odvozeniny od lat. *patria* 'vlast'. Srov. ↑*patriot*.

repertoár 'souhrn provozovaných divadelních her, skladeb ap.; zásoba prostředků k výběru'. Z fr. *répertoire* '(inventární) seznam, souhrn, rejstřík' z pozdnělat. *repertōrium* 'seznam, soupis', vlastně 'místo nalezení', od *reperīre* 'nalézat, objevit' z ↑*re-* a *perīre* 'hynout, zanikat' z ↑*per-* a *īre* 'jít'. Srov. ↑*exit(us)*, ↑*ambice*.

repete hov. 'opakování'. Dříve vnímáno spíš jako přísl. 'ještě jednou, znovu'. Z lat. *repete*, což je původem 2.os.imp. slovesa *repetere* 'opakovat' (viz ↓*repetice*).

repetent 'žák, který opakuje třídu'. Z lat. *repetēns* (gen. *repetentis*) 'opakující', což je původem přech. přít. od *repetere* (viz ↓*repetice*).

repetice 'znaménko pro opakování části skladby'. Z lat. *repetītiō* 'opakování' od *repetere* 'opakovat, znovu směřovat, vracet se' z ↑*re-* a *petere* 'směřovat, dorážet, žádat'. Srov. ↑*repete*, ↑*repetent*, ↑*petice*.

repetit expr. 'brebentit, rychle a nesrozumitelně mluvit'. Onom.-expr. původu, viz ↓*reptat*.

replika 'odpověď, promluva jednoho mluvčího v dialogu; napodobenina výtvarného díla'. Přes něm. *Replik* z fr. *réplique* tv. od *répliquer* 'odpovídat, odmlouvat' z lat. *replicāre* '(znovu) rozvinovat, namítat' z ↑*re-* a *plicāre* 'vinout'. Srov. ↑*aplikovat*, ↑*komplikovat*, ↑*duplikát*.

reportáž, *reportážní*. Z fr. *reportage* (případně přes něm. *Reportage*) tv. od *reporter* 'přenášet, převádět' z lat. *reportāre* 'převážet, přenášet, hlásit' z ↑*re-* a *portāre* 'nést, vézt'. Srov. ↓*reportér*, ↑*deportovat*, ↓*transportovat*, ↑*export*.

reportér 'zpravodaj', *reportérka*, *reportérský*. Přes něm. *Reporter* z angl. *reporter* tv., původně 'parlamentní

represálie   537   **respirátor**

zapisovatel', od *(to) report* 'oznámit, zapsat, podat zprávu' ze stfr. *reporter* (viz ↑*reportáž*).

represálie 'odvetná opatření'. Z něm. *Repressalie* ze střlat. *reprensaliae, repraesaliae* tv. od lat. *reprehensum* (stažením *reprēnsum*), což je příč. trp. od *reprehendere* '(znovu) uchopit, zadržet, kárat' z ↑*re-* a *prehendere* 'uchopit, zmocnit se' z *prae-* (↑*pre-*) a odvozeniny od ie. **ghend-* 'uchopit'.

represe 'potlačení, útlak', *represivní*. Z lat. *repressiō* tv. od *reprimere* (příč. trp. *repressus*) 'potlačovat, zadržovat' z ↑*re-* a *premere* 'tlačit, tisknout'. Srov. ↑*deprese*, ↑*pres*, ↑*expres*.

reprezentovat 'oficiálně zastupovat; představovat', *reprezentace, reprezentační, reprezentativní, reprezentant(ka)*. Podle něm. *representieren* z fr. *représenter* tv. z lat. *repraesentāre* '(opět) zpřítomnit, postavit před oči' z ↑*re-* a odvozeniny od *praesēns* 'přítomný, současný'. Viz ↑*prézens*, ↑*prezentovat*.

repríza 'opakované provedení (díla ap.)'. Z fr. *reprise* 'opětné dobytí, opakování, opětné započetí, provedení' od *reprendre* (příč. trp. *repris*) 'opět brát, znovu dobýt, obnovit' z ↑*re-* a *prendre* 'brát, chytat, napadat' z lat. *prehendere* 'uchopit, zmocnit se' (viz ↑*represálie*).

reprobace 'neuznání zkoušky s předpokladem jejího opakování'. Z lat. *reprobātiō* 'neschválení, zavržení, odmítnutí' od *reprobāre* 'neschvalovat, zavrhovat' z ↑*re-* a *probāre* 'zkoušet, schvalovat'. Srov. ↑*aprobace*, ↑*průba*.

reprodukovat 'podávat vlastními slovy (něco vyslechnutého ap.); přenášet (hudbu ap.) technickými prostředky; napodobovat a rozmnožovat', *reprodukce, reproduktor*. Přes moderní evr. jazyky ze střlat. *reproducere* '(znovu) plodit, předvádět' z ↑*re-* a lat. *prōdūcere* (viz ↑*produkce*).

reptat, *reptání*. P.d. *reptać* 'žvanit', r. *roptát'* 'reptat', sln. *ropotáti* 'bouchat, drkotat', stsl. *rъpъtati* 'mumlat'. Psl. **rъpъtati*, **ropotati* je onom. původu, srov. podobné sti. *rápati* 'mluví, žvaní, mumlá'. Srov. ↑*repetit*, ↑*remcat*, ↑*breptat*.

republika, *republikový, republikán, republikánský*. Z fr. *république* (případně přes něm. *Republik*) a to z lat. *rēs pūblica* 'stát, státní moc, politika', doslova 'věc veřejná', z *rēs* 'věc' (srov. ↑*rébus*, ↑*reálný*) a *pūblicus* 'veřejný' (viz ↑*publikum*).

reputace 'dobrá pověst, vážnost'. Přes něm. *Reputation*, fr. *réputation* tv., původně 'názor na někoho v určité věci', z lat. *reputātiō* 'úvaha, rozjímání' od *reputāre* 'uvažovat, vypočítat' z ↑*re-* a *putāre* 'domnívat se, rozvažovat, počítat'. Srov. ↑*computer*, ↑*deputace*.

resekce 'vyříznutí části tkáně či orgánu'. Z lat. *resectiō* 'oříznutí, osekání' od *resecāre* 'ořezat, osekat' z ↑*re-* a *secāre* 'sekat, řezat'. Srov. ↓*sekat*, ↓*sekce*.

resort 'obor úřední působnosti', *resortní*. Přes něm. *Ressort* z fr. *ressort* tv. od *ressortir* 'příslušet' z *re-* (↑*re-*) a *sortir* 'jít ven, vzejít' z lat. *sortīrī* 'losovat, určit' (vývoj významu ve fr. ne zcela jasný) od *sors* (gen. *sortis*) 'los, věštba'. Srov. ↓*sorta*.

respekt 'vážnost, úcta', *respektovat*. Přes něm. *Respekt* z fr. *respect* tv., původně 'ohled, ohlédnutí', z lat. *respectus* tv., což je zpodstatnělé příč. trp. od *respicere* 'ohlížet se, mít ohled' z ↑*re-* a *specere* 'hledět'. Srov. ↑*aspekt*, ↑*konspekt*, ↓*spektrum*.

respektive část. 'vlastně, popřípadě'. Ze střlat. *respective* od *respectivus* 'příslušný' od *respectus* (viz ↑*respekt*).

respirátor 'ochranná pomůcka zabraňující pomocí filtru vnikání prachu, plynu ap. do plic'. Novější, k lat.

respīrāre 'vydechnout, oddechnout si' z ↑*re-* a *spīrāre* 'dýchat, dout'. Srov. ↑*inspirovat*, ↑*aspirovat*, ↑*konspirace*.

respondent 'dotazovaná osoba (při výzkumu ap.)'. Z angl. *respondent* 'kdo odpovídá' z lat. *respondēns*, což je přech. přít. od *respondēre* 'odpovídat, vzájemně slíbit' z ↑*re-* a *spondēre* '(slavně) slíbit'.

rest hov. 'co zbývá dodělat'. Z něm. *Rest* z it. *resto* tv. od *restare* 'zbývat, zůstávat' z lat. *restāre* tv. z ↑*re-* a *stāre* 'stát'. Srov. ↓*stát²*, ↑*arest*, ↑*konstatovat*.

restaurace 'hostinec', *restaurační, restaurant*. Z rak.-něm. *Restauration* vedle něm. *Restaurant* z fr. *restaurant* tv. (ve fr. od 70. let 18. st.). To je metonymické přenesení staršího významu 'vydatné, občerstvující jídlo', původně přech. přít. od *restaurer* 'občerstvit, obnovit' z lat. *restaurāre* 'obnovit'. Dále viz ↓*restaurovat*.

restaurovat 'obnovovat (umělecké dílo, svržený režim ap.)', *restaurace, restaurační, restaurátor(ka)*. Podle něm. *restaurieren*, fr. *restaurer* tv. z lat. *restaurāre* 'obnovit, opět vystavět' z ↑*re-* a **staurāre*, odvozeniny od ie. **stau-* 'pevně stát'. Srov. ↓*stavět*, ↓*starý*.

restituce 'navrácení (majetku), uvedení do původního stavu', *restituční, restituovat*. Z lat. *restitūtiō* 'uvedení do původního stavu, znovuzřízení' od *restituere* 'znovu postavit, navrátit, uvést do původního stavu' z ↑*re-* a *statuere* 'postavit, zřídit'. Srov. ↑*instituce*, ↑*konstituce*, ↓*statut*.

restovat 'dusit na tuku'. Z něm. *rösten* 'pražit, péci' nejistého původu. Srov. ↓*rošt*.

restrikce 'omezení', *restrikční*. Z lat. *restrictiō* tv. od *restringere* 'svázat, omezit' z ↑*re-* a *stringere* 'svírat, stahovat, soužit'. Srov. ↓*striktní*.

resumé 'stručný obsah, shrnutí'. Z fr. *résumé* tv., což je původem příč. trp. od *résumer* 'shrnout' z lat. *resūmere* 'opět vzít' z ↑*re-* a *sūmere* 'vzít' ze ↓*sub-* a *emere* 'brát, kupovat'. Srov. ↑*konzum*, ↑*presumpce*.

resuscitace 'obnova základních životních funkcí', *resuscitační*. Ze střlat. *resuscitatio* 'oživení, opětné probuzení' od *resuscitare* z ↑*re-* a lat. *suscitāre* 'budit, podněcovat, zvedat' ze ↓*sub-* a *citāre* 'hýbat, dělat živým, vyvolávat'. Srov. ↑*excitace*, ↑*citovat*.

rešerše 'získávání informací, výzkum, hledání'. Z fr. *recherche* 'hledání, pátrání, výzkum' od *rechercher* '(znovu) hledat, vyšetřovat' z *re-* (↑*re-*) a *chercher* 'hledat' z pozdnělat. *circāre* 'chodit okolo' od *circā, circum* 'kolem'. Srov. ↑*cirkus*.

ret, *retní, retný, retnice, rtěnka*. Hl. *ert* 'ústa', r. *rot* tv., s./ch. *ȓt* 'mys; temeno, vrchol', stsl. *rъtъ* 'příď, špička, vrchol, zobák'. Psl. **rъtъ* se často spojuje s ↓*rýti* (HK), ale významově to není přesvědčivé. Proto lze přijmout spíš výklad, podle něhož jde původně o příč. trp. od ie. kořene **(e)r-eu-* 'zdvihat' (odtud např. ř. *órnȳmi* 'zdvihám, vzbuzuji', sti. *ṛnóti* 'zdvihá se, hýbe se'). Původní význam by pak byl 'co je zvednuto, vyvýšeno', odtud pak přes 'vrchol, špička, příď' k 'zobák' a konečně 'ústa, ret'. Srov. ↑*nárt*.

retardace 'zpomalení (vývoje, pohybu ap.)', *retardovaný*. Z lat. *retardātiō* 'zdržení, meškání' od *retardāre* 'zdržovat, meškat' z ↑*re-* a *tardāre* tv. od *tardus* 'zdlouhavý, pozdní'.

rétorika 'řečnictví', *rétorický*. Přes lat. *rhētorica* z ř. *rhētoriké (téchnē)* 'řečnické umění' od *rhētorikós* 'řečnický' od *rhétōr* 'řečník' od ie. **u̯er-*, od něhož je i něm. *Wort* 'slovo', lat. *verbum* tv.

retro- (ve složeninách) 'zpět, dozadu'. Z lat. *retrō* tv., odvozeného od *re-* (↑*re-*).

Srov. ↓*retrográdní,* ↓*retrospektiva,* k tvoření pak ↑*extra,* ↑*inter-.*

retrográdní 'zpětný; řazený zpětně (podle pořadí písmen od konce slova)'. Přes moderní evr. jazyky z lat. *retrōgradus* 'zpětně jdoucí' z *retrō* (↑*retro-*) a *gradī* 'kráčet' (srov. ↑*grád,* ↑*gradace*).

retrospektiva 'pohled zpět do minulosti', *retrospektivní.* Z fr. *rétrospective,* kde je to novotvar z lat. *retrō* (↑*retro-*) a kořene *spect-,* k němuž srov. ↑*perspektiva,* ↑*respekt,* ↓*spectrum.*

retušovat 'dodatečně popravovat (snímek ap.)', *retuš.* Podle něm. *retuschieren* z fr. *retoucher* tv., vlastně 'znovu se dotknout', z ↑*re-* a *toucher* 'dotýkat se' z vlat. *toccāre tv., onom. původu. Srov. ↓*tuš*².

réva, *révový, révoví.* Stč. *rév.* Pouze č. výpůjčka ze sthn. *reba* (dnes *Rebe*), jež se obvykle spojuje s lit. *rėpliόti* 'plazit se', lat. *rēpere* 'plazit se, popínat'.

revanš 'odplata', *revanšovat se, revanšismus* 'hnutí hlásající odplatu za porážku', *revanšista, revanšistický.* Přes něm. *Revanche* z fr. *revanche* tv. a to od stfr. *revancher* z ↑*re-* a *vencher* 'mstít se', varianty k *venger* tv. z lat. *vindicāre* 'vymáhat, mstít, trestat'. Srov. ↓*vendeta.*

reveň, *reveňový.* Převzato Preslem z r. *revén'* a tam přes tur. *rävänd* z per. *rāwend* tv. Srov. ↑*rebarbora.*

reverend 'titul duchovního (v některých zemích)'. Z lat. *reverendus* 'důstojný, ctihodný', vlastně 'kdo má být ctěn', od *reverērī* 'ostýchat se, uctívat' z ↑*re-* a *verērī* 'ohlížet se, dbát, bát se'. Srov. ↓*varovat.*

revers 'závazné písemné prohlášení'. Přes něm. *Revers* tv. ze střlat. *reversum* 'odpověď' od *reversus,* což je příč. trp. od *revertere* 'obracet, otáčet' z ↑*re-* a *vertere* tv. Srov. ↓*verš,* ↑*konverze,* ↑*inverze.*

revidovat 'přezkoumávat, přehlížet'. Z lat. *revidēre* tv. z ↑*re-* a *vidēre* 'vidět'. Srov. ↓*revize,* ↓*vidět,* ↓*vize,* ↑*evidence,* ↓*revue.*

revír 'okrsek, polesí', *revírní.* Z něm. *Revier* a to přes střhn. *rivier(e)* ze stfr. *riviere* '(říční) pobřeží, nížina, obvod honitby'. Dále viz ↓*riviéra.*

revize 'kontrola, přezkoumání', *revizní, revizor(ka), revizorský.* Přes něm. *Revision* tv. z pozdnělat. *revīsiō* 'opětná prohlídka, přezkoušení' od lat. *revīsere* 'znovu spatřit' z ↑*re-* a *vīsere* 'hledět, prohlédnout si' od *vidēre* (příč. trp. *vīsus*) 'vidět'. Srov. ↑*revidovat.*

revma 'onemocnění svalů, kloubů a srdce', *revmatismus, revmatický, revmatik.* Přes něm. *Rheumatismus* tv., lat. *rheumatismus* z ř. *rheumatismós* 'proudění (chorobných látek v těle)' od *rheűma* 'proudění, tok' od *rhéō* 'proudím, teču, plynu'. Podle antických představ byla tato nemoc způsobována prouděním chorobných látek v těle.

revokovat 'odvolat, zrušit; znovu vyvolat'. Z lat. *revocāre* 'povolat zpět, znovu vyvolat, odvolat, zrušit' z ↑*re-* a *vocāre* 'volat'. Srov. ↑*evokovat,* ↑*provokovat,* ↓*vokál.*

revolta 'vzpoura', *revoltovat.* Přes něm. *Revolte* z fr. *révolte* tv. od *révolter* 'pobuřovat, popuzovat' z it. *rivoltare* 'obrátit, převrátit, otočit zpět', což je intenzivum k *rivolgere* z lat. *revolvere* (viz ↓*revoluce*).

revoluce, *revoluční, revolucionář(ka), revolucionářský.* Přes něm. *Revolution* z pozdnělat. *revolūtiō* 'otáčení zpět, převrácení' z lat. *revolvere* 'otáčet zpět, valit zpět, navracet se' z ↑*re-* a *volvere* 'valit, otáčet'. Politický význam 'státní převrat' se objevil nejprve v it. *rivoluzione* ve 13. st., odtud pak do angl. a fr. (díky fr. revoluci se obecně rozšířil). Srov. ↑*revolta,* ↑*evoluce.*

revolver 'ruční střelná zbraň s otočným zásobníkem pro náboje', *revolverový*. Z am.-angl. *revolver* tv. od *revolve* 'otáčet (se), kroužit' (podle otáčivého bubínku) z lat. *revolvere* (viz ↑*revoluce*).

revue 'druh časopisu s náročnějším obsahem; zábavné pásmo hudebních, tanečních ap. výstupů', *revuální*. Z fr. *revue* 'přehlídka, přehled' od *revoir* (příč. trp. *revu*) 'znovu vidět, přehlédnout, revidovat' z ↑*re-* a *voir* 'vidět' z lat. *vidēre* tv. Srov. ↑*revidovat*, ↑*revize*.

rez, *rezavý, rezivý, rezatý, rezavět, rezivět, zrezivělý*. Stč. *rzě*. Všesl. – slk. *hrdza*, p. *rdza*, r.d. *rža*, s./ch. *řda*, stsl. *rъžda*. Psl. **rъdja (B3)* je odvozeno od **rъdъ* 'červenohnědý'; podobný vztah je mezi lit. *rūdìs* 'rez' a *rùdas* 'červenohnědý' i angl. *rust* a *ruddy* tv., vše od ie. **rudh-*, což je varianta k **reudh-* (viz ↓*rudý*). Srov. ještě podobné dvojice v něm. *Rost* 'rez' a *rot* 'červený' a lat. *rūbīgō – ruber* tv.

rezeda 'druh zahradní byliny'. Přes něm. *Resede, Reseda* z lat. *resēda* tv., jež se vykládá z lat. formule *resēdā morbōs* 'utiš nemoci' (již u Plinia, 1. st. po Kr.) a od *resēdāre* 'uklidnit, utišit' z ↑*re-* a *sēdāre* tv. (srov. ↓*sedativum*). Může však jít o lid. etym. *(D2)*.

rezerva 'zásoba, záloha; opatrnost, výhrada', *rezervní, rezervovat (si), rezervace*. Přes něm. *Reserve* z fr. *réserve* tv. od *réserver* 'ponechávat si, vyhrazovat si, zamlouvat si, chránit' z lat. *reservāre* 'uchovat, ponechat si, zachránit' z ↑*re-* a *servāre* 'hlídat, zachovávat, chránit'. *Rezervace* ve významu 'chráněné území' z am.-angl. *reservation* 'území vyhrazené Indiánům'. Srov. ↑*konzervovat*, ↑*observatoř*.

rezervoár 'nádržka'. Z fr. *réservoir* 'zásobárna, nádrž(ka)' od *réserver* (viz ↑*rezerva*).

rezidence 'sídelní budova (vysokého hodnostáře)', *rezidenční, rezident*. Přes něm. *Residenz* ze střlat. *residentia* 'sídlo' od *resīdere* 'usadit se, uklidnit se' z ↑*re-* a *sīdere* 'usednout, usadit se'. Srov. ↓*reziduum*, ↑*prezident*.

reziduum 'zbytek, zůstatek', *reziduální*. Z lat. *residuum* tv. od *residuus* 'pozůstalý, zbylý' od *resīdēre* 'sedět, zůstávat' z ↑*re-* a *sedēre* 'sedět'. Srov. ↑*rezidence*.

rezignovat 'zříkat se (funkce); trpně přijímat osud', *rezignovaný, rezignace*. Přes moderní evr. jazyky ze střlat. *resignare* 'postoupit komu (úřad, obročí ap.)', lat. *resignāre* 'odpečetit, otevřít; zmařit' z ↑*re-* a *signāre* 'znamenat, označovat, pečetit' od *signum* 'znamení'. Srov. ↑*designovat*, ↓*signál*.

rezistence 'odpor', *rezistentní*. Z lat. *resistentia* tv. od *resistere* 'zastavit se, postavit se na odpor' z ↑*re-* a *sistere* 'postavit, zastavit'. Srov. ↑*existence*, ↑*asistent*.

rezoluce 'zásadní usnesení', *rezolutní* 'rozhodný'. Přes něm. *Resolution* tv. z fr. *résolution* 'rozhodnutí, usnesení, rozřešení, rozpuštění' z pozdnělat. *resolūtiō* 'rozvázání, rozhodnutí' od *resolvere* 'rozvázat, uvolnit, zrušit' z ↑*re-* a *solvere* tv. Srov. ↑*absolutní*, ↓*solventní*.

rezonovat 'znít ozvukem', *rezonance, rezonanční*. Z lat. *resonāre* 'znovu se ozývat, znít ozvěnou' z ↑*re-* a *sonāre* 'znít' od *sonus* 'zvuk'. Srov. ↑*asonance*, ↓*sonorní*, ↓*sonáta*.

rezultát kniž. 'výsledek', *rezultovat*. Přes něm. *Resultat*, fr. *résultat* ze střlat. *resultatum* tv., což je původem příč. trp. od *resultare* 'vyplývat, vycházet', jež se jako scholastický termín vyvinulo z lat. *resultāre* 'odskakovat, odrážet se' z ↑*re-* a *saltāre* 'skákat, tančit', což je intenzivum od *salīre* (příč. trp. *saltus*) tv. Srov. ↓*salto*.

rež nář. 'žito'. Slk. *raž*, p. *rża*, r. *rož'*, s./ch. *râž*. Psl. **rъžь* je příbuzné s lit. *rugiaĩ*, stisl. *rugr*, něm. *Roggen* i tráckým *brídza* tv., vše z ie. **u̯rughi̯o-* 'žito'.

režie 'soubor nutných nákladů; umělecké řízení', *režijní, režírovat, režisér, režisérský*. Z fr. *régie* (případně přes něm. *Regie*) 'správa (státních statků), režie' od *régir* 'spravovat, řídit' z lat. *regere* tv. Srov. ↓*režim*, ↑*regent*, ↑*region*.

režim 'způsob vlády; přesně určený rozvrh života; provoz'. Z fr. *régime* (případně přes něm. *Regime*) tv. z lat. *regimen* 'řízení, vedení, vláda' od *regere* 'vést, řídit'. Srov. ↑*režie*, ↑*regiment*, ↑*regent*.

ribstol(e) 'žebřiny'. Ze švéd. *ribbstol* tv. z *ribb(a)* 'žebřík' (souvisí s angl. *rib* 'žebro', srov. ↓*žebro*) a *stol* 'židle' (srov. ↓*stůl*).

rigidní 'ztuhlý, nehybný, strnulý', *rigidita*. Z lat. *rigidus* 'ztuhlý, tvrdý, nelítostný' od *rigēre* 'být tuhý, ztuhnout'. Srov. ↓*rigorózum*.

rigol 'strouha; prohlubeň'. Z fr. *rigole* 'stružka, žlab, rýha' a to ze střniz. *regel* 'přímka, řádka, ulička' z lat. *rēgula* 'pravítko, měřítko' (viz ↑*regulovat*).

rigorózum 'doktorská zkouška', *rigorózní*. Ze střlat. *(examen) rigorosum* tv., doslova 'přísná (zkouška)', od *rigorosus* 'přísný' od lat. *rigor* 'tuhost, tvrdost, přísnost' od *rigēre* (viz ↑*rigidní*).

rikša 'lehký dvoukolový vozík tažený člověkem'. Přes něm. *Rikscha* z jap. *jinrikiša* tv. z *jin* 'člověk', *riki* 'síla' a *ša* 'vůz', tedy 'vůz tažený lidskou silou'.

ring 'zápasiště (pro box)', *ringový*. Z angl. *ring* tv., vlastně 'kruh, kroužek', a to z germ. **hrenga* tv., jež souvisí s psl. **krǫgъ* (↑*kruh*).

riskovat 'odvažovat se něčeho nebezpečného, nejistého; dávat v sázku', *risk, riskantní*. Podle něm. *riskieren* z fr. *risquer* tv. a to snad z vlat. **risicāre* 'obeplouvat skalisko, výběžek' z lat. *resecāre* 'ořezávat, osekávat' z ↑*re-* a *secāre* 'sekat, řezat'. Srov. ↑*resekce*, ↓*riziko*.

rituál 'ustálený, obřadně provedený úkon'. Přes něm. *Ritual* tv. z lat. *rītuāle*, což je zpodstatnělý tvar stř. r. adj. *rītuālis* 'obřadní' od *rītus* (viz ↓*ritus*).

ritus 'způsob obřadu (určité církve)', *rituální*. Z lat. *rītus* 'posvátný řád, obřad, obyčej'. Srov. ↑*rituál*.

rival 'soupeř, sok', *rivalita*. Přes něm. *Rival*, fr. *rivale* z lat. *rīvālis* tv., původně 'spoluuživatel vodního zdroje (potoka, strouhy ap.)', od *rīvus* 'potok, strouha, tok'.

riviéra '(mořské) pobřeží vhodné ke slunění a koupání'. Podle stejnojmenného pobřežního pásu mezi fr. Marseille a it. La Spezia. Z it. *riviera* 'pobřeží' (stfr. *riviere* 'území podél řeky') z vlat. **ripāria* od lat. *rīpa* '(říční) břeh'. Srov. ↑*revír*.

riziko, *rizikový*. Přes něm. *Risiko* z it.st. *risico, risco* 'nebezpečí' asi z vlat. **resecum* 'skalisko' (dále viz ↑*riskovat*).

rizoto. Z it. *risotto* tv. od *riso* 'rýže'. Viz ↓*rýže*.

rmen 'bylina podobná heřmánku'. P. *rumian*, sln. *rmân*. Stejného původu jako ↑*heřmánek*, jméno vychází z přívlastku *Rōmānus, Rōmāna* 'římský, římská (bylina)'.

rmoutit (se), *zarmoutit*. Ve stč. bylo *mútiti (sě)* tv., jež odpovídá p. *smucić* tv., r. *mutít'* 'kalit, špinit', s./ch. *mútiti* 'kalit, znepokojovat'. Psl. **mǫtiti* je příbuzné s **męsti* (viz ↑*mást*). Podoby s *r-* se v č. objevují od 15. st., jejich původ však není jasný. Již ve stč. bylo i *kormútiti* doložené v subst. *kormút* 'kdo se kormoutí', ale zda bylo toto sloveso prvotní – a *rmútiti* pak z něho

roajalista **542** **roh**

vzniklo dekompozicí (Ma²) – rozhodně není jisté. Srov. ↓*smutný*.

roajalista 'přívrženec království'. Z fr. *royaliste* (rozšířeno od fr. revoluce) od *royal* 'královský' z lat. *rēgālis* tv. od *rēx* 'král', jež souvisí s *regere* 'řídit, vést' (srov. ↑*regent*, ↑*rektor*).

róba 'slavnostní dámské šaty'. Přes něm. *Robe* z fr. *robe* tv. z frk. *rauba 'oblek', jež asi souvisí s něm. *Raub* 'lup, kořist', původně tedy zřejmě šlo o 'ukořistěný oděv'. Srov. ↑*garderoba*.

robě kniž. 'nemluvně, děťátko', *robátko*. Jen č., srov. však i slk. *parobok* 'mládenec', r. *rebënok* 'dítě' (r.d. *robënek*). K původu viz ↑*rab*, k významovému vztahu 'dítě' – 'otrok, sluha' srov. i ↑*otrok*, ↑*pachole*.

robinzonáda 'zákrok, při němž brankář kryje míč skokem do strany'. Podle angl. fotbalového brankáře *Robinsona*, který s tímto stylem přišel (přelom 19. a 20. st.).

robit nář. 'dělat'. P. *robić*, r.d. *róbit'* tv., s./ch. *rábiti* 'používat'. Psl. **orbiti (B8)*, původně asi 'sloužit', je odvozeno od *orbъ (viz ↑*rab*). Srov. ↓*vyrábět*, ↑*podrobit*, ↑*poroba*, ↓*robot*, ↓*robota*, ↑*robě*.

robot, *robotizovat*, *robotizace*. Umělé slovo zavedené K. Čapkem v dramatu *R. U. R.*, rozšířilo se do většiny evropských jazyků. Srov. ↑*robit*, ↓*robota*.

robota 'povinná neplacená práce poddaného (za feudalismu)', *robotník*, *robotnický*, *robotovat*. Slk., p. *robota*, r. *rabóta* 'práce', sln. *rabôta* 'robota', s./ch. *ràbota* tv., stsl. *rabota*, *robota* 'otroctví, poroba'. Psl. *orbota 'těžká práce, otroctví' *(B8)* je odvozeno od *orbъ 'otrok'. Příbuzné je něm. *Arbeit* 'práce', dále viz ↑*rab* a srov. ↑*robit*, ↑*robě*.

robustní 'silný, hřmotný'. Přes něm. *robust* z lat. *rōbustus* 'pevný, silný',

původně 'dubový', od *rōbur* 'dub; pevnost, síla'.

rock 'druh moderní hudby', *rockový, rocker, rockerský*. Z angl. *rock* tv. a to z *rock'n'roll* (viz ↓*rokenrol*).

rod, *rodový, rodný, rodina, rodinný, rodiště, rodák, rodačka, rodit, rodilý, rodič, rodička, rodidla, narodit se, narození, narozeniny, obrodit, obroda, obrození, obrozenec, obrozenecký, odrodit se, odrodilec, porodit, porod, porodní, porodnice, sourodý, sourozenec, urodit se, úroda, úrodný, zrodit (se), zrození, zrod, zárodek, zárodečný* aj. Všesl. – p., r. *rod*, s./ch. *rôd*, stsl. *rodъ*. Psl. *rodъ tv. je příbuzné s lot. *rads* 'příbuzný, pohlaví, původ' (pokud to není přejetí ze slov.) a dále asi i s lit. *rasmē̃* 'úroda', alb. *rit* 'roste', ř. *orthós* 'přímý, stálý, pravý', sti. *várdhati* 'narůstá', vše by bylo z ie. **u̯redh-*, **u̯erdh-* 'růst, stoupat'. Jsou však i výklady jiné, nabízí se především souvislost s ↓*růst*. Srov. ještě ↑*raný*, ↑*příroda*, ↑*národ*.

rodeo 'slavnost spojená s krocením divokých koní a býků'. Z am.-angl. *rodeo* ze šp. *rodeo* tv., původně 'sehnání dobytka', od *rodear* 'sehnat dobytek, obkroužit' z lat. *rotāre* 'kroužit, točit' od *rota* 'kolo'. Srov. ↓*rotace*.

rododendron 'ozdobný keř s tuhými neopadavými listy'. Přes lat. *rhododendron* z ř. *rhodódendron* 'oleandr' z *rhódon* 'růže' a *déndron* 'strom'. Srov. ↑*oleandr*, ↓*růže*.

roh, *růžek, rohový, rohatý, roháč, rohovka, rohovina, rohovitý, nároží, nárožní*. Všesl. – p. *róg*, r. *rog*, s./ch. *rôg*, stsl. *rogъ*. Psl. *rogъ má spolehlivé příbuzenstvo jen v balt.: lit. *rãgas*, lot. *rags*, stpr. *ragis* tv. Dále je asi příbuzné lit. *rogsóti* 'čnět' i *regéti* 'vidět', bsl. kořen by tedy byl **reg-* 'čnět' a od toho **rog-* 'to, co ční'. Spojení s jinými ie. slovy je pochybné, např. něm. *ragen*

rohlík   543   rolnička

'čnět'(Ma²) i přes zdánlivou blízkost neodpovídá hláskoslovně *(A4)*. Srov. ↓*rohož.*

rohlík, *rohlíček.* Nejspíš odvozeno od stč. *rohel z psl. *rogъlь (srov. sln. *rogljíč* 'rohlík' a *rógelj* 'roh') od *rogъ, jinak viz ↑*roh*.

rohovník 'boxer', *rohování*. Podle Ma² od ob. *rohnout* 'dát někomu ránu', ale lze vyjít i od ↑*roh* (rohy ringu mají v boxu důležitou úlohu). V každém případě nepříliš vydařené slovo, které se moc neujalo.

rohož, *rohožka, rohožový.* Stč. *rohože*, p. *rogoża*, r. *rogóža*, na jihu příp. jiné (sln. *rogôznica*, stsl. *rogozina*). Psl. *rogoża 'pletivo z rákosí' je odvozeno od *rogozъ 'rákos' (viz ↑*rákos*).

rochně nář. 'prase', *rochnit se.* Od *rochati* 'chrochtat' onom. původu. Srov. ↑*hroch*.

roj, *rojnice, rojit se, vyrojit se.* Všesl. – p. *rój*, r. *roj*, s./ch. *rôj*, stsl. *roi* 'množství, tlačenice'. Psl. *rojь, původně zřejmě 'tok', odpovídá sti. *raya-* 'tok, spěch', obojí je z ie. **roi̯o-* od **rei-* 'téci', k němuž viz i ↓*zdroj*, ↓*řeka*, ↓*řinout se*, ↑*ráj*.

rok, *roční, ročník, ročníkový, ročenka.* Stč. i 'lhůta, doba, jednání'. P., ukr. *rok* tv., r. *rok* 'osud', s./ch. *ȑok* 'termín', stsl. *rokъ* tv. Psl. *rokъ je odvozeno od *rekti (viz ↓*říci*), vývoj významu byl 'co je řečeno, dohodnuto' (přeneseně i 'osud') → 'lhůta, termín' → 'lhůta 12 měsíců' (lhůta jednoho roku byla i za stara dosti častá). V pl. se používalo spíše slova *léto* (v dnešní č. po číslovkách 5 a výše). Srov. ↓*rokovat*.

rokenrol 'druh výstředního tance a moderní hudby'. Z am.-angl. *rock'n'roll* tv., doslova 'houpej se a válej', z *rock* 'houpat se, kolébat se' *and* 'a' a *roll* 'válet se, koulet se'. Výraz pro tento nový druh hudby zavedl počátkem 50. let populární clevelandský diskžokej A. Freed. Srov. ↑*rock*.

rokfór 'druh sýra'. Podle obce *Roquefort* v jižní Francii, kde se vyrábí.

rokle, *roklina.* Jen č. a slk. *(rokla)*. Dříve a nář. i *rochle*. Z něm. *Rachel* tv., jež souvisí s dnešním *Rachen* 'jícen, kráter' ze sthn. *(h)rahho* tv. původu asi onom.

rokoko 'umělecký sloh vyznačující se přemírou drobných příkras'. Přes něm. *Rokoko* z fr. *rococo* a to od *rocaille* 'umělá skalka (s kamínky a mušlemi)' od *roc, roche* 'skála' z vlat. *rocca předlat. původu.

rokovat, *rokování.* Odvozeno od ↑*rok* ve starším významu 'řeč, jednání' (viz ↓*říci*). Srov. ↑*odročit*, ↓*úrok.*

roláda 'pokrm ze stočeného plátu těsta či masa s náplní'. Z fr. *roulade* od *rouler* 'svinovat', jež souvisí se stfr. *rol(l)e* (viz ↓*role*¹). Podoba s *ro-* místo staršího *ru-* vlivem slov jako ↓*rolovat*, ↓*role*¹.

role¹ 'svitek; úloha'. Z něm. *Rolle* ze stfr. *rol(l)e* 'papírový či pergamenový svitek, soupis' a to z lat. *rotula, rotulus* 'kolečko', což je zdrobnělina od *rota* 'kolo'. Ze zúženého významu 'soupis textu k poznámek pro jednoho herce' se pak ve fr. vyvinul význam '(herecká) úloha'. Srov. ↓*rolovat*, ↑*roláda*, ↑*rodeo*.

role² zast. 'pole', *rolník, rolnický, rolnictví.* Stč. *rolí* (jako ↑*paní*), p. *rola*, r.d. *rol'já*, sln.d. *rál*. Psl. **orlьja (B8)* je odvozeno od *orati (↑*orat*), snad od tvaru *orlъ, což by bylo *l*-ové příč. od původnějšího *orti.

roleta. Dříve i *rolo, roló*. Přes něm. *Rollo, Rollette* z fr. *rouleau, roulette* tv. od *rouler* 'svinovat'. Viz ↑*roláda*, srov. ↓*ruleta*.

rolnička 'malý plechový zvoneček'. U Jg i *ronklička*. Jen č., ne zcela jasné.

Asi z něm. *Klingenrolle* 'zvoneček', doslova 'zvonící váleček', viz ↑*role*[1].

rolovat 'svinovat'. Přes něm. *rollen* z fr. *rouler* tv., jež souvisí se stfr. *rol(l)e* (viz ↑*role*[1]). Význam 'jet po letišti (o letadle)' je z angl. *roll* 'valit se, kolébat se, pojíždět' téhož původu. Srov. ↑*rokenrol*.

romadúr 'druh sýra'. Z rak.-něm. *Romadur*, jež se vykládá z fr. *romadour*, *romatour*, to však je nejasné.

román, *románek*, *románový*, *romanopisec*. Přes něm. *Roman* z fr. *roman* tv. a to ze stfr. *romanz* 'rytířský román (původně veršovaný)', doslova 'co je napsáno v národním, románském jazyce (nikoli v latině)'. Slovo je původem zpodstatnělé vlat. adv. *Rōmānicē 'románsky' od lat. adj. *Rōmānicus* 'římský, románský'. Srov. ↓*romance*, ↓*romantický*, ↑*rmen*.

romance 'kratší lyricko-epická báseň'. Přes něm. *Romanze*, fr. *romance* ze šp. *romance*, případně ještě ze stprov. *romans* 'píseň (báseň) v národním jazyce'. Dále viz ↑*román*.

romaneto 'kratší prozaický útvar s fantastickými, ale nakonec rozumově vysvětlenými prvky'. Nerudou prosazovaný název pro tento druh prózy psaný J. Arbesem vychází z it. *romanetto*, doslova 'malý román'. Viz ↑*román*.

romantický 'silně citově působící svou nevšedností ap.', *romantika*, *romantik*, *romantismus*. Přejato přes moderní evr. jazyky (něm. *romantisch*, fr. *romantique*, angl. *romantic*). Slovo má původ v angl., kde je odvozeno od angl.st. *romant*, *romaunt* 'román, dobrodružné vyprávění' ze stfr. *romanz*, *romant* (viz ↑*román*). Původní význam byl 'fantastický, smyšlený, dobrodružný' (od 17. st.), od konce 18. st. slouží k označení nového kulturního směru (jako protiklad ke *klasický*).

ronit 'po kapkách vypouštět', *uronit*, *vyronit*, *výron*. Všesl. – p. *ronić* 'ztrácet, shazovat ze sebe', r. *ronjat'* 'pouštět, trousit', s./ch. *ròniti* 'potápět se, ronit'. Psl. *roniti, původně nejspíš kauzativum s významem 'působit, že něco klesá, padá', lze srovnat s gót. *ur-rannjan* 'působit, že něco vychází' (srov. gót. *rinnan* 'téci', něm. *rinnen* tv.), příbuzné je snad i ř. *rhaníś* 'kapka', *rhaínō* 'kropím'. Výchozí ie. **ren-*, **ron-* 'působit, že teče' lze vyvodit z **er-en-* od hojně rozšířeného ie. **er-*, **or-* 'pohybovat'. Dále srov. ↓*řinout*, ↓*řeka*, ↑*roj*.

ropa 'surová nafta', *ropný*, *ropovod*. Přejato z p. *ropa* tv., vedle toho i 'hustý černý jíl, hnis'. R.d. *ropá* 'hnis, míza, lák, nafta', sln.st. *ropa* 'rašelina', je i kašub. *ropa* 'pára'. Původ nejasný, psl. *ropa nemá mimo slov. žádné spolehlivé příbuzenstvo. Z domácích slov lze spojit s nejistým *ropěti* 'kapat' (viz ↑*rampouch*).

ropucha. Převzato z p. *ropucha*, odtud nejspíš i ukr. a r.d. *ropúcha*. Slovo zřejmě expr. (příp. *-ucha*), výklad však není jistý. Vzhledem k č. nář. *rapucha* a zvláště ukr. *koropavka*, sln. *krápavica* tv. lze p. slovo vyvodit z původního *kropucha či *chropucha, vše od psl. **korp-*/**chorp-* 'hrubý, drsný' (srov. č.d. *chrapavý* tv.). Podobně tvořeno je lit. *rùpūžė* tv. od *rupùs* 'hrubý, drsný' (Ma[2]). Méně pravděpodobné je spojení s ↑*ropa*, *ropěti* podle toho, že ropucha vyměšuje jedovatou tekutinu.

roráty 'adventní ranní mše'. Podle začátku lat. adventního zpěvu *Rorāte*, *coeli dēsuper* 'rosu dejte, nebesa (shůry)' od lat. *rorāre* 'rosit, zavlažovat' od *rōs* (gen. *rōris*) 'rosa' (viz ↓*rosa*).

rorýs, **rorejs** 'druh ptáka s dlouhými křídly'. Jen č., mnoho nář. variant: *rorejk*, *rorejc*, *rorejt*, *rolejch*, *lorejs* aj. (Ma[2]). Asi z něm. *Rohrreiger* 'bukač', případně z dalších variant jako *Rohrreisser*, *Rohrreiter* od *Rohr* 'rákos, třtina'.

rosa, *rosný, rosit, orosit, zarosit (se).* Všesl. – p. *rosa*, r. *rosá*, s./ch. *ròsa*, stsl. *rosa*. Psl. **rosa* je příbuzné s lit. *rasà*, lat. *rōs* tv., sti. *rasá* 'tekutina', vše z ie. **ros-* 'téci' od **eres-* tv. (srov. sti. *áršati* 'teče'). Srov. ↑*roráty*, ↓*rozmarýna*, ↑*ronit*.

rosnička 'druh žáby'. Od ↑*rosa*, snad podle toho, že klade vajíčka do vody nashromážděné ve velkých listech, dutinách stromů ap. (Ma²), či prostě podle toho, že za jasného počasí vysedává na svrchní straně listů, kde se drží i rosa.

rosol 'polotuhá klihovitá hmota z organických látek', *rosolovitý, rosolovatět*. P. *rosół* 'polévka (z masa)', r. *rassól* 'lák', s./ch. *rásól* tv., b. *razsól* 'kyselé zelí'. Psl. **orzsolъ*, původně 'slaná voda, lák', je odvozeno od **orzsoliti*, viz ↓*roz-* a ↓*sůl*.

rosomák 'druh severské šelmy příbuzný kuně'. Přejato Preslem z p. *rosomak* a to nejspíš z r. *rosomácha* tv. Původ slova není jistý, snad lze uvažovat o tabuovém přesmyku (D4) ze **soromacha* (je ukr.d. *soromácha* tv.) z psl. **sormacha (B8)*, jež by bylo příbuzné s lit. *šarmuõ* 'hranostaj' (viz ↑*hranostaj*, ↑*hermelín*).

rostbíf 'maso z hovězího hřbetu rychle upečené'. Z angl. *roast beef* tv. z *roast* 'pečený' (srov. ↓*rošt*, ↑*restovat*) a *beef* 'hovězí (maso)' (srov. ↑*biftek*).

rostlina, *rostlinný, rostlinstvo, rostlinář(ka)*. Viz ↓*růst*.

rošáda 'přesun věže a krále v šachách'. Přes něm. *Rochade* tv. (přejato s fr. výslovností) od stfrn. *roch* 'věž v šachách' a to přes stfr. *roc* a šp. *roque* tv. z per. *rokh* 'válečný slon'. Srov. ↑*hroch*.

rošt, *roštěná, roštěnka, roštěnec*. Z něm. *Rost* tv., jehož původ není jasný. Srov. ↑*restovat*, ↑*rostbíf*.

roští, hov. expr. *rošťák, rošťácký, rošťáctví, rošťárna*. Stč. *rožd'ie, roščie*

je z psl. **rozdžьje (B1)* od **rozga* 'prut, větvička', jehož pokračováním je stč. *rózha* 'větvička, ratolest', p. *rózga*, r. *rózga*, s./ch. *ròzga*, stsl. *rozga* tv. Obvykle se spojuje s lit. *règzti* (1.os.přít. *rezgù*) 'plést, vázat', sthn. *rusch* 'sítina (druh trávovité byliny)', angl. *rush* tv., lat. *restis* 'provaz', sti. *rájju-* tv., vše od ie. **rezg-* 'plést, vinout'. Srov. ↓*řešeto*. Expr. *rošťák* a jeho odvozeniny je zřejmě novější (u Jg ještě není).

rota 'vojenská jednotka', *rotní, rotný, rotmistr*. Stč. *rota* 'družina, zástup, cháska, sekta'. Ze střhn. *rot(e), rotte* '(vojenská) družina, společenství' ze stfr. *rote* tv. ze střlat. *rupta* 'skupina, (loupeživý) oddíl', což je zpodstatnělé příč. trp. v ž.r. od lat. *rumpere* 'zlomit, roztrhnout'. Srov. ↑*raut*, ↑*bankrot*, ↓*rotyka*, ↑*korupce*.

rotace 'otáčivý pohyb', *rotační, rotovat, rotačka, rotor*. Z lat. *rotātiō* tv. od *rotāre* 'kroužit, točit se' od *rota* 'kolo, kruh'. Srov. ↓*rotunda*, ↓*runda*, ↑*role*[1].

rotunda 'okrouhlý románský kostelík'. Ze střlat. *rotunda* tv., což je zpodstatnělý tvar ž.r. lat. adj. *rotundus* 'kulatý, okrouhlý, uzavřený' od *rota* 'kolo, kruh'. Srov. ↑*rotace*, ↓*runda*.

rotyka ob. expr. 'povyk, pozdvižení'. Expr. útvar od ↑*rota* ve starším významu 'cháska, sběř', srov. i *rotiti se* 'shlukovat se, bouřit'.

roub 'větévka (s pupeny) přenášená na podnož', *roubovat, roubování, naroubovat*. Od ↓*rubat* 'sekat', srov. ↓*roubík*.

roubík 'předmět na ucpání úst; kolík'. Zdrobnělina od *roub* 'kolík, něco useknutého' (viz ↑*roub*, ↓*rubat*). Původně kolík, který se dával podobně jako udidlo např. vzpurným koním, telatům, aby nesála mléko na pastvě ap., pak přeneseno i na jiné prostředky k zacpání úst (Ma²).

roubit 'stavět ze dřeva', *roubený, roubení, sroubit, srub, obroubit, obruba, vroubit, vrub, vroubek, záruběň*. Stejného původu jako ↓*rubat*, posun významu 'sekat' → 'stavět z otesaných trámů' → 'stavět ze dřeva'.

rouhat se 'projevovat neúctu a posměch něčemu posvátnému', *rouhání, rouhavý*. P. *urągać*, r. *rugát'sja* 'nadávat, hádat se', s./ch. *rúgati, rúgati se* 'vysmívat se, posmívat se', stsl. *rǫgati sę* tv. Psl. **rǫgati sę*, původně asi '(hlasitě) otvírat ústa', má stejný původ jako psl. **rę̄gnǫti* (srov. csl. *rę̄gnǫti* 'otvírat (ústa)', sln. *régniti* 'puknout', *régati* 'zívat' i naše ↓*řehnit se*). Příbuzné se zdá být lit. *išrangúoti* 'vysmívat se', lat. *ringī* 'zívat, cenit zuby, zlobit se', výchozí ie. kořen (zřejmě onom.) však není jistý.

roucho, *rouška*. Stč. i *rúcha* (odtud dnešní zdrobnělina). P.st. *rucho*, r.st. *rúcho*, s./ch. *rȕho*. Psl. **rucho* není zcela jasné. Snad vychází ze stejného kořene jako ↓*rušit*, ↓*rouno*, ↓*rvát*, vykládá se jako '(nepřátelům) servaný či vyrvaný oděv'. Významová paralela by byla v ↑*róba*.

rouno 'ovčí vlna (s kůží)'. Všesl. – p. *runo*, r. *runó*, s./ch. *rúno*, stsl. *runo*. Psl. **runo* je odvozeno od **ruti* 'rvát', původně tedy 'naškubaná vlna (jedné ovce)' (vlna se původně nestříhala, ale škubala). Dále viz ↓*rvát*, srov. ↑*roucho*.

roup 'hlíst cizopasící ve střevech'. Jistě souvisí s něm. *Raupe* 'housenka', přeneseně 'vrtoch'. Vzhledem k rozšíření slova (ve slov. jazycích jen p. *rup*, zatímco v germ. je stŕhn., střdn. i střniz. *rūpe*) se zdá pravděpodobnější přejetí z něm. do slov. jazyků (HK) než naopak (Ma²). *Mít roupy* 'být bujný' je rovněž nejspíš podle něm. *Raupen (in Kopf) haben* 'mít ztřeštěné nápady'.

roura, *rourka*. Ze střhn. *rōre* (dnes *Röhre*) 'trubice' od *rōr* tv., původně 'rákos, třtina' (dnes *Rohr*). Srov. ↑*rorýs*.

rousat se 'brouzdat se (mokrou travou ap.)', *urousat se*. Snad od psl. **rusti* 'hýbat se, téci', srov. r. *rúslo* 'koryto, řečiště', lit. *rusěti* 'téci'. K dalším souvislostem viz ↓*ruch*, ↓*rychlý*, ↓*rušit*.

rouška. Viz ↑*roucho*.

routa 'druh aromatické byliny'. Stč. *rúta*, převzato (případně přes střhn. *rūte*) z lat. *rūta* a to z ř. *rhȳtḗ* tv. neznámého původu.

rov kniž. 'hrob'. Všesl. – p. *rów* 'příkop', r. *rov*, s./ch. *rôv* tv., stsl. *rovъ* 'jáma'. Psl. **rovъ* je příbuzné s **ryti* (↓*rýti*), srov. stejné střídání hlásek u ↑*krýt* a ↑*krov*.

rovněž přísl. Jen č. Z *rovně* (viz ↓*rovný*) a částice *ž(e)* (↓*že*).

rovný, *rovnost, rovnostářství, rovina, rovinka, rovinný, rovinatý, rovnice, rovník, rovníkový, rovnátka, rovnat, narovnat, odrovnat, porovnat, přerovnat, přirovnat, přirovnání, srovnat, srovnání, urovnat, úroveň, úrovňový, vyrovnat, zarovnat, zároveň*. Všesl. – p. *równy*, r. *róvnyj*, s./ch. *rávan*, stsl. *ravьnъ*. Psl. **orvьnъ (B8)* je adj. odvozené od nedoloženého předsl. **orvo-*, jež je příbuzné se stpr. *arwis* 'pravý, opravdový', něm. *Raum* 'prostor', angl. *room* 'místnost', ir. *róe* 'rovné pole', lat. *rūs* 'pole, venkov, statek' (srov. ↓*rurální*, ↓*rustikální*), av. *ravah-* 'prostor' i chet. *aruna-* 'moře', vše je od ie. **(a)reu-* 'otevřít, rozprostřít'.

roz- předp. Všesl. – p. *roz-*, r. *raz-* (přejato z csl., původně *rozъ-*), s./ch. *raz-*, stsl. *raz-*. Psl. **orz- (B8)* je příbuzné s **oriti* 'rozrušit, oddělit' (srov. ↑*obořit se*), tvoření však není zcela jasné (-*z* se někdy vykládá analogií podle **bez*, **perzъ*, **vъzъ*). Východiskem je ie. *er- 'oddělit, jít od sebe', od něhož je i lit. ìrti 'rozpadnout se, rozpárat se', ardýti 'oddělit, štěpit', sti. árdha- 'část, strana' i naše ↓řídký. Srov. ↓různý, ↓rozum, ↓rozkoš, ↓rozmar aj.

rozbřesk, *rozbřesknout se*. P. *brzask*, r. *brezg*, sln. *brêsk*, stsl. *probrězgъ*. Psl. **brěskъ* je příbuzné s lit. *brěkšti* 'svítat' a dále asi i av. *brāzaiti* 'svítí', sti. *bhrā́jate* tv., vše od ie. **bhrēg-* 'svítit, bílý' *(A1)*.

rozcapit se expr. 'roztáhnout nohy, rozvalit se'. Nejspíš z ↑*roz*- a onom. základu *cap*-, který je v starším *capit* 'trhat' a ↑*capat*.

rozčilit, rozčílit, *rozčilený*. Asi přejato v obrození z p. *rozczulić* 'dojmout, vzbudit cit' od *czuły* 'citlivý' (viz ↑*čiti*, ↑*čilý*). Původně v témže významu jako v p. (Jg), pak posun v hodnocení na 'přivést do prudkého neklidu, rozzlobit'.

rozčísnout 'hřebenem rozdělit; rozštípnout, rozpůlit'. Dříve *rozčesnouti* (Jg). Viz ↑*roz*- a ↑*česat*.

rozedma 'onemocnění plic ze zmenšené dýchací plochy'. Viz ↑*roz*- a ↑*dmout se*.

rozednít se, *rozednění*. Viz ↑*roz*- a ↑*den*.

rozeta 'růžice, dekorativní prvek ve tvaru růže'. Z fr. *rosette* tv. od *rose* 'růže' (viz ↓*růže*).

rozhlas, *rozhlasový*. Novotvar, který se ujal ve 20. letech 20. st. vedle cizího ↑*rádio*. Viz ↑*roz*- a ↑*hlas*.

rozhořčit se, *rozhořčený*. Viz ↑*roz*- a ↑*hořký*.

rozhřešení 'odpuštění hříchů'. Původně pč. **rozřěšenie* od **rozřěšiti* (srov. r. *razrešít'* ot *gréchov* a také stč. *rozřěšiti sě* 'rozpustit se'), což je kalk za lat. *absolvere* 'zprostit, rozvázat, osvobodit' (srov. ↑*absolvovat*). V č. lid. etym. *(D2)* přikloněno k ↑*hřích*.

rozinka, *rozinkový*. Z něm. *Rosine* a to z fr. *raisin (sec)* tv., doslova '(suchý) hrozen', z lat. *racēmus* 'zrno, hrozen'.

rozjívený, *rozjívenec*. U Jg ve významu 'uplakaný' a 'hloupý, otevřhuba'. Z původního **rozzěvený* 'doširoka otevřený' z ↑*roz*- a **zěviti* 'otevřít, roztáhnout', jež souvisí se ↓*zívat*, ↓*zet*.

rozkol, *rozkolník*. Viz ↑*roz*- a ↑*kláti*.

rozkoš, *rozkošný, rozkošník, rozkošnický*. P. *rozkosz*, r. *róskoš'* 'nádhera, přepych', s. *ráskoš* tv. Psl. **orz(ъ)košь* je odvozeno od slovesa **orz(ъ)kochati* (srov. stč. *rozkochati* 'potěšit'), viz ↑*roz*- a ↑*kochat se*.

rozličný. P. *rozliczny*, r. *razlíčnyj*, s./ch. *rázličan*, stsl. *različьnъ*. Psl. **orz(ъ)ličьnъ* je tvořeno z **orz*- (↑*roz*-) a odvozeniny od **likъ, *liko, *lico* (viz ↑*líc(e)*). Srov. ↓*různý*.

rozmanitý, *rozmanitost*. Slk.st. *rozmajitý*, p. *rozmaity*. Nepříliš jasné. Původnější je snad podoba s *j* (od psl. **majati*?, srov. ↑*maják*).

rozmar, *rozmarný, rozmařilý, rozmařilost*. Jen č. Stč. *rozmářěnie* 'oslabení, malátnost', *rozmařělý* 'ochablý, malátný'. Nejspíš z ↑*roz*- a základu, který je v ↑*mařit* (srov. stč. *mářěti* 'mdlít, ochabovat'). Vývoj významu u staršího *rozmařilost* byl 'ochablost, malátnost' → 'lenost' → 'marnotratnost', *rozmar* s dalším posunem významu je asi až od obrození.

rozmarýn(a) 'jihoevropský okrasný polokeř'. Přes něm. *Rosmarine* z lat. *rōs marīnus* tv., doslova 'mořská rosa' (viz ↑*rosa* a ↑*moře*). Motivace této metafory není známa.

rozmělnit. Viz ↑*roz*- a ↑*mělnit*.

rozpaky, *rozpačitý, rozpakovat se*. Stč. *rozpak* i *rozpač*, jen č. Prvotní je zřejmě sloveso (stč. *rozpáčiti* 'uvést do rozpaků, zviklat'), dále viz ↑*páčit*,

↑*opak*. Význam pochopíme ze srovnání *páčiti* 'působit proti', *rozpáčiti* 'zviklat' (srov. význam předp. ↑*roz-*).

rozplizlý 'rozbředlý, nezřetelný', *rozpliznout se*. Jen č. U Jg je i *rozplzlý* tv. a *rozplíhati* 'rozbřednout', uvedené slovo patří do tohoto rozkošatělého příbuzenstva. Viz ↑*plazit se*, ↑*oplzlý*, ↑*plouhat (se)*.

rozpoltit, *rozpolcený*. Asi již psl. **orz(ъ)pol(ъ)titi* je odvozeno od psl. **pol(ъ)tь* 'půlka' a to od **polъ* (viz ↑*půl*). Pokračováním psl. **pol(ъ)tь* je č.d. *polt* 'velký kus slaniny', r. *pólot'* 'půlka zabitého prasete', sln. *plât* 'strana', csl. *platь* tv.

rozptýlit, *rozptýlení, rozptyl*. Jen č., nepříliš jasné. Vzhledem k p. *rozpylić*, r. *raspylít'* tv. lze vyjít z psl. **orzpyliti* (viz ↑*roz-* a ↑*pyl*), ale *-t-* je nejasné.

rozpustilý, *rozpustilost*. Stč. i *rozpúščěti sě* 'být nevázaný', viz ↑*roz-* a ↑*pustit*. Srov. podobně něm. *ausgelassen* tv. z *aus* 'vy-' a *lassen* 'nechat, pustit'.

rozrazil 'druh byliny'. Viz ↑*roz-* a ↑*ráz*. Věřilo se, že čistí krev a rozráží hleny.

rozsocha 'vidlicovitě rozrostlá větev', *rozsochatý*. P. *rosocha*, ukr. *rozsócha*, sln. *rázsoha*. Psl. **orz(ъ)socha* je tvořeno z **orz-* (↑*roz-*) a **socha* 'větev' (↓*socha*).

rozšafný. Nejspíš z něm. *rechtschaffen* 'poctivý, řádný', doslova 'správně dělaný' (srov. ↑*recht* a ↓*šafář*). První část něm. složeniny nahrazena předp. ↑*roz-* (asi podle *rozvážný, rozumný* ap.).

rozšmelcovat ob. expr. 'rozmačkat, rozdrtit, rozjezdit'. K něm. *schmelzen* 'roztavit, rozpustit', dále viz ↓*smalt*.

roztomilý. Z ↑*roz-* a ↑*milý*, se zesilující částicí *-to-*. Srov. *roztodivný* a také ↑*prostopášný*.

roztržitý, *roztržitost*. Stč. i *roztrhalý*, *roztrhaný* 'neklidný, rozervaný', viz ↑*roz-* a ↓*trhat*.

rozum, *rozumný, rozumový, rozumět, dorozumět se, dorozumění, porozumět, porozumění, srozumitelný, srozumitelnost, vyrozumět, vyrozumění*. Všesl. – p. *rozum*, r. *rázum* (z csl.), s./ch. *rȁzūm*, stsl. *razumъ*. Psl. **orzumъ* je tvořeno z **orz-* (↑*roz-*) a **umъ* (viz ↓*umět*). Předponou *roz-* je tu vyjádřena rozlišovací schopnost myšlení.

rozverný, *rozvernost*. U Jg i *rozvířený, rozvejřený*, tedy 'ten, v kom to víří', viz ↓*vír*.

rožeň. Všesl. – p. *rożen*, r. *rožón*, s./ch. *rážanj*, csl. *ražьnъ*. Jednotlivé slov. podoby ukazují na psl. **oržьnъ*, **oržьnь (B8)*, k němuž však nelze najít spolehlivé příbuzenstvo. Spojení s **rogъ* (↑*roh*) či s **raziti* (↑*ráz*) nelze zcela vyloučit, předpokládá však nepravidelné změny buď v jsl., nebo v zsl. a vsl.

rtuť, *rtuťový, rtuťovitý*. Slk. *ortuť*, p. *rtęć*, r. *rtút'* (str. *rъtutь*), v jsl. výrazy jiné (s./ch. *žȉva*). Psl. **rъtQtь* je nejasné. Časté vyvozování z ar. *utārid*, tur. *utaryd* tv. (HK, Ma²) je nepřijatelné foneticky, navíc by takové přejetí asi sotva minulo jsl.

rub, *rubový*. Všesl. – p. *rąb* 'okraj, lem; rub', r.d. *rub* 'hrubý oděv, hadry, šev', s./ch. *rûb* 'okraj, obruba'. Psl. **rQbъ (B7)* znamenalo původně 'co je odseknuto, odříznuto' (v č. původně 'spodní strana kůže', k významu 'okraj, lem' srov. ↑*kraj*), od **rQbiti, *rQbati* 'sekat' (viz ↓*rubat*). Srov. ↓*rubáš*.

rubáš 'prosté splývavé roucho (pro zemřelé)'. R. *rubácha*, *rubáška* 'košile, halena', sln. *róbec* 'ručník, šátek, kapesník'. Vše je to od psl. **rQbъ* '(uříznutý) kus látky' (viz ↑*rub*).

rubat, *rubač, narubat, zrubat, prorubat, odrubat*. Všesl. – p. *rąbać*,

r. *rubít'*, sln.st. *robíti* tv., s./ch. *rúbiti* 'lemovat'. Psl. *rǫbati, *rǫbiti 'sekat' *(B7)* (srov. ↑*roubit*) je příbuzné s lit. *rémbėti* 'stávat se zjizveným', *ruřhbas* 'jizva, zářez, lem' a asi i s něm. *Rumpf* 'trup, kmen' (vlastně 'něco osekaného'); východiskem by bylo ie. **remb-* 'sekat, dělat záseky'. Srov. ↑*rub*, ↑*rubáš*, ↑*roub*, ↑*roubík*.

rubín 'červený drahokam', *rubínový*. Přes něm. *Rubin* ze stfr. *rubin* ze střlat. *rubinus* tv. a to od lat. *ruber, rubeus* 'červený, rudý' (viz ↓*rudý*).

rubl 'ruská měnová jednotka'. Z r. *rubl'* tv. od *rubít'* (viz ↑*rubat*). Původně vlastně 'odštěpek, odřezek' – myslí se tím odštěpek od hřivny (r. *grívna*), která byla původní měnovou jednotkou.

rubrika 'oddíl v tiskopisu, novinách, časopisu'. Přes něm. *Rubrik* tv. z lat. *rubrīca* 'červená hlinka, červeně napsaný nadpis' od *ruber* 'červený' (viz ↓*rudý*). Původně označení červeného nadpisu jednotlivých zákonů, potom i místa, které text zákona zaujímá, odtud pak přenášeno dále.

ručit, *ručení, ručitel(ka), zaručit se, záruka, doručit, doručovatelka*. Od ↓*ruka*, vlastně 'podáním ruky ujistit'. Srov. ↑*poručit*.

ruda, *rudný*. Všesl. – p. *ruda*, r. *rudá*, s./ch. *rúda*, stsl. *ruda*. Psl. *ruda je nejspíš zpodstatnělé adj. ž.r. k *rudъ (viz ↓*rudý*), tedy 'hornina obsahující rudý kov' (srov. ↑*rez*). Sblížení s nejasným něm. *Erz* tv. (stdn. *arut*) či lat. *raudus* 'neopracovaný kus rudy' jako se slovy substrátového původu souvisejícími se sumer. *urudu* 'měď' (Ma²) je sice lákavé, ale sotva pravděpodobné.

rudimentární, **rudimentální** 'základní, elementární'. Novější odvozeniny (fr. *rudimentaire* od 19. st. ap.) od lat. *rudīmentum* 'počátek, základ, první pokus' od *rudis* 'syrový, hrubý, nezkušený'.

rudý, *rudnout, zrudnout, zarudnout, zarudlý, vyrudnout*. P. *rudy*, r.d. *rudój*, s./ch. *rûd* 'načervenalý'. Psl. *rudъ je příbuzné s lit. *raũdas*, něm. *rot*, angl. *red*, lat. *ruber*, ř. *erythrós*, sti. *rudhirá-* tv., vše od ie. **reudh-* 'rudý, červený'. Srov. ↑*rdít se*, ↑*ruda*, ↑*rez*, ↓*ruměný*, ↓*rusý*, ↓*ryzí*, ↑*rubín*, ↑*rubrika*.

ruch, *ruchový, rušný*. P. *ruch* 'pohyb, hnutí, běh, provoz', r. *ruch* 'zmatek, shon, neklid'. Dějové subst. k *rušiti (viz ↓*rušit*).

ruina 'zřícenina, troska', *ruinovat, zruinovat*. Přes něm. *Ruine* z lat. *ruīna* (častěji pl. *ruīnae*) 'zřícení, zkáza; trosky' a to od *ruere* 'řítit se, bořit se', jež souvisí s ↓*rýt* a ↓*rvát*.

ruka, *ručka, ručička, ruční, ručnice, ručník, rukáv, rukávník, rukavice, rukavička, rukavičkář, rukavičkářství, ručkovat, přeručkovat, područí, náruč*. Všesl. – p. *ręka*, r. *ruká*, s./ch. *rúka*, stsl. *rǫka*. Psl. **rǫka (B7)* odpovídá lit. *rankà*, lot. *ruoka*, stpr. *rancko* tv. a asi i pozdnělat. *branca* 'tlapa' (asi z galštiny, srov. ↑*branže*), východiskem by bylo ie. **u̯ronkā* 'tlapa, ruka', vlastně 'to, čím se sbírá, uchopuje' od ie. **u̯renk-* 'sbírat' (srov. lit. *riñkti* tv.), původně asi 'kroutit, vinout', od ie. **u̯er-* tv. Srov. ↑*ručit*, ↑*poručit*, ↑*obruč*, ↓*rukojeť*.

rukojeť 'držadlo', **rukověť** 'příručka'. P. *rękojeść*, r. *rukoját'* tv, s./ch. *rùkovēt* 'hrst, svazek', stsl. *rǫkovětь, rǫkojętь* 'hrst, otep'. Psl. *rǫkojętь, *rǫkovętь, vlastně 'co pojme ruka', je stará složenina z *rǫka (viz ↑*ruka*) a *jęti (viz ↑*jmout*). V č. využito dvojtvaru k rozlišení významu (k vloženému *v* srov. ↑*pavouk*).

rukojmí. P. *rękojmia* 'záruka', *rękojemca* 'rukojmí, ručitel'. Původně totéž co 'ručitel'. Viz ↑*ruka* a ↑*jmout*.

rukovat 'nastupovat na vojnu'. Z něm. *einrücken* tv. z *ein-* 'v-, na-' a *rücken* 'postupovat, posunovat'.

ruksak hov. 'batoh'. Z něm. *Rucksack* (z alpských nářečí) a to k něm. *Rücken* 'záda' a *Sack* 'pytel'. Srov. ↓*sáček*, ↓*žok*, ↓*váček*.

rula 'druh horniny'. Novější, od obrození (Jg), ale nejasné. Asi vytvořeno podle ↓*žula*, ale odkud je počáteční *r-*? Uvažuje se o něm.d. *rull* (něm. *Geröll*) 'štěrk, oblázky' (Ma[2]), ale příliš přesvědčivé to není.

ruláda. Viz ↑*roláda*.

rulanda 'druh vína', *rulandské*. Z něm. *Ruländer* a to podle obchodníka *Rulanda*, který toto víno přivezl zač. 18. st. z Burgundska do Falcka (fr. název je *pinot gris*).

ruleta 'druh sázkové hazardní hry'. Z fr. *roulette* tv., doslova 'kolečko', od stfr. *roelle* z lat. *rotella*, což je zdrobnělina od *rota* 'kolo'. Srov. ↑*roleta*, ↑*roláda*, ↓*rulička*, ↑*role*[1].

rulička. Zdrobnělina od něm. *Rouleau*, fr. *rouleau* 'svitek, stůček, váleček' od *rouler* 'svinout, stočit, válet'. Viz ↑*role*[1], ↑*roláda*, ↑*ruleta*.

rulík 'druh byliny s jedovatými bobulemi'. Nář. (mor.) *lulík*, slk. *ľulok* (viz ↑*lilek*). V č. u jména tohoto druhu disimilace *lul-*>*rul-*.

rum[1] 'stavební odpad', *rumiště*. Nejspíš z něm. *Rummel* 'lomoz, mela; haraburdí', srov. i p. *rum* 'rum, rozvaliny; lomoz, rámus'. Původ onom. Srov. ↓*rumraj*.

rum[2] 'druh alkoholického nápoje', *rumový*. Přes něm. *Rum* z angl. *rum* a to z řeči angl. osadníků na Barbadosu (17. st.), kde bylo zkráceno z původního *rumbullion*. To znamená v angl. nář. 'pozdvižení, povyk' a je onom. původu. Snad tedy přeneseno na nový nápoj ze zkvašeného třtinového cukru podle projevů, které jeho požívání doprovázely.

rumba 'druh latinskoamerického tance'. Z kubánsko-šp. *rumba* tv., nejspíš od šp. *rumbo* 'směr, cesta; nádhera' a to z lat. *rhombos* 'kosočtverec, čarodějnický kruh' z ř. *rhómbos* tv.

ruměný, *ruměnec*, *rumělka*. Stč. *rumný*, novější *ruměný* je asi z p., *rumělka* z jsl. P. *rumiany*, r. *rumjányj*, s./ch. *rùmen* tv., sln. *rumèn* 'žlutý', stsl. *ruměnъ* 'ohnivě zbarvený'. Psl. *ruměnъ 'červený, oranžový' je odvozeno asi od *rumy, gen. *rumene, jež odpovídá lit. *raumuõ* 'sval, libové maso', obojí z ie. *roudh-mōn 'něco (jasně) červeného' (A6,A9,B2) od **reudh-* 'rudý' (viz ↑*rudý*, srov. ↓*rusý*).

rumpál 'ruční naviják'. Nejspíš z něm. *Rollbaum* tv. z *rollen* 'válet, vinout' a *Baum* 'strom', dříve i 'kmen, tyč', případně z jiných podobných něm. složenin – *Rollbalken*, *Rundbalken*, *Rundbaum* (HK).

rumplovat ob. '(hřmotně) lomcovat'. Z něm. *rumpeln* 'rachotit' onom. původu. Srov. ↓*rumraj(ch)*, ↑*rum*[1].

rumraj(ch) zast. ob. 'vřava, rozruch'. Asi zkřížením (D4) něm. *Rummel* 'povyk, mela' a *Mummerei* (viz ↑*mumraj*). Srov. ↑*rum*[1], ↑*rumplovat*.

runa 'litera starogermánského rytého písma', *runový*. Z něm. *Rune* tv., sthn. *gót. *rūna*, stisl. *rún* znamenalo vedle toho sekundárně i 'tajemství' (odtud něm. *raunen* '(tajemně) šeptat'). Původ nejistý, snad od ie. **reu-* 'rýt, drásat' (viz ↓*rýt*).

runda ob. 'pohoštění společnosti kolem stolu sklenkou alkoholického nápoje'. Z něm. *Runde* 'kolo, kruh; společnost u stolu' od *rund* 'kulatý' z fr. *rond* z lat. *rotundus* tv. od *rota* 'kolo'. Srov. ↑*rotunda*.

rupat, *rupnout, rupnutí*. Onom. původu (srov. ↑*lupat*, ↑*chrupat*).

rupie 'měnová jednotka některých jihoasijských států'. Přes port. *rupia* (angl. *rupee*) z hind. *rūpīya* tv. ze sti. *rūpya* '(tepané) stříbro'.

rus 'druh obtížného hmyzu'. Z p. *rus* či něm. *Russe*. Jména podobného hmyzu jsou často dávána podle národa – srov. ↓*šváb* i p. *prusak*, r. *prusák* tv.

rusalka 'vodní víla'. Z r. *rusálka* tv., nejspíš od str. *rusalija* 'pohanský svátek jara', v křesťanském přehodnocení pak 'neděle před letnicemi' (srov. i stsl. *rusalija* 'letnice') a to (případně přes stř. *rūsālia* tv.) z pozdnělat. *rosālia* 'svátek růží', původně pohanský svátek okrašlování hrobů, od *rosa* 'růže' (viz ↓*růže*). R. *rusálka* lid. etym. *(D2)* spojováno s *rúslo* 'řečiště, strouha', u nás pak i s ↓*rusý*.

růst, *rostoucí, rostlý, rostlina, růst, růstový, dorůst, dorost, dorostenec, dorostenka, dorostenecký, narůst, nárůst, odrůst, odrostlý, porostlý, porost, prorůst, prorostlý, přerůst, přerostlý, přirůst, přírůstek, rozrůst se, srůst, srostlý, vyrůst, výrostek, vzrůst, vzrostlý, zarůst, zarostlý* aj. Všesl. – p. *rość*, r. *rastí* (z csl.), s./ch. *rásti*, stsl. *rasti*. Psl. **orsti* nemá zcela jasný původ. Obvykle se spojuje se stir. *ard* 'vysoký', lat. *arduus* 'strmý, čnící do výše', lat. *arbor* 'strom', jako východisko se uvádí ie. **ard(h)-* 'vysoký; růst'*(A2)*. Ve slov. **ard-t->*orst-* *(A5,B5)*. Otázkou je vztah k ↑*rod*.

rustikální kniž. 'venkovský, selský'. Přes něm. *rustikal* ze střlat. *rusticalis* od lat. *rūsticus* tv. od *rūs* 'venkov, pole, venkovský statek'.

rusý 'světle žlutý s rezavým odstínem', *rusovláska*. Všesl. – p. *rusy*, r. *rúsyj*, s./ch. *rûs*, csl. *rusъ* tv., sln. *rûs* 'červenohnědý'. Psl. **rusъ* je příbuzné s lit. *raũsvas* 'červenavý', lat. *russus* 'červený', východiskem je ie. **roud-s-* *(A9,B2)* od **reudh-* 'červený' (viz ↑*rudý*). Srov. ↓*ryšavý*, ↑*rez*, ↑*ruda*.

rušit, *rušivý, rušitel, narušit, narušitel, porušit, porucha, poruchový, přerušit, přerušení, rozrušit, rozruch, vzrušit, vzrušení, vzruch, zrušit, zrušení*. Všesl. – p. *ruszyć* 'pohnout, zdvihnout, vzrušit', r. *rúšit'sja* 'hroutit se', s./ch. *rùšiti* 'bořit, rušit', stsl. *rušiti* tv. Psl. **rušiti* je nejspíš opětovací sloveso od nedoloženého **rusti* 'rýt, kopat', které odpovídá lit. *raũsti* tv. a lot. *raust* 'hrabat', příbuzné je stisl. *ryskja* 'rvát', *rúst* 'rozvaliny', vše od ie. **reu-s-* 'rýt, rvát' od **reu-* tv. Viz dále ↓*rýt*, ↓*rvát*, srov. ↑*ruch*.

rutina 'zručnost, zběhlost', *rutinní, rutinér*. Z fr. *routine* 'zběhlost, vyšlapaná cesta, šablona' od *route* 'cesta, dráha' a to z vlat. *(via) rupta*, vlastně 'proražená (cesta)', od lat. *ruptus*, což je příč. trp. od *rumpere* 'zlomit, roztrhat'. Srov. ↑*rota*, ↑*raut*, ↑*bankrot*.

různý, *různost, různice, různit se, rozrůznit se*. Stč. *rózny (C5)*. Všesl. – p. *rózny*, r. *ráznyj* (z csl. vedle domácího *róznyj* 'oddělený, lichý'), s./ch. *rázan*, stsl. *razьnъ*. Psl. **orzьnъ (B8)* je odvozeno od **orz(ъ)* (viz ↑*roz-*).

růž 'rtěnka'. Z fr. *rouge* 'červeň, červený' z lat. *rubeus* 'červený' (viz ↑*rudý*).

růže, *růžový, růžovka, růžice*. Stč. *róžě*. Všesl. přejetí ze sthn. *rōsa* z lat. *rosa* tv. To nějak souvisí (také přejetí?) s ř. *rhódon* tv. (srov. *rododendron*), původ se hledá v Přední Asii. Srov. ↓*růženec*, ↑*rozeta*, ↑*rusalka*.

růžek. Viz ↑*roh*.

růženec 'modlitební pomůcka z kuliček na řetízku'. Od ↑*růže* podle něm. *Rosenkranz* (doslova 'růžový věnec') a střlat. *rosarium* tv. Série modliteb k Panně Marii je tu přirovnána k věnci růží. Tento způsob modlitby se v Evropě rozšířil ze Španělska (13. st.) a spojuje se s podobnými způsoby v islámu a buddhismu.

rvát, *rvavý, rváč, rvačka, narvat, orvat, porvat se, prorvat, průrva, přervat, rozervat, rozervanec, servat, urvat, vyrvat.* Stč. *rváti,* 1.os.přít. *ruju.* Všesl. – p. *rwać,* r. *rvat',* s./ch. *(h)ȑvati,* stsl. *rъvati.* Psl. **rъvati,* 1.os.přít. *rujǫ,* je příbuzné s lit. *ráuti* 'vytrhávat', lot. *raut* 'rvát', lit. *ravěti* 'plet', lat. *ruere* 'řítit se, rozrývat', toch. AB *ru-* 'rvát', vše od ie. **reu-* 'rýt, rvát' *(B2).* Viz i ↓*rýt,* srov. ↑*rouno.*

ryba, *rybka, rybička, rybí, rybnatý, rybina, rybář, rybařit, rybářský, rybářství, rybárna, rybník, rybníkář, rybníkářský, rybníkářství, porybný.* Všesl. – p. *ryba,* r. *ryba,* s./ch. *rȉba,* stsl. *ryba.* Psl. **ryba* je etymologicky neprůhlednou inovací starých ie. výrazů pro rybu (z nichž je např. něm. *Fisch,* lat. *piscis).* Řada výkladů, žádný však nepřesvědčuje.

rybíz, *rybízový.* Z rak.-něm. *Ribis(el)* a to přes it. *ribes,* střlat. *ribes(ium)* z ar. *rībās* z per. *rībās* 'druh rebarbory'. Záměna významu v Evropě proběhla asi na základě kyselé chuti jak rybízové, tak rebarborové marmelády – obou se užívalo při žaludečních těžkostech.

ryčet, *ryk, zaryčet.* P. *ryczeć,* r. *rykát',* s./ch. *ríkati,* stsl. *rykati.* Psl. **rykati, *ryčěti* vychází z onom. základu **rū-,* k němuž srov. i ↑*řičet,* ↓*řvát,* ↓*říje.*

rýha, *rýhovat, rýhovaný.* Ze střhn. *rīhe* 'řada, čára' (dnes *Reihe)* od ie. **rei-* 'škrabat'.

rychlý, *rychlost, rychlík, rychlíkový, zrychlit, urychlit, rychlo-.* P. *rychły* tv., r. *rýchlyj* 'kyprý'. Psl. **rychlъ* souvisí s ↑*ruch,* ↑*rušit,* kromě souvislostí uvedených tam srov. lit. *rūšěti* 'být pohyblivý, hemžit se'. Vývoj významu v zsl. si snad můžeme představit takto:

'rozrušený, rozbořený' → 'hroutící se, řítící se' → 'rychle se pohybující'.

rychtář '(za feudalismu) zástupce vrchnosti ve správě obce', *rychta, rychtovat.* Ze střhn. *rihter* 'správce, řídící, soudce' od *rihten* 'řídit' (něm. *richten),* jež je příbuzné s lat. *regere* tv. Srov. ↑*recht,* ↑*rektor.*

rým, *rýmovat, rýmovačka, zrýmovat.* Ze střhn. *rīm* (dnes *Reim)* ze stfr. *rime* tv. od *rimer* 'pořádat do řad, veršovat' a to nejspíš z frk. **rīm* 'řada, počet' od ie. **(a)rei-* 'hodit se, být uspořádaný', od něhož je i stir. *rīm* 'počet', ř. *arithmós* 'počet, řada'. Méně pravděpodobné je, že západoevr. podoby vycházejí ze střlat. *rhythmus* 'verš' (viz ↓*rytmus).*

rýma. Jen č. a p. Z fr. *rhume* tv. a to přes lat. *rheuma* z ř. *rheûma* 'tok, proudění' od *rhéō* 'teču, řinu se'. Srov. ↑*revma,* ↑*katar,* ↑*reostat.*

ryn(e)k zast. 'náměstí'. Z něm. *Ring* tv., původně 'kruh'. Srov. ↑*ring* a ↑*kruh.*

ryngle 'druh sliv'. Zkomolením něm. *Reneklode* z fr. *(prune de) reine-Claude,* doslova '(slíva) královny Claude' (srov. lat. *regīna* 'královna'). Pojmenována na počest manželky fr. krále Františka I. v 16. st.

rýpat, *rýpavý, rýpal, rypadlo, rypák, rozrýpat, vryp.* Takto jen č.; p. *rypać* 'žrát (o dobytku), běžet', r. *rýpat'sja* 'starat se, vrhat se', b. *rípam* 'vrhám se, poskakuji', s jiným vokalismem sem patří r.d. *rúpa* 'jáma na brambory', s./ch. *rȕpa* 'jáma'. Psl. **rypati* souvisí s lit. *ruõpti* 'rýt', *raupýti* tv. (vzhledem k významu v r. srov. i lit. *rūpěti* 'starat se') a asi i lat. *rumpere* 'zlomit, roztrhat', vše z ie. **reup-,* **rūp-* (B2, B5) od **reu-* 'rýt, trhat' (viz ↓*rýt,* ↑*rvát).* Č. tedy, zdá se, uchovává nejlépe ze slov. jazyků starý význam.

rys[1] 'druh kočkovité šelmy'. Všesl. – p. *ryś,* r. *rys',* s./ch. *rȉs.* Psl. **rysь*

rys

je příbuzné s lit. *lūšis*, lot. *lūsis*, sthn. *luhs* (něm. *Luchs*), střir. *lug*, lat. *lynx* (z ř.), ř. *lýnx*, vše od ie. **leuk-* 'světlý, bílý' *(A1,A6,B5)* (srov. ↑*lysý*, ↑*lesk*), zřejmě podle světlého zbarvení srsti rysa. Počáteční *r-* ve slov. je zřejmě způsobeno vlivem kořenů **rus-, *rys-* (viz ↑*rusý*, ↓*ryšavý*, srov. i č. nář. *rysý* 'ryšavý, načervenalý'), rovněž označujících barvu.

rys[2] 'charakteristický tah, vlastnost; výkres', *ryska, rýsovat, rýsovací, rýsování, rýsovadlo, rýsovna, narýsovat, nárys, obrys*. Z něm. *Riss* 'trhlina, nákres, ryska' od *reissen* 'rýsovat, kreslit, trhat', jež souvisí s angl. *write* 'psát', východiskem je ie. **u̯er-* 'škrabat'.

ryšavý, *ryšavec*. Jen č. Původně asi *rysavý* (Jg), srov. p. st. *rysawy* i č. st. a nář. *rysý* tv. (srov. ↑*rys*). Stejný kořen jako v ↑*rusý*, liší se pouze délkou (*y* < *ū*, *B5*), příp. *-avý* označuje menší míru vlastnosti (srov. *modravý* ap.). Srov. ještě ↓*ryzí*.

rýt, *rýč, rytec, rytectví, rytina, podrývat, přerývat, rozrýt, vyrýt, zrýt, zarýt*. Všesl. – p. *ryć*, r. *ryt'*, s./ch. *rȉti*, stsl. *ryti*. Psl. **ryti* je příbuzné s lit. *ráuti* 'vytrhávat', stisl. *rýja* 'škubat ovcím vlnu', lat. *ruere* 'bořit (se), rozrývat', toch. AB *ru-* 'rvát', vše od ie. **reu-, *rū-* 'rýt, kopat, rvát' *(B2,B5)*. Viz i ↑*trvát*, srov. ↑*rov*, ↑*rýpat*, ↑*rouno*.

rytíř, *rytířský, rytířství*. Ze střhn. *rit(t)er* tv., vlastně 'jezdec na koni', od *reiten* 'jezdit na koni' (viz ↑*rajtovat*). Co do významu srov. ↑*kavalír*.

rytmus, *rytmický, rytmika*. Přes něm. *Rhytmus* z lat. *rhythmus* z ř. *rhythmós* 'rozměr, takt, básnická stopa' a to od *rhéō* 'teču, plynu'. Srov. ↑*arytmie*, ↑*revma*, ↑*rýma*.

ryzí, *ryzost, ryzák* 'ryšavý kůň', *ryzec* 'druh houby'. Všesl. – p. *ryzy* 'ryšavý', r. *rýžij*, s./ch. *rȋđ*, stsl. *ryždь* tv. Psl. **rydʼь* 'ryšavý, rudý' *(B3)* je z ie. **rūdh-*, což je varianta k **reudh-* 'rudý' (viz ↑*rudý*, ↑*rez*, ↑*rusý*, ↑*ryšavý*). Původní význam je vidět v odvozeninách *ryzák, ryzec*, později se v č. ustálilo ve spojení *ryzí zlato* (prášek z čistého zlata je oranžově rudý, srov. něm. *rotes Gold*), odtud pak metaforicky 'čistý, nefalšovaný' (Ma[2]).

ryzlink 'druh vína'. Z něm. *Riesling* (poprvé v 15. st. jako *rüssling*), jehož původ není jasný.

rýže, *rýžový*. Ze střhn. *rīs* ze střlat. *risus, risum* a to asi románským prostřednictvím (it. *riso*) z lat. *orȳza* z ř. *óryza*, to pak je převzato z východu (srov. afghánské *vrižē*, sti. *vrīhī-*), přesný zdroj však není znám. Srov. ↑*trejžák*, ↑*rizoto*.

rýžovat, *rýžoviště, vyrýžovat, narýžovat*. Od staršího č. *rajže, rejz(e), rýže* (Jg) 'rýžoviště' (již od 16. st.) a to asi ze střhn. či raně nhn. *reise* tv. (Ma[2]). V č. docházelo ke kontaminaci *(D3)* s ↑*rýže* (snad pro podobnost zrnek zlata a rýže).

ržát, *zaržát*. Slk. *erdžať'*, p. *rżać*, r. *ržat'*, sln. *hrzati*, s./ch. *r̀zati*. Psl. **rьzati, *rъzati* je onom. původu.

Ř

řád, *řádný, řádový, obřad, obřadní, obřadný, pořádný, pořádek, pořádkový, pořádat, pořad, pořadový, úřad, úřední, úředník, úřednice, úřednický, úřadovat.* Všesl. – p. *rząd* 'řada, třída, vláda', r. *rjad* 'řada', s./ch. *rêd* 'řada, pořádek, vrstva', stsl. *rędъ* 'řada, pořadí'. Psl. **rędъ (B7)* je nejspíš pokračováním ie. **rṇdo-* tv. *(A7)* od slovesného kořene **rend-* 'řadit, pořádat'. Příbuzné je lit.st. *rindà* 'řada' a snad i lat. *ordō* 'řád, řada' (nenazalizovaný kořen **red-*). Srov. ↓*řada*, ↓*řídit*, ↓*řádit*, ↑*nářadí*, ↓*úřad*.

řada, *řadový, řádek, řádka, řádkovat, řádkovač, řadit, řadicí, řad, seřadit, zařadit, přiřadit, vyřadit, rozřadit, přeřadit, podřadit, podřadný, nadřadit, vřadit, souřadný.* Hl. *rjada*, r.d. *rjáda* 'úmluva, dohoda', s./ch. *rȅda* 'řada'. Psl. **ręda* je odvozeno od **rędъ* (viz ↑*řád*).

řádit, *vyřádit se, zařádit si.* Etymologicky totožné s *řadit* od ↑*řada* i ↓*řídit*, expr. význam slova je vidět i na tom, že nebyla provedena přehláska *(C1)*. Vývoj významu byl asi 'dělat (bezohledně) pořádek' → 'působit škody, vyvádět' (Ma² pod *řád*).

řachnout. Jen č., onom. původu. Srov. ↑*rachotit*, ↓*žuchnout*.

řapík 'spodní zúžená část listu'. Jako botanický termín vytvořeno v obrození od nář. *řap* 'držadlo lžíce', jemuž odpovídá p. *rząp* 'kostrč', sln. *rêp* 'ocas', s./ch. *rêp* tv. Psl. **ręрь (B7)* není etymologicky jasné.

řasa, *řasnatý, řasit, řasení.* Všesl. – p. *rzęsa* tv., r. *rjása* 'oděv kněze', *rjáska* 'třáseň', s./ch. *résa* 'jehněda; třáseň'. Psl. **ręsa* nemá spolehlivý výklad. Původní význam se zdá být 'třáseň', odtud lze vyvodit ostatní významy.

řebříček 'druh byliny'. Od stč. *řebro* (viz ↓*žebro*), podle podoby listů.

řeč, *řečový, řečník, řečnický, řečnictví, řečnit.* Viz ↓*říci*.

ředit, *zředit, rozředit, ředidlo.* Viz ↓*řídký*.

ředitel, *ředitelka, ředitelský, ředitelství, ředitelna.* Viz ↓*řídit*, střídání *e-í* odpovídá stč. *ě-ie (C4,C5)*.

ředkev, *ředkvička.* P. *rzodkiew*, r. *réd'ka*, s./ch. *rȍtkva.* Psl. **redьky* je převzato z nějaké germ. předlohy – srov. stsas. *redik*, sthn. *retih* (něm. *Rettich*), angl. *radish* tv. – ta pak je z lat. *rādīx* (ak. *rādīcem*) 'kořen', přeneseně i 'ředkev'. Srov. ↑*radikální*.

řehnit se. Onom. původu, na jedné straně spojeno s ↓*řehtat*, na druhé s ↑*trouhat se*.

řehole 'mnišský řád; soubor pravidel pro mnišský život', *řeholní, řeholník, řeholnice.* Ze střlat. *regula* tv., lat. *rēgula* 'pravidlo' od *regere* 'řídit, vést'. Srov. ↑*regulérní*.

řehtat, *řehtání, řehot, řehtavý, řehtačka, zařehtat.* P. *rechotać, rzechotać, rzegotać* 'skřehotat, kvákat', r. *regotát'* 'chechtat se', s./ch. *rȅga* 'vrčení'. Onom. původu, srov. ↑*řehnit se*, ↓*říhat*, ↑*ržát*, ↑*řachnout*.

řeka, *říčka, říční, řečiště.* Všesl. – p. *rzeka*, r. *reká*, ch. *rijéka*, s. *réka*, stsl. *rěka.* Psl. **rěka* je pokračováním ie. **roi-kā (B2)* odvozeného od kořene **rei-* 'téci' *(A6)*. Dále viz ↓*řinout se*, ↑*roj*.

řemen, *řemínek, řemení.* Všesl. – p. *rzemień*, r. *remén'*, sln. *jérmen*, s./ch. *r̀emēn*, stsl. *remenь.* Psl. **remy* (gen. **remene*) z ie. **re-men-* je asi odvozeno od ie. **(a)re-* 'spojovat, přiléhat'; jiná varianta kořene by byla v ↑*jařmo* (tam i další souvislosti). Nejasný je vztah k významově shodnému a formálně

řemeslo

podobnému (stejná příp. *-men-*!) něm. *Riemen* (sthn. *riomo*), jež však ukazuje na ie. kořen **reu-*.

řemeslo, *řemeslný, řemeslník, řemeslnický*. P. *rzemiosło*, r. *remesló*, stsl. *remьstvo* tv. Blízké je stlit. *remēsas* 'řemeslník', lot. *remesis* 'tesař', další souvislosti nepříliš jasné. Spojuje se i s lit. *rem̃ti* 'podpírat', stpr. *romestue* 'sekyra', stangl. *činit, obnovovat*' a také psl. **rǫbiti, *rǫbati* (↑*rubat*); východiskem by pak bylo jakési ie. **rem-* 'tesat, roubit'.

řepa, *řepka, řepný, řepařský*. Všesl. – p. *rzepa*, r. *répa*, s./ch. *rȅpa*. Psl. **rěpa* souvisí s lit. *rópė*, sthn. *ruoba*, *rāba* (dnes *Rübe*), lat. *rāpum, rāpa*, ř. *rhápys, rháfys* tv., zdá se, že jde o staré putující kulturní slovo přejaté z neznámého predie. jazyka.

řepík 'druh léčivé byliny', *řepíček*. Stč. *řěpík* 'lopuch', p. *rzepik*, r. *repéjnik*, s./ch. *rȅpūh*. Psl. **rěpъ, *rěpьjь, *rěpuchъ* aj., původně 'lopuch', je odvozeno od **rěpiti* 'přichytit, uchopit' (srov. stč. *vřěpiti sě* 'zachytit se') – plody lopuchu opatřené štětinkami se totiž zachycují na srsti, vlasech, oděvu ap. Příbuzné je asi lit. *rėplės* 'kleště', lat. *rapere* 'chopit se', ř. *eréptomai* 'škubám, kousám', vše z ie. **rep-* 'škubat, chytat'. Srov. ↓*sveřepý*.

řeřavý 'žhavý, rozpálený do ruda'. Stč. *žeřavý*, str. *žeravъ*, sln. *žerâvica* 'řeřavé uhlí'. Psl. **žeravъ* je odvozeno od ie. **gʷʰer-* 'horký, teplý' *(A3,B1)*, k němuž viz ↑*horký*, ↓*žár*, ↑*hřát*. V č. došlo k asimilaci *ž-ř*>*ř-ř*, srov. ↓*řeřicha* a také ↓*zerav*.

řeřicha 'druh okrasné rostliny'. Stč. *žeřucha*, slk. *žerucha*, p. *rzeżucha*. Název jistě souvisí s její palčivou chutí, základ **žer-* bude asi stejný jako v ↓*žráti* (srov. ↓*žíravina, sžíravý* ap.). Podle jiného výkladu souvisí s ↑*řeřavý*,

s nímž jej formálně spojuje i asimilace počátečního *ž-*.

řešeto 'síto'. Všesl. – p. *rzeszoto*, r. *rešetó*, s./ch. *rèšèto*. Psl. **rešeto* je nejspíš příbuzné s lit. *règzti* 'plést', lit.d. *rēkstis* 'koš či síť na seno', lat. *restis* 'provaz', sti. *rájju* tv. z ie. **rezg-* 'plést, vázat'. Slov. *-š-* je z *-ch- (B1)*, to pak asi ze *-sk- (< -zg-)* či přesmyknutého *-ks- (A8)*.

řešit, *řešení, řešitel(ka), řešitelný, vyřešit, rozřešit*. Všesl. – p. *zrzeszyć* (*się*) 'spojit (se)', r. *rešít'* 'vyřešit, rozhodnout', ch. *rijéšiti* 'rozhodnout, rozřešit, zprostit', s. *réšiti* tv., stsl. *rěšiti* 'uvolnit, zprostit'. Psl. **rěšiti* původně asi znamenalo 'vázat' (srov. p. význam i p.d. *rěšǫc* 'vázat'), opačný význam 'rozvázat, uvolnit' vznikl oddělením předp. u **orz-rěšiti* 'rozvázat'. Příbuzné by pak bylo lit. *raišýti* 'přivazovat', *rišti* 'vázat', lot. *raisūt* 'rozvazovat' a asi i angl. *wry* 'zkřivený', ř. *rhoikós* 'křivý', vše od ie. **ureik* 'kroutit, vázat' *(A1,A6)* od **uer-* tv. Slov. **rěšiti* místo očekávaného **rěsiti* lze vysvětlit vlivem tvaru 1.os.přít. **rěšǫ*, možná i vlivem slova **rešeto* (↑*řešeto*). Srov. ↑*rozhřešení*.

řetěz, *řetězový, řetízek, řetízkový, řetězec, zřetězit se*. Slk. *reťaz*, p. *wrzeciądz* (stp. *reciądz*), r.st. *rétjaz'*, v jsl. chybí. Psl. **retęzь* je podle všeho výpůjčka z germ. (srov. stisl. *rekendi*, stangl. *racente*, sthn. *rahhinza* tv.), i když přesná předloha a podrobnosti přejetí nejsou známy. K nepravidelné změně germ. *-k-* ve slov. *-t-* srov. ↓*vítěz*.

řevnivý 'žárlivý, nevraživý'. P. *rzewny* 'žalostný, plačtivý, srdečný', r. *revnívyj* 'řevnivý', s./ch. *rèvan* 'horlivý', stsl. *rьvьnivъ* tv. Nejspíš souvisí s ↓*řvát* – projevy zvukové lze převést na určité citové rozpoložení: 'řvoucí' → 'rozčílený, plný emocí', odtud jak 'srdečný', tak i 'žárlivý' a 'horlivý'.

řezat, *řez, řezný, řezba, řezbář, řezbářský, řezbářství, řezník, řeznický, řeznictví, řezák, řezivo, řezanka, řezačka, řež, řežba, nařezat, nářez, ořezat, obřezat, obřízka, odříznout, odřezek, pořezat, podřezat, proříznout, průřez, přeříznout, přiříznout, rozřezat, seřezat, uříznout, vyřezat, výřez, zaříznout, zářez* aj. Všesl. – p. *rzezać*, r. *rézat'*, s./ch. *rèzati*, stsl. *rězati*. Psl. *rězati je příbuzné s lit. *rėžti* 'řezat, trhat', ř. *rhégnȳmi* 'lámu, trhám, rozbíjím', *rhēsō* 'trhám, narážím, dupám', alb. *rrah* 'tluču, rozbíjím', vše z ie. **u̯rēg-* 'rozbíjet, řezat, tlouci' *(A1).* Srov. ↑*ráz.*

říci, *říkat, řečený, říkanka, říkadlo, pořekadlo, nařknout, naříkat, nářek, odříci/odřeknout, odříkat si, podřeknout se, prořeknout se, přeřeknout se, přeřeknutí, uřknout, vyřknout, vyříkat si, výrok, zříci se/zřeknout se, zařeknout se* aj. Stč. *řéci*, p.st. *rzec*, r.st. *rečí*, s./ch. *rèći*, stsl. *rešti*. Psl. **rekti (B3)* je příbuzné s lit. *rėkti* 'křičet, ječet, řvát', toch. B *reki* 'slovo', východiskem je ie. **rek-* 'křičet, mluvit' asi – jako ve většině podobných případů – onom. původu. Srov. ↑*rok,* ↑*rokovat,* ↑*prorok,* ↑*nářečí.*

řičet. Změkčená varianta k ↑*ryčet*, srov. i ↓*říhat.*

říčný 'uřícený'. Od ↓*řítit se*, s přikloněním k *říční* (↑*řeka*).

řídit, *řídicí, řízený, řidič(ka), řidičský, řiditelný, řídítka, pořídit, nařídit, nařízení, nadřízený, podřídit, podřízený, seřídit, vyřídit, zřídit, zřizovatel, zařídit.* Stč. *řiediti* je náležitě odvozeno od ↑*řád (C1),* srov. i ↑*řádit* a novější *radit* od ↑*řada*. Srov. také ↑*ředitel.*

řídký, *řídkost, řídnout, prořídnout, zřídnout, ředit, ředidlo, rozředit, zředit.* Stč. *řiedký (C5)*. Všesl. – p. *rzadki*, r. *rédkij*, ch. *rijédak*, s. *rédak*, stsl. *rědъkъ*. Psl. *rědъkъ je příbuzné s lot. *rę̃ds* tv., stpr. *reddan* 'slabý', lit. *rẽtis* 'řešeto', lat. *rēte* 'síť', vše od ie. **er-*, *re-* 'rozpadat se, rozrušit; řídký, uvolněný'. Srov. ↑*rušit,* ↑*rychlý,* ↑*obořit se.*

říhat, *říhání.* P. *rzygać*, r. *rygát'*, s./ch. *rȉgati*, csl. *rygati.* Psl. *rygati 'říhat' (v č. a p. změkčená varianta) je příbuzné s lit. *rū́gti, ráugėti* tv., stangl. *rocettan* 'škytat', lat. *ērūgere* 'škytat, říhat', ř. *ereúgomai* 'zvracím', vše z ie. onom. kořene **reug-* 'říhat, zvracet'.

říje 'páření zvěře provázené charakteristickými zvuky', *říjet, říjen.* Stč. *řúje* od *řúti* (viz ↓*řvát*). Srov. i ↓*září.*

římsa. Ze střhn. *simz* (dnes *Gesimse*) tv. a to ze *střlat.* *sīmātus 'stlačený na plocho', jež se začalo užívat jako stavební termín (srov. i lat. *sīmus* 'ploskonosý'). Počáteční *ř*- asi disimilací z původního *ž*-, jímž bylo obvykle převáděno něm. *s*- (srov. ↓*žok,* ↓*žumpa,* ↓*žalm*).

řinčet. Onom. původu, srov. ↑*břinkat,* ↑*řičet.*

řinout se, *vyřinout se.* R. *rínut'* 'rychle téci', s./ch. *rȉnuti* 'tlačit', stsl. *rinǫti* 'vrhat se'. Psl. *rinǫti 'téci' je příbuzné se sti. *rináti* tv., dále i lat. *rīvus* 'potok, proud', stir. *rían* 'moře', vše od ie. **(e)rei-* 'téci'. Dále viz i ↑*řeka* a ↑*roj,* ↓*zdroj.*

říše, *říšský.* Ze sthn. *rīhhi* (dnes *Reich*) tv. z germ. **rīkja-*, což je výpůjčka z kelt. (srov. stir. *rīge* 'království'). Základem je ie. **reǵ-*, které je v lat. *rēx* 'král', *regere* 'řídit, vést' (srov. ↑*regent,* ↑*rektor* i ↑*rádža*).

říť, *řitní.* P. *rzyć*, ch. *rȉt*, csl. *ritь*. Psl. *ritь je příbuzné s lit. *ríetas* 'stehno', připojuje se i arm. *eri* 'plec (zvířat)'. Jako východisko se rekonstruuje ie. **rēito-*, **rēiti-*, jehož další souvislosti nejsou jisté.

řítit se, *zřítit se, zřícenina, vyřítit se, vřítit se, přiřítit se, uřítit se, uřícený.* P. *rzucić* 'hodit, vrhnout', sln.d. *rutíti* 'poškozovat', b. *rútja* 'zvrátit, zbořit',

Psl. *r'utiti, *rutiti (Cl) se obvykle odvozuje od ie. *reu- 'kopat, rozbíjet' (B2) (srov. ze stejného kořene lat. *ruere* 'řítit se, bořit se'), k němuž viz ↑*rušit*, ↑*rýt*.

říz, *řízný*. Od ↑*řezat*.

říza 'starobylé splývavé roucho'. R. *ríza*, s./ch. *rȉza*, stsl. *riza*. Psl. **riza* nemá jistý původ. S jistými hláskoslovnými těžkostmi lze spojit s ↑*řezat* – k významové souvislosti srov. ↑*rubáš*. Může však jít i o výpůjčku – jednou z možností předlohy je stř. (byzantské) *rhízai* (pl.) 'předloktí' (šlo by tedy asi o roucho sahající k předloktí).

řízek. Od ↑*řezat*, vlastně 'uříznutý kus (masa)'.

řvát, *řvaní, řev, řvavý, řvoun*. Stč. *řúti*, 1.os.přít. *řevu* (nový inf. analogicky (D1) jako *bráti – beru*). Všesl. – p.st. *rzuć*, r. *revét'*, s./ch. *rèvati*, csl. *rjuti*. Psl. **r'uti* (1.os.přít. *revǫ, rovǫ*) je příbuzné se stŕhn. *rienen* 'naříkat', stangl. *rēon* 'bědování, lkaní', lat. *rāvus* 'chraptivý', *rūmor* 'šum, křik, pověst', ř. *ōrýomai* 'řvu, vyju, naříkám', sti. *rávati, rā́uti, ruváti* 'řve, křičí', vše od ie. **reu-* 'křičet, řvát' (B2) onom. původu. Srov. ↑*říje*, ↑*ryčet*, ↑*ržát*.

S

s- předp. Starobylá, z hlediska současného jazyka již neodlučitelná předp. s významem 'dobrý' (viz ↓*štěstí*, ↓*zdravý*, ↓*zboží*, ↓*smrt*). Stir. *su-*, *so-*, ř. *eu-* (viz ↑*eu-*), sti. *su-* tv., vše z ie. **(e)su-* tv.

s předl. Všesl. – p. *z, ze*, r. *s, so*, s./ch. *s, sa*, stsl. *sъ*. Psl. *sъ, **sъn-*, vedle toho existuje jako jmenná předp. také **sq-* (↓*sou-*) (srov. podobný poměr mezi ↑*pa-* a ↑*po*). Východiskem je ie. **som-* 'dohromady, s', z jehož redukovaného stupně vzniklo psl. **sъn-* (dochované ještě např. v ↓*sňatek*, ↓*sněm*, ↓*snísti*, *s ním*), v pozicích před souhláskou pak *-n* zanikalo a jako předl. se generalizovalo *sъ (srov. ↓*v*). Příbuzné je lit. *sq-*, *sam-*, *san-* ve slovech jako *sąžinė* 'svědomí', *sámbūvis* 'soužití', *sántaika* 'soulad' a asi i *sù* 's' (odpovídající slov. *sъ), dále av. *ham-*, sti. *sám* i něm. *samt* tv. Problematické je spojení s ř. *sýn* (↓*syn-*) i lat. *cum* tv. (↑*kom-*). Ie. **som-* je ablautová varianta (A6) k **sem-* 'jedno, společně v jednom, dohromady, s', k němuž viz i ↓*sám*. Význam 's, dohromady' je tedy základní, význam '(s povrchu) dolů', se vyvinul sekundárně.

sabotáž 'úmyslné poškozování či znemožňování výroby, dopravy ap.', *sabotovat, sabotér, sabotérský, sabotážník*. Z fr. *sabotage* tv. od *saboter* 'odbývat práci', přeneseně z původního 'klapat dřeváky, hrát si s káčou', od *sabot* 'dřevák, kopyto, káča, kraksna' (srov. šp. *zapato* 'střevíc, bota'), jehož původ je nejistý.

sáček, *sáčkový, sáčkovat*. Zdrobnělina přitvořená k něm. *Sack* 'pytel' z lat. *saccus*, ř. *sákkos* tv., původu semit. (asyr. *šakku* tv.). Srov. ↓*žok*, ↓*sak*, ↓*sako*, ↓*váček*.

sad, *sadový, sadař, sadařský*. Od ↓*sadit*.

sada. Od ↓*sadit*, srov. ekvivalentní angl. *set* či něm. *Satz* tv. od stejného základu.

sadismus 'chorobná zvrácenost projevující se trýzněním druhých', *sadista, sadistický*. Z fr. *sadisme* (konec 19. st.) podle jména markýze *de Sade* (konec 18. st.), v jehož románech se popis sexuálních praktik s trýzněním partnera poprvé objevuje.

sadit, *sadba, sadbový, sádka, dosadit, nasadit, násada, nadsadit, nadsázka, osadit, osada, osádka, osazenstvo, obsadit, obsazení, posadit, posada, podsadit, podsada, podsaditý, prosadit, přesadit, přisadit, rozsadit, usadit, vsadit, vysadit, výsadba, zasadit* aj. Všesl. – p. *sadzić*, r. *sadít'*, s./ch. *sáditi*, stsl. *saditi*. Psl. *saditi je kauzativum od *sěsti (viz ↓*sedět*) s původním významem 'způsobit, že sedí'. Obdoba je v gót. *satjan* 'posadit', něm. *setzen* tv., angl. *set* 'položit, postavit', dále viz ↓*sedět*, srov. ↓*sázet*.

sádka 'nádrž k uchovávání ryb'. Od ↑*sadit*.

sádlo, *sádlový, sádelný, sádelnatý*, expr. *sádelník*. Všesl. – p. *sadło*, r. *sálo*, s./ch. *sàlo*. Psl. *sadlo nemá jednoznačný výklad. Obvykle se spojuje se ↑*sadit* (vlastně 'co se v těle usazuje'), ale slovotvorně to není bez problémů. Druhá možnost vychází z ie. **sā-* 'sytit' (srov. ↓*saturovat*) a příp. *-dlo*, výchozí význam by pak byl 'co slouží k nasycení'.

sádra, *sádrový, sádrovec, sádrovat, zasádrovat*. Jen č., p.d. *zędra* 'sedlina, okuje' a csl. (r. a s.) *sędra* 'sedlina'; sln. *sádra* a ch. *sàdra* tv. je z č. Nepříliš jasné. Zřejmě souvisí se stsl. *sindr* 'struska', sthn. *sintar* 'okuje, struska' (něm. *Sinter* tv.) (staré přejetí z germ.?). Další původ není jasný.

safari 'terénní výprava v Africe; přirozený výběh pro cizokrajná zvířata'. Přes angl. *safari* ze svahil. *safari* 'cesta' z ar. *safar* tv.

safír 'druh drahokamu', *safírový*. Přes střhn. *saphīr* z pozdnělat. *sapphīrus*, ř. *sápfeiros* a to z hebr. *sappīr* tv.

safra(porte) citosl. Tabuová obměna (D4) ↓*sakra*.

sága 'severský hrdinný epos'. Přes něm. *Sage* ze stisl. *saga* 'vyprávění, pověst', jež souvisí s něm. *sagen* 'říkat'.

ságo 'moučka z dřeně kmenů některých palem'. Přes něm. *Sago*, angl. *sago* z malaj. *sāgū* tv.

sáh 'stará délková míra'. Od ↓*sahat* (vlastně 'co se obsáhne roztaženými pažemi').

sahat, *sáhnout, dosáhnout, dosah, osahat, obsáhnout, obsah, obsažný, přesáhnout, přesah, rozsah, zasáhnout, zásah, zásahový*. Všesl. – p. *sięgać*, r.d. *sjagát'*, s./ch. *sèzati*, stsl. jen dok. *sęgnǫti*. Psl. *sęgati, *sęgnǫti (B7) vychází z původního *sęgti (srov. stč. *sieci*, 1.os.přít. *sahu*, sln. *séči*, s./ch. *séći*). Spojuje se s lit. *sègti* 'připevnit, sepnout', lot. *segt* 'pokrývat', sti. *saňjayati* 'připne' i *sájati* 'zavěšuje', vše z ie. *seg-* (nazalizovaná podoba *seng-*, původně jen v préz.) 'připnout, zavěsit se, dotýkat se'. Srov. ↑*sáh*, ↓*šahat*, ↑*přísahat*.

sacharin 'druh umělého sladidla'. Z něm. *Saccharin* utvořeného koncem 19. st. na základě pozdnělat. *saccharum*, ř. *sákcharon* 'cukr' a to ze střind. (viz ↑*cukr*).

sajdkára 'postranní přívěsný vozík u motocyklu'. Z angl. *side-car* tv. ze *side* 'strana' a *car* 'vůz' (srov. ↑*ofsajd*, ↓*sajtna* a ↑*kára*).

sajrajt ob. expr. 'špína, nepořádek, něco nepříjemného, páchnoucího ap.'. Z něm. *Sauerei* 'svinstvo' od *Sau* 'svině' (viz ↓*svině*). K č. koncovému *-t* srov. ↑*policajt*.

sajtna slang. 'postranice (nákladního auta)'. Z něm. *Seite* 'strana, bok' (srov. ↑*sajdkára*).

sak 'síť na ryby'. Všesl. – p., r. *sak*, s./ch. *sȁk*. Psl. *sakъ se obvykle považuje za výpůjčku z nějaké román. předlohy (it. *sacco* 'pytel'), která se vyvinula z lat. *saccus* tv. (viz ↑*sáček*). Méně pravděpodobná je souvislost s lat. *sagēna*, ř. *sagḗnē* 'síť na ryby' (Ma²) nejasného původu. Srov. ↓*žok*, ↓*sako*.

saké 'japonský alkoholický nápoj z rýže'. Z jap. *sake* tv.

-sáknout (*nasáknout, prosáknout, vsáknout se*). P. *siąkać* 'vsakovat, smrkat', r.d. *sjáknut'* 'kapat, prosakovat', stsl. *isęknǫti* 'vyschnout (vsáknutím)'. Psl. *sęknǫti (B7)* je příbuzné s lit. *sèkti* (1.os.přít. *senkù*) 'padat, klesat (o vodě)', *suñkti* 'nechat odtéci, vymačkat', lot. *sīkt* 'vyschnout' a dále i sti. *ásakra-* 'nevysychající' a střir. *sesc* 'suchý, bez mléka', vše od ie. *sek-* (nazalizovaný préz. *senk-*) 'vyschnout, klesat (o vodě)'.

sako, *sáčko*. Z něm. *Sakko* z it. *sacco* tv., doslova 'pytel', z lat. *saccus* tv. (název přenesen podle rovného střihu). Dále viz ↑*sáček*, srov. ↑*sak*, ↓*žok*.

sakra citosl., *sakrovat*. Ze *sakrament(e)* (s mnoha tabuovými obměnami jako *sakryš, safra, sakraholt* ap.), což je vokativ od staršího *sakrament* 'svátost' ze střlat. *sacramentum* tv. od lat. *sacer* 'posvátný, svatý'. Srov. ↓*sakrální*, ↓*sakristie*.

sakrální 'posvátný, bohoslužebný'. Z něm. *sakral*, což je novotvar k lat.

sakristie **560** **sám**

sacrum 'posvátná věc, bohoslužba' od *sacer* 'posvátný, svatý'. Srov. ↑*sakra,* ↓*sakristie.*

sakristie 'vedlejší chrámová místnost pro bohoslužebné předměty'. Ze střlat. *sacristia* tv. od lat. *sacer* 'posvátný, svatý'. Srov. ↑*sakrální,* ↑*sakra.*

sakura 'japonská třešeň'. Z jap. *sakura* tv.

sakumprásk přísl. ob. expr. Obměna původnějšího *sakumpak* (vedle toho i další obměny jako *sakumpikum, sakumprdum*) a to z něm. *(mit) Sack und Pack* 'se vším všudy', doslova 's pytlem a balíkem'. Srov. ↑*sáček,* ↑*sak,* ↑*pakl,* ↑*pakovat.*

sál, *sálový.* Z něm. *Saal* tv. z germ. **sal-* 'velká obytná místnost'. Srovnává se s r. *seló* 'vesnice' (to však se vykládá i ze **sedlo,* srov. ↓*sedlák*), lit.d. *salà* tv. z ie. **sel-* 'obytný prostor'. Srov. ↓*salon.*

salám, *salámový.* Z it. *salàme, salami* tv. ze střlat. *salamen* a to z pozdnělat. *salsāmen(tum)* 'nasolené maso či ryba' od *salsus* 'nasolený, slaný', což je původem příč. trp. od *sallere* 'solit' od *sāl* 'sůl'. Srov. ↓*salát,* ↓*sůl.*

salamandr 'mlok'. Přes něm. *Salamander* z lat. *salamandra* z ř. *salamándra* tv. a to nejspíš z nějakého neznámého středomořského jazyka.

salaš 'prostá pastýřská bouda'. P. *szałas,* r., ukr. *šaláš,* maď. *szállás.* Slovo karpatské pastýřské kultury, původu ttat. (srov. tur. *salaš,* tat., ázerb. *šalaš* tv.).

salát, *salátový.* Přes něm. *Salat* z it. *(in)salata* 'v soli a octě naložená zelenina či jiné jídlo', doslova 'nasolená', od *(in)salare* '(na)solit' od it. *sale* 'sůl' z lat. *sāl* tv. Srov. ↑*salám,* ↓*sůl.* Na *hlávkový salát* přeneseno podle něm. *Kopfsalat* na základě toho, že je častou součástí salátů.

sálat, *sálavý.* Jen č. a slk., nejasné. Stč. *sálanie* 'plápolání, touha', snad je příbuzné r. *sálit'sja* 'trápit se, namáhat se', jehož původ však také není jasný.

saldo 'zůstatek (na účtě)'. Přes něm. *Saldo* z it. *saldo* tv. od *saldare* 'porovnávat účet, počítat zůstatek, zpevňovat' od *saldo* 'pevný' a to z lat. *solidus* 'pevný, tvrdý'.

salicyl 'chemická látka s konzervačním účinkem', *salicylový.* Uměle od lat. *salix* (gen. *salicis*) 'vrba' (je obsažen ve vrbové kůře).

salmiak 'chlorid amonný'. Přes něm. *Salmiak* z lat. *sāl ammōniacus* tv. (viz ↓*sůl* a ↑*amoniak*).

salmonela 'druh bakterie vyvolávající některé střevní choroby', *salmonelóza.* Podle am. bakteriologa *D. E. Salmona* († 1914), který ji objevil.

salon, *salonek, salonní.* Z fr. *salon* 'salon, výstavní síň, návštěvní místnost' z it. *salone,* což je zveličující jméno od *sala* 'sál' a to z germ. (langob. či frk. *sala 'dvorana'), dále viz ↑*sál.*

salto 'přemet ve vzduchu', *saltový.* Z it. *salto* 'skok' z lat. *saltus* tv. od *salīre* (příč. trp. *saltus*) 'skákat, tančit'.

salutovat 'zdravit po vojensku přiložením prstů k čepici'. Podle něm. *salutieren* tv. z lat. *salūtāre* 'zdravit' od *salūs* (gen. *salūtis*) 'zdraví, zdar, štěstí'. Srov. ↓*salva.*

salva 'hromadný výstřel (obvykle k poctě)'. Přes něm. *Salve* z fr. či it. *salve* tv., což je zpodstatnělé lat. *salvē* 'buď zdráv', imp. 2. os. od *salvēre* 'být zdráv' od *salvus* 'zdravý' z téhož základu jako *salūs* 'zdraví, zdar'.

sám, *samý, samota, samotář, samotářský, samotný, osamět, osamělý, osamělost, osamocený.* Všesl. – p., r. *sam,* s./ch. *sâm,* stsl. *samъ.* Psl. *samъ je příbuzné s angl. *(the) same* 'stejný,

týž', stisl. *samr* tv., stir. *-som* 'sám', ř. *homós* 'stejný, rovný, společný', sti. *samá-* 'stejný, týž', toch. *somo-* 'samo-', vše z ie. **somo-*, **sōmo-* 'týž, stejný' od **sem-* 'jedno, jednotný, společně' (srov. lat. *semel* 'jednou', viz i ↑*s*). Význam 'jediný, osamělý' je druhotný, chybí ve vsl. (r. *odín*).

samaritán 'milosrdný člověk', *samaritánka, samaritánský*. Podle evangelijního příběhu, v němž obyvatel města *Samaří*, které bylo s Židy v nepřátelství, ošetřil raněného Žida, kterému se jeho souvěrci vyhnuli (Lukáš 10, 29–37).

samba 'brazilský tanec rychlejšího tempa'. Z port. (brazil.) *samba* a to domorodého původu.

samec, *sameček, samčí, samice, samička, samičí*. Utvořeno od ↑*sám* (již stč.) podle toho, že samci často žijí osaměle a starost o mláďata přenechávají samicím (*samice* pak přitvořeno). Srov. i sln. *sámec* 'živočich mužského pohlaví' i 'mládenec, neženatý člověk'.

sámek 'prošitý záhyb na látce', *sámeček*. Zdrobnělina přitvořená k něm. *Saum* 'lem, obruba', jež vychází ze stejného ie. kořene jako ↓*šít*.

samet 'druh tkaniny', *sametový*. Z raně nhn. *Sammet* (dnes *Samt*) a to přes stfr. *samit* ze střlat. *(e)xamitum, samitum* ze stř. *hexámiton*, doslova 'tkanina utkaná ze šesti nití' (viz ↑*aksamit*).

samohláska, *samohláskový*. Vytvořeno jako protějšek k ↓*souhláska*, sama tvoří tón.

samostatný, *samostatnost, osamostatnit se*. Viz ↑*sám* a ↓*stát*².

samovar 'přístroj na vaření čaje'. Z r. *samovár*, viz ↑*sám* a ↓*vařit*.

samuraj 'japonský vojenský šlechtic'. Převzato přes moderní evr. jazyky z jap. *samurai* tv., doslova 'služebník', od *samurau* 'sloužit'.

saň 'drak'. Jen č. a csl. *sanь* 'had'. Spojuje se s rovněž nejasným ↓*saně*, společný význam by byl 'co se plazí, sune'.

sanace 'ozdravení, náprava (finančních poměrů podniku ap.)', *sanační, sanovat*. Přes moderní evr. jazyky z lat. *sānātiō* 'vyléčení, uzdravení' od *sānāre* 'uzdravovat, napravovat' od *sānus* 'zdravý'. Srov. ↑*asanace*, ↓*sanatorium*, ↓*sanitka*.

sanatorium 'léčebný ústav pro určité choroby'. Přes něm. *Sanatorium* tv. ze střlat. *sanatorium* 'nemocnice, léčebna' od lat. *sānāre* 'uzdravovat, napravovat' (srov. ↑*sanace*).

sandál, *sandálek*. Přes něm. *Sandale* ze střlat. *sandalum* z ř. *sándalon*, jehož původ se hledá v per. či egypt.

saně, *sáňky, sáňkař(ka), sáňkařský, sáňkovat, zasáňkovat si*. Všesl. – p. *sanie*, r. *sáni*, sln. *sani*, csl. *sani*. Psl. *sani nemá spolehlivý výklad. Spojuje se s lit. *šónas* 'strana', *šónkaulis* 'žebro' (*káulas* = 'kost'), lot. *sāns* 'bok' za předpokladu, že původní význam balt. slov byl 'žebro' (název saní pak přeneseně podle vzhledu). Další původ však je stejně temný. Srov. ↑*saň*.

sangvinik 'živý, rozhodný, přizpůsobivý typ člověka', *sangvinický*. Podle něm. *Sanguiniker*, dříve *Sanguinikus*, utvořeného na základě střlat. *sanguineus* 'horkokrevný, temperamentní člověk' z lat. *sanguineus* 'krvavý, týkající se krve' od *sanguis* 'krev'. K antickým a středověkým představám o souvislosti povahového typu a proudění tělesných šťáv srov. i ↑*cholerik*, ↑*flegmatik*, ↑*melancholie*, ↑*humor*.

sanice 'dolní čelist'. Od ↑*saně* podle jejího klouzavého pohybu.

sanitární 'zdravotnický', *sanitář* 'pomocný pracovník v nemocnicích'. Z něm. *sanitär*, fr. *sanitaire* tv., což jsou novotvary k lat. *sānitās* 'zdraví' od *sānus* 'zdravý'. Srov. ↓*sanitka*, ↑*sanace*, ↑*sanatorium*.

sanitka. Ze slovního spojení *sanitní vůz*, dále viz ↑*sanitární*.

sankce 'trestní donucovací opatření', *sankční, sankcionovat*. Přes něm. *Sanktion*, fr. *sanction* z lat. *sānctiō* 'ustanovení (zákona o klatbě), donucovací předpis' od *sancīre* 'posvěcovat, potvrzovat' (srov. *sānctus* 'posvěcený, svatý', což je původem příč. trp. od předchozího slovesa) a to od stejného základu jako *sacer* 'svatý'. Srov. ↑*sakrální*, ↑*sakra*.

sanskrt 'starý spisovný indický jazyk'. Podle něm. *Sanskrit* a angl. *Sanscrit* přejato ze sti. *saṁskr̥ta-*, doslova 'dodělaný, sestavený', ze *sam-* 'dohromady' (srov. ↑*s*) a tvaru kořene *kar-* 'dělat'.

santal 'druh vzácného dřeva'. Z fr. *santal* ze střlat. *sandalum* a to asi přes ar. ze sti. *čandana* tv. (strom, z něhož se dřevo získává, se pěstuje v jihových. Asii).

sápat se, *rozsápat*. P. *sapać* 'supět, sípat', ukr. *sáp* 'chroptění', sln. *sápa* 'dech, vítr'. Psl. **sapati* je asi opětovací sloveso od **sopti* '(těžce) dýchat' (viz ↓*soptit*). Vývoj významu v č. až k 'prudce se vrhat, dorážet' (srov. i ↑*osopit se*) není příliš jasný, snad tu byl vliv něm.st. *sappen* tv.

sapér zast. 'zákopník'. Z fr. *sapeur* tv. od *sape* 'zákop' z pozdnělat. *sappa* 'motyka'.

saponát 'syntetický čisticí prostředek', *saponátový*. Uměle k lat. *sāpō* (gen. *sāpōnis*) 'mýdlo'.

sapristi citosl. zast. Stejně jako *saprlot* a další podobné výrazy jsou to tabuové obměny zaklení s první částí vycházející z lat. *sacer* 'svatý', *sacrāmentum* 'svátost' (viz ↑*sakra*, ↑*safra*). *Saprlot* se vykládá z fr. *sacré lot* 'svatý úděl', *sapristi* křížením s *Kristus*.

saranče 'druh skákavého hmyzu'. Převzato Preslem z r. *sarančá* a tam z tur. *sarynča* tv. od *sary* 'žlutý'.

sardel 'drobná mořská rybka', *sardelový, sardinka*. Přes něm. *Sardelle* z it. *sardella*, což je zdrobnělina od *sardina, sarda* z it. *sardīna, sarda* tv., nejspíš 'sardinská (ryba)' podle ostrova *Sardinie*, kde se lovila. Srov. ↓*sardonický*.

sardonický 'jízlivý'. Přes fr. *sardonique* z lat. *sardonius*, ř. *sardónios*, doslova 'sardinský'. Prý podle jedovaté sardinské byliny (*herba Sardonia*), jejíž požití způsobovalo křečovité šklebby a následně smrt. Srov. ↑*sardel*.

sarkasmus 'kousavý výsměch, vtip', *sarkastický*. Podle něm. *Sarkasmus* ze střlat. *sarcasmus* z ř. *sarkasmós* 'ostrý výsměch' od *sarkázō* 'vysmívám se', původně asi 'odřezávám maso (od kosti)', od *sárx* (gen. *sarkós*) 'maso, tělo'. Srov. ↓*sarkofág*, ↓*sarkom*.

sarkofág 'kamenná schránka k uložení mrtvého'. Přes střlat. *sarcophagus* tv. z ř. *(líthos) sarkofágos*, doslova '(kámen) žeroucí maso', ze *sárx* (gen. *sarkós*) 'maso, tělo' a *fageīn* 'jíst, žrát'. Původní sarkofágy se dělaly z jistého maloasijského druhu vápence, v němž tělo brzy zetlelo. Srov. ↑*sarkasmus*, ↓*sarkom*.

sarkom 'zhoubný nádor pojivové tkáně'. Podle něm. *Sarkom* z pozdnělat. *sarcōma* z ř. *sárkōma* 'nádor (na tkáni)' od *sárx* (gen. *sarkós*) 'maso, tělo'. Srov. ↑*sarkasmus*, ↑*sarkofág*.

sasanka. Asi přejato z p. *sasanka* (u Jg ještě není), dále je s./ch. *sása žúta*, b. *săsănka*, sln.d. *časa* tv. Nejasné.

Spojení s ar. *susan* 'lilie', ř. *soūson*, per. *susän* tv. (Ma²) nezní věrohodně.

sát, *sací, savý, savec, savčí, nasát, odsát, přisát (se), přísavný, vysát, vysavač*. Stč. a až do r. 1953 *ssáti*. Všesl. – p. *ssać*, r. *sosát'*, s./ch. *sı̋sati* (dříve *sàti*), stsl. *sъsati*. Psl. **sъsati* se vykládá z původního **sъpsati*, intenziva od ie. **seu-p-, *seu-b-* 'sát, srkat; tekutina', od kterého je i něm. *saufen* 'chlastat, chlemtat', sthn. *souf* 'polévka' (něm. *Suppe* je zpětné přejetí přes fr.), sti. *sū́pa-* tv., s jiným rozšířením pak něm. *saugen* 'sát', lat. *sūgere* tv., *sūcus* 'šťáva'.

satan, **satanáš**, *satanský, satanismus*. Přes lat. *satanās* z ř. *satanās* z hebr. *sāṭān* 'odpůrce, nepřítel' od *sāṭan* 'strojit úklady'.

satelit 'družice; vazalský stát podřízený jinému státu', *satelitní*. Přes moderní evr. jazyky (něm. *Satellit*, fr., angl. *satellite*) z lat. *satelles* (gen. *satellitis*) 'tělesný strážce, průvodce', snad etruského původu.

satén 'druh lesklé látky', *saténový*. Z fr. *satin* a to z ar. *zaitūnī*, vlastně '(látka) ze Zaitūnu', od ar. názvu čín. města *Zitong* (dříve psáno *Tseu-tung*), odkud jej Arabové dováželi.

satira 'skladba vysmívající se negativním jevům', *satirický*. Z lat. *satira*, vedle *satura* tv., původně 'směs, všehochuť', asi ze spojení *lanx satura* 'plná mísa' (mísa přinášená každoročně bohům jako oběť) od lat. *satur* 'sytý, úrodný, plný'. V přeneseném významu šlo nejprve o dramatickou frašku, pak útočnou báseň. Srov. ↓*saturovat*.

satisfakce 'zadostiučinění'. Z lat. *satisfactiō* tv. od *satisfacere* 'učinit zadost' ze *satis* 'dost' (srov. ↓*saturovat*, ↓*sytý*) a *facere* 'dělat' (srov. ↑*fakt*, ↑*-fikace*).

saturovat 'nasycovat', *saturace*. Z lat. *saturāre* tv. od *satur* 'sytý, úrodný, plný'. Srov. ↑*satira*, ↑*satisfakce*, ↓*sytý*.

satyr 'prostopášná mytologická bytost v lidské podobě se zvířecími znaky'. Přes lat. *Satyrus* z ř. *Sátyros*, původ jména nejasný.

sauna. Z fin. *sauna* tv.

savana 'tropická a subtropická step'. Přes fr. *savane* a šp. *sabana* z indiánského jazyka skupiny arawak na Haiti, kde slovo *zabana* znamená 'rozlehlá rovina'.

savec. Viz ↑*sát*.

saxofon, *saxofonista*. Z fr. *saxophone* utvořeného podle jeho vynálezce, Belgičana A. *Saxe* (40. léta 19. st.). K druhé části viz ↑*-fon*.

saze. Všesl. – p. *sadza*, r. *sáža*, ch.d. *sȁđa*, stsl. *sažda*. Psl. **sad'a* tv. (B3), vlastně 'usazenina', je utvořeno od kořene **sōd-* od ie. **sed-* 'sedět' (viz ↑*sadit*, ↓*sedět*). Od stejného základu je lit. *súodys*, angl. *soot*, stir. *súide* tv.

sázet, *sázení, sázený, sázecí, sazenice, sazba, sazebník, sazeč, sazečský, sazárna, sázka, sázkový, sázkař, sázenka, nasázet, osázet, posázet, prosázet, vysázet, zasázet* aj. R. *sažát'*. Psl. **sad-ja-ti (B3,C1)*, jinak viz ↑*sadit*.

sběr 'sebranka, lůza'. Viz ↑*s* a ↑*brát*. Ve stč. i bez hanlivého přídechu (*sběř andělóv*).

sbor, *sborový, sborovna, sborista, sboristka, sborník*. Viz ↑*s* a ↑*brát*.

scéna 'jeviště; dramatický výstup', *scénický, scénář, scenárista, scenáristka, scenáristický, scenerie*. Z lat. *scēna, scaena* 'jeviště, divadlo' z ř. *skēné* 'stan, lešení; jeviště, divadlo'.

science fiction 'dílo s vědecko-fantastickou tematikou'. Z angl. *science fiction*

scvrknout se

tv. ze *science* 'věda, vědecký' a *fiction* 'beletrie, smyšlenka' (viz ↑*fikce*).

scvrknout se, *scvrklý*. Expr. útvar, jehož přesná etymologizace je obtížná. Snad nějakou obměnou ze *svraskati* (↓*vráska*) (Ma², Jg), lze pomýšlet i na vliv něm. *Zwerg* 'trpaslík', od něhož je *cvrček* 'malé dítě, malý člověk' (↑*cvrček*²).

se zájm. P. *się*, r. -*sja*, s./ch. *se*, stsl. *sę*. Psl. *sę je stejně jako stpr. *sien* tv. akuz. ie. zájmenného kořene *se-, **su̯e*-, původně 'stranou, sám pro sebe', pak 'se'. Od stejného kořene je gót. *sik*, něm. *sich*, lat. *sē*, ř. *he*, chet. -*za* tv. Srov. ↓*si*, ↓*svůj*, ↑*osoba*, ↑*působit*, ↓*svoboda*, ↓*sobec*, ↑*přece*, ↓*zase*.

se- předp. Z lat. *sē*- 'stranou, od-', jako předl. *sē* 'bez', stejného původu jako ↑*se*. Srov. ↓*secese*, ↓*separovat*, ↓*selekce*, ↓*segregace*.

seance '(spiritistické) sezení'. Z fr. *séance* 'sezení, zasedání' od *seoir* 'sedět' z lat. *sedēre* tv. (srov. ↓*sedět*).

secese 'umělecký směr konce 19. a začátku 20. st.', *secesní*. Z lat. *sēcessiō* 'odstoupení stranou, odloučení se' od *sēcēdere* 'odejít, vzdálit se' z *sē*- (↑*se*-) a *cēdere* 'kráčet, stoupat'. Umělecký směr byl takto nazván proto, že se snažil oprostit od historizující tradice a nahradit ji novým, lineárně dekorativním stylem.

seč (ve spojeních *seč mohl, seč bylo v jeho silách* ap.). Z původního *sъčь, což je staré spojení předl. *s* s akuz. zájmena *co* (viz ↑*s*- a ↑*co*). K vazbě *s* + akuz. srov. *být s to*, ke spřežkám s -*č nač, oč*, ↑*proč*.

sedan 'čtyřdveřový uzavřený automobil s vodorovnou zadní kapotou'. Z angl. *sedan* tv., původně '(krytá) nosítka'. Snad z fr. *sedan* 'druh látky' podle fr. města *Sedan*.

sedativum 'utišující prostředek'. Z lat. *sēdātīvum* tv. od *sēdāre* 'usadit, uklidnit', kauzativa k *sedēre* 'sedět' (viz ↓*sedět*).

sedět, *sedat, sednout, sezení, sedací, sed, sedavý, sedačka, sedátko, sedadlo, sedlina, sedlo, odsedět, posedět, prosedět, přísedět, přísedící, rozsedět se, vysedět, nasedat, poposedat, neposeda, přesedat, předsedat, předseda, vysedat, zasedat, odsednout (si), přisednout (si), rozsednout, sesednout (se)* aj. Všesl. – p. *siedzieć*, r. *sidét'*, ch. *sjèdeti*, s. *sèdeti*, stsl. *sěděti*. Psl. *sěděti, *sěděti odpovídá lit. *sėdėti*, lot. *sēdēt*, lat. *sedēre* tv., příbuzné je dále něm. *sitzen*, angl. *sit* tv., ř. *hézomai* 'sedím', sti. *sídati* 'sedí', vše ze ie. *sed- tv. Srov. ↑*sadit*, ↑*saze*, ↓*soused*, ↓*sedlák*, ↑*sedativum*.

sediment 'usazenina'. Přes něm. *Sediment* ze střlat. *sedimentum* tv. od *sedēre* 'sedět' (viz ↑*sedět*).

sedlák, *selka, sedlácký, selský*. Vlastně 'kdo má usedlost' od stč. *sedlo* 'osada, sídlo, usedlost' a to od *sěděti* 'přebývat, sídlit, sedět' (viz ↑*sedět*). S./ch. *sèljāk* tv., jinak p. *chłop, kmieć*, r. *krest'jánin*, sln. *kmèt*.

sedlo, *sedlový, sedlář*. Všesl. Psl. *sedъlo je příbuzné s lat. *sella* 'sedadlo, stolice', gót. *sitls* tv. (zatímco něm. *Sattel*, angl. *saddle* 'sedlo' jsou asi výpůjčky ze slov. (A4)), vše je odvozeno *l*-ovou příp. od ie. *sed- 'sedět'.

sedm, *sedmý, sedma, sedmička, sedmina, sedmero*. Všesl. – p. *siedem*, r. *sem'*, s./ch. *sèdam*, stsl. *sedmь*. Psl. *sedmь je odvozeno od řadové číslovky *sedmъ 'sedmý' (srov. podobně ↑*osm*, ↓*šest*), odpovídající stpr. *septmas*, lat. *septimus*, ř. *hébdomos* tv. (ie. **sept(ə)mo*-). Základní ie. číslovka *septṃ 'sedm' (A7) je dochována v gót. *sibun*, něm. *sieben*, angl. *seven*, stir. *secht*, lat. *septem*, ř. *hépta*, sti. *saptá*,

sedmikráska   565   **sekularizace**

toch. A *spät*, chet. *šipta*, od stejného základu je i lit. *septýni* a alb. *shtátë* tv.

sedmikráska. Slk. *sedmokráska, stokráska*, p. *stokrotka*. Viz ↑*sedm* a ↑*krása*. Srov. něm. *Tausendschön* tv. i lat. název *Bellis*. Motivace není příliš jasná – tato květina přílišnou krásou nevyniká. K rodu *Bellis* se však dříve řadily i kopretiny (Ma²).

segment 'úsek, část', *segmentace*. Přes něm. *Segment* z lat. *segmentum* 'úsek' od *secāre* 'sekat'. Srov. ↓*sekce*, ↓*sektor*, ↓*sekat*.

segregace 'oddělování části obyvatelstva jako projev rasové diskriminace', *segregovat*. Z pozdnělat. *sēgregātiō* 'oddělování' od *sēgregāre* 'vylučovat (ze stáda), oddělovat' ze *sē-* (↑*se-*) a *grex* (gen. *gregis*) 'stádo, dav'. Srov. ↑*agregát*, ↑*kongregace*.

seizmograf 'přístroj na zaznamenávání zemětřesení', *seizmografický, seizmický, seizmologie*. Neoklasická složenina z ř. *seismós* 'otřes' od *seíō* 'třesu' a ↑*-graf*.

sejf 'bezpečnostní schránka, trezor'. Z angl. *safe* tv. od *safe* 'bezpečný' a to přes stfr. *sauf, salf* 'neporušený, zachráněný' z lat. *salvus* 'zdravý, neporušený'. Srov. ↑*salva*.

sekat, *seknout, sekaný, sekaná, sekací, sekáč, sekačka, nasekat, osekat, posekat, prosekat, průsek, průsečík, přesekat, rozsekat, sesekat, useknout, úsek, úsečka, úsečný, vysekat, výsek, výseč, zasekat, zásek* aj. Novotvar od stč. *sieci, séci*, které odpovídá p. *siec*, r. *seč'*, ch. *sjèći*, s. *sèći*, stsl. *sěšti* tv. Psl. **sěkti (B3)* je příbuzné s lit. *iš-sěkti* 'vyřezat, vysekat', sthn. *saga* 'pila', lat. *secāre* 'řezat, sekat', střir. *tescaid* 'řeže', vše od ie. **sek-* 'řezat, sekat'. Srov. ↓*sekyra*, ↑*paseka*, ↓*socha*.

sekce 'oddělení, odbor', *sekční*. Přes něm. *Sektion* tv. z lat. *sectiō*, původně

'sekání, řezání', od *secāre* 'sekat, řezat'. Srov. ↓*sektor*, ↓*sekta*, ↑*segment*.

sekera. Viz ↓*sekyra*.

sekret 'látka vyměšovaná žlázami, buňkami ap.', *sekrece, sekreční*. Z lat. *sēcrētum* tv., vlastně 'odloučení, tajemství', původem zpodstatnělý tvar stř.r. příč. trp. od *sēcernere* 'oddělovat, odlučovat' z *sē-* (↑*se-*) a *cernere* 'rozlišovat, rozeznávat'. Srov. ↓*sekretář*, ↑*diskrétní*.

sekretář 'tajemník; skříň s přihrádkami a psací deskou', *sekretářka, sekretářský, sekretariát*. Přes něm. *Sekretär* tv. ze střlat. *secretarius* 'tajemník' od lat. *sēcrētum* 'tajemství, odloučenost' (dále viz ↑*sekret*).

sekt 'šumivé víno'. Z něm. *Sekt* a to z fr. *(vin) sec* 'suché (víno)' z it. *(vino) secco* tv. z lat. *siccus* 'suchý'. Původně označovalo druh španělského vína, posun k dnešnímu významu se připisuje něm. herci Devrientovi, který si údajně tímto slovem (citátem Shakespearova Falstaffa, v angl. *cup of sack*) objednal šampaňské (kolem r. 1825 v Berlíně).

sekta 'náboženské nebo politické společenství odštěpené od oficiální církve nebo politického hnutí', *sektář, sektářský, sektářství*. Přes něm. *Sekte* tv. z lat. *secta* 'filozofický směr, politická strana' od *secāre* (příč. trp. *sectus*) 'sekat, řezat', tedy původně 'co je odděleno, odštěpeno'. Srov. ↑*sekce*, ↓*sektor*.

sektor 'úsek, část', *sektorový*. Z něm. *Sektor* tv., původně 'kruhová úseč', z pozdnělat. *sector circulī* tv., kde *sector* je činitelské jméno od *secāre* 'sekat', tedy vlastně 'sekáč'. Srov. ↑*segment*, ↑*sekce*.

sekularizace 'zesvětštění, vynětí z moci církve', *sekularizovat*. Ze střlat. *saecularisatio* tv. od *saecularis* 'časný, světský' od lat. *saeculum* 'lidský věk, století, časnost, pozemskost'.

sekunda 'vteřina; druhý tón v stupnici; druhá třída osmiletého gymnázia'. Z lat. *secunda*, což je zpodstatnělý tvar ž.r. adj. *secundus* 'druhý, následující' od *sequī* 'následovat'. Ve významu 'vteřina' přejato přes něm. *Sekunde* z lat. *pars minūta secunda*, doslova 'druhý zmenšený díl' (srov. ↑*minuta* i ↓*vteřina*). Dále srov. ↓*sekundární*, ↓*sekundovat*, ↓*sekvence*.

sekundant 'svědek při souboji; osoba pomáhající sportovci (v boxu, šachu ap.)'. Přes něm. *Sekundant* tv. z lat. *secundāns*, což je přech. přít. od *secundāre* 'provázet (přízní)' (viz ↓*sekundovat*).

sekundární 'druhotný, odvozený, podružný', *sekundárnost*. Přes něm. *sekundär*, fr. *secondaire* z lat. *secundārius* 'druhořadý, druhotný' od *secundus* 'druhý' (viz ↑*sekunda*).

sekundovat 'přizvukovat, pomáhat'. Přes něm. *sekundieren* tv. z lat. *secundāre* 'provázet (přízní)' od *secundus* 'druhý, následující', přeneseně 'příznivý'. Viz ↑*sekunda*, srov. ↑*sekundant*.

sekvence 'sled filmových záběrů majících společný charakter; druh veršovaného liturgického textu'. Ze střlat. *sequentia* 'pořadí, hymnus, duchovní píseň' od lat. *sequī* 'následovat, provázet'. Srov. ↑*sekunda*, ↑*sekundovat*, ↑*perzekuce*.

sekvoje 'severoamerický obří jehličnatý strom'. Z am.-angl. *sequoia* (nlat. *Sequoia*) a to podle čerokézského náčelníka jménem *Sequoiah* († 1843), který pro jazyk svého kmene vynalezl písmo.

sekyra, *sekyrka*. Všesl. – p. *siekiera*, r.st. *sekíra*, ch. *sjèkira*, s. *sèkira*, stsl. *sekyra*. Psl. *sekyra (sekundárně *sěkyra) má slovotvornou paralelu v lat. *secūris* tv., obojí vychází z ie. **sekūr-* od **sek-* 'sekat, řezat' (viz ↑*sekat*).

sekýrovat ob. 'sužovat nemístnými požadavky, komandovat'. Z něm. *sekkieren* tv. z it. *seccare* 'sužovat, obtěžovat', jež snad je etymologicky totožné se *seccare* 'sušit' z lat. *siccāre* tv. od *siccus* 'suchý'. Srov. ↑*sekt*.

seladon expr. 'přehnaně uhlazený muž, švihák'. Z fr. *céladon* 'sentimentální milenec' podle jména jedné z postav románu L'Astrée fr. spisovatele Honoré d'Urfé (1610).

selanka 'idyla'. Z p. *sielanka* '(vesnická) idyla' od *sioło* 'vesnice' (srov. r. *seló* tv.), k němuž viz ↑*sál*.

sele, *selátko*. Stč. *ssele*, *sselátko* 'sele, kojenec, jakékoli sající mládě'. Jen č., zřejmě od *ssáti* (viz ↑*sát*), ale tvoření dost neobvyklé. Proto Ma[2] myslí na přejetí z něm.d. (rak.) *Säuele*, což je zdrobnělina od něm. *Sau* 'svině', první výklad je však přirozenější.

selekce 'výběr', *selekční*, *selektivní*. Přes něm. *Selektion* z lat. *sēlectiō* tv. od *sēligere* 'vybírat' ze *sē-* (↑*se-*) a *legere* 'sbírat'. Výraz rozšířen v souvislosti s Darwinovou teorií (angl. *natural selection* 'přirozený výběr'). Srov. ↑*kolekce*, ↑*legie*.

selen 'chemický prvek s vlastnostmi polovodiče', *selenový*. Z nlat. *selenium* a to od ř. *selénē* 'měsíc' od *sélas* 'záře'. Objevitel tohoto prvku Berzelius (začátek 19. st.) jej tak nazval analogicky podle názvu podobného, dříve objeveného prvku telluru (viz ↓*tellur*).

selka. Zjednodušením souhláskové skupiny ze stč. *sedlka* (viz ↑*sedlák*).

sem přísl. Stč. *sěmo*, sln. *sèm*, str., stsl. *sěmo*. Psl. *sěmo je tvořeno příp. *-mo* (srov. ↓*tam*, ↑*kam*) od základu *sě, který odpovídá lit. *šè* 'zde', lot. *še* tv. Jde o pádový tvar ie. ukazovacího zájmena **ki-* 'tento' (A1), které je dochováno v stsl. *sь* (stč. *sen*, srov. ↑*dnes*), lit. *šis* tv., lat. *cis* 'z této strany', chet. *ki* 'tento', od jiné podoby téhož kořene je něm. *hier* 'sem, zde', angl. *he* 'on' ap. Srov. ↓*zde*, ↓*sice*, ↑*dosud*.

semafor. Přes rak.-něm. *Semaphor* z fr. *sémaphore*, což je neoklasická složenina z ř. *sēma* 'znamení, znak' (srov. ↓*sémantika*) a *-for*, což je ve složeninách činitelské jméno od *férō* 'nosím' (srov. ↑*fosfor*, ↑*metafora*). Původně tedy 'nositel znaku'.

sémantika 'nauka o významu slov', *sémantický*. Z moderních evr. jazyků (něm. *Semantik*, angl. *semantics*, fr. *sémantique*), kde utvořeno k ř. *sēmantikós* 'označující, týkající se znaku' od *sēma* 'znamení', *sēmaínō* 'označuji'. Srov. ↑*semafor*.

semeno, *semínko, semenný, semeník, semenářství, semeniště, semenec, semenit se, rozsemenit se, vysemenit se*. Stč. *siemě* (gen. *sěmene*). Všesl. – p. *siemię*, r. *sémja*, ch. *sjème*, stsl. *sěmę*. Psl. *sěmę, gen. *sěmene (B7)*, odpovídá stpr. *semen*, něm. *Samen*, lat. *sēmen* tv., lit.st. *sémuõ* 'lněné semeno', vše od ie. **sē-men-* 'semeno' od **sē-* 'sít'. Dále viz ↓*sít*, srov. ↓*seminář*.

semestr 'pololetí (na vysokých školách)', *semestrální*. Přes něm. *Semester* tv. ze střlat. *semestre* 'pololetí', což je zpodstatnělý tvar stř.r. lat. adj. *sēmēstris* 'šestiměsíční, půlroční', ve starší podobě *sēmēnstris*, z lat. *sex* 'šest' a odvozeniny od *mēnsis* 'měsíc'. Srov. ↓*trimestr*, ↑*menstruace*.

semifinále 'předposlední kolo vyřazovací soutěže', *semifinálový, semifinalista, semifinalistka*. Z lat. *sēmi-* 'polo-' a ↑*finále*. Srov. ↑*hemisféra*.

seminář 'druh vysokoškolské výuky; ústav vychovávající kněze', *seminární*, *seminarista*. Přes něm. *Seminar* ze střlat. *seminarium* tv. z lat. *sēminārium* 'semeniště, školka' od *sēmen* 'semeno' (viz ↑*semeno*).

sémiotika 'nauka o znakových systémech', *sémiotický*. Z moderních evr. jazyků (angl. *semiotics*) a tam od ř. *sēmeīon* 'znamení, znak'. Srov. ↑*sémantika*, ↑*semafor*.

semiš 'kůže či její napodobenina s jemně drsným povrchem', *semišový*. Z něm. *Sämisch(leder)* tv. a to nejspíš z fr. *chamois* 'kamzík, kamzičí kůže, semiš' z pozdnělat. *camox* 'kamzík' (viz ↑*kamzík*).

semitismus 'židovství'. Podle *Semitů*, příslušníků národnostní a jazykové skupiny v Přední Asii a sev. Africe, k níž vedle Židů patří i Arabové, historičtí Féničané, Asyřané ap. Název podle biblického *Šéma (Sema)*, jednoho z Noemových synů, z jehož potomstva prý Semité pocházeli.

semknout se. Viz ↑*s-* a ↑*-mknout*, ↑*mykat*.

sen, *snový, snít, snění, snivý, snílek, prosnít, vysnít (si), zasnít se*. Všesl. – p. *sen*, r. *son*, s./ch. *sȁn*, stsl. *sŏnŏ*. Psl. *sŏnŏ 'sen, spánek' *(A7,B6)* je příbuzné s lit. *sāpnas*, lot. *sapns* 'sen', stangl. *swefn* 'spánek, sen', stir. *súan* 'spánek', lat. *somnus* 'sen', ř. *hýpnos* 'spánek' (srov. ↑*hypnóza*), toch. B *ṣpane* 'sen, spánek', sti. *svápna-* tv., vše z ie. **supno-*, **suepno-* tv. od **suep-*, **sup-* 'spát' (viz ↓*spát*).

senát 'horní komora parlamentu; sbor (soudců)', *senátor, senátorský*. Přes moderní evr. jazyky (něm. *Senat*) z lat. *senātus* 'nejvyšší státní rada (v Římě)', původně 'rada starších', od *senex* 'starý; stařec'. Srov. ↓*senilní*, ↓*senior*.

sendvič 'obložený chléb'. Z angl. *sandwich* a to podle přídomku angl. šlechtice Johna Montagua (4th Earl of Sandwich) († 1792), který prý jako náruživý hráč karet vymyslel tento druh občerstvení, aby nemusel vstávat od hracího stolu.

senilní 'stařecký', *senilita*. Z lat. *senīlis* tv. od *senex* (gen. *senis*) 'starý'. Srov. ↑*senát*, ↓*senior*.

senior 'stařešina; starší ze dvou osob téhož jména; sportovec starší věkové třídy', *seniorka, seniorský*. Z lat. *senior*, což je 2. stupeň od *senex* (gen. *senis*) 'starý'. Srov. ↑*senilní*, ↑*senát*.

seno, *senný, seník*. Všesl. – p. *siano*, r. *séno*, ch. *sijêno*, stsl. *sěno* 'seno, tráva'. Psl. *sěno odpovídá lit. *šiẽnas*, lot. *siens* 'seno' i ojediněle doloženému ř. *koiná* 'pastva, píce', východiskem je ie. **k̑oi-no-* 'tráva (jako krmivo)', jehož další souvislosti jsou nejasné *(A1,B2)*.

sentence 'průpověď, výrok'. Přes něm. *Sentenz*, fr. *sentence* tv. z lat. *sententia* 'mínění, úsudek, věta, výrok' od *sentīre* 'cítit, mínit, soudit'. Srov. ↓*sentimentální*, ↓*senzitivní*.

sentimentální 'přecitlivělý, příliš naplněný citem', *sentiment, sentimentalita*. Jako adj. od angl. spisovatele L. Sterna a jeho románu *A Sentimental Journey through France and Italy* (1768) a to od angl. *sentiment* 'cit, myšlenka' z fr. *sentiment*, jež se vyvinulo z vlat. *sentīmentum tv. od *sentīre* 'cítit, mínit'. Srov. ↑*sentence*.

sentinel 'nákladní automobil poháněný parním strojem'. Původně obchodní název vycházející z angl. *sentinel* 'hlídka, stráž' z fr. *sentinelle* 'hlídka', možná z it. *sentina* 'latrína' (metaforou podle podoby záchoda a strážní budky) z lat. *sentīna* 'kalná voda, spodina'.

senzace, *senzační*. Přes něm. *Sensation*, fr. *sensation* ze střlat. *sensatio* 'smyslovost, silné citové vnímání' od lat. *sēnsus* 'počitek, vnímání, cit' od *sentīre* (příč. trp. *sēnsus*) 'cítit'. Srov. ↑*sentimentální*, ↑*sentence*.

senzibilní 'citlivý, vnímavý', *senzibil, senzibilita*. Z pozdnělat. *sēnsibilis* (případně přes něm. *sensibel*, fr. *sensible*) 'citelný, citlivý' od *sēnsus* 'počitek, vnímání, cit' (viz ↑*senzace*).

senzitivní 'citlivý, vnímavý'. Přes moderní evr. jazyky ze střlat. *sensitivus* 'citlivý' od lat. *sēnsus* (viz ↑*senzibilní*).

senzor 'elektronický prvek reagující na mechanický, optický nebo tepelný signál', *senzorický*. Nové, z angl. *sensor* tv. od *sense* 'rozum, cit, smysl' a to přes fr. *sens* z lat. *sēnsus* (viz ↑*senzace*).

separovat 'oddělit, izolovat', *separace, separátní, separatismus, separát* 'zvláštní otisk (článku ap.)'. Z lat. *sēparāre* 'oddělovat, odlučovat' z *sē-* (↑*se-*) a *parāre* 'připravovat, dělat'. Srov. ↑*preparovat*, ↑*reparace*, ↑*aparát*.

sépie 'druh hlavonožce', *sépiový*. Z lat. *sēpia* z ř. *sēpía* tv. a to snad od *sḗpō* 'hniju, tlím' (podle hnědého barviva, které vystřikuje, je-li napadena). Srov. ↓*sepse*.

sepse 'otrava krve', *septický*. Přes něm. *Sepsis* z ř. *sḗpsis* 'hnití, tlení' od *sḗpō* 'hniju, tlím'. Srov. ↑*sépie*.

septima 'sedmý tón v stupnici; sedmá třída osmiletého gymnázia'. Z lat. *septima*, což je zpodstatnělý tvar ž.r. od *septimus* 'sedmý' (dále viz ↑*sedm*).

serafín 'anděl nejvyššího řádu'. Ze střlat. *seraphinus* z ř. *serafím* a to z hebr. *serāphīm*, což je pl. od *sārāph* tv., jež je asi odvozeno od *sāraph* 'zapálit'.

serenáda 'lyrická instrumentální skladba; večerní milostná píseň'. Přes něm. *Serenade*, fr. *sérénade* z it. *serenata* od *sereno* 'jasný, čistý', *al sereno* 'pod širým nebem', z lat. *serēnus* 'jasný'. Původně tedy 'píseň, která se zpívá pod širým nebem'.

seriál, *seriálový*. Z angl. *serial* tv., původně adj. 'řadový, vycházející na pokračování', od *series* 'řada, série' (viz ↓*série*).

série, *sériový*. Přes něm. *Serie* z lat. *seriēs* 'řada, sled, řetěz' od *serere* 'řadit, připojovat, vázat'. Srov. ↑*seriál*, ↑*inzerát*.

seriózní 'solidní, vážný', *sérióznost*. Podle něm. *seriös*, fr. *sérieux* ze střlat. *seriosus* 'vážný, rozvážný' od lat. *sērius* 'vážný'.

serpentina 'točitá, klikatá cesta (ve svahu)'. Z něm. *Serpentine* a to nově utvořeno k pozdnělat. *serpentīnus* 'hadovitý' od lat. *serpēns* (gen. *serpentis*) 'had', což je původem přech. přít. od *serpere* 'plazit se, lézt', tedy 'plazící se'.

sérum 'součást krve vznikající z plazmy, používaná (po obohacení o protilátky) jako lék', *sérový*. Přes něm. *Serum* z lat. *serum* 'syrovátka', později i 'krevní syrovátka'.

servilní 'podlézavý', *servilnost*. Přes něm. *servil* z lat. *servīlis* 'otrocký' od *servus* 'otrok'. Srov. ↓*servírovat*, ↓*servítek*.

servírovat 'obřadně podávat (jídlo ap.); podávat (v tenise, odbíjené ap.)', *servírovací*, *servírka*. Přes něm. *servieren* tv. a to přes fr. *servir* z lat. *servīre* 'sloužit, otročit' od *servus* 'otrok'. Srov. ↓*servis*.

servis 'jídelní souprava; opravářská služba; podání (v tenise ap.)'. Východiskem je lat. *servitium* 'otroctví, prokázaná služba' od lat. *servīre* 'sloužit' (viz ↑*servírovat*), z toho je fr. *service* a odtud angl. *service* a něm. *Service*. Vývoj a přejímání jednotlivých významů není snadné sledovat – význam 'jídelní souprava' k nám přišel zřejmě z fr. přes něm., zbylé dva významy asi prostřednictvím angl.

servítek 'ubrousek'. Přes něm. *Serviette* z fr. *serviette* tv. a to od *servir* 'obsluhovat, sloužit' (viz ↑*servírovat*).

servus citosl. zast. hov. Z něm.d. (bav.) *servus* tv. z lat. *servus* 'sluha, otrok'. Srov. podobný zastaralý pozdrav *služebník* a také ↑*čau*. Srov. ↑*servilní*.

seržant 'poddůstojník (na úrovni našeho četaře)'. Z fr. *sergent* tv., stfr. *serjant*, *serg(e)ant* 'sluha, nižší správní úředník' z pozdnělat. (vlat.) *servientem*, což je ak. od *serviēns* 'sloužící', původem přech. přít. od *servīre* 'sloužit, otročit' (srov. ↑*servírovat*, ↑*servilní*).

sesout (se), *sesuv*. Ze ↑*s* a zast. *souti* 'sypat', stč. *súti* (1.os.přít. *spu*) z psl. **su(p)ti* tv., v č. bylo nahrazeno opětovacím slovesem od téhož základu (↓*sypat*). Nedok. tvar *sesouvat (se)* matením se slovesy *-sunout*, *-souvat* (viz ↓*sunout*).

sestra, *sestřička*, *sesterský*, *sestřenice*. Všesl. – p. *siostra*, r. *sestrá*, s./ch. *sèstra*, stsl. *sestra*. Psl. *sestra je příbuzné se stpr. *swestro*, lit. *sesuõ*, gót. *swistar*, něm. *Schwester*, angl. *sister*, stir. *siur*, lat. *soror*, ř. *éor* 'příbuzná', arm. *kʿoyr*, sti. *svásar-*, toch. A *ṣar*, vše z ie. **su̯esōr* tv. (ve slov. a germ. vkladné *-t-*). Další interpretace nejistá – v první části se většinou vidí ie. **su̯e-* 'svůj, sám pro sebe' (viz ↑*se*, ↓*svůj*), tedy něco jako '(žena) svého rodu'? Význam 'zdravotnická pracovnice' od 20. st. podle řádových sester, které často sloužily v léčebných zařízeních.

set 'sada (v tenise, odbíjené ap.)'. Z angl. *set* 'sada, souprava' od slovesa *(to) set* 'dát, postavit, zasadit' (viz ↑*sadit*).

setkat se, *setkání*. Viz ↑*s* a ↓*-tkat*.

setník. Od ↓*sto*. Dříve 'velitel setniny (tj. oddílu o 100 mužích)', srov. lat. *centuriō* tv.

setr 'druh stavěcího psa'. Z angl. *setter*, doslova 'stavěč', od *(to) set* 'postavit, zasadit' (viz ↑*sadit*).

sever, *severní*, *severský*, *severák*, *seveřan*. P.d. *siewierz*, r. *séver*, ch. *sjèver*, s. *sèvēr*, stsl. *sěverъ* 'severní vítr'. Psl. *sěverъ je příbuzné s lit. šiaurė 'sever', šiaurỹs 'severák', něm. Schauer 'liják, prudká přeháňka; hrůza, děs', angl. shower 'přeháňka' (druhotně 'sprcha'), lat. caurus 'severozápadní vítr'. Východiskem je zřejmě ie. *(s)k̑eu-ero- 'severní vítr'(?), jehož další analýza je nejistá.

sevřít. Viz ↑s a ↓-vřít.

sex 'pohlaví, pohlavní život', sexuální, sexualita, sexy. Přes angl. sex z lat. sexus 'pohlaví'.

sex-appeal 'pohlavní přitažlivost'. Z angl. sex appeal ze sex (viz ↑sex) a appeal 'přitažlivost, působivost' od (to) appeal 'dovolávat se, vyzývat' z lat. appellāre tv. (viz ↑apel).

sexta 'šestý tón v stupnici; šestá třída osmiletého gymnázia'. Z lat. sexta, což je zpodstatnělý tvar ž.r. od sextus 'šestý' (viz ↓šest).

sextant 'přístroj k určování zeměpisné polohy'. Přístroj pojmenoval Tycho de Brahe (kolem r. 1600) na základě lat. sextāns 'šestina' od sextus 'šestý' (viz ↓šest) – stupnice k určování polohy má totiž rozsah šestiny kruhu.

sexteto 'soubor šesti hudebníků'. Z polatinštělé podoby it. sestetto od sesto 'šestý' z lat. sextus tv. (viz ↓šest, srov. ↑kvinteto ap.).

sezam 'druh olejnaté rostliny', sezamový. Přes něm. Sesam z lat. sēsamum z ř. sḗsamon a to z nějakého starého východního jazyka (srov. akkad. šammaššamu tv.).

sezona 'období (pro něco příhodné)', sezonní. Přes něm. Saison z fr. saison '(roční) období, sezona', dříve 'příhodný okamžik', a to z lat. satiō 'setba, setí' od serere (příč. trp. satus) 'sít'. Srov. ↓sít.

sféra 'prostor kolem Země; oblast, okruh', sférický. Přes lat. sphaera 'koule, nebeská báň' z ř. sfaīra 'koule, míč'. Srov. ↑hemisféra, ↑atmosféra.

sfinga '(ve starém Egyptě) socha ležícího lva s lidskou hlavou; (v ř. mytologii) okřídlená obluda kladoucí kolemjdoucím hádanky'. Z ř. Sfínx (gen. sfíngos), jež se vykládá od sfíngō 'svírám, škrtím'.

sgrafito 'umělecká výzdoba stěny vyškrabaná v omítce'. Z it. sgraffito tv., což je původem příč. trp. od sgraffiare, graffiare 'škrabat'. Srov. ↑graffiti, ↓šrafovat, ↑graf.

show '(velkolepá) podívaná, zábavný pořad s vizuálními efekty'. Z angl. show tv. od slovesa (to) show 'ukázat, předvádět', k jehož dalším souvislostem viz ↑číti.

schéma 'nárys, zjednodušující konstrukce', schematický, schematičnost, schematismus. Podle něm. Schema z lat. schēma z ř. schē̂ma 'podoba, obrazec, zevnějšek'. Srov. ↓skica, ↓skeč.

scherzo 'hudební skladba rozmarného rázu'. Z it. scherzo tv., vlastně 'žert', a to z germ. (srov. něm. Scherz tv.).

schizma '(církevní) rozkol'. Ze střlat. schisma z ř. schísma 'roztržka, trhlina' od schízō 'štípám, roztrhávám'. Srov. ↓schizofrenie, ↑cedit.

schizofrenie 'duševní onemocnění, při němž dochází k rozpadu osobnosti', schizofrenický. Utvořeno na počátku 20. st. švýc. psychiatrem E. Bleulerem od ř. schízō 'štěpím, roztrhávám' a frḗn 'bránice, srdce, rozum, duše' (podle antických představ byla bránice centrem duševního života). Srov. ↑frenetický, ↑oligofrenní.

schlíplý. Od staršího č. chlípiti 'věšet' (Jg), které je onom.-expr. původu. Srov. ↑odchlípnout, ↑chlopeň.

schnout. Psl. *sъchnǫti, dále viz ↓suchý.

schod, *schodiště*. Stč. i *vzchod*, tedy vlastně 'po čem se schází i chodí vzhůru', dále viz ↑*chodit*.

scholastika 'středověká církevní filozofie', *scholastický, scholastik*. Od lat. *scholasticus* 'školní, týkající se školy' z ř. *scholastikós* 'zabývající se vědami, mající volno' od *scholázō* 'mám volno, věnuji se něčemu' od *scholḗ* (viz ↓*škola*).

schopný, *schopnost*. Jen č., stč. *vzchopný* 'čilý, podnikavý, pohotový'. Od ↑*chopit (se)*, srov. podobně angl. *capable* 'schopný' z pozdnělat. *capābilis* od *capere* 'brát, chopit se'.

schválně, *schválnost, naschvál*. Stč. *(na)vzchvále, naschvále* tv., původně zřejmě 'na chválu, k chválení', pak 'úmyslně'. Viz ↑*chvála*.

-si (*kdosi, cosi, jakýsi, atsi, asi* ap.). P. -*ś* (*ktoś*), str. *si*, sln. -*si* (*bódisi – bódisi* 'buď – buď'). Psl. *si se obvykle vykládá jako 2.os.sg. starého optativu (přacího způsobu) od kořene **es-* 'být' (viz ↑*jsem*), který je dochován např. v lat. *sīs* 'ať jsi'. Původně tedy např. *kdosi* znamenalo přibližně 'ať jsi, kdo chceš'.

si zájm. R.st. *si*, stsl. *si*, v č. ale asi až od 16. st. podle *mi, ti*, předtím *sobě*. Psl. *si je dat. sg. od ie. zájm. kořene **se-*, **su̯e-* (viz ↑*se*). Příbuzné je lit., stpr. *si* tv., ř. *hoī* 'sobě'.

sibérie expr. 'třeskutá zima, nepohoda'. Nejspíš z fr. *Sibérie* 'Sibiř', samotný název (r. *Sibír*') je ttat. původu.

sice přísl., sp. Stč. *sic(e)* 'sice, jinak; takto, přece', *sicí* 'takový', r.d. *síce* 'takto', sln. *sicèr* 'sice', csl. *sice* 'tak'. Psl. *sice vzniklo asi 3. palatalizací *(B1)* ze *siko (srov. csl. *siko* 'tak'). To je odvozeno od psl. ukazovacího zájmena *sъ, ž.r. *si (viz ↑*sem*, ↓*zde*) stejným způsobem jako *tako (↓*tak*), *jako, *kako (↑*jak*). Původně tedy 'takto, tak',

srov. větu *sice přišel, ale ...*, vlastně 'tak(to) přišel, ale ...' ap.

sídlo, *sídelní, sídliště, sídlištní, sídlit, osídlit, osídlení, přesídlit, usídlit se, vysídlit*. Stč. *siedlo* od *sěděti* (↑*seděti*), srov. podobně ↑*bydlo*.

siena '(červeno)hnědá hlinka'. Podle it. města *Siena*, v jehož okolí se hlinka těžila.

siesta 'chvíle odpočinku (po obědě)'. Ze šp. *siesta* a to z lat. *sexta (hōra)* 'šestá (hodina)' (srov. ↑*sexta*), což podle román. počítání hodin odpovídá poledni.

sifon 'sodovka (z tlakové lahve); zařízení zabraňující pronikání zápachu z potrubí'. Přes něm. *Siphon* z fr. *siphon* 'násoska' a to přes lat. z ř. *sīfōn* 'stříkačka, rourka, stružka'.

signál, *signální, signalizovat, signalizace, signalizační*. Přes něm. *Signal* z fr. *signal* tv. a to z vlat. *signāle*, což je zpodstatnělý tvar stř.r. lat. *signālis* 'dávající znamení' od *signum* 'znamení, značka'. Srov. ↓*signatář*, ↓*signatura*, ↑*insignie*.

signatář 'podpisovatel (smlouvy, prohlášení ap.)'. Z fr. *signataire* tv. od *signer* 'podepsat, značkovat' z lat. *signāre* 'poznamenávat, značit, pečetit' od *signum* 'znamení, značka'. Srov. ↓*signatura*, ↑*signál*.

signatura 'značka (pro knihu v knihovně ap.); podpis (umělce na obraze ap.)', *signovat*. Z pozdnělat. *signātūra* 'značka (knihy ap.)' od *signāre* (viz ↑*signatář*).

sígr ob. expr. 'lump, syčák'. Obvykle se hledá stejná motivace jako u ↓*syčák*. Spojení s něm. *Sieger* 'vítěz' brání význam.

sichr zast. ob. 'jistý'. Z něm. *sicher* tv. ze sthn. *sehhur* a to z vlat. *sicūrus z lat. *sēcūrus* 'bezstarostný, bezpečný,

síla

jistý' ze *sē-* (↑*se-*) a odvozeniny od *cūra* 'starost, péče' (srov. ↑*kúra*).

síla, *silový, silný, silák, silácký, sílit, násilí, násilný, násilník, násilnický, posílit, posila, přesila, úsilí, vysílit (se), zesílit.* Všesl. – p. *siła*, r. *síla*, s./ch. *sȉla*, stsl. *sila.* Psl. **sila* je nejspíš stejně jako lit. *síela* 'duše', stpr. *seilin* (ak.) 'úsilí' pokračováním bsl. **sēi-lā*, **sēi-li-* 'pnutí, síla' od ie. **sē(i)-* 'napínat, vrhat, vysílat', od něhož je i stisl. *seilask* 'natahovat se', stir. *sínim* 'roztahuji', střir. *sethar* 'silný', ř. *īthýs* 'přímý směr, úsilí'. Od téhož kořene je asi i ↓*sít.* Srov. ↓*silice,* ↓*silnice.*

-sílat (*posílat* atd.). Viz ↓*-slat.* V č. *-í-* místo očekávaného *-ý-*, srov. r. *posylát',* stsl. *posylati.*

siláž 'konzervování zelené píce', *silážovat, silo.* Přes něm. *Silage* z fr. *ensilage* tv. od *silo* 'silo' ze šp. *silo* tv. a to asi přes lat. *sīrus* z ř. *sīrós* 'jáma (na obilí), silo'.

silice 'směs těkavých vonných látek obsažených v rostlinách'. Asi uměle od ↑*síla* (počátek 19. st.) jako ekvivalent něm. *Geist* tv., doslova 'duch' (Ma², Jg).

silikon 'organická sloučenina křemíku', *silikonový.* Přes moderní evr. jazyky, kde utvořeno (konec 19. st.) od lat. *silex* (gen. *silicis*) 'křemík'. Srov. ↓*silikóza.*

silikóza 'plicní onemocnění způsobené křemenným prachem'. Ve 20. st. utvořeno k lat. *silex* (gen. *silicis*) 'křemen'. Srov. ↑*silikon.*

silnice, *silniční, silničář, silničářský.* Univerbizací ze stč. *silná cěsta,* tedy cesta zpevněná na rozdíl od obyčejné cesty polní či lesní. Viz ↑*síla.*

silon 'druh umělého vlákna', *silonový, silonka.* Obchodní název u nás vyráběné umělé hmoty, jejíž obdobou jinde je ↑*nylon.* Odtud vzat i základ názvu, zřejmě s přikloněním k ↑*síla.*

síň

silueta 'stínový obraz'. Z fr. *silhouette* tv., původně *portrait à la silhouette,* vlastně 'rychlý, načrtnutý portrét', ironicky podle fr. ministra financí *E. de Silhouette,* který se po nástupu do úřadu r. 1759 rychle znelíbil a za několik měsíců byl odstaven. Podle jiného výkladu prý podle jeho příslovečné šetrnosti.

silur 'prvohorní útvar'. Podle názvu předkeltského kmene *Silurů* sídlícího podle římských pramenů ve Walesu, kde byl tento útvar poprvé zkoumán.

silvestr 'poslední den v roce; oslava s tím spojená', *silvestrovský.* Podle svátku sv. *Silvestra,* papeže ze 4. st., který na tento den připadá.

símě. Viz ↑*semeno.*

simplifikace 'zjednodušení', *simplifikovat.* Ze střlat. *simplificatio* z lat. *simplex* (gen. *simplicis*) 'jednoduchý', jehož první část souvisí se ↑*sám*, k druhé viz ↑*komplex*, ↑*duplikát,* a lat. *-ficātio* (viz ↑*-fikace*).

simulovat 'předstírat (nemoc, zranění ap.)', *simulace, simulant, simulátor.* Z lat. *simulāre* 'napodobit, předstírat, líčit' od *similis* 'podobný', jež souvisí se ↑*sám,* srov. i ↓*simultánní* a ↑*simplifikace.*

simultánní 'současně probíhající', *simultánka* 'šachová hra jednoho hráče proti několika soupeřům najednou'. Ze střlat. *simultaneus* tv. od lat. *simul* 'najednou, současně', jež souvisí se ↑*sám*, srov. ↑*simulovat*, ↑*simplifikace.*

síň, *předsíň, předsíňka.* P. *sień,* r. *séni* (pl.), str. *sěnь* 'přístřešek', s. *sènica* 'loubí, besídka'. Psl. **sěnь* nemá jednoznačný výklad. Spojuje se s homonymním psl. **sěnь* 'stín' (viz ↓*stín*) a interpretuje jako 'stinný, krytý přístřešek' (původně tedy spíš něco jako 'předsíň'). Podle jiného výkladu příbuzné s lit. *síena* 'stěna, hranice', lot. *siena* 'stěna' (tedy něco jako 'příštěnek') od ie. *sē(i)- 'vázat, plést' (stěny byly původně spletené z větví), srov. ↓síť.

sinat 'mrtvolně blednout', *sinalý, zesinat*. Od knižního č. *siný* 'namodralý'. Všesl. – p. *siny* tv., r. *sínij* '(tmavo)modrý', s./ch. *sînjī* 'modrý'. Psl. *sinʹь se asi vyvinulo z ie. **skei-ni- (A1,B2)* od **skei-* 'svítit, lesknout se', od něhož je i stsl. *sijati* tv., gót. *skeirs* 'jasný', angl. *shine* 'svítit'. Původní význam psl. slova tedy asi byl 'mající barvu jasné oblohy'. Srov. ↑*prosinec*, ↓*stín*, ↓*sojka*.

singl slang. 'dvouhra (v tenise); loď pro jednu osobu (v kanoistice ap.)', *singlový*. Z angl. *single* 'jednotlivec; jednotlivý' a to přes stfr. z lat. *singulī* 'jednotliví (pl.), po jednom'. Srov. ↓*singulár*.

singulár 'jednotné číslo', *singulárový*. Z lat. *singulāris* tv., vlastně 'jednotlivý, jednotlivci náležející'. Srov. ↑*singl*.

sinus 'druh goniometrické funkce', *sinusový, sinusoida*. Přes moderní evr. jazyky (něm. *Sinus*, angl. *sinus*) z lat. *sinus* 'záhyb, oblouk'. Srov. ↑*kosinus*.

sionismus 'židovské nacionalistické politické hnutí', *sionistický, sionista*. Od *Sion*, což bylo jméno pahorku v Jeruzalémě, na němž prý stával palác krále Davida.

sípat 'vydávat silně šelestivý hlas', *sípavý*. R. *sipét'*, sln. *sípati*. Psl. *sipěti, *sipati je zřejmě onom. původu, ale souvislost s jinými ie. slovy není jistá. Spojuje se s lat. *sībilāre* 'syčet', ř. *sízō* 'syčím', ale i lot. *sipa* '(mořská) bouře'. Srov. ↓*šeptat*, ↓*supět*.

sir 'pán (v angl. prostředí)'. Z angl. *sir* ze stfr. *sieur* a to redukcí (častou v titulech a osloveních) z lat. *seniorem*, což je ak. od *senior* (viz ↑*senior*). Srov. i fr. *seigneur*, šp. *señor*, it. *signor* 'pán'.

síra, *sírový, sirný, sirka, sirkárna, sirkařský, síran, sirník; siřičitan*, siřičitý, sířit, odsířit. P. *siara* 'mlezivo', *siarka* 'síra', r. *séra*, b. *sjára* tv. Psl. *sěra nemá spolehlivou etymologii. Nepřesvědčivé je spojení s psl. *sěrъ 'šedý' (viz ↓*šerý*), s lat. *serum* 'syrovátka' i další výklady.

siréna 'signalizační zařízení vydávající pronikavý zvuk'. Přes něm. *Sirene* z fr. *sirène* tv. a to přeneseně k lat. *Sīrēnēs* 'mořské víly lákající plavce zpěvem do záhuby' z ř. *Seirēnes* tv.

sirotek, *sirotčí, sirotčinec, osiřet, osiřelý*. Č.st. *sirota*, p. *sierota*, r. *sirotá*, s./ch. *siròta*, stsl. *sirota* tv. Psl. *sirota, původně 'osamělost, osiřelost' (tak i ve starší č.), je odvozeno od *sirъ 'osamělý, osiřelý' (srov. č.st. *sirý* tv.). To se spojuje s lit. *šeirỹs* 'vdovec', *šeirė̃* 'vdova' i ojedinělým av. *saē* 'osiřelý, sirotek', což ukazuje na výchozí ie. **ḱei- (A1)*.

sirup, *sirupový*. Přes něm. *Sirup* ze střlat. *sirup(p)us, sirop(p)us* a to z ar. *šaráb* 'nápoj'.

sisal 'pevná vlákna z agáve', *sisalový*. Podle jména mexického přístavu *Sisal*, odkud tato vlákna poprvé dováželi.

sít, *setí, secí, setba, osít, osivo, posít, prosít, rozsít, rozsévač, zasít*. Všesl. – p. *siać*, r. *séjat'*, s./ch. *sȉjati*, stsl. *sěti, sějati*. Psl. *sěti (druhotně *sějati) je příbuzné s lit. *séti*, gót. *saian*, něm. *säen*, angl. *sow*, lat. *serere* (příč. trp. *satus*) tv., sti. *sítā* 'brázda', vše od ie. **sē(i)-* 'sít'. Srov. ↑*semeno*, ↓*síto* i ↑*síla*.

síť, *sítka, síťový, síťovka, sítina, sítnice*. Stč. *siet*, p. *sieć*, r. *set'*, stsl. *sětь*. Psl. *sětь je příbuzné s lit. *saĩtas* 'pouto, popruh', stpr. *saytan* 'řemen', něm. *Saite* 'struna', vše z ie. **soi-t-* od **sei-* 'vázat'. Srov. ↑*osidlo*.

síto, *sítko*. Všesl. – p. *sito*, r. *síto*, s./ch. *sȉto*. Psl. *sito je stejné jako lit. *síetas* tv. pokračováním ie. **sēi-to-*, což je vlastně původem příč. trp. od kořene

*sē(i)- 'sít' (viz ↑*sít*). Jinou příp. od téhož základu je tvořeno např. něm. *Sieb* 'síto', wal. *hidl*, ř. *(h)ēthmós* tv.

situace, *situační, situovat, situovaný*. Přes něm. *Situation*, fr. *situation* ze střlat. *situatio* 'umístění, poloha' od *situare* 'umístit' od lat. *situs* 'poloha, umístění', což je zpodstatnělé příč. trp. od *sinere* 'položit, nechat'.

sivý kniž. 'šedý'. Všesl. – p. *siwy*, r. *sívyj*, s./ch. *sîv*, stsl. *sivъ*. Psl. *sivъ odpovídá lit. *šývas* 'světle šedý', stpr. *sywan* tv., vše je z ie. **ḱi-u̯o-* odvozeného od **ḱei-* 'tmavý, šedý' *(A1)*. Příbuzné je dále sti. *śyāvá-* 'hnědočerný', angl. *hue* 'barva, odstín, pleť', stisl. *hārr* 'šedý, starý'.

skafandr 'hermeticky uzavřený oblek'. Z fr. *scaphandre*, utvořeného v 18. st. (původně ve významu 'záchranný pás') z ř. *skáfos* 'lodní dutina, člun' a *anḗr* (gen. *andrós)* 'člověk, muž', tedy vlastně 'člověk-člun'. Srov. ↑*batyskaf*.

skákat. Viz ↓*skočit*.

skála, *skalka, skalní, skalnatý, skalisko, skalnička, úskalí*. Všesl. – p. *skała*, r. *skalá*, s./ch. *skȁla* 'skalnatá stěna'. Psl. *skala je odvozeno od *skaliti 'štěpit, rozbíjet' (srov. ukr. *skályty* tv.), tedy 'co je rozeklané, rozštěpené', od ie. **(s)kel-* 'štěpit, řezat'. Příbuzné je lit. *skalà* 'tříska', *skélti* 'štěpit, řezat', sthn. *scala* 'skořápka', angl. *shell* tv., ř. *skállō* 'kopu, štípu', chet. *iškalla-* 'roztrhat, rozčísnout' aj. Srov. ↑*kláti*.

skalár 'veličina určená jen velikostí'. Uměle k lat. *scālāris* 'týkající se stupnice' od *scāla* 'stupnice' od *scandere* 'stoupat'. Srov. ↓*škála*, ↓*skandovat*.

skalice 'sírany některých kovů (mědi, olova, zinku, železa)'. Přejato v 15. st. z něm. *Galizenstein* 'síran zinečnatý', vlastně 'kámen z Galicie', podle provincie v severozáp. Španělsku, která je bohatá na zinkové rudy (Ma[2]). V č. přikloněno k ↑*skála*.

skalp 'kůže s vlasy stažená z hlavy poraženého nepřítele', *skalpovat*. Z angl. *scalp* tv., původně 'lebka', a to asi ze skand. (stisl. *skalpr* 'pochva, loďka', dán.d. *skalp* 'skořápka, plucha', srov. i střniz. *scelpe* 'skořápka'), východiskem je ie. **(s)kel-* 'štěpit, řezat'. Srov. ↓*šalupa* a k významu 'lebka' i ↑*lebka* a ↓*střep*.

skalpel 'chirurgický nůž'. Z lat. *scalpellum* tv., což je zdrobnělina od *scalprum* 'nůž' od *scalpere* 'škrabat, řezat' od ie. **(s)kel-* tv. (srov. ↑*skalp*, ↑*škála*, ↓*skulptura*).

skandál 'veřejná ostuda', *skandální, skandalizovat, skandalizace*. Přes něm. *Skandal* tv. ze střlat. *scandallum* 'pohoršení, sklon k hříchu' z ř. *skándalon* tv.

skandovat 'provolávat s rytmickým důrazem'. Podle něm. *skandieren* tv. přejato z lat. *scandere* 'stoupat, vystupovat', tedy vlastně '(pravidelně) stoupat hlasem'. Srov. ↓*škála*, ↑*skalár*.

skanzen, **skansen** 'národopisné muzeum pod širým nebem'. Ze švéd. *skansen* 'hradby' (srov. ↓*šance*[2]) podle místa, kde bylo ve Stockholmu r. 1891 založeno první takové muzeum.

skartovat 'vyřazovat (dokumenty, spisy ap.)'. Z it. *scartare* tv. ze *s-* (z lat. ↑*ex-*) a *carta* 'listina' (viz ↑*karta*, ↑*charta*).

skateboard 'prkno s kolečky'. Z angl. *skateboard* ze *skate* 'brusle' a *board* 'prkno'. Srov. ↓*snowboard*.

skaut 'příslušník organizace pěstující výchovu mládeže v přírodě; hledač talentů (ve sportu ap.)', *skautka, skautský*. Z angl. *scout* 'zvěd, průzkumník, pozorovatel' od stfr. *escouter, escolter* 'poslouchat' (dnes *écouter)* a to přes vlat. z lat. *auscultāre* '(napjatě) poslouchat'.

skeč 'krátký satirický či humoristický výstup'. Z angl. *sketch* tv., vlastně 'náčrt, schéma, osnova', a to asi přes niz. *schets* z it. *schizzo* 'náčrt, nástin' (dále viz ↓*skica*).

skelet 'kostra'. Přes něm. *Skelett* tv. přejato z ř. *skéleton (sõma)* 'vysušené (tělo, mumie' od *skéllomai* 'vysychám'.

skepse 'pochybovačnost', *skeptický, skeptik*. Přes něm. *Skepsis* tv. z ř. *sképsis* 'pozorování, uvažování, zkoumání' od *sképtomai* 'pozoruji, uvažuji, zkoumám'. Srov. ↓*-skop*.

sketa 'zbabělec, podlec'. Stč. i *cketa, tsketa, stketa*. Nejasné. Nejsnáze lze vyjít ze základu *tъsk-, který je v ↓*teskný* (srov. r. *tščetá* 'marnost, prázdnost', s./ch. *štěta* 'škoda, újma), ale vývoj významu nelze přesvědčivě vyložit. Navíc je tu i problém hláskoslovný – před *-e-* bychom čekali palatalizaci (B1).

skibob 'druh sjezdového sportovního náčiní'. Z angl. *ski bob* ze *ski* 'lyže' z nor. *ski* tv. ze stisl. *skīð* 'sněžnice' a *bob* (↑*bob*²).

skica 'náčrt, přípravná kresba', *skicovat, skicář*. Přes něm. *skizze* z it. *schizzo* tv. od *schizzare* 'nahodit, prsknout, švihnout', jež se obvykle vykládá jako onom., snad s oporou o lat. *schedium* 'spatra řečená myšlenka' z ř. *schédios* 'spěšně, spatra udělaný', vlastně 'blízko se nacházející', od ř. *schedón* 'blízko'. Srov. ↑*skeč*.

skif 'závodní loď pro jednoho veslaře', *skifař*. Z angl. *skiff* tv., původně 'malý člun', z fr. *esquif* tv. a to přes it. *schifo*, langob. **skif* z germ. **skip-* 'loď'. Srov. ↓*šíf*.

skinhead 'příslušník hnutí holých lebek', *skinheadský*. Z angl. *skinhead* ze *skin* 'pokožka, slupka' a *head* 'hlava'.

sklep, *sklípek, sklepní, sklepení, podsklepit*. P. *sklep* 'krám', r. *sklep* 'hrobka, krypta', sln. *sklèp* 'kloub;

závěr, rozhodnutí'. Psl. **sъklepъ* je odvozeno od **sъkle(p)nǫti* 'uzavřít, sklenout dohromady', dále viz ↑*klenout*.

skleróza 'chorobné ztvrdnutí tkáně, kornatění', *sklerotický, sklerotik*. Přes moderní evr. jazyky (něm. *Sklerose*, fr. *sclérose*, angl. *sclerosis*) z ř. *sklḗrōsis* 'tvrdnutí' od *sklērós* 'tvrdý, suchý', které souvisí s ř. *skéllomai* 'schnu' (srov. ↑*skelet*).

sklíčit, *sklíčený, sklíčenost*. Jen č. Přeneseně ze stč. *skľúčiti* 'sevřít, sepnout', viz ↑*klíč*, srov. ↑*obklíčit*.

sklo, *sklíčko, skelný, sklář, sklářský, sklářství, sklárna, skleněný, skleník, skleníkový, sklenice, sklenka, sklenička, sklenář, sklenářský, sklenářství, sklovina, sklovitý, sklovatět*. Stč. i *stklo, scklo*. Všesl. – p. *szkło*, r. *stekló*, s./ch. *stàklo*, stsl. *stьklo*. Psl. **stьklo* je přejetí z nějaké germ. předlohy – nejspíš gót. *stikls*, případně západogerm. **stikla-*, 'pohár s hrotem (na zapíchnutí do země)' (srov. něm. *stechen* 'píchat'), z nádoby pak přeneseno na materiál, z nehož se nádoba vyráběla. Techniku výroby skleněných rohů na pití prý přejali Germáni od Římanů již mezi 3. a 5. st. po Kr.

skoba, *skobička*. Všesl. – p. *skobel*, r. *skobá*, s./ch. *skòba*. Psl. **s(ъ)koba* je nejspíš příbuzné s lit. *sùkaba* tv., *kabė̃* 'klika, hák', stangl. *hōp* 'kroužek', lat. *cambiāre* 'měnit' (vlastně 'obracet, ohýbat na druhou stranu'), stir. *camb* 'křivý', ř. *skambós* tv., vše od ie. **(s)kamb-* 'křivit, ohýbat' (v bsl. a germ. asi nenazalizovaná varianta **(s)kab-*).

skočit, *skok, skokový, skokan(ka), skokanský, skočná, doskočit, doskok, doskočiště, naskočit, nások, nadskočit, odskočit, odskok, poskočit, poskok, podskočit, proskočit, přeskočit, přeskok, přiskočit, přísok, rozskočit (se), seskočit, seskok, uskočit, úskok, úskočný, vyskočit, výskok, zaskočit, *záskok* aj. Všesl. – p. *skoczyć*, r. *skočít'*, s./ch. *skòčiti*, stsl. *skočiti*. Psl. **s(ъ)kočiti* je nejspíš odvozeno od **s(ъ)kokъ* 'skok', příbuzné je asi lit. *skúokč* 'hop', *šókti* 'skákat' (ie. **kāk-?*), sthn. *scehan* 'pospíchat', stir. *scén* 'panika', ř. *kekēnas* 'zajíc', *kēkíō* 'tryskám', východiskem by bylo ie. **(s)kek-* 'rychle se pohybovat' a příbuzné základy **(s)kāk-*, **(s)kōk-* ap., původu asi onom.

skolióza 'chorobné vychýlení páteře do strany'. Lékařský novotvar k ř. *skoliós* 'křivý, zahnutý'.

skolit 'srazit k zemi, zabít'. Viz ↑*kláti*.

skomírat, *skomírající*. Viz ↑*ko-*[1] a ↑*mřít*. Historie slova však není příliš jasná, u Jg nedoloženo. Srov. ↓*škobrtat*.

skonto 'sleva při hotovém placení'. Z it. *sconto* a to ze *s-* (z lat. ↑*ex-*) a *conto* (viz ↑*konto*).

-skop (ve složeninách) '-hled'. Z ř. *skopós* 'kdo hlídá, pozorovatel', což je činitelské jméno od *skopéō* 'pozoruji, hledím'. Srov. ↑*horoskop*, ↑*mikroskop*, ↑*kaleidoskop*, ↓*teleskop* i ↑*skepse*.

skopčák hanl. 'Němec'. Původně hanlivý název něm. obyvatele severočeského hornatého pohraničí. Ze spojení (*přicházející*) *s kopců*, ale jistě i s názvukem hanl. ↓*skopec*.

skopec 'vykastrovaný beran', *skopový*, *skopičina*. Všesl. – p. *skop*, r. *skopéc* 'eunuch', s./ch. *škòpac*, stsl. *skopьcь* 'eunuch'. Psl. **skopьcь* je odvozeno od **skopiti* 'vyklestit', příbuzné je lat. *capō* 'kapoun', dále např. ř. *skáptō* 'kopu, osekávám'. Východiskem je ie. **(s)kep-*, **(s)kap-* 'obdělávat ostrým nástrojem', k dalším souvislostem viz ↑*kopat*.

skóre 'poměr bodů ve sportovním utkání', *skórovat*. Z angl. *score* tv., vlastně 'vrub, zářez, rýha', ze stisl. *skor* tv., jež je příbuzné s domácím angl. *shear* 'stříhat, prořezávat'.

skorec 'druh ptáka'. Presl převzal z nář. a slov. názvu pro špačka (č.d. a slk. *škorec*, p. *skorzec*, r. *skvoréc* ap.), který je z onom. základu **skver-*, který je i v ↓*skřivan* (Ma[2]).

skoro přísl. Stč. i 'brzo, rychle, blízko'. Všesl. – p. *skoro* 'rychle, hned; jakmile', r. *skóro* 'rychle, brzo; jestliže', s./ch. *skòro* 'nedávno; téměř', stsl. *skoro* 'hned'. Psl. **skoro* je odvozeno od **skorъ* 'rychlý' (srov. r. *skóryj* tv.), které se spojuje s lit. *skėrỹs* 'kobylka luční', střhn. *scheren* 'spěchat', ř. *skaírō* 'skáču, tancuji', vše od ie. **(s)ker-* 'skákat, krouživě se pohybovat'.

skořápka, *skořepina*, *skořepinový*. Stč. *skořipina*, *škořěpina*, *škořupina* aj. I jinde jsou tvary roztodivné: slk. *škrupina*, hl. *škorpizna*, p. *skorupa*, *skarłupa*, r. *skorlupá*, s./ch. *skòrupa*, stsl. *skralupa*. Východiskem je psl. **skorupa*, případně **skorlupa* (přiklonění druhé části k *lup-*, které je v ↑*loupat* ap., je možná druhotné), od **skora* 'kůže, kůra' (srov. r.st. *skorá* 'kůže', sln. *skórja* 'kůra'). Příbuzné je lit. *skarà* '(větší) šála', lot. *skara* 'hadr', něm. *Schar* 'zástup, oddíl', vše z ie. **skora* 'něco odříznutého' od ie. **(s)ker-* 'řezat'. Dále viz ↑*kůra*, ↓*skořice*, ↓*škraloup*.

skořice, *skořicový*. Od staršího č. *skora* 'kůra' (viz ↑*skořápka* a ↑*kůra*), jde o sušenou kůru z větví jednoho tropického stromu (srov. r. *koríca* tv.).

skot 'hovězí dobytek'. Luž. *skót*, r. *skot* (str. *skotъ* 'dobytek, majetek, peníze'), s./ch. *skòt* 'dobytče', stsl. *skotъ* 'majetek, dobytek'. Psl. **skotъ* je v nejasném vztahu ke germ. **skatta-*, jehož pokračováním je gót. *skatts* 'peníze', stisl. *skattr* 'daň, poklad', stfríz. *sket*, *schet* 'dobytek, peníze', něm. *Schatz* 'poklad'. Obvykle se počítá s výpůjčkou z germ. do slov., ale jsou i výklady opačné a nevylučuje se ani příbuznost germ. a slov. slov. Další spolehlivé ie. souvislosti však chybějí. K významovému vztahu 'dobytek' – 'majetek, peníze' srov. lat. *pecū, pecus* 'dobytek', *pecūnia* 'majetek, peníze', něm. *Vieh* 'dobytek', angl. *fee* 'odměna'.

skotačit. Vlastně 'počínat si jako skoták, pasák skotu', viz ↑*skot*.

skoupý. Všesl. – p. *skąpy*, r. *skupój*, s./ch. *skûp* 'drahý (cenou)', csl. *skǫpъ*. Psl. **skǫpъ* není příliš jasné. Vychází se z psl. **skoměti* (**skom-pъ*), doloženého v r.d. *skomít* 'bolet, svírat', sln.d. *skométi* 'být otupělý, tesknit' od ie. **skem-* 'tisknout, svírat'. Jiný výklad spojuje se **skopiti* 'odřezávat' (viz ↑*skopec*).

skráň kniž. P. *skroń*, r.d. *skoronь*, sln. *skrânj* 'podbradek, čelist'. Psl. **skorn'ь (B8)* by mohlo být příbuzné s isl. *hvörn* 'kosti na rybí hlavě', gót. *hvaírneins* (gen.) 'lebka', střir. *cern* 'mísa' i toch. B *krāñi* 'jakási část hlavy', vše z ie. **(s)k^uer-n-* 'lebka, část hlavy'.

skrblit 'nemístně šetřit', *skrblík, skrblický*. Od staršího *skrbiti* tv., příbuzného s r. *skorbét* 'truchlit', sln. *skrbéti* 'starat se', stsl. *skrъběti* 'soužit se'. Psl. **skъrběti* je příbuzné s lit. *skuřbti* 'být v bídě, trápit se' a to přeneseně z ie. **(s)kerb(h)-* 'řezat, drásat', od něhož je i něm. *scharf* 'ostrý', angl. *sharp*, stir. *cerb* tv., a to od **(s)ker-* 'řezat'. Srov. ↓*škrabat*, ↑*skořápka*. Výchozí význam v bsl. byl 'být v bídě, starostech', odtud do č. '(nemístně) šetřit'.

skreč 'vzdání zápasu bez boje', *skrečovat*. Z angl. *scratch* 'vzdát závod, zápas před začátkem', doslova 'škrtnout, škrábnout', a to kontaminací staršího *scrat* a *cratch* tv.

skripta '(vysokoškolské) učební texty'. Z lat. *scrīpta*, což je pl. od *scrīptum* 'co je napsáno', zpodstatnělého příč. trp. od *scrībere* 'psát'.

skromný, *skromnost*. P. *skromny*, r. *skrómnyj*, s./ch. *skròman* (r. a s./ch. výrazy se obvykle považují za výpůjčky ze zsl.). Psl. (zsl.) **sъkromьnъ* je utvořeno ze **sъ* (↑*s*) a **kroma* 'okraj, hrana' (viz ↑*kromě*), význam tedy byl asi 'držící se na okraji, v mezích'. V č. doloženo až od obrození (z p.), starou domácí obměnou tohoto slova je snad ↓*skrovný*. Srov. ↓*soukromý*.

skrovný, *uskrovnit se, poskrovnu*. Stč. *skrovný* 'skromný, střídmý, neveliký'. Jen č., proto lze uvažovat, že je to stará domácí obměna pč. **skromný* (↑*skromný*), přejatého znovu až v obrození z p. (Ma²).

skrumáž 'shluk (několika hráčů)'. Z angl. *scrummage, scrimmage* tv., původně 'mlýn v ragby', ze staršího *skirmish* 'šarvátka, srážka, půtka' ze stfr. *escarmouche* tv. a to asi křížením frk. **skirmjan* 'chránit se štítem' (odtud fr. *escrimer* 'šermovat', srov. i něm. *schirmen* 'chránit') a stfr. *(se) muchier* 'skrývat (se)'.

skrupule 'pochybnosti, rozpaky', *skrupulózní, bezskrupulózní*. U Jg i sg. *skrupul, škrupul*. Z lat. *scrūpulus* 'starost, úzkost, obava', původně 'ostrý kamínek', což je zdrobnělina od *scrūpus* 'ostrý kámen'.

skrutinium 'sčítání hlasů při volbách', *skrutátor*. Z pozdnělat. *scrūtinium* tv., původně 'zkoumání, prohledávání', od *scrūtārī* 'prohledávat, zkoumat'.

skruž 'kamenná tvárnice vyztužující studnu ap.'. Stč. *skružie, vzkružie* tv., dále viz ↑*kruh*.

skrýš. Stč. *skrýše* od *skrýti* (viz ↑*krýt*), stejná příp. je v r. *krýša* 'kryt, střecha'.

skrz přísl., předl. P. *skróś*, r.d. *skroz'*, s./ch. *kròz, skròz*. Psl. asi **(s)kъrz-*, **(s)kъrs-* i **(s)kroz-*. Zdá se, že tu došlo ke kontaminaci (D3) dvou kořenů – jednak předsl. **(s)kerts-*, z něhož je psl. **čerz(ъ)* 'přes' (A1) (z toho slk. *cez*, r. *čérez*, csl. *črězъ*), lit. *skersaī* tv.,

skřehotat 578 **skutek**

skeřsas, keřsas 'příčný', od ie. **(s)kert-*
‑řezat', tedy vlastně 'řezem, napříč',
a jednak psl. **skvozě*, doloženého v r.
skvoz', sln. *skôzi*, stsl. *skvozě* 'skrz', což
je ustrnulý lok. subst. **skvoga* 'díra,
otvor' (srov. stsl. **skvožьnja* tv.), jež se
vykládá od ie. **(s)keu-* 'pozorovat,
dívat se' (viz ↑*show*, ↑*číti*), tedy 'otvor
k pozorování'.

skřehotat, *skřehot*. Onom. původu,
blízko stojí p. *zgrzytać* 'skřípat (zuby)',
r. *skrežetát'*, csl. *skъrgati* tv., mimo
slov. jazyky lit. *kregëti* 'chrochtat'.
Srov. dále ↓*skřek* i ↓*skřípat*, ↓*škrkavka*.

skřek. Onom. původu, srov. slk.
škriekať, p. *skrzeczeć* 'vydávat skřeky,
krákat' a mimo slov. jazyky angl. *shriek*
'vřískat, skučet, skřípat'. Dále srov.
↑*skřehotat*, ↑*křičet*, ↓*skřípat*, ↑*krákat*.

skřele 'ploché kosti kryjící žábry
ryb'. Z p. *skrzele*, jež je příbuzné s ch.
krèlja, b. *chrilé* i r.‑csl. *črel'uštьňa*
tv., východiskem je asi psl. **(s)krěl'a*
tv. (s nepravidelnostmi v násloví)
a to nejspíš od ie. **(s)krei-* 'kroužit,
otáčet (se)', od něhož je i ↑*křídlo*, srov.
i stlit. *skrelis* 'peruť'.

skříň, *skříňka, skříňový*. Stč. *skříně,
škříně*. P. *skrzynia*, r.d. *skrínja*, s./ch.
škrȉnja, stsl. *skrinija*. Slov. **skrini* je
přejato ze sthn. *scrīni* (něm. *Schrein*) tv.
a to z lat. *scrīnium* 'pouzdro, krabice,
skříň'.

skřípat, *skřípět, skřípnout, skřípění,
skřípání, skřípavý, skřipec*. Všesl. –
p. *skrzypać*, r. *skripét'*, s./ch. *škrípati*.
Psl. **skripati, *skripěti* souvisí s lot.
skripstēt tv., východiskem je ie. onom.
základ **(s)kre(i)-*, od něhož je i ↑*křičet*,
↑*skřek*, ↑*skřehotat*. Z onom. významu se
pak v č. vyvinul význam 'svírat, mačkat'
a to asi od názvu mučicího nástroje
skřipec, původně vlastně 'co skřípe,
vrže'. Od 19. st. i druh brýlí, vlastně 'co
svírá nos'.

skřítek, *skřet*. Stč. *škřietek*, slk.
škriatok. Ze sthn. *scrato* (dnes *Schrat(t)*)
tv. nejistého původu.

skřivan, *skřivánek, skřivánčí*. Slk.
škovránok, p. *skowronek*, r. *žávoronok*
(r.d. *skovorónok*), sln. *škrjánec*, csl.
skovranьcь. Nejvíce slov. podob ukazuje
na výchozí psl. **skovornъ(kъ) (B8)*,
ale slovo podléhalo již v psl. různým
změnám. Onom. základ je zřejmě stejný
jako u slov. názvu pro špačka (viz
↑*skorec*).

skučet. Všesl. – p.d. *skuczeć*, r.
skučát' 'nudit se, tesknit', s./ch. *skúčiti*
'omezit, stísnit; tesknit'. Psl. **skučati*
souvisí s **kukati* doloženým např. v č.st.
kuk(n)ati 'skuhrat, kuňkat', sln. *kúkati*
'rmoutit se', b. *kúkam* 'jsem osamělý',
příbuzné je lit. *kaūkti* 'výt'. Původ je
onom., srov. ↓*skuhrat*.

skuhrat, *skuhravý*. R.d. *skúg(o)rit'*
'fňukat, plakat, výt'. Asi expr. obměna
↑*skučet*.

skulina, *skulinka*. Stč. *skúla*.
Významově stojí nejblíže sln. *škúlja*
s./ch. *škùlja* tv., méně jasná je souvislost
s r.d. *skulá* 'lícní kost', r.d i 'opuchlina,
boule', sln. *skûla* 'vřed, bolák', b. *skúla*
'rána'. Psl. **skula*, původně asi 'prask-
lina, dutina', by mohlo být příbuzné se
stdn. *schūle* 'úkryt, stir. *cūl* 'kout,
úkryt', ř. *skýlos* 'kůže, skořápka', vše
z ie. **(s)kū-lo-, *(s)kou-lā* 'dutina, úkryt,
obal' od ie. **skeu-* 'ukrývat, obalovat'.

skulptura 'plastika'. Podle něm.
Skulptur tv. z lat. *sculptūra* 'sochařství,
socha, vyřezané dílo' od *sculpere* 'rýt,
vyřezávat, dlabat', vedle *scalpere* tv.
(viz ↑*skalp*, ↑*skalpel*).

skunk 'americký druh tchoře'. Z angl.
skunk a to z indiánského *segankw*,
segongw tv.

skutek, *skutkový, skutečný, skutečnost*.
Od stč. *skutiti* 'učinit, provést, spáchat',
dále viz ↑*kutit*, ↑*pokuta*.

skútr 'jednostopé vozidlo s částečnou karoserií'. Z angl. *scooter* 'koloběžka, skútr, rychlý motorový člun' od hov. *scoot* 'mazat, letět, kalit'. Souvisí s angl. *shoot* 'střílet'.

skvělý. Stč. *stkvělý* 'krásný, nádherný', viz ↓*skvít se*.

skvít se kniž., *skvoucí, skvost, skvostný, zaskvít se*. Stč. *stkvieti sě, stvieti sě, skvieti sě, kstvieti sě*. Jen č., původní je *stvieti*, jež vzniklo přesmykem z psl. **svьtěti* 'zářit, svítit'. Vložené *-k-* je od *kvísti, ktvieti* (viz ↑*kvést*). Srov. ↑*skvělý*.

skvrna, *skvrnka, skvrnitý, poskvrnit*. Slk. *škvrna*, r. *skvérna* 'skvrna, špinavost, špatnost', sln. *skrûn* (adj.) 'špinavý, nečistý', stsl. *skvrьna* 'špína, skvrna, hanba'. Psl. **skvьrnъ, *skvьrna* nemá jistý původ. Jednou z možností je vyjít od psl. **skverti*, 1.os.přít. *skvьrǫ*, 'škvařit, rozpouštět tuk' (viz ↓*škvařit*), původní význam adj. by tedy byl 'umaštěný, zamaštěný'.

skýtat kniž., *poskytovat, vyskytovat se, naskytnout se*. Stč. i *skýsti* 'podávat, nabízet, nastrkovat', hl. *skićić* 'nabízet', r. *skitátʹsja* 'potulovat se', s./ch. *skítati se* tv., s./ch.st. *poskititi* 'nabídnout', csl. *skytati se*, 'potulovat se'. Psl. **skytati (sę)* je zřejmě příbuzné s **kutiti* (viz ↑*kutit*), ie. východisko ani vývoj významu však nejsou jisté. Lze vyjít z ie. **(s)keu-* 'pokrývat, skrývat' (odtud pak 'skrývat se' → 'potulovat se') i **keu-* 'ohýbat' (srov. zvláště csl. *podъskytati* 'naklánět', odtud lze vysvětlit zsl. významy). Oba ie. kořeny se někdy ztotožňují – zvláště u jmenných odvozenin se vyskytují společné významy 'dutina, něco vyklenutého' (srov. ↑*skulina*).

skýva kniž. 'krajíc chleba'. Stejně jako luž., p. *skiba*, r.d. *skíba* tv. přejato ze sthn. *scība* 'krajíc, kotouč' (dnes *Scheibe*), jež vychází z ie. **(s)kei-* 'řezat, oddělovat'.

slabika, *slabičný, slabikový, slabikář, slabikovat, přeslabikovat*. Jen č., zřejmě jakási odvozenina od přetvořeného lat. *syllaba* z ř. *syllabē* tv., doslova 'sebrání', ze *syn-* (↓*syn-*) a *labeīn* 'brát, chytat'.

slabý, *slaboučký, slabounký, slabost, slaboch, slabošský, slabošství, slabina, slábnout, zeslábnout, oslabit, oslabení*. Všesl. – p. *słaby*, r. *slábyj*, s./ch. *slȁb*, stsl. *slabъ*. Psl. **slabъ* je příbuzné s lot. *slābs, slābans* tv., lit. *slõbti* 'zeslábnout, zemdlít', něm. *schlaff* 'povolený; ochablý, mdlý', niz. *slap* tv., angl. *sleep* 'spát' a asi i lat. *labāre* 'viklat se, kolísat', isl. *lapa* 'ochable viset', vše z ie. **(s)lēb-, (s)lāb-* aj. 'být ochablý'.

slad 'surovina pro výrobu piva', *sladový, sládek, sladovna*. Všesl. – p. *słód*, r. *sólod*, s./ch. *slâd*. Psl. **soldъ* (B8) je od **soldъ(kъ)* 'sladký' (↓*sladký*), protože slad obsahuje ze škrobu vzniklý cukr, který při vaření piva fermentuje v alkohol.

sladký, *sladkost, sladidlo, sladit, osladit, přesladit, přisladit, sládnout, zesládnout, nasládlý*, expr. *sladák*. Všesl. – p. *słodki*, s./ch. *slȁdak*, stsl. *sladъkъ*. Psl. **soldъkъ* je rozšířeno z původního **soldъ*, které odpovídá lit. *saldùs*, lot. *salds* tv. Dále je možná příbuzné lat. *sallere* (ze **saldere*) 'solit', něm. *salzen* tv., vše od ie. **sal-* 'sůl' (viz ↓*sůl*). V bsl. by tedy došlo k zajímavému vývoji významu: 'slaný' → 'chutný, mající výraznou chuť' > 'sladký'. Možný však je i tradiční výklad, že východiskem je stejně jako u většiny jiných ie. jazyků (něm. *süss*, angl. *sweet*, lat. *suāvis*, ř. *hēdýs*, sti. *svādú-*) přetvořené ie. **sṷād-* 'sladký'.

slalom 'závod, při němž závodník překonává trať vymezenou brankami', *slalomový, slalomář(ka), slalomářský*. Z nor. *slalåm* ze *slad* '(lehce) nakloněný' a nor.d. *låm, lām* 'stopa', původně tedy 'nakloněná stopa (lyží)'.

sláma, *slámka, slámový, slaměný, slaměnka, slamák, slamník*. Všesl. – p. *słoma*, r. *solóma*, s./ch. *slȁma*. Psl. **solma (B8)* 'stéblo, sláma' je příbuzné se stpr. *salme*, lot. *salms*, sthn. *halm*, angl. *healm*, lat. *culmus*, ř. *kálamē* tv., vše z ie. **kalmo-, *k̂almā* tv. *(A1)* a to nejspíš od **k̂el-* 'tyč, trn, silné stéblo' (srov. lit. *šilas* 'vřes', sti. *śalá-* 'hůl', střir. *cail* 'kopí').

slang 'mluva lidí stejného zájmového či pracovního prostředí', *slangový*. Z angl. *slang* 'hovorová, obecná, substandardní řeč, slang, hantýrka' nejasného původu. Podle některých souvisí se *sling* 'střílet, vrhat, klouzat, rozhazovat'.

slanina, *slaninový*. Všesl. Psl. **solnina* tv. *(B8)* od **solь* (viz ↓*sůl*).

slap zast. 'peřeje'. Přejato za obrození ze sln. či s./ch. *slâp* 'vodopád, peřej' (srov. i csl. *slapъ* 'vlnění, proud', r. říční jméno *Solopovka*). Psl. **solpъ (B8)* je příbuzné s lit. *salpas* '(mořský) záliv', toch. B *släpp* 'padat (na zem)', východiskem je ie. **selp-, *slep-* 'téci, pohybovat se dolů'.

slast, *slastný*. Do č. uvedl Hanka z r. *slast'*, tam zase přejato z csl. *slastь* (stsl. *slastь*, s./ch., sln. *slâst*). Psl. **solstь (B8)* je pokračováním předsl. **sald-ti- (A5)*, dále viz ↑*sladký*.

-slat (*obeslat, odeslat, poslat, předeslat, rozeslat, seslat, vyslat, zaslat*). Č.st. *sláti*, p.kniž. *slać*, r. *slat'*, s./ch. *slȁti*, stsl. *sъlati*. Psl. **sъlati* nemá jasný původ. Spojuje se s gót. *saljan* 'obětovat', angl. *sell* 'prodat', ř. *heleîn* 'vzít' od ie. **sel-* 'vzít, uchopit', předpokládá to však určitý nepravidelný hláskoslovný vývoj.

slátanina hov. Od *slátat*, viz ↑*látat*.

slatina 'bažinaté místo; zemina vzniklá rozkladem rostlin ve stojaté vodě', *slatinný, slatinový*. Ukr. *solótvyna* 'slaná bažina', r.d. *solotína* 'bažina', s./ch. *slȁtina* 'slaný pramen', stsl. *slatina* 'slaná voda'. Psl. **soltina (B8)* se obvykle spojuje se **solь* 'sůl' (viz ↓*sůl*), tedy původní význam by byl 'slaná voda'. Vzhledem k rozdílným přízvukovým poměrům ve vsl. se uvažuje i o křížení odvozenin od dvou homonymních ie. kořenů – **sal-* 'sůl' a **sal-* 'špinavý, špinavě šedý' (srov. stangl. *sōl* 'špinavý, tmavý', sthn. *sal* 'špína', viz i ↓*slavík*).

sláva, *slavný, slavnost, slavnostní, slavit, oslavit, oslava, oslavný, oslavenec, proslavit (se)*. Všesl. – p. *sława*, r. *sláva*, s./ch. *slȁva*, stsl. *slava*. Psl. **slava* je odvozeno od **slaviti*, což je kauzativum k **sluti* (viz ↓*slout*), tedy vlastně 'způsobovat, že je někdo proslulý'. Příbuzné je lit. *šlóvė* tv. Srov. ↓*slovo*, ↑*pravoslavný*.

slavík, *slavíček, slavičí*. Všesl. – p. *słowik*, r. *solovéj*, sln. *slávec*, s./ch. *slàvūj*, stsl. *slavii*. Psl. **solvьjь* (s obměnami příp.) je odvozeno od **solvъ* 'žlutošedý, žlutohnědý' *(B8)* (srov. r.d. *solovój* tv. (o koni)) z ie. **sal-u̯o-*, z něhož je i stisl. *sǫlr* 'špinavý', sthn. *salo* 'špinavě šedý', niz. *zaluw* 'tmavě žlutý', wal. *salw* 'ubohý, podlý', vše od **sal-* špinavý, špinavě šedý'. Srov. ↑*slatina*.

slavista 'odborník v oboru slovanských jazyků a literatur', *slavistika, slavistický*. Podle něm. *Slawist, Slavist* (od 1. pol. 19. st.) od lat. názvu Slovanů *S(c)lāvī* (viz ↓*Slovan*).

slečna, *slečinka*. Zkrácením ze *šlechtična* (k podobnému zkracování v titulech srov. ↓*vašnosta*, ↑*sir*), disimilace *š-č* na *s-č*. Původně slovo označovalo neprovdané dcerky šlechtické (první doklad již z r. 1622), na měšťanské dívky přeneseno až v 70. letech 19. st. (do té doby se užívalo *panna*) a na venkovské ještě později (Ma²). Jinak viz ↓*šlechta*.

sleď, *sleďový*. Stejně jako p. *śledź*, r. *sel'd'* přejato ze severogerm. jazyků (stisl. *síld*, *sild*, stšvéd. *sildi*).

sledovat, *sled*, *následovat*, *následný*, *následek*, *pronásledovat*, *pronásledovatel*, *vysledovat*. Prvotní je subst., stč. *sled* 'stopa, pořádek, souvislost'. Všesl. – p. *ślad* 'stopa', r. *sled* tv., ch. *slijêd* 'sled, stopa', stsl. *slědъ* 'stopa'. Psl. **slědъ* je příbuzné s lot. *sliēde* 'kolejnice, kolej', lit. *slýsti* 'klouzat', stangl. *slīdan* tv., něm. *Schlitten* 'saně', sti. *srédhati* 'sklouzává, bloudí', vše od ie. **(s)leidh-* 'klouzat'. Původní význam psl. subst. je tedy asi 'kolejnice, sanice', z toho pak 'stopa kolejnice, kolej' a konečně 'stopa vůbec'. Do stč. potom přeneseně i 'souvislost, posloupnost věcí'. Srov. ↑*poslední*, ↓*výsledek*, ↓*slídit*.

slech. Jen č., v pl. 'boltce zvěře a psů' a ve spojení *ani vidu ani slechu* (Jg). Asi uměle od předponových sloves na *-slechnout*, kde *-slech-* je z psl. **-slъch-*, což je redukovaný stupeň kořene **sluch-*, **slūch-*, o němž viz ↓*sluch*, ↓*slyšet*.

slejška. Viz ↓*šlejška*.

slepice, *slepičí*, *slepička*, *slípka*. Jen č. Odvozuje se od ↓*slepý*, prý proto, že slepice za šera nevidí. Hanlivé označení *slepičí prdel* 'kdo všechno vyžvaní' (vlastně 'kdo snadno vypouští') známo již Jg, odtud *vyslepičit* (Ma²).

slepý, *slepota*, *slepýš*, *slepnout*, *oslepnout*, *oslepit*, *zaslepit*. Všesl. – p. *ślepy*, r. *slepój*, ch. *slijêp*, stsl. *slěpъ*. Psl. **slěpъ* nemá jasný původ. Spojení s lit. *slěpti* 'skrýt' nevyhovuje příliš významově (ani původ lit. slova není jistý), na druhé straně spojení s lit. *žlibas* 'slabozraký', *žlibti* 'ztrácet zrak' (Ma², HK) naráží na značné nesrovnalosti hláskoslovné. *Slepé střevo* (= přeneseně 'nepravé, nadbytečné') již od Aristotela. Srov. ↑*oslnit*, ↑*slepice*.

slet 'sokolská slavnost', *sletový*. Viz ↑*s* a ↑*letět*.

sleva. Viz ↑*-levit*.

sléz 'druh byliny'. P. *ślaz*, ch. *sljȅz*, csl. *slězъ*. Psl. **slězъ* se vykládá od stejného ie. základu jako ↓*sliz* (květy slézu obsahují sliz, kterého se odedávna používalo v lidovém lékařství), předsl. podoba by byla **sloiǵ-* (A1, B2).

slezina. Všesl. – p. *śledziona*, r. *selezënka*, s./ch. *slezèna*, *slezìna*. Psl. **selzena*, **selzina* (B8) je příbuzné se stir. *selg* i lat. *liēn*, ř. *splḗn* (srov. ↓*splín*), arm. *pʿaycałn*, av. *spərəzan*, sti. *plīhán-*, asi sem patří i lit. *blužnìs* tv. Ie. východisko těchto slov je těžko rekonstruovatelné, protože podoba slov byla změněna působením tabu (D4). Pro slov. lze vycházet ze **s(p)elǵh-* (A1), jiné tvary ukazují na **splenǵh-*, **(s)plīǵh-*, **splǵh-* aj.

slíbit, *slib*, *slibný*, *přislíbit*, *příslib*, *zaslíbit*, *zaslíbený*. Jen č., slk. a p. (*ślubować*), sln. *objubíti*. Stč. *sľúbiti* i ve významu 'zalíbit si' ukazuje, že jde vlastně o dokonavý protějšek slovesa dochovaného v ↑*líbit se*. Vývoj významu si můžeme představit takto 'zalíbit si' → 'zaslíbit se (někomu, něčemu z lásky)' → 'slíbit'.

sličný kniž., *sličnost*. P. *śliczny* tv., s./ch. *slȉčan* 'podobný'. Psl. **sъličьnъ* se obvykle vykládá ze **sъ-* 'dobrý' (viz ↑*s-*) a odvozeniny od **lico* (↑*líc(e)*), význam s./ch. slova i r. *sličít'* 'porovnat' ukazují spíš na **sъ* ve významu 'dohromady, stejný' (↑*s*).

slída, *slídový*. Převzato za obrození z r. *sljudá*, které je však dále nejasné.

slídit, *slídil*, *proslídit*, *vyslídit*. Stč. *slěditi* 'slídit, potulovat se', od stejného základu jako *sledovat* (viz ↑*sled*).

slimák. P. *ślimak*, r.d. *slimák*. Psl. **slimakъ* je příbuzné s lat. *līmāx*, ř. *leímāx* tv., dále se stisl. *slím* 'sliz, jíl', něm. *Schleim* 'sliz, hlen', *Leim* 'klih, lepidlo', ir. *slemun* 'hladký', vše od ie. **(s)lei-m-* od **(s)lei-* 'slizký, mazlavý'. Srov. s jiným rozšířením ↓*slina,* ↓*sliz,* ↓*slín.*

slín 'jílovitá usazená hornina'. Jen č., doloženo od střední doby. Zřejmě souvisí se ↓*slina,* ↑*slimák,* označení slizké, lepkavé hmoty.

slina, *slinný, slinit, slinivka, slintat, slintavý, slintavka, oslintat, poslintat, uslintaný.* Všesl. – p. *ślina,* r. *sljuná* (r.d. *sliná),* s./ch. *slȉna,* stsl. *slina.* Psl. **slina* je příbuzné s lot. *slienas* 'sliny' (pl.), lat. *linere* 'natírat, mazat', ř. *alī́nō* 'namažu'. Východiskem je ie. **(s)lei-* 'slizký, mazlavý', k dalším souvislostem viz ↑*slimák,* ↓*sliz.*

slípka. Viz ↑*slepice.*

slipy 'pánské plavkové spodky'. Z angl. *slips* od slovesa *(to) slip* 'klouznout, rychle nasadit, rychle svléci, uvolnit aj.', jež souvisí s něm. *schlüpfen* 'vklouznout, vykluznout' i *schleifen* 'bruslit' (srov. ↓*šlajfky).*

slíva, *slivovice.* Všesl. – p. *śliwa,* r. *slíva,* s./ch. *šljȉva,* csl. *sliva.* Psl. **sliva* je nejspíš zpodstatnělý tvar ž.r. adj. **slivъ* 'modrý, namodralý' (pozůstatek ve sln.d. *slȋv* 'modravý'), jež je příbuzné s wal. *lliw* 'barva, jas', lat. *līvēre* 'být modravý', *līvidus* 'modravý', vše od ie. **(s)lī-u̯o-* tv. S jinou příp. je od téhož kořene tvořeno něm. *Schlehe* 'trnka', angl. *sloe* tv.

sliz, *slizký, sliznatý, sliznice, osliznout, oslizlý.* Všesl. – p. *śluz* (ale *śliski*), sliz', s./ch. *slûz,* b. *sliz.* Psl. **slizъ,* **sluzъ* ukazuje na míšení dvou příbuzných. ie. kořenů s významem 'slizký; klouzat' – **(s)leig̑-* (z toho stisl. *slīkr* 'hladký', něm. *schlecht* 'špatný', stir. *sligim* 'mažu') a **(s)leug̑-* (z toho lit. *šliaũžti* 'klouzat', niz. *sluik* 'rovný, splihlý'). Srov. ↑*sléz,* ↑*slina,* ↑*slimák.*

slogan '(módní) heslo, aktuální, stále opakovaná myšlenka'. Z angl. *slogan* tv. a to ze skot. *slog(g)orne, slughorne* 'válečný pokřik' z gaelského *sluagh-gairm* tv. ze *sluagh* 'vojsko, nepřítel' a *gairm* 'křik'. Srov. ↓*sluha.*

sloh, *slohový.* Převzato v obrození z r. *slog* 'složení', viz ↑*ležet.*

sloj 'ložisko užitkového nerostu'. Ve starší č. 'vrstva v kameni' (Jg), p. *słój* 'žilka (ve dřevě či kameni)', r. *sloj* 'vrstva', s./ch. *slôj* tv. Psl. **sъlojь* lze nejsnáze vyložit jako odvozeninu od **sъliti* (viz ↑*s* a ↑*lít,* srov. podobně *bít-boj, pít-nápoj* ap.), původně tedy 'co je slito dohromady'. Srov. ↓*sluj.*

sloka. Přejato Jungmannem ze sti. *ślōka-* 'dvojverší' (v jeho slovníku však ještě není).

slon, *sloní, slonice, slůně, slonový, slonovina, slonovinový.* Všesl. – p. *słoń,* r. *slon,* s./ch. *slȍn,* csl. *slonъ.* Psl. **slonъ* se často spojuje se **sloniti* 'opírat se' (viz ↑*clonit),* prý na základě staré představy, že slon si k spánku nelehá a spí vstoje opřený o strom (Ma[2], HK). To však bude asi jen lid. etym. *(D2).* Přijatelnější se zdá vykládat slovo jako přejetí z ttat. jazyků – srov. tur. *arslan* 'lev', ázerb., kurd., krym.-tat. *aslan* tv. Záměnu těchto dvou zcela odlišných zvířat vysvětlíme tím, že šlo o zvířata exotická, o nichž Slované věděli jen z doslechu (srov. podobně ↓*velbloud).*

slota. P. *słota,* r.d. *slóta,* s./ch. *slȍta.* Psl. **slota* nemá jistý původ. Podobné je nor. *slatr* 'déšť se sněhem', angl. *sleet,* něm. *Schlossen* tv., ale kvůli hláskoslovným nesrovnalostem a nejistému původu germ. slov nelze srovnání považovat za přesvědčivé. Jiný výklad spojuje s lit. *šlapa* 'deštivé počasí', *šlāpias* 'mokrý, vlhký', stir. *cluain* 'louka', ř. *klépas* 'vláha, mokrota', východiskem psl. slova by pak bylo ie. **klop-tā* od **klep-* 'vlhký, mokrý'.

sloup, *sloupek, sloupec, sloupový, sloupoví*. Stč. *s(t)lúp*. Všesl. – slk. *stĺp*, p. *słup*, r. *stolp*, s./ch. *stûp*, stsl. *stlъpъ*. Psl. **stъlpъ* odpovídá lit. *stuĺpas* 'sloup, stožár, tyč', lot. *stulps* tv., vše z ie. **stlpo- (A7)* od **stel-p-*, což je rozšířené ie. **stel-* 'postavit; sloup, kmen', od něhož je např. i stisl. *stallr* 'lešení', něm. *stellen* 'postavit', ř. *stéllō* 'stavím (do řady)', arm. *stełn* 'kmen, větev', sti. *sthálati* 'stojí'. Srov. ↓*štola*, ↑*instalovat*.

slout kniž. 'nazývat se; být známý čím', *proslulý*. R. *slyt'*, sln. *slúti*, stsl. *sluti*. Psl. **sluti, *slyti* (1.os.přít. **slovǫ*), původně 'slyšet (na jméno)', je příbuzné s lot. *slūt* 'stát se známým', korn. *clewaf* 'slyším', lat. *cluēre* 'slynout', alb. *qúhem* 'jmenovat se', dále např. i sthn. *hlūt* 'hlasitý', angl. *loud* tv., ř. *kléō* 'slavím', arm. *lu* 'známý', sti. *śrutá-* 'slyšený, známý', vše od ie. **kleu-* 'slyšet'. Viz i ↓*slynout*, ↓*slyšet*, ↓*slovo*, ↑*sláva*, ↓*sluch*.

sloužit. Viz ↓*sluha*.

Slovan, *Slovanka, slovanský, slovanství, slovanština*. P. *Słowianin*, r. *slavjanín*, s./ch. *Slāvèn*. Psl. **slověninъ* nemá jistý původ. Nejstaršími spolehlivými doklady jména jsou stfř. *Sklabēnoí* a střlat. *Sclavini* (6. st.), předtím možná toto jméno zaznamenává Ptolemaios jako *Souobēnoí* (2. st.). Vzhledem k povaze přípony, která se ve slov. užívá výhradně k tvoření od místních jmen či zeměpisných termínů, hledá se původ jména v této oblasti, především v názvech vodních toků (např. lit. *Šlavė̃*, p. *Sława*, r. *Sluja*, na Balkáně *Slavin, Slavica* aj.), což jsou pravděpodobně názvy vycházející z ie. **klōu-* 'umývat' *(A1)* (srov. lat. *cluere* tv.). Tradiční výklad spojuje název se skupinou slov ↓*slovo*, ↑*slout*, ↓*slyšet* a vykládá ho jako 'kdo srozumitelně mluví' či 'kdo slyší, rozumí', srov. *Němec* k ↑*němý* a alb. *shqiptár* 'Albánec', vlastně 'kdo mluví jasně'.

sloveso, *slovesný, slovesnost* 'umělecká jazyková tvorba'. Utvořeno Jungmannem k rozlišení lat. *verbum* 'slovo' i 'sloveso' na základě starého s-kmenového skloňování **slovo*, gen. **slovese* (viz ↓*slovo*).

slovo, *slůvko, slovíčko, slovní, slovník, slovníkový, slovníkářský, slovníkářství, slovíčkařit, doslov, násloví, oslovit, oslovení, proslovit, proslov, úsloví, vyslovit, výslovný*. Všesl. – p. *słowo*, r. *slóvo*, sln. *slovô* 'rozloučení, odchod', s./ch. *slȍvo* 'písmeno', stsl. *slovo* (v jsl. se ve spis. jazyce používají ve významu 'slovo' jiné výrazy – sln. *besêda*, s. *rêč*, b. *dúma*). Psl. **slovo* (gen. **slovese*) je příbuzné s ř. *klé(u̯)os* 'slovo, hlas, řeč, sláva', toch. A *klyw* tv., sti. *śrávas* 'hlasitý křik, chvála', vše z ie. **kleu̯os* od **kleu-* 'slyšet' *(A1)*.

slovutný kniž. Od ↑*slout*, k tvoření srov. ↑*mohutný*.

sluha, *služka, slouha, sloužit, služné, služba, služební, služebný, služebná, služebník, obsloužit, obsluha, odsloužit (si), posloužit, přesluhovat, vysloužit (si), vysloužilý, vysloužilec, výslužka, zasloužit (si), zásluha, záslužný* aj. Všesl. – p. *sługa*, r. *slugá*, s./ch. *slúga*, stsl. *sluga*. Psl. **sluga* odpovídá lit. *slaugà* 'služba', příbuzné je lit. *slaugýti* 'ošetřovat, pomáhat, podpírat', stir. *slúag* 'vojsko, tlupa', wal. *llu* 'vojsko', vše od ie. **slougā* 'pomoc, služba' (jen balt.-slov.-kelt.) *(B2)*.

sluch, *sluchový, sluchátko*. Všesl. – p. *słuch*, r. *sluch*, s./ch. *slûh*, stsl. *sluchъ*. Psl. **sluchъ* má nejblíže k stangl. *hlēor* 'tvář', av. *sraoša* 'sluch' z ie. **kleuso-* od ie. **kleu-s-* 'slyšet' (viz ↓*slyšet*).

sluj kniž. 'jeskyně'. Stejného původu jako ↑*sloj*, ve starší č. (Jg) i stejné významy vedle novějšího významu dnešního. Snad z původní dlouhé varianty *(slój>slůj>sluj)*.

sluka 'druh bahenního ptáka'. P.d. *slęka*, r. *slúka*, s./ch. *slùka*. Psl. **slǫka* odpovídá lit. *slánka*, lot. *sluoka*, stpr. *slanke* tv. Příbuzné bude asi lit. *slánkioti* 'posouvat se, povalovat se, lenošit', *sliñkas* 'lenivý'. Sluka je tak zřejmě pojmenována proto, že většinu dne leží v lese přikrčena u země, spoléhajíc na své krycí zbarvení.

slunce, *slunko, sluníčko, slunný, slunečný, slunečník, slunečnice, slunečnicový, slunit se, prosluněný*. Všesl. – p. *słońce*, r. *sólnce*, s./ch. *sûnce*, stsl. *slъnьce*. Psl. **sъlnьce* je formálně zdrobnělina od **sъlnь* (předsl. **suln-*). Příbuzné je lit. *sáulė*, gót. *sauil*, něm. *Sonne*, angl. *sun*, wal. *haul*, lat. *sōl*, ř. *hélios*, av. *xvəng, hvar-*, sti. *súvar, súrya-*. Jde o starý ie. kmen střídající v zakončení *-l-*, *-n-*, výchozí ie. podobu lze rekonstruovat **sau̯el-*, **su̯el-*, **sūl-*.

slupka. Viz ↑*loupat.*

slušet, *slušný, slušivý, příslušet, příslušný, příslušnost, příslušník, příslušenství*. Takto jen č. Stč. *slušěti* 'slyšet; slušet; příslušet, náležet'. Původní význam byl 'slyšet' (srov. r. *slúšat'* 'poslouchat', jinak viz ↓*slyšet*), odtud pak podobně jako u ↑*patřit* 'příslušet, náležet' (vlastně 'ležet v doslechu') a ve zvratné podobě 'být vhodný', konečně pak 'činit něčí zevnějšek vkusný, příjemný'. Srov. ↓*slušný.*

slušný, *slušnost*. Stč. 'vhodný, příslušný, náležitý, účelný, sličný', dále viz ↑*slušet.*

slynout kniž. P. *słynąć*. V č. novější útvar (od obrození) k ↑*slout*, k tvoření srov. ↑*plout* – ↑*plynout.*

slyšet, *slyšení, slyšitelný, slyšitelnost, uslyšet, vyslyšet, vyslýchat* aj. Všesl. – p. *słyszeć*, r. *slýšať*, s./ch. *slȉšati*, stsl. *slyšati*. Psl. **slyšati* (vedle **slušati*, **sluchati* 'poslouchat') je příbuzné s lit. *klausýti* 'poslouchat' (*k-* místo očekávaného *š-*), sthn. *hlosēn* tv.,

toch. B *klyauṣ-* 'slyšet', sti. *śróṣati* 'poslouchá', vše z ie. **k̑leu-s-* 'slyšet, poslouchat' *(A1,A8,B1)*. Srov. ↑*sluch*, ↑*slech*, ↑*slout*, ↑*slovo*, ↑*sláva.*

slza, *slzička, slzný, slzet, zaslzet*. Všesl. – p. *łza*, r. *slezá*, sln. *sólza*, s./ch. *sùza*, stsl. *slьza*. Psl. **slьza* je odvozeno od slovesa **slьzati* 'klouzat, plížit (se)' od ie. **sleig̑-* 'klouzat, být slizký', tedy asi 'klouzavá (kapka)'. Srov. ↑*sliz*, ↑*slina.*

smahnout, *smažit, osmahnout, osmahlý*. P. *smagły* 'tmavě hnědý', r.d. *smága* 'žár, plamen, saze', *smúglyj* 'tmavý, hnědý', sln. *smága* 'sušení (lnu)', csl. *smaglъ* 'snědý'. Rozdílný vokalismus v kořenech **smag-*, **smug-* (k tomu viz ↓*šmouha*) lze těžko převést na společné východisko. Podobu **smag-* lze srovnat s lit. *smogóti* 'sušit', více příbuzenstva lze najít u **smug-*. U podob s *-a-* se uvažuje i o vlivu dvojice ↑*prahnout* – ↑*pražit*. Srov. ↓*šmahem.*

smalt 'vrstva sklovité hmoty na kovovém podkladě', *smaltovat, smaltovaný*. Z it. *smalto* z germ. (langob.) **smalt* (srov. něm. *Schmelz* tv., *schmelzen* 'tavit, rozpouštět') a to asi z ie. **(s)meld-* 'měkký'. Srov. ↑*email*, ↓*šmolka*, ↑*rozšmelcovat.*

smaragd 'druh drahokamu', *smaragdový*. Z lat. *smaragdus* z ř. *smáragdos* tv. a to asi z nějaké semit. předlohy příbuzné s akkad. *baraqtu*, hebr. *bārǎkǣt* tv. od semit. *brq* 'svítit'.

smát se, *smavý, posmívat se, posměváček, rozesmát se, usmát se, úsměv, úsměvný, vysmívat se, zasmát se*. Všesl. – p. *śmiać się*, r. *smeját'sja*, s./ch. *smìjati se*, stsl. *smijati sę*. Psl. **smьjati sę*, 1.os.přít. *smějǫ*, je příbuzné s lot. *smiet(ies)*, švéd. *smila* tv., angl. *smile* 'usmívat se', ř. *meidáō* 'směju se', toch. *smi-* 'smát se', sti. *smáyate* tv., vše z ie. **smei-* 'smát se'. Viz i ↓*smích.*

smažit. Viz ↑*smahnout.*

smeč 'prudké sražení míče do pole soupeře', *smečovat, smečař(ka), smečařský*. Z angl. *smash* 'prudký úder, rána', jež je stejně jako podobné *smack* 'prásknout, plesknout' zřejmě onom. původu.

smečka. P. *smycz*. Vlastně totéž co ↓*smyčka* (k tvaru srov. ↓*smeknout (se)*), původně 'úvaz na kterém myslivci vodí honicí psy' (Ma[2], Jg), pak 'psi na tomto úvazu' a pak vůbec 'skupina psů či vlků lovících kořist'.

smeknout (se). Viz ↓*smyk* (oslabený stupeň *smъk-).

smělý, *smělost, osmělit se*. Psl. *sъmělъ, což je původem *l*-ové příčestí od *sъměti (viz ↓*smět*).

směr, *směrový, směrný, směrnice, směrovka, směrovat, směrovací, nasměrovat, směřovat*. Viz ↑*s* a ↑*míra*, ↑*mířit*.

směstnat. Viz ↑*s* a ↑*místo*.

smět. Všesl. – p. *śmieć* 'odvažovat se', r. *smet'* tv., ch. *smjȅti*, s. *smȅti*, stsl. *sъměti*. Psl. *sъměti je etymologicky málo jasné. Starší výklady spojovaly s ř. *maíomai* 'chystám se, snažím se', lat. *mōs* 'mrav, zvyk', něm. *Mut* 'mysl, odvaha', angl. *mood* 'nálada', vše od ie. *mē-, *mō- 'snažit se, mít silnou vůli', ale předp. *sъ-* u nedokonavého slovesa vzbuzuje námitky. Jiný výklad vychází z ie. *sum-* jako varianty k *suem-* 'hýbat se', k němuž patří např. stir. *do-sennaim* 'pronásleduji, ženu', vývoj významu by byl 'směřovat (proti něčemu)' → 'být smělý, odvažovat se'. Srov. ↑*smělý*.

smetana, *smetanový, smetánka*. P. *śmietana*, r. *smetána*, sln. *smétana*. Psl. *sъmetana lze interpretovat jako zpodstatnělý tvar ž.r. příč. trp. od *sъmetati (viz ↑*s* a ↑*metat*, ↑*mést*), vlastně 'smetávat (z povrchu), krouživě sbírat', případně od *sъmętati (viz ↑*s*- a ↑*mást*), v původním významu

'mícháním stloukat máslo', oba kořeny jsou příbuzné.

smetí. Viz ↑*s* a ↑*mést*.

smích, *směšný, směšnost, smíšek, posměch, posměšný, posměšek, výsměch, výsměšný, zesměšnit*. Všesl. – p. *śmiech*, r. *smech*, ch. *smijéh*, stsl. *směchъ*. Psl. *směchъ je pokračováním ie. *smoi-so- (A8,B2), odvozeniny od *smei-* 'smát se' (viz ↑*smát se*).

smilný kniž. 'nestoudný, chlípný', *smilstvo, smilnit*. Csl. *smilьnoje* 'cizoložství' (možná bohemismus?), jinak slov. příbuzenstvo chybí. Podobná slova jsou však v lit. – *smilùs* 'zvědavý, mlsný, chtivý', *smiliáuti* 'mlsat'. Další souvislosti nejisté.

smír, *smírný, smířit se, smiřlivý, usmířit se*. Viz ↑*s* a ↑*mír*.

smirek 'drobně zrnitý korund k broušení či hlazení', *smirkový*. Asi novější přejetí z ř. *smýris* tv. nejasného původu, zatímco obecně č. ↓*šmirgl* je z něm.

smlouva. Viz ↑*s* a ↑*mluvit*.

smog 'směs mlhy a kouřových zplodin', *smogový*. Z angl. *smog* tv., což je umělé slovo vytvořené ze *smoke* 'kouř' (srov. něm. *schmauchen* 'čoudit, kouřit') a *fog* 'mlha' (asi z dán.). Srov. ↓*smoking*.

smoking 'druh pánského společenského obleku', *smokingový*. Z angl. *smoking(-jacket)*, doslova 'sako (ke kouření)', od *smoke* 'kouřit'. Po jídle totiž bylo pánským členům společnosti dovoleno odložit frak a zakouřit si 'pouze' ve smokingu.

smokvoň 'druh fíkovníku'. Převzato Preslem ze s./ch. *smȍkva*, případně r. *smókva* (stsl. *smoky*). Slov. *smoky (gen. *smokъve) asi souvisí s psl. *smokъ 'šťáva', jež je však dále nejasné. Druhou možností je výklad z gót. *smakka* tv., jež by mohlo být z germ. *smaka-* 'chutný', (srov. ↓*šmak*), vzhledem k tomu, že zdvojené *-kk-* však v gót. zpravidla ukazuje na výpůjčku, je možná naopak gót. slovo ze slovanštiny.

smolit expr. 'pracně, neobratně sepisovat ap.', *sesmolit*. Viz ↓*smůla*.

smrad. Viz ↓*smrdět*.

smrákat se. Viz ↑*s* a ↑*mrak*.

smrdět hov., *smrad, smradlavý, smrduty, zasmrdět, zasmradit, nasmradit*, expr. *smradoch*. Všesl. – p. *śmierdzieć*, r. *smerdét'*, ch. *smȑdjeti*, s. *smȑdeti*, stsl. *smrъděti*. Psl. *smьrděti odpovídá lit. *smirděti* tv., dále je zřejmě příbuzné lat. *merda* 'lejno, výkal', ř. *smórdōnes* (pl.) 'kdo smrdí', vše od ie. **smerd-* 'smrdět'.

smrk, *smrček, smrkový, smrčina*. Všesl. – slk. *smrek*, p. *świerk*, r.d., ukr. *smeréka* (r.d. i 'jedle'), ch. *smrèka* (v s. 'jalovec'), csl. *smrěča* 'cedr'. Psl. *smьrkъ, *smerkъ, **smerka (B8)* nemá jasný původ. Rozdíly ve formě i ve významu by mohly svědčit pro cizí původ, ale dosavadní výklady nepřesvědčují. To platí i o spojení s ř. *smĩlax* 'tis', obojí údajně z praevropského substrátu (Ma2).

smrkat, *smrknout, vysmrkat se, posmrkat, usmrkanec*. Všesl. – p. *smarkać*, r. *smorkát'sja* vedle *smorgát'* 'hlučně popotahovat nosem', s./ch. *šmȑkati*, csl. *smrъkati*. Psl. *smьrkati je příbuzné s lit. *smùrgas* 'hlen z nosu, sopel', lot. *smurgāt* 'špinit, mazat', per. *morg* 'sopel', vše z ie. **smerk-/*smerg-* 'smrkat'.

smrsknout se. Viz ↑*s* a ↑*mrskat*, ↑*mrštit* v původním významu 'vraštit'.

smršť. Přejato za obrození z r. *smerč* tv. a zřejmě přikloněno k ↑*mrštit* (u Jg 'voda smrštěná v sloup'). R. slovo se dobře vyloží z kořene **smъrk-* (viz ↑*smrákat se*), zvláště přihlédneme-li k str. významu 'mrak'.

smrt, *smrtka, smrtící, smrtelný, smrtelník, usmrtit*. Všesl. – p. *śmierć*, r. *smért'*, s./ch. *smȑt*, stsl. *sъmrъtь*. Psl. *sъmьrtь je příbuzné s lit. *mirtìs*, lat. *mors* (gen. *mortis*), av. *mərətay-* tv., vše z ie. **mr̥ti-* 'smrt' *(A7)* od **mer-* 'umřít' (viz ↑*mřít*). Psl. *sъ-* nejlépe vyložíme z ie. **(e)su-* 'dobrý' (viz ↑*s-*), původní význam tedy byl 'dobrá, přirozená smrt'.

smrž 'druh houby'. P. *smardz*, r. *smorčók*, s./ch. *smȑčak*. Psl. *smъrčь, *smъržь se spojuje se *smъrkati, *smъrgati (viz ↑*smrkat*), původní význam by tedy byl asi 'sliznatá houba'. Pozornost poutá i podobnost s něm. *Morchel* tv., příbuznost slov. a něm. slova (HK, Ma2) však nelze mít za přesvědčivou.

smůla, *smolný, smolař, smolařský, smolit, smůlovatý, smolinec*. Všesl. – p. *smoła*, r. *smolá*, s./ch. *smòla*. Psl. *smola je příbuzné s lit. *smelà* tv., *smìlkti* 'slabě kouřit', niz. *smeulen* 'doutnat', střangl. *smolder* 'dým', stfir. *smál, smól, smúal* 'oheň, žár, popel', vše z ie. **smel-* 'pomalu hořet, doutnat'. Přenesený význam 'nezdar, nedostatek štěstí' podle něm. *Pech* (srov. ↑*pech*, ↑*peklo*), které má také oba významy, ten druhý prý z jidiš *pechus* 'nedostatek'.

smutný, *smutek, smuteční, zesmutnět, posmutnět, rozesmutnět*. P. *smutny, smętny*, r. *smútnyj* 'nejasný, matný, nepokojný'. Psl. *sъmǫtьnъ 'zakalený, zmatený' je odvozeno od stejného základu jako *mǫtiti, *męsti (k tomu viz ↑*rmoutit* a ↑*mást*).

smyčec, *smyčcový*. Viz ↓*smýkat*.

smýkat, *smýknout, smyk, smýčit, smyčka, smyčec, prosmýknout se, průsmyk, vysmýknout se*. P. *smykać*, r.d. *smýkat'* 'trhat, tahat, stírat', sln. *smúkati se* 'ochomýtat, motat se', *smȗčati* 'lyžovat'. Psl. *smykati, *smukati 'dělat rychlé pohyby' je příbuzné s lit. *smùkti* 'sklouznout', *smaūkti* 'tahat, trhat', vše z ie. **(s)meuk-* 'dělat rychlé pohyby', k němuž viz dále i ↑*mykat*. Srov. i ↑*smečka*.

snad přísl., *snadný*. P.st. *snadź, snadny,* luž. *snadny* 'nepatrný, drobný, útlý', r. *snádit'* 'sestavovat, přizpůsobovat', str. *snadь* 'povrch', srov. i r.st. *snast'* 'nářadí, náčiní'. Původ ani významový vývoj těchto slov není jasný.

snaha, *snažný, snaživý, snaživec, snažit se, vynasnažit se*. P.d. *snaga* 'čistota, péče', r.d. *snága* 'síla', s./ch. *snága* tv., sln. *snága* 'čistota, okrasa', b. *snagá* 'tělo, postava', csl. *snaga* 'úsilí, kořist, úspěch'. Psl. **snaga* 'snaha, úsilí' nemá jistý původ. Snad lze spojit s lit. *nogė́tis* 'přát si, chtít', uvažuje se i o souvislosti s ↑*něha*.

snacha. Obrozenecké přejetí ze s./ch., jinak bychom čekali *-e-* jako v p.d. *sneszka*. R. *snochá*, s./ch. *snàha*, stsl. *snъcha*. Psl. **snъcha* je příbuzné se sthn. *snur*, stangl. *snoru*, lat. *nurus*, ř. *nyós*, arm. *nu*, sti. *snuṣā́-*, vše z ie. **snusā̄, *snuso-* *(A5,A8)*, jehož další motivace není jistá.

snajpr 'odstřelovač'. Z angl. *sniper* tv. od *(to) snipe* 'odstřelovat, střílet na dálku (ze zálohy)', původně zřejmě 'střílet bekasíny', od *snipe* 'bekasína, slukovitý pták'.

sňatek, *sňatkový*. Stč. i 'shromáždění, sbor, spojení, počátek'. Z psl. **sъn-(j)ęt-ъkъ (B7)*, viz ↑*s* a ↑*jmout*.

snědý, *snědost, snědnout*. Stč. *smědý* (*-n-* asi podle ↑*hnědý*), p. *śniady*, sln.d. *smêd* 'žlutavý', s./ch. *smȅđ* 'tmavý, hnědý', csl. *smědъ* 'tmavý'. Psl. **smědъ* nemá jisté etymologické souvislosti. Někteří odvozují od ie. **smē-* 'mazat, špinit' (HK), spojuje se i s lit. *smė́lus* 'popelavý', *smė́lti* 'zatahovat se, temnět' (Ma²), jasný není vztah k ↑*hnědý* (srov. i ↓*sněť*).

sněm, *sněmovat, sněmovní*. Stč. *snem* (gen. *senmu*) z původního **sъnьmъ (B6)* (tak i stsl.) ze **sъn-* (viz ↑*s*) a oslabeného stupně kořene slovesa **(j)ęti* (viz ↑*jmout*). P. *sejm*. Srov. ↑*sňatek*.

sněť 'infekční rozpad tkáně; cizopasná houba na obilí'. P. *śnieć*, ukr. *snit'*, ch. *snijȇt*, s. *snȇt*. Psl. **sněťь* je asi odvozeno od **snětiti* 'pálit', jež by bylo příbuzné s **gnětiti* (viz ↑*nítit*).

sněžit. Viz ↓*sníh*.

snídat, *snídaně, nasnídat se, posnídat, přesnídávka*. Jen č. a p. (*śniadać*). Psl. **sъn-ědati*, viz ↑*s* a ↑*jíst*, srov. ↓*sníst*.

sníh, *sněžný, sněhový, sněžnice, sněženka, sněhulák, sněžit, nasněžit, zasněžit*. Všesl. – p. *śnieg*, r. *sneg*, ch. *snijȇg*, s. *snȇg*, stsl. *sněgъ*. Psl. **sněgъ* je příbuzné s lit. *sniẽgas*, stpr. *snaygis*, gót. *snaiws*, něm. *Schnee*, angl. *snow*, lat. *nix*, ř. *nífa* (ak.), střind. *sineha-* tv., vše z ie. **(s)neigʷh-* tv. *(B3)*. Původní význam možná je 'co se lepí', srov. sti. *snihyati* 'lepí se', *snīhán-* 'sopel'.

snímat, *snímač, snímatelný, snímek, snímkovat, snímkování*. Viz ↑*s* a ↑*jímat*, ↑*jmout*.

sníst. Viz ↑*s* a ↑*jíst*.

snít. Viz ↑*sen*.

snítka kniž. 'větévka, haluz'. Stč. *snět* 'peň, špalek'. P.st. *śniat* 'kmen stromu', ukr. *snit* 'kláda, špalek'. Psl. **sněťь* je asi z ie. **snoit-* 'něco uříznutého' od **sneit-* 'řezat', z něhož je i něm. *schneiden* 'řezat'.

snob 'povrchní obdivovatel vyšších vrstev a všeho módního (hlavně v umění)'. Z angl. *snob* tv., původně v 18. st. 'švec'. Další podrobnosti nejisté.

snop, *snopek*. Všesl. – p., r. *snop*, s./ch. *snȍp*, stsl. *snopъ*. Psl. **snopъ* je nejspíš příbuzné se sthn. *snuaba* 'stužka', lat. *napurae* 'povřísla', vše z ie. **snēp-, *snōp-, *snəp-* 'svázat', což

snoubit se je asi rozšíření základu *(s)nē-* 'snovat, vázat' (srov. ↓*snovat*, ↑*nit*, ↓*snoubit*).

snoubit se kniž. 'slučovat se, spojovat se', *snoubenec, snoubenka, zasnoubit se, zásnuby*. Stp. *snębić* 'vdát', r.st. *snubiti* 'namlouvat (někoho)', ch. *snúbiti*, csl. *snubiti* tv. Psl. **snubiti* je příbuzné s lat. *nūbere* 'vdávat se', ř. *nýmfē* 'nevěsta, dívka'. Východiskem je ie. **sneubh-* 'vdát (se)', což je rozšíření ie. kořene **sneu-* 'vázat, vinout' (viz ↓*snovat*).

snovat kniž. 'spřádat, osnovat', *snovač, osnovat, osnova*. Všesl. – p. *snuć, snować*, r. *snovát'*, s./ch. *snòvati*. Psl. **snovati* (1.os.přít. *snujǫ*) je příbuzné s lot. *snaujis* 'smyčka', stisl. *snūa* 'soukat, vinout', stangl. *snēowan* 'spěchat', alb.d. *nus* 'provaz', lat. *nervus* 'tětiva, struna, provaz, nerv', ř. *neūron*, arm. *neard* tv., sti. *snávan* 'pletenec, šlacha', vše z ie. **(s)nēu-* 'soukat, vinout', což je rozšíření kořene **(s)nē-* 'soukat, tkát, šít'. Srov. ↑*nit*, ↑*snop*, ↑*snoubit*.

snowboard, *snowboardový*. Z am.-angl. *snow-board* tv. ze *snow* 'sníh' (viz ↑*sníh*) a *board* 'prkno' (srov. ↑*skateboard*).

snůška. Stč. *snóška*. Viz ↑*s* a ↑*nosit*.

sob, *sobí*. V č. od střední doby, luž. a slk. *sob* možná z č. Nejasné.

sobec, *sobecký, sobectví*. Stč. *sobek*, slk. *sebec*, s./ch. *sèbičnjāk*. Odvozeno od nepřímých pádů zvratného zájmena ↑*se*, vlastně 'kdo přeje jen sobě'. Srov. ↑*osoba*, ↓*způsob*.

sobol 'sibiřská šelma s jemnou kožešinou', *sobolový*. Z r. *sóbol'*. Slovo snad již psl., příbuzné se sti. *śabála-* 'skvrnitý'. Z r. přejato i do západoevr. jazyků – něm. *Zabel*, fr. *sable* 'sobolí samice', it. *zibellino*.

sobota, *sobotní*. Stejně jako p. *sobota*, r. *subbóta*, ch. *sùbota*, stsl. *sobota* přejato v počátku křesťanství ze střlat. *sabbata, sabbatum* a to přes ř. *sábbaton* z hebr. *šabbāth*, aram. *šabbətā* 'den odpočinku (po šesti pracovních dnech)', srov. hebr. *šābath* 'odpočívat'. Stejný základ (ale ve variantě *sambata, sambatum*) je v něm. *Samstag*, fr. *samedi*. V křesťanství se jako den odpočinku slaví den Kristova vzkříšení, sobota označuje den předchozí.

sociální 'společenský, týkající se vztahu ke společnosti', *socializovat, socializace, socialismus, socialista, socialistický*. Přes něm. *sozial*, fr. *social* tv. z lat. *sociālis* 'družný, společenský' od *socius* 'druh, společník'. Srov. ↓*sociologie*, ↑*asociace*.

sociologie 'věda zabývající se společenskými jevy', *sociolog, sociologický*. Podle novějšího něm. *Soziologie*, fr. *sociologie*, angl. *sociology*, jinak viz ↑*sociální* a ↑*-logie*.

soda, *sodný, sodový, sodovka, sodík, sodíkový*. Přes něm. *soda* z it., šp. *soda* a to z ar. *suwwād*, což je název rostliny, z jejíhož popela se soda získávala.

sodomie 'pohlavní styk se zvířaty'. Podle biblického města *Sodoma*, zničeného údajně Hospodinem pro nemravnost jeho obyvatel.

sofa zast. 'druh pohovky'. Přes něm. *Sofa* z fr. *sofa* a to z ar. *ṣuffa* 'lehátko, přístřešek'.

sofistika 'záměrný způsob vyvozování klamných myšlenkových závěrů', *sofista, sofistický, sofistikovaný* 'složitý, rafinovaně propracovaný' (přes angl.). Ze střlat. *sophistica* z ř. *sofistikḗ* od *sofistikós* 'sofistický, klamný' od *sofistḗs* 'učenec, mudrc; nepravý filozof, podvodník' (původně nejednotná filozofická škola 5.–4. st. př. Kr.) od *sofízō* 'činím moudrým, chytře uvažuji' a to od *sofíā* 'moudrost'. Srov. ↑*filozofie*.

softbal 'druh pálkovací hry', *softbalový, softbalista, softbalistka*.

Z angl. *softball* tv. ze *soft* 'měkký' a *ball* 'míč' (viz ↑-*bal*) (jde o měkčí variantu baseballu).

software 'programové vybavení počítače', *softwarový*. Z angl. *software* tv. ze *soft* 'měkký' a -*ware* 'zboží, výrobky', vlastně antonymum k ↑*hardware*, doslova 'železářské zboží', z *hard* 'tvrdý' a -*ware* 'zboží'.

socha, *soška, sochař(ka), sochařský, sochařství, sousoší*. Dnešní význam jen v č., slk. (odtud i do sln.). Stč. *socha* 'hůl, kůl, sloup, stožár'. Všesl. – p. *socha* 'rozsocha, věšák', r. *sochá* 'dřevěný pluh', s./ch. *sòha* 'kůl, rozsocha'. Psl. *socha znamenalo původně 'rozsocha, kmínek s pahýlem po větvi', z toho pak 'rádlo', 'podpěrný sloupek' ap., dnešní č. význam se vyvozuje z toho, že podpěrné sloupy v obydlích se zdobily vyřezávanými ornamenty i figurálními motivy (Ma²). Tradiční výklad spojuje s lit. *šakà* 'větev, vidlice', gót. *hōha* 'pluh', sti. *śākhā* 'větev, suk', vše z ie. **k̑ak(h)ā* 'větev (s vidlicí)', nejasné je však slov. *ch* (rekonstrukce systémového ie. *kh a možnost, že by to byl jeden ze zdrojů psl. *ch*, se dnes nepřijímá (*A8*)). Jiný výklad spojuje s lat. *saxum* 'skála', sthn. *sahs* 'nůž, meč', vychází se z ie. **sək̑sā*, **sək̑som*, vlastně 'co je odseknuto, rozštěpeno ap.' od ie. **sek-* 'sekat, řezat'. Srov. ↓*sochor*, ↑*rozsocha*, ↓*suk*.

sochor 'delší silná tyč sloužící jako páka'. Z psl. *sochorъ odvozeného od *socha (↑*socha*).

sója, *sojový*. Přes něm. *Soja* z jap. *šōyu, šoj, soj* tv.

sojka, *sojčí*. Všesl. – p. *sójka, sojka*, r. *sója*, ch. *šôjka*. Psl. *soja je možná pokračováním ie. **sk̑oi̯ā* od **sk̑ei-* 'lesknout se, svítit' (viz ↑*sinat*) podle nápadného zbarvení části křídel.

sok, *sokyně, sočit, osočit*. Stč. *sok* 'protivník, nepřítel, pomlouvač, žalobník', p.st. *sok* 'žalobník', r. *sok* 'žalobce, vyzvědač', s./ch. *sòk* 'žalobce, svědek', csl. *sokъ* 'žalobce'. Psl. *sokъ vychází z ie. **sekᵘ-*, původně '(pro)následovat, stopovat', z toho 'pozorovat, ukazovat' a konečně 'udávat, mluvit'. U významů slov. slov lze vyjít z celé této významové škály. Příbuzné je lit. *sèkti* '(ná)sledovat', *sakýti* 'říkat', něm. *sehen* 'vidět', *sagen* 'říkat', stir. *sechithir* 'sleduje', lat. *sequī* 'sledovat, pronásledovat', ř. *hépomai* '(pro)následuji', *enépō* 'mluvím', sti. *sácatē* 'následuje, provází', toch. A *śotre* 'znamení', chet. *šakūāi-* 'vidět'.

sokl 'podstavec'. Přes něm. *Sockel* z fr. *socle* tv. a to přes it. *zoccolo* 'dřevák' z lat. *socculus*, což je zdrobnělina od *soccus* 'střevíc'.

sokol, *sokolí, sokolník, sokolský, sokolovna*. Všesl. – p. *sokół*, r. *sókol*, ch. *sòkol*, s. *sòkō*. Psl. *sokolъ nemá jednoznačný výklad. Spojuje se se sti. *śakuná-* '(velký) pták' i se skupinou slov nejasného původu, střlat. *sacer*, fr., šp. *sacre* 'sokol' (asi z ar. *ṣaqr* 'raroh'), arm. *sakr̆* 'nějaký pták'. Není vyloučeno ani, že slovo vychází z kořene **sekᵘ-* (viz ↑*sok*), jeho původní význam by pak byl 'pronásledovatel'. Název ušlechtilého dravého ptáka byl využit Tyršem k pojmenování národního tělovýchovného hnutí (1862).

solární 'sluneční', *solárium*. Z lat. *sōlāris* tv. od *sōl* 'slunce' (viz ↑*slunce*).

soldateska 'vojenská lůza, žoldnéři'. Přes něm. *Soldateska* a fr. *soldatesque* tv. z it. *soldatesco* 'vojenský, vojácký' od *soldato* 'voják', což je původem příč. trp. od *soldare* 'platit (žold)' od it. *soldo* 'žold, peníz' z lat. (*nummus*) *solidus* 'ryzí (mince)' od *solidus* 'pevný, tvrdý, pravý'. Srov. ↓*žold*, ↓*solidní*.

solidární 'vzájemně se podporující, vedený vědomím sounáležitosti s určitým celkem', *solidarita*. Přes něm.

solidarisch z fr. *solidaire* a to k lat. spojení *in solidum* 'v celku, pro celek' od *solidum* 'celý, úplný' od *solidus* 'pevný, pravý' (viz ↓*solidní*). Původně právnický výraz znamenající 'společně, vzájemně odpovědný (celku)'.

solidní 'spolehlivý, řádný, důkladný', *solidnost*. Přes něm. a fr. *solide* tv. z lat. *solidus* 'pevný, tvrdý, trvalý, pravý'.

solitér 'věc vyskytující se jednotlivě; velký diamant', *solitérní*. Z fr. *solitaire* 'poustevník, samotář; velký diamant', původně adj. 'osamělý, samotářský', z lat. *sōlitārius* tv. od *sōlus* 'sám, jediný'. Srov. ↓*sólo*.

solmizace 'označování jednotlivých tónů ve stupnici slabikami', *solmizační*.

sólo, *sólový, sólista, sólistka, sólovat*. Z it. *solo* tv., vlastně 'sám', z lat. *sōlus* tv. Srov. ↑*solitér*.

sololit 'tvrdá dřevovláknitá deska'. První část podle továrny *Solo* v Sušici, kde se vyrábí, druhá asi podle ↑*monolit* ap.

solventní 'schopný platit'. Přes něm. *solvent* z lat. *solvēns* (gen. *solventis*) 'platící', což je přech. přít. od *solvere* 'zprostit, uvolnit, zaplatit'. Srov. ↑*rezoluce*, ↑*absolvovat*.

somatický 'vztahující se k tělu'. Podle moderních evr. jazyků (něm. *somatisch*) z ř. *sōmatikós* 'tělesný' od *sōma* 'tělo'.

sombrero 'klobouk se širokou střechou'. Ze šp. *sombrero* tv. od *sombra* 'stín' a to obměnou lat. *umbra* tv.

somrovat ob. 'žebrat (obcházením)', *somrák*. Nejspíš ze spojení *bejt na somru*, ironicky 'být na letním bytě' (něm. *Sommerwohnung* ze *Sommer* 'léto' a *Wohnung* 'byt'), tj. 'být bezdomovcem'.

sonáta 'druh instrumentální skladby'. Z it. *sonata* od *sonare* 'znít' z lat.

sonāre tv. od *sonus* 'zvuk'. Srov. ↓*sonet*, ↓*sonorní*, ↑*konsonant*.

sonda, *sondovat, sondáž, sondážní*. Přes něm. *Sonde* z fr. *sonde* tv. Původně námořní výraz s významem 'olovnice k měření hloubky' se vykládá dvojím způsobem: jednak jako odvozenina z vlat. **subundāre* 'ponořit' (ze ↓*sub-* a *unda* 'vlna, voda, moře'), jednak z germ. (stangl.) *sund* 'voda, moře' ve spojeních jako *sundlīne* 'olovnice', *sundgyrd* 'tyč k měření hloubky vody', *sundrāp* 'provaz k měření hloubky' ap.

sonet 'znělka'. Z it. *sonetto* ze stprov. *sonet*, což je vlastně zdrobnělina od *son* 'zvuk, melodie' z lat. *sonus* 'zvuk'. Srov. ↑*sonáta*.

song 'píseň'. Z angl. *song* tv. od *sing* 'zpívat' (srov. něm. *singen* tv.).

sonorní 'zvučný', *sonorita*. Přes něm. *sonor*, fr. *sonore* z lat. *sonōrus* 'zvučný, znící' od *sonus* 'zvuk'. Srov. ↑*sonáta*, ↑*sonet*.

sopel zast. a nář. 'hlen z nosu'. P. *sopel* 'rampouch, krápník; sopel', r. *sopljá* 'sopel', s./ch. *sòpolj* tv. Psl. **sopelь* je nejspíš odvozeno od **sopti* 'těžce dýchat', dále viz ↓*soptit*.

sopka, *sopečný, sopečnatý*. Přejato Preslem z r. *sópka* 'osamělý kopec; sopka' od *sop* 'násyp' ze str. *sъpъ* 'násyp, kopec', jež souvisí se ↑*sypat*. Na význam 'sopka' druhotně působilo r. sloveso *sopét'* 'funět, dout', k němuž viz ↓*soptit*.

sopouch 'kouřový kanál u kamen; sopečný komín'. P.d. *sopuch(a)*, r.d. *sópucha*, sln. *sópih*. Psl. **sopuchъ*, **sopychъ* jsou útvary od slovesa **sopti* 'dout, těžce dýchat' (viz ↓*soptit*).

soprán 'vysoký ženský hlas', *sopránový, sopranistka*. Z it. *soprano* tv., doslova 'vrchní', z vlat. **sup(e)ranus* tv. od lat. *super* či *suprā* 'nahoře, svrchu',

soptit. R. *sopét'* 'funět, dout', sln. *sópsti, sopíhati* 'těžce dýchat, frkat', stsl. *soti, sopsti* 'pískat'. Psl. **sopti* '(těžce) dýchat' nemá zcela jasné souvislosti. Nejasný je vztah k ↓*supět*, ↓*sípat*, uvažuje se o starém onom. základě. Lze však vyjít i z ie. **su̯ep-* 'spát', původně 'oddychovat' (?), srov. lat. *sōpīre* 'uspávat', k dalším souvislostem viz ↓*spát*. Srov. ↑*sopouch*, ↑*sopka*, ↑*sopel*, ↑*sápat se*, ↑*osopit se*.

sorta 'druh'. Z it. *sorta* tv. a to z lat. *sors* (gen. *sortis*) 'los, věštba', z toho pak v obchodním žargonu 'jakost, kvalita, druh (zboží)'. Srov. ↓*sortiment*, ↑*resort*.

sortiment 'výběr zboží'. Z it. *sortimento* tv. od *sortire* 'třídit' z lat. *sortīrī* 'losovat, zvolit, rozdělovat' (viz ↑*sorta*).

sos ob. 'omáčka'. Přes něm. *Sauce, Sosse* z fr. *sauce* tv. a to ze střlat. *salsa* '(slaná) omáčka' (srov. stč. *šalše* 'omáčka') od lat. *salsus* 'slaný' od *sāl* 'sůl' (viz ↓*sůl*).

sosák, *sosáček*. Novější, podle r. *sosát'* 'sát' (viz ↓*sát*).

sosna, *sosnový*. P. *sosna*, r. *sosná*, sln.st. *sosna*, jinak v jsl. chybí. Psl. **sosna* asi vychází z ie. **kas-no-* 'šedý' *(A1)*, z něhož je i stpr. *sasins* 'zajíc', sthn. *hasan* 'šedý', lat. *cānus* tv., motivací by byla našedlá barva kůry. Jiný výklad rekonstruuje předslov. **sapsnā (A7,B5)* a spojuje s lat. *sapa* 'šťáva', stisl. *safi* 'míza (stromu)', tedy 'pryskyřičnatý strom' (srov. i fr. *sapin* 'jedle' z kelt. **sap-* 'jehličnatý strom'(?)). Jsou i jiné, méně pravděpodobné výklady.

sotva přísl., část. Stč. *sotně, setně*, nové zakončení od 17. st. podle *ledva, jedva* tv. Stč. *sotný* 'nesnadný' asi souvisí se stč. *sota* 'rána' a starším č. *sotiti* 'strčit; těžce se s něčím dělat' (Jg), ale původ toho všeho je nejasný.

sou- předp. Stč. *sú-*. Všesl. Psl. **sǫ-* je jmenná předp., pokračování ie. **som* 'dohromady, s' (dále viz ↑*s*). Srov. ↓*soused*, ↓*soupeř*, ↓*soutěž*, ↓*soud*, ↓*sud*.

soud, *soudní, soudný, soudnictví, soudnička, soudit, sudička, sudič, soudce, soudkyně, soudcovský, soudcovat, odsoudit, odsudek, posoudit, posudek, předsudek, přisoudit, rozsoudit, rozsudek, usoudit, úsudek, vysoudit*. Všesl. – p. *sąd*, r. *sud*, s./ch. *sûd*, stsl. *sǫdъ*. Psl. **sǫdъ* se vyvinulo z ie. **som-dho-* 'co je dáno dohromady' ze **som-* 'dohromady, s' (viz ↑*s*, ↑*sou-*) a odvozeniny od **dhē-* 'položit, dát' (viz ↑*dít se*, ↓*sud*, ↓*záda* ap.). Podobné útvary jsou v lit. *sudėti* 'sestavit, navršit, sečíst', *samdà* 'nájem' (vlastně 'smlouva o nájmu'), sti. *samdhā* 'dohoda, spojení'. Srov. ↑*osud*, ↑*přísudek*.

souhláska, *souhláskový*. Ze ↑*sou-* a ↑*hláska* podle lat. *cōnsonāns* tv. (viz ↑*konsonant*).

souchotiny zast. 'plicní tuberkulóza'. Od ↓*suchý*, vlastně 'nemoc, při které člověk schne', srov. i ↓*úbytě*.

soukat, *nasoukat (se), vsoukat (se), vysoukat (se)*. Všesl. – stp. *sukać*, r.d. *sukát'*, s./ch. *súkati*. Psl. **sukati, *sъkati* (srov. č.st. *skáti*, r. *skat'*) 'soukat (nit), vinout' je příbuzné s lit. *sùkti* 'kroutit, vinout' z ie. **seu-k-*, což je rozšíření ie. **seu-* 'ohýbat, kroutit', od něhož je i stir. *só(a)id* 'kroutí, obrací', sti. *suváti* 'pohybuje, podněcuje', chet. *šuu̯āi-* 'tisknout, udeřit'. Srov. ↓*sukno*, ↓*sunout*.

soukromý, *soukromí, soukromník, soukromničit*. Jen č. Stč. *súkromný* 'odlehlý, ležící stranou', *súkromě* 'stranou, sám pro sebe'. Viz ↑*sou-* a ↑*kromě*, ↑*skromný*.

soumar 'zvíře sloužící k nošení břemen'. Ze sthn. *soumāri* (dnes *Saumtier*) tv. od sthn. *soum* 'náklad' a to přes střlat. *sauma* 'nákladní sedlo' z ř. *ságma* tv.

soupeř, *soupeřka, soupeřit*. P. *sąpierz,* r. *sopérnik*, s./ch. *sùpārnīk*, stsl. *sǫpьrь*. Psl. *sǫpьrь je tvořeno ze **sǫ-* (↑*sou-*) a odvozeniny od *perti (viz ↑*přít (se)*).

soused, *sousedka, sousední, sousedský, sousedství, sousedit, sousedící*. Všesl. – p. *sąsiad*, r. *soséd*, ch. *súsjed*, s. *súsed*, stsl. *sǫsědъ*. Psl. *sǫsědъ je tvořeno ze **sǫ-* (viz ↑*sou-*) a odvozeniny od *sěděti (↑*sedět*) ve významu 'sídlit, bydlet' (tak i stč.), tedy 'kdo společně s někým sídlí'.

sousto. Jen č., ještě u Rosy (17. st.) *sústo*. Ze spojení *s ústa* (*s* + akuz. jako *být s to* ap.) ve větách jako *nemám ani s ústa chleba* 'nemám chleba, ani co se vejde do úst' (HK, Ma² pod *ústa*). Dále viz ↓*ústa*.

soustruh, *soustružník, soustruhovat, vysoustruhovat*. Již stč. *sústruh*. Viz ↑*sou-* a ↓*strouhat*.

souš. Stč. *súšě* z psl. **such-ja (B3)*, viz ↓*suchý*.

soutěska 'průrva mezi skalními stěnami'. Zavedeno Šafaříkem na základě str. dokladů (HK), viz ↑*sou-* a ↓*těsný*.

soutěž, *soutěžní, soutěživý, soutěžit, soutěžící, zasoutěžit si*. Slk. *súťaž*. Novější, u Jg ještě není. Vlastně 'společné (vzájemné) činění těžkým'. Viz ↑*sou-* a ↓*těžký*, srov. ↑*soupeř*.

-souvat. Viz ↓*sunout*.

soužit, *soužení, sužovat, usoužit*. Stč. *súžiti* (dok.) 'stísnit, sklíčit, omezit'. Vlastně 'přivést do úzkých', viz ↑*s* a ↓*úzký*.

sova, *soví*, expr. *sůva*. Všesl. – p. *sowa*, r. *sová*, s./ch. *sóva*. Psl. *sova se vyvinulo z ie. **kau̯ā (A1)* od onom. kořene *ḱeu, **kau-*/ **keu-*, **kau-*, který je i v našem ↑*kavka*, lit. *kaũkti* 'výt', *šaũkti* 'křičet', sthn. *hūwo, hūwila* (dnes *Eule*) 'sova', angl. *howl* 'výt', *owl* 'sova', stbret. *couann*, lat. *cavannus* (asi z kelt.) tv., sti. *káuti* 'křičí, vřeští', *kokā* 'sova'.

spála, *spálový, spalničky*. Stč. *spála*, *vzpála* 'úpal, horkost, bolest'. Od ↑*pálit* (tato nemoc je doprovázena vysokými horečkami).

spanilý, *spanilost*. Stč. *spanilý* 'nádherný, zdařilý', *vzpanilý* 'ušlechtilý, vznešený', p. *wspaniały* 'nádherný, skvělý'. Původně *vzpanilý* od ↑*pán*, podobně jako *zmužilý* od *muž*, *zbabělý* od *baba*.

spár kniž. 'dráp, pařát'. Ve starší č. i *čpár, špár* 'pazour, paznecht'. Hl. *spara*, dl. *špara* tv. Nejasné, asi nějak souvisí s ↑*pařát*.

spára 'štěrbina', *spárovat*. P. *szpara*. Snad souvisí s ↑*párat*.

spárkatý 'mající kopýtka (o zvěři)'. Od *spárek* 'kopýtko' a to od ↑*spár*.

spartánský 'přísný, tvrdý'. Podle ř. města *Sparta*, jehož obyvatelé vedli přísný, střídmý život.

spása, *spásný, spasit, spasení, spasitel, spasitelský*. Stč. *spásti* 'spasit', *spas* 'spása, spasitel', r. *spastí*. Přejato z csl. *sъpasti, sъpasъ*. Tam jsou to ekvivalenty ř. *sṓzein* 'spasit, vysvobodit, zachránit' a *sōtḗr* 'spasitel, zachránce' – první věrozvěstové použili při překladu výrazy z pastýřského života, viz ↑*s* a ↑*pást* (podrobněji Ma²).

spát, *spaní, spavý, spánek, spánkový, pospat si, prospat, uspat, vyspat se, zaspat*. Všesl. – p. *spać*, r. *spat'*, s./ch. *spàti*, csl. *sъpati*. Psl. *sъpati je příbuzné se stangl. *swefan* 'spát', lat. *sōpīre* 'uspávat', sti. *svápiti* 'spí', chet. *supparii̯a-* 'spát', vše z ie. **su̯ep-*, **sup-* tv. K dalším souvislostem viz ↑*sen*, srov. i ↓*usínat*, ↑*soptit*, ↓*supět*.

speciální 'zvláštní, zaměřený k určité věci', *specialita, specialista, specialistka, specializovat se,*

specifický   593   **spirála**

specializace. Podle něm. *Speziell*, fr. *spécial* tv. z pozdnělat. *speciālis* 'zvláštní' od lat. *speciēs* 'vzhled, podoba, druh', jež souvisí s pozdnělat. *specere* 'dívat se'. Srov. ↓*specifický*, ↓*spektrum*, ↓*spekulovat*, ↑*respekt*.

specifický 'příznačný, osobitý', *specifičnost*, *specifikovat*. Podle moderních evr. jazyků (něm. *spezifisch*, fr. *spécifique*, angl. *specific*) ze střlat. *specificus* 'osobitý' od *specificare* 'udělat, označit zvlášť' z lat. *speciēs* 'druh' (viz ↑*speciální*) a *facere* 'dělat' (viz ↑*-fikace*).

spěch, *spěšný*, *spěšnina*, *spěchat*, *uspěchat*, *uspěchaný*, *přispěchat*, *odspěchat*, *pospíchat*. R. spech, stsl. *spěchъ*. Psl. *spěchъ je odvozeno od *spěti 'postupovat, směřovat' (viz ↓*spět*). Srov. ↓*úspěch*.

spektrum 'sled základních barev vzniklý rozkladem světla', *spektrální*. Z lat. *spectrum* 'obraz' od *spectāre* 'dívat se, hledět' a to od *specere* tv. V odborném významu zavedeno I. Newtonem (17. st.). Srov. ↓*spekulovat*, ↑*aspekt*, ↑*speciální*.

spekulace 'promyšlené, vypočítavé jednání; uvažování', *spekulativní*, *spekulovat*, *spekulant*. Z pozdnělat. *speculātiō* 'zkoumání, slídění, spekulování' od lat. *speculārī* 'slídit, pátrat, bádat' od *specula* 'hlídka, stráž' a to od *specere* 'dívat se, pozorovat'. Srov. ↑*spektrum*, ↑*aspekt*, ↑*speciální*.

speleologie 'obor zabývající se výzkumem jeskyň', *speleolog*, *speleologický*. Uměle (konec 19. st.) z lat. *spēlaeum* 'jeskyně' z ř. *spélaion* tv. a ↑*-logie*. Srov. ↓*špeluňka*.

sperma 'výměšek samčích pohlavních žláz', *spermie*. Přes lat. *sperma* z ř. *spérma* 'semeno, rod, potomek' od *speírō* 'seju, rozšiřuji'. Srov. ↑*diaspora*, ↓*sporadický*.

spět 'směřovat, postupovat', *dospět*, *dospělý*, *dospělost*, *prospět*, *prospěch*, *prospěšný*, *přispět*, *příspěvek*, *uspět*, *úspěch*, *úspěšný*, *vyspět*, *vyspělý*. Všesl. – p. *śpiać* 'dohánět', r. *spet'* 'dozrávat', ch. *dòspeti* 'dospět, dozrát', stsl. *spěti* 'prospívat, postupovat'. Psl. *spěti, původně asi 'prospívat, postupovat (k cíli)', má nejblíže k lit. *spė́ti* 'domýšlet se, mít čas, stačit na něco', lot. *spēt* 'moci, být s to' a sti. *spháyati* 'tuční, daří se', dále je příbuzné sthn. *spuon* 'dařit se', stangl. *spōwan* 'prospívat', lat. *spērāre* 'doufat' (srov. *prōsperus* 'zdárný, šťastný'), chet. *išpāi-* 'dosyta se najíst', vše od ie. **spē-* 'prospívat, dobře růst'. Srov. ↑*spěch*, ↓*sporý*.

spiknout se, *spiknutí*, *spiklenec*, *spiklenecký*. Stč. *spiknúti sě* 'umluvit se, sjednotit se', ve střední č. i *piksa* 'spiknutí'. Jen č., málo jasné. Srov. ↑*pikle*.

spíkr 'mluvčí, hlasatel'. Z angl. *speaker* 'mluvčí, hlasatel' od *speak* 'mluvit'.

spílat, *spílání*. Jen č., ne zcela jasné. Snad lze vyjít ze stč. *spíleti*, *špíleti* 'žertovat, tropit si žerty, mít za blázna' ze střhn. *spilen* 'žertovat, bavit se, hrát' (něm. *spielen* 'hrát'), později i v podobě *spílati* (*potajně a utrhačně o manželkách spílal*). Z významu '(hrubě) žertovat, dělat si blázny' se mohlo vyvinout 'nadávat, láteřit'. Ve střední č. i ve spojeních jako *pravdu (nepravdu) spílati*, *Bohu klamy spílati*.

spinet 'menší druh cemballa'. Přes něm. *Spinett* z it. *spinetta* a to nejspíš k it. *spina* 'špička, trn' z lat. *spīna* tv. podle principu tvoření tónů, při němž se špičky brků dotýkaly strun. Podle jiného výkladu od jména vynálezce, *G. Spinettiho* (kolem r. 1500).

spinkat. Dětské slovo k ↑*spát*. K expr. *-ink-* srov. ↑*blinkat*, *mali(li)nkatý*.

spirála 'křivka v podobě závitu odvíjející se od osy nebo vinutá kolem osy', *spirálový*, *spirálovitý*. Z moderních evr. jazyků (něm. *Spirale*, fr. *spirale*, angl. *spiral*) a tam zpodstatněním střlat. *spiralis (linea)* tv. od lat. *spīra* 'závit, spirála' přejatého z ř. *speīra* tv.

spiritismus 'víra v možnost styku s dušemi zemřelých, duchařství', *spiritistický, spiritista, spiritistka*. Přejato z moderních evr. jazyků (něm. *Spiritismus*, fr. *spiritisme*, angl. *spiritism*), utvořeno v pol. 19. st. od lat. *spīritus* 'duch' od *spīrāre* 'vanout, dýchat'. Srov. ↓*spirituál*, ↓*špiritus*, ↑*konspirace*.

spirituál 'lidová duchovní píseň severoamerických černochů'. Z angl. *spiritual* tv., což je zpodstatnělé adj. 'duchovní, náboženský' od *spirit* 'duch' z lat. *spīritus* tv. (viz ↑*spiritismus*).

spíš(e) přísl., *nejspíš(e)*. Stč. *spieš(e)* mělo nejprve význam 'rychle, spěšně', pak začalo být pociťováno jako 2. stupeň přísl. a získalo význam 'dříve, spíše, snáze'. Dále viz ↑*spěch*, ↑*spět*.

spíž, *spižírna*. Stč. *špížě* 'proviant, zásoby potravin'. Ze střhn. *spīse* 'potrava, proviant' (pozdější přejetí je v ↓*špajz*) ze střlat. *spēsa (srov. it. *spesa* tv.) a to ze střlat. *spensa, expensa* tv. z lat. *expēnsa* 'náklady, výlohy' od *expendere* 'vyplácet, odvažovat na váze' z ↑*ex-* a *pendere* 'vážit'. Srov. ↓*stipendium*, ↑*penze*.

splasknout. Stč. *spleskati* tv., p. *spłaszczyć* 'zploštit', příbuzné je ↑*ploský*, ↑*pleskat*.

splav 'pevný jez na vodním toku'. Viz ↑*s* a ↑*plavat*, ↑*plout*.

spleť, *spletitý, spletitost*. Viz ↑*s* a ↑*plést*.

splín 'melancholická sklíčenost'. Z angl. *spleen* tv., vedle původního 'slezina', a to přes stfr. *esplen*, lat. *splēn*, z ř. *splén* 'slezina'. Přeneseno na základě antických a středověkých představ, že melancholie je způsobována onemocněním sleziny. Srov. ↑*slezina*.

spočinout, *spočívat*. Viz ↑*odpočinout*.

spodní, *spodek, spodky, spodina, spodnička*. Stč. *spodní, zpodní, zpodek*, p. *spodni*, sln. *spôdnji*. Nejspíš od psl. *jьzpoda či *sъpoda tvořeného předp. **jьz-* (↓*z*) či **s-* 'dolů, s' (↑*s*) a gen. tvarem psl. *podъ 'spodní strana, dno'. Dále viz ↑*pod*, ↑*půda*, k tvoření srov. ↓ *svrchní*).

spojler 'aerodynamický štít pod nárazníkem vozu zmenšující odpor vzduchu'. Z angl. *spoiler* tv., doslova 'kdo ničí, kazí, tříští (hru)', od *spoil* 'kazit, ničit, krájet'.

spoléhat (se), *spolehnout se, spolehnutí, spolehlivý, spolehlivost*, hov. *spoleh*. Ve starší č. i původní nepřenesený význam 'pokládat se na něco, opírat se' (Jg, SSJČ), u Jg ještě není adj. *spolehlivý*. Viz ↑*s*, ↑*po* a ↑*ležet*.

spolek, *spolkový, společný, společnost, společník, společnice, společenský, společenství, společenstvo, spolčit se*. Od přísl. ↓*spolu*.

spolu přísl. Jen č. a p. (*społem* jako stč. *spolem* tv.). Ze spojení *sъ polu (gen.) a *sъ połomь (instr.), viz ↑*s* a ↑*půl*. Dělat něco s někým společně vlastně znamená 'dělat napůl', pak rozšířeno i na více osob. Srov. ↑*spolek*.

spona, *sponka*. Viz ↑*s* a ↑*pnout*, srov. ↑*přípona*, ↓*úpon*.

spontánní 'samovolný, živelný', *spontánnost, spontaneita*. Přes moderní evr. jazyky (něm. *spontan*, fr. *spontané*) z pozdnělat. *spontāneus* 'dobrovolný, samovolný' od lat. *spōns* (gen. *spontis*) 'vůle'. Srov. ↓*sponzor*.

sponzor 'finanční podporovatel, patron', *sponzorský, sponzorství*. Z am.-angl. *sponsor* tv. z lat. *spōnsor* 'ručitel, rukojmí' od *spondēre* 'slavně slíbit, zavázat se', jež souvisí se *spōns* 'vůle' (srov. ↑*spontánní*).

spor, *sporný*. Viz ↑*s* a ↑*přít se.*

sporadický 'vzácný, řídký'. Podle něm. *sporadisch*, fr. *sporadique* z ř. *sporadikós* 'roztroušený' od *sporás* (gen. *sporádos*) tv. od *speírō* 'seji, roztrušuji'. Srov. ↑*diaspora*, ↑*sperma*.

sporák. Od ↓*spořit* podle něm. *Sparherd* tv., doslova 'úsporný krb', ze *sparen* 'spořit' a *Herd* 'krb, ohniště'.

sport, *sportovní, sportovec, sportovkyně, sportoviště, sportovat, zasportovat si, sportka*. Z angl. *sport* tv., původně 'zábava, kratochvíle', zkrácením ze staršího *disport* tv. od slovesa *(to) disport* 'bavit se, dovádět' ze stfr. *(soi) desporter* tv. ze střlat. *deportare* 'bavit, veselit', přeneseně z lat. *dēportāre* 'odvádět, odnášet' z *dē-* (↑*de-*) a *portāre* 'nést'. Srov. ↑*deportovat*.

sporý 'nevelký, ale fyzicky zdatný; slabý, řídký'. Stč. 'vydatný; dlouhotrvající; ochotný'. Všesl. – p. *spory* 'hojný, vydatný', r. *spóryj* 'zdárný', s./ch. *spȍr* 'pomalý' (nář. 'trvalý, stálý'). Psl. **sporъ* lze spojit s lit. *spar(t)ùs* 'rychlý', stisl. *sparr* 'skoupý, opatrný', angl. *spare* 'skrovný, skoupý, zbývající, nadbytečný', něm. *sparen* 'šetřit', sti. *sphirá-* 'mohutný, tlustý', vše se vykládá jako *r*-ové odvozeniny od ie. **spē-* 'prospívat, dařit se'. Rozmanitost, až protichůdnost významů se vykládá tak, že vydatné věci se vyskytují řidčeji (je např. méně vydatných zrn v klase), na druhé straně dlouho vydrží, šetří se. Odtud se tedy mohlo dojít k významům 'řídký, pomalý, skrovný ap.' (Ma²). Vzhledem k tomu, že význam 'slabý, řídký' je ze slov. jazyků jen v č., slk. a luž., jde asi o přímý vliv něm. (srov. *spärlich* 'skrovný, řídký'). Srov. ↓*spořit*.

spořit, *spoření, spořivý, spořitelna, spořitelní, naspořit, uspořit, úspora, úsporný*. Stč. *spořiti* 'rozhojňovat, množit, nechat prospívat', změna významu na 'šetřit' asi vlivem něm. *sparen* tv. Viz ↑*sporý*, srov. ↑*sporák*.

spot 'krátký televizní snímek, zpravidla reklamní'. Z angl. *spot* tv., vlastně 'bod, skvrna, místo', jež asi souvisí s *(to) spit* 'plivat, chrlit, stříkat' a dále s *(to) spew* 'zvracet, chrlit, prýštit' a lat. *spuere* 'plivat'.

spousta. Od *spustit (se)* (viz ↑*pustit*), vlastně 'co se spustilo (velké množství vody, sněhu ap.)', dříve i ve významu 'spoušť'.

spraš 'větrem navátá zemina', *sprašový*. Viz ↑*s* a ↑*prach*.

spratek. Stč. *zpratek* (u Klareta) 'nedochůdče, předčasně narozené zvíře'. Obdobné je r.d. *vyporotok*, ukr. *víporotok* tv. (stejný je i přenesený význam), v obojím případě je tu předp. a psl. **-portъkъ (B8)*. To se někdy vykládá od **porti* (viz ↑*párat*), vlastně 'mládě vypárané, vyřezané z matčina těla'. Jinak viz ↓*záprtek*, od něhož nelze etymologicky oddělit.

správa, *spravovat, správce* ap. Viz ↑*-pravit*.

spravedlivý, *spravedlnost, ospravedlnit*. Stč. i 'správný, pravdivý, náležitý'. Vlastně 'co je s pravdou', viz ↑*pravda*, ↑*pravý*.

sprej 'rozprašovač', *sprejový, sprejovat, sprejer*. Z angl. *spray* tv. od slovesa *(to) spray* 'rozprašovat, stříkat', jež souvisí s něm. *sprühen* 'stříkat, sršet'.

sprcha, *sprchový, sprchovat se, osprchovat se*. Viz ↑*pršet*.

sprint 'krátký závod s maximálním vypětím po celé trati', *sprintovat, sprinter(ka), sprinterský*. Z angl. *sprint* tv. Původně nář. slovo skand. původu, do sportu zavedeno v poslední třetině 19. st.

spropitné. Ve starší č. i *spropití* (Jg). Vlastně 'co se dává k propití' (viz ↑*pít*).

sprostý, *sprostota*, expr. *sprosťák*. Stč. 'prostý, hloupý, jednoduchý, neumělý, špatný' (tak ještě u Jg i v literatuře v podstatě celého 19. st.). Dnešní zúžený význam je tedy dosti nový. Jinak viz ↑*prostý*.

spřežení. Viz ↑*s* a ↑*-přáhnout (C1)*.

spurt '(v cyklistice) zrychlená jízda s vynaložením maximálního úsilí', *spurtovat, spurtér.* Z angl. *spurt* 'finiš, rychlý běh' od slovesa *(to) spurt* 'vyvinout úsilí, zabrat naplno', jež je asi totožné se *spurt, spirt* '(náhle) vytrysknout'. Dále nejasné.

squash 'sportovní hra podobná tenisu, při níž se míček odráží o stěny', *squashový.* Z angl. *squash* tv. od slovesa *(to) squash* 'rozmačkat, nacpat se, rozplácnout se' ze stfr. *esquasser* z vlat. **exquassare* z ↑*ex-* a lat. *quassāre* 'otřásat, rozbíjet' od *quatere* 'třást, bít'.

squatter 'kdo se nastěhuje do prázdného domu (bez právního nároku)'. Z angl. *squatter* tv. od *squat* 'nastěhovat se do prázdného domu, usadit se na neobsazené půdě', původně 'dřepnout si, krčit se', ze stfr. *esquatir* od *quatir* 'stlačit' a to z vlat. **coāctīre* tv. od lat. *cōgere* (příč. trp. *coāctus*) 'shromažďovat, srážet (se), tísnit' z *co-* (↑*ko-*) a *agere* 'hnát, dělat'. Srov. ↑*kašírovaný*.

srab hov. expr. 'zbabělec, břídil; svízelná situace', *srabit.* Ze ↓*svrab*, jako nadávka přikloněno k odvozeninám od ↓*srát* (srov. *sráč, srágora* podobných významů).

sranda ob., *srandovní, srandista, srandistický.* Novější, od ↓*srát* podle ↓*švanda* ap., se ztrátou etym. souvislosti ztratilo i vulg. přídech.

srát vulg., *sraní, nasrat, posrat (se), prosrat, usrat (se), vysrat (se), zasrat, zesrat.* Všesl. – p. *srać*, r. *srat'*, s./ch. *srȁti.* Psl. **sьrati* souvisí s r. *sor* 'špína, smetí', dále se obvykle spojuje s lot. *sārni* (pl.) 'špína, nečistota', stisl. *skarn* 'hnůj, špína', stangl. *scearn* tv., lat. *-cerda* (ze **scerda*) 'výkal' (např. *sūcerda* 'prasečí lejno'), ř. *skō̃r* 'lejno, výkal', chet. *šakkar* tv., vše od ie. **sker-, *sker-* 'vykonávat velkou potřebu; výkal, hnůj' *(A1)*. Méně pravděpodobný, i když také možný, je výklad z ie. **ser-* 'téci', srov. sti. *atisāra-* 'průjem' (Ma²). Srov. ↑*sranda*, ↓*škaredý*.

srdce, *srdíčko, srdcový, srdeční, srdečný, srdečnost, srdcovitý, srdčitý, srdnatý, srdnatost, srdečnice, osrdí, osrdečník.* Všesl. – p. *serce*, r. *sérdce*, s./ch. *sȑce*, stsl. *srъdьce.* Psl. **sьrdьce* je původem zdrobnělina od ie. kořene **k̑ērd-, *k̑erd-, *k̑r̥d-* tv. *(A1,A7)*, od něhož je i lit. *širdìs*, stpr. *seyr*, gót. *haírto*, angl. *heart*, něm. *Herz*, stir. *cride*, lat. *cor* (gen. *cordis*), ř. *kardía*, arm. *sirt*, chet. *kir* (gen. *kartii̯aš*), příbuzné je i sti. *hā́rdi* tv. (s nepravidelným začátečním *h-*).

srkat, *srkavý, usrknout.* P. *sarkać*, s./ch. *sȑkati*, csl. *srъkati.* Psl. **sъrkati* je zřejmě onom. původu.

srna, *srnka, srnec, srneček, srnčí.* Všesl. – p. *sarna*, r. *sérna*, s./ch. *sŕna*, stsl. *srъna.* Psl. **sьrna* je příbuzné s lit. *stìrna*, lot. *stirna* (stlot. *sirna*), další původ ne zcela jasný. Obvykle se vychází z ie. **k̑r̥na- (A7)* od **k̑er-* 'hlava, roh' *(A1)*, od něhož je i stpr. *sirwis* tv., něm. *Hirsch* 'jelen', wal. *carw*, lat. *cervus* tv. (srov. i ↑*kráva*, ↓*sršeň*), tedy 'rohaté zvíře', sporné je však lit. *s-* místo *š-*. Jiný výklad vychází z ie. **ser-* 'červenavý', srov. lit. *saŕtas* 'rezavý (o koni)'.

srocení. Viz ↑*s* a ↑*rota*.

srp, *srpek, srpovitý, srpen*. Všesl. – p. *sierp*, r. *serp*, s./ch. *sŕp*, stsl. *srъpъ*. Psl. **sъrpъ* je příbuzné s lot. *sirpis*, ir. *serr*, ř. *hárpē* tv. i lat. *sarpere* 'ořezávat', vše od ie. **serp-* 'ořezávat; srp', s jiným formantem sem patří ještě sti. *sr̥ṇī́* 'srp'.

srst, *srstnatý*. P. *sierść*, r. *šerst'* (str. *sьrstь*, *serestь*), sln.d. *sr̂st*. Psl. **sъrstь* má nejblíže k sthn. *hursti* (doloženo jen v ak.pl.) 'kštice' (z ie. **kr̥sti- (A7)*), dále je asi příbuzné lit. *šerỹs* 'štětina', *šiurkštùs* 'hrubý', střir. *carrach* 'strupatý, kamenitý' a možná i něm. *Haar*, angl. *hair* 'vlasy', vše z ie. **ker(s)-* 'štětina, (tvrdý) vlas; být drsný' *(A1)*.

sršeň, *sršní*. Všesl. – p. *szerszeń*, r. *šéršen'*, s./ch. *stȑšljēn*, csl. *srъšenь*. Psl. **sъršenь* (případně **sьršę*) má nejblíže k lit. *širšuõ* (gen. *širšeñs*), lot. *sirsenis* (z ie. **kr̥s-en- (A7)*), dále je příbuzné stpr. *sirsilis*, sthn. *hornaz* (něm. *Hornisse*), lat. *crābrō* tv., vše od ie. **ker-* 'hlava, roh, vrchní díl' *(A1)*, tedy 'hlavatý hmyz' (srov. ↑*srna*, ↑*kráva*), ale uvažuje se i o onom. původu slova (srov. ↓*sršet*).

sršet 'jiskřit, jiskřivě létat'. Stč. *sršěti* 'hrozit se, bázlivě utíkat', u Jg hlavní význam 'bručet, bzučet, soptit'. Souvisí nejspíš se sln. *sŕšiti* 'ježit (vlasy)' i č.d. *srchký* 'drsný', r.d. *sérchnut* 'ztrácet cit', *šeršávyj* 'drsný, chlupatý', což by ukazovalo na souvislost se ↑*srst*. Naše významy by snad šlo vyložit z 'ježit vlasy' → 'bát se, utíkat' a vedle toho 'paprskovitě létat na všechny strany', ale musí se, zdá se, počítat i s možností onom. původu slova.

srub. Viz ↑*s* a ↑*rubat*.

stabilní 'stálý', *stabilita, stabilizovat, stabilizace, stabilizační, stabilizátor*. Podle něm. *stabil* z lat. *stabilis* tv., vlastně 'schopný stát', od *stāre* 'stát'. Srov. ↓*statický*, ↓*stacionární*.

staccato 'krátce, odraženě (v hudbě)'. Z it. *staccato* tv., což je původem příč. trp. od *staccare* 'odrážet' od *stacca* 'kůl' germ. původu. Srov. ↑*atakovat*.

stacionární 'nepohyblivý, setrvávající na místě'. Přes moderní evr. jazyky (fr. *stationnaire*, angl. *stationary*) ze střlat. *stationarius* tv. od lat. *statiō* (gen. *statiōnis*) 'stání, stanice, bydliště' od *stāre* 'stát'. Srov. ↑*stabilní*, ↓*statický*.

stačit, *dostačující, postačit, vystačit*. Stč. *statčiti*, p. *starczyć*. Odvozeno od ↓*statek*, vlastně 'mít dostatek, rovnat se silou, schopnostmi ap.'.

stadion. Přes něm. *Stadion* tv. z ř. *stádion* 'závodiště', druhotně i 'délková míra (asi 192 m)', které se vykládá ze *spádion* tv., původně asi 'rozpínající se', od *spáō* 'rozpínám, trhám, smýkám', změna *sp* → *st* asi vlivem *stádios* '(pevně) stojící'. Srov. ↓*stadium*.

stadium 'vývojové období, vývojový stupeň'. Z lat. *stadium* 'délková míra, závodiště' z ř. *stádion* tv. (viz ↑*stadion*). V nlat. posun významu 'vymezený úsek (trati)' → 'časový úsek, nejprve asi v medicíně.

stádo, *stádní*. P. *stado*, r. *stádo*, s./ch. *stȁdo*, stsl. *stado*. Psl. **stado* je příbuzné se sthn. *stuot* 'stádo koní', stangl. *stōd* tv. (z toho něm. *Stute* 'klisna', resp. angl. *stud* 'chovná skupina (koní); hřebec') a asi i lit.d. *stodas* 'sazenice', lot. *stāds* 'rostlina', vše od ie. **stā-* 'stát', původně asi 'stanoviště, místo stání (koní ap.)'. Srov. ↓*stáj*, ↓*stát²*, ↓*stan*.

stafáž 'doplňující součást pozadí'. Z něm. *Staffage* tv. od *staffieren* 'vyzdobit' a to přes střniz. *stofferen* ze stfr. *estoffer* tv. od *estoffe* 'látka, materiál', původu asi germ.

stafylokok 'mikroorganismus vyvolávající hnisavé infekce', *stafylokokový*. Utvořeno uměle z ř. *stafylḗ* 'hrozen' (mikrob tvoří

stagnovat hroznovité shluky) a *kókkos* 'červec, jádro'. Srov. ↓*streptokok*.

stagnovat 'váznout, nepokračovat ve vývoji', *stagnace*. Podle moderních evr. jazyků (něm. *stagnieren*, fr. *stagner*) převzato z lat. *stāgnāre* 'být zaplaven, tvořit stojatou vodu' od *stagnum* 'stojatá voda, kaluž', vlastně tedy 'být jako stojatá voda'.

stáj, *stájový, ustájit*. Všesl. – p. *stajnia*, r. *stája* 'hejno, smečka', s./ch. *stȁja*, csl. *staja*. Psl. *staja je odvozeno od *stati 'stát', vlastně 'místo, kde stojí dobytek'. Srov. ↑*stádo*, ↓*stát*².

stalagmit 'krápník rostoucí zezdola vzhůru'. Uměle od ř. *stálagma* 'krůpěj', *stalagmós* 'kapání' a to od *stalássō* 'kapu', srov. ↓*stalaktit*.

stalaktit 'krápník rostoucí odshora'. Uměle od ř. *stalaktós* 'kapající', dále viz ↑*stalagmit*.

stálý, *stálost, stálice, ustálit*. Stč. *sstálý* od *sstáti* 'vytrvat, vydržet', viz ↑*s* a ↓*stát*².

stan, *stánek, stanovat, stanoviště, stanovit, stanovy, ustanovit, ustanovení*. Všesl. – p. *stan* 'stav, situace; stát', r. *stan* 'postava; tábor; stanoviště', s./ch. *stân* 'byt', stsl. *stanъ* 'tvrz, ležení'. Psl. *stanъ 'co stojí, stanoviště' je stejně jako sti. *sthā́na* 'stav, bydliště, místo', av., stper. *stāna-* 'místo' (odtud *Afghánistán, Kurdistán* ap.) pokračováním ie. **stā-no-*, původem příč. trp. od **stā-* 'stát'. Srov. ↓*stát*², ↓*stav*, ↑*stáj*.

standard 'obvyklá úroveň, ustálená podoba', *standardní, standardizovat, standardizace*. Z angl. *standard* (případně přes něm. *Standard*) tv., původně 'zástava, prapor', ze stfr. *estendard, estandart* tv. od *estendre* 'rozvinout' z lat. *extendere* 'roztáhnout, rozvinout' z ↑*ex-* a *tendere* 'napínat, natahovat'. Podle jiného výkladu však z frk. *standhard 'neochvějný,

pevný' ze *standan 'stát' a *hard 'pevný'. Každopádně se vliv angl. *stand* 'zastávka, pozice' projevil na vývoji významu v angl. Srov. ↓*standarta*.

standarta 'praporec; transparent'. Přes něm. *Standarte* 'praporec, zástava' ze stfr. *estendard* tv. (dále viz ↑*standard*).

stanice, *staniční*. Novější, u Jg jen ve dvou nejasných dokladech asi s významem 'standarta'. Jinak viz ↑*stan*, ↓*stát*.

staniol 'tenký cínový list'. Z něm. *Stanniol* z it. *stagnolo* tv. od *stagno* 'cín' z lat. *stagnum, stannum* 'cín'.

stanný (*stanné právo* 'výjimečné, přísné trestní právo'). Ve stč. 'rozhodnutí ve sporu, jestliže se protistrana nedostavila k soudu', pak asi vlivem něm. *Standrecht* 'právo vykonané na místě' (již u Jg).

stanout kniž. Od *státi* (1.os.přít. *stanu*), viz ↓*stát se*.

stanovit. Vlastně 'určit něčemu místo', viz ↑*stan*.

starat se, *starost, starostlivý, obstarat, postarat se, ustaraný*. Stč. i *starati* 'žádat, prosit'. Všesl. – p. *starać się*, r. *starát'sja*, s./ch. *stȁrati se*. Psl. **starati (sę)*, původně 'usilovat, trápit (se)', je asi příbuzné s lit. *starìnti* 'těžce dělat', lot. *starīgs* 'snaživý, usilovný', něm. *starr* 'tuhý, strnulý', angl. *stern* 'strohý, tvrdý, vážný', lat. *strēnuus* 'zdatný, rázný, horlivý', ř. *stereós* 'tvrdý, pevný, krutý', vše z ie. **ster-*, **strē-* 'být tuhý, tvrdý'. Není vyloučeno, že vzdáleně souvisí se *starъ (↓*starý*), ale bezprostřední souvislost není z významových důvodů pravděpodobná. Srov. i ↓*strádat*, ↓*strmý*.

starosta. Stč. *starosta* 'stařec, představený, náčelník'. Od ↓*starý*, srov. ↓*stařešina*.

starožitný, *starožitnost*. Viz ↓*starý* a ↓*žít*.

start, *startovní, startovné, startér, startovat, startovací, nastartovat, vystartovat.* Z angl. *start* tv. od slovesa *(to) start* 'vyrazit, dát se do pohybu, začít', původně 'trhnout sebou, vyskočit, vytrysknout'. Souvisí s něm. *stürzen* 'povalit, převrátit'.

starý, *stařičký, stáří, staroba, starobní, stařec, stařecký, stařík, stařena, stařenka, stárek, stárnout, zestárnout, přestárlý, zastarat, zastaralý, obstarožní.* Všesl. – p. *stary*, r. *stáryj*, s./ch. *stȁr*, stsl. *starъ*. Psl. *starъ je příbuzné s lit. *stóras* 'tlustý, silný', stisl. *stōrr* 'velký, významný', vše z ie. **stā-ro-*, odvozeniny od **stā-* 'stát' (srov. ještě sti. *sthirá-* 'pevný, nehybný'). Vývoj významu do slov. byl asi 'stálý, pevně stojící' → 'silný, vzrostlý, mohutný' → 'starý'. Srov. ↑*starosta*, ↓*stařešina*, ↓*stát*², ↑*starat se*.

stařešina '(rodový) náčelník; senior'. Přejato ze s./ch. *starèšina* tv., tam z psl. *starějьšina od *starějьši, což je druhý stupeň adj. *starъ (srov. *rada starších* ap.). Viz ↑*starý*, srov. ↑*starosta*.

stát¹, *státní, státnost, státník, státnický, státnice, zestátnit.* Podle moderních evr. jazyků (něm. *Staat*, fr. *état*, it. *stato*, angl. *state*) z pozdnělat. *status* 'stát, zřízení, poměry', lat. 'stav, poměry' (srov. *status rei publicae* 'ústava'), a to od *stāre* 'stát' (viz ↓*stát*²). Srov. ↓*status*, ↓*statut*.

stát², *stání, stoj, stojatý, stojka, stojan, dostát, obstát, obstojný, postát, prostát, přestát, ustát, vystát, nepřístojný.* Všesl. – p. *stać*, r. *stojat'*, sln. *státi*, s./ch. *stòjati*, stsl. *stojati*. Psl. *stojati (1.os.přít. *stojǫ) (B9) vychází z ie. přít. tvaru **stə-i̯e/o-*. Příbuzné tvary jsou v lit. *stóju* 'stojím' (inf. *stóti*), sthn. *stêt* 'stojí' (ze *stajiþ, inf. *stên*), osk. *staít* tv., lat. *stō* 'stojím' (ze **stāi̯ō*, inf. *stāre*), stir. *(ad)táu* 'jsem' (ze **stāi̯ō*), av. *stāya-* 'postavit', vše jsou to útvary od ie. **stā-* 'stát', od něhož je i lat. *sistere*

'postavit', ř. *hístēmi* 'stavím', sti. *tíšṭhati* 'stojí', av. *hištaiti* tv., toch. B *ste* 'je' aj. Viz i ↓*stát se*, srov. ↑*stan*, ↓*stav*, ↑*stáj*, ↑*stádo*, ↑*stálý*, ↓*stavět*, ↓*stejný*, ↓*stůl*.

stát se, **stávat se**, *dostat, nastat, přestat, přistát, ustat, vstát, vstavač, zastat.* Stč. i nezvratné *státi*, *stanu* 'stanout, postavit se; potrvat'. Všesl. – p. *stać*, r. *stat'*, s./ch. *stȁti*, stsl. *stati*. Psl. *stati (1.os.přít. *stanǫ) vychází z ie. **stā-* 'stát' (viz ↑*stát*²). Podobné *n*-ové rozšíření je ve stpr. *postānai* 'stane se' (inf. *postāt*), lat. *dē-stināre* 'určovat, stanovit' (viz ↑*destinace*), ř. *histánō* 'stavím', arm. *stanam* 'nabývám'. K dalšímu příbuzenstvu viz ↑*stát*².

stať '(odborný) článek'. Z r. *stat'já* tv., vlastně 'postoj, stanovisko', od *stat* 'postavit se' (viz ↑*stát se*, ↑*stát*²).

statečný, *statečnost*. Stč. 'udatný, silný, poctivý, dostatečný, vytrvalý'. Slk. *statočný* 'poctivý', p. *stateczny* 'usedlý, vážný, vytrvalý'. Od ↓*statek*.

statek, *statkář(ka), statkářský.* Stč. 'zboží, majetek, moc, podpora, užitek, zisk, podstata', p. *statek* 'stálost, dostatek, jmění, náčiní' (stp. 'dobytek'), r.d. *státok* 'dostatek; skot'. Psl. *statъkъ je odvozeno od *stati (viz ↑*stát se*) podobně jako *dobytъkъ od *dobyti. Podle Ma² byl původní význam právě 'dobytek', ale spíš lze vyjít z obecnějšího významu 'něco stálého, pevného, užitečného'. Srov. ↑*statečný*, ↑*stačit*.

statický 'nehybný, nejevící pohyb', *statičnost, statika* 'obor zabývající se rovnováhou sil v nepohybujících se tělesech', *statik.* Z ř. *statikós* 'stojící, postavený' od *statós* tv. od *hístēmi* 'postavím' (viz ↑*stát*²).

statista 'kdo vystupuje (na divadle ap.) v hromadných scénách', *statovat.* Z něm. *Statist*, utvořeného v 18. st. od lat. *status* 'stojící, postavený', což je příč. trp. od *stāre* 'stát' (viz ↑*stát*²).

statistika 'obor zabývající se číselnou charakteristikou hromadných jevů', *statistický, statistik*. Z něm. *Statistik*, případně nlat. *statistica*, původně 'nauka o státu', z něm.st. *Statist* 'státník' (it. *statista*, angl. *statist* tv.) od střlat. *status* 'stát' (viz ↑*stát*¹).

stativ 'stojan (fotoaparátu)'. Z něm. *Stativ* tv. od lat. *statīvus* 'stojící, stálý' a to od *status*, což je příč. trp. od *stāre* 'stát' (viz ↑*stát*²).

statný. Z r. *státnyj* tv. od *stat'* 'postavit se' (viz ↑*stát se*, ↑*stát*²). Srov. ↑*statečný*, ↑*postava*.

status 'stav, postavení'. Z lat. *status* tv. od *stāre* 'stát' (viz ↑*stát*²).

statut 'souhrn předpisů pro činnost nějaké instituce', *statutární*. Přejato (případně přes něm. *Statut* tv.) z pozdnělat. *statūtum* 'stanovy, řád, pravidla', což je zpodstatnělé příč. trp. od lat. *statuere* 'postavit, zřídit, ustanovit', jež souvisí se *stāre* 'stát' (viz ↑*stát*²).

stav, *stavový*. Stč. 'postavení, místo, stanoviště, příbytek, síla, postava'. P. *staw* 'rybník; kloub', r.d. *stav* 'řada polen, důlní čerpadlo, rám pily', s./ch. *stȁv* 'postoj, odstavec', csl. *stavъ* 'postavení'. Psl. **stavъ* od **stati* (viz ↑*stát*², ↑*stát se*).

stavět, *stavit, stavení, staveniště, stavba, stavební, stavebnice, stavebnina, stavbař, stavař, stavitel, stavitelský, stavitelství, stavivo, stavidlo, nastavit, nástavba, nadstavba, odstavit, postavit, přestavět, přestavba, představit (si), představit, přistavět, přístavek, přistavit, rozestavět, rozestavit, sestavit, sestava, ustavit, ústav, ústava, ústavní, vestavět, vestavba, vystavět, výstavba, vystavit, výstava, zastavět, zástavba, zastavit, zastávka* aj. Všesl. – p. *stawiać* 'stavět, budovat', r. *stávit'* 'stavět, dávat', s./ch. *stȁviti* 'postavit, položit'. Psl. **staviti* je kauzativum k **stojati* (↑*stát*²), znamená tedy 'způsobit, že něco stojí'. Nejblíže

má k lit. *stōvinti* 'postavit' vedle *stověti* 'stát', příbuzné je i angl. *stow* 'uložit, naložit, obsáhnout', něm. *stauen* 'zahradit', vše z ie. **stā-u-* od **stā-* 'stát'.

stávka, *stávkový*. Jen č. (odtud do sln.), srov. slk. *štrajk*. Od ↑*stavět*, vlastně 'zastavení práce'.

stáž 'studijní pobyt', *stážista, stážistka*. Z fr. *stage* tv. ze střlat. *stagium* tv. To bylo odvozeno od *stāre* 'stát' pod vlivem stfr. *estage* 'pobyt' (viz ↑*etáž*, ↑*stát*²).

stéblo. Stč. *stblo*. Všesl. – p. *źdźbło, ździebło*, r. *stébel'*, s./ch. *stáblo*. Psl. **stьblo* je příbuzné s lit. *stíebas* tv. 'stéblo, stonek', lot. *stiebrs* tv., *stiba* 'prut, hůl' i lat. *stipula* 'stéblo, sláma', ř. *stibás* 'stelivo, sláma', sti. *stibhi-* 'lata, keřík', vše z ie. **steib(h)-*, **steip-* 'stéblo, stonek, kůl'. Srov. ↓**zblo*.

steeplechase 'překážkový dostih; překážkový běh na 3000 m'. Z angl. *steeplechase* tv. ze *steeple* '(kostelní) věž, zvonice' od *steep* 'příkrý, vysoký' a *chase* 'hon, honba' z fr. *chasse* tv. od *chasser* 'honit' z vlat. **captiāre* od lat. *capere* 'chopit se, zmocnit se'. Původně bývala cílem závodu zdaleka viditelná věž ap.

steh, *stehovat, nastehovat, zastehovat, přistehovat, sestehovat*. P. *ścieg*, r. *stežók* tv., *stegát'* 'prošívat, štípat', csl. *ostegъ* 'oděv'. Psl. **stegъ* je příbuzné s angl. *stitch* 'steh', něm. *Stich* 'steh, píchnutí', *stechen* 'píchat', *sticken* 'vyšívat', lat. *īnstīgāre* 'popichovat', ř. *stígma* 'bodnutí', *stízō* 'bodám, tetuji' (A4). Jako ie. kořen se uvádí **(s)teig-*, **(s)tig-* 'bodat, píchat', slov. a některé germ. formy však ukazují na **(s)teg-*, jež možná vzniklo kontaminací se **(s)teg-* 'tyč, kůl', k němuž viz ↓*stožár*, ↓*stěžeň*.

stehlík. Všesl. – p. *szczygieł*, r. *ščegól*, s./ch. *štìglic* (zřejmě zpětné přejetí z něm.). Psl. **stegъlъ* je útvar

stehno — stereotyp

onom. původu, připomíná stehlíkův zpěv, který se zpodobňuje jako *styglit*. Něm. *Stieglitz* je spíš přejetí ze slov. než samostatně tvořený útvar z téhož onom. základu.

stehno, *stehýnko, stehenní*. P. *ścięgno* 'šlacha', r.st. *stegnó*, ch. *stègno*, stsl. *stegno*. Psl. **stegno* nemá jednoznačný výklad. Snad lze spojit s lot. *stega* 'pyj', sthn. *stehho* 'klacek, kůl, tyč', lat. *tignum* 'trám, kláda', arm. *ťakn* 'kyj, klacek', vše od ie. **(s)teg-* 'kůl, tyč, kyj, trám' (viz ↓*stožár*, ↓*stěžeň*). K významu srov. např. něm. *Keule* 'kyj' i 'kýta'.

stěhovat (se), *stěhovavý, nastěhovat (se), odstěhovat (se), přestěhovat (se), přistěhovat (se), vystěhovat (se)*. Jen č., ve stč. i *stěžiti* 'stěhovat, dopravovat, táhnout'. Psl. **stěg-* (z ie. **stoigh-*) je asi ablautová varianta k **stig-* (ie. **steigh-*), o němž viz ↓*stíhat*, ↓*stezka (B6)*. Nejblíže se zdá být lot. *staigāt* 'jít, ubírat se' (srov. spojení *tautu staigāšana* 'stěhování národů') (Ma2).

stejk 'rychle pečený řízek masa'. Z angl. *steak* tv., jež je přejato ze skand., srov. stisl. *steik* tv., *steikja* 'péci na rožni'. Souvisí s angl. *stick* 'hůl, klacek', *(to) stick* 'napíchnout'.

stejný, *stejnost*. Jen č., až od 17. st. Zkrácením z *jednostejný* (stč. *jednostajný*), vlastně 'stojící jako jeden'. Srov. ↑*stát2*, ↑*stáj*, ↑*stálý*.

stejšn 'dodávkové auto'. Z angl. *station-wagon* tv. ze *station* 'stanoviště, služební pobyt, stanice' (srov. ↓*štace*) a *wagon* 'vůz, vagon' (srov. ↓*vagon*).

stélka 'tělo rostlin nemajících cévní svazky (hub ap.)'. Asi od *stélé* 'soubor cévních svazků ve stonku', což je učené přejetí z ř. *stélé* 'sloup, pilíř'.

stěna, *nástěnný, nástěnka, přístěnek, zástěna, ostění*. Všesl. – p. *ściana*, r. *stená*, ch. *stijéna* 'skála, zeď', stsl. *stěna*. Psl. **stěna* se obvykle spojuje s gót. *stains* 'kámen', něm. *Stein*, angl. *stone* tv., dále je asi příbuzné lit. *stìngti* 'tvrdnout, mrznout', lot. *stingrs* 'tvrdý, pevný', ř. *stía* 'kamínek', sti. *styāyate* 'srážet se, stávat se tvrdým', vše od ie. **stei-*, **stī-* 'stávat se kompaktním, tvrdnout'. Psl. **stěna* tedy mohlo znamenat 'co je ztvrdlé', původně se totiž stěny dělaly z větví a proutí a zpevňovaly se blátem či hlínou. Srov. ↓*štěnice*.

sténat, *zasténat, sten*. Z r. *stenát'*, dále viz ↓*stonat*.

steno- (ve složeninách) 'těsný, úzký'. Z ř. *stenós* tv. Srov. ↓*stenografie*, ↓*stenotypista*.

stenografie 'těsnopis', *stenografický, stenograf(ka)*. Viz ↑*steno-* a ↑*-graf*.

stenotypista 'kdo přepisuje těsnopisný záznam na psacím stroji', *stenotypistka*. Viz ↑*steno-* a ↓*typografie*.

step, *stepní*. Přejato z r. *step'* či ukr. *step*, jehož původ se vykládá různě. Slovo proniklo i do západoevr. jazyků, přičemž angl. *steppe* je doloženo už u Shakespeara.

stepovat 'vyklepávat rytmus podrážkami střevíců s plíšky'; ob. 'postávat, chodit sem a tam', *step*. Z angl. *step* 'udělat krok, kráčet, tančit', jež asi souvisí s naším ↓*stoupat*, ↓*stopa*.

stereo- (ve složeninách) 'týkající se prostoru'. Z ř. *stereós* 'tuhý, tvrdý, pevný', pak i 'prostorový'. Srov. ↓*stereofonní*, ↓*stereotyp*.

stereofonní 'umožňující prostorový vjem zvuku přenosem z několika zdrojů', *stereofonie*. Viz ↑*stereo-* a ↑*-fon*.

stereometrie 'geometrie prostorových útvarů'. Viz ↑*stereo-* a ↑*geometrie*.

stereotyp 'navyklý, ustálený způsob konání něčeho', *stereotypní*. Přeneseně z odborného významu 'tisková deska odlitá vcelku ze sazby' přejatého přes

sterilní 602 **stín**

něm. *Stereotyp* z fr. *stéréotype* tv., utvořeného koncem 18. st. z ř. *stereós* 'pevný, tvrdý' (viz ↑*stereo-*) a *týpos* 'úder, ráz, forma, charakter' (viz ↓*typ*), vlastně tedy 'pevná forma'.

sterilní 'prostý choroboplodných zárodků; neplodný', *sterilita, sterilizovat, sterilizace, sterilizační*. Přes něm. *steril* z fr. *stérile* tv. a to z lat. *sterilis* 'jalový, neplodný'. Význam 'prostý zárodků' se vyvinul až ve 20. st.

steroid 'skupina látek vyskytujících se v živých organismech (některé vitaminy, hormony ap.)'. Od *sterol*, jež je zkráceno z ↑*cholesterol*, viz i ↑*stereo-* a ↑*-oid*.

stetoskop 'lékařský přístroj k poslechu ozev a šelestů'. Neoklasická složenina (19. st.) na základě ř. *stēthos* 'prsa, nitro' a ↑*-skop*.

stevard 'kdo obsluhuje na lodi či v letadle', *stevardka, stevardský*. Z angl. *steward* tv., původně 'správce, majordomus, dozorce', ze stangl. *stigweard, stīw(e)ard* ze *stig* 'chlév, kotec' (dnes *sty* tv.) a *weard* 'strážce', tedy vlastně 'kdo dohlíží na domácí zvířata'. Srov. ↑*lord*.

stezka. P. *ścieżka*, r.st. *stezjá* (r.d. *stegá*), sln. *stezà*, s./ch. *stȁza*, stsl. *stьza*. Psl. **stьdza* ze **stьga (B1)* odpovídá lot. *stiga* 'průsek, stezka', dále je příbuzné stisl. *stigr* 'stezka', něm. *Steig* tv., *Stiege* 'schody', alb. *shteg* 'stezka', ř. *stíchos* 'řada, šik', vše od ie. **steigh-* 'stoupat, jít', k němuž viz dále ↓*stíhat*.

stěžejní 'hlavní, základní'. Přeneseně od *stěžej* 'pevná část dveřního či okenního závěsu' podobně jako ↑*kardinální*. P. *na ścież(aj)* 'dokořán', sln. *stežȃj*, s./ch. *stežàjica*. Psl. **stežajь* úzce souvisí se **stežerъ* (viz ↓*stěžeň*, ↓*stožár*), je to vlastně kůl, na němž je připevněna veřej; zakončení slova možná právě vlivem ↓*veřej* (Ma2).

stěžeň. Ve starší č. i *stežeň* 'tyč uprostřed stohu'. Obměnou přípony od psl. **stežerъ*, viz ↓*stožár*.

stěžovat si, *stížnost*. V tomto významu jen č. Přeneseně od ↓*tíže*, ↓*těžký*.

stigma 'stopa po ráně na Kristově těle; znamení'. Z ř. *stígma* 'bodnutí, vpálené znamení' od *stízō* 'bodám, tetuji, vpaluji znamení'. Srov. ↑*steh*.

stihnout, *stíhat, stíhací, stíhačka, stíhač, stíhatelný, dostihnout, dostih, postihnout, postih, postižený, předstihnout, předstih, přistihnout, vystihnout, výstižný, zastihnout*. Všesl. – p. *(do)ścignąć*, r. *dostígnut', dostíč'*, sln.d. *stígniti*, s./ch. *stȉgnuti, stȉći* 'stihnout, přijet, přijít, vystačit'. Psl. **stignǫti* (původně **stigti) (B3)* 'přijít, dospět, dostihnout' je příbuzné s lot. *steigt* 'spěchat', lit. *steĩgti* 'založit, zřídit', gót. *steigan* 'stoupat', něm. *steigen* tv., stir. *tíagaim* 'kráčím, jdu', ř. *steíchō* 'stoupám, ubírám se', sti. *stighnóti* 'stoupá', vše od ie. **steigh-* 'stoupat, kráčet'. K dalším souvislostem viz ↑*stezka*, srov. i ↑*stěhovat*.

stimulovat 'povzbuzovat, podněcovat', *stimulace, stimul*. Z lat. *stimulāre* 'podněcovat, pobádat' od *stimulus* 'bodec, osten; pobídka', jež souvisí se *sting(u)ere* 'bodat, píchat' i *īnstīgāre* 'popichovat' (srov. ↑*steh*).

stín, *stinný, stínový, stínítko, stínit, nastínit, nástin, odstínit, odstín, zastínit, stínovat, stínování, stínovaný*. Všesl. – slk. *tieň*, dl. *seń*, p. *cień*, ukr. *tin'*, r. *ten'* (r.d. *sten'*), sln. *sênca*, ch. *sjȅna*, b. *sjánka*, stsl. *stěnь, sěnь*. Za výchozí podobu je třeba pokládat **sěnь*, které lze spojit s lot. *seja* 'tvář, profil, obrys', sthn. *scīn* 'světlo' (něm. *Schein* tv.), střhn. *scheme* 'stín', alb. *hyje* tv., ř. *skiá* 'stín, přízrak', per. *sāya* 'stín', sti. *chāyā*, toch. B *skiyo* tv., vše od ie. **skāi-*, **skī-* 'tlumeně prosvítat; stín' *(A1,B2)*. Problém je se slov. tvary na

stínat 603 **stonek**

st- a *t-*. Lze uvažovat o tabuových obměnách násloví *(D4)*, snad tu mohlo působit přiklonění k psl. **tьma, tьmъnъ* (↓*tma*), případně i **stěna* (↑*stěna*) (HK).

stínat. Viz ↑*s* a ↓*tít*.

stipendium 'peněžitá studijní podpora', *stipendijní, stipendista, stipendistka*. Z lat. *stipendium* 'plat, daň, žold', střlat. 'peněžní podpora', z lat. *stips* 'peníz, příspěvek, výtěžek' a *pendere* 'vážit, odvažovat'. Srov. ↑*penze*, ↑*spíž*.

stlát, *stelivo, ustlat, vystlat, vystýlka, zastlat, nastlat, rozestlat, postel, přistýlka*. P. *słać*, r. *stlat'*, sln. *stláti*, stsl. *postьlati*. Psl. **stьlati* (1.os.přít. *stel'ǫ*) asi souvisí s lot. *tilāt* 'být rozprostřen (k sušení)', lat. *lātus* 'široký', arm. *aṙa-stał* 'střecha', vše od ie. **stel-* 'prostírat'. Starý druhotvar je asi v ie. **ster-* tv. (viz ↓*-střít*).

sto, *stý, stovka, sterý*. Všesl. – p., r. *sto*, s./ch. *stô*, stsl. *sъto*. Psl. **sъto* se vyvinulo zřejmě přes předsl. **kutom* (asi redukce při rychlém počítání, při pravidelném vývoji bychom totiž dostali psl. **sęto*) z ie. **(d)kṃtom* (A1,A7), z něhož je i lit. *šim̃tas*, gót. *hund*, něm. *Hundert*, stir. *cét*, bret. *kant*, lat. *centum*, ř. *hekatón*, av. *satəm*, sti. *śatám*, toch. B *känte* tv. Ie. tvar se vykládá pronikavým zkrácením spojení **dekṃ dkṃtóm* 'deset desítek' (viz ↑*deset*).

stodola. Stejně jako p. *stodoła* přejato ze sthn. *stadal* tv. (dnes *Stadel*). Původní význam germ. slova byl 'místo, kde se shromažďuje dobytek k dojení', jak ukazuje stisl. **stoḍull* tv., východiskem je ie. **stā-, *stə-* 'stát'. Srov. ↑*stáj*, ↑*stádo*.

stoh. Všesl. – p. *stóg*, r. *stog*, s./ch. *stôg*, stsl. *stogъ*. Psl. **stogъ* odpovídá stisl. *stakkr* tv., původní význam je 'vysoký kůl, kolem něhož se kupilo seno'. Dále je příbuzné angl. *stake* 'kolík, hranice (dřeva)', lat. *tignum* 'trám, kláda', arm. *t'akn* 'kyj, klacek',

vše od ie. **(s)teg-, *(s)tog-* 'kůl, tyč, trám'. Viz i ↓*stožár*, ↑*stehno*, ↑*stěžeň*, ↑*stěžejní*.

stoik 'stoupenec starořecké filozofické školy; klidný, vyrovnaný člověk', *stoický*. Přes moderní evr. jazyky z ř. *stoïkós* 'stoupenec filozofické školy *stoá*'. Tato škola aténského filozofa Zenóna (přelom 4. a 3. st. př. Kr.) hlásající duševní vyrovnanost za všech okolností byla pojmenována podle sloupové síně nazývané *stoá poikílē* (ze *stoá* 'sloupoví, sloupová síň' a *poikílos* 'pestře zdobený'), kde se její přívrženci scházeli.

stoka. Viz ↑*s* a ↓*téci*.

stolice 'židle, trůn; lidské výkaly', *stolička*. Viz ↓*stůl*. Ve významu 'lidské výkaly' podle něm. *Stuhl* tv. vedle 'stolička, židle', ze složeného *Stuhlgang* 'vylučování stolice', původně vlastně *Gang zum Stuhl* 'chůze na stoličku (tj. na záchod)'.

stomatologie 'nauka o chorobách ústní dutiny a zubů', *stomatologický, stomatolog*. Z moderních evr. jazyků, kde jde o novou sloučeninu z ř. *stóma* (gen. *stómatos*) 'ústa' a ↑*-logie*.

stonat, *stonavý, rozstonat se, odstonat, prostonat, zastonat*. Stč. *stonati* 'sténat, vzdychat, naříkat', ještě u Jg jako základní význam; až díky přejetí ↑*sténat* z r. došlo k vyhranění přeneseného významu 'být nemocný'. Hl. *stonać*, r. *stenát', stonát'*, s./ch. *stènjati*, stsl. *stenati*. Psl. **stenati* (**stonati* je asi druhotné od subst. **stonъ*) je příbuzné s lit. *steněti*, lot. *stenēt*, stangl. *stenan*, něm. *stöhnen* tv., ř. *sténomai* 'vzdychám, naříkám', sti. *stánati* 'hřmí, rachotí', vše z ie. **(s)ten-* 'hřmět, hučet, sténat'.

stonek. Stč. 'pařez', přeneseně i 'hloupý člověk'. Jen č., od psl. **sъtęti* 'setnout' (viz ↑*s* a ↓*tít*), podobně jako je např. *spona* od **sъpęti* 'sepnout' *(A6, B7)*.

stop subst., citosl., *stopovat, stopnout, stopky, stopař(ka)*. Z angl. *stop* 'stůj, stát' i 'zastavení, zastávka' od slovesa *(to) stop* 'zastavit, zabránit, ucpat', jež souvisí s niz. *stoppen* tv., něm. *stopfen* 'ucpat, cpát'. Germ. slova jsou asi přejata z vlat. **stuppāre* 'ucpat (koudelí)' od lat. *stuppa* 'koudel' z ř. *stýppē* tv.

stopa, *stopový, stopovat, stopař, stopařský*. Všesl. – p. *stopa*, r. *stopá*, s./ch. *stòpa*, stsl. *stopa*. Psl. **stopa* je příbuzné s lit. *stāpas* 'pilíř', lit.st. *stapýtis* 'zůstat stát na místě', lze jej odvodit z nedoloženého **stepti*, z něhož pak bylo odvozeno **stǫpiti* (↓*stoupat*). Blízkost něm. *Stapfe* 'stopa, šlépěj' nelze přeceňovat – něm. slovo stejně jako angl. *step* 'krok' musí být z ie. kořene **steb-*, zatímco slov. ze **step-* (dále viz ↓*stoupat*).

stopka 'tenká část rostlin nesoucí plod či květ'. Jen č., nejasné. Srovnává se s r. *stěbka* 'prut' od *stebát* 'švihat', možná by pak souviselo se ↑*stéblo*.

storno 'zrušení (objednávky ap.)', *stornovat*. Z it. *storno* tv. od *stornare* 'zrušit' ze *s-* (z lat. ↑*ex-*) a *tornare* 'obracet' z lat. *tornāre* 'obracet, kroutit' od *tornus* 'soustruh' z ř. *tórnos* 'kružidlo, osa'. Srov. ↓*tornádo*, ↓*turnaj*, ↓*túra*.

story hov. 'historka, příběh'. Z angl. *story* tv. a to přes stfr. (normanské) *estorie, storie* z lat. *historia* 'historie, pověst' (viz ↑*historie*).

stoupa 'jednoduché zařízení na drcení materiálu'. Všesl. – p. *stępa*, r. *stúpa*, s./ch. *stùpa*. Psl. **stǫpa (B7)* je přejato z pgerm. **stampa-* (stangl. *stampe*, něm. *Stampfe* tv.), které souvisí s ř. *stémbō* 'dusám, tluču', obojí z ie. **stemb-* 'dusat, drtit', které souvisí s kořenem, z něhož je i ↓*stoupat*, ↑*stopa*. Srov. i ↓*štempl*.

stoupat, *-stoupit, stoupání, stoupavý, stoupenec, stupátko, nastoupit, nástup, nástupní, obstoupit, odstoupit, odstup,* *odstupné, postoupit, postup, postupný, postupový, podstoupit, prostoupit, přestoupit, přestup, přestupní, přestupný, přestupový, přestupek, předstoupit, přistoupit, přístup, přístupný, rozestoupit se, sestoupit, sestup, sestupný, sestupový, ustoupit, ústup, ústupový, vstoupit, vstup, vstupní, vystoupit, výstup, výstupní, zastoupit, zástup, zástupný, zástupce* aj. Všesl. – p. *stąpać*, r. *stupát'*, s./ch. *stúpati*, stsl. *stǫpati*. Psl. **stǫpati, *stǫpiti* je asi odvozeno od nedoloženého **stepti* (1.os.přít. **stepǫ*), od něhož je i **stopa* (↑*stopa*) a **stepenь* (↓*stupeň*). Příbuzné je lit.st. *stapýtis* 'zůstat stát', *stàptelėti* (vedle *stàbtelėti*) 'náhle se zastavit', *stìpti* (1.os.přít. *stimpu*) 'zcepenět, ztuhnout (mrazem)', vše od ie. **ste(m)p-* 'stoupnout, zadržet, ztvrdnout, podepřít'. Další příbuzenstvo je od ie. varianty **ste(m)b-* (angl. *step* 'vstoupit, kráčet', ř. *stobéō* 'tupím' srov. i ↑*stoupa*), případně **ste(m)bh-* (lit. *stabdýti* 'zastavit', lot. *stabs* 'pilíř, sloup', sti. *stabhnāti* 'podpírá, zadržuje'), všechny tyto kořeny zřejmě souvisejí s ie. **stā-* 'stát'.

stožár. Stč. *stěžér, stěžír, stěřez*. Hl. *sćežor* 'tyč ve stohu sena', r. *stožár* tv. (r.-csl. *stežer* tv.), sln. *stožêr* 'jádro, střed, stěžej', stsl. *stežerъ* 'opora, stěžej'. Psl. **stežerъ, *stožerъ, *stožarъ* má formálně nejblíže k lit *stāgaras* 'suchý stvol, suchá větev', jsou to útvary od ie. **(s)teg-* 'kůl, tyč'. K tomu viz dále ↑*stoh* a srov. ↑*stěžejní*, ↑*stěžeň*, ↑*stehno*.

strádat, *strádání, postrádat*. Všesl. – p. *postradać* 'ztratit' (odtud č. *postrádat*), r. *stradát'*, s./ch. *strádati*, stsl. *stradati*. Psl. **stradati* je pokračováním předsl. **(s)trōd-*, což je rozšíření ie. **ster-* 'tvrdý, tuhý', k němuž viz ↑*starat se*. Srov. ↓*strast*, ↓*strach*.

strach, *strachovat se, strašný, strašlivý, strašák, strašidlo, strašidelný, strašit, odstrašit, postrašit, přestrašený,* *ustrašený, vystrašit, zastrašit*. Všesl. – p., r. *strach*, s./ch. *strâh*, stsl. *strachъ*. Psl. *strachъ se obvykle vykládá z ie. *strōg-so či **strōk-so-* (A8), původní význam by byl 'ztuhnutí, strnutí'. První podobu lze spojit s lit. *strĕgti* 'zcepenět, zmrznout', stangl. *strec* 'tuhý, strnulý, pevný', druhou s psl. *strĕkti 'ztvrdnout' (stsl. *strĕkati* 'bodat, pobízet'), s nímž by mohlo být příbuzné chet. *ištark(k)iįa* 'onemocnět'. V každém případě by byly oba tvary rozšířením ie. **ster-* 'tuhý, tvrdý', k němuž viz ↑*starat se*, ↑*strádat*.

straka, *stračí*. Všesl. – p. *sroka*, r. *soróka*, s./ch. *svrȁka*, csl. *svraka*. Psl. **sorka (B8)* odpovídá lit. *šárka*, stpr. *sarke* tv., dále se srovnává se sti. *śārikā* 'indická straka'. V č. je vložené *-t-* a rovněž *-v-* v některých slov. jazycích se považuje za sekundární, i když někteří rekonstruují výchozí *svorka, jemuž prý odpovídá alb. *sorrë* 'vrána'. Východiskem je asi ie. **ker-* 'černý, tmavý' (A1), lze však pomýšlet i na palatalizovanou variantu onom. kořene **ker-*, který je v lat. *corvus* 'havran', ř. *kórax* tv. i našem ↑*krákorat*. Srov. ↓*strakatý*, ↓*strakapoud*.

strakapoud. Slk. *strakopud*, *strachopud*, r. *sorokopúd*, sln. *srakopêr*, s./ch.st. *s(v)rakoper*, všude 'ťuhýk'. Složenina z psl. *sorka (↑*straka*) a *poditi (↑*pudit*), resp. v jsl. *pьrati (↑*prát (se)*), tedy vlastně 'kdo odhání, pronásleduje straky', podle představy, že ťuhýci se v době hnízdění odvažují útočit i na straky (Ma²). V č. přeneseno na datlovitého ptáka lid. etym. k ↓*strakatý* (u Jg *strakopoud* v obojím významu).

strakatý. P. *srokaty*, ukr. *sorokátyj*. Od ↑*straka* podle nápadného černobílého zbarvení. Srov. ↑*strakapoud*.

stráň. Stč. *stráně* z psl. *storn-ja od *storna (viz ↓*strana*).

strana, *stranou, stránka, stránkovat, stranový, straník, stranický, stranictví, stranit, odstranit, postranní, ústraní*. Všesl. – p. *strona*, r.d. *storoná* 'země, kraj', s./ch. *strána* 'strana, cizina', stsl. *strana* 'země, kraj, strana'. Psl. **storna (B8)* je odvozeno od ie. **ster-* 'prostírat (se), šířit (se)', k němuž viz i ↓*-střít*, ↑*prostor*. Původně tedy 'co se rozprostírá', srov. sthn. *stirna* 'čelo' (něm. *Stirn*), wal. *sarn* 'podlaha', ř. *stérnon* 'prsa', chet. *ištarn(a)-* 'střed'.

strast, *strastný, soustrast, soustrastný*. R. *strast'* 'zápal, vášeň', s./ch. *strâst* tv., stsl. *strastь* 'utrpení, vášeň'. Psl. *strastь z předsl. **strād-ti- (A5)* vychází ze stejného základu jako *stradati (↑*strádat*).

strašit. Viz ↑*strach*.

strategie 'umění vést válku; způsob plánování, řízení ap. směřující k dosažení cíle', *stratég, strategický*. Z ř. *stratēgíā* 'velení, velitelské umění' od *stratēgós* 'velitel, vojevůdce, místodržící' a to ze *stratós* 'tábor, vojsko, lid' a odvozeniny od *ágō* 'vedu, ženu, řídím'. Srov. ↑*demagog*, ↑*agonie*.

stratifikace 'rozvrstvení'. Ze střlat. *stratificatio* z pozdnělat. *strātum* 'vrstva' (lat. 'prostřená pokrývka, dláždění'), jež souvisí s naším ↓*-střít*, a lat. *-ficātiō* od *facere* 'dělat' (viz ↑*-fikace*).

stratosféra 'vrstva zemského ovzduší'. Viz ↑*stratifikace* a ↑*sféra*.

strava, *strávník, stravenka, stravitelný, stravovat se, stravovací, stravovna*. Od *strávit*, viz ↑*s* a ↓*trávit*.

stráž, *strážný, strážní, strážnice, strážník, strážce, strážit, nastražit, nástraha, ostraha, ostražitý, ustrážit, výstraha, výstražný*. Všesl. – p. *straż* 'stráž, hlídka', strož 'strážce, hlídač', r. *stórož* 'hlídač', s./ch. *strâža* 'stráž', stsl. *stražь* 'strážce', *straža* 'stráž'. Psl. *storžь 'strážce' (k tomu kolektivum

storža *(B8)* je odvozeno od **stergti* 'hlídat, čekat', dále viz ↓*střežit*.

strčit. Viz ↓*strkat*.

strdí zast. 'med'. P.st. *stredź*, str. *strъdь, stredь*, sln. *strd*, csl. *strъdъ*. Psl. **strъdь/*strъdъ* nemá jasný původ. Vyjdeme-li z psl. **strъdь* a dále z ie. **k̂rudi-* (A1), odpovídalo by slovo přesně pgerm. **hruti-* (A4), doloženému ve střniz. *rōte, röte* 'plást medu'. Příbuzné by dále bylo něm. *Ross(e)*, niz. *raat* tv., další souvislosti však jsou temné (přejetí z předie. substrátu?).

streptokok 'mikroorganismus vyvolávající infekce', *streptokokový*. Uměle z ř. *streptós* 'točený, pletený; řetěz' (tvoří řetízkové shluky) od *stréfō* 'otáčím, kroutím, pletu' (srov. ↓*strofa*, ↓*stroboskop*) a *kókkos* 'jádro, červec'. Srov. ↑*stafylokok*.

streptomycin 'druh antibiotika'. Podle toho, že je obsažen v některých plísních rodu *Streptomyces*, viz ↑*streptokok* a ↑*mykologie*.

stres 'soubor podnětů nadměrně zatěžujících organismus', *stresový, stresovat (se)*. Z angl. *stress* tv., vlastně 'tlak, důraz, napětí', zkráceno z *distress* 'úzkost, nouze, neštěstí' a to přes stfr. *destrece* z vlat. **districtia* od lat. *distringere* 'roztahovat, napínat, trápit' z ↑*dis-* a *stringere* (příč. trp. *strictus*) 'svírat, trápit'. Srov. ↓*striktní*.

striktní 'strohý, přísný'. Podle něm. *strikt* z lat. *strictus* 'sevřený, úsečný, přísný, přesný', což je původem příč. trp. od *stringere* 'svírat, stahovat'. Srov. ↑*stres*.

striptýz '(taneční) výstup pro diváky s postupným svlékáním oděvu', *striptér(ka)*. Z angl. *strip-tease* tv., složeného ze *strip* 'stáhnout, svléknout' a *tease* 'škádlit, drážditʼ.

strkat, *strčit, strk, strkanice, nastrčit, odstrčit, postrčit, podstrčit, prostrčit,* *přistrčit, vstrčit, vystrčit, zastrčit, zástrčka*. Stč. *strkati* i 'shazovat, srážetʼ. Hl. *storčić* 'udeřit', ukr. *storčáty* 'trčetʼ, sln. *štŕkati* 'bičovat, tepatʼ. Psl. **stъrkati, *stъrčiti* souvisí s **tъrkati, *tъrčiti* (viz ↓*trkat*, ↓*trčet*). Srov. i str. *strěkati* 'bodatʼa ↓*střeček*.

strmý, *strmět*. P. *stromy*, r.d. *strëmyj* 'hbitý, drzý', s./ch. *str̂m*, stsl. *strъmъ*. Psl. **strъmъ* a od něj odvozené **stromъ* (viz ↓*strom*) nejspíš souvisí s něm. *stramm* 'tuhý, přímý, rázný' (srov. ↓*štramák*), niz. *stram* 'ztuhlý, upjatý', ř. *sterémnios* 'tvrdý', vše jsou to útvary od ie. **(s)ter-* 'tuhý, tvrdý'. K významu srov. ↓*trčet*.

strnad, *vystrnadit*. P. *trznadel*, r. *strenátka*, sln. *strnâd*. Psl. **strьnadъ* nemá jistý původ. Obvykle se vychází z onom. základu a spojuje se s lit. *stárta*, lot. *stērste* tv. *Vystrnadit* prý podle chování řevnivých samců při hnízdění (Jg).

strniště, *strnisko*. P. *ściernisko*, r.d. *stern'*, s./ch. *str̂n(j)īšte*, csl. *strьnь* 'strniště, stébloʼ. Psl. **stьrnъ* se spojuje s **tьrnъ* (viz ↓*trn*) (A5), kde jsou další souvislosti.

strnulý, *strnulost*. Viz ↓*trnout*.

stroboskop 'zařízení vrhající přerušované světlo', *stroboskopie*. Nově z ř. *strobós* 'otáčení, převracení, měnění' od *stréfō* 'otáčím, obracím, měnímʼ (srov. ↑*streptokok*, ↓*strofa*) a ↑*-skopʼ.

strofa 'slokaʼ. Přejato (případně přes něm. *Strophe*) z lat. *stropha* tv. a to z ř. *strofē* 'obrat, otáčeníʼ, zvláště 'otáčení či tanec chóru v divadleʼ, z toho pak 'píseň zpívaná při tanci' a 'spojení veršů v jeden metrický celekʼ, od *stréfō* 'otáčím, obracímʼ. Srov. ↑*apostrof*, ↑*katastrofa*, ↑*streptokok*, ↑*stroboskop*.

strohý, *strohost*. Přejato v 19. st. z r. *strógij*, které se vykládá z psl. **strogъ*, jež se srovnává s něm. *stracks* 'přímo, rovnou', nor. *strak(k)* 'tuhý, přímýʼ,

stroj 607 **struma**

lit. *strěgti* 'zcepenět, zmrznout', vše od ie. **streg-* ze **ster-* '(být) tuhý, tvrdý'. Srov. ↑*strach,* ↑*strmý.*

stroj, *strojní, strojový, strojník, strojnický, strojnictví, strojovna, strojírna, strojař, strůjce, strojit, strojený, nastrojit, nástroj, odstrojit, postroj, podstrojovat, přestrojit, přístroj, sestrojit, ustrojit, ústrojný, ústrojí, vystrojit, výstroj.* P. *strój* 'kroj, ladění', r. *stroj* 'zřízení; stavba; ladění; útvar', s./ch. *strôj* 'řada, formace' (význam 'mašina' z č.), stsl. *stroi* 'správa, zařízení'. Psl. **strojь* nemá zcela jisté příbuzenstvo. Obvykle se spojuje s lit. *strajà* 'slámou pokrytý chlév', ie. východiskem by bylo **(s)ter-* 'prostírat se' (viz ↓*-stříť*), od něhož je mj. i významově blízké lat. *struere* 'skládat, stavět, chystat'.

strom, *stromek, stromeček, stromový, stromoví, stromovitý.* V tomto významu jen č. Stč. spíš *dřěvo* (jeho ekvivalenty v tomto významu i v jiných slov. jazycích), zatímco *strom* znamenalo i 'stěžeň'. Původně 'co strmí do výšky', srov. p. *strom* 'sráz'. Jinak viz ↑*strmý.*

stroncium 'reaktivní prvek příbuzný vápníku'. Z nlat. *strontium* podle skotského města *Strontian,* v jehož okolí byl prvek koncem 18. st. objeven.

strop, *stropní, zastropit.* P.st. *strop,* r. *strop* 'půda, krov', ch. *strôp,* stsl. *stropъ.* Psl. **stropъ* lze nejspíš spojit se stisl. *hróf* 'střecha', angl. *roof* tv., ie. východiskem by bylo **krapo-, *krāpo-* (A1) (ve slov. vkladné *-t-*), další souvislosti nejasné.

strouha, *stružka.* P. *struga,* r.d. *strúgá* 'hluboké místo v řece, kaluž ve vyschlé říčce', sln. *strúga,* stsl. *struga* 'vlnění, tok'. Psl. **struga* je odvozeno od ie. **sreu-* 'téci', od něhož je i lit. *srovė* 'tok', *sraumuõ* 'nejrychlejší, střední tok řeky', angl. *stream* 'proud', něm. *Strom* tv., stir. *sruaimm* 'řeka', ř. *rhéō* 'teču', sti. *srava-* 'tok'. Srov. ↑*ostrov,* ↑*rýma.*

strouhat, *strouhaný, strouhanka, struhadlo, nastrouhat, ostrouhat, rozstrouhat, soustruh.* Všesl. – p. *strugać,* r. *strogát'* (r.d. *strugát'*), sln. *stŕgati* 'škrabat', *strūgati* 'strouhat', s./ch. *strúgati,* stsl. *strъgati.* Psl. **strъgati* (1.os.přít. *strugǫ,* od toho nový inf. **strugati*) je příbuzné se stisl. *strjūka,* strýkja 'hladit, stírat', nor. *strukk* 'hoblík', něm. *straucheln* 'klopýtat' a asi i ř. *streúgomai* 'jsem utrápen', vše od ie. **streug-* 'hladit, strouhat', což je rozšíření ie. **ster-* 'pruh, rýha, střela'. Srov. ↓*střihat,* ↓*střela.*

stroužek. Původně *strouček* (Jg) jako zdrobnělina k *struk,* o němž viz ↓*stručný.* Přikloněno k ↑*strouhat,* jakoby 'co je ustrouhnuto'.

stručný, *stručnost, zestručnit.* Jen č., původně 'hutný, notný, jadrný' (Jg) přeneseně z 'bohatý na struky' (*stručný hrách*) od *struk* 'lusk, stroužek (česneku ap.)'. Všesl. – p. *strąk,* r. *stručók,* s./ch. *strûk* 'lodyha, stonek'. Psl. **strъkъ,* původně 'tvrdá část rostliny', se asi vyvinulo z **strunko-*, nazalizované podoby ie. **streuk-*, z něhož je i lit. *striùkas* 'krátký', varianta **streug(h)-* je v isl. *strūga* 'hrubý, ježatý', angl. *struggle* 'namáhat se, bojovat', vše od ie. **(s)ter-* 'tvrdý, tuhý'. Srov. ↑*stroužek,* ↓*struk.*

struk 'protáhlý orgán s vývodem mléčných žláz, cecík'. Přeneseně podle tvaru od *struk* 'lusk' (viz ↑*stručný*).

struktura 'způsob uspořádání', *strukturní, strukturální, strukturalizovat, strukturalizace, strukturalismus.* Z lat. *structūra* 'stavba, složení' od *struere* (příč. trp. *structus*) 'skládat, stavět, kupit'. Srov. ↑*konstrukce,* ↑*destrukce,* ↑*stroj.*

struma 'vole, zvětšená štítná žláza'. Z lat. *strūma* tv., jež asi vzdáleně souvisí se ↑*struk.*

struna, *strunka, strunný, strunový, struník, strunatec*. Všesl. – p. *struna*, r. *struná*, s./ch. *strùna*, stsl. *struna*. Psl. **struna*, původně asi 'žíně, tětiva, šlacha', je snad odvozeno od ie. **streu- (B2)*, což je rozšíření ie. **ster-* 'pruh, rýha, pramen, střela'. Srovnatelné je něm. *Strieme* 'pruh, proužek', *Strähne* 'pramen, chomáč (vlasů)'. Srov. ↓*střela*.

strup, *stroupek, strupatý, strupovitý*. P., r. *strup* tv., sln. *strûp* 'jed', s.d. *strûp* 'lupy', stsl. *strupъ* 'rána, strup'. Psl. **strupъ* nemá jednoznačný výklad. Nabízí se srovnání s lot. *strups* 'krátký, tupý', střdn. *strūf* 'drsný, hrubý', něm. *struppig* 'rozježený', ř. *stryfnós* 'kyselý, pevný', vše od ie. **streup-, *streub(h)-* od **ster-* 'tuhý, tvrdý'. Druhou možností je srovnání s ř. *rhýpos* 'nečistota, špína', pak by bylo východiskem ie. **sr(o)up-* 'nečistota (na těle), strup'.

struska 'odpad při tavení rud', *struskový*. U Jg *strůska*, vedle toho i *trůska, troska*, viz ↓*troska*.

strýc, *strýček*, hov. *strejda*. P. *stryj*, r.d. *stroj, stryj*, s./ch. *strîc*, csl. *stryi, stryicь*. Psl. **stryjь, *stryjьcь (B9)*, původně 'strýc z otcovy strany' (srov. ↓*ujec*), se srovnává s lit. *strūjus* 'stařec, děd', stir. *sruith* 'starý, ctihodný', východiskem je ie. **stru-* 'starý, ctihodný'. Druhou, hláskoslovně složitější možností je vyjít z psl. **strъjь* a dále z ie. **pətruio-* 'otcův' (viz ↑*páter*, skupina *pt* dává někdy ve slov. *st*), které je i v lat. *patruus* 'otcův bratr', příbuzné je dále ř. *pátrōs*, sti. *pítr̥vya-* tv. i něm. *Vetter* 'bratranec' (střhn. *veter* i 'otcův bratr').

strychnin 'prudce jedovatý rostlinný alkaloid'. Z fr. *strychnine*, které bylo v 19. st. utvořeno od ř. *strýchnon, strýchnos*, což je název rozličných rostlin, mj. i jistého asijského keře, v jehož semenech je alkaloid obsažen.

strž. Od *strhnout*, viz ↓*trhat*.

střádat, *střadatel, střádal, nastřádat*. Jen č., nepříliš jasné. Vzhledem k tomu, že ve starších dokladech jsou podoby *strádati* (Jg), dá se předpokládat etym. totožnost se ↑*strádat*. Vývoj významu by pak byl 'postrádat, trpět nedostatkem' → 'šetřit něčím' → 'šetřit, spořit'. Srov. např. doklad *An chleba strádají, trunečku* (tj. 'napití, zapití') *příhodného ... nemají*. Změna *r>ř* je možná expr., snad lze uvažovat i o vlivu ↓*šetřit*.

střapatý, *střapec, střapeček*. Viz ↓*třepit*.

střeček 'moucha, jejíž larvy cizopasí v těle různých savců', *střečkovat* 'jančit (o dobytku)'. R. *strëk*, s./ch. *štr̂k(alj)*. Od psl. **strěkati* 'bodat' (str. *strěkati* tv.), souvisí se ↑*strkat*, ↑*trkat*.

střed, *střední, středový, středisko, středník, prostředek, prostřední, prostředí, ústřední, ústředna, výstřední, soustředit (se), soustředění, odstředivý, odstředivka* aj. P. *śródek*, r. *seredína*, ch. *srijéda*, s. *sréda*, stsl. *srěda*. Psl. **serda, *serd-* (B8, v č. vkladné *-t-*) je stejné jako lit. *šerdìs* tv. odvozeno od ie. **kerd-* 'srdce, střed' (*A1*), k němuž viz dále ↑*srdce*. Srov. ještě od stejného základu i ir. *croidhe* 'srdce, střed', wal. *craidd* 'střed'.

středa. Všesl. Asi zavedeno až v křesťanské době podle něm. *Mittwoch*, vlastně 'střed týdne'. Dále viz ↑*střed*.

střeh. Viz ↓*střežit*.

střecha, *stříška, střešní, přístřeší, přístřešek, zastřešit*. Všesl. – p. *strzecha*, r. *strechá* 'slaměná střecha', s./ch. *strèha* tv., stsl. *strěcha*. Psl. **strěcha* 'slaměná střecha' se obvykle vykládá z ie. **stroig-sā (A8,B2)*, jež má blízko k lit. *strìegti* 'pokrývat střechu slámou', *strìegė* 'slaměná krytina'. Budou to asi odvozeniny od ie. **ster-* 'prostírat'. Srov. ↓*střít*, ↑*stroj*.

střechýl kniž. 'rampouch'. Asi od ↑*střecha*.

střela, *střelný, střelba, střelec, střelkyně, střelecký, střelectví, střelnice, střelivo, střelka, střílna, střelit, střílet, nastřelit, ostřelovat, ostřelovač, ostřílený, postřelit, prostřelit, přestřelit, rozstřílet, ustřelit, vstřelit, vystřelit, výstřel, zastřelit* aj. Všesl. – p. *strzała*, r. *strelá*, ch. *strijéla* 'šíp, blesk', stsl. *strěla*. Psl. *strěla odpovídá lit.d. *strėlà*, lot. *strēle* 'paprsek, úzký pruh země vybíhající do moře', sthn. *strāla* 'střela, šíp', něm. *Strahl* 'paprsek', vše z ie. *strē-lā* 'střela, šíp, paprsek' od *ster- 'pruh, rýha, střela'. Vzhledem k nápadně shodné podobě balt.-slov.-germ. slov se někdy uvažuje o vzájemných výpůjčkách, ale genetická příbuznost je pravděpodobnější.

střemhlav přísl. Z r. *stremgláv*, srov. i stsl. *strьmoglavь* 'hlavou dolů', dále viz ↑*strmý* a ↑*hlava*.

střemcha 'ozdobný strom či keř s bílými květy'. Slk. *črcmcha*, p. *trzemcha*, r. *čerëmucha*, sln. *črěmha*, s./ch.d. *sremša, sremza* aj. Psl. *čermъcha (B8,C3)* je příbuzné s lit. *šermùkšnis* 'jeřáb', lot. *sērmūkslis* tv., východiskem je ie. *kerm-, *kerm-(A1)*, které jinak v ie. jazycích označuje česnekovité a cibulovité rostliny – r. *čeremšá* 'divoký česnek', lit. *kermùše*, stangl. *hramsan* tv., stir. *crim* 'česnek', ř. *krém(m)yon (króm(m)yon)* 'druh cibule'. Snad přeneseno na strom podle výrazného aroma – květy střemchy voní po hořkých mandlích.

střenka. Všesl. – p. *trzon(ek)*, r. *čerenók*, s./ch. *crèn*. Psl. *čerпъ (B8, C3)* nemá jistý původ. Blízko stojí lit. *kriaũnos* (pl.), wal. *carn*, sti. *kárnas* tv., srov. i sln.st. *křnec* 'druh nože' a č.st. *krně* 'čepel' (Jg). Ie. východisko nejisté. Srov. ↓*třeň*, ↓*třenový*.

střep, *střípek, střepina, střepinka*. Všesl. – slk. *črep*, p. *czerep* (z ukr.) 'střep, skořápka, lebka', r. *čérep* 'lebka', ch. *crijêp* 'taška na střeše', csl. *črěpъ* 'hliněná střepina'. Psl. *čerpъ (B8,C3)* je příbuzné se stpr. *kerpetis* 'střep, lebka', něm. *Scherbe* 'střep', sti. *karpara-* 'střep, lebka', vše z ie. *(s)ker-p-* od *(s)ker-* 'řezat, sekat'. Původní význam byl '(hliněný) střep, něco rozbitého', z toho pak 'hliněná nádoba, střešní taška' a konečně i 'lebka'. K posunu 'střep, nádoba' → 'lebka' srov. lat. *testa* 'střep, nádoba', fr. *tête* 'hlava'.

střetat se, *střet, střetnutí*. R. *vstrečát'(sja)* 'potkávat (se)', s./ch. *srètati (se)* tv. Psl. (i stsl.) původně *sъrěsti (1.os.přít. *sъręt'ǫ)* ze *sъ-(↑s)* a *-rěsti. Příbuzné je lit.st. *surésti* 'uchopit, chytit', základem obojího je ie. *ųrē-t-* od *ųer-* 'najít, vzít', od něhož je i stir. *fúar* 'vynalezl jsem', ř. *heurískō* 'nacházím', arm. *gerem* 'beru, loupím'. Srov. ↓*vstříc*, ↓*ústrety*.

střevíc, *střevíček*. Všesl. – p. *trzewik*, r.d. *čerevík*, sln. *čêvelj*, s./ch.d. *crevlja*, stsl. *črěvii*. Psl. *červьjь (B8,C3)* se považuje za příbuzné s *červo* (↓*střevo*), obojí je z ie. *(s)ker-ų-* 'co je odřezáno', tedy vlastně 'co je uděláno z odřezané kůže'. K významu srov. ↓*škorně*.

střevle 'drobná potoční ryba'. Slk. *čerebľa*, p.d. *strzewla*. Nejspíš od ↓*střevo*, snad je správná domněnka, že slovo původně označovalo rybu hořavku (p. *szczebla*, ukr. *čerevucha*), jejíž samičky mají v době rozmnožování dlouhé červovité kladélko, které vypadá jako visící střevo (Ma[2]).

střevlík 'druh brouka'. Preslův novotvar (původně *střevlec*) za lat. *Carabus*, které se ve starších pramenech objevuje též s českým ekvivalentem 'střevle, pulec'. Viz ↑*střevle*.

střevo, *střívko, střevní*. Všesl. – slk. *črevo*, p. *tzrewo*, r.d. *čerévo* 'břicho' (str. *čerevo* 'břicho, kůže z břicha'), ch. *crijévo*, s. *crévo*, stsl. *črěvo* 'břicho'. Psl. **červo (B8,C3)* je pokračováním ie. **(s)ker-u̯o* od **(s)ker-* 'řezat, sekat', tedy původně asi 'co je vyříznuto ze zvířecího břicha' (srov. str. význam a ↑*střevíc*). S jinou příp. je příbuzné stpr. *kērmen* 'břicho'.

střežit, *střeh, postřehnout, postřeh*. Od staršího č. *stříci* (1.os.přít. *střehu*), srov. p. *strzec*, r. *steréč'*, ch. *strijéći*, s. *stréći*, stsl. *strěšti*. Psl. **stergti (B3,B8)* nemá jistý původ. Významově se mu rovná lit. *sérgėti*, ale vkladné *-t-* (vzhledem k tomu, že je i v r. tvaru, kde k němu není důvod) těžko ospravedlníme. Formálně blízké je ř. *stérgō* 'miluji, mám zalíbení' – i kdybychom však předpokládali společný výchozí význam 'starostlivě dohlížet, chovat', další souvislosti chybějí. Někdy se počítá s kontaminací *(D3)* s jiným ie. kořenem **(s)teg-* 'pokrývat'. Nelze vyloučit ani výklad z ie. **(s)terg-* 'být tuhý, strnulý' (vlastně 'strnule, nehybně hledět'), srov. lit. *strėgti* 'cepenět, tuhnout', něm. *stark* 'silný' i ↑*strach*. Dále srov. ↑*stráž*.

stříbro, *stříbrný, stříbřitý, stříbřit, postříbřit*. Všesl. – p. *srebro*, r. *serebró*, s./ch. *srèbro*, stsl. *sьrebro*. Psl. **sьrebro* souvisí s lit. *sidābras*, lot. *sidrabs*, stpr. *siraplis* a gót. *silubr*, něm. *Silber*, angl. *silver* tv. Původ slova není jasný, nelze ani rekonstruovat výchozí podobu. Nejspíš jde o prastarou balt.-slov.-germ. výpůjčku z nějakého predie. jazyka, možná přes neznámého prostředníka z asyr. *šarpu-* tv. Dosti podobné je i bask. *zilar* tv.

střída 'měkká část chleba'. Slk. *striedka*. Vlastně 'střed, prostředek', dále viz ↑*střed*.

střídat, *střídání, střídavý, střídnice, střídačka, vystřídat, prostřídat*. Slk. *striedať*, r. *čeredovátʹ*. Odvozeno od stč. *střieda* 'třída, řád; střídání'. Všesl. – p. *trzoda* 'stádo, zástup', r. *čeredá* 'řada,

pořadí', ch.d. *čréda* 'stádo, řada', stsl. *črěda* 'řada, stádo'. Psl. **čerda (B8, C3)* odpovídá gót. *haírda* 'stádo', něm. *Herde* tv., sti. *śardha-* 'stádo, zástup', vše z ie. **kerdhā, *kerdhā* 'řada, stádo' *(A1,B1)*, od něhož je i lit. *(s)keŕdžius* 'pastýř' a stpr. *kērdan* (ak.) 'čas' (vlastně 'řada dní, měsíců atd.'). Vývoj významu k našemu 'střídat' pochopíme ze staršího předložkového spojení *po střídě*, vlastně 'po řadě, po skupinkách' (např. chodit na stráž), odtud význam 'střídání' a nové sloveso. Viz i ↓*třída*.

střídmý, *střídmost*. Stč. *střiedmý, středmý* 'střední, prostřední'. Jen č. Vlastně 'umírněný, prostředně žijící'. Viz ↑*střed*, ↑*střída*.

střihat, *střihnout, stříhání, stříhací, střižený, střih, střihač(ka), stříhárna, střižna, odstřihnout, odstřižek, prostřihnout, prostřih, přestřihnout, přistřihnout, rozstřihnout, sestřihat, sestřih, ustřihnout, ústřižek, vystřihnout, výstřih, výstřižek, vystřihovánky, zastřihnout, zástřih, postřižiny* aj. Stč. i *stříci*, 1.os.přít. *střihu*. Všesl. – p. *strzyc*, r. *strič'*, s./ch. *strȉći*, stsl. *strišti*. Psl. **strigti (B3)* je příbuzné se stpr. *strigli* 'bodlák', něm. *streichen* 'hladit, třít, škrtnout', angl. *strike* 'udeřit', lat. *stringere* 'svírat, soužit, škrábat', vše od ie. **streig-* 'udeřit, obdělávat ostrým nástrojem' *(B2)*. Příbuzné je ↑*strouhat*.

stříkat, *stříknout, stříkací, stříkaný, stříkanec, střik, stříkačka, ostříknout, ostřikovač, postříkat, postřik, rozstříknout se, ustříknout, vystříknout, výstřik*. P. *strzykać*, sln. *štŕkati*, s./ch. *strcati*. Psl. snad **strikati, *strьkati*, možná onom. původu, sln. výraz však naznačuje souvislost se ↑*strkat*. Srov. ↓*tryskat*.

střílet. Viz ↑*střela*.

-střít *(obestřít, prostřít, prostírání, prostěradlo, předestřít, předstírat, rozprostřít, zastřít, zástěra, zástěrka)*.

P. *-strzeć*, r. *-sterét'*, ch. *-strijeti*, s. *-strēti*, stsl. *prostrěti*. Psl. **sterti (B8)* je příbuzné se stir. *sernim* 'roztahuji', lat. *sternere* 'prostírám, rozkládám', alb. *shtrij* tv., ř. *stórnými* 'prostírám, ustýlám', sti. *starati* 'stele', vše z ie. **ster-* 'prostírat, stlát'. Srov. ↑*strana*, ↑*prostor* i ↑*stlát*.

střízlík 'druh ptáka'. Ve starší č. i *stříž*, *střížek*, *strížík* aj. (Jg). P. *strzyżik*, r. *striž* 'břehule', sln. *stržek*, s. *strêž*, csl. *strižь* 'králíček'. Psl. **strižь* je příbuzné s lat. *strīx* 'sova', ř. *strínx* tv., *trízō* 'cvrkám, praskám, pištím', vše od ie. onom. základu **(s)treig-*.

střízlivý, *střízlivost*, *střízlivět*, *vystřízlivět*. Stč. *střiezvý*. Všesl. – slk. *triezvy*, p. *trzeźwy*, r.d. *terëzvyj* (r. *trézvyj* z csl.), s. *trézan*, stsl. *trězvъ*, *trězvьnъ*. Psl. **terzvъ (B8)* je nejspíš pokračováním ie. **ters-u̯o-* 'suchý, nepijící, žíznivý' od **ters-* 'suchý', od něhož je i něm. *dorren* 'schnout, vyprahnout', *Durst* 'žízeň', angl. *thirst* tv., stir. *tart* 'žízeň', lat. *torrēre* 'sušit', ř. *térsomai* 'suším se', sti. *tr̥šú-* 'žádostivý, prahnoucí'. K významu srov. např. angl. *dry* 'suchý, žíznivý' i 'abstinentský'.

stud. P. *ostuda* 'nastuzení, znechucení, hanba', r. *styd* 'hanba', sln. *stûd* 'hnus', s./ch. *stûd* 'mráz, chlad', *stîd* 'hanba', stsl. *studъ* 'hanba'. Psl. **studъ*, **stydъ* 'hanba, hnus' je přes význam 'nepříjemný pocit' přeneseno z původního 'chlad, mráz' (viz ↓*studený*). K podobnému posunu srov. ↑*mráz* a ↑*mrzet*. Srov. i ↓*stydět se*, ↓*stydnout*.

studený, *studenost*, *studit*, *studivý*, *nastudit se*, *zastudit*. R.d. *studěnyj* 'ledový', s./ch. *stùdan*, stsl. *studenъ*. Psl. **studenъ* je vlastně příč. trp. od nedochovaného slovesa, z něhož je odvozeno **studiti*. Nemá přesvědčivý výklad. Spojuje se s gót. *stautan* 'strčit', lat. *tundere* 'tlouci, tepat' (srov. i ↓*studovat*), alb. *shtynj* 'tluče', sti. *tudáti* tv., vše od ie. **(s)teu-d-* od

*(s)teu- 'tlouci', od něhož je s jiným formantem i ř. *stýx* 'nenávist, chlad', *stýges* (pl.) 'ledový chlad' s podobným významovým posunem 'tlouci' → 'studit'. Srov. ↓*stydnout*, ↓*stydět se*.

studio 'místnost pro přípravu pořadů, úpravu filmů ap.'. Přes něm. *Studio* z it. *studio* 'ateliér, pracovní místnost', původně 'studium, umění', z lat. *studium* 'snaha, zájem, záliba, studium' (viz ↓*studovat*).

studna, *studánka*, *studnice*, *studniční*, *studnař*. Všesl. – p. *studnia*, r. *studeněc*, s./ch. *studénac*. Souvisí se ↑*studený*, vlastně 'zdroj studené vody'.

studovat, *studující*, *student(ka)*, *studentský*, *studentstvo*, *studium*, *studijní*, *studie*, *studovna*. Z lat. *studēre* (přech. přít. *studēns*) 'zabývat se, snažit se, studovat', jež se vykládá z ie. **(s)teud-* 'tlouci', s významovým posunem k 'zaměřit se na něco, cílit'. Srov. ↑*studený*.

stuha, *stužka*. Stč. *vztuha*, *stuha* 'řemínek, pás', p. *wstęga* 'stuha, pásek', r.st. *stuga* 'proužek, něco k vázání', sln. *stôgla* 'řemínek (zvláště k zavazování střevíců)'. Psl. **sъtǫga*, původně 'řemínek na přitahování obuvi k noze', je odvozeno od **sъtęgnǫti* 'stáhnout, přitáhnout' (viz ↑*s* a ↓*táhnout*). Srov. ↓*tuhý*.

stůl, *stolek*, *stoleček*, *stolní*, *stolový*, *stolec*, *stolař*, *stolovat*, *stolování*, *nastolit*. Všesl. – p. *stół*, r. *stol*, ch. *stôl*, s. *stô*, stsl. *stolъ* 'stůl, stolec, trůn'. Psl. **stolъ* je příbuzné s lit. *stãlas*, stpr. *stalis* tv., lot. *stali* 'tkalcovský stav', něm. *Stuhl* 'stolice, stolička, tkalcovský stav', angl. *stool* 'stolička, stolec, podstavec', vše z ie. **stə-lo-*, **stā-lo* 'podstavec, stojan' od *stā-* 'stát'. Srov. ↑*stolice*, ↑*stát*.

stulík 'druh vodní byliny se žlutými květy'. Presl vytvořil od *stulit (se)* (viz ↓*tulit se*) podle toho, že na noc 'stulí', zavře květ.

stupeň, *stupínek, stupnice, stupňovitý, stupňovat, odstupňovat, vystupňovat.* P. *stopień*, r. *stépen'*, s./ch. *stúpanj*, stsl. *stepenь*. Psl. asi **stepenь* (ostatní podoby jsou druhotné) od nedoloženého **stepti* 'stoupnout (si)', k němuž viz dále ↑*stopa,* ↑*stoupat.*

stupidní 'hloupý, pitomý', *stupidnost, stupidita.* Z lat. *stupidus* tv. (případně přes něm. *stupid*), jež souvisí s lat. *stupēre* 'být zaražen, nehýbat se'.

stvol 'stonek'. Přejato z r. *stvol* tv., jež je příbuzné s dl. *stwól* 'planá petržel', s./ch. *cvòlika* 'rozpuk, bolehlav', csl. *stvolъ* 'stonek, stéblo', *stvolije* 'kopřiva', *cvolь* 'list'. Vše je asi od psl. **stьbolъ*, jež souvisí se **stьblo* (viz ↑*stéblo*).

stvůra. Od *stvořit*, viz ↑*s* a ↓*tvořit*. Co do významu srov. ↑*potvora* a také ↑*nestvůra*.

stydět se, *stydlivý, stydký, zastydět se.* P. *wstydzić (się)* 'hanbit (se)', r. *stydít'sja*, s./ch. *stídeti se*, stsl. *styděti se.* Psl. **styděti (sę)* je asi odvozeno od **studъ* (↑*stud*) (-y- je z *-ū- (B5)*), dále srov. ↑*studený,* ↓*stydnout.*

stydnout, *vystydnout, prostydnout, zastydnout, zastydlý.* Viz ↑*studený*, srov. ↑*stud* a ↑*stydět se*.

stýkat se, *styk, styčný.* Viz ↑*s* a ↓*týkat se.*

styl, *stylový, stylovost, stylista, stylistika, stylistik, stylistický, stylizovat, stylizovaný, stylizace, stylizační.* Přes moderní evr. jazyky (něm. *Stil*, fr. *style*) z lat. *stilus, stylus* 'psaní, způsob psaní, sloh', původně 'pisátko, rydlo'.

stýskat se. Viz ↓*teskný*, srov. ↑*stesk*.

sub- předp. Z lat. *sub* 'pod', jež souvisí s ř. *hypó* (↑*hypo-*). Někdy dochází ke spodobě *-b* s následující souhláskou. Srov. ↓*subjekt*,

↓*subordinace,* ↓*substance,* ↓*subvence,* ↓*sufix,* ↓*sugerovat,* ↓*suspendovat.*

subjekt 'jedinec, činitel; podmět', *subjektový, subjektivní, subjektivita, subjektivismus.* Ze střlat. *subiectum* tv., vlastně 'ležící pod, základní', což je původem příč. trp. od lat. *subicere* 'podhazovat, podkládat, podrobit' ze ↑*sub-* a *iacere* 'házet'. Srov. ↑*objekt.*

sublimovat 'přecházet z pevného skupenství v plynné', *sublimace.* Z pozdnělat. *sublīmāre* 'zvedat do výše, povyšovat' (ve středověku alchymistický termín v dnešním významu) od *sublīmis* 'do výše se vznášející, vysoký', jehož další původ není zcela jistý. Druhá část asi souvisí s *līmen* 'práh', *līmes* 'hranice, stezka', v první části je ↑*sub-*, ale výklad významu je problematický.

subordinace 'podřízenost'. Ze střlat. *subordinatio* ze ↑*sub-* a lat. *ōrdinātiō* 'řazení, uspořádání' od *ōrdināre* 'řadit, pořádat' a to od *ōrdō* (gen. *ōrdinis*) 'řada, pořádek'. Srov. ↑*ordinace.*

subreta 'operetní zpěvačka'. Z fr. *soubrette* tv. (také 'komorná, pokojská') z prov. *soubreto, soubret* 'afektovaný, kdo dělá drahoty' od *soubra* 'nechávat stranou, nevšímat si' z lat. *superāre* 'přecházet, převyšovat' od *super* 'nahoře, shora'. Srov. ↓*super-.*

subskribovat 'zavazovat se k odběru (novin, vydané knihy ap.)', *subskripce, subskripční.* Z lat. *subscrībere* 'podepsat, souhlasit' ze ↑*sub-* a *scrībere* 'psát'. Srov. ↓*transkripce,* ↑*skripta.*

substance 'základ, podstata; látka', *substanční.* Z lat. *substantia* 'podstata, obsah', v pozdní lat. i 'materiál, látka', od *substāns*, což je přech. přít. od *substāre* 'stát pod, být základem' ze ↑*sub-* a *stāre* 'stát'. Srov. ↓*substantivum*, ↑*instance,* ↑*konstantní.*

substantivum 'podstatné jméno', *substantivní*. Z lat. *substantīvum* tv. od *substantia* 'podstata' (viz ↑*substance*).

substituce 'nahrazení, zastoupení', *substituční, substituovat*. Z lat. *substitūtiō* tv. od *substituere* 'postavit pod, dosadit' ze ↑*sub-* a *statuere* 'postavit, zřídit, ustanovit' od *stāre* 'stát'. Srov. ↑*restituce,* ↑*konstituce,* ↑*instituce,* ↑*prostituce*.

substrát 'základ jako nositel určitých vlastností, podklad', *substrátový*. Přes něm. *Substrat* tv. z lat. *substrātum*, což je původem příč. trp. od *substernere* 'podestřít, podestlat' ze ↑*sub-* a *sternere* 'prostírat, rozkládat'. Srov. ↑*konsternovat*.

subtilní 'útlý, jemný', *subtilnost*. Podle něm. *subtil* z lat. *subtīlis* 'tenký, jemný, přesný' ze ↑*sub-*, druhá část asi souvisí s lat. *tēla* 'tkanina, látka', tedy původně asi 'jemně tkaný'.

subvence 'podpora (z veřejných prostředků)', *subvenční, subvencovat*. Přes něm. *Subvention* tv. z pozdnělat. *subventiō* 'přicházení na pomoc, pomoc' od lat. *subvenīre* 'přijít na pomoc, pomáhat' ze ↑*sub-* a *venīre* 'přijít'. Srov. ↑*konvence,* ↑*prevence,* ↑*invence*.

sud, *soudek, sudový*. Všesl. – p.d. *sǫdek*, r. *sosúd* 'nádoba', s./ch. *sûd* 'nádoba, sud', stsl. *sǫsǫdъ* 'větší nádoba'. Psl. *sǫdъ, **sъsǫdъ (B7)*, původně 'co je sestaveno (z více dílů)', se vyvinulo z ie. **som-dho-* od **som-dhē-* 'složit, dát dohromady' ze **som-* 's, dohromady' (viz ↑*s,* ↑*sou-*) a **dhē-* 'položit, dělat' (viz ↑*dít se*). Srov. ↑*soud,* ↓*sudý*.

sudlice 'středověká bodná zbraň s hrotem a dvěma postranními háky'. R. *súlica* 'kopí', sln. *sûlica*, s./ch. *sùlica* tv. Psl. *sudlica se vykládá od nedoloženého *sudlo či *sudla, což by bylo jméno nástoje (srov. *mýdlo, rydlo* ap.) od základu, který je v **sunǫti,* *suvati (viz ↓*sunout*), původně 'vrážet, házet'.

sudý. Jen č. a sln. *sôd*. Psl. *sǫdъ je pokračováním ie. **som-dho-* 'složený (ze dvou dílů)', odtud 'dělitelný na dvě části' (srov. sti. *saṁdha* 'sdružený'), ze **som-* 's, dohromady' (viz ↑*s,* ↑*sou-*) a **dhē-* 'položit, dělat' (viz ↑*dít se*). Srov. ↑*sud,* ↑*soud* i ↓*úd,* ↓*záda,* ↑*nad*.

sufix 'přípona'. Přes něm. *Suffix* tv. z lat. *suffīxum*, což je původem příč. trp. od *suffīgere* 'přibít, přidat' ze ↑*sub-* a *fīgere* 'připevňovat, přibíjet'. Srov. ↑*prefix*.

sufražetka zast. 'bojovnice za politická práva žen'. Z angl. *suffragette* tv. od *suffrage* 'volební hlas, volební právo' z lat. *suffrāgium* 'hlas, volební právo, soud' (*suffrāgārī* 'hlasovat, přimlouvat se') ze ↑*sub-* a základu příbuzného s lat. *fragor* 'lomoz, rachot', *frangere* 'lámat, rozbít, zdolat'.

sugerovat 'vnucovat někomu myšlenku působením na jeho vůli, myšlení ap., namlouvat', *sugesce, sugestivní, vsugerovat*. Z lat. *suggerere* (příč. trp. *suggestus*) 'vemlouvat, našeptávat, donášet', původně 'podnášet, podkládat, poskytovat', ze ↑*sub-* a *gerere* 'nést, mít v sobě, chovat'. Srov. ↑*gerundium,* ↑*gesto*.

suchý, *suchost, sušit, sušený, sušenka, sušina, sušák, sušárna, suchar, nasušit, osušit, osuška, usušit, vysušit*. Všesl. – p. *suchy*, r. *suchój*, ch. *sûh*, s. *sûv*, stsl. *suchъ*. Psl. *suchъ odpovídá lit. *saũsas*, lot. *sauss*, ř. *haûos* z ie. **sauso-* tv. *(A8, B2)* od ie. **saus-* 'sušit', od něhož je i angl. *sear* 'suchý, zvadlý', sthn. *sōrēn* 'schnout, vadnout', lat. *sūdus* 'suchý', alb. *thaj* 'suším', ř. *haúō* tv., av. *haos-* 'vysušit', *huška-* 'suchý', sti. *śúṣyati* 'suší se, vadne'.

suita. Viz ↓*svita*.

suk, *souček, sukovitý, sukovice*. Všesl. – p. *sęk*, r. *suk*, ch. *suk* 'poleno, tříska, kus dřeva', b. *săk* 'pařez', stsl. *sǫkъ* 'tříska'. Psl. *sǫkъ 'větev, pahýl'

(B7) se spojuje s lit. *àt-šanka* 'klika', wal. *cainc* 'větev', sti. *śankú-* 'ostrý kolík, klín', vše z ie. **kank- (A1)*, což by byla nazalizovaná varianta kořene **kak-*, který je v lit. *šakà* 'větev', sti. *śākhā* tv., *śákala-* 'tříska'. Srov. ↑*socha*.

sukně, *sukýnka, suknička, sukňový, sukničkář, sukničkářský*. Všesl. – p. *suknia* '(ženské) šaty', r.d. *súknja* 'šaty', sln. *súknja* 'kabát', s./ch. *sȕknja* 'sukně'. Psl. **sukn'a* je odvozeno od **sukno* (↓*sukno*), původní význam byl 'ze sukna ušitý oděv'.

sukno 'vlněná tkanina s matně lesklým povrchem', *soukenný, soukeník*. Všesl. – p. *sukno*, r. *suknó*, s./ch. *súkno*, stsl. *sukno*. Psl. **sukno* je odvozeno od slovesného základu, který je v psl. **sukati* (viz ↑*soukat*). Původní význam byl asi 'tkanina ze soukané vlny'. Srov. ↑*sukně*.

sůl, *solný, slaný, slánka, solnička, solit, solený, nasolit, osolit, posolit, přesolit, přisolit, vsolit, vysolit, zasolit*. Všesl. – p. *sól*, r. *sol'*, ch. *sôl*, s. *sô*, stsl. *solь*. Psl. **solь* je příbuzné s lot. *sāls*, něm. *Salz*, angl. *salt*, stir. *salann*, lat. *sāl*, ř. *háls*, arm. *ał*, toch. A *sāle* tv., sti. *salilá-* 'slaný', vše od ie. **sal-*, *sāl-* 'sůl'. Podobný kořen je i v uralských jazycích (fin. *suola*), snad jde o příbuznost v rámci tzv. nostratické prarodiny. Srov. ↑*slanina*, ↑*sladký*.

sulc hov. 'huspenina', *sulcovatý, sulcovatět*. Z něm. *Sulz* (také *Sulze*, *Sülze*) tv., jež souvisí střídáním kořenné samohlásky *(A6)* se *Salz* (viz ↑*sůl*). Původní význam byl 'slaná voda, nálev', srov. k podobnému vývoji i ↑*rosol*.

sulfát 'síran', *sulfit* 'siřičitan', *sulfid* 'sirník'. Novodobá odvozenina od lat. *sulphur* (původně *sulpur*) 'síra', jež asi souvisí se stangl. *swef(e)l*, něm. *Schwefel* tv. Dále nejasné.

sultán 'panovník v islámských zemích', *sultánský, sultanát*. Přes moderní evr. jazyky (něm. *Sultan*) z tur. *sultan* z ar. *sulṭān* tv., doslova 'vláda', a to z aram. *šulṭānā* 'moc, vladař'.

suma 'částka, součet', *sumární*. Z lat. *summa* tv. (již ve střední č.), vlastně 'hlavní věc, nejvyšší místo' (Římané sčítali odspoda nahoru). Lat. *summa* je zpodstatnělý tvar ž. r. adj. *summus* 'nejvyšší, konečný, nejdůležitější', což je 3. stupeň k *superus* 'horní, vrchní' (srov. ↓*super-*). Srov. i ↓*summit*, ↓*sumírovat (si)*.

sumec, *sumeček*. Stč. *sum, som*. Všesl. – p. *sum* (stp. i *som*), r. *som*, s./ch. *sȍm*. Psl. **somъ* odpovídá lit. *šāmas*, lot. *sams* tv., dále se spojuje s ř. *kamasḗn* 'jakási ryba', což ukazuje na ie. **kamo-*. Dále nejasné, spojení s ie. **kam-* 'palice, tyč, hůl' (ř. *kámax* 'tyč') lze sotva mít za přesvědčivé.

sumírovat (si) zast. hov. 'dávat (si) dohromady'. Z něm. *summieren* 'sečíst, shrnout' ze střlat. *summare* tv. od *summa* (viz ↑*suma*).

summit 'schůzka státníků na nejvyšší úrovni'. Z angl. *summit(-meeting)* tv. ze *summit* 'vrchol, nejvyšší úroveň' a to z fr. *sommet* tv., což je zdrobnělina stfr. *som, son* tv. ze zpodstatnělého lat. adj. *summus* 'nejvyšší' (viz ↑*suma*).

sumka 'pouzdro na náboje'. Z r. *súmka* 'kabela, brašna, vak' a to přes p.st. *suma, sumka* ze střhn. *soum* 'náklad (který unese jeden soumar)' (viz ↑*soumar*).

sundat. Viz ↑*s* a ↑*-ndat*.

sunout, *sun, nasunout, odsunout, odsun, odsuvný, posunout, posun, posunek, posuvný, podsouvat, přesunout, přesouvat, přisunout, přísun, sesouvat (se), sesuv, vsunout, vysunout, zasunout, zásuvný, zásuvka* aj. Všesl. – p. *sunąć*, r. *súnut'* 'strčit, dát', sln. *súniti* 'šťouchnout, vrazit', s./ch. *súnuti* 'vrhnout se, nalít', csl. *sunǫti* 'hodit', *suvati* 'strkat, hnát'. Psl. **sunǫti*, **suvati* jsou zřejmě odvozeniny od nedoloženého **suti*, jež se spojuje s lit. *šáuti* 'střílet, vrazit, sázet do pece', lot. *šaut* (vedle *saut*) tv., někdy se připojuje i gót. *skewjan* 'jít'. Rekonstruuje se ie. **(s)ǩeu-* 'vrhat, střílet, vrážet', jehož rozšířená varianta **(s)keud-* by byla v stisl. *skjōta* 'vrážet, střílet', angl. *shoot* 'střílet', něm. *schiessen* tv. i našem ↑*kydat*. Na druhé straně stojí blízko sti. *suváti* 'strčí, posune', chet. *šūāi-* 'vrážet, tlačit' z ie. **seu-*. Není vyloučeno, že ve slov. oba kořeny splynuly. Srov. ↑*sudlice*.

sup, *supí*. P. *sęp*, r. *sup*, ch. *sȕp*, csl. *sǫpъ*. Psl. **sǫpъ* je temné, proto se myslí na předie. původ slova.

super adj. hov. 'skvělý, senzační'. Přes něm. *super* z angl. *super* tv. a to zřejmě ze složenin, kde *super-* znamená vyšší kvalitu, větší míru ap. Srov. ↓*super-*, ↓*superman*, ↓*supermarket*.

super- (ve složeninách) 'nad-'. Z lat. *super* 'nahoře, nadto, nad, přes', jež souvisí s ř. *hypér* 'nad, přes' (srov. ↑*hyper-*), gót. *ufar*, něm. *über*, angl. *over*, sti. *upári* tv. Srov. ↓*superiorita*, ↓*superlativ*, ↓*superman*, ↓*supermarket*.

superiorita kniž. 'nadřazenost'. Ze střlat. *superioritas* tv. od lat. *superior* 'vyšší, vrchnější', což je 2. stupeň k *super(us)* 'horní, vrchní'. Srov. ↑*super-* i ↑*summa*.

superlativ '3. stupeň přídavných jmen a příslovcí', *superlativní*. Z lat. *(gradus) superlātīvus* tv. od *superlātus* 'nadnesený, přenesený', což je původem příč. trp. od *superferre* 'přenést přes, nad' ze ↑*super-* a *ferre* (příč. trp. *lātus*) 'nést'. Srov. ↑*ablativ*, ↑*latentní*.

superman 'nadčlověk'. Z angl. *superman*, které vytvořil G. B. Shaw podle něm. *Übermensch* (ze ↑*super-* a angl. *man* 'muž, člověk'). Dnes hlavně jako postava amerických filmů a komiksových seriálů.

supermarket 'velká samoobsluha'. Z angl. *supermarket* tv. ze *super-* (viz ↑*super-*, ↑*super*) a *market* 'trh' (srov. ↑*marketing*).

supět, *supění, zasupět, přisupět, odsupět*. Jen č. Obvykle se spojuje se slovy uvedenými pod ↑*soptit* a se ↑*sípat*, původ je asi onom.

supinum 'neurčitý slovesný tvar kladený po slovesech pohybu'. Z lat. *(verbum) supīnum* od *supīnus* 'vzhůru obrácený, ležící naznak', jež souvisí se *super* 'nahoře'. Motivace názvu není příliš jasná.

suplovat 'náhradně vyučovat za jiného učitele; nahrazovat', *suplování*. Podle něm. *supplieren* tv. z lat. *supplēre* 'doplnit, znovu naplnit' ze ↑*sub-* a *plēre* 'plnit'. Srov. ↑*plénum*.

suplika zast. 'žádost, prosba'. Podle něm. *Supplik* za starší *suplikace*, *suplikací* z lat. *supplicātiō* 'prosba, modlitba' od *supplicāre* 'pokorně prosit, modlit se' ze ↑*sub-* a *plācāre* 'usmiřovat, konejšit', což je kauzativum k *placēre* 'líbit se'.

surový, *surovost, surovec, surovina, surovinový, surovět, zesurovět*. Všesl. – p. *surowy*, r. *suróvyj*, s./ch. *sȕrov*, stsl. *surovъ*, vše 'hrubý, přírodní' i přeneseně 'bezcitný, krutý' (v části jazyků i 'syrový, nevařený'). Psl. **surovъ* vychází z ie. **sour-*, což je varianta k **sūr-*, z něhož je **syrovъ* (další souvislosti u ↓*syrový*).

surrealismus 'umělecký směr snažící se zachytit podvědomé duševní pochody, sny ap.'. Z fr. *surréalisme* (20. léta 20. st.) ze *sur-* 'nad' (z lat. ↑*super-*) a *réalisme* (viz ↑*reálný*).

suřík 'druh barviva, minium'. Presl převzal z r. *súrik*, jež je z ř. *syrikón*, doslova 'syrské barvivo', podle země původu Sýrie.

suspendovat 'dočasně zbavit úřadu, zastavit činnost někomu', *suspenze*. Z lat. *suspendere* 'zavěsit, nechat v nejistotě, zastavit' ze ↑*sub-* a *pendere* 'věšet, vážit'. Srov. ↓*suspenzor*, ↑*dispens*.

suspenzor 'chránič pohlavních orgánů v některých sportech (hokej ap.)'. Z angl. *suspensor*, původně 'kýlní pás, podpínadlo', z pozdnělat. *suspēnsōrium* tv. od *suspendere* 'pověsit, zavěsit' (dále viz ↑*suspendovat*).

sušit. Viz ↑*suchý*.

suť, *sutiny*. Stč. *ssutiny* od *ssúti (sě)* 'sesypat se' od *súti* 'sypat', k němuž viz ↓*sypat*.

sutana 'klerika, dlouhý černý šat duchovních'. Přejato (případně přes něm. *Soutane*) z fr. *soutane* z it. *sottana* tv., vlastně 'spodní šat', od it.st. *sottano* 'spodní' od *sotto* 'vespod, dole' z lat. *subtus* 'vespod' od *sub* 'pod' (srov. ↑*sub-*).

suterén 'podzemní podlaží domu', *suterénní*. Z fr. *souterrain* tv., což je zpodstatnělé adj. ze spojení *(étage) souterrain* 'podzemní (podlaží)' z lat. *subterrāneus* tv. ze ↑*sub-* a odvozeniny od *terra* 'země'. Srov. ↓*terén*.

suvenýr 'upomínkový předmět'. Z fr. *souvenir* tv. od slovesa *se souvenir* 'vzpomínat si', stfr. *sovenir* 'přijít na mysl, přijít na pomoc', z lat. *subvenīre* 'přijít na pomoc, pomáhat' ze ↑*sub-* a *venīre* 'přijít'. Srov. ↑*subvence*.

suverénní 'nezávislý, svrchovaný; dokonalý; přezíravý' *suverenita*, *suverén* 'svrchovaný pán; člověk dokonale ovládající nějakou činnost'. Z fr. *souverain* (případně přes něm. *souverän*) tv. z vlat. **superanus* 'svrchovaný, nejvyšší, vrchní' od lat. *super* 'nahoře, výše, nad'. Viz ↑*super-*.

sužovat. Viz ↑*soužit*.

svačina, *svačinka, svačinový, svačinářka, svačit, posvačit, nasvačit se*. Jen č., dříve jen 'jídlo mezi obědem a večeří' (Jg). Vykládá se od stč. *svak* 'švagr, příbuzný' (p.d. *swak*, r. *svoják*, s./ch. *svâk*, csl. *svojakъ*) z psl. **svojakъ* 'příbuzný' *(B9)* od **svojь* 'svůj' (tedy 'svého rodu', viz ↓*svůj*). Původně tedy šlo asi o '(odpolední) posezení příbuzných', srov. i slk. *sváčiť sa* 'sešvagřit se' a ↓*svatba*. Slovotvorně srov. *hostina* od *host*.

svah, *svažitý*. Novější (asi od obrození), od staršího *svážiti (se)* 'směřovat vlastní vahou dolů', viz ↓*váha*.

sval, *svalový, svalovina, svalovec, svalnatý, svalnatět*. Původně vůbec 'něco srostlého, svaleného dohromady, boule, nádor' (srov. u Jg *sval v stromě, sval země, hnoje, sval neb žláza*), pak zúženo na 'soubor vláken či buněk v těle'. Dále viz ↓*valit*.

svár, *svářit se, svárlivý, svárlivost*. Hl. *swar* 'nadávka', p. *swar*, r. *svára*, sln.st. *svâr* 'pokárání, výtka', stsl. *svarъ* 'svár, boj'. Psl. **svarъ* je asi příbuzné s gót. *swaran* 'přísahat', angl. *swear* tv., stisl. *svǫr* 'odpověď', stangl. *and-swaru* tv., osk. *swerrunei* (dat.) 'řečníkovi', sti. *svárati* 'zní', vše z ie. **su̯er-* '(slavnostně) říkat, zvučet'. Ve slov. posun 'hlučné vyhlášení' → 'nadávka, výtka' → 'spor, boj'. Srov. ↑*nesvár*.

svastika 'hákový kříž'. Přes něm. *Swastika* ze sti. *svastika-* 'znak přinášející štěstí' od *svastí-* 'štěstí, zdraví' ze *su-* 'dobrý' (viz ↑*s-*) a *ásti-* 'bytí' (souvisí s psl. **jestъ*, viz ↑*jsem*). Starý náboženský symbol zejména indických národů, zneužitý v nacismu jako znak 'árijské' rasy.

svatba, *svatební, svatebčan(ka)*. Všesl. – p.d. *swadźba* (spis. *wesele*), r. *sváďba*, s./ch. *svàdba*. Psl. **svatьba* je odvozeno od *svatъ* 'příbuzný' (csl. *svatъ* tv., stč. *svat* 'svatební host') a to

svátek   617   **svěží**

je pokračováním ie. **su̯ō-to-* od kořene **su̯o-* 'svůj' (viz ↓*svůj*). Příbuzné je psl. *svojakъ tv. (viz ↑*svačina*), lit. *sváinis*, ř. *étēs*, av. *hvaētu-* tv.

svátek, *sváteční*. P. *święto*, s./ch. *svétak*. Vlastně 'svatý den' (den, kdy se slaví památka nějakého světce, nějaké významné události). Viz ↓*svatý*.

svatý, *svatost*, *svátost*, *svatyně*, *svatoušek*, *světec*, *světice*, *světit*, *svěcení*, *svěcený*, *posvětit*, *posvěcení*, *vysvětit*, *odsvětit*, *zasvětit*, *zasvěcený*, *znesvětit*. Všesl. – p. *święty*, r. *svjatój*, s./ch. *svêt*, stsl. *svętъ*. Psl. *svętъ odpovídá lit. *šveñtas*, stpr. *swenta*, av. *spənta* tv., vše z ie. **ku̯en-to-* tv. od **ku̯en-* 'slavit', od něhož je asi i lot. *svinēt* 'slavit', sti. *śuná-* 'úspěch, štěstí'. Původní význam tedy byl asi 'slavný, mocný' (srov. jména *Svatopluk*, *Svatoslav*, *Svantovít*), v křesťanství modifikován význam na ekvivalent lat. *sanctus*. Srov. ↑*svátek*, ↑*posvícení*.

svědek, *svědkyně*, *svědecký*, *svědectví*, *svědčit*, *dosvědčit*, *osvědčit*, *osvědčení*, *odsvědčit*, *přesvědčit*, *přisvědčit*, *usvědčit*, *vysvědčení*. Od psl. *sъvěděti, vlastně 'spoluvědět', viz ↑*s* a ↓*vědět*, srov. ↓*svědomí*.

svědit, *svědivý*, *zasvědit*. P. *swędzić*. Psl. *svěditi (pol. -*ę*- je asi sekundární) se spojuje s lot. *sviedri* (pl.) 'pot', angl. *sweat* 'potit se', něm. *schwitzen*, lat. *sūdāre* tv., sti. *svédatē* 'potí se', vše z ie. **su̯eid-* 'potit se'. Srov. ↓*svetr*.

svědomí, *svědomitý*, *svědomitost*. Starý kalk podle lat. *cōnscientia* tv., vlastně 'spoluvědomí, vědomí' (viz ↑*kon-* a ↑*science-fiction*). Srov. ↑*svědek*.

svěrák. Od *svírat*, viz ↑*s* a ↓-*vřít*.

svéráz, *svérázný*. Novější (u Jg není), viz ↓*svůj* a ↓*ráz*.

sveřepý, *sveřepost*. R. *svirépyj*, str. *sverěpъ* 'divoce rostoucí, divoký, náruživý', sln. *srêp*, stsl. *sverěpъ* 'planý, divoký, surový'. Psl. *sverěpъ je nejspíš z ie. **su̯e-rēpo-* 'který se sám zachytí' složeného z ie. **su̯e-* 'se, svůj' (↓*svůj*) a odvozeniny od **rēp-* 'zachytit, uchopit' (viz ↑*řepík*). Srov. i název *sveřep* pro různé druhy plevele ('stoklasa, ovsiha, planý oves'). Vývoj významu 'planý, divoce rostoucí' → 'surový, urputný'.

svět, *světový*, *světský*, *světák*, *světácký*, *světáctví*, *zesvětštit*. Všesl. – p. *świat*, r. *svet*, ch. *svijêt*, s. *svêt*, stsl. *světъ*. Psl. *světъ znamenalo původně 'světlo' (tak i stč., vsl., stsl.), tedy vlastně 'co je vidět' (srov. např. *přijít na svět*). Stejný významový přechod je např. v rum. *lume* 'svět' z lat. *lūmen* 'světlo'. Dále viz ↓*svítit*, ↓*světlý*.

světec. Viz ↑*svatý (C1)*.

světlý, *světlost*, *světlo*, *světélko*, *světélkovat*, *světelný*, *světlice*, *světlík*, *světluška*, *osvětlit*, *osvětlení*, *prosvětlit*, *vysvětlit*, *vysvětlení*, *zesvětlit*, *zesvětlet*. Všesl. – p. *światły*, r. *světlyj*, ch. *svijétao*, s. *svétao*, stsl. *světlъ*, *světьlъ*. Psl. *světьlъ je odvozenina od *světъ 'světlo' (viz ↑*svět*, ↓*svítit*).

světnice, *světnička*. Stč. *svět(l)nicě*, p. *świetlica*, *świetnica*. Vlastně 'světlá, obytná místnost' (viz ↑*svět*, ↑*světlý*, ↓*svítit*). Lidově *sednice* lid. etym. *(D2)* k ↑*sedět*.

svetr, *svetřík*. Z angl. *sweater*, doslova 'co způsobuje pocení', od *sweat* 'potit se, pot'. Srov. ↑*svědit*.

svévole, *svévolný*. Viz ↓*svůj* a ↓*vůle*.

svěží, *svěžest*, *osvěžit*, *osvěžení*. P. *świeży*, r. *svěžij* (jsl. tvary jsou ze zsl. či vsl.). Psl. *svěžъ (z ie. **su̯oigh-i̯o-?* *(B2,B3)*) se srovnává s lot. *svaigs*, lit.d. *sviegas* tv. (je tu však podezření na přejetí ze slov.), dále stisl. *sveigr* 'ohebný', východiskem by bylo ie. **su̯eigh-* od **su̯ei-* 'ohýbat, kroutit'. Srov. ↓*svižný*.

svíce, *svíčka, svíčička, svíčková, svícen*. Všesl. – p. *świeca*, r. *svečá*, ch. *svijéća*, s. *svéća*, stsl. *svěšta*. Psl. **světьa* je odvozeno od **světъ* 'světlo', dále viz ↑*svět* a ↓*svítit*.

svíčková 'nejjemnější část hovězího masa'. U Jg znamená *svíčka* i 'lůj okolo ledvinek'. Zřejmě z řeznického slangu, přenesením 'lůj' → 'svíčka' na blízké části masa (Ma²). Srov. i jiný název pro onen lůj *posvět*.

svída 'druh keře'. P. *świdwa*, r.d. *svidína*, ch. *svîba*, csl. *svibьnъ* 'májový, červnový' (období, kdy svída kvete). Psl. asi **svida*, příbuzné je stpr. *sidis* tv. Obvykle se vychází z ie. **su̯eid-* 'svítit' (srov. lit. *svidùs* 'světlý', lat. *sīdus* 'souhvězdí, nebe, okrasa') podle nápadně červené barvy mladých větví.

svidřík 'druh ručního vrtáku'. Asi z p. *świder*, srov. i sln. *svéder*, vedle toho r.d. *svérdel*, s./ch. *svȓdao*, *svȓdlo*, csl. *svrъdъlъ*. Psl. východisko je asi **svьrd-*, **sverd-*, spojuje se s něm. *Schwert* 'meč', stir. *serb* 'hořký', av. *xvara-* 'rána', vše od ie. **su̯er-* 'řezat, bodat, hnísat'.

svině, *sviňka, svinský, svinstvo,* expr. zhrub. *svinčík, sviňák, sviňárna, svinit, zasvinit.* Všesl. – p. *świnia*, r. *svin'já*, s./ch. *svínja*, stsl. *svinija*. Psl. **svini* je ženský tvar od **svinъ*, což je stejně jako gót. *swein*, něm. *Schwein* tv. zpodstatnělé adj. (srov. lot. *svīns* 'špinavý', lat. *suīnus* 'svinský') vzešlé z ie. **sū-īno-* 'svinský, prasečí' od **sūs* 'svině', z něhož je něm. *Sau*, lat. *sūs*, alb. *thi*, ř. *hỹs*, av. *hū-* (gen.) tv.

svišť. Presl přejal z p. *świszcz* onom. původu (vydává hvízdavé zvuky), dále viz ↓*svištět*.

svištět, *svist*. P. *świstać*, r. *svistát'*, svistét', ch.st. *svizdati*. Psl. **svistati* či **svizdati* je onom. původu. Srovnat lze s ir. *séidim*, wal. *chwythu* 'foukat' (ie. **su̯eizd-*), či s lit. *švỹkšti* 'pískavě dýchat', lot. *švīkstēt* 'svištět, šelestit', angl. *whistle* 'hvízdat' (ie. **ku̯īst-*) *(A1)*. Srov. i ↑*hvízdat*.

svita 'družina, doprovod; skladba s několika volně řazenými větami'. Z fr. *suite* (případně přes něm. *Suite*) tv., stfr. *i siute, sieute* z vlat. **sequita*, což je tvar ž.r. přič. trp. **sequitus* (odpovídajícího lat. *secūtus*) od lat. *sequī* 'následovat'. Srov. ↑*sekvence*.

svitek. Od *svít, svinout,* viz ↑*s* a ↓*vít*.

svítek 'pečený pokrm z vajec, mléka, krupice ap.'. Asi stejného původu jako ↑*svitek*, původně druh pečiva (srov. *koláče smažené (svítky)* u Komenského) (Jg).

svítit, *svit, svítivý, svítilna, svítidlo, nasvítit, osvítit, osvěta, posvítit, prosvítit, přisvítit, rozsvítit, vysvítit, zasvítit, svítat, svítání, úsvit, svitnout* aj. Všesl. – p. *świecić*, r. *svetít'*, ch. *svijétiti*, s. *svétiti*, stsl. *světiti*. Psl. **světiti* je příbuzné s lit. *švaitýti, šviesti* tv., gót. *hweits* 'bílý', angl. *white*, něm. *weiss* tv., sti. *śvetá-* 'bílý, světlý', vše z ie. **ku̯ei-t, *ku̯ei-d-* 'svítit; světlý; bílý' *(A1,B2,A6).* Viz i ↑*kvést*, srov. ↑*svět,* ↑*svíce,* ↑*světnice*.

svízel 'potíž, nesnáz; druh polní byliny', *svízelný*. Z psl. **sъ-vęz-elь* od **vęzati* (↓*vázat*), protože jde o plevelnou bylinu opatřenou háčky. Srov. p. *więziel*, r. *vjázel'* i druhová jména *svízel povázka, svízel přítula*. Přeneseně potom 'potíž, nesnáz', vlastně 'co člověka svazuje'.

svižný. Jen č. Vzhledem k tomu, že u Jg je *švižný*, vykládá se od ↓*švihat*, vlastně 'dobře švihající, ohebný, hbitý' (disimilace š-ž>s-ž). Blízké se zdá být ↑*svěží* (srov. i jeho předpokládaný původní význam 'ohebný'), ale možná je to sblížení až druhotné.

svlačec. Dříve i *svlak*. Z psl. **sъvolkъ (B8)* od **sъvelkti* 'svléci (dohromady)' (viz ↑*s* a ↓*vléci*), protože se ovíjí okolo stébel a spojuje je dohromady. Srov. podobnou motivaci u ↑*svízel*.

svoboda, *svobodný, svobodárna, osvobodit, osvobození, vysvobodit*. Všesl. – slk. *sloboda*, p. *swoboda*, r. *svobóda*, s./ch. *slobòda*, stsl. *svoboda*. Psl. **svoboda* (v slk. a s./ch. disimilace *v-b>l-b*) je asi tvořeno příp. *-oda* (srov. ↑*jahoda*) od základu **svob-* z ie. **su̯obh-* 'svůj, vlastní', původní význam asi byl 'svobodní lidé' (kolektivum). Příbuzné je lot. *svabads* 'volný, svobodný', sthn. název kmene *Suābā* 'Švábové', srov. i csl. *svobьstvo, sobьstvo* 'osoba' (srov. ↑*osoba*). Jiný, hláskoslovně méně přesvědčivý výklad vychází ze složeniny **su̯o-pot-* ze **su̯o-* 'svůj' a **pot-* 'pán' (srov. ↑*Hospodin*), tedy vlastně 'kdo je svůj pán', obdoba by byla ve sti. *svápati-* 'svůj pán'. V obou případech se vychází z ie. **su̯o-* 'svůj' (viz ↓*svůj* a ↑*se*).

svor 'druh horniny'. U Jg uvedeno jako slk. název pro opuku vedle řady dokladů na *svor* ve významu 'co jednu věc s druhou svírá'. Původ bude asi tentýž – hornina se skládá z křemene a slídy. Dále viz ↑*s* a ↓*-vřít*, srov. ↓*svorný*.

svorný, *svornost, svorník, svorka*. Vše od *sevřít* (srov. *otvor – otevřít*), viz ↑*s* a ↓*-vřít*, srov. ↑*svor*.

svrab 'kožní choroba spojená se silným svěděním'. Psl. **svorbъ* od **svьrběti*. Viz ↓*svrbět*, srov. ↑*srab*.

svrbět, *zasvrbět*. Všesl. – p. *świerzbieć*, r. *sverbét*, ch. *svŕbjeti*, s. *svŕbeti*. Psl. **svьrběti* je asi příbuzné s lit. *skveřbti* 'bodat, píchat', lot. *svārpst* 'vrták', sthn. *suerban* 'vytírat, drhnout', stisl. *sverfa* 'pilovat', wal. *chwerfan* 'přeslen (součást kolovratu pohánějící vřeteno)', vše z ie. **su̯erbh-* 'třít, vrtat, kroužit'.

svršek. Od *svrchní*, viz ↓*vrch*.

svůdný. Od *svádět*, viz ↓*vést*, ↓*vodit*.

svůj zájm., *osvojit si, osvojení, osvojitel, přisvojit si*. Všesl. – p. *swój*, r. *svoj*, s./ch. *svôj*, stsl. *svoi*. Psl. **svojь, svoja* odpovídá stpr. *swais, swaiā* (ie. **su̯oi̯o-*), dále je příbuzné lit. *sāvas*, lat. *suus*, ř. (homérské) *heós, hós*, av. *hva-, hava-*, sti. *svá-* tv., vše od ie. **su̯o-, *seu̯o-*, což je tvar (asi s přivlastňovací funkcí) od zvratného zájmenného základu **su̯e-, *seu̯e-* (viz ↑*se*). Srov. ↑*svoboda*, ↑*svačina*, ↑*svatba*, ↑*sveřepý*.

swing 'druh džezové hudby'. Z angl. *swing* tv., vlastně 'houpání, švih, (ostrý) rytmus', jež souvisí s něm. *schwingen* 'kývat, kmitat', srov. i ↓*švunk*.

sýčák. U Jg nedoloženo. Ve starších dokladech (SSJČ) v původním významu 'žebravý tulák, pobuda', utvořeno od ↓*syčet* (při polohlasném žebrání jsou slyšet jen sykavky).

sýček. Dříve i *sýc* (Jg). R., ukr. *syč*. Asi souvisí se ↓*syčet*, i když se sýčkův hlas přímo syčení nepodobá. Srov. ↓*sýkora*, k onom. původu názvů sov srov. ↑*sova*, ↑*puštík*, ↓*výr*.

syčet. Viz ↓*sykat*.

syfilis 'příjice, druh pohlavní choroby', *syfilitik, syfilitický*. Podle básně veronského lékaře Fracastora (1530), ve které vystupuje pastýř *Syphilus*, který trpí pohlavní chorobou připomínající syfilis. Postava převzata z Ovidiových *Metamorfóz*, její jméno lze interpretovat jako 'kdo má rád svině', viz ↑*svině* a ↑*-fil*.

sychravý, *sychravost*. Stč. *sychřěti* 'třást se zimou'. Jen č., asi expr. útvar k ↓*syrý*, ↓*syrový*.

sykat, *syčet, sykavý, sykavka, zasyčet*. P. *syczeć*, r.d. *sykat'*, s./ch. *síkati*. Psl. **sykati* znamenalo asi 'dělat *sy*' (srov. ↑*bečet*, ↑*mečet*, ↑*houkat*, ↑*hýkat*). Srov. ↓*sýkora*, ↑*sýček*, ↓*sysel*.

sýkora, *sýkorka.* Luž. *sykora,* p. *sikora.* Onom. původu, podle hlasu ptáka, který se přepisuje jako *sik sik, cit cit, zig zig* ap. Přikloněno k ↑*sykat.*

sylabus 'stručný výtah, přehled'. Ze střlat. *syllabus* 'přehled, seznam' a to údajně mylným přepisem jednoho místa v Ciceronovi, kde má být tvar *sittubas* z ř. *sittýbē* 'kousek pergamenu přikládaný k listině'. Přikloněno k ř. *syllabé* 'sebrání, slabika' (viz ↑*slabika*).

symbióza 'vzájemně prospěšné soužití'. Z ř. *symbiōsis* 'soužití' od *sýmbios* 'spolu žijící' ze ↓*syn-* a *bíos* 'život' (srov. ↑*biologie*).

symbol, *symbolický, symbolika, symbolizovat, symbolismus, symbolistický.* Přes něm. *Symbol* a lat. *symbolum* z ř. *sýmbolon* '(poznávací) znamení, odznak' od *symbállō* 'házím dohromady, spojuji (se), srážím' ze ↓*syn-* a *bállō* 'hážu, zasahuji'. V antice totiž býval poznávacím znamením předmět rozdělený na dvě části, které do sebe musely – při identifikaci příslušných osob – zapadnout.

symetrie 'souměrnost', *symetrický.* Přes lat. *symmetria* z ř. *symmetría* tv. od *sýmmetros* 'souměrný, vyměřený, přiměřený' ze ↓*syn-* a odvozeniny od *métron* 'míra' (srov. ↑*metr*).

symfonie 'orchestrální skladba (zpravidla se čtyřmi větami)', *symfonický.* Přes něm. *Sinfonie, Symphonie* z it. *sinfonia* tv. a tam přes lat. *symphonia* z ř. *symfōnía* 'souzvučnost, hudba' ze ↓*syn-* a odvozeniny od *fōné* 'zvuk, hlas' (srov. ↑*-fon*).

sympatie 'kladný citový poměr'. Přes něm. *Sympathie* tv. a lat. *sympathía* z ř. *sympátheia* 'soucit, účast' od *sympathḗs* 'soucitný, spolu cítící' ze ↓*syn-* a odvozeniny od *páthos* 'útrapa, cit, vášeň' (srov. ↑*patos*).

sympozium '(mezinárodní) vědecká konference'. Přes něm. *Symposium* či angl. *symposium* tv. z lat. *symposium* 'hostina' z ř. *sympósion* 'pitka, hostina, společnost' od *sympínō* 'spolu popíjet' ze ↓*syn-* a *pínō* 'piju' (srov. ↑*pít*). Také název jednoho z Platonových dialogů, odtud zřejmě dnešní význam (vlastně 'hostina s intelektuálními debatami').

symptom 'příznak', *symptomatický.* Přes něm. *Symptom* tv., původně jen 'příznak nemoci', z ř. *sýmptōma* 'příhoda, neštěstí' od *sympíptei* 'stává se, přihodí se' ze ↓*syn-* a *píptein* 'padnout, připadnout, přihodit se'.

syn, *synek, synáček, synovský, synovec.* Všesl. – p., r. *syn*, s./ch. *sîn*, stsl. *synъ.* Psl. **synъ* odpovídá lit. *sūnùs,* stpr. *soūns,* gót. *sunus,* něm. *Sohn,* angl. *son,* av. *hūnu-,* sti. *sūnú-,* vše z ie. **sūnú-* tv. Původní význam je asi 'rozený'; jde o odvozeninu od kořene **seu-* 'rodit', od něhož je i toch. A *se* 'syn', ř. *hyiós* tv., stir. *suth* 'narození', sti. *sū́te* 'rodí'.

syn- předp. 's-'. Z ř. *sýn* 's, spolu'. Někdy se koncové *-n* asimiluje k následující souhlásce. Srov. ↓*synagoga,* ↓*syndrom,* ↓*synkopa,* ↓*syntax,* ↓*syntéza,* ↑*symbol,* ↑*symetrie,* ↑*sympatie.* Ř. *sýn* je asi z ie. **ksun,* jeho spojení se ↑*s* je tedy spíše nepravděpodobné.

synagoga 'židovská modlitebna'. Přes lat. *synagōga* z ř. *synagōgḗ* 'shromažďování, shromaždiště' (v textech Nového zákona 'shromaždiště Židů') od *synágō* 'svádím dohromady, shromažďuji' ze ↑*syn-* a *ágō* 'ženu, vedu'. Srov. ↑*demagog,* ↑*stratég.*

syndikát 'forma monopolního sdružení; název některých odborových organizací'. Přes něm. *Syndikat* z fr. *syndicat* tv., původně 'funkce právního poradce', od lat. *syndicus* 'právní poradce' z ř. *sýndikos* tv. ze ↑*syn-* a odvozeniny od *díkē* 'obyčej, soud, právo, spravedlnost'.

syndrom 'soubor charakteristických příznaků (nemoci ap.)'. Přes něm. *Syndrom* z ř. *syndromé* 'sběh, srocení' od *synédramon* 'sběhl jsem se, spojil jsem se', což je aorist od slovesa *syntréchō* 'sbíhám se, shlukuji se' ze ↑*syn-* a *tréchō* 'běžím'. Srov. ↑*-drom*.

synekdocha 'přenesené pojmenování na základě vztahu části a celku'. Přes lat. *synecdocha* z ř. *synekdoché* tv., vlastně 'spoluvystřídání', ze ↑*syn-* a odvozeniny od *ekdéchomai* 'vystřídám, přijímám, přibírám' z ↑*ek-* a *déchomai* 'přijímám, beru si, chytám'.

synchronní 'současný', *synchronický, synchronizovat, synchronizace*. Přes moderní evr. jazyky (něm. *synchron*) z lat. *synchronus* z ř. *sýnchronos* tv. ze ↑*syn-* a *chrónos* 'čas'. Srov. ↑*chronický*.

synkopa 'přesunutí přízvuku z těžké doby na lehkou', *synkopový, synkopický, synkopovat, synkopovaný*. Přes něm. *Synkope* tv. z lat. *syncopa, syncopē* 'sražení slova (vypuštěním samohlásky či slabiky)' z ř. *synkopé* tv. ze *synkóptō* 'stloukám, srážím, sbíjím' ze ↑*syn-* a *kóptō* 'strkám, tluču'. Srov. ↑*kopat*.

synkretismus 'spojování různých názorů', *synkretický, synkretik*. Z nlat. *syncretismus* z ř. *synkrētismós*, doslova 'spolek Kréťanů', od *synkrētízō* 'tvořím spolek (Kréťanů)' ze ↑*syn-* a názvu ostrova Kréta. Řekové tak nazývali spojení dvou znepřátelených stran proti společnému nepříteli.

synod, *synoda* 'církevní sněm; shromáždění církevních zástupců', *synodický*. Přes lat. *synodus* z ř. *sýnodos* 'schůze, shromáždění, porada' ze ↑*syn-* a *hodós* 'cesta, chůze'. Srov. ↑*metoda*.

synonymum 'souznačné slovo', *synonymní, synonymický, synonymie*. Přes moderní evr. jazyky (něm. *Synonym*, fr. *synonyme*) z lat. *synōnymum*, ř. *synṓnymon* tv. od *synṓnymos* 'stejného jména' ze ↑*syn-* a odvozeniny od *ónyma* 'jméno'. Srov. ↑*homonymum*, ↑*antonymum*, ↑*onomastika*.

synopse 'stručný nástin', *synoptický*. Přes lat. *synopsis* z ř. *sýnopsis* 'souhrnný přehled' (srov. co do významu ↑*konspekt*) ze ↑*syn-* a *ópsis* 'pohled, dohlédnutí, podoba' od kořene *op-*, srov. *óps* 'oko'. Srov. ↑*optika*.

syntagma 'větná skladební dvojice', *syntagmatický*. Přes něm. *Syntagma* tv. z ř. *sýntagma* 'seřazení, uspořádání' od *syntássō* 'seřazuji, pořádám, spojuji' ze ↑*syn-* a *tássō* 'řadím, srovnávám'. Srov. ↓*syntax*.

syntax 'skladba (nauka o větě)', *syntaktický, syntaktik*. Přes něm. *Syntax* z lat. *syntaxis* z ř. *sýntaxis* tv., vlastně 'seřazení, uspořádání, složení (spisu)', od *syntássō* 'seřazuji, pořádám, spojuji' (viz ↑*syntagma*).

syntéza 'shrnutí, organické spojení', *syntetický*. Převzato (případně přes něm. *Synthese*) z lat. *synthesis* z ř. *sýnthesis* 'skládání, sečítání, věta' ze ↑*syn-* a odvozeniny od *títhēmi* 'kladu, skládám'. Srov. ↑*protéza*, ↑*hypotéza*, ↓*teze*.

sypat, *sypký, sypný, sýpka, sypek, nasypat, násypný, násep, osypat se, osypky, obsypat, odsypat, posypat, posyp, přesypat, přesýpací, přesyp, přisypat, rozsypat, sesypat (se), usypat, vsypat, vysypat, výspa, zasypat, zásyp*. Stč. i *súti*, 1.os.přít. *spu*. Všesl. – p. *sypać* i *suć*, r. *sýpat'*, s./ch. *sȉpati*, stsl. *sypati, suti*. Psl. **sypati* je původem iterativum (opětovací sloveso) od **su(p)ti*, 1.os.přít. *sъpǫ*, příbuzné je asi lit. *sùpti, sūpauti* 'houpat, kolébat, obalovat', lat. *supāre* 'házet', sti. *supū́-* 'koště', vše z ie. **sųep-, *sup-* 'házet, sypat, houpat', původně 'krouživě pohybovat (rukou ap.)'. Srov. ↑*suť*.

sýr, *sýrový, syreček*. Všesl. – p. *ser*, r. *syr*, s./ch. *sȉr*, stsl. *syrъ*. Psl. **syrъ* je původem zpodstatnělé adj. *syrъ* 'syrový, kyselý, vlhký', obdoba je v lit. *súris* tv.

syrovátka

od *súras* 'slaný', srov. i stisl. *sȳra* 'kyselé mléko' vedle *sūrr* 'kyselý, ostrý'. Dále viz ↓*syrový*, srov. ↓*syrovátka*.

syrovátka 'tekutina, která zbude po sražení mléka'. Všesl. – p. *serowatka*, r. *sývorotka*, ch. s̀*irutka*. Psl. *syrovatъka je odvozeno od psl. *syrovatъ (srov. r. *syrovátyj* 'kyselý, vlhký') a to od *syrъ tv. (viz ↑*sýr*, ↓*syrový*).

syrovinka 'druh houby'. Od ↓*syrový*, zřejmě 'houba, která se jí syrová'. Srov. sln. *sírovka* tv.

syrový, *syrovost*. Stč. i *syrý* 'nevyzrálý, hloupý', *syrově* 'chladně'. Luž. *syry* 'vlhký, syrový', r. *syrój* tv., s./ch. s̀*irov* 'syrový, surový', stsl. *syrъ* 'vlhký'. Psl. *syrovъ je odvozeno od *syrъ 'syrový, vlhký, kyselý', jež je příbuzné s lit. *súras* 'slaný', lot. *sūrs* 'hořký, trpký', stisl. *sūrr* 'kyselý, ostrý', angl. *sour* 'kyselý', něm. *sauer* tv., vše z ie. **sūro-*, původně asi 'vlhký', pak specifikací významu při výrobě sýra 'kyselý, slaný, hořký ap.' (B5). Viz i ↑*surový*, ↑*sýr*, ↑*syrovátka*, ↑*syrovinka*, ↑*sychravý*.

sysel, *syslí*, expr. *syslit*. P. *suseł*, r. *súslik* (str. *susol*), b. *săsel*. Od onom. základu (srov. podobně ↑*svišť*), který je i v csl. *sysati* 'hvízdat, šumět', srov. i něm. *sausen* 'šumět' a ↑*sykat*. Něm. *Ziesel* je asi přejato ze stč. Srov. i střlat. *cisimus* tv., lot. *susuris* 'plch' také onom. původu.

systém 'soustava', *systémový*, *systémovost*, *systematický*, *systematičnost*, *systemizovat*, *systemizace*. Přes něm. *System*, lat. *systēma* z ř. *sýstēma* 'soustava, celek, spojení' ze *synístēmi* 'sestavuji, spojuji' ze ↑*syn-* a *hístēmi* 'stavím, kladu'. Srov. ↑*stát*[2].

systola 'stažení srdeční svaloviny', *systolický*. Z nlat. *systola* z ř. *systolḗ* 'stažení' od *systéllō* 'stahuji, omezuji, uspořádávám' ze ↑*syn-* a *stéllō* 'řadím, připravuji, vysílám'. Srov. ↑*diastola*, ↓*štóla*.

sytý, *sytost*, *nenasytný*, *sytit*, *nasytit*, *přesytit (se)*, *zasytit*. Všesl. – p. *syty*, r. *sýtyj*, s./ch. s̀*ȉt*, stsl. *sytъ*. Psl. *sytъ se obvykle spojuje s lit. *sotùs*, gót. *saþs*, něm. *satt* tv., stir. *sāith* 'sytost', lat. *satis* 'dost', *satur* 'sytý', tyto tvary ovšem vycházejí z ie. **sā-t-*, **sǝ-t-*, z nichž nelze vyložit psl. *-y-*. Proto se spojuje i s chet. *šu-* 'plný', sti. *sútu-* 'těhotenství', ale vzhledem k významu i rozsáhlému příbuzenstvu je přijatelnější první možnost, i když musíme počítat s nějakým nepravidelným vývojem kořenné samohlásky.

syžet 'námět, dějové schéma díla'. Z fr. *sujet* 'předmět, látka, námět' ze střlat. *subiectum* 'podmět, předmět' (viz ↑*subjekt*).

Š

šablona 'vzor, pomůcka pro výrobu či kontrolu shodných předmětů', *šablonový, šablonovitý*. Z něm. *Schablone* a to přes střniz. *schampelioen* ze stfr. *eschantillon, eschandillon* 'cejchovní míra, vzorek' od *eschandiller* 'ověřovat míry kupců' od vlat. **scandulum* 'stupnice, měřítko' od lat. *scandere* 'stoupat'. Srov. ↑*skandovat*.

šábnout se ob. 'rozdělit se (o zisk)'. Původem z argotu, od *šáb* 'podíl z lupu, krádeže' z něm. *Schab* tv. a to asi přes jidiš *Schibbauless* 'něco plného, naplněného' z jidiš *schibboles* 'obilný klas'.

šacovat ob. 'prohledávat někomu oděv; odhadovat'. Z něm. *schätzen* 'odhadovat, ocenit' od *Schatz* 'poklad' (viz ↑*skot*). Ve významu 'prohledávat oděv' přikloněno k ↓*šat*.

šafář '(dříve) dozorce na velkostatku', *šafářský*. Ze střhn. *schaffære* tv. (něm. *Schaffner*) od *schaffen* 'dělat, být činný; nařizovat, poroučet', jež souvisí s angl. *shape* 'formovat, tvořit'.

šafrán 'druh jarní byliny'. Přes střhn. *safrān* z fr. *safran*, střlat. *safranum* a to z ar. *za'farān* tv.

šáh, šach 'perský panovník'. Z per. *šāh* 'král, panovník', viz i ↓*šach*.

šach, *šachový, šachovnice, šachista, šachistka, šachistický, šachovat, vyšachovat*. Stč. *šach* 'šachová figurka'. Přes střhn. *schāch*, střniz. *scaec*, stfr. *eschas* z per. *šāh* 'král'. Název hry podle zvolání při napadení krále. Srov. ↓*šašek*, ↓*šek*.

šachta, *šachtový, šachetní*. Z něm. *Schacht* tv., původu dněm. (hornický termín z pohoří Harz). V hněm. mu odpovídá *Schaft* 'tyč, žerď', vlastně 'měřicí tyč', z toho se v hornické mluvě vyvinulo 'vyměřená plocha stejné délky a šířky' a konečně 'takto vyměřená jáma v zemi'.

šajn ob. 'světlo; zdání', *šajnit*. Z něm. *Schein* tv. od *scheinen* 'svítit', jež souvisí se stsl. *sěnь* 'stín' (viz ↑*stín*).

šajtle slang. '(ve fotbale) kop vnější částí nártu'. Nějakým přenesením z něm. *Scheitel* 'pěšinka (ve vlasech), temeno, vrchol', jež souvisí se *scheiden* 'oddělit'.

šakal, *šakalí*. Přes něm. *Schakal*, fr. *chacal* z per. *šaḡāl* (asi ještě prostřednictvím tur. *çakal*) a tam ze sti. *sr̥gālá-* tv. Jde asi o staré migrující slovo, jehož zdroj je neznámý (srov. i podobné hebr. *šūʕāl* 'liška').

šál, šála, *šálový*. Přes něm. *Schal*, fr. *châle*, angl. *shawl* z per. *šāl* tv., které se vykládá od indického místního jména *Šāliāt*.

šálek, *podšálek*. Z něm. *Schale*, jež stejně jako *Schale* 'skořápka, šupina' vychází z ie. **(s)kel-* 'štěpit' (srov. ↑*skála*).

šálit, *šálivý, šalba, šalebný, ošálit*. P. *szaleć* 'šílet, ztrácet smysly, hýřit', r. *šalít'* 'dovádět, zlobit', s./ch. *šàliti se* 'žertovat'. Psl. **šaliti, *šala* vychází zřejmě ze staršího **chēl-* (A1), jehož původ – jako u většiny případů s počátečním *ch-* (A8) – je nejasný. Srov. ↓*šílet*.

šalmaj 'pastýřská píšťala'. Z něm. *Schalmei* a to přes stfr. *chalemie, chalemel* 'píštala' z pozdnělat. *calamellus*, což je zdrobnělina od *calamus* 'stéblo, rákos, píšťala'. Srov. ↑*kalamář*.

šalotka 'bylina příbuzná cibuli'. Z něm. *Schalotte* a to přes fr. *échalote*, stfr. *eschaloigne* z lat. *(cēpa) Ascalōnia*, doslova 'askalonská (cibule)', podle

palestinského města *Askalon*. Srov.
↑*ošlejch*.

šalovat slang. 'obkládat, bednit'.
Z něm. *schalen* tv. od *Schale* 'skořápka, slupka'. Srov. ↑*šálek*.

šaltovat slang. 'řadit (rychlost u auta)', *šaltpáka*. Z něm. *schalten* tv., ve střhn. 'postrkovat vpřed tyčí, veslovat' a to asi přes subst. *schalte* 'tyč, bidlo, veslo' od ie. **(s)kel-* 'štěpit, řezat' (tedy 'odříznutý kus dřeva').

šaltr zast. ob. 'přepážka'. Z něm. *Schalter* tv., původně 'to, čím se řídí, řadí', pak 'páka, zástrčka, zarážka', dále 'okenice, posuvné okénko' až k dnešnímu významu. Dále viz ↑*šaltovat*.

šalupa 'menší námořní loď'. Z něm. *Schaluppe* z fr. *chaloupe*. To se dále vykládá buď jako přenesení z fr.d. *chalope* 'ořechová skořápka', což je výpůjčka z germ. (srov. ↑*šálek*), nebo z niz. *sloep* 'šalupa, loďka' od *sluipen* 'plížit se, vklouznout'.

šalvěj 'druh léčivé rostliny'. Ze střhn. *salveie* (dnes *Salbei*) a to přes střlat. *salvegia* z pozdnělat. *salvia* tv. od *salvus* 'zdravý'. Srov. ↑*salva*, ↑*salutovat*.

šaman 'kouzelník primitivních kmenů'. Asi přes r. *šamán* z evenského *šaman* a tam přes střind. (pálí) *samana* '(žebravý) buddhistický mnich' ze sti. *śramaṇá-* tv.

šamot 'práškovitý žáruvzdorný materiál', *šamotový*, *šamotovat*. Z něm. *Schamotte* (dříve psáno i *Chamotte*, *Charmotte*), jehož další původ je nejistý.

šampaňské, *šampus*. Z fr. *champagne* ze spojení *vin de Champagne* podle fr. kraje *Champagne*, kde se vyrábí tento druh šumivého vína. Jméno kraje je z lat. *campānia*, odvozeniny od *campus* 'rovina, pole'. Hov. *šampus* je z něm. *Schampus* s žertovnou pseudolat. koncovkou. Srov. ↑*kampaň*, ↓*žampion*.

šampion 'mistr, přeborník, vítěz', *šampionka*, *šampionát*. Z fr. *champion* tv., původně 'bojovník', z pozdnělat. *campiō* (gen. *campiōnis*) tv. od lat. *campus* 'válečné pole, bojiště' (vedle původního 'pole, rovina'), srov. i odtud přejaté něm. *Kampf* 'boj' a ↑*kampaň*. Srov. i ↑*kemp*, ↑*šampaňské*.

šampon, *šamponový*. Přes něm. *Schampun* z angl. *shampoo*, původně 'druh masáže hlavy', z hind. *čāmpō*, což je rozkazovací způsob od *čāmpnā* 'tlačit, hníst'.

šamstr ob. 'nápadník, milenec'. Asi zkrácením ze staršího něm. pozdravu *(gehor)samster (Diener)* 'nejposlušnější (služebník)', kde *gehorsamster* je 3. stupeň od *gehorsam* 'poslušný', jež souvisí s *hören* 'slyšet'.

šance[1] 'příležitost, naděje na úspěch', *všanc*. Přes něm. *Chance* tv. z fr. *chance* '(šťastná) náhoda, štěstí' a to z vlat. *cadentia* 'padnutí' (v zúženém významu 'padnutí hracích kostek') od lat. *cadere* 'padat'. Srov. ↑*kadence*.

šance[2] zast. 'opevnění, hradby'. Z něm. *Schanze* tv., původně asi 'otep dříví, hrubý košík ap.', jak je doloženo v něm. nář. (opevnění se zpevňovalo dřívím a proutěným pletivem). Další původ nejasný. Srov. ↑*skanzen*.

šanon 'pořadač pro ukládání listin'. Z rak.-něm. *Shannon*, *Schannon* tv., což je zřejmě obchodní název vycházející z angl. vlastního jména.

šanovat zast. ob. 'šetřit (někoho)'. Z něm. *schonen* tv., jež souvisí se *schön* 'pěkný', vlastně původně 'přátelský, přející'.

šanson 'druh písně s výrazným přednesem (původně kabaretní)', *šansoniér(ka)*. Z fr. *chanson* 'píseň' z lat. *cantiō* (gen. *cantiōnis*) tv. od *cantāre* 'zpívat', *canere* tv. Srov. ↓*šantán*, ↑*kancionál*, ↑*kantáta*, ↑*kantor*.

šantán 'kabaret', *šantánový*. Z fr. *(café) chantant* tv., doslova 'zpívající (kavárna)', od *chanter* 'zpívat' z lat. *cantāre* tv. Srov. ↑*šanson*, ↑*kantor*.

šapitó 'cirkusový stan'. Z fr. *chapiteau* tv., původně 'hlavice (sloupu), stropnice', z lat. *capitellum*, což je zdrobnělina od *caput* 'hlava'. Srov. ↑*kapitola*, ↑*kapitula*, ↑*kapitál*.

šaráda 'druh slovní hádanky'. Z fr. *charade* tv. a to z fr.d. a prov. *charrado* 'povídání před spaním' od *charrà* 'povídat' původu expr. Srov. ↓*šarlatán*.

šar(a)mantní 'okouzlující'. Přes něm. *charmant* z fr. *charmant* tv. od *charmer* 'okouzlit', dále viz ↓*šarm*.

šarlat kniž. 'purpur', *šarlatový*. Ze střhn. *scharlāt* 'rudá barva, drahá rudá látka' ze stfr. *escarlate* či stŕlat. *scarlatum* tv. a to přes per. *saqirlāt* 'nádherná látka' z ar. *siqillāt* 'látka zdobená vzorkem' a tam asi přes stř. z lat. *sigillātus* 'zdobený figurkami' od *sigillum* 'soška, figurka, pečeť', což je zdrobnělina od *signum* 'znamení'. Srov. ↑*signál*.

šarlatán 'dryáčník, nevěrohodný lékař, vědec ap.'. Přes něm. *Scharlatan*, fr. *charlatan* z it. *ciarlatano* 'dryáčník, šejdíř' a to asi lid. etym. *(D2)* přikloněním k *ciarlare* 'tlachat' (srov. ↑*šaráda*) z it. *cerretano* 'dryáčník, šejdíř', původně 'obyvatel *Cerreta*'. Městečko *Cerreto* v Umbrii ve střední Itálii totiž bylo známé obratnými a prohnanými trhovci.

šarm 'kouzlo, půvab'. Z fr. *charme* tv., ve stfr. 'magický vliv', z lat. *carmen* 'píseň, výrok, zaříkání' a to z *canmen od *canere* 'zpívat, věštit'. Srov. ↑*šanson*, ↑*kantor*.

šarvátka 'potyčka, srážka'. V č. od konce 16. st. Asi ze střhn. *scharwachte* 'hlídka (více osob)' ze *schar* 'zástup, oddíl' a *wachte* 'hlídka'. Je i p. *szarwark* 'robota, pracovní povinnost' z něm. *Scharwerk*, doslova 'dílo davu'. V č. asi na význam působila i asociace s *rvát (se)*.

šarže 'služební hodnost'. Přes něm. *Charge* tv. z fr. *charge* 'služba, úřad, náklad' od *charger* 'nakládat' z pozdnělat. *carricāre* tv. od *carrus* 'vůz'. Srov. ↑*kargo*, ↑*karikatura*.

šasi 'podvozek vozidla s hnacím ústrojím; rám elektrického přístroje'. Z fr. *châssis* tv. od *châsse* 'skříňka, obruba' a to z lat. *capsa* 'pouzdro, schránka'. Viz ↑*kapsa*.

šašek, *šaškovský, šaškovat*. Již stč., zřejmě zdrobnělina od *šach* 'šachová figura'. Snad podle šachovnicového obleku šašků či podle bizarních podob šachových figurek.

šašlik 'kořeněné kousky (skopového) masa opékané na rožni'. Z r. *šašlýk* a to z ttat. jazyků (srov. tat. *šyšlyk* od *šyš* 'kopí').

šat, *šaty, šatičky, šatstvo, šatový, šatní, šatník, šatna, šátek, šáteček, šatit, ošatit*. P. *szata*, ukr. *šáta* 'oděv, pokrývka' (chybí v jsl. a spis. r.). Psl. **šat(a)* se pokládá za staré přejetí z germ. **hētaz (B1)* tv., jež má pokračovanie ve sthn. *hāz* 'oděv, kabát', něm.d. *häss* tv. Další původ nejistý.

šatlava '(obecní) vězení'. Snad přes něm. *Schachtelei* tv. (s přikloněním k *Schachtel* 'krabice') z fr. argotického *châtelet* tv., doslova 'zámeček', od *château* 'zámek' z lat. *castellum* 'pevnost, hrad'. Srov. ↑*kostel*.

šátrat, *šátravý, zašátrat*. Vzhledem k tomu, že u Jg je jen *šmátrati*, je třeba je považovat za původnější. Zjednodušení *šm-* na *š-* možná i vlivem ob. *šahat* (↑*sahat*). Jinak viz ↓*šmátrat*.

šavle, *šavlička, šavlový, šavlovitý, šavlovat se*. Slovo východního, asi ttat. původu (srov. kyrgyz. *sapy* 'šavle', tur. *sap* 'jílec meče'), přesná předloha neznámá. Do č. přejato koncem 15. st. asi přes p. *szabla* z r. *sáblja* (str. *sablja*), ze slov. jazyků se dále šířilo na západ (něm. *Säbel*, fr., angl. *sabre*). Ze slov. je asi i maď. *szablya*, které někdy bývalo považováno za zdroj slov. přejetí vzhledem k existenci slovesa *szabni* 'řezat'.

šedesát čísl. Zjednodušením stč. *šestdesát*, viz ↓*šest* a ↑*-desát*.

šedý, **šedivý**, *šedavý*, *šediny*, *šedivka*, *šednout*, *zešednout*, *šedivět*, *zešedivět*, *prošedivělý*, *zašedlý*. Hl. *šědźiwy*, p.d. *szady*, r. *sedój*, ch. *sȉjed*, stsl. *sědъ*. Psl. **chědъ* (rozdíly *š – s* v slov. jazycích ukazují na 2. palatalizaci *(B1)*) je asi přetvořeno podle **gnědъ* (↑*hnědý*), **blědъ* (↑*bledý*) od **chěrъ* tv. Dále viz ↓*šerý*.

šéf, *šéfka*, *šéfová*, *šéfovský*, *šéfovat*. Přes něm. *Chef* z fr. *chef* a to přes stfr. *chief* z galorom. *capus*, které nahradilo lat. *caput* 'hlava'. Srov. ↑*kápo*, ↑*kapitán*.

šejdíř hov. expr., *šejdířka*, *šejdířský*, *šejdířství*. Ve starší č. i *šejdéř*, *šejdýř*, *šidíř*, *šajdíř*. Odvozeno od *šejd* 'podvod', jež souvisí se ↓*šidit*. Srov. však i ↓*šmejdit*.

šejdrem přísl. U Jg i adj. *šejdrý* 'kosý, křivý'. Málo jasné, snad souvisí se ↑*šejdíř* a ↓*šidit*.

šejk 'arabský kmenový náčelník'. Přes angl. *sheik* či fr. *cheik* z ar. *šaih* tv., vlastně 'stařešina'.

šejkr 'nádoba na míchání (alkoholických) nápojů'. Z angl. *shaker* tv. od *shake* 'třást, třepat'.

šek 'druh peněžní poukázky', *šekový*. Přes něm. *Scheck* z am.-angl. *check* tv., původně 'kontrola, ověření, dozor', od slovesa *(to) check* 'kontrolovat, ověřovat, zadržovat', původně 'dávat šach', a to přes stfr. *eschec* z per. *šāh* 'král' (viz ↑*šach*).

šel, *šla*, *šlo*. Všesl. – p. *szedł*, *szła*, r. *šël*, *šla*, s./ch. *-šao*, *-šla*, csl. *šьlъ*, *šьla*. Psl. **šьdlъ*, *šьdla* je minulé příčestí tvořené od stejného kořene jako **choditi* (↑*chodit*), ale od jeho oslabeného stupně *(A6,B1)*. Srov. ↑*příští*.

šelest, *šelestit*. P. *szelest*, r. *šélest*, sln. *šelèst* (asi z č. či r.). I č. slovo se objevuje až u Jg a je tedy asi obrozeneckou výpůjčkou z p. či r. Původ slova je onom., srov. i r.d. *šóloch* 'šum', p. *chełst* tv.

šelma, *šelmovský*. Stč. i 'darebák; mor, morová rána'. Ze střhn. *schëlme* 'mor, epidemie; zdechlina' (dnes *Schelm* 'šibal, čtverák; lotr, padouch'), jež souvisí se stisl. *skelmir* 'čert', další původ však je nejistý. Slova s významem 'nákaza, zdechlina' se v č. stejně jako v něm. začalo užívat i jako nadávky (srov. podobně *mrcha*), původní negativní význam 'darebák, padouch' však byl časem zmírněn na 'čtverák, šibal'. V Husově době se navíc vyvinul i další význam 'divoké, líté zvíře' (Ma²).

šenk zast. ob. 'výčep, nálevna', *šenkýř(ka)*, *šenkovat*. Stč. 'číšník u dvora; čepování'. Ze střhn. *schenken* 'dávat pít, nalévat, dávat' (srov. i něm. *Schenke* 'hospůdka, krčma').

šeptat, *šepot*, *šeptavý*, *zašeptat*, *pošeptat*, *vyšeptalý*. Všesl. – p. *szeptać*, r. *šeptát'*, s./ch. *šàptati*, stsl. *šьpъtati*. Psl. **šьpъtati* je slovo onom. původu, pokud vyjdeme z původního **sjup-* *(B3, B5)*, lze spojit se ↑*sípat*. Srov. i ↓*špitat*.

šeredný, *šereda*. Stč. i *šeradný*, *šeřadný*, *šěřědný*. Jen č., je však i dl. *šoradki* 'smetí'. Zřejmě přetvoření základu, který je ve ↓*škaredý*, podrobnosti však nejsou jasné. Možná přesmyk *sk->ks-* *(A8,B1)*.

šerif '(v USA) úředník odpovědný za bezpečnost v určitém okrese', *šerifský*. Z angl. *sheriff* tv., původně 'nejvyšší úředník v hrabství', ze stangl. *scīrgerēfa* ze *scīr* (angl. *shire*) 'hrabství' a *gerēfa* (angl. *reeve*) 'správce, zástupce koruny'.

šermovat, *šerm, šermíř, šermířský*. Ze střhn. *schërmen, schirmen* 'šermovat, chránit, bránit' od *schërm, schirm* 'ochrana, štít' (dnes *Schirm*) od ie. *(s)ker-* 'řezat'.

šerpa 'širší pruh tkaniny kolem pasu či šikmo přes prsa'. Z něm. *Schärpe* a to z fr. *écharpe*, stfr. *escharpe*, jež bylo přejato z frk. **skirpja* 'poutnická taška (přes prsa), taška ze sítiny' a to zase z lat. *scirpus* 'sítina'.

šery 'druh španělského dezertního vína'. Z angl. *sherry* (původně *sherris*) podle angl. výslovnosti šp. města *Jerez de la Frontera* ve spojení *vino de Jerez*.

šerý, *šero, šeřit se, zešeřit se, příšeří*. Všesl. – p. *szary*, r. *séryj*, s. *sêr* 'šedý, světlý', csl. *sěrъ* 'modrošedý'. Psl. nejspíš **chěrъ* (2. palatalizace *(B1))*, rekonstrukce tvaru i ie. příbuzenstvo jsou sporné. Ie. východiskem by mělo být **ksoi-ro-* *(A8,B2)*, srovnat snad lze av. *xšaeta* 'světlý' z **ksoi-to-*. Častá srovnání se stisl. *harr* 'šedý, starý', střir. *cíar* 'tmavohnědý' či s gót. *skeirs* 'jasný', stangl. *scīr* tv. jsou hláskoslovně problematičtější. Srov. ↓*šeřík*, ↑*šedý*.

šeřík, *šeříkový*. Preslova úprava r. *sirén'* (z lat. *syringa*) přikloněním k ↑*šerý* (má fialovošedé květy).

šest čísl., *šestý, šestka, šestice, šestina, šesták*. Všesl. – p. *sześć*, r. *šest'*, s./ch. *šêst*, stsl. *šestь*. Psl. **šestь* je původem abstraktum (tedy něco jako 'šestka, šestice') tvořené stejně jako stisl. *sett* 'šestice', alb. *gjashtë* 'šest', sti. *šašt̄i-* 'šedesát' príp. *-ti* od vlastní ie. číslovky, která je v lit. *šešì*, gót. *saihs*, něm. *sechs*, stir. *sé*, wal. *chwech*, lat. *sex*, ř. *héx*, arm. *vec̣*, av. *xšvaš*, sti. *šaṭ*, toch. A *šäk*. Východiskem jsou ie. podoby **s(u̯)eks-, *ks(u̯)eks-*, slov. tvar ukazuje na **kseks-* *(A1,A8,B2)*. Pozoruhodná je podobnost názvu pro tutéž číslovku v semitských jazycích (akkad. *šeššet*, hebr. *šiššā*).

šešule 'druh pukavého plodu', *šešulka*. Stč. *šešelina, šošolina* 'chocholka, šešulka' od *šešel* 'chochol', jde o palatální (měkkou) obměnu slova ↑*chochol (B1)*.

šetřit, *šetření, šetrný, šetrnost, našetřit, ošetřit, prošetřit, přešetřit, ušetřit, vyšetřit*. Stč. *šetřiti* 'dbát na něco; pozorovat; mít ohled'. Jinak jen slk. *šetriť* a p.st. *szatrzyć (się)* 'dávat pozor'. Pro vysvětlení významu je třeba vyjít z 'pozorovat, hledět (si)', odtud 'dbát, ohleduplně se chovat' a dále 'šetřit, spořit'. Původ tohoto územně dost omezeného slov. slova je nejasný, spojování s lot. *skatīt* 'hledět, pozorovat', lit.d. *skatýtis* 'ohlížet se, dávat pozor' přináší příliš mnoho hláskoslovných těžkostí.

šev. Z psl. **šьvъ* od **šiti* (↓*šít*). Srov. ↑*podešev*, ↓*švec*.

ševelit, *zaševelit*. Dříve i *šebeliti* (Jg) 'třást, muchlat', asi z r. *ševelít'* 'zlehka hýbat, zachvívat', vedle toho ukr. *ševelíty* 'šelestit', b. *šávam* 'hýbám'. Psl. **ševeliti* je nejspíš onom. původu, srov. ↓*šveholit*.

šibal, *šibalský, šibalství*. Ve stč. 'chyták, podvodník'. Od staršího č. *šibati* 'mrskat, bít', přeneseně i 'klamat' (r. *šibát'* 'metat, bít', s./ch. *šibati* 'máchat, vrtět, stsl. *šibati* 'mrskat, švihat'). Psl. **šibati* se vyvozuje z ie. **kseib-* *(A8,B1,B2)* 'házet, rychle pohybovat', srovnává se se sti. *kṣipáti* 'metá, vrhá', *kṣiprá-* 'rychlý'. Srov. ↑*ošívat se*, ↓*šibenice*.

šibenice, *šibeniční, šibeničník*. P. *szubienica*, r. *šíbenica*. Nejspíš odvozeno od **šibenъ*, příč. trp. od **šibti* (z toho

šíbovat | 628 | **šilhat**

pak **šibati*, viz ↑*ošívat se*) 'mrskat, bít'. Původně tedy asi místo, kde byli zločinci mrskáni. Srov. i ↑*šibal*.

šíbovat ob. 'posunovat', *šíbr* 'kdo čachruje'. Z něm. *schieben* tv., jež asi souvisí se ↓*škubat*.

šibřinky 'masopustní maškarní zábava'. Vykládá se z něm. *Schabernack* 'taškařina, škodolibý žert', jehož původ není jasný.

šidit, *šizený, šidítko, ošidit*. Dříve i 'škádlit, týrat'. Slk. *šudiť* (-*u*- je asi druhotné), p. *szydzić* 'vysmívat se'. Snad ze střhn. *schīden, schiden* vedle *scheiden* 'oddělovat, odlučovat', jež bylo také alchymistickým termínem (srov. *Scheidekunst* 'umění odlučovat (substance)'), odtud asi význam 'šidit, podvádět' a z toho pak významy další. Ze střhn. *scheide* 'odlučování', *scheider* 'kdo odlučuje' by se pak vyložilo starší č. *šejd* a ↑*šejdíř* a snad i adv. ↑*šejdrem* (HK). Expr. novotvar je *šizuňk*.

šídlo. Všesl. Příp. -*dlo* od ↓*šít*, vlastně 'co se užívá k šití' (vypichují se jím otvory pro šití v kůži). Na druh hmyzu přeneseno podle podoby (má úzký, protáhlý zadeček).

šíf zast. ob. 'loď', *šífař*. Z něm. *Schiff* tv. (angl. *ship*) z germ. **skipa*- od ie. **skei*- 'řezat, oddělovat', tedy 'oddělený, vyřezaný kus kmene'. Srov. ↑*skif*.

šifon 'druh lehké bavlněné látky'. Z fr. *chiffon* 'hadr' od *chiffe* tv., původu asi germ. (srov. angl. *chip* 'tříska, štěpina, úlomek').

šifra 'tajná značka', *šifrovat, šifrovaný, odšifrovat, rozšifrovat, zašifrovat*. Přes něm. *Chiffre* tv. z fr. *chiffre* 'číslice, cifra, šifra' z it. *cifra* tv. (dále viz ↑*cifra*).

šichta ob. 'směna', expr. 'dřina'. Z něm. *Schicht* 'směna, vrstva' od *schichten* 'třídit, vrstvit' (srov. angl. *shift* 'směna,

posun'), jež asi vzdáleně souvisí se *Schiff* (↑*šíf*).

šíje, *šíjový*. Všesl. – p. *szyja*, r. *šéja*, s./ch. *šija*, stsl. *šija*. Psl. **šija* 'zadní část krku' nejspíš souvisí se **šiti* (↓*šít*), srov. podobně *vaz* a ↓*vázat*.

šik[1] 'uspořádaný, semknutý útvar', *šikovat, šikovatel, sešikovat*. Stč. *šik* 'řád, způsob, pořádek'. Ze střhn. *schic* 'způsob; místo, kde je něco uspořádáno', *schicken* 'působit, pořádat, připravovat', jež je asi vzdáleně příbuzné se ↑*skočit*. Srov. i ↓*šik*[2], ↓*šikovný,* ↓*šiknout se*.

šik[2] hov. 'elegantní, módní'. Z fr. *chic* tv. (případně přes něm. *schick*) a to zase přejato přes dněm. z něm.d. *Schick* 'správnost, přiměřenost' od *schicken* (viz ↑*šik*[1]).

šikana 'zlovolné obtěžování, týrání, pronásledování (podřízeného, slabšího ap.)', *šikanovat*. Přes něm. *Schikane* z fr. *chicane* 'šikanování, malicherný spor' od *chicaner* 'šikanovat, překrucovat zákon', jehož původ není jasný.

šikmý, *šikmost, zešikmit*. Od přísl. *šikmo*, jež bylo utvořeno od střhn. *schiec* 'šikmý, křivý', dále souvisí s něm. *schief* tv. K tvoření srov. ↑*kolmo*.

šiknout se ob. 'přijít vhod'. Již u Jg. Z něm. *sich schicken* 'hodit se, slušet se', dále viz ↑*šik*[1].

šikovný, *šikovnost*. U Jg i v širším významu 'způsobný, hodný, náležitý' od *šikovat* z něm. *schicken* (viz ↑*šik*[1], ↑*šiknout se*). Stejný význam má něm. *geschickt* 'obratný, šikovný'.

šílet, *šílený, šílenost, šílenství, šílenec*. Stč. *šieliti* 'zbavovat rozumu' je náležitý druhotvar k *šáliti* (C1), viz ↑*šálit*.

šilhat, *šilhavý, šilhavost*. Ze střhn. *schilhen* (dnes *schielen*) tv. od ie. **(s)kel*- 'ohýbat, křivit'. Srov. i p. *szylawy*, hl. *šělhać* tv.

šilink 'druh peníze'. Z něm. *Schilling* (angl. *shilling*), jež souvisí se *Schild* 'štít', původně asi 'malému štítu podobný peníz', východiskem je ie. **(s)kel-* 'řezat'.

šiml hov. zast. 'bělouš'. Z něm. *Schimmel* tv., vlastně '(kůň) plísňové barvy', k *Schimmel* 'plíseň', jehož další původ není jistý. Spojení *úřední šiml* je podle rak.-něm. *Amtsschimmel* tv. a *Schimmelreiter* 'úředník pracující podle šablony' (úřednický slang), doslova 'jezdec na šimlu', kde *Schimmel* je žertovně přetvořené lat. *simile* 'příklad, vzor, obdoba' (Ma²).

šimpanz, *šimpanzí*. Přes něm. *Schimpanse* (srov. angl. *chimpanzee*, fr.st. *quimpezé*) z nějakého konžského či angolského jazyka (uvádějí se podoby *kimpenzi, kampenzi, kipenze*).

šimrat, *šimravý*. Zřejmě přes *čimrati* ze staršího *čmýrati* tv. (Jg). Jde o expr. slovo, jehož původ je těžko zjistitelný, srov. ↑*chmýří*.

šína zast. ob. 'kolejnice'. Z něm. *Schiene* tv., původně 'lišta z kovu, dřeva ap.', od ie. **(s)kei-* 'řezat'.

šindel 'úzké prkénko k pokrývání střechy', *šindelový*. Z něm. *Schindel* tv., sthn. *skintula*, a to z lat. *scindula, scandula* tv., jež souvisí se stsl. *skǫdъ* 'malý, ubohý', srov. i ↓*štědrý*.

šinout (se), *vyšinutý*. Stč. *šinúti* 'hýbat, postrkovat', *šinúti sě* 'ubírat se, směřovat' i dok. 'vrhnout se'. Jinak jen p.d. *synąć* 'hýbat'. Vzhledem k doloženému významu 'vrhnout se' se zdá nejlepší vyjít od psl. **ši(b)nǫti*, dokonavého protějšku k **šibati* (viz ↑*šibal*). Zánikem souhlásky *(A9)* se spojení obou sloves uvolnilo a došlo k posunu významu i přehodnocení vidu podobně jako např. v ↑*kanout*, ↑*lnout* ap.

šíp, *šípoví, šipka, šipkový*. Všesl. – p.d. *szyp* 'šíp, brk', r. *šip* 'trn, osten, ozub', s./ch. *šȉp* 'šíp, ostří', b. *šip* 'trn, šíp'. Psl. **šipъ* nemá jasný původ. Vzhledem k uvedeným významům se zdá, že musíme vycházet z původního významu 'trn, něco tenkého, špičatého' (viz i ↓*šípek*). Lze uvažovat o výchozím **kseipo-* přesmykem z ie. **skeipo- (A8, B2)* (odpovídalo by mu lit. *skiẽpas* 'roub, štěp', srov. i ↓*štěp*), dále by bylo příbuzné angl. *shiver* 'tříska', sthn. *scivaro* tv., lat. *scīpiō* 'hůl', ř. *skípōn* tv., vše od ie. **skeip-* od **skei-* 'řezat, oddělovat'. Viz i ↓*štípat*.

šípek, *šípkový*. R. *šipóvnik*, s./ch. *šípak*, stsl. *šipъkъ* 'růže'. Psl. **šipъkъ* je odvozeno od **šipъ* 'trn, osten', dále viz ↑*šíp*.

široký, *šíry, šíř(e), šířka, širák, širočina, šířit, rozšířit*. Všesl. – p. *szeroki*, r. *širókij*, s./ch. *šìrok*, stsl. *širokъ*. Psl. **širokъ* je odvozeno od **širъ* (k tvoření srov. ↓*vysoký*, ↑*hluboký*, ↑*daleký*), jež se obvykle spojuje s gót. *skeirs* 'jasný', něm. *schier* 'čistý, čirý', r.d. *ščíryj* 'pravý, otevřený', vše z ie. **skəir-* 'jasný, čistý'. Předpokládá to přesmyk *sk->ks-* na začátku slova *(A8)*, vývoj významu 'jasný' → 'otevřený' → 'široký' je pochopitelný. Srov. i ↑*čiry*.

šišák '(dříve) kovová přilba nahoře zahrocená'. P. *szyszak*, r. *šišák* (str. *šišakъ*). Slov. **šišakъ* se většinou považuje za výpůjčku z maď. *sisak* tv., ale vyloučit nelze ani opačné přejetí a domácí souvislost se ↓*šiška*.

šiška, *šišatý, šištice, šišinka, šišatět*. Stč. i 'knedlík'. Všesl. – p. *szyszka*, r. *šíška*, s./ch. *šȉška*, csl. *šišьka*. Psl. **šišьka* je zdrobnělina od **šiša* (p. *szysza* tv.), srov. i r.d. *šiš* 'kupka sena', dále nejasné. Zdá se, že ve slov. označuje různé věci nepravidelného, zužujícího se tvaru, vzhledem k dvojitému *š* jde asi o útvar

expresivní. Zajímavá slova jsou v s./ch.
– šíšati 'stříhat', šìškav 'tělnatý, otylý',
šìšmiš 'netopýr', šíštati 'pískat, sršet'
(poslední dvě jsou asi onom. původu
a sem nepatří). Srov. ještě lit.
šiùkšmės 'štěrk, smetí', rovněž nejistého původu.

šišlat, šišlavý, zašišlat. Onom.
původu, zdvojení souhlásky jako
v hihňat, chichtat ap. Srov. sln. šušljáti
'šeptat' a ↓šuškat.

šít, šití, šicí, šička, našít, nášivka,
obšít, podšít, podšívka, prošít, přešít,
přišít, ušít, vyšít, vyšívání, výšivka,
zašít. Všesl. – p. szyć, r. šit', s./ch. šìti,
stsl. šiti. Psl. *šiti (1.os.přít. *šьjǫ) je
příbuzné s lit. siúti, gót. siujan, sthn.
siuwan, angl. sew, lat. suere tv., sti.
sívyati 'šije', vše z ie. *si̯ū- 'šít' (B3,
B5) (původně asi jen o šití kůže). Srov.
↓švec, ↓švadlena, ↑šev, ↑šídlo, ↑sešit.

škádlit, škádlivý, poškádlit. Jen č.
Srovnává se s p. skalować 'pomlouvat,
spílat' či szczerzyć (zęby) 'cenit (zuby)',
ale zůstává bez spolehlivých souvislostí.
Možná nějaké expr. přetvoření.

škála 'stupnice'. Přes něm. Skala tv.
z it. scala 'schody, stupnice' z lat.
scāla 'žebřík, schody', jež souvisí se
scandere 'stoupat'. Srov. ↑skandovat.

škamna zast. 'školní lavice'.
Prostřednictvím latinských škol z lat.
scamnum 'lavice, stolička', ze střlat.
zdrobněliny scamellum je něm. Schemel
'podnožka, (nízká) stolička'.

škapulíř 'ochranný předmět
(příslušníků mnišských řádů)'. Přes
něm. Skapulier ze střlat. scapulare od
scapulae 'lopatky, plece'. Původně šlo
o široký pruh látky splývající přes
hábit (vlastně zástěra, aby si řeholníci
při práci neušpinili roucho). Poté, co
vznikly řády žijící mimo klášter, se
škapulířem staly dva proužky látky (se
zašitými svatými obrázky, bylinkami
ap.) či v nové době medailonky,

které měly nositeli na přímluvu církve
zjednávat zvláštní ochranu.

škára 'spodní vrstva kůže'. Presl přejal
z mor. a slk. škára 'kus nevydělané
kůže' (Jg). Jde nepochybně o variantu
psl. *(s)kora (viz ↑kůra), k počátečnímu
š- srov. ↓škraloup, ↓škorně.

škaredý, škaredit se, škarohlíd.
P. szkaradny, r. skárednyj 'lakomý'
(str. skarędъ, skarědъ 'ošklivý'), csl.
skarędъ 'ošklivý'. Psl. *skarędъ se
obvykle spojuje se stisl. skarn 'špína,
hnůj', stir. sceirdim 'vyplivuji', lat.
-cerda (ze *scerda) 'lejno', ř. skõr
tv., sti. apa-skara- 'výkaly', vše k ie.
*sker-(d)- 'špína, lejno'. Varianta *skerje
v ↑srát. Srov. ↑šeredný.

škarpa hov. 'příkop'. Z it. scarpa tv.
a to asi z germ. *skrap-, *skarp-, ze
základu, z něhož je i něm. schroff
'příkrý, srázný'.

škatule, škatulka, škatulkovat,
rozškatulkovat. Jako p. szkatuła, r.
škatúlka (přes p.), sln. škâtla přejato ze
střlat. scatula 'krabička, skříňka' (asi
prostřednictvím lékáren). Sln. šatúlja
šlo přes něm. Schatulle.

škeble, škeblička. Jen č., asi
z nějakého něm.d. Schelbe (srov. střdn.
scholpe a také angl. shell tv.).

škemrat, škemravý, vyškemrat. Stč.
škebrati 'škemrat, reptat, bědovat', p.
szemrać 'bručet, bublat, reptat', srov.
i slk. šomrať 'mručet'. Expr. útvary
onom. původu, srov. ↓žebrat.

šklebit se, škleb, šklebivý, zašklebit se,
rozšklebit se, rozšklebený, ušklíbnout se,
úšklebek, ošklíbat se. Jen č., příbuzné
je str. oskolobenije 'úsměv', stsl.
sklabiti sę 'usmívat se'. Psl. *skolbiti
(sę), *skelbiti (sę) má obdobu v stisl.
skelpa 'grimasa', dále je příbuzné stisl.
skalpr 'loď', střdn. scholpe 'mušle',
dán. skulp 'lusk', vše z ie. *skel-bod
*skel- 'řezat'. Metaforou přeneseno

z původního 'puklina, štěrbina, něco rozštěpeného' na 'rozevřená ústa'. Srov. ↑škeble, ↑skalp.

škobrtat, *škobrtavý, zaškobrtnout*. U Jg *kobrtati*. Viz ↑*ko-*[1], druhá část je asi obměnou slova *brkati* tv. (viz ↑*brkat*). K obměně předp. srov. ↑*skomírat*.

škoda, *škodný, škodlivý, škodlivost, škodlivina, škůdce, škodit, poškodit, uškodit, (ne)zaškodit, záškodník*. Stejně jako p. *szkoda*, r. *škóda*, ch. *škòda* přejato ze sthn. *scado* (dnes *Schade*) tv., jež souvisí s ř. *askēthés* 'neporušený' (viz ↑*asketa*).

škola, *školka, školní, školský, školství, školné, školák, školačka, záškolák, záškolačka, školitel(ka), školit, školení, doškolit, proškolit, přeškolit, vyškolit, zaškolit*. Stejně jako do jiných slov. jazyků (jen sln. *šôla* je přes sthn.) přejato z lat. *schola, scola* z ř. *scholé* 'odpočinek, oddech, volná chvíle; přednáška, rozhovor'. Vývoj významu je zřejmý: 'volná chvíle (ke studiu ap.)' → 'rozprava, (učený) rozhovor' → 'místo, kde se vedou učené rozhovory, škola'.

škopek. Stč. i *škop*. Ze sthn. *scaph* tv. a to přes lat. z ř. *skáfē, skáfos* 'lodní dutina, člun; vana, kád' od *skáptō* 'kopu, hloubím'. Stejného původu je i r. *škaf* 'skříň'. Srov. ↑*skafandr*, ↑*batyskaf*.

škorně 'vysoké hrubé kožené boty'. Sln. *škôrenj*, ch.d. *škôrnja*. Psl. **skorъn'i* tv. je odvozeno od **skorъnъ* 'kožený' od psl. **skora* 'nevydělaná kůže'. Dále viz ↑*kůra*, ↑*škára*.

škorpion 'štír'. Přes něm. *Skorpion* z lat. *scorpiō* (gen. *scorpiōnis*) a to z ř. *skorpíos*, jež je možná odvozeno od ie. **(s)kerp-*, což je rozšířené ie. **(s)ker-* 'řezat, obdělávat ostrým nástrojem'.

škorpit se expr. Slk. *škriepiť sa*, srov. i č.d. *skřipka, škřipka* 'hádka' (Jg). Jsou to expr. útvary, původu asi onom. (srov. ↑*skřípat*). Není vyloučeno druhotné přiklonění k ↑*škorpion*.

škrábat, škrabat, *škrábanec, škrabanina, škrabka, škrabadlo, škrabák, škrabal, naškrábat, oškrábat, poškrábat, rozškrábat, seškrábat, vyškrábat*. Hl. *škrabać*, p. *skrobać*, r.d. *skrobát', skrábat'*, sln. *škrabljáti*. Psl. **skrabati* je iterativum (opětovací sloveso) od **skrobiti*, to pak je odvozeno od **skre(b)ti* (srov. r. *skrestí* 'škrabat, drhnout'). Příbuzné je lot. *skrabt* 'dlabat, škrabat', střhn. *schreffen* 'škrabat', angl. *scrape*, wal. *crafu* tv., vše od ie. **(s)kreb(h)-* od **(s)ker-* 'řezat, obdělávat ostrým nástrojem'. Srov. ↓*škrob*, ↑*škorpion*.

škraboška. Stč. *kraboška* tv. Obdobné významy jsou v ch.d. *skrabica, škrabica* 'larva', *krabonos* 'maskovaná osoba', sln.d. *krabúlja* 'zámotek larvy', zřejmě souvisí s ↑*krabice*.

škraloup, *škraloupek, škraloupovitý*. Významově nejblíže stojí sln.d. *skorlûp, škralûp, skrlûp* aj. 'smetana (na převařeném mléce)', ch.d. *skòrŭp* tv., další příbuzná slova jsou uvedena pod ↑*skořápka*. Vychází se z představy jakési 'kůry' či 'kůže' sbírané z povrchu vřelého či již ustáleného mléka.

škrkavka 'druh střevního cizopasníka'. Již u Jg vedle *škrkavice*. Nejspíš od onom. *škrkati* 'škrundat, krkat, kručet ap.', ale i 'drápat, trhat'. Srov. ↓*škrundat*, ↓*škrtat*, ↑*skřehotat* ap.

škrob, *škrobový, škrobnatý, škrobárna, škrobárenský, škrobárenství, škrobit, škrobený, naškrobit, vyškrobit*. Sln. *škrôb*, ch. *škròb*, s. *skròb*. Psl. **skrobъ* nemá jednoznačný výklad. Spojuje se s lit. *skrèbti* 'tuhnout, schnout' (Ma[2], HK), jež se dále vyvozuje z ie. **(s)kerb(h)-* 'ohýbat (se)', ale vzhledem k tomu, že původní význam sln. (a pravděpodobně i psl.) slova je 'kaše z (kukuřičné) mouky', lze uvažovat i o odvození z psl. *skre(b)ti 'škrabat' (viz ↑*škrábat*). Původní význam by pak byl 'co je naškrabáno, namleto'. Již u Jg je *škrobený* ve významu 'strojený, upjatý', vedle toho i 'skoupý', srov. i dnešní *škrob* 'skrblík'. Tento poslední význam vznikl asi expr. přetvořením základu, který je právě v ↑*skrblík*.

škrpál ob. expr. 'stará nevzhledná bota'. Dříve *škarpál, škrbál* (Jg). Expr. přetvoření it. *scarpa* 'střevíc'.

škrtat, *škrt, odškrtat, proškrtat, přeškrtat, seškrtat, vyškrtat, zaškrtat*. U Jg ve významu 'vrzat, vydávat skřípavý zvuk' (*škrtati na housle, pérem škrtati*), dále 'bodat, píchat' a 'špatně psát'. Příbuzné je sln. *škŕtati* 'vydávat krátké, ostré zvuky', dříve i 'dělat zářezy'. Původ může být onom.-expr. (srov. ↑*škrkavka*, ↓*škrundat*), vychází se však také z ie. *(s)kert-* od *(s)ker-* 'řezat', pak by bylo příbuzné ↑*črtat*, co do významů srov. i ↑*škrábat*. Srov. i ↓*škrtit*.

škrtit, *škrticí, škrtič, přiškrtit, uškrtit, zaškrtit, záškrt*. Jen č., příbuzné však je sln. *škŕt* 'skoupý', s./ch. *škŕt*, mak. *škrt* tv. (srov. i ob. *škrt* 'skoupý člověk'). Etymologie přichází v úvahu stejná jako u předchozího ↑*škrtat*, zde ovšem s větší pravděpodobností druhé možnosti ('škrtit' = 'zařezávat (do kůže ap.)').

škrundat ob. expr. Onom. původu, srov. ↑*škrkavka*, ↓*škrkat*.

škubat, *škubavý, škubánky, oškubat, uškubnout, vyškubnout, zaškubat*. P. *skubać*, r.d. *skubstí*, sln. *skúbsti* 'drápat, párat'. Psl. *sku(b)ti* (1.os.přít. *skubǫ*, odtud nový inf. *skubati*) je příbuzné s lit. *skùbti* 'pospíchat', lot. *skubinãt* 'pohánět', gót. *af-skiuban* 'odehnat', něm. *schieben* 'sunout, strkat' (srov. ↑*šibovat*), vše od ie. *skeub-* 'dělat krátké, prudké pohyby'.

škudlit expr. 'přepjatě šetřit, skrblit', *škudlil, naškudlit*. Příbuzné je slk. *vyškudlý* 'vyhublý', r. *skúdnyj* 'skrovný, chudý, nuzný', s./ch. *òskudan* 'chudý', csl. *skǫdъ* tv. Psl. **skǫdъ* se spojuje s lot. *šķedēns* 'tříska', sthn. *scintan* 'drát, odlupovat', av. *sčandayeiti* 'láme', vše od ie. **(s)ke(n)d-* 'odlupovat, odštěpovat'. Pravděpodobná je spojitost se ↓*štědrý*.

škuner 'rychlá plachetní loď'. Z am.-angl. *schooner* tv., původně *scooner* (poprvé r. 1713 v Gloucesteru v am. státě Massachussetts), a to asi od angl.d. *scon, scoon* 'rychle klouzat'.

škvára 'spečené, pórovité kusy popela', *škvárový*. Novější, od ↓*škvařit*. U Jg jen pl. *škváry* 'věci na nic, haraburdí'.

škvařit, *škvár, škvarek, škvarkový, přiškvařit (se), rozškvařit, seškvařit, uškvařit, vyškvařit*. Stč. *skvřieti, škvřieti*, hl. *škŕćć*, p. *skwarzyć*, r.d. *skvára, škvára* 'škvarky', sln. *cvréti*, ch. *cvrijêti*, csl. *raskvrěti* 'rozpustit' (srov. i stč. *rozeskvřieti (sě)* 'roztát, rozplynout se'). Psl. **skverti* (B8) nemá jasný původ, snad onom.-expr. na základě zvuku při škvaření sádla (srov. p. *skwierczeć* 'pískat, syčet' i doklad z Jg *máslo škvařené škvrčí*). Podobné expr. útvary jsou v ↓*škvrně*, ↑*scvrknout se*, ↓*škvor*, srov. i ↑*škvrna*.

škvíra, *škvírka*. Novější, u Jg nedoloženo. Snad od *škeřiti se* 'rozpukávat se, křivit pusu', varianty k ↓*štířit se* tv. s přikloněním k *-vír-*, které je v *svírat, otvírat* ap. (↓*-vřít*).

škvor. Jen č. Asi onom. původu (k podobným názvům srov. ↑*brouk*, ↑*chrobák* ap.), srov. ↑*škvařit*, ↓*škvrně*, ↑*skřivánek*.

škvrně. Dříve i o malém prasátku. Asi od onom. základu, srov. ↑*mrně*, ↓*vrnět* a ↑*škvařit*, ↑*škvor*.

škytat, *škytnout, škytavka*. Přesmykem ze ↓*štkát* (nář. *štikat*) ze stč. *ščkáti, ščikati*.

šlágr '(dočasně) velmi populární písnička, módní novinka'. Z něm. *Schlager* tv. od *schlagen* 'bít, udeřit' (příbuzné je kniž. angl. *slay* 'zabít'). Co do významu srov. ↑*hit*.

šlahoun. Dříve i 'jistý řemen v postroji', 'tlustá větev, k níž se přivazují vory' a 'příčný trám' (Jg), což by mohlo ukazovat na souvislost s r.d. *sljágá, slegá* 'tenké, dlouhé břevno'. Psl. základ **slęg- (B7)* se pak spojuje s lit. *sleňksnis* 'práh', další souvislosti jsou málo jasné. Spojení se ↓*šlehat* by pak bylo lid. etym. (Ma²).

šlacha, *šlachovitý*. Jen č., nejasné. Snad souvisí se ↑*šlahoun*, srov. u Jg *šlachovitý* i *šlahovitý*.

šlajfka nář. 'kravata'. Z něm. *Schleife* 'smyčka, vázanka', varianty k *Schlaufe* 'smyčka'. Jiné je *šlajfky* 'brusle' od něm. *schleifen* 'smýkat, bruslit'.

šlajsna slang. 'propust, splav'. Z něm. *Schleuse* tv. a to ze střlat. *sclusa, exclusa* 'přehrada, jez' od lat. *exclūdere* (příč. trp. *exclūsus*) 'nevpustit, zamezit, odříznout' z ↑*ex-* a *claudere* 'zavírat'. Srov. ↑*exkluzivní*.

šlak ob. 'mrtvice'. Již od střední č. Z něm. *Schlag* 'rána, úder, mrtvice' od *schlagen* 'bít, udeřit'. Srov. ↑*šlágr*, ↓*šlehat*.

šlamastyka hov. expr. Z rak.-něm. *Schlammastik*, něm. *Schlammasel* a to z jidiš *schlemasl, schlimasl* 'smůla, neštěstí', složeného asi z něm. *schlimm* 'špatný' a jidiš *mas(e)l* 'štěstí' z hebr. *mazzal* 'šťastná náhoda'.

šlapat, *šlapací, šlapadlo, šlapka, šlápota, došlápnout, došlap, našlapat, našlapovat, nášlapný, obšlápnout, pošlapat, prošlapat, přešlapovat, přešlap, přišlápnout, rozšlapat, sešlapat, ušlapat, vyšlapat, zašlapat*. R. *šlëpat'* 'pleskat, šlapat, čvachtat', sln. *šlépati* 'luskat prsty', b. *šljápam* 'plácám, tluču'. Původ je jistě onom., původně 'plácat', potom 'pleskavě jít'. Podobné, elementárně příbuzné útvary jsou v angl. *slap* 'plácat, pleskat', něm. *schlappern* 'mlaskat'.

šlauch ob. 'hadice'. Z něm. *Schlauch* tv., jež asi souvisí s ↑*lyže*.

šle. Stč. 'koňský postroj; biskupský plášť'. P. *szla* 'popruh', *szelki* 'šle', r. *šlejá* 'popruh'. Přejato z nějakého tvaru blízkého sthn. *silo* 'řemen v postroji' (něm. *Siele*), jež dalo zsl. **sьl'-*. Něm. slovo vychází z ie. **sei-* 'vázat; řemen', z něhož je i ↑*síť*.

šlehat, *šlehaný, šleh, šlehač, šlehačka, našlehat, ošlehat, prošlehnout, rozšlehat, sešlehat, ušlehat, vyšlehnout*. Jen č., dříve i *šlahati, šlohati* (Jg). Nejspíš přejetí ze sthn. *slahen* 'bít, tlouci, šlehat' (něm. *schlagen* tv.). Srov. ↑*šlágr*, ↑*šlak*.

šlechta, *šlechetný, šlechetnost, šlechtic, šlechtična, šlechtický, šlechtit, šlechtitel(ka), šlechtitelský, šlechtitelství, vyšlechtit, ušlechtilý*. Stč. též ve významu 'ušlechtilost, urozenost'. Stejně jako p. *szlachta* tv. přejato ze střhn. *slahte, (ge)slehte* 'rod, původ, kmen', jež souvisí se *schlagen* 'bít, tlouci (společným významem je 'vyvíjet se určitým směrem'). V č. a p. přeneseno na rodové šlechtictví, které do té doby u Slovanů bylo neznámé.

šlejška, slejška 'šiška (ke krmení hus); tlustá nudle'. Dříve i *slejžky, slížky* a nezdrobnělé *slíž* (Jg). Od ↑*sliz*.

šlem 'hlen, vazká látka, sliz'. Z něm. *Schleim* 'sliz, hlen', viz ↑*slimák*.

šlendrián hov. expr. 'nepořádek'. Z něm. *Schlendrian* a to latinizující příp. -*iān(us)* od *schlendern* 'lajdat, courat, loudat se', jež souvisí se slovy

šlépěj   634   šminka

uvedenými pod ↑*sledovat*. Původ asi ve studentském slangu.

šlépěj. Stč. i *šlápěje*. Od ↑*šlapat*.

šlichta expr. 'řídké, špatné jídlo'. Původně 'tkalcovské mazadlo z mouky'. Z něm. *Schlichte* tv., jež je příbuzné s něm. *schlecht* 'špatný', původně 'rovný, hladký, jednoduchý'. Souvisí se ↑*sliz*.

šlofík ob. expr. 'krátký (odpolední) spánek'. Z něm. *Schlaf* 'spánek' od *schlafen* 'spát'. Viz ↑*slabý*.

šlohnout ob. 'ukrást'. Asi od ↑*šlehat*, srov. *štípnout* tv. Někteří spojují s romským *lohe* 'kradené zboží'.

šlukovat hov. 'vtahovat kouř při kouření', *šluk*. Z něm. *schlucken* 'polknout, hltat', jež asi souvisí s naším ↑*lkát*.

šlupka. Viz ↑*slupka*, expr. š- možná podle ↓*šupina*.

šlus ob. expr. 'konec'. Z něm. *Schluss* tv. od *schliessen* 'uzavřít, ukončit', jež souvisí s ↑*klíč*.

šmahem přísl. hov. 'úplně, veskrze, najednou'. Asi od *smah*, *šmah* 'spálení, spálenina', viz ↑*smahnout*. Ze spojení jako *nepřítel všecko šmahem pálil, šmahem vypleniti, šmahem všecko hoří* ap. se přeneslo i na jiné druhy zkázy (*povodeň všecko šmahem poplenila, housenky všecko šmahem ožraly*) (Jg), až se význam generalizoval v dnešní podobě.

šmajdat hov., *šmajdavý*. U Jg jen *šmajda* a sloveso *šmajťhati*, vedle *šmaťhati, šmatlati*. Varianta k ↓*šmaťhat*.

šmajchlovat se ob. expr. 'lísat se, mazlit se'. Z něm. *schmeicheln* 'lichotit, pochlebovat', jež asi souvisí s ↓*šminka*.

šmak ob. expr. 'chuť', *šmakovat, pošmáknout si*. Z něm. *Geschmack* 'chuť', *schmecken* 'chutnat', jež má mimo germ. jazyky příbuzenství snad jen v lit. *smagùs* 'příjemný'.

šmatat ob. Již stč. Expr. varianta k ↑*hmatat*, srov. ↑*chmatat* a ↓*šmátrat*.

šmaťhat ob. expr. U Jg i *šmatlat* (již stč.), *šmiťhat, šmajťhat*. Expr. útvary, jejichž etymologizace je těžko možná. Lze srovnat s ↑*šmatat* i ↓*šmátrat*, vložené -h- mají i další slovesa označující vadnou chůzi – ↑*belhat se*, ↑*kulhat*.

šmátrat ob. expr., *zašmátrat*. Někdy se spojuje s r. *smotrét'* 'dívat se, hledět' (HK), ale spíš to bude expr. útvar srovnatelný se ↑*šmatat*, ↑*šmaťhat*, srov. i ↑*šátrat*.

šmejd ob. hanl. 'bezcenná věc, brak; ničema'. Dříve 'drobné věci ze železa, mosazi ap.' (Jg). Z něm.st. *Schmeid* tv. (srov. *Geschmeid* 'šperk') od *schmieden* 'kovat'.

šmejdit ob. expr. 'čile pobíhat, slídit', *prošmejdit*. Expr. útvar srovnatelný se ↑*šmajdat*, lze však uvažovat i o souvislosti se ↑*šmejd*, starším č. *šmejdlíř, šmejdýř* 'kdo prodává drobné, bezcenné věci' (takoví obchodníci byli čilí a vtíraví). Možná, že na sebe oba základy vzájemně působily.

šmelit 'nelegálně obchodovat s nedostatkovým zbožím', *šmelina, šmelinář, šmelinářský, šmelinářství, vyšmelit, zašmelit*. Východiskem je asi něm.d. *Schmeller* 'lakomec, darebák, podvodník', jež souvisí s něm. *schmälen* 'zužovat, snižovat, kárat'.

šmidlat. Onom.-expr. původu, srov. ↑*fidlat*.

šmiknout hov., *přešmiknout, odšmiknout, ušmiknout*. Od citosl. *šmik*, jež asi souvisí s nář. *mikati*, varianty k ↑*míhat se*. Viz i ↑*kmitat*.

šminka hov. 'líčidlo', *šminkovat (se)*. Z něm. *Schminke* a to asi k střhn. *schmeichen* 'hladit, natírat' od

ie. *smē(i)- 'mazat, hladit'. Srov.
i ↑šmajchlovat se, ↓šmíra.

šmíra hanl. 'špatná divadelní
společnost'. Z něm. *Schmiere* tv.
a to od *schmieren* 'mazat, čmárat', od
toho pak 'špatně psát' a 'dávat špatně
napsané hry'. K původu srov. ↑*šminka*.

šmirgl ob. 'smirek'. Z něm. *Schmirgel*
z it. *smeriglio* a to od střř. (byzant.)
smerí tv., vedle ř. *smýris, smíris* (viz
↑*smirek*).

šmírovat ob. hanl. '(potají) pozorovat,
sledovat', *šmírák*. Z něm. arg.
Schmiere stehen 'dávat pozor, hlídat'
z jidiš *schmire* 'hlídání, stráž' z hebr.
š^emīrah tv.

šmodrchat hov. expr., *šmodrcha,
zašmodrchat*. Expr. útvar vzniklý snad
spojením ↑*motat* a ↑*drchat*, další
etymologické vývody jsou u takovýchto
expr. slov nemožné.

šmolka 'modré barvivo k bělení
prádla'. Z něm. *Schmalte* tv. z it. *smalto*
(viz ↑*smalt*).

šmouha, *šmouhatý, šmouhovatý*. P.
smuha 'pás, pruh', r.d. *smúga* 'temná
skvrna, pruh', sln. *smúga* 'čára'.
Psl. *smuga nemá jistý původ. Je-li
příbuzné r. *smúglyj* 'tmavohnědý', lze
spojit se střhn. *smouch* 'kouř', angl.
smoke, ir. *múch* tv., arm. *moyg* 'tmavý,
hnědý', vše z ie. **(s)meug(h)-* 'kouř'.
Původní význam slov. slova by pak
byl 'pruh kouře, pruh kouřové barvy'.

šmrdolit ob. expr. 'rychle a povrchně
dělat'. Expr. obměna k ↑*mrdat*.

šmrnc ob. expr. 'švih, půvab'. Od citosl.
šmrnc, vyjadřujícího švihnutí, plesknutí.

šmudla hov. expr. 'špinavý, nepořádný
člověk', *šmudlat, ušmudlat, ušmudlaný*.
Od něm. *schmuddeln* 'umazat, ušpinit',
jež zřejmě souvisí se *Schmutz* 'špína'.

šmuk zast. 'šperk, ozdoba'. Z něm.
Schmuck tv., jež souvisí se *schmiegen*
'přivinout se' (asi 'ozdoba, která těsně
přiléhá'), to pak je asi příbuzné s naším
↑*smýkat*.

šnaps zast. ob. 'kořalka'. Z něm.
Schnaps tv., což je původem dněm.
slovo označující 'lok, polknutí', srov.
i něm. *schnappen* 'chňapat, lapat
vzduch, zapadnout (o záklopce)'.
Onom. původu.

šnek, *šnečí, šnekovitý*. Z něm.
Schnecke tv., jež zřejmě souvisí se
sthn. *snahhan* 'plazit se'. Příbuzné je
angl. *snake* 'had'.

šněrovat, *šněrovací, šněrovačka,
šněrovadlo, sešněrovat, zašněrovat*.
Z něm. *schnüren*, případně již střhn.
snüeren, dále viz ↓*šňůra*.

šnorchl slang. 'potápěčská trubice
k dýchání pod vodou'. Z něm.
Schnorchel tv., což je moderní
slovo utvořené obměnou severoněm.
Schnorgel 'nos, pusa, huba', *schnorgeln*
'hlasitě dýchat nosem'. Souvisí se
schnarchen 'chrápat, skřípat'.

šňořit (se) expr. 'fintit se', *vyšňořit se*.
Nejspíš z něm. *(ver)schnörkeln*
'(přemrštěně) zdobit' s přikloněním
k *šňora 'šňůra*, tkanice'.

šňupat 'vtahovat nosem', *šňupací,
šňupavý*. Z něm. *schnupfen*, jež patří
spolu s *schnauben* 'supět, funět',
schnaufen tv., *schnüffeln* 'čenichat'
do skupiny germ. onom. slov. na *sn-*.
Ob. *šňuptychl* 'kapesník' je z něm.
Schnupftüchel, ve druhé části je
zdrobnělina od *Tuch* 'šátek'.

šňůra, *šňůrka*. Stč. *šnóra*, u Jg
i *šňůra, šnora, šňora*. Ze střhn. *snuor* tv.
(dnes *Schnur*) od ie. **(s)ner-* 'kroutit,
vinout'. Srov. ↑*šněrovat*, ↑*šňořit*.

šnytlík ob. 'pažitka'. Z něm.
Schnittling, Schnittlauch, složeného ze
Schnitt 'řez' (od *schneiden* 'řezat')
a *Lauch* 'pórek'. Motivací názvu je
asi to, že z jednoho trsu pažitky lze

šodó

opakovaně nařezávat potřebné množství jako přísadu do jídla. Srov. ↑*ošlejch*.

šodó 'horká pěna ze šlehaných žloutků a vína'. Z fr. *chaudeau* tv. z vlat. **caldellum* 'horká polévka' od lat. *calidus* 'horký'. Srov. ↑*kalorie*, ↓*šofér*.

šofér, *šoférka, šoférský, šoférovat*. Přes něm. *Chauffeur* z fr. *chauffeur* tv., původně (a ještě i dnes) 'topič'. Vývoj významu 'topič' → 'řidič' vyšel ze spojení *chauffeur de locomotive* 'topič (a řidič) na lokomotivě'. Fr. slovo je odvozeno od *chauffer* 'topit' z vlat. **cal(e)fāre* tv. za lat. *calefacere* 'oteplovat, zahřívat' z lat. kořene *cal-* 'teplý' (srov. ↑*kalorie*, ↑*šodó*) a *facere* 'dělat' (srov. ↑*-fikace*).

šohaj. Viz ↓*šuhaj*.

šok, *šokovat, šokující*. Z angl. *shock* (jako lékařský termín od 19. st.) a to z fr. *choc* 'úder, srážka' (původně ve vojenském významu) od *choquer* 'vrazit' asi onom. původu.

šolichat '(lehce) hladit; povrchně dělat'. Již u Jg ve významu 'třít, hladit'. Expr. útvar nejasného původu, ve druhé části lze spatřovat základ *lich-*, který je v ↑*lichotit*, případně ↑*lichý*.

šortky. Z angl. *shorts* tv. od *short* 'krátký', vlastně 'uříznutý', jež souvisí se *shear* 'stříhat', od ie. **(s)ker-* 'řezat'.

šos 'cíp kabátu', *šosatý, šosák, šosácký*. Z něm. *Schoss* 'klín, lůno, cíp, podolek'. Obvykle se spojuje se *schiessen* 'střílet, vyrážet, pučet', i když významová souvislost není bez problémů.

šošolka. Viz ↑*šešule*.

šot 'krátký filmový či televizní snímek'. Z angl. *shot* tv., vlastně 'střela, vrh, šleh ap.', od *shoot* 'střílet'. Srov. ↑*čutat*, ↑*šos*.

šotek 'domácí skřítek'. Dříve i *šetek* (Jg). Málo jasné. Srovnává se s ↑*pošetilý*, ale i to je temné.

šotolina 'drobný štěrk'. Z it. *ciotolo* 'štěrk' od něm. *Schutt* 'suť' od *schütten* 'sypat, lít'.

*šoufek ob. expr. (*dělat si šoufky* 'dělat si legraci'). K ob. zast. *šouf(ek)* '(větší) naběračka' (srov. i mor. ↓*šufan* tv.) z něm.d. *schufen* tv., jež souvisí se *Schaufel* 'lopata'. Původ rčení neznámý.

šoufl přísl. ob. 'špatně, nevolno'. Z jidiš *schophel* 'mizerný, špatný' (něm. *schofel* 'skoupý') a to z hebr. *šāfāl* tv.

šoulačka slang. '(při lovu) chůze pomalým, plížívým krokem'. Od *šoulat se* (již stč. *šúlati sě* 'těkat, potulovat se, šourat') expr. původu. Srov. ↓*šourat se*, ↓*šoupat*, ↓*šoustat*.

šoulet 'vařený hrách s kroupami a masem'. Z jidiš *schollet* 'šábesová polévka'.

šoupat, *šoupnout, šoupátko, šoupálek, ošoupat, odšoupnout, pošoupnout, prošoupat, přešoupnout, přišoupnout, rozšoupnout se, vyšoupnout, zašoupnout*. Jen č. Patří do skupiny onom.-expr. slov označujících šoupavé pohyby, sunutí ap. (srov. ↓*šoustat*, ↓*šourat se*, ↑*šoulačka*). Bezprostřední souvislost s něm. *schieben* 'sunout, strkat', *Schub* 'šoupnutí, strčení' či přejetí z něm. není třeba předpokládat.

šourat se, *šouravý, přišourat se, odšourat se*. Expr. původu, srov. ↑*courat* i ↑*šoupat*, ↑*šoulačka*.

šourek 'kožní vak, v němž jsou uložena varlata'. U Jg *šour, šourek* i 'měšec'. Jen č., málo jasné. Je i r.d. *šúra* 'vulva'.

šoustat vulg. 'souložit'. Ve starší č. 'smýkat sem a tam, drbat, třít' (k podobnému vývoji významu srov. ↑*mrdat*,

šovinismus — špejchar

↓*šukat*). Onom.-expr. slovo, srov. na jedné straně ↑*šoupat*, na druhé ↓*šustit*.

šovinismus 'jednostranné přeceňování předností vlastního národa, pohlaví ap. a fanatické hájení jeho zájmů', *šovinista, šovinistka, šovinistický*. Z fr. *chauvinisme*, původně 'fanatická láska k vlasti', podle napoleonského vlasteneckého granátníka N. *Chauvina*, který se stal ústřední postavou hry bratří Cogniardů Tříbarevná kokarda (1831).

špacír ob. zast. 'procházka', *špacírovat*. Z něm. *Spazier* tv. od *spazieren* 'procházet se' a to buď z it. *spaziare*, či přímo z lat. *spatiārī* tv. od *spatium* 'prostor, místo'.

špaček. P. *szpak*, jinde slova z původního psl. *skvorьcь onom. původu (viz ↑*skorec*). Asi zsl. přejetí ze střhn. *spaz, spatze* 'vrabec', jež souvisí s angl. *sparrow* tv. Ve významu 'dřevěný špalíček na obou stranách přiříznutý do špičky' (dětská hračka) je možná výchozí *špalíček*, které se přichýlilo ke *špaček* (při odpálení létá), sem patří i *tlouci špačky* 'podřimovat, klímat'. Metaforou pak bylo přeneseno asi i na 'nedopalek doutníku' a 'zbytek tužky' (HK, jinak Ma²).

špagát ob. 'provaz'. Z něm. *Spagat* tv. z it. *spaghetto*, což je zdrobnělina od *spago* tv., jehož původ není jistý. Srov. ↓*špagety*.

špagety. Přes něm. *Spaghetti* z it. *spaghetti*, doslova 'provázky', od *spago* 'provaz' (viz ↑*špagát*).

špachtle 'nářadí k roztírání, uhlazování (barvy, sádry ap.)'. Z něm. *Spachtel* tv. z dřívějšího *Spatel* a to z lat. *spatula* '(malá) lopatka, měchačka', což je zdrobnělina od *spatha* z ř. *spáthē* 'krátký, široký meč; tkalcovská hůlka'. Srov. ↓*špalír*.

špajz ob. Z něm. *Speise* 'jídlo, pokrm'. Dále viz ↑*spíž*.

špalda 'druh pšenice'. Dříve též *špalta* (Jg). Jde zřejmě o přejetí z něm. (střhn. *spelte, spelze*), případně lat. (pozdnělat. *spelta*, střlat. *spelda*), ale podrobnosti přejetí ani vzájemný vztah germ. a lat. slov a jejich původ nejsou jasné.

špalek, *špalík, špalíček*. Jen č. (již stč.), nejasné. Snad nějak souvisí s něm. *spalten* 'štípat'.

špalír 'dvě řady lidí tvořící uličku'. Z něm. *Spalier* tv., původně 'dřevěná podpěra (pro mladé stromky a rostliny)', z it. *spalliera* 'podpěra, ramenní opěrka, řada lidí' od *spalla* 'rameno, podpěra' a to z lat. *spatula* 'malá lopatka, měchačka' (dále viz ↑*špachtle*).

špás hov. 'žert, legrace', *špásovat, pošpásovat si, zašpásovat*. Z něm. *Spass* tv. a to z it. *spasso* tv. od *spassare* 'krátit si čas, obveselovat' z vlat. **expassāre* od lat. *expandere* (příč. trp. *expassus*) 'roztahovat, otvírat' (viz ↑*expanze*).

špatný, *špatnost, pošpatnět*. P. *szpetny* 'ošklivý, ohavný, nemravný', ukr. *špétyty* 'hanobit, plísnit'. Málo jasné. Někteří uvažují o přejetí ze střhn. *spat* (něm. *Spat*) 'nádor na koňské noze', ale taková generalizace významu ve slov. se nezdá pravděpodobná.

špeditér ob. 'kdo stěhuje nábytek', *špeditérský*. Z něm. *Spediteur* z it. *speditore* tv. od *spedire* 'odesílat' z lat. *expedīre* 'vypravit, připravit' (viz ↑*expedice*).

špehovat, *špeh, špehýrka*. Již stč. Ze střhn. *spehen* tv., jež stejně jako angl. *spy* tv. vychází z ie. **spek*- 'pozorovat, sledovat', od něhož je i lat. *specere* 'pozorovat' (srov. např. ↑*spektrum*) i ř. *skopéō* tv. (srov. ↑-*skop*). Srov. i ↓*špion*.

špejchar zast. 'sýpka'. Z něm. *Speicher* tv. a to z pozdnělat. *spīcārium* 'obilnice' od *spīca* 'klas'.

špejle, *špejlička*. Dříve *špejl, špíl, špejlek, špílek* (Jg). Z něm. *Speil* tv., původně *dněm.* slova, jež vychází z ie. **spēi*- 'špičatý'. Srov. i ↓*špice,* ↓*špíz.*

špek, *špekový, špekáček,* expr. *špekoun.* Z něm. *Speck* tv., jehož původ není jistý. Srov. ↓*špikovat.*

špeluňka ob. 'malá, nevzhledná místnost; malá, špatná krčma'. Přes něm. *Spelunke* tv. z lat. *spēlunca* 'jeskyně, doupě' z ř. *spélynx* 'jeskyně' od *spéos* tv. Srov. ↑*speleologie.*

špenát, *špenátový.* Dříve též *špinát, špinák.* Z něm. *Spinat* a to přes it. *espinace,* případně šp. *espinaca,* z ar. *isfināǧ, isfānāh* z per. *ispanāh, aspannah* tv.

špendlík[1] 'spínací pomůcka', *špendlíkový, špendlit, přišpendlit.* Ze střhn. *spendel, spenel* tv. a to přes sthn. *spenula* 'jehla, špendlík' z lat. *spīnula,* což je zdrobnělina od *spīna* 'trn, bodlina; páteř'. Ma[2] myslí na střhn. přejetí ze stč. *spinadlo* 'spona', což je málo pravděpodobné, i když hlásková podoba k takovým domněnkám opravňuje.

špendlík[2] 'druh slívy'. Ze střhn. *spenelinc, spinlinc* tv. (dnes *Spilling*), jehož původ není jistý. Vzhledem k tomu, že něm. slovo někde označuje i 'trnku', je možné vyjít ze sthn. *spenula* 'jehla, špendlík' (podle ostrých trnů). Viz ↑*špendlík*[1].

šperhák ob. 'paklíč'. Z něm. *Sperrhaken* tv. ze *sperren* 'zavírat, zamykat' a *Haken* 'hák' (srov. ↑*hák*).

šperk, *šperkový, šperkovnice.* Již stč., ne zcela jistého původu. Asi ze střhn. *sparke* 'jiskra' (srov. angl. *spark* 'jiskra' i 'drobný drahokam, malé třpytivé tělísko'). Slovo je původu dněm., dále jen ve staré angl. a niz., další souvislosti nejisté, možná onom. původu (od praskání dřeva).

špetka. P. *sczczypta,* r. *ščepót'* ukazuje, že pro naše slovo je třeba vycházet asi z psl. **ščьpъtъka,* jež by dalo pravidelně **štpetka* (B6,C3), zjednodušením *špetka.* Málo pravděpodobný je přesmyk ze **štipka* či **štěpka* (tak HK, Ma[2]). V každém případě souvisí se ↓*štípat,* vlastně 'co se uštípne dvěma či více prsty'. Viz i ↓*ždibec.*

špice, *špička, špičatý, špičkový, špičkovat, špičák, špičatět, špičatit, zašpičatit.* Ze střhn. *spitze* tv. od ie. **(s)pēi-* 'špičatý; zašpičatělé dřevo'. *Špička* 'mírná opilost' je z něm. *Spitz* tv. (od 16. st.) stejného původu jako *Spitze* (zde asi ve významu 'začátek (opilosti)'). Srov. ↓*špicl*[1], ↓*špicl*[2], ↑*špejle,* ↓*špíz.*

špicl[1] hov. 'druh psa'. Oficiálně *špic* z něm. *Spitz* podle špičatého čenichu a špičatých uší. Viz ↑*špice.*

špicl[2] hov. 'udavač, tajný', *špiclovat.* Z rak.-něm. *Spitzel* za něm. arg. *Spitz* tv. od něm. *sich spitzen* 'nedočkavě čekat, číhat' přenesením od *spitzen* 'špičatit' (vlastně 'špičatit uši'), viz ↑*špice.*

špička. Viz ↑*špice.*

špikovat 'prokládat špekem', *prošpikovat.* Z něm. *spicken* tv. od *Speck* (viz ↑*špek*).

špína, *špinavý, špinavost, špinit, našpinit, pošpinit, ušpinit, zašpinit.* Stč. i *špina.* Jen č., nejasné. Spojení s ř. *pínos* tv. (Ma[2]) ani s ↑*pěna* (HK, Jg) nejsou přesvědčivá.

špion, *špionka, špionský, špionáž, špionážní.* Z něm. *Spion* tv. z it. *spione* 'zvěd, pozorovatel', což je zveličelé jméno (příp. -*one*) od *spia* 'špeh' od *spiare* 'špehovat' a to z germ. (srov. něm. *spähen* tv. a odtud ↑*špehovat*).

špiritus ob. 'líh'. Z něm. *Spiritus* tv., vedle 'dech, duch, život' z lat. *spīritus* 'dech, duch, vzduch' (viz ↑*spiritismus*). Význam 'líh, alkohol' se vyvinul v řeči

špitál alchymistů (od 16. st.) a označoval destilací vzniklý 'duch' kapaliny, zvláště vína (střlat. *spiritus vini* 'líh').

špitál hov. 'nemocnice'. Z něm. *Spital* tv. a to ze střlat. *hospitale* 'příbytek pro pocestné, nemocné, chudé ap. (zvláště v klášteřích)', lat. *(cubiculum) hospitāle* 'hostinský pokoj' od *hospes* (gen. *hospitis*) 'host'. Srov. ↑*hospitalizovat*, ↑*hotel*, ↑*hospic*.

špitat, *špitnout*. Za původní *špetat*, *špetnout* (již stč.), což je varianta k ↑*šeptat, šeptnout*. Jiná vokalizace jerů *(B6)* vychází asi z *l*-ového příč. **šьpъtlъ*, které dalo náležitě *špetl*.

špíz ob. 'kousky masa proložené cibulí ap. a upečené na rožni, ražniči'. Z něm. *Spiess* 'rožeň, kopí' od stejného základu, který je v ↑*špice*, ↑*špejle*.

šplecht ob. expr. 'povídání, brebt, kleveta'. Od staršího *šplechtat* 'žvanit, povídat' a to od *šplechat* (viz ↓*šplíchat*).

šplhat, *šplh, šplhavý, šplhadlo, sešplhat, vyšplhat,* expr. *šplhnout si, šplhoun*. Jen č. Asi expr. přetvoření základu, který je v ↑*plouhat*, ↑*plíhat*, ↑*plazit se*, vlastně 'lézt (vzhůru)'. K podobnému expr. *š-* srov. ↓*šplíchat*.

šplíchat, šplouchat, *šplíchnout, šplouchnout, vyšplíchnout*. Dříve i *špláchat, šplechat, šplounat* (Jg). Nejspíš expr. obměna ↑*-pláchnout*, k předsunutému *š-* srov. ↑*šplhat*.

šponovat ob. 'napínat', *špona, šponovky* 'dlouhé přiléhavé kalhoty (na lyže)', *našponovat, vyšponovat (se)*. Z něm. *spannen* tv., jež souvisí s ↑*pnout*.

šprajcovat se ob. 'vzpírat se', *šprajc*. Z něm. *sich spreizen* tv., jež souvisí se *spriessen* 'pučet, vyrážet' (srov. ↓*šprot*).

šproch zast. ob. 'řeč, povídačka'. Z něm. *Sprache* 'řeč' od *sprechen* 'mluvit' (srov. angl. *speak* tv. se ztrátou *-r-*) a to asi od stejného onom. kořene jako ↑*pražit*.

šprot 'mořská rybka příbuzná sledi'. Z něm. *Sprotte* (původu dněm.), jež zřejmě souvisí s něm. *Spross* 'výhonek, potomek' (původně o různých malých rybách, mladých sledích ap.).

šprtat (se) slang. 'učit se (nazpaměť), dřít, *šprt, našprtat se*. Ve starší č. 'napadat na jednu nohu' (Jg), nářečně i 'hrabat, cvrnkat ap.' (Ma²). Slovo expr.-onom. původu.

šprťouchlata (pl.) ob. expr. 'legrace (z někoho druhého)'. Expr., etymologicky těžko analyzovatelný útvar. Druhá část slova jeví podobnost s ↑*poťouchlý*.

šprým, *šprýmař, šprýmařský, šprýmovný, šprýmovat, zašprýmovat si*. Stč. *šprýmovati* 'žertovat, nevhodně mluvit' ze střhn. *springen* 'skákat, tančit' (význam asi od subst. *springer* 'tanečník, kejklíř', z něhož je stč. *šprymýř*, srov. doklad *jeden kejklíř a šprymýř* u Jg).

špulit 'zaokrouhlovat a vysunovat dopředu rty', *našpulit, vyšpulit*. Dříve i *špoulit*, asi expr. obměna ↑*poulit*.

špulka hov. 'cívka'. Z něm. *Spule* tv., jež souvisí se *spalten* 'štípat' (srov. ↑*špalek*).

špumprnádle zast. ob. expr. 'žertovné kousky'. Údajně z něm. *Spompernadeln* 'okolkování, cavyky', jež se vykládá z it. (Ma²).

špunt hov. 'zátka', ob. expr. 'malé dítě'. Stč. *špunt* 'zátka, otvor pro zátku'. Ze střhn. *spunt* (dnes *Spund*) a to asi přes it. *spunto* tv. z lat. *expūnctum* 'propíchnutý (otvor)', což je původem příč. trp. od *expungere* 'propíchnout' z ↑*ex-* a *pungere* 'bodat, píchat'. Srov. ↑*punkce*, ↑*puntík*.

šrafovat, *šrafovaný, vyšrafovat*. Přes něm. *schraffieren* z it. *sgraffiare* 'škrabat, vrývat, rýsovat' (dále viz ↑*sgrafito,* ↑*graffiti*).

šrajtofle ob. expr. 'peněženka, náprsní taška'. Z něm. *Schreibtafel*, původně 'tabulka na psaní', ze *schreiben* 'psát' a *Tafel* 'tabulka' (zapisovaly se na ni výdaje).

šrám. Z něm. *Schramme* tv., jež je příbuzné s psl. *kroma 'okraj, hrana' (viz ↑*kromě,* ↑*skromný,* ↑*chromý*).

šraml 'malý smyčcový soubor s doprovodem kytary a tahací harmoniky'. Podle vídeňského kapelníka *J. Schrammela* († 1893).

šramotit, *šramot, pošramotit*. Hl. *šrumić, šrumotać* tv. Onom. útvar, varianta k staršímu *chramotiti, chramostiti* 'chrastit, šramotit' (srov. ↑*chrastit*). Přiklonění k ↑*šrám* je patrné u *pošramotit (pověst ap.)*.

šraňky ob. 'závory'. Z něm. *Schranke* 'závora, zábradlí', jež souvisí se *schräg* 'šikmý, kosý' a také *Schrank* 'skříň'.

šrapnel 'dělová střela, která se před dopadem roztrhne'. Přes něm. *Schrapnell* z angl. *shrapnel* tv. podle vynálezce této střely, angl. generála *H. Shrapnela* (1761–1842).

šrot[1] 'nahrubo umleté zrno (jako krmivo)', *šrotovat*. Z něm. *Schrot* tv. od *schroten* 'drtit, mělnit' a to od ie. **(s)ker-* 'řezat'.

šrot[2] 'kovový odpad', *šrotovat*. Z něm. *Schrott* tv., což je původně dolnorýnská varianta výše uvedeného *Schrot* (↑*šrot*[1]).

šroub, *šroubek, šroubový, šroubovitý, šroubovat, šroubovací, šroubovák, našroubovat, odšroubovat, přišroubovat, rozšroubovat, sešroubovat, vyšroubovat, zašroubovat*. Z něm. *Schraube* (spíš než ze střhn. *schrūbe*) a to z lat. *scrōpha* 'svině', později (v pozdní lat.) 'vulva' a střlat. 'matka (šroubu)' (tento význam je i ve fr. *écrou* téhož původu). Zdá se tedy, že označení bylo v něm. přeneseno z matice na šroub. K významu srov. šp. *puerca* 'svině' i 'matice (šroubu)'. Přenos významu není vykládán jednoznačně, ale zdá se, že jde o starou sexuální představu šroubu a matice jako mužského a ženského elementu (srov. i samotné ↑*matice*). Méně pravděpodobně podle toho, že závity připomínají zakroucený prasečí ocásek (takto HK).

šrůtka 'část skopového mezi krkem a bedry; větší odřezek (uzeného) masa'. Zdrobnělina od něm. *Schrot* 'šrot, dr̩ť' od *schroten* 'drtit, sekat'. Viz ↑*šrot*[1], ↑*šrot*[2].

štáb 'sbor vyššího vojenského velitele; (dočasná) skupina spolupracovníků', *štábní*. Z něm. *Stab* 'hůl', od 17. st. 'sbor vyšších důstojníků (vojska)' na základě představy hole (žezla ap.) jako symbolu moci. Srov. i angl. *staff* 'hůl, žezlo' i 'štáb, personál, (učitelský) sbor'.

šťabajzna ob. expr. 'pěkná žena'. Dříve i *šťabák* 'chlapík, švihák', u Jg jen *šťabec* 'kousek, drobet'. Expr. tvoření nejasného původu.

štace ob. expr. 'místo zastavení, působiště'. Přes něm. *Station* 'stanice, zastávka' z lat. *statiō* 'stání, stanice, místo pobytu' od *stāre* 'stát'. Viz ↑*stát*[2].

štafeta 'závod či slavnostní akce, při níž členové družstva postupně absolvují určitý úsek trasy', *štafetový*. Přes něm. *Stafette* z it. *staffetta* tv., původně 'spěšný posel', což je zdrobnělina od *staffa* 'třmen' (tedy vlastně 'jezdec, který ze spěchu zůstává ve třmenech') a to asi z langob. *staffa tv., jemuž odpovídá něm. *Stapfe* 'stopa'.

štafl slang. 'stanoviště taxíků'. Z něm. *Staffel* asi ve významu 'letka, flotila, (sportovní) družstvo', původně (i dnes) 'stupeň (žebříku)'. Souvisí se *Stab* 'hůl' (viz ↑*štáb*).

štafle. Z něm. *Staffel(leiter)*, doslova 'stupňový žebřík', od *Staffel* 'stupeň žebříku' a *Leiter* 'žebřík'. Srov. ↑*štafl*.

štajf ob. expr. 'strnulý, nehybný'. Z něm. *steif* 'tuhý, neohebný', jež asi vzdáleně souvisí s naším ↑*stéblo*.

štajgr slang. 'důlní dozorce'. Z něm. *Steiger* tv. od *steigen* 'stoupat, vystupovat' (viz ↑*stíhat*).

štamgast ob. 'stálý host'. Z něm. *Stammgast*, doslova 'kmenový host', ze *Stamm* 'kmen' a *Gast* 'host' (viz ↑*host*).

štamprle ob. 'sklenička, panák'. Z rak.-něm. *Stamperl* 'sklenička na alkohol bez stopky' a to asi od něm. *Stampfe* 'hmoždíř, stoupa' (podle podoby), případně od něm.d. (bav.) *stampern* 'tlouci', jež s předchozím slovem rovněž souvisí (viz ↑*stoupa*).

štandopede přísl. zast. expr. 'ihned, bez odkladu'. Z lat. *stante pede* tv., doslova 'stojící nohou' (ablativ), od *stāns* 'stojící' (přech. přít. od *stāre* 'stát') a *pēs* 'noha'. Srov. ↑*stát*[2] a ↑*pedál*.

štangle ob. 'tyč'. Z něm. *Stange* (rak.-něm. zdrobnělina *Stängle*), jež stejně jako angl. *sting* 'žihadlo, bodec' vychází z germ. *stengan 'bodat' z ie. **ste(n)gh-* tv.

šťárat se ob., *šťára*. Viz ↓*šťourat se*.

šťastný. Viz ↓*štěstí*.

šťáva, *šťavnatý*. Takto jen č. a slk. P.st. *szczawa* 'minerální voda', *szczaw* 'šťovík', r. *ščavél*', sln. *ščāvje* tv., b. *štáva* 'tříslovina'. Psl. *ščava nemá jistý původ. Původní význam asi byl 'kyselá rostlina, něco kyselého'. Vyjít by pak šlo z předsl. **skēu̯ā*, odvozeného od ie. **skeu-* 'řezat' (od **sek-* tv.). K souvislosti významů

'ostrý' a 'kyselý' srov. lat. *ācer* 'ostrý' a *acidus* 'kyselý'. Srov. ↓*šťavel*, ↓*šťovík*.

šťavel. Preslovo přejetí z r. *ščavél*' 'šťovík' (viz ↑*šťáva*).

štěbetat, *štěbetání*, *štěbetavý*. P. *szczebiotać*, r. *ščebetát'*, sln. *ščebetáti*. Psl. *ščebetati je odvozeno od *ščebetъ 'štěbet, štěbot' a to od onom. **ščeb-* napodobujícího ptačí hlas.

štědrý, *štědrost*, *uštědřit*. Stč. *ščedrý* *(C3)*, p. *szczodry*, r. *ščédryj*, stsl. *štedrъ* 'soucitný, milosrdný'. Psl. *ščedrъ se spojuje s lot. *sķedēns* 'tříska, kousek dřeva', angl. *scatter* 'rozptýlit, roztrousit', ř. *skedánnȳmi* 'rozptyluji, roztrušuji' z ie. **(s)ked-* 'rozštěpovat, roztrušovat' (od ie. **sek-* 'řezat'). Původní význam tedy byl asi něco jako 'kdo se dělí, kdo rozptyluje (svůj majetek)'. S./ch. *štědljiv* 'spořivý, skoupý', p. *szczędzić* 'šetřit', r. *ščadít'* tv. ukazuje na opačný vývoj významu (asi 'kdo (opatrně) trousí (majetek ap.)'). Srov. ↑*škudlit*.

štěkat, *štěknout*, *štěk*, *rozštěkat se*, *vyštěknout*, *zaštěkat*. Stč. *ščekati*, p. *szczekać*, r. *ščekotát'* 'štěbetat'. Od onom. základu **šček-*, srov. ↑*štěbetat*, ↓*štkát*.

štelovat ob. 'seřizovat, připravovat (k použití)'. Z něm. *stellen* 'stavět (na místo)' od ie. **stel-* tv. Srov. ↓*štóla*.

štempl ob. 'razítko'. Z něm. *Stempel* tv., jež souvisí se *stampfen* 'pěchovat, dusat' (srov. ↑*stoupa*).

štěně, *štěňátko*. Stč. *ščenec*. Všesl. – p. *szczenię*, r. *ščenók*, s./ch. *štène*, csl. *štenę*. Psl. *ščenę, *ščenьcь *(C3)* se obvykle vyvozuje z ie. **skeno-* od **(s)ken-* 'začínat, být mladý' *(B1)*, od něhož je wal. *cenau* 'mladý pes či vlk', stnir. *cano* 'vlče', lat. *recēns* 'nový, mladý', ř. *kainós* 'nový', sti. *kanī́na* 'mladý', *kanyā̀* 'děvče' (srov. i ↑*-čít* a stsl. *čędo* 'dítě'). Původní širší

štěnice

význam slov. slova je vidět v hl. *ščeňo* 'nejmladší dítě' i stč. *ščenec* 'zvířecí mládě'.

štěnice. Stč. i *stěnicě* (č. zast. i *stinka*). Od ↑*stěna*.

štěp 'ovocný strom vypěstovaný roubováním', *štěpovat*. Od ↓*štípat*.

štěpit, *rozštěpit, odštěpit, odštěpek, vštěpovat*. Viz ↓*štípat*.

štepovat 'prošívat ozdobným stehem', *štep*. Z něm. *steppen* tv., jež souvisí se *stechen* 'bodat, píchat' (srov. ↑*steh*, ↓*štych*).

štěrbina, *štěrbinový*. Všesl. – p. *szczerba*, r. *ščerbína*, s./ch. *škŕba, škŕbina*. Psl. **ščьrba, *ščьrbina* a **skъrba, *skъrbina (B1,C3)* odpovídá lot. *šķirba* tv., východiskem je ie. **(s)kerb(h)* 'řezat, obdělávat ostrým nástrojem', viz i ↑*škrábat*.

štěrk, *štěrkový*. Již ve střední č. P. *szczerk*. Onom. původu (podle toho, že chrastí pod nohama), srov. *štěrkat* 'chrastit'.

štěstí, *štěstěna, šťastný, šťastlivec, obšťastnit, poštěstit se*. Stč. *sčěstie, ščěstie*, p. *szczęście*, r. *ščast'je*, b. *šťastie*. Psl. **sъčęstьje (B7,C3)* je starobylá složenina ze **sъ-* (viz ↑*s-*) a **čęst-* (viz ↑*část*) s původním významem 'dobrý podíl, dobrý úděl'. Srov. i s./ch. *čestit* 'počestný, šťastný' (jinak s./ch. *sŕeća* 'štěstí', o němž viz ↑*střetnout se*), dále srov. ↓*zdravý*, ↓*zboží*.

štět 'silniční podklad z velkých kamenů a drti', *štětec, štěteček, štětka, štětina, štětinový, štětinatý*. Všesl. – p. *szczeć* 'štětina', *szczotka* 'kartáč', r. *ščëtka, ščetína*, s./ch. *čëtka*. Psl. **ščetь (C3)* je původem asi kolektivum s významem 'štětiny, něco naježeného'. Příbuzné by mohlo být lit. *skėsti* 'rozprostírat, roztáhnout', lot. *šķetere* 'smotek (srsti)', *šķeterēt* 'kroutit, soukat'. Další souvislosti nejasné.

štír

štíhlý, *štíhlost, zeštíhlet*. Jen č., ne zcela jasné. Spojuje se s p. *szczególny* 'jednotlivý, zvláštní', r. *ščëgol'* 'švihák, elegán', r.d. *ščëgol'nyj* 'ostrý, bystrý', s./ch. *cìglī* 'jediný, pouhý' (HK), ale vzhledem k významu to není přesvědčivé (přesně neodpovídá ani formální stránka). Na druhé straně je nápadná blízkost staršího *štíplý* tv. (Ma[2]), jež je příbuzné s p. *szczupły* 'štíhlý, hubený, skromný', r. *ščúplyj* 'slabý, zakrnělý'. Další výklady nejisté, viz však i ↓*štika*.

štika, *štičí*. Všesl. – p. *szczuka*, r. *ščúka*, s./ch. *štùka*. Psl. **ščuka (C1, C3)* nemá jistý původ, uvažuje se o ie. **skeu-*, nejspíš ve významu 'štvát, vrhat (se)' *(B1,B2)* (viz ↓*štvát*), podle její dravosti. Na druhé straně variantní názvy dl. *ščipeł*, p. *szczupak*, br. *ščupák* tv. ukazují na příbuznost s č. starším *štíplý* 'štíhlý' (viz ↑*štíhlý*), ale souvislost těchto názvů s všesl. názvem štiky není jistá.

štípat, *štípnout, štípací, štípaný, štípavý, štiplavý, štípačky, štípanec, naštípat, odštípnout, poštípat, přeštípnout, rozštípat, uštípnout, vštípit, vyštípat*. Všesl. – p. *szczypać*, r. *ščipát'*, s./ch. *štípati*. Psl. **ščipati (C3)* je příbuzné s lit. *skiẽpti* 'dělat díru', *skiẽpyti* 'očkovat, štěpovat', stisl. *skipa* 'dělit', angl. *shiver* 'tříska', lat. *scīpiō* 'hůl', vše od ie. **skei-p-* 'řezat, oddělovat' *(B1,B2)* od **skei-* (a to dále od **sek-* 'řezat, sekat'). Srov. ↑*štěp*, ↑*oštěp*, ↑*špetka*, ↓*uštknout*, ↑*šíp*, ↑*cep*, ↑*štpět*.

štipec 'špetka'. Vlastně 'co se uštípne prsty', od ↑*štípat*. Srov. ↑*špetka*, ↓*ždibec*.

štír, *štírek*. P. *szczur* 'krysa', r. *ščur* tv. nář. i 'dešťovka a ptáci 'břehule' a 'křivka'), sln. *ščúrek* 'šváb', s./ch. *štúrak* 'cvrček'. Psl. **ščurъ (C1,C3)* nemá jistý původ. Pro výše uvedenou pestrou skupinu živočichů lze sotva předpokládat jednotnou etymologii. Zdá se, že názvy ptáků a cvrčka jsou onom. původu, pro ostatní – většinou nepříjemné přízemní živočichy – snad lze uvažovat o ie. *skeu- 'řezat, škrabat, hrabat' (B1,B2).

štířit (se) nář. 'šklebit (se), zubit se'. P. *szczerzyć*, r.d. *ščérit'*, s. *cĕriti (se)* (je i č. nář. *ceřiti* 'cenit'). Psl. **ščěriti (sę) (C3)* vedle **cěriti (sę)* se obvykle spojuje s lit. *skìrti* 'oddělovat, rozdělovat' (ve slov. tedy 'oddělovat rty, roztahovat pusu') a dalším rozsáhlým příbuzenstvem od ie. **(s)ker-* 'řezat, oddělovat' (srov. ↑*kůra*, ↑*střevo* aj.). Variantní psl. začátek však ukazuje na nějaké ie. **(s)koi-r- (B1,B2)*, snad tedy od ie. **skei-* tv.? Srov. ↑*škvíra*, ↑*cenit*.

štít, *štítek*, *štítný*, *zaštítit se*, *záštita*. Všesl. – p. *szczyt*, r. *ščit*, s./ch. *štȋt*, stsl. *štitъ*. Psl. **ščitъ (C3)* odpovídá stir. *scíath*, stbret. *scoit* tv. (z ie. **skeito-*), dále je příbuzné stpr. *staytan*, lat. *scūtum* tv. Východiskem je ie. **skei-t-* 'řezat, oddělovat' (B1,B2) (odtud něm. *scheiden* 'oddělovat') od **skei-* tv. Původně tedy 'odříznutá kůže ap. (sloužící jako štít)'. Srov. ↓*štítit se*.

štítit se, *štítivý*. Přeneseně od ↑*štít*, původně vlastně 'chránit se štítem před něčím'.

štkát, *štkavý*. Stč. *ščkáti*, slk. *čkať* 'škytat', p. *czkać* tv. Onom. původu, srov. ↑*škytat*, ↑*štěkat*.

štoček 'tisková deska s kresbou určená pro knihtisk'. Původně (v nezdrobnělé podobě *štok*) 'špalík dřeva s ručně rytou kresbou' z něm. *Stock* 'základ, kmen, pařez', původně 'kmen (stromu), silná větev', asi od ie. **(s)teu-* 'strkat, bít'. Srov. ↓*štok*.

štok hov. 'chmelový keř'. Z něm. *Stock* 'keř, kmen, tyč', dále viz ↑*štoček*.

štokrle zast. ob. 'čtvercová sedačka bez opěradla'. Z rak.-něm. *Stockerl*, zdrobněliny od *Stock* 'pařez, kmen'. Srov. ↑*štok*, ↑*štoček*.

štola 'vodorovná chodba v kopci'. Z něm. *Stollen* tv., původně 'podpěra, vzpěra, sloup', jež souvisí se *stellen* 'stavět' (viz ↑*štelovat*). Srov. i ř. *stélē* 'sloup'.

štóla 'pruh látky kolem krku a ramen (součást liturgického oděvu kněze)'. Přes něm. *Stola* tv. z lat. *stola*, původně 'dlouhé dámské šaty' z ř. *stolé* 'šat, oděv, roucho' od *stéllō* 'připravuji, vystrojuji', jež odpovídá něm. *stellen* 'stavět' (srov. ↑*štola*, ↑*štelovat*). Slovo původně označovalo ozdobně lemovaný dlouhý kněžský šat, z něhož později – se zavedením tzv. alby – zůstal pouze ozdobný lem jako pruh látky kolem krku.

štolba dříve 'podkoní'. Od něm. *Stall* 'stáj, maštal' (srov. ↑*maštal*), slovotvorně nepříliš jasné (domácí příp. *-ba*?). Uvažuje se i o něm. *Stallbube* (z výše uvedeného *Stall* a *Bube* 'chlapec').

šťopka. Expr. obměna k ↑*stopka*.

*štorc (ve spojení *na štorc* 'napříč, na stojato') zast. ob. Z něm. *Sturz* 'zřícení, sráz, pád' (snad z nějaké nář. podoby *Storz*) od *stürzen* 'povalit, překlopit, převrátit', jež souvisí se *starr* 'tuhý, strnulý'.

štos ob. 'sloupec, halda'. Z něm. *Stoss* tv., vlastně 'co je sraženo dohromady', od *stossen* 'strčit, vrazit' od ie. **(s)teu-* 'strčit, tlouci' (srov. ↑*štoček*).

štoudev 'větší dřevěná nádoba, menší káď'. Stč. *stúdev*. Stejně jako p. *stągiew* tv. ze sthn. *standa* tv. (pč. přejetí asi v podobě **stǫdy*, gen. **stǫdъve (B7)*), jež souvisí s něm. *Stand* 'stanoviště, stánek' a *stehen* 'stát' (srov. ↑*stát*²).

šťouchat hov., *šťouchnout*, *šťouchanec*, *pošťuchovat*, *prošťouchnout*, *vyšťouchnout*. Zjevně expr. slovo, asi obměna k ↓*šťourat*. Spojuje se i s něm. *stauchen*

šťourat (se) 'strkat, mykat' (HK), ale o výpůjčku tu nepůjde, nanejvýš o kontaminaci *(D3)*.

šťourat (se) expr., *šťouravý, šťoural, prošťourat, vyšťourat, zašťourat*. Varianta k ↑*šťárat*, expr. útvar zřejmě domácího původu, i když se poukazuje i na něm. *stören* 'rušit' (Jg, HK). Srov. ↑*šťouchat*, snad i ↓*štrachat*.

šťovík. Stč. *ščěvík, ščovík*, souvisí se ↑*šťáva*.

štrádovat ob. 'vykračovat si, rázovat'. Nejspíš od it. *strada* 'cesta' z lat. *(via) strāta* 'dlážděná (cesta)'. Srov. ↑*estráda*.

štráf ob. 'pruh'. Z něm. *Streif(en)* tv. (srov. angl. *strip* tv.). Od stejného základu jako ↑*střela*, srov. i ↓*štráchy*, ↓*štrejchnout*.

štrachat (se) expr., *přištrachat se, vyštrachat (se)*. Onom.-expr. slovo, snad souvisí se ↑*šťourat*, ↑*šťárat*, ↑*šťouchat*.

štráchy ob. expr. 'okolky'. Nejspíš z něm. *Streich* 'rána, ráz, šelmovský kousek' od *streichen* 'pohladit, natřít, škrtnout', jež souvisí se ↑*střihat*. Srov. ↓*štrejchnout*.

štramák ob. expr. 'fešák, zdatný člověk', *štramanda*. Od něm. *stramm* 'tuhý, přímý, rázný, švarný, statný', jež souvisí se *starr* 'tuhý, strnulý'.

štrapáce zast. ob. 'námaha, trmácení'. Z něm. *Strapaze* tv. z it. *strapazzo* 'dřina, trápení, špatné zacházení' od *strapazzare* 'špatně zacházet, trápit, fušovat' a to snad z lat. *extrā* 'vně, mimo, mimořádně' (viz ↑*extra*) a odvozeniny od *patī* 'trpět' (srov. ↑*pacient*), tedy původně 'mimořádné utrpení'.

štras 'silné olovnaté sklo', *štrasový*. Podle jména klenotníka, který je poprvé vyrobil, jeho totožnost však není jistá. Nejčastěji se uvádí jméno *Stras(s)* a klade se do 18. st. do Paříže.

štrejchnout ob. expr. 'lehce zasáhnout, lehce přejet'. Z něm. *streichen* 'pohladit, natřít, škrtnout' (srov. ↑*štráchy*).

štreka ob. '(dlouhá) cesta, dráha'. Z něm. *Strecke* 'dráha, trať' od *strecken* 'natáhnout' (srov. angl. *stretch* tv.), jež asi souvisí s naším ↑*strohý*.

štrozok ob. zast. 'slamník'. Z něm. *Strohsack* tv. ze *Stroh* 'sláma' a *Sack* 'pytel' (srov. ↑*sáček*, ↓*žok*).

štrúdl hov. '(jablkový) závin', expr. 'dlouhý zástup'. Z rak.-něm. *Strudel* tv., vedle základního něm. významu 'vír' (původní tvar tohoto moučníku byl totiž šnekovitý, odtud pak přeneseně i 'dlouhý průvod'). Příbuzné je něm. *Strom* 'proud', stejný základ je také v ↑*rýma*, ↑*ostrov*.

štrykovat ob. 'plést'. Z něm. *stricken* tv. od *Strick* 'provaz, osidlo'. Souvisí s lat. *stringere* 'svírat, stahovat' (srov. ↑*striktní*). Srov. i ↓*triko*.

štůček 'svitek, něco stočeného'. Ze *stůček* od *stočit* (viz ↓*točit*).

štuk 'směs sádry, písku a vápna k provádění jemných omítek, ozdob ap.', *štukový, štukatér, štukatérský, štukovat*. Přes něm. *Stuck* z it. *stucco* tv. a to z langob. **stucchi* 'kůra, škraloup', případně sthn. *stucki* tv.

štulec hov. 'šťouchanec, rýpnutí'. Stč. *ščilec*, jež by mělo dát *štilec*, nepřehlasovaná podoba s *-u-* *(C1,C3)* je tedy původem asi mor. (Jg). Blízké se zdá být p. *szczutek* 'ťuknutí, cvrnknutí', r. *ščelčók* 'lusknutí prsty, cvaknutí, ťafka', původ asi bude onom.-expr., srov. ↑*šťouchat*.

štulpna 'punčocha pod kolena bez chodidel jako součást sportovní výstroje'. Původně (též v podobě *štulpa*) 'vysoká bota se zahrnutým horním okrajem'. Z něm. *Stulpe* tv. od *stülpen* 'ohrnout, vyhrnout' ze střdn. *stulpen* 'nasadit otvorem dolů, zakrýt'.

štupovat

Souvisí se střdn. *Stolpen* (pl.) 'trámy, kůly' a dále i s naším ↑*sloup*.

štupovat hov. 'zašívat, látat'. Z něm. *stopfen* 'zašívat, látat, ucpávat', jež souvisí s angl. *(to) stop* 'zastavit, ucpat' (viz ↑*stop*).

šturmovat hov. expr. 'překotně dokončovat na poslední chvíli'. Od něm. *stürmen* 'hnát útokem' od *Sturm* 'bouře, útok, poplach', jež souvisí se *stören* 'rušit'.

štvát, *štvavý, štváč, štvanec, štvanice, naštvat, poštvat, rozeštvat, uštvat, vyštvat*. P. *szczuć*, r.d. *ščúvat'*, sln. *ščúvati* (sln.st. *ščúti*). Psl. **ščьvati* (1.os.přít. **ščujǫ*) *(C3)* vychází z ie. **(s)keu-* 'vrhat, střílet, štvát' *(B1,B2)*, od jehož rozšíření **(s)keud-* je něm. *schiessen* 'střílet', *hetzen* 'štvát' *(A4)*, sti. *čōdati* 'žene, tiskne' a asi i ↑*kydat*. Srov. i ↑*poštěváček*, ↑*štika*.

štych ob. 'steh; zdvih (v kartách)'. Z něm. *Stich* 'píchnutí, bodnutí, steh' od *stechen* 'píchat, bodat', viz ↑*steh*.

štymovat zast. ob. 'ladit, souhlasit'. Z něm. *stimmen* tv., jehož další ie. souvislosti nejsou jisté.

šuba zast. 'kožich'. Stejně jako p. *szuba*, r. *šúba*, sln. *šúba* tv. nejspíš ze střhn. *schūbe* 'dlouhý svrchní oděv' a to z it. *giubba* z ar. *ǧubba* 'svrchní oděv s dlouhými rukávy'. Ze stejného zdroje je něm. *Joppe* 'kazajka, lehký kabátek' a r. *júbka* 'sukně'. Srov. i ↓*župan*.

šufan nář. 'naběračka', *šufánek*. Z něm.d. *schufen* tv., jež souvisí se *Schaufel* 'lopata'. Srov. i ↑**šoufek*.

šuhaj nář. a expr. 'mládenec, jinoch'. Přes slk. z maď. *suhanc* 'klacek, uličník'. Zakončení v slk. podle jiných nelichotivých označení na *-aj (chumaj, lapaj* ap.) (Ma[2]).

šukat vulg. 'souložit', zast. 'těkat z místa na místo, běhat sem a tam'. U Jg ve významu 'hledat' (srov. p. *szukać*, r. *šukát'* tv.) a 'šťouchat'. U významu 'hledat' se myslí na vliv či přímo přejetí z něm. *suchen* (střhn. *suochen* tv.), ostatní č. významy ukazují spíš na onom.-expr. původ (srovnatelné útvary jsou ↑*šourat se*, ↑*šoupat*, ↑*šoustat*, srov. ještě i r. *šúkat'* 'šeptat').

šulit ob. 'šidit'. Viz ↓*žulit*.

šum, *šumět, šumicí, šumivý, šumák, šuměnka, vyšumět, zašumět*. Všesl. – p. *szum*, r. *šum*, s./ch. *šûm*, stsl. *šumъ*. Psl. **šumъ* je nejspíš onom. původu, srov. ↓*šustit*, ↓*šuškat* i něm. *summen* 'bzučet'.

šumař 'potulný či špatný hudebník'. Asi ze střhn. *schūmer* 'tulák' s příklonĕním k *ošumělý* (viz ↑*ošuntělý*).

šumný nář. 'pěkný'. Z p. *szumny* 'hrdý, okázalý', vedle 'šumivý, hlučný' (jako dobové módní slovo, Ma[2]), dále viz ↑*šum*.

šunka, *šunkový*. Z něm.d. *Schunke* vedle spis. *Schinken* (v č. od začátku 18.st.), souvisí se *Schenkel* 'stehno' a dále *hinken* 'kulhat' (ie. **(s)keng-* 'kulhat; křivý' *(A4)*).

šunt ob. hanl. 'bezcenná věc, šmejd'. Z něm. *Schund* tv. od *schinden* 'stahovat kůži (ze zvířete)' (původně vlastně 'odpad při stahování kůže'), srov. i angl. *skin* 'kůže' (↑*skinhead*).

šup citosl., *šupajdit, šupa*. Viz ↑*šoupat*.

šupák ob. expr. 'trhan, pobuda'. Zřejmě od staršího *šup* '(policejní) postrk' z něm. *Schub* tv. od *schieben* 'sunout, strkat' (viz ↑*šíbovat*). Odtud i *poslat někoho šupem (domů)* ap.

šupina, *šupinka, šupinatý, šupinovitý*. Z něm. *Schuppe* tv. (původně 'rybí šupina'), jež souvisí se *schaben* 'škrabat, odškrabovat', základ stejný jako u ↑*skopec*.

šuple hov. 'zásuvka', *šuplík*. Z něm. *Schublade* tv. ze *Schub* 'šoupnutí' (srov. ↑šíbovat, ↑šupák) a Lade 'zásuvka, skříň' od laden 'nakládat' (srov. ↑ládovat).

šus ob. expr. 'potřeštěnec, blázen'; slang. 'sjezd (na lyžích) bez brzdění'. Z něm. Schuss 'výstřel, prudký let, ztřeštěnec' od schiessen 'střílet, řítit se'. Srov. ↑šos, ↑štvát.

šuspajtl ob. expr. 'potřeštěnec, blázen'. Z něm. Schussbeutel tv. ze Schuss (viz ↑šus) a Beutel 'pytel' (viz ↑pytel, srov. i strašpytel).

šustit, šustnout se, šustot, šustivý, zašustit. Jen č. Onom. původu, srov. ↑šoustat, ↑šumět.

šuškat (si). Onom. původu, vlastně 'dělat šuš'. R. šúkat', šušúkat' 'šeptat', s./ch. šŭškati tv. Srov. ↑šišlat, ↑šumět, ↑šeptat.

šutr ob. 'kámen', šutrák. Z něm. Schotter 'štěrk, suť', jež souvisí se Schutt 'suť', schütten 'sypat'.

šváb. Z něm. Schwabe tv., jež se objevuje od konce 17. st. vedle původnějšího Schabe tv. od schaben 'škrabat' (srov. např. ↑chrobák). Přikloněno k názvu jihoněm. kmene, srov. podobně ↑rus.

švabach 'německé pozdně gotické písmo'. Podle něm. města Schwabach nedaleko Norimberka, kde v koncem 15. st. začalo tisknout.

švadlena. Stč. švadlí od psl. základu *šьv-, který alternuje se *šiti (viz ↑šít) (srov. ↓švec, ↑šev). P. szwaczka tv. Stejný slovotvorný typ je pradlí (dnes pradlena) od ↑prát (se).

švagr, švagrová. Z něm. Schwager tv., které nahradilo příbuzná stč. pojmenování svekr 'švagr, tchán', svekra, svekrev, svekruše aj. 'švagrová, tchyně'. Východiskem je ie. *su̯ekrū- 'tchyně', od toho *su̯ékuro- 'tchán' a *su̯ēkuro- 'patřící tchánovi' (odtud právě sthn. swāgur, něm. Schwager, vlastně 'tchánův (syn)'). Jinak sem patří stsl. svekry 'tchyně', lit. šẽšuras 'tchán', něm. Schwieger(mutter) 'tchyně', wal. chweger, lat. socrus tv., socer 'tchán', alb. vjehërr, ř. hekyrós tv., arm. skesur 'tchyně', sti. śvaśrū́- tv., śváśura- 'tchán'.

švanda hov. 'legrace'. Nepříliš jasné. Zdá se, že prvotní bylo vlastní jméno Švanda – již dlouho před Tylem lidová postava dobrodruha a dudáka. Z rčení jako Pojdme tam raději, tam bude Švanda (uvádí Jg) se mohl vyvinout obecný význam 'legrace', možná i vlivem něm. Schwank 'šprým, legrace'. Jméno Švanda se vykládá z něm. (Ver)schwender 'marnotratník', ale jsou i jiné možnosti. K zakončení srov. ↑junda, ↑bžunda, ↑sranda.

švarný. Slk. švárny, p.st. szwarny. Nejasné.

švec, ševcovský. Všesl. – p. szewc, r.d. švéc, s./ch. šávac. Psl. *šьvьcь (B6), souvisí se *šiti (↑šít) (srov. ↑šev, ↑švadlena). Od téhož základu je např. i lit. siuvėjas 'krejčí', lat. sūtor 'švec'.

šveholit, šveholení. P. świegotać 'cvrlikat, štěbetat'. Onom. původu, srov. ↓švitořit.

švenknout slang. 'sjet, uhnout (kamerou)', švenkovat. Z něm. schwenken 'mávat, otáčet', jež souvisí s angl. swing 'houpat' (srov. ↑swing a také ↓švunk).

švestka, švestkový. Jen č. Zřejmě z lat. (prūna) sebastica (případně *sebastica), druhotvaru k obvyklému prūnum sebastenum 'švestka arabská'. Z č. je něm. Zwetschke.

švihat, švihnout, švih, švihadlo, švihák, šviháčký, našvihat, prošvihnout, rozšvihat, sešvihat, vyšvihnout (se), zašvihnout, zášvih. Hl. šwihać, sln. švígati, s./ch. švȉgati tv., je i p. śmigać tv. Souvislosti jako u většiny slov podobného charakteru nejisté. Lze uvažovat o onom. původu, možný je i vliv něm. *schwingen* 'mávat, kmitat' či souvislost s n.d. *svigát'* 'procházet se, spěchat', lit. *svíegti* 'hodit, udeřit', *svaīgti* 'být omámen', sthn. *swīhhōn* 'bloudit' z ie. *s̯u̯eig- 'kroužit, ohýbat'. Srov. ↑*svižný*.

švindl hov., *švindlovat, švindlíř*. Z něm. *Schwindel* tv., původně (i dnes) 'závrať' (přes význam 'nerozvážný obchod' k 'nekalý obchod'). Souvisí s něm. *schwinden* 'ubývat, mizet, chřadnout', dále nejisté.

švitořit, *švitorný, švitorka*. Onom. původu, srov. ↑*šveholit*, slk. *čvirikať* i něm. *zwitschern* tv.

švorc ob. expr. 'bez peněz', *švorcový*. Z něm. *schwarz* 'černý' v arg. spojení *schwarz sein* 'nemít peníze' (doslova 'být černý'). K obdobnému významu srov. ↑*plonk*. Něm. slovo souvisí s lat. *sordēs* 'špína, nečistota'.

švunk ob. expr. 'švih'. Z něm. *Schwung* 'hybnost, kmih, vzlet' od *schwingen* 'mávat, kmitat, vyšvihnout', jež je příbuzné s angl. *swing* 'houpat (se)' (viz ↑*swing*) a něm. *schwenken* 'mávat, otočit' (viz ↑*švenknout*).

T

tabák, *tabákový.* Z něm. *Tabak* ze šp. *tabaco,* jež se považuje za přejetí z arawackého jazyka na Haiti (Evropané se s kouřením tabáku poprvé setkali při Kolumbových cestách). Jsou však i výklady jiné, přesný zdroj slova není jistý.

tabatěrka 'pouzdro na cigarety či na tabák'. Z fr. *tabatière* tv. od *tabac* (viz ↑*tabák*).

tableta, *tabletka.* Přes něm. *Tablette* z fr. *tablette* tv., původně (i dnes) 'tabulka, destička, prkénko', což je zdrobnělina od *tableau* 'tabule, deska, panel' od *table* tv. z lat. *tabula* 'prkno, deska'. Srov. ↓*tabule,* ↓*tablo,* ↑*table-tennis.*

table-tennis 'stolní tenis', *tabletennisový.* Z angl. *table-tennis* tv. z *table* 'stůl' a *tennis* (viz ↓*tenis*).

tablo 'deska s fotografiemi absolventů školy ap.'. Z fr. *tableau* 'tabule, deska, panel' (viz ↑*tableta*).

tábor, *táborový, táborák, táborník, tábornice, tábořiště, tábořit, utábořit se.* Všesl. Čeští badatelé vykládají vesměs z místního jména *Tábor,* města založeného husity a pojmenovaného podle biblické hory *Tábor* (*Thabor*) u Nazareta (doklady s obecným významem 'vojenské ležení ap.' se skutečně objevují od 15. st.) . Odtud se předpokládá šíření do p., maď. a dalších jazyků (Ma[2], HK). Naproti tomu řada cizích autorů (srov. i Jg) zastává názor o ttat. původu slova (tur., krym.-tat. *tabur* 'prapor, vozová hradba, vojsko ve čtvercovém obranném postavení'), k nám by se dostalo přes maď.

tabu 'něco nedotknutelného, zapovězeného', *tabuový.* Z moderních evr. jazyků (angl. *taboo,* něm. *Tabu*) a tam z polynéského *tapu,* vlastně 'označený', odtud 'posvátný, nedotknutelný'. Viz i *D4.*

tabule, *tabulka, tabulový, tabulkový, tabulátor.* Z lat. *tabula* 'prkno, deska', jehož původ není jistý. Srov. ↑*tableta,* ↑*tablo.*

taburet 'kruhové či čtvercové polštářované sedátko'. Z fr. *tabouret* tv. a to od stfr., střfr. *tabour* 'buben' (fr. *tambour*) a to asi z per. *tabīr* 'kotel, tympán'. Srov. ↓*tambor,* ↓*tamburína.*

tác, *tácek.* Z bav. či rak.-něm. *Tatz(e)* 'podnos' (něm. *Tasse* 'šálek') a to přes it. *tazza* 'šálek' z ar. *ṭassa* 'šálek, mísa'.

táčky zast. 'sousedské posedění, beseda'. U Jg ve významu 'procházka s dětmi, navštívení'. Původ ne zcela jasný. Vychází se buď ze staršího *táčka* 'kotouč, kolečko, trakař' (podle představy, že řeč se různě 'otáčí') (HK), či z nář. *táč, táčka* (u Jg *tač, tačka*) 'povijan, plátno, jímž chůva ovine dítě, aby se jí lépe neslo' (Ma[2]). V obou případech se vychází od slovesa ↓*točit.*

tady zájm. Viz ↓*ten* a ↑*kudy,* ↓*tudy.*

ťafka ob. expr. 'lehká rána, lehký políček'. Od citosl. *ťaf* naznačujícího prudké uchopení, zasažení.

taft 'lesklá hedvábná látka', *taftový.* Z něm. *Taft* a to z it. *taffetà* či střfr. *taffetas* z per. *tāfta* tv.

tágo 'kulečníková hůl'. Přes vídeňskou něm. ze šp. *taco* tv., vlastně 'hůl, tyč, kolík', nejistého původu.

táhnout, *tahat, tahací, tažený, tažení, tah, tahanice, tažný, tahač, táhlo, táhlý, tahoun, natáhnout, obtáhnout, odtáhnout, odtahový, potáhnout, potah, protáhnout, přetáhnout, přitáhnout, roztáhnout, stáhnout, stah, utáhnout, vtáhnout, vytáhnout, výtah, výtahový,*

vztáhnout, zatáhnout, zátah aj. Všesl.
– p. *ciągnąć*, r. *tjanút'*, s./ch. *zatégnuti*
'napnout, natáhnout', stsl. *sъtęgnǫti*
'svázat, stáhnout'. Psl. **tęgnǫti (B7)* je příbuzné s lit. *tingùs* 'líný, pomalý', stisl. *þungr* 'těžký', něm. *Deichsel* 'oj', lat. *tēmō* tv., av. *ϑang-* 'táhnout, napínat luk', vše z ie. **tengh-* 'táhnout, napínat' od **ten-* tv. Srov. ↓*tíha*, ↓*těžký*, ↓*tuhý*, ↓*tázat se*, ↓*tětiva*.

tachograf 'přístroj zapisující rychlost vozidla, stroje ap.'. Viz ↓*tachometr* a ↑*-graf*.

tachometr 'přístroj k měření rychlosti'. Novější složenina z ř. *táchos* 'rychlost' od *tachýs* 'rychlý' a ↑*-metr*.

tajfun 'jihoasijská větrná smršť', *tajfunový*. Přes moderní evr. jazyky (něm. *Taifun*, angl. *typhoon*) z čín.d. *taifung*, doslova 'velký vítr' (srov. čín. *da* 'velký' a *feng* 'vítr').

tajga 'sibiřský jehličnatý les'. Z r. *tajgá* a to z altajských jazyků (srov. mong. *tajga* 'horský les', jakutské *tajoga* 'prales').

tajemník, *tajemnický, tajemnictví*. Podle střlat. *secretarius* tv. (↑*sekretář*) od lat. *sēcrētum* 'tajemství' (je to tedy zaměstnanec, který je zasvěcen do tajností svého zaměstnavatele). Dále viz ↓*tajit*.

tajit, *taj, tajný, tajnost, tajnůstkář(ka), tajnůstkářský, tajnůstkářství, tajemný, tajemství, tajenka, utajit, zatajit, odtajnit*. Všesl. – p. *taić*, r. *taít'*, s./ch. *tájiti*, stsl. *taiti*. Psl. **tajiti* je příbuzné se stir. *tāid* 'zloděj' (srov. i stč. *tat* tv. dochovaná v místních názvech *Tatobity, Všetaty*), ř. *tētáō* 'oloupím', av. *tāya-* 'krádež', sti. *stāyát* 'tajně, skrytě', chet. *tajezzi* 'krade', vše z ie. **(s)tāi-* 'tajit, tajně brát, krást'.

tajle zast. ob. 'pás; linie těla'. Přes něm. *Taille* z fr. *taille* tv., vlastně 'postava, střih, řez, sek', od *tailler* 'řezat, sekat,

střihat' z vlat. **taliāre* 'štěpit', asi od lat. *tālea* 'odnož, sazenice'. Srov. ↓*talíř*, ↑*detail*.

tajtrlík ob. expr. 'směšná postavička, šašek, tatrman'. Expr. obměna k ↓*tatrman*, východiskem je asi bav. *tatterling* 'klátivý, třesavý člověk' či adj. *tatterlig* 'třesavý' (Ma²).

tak přísl., sp., část., *taký, takový*. Všesl.
– p. r. *tak*, s./ch. *tȁko*, stsl. *tako*. Psl. **tako* je odvozeno od ie. ukazovacího zájm. **to-* (↓*ten*), k tvoření srov. ↑*jak*, ↓*však* i *onak, jednak* ap. Viz i ↓*také*.

také, taky přísl. Stč. *take(ž), takéž(e), tako(ž)* 'právě tak, takovým způsobem, podobně'. Ustrnulý tvar stř. r. od adj. *taký* (viz ↑*tak*) z psl. **takъ(jь)*, jemuž odpovídá lit. *tóks* tv.

takový. Viz ↑*tak*.

takřka přísl. knìž. Z ↑*tak* a přech. přít. od slovesa ↑*říci*.

takt¹ 'rytmický celek; rytmus', *taktový, taktovat, taktovka*. Přes něm. *Takt* tv. (dříve 'pravidelný úder hodin, úder dávající rytmus ap.') z lat. *tāctus* 'dotek, hmat' od *tangere* 'dotýkat se'. Srov. ↓*takt²*, ↓*tangens*, ↑*integrovat*.

takt² 'ohleduplné společenské chování', *taktní, taktnost*. Přes něm. *Takt* z fr. *tact* 'vkus, ohleduplnost, takt', vlastně 'cit, hmat', z lat. *tāctus* 'dotek, hmat' (viz ↑*takt¹*).

taktika 'způsob vedení boje', *taktický, taktik, taktizovat*. Přes něm. *Taktik*, fr. *tactique* z ř. *taktikḗ (téchnē)* 'umění pořádat vojsko', což je zpodstatnělý tvar adj. *taktikós* 'týkající se postavení vojska, znalý vojenského řadění' od ř. *tássō* 'řadím, srovnávám'. Srov. ↑*syntax*, ↓*taxa*.

talár 'obřadní oděv soudců, akademických hodnostářů ap.'. Přes něm. *Talar* ze střlat. *talare* tv. a to substantivizací z lat. *(tunica) tālāris* '(tunika) sahající ke kotníkům' od *tālus* 'kotník'. Srov. ↓*talon*.

talent, *talentový, talentovaný*. Přes něm. *Talent* tv. z lat. *talentum*, ř. *tálanton* 'jednotka váhy 26 či 36 kg, peněžní jednotka 6000 drachem' od ř. *talássai* (aorist) 'nést, snášet, vytrvat'. Přenesený význam vychází z novozákonního podobenství o svěřených hřivnách, vlastně talentech (Mt 25,14, Lk 19,13) (poprvé takto užil něm. učenec Paracelsus v 16. st.). Srov. i přenesený význam u č. ↑*hřivna*.

talíř, *talířek, talířový*. Stč. *taléř*. Stejně jako p. *talerz* (odtud s přesmykem r. *tarélka*) přejato z nějaké formy odpovídající něm. *Teller*, střhn. *teller* tv. (snad bav. *taller* či nedoložené sthn. *talier), původně 'deska na krájení', od stfr. *taillier* (dnes *tailler*) 'řezat, sekat' z vlat. *taliāre 'štěpit' (viz ↑*tajle*).

talisman 'předmět pro štěstí, ochranu'. Přes něm. *Talisman*, případně fr. a angl. *talisman* ze šp. *talismán* a to z ar. *ṭilasmān*, což je duál k *ṭilasm* 'kouzelný obrázek', jež se dále přes střř. vyvozuje z ř. *télesma* 'dávka, dar, posvěcený předmět' od *télos* 'konec, účel, daň, oběť, dar bohu ap.'. Srov. ↓*teleologie*.

talmud 'soubor židovských právních a náboženských předpisů'. Z hebr. *talmūd* 'předpis' od *lamad* 'učit (se)'.

talon '(kontrolní) ústřižek; odložený zbytek karet (v mariáši ap.)'. Z fr. *talon* 'ústřižek, nedojedek, pat(k)a' a to přes vlat. *tālō 'pata' z lat. *tālus* 'kotník'. Srov. ↑*talár*.

tam přísl., *tamní, tamější*. Všesl. – p., r. *tam*, s./ch. *tȁmo*, stsl. *tamo*. Psl. *tamo je odvozeno od ie. ukazovacího zájm. **to-* (viz ↓*ten*, srov. ↑*tak*, ↑*tady*, ↓*tudy*), k tvoření srov. ↑*kam*, ↑*sem*.

tamaryšek 'cizokrajný okrasný keř či strom', *tamaryškový*. Přes něm. *Tamariske* ze střlat. *tamarisca* a to asi z ar. *tamār* tv. Asi nesouvisí s názvem jiného stromu *tamarinda* ze střlat. *tamarindus* z ar. *tamīr hindī*, doslova 'indická datle'.

tambor zast. 'vojenský bubeník'. Přes něm. *Tambour* tv. z fr. *tambour* 'buben' ze stfr. *tabour, tabor* tv. (asi pod vlivem šp. *tambor* tv. zkříženého s ar. *ṭunbūr* 'druh strunného nástroje') a to (zřejmě díky válečným tažením) z per. *tabīr* 'kotel, tympán'. Srov. ↑*taburet*, ↓*tamburína*.

tamburína 'plochý bubínek s chřestícími plíšky na obvodě'. Přes něm. *Tamburin* z fr. *tambourin* tv., což je zdrobnělina od *tambour* 'buben'. Viz ↑*tambor*, ↑*taburet*.

tampon 'svitek gázy k zastavování krvácení, vysoušení ran ap.'. Přes něm. *Tampon* z fr. *tampon* tv., což je varianta k *tapon* 'chumel', to pak vychází z frk. *tappo 'zátka, čep', jež odpovídá něm. *Zapfen* tv. Viz i ↑*čep*.

tamtam 'buben k dorozumívání na dálku'. Přes fr. *tam-tam* (případně něm. *Tamtam*) zřejmě z hind. *tam-tam* tv., zjevně onom. původu.

tančit. Viz ↓*tanec*.

tandem 'jízdní kolo pro dva jezdce za sebou', *tandemový*. Původně 'lehký vozík či kočár tažený dvěma koňmi zapřaženými za sebou'. Přes něm. *Tandem* z angl. *tandem* tv. a to z lat. *tandem* 'konečně'. Jde asi o slovní hříčku (studentský slang?) vycházející z angl. *at length* znamenajícího vedle 'konečně' i 'zeširoka, obšírně' (srov. i *at full length* 'jak široký, tak dlouhý' ap.). Z těchto významů se při pojmenování vyšlo, lat. ekvivalent však byl dodán pro význam 'konečně' (úmyslná záměna času a místa).

tanec, *taneček, taneční, tanečník, tanečnice, tančit, tancovat, odtančit, protančit, předtančit, předtančení, přitančit, roztančit, vtančit, zatančit* aj. Z něm. *Tanz* ze stfr. *dance, danse* asi z frk. **dintjan* 'pohybovat se sem a tam'. Dále nejasné.

tangens 'jedna z goniometrických funkcí', *tangenta* 'sečna'. Koncem 16. st. utvořil dán. matematik Finck na základě lat. *tangēns* (gen. *tangentis*) 'dotýkající se', přech. přít. od *tangere* 'dotýkat se'. Srov. ↑*takt*¹, ↑*takt*².

tango 'pomalý společenský tanec', *tangový*. Ze šp. *tango*, což je původem argentinský název černošského tance doprovázeného bubínkem. Možná onom. původu (srov. ↓*tingltangl*).

tank, *tankový, tankista, tankovat, tankovací, natankovat, tanker*. Z angl. *tank*, původně 'nádrž (na palivo), cisterna' (pod tímto krycím názvem byla za 1. světové války na frontu zavedena nově vytvořená obrněná vozidla). Původ ne zcela jasný. Většinou se vykládá jako slovo ind. původu (v jazycích gudžaratí, marathí znamená podobné slovo 'nádrž na vodu'), podle jiných přes port. *tanque* či angl.d. *stank* 'dřevěná jímka, rybník' k lat. *stagnum* 'stojatá voda, vodní nádrž, rybník' (srov. ↑*stagnace*).

tanout (ve spojení *tanout na mysli*) 'objevovat se, vyvstávat'. Stč. *tanúti* tv. Jen č. Souvisí s ↑*tajit*, vlastně 'krást se do mysli'.

tantiéma 'část čistého zisku společnosti vyplácená členům představenstva ap.'. Z fr. *tantième* tv., doslova 'tolikátý (díl)', od *tant* 'tolik' z lat. *tantum* tv. Srov. ↑*kvantum*.

tápat, *tápání, tápavý, zatápat*. Stč. *tápati* 'tonout, topit se', jež souvisí s ↓*topit*². Nový význam vlivem něm. *tappen* 'hmatat, tápat' onom. původu, srov. ↓*ťapat*.

ťapat, *ťapkat, ťapavý, ťapka, ťápota*. Od citosl. *ťap*, srov. ↑*capat* i ↑*tápat*.

tapeta, *tapetový, tapetovat, vytapetovat*. Z něm. *Tapete* tv. a to přes lat. *tapēte, tapēs* 'koberec, přikrývka' z ř. *tápēs* (gen. *tápētos*), *tápis, tapís* tv. Srov. ↓*tapiserie*, ↓*tepich*.

tapír 'druh tropického lichokopytníka'. Přes moderní evr. jazyky (něm. *Tapir*, fr. *tapir*) a nlat. *tapirus* z jihoam. jazyka tupi (*tapira*).

tapiserie 'tkaný nástěnný koberec'. Z fr. *tapisserie* tv. od *tapis* 'koberec' a to přes byzantskořecké *tapétion* od ř. *tápēs, tápis, tapís* tv. Srov. ↑*tapeta*, ↓*tepich*.

tarantule 'druh pavouka'. Z něm. *Tarantel, Tarantul* z it. *tarantella, tarantula*, jež se obvykle vykládá z názvu přístavu *Taranto* v jihových. Itálii, kde se měl tento pavouk hojně vyskytovat.

tarasnice 'těžší ruční protitanková zbraň'. Stč. *tarasnicě* 'druh obléhacího děla' od *taras* 'násep, bašta, kryt' ze střhn. *tarraz, terraz* tv. ze stfr. *terrace* 'násep' (dále viz ↓*terasa*).

tarif 'sazba'. Přes něm. *Tarif* tv. z it. *tariffa* z ar. *taʿrīfa* 'ohlášení, oznámení (poplatků)' od ʿ*rrafa* 'rozhlásit'.

taroky 'druh karet; druh karetní hry'. Přes něm. *Tarock* z it. *tarocco* tv., jehož původ není jistý.

tartan 'umělý povrch atletické dráhy; skotská kostkovaná vlněná látka', *tartanový*. Z angl. *tartan* nejistého původu. Vychází se ze střangl. a stfr. *tartarin* od *tartare* 'tatarský', což byl název jisté látky dovážené z Číny přes tatarské území, či z jiného fr. názvu tkaniny *tiretaine*, jež se vykládá jako 'tkanina z Tyru' (starý fénický přístav na území dnešního Libanonu). Z tkaniny přeneseno na hmotu užívanou pro výstavbu atletických drah.

tasemnice 'druh střevního cizopasníka'. Preslem přejato z p. *tasiemiec* tv. od *taśma* 'tkanice, páska' a to z tur. *tasma* 'řemínek, stuha'.

tasit, *vytasit*. Stč. jen v odvozeninách *přetasiti* 'přeseknout', *protasiti* 'proseknout' ap., původní význam tedy byl 'seknout'. Jen č. Asi souvisí s ↓*tesat*, i když slovotvorné podrobnosti nejsou jasné. Srov. i p. *tasak* 'tesák'.

taška, *taštička*, *taškový*. V obou významech ('kabela' i 'střešní krytina') přejato z něm. *Tasche* ze sthn. *tasca*, jehož původ je nejasný. Vyskytuje se jen v západogerm. jazycích, je také it. *tasca* tv., ale směr výpůjčky není jistý.

taškář, *taškářský*, *taškařice*. Původně vlastně 'kdo krade, řeže tašky a měšce' (Jg), viz ↑*taška*.

tát, *tání*, *roztát*. P. *tajać*, r. *tájat'*, s./ch. *tȁjati*. Psl. **tajati (B9)* je příbuzné s něm. *tauen*, angl. *thaw*, bret. *tuezi* tv., lat. *tābēre* 'mokvat, mizet', ř. *tḗkō, tā́kō* 'rozpouštím', oset. *thayun* 'tát', vše od ie. **tā-* 'tát, rozpouštět (se)'. Srov. ↓*tavit*.

táta, *tatínek*, *taťka*, *tatík*. Původem dětské, tzv. 'žvatlavé' slovo, podobně jako ↑*bába*, ↑*máma*, ↑*papat* ap. Srov. r. *pápa*, angl. *dad, daddy* tv.

tatami 'judistická žíněnka'. Z jap. *tatami*, což je název slaměných rohoží, jejichž umístění určuje interiér bytu.

tatrman hanl. 'komediant, šašek'. Z něm. *Tattermann*, střhn. *taterman*, původně asi 'vycpaný panák, loutka, skřítek' (Jg, Ma[2]). Vykládá se od *tattern* 'třást se', je však i stř̌hn. *tateren* 'žvanit, plácat', obojí onom. původu. Srov. ↑*tajtrlík*.

tautologie 'důkaz dokazovaným, definice kruhem'. Ze střlat. *tautologia* z ř. *tauto-* 'týž, ten samý' (z určitého členu *tó* a *autós* 'sám', srov. ↑*auto-*) a ↑*-logie*.

taverna zast. 'hospoda'. Z it. *taverna* z lat. *taberna* tv., vedle toho 'kůlna, bouda, chatrč, krám'. Asi souvisí s lat. *trabs* 'kláda, trám' a něm. *Dorf* 'vesnice' *(A4)*.

tavit, *tavicí, tavený, tavný, tavitelný, tavenina, tavba, tavič, tavírna, přetavit, roztavit, zatavit*. Jen č. a slk., poměrně nové (u Jg není). Přitvořeno k ↑*tát*, *roztávat* ap.

tavolník 'keř s drobnými kvítky v hroznech'. Preslovo přejetí z r. *távolga* a to z ttat. jazyků (srov. tat. *tubylɣy*, kyrgyz. *tabylɣa*, tur. *dapylɣa*).

taxa 'sazba, cena', *taxativní* 'v jednotlivých položkách uvedený'. Přes něm. *Taxe*, fr. *taxe* ze střlat. *taxa* tv. od lat. *tāxāre* 'odhadovat, oceňovat', jež souvisí s *tangere* 'dotýkat se'. Srov. ↑*takt*[1].

taxi, *taxík, taxikář(ka)*. Z něm. *Taxi* z fr., angl. *taxi* a to zkrácením z fr. *taximètre* za původní *taxamètre* (pod vlivem ř. složenin od *táxis* 'řada, postavení, třída', srov. ↑*syntax*), dále viz ↑*taxa* a ↑*-metr*.

tázat se, *tázací, tázavý, tazatel(ka), dotázat se, dotaz, dotazník, otázat se, otázka, potázat se, potaz*. Jen č. Stč. nezvratné *tázati* (1.os.přít. *tiežu*) 'ptát se, žádat' vychází z psl. základu **tęg-* 'táhnout' (viz ↑*táhnout*), je to původně asi trvací sloveso k *táhnúti* (vedle novějšího *tahati*), forma *tázati* možná analogií podle *vázati, viežu (D1)*. Původní význam si představíme jako 'tahat informace z někoho', či možná spíš – vzhledem k pádové vazbě – 'směrovat někoho někam (otázkami)'.

té, thé zast. 'čaj, odvar z bylin'. Z něm. *Tee* a to přes niz. *thee* z jihočín. *tē* tv. Viz i ↑*čaj*.

teatrální 'vypočtený na vnější efekt, okázalý', *teatrálnost*. Podle něm. *theatralisch* tv. z lat. *theātrālis* 'divadelní' od *theātrum* 'divadlo' z ř. *théātron* tv. od *theáomai* 'dívám se, pozoruji'.

tebich ob. Viz ↓*tepich*.

téci, *téct, tekoucí, tekutý, tekutina, tok, otéci, otok, odtéci, odtok, protéci,*

průtok, průtokový, přetéci, přitéci, přítok, roztéci (se), roztok, stéci, stoka, vtékat, vytéci, výtok, zatéci aj. Všesl. – p. *ciec*, r. *teč'*, s./ch. *těći*, stsl. *tešti*. Psl. **tekti (B3)* je příbuzné s lit. *tekėti* tv., gót. *þius* 'sluha' (původně vlastně 'běžec', sem patří i něm. *dienen* 'sloužit'), stir. *techid* 'běží', alb. *ndjek* 'pronásleduji', sti. *tákti* 'spěchá', vše z ie. **tek^u-* 'běžet, téci'. Srov. ↓*utíkat*, ↓*vztek*, ↓*útok*, ↓*točit*, ↑*potácet se*.

tečka, tečkovaný, vytečkovat, potečkovat. V nár. obrození utvořeno podle r. *tóčka* 'tečka, bod' ze základu, z něhož je ↓*tknout se*, ↓*týkat se*. Srov. ↓*tečna*.

tečna 'přímka dotýkající se křivky'. Novější slovo za cizí *tangenta* (viz ↑*tangens*), od základu, který je v ↓*tknout se*. Srov. ↑*tečka*, ↓*tečovat*.

tečovat '(lehce) změnit směr míče, puku ap.', tečovaný, teč. Z angl. *touch* 'dotknout se' z fr. *toucher* tv. z vlat. *tōccāre tv., původu asi onom.-expr. (srov. ↓*tuš*[1]). Možná i kontaminace *(D3)* s domácími slovy od ↓*tknout se*, srov. ↑*tečka*, ↑*tečna* a zvláště starší č. *tečka* 'dotknutí se, zavadění o něco' (Jg).

teď přísl. Ze stč. *tedě* tv., vedle toho stč. *ted'* 'zde, tady'. Jen č. Z psl. *tъdě z ukazovacího *tъ (viz ↓*ten*) a *-dě*, které souvisí s místními a časovými částicemi *-de, -dy*, srov. ↓*tedy*, ↓*tehdy*, ↓*zde*, ↑*tady*, ↓*tudíž* ap.

tedy sp., část. Stč. i *tdy* a také *tehdy, tehda*, vše ve významu 'tehdy' i 'tedy' (viz ↓*tehdy*). P. *tedy* 'tedy, proto'. Podobný posun přísl. času ve sp. a část. s oslabením významu je vidět např. u ↑*pak*.

teflon 'plastická hmota vynikající všestrannou odolností', teflonový. Z angl. *teflon*, což je zkratkové slovo z *(poly)te(tra)fl(uoretylen)* a příp. *-on* (srov. ↑*nylon* ap.).

tehdy přísl., *tehdejší*. Stč. *tehdy, tehda, tehdyť* 'tehdy' i 'tedy' (viz ↑*tedy*). R. *togdá*, s./ch. *tàdā*, stsl. *tъda, tъgda*. Psl. *tъda, *tъdy, **tъg(ъ)da*, **tъg(ъ)dy* je zřejmě tvořeno z ukazovacího *tъ (ie. **to-*) (viz ↓*ten*) a časové částice *-da, -dy* (srov. ↑*kdy*). Příbuzné je lit. *tadà*, lot. *tad*, sti. *tadā́* tv. Problematické je vysvětlení podob s *-gda, -gdy*. Vzhledem k lot. *tagad* 'teď' i ukr. *tohid* 'loni' se uvažuje o výchozím *tъ gъda (Ma[2] pod *ten*), doslova 'toho času' (srov. ↑*ihned*), ale to je po formální stránce dost sporné. Spíš bude *-g-* druhotné, jeho zdroj není jistý. Srov. ↑*teď*, ↑*tady*.

těhotný, těhotenský, těhotenství. Od staršího *těhota* (ve významu 'těhotenství' doloženo u Rosy), *tíhota* 'těžkost, tíže, břímě'. Srov. ↓*tíže*, ↓*tíha*, ↓*těžký*, k motivaci pojmenování pak ↑*gravidita*, ↑*březí*.

technika, technický, technik, technička, technizovat, technizace. Přes něm. *Technik* z fr. *technique* tv., též jako adj. 'technický, odborný', a to z ř. *technikós* 'umění znalý, obratný, mistrný, schopný' od *téchnē* 'řemeslo, umění', jež souvisí s ř. *téktōn* 'řemeslník, stavitel' (viz ↓*tesat*). Srov. ↓*technologie*.

technologie 'nauka o způsobech zpracování materiálu, výrobní postup', technologický, technolog. Viz ↑*technika* a ↑*-logie*.

techtle mechtle ob. expr. 'pletky'. Z něm. *Techtelmechtel* tv., jež se obvykle vykládá jako přetvoření it.st. *a teco meco* 'mezi čtyřma očima' z lat. *tēcum* 's tebou', *mēcum* 'se mnou'.

teismus 'filozofický směr uznávající osobní existenci Boha a jeho působení na svět', teistický. Z moderních evr. jazyků (poprvé doloženo angl. *theism* koncem 17. st.) a tam od ř. *theós* 'bůh', jež souvisí s ↑*duch*.

tejp 'páska ke zpevňování kloubů', *tejpovat, zatejpovat.* Z angl. *tape* 'páska, stuha' ze stangl. *tæppe* tv. nejistého původu. Snad souvisí s lat. *tapēs* 'koberec, přikrývka' (viz ↑*tapeta*).

těkat, *těkavý, těkavost, zatěkat, roztěkaný.* Stč. *těkati* 'pobíhat, rozbíhat se, toulat se', *těkač* 'běžec', *těkař* 'potulný student'. Jen č., od **tēk- (B5),* zdloužené varianty k **tek-*, které je v ↑*téci*. Srov. i ↓*utíkat*.

tektonický 'týkající se utváření zemské kůry'. Ve 20. st. přejato přes moderní evr. jazyky z ř. *tektonikós* 'stavitelský, znalý stavby' od *téktōn* 'řemeslník, stavitel'. Souvisí s ↓*tesat*, srov. ↑*architekt*, ↑*technika*.

tekutina. Viz ↑*téci*.

tele, *telátko, telecí, teletina, teletník, telit se.* Všesl. – p. *cielę*, r. *telënok* (pl. *teljáta*), s./ch. *tèle*, stsl. *telьcь*. Psl. **telę*, gen. **telęte*, je příbuzné s lit.d. *tēlias*, lot. *telēns* tv., další souvislosti jsou méně jisté. Obvykle se spojuje s gót. *þulan* 'snášet, trpět', lat. *tollere* 'zvedat, brát na sebe', ř. *tlḗnai* (aorist) 'snášet, trpět', sti. *tulā-* 'váha', toch. AB *täl-* 'zvedat, nést', vše od ie. **tel-, *tlē-* 'zvedat, vážit, nést; snášet'. Původně tedy asi 'co je nošeno'. K významovým souvislostem srov. gót. *baíran* 'nést', *barn* 'dítě', angl. *bear* 'nést' i 'rodit' a dále i ↑*březí*, ↑*těhotný*, ↑*gravidita*.

tele- (ve složeninách) 'dálkový, dálno-'. Z ř. *tēle* 'daleko', jež souvisí s *télos* 'konec, cíl, účel' (srov. ↓*teleologie*, ↑*talisman*). Srov. ↓*televize*, ↓*telefon*, ↓*telegraf*, ↓*telegram*, ↓*telepatie*, ↓*teleskop*.

telefon, *telefonní, telefonický, telefonista, telefonistka, telefonovat, obtelefonovat, protelefonovat, vytelefonovat, zatelefonovat.* Z moderních evr. jazyků (něm. *Telephon*, fr. *téléphone*, angl. *telephone*), dále viz ↑*tele-* a ↑*-fon*.

telegraf, *telegrafní, telegrafický, telegrafista, telegrafistka, telegrafovat.* Přes moderní evr. jazyky (poprvé fr. *télégraphe* koncem 18. st.). Viz ↑*tele-* a ↑*-graf*.

telegram. Přes moderní evr. jazyky (am.-angl. *telegram* v pol. 19. st.). Dále viz ↑*tele-* a ↑*-gram*.

telemark 'stylový doskok při skocích na lyžích s předsunutím jedné a pokrčením druhé nohy'. Původně se tak nazýval podobně prováděný způsob změny směru jízdy v hlubokém sněhu. Podle kraje *Telemark* v jižní části Norska.

teleologie 'výklad světového dění jako výsledku sil směřujících k předem určenému cíli'. Přes moderní evr. jazyky a nlat. *teleologia* (od 18. st.), utvořeno k ř. *télos* 'konec, cíl, účel', *téleos* 'dokonalý, ukončený' a ↑*-logie*.

telepatie 'přenos myšlenek, citů ap. na dálku', *telepatický*. Přes moderní evr. jazyky (angl. *telepathy* utvořeno r. 1882 z ↑*tele-* a ř. *páthos* 'cit, útrapa, duševní stav'). Srov. ↑*patos*, ↑*apatie*, ↑*sympatie*.

teleskop '(hvězdářský) dalekohled', *teleskopický*. Přes moderní evr. jazyky z nlat. *telescopium*, objevujícího se u Keplera již začátkem 17. st. Viz ↑*tele-* a ↑*-skop*.

těleso, *tělísko*. Obrozenecký novotvar na základě starého *s*-kmenového skloňování slova ↓*tělo*. Srov. ↑*sloveso*, ↑*koleso*.

televize, *televizní, televizor*. Přes fr. *télévision* či angl. *television* (ale v něm. kalk *Fernsehen* tv.) (počátek 20. st.) a to z ↑*tele-* a lat. *vīsiō* 'vidění' (viz ↓*vize*, srov. ↓*video*).

telex 'dálnopis pro přímý styk účastníků'. Zkratkové slovo z angl. *tel(eprinter) ex(change)*, doslova 'dálnopisná výměna', z *teleprinter* 'dálnopis' (z ↑*tele-* a *printer* 'tiskárna') a *exchange* 'výměna'.

tellur 'chemický prvek'. Koncem 18. st. utvořeno od lat. *tellūs*, gen. *tellūris* 'země, půda' jako protiklad k ↓*uran*.

tělo, *tělový, tělní, tělesný, tělesnost, tělnatý, vtělit (se), ztělesnit*. Všesl. – p. *ciało*, r. *tělo*, ch. *tijêlo*, s. *tȇlo*, stsl. *tělo*. Psl. **tělo*, gen. *tělese*, není etymologicky jasné, žádný z výkladů není přesvědčivý. Lot. *tēls* 'obraz, socha', s nímž bývá srovnáváno, se obvykle považuje za výpůjčku z r. Srov. ↑*těleso*.

téma 'základní myšlenka, námět', *tematický, tematika*. Přes něm. *Thema* z lat. *thema* z ř. *théma* 'co je postaveno, tvrzení, výrok' od *títhēmi* 'kladu, stavím'. Srov. ↓*teze*, ↑*dát*.

témbr 'zabarvení (tónu, hlasu)'. Z fr. *timbre* tv., vlastně 'zvonění, zvonek', původně (stfr.) 'bubínek', ze střř. *týmbanon* z ř. *týmpanon* tv. Srov. ↓*tympán*.

temeno, *temenní*. Stč. *témě, tiemě*, gen. *těmene*. Všesl. – p. *ciemię*, r. *témja*, ch. *tjȅme*, s. *tȇme*. Psl. nejspíš **těmę*, gen. *těmene*, nemá jistý původ. Snad od ie. **tem-* 'řezat', od něhož je i psl. **tęti* 'tít' (↓*tnout*), významová paralela by byla v něm. *Scheitel* 'temeno, pěšinka', jež je od *scheiden* 'oddělit' od ie. **skei-* 'řezat, oddělovat'. Původní význam by tedy byl 'předěl, řez'.

téměř přísl. Stč. i *tejměř, těřměř, tézměř*, také ve významu 'spíše' a 'stejně'. Výchozím tvarem je *tézměř* (srov. i stč. *takměř* tv.), v jehož první části je stč. *téz* 'také, stejně' (↓*téz*), ve druhé nějaký ustrnulý tvar *měřiti* či *miera* (viz ↑*míra*). Původní význam tedy byl 'v téže míře', tj. 'stejně', pak posun k 'skoro, málem'.

temný. Viz ↓*tma*.

tempera 'krycí emulzní barva', *temperový*. Z it. *tempera* tv. od *temperare* '(náležitě) mísit, rozpouštět' z lat. *temperāre*. Viz i ↓*temperament*, ↓*temperatura*.

temperament 'lidská povaha; živost', *temperamentní*. Přes něm. *Temperament* tv. z lat. *temperāmentum* 'pravé smíšení, míra' od *temperāre* 'náležitě mísit, rozpouštět', vlastně 'odměřovat (v náležitý čas)', od *tempus* (gen. *temporis*) 'čas'. Srov. ↑*tempera*, ↓*temperatura*. K antickým představám o spojení povahy s mísením tělesných šťáv srov. ↑*humor*, ↑*flegmatik*, ↑*cholerik* ap.

temperatura 'teplota'. Přes něm. *Temperatur* tv. z pozdnělat. *temperātūra* 'náležité, pravé smíšení' (odtud pak v pozdním středověku i 'teplota, teplotní stav těla') od *temperāre* 'náležitě mísit'. Dále viz ↑*temperament*, srov. ↑*tempera*.

templář 'člen rytířského řádu založeného na ochranu poutníků do Svaté země (zač. 12. st.)', *templářský*. Podle *Templu*, chrámu Božího hrobu v Jeruzalémě, z lat. *templum* 'svatyně, chrám', jež zřejmě souvisí s *tempus* 'čas' (vlastně 'vyměřený posvátný okrsek').

tempo 'stupeň rychlosti; větší rychlost; rytmický pohyb při plavání', *tempový, tempař*. Přes něm. *Tempo* z it. *tempo* 'čas' z lat. *tempus* tv. Srov. ↑*temperament*.

ten zájm., *ta, to*. Stč. i *tet*. Všesl. – p. *ten*, r. *tot*, s./ch. *tâj*, stsl. *tъ*. Psl. **tъ, ta, to* (v č. m.r. rozšířen o *-n*, jinak by zůstalo pouhé **t*, srov. ↑*jenž*) se vyvinulo z ie. **to-* 'ten' (ž.r. *tā*), z něhož je i lit. *tàs*, něm. *der*, angl. *that*, gót. *þata*, stir. *tō* 'ano, ovšem', ř. *tó* 'to', sti. *tád* tv., toch. A *täm* 'to'. Původně zájm. poukazovalo na vzdálenější předměty, ve slov. po zániku zájmena **sь* (viz ↑*sem*, ↓*zde*, ↑*dnes*) i na předměty bližší, zvláště ve spojení s dalšími elementy (v č. *-to, -hle*). Srov. i ↑*týž*, ↑*téměř*, ↑*tady*, ↑*tam*, ↑*tak*, ↓*tolik*, ↑*teď*, ↑*tehdy*, ↓*teprv*, ↓*totiž*, ↓*tudíž*, ↓*zatím* ap.

tenata 'osidla'. Stč. *teneto, tenato*, r. *tenëto*, sln. *tenêt* 'zadní část nevodu'. Psl. **teneto* (příp. jako u ↑*klepeto*,

tendence

↑*řešeto*) je odvozeno od ie. *ten- 'natahovat, napínat', od něhož je i lit. *tiñklas* 'síť', něm. *dehnen* 'natahovat', stir. *tét* 'struna', lat. *tendere* 'natahovat, napínat', ř. *ténōn* 'šlacha, sval', sti. *tánti*- 'šňůra, struna'. Srov. ↓*tenký*.

tendence 'sklon; směr vývoje', *tendenční*. Přes něm. *Tendenz* z fr. *tendance* tv. od *tendre* 'natahovat, napínat, směřovat' z lat. *tendere* tv. Srov. ↓*tendr*[2], ↑*tenata*, ↓*tenký*.

tendr[1] 'přívěsný vůz za parní lokomotivou (s uhlím a vodou)'. Z angl. *tender* tv. od *(to) tend* 'starat se, obsluhovat, doprovázet' a to z *(to) attend* 'dávat pozor, obsluhovat, být k dispozici' z fr. *attendre* 'čekat' z lat. *attendere* 'napínat, dávat pozor, pozorně naslouchat' z ↑*ad*- a *tendere* 'natahovat, napínat'. Srov. ↓*tendr*[2], ↑*tendence*.

tendr[2] 'veřejné nabídkové řízení'. Z angl. *tender* tv. od *(to) tender* 'nabídnout', vlastně 'nabídnout někomu ruku', z fr. *tendre* 'natáhnout, směřovat' z lat. *tendere* tv. Srov. ↑*tendence*, ↑*tendr*[1].

tenis, *tenisový, tenista, tenistka, teniska*. Z angl. *(lawn) tennis* (*lawn* = 'trávník') ze střangl. *tenetz*, jež se vykládá z fr. *tenez* 'držte, mějte', což je 2.os.pl.imp. od *tenir* 'držet, mít' z lat. *tenēre* 'držet'. Tímto zvoláním upozorňoval hráč svého soupeře při svém podání.

tenkrát přísl. Sln. *takràt*, s./ch. *tâj pût* tv. Viz ↑*ten*, ↑*-krát*. Lze srovnat i se slk. *teraz* 'teď', k souvislosti mezi *-krát* a *-raz* srov. ↑*-krát*, ↑*ráz*.

tenký, *tenoučký*. Všesl. – p. *cienki*, r. *tónkij*, s./ch. *tànak*, stsl. *tьnъkъ*. Psl. *tьnъkъ je příbuzné s angl. *thin*, něm. *dünn*, lat. *tenuis*, sti. *tanú*- tv., vše z ie. *tenu- tv. (vlastně 'natažený, protažený'), což je rozšíření ie. *ten- 'natahovat, napínat'. Srov. ↑*tenata*.

tepich

tenor 'vysoký mužský hlas', *tenorový, tenorista*. Přes něm. *Tenor* z it. *tenore* tv. z lat. *tenor* 'proud, trvání, smysl, obsah' od *tenēre* 'držet, spět, trvat' (název podle toho, že drží melodii, často vede melodickou linku). Srov. ↑*tenis*.

tenze 'napětí'. Z pozdnělat. *tensiō* tv. od *tendere* 'napínat, natahovat' (příč. trp. *tensus* vedle původního *tentus*). Srov. ↑*tendence*, ↑*tendr*[2].

teo- (ve složeninách) 'boho-, týkající se boha'. Z ř. *theós* 'bůh', jež asi souvisí s naším ↑*duch*. Srov. ↓*teologie*, ↑*teismus*.

teodolit 'přístroj pro měření úhlů'. Vynalezen a pojmenován asi angl. matematikem L. Diggesem (16. st.), poprvé v lat. podobě *theodelitus*. Původ nejasný, snad neumělá složenina z ř. *theáomai* 'pozoruji' a *dēlos* 'zřetelný, jasný'?

teologie 'bohosloví, nauka o bohu a o náboženství', *teologický, teolog*. Z lat. *theologia* z ř. *theología* tv. Viz ↑*teo*- a ↑*-logie*.

teorie, *teoretický, teoretik, teoretizovat, teorém*. Přes něm. *Theorie*, lat. *theoria* z ř. *theōría* 'vědecké poznání, zkoumání, pozorování' od *theōréō* 'dívám se, zkoumám, jsem divákem na slavnosti', jež souvisí s *theáomai* 'dívám se, pozoruji' (srov. ↑*teatrální*).

tepat, *tepaný, tep, tepot, vytepat*. Stč. *tepati* i *teti* (1.os.přít. *tepu*). Hl. *ćepać*, r.d. *teptí*, s./ch. *tèpsti*, stsl. *teti*. Psl. **te(p)ti*, 1.os.přít. *tepǫ, je příbuzné s lit. *tèpti* 'mazat', lot. *tept* tv. Východiskem je asi onom. *tep- napodobující zvuk úderu, srov. i ↑*ťapat* a slova s podobným kořenem v uralských jazycích – fin. *tappaa* 'zabít', maď. *tap-, top-* 'šlapat', něnecké *tapa-* 'tlouci'. Srov. ↑*otep*, ↑*deptat*.

tepich zast., ob. 'koberec'. Z něm. *Teppich* ze sthn. *tep(p)it* a to z lat. *tapēs*

teplý / teriér

(gen. *tapētis*) tv. Dále viz ↑*tapeta*, ↑*tapiserie*.

teplý, *teplo, tepelný, teplota, teplotní, teplárna, teplárenský, tepláky, teplákový, oteplit(se), proteplit, zateplit*. Vše sl. – p. *ciepły*, r. *tëplyj*, s./ch. *tòpao*, stsl. *toplъ*. Psl. **teplъ* je původem *l*-ové příčestí nedochovaného slovesa **tepti* 'být teplý, hřát'. Příbuzné je lat. *tepidus* tv., sti. *tápati* 'hřeje', chet. *tapašša-* 'horko', vše od ie. **tep-* 'být teplý'. Viz i ↓*topit*.

tepna, *tepenný, nátepnička*. Od *tep* od ↑*tepat*.

teprve přísl., část. Stč. i *tepróv, tepruv, teprvú* aj. P. *dopiero* tv. (dopřiklonění k předl. *do*), r. *tepér'* 'teď', str. *topere, topьrvo*, stsl. *toprьvo* tv. Ve druhé části je psl. **pьrvъ* (viz ↑*prvý*) (srov. něm. *erst* 'nejprve; teprve'), v první zřejmě tvar ukazovacího zájmena **tъ* (viz ↑*ten*). Spojení jako *teprve přichází* tedy lze interpretovat asi jako 'to první (co dělá) je, že přichází', z toho lze pochopit jak význam 'nyní', tak naše 'ne dříve než, ne více než, až ap.'.

tequila 'druh alkoholického nápoje'. Ze šp. *tequila* a to podle názvu jednoho okresu v Mexiku.

tér zast. ob. 'dehet'. Z něm. *Teer* tv., jež stejně jako angl. *tar* tv. vychází z ie. **deru-, dreu-* 'strom, dřevo' (dehet se původně pálil z dřeva). Dále viz ↑*dřevo*, srov. i lit. *dervà* 'pryskyřice, dehet', lot. *darva* 'dehet'.

terakota 'keramická hmota z pálené hlíny', *terakotový*. Z it. *terracotta* tv. z *terra* 'země' a tvaru ž.r. od *cotto* 'pečený, pálený', což je původem příč. trp. od *cuocere* 'vařit, péci' z vlat. **cocere* tv. Srov. ↓*terén*, ↓*terasa* a ↑*kuchyň*, ↑*péci*.

terapie 'léčba', *terapeut, terapeutický*. Přes něm. *Therapie* z ř. *therapeía*

'služba, ošetřování, péče' od *therápōn* 'služebník, pomocník, ctitel'.

terárium 'ohraničený prostor či nádoba k chování plazů'. Z moderních evr. jazyků (něm. *Terrarium*, fr. *terrarium*), kde bylo utvořeno od lat. *terra* 'země' podle nlat. *aquārium* (srov. ↑*akvárium*).

terasa 'stupeň ve svahu; plošina se zábradlím', *terasový, terasovitý*. Přes něm. *Terrasse* z fr. *terrasse* tv. a to ze stprov. *terrassa* 'rovná plocha ve svahu, vyvýšená zemní plošina' od *terra* 'země' z lat. *terra* tv. Srov. ↓*terén*, ↓*teritorium*.

terciární 'jsoucí třetí v pořadí, třetího stupně'. Z lat. *tertiārius* tv. od *tertius* 'třetí' (viz ↓*tercie*). Srov. ↑*primární*, ↑*sekundární*.

tercie 'třetí tón v stupnici; třetí třída osmiletého gymnázia'. Z lat. *tertia*, což je zpodstatnělý tvar adj. ž.r. od *tertius* 'třetí'. Srov. ↑*terciární*, ↓*třetí*.

terč, *terčík, terčový*. Stč. *tarč(ě), terč(ě)* (ž.r.) 'malý kruhový štít' ze střhn. *tartsche, tarsche* a to ze stfr. *targe* tv., které je zase z germ., srov. stisl. *targa*, stangl. *targe* tv. (odtud s fr. zdrobňující příp. angl. *target* 'terč, cíl'), něm. *Zarge* 'obruba, rám'. Význam '(kruhový) předmět jako cíl při střelbě' se vyvinul ve střední č. (změna rodu). Srov. i p. *tarcza*, které si ponechává starší význam 'štít, kotouč, kruh', ve spojení *tarcza strzelnicza* znamená 'terč'.

terén 'část krajiny ve své členitosti; venkovní pracoviště k sledování určitých jevů', *terénní*. Převzato (případně přes něm. *Terrain*) z fr. *terrain* tv., jež je z lat. *terrēnum* 'půda, pozemek', což je zpodstatnělý tvar stř. r. adj. *terrēnus* od *terra* 'země, půda, krajina'. Srov. ↓*teritorium*, ↑*terasa*, ↑*terakota*, ↑*terárium*, ↓*teriér*.

teriér 'druh loveckého psa'. Z angl. *terrier* (asi přes něm. *Terrier*) a tam ze stfr. *(chien) terrier*, doslova 'zemní (pes)', od *terre* 'země' z lat. *terra* tv. Název podle toho, že tito psi jsou při lovu využíváni k vyhánění zvěře z nor a podzemních úkrytů.

teritorium 'území', *teritoriální*. Z lat. *territōrium* (případně přes něm. *Territorium*) 'území (patřící k městu, osadě)' a to od *terra* 'země'. Srov. ↑*terén,* ↑*terárium,* ↑*terakota.*

termální 'vztahující se k teplu'. Z něm. *thermal* tv. od *Therme* 'horké lázně', přes lat. *thermae* (pl.) tv. z ř. *thérmē* 'teplo, horko, horký pramen' od *thermós* 'teplý, horký'. Srov. ↓*termo-,* ↓*termika.*

termika 'nauka o tepelných jevech a zákonitostech jejich vztahů', *termický*. Zavedeno v pol. 19. st. něm. přírodovědcem A. Humboldtem pro působení teplých vzdušných proudů. Dále viz ↓*termo-.*

termín[1] 'stanovený den, lhůta', *termínový, termínovaný, termínovat*. Přes něm. *Termin* tv. z lat. *terminus* 'mezník, (časová) hranice'. Srov. ↓*termín*[2], ↓*terminál*.

termín[2] 'odborná pojmenovací jednotka', *termínový, terminologie* (viz ↑*-logie*). Přes něm. *Terminus* ze střlat., pozdnělat. *terminus* tv., vlastně 'výraz s přesně ohraničeným významem', původně 'mezník, hranice' (viz ↑*termín*[1]).

terminál 'letištní budova; konečná stanice, depo'. Z angl. *terminal* tv., což je zpodstatnělé adj. s významem 'hraniční, konečný' z lat. *terminālis* tv. od *terminus* 'mezník, hranice, cíl'. Srov. ↑*termín*[1].

termit 'všekaz (druh hmyzu)'. Z moderních evr. jazyků (něm. *Termite*, fr., angl. *termite*) a tam z pozdnělat. *termes* (gen. *termitis*), lat. *tarmes* 'červotoč, hmyz požírající dřevo', jež asi vychází ze stejného základu jako naše ↓*třít*.

termo- (ve složeninách) 'teplo-, týkající se teploty'. Z ř. *thermós* 'teplý, horký', jež souvisí s naším ↑*hořet*. Srov. ↓*termostat,* ↓*termoska,* ↑*termika* a také *termodynamika, termojaderný, termonukleární*.

termoska 'tepelně izolující láhev'. Od základu ↑*termo-*, zakončení snad podle ↑*bandaska*?

termostat 'zařízení k udržování stálé teploty'. Novější složenina z ↑*termo-* a ř. *statós* 'stojící' od *hístēmi* 'stavím'. Srov. ↑*reostat*.

terno expr. '(nenadálý) úspěch, štěstí'. Původně 'výhra na trojici čísel (v bývalé loterii)'. Z it. *terno* 'trojice' z lat. *ternī* 'trojí, po třech', jež souvisí s *trēs* 'tři'. Viz ↓*tři*, ↑*tercie*.

teror 'kruté násilí', *terorista, teroristický, terorismus, terorizovat*. Přes moderní evr. jazyky (něm. *Terror,* angl. *terror* tv.) z lat. *terror* 'strach, hrůza, hrozba' od *terrēre* 'strašit, děsit', jež vzdáleně souvisí s naším ↓*třást*.

terpentýn 'pryskyřicové rozpouštědlo laků'. Z něm. *Terpentin* ze střlat. *terebintina (resina)* 'terpentýnová pryskyřice' od lat. *terebinthus* z ř. *terébinthos* vedle *términthos* 'terpentýnovec' (tj. druh pistácie, z níž se terpentýn získává). Slovo asi přejato z nějakého neznámého středomořského jazyka.

teřich zast. expr. 'břicho'. Již stč. Je to asi obměna (zakončení -*ich* jako u *břich*) slova doloženého v starším a nář. č. *terbuch, třebucha* (Jg), p. *trybuch,* r. *trebuchá,* sln. *trébuh* tv., csl. *trъbucha* 'vnitřnosti'. Zdá se, že jde o příp. útvary od psl. **trъb-,* **terb-,* ale původ je nejasný.

tesat, *tesař, tesařský, tesařství, tesařík, tesák, otesat, neotesaný, přitesat, útes, vtesat, vytesat* . Všesl. – p. *ciosać,* r. *tesát',* s./ch. *tèsati,* stsl. *tesati*. Psl. *tesati je příbuzné s lit. *tašýti* 'osekávat', sthn. *dehsala* 'sekyra', lat. *texere* 'plést, tesat, stavět', ř. *téktōn* 'řemeslník, stavitel, tesař', sti. *takšati* 'teše, osekává', chet. *taggašhi* 'postavím', vše z ie. **tekt̂-* (**tekp̂-*) 'plést, stavět (z proutí)', později 'stavět ze dřeva, tesat'. Srov. ↑*tasit*.

tesil 'pevná nemačkavá látka z tuzemského umělého vlákna', *tesilový, tesilky*. Zkratkové slovo z ↓*textil* a ↑*silon*.

teskný, *tesklivý, tesknit, roztesknit (se), stesk, postesknout si, zastesknout si*. P. *tęskny*, stp. *teskny* tv. (od téhož základu i *ckliwy* 'nechutný', srov. ↑*ošklivý*), r. *toská* 'stesk, nuda'. Psl. **tъsk-* lze spojit s **tъščь* 'prázdný' (z toho stč. *tščí* 'lačný', vedle toho *tščicě* 'sklíčenost, tesklivost', p. *czczy* 'lačný, pustý, prázdný', r. *tóščij* 'hubený, prázdný', s./ch. *tȁšt* 'lačný, prázdný', stsl. *tъštь* 'prázdný'). Příbuzné je lit. *tùščias* 'prázdný, pustý', lot. *tukšs*, sti. *tucchyá-* tv. i lat. *tesqua* (pl.) 'pustiny, poušť', vše z ie. **teus-* 'činit prázdným'. Srov. ↑*stýskat si*.

těsný, *těsnost, těsnit, těsnění, těsnicí, stěsnat, utěsnit, vtěsnat, vytěsnit*. Všesl. – p. *ciasny*, r. *tésnyj*, ch. *tijésan*, s. *tésan*, stsl. *těsnъ*. Psl. **těsnъ* je asi z **těsknъ* a to od ie. **teisk-*, **toisk-*, což je sekundární ie. kořen, ze kterého vychází i ↓*tisknout*, ↓*těsto*. Původní význam psl. adj. tedy byl asi 'tisknutý, stísněný'. Srov. i ↓*tíseň*, ↓*tísnit*.

test, *testovat*. Z angl. *test* tv., původně 'prubířský kámen, kelímek na zkoušení kovů', z fr. *test* 'hliněná nádoba, skořápka' z lat. *testum, testa* 'nádoba, poklice, střep'.

testament 'poslední vůle, závěť'. Z lat. *testāmentum* tv. od *testārī* 'brát za svědka, svědčit, dokazovat' od *testis* 'svědek' a to asi z ie. **tri-sto-*, vlastně 'kdo stojí jako třetí (ke dvěma protistranám)', srov. osk. *trstus* 'svědci'. Srov. ↑*atestace*, ↑*protest*.

těsto, *těstíčko, těstový, těstovina*. Všesl. – p. *ciasto*, r. *tésto*, ch. *tijêsto*, s. *têsto*, stsl. *těsto*. Psl. **těsto* má nejblíže k wal. *toes*, bret. *toāz* tv., dále je příbuzné sthn. *theismo, deismo* 'kyselé těsto', theisk, *deisk* 'hnůj, bláto', ř. *staís* 'pšeničná mouka s vodou', vše z ie. **təi-s-* 'mačkat, hníst' od **tā-, təi-* 'tát, rozpouštět (se)'. Srov. ↓*tisknout*, ↑*těsný*, ↑*tát*.

těšit, *potěšit, potěšení, utěšit, utěšený, útěcha, bezútěšný, natěšený*. Všesl. – p. *cieszyć*, r. *téšit'*, ch. *tjȅšiti*, s. *tȅšiti*, stsl. *utěšiti*. Psl. **těšiti* je kauzativum od základu, z něhož je i ↓*tichý*, původní význam tedy byl 'způsobit, že je někdo tichý, tišit, konejšit'.

teta, *tetka, tetička*. Všesl. – p. *ciotka*, r. *tëtja*, s./ch. *téta*, stsl. *tetъka*. Psl. **teta* má obdobu v lit. *tetà*, švéd. *titta* tv., srov. i ř. *téthē* 'babička'. Patří do skupiny dětských 'žvatlavých' slov, srov. ↑*táta*, ↑*máma*, ↑*bába*, ↑*děd*.

tetanus 'těžká infekční choroba nervové soustavy', *tetanový*. Z lat. *tetanus* a to z ř. *tétanos* tv., vlastně 'napětí', od *teínō* 'napínám'. Tato choroba se totiž projevuje křečemi svalstva a strnutím šíje.

tetelit se, *zatetelit se*. Jen č., onom.-expr. původu. Srov. něm. *tattern* 'třást se' (viz ↑*tatrman*).

tětiva. Všesl. – p. *cięciwa*, r. *tetivá*, s./ch. *tȅtiva*, stsl. *tętiva*. Psl. **tętiva (B7)* odpovídá lit. *temptýva* tv. od *tempti* 'napínat, táhnout', dále je příbuzné stisl. *þǫmb* 'tětiva, vyduté břicho', lat. *tempora* 'spánky', arm. *ťamb* 'sedlo', per. *tāftan* 'vinout, příst', vše z ie. **temp-* 'natahovat, napínat' od **ten-* tv. Srov. ↑*tenata*, ↑*tenký*.

tetovat, *tetování*. Přes něm. *tätowieren*, fr. *tatouer* z angl. *tattoo*, dříve *tattow*, a to v 18. st. (kapitán Cook) z polynéského *tatau* tv.

tetra- (ve složeninách) 'čtyř-'. Z ř. *tetra-*, což je ve složeninách používaná podoba základní číslovky *téssares*, *téttares* 'čtyři' (viz ↑*čtyři*). Srov. ↓*tetracyklin*, ↓*tetralogie*.

tetracyklin 'širokospektrální antibiotikum'. Viz ↑*tetra-* a ↑*cyklus* (obsahuje čtyři cykly benzenových jader).

tetralogie 'umělecké dílo o čtyřech samostatných částech'. Z ř. *tetralogía* 'řada čtyř dramatických kusů'. Viz ↑*tetra-* a ↑*-logie*.

tetřev 'velký lesní kurovitý pták', *tetřívek*. P. *cietrzew*, r. *téterev*, ch. *tȅtrijeb*, s. *tȅtrēb*. Psl. *tetervъ (*B8*) souvisí se stpr. *tatarwis*, lit. *tētervinas*, lot. *teteris*, stisl. *þiður* tv., střir. *tethra* 'vrána', ř. *tétrax* (z toho lat. *tetrax*) 'perlička', *tetráōn* 'tetřev', arm. *tatrak* 'hrdlička', per. *täδärv* 'bažant', sti. *tittirá-* 'koroptev', vše od ie. **tet(e)r-*, což je zdvojený onom. kořen napodobující ptačí hlas.

text 'jazykový projev (zvláště psaný)', *textový, textař, otextovat*. Přes moderní evr. jazyky (něm. *Text*, angl. *text*) z lat. *textum* 'tkanina, stavba, text', *textus* 'tkáň, pletivo, souvislost, text', což jsou zpodstatnělé tvary příč. trp. od *texere* 'plést, tkát, tesat, stavět'. Viz ↑*tesat*, srov. ↓*textil*.

textil, *textilní, textilie, textilka*. Přes něm. *Textil* (a případně fr. *textile*) z lat. *textilis* 'tkaný' od *texere* 'plést, tkát' (viz ↑*text*, ↑*tesat*).

tezaurus 'slovník zachycující veškerou slovní zásobu jazyka', *tezaurovat* 'uschovávat (peníze)', *tezaurace*. Přejato (případně přes něm. *Thesaurus* tv.) z lat. *thēsaurus* 'zásobárna, poklad, pokladnice' z ř. *thēsaurós* tv., což je asi výpůjčka z nějakého neznámého předie. jazyka. Srov. ↓*trezor*.

teze 'stručně formulovaná zásadní myšlenka', *tezovitý*. Přes něm. *These* z lat. *these* z ř. *thésis* 'tvrzení, poloha', jež souvisí s *títhēmi* 'kladu, stavím'. Viz ↑*dát*, srov. ↑*téma*.

též část. Ustrnulý tvar stř. r. zájm. ↓*týž*, srov. slk. *tiež*, p. *też*, r. *tóže* tv. Srov. i ↓*tož* a ↑*také*.

těžit, *těžba, těžař, těžařský, těžní, těžnice, těžiště, těžítko, vytěžit, výtěžek*. Stč. *těžeti* 'těžit, dobývat užitek, vyrábět', *těžiti* 'vydělávat peníze, získávat'. Stč. *těžař* 'obchodník, kupec' (srov. i csl. *tęžarъ* 'dělník, sedlák') ukazuje na původní *těžati z *tęžati, což je sloveso původně odpovídající dnešnímu *tahat* (viz ↑*táhnout, B1*) (Ma²). V č. posun významu k 'dobývat zisk' a 'dobývat nerostné bohatství'. Srov. ↓*tíhnout*, ↑*tázat se*, ↓*těžký*.

těžký, *těžkost, těžknout, ztěžknout, obtěžkat, potěžkat, zatěžkat, zatěžkávací*. Všesl. – p. *ciężki*, r. *tjážkij* 'přísný, hrozný', *tjažëlyj* 'těžký', s./ch. *tȇžak*, stsl. *tęžьkъ*. Psl. *tęžьkъ je odvozeno asi od *tęža 'tíže' a to od nedochovaného *tęgъ 'těžký', jemuž odpovídá lit. *tingùs* 'líný', stisl. *þungr* 'těžký' (vše z ie. **tṇghu-* (*A7*)). Výchozím kořenem je ie. **tengh-* 'táhnout' (viz ↑*táhnout*), původní význam adj. je vlastně 'táhnoucí (dolů)'. Srov. i ↓*tíže*, ↓*tíha*, ↓*tíhnout*, ↑*těhotný*, ↑*těžit*, ↑*stěžovat si*, ↓*tuhý*, ↓*touha*.

thriller 'napínavý film, román ap.'. Z angl. *thriller* tv. od *thrill* 'vzrušit, napnout, rozechvět', původně 'probodnout'. Souvisí s angl. *through*, něm. *durch* 'skrz'.

tchán, *tchyně*. Jen č., doklady od střední doby (Komenský). Nahradilo stč. *test* tv., *tščě* 'tchyně', jež jsou všesl. – p. *teść*, r. *test'*, s./ch. *tȁst*. Psl. *tьstь 'tchán', *tьst'a* 'tchyně' (*B6*) je příbuzné se stpr. *tisties* 'tchán'. Dále nepříliš jasné, možná souvisí s ↑*teta*, ř. *tétta* 'tati' (-*st*- by bylo z -*tt*- (*A5*)). Jasné není ani přetvoření slova v č.;

změna -s- v -ch- v této pozici by ukazovala hluboko do psl. *(A8)*, ale vzhledem k doložení slova je psl. stáří nepravděpodobné.

tchoř, *tchoří*. Všesl. – p. *tchórz*, r. *chor'* (r.-csl. *dъchorъ*), sln. *dihūr*, s./ch. *tvôr*. Psl. **dъchor'ъ* je odvozeno od **dъchnǫti* 'dýchnout, zavanout', ve vedlejším významu 'zavanout pachem, páchnout'. Dále viz ↑*dýchat*, ↑*duch*. V č. asimilace znělosti *dch->tch-*.

tchyně. Viz ↑*tchán*, produktivní příp. *-yně*.

tiára '(dříve) slavnostní pokrývka papežovy hlavy'. Přes lat. *tiāra* z ř. *tiárā* a to z per. (původně 'trojitá koruna perských králů').

tíha. Zřejmě až obrozenecké přitvoření k staršímu *tíž(e)* (u Jg bez starších dokladů), srov. ↓*tíže*, ↓*tíhnout*, ↑*táhnout*, ↑*těhotný*.

tíhnout. Stará varianta k ↑*táhnout* (stč. časování bylo *táhnu, tiehneš* atd. *(C1)*, odtud míchání samohlásek i v dalších tvarech), srov. doklad u Husa *tělo tiehne k hřiechu*. Z podobných konstrukcí se pak význam specifikoval na 'mít sklon, směřovat'.

tichý, *ticho, tichost, tišina, tišit, utišit, ztišit, tichnout, utichnout, ztichnout*. Všesl. – p. *cichy*, r. *tíchyj*, s./ch. *ȋh*, stsl. *tichъ*. Psl. **tichъ* nemá jistý původ. Spojuje se s lit. *teisùs* 'pravdivý, spravedlivý', *tiesà* 'pravda', stpr. *teisi* 'čest' *(A8,B2)*, ale významově to není přesvědčivé. Jiný výklad vychází z ie. **teig[u]h-so-* od **(s)teig[u]h-* 'vyčkávat, zůstávat v klidu', od něhož je asi lit. *stýgoti* 'zůstat vězet', lot. *stigt* 'ponořit se', gót. *stiwiti* 'trpělivost', sti. *títikšate* 'snáší, trpí'.

tik 'nervová porucha projevující se záchvěvy svalů (v obličeji aj.)'. Z fr. *tic* asi onom. původu, srov. ↑*cukat*.

tikat, *tikání*. Onom. původu, od citosl. *tik*.

tiket 'sázenka'. Z angl. *ticket* 'lístek, stvrzenka, formulář' a to ze stfr. *e(s)tiquete* 'lístek, nálepka' (dále viz ↑*etiketa*).

tingltangl zast. ob. 'šantán'. Z něm. *Tingeltangel* od onom. *ting tang* napodobujícího zvuk činelů, gongu ap. Srov. angl. *ding-dong* 'bim bam' a snad i ↑*tango*.

tinktura '(alkoholový) roztok k dezinfekci'. Přes něm. *Tinktur* tv. z pozdnělat. *tinctūra* 'tekutý výtažek léčivých bylin', původně 'tekutina, barvení', od lat. *tingere* 'namáčet, barvit'.

tintítko expr. 'drobný, malý člověk'. Expr. útvar, srov. ↓*titěrný*.

tip 'předběžné označení výsledku; doporučení, podnět', *tipovat, otipovat, vytipovat si, zatipovat si*. Z angl. *tip* tv. od slovesa *(to) tip* 'dát spropitné, tipovat, informovat', původně '(tajně) předat' asi z argotu. Stejně jako u dnes homonymních angl. *tip* ve významech 'špička, hrot, koneček', 'sklopit, převrhnout' a 'lehce se dotknout, ťuknout' půjde asi o onom.-expr. původ.

***tipec** (ve spojení *zatnout někomu tipec* 'umlčet někoho'). Původně 'zrohovatělý povrch jazyka u drůbeže', což vychází z *típat* 'pípat, vydávat slabé vysoké zvuky' onom. původu. Srov. ↓*típnout*.

tiplice 'druh hmyzu podobný komárovi'. Velmi blízký je lat. název tohoto hmyzu *tipula*, ale sotva půjde o starou příbuznost (tak Ma[2]). Spíš to bude paralelní název v obou jazycích na onom. základě (srov. ↑**tipec*), proti vědeckému přejetí z lat. mluví Jungmannův doklad z běžného úzu.

típnout ob. 'zamáčknout (cigaretu)'. Novější, snad v souvislosti s ↑*tipec*.

tiptop hov. 'bezvadný, prvotřídní'. Z angl. *tip-top* tv. z *tip* 'špička' a *top* 'vrchol' onom.-expr. původu. Srov. ↑*tip* a ↑*cop*.

tiráda 'mnohomluvná (oslavná) řeč'. Přes něm. *Tirade* z fr. *tirade* tv. od *tirer* 'táhnout, protahovat, roztahovat' nejasného původu. Srov. ↓*tiráž*, ↓*tiret*.

-tírat. Viz ↓*třít*.

tiráž 'technické údaje na konci knihy, časopisu'. Z fr. *tirage* 'náklad (knihy)', vlastně 'tahání, kopírování', od *tirer* 'tahat, obtahovat, kopírovat aj.' (srov. ↑*tiráda*, ↓*tiret*).

tiret, tiré 'spojovník'. Z fr. *tiret* tv. od *tirer* 'táhnout, stáhnout, přitáhnout, roztáhnout aj.' (viz i ↑*tiráda*, ↑*tiráž*).

tis 'druh jehličnatého stromu'. Všesl. – p. *cis*, r. *tis*, s./ch. *tȉsa* tv., csl. *tisa* 'cedr'. Psl. **tisъ*, **tisa* asi nějak souvisí s lat. *taxus* 'tis'. Psl. slovo nelze s lat. uspokojivě hláskoslovně spojit, snad je to přejetí z nějaké neznámé předlohy.

tíseň, *tísňový*. Stč. *ties(k)n*, *tiesň*. Od ↑*těsný*. Srov. ↓*tísnit*.

tisíc, *tisící*, *tisícový*, *tisícovka*, *tisícina*. Stč. *tisúc*, p. *tysiąc*, r. *týsjača*, ch. *tȉsuća*, stsl. *tisǫšti*, *tysęšti*. Psl. **tysǫt'i*, **tysęt- (B7)* má odobu jen v balt. a germ. jazycích – stpr. *tūsimtons* (pl.), lit. *túkstantis*, gót. *þūsundi*, něm. *Tausend*, angl. *thousand*. Výchozí podoby slov., balt. a germ. slov jsou poněkud odlišné, předpokládá se však, že v první části je ie. **tūs-* od **tēu-*, **tū-* 'bobtnat, tučnět' (viz i ↓*týt*, ↓*tuk*, ↓*tlustý*), ve druhé zřejmě ie. základ **(d)km̥t-* 'sto' (↑*sto*), původní význam by byl 'silná, tučná stovka' (srov. stejný první člen i v toch. B *tumane* '10 000'). Formální obtíže působí slov. střídání *ǫ/ę*, ale i č. podoba – *ti-* místo *ty-* a měkkost *s* před *ú (C1)*.

tisknout, *tištěný*, *tisk*, *tiskový*, *tiskař*, *tiskařský*, *tiskárna*, *tiskárenský*, *dotisk*, *natisknout*, *nátisk*, *otisknout*, *otisk*, *obtisknout*, *obtisk*, *potisk*, *přetisknout*, *přitisknout*, *stisknout*, *stisk*, *utiskovat*, *útisk*, *vtisknout*, *vytisknout*, *výtisk* aj. Všesl. – p. *cisnąć* 'vrhat, tisknout', r. *tískat'*, s./ch. *tȉskati*. Psl. **tiskati*, **tisknǫti* je nejspíš tvořeno od ie. **teisk-* 'tisknout, mačkat', což je sekundární kořen od **tā-*, **tәi-* 'tát, rozpouštět (se)'. Viz i ↑*těsto*, ↑*těsný* a ↑*tát*. Ve významu 'tiskem vyrábět' od střední doby vedle *tlačiti* (srov. slk. *tlač* 'tisk').

tísnit, *tísnivý*, *stísnit*, *stísněný*. Vlastně varianta k *těsnit*, viz ↑*těsný* i ↑*tíseň*.

tišit. Viz ↑*tichý*.

tít. Viz ↓*tnout*.

titan 'chemický kovový prvek vhodný pro legování oceli', *titanový*. Z nlat. *titanium* podle *uranium* (Titania je jeden z měsíců Uranu), viz i ↓*titán*. Podle jiných z ř. *títanos* 'vápno, sádra', které s ↓*titán* nesouvisí.

titán 'velikán', *titánský*. Podle starořeckých bájných *Titánů*, synů boha nebes Urana, kteří byli přemoženi Diem a svrženi do podsvětí. Srov. ↑*titan*.

titěrný, *titěrnost*. U Jg *títěrný*, též s významy 'dětinský, ničemný' a 'podivný, mistrný'. Snad expr. přetvoření střhn. *tenterie* 'cetky, laciné ozdůbky' ze střfr. *tinter* 'cinkat' z pozdnělat. *tinnītāre* tv., onom. původu.

titul, *titulek*, *titulní*, *titulovat*. Z lat. *titulus* 'nápis, nadpis, pocta', jehož původ není jasný.

tíže, *tížit*, *obtížit*, *přetížit*, *přitížit*, *vytížit*, *ztížit*, *zatížit*. Slk. *tiaž*, sln. *téža*, s./ch. *téža*, stsl. *tęža* 'spor, problém'. Psl. **tęža* je odvozeno od **tęgъ* 'těžký', viz ↑*těžký*.

tkanička. Viz ↓*tkát*.

-tkat (*potkat*, *setkat se*, *setkání*, *utkat se*, *utkání*). Jen č. Původně 'narazit na někoho', srov. stč. *potkati* 'napadnout, potkat', *utkati sě* 'potkat se,

setkat se', *utknúti* 'uhodit na někoho, napadnout'. Souvisí s ↓*tknout se,* ↓*týkat se,* ↓*tkát.* Srov. i ↑*půtka,* ↑*důtka.*

tkát, *tkaní, tkáň, tkanina, tkanice, tkanička, tkanivo, tkadlec, tkadlena, tkalcovský, tkalcovna, protkat, utkat, vetkat.* Všesl. – p. *tkać,* r. *tkat',* s./ch. *tkàti,* stsl. *tъkati.* Psl. **tъkati,* původně zřejmě 'bít, tlačit' (totiž 'přirážet útek'), je asi příbuzné s lot. *tukstēt* 'klepat', *tūcīt* 'zastrkovat, vtlačovat', sthn. *dūhen* 'tlačit', wal. *twll* 'proděravělý', ř. *týkos* 'kladivo', vše z ie. **teuk-* 'bít, tlačit', asi onom. původu (srov. ↓*tukat*). Viz i ↑-*tkat,* ↓*týkat se,* ↓*tkvět,* ↓*útek.*

tklivý 'dojemný, jímavý'. Původně zřejmě 'citlivý, snadný k pohnutí' (Jg), od stč. *tknúti* 'dotýkat se' (tedy 'takový, jehož se snadno něco dotkne'). Srov. ↑*důtka,* viz ↓*týkat se.*

tknout se, *dotknout se, protknout, vetknout, vytknout, zatknout.* Viz ↓*týkat se.*

tkvět, tkvít knniž. 'vězet'. Stč. *tčieti* tv., nynější slovo je zřejmě obrozeneckou výpůjčkou z p. *tkwić.* Viz ↓*týkat se,* srov. ↑*tknout se.*

tlačit, *tlak, tlakový, tlačenka, tlačenice, tlačítko, natlačit (se), nátlak, otlačit, otlak, odtlačit, potlačit, protlačit, protlak, přitlačit, roztlačit, stlačit, utlačit, útlak, vtlačit, vytlačit, výtlak, vztlak, zatlačit* aj. P. *tłoczyć,* sln. *tláčiti,* s./ch. *tlàčiti* 'utlačovat, udupávat', csl. *tlačiti.* Psl. **tolčiti* je buď iterativum (opětovací sloveso) k **telkti* (viz ↓*tlouci*), nebo je od subst. **tolkъ* 'něco stlačeného', odvozeného od téhož slovesa.

tlachat expr., *tlachání, tlach, tlachavý, tlachal, vytlachat.* Již stč. Asi expr. obměna k *tlamati, tlampati* (viz ↓*tlama,* ↓*tlampač*), vše z onom. původu.

tlak. Viz ↑*tlačit.*

tlama. Dříve i *tlampa* (Jg). Od *tlamati, tlampati* onom. původu, viz i ↓*tlemit se,* ↓*tlampač,* ↑*tlachat.*

tlampač 'amplion'. Přehodnocením původního významu 'vesnický dohazovač, mluvka, tlachal'. Od *tlampati* 'tlachat' onom. původu, viz i ↑*tlachat,* ↑*tlama.*

tlapa, *tlapka, tlapička.* Stč. i *dlapa.* Takto jen č., jinak p.st. *łapa,* r. *lápa,* sln. *lápa* tv., jež má obdobu v lit. *lópa,* lot. *lāpa* a asi i gót. *lōfa* 'dlaň', kurdském *lapk* 'tlapa', vše z ie. **lāp-, *lēp-, *lэp-* 'něco plochého, tlapa', asi onom.-expr. původu. Viz i ↑*lopata,* ↑*lopuch.* Č. *t-* je druhotné, nejspíš vzniklo zkřížením původního **lapa* s něm. *Tappe,* střhn. *tāpe* tv. *(D3).*

tlemit se zhrub. 'smát se', *otlemený.* Od ↑*tlama.*

tleskat, *tlesknout, potlesk, vytleskávat, zatleskat.* Sln. *tlēskati,* srov. i hl. *kleskać,* p. *klaskać,* ale i angl. *clash* tv. Onom. původu, viz i ↑*pleskat.*

tlít, *zetlít.* P. *tleć,* r. *tlet',* sln. *tléti* 'doutnat', stsl. *tъlěti.* Psl. **tъlěti* je asi odvozeno od **tъlo* 'zem, půda, podlaha' (č.st. a nář. *tlo* 'strop', r.d. *tlo* 'základ, dno', sln. *tlà* (pl.) 'zem, půda', s./ch. *tlȍ,* stsl. *tъla* (pl.) tv.), jež je příbuzné se stpr. *talus* 'podlaha v místnosti', lit. *tĩlės* 'prkenné dno v člunu', něm. *Diele* 'prkno', stir. *talam* 'země', lat. *tellūs* tv., sti. *tála-* 'rovina', vše z ie. **tel-* 'rovná zem, podlaha, prkno', původní význam našeho slovesa by tedy byl 'měnit se v půdu, stávat se zemí'. Významově méně uspokojivé je spojení s lit. *tylẽti* 'mlčet', stir. *tu(i)lid* 'spí' od jiného ie. **tel-* 'být klidný'.

tlouci, *tlukot, natlouci, otlouci, odtlouci, potlouci (se), protlouci (se), přitlouci, roztlouci, stlouci, utlouci, vtlouci, vytlouci, zatlouci, potloukat se.* Všesl. – p. *tłuc,* r. *tolóč',* s./ch. *túći,* stsl. *tlěšti.* Psl. **tel(k)ti* (1.os.přít.

*tъlkǫ, odtud nový inf. *tъl(k)ti) (B3,B8) nemá příliš spolehlivé ie. příbuzenstvo. Spojuje se s lit. tìlkti 'být zkrocený, stát se krotkým', wal. talch 'oddrolený kousek, semleté zrní', jako východisko se rekonstruuje ie. *tel(e)k- 'bít, tlačit'. Srov. ↑tlačit.

tlumit, *tlumený, tlumič, utlumit, útlum, ztlumit*. Obrozenecké přejetí z p. *tłumić* tv., jež asi souvisí s *tłum* 'tlupa, zástup', *tłumny* 'hromadný, četný' (k podobnému významovému vztahu srov. ↑*dav*, ↑*dávit*). P. *tłum* bude asi z *tъlp-mъ (A9)*, pak souvisí s ↓*tlupa*.

tlumočit, *tlumočník, tlumočnice, tlumočnický*. Odvozeno od č.st. *tlumač*. Všesl. – p. *tłumacz*, r. *tolmáč*, s./ch. *tùmāč*. Psl. *tъlmačь je přejato z ttat. jazyků (srov. tur. *dilmač*, kumánské *tylmač*) a to z nějaké neznámé předlohy, jež bude možná příbuzná s churitským slovem *talami* tv., zapsaným již ve 14. st. př. Kr. Něm. *Dolmetscher* tv. je ze slov. nebo z maď. *tolmács*.

tlumok. Již stč. P. *tłumok*. Snad souvisí se stč. *telma* 'pytlík, tobolka', ale to je také nejasné (Ma²). Spojení s p. *tłum* 'tlupa, zástup', *tłumić* 'tlumit, dusit' (HK) neuspokojuje významově.

tlupa. Asi obrozenecké přejetí z r. *tolpá* 'zástup, dav', dále sln. *tólpa*, b. *tǎlpá*, stsl. *tlъpa*. Psl. *tъlpa či *tьlpa se spojuje s lit. *tilpti* 'mít prostor', *talpà* 'prostor, objem', sti. *tálpa-* 'lože, místo k odpočinku', toch. A *tsälp* '(pře)jít, být vysvobozen', vše od ie. *telp-* 'mít prostor', *tolpā* 'místo, prostor'. Srov. ↑*tlumit*.

tlustý, *tloušťka, tlouštík, tlusťoch, tloustnout, ztloustnout*. Všesl. – p. *tłusty*, r. *tólstyj*, s./ch. *tûst, tùst*, csl. *tlъstъ*. Psl. *tъlstъ má nejblíže asi k lit. *tulžti* 'bobtnat', lot. *tulzt* tv. (snad je to původem *t*-ové příč. k nedochovanému slovesu *tъlzti?*) (Ma²), což jsou odvozeniny od ie. *tul-, *tūl-, k němuž viz dále ↓*týl*.

tma, *tmář, temný, temnota, potemnět, ztemnět, zatemnit, tmavý, tmavnout, ztmavnout, tmít se, zatmění, stmívat se*. Všesl. – p. *ćma*, r. *t'ma*, s./ch. *tàma*, stsl. *tьma*. Psl. *tьma odpovídá lot. *tima* tv., dále je příbuzné lit. *tamsà* 'temnota', sthn. *demar* 'soumrak' (něm. *Dämmerung* tv.), stir. *temel* 'temnota', lat. *tenebrae* tv., sti. *támas-* 'tma, temnota', toch. B *tamāsse* 'temný', vše od ie. *tem-* 'temný, tmavý'.

tmel, *tmelit, stmelit*. V č. od obrození (Presl), snad z jsl., kde je sln. *témelj*, s./ch. *tèmelj* 'základ, podklad' z ř. *themélion* tv. od *théma* (viz ↑*téma*). Ale přetvoření významu i vypuštění prvního -*e*- je nejasné.

tnout, *protnout, přetnout, rozetnout, setnout, utnout, vytnout, zatnout*. Stč. *tieti*, 1.os.přít. *tnu* (odtud nový inf.). P. *ciąć*, r.st. *tjat'*, sln.st. *téti*. Psl. *tęti, 1.os.přít. *tьnǫ, je příbuzné s lit. *tinti* 'naklepávat (kosu)', stir. *tamnaid* 'uřezává', ř. *témnō* 'řežu', východiskem je ie. *tem-, *ten-* 'řezat'. Srov. ↑*temeno*, ↑*stonek*.

toaleta 'slavnostní dámský úbor; úprava zevnějšku; klozet', *toaletní*. Z fr. *toilette* tv., což je původem zdrobnělina od fr., stfr. *toile* 'plátno, tkanina' z lat. *tēla* 'tkanina' od *texere* 'tkát'. Již ve fr. ve spojení *cabinet de toilette*, vlastně 'místnost pro oblékání, úpravu šatů', eufemisticky 'záchod'.

toast, **toust** 'topinka z bílého chleba', *toastový*. Z angl. *toast* tv. od slovesa *(to) toast* 'opékat' ze stfr. *toster* tv. a to od lat. *torrēre* (příč. trp. *tostus*) 'sušit, pražit, pálit'.

tobogan 'točitá skluzavka'. Přes něm. *Toboggan* z angl. *tobboggan* a to asi přes kanadskou fr. (poprvé doloženo v 17. st. v podobě *tabaganne*) z nějakého severoam. indiánského jazyka skupiny algonkin.

tobolka '(menší) peněženka; suchý pukavý plod'. Již stč. P. *toboła*, r.d. *tobólec*, s./ch.d. *tòbolac* 'kožený váček na peníze'. Zřejmě slov. výpůjčka. Uvažuje se o přetvoření lat. *tabula* 'prkno, deska, listina' (k významu srov. ↑*šrajtofle*), či o přejetí z ttat. (tat. *tubal* 'košík z kůry').

točit, *točený, toč, točivý, točitý, točna, natočit, otočit, obtočit, odtočit, protočit, přetočit, přitočit, roztočit, stočit, vytočit, zatočit.* Všesl. – p. *toczyć*, r. *točít'* 'brousit, vrtat, ohlazovat', s./ch. *tòčiti* 'točit, brousit', stsl. *točiti* 'hnát'. Psl. *točiti* je kauzativum k *tekti, tedy vlastně 'způsobovat, že něco teče, běží'. Dále viz ↑*téci*.

tóga 'dlouhé řasnaté svrchní roucho starořímského občana'. Z lat. *toga* tv., vlastně 'pokrývka, to, co kryje', od *tegere* 'krýt'.

tok. Viz ↑*téci*.

tokaj 'druh vína'. Podle maď. místního jména *Tokaj* (město a vrch na severových. Maďarska, kde se tato réva pěstuje).

tokat. Dříve i *tokovat* (Jg). Onom. původu, napodobení hlasu tetřeva, když je v milostném rozrušení. Srov. i ↑*tetřev*.

tolar 'stará evropská mince'. Z něm. *Taler* (dříve *Thaler*), zkráceného z *Joachimstaler*, doslova '(peníz) z údolí sv. Jáchyma', a to podle našeho *Jáchymova* v Krušných horách, kde se od 16. st. těžilo stříbro, z něhož se razily tyto známé peníze. Viz i ↑*dolar*.

tolerovat 'snášet, dovolovat', *tolerantní, tolerance*. Podle něm. *tolerieren*, fr. *tolérer* z lat. *tolerāre* 'snášet, vydržet', jež je příbuzné s *tollere* 'zvedat, brát na sebe' (viz i ↑*tele*).

tolik čísl. R. *stól'ko*, s./ch. *tolìkō*, stsl. *toliko*. Psl. *toliko* je složeno ze zájm. základu *to- (viz ↑*ten*) a částice *li a *ko. Podobné útvary jsou v lit. *tōlei*

'potud', lat. *tālis* 'takový', ř. *tēlikós* 'tak starý'. Viz i ↑*kolik*, ↑*jelikož*.

toluen 'druh uhlovodíku'. Od jména kolumbijského přístavu *Tolú*, z něhož se vyvážel jistý druh tropické pryskyřice, zakončení podle *benzen* (srov. ↑*benzin*).

tomahavk 'indiánská válečná sekyra'. Z angl. *tomahawk* a to z nějakého severoam. indiánského jazyka skupiny algonkin.

tomatový 'rajčatový'. Od něm. *Tomate* 'rajče', fr. *tomate*, šp. *tomata* a to z mexického *tomatl* tv. (v jazyce nahuatl).

tombola 'věcná loterie při společenské zábavě'. Z it. *tombola* tv. od *tombolare* 'padnout, udělat kotrmelec' (nejspíš podle otáčení čísel v osudí), jež je asi onom. původu.

tón, *tónový, tónina, tónovat.* Přes něm. *Ton* z lat. *tonus* 'tón, zvuk' z ř. *tónos* 'struna, zvuk hlasu', původně 'napětí, natažení, síla', od *teínō* 'napínám'. Srov. ↓*tonus*, ↓*tonik*, ↑*intonovat* i ↑*tenata*, ↑*tenký*.

tonáž 'nosnost lodi'. Z fr. *tonnage*, angl. *tonnage* a to od fr. *tonne* 'tuna' (viz ↓*tuna*).

tonik 'osvěžující nápoj obsahující chinin'. Z angl. *tonic (water)* tv. z *tonic* 'osvěžující, posilující' a to z ř. *tonikós* 'napínající, posilující' od *tónos* 'napětí, síla'. Srov. ↑*tón*, ↓*tonus*.

tonout, *tonoucí, utonout.* Všesl. – p. *tonąć*, r. *tonút'*, s./ch. *tònuti*, csl. *tonǫti*. Psl. **to(p)nǫti (A9)* je původem dokonavý protějšek k *topiti (viz ↓*topit*[2]). Ke změně vidu srov. ↑*kanout*, ↑*kynout*.

tonus 'trvalé napětí tkáně'. Z nlat. *tonus* tv. z ř. *tónos* 'napětí, natažení, síla'. Srov. ↑*tón*, ↑*tonik*.

tonzura '(dříve) vyholený kruh vlasů na temeni jako symbol kněžství'. Ze střlat. *tonsura* tv. z lat. *tōnsūra* 'ostřihání' od *tondēre* 'stříhat'.

top- (ve složeninách jako *topmodelka* ap.) 'špičkový, prvotřídní'. Z angl. *top* tv., vlastně 'nejhořejší, vrchní', od *top* 'vrchol, vršek, nejvyšší bod', původu asi onom.-expr. Srov. ↑*tiptop*, ↑*cop*.

topánky nář. 'druh střevíců'. Z maď. *topánka*, jež je asi přejato ze slov. (viz ↑*opánek*).

topas, topaz 'průhledný žlutý polodrahokam'. Přes něm. *Topas* z lat. *topāzus* z ř. *tópazos* a to asi podle ostrova *Tópazos* v Rudém moři.

topinambur 'rostlina s jedlými hlízami, příbuzná slunečnici'. Z fr. *topinambour* a to podle stejnojmenného názvu brazilského kmene.

topinka. Viz ↓*topit*[1], vlastně 'topením opečený chléb'.

topit[1] 'udržovat oheň', *topení, topenář, topenářský, topný, topič, topičský, topivo, topeniště, protopit, přitopit, roztopit, vytopit, zatopit*. Všesl. – p. *topić* 'tavit, rozpouštět', r. *topít'* 'topit, škvařit, rozpouštět', s./ch. *tòpiti* 'tavit, rozpouštět', stsl. *rastopiti* 'roztavit'. Psl. **topiti* 'ohříváním rozpouštět' je původem kauzativum k nedochovanému *tepti (viz ↑*teplý*), původní význam tedy je 'způsobovat, že je něco teplé'. Obdobné útvary jsou v av. *tāpayeiti*, sti. *tāpáyati* 'ohřívá'.

topit[2] 'ponořením do vody usmrcovat', *potopit (se), potopa, utopit (se), vytopit, zatopit*. Všesl. – p. *topić*, r. *topít'*, s./ch. *tòpiti* 'zaplavovat', stsl. *potopiti*. Psl. *topiti se vykládá z ie. **tap-* 'potápět, nořit', jako příbuzné však lze uvést jen arm. *t'at'avem* 'potápím'. Zcela shodné tvary slov. slov jako u ↑*topit*[1] nás nutí uvažovat o etym. totožnosti obou výrazů, předpokládá to však značný posun významu. Snad lze připustit jako přechodný význam 'nořit do (teplem) rozpuštěné látky, do teplé tekutiny'.

topografie 'popis území pomocí map', *topografický*. Novodobá složenina z ř. *tópos* 'místo, krajina, země' a ↑*-grafie*. Srov. ↓*toponomastika*.

topol. Všesl. – p. *topola*, r. *tópol'*, s./ch. *tòpòla*, csl. *topolь*. Psl. *topolь není uspokojivě objasněno. Jistě souvisí s lit. *túopa*, nápadná je i blízkost lat. *pōpulus* tv. Většinou se soudí, že jde o výpůjčku ze střlat. (či již vlat.) *papulus*, z něhož je nejspíš i něm. *Pappel* tv., změna *p-p*>*t-p* v slov. a balt. se objasní disimilací.

toponomastika 'nauka o zeměpisných vlastních jménech'. Z ř. *tópos* 'místo, krajina, země' a ↑*onomastika*. Srov. ↑*topografie*.

topor 'velká silná násada', *topůrko*. Všesl. – p. *topór* 'sekyra', r. *topór* tv., s./ch. *tòpor* 'násada na sekyru'. Psl. *toporъ 'sekyra' se obvykle vykládá jako přejetí ze stírán. **tapara-* (srov. per. *teber*, kurd. *tefer*, balúdžské *tapar* tv.), odkud je i arm. *tapar* tv. (ale fin. *tappara* tv. je ze slov.). Vyloučit nelze ani domácí původ a odvození od *tepti (viz ↑*tepat*), pak by slov. a írán. slova byla zřejmě jen elementárně příbuzná, od onom. základu **tep-*.

topořit, *ztopořit, toporný, topornost*. U Jg jen předp. *ztopořiti* 'ztužiti', *ztopořeti* 'strnout, zdřevěnět'. Jen č., zřejmě od ↑*topor*, tedy asi 'stávat se tvrdým jako topůrko, násada'.

tóra 'židovský název pro pět knih Mojžíšových'. Z hebr. *tōrāh* 'předpis, zákon'.

torba 'taška přes rameno'. Přes p. *torba* z tur. *torba* tv.

toreador 'zápasník s býky'. Ze šp. *toreador* tv. od *torear* 'zápasit s býky' od *toro* 'býk' z lat. *taurus* tv. Viz i ↓*tur*.

torna '(obdélníkový) batoh'. Zkrácením staršího *tornistra* z něm. *Tornister*, jež se zase naopak považuje za přejaté z č.st. *tanistra, tanejstra* z maď.st. *tanyistra* (doloženo r. 1510, putovalo jako vojenský termín). Původ slova se hledá v střř. *tágistron* 'pytel na oves pro koně', případně v lat. *canistrum* 'košík' z ř. *kánistron* tv. Možné je i smíšení obou slov.

tornádo 'větrná smršť'. Přes něm. *Tornado* ze šp. *tornado*, což je původem příč. trp. od *tornar* 'obracet, otáčet' z lat. *tornāre* 'obracet, kroutit' od *tornus* 'soustruh'. Viz i ↑*storno*, ↓*turnus*, ↓*turnaj*.

torpédo '(podmořská) střela s vlastním pohonem', *torpédovat*. Přes něm. *Torpedo* z angl. *torpedo* (zač. 19. st. tuto střelu vynalezl Američan Fulton) a to přeneseně z lat. *torpēdō* 'rejnok elektrický', původně 'strnulost, tupost', od *torpēre* 'trnout, být tupý'.

tortura 'mučení'. Z lat. *tortūra* tv. od *torquēre* (příč. trp. *tortus*) 'točit, kroutit, mučit'. Srov. ↑*dort*.

torzo 'neúplně zachované i nedokončené umělecké či vědecké dílo'. Z it. *torso* tv., původně 'košťál, trup', z pozdnělat. *tursus* 'stonek, stéblo' z lat. *thyrsus*, ř. *thýrsos* 'hůl opletená břečťanem či révou (znamení boha Bakcha)'. Srov. ↓*trs*.

totální 'úplný, naprostý', *totalita* 'násilím zavedená a udržovaná jednota státu', *totalitní*. Přes něm. *total*, fr. *total* ze střlat. *totalis* 'celistvý, úplný' od lat. *tōtus* 'celý, všechen'.

totem 'kůl s reliéfem a plastikami zvířat, květů ap. znázorňující mystického předka'. Z něm. *Totem*, angl. *totem* a tam z jazyka severoam. Indiánů skupiny algonkin, v němž *ote(m)* (v prvním fr. přepisu *aoutem*) znamenalo 'rod, rodové znamení'. Počáteční *t-* se vykládá jako zakončení přivlastňovacího zájm., např. *ototeman* znamená 'jeho rod, jeho rodové znamení'.

totiž část. Jen č. Stč. *točúš, točíš* i pouhé *čúš, číš* tv. ze spojení *to čuješ* 'to tušíš, to cítíš, to víš' (viz ↑*čít*). Přikloněno k *toť, toti, totiť* podobného významu 'hle, totiž, ovšem' ze stejného *to* (viz ↑*ten*) a částice -*ť, ti* (srov. ↑*ať*), k -ž srov. ↓*tudíž*, ↑*až* ap.

totožný, *totožnost*. Obrozenecký výtvor nejspíš od *totéž*, případně r. *tot* že 'tentýž', viz ↑*ten*, ↓*týž*.

touha, *tužba, toužebný, toužit, roztoužený, vytoužený, zatoužit*. Stč. *túha* 'stesk, žal, starost'. Všesl. – p. *tęga*, r.d. *tugá*, s./ch. *túga* 'žal', stsl. *tǫga* 'tíseň, stesk'. Psl. **tǫga*, původně asi 'obtíž, napjatý stav', souvisí s **tǫgъ* 'tvrdý, tuhý, napjatý' (↓*tuhý*), **tęgъ* 'těžký' (↑*těžký*), dále viz i ↑*tíže*, ↑*táhnout*.

toulat se, *toulavý, toulka, tulák, tulačka, tulácký, tuláctví, zatoulat se, potulovat se, potulka*. Jen č. a p. *tułać się*. Nepříliš jasné, snad souvisí s ↓*tulit se*, srov. i p. *tulać* 'koulet, točit'.

toulec 'podlouhlé pouzdro na šípy'. Stč. *túl*, p. *tuł*, r.d. *túl(o)*, s./ch. *túljac*, stsl. *tulъ*. Psl. **tulъ* je asi příbuzné se sti. *tūṇa* tv., ř. *sōlén* 'roura', východiskem by bylo poněkud problematické ie. **tu̯ō-l-, *tu̯əu-l-, *tū-l-* 'roura'. Srov. ↓*tulit se*.

touš 'puk, kotouč'. Posunem dřívějšího významu 'disk' (Jg), jež má asi stejný původ jako *touš* 'eso v kartách', vlastně 'dvojka', z něm. *Daus* ze střhn. *dūs, tūs* a to ze stfr. *dous* 'dvě' (viz ↑*dvě*).

tovar kniž. 'výrobek, zboží', *továrna, tovární, továrenský, továrník*. V moderní č. ze slk., odvozeniny (kromě ↓*tovaryš*) od obrození (Jg). Všesl. – p. *towar*, r. *továr*, s./ch. *tòvar* 'náklad'. Psl. **tovarъ* je přejato z ttat. jazyků, srov. tur. *tavar* 'zboží, jmění, skot', ujgurské *tovar* tv., starouzbecké *tavar* 'výrobek, věc, jmění', mong. *tawar* 'věci, vlastnictví'. Srov. ↓*tovaryš*.

tovaryš '(dříve) vyučený řemeslník pracující u mistra'. P. *towarzysz,* r. *továrišč,* sln. *továriš,* csl. *tovarištь.* Slov. **tovariš(č)ь* 'druh, společník' je zřejmě celé přejato z ttat. jazyků. Viz ↑*tovar,* k příp. srov. starouzbecké *eš, iš* 'druh'.

toxický 'jedovatý, otravný'. Od nlat. *toxicum* 'jed' z ř. *toxikón* 'jed na šípy', což je zpodstatnělé adj. *toxikós* 'týkající se střelby z luku, střelecký' od *tóxon* 'šíp, střela'. Srov. ↓*toxikomanie,* ↓*toxin.*

toxikologie 'nauka o jedech'. Viz ↑*toxický* a ↑*-logie.*

toxikomanie 'chorobná závislost na droze s následnými poruchami', *toxikoman(ka).* Viz ↑*toxický* a ↑*mánie.*

toxin 'bakteriální jed'. Příp. *-in* (srov. ↑*chinin,* ↑*penicilin,* ↑*heroin* ap.) od základu, který je v ↑*toxický.*

tož část. nář. Z *to* (↑*ten*) a *-ž* (viz ↓*že*), srov. ↑*též.*

trable hov. expr. 'nesnáze'. Z angl. *trouble* 'nesnáz, potíž, strast' od slovesa *trouble* 'trápit, obtěžovat' a to přes fr. *troubler* 'rušit, znepokojovat' z vlat. **turbulāre,* opakovacího slovesa (frekventativa) od lat. *turbāre* 'rozházet, uvést ve zmatek, poplašit'. Srov. ↓*turbína.*

tradice 'ustálené zvyklosti', *tradiční, tradovat.* Přes něm. *Tradition* z lat. *trāditiō* 'předání, vypravování, ústní podání' od *trādere* 'odevzdávat, svěřovat, vypravovat' z *trā-* (viz ↓*trans-*) a *dare* 'dát'.

trafika, *trafikant.* Přes rak.-něm. *Trafik* z it. *traffico* 'obchod, obrat, doprava' (srov. angl. *traffic* 'doprava'), *trafficare* 'obchodovat', jehož další původ není jistý. Spojuje se se stport. *trasfegar* 'obchodovat' i 'stáčet víno', kat. *trafegar* 'slít, míchat víno', což se vykládá z vlat. **transfaecāre,* doslova 'stočit tak, že se oddělí sedlina', z lat. *trāns* 'přes, za' (↓*trans-*) a odvozeniny od *faex* 'usazenina, vinná sedlina'. Jiní hledají původ v ar.

tragédie, *tragický, tragéd.* Přes lat. *tragoedia* z ř. *tragō̦día* 'truchlohra' od *tragō̦dós* 'herec v truchlohře'. Slovo je složeno z *trágos* 'kozel' a odvozeniny od *ō̦dé* 'zpěv, píseň', motivace pojmenování však není zcela jasná. Dnes je nejpřijímanější výklad, že šlo původně o herce, který pěl píseň při obětování kozla na počest vítěze divadelního klání.

trachea 'průdušnice'. Ze střlat. *trachea* z ř. *(artēría) tracheía* tv., doslova 'drsná (tepna)', od *trachýs* 'drsný'.

trachom 'infekční chronický zánět oční spojivky a rohovky'. Novější, z ř. *tráchōma* 'drsnost' od *trachýs* 'drsný'.

trachtace zast. ob. 'hostina, velká společenská akce'. Z lat. *tractātiō* 'zacházení, jednání' od *tractāre* 'táhnout, zabývat se, jednat' (viz ↓*traktát,* ↓*trakt,* ↓*traktor*). Srov. i něm. *traktieren* 'zacházet s někým, hostit'.

trajdat ob. expr., *trajda.* U Jg jen *trajda* 'stařena, jež si počíná po mladicku'. Původ zřejmě onom.-expr., srov. ↑*pajdat,* ↑*šmajdat.*

trajekt 'větší přívoz, plavidlo k přepravě aut, vlaků ap.', *trajektový.* Přes něm. *Traject* tv. z lat. *trāiectus* 'převoz, přeprava' od *trāicere* 'přehodit, přepravit' z *trāns* (↓*trans-*) a *iacere* 'házet, vrhat'. Srov. ↓*trychtýř,* ↑*projekt,* ↑*objekt.*

trajler 'vlečný vůz pro převážení těžkých nákladů'. Z angl. *trailer* tv. od *trail* 'vléci, táhnout se' ze stfr. *trailler* tv. a to asi z vlat. **tragulāre* od lat. *tragula* 'vlečná síť' od *trahere* 'vléci'. Srov. ↓*trolej.*

trakař. Přejato z něm., v základě leží něm. *tragen* 'nést', ale přesný zdroj není znám. Nejspíš ze sthn. *tragāri* či střhn. *trager* 'nosič, držák' (dnešní *Träger*). Uvažuje se i o složenině *Tragkarre*

(Ma²), srov. dnešní něm. *Schubkarre* 'trakař' ze *Schub* 'strčení' a *Karre* 'kára, kolečko'.

trakce 'tažná síla, pohon'. Z lat. *tractiō* 'tažení, tah' od *tractus*, což je příč. trp. od *trahere* 'táhnout'. Srov. ↑*atrakce*, ↓*traktor*, ↓*trakt*, ↑*extrakt*.

trakt 'křídlo budovy; ústrojí'. Z něm. *Trakt* tv., dříve 'krajina, úsek kraje', z lat. *tractus* 'tah, pohyb, oblouk', druhotně 'prostor, úsek kraje, kraj', což je zpodstatnělé příč. trp. od *trahere* 'táhnout'. Srov. ↑*trakce*, ↓*traktát*, ↓*traktor*, ↑*trachtace*.

traktát 'učené (náboženské) pojednání'. Ze střlat. *tractatus* tv., lat. *tractātus* 'jednání, zabývání se' od *tractāre* 'tahat, zabývat se, jednat' od *trahere* (příč. trp. *tractus*) 'táhnout'. Srov. ↑*trachtace*.

traktor, *traktorový, traktorista, traktoristka*. Z něm. *Traktor* a to podle fr. *tracteur* (vlastně 'tahač, kdo vleče') od *traction* 'tažná síla, pohon' (dále viz ↑*trakce*).

trám, *trámek, trámec, trámový, trámoví*. Zsl. přejetí ze střhn. *trām(e)*, *drām(e)* tv., jehož původ není jistý. Srov. ↓*tramvaj*.

tramín 'druh vína'. Podle jihotyrolského městečka *Tramin* (it. *Termeno*).

tramp, tremp, *trampský, trampovat, tramping/trempink*. Z angl. *tramp* 'dlouhá chůze, vandr; tulák, člověk na vandru', jako sloveso znamená 'chodit pěšky, vandrovat'. Souvisí s něm. *trampeln* 'dupat', srov. ↓*trampolína*, ↓*trap*.

trampolína. Přes něm. *Trampolin* z it. *trampolino* tv. od *trampolo* 'chůda, dřevěná noha' a to z germ. (srov. něm. *trampeln* 'dupat'). Snad podle toho, že je upevněna v rámu na čtyřech nohách.

trampota. Od ↓*trápit* s expr. zesilovacím *m*, doloženo od 17. st.

tramtárie expr. 'vzdálená, zapadlá, nepřístupná krajina'. Snad obměnou ze staršího *Tartárie* 'tatarská země', možná ale onom. útvar bez hlubšího smyslu, srov. citosl. *tramtará*.

tramvaj, *tramvajový, tramvajenka, tramvaják, tramvajačka*. Z angl. *tramway* z *tram* 'kolej, (důlní) vozík' nejspíš dněm. původu (střdn. *trame* 'příčný trámek, příčka (žebříku)') a *way* 'cesta'. Viz ↑*trám*, ↓*vézt*.

trans 'hypnotický, extatický stav'. Přes něm. *Trance*, angl. *trance* (tam poprvé v lékařském smyslu) z fr. *transe* 'agonie, zmrtvení, velký strach' od *transir* 'zmrtvět, strnout', původně 'zemřít', z lat. *trānsīre* 'přejít (na druhou stranu), minout' z *trāns* (↓*trans-*) a *īre* 'jít'. Srov. ↓*tranzit*.

trans- předp. Z lat. *trāns* 'přes, za', jež asi souvisí s něm. *durch* 'skrz', angl. *through* tv. Ve složeninách někdy jen *trā-*. Srov. ↑*tradice*, ↑*trajekt* a ↓*transakce*, ↓*transfuze*, ↓*tranzit*, ↓*transplantace*.

transakce 'peněžní, obchodní operace'. Přes něm. *Transaktion* z lat. *trānsāctiō* 'projednávání' z *trāns* (↑*trans-*) a *āctiō* (viz ↑*akce*).

transcendentní 'přesahující hranici reálného bytí'. Ze střlat. *transcendens* 'překračující (aristotelské kategorie)' od lat. *trānscendere* 'překročit, přestoupit' z *trāns* (↑*trans-*) a *scandere* 'stoupat' (srov. ↑*skandovat*).

transfer 'převod (peněz); přesun (obyvatelstva); přestup (sportovce)'. Z angl. *transfer* tv. od slovesa *(to) transfer* 'přenést, převést, přemístit' a to přes fr. z lat. *trānsferre* tv. z *trāns* (↑*trans-*) a *ferre* 'nést' (srov. ↑*konference*).

transformovat 'proměňovat, přetvořovat', *transformace, transformační, transformátor*. Z lat. *trānsfōrmāre* tv., viz ↑*trans-* a ↑*forma*.

transfuze 'krevní převod', *transfuzní*. Z lat. *trānsfūsiō* tv. od *trānsfundere* 'přelévat' z *trāns* (↑*trans-*) a *fundere* 'lít' (srov. ↑*fúze,* ↑*fondán*).

transkribovat 'přepisovat (do jiné pravopisné soustavy)', *transkripce, transkripční*. Z lat. *trānscrībere* 'přepisovat, opisovat' z *trāns* (↑*trans-*) a *scrībere* 'psát' (srov. ↑*skripta,* ↑*deskriptivní*).

transliterace 'přepis liter jedné grafické soustavy literami jiné soustavy'. Novodobá složenina (19. st.), viz ↑*trans-* a ↑*litera*.

transmise 'převod (hnací síly)'. Přes moderní evr. jazyky z lat. *trānsmissiō* 'přepravení, přenechání' od *trānsmittere* 'překládat, přepravovat' z *trāns* (↑*trans-*) a *mittere* 'posílat' (srov. ↑*mise*).

transparent 'pruh látky či papíru s heslem', *transparentní* 'průhledný, čitelný'. Z něm. *Transparent* tv. z fr. *transparent* 'průsvitný (obraz)' ze střlat. *transparens* 'prosvítající' od *transparere* 'prosvítat' z lat. *trāns* (↑*trans-*) a *pārēre* 'objevovat se, ukazovat se'.

transplantace 'operativní přenesení tělesného orgánu, tkáně ap.'. Přes moderní evr. jazyky (konec 19. st.) z pozdnělat. *trānsplantātiō* 'přesazení' od *trānsplantāre* 'přesadit' z *trāns* (↑*trans-*) a *plantāre* 'sázet' (srov. ↑*plantáž*).

transponovat 'převádět (do jiné tóniny, roviny ap.)', *transpozice*. Z lat. *trānspōnere* 'překládat, přemisťovat' z *trāns* (↑*trans-*) a *pōnere* 'klást' (srov. ↑*komponovat,* ↑*imponovat,* ↑*pozice*).

transport 'doprava, přeprava', *transportní, transportér, transportovat*. Přes něm. *Transport* z fr. *transport* tv. od *transporter* 'přepravovat, převážet' z lat. *trānsportāre* tv. z *trāns* (↑*trans-*) a *portāre* 'nést, vézt, dopravovat' (srov. ↑*export,* ↑*import*).

transvestit 'osoba s pohlavní úchylkou, oblékající si šaty druhého pohlaví a napodobující způsob jeho života', *transvesti(ti)smus*. Z moderních evr. jazyků (něm. *Transvestit*), kde je to novodobá složenina z ↑*trans-* a lat. *vestis* 'šat, oděv' (srov. ↓*vesta*). Srov. ↓*travestie*.

tranzistor 'polovodičová zesilovací součástka; tranzistorové rádio', *tranzistorový*. Přes něm. *Transistor* z angl. *transistor,* což je zkratkové slovo z *transfer resistor,* vlastně 'součástka působící odpor při přenášení proudu v jednom směru', viz ↑*transfer* a ↑*rezistence*. Vynalezen r. 1948.

tranzit 'průjezd, přeprava přes cizí území', *tranzitní*. Přes něm. *Transit* z it. *transito* tv. z lat. *trānsitus* 'přechod, průchod' od *trānsīre* 'přejít, projít' z *trāns* (↑*trans-*) a *īre* 'jít'. Srov. ↑*trans,* ↑*exit(us),* ↑*jít*.

trap hov. 'klus, spěch', *trapem* 'klusem, rychle'. Z něm. *trapp* 'honem, rychle', *trappeln* 'cupitat', *trappen* 'dupat'. Souvisí s ↑*tramp* a ↓*trepka,* původ je onom. Existuje i r. *tórop* 'spěch' (to by ukazovalo na psl. **torp- (B8)*), ale to je asi shoda náhodná, č. slovo je novější.

trapéz 'lichoběžník; co tvarem lichoběžník připomíná', *trapézový*. Přes něm. *Trapez* z pozdnělat. *trapezium* tv. z ř. *trapézion,* což je zdrobnělina od *trápeza* 'stůl', vlastně 'čtyřnožka', z *tra-* (viz ↑*tetra-*) a *péza* 'noha, spodní konec' (srov. ↑*pěší,* ↑*pódium*).

trápit, *trápení, trapný, trapnost, ztrapnit, trapič(ka), trapičský, potrápit, utrápit, útrapa, ztrápený*. P. *trapić,* r. *toropít'* 'pohánět, pobízet', s./ch. *trápiti*. Psl. **torpiti* je kauzativum od **tьrpěti,* význam tedy je 'působit, že někdo trpí'. Dále viz ↓*trpět*.

trasa 'vytyčený směr, cesta'. Přes něm. *Trasse* tv. z fr. *tracé* tv., což je zpodstatnělé příč. trp. od *tracer* 'nakreslit, vyznačit, vytyčit' a to z vlat. *tractiāre 'protáhnout' od lat. *tractus* 'tah, pohyb, protažení, prostor' od *trahere* 'táhnout'. Srov. ↑*trakt,* ↑*traktor,* ↑*trakce.*

trast 'monopolní sdružení podniků'. Z am.-angl. *trust* tv., vlastně 'důvěra, odpovědnost, závazek', jež souvisí s *true* 'pravda, pravdivý' a něm. *Trost* 'útěcha', *treu* 'věrný'. Základní význam 'pevný, věrný, pravdivý', východiskem je stejný kořen jako u ↑*dřevo*, srov. i ↓*zdravý*.

trať, *traťový*. Dříve i *trata*, původně 'pruh polností patřící k jedné osadě' (Jg). Ze střhn. *trat* 'pastvina' ze sthn. *trata* 'pastvina, (dobytčí) stezka, vydupané místo', jež souvisí s něm. *treten* 'šlapat'.

tratit, *potratit, potrat, utratit, útrata, vytratit se, ztratit, ztráta, zatratit, zatracený*. P. *tracić,* r. *trátit',* s./ch. *tràtiti* 'utrácet, mrhat', csl. *tratiti* tv. Psl. *tratiti 'utrácet, spotřebovávat', původně asi 'drobit, drolit, třít', je nejspíš příbuzné s lit. *trúotas* 'brus', lot. *truôts* tv., gót. *þroþjan* 'cvičit', výchozí ie. **trōt-* je odvozeno od **ter-* 'třít' (viz ↓*třít*).

tratoliště 'kaluž rozlité tekutiny (zvláště krve)'. U Jg *tratořiště,* nář. i *latoliště, latoviště, plápoliště* aj. Jen č., málo jasné. Slovo zřejmě prošlo řadou formálních změn, původní podoba nejistá – ani *mlákoviště (HK, Ma²) od ↑*mláka* nepřesvědčuje.

trauma '(duševní či tělesné) poranění', *traumatický, traumatizovat.* Přes něm. *Trauma* tv. z ř. *traũma* 'rána, poškození', jež souvisí s *trōō* 'raním, bodám' a vzdáleně s naším ↓*třít.*

tráva, *travička, travní, trávový, travnatý, trávník, trávníkový, travina, zatravnit.* Všesl. – p. *trawa,* r. *travá,* s./ch. *tráva,* stsl. *trava, trěva.* Psl. **trava,* původně 'potrava, něco jedlého' (tak dosud v r.d.), je odvozeno od *truti či *traviti (viz ↓*trávit*).

travertin 'pórovitý vápenec'. Z it. *travertino,* it.st. *tivertino* z lat. *Tīburtīnus* 'tiburský (kámen, vápenec)' podle města *Tībur,* dnešního *Tivoli* nedaleko Říma, kde se těžil.

traverza 'železný nosník'. Přes něm. *Traverse* z fr. *traverse* 'traverza, příčka' od *traverser* 'přejít, projít (napříč)' z pozdnělat. *trānsversāre* tv. od *trānsversus* 'příčný' z *trāns* (↑*trans-*) a odvozeniny od *vertere* 'obrátit, pohybovat (se)' (srov. ↓*verze,* ↓*versus*).

travestie 'dílo zpracovávající vážné nebo vznešené téma zlehčujícím až karikujícím stylem'. Z fr. *travesti* 'překroucený, přestrojený, zesměšněný' od *travestir* 'přestrojit, překroutit' z it. *travestire* 'převléknout' z lat. *trāns* (↑*trans-*) a *vestīre* 'obléci'. Srov. ↑*transvestit.*

trávit 'rozkládat potravu; prožívat; usmrcovat jedem', *trávení, trávicí, potrava, potravina, potravinový, strávit, strava, stravování, strávník, vytrávit, travič(ka), travičský, travičství, otrávit, otrava, otravný.* Stč. *tráviti* 'živit se, vynakládat; otravovat', p. *trawić* 'trávit (potravu, čas); mrhat, stravovat', r. *travít'* 'otravovat, hubit, spásat, štvát', stsl. *traviti* 'požívat'. Psl. *traviti je opětovací sloveso k **truti,* 1.os.přít. **trovǫ,* srov. stsl. *natruti* 'dát k jídlu', str. *truti* 'spotřebovávat'. Příbuzné je lit. *truněti* 'hnít', wal. *taraw* 'tlouci', ř. *trýō* 'potírám, trápím' (srov. i ↑*trauma*), vše z ie. **treu-* 'drobit, třít' od **ter-* tv. (viz ↓*třít*). Ve slov. posun k 'spotřebovávat, požívat (zvláště o potravě)' (k tomu srov. ↑*tratit*) a dále i 'dávat jed (do jídla)' (k tomu srov. ↑*jed*), je však možné, že tento význam se vyvinul jinými cestami. Srov. i ↓*trýzeň.*

trčet, *vytrčit*. P. *sterczeć*, r. *torčát'*, s./ch. *strčati*. Psl. **(s)tъrčati* je odvozeno od ie. **(s)ter-k-*, což je rozšíření ie. **(s)ter-* 'být tuhý, strnulý'. Znělá podoba **(s)terg-* je v lit. *strėgti* 'ztuhnout, zmrznout', něm. *stark* 'silný', střhn. *storch* 'penis' *(A4)*, lat. *tergus* 'záda, tvrdá kůže (na hřbetě)'. Srov. ↓*trkat*, ↑*strkat*, ↑*strach*.

trdlo hanl. 'nemotorný, nedůvtipný člověk'. Původně 'nástroj k tření máku, lámání lnu ap.', vlastně 'co slouží k tření' (srov. p. *tarło* 'struhadlo'). Psl. **tъrdlo* utvořeno příp. *-dlo* od **tъr-*, viz ↓*třít*.

trefit (se), *trefa, trefný, natrefit (se), potrefit, strefit (se)*. Již stč. Ze střhn. *treffen* 'zasáhnout, trefit, setkat se', jež nemá mimo germ. (srov. např. stisl. *drepa* 'bít' *(A4)*) spolehlivé příbuzenstvo.

tre(k)king 'vysokohorská turistika; silniční horské kolo', *tre(k)kingový, trek, trekový*. Z angl. *trekking* od *(to) trek* 'namáhavě postupovat kupředu' z afrikánského *trek* 'jet či táhnout na voze s volským potahem' z niz. *trekken* 'táhnout'.

tréma 'vnitřní rozechvění před veřejným vystoupením ap.', *trémista, trémistka, trémovat*. Je i v jiných slov. jazycích (p., sln., s./ch.), nepochybně od slovní družiny it. *tremare* 'třást se' (srov. i ↓*tremolo*), ale přesná předloha chybí (subst. v it. či něm. není známo). Snad z divadelního slangu (Ma²).

tremolo 'mírné vibrato, chvění tónu'. Z it. *tremolo* tv., vlastně 'chvějící se', z lat. *tremulus* tv. od *tremere* 'chvět se'. Srov. ↑*tréma*.

tremp. Viz ↑*tramp*.

trenažér 'tréninkové zařízení simulující jízdu, let ap.'. Asi z r. *trenažër* tv. od fr. *traînage* 'tažení, vlečení', dále viz ↓*trénovat*.

trend 'směr vývoje'. Z angl. *trend* tv., od slovesa *trend* 'táhnout se, stáčet se, směřovat' ze stangl. *trendan* 'vinout se, otáčet se'.

trénovat, *trénink, tréninkový, trenér(ka), trenérský, trenérství, trenýrky, natrénovat, zatrénovat si, přetrénovaný, vytrénovaný*. Z angl. *train* tv., doslova 'vést, táhnout, vléci', z fr. *traîner* 'táhnout, vléci' z vlat. (galorom.) **tragīnāre* od lat. *trahere* tv. Srov. ↑*trajler*, ↑*traktor*, ↑*trenažér*.

trepanovat 'operativně pronikat kostí', *trepanace*. Novější, od lat. *trepanum* 'vrták' z ř. *trýpanon* tv. od *trýpāō* 'vrtám'.

treperenda ob. expr. 'upovídaná osoba, drnda'. Expr. útvar od staršího *třepati (hubou)* 'žvanit, tlachat', viz ↓*třepat*.

trepka 'domácí střevíc'. Již stč. Ze střdn. *trippe* tv., souvisí s něm. *trippeln* 'cupkat'. Srov. ↑*trap*, ↑*tramp*.

treska, *tresčí*. Z r. *treská*, jež se spojuje se stisl. *þorsk* tv. Podle jiných etymologicky totožné s *treská* 'tříska' (↓*tříska*), motivace by byla stejná jako u něm. *Stockfisch* tv. (*Stock* 'hůl'), vlastně 'ryba sušená na dřevěné tyči'.

tresť 'tekutý výtažek'. Z p. *treść* tv., jež je asi totožné se starším č. *trest, tresť* 'třtina' (viz ↓*třtina*). Změna významu v p. není jasná, uvažuje se i o souvislosti s lit. *trěkšti* 'vytlačovat šťávu' (Ma²).

trestat, *trest, trestný, trestní, trestanec, trestankyně, trestanecký, trestnice, potrestat, vytrestat, ztrestat*. Stč. *tres(k)tati* 'trestat, kárat', jinak jen csl. *trъskъtati*. Asi příbuzné s ↓*třískat*, původně by tedy značilo tělesný trest, bičování ap. (HK).

tretka 'drobný bezcenný ozdobný předmět'. V č. od střední doby. Nejspíš z něm. *Trödel* (raně nhn. *dredel*) tv., jehož původ je nejasný. V č. se asi formálně přizpůsobilo podle ↑*cetka*.

tretra 'speciální běžecká obuv'. Z něm. *Treter* tv. od *treten* 'šlapat, vstoupit'. Srov. ↑*trať*, ale i ↑*trepka*, ↑*trap*, ↑*tramp*.

trezor, *trezorový*. Přes něm. *Tresor* tv. z fr. *trésor* 'poklad, pokladna' a to přes vlat. **tresaurus* z lat. *thēsaurus* 'poklad' (viz ↑*tezaurus*).

trh, *tržní, trhový, trhovec, trhovkyně, tržiště, tržnice, tržit, stržit, utržit.* Všesl. – p. *targ*, r. *torg* 'obchodování, smlouvání, prodejní síť', s./ch. *tȓg* 'trh; náměstí', stsl. *trъgъ* 'tržiště, náměstí'. Psl. **tъrgъ* souvisí s lit. *tuȓgus* 'trh, tržiště', lot. *tirgus* tv. i alb. *tregë* 'trh', uvádějí se i severoit. místní jména *Tergeste* (dnešní *Terst*) a *Opitergium*, u nichž se předpokládá venetský původ. Není ale jasné, zda jde v těchto případech o příbuznost, či výpůjčky ze slov.; těmi jsou jistě fin. *turku* 'trh' a severogerm. slova (švéd. *torg* ap.). Další původ nejasný. Vzhledem k charakteru slova není vyloučeno přejetí z východu (upozorňuje se na asyr.-babylonské *tamgaru* 'kupec', aram. *taggārā* tv.), ale pevnější opory pro tuto domněnku není.

trhat, *trhání, trhaný, trhací, trh, trhavý, trhavina, trhák, trhan, trhanec, trhlina, natrhat, otrhat, potrhat, potrhlý, podtrhat, protrhnout, průtrž, přetrhat, roztrhat, roztržitý, strhat, utrhnout, vtrhnout, vytrhat, ztrhat (se), zatrhat.* Všesl. – p. *targać*, r.d. *torgát'*, s./ch. *tȓgati*, csl. *trъgnǫti*. Psl. **tъrgati* je příbuzné s lat. *tergēre* 'otírat, čistit', ř. *trógō* 'hryžu, škubám', arm. *ťurc* 'čelist', toch. AB *trask-* 'žvýkat', vše z ie. **terg-*, rozšířené varianty kořene **ter-* 'třít' (viz ↓*třít*). Srov. ↑*přítrž*, ↑*strž*.

tri- (ve složeninách) 'troj-'. Z lat. *tri-* či ř. *tri-* tv. od lat. *trēs* 'tři', resp. ř. *treīs* (viz ↓*tři*). Srov. ↓*triangl*, ↓*triatlon*, ↓*triedr*, ↓*trikolora*, ↓*trilobit*, ↓*trilogie*, ↓*triptych*, ↓*triviální*.

triangl 'kovový bicí hudební nástroj trojúhelníkového tvaru'. Přes něm. *Triangel* z lat. *triangulum* 'trojúhelník' z ↑*tri-* a *angulus* 'roh, úhel'. Srov. ↓*triangulace*.

triangulace 'určování polohy bodů v terénu pomocí trojúhelníkové sítě', *triangulační*. Novější, od lat. *triangulum* (viz ↑*triangl*).

trias 'nejstarší útvar druhohor'. Z ř. *triás* 'trojka, trojice' (skládá se ze tří vrstev). Viz ↓*tři*, srov. ↑*tri-*.

triatlon 'závod v plavání, jízdě na kole a běhu', *triatlonový, triatlonista, triatlonistka*. Nově z ↑*tri-* a ř. *āthlon* 'závod, zápas'. Srov. ↑*biatlon*, ↑*atlet*.

tribuna 'vyvýšené místo pro řečníka; stupňovité hlediště stadionu'. Z it. *tribuna* (případně ještě přes něm. *Tribüne*, fr. *tribune*) tv., což je asi vedlejší podoba k lat. *tribūnal* tv. (viz ↓*tribunál*).

tribunál 'soud, soudní dvůr'. Přes něm. *Tribunal*, fr. *tribunal* z lat. *tribūnal* tv., původně 'vyvýšené místo, řečniště', vlastně 'náčelnický stolec', od *tribūnus* 'tribun, náčelník' a to od *tribus* 'kmen, jeden ze tří oddílů římského národa', jež se vykládá z ie. **tri-* (↑*tri-*) a odvozeniny od **bheu-* 'být' (↑*být*). Srov. ↑*tribuna*, ↓*tribut*.

tribut 'daň, poplatek'. Z lat. *tribūtum* tv., což je původem příč. trp. od *tribuere* 'rozdělovat, přiřknout, vzdávat' od *tribus* 'oddíl římského národa' (viz ↑*tribunál*). Srov. ↑*atribut*, ↑*kontribuce*.

triceps 'trojhlavý sval'. Z lat. *triceps* 'trojhlavý' z ↑*tri-* a odvozeniny od *caput* (gen. *capitis*) 'hlava'. Srov. ↑*biceps*.

triedr 'dvojitý dalekohled se systémem odrazových hranolů'. Z fr. *trièdre* tv., vlastně 'trojhran', z ↑*tri-* a ř. *hédra* 'sedadlo, poloha, strana'. Srov. ↑*katedra*.

triga 'sousoší znázorňující trojspřeží'. Z lat. *trīga* 'trojspřeží' z ↑*tri-* a odvozeniny od *iugāre* 'spojit, spřáhnout' (viz ↑*jho*).

trigonometrie 'geometrie řešící úlohy o trojúhelnících pomocí goniometrických funkcí'. Z nlat. *trigonometria*, viz ↑*tri-* a ↑*goniometrie*.

trichina 'svalovec (druh cizopasníka)'. Z nlat. *trichina* a to k ř. *tríchīnos* 'vlasový' od *thríx* 'vlas' (tedy 'červ tenký jako vlas').

trik 'zručný, lstivý kousek; filmový efekt vzbuzující iluzi skutečnosti', *trikový*. Z angl. *trick* tv. ze severofr. *trique* (fr. *triche*) 'podvod, lest' od stfr. *trichier* (severní varianta *triquier*) 'podvádět' a to nejspíš z vlat. **trīccāre* 'dělat těžkosti', pozdnělat. *trīcārī* tv. od lat. *trīcae* 'pletichy, těžkosti'. Srov. ↑*intrika*.

triko, *tričko, trikot, trikotový*. Z fr. *tricot* tv., vlastně 'pletenina, úplet', od *tricoter* 'plést' a to od *tricot*, což je zdrobnělina od *trique* 'klacek, hůl', nář. varianty k *estrique* 'klacek k zarovnávání zrní v měrné nádobě' od stfr. *estriquer* z frk. **strikan* 'tříť', jež odpovídá něm. *streichen* 'hladit, tříť'. Podle jiných souvisí s něm. *stricken* 'plést' (viz ↑*štrykovat*).

trikolora 'tříbarevná stuha'. Z fr. *tricolore* tv., vlastně 'tříbarevný', z ↑*tri-* a lat. *color* 'barva' (srov. ↑*kolorit*, ↑*kolorovat*).

trilion 'milion bilionů'. Nové, umělé. Viz ↑*tri-* a ↑*bilion*, ↑*milion*.

trilobit 'vyhynulý prvohorní korýš'. Z nlat. *trilobites* z ↑*tri-* a odvozeniny od lat. *lobus*, ř. *lobós* 'lalok' (tělo tohoto korýše je rýhami rozděleno na tři části).

trilogie 'umělecké dílo o třech samostatných částech'. Přes lat. *trilogia* z ř. *trilogía* 'řada tří dramatických her', viz ↑*tri-* a ↑*-logie*, srov. ↑*tetralogie*.

trimestr 'část studijního roku rozděleného na tři části'. Z moderních evr. jazyků a tam z lat. *trimēstris* 'tříměsíční' z ↑*tri-* a odvozeniny od *mēnsis* 'měsíc'. Srov. ↑*semestr*.

trinitrotoluen 'druh vysoce výbušné látky'. Nové, viz ↑*tri-*, ↑*nitro-*, ↑*toluen*.

trio 'trojice umělců, hráčů ap.; skladba pro tři nástroje nebo hlasy'. Z it. *trio* tv. a to analogicky podle ↑*duo* od lat. ↑*tri-* (viz ↓*tři*).

triola 'skupina tří not hraných místo dvou not téže hodnoty'. Z it. *triola* od *trio* (↑*trio*).

tripartita 'trojstrannost, trojstranné jednání'. Z fr. *tripartite* 'trojstranný, trojdílný' z lat. *tripartītus* 'trojdílný' z ↑*tri-* a odvozeniny od *pars* (gen. *partis*) 'díl, strana'. Srov. ↑*partie*, ↑*partaj*.

tripl ob. zast. 'kapavka'. Z něm. *Tripper* tv. od *trippen* 'kapat'.

triptych 'trojdílný umělecký výtvor'. Přes něm. *Triptychon* z ř. *tríptychos* 'třívrstvý, třikrát složený' z ↑*tri-* a *ptyché* 'záhyb, vrstva, zátoka'.

tristní 'skličující, smutný, trapný'. Přes něm. *trist*, fr. *triste* tv. z lat. *trīstis* 'smutný, žalostný, mrzutý, hanebný'.

triumf, *triumfální, triumfovat*. Přejato (případně přes něm. *Triumph*) z lat. *triumphus* 'vítězosláva, slavnostní vjezd vítězného vojevůdce do Říma' a to z ř. *thríambos* 'slavnostní píseň (na Dionýsovu počest), slavnostní průvod'. V tom se někdy vidí složenina z nář. podoby ř. *tri-* (↑*tri-*) a ř. *íambos* (viz ↑*jamb*). Srov. ↓*trumf*.

triumvirát 'vláda tří mužů'. Z lat. *triumvirātus* tv. od *triumvir* 'jeden ze tří mužů, člen trojčlenného sboru' z *trium* (gen. pl. od *trēs* 'tři') a *vir* 'muž' (srov. ↓*virtuos*).

triviální 'obyčejný, banální, jednoduchý'. Přes něm. *trivial*, fr.

trivial z lat. *triviālis* tv. 'týkající se tří základních nauk, základní, obyčejný' od *trivium* 'křižovatka tří cest, nižší školní vzdělání' (tj. tři základní vědy gramatika, rétorika, dialektika, v teréziánském základním školství čtení, psaní, počítání) a to z ↑*tri-* a odvozeniny od lat. *via* 'cesta'.

trkat, *trknout, otrkat (se), potrkat*. R.d. *torkát* 'strkat', sln. *tŕkati* 'vrážet, klepat', ch.d. *tŕkati* tv. Psl. **tъrkati* nelze oddělit od **stъrkati* (viz ↑*strkat*), srovnat lze lit.d. *tùrkterėti* 'ťukat, strkat'. Východiskem asi bude ie. **(s)ter-k-* 'být tvrdý', zde vlastně 'narážet na něco tvrdého' (viz ↑*trčet*), ale lze pomýšlet i na onom. základ, srov. ↑*drkotat*, ↑*drcat*.

trmácet se, *utrmácený*. Dříve i nezvratné *trmáceti* 'soužit, týrat' a jednodušší (zřejmě původní) *trmati (se)* tv. (Jg). Příbuzné je nejspíš p. *tarmosić (się)* 'tahat (se), rvát (se)', r. *tormošít'* 'rvát, plést'. Psl. základ **tъrm-* dále nemá jistý původ. Významem je celkem blízké **tъrgati* (viz ↑*trhat*), mohlo by tedy jít o jiné rozšíření ie. kořene **ter-* 'třít' (viz ↓*třít*).

trn, *trní, trnový, trnitý, trnka, trnkový*. Všesl. – p. *cierń*, r. *tërn*, s./ch. *tȓn*, stsl. *trъnъ*. Psl. **tъrnъ* je příbuzné s gót. *þaúrnus*, angl. *thorn*, něm. *Dorn*, ř. *térnax* 'stonek kaktusu či artyčoku', sti. *tṛṇa* 'stéblo, tráva', vše od ie. **ter-n-* 'pichlavá část rostliny' a to možná od **(s)ter-* 'být tvrdý'. Srov. ↓*trnout*.

trnout, *otrnout, strnout, ustrnout, zatrnout*. P. *cierpnąć*, r. *terpnút'*, s./ch. *tŕnuti* tv. Psl. **tъrpnǫti (A9)* je zřejmě úzce příbuzné s **tъrpěti* (viz ↓*trpět*), liší se jen kmenotvornou příp. Východiskem je ie. **(s)ter-p-*, rozšířená podoba kořene **(s)ter-* 'být tuhý, strnulý'.

trnož. Z psl. **tъrnoža* z **trъ* (viz ↓*tři*), srov. ↓*trpaslík*) a odvozeniny od **noga* (↑*noha*). Původně tedy 'třínožka' – šlo o stoličku, která se dávala u stolu pod nohy (doloženo ještě u Jg). Odtud pak přeneseno na příčky spojující nohy u stolu a židle.

trofej 'vítězná kořist, znamení vítězství'. Přes něm. *Trophäe*, fr. *trophée* z pozdnělat. *trophaeum*, lat. *tropaeum* tv. a to z ř. *tropaîon* tv., původně to byl strom ověšený kořistí na počest Dia na místě, kde byl nepřítel obrácen na útěk. Je to zpodstatnělý tvar adj. *tropaîos* 'vítězství poskytující (přívlastek Dia)' od *tropé* 'obrat, útěk, vítězství' od *trépō* 'obracím'. Srov. ↓*trop(us)*, ↓*tropy*.

trocha, *troška, trochu, trošku*. Všesl. – p. *trocha*, r.d. *trócha*, s./ch. *trȍha*, csl. *trocha*. Psl. **trocha* není slovotvorně ani etymologicky příliš jasné, zdá se však, že je můžeme spojit s **troska* (↓*troska*), **tříska* (↓*tříska*), **třěskati* (↓*třískat*). Došlo asi k přesmyku *sk>ks>ch (A8)*, srov. i lit. *trekšėti* 'praskat'. K významu srov. *drobet* od ↑*drobit*.

trochej 'druh veršové stopy', *trochejský*. Přes lat. *trochaeus* z ř. *trochaîos* tv., doslova 'běžící', od *tréchō* 'běžím, kvapím'.

trojčit expr. 'vyvádět, bláznit'. Asi novější (u Jg není), málo jasné. Snad podle *čtveračit* od ↑*čtverák*, srov. u Jg uvedené *troják* 'kdo trojí nápoj pije (pivo, víno, kořalku)'.

trolej 'vodič, z něhož elektrické vozidlo odebírá proud', *trolejový*. Z angl. *trolley* 'vozík, dvoukolák, kladka' od *troll* 'vléci (za lodí), válet, kutálet' a to ze stfr. *troller* (dnes *trôler*) 'vláčet; potulovat se' z vlat. **tragul(l)āre* od lat. *trahere* 'vléci'. Srov. ↑*trajler*.

trolejbus, *trolejbusový*. Viz ↑*trolej* a ↑*bus*.

trombon 'pozoun'. Z it. *trombone* tv., což je zveličelé slovo (příp. *-one*) od *tromba* 'trouba' germ. původu. Viz i ↓*trouba*, ↓*trumpeta*.

trombóza 'chorobné ucpání cévy krevní sraženinou'. Z moderních evr. jazyků (něm. *Thrombose*, fr. *thrombose*) a tam od ř. *thrómbos* 'sraženina, usazenina, chuchvalec' od *tréfō* 'živím, podporuji růst, nechávám zhoustnout'. Srov. ↑*atrofie*.

trop ob. expr. 'jsoucí v koncích, zničený'. Z fr. *trop* 'příliš (mnoho)' z frk. *throp 'hromada, kupa' (odtud i fr. *troupeau* 'stádo, dav', angl. *troop* 'vojsko'). Do č. přišlo jako karetní výraz označující prohru přebráním karet.

tropit 'provádět, činit (něco nepřístojného)', *natropit, ztropit*. Stč. *stropiti* 'ztropit, provést', vedle toho ve střední č. nedok. *střápati* (vedle *tropiti*), obojí většinou v souvislosti s násilím, zradou, neklidem, smíchem ap. Málo jasné, přesvědčivé příbuzenství není ani v slov. jazycích. Není vyloučeno odvození od ↑*strop*, tedy původně 'stavět (střechu)', s následnou změnou vidu a významu a oddělením domnělé předp.

trop(us) 'básnická figura, přenesené pojmenování'. Přes lat. *tropus* z ř. *trópos* 'slovní obrat, řečnická figura, melodie', původně 'obrat, směr, způsob', od *trépō* 'obracím, měním'. Srov. ↓*tropy*, ↑*trofej*.

tropy, *tropický*. Z něm. *Tropen* tv., jež bylo vytvořeno zač. 19. st. na základě ř. *tropé* 'obrat, slunovrat, střídání' od *trépō* 'obracím, měním'. Pojmenováním se totiž myslí pás kolem rovníku mezi severním a jižním obratníkem. Srov. ↑*trop(us)*, ↑*trofej*.

troska, *trosečník, trosečnice, trosečnický, troskotat, ztroskotat, ztroskotanec*. Stč. *tróska* 'struska', *troskotati (sě)* 'rozbíjet (se), lámat (se)'. Stp. *troski* 'piliny', str. *troska* 'kůl, tyč; blesk', s./ch. *trǫska* 'struska'. Psl. *troska je nejspíš hláskoslovná varianta k *trěska (viz ↓*tříska*, ↓*třískat*), původně vlastně 'co je výsledkem

třískání, praskání'. Srov. r. *tróskot* 'třesk, praskání', lit. *traškěti* 'praskat'.

troška. Viz ↑*trocha*.

trotl zhrub. 'hlupák, pitomec'. Z něm. *Trottel* tv., původem rak. slovo, jehož další původ není jistý. Možná k *trotte(l)n* 'běhat sem a tam', jež souvisí s *treten* 'šlápnout'. Srov. ↑*tretra*.

trouba[1], *trubka, trubice, trubač, troubel, troubit, odtroubit, roztroubit, vytroubit, zatroubit*. Všesl. – p. *trąba*, r. *trubá*, s./ch. *trúba*, stsl. *trǫba*. Psl. *trǫba je přejato ze sthn. *trumba* tv., původu asi onom. Srov. ↑*trombon*, ↓*trumpeta*.

trouba[2] ob. expr. 'hlupák'. Ze staršího *troup* 'hlupák, špalek' (viz ↓*trup*) příklonněním k ↑*trouba*[1]. Srov. i ↓*trumbera*.

troud 'shořelý zbytek; snadno vznětlivá látka k rozdělávání ohně'. R. *trut*, s./ch. *trûd*, csl. *trǫdъ*. Psl. *trǫdъ (B7) se srovnává s lit. *trenděti* 'být rozežrán moly', *trandìs* 'červotočina' a dále i wal. *trwyddo* 'vrtat', sti. *tṛnátti* (perf. *tatárda*) 'vrtá, štěpí'. Východiskem je ie. **terd-*, **tre(n)d-*, což je rozšíření kořene **ter-* 'třít, vrtat' (viz ↓*tříti*). Srov. ↓*trudovitý*.

troufat si, *troufalý, troufalost*. Ve starší č. i nezvratné *troufati* 'mít naději, důvěřovat'. Přejato zřejmě z nějaké přechodné podoby mezi střhn. (sich) *trūwen* a nhn. (sich) *trauen* tv., *-f-* asi vlivem slovesa ↑*doufat*. Souvisí s něm. *treu* 'věrný', angl. *true* 'pravda', viz ↑*trast*.

trouchnivý, *trouchnivět*. Od staršího *trouchněti* (Jg). R. *truchnút'*, sln. *trohnéti*. Psl. *trǫchněti je odvozeno od *trǫchъ, *trǫcha (r. *truchá* 'zpuchřelé zbytky dřeva', č.st. *trouch* 'humus, zetlelé listí'). Příbuzné k lit. *traũšti* 'rozbít, rozdrobit', lot. *trusls* 'shnilý, zetlelý', *trausls* 'křehký, lámavý', což ukazuje na psl. **truch-* *(A8,B2)*, nosovka by byla druhotná. Východiskem je ie. *treus- od *ter- 'třít, drhnout' (viz ↓třít). Srov. i ↑troud.

trousit, *trus, roztrousit, utrousit, vytrousit, výtrus.* R. *trúsiť*, s./ch. *trúsiti*, csl. *trǫsiti*. Psl. **trǫsiti* je iterativum (opětovací sloveso) od **tręsti (A6,B7)*, viz ↓třást.

trpaslík, *trpaslice, trpasličí.* Stč. *třpaslek,* csl. *trъpęstъkъ*. V základu slova je složenina z **trъ-* (viz ↓tři, srov. ↑trnož) a **pęstъ* (viz ↑pěst), tedy vlastně '(tvor) tři pěsti vysoký'.

trpět, *trpný, trpělivý, trpělivost, trpitel, trpitelka, trpitelský, potrpět si, protrpět, přetrpět, strpět, utrpět, útrpný, vytrpět.* Všesl. – p. *cierpieć,* r. *terpét',* ch. *tŕpjeti,* s. *tŕpeti,* stsl. *trъpěti*. Psl. **tъrpěti* původně asi znamenalo 'trnout, být ztuhlý, nehybný', příbuzné je lit. *tiřpti* 'trnout, rozpouštět se', lat. *torpēre* 'trnout, být ztuhlý', *stirps* 'kmen, peň', vše z ie. **(s)terp-* od **(s)ter-* 'být tvrdý, tuhý'. Srov. ↑trápit, ↓trpký, ↑trnout, ↑trkat, ↑torpédo.

trpký, *trpkost, trpknout, ztrpknout, zatrpknout.* P. *cierpki,* r. *térpkij,* s./ch. *tŕpak,* csl. *trъpъkъ*. Psl. **tъrpъkъ* je odvozeno od **tъr(p)nǫti* 'trnout' (viz ↑trnout), tedy vlastně 'co způsobuje trnutí (zubů, jazyka ap.)'.

trs. Dříve 'kořen s natí, kmen, keř' (Jg). Sln. *tŕs* 'keř vinné révy', s./ch. *tŕs* tv. Vykládá se jako přejetí ze střlat. *tirsus, trisus* 'tyč, košťál' z ř. *thýrsos* 'tyč ověnčená révou a břečťanem' (viz i ↑torzo) (Ma²). Je však možné vyjít i z psl. **trъsъ* (z ie. **trud-so- (A9,B6))* a spojit s csl. *trъsa, trъsina* 'štětina' a dále i lot. *trusis* 'rákos', něm. *Strauss* 'kytice', *strotzen* 'kypět', vše od ie. **(s)treud- (A5,A6,A4)* odvozeného od **(s)ter-* 'být tvrdý, nehybný'. Srov. ↓třtina, ↑strom, ↑trčet.

trsat 'rozezvučovat struny trhavým dotykem', slang. 'tančit', *trsací, trsátko.*

Novější, asi onom.-expr. obměna sloves jako ↑drcat, ↑trkat, ↑trhat.

trubadúr 'středověký pěvec milostných písní'. Přes fr. *troubadour* z prov. *trobador* tv. od *trobar* 'skládat básně' a to z vlat. **tropāre* tv. od *tropus* 'básnický obrat' (viz ↑trop(us)). Stejného původu je fr. *trouver,* it. *trovare* 'nacházet' (původně 'nacházet inspiraci, rým ap.').

trubec 'včelí samec'. Stč. *trúp* 'špalek, pařez; hlupák; trubec', *trupec* 'pařez; hlupák', u Jg *trubec, trupec, troup, troud* i *trout* 'včelí samec'. P. *trąd,* r. *trúten',* s./ch. *trût.* Psl. **trǫtъ (B7)* je příbuzné s lit. *trānas,* lot. *trans* a dále i něm. *Drohne* tv., ř. *thrōnax* tv., vše od ie. **tren-, *dren-* onom. původu. V č. zřejmě došlo ke kontaminaci *(D3)* s *trúp* 'špalek; hlupák' (viz ↓trup) (včelí samci byli zosobněním lenosti a příživnictví) a později i s ↑trouba².

trubka. Viz ↑trouba.

truc hov. 'vzdor', *trucovat, trucovitý.* Z něm. *Trotz* tv., jehož původ není jistý.

trudný kniž. 'chmurný, těžký', *trudit se, trudnomyslný.* Od staršího (i stč.) *trud* 'námaha, soužení'. P. *trud* 'námaha', r. *trud* 'práce', s./ch. *trûd* tv., stsl. *trudъ* 'námaha, práce'. Psl. **trudъ* je příbuzné s lot. *traûds* 'křehký', angl. *threat* 'hrozba', sthn. *drōz* 'tíže, břímě', ir. *trot* 'spor', lat. *trūdere* 'tlačit, utiskovat', vše z ie. **treud-* 'tlačit, drtit' *(B2),* což je rozšíření ie. **ter-* 'třít' (↓třít). K významu srov. maď. *munka,* rum. *muncă* 'práce' přejaté ze slov. **mǫka* 'muka'.

trudovitý 'uhrovitý, mající plno zánětlivých pupínků', *trudovitost.* Stč. *trudovatý* 'malomocný', starší č. *trud* 'lišej na tváři, uher'. P. *trąd* 'vyrážka, uhry; malomocenství', sln. *trôd* 'kolika', s./ch. *trût* 'nežit na palci', stsl. *trǫdъ* 'průjem, úplavice'. Psl. **trǫdъ* je asi etymologicky totožné s *trǫdъ uvedeným u ↑*troud*, základem je představa o spojení jistých nemocí s rozežíráním, práchnivěním ap.

truhla, *truhlice, truhlík, truhlář, truhlářský, truhlářství, truhlárna*. Z nějaké nář. varianty (asi bav. *truhel*) něm. *Truhe* tv., jež vychází z ie. **dreu-, *drū-* 'strom, dřevo'. Viz ↑*dřevo*.

truchlit, *truchlivý*. Stč. *truchlivý, truchlý, truchlost* 'smutek, truchlivost', v tomto významu jen č. P. *truchleć* 'práchnivět; omdlévat, trnout', r. *truchljávet'* 'práchnivět'. Kořen je stejný jako u ↑*trouchnivý*; východiskem slovesa je asi **truchlъ*, podrobnosti tvoření však nejsou zcela jasné. V č. přenesení 'práchnivět' → 'truchlit, být smutný' (vlastně 'sžírat se uvnitř').

trulant ob. expr. 'hlupák, moula'. Dříve i *trula, trulda*, srov. slk. *truľo* tv. (k zakončení srov. *mudrlant, pracant*). Asi od něm. *Trulle, Trolle* 'nepořádná žena', střhn. *trol(le)* 'tulpas'.

trumbera ob. expr. 'hlupák, moula'. Již u Jg (vedle *trumbela, trumpera, troubera*), expr. přetvoření ↑*trouba*².

trumf 'barva (karta) přebíjející ostatní karty; pádný argument', *trumfovat, trumfnout, přetrumfnout*. Z něm. *Trumpf* tv., jež vzniklo v lid. řeči zjednodušením z *Triumph* (16. st.), dále viz ↑*triumf*.

trumpeta, *trumpetka, trumpetový, trumpetista*. Z něm. *Trompete* z fr. *trompette* tv., což je původem zdrobnělina od stfr. *trompe* 'trouba' ze sthn. *trumba* či frk. **trumba*. Srov. ↑*trouba*¹, ↑*trombon*.

trůn, *trůnní, trůnit*. Stč. *trón (C5)*. Přes střhn. *t(h)rōn* a stfr. *tron(e)* z lat. *thronus* tv. a to z ř. *thrónos* 'trůn, stolec, sedadlo'.

trup. Stč. jen *trúp* 'špalek, pařez; hlupák, neurozený člověk', nynější význam asi přejat Preslem z jsl. P. *trup* 'mrtvola', r. *trup* tv., s./ch. *trûp* 'tělo, trup'. Psl. **trupъ*, původně 'co se

rozpadá, práchniví', je příbuzné se stpr. *trupis* 'peň', lit. *trupėti* 'drobit', ř. *trȳpáō* 'vrtám', vše od ie. **treup-*'drolit se, práchnivět', což je rozšíření ie. **ter-* 'třít, drhnout' (↓*třít*). Srov. ↑*troud*, ↑*trouchnivý*.

trus. Od ↑*trousit*.

truskavec 'druh plazivé byliny s růžovými kvítky'. Základ je onom., podle toho, že při utržení vydává praskavý zvuk.

trust. Viz ↑*trast*.

trvat, *trvání, trvací, trvalý, trvalka, trvanlivý, potrvat, přetrvat, setrvat, setrvačný, setrvačnost, setrvačník, vytrvat*. Stč. *trvati*, p. *trwać*, vedle toho stč. *tráti*, hl. *trać*, sln. *trâjati*, s./ch. *trâjati*. Psl. **trajati* i **trъvati* jsou odvozeniny od ie. **ter-, *trā-, *teru-* ap. 'přecházet, překonávat, pronikat'. Příbuzné je lat. *intrāre* 'vstoupit', ř. *trānés* 'jasný, zřetelný', sti. *tárati* 'překonává', *trāyáte* 'chrání, zaštiťuje', chet. *tarhzi* 'přemáhá', *u*-ový základ jako v **trъvati* je ve sti. *tū́rvati* 'přemáhá, zdolává'. Původní význam slov. sloves je tedy 'přecházet, překonávat čas'.

trychtýř, *trychtýřek*. Z něm. *Trichter* a to z pozdnělat. *trāiectōrium* tv., vlastně 'náčiní k prelévání (vína)', od lat. *trāicere* 'přehodit, přepravit, přenést' (dále viz ↑*trajekt*).

trylek, *trylkovat*. Z něm. *Triller* z it. *trillo* tv., původu asi onom.

trysk, *tryskat, vytrysknout*. Stč. *trysknúti* 'vytrysknout'. P. *tryskać*. Zřejmě onom. původu, srov. obdobné ↑*prýskat*, ↑*prskat* i ↓*třískat*.

tryska, *tryskový, tryskáč*. Dříve i *trystka*, starší význam 'cívka, troubel (dýmky)' (Jg). Původem mor. obměna slova *trestka* (stč. *tréstka*), což je zdrobnělina od *trest* 'třtina, rákos' (viz ↓*třtina*).

trýzeň, *trýznivý, trýznit, trýznitel*. Stč. *trýzn*, p.st. *tryznić* 'mařit (čas)'. Zdá se, že výchozí je sloveso **tryti* 'trávit' (příp. jako v ↑*bázeň* ap.), varianta k **truti* (viz ↑*trávit*), v č. asi ještě se starým významem 'potírat, hubit, stravovat někoho'.

tryzna 'smuteční slavnost na počest zemřelého'. Kvůli -*y*- nejspíš přes p. *tryzna* tv. ze stsl., str. *trizna* s významem 'bojová hra, cena pro vítěze'. Psl. **trizna*, původně zřejmě 'pohřební slavnost s bojovými hrami', by mohlo být odvozeno od **trizь* 'tříletý' (srov. r.-csl. *triz'* tv.), odpovídajícího lit. *treigỹs* tv. (k základu viz ↓*tři*). Původní význam by pak byl 'slavnost, při níž se obětují tříletá zvířata'.

tráseň. U Jg *třísně, třásně* 'poslední díl osnovy, který se odřezává a třepí'. Ne zcela jasné. Přijmeme-li příbuznost se str. *teresna* tv., r.-csl. *trěsna* 'střapec, tráseň', musíme vycházet z psl. **tersna* (B8). To by mohlo být z **terz-sna* od **terzati, *tьrzati* 'trhat, škubat' (srov. stsl. *trězati, trъzati*, r. *terzát'*, s./ch. *t̀rzati* tv.), jež je od stejného kořene jako **tъrgati* (↑*trhat*). V č. se přiklonilo k ↓*třást*.

třaskavý, *třaskavina*. Od *třaskat*, což je obměna ↓*třískat*, ↓*třesk* podle ↑*praskat*.

třasořitka 'konipas', expr. 'slabý, bázlivý člověk'. Viz ↓*třást* a ↑*řit*. Podobné názvy jsou i v jiných jazycích: r. *trjasogúzka*, it. *coditremolo*, něm. *Wippsterz* ap.

třást, *třes, třesavka, třaslavý, třasák, natřásat (se), otřásat (se), otřes, otřesný, potřásat, protřásat, přetřásat, přetřes, roztřást (se), setřást, vytřásat, zatřást (se)*. Všesl. – p. *trząść*, r. *trjastí*, s./ch. *trésti*, stsl. *tręsti*. Psl. **tręsti* je tvořeno od ie. **trem-s-* tv., příbuzné je lit. *trìmti* 'třást se zimou', gót. *þramstei* 'kobylka', lat. *tremere* 'třást se', alb. *tremb* 'vylekám', ř. *trémō* 'třesu se'.

toch. A *tremi-* 'zlost, hněv'. Srov. ↑*trousit*, ↑*tremolo* i ↓*třepat*.

třeba přísl., část. Všesl. – p. *trzeba*, s./ch. *trěba*, stsl. *trěbě byti* 'být třeba'. Psl. **terba* 'potřeba' má dva možné výklady. Jeden toto slovo ztotožňuje s r. *tréba*, stsl. *trěba* 'oběť' od **terbiti* 'čistit, tříbit' (viz ↓*tříbit*) a předpokládá poněkud problematický významový přechod 'čištění, tříbení' → 'oběť' → 'potřeba'. Druhý výklad zase musí počítat s jinak nedoloženým ie. **terb(h)-* (B7) jako variantou kořene **terp-*, z něhož je stpr. *enterpo* 'potřebuje', gót. *þaúrban* 'potřebovat', něm. *dürfen* 'smět', ř. *térpō* 'nasycuji', sti. *tarpati* 'sytí se'. Srov. ↑*potřeba*.

třemdava 'aromatická bylina s růžovými květy'. Ve starší č. i *třemdala, třevdava, třevdala*. Nepříliš jasné. Vzhledem k výrazné aromatičnosti byliny lze první část spojit se ↑*střemcha*, Ma[2] název vykládá jako 'dávící červy', což příliš nepřesvědčuje (srov. ↑*červ*, ↑*dávit*).

třeň 'dolní část plodnice některých hub'. P. *trzon*, ukr. *čéren* tv. Stejného původu jako ↑*střenka*, srov. i ↓*třenový*.

třenice. Viz ↓*třít*.

třenový *(zub)* 'zub mezi špičákem a stoličkou'. Stč. *třenovník*, slk. *črenový (zub)*, p. *trzonovy (ząb)*, ukr. *čerénnyj (zub)*, r.-csl. *črěnovьnъ (zubъ)*. Psl. základ **črěnъ* (B8,C3) je asi stejný jako v ↑*třeň* a ↑*střenka*, významové souvislosti všech tří slov však nejsou zcela jasné.

třepat, *otřepat (se), potřepat, protřepat, střepat, vytřepat, zatřepat*. Všesl. – p. *trzepać* 'třepat, bít', r. *trepát'* 'rozevlávat, cuchat', ch.st. *trepati* 'bít'. Psl. **trepati* je příbuzné s lit. *trepsěti* 'dupat', stpr. *trapt* 'stoupat', lat. *trepidāre* 'třepetat se, chvět se', sti. *tṛprá-* 'kvapný, nestálý', vše z ie. **trep-* 'cupitat, třepetat se'. Srov.

↓*třepetat (se)*, ↑*treperenda*, ↓*třepit*, jiná varianta kořene je v ↑*třást*.

třepetat, **třepotat**, *třepetavý*, *zatřepetat (se)*. Všesl. – p. *trzepetać*, r. *trepetát'*, s./ch. *trepètati*, stsl. *trepetati*. Psl. *trepetati je odvozeno od *trepetъ 'třepot, chvění' a to od *trepati (viz ↑*třepat*). Viz i ↓*třpytit se*.

třepit, *roztřepit*. P. *strzępić*, r. *trjápka* 'hadr'. Sem patří i ↑*střapec*, *střapatý*. Psl. **(s)trępiti*, základ **tręp-* *(B7)* bude asi nazalizovanou obměnou kořene **trep-* (viz ↑*třepat*).

třes. Viz ↑*třást*.

třesk, *třesknout*, *třeskutý*. Viz ↓*třískat*.

třešeň, **třešně**, *třešnička*, *třešňový*. Všesl. – slk. *čerešňa*, p. *czereśnia*, r. *čeréšnja*, sln. *čéšnja*, s./ch. *trèšnja*, csl. *črěšьnja*. Psl. **čeršьn'a (B8,C3)* je asi tvořeno analogicky podle **višьn'a* od staršího *čerša (srov. csl. *črěša*), jež bylo přejato (možná prostřednictvím nějakých román. či germ. dialektů) z vlat. *ceresia* (lat. *cerasus* tv.) *(B1,B3)*. Ze stejného zdroje je něm. *Kirsche*, niz. *kers*, angl. *cherry*. Lat. slovo je přejato z ř. *kérasos* tv., neznámého původu. Asi z nějakého jazyka Malé Asie, odkud třešeň pochází.

třeštit 'bláznit, blouznit; vyvalovat (oči)', *třeštidlo*, *vytřeštit*, *ztřeštěný*, *potřeštěný*. Stč. *třeščiti* 'praskat, praštět, s třeskotem létat', u Jg 'znepokojovat, trápit, nechávat v nejistotě' a jako zvratné 'házet sebou, pomíjet se smyslem'. P. *trzeszczyć* 'praskat, vřeštět', *trzeszcze* (pl.) '(vytřeštěné) oči', r. *treščát'* 'praskat'. Psl. *treščiti je odvozeno od *treskati (viz ↓*třískat*). Srov. podobně ↑*praskat* – ↑*praštit*, ↑*louskat* – ↑*luštit* ap.

třetí. Všesl. – p. *trzeci*, r. *trétij*, s./ch. *trèći*, stsl. *tretii*. Psl. *tretьjь je pokračováním ie. **tretiio-*, tvořeného příp. **-t(i)io-* od základu, který je v ↓*tři*. Srov. lit. *trēčias*, lat. *tertius* tv.

třezalka 'druh léčivé byliny'. Jen č., nejasné. Snad souvisí s *třes*.

tři, *třetí*, *třetina*, *trojí*, *trojka*, *trojkový*, *trojitý*, *trojice*. Všesl. – p. *trzej*, *trzi*, r. *tri*, s./ch. *trî*, stsl. *trije*, *tri*. Psl. *trъje (m.r.), *tri (ž., stř.r.) je příbuzné s lit. *trỹs*, gót. *þreis*, angl. *three*, něm. *drei (A4)*, stir., wal. *tri*, osk. *trís*, lat. *trēs*, alb. *tre*, ř. *treĩs*, arm. *erek*, sti. *tráyaḥ*, *trī̃*, toch. A *tre*, chet. *tri-*, vše z ie. *treies, *trī tv. Srov. ↑*třetí*.

tříbit, *utříbit*, *vytříbit*, *vytříbený*. Všesl. – p. *trzebić* 'mýtit, hubit, čistit', r. *terebít'* 'mnout; škubat (len)', ch. *trijébiti* 'čistit', s. *trébiti* tv., csl. *trěbiti* 'čistit, mýtit'. Psl. *terbiti 'čistit, mýtit' *(B8)* (z ie. **terb-*) má nejblíže k stir. *trebaid* 'oře, osídluje', jiná podoba kořene (ie. **treib-*) je v ř. *tríbō* 'tru, dřu, pustoším', *tríbos* '(ušlapaná) cesta', jsou to odvozeniny od ie. **ter-* 'třít' (↓*třít*).

třída[1] 'společenská vrstva; druh, kategorie; školní ročník; učebna', *třídní*, *třídnický*, *třídnictví*, *třídit*, *třídicí*, *třídič*, *třídička*, *třídírna*, *roztřídit*, *utřídit*, *vytřídit*. Stč. *třieda* 'řada, řád, třída, střídání' je hláskovou variantou k *střieda* tv. *(C3)*, dále viz ↑*střídat*.

třída[2] 'široká ulice'. Stč. *třieda* 'ulice', ve střední č. i *střída*. Vykládá se jako přejetí z it. *strada* tv. (s přikloněním k *střieda*, *třieda*, viz ↑*třída*[1]) z lat. *(via) strāta* 'dlážděná (cesta)'. Srov. ↑*stratifikace*.

třímat. V obrození přejato z p. *trzymać* 'držet', dále nejasné.

tříska. Z psl. *trěska od *trěskati (viz ↓*třískat*).

třískat, *třísknout*, *otřískat*, *roztřískat*, *vytřískat*, *ztřískat*. Všesl. – p. *trzaskać*, r. *tréskat'*, s. *trèskati*, csl. *trěskati*. Psl. *trěskati je příbuzné s lit. *treškéti* 'pukat, praskat', gót. *þriskan* 'mlátit (obilí)',

tříslo — tucet

něm. *dreschen* tv., angl. *thrash, thresh* 'bít, mlátit', vše z ie. **tre-sk-*, jež může být onom. původu (srov. ↑*praskat*), případně odvozeno od **ter-* 'třít' (↓*třít*). Srov. ↓*tříštit*, ↑*třeštit*, ↑*tříska*, ↑*troska*.

tříslo[1] 'slabina, krajina mezi podbřiškem a stehny', *tříselný*. Stč. *třiesla* 'slabiny, lůno'. P.st. *trzosło* 'bedro', r.st. *čéreslo* tv., stsl. *črěsla* 'bedra, kyčle'. Psl. **čerslo (B8,C3)* se spojuje s lit. *kìrkšnis* 'slabina, tříslo', další souvislosti nejasné. V kořeni se někdy vidí psl. **čersъ* 'skrz, přes', tedy původně 'co jde (napříč) skrz tělo'. Možná etymologicky totožné s ↓*tříslo*[2], srov. i ↑*střevo*.

tříslo[2] 'koželužský přípravek z kůry stromů', *tříslovina*. Sln. *čréslo*, ch. *črijèslo* tv. Psl. **čerslo (B8,C3)* se obvykle vykládá z **čersti* 'řezat, dělat rýhu' (viz ↑*črta*), myslí se na odřezávanou kůru, z níž se přípravek získával (srov. i ↑*kůra*). Problémem však je, že příp. *-slo* obvykle označuje prostředek, nástroj (srov. stpr. *kersle* 'dláto, sekyrka', lit. *keřslas* 'nůž'), mohlo však dojít k přenesení významu.

tříštit, *tříšť, tříštivý, roztříštit*. Zřejmě novější (u Jg slabě doloženo) odvozenina od ↑*tříska*, vlastně 'rozbíjet na třísky'. Dále viz ↑*třískat*, ↑*třeštit*.

třít, *tření, třecí, třený, třenice, dotírat, dotěrný, natřít, nátěr, natěrač, otřít, potřít, potěr, protřít, protřelý, přetřít, rozetřít, setřít, vytřít, výtěr*. Všesl. – p. *trzeć*, r. *terét*', s./ch. *tȓti*, stsl. *trěti*. Psl. **terti (B8)* je příbuzné s lit. *trìnti*, lot. *trīt* tv., něm. *drehen* 'kroutit, vinout', angl. *throw* 'házet', lat. *terere* 'třít', odřírat', alb. *tjerr* 'předu, tahám', ř. *teírō* 'třu, potírám', vše z ie. **ter-* 'třít, drhnout'. Srov. ↑*otrlý*, ↑*trdlo*, ↑*trhat*, ↑*třibit*, ↑*tratit*, ↑*trávit*, ↑*troud*, ↑*trup*.

třmen 'podpora pro nohu jezdce', *třmínek*. Stč. *střmen, střemen, třmen*, *třemen* 'lyra, hudební nástroj' (asi metafora podle tvaru). Všesl. – p. *strzemię* 'třmen, poutko', r. *strémja*, s./ch. *strȅmēn*. Psl. **stremę* nemá jistý původ. Snad je lze srovnat s ř. *strémma* 'zkroucení, otočení' od *stréfō* 'otáčím, kroutím', v obou případech by šlo o dějové subst. tvořené příp. *-men-* od ie. **strebh-* 'vinout, kroutit' *(A9)*.

třpytit se, *třpyt, třpytivý, třpytka*, *zatřpytit se*. Jen č., srovnatelné je p. *trzpiotać się* 'jednat lehkomyslně'. Stará expr. obměna slova ↑*třepetat se*, význam zúžen na míhání světla, lesku.

třtina, *třtinový*. Stč. *trest, trstina* 'rákos' (k hláskovému vývoji srov. ↑*křtít*). Všesl. – p. *trzcina*, r.d. *trost'*, s./ch. *tȓst*, stsl. *trъstь*. Psl. **trъstь* 'rákos' je příbuzné s lit. *trušìs*, lot. *trusis* tv., ř. *thryón* 'rákosí, sítina', vše utvořeno různými formanty od ie. **(s)ter-* 'být tuhý, tvrdý'. Viz i ↑*trs*.

tu přísl. Všesl. – p. *tu*, r.d. *tu*, s./ch. *tû*, stsl. *tu*. Psl. **tu* 'tady, teď' je původem tvar ie. zájmenného kořene **to-* (viz ↑*ten*, srov. ↓*tudíž*, ↑*potud* ap.).

tuba[1] 'válcovitá schránka', *tubička*. Přes něm. *Tube* z angl. *tube* tv. a to přes fr. *tube* 'roura' z lat. *tubus* tv. Srov. ↓*tuba*[2].

tuba[2] 'žesťový hudební nástroj'. Přes něm. *Tuba* z lat. *tuba* 'trouba, polnice', jež je příbuzné s *tubus* 'roura, trubice' (viz ↑*tuba*[1]).

tuberkulóza 'druh infekční nemoci', *tuberkulózní*. Přes moderní evr. jazyky (něm. *Tuberkulose*, fr. *tuberculose*), kde bylo slovo v 19. st. vytvořeno na základě lat. *tūberculum* 'hrbolek', což je zdrobnělina od *tūber* 'hrbol, nádor'. Příbuzné je lat. *tumor* 'otok, nádor' (viz ↓*tumor*). Pojmenováno podle uzlíkatých výrůstků, které se objevují na buňkách postižené tkáně.

tucet, *tuctový*. Z něm.st. *Tutzet, Dutzet* (běžné v 16., 17. st., dnes *Dutzend*) a to přes sthn. *totzen* ze stfr. *dozaine* (dnes *douzaine*) od *douze* 'dvanáct' z lat. *duodecim* tv. (viz ↑*dva* a ↑*deset*).

tučný. Viz ↓*tuk.*

tudíž sp. Stč. *tudiež* 'tamtéž, stejně, hned, zde, sem', p. *tudzież* 'rovněž, také, zároveň, kromě toho'. Nejspíš z **tu-dě-ž(e)*, viz ↑*tu,* ↑*ted,* ↓*že.* Původní je význam místní, pak časový, z toho se pak vyvinul dnešní význam důsledkový (Ma²).

tudy přísl. Srov. ↑*ten* a ↑*kudy.*

tuha, *tuhový.* Jen č. Z nějakého něm. nář. tvaru za spis. *(Eisen)tagel* tv. či z podob jako *duchstein* (15. st.), *Tugstein* (16. st.) ap. za spisovné *Tuffstein,* vlastně 'sopečná hornina', z it. *tufo* z lat. *tōfus* tv. a to asi z osk. (Ma²). Slovo bylo přejato z něm. nářečí v oblasti Šumavy, kde jsou světoznámá naleziště tuhy. Srov. ↓*tužka.*

tuhý, *tuhost, tuhnout, přituhnout, ztuhnout.* P. *tęgi,* r. *tugój,* sln. *tôg,* csl. *tǫgъ* 'silný, pevný'. Psl. *tǫgъ znamenalo původně asi 'napnutý', východiskem je ie. **tengh-* 'táhnout, napínat' *(A6,B7).* Viz ↑*touha,* ↑*těžký,* ↑*táhnout,* srov. ↓*tuze,* ↓*tužit se.*

ťuhýk 'zpěvný pták se zahnutým zobákem'. Onom. původu, podle hlasu, který vydává. Dříve název pro sýčka (u Komenského), zatímco ťuhýk byl ve stč. *strakopud* (viz ↑*strakapoud*).

tuchnout, *utuchnout, ztuchnout, ztuchlina, zatuchnout, zatuchlý.* Stč. *tuchnúti* 'utuchat, hasnout', *ztuchnúti* 'ztuchnout, zvlhnout; utuchnout'. P. *tęchnąć* 'splaskávat (o opuchlině); tuchnout', r. *túchnut'* 'hasnout; zahnívat, kazit se', s./ch. *tȕhnuti* 'zasmrádnout', csl. *potǫchnǫti* 'pohasnout'. Psl. asi *tǫchnǫti (druhotná nazalizace) i *tuchnǫti za původní *tъchnǫti (srov. nář. *zatchlý,* r.d. *zátchlyj* 'zatuchlý'). Příbuzné je lot. *tusnīt, tust* 'supět, těžce dýchat' a dále slova uvedená pod ↓*tušit.* Řada badatelů oba významy 'hasnout, utuchat' a 'zahnívat, kazit se' etymologicky rozděluje, ale spojit se dají – ať už např. 'hasnout' → 'těžce dýchat' (viz lot.) → 'vydávat zápach' (srov. ↑*tchoř*) či 'hasnout' → 'vlhnout' (viz stč.) → 'tuchnout, kazit se'. Srov. i ↑*poťouchlý.*

túje 'cizokrajný jehličnatý strom'. Ze střlat. *thuja* z ř. *thyía* asi středomořského původu.

tuk, *tukový, tučný, tučňák, tučnět, ztučnět, odtučnit.* P., r. *tuk,* s./ch.d. *tȕk,* csl. *tukъ.* Psl. *tukъ je příbuzné s lit. *tául̃kas* 'kousek sádla', *tùkti* 'tučnět', stpr. *taukis* 'sádlo, omastek', sthn. *dioh* 'stehno', angl. *thigh* tv. *(A4),* lat. *tuccētum* 'druh špekáčku', vše z ie. **teu-k-* 'tuk; tučnět' od **teu-* 'bobtnat, vzdouvat se'. Srov. ↓*týt,* ↓*týl.*

tukan 'druh exotického ptáka'. Ze šp. *tucán* a to z brazilského jazyka guaraní.

ťukat, *ťuknout, naťukat, oťukat, vyťukat, zaťukat.* Onom. původu (citosl. *ťuk*), srov. ↑*tikat.*

tuleň, *tulení.* Presl převzal z r. *tjulén',* jež se považuje za výpůjčku z laponštiny (východolapon. *tulla,* západolapon. *dullja* tv.).

tulipán. Přes něm.st. *Tulipan* z nlat. *tulipan,* it. *tulipano,* jež bylo v 16. st. přejato z tur. *tülbend* 'turban' (viz ↓*turban*). Název podle podoby květu.

tulit se, *přitulit se, přítulný, stulit se, útulný, útulek.* P. *tulić* 'vinout k sobě, skrývat', r.d. *tulít'* 'skrývat', sln. *túliti se* 'ohýbat se, tlačit se'. Psl. *tuliti 'vinout, ohýbat' nemá přesvědčivý výklad. Odvozuje se od *tulъ 'toulec' (↑*toulec*), ale významově to není příliš přesvědčivé. Srov. i ↑*toulat se.*

ťulpas ob. expr. 'hlupák, nešika'. Nejspíš z něm. *Tolpatsch* tv. (s expr. *ť-* a příp. *-as*), původně *Tolbatz* (kolem r. 1700) 'maďarský pěší voják' a to žertovně z maď. *talpas* 'mající široká chodidla' od *talp* 'chodidlo, tlapa'. Vedle toho je i něm. *Tölpel* tv., což je obměna střhn. *dörper*, doslova 'vesničan' (srov. něm. *Dorf* 'ves').

tumor 'nádor'. Z lat. *tumor* tv. od *tumēre* 'nadouvat se, puchnout'. Srov. ↑*tuberkulóza* i ↓*týt*.

tumpachový ob. expr. 'zaražený, zmatený'. Asi ze střhn. *tumphaft, tumplich* 'přihlouplý, hloupý' či jiné podobné složeniny s *tump-* 'hloupý'. Z toho je něm. *dumm* tv., srov. i angl. *dumb* 'němý'.

tůň, *tůňka*. Stč. *tóně*, p. *toń*, r.d. *tónja*, sln.st. *tônja*. Psl. **to(p)nʼa*, původně 'hluboké, rybnaté místo (v řece)' *(A9)*, je odvozeno od **topiti (sę)* (viz ↑*topit*[2]). Srov. i ↑*tonout*.

tuna, *tunový*. Stč. *tuna* 'bečka, sud' je přejato ze střhn. *tunne* tv. a to ze střlat. *tunna, tonna* 'velká nádoba', asi kelt. původu. Původně tedy míra objemu, v 19. st. přeneseno na hmotnost. Srov. ↑*tonáž*, ↓*tunel*.

tuňák 'velká mořská ryba s chutným masem'. Přes něm. *Thunfisch* z lat. *thunnus, thynnus* z ř. *thýnnos* tv. a to nejspíš z nějakého semit. jazyka (srov. ar. *tinnīn* 'velká ryba', hebr. *tannīn* 'mořský pes').

tundra 'polární step'. Z r. *túndra* tv. a to nejspíš z fin. *tunturi* 'vysoká bezlesá hora' či laponského *tundar, tuoddar* 'hora'.

tunel, *tunelový, tunelář, tunelovat, vytunelovat*. Přes něm. *Tunnel* z angl. *tunnel* tv., původně 'štola, podkop, komín', a to metaforou ze stfr. *tonel*, což je zdrobnělina od *tonne* 'bečka, sud'. Srov. ↑*tuna*.

tunika 'spodní splývavý šat jednoduchého střihu'. Z lat. *tunica* tv. a to zřejmě z nějaké semit. předlohy

příbuzné s aram. *kithuna*, hebr. *kᵉtonet* 'košile nosící se na holém těle'.

tupírovat 'načechrávat vlasy hřebenem'. Z něm. *toupieren* tv. od *Toupet* (dříve i *Tupee, Toupee, Toppé*) 'účes vyčesaný do výšky' (odtud naše *tupé*) z fr. *toupet* 'chomáček vlasů' od stfr. *top* tv., jež je přejaté z germ., asi z frk. **top* 'špička'. Viz i ↑*cop*, srov. ↑*top-*.

tupit 'hanět, ostouzet'. Nejspíš stejného původu jako ↓*tupý*.

tuplovaný ob. 'dvojitý', *tuplem, tuplák*. Od něm. *doppelt* tv. a to přes stfr. *doble* z lat. *duplus* tv. od *duo* 'dvě'. Srov. ↑*debl*.

tupý, *tupost, tupec, tupit, otupit, potupit, potupa, potupný, ztupit, otupět, otupělý*. Všesl. – p. *tępy*, r. *tupój*, s./ch. *tûp*, csl. *tǫpъ* 'tupý, tlustý'. Psl. **tǫpъ* *(B7)* nemá jistý původ. Srovnává se s něm. *stumpf* tv., *stampfen* 'tlouci', jež vychází z ie. **stemb-*, od něhož je i ř. *stémbō* 'pěchuji, tupím', od varianty **ste(m)bh-* sem patří např. lit. *stambùs* 'hrubý', sti. *stambhatē* 'podpírá, zadržuje'. Pro **tǫpъ* je třeba vycházet z ie. **stemp-, *stomp-*, od něhož je i **stǫpati* (↑*stoupat*). Původní význam těchto příbuzných ie. kořenů je 'podpírat, zadržovat, tlačit, udupávat ap.', původní význam psl. **tǫpъ* by tedy byl 'utlačený, zbavený výraznosti ap.', z čehož dobře vysvětlíme i význam slovesa 'hanobit, ničit' (v č. a p.). Jiný výklad spojuje s lit. *tampýti* 'táhnout', stisl. *þambr* 'tlustý, vzdutý', lat. *tempus* 'čas', vše od ie. **temp-* 'táhnout, napínat'.

tur 'druh přežvýkavce'. P., r. *tur*, sln. *tûr*, stsl. *turъ*. Psl. **turъ* je příbuzné s lit. *taũras* 'buvol, tur', stpr. *tauris* 'tur', wal. *tarw* 'býk', umb. *turuf, toru*, lat. *taurus*, ř. *taũros* tv. Východiskem je ie. **təuro-*, jež se vykládá od **teu-* 'nadouvat se, být tlustý'. Na druhé straně lze pozorovat překvapivou podobnost se semit. slovy (ar. *twr*, aram. *tōr*, akkad. *šūru*), takže může jít o prastarou výpůjčku ze semit. jazyků, či vůbec z východu, kde byl kult býka velmi silný.

túra, *turista, turistka, turistický, turistika, turismus*. Přes něm. *Tour* z fr. *tour* '(okružní) cesta, procházka', původně 'obrat, otočení', a to z lat. *tornus* 'soustruh, dláto' pod významovým vlivem odtud odvozeného stfr. *tourner* 'otáčet, obracet'. Lat. slovo je z ř. *tórnos* 'kružidlo, řezbářský nůž'. Srov. ↓*turnus*, ↓*turnaj*, ↑*tornádo*, ↑*storno*.

turban 'orientální pokrývka hlavy'. Přes něm. *Turban* z tur. *tülbend* z per. *dülbänd* tv. a to údajně z *dil* 'srdce' a *bändän* 'vázat'. Srov. ↑*tulipán*.

turbína 'rotační lopatkový motor', *turbínový, turbo-*. Přes něm. *Turbine* z fr. *turbine* tv. (takto pojmenoval svůj vynález fr. inženýr Burdin r. 1824). Název vychází z lat. *turbō* (gen. *turbinis*) 'vír, bouře, závit'. Srov. ↓*turbulence*.

turbulence 'nepravidelné atmosférické proudy'. Z moderních evr. jazyků (něm. *Turbulenz*, fr. *turbulence*), kde bylo zač. 20. st. vytvořeno na základě pozdnělat. *turbulentia* 'neklid, zmatek', lat. *turbulentus* 'nespořádaný, bouřlivý' od *turba* 'vřava, zmatek', *turbāre* 'rozhodit, uvést ve zmatek'. Srov. ↑*turbína*.

turf 'dostihová dráha, dostihový sport'. Z angl. *turf* tv., původně 'trávník, drnovina'. Příbuzné je sti. *darbha*- 'trs trávy'.

turista. Viz ↑*túra*.

turnaj, *turnajový*. Stč. *turnaj, turnej, turnovánie*. Ze střhn. *turnei, tornei* ze stfr. *tornoi* od *tornoier, tornier* 'bojovat v turnaji', doslova 'obracet se, otáčet se', z lat. *tornāre* 'soustružit, kroužit' od *tornus* 'soustruh'. Viz ↑*túra*, ↓*turnus*, ↑*storno*.

turné 'organizovaná cesta s veřejným vystoupením v různých místech'. Z fr. *tournée* 'okružní cesta' od *tourner* 'obracet (se), otáčet (se)'. Dále viz ↑*turnaj*, ↑*túra*.

turniket 'zařízení vpouštějící návštěvníky po jednom'. Z fr. *tourniquet*, jež se obvykle vykládá od *tourner* 'otáčet (se)' (viz ↑*turnaj*, ↑*túra*). Vzhledem k významu 'bojová košile' (15. st.) se však také vychází ze staršího *turniquet, turniquel* od *turnicle, tunicle* z lat. *tunicula*, zdrobněliny od *tunica* (viz ↑*tunika*). Vliv slovesa *tourner* na formu i význam by pak byl druhotný.

turnus 'běh, pravidelné návazné opakování nějaké akce'. Z něm. *Turnus* tv. z nedoloženého střlat. **turnus* 'změna, sled' a to z lat. *tornus* 'soustruh' zřejmě pod vlivem odtud odvozeného slovesa *tornāre* 'otáčet, obracet' a jeho kontinuantů v román. jazycích (fr. *tourner*, it. *tornare*, šp. *tornar*). Viz i ↑*turnaj*, ↑*túra*, ↑*storno*.

tuřín 'druh krmné řepy'. Z nář. tvarů něm.st. *Dorsche, Torsche* tv. Částečná podoba angl. *turnip* tv. je zřejmě náhodná, první část se spojuje s *turn* 'točit se'.

tuš[1] 'nesmazatelná (černá) barva', *tušový*. Z něm. *Tusche* tv. od *tuschen* 'nanášet černou tiskařskou barvu, malovat tuší' z fr. *toucher* tv., v základním významu 'dotýkat se', z vlat. **tōcāre* 'bít, zasahovat' asi onom. původu. Srov. ↑*retušovat*, ↑*tečovat*.

tuš[2] 'krátká slavnostní fanfára'. Z něm. *Tusch* tv., původem z rak. nářečí, kde slovo znamená 'úder, hlahol, ryčný zvuk'. Původ onom.

tušit, *tušení, vytušit, potucha*. Stč. *tušiti* 'mít naději'. P. *tuszyć* 'doufat, slibovat', r. *tušít'* 'hasit, dusit (pokrm)', s./ch. *túšiti* 'dusit (pokrm)'. Psl. **tušiti* je kauzativum k **tuchnǫti* (viz ↑*tuchnout*), původní význam tedy je 'upokojovat, hasit, tlumit'. Z toho pak v zsl. 'dávat naději, doufat' a dále v č. 'předvídat, vyciťovat'. Příbuzné je stpr. *tusnan* 'tichý', lit. *tausýtis* 'utichnout (o větru)', střir. *tó* 'tichý, klidný', sti. *tošáyati* 'konejší, upokojuje' (kauzativum k *túšyati* 'je spokojen'), chet. *dahušiia* 'čekat, pokojně se dívat', vše z ie. *taus- 'tichý, spokojený'.

tutlat, *ututlat*. Asi expr. útvar typu ↑*patlat*, ↑*matlat*, případně i ↑*šuškat*, ↑*šišlat* (srov. něm. *tuscheln* 'šuškat', *vertuscheln* 'tutlat'). Další spojování s ↑*tlít* (HK), či ↑*tuchnout*, ↑*tušit* (srov. sln.d. *túhtati* 'dusit, skrývat, tajit') (Ma²) je tedy asi bezpředmětné.

tutový ob. 'jistý, zaručený', *tutovka*. Zřejmě k it. *tutto* 'všechno' z lat. *tōtus* 'celý, všechen'. Srov. ↑*totální*.

tuze přísl. Stč. *tuzě* 'pevně, vytrvale, velmi'. Přísl. od ↑*tuhý*.

tuzér hov. 'spropitné'. Přes něm. *Douceur* tv. z fr. *douceur* 'sladkost', v pl. dříve i 'spropitné', z pozdnělat. *dulcor* 'sladkost' od lat. *dulcis* 'sladký, lahodný'.

tužit (se), *tužidlo, otužit, otužilý, utužit, vyztužit, výztuž*. Od ↑*tuhý*, vlastně 'dělat (se) pevným, tvrdým'.

tužka, *tužkový, tužkárna*. Od ↑*tuha*, Jungmannův návrh za *olůvko* (Jg).

tvar, *tvarový, tvárný, tvárnost, tvárnice, tvarovat, vytvarovat*. Novější (doklady až od obrození) obměna slova ↓*tvář*, viz i ↓*tvořit*.

tvaroh, *tvarůžek, tvarohový*. P. *twaróg*, r. *tvoróg*, b. *tvaróg*. Psl. *tvarogъ je asi odvozeno od *tvoriti (↓*tvořit*, ↓*tvář*), srov. č.st. *tvořidlo* 'forma na sýry' a fr. *fromage*, it. *formaggio* 'sýr' z vlat. *formaticum* od *formāre* 'tvořit', *forma* 'tvar, forma'. Pochyby vzbuzuje neobvyklá příp. *-ogъ*, proto se někdy vykládá jako přejetí z ttat. (srov. mong. *tarak* 'sedlé mléko', starouzbecké *torak* 'sýr', maď. *túró* 'tvaroh') (Ma²). Něm. *Quark*, pozdně střhn. *twark*, je ze zsl.

tvář, *tvářička, tvářnost, tvářit se, zatvářit se, přetvařovat se, přetvářka*. Stč. *tvář* 'podoba, tvář, tvor'. Všesl. – p. *twarz* 'tvář, obličej', r.d. *tvar* 'tvář, tvor', s./ch. *tvâr* 'látka, hmota; tvor', stsl. *tvarь* 'tvor, výtvor'. Psl. *tvarь, původně asi 'stvoření, výtvor', je odvozeno od *tvoriti (viz ↓*tvořit*, srov. ↓*tvor*, ↑*tvar*).

tvíd 'silnější látka s uzlíky', *tvídový*. Z angl. *tweed*, jež vzniklo v 19. st. mylným čtením angl. *twilled* 'keprový, křížně tkaný' či spíše přikloněním k názvu řeky *Tweed*, jež protéká oblastí, kde se látka vyráběla. Angl. *twill* 'kepr, křížová vazba' je odvozeno od *two* 'dva', vlastně 'tkaný dvojí nití'.

tvor, *tvoreček, tvorstvo*. P. *twór* 'tvor, dílo', str. *tvorъ* 'vzhled, podoba', sln. *tvôr* 'vřed', csl. *tvorъ* 'tvar'. Psl. *tvorъ je odvozeno od *tvoriti (viz ↓*tvořit*, srov. ↑*tvář*, ↑*tvar*).

tvořit, *tvoření, tvořivý, tvořivost, tvorba, tvůrce, přetvářet, přitvářet, stvořit, stvoření, stvořitel, utvářet, útvar, znetvořit*. Všesl. – p. *tworzyć*, r. *tvorít'*, s./ch. *tvòriti*, stsl. *tvoriti*. Psl. *tvoriti je opětovací sloveso od nedoloženého *tverti, které odpovídá lit. *tvérti* 'uchopit, chytit; oplotit', lot. *tvert* 'chytat, lovit', ř. *seirā́* 'provaz, pouto' od ie. **tu̯er-* 'uchopit; ohraničit, oplotit'. Ve slov. byl vývoj asi 'oplotit, ohraničit' → 'dát něčemu tvar' → 'tvořit'. Srov. ↑*tvář*, ↑*tvor*, ↑*potvora*, ↓*tvrdý*.

tvrdý, *tvrdost, tvrdnout, ztvrdnout, tvrdit, tvrzení, tvrzený, potvrdit, stvrdit, utvrdit (se), zatvrdit se*. Všesl. – p. *twardy*, r. *tvërdyj*, s./ch. *tvȓd*, stsl. *tvrъdъ*. Psl. *tvьrdъ odpovídá lit. *tvìrtas* 'silný, pevný', lot. *tvirts* 'kovaný, pevný', dále jsou příbuzná slova uvedená pod ↑*tvořit*. Původní význam je asi 'dobře uchopitelný, ohraničitelný'.

tvůj zájm. Všesl. – p. *twój*, r. *tvoj*, s./ch. *tvôj*, stsl. *tvojь*. Psl. *tvojь odpovídá stpr. *twais*, obojí je z ie. **tu̯oi̯o-*, což je odvozenina od osobního zájm. **tu-*, **tu̯e-* (viz ↓*ty*). Příbuzné tvary jsou v lit. *tāvas*, stir. *toí*, lat. *tuus*, ř. *sós*, sti. *tváh* tv.

twist 'druh tance'. Z angl. *twist* tv., vlastně 'kroucení, točení, křivení', od *twist* 'kroutit, točit, křivit'. Souvisí s *two* 'dva', původně asi 'dvakrát ohnutý'. Srov. ↑*tvíd*.

ty zájm. Všesl. – p., r. *ty*, s./ch. *tî*, stsl. *ty*. Psl. **ty* odpovídá stpr. *tou*, gót., stisl. *þū*, wal. *ti*, alb. *ti*, lat. *tū*, av. *tū*, vše z ie. **tū̆ (B5)*, zatímco lit. *tù*, lot. *tu*, něm. *du*, angl.st. *thou*, ř. *sý*, sti. *tuvám*, chet. *tu-k(ka)* je z krátkého **tu*. Psl. gen. **tebe* je z ie. **teu̯é*; *-b-* je podle dat. **tebě* z ie. **tebhoi (B2)*, z něhož je i stpr. *tebbei*, lat. *tibi*. Srov. ↑*tvůj*.

tyč, *tyčový*, *tyčka*, *tyčkový*, *tyčkař*, *tyčinka*, *tyčinkový*, *tyčinkovitý*, *tyčit se*, *vytyčit*, *vztyčit*. P. *tycz*, r. *tyčínka*. Psl. **tyčь* je odvozeno od **tykati* 'bodat, vrážet' (viz ↓*týkat se*).

týden, *týdenní*, *týdeník*. Stč. *týžden*, slk. *týždeň*, p. *tydzień*, sln. *têden*, ch. *tjèdan*. Pojem až křesťanský, jen u katolických Slovanů (na východě je **neděl'a*). Vlastně 'týž den', tj. den opakující se po uplynutí sedmidenního cyklu (viz ↓*týž* a ↑*den*).

tyf(us) 'těžké nakažlivé horečnaté onemocnění', *tyfový*. Z nlat. *typhus* tv. z ř. *tỹfos* 'dým, temnota, omámení' od *týfō* 'dýmám', *tyfóō* 'omamuji, zaslepuji'. Původně označení pro různá těžká onemocnění, při nichž dochází k zakalení vědomí a mrákotám.

tygr, *tygřice*, *tygří*. Přes něm. *Tiger*, fr. *tigre* z lat. *tigris* z ř. *tígris*, zřejmě východního původu. Možná souvisí se stper. *tigra-* 'ostrý', av. *tigri-* 'šíp'.

tykat, *tykání*. Vlastně 'říkat *ty*', viz ↑*ty*.

týkat se, *tknout se*, *tykadlo*, *netýkavka*, *dotýkat se*, *dotyk*, *potýkat se*, *potyčka*, *protknout*, *stýkat se*, *vetknout*, *vytýkat*, *výtka*, *zatýkat*, *zátka*. Všesl. – p. *tykać (się)*, r. *týkať'* 'píchat, zarážet', s./ch. *ŕicati* 'dotýkat se', csl. *tykati* 'bodat'. Psl. **tykati* 'bodat, dotýkat se' je opětovací sloveso od **tъknǫti* (↑*tknout se*), příbuzné je lot. *tūcīt* 'zapichovat, vtiskávat' a dále asi i lot. *tukstēt* 'bít', sthn. *dūhen* 'tlačit', ř. *týkos* 'kladivo, dvojitá sekera', vše asi z ie. **(s)teuk-* od **(s)teu-* 'tlouci, tlačit'. Srov. ↑*tkát*, ↑*tkvět*, ↑*důtka*, ↑*otka*.

tykev 'dýně'. P. *tykwa*, r. *týkva*, s./ch. *ŕikva*, csl. *tyky*. Psl. **tyky* (gen. **tykъve*) nemá jasný původ. Obvykle se počítá s přejetím z nějakého neznámého jazyka, z něhož by bylo i ř. *sikýa* tv., *sikyós* 'okurka' a asi i *sýkon* 'fík' (srov. ↑*fík*), lat. *cucumis* 'okurka', upozorňuje on i na fr.d. (languedocké) *tüko* 'tykev' i it. *zucca* tv. (srov. ↑*cuketa*).

tyl 'jemná síťová látka', *tylový*. Přes něm. *Tüll* z fr. *tulle* a to podle fr. města *Tulle*, kde se tato látka vyráběla.

týl, *týlový*, *týlní*, *zátylek*. P. *tył*, r. *tyl*, sln. *tîlnik*, csl. *tylъ*. Psl. **tylъ* 'zadní část hlavy a krku' je příbuzné s lot. *tulzuns* 'oteklina', stper. *tūlan* 'mnoho', alb. *tul* 'maso bez kosti', ř. *týlē* 'hrbol, mozol', sti. *tūla-* 'chumáč, chochol', vše od ie. **teu-l-*, což je rozšíření kořene **teu-* 'otékat, nadouvat se'. Ve slov. tedy 'tlustá zadní část krku'. Srov. ↑*tlustý*, ↓*týt*, ↑*tuk*, ↑*tisíc*, ↑*tumor*.

tým 'sportovní družstvo; pracovní kolektiv', *týmový*. Z angl. *team* tv. ze stangl. *tēam* 'spřežení' od *tēon* 'táhnout'. Příbuzné je něm. *ziehen* tv., *Zaum* 'uzda'.

tymián 'druh koření', *tymiánový*. Přes něm. *Thymian* z lat. *thymum* tv., *thymiāma* 'kadidlo' z ř. *thymíama* tv. od *thymiáō* 'okuřuji kadidlem' od ř. *thymós* 'dech, duch', původně 'dým'

tympán (viz ↑*dým*). Tato rostlina byla totiž pro svou výraznou vůni užívána při zápalných obětech.

tympán 'kotel, laděný bicí nástroj'. Z lat. *tympanum* (případně přes něm. *Tympanon*) a to z ř. *týmpanon* 'ruční bubínek' od *týptō* 'tluču'. Srov. ↓*typ*, ↑*témbr*.

typ, *typový, typický, typičnost, typizovat, typizace*. Přes něm. *Typ* tv. z lat. *typus* 'obraz, figura; tisk' z ř. *týpos* 'úder, ráz, podoba, figura, obrys, vzor' od *týptō* 'tluču, tlačím, zasahuji'. Srov. ↓*typografie*, ↑*tympán*.

typografie 'sazba a knihtisk', *typograf, typografický*. Viz ↑*typ* a ↑*-grafie*.

tyran, *tyranka, tyranský, tyranie, tyranizovat*. Přes něm. *Tyrann* z lat. *tyrannus* z ř. *týrannos* 'samovládce, pán, tyran' neznámého, asi maloasijského původu. Lid. etym. *(D2)* spojeno s ↓*týrat*.

týrat, *týraný, utýrat, ztýrat*. P. *terać* (dříve *tyrać*) 'ničit, promarňovat'.

Možná je příbuzné i r. *turít'* 'pohánět', s./ch. *tūrati* 'vrhat, strkat' (střídání *tū-* – *tou-* *(B2,B5)*), ale i tak dále nejasné. Významem by se hodilo spojení s kořenem **ter-* (viz např. ↑*třít*, ↑*trávit*, ↑*trhat*), ale hláskoslovně je to velmi problematické.

tyrkys 'modrý či zelený polodrahokam', *tyrkysový*. Přes něm. *Türkis* z fr. (stř.fr.) *turquoise*, doslova 'turecký (kámen)'. Podle toho, že v Turecku jsou bohatá naleziště tohoto polodrahokamu.

týt knIž. 'těžit, kořistit'. P. *tyć* 'tloustnout, tučnět', r.st. *tyt'*, s./ch. *tȉti* tv. Psl. **tyti* vychází z ie. **tēu-*, **tū-* 'bobtnat, tučnět' *(B5)*, z něhož je např. sti. *tūya-* 'silný', k dalším odvozeninám viz ↑*týl*, ↑*tuk*, ↑*tumor*, srov. i ↑*tur*, ↑*tisíc*, ↓*zotavit (se)*.

týž zájm. Jen č. Stč. *týž(e)*. Z **tъjь (B9)* (viz ↑*ten* a ↑*jenž*, takto přidané **jь* má obdobnou funkci jako určitý člen) a **ž(e)* (viz ↓*že*). Srov. ↑*též*, ↑*kéž*, ↑*týden*.

U

u předl. P., r., s./ch., stsl. *u* (v sln. jen jako předp.). Psl. **u* je příbuzné s lot. *au-* 'pryč, od', lat. *au-* tv. (srov. *auferre* 'odnést'), sti. *ava-* 'od, dolů' a asi i chet. *u-* 'sem', vše z ie. **au-* 'od, dolů, pryč' *(B2)*. Původní odlučovací význam je ve slov. zachován u předp. – srov. ↓*utéci*, ↓*ubohý, uskočit, ukrást* ap.; u předl. se vyvinul z významu směrového význam místní blízkosti.

ú- předp. Splývají tu dvě předpony – jedna je prosté zdloužení předp. *u-* (↑*u*) (např. ↓*úkol,* ↓*úpon,* ↓*úrok*), druhá je z psl. **ǫ-* (viz ↓*v*) (např. ↓*údolí,* ↓*útek,* ↓*úvoz*), někdy nelze s jistotou určit, o kterou z nich jde.

ubikace 'hromadná ubytovna'. Nejspíš z it. *ubicazione* 'poloha', *ubicare* 'umístit' a to od lat. *ubi* 'kde'.

ublížit. Jen č. a p. *ubliżyć*. Souvisí s ↑*blízký*; zdá se, že je zde zachován původní význam 'bít, tlačit' (srov. ↑*blizna*).

úbočí. Dříve i *úboč* (Jg). Asi z p. *ubocz* 'bok, ústraní, svah', viz ↑*ú-* a ↑*bok*.

ubohý, *ubohost, ubožák, ubožačka, ubožátko*. Všesl. – *ubogi*, r. *ubógij*, s./ch. *ùbog*, stsl. *ubogъ*. Psl. **ubogъ* je složeno z **u-* 'od, pryč' (viz ↑*u*) a **bogъ* ve významu 'podíl, štěstí, dostatek' (viz ↑*bohatý*, ↑*bůh*), původní význam tedy je 'odloučený od podílu, dostatku'.

úbor. Z p. *ubiór* 'úbor, oděv' od *ubierać (się)* 'oblékat (se)', viz ↑*ú-* a ↑*brát*.

ubrus, *ubrousek*. Již stč. P. *obrus*, r. *ubrús* 'šátek na hlavu, ručník', s./ch. *ùbrus* 'ručník, ubrousek, šátek', stsl. *ubrusъ* 'potná lázeň'. Psl. **ubrusъ* znamenalo původně 'utěrka, to, čím (se) otíráme, drhneme'. Viz ↑*u* a ↑*brousit*.

účast, *účastnit se, účastník, účastnice, zúčastnit se*. Stč. *účastek* 'část, účast, podíl'. Viz ↑*ú-* a ↑*část*.

účel, *účelný, účelnost*. Jen č., novější (Jg). Asi 'to, co je v čele, na předním místě', viz ↑*ú-* a ↑*čelo*.

účet, *účetní, účetnický, účetnictví, účtovat, zúčtovat*. Viz ↑*ú-* a ↑*číst*, srov. ↑*počet*.

účinek, *účinný, účinnost*. Viz ↑*ú-* a ↑*činit*.

učit, *učení, učený, učenec, učenlivý, učitel(ka), učitelský, učitelství, učeň, učnice, učňovský, učební, učebnice, učebna, učedník, učednice, učednický, naučit (se), nauka, naučný, poučit (se), poučný, poučka, přeučovat (se), přiučit (se), vyučit se, výuční, vyučovat, výuka, zaučit (se), nedouk, samouk*. Všesl. – p. *uczyć*, r. *učít'*, s./ch. *ùčiti*, stsl. *učiti*. Psl. **učiti* je příbuzné s psl. **vyknǫti* 'navyknout si' (viz ↓*-vykat*) a dále s lit. *jùnkti* tv., stpr. *jaukint* 'cvičit, učit se', gót. *bi-ūchts* 'obvyklý', stir. *to-ucc-* 'rozumět', arm. *usanim* 'naučím se, navyknu si', sti. *účyati* 'je zvyklý', vše z ie. **euk-* 'navyknout si' *(B1,B2)*.

úd. P. *udo* 'stehno, kýta', str. *udъ*, s./ch. *ûd*, stsl. *udъ*. Psl. **udъ* lze nejlépe vyložit z ie. **au-dho-*, složeného z **au-* 'od, pryč' (↑*u*) a odvozeniny od **dhē-* 'položit' (viz ↑*dít se*, ↑*dít*). Původní význam by pak byl 'co je položeno stranou (od těla)'. K podobnému tvoření srov. ↓*záda*, ↑*půda*, ↑*pod*, ↑*soud*.

údaj, *údajný*. U Jg *udaj*, novější. Od *udati*, viz ↑*u* a ↑*dát*.

udát se, *událost*. P. *udać się* 'podařit se', r. *udát'sja* tv. Viz ↑*u* a ↑*dít se*, podoby s *-a-* vznikly kontaminací *(D3)* s ↑*dát*. Srov. ↓*zdát se*.

udatný, *udatnost.* P. *udatny* 'schopný, zručný, zdařilý, úspěšný', r. *udáčnyj* 'zdařilý, úspěšný'. Původně 'schopný, zdařilý', viz ↑*u* a ↑*dát,* srov. ↓*zdatný, vydatný.*

udeřit, *úder, úderný, úderník, údernický, úderka.* Všesl. – p. *uderzyć,* r. *udárit',* s./ch. *ùdariti,* stsl. *udariti.* Psl. **udariti* je tvořeno z **u-* (↑*u-*) a odvozeniny od ie. **dher-* 'dřít' (viz ↑*dřít*). Č. a p. *-e-* není příliš jasné, asi působení nějakých podobných tvarů (č. *deru* ap.?).

udice, *udička, udidlo.* Všesl. – p. *węda,* r. *udá, údočka,* s./ch. *ùdica,* csl. *ǫda.* Psl. **ǫda* se vykládá z **ǫ-* 'v-' (viz ↓*v,* ↑*ú-*) a odvozeniny od ie. **dhē-* 'položit' (↑*dít se,* ↑*dít*), tedy původně 'to, co je vloženo (do vody)'. Srovnává se s lit. *eñdas* 'část rolnických saní', *iñdas* 'nádoba'. Srov. ↓*udidlo,* ↑*úd,* ↓*vnada.*

udidlo 'kovová část uzdy'. P. *wędzidło,* r. *udílo.* Psl. **ǫdidlo* má stejný původ jako **ǫda* (viz ↑*udice*), význam je 'co se vkládá (koni do huby)'. Srov. i ↓*uzda.*

udit, *uzený, uzenka, udírna, proudit, vyudit.* P. *wędzić,* ukr. *vudýty,* sln.d. *odíti,* csl. *ǫditi.* Psl. **(v)ǫditi* je střídáním kořenné samohlásky *(A6)* spojeno s **vęd-,* které je ve ↓*vadnout.*

údolí, *údolní.* Stč. *údol, údolé (C5),* p. *wądół* 'příkop, úvoz', r. *udól* 'nížina', csl. *ǫdolъ* tv. Psl. **ǫdolъ* se skládá z **ǫ-* (viz ↑*ú-*) a **dolъ* (viz ↑*důl*).

uhel, *uhlový, uhlí, uhelný, uhlák, uhlíř, uhlířský, uhelnatý, uhelnatět, zuhelnatělý, uhlík, uhlíkatý, uhličitý, uhličitan.* Všesl. – p. *węgiel,* r. *úgol,* ch. *ùgljēn,* s. *ùgalj,* stsl. *ǫglь.* Psl. **ǫglь (B7)* odpovídá lit. *anglìs,* stpr. *anglis* tv., příbuzné je i ir. *aingeal* 'světlo, oheň', per. *angišt* 'uhel', sti. *áṅgāra-* tv., vše od ie. **ang(li)-, *angelo-* 'uhel, uhlí'.

úhel, *úhlový, úhelný, úhelník.* Všesl. – p. *węgieł,* r. *úgol,* s./ch. *ùgao,* stsl. *ǫgъlъ.* Psl. **ǫgъlъ* je příbuzné s něm.d. *Enkel* 'kotník', angl. *ankle* tv., lat. *angulus* 'úhel', vše z ie. **angulo-* od **ang-* 'ohýbat', od něhož je např. i sti. *áṅga-* 'úd', toch. A *añcäl* 'oblouk'. Srov. i ↑*pavouk,* ↑*ječmen.*

uher, *uhrovitý.* Všesl. – p. *wągr, węgier,* r. *úgor',* s./ch. *ùgrk* 'hmyzí larva'. Psl. **ǫgrъ* je příbuzné s lot. *anksteri* 'červi, larvy', sthn. *angar* 'obilní červ', něm. *Engerling* 'hmyzí larva', vše od ie. **ang^u(h)i-* 'had, červ'. Srov. ↓*užovka,* ↓*úhoř.*

uhodnout. Stará varianta k *uhádnout* (viz ↑*hádat*).

úhona, *bezúhonný.* Od *uhnati,* viz ↑*u* a ↑*hnát.*

úhor 'ladem ležící půda'. P. *ugor.* Psl. asi **ǫgorъ,* i když p. podoba ukazuje spíš na **ugorъ* (viz ↑*ú-*). V druhé části se spatřuje kořen, který je v ↑*hořet* (tedy 'vypálená země'), je možné uvažovat i o souvislosti s ↑*hora* (srov. r.d. *ugór* 'strmý břeh řeky').

úhoř. P. *węgorz,* r. *úgor',* s./ch. *ùgor,* csl. *ǫgorištь.* Psl. **ǫgorь (B7)* je příbuzné se stpr. *angur(g)is,* lit. *unguŗỹs,* s jinou příponou sem patří lat. *anguilla* (asi tabuová zdrobnělina od *anguis* 'had') a ř. *énchelys* tv., vše od ie. **ang^u(h)i-* 'had, červ'. Viz i ↓*užovka,* ↑*uher.*

uhranout, *uhrančivý.* Jen č. Asi od ↑*hrana*[2], původně 'uřknout, zaříkáváním někomu způsobit něco zlého'.

ucho, *ouško, ušní, ušatý, ušanka, ušák, ušař, ucháč, náušnice, příušnice.* Všesl. – p. *ucho,* r. *úcho,* ch. *ùho,* s. *ùvo,* stsl. *ucho.* Psl. **ucho* je příbuzné s lit. *ausìs,* sthn. *ōra,* stir. *áu, ó,* lat. *auris,* alb. *vesh,* ř. *oũs,* arm. *unkn,* per. *hoš,* vše z ie. **ōus-, *əus-* 'ucho' *(A8,B2).* Duálový tvar psl. **uši* má obdobu v av. *uši* tv.

ujec nář. 'strýc (z matčiny strany); starší muž, soused'. Stč. *ujec* 'strýc z matčiny strany', p. *wuj*, r.d. *uj*, s./ch. *ùjāk* tv., csl. *uika* 'teta'. Psl. **ujь* má nejblíže k stpr. *awis*, lit. *avýnas* tv., stisl. *afi* 'děd', stir. *(h)áue* 'synovec', vše z ie. **au̯i̯o-*, jež je odvozeno od **au̯o-* 'děd, matčin otec' (odtud lat. *avus*, arm. *haw* a snad i chet. *ḫuḫḫa-* tv.) s významem 'náležející (k) matčinu otci'. Příbuzné je i bret. *eontr* 'strýc z matčiny strany', něm. *Oheim* tv.

ukájet (se). Od ↑*kojit*.

úkol, *úkolový*, *úkolář(ka)*. Stč. 'předepsaná, stanovená částka, daň'. Jen č. Snad lze nejlépe vyložit z ↑*ú-* a odvozeniny od ↑*kláti* 'sekat, bodat', tedy původně 'díl, úsek (práce, povinnosti ap.)' (Ma²).

úkon. Viz ↑*ú-* a ↑*konat*.

ukoptěný expr. 'umazaný'. Od staršího č. *kopt* 'saze', p. *kopeć*, r. *kópot'* tv. Psl. **koptъ* je nejspíš příbuzné s lit. *kvāpas* 'závan, dech', lat. *vapor* 'pára', ř. *kapnós* 'dým, pára', vše od ie. **ku̯ēp-*, **ku̯ǝp-* aj. 'kouřit, kypět'. Další příbuzenstvo u ↑*kypět*.

*úkor (*na úkor*). Stč. *úkor* 'příkoří, pohana'. Viz ↑*ú-* a ↑*kořit (se)*.

úkrop. Viz ↑*oukrop*.

ukulele 'havajský strunný nástroj'. Z havajského *ukulele*, doslova 'skákající blecha' (*uku* 'hmyz, blecha', *lele* 'skákající'), a to podle přezdívky jistého britského důstojníka, popularizátora tohoto nástroje, kterou si vysloužil pro svůj temperamentní styl hry.

úl. Stč. *úlí*. Všesl. – p. *ul*, r. *úlej*, ch.d. *ȕl*, csl. *ulii*. Psl. **ulьjь* 'úl (v kmeni stromu)' odpovídá lit. *aulỹs* tv. Jsou to odvozeniny od ie. **aulo-* 'podlouhlá dutina, trubice' (B²), k němuž viz ↓*ulice*.

ulejvat se, *ulejvák*. Expr. od *ulevovat (si)*, viz ↑*-levit*.

ulice, *ulička*, *uliční*, *pouliční*, *uličník*, *uličnický*, *uličnictví*. Všesl. – p. *ulica*, r. *úlica*, s./ch. *ȕlica*, csl. *ulica*. Psl. **ulica* je příbuzné se stpr. *aulis* 'holeň', stisl. *jōli* 'duté stéblo', ř. *aulṓn* 'úvoz, údolí, úžina', *aulós* 'píšťala, trubice', arm. *uł* 'cesta', vše od ie. **aulo-* 'podlouhlá dutina, trubice' (viz i ↑*úl*). Ve slov. tedy původně 'úzká, sevřená cesta'. *Uličník* je prý kalk z něm. *Gassenjunge*, doslova 'uliční chlapec' (Ma²).

ulita. Preslovo přejetí z r. *ulítka* 'hlemýžď' a to zřejmě od adj. **ulitъ* 'dutý' od stejného základu jako ↑*úl*, ↑*ulice*.

ultimátum 'poslední výzva spojená s hrozbou'. Z moderních evr. jazyků (něm. *Ultimatum*, fr. *ultimatum*), kde bylo v 18. st. jako diplomatický termín utvořeno od střlat. *ultimatus*, lat. *ultimus* 'poslední'. Příbuzné je ↓*ultra-*.

ultra- (ve složeninách) 'krajní, nad, přes'. Z lat. *ultrā* 'na oné straně, dále, nadto, více', jehož ie. základ **ol-* je zřejmě stejný jako v ↑*loni*, k příp. *-trā* srov. ↑*extra*. Srov. ↑*ultimátum*, ↓*ultramarín*, *ultrafialový*, *ultrapravicový*, *ultrazvuk*.

ultramarín 'sytě modré barvivo'. Přes něm. *Ultramarin* ze střlat. *ultramarinus* tv. z lat. *ultrā* 'na oné straně, dále, přes' (viz ↑*ultra-*) a *marīnus* 'mořský' od *mare* 'moře' (srov. ↑*moře*). Tedy vlastně 'jsoucí z druhé strany moře, dovážený přes moře' (toto barvivo se dováželo z Blízkého východu).

um, *umět*, *umění*, *umělec*, *umělecký*, *umělý*, *umělost*, *vyumělkovaný*. P., r. *um*, s./ch. *ȋm*, stsl. *umъ*. Psl. **umъ* je pokračováním ie. **au-mo-* '(smyslové) vnímání' (B²), nejblíže příbuzné je lit. *aumuõ* 'rozum, chápání' (z ie. **au-men-*). Jsou to útvary od ie. **au-* 'smyslově vnímat', k němuž dále viz ↑*jevit*. Srov. i ↑*rozum*.

umakart 'hmota z vrstveného papíru napouštěného pryskyřicemi'. Obchodní název, zkratkové slovo z *umělý* a *karton*.

umolousaný expr. 'ušpiněný'. Expr. útvar nejasného původu. Možná souvisí s *umouliti* 'zanést bahnem' (Jg), jež je zřejmě příbuzné s p. *muł* 'bláto, kal', r. *mul* 'jíl', sln. *mûlj* 'drobný písek' a dále asi i lit. *maulióti* 'umazat se'.

úmor, *úmorný*. Od *umořit*, viz ↑*u* a ↑*mořit*.

umouněný expr. 'umazaný, ukoptěný', *umouněnec*. Od *umouniti* 'umazat, ukoptit' (Jg). To se vzhledem k nář. *mudín(ek)* 'ukoptěnec' spojuje s *muditi*, *smouditi* 'opalovat na povrchu' (srov. ↑*čmoudit*) (Ma[2]). Srov. však i *umouliti* (viz ↑*umolousaný*).

unavit, *únava*, *únavný*. Stč. *unaviti* 'usmrtit, zahubit', z toho zmírněním významu 'zbavit sil, vyčerpat'. Jen č., kauzativum k ↑*nýt*[2]. Příbuzné je stč. *náv* 'svět zemřelých, záhrobí', str. *navь* 'mrtvola' a dále lit. *nõvyti* 'mučit, zabíjet', lot. *nãwe* 'smrt', gót. *naus* 'mrtvola', wal. *newyn* 'hladomor', vše z ie. **nau-* 'smrt, mrtvola; zabíjet, mučit'. Srov. i ↑*nutit*, ↑*nouze*.

unce 'anglická váhová jednotka'. Z něm. *Unze*, angl. *ounce* a to přes fr. *once* z lat. *uncia* 'dvanáctina libry', souvisí s *ūnus* 'jeden' (srov. ↓*uni-*), vlastně 'jednotka'. Ze stejného zdroje je i angl. *inch* 'palec (dvanáctina stopy)'.

unfair 'nesportovní'. Z angl. *unfair* ze záporky *un-* (viz ↑*ne*) a *fair* (viz ↑*fér*).

uni- (ve složeninách) 'jedno-'. Z lat. *ūni-* od *ūnus* 'jeden' (viz ↑*jeden*). Srov. ↓*uniforma*, ↓*univerzita*, ↓*unisono*.

unie 'spojení organizací, států, svaz'. Přes moderní evr. jazyky (něm. *Union*, fr. *union*) z pozdnělat. *ūniō* 'jednota, spojení, svaz' od lat. *ūnus* 'jeden' (viz ↑*jeden*), srov. ↑*uni-*, ↓*unikát*).

unifikace 'sjednocování'. Novější, viz ↑*uni-* a ↑*-fikace*.

uniforma, *uniformovaný*, *uniformní*, *uniformita*. Přes něm. *Uniforme* z fr. *uniforme* tv., což je zpodstatnělé adj. *uniforme* 'jednotný, stejného tvaru' z lat. *ūnifōrmis* 'jednoduchý; stejného tvaru' z *ūni-* (↑*uni-*) a odvozeniny od *fōrma* (↑*forma*).

unikát 'jedinečný exemplář', *unikátní*. Z něm. *Unikat*, jež bylo v 19. st. utvořeno od lat. *ūnicus* 'jedinečný' podle *Duplikat* (↑*duplikát*). Srov. ↓*unikum*.

unikum 'jedinečný jev, předmět, případ'. Přes něm. *Unikum* z lat. *ūnicum*, což je zpodstatnělý tvar adj. *ūnicus* 'jediný, jedinečný' odvozeného od *ūnus* 'jeden' (viz ↑*jeden*, srov. ↑*unikát*, ↑*uni-*, ↑*unie*).

unisono přísl. 'jednohlasně'. Z it. *unisono* tv. z lat. *ūnisonus* 'jednohlasý' z *ūni-* (↑*uni-*) a *sonus* 'zvuk' (srov. ↑*sonáta*).

univerzální 'obecný, všestranný'. Přes něm. *universal* z lat. *ūniversālis* 'povšechný, obecný' od *ūniversus* 'veškerý, všechen, úplný' (viz ↓*univerzita*).

univerzita, *univerzitní*. Ze střlat. *universitas* tv., jež se poprvé objevuje r. 1213 ve spojení *universitas magistrorum et scholarium*, tedy zhruba 'obec učitelů a studentů', jako označení autonomního vysokého učení v Paříži. To vychází z lat. *ūniversitās* 'všeobecnost, souhrn, celek, obec' od *ūniversus* 'všechen, celý, úplný', doslova 'v jedno obrácený', z *ūni-* (↑*uni-*) a *versus*, což je příč. trp. od *vertere* 'obracet, točit' (srov. ↓*versus*, ↓*verze*). Srov. i ↑*univerzální*.

únor, *únorový*. Jen č. Obvykle se vykládá z ↑*ú-* a ↑*nořit*, motivace však není zcela jasná, snad že led taje a noří se do vody (Ma[2]).

unylý. Viz ↑*u* a ↑*nýt*[2].

uondat ob. expr. 'unavit', *uondaný*. Viz ↑*u-*, ↑*o-* a ↑*-ndat*.

upejpat se expr. 'ostýchavě se zdráhat', *upejpavý*. Expr. útvar, jenž možná souvisí s ↑*piplat (se)*.

úpět, *úpěnlivý, zaúpět*. Stč. *úpěti, úpiti*, r. *vopít'*, sln. *vpíti*, s./ch. *vápiti*, stsl. *vъpiti*. Psl. *vъpiti (*v-* před retnicí se v č. změnilo v *u-*, srov. i stč. *vep, up* 'úpění, nářek') je příbuzné s lot. *ūpēt* 'křičet', sthn. *ūfo* 'výr', lat. *upupa* 'dudek', av. *ufyeimi* 'zavolám', východiskem je ie. **up-*, *ūp-* onom. původu.

upír, *upíří*. P. *upiór*, r. *upýr'*, b. *văpír*, vedle toho s nazalizací s./ch. *vàmpīr*. Psl. asi *ǫpyrь či *ǫpirь, ale vzhledem k p. se rekonstruuje i *upirь aj. Nejasné, rozmanitost forem i nejasná motivace pojmenování neumožňují přesvědčivý výklad. Srov. ↓*vampýr*.

upírat 'soustředěně zaměřovat (zrak ap.)' i 'odpírat (nárok ap.)', obojí z ↑*u* a ↑*přít (se)*.

úplavice 'průjmové infekční onemocnění'. Od staršího č. *úplav* 'silný výtok (zvláště při menstruaci)', dále viz ↑*u-* a ↑*plavit*, ↑*plout*.

úpon, *úponek*. Od *upnout*, viz ↑*u* a ↑*pnout*.

úporný. Od *upřít (síly ap.)*, viz ↑*u* a ↑*přít (se)*.

úprk, *úprkem*. Již stč., jen č. Asi expr. varianta k ↑*prchat*, ↑*prskat*, ↑*frkat* ap.

upřímný, *upřímnost*. Stč. i *upřímý*. Viz ↑*u* a ↑*přímý*.

uragán 'větrná smršť'. Z fr. *ouragan* a to přes šp. *huracán* z karibského *huracan* tv. Jinými cestami k nám přišlo ↑*hurikán*, ↑*orkán*.

uran 'radioaktivní prvek', *uranový*. Z něm. *Uran*. Nazváno koncem 18. st. podle nedlouho předtím objevené planety *Uran*, která byla pojmenována podle ř. boha nebes (ř. *Ouranós*, vedle toho *ouranós* 'nebe'). Srov. ↑*plutonium*.

urbanismus 'obor zabývající se plánováním stavby měst', *urbanistický*. Z fr. *urbanisme* (19. st.) a to k lat. *urbānus* 'městský' od *urbs* 'město'.

urbář '(za feudalismu) soupis poddanských pozemků a z nich plynoucích výnosů vrchnosti'. Ze střlat. *urbarium* tv. a to ze střhn. *urbar, urbor* 'pozemek nesoucí výnos', doslova 'výnos', ze sthn. *ur* 'vy-' (srov. ↑*ortel*) a *beran* 'nést' (srov. ↑*brát*).

určit, *určení, určený, určenost, určitý, určitost, předurčit*. Stč. bylo *určený* 'určitý, stanovený' od *určen*, což je příč. trp. od *uřéci* (viz ↑*u* a ↑*říci*, *r* před č ztvrdlo, srov. i imp. *rci*)). K tomu byl v nové době přitvořen nový inf. *určiti*. Srov. ↓*úrok*.

urgovat 'naléhavě žádat o vykonání něčeho slíbeného, upomínat', *urgence, urgentní*. Z lat. *urgēre* 'tísnit, doléhat, dotírat', jež asi souvisí s naším ↓*vrah*.

urna, *urnový*. Z lat. *urna* 'nádoba, hrnec; popelnice; osudí', jež souvisí s lat. *urceus* 'džbán(ek)', základem asi bude ie. **u̯er-* 'kroutit, točit' (totiž na hrnčířském kruhu).

úrok, *úrokový, bezúročný, úrokovat, úročit, zúročit*. Od staršího *uřéci, uříci*, vlastně 'co je smluveno, určeno' (srov. r. *urók* 'vyučovací hodina, úkol'). Viz i ↑*určit*.

urologie 'lékařský obor zabývající se chorobami močového ústrojí', *urolog, urologický*. Uměle v 19. st. z ř. *oũron* 'moč' a ↑*-logie*.

urputný, *urputnost*. Stč. i *úrupný* 'urputný, zavilý, zběsilý'. Jen č., nejasné. Snad lze uvažovat o přesmyku z *úpurný (stč. *purný* 'vzpurný, vzdorný, zpupný'), viz ↓*vzpoura* (Ma[2]). Spojení s ↑*reptat* (HK) je nepřesvědčivé po významové stránce.

úřad 693 utilitarismus

úřad, *úřední, úředník, úřednice, úřednický, úřadovat, úřadování, úřadující, úřadovna*. Již stč. *úřad* 'úkol, poslání, úřad', *úředník* ap. *(C1,C4)*. P. *urząd*, s./ch. *úred*. Psl. **urędъ* od **uręditi* 'zařídit, dát do pořádku', viz ↑*u* a ↑*řídit*, ↑*řád*.

uřícený. Stč. *uřúcenie* 'vřícení, přihnání se', viz ↑*u* a ↑*řítit se*.

úsek, *úsekový, úseč, úsečka, úsečný*. Vše od *useknout*, viz ↑*u* a ↑*sekat*, novější. Srov. ↑*úkol*.

useň 'vyčiněná surová kůže'. Stč. *usně*, r.d. *usmá*, sln. *úsnje*, ch.d. *ùsanje*, s./ch. *ùsmina*, csl. *usnije, usma*. Psl. **usma, *usnъje* ukazuje na starobylou ie. příp. **-mō(n)* (odtud tvary s *m*), gen. **-mnes* (odtud a z dalších pádů tvary s *n* *(A7))*. Kořen **us-* není jasný, myslí se na ie. **eus-* 'pálit', od něhož je lit. *usnìs* 'bodlák', stisl. *usli* 'žhavý popel', lat. *ūrere* 'pálit', ř. *euō* 'opaluji', sti. *óšati* 'pálí'; vychází se z toho, že kůže byla vydělávána v pálivé tekutině, v louhu.

usínat. Opětovací sloveso k *usnout* a to z psl. **usъpnǫti (A7,B6)*, viz ↑*spát*, ↑*sen*.

úspěch, *úspěšný*. R. *uspéch*, ch. *ùspjeh*, s. *ùspeh*, stsl. *uspěchъ*. Vzhledem k nedostatku starších dokladů v č. možná přejetí z r. či jsl. Psl. **uspěchъ* je od **uspěti* 'uspět, prospět', viz ↑*u* a ↑*spět*.

ústa, *ústní, ústí*. Všesl. – p. *usta*, r. *ustá*, s./ch. *ústa*, stsl. *usta*. Psl. *usta* je příbuzné se stpr. *austo* tv., lit. *uostà* 'ústí řeky', lot. *uosts* 'záliv', lat. *ōstium* 'vchod, ústí', sti. *ōštha-* 'ret', vše z ie. **ōust-, *əust-*, jež je odvozeno od **ōus-* 'ústa', z něhož je např. stfr. *á*, lat. *ōs*, av. *āh-*, sti. *āḥ* tv. Srov. ↓*uzda*, ↑*čelist*.

ústav, *ústava, ústavní*. Od *ustavit*, viz ↑*u* a ↑*stavět*.

ustavičný. Stč. i *ústavný* tv., srov. ↑*stálý* a ↑*stav*.

*ústrety (*jít v ústrety*). Dnešní podoba ze slk., u Jg *ústřeta, oustřeta*. Dále viz ↑*ú-* a ↑*střetat se*.

ústřice, *ústřicový*. Z r. *ústrica*, jež je přetvořeno z dřívějšího *ustersy* (pl.), přejatého z pl. podoby niz. *oester* tv. a to z lat. *ostrea, ostreum* z ř. *óstreion* 'ústřice, škeble'. Srov. ↑*ostrakismus*.

uštěpačný. Viz ↑*u* a ↑*štípat*.

uštknout, *uštknutí*. Stč. *uščnúti, uštnúti* z psl. **uščъpnǫti* od stejného základu jako ↑*štípat*, ↑*špetka* ap. *(A7, C3)*, případně – vzhledem k pozdějšímu vloženému *k* – od varianty **uščъknǫti*, která je i v p. *uszczknąć* 'štípnout, uštknout, uškubnout', srov. i r. *ščiknút'* 'uštípnout (knot ap.)'.

útek 'soustava příčných nití v tkanině'. Všesl. – p. *wątek*, r. *utók*, s./ch. *útak*, csl. *ǫtъkъ*. Psl. **ǫtъkъ* se skládá z **ǫ-* (↑*ú-*) a odvozeniny od **tъkati* (↑*tkát*).

úterý, *úterek, úterní*. Všesl. – p. *wtorek*, r. *vtórnik*, sln. *tórek*, s./ch. *ùtorak*. Základem těchto podob je psl. **vъtorъ* 'druhý', vedle toho asi i **ǫterъ* (*vъ-* i *ǫ-* jsou dvě varianty téže předp., viz ↓*v*), jež pro č. vyhovuje lépe a také lépe koresponduje s příbuzným lit. *añtras*, gót. *anþar*, něm. *anderer*, sti. *ántaras (B7)* tv., vše z ie. **antero-* 'druhý, jiný (ze dvou)', které se dá ještě rozložit na ukazovací částici **an* 'tam, jinde' (srov. gót. *an* 'pak', ř. *án* 'jestliže, asi, snad') a **-ter*, které je v ↑*který* a asi i v příbuzenských názvech jako ↑*bratr*, lat. *pater* (↑*otec*) ap. Srov. ↓*vteřina*.

útes. Z r. *utës* a to k ↑*tesat*. Původně tedy 'hladká, jakoby otesaná skála'.

utíkat, *útěk*. Stč. *utiekati* p. *uciekać*. Od *utéci*, viz ↑*u* a ↑*téci*.

utilitarismus 'princip hodnocení z hlediska užitečnosti; prospěchářství', *utilitární, utilitaristický, utilitarista*. Z moderních evr. jazyků; utvořeno v 19. st. v angl. (*utilitarism*) od *utility*

utkání 'užitečnost, užitek' a to přes fr. z lat. *ūtilitās* 'upotřebitelnost, užitečnost' od *ūtilis* 'upotřebitelný, vhodný' od *ūtī* 'užívat'. Srov. ↓*úzus*.

utkání. Viz ↑*u* a ↑*-tkat*.

útlý, *útlost*. P. *wątły* 'slabý, chorobný', r. *útlyj* 'vetchý, chatrný', sln. *vótel* 'slabý', csl. *otlъ* 'děravý'. Psl. **otъlъ* nemá jednoznačný výklad. Je možné spojit s ↑*tlít*, význam by pak byl 'uvnitř tlející, chátrající' (srov. ↑*ú-*) (Ma², HK), jiný výklad spojuje s **tьlo* 'podlaha, dno' (jež asi s ↑*tlít* souvisí) a interpretuje slovo jako 'bezedný, děravý' (předp. *o-* by zde měla význam záporky, původem z ie. **n̥-*, viz ↑*ne (A7,B7)*).

útočiště. Vlastně 'místo, kam se utíká'. Od stč. *útok* 'útěk' a to od *utéci*, jako je např. *výtok* od *vytéci*. Viz ↑*utíkat*, ↑*téci*, ↓*útok*.

útok, *útočný*, *útočit*, *útočník*, *zaútočit*. Ve stč. 'ohlášení žaloby; útěk', od střední č. význam dnešní. Od *utéci*, které je i v stč. doloženo jen v dnešním významu, samotné *téci* však znamenalo mj. i 'útočit'. Srov. i ↓*zteč*.

utopie 'nereálná, fantastická představa', *utopický*, *utopista*, *utopistický*, *utopismus*. Přes něm. a fr. z angl. *Utopia*, což byl název ideálního státu ve stejnojmenném spise angl. filozofa T. Mora († 1535). Název je utvořen z ř. *ou* 'ne, nikoli' a *tópos* 'místo, krajina', tedy vlastně 'krajina, země, která neexistuje'.

utrakvista 'stoupenec vyznání podobojí', *utrakvistický*, *utrakvismus*. Od lat. *(sub) utrāque (speciē)* '(pod) obojí (způsobou)' (tj. přijímání nejen hostie, ale i vína také pro laiky) a to k lat. *uterque* (ž.r. *utraque*) 'oba, jeden i druhý' z *uter* 'který z obou, jeden z obou' a slučovací příklonky *-que* (srov. ↑*ač*).

utrejch 'otrušík, arzenik, jed vůbec'. Dříve i *hutrejch*, *utrajch*. Ze střhn. *hütterouch* (něm. *Hüttenrauch*), doslova 'hutní dým', což byl název pro arsenik usazující se v komínech hutí při tavení kovů.

útroby. Všesl. – p. *wątroba* 'vnitřnosti, játra', r. *utróba* 'lůno', s./ch. *ùtroba* 'vnitřnosti, lůno', *ùtrobica* 'játra', csl. *ǫtroba* 'vnitřnosti'. Psl. **ǫtroba (B7)* je tvořeno příp. *-oba* od adj. **ǫterъ* 'vnitřní', které je příbuzné s ř. *énteron* 'střevo, vnitřnost', av. *antara-* 'vnitřní', sti. *ántara-* tv., vše z ie. **entero-* 'vnitřní' (ve slov. ablautová varianta **on-*, srov. i ↓*v*) od **enter-*, **n̥ter-* 'mezi, dovnitř', od něhož je i něm. *unter*, angl. *under* 'pod', stir. *eter* 'mezi', lat. *inter* (srov. ↑*inter-*), alb. *nder* tv., to je dále odvozeno od **en* 'v' (viz ↓*v*). Srov. ↓*vnitřek*, ↑*játra*.

utrum (*mít utrum*, *být s něčím utrum*) hov. expr. 'konec'. Ne zcela jasné. Jg a po něm i Ma² vysvětlují jako hříčku od slovesa *utříti* (*utříti někomu* 'vzít pryč, uklidit, pobrat' (Jg), srov. i *utřít hubu*), jemuž byla dána lat. podoba *utrum*, jež ovšem znamená 'které z obou, jedno z obou' (srov. ↑*utrakvista*).

utuchnout. Viz ↑*tuchnout*.

úvaha, *uvažovat*. Viz ↓*váha*.

úval 'široké ploché údolí'. Původně asi 'co vzniklo vevalením do něčeho', viz ↑*ú-* a ↓*valit*.

úvěr, *úvěrový*, *úvěrovat*. Viz ↑*ú-* a ↓*věřit*.

úvoz 'hluboká polní cesta'. P. *wąwóz*, r. *uvóz*. Psl. **ǫvozъ* je z **o-* (↑*ú-*) a odvozeniny od **voziti* (↓*vézt*), tedy původně asi '(častým) vozením vyhloubená cesta'.

uzance '(obchodní) zvyklost'. Z fr. *usance* 'zvyklost; třicetidenní lhůta' ze střlat. *usantia* tv. od lat. *ūsus* 'užívání, upotřebení, praxe, zvyklost' (viz ↓*úzus*).

uzda, *uzdička*. Všesl. – p. *uzda*, r. *uzdá*, s./ch. *ùzda*, stsl. *uzda*. Psl. **uzda* je nejspíš pokračováním ie. **ōus(t)-dhā*, složeného z **ōus(t)-* 'ústa' (viz ↑*ústa*) a odvozeniny od **dhē-* 'položit' (viz ↑*dít se*). Původní význam tedy byl 'co se klade do úst'. Srov. ↑*udidlo*, ↑*udice*.

uzel, *uzlík, uzlíček, uzlový, uzlina, uzlovitý, uzlovat, zauzlovat*. Všesl.- p. *węzeł*, r. *úzel*, s./ch. *ùzao*, csl. *ǫzlъ*, *vǫzlъ*. Psl. **vǫzlъ* (počáteční *v-* později odpadalo) je ablautovým střídáním spojeno s **vęzati (A6,B7)* (viz ↓*vázat*).

úzký, *úzkost, úzkostlivý, úžit, úžení, úžina, zúžit*. Všesl. – p. *wąski*, r. *úzkij*, s./ch. *ùzak*, stsl. *ǫzъkъ*. Psl. **ǫzъkъ (B7)* je odvozeno od **ǫzъ* tv. (k takovému rozšíření starých *u*-kmenů srov. ↑*sladký*, ↑*tenký*), jež stejně jako gót. *angwus*, stisl. *ǫgr*, něm. *eng* tv. vychází z ie. **anǵhu-*. Příbuzné je lit. *ankštas*, stbret. *encq*, lat. *angustus*, arm. *anjuk* tv., sti. *áṁhas-* 'tíseň, strach, nouze', vše od ie. **anǵh-* 'úzký, úzkost; stahovat' *(A1)*. Od stejného základu je asi i ↓*vázat*, ↑*uzel*.

uzuální 'obvyklý'. Od ↓*úzus*.

uzurpovat 'násilně uchvacovat', *uzurpátor, uzurpátorský*. Z lat. *ūsurpāre* 'používat, přivlastňovat si, násilím zabírat', jež se vykládá jako složenina z *ūsus* 'užívání' (viz ↓*úzus*) a *rapere* 'chopit se, rychle konat', tedy původně asi 'rychle se chopit užívání'.

úzus 'zvyk, obyčej', *uzuální*. Přejato (případně přes něm. *Usus*) z lat. *ūsus* 'užívání, upotřebení, praxe, zvyk, užitek' od *ūtī* 'užívat, zacházet s něčím'. Srov. ↑*utilitarismus*, ↑*uzance*.

už přísl., část. Stč. *juž(e)* (viz ↑*již*). Odsunutí *j-* v č. zřejmě není staré (u Jg jako vulg., bez starších dokladů), vzhledem k tomu, že od konce 14. st. je v č. *již*, jde asi o vliv slk. *už*. Podoby bez *j-* jsou i ve vsl. a dialektech jiných slov. jazyků.

užitek, *užitkový, užitkovost, užitečný, užitečnost*. Od *užít*, viz ↑*u* a ↓*žít*.

užovka. Odvozeno od **už* (v č. nedoloženého), zavedeno asi až Preslem. P. *wąż* 'had', r. *už*, ch.d. *guž* tv. Psl. **(v)ǫžь (B7)* je příbuzné se stpr. *angis*, lit. *angìs*, lot. *uodze*, lat. *anguis* tv., stir. *esc-ung* 'úhoř', vše od ie. **ang^u(h)i-* 'had'. Viz i ↑*úhoř*, ↑*uher*.

V

v předl. Všesl. – p. *w(e)*, r. *v(o)*, s./ch. *u*, *va*, stsl. *vъ*. Psl. **vъ(n)* nejspíš vzniklo z ie. **on* (*o-* se redukovalo na krátké *u-* (*B4*)), což je ablautová varianta k **en* (*A6*), z něhož je stpr. *en*, gót. *in*, něm., angl. *in*, stir. *in-*, lat. *in*, ř. *en* tv., z nulového stupně **n̥* je lit. *į̃* tv. Neredukované ie. **on* zůstalo v ↑*onuce*, před souhláskou dalo psl. **ǫ-*, srov. ↑*údolí*, ↑*útroby*, ↑*úvoz* ap. Koncové *-n* předl. a předp. **vъn* (*A7*) je dochováno ve spojeních, kdy po něm následovala samohláska (ještě před protezí (*B4*)), srov. *jich – v nich, jímat – vnímat*, odtud (srov. i ↑*s*) se *n* šířilo i k jiným předp. a předl. Ve stč. před retnicemi *v* dávalo *u*, srov. *u vytržení, uprostřed*.

vabank přísl. hov. 'hazardně, o všechno'. Z fr. *va banque*, doslova 'jde (o) bank' z *va* 'jde' z lat. *vādit* 'jde, kráčí' (srov. ↑*invaze*) a fr. *banque* 'banka; bank' (viz ↑*banka*).

vábit, *vábení, vábný, vábnička, odvábit, přivábit, zvábit*. Všesl. – p. *wabić*, r.d. *vábit'*, s./ch. *vábiti*, stsl. *vabiti* 'přivolávat, podrobovat si'. Psl. **vabiti*, původně 'vábit pokřikem ptáky', je příbuzné s gót. *wōpjan* 'volat', angl. *weep* 'plakat', východiskem je ie. **u̯āb-* 'volat' onom. původu. Srov. i ↑*úpět* od podobného onom. základu.

váček, *vačice, vačnatec*. Již stč., přejato ze střhn. *wātsac* 'pytel na oděv, cestovní tlumok' (oba významy jsou i v stč.) z *wāt* 'oděv, výzbroj' a *sac* 'pytel' (viz ↑*sáček*, ↓*žok*). V č. chápáno jako zdrobnělina, proto se k němu zpětně utvořilo *vak*.

-vádět (*dovádět, navádět, odvádět, podvádět, provádět, převádět, předvádět, přivádět, rozvádět, svádět, uvádět, vyvádět, zavádět*). Viz ↓*vést*.

vadit, *vada, vadný, bezvadný, zavadit, závada, závadný*. P. *wadzić*, ukr. *vádyty*, v r. a jsl. tento význam chybí. Stč. *vaditi* 'znesvařovat, dráždit, škodit, být na překážku' ukazuje, že původ bude asi stejný jako ↓*vadit se*, vývoj významu je vidět u stč. slova.

vadit se 'hádat se', *váda*. P. *wadzić* 'znepřátelovat', *wadzić się* 'vadit se', r.d. *vádit'* tv., s./ch. *svǎditi se*, stsl. *vaditi* 'žalovat, kárat'. Psl. **vaditi* se spojuje s lit. *vadìnti* 'volat, nazývat', sti. *vādati* 'mluví, prozrazuje' z ie. **u̯ed-* 'mluvit', možné je však i vyvození z ie. **u̯edh-* 'tlačit, bít', z něhož je sti. *vadhati* 'bije, tlačí', ř. *ōthéō* 'strkám, vrážím, tlačím'. Srov. i ↑*vadit*.

vadnout, *povadnout, povadlý, uvadat, uvadlý, zvadnout, zvadlý*. Všesl. – p. *więdnąć*, r. *vjánut'*, s./ch. *vènuti*, stsl. *uvędati*. Psl. **vę(d)nǫti* se spojuje se stangl. *swindan* 'ubývat, smršťovat se, chřadnout', něm. *schwinden* tv., společným východiskem by bylo ie. **(s)u̯endh-* 'chřadnout, vadnout' (*A5*, *B7*). Jiný ablautový stupeň je v ↑*udit* (*A6*).

vafle 'oplatka s plastickými čtverečky na povrchu'. Z něm. *Waffel* z niz. *wafel* tv., původně 'plást'. Souvisí s něm. *Wabe* 'plást' od *weben* 'tkát'.

vagabund hov. hanl. 'tulák, otrapa'. Přes něm. *Vagabund* a fr., střfr. *vagabond* z pozdnělat. *vagābundus* 'tulák, poběhlík' od lat. *vagārī* 'toulat se, pobíhat'. Srov. ↓*vágní*.

vagina 'pochva (rodidel)'. Z lat. *vāgīna* 'pochva (na meč)' od ie. **u̯āǵ-* 'pokrýt, přiklopit'. Srov. ↓*vanilka*.

vágní 'neurčitý, nepřesný', *vágnost*. Přes něm. *vag(e)* a fr. *vague* tv. z lat. *vagus* 'toulavý, pohyblivý, kolísavý'. Srov. ↑*vagabund*.

vagon, *vagonek, vagonový*. Přes něm. *Waggon* z angl. *wag(g)on*, jež bylo v 16. st. přejato ze střniz. *wāghen* (niz. *wagen*) 'vůz'. Srov. něm. *Wagen* tv., dále viz ↓*vézt*.

váha, *váhový, vahadlo, vážný, vážnost, váhat, váhání, váhavý, zaváhat, vážit, odvážit, převážit, převaha, rozvážit, rozvaha, uvážit, úvaha, vyvážit, zvážit, závaží, závažný*. Všesl. přejetí ze sthn. *wāga*, případně střhn. *wāge* (dnes *Waage*), jež souvisí s něm. *bewegen* 'hýbat'. Východiskem je ie. **u̯eǵh-*, o němž viz ↓*vézt*. Srov. ↑*odvaha*, ↑*povaha*.

vachrlatý ob. 'nejistý, pochybný, vratký'. Přetvořeno z něm. *wack(e)lig* 'viklavý, vratký' od *wackeln* 'viklat se, vrávorat'. Srov. ↓*viklat*.

vajgl ob. expr. 'nedopalek cigarety'. Prý zkráceno a upraveno z romského *thuvalo* 'cigáro'.

vak. Viz ↑*váček*.

vakát 'prázdná stránka v knize'. Přes něm. *Vakat* tv. z lat. *vacat* 'je prázdný' od *vacāre* 'být prázdný'. Srov. ↓*vakuum*, k tvoření srov. ↑*referát*.

vakcína 'očkovací látka'. Přes moderní evr. jazyky (něm. *Vakzin*, fr., angl. *vaccine*) z nlat. *virus vaccinus* 'vir způsobující kravské neštovice' (*variolae vaccinae* 'kravské neštovice') z pozdnělat. *vaccīnus* 'kravský' od lat. *vacca* 'kráva'. Vir této nemoci byl totiž užit poprvé jako očkovací látka proti černým neštovicím.

vakuum 'vzduchoprázdný prostor', *vakuový*. Přes něm. *Vakuum* z lat. *vacuum* 'prázdnota, prázdné místo' od lat. *vacuus* 'prázdný' k *vacāre* 'být prázdný'. Srov. ↑*evakuovat*, ↑*vakát*.

val 'ochranný násep'. Z něm. *Wall* tv. (srov. angl. *wall* 'zeď') a to z lat. *vallum* 'ohrada z kůlů, násep, val' od *vallus* 'kůl'.

valach 'pastýř (na vých. Moravě); vykleštěný hřebec', *valašský, valaška*. Zdrojem pojmenování je jistý kelt. kmen sídlící určitou dobu v Podunají (lat. *Volcae*, germ. **Walhōs*). Germáni pak tímto názvem začali označovat Kelty vůbec (srov. angl. *Wales*) a pak jej přenesli na Romány (srov. sthn. *Wal(a)h* 'Román', střhn. *Walch* 'Román, Ital, Francouz', něm. *welsch* 'románský', niz. *wāls* 'valonský'). Tato pojmenování přejali i Slované, v č. se objevila jako *Vlach* 'Ital' a *Valach* 'Rumun'. Rumunští Valaši došli při kolonizaci Karpat až na vých. Moravu (odtud Valaši moravští) a místní obyvatelstvo seznámili mj. s kastrováním hřebců, odtud název vykleštěného hřebce.

valčík, *valčíkový*. Přejato a upraveno z něm. *Walzer* (možná ještě přes p. *walec*, které je zaznamenáno u Jg) a to od *walzen* 'tančit valčík', původně 'valit (se), koulet (se)'. Pro tento tanec je totiž charakteristický kroužívý pohyb tanečního páru po parketu.

vale zast. hov. 'pozdrav na rozloučenou, sbohem'. Z lat. *valē* 'buď zdráv, sbohem' od *valēre* 'být zdráv, být silný'. Srov. ↓*valence*, ↓*valuta*.

valdhorna zast. ob. 'lesní roh'. Z něm. *Waldhorn* tv. z *Wald* 'les' a *Horn* 'roh' (srov. ↑*horna*).

válec, *váleček, válcový, válcovitý, válcovna, válcovat, převálcovat, rozválcovat, uválcovat, zválcovat*. Asi z něm. *Walze* tv. (Ma²), na druhé straně je však možno brát toto slovo též jako zdrobnělinu od *vál* tv. odvozeného od ↓*válet* (HK). Snad se tu zkřížily oba možné zdroje, které jsou stejně prapříbuzné.

valem přísl. 'hromadně, houfně'. Od staršího *val* 'vlna, příval' od ↓*valit*.

valence 'mocenství, vazba; schopnost slov spojovat se s jinými slovy', *valenční*. Přes něm. *Valenz* z pozdnělat.

valentia 'moc, síla' od lat. *valēre* 'být mocný, být silný'. Srov. ↑*ambivalentní,* ↑*vale,* ↓*valorizovat,* ↓*valuta,* ↑*rekonvalescence.*

válenda hov. 'lůžko bez opěradla'. Od ↓*válet (se),* zakončení asi podle ↑*palanda.*

válenky 'vysoké plstěné boty'. Z r. *válenki* tv. od *váljanyj* 'plstěný (o obuvi)', souvisí s ↓*válet.*

válet, *vál, válek, ovalet, povalet, povalovat se, povaleč, rozvalet, uvalet, vyválet, zválet.* Stč. *váleti* 'vláčet' (vedle toho i 'válčit', k tomu však viz ↓*válka*). Všesl. – p. *walać,* r. *valját',* s./ch. *váljati,* stsl. *valjati.* Psl. **val'ati (C1)* je opětovací sloveso od **valiti* (viz ↓*valit*).

valcha 'deska se zvlněným povrchem na ruční praní', ob. expr. *valchovat* 'mlátit, zpracovávat někoho'. Z něm. *Walke* tv. od *walken* 'bít, hníst', sthn. *walkan* 'pohybovat sem a tam, stlačovat, hníst' (k prvnímu významu srov. angl. *walk* 'procházet se') a to od ie. **uolg-,* což je rozšíření kořene **uel-,* který je ve ↓*valit.*

validita 'platnost'. Přes moderní evr. jazyky (fr. *validité,* angl. *validity*) z pozdnělat. *validitās* 'platnost, síla, pevnost' od lat. *validus* 'silný, zdravý, pevný' od *valēre* 'být silný, být zdráv'. Srov. ↑*invalida,* ↓*valuta,* ↓*valorizovat.*

valit, *valný, navalit (se), nával, odvalit (se), povalit, provalit (se), převalit (se), přivalit (se), příval, rozvalit (se), svalit (se), uvalit, vyvalit (se), zavalit, zával, zavality.* Všesl. – p. *walić,* r. *valít',* s./ch. *váliti se,* stsl. *valiti.* Psl. **valiti* vychází stejně jako stangl. *wǣlan* 'válet, kutálet', něm. *wühlen* 'hrabat, rýt' z ie. **uōl-,* což je ablautová varianta *(A6)* k *uel-* 'kroutit, vinout, válet', od něhož je i lit. *vélti* 'valchovat (vlněnou látku)', sthn. *wellan* 'koulet, válet' (s rozšířením i něm. *wälzen* tv.), stir. *fillid* 'ohýbá', lat. *volvere* 'valit, válet, otáčet', ř. *elýō* 'valím, vinu',

arm. *gelum* 'otáčím, vinu', sti. *válati* 'otáčím se'. Srov. ↑*válet,* ↑*balit,* ↑*úval,* ↑*sval,* ↑*oblý,* ↓*vlna*[1], ↑*valcha.*

válka, *válečný, válečník, válečnický, válečnictví, válčit, proválčit, vyválčit, zaválčit si.* Jen č. (odtud do p. a br.), odvozeno od stč. *váleti* 'válčit, bojovat'. To se obvykle spojuje se střhn. *wal* 'bojiště, bitevní pole', spíše než o příbuznost však půjde o přejetí, podpořené možná i domácím slovesem *váleti* 'vláčet, válet' (↑*válet*). Něm. slovo je příbuzné se stisl. *valr* 'mrtvoly na bojišti', lot. *veli* 'duchové zemřelých' (srov. i lit. *vélnias* 'čert'), stir. *fuil* 'krev', lat. *vellere* 'škubat, trhat', chet. *ualhmi* 'bojuji', vše se vykládá z ie. **uel-* 'trhat, škubat; rána', pak i 'zabíjet, krveprolití, mrtvola'.

valník. Od ↑*valit.* Již u Jg ('silný, malý, těžký vůz na dřeva silná, kteráž hasákem nakládají'), asi podle toho, že díky sklopným bočnicím a zadnímu čelu se na něj navalují sudy ap. Možná kalk podle něm. *Rollwagen* tv. (*rollen* 'valit', *Wagen* 'vůz').

valorizovat 'zhodnotit měnu znehodnocenou inflací', *valorizace.* Podle něm. *valorisieren* od pozdnělat. *valor* 'cena, platnost, obnos peněz', jež souvisí s *valēre* 'být mocný, být zdravý, být platný'. Srov. ↓*valuta,* ↑*validita,* ↑*devalvace.*

valoun '(zaoblený) kámen'. Z r. *valún* tv. od *valít'* (viz ↑*valit*). Srov. i ↑*oblý.*

valuta 'cizí měna', *valutový.* Přes něm. *Valuta* z it. *valuta* tv., původně 'cena, hodnota', což je zpodstatnělý tvar ž.r. příč. trp. od *valere* 'platit, mít hodnotu' z lat. *valēre* 'být mocný, být platný'. Srov. ↑*validita,* ↑*valorizovat,* ↑*devalvovat,* ↑*valence.*

vamp 'démonická, svůdná žena vykořisťující muže'. Z angl. *vamp* tv., což je zkráceno z *vampire* 'upír' (viz ↓*vampýr*).

vampýr 'upír'. Ze s. *vàmpīr*, odkud je i něm. *Vampir*, fr., angl. *vampire*, rum. *vampir* ap. S. slovo, které je příbuzné s naším ↑*upír*, vešlo v obecnou známost díky dvěma 'upírským' aférám v Srbsku v letech 1725 a 1731, kterých se chopil tisk. Č. -*pýr* asi podle ↑*netopýr*.

vana, *vanička, vanový*. Ve střední č. *vanna*. Z něm. *Wanne* tv. (střhn. *wanne* 'ošatka, vana') a to z lat. *vannus* 'opálka (na obilí), ošatka'.

vandal, *vandalský, vandalství, vandalismus*. Přes moderní evr. jazyky (něm. *Vandale*, fr. *vandale*, angl. *Vandal*), východiskem je jméno germ. kmenu *Vandalů*, kteří r. 455 vtrhli do Říma a zpustošili jej.

vandrovat hov. expr. 'cestovat, trampovat', *vandr, vandrák*. Z něm. *wandern* 'putovat, cestovat', jež je příbuzné s *wandeln* 'putovat, kráčet', *sich wandeln* 'měnit se' a také *wenden* 'obracet, otáčet', vše k ie. *μendh-* 'otáčet, vinout'.

vánice. Od ↓*vát*.

vanilka, *vanilkový*. Přes něm. *Vanille* z fr. *vanille* ze šp. *vainilla* tv., vlastně 'tobolka', což je zdrobnělina od *vaina* 'pochva, pouzdro, lusk' z lat. *vāgīna* 'pochva' (viz ↑*vagina*).

Vánoce, *vánoční, vánočka*. Jen č. a slk. *Vianoce*. Jistě přejetí z něm. *Weihnachten*, ale podrobnosti nejsou jasné. Obvykle se soudí, že druhá část byla přeložena a první přizpůsobena češtině, přesná předloha však není jistá (potíže dělá č. *-á-*). V němčině doloženo až ve 12., 13. st. v podobách *wīhen naht, wīenacht, wīnaht, wīhenahten* (první část souvisí s *weihen* 'světit, posvětit', k druhé viz ↑*noc*), proto se nezdá pravděpodobné, že by šlo již o předcyrilometodějskou výpůjčku ze sthn. **winnahten*, jež by dalo **vęnocę* *(B7)* (Ma2); muselo by k tomu totiž dojít nejpozději v 8. st.!

vanout, *vánek, vánice, ovanout, průvan, vyvanout, zavanout, závan*. Jen č., od ↓*vát* (srov. ↓*vinout*).

vantroky zast. a nář. 'koryto vedoucí vodu nad zemí (na mlýnské kolo)'. Asi z něm. *Wandtrog* z *Wand* 'stěna' a *Trog* 'koryto, žlab, necky'. Srov. ↓*zašantročit*.

vápno, *vápenný, vápenec, vápencový, vápenka, vápník, vápnit, odvápnit, vápenatý, vápenatět, zvápenatět*. P. *wapno*, r.d. *vápno*, s./ch. *vápno*. Psl. **vapьno* je odvozeno od **vapъ* 'barvivo' (doloženo v r.-csl. *vapъ* tv.), příbuzné je stpr. *woapis* 'barva', lot. *vāpe* 'glazura' (pokud to nejsou výpůjčky ze slov.). Dále nejisté, snad k ie. *μep-* '(stojatá) voda, bažina', z něhož je stsl. *vapa* 'jezero, močál' a dále lit. *ùpė* 'řeka', sti. *vāpī-* '(podlouhlý) rybník'. Staří Slované používali vápno jen jako barvivo a ne jako stavební pojivo; k souvislosti 'bláto, močál' – '(bílá) barva' srov. ↑*bláto*.

var. Viz ↓*vařit*, ↓*vřít*.

varan 'druh ještěra'. Z ar. *waran* 'ještěrka'.

varhany, *varhanní, varhaník, varhanický, varhánky, varhánkovitý*. Již stč. vedle *orhany, vorhany* (srov. slk. *organ*, p. *organy*). Ze střlat. *organa* (pl.) tv. od *organum* '(hudební) nástroj, ústrojí' z ř. *órganon* 'nástroj, dílo' (viz ↑*orgán*).

vari citosl. zast. 'pryč, z cesty'. U Jg i *vary, varyte, varite, var, varte*. Vypadá to jako imper. jakéhosi **variti*, které je snad doloženo v nář. (*volal na něj, ať varí* na Litomyšlsku, Ma2). V č. bychom ovšem čekali **vařiti*. Jistě souvisí s ↓*varovat (se)*.

variabilní 'proměnlivý', *variabilnost*. Podle moderních evr. jazyků (něm. *variabel*, fr., angl. *variable*) z pozdnělat. *variābilis* tv. od *variāre* 'činit rozmanitým, obměňovat (se)'. Srov. ↓*variace*, ↓*varianta*.

variace 'obměna', *variační*. Podle něm. *Variation* z lat. *variātiō* 'rozmanitost, obměna' od *variāre* 'činit pestrým, obměňovat (se)' od *varius* 'pestrý, rozmanitý, nestejný'. Srov. ↑*variabilní*, ↓*varianta*.

varianta 'obměněná podoba', *variantní*. Přes něm. *Variante* z fr. *variante*, což je zpodstatnělý tvar ž.r. přech. přít. od *varier* 'střídat se, měnit se' z lat. *variāre* 'činit pestrým, obměňovat (se)' (viz ↑*variace*).

varieté 'divadlo s kratšími artistickými (i pěveckými ap.) výstupy'. Z fr. *(spectacle de) variétés*, vlastně 'divadlo rozmanitostí' z *variété* 'rozmanitost, pestrost' z lat. *varietās* tv. k *varius* 'pestrý, rozmanitý'. Srov. ↑*varianta*, ↑*variace*, ↑*variabilní*.

várka. Od ↓*vařit*, vlastně 'množství najednou uvařené, vyrobené' (původně o pivu).

varle. Jen č., nejasné. Ma² vykládá z p. *warchlę, warchlak* 'mladý kanec, podsvinče', jež je asi příbuzné s lit. *veřšis* 'tele', lat. *verrēs* 'kanec', sti. *vŕ̥ṣaṇa-* 'varlata', vše z ie. *u̯r̥s-, *u̯ers-* 'mužský, samčí'.

varovat, *varování, varovný, vyvarovat se*. P. *warować*, r.d. *varovat'*, sln. *varováti*. Slov. **varovati* je nejspíš přejato ze sthn. *warōn* 'dávat pozor' (něm. *wahren* 'opatrovat', *sich wahren* 'varovat se', vedle toho s rozšířením sthn. *warnōn*, něm. *warnen* 'varovat'), jež je příbuzné se stangl. *warian* 'dávat pozor, varovat' a dále lat. *verērī* 'ohlížet se, dbát', ř. *horáō* 'hledím, dávám pozor, varuji se', vše od ie. **u̯er-* 'hledět, dávat pozor'.

varta zast. ob. 'strážní služba, hlídka'. Z něm. *Warte* tv., jež souvisí s *wahren* 'dávat pozor' (viz ↑*varovat*).

vařit, *vaření, vařený, vařící, var, varný, varna, várnice, vařič, vařečka*, *ovařit, ovar, povařit, převařit, předvařit, rozvařit, svařit, svařený, svářet, svářeč, svářečský, uvařit, vyvařit, vývar, zavařit, zaváŕka*. Všesl. – p.st. *warzyć*, r. *varít'*, s./ch. *váriti*, stsl. *variti*. Psl. **variti* je asi kauzativum k **vьrěti*, znamenalo tedy 'způsobovat, že něco vře'. Příbuzné je gót. *warmjan* 'hřát', něm., angl. *warm* 'teplý', arm. *vařem* 'pálím', chet. *u̯ar-* 'hořet', vše od ie. **u̯er-* 'pálit, hořet'. Viz i ↓*vřít*.

váš zájm. Všesl. – p. *wasz*, r. *vaš*, s./ch. *vȁš*, stsl. *vašь*. Psl. **vašь* je odvozeno příp. *-i̯o-* od téhož základu jako **vasъ*, což je gen. os. zájm. **vy* (↓*vy*). Srov. ↑*náš*.

vášeň, *vášnivý, vášnivost, vášnivec*. Stč. *vášně* 'návyk, zvyk, náklonnost, záliba dobrá i špatná, choutka', hl. *wašnje* 'temperament, nálada', p. *waśń* 'hádka, spor, hněv', str. *vasnь* 'drzost', v jsl. chybí. Psl. **vasnь* lze spojit s ř. *hekṓn* 'dobrovolný, rád', av. *vasō* 'podle přání', chet. *u̯ek-* 'chtít, požadovat', vše z ie. **u̯ek̑ – *chtít, přát si' (A1)*. Jiný výklad vychází z **vad-sn-* a spojuje s ↑*vadit*.

vašnosta zast. expr. 'dobře situovaný, zpravidla domýšlivý muž'. Od oslovení *vašnosti*, jež vzniklo zkrácením v rychlé řeči z *vaše milosti*, případně *vaše jasnosti*.

vát, *navát, odvát, přivát, svát, vyvát, výběva, zavát, závěj*. Všesl. – p. *wiać*, r. *vějat*, s./ch.st. *vejati*, stsl. *vějati*. Psl. **vějati (B9)*, 1.os.přít. **vějǫ*, je příbuzné s lit. *vė́jas* 'vítr', gót. *waían* 'vát', něm. *wehen* tv., sti. *vāti* 'vane', vše od ie. **u̯ē-* 'vát'. Srov. ↑*vanout*, ↓*vějíř*, ↓*vítr*.

vata, *vatový, vatovaný*. Z něm. *Watte* a to asi přes niz. *watten*, fr. *ouate*, it. *ovatta*, vedle toho je i střlat. (angl.) *wadda* tv. Zdroj ne zcela jistý, obvykle se hledá v ar., srov. ar. *baṭāna* 'vložka do oděvu'.

vatra 'velký oheň'. V č. ze slk., i ostatní doklady (p. *watra*, ukr. *vátra*, s./ch. *vàtra* a dále rum. *vatră*, alb. *vatrë*, maď. *vatra*) ukazují, že jde o slovo karpatské pastýřské kultury. Nápadná je blízkost av. *ātar-* 'oheň', jež se stejně jako arm. *airem* 'zapaluji' vykládá z ie. *$\bar{a}t(e)r$-* 'oheň', ale souvislost nejasná. Uvažuje se o rozšíření slova prostřednictvím romštiny (tam je *vātro* 'ohniště'), která by si je přinesla z íránštiny (Ma[2], HK), možné je také, že se příbuzné slovo zachovalo v některém ze zaniklých balkánských ie. jazyků a jako substrátové slovo se rozšířilo v karpatské oblasti.

vavřín 'jihoevropský keř s tuhými listy; věnec z něj udělovaný vítězům', *vavřínový*. Presl přejal z p. *wawrzyn*, jež vychází z pozdnělat. *laurīnus* od lat. *laurus* tv. Z toho je např. r. *lavr* a také stč. *laurový* 'vavřínový'. Srov. ↑*laureát*.

vaz 'zadní část krku'. Od ↓*vázat*, srov. ↑*šíje*.

váza, *vázička*. Přes něm. *Vase* z fr. *vase* tv. a to z lat. *vās* 'nádoba, váza' nejasného původu.

vazal 'kdo má propůjčeno léno; osoba či instituce na někom závislá a přinucená k poslušnosti', *vazalský*, *vazalství*. Z něm. *Vasall*, střhn. *vassal* a to přes stfr. *vassal* ze střlat. *vassallus* 'leník, man' od *vassus* 'sluha' kelt. původu (srov. stři̇r. *foss* 'sluha').

vázat, *vázání*, *vázaný*, *vaz*, *vazba*, *vazební*, *vazebný*, *vazač(ka)*, *vazivo*, *navázat*, *návazný*, *ovázat*, *obvázat*, *obvaz*, *odvázat*, *podvázat*, *podvazek*, *provázat*, *převázat*, *převaz*, *přivázat*, *rozvázat*, *svázat*, *svaz*, *svazek*, *uvázat*, *úvazek*, *vyvázat*, *zavázat*, *závazný*, *závazek*. Všesl. – p. *wiązać*, r. *vjazát'*, s./ch. *vézati*, stsl. *vęzati*. Psl. *vęzati* je nejspíš odvozeno od ie. *anğh-* 'úzký, zužovat, stahovat (šňůrou ap.)' (A1,A6,B7), k příbuznosti viz ↑*úzký*.

Počáteční *v-* se vysvětluje kontaminací *(D3)* s *verzti* (viz ↑*povříslo*), případně *viti* (viz ↓*vít*). Srov. ↓*váznout*, ↓*vězet*, ↑*svízel*, ↑*uzel*, ↑*motouz*, ↑*příbuzný*.

vazelína 'mazací hmota z minerálních olejů'. Z am.-angl. *vaseline*, jež bylo v 70. letech 19. st. uměle utvořeno z něm. *Wasser* 'voda' a ř. *élaion* 'olej', k zakončení srov. *plastelína, formelína, modelína*.

vazký 'vlhký a k sobě lnoucí', *vazkost*. U Jg *vazký* 'tuhý' a *vasko* 'syrovo', r. *vjázkij* 'mazlavý, lepkavý, bažinatý'. Zdá se, že spojení s ↑*vázat* je lid. etym. *(D2)* a že původní význam byl 'vlhký, mokrý'. Psl. *vaskъ* by pak bylo příbuzné se sthn. *waso* 'trávník, hrouda země', *wasal* 'déšť', angl. *ooze* 'bahno, močál' a snad i sti. *vásā* 'slanina, sádlo, omastek', vše od ie. *ųes-* 'vlhký, mokrý' (HK).

váznout, *uváznout (uvíznout)*, *vyváznout*. Již stč. *váznúti* tv., od ↑*vázat*. Srov. i ↓*vězet*.

vážit. Viz ↑*váha*.

vážka 'druh dravého hmyzu'. Preslovo přejetí z p. *ważka*; je to kalk lat. názvu *libellula* tv., což je zdrobnělina od lat. *lībella* 'váha' (srov. ↑*libela*).

vážný. Stč. 'mnoho vážící, těžký, platný', jinak viz ↑*váha*.

včela, *včelička*, *včelí*, *včelstvo*, *včelař*, *včelařský*, *včelařství*, *včelín*. Všesl. – p. *pszczoła*, r. *pčelá*, sln. *čebêla*, s./ch. *pčèla*, stsl. *bъčela*, *bъčela*. Psl. *bъčela* by zřejmě vycházelo z onom. *bъč-* napodobujícího bzučení (srov. ↑*bučet*, ↑*bzučet*). Pokud je však původní varianta *bъčela*, jde spíš o odvození od ie. *bhei-* 'včela', od něhož je i lit. *bìtė*, lot. *bite*, angl. *bee*, něm. *Biene*, stir. *bech* tv. K výslovnostní (a pak i formální) změně *pč>fč* v č. srov. *pták*, lid. *fták*.

včera, *včerejší*, *včerejšek*. Všesl. – p. *wczoraj*, r. *včerá*, ch. *jùčēr*, stsl. *vьčera*.

včil

Psl. *vъčera vzniklo redukcí z *večerá, jež se vykládá jako starý instr. od *večerъ (↓večer). Srov. ↓zítra.

včil přísl. nář. 'teď, nyní'. Odpovídá stč. v čile, včilé tv. z ↑v a stč. čila, číla 'chvíle', jež přesně odpovídá něm. Weile, angl. while tv. Dále viz ↑chvíle a ↑čít.

vdát se, vdaná, vdávání, vdavky, provdat, provdaná. Slk. vydať sa, p. wydać się, s./ch. ùdati se. Viz ↑dát.

vdolek, vdoleček. Stč. vdolček. Jen č., ne zcela jasné. Jistě souvisí s bav. a rak. Dalken, Talken tv., otázkou je směr výpůjčky. Domácí výklad slova vychází ze spojení v dólek (podle toho, že těsto se lije do důlků v plechu, srov. u Jg vdolek litý 'lívanec'), což však může být i lid. etym. (D2). Pokud je původní něm. slovo, bylo by zřejmě od střhn. talgen 'hníst'.

vdova, vdovský, vdovec, vdovecký, vdovství. Všesl. – p. wdowa, r. vdová, ch. udòva, stsl. vьdova. Psl. *vьdova je příbuzné se stpr. widdewu, gót. widuwō, angl. widow, něm. Witwe, stir. fedb, lat. vidua, sti. vidhávā, vše z ie. *u̯idheu̯ā 'vdova', doslova 'odloučená', od ie. *u̯eidh- 'oddělit, odloučit', od něhož je např. i lat. dīvidere 'rozdělit' (srov. ↑divize). Mužský protějšek přitvořen až mnohem později, patriarchální zřízení v ie. pravěku pojem mužského vdovství neznalo (Ma²).

věc, věcička, věcný, věcnost. Luž. wjec, r. vešč' (z csl.), b. vešt, stsl. veštь. Psl. *vektь, *věktь (B3) je příbuzné s gót. waíhts tv., sthn. wiht 'věc, bytost, démon' (něm. Wicht 'trpaslík, skřítek'), stangl. wiht tv., ukazovalo by to na ie. *u̯ek-ti- či *u̯ek^u-ti- 'věc'. Další souvislosti nejasné.

vece zast. 'praví, říká'. Ustrnulý tvar (původně aorist 3.os.sg.) od stč. vecěti 'říkat', které je už ve stč. doloženo pouze ve tvarech aoristu. Psl. *větʼati

702

vědma

(B3,C1) je opětovací sloveso od *větiti, k němuž viz ↑odvětit.

večer, večerní, večírek, večerka, večerník, večernice, večeře, večeřadlo, večeřet, navečeřet se, povečeřet. Všesl. – p. wieczór, r. véčer, ch. vèčēr, s. vèčē, stsl. večerъ. Psl. *večerъ je příbuzné s lit. vākaras, lat. vesper, ř. hésperos tv. Ie. rekonstrukce je obtížná kvůli střídání k-sp. Jednou z možností je rekonstrukce *u̯ek^uspero- jako složeniny z *u̯e-'(dolů) k' a odvozeniny od *k^u sep- 'noc', které je zachováno v sti. kšáp-, chet. išpant- tv., skupina -k^u sp- by se pak realizovala buď jako k, či jako sp (ve slov. to ale stejně předpokládá nějaký nepravidelný vývoj (A9)). Z příbuzných východisek je i wal. ucher 'večer' a arm. gišer 'noc'.

věčný, věčnost. Od ↓věk.

vědět, vědění, věda, vědní, vědec, vědecký, vědeckost, vědomí, vědomý, vědomost, dovědět se, zvědět, zvěd, vyzvědět, zvědavý, zvědavost. P. wiedzieć, sln. védeti, stsl. věděti, ve vsl. je příbuzné r. védat' 'řídit, spravovat'. Psl. *věděti (1.os.přít. *vě(d)mь) vychází ze starobylého tvaru *věděvím' (doloženo ve stsl. i stč. věděm tv.), což je původem perfektum od ie. *u̯eid-'vidět' (viz ↓vidět). Z téhož tvaru je i stpr. waist 'vědět', gót. wait 'vím', něm. (ich) weiss tv., lat. vīdī 'viděl jsem', ř. oída 'vím', arm. gitem, sti. véda tv. Původní význam psl. *vědě a uvedených příbuzných slov je tedy 'viděl jsem, mám viděno' (tedy 'vím'). Srov. ↑svědek, ↑povědět, ↓zvěst, ↓věštit.

vedle, vedlejší. Stč. vedlé z *vъ dьlě (B6), doslova 'v délce' (viz ↑v a ↑délka). Z významu 'podél' pak (těsně) blízko' i 'mimo'. Srov. ↑podle, ↑dle.

vědma kniž. 'věštkyně, čarodějnice'. Stč. i věd, gen. vědi tv., p. wiedźma, r. véd'ma. Psl. *věd'ma je odvozeno od *věděti (↑vědět).

vedro. P.d. *wiodro* 'počasí', r. *vëdro* 'slunečné počasí', s./ch. *vědro* 'jasno', stsl. *vedro* 'jasné počasí'. Psl. **vedro* 'jasné, pěkné počasí' vychází stejně jako stisl. *veðr* 'vítr, vzduch, počasí', angl. *weather*, něm. *Wetter* 'počasí' z ie. **u̯edhro-* tv., což je odvozenina od **u̯ē-* 'vát, dout'. Viz i ↑*vát*, ↓*vítr*.

vědro. Všesl. (kromě luž.) – p. *wiadro*, r. *vedró*, ch. *vjèdro*, stsl. *vědro* (ve většině jazyků též jako dutá míra). Psl. **vědro* se vyvinulo z ie. **u̯ēdro- (B5)*, odvozeného od ie. **u̯edór* 'voda' (viz ↓*voda*). Stejná motivace je u ř. *hydría* 'vědro'.

veduta 'topograficky přesný pohled na město nebo krajinu'. Z it. *veduta* 'pohled' a to od *vedere* 'vidět' z lat. *vidēre* tv. (viz ↓*vidět*).

vegetace 'rostlinstvo, růst (rostlin)', *vegetační, vegetativní*. Přes moderní evr. jazyky (něm. *Vegetation*, fr. *végétation* tv.) ze střlat. *vegetatio* '(vz)růst, síla' od pozdnělat. *vegetāre* 'žít, růst' od lat. *vegetus* 'hbitý, živý, svěží' k *vegēre* 'být živý, čilý'. Srov. ↓*vegetovat*, ↓*vegetarián*.

vegetarián, *vegetariánka, vegetariánský, vegetariánství*. Z angl. *vegetarian* utvořeného v pol. 19. st. k *vegetable* 'zelenina', *vegetation* 'rostlinstvo', tedy 'kdo se živí rostlinnou stravou'. Viz ↑*vegetace*.

vegetovat 'živořit, přežívat'. Z fr. *végéter* tv., vlastně 'žít jako rostlina', z pozdnělat. *vegetāre* 'žít (o rostlině), růst'. Viz ↑*vegetace*.

vehementní 'rázný, prudký, silný', *vehemence*. Přes něm. *vehement* z lat. *vehemēns* tv., vlastně '(rychle) přijíždějící', což je původem přech. přít. od *vehere* 'vézt, jet, dopravovat se'. Podobné je sti. *váhamāna-* 'prudce se přemisťující'. Viz ↓*vézt*, srov. ↓*vehikl*, ↓*vektor*, ↓*veterinář*.

vehikl hov. expr. 'staré, chatrné vozidlo'. Z něm. *Vehikel* tv. z lat. *vehiculum* 'vozidlo, vůz' od *vehere* 'vézt, jet' (lat. příp. *-culum* odpovídá našemu *-dlo*). Viz ↓*vézt*, srov. ↑*vehementní*, ↓*veterinář*.

věhlas, *věhlasný*. Stč. i 'moudrost, obezřetnost', str. *věgolosъ* 'zkušený, znalý', stsl. *věglasъ* tv. Psl. **věgolsъ (B8)* se interpretuje jako složenina z **věstь* '(on) ví, zná' (viz ↑*vědět*) a **golsъ* (viz ↑*hlas*), tedy doslova 'kdo zná hlas', tj. 'kdo rozumí něčemu'.

věchet 'svazek slámy k čištění ap.', *věchýtek*. P. *wiecheć*, r. *véchot'*. Psl. **věchъtь* je odvozeno od **věchъ*, viz ↓*vích*.

vejce, *vajíčko, vaječný, vaječník, vejčitý*. Všesl. – p. *jaje*, r. *jajcó*, s./ch. *jájce*, stsl. *ajьce*. Psl. **ajьce (B4)* (protetické *v-* jen v č. a slk.) je zdrobnělina od **aje* (srov. p.), jež je příbuzné s něm. *Ei*, stisl. *egg* (odtud angl. *egg*), wal. *wy*, lat. *ōvum*, ř. *ōión*, arm. *ju*, stper. *xāya*, vše z ie. **ō(u)i̯o-* 'vejce', jež se spojuje s ie. **əu̯ei-* 'pták' (srov. lat. *avis* tv.).

vějička 'proutky namazané lepem k chytání ptáků'. Zřejmě zdrobnělina od psl. **věja* 'větev' (dochováno v stsl. *věja*, sln. *vêja* tv.), příbuzné je stir. *fé* 'prut', sti. *vayā* 'větev', východiskem je ie. **u̯ei-* 'vít, ohýbat'. V č. nahrazeno příbuzným slovem ↓*větev*.

vějíř, *vějířek, vějířovitý*. Z r. *vejer* tv. a to nejspíš z něm. *Fächer* tv. přikloněním k *vějat'* 'vát' (D2) (↑*vát*). K něm. slovu viz ↑*fofr*.

věk, *věkový, věkovitý, věčný, věčnost, zvěčnit, pravěk, pravěký, odvěký*. Všesl. – p. *wiek*, r. *vek*, ch. *vijêk*, s. *vêk*, stsl. *věkъ*. Psl. **věkъ* 'doba žití' znamenalo původně asi 'životní síla' (srov. sln.st. *vêk* 'síla'). Příbuzné je lit. *viẽkas* '(životní) síla', *veĩkti* 'dělat' a dále gót. *weihan* 'bojovat', sthn. *wīg* 'boj', stir. *fichid* 'bojuje', lat. *vincere* 'přemáhat',

-věk vše od ie. **u̯eik-* 'energický projev síly, boj'.

-věk část. zast. Ve spojení *nikolivěk*, v jiných případech zůstalo jako *-v* (*cokoliv, kdokoliv, ačkoliv*, srov. p. *aczkolwiek*). Snad lze spojit s ie. *vā* 'nebo, ba i, asi', lat. *-ve* (např. *sive* 'nebo', *ceu* 'jako') z ie. *u̯ē-, *u̯e-* 'nebo, onen ap.', možná však prostě z ↑*věk*.

veka. Z něm. *Weck(e), Wecken* 'podlouhlý chléb' ze sthn. *weggi* 'klín' (později 'pečivo se dvěma zašpičatělými konci'), jež je příbuzné s angl. *wedge* tv. a dále s lit. *vāgis* 'hák, klín', východiskem je ie. *u̯ogʰhi̯o-* tv. Příbuzné je i lat. *vōmis* 'radlice'.

veksl ob. 'ilegální směna peněz, výměna vůbec', *vekslovat, vekslák*. Z něm. *Wechsel* 'výměna, změna', jež souvisí s lat. *vicis* (gen.) 'střídání' (viz ↓*vice*-).

vektor 'veličina určená velikostí, směrem a smyslem', *vektorový*. Přes moderní evr. jazyky (něm. *Vektor*, fr. *vecteur* tv.) z lat. *vector* 'nosič, cestující, jezdec' od *vehere* (příč. trp. *vectus*) 'vézt, jet'. Viz ↓*vézt*, srov. ↓*veterinář*, ↑*vehementní*.

velbloud, *velbloudí*. P. *wielbląd*, r. *verbljúd*, sln. *velblôd* (asi z č.), stsl. *velьbǫdъ, velьblǫdъ*. Psl. **velьbǫdъ* (B7) (původně asi **vъlbǫdъ*, slovo se lid. etym. přichýlilo k ↓*vel(e)-*, ↓*velký* a pak i ↑*bloudit (D2)*) je přejato z gót. *ulbandus* tv. a to z lat. *elephantus* 'slon' z ř. *eléfas* tv., původu asi egypt. Záměna slona za velblouda u Germánů a Slovanů není zas tak překvapivá – v obou případech šlo o velké zvíře, s nímž neměli osobní zkušenost. Ještě ve stč. cestopisech se objevuje *velblúd* také ve významu 'slon'.

vel(e)- (*velmoc, velmistr, veledílo, veletrh, veletoč* ap.). Viz ↓*velký*.

velebit, *velebný, velebnost, zvelebit, uvelebit se*. Jen č. a p. (*wielebny*).

Základem je subst. **veleba*, které bylo utvořeno příp. *-oba* (jako *staroba, chudoba, zloba* ap.) od psl. **velь(jь)* 'velký' (stč. *velí*) *(B5)*. *Velebiti* tedy původně znamenalo 'činit velkým, rozmnožovat' (tak ještě v stč.). Jinak viz ↓*velký*.

velet, *velení, velící, velitel(ka), velitelský, velitelství*. Stč. *veleti* 'přikazovat, radit, chtít'. R. *velét'*, sln. *veléti* 'přikázat, říci', s./ch. *vèlīm* 'říkám' (jen v préz. a imperfektu), stsl. *veléti* 'chtít, přikazovat'. Psl. **velěti* 'chtít' je příbuzné s lit. *pavélti*, gót. *wiljan*, angl.st. *will*, něm. *wollen*, lat. *velle* tv., ř. *leíō* 'chci', sti. *vr̥ṇóti* 'volí, má rád', vše z ie. *u̯el-* 'chtít'. Viz i ↓*vůle*, ↓*volit*.

Velikonoce, *velikonoční*. Stč. *veliká noc, velikonoc, velkonoc* (srov. i *o velcenoci*). P. *Wielkanoc*, sln. *velíka nôč*, csl. *velika noštь*, naopak ukr. *Velyk den'*, r.st. *veliken'*, což pe je kalk ř. *megálē hēméra* 'velikonoce', doslova 'velký den'. Myslí se 'den (případně noc), kdy se slaví Kristovo vzkříšení'. Nč. plurál vlivem ↑*Vánoce*. Dále viz ↓*velký* a ↑*noc*.

velký, veliký, *velice, velikost, velikostní, veličina, veličenstvo, velikán, velikánský, velikášský, velikášství, zvelíčit*. Všesl. – p. *wielki*, r. *velíkij*, s./ch. *vèlik*, stsl. *velikъ*. Psl. **velikъ* je odvozeno od **velь* (srov. i stč. *velí* tv. z **velьjь*), jehož další souvislosti nejsou jisté. Spojuje se s wal. *gwala* 'množství, dost', lat. *volgus, vulgus* 'lid, dav', ř. *hális* 'hromadně, bohatě, dost', toch. B *walke* 'dlouho, daleko', *wälts* 'tisíc', vše od ie. *u̯el-* původním významem 'tisknout, tlačit, směstnávat'. Srov. ↓*velmi*, ↑*velebit*, ↓*větší*.

velmi přísl. Stč. *velmě*, p. *wielmi*, r.st. *vel'mí*, stsl. *velьmi*. Asi ustrnulý tvar instr. pl. od **velь* (viz ↑*velký*).

velmož. Asi přejato v obrození z jiných slov. jazyků. P. *wielmoża*, r. *vel'móža*, s./ch. *vèlmoža*, stsl. *velьmoža* 'vladař,

velmož'. Psl. *velьmoža je složeno z *velь (↑velký) a odvozeniny od *mogti (↑moci), tedy vlastně 'kdo má velkou moc'.

velociped zast. 'jízdní kolo'. Z fr. *vélocipède* tv., jež bylo zač. 19. st. utvořeno z lat. *vēlōx* (gen. *vēlōcis*) 'rychlý' a lat. *pēs* (gen. *pedis*) 'noha' (tedy doslova 'rychlonožec') podle staršího *bipède* 'dvounohý, dvounožec' z lat. *bipēs* tv. Srov. ↓*velodrom*, ↑*pedál*.

velodrom 'cyklistický stadion'. Z fr. *vélodrome* (konec 19. st.), dále viz ↑*velociped* a ↑*-drom*.

velryba, *velrybí*, *velrybář*, *velrybářský*. Stč. i *velryb*. Asi podle střhn. *walvisch* (něm. *Walfisch*) tv. s přikloněním první části k ↑*vel-* a překladem druhé části. Sama první část něm. slova znamená 'velryba, kytovec' (srov. angl. *whale*, stisl. *hvalr*).

velter 'váhová kategorie v boxu a zápase', *velterový*. Z angl. *welter-weight* tv., původně 'jezdec těžké váhy (v jezdectví)' a to asi z *welter* 'válet se, valit se, nořit se', jež souvisí s něm. *walzen* 'valit se', srov. ↑*válec*.

veltlín 'sorta vinné révy', *veltlínský*. Podle horského údolí *Valtellina* v sev. Itálii.

velur 'vlněná látka s hustým vlasem; semiš', *velurový*. Z fr. *velours* ze stfr. *velous*, *velos*, stprov. *velos* 'samet' a to z lat. *villōsus* 'chlupatý' od *villus* 'chlup, vlas'.

vemeno. Stč. *výmě*, gen. *vymene*. Všesl. – p. *wymię*, r. *výmja*, s./ch. *vìme*. Psl. *vymę, gen. *vymene, je pokračováním ie. *ūdhmen- (B4,A7, B7), jež je příbuzné s ie. *ūdhr̥-, z něhož je angl. *udder*, něm. *Euter*, lat. *ūber*, ř. *oūthar*, sti. *ūdhar* tv. Obě ie. slova vycházejí z kořene *eudh-* 'otékat, nadouvat se', jež je doloženo v r.st. *údit'* 'nalévat se (o zrnu)'.

ven, *venek*, *venku*, *zvenku*, *zvenčí*, *navenek*, *venkov*, *venkovní*, *venkovský*, *venkovan(ka)*, *venčit*, *vyvenčit*. Všesl. – p. *won* (stp. *wen*), r. *von*, s./ch. *vȁn*, stsl. *vъnъ*. Psl. *vъnъ a *vъně vypadají jako akuz. a lok. nějakého subst. Obvykle se spojuje se stpr. *wins* 'vzduch', *winna* 'venku' (vlastně 'na vzduchu'), předpokládá to ovšem původní psl. *vъnъ. Poukazuje se také na sti. *vánam* 'do lesa', *váně* 'v lese', srov. č. nář. (laš.) *do poľa* 'ven'. Z adv. *ven* bylo v č. vytvořeno subst. *venek*, jehož ustrnulý lok. *venku* začal fungovat jako místní protějšek k směrovému *ven* (Ma²).

vendeta 'krevní msta'. Z it. *vendetta* 'msta' z lat. *vindicta* 'vysvobození, pomsta, trest' od *vindicāre* 'činit si nárok, vymáhat, mstít' a to z *vim dicāre*, což je akuz. od *vīs* 'síla, násilí' a *dicāre* 'ohlásit, přikázat'. Srov. ↑*revanš*.

věnec, *věneček*, *věnčitý*, *věnčit*, *ověnčit*. Všesl. – p. *wieniec*, r. *venók* (r.st. *venéc*), ch. *vijénac*, s. *vénac*, stsl. *věnьcь*. Psl. *věnьcь odpovídá lit. *vainìkas* tv., obojí jsou zdrobněliny od ie. *u̯oino-*, vlastně 'co je uvito', od *u̯ei-* 'vít' (viz ↓*vít*).

venerický 'pohlavní (o chorobách)', *venerologický*. V medicíně utvořeno k lat. *venerius*, což je adj. k *Venus*, gen. *Veneris*, jménu římské bohyně lásky.

věno. P. *wiano*, r. *véno*. Psl. *věno, původně 'částka, již platil ženich tchánovi za nevěstu' (tak ve str.), se spojuje se stangl. *weotuma*, *wituma*, střhn. *wideme*, *widem* 'svatební dar', ř. *éd̂non* tv. (myslí se dar ženicha tchánovi i otce nevěstě) z ie. *u̯ed-mno-* 'cena, dar (za nevěstu)' (A7) od *u̯ed-* 'vést, přivádět si (ženu)' (viz ↓*vést*, ↑*nevěsta*). Jiný, méně věrohodný výklad vychází z ie. *u̯es-no-*, z něhož je lat. *vēnum* 'prodej', ř. *ȏnos* 'koupě, kupní cena', sti. *vasná-* 'kupní cena'. V obou případech však není jasné slov. -ě-, které předpokládá ie. -ē-.

věnovat, *věnování*. Od ↑*věno*, srov. něm. *widmen* 'věnovat'.

ventil, *ventilek, ventilovat, ventilace, ventilační, ventilátor*. Přes něm. *Ventil* ze střlat. *ventile* 'propusť (na vodním kanálu), větrný mlýn' od lat. *ventilāre* 'větrat' od *ventus* 'vítr'. Srov. ↓*vítr*.

vepř, *vepřový, vepřín, vepřovice*. Všesl. – p. *wieprz*, r. *vepr'*, s./ch. *vȅpar*, stsl. *veprъ*. Psl. **veprъ* 'kanec' je příbuzné s lot. *vepris* 'vykleštěný vepř' (pokud není ze slov.), stangl. *eofor*, něm. *Eber* 'kanec', lat. *aper* tv. Rekonstrukce výchozí ie. podoby je nejistá, asi **(u̯)ep(e)ro-* 'kanec'.

veranda. Přes něm. *Veranda* z angl. *veranda(h)* z hind. *varandā* tv., jež se zase pokládá za výpůjčku z port. *varanda* 'otevřená předsíň, balkon'. Původ neznámý.

verbální 'slovní', *verbalismus*. Podle moderních evr. jazyků (něm., fr., angl. *verbal*) přejato z lat. *verbālis* tv. od *verbum* 'slovo, sloveso, výraz'. Srov. ↓*verva*.

verbež. Příp. *-ež* (jako *mládež* ap.) od ↓*verbovat*, vlastně 'zverbovaná sebranka'. U Jg nedoloženo.

verbovat expr. 'najímat (vojáky ap.)'. Z něm. *werben* 'verbovat, dělat reklamu, propagovat', jež je asi příbuzné s angl. *wharf* 'přístaviště'. Původní význam byl 'otáčet (se), obracet (se)' (tak sthn. *(h)werban*, stangl. *hweorfan*), vývoj významu byl přes 'otáčet se, být neustále zaměstnán' k 'aktivně někoho získávat k něčemu'.

vercajk ob. 'nářadí'. Z něm. *Werkzeug* tv. z *Werk* 'práce' a *Zeug* 'nářadí, materiál'. Srov. ↓*verpánek* a ↑*cajk*.

verdikt '(rozhodující) výrok'. Přes něm. *Verdikt* z angl. *verdict* tv. a to ze střlat. *ver(e)dictum* 'výpověď pod přísahou, rozsudek', což je polatinštělé anglonormanské *verdit*, stfr. *veirdit* tv.

z lat. *vērus* 'pravdivý' (srov. ↓*víra*, ↓*verifikovat*) a *dictum* 'výrok' od *dīcere* 'říkat' (srov. ↑*edikt*).

verifikovat 'ověřit správnost', *verifikace*. Z pozdnělat. *vērificāre* 'učinit skutečným; prověřit' z lat. *vērus* 'pravý, pravdivý, skutečný' (srov. ↓*víra*, ↑*verdikt*) a odvozeniny od *facere* 'dělat' (srov. ↑*-fikace*).

vermut 'dezertní kořeněné víno'. Z něm. *Wermut(wein)* od *Wermut* 'pelyněk', jehož původ není jistý. Příbuzné je angl. *wormwood* tv., jež bylo lid. etym. (D2) přikloněno k *worm* 'červ' a *wood* 'dřevo'.

vernisáž 'slavnostní zahájení výstavy'. Z fr. *vernissage* tv. od *vernis* 'lak, fermež' (viz ↑*fermež*). Původně asi 'pozorování obrazů před jejich fermežováním', odtud pak přeneseno na jejich první oficiální představení.

verpánek 'třínohá obuvnická stolička'. Z něm. *Werkbank*, vlastně 'pracovní lavička', z *Werk* 'práce, dílo' (souvisí s ř. *érgon* tv., srov. ↑*energie*, ↑*orgán*, ↑*vercajk*) a *Bank* 'lavice, pracovní stůl' (viz ↑*banka*).

versta 'starší ruská délková míra (asi 1 km)'. Z r. *verstá*, jež je příbuzné s ↓*vrstva*.

versus předl. 'proti'. Z lat. *versus* 'směrem k', ustrnulé příč. trp. od *vertere* 'obracet, točit'. Srov. ↓*verš*.

verš, *veršík, veršový, veršovat, zveršovat, zaveršovat*. Přes něm. *Vers* z lat. *versus* tv., vlastně 'obrat, otočení', původem příč. trp. od *vertere* 'obracet, točit'. Viz ↓*vrátit*, srov. ↑*versus*, ↓*verze*.

vertel 'stará dutá míra'. Ze střhn. *viertel* (něm. *Viertel*) 'čtvrtka' (vlastně 'čtvrt korce') z *vier* 'čtyři' (viz ↑*čtyři*) a *teil* 'díl' (viz ↑*díl*).

vertikální 'svislý', *vertikála*. Přes moderní evr. jazyky (něm. *vertikal*)

věru 707 vesna

z pozdnělat. *verticālis* tv. od lat. *vertex* 'vrchol, vrch'.

věru část. Nejspíš akuz. od ↓*víra* (stč. *viera*), srov. *na mou věru*.

verva, *vervní*. Novější, z fr. *verve* tv., stfr. 'inspirace', a to z vlat. *verva z lat. *verba* 'slova, řeč, zaříkání' od *verbum* 'slovo'. Srov. ↑*verbální*.

verzál(k)a 'velké písmeno'. Přes něm. *Versal* tv. z lat. *versālis* 'veršový, řádkový' od *versus* 'verš, řádek' (viz ↑*verš*), tedy 'písmeno na začátku verše či řádku'.

verzatilka 'patentní tužka s výměnnou tuhou'. Podle obchodní značky *Versatil*, jež vychází z lat. *versātilis* 'otáčivý, obratný' od *vertere* (příč. trp. *versus*) 'obracet, točit'. Srov. ↑*verš*, ↓*verze*.

verze 'jedna z rozdílných podob (textu ap.)'. Přes něm. *Version*, fr. *version* tv., původně 'překlad, převod (do mateřštiny)', z nlat. *versio* tv. (16. st.) ze střlat. *versio* 'otočení, obrácení, přenesení' od lat. *vertere* 'obracet, točit'. Viz ↓*vrátit*, srov. ↑*verš*, ↑*konverze*, ↑*averze*.

veřej 'křídlo dveří; zárubeň'. P. *wierzeja*, r. *verejá*, sln. *verêja*, stsl. *veřěja* 'závora'. Psl. *veřěja je odvozeno od ie. kořene **u̯er-*, k němuž viz ↓*-vřít*, ↓*vrata*. Viz i ↓*veřejný*.

veřejný, *veřejnost*, *uveřejnit*, *zveřejnit*. Stč. *veřějní* 'hlavní, stěžejní' (k významu srov. ↑*stěžejní*), pak 'obecně známý, určený všem' asi podle toho, že věci dávané lidu ve známost byly přibíjeny na veřeje vrat (Ma²) (viz ↑*veřej*).

věřit. Od ↓*víra*.

ves, *víska*, *vesnice*, *vesnička*, *vesnický*, *vesničan(ka)*, *náves*. P. *wieś*, str. *vesь*, sln. *vâs*, stsl. *vьsь*. Psl. *vьsь je příbuzné s gót. *weihs* tv., lat. *vīcus* 'ves, osada, čtvrť', ř. *oîkos* 'obydlí, domácnost, rod', av. *vīs-* 'dům, ves, klan', sti.

viś- 'bydliště, dům', vše z ie. **u̯eiḱ-*, **u̯iḱ-*, **u̯oiko-* 'dům, ves'. Z významů je zřejmé, že původně šlo o sídliště příslušníků jednoho rodu. Srov. i lit. *viẽšpats* 'pán', sti. *viś-páti* 'pán (domu)' (k druhé části viz ↑*hospodář*). Srov. i ↓*všechen*.

veselý, *veselost*, *veselí*, *veselice*, *veselka*, *veselit se*, *obveselit*, *poveselit se*, *rozveselit (se)*. Všesl. – p. *wesoły*, r. *vesëlyj*, s./ch. *vèseo*, stsl. *veselъ*. Psl. *veselъ má nejblíže k lot. *vesels* 'zdravý, celý' a také ilyr. osobnímu jménu *Veselia*, které odpovídá lat. *Fēlīcitās*. Dále je příbuzné stir. *fó* 'dobrý', bret. *gwiou* 'šťastný', sti. *vásu-* 'dobrý', vše vychází z ie. **u̯es-* 'dobrý'.

-věsit (*navěsit*, *ověsit*, *pověsit*, *přivěsit*, *přívěšek*, *rozvěsit*, *svěsit*, *vyvěsit*, *vývěsní*, *vývěska*, *zavěsit*, *závěs*). P.st. *wiesić*, r. *vésit'* 'vážit', sln. *vésiti*, csl. *věsiti*. Psl. *věsiti je kauzativum k *viseti, původní význam tedy je 'způsobit, že něco visí'. Dále viz ↓*viset*, srov. ↓*věšet*.

veslo, *veslový*, *veslař(ka)*, *veslařský*, *veslice*, *veslovat*, *veslování*, *odveslovat*, *přiveslovat*. Všesl. – p. *wiosło*, r. *vesló*, s./ch. *vèslo*, stsl. *veslo*. Psl. *veslo je odvozeno od *vezti (příp. *-slo*, srov. ↑*máslo*), tedy 'co slouží k jízdě (po vodě)'. Dále viz ↓*vézt*.

vesměs přísl. Viz ↑*v* a ↑*směs*, podobně i *veskrze*.

vesmír, *vesmírný*. Přejato v obrození z r. *ves' mir* 'celý svět' (jinak ovšem r. slova pro *vesmír* jsou *kósmos* a *vselénnaja*) místo stč. *vesvět*, *veš svět* 'celý svět'. Viz ↓*všechen* a ↑*mír*.

vesna kniž. Přejato za obrození z r. P. *wiosna*, r. *vesná*, sln. *vésna* (také z r. či odjinud), stsl. *vesna*. Psl. *vesna 'jaro' je příbuzné s lit. *vāsara* 'léto', stisl. *vár* 'jaro', lat. *vēr*, ř. *éar*, arm. *garun*, sti. *vasantá-* tv., vše od ie. **u̯esr̥*, gen. **u̯esn(e)s* 'jaro'.

vést, *vedení, vedoucí, vůdce, dovést, navést, návod, navádět, odvést, odvod, odvádět, povést se, podvést, podvod, podvádět, provést, průvod, průvodce, průvodčí, provádět, převést, převod, převaděč, předvést, přivést, přívod, rozvést, rozvod, svést, svůdný, svůdce, uvést, úvod, uvádět, vyvést, vývod, vyvádět, zavést, závodčí, zavádět* aj. Všesl. – p. *wieść*, r. *vestí*, s./ch. *vèsti*, stsl. *vesti*. Psl. **vesti* (1.os.přít. **vedǫ*) *(A5)* odpovídá lit. *vèsti*, lot. *vest* tv., stir. *fedid* 'nese, veze', příbuzné je i av. *vāδayeiti* 'veze, vleče', vše od ie. **u̯edh-* 'vést, přivádět, ženit se'. Srov. ↓*vodit*, ↓*závod*, ↑*nevěsta*, ↑*věno*.

vesta, *vestička*. Přes něm. *Weste* tv. z fr. *veste* 'kazajka, kabátek, blůza', it. *veste* 'šat, oblek, oděv' z lat. *vestis* tv. Srov. ↑*investovat*.

vestibul 'velká vstupní místnost veřejných budov, dvorana'. Podle něm. *Vestibül*, fr. *vestibule* tv. z lat. *vestibulum* 'předdomí, předsíň, vchod', jehož další výklad není jistý (k druhé části srov. lat. *stabulum* 'stanoviště, stáj').

věstník 'časopis přinášející pravidelné odborné zprávy'. Z r. *véstnik* 'věstník, hlasatel' od *vest'* 'zpráva'. Dále viz ↓*zvěst*, ↓*věštit*.

veš, *veška*, expr. *všivý, všivák*. Všesl. – p. *wesz*, r. *voš'*, ch. *ûš*, s. vȁš, csl. *vъšь*. Psl. **vъšь* je asi stejně jako lit. *utẽ*, *víevesa*, lot. *uts* tv. tabuové přetvoření *(D4)* ie. **lus-*, **lūs-* (ve slov. odsunutí *l-* *(B4)*), které je dochováno v stisl. *lūs*, angl. *louse*, něm. *Laus* tv. i wal. *llau* 'vši', korn. *low* tv. Jiná tabuová obměna je v sti. *yū́kā*, pálí *ūkā* 'veš'.

věšet, *věšák*. Všesl. Psl. **věšati* je opětovací sloveso od **věsiti* (viz ↑*-věsit*).

veškerý. Stč. *veškeren* vedle *veškern*, *veškken* aj. Rozšíření základu *veš* 'všechen', k němuž viz ↓*všechen*.

věštit, *věštec, věštkyně, věštecký, věštba, věštírna*. V č. asi až od obrození (u Jg bez starších dokladů, z p. *wieszczyć?*), ale může se opřít o stč. *věští, věščí* 'nadaný věšteckým duchem, moudrý', *věščěvánie* 'věštění', *věščicě* 'věštkyně'. Vše vychází z psl. **věst'ь*, vlastně 'vědoucí, znalý', z ie. **u̯oid-ti̯o-* *(B2,A5,B3)*, což je odvozenina od téhož základu jako ↑*vědět*.

*veta přísl. *(být veta po někom, po něčem* 'být konec s někým, něčím'). Stč. *býti s kým vet* 'být s někým vyrovnán', *vetovati sě* 'sázet se' ze střhn. *wette* 'splacený, vyřízený, vyrovnaný', *wetten* 'sázet se, dávat fant'. Ze spojení *wette sīn* 'být splacený, skončený' se pak vyvinul č. význam 'být konec s něčím'. Germ. slovo znamenalo původně 'zástava, fant, závazek', odtud i angl. *wedding* 'svatba'. Srov. ↑*odveta*.

věta, *větný, souvětí*. Jen č. a slk., nové (u Jg ještě není). Od *-větiti*, k němuž viz ↑*odvětit*, srov. ↑*vece*, ↑*přívětivý*, ↑*oběť*.

veterán '(vojenský) vysloužilec'. Přes něm. *Veteran* tv. z lat. *veterānus* 'starý' (zpodstatnělý pl. *veterānī* 'staří vojáci, vysloužilci') a to od *vetus* (gen. *veteris*) 'starý'. Viz ↓*vetchý*.

veterinář 'zvěrolékař', *veterinářka, veterinární, veterinářství*. Podle něm. *Veterinär*, fr. *vétérinaire* z lat. *veterīnārius* tv. od *veterīna* 'tažná zvířata' a to od *veterīnus* 'zestárlý, tažný'. To by ukazovalo na souvislost s *vetus* (gen. *veteris*) 'starý' (snad proto, že zestárlá zvířata nehodící se pro boj ap. se využívala jako zvířata tažná). Jiný výklad vychází z **vehiterīnus* od *vehere* 'vézt' (viz ↓*vézt*).

veteš, *vetešník, vetešnický, vetešnictví*. R. *vétoš'*, r.-csl. *vetъšь* 'stáří'. Psl. **vetъšь* je odvozeno od **vetъchъ* (viz ↓*vetchý*).

větev, *větévka, větvička, větvoví, větvit se, rozvětvit se, rozvětvený*. P.

witka 'větévka', r. *vetv'*, stsl. *větvь*. Psl. asi **věty* (gen. **větъve*) je příbuzné se stpr. *witwan* 'vrba', lot. *vīte* 'šlahoun', sthn. *wīda* (něm. *Weide*) 'vrba', lat. *vītis* 'réva', ř. *itéa* 'vrba', sti. *vētasá-* 'druh rákosu', vše z ie. **u̯ei-t-* od **u̯ei-* 'vinout, kroutit', od něhož je utvořen i druhý psl. název větve **věja* (viz ↑*vějička*). Dále viz ↓*vít*.

vetchý, *zvetšelý*. P. *wiotki* 'slabý, měkký, ohebný', r. *větchij*, s./ch.st. *vět*, stsl. *vetъchъ* 'starý'. Psl. **vetъchъ* 'starý' odpovídá lit. *vētušas* tv., stejně jako u lat. *vetustus* 'starý, starobylý' je východiskem ie. **u̯etuso-* 'starý, letitý'. To je odvozeno od **u̯et-* 'rok', od něhož je i lat. *vetus* 'starý, vetchý', alb. *vit* 'rok', ř. *étos*, sti. *vatsá*, chet. *u̯itt-* tv. Srov. ↑*veteš*, ↑*veterán*.

veto 'projev nesouhlasu, který umožňuje zmařit určitý záměr i proti přesile hlasů', *vetovat*. Přes moderní evr. jazyky (něm. *Veto*, fr. *veto*) z lat. *vetō* 'zakazuji, zabraňuji' od *vetāre* 'zakazovat'.

vetřelec. Od *vetřít se*, viz ↑*v* a ↑*třít*.

větší, *většina*, *většinový*, *zvětšit*, *zvětšovací*, *zvětšenina*. Stč. *věcší*, *věčí*, *věčší* (pak s neetymologickým *-t-* *větčí*, *větší*), ve jmenném tvaru *věcí*. P. *większy*, s./ch. *vèćī*, stsl. *veštii*. Psl. **vęt'ьjь* (*B3,B7*) funguje jako 2. stupeň k adj. **velьjь* (↑*velký*), jeho původ však je nejasný. Srov. ↓*více*.

veverka, *veverčí*. Všesl. – p. *wiewiórka*, r.st. *vèverica* 'veverka, hranostaj', ch. *vjèverica*. Psl. **věverica* 'veverka' je příbuzné se stpr. *weware*, lit. *vėveris*, lot. *vāvere* tv., lat. *vīverra* 'lasice, fretka', per. *varvarah* 'veverka', východiskem je ie. **u̯e(r)-u̯er-*, zdvojený útvar od kořene **u̯er-* 'vinout (se), kroutit (se)', který je také v druhé části germ. slov (stangl. *ācweorna*, něm. *Eichhorn* 'veverka').

vévoda, *vévodkyně*, *vévodský*, *vévodství*, *vévodit*. P. *wojewoda*, r. *vojevóda*, s./ch. *vòjvoda*, stsl. *vojevoda*. Psl. **vojevoda* (*B9*) je stará složenina z **vojь* (↓*voj*[1]) a **voditi* (↓*vodit*), původní význam tedy je 'kdo vede vojsko'.

vezdejší kniž. 'každodenní; pozemský'. Stč. *veždajší*, *vezdajší* od *veždy*, *vežda*, *vezda* (viz ↓*vždy*), původní význam tedy byl 'každodenní, jsoucí stále'. Po změně *aj>ej (C5)* se lid. etym. *(D2)* přichýlilo k ↓*zde*, *zdejší* a k tomu se vytvořil i nový význam.

vězení. Viz ↓*vězet*.

vězet, *vězení*, *vězeň*, *vězenkyně*, *vězeňský*, *věznice*, *věznit*, *věznitel*, *uvěznit*. Stč. *vězěti* 'vězet, meškat; být vězněn'. Jen č. (p. *więzienie* 'vázání, vězení'). Z psl. **vęzěti* (*B7*), které je přitvořeno k **vęzati*, **vęznǫti* (viz ↑*vázat*, ↑*váznout*), významově má blízko především k druhému z nich.

vezír 'vysoký hodnostář (v některých islámských zemích)', *vezírský*. Z tur. *vezīr* z ar. *wazīr* tv., doslova 'kdo nese břemeno', od *wazara* 'nést břemeno'.

věznit. Viz ↑*vězet*.

vézt, *dovézt*, *dovoz*, *dovážet*, *odvézt*, *odvoz*, *odvážet*, *provézt*, *provážet*, *převézt*, *převoz*, *převozník*, *převážet*, *přivézt*, *přívoz*, *přivážet*, *rozvézt*, *rozvoz*, *rozvážet*, *svézt*, *uvézt*, *vyvézt*, *vývoz*, *vyvážet*, *zavézt*, *závozník* aj. Všesl. – p. *vieźć*, r. *veztí*, stsl. *vesti* (1.os.přít. *vezǫ*), slaběji dochováno v jsl. Psl. **vezti* odpovídá lit. *vèžti* tv., dále je příbuzné sthn. *wegan* 'pohybovat se' (něm. *sich bewegen* tv., *Weg* 'cesta'), stangl. *wegan* 'přinášet, přivádět' (angl. *way* 'cesta'), lat. *vehere* 'vézt, přepravovat', av. *vazaiti* 'vede', sti. *váhati* 'veze, vede, jede', vše z ie. **u̯eǵh-* 'jet, vézt' *(A1)*. Srov. ↓*vozit*, ↓*vůz*, ↑*úvoz*, ↑*veslo*, ↓*věž*, ↑*vehikl*, ↑*váha*.

věž, *věžička*, *věžový*, *věžovitý*, *věžák*. Stč. *věžě* 'věž, vězení'. Dl. *wjaža* 'dům', p. *wieża* 'věž', str. *věža* 'přístřešek, obytný vůz, věž', sln. *véža* 'předsíň'. Psl. *věža* se obvykle spojuje s *vezti* (předsl. *vēz-i̯a (B3,B5),* původní význam by byl zachován ve str. – 'obytný, krytý vůz'. Odtud pak asi jednak 'přístřešek', jednak 'pojízdný kryt' a z toho pak na většině zsl. a vsl. území 'vyvýšená obranná stavba'. Dále viz ↑*vézt.*

vhodný. Viz ↑*hodit se.*

viadukt 'železniční (případně silniční) mostní stavba překlenující údolí, ulici ap.'. Přes něm. *Viadukt* z angl. *viaduct* tv., jež bylo zač. 19. st. uměle utvořeno z lat. *via* 'cesta, dráha' a *ductus* 'vedení' podle lat. *aquaeductus* (viz ↑*akvadukt*).

vibrafon 'druh džezového bicího nástroje'. Viz ↓*vibrovat* a ↑*-fon.*

vibrovat 'chvět se, kmitat', *vibrace, vibrační, vibrátor.* Podle moderních evr. jazyků (něm. *vibrieren,* fr. *vibrer,* angl. *vibrate*) z lat. *vibrāre* tv. z ie. **ueib-* od **uei-* 'vít, kroutit' (viz ↓*vít*).

více přísl. Stč. *viece.* P. *więcej,* str. *vjače,* s./ch. *věće,* stsl. *vęšte.* Psl. **vęt'e* 'více' je přísl. od **vętьjb* (viz ↑*větší*). Tento základ je ve jméně *Václav* (pč. **Vęc(e)slavъ (B7)*), znamenajícím asi 'mající více slávy' (srov. obdobné r. *Vjačeslav* a z pč. podoby vyvozené lat. *Venceslaus,* něm. *Wenzel*).

vice- (ve složeninách) 'místo-, zástupce'. Srov. *viceprezident, vicepremiér, viceadmirál.* Z lat. *vice-* tv. z *vice* 'na místě někoho, za někoho', což je původem ablativ od subst. doloženého dále jen v gen. *vicis* a ak. *vicem* s významem 'střídání' (srov. *vice versā* 'obráceně, naopak'). Srov. také ↓*vikář* a ↓*vikomt.*

vid 'jedna z gramatických kategorií slovesa', *vidový.* Novější, z r. *vid* tv., vedle toho 'pohled, vzhled' (viz ↓*vidět*). Srov. lat. *aspectus* tv. (↑*aspekt*).

viď citosl., *viďte.* Stč. *veď, vedě* ve významech 'vždyť, zajisté, věru, viz, což aj.' (srov. slk. *ved'* 'vždyť') ze starobylého *vědě* 'vím', pokleslého na přísl. (viz ↑*vědět,* k podobnému vývoji srov. ↑*totiž* i ↑*hle*). Z vět jako *Ved' že tomu tak* (vlastně 'zajisté, že ...'), *Vid' že pravda* ap. (Jg) pokleslo na pouhé citosl. vyjadřující očekávání souhlasu (podoba s *-i-* svědčí o kontaminaci *(D3)* s tvary slovesa ↓*vidět*).

vida citosl. Nejspíš z ustrnulého přech. přít. od ↓*vidět.*

vidět, *vidění, vidoucí, vidomý, nevidomý, vidina, viditelný, viditelnost, uvidět.* Všesl. – p. *widzieć,* r. *vídet',* ch. *vȉdjeti,* s. *vȉdeti,* stsl. *viděti.* Psl. **viděti* je příbuzné s lit. *pavydéti* 'závidět', gót. *witan* 'pozorovat', lat. *vidēre* 'vidět', ř. *eīdon* 'viděl jsem', sti. *vetti* 'ví', vše z ie. **ueid-,* **uid-* 'vidět'. Viz i ↑*vědět,* srov. ↑*vid,* ↑*nenávidět,* ↓*závidět,* ↑*vida.*

vidle, *vidlice, vidlička.* Stč. *vidly.* Všesl. – p. *widły,* r. *víly,* s./ch. *vȉle.* Psl. **vidla* (pl. **vidly*) je odvozeno od psl. **viti* 'vít, ohýbat' (↓*vít*), význam příp. však není vykládán jednoznačně. Nejspíš původně 'to, co slouží k navíjení' (Ma², HK).

vidovat 'označit, že spis ap. byl přečten'. Od lat. *vīdī* (značka *v.*) 'viděl jsem, prohlédl jsem' od *vidēre* 'vidět' (viz ↑*vidět*).

vidrholec ob. 'větrné místo na výšině, stráni ap.'. U Jg i *fidrolec, fidrholec,* původně prý název lesa na cestě z Českého Brodu do Prahy, který býval skrýší loupežníků. Původ nejasný, zřejmě něm. (ve druhé části něm. *Holz* 'dřevo'). Na dnešní význam možná působila i lid. etym. *(D2)* – asociace s *vítr* a *holý.*

vigilie 'večer před velkým svátkem'. Ze střlat. *vigilia* tv. z lat. *vigilia* 'bdění, hlídání, stráž' od *vigil* 'bdělý; hlídač' od *vigēre* 'být plný života, být zdráv', jež je příbuzné s *vegēre* tv. (viz ↑*vegetace*). Souvisí také s něm. *wachen* 'bdít', angl. *wake* tv.

vigvam 'obydlí severoamerických Indiánů'. Přes angl. *wigwam* z nějakého jazyka skupiny algonkin. Vykládá se ze spojení *wekuwomut* 'v jejich domě'.

vích 'svazek slámy k zapalování, čištění ap.'. P. *wiecha*, r. *věcha* 'tyč s víchem slámy', sln. *věha* 'zátka'. Psl. *věcha, *věchъ je příbuzné s něm. *Wisch* 'vích, utěrka' a dále s lit. *výstiti* 'zavinout', lat. *vīscus* 'vnitřnosti', sti. *vēšṭá-* 'smyčka', vše od ie. **u̯eis-* 'kroutit, vinout' *(A6,A8,B2)*, rozšířeného kořene od **u̯ei-* tv. (viz ↓*vít*). Viz i ↑*věchet*, srov. ↓*vichr*.

vichr, *vichřice*. Všesl. – p. *wicher*, r. *vichr'*, s./ch. *vȉhar*, *vȉhōr*, csl. *vichъrъ*. Psl. *vichъrъ, *vichъrь 'vichřice' je příbuzné s lit. *víesulas* tv., obojí vychází z ie. **u̯eis-* 'kroutit, vinout' *(A8,B2)*, původně tedy asi 'vířivá, kroužívá větrná smršť'.

vikář 'zástupce vyššího katolického hodnostáře', *vikářský*. Ze střlat. *vicarius* tv., lat. *vicārius* 'zástupce, náměstek' od *vice* 'na místě někoho, za někoho' (viz ↑*vice-*).

víkend, *víkendový*. Z angl. *weekend* tv. z *week* 'týden' (příbuzné s něm. *Woche* a asi i *Wechsel* 'změna' (↑*veksl*), tedy vlastně 'změna dnů') a *end* 'konec' (souvisí s lat. *ante* 'před', sti. *ánta-* 'hrana').

vikev, **vika** 'druh pícniny'. Ze střhn. *wicke* (něm. *Wicke*) a to z lat. *vicia* tv., jež je příbuzné s *vincīre* 'vázat, věnčit'.

viklat (se), *viklavý*, *rozviklat*, *vyviklat*, *zviklat*. Stč. *viklati* 'viklat; váhat, kolísat'. Stejně jako p. *wiklać* 'motat, ohlupovat, zaplétat' zřejmě přejato ze střhn. *wickeln* 'vinout', *wackeln* 'viklat se, kolísat', podrobnosti však nejsou jasné (forma je z *wickeln*, ale význam z *wackeln*). Srov. ↑*vachrlatý*.

víko, *víčko*. Stč. *vieko*. P. *wieko*, r. *véko*, sln. *véka*. Psl. *věko je příbuzné s lit. *vóka*, lot. *vāks* tv. Psl. tvar se vykládá ze ie. **u̯ēko-m* (sg.), balt. z **u̯ākā* (kolektivum), další ie. souvislosti nejisté.

vikomt 'šlechtický titul'. Z fr. *vicomte*, stfr. *visconte*, *vesconte* (odtud angl. *viscount*) a to ze střlat. *vicecomes* (gen. *-itis*) 'místohrabě' z *vice-* (↑*vice-*) a *comes* (viz ↑*kmet*, ↑*komtesa*).

vikslajvant ob. 'voskované plátno'. Z něm. *Wachsleinwand* tv. z *Wachs* 'vosk' (↓*vosk*) a *Leinwand* 'plátno' z *Lein* 'len' (↑*len*, srov. i ↑*lajntuch*) a *Gewand* 'oděv, háv' (souvisí se střhn. *wāt* tv., viz ↑*váček*).

vikýř. Ve starší č. i *vikéř*, *vykýř* vedle *vikuš*, *výkuš* (Jg). Ze střhn. *wīc-hūs* 'bojový domek (na hradbách, na válečném slonu ap.)' z *wīc* 'boj' a *hūs* 'dům'. Zakončení podle ↑*arkýř*, s nímž se sbližuje i významově.

vila, *vilka*, *vilový*. Přes něm. *Villa* z lat. *vīlla* 'statek, dvorec, vila, letohrádek, osada', jež je tvořeno příp. *-sla* od základu, který je ve *vīcus* 'ves, osada' (viz ↑*ves*).

víla. Asi přejato z jsl. (sln. *víla*, s./ch. *víla*, b. *víla*), je i str. *vila* tv. a stč. *vila* 'blázen, šašek'. Psl. *vila nemá jednoznačný výklad. Příbuzné je nejspíš r. *viljátʹ* 'vrtět, kroutit, uhýbat', lit. *výlius* 'klam, podvod', *vilióti* 'vábit, lákat, svádět, stangl. *wīl* 'klam, lest', vše asi od ie. **u̯ei-* 'vinout, kroutit'. Původně tedy asi 'zlá, klamající lesní žínka'. Srov. i ↓*vilný*.

vilný 'chlípný, oplzlý', *vilnost*. Již stč., vedle toho *vilý* 'nemoudrý, pošetilý', *vila* 'bloud, blázen, šašek', p. *wiła* tv. Původ zřejmě stejný jako u ↑*víla*. Výchozím významem je asi 'klamat, svádět z cesty', z toho ve stč. v jedné skupině odvozenin významy spojené s bloudstvím, pošetilostí, ve druhé se smilstvem, prostopášností.

vina, *vinný, viník, vinice, povinný, povinnost, vinit, obvinit, obvinění, obviněný, provinit se, zavinit*. P. *wina*, r. *viná*, b. *viná*, stsl. *vina*. Psl. **vina* je příbuzné s lit.st. *vaina* 'chyba', lot. *vaina* 'vina, vada, nemoc', východiskem je asi ie. **u̯ei-* 'směřovat k něčemu, pronásledovat'. Původní význam by tedy byl 'pronásledování (zločince ap.)', z toho pak 'provinění'. Od stejného základu je ↓*voj*[1], ↓*vítat*.

vindra hov. 'nepatrný peníz'. Z něm. *Wiener (Heller)*, vlastně 'vídeňský (haléř)'.

vínek. Zdrobnělina od ↑*věnec*, u Jg i v širším významu 'čím se něco ovinuje'. Odtud *dát do vínku* 'dát dítěti darem' (původně kladli kmotři při křtu peníze dítěti do jeho ovinutí).

viněta 'nálepka (na lahvi)'. Z fr. *vignette* tv., původně 'ozdoba v podobě lístů či větviček vinné révy', od *vigne* 'vinná réva' z lat. *vīnea* tv., jež souvisí s *vīnum* 'víno' (viz ↓*víno*).

vinkulace 'omezení volného nakládání s penězi', *vinkulovat, vinkulovaný*. Novější, k lat. *vinculum* 'pouto, vazba' od *vincīre* 'vázat, ovíjet'.

víno, *vinný, vínový, vinice, viniční, vinař, vinařský, vinařství*. Všesl. Psl. **vino* je staré přejetí (možná prostřednictvím sthn. *wīn* či gót. *wein*) z lat. *vīnum*, jež má paralely v ie. jazycích středomořské oblasti – alb. *verë, venë*, ř. *oînos*, arm. *gini*, chet. *u̯ii̯ana-* tv. Pěstování vína prý má původ na jižním Kavkaze (srov. gruz. γ*vino*), do ie. mohlo být převzato i ze semit. jazyků (srov. ar. *wain*, asyr. *inu*, hebr. *jajin* tv.). Uvažuje se však i o domácím ie. původu – od ie. **u̯ei-* 'vinout' (↓*vít*). Srov. ↓*vinohrad*.

vinohrad. R. *vinográd* 'vinná réva' (z csl.), s./ch. *vinogrād*, stsl. *vinogradъ*. Psl. **vinogordъ* se obvykle považuje za výpůjčku z germ. (srov. gót. *weinagards*, angl. *vineyard*, něm. *Wingert* tv.), mohlo by však jít i o domácí složeninu. Dále viz ↑*víno* a ↑*hrad*, srov. ↓*zahrada*.

vinout, *vinutí, ovinout, převinout, přivinout, rozvinout, svinout, vyvinout, vývin, zavinout, závin, zavináč*. Stč. *vinúti*. Utvořeno kmenotvornou příp. *-nǫ-* od psl. **viti* (↓*vít*), srov. ↑*vanout*.

vinšovat zast. ob. 'přát', *vinš*. Z něm. *wünschen* tv., jež je příbuzné s angl. *wish* tv. a také lat. *venus* 'láska, půvab' (srov. ↑*venerický*), vše od ie. **u̯en-* 'usilovat, toužit'.

vinyl 'chemický radikál odvozený od etylenu'. Utvořeno příp. *-yl* (viz ↑*metyl*) od lat. *vīnum* 'víno' (↑*víno*).

viola 'smyčcový hudební nástroj větší než housle', *violový, violista, violistka*. Přes it. *viola* ze stprov. *viola* tv., jehož další původ není jistý. Uvažuje se o souvislosti se střlat. *vitula* 'strunný nástroj', často se připouští onom. původ slova. Srov. ↓*violoncello*.

violka 'druh drobné byliny'. Z lat. *viola* 'fialka' (viz ↑*fiala*).

violoncello 'smyčcový hudební nástroj menší než kontrabas', *violoncellový, violoncellista, violoncellistka*. Z it. *violoncello*, což je zdrobnělina od *violone* 'basové housle', což je naopak zveličelé slovo (příp. *-one*) od *viola* (↑*viola*). Srov. ↑*cello*.

vír, *vířit, víření, vířivý, rozvířit, zvířit, zavířit*. Všesl. (kromě luž.) – p. *wir*, r.d. *vír*, s./ch. *vîr*. Psl. **virъ* je nejspíš odvozeno od **vьrěti* (↓*vřít*), vlastně 'místo, kde voda jakoby vře'. Příbuzné je lit. *vyrius*, lot. *virags* tv.

víra, *věrný, věrnost, věrnostní, nevěra, věřit, věřící, věřitel, ověřit (si), pověřit, prověřit, prověrka, svěřit (se), uvěřit, zpronevěřit, zpronevěra, důvěra, pověra, bezvěrec*. Všesl. – p. *wiara*, r. *véra*, ch. *vjèra*, s. *vèra*, stsl. *věra*. Psl. **věra* formálně odpovídá sthn. *wāra* 'věrnost, smlouva, záštita' (z ie. *u̯ērā), dále je příbuzné něm. *wahr* 'pravdivý, pravý', stir. *fír*, lat. *vērus* tv. z ie. *u̯ēro-* tv. Původní význam našeho slova tedy byl asi 'pravdivá věc, věrnost ap.'. Srov. ↑*věru*.

-vírat. Viz ↓*-vřít*.

virbl slang. 'víření na buben', *virblovat*. Z něm. *Wirbel* 'víření, vír, zmatek', jež souvisí s *werben* (viz ↑*verbovat*).

virgule 'proutek (k hledání vody)'. Z lat. *virgula*, což je zdrobnělina od *virga* 'prut, proutek, větvička', jež souvisí s ↑*vích* (vychází z ie. *u̯eis-* 'vinout, kroutit').

viróza 'virové onemocnění', *virózní*. Z nlat. *virosis* od *virus* (↓*vir(us)*).

virtuální 'možný, potenciální; domnělý, zdánlivý'. Přes moderní evr. jazyky ze střlat. *virtualis* tv. od lat. *virtūs* 'mužnost, schopnost, ctnost' od *vir* 'muž' (srov. lit. *výras*, sthn., stangl. *wer*, stir. *fer*, sti. *vīrā-* tv.) z ie. *u̯īro-* tv., jež asi souvisí s lat. *vīs* 'síla'. Srov. ↓*virtuos*.

virtuos 'vynikající hráč na hudební nástroj; člověk vynikající v určitém oboru', *virtuózní, virtuozita*. Přes něm. *Virtuos(e)* z it. *virtuoso* tv., což je zpodstatnělé adj. s významem 'ctnostný, znamenitý' z lat. *virtuōsus* tv. od *virtūs* 'ctnost, mužnost, schopnost' od *vir* 'muž' (viz ↑*virtuální*).

vir(us) 'mikroorganismus vyvolávající choroby', *virový*. Převzato z moderních evr. jazyků (něm. *Virus*, fr., angl. *virus*), v nichž bylo v 19. st. pro potřeby soudobé medicíny přejato z lat. *vīrus* 'jed, otravná šťáva, sliz'.

virvál ob. expr. 'hluk, zmatek'. Z něm. *Wirrwarr* 'zmatek, chaos' od *wirr* 'zmotaný, zmatený', *wirren* 'zmotat, uvést ve zmatek', jež souvisí s lat. *verrere* 'mést, smýkat'.

viržinko 'tenký doutník se slámkou uprostřed'. Podle severoam. státu *Virginie*, jehož jméno připomíná 'panenskou královnu' Alžbětu I. (angl. *virgin* 'panna'). Angličané tam pronikli již r. 1584.

vířit. Viz ↑*vír*.

viset, *vis, visutý, visací, visačka, odviset, převis, souviset, záviset, závislý, závislost*. Všesl. – p. *wisieć*, r. *visét'*, ch. *vìsjeti*, stsl. *visěti*. Psl. *višěti nemá spolehlivé ie. příbuzenstvo. Spojuje se s lit. *atvìpti* tv., stpr. *vipis* 'větev', sthn. *weibōn* 'kolísat, být nestálý', sti. *vépate* 'třese se', východiskem by pak bylo ie. *u̯eip-s- (A7,B2)* od *u̯eip-* 'kroutit, vinout (se)' a to od *u̯ei-* tv. (viz ↓*vít*). Srov. ↑*-věsit*.

viska. Viz ↓*whisky*.

získat 'probírat se někomu ve vlasech'. Původní význam byl 'hledat vši' (Jg), vznikl zúžením významu stč. *jískati* 'hledat' (k etymologii viz ↓*získat*). Počáteční *v-* asi kontaminací *(D3)* s ↑*veš*. Podobný vývoj významu je dosvědčen i v balt. – vedle lit. *ieškóti* 'hledat' je lot. *ieskāt* 'hledat vši, probírat vlasy'.

viskózní 'vazký', *viskozita, viskóza*. Přes moderní evr. jazyky z pozdnělat. *viscōsus* od *viscum* 'jmelí, lep (na ptáky)'. Srov. ↓*višeň*.

višeň, *višňový, višňovka*. Všesl. – p. *wiśnia*, r. *víšnja*, s./ch. vȉšnja. Psl. *višьn'i či *višьn'a jistě souvisí se sthn. *wīhs(e)la*, něm. *Weichsel* tv., jejich poměr však není jasný. Dále se spojuje s lat. *viscum* 'jmelí' (viz ↑*viskózní*), ř. *ixós* 'ptačí lep' (z višňové smůly se totiž stejně jako z jmelí dělal ptačí lep). Východiskem by mohlo být ie. *u̯iks-* 'strom, z něhož se dělá ptačí lep'.

vít, *navíjet, naviják, ovít, ovíjet, povít, rozvít, rozvíjet, rozvoj, rozvojový, svíjet, svitek, uvít, vyvíjet, vývoj, vývojový, zavíjet, závoj, závit, závitek*. Všesl. –

vitální

p. *wić*, r. *vit'*, s./ch. *vȉti*. Psl. **viti* (1.os.přít. **vьjǫ*) je příbuzné s lit. *výti* tv., lat. *viēre* 'vázat, plést', sti. *vāyati* 'tká, plete', vše od ie. **u̯ei-* 'vinout, kroutit, ohýbat'. Srov. ↑*vinout*, ↑*věnec*, ↑*obinadlo*, ↑*obojek*, ↑*větev*, ↑*vějička*, ↑*vidle*, ↑*vích*, ↑*vichr*.

vitální 'životní; živý, temperamentní', *vitalita*. Podle něm. *vital* tv. z lat. *vītālis* 'životní' od *vīta* 'život', jež je příbuzné s *vīvere* 'žít'. Viz ↓*žít*, srov. ↓*vitamin*.

vitamin 'organická látka nezbytná pro organismus', *vitaminový*. Umělý výtvor am. biochemika C. Funka (1914) z lat. *vīta* 'život' a *amin* (viz ↑*amin*). Pojmenování není příliš výstižné, protože vitaminy jsou různorodé látky a neřadí se mezi aminy.

vítat, *vítaný*, *přivítat*, *uvítat*, *zavítat*. P. *witać*, r. *vitát'* 'vznášet se, vítat', stsl. *vitati* 'pobývat, bydlet'. Psl. **vitati* znamenalo původně asi 'přijít' (srov. *zavítat*), dnešní zsl. význam by se vyvinul podobně jako v s./ch. *dobrodóšli* 'vítejte' či něm. *willkommen*, angl. *welcome*, fr. *bienvenu* tv. Stsl. význam by vznikl posunem 'přijít' → 'pobývat', nejasný však je vztah k lit. *vietà* 'místo'. Psl. **vitati* by bylo odvozeno od ie. **u̯ei-* 'směřovat, jít, následovat', nejblíže se mu zdá stát lat. *invītāre* 'pozvat, pobízet', srov. i sti. *vītá-* 'oblíbený, následovaný', lit. *výtas* '(pro)následovaný' od *výti* 'lovit, pronásledovat'. K r. významu 'vznášet se' srov. sti. *vevīyate* 'letí'. K jiným modifikacím významu viz ↑*vina* a ↓*voj*[1].

vítěz, *vítězka*, *vítězný*, *vítězství*, *vítězit*, *zvítězit*. Hl.st. *wićaz* 'svobodný rolník; vazal', r.st. *vítjaz* 'hrdina, rytíř', s./ch. *vȉtēz* 'rytíř', csl. *vitęzь* 'hrdina'. Historie slov. **vitędzь* 'rytíř, hrdina' není příliš jasná, obvykle se však slovo považuje za výpůjčku z germ. **viking-* (srov. stisl. *víkingr* 'Viking'), podoba s -*t*- místo očekávaného **vicędzь* (B1, B7) by se vysvětlila disimilací (srov.

vize

i ↑*řetěz*). Germ. slovo souvisí se stsas. *vīk*, sthn. *wīh* 'obydlené místo, bydliště'. Místo přejetí a vůbec jeho podrobnosti nejsou příliš jasné. Jsou i pokusy vysvětlit slovo z domácího základu (psl. **vitъ* 'prospěch, užitek') (Ma[2]), ale slovotvorně jsou méně přesvědčivé.

vítr, *větřík*, *větrný*, *větrový*, *větroň*, *větrovka*, *větrník*, *větrat*, *větrák*, *provětrat*, *vyvětrat*, *zvětrat*, *větřit*, *zvětřit*, *zavětřit*, *povětří*, *povětrný*, *závětří*. Všesl. – p. *wiatr*, r. *véter*, ch. *vjètar*, stsl. *větrъ*. Psl. **větrъ* má nejblíže ke stpr. *wetro* tv., lit. *větra* 'bouře, vichr', východiskem je ie. **u̯ētro-*, což je odvozenina od **u̯ē-* 'vát, dout' (↑*vát*). Jinými příp. od téhož základu je tvořeno lit. *vėjas*, gót. *winds*, angl. *wind*, něm. *Wind*, lat. *ventus*, sti. *vāta-*, vše ve významu 'vítr'.

vitrína, *vitrínka*. Přes něm. *Vitrine* z fr. *vitrine* tv. a to z pozdnělat. *vitrīnus* 'skleněný' od *vitrum* 'sklo'. Srov. ↓*vitriol*.

vitriol zast. ob. 'kyselina sírová'. Přes něm. *Vitriol* ze střlat. *vitriolum* tv. od lat. *vitrum* 'sklo' (připomíná tekuté sklo). Srov. ↑*vitrína*.

vivat citosl. zast. 'ať žije'. Z lat. *vīvat* tv., což je konjunktiv 3.os.sg. od *vīvere* 'žít'. Viz ↓*živý*.

vivisekce 'operační zákrok na živém zvířeti bez znecitlivění'. Přejato z moderních evr. jazyků, utvořeno v 18. st. z lat. *vīvus* 'živý' (↓*živý*) a *sectiō* 'řezání, sekání' (↑*sekce*).

vizáž hov. 'tvář, vzhled'. Přes něm. *Visage* z fr. *visage* tv. od stfr. *vis* 'tvář, zrak' z lat. *vīsus* 'vidění, pohled, zrak, zjev' od *vidēre* (příč. trp. *vīsus*) 'vidět' (↑*vidět*). Srov. ↓*vize*, ↓*vízum*.

vize 'umělecká představa; vidění do budoucnosti', *vizionář(ka)*, *vizionářský*. Přes něm. *Vision* tv. z lat. *vīsiō* 'vidění, zjev, představa' a to od *vidēre* 'vidět' (↑*vidět*). Srov. ↑*vizáž*, ↓*vizita*, ↓*vízum*.

vizita 'pravidelná obchůzka lékařů a prohlídka nemocných v léčebném zařízení'. Přes něm. *Visite* z fr. *visite* tv., vlastně 'návštěva', od *visiter* 'navštívit' z lat. *vīsitāre* tv. od *vīsere* 'dívat se, prohlédnout si, navštívit', což je intenzivum k *vidēre* (příč. trp. *vīsus*) 'vidět'. Srov. ↓*vizitka*, ↑*vize*, ↓*vízum*.

vizitka 'navštívenka'. Přejato a upraveno z něm. *Visitenkarte*, srov. i fr. *carte de visite*, angl. *visiting-card*, viz ↑*vizita* a ↑*karta*.

vizmut 'těžký lesklý kovový prvek'. Z něm. *Wismut*, raně nhn. *wissemat* (15. st.), polatinštělé *vismutum*, *bisemutum*. Původ nejistý. Od 15. st. se těžil v německé části Krušných hor, jméno se odvozovalo od poslední části jména prvního naleziště *St. Georgen in der Wiesen* a slovesa *muten* 'vyhledávat', což je výklad poněkud krkolomný. Možná původu ar., srov. ar. *itmid* 'antimon', ve zkomolené podobě (v alchymii) *ibšimit* (oba kovy se dříve používaly k podobným účelům).

vizuální 'týkající se zrakového vnímání'. Podle něm. *visuell*, fr. *visuel* z pozdnělat. *vīsuālis* tv. a to od lat. *vīsus* 'vidění, zrak, oči', což je zpodstatnělé příč. trp. od *vidēre* 'vidět' (viz ↑*vidět*).

vízum 'povolení opravňující k vstupu do cizího státu či pobytu v něm', *vízový*, *bezvízový*. Z něm. *Visum* z lat. *vīsum* 'viděno', což je příč. trp. od *vidēre* 'vidět' (viz ↑*vidět*). Srov. ↑*vizuální*, ↑*vize*.

vjem. Viz ↑*v* a ↑*jmout*.

vkus, *vkusný*. Přejato za obrození (Palacký) z r. *vkus* tv. z csl. vъkusъ (viz ↑*v* a ↑-*kusit*). K významu srov. lat. *gustāre* 'chutnat, okusit' a *gustus* 'chuť, záliba, vkus'.

vláčet, *uvláčet*, *rozvláčný*, *závlačka*. Všesl. – p. *włóczyć*, r. *voločít'*, s./ch. *vláčiti* 'vláčet půdu (branami)', stsl. *vlačiti*. Psl. *volčiti (B8) je opětovací sloveso od *velkti (viz ↓*vléci*). Srov. ↓*vláčný*, ↓*vlak*.

vláčný, *vláčnost*, *vláčnět*, *zvláčnět*. Od ↓*vléci*, ↑*vláčet* ve významu 'táhnout'. Původně tedy 'roztažitelný, pružný', pak 'poddajný, měkký'.

vládnout, *vláda*, *vládní*, *vladař(ka)*, *vladařský*, *vládce*, *vládkyně*, *ovládnout*, *převládnout*, *zvládnout*, *zavládnout*, *bezvládí*. Stč. *vlásti* (1.os.přít. *vladu*), stp. *włodać*, r. *vladét'* (z csl.), s./ch. *vládati*, stsl. *vlasti*. Psl. *volsti (1.os.přít. *voldǫ) (A5,B8) je příbuzné s lit. *veldḗti* 'vládnout, mít v moci', lot. *valdīt* 'vládnout', gót. *waldan*, něm. *walten* tv., vše z ie. **u̯aldh*-, rozšířeného kořene **u̯al*- 'být silný', od něhož je i stir. *fal-n-* 'panovat', lat. *valēre* 'být silný, být zdravý', toch. B *walo* 'král'. Srov. ↓*vladyka*, ↓*vlast*, ↑*oblast*, ↓*zvlášť*.

vladyka 'příslušník nižší staročeské šlechty', *vladycký*. P. *władyka*, r. *vladýka* (z csl.) 'biskup pravoslavné církve', csl. *vladyka*. Psl. *voldyka je tvořeno ojedinělou příp. -*yka* od základu *vold-, k němuž viz ↑*vládnout*.

vláha, *vlahý*, *vlažný*, *vlažnost*, *ovlažit*, *svlažit*, *zavlažit*. Hl. *włóha*, r.d. *vológa* (spis. *vlága* z csl.), s./ch. *vlȁga*, stsl. *vlaga*. Psl. *volga (B8) je příbuzné s lit. *val̃gys* 'jídlo', lot. *valgums* 'vláha', stangl. *wlǣc* 'vlažný', sthn. *welc* 'vlhký, vlažný, mírný, zvadlý', něm. *welk* 'zvadlý', *Wolke* 'mrak', vše z ie. **u̯elg*- 'vlhký, mokrý' (viz i ↓*vlhký*) (A6), od varianty **u̯elk*- je stir. *folcaim* 'navlhčuji'. Vlažný ve významu 'mírně teplý' a 'nehorlivý, mdlý' je jen č. (již stč.) a jistě se rozvinulo vlivem něm. Ani tam však není přechod k významům 'mdlý, zvadlý ap.' příliš jasný – myslí se především na působení vlhkosti na některé potraviny (chléb ap.), tedy ztrátu chuti, zatuchlost ap.

vlajka, *vlaječka*, *vlajkový*. Jen č., od ↓*vlát*.

vlak, *vláček, vlakový*. Ve starší č. 'náčiní, na němž se něco vláčí', původně 'vlečení' (Jg) z psl. **volkъ*, což je dějové jméno k **velkti* (↓*vléci*). Dnešní význam podle něm. *Zug* 'tah, tažení' i 'vlak' od *ziehen* 'táhnout, vléci' (srov. i p. *pociąg* 'vlak'). Z č. přejato do jsl.

vlákno, *vláknitý, vláknina*. Všesl. – p. *włókno*, r. *voloknó*, s./ch. *vlákno*. Psl. **volkъno (B8)* je nejspíš příbuzné se sti. *valká-* 'lýko', stangl. *wlōh* 'vlákno', výchozí ie. **u̯olko-* by bylo variantou ke kořeni **u̯olko-* (k tomu viz ↓*vlas*). Méně pravděpodobná je souvislost s ↓*vléci*.

vlas, *vlásek, vlasec, vlasový, vlasatý, vlásenka, vlásečnice*. Všesl. – p. *włos*, r. *vólos*, s./ch. *vlâs*, stsl. *vlasъ*. Psl. **volsъ* vychází z ie. **u̯ol-ko-*, z něhož je i sti. *válśa* 'výhonek, mladá větev', av. *varəsa-* 'vlas, chlup', případně i stangl. *wlōh* 'vlákno', isl. *ló* 'chuchvalec' (mohou být i z ie. **u̯olko-*, k němuž viz ↑*vlákno*). Ie. základ je rozšířený ie. kořen **u̯el-* 'chlup, vlna ap.' (viz ↓*vlna²*).

vlast, *vlastenec, vlastenka, vlastenecký, vlastenectví*. Stč. 'země, krajina, oblast', *vlast přirozená* 'rodná země' (odtud zúžením dnešní význam). P. *włóść* 'panství, kraj, země', r. *vlast'* (z csl.) 'moc, vláda, úřady', s./ch. *vlâst* tv., stsl. *vlastь* 'moc, vláda, panství'. Psl. **volstь* 'vláda, moc' je odvozeno od **volsti* 'vládnout' (viz ↑*vládnout*, srov. ↑*oblast*).

vlastní, *vlastnost, vlastně, vlastnit, vlastník, vlastnický, vlastnictví, přivlastnit, vyvlastnit*. Původně 'co náleží pod něčí vládu' (viz ↑*vlast*). Přísl. *vlastně* původně stč. 'výstižně, jak náleží, skutečně', pokleslo v nč. na částici s významem opravným či zpřesňujícím.

vlašský. Od *Vlach* 'Ital', k tomu viz ↑*valach*.

vlaštovka, *vlaštovčí, vlaštovičník*. Stč. *vlastovicě, lastovicě* (*v-* předsunuto). Všesl. – p. *jaskółka*, r. *lástočka*, s./ch. *làstavica*. Psl. **lastovica, *lastovъka* ap. nemá příliš jasný původ. Spojuje se s lit. *lakstýti* 'létat sem a tam' od *lěkti* 'létat', možný je i onom. původ slova.

vlát, *vlající, rozevlát, vyvlát, zavlát*. Přejato v obrození z r. *vlájat'(sja)* 'vlnit se', jež stejně jako stsl. *vъlati (sę)* vychází z psl. **vъlati (sę)* tv. Příbuzné je ↑*valit* a ↓*vlna¹*.

vlažný. Viz ↑*vláha*.

vléci, *vlek, vleklý, vlečka, vlečný, vlečňák, navléci, návlek, odvléci, povléci, povlak, podvléci, provléci, převléci, převlek, přivléci, sléci, vyvléci, zavléci*. Všesl. – p. *wlec*, r. *volóč'*, s./ch. *vúći*, stsl. *vlěšti*. Psl. asi **vъlkti* (1.os.přít. **velkǫ*, odtud nový inf. **velkti*), což odpovídá lit. *vil̃kti* (1.os.přít. *velkù*) tv., příbuzné je i av. *varək-* tv., východiskem je ie. **u̯elk-* 'táhnout, vléci'. Srov. ↑*obléci*, ↑*vláčet*, ↑*vlak*, ↑*oblak*, ↑*svlačec*.

vlha 'pestrobarevný jihoevropský pták'. Původně 'žluva', tak starší č. a slk. *vlha*, p. *wilga*, r. *ívolga*, ale s./ch. *vùga* 'moudiváček'. Psl. **vъlga* se obvykle srovnává s lit. *volungė̃* 'žluva', lot. *vāluodze* a s druhou částí střhn. *witeval* (*wite* 'dřevo'), něm.-švýc. *Wiedewalch* tv., uvádí se i av. *vārə(n)gan-* 'jakýsi pták'. Další souvislosti nejasné.

vlhký, *vlhkost, vlhčit, navlhčit, zvlhčit, vlhnout, navlhnout, provlhnout, zvlhnout*. P. *wilgotny*, r.d. *volgój*, sln.d. *volgâk*. Psl. **vъlgъ(kъ)* je příbuzné s lit. *vìlgyti* 'vlhčit', k dalším souvislostem viz ↑*vláha (A6)*.

vlídný, *vlídnost*. Jen č. a slk. (*vl'údny*), od ↑*lid*, vlastně 'kdo je k lidem (laskavý)'.

vliv. Viz ↑*v* a ↑*lít*.

vlk, *vlče, vlček, vlčice, vlčí, vlčák*. Všesl. – p. *wilk*, r. *volk*, s./ch. *vûk*, stsl. *vlъkъ*. Psl. **vъlkъ* je příbuzné s lit. *vil̃kas*, lot. *vilks*, gót. *wulfs*, angl. *wolf*, něm.

vlkodlak 717 vnuk

Wolf, av. *vəhrka-*, sti. *vŕka-* tv., vše z ie. **u̯l̥ku̯o-* 'vlk'. Z příbuzných východisek je i lat. *lupus*, alb. *ujk* a ř. *lýkos* tv. Různými přeneseními pak i 'dětská hračka, která při otáčení zvučí' (základ je asi onom.), 'opruzenina' (srov. i něm. *Wolf* 'nežit'), 'jalový výhonek stromu'. Srov. i ↓*vlkodlak*.

vlkodlak. P. *wilkołak*, r.d. *volkolák, volkodlák*, s./ch. *vùkodlak*. Psl. nejspíš **vьlkodlakъ*, složenina z **vьlkъ* (↑*vlk*) a **dlaka* 'srst' (csl. *dlaka*, sln. *dláka* tv.), tedy 'kdo má vlčí srst'. Srov. něm. *Werwolf* tv. ze sthn. *wer* 'muž' (srov. ↑*virtuální*) a *wolf* 'vlk'.

vlna[1], *vlnka, vlnový, vlnit (se), vlnění, vlnivý, vlnitý, vlnovitý, vlnovka, rozvlnit, zvlnit, zavlnit*. R. *volná*, b. *vălná*, stsl. *vlъna*. Psl. **vьlna* je příbuzné s lit. *vilnìs*, lot. *vilna*, něm. *Welle*, alb. *valë*, sti. *ūrmí-* tv., vše vychází z ie. **u̯el-* 'kroutit, vinout, válet', k němuž viz i ↑*valit* a ↑*vlát*.

vlna[2], *vlněný*. Všesl. – p. *wełna*, r.d. *vólna*, s./ch. *vùna*, stsl. *vlъna*. Psl. **vьlna* odpovídá lit. *vìlna*, lot. *vilna*, lat. *lāna*, av. *varənā*, sti. *úrṇā*, chet. *hulana-* tv., vše z ie. **u̯l̥nā* 'vlna'. Z příbuzných východisek je něm. *Wolle*, angl. *wool*, wal. *gwlan* tv. Základem všeho je ie. **u̯el-* 'chlup, srst, vlna', k němuž viz i ↑*vlas* a ↑*vlákno*.

vločka, *vločkový*. Z něm. *Flocke* tv. (u Jg i *floček, fločka*), jež bude asi z lat. *floccus* 'vločka, chmýří'. Spojuje se však také s lot. *plaukas* (pl.) 'vločky, vlákna, odpadky vlny či lnu'.

vloha. Vlastně 'co je do člověka vloženo', viz ↑*v* a ↑*-ložit*.

vlys 'ozdobný pruh na stěně stavby'. Zřejmě počeštěné něm. *Fries* tv. z fr. *frise* tv. a to z pozdnělat. *frisium*, *phrygium* 'výšivka, ozdoba' z ř. *frýx* 'frygijský' (původně o zlatých ozdobách; starověcí Frygové byli vyhlášení zlatníci).

vnada, *vnadný, vnadidlo, navnadit*. Jen č., srov. však r. *prináda* tv. Původně 'nástraha, návnada'. Nejspíš z **vъ* (↑*v*), **na* (↑*na*) a odvozeniny od ie. **dhē-* 'položit' (viz ↑*dít se*). Psl. **vъnada* by pak bylo podobný útvar jako **ǫda* (viz ↑*udice*); **ǫda* je nástraha, která se vkládá do něčeho (do vody), zatímco **vъnada* na něco.

vně přísl., předl., *vnější, vnějšek, zevnějšek*. Viz ↑*ven*.

vnikat. Viz ↑*v* a ↑*-nikat*.

vnímat. Viz ↑*v* a ↑*jímat*.

vnitřek, *vnitřní, vnitro, vnitřnosti*. Od staršího přísl. *vnitř* 'uvnitř', stč. *vňutř*. P. *wewnątrz*, r. *vnutrí*, s./ch. *ùnutar*, stsl. *vъnǫtrь*. Psl. **vъnǫtrь* je složeno z **vъn* (viz ↑*v*) a **ǫtrь* (samostatně v stsl. **ǫtrь* 'uvnitř, dovnitř'), které vychází z ie. **ontrí (B7)*, což je lokálový tvar příbuzný s ie. **enter*, z něhož je lat. *inter* 'mezi', alb. *ndër* 'mezi, v', sti. *antár-* 'mezi', *ántara-* 'vnitřní', a s **n̥ter*, reprezentovaným sthn. *untar* 'mezi, pod', něm. *unter*, angl. *under* 'pod' *(A7)*. K první části ie. slov viz ↑*v*, k druhé např. ↑*externí*, ↑*ultra-*. Viz i ↑*útroby*, ↑*játra*.

vniveč přísl. P. *wniwecz* (srov. i *niweczyć* 'ničit'). Psl. **vъnivъčь* (s opakováním **vъ*), viz ↑*v*, ↑*ni* a ↑*co*.

vnuk, *vnouček, vnouče, vnučka*. Všesl. – p. *wnuk*, r. *vnuk*, s./ch. *ùnuk*, csl. *vъnukъ*. Psl. **vъnukъ* není etymologicky příliš jasné. Nejblíže mu stojí lit. *anūkas* tv., ale to je asi výpůjčka z vsl. Vzhledem k něm. *Enkel* tv., které je zdrobnělinou k sthn. *ano* 'předek, děd' z ie. **an-* 'předek, prarodič', se předpokládá, že základem našeho slova je redukovaná podoba téhož kořene **ən- (A6,B3)*, k níž se přidala zdrobňující příp. (srov. dnešní *-uk*, *-juk* časté v ukr.). Spojení ob generaci totiž bylo u Indoevropanů velmi silné, věřilo se, že duše zemřelého předka přechází do těla

vnuka, často se mu i dávalo jméno po dědovi (Ma[2]). Ie. **an-*, od něhož je i lit. *anýta* 'tchyně', lat. *anus* 'stařena', arm. *han* 'babička', chet. *an-na-aš* 'matka', je jako většina příbuzenských názvů z dětské řeči (srov. ↑*máma,* ↑*otec*)

vnuknout, *vnuknutí*. Viz ↑*ponoukat*.

voda, *vodstvo, vodní, vodný, vodový, vodnatý, vodnatět, vodárna, vodárenský, vodák, vodačka, vodácký, vodník, Vodnář, vodnice, povodí, rozvodí, povodeň, povodňový, odvodnit, rozvodnit (se), zavodnit*. Všesl. – p. *woda*, r. *vodá*, s./ch. *vòda*, stsl. *voda*. Psl. **voda* se rozvinulo z ie. kolektiva **u̯edṓr*, gen. **udens* 'vody, vodstvo', z něhož je i angl. *water* 'voda', něm. *Wasser (A4)*, umb. *utur*, alb. *ujë*, ř. *hýdōr* tv., arm. *get* 'řeka', sti. *udán(i)* 've vodě', chet. *u̯itār* 'vody, vodstvo'. Kořenné -*o*- vzniklo vlivem singulárového **u̯ódr̥*, gen. **u̯édn̥s*, doloženého v chet. *u̯ātar*, gen. *u̯itenaš* 'voda'. Nazalizovaná podoba kořene je v lit. *vanduõ* (gen. *vandeñs*), stpr. *wundan, unds*, stisl. *unnr* 'vlna, voda', lat. *unda* tv. Fin. *vesi* 'voda' ukazuje na širší příbuznost nostratickou. Srov. ↓*vodík*, ↓*vodka*, ↓*vydra*, ↑*vědro*.

vodík, *vodíkový*. Utvořeno Preslem od ↑*voda* podle nlat. *hydrogenium*, něm. *Wasserstoff* (při jeho hoření vzniká voda).

vodka. Z r. *vódka*, což je zdrobnělina od *vodá* (↑*voda*). K podobné motivaci viz ↓*whisky*.

voj[1] zast. 'vojenský oddíl, jednotka'. P. *woj* 'bojovník', stsl. *vojь* tv. Ve většině slov. jazyků hlavně v odvozeninách (viz ↓*vojín*, ↓*voják*, ↓*vojna*, ↓*vojsko*). Psl. **vojь* je původem dějové či činitelské jméno od nedoloženého slovesa odpovídajícího lit. *výti*, 1.os.přít. *vejù* 'pronásledovat', dále je příbuzné sthn. *weidōn* 'lovit', lat. *via* 'cesta', ř. *íemai* 'spěchám, jdu', sti. *véti, váyati* 'pronásleduje, usiluje', vše od ie. **u̯ei-* '(pro)následovat, směřovat' (srov. ↑*vítat,* ↑*vina*). Původní význam našeho slova je tedy asi '(pro)následování', případně '(pro)následovatel'. Srov. i ↑*vévoda*.

voj[2]. Viz ↑*oj*, varianta s protetickým v- *(B3)* pronikla i do spis. č.

-voj (*rozvoj, vývoj, závoj*). Viz ↑*vít*.

voják, *vojačka, vojákyně, vojácký, vojákovat*. P. *wojak*, r.hov. *vojáka* 'pěkný voják' (ironicky), ch. *vòjāk*. Psl. **vojakъ* je odvozeno od **vojь* (↑*voj*[1]), srov. ↓*vojín*, ↓*vojna*, ↓*vojsko*.

vojín. R. *vóin*, stsl. *voinъ*. Psl. **vojinъ* je tvořeno individualizující příp. -*inъ* (viz ↑*jiný,* ↑*jeden*) od **vojь* (viz ↑*voj*[1]).

vojna, *vojenský*. Všesl. – p. *wojna*, r. *vojná*, ch. *vòjna*, stsl. *voina*, vše ve významu 'válka'. Psl. **vojьna* je odvozeno od **vojь* (↑*voj*[1]).

vojsko. Všesl., viz ↑*voj*[1].

vojtěška 'druh pícniny'. Zjevně ke jménu *Vojtěch*, ale motivace pojmenování nejasná.

vokál 'samohláska', *vokalizace*. Podle něm. *Vokal* z lat. *vōcālis* tv., vlastně zpodstatnělé adj. s významem 'mluvící lidským hlasem, zvučný, zpěvný', od *vōx* (gen. *vōcis*) 'hlas'. Srov. ↓*vokální*, ↓*vokativ*.

vokální 'týkající se zpěvu'. Přes něm. *vokal* z lat. *vōcālis* 'zvučný, zpěvný' (viz ↑*vokál*).

vokativ 'pátý pád (v češtině)', *vokativní*. Z lat. *(cāsus) vocātīvus* '(pád) volací' od *vocāre* 'volat' od *vōx* 'hlas'. Srov. ↑*vokál*.

volán 'skládaný nebo nabíraný proužek látky jako ozdoba', *volánek*. Přes něm.st. *Volant* z fr. *volant* tv., doslova 'létající, vlající', přech. přít. od *voler* 'létat' z lat. *volāre* tv. Srov. ↓*volant*.

volant. Etymologie zcela stejná jako u ↑*volán*, významovým mezičlánkem ve fr. bylo 'lopatka větrného mlýna, setrvačník'.

volat, *volání, volající, volaný, obvolat, odvolat, povolat, povolání, povolaný, provolat, předvolat, přivolat, svolat, vyvolat, zvolat, zavolat.* Jen zsl. (p. *wołać*). Snad je příbuzné s lot. *valoda* 'jazyk, řeč', původ by mohl být onom.

volavka 'druh brodivého ptáka'. Již ve střední č. Od ↓*vole*, protože při číhané má dlouhý štíhlý krk esovitě přitisknutý k tělu, takže působí dojmem volete. Srov. u Jg *volavý* 'mající vole'.

vole 'struma; rozšířená část jícnu ptáků'. Již stč.; p. *wole*. Málo jasné. Snad souvisí s něm. *Wulst* 'zesílení, otok', jehož původ také není jistý, základ by mohl být stejný jako ve ↑*valit*.

volej 'zasažení míče v letu'. Z angl. *volley* tv. (původně v tenisu) z fr. *volée* 'let, volej, salva' od *voler* 'letět' z lat. *volāre* tv. Srov. ↓*volejbal,* ↑*volán,* ↓*voliéra.*

volejbal, *volejbalový, volejbalista, volejbalistka.* Z angl. *volley-ball* tv., viz ↑*volej* a ↑*-bal.*

voliéra 'velká klec pro ptáky'. Z fr. *volière* tv. od *voler* 'létat' z lat. *volāre* tv. Srov. ↑*volán,* ↑*volant,* ↑*volej.*

volit, *volený, volenka, volba, volební, volič(ka), voličský, volitel, volitelný, volitelnost, povolit, povolný, podvolit se, přivolit, svolit, svolný, uvolit se, vyvolit si, zvolit.* Všesl. – p. *woleć* 'chtít raději, dávat přednost', r.st. *vólit'* 'chtít, přát si', sln. *volíti* 'volit', ch. *vòljeti,* s. *vòliti* 'mít rád', stsl. *voliti* 'chtít, mít rád'. Psl. *voliti 'vyjadřovat svou vůli' úzce souvisí s **vol'a* (viz ↓*vůle*). Odpovídá mu gót. *waljan* 'vybírat', stisl. *velja,* něm. *wählen* tv. i sti. *varáyati* 'volí, vybírá si', vše od opětovacího slovesa tvořeného od základního ie. **u̯el-* 'chtít, přát si'. Viz i ↑*velet.*

volný, *volnost, uvolnit, zvolnit, nevolník, nevolnický, nevolnictví.* Všesl. – p. *wolny,* r.d. *vól'nyj* 'volný, familiérní', s./ch. *vòljan* 'svolný', stsl. *vol'ьnъ.* Psl. **vol'ьnъ* je odvozeno od **vol'a* 'vůle', původně tedy 'mající svobodnou vůli'. Viz ↓*vůle,* srov. ↑*volit,* ↑*velet.*

volt 'jednotka elektrického napětí', *voltáž.* Podle it. fyzika *A. Volty* († 1827).

vonět. Od ↓*vůně.*

vor, *vorař, vorařský.* Takto jen č., je však r.st. *vor* 'ohrada, plot'. Psl. *vorъ je odvozeno od *verti (viz ↓*-vřít*), tedy původně asi 'sevřená řada kůlů, klád'.

voršilka 'členka ženského řeholního řádu'. Podle patronky řádu sv. *Voršily,* což je stč. podoba lat. *Ursula,* doslova 'medvědička' (srov. ↑*medvěd*).

vorvaň 'druh velkého kytovce', *vorvaní.* Preslovo přejetí z r. *vórvan'* 'velrybí tuk', jehož původ je nejasný. Spojuje se s něm. *Walrat* 'vorvanina' či *Waltran* 'velrybí tuk', nebo stšvéd. *narhval* (viz ↑*narval*), jméno by pak prošlo značným zkomolením. Hledá se i ugrofinský (laponský) původ slova.

vosa, *vosí.* Stč. *os, vos,* na vých. Moravě i dnes *osa.* Všesl. – slk., p. *osa,* r. *osá,* s./ch. *òsa.* Psl. **(v)osa* je příbuzné s lit. *vapsvà,* stpr. *wobse,* sthn. *wefsa, wafsa, waspa* (něm. *Wespe*), angl. *wasp,* stir. *foich,* lat. *vespa,* střper. *vav̌z* tv., vše z ie. **u̯obhsā,* **u̯opsā* tv. (A7), to možná od **u̯ebh-* 'tkát' (jejich hnízdo je jakoby utkané).

vosk, *voskový, voskovice, voština* 'prázdné včelí plásty', *voskovat, navoskovat.* Všesl. – p. *wosk,* r. *vosk,* s./ch. *vòsak,* stsl. *voskъ.* Psl. *voskъ odpovídá lit. *vãškas,* lot. *vasks,* něm. *Wachs,* angl. *wax* tv. Východiskem je asi ie. **u̯okso-* (v bsl. přesmyk),

votivní

původně *$\underset{\sim}{u}$ogso- od *$\underset{\sim}{u}$eg- 'tkát'. K tvoření a významu srov. ↑*vosa*.

votivní 'postavený, darovaný ap. na znamení díků, záslibný'. Podle něm. *votiv* z lat. *vōtīvus* tv. od *vōtum* 'zaslíbená věc, oběť', což je původem příč. trp. od *vovēre* 'slibovat, zaslibovat'.

vous, *vousek, vousatý, vousáč*. P. *wąs*, r. *us* 'knír, vousy zvířat', sln.d. *vôs* tv., csl. *ǫsъ*. Psl. **(v)ǫsъ* je asi příbuzné se stpr. *wanso* 'první porost na tváři', střir. *fés* 'vousy, ochlupení', *find* 'vlasy', ř. *íonthos* 'mladý vous', východiskem by bylo ie. **$\underset{\sim}{u}$endh-* 'vlas, vous', bsl. tvary z rozšířeného **$\underset{\sim}{u}$ondh-s-* *(A6,A7,B7)*. Srov. ↑*housenka*, ↑*licousy*.

vozataj zast. 'kdo řídí spřežení'. Psl. **vozatajь* je tvořeno příp. -*tajь* od základu, který je ve **voziti* (↓*vozit*). Srov. č.st. *rataj* 'oráč' z **ortajь* od **orati*.

vozit, *vozidlo, vozítko, vozka, vozovka, navozit, odvozit, povozit (se), rozvozit*. Všesl. – p. *wozić*, r. *vozít'*, s./ch. *vòziti*, stsl. *voziti*. Psl. **voziti* je opětovací sloveso k **vezti*, viz ↑*vézt*.

-vozovat (*navozovat, odvozovat, provozovat, provoz, uvozovat, vyvozovat*). Odvozeno od ↑*vodit*. Jiné je *dovoz, vývoz* (viz ↑*vézt*).

vrabec, *vrabčák, vrabčí*. Všesl. – p. *wróbel*, r. *vorobéj*, s./ch. *vrábac*, stsl. *vrabьjь*. Psl. **vorbьcь*, **vorbьjь* se spojuje s lit. *žvìrblis*, lot. *zvirbulis* tv. a dále i ř. *rhóbillos* 'jakýsi pták'. V lit. a lot. se předpokládá kontaminace *(D3)* se slovy na *žvi-*, resp. *zvi-* (je i lot. *zvīgurs*, *zvipuris* tv.). Ie. kořen stejně nejistý.

vracet. Všesl. – p. *wracać*, r. *voróčat'* 'obracet', s./ch. *vràćati*, stsl. *vraštati*. Psl. **vort'ati (B3,B8)* je opětovací sloveso k **vortiti* (viz ↓*vrátit*, kde je další příbuzenstvo).

vrah, *vražedkyně, vražednice, vražda, vražedný, vraždit, povraždit, vyvraždit, zavraždit*. Stč. 'nepřítel; vrah'. Všesl.

vráska

– p. *wróg* 'nepřítel', r. *vrag* (z csl.) tv., *vórog* 'nepřítel, čert', s./ch. *vrâg* 'čert, ďábel', stsl. *vragъ* 'nepřítel'. Psl. **vorgъ* 'nepřítel' je příbuzné se stpr. *wargs* 'zlý', lit. *vařgas* 'bída, nouze', *vérgas* 'otrok', dále asi s gót. *wraks* 'pronásledovatel', stangl. *wrecca* 'vyhnanec, ubožák' (z toho angl. *wretch* 'ubožák; darebák'), lat. *urgēre* 'tísnit, dotírat, soužit', vše by bylo z ie. **$\underset{\sim}{u}$reg-*, **$\underset{\sim}{u}$erg-* 'tísnit, pronásledovat' (tedy původně 'utlačitel, pronásledovatel'). Může však souviset i s jinou skupinou germ. slov (uvažuje se i o přejetí, Ma²) – stisl. *wargr* 'vlk; psanec', stangl. *wearg* 'lupič, zločinec', sthn. *war(a)g* tv., něm. *Würger* 'škrtič, vrah, kat'. Pokud je příbuzné stsas. *wurgil* 'provaz' (viz dále ↑*povříslo*), byl by původní význam 'davič, škrtič'.

vrak. Z něm. *Wrack* tv., původu dněm. (srov. niz. *wrak*, angl. *wreck* tv. a také střdn. *wrak* 'poškozený, zničený'). Dále je příbuzné angl. *wreak* 'napáchat škodu, zlo', východiskem je ie. **$\underset{\sim}{u}$reg-* 'tísnit, pronásledovat' (viz ↑*vrah*). Srov. i ↑*brak*.

vrána, *vraní*. Všesl. – p. *wrona*, r. *voróna*, s./ch. *vrȁna*. Psl. **vorna (B8)* odpovídá lit. *várna*, lot. *vārna*, příbuzné je asi i toch. B *wrauña* tv. Je to vlastně ženský protějšek k psl. **vornъ* 'havran' (srov. stsl. *vranъ*, č.st. *vran*) odpovídajícímu lit. *vařnas* tv. To se dále vykládá z ie. **$\underset{\sim}{u}$orno-* 'černý, spálený' (viz dále ↓*vraný*). Srov. však i ↑*havran*.

vraný 'černý (o koni)', *vraník*. Všesl. (kromě luž.) – p. *wrony*, r. *voronój*, s./ch. *vrân*, csl. *vranъ*. Psl. **vornъ* *(B8)* se vykládá z ie. **$\underset{\sim}{u}$orno-* 'černý, spálený', jež by bylo odvozeno od ie. **$\underset{\sim}{u}$er-* 'hořet, pálit', k němuž viz ↑*vařit*. Viz i ↑*vrána*, ↑*havran*.

vráska, *vrása, vrásčitý, vrásnit, vrásnění, zvrásnit, vraštit, svraštit*. Již stč. Csl. *vraska*, sln.st. *vrâska*. Psl. **vor(p)ska* bude odvozeno od **vorpa*

vrata   **vrch**

tv., doloženého v stč. *vráp, vrapa,* hl. *(w)ropa,* sln. *vrâpa, rápa.* Dále se vykládá z ie. **u̯er-p-,* rozšířené podoby kořene **u̯er-* 'vinout, kroutit', z níž je i lit. *vařpas* 'klas', *varpýti* 'rýpat', angl. *wrap* 'balit, ovíjet', ř. *rhopḗ* 'sklon, obrat, náraz'.

vrata, *vrátka, vrátný, vrátnice*. Všesl. – p. *wrota,* r. *voróta,* s./ch. *vráta,* stsl. *vrata.* Psl. **vorta (B8)* (vlastně kolektivum od **vorto*) odpovídá lit. *vařtai* (pl.), stpr. *warto* tv. (bsl. *u̯orto-*), stejnou příp. má i stangl. *weorð* 'dvůr', alb. *vathë* 'obora, dvůr', toch. B *warto* 'zahrada, sad', významem dále odpovídá osk. *veru* 'vrata' (akuz.). Vše je od ie. **u̯er-* 'zavřít, ohradit' (viz ↓*-vřít,* srov. ↑*vor,* ↑*obora*).

vrátit, *vratný, navrátit, návrat, odvrátit, podvrátit, převrátit, převrat, rozvrátit, rozvrat, vyvrátit, zvrátit, zvrat, zvratky, závrať*. Všesl. – p. *wrócić,* r. *vorotít',* s./ch. *vrátiti,* stsl. *vratiti.* Psl. **vortiti (B8)* je kauzativum k **vьrtěti* (viz ↓*vrtět*), původní význam tedy je 'způsobit, že se něco otočí, kroutí ap.'. Příbuzné je lit. *vartýti* 'obracet', *veřsti* 'obrátit', něm. *werden* 'stát se', lat. *vertere* 'obracet, točit', sti. *vartáyati* 'dává do (kroužívého) pohybu', *vartati* 'otáčí', toch. A *wärt-* 'hodit', vše z ie. **u̯ert-,* což je rozšířená podoba ie. **u̯er-* 'otáčet, kroutit, vinout'. Srov. ↑*obrátit,* ↓*vratký,* ↓*vřeteno,* ↓*vrstva.*

vratký, *vratkost.* Stč. *vrátký* i *vrtký* 'vratký, nestálý'. Jen č., od ↓*vrtět,* viz i ↑*vrátit.*

vrávorat, *vrávoravý, odvrávorat, přivrávorat, zavrávorat.* Jen č. (již stč.), přesto asi staré. Psl. **vorvorati* by bylo expr. zdvojení kořene **vor-,* asi ablautové varianty ie. **u̯er-* 'kroutit (se), otáčet (se)'. Viz ↓*vrtět,* ↑*vrátit,* ↓*vrba.* K tvoření srov. ↑*plápolat,* ↑*blábolit* ap.

vrba, *vrbový, vrboví.* Všesl. – p. *wierzba,* r. *vérba,* s./ch. *vŕba,* stsl.

vrъba. Psl. **vьrba* je původně asi kolektivum od subst. doloženého v lit. *viřbas* 'prut', lot. *virbs* 'hůlka, kolíček' (tedy vlastně 'proutí, množství prutů'). Dále je příbuzné lat. *verbēna* 'prut, ratolest', ř. *rhábdos* 'prut, berla', dále i gót. *waírpan,* něm. *werfen* 'hodit' (srov. ↓*vrhnout*), vše z ie. **u̯erb-* od **u̯er-* 'kroutit, vinout'.

vrčet, *vrčivý, zavrčet.* Všesl. – p. *warczeć,* r. *vorčát',* s./ch. *vŕčati.* Psl. **vъrčati* zřejmě souvisí s lit. *uřkti* tv., *veřkti* 'plakat', lat. *urcāre* 'vrčet (o rysu)', vše je onom. původu (ie. **ur-?*). Srov. ↓*vrkat,* ↓*vrnět.*

vrhcáby 'staročeská hra v kostky'. Ze střhn. *wurfzabel* (s překladem první části, tzv. polokalk) z *wurf* 'vrh, hod' od *werfen* (viz ↑*vrba*) a *zabel* '(hrací) deska' i 'desková hra' z lat. *tabula* 'prkno, deska' (viz ↑*tabule*) *(A4).*

vrhnout, *vrhat, vrh, vrhač(ka), vrhačský, navrhnout, návrh, odvrhnout, opovrhnout, opovržení, opovržlivý, podvrhnout, podvrh, převrhnout, přívrženec, rozvrhnout, rozvrh, svrhnout, uvrhnout, vyvrhnout, vyvrhel, zvrhnout, zvrhlík, zavrhnout.* Stč. *vrci,* 1.os.přít. *vrhu* (přešlo do 2. třídy, k slovesům na *-nou-*). R. *otvergnút',* sln. *vréči,* s./ch. *vŕći,* stsl. *vrěšti.* Psl. **vergti* (1.os.přít. **vьrgǫ*) je příbuzné s lot. *savergt* 'svraštit se', lat. *vergere* 'chýlit se, obracet se', sti. *vṛṇákti* 'obrací, otáčí', vše od ie. **u̯er-g-,* rozšířené varianty kořene **u̯er-* 'otáčet, kroutit'. K významu srov. gót. *waírpan,* něm. *werfen* 'vrhat, házet', toch. A *wärt* tv. od jiných variant téhož kořene (viz ↑*vrba,* ↑*vrátit*). Srov. i ↑*vrhcáby,* ↓*vrtět.*

vrch, *vršek, vrchní, vrchnost, vrchovatý, vrchovina, svrchní, svršek, povrch, povrchový, povrchní, vršit, dovršit, navršit, završit, vrchlík, vrchol, vrcholek, vrcholný, vrcholový, vrcholit, vyvrcholit.* Všesl. – p. *wierch,* r. *verch,* s./ch. *vŕh,* stsl. *vrъchъ.* Psl. **vьrchъ* odpovídá lit. *viršùs*, lot. *virsus* tv., dále je příbuzné lat. *verrūca* 'bradavice', sti. *várśīyas-* 'vyšší', *várśman-* 'vrchol, vrch', vše od ie. **u̯ers-* 'vyvýšenina' *(A8)*.

vrkat, *zavrkat*. Stč. *vrknúti* 'zavrčet; ceknout', do nč. zúženo jen na zvuk vydávaný holuby. P. *warkać* 'vrčet', r. *vorkovát'* 'vrkat'. Onom. původu, viz ↑*vrčet*.

vrkoč kniž. 'pramen vlasů, cop'. Již stč.; p. *warkocz*. Podle Ma[2] původně koudelová vložka se stužkou, jež se vplétala nevěstě do copu, v první části vidí něm. *Werg* 'koudel'. Jinak nejasné.

vrnět, *zavrnět*. Jen č., onom. původu. Srov. ↑*mrně*, ↑*škvrně* a ↑*vrčet*, ↑*vrkat*.

vroubit 'lemovat, obklopovat'. V tomto významu splynulo s *obroubit* (Jg), obojí od ↑*roubit*. Viz i ↓*vrub*.

vroucí. Od ↓*vřít*.

vrstva, *vrstvička*, *vrstevnatý*, *vrstevník*, *vrstevnice*, *vrstvit (se)*, *navrstvit*, *rozvrstvit*. Stč. 'vrstva, stav, věk'. Všesl. – p. *warstwa*, r. *verstá* 'délková míra', s./ch. *vŕsta* 'řada, druh, třída', stsl. *vrъsta* 'lidský věk'. Psl. **vьrsta*, **vьrstva* je příbuzné s lit. *viřstas*, což je příč. trp. od *viřsti* 'převrhnout, převrátit', *vařstas* 'vzdálenost od jednoho oráčova obratu k druhému', lat. *versus* 'obrat; řádka, brázda' (původem příč. trp. od *vertere* 'obrátit'), sti. *vr̥ttá-* 'způsob života' (původem také příč. trp.), vše od ie. **u̯ert-* 'obrátit' (viz ↑*vrátit*). Vývoj významu 'obrat' → 'řádka, brázda' (a dále 'délková míra') je objasněn v lit. *vařstas*. Obtížné se však spojí i s významem 'lidský věk', proto se myslí na kontaminaci *(D3)* s jiným slovem příbuzným se sti. *vr̥ddhá-* 'dospělý, velký', *vr̥ddháti* 'roste' od ie. **u̯erdh-* 'růst' (Ma[2]).

vrtat, *vrtací*, *vrt*, *vrtný*, *vrták*, *vrtačka*, *navrtat*, *provrtat*, *převrtat*, *rozvrtat*, *uvrtat*, *vyvrtat*, *zvrtat*, *zavrtat (se)*. P. *wiercić* tv. Souvisí s ↓*vrtět*, tedy vlastně 'vrtěním, otáčivým pohybem pronikat'.

vrtět, *vrtnout se*, *vrtivý*, *vrtkavý*, *vrtoch*, *vrtošivý*, *vrtule*, *vrtulník*, *zavrtět*, *zvrtnout (se)*, *vrtichvost* (viz ↑*chvost*). P. *wiercić* 'vrtat, vrtět', r. *vertét'* 'otáčet, kroutit, vrtět', ch. *vŕtjeti*, s. *vŕteti* tv., stsl. *vrъtěti* 'točit, ohýbat'. Psl. **vьrtěti* 'otáčet, ohýbat, kroutit' vychází z ie. **u̯ert-* tv. (k příbuzenstvu viz ↑*vrátit*). Srov. i ↑*vrtat*, ↑*vrstva*, ↑*vřeteno*.

vrub, *vroubek*. Od staršího *vroubiti* '(u)dělat vrub', viz ↑*v* a ↑*roubit*, srov. i ↑*vroubit*.

vrzat, *vrznout*, *vrzavý*, *rozvrzat*, *zavrzat*. Takto jen č., srov. však r. *otverzát'* 'otvírat', *vérzit'* 'mlátit prázdnou slámu, žvanit', sln. *vrzéti* 'být otevřen'. Tato slova vycházejí z psl. **verzti* 'zavřít, svázat' odpovídajícího lit. *veřžti* 'tísnit, svírat', východiskem je ie. **u̯ergh-* 'svírat, užít, škrtit' (viz ↑*povříslo*, srov. ↑*vrah*). V č. se asi význam 'zavřít' (a z předp. sloves vyabstrahované 'otevřít' jako v sln.), tedy význam pohybu (dveří ap.) vyvinul v nápodobu zvuku vydávaného dveřmi ap. Nelze však vyloučit přímo onom. původ slova; pak by ovšem s uvedenými slov. slovy nesouviselo.

vřava. P. *wrzawa*, s./ch. *vrèva*, srov. i sln. *vrvênje* 'ruch, tlačenice', ch. *vŕvjeti* 'hemžit se'. Psl. **vьr'ava* a **vьrvěti* (jsl.) jsou asi odvozeniny od **vьrěti* (viz ↓*vřít*). Druhou možností je vyjít z ie. **u̯er-* 'kroutit, otáčet (viz ↑*veverka*, ↑*vrávorat*, ↑*vrtět*).

vřed, *vřídek*, *vředový*. Všesl. – p. *wrzód*, r.d. *véred*, ch. *vrijêd*, s. *vrêd*, stsl. *vrědъ* 'vřed, nemoc, škoda'. Psl. **verdъ* *(B8)* je zřejmě příbuzné s něm. *Warze* 'bradavice', stangl. *wearte* tv., švéd. *var* 'hnis' a snad i lot. *varde* 'žába', vychodiskem je ie. *u̯erd-, *u̯er- 'vyvýšenina (na kůži)'. S jiným rozšířením sem patří střir. *ferbb* 'uher', lat. *varix* 'křečová žíla', *verrūca* 'bradavice' (viz i ↑vrch).

vřes, *vřesový, vřesoviště*. P. *wrzos*, r. *véresk*, ch. *vrijês*, s. *vrês*. Psl. **versъ* (B8) je příbuzné s lit. *viržis*, lot. *virsis*, něm.d. *Brüsch*, stir. *froech*, wal. *grug*, ř. *ereíkē* (odtud lat. *erica*) tv. Tato slova nelze vyvodit z jednoho ie. kořene (psl. tvar je z *u̯erk-, lit. z *u̯r̥ǵ-, ř. z *u̯ereik- ap. *(A1)*), kvůli této různorodosti se myslí na ie. přejetí z nějakého 'praevropského' substrátu.

vřeštět, *vřeštivý, vřešťan, zavřeštět*. Všesl. – p. *wrzeszczeć*, r. *vereščát'*, ch. *vríštati*, csl. *vrěštati*. Psl. **verščati* je odvozeno od **verskati* (↓*vřískat*) *(B1, B8)*, příbuzné je lit. *verkšnóti* 'plakat, vzlykat', lot. *verkšēt* tv., původ onom.

vřeteno 'kuželovitý nástroj k ručnímu předení', *vřetenní*. Všesl. – p. *wrzeciono*, r. *veretenó*, s./ch. *vreteno*, csl. *vrěteno*. Psl. **verteno* formálně odpovídá sti. *vartana-* 'otáčení, obrat', obojí z ie. *u̯erteno-, odvozeniny od *u̯ert- 'otáčet, obracet'. Viz ↑*vrátit*, ↑*vrtět*.

vřídlo, *vřídelní*. Novější (od obrození), od ↓*vřít*.

vřískat, *vřísknout, vřískot, vřískavý, zavřísknout*. Sln. *vrískati*, ch. *vrìskati* (nepravidelná změna *ě*>*i* na rozdíl od č. *(C5)*), b. *vrjáskam*. Psl. **verskati* má onom. původ, dále viz ↑*vřeštět*.

vřít, *vření, vřelý, vyvřít, vyvěrat, vyvřelina*. P. *wrzeć*, r.d. *vrét'* 'silně se potit', s./ch. *vrèti* 'vřít, kypět, kvasit', stsl. *vьrěti*. Psl. **vьrěti* je příbuzné s lit. *vìrti* 'vřít, kypět, vřít', lot. *virt* tv. Bsl. slovo označovalo kypění vody, způsobené varem či vyvěráním na povrch. Nejspíš lze spojit s ↑*vařit* a tedy ie. *u̯er- 'hořet, pálit', dále srov. ↑*vroucí*, ↑*vřídlo*, ↑*vír*, ↑*nevrlý*, ↓*zanevřít*.

-vřít (*dovřít, otevřít, otvor, přivřít, rozevřít, sevřít, zavřít, závěr, uzavřít, uzávěr, uzávěrka*). P. *zawrzeć*, r.d. *verét'* 'zavřít', sln. *ovréti, zavréti*, stsl. *zavrěti*. Psl. **verti (B8)* (od opětovacího slovesa **voriti* je např. slk. *otvorit'*, p. *otworzyć*, s./ch. *otvòriti, zatvòriti*) je příbuzné s lit. *vérti* 'otevřít' i 'zavřít' (*užvérti* 'zavřít', *atvérti* 'otevřít'), lat. *aperīre* 'otevřít' (z **ap(o)-u̯er-*), sti. *api-vṛnóti* 'zavře' a asi i gót. *warjan*, něm. *wehren* 'bránit', vše od ie. *u̯er- 'zavřít, pokrýt; bránit, chránit'. Srov. ↑*otevřít*, ↑*vrata*, ↑*veřej*, ↓*závora*, ↑*obora*, ↑*vor*.

vstát, *povstat, povstání, povstalec, přivstat si, vyvstat*. Všesl. – p. *wstać*, r. *vstat'*, s./ch. *ùstati*. Psl. **vъstati* je tvořeno z předp. **vъz-* (↓*vz-*) a **stati* (↑*stát se*, ↑*stát²*).

vstřebat. Stč. *střěbati* 'srkat'. P.d. *sarbać, serbać*, str. *serebati*, r.d. *serbát'*, ch. *srèbati*. Stsl. **serbati, *sъrbati* 'srkat' je příbuzné s lit. *srēbti*, lot. *strēbt* tv., alb. *gjerb* 'srkám', lat. *sorbēre* 'srkat, pohlcovat', ř. *rhoféō* 'srkám', arm. *arbi* 'pil jsem', vše od ie. *serb(h)-, *sr̥b(h)-, *sreb(h)- (A2)*, jistě onom. původu. Jiná varianta je v ↑*srkat*.

vstříc příšl., *vstřícný, vstřícnost*. Stč. *vstřiec(i)* z **v střiecu* z předl. ↑*v* a akuz. nedoloženého **střieca*, které odpovídá r. *vstréča* 'setkání', b. *sréšta* tv., s./ch. *srèća* 'úděl', vše z psl. **sъręt'a (B3, B7)*. Dále viz ↑*střetat*, srov. ↑*ústrety*.

však sp., část. Stč. *však, všake, všako* 'však, přece, ale', p. *wszak* 'však, přece, vždyť'. Původně příslovce tvořené od zájmena *veš* (viz ↓*všechen*) stejným způsobem jako ↑*jak*, ↑*tak*, *jednak* ap. Původní význam tedy byl 'vším způsobem, na každý pád'. To je ještě dnes patrné ve větách jako *Však já se uživím*, stejně tak i ve stč. spojení *kakžkoli – však* 'i když – přece (na každý pád)'. Z významu 'přece' se pak vyvinul význam odporovací, srov.

větu *Nechtěl jít, oni ho však přinutili* (podrobněji viz Ma²).

všanc přísl. Viz ↑*v* a ↑*šance*.

všecko. Viz ↓*všechen*.

všední, *všednost*. Z **vьšь-dьnъ-jь (B6,B9)*, viz ↓*všechen* a ↑*den*, tedy 'každodenní, běžný'. Srov. ↑*vezdejší*.

všechen. Stč. *veš, vše* (ž.r.), *vše* (stř.r.), často s různými rozšířeními (podoba *všechen* vychází z gen. pl. *všech*, srov. i ↑*všecko*, ↑*veškerý*). Všesl. – p. *wszystek*, r. *ves'*, sln. *vès*, s./ch. *sàv* (přesmyk), stsl. *vьsь*. Kvůli zsl. *š* a vsl., jsl. *s* se musí rekonstruovat psl. **vьchъ* 'všechen' (ojedinělý doklad 3. palatalizace v kořeni slova *(B1)*). Odpovídá mu lit. *vìsas*, lot. *viss*, stpr. *wissa-*, vše z ie. **u̯iso- (A8,B6)*, srov. i sti. *višu-* 'do různých stran'. Východiskem je asi ie. *u̯i-* 'od sebe, různě' (sti. *ví-* tv.), od něhož je jinou příp. tvořeno i sti. *víśva* 'všechen, každý', stper. *vispa* tv. Srov. ↓*všude*, ↑*však*, ↑*všední*, ↓*všetečný*, ↑*vesmír*, ↓*vždy*, ↑*vezdejší*.

všetečný, *všetečnost*. Stč. *všetečný* 'všetečný, drzý', p. *wszeteczny* 'nestoudný'. Vlastně 'všeho se dotýkající', viz ↑*všechen* a ↑*týkat se*, srov. ↓*výtečný*, ↑*netečný*.

všímat si, *všimnout si, všímavý, povšimnout si*. Stč. nezvratné *všímati* tv. Jen č., málo jasné. Výklad ze spojení **vъ ъši jimati* 'do uší jímat' (Ma²) vypadá dost fantasticky (zvlášť předpokládá-li starobylý a jinak nedoložený duálový tvar **ъši* místo obvyklého psl. **uši*), ale zcela jej zavrhnout nelze. Přechod významu od sluchového vnímání k zrakovému je přijatelný; rovněž to, že v druhé části slova by mohlo být **jimati* (srov. ↑*vnímat*) vypadá docela pravděpodobně.

všivák expr. Viz ↑*veš*.

všude přísl. Stč. *všudy*. Tvořeno od *veš* (viz ↑*všechen*) stejným způsobem jako ↑*kudy*, ↑*tudy* ap.

vteřina, *vteřinový*. Obrozenecký kalk lat. *secunda* tv., od adj. *vterý*, které by odpovídalo r. *vtorój* 'druhý' (ve stč. nedoloženo, je jen v Rukopise královédvorském). K etymologii viz ↑*úterý*.

vtip, *vtipný, vtipálek, vtipkovat, důvtip, důvtipný, dovtípit se*. Již. stč., jinak jen slk. a p. (*dowcip*). Nepříliš jasné. Možná souvisí se stč. *tiepiti, těpiti* 'nést, snést se', pak by *vtip* bylo vlastně 'co je vneseno (do člověka Bohem?), důvtip'. Hláskoslovně přijatelnější se však zdá spojení s r.d. *típat'* 'lehce udeřit, chytat, štípat', ukr. *típaty* 'potřásat, bít' (vedle toho *dostépnyj* 'vtipný'), sln. *típati* 'dotýkat se', vše od psl. **tip-*, **tьp-*, asi onom. původu.

vůbec část. Stč. *vóbec* 'vůbec; veřejně; otevřeně'. Ze spojení **vъ obьcь* (se zdloužením *o*) *(B6)*, viz ↑*v* a ↑*obec*. Význam 'veřejně, obecně' pak poklesl na vyjadřování všeobecné platnosti, srov. např. větu *Nikodem se za učedlníka Kristova vůbec nevydával* (původně 'veřejně') (Jg).

vůči předl. Stč. *vóči* 'zpříma, z očí do očí', viz ↑*v* a ↑*oko*. Dnešní význam a funkci pochopíme z vět jako *Vůči táhl nepříteli* (Jg pod *oko*).

vůdce, *vůdčí, vůdcovský*. Stč. *vódcě*, viz ↑*vodit*, ↑*vést*.

vůl, *volský*, zhrub. *volovina*. Všesl. – p. *wół*, r. *vol*, ch. *vôl*, s. *vô*, stsl. *volъ*. Psl. **volъ* nemá přesvědčivý výklad. Spojuje se s ↑*velký* (srov. ř. *mḗlon* 'drobný dobytek', jež souvisí s ↑*malý*), případně ↑*vole* či ↑*valit*, motivací těchto pojmenování by byla velikost, tloušťka tohoto zvířete. Nelze vyloučit ani onom. původ (jako u ↑*býk*, srov. ↑*volat*) a konečkonců ani výpůjčku (srov. podobné výrazy v ural. jazycích – komi *völ* 'vůl', udmurtské *val* 'kůň').

vůle, *volní, zvůle*. Všesl. – p. *wola*, r. *vólja*, s./ch. *vòlja*, stsl. *volja*. Psl. **vol'a* je příbuzné s lit. *valià*, lot. *vaḷa*, něm. *Wille*, angl. *will* tv., jsou to odvozeniny od ie. **u̯el-* 'chtít, přát si'. Viz i ↑*velet*, ↑*volit*.

vulgární 'hrubý, sprostý', *vulgárnost, vulgarita, vulgarizovat, vulgarizace, vulgarismus*. Podle něm. *vulgär* 'hrubý, sprostý, obyčejný' z lat. *vulgāris* 'obecný, všední, nízký' od *vulgus* 'lid, dav, chátra'. Srov. ↑*veliký*.

vulkán 'sopka', *vulkanický, vulkanizovat* 'chemicky měnit kaučuk v pryž'. Z moderních evr. jazyků (něm. *Vulkan*, it. *vulcano*) a tam z lat. *Vulcānus*, což je jméno římského boha ohně, syna Jupitera a Junony.

vulva 'zevní ženské pohlavní ústrojí'. Z lat. *vulva, volva* 'pochva, děloha', jež je příbuzné se sti. *úlva* tv. Asi souvisí s lat. *volvere* 'valit, otáčet', původně asi něco jako 'obal, to, co obaluje'.

vůně, *voňavý*. Všesl. – p. *woń*, r. *von'* 'zápach', s./ch. *vônj* 'pach', stsl. *vonja*. Psl. **vonʼь, *vonʼa* se obvykle vyvozuje z ie. **an-* 'dýchat, vát' (počáteční *v-* buď vlivem ↑*vát*, nebo nepravidelnou protezí *(B3)*). Příbuzné je gót. *uz-anan* 'vydechovat', stir. *anál* 'dech', lat. *anima* 'duše', ř. *ánemos* 'vítr', sti. *ániti* 'dýchá'.

vuřt. Viz ↑*buřt*.

vůz, *vozík, vozíček, podvozek*. Všesl. – p. *wóz*, r. *voz*, s./ch. *vôz* 'fůra' (s. především 'vlak'), stsl. *vozъ*. Psl. **vozъ* je příbuzné s něm. *Wagen*, stir. *fén*, ř. *óchos*, sti. *vāhas-* tv., vše od ie. **u̯oǵho-*, odvozeného od **u̯eǵh-* 'vézt'. Viz i ↑*vézt*, srov. ↑*vagon*, ↑*veslo*.

vy zájm. Všesl. – p. *wy*, r. *vy*, s./ch. *ví*, stsl. *vy*. Psl. **vy* (gen. **vasъ*) je původem asi akuz. (tak ještě ve stč., pak nahrazen gen. *vás*) odpovídající lat. *vōs* 'vy' i 'vás' (akuz.), z nepřímých pádů je i sti. *vaḥ* 'vy'. Původní ie. tvar nom. je dochován v lit. *jū̃s*, lot. *jūs*, gót. *jūs*, angl.st. *ye* (dnešní *you* je původně dat., akuz.), av. *yuš*, ie. východisko bylo asi **i̯ūs*, gen. **u̯ōsom* (odtud psl. **vasъ*). Celé skloňování se pak většinou analogicky vyrovnávalo *(D1)* buď podle nom., nebo podle nepřímých pádů. Srov. i ↑*váš*, ↑*my*.

vy- předp. P. *wy-*, r. *vy-*, v jsl. místo toho *iz-*. Psl. **vy-* odpovídá gót. *ūt* 'ven', angl. *out*, něm. *aus* tv., sti. *úd-*, *út-* 'vzhůru, ven', vše z ie. **ūd-* 'vzhůru, ven' *(A4,A9,B4)*, dále viz i ↓*vz-*.

výbava. Od *vybavit*, viz ↑*bavit*.

výborný. Již stč., jen č. a p. Od stč. *výbor* 'vybrání, vyvolení' (viz ↑*vy-* a ↑*brát*), vlastně tedy 'vybraný'.

vydra, *vydří*. Všesl. – p. *wydra*, r. *výdra*, s./ch. *vìdra*. Psl. **vydra* je příbuzné s lit. *ū́dra*, stpr. *wudro*, angl. *otter*, něm. *Otter*, lat. *lutra* (srov. i ↑*nutrie*), ř. *enydrís* tv., *hýdra* 'vodní drak' (srov. ↑*hydra*), av. *udra-* 'vydra', sti. *udrá-* 'nějaké vodní zvíře', vše z ie. **ūdrā, *udrā, *udro-* 'vodní zvíře, vydra' *(B4)*, odvozeného od **u̯odr̥* 'voda' (viz ↑*voda*).

výheň. Hl. *wuheň*, sln. *vígenj*, s./ch. *vìganj*. Psl. **vygnʼь* 'kovářské ohniště' není etymologicky zcela jasné. Obvykle se předpokládá souvislost s psl. **ognʼь* (↑*oheň*); východiskem může být ie. **ūgni̯o-* *(B4)* odvozené od **ugni-*, jež je doloženo v lit. *ugnìs*, lot. *uguns* 'oheň'.

vyhřeznout 'vysunout se, vylézt (o vnitřnostech ap.)'. Původně zřejmě 'vynořit se, vypadnout', srov. stč. *zahřaznúti* 'zabřednout, zapadnout', *hřieziti* 'ponořovat'. Z psl. **grę̄znǫti* 'nořit se', dále viz ↑*pohroužit se*.

vychrtlý. Od ↑*chrt*, tedy 'hubený jako chrt'.

vyjeknout. Viz ↑*vy-* a ↑*ječet*, ↑*jektat*.

vyjukaný expr. 'vyplašený'. Od *vyjukat* 'polekat, vyplašit', *vyjuknout* 'vykouknout, vybafnout' od *jukat* onom. původu (vlastně 'dělat *ju(k)*').

vykat, *vykání*. Od ↑*vy*, srov. ↑*tykat*, podobně i ↑*houkat*, ↑*mňoukat*. Stč. vykání neznala, je až od střední doby.

-vykat (*navykat si, návyk, návykový, odvykat, přivykat, uvykat, zvykat si, zvyk, zvykový*). P. -*wykać*, stsl. *vyknǫti*. Psl. *vykati, *vyknǫti úzce souvisí s ↑*učit (se)*, kde je uvedeno i příbuzenstvo. Slova na *vyk- vycházejí z ie. podoby **ūk-* (B4). Srov. ↑*obyčej*.

vymanit. Viz ↑*vy*- a ↑*man*, srov. ↑*podmanit*.

výměnek '(dříve) zaopatření hospodáře na odpočinku', *výměnkář(ka)*. Jen č. a slk. Od *vyminit (si)*, viz ↑*mínit*.

výmol. Od *vymlít*, viz ↑*vy*- a ↑*mlít*.

výňatek. Novější, viz ↑*vy*- a ↑*jmout*, srov. ↑*sňatek*.

vypouklý. U Jg i *vypouchlý*. Asi tu splynuly dva základy – jeden onom. (srov. ↑*puchnout* i ↑*pukat*, ↑*pučet*) a stč. *pukla* 'vypouklá ozdoba' ze střhn. *buckel* 'kruhová kovová ozdoba na štítu' (srov. angl. *buckle* 'přezka') a to z lat. *buccula*, zdrobněliny od *bucca* 'tvář, líc'.

výr, ob. expr. *vejrat*. Již stč., takto jen č. Příbuzné je zřejmě r. *vyp* 'bukač', csl. *vypъ* 'racek', jež je příbuzné s lot. *ūpis* 'výr', sthn. *ufo* 'noční sova', vše z ie. **ūp-*, **up-* onom. původu (viz i ↑*úpět*) (B4). Základem je onom. *ū- napodobující hlas výra (srov. i něm. *Uhu* 'výr'), srov. i ↓*výt*. Č. koncové -*r* nejasné.

vyrábět, *výroba, výrobní, výrobce*. Viz ↑*vy*- a ↑*robit*.

výsada, *výsadní*. Od stč. *vysaditi*, jež znamená také 'vyjmout, vyloučit, ustanovit', viz ↑*vy*- a ↑*sadit*.

výskat, *výsknout, výskot, zavýsknout*. Souvisí asi s p. *wiskać* 'hlasitě hvízdat', r.d. *vikat'* 'plakat', str. *viskati* 'ržát', s./ch. *víkati* 'křičet', *vìska* 'ržání, křik', csl. *vykanije* 'křik'. V těchto slovech asi splynuly dva psl. onom. základy *vy-, *vi-, k prvnímu srov. lot. *ūkšuot* 'vřískat' i ↓*výt*, ↑*výr*, k druhému např. něm. *wiehern* 'ržát'.

výsledek, *výsledný*. Novější, od obrození. Viz ↑*sledovat*, vlastně 'co vychází (následuje) z nějaké činnosti'.

vysoký, *výsost, výsostný, vysočina, výška, výškový, výškař, výšina, navýšit, povýšit, povýšený, převýšit, vyvýšit, zvýšit*. Všesl. – p. *wysoki*, r. *vysókij*, s./ch. *vìsok*, stsl. *vysokъ*. Psl. *vysokъ se vyvinulo z předsl. **ūpsoko-* (A9,B4), příbuzné je stir. *úasal*, wal. *uchel*, ř. *hypsēlós* tv., *hýpsos* 'výška', vše od ie. **ups-*, odvozeniny od **up-*, **upo-* 'na, nahoru', jež je v gót. *uf* 'na', něm. *auf* tv., angl. *up* 'nahoru', ř. *hypó* 'pod', sti. *úpa* 'na, k, při'. K druhé části viz ↑*hluboký*.

výspa. Přejato Jg z p. *wyspa* 'ostrov', souvisí se ↑*sypat*, srov. *násep*.

vystrnadit. Od ↑*strnad*, prý podle toho, že při hnízdění se samci násilně vyštipují (Jg, Ma²).

výt, *vytí, zavýt*. Všesl. – p. *wyć*, r. *vyt'*, s./ch. *zavíjati*, stsl. *vyti*. Psl. *vyti vychází z ie. onom. **ū-* (B4), které je i v něm. *Uhu* 'výr', s různými rozšířeními pak např. v něm. *Eule*, angl. *owl* 'sova', r. *úkat'* 'křičet'. Příbuzné je i ↑*výskat*, ↑*výr*, ↑*povyk*.

výtečný. Již stč. ve významu 'sličný, ctný'. Od *vytknout*, vlastně 'vytknutý, vystrčený, vyňatý (svým vzhledem, vlastnostmi)'. Viz ↑*týkat se*, srov. ↑*netečný*, ↑*všetečný* a co do významu ↑*výborný*.

výtka. Od *vytknout* (↑*týkat se*), srov. ↑*důtka*.

vyvěrat. Od *vyvřít*, viz ↑*vy-* a ↑*vřít*.

vyvrhel. Novější, stč. *povrhel* tv. Viz ↑*vy-* a ↑*vrhnout*.

vyza 'obrovitá ryba příbuzná jeseteru', *vyzí*. P. *wyz*, ukr. *vyz*, sln.st. *viza*. Psl. či slov. **vyzъ*, **vyza* zřejmě souvisí se sthn. *hūso* (dnes *Hausen*) tv., snad je to výpůjčka *(B4)*. Něm. slovo se někdy spojuje s ř. *kýstis* 'měchýř' *(A4)*, právě měchýř je na této rybě cenný a používá se k různým účelům.

vyzáblý. Již ve střední č. Původně 'vymrzlý, vyschlý zimou', odtud 'vyhublý, vychrtlý'. Dále viz ↓*zábst*.

vyžle expr. 'velmi hubené dítě'. Stč. *vyžle, vyžlec* 'druh menšího loveckého psa'. P. *wyżeł*, r. *výžlec*, s./ch. *vìžel*. Psl. či slov. **vyžьlъ* nemá jasný původ. Uvažuje se o přejetí z maď. *visla, vizsa* 'slídicí pes; bdělý', či nějaké germ. předlohy, z níž je střhn. *wīsel* 'vůdce'. Jsou i pokusy objasnit slovo jako domácí, nejčastěji ve spojení s ↑*výt*, srov. p. *wyga* 'starý pes; ostřílený člověk'.

vz- předp. Stč. i jako předl. s významem 'na, nad, proti'. Všesl. – p. *wz-*, r. *voz-, vz-*, s./ch. *uz-* tv., *uz* 'u, při', stsl. *vъz-* i *vъz* 'za, proti'. Psl. **vъz* se asi stejně jako lit. *už* 'za, mimo', *už-* 'za-, vy-', lot. *uz* 'na', *uz-* 'na-, vz-' a av. *us-, uz-* 'vz-, na-' vyvinulo z ie. **uds-* 'vzhůru, ven' *(A9,B4)*, což je rozšířené **ud-, *ūd-*, o němž viz ↑*vy-*. V č. se před souhláskou někdy zjednodušuje, srov. ↑*vstát*, ↑*schopný*, ↓*zdvihat*, ↓*zdymadlo*, ↓*zpět*.

vzácný, *vzácnost*. Stč. 'vzácný, vznešený, příjemný'. Odpovídá mu (rozdíl je jen v předp.) r.st. *izjáščnyj* 'obratný, vynikající', csl. *izęštьnъ* 'vybraný', východiskem je psl. **vъz-ęt'-ьnъ (B3, B7)* odvozené od **vъzętъ* 'vzatý, vybraný', což je příč. trp. od **vъzęti* (viz ↓*vzít*, ↑*vz-* a ↑*jmout*). Srov. také lat. *eximius* 'vybraný, vynikající' od *eximere* 'vyjímat' a ohledně významu i ↑*vyborný*, ↑*výtečný*.

vzájemný, *vzájemnost*. Podle Jg z p., ale ve starší č. je doloženo přísl. *vzájem* 'vzájemně, na oplátku'. To je složeno z ↑*v* a ↓*zájem* ve starším významu 'půjčka, závazek', původně tedy 'na půjčku, v odplatu'.

vzápětí přísl. Stč. *v zápětie* tv., vlastně '(hned) za patami'. Viz ↓*za* a ↑*pata*, srov. ↑*opět*, ↓*zpět*.

vzdor, *vzdorný, vzdorovat, navzdory*. Stč. *vzdor* 'příkoří', *vzdora* 'vzdor, odpor, násilí, příkoří'. Jen č. Jistě z ↑*vz-* a odvozeniny od ↑*drát*, ↑*dřít* (srov. ↑*nádor*), významový vývoj však není zcela jasný. Srov. i ↑*udeřit*.

vzduch, *vzdušný, vzduchový, vzduchovka, odvzdušnit, zavzdušnit*. Přejato v obrození z r. *vózduch*, viz ↑*vz-* a ↑*duch*. Stč. *povětřie* (podobně i v jiných zsl. jazycích).

vzezření. Stč. *vzezřěnie* i *vezřěnie* tv. Viz ↑*vz-* a ↓*zřít*.

vzhůru přísl. Stč. *vzhóru, zhóru* i *vz hóru*. Z ↑*vz-* a akuz. stč. *hora, hóra* (↑*hora*).

vzít, *převzít*. Všesl. – p. *wzać*, r. *vzjat'*, s./ch. *ùzēti*, stsl. *vъzęti*. Psl. **vъzęti* je tvořeno z **vъz-* (↑*vz-*) a **(j)ęti* (↑*jmout*), původně tedy 'vzhůru uchopit, zdvihnout'. Srov. ↑*předsevzetí*, ↑*vzácný*.

vzlykat, *vzlyk*. Viz ↑*vz-* a ↑*polykat*, ↑*lkát*.

vznešený, *vznešenost*. Ve stč. jen *vznesený* 'domýšlivý, ješitný, nadutý', od střední doby dnešní význam i varianta s nenáležitým -*š*-.

vznět, *vznětlivý*. Novější, u Jg pouze *vznítiti*, viz ↑*vz-* a ↑*nítit*.

vznikat, *vznik*. Viz ↑*vz-* a ↑*-nikat*.

vzor, *vzorový, vzorný, vzorek, vzorec, vzoreček, vzorkový, vzorkovna, vzorkovnice*. Přejato v obrození z p.

vzpomínat 728 **vždyť**

wzór tv., viz ↑*v* a ↓*zřít* (srov. ↑*obzor*, ↑*názor*), asi tedy 'to, v co se hledí'.

vzpomínat, *vzpomínka, vzpomínkový, zavzpomínat*. Viz ↑*vz-* a ↑*-pomínat*.

vzpor. Viz ↑*vz-* a ↑*přít (se)*.

vzpoura, *vzpurný*. Stč. *púra, zpúra, vzpúra* 'vzpurnost, zpupnost, pýcha' a *púřiti sě* 'pyšnět'. To je asi odvozeno od ie. **pu-, *pū-* 'dout, nadouvat se' stejně jako ↑*puchnout*, ↑*pýří*, ↑*pýcha*. Druhotně pak zřejmě spojováno se stč. *vzpor* 'odpor, spor'.

vzpouzet se. Viz ↑*vz-* a ↑*pudit*.

vztek, *vzteklý, vzteklina, vztekloun, vztekat se, rozvzteklit se, vyvztekat se*. Stč. *vzteklý, vztéci sě*, viz ↑*vz-* a ↑*téci*, vlastně tedy 'vylít se vzhůru'. Srov. i ↓*ztéci*.

vždy, vždycky přísl. Stč. *vešdy, veždy, všdy, vždy, vžda, vzdy*. Tvořeno ze stč. *veš* (↑*všechen*) a část. *-dy*, která je i v ↑*kdy*, ↑*tady* ap. Srov. ↓*vždyť*.

vždyť sp., část. Spojení ↑*vždy* a zesilovací částice *-ť*. Původní význam 'vždy, ještě stále' je vidět ve stč. To místo Pražané dobře znají, *vždyť jemu bojiště říkají*, z takovýchto vět se pak vyvinul dnešní význam důvodový.

W

walkman 'malý přenosný zvukový přehrávač se sluchátky'. Z angl. *walkman* tv., doslova 'chodící člověk'. Tento poněkud nelogický název není ve skutečnosti anglický, vymysleli ho vynálezci uvedeného přístroje Japonci.

waltz 'druh společenského tance'. Z angl. *waltz* a to z něm. *Walzer* 'valčík' (viz ↑*valčík*). Oba tance jsou ve tříčtvrťovém rytmu, liší se jen tempem.

watt 'jednotka výkonu (elektrického proudu ap.)', *wattový*. Podle angl. fyzika *J. Watta* († 1819).

western 'film ap. s námětem z Divokého západu'. Z am.-angl. *western* tv., což je zpodstatnělé adj. s významem 'západní' od angl. *west* 'západ' (obecně germ.), jež se obvykle spojuje s první částí lat. *vesper* 'večer', ř. *hésperos* tv. (viz ↑*večer*), tedy vlastně 'strana, kde je večer slunce'.

whisky. Z angl. *whisky,* jež je přejato a zkráceno ze skotského (gaelského) *uisge beatha,* doslova 'voda života' z *uisge* 'voda' (srov. ir. *uisce* tv., vzdáleně příbuzné s ↑*voda*) a *beatha* 'život' (příbuzné s lat. *vīta* 'život', viz ↓*živý*). K pojmenování srov. fr. *eau-de-vie* 'kořalka, pálenka' i ↑*vodka*.

whist 'druh karetní hry'. Z angl. *whist* tv., původně *whisk* od slovesa *whisk* 'šlehat, mrskat' onom. původu. Přikloněno k citosl. *whist* 'pst, ticho' na základě myšlenky, že šlo o tichou hru.

windsurfing 'vodní sport prováděný na úzkém plováku s plachtou'. Z angl. *windsurfing* tv. z *wind* 'vítr' (viz ↑*vítr*) a *surfing* 'jízda na prkně v příbojových vlnách' od *surf* 'příboj, vlnobití' nejistého původu.

workoholik 'kdo trpí závislostí na práci', *workoholička, workoholismus*. Z angl. *workaholic* tv., jež vzniklo slovní hříčkou z *work* 'práce' (srov. ↑*vercajk*) a *alcoholic* 'alkoholik' (srov. ↑*alkohol*).

wolfram 'těžký kovový prvek'. Z něm. *Wolfram* tv., doslova 'vlčí špína', z *Wolf* 'vlk' (viz ↑*vlk*) a sthn. *rām* 'špína'. Původně slangové označení odpadků cínové rudy, z níž se wolfram těžil (k podobným názvům srov. ↑*kobalt,* ↑*nikl*).

X

xantipa 'zlá, hašteřivá žena'. Podle Sokratovy ženy *Xantipy,* která prý měla tyto vlastnosti.

xenofobie 'nepřátelství, nedůvěra ke všemu cizímu; strach z cizinců', *xenofobní, xenofob.* Přes moderní evr. jazyky; novější složenina (zač. 20. st.) z ř. *xénos* 'cizí, cizinec' a ↑*fobie.*

xerox 'kopírovací přístroj'. Podle obchodního názvu těchto přístrojů utvořeného od angl. *xerography* (č. *xerografie),* vlastně 'suchý tisk', z ř. *xērós* 'suchý' a ↑*-grafie.*

xylofon 'bicí hudební nástroj tvořený soustavou dřevěných destiček rozeznívaných dvěma paličkami'. Přes moderní evr. jazyky; novější složenina (19. st.) z ř. *xýlon* 'dřevo' a ↑*-fon.*

xylolit 'stavební hmota na podlahy'. Uměle utvořeno z ř. *xýlon* 'dřevo', druhá část asi podle ↑*monolit* ap. (srov. ↑*sololit).*

Y

yard 'anglická délková míra'. Z angl. *yard* tv. ze stangl. *gierd* 'prut' (srov. něm. *Gerte* tv.), jež je příbuzné s lat. *hasta* 'hůl, kopí, oštěp'. Původně tedy prut, hůl, sloužící jako délková míra.

yetti 'sněžný člověk'. Přes angl. *yeti* z tibetštiny.

yperit 'chemická bojová látka způsobující puchýře'. Podle belgického města *Ypres,* kde byla tato látka za první světové války poprvé použita.

ypsilon. Z ř. *ȳ psīlón,* doslova 'prosté y', od *psīlós* 'holý, hladký, prostý'.

yzop 'jihoevropský polokeř s drobnými kvítky'. Přes lat. *hyssōpus* z ř. *hýssōpos* tv. a to z hebr. *esōbh.*

Z

z předl. Všesl. – p. *z,* r. *iz,* s./ch. *iz,* stsl. *izъ.* Psl. **jьz* 'ven, z' (v č. zánik pobočné slabiky, srov. ↑*mít,* ↑*hrát*) odpovídá lit. *iš,* lot. *iz,* stpr. *is* tv. Východiskem je redukovaná podoba ie. **eĝhs* (s *i-* místo *e-*) *(A1),* z něhož je i stir. *ess-,* lat. *ex,* ř. *ek, ex* tv.

za předl. Všesl. Psl. **za* je příbuzné s lit.d. *ažúo, ažù* 'za, vzadu', lot. *aiz* 'za' (k rozdílu v *a-* srov. ↑*na*[1]). Jako východisko se předpokládá ie. **ĝhō,* což by mohl být nějaký pádový tvar zájmenného kořene **ĝhe-, *ghe-,* jenž se objevuje jako zesilovací částice např. v gót. *mi-k,* něm. *mi-ch* 'mě', ř. *eme-gé* tv. Srov. ↓*zda(li),* ↓*že.*

zábava, *zábavný.* P. *zabawa,* r. *zabáva,* s./ch. *zábava* tv., stsl. *zabava* 'těžkost'. Psl. **zabava* je odvozeno od **zabaviti* 'zabavit, zaměstnat něčím', původně 'způsobit zapomnění' (ještě původněji 'způsobit, že je něco vzadu'), což je kauzativum k **zabyti* 'zapomenout'. Viz ↑*bavit (se),* ↑*být,* srov. ↓*zabývat se,* ↑*výbava.*

zabavit 'zkonfiskovat'. Původně 'zadržet, nepustit, překazit' (viz ↑*zábava*).

zabedněný 'omezený, nechápavý'. Již stč. ve významu 'uzavřený', dále viz ↑*bedna.*

zábradlí. Viz ↑*za* a ↑*bradla.*

zábst. Všesl. – p. *ziębnąć,* r. *zjábnut',* s./ch. *zêpsti,* csl. *zębsti.* Psl. **zębsti* původně znamenalo asi 'hryzat, řezat' (metaforicky o zimě). Příbuzné je lit. *žeňbti* 'řezat', alb. *dhëmb* 'bolí', sti. *jámbhate* 'chňape', vše od ie. **ĝembh-* 'hryzat'. Viz i ↓*zub,* srov. ↑*vyzáblý,* ↓*zobat.*

zabývat se. Stč. *zabývati sě* 'bláznit, zapomínat se, zuřit; bavit se, dovádět'. Dále viz ↑*zábava,* ↑*bavit (se).*

začít, *začínat, začátek, začáteční, začátečník, začátečnice, začátečnický.* Viz ↑*za* (zde má jen vidovou funkci, žádný význam) a ↑*-čít.*

záda, *záď, zadní, zadnice, zadek, pozadí.* Stč. *zad* 'zadní část, zadek' (do nč. přešlo v pl. tvaru asi podle *prsa, bedra* ap.). Všesl. – p. *zad,* r. *zad,* s./ch. *zȁdak,* csl. *zadъ* tv. Psl. **zadъ* 'zadní část' je zřejmě tvořeno z předl. **za* (↑*za*) a odvozeniny od ie. **dhē-* 'položit' (viz ↑*dít se*), původní význam tedy je 'co je položeno vzadu'. Srov. ↑*nad,* ↑*pod,* ↑*před,* ↑*příď,* ↑*úd.*

záděra. Viz ↑*za* a ↑*dřít.*

záducha 'astma'. Viz ↑*za* a ↑*duch,* ↑*dýchat.*

záhada, *záhadný.* Převzato z p. *zagadka* či r. *zagádka* 'záhada, hádanka', viz ↑*za* a ↑*hádat.*

zahájit, *zahájení.* Stč. *zahájiti* 'zabránit, zakázat, vyhradit; uhájit, obhájit', p. *zagaić* 'zahájit', r.d. *zagáit'* 'zavřít'. Viz ↑*za* a ↑*hájit.* Dnešní význam ze spojení *zahájiti soud,* vlastně 'ohradit, zahradit soudní místo (a tím začít soud)', snad i pod vlivem něm. *(Gericht) hegen* tv. (*hegen* 'hájit, chovat'). Srov. také zahajovací formuli u Všehrda *Já tento soud zahajuji boží mocí, matky boží mocí* atd. (tedy 'zaštiťuji'). Význam '(veřejně, slavnostně) začít' se pak rozšířil jinam (ještě u Jg však pouze ve spojení se soudem).

zahálet, *zahálka, zaháleč, zahálčivý.* Jen č. (již stč.), nepříliš jasné. Snad souvisí s č. nář. *haliti se* 'hlasitě se smát' (snad i ↑*halas*?), p. *gałuszyć* 'hlučet', ukr. *halýtysja* 'dovádět', r.st. *gálit'sja* 'posmívat se, žertovat'. Vývoj významu by byl 'hlučet, smát se' → 'dovádět, bavit se' → 'zahálet'. Příbuzné pak je gót. *gōljan* 'vítat křikem', něm. *gellen* 'ječet, pronikavě znít', angl. *yell* tv. i druhá část něm. *Nachtigall,* angl. *nightingale* 'slavík', vše od ie. **ghel-* 'křičet'.

záhon, *záhonek.* Stč. ve významu 'záhon, řádek, sloupec'. P. *zagon* tv., také 'zájezd, vpád'. Od *zahnati* (viz ↑*za* a ↑*hnát*), ale motivace pojmenování není zcela jasná. Původně to byl 'vyvýšený pruh pole', podle Ma[2] tedy od toho, že se hlína 'zahání' z obou stran ke středu záhonu.

zahrada, *zahrádka, zahradní, zahradník, zahradnice, zahradnický, zahradnictví, zahradničit, zahrádkář, zahrádkářský, zahrádkářství.* Takto jen č., srov. však p. *ogród* tv., r. *ogoród* 'zahrádka (na zeleninu)'. Původně 'ohrazené místo', viz ↑*hrad*.

záhy přísl. Stč. *záhe, záhé* 'brzy, zavčas', jinak jen hl. *zahi* 'časný, raný', *zahe* 'časně'. Původ slova nejistý, nejspíš lze vyjít z tvaru **za-goje (B9),* což by byl ustrnulý stř. r. adj. **za-gojь* přitvořeného k příčl. **za-goja,* původně 'za hojnosti, za nadbytku' (myslí se snad dostatek času, tedy 'včas'), srov. stč. *hoj* 'hojnost, nadbytek' (viz ↑*hojný,* ↑*hojit (se)*). Stč. *záhé* mělo dát *záhý (B5),* krátké *-y* je podle *brzy* ap. (srov. podobně *také – taky*) (HK).

záchod, *záchodový.* Vlastně 'místo, kam se zachází' (srov. ↑*podchod,* ↑*průchod* ap.). Dříve i ve významu 'západ (slunce)', jenž je u tohoto slova všesl.

zájem, *zájmový, zájemce, zájemkyně.* Stč. 'půjčka, závazek; zajetí, kořist' od *zajieti* 'zajmout, vzít, vypůjčit si' (viz ↑*jmout*). Rozšíření na 'prospěch, účast, záliba' jen č. a slk. (*záujem*). Srov. ↑*vzájemný,* ↓*zajímavý.*

zajíc, *zajíček, zaječí.* Všesl. – p. *zając,* r. *zájac,* s./ch. *zêc,* stsl. *zaję́cь.* Psl. **zaję́cь* nemá jednoznačný výklad. Nejpřijatelnější se zdá vyjít z ie. **ghōi̯n̥ko-,* což je odvozenina (k tvoření srov. ↑*měsíc*) od **ghei-* 'živě se

pohybovat, skákat' *(A1,A6,A7),* od něhož je i lit. *žáisti* 'skákat', arm. *ji* 'kůň', sti. *háya-* tv. a s *d*-ovým rozšířením možná i něm. *Geiss,* angl. *goat,* lat. *haedus* 'kozel'. Lit. *zuĩkis* a lot. *zaķis* jsou asi výpůjčky ze slov. jazyků.

zajíkat se, *zajíkavý.* Ve starší č. i *jíkati,* stč. *zajiekavý* 'koktavý'. Všesl. – p. *jąkać się,* r. *ikát',* *zaikát'sja,* s./ch. *ı̏cati.* Onom. slovo označující zvuk při vzlykání ap. Srov. ↑*ječet.*

zajímavý, *zajímavost.* Novější (u Jg bez starších dokladů), od ↑*zájem.*

zájmeno, *zájmenný.* Obrozenecký kalk z lat. *prōnōmen,* srov. podobně p. *zaimek,* r. *mestoiménie,* sln. *zaímek.*

zákampí zast. 'zákoutí, zátiší'. V č. od střední doby, asi od lat. *campus* 'pole', tedy původně 'zápolí'. Viz i ↑*kout*[1].

zákeřný, *zákeřník.* Viz ↑*za* a ↑*keř,* vlastně 'kdo číhá za keřem'.

zaklesnout (se). Souvisí s ↑*klestit.*

zákon, *zákonný, zákonnost, zákonitý, zákoník.* Všesl. – p. *zakon,* r. *zakón,* s./ch. *zákon,* stsl. *zakonъ.* Psl. **zakonъ* souvisí se **začęti* (viz ↑*-čít,* ↑*konat* i ↑*konec*). Původní význam byl snad 'počátek' či možná 'počátek i konec, pořádek' (srov. r. *kon* tv.).

zákristie. Viz ↑*sakristie.*

zakrslý, *zákrsek.* Příbuzné je snad sln. *kržljȁv* tv. Psl. **kъrs-* nemá jistý původ. Možná souvisí s ↑*krnět,* spojuje se však také s lit. *káršti* 'dosáhnout vysokého věku', stisl. *horr* 'vyhublost', sti. *kr̥śá-* 'vyhublý' z ie. **kerk-, *kork-, *kr̥k-* 'smrštit se, zhubnout' *(A1,A6).*

zálety, *záletný, záletník.* Nesouvisí s ↑*letět,* jak by se mohlo zdát, ale se stč. *letný* 'důvěrný, přátelský, milostný', stsl. *jestь lětь* 'je dovoleno, volno'. Psl. asi **lětь* 'dovolený, přátelsky nakloněný', možná je příbuzné s lat. *laetus*

záležet — záprtek

'tučný, bohatý, radostný', spolehlivé příbuzenstvo však chybí.

záležet, *záležitost*. Viz ↑*za* a ↑*ležet*, srov. ↑*důležitý*.

zalknout se, *zalknutí*. Viz ↑*lkát*, ↑*polykat*, ↑*vzlykat*.

záludný, *záludnost*. Novější, u Jg jen *záluda* 'sofisma, zdánlivě správný, ale logicky chybný úsudek k oklamání jiných'. Ze ↑*za* a ↑*loudit*, srov. ↑*obluda*.

zálusk 'choutka, žádostivost'. Viz ↑*za* a ↑*louskat*, původně asi 'chuť rozlousknout něco (a dobrat se něčeho skrytého)'.

zamanout si. Stč. *zamanúti* 'vzpomenout si, usmyslit si', zřejmě od ↑*maně*, tedy asi 'pojmout okamžitou myšlenku'. Zřejmě na ně působilo významově blízké *-pomanúti* (viz ↑*-pomenout*).

zámek[1] 'zamykací zařízení', *zámeček, zámkový, zámečník, zámečnice, zámečnický, zámečnictví*. Od *zamknout*, viz ↑*za* a ↑*-mknout*. Viz i ↓*zámek*[2].

zámek[2] 'šlechtické sídlo', *zámeček, zámecký*. Přeneseně od ↑*zámek*[1] podle něm. *Schloss*, které má také oba významy. Vlastně 'uzavřená, opevněná budova' (v něm. od 13. st., tedy původně 'hrad', srov. i r. *zámok* 'hrad, zámek').

záměr, *záměrný*. Od *zamířit*, viz ↑*za* a ↑*mířit*.

zaměstnat, *zaměstnání, zaměstnaný, zaměstnanost, zaměstnanec, zaměstnankyně, zaměstnanecký, zaměstnavatel(ka), zaměstnavatelský*. Jen č., stč. *zaměstknati*. Viz ↑*za* a ↑*místo*.

záminka. Viz ↑*za* a ↑*mínit*.

zámožný. Viz ↑*za* a ↑*moci*, srov. ↑*velmož*.

zanevřít. Viz ↑*nevrlý*. Možná tu působilo i významově totožné *zanevražiti* (viz ↑*nevražit*).

zaonačit. Ze ↑*za* a *onačit*, vlastně 'dělat jinak, onak' (viz ↑*onen*).

zaostat, *zaostalý, zaostalost*. Viz ↑*za*, ↑*o* a ↑*stát*[2], ↑*stát se*. Vlastně 'zůstat za někým, něčím'.

zápas, *zápasový, zápasník, zápasnice, zápasiště, zápasit*. Již stč., ze spojení *jíti za pasy* (viz ↑*pás*), p. *zapasy* tv. Původně tedy 'potýkání, při němž se soupeři snažili jeden druhého povalit uchopením v pase'. Srov. ↓*zápolit*.

zapeklitý. Stč. *zapekelný, zapeklený, zapeklitý* 'zatvrzelý, urputný'. Buď přímo od ↑*peklo* (srov. u Jg něm. ekvivalent *verhöllt* od *Hölle* 'peklo'), nebo od jeho dřívějšího významu 'smůla', srov. u Jg *uši zapeklita se* 'zatvrdily se, zacpaly se (smůlou)' (duál).

záplata, *záplatovat*. Stč. jen ve významu 'zaplacení, plat', je však *pláčěnie* 'látání, záplatování'. R. *zapláta* 'záplata', sln. *zaplâta*, csl. *zaplata* tv. Psl. **zaplata* je odvozeno od **platiti* 'látat, záplatovat' a to od **platъ* 'kus látky' (dále viz ↑*platit*, které je téhož původu).

zápolit, *zápolení*. Jen č. Tvoření je obdobné jako u ↑*zápas, zápasit*, tedy ze spojení *za poly (se bráti)* 'v půli těla, za pás', srov. stč. *v poly, u poly* 'uprostřed, v pase'.

zapomínat. Viz ↑*za* a ↑*-pomínat*.

zápor, *záporný, záporka*. Od *zapřít*, viz ↑*za* a ↑*přít (se)*.

záprtek 'zkažené vejce; zakrnělý tvor'. R.st. *záportok*, sln. *zapŕtek*. Psl. **zapъrtъkъ* se obvykle spojuje s wal. *erthyl* 'potrat', ř. *pórtis* 'tele', sti. *pṛthuka* 'zvířecí mládě' od ie. **per-* 'rodit'. Druhou možností je vyjít ze stejného základu jako u slovesa **pъrtiti* 'kazit' (srov. starší č. *zaprtati* 'zkazit', r. *pórtit'*, csl. *prъtiti*), jež se spojuje s ↑*párat*. Viz i ↑*spratek*.

zarděnky. Od ↑*rdít se* (podle červené vyrážky).

zároveň přísl. Ze ↑*za* a *roveň* 'úroveň, stejná moc' (viz ↑*rovný*).

zarputilý, *zarputilost*. Stč. *zarpucený*. Souvisí s ↑*urputný*.

zárubeň 'rám dveří'. Viz ↑*za* a ↑*rubat*.

záře, *zářný, zářivý, zářivka, zářit, záření, zářič, ozářit, prozářit, rozzářit, vyzařovat, zazářit*. Stč. doloženo jen *zora, zoře, zóře* 'jitřenka, svítání'. Všesl. – p. *zorza* 'červánky, svítání, záře', r. *zarjá* 'ranní či večerní červánky', sln. *zárja* 'svítání', s./ch. *zòra* tv., stsl. *zarja, zorja* 'záře, ranní červánky'. Psl. **zor'a, *zar'a* a **zariti* 'zářit' je příbuzné s lit. *žerěti* 'svítit, blýskat se', *žarà* 'záře' a dále asi i stisl. *grár* 'šedý', angl. *grey*, něm. *grau* tv. (vlastně 'barva nebe při svítání'), vše od ie. **ghero-* 'zářit, lesknout se' *(A1)*. Viz i ↓*zřít*.

září, *zářijový*. Stč. *zářuj, zářij (C1)*. Ze spojení **za ruje* 'za říje' (viz ↑*říje*). Srov. i s. *rújan* 'září'.

zásada, *zásadní, zásadový, zásadovost, zásaditý*. Stč. 'lest, úklad', vlastně 'co je zasazeno, nastaveno ap.'. Viz ↑*sadit*.

zase přísl., část. Stč. *zasě* 'zpět, naopak, navzájem, naproti tomu, opět', p. *zaś* 'naopak, avšak'. Ze spojení *za sě* 'za sebe, nazpět' (viz ↑*za* a ↑*se*), srov. stč. *ustúpiti za sě* 'ustoupit zpět', pak chápáno jako 'opět, na druhou stranu ap.'. Nejen ve významu místním; někde chápeme toto spojení jako 'za svou osobu', srov. *To já si zase myslím, že* ... (Ma²).

zasmušilý, *zasmušilost*. Od stč. *smušiti sě*, což je zřejmě expr. útvar k *smutiti, smútiti* (viz ↑*smutný*, ↑*rmoutit*).

zásoba, *zásobní, zásobník, zásobárna, zásobit, zásobování, zásobovací, zásobitel, zásobovač*. Ze spojení *za sobú* (*jmieti*), tedy 'co má člověk za sebou

(jako zálohu)'. Srov. starší *sobiti se* 'zásobovat se' a dále ↑*osoba*, ↑*působit*, ↑*násobit*.

zástava kniž. 'prapor'. Přejato ze s./ch. *zàstava* tv., původně 'do země vetknutý prapor na žerdi', vlastně 'co je postaveno' (viz ↑*stát²*).

zástěra, *zástěrka*. Od *zastírat*, viz ↑*za* a ↑*střít*.

zašantročit ob. expr. 'zastrčit, začachrovat'. Stč. *šantročiti* 'šidit, nepoctivě obchodovat', *šantrok* 'podvod, lež, lichva'. Původ ne zcela jasný. Snad z něm. *Schandtrog* 'dřevěná nádoba, v níž byli za trest do vody nořeni nepoctiví prodavači' (něm. *Schande* 'hanba, ostuda', *Trog* 'koryto, necky, díže', srov. ↑*vantroky*). Jiný výklad hledá ve druhé části stř.hn. *truc* 'podvod, lež'.

záškrt 'choroba projevující se silným zánětem mandlí a dýchacích cest'. Od *zaškrtit*, viz ↑*za* a ↑*škrtit*.

zášť. Stč. *záštie* 'hněv, nenávist, svár; zajití, zabloudění'. Jen č., z pč. **zašьstьje (B9,B6)* odvozeného od psl. příč. trp. **za-šьd-tь (A5)*, viz ↑*šel*, ↑*příští*. Původní význam tedy byl 'zajití', srov. stč. *zajíti s kým* 'povadit se, začít boj', *zajíti* 'přepadnout, zmocnit se'.

záštita. Od *zaštítit se*, viz ↑*za* a ↑*štít*.

zátka. Od *zatknout* 'zarazit', viz ↑*tknout se*, ↑*týkat se*. Srov. ↑*důtka*, ↑*výtka*.

zatracený. Již stč., od *zatratiti* 'zatratit, zničit, zahubit, ztratit' (viz ↑*tratit*). Jako slovo ze sakrální oblasti podléhalo různým tabuovým obměnám *(D4): zatrápený, zatrolený* ap.

závada, *závadný, závadnost*. Viz ↑*za* a ↑*vadit*.

zavazadlo, *zavazadlový*. Dříve i *zavazedlo* (Jg), jen č. Od staršího *zavázeti* (dnes mor. *zavazet*) 'překážet, vadit' (↑*vadit*). Původní význam je vidět u Komenského: *Ryňk pln byl jam (...) též kamení a kládí (...) a jiných zavazadel.* Zúžení významu na 'cestovní taška, kufr ap.' možná asociací se *zavazovat* (↑*vázat*).

závěj. Viz ↑*za* a ↑*vát*.

závěť. Přejetí z r. *zavét* tv. z psl. *větiti 'říci'. Viz ↑*odvětit*, srov. ↑*oběť,* ↑*přívětivý,* ↑*vece.*

zavilý, *zavilost*. Stč. 'stočený, zavinutý', viz ↑*za* a ↑*vít*. Původně o zkroucením, těžko štípatelném dřevu, pak o zarputilém, tvrdošíjném člověku.

záviset, *závislý, závislost*. Viz ↑*za* a ↑*viset*, co do významu srov. ↑*záležet*.

závist, *závistivý*. Všesl. – p. *zawiść*, r. *závisť*, s./ch. *závist*, csl. *zavistь*. Psl. *zavistь je odvozeno od *zaviděti (srov. ↑*pověst* a *nenávist* od ↑*nenáviděti*), jež je příbuzné s lit. *pavyděti*, *užvyděti*, lat. *invidēre* tv. Základem je sloveso 'vidět' spojené s předp., která vyjadřuje postrannost, nepřímost ap. Srov. ↑*nenáviděti.*

závit, *závitnice*. Viz ↑*za* a ↑*vít*.

závod[1] 'sportovní soutěž', *závodní, závodník, závodnice, závodnický, závodiště, závodit, závodivý*. Již stč., jinak p. *zawody*, csl. *zavodъ* tv. Původně asi 'sázka, zástava' (Jg), srov. něm. *Wette* 'sázka', *um die Wette* 'o závod' a starší č. *závod získati, v závod, o závod běžeti* ap. (Jg). Vlastně 'co je zavedeno, založeno', srov. *zástava* i starší č. *základ* tv. Viz ↑*vést*, srov. ↓*závod*[2].

závod[2] 'podnik', *závodní*. Přejato z r. *zavód* tv., původ stejný jako u ↑*závod*[1], tedy 'co je zavedeno'. Srov. č. *zavedená firma* ap.

závoj, *závojnatka*. Viz ↑*za* a ↑*vít*.

závora, *závorka*. Od ↑*zavřít*, viz ↑*za* a ↑-*vřít*, srov. ↑*obora*.

závrať, *závratný*. Stč. *závrat* od *zavrátiti (sě)* 'převrátit (se), zatočit se', viz ↑*za* a ↑*vrátit,* ↑*vrtět.*

zázrak, *zázračný*. Jen č. Nejspíš od nedoloženého **zazračiti (sě)*, srov. stč. *zračiti sě* 'vyjevit se, ukázat se'. Viz ↓*zřít*, ↓*zrak*, srov. ↑*přízrak.*

zázvor, *zázvorový*. Nejspíš z it.d. *zenzavero*. Jinými cestami bylo přejato něm. *Ingwer* (odtud p. *imbier*, r. *imbír'*, sln. *íngver*) – přes sthn. *(g)ingibero*, stfr. *gimgibre* z lat. *zingiber, gingiber* (odtud i it.d. slovo) a to z ř. *zingíberi*. To je přejetí ze střind. jazyka pálí (*siṅgivera*), původ slova je zřejmě drávidský (-*vera*- tam znamená 'kořen').

zbabělý, *zbabělost, zbabělec*. Stč. *babinec* tv. Viz ↑*bába.*

***zblo** (ve spojení *ani zbla*). U Jg 'chmýří ve lnu; maličkost, nic'. Ze stč. *stblo* 'stéblo', viz ↑*stéblo.*

zbojník, *zbojnický*. Již u Komenského ve významu 'loupežník', nově asi ze slk. Viz ↑*bít,* ↑*boj.*

zboží, *zboží*. Stč. *sbožie* 'jmění, statek, bohatství', hl. *zboże* 'štěstí', p. *zboże* 'obilí', r.d. *zbóž'e* 'dostatek, bohatství, obilí'. Psl. *sъbožьje* 'bohatství, dostatek, štěstí' je odvozeno od adj. *sъbogъ, které odpovídá sti. *subhága*- 'šťastný' ze *su*- 'dobrý' a *bhága*- 'štěstí, úděl'. Dále viz ↑*s*- a ↑*bohatý,* ↑*bůh.*

zbraň, *zbraňový*. Stč. *bran, braň, zbraň* 'zbraň; obrana, odpor'. P. *broń* 'zbraň', csl. *branь* 'válka'. Psl. *bornь od *borniti (viz ↑*bránit*).

zbrklý, *zbrklost*. Od staršího *zbrknouti (se)* 'unáhlit se'. Souvisí s ↑*brkat*, původ nejspíš onom.

zbrocený. Stč. *brotiti* 'potřísňovat krví', původně asi 'červenit'. P. *broczyć* 'zalévat (krví)', csl. *broštь* 'červeň'. Původ nejasný. Spojuje se s ř. *brotóō* 'zbrocuji krví, zakrvácím', *brótos*

zbroj

'proud krve', ale to asi vychází z ie. *mr̥tó-* 'mrtvý' (srov. ↑*ambrózie*).

zbroj, *zbrojní, zbrojnice, zbrojař, zbrojařský, zbrojíř, zbrojovka, zbrojit, zbrojení, ozbrojit, přezbrojit, vyzbrojit.* Stč. *sbrojě, zbrojě* 'houf, zástup; zbroj, výzbroj' (vedle toho *zbroj* 'pohlavní úd'), p. *zbroja* 'zbroj'. Dále viz ↑*brojit.*

zbytek, *zbytkový, zbytečný, nezbytný, zbytnělý.* Od *zbýt*, stč. *zbýti* 'setrvat; zbavit se, ztratit; uniknout', viz ↑*z* a ↑*být.*

zda(li) sp., část. Stč. *zda(li), za(li), zať* 'zda, což, kdyby' i *azda* 'zda, aspoň, snad' (srov. slk. *azda* 'snad'). Jen č., nepříliš jasné. Asi stejného původu jako ↑*za*, srov. jinou podobu této částice v stlit. *an-gu* 'zda', stpr. *an-ga* tv. Podoba *zda* vznikla asi kontaminací s **da* (r. *da* 'ano, ba', sln. *dä* 'že', s./ch. *dä li* 'zda'), které má stejný původ jako ↑*do.* Srov. i ↓*že.*

zdar. Viz ↑*dařit se.*

zdát se, *zdání, zdánlivý.* Stč. *sdieti sě, zdieti sě, zdáti sě*, p. *zdać się.* Vlastně 'udát se (ve snu)', viz ↑*s* a ↑*dít se.* Podoby s *-a-* kontaminací *(D3)* s ↑*dát* jako u ↑*udát se.*

zdatný, *zdatnost.* U Jg nedoloženo. Viz ↑*z* a ↑*dát*, vlastně 'kdo (ze sebe) hodně vydá'. Srov. ↑*udatný, vydatný.*

zde přísl. Stč. *sde*, r. *zdes'*, stsl. *sьde.* Psl. **sьde*, k první části viz ↑*sem*, k druhé ↑*kde.*

zděř 'součást k spojování, stahování', *zdířka.* Původně *sděř.* Nepříliš jasné. Nejspíš souvisí s ↑*díra*, ↑*drát*[2], asi tedy 'co stahuje nějaký otvor'.

zdobit, *zdobený, nazdobit, ozdobit, přizdobit, vyzdobit.* Stč. *zdoba* 'dobrá příležitost', *zdobný* 'dobrý, užitečný, vhodný', p. *ozdobić*, ukr. *zdobýty.* Původně tedy 'činit vhodným, dobrým'. Vyjít je třeba od subst. doloženého ve stč. (původně **sьdoba*), jeho význam

zdvihat

přesně odpovídá jednotlivým částem ↑*s-* a ↑*doba.* Srov. ↑*podoba*, ↑*nádoba.*

zdráhat se, *zdráhání, zdráhavý.* Jen č. a p. *drożyć się, wzdragać się* (druhé asi z č.). Málo jasné. Snad nějak souvisí s ↑*drahý* ('dělat se drahým'?), sem patří i *dělat drahoty.*

zdravý, *zdraví, zdravotní, zdravotník, zdravotnice, zdravotnický, zdravotnictví, zdravice, zdravit, ozdravit, ozdravný, ozdravovna, pozdravit, pozdrav, uzdravit.* Všesl. – p. *zdrowy*, r. *zdoróvyj*, s./ch. *zdrȁv*, stsl. *sъdravъ.* Psl. **sъdorvъ (B8)* se nejspíš vyvinulo z ie. **su-doru̯o-*, doslova '(jsoucí) z dobrého dřeva', viz ↑*s-* a ↑*dřevo.* K významu srov. stper. *duruva* 'zdravý' od stejného základu, dále např. lat. *rōbustus* 'z dubového dřeva' i 'silný, otužilý'. *Zdravit, pozdravit* ap. znamená vlastně 'přát zdraví, říkat buď zdráv'.

zdroj. Za obrození přejato z p. *zdrój* 'pramen' a tam z psl. **jьz-rojь (-d-* vkladné, srov. csl. *izrojь* tv.), viz ↑*z* a ↑*roj.*

zdvihat, *zdvihnout, zdvih, zdviž, nazdvihnout, nadzdvihnout, pozdvihnout, pozdvihování, pozdvižení, uzdvihnout, vyzdvihnout.* Všesl. – p. *dźwigać*, r. *dvígat'* 'posunovat, pohybovat', s./ch. *dȉgnuti* 'zdvihnout, vzít', stsl. *dvignǫti.* Psl. **dvignǫti* (v č. jen předponové **vъzdvignǫti*) nemá spolehlivý výklad. Uvažuje se o příbuznosti se stangl. *twiccian* 'trhnout, škubnout', něm. *zwicken* 'štípnout'; tato slova se spojují s číslovkou ↑*dvě*, původně tedy 'uchopit dvěma prsty, dvěma konci ap.'. Jiná možnost vychází z ie. **u̯eig-* 'ohýbat; rychle pohybovat', od něhož je např. sthn. *wīhōn* 'skákat, tancovat', sti. *vijáte* 'vznáší se, uhýbá, letí' a z předpokladu, že *d-* je velmi starobylým pozůstatkem předp. **ud-* 'vzhůru' (viz ↑*vy-*), slov. slovo by pak odpovídalo sti. *ud-vijáti* 'zdvihá se' (Ma²).

zdvořilý, *zdvořilost*. Jen č., od ↑*dvůr*. Srov. stč. *dvorný, dvorský* 'dvorný, zdvořilý', *dvořiti* 'sloužit u dvora'.

zdymadlo, *zdymadlový*. Od staršího *zdýmati* 'vzdouvat (vodu ap.)', opětovacího slovesa k *zedmouti, vzedmouti*, viz ↑*vz-* a ↑*dmout (se)*.

zebra, *zebří*. Z moderních evr. jazyků (něm. *Zebra* ap.), pramenem je port. *zebra*, původně 'divoký osel' (port. mořeplavci toto pojmenování přenesli na podobné zvíře v Africe). Port. *zebra*, šp. *cebra* vychází zřejmě z vlat. **ecifera*, pozdnělat. *equifera* 'divoká kobyla' z lat. *equus* 'kůň' a *ferus* 'divoký'.

zebu 'zdomácnělý tur indický'. Přes něm. *Zebu* z fr. *zébu* (jako zoologický termín od pol. 18. st.) a tam z tibetštiny (*zeba* tam označovalo charakteristický hrb tohoto tura).

zeď, *zídka, zedník, zednický, zdít, zděný, zdivo, obezdít, podezdít, podezdívka, vezdít, vyzdít, zazdít*. Stč. *zed*, str. *zьdъ* 'hlína, jíl', sln., s./ch. *zîd* 'stěna', csl. *zьdъ*. Psl. **zьdъ, *zidъ* je odvozeno od slovesa **zьdati* (1.os.přít. **zid'ǫ*) 'lepit stěnu (z jílu ap.)' doloženého v stsl. *zьdati* 'stavět, tvořit', sln., s./ch. *zídati* tv., r. *sozdát* 'vytvořit'. Příbuzné je lit. *žiẽsti* 'dělat z jílu (nádoby ap.)', lot. *ziest* 'mazat', stpr. *seydis* 'zeď'. Bsl. **ǵheidh-* 'mazat, hníst (hlínu)' (A1) je zřejmě přesmyknutá podoba ie. **dheiǵh-* tv., z něhož je i něm. *Teig* 'těsto', lat. *fingere* 'tvořit' (srov. ↑*figura*, ↑*fingovat*), ř. *teîchos* 'zeď, hradba', sti. *déhmi* 'zamažu, zakytuji'. Srov. ↑*díže*.

zednář 'člen tajné společnosti (vzniklé v 18. st.)', *zednářský, zednářství*. Dříve *svobodný zedník* (Jg) podle něm. *Freimaurer*, fr. *franc-maçon* tv. – tato společnost se totiž vyvinula z pozdně středověkého cechu zedníků a stavitelů. Dále viz ↑*zeď*.

zefír 'jemná bavlněná tkanina'. Z fr. *zéphyr* tv. a to z ř. *zéfyros* 'západní (večerní) vánek' (srov. č. kniž. *zefýr* 'vánek'), jež asi souvisí s *zófos* 'tma, večer, západ'.

zejména část. Stč. i *zejmene*, vlastně 'jménem, jmenovitě'. Viz ↑*jméno*.

zelený, *zeleň, zelenavý, zelenina, zeleninový, zelinář, zelinářský, zelinářství, zelenat (se), zazelenat se, zezelenat, nazelenalý, zelenit se*. Všesl. – p. *zielony*, r. *zelënyj*, s./ch. *zèlen*, stsl. *zelenъ*. Psl. **zelenъ* je původem příč. trp. od slovesa dochovaného dosud v lit. *žélti*, lot. *zelt* 'zelenat se'. Východiskem je ie. **ǵhel-* 'svítit' a jako označení barev 'zelený, žlutý, zlatý aj.' (A1). Z jeho různých ablautových podob (A6) je pak např. lit. *žãlias* 'zelený', lot. *zaļš*, stpr. *saligan* tv. (ale i lit. *žìlas* 'šedý', lot. *zils* 'modrý'), stsl. *gulr* 'žlutý', něm. *Gelb*, angl. *yellow*, wal. *gell* tv., bret. *gell* 'hnědý', lat. *(h)olus* 'zelenina, zelí', ř. *chlōrós* 'svěže zelený, žlutozelený', sti. *hári-* 'světlý, žlutozelený, zlatožlutý'. Dále viz ↓*žlutý*, ↓*zlatý*, ↓*žluč*, srov. i ↓*zelí*.

zelí, *zelný, zelňačka*. Všesl. – p. *ziele* 'bylina, zelina', r.st. *zél'je* 'býlí', s./ch. *zêlje* 'zelenina, zelí', stsl. *zelije* 'býlí', *zelenina*. Psl. **zelbje* je kolektivum od **zelь* 'zelená rostlina', dále viz ↑*zelený*.

zemák nář. 'brambor'. Podle něm. *Erdapfel*, fr. *pomme de terre* 'zemní jablko', dále viz ↓*země*.

zeman 'příslušník nižší šlechty', *zemanský*. Stč. *zemènín*, pl. *zemèné* (gen.pl. *zeman*, dat. *zemanóm* atd., odtud *-a-* do všech nč. tvarů), p. *ziemianin*. Tedy původně 'kdo vlastní nějaké pozemky' (viz ↓*země*).

země, *zemní, zemský, zemina, zemitý, pozemí, pozemek, pozemský, podzemí, podzemní, přízemí, přízemní, území, územní, zázemí, uzemnit*. Všesl. – p. *ziemia*, r. *zemljá*, s./ch. *zèmlja*, stsl. *zemlja*. Psl. **zem'a* odpovídá lit. *žẽmė*, lot. *zeme*, stpr. *same* tv., dále je příbuzné stir. *dú* 'místo', lat. *humus* 'země', alb.

dhe, ř. chthṓn (chamaí 'na zemi'), av. *zā,* sti. *kšā́h* tv. a zřejmě i toch. A *tkam̥*, chet. *tekán* (gen. *dagnaš*) tv. Rekonstrukce ie. tvaru je obtížná, novější výklady vycházejí z ie. **dhégh-ōm*, gen. **dhgh-m-és*, bsl. tvary by byly z lok. **dhghémi* 'na zemi' (jinak Ma[2], HK). Srov. ↓*zmije*.

zeměžluč 'druh léčivé byliny'. Podle lat. *fel terrae* tv. (podle hořké chuti), viz ↓*žluč*, ↑*země*.

zenit 'nadhlavník; vrchol'. Přes něm. *Zenit* z it. *zenit*, fr. *zénith* a to z ar. *samt (ar-ra'̔s)* tv., doslova 'směr (hlavy)' (myslí se směr od temene vzhůru). Slovo by podle vulgární výslovnosti mělo být přejato v podobě **zemt*, mylným čtením však bylo -*m*- převedeno jako -*ni*-.

zepsout ob. expr. Viz ↑*z* a ↑*pes*, srov. ↑*psota*.

zerav 'túje'. Preslovo pojmenování vzniklé údajně mylným čtením a chápáním slovesa *žeřaví* (psáno *zerawí,* srov. ↑*řeřavý*) v jednom stč. rukopise (HL), ale ten tvar slovesa je podivný.

zesnulý. Od *zesnout*, viz ↑*z* a ↑*sen*.

zet kniž. 'být doširoka rozevřen, být nápadně viditelný, čišet', *zející*. P. *ziać*, r. *zijáť*, s./ch. *zijati*, stsl. *zijati* 'zívat'. Psl. **zijati*, **zьjati* je příbuzné s lit. *žióti* 'otevřít ústa, rozevřít chřípí', něm. *gähnen* 'zívat', lat. *hiāre* 'otvírat se, otvírat ústa', ř. *chaínō* 'zívám', vše z ie. **ghē(i)-* 'zívat, otvírat (ústa ap.)'. Srov. ↓*zívat*, ↑*rozjívený*, ↓*zevloun*.

zeť. Stč. *zěť* 'zeť, švagr'. Všesl. (kromě luž.) – p. *zięć*, r. *zjať*, s./ch. *zȅt*, stsl. *zętь*. Psl. **zętь* je příbuzné s lit. *žéntas*, lot. *znuots* tv. a dále s ř. *gnōtós* 'známý, příbuzný', sti. *jñātí-* tv., což ukazuje nejspíš na ie. **ǵen-* 'znát' (viz ↓*znát*) *(A1)*, původní význam by tedy byl 'známý' (nejde tu o pokrevní příbuzenství) (Ma[2]). Možné však je pomýšlet i na homonymní **ǵen-* 'plodit,

rodit', pak by byl původní význam asi 'příbuzný' či 'ploditel (nové generace)'.

zeugma 'zanedbání dvojí vazby (u sloves)'. Z ř. *zeūgma* 'uzávěra, jho' od *zeúgnȳmi* 'spřahuji, uzavírám'. Srov. ↑*jho*.

zevlovat, *zevloun*. Od staršího č. *zevel* 'člověk dívající se s otevřenou pusou' (Jg) a to od stč. *zievati, zěvati* (viz i ↓*zívat*, ↑*zet*, ↑*rozjívený*).

zevní. Viz ↑*ven*.

zevrubný. Jen č. Vlastně 'podle vrubů', tedy 'úplný, přesný'.

zhebnout zhrub. Z psl. **-gъbnǫti* (-*e*- se asi rozšířilo z příčestí **gъb-lъ*) *(B6)*. Dále viz ↑*hynout* a ↑*hubit*.

zhrzený 'odmítnutý, opovržený'. Od stč. *zhrzěti* 'pohrdat, opovrhovat' a to k ↑*hrdý*.

zhurta přísl. expr. Od střhn. *hurt* 'náraz, úder' a to ze stfr. *hurt* (dnes *heurt*) tv. od *hurter* 'narazit, srazit se, udeřit' (odtud angl. *hurt* 'zranit'). Další původ se hledá v kelt. či germ. (stisl. *hrūtr* 'beran').

zhýralý. Viz ↑*hýřit*.

zima, *zimní, zimnice, zimničný, zimník, zimoviště, zimovat, přezimovat, zazimovat, ozim, ozimý*. Všesl. – p. *zima*, r. *zimá*, s./ch. *zíma*, stsl. *zima*. Psl. **zima* odpovídá lit. *žiemà*, lot. *ziema*, stpr. *semo* tv., východiskem je ie. **ghei-mā*. To je odvozenina z ie. **ǵhéi-ōm* (gen. **ǵhi-m-és*) 'zima, sníh' *(A1,A6)*, z jehož různých podob vychází i střir. *gem-adaig* 'zimní noc', lat. *hiems* 'zima', alb. *dimër*, ř. *cheīma* tv., *chiṓn* 'sníh', arm. *jiun* tv., av. *zyā* (gen. *zimō*) 'zima', sti. *himá-*, chet. *gimmanza* tv.

zimostráz 'hustý keř s neopadávajícími lístky'. Viz ↑*zima* a ↑*strádat*, myšleno asi tak, že jeho listy neopadávají a tedy přes zimu 'strádají'.

zinek, *zinkový, zinkovat, pozinkovat.* Z něm. *Zink* tv. a to od *Zinke(n)* 'hrot, zub', protože tento kov při tavení vytváří vrubovité, klikaté tvary.

zip. Z angl. *zip(-fastener)* (vynalezen ve 20. letech 20. st.) od *zip* 'svist, ryc, říz, šmrnc' onom. původu a *fastener* 'spona, upevňovač'.

zírat, *dozírat, nazírat, odezírat, podezírat, podezřelý, přezírat, přezíravý.* Opětovací sloveso od ↓*zřít.*

získat, *zisk, ziskový, zištný, vyzískat.* P. *zyskać* tv. (z psl. **jьz-iskati*), jinde jen bez předp. – r. *iskát* 'hledat', ch. *iskati* 'žádat', stsl. *iskati* 'hledat'. Psl. **(j)iskati* 'hledat' odpovídá lit. *ieškóti* tv., dále je příbuzné sthn. *eiscōn* 'žádat', angl. *ask* tv., sti. *ičcháti* 'hledá, touží'. Vše je odvozeno příp. **-sk-/*-sk̑-* od ie. **ais-* 'přát si, hledat', které je v sti. *ḗšati* 'hledá'. Původní význam č. a p. slova tedy byl 'vyhledat', z toho pak 'vyhledáním získat'. Srov. ↑*vískat.*

zítra příd. Stč. *zjutra, zjitra (C1)*, viz ↑*z* a ↑*jitro.*

zívat, *zívání, rozzívat se, zazívat.* Všesl. – p. *ziewać*, r. *zevát* 'zívat, zevlovat', ch. *zijévati*, stsl. *zěvati* 'zívat, zet'. Psl. **zěvati* je opětovací sloveso od **zьjati* 'zet, být doširoka rozevřen'. Viz ↑*zet*, srov. ↑*zevlovat*, ↑*rozjíveny.*

zkoumat. Viz ↑*koumat.*

zkroušený. Od *zkrušit* 'zdeptat, zdrtit', viz ↑*krušný.*

zkusit. Viz ↑*z* a ↑*-kusit.*

zlato, *zlatý, zlatavý, zlatník, zlatnice, zlatnický, zlatnictví, zlatit, zlacený, pozlatit, zlátnout, zezlátnout.* Všesl. – p. *złoto*, r. *zóloto*, s./ch. *zlâto*, stsl. *zlato*. Psl. **zolto (B8)* je stejné jako lot. *zelts* (srov. i lit.d. *želtas* 'zlatý'), gót. *gulþ*, stsl. *gull, goll*, angl. *gold*, něm. *Gold* tvořeno příp. **-to-* od různých ablautových stupňů kořene **ĝhel-* 'svítit; zlatý, žlutý, zelený aj.' *(A1,A6)*. S jinou příp. sem patří av. *zaranya-* 'zlato', sti. *híranya-* tv., k další příbuznosti viz ↑*zelený*, ↓*žlutý*, ↓*žluč.*

zloděj, *zlodějka, zloděj́sky, zlodějství, zlodějna.* Všesl. – p. *złodziej*, r. *zloděj* 'zločinec', sln. *zlôdej* 'ďábel', stsl. *zъlodějь* 'kdo páchá zlo'. Psl. **zъlodějь* je složeno ze **zъlo* (↓*zlý*) a odvozeniny od **děti* (↑*dít se*). V zsl. zúžení významu na 'kdo krade'.

zlý, *zlo, zlost, zlostný, zloba, zlobný, zlobivý, zlobit, nazlobit (se), pozlobit, rozzlobit, uzlobit, zazlobit, rozezlít, rozezlený, zazlívat.* Všesl. – p. *zły*, r. *zloj*, s./ch. *zào*, stsl. *zъlъ*. Psl. **zъlъ* 'zlý, špatný' má nejblíže k lit. *-žūlùs* v *atžūlùs* 'hrubý, bezcitný', *įžūlùs* 'drzý, nestoudný'; ie. **ĝhulo-*, původně 'křivý, pokřivený', je odvozeno od **ĝhu̯el-* 'křivit se, uchylovat se (od správné cesty)', od něhož je i lot. *zvelt* 'udeřit, zvednout', lat. *fallere* 'klamat, podvádět', ř. *fēlos* 'podvodný', av. *zūrah-* 'nespravedlnost', sti. *hválati, hvárate* 'jde křivě, schází z cesty'.

zmatek, *zmatečný, zmatkář, zmatkovat, zazmatkovat.* Od *zmást*, viz ↑*mást.*

zmátořit se ob. 'vzchopit se'. U Jg *zmatořit se* 'přijít k sobě'. Příbuzné nejspíš bude stč. *matorný* 'zralý, dospělý, vážný', p. *zamatorzały* 'ztvrdlý', r. *matěryj* 'zralý', b. *mátor* 'dospělý, zralý'. Další souvislosti jsou nejisté. Nápadná je blízkost lat. *mātūrus* 'zralý, včasný, dospělý' od ie. **mā-* 'dobrý, včasný', jiní vycházejí z ie. **mō-* 'velký, vážený'.

změť. Ve starší č. *změt* a to z **jьz-mętь (B7,C1)*, viz ↑*z* a ↑*mást*, srov. ↑*zmatek.*

zmetek 'vadný výrobek', hanl. 'spratek'. Původně 'nedochůdče, nedonošené mládě', vlastně 'co je vyvrženo, vymeteno', viz ↑*z* a ↑*mést*, ↑*metat.*

zmije, *zmijí.* Všesl. – p. *żmija*, r. *zmejá* 'had', s./ch. *zmìja* tv., *zmàj* 'drak', stsl. *zmija* 'had', *zmii* 'drak'. Psl. **zmьja, *zmija* a **zmьjь, *zmijь* jsou starobylé odvozeniny od stejného základu, který je v ↑*země*. Původně tedy 'zemní (živočich)', zřejmě tabuový název obávaného plaza *(D4)*.

zmítat (se). Viz ↑*mést*.

značný, *značně, význačný*. Od *značit* (tedy 'mající význam') od ↓*znak*[1].

znak[1], *znakový, značit, značený, značka, značkový, značkovat, naznačit, náznak, odznak, označit, přeznačit, vyznačit*. Všesl. (kromě luž.) – p., r. *znak*, s./ch. *znâk*, csl. *znakъ*. Psl. **znakъ* je odvozeno od **znati*, tedy původně asi 'co je známo, domluveno'. Srov. ↓*znamení*, viz ↓*znát*.

znak[2], *naznak*. Stč. *vznak, znak* 'naznak, na záda, dozadu', p. *na(w)znak*, r.d. *(ná)vznak*, s./ch. *nàuznāk*, stsl. *vъznakъ*. Psl. **vъznakъ* je složeno z **vъz-* (↑*vz-*) a **nakъ*, které se nejspíš vyvinulo z ie. **nōkᵘo-* 's očima obrácenýma nahoru', to pak je z **nō* 'nahoru, na' a **okᵘ-* 'oko'. K podobným útvarům viz ↑*opak* a ↑*-nikat*.

znamení, *znaménko, znamenitý, znamenat, poznamenat, poznámka, poznámkový, předznamenat, vyznamenat, vyznamenání, význam, významný, zaznamenat, záznam, záznamník*. Stč. *znamenie* tv., *znamenitý* 'zřejmý, pozoruhodný, nápadný', *znamenati* 'označovat, poznávat, vykládat'. Psl. **znamenьje* je odvozeno od **znamę*, gen. **znamene* 'znamení, znak' (srov. p. *znamię* tv., r. *známja* 'prapor'), to pak je z ie. **ǵnō-men-*, odvozeniny od **ǵnō-* 'znát' *(B1)*. Podobný útvar je ř. *gnỗma* 'znamení, znalost, důkaz'. Dále viz ↓*znát*, srov. ↑*znak*[1].

znát, *znalý, znalost, znalec, znalkyně, znalecký, známý, známost, obeznámit, oznámit, oznámení, seznámit, seznam, znatelný, doznat, doznání, poznat, poznání, poznatelný, přiznat, přiznání,* *rozeznat, uznat, uznání, vyznat, vyznání*. Všesl. – p. *znać*, r. *znat'*, s./ch. *znȁti*, stsl. *znati*. Psl. **znati* 'vědět, znát' je příbuzné s lit. *žinóti*, lot. *zināt*, gót. *kunnan*, něm. *kennen*, angl. *know* tv., stir. *itar-gninim* 'poznávám, jsem rozumný', lat. *nōscere* 'poznávat', alb. *njoh* 'znám', ř. *gignṓskō* 'poznávám, znám', arm. *caneay* 'poznal jsem', sti. *jānā́mi* 'vím', vše od ie. **ǵen-, *ǵnō-* 'poznat, znát' *(A1,B5)*. Srov. ↑*znamení*, ↑*znak*[1], ↑*značný* a snad i ↑*zeť*.

znělec 'druh vyvřelé horniny'. Podle vědeckého názvu *fonolit*, vlastně 'znějící kámen' (srov. ↑*fonologie* a ↑*monolit*). Viz ↓*znít*.

znít, *znění, znělý, znělost, znělka, doznít, odeznít, rozeznít, vyznít, zaznít*. Stč. *zvnieti*, dl. *zněś*, r. *zvenét'*, csl. *zvьněti*. Psl. **zvьněti* je příbuzné s lit. *žvéngti* 'ržát', *žvangéti* 'znít', arm. *jain* 'hlas', vše z ie. **ǵhu̯en-* 'znít'. Původ onom., rýmuje se s ie. **su̯en-* tv., z něhož je lat. *sonāre*, sti. *svánati* tv. Viz i ↓*zvon*, ↓*zvuk*.

znoj zast. 'pot, vedro'. P. *znój* 'vedro, pot, námaha', r. *znoj* 'vedro', s./ch. *znôj* 'pot', stsl. *znoi* 'vedro'. Psl. **znojь* nemá příliš jasný původ. Spojuje se s č. nář. *znět'* 'doutnat' (Ma²), r.d. *znet'* 'tlít, rozpadat se', jež se zase spojuje s ↑*hnít* (*z-* by bylo z **ǵ- (A1)*). Znoj by pak slovotvorně odpovídalo ↑*hnůj*.

zobat, *zob, zobák, zobáček, sezobat, vyzobat, zazobaný*. P.st. *zobać*, r.d. *zobát'*, s./ch. *zòbati*, stsl. *pozobati* 'pojíst'. Psl. **zobati* je příbuzné s lit. *žébti* 'pomalu jíst', *žėbeti* 'zobat' a dále asi i s něm. *Kiefer* 'čelist', ir. *gob* 'zobák, ústa', av. *zafar-* 'ústa, jícen', východiskem je ie. **gebh-, *gobh-* 'jíst, žrát; ústa', což je asi nenazalizovaná varianta kořene **ǵembh-* 'kousat', k němuž viz ↓*zub*. Zazobaný ve významu 'bohatý' je již u Jg, nejspíš od *zazobati se* 'přejíst se'. Srov. ↑*dobat*.

zodiak 'zvěrokruh'. Přes lat. *zōdiacus* z ř. *zōdiakós* 'mající podobu zvířete, souhvězdí' od *zṓdion* 'zvířátko, obrázek, souhvězdí', což je zdrobnělina od *zṓon* 'živočich, zvíře, podoba zvířete'. Srov. ↓*zoologie*.

zóna 'pásmo', *zónový*. Přes moderní evr. jazyky (něm. *Zone*) z lat. *zōna* 'pásmo, pás' z ř. *zṓnē* 'pás, opasek' od *zōnnýnai* 'opásat se'.

zoologie 'nauka o živočišstvu', *zoologický, zoo, zoolog, zooložka*. Novodobá složenina z ř. *zṓon* 'živočich' od *zóō, záō* 'žiju', jež vzdáleně souvisí s ↓*živý*, a ↑*-logie*. Srov. ↑*zodiak*.

zornice. Viz ↓*zřít*.

zotavit (se), *zotavovna*. Stč. *otaviti sě* 'zotavit se, okřát'. Jen č., ale staré. Jde o kauzativum k *otýti* (viz ↑*týt*, srov. ↑*otylý*), tedy vlastně 'způsobit, že se tuční, nabývá tuku'. Srov. ↑*otava*.

zoufat, *zoufalý, zoufalec*. Stč. *zúfati* 'zoufat, být všeho schopen' je složeno ze ↑*z* (zde odlučovací význam vyjadřující ztrátu něčeho) a *úfati* 'doufat, důvěřovat', k němuž viz ↑*doufat*.

zout (se), *nazout, přezout (se), přezůvky, vyzout, zouvák*. Všesl. (někdy s dalšími předp.) – p. *zzuć*, r. *razút'*, s./ch. *ìzuti*, stsl. *izuti*. Psl. **jьz-uti*, dále viz ↑*obout*.

zpátky přísl. Viz ↓*zpět*.

zpěčovat se. Stč. *(v)zpiečovati sě* je opětovací sloveso od *(v)zpiečiti sě* 'postavit se na odpor', jež zřejmě vzniklo kontaminací *(D2)* sloves *vzpáčiti sě* (od ↑*páčit*, ↑*opak*) a *vzpietiti sě* (od ↓*zpět*) tv.

zpět přísl. Stč. i *vzpět*. R.st. *vspját'*, sln. *spêt*, csl. *vъspętь*. Psl. **vъzpętь* je tvořeno předp. **vъz-* (↑*vz-*) a odvozeninou od **pęta* 'pata' *(B7)*, vykládá se tedy jako 'proti patě', srov. ↑*opět*. Někteří v druhé části vidí spíš druhotvar k **pǫtь* (↑*pout'*), ale to je stejně s ↑*pata* příbuzné. Srov. i ↑*zpátky*, stč. *zpátkem*, které vychází z **vъz-pętъkъ*.

zpívat, *zpěv, zpěvný, zpěvavý, zpěvák, zpěvačka, zpěvácký, zpěvník, odzpívat, přezpívat, předzpívat, rozezpívat, vyzpívat, zazpívat*. Stč. *zpievati* z psl. **vъzpěvati*, případně **sъpěvati* (p. *śpiewać*, r. *vospevát'* 'opěvovat', ch. *pjȅvati*) a to od **pěti* (viz ↑*pět²*).

zpropadený expr. 'zatracený'. Vlastně 'propadlý (do pekla)', viz ↑*padat*.

zpupný, *zpupnost*. Stč. i *vzpupný*. Jen č., asi souvisí s ↑*pupek*, ↑*pupen*, tedy od psl. **pǫp-*, ie. **pamp-* 'nadouvat se' *(B7)*.

způsob, *způsobný, způsobilý, způsobilost, přizpůsobit, přizpůsobivý, uzpůsobit*. Stč. *zpósob, sósob*, p. *sposób*, r. *spósob*. Psl. asi **sъposobъ* (spíše než **vъzposobъ*), vlastně 'jak jde něco po sobě'. Dále viz ↑*působit*.

zpytovat. Stč. *zpytovati, vzpytovati*. Viz ↑*vz-* a ↑*ptát se*.

zrada, *zrádný, zrádce, zrádkyně, zrádcovský, zrádcovství, zradit, prozradit, vyzradit*. Jen č. a p. *zdrada*, stč. také *prorada* tv. Viz ↑*z* a ↑*rada*.

zrak, *zrakový, zračit se, průzračný*. P. *wzrok* 'zrak', r.d. *zórok* 'vzhled', ch. *zrȃk* 'vzduch', s. *zrȃk* 'paprsek', csl. *zrakъ* 'vidění, podoba'. Psl. **zorkъ* 'zrak, vzhled' je odvozeno příp. *-ko-* od stejného základu jako **zьrěti* (viz ↓*zřít*). Srov. ↓*zrcadlo*, ↑*přízrak*, ↑*zázrak*.

zrát, *zrání, zralý, zralost, dozrát, přezrát, přezrálý, uzrát, vyzrát, vyzrálý*. P.st. *źreć*, r. *zret'*, s./ch. *zrȅti*, stsl. *sъzьrěti*. Psl. **zьrěti* (v č. přešlo k slovesům na *-ati*, aby se vyhnulo homonymii s ↓*zřít*) je příbuzné s ř. *gérōn* 'stařec', arm. *cer*, per. *zar* tv., sti. *jíryati* 'stárne, ochabuje, puchří', vše z ie. **ger-* 'zrát, stárnout, puchřet' *(A1, A6)*. Srov. ↓*zrno*.

zrcadlo, *zrcátko, zrcadlový, zrcadlovka, zrcadlit se.* Slk. *zrkadlo,* p. *zwierciadło,* r. *zérkalo,* ch. *zŕcalo.* Psl. **zъrcadlo* je odvozeno od psl. **zъrkati, *zъrcati* (vlastně 'co slouží k dívání') a to od stejného základu jako ↓*zřít,* ↑*zrak.*

zrno, *zrní, zrnko, zrníčko, zrnkový, zrnitý.* Všesl. – p. *ziarno,* r. *zernó,* s./ch. *zȑno,* stsl. *zrъno.* Psl. **zъrno* odpovídá gót. *kaúrns,* něm. *Korn,* angl. *corn,* stir. *grán,* lat. *grānum* tv. z ie. **ģṛno- (A1, A7),* příbuzné je dále lit. *žìrnis* 'hrách', sti. *jīrṇá-* 'vyžilý, zpuchřelý, rozpadlý, starý'. Slovo je odvozeno od ie. **ger-* 'zrát, puchřet, rozpadat se' (viz ↑*zrát*), výklady motivace pojmenování se však rozcházejí. Někteří interpretují jako 'dozrálý (plod)', jiní jako 'co je drceno'.

zrůda, *zrůdný, zrůdnost.* Novější, u Jg není doloženo. Od *zrodit* (srov. ↑*odrůda* a co do významu ↑*stvůra*), viz ↑*z* a ↑*rod.*

zrzavý, *zrzek, zrzka.* Stč. *rzavý,* od střední doby *zerzavý, zrzavý (z(e)-* přidáno k usnadnění slabiky). P. *rdzawy* 'rezavý', r. *ržávyj,* s./ch. *ȑdav* tv., csl. *rъždavъ* 'červený, ryšavý'. Psl. **rъd'avъ (B3)* je odvozeno od **rъd'a* 'rez' (viz ↑*rez*).

zřejmý, *zřejmě.* Již stč., od ↓*zřít,* tedy 'očividný, na první pohled patrný'.

zřetel, *zřetelný, zřetelnost.* Již stč. *zřětel* 'zřetel, vztah, souvislost'. Příp. *-tel* naznačuje, že původní význam byl činitelský (srov. r. *zritel'* 'divák'), v č. změněno na dějový ('zření, ohled'). Viz ↓*zřít.*

zřídlo kniž. '(přírodní) pramen'. Stč. *žřiedlo, zřiedlo, hřiedlo* (druhé dvě podoby vznikly disimilací, srov. ↑*hříbě*) 'ústí nádoby, otvor do pece, díra, odkud vyvěrá pramen'. Všesl. – p. *źródło* 'pramen', r. *žerló* (r.d. *žereló*) 'ústí, otvor, jícen', ch. *ždrijélo* 'jícen, rokle', csl. *žrělo* 'jícen'. Psl. **žerdlo* 'jícen, chřtán' *(B8)* je odvozeno od **žerti* (viz ↓*žrát*), původně tedy 'to, čím se

žere' (srov. ↑*hrdlo*). Dnešní význam asi vlivem podobného ↑*vřídlo.*

zřít, *zřítelnice, zorný, zornice, dozírat, dozor, dozorce, nazřít, nazírat, názor, názorný, prozřít, prozíravý, průzor, uzřít.* Všesl. – p.st. *źrzeć,* r. *zret',* s./ch. *zrȅti,* stsl. *zъrěti.* Psl. **zъrěti* je příbuzné s lit. *žerė́ti* 'svítit, blýskat se' (k významu srov. ↑*hledět*), naproti tomu spojení s lit. *žiūrė́ti* 'dívat se' (Ma[2]) je z hláskoslovných důvodů problematické. Východiskem je ie. **ģher-* 'zářit, svítit, lesknout se', k němuž viz i ↑*záře,* dále srov. ↑*zřejmý,* ↑*zřetel,* ↑*podezřelý,* ↑*pozor,* ↑*zrak,* ↑*zrcadlo.*

zteč 'rozhodující fáze vojenského útoku'. Od *ztéci* 'dobýt, zdolat', stč. i *vztéci,* viz ↑*vz-* a ↑*téci.*

ztepilý, *ztepilost.* Jen č., stč. *těpělý, tepilý,* dnešní podoba od střední doby (asi ze **vztepilý*). Základem je zřejmě stč. *těpati, tiepati (sě)* 'nosit (se)', původní význam by tedy byl 'vznosný'.

zteřelý 'ztrouchnivělý, zpuchřelý'. Od kniž. *teřeti* (u Jg jako mor.). Snad souvisí s ↑*tříti,* srov. ↑*udeřit* od ↑*dřít,* k významu srov. ↑*troud,* ↑*trouchnivý.*

zub, *zoubek, zubní, zubatý, zubař(ka), zubit se, zazubit se, ozubený, bezzubý.* Všesl. – p. *ząb,* r. *zub,* s./ch. *zûb,* stsl. *zǫbъ.* Psl. **zǫbъ* odpovídá lit. *žam̃bas* 'hrana, něco ostrého', lot. *zuobs* 'zub', angl. *comb* 'hřeben', něm. *Kamm* tv., alb. *dhëmb* 'zub', ř. *gómfos* 'kolík, čep', sti. *jámbha-,* toch. A *kam* tv., vše z ie. **gombho-* 'zub' od **ģembh-* 'hryzat', nazalizované varianty od **ģebh-* 'jíst, žrát, zobat'. Viz i ↑*zobat,* ↑*zábst.*

zubr, *zubří.* P. *żubr* (asi z vsl., původní tvar v p.d. a st. *ząbrz*), r. *zubr,* sln. *zóber* (podle jiných slov. jazyků). Psl. **zǫbrъ* nemá spolehlivý výklad. Zřejmě souvisí s balt. názvy téhož zvířete – lit. *stum̃bras,* lot. *sumbrs,* stpr. *wissambris,* stpr. slovo je zase nápadně podobné stisl. *visundr,* sthn. *wisunt* tv. Germ.

slova se vykládají od ie. *u̯eis- 'téci, páchnout', od přech. přít. *u̯is-ont-, tedy 'páchnoucí'. Cesta k slov. slovu je ovšem nejasná. Srov. ↑*bizon*.

zunkat, *vyzunknout*. Onom. původu, srov. ↓*zurčet*.

zurčet, *zurčivý*. Zavedeno Hankou podle r. *žurčát'* onom. původu. Z domácích slov srov. ↑*crčet*, ↑*zunkat* ap.

zuřit, *zuřivý, zuřivost, rozzuřit (se)*. Stč. vedle *zuřivý* i *zóřivý* 'přísný, prudký, hněvivý', *zeřivý* tv. P. *żurzyć się* 'hněvat se, zlobit se' vedle *juryć się* 'čepýřit se, rozčilovat se' ukazuje, že východiskem by mohlo být psl. **vz-(j)uriti* (s mylným rozložením předp. **v-z(j)uriti*). K druhé části dále srov. ukr. *jurýty* 'rozzlobit se', r. *jurít'* 'spěchat'. Psl. **juriti* nemá jasný původ, někteří spojují s lot. *aurēt* 'výt, křičet, dout', původ snad onom.

zůstat, *zůstatek, pozůstatek, pozůstalý, pozůstalost*. Stč. *zóstati* z **jbz-* (↑*z*) a **ostati* (viz ↑*ostatní*).

zvát, *zvaný, nazvat, název, ozvat se, ozvěna, odezva, pozvat, pozvání, přizvat, sezvat, vzývat, vyzvat, vyzvání, výzva*. Všesl. – p. *zwać*, r. *zvat'*, s./ch. *zvȁti*, stsl. *zъvati*. Psl. **zъvati* (1.os.přít. **zovǫ*) 'volat' je příbuzné s lit. *žavéti* 'čarovat, zaříkávat', stir. *guth* 'hlas', arm. *jaunem* 'světím', av. *zavaiti* 'volá, proklíná', sti. *hávate* 'volá, vzývá, zve', vše od ie. **ǵhau-* 'volat' *(A1,A6)*. Patří sem asi i gót. *guþ*, něm. *Gott*, angl. *god* (z ie. **ǵhu-to-*), vlastně 'vzývaný'.

zvedat, *zvednout, zvedací, zvedák, nadzvednout, pozvednout, uzvednout, vyzvednout*. Stč. *vzvednúti* tv. od *vzvésti* 'vztyčit, zdvihnout', viz ↑*vz-* a ↑*vést*. Původní *vzvésti* zaniklo, přitvořilo se nedok. *zvedati*.

zvědavý, *zvědavost, zvídavý, zvídavost*. Od stč. *(v)zvěděti* (nedok. *(z)viedati*) 'zvědět, poznat, dovědět se', viz ↑*vz-* a ↑*vědět*.

zvěř, *zvěřina, zvěřinec, zvěrstvo*. Stč. *zvěř* 'zvěř' i 'zvíře'. Všesl. – p. *zwierz*, r. *zver'*, ch. *zvijêr*, s. *zvêr*, stsl. *zvěrь*. Psl. **zvěrь* odpovídá lit. *žveris*, lot. *zvērs*, stpr. *swirins* (akuz. pl.), ř. *thḗr* tv., vše z ie. **ǵhu̯ēr* '(divoká) zvěř' *(A1)* (příbuzné je lat. *ferus* 'divoký'). Srov. ↓*zvíře*.

zvěstovat. Od *zvěst*, srov. stč. *zvěstie*, r. *izvéstie* 'zpráva'. Viz ↑*z* a ↑*vědět*, srov. ↑*pověst*, ↑*věstník*.

zvíci přísl. zast. 've velikosti, veliký jako'. Stč. *vzvieci* z ↑*vz-* a akuz. od nedoloženého **viecě* 'velikost' (viz ↑*více*, ↑*větší*).

zvíře, *zvířátko, zvířecí, zvířena*. Luž. *zwjerjo*, p. *zwierzę*. Jen zsl. **zvěrę*, odvozeno od **zvěrь*, které má jinde význam 'zvěř' i 'zvíře' (viz ↑*zvěř*).

zvláště přísl., část., *zvláštní, obzvláště, obzvláštní*. Stč. *zvlášč(ě), zvlasti, v(z)lášče* 'zvláště, odděleně, stranou', p. *zwłaszcza* 'zvláště', podobné je i sln. *zlâsti* tv. Z předl. spojení **jbz volšča (C1)* z **jbz* (↑*z*) a gen. jmenného tvaru adj. **volščь* (stč. *zvlášči, vlášči* 'zvláštní, ojedinělý, vlastní'), viz ↑*vlastní*, ↑*vlast*.

zvon, *zvonek, zvoneček, zvonit, zvonivý, odzvonit, rozezvonit, sezvánět, vyzvánět, zazvonit*. Všesl. – p. *dzwon*, r. *zvon* 'zvonění, řinčení', s./ch. *zvȍn* 'zvonění', *zvȍno* 'zvon', stsl. *zvonъ* 'zvuk'. Psl. **zvonъ*, původně 'zvonění, zvuk', je příbuzné s **zvьněti* 'znít' (viz ↑*znít*).

zvuk, *zvukový, zvukař, zvučet, rozezvučet, ozvučit*. Všesl. – p. *dźwięk*, r. *zvuk*, s./ch. *zvûk*. Psl. **zvǫkъ (B7)* asi od **zvękati* (srov. r.d. *zvjákat'* 'šumět, znít'), východiskem je ie. **ǵu̯enk-* od **ǵu̯en-* 'znít' *(A1)*. Viz ↑*znít*, srov. ↑*zvon*.

zvyk, *zvykový, zvyklost, zvykat si*. Viz ↑*-vykat*.

Ž

-ž část. Např. v ↑*kéž*, ↑*tož, když, budiž* ap. Viz ↓*že*.

žába, *žabka, žabička, žabí, žabák, žabinec*. Všesl. – p. *żaba*, r. *žába* 'ropucha', s./ch. *žȁba*, csl. *žaba*. Psl. **žaba* je příbuzné se stpr. *gabawo* tv., něm. *Quappe* 'pulec', angl.d. *quab* 'marast, bahno', vše od ie. **gᵘēbh-* 'slizký; slizký živočich'.

žábry, *žaberní*. Přejato Preslem z r. *žábry*, jež nemá jistý původ. Obvykle se vychází z ie. **gēb(h)-r-* (B1) a spojuje s něm. *Kiefer* 'čelist', av. *zafar* 'ústa, jícen', jež ovšem vycházejí z **ǵeb(h)-*, případně **ǵep(h)-* 'čelist, ústa; žrát' (viz ↑*zobat*). Museli bychom tedy předpokládat ztvrdlé iniciální *g-* jako např. v ↓*žlutý*, ↑*husa*.

žádat, *žádaný, žádoucí, žadatel(ka), žádanka, žádost, žádostivý, žádostivost, dožadovat se, požádat, požadavek, vyžádat si, zažádat*, expr. *žadonit*. P. *żądać*, r.d. *žadát'*, stsl. *žędati*. Psl. **žędati (B7)* je příbuzné s lit. *gedáuti* 'přát si, tesknit po něčem', *pasigèsti* (1.os.přít. *pasigendù*) 'postrádat', stir. *guidim* 'prosím', ř. *pothḗ* 'nedostatek, stesk, touha', stper. *jadiyāmiy* 'prosím', vše z ie. **gᵘhedh-* 'žádat, toužit' *(A3, B1)*. Nazalizace ve slov. asi podle prézentu (srov. výše lit. *pasigendù*). Srov. ↓*žádný*, ↓*žízeň*.

žádný zájm. Stč. také v původním významu 'žádaný, žádoucí, žádostivý' (viz ↑*žádat*). Dnešní význam se vyvinul ze záporných konstrukcí jako *nebylo tam žádného člověka* ('žádaného', zobecněním pak 'nikoho'), stč. bylo také *ižádný, ižádúcí* 'žádný, nikdo', původně 'i (ten) nejlepší', pak 'kterýkoli' a konečně – protože šlo o zápor – 'žádný' (srov. *ižádný nevie*). Tvar *nižádný* je tedy až druhotný podle ostatních záporných zájm. na *ni-*.

žáha 'palčivý pocit v hltanu a jícnu při poruchách trávení'. Stč. *zháha, žháha*, p. *zgaga*, str. *izgaga* (r. *izžóga*). Psl. **jьz-gaga* z **jьz* (↑*z*) a odvozeniny od stejného kořene, jaký je v ↓*žhnout* (zde je předsl. **-gōgā*). Nynější č. tvar podle staršího *žáhati* 'pálit' (srov. *žahavý, žahavka*), jež zase vychází z předsl. **gēg- (B1)*.

žák, *žáček, žačka, žákyně, žactvo, žákovský*. Stč. *žák* 'žák, student; čekatel kněžství'. Stejně jako p. *żak* (asi z č.), r.st. *d'jak* 'písař', sln. *diják* 'žák, student', s./ch. *đȁk* tv. ze střlat. *diacus* a to přes střř. *diákos, diákōn* z ř. *diākonos* 'sluha, pomocník; čekatel kněžství s nižším svěcením'. Viz i ↑*jáhen*.

žaket 'pánský slavnostní oblek'. Z fr. *jaquette* tv., což je zdrobnělina od *jaque* '(středověká) kazajka', vlastně přezdívka pro vesničana od vlastního jména *Jacques* 'Jakub'. Srov. ↑*kuba*.

žal, *žalost, žalostný*. Všesl. – p. *żal*, r. *žal'* (jen v příšudku) 'líto, škoda', s./ch. *žȁo* tv. Psl. **žalь* je příbuzné s lit. *gėlà* 'bolest, trápení', *gélti* 'bolet, bodat', lot. *dzelt* 'bodat, štípat', sthn. *quelan* 'trpět, cítit bolest', něm. *Qual* 'muka', korn. *bal* 'mor', ř. *belónē* 'hrot, jehla', arm. *kełem* 'mučím', vše od ie. **gᵘel-* 'bodat; bodavá bolest, muka' (srov. i r. *žálit'* 'bodat, štípat'). Srov. ↓*žalovat*, ↓*želet*.

žalář, *žalářník, žalářovat*. Stč. i *želář*. Jen č., málo jasné. Někteří považují za přejetí z fr. *geôle* tv. z pozdnělat. *caveola*, což je zdrobnělina od *cavea* 'klec, ohrada', ale nejasná je pak příp. Zdá se, že druhotně se sblížilo s ↑*žal* *(D2)*.

žalm, *žalmový, žalmista*. Přes sthn. *salm* ze střlat. *psalmus* tv. a to z ř. *psalmós* 'hra na strunný nástroj, píseň, žalm' od *psállō* 'rvu (struny), hraju,

žalovat — žatva

zpívám chvalozpěv'. *Žaltář* 'kniha žalmů' je přejato přes sthn. *saltārī* ze střlat. *psalterium* tv., původně 'strunný nástroj', z ř. *psaltḗrion* tv.

žalovat, *žaloba, žalobce, žalobkyně, žalobník, obžalovat, obžalovaný, obžaloba, zažalovat*. Původní význam byl 'naříkat, stěžovat si' (tak i ve stč., kde je ovšem už i význam dnešní). Dále viz ↑*žal*.

žalud, *žaludový, žaludský*. Všesl. – p. *żołądź*, r. *žëlud'*, s./ch. *žȅlūd*, csl. *želǫdь*. Psl. **želǫdь* má formou nejblíže k lat. *glāns* (gen. *glandis*) tv., lit. *giléndra* 'bohatá sklizeň (ovoce, původně žaludů)', dále je příbuzné lit. *gilė̃* 'žalud', lot. *dzīle*, stpr. *gile*, ř. *bálanos*, arm. *kałin* tv., vše vychází z ie. **gᵘel-*, původně asi 'dub'. Podle Ma² z homonymního **gᵘel-* 'hltat, polykat' (srov. ↓*žaludek*, ↑*hltat*), žaludy byly totiž nejdůležitější žrádlo vepřů.

žaludek, *žaludeční*. Všesl. – p. *żołądek*, r. *želúdok*, s./ch. *žȅludac*. Psl. **želǫdъkъ, *želǫdьcь* je zdrobnělina od **želǫdъ* tv., jehož etymologická totožnost s ↑*žalud* je však z významových důvodů sotva přijatelná. Spojuje se s ř. *choládes* 'vnitřnosti, střeva' (ie. **ghel-ond-* vedle **ghol-n̥d-*), nebo se vychází z ie. **gel-, *gᵘel-* 'hltat, polykat', k němuž viz ↑*hltat*.

žaluzie. Přes něm. *Jalousie* tv. z fr. *jalousie*, it. *gelosia* tv., původně v obou případech 'žárlivost, závist' ze stprov. *gelozia* tv. od *gelos* 'horlivý, žárlivý' (termín stprov. trubadúrské lyriky) a tam z pozdnělat. *zēlōsus* tv. od ř. *zḗlos* 'horlivost, žárlivost, závist'. V it. a fr. tak byla v 16. st. nazvána neprůhledná dílcová zástěna v okně, která chránila před žárlivými či závistivými pohledy zvenčí.

žampion, *žampionový*. Z fr. *champignon* (případně přes něm. *Champignon*) a to z vlat. **(fungus)*

campaniolus '(houba) rostoucí na poli' od lat. *campania* 'pole' od *campus* tv. Srov. ↑*šampion*, ↑*kemp*, ↑*kampaň*.

žandarm zast. 'četník'. Přes rak.-něm. *Gendarm* z fr. *gendarme* tv. a to ze staršího spojení *gent d'arme*, doslova 'lidé zbraně', z *gens*, *gent* 'lidé' (z lat. *gēns* 'rod, plémě') a *arme* 'zbraň' (viz ↑*armáda*).

žánr 'umělecký druh', *žánrový*. Z fr. *genre* 'druh, rod, typ' z lat. *genus* (gen. *generis*) 'rod'. Srov. ↑*gen*.

žár, *žárový, žároviště, žárovka*. Všesl. – p. *żar*, r. *žar*, s./ch. *žȃr*. Psl. **žarъ* je pokračováním ie. **gᵘʰēro-* (A3,B1), odvozeniny od **gᵘʰer-* 'teplý, horký', k němuž viz ↑*hořet*. Srov. ↑*požár*, ↓*žárlit*.

žargon 'hantýrka'. Z fr. *jargon* tv., původu onom., srov. od podobného základu *gargouiller* 'crčet, hrčet', *gazouiller* 'cvrlikat, štěbetat'.

žárlit, *žárlivý, žárlivost, žárlivec*. Novější, od ↑*žár*, možná přejato z p. *zarliwy* 'horlivý' s posunem významu (k souvislosti obou významů srov. i ↑*žaluzie*).

žasnout, *užasnout, úžas, úžasný*. Stč. i *zásati, žěsiti* 'lekat, děsit', r. *užasnút'sja* 'zděsit se, užasnout', b. *úžas*, stsl. *užasъ* 'úžas'. Psl. **(u)žasnǫti*, *užasъ* nemá jednoznačný výklad. Po významové stránce je lákavé spojení s gót. *us-geisnan* 'leknout se' (Ma²), dále něm. *Geist* 'duch', angl. *ghost* 'strašidlo', av. *zaēša* 'hrozný', východiskem těchto slov však je ie. **gheis-, *ǵheis-*, s nímž nelze psl. *-a-* v kořeni pravidelně spojit. Spojuje se dále s lit. *išsigą̃sti* 'leknout se', jehož další souvislosti jsou rovněž nejasné, a také s ↑*hasit*, kde jsou zase překážky významové. Srov. ↑*děsit*.

žatva kniž. 'žně'. Přejato ze slk., viz ↓*žnout*.

ždibec, *ždibeček*. Znělá varianta k *štipec*, vlastně 'co se uštípne dvěma prsty', od ↑*štípat*. Srov. ↑*špetka*.

ždímat, *ždímačka*, *vyždímat*. Již stč., p. *zżymnąć* 'zmáčknout, skrčit', r. -*žimát'* 'mačkat'. Č. slovo (stejně jako p.) vychází z předp. *jьz-žimati, k vývoji skupiny *zž*- viz ↑*děsit*. Psl. *žimati je opětovací sloveso k *žęti (1.os.přít. *žьmǫ) 'svírat, mačkat' (srov. r. *žat'*, s./ch. *žéti*, stsl. *žęti* tv.), jež je příbuzné s lot. *gumt* 'uchopit', ř. *gémō* 'jsem naplněn', vše od ie. *gem- 'uchopit (oběma rukama), mačkat'. Srov. ↓*žmoulat*, ↓*žmolek* i ↑*hustý*, ↑*homole*, ↑*hmota*.

že sp., část. Stč. *že*, *ž*, *ježe*, *jež*, *ež*. P. *że* (stp. *eże*), str. *ježe*, s./ch. *jer* 'protože'. Psl. *ježe je tvořeno tvarem zájmena *jь (nom., stř.r., viz ↑*jenž*) a zesilovací částicí *-*že* (k užití ukazovacího zájmena jako spojky srov. angl. *that*, něm. *dass* 'že'). Psl. *-*že*, *-*ž* (srov. ↑*až*, ↑*než*, ↑*už*, ↑*týž*, ↑*kéž* ap.) je příbuzné s lit. -*gu*, -*gi* (např. *negù* 'než'), ř. -*ge*, sti. *gha*, *ga*, východiskem je ie. *ghe- asi zájmenného původu. Viz i ↑*za*, ↑*zda*.

žebrat, *žebravý*, *žebrák*, *žebračka*, *žebrota*, expr. *žebronit*. Již stč., jinak jen slk. *žobrať*, p. *żebrać*. Jde o expr. útvar, obměnu stč. *škebrati* 'škemrat, reptat' onom. původu. Viz i ↑*škemrat*.

žebro, *žeberní*, *žebrový*, *žebroví*. Všesl. – p. *żebro*, r. *rebró*, s./ch. *rèbro*, stsl. *rebro*. Psl. *rebro (v č. a p. disimilace *r'*-*r*>*ž*-*r*) je příbuzné s něm. *Rippe*, angl. *rib* tv., obojí je nejspíš od ie. *rebh- 'zastřešovat, překlenovat', od něhož je i ř. *eréfō* 'zastřešuji'. Původně tedy asi 'co překlenuje (hrudní dutinu)'. Srov. ↓*žebřík*.

žebřík, *žebříček*, *žebřina*, *žebřiňák*. Stč. *žebří* (srov. ↑*hřebík*) z psl. *rebrъjь od *rebro (viz ↑*žebro*). Jen č., podle podoby žeber.

žeh. Viz ↓*žhnout*.

žehlit, *žehlicí*, *žehlička*, *žehlírna*, *nažehlit*, *přežehlit*, *vyžehlit*, *zažehlit*. Novější, u Jg není. Přitvořeno k *žehl*, *l*-ovému příč. staršího *žéci* (viz ↓*žhnout*), snad podle hl. *žehlić* tv.

žehnat, *požehnat*, *požehnaný*, *přežehnat*, *rozžehnat se*, *zažehnat*. Přejato ze střhn. *segenen* (dnes *segnen*) tv. a to přes střlat. z lat. *signāre* 'znamenat, označovat'. Srov. ↑*signál*.

žehrat kniž. 'vyjadřovat nespokojenost, hubovat'. Stč. *žehrati* 'napomínat, kárat, žárlit'. Jen č., nepříliš jasné. Lze považovat za expr. útvar typu ↑*žebrat*, ↑*škemrat* (srov. nář. *škehrat* 'naříkat na někoho'), na druhé straně se nabízí i spojení s ↓*žhnout*, srov. ↑*žárlit*.

žejdlík 'stará dutá míra'. Již stč. Z něm. *Seidel*, střhn. *sīdel* tv. a to z lat. *situla*, *situlus* 'vědro'.

žel. Viz ↑*žal*, ↓*želet*.

želatina 'klihovitá hmota živočišného původu', *želatinový*. Z fr. *gélatine* tv. a to k lat. *gelātus* 'zmrzlý, ledový', což je původem příč. trp. od *gelāre* 'mrznout, ledovatět'. Srov. ↓*želé*, ↑*chlad*.

želé '(ovocný nebo kosmetický) rosol'. Z fr. *gelée* tv., což je zpodstatnělé příč. trp. ž. r. od *geler* 'mrznout, ledovatět' z lat. *gelāre* tv. Srov. ↑*želatina*, ↑*chlad*.

želet, *oželet*. Všesl. – p. *żalić się* 'litovat, naříkat si', r. *žalét'* 'litovat, šetřit někoho', s./ch. *žàliti* 'oplakávat, truchlit, litovat'. Psl. *žalěti, **žaliti (C1)* je odvozeno od *žalь (viz ↑*žal*).

železo, *želízko*, *železný*, *železitý*, *železnatý*, *železárna*, *železárenský*, *železářský*, *železářství*, *železnice*, *železniční*, *železničář*. Všesl. – p. *żelazo*, r. *želézo*, ch. *žèljezo*, s. *žèlezo*. Psl. *želězo je příbuzné s lit. *gelèžis*, lot. *dzelzs*, stpr. *gelso* tv., nejistě je spojení s ř. *chalkós* 'měď, bronz'. Balt. a slov. slova vycházejí ze základu **g(h)el(e)ģ(h)*- *(A1,B1)*, který se obvykle považuje za kulturní přejetí z neznámého východního jazyka.

želva, *želvička, želví, želvovina*. U Jg i *želv* (asi přejetí z jiných slov. jazyků). P. *żółw*, r.d. *žolv'*, ch. *žȅlva*, csl. *želъva, želъvь*. Psl. **žely* (gen. **želъve*) je příbuzné s ř. *chélȳs, chelṓnē* tv., ie. východiskem by bylo **ghelū-* či **ghelō-*. To se dále spojuje s ie. **ǵhel-* 'zelený, žlutý' (v bsl. i **ghel-* 'žlutý'), viz ↑*zelený*, ↓*žlutý*. Slovotvorně se sbližuje s lit. *želvas* 'nazelenalý', lat. *helvus* 'medově žlutý'.

žemle, *žemlový, žemlovka*. Z něm. *Semmel*, střhn. *semel(e), simel(e)* tv. a to přes střlat. *simila* tv. z lat. *simila* 'jemná pšeničná mouka' původu zřejmě východního (srov. asyr. *samīdu* tv.).

žeň, *žňový*. Viz ↓*žnout*.

žena, *ženský, ženskost, ženství, ženit (se), ženatý, oženit (se), vyženit*. Všesl. – p. *żona*, r. *žená*, s./ch. *žèna*, stsl. *žena*. Psl. **žena* je příbuzné se stpr. *genna*, gót. *qino*, stangl. *cwene* tv., *cwēn* 'královna' (odtud angl. *queen* tv.), stir. *ben* 'žena', alb. *zonjë* 'paní', ř. *gynḗ* 'žena, paní', arm. *kin*, per. *zan*, sti. *jáni-*, toch. B *śana* tv., východiskem je ie. **gʷenā* (a další příbuzné podoby) 'žena, paní' *(A3,B1)*. Srov. ↓*ženich*, ↑*gynekologie*.

ženich. R. *ženích*, sln.d. *ženíh*, stsl. *ženichъ*. Psl. **ženichъ* je odvozeno od **ženiti (sę)* příp. *-chъ* (srov. ↑*čich*, ↑*spěch* ap.), dále viz ↑*žena*.

ženijní 'týkající se technického zajištění vojenské činnosti', *ženista*. Od fr. *génie* 'ženijní vojsko, inženýrství' (v 17. st. 'opevňovací umění'), přeneseně z 'velké nadání, duch, génius' z lat. *genius* '(strážný) duch, duše'. Viz ↑*génius*, ↑*inženýr*.

žentour 'pohonné zařízení uváděné do kruhového pohybu zapřaženým dobytkem'. U Jg s významem 'nástroj k vytahování vody a kovu z podzemních dolů' (viz i Ma²). Jen č., dosavadní výklady nejsou uspokojivé. Podoba slova napovídá, že by mohlo jít o cizí přejetí, snad z nějaké něm. složeniny, v jejíž první části je *Senk-* od *senken* 'spustit, ponořit', ale celkově nejasné.

žerď. P. *żerdź*, r. *žerd'*, sln. *žŕd*, stsl. *žrъdь* 'hůl, kyj'. Psl. **žьrdь* se asi vyvinulo z ie. **ghr̥dh(i)-* *(A7,B1)*, odvozeniny od **gherdh-* 'ohrazovat, oplocovat' (viz ↑*hrad*). Původní význam tedy asi byl 'tyč, kůl v plotě'.

žernov zast. 'mlýnský kámen'. Všesl. (kromě luž.) – p. *żarna* (pl.), r. *žërnov*, s./ch. *žȓvanj*, stsl. *žrъny, žrъnovъ* 'mlýn'. Psl. **žьrny* (gen. **žьrnъve*) 'ruční mlýn, mlýnský kámen' je příbuzné s lit. *gìrna* 'mlýnský kámen', lot. *dzirnas* 'ruční mlýnek', *dzirnavas* 'mlýn', angl. *quern* 'ruční mlýnek', stisl. *kvern* 'mlýnský kámen, ruční mlýnek', stir. *bráu* tv., arm. *erkan* 'mlýnský kámen', ie. východiska jsou **gʷr̥nū-*, **gʷrāu̯ō(n)-* aj. 'mlýn, mlýnský kámen' *(A3,A7,B1)*, odvozeniny od ie. **gʷer-* 'těžký'. Srov. ↑*hrdý*.

žert, *žertovný, žertovat, zažertovat si*. Stč. *žertovati* 'dělat šprýmy; klamat, obelhávat'. Ze střhn. *serten* 'trápit, klamat, podvádět' s pozdějším přikloněním k *scherzen* 'žertovat, bavit se', *Scherz* 'žert'.

žertva kniž. 'oběť (bohům)'. Přejato za obrození z r. *žértva*, to zase zřejmě ze stsl. *žrъtva* tv. Psl. **žьrtva* je odvozeno od **žerti* (1.os.přít. **žьr'ǫ*) 'slavit, obětovat bohům', jež je asi příbuzné s lit. *gìrti* 'slavit, chválit', lat. *grātēs* 'díky', sti. *gīr-* 'chvála, dík', *gr̥ṇā́ti* 'chválí, velebí, vzývá', vše od ie. **gʷer-* 'pozvednout hlas, chválit'. Srov. ↓*žrec*, ↑*hrana*².

žervé 'druh sýra'. Z fr. *gervais* tv. podle fr. výrobce *Ch. Gervaise* († 1892).

žerzej 'druh vlněné pleteniny'. Z angl. *jersey* tv. podle ostrova *Jersey* v Lamanšském průlivu, kde se tato tkanina vyráběla.

žestě (pl.) 'skupina plechových dechových nástrojů', *žesťový*. Přejato za obrození z r. *žest'* 'plech', jež je asi přejetím z ttat. či mong. – srov. kazašské *džez* 'žlutá měď, plech', tat. *džiz* tv., starouzbecké *čas* 'plech, bronz', mong. *džes* 'měď, mosaz'.

žeton 'hrací známka'. Z fr. *jeton* tv., vlastně 'co se háže (místo peněz)', od *jeter* 'házet, vrhat' z vlat. **iectāre* z lat. *iactāre* od *iacere* tv. Srov. ↑*objekt*, ↑*projekt*, ↑*ejakulace*.

žezlo. R. *žezl* 'žezlo, berla, hůl', stsl. žьzlъ 'prut, hůl' (sln. *žézlo*, s./ch. žèzlo je z č.). Psl. **žьzlь*, **žьzlo* nemá spolehlivé příbuzenstvo (lot. *zizlis* 'hůl, žezlo' je z vsl.). Nejnadějnější se zdají spojení se stisl. *geisl* 'hůl' (srov. i něm. *Geissel* 'bič', původně 'tyč s bodcem'), což je *l*-ové rozšíření ie. **ghaiso-* 'hůl, tyč' *(A6,B1)*, nebo se stisl. *kvīsl* 'rozsochatá větev', arm. *čił* 'větev', pak by se vycházelo z ie. **gᵘislo-*, **gᵘisli-* 'větev' *(A3)*.

žežulka zast. 'kukačka'. Stč. *žežhule*, p. *gżegżółka*, r. *zegzíca*. Útvary onom. původu, jejichž základem je citosl. *gegu (B1)* napodobující hlas kukačky. Srov. lit. *gegužė̃*, lot. *dzeguze*, stpr. *geguse* tv.

žhavit. Vlastně 'způsobit, že něco je žhavé', viz ↓*žhnout*.

žhnout, *žhoucí*, *žeh*, *žhavý*, *žhavit*, *žhavení*, *nažhavit*, *rozžhavit*, *žhář(ka)*, *žhářský*, *žhářství*, *ožehnout*, *ožehavý*, *rozžehnout*, *sežehnout*, *úžeh*, *zažehnout*. Stč. *žéci*, 1.os.přít. *žhu* (přechod z 1. do 2. třídy na *-nou-* jako v řadě jiných případů). P. *żec*, r. *žeč*, s./ch. *žèći*, stsl. *žešti*. Psl. **žegti* (1.os.přít. **žьgǫ*) 'pálit' se vyvinulo z předsl. **gegti (B1, B3)*, jež se vykládá z ie. **dhegᵘh-* tv. buď asimilací *d-g>g-g*, či kontaminací *(D3)* s kořenem, který je v ↑*hořet*, ↑*žár* ap. Z ie. **dhegᵘh-* vychází i lit. *dègti* 'hořet, pálit', střir. *daig* 'oheň, bolest', lat. *fovēre* 'zahřívat, chovat', alb. *djeg* 'pálím, peču', sti. *dáhati* 'pálí', toch. A *tsäk* 'pálit' a zřejmě i stpr. *dagis* 'léto', gót. *dags* 'den', něm. *Tag*, angl. *day* tv. (vlastně 'teplá doba'). Viz i ↑*dehet*. Dále srov. ↑*žehlit*, ↑*žáha*, ↓*žíhat*.

žid, *židovka*, *židovský*. Všesl. přejetí z lat. *iudaeus*, asi přes stit. *giudio* tv. Lat. slovo je přejato přes ř. *Iudaîos* z hebr. *jᵉhūdah*, doslova 'oslavený'.

židle, *židlička*. Jen č. Přejato ze střhn. *sidel(e)* a to z lat. *sedīle* 'sedadlo, stolice, sedátko' od *sedēre* 'sedět' (viz ↑*sedět*).

žihadlo. Stč. *žahadlo*, *žěhadlo* k *žahati*, *žěhati* 'žíhat, pálit' (viz ↓*žíhat*), k němuž se přiklonilo starší **žadlo* (dosud nář. *žádło*, p. *żądło*, r. *žálo*, sln. *želo*, stsl. *želo*). Psl. **žędlo* je odvozeno příp. *-dlo* od **žęti* 'sekat, tlouci' (viz ↓*žnout*), odpovídá mu lit. *giñklas* 'zbraň, sudlice'.

žíhat 'pálit, vystavovat působení vyšších teplot', *žíhaný* 'mající úzké husté pruhy' (jakoby způsobené ohněm). Ve starší č. i *žáhati*, *žéhati* (Jg), srov. i s./ch. *žígati* 'píchat (na prsou ap.)'. Psl. **žagati*, **žigati* jsou opětovací slovesa od **žegti* (viz ↑*žhnout*). Srov. ↑*žihadlo*, ↑*žáha*.

žíla, *žilka*, *žilkovaný*, *žilkování*, *žilnatý*. Všesl. – p. *żyła*, r. *žíla*, s./ch. *žȉla*, stsl. *žila*. Psl. **žila* je stejně jako lit. *gýsla*, lot. *dzīsla* tv. (z ie. **gᵘhī(s)lā*) a lat. *filum* 'nit', arm. *jil* 'šlacha, provaz' (z ie. **gᵘhī(s)lo-*) rozšířením ie. **gᵘhei-*, **gᵘhī-* 'žíla, šlacha, nit' *(A3)*, z něhož je dále i lit. *gijà* 'nit', wal. *gi-au* 'nervy, šlachy'. Srov. ↓*žíně*.

žiletka. Podle am. podnikatele *K. C. Giletta*, který holicí čepelku vynalezl (v západoevr. jazycích však není, srov. podobně např. ↑*lux*).

žinantní 749 život

žinantní zast. hov. 'trapný, nemilý, obtížný'. Přes něm. *genant* z fr. *gênant* tv., což je původem přech. přít. od *gêner* 'tísnit, překážet, uvést do rozpaků' od *gêne* 'tíseň, rozpaky' a to od stfr. *gehir* 'přinutit k doznání mučením' z frk. **jehhjan* 'doznat' (srov. sthn. *jehän* tv.). Srov. ↓*žinýrovat se*.

žinčice 'převařená syrovátka z ovčího mléka'. P. *żętyca, żyntyca* aj., ukr. *żentycja*. Slovo pastýřské karpatské kultury, jehož původ se spatřuje ve slov. **žętica* od **žęti* 'ždímat' (viz ↑*ždímat*) – původně se prý získávala stlačováním v jisté dřevěné nádobě. K rumunským pastevcům proniklo jako *jintiţa* a odtud se zpětně dostávalo do slov. jazyků karpatské oblasti (Ma²).

žíně, *žínka, žíněný, žíněnka*. Již stč., jinak jen slk.st. *žina* 'provaz', sln.d. *žínja* (spis. *žíma*) *žíně*. Psl. **žina, *žin'a* 'provaz, silná nit' je příbuzné s lit. *geinỹs* 'osnova látky, provaz k lezení na strom s medem divokých včel', lot. *dzeinis* tv., jsou to odvozeniny od ie. **gʷhei-* 'nit, šlacha', k němuž viz ↑*žíla*.

žinýrovat se zast. hov. 'ostýchat se, rozpakovat se'. Přes něm. *sich genieren* z fr. *se gêner* tv., dále viz ↑*žinantní*.

žír 'výkrm hospodářských zvířat na maso a tuk; přirozená potrava černé zvěře', *žírný* 'úrodný'. P. *żer* 'žrádlo, krmivo', r. *žir* 'tuk', s./ch. *žȋr* 'krmivo pro vepře', csl. *žirъ* 'pastva'. Psl. **žirъ* má dva možné výklady – jednak odvození od **žьrati* (viz ↓*žrát*, srov. ↓*žíravý*), tedy 'to, co se žere', jednak příp. -*rъ* od **žiti* (viz ↓*žít*), tedy 'co slouží k obživě' (srov. ↓*žito*, slovotvorná paralela by byla v stsl. **pirъ* 'jídlo, hostina' od **piti*).

žirafa, *žirafí*. Z it. *girafa* (případně ještě přes něm. *Giraffe*) z ar. *zurāfa, zarāfa* tv. a to asi z jazyka středoafrických domorodců.

žíravý, *žíravina*. Novější, jen č. Od -*žírati*, což je opětovací sloveso k ↓*žrát*.

žiro 'bezhotovostní převod peněz'. Přes něm. *Giro* z it. *giro* tv., původně 'kruh, okruh, otočení', a to přes lat. *gȳrus* 'kruh, zákrut; obor' z ř. *gȳrós* 'oblý, okrouhlý'.

žít, *dožít (se), ožít, požít, požitek, požitkář, prožít, prožitek, přežít (se), přežitek, šít se, vžít se, užít (si), užitek, užitečný, užitkový, vyžít, vyžilý, zažít, zážitek*. Stč. *žíti* (1.os.přít. *žívu*), p. *żyć*, r. *žit'*, v jsl. druhotné **živěti*. Psl. **žiti* (1.os.přít. **živǫ*) odpovídá lit. *gýti* 'ožívat, uzdravovat se', lot. *dzīt* 'zacelovat se', vše z ie. **gʷei-* 'žít' (A3, B1, B2), psl. prézens má obdobu v stpr. *giwa* 'žije', lat. *vīvō* 'žiju', sti. *jī́vati* 'žije'. Viz i ↓*živý*, ↓*život*, ↑*hojit*, ↓*žito*, ↑*žír*.

žito, *žitný, žitná*. Všesl. – p. *żyto*, r. *žíto*, s./ch. *žȉto* 'obilí', stsl. *žito* tv. Psl. **žito* 'obilí' je stejně jako stpr. *geits* 'chléb' pokračováním ie. **gʷeito-*, vlastně 'co slouží k žití', od **gʷei-* 'žít' (viz ↑*žít*).

živec 'světlý nerost tvořící podstatnou část hornin'. Od ↓*živý*, asi proto, že je důležitý pro vznik půd.

živice 'přírodní hořlavá organická látka', *živičný*. Původně 'pryskyřice' (Jg), již ve starší č. Od ↑*žít*, ↓*živý*, snad podle toho, že zaceluje poranění stromů. Stejný původ má stir. *bí*, arm. *kiv* tv. (Ma²).

živočich, *živočišný*. Jen č., utvořeno ve střední době, viz ↓*živý* a ↑*čít*, ↑*čich* (příp. -*ch* tu má význam činitelský jako v ↑*ženich*, vlastně 'kdo žije a čije'). Dříve psáno i *životčich*, srov. u Komenského *Cokoli životem a citem (...) obdařeno jest, životčich jest.*

živořit, *živoření*. Za obrození přejato ze slk. (Jg), odvozeno od *živiti* hanlivou příp. -*or*-, dále viz ↑*žít*, ↓*živý*.

život, *životní, životný, životnost*. P.st. *żywot*, r. *život* 'břicho', s./ch. *žȉvot*, stsl.

Ž

životъ. Psl. ***životъ** 'život', přeneseně i 'střední část těla, břicho', je odvozeno od **živъ* (viz ↓*živý*), podobným způsobem je tvořeno i lit. *gyvatà*, lat. *vīta*, ř. *bíotos*, sti. *jīvita-* tv.

živůtek 'část ženského oděvu kryjící horní polovinu těla'. Zdrobnělina od *život* tv., přeneseně od *život* 'břicho', viz ↑*život*.

živý, *živost, živný, živnost, živnostník, živnostnický, živina, živel, živit, živitel(ka), živitelský, oživit, obživa, přiživit (se), příživník, uživit, vyživit, výživa, výživný*. Všesl. – p. *żywy*, r. *živój*, s./ch. *žȋv*, stsl. *živъ*. Psl. ***živъ** odpovídá lit. *gývas*, lot. *dzīvs*, gót. *qius*, stir. *biu, beo*, wal. *byw*, lat. *vīvus*, sti. *jīvá-* tv. i ř. *bíos* 'život', vše z ie. **gʷi̯u̯o-* 'živý' *(A3, B1)*, odvozeniny od **gʷei-* 'žít'. Srov. ↑*žít*, ↑*život*, ↑*živice*, ↑*živočich*, ↑*žito*.

zízeň, *zíznivý, zíznit*. Stč. *žiezě* vedle *žiezn, žiezen, žiezeň* (asi pod vlivem *žizn, žizen, žizeň* 'život, hojnost, osvěžení'). P. *żądza* 'žádostivost, touha', r. *žážda* 'zízeň' (z csl., jinak str. *žaža*), s./ch. *žêda*, stsl. *žęžda*. Psl. ***žęd'a**, vlastně 'touha, chtivost (pít)', je odvozeno od **žędati* (viz ↑*žádat*) *(B3,B7,C1)*.

žížala. Stč. *žúžala, žúžela* 'žížala, plaz, červ, housenka, hmyz, mravenec' (srov. i expr. *žoužel* 'havěť, hmyz') *(C1)*. R. *žúželica* 'střevlík', sln. *žužêlka* 'hmyz', csl. *žuželь* 'brouk', *žuželica* 'hmyz'. Východiskem je psl. ***žuža** označující různé druhy hmyzu a to zřejmě od onom. slovesa **žužati* napodobujícího hmyzí bzučení (srov. r. *žužžát* 'bzučet, hučet' i *žuk* 'brouk').

žižlat. Přehlasovaná obměna k ↓*žužlat*.

žlab, *žlábek, úžlabina*. Stč. *žleb* 'žlab, koryto', *žlabina* 'úžlabina' (nepravidelná změna *e>a* asi jako v ↑*článek*, ↑*žalud*). Všesl. – p. *żłób*, r.d. *žólob*, ch. *žlijêb*, s. *žlêb*, csl. *žlěbъ*. Psl. ***želbъ** *(B8)* se vyvinulo z ie. **gelbho-*

(B1), odvozeniny od **gelebh-* 'dlabat, řezat', k němuž viz dále ↑*hluboký*.

žláza, *žlázka*. Všesl. – p. *żołzy* (pl.), r. *železá*, ch. *žlijézda*, s. *žlézda*, csl. *žlěza*. Psl. ***želza** *(B8)* je příbuzné s lit.d. *geležuones, geležūnes* (pl.) i arm. *geļjkᶜ* (pl.) tv., vše z ie. **gel(e)ǵh-* 'žláza' *(A1,B1)*.

žluč, *žlučový, žlučovitý, žlučník, žlučníkový*. Všesl. – p. *żółć*, r. *žëlč'*, s./ch. *žûč*, stsl. *zlъčь*. Psl. ***žьlčь** (vzhledem k stsl. možná i **zъlčь*) je příbuzné s lot. *žults*, lit. *tulžìs* (přesmykem ze **žultis*), něm. *Galle*, angl. *gall*, lat. *fel*, ř. *chólos, cholḗ* tv., vše jsou to odvozeniny od ie. **ǵhel-* (pro slov. i **ghel-*) 'zelený, žlutý aj.' *(A1, B1)* (viz ↓*žlutý*, ↑*zelený*, srov. ↑*želva*, ↓*žluna*). *Žluč* je tedy pojmenována podle své žlutozelené barvy.

žluknout, *žluklý, prožluklý*. P. *żołknąć*, r. *žólknut'*. Psl. ***žьlknǫti** je asi příbuzné se **žьlčь* (↑*žluč*), lze chápat jako 'hořknout (jako žluč)', případně, pokud by to bylo paralelní tvoření od ie. **ghel-* , jako 'žloutnout'. Dále viz ↓*žlutý*.

žluna 'žlutozelený pták příbuzný datlu'. Všesl. – p. *żołna*, r.d. *želná*, s./ch. *žúna*, csl. *žlъna*. Psl. ***žьlna** odpovídá lit. *gilnà*, lot. *dzilna* tv., vše z ie. **ghḷṇā-* *(A1,A7)*, což je odvozenina od **ghel-*, **ǵhel-* 'žlutý, zelený'. Viz ↓*žlutý*, ↑*zelený*, srov. ↓*žluva*, ↑*želva*, ↑*žluč*.

žlutý, *žluť, žlutavý, žluťásek, žloutnout, žloutek, žloutkový, žloutenka, zežloutnout, žlutit*. Všesl. – p. *żołty*, r. *žëltyj*, s./ch. *žût*, csl. *žlъtъ*. Psl. ***žьltъ** je příbuzné s lit. *geltas*, lot. *dzeltens* tv., jsou to odvozeniny od ie. **ghel-* *(B1)*, což je pouze v bsl. spolehlivě doložená varianta obecně ie. **ǵhel-* 'svítit; zelený, žlutý, zlatý ap.'. Dále viz ↑*zelený*, ↑*zlatý*, srov. ↑*žluč*, ↑*žluna*, ↑*žluknout*.

žluva 'zpěvný pták žlutě a tmavě zbarvený'. Jen č. Původní psl. název pro žluvu byl **vьlga* (viz ↑*vlha*), z toho snad již v psl. přesmykem **gьlva*, po palatalizaci *žьlva (zřejmě pod vlivem ↑žluna, ↑žlutý), které pak zůstalo pouze v č.

žmolit 'mačkat, chumlat', *žmolek*. Prvotní je zřejmě subst. *žmol(ek)* od stč. *žmu* 'ždímu, mačkám', dále viz ↑*ždímat*.

žmoulat. Novější, expr. obměna k ↑*žmolit*.

znout, *žeň, žnec, žnečka, požnout*. Stč. *žieti* (1.os.přít. *žňu* i *žnu*, podle toho nový inf.). Všesl. – p. *żąć*, r. *žat'*, s./ch. *žȅti*, stsl. *žęti*. Psl. *žęti (1.os.přít. *žьn'ǫ*), původně 'sekat, bít', je příbuzné s lit. *gìnti* 'bránit', stir. *gonim* 'zraňuji, zabíjím', ř. *theínō* 'biju', arm. *ganem* tv., sti. *hánti* 'bije', vše od ie. *g^uhen-* 'bít', k němuž viz i ↑*hnát*. Srov. ↑*žatva*.

žok 'velký široký pytel'. V č. doloženo od střední doby. Z něm. *Sack*, případně již střhn. *sac* 'pytel' (viz ↑*sáček*, ↑*sak*).

žokej 'profesionální dostihový jezdec'. Z angl. *jockey* tv., původně i 'koňský handlíř', což je zdrobnělina od *Jock*, severní (skotské) varianty jména *Jack* 'Honza', domácké podoby jména *John*, často používané v různých přenesených významech. Srov. ↑*žaket*.

žold, *žoldnéř, žoldák, žoldácký*. Již stč. Ze střhn. *solt* (gen. *soldes*) tv. ze stfr. *solt* 'mzda, peníz' a to z pozdělat. *solidus* 'druh zlaté mince', vlastně *(nummus) solidus* 'ryzí, pevná (mince)'. Srov. ↑*solidní*, ↑*soldateska*.

žolík 'karta zastupující všechny hodnoty v některých hrách'. Z angl. názvu karty *Jolly Joker* 'veselý šprýmař' (je na ní zobrazen šašek). Původ angl. *jolly* 'veselý' není jistý, *joke* 'vtip, šprým' vychází z lat. *iocus* tv. Srov. ↓*žonglér*.

žonglér, *žonglérský, žonglovat*. Přes něm. *Jongleur* z fr. *jongleur* a to přes stfr. *jogleor* z lat. *ioculātor* 'kejklíř, šprýmař' od *iocus* 'šprým, žert'. Podoba fr. slova byla asi ovlivněna slovesem *jangler* 'pomlouvat, žvanit' (odtud *jangleor* 'žvanil', jež kontaminovalo stfr. *jogleor (D3)*).

žoržet 'tkanina s plátnovou vazbou krepového vzhledu'. Z fr. *(crêpe) georgette* tv. podle vlastního jména *Georgette* 'Jiřina'.

žoviální 'bodrý, blahosklonně přívětivý'. Přes něm. *jovial* tv. z fr. *jovial* 'veselý, bodrý' a to přes it. *gioviale* z pozdělat. *ioviālis* 'narozený ve znamení Jupitera' od lat. *Iūppiter* (gen. *Iovis*). Podle středověké astrologie měli narození v tomto znamení veselou mysl a šťastný osud.

žralok, *žraločí*. Pozměněno ze staršího *žarlok* (Jg), což je zřejmě Preslovo přejetí z p. *żarłok* 'hltavec, žrout' (vedle *żarłacz* 'žralok') od *żarł* 'žral', *l*-ového příč. od *żreć* 'žrát' (viz ↓*žrát*).

žrát, *žravý, žravost, žrádlo, žrout, žranice, nažrat (se), ožrat (se), požírat, přežrat (se), rožerat se, sežrat, užírat (se), vyžrat, vyžírka, zažrat (se)*. Všesl. – p. *żreć*, r. *žrat'*, ch. *ždrijȅti*, s. *ždrȅti*, stsl. *žrěti*. Psl. *žerti (1.os.přít. *žьrǫ*, odtud sekundární inf. *žьrati*) odpovídá lit. *gérti* 'pít', lot. *dzȩ̃rt* tv., dále je příbuzné lat. *vorāre* 'žrát, hltat', ř. *bibrṓskō* 'hltám, požírám', sti. *giráti* 'hltá', vše z ie. *g^uer-* 'hltat, polykat'. Srov. ↑*pozřít*, ↑*hrdlo*, ↑*zřídlo*, ↑*hříva*.

žrec 'pohanský kněz'. Z r. *žrec* tv. z psl. *žьrьcь* od *žerti* 'obětovat bohům; slavit', dále viz ↑*žertva*.

žuchnout, *žuchnutí*. Onom. původu, srov. ↑*bouchat*.

žula, *žulový*. U Jg *žula* i *žola* 'kámen tvrdý, granit'. Nejspíš ze střhn. *sol*, *sole* 'podklad štoly', srov. doklad u Jg *Předce jsem se do něho až na žůly prorazil* (= 'až na samou půdu'). Něm. slovo (srov. dnešní *Sohle* 'podrážka') je z lat. *solum* 'spodek, půda, země'.

žulit expr. 'šidit, obehrávat', *ožulit*. U Jg nedoloženo. Asi přeneseně ze s. *žúljiti* 'tlačit, odírat, olupovat' (srov. i r.d. *žúlit'* 'řezat'). Psl. **žuliti* 'řezat, odírat' možná vychází z ie. **geu-* 'křivit, ohýbat', ale podrobnosti nejsou jasné.

žumpa. V č. od střední doby. Z něm. *Sumpf* 'bažina, bahno, jímka na kal', jež vychází z ie. **su̯omb(h)o-* 'houbovitý, porézní'.

župa '(dříve) vyšší správní celek', *župní, župan* 'správce župy'. P. *župa* 'župa, solný důl', str. *župa* 'oblast, správní okruh', s./ch. *žúpa*, csl. *župa* tv., stsl. *župište* 'hrob, mohyla'. Psl. **župa* nemá jistý původ. Pokud přijmeme jako základní významy 'solný důl' či 'hrob', lze vyjít z ie. **geupā* 'jáma, prohlubeň' (příbuzné by bylo něm. *Koben* 'chlívek, kotec', ř. *gýpē* 'jáma v zemi', sti. *guptá-* 'skrytý', vše od ie. **geu-* 'ohýbat, klenout'), ale přechod k významu 'správní okruh' je těžké objasnit. Proto se někdy obě skupiny významů oddělují a pro *župa* 'správní celek', *županъ* 'správce župy' se hledají etymologie jiné. Uvažuje se o přejetí z východu, srov. avarské *zoapán* dochované v jednom nápisu, či ttat. *čupan* 'pomocník starosty'. Viz i ↑*pán*, které se někdy se *župan* spojuje.

župan, *župánek*. Nejspíš z it. *giuppone* 'hrubý mužský plášť, kaftan', což je zveličelé slovo od *giuppa, giubba* z ar. *ǧubba* 'svrchní oděv s dlouhými rukávy'. Viz i ↑*šuba*.

žurnál '(ilustrovaný) časopis', *žurnalista, žurnalistka, žurnalistický, žurnalistika*. Přejato (případně přes něm. *Journal*) z fr. *journal* 'deník, časopis' od *jour* 'den' z lat. *diurnus* 'denní' od *dies* 'den'.

žužlat expr. Expr. útvar, jenž souvisí s dalšími expr. slovy na *žm-* či *žv-* (srov. ↑*žmoulat*, ↓*žvanit*, ↓*žvást* ap.), srov. i u Jg doložené *žvižlat* (↑*žižlat*).

žúžo ob. expr. 'báječný'. Expr. útvar asi k fr. *joujou* 'hezoučká věc, hračička' (vedle *jojo* 'hezoučký') expr. zdvojením k *jouer* 'hrát', *jeu* 'hra' od lat. *iocus* 'hra, žert'.

žužu 'druh měkkých bonbonů'. Z fr. *joujou*, viz ↑*žúžo*.

žvanec 'rozžvýkané sousto'. Od staršího *žváti* 'žvýkat', viz ↓*žvýkat*.

žvanit hanl., *žvanění, žvanil, prožvanit, vyžvanit*. K staršímu a stč. *žváti* 'žvýkat; žvanit, tlachat' (od slovesného subst. *žvání* 'žvanění, tlachání'), dále viz ↓*žvýkat*.

žváro ob. 'cigareta'. K slovům na *žv-* (srov. ↑*žvanec*, ↓*žvýkat*), zakončení zůstalo podle *cigáro*.

žvást hanl., *žvástat*. Zesilovací výrazy k ↑*žvanit*.

žvatlat, *žvatlavý*. K staršímu *žváti* 'žvanit, tlachat', dále viz ↓*žvýkat*.

žvýkat, *žvýkací, žvýkačka, ožvýkat, přežvýkat, přežvýkavec, rozžvýkat, sežvýkat*. Odvozeno asi od subst. *žvyk* (u Jg 'chuchvalec, který u dobytka po žrádle zůstává v ústech') a to pak od stč. *žváti* (1.os.přít. *žuju*) 'žvýkat; žvanit, tlachat'. P. *žuć*, r. *ževát'*. Psl. **žьvati* (1.os.přít. **žujǫ*) je příbuzné s lit. *žiáunos* 'žábry', lot. *žaunāt* 'hodně jíst', něm. *kauen* 'žvýkat', angl. *chew*, nper. *jāviden* tv., vše nejspíš z ie. **ǵ(i)eu-* 'žvýkat' *(A1,B3,B2)*. Srov. ↑*žvanit*, ↑*žvanec*, ↑*žvatlat*, ↑*žváro*.